隋唐五代總部

主　編：俞　鋼　張劍光

編纂人員：薛璞喆　林雲鶴　楊　楊　許超雄　陳偉揚　尚曉陽　顏逸凡　趙東冉　楊蕙瑜

《隋唐五代總部》提要

本總部所涉及的中國歷史人物，大約起公元五八一年，迄公元九六〇年，其間歷隋、唐、五代時期。現存記述這一時期歷史人物的史籍，數量較多，編纂中盡可能廣泛收録，並作了必要的甄别取捨。

本總部按一人一部設置，共一百二十五部，其中隋十四部，唐八十五部，五代二十六部。

本總部各部下設綜述、雜録、藝文三項緯目。綜述項以正史紀、傳，以及神道碑、行狀、墓誌銘等爲主，略采其他相關史料補充。

雜録項分備録、備論兩部分。備録主要列野史、雜録、筆記、家傳、年譜等史籍。備論主要收録歷代史家就隋、唐、五代時期重要人物所作的評論。

藝文項略收詩文、謚議、祭文、詔制、弔文等，以期對隋唐五代重要人物的生平事蹟有所加詳。

目録

隋文帝部

綜述

《隋書》卷一《高祖紀上》　高祖文皇帝姓楊氏，諱堅，弘農郡華陰人也。漢太尉震八代孫鉉，仕燕爲北平太守。鉉生元壽，後魏代爲武川鎮司馬，子孫因家焉。元壽生太原太守惠嘏，嘏生平原太守烈，烈生寧遠將軍禎，禎生忠，忠即皇考也。皇考從周太祖起義關西，賜姓普六茹氏，位至柱國、大司空、隋國公。薨，贈太保，謚曰桓。

皇妣吕氏，以大統七年六月癸丑夜，生高祖於馮翊般若寺，紫氣充庭。有尼來自河東，謂皇妣曰：「此兒所從來甚異，不可於俗間處之。」尼將高祖舍於別館，躬自撫養。皇妣嘗抱高祖，忽見頭上角出，徧體鱗起。皇妣大駭，墜高祖於地。尼自外入見曰：「已驚我兒，致令晚得天下。」爲人龍顔，額上有五柱入頂，目光外射，有文在手曰「王」。長上短下，沈深嚴重。初入太學，雖至親昵不敢狎也。

年十四，京兆尹薛善辟爲功曹。十五，以太祖勳授散騎常侍、車騎大將軍、儀同三司，封成紀縣公。十六，遷驃騎大將軍，加開府。周太祖見而嘆曰：「此兒風骨，不似代間人！」明帝即位，授右小宫伯，進封大興郡公。帝嘗遣善相者趙昭視之，昭詭對曰：「不過作柱國耳。」既而陰謂高祖曰：「公當爲天下君，必大誅殺而後定。善記鄙言。」

武帝即位，遷左小宫伯。出爲隋州刺史，進位大將軍。後徵還，遇皇妣寢疾三年，晝夜不離左右，代稱純孝。宇文護執政，尤忌高祖，屢將害焉，大將軍侯伏侯壽等匡護得免。其後襲爵隋國公。武帝娉高祖長女爲皇太子妃，益加禮重。齊王憲言於帝曰：「普六茹堅相貌非常，臣每見之，不覺自失。恐非人下，請早除之。」帝曰：「此止可爲將耳。」内史王軌驟言於帝曰：「皇太子非社稷主，普六茹堅貌有反相。」帝不悦，曰：「必天命有在，將若之何？」高祖甚懼，深自晦匿。

建德中，率水軍三萬，破齊師於河橋。明年，從帝平齊，進位柱國。與宇文憲破齊任城王高湝於冀州，除定州總管。先是，定州城西門久閉不行。齊文宣帝時，或請開之，以便行路。帝不許，曰：「當有聖人來啓之。」及高祖至而開焉，莫不驚異。尋轉亳州總管。宣帝即位，以后父徵拜上柱國、大司馬。大象初，遷大後丞、右司武，俄轉大前疑。每巡幸，恒委居守。時帝爲《刑經聖制》，其法深刻。高祖以法令滋章，非興化之道，切諫，不納。

高祖位望益隆，帝頗以爲忌。帝有四幸姬，並爲皇后，諸家争寵，數相毁譖。帝每忿怒謂后曰：「必族滅爾家。」因召高祖，命左右曰：「若色動，即殺之。」高祖既至，容色自若，乃止。

大象二年五月，以高祖爲揚州總管，將發，暴有足疾，不果行。乙未，帝崩。時静帝幼沖，未能親理政事。内史上大夫鄭譯、御正大夫劉昉以高祖皇后之父，衆望所歸，遂矯詔引高祖入總朝政，都督内外諸軍事。周氏諸王在藩者，高祖悉恐其生變，稱趙王招將嫁女於突厥爲詞以徵之。丁未，發喪。庚戌，周帝拜高祖假黄鉞、左大丞相，百官總己而聽焉。以正陽宫爲丞相府，以鄭譯爲長史，劉昉爲司馬，具置僚佐。宣帝時，刑政苛酷，羣心崩駭，莫有固志。至是，高祖大崇惠政，法令清簡，躬履節儉，天下悦之。

六月，趙王招、陳王純、越王盛、代王達、滕王逌並至於長安。相州總管尉遲迥自以重臣宿將，志不能平，遂舉兵東夏。趙、魏之士，從者若流，旬日之間，衆至十餘萬。又宇文胄以滎州，石愻以建州，席毗以沛郡，毗弟叉羅以兖州，皆應於迥。迥遣子質於陳請援。高祖命上柱國、鄖國公韋孝寬討之。雍州牧畢王賢及趙、陳等五王，以天下之望歸於高祖，因謀作亂。高祖執賢斬之，寢趙王等之罪，因詔五王劍履上殿，入朝不趨，用安其心。

七月，韋孝寬破尉遲迥於相州，傳首闕下，餘黨悉平。初，迥之亂也，鄖州總管司馬消難據州響應，淮南州縣多同之。命襄州總管王誼討之，消難奔陳。荆、郢羣蠻乘釁作亂，命亳州總管賀若誼討平之。先是，上柱國王謙爲益州總管，既見幼主在位，政由高祖，遂起巴、蜀之衆，以匡復爲辭。高祖方以東夏、山南爲事，未遑致討。謙進兵屯劍閣，陷始州。至是，乃命行軍元帥、上柱國梁睿討平之，傳首闕下。巴、蜀阻險，人好爲亂，於是更開平道，毁劍閣之路，立銘垂誡焉。五王陰謀滋甚，高祖齎酒肴以造趙王第，欲觀所爲。趙王伏甲以宴高祖，高祖幾危，賴元胄以濟。於是誅趙王招、越王盛。

九月，以世子勇爲洛州總管、東京小冢宰。壬子，周帝詔曰：「假黄鉞、使持節、左大丞相、都督内外諸軍事、上柱國、大冢宰、隋國公堅，感山河之靈，應星辰

之氣，道高雅俗，德協幽顯。釋巾登仕，搢紳傾屬，開物成務，朝野承風。受詔先皇，弼諧寡薄，合天地而生萬物，順陰陽而撫四夷。近者，内有艱虞，外聞妖寇，以鷹鸇之志，運帷帳之謀，行兩觀之誅，掃萬里之外。遐邇清肅，實所賴焉。四海之廣，百官之富，俱稟大訓，咸餐至道。治定功成，棟梁斯託，神猷盛德，莫二於時。可授大丞相，罷左、右丞相之官，餘如故。」

冬十月壬申，詔贈高祖曾祖烈爲柱國、太保、都督徐兗等十州諸軍事、徐州刺史、隋國公，謚曰康；祖禎爲柱國、太傅、都督陝蒲等十三州諸軍事、同州刺史、隋國公，謚曰獻；考忠爲上柱國、太師、大冢宰、都督冀定等十三州諸軍事、雍州牧。誅陳王純。

十一月辛未，誅代王達、滕王逌。

十二月甲子，周帝詔曰：「天大地大，合其德者聖人，一陰一陽，調其氣者上宰。所以降神載挺，陶鑄羣生，代蒼蒼之工，成巍巍之業。假黄鉞、使持節、大丞相、都督内外諸軍事、上柱國、大冢宰、隋國公，應百代之期，當千齡之運，家隆台鼎之盛，門有翊贊之勤。心同伊尹，必致堯舜，情類孔丘，憲章文武。爰初入仕，風流映世，公卿仰其軌物，搢紳謂爲師表。入處禁闈，出居藩政，芳猷茂績，問望彌遠。往平東夏，人情未安。燕南趙北，實爲天府，擁節杖旄，任當連率。柔之以德，導之以禮，畏之若神，仰之若日，芳風美迹，歌頌獨存。淮海榛蕪，多歷年代，作鎮南鄙，選衆惟賢，威震殊俗，化行黔首。任掌鉤陳，職司邦政，國之大事，朝寄更深，鑾駕巡游，留臺務廣。周公陝西之任，僅可爲倫，漢臣關内之重，未足相況。及天崩地坼，先帝升遐，朕以眇年，奄經荼毒，親受顧命，保乂皇家。姦人乘隙，潛圖宗社，無君之意已成，竊發之期有日。英規潛運，大略川迴，匡國庇人，罪人斯得。兩河遘亂，三魏稱兵，半天之下，洶洶鼎沸。祖宗之基已危，生人之命將殆。安陸作釁，南通吳、越，蜂飛蠆聚，江、漢騷然。巴、蜀鴟張，翻將問鼎，秦塗更阻，漢門重閉。晝籌帷帳，建出師車，諸將稟其謀，壯士感其義，不違時日，咸得清蕩。九功遠被，七德允諧，百僚師師，四門穆穆。光景照臨之地，風雲去來之所，允武允文，幽明同德，驟山驟水，遐邇歸心。使朕繼踵上皇，無爲以治，聲高宇宙，道格天壤。伊尹輔殷，霍光佐漢，方之蔑如也。昔營丘、曲阜，地多諸國，重耳、小白，錫用殊禮。蕭何優贊拜之儀，番君越公侯之爵。姬、劉以降，代有令謨，宜崇典禮，憲章自昔。可授相國，總百揆，去都督内外諸軍事、大冢宰之號，進公爵爲王，以隋州之崇業，鄖州之安陸、城陽，温州之宜人，應州之平靖、上明，順州之淮南，士州之永川，昌州之廣昌、安昌，申州之義陽、淮安，息州之新蔡、建安，豫州之汝南、臨潁、廣寧、初安，蔡州之蔡陽，郢州之漢東二十郡爲隋國。劍履上殿，入朝不趨，贊拜不名，備九錫之禮，加璽紱、遠游冠，相國印緑綟綬，位在諸侯王上。隋國置丞相已下，一依舊式。」

高祖再讓，不許。乃受王爵、十郡而已。詔進皇祖、考爵並爲王，夫人爲王妃。

大定元年春二月壬子，令曰：「已前賜姓，皆復其舊。」是日，周帝詔曰：「伊、周作輔，不辭殊禮之錫，桓、文爲霸，允應異物之典，所以表格天之勳，彰不代之業。相國隋王，前加典策，式昭大禮，固守謙光，絲言未紓。宜申顯命，一如往旨。王功必先人，賞存後己，退讓爲本，誠乖朕意。宜命百辟盡詣王宫，衆心克感，必令允納。如有表奏，勿復通聞。」癸丑，文武百官詣閤敦勸，高祖乃受。甲寅，策曰：「咨爾假黄鉞、使持節、大丞相、都督内外諸軍事、上柱國、大冢宰隋王：天覆地載，藉人事以財成，日往月來，由王道而盈昃。五氣陶鑄，萬物流形。誰代上玄之工，斯則大聖而已。曰惟先正，翊亮皇朝。種德積善，載誕上相。精采不代，風骨異人。匡國濟時，除凶撥亂。百神奉職，萬國宅心。殷相以先知悟人，周輔乃弘道於代，方斯蔑如也。今將授王典禮，其敬聽朕命：朕以不德，早承丕緒，上靈降禍，夙遭愍凶。妖醜覬覦，密圖社稷，宫省之内，疑慮驚心。公受命先皇，志在匡弼，輯諧内外，潛運機衡，姦人懾憚，謀用不顯，俾贅旒之危，爲太山之固。是公重造皇室，作霸之基也。伊我祖、考之代，任寄已深，入掌禁兵，外司藩政，文經武略，久播朝野。戎軒大舉，長驅晉、魏，平陽震熊羆之勢，冀部耀貔豹之威。初平東夏，人情未一。叢臺之北，易水之南，西距井陘，東至滄海，比數千里，舉袂如帷。委以連城，建旌杖節，教因其俗，刑用輕典，如泥從印，猶草隨風。此又公之功也。吳、越不賓，多歷年代，淮、海之外，時非國有。爰整其旅，出鎮於亳，武以威物，文以懷遠。羣盜自奔，外户不閉，人黎慕義，襁負而歸。自北之風，化行南國。此又公之功也。宣帝御宇，任重宗臣，入典八屯，外司九伐。禁衛勤巡警之務，治兵得蒐狩之禮。此又公之功也。鑾駕游幸，頻委留臺，文武注意，軍國諮稟。萬事咸理，反顧無憂。此又公之功也。朕在諒闇，公實總己。磐石之宗，姦回者衆，招引無賴，連結羣小。往者國衰甫爾，已創陰謀，積惡數旬，昆吾方稔。泣誅磬甸，宗廟以寧。此又公之功也。尉迥猖狂，稱兵鄴邑，欲長戟而指北闕，强弩而圍南斗，憑陵三魏之間，震驚九州之半，聚徒百萬，悉成

蛇豕，淇水，洹水，一飲而竭。人之死生，翻繫凶豎，壽之長短，不由司命。公乃戒彼鷹揚，出車練卒，誓蒼兕於河朔，建瓴水於山東。口授兵書，手畫行陣，量敵制勝，指日剋期。諸將遵其成旨，壯士感其大義，輕死忘生，轉門千里，旗鼓奮發，如火燎毛。玄黃變漳河之水，京觀比爵臺之峻。百城氛祲，一旦廓清。此又公之功也。青土連率，跨據東秦，藉負海之饒，倚連山之險，望三輔而將逐鹿，指六國而願連雞。風雨之兵，助鬼爲虐。本根既拔，枝葉自殞，屈法申恩，示以大信。此又公之功也。申部殘賊，充斥一隅，蝿飛蟻聚，攻州略地。播以玄澤，迷更知反，服而捨之，無費遺鏃。此又公之功也。宇文胄親則宗枝，外藩巖邑，影響鄴賊，有同就燥。迫脅吏人，叛换城戍，偏師討蹙，遂入網羅。束之武牢，有同圂圄，事窮將軍，如伏國刑。此又公之功也。檀讓、席毗，擁衆河外。陳、韓、梁、鄭、宋、衛、鄒、魯，村落成梟獍之墟，人庶爲豺狼之餌。强以陵弱，大則吞小，城有晝閉，巷無行人。授律出師，隨機掃定，讓既授首，毗亦梟懸。此又公之功也。司馬消難與國親姻，作鎮安陸，性多嗜欲，意好貪聚。屬城子女，劫掠靡餘，部人貨財，多少具罄。擅誅刺舉之使，專殺儀台之臣。懼罪畏威，動而内畏。蠶食郡縣，鴆毒華夷，聞有王師，自投南裔。帝唐崇山之罰，僅可方此，大漢流禦之刑，是亦相匹。逋逃入藪，荆、郢用安。此又公之功也。王謙在蜀，翻爲厲階，閉劍閣之門，塞靈關之宇，自謂五丁復起，萬夫莫向。分閫推轂，嘗不踰時，風馳席卷，一舉大定，擒斬兇惡，掃地無遺。此又公之功也。陳頊因循僞業，自擅金陵，屢遣醜徒，趑趄江北。公指麾藩鎮，無不摧殄。方置文深之柱，非止尉佗之拜。此又公之功也。公有濟天下之勤，重之以明德，始於辟命，屈己登庸。素業清徽，聲掩廊廟，雄規神略，氣蓋朝野。序百揆而穆四門，恥一匡之舉九合。尊賢崇德，尚齒貴功，録舊旌善，興亡繼絶。寬猛相濟，彝倫攸叙。敦睦帝親，崇奬王室。星象不拆，陰陽自調，玄冥、祝融如奉太公之召，雨師、風伯似應成王之宰。祥風嘉氣，觸石摇林，瑞獸異禽，游園鳴閣。至功至德，可大可久，盡品物之和，究杳冥之極。朕又聞之，昔者明王設官胙土，營丘四履，得征五侯，參墟寵章，異其禮物。故藩屏作固，垂拱責成，沈默巖廊，不下堂席。公道高往烈，賞薄前王。朕以眇身，託於兆人之上，求諸故實，甚用懼焉。往加大典，憲章在昔。謙以自牧，未應朝禮。日月不居，便已隔歲。時談物議，其謂朕何！今進授相國總百揆，以申州之義陽等二十郡爲隋國。今命使持節、太傅、上柱國、杞國公椿，大宗伯、大將軍、金城公趙煚，授相國印綬。相國禮絶百辟，任總羣官，舊職常典，宜與事革。昔堯臣太尉，舜佐司空，姬旦相周，霍光輔漢，不居藩國，唯在天朝。其以相國總百揆，去衆號焉。上所假節、大丞相、大冢宰印綬。又加九錫，其敬聽朕後命。以公執律修德，慎獄恤刑，爲其訓範，人無異志，是用錫公大輅、戎輅各一，玄牡二駟。公勤心地利，所寶人天，崇本務農，公私殷阜，是用錫公衮冕之服，赤舄副焉。公樂以移風，雅以變俗，遐邇胥悦，天地咸和，是用錫公軒懸之樂，六佾之舞。公仁風德教，覃及海隅，荒忽幽遐，廻首内向，是用錫公朱户以居。公水鏡人倫，銓衡庶職，能官流詠，遺賢必舉，是用錫公納陛以登。公執鈞於内，正性率下，犯義無禮，罔不屏黜，是用錫公武賁之士三百人。公元本闕。是用錫公鈇鉞各一。公威嚴夏日，精厲秋霜，猾夏必誅，顧眄天壤，掃清姦宄，折衝無外，是用錫公彤弓一、彤矢百，盧弓十、盧矢千。惟公孝通神明，肅恭祀典，尊嚴如在，情切幽明，是用錫公秬鬯一卣，珪瓚副焉。隋國置丞相以下，一遵舊式。往欽哉！其敬循往策，祗服大典，簡恤爾庶功，對揚我太祖之休命。」於是建臺置官。

丙辰，詔王冕十有二旒，建天子旌旗，出警入蹕，乘金根車，駕六馬，備五時副車，置旄頭雲罕，樂舞八佾，設鍾虡宫懸。王妃爲王后，長子爲太子。前後三讓，乃受。

俄而周帝以衆望有歸，乃下詔曰：「元氣肇闢，樹之以君，有命不恒，所輔惟德。天心人事，選賢與能，盡四海而樂推，非一人而獨有。周德將盡，妖孽遞生，骨肉多虞，藩維構釁，影響同惡，過半區宇，或小或大，圖帝圖王，則我祖宗之業，不絶如線。相國隋王，叡聖自天，英華獨秀，刑法與禮儀同運，文德共武功俱遠，愛萬物其如己，任兆庶以爲憂。手運璣衡，躬命將士，芟夷姦宄，刷蕩氛祲，化通冠帶，威震幽遐。虞舜之大功二十，未足相比，姬發之合位三五，豈可足論。況木行已謝，火運既興，河、洛出革命之符，星辰表代終之象。煙雲改色，笙簧變音，獄訟咸歸，謳歌盡至。且天地合德，日月貞明，故以稱大爲王，照臨下土。朕雖寡昧，未達變通，幽顯之情，皎然易識。今便祗順天命，出遜別宫，禪位於隋，一依唐、虞、漢、魏故事。」高祖三讓，不許。遣兼太傅、上柱國、杞國公椿奉册曰：「咨爾相國隋王：粤若上古之初，爰啓清濁，降符授聖，爲天下君。事上帝而理兆人，和百靈而利萬物，非以區宇之富，未以宸極爲尊。大庭、軒轅以前，驪連、赫胥之日，咸以無爲無欲，不將不迎。遐哉！其詳不可聞已。厥有載籍，遺文可觀。聖莫踰於堯，美未過於舜。堯得太尉，已作運衡之篇，舜遇司空，便叙精華之竭。彼褰裳脱屣，貳宫設饗，百辟歸禹，若帝之初。斯蓋上則天時，不敢不授，下祇天命，不可不受。湯代於夏，武革於

殷，干戈揖讓，雖復異揆，應天順人，其道靡異。自漢迄晉，有魏至周，天曆逐獄訟之歸，神鼎隨謳歌之去。道高者稱帝，録盡者不王，與夫文祖、神宗無以別也。周德將盡，禍難頻興，宗戚姦回，咸將竊發。顧瞻宫闕，將圖宗社，藩維連率，逆亂相尋。摇蕩三方，不合如礪，蛇行鳥攫，投足無所。王受天明命，叡德在躬，救頹運之艱，匡墜地之業，拯大川之溺，撲燎原之火，除羣凶於城社，廓妖氛於遠服，至德合於造化，神用洽於天壤。八極九野，萬方四裔，圓首方足，罔不樂推。往歲長星夜掃，經天晝見，八風比夏后之作，五緯同漢帝之聚，除舊之徵，昭然在上。近者赤雀降祉，玄龜效靈，鍾石變音，蛟魚出穴，布新之貺，焕焉在下。九區歸往，百靈協贊，人神屬望，我不獨知。仰祗皇靈，俯順人願，今敬以帝位禪於爾躬。天祚告窮，天禄永終。於戲！王宜允執厥和，儀刑典訓，升圓丘而敬蒼昊，御皇極而撫黔黎，副率土之心，恢無疆之祚，可不盛歟！」遣大宗伯、大將軍、金城公趙煚奉皇帝璽紱，百官勸進。高祖乃受焉。

開皇元年二月甲子，上自相府常服入宫，備禮即皇帝位於臨光殿。設壇於南郊，遣使柴燎告天。是日，告廟，大赦，改元。易周氏官儀，依漢、魏之舊。以柱國、相國司馬、渤海郡公高熲爲尚書左僕射兼納言，相國司録、沁源縣公虞慶則爲内史監兼吏部尚書，相國内郎、咸安縣男李德林爲内史令，上開府、漢安縣公韋世康爲禮部尚書，上開府、義寧縣公元暉爲都官尚書，開府、民部尚書、昌國縣公元巖爲兵部尚書，上儀同、司宗長孫毗爲工部尚書，上儀同、司會楊尚希爲度支尚書，上柱國、雍州牧、邗國公楊惠爲左衛大將軍。乙丑，追尊皇考爲武元皇帝，廟號太祖，皇妣爲元明皇后。遣八使巡省風俗。丙寅，修廟社。立王后獨孤氏爲皇后，王太子勇爲皇太子。丁卯，以大將軍、金城郡公趙煚爲尚書右僕射，上開府、濟陽侯伊婁彦恭爲左武候大將軍。己巳，以周帝爲介國公，邑五千户，爲隋室賓。旌旗車服禮樂，一如其舊。上書不爲表，答表不稱詔。周氏諸王，盡降爲公。辛未，以皇弟同安郡公爽爲雍州牧。乙亥，封皇弟邵國公慧爲滕王，同安公爽爲衛王；皇子雁門公廣爲晉王，俊爲秦王，秀爲越王，諒爲漢王。以上柱國、並州總管、申國公李穆爲太師，上柱國、鄧國公竇熾爲太傅，上柱國、幽州總管、任國公于翼爲太尉，觀國公田仁恭爲太子太師，武德郡公柳敏爲太子太保，濟南郡公孫恕爲太子少傅，開府蘇威爲太子少保。丁丑，以晉王廣爲並州總管，以陳留郡公楊智積爲蔡王，興城郡公楊静爲道王。戊寅，以官牛五千頭分賜貧人。

三月辛巳，高平獲赤雀，太原獲蒼烏，長安獲白雀，各一。宣仁門槐樹連理，衆枝内附。壬午，白狼國獻方物。丁亥，詔犬馬器玩口味不得獻上。戊子，弛山澤之禁。以上開府、當亭縣公賀若弼爲楚州總管，和州刺史、新義縣公韓擒爲廬州總管。己丑，盩厔縣獻連理樹，植之宫庭。辛卯，以上柱國、神武郡公竇毅爲定州總管。戊戌，以太子少保蘇威兼納言、吏部尚書，餘官如故。庚子，詔曰：「自古帝王受終革代，建侯錫爵，多與運遷。朕應籙受圖，君臨海内，載懷沿革，事有不同。然則前帝後王，俱在兼濟，立功立事，爵賞仍行。苟利於時，其致一揆，何謂物我之異，無計今古之殊。其前代品爵，悉可依舊。」丁未，梁主蕭巋使其太宰蕭巖、司空劉義來賀。

四月辛巳，大赦。戊戌，太常散樂並放爲百姓。禁雜樂百戲。辛丑，陳散騎常侍韋鼎、兼通直散騎常侍王瑳來聘於周，至而上已受禪，致之介國。是月，發稽胡修築長城，二旬而罷。

五月戊子，封邗國公楊雄爲廣平王，永康郡公楊弘爲河間王。辛未，介國公薨，上舉哀於朝堂，以其族人洛嗣焉。

六月癸未，詔以初受天命，赤雀降祥，五德相生，赤爲火色。其郊及社廟，依服冕之儀，而朝會之服，旗幟犧牲，盡令尚赤。戎服以黄。

秋七月乙卯，上始服黄，百僚畢賀。庚午，靺鞨酋長貢方物。

八月壬午，廢東京官。突厥阿波可汗遣使貢方物。甲午，遣行軍元帥樂安公元諧，擊吐谷渾於青海，破而降之。

九月戊申，戰亡之家，遣使賑給。辛未，以越王秀爲益州總管，改封爲蜀王。壬申，以上柱國、薛國公長孫覽，上柱國、宋安公元景山，並爲行軍元帥，以伐陳，仍命尚書左僕射高熲節度諸軍。突厥沙鉢略可汗遣使貢方物。是月，行五銖錢。

冬十月乙酉，百濟王扶餘昌遣使來賀，授昌上開府、儀同三司、帶方郡公。戊子，行新律。壬辰，行幸岐州。

十一月丁卯，遣兼散騎侍郎鄭撝使於陳。

十二月庚子，至自岐州。壬寅，高麗王高陽遣使朝貢，授陽大將軍、遼東郡公。

二年春正月癸丑，幸上柱國王誼第。庚申，幸安成長公主第。陳宣帝殂，子叔寶立。辛酉，置河北道行臺尚書省於並州，以晉王廣爲尚書令。置河南道行臺尚書省於洛州，以秦王俊爲尚書令。置西南道行臺尚書省於益州，以蜀王秀

爲尚書令。戊辰，陳遣使請和，歸我胡墅。辛未，高麗、百濟並遣使貢方物。甲戌，詔舉賢良。

二月己丑，詔高熲等班師。庚寅，以晉王廣爲左武衛大將軍，秦王俊爲右武衛大將軍，餘官並如故。辛卯，幸趙國公獨孤陀第。

三月戊申，開渠，引杜陽水於三時原。

四月庚寅，大將軍韓僧壽破突厥於雞頭山，上柱國李充破突厥於河北山。

五月己酉，旱，上親省囚徒。己未，高寶寧寇平州，突厥入長城。甲子，改傳國璽曰受命璽。

六月甲申，使使弔於陳國。乙酉，上柱國李充破突厥於馬邑。

丙申，詔曰：「朕祗奉上玄，君臨萬國，屬生人之敝，處前代之宫。常以爲作之者勞，居之者逸，改創之事，心未遑也。而王公大臣陳謀獻策，咸云羲、農以降，至於姬、劉，有當代而屢遷，無革命而不徙。曹、馬之後，時見因循，乃末代之宴安，非往聖之宏義。此城從漢，彫殘日久，屢爲戰場，舊經喪亂。今之宫室，事近權宜，又非謀筮從龜，瞻星揆日，不足建皇王之邑，合大衆所聚。論變通之數，具幽顯之情，同心固請，詞情深切。然則京師百官之府，四海歸向，非朕一人之所獨有。苟利於物，其可違乎！且殷之五遷，恐人盡死，是則以吉凶之土，制長短之命。謀新去故，如農望秋，雖暫劬勞，其究安宅。今區宇寧一，陰陽順序，安以遷，勿懷胥怨。龍首山川原秀麗，卉物滋阜，卜食相土，宜建都邑，定鼎之基永固，無窮之業在斯。公私府宅，規模遠近，營構資費，隨事條奏。」仍詔左僕射高熲、將作大匠劉龍、鉅鹿郡公賀婁子幹、太府少卿高龍叉等創造新都。

十月癸酉，皇太子勇屯兵咸陽，以備胡。庚寅，上疾愈，享百僚於觀德殿。賜錢帛，皆任其自取，盡力而出。

十一月丙午，高麗遣使獻方物。

十二月辛未，上講武於後園。丙子，名新都曰大興城。乙酉，遣沁源公虞慶則屯弘化，備胡。突厥寇周槃，行軍總管達奚長儒擊之，爲虜所敗。丙戌，賜國子生經明者束帛。丁亥，親録囚徒。

三年春正月庚子，將入新都，大赦天下。禁大刀長矟。癸亥，高麗遣使來朝。

二月壬申，宴北道勳人。癸酉，陳遣兼散騎常侍賀徹、兼通直散騎常侍蕭褒來聘。突厥寇邊。甲戌，涇陽獲毛龜。

三月丙辰，雨，常服入新都。京師醴泉出。丁巳，詔購求遺書於天下。庚申，宴百僚，班賜各有差。癸亥，城榆關。

夏四月庚午，吐谷渾寇臨洮，洮州刺史皮子信死之。辛未，高麗遣使來朝。壬申，以尚書右僕射趙煚兼内史令。丁丑，以滕王瓚爲雍州牧。己卯，衛王爽破突厥於白道。庚辰，行軍總管陰壽破高寶寧於黄龍。甲申，旱，上親祀雨師於國城之西南。丙戌，詔天下勸學行禮。己丑，陳郢州城主張子譏遣使請降，上以和好，不納。辛卯，遣兼散騎常侍薛舒、兼通直散騎常侍王劭使於陳。癸巳，上親雩。甲午，突厥遣使來朝。

五月癸卯，行軍總管李晃破突厥於摩那渡口。甲辰，高麗遣使來朝。乙巳，梁太子蕭琮來賀遷都。丁未，靺鞨貢方物。辛酉，有事於方澤。壬戌，行軍元帥竇榮定破突厥及吐谷渾於涼州。丙寅，赦黄龍死罪已下。

六月庚午，以衛王爽子集爲遂安郡王。戊寅，突厥遣使請和。庚辰，行軍總管梁遠破吐谷渾於爾汗山，斬其名王。乙未，幸安成長公主第。

秋七月壬戌，詔曰：「行仁蹈義，名教所先，厲俗敦風，宜見褒獎。往者，山東、河表，經此妖亂，孤城遠守，多不自全。濟陰太守杜猷身陷賊徒，命懸寇手。郡省事范臺玫傾産營護，免其戮辱。眷言誠節，實有可嘉，宜超恒賞，用明沮勸。臺玫可大都督、假湘州刺史。」

八月丁丑，靺鞨貢方物。壬午，遣尚書左僕射高熲出寧州道，内史監虞慶則出原州道，並爲行軍元帥，以擊胡。戊子，上有事於太社。

九月壬子，幸城東，觀稼穀。癸丑，大赦天下。

冬十月甲戌，廢河南道行臺省，以秦王俊爲秦州總管。

十一月己酉，發使巡省風俗，因下詔曰：「朕君臨區宇，深思治術，欲使生人從化，以德代刑，求草萊之善，旌閭里之行。民間情僞，咸欲備聞。已詔使人，所在賑恤，揚鑣分路，將遍四海，必令爲朕耳目。如有文武才用，未爲時知，宜以禮發遣，朕將銓擢。其有志節高妙，越等超倫，亦仰使人就加旌異，令一行一善獎勸於人。遠近官司，遐邇風俗，巨細必紀，還日奏聞。庶使不出户庭，坐知萬里。」庚辰，陳遣散騎常侍周墳、通直散騎常侍袁彦來聘。陳主知上之貌異世人，使彦畫像持去。甲午，罷天下諸郡。

閏十二月乙卯，遣兼散騎常侍曹令則、通直散騎常侍魏澹使於陳。戊午，刑部尚書蘇威爲民部尚書。

四年春正月己巳，有事於太廟。辛未，有事於南郊。壬申，梁主蕭巋來朝。甲戌，大射於北苑，十日而罷。壬午，齊州水。壬辰，班新曆。

二月乙巳，上餞梁主於霸上。丁未，靺鞨貢方物。突厥蘇尼部男女萬餘人來降。庚戌，幸隴州。突厥可汗阿史那玷率其屬來降。

夏四月己亥，敕總管、刺史父母及子年十五已上，不得將之官。庚子，以吏部尚書虞慶則爲尚書右僕射，瀛州刺史楊尚希爲兵部尚書，毛州刺史劉仁恩爲刑部尚書。丁未，宴突厥、高麗、吐谷渾使者於大興殿。

五月癸酉，契丹主莫賀弗遣使請降，拜大將軍。

六月庚子，降囚徒。壬子，開渠，自渭達河以通運漕。戊午，秦王俊來朝。

秋七月丙寅，陳遣兼散騎常侍謝泉、兼通直散騎常侍賀德基來聘。

八月甲午，遣十使巡省天下。戊戌，衛王爽來朝。是日，以秦王俊納妃，宴百僚，頒賜各有差。丁未，宴秦王官屬，賜物各有差。壬子，享陳使。乙卯，陳將夏侯苗請降，上以通和，不納。

九月甲子，幸襄國公主第。乙丑，幸霸水，觀漕渠，賜督役者帛各有差。己巳，上親録囚徒。庚午，契丹内附。甲戌，駕幸洛陽，關内饑也。

冬十一月壬戌，遣兼散騎常侍薛道衡、通直散騎常侍豆盧寔使於陳。

五年春正月戊辰，詔行新禮。

三月戊午，以尚書左僕射高熲爲左領軍大將軍，上柱國宇文忻爲右領軍大將軍。

夏四月甲午，契丹主多彌遣使貢方物。壬寅，上柱國王誼謀反，伏誅。乙巳，詔徵山東馬榮伯等六儒。戊申，車駕至自洛陽。

五月甲申，詔置義倉。遣上大將軍元契使於突厥阿波可汗。

秋七月庚申，陳遣兼散騎常侍王話、兼通直散騎常侍阮卓來聘。壬午，突厥沙鉢略上表稱臣。

八月丙戌，沙鉢略可汗遣子庫合真特勤來朝。甲辰，河南諸州水，遣民部尚書邳國公蘇威賑給之。戊申，有流星數百，四散而下。己酉，幸栗園。

九月丁巳，至自栗園。乙丑，改鮑陂曰杜陂，霸水爲滋水。陳將湛文徹寇和州，儀同三司費寶首獲之。丙子，遣兼散騎常侍李若、兼通直散騎常侍崔君贍使於陳。

十一月丁卯，晉王廣來朝。

十二月丁未，降囚徒。

六年春正月甲子，党項羌内附。庚午，班曆於突厥。壬申，遣民部尚書蘇威巡省山東。

二月乙酉，山南荆、淅七州水，遣前工部尚書長孫毗賑恤之。丙戌，制刺史上佐每歲暮更入朝，上考課。丁亥，發丁男十一萬修築長城，二旬而罷。庚子，大赦天下。

三月己未，洛陽男子高德上書，請上爲太上皇，傳位皇太子。上曰：「朕承天命，撫育蒼生，日旰孜孜，猶恐不逮。豈學近代帝王，事不師古，傳位於子，自求逸樂者哉！」癸亥，突厥沙鉢略遣使貢方物。

夏四月己亥，陳遣兼散騎常侍周磻、兼通直散騎常侍江椿來聘。

秋七月辛亥，河南諸州水。

八月辛卯，關内七州旱，免其賦税。遣散騎常侍裴豪、兼通直散騎常侍劉顗聘于陳。

閏月丁卯，皇太子鎮洛陽。辛未，晉王廣、秦王俊並來朝。丙子，上柱國、郕國公梁士彦，上柱國、杞國公宇文忻，柱國、舒國公劉昉，以謀反伏誅。上柱國、許國公宇文善坐事除名。

九月辛巳，上素服御射殿，詔百僚射，賜梁士彦三家資物。辛丑，詔大象已來死事之家，咸令賑恤。

冬十月己酉，以河北道行臺尚書令、並州總管、晉王廣爲雍州牧，餘官如故；兵部尚書楊尚希爲禮部尚書。癸丑，置山南道行臺尚書省於襄州，以秦王俊爲尚書令。

七年春正月癸巳，有事於太廟。乙未，制諸州歲貢三人。

二月丁巳，祀朝日於東郊。己巳，陳遣兼散騎常侍王眘、兼通直散騎常侍王眘來聘。壬申，車駕幸醴泉宫。是月，發丁男十萬餘修築長城，二旬而罷。

夏四月己酉，幸晉王第。庚戌，於揚州開山陽瀆，以通運漕。突厥沙鉢略可汗卒，其子雍虞閭嗣立，是爲都藍可汗。癸亥，頒青龍符於東方總管、刺史，西方以騶虞，南方以朱雀，北方以玄武。甲戌，遣兼散騎常侍楊同、兼通直散騎常侍崔儦使於陳。以民部尚書蘇威爲吏部尚書。

八月庚申，梁主蕭琮來朝。

九月乙酉，梁安平王蕭巖掠於其國，以奔陳。辛卯，廢梁國，曲赦江陵。以

梁主蕭琮爲柱國，封莒國公。

冬十月庚申，行幸同州，以先帝所居，降囚徒。癸亥，幸蒲州。丙寅，宴父老，上極歡，曰：「此間人物，衣服鮮麗，容止閑雅，良由仕宦之鄉，陶染成俗也。」

十一月甲午，幸馮翊，親祠故社。父老對詔失旨，上大怒，免其縣官而去。戊戌，至自馮翊。

《隋書》卷二《高祖紀下》　八年春正月乙亥，陳遣散騎常侍袁雅、兼通直散騎常侍周止水來聘。

二月辛酉，陳人寇硤州。

三月甲戌，遣兼散騎常侍程尚賢、兼通直散騎常侍韋惲使於陳。戊寅，詔曰：「昔有苗不賓，唐堯薄伐，孫皓僭虐，晉武行誅。有陳竊據江表，逆天暴物。朕初受命，陳頊尚存，思欲教之以道，不以龔行爲令，往來修睦，望其遷善。時日無幾，釁惡已聞。厚納叛亡，侵犯城戍，勾吳、閩越，肆厥殘忍。于時王師大舉，將一車書，陳頊反地收兵，深懷震懼，責躬請約，俄而致殞。矜其喪禍，仍詔班師。叔寶承風，因求繼好，載佇克念，共敦行李。每見珪璪入朝，輶軒出使，何嘗不殷勤曉喻，戒以惟新。而狼子之心，出而彌野，威侮五行，怠棄三正，誅翦骨肉，夷滅才良。據手掌之地，恣溪壑之險，劫奪閭閻，資産俱竭，驅蹙內外，勞役弗已。徵責女子，擅造宮室，日增月益，止足無期，帷薄嬪嬙，有踰萬數。寶衣玉食，窮奢極侈，淫聲樂飲，俾晝作夜。斬直言之客，滅無罪之家，剖人之肝，分人之血。欺天造惡，祭鬼求恩，歌儛衢路，酣醉宮闈。盛粉黛而執干戈，曳羅綺而呼警蹕，躍馬振策，從旦至昏，無所經營，馳走不息。負甲持仗，隨逐徒行，追而不及，即加罪譴。自古昏亂，罕或能比。介士武夫，飢寒力役，筋髓罄於土木，性命俟於溝渠。君子潛逃，小人得志，家家隱殺戮，各各任聚斂。天災地孽，物怪人妖，衣冠鉗口，道路以目。傾心翹足，誓告於我，日月以冀，文奏相尋。重以背德違言，搖蕩疆埸，巴峽之下，海澨已西，江北、江南，爲鬼爲蜮。死隴窮發掘之酷，生居極攘奪之苦，抄掠人畜，斷截樵蘇，市井不立，農事廢寢。歷陽、廣陵，窺覦相繼，或謀圖城邑，或劫剥吏人，晝伏夜遊，鼠竊狗盜。彼則羸兵敝卒，來必就擒，此則重門設險，有勞藩捍。天之所覆，無非朕臣，每關聽覽，有懷傷惻。有梁之國，我南藩也，其君入朝，潛相招誘，不顧朕恩。士女深迫脅之悲，城府致空虛之嘆。非直朕居人上，懷此無忘，既而百辟屢以爲言，兆庶不堪其請，豈容對而不誅，忍而不救！近日秋始，謀欲弔人。益部樓船，盡令東鶩，便有神龍數十，騰躍江流，引伐罪之師，向金陵之路，船住則龍止，船行則龍去，四日之內，三軍皆覩，豈非蒼旻愛人，幽明展事，降神先路，協贊軍威！以上天之靈，助戡定之力，便可出師授律，應機誅殄，在斯舉也，永清吳、越。其將士糧仗，水陸資須，期會進止，一準別勑。」

秋八月丁未，河北諸州饑，遣吏部尚書蘇威賑恤之。

九月丁丑，宴南征諸將，頒賜各有差。

冬十月己未，置淮南行臺省於壽春，以晉王廣爲尚書令。辛酉，陳遣兼散騎常侍王琬、兼通直散騎常侍許善心來聘，拘留不遣。甲子，將伐陳，有事於太廟。命晉王廣、秦王俊、清河公楊素並爲行軍元帥，以伐陳。於是晉王廣出六合，秦王俊出襄陽，清河公楊素出信州，荆州刺史劉仁恩出江陵，宜陽公王世積出蘄春，新義公韓擒虎出廬江，襄邑公賀若弼出吳州，落叢公燕榮出東海，合總管九十，兵五十一萬八千，皆受晉王節度。東接滄海，西拒巴、蜀，旌旗舟楫，橫亘數千里。曲赦陳國。

十一月丁卯，車駕餞師。詔購陳叔寶位上柱國、萬户公。乙亥，行幸定城，陳師誓衆。丙子，幸河東。

十二月庚子，至自河東。

九年春正月辛未，賀若弼拔陳京口，韓擒虎拔陳南豫州。丙子，賀若弼敗陳師於蔣山，獲其將蕭摩訶。韓擒虎進師入建鄴，獲其將任蠻奴，獲陳主叔寶。陳國平，合州三十，郡一百，縣四百。癸巳，遣使持節巡撫之。

二月乙未，廢淮南行臺省。丙申，制五百家爲鄉，正一人；百家爲里，長一人。

夏四月己亥，幸驪山，親勞旋師。乙巳，三軍凱入，獻俘於太廟。拜晉王廣爲太尉。庚戌，上御廣陽門，宴將士，頒賜各有差。辛亥，大赦天下。己未，以陳都官尚書孔範，散騎常侍王瑳、王儀，御史中丞沈觀等，邪佞於其主，以致亡滅，皆投之邊裔。辛酉，吏部侍郎宇文弢爲刑部尚書，宗正少卿楊异爲工部尚書。壬戌，詔曰：「往以吴、越之野，羣黎塗炭，干戈方用，積習未寧。今率土大同，含生遂性，太平之法，方可流行。凡我臣僚，澡身浴德，開通耳目，宜從兹始。喪亂已來，緬將十載，君無君德，臣失臣道，父有不慈，子有不孝，兄弟之情或薄，夫婦之義或違，長幼失序，尊卑錯亂。朕爲帝王，志存愛養，時有臻道，不敢寧息。內外職位，遐邇黎人，家家自修，人人克念，使不軌不法，蕩然俱盡。兵可立威，不

可不哉，刑可助化，不可專行。禁衛九重之餘，鎮守四方之外，戎旅軍器，皆宜停罷。代路既夷，羣方無事，武力之子，俱可學文，人間甲仗，悉皆除毁。有功之臣，降情文藝，家門子姪，各守一經，令海内翕然，高山仰止。京邑庠序，爰及州縣，生徒受業，升進於朝，未有灼然明經高第。此則教訓不篤，考課未精，明勒所由，隆兹儒訓。官府從宦，丘園素士，心迹相表，寬弘爲念，勿爲踼促，乖我皇猷。朕君臨區宇，於兹九載，開直言之路，披不諱之心，形於顔色，勞於興寢。自頃逞藝論功，昌言乃衆，推誠切諫，其事甚疎。公卿士庶，非所望也，各啓至誠，匡兹不逮。見善必進，有才必舉，無或噤默，退有後言。頒告天下，咸悉此意。」

閏月丁丑，頒木魚符於總管、刺史，雌一雄一。己卯，以吏部尚書蘇威爲尚書右僕射。

六月乙丑，以荆州總管楊素爲納言。丁丑，以吏部侍郎盧愷爲禮部尚書。

時朝野物議，咸願登封。秋七月丙午，詔曰：「豈可命一將軍，除一小國，遐邇注意，便謂太平。以薄德而封名山，用虚言而干上帝，非朕攸聞。而今以後，言及封禪，宜即禁絶。」

八月壬戌，以廣平王雄爲司空。

冬十一月壬辰，考使定州刺史豆盧通等上表，請封禪，上不許。甲寅，降囚徒。

十二月甲子，詔曰：「朕祇承天命，清蕩萬方。百王衰敝之後，兆庶澆浮之日，聖人遺訓，掃地俱盡，制禮作樂，今也其時。朕情存古樂，深思雅道。鄭、衛淫聲，魚龍雜戲，樂府之内，盡以除之。今欲更調律吕，改張琴瑟。且妙術精微，非因教習，工人代掌，止傳糟粕，不足達神明之德，論天地之和。區域之間，奇才異藝，天知神授，何代無哉！蓋晦迹於非時，俟昌言於所好，宜可搜訪，速以奏聞，庶睹一藝之能，共就九成之業。」仍詔太常牛弘、通直散騎常侍許善心、秘書丞姚察、通直郎虞世基等議定作樂。

十年春正月乙未，以皇孫昭爲河南王，楷爲華陽王。

二月庚申，幸並州。

夏四月辛酉，至自並州。

五月乙未，詔曰：「魏末喪亂，宇縣瓜分，役車歲動，未遑休息。兵士軍人，權置坊府，南征北伐，居處無定。家無完堵，地罕包桑，恒爲流寓之人，竟無鄉里之號。朕甚愍之。凡是軍人，可悉屬州縣，墾田籍帳，一與民同。軍府統領，宜依舊式。罷山東河南及北方緣邊之地新置軍府。」

六月辛酉，制人年五十，免役收庸。

秋七月癸卯，以納言楊素爲内史令。庚戌，上親録囚徒。壬子，吐谷渾遣使來朝。

八月壬申，遣柱國、襄陽郡公韋洸，上開府、東萊郡公王景，並持節巡撫嶺南，百越皆服。

冬十月甲子，頒木魚符於京師官五品已上。

十一月辛卯，幸國學，頒賜各有差。丙午，契丹遣使朝貢。辛丑，有事於南郊。是月，婺州人汪文進、會稽人高智慧、蘇州人沈玄懀皆舉兵反，自稱天子，署置百官。樂安蔡道人、蔣山李稜、饒州吴代華、永嘉沈孝澈、泉州王國慶、餘杭楊寶英、交趾李春等皆自稱大都督，攻陷州縣。詔上柱國、内史令、越國公楊素討平之。

十一年春正月丁酉，以平陳所得古器多爲妖變，悉命毁之。辛丑，高麗遣使朝貢。丙午，皇太子妃元氏薨，上舉哀於文思殿。

二月戊午，吐谷渾遣使貢方物。以大將軍蘇孝慈爲工部尚書。丙子，以臨潁令劉曠治術尤異，擢爲莒州刺史。己卯，突厥遣使獻七寶盌。

三月壬午，遣通事舍人若干治使於吐谷渾。

夏四月戊午，突厥雍虞閭可汗遣其特勤來朝。

五月甲子，高麗遣使貢方物。癸卯，詔百官悉詣朝堂上封事。

八月壬申，幸栗園。乙亥，至自栗園。

十二月丙辰，靺鞨遣使貢方物。

十二年二月己巳，以蜀王秀爲内史令，兼右領軍大將軍，漢王諒爲雍州牧、右衛大將軍。

秋七月乙巳，尚書右僕射、邳國公蘇威，禮部尚書、容城縣侯盧愷，並坐事除名。壬戌，幸昆明池，其日還宫。己巳，有事於太廟。

八月甲戌，制天下死罪，諸州不得便決，皆令大理覆治。乙亥，幸龍首池。癸巳，制宿衛者不得輒離所守。戊戌，上親録囚徒。

冬十月丁丑，以遂安王集爲衛王。壬午，有事於太廟。至太祖神主前，上流涕嗚咽，悲不自勝。

十一月辛亥，有事於南郊。壬子，宴百僚，頒賜各有差。甲子，百僚大射於

武德殿。

十二月癸酉，突厥遣使來朝。乙酉，以上柱國、内史令楊素爲尚書右僕射。己酉，吐谷渾、靺鞨並遣使貢方物。

十三年春正月丙午，契丹、奚、霫、室韋並遣使貢方物。壬子，親祀感帝。己未，以信州總管韋世康爲吏部尚書。壬戌，行幸岐州。

二月丙子，詔營仁壽宫。丁亥，至自岐州。戊子，宴考使於嘉則殿。己卯，立皇孫暕爲豫章王。戊子，晉州刺史、南陽郡公賈悉達，隰州總管、撫寧郡公韓延等，以賄伏誅。己丑，制坐事去官者，配流一年。丁酉，制私家不得隱藏緯候圖讖。

夏四月癸未，制戰亡之家，給復一年。

五月癸亥，詔人間有撰集國史、臧否人物者，皆令禁絶。

秋七月戊申，靺鞨遣使貢方物。丁巳，幸昆明池。

九月丙辰，降囚徒。庚申，以邵國公楊綸爲滕王。

十四年夏四月乙丑，詔曰：「在昔聖人，作樂崇德，移風易俗，於斯爲大。自晉氏播遷，兵戈不息，雅樂流散，年代已多，四方未一，無由辨正。賴上天鑒臨，明神降福，拯兹塗炭，安息蒼生，天下大同，歸於治理，遺文舊物，皆爲國有。比命所司，總令研究，正樂雅聲，詳考已訖，宜即施用，見行者停。人間音樂，流僻日久，棄其舊體，競造繁聲，浮宕不歸，遂以成俗。宜加禁約，務存其本。」

五月關内諸州旱。

六月丁卯，詔省府州縣，皆給公廨田，不得治生，與人争利。

秋七月乙未，以邳國公蘇威爲納言。

八月辛未，關中大旱，人飢。上率户口就食於洛陽。

冬閏十月甲寅，詔曰：「齊、梁、陳往皆創業一方，綿歷年代。既宗祀廢絶，祭奠無主，興言矜念，良以愴然。莒國公蕭琮及高仁英、陳叔寶等，宜令以時修其祭祀。所須器物，有司給之。」乙卯，制外官九品已上，父母及子年十五已上，不得將之官。

十一月壬戌，制州縣佐史，三年一代，不得重任。

十二月乙未，東巡狩。

十五年春正月壬戌，車駕次齊州，親問疾苦。丙寅，旅王符山。庚午，上以歲旱，祠太山，以謝愆咎。大赦天下。

二月丙辰，收天下兵器，敢有私造者，坐之。關中緣邊，不在其例。三月己未，至自東巡狩。望祭五嶽海瀆。丁亥，幸仁壽宫。

夏四月己丑朔，大赦天下。甲辰，以趙州刺史楊達爲工部尚書。

五月癸酉，吐谷渾遣使朝貢。丁亥，制京官五品已上，佩銅魚符。

六月戊子，詔鑿底柱。庚寅，相州刺史豆盧通貢綾文布，命焚之於朝堂。乙未，林邑遣使來貢方物。辛丑，詔名山大川未在祀典者，悉祠之。

秋七月乙丑，晉王廣獻毛龜。甲戌，遣邳國公蘇威巡省江南。戊寅，至自仁壽宫。辛巳，制九品已上官，以理去職者，聽並執笏。

十一月辛酉，幸温湯。乙丑，至自温湯。

十二月戊子，敕盜邊糧一升已上皆斬，並籍没其家。己丑，詔文武官以四考交代。

十六年春正月丁亥，以皇孫裕爲平原王，筠爲安成王，嶷爲安平王，恪爲襄城王，該爲高陽王，韶爲建安王，煚爲潁川王。

六月甲午，制工商不得進仕。并州大蝗。辛丑，詔九品已上妻，五品已上妾，夫亡不得改嫁。

秋八月丙戌，詔決死罪者，三奏而後行刑。

冬十月己丑，幸長春宫。

十一月壬子，至自長春宫。

十七年春二月癸未，太平公史萬歲擊西寧羌，平之。庚寅，幸仁壽宫。庚子，上柱國王世積討桂州賊李光仕，平之。壬寅，河南王昭納妃，宴羣臣，頒賜各有差。

三月丙辰，詔曰：「分職設官，共理時務，班位高下，各有等差。若所在官人不相敬憚，多自寬縱，事難克舉。諸有殿失，雖備科條，或據律乃輕，論情則重，不即決罪，無以懲肅。其諸司論屬官，若有愆犯，聽於律外斟酌決杖。」辛酉，上親録囚徒。癸亥，上柱國、彭國公劉昶以罪伏誅。庚午，遣治書侍御史柳彧、皇甫誕巡省河南、河北。

夏四月戊寅，頒新曆。壬午，詔曰：「周曆告終，羣凶作亂，釁起蕃服，毒被生人。朕受命上玄，廓清區宇，聖靈垂祐，文武同心。申明公穆、郥襄公孝寬、廣平王雄、蔣國公睿、楚國公勣、齊國公熲、越國公素、魯國公慶則、新寧公長叉、宜陽公世積、趙國公羅雲、隴西公詢、廣業公景、真昌公振、沛國公譯、項城公子相、鉅鹿公子幹等，登庸納揆之時，草昧經綸之日，丹誠大節，心盡帝圖，茂績殊勳，力宣王府。宜弘其門緒，與國同休。其世子世孫未經州任者，宜量才升用，庶享

榮位，世祿無窮。」

五月，宴百僚於玉女泉，頒賜各有差。己巳，蜀王秀來朝。高麗遣使貢方物。

秋七月丁丑，桂州人李代賢反，遣右武候大將軍虞慶則討平之。丁亥，上柱國、並州總管秦王俊坐事免，以王就第。戊戌，突厥遣使貢方物。

九月甲申，至自仁壽宮。庚寅，上謂侍臣曰：「禮主於敬，皆當盡心。黍稷非馨，貴在祇肅。廟庭設樂，本以迎神，齋祭之日，觸目多感。當此之際，何可爲心！在路奏樂，禮未爲允。羣公卿士，宜更詳之。」

冬十月丁未，頒銅獸符於驃騎、車騎府。庚午，詔曰：「五帝異樂，三王殊禮，皆隨事而有損益，因情而立節文。仰惟祭享宗廟，瞻敬如在，罔極之感，情深茲日。而禮畢升路，鼓吹發音，還入宮門，金石振響。斯則哀樂同日，心事相違，情所不安，理實未允。宜改茲往式，用弘禮教。自今已後，享廟日不須備鼓吹，殿庭勿設樂懸。」辛未，京師大索。

十一月丁亥，突厥遣使來朝。

十二月壬子，上柱國、右武候大將軍、魯國公虞慶則以罪伏誅。

十八年春正月辛丑，詔曰：「吴、越之人，往承弊俗，所在之處，私造大船，因相聚結，致有侵害。其江南諸州，人間有船長三丈已上，悉括入官。」

二月甲辰，幸仁壽宮。乙巳，以漢王諒爲行軍元帥，水陸三十萬伐高麗。

五月辛亥，詔畜猫鬼、蠱毒、厭魅、野道之家，投於四裔。

六月丙寅，下詔黜高麗王高元官爵。

秋七月壬申，詔以河南八州水，免其課役。丙子，詔京官五品已上，總管、刺史，以志行修謹、清平幹濟二科舉人。

九月己丑，漢王諒師遇疾疫而旋，死者十八九。庚寅，勑舍客無公驗者，坐及刺史、縣令。辛卯，至自仁壽宮。

冬十一月甲戌，上親録囚徒。癸未，有事於南郊。

十二月庚子，上柱國、夏州總管、任城郡公王景以罪伏誅。是月，自京師至仁壽宮，置行宮十有二所。

十九年春正月癸酉，大赦天下。戊寅，大射武德殿，宴賜百官。二月己亥，晉王廣來朝。甲寅，幸仁壽宮。

夏四月丁酉，突厥利可汗內附。達頭可汗犯塞，遣行軍總管史萬歲擊破之。

六月丁酉，以豫章王暕爲內史令。

秋八月癸卯，上柱國、尚書左僕射、齊國公高熲坐事免。

九月乙丑，以太常卿牛弘爲吏部尚書。

冬十月甲午，以突厥利可汗爲啓人可汗，築大利城處其部落。

十二月乙未，突厥都藍可汗爲部下所殺。

二十年春正月辛酉朔，上在仁壽宮。突厥、高麗、契丹並遣使貢方物。

三月辛卯，熙州人李英林反，遣行軍總管張衡討平之。

夏四月壬戌，突厥犯塞，以晉王廣爲行軍元帥，擊破之。

六月丁丑，秦王俊薨。

九月丁未，至自仁壽宮。

冬十月乙丑，皇太子勇及諸子並廢爲庶人。殺柱國、太平縣公史萬歲。己巳，殺左衛大將軍、五原郡公元旻。

十一月，以晉王廣爲皇太子。

十二月戊午，詔東宮官屬不得稱臣於皇太子。辛巳，詔曰：「佛法深妙，道教虛融，咸降大慈，濟度羣品，凡在含識，皆蒙覆護。所以雕鑄靈相，圖寫真形，率土瞻仰，用申誠敬。其五嶽四鎮，節宣雲雨，江、河、淮、海，浸潤區域，並生養萬物，利益兆人，故建廟立祀，以時恭敬。敢有毀壞偷盜佛及天尊像、嶽鎮海瀆神形者，以不道論。沙門壞佛像，道士壞天尊者，以惡逆論。

仁壽元年春正月乙酉朔，大赦，改元。以尚書右僕射楊素爲尚書左僕射，納言蘇威爲尚書右僕射。丁酉，徙河南王昭爲晉王。突厥寇恒安，遣柱國韓洪擊之，官軍敗績。以晉王昭爲內史令。辛丑，詔曰：「君子立身，雖云百行，唯誠與孝，最爲其首。故投主殉節，自古稱難，殞身王事，禮加二等。而代俗之徒，不達大義，至於致命戎旅，不入兆域。虧孝子之意，傷人臣之心，興言念此，每深愍嘆！且入廟祭祀，並不廢闕，何止墳塋，獨在其外。自今已後，戰亡之徒，宜入墓域。」

五月己丑，突厥男女九萬口來降。

六月乙卯，遣十六使巡省風俗。乙丑，詔曰：「儒學之道，訓教生人，識父子君臣之義，知尊卑長幼之序，升之於朝，任之以職，故能贊理時務，弘益風範。朕撫臨天下，思弘德教，延集學徒，崇建庠序，開進仕之路，佇賢儁之人。而國學胄子，垂將千數，州縣諸生，咸亦不少。徒有名録，空度歲時，未有德爲代範，才任

國用。良由設學之理，多而未精。今宜簡省，明加獎勵。」於是國子學唯留學生七十人，太學、四門及州縣學並廢。其日，頒舍利於諸州。

秋七月戊戌，改國子爲太學。

十一月己丑，有事於南郊。

二年三月己亥，幸仁壽宮。

秋七月丙戌，詔内外官各舉所知。

八月己巳，皇后獨孤氏崩。

九月丙戌，至自仁壽宮。壬辰，河南、北諸州大水，遣工部尚書楊達賑恤之。

冬十月壬子，曲赦益州管内。癸丑，以工部尚書楊達爲納言。

閏月甲申，詔尚書左僕射楊素與諸術者刊定陰陽舛謬。己丑，詔曰：「禮之爲用，時義大矣。黄琮蒼璧，降天地之神，粢盛牲食，展宗廟之敬，正父子君臣之序，明婚姻喪紀之節。故道德仁義，非禮不成，安上治人，莫善於禮。自區宇亂離，緜歷年代，王道衰而變風作，微言絶而大義乖，與代推移，其弊日甚。至於四時郊祀之節文，五服麻葛之隆殺，是非異説，踳駁殊塗，致使聖教凋訛，輕重無準。朕祗承天命，撫臨生人，當洗滌之時，屬干戈之代。克定禍亂，先運武功，删正彝典，日不暇給。今四海乂安，五戎勿用，理宜弘風訓俗，導德齊禮，綴往聖之舊章，興先王之茂則。尚書左僕射、越國公楊素，尚書右僕射、邳國公蘇威，吏部尚書、奇章公牛弘，内史侍郎薛道衡，秘書丞許善心，内史舍人虞世基，著作郎王劭，或任居端揆，博達古今，或器推令望，學綜經史。委以裁緝，實允僉議。可並修定五禮。」壬寅，葬獻皇后於太陵。

十二月癸巳，上柱國、益州總管蜀王秀廢爲庶人。交州人李佛子舉兵反，遣行軍總管劉方討平之。

三年夏五月癸卯，詔曰：「哀哀父母，生我劬勞，欲報之德，昊天罔極。但風樹不静，嚴敬莫追，霜露既降，感思空切。六月十三日，是朕生日，宜令海内爲武元皇帝、元明皇后斷屠。」

六月甲午，詔曰：「《禮》云：『至親以期斷。』蓋以四時之變易，萬物之更始，故聖人象之。其有三年，加隆爾也。但家無二尊，母爲厭降，是以父存喪母，還服於期者，服之正也。豈容期内而更小祥！然三年之喪而有小祥者，《禮》云：『期祭，禮也。期而除喪，道也。』以是之故，雖未再期，而天地一變，不可不祭，不可不除。故有練焉，以存喪祭之本。然期喪有練，於理未安。雖云十一月而練，乃無所法象，非期非時，豈可除祭。而儒者徒擬三年之喪，立練禫之節，可謂苟存其變，而失其本，欲漸於奪，乃薄於喪。致使子則冠練去絰，黄裏縓緣，絰則布葛在躬，粗服未改。豈非絰哀尚存，子情已奪，親疏失倫，輕重顛倒！乃不順人情，豈聖人之意也！故知先聖之禮廢於人邪，三年之喪尚有不行之者，至於祥練之節，安能不墜者乎？《禮》云：『父母之喪，無貴賤一也。』而大夫士之喪父母，乃貴賤異服。然則禮壞樂崩，由來漸矣。所以晏平仲之斬粗縗，其老謂之非禮，滕文公之服三年，其臣咸所不欲。蓋由王道既衰，諸侯異政，將踰越於法度，惡禮制之害己，乃滅去篇籍，自製其宜。遂至骨肉之恩，輕重從俗，無易之道，隆殺任情。況孔子没而微言隱，秦滅學而經籍焚者乎！有漢之興，雖求儒雅，人皆異説，義非一貫。又近代亂離，唯務兵革，其於典禮，時所未遑。夫禮不從天降，不從地出，乃人心而已者，謂情緣於恩也。故恩厚者其禮隆，情輕者其禮殺。聖人以是稱情立文，别親疏貴賤之節。自臣子道消，上下失序，莫大之恩，逐情而薄，莫重之禮，與時而殺。此乃服不稱喪，容不稱服，非所謂聖人緣恩表情，制禮之義也。然喪與易也，寧在於戚，則禮之本也。禮有其餘，未若於哀，則情之實也。今十一月而練者，非禮之本，非情之實。由是言之，父存喪母，不宜有練。但依禮十三月而祥，中月而禫。庶以合聖人之意，達孝子之心。」

秋七月丁卯，詔曰：「日往月來，唯天所以運序，山鎮川流，唯地所以宣氣。運序則寒暑無差，宣氣則雲雨有作，故能成天地之大德，育萬物而爲功。況一人君於四海，睹物欲運，獨見致治，不藉羣才，未之有也。是以唐堯欽明，命羲、和以居岳，虞舜叡德，升元、凱而作相。伊尹鼎俎之媵，爲殷之阿衡，吕望漁釣之夫，爲周之尚父。此則鳴鶴在陰，其子必和，風雲之從龍虎，賢哲之應聖明，君德不回，臣道以正，故能通天地之和，順陰陽之序，豈不由元首而有股肱乎？自王道衰，人風薄，居上莫能公道以御物，爲下必踵私法以希時。上下相蒙，君臣義失，義失則政乖，政乖則人困。蓋同德之風難嗣，離德之軌易追，則任者不休，休者不任，則衆口鑠金，戮辱之禍不測。是以行歌避代，辭位灌園，卷而可懷，黜而無慍，放逐江湖之上，沈赴河海之流，所以自潔而不悔者也。至於閭閻秀異之士，鄉曲博雅之儒，言足以佐時，行足以勵俗，遺棄於草野，堙滅而無聞，豈勝道哉！所以覽古而嘆息者也。方今區宇一家，煙火萬里，百姓乂安，四夷賓服，豈是人功，實乃天意。朕惟夙夜祗懼，將所以上嗣明靈，是以小心勵己，日慎一日。以黎元在念，憂兆庶未康，以庶政爲懷，慮一物失所。雖求傅巖，莫見幽人，徒想

峌峒，未聞至道。唯恐商歌於長夜，抱關於夷門，遠跡犬羊之間，屈身僮僕之伍。其令州縣搜揚賢哲，皆取明知今古，通識治亂，究政教之本，達禮樂之源。不限多少，不得不舉。限以三旬，咸令進路。徵召將送，必須以禮。」

八月壬申，上柱國、檢校幽州總管、落叢郡公燕榮以罪伏誅。

九月壬戌，置常平官。甲子，以營州總管韋沖爲民部尚書。

十二月癸酉，河南諸州水，遣納言楊達賑恤之。

四年春正月丙辰，大赦。甲子，幸仁壽宫。乙丑，詔賞罰支度，事無巨細，並付皇太子。

夏四月乙卯，上不豫。

六月庚申，大赦天下。

秋七月甲辰，上以疾甚，卧於仁壽宫，與百僚辭訣，並握手歔欷。丁未，崩於大寶殿，時年六十四。遺詔曰：「嗟乎！自昔晉室播遷，天下喪亂，四海不一，以至周、齊，戰争相尋，年將三百。故割疆土者非一所，稱帝王者非一人，書軌不同，生人塗炭。上天降鑒，爰命於朕，用登大位，豈關人力！故得撥亂反正，偃武修文，天下大同，聲教遠被，此又是天意欲寧區夏。所以昧旦臨朝，不敢逸豫，一日萬機，留心親覽，晦明寒暑，不憚劬勞，匪曰朕躬，蓋爲百姓故也。王公卿士，每日闕庭，刺史以下，三時朝集，何嘗不罄竭心府，誡勑殷勤。義乃君臣，情兼父子。庶藉百僚智力，萬國歡心，欲令率土之人，永得安樂，不謂遘疾彌留，至於大漸。此乃人生常分，何足言及！但四海百姓，衣食不豐，教化政刑，猶未盡善，興言念此，唯以留恨。朕今年踰六十，不復稱夭，但筋力精神，一時勞竭。如此之事，本非爲身，止欲安養百姓，所以致此。人生子孫，誰不愛念，既爲天下，事須割情。勇及秀等，並懷悖惡，既知無臣子之心，所以廢黜。古人有言：『知臣莫若於君，知子莫若於父。』若令勇、秀得志，共治家國，必當戮辱徧於公卿，酷毒流於人庶。今惡子孫已爲百姓黜屏，好子孫足堪負荷大業。此雖朕家事，理不容隱，前對文武侍衛，具已論述。皇太子廣，地居上嗣，仁孝著聞，以其行業，堪成朕志。但令内外羣官，同心戮力，以此共治天下，朕雖瞑目，何所復恨。

但國家事大，不可限以常禮。既葬公除，行之自昔，今宜遵用，不勞改定。凶禮所須，纔令周事。務從節儉，不得勞人。諸州總管、刺史已下，宜各率其職，不須奔赴。自古哲王，因人作法，前帝後帝，沿革隨時。律令格式，或有不便於事者，宜依前勑修改，務當政要。嗚呼，敬之哉！無墜朕命！」

乙卯，發喪。

八月丁卯，梓宫至自仁壽宫。丙子，殯于大興前殿。

冬十月己卯，合葬於太陵，同墳而異穴。

上性嚴重，有威容，外質木而内明敏，有大略。初，得政之始，羣情不附，諸子幼弱，内有六王之謀，外致三方之亂。握强兵、居重鎮者，皆周之舊臣。上推以赤心，各展其用，不踰期月，克定三邊，未及十年，平一四海。薄賦斂，輕刑罰，内修制度，外撫戎夷。每旦聽朝，日昃忘倦，居處服玩，務存節儉，令行禁止，上下化之。開皇、仁壽之間，丈夫不衣綾綺，而無金玉之飾，常服率多布帛，裝帶不過以銅鐵骨角而已。雖嗇於財，至於賞賜有功，亦無所愛吝。乘輿四出，路逢上表者，則駐馬親自臨問。或潛遣行人採聽風俗，吏治得失，人間疾苦，無不留意。嘗遇關中饑，遣左右視百姓所食。有得豆屑雜糠而奏之者，上流涕以示羣臣，深自咎責，爲之徹膳不御酒肉者殆將一期。及東拜太山，關中户口就食洛陽者，道路相屬。上勑斥候，不得輒有驅逼，男女參厠於仗衛之間。逢扶老携幼者，輒引馬避之，慰勉而去。至艱險之處，見負擔者，遽令左右扶助之。其有將士戰没，必加優賞，仍令使者就家勞問。自强不息，朝夕孜孜，人庶殷繁，帑藏充實。雖未能臻於至治，亦足稱近代之良主。然天性沉猜，素無學術，好爲小數，不達大體，故忠臣義士莫得盡心竭辭。其草創元勳及有功諸將，誅夷罪退，罕有存者。又不悦詩書，廢除學校，唯婦言是用，廢黜諸子。逮於暮年，持法尤峻，喜怒不常，過於殺戮。嘗令左右送西域朝貢使出玉門關，其人所經之處，或受牧宰小物饋遺鸚鵡、麖皮、馬鞭之屬，上聞而大怒。又詣武庫，見署中蕪穢不治，於是執武庫令及諸受遺者，出開遠門外，親自臨決，死者數十人。又往往潛令人賂遺令史府史，有受者必死，無所寬貸。議者以此少之。

雜録

備録

張鷟《朝野僉載》卷五 隋文皇帝時，大宛國獻千里馬，騣曳地，號曰「師子

驄」。上置之馬羣，陸梁人莫能制。上令並羣驅來，謂左右曰：「誰能馭之？」郎將裴仁基曰：「臣能制之。」遂攘袂向前，去十餘步，踴身騰上，一手撮耳，一手摳目，馬戰不敢動，乃鞴乘之。朝發西京，暮至東洛。後隋末，不知所在。唐文武聖皇帝敕天下訪之，同州刺史宇文士及訪得其馬，老於朝邑市麪家挽磑，騣尾焦秃，皮肉穿穴，及見之悲泣。帝自出長樂坡，馬到新豐，向西鳴躍。帝得之甚喜，齒口並平，飼以鍾乳，仍生五駒，皆千里足也。後不知所在矣。

劉餗《隋唐嘉話》卷上　隋文帝夢洪水没城，意惡之，乃移都大興。術者云：「洪水，即唐高祖之名也。」

李冗《獨異志》卷下　隋文帝在位時，已無道。天下船長三丈，謂其既大，必能藏慝奸黨，並令没入官。

《太平廣記》卷一三五《隋文帝》引《西京記》　長安朝堂，即舊楊興村，村門大樹今見在。初周代有異僧，號爲棖公，言詞怳惚，後多有驗。時村人於此樹下集言議，棖公忽來逐之曰：「此天子坐處，汝等何故居此？」及隋文帝即位，便有遷都意。

《太平廣記》卷二〇三《隋文帝》引《洽聞記》　隋文帝開皇十四年，於翟泉獲玉磬十四，懸之於庭，有二素衣神人來擊之，其聲妙絶。

《太平廣記》卷二七七《隋文帝》引《獨異志》　隋文帝未貴時，常舟行江中。夜泊中，夢無左手，及覺，甚惡之。及登岸，詣一草庵。中有一老僧，道極高，具以夢告之。僧起賀曰：「無左手者，獨拳也，當爲天子。」後帝興建此庵爲吉祥寺，居武昌下三十里。

《太平廣記》卷四六九《隋文帝》引《廣古今五行記》　隋文帝開皇中，掖庭宫每有人來挑宫人，司宫以聞，帝曰：「門衛甚嚴，人從何而入。當妖精耳！」因戒宫人曰：「若來，但砍之。」其後夜來登牀，宫人抽刀砍之，若中枯骨，其物走落，宫人逐之，因入池而没。明日，帝令涸池，得一黿尺餘，其上有刀痕，殺之遂絶。

孔平仲《續世説》卷三《箴規》　隋文帝時，蘇威見宫中以銀爲幔鉤，因盛陳節儉之美以諭上。上爲之改容，彫飾舊物，悉命除毁。

孔平仲《續世説》卷六《術解》　隋文帝將遷都，夜與高熲、蘇威二人定議。庾季才旦奏：「臣仰觀玄象，俯察圖記，龜兆允襲，必有遷都。且漢營北城，經今八百歲，水皆鹹鹵，不甚宜人，願爲遷徙計。」帝愕然，謂熲等曰：「是何神也！」遂發詔施行。

孔平仲《續世説》卷九《黜免》　隋文帝寵任高熲，後坐事免，以公就第。文帝謂侍臣曰：「我於高熲勝兒子，雖或不見，常似目前。自其解落，瞑然忘之如無。熲不可以身要君，自云第一也。」

孔平仲《續世説》卷九《汰侈》　隋文帝子秦王俊，盛修宫室，窮極侈麗，爲妃作七寶羃籬，重不可戴，以馬負之而行。又爲水殿，香塗粉壁，玉砌金階，梁柱楣棟之間，周以明鏡，間以寶珠，極瑩飾之美，每與賓客、妓女絃歌於上。

備論

《北史》卷一一《隋紀上》　論曰：隋文帝樹基立本，積德累仁，徒以外戚之尊，受託孤之任，與能之議，未爲所許，是以周室舊臣，咸懷憤惋。既而王謙固三蜀之阻，不踰期月；尉遲迥舉全齊之衆，一戰而亡。斯乃非止人謀，抑亦天之所贊。乘兹機運，遂遷周鼎。

于時蠻夷猾夏，荆、揚未一，劬勞日仄，經營四方。樓船南邁，則金陵失險；驃騎北指，則單于款塞。《職方》所載，並入疆理，《禹貢》所圖，咸受正朔。雖晉武之克平吴會，漢宣之推亡固存，比義論功，不能尚也。七德既敷，九歌已洽，尉候無警，遐邇肅清。於是躬節儉，平徭賦，倉廪實，法令行，君子咸樂其生，小人各安其業，强不陵弱，衆不暴寡，人物殷阜，朝野歡娱。自開皇二十年間，天下無事，區宇之内，晏如也。考之前王，足以參蹤盛烈。

而素無術業，不能盡下，無寬仁之度，有刻薄之資，暨乎暮年，此風愈扇。又雅好瑞符，暗於大道。建彼維城，權侔京室，皆同帝制，靡所適從。聽妬婦之言，惑邪臣之説，溺寵廢嫡，託付失所。滅父子之道，開昆弟之隙，縱其尋斧，翦伐本根。墳土未乾，子孫繼踵爲戮，松檟纔列，天下已非隋有。惜哉！迹其衰怠之源，稽其亂亡之兆，起自文皇，成於煬帝，所由來遠矣，非一朝一夕，其不祀忽諸，未爲不幸也。

《隋書》卷二《高祖紀下》　史臣曰：高祖龍德在田，奇表見異，晦明藏用，故知我者希。始以外戚之尊，受託孤之任，與能之議，未爲當時所許，是以周室舊臣，咸懷憤惋。既而王謙固三蜀之阻，不踰期月，尉迥舉全齊之衆，一戰而亡，斯乃非止人謀，抑亦天之所贊也。乘兹機運，遂遷周鼎。於時蠻夷猾夏，荆、揚未

一，劬勞日昃，經營四方。樓船南邁則金陵失險，驃騎北指則單于款塞，《職方》所載，並入疆理，《禹貢》所圖，咸受正朔。雖晉武之克平吳、會，漢宣之推亡固存，比義論功，不能尚也。七德既敷，九歌已洽，要荒咸暨，尉候無警。於是躬節儉，平徭賦，倉廩實，法令行，君子咸樂其生，小人各安其業，强無陵弱，衆不暴寡，人物殷阜，朝野歡娛。二十年間，天下無事，區宇之内晏如也。考之前王，足以參蹤盛烈。但素無術學，不能盡下，無寬仁之度，有刻薄之資，暨乎暮年，此風逾扇。又雅好符瑞，暗於大道，建彼維城，權侔京室，皆同帝制，靡所適從。聽哲婦之言，惑邪臣之説，溺寵廢嫡，託付失所。滅父子之道，開昆弟之隙，縱其尋斧，翦伐本枝。墳土未乾，子孫繼踵屠戮，松檟纔列，天下已非隋有。惜哉！迹其衰怠之源，稽其亂亡之兆，起自高祖，成於煬帝，所由來遠矣，非一朝一夕。其不祀忽諸，未爲不幸也。

吴兢《貞觀政要》卷一《政體二》 貞觀四年，太宗問蕭瑀曰：「隋文帝何如主也？」對曰：「克己復禮，勤勞思政，每一坐朝，或至日昃，五品已上，引坐論事，宿衛之士，傳飧而食，雖性非仁明，亦是勵精之主。」太宗曰：「公知其一，未知其二。此人性至察而心不明。夫心暗則照有不通，至察則多疑於物。又欺孤兒寡婦以得天下，恒恐羣臣内懷不服，不肯信任百司，每事皆自決斷，雖則勞神苦形，未能盡合於理。朝臣既知其意，亦不敢直言。宰相以下，惟即承順而已。」

徐堅《初學記》卷九《帝王部》引唐太宗《隋高祖論》 夫帝王受命，非因衆人所舉。既乘便之取不同，優劣之勢各異。或雄圖内斷，英謀外決，海納山容，如覆如載，磊磊落落，真帝王者也，只如文皇。起自布衣，臨馭四海，欺孤兒以致天下，奪寡婦而登神器。復留心萬姓，務從儉約。自金陵滅後，奢泰日滋，起仁壽於五柞，移新都於灞岸。合浦珠璣，填於帑藏；江南姬媛，納於椒掖。仁壽之役，萬姓力殫；雕琢之功，中民竭産。從渭至灞，寧不爲勞；移故就新，理多其弊。心隨地廣，意逐時驕；猜忌無端，觸途多諱。文母夷戮，兒母被誅；牝雞晨鳴，皇枝勦絶。廢長立少，付託失人；功臣良將，誅夷備盡。享年不永，豈非天乎！

司馬光《稽古録》卷一四《隋文帝》 臣光曰：文帝以關中之衆，東迎孝武，收疲敗之兵，撫貧困之民，任賢使能，列官布職，明部分，務農桑，以輔魏室；雖以高氏之强，不能陵也。其所爲典法，施於後世，可不謂賢乎？武帝以英傑之資，受制强臣，恭默端拱，十有餘年，須其罪盈惡熟，爲衆所棄，一旦除之，若撥振槁，可謂知剛知柔，智勇兼備者矣。然後親統六師，以征東夏，齊之險阻不守，士卒不戰，數月之間縛其君臣，致於鼓下。使有周之境，東漸于海，南傳于江；雖魏室全盛之時，不能及也。惜乎宣帝恣其淫侈，逞其奇譎，自絶于天，結怨於民，不及三年，而爲異姓所有，悲夫！

臣光曰：文帝於周室，非有元功厚德，素洽於人，直以天元暴崩，嗣君幼弱，姦臣矯命，徼幸得之；然明敏儉約，勤於政治，隨才任官，信賞必罰，故能取江南三百年之國，易於反掌。使天下復爲一統，百姓繁庶，衣食豐衍，突厥、室韋、靺鞨、林邑、高昌、女國之屬，莫不頓顙稱臣，奉珍入貢。雖兩漢全盛之時，不能過也。向使後嗣僅得中才以守之，則十世之内未易亡也。煬帝以悖逆詐謀，坐承富强之業，志驕氣溢，慨然慕秦皇、漢武之爲人，窮侈極欲，連兵四夷，政煩賦重，盜賊蠭起，而游幸不息，以樂滔憂，惡聞直言，喜自壅蔽。噫！率是道也，雖禹、湯、文、武之子孫，未或不亡，況隋無積善之基乎？

蘇轍《欒城集·欒城應詔集》卷一一《隋論》 今夫隋文之世，其亦見天下之久不定，而重失其定也。蓋自東晉以來，劉聰、石勒、慕容、苻堅、姚興、赫連之徒，紛紛而起者不可勝數。至於元氏，並吞滅取，略已盡矣，而南方未服。元氏自分而爲周、齊，周並齊，而授之隋，隋文取梁滅陳，而後天下爲一。彼亦見天下之久不定也，是以全得天下之衆而恐其失之，享天下之樂而懼其不久。立於萬民之上，而常有猜防不安之心，以爲舉世之人皆有曩者英雄割據之懷。制爲嚴法峻令以杜天下之變，謀臣舊將誅滅略盡，而獨死於楊素之手，以及於大故。

謝薖《竹友集》卷八《過隋論》 隋高祖藉椒房之親，假黄鉞之制，秉國政以輔少主，知周祚之將亡，有革命拯民之意，舜禹禪讓之心。當是之時，中外側目，權貴忌之。于是詔五王劍履上殿，以慰安其心。親造趙王之第，陰欲觀其行事，而陽示不疑。手持大阿之柄，雖陰謀竊發，皆莫攖其鋒矣。高祖既有天下，明政刑，修守戰之具，欲以渾一區宇。西斬吐谷渾，北破突厥，靺鞨重譯而納貢，高麗稽顙而入朝。命爪牙之將，驅熊虎之師，旌旆樓船千里相望，大軍南渡，日陰未徙而亡陳。天下已定，消兵偃武，有臨朝願治之心。躬覽萬機，日昃不暇，衣服器用，崇尚樸素。遣使者以問疾苦，引乘輿以避老幼。罷魚龍之戲，痛《雅》、《頌》之聲不作，則當時之士有牛弘、許善心、姚察、虞世基之屬承其詔。欲舉先王之墜典，修明五禮，則蘇威、薛道衡、王邵之徒當其任。如使高祖得行其志，則

堂堂乎隋不可與周、陳同年而語矣。惜乎！高祖有爲天下之志，而無爲天下之量，揣持大器，恐天下之並起而軋己。譬如閭巷窶民，一旦有十金之藏，意其有擔囊而趍者，惴惴恐惕，夜不能寐。彼獨不知富家父亦自有體耶？當此時，藏緯候圖讖，造兵器者有禁，客舍無公驗者坐及守令。朝廷之上，言未卒口，而鐵鑕隨之。廢太子勇，立煬帝，其危亡之兆已萌，而高祖不悟也。此其過在于無爲天下之量。所以無爲天下之量者，何也？忠厚不崇，刻薄而善疑也。古之帝王刻薄而善疑者，莫如秦始皇。其疑之愈深，隄防愈密，而患輒隨之而生。始皇收天下之兵，聚之咸陽，銷鋒鏑，鑄爲金人十二，蓋疑天下之人有持兵而反者。然不知陳涉之起，斬木爲兵，揭竿爲旗，奮臂一呼而金城不守也。秦法：羣臣侍殿上，不得持尺寸之兵，諸郎中執兵陳殿下，非有詔召不得上。蓋疑左右之人有包藏禍心者。然不知荆軻之匕首乃發於燕督亢之地圖，而無目之高漸離猶能舉筑以扑也。事有曠千百年而合若符契者，秦、隋是已。秦始皇刻薄而善疑，傳之二世而亡；隋高祖刻薄而善疑，傳之煬帝而亡。借使此兩君崇忠厚之德，修寬裕之政，以懷來天下，後雖有淫荒之子孫，宗廟尚可以延。漢高帝不過泗上亭長，唐高祖亦北面而稱臣耳，其能取天下而有之耶。故曰：亡秦、隋者，非漢與唐也，秦、隋自亡也。《詩》云：「殷鑒不遠，在夏后之世。」是以聖人爲天下，稽之往哲，考之前事，察治亂之由，循寬猛之宜，仁風德澤，摇蕩浸灌，人心歸之如父母，措天下於磐石之安，誰得而侮之耶？

李綱《梁谿集》卷一五二《論秦隋勢之相似》 自周之衰，而天下裂爲戰國，至秦始皇，然後并六國而稱帝。自晉之亡，而天下分爲南、北朝，至隋文帝，然後混南北爲一區。彼始皇、隋文皆有雄材大略，過人之聰明，其所建立，又有卓然傑出于後世者。方駕馭將帥，削平四方，據關中金城之固而都之，以臨制天下，其意皆欲傳子孫于無窮。然而身没而國危，皆以二世而遂亡者，失所以爲君之道，繆所以爲治之術，亡所以維持天下之具，不知其子而付託非其人也。夫人君之道，秉本執要，簡而常逸，元首叢脞則萬事隳墮，此不易之理也。至秦、隋則不然，以察爲明，以苛爲德，竊竊然惟恐人之軋己而奪之權。故始皇衡石量書，隋文衛士傳餐，皆日夜有程，不中程不得休息，天下事無小大，皆決于上，丞相、大臣不過受成事，奉行文書，而下皆持祿欺謾以取容，此風不改，卒至于亡。故曰：失所以爲君之道者，此也。古之王者得天下以仁，雖取之以干戈，而治之以禮義，其善政美化必有以深結其民之心，而信厚和平必有以變移其風俗。故三代之所以享國長久者，用此道也。至秦、隋則不然。彼見所以取天下之難，而常有猜防不安之心，以爲不決于法刻削而急持之，則後世且復分裂而爲敵國，有曩者英雄割據之患。故始皇剛毅戾深，樂以刑殺爲威，專任獄吏而親幸之，海内愁苦無聊，而陳勝、項籍奮臂大呼，天下響應，秦遂以亡。隋文亦制爲嚴法峻刑以杜天下之變，謀臣、宿將誅滅略盡，元元不勝其毒，而楊玄感、李密倡之，羣盗蠭起，天下大亂塗地而不復振。借使秦、隋已並天下而以仁義治之，惠澤在民，雖有胡亥、煬帝之不肖，天下必思所以繼其後而奉之者，其亡不若是之遽。故曰：繆所以爲治之術者，此也。古者立國，未嘗私有天下，必封建親戚、功臣以爲藩屏，資其犬牙磐石之勢以夾輔王室，故商、周之王皆幾千年。夫豈無僻王，賴諸侯扶之以定其國？彼秦見周衰而諸侯更相誅伐，天子弗能禁也，以爲天下之所以戰鬭不休者，以有侯王。於是罷侯置守，分天下以爲三十六郡，其地東至海，西至臨洮，南至北嚮户，北並陰山至遼東，身有海内而子弟爲匹夫，内有姦臣之禍，外有大盗之虞，一夫作難，九世隳廟，而莫之救。彼隋之所以亡者，亦無以異于秦。故曰：亡所以維持天下之具者，此也。古者立嗣以爲國本，既得其人，而又付之可以託六尺之孤、臨大節而不可奪之大臣，故本定而國安，朝委裘而天下不亂。武王欲立成王，則託之周公。武帝欲立昭帝，則託之霍光。此周、漢之所以隆也。始皇有一長子扶蘇，怒其正諫，而使北監蒙恬于上郡，沙丘之事，雖爲璽書以召之，而付之趙高，故得與李斯同爲姦謀，而胡亥卒以奪嗣。隋文有一太子勇，聽讒譖而幽囚之，臨終以廣失禮，雖有召勇之言，而付之楊素，故卒及于大故，而煬帝得肆其欲。故曰：不知其子，而付託非其人者，此也。秦、隋相去千有餘載，其所以混一海寓，傳二世而遂亡，與夫所以致亡之道，皆若合符節，《書》所謂「與亂同事，罔不亡」者也。然秦亡而漢繼之，傳二十餘主，享國四百年。隋亡而唐繼之，亦傳十八帝，享國三百餘年。自三代以來，未有與之比隆者。然則秦、隋者，其漢、唐之驅除乎？不然，何其興之盛而亡之暴也！

南宫靖一《隋史斷》 隋之得國，本自後周，然其接東晉，紹正統，則實在開皇平陳之後。文帝以宇文異姓之親，受周主托孤之寄，當揆輔政，不能匡主庇民，乘時幸舋，遂竊周鼎。王謙據巴蜀之險，謙，王雄子，爲益州總管。以父子受周恩，舉兵匡復。期月底平。尉遲迥舉全齊之衆，迥爲相州總管，以所管諸州起兵，青、齊皆從之。一戰就戮，亦天幸也。於時江左未平，南北未一，帝奮其威斷，鋭意伐陳，賀若弼拔京口，韓擒虎拔豫州，晉成帝於蕪湖立豫州，非河南之古豫州也。遂入建業

而陳亡矣。開皇九年，隋既滅陳，於是始得進承正統。自是而後，方且躬節儉，平傜賦，每旦視朝，日昃忘倦，居處服飾，務存儉約，性雖吝財，然至於賞賜有功，亦所不靳。乘輿四出，路逢上表者，必止輦親問。分遣行人採聽風俗，吏治得失，民間疾苦，罔不垂意。邂逅關中饑，每年遣左右視民所食，有得豆屑雜糠而進者，必流涕以示羣臣，深自痛責，至於徹膳。勤勞思政，五品以上引之論事，宿衛之士傳餐而食。當是時，倉廩富實，百姓繁庶，衣食豐衍，突厥、靺鞨、林邑、高昌、女國之屬莫不稽顙稱臣，奉珍入貢，可謂盛矣。然帝素不學，而又濟之以刻薄之資，是以專任小數而不悦詩書，廢除學校而禁毁佛像。又任情殺戮，以察爲明，甚者以讒言廢太子勇，以小過殺秦王俊，而父子之恩滅。爲獨孤后。所制，單騎出走，中夜不反，獨孤后殺宫人尉遲氏，帝大怒，單騎出走，入山谷二十餘里。而夫婦之道乖。囚勇於東宫，付阿麽晉王廣。掌之，而兄弟之倫亂。殺李君才，君才言帝寵任高熲太過，帝怒以馬箠捶殺之。戮虞慶則，慶則婦弟趙什柱誣告慶則謀反，按驗坐死。元勳、宿將誅退略盡，殺王世積、史萬歲。而君臣之義莫有存者。迹其篡國之初，親如愛女，亦非其所爲，至於不肯降志。周宣帝后，楊氏帝女也。然知父有逆圖，意頗不平，形諸言詞，及禪位，憤惋踰甚。隋主欲奪其志，后誓不許，乃止。儼然與漢后之視王莽者相類。漢平帝后，莽女也。莽篡後，欲奪而嫁之，不許，乃止。其後太子諸王，陰謀擠陷，晉王廣搆成太子勇之罪，又譖蜀王秀。視父兄如路人。蓋與梁武之諸子異姓一轍也。他年寢疾，追東宫兵甲，帖上臺宿衛，盡出後宫，獨留腹心入侍，而大禍遂興，身亦不保。善乎！前輩之論曰：隋有天下無功、無德，特以姿相奇偉與蕭道成同，而亡國則有二焉，一曰隋文以胥吏治國，二曰獨孤后以妒忌治家，如是而已矣。

《宋文選》卷一九李清臣《隋論》　治天下者以王道，不可爲之以吏治，吏治可以苟天下之安，而不可久也。純以王道而治者，三代是也。吏治與王道雜然而用者，漢、唐是也。純用吏治者，隋文是也。自禹至於桀，自湯至於紂，自武王至於赧，三代長久各數十世，安而少變者幾二千年。自高祖至於孝平，自光武至於獻帝，自高祖、太宗至於僖、昭，兹二姓者，或四百年，或三百年，不及於三代之長，而有過於歷世之祚。若隋文帝之於天下，於時亦可謂之治平而寡事矣，然才三世三十九年而亡，其故何也？吏治與王道之效不同也。故三代用王道而長，漢、唐雜之以吏治而不及於三代，隋文專以吏治而不及漢、唐，是非王道與吏治厚薄之效耶？夫隋文九年滅陳而天下始一，奮勵於爲政，每一坐朝，或至日昃。五品以上，引之論事，宿衛之士，傳飧而食。至於兵革不用，天下游食之人户口歲增，過於兩漢。其富庶而康寧如此，常人之所謂太平，而識者皆知其不能久也。何者？無禮義以維持其政，無忠信以固結其臣，教化不足以導其民，紀綱不足以防其後，一切以辨敏勤察爲能，處三王之位而卑卑焉。任智數，褻文法，此特吏才之尤者耳，非王者之爲也。故王通謂其終以不學爲累，而房喬於清平之時而獨知其將亡。彼或用王道而常爲百世慮，國祚之永，人可得而近測之哉。嘗觀於三代，其爲治之旨皆本於仁、義、禮、樂，先教化而後刑名，厚道德而薄功實，其始雖若迂遠，而其成以至於兵寢刑措。暴炙百姓之耳目，浸漬涵糅百姓之骨髓，其勢蟠大膠固，如置方石於平土之上。天下之形，可以漸亂而不可以亟壞也。末世中君，德既不及於古，才亦不至於道，所用者皆俗人，而所尚者皆細法，争於功用，勇於擊斷，謂簿書刀筆之間可以爲治，語之以王道，則項背而竊笑。强者爲之，及其盛猶可以自守，一有勢罅則怨心紛然，内外皆爲之擾動，姦豪乘其弊而起，其撓天下如驅羣羊，而蕩王業如振欹器耳。是故民衆而益亂，地大而益危。嗚呼！彼安知三代有長久難動之法乎？後之王者，鑒於三代、兩漢、隋、唐之事，亡恃吏治之安，而留意於王道，斯可以長有天下之民矣。

《文苑英華》卷七三五朱敬則《隋高祖論》　昔孫資陰謀，晉宣入輔；鄭譯矯制，隋文受遺，自此而有魏人。從斯以遷周鼎，蓋天厭亂德，神誘其衷。若妄指河冰，遂成王業；誤擊金鼓，仍啓霸圖也。況體貌奇特，儀表絶人。周太祖之欽明，異其風骨；齊憲王之聰察，憚以非常。韋鼎一見以委誠，趙公聞名而進女。是以稱劉季之靈怪者，不謀同詞；説中興之應讖者，往往偶語。屬周多世故，禍難荐臻。始以后父之尊，遂受托孤之寄。騎虎不下，掎角是因。不利孺子，非唯管叔之言；社稷輸人，寧止休公之對？所以尉遲舉魏，從亂如雲王謙據蜀，其徒若市。遂能驅駕豪傑，委任忠良，不下廟堂，天下大定。然後謳歌允集，文物滿庭，卿雲曉聚，長星夜掃。拱揖而朝羣后，昇壇而類上帝。紹舜禹之遺躅光，漢魏之大名。於是流曠蕩之玄風，浸淳古之膏澤，削秋荼之繁令革亡國之哀聲。加之以恪勤，廣之以質素，太陽滿昆蟲之穴，湛露垂行葦之苕。教人七年，亦可以即戎矣。俄屬陳朝喪德，江海揚波，自絶於天，結怨于下。乃以開皇八年十月，承少昊之秋氣，動文昌之將星。下蜀漢之舟，翩翩龍躍；集幽並之騎，蕭蕭馬鳴。一葦而可以横大江，三令而可以陵湯火。蔣山苦戰，子文之魂魄飛揚；建業大崩，叔寶之金湯不守。既遭岸上之虎，非復水中之龍。斬伯嚭以謝陳人，

禮陸機而慰吳士。春波暫洗，汙俗咸新；秋露一零，弊化斯改？乃下制曰：「今率土大同，含生遂性，內外職位，遐邇黎人，家家自修，人人克念，使不軌不物，蕩然俱盡。」此乃憂勤之心，見於動靜。故使六合之中，觀如曉日；八紘之內，若遇新晴。況復盡力於人，勵精爲政，躬親以率下，因心以感物。煙火萬年，風雨四時。野有擊壤之歌，天無垂象之誡。玄穹丹徼，煙燧不驚；玉塞金河，波瀾久息。天子登雲臺而訪道，實垂拱而無爲；公卿指日觀以推誠，願升中而每竭。可謂盡美矣，未盡善也。然天性既猜，素無學術，意不及遠，政惟目前。是以牝雞司晨，讒人罔極。剖符守山河之誓，同盟多剪黜之悲；恩不終於有功，罰每深於無罪。啓閱牆之兆，借實沈之兵。楊素決其波，張衡注其隙。柳遂草制，房陵尚遲穆子授戈，豎牛仍在。禍非天降，釁是人謀。是以知隋運之不永矣。君子曰：「昔陸孟知中興之微，宣帝始重儒術；李通稱漢家之命，世祖專信讖文。時好既行，其流遂廣。故子雲符命，尹敏僞言，即其類也。高祖少愛不經之談，遂好迂誕之說。所以王劭順旨，袁充取容。賞溢丘山，恩深江海，豈不弊乎？又祥瑞者，聖人之應也。至若八百集於孟津，六王至於陔下，周人岐山之北，晉衆江漢之南，負檗就陳，攜手適宋，牛馬內向，羣盜外奔，宗社乂安，黎民不散，此瑞之上也。若乃連珠共軫，的皪清漢之涯；合璧齊輝，光芒黃道之上。四時不爽，百穀用成，家有孝慈，人懷禮義，此善之應也。至如白鹿朱鴈，璚露卿雲，鳩雀異毛，草木殊狀，此並沐我皇澤，煦我帝春。聖人圓城之中，天子生成之物，豈足表太平之日，顯休明之辰？而隋主好之，意不能盡，遂令巧僞相半，何其薄哉？近石虎之有中原也。伏心漢高，自儕光武。子女歿於淫昏，文物盡於鋒鏑。猶得厩六馬，駕四麟，燃連理之材，爨白雉之肉。若天道不惑，應降以災，由斯而談，斷可知矣。隋之眷眷，復何爲哉？」問曰：「晉克金陵，功多者屬吏；隋平建業，德俊者尤鬭。豈爭名於朝，事必須此？將廉恥道盡，莫畏簡書乎！」君子曰：「曉兵之家，因敵變化。故有功成請罪之義，君命不受之談。今若王濬乘風，賀若先戰。苟有大利，何簡細瑕？方知賁兵士之汙宮闈，徵軍司之隱玉帛，豈不隳乎？始疑范變後人，孟側不前，郤克有詞，馮異不語。時無君子，斯焉取斯？豈與夫自伐無慚，奮髯直出，而相類乎？」又問曰：「王者初興，必有佐命。莫不同聲相應，同氣相求。白雲之鬱慶龍，清風之集雕虎。不以夷險易志，不以遠近隔心。千載一時，其來尚矣。三代以前，緬邈無際，兩漢之後，聲名可尋。若乃庇俗匡時，體國經野，謀出心膂，政侍股肱。但清濟之人濁河，波瀾莫辨；蚊虻之附驥尾，遲速罔知。既因論討之餘，頗示懸衡之末。」君子曰：「神人無功，達人無迹。張子房玄機孤映，清識獨流。踐若發機，應同急箭；優游淡泊，神交太虛，非諸人所及也。至若陳平，荀彧，賈詡，荀攸，劉曄，郭嘉，田豐，沮授，崔浩，張賓等，可謂天下之菁英。帷幄之至妙，中權合變，因敗爲功，爰自秦漢，訖於周隋，蘭菊相薰，惟有此矣。加以蕭何之鎮靜關中，寇恂之安輯河內，葛亮相蜀，張昭輔吳，茂弘之經理瑯琊，景略之弼諧永固，劉穆之衆務必舉，楊遵彥百度惟貞，蘇綽共濟艱難，高熲同經草昧，雖功有大小，運或長短，咸非疑股肱之材，悉爲忠烈之士。若乃威以靜國，謀以動鄰。提鼓出師，三軍賈勇；置兵境上，千里無塵。內外兼材，惟孔明景略也。故崔浩云：『王猛是苻堅之管仲，劉裕是德宗之曹瞞。』孫盛云：『孔明善輔小國，子產之流也。』斯言中矣。」

方孝孺《遜志齋集》卷五《隋文帝》 隋文帝以詐力取尊位，其子侈縱，以致敗亡。君子陋之，至與秦並稱。然當時戶口蕃殖，國用富溢，夷狄雖強大，不敢少與之抗。若漢唐之盛矣，夫果何以得此也。昏惑之主，欲富國者，必厚斂民，以適其欲，而文帝躬履節儉，謂有司曰：「寧積於民，無藏府庫。」斯言也，豈惟中主有所不及，雖前代賢君，或愧焉。此非富國之本乎？罷鹽酒之禁，減庸調之額，死罪三奏而後行刑，褒賞治民有政蹟之吏。此非戶口滋殖之本乎？吐谷渾之子嵬王訶，謀執其父而降，則詔之曰：「溥天之下皆朕臣妾，各爲善事，即稱朕心。嵬王既欲歸朕，朕惟教以爲臣子之法。不可遠遣兵馬，助爲惡事！」卓哉言乎！不以小利廢大義，眞可以服夷狄之心矣。其爲人雖猜忌苛忍，而能撫有華夏，赫然續數百年之正統，亦有以也哉。後世人主，語及秦隋則羞與爲比，求其所爲，不及秦隋者多矣。此類是也。苟不強爲善，而徒羞比於秦隋，使秦隋之主有知，其不羞與之比者幾希。

王夫之《讀通鑑論》卷一九《隋文帝》 可以行之千年而不易，人也，即天也，天視自我民視者也。民有流俗之淫與偷而相沿者矣，人也，非天也。其相沿也，不可卒革，然而未有能行之千年而不易者也。天不可知，知之以理，流俗相沿，必至於亂，拂於理則違於天，必革之而後安，即數革之，而非以立異也。若夫無必然之理，非治亂之司，人之所習而安焉，則民視即天視矣，雖聖人弗與易矣。而必爲一理以奪之，此漢儒之所以纖曲塗飾而徒云云也。曆正朔，易服色，漢儒以三代王者承天之精意在此，而豈其然哉？正朔之必改，非示不相沿之說也。曆雖精，而行之數百年則必差。夏、商之季，上敖下荒，不能釐正，差舛已甚，故

商、周之興，懲其差舛而改法，亦猶漢以來至於今，曆凡十餘改而始適於時，不容不改者也。若夫服色，則世益降，物益備，期於協民瞻視，天下安之而止矣。彼三王者，何事汲汲於此，與前王相競相壓於染繪之間哉？小戴氏之記《禮》雜矣，未見《易》、《書》、《詩》、《春秋》、《儀禮》、《周官》之斤斤於此也。其曰夏尚玄、殷尚白、周尚赤，吾未知其果否也。莫尊於冕服，而周之冕服，上玄而下纁，何以不赤也？牲之必騂也，純而易求耳，非有他也。夫服色者，取象於天，而天之五色以時變，無非正矣；取法於地，而地之五色以土分，無非正矣。自非龐奇豔靡足以淫人者，皆人用之不可廢，理無定，吾惡從知之？其行之千餘年而不易者，民視之不疑，即可知其爲天視矣。開皇元年，隋主服黄，定黄爲上服之尊，建爲永制。以義類求之，明而不炫，韞而不幽，居青赤白黑之間而不過，尊之以爲事天臨民之服可矣，迄於今莫之能易，人也，即天也。於是而知漢儒之比擬形似徒爲云云者，以理律天，而不知在天者之即爲理；以天制人，而不知人之所同然者即爲天。凡此類，《易》、《書》、《詩》、《春秋》、《周官》、《儀禮》之所不著，孔、孟之所不言，詘之斯允矣。

今之律，其大略皆隋裴政之所定也。政之澤遠矣，千餘年間，非無暴君酷吏，而不能逞其淫虐，法定故也。古肉刑之不復用，漢文之仁也。然漢之刑，多爲之制，故五胡以來，獸之食人也得恣其忿慘。至於拓拔、宇文、高氏之世，定死刑以五：曰磬、絞、斬、梟、磔，又有門房之誅焉，皆漢法之不定啓之也。政爲隋定律，制死刑以二：曰絞、曰斬，改鞭爲杖，改杖爲笞，非謀反大逆無族刑，垂至於今，所承用者，皆政之制也。若於絞、斬之外，加以淩遲，則政之所除，女直、蒙古之所設也。

夫刑極於死而止矣，其不得不有死刑者，以止惡，以懲惡，不得已而用也。大惡者，不殺而不止，故殺之以絕其惡；大惡者，相襲而無所懲，故殺此以戒其餘；先王之於此也，以生道殺人也，非以惡惡之甚而欲快其怒也。極於死而止矣，梟之、磔之、轘之，於死者又何加焉，徒以逞其扼腕齧齦之忿而怖人已耳。司刑者快之，其仇讎快之，於死者何加焉，徒使罪人之子孫，或有能知仁孝者，無以自容於天地之間。一怒之伸，慘至於斯，無裨於風化，而祇令腥聞上徹於天，裴政之澤斬，而後世之怒淫，不亦僭乎？隋一天下，蠲索虜鮮卑之虐，以啓唐二百餘年承平之運，非苟而已也；蓋有人焉，足以與於先王之德政，而惜其不能大用也。

周制：六卿各司其典，而統於天子，無復制於其上者，然而後世不能矣。《周禮》曰：「惟王建國。」言國也，非言天下也。諸侯之國，唯命之也，聽於宗伯；討之也，聽於司馬；序之也，聽於司儀行人。若治教政刑，雖頒典自王，而諸侯自行於國內，不仰決於六官。如是，則千里之王畿，政亦簡矣，其實不踰今一布政使之所理也。郡縣之天下，攬九州於一握，卑冗府史之考課，升斗銖累之金粟，窮鄉下邑之獄訟，東西萬里之邊防，四瀆萬川之堙洩，其繁不可勝紀，總聽於六官之長，而分任之於郎署。其或修或廢，乃至因緣以雠私者，無與舉要以省其成，則散漫委弛而不可致詰。故六卿之上，必有佐天子以總理之者，而後政以緒而漸底於成，此秦以下相臣之設不容已也。乃相臣以一人而代天子，則權下擅而事亦冗，而不給於治；多置相而互相委，則責不專，而同異競起以相撓；於是而隋文之立法爲得矣。左右僕射皆相也，使分判六部，以各治三官，夫然，則天子統二僕射，二僕射統六卿，六卿統庶司，仍《周官》分建之制，而以兩省分宰相之功，殆所謂有條而不紊者乎！繇小而之大，繇衆而之寡，繇繁而之簡，揆之法象，亦太極生兩儀，兩儀生四象八卦，以盡天下之至賾，而由成乎亹亹者也。法者非必治，治者其人也；然法之不善，雖得其人而無適守，抑末繇以得理，況乎未得其人邪？以法天紀，以盡人能，以居要而治詳，以統同而辨異，郡縣之天下，建國命官，隋其獨得矣乎！不可以文帝非聖作之主而廢之也。

開河以轉漕，置倉以遞運，二者孰利？事固有因時因地而各宜，不能守一說以爲獨得者，然其大概，則亦有一定之得失焉。其迹甚便，其事若簡，其效若速，一登之舟，旋運而至，不更勞焉，此轉漕之見爲利者也。然而其運之也，必爲之期，而勞甚矣。閘有啓閉，以爭水之盈虚，一勞也；時有旱潦，以爭天之燥溼，二勞也；水有淤通，以勤人之濬治，三勞也；時有凍沍，以待天之寒温，四勞也；役水次之夫，奪行旅之舟以濟淺，五勞也。而又重以涉險飄沉，重賠補運之害，特其一委之水，庸人偷以爲安，而見爲利耳。夫無漸可循，而致之一塗，以幾速效，政之蕪穢也。歲月皆吾之歲月，紓徐之，則千鈞之重分爲百，而輕甚矣。置倉遞運者，通一歲以輸一歲之儲，合數歲以終一歲之事，源源相因，不見有轉輸之富，日計不足，歲計有餘，在民者易登於倉，在倉者不覺而已致於內，無期會促迫之苦，而可養失業之民，廣馬牛之畜，雖無近功，而可經久以行遠，其視强水之不足，開漕渠以圖小利，得失昭然矣。隋沿河置倉，避其險，取其夷，唐仍之，宋又仍之，至政和而始廢，其利之可久見矣。取簡便而勞於漕輓者，胡元之亂政也。況乎大河之狂瀾，方憂其氾濫，而更爲導以迂曲淫漫，病徐、兗二州之土

乎？隋無德而有政，故不能守天下而固可一天下。以立法而施及唐、宋，蓋隋亡而法不亡也，若置倉遞運之類是已。【略】

立教之道，忠孝至矣，雖有無道之主，未有不以之教其臣子者，而從違異趣，夫亦反其本而已矣。以言教者，進人子而戒之曰：「爾勿不孝」；進人臣而戒之曰：「爾勿不忠」；舌敝穎秃，而聽之者藐藐，悖逆猶相尋也。弗足怪也，教不可以言言者也。獎忠孝而進之，抑不忠不孝而絶之，不納叛人，不恤逆子，不懷其惠，不歆其利，伸大義以昭示天下之臣子，如是者，殆其好也，非其令也，宜可以正於家、施於國、推於天下而消其悖逆矣。然而隋文帝於陳郢州之叛而請降，則拒而弗納；突厥莫何可汗生擒阿波歸命於隋，請其死生，高熲曰：「骨肉相殘，教之蠹也，存養之以示寬大。」帝則從之，而禁勿殺；吐谷渾妻子叛其主請降，帝則曰：「背夫叛父，不可收納。」夫帝之欲並陳而服二虜，其情也；抑且顧君臣、父子、夫婦之大倫，捐可乘之利而拒之已峻，以是風示臣子，俾咸順於君父，而蠲其乖悖，夫豈不能？然制於悍妻，惑於逆子，使之兄弟相殘，終以梟獍之刃加於其躬，一室之内，戈矛逞而天性蔑，四海之稱兵，不旋踵而蠭起，此又何也？繇此而知忠孝者，非可立以爲教而教人者也。以言教者不足道，固已，徒以行事立標準者，亦迹而已矣。夫忠孝者，生於人之心者也，唯心可以相感；而身居君父之重，則唯在我之好惡，爲可以起人心之惻隱羞惡，而遏其狂戾之情。文帝以機變篡人之國，所好者争奪，所惡者馴謹也。制之於外，示彝倫之則；伏之於内，任喜怒之私；其拒叛臣、絶逆子也，一挾名教以制人者也。幽曖之地，鬼神瞰之，而妻子尤熟嘗之。好惡之私，始於拂性而任情，既且違情而殉物。悍妻逆子，或餌之，或脅之，顛倒於無據之胸，則雖日行飭正人倫之事，而或持之，或誘之，終以怨毒而賊害之。無他，心之相召，好惡之相激也。嗚呼！方欲以綱常施正於裔夷，而濺血之禍起於骨肉，心之幾亦嚴矣哉！好惡之情亦危矣哉！故藏身之恕，防情之辟，立教之本，近取之而已。政不足治，刑賞不足勸懲，況欲以空言爲求亡子之鼓乎？【略】

聲音之動，治亂之徵，《樂記》言之，而萬寶常以驗隋之必亡。顧其説非可一言竟也。有聲動而導人心之貞淫者，有心動而爲樂之正變者，其感應之幾，相爲循環，而各有其先後。謂聲動而心隨之，則正樂急矣；謂心動而樂隨之，則樂固不能自正而待其人矣。倘於無道之世，按韶、夏之音而奏之，遂足以救其亡乎？不可得也。雖然，未有無道之世，不崇淫聲、侈哀響，而能以韶、夏之音爲樂者。於是而知志氣之交相動，而天人之互爲功矣。且以寶常之言，直斥何妥之樂爲亡國之音，隋文何以不悦，終廢寶常，而謂何妥之樂曰「滔滔和雅，與我心會」，則盛世之音，必不諧於衰世之耳。其諧不諧者，天也，非人也。乃唯帝任詐以取天下，昵悍妻，狎逆子，任其好惡於非僻，則心流於邪，而耳從心爾。然則治心而後可以審音，心者其本也，音者其末與！乃何妥衰亂慆淫之樂作，遂益以導煬帝邪淫無厭之心，而終亡其國，則樂之不正，流禍無涯，樂又本而非末矣。【略】

以德化民至矣哉！化者，天事也，天自有其理氣，行乎其不容已，物自順乎其則而不知。聖人之德，非以取則於天也，自修其不容已，而人見爲德。人亦非能取則於聖人也，各以其才之大小純駁，行乎其不容已，而已化矣。故至矣、尚矣，絶乎人而天矣。謂其以德化者，人推本而爲之言也；非聖人以之，如以薪煬火，以勺斟水，執此而取彼之謂也。夫以德而求化民，則不如以政而治民矣。政者，所以治也。立政之志，本期乎治，以是而治之，持券取償而得其固然也，則猶誠也。持德而以之化民，則以化民故而飾德，其德僞矣。挾一言一行之循乎道，而取償於民，頑者侮之，黠者亦飾僞以應之，上下相率以僞，君子之所甚賤，亂敗之及，一發而不可收也。夫爲政者，廉以潔己，慈以愛民，盡其在己者而已。至於内行之修，則尤無與於民，而自行其不容已，夫豈持此爲券以取民之償哉？自漢龔、黄、卓、魯之見褒於當代，於是有僞人者，假德教以與民相市，民之僞者應之，遂以自標而物榜之，曰此德化之效也。東漢之末，矯飾之士不絶於策。至於三國，迄乎梁、陳，豈無循良之吏，而此風闃然；時君之所不尚，褒寵不及，僞人苶然而返耳。至隋而蘇威剽襲《六經》之膚説以干文帝，帝利其説以詫治定功成之盛，始獎天下以僞，而辛公義、劉曠詭激飾詐之爲，艴然表見以徼榮利。公義則露坐獄中以聽訟，訟者繫獄，則宿廳事，不歸寢閤；曠則稱説義理，曉諭訟者，而不決其是非，遂以獵無訟之虚名，遷美官而傳於史册。嗚呼！當是時也，君臣相螫，不知其何若，而公義與曠取美譽、弋大官而止，後無聞焉。無訟者，孔子之所未遑；德化者，周公之所不敢居；區區一俗吏，以掉舌於公庭，暴形於寢處，遂勝其任而愉快乎？何易繇言而重爲僞人之欺邪？夫德者，自得也；政者，自正也。尚政者，不足於德；尚德者，不廢其政；行乎其不容已，而民之化也，俟其誠之至而動也。上下相蒙以僞，姦險戕奪，若火伏油中，得水而燄不可撲，隋之亡也；非一旦一夕之致也。其所云德化者，一廉恥蕩然之爲也。

天下分争之餘，兵戈乍息，則人民之生必蕃，必天地之生理，屈者極，伸者必驟，往來之數，不爽之幾也。當其未定，人習於亂，而偷以生，以人之不足，食地之有餘，民之不勤於自養也，且習以爲常。迨其亂定而生齒蕃，後生者且無以圖存，於斯時而爲之君者將如之何？蕃庶而無以綏之則亂，然則人民之乍然而蕃育也，抑有天下者之憂也。雖然，王者又豈能他爲之賜哉？抑豈容作聰明、制法令以爲之所哉？唯輕徭薄賦，擇良有司以與之休息，漸久而自得其生，以相忘而輯寧爾。五代南北之戰争，民之存者僅矣。周滅齊而河北定，隋滅陳而天下一，於是而户口歲增，京輔、三河地少人衆，且無以自給，隋乃遣使均田，以謂各得有其田以贍生也。唯然，而民困愈亟矣。人則未有不自謀其生者也，上之謀之，不如其自謀；上爲謀之，且弛其自謀之心，而後生計愈蹙。故勿憂人之無以自給也，藉其終不可給，抑必將改圖而求所以生，其依戀先疇而不舍，則固無自斃之理矣。上唯無以奪其治生之力，寛之於公，而天地之大，山澤之富，有餘力以營之，而無不可以養人。今隋之所謂户口歲增者，豈徒民之自增邪？蓋上精察於其數以斂賦役者之增之也。人方驟蕃，地未盡辟，效職力於爲工爲賈以易布粟，園林畜牧以廣生殖者未遑，而亟登之版籍，則衣食不充。非民之數盈，地之力歉，而實籍其户口者之無餘，而役其户口者不酌其已盈而減其賦也。乃欲奪人之田以與人，使相傾相怨以成乎大亂哉？故不十年而盜賊競起以亡隋。民之不輯也久矣，考其時，北築長城，東巡泰嶽，作仁壽宫，而丁夫死者萬計，别宫十二，相因營造，則其挍剔丁壯以供土木也，不待煬帝之驕淫，而民已無餘地以求生矣。乃姑爲均田以塞其匃免之口，故曰唯然而民困愈亟也。夫王者之有其土若無其土也，而後疆圉以不荒；有其民若無其民也，而後御衆而不亂。夫豈患京輔、三河地少而人貧哉？鄧禹之多男子也，各授以業，而宗以盛，不奪此子之餘以給彼子也。寛之恤之，使自贍之，數十年而生類亦有序，而不憂人滿。漢文、景得此道也，故天下安而漢祚以長。隋之速亡也，不亦宜乎！均田令行，狹鄉十畝而籍一户，其虐民可知矣，則爲均田之説者，王者所必誅而不赦，明矣。

開皇十四年，詔給公卿以下職田。其時天下已定，民各守其先疇，不知何所得田以給之，史無所考，大抵其爲亂政無疑矣。先是官置公廨錢，貸民收息，誠稗政也，於是蘇孝慈請禁止之，給地以營農，意且謂此三代之法，可行無弊者，而豈其然哉？三代之國，幅員之狹，直今一縣耳，仕者不出於百里之中，而卿大夫之子恒爲士，故有世禄者有世田，即其所世營之業也，名爲卿大夫，實則今鄉里之豪族而已。世居其土，世勤其疇，世修其陂池，世治其助耕之氓，故官不侵民，民不欺官，而田亦不至於汙萊。郡縣之天下，合四海九州之人以錯相爲吏，官無定分，職無常守，升降調除，中外南北，月易而歲不同，給以田而使營農，將人給之乎？貴賤無差，予奪無恒，而且不勝給矣；將因職而給之乎？有此耕而彼穫者矣。而且官不習於田，一授其權於胥隸，胥隸横於阡陌，務漁獵而不恤其荒瘠，閲數十年而農非其農，田非其田，徒取沃土而滅裂之，不足以養士，而徒重困乎民也。故職田者，三代以下必不可行之法也。放公廨錢以收息，所以毁官箴而殃民，在所必禁者，君子與小人義利之疆畛，不可亂耳。力耕者，亦皇皇求利之事也，故夫子斥樊遲爲小人，而孟子以不耕而食爲不素餐之大。有天下者，總制郡縣之賦税，領以司農，而給百官之禄入，俾逸獲而不與民争盈縮，所以靖小人而迪君子於正道之不易者也。禄入豐而士大夫無求於民，猶恐其不廉也，乃導之與穫穡之夫争升斗於秉穗乎？蘇孝慈者，知公廨錢之非道，胡不請厚其禄以止其貪，而非三代之時，循三代之跡，以徒亂天下爲邪？隋文帝錙銖之主也，以爲是於國無損，而可以益吏，且可竊師古之美名，遂歆然從之，溺古之士，且以爲允。後世有官田，有學田，有藩王勳戚之莊田，皆沿此以貽害於天下，創制宜民者，盡舉以授民而作賦，庶有瘥乎！

文帝畜疑御下，芟夷有功於己者不遺餘力矣。鄭譯、盧賁、柳裘或黜或死，防其以戴己者戴人，固也。其戮力以混一天下者，若史萬歲、王世積、虞慶則誣訐一加，而斧鑕旋及。至於賀若弼、高熲、李德林倚爲心膂，不在楊素之下，而弼下吏幾死，熲除名，德林終廢。徒於楊素投膠漆之分，舉天下以託之，何坦然無疑而盡易其猜防之毒也？乃素卒比附逆廣以推刃於帝，夫豈天奪其衷與？不然，何疑其所可不疑，信其所必不可信，如斯之甚也！隋之諸臣，唯素之不可託也爲最，非但熲、弼、德林之不屑與伍，即以視劉昉、鄭譯猶有懸絶之分。何也？素者，天下古今之至不仁者也。其用兵也，求人而殺之以立威，使數百人犯大敵，不勝而俱斬之，自有兵以來，唯尉繚言之，唯素行之，蓋無他智略，唯忍於自殺其人而已矣。其營仁壽宫也，丁夫死者萬計，皆以殺人而速奏其成，曠古以來，唯以殺人爲事者更無其匹。嗚呼！人之不仁至於此極，而猶知有君之不可弑乎？猶知子之不可弑父而已弗與其謀乎？文帝之項領日懸於素之鋒刃而不知，豈徒素之狐媚以結獨孤后而爲之覆翼乎？抑帝慘毒之性、臭味與諧而相得也！故曰：君不仁，則不保其國；臣不仁，則不保其身；不仁者樂與不仁者狎

而信之篤，雖天子不保其四體。素之族至其子而乃赤，猶晚矣。故惻隱之心，存亡生死之幾也。夫人性之弗醇，習之不順，惻隱之心不足以發。唯好惡之不迷，不樂與不仁者處而利賴之，惡其可損，禍其可輕乎！

太子勇耽聲色，狎羣小，而逆廣立平陳之功，且矯飾恭儉以徼上寵，釣下譽，聲施爛然。文帝廢勇而立廣，雖偏聽悍妻，致他日有獨孤誤我之嘆，然當廣惡未著，勇德有愆之日，參互相觀，亦未見廢立之非社稷計也，而奚以辨之哉？廣之所以惑獨孤者，曰阿麼大孝耳。婦人喜囁嚅呴沫之愛，無足怪者，帝固熟察人情者，而何亦懵焉？天下有孝於父母而忍賊害其兄弟者乎？勇雖不德，然知廣之陷己，終未嘗求廣之過暴之父母之前。廣則伏地流涕曰：「不知何罪，失愛東宮。」勇無言，而廣亟於譖，勇猶自處於厚，而廣之不仁不可揜矣。故人之甚不仁也易見也，父子兄弟之不若，夫人所無可如何者也。非其懿親與其執友，則雖禍且相及，而固不可訐之相告，使觸其怒以傷天性之恩；即其懿親與其執友不容不告，而必謀其曲全之術；若直訐其陰私以激吾之譴責，則必其人天性固絶於己，而忿戾以求快其私者也。夫人且然，而況同生兄弟，均爲父母之子，而浸潤膚受交致以激吾之怒，尚可信爲大孝而可以生死存亡託之者乎？勇於見廢之日，再拜泣下，舞蹈而出，終不訟廣之見誣而擿其隱慝，然則使勇嗣立，隋尚可以不亡，藉令不然，亦何至逞梟獍之凶如廣之酷邪？故勇與廣之賢不肖未易辨也，而廣訴勇，勇不訴廣，其仁心之僅存與其澌滅，則灼然易知也。天下未有忍奪其兄之孝子，古今無有讒毀我子弟、勸令殺戮屏棄而爲可託之人，兩言而決之有餘矣。

《傳》曰：「儉，德之共也；侈，惡之大也。」所謂德之共者，謂其斂耳目口體之淫縱，以範其心於正也，非謂吝於財而積之爲利也。所謂惡之大者，謂其蕩心志以外熒，導天下於淫曼也，非謂不留有餘以自貧也。儉於德曰儉，儉於財曰吝，儉吝二者迹同而實異，不可不察也。吝於財而文之曰儉，是謂貪人。諺曰：「大儉之後，必生奢男」，貪吝之報也。若果節耳目、定心志，以恭敬自持，勿敢放逸，則言有物，行有恒。即不能必子之賢，亦何至疾相反而激以成侈哉？隋文帝之儉，非儉也，吝也，不共其德而徒厚其財也。富有四海，求盈不厭，侈其多藏，重毒天下，爲惡之大而已矣。奚以明其然邪？仁壽宮成，賞封德彝而擢爲内史。耳目之欲，力制而不能制也；盜邊糧者升以上皆斬，積聚之貪，誇富彊而唯恐不豐也。宋武藏農服以示子孫，齊高欲黄金與土同價，皆此而已矣。是下邑窮鄉銖積絲纍以豪於閭井者之情，而奚足爲儉哉？視金粟也愈重，則積金粟也愈豐；取之於人也愈工，而愈不憂其匱；而後不肖之子孫無求弗獲，而以爲天下之可以遂吾志欲者，莫財若也。太子勇之飾物玩、耽聲色，逆廣之離宮別館，塗金堆碧，龍舟錦纜，翦采鋪池，裂繒衣樹，皆取之有餘，而倉粟陳紅，以資李密之狼戾，一皆文帝心計之所聚，而以豐盈自侈者也。祗速其亡，又何怪乎？若夫賢者之儉，豈其然哉？視金玉若塵土，錦綺若草芥，耳目不淫，心志不惑，澹然與之相忘，而以金粟給小人之欲，君臣父子相競於義以賤利，其必不以爲詭奢之媒審矣。夫唯大吝之後，乃生奢男，豈儉之謂哉？

文帝之察也，肘腋有楊素之姦而信之篤，宫闈有逆廣之凶而愛之專，卒以殺身而亡國。無他，以塗飾虛僞籠天下，情以移，志以遷，而好惡皆失其本心，樂與僞人相取，狎焉而不自知也。王伽者，天下古今之僞人也，罷遣防送之卒，縱流囚李參等七十餘人，與約期至京，而曰：「如致前卻，當爲汝受死。」參等皆如期而至。夫參等身蹈重法，固桀敖不軌之徒也，伽何恃而以死嘗試其誠僞？前乎此者，未聞伽有盛德至行足以孚豚魚也，一旦而以父母之身與罪人市，豈其愚至此哉？且李參等已至京而待配於有司矣，孰使帝聞之而驚喜？則伽與參等探知帝之好虛僞以飾太平，而相約以成詭異之行，標榜自衒於帝之左右，俾得上聞。帝果爲之下詔曰：「官盡如王伽，刑措其何遠哉！」伽乃擢爲雍令矣，參等乃予宴而赦矣。帝已爲伽持券而取償，而帝不知也；非不知也，知之而固喜其飾平康以昭吾治功之盛，而欺天下也。是其爲情，與王劭上《靈感志》而焚香歌誦以宣示之無以異。唯然，故楊素僞忠，而帝且曰吾有忠臣；逆廣僞孝，而帝且曰吾有孝子；情與之相得，心與之相習，不復知此外之有心理。亦將曰：文王之孝亦廣，周公之忠亦素而已矣；孔子之綏來動和，亦伽而已矣。古今惡有聖賢哉？飾以爲之而即可傳之萬世，則懷姦畜逆者，方伏刃以擬其項領，固迷而不覺。始以欺人，終於自罔，身弑國亡，若蹈火之必灼，狎水之必溺也，豈有爽哉？夫聖人者，同於人者也；爲創見之事，舉世驚之，必有僞焉，秉正者所弗惑也。若伽者，固不容於堯、舜之世，唯不容焉，斯以爲堯、舜之智與！

藝文

《隋書》卷一五《音樂志下》 大業元年，煬帝又詔修高廟樂，曰：「古先哲

王，經國成務，莫不因人心而制禮，則天明而作樂。昔漢氏諸廟別所，樂亦不同，至於光武之後，始立共堂之制。魏文承運，初營廟寢，太祖一室，獨爲別宮。自兹之後，兵車交争，制作規模，日不暇給。伏惟高祖文皇帝，功侔造物，道濟生靈，享薦宜殊，樂舞須別。今若月祭時饗，既與諸祖共庭，至於舞功，獨於一室，交違禮意，未合人情。其詳議以聞。」

《隋書》卷五七《薛道衡傳》引薛道衡《高祖文皇帝頌》　太始太素，荒茫造化之初，天皇、地皇，杳冥書契之外。其道絶，其迹遠，言談所不詣，耳目所不追。至於入穴登巢，鶉居鷇飲，不殊於羽族，取類於毛羣，亦何貴於人靈，何用於心識？羲、軒已降，爰暨唐、虞，則乾象而施法度，觀人文而化天下，然後帝王之位可重，聖哲之道爲尊。夏后、殷、周之國，禹、湯、文、武之主，功濟生民，聲流《雅》《頌》，然陵替於三五，慚德於干戈。秦居閏位，任刑名爲政本，漢執靈圖，雜霸道而爲業。當塗興而三方峙，典午末而四海亂，九州封域，窟穴鯨鯢之羣，五都遺黎，蹴踏戎馬之足。雖玄行定嵩、洛，木運據崤、函，未正滄海之流，詎息崑山之燎！協千齡之旦暮，當萬葉之一朝者，其在大隋乎？

粤若高祖文皇帝，誕聖降靈則赤光照室，韜神晦迹則紫氣騰天。龍顔日角之奇，玉理珠衡之異，著在圖籙，彰乎儀表。而帝系靈長，神基崇峻，類邠、岐之累德，異豐、沛之勃起，俯膺歷試，納揆賓門，位長六卿，望高百辟，猶重華之爲太尉，若文命之任司空。蒼歷將盡，率土糜沸，玉弩驚天，金鉦照野，姦雄挺禍，據河朔而連海岱，猾長縱惡，杜白馬而塞成皋，庸、蜀逆命，憑銅梁之險，鄖、黄背誕，引金陵之寇，三川已震，九鼎將飛。高祖龍躍鳳翔，濡足授手，應赤伏之符，受玄狐之籙，命百下百勝之將，動九天九地之師，平共工而殄蚩尤，翦猰貐而戮鑿齒。不煩二十八將，無假五十二征，曾未踰時，妖逆咸殄，廓氛霧於區宇，出黎元於塗炭。天柱傾而還正，地維絶而更紐，殊方稽顙，識牛馬之内向，樂師伏地，懼鍾石之變聲。萬姓所以樂推，三靈於是改卜，壇場已備，猶弘五讓之心，億兆難違，方從四海之請。光臨寶祚，展禮郊丘，舞六代而降天神，陳四圭而饗上帝，乾坤交泰，品物咸亨。酌前王之令典，改易徽號，因庶萌之子來，移創都邑。天文上當朱鳥，地理下據黑龍，正位辨方，揆影於日月，内宫外座，取法於辰象。懸政教於魏闕，朝羣后於明堂，除舊布新，移風易俗。天街之表，地脉之外，獯獫孔熾，其來自久，横行十萬，樊噲於是失辭，提步五千，李陵所以陷没。周、齊兩盛，競結旄頭，娉狄后於漠北，未足息其侵擾，傾珍藏於山東，不能止其貪暴。炎靈啓祚，聖皇馭宇，運天策於帷扆，播神威於沙朔，柳室、氈裘之長，皆爲臣隸，瀚海、蹛林之地，盡充池苑。三吴、百越，九江五湖，地分南北，天隔内外，談黄旗紫蓋之氣，恃龍蟠獸據之嶮，恒有僭僞之君，妄竊帝王之號。時經五代，年移三百，爰降皇情，永懷大道，愍彼黎獻，獨爲匪人。今上利建在唐，則哲居代，地憑宸極，天縱神武，受脤出車，一舉平定。於是八荒無外，九服大同，四海爲家，萬里爲宅。乃休牛散馬，偃武修文。

自華夏亂離，緜積年代，人造戰争之具，家習澆僞之風，聖人之遺訓莫存，先王之舊典咸墜。爰命秩宗，刊定《五禮》，申勑大予，改正六樂，玉帛樽俎之儀，節文乃備，金石匏革之奏，雅俗始分。而留心政術，垂神聽覽，早朝晏罷，廢寢忘食，憂百姓之未安，懼一物之失所。行先王之道，夜思待旦，革百王之弊，朝不及夕，見一善事，喜彰於容旨，聞一愆犯，嘆深於在予。薄賦輕傜，務農重穀，倉廩有紅腐之積，黎萌無阻飢之慮。天性弘慈，聖心惻隱，恩加禽獸，胎卵於是獲全，仁霑草木，牛羊所以勿踐。至於憲章重典，刑名大辟，申法而屈情，決斷於俄頃，故能彝倫攸叙，上下齊肅。左右絶諂諛之路，縉紳無勢力之門，小心翼翼，敬事於天地，終日乾乾，誠慎於亢極。陶黎萌於德化，致風俗於太康，公卿庶尹，遐邇岳牧，僉以天平地成，千載之嘉會，登封降禪，百王之盛典。宜其金泥玉檢，展禮介丘，飛聲騰實，常爲稱首。天子爲而不恃，成而不居，沖旨凝邈，固辭弗許。而雖休勿休，上德不德，更乃潔誠岱岳，遜謝愆咎。方知六十四卦，謙撝之道爲尊，七十二君，告成之義爲小。巍巍蕩蕩，無得以稱焉。而深誠至德，感達於穹壤，和氣薰風，充溢於宇宙。二儀降福，百靈薦祉，日月星象，風雲草樹之祥，山川玉石，鱗介羽毛之瑞，歲見月彰，不可勝紀。至於振古所未有，圖籍所不載，目所不見，耳所未聞。古語稱聖人作，萬物睹，神靈滋，百寶用，此其効矣。

既而遊心姑射，脱屣之志已深，鑄鼎荆山，升天之駕遂遠。凡在黎獻，具惟帝臣，慕深考妣，哀纏弓劍，塗山幽峻，無復玉帛之禮，長陵寂寞，空見衣冠之遊。若乃降精熛怒，飛名帝籙，開運握圖，創業垂統，聖德也；撥亂反正，濟國寧人，六合八紘，同文共軌，神功也；玄酒陶匏，雲和孤竹，禋祀上帝，尊極配天，大孝也；偃伯戢戈，正禮裁樂，納民壽域，驅俗福林，至政也。張四維而臨萬宇，侔三皇而並五帝，豈直錙銖周、漢，么麽魏、晉而已。雖五行之舞每陳於清廟，九德之歌無絶於樂府，而玄功暢洽不局於形器，懿業遠大豈盡於揄揚。

臣輕生多幸，命偶興運，趨事紫宸，驅馳丹陛，一辭天闕，奄隔鼎湖，空有攀龍

之心，徒懷蒿蟻之意。庶憑毫翰，敢希贊述！昔堙海之禽不增於大地，泣河之士非益於洪流，盡其心之所存，忘其力之所及，輒緣斯義，不覺斐然。乃作頌曰：

悠哉邃古，邈矣季世，四海九州，萬王千帝。三代之後，其道踰替，爰逮金行，不勝其弊。戎狄猾夏，羣凶縱慝，竊號淫名，十有餘國。怙威逞暴，悖禮亂德，五嶽塵飛，三象霧塞。玄精啓曆，發迹幽方，並吞寇僞，獨擅雄强。載祀二百，比祚前王，江湖尚阻，區域未康。句吴、閩越，河朔渭涘，九縣瓜分，三方鼎時。狙詐不息，干戈競起，東夏雖平，亂離瘼矣。五運協期，千年肇旦，赫矣高祖，人靈攸贊。聖德迥生，神謀獨斷，癉惡彰善，夷凶静難。宗伯撰儀，太史練日，孤竹之管，雲和之瑟。展禮上玄，飛煙太一，珪璧朝會，山川望秩。占揆星景，移建邦畿，下憑赤壤，上協紫微。布政衢室，懸法象魏，帝宅天府，固本崇威。匈河、瀚海，龍荒狼望，種落陸梁，時犯亭障。皇威遠懾，帝德遐暢，稽顙歸誠，稱臣内向。吴、越提封，斗牛星象，積有年代，自稱君長。大風未繳，長鯨漏網，授鉞天人，豁然清蕩。戴日戴斗，太平太蒙，禮教周被，書軌大同。復禹之跡，成舜之功，禮以安上，樂以移風。憂勞庶績，矜育黔首，三面解羅，萬方引咎。納民軌物，驅時仁壽，神化隆平，生靈熙阜。虔心恭己，奉天事地，協氣横流，休徵紹至。壇場望幸，云亭虚位，推而不居，聖道彌粹。齊跡姬文，登發嗣聖，道類漢光，傳莊寶命。知來藏往，玄覽幽鏡，鼎業靈長，洪基隆盛。崆峒問道，汾射窅然，御辯遐逝，乘雲上仙。哀纏率土，痛感穹玄，流澤萬葉，用教百年。尚想叡圖，永惟聖則，道洽幽顯，仁霑動植。爻象不陳，乾坤將息，微臣作頌，用申罔極。

王十朋《梅溪集》卷一〇《隋文帝》 孽后邪臣造釁端，房陵幽閉抱深冤。一朝變起宫闈内，方信當時用婦言。

孫承恩《文簡集》卷四一《隋文帝》 勤儉興邦，法律御世。功就混一，俗幾康乂。猜刻習勝，奪宗計行。釀成厲階，王祚遂傾。

《全唐詩》卷二七七盧綸《棲巖寺隋文帝馬腦盞歌》 天宫寶器隋朝物，鎖在金函比金骨。開函捧之光乃發，阿修羅王掌中月。五雲如拳輕復濃，昔曾噀酒今藏龍。規形環影相透徹，亂雪繁花千萬重。可憐貞質無今古，可嘆隋陵一杯土。宫中豔女滿宫春，得親此寶能幾人。一留寒殿殿將壞，唯有幽光通隙塵。山中老僧眉似雪，忍死相傳保扃鐍。

《全唐詩》卷七三〇周曇《隋文帝》 孤兒寡婦忍同欺，輔政剛教篡奪爲。矯詔必能疎昉譯，直臣誠合重顔儀。

高熲部

綜述

《隋書》卷四一《高熲傳》　高熲字昭玄，一名敏，自云渤海蓨人也。父賓，背齊歸周，大司馬獨孤信引爲僚佐，賜姓獨孤氏。及信被誅，妻子徙蜀。文獻皇后以賓父之故吏，每往來其家。賓後官至鄀州刺史，及熲貴，贈禮部尚書、渤海公。

熲少明敏，有器局，略涉書史，尤善詞令。初，孩孺時，家有柳樹，高百許尺，亭亭如蓋。里中父老曰：「此家當出貴人。」年十七，周齊王憲引爲記室。武帝時，襲爵武陽縣伯，除內史上士，尋遷下大夫。以平齊功，拜開府。尋從越王盛擊隰州叛胡，平之。

高祖得政，素知熲强明，又習兵事，多計略，意欲引之入府。遣邗國公楊惠諭意，熲承旨欣然曰：「願受驅馳。縱令公事不成，熲亦不辭滅族。」於是爲相府司録。時長史鄭譯、司馬劉昉並以奢縱被疎，高祖彌屬意於熲，委以心膂。尉迥之起兵也，遣子惇率步騎八萬，進屯武陟。高祖令韋孝寬擊之，軍至河陽，莫敢先進。高祖以諸將不一，令崔仲方監之，仲方辭父在山東。時熲又見劉昉、鄭譯並無去意，遂自請行，深合上旨，遂遣熲。熲受命便發，遣人辭母，云忠孝不可兩兼，歔欷就路。至軍，爲橋於沁水，賊於上流縱火栰，熲預爲土狗以禦之。既渡，焚橋而戰，大破之。遂至鄴下，與迥交戰，仍共宇文忻、李詢等設策，因平尉迥。軍還，侍宴於卧內，上撤御帷以賜之。進位柱國，改封義寧縣公，遷相府司馬，任寄益隆。

高祖受禪，拜尚書左僕射，兼納言，進封渤海郡公，朝臣莫與爲比，上每呼爲獨孤而不名也。熲深避權勢，上表遜位，讓於蘇威。上欲成其美，聽解僕射。數日，上曰：「蘇威高蹈前朝，熲能推舉。吾聞進賢受上賞，寧可令去官！」於是命熲復位。俄拜左衛大將軍，本官如故。時突厥屢爲寇患，詔熲鎮遏緣邊。及還，賜馬百餘匹，牛羊千計。領新都大監，制度多出於熲。熲每坐朝堂北槐樹下以聽事，其樹不依行列，有司將伐之。上特命勿去，以示後人。其見重如此。又拜左領軍大將軍，餘官如故。母憂去職，二旬起令視事。熲流涕辭讓，優詔不許。

開皇二年，長孫覽、元景山等伐陳，令熲節度諸軍。會陳宣帝薨，熲以禮不伐喪，奏請班師。蕭巖之叛也，詔熲綏集江、漢，甚得人和。上嘗問熲取陳之策，熲曰：「江北地寒，田收差晚，江南土熱，水田早熟。量彼收穫之際，微徵士馬，聲言掩襲。彼必屯兵禦守，足得廢其農時。彼既聚兵，我便解甲，再三若此，賊以爲常。後更集兵，彼必不信，猶豫之頃，我乃濟師，登陸而戰，兵氣益倍。又江南土薄，舍多竹茅，所有儲積，皆非地窖。密遣行人，因風縱火，待彼修立，復更燒之。不出數年，自可財力俱盡。」上行其策，由是陳人益敝。九年，晉王廣大舉伐陳，以熲爲元帥長史，三軍諮稟，皆取斷於熲。及陳平，晉王欲納陳主寵姬張麗華。熲曰：「武王滅殷，戮妲己。今平陳國，不宜取麗華。」乃命斬之，王甚不悦。及軍還，以功加授上柱國，進爵齊國公，賜物九千段，定食千乘縣千五百户。上因勞之曰：「公伐陳後，人言公反，朕已斬之。君臣道合，非青蠅所間也。」熲又遜位，詔曰：「公識鑒通遠，器略優深，出參戎律，廓清淮海，入司禁旅，實委心腹。自朕受命，常典機衡，竭誠陳力，心迹俱盡。此則天降良輔，翊贊朕躬，幸無詞費也。」其優獎如此。

是後右衛將軍龐晃及將軍盧賁等，前後短熲於上。上怒之，皆被疎黜。因謂熲曰：「獨孤公猶鏡也，每被磨瑩，皎然益明。」未幾，尚書都事姜曄、楚州行參軍李君才並奏稱水旱不調，罪由高熲，請廢黜之。二人俱得罪而去，親禮逾密。上幸并州，留熲居守。及上還京，賜縑五千匹，復賜行宮一所，以爲莊舍。其夫人賀拔氏寢疾，中使顧問，絡繹不絶。上親幸其第，賜錢百萬，絹萬匹，復賜以千里馬。上嘗從容命熲與賀若弼言及平陳事，熲曰：「賀若弼先獻十策，後於蔣山苦戰破賊。臣文吏耳，焉敢與大將軍論功！」帝大笑，時論嘉其有讓。尋以其子表仁取太子勇女，前後賞賜不可勝計。時熒惑入太微，犯左執法。術者劉暉私言於熲曰：「天文不利宰相，可修德以禳之。」熲不自安，以暉言奏之。上厚加賞慰。突厥犯塞，以熲爲元帥，擊賊破之。又出白道，進圖入磧，遣使請兵。近臣緣此言熲欲反，上未有所答，熲亦破賊而還。

時太子勇失愛於上，潛有廢立之意。謂熲曰：「晉王妃有神憑之，言王必有天下，若之何？」熲長跪曰：「長幼有序，其可廢乎！」上默然而止。獨孤皇后知熲不可奪，陰欲去之。初，夫人卒，后言於上曰：「高僕射老矣，而喪夫人，陛下何能不爲之娶！」上以后言謂熲，熲流涕謝曰：「臣今已老，退朝之後，唯齋居讀

佛經而已。雖陛下垂哀之深，至於納室，非臣所願。」上乃止。至是，熲愛妾産男，上聞之極歡，后甚不悦。上問其故，后曰：「陛下當復信高熲邪？始陛下欲爲熲娶，熲心存愛妾，面欺陛下。今其詐已見，陛下安得信之！」上由是疏熲。會議伐遼東，熲固諫不可。上不從，以熲爲元帥長史，從漢王征遼東，遇霖潦疾疫，不利而還。后言於上曰：「熲初不欲行，陛下强遣之，妾固知其無功矣。」又上以漢王年少，專委軍於熲。熲以任寄隆重，每懷至公，無自疑之意。諒所言多不用，甚銜之。及還，諒泣言於后曰：「兒幸免高熲所殺。」上聞之，彌不平。俄而上柱國王世積以罪誅，當推覈之際，乃有宫禁中事，云於熲處得之。上欲成熲之罪，聞此大驚。時上柱國賀若弼、吴州總管宇文弢、刑部尚書薛胄、民部尚書斛律孝卿、兵部尚書柳述等明熲無罪，上逾怒，皆以之屬吏。自是朝臣莫敢言者。熲竟坐免，以公就第。

未幾，上幸秦王俊第，召熲侍宴。熲歔欷悲不自勝，獨狐皇后亦對之泣，左右皆流涕。上謂熲曰：「朕不負公，公自負也。」因謂侍臣曰：「我於高熲勝兒子，雖或不見，常似目前。自其解落，瞑然忘之，如本無高熲。不可以身要君，自云第一也。」

頃之，熲國令上熲陰事，稱：「其子表仁謂熲曰：『司馬仲達初託疾不朝，遂有天下。公今遇此，焉知非福！』」於是上大怒，因熲於内史省而鞫之。憲司復奏熲他事，云：「沙門真覺嘗謂熲云：『明年國有大喪。』尼令暉復云：『十七、十八年，皇帝有大厄。十九年不可過。』」上聞而益怒，顧謂羣臣曰：「帝王豈可力求。孔子以大聖之才，作法垂世，寧不欲大位邪？天命不可耳。熲與子言，自比晉帝，此何心乎？」有司請斬熲。上曰：「去年殺虞慶則，今兹斬王世積，如更誅熲，天下其謂我何？」於是除名爲民。熲初爲僕射，其母誡之曰：「汝富貴已極，但有一斫頭耳，爾宜慎之！」熲由是常恐禍變。及此，熲歡然無恨色，以爲得免於禍。

煬帝即位，拜爲太常。時詔收周、齊故樂人及天下散樂。熲奏曰：「此樂久廢。今若徵之，恐無識之徒棄本逐末，遞相教習。」帝不悦。帝時侈靡，聲色滋甚，又起長城之役。熲甚病之，謂太常丞李懿曰：「周天元以好樂而亡，殷鑒不遥，安可復爾！」時帝遇啓民可汗恩禮過厚，熲謂太府卿何稠曰：「此虜頗知中國虚實、山川險易，恐爲後患。」復謂觀王雄曰：「近來朝廷殊無綱紀。」有人奏之，帝以爲謗訕朝政，於是下詔誅之，諸子徙邊。

熲有文武大略，明達世務。及蒙任寄之後，竭誠盡節，進引貞良，以天下爲己任。蘇威、楊素、賀若弼、韓擒等，皆熲所推薦，各盡其用，爲一代名臣。自餘立功立事者，不可勝數。當朝執政將二十年，朝野推服，物無異議。治致升平，熲之力也。論者以爲真宰相。及其被誅，天下莫不傷惜，至今稱冤不已。所有奇策密謀及損益時政，熲皆削藁，世無知者。

其子盛道，官至莒州刺史，徙柳城而卒。次弘德，封應國公，晉王府記室。次表仁，封渤海郡公，徙蜀郡。

雜録

備録

《北史》卷一四《隋文獻皇后傳》 尉遲迥女孫有美色，先在宫中，帝於仁壽宫見而悦之，因得幸。后伺帝聽朝，陰殺之。上大怒，單騎從苑中出，不由徑路，入山谷間三十餘里。高熲、楊素等追及，扣馬諫。帝太息曰：「吾貴爲天子，不得自由！」高熲曰：「陛下豈以一婦人而輕天下？」帝意少解，駐馬良久，夜方還宫。后候上於閤内，及帝至，流涕拜謝。熲、素等和解之，上置酒極歡。后自此意頗折。

初，后以高熲是父之家客，甚見親禮。至是，聞熲謂己爲一婦人，因以銜恨。又以熲夫人死，其妾生男，益不善之，漸加譖毁。帝亦每事唯后言是用。后見諸王及朝士有妾孕者，必勸帝斥之。時皇太子多内寵，妃元氏暴薨，后意太子愛妾雲氏害之。由是諷帝，黜高熲，竟廢太子立晉王廣，皆后之謀也。

《隋書》卷二五《刑法志》 高祖既受周禪，開皇元年，乃詔尚書左僕射、勃海公高熲，上柱國、沛公鄭譯，上柱國、清河郡公楊素，大理前少卿、平源縣公常明，刑部侍郎、保城縣公韓濬，比部侍郎李諤，兼考功侍郎柳雄亮等，更定新律，奏上之。【略】十年，尚書左僕射高熲、治書侍御史柳彧等諫，以爲朝堂非殺人之所，殿庭非決罰之地。帝不納。熲等乃盡詣朝堂請罪，曰：「陛下子育羣生，務在去弊，而百姓無知，犯者不息，致陛下決罰過嚴。」皆臣等不能有所裨益，請自退屏，

以避賢路。」

張鷟《朝野僉載》卷一　西京朝堂北頭有大槐樹，隋曰唐興村門首。文皇帝移長安城，將作大匠高熲常坐此樹下檢校。後栽樹行不正，欲去之，帝曰：「高熲坐此樹下，不須殺之。」至今先天百三十年，其樹尚在，柯葉森竦，株根盤礴，與諸樹不同。承天門正當唐興村門首，今唐家居焉。

劉餗《隋唐嘉話》卷上　隋高熲僕射，每以盤盛粉置於卧側，思得一公事，輒書其上。至明，則録以入朝行之。

韋述《兩京新記》卷三《次南曰義寧坊》　南門之東，化度寺。隋左僕射齊國公高熲宅。開皇三年，熲捨宅奏立爲寺。時有沙門信行，自山東來，熲立院以處之。乃撰《三階集》卅餘卷，大率以精苦忍辱爲宗。言人有三等，賢、愚、中庸，今並教之，故以三階爲名。其化頗行，故爲化度寺。寺内有無盡藏院，即信行所立。京城施捨，後漸崇盛。【略】西北隅，積善尼寺。隋開皇十二年，左僕射高熲妻賀拔氏所立。其地本賀拔氏之别第。

孔平仲《續世説》卷五《寵禮》　隋高熲，西魏賜姓獨孤氏，隋文帝以爲左僕射，任寄隆重，朝臣莫比，呼爲獨孤而不名也。熲每坐朝堂北槐樹下以聽事，其樹不依行列，有司將伐之，帝特命勿去，以示後人，其見重如此。帝嘗謂曰：「伐陳後，人云公反，朕已斬之，君臣道合，非青蠅可間也。」將軍盧賁等前後短熲于帝，皆被疎絀，因謂熲曰：「獨孤猶鏡也，每被磨瑩，皎然益明。」

孔平仲《續世説》卷六《術解》　隋文帝將遷都，夜與高熲、蘇威二人定議。庾季才旦奏：「臣仰觀玄象，俯察圖記，龜兆允襲，必有遷都。且漢營北城，經今八百歲，水皆鹹鹵，不甚宜人，願爲遷徙計。」帝愕然，謂熲等曰：「是何神也！」遂發詔施行。

孔平仲《續世説》卷六《排調》　鄭譯請還治疾，隋文帝召見于醴泉宫，令内史李德林立作詔書，復爵沛國公、上柱國。高熲戲曰：「筆乾。」譯曰：「出爲方岳，杖策言歸，不得一錢，何以潤筆。」帝大笑。

孔平仲《續世説》卷八《輕詆》　隋元善以高熲有宰相之具，嘗言於文帝曰：「楊素麤疎，蘇威怯愞，元胄、元旻，正似鴨爾。可以付社稷者，唯有高熲。」上初然之，及熲得罪，上以元善之言爲熲游説，深責之。元善先患消渴，以憂懼卒。

孔平仲《續世説》卷九《黜免》　隋文帝寵任高熲，後坐事免，以公就第。文帝謂侍臣曰：「我於高熲勝兒子，雖或不見，常似目前。自其解落，瞑然忘之如無。熲不可以身要君，自云第一也。」

備論

《隋書》卷四一《高熲傳》　史臣曰：齊公，霸圖伊始，早預經綸，魚水冥符，風雲玄感。正身直道，弼諧興運，心同契合，言聽計從。東夏克平，南國底定，參謀帷幄，決勝千里。高祖既復禹迹，思布堯心，舟楫是寄，鹽梅斯在。兆庶賴以康寧，百僚資而輯睦，年將二紀，人無間言。屬高祖將廢儲宫，由忠信而得罪，逮煬帝方逞浮侈，以忤時而受戮。若使遂無猜釁，克終厥美，雖未可參縱稷、契，足以方駕蕭、曹。繼之實難，惜矣！

吴兢《貞觀政要》卷五《公平一六》　貞觀二年，太宗謂房玄齡等曰：「朕比見隋代遺老咸稱高熲善爲相者，遂觀其本傳，可謂公平正直，尤識治體。隋室安危，繫其存没。煬帝無道，枉見誅夷，何嘗不想見其人，廢書欽嘆！」

吴兢《貞觀政要》卷六《杜讒邪二三》　貞觀初，太宗謂侍臣曰：「朕觀前代讒佞之徒，皆國之蟊賊也。或巧言令色，朋黨比周。若暗主庸君，莫不以之迷惑；忠臣孝子，所以泣血銜冤。故叢蘭欲茂，秋風敗之；王者欲明，讒人蔽之。此事著於史籍，不能具道。至如齊、隋間讒譖事，耳目所接者，略與公等言之。【略】高熲有經國大才，爲隋文帝贊成霸業，知國政者二十餘載，天下賴以康寧。文帝惟婦言是聽，特令擯斥，及爲煬帝所殺，刑政由是衰壞。」

胡寅《致堂讀史管見》卷一五　帝命高熲與賀若弼論平陳事，熲曰：「臣文吏也，安敢與大將論功。」帝嘉其讓。初帝之伐陳，問計於李德林，至是，欲賞之。或説熲曰：「今歸功於德林，諸將必憤惋，且公有若虚行。」熲入言，乃止。

人之心難乎其仁也。高熲對乎陳之問，歸功於賀若弼，幾於仁矣。而信或者之言，沮李德林之賞，恐其掩己，又何不仁也？勉爲謙抑，不能久假而遽歸之，功名不終，豈無因而然哉？

詔選東宫衛士入上臺，高熲曰：「若盡取强者，恐東宫宿衛太弱。」上作色曰：「我有出入，故宿衛須勇毅。太子毓德東宫，何須壯士？此極弊法。我熟見前代，公不須仍踵舊風。」熲子娶太子女，故上以此言警之。

隋文爲帝王，高熲爲宰相，而皆不學，此傳説所謂「非所聞」者宜其處大事而謬於理也。康王爲太子，嗣位之時，太保召公命仲桓、南宫主及齊侯吕伋以二干

戈、虎賁百人往逆以入，以此見古者東宮未嘗置兵矣。不爲之選擇端良師傅，教以孝弟忠信，而多置兵，此禍亂之本也。熲不知楚商臣、宋元凶之事，而欲東宮有强卒，不監文帝以后戚移周鼎之轍，而爲東宮論宿衛，處人父子之間，猶正墻面而立，自處君臣之際，猶擿埴索塗而行，言不信而行見疑，横被廢黜，自取之也。

胡寅《致堂讀史管見》卷一六　帝徵天下散樂，高熲諫，不聽。退告人曰：「周天元好樂而亡，安可復爾？」爲人所奏，帝以熲誹謗朝政，誅之。

隋氏諸大臣，無出高熲者矣，恨熲所以處廢興得喪有未善也。論知己而能相用，孰如文？論憾己而不足事，孰如煬？文帝尚且不能久要，中道而變，乃仕於賊子之朝，又與之論辨禮樂，是激發其宿憾，而速其見殺也。隋煬無道極矣，然方之高洋慘酷，則少貶焉。爲熲者，當文帝廢斥爲民之後，不復再起，自放於幽間寂寞之鄉，耕田鑿井，以供租賦，而待天年，其或可免乎？伊尹曰：「惟尹躬先見于西邑夏，自周有終。相亦惟終，其後嗣王罔克有終，相亦罔終。」聖賢之監古處今，欲君臣之間全其終始如此，熲獨不此之慮耶？

孔平仲等《清江三孔集》卷一六《高熲論》　事君之道有三而已。方其未進於朝廷，於其君之賢否，不可以無擇也。既得志矣，於其君之失，不可以無諫也。諫而不從，於其職不可以無去也。此君子從容出處而白首無悔之道也。不能盡此三道者，雖被無根之言，貽不測之禍，蓋我有以自速之，非人也。已乃以宜得之，非天也。高熲之在隋也，嘗擇其君而後事之與？嘗諫之不從而去之與？彼欺孤脅寡以得天下，好權喜察，疎忌功臣，其刻薄猜忌之迹，皎然如日之明白。使有明哲之君子，其肯屈身而從之游哉！而熲早應其召，爲之周旋險難，以濟其所欲。又受其不貲之賞，分其聽斷之權，卧於虎頸，而自以爲終身無患者，有年矣。及東宮有廢立之議，熲極陳其不可，文帝不悦。此蓋寵辱分憎愛反之時也。則宜引身辭位，闔私第以自守。而熲又不能去也。既而讒邪乘隙，間言發於宮中，以妃妾之愛，兒子之言，而削爵免官，幾及大戮。天下皆知文帝不能保完功臣，而不知熲之失其身者久矣。然則士之進退，可不慎哉。抑又聞古之豪傑，其視萬物甚輕，而待己甚重。故有天子三聘之而後出者，有諸侯不得見之者。凡以爲富貴不足顧也。熲之在周，爵位已顯。惟相府一言之招，遂効驅馳，爲之心腹耳目，且曰：「使公之事不成，不辭滅族。」其不自重如此。則其終被禍患，豈足惜哉。《隋史》稱熲明達世務，竭誠盡節，其所薦引，皆爲名臣。治致昇平，熲寔有力，則其所長，亦非常人之所能及。惟其知道不明，自信不篤，故言行駁雜，不能爲純臣。則夫事君者，果不可以不學也。

王夫之《讀通鑑論》卷一八《陳宣帝》　高熲南侵，而陳宣帝殂，陳請和於隋，高熲以不伐喪班師。陳之愚而必亡，隋之智而克陳，皆於此徵之矣。陳、隋彊弱不相敵明矣，宣帝殂，叔陵狂逞，嗣子傷，內不靖而未遑外御，權下隋以紓難，何言愚也？弱者示人以弱，則受陵乘也無已。高熲之兵，固不足畏者也。隋主初篡而位未固，以司馬消難之在陳，有戒心焉。熲之南侵，聊以御陳，非能有啓疆之志也。既分兵以南侵，千金公主、高寶寧又挾沙鉢略以入寇，隋固急欲輟南軍而防北塞。陳於此，正可晏坐以全力固封守，待其疲敝而空返；乃葸怯柔巽，暴其虚枵惶遽之情實，使隋得志以班師，而測其不自振之隱，使洋洋而盗名以去；故愚甚也。熲不伐喪，義也，而何但言智也？奪人之國而無慚，欺人之孤而不恤，以女事人而因攘其宗社，不以爲恥，隋之君臣豈能守規規之義，閔人之喪而不伐也哉？乘喪而急攻之，固敗道也，非勝術也。陳雖弱，江東之立國久矣，非其可以必得，未易傾也。庸人之情，當危而懼，稍定而忘。君薨，嗣子初立，內難方作，而彊敵壓境，君臣皆惴惴焉，外雖請和，而內固不自寧也。知其且亡，而迫於不容已，則人有致死之心，以争存亡於一決。熲以偏師深入，攖必死之怨憤，而吾軍欺其煢弱，挾驕以徼幸，猝與困獸相當於其內地，未有不敗者也。幸而請和之使至矣，假不伐喪之美名以市陳，實收全師不敗之功，以養威而俟時，故隋智甚也。不伐喪矣，許之和矣，陳之廷，愚者曰：「隋有仁義之心，不吾並也；」黠者曰：「隋有隙而不能乘，無能爲也；」於是而君驕臣怠，解散其憂懼，枵然以自即於安，信使往來，禮文相匹，縻其主於結綺臨春賦詩行樂之中，則席捲而收之也，易於拾芥。善勝敵者，不乘其憂危，而乘其已定之情、已衰之氣，隋之智，非陳之所能測也。自弛於十年而國必亡，姑待之十年而必舉其國，一智一愚，一興一亡，於此決矣。故善謀國者，不憂其所憂，而憂其所不憂，不震掉失守於一朝，不席安自馳於彌日，孰得而乘之哉？而庸人不能也。庸人之愚，智人之資。嚮令陳人請和之使不出，高熲且進退無據，而茶然以返，隋氣挫而陳可以不亡。夫豈陋君具臣之所及哉！

王夫之《讀通鑑論》卷一九《隋煬帝》　人以才自旌，以智先人，功亦立，名亦著，所行亦不大遠於正，而及其成局已終，歲時已過，則猥末跼蹐，名節不立，而抑不保其身，則漢朱儁、皇甫嵩，隋之高熲、賀若弼是已。嗚呼！士苟無卓然自

立之志以輔其氣，而祿位子孫交集而禁之，則雖以僞與嵩秉正以匡亂者，尚困於董卓而不能立義以捐生，況熲與弼乎？當其盛也，智足以見事幾，才足以濟險阻，年力方强，物望方起，又遇可與有爲之主，推獎以盡其用，則億而中，爲而成，心無顧恤而目空天下，可爲也，則爲也，於是而功名赫然表見於當世。曾不知其時遷世易，智盡才枯，而富貴已盈，子孫相累，暗爲銷謝，苶然一翁嫗之姝暖，則誅夷已及，既不能奮起以蹈仁，復不能引身而避禍，昔之所爲英豪自命者安往哉？此志士之所深悲，而君子則早知其衰氣先乘，莫能自勝也。楊廣之弑君父，殺兄弟，驕淫無度，其不可輔而不相容，塗之人知之矣。熲之料敵也，目懸於千里而心喻若咫尺，弼輕楊素、韓擒虎而自詡以大將，夫豈不能知此，而遂無以處此者？乃不能知也，不能處也。囁嚅於李懿、何稠佞幸之側，以訐廣之失，其所指摘而重嘆之者，又非廣之大惡必致敗亡者也，徵散樂而已，厚遇啓民可汗而已。舍其大，訐其小，進不能抒其忠憤，退不能守以緘默，駢首以就狂夫之刃。悲哉！曾熲與弼之錚錚，而僅與王胄、薛道衡雕蟲之腐士同膏鈇鑕乎？其愚不可瞥，其懦不可扶，還令熲與弼自問於十年之前而豈屑爾哉？高堂曲榭，金玉紈綺，老妻弱子，縈累相嬰，銷耗其丈夫之氣，則雖有憂世之心，徒喁喁嘖嘖於匪人之側，禍之已及，則瘖死屠門，如在胎之羔犢矣。故曰：「血氣既衰，戒之在得。」血氣之剛，足以犯難而立功者，豈足恃哉？僞與嵩扶義以行，且不能保於既衰之後，況二子之區區者乎？衰矣而不替其盈，唯方剛而豫謹其度，制其心於田廬妻子之中，身輕而志不靡，則迨其老也，伏櫪不忘千里之心，以皦皦垂光於白日，而亦奚至此哉！君子者，非以英豪自見者也，然於道義名節之中自居於大矣。年彌逝而氣彌昌，非熲與弼之所與也，然觀於熲與弼而益知所戒已。

何栔《晴江閣集》卷二九《書高熲傳》 吾見夫鳥之貪稻粱，而殺其身者，方其初困于羅也。皇皇焉求出不得，有倖而出之者，翱翔千仞之上，悠優寥廓之中，誰更得而致之哉。未幾，復逐逐于向者之稻粱，必致卒，罹乎羅以死。隋高熲之殺身何以異，是乃當時傷之，後世亦傷之。嗚呼，熲知進不知退，以貪致殺，奚庸傷之哉。于何見其貪，于始從文帝見之，于平陳後見之，于破突厥時見之，于廢太子勇見之，于復爲太常見之。方文帝令楊惠諭意於熲也，熲欣然應之曰：「縱令公事不成，熲亦不辭。」滅族天下，安有助人爲逆而甘于滅族者甚矣。始進之貪也，然猶得解之。曰：「良臣擇主而事。」文帝姿相奇偉，來和猶決，其當王天下，豈熲之明敏，顧不能預決其成敗，是不得謂之貪也。獨是功高者，身危彼賀若弼、李德林輩，方且挾其所盡之策，怏怏有賞不酬功之憾。平陳後，熲縱不能爲五湖赤松之游，苟得如沈慶之角巾歸第，不亦身名俱泰哉。乃麗晃短之而不退，李君才再短之，而不退，可不謂貪乎。然猶得解之曰：「主臣相得千載一時，尚欲用其所未足。」是不得謂之貪也。迨獨孤后銜之，漢王譖之，致令帝不能平，而猶不退，嗟嗟木先腐而後蠹。生故于其擊突厥也，近臣至誣之，以反幸歸，而賀勝于朝尚，不思全身以退，必至有司覈奏。國令飛誣始，以齊公就第讞，以除爵爲民，可謂不貪乎。夫當其囚鞫之時，有司業已請斬，是鳥之困于羅也。而熲皇皇望生之心，是鳥之皇皇求出不得也。文帝一旦赦之，熲歡然一無恨色，是鳥之倖出，而翱翔千仞之上，悠優寥廓之中也。夫以文帝之武健嚴酷，劉昉、鄭譯、史萬歲之徒，皆以勳舊相繼誅滅，熲獨免于殺身者，蓋文帝實與熲同起艱難，又爲后父之客，其信之也，深其愛之也。篤至若帝廣者，固有所深憾于熲者也，熲爲太子勇姻戚，廢勇一事，熲獨堅持不可奪，廣刻刻欲殺勇，寧不刻刻欲殺熲乎。故陳平矣，不退猶可也，突厥破矣，不退猶可也，太子勇廢之後，不退則不可也。而況必報高公之言已發，于斬麗華之日奈何復進而立，于昏亂之朝違棄母訓沾沾，于太常一官尚欲譊譊焉。强爲建白是鳥之逐逐，于向者之稻粱也，以致卒，殺其身是鳥之卒，罹乎羅以死也，謂之以貪而致殺，其孰從而解之然，而熲固才兼將相者，熲不殺隋，亦未即亡故，君子讀史至此，雖不必爲熲傷，而未嘗不爲隋惜也。

藝文

袁枚《小倉山房集・小倉山房詩集》卷八《戲題〈高熲傳〉》 獨孤難療倉庚肉，公學鷹揚計太深。黄鉞白頭甘掩面，安知不有邑姜心！

朱筠《笥河詩集》卷七《高熲宅》 故封渤海跡寧湮，氣局還思英主臣。複姓有聞原賜魏，三軍取斷竟平陳。翟陂敗後悲楊柳，熲宅有楊樹數丈，望如車蓋，有功不令終蓋宅相也。妲面蒙初失麗人。佐命功成知不易，老尼枉自惜驚鱗。

羅惇衍《集義軒詠史詩鈔》卷三二《高熲》 韜鈐默運卒平陳，蒙面軍前斬美人。只以廢儲爭長幼，遂因愛妾間君臣。柳垂門巷童瞻蓋，槐倚朝堂相秉鈞。兩代猜疑終不謹，憐伊坐訕晚逢屯。

蘇威部

綜述

《隋書》卷四一《蘇威傳》 蘇威字無畏，京兆武功人也。父綽，魏度支尚書。威少有至性，五歲喪父，哀毀有若成人。周太祖時，襲爵美陽縣公，仕郡功曹。大冢宰宇文護見而禮之，以其女新興主妻焉。見護專權，恐禍及己，逃入山中，爲叔父所逼，卒不獲免。然威每屏居山寺，以諷讀爲娱。未幾，授使持節、車騎大將軍、儀同三司，改封懷道縣公。武帝親總萬機，拜稍伯下大夫。前後所授，並辭疾不拜。有從父妹者，適河南元雄。雄先與突厥有隙，突厥入朝，請雄及其妻子，將甘心焉。周遂遣之。威曰：「夷人昧利，可以賂動。」遂標賣田宅，罄家所有以贖雄，論者義之。宣帝嗣位，就拜開府。

高祖爲丞相，高熲屢言其賢，高祖亦素重其名，召之。及至，引入卧内，與語大悦。居月餘，威聞禪代之議，遁歸田里。高熲請追之，高祖曰：「此不欲預吾事，且置之。」及受禪，徵拜太子少保。追贈其父爲邳國公，邑三千户，以威襲焉。俄兼納言、民部尚書。威上表陳讓，詔曰：「舟大者任重，馬駿者遠馳。以公有兼人之才，無辭多務也。」威乃止。

初，威父在西魏，以國用不足，爲征税之法，頗稱爲重。既而嘆曰：「今所爲者，正如張弓，非平世法也。後之君子，誰能弛乎？」威聞其言，每以爲己任。至是，奏減賦役，務從輕典，上悉從之。漸見親重，與高熲參掌朝政。威見宫中以銀爲幔鉤，因盛陳節儉之美以諭上。上爲之改容，彫飾舊物，悉命除毁。上嘗怒一人，將殺之，威入閤進諫，不納。上怒甚，將自出斬之，威當上前不去。上避之而出，威又遮止，上拂衣而入。良久，乃召威謝曰：「公能若是，吾無憂矣。」於是賜馬二匹，錢十餘萬。尋復兼大理卿、京兆尹、御史大夫，本官悉如故。

治書侍御史梁毗以威領五職，安繁戀劇，無舉賢自代之心，抗表劾威。上曰：「蘇威朝夕孜孜，志存遠大，舉賢有闕，何遽迫之！」顧謂威曰：「用之則行，舍之則藏，唯我與爾有是夫！」因謂朝臣曰：「蘇威不值我，無以措其言；我不得蘇威，何以行其道？楊素才辯無雙，至若斟酌古今，助我宣化，非威之匹也。蘇威若逢亂世，南山四皓，豈易屈哉！」其見重如此。

未幾，拜刑部尚書，解少保、御史大夫之官。後京兆尹廢，檢校雍州別駕。時高熲與威同心協贊，政刑大小，無不籌之，故革運數年，天下稱治。俄轉民部尚書，納言如故。屬山東諸州民飢，上令威賑卹之。後二載，遷吏部尚書。歲餘，兼領國子祭酒。隋承戰爭之後，憲章踳駁，上令朝臣釐改舊法，爲一代通典。律令格式，多威所定，世以爲能。九年，拜尚書右僕射。其年，以母憂去職，柴毁骨立。上勑威曰：「公德行高人，情寄殊重，大孝之道，蓋同俯就。必須抑割，爲國惜身。朕之於公，爲君爲父，宜依朕旨，以禮自存。」未幾，起令視事，固辭，優詔不許。明年，上幸并州，命與高熲同總留事。俄追詣行在所，使決民訟。

威子夔，少有盛名於天下，引致賓客，四海士大夫多歸之。後議樂事，夔與國子博士何妥各有所持。於是夔、妥俱爲一議，使百僚署其所同。朝廷多附威，同夔者十八九。妥恚曰：「吾席間函丈四十餘年，反爲昨暮兒之所屈也！」遂奏威與禮部尚書盧愷、吏部侍郎薛道衡、尚書右丞王弘、考功侍郎李同和等共爲朋黨，省中呼王弘爲世子，李同和爲叔，言二人如威之子弟也。復言威以曲道任其從父弟徹、肅等罔冒爲官。又國子學請蕩陰人王孝逸爲書學博士，威屬盧愷，以爲其府參軍。上令蜀王秀、上柱國虞慶則等雜治之，事皆驗。上以《宋書·謝晦傳》中朋黨事，令威讀之。威惶懼，免冠頓首。上曰：「謝已晚矣。」於是免威官爵，以開府就第。知名之士坐威得罪者百餘人。

未幾，上曰：「蘇威德行者，但爲人所誤耳。」命之通籍。歲餘，復爵邳公，拜納言。從祠太山，坐不敬免。俄而復位。上謂羣臣曰：「世人言蘇威詐清，家累金玉，此妄言也。然其性很戾，不切世要，求名太甚，從己則悦，違之必怒，此其大病耳。」尋令持節巡撫江南，得以便宜從事。過會稽，踰五嶺而還。時突厥都藍可汗屢爲邊患，復使威至可汗所，與結和親。可汗即遣使獻方物。以勤勞，進位大將軍。仁壽初，復拜尚書右僕射。上幸仁壽宫，以威總留後事。及上還，御史奏威職事多不理，請推之。上怒，詰責威。威拜謝，上亦止。後上幸仁壽宫，不豫，皇太子自京師來侍疾，詔威留守京師。

煬帝嗣位，加上大將軍。及長城之役，威諫止之。高熲、賀若弼等之誅也，威坐與相連，免官。歲餘，拜魯郡太守。俄召還，參預朝政。未幾，拜太常卿。其年從征吐谷渾，進位左光禄大夫。帝以威先朝舊臣，漸加委任。後歲餘，復爲

納言。與左翊衛大將軍宇文述、黄門侍郎裴矩、御史大夫裴藴、内史侍郎虞世基參掌朝政，時人稱爲「五貴」。

及遼東之役，以本官領左武衛大將軍，進位光禄大夫，賜爵寧陵侯。其年，進封房公。威以年老，上表乞骸骨。上不許，復以本官參掌選事。明年，從征遼東，領右御衛大將軍。

楊玄感之反也，帝引威帳中，懼見於色，謂威曰：「此小兒聰明，得不爲患乎？」威曰：「夫識是非，審成敗者，乃所謂聰明。玄感粗疎，非聰明者，必無所慮。但恐寖成亂階耳。」威見勞役不息，百姓思亂，微以此諷帝，帝竟不寤。從還至涿郡，詔威安撫關中。以威孫尚輦直長儇爲副。其子鴻臚少卿夔，先爲關中簡黜大使，一家三人，俱奉使關右，三輔榮之。歲餘，帝下手詔曰：「玉以潔潤，丹紫莫能渝其質，松表歲寒，霜雪莫能凋其采。可謂温仁勁直，性之然乎！房公威器懷温裕，識量弘雅，早居端揆，備悉國章，先皇舊臣，朝之宿齒。棟梁社稷，弼諧朕躬，守文奉法，卑身率禮。昔漢之三傑，輔惠帝者蕭何，周之十亂，佐成王者邵奭。國之寶器，其在得賢，參燮台階，具瞻斯允。雖復事藉論道，終期獻替，銓衡時務，朝寄爲重，可開府儀同三司，餘並如故。」威當時見尊重，朝臣莫與爲比。

後從幸雁門，爲突厥所圍，朝廷危懼。帝欲輕騎潰圍而出，威諫曰：「城守則我有餘力，輕騎則彼之所長。陛下萬乘之主，何宜輕脱！」帝乃止。突厥俄亦解圍而去。車駕至太原，威言於帝曰：「今者盜賊不止，士馬疲敝。願陛下還京師，深根固本，爲社稷之計。」帝初然之，竟用宇文述等議，遂往東都。

時天下大亂，威知帝不可改，意甚患之。屬帝問侍臣盜賊事，宇文述曰：「盜賊信少，不足爲虞。」威不能詭對，以身隱於殿柱。帝呼威而問之。威對曰：「臣非職司，不知多少，但患其漸近。」帝曰：「何謂也？」威曰：「他日賊據長白山，今者近在滎陽、汜水。」帝不悦而罷。尋屬五月五日，百僚上饋，多以珍玩。威獻《尚書》一部，微以諷帝，帝彌不平。後復問伐遼東事，威對願赦羣盜，遣討高麗，帝益怒。御史大夫裴藴希旨，令白衣張行本奏威昔在高陽典選，濫授人官；畏怯突厥，請還京師。帝令案其事。及獄成，下詔曰：「威立性朋黨，好爲異端，懷挾詭道，徼幸名利，詆訶律令，謗訕臺省。昔歲薄伐，奉述先志，凡預切問，各盡胸臆。而威不以開懷，遂無對命，啓沃之道，其若是乎！資敬之義，何其甚薄！」於是除名爲民。後月餘，有人奏威與突厥陰圖不軌者，大理簿責威。威自陳奉事二朝三十餘載，精誠微淺不能上感，始釁屢彰，罪當萬死。帝憫而釋之。其年從幸江都宫，帝將復用威。裴藴、虞世基奏言，昏耄羸疾。帝乃止。

宇文化及之弑逆也，以威爲光禄大夫、開府儀同三司。化及敗，歸於李密。未幾密敗，歸東都，越王侗以爲上柱國、邳公。王充僭號，署太師。威自以隋室舊臣，遭逢喪亂，所經之處，皆與時消息，以求容免。及大唐秦王平王充，坐於東都閶闔門内，威請謁見，稱老病不能拜起。王遣人數之曰：「公隋朝宰輔，政亂不能匡救，遂令品物塗炭，君弑國亡。見李密、王充，皆拜伏舞蹈。今既老病，無勞相見也。」尋歸長安，至朝堂請見，又不許。卒於家。時年八十二。

威治身清儉，以廉慎見稱。每至公議，惡人異己，雖或小事，必固争之。時人以爲無大臣之體。所修格令章程，並行於當世，然頗傷苛碎，論者以爲非簡允之法。及大業末年，尤多征役，至於論功行賞，威每承望風旨，輒寢其事。時羣盜蜂起，郡縣有表奏詣闕者，又訶詰使人，令減賊數。故出師攻討，多不克捷。由是爲物議所譏。子夔。

雜録

備録

《隋書》卷七五《何妥傳》　高祖受禪，除國子博士，加通直散騎常侍，進爵爲公。妥性勁急，有口才，好是非人物。時納言蘇威嘗言於上曰：「臣先人每誡臣云，唯讀《孝經》一卷，足可立身治國，何用多爲！」上亦然之。妥進曰：「蘇威所學，非止《孝經》。厥父若信有此言，威不從訓，是其不孝。若無此言，面欺陛下，是其不誠。不誠不孝，何以事君！且夫子有云：『不讀《詩》無以言，不讀《禮》無以立。』豈容蘇綽教子獨反聖人之訓乎？」威時兼領五職，上甚親重之，妥因奏威不可信任。又以掌天文律度，皆不稱職，妥又上八事以諫【略】時蘇威權兼數司，先嘗隱武功，故妥言自負傅巖、滋水之氣，以此激上。書奏，威大銜之。十二年，威定考文學，又與妥更相訶詆。威勃然曰：「無何妥，不慮無博士！」妥應聲

曰：「無蘇威，亦何憂無執事！」由是與威有隙。

劉餗《隋唐嘉話》卷上 僕射蘇威有鏡殊精好，曾日蝕既，鏡亦昏黑無所見。威以爲左右所汙，不以爲意。他日日蝕半缺，其鏡亦半昏如之，於是始寶藏之。後櫃内有聲如磬，尋之乃鏡聲也。無何而子夔死。後更有聲，無何而威敗。後不知所在云。

李吉甫《元和郡縣圖志》卷六《河南道二》 北利人渠，隋開皇六年，文帝遣邳國公蘇威引槖水西北入城，百姓賴其利，故以爲名。

孔平仲《續世説》卷二《政事》 大業五年，郡國畢集，帝問納言蘇威、吏部尚書牛宏曰：「其中清名天下第一者爲誰？」威等以宏化太守柳儉對，又問其次，曰：「涿郡丞郭絢、潁川郡丞敬肅。」帝賜儉帛二百，絢、肅各一百。

孔平仲《續世説》卷三《箴規》 隋煬帝時，五月五日，百僚上饋，多以珍玩，蘇威獻《尚書》一部，微以諷帝，帝意不平。

隋文帝時，蘇威見宫中以銀爲幔鉤，因盛陳節儉之美以諭上。上爲之改容，彫飾舊物，悉命除毁。

孔平仲《續世説》卷一〇《自諫》 隋蘇威，高祖嘗怒一人，欲殺之，威入閤進諫，不納。上怒甚，將自出斬之。威當上前不去，上避之而出，威又遮止，上拂衣而入。良久，乃召威謝曰：「公能若是，吾無憂矣！」賜馬二匹，錢十餘萬。

孔平仲《續世説》卷一一《忿狷》 蘇夔少有盛名，士大夫多歸之。後議樂事，夔與何妥各有所持，於是夔、妥俱爲一議，使百寮署其所同。時夔父威方用事，朝廷多附威，同夔者十八九。妥恚曰：「吾席間函丈四十餘年，反爲昨暮兒之所屈也。」遂奏威等朋黨事，令雜治之，事皆驗。上以《宋書·謝晦傳》中朋黨事令威讀之，威惶恐，免冠頓首謝，上曰：「謝已晚矣！」

孔平仲《續世説》卷一二《紕漏》 隋蘇威爲僕射，立條章，每歲責民間五品不遜。或答者乃云：「管内無五品之家。」不相應領，類如此。

孫傳能《剡溪漫筆》卷三《蘇威五教》 宇文周時，令民間悉誦五教，蘇威加以煩鄙之辭，百姓嗟怨，甚至反執，長吏抽其腸而殺之。日更使儂誦五教耶。嘗見詞林進講，不解五教爲何事，《綱目集覽》亦無明註。後讀《郎茂傳》蘇威立條章，每歲責人間五品不遜，茂以爲煩，紓不急奏，罷之。所謂五教疑即此，蓋五倫之教也。威以五倫設教，意亦良善，但煩鄙之辭，課民誦習，徒滋擾害，無補世風，此柳子厚、郭橐駝傳之所爲作也。

備論

《隋書》卷四一《蘇威傳》 史臣曰：邳公，周道云季，方事幽貞，隋室龍興，首應旌命。綢繆任遇，窮極榮寵，久處機衡，多所損益，罄竭心力，知無不爲。然志尚清儉，體非弘曠，好同惡異，有乖直道，不存易簡，未爲通德。歷事二帝，三十餘年，雖廢黜當時，終稱遺老。君邪而不能正言，國亡而情均衆庶。予違汝弼，徒聞其語，疾風勁草，未見其人。禮命闕於興王，抑亦此之由也。夔志識沉敏，方雅可稱，若天假之年，足以不虧堂構矣。

胡寅《致堂讀史管見》卷一五 隋以蘇威爲度支尚書，初，威父綽在西魏，以國用不足，爲征税法頗重，既而嘆曰：「非平世法也，後之君子，誰能弛之？」威聞其言，每以爲己任。至是奏減賦役，務從輕簡。

所謂世臣者，非門地之謂，象賢之謂也。父祖既賢，子孫克繼，爲國者之所甚願矣。父祖有嘉謀嘉猷，爲國者惟恐其子孫之不能嗣也。非惟君之望乎臣者然，臣之願於君者，莫不切切於是矣。若前人之所爲不善，惟恐其子孫之續之也。非惟君之望乎臣者然，臣之願於君者，亦莫不懇懇於是矣。

胡寅《致堂讀史管見》卷一六 蘇威請見世民，稱老疾不能拜。世民遣人數之曰：「公隋室宰相，危不能扶，使君弑國亡。見李密、王世充，皆拜伏舞蹈。今既老病，無勞相見。」及至長安，又請見，不許。既老且貧，無復官爵，卒於家。

蘇威相隋，俯仰昏主之側，十餘年間，纔有兩言：一論鴈門勳格太重，致煬帝失人心者；一論盜賊之多，而無匡濟之策。可謂危而不扶，顛而不持，罪固大矣。若比之封德彝、裴矩姦邪諂佞，召危産亂，則亦有間。唐之寵任德彝爲是，則廢棄蘇威爲非；廢弃蘇威爲得，則寵任德彝爲失。要之威無可用者，德彝其當戮之，以爲人臣迷國誤君之戒，然後爲當也。

方孝孺《遜志齋集》卷五《蘇威》 可以生可以死，可以貴可以賤者，君子也。惡死而慕生，貪富貴而戚貧賤者，小人也。以死爲可惡，寧知死有善於生者乎？以貴爲可樂，寧知賤有安於貴者乎？君子之於世，視生死貴賤如手之俯仰，不以動其意而一以義裁之。義宜死也，雖假之以百齡之壽，不苟生也。義宜賤也，雖誘之以三公之爵，不苟貴也。其好惡豈悖於人情哉？衆人狥於利，故好惡失其

中，君子於義也明，故審於輕重也當。天下之亂，常以世無知義之士，而小人衆
也。危邦敗國有知義者，立乎羣邪之間，使小人之爵禄，不足以誘，威刑不足以
脅，則尚可以興也。不然，雖全盛之天下其誰與守。隋之亡也，非甲兵少而才用
竭，朝廷無知義之士，而莫爲之死也。輔相舊臣，惟一蘇威，拜伏蹈舞，勸進頌美
於羣盜，而不以爲愧。威在文帝時，富貴已極，寵遇已厚，國危主辱，力不能救，
則朝服立朝，數羣盜之罪，而以身死之，使覬覦僥倖之徒，知君臣之分不可犯，豈
非大丈夫哉。惜死而不忍決，屈身於羣盜，其辱甚於死，而威不悟，然人不至於
死不止也。與其恥辱而生，孰若速死之爲善乎。威事功殆亦有可取，使死得其
所，固隋之名臣也。一陷於非義，身名俱喪，天下至今羞稱之。則其生也，適所
以累，豈不悲夫。雖然，威固不善處其身矣，而隋之處其羣臣者，亦有以致之。
古之人必以禮貌待其臣者，豈偶爲爾哉？養其氣而厲其節，平居則有犯顔忠諫
之益，不幸而臨禍患，則可殺而不可辱，寧舍其生而不敢負國。隋氏父子之遇羣
臣，詐籠而威役之，雖將相之貴，少有疑隙，則箠殺於殿庭之間。凡仕于其時者，
皆挫辱之餘。無恥之人，氣不足以有爲，節不能以自守，其屈身於盜賊，固勢使
之然，豈足深怪哉。不以君子待之，而能以君子自爲者，惟君子爲然，素以小人
待之，而欲望其爲君子之事，此中人所難也，於蘇威何惑哉。

王夫之《讀通鑑論》卷一九《隋文帝》　聖人之道：「有大義，有微言。」故有
宋諸先生推極於天，而實之以性，覈之心得，嚴以躬修，非故取其顯者而微之、卑
者而高之也。自漢之興，天子之教，人士之習，亦既知尊孔子而師《六經》矣，然
薄取其形迹之言，而忘其所本，則雖取法以爲言行，而正以成乎鄉原，若蘇威、趙
普之流是已。

蘇威曰：「讀《孝經》一卷，足以立身治世。」趙普曰：「臣以半部《論語》佐太
祖取天下。」而威之柔以喪節，普之險以斁倫，不自知也，不自媿也。以全軀保妻
子之術，爲立身揚名之至德；以篡弑奪攘之謀，爲内聖外王之大道；竊其形似，
而自以爲是，歆其榮寵者，衆皆悦也。挾聖言以欺天下，而自欺其心，闇然求媚
於亂賊而取容，導其君以欺孤寡、戕骨肉而無忌。嗚呼！微有宋諸先生洗心藏
密，即人事以推本於天，反求於性，以正大經、立大本，則聖人之言，無忌憚之小
人竊之以徼幸於富貴利達，豈非聖人之大憾哉？普之於《論語》，以奪人爲節用，
以小惠爲愛人，如斯而已，外此無一似也。威則督民誦五教，而謂先王移風易俗
之道，畢於此矣。子曰：「鄉原，德之賊也。」託於道，所以賊德也。正人心，閑先
聖之道，根極於性命，而嚴辨其誠僞，非宋諸先生之極微言以立大義，《論語》、
《孝經》爲鄙夫之先資而已矣。

《周禮》：鄉則比、閭、族、黨，遂則鄰、里、酇、鄙，各有長司其教令，未詳其使
何人爲之也。就農民而爲之，則比户之中，樸野之氓非所任也，其黠而可爲者，
又足爲民害者也。且比鄰之長雖微，而列於六官之屬，則既列於君子而别於野
人矣，舍其耒耜而即與於班聯，不已媟乎？意者士之未執贄以見君而小試之於
其鄉，凡飲射賓興所進於君之士，皆此屬也，固不耕而有禄食，士也，非民也。唯
然，則可士、可大夫，而登進之塗遠，則當其居鄉而任鄉之教，固自愛而不敢淫泆
於其鄉，庶幾不爲民病，而教化可資以興。然《周禮》但記其職名，而所從授者無
得而考焉，則郡縣之天下，其不可附託以立鄉官也，利害炳然，豈待再計而決
哉？成周之治，履中蹈和，以調生民之性情，垂爲大經大法以正天下之綱紀者，
固不可以意言求合也。故曰：人也，非政也。但據缺略散見之文，强郡縣之天
下，銖纍以肖之，王莽之所以亂天下也。而蘇威效之，令五百家而置鄉正，百家
而置里長，以治其辭訟，是散千萬虎狼於天下，以攫貧弱之民也。李德林争之，
而威挾《周禮》以鉗清議之口，民之膏血殫於威佔畢之中矣。悲夫！封建之天下
分而簡，簡可治之以密；郡縣之天下合而繁，繁必御之以簡。春秋之世，萬國
併，五霸興，而夫子許行簡者以南面，況合中夏於一王，而欲十姓百家置聽訟之
長以爚亂之哉？周之衰也，諸侯僭而多其吏，以漁民而自尊，蕞爾之鄭，有司之
死者三十三人，未死者不知凡幾，皆鄉里之猾，上慢而殘下者也。一國之提封，
抵今一縣耳，卿大夫士之食禄者以百計。今一縣而百其吏，禄入已竭民之産矣。
卿一行而五百人從，令丞尉一出而役民者五百，其徭役已竭民之力矣。仁君廉
吏且足以死民於賦役，汙暴者又奚若也？況使鄉里之豪，測畜藏以側目，挾恩怨
以逞私，擁子弟姻亞以横行，則孤寒樸拙者之供其刀俎又奚若也？《易》曰：「通
其變，使民不倦。」君子所師於三代者，道也，非法也。竊其一端之文具以殃民，
是亦不容於堯、舜之世者也。

王夫之《讀通鑑論》卷二〇《唐高祖》　拔魏徵於李密，脱杜淹、蘇世長、陸德
明於王世充，簡岑文本於蕭銑，凡唐初直諒多聞之士，皆自僭僞中拔擢而出者
也。封德彝、宇文士及、裴矩不伏同昏之誅，而猶蒙寵任。蓋新造之國，培養無
漸漬之功，而隋末風教陵夷，時無巖穴知名之士可登進之以爲楨幹，朝儀邦典與
四方之物宜，不能不待訪於亡國之臣，流品難以遽清，且因仍以任使，唐治之不

古在此，而得天下之心以安反側者亦此也。乃何獨至於蘇威而亟絕之？蓋蘇威者，必不可容於清明之世，苟非斥正其爲匪人，則風教蔑，廉恥喪，上下亂，而天下之禍不可息也。隋文之待威也，固以古大臣之任望之；威之所以自見者，亦以平四海，正風俗爲己功，天下翕然仰之以爲從違。隋可亡，而威不可殺。故宇文士及、王世充、李密皆倚威以收人望，威亦倚其望以翱翔凶豎之庖俎，鋒鏑雨集，膏血川流，而威自若也。是則兵不足以爲彊，險不足以爲固，天子之位不足以爲尊，而無有如威之重者，士亦何憚而不學威，迂行腐步，畀岸以逍遥邪？媚於當世也似慎，藏於六藝也似正，隨時遷流也似(忠)〔中〕，以老倨驕而肆志也似剛，殺之無名，遠之不得，天下且以爲道之莫尚者，而導世以偷汙，爲彝倫之大賊，是可容也，孰不可容也？明王之所必誅勿赦者，唐姑拒之而弗使即刑，其猶姑息憐老、仁過而柔乎！若德彝、士及、裴矩之流，天下知賤惡之矣，雖復用之，不足以惑人心而壞風化，殺之可也，赦之而器使之，亦詎不可哉？

何矞《晴江閣集》卷一四《蘇威論上》 士君子不幸生亂世，既不能潔其身高蹈世外，誠足行吾所學有濟于當時，斯亦不負天之所生矣。若王猛、蘇威者，殆其人歟。乃猛之仕秦，後世多稱之，而威之仕隋，後世多議之。何哉？豈其以猛之才，猛之功卓越後先，而威之樹立固卑，卑不足道歟？何子曰：「非然也，世之議威者，有二：一議其始遁之不堅，一議其終去之不早。嗟夫，去之不早誠有足議者，若議其遁之不堅，威亦嘗卻宇文護之婚，屏居山寺矣。亦嘗卻周高祖之召，辭以疾而不拜矣。乃高熲薦之丞相堅，堅與語大悦，居月餘，將有受禪之事，威遂遁歸田里。及後，徵拜爲太子少保，未幾，拜爲納言，使威于一遁之後，長往不復返，篤守箕山之操，上與梅福、周黨、陶弘景諸公争光烈，令人嘆蘇綽之有于，豈不高哉。夫何計不處此，而汲汲于一出也，吾因是有以推其心矣。威之心以爲周受魏無異隋受周。我未嘗委質爲之臣，而天之生我豈偶然哉，故方其與語大悦，時威已早知堅爲英主，遠出周主邕上，足行其所學矣。然則又曷爲乎遁，威好名之士，耻如劉湛、王儉、沈約、劉師知輩，以翊戴博寵榮。堅蓋素知威者，故曰：『此不欲預吾事也。』主臣相與甚深，是以革命數年，而天下稱平，使其不立于大業之朝，越然早爲引去，威不幾爲全人哉。」

何矞《晴江閣集》卷一四《蘇威論下》 君子之立言也，必先自顧其能行與否然後言，而天下後世始不致責之爲放言以欺世，況進言于人主之前哉。昔趙普謂太宗曰：「臣有《論語》一部，以半部佐太祖定天下，以半部佐陛下致太平。」乃蘇威之告文帝則曰：「先人每戒臣云惟讀《孝經》一卷，自足以立身經國。」斯二人之言，豈不皆亹亹可聽哉。及觀其所行，威誠足爲孝子，普且不得爲忠臣。何以知之，間嘗讀《北史》至《蘇綽傳》，綽之仕西魏也，以國用不足，爲征税之法甚重，嘗自嘆曰：「今所行者，正如張弓非平世法也。後之君子誰能弛之。」威聞其言，每以爲任，至爲納言，即先奏減賦役，務從簡薄。夫以綽之懇懇致望于後人者。威能慰其志妥其靈，則其立身經國之際，真無愧《孝經》之訓，非徒侈家學淵源，以驕語文帝而已，假令文帝能用其言，慎簡植德，礪行之儒臣以輔導諸子，俾其朝夕，講求《孝經》，則太子勇或不致以侈，服用多內寵見廢，而宇文述楊素之徒，亦何由以濟晉王之惡乎，此君子所以嘆息痛恨于文帝之失教也。至若宋之太宗，其賢又遠出文帝，上金匱之誓，普實與焉，且署名以記其約，普誠能奉《論語》以佐太宗，亦思《論語》二十篇，不過教子以孝，教弟以悌，教臣以忠，而教人君以存天理遏人欲，爲致治之本。當秦王被讒之時，太宗召問之日，普即宜痛哭流涕，上述太后遺言，次陳太祖盛德，以感動太宗，親愛之至，性而禁絕，其利欲之私，夫何再誤一言，致太宗違逆其母，而背棄其兄，陷其君于不孝、不悌而不忠之罪，莫大于此。乃復敢以《論語》一部之説上欺人主，併下欺天下後世以視乎，威之《孝經》一卷，其負愧爲何如哉。吾故讀《隋書》，而獨以善繼父志之蘇威，與友于兄弟之牛弘，爲諸臣之冠云。

藝文

羅惇衍《集義軒詠史詩鈔》卷三二《蘇威》 誦辭煩鄙衆心搖，五教承家本六條。父子政皆忘大體，君民事幸倚當朝。身藏殿柱憂深盜，儉美宮闈物戒雕。四皓商山何屢屈，好借馮道姓名標。

李德林部

綜述

《隋書》卷四二《李德林傳》 李德林字公輔，博陵安平人也。祖壽，湖州户曹從事。父敬族，歷太學博士、鎮遠將軍。魏孝静帝時，命當世通人正定文籍，以爲内校書，别在直閤省。德林幼聰敏，年數歲，誦左思《蜀都賦》，十餘日便度。高隆之見而嗟嘆，遍告朝士，云：「若假其年，必爲天下偉器。」鄴京人士多就宅觀之，月餘，日中車馬不絶。年十五，誦五經及古今文集，日數千言。俄而該博墳典，陰陽緯候無不通涉。善屬文，辭覈而理暢。魏收嘗對高隆之謂其父曰：「賢子文筆終當繼温子昇。」隆之大笑曰：「魏常侍殊已嫉賢，何不近比老、彭，乃遠求温子！」年十六，遭父艱，自駕靈輿，反葬故里。時正嚴冬，單衰跣足，州里人物由是敬慕之。博陵豪族有崔諶者，僕射之兄，因休假還鄉，車服甚盛。將從其宅詣德林赴弔，相去十餘里，從者數十騎，稍稍減留。比至德林門，纔餘五騎，云不得令李生怪人熿灼。德林居貧轗軻，母氏多疾，方留心典籍，無復宦情。其後，母病稍愈，逼令仕進。

任城王湝爲定州刺史，重其才，召入州館。朝夕同遊，殆均師友，不爲君民禮數。嘗語德林云：「竊聞蔽賢蒙顯戮。久令君沈滯，吾獨得潤身，朝廷縱不見尤，亦懼明靈所譴。」於是舉秀才入鄴，於時天保八年也。王因遺尚書令楊遵彦書云：「燕、趙固多奇士，此言誠不爲謬。今歲所貢秀才李德林者，文章學識，固不待言，觀其風神器宇，終爲棟梁之用。至如經國大體，是賈生、晁錯之儔；彫蟲小技，殆相如、子雲之輩。今雖唐、虞君世，俊乂盈朝，然修大厦者，豈厭夫良材之積也。吾嘗見孔文舉《薦禰衡表》云：『洪水横流，帝思俾乂。』以正平比夫大禹，常謂擬諭非倫。今以德林言之，便覺前言非大。」遵彦即命德林製《讓尚書令表》，援筆立成，不加治點。因大相賞異，以示吏部郎中陸卬。卬云：「已大見其文筆，浩浩如長河東注。比來所見，後生製作，乃涓澮之流耳。」卬仍命其子乂與德林周旋，戒之曰：「汝每事宜師此人，以爲模楷。」時遵彦銓衡，深慎選舉，秀才擢第，罕有甲科。德林射策五條，考皆爲上，授殿中將軍。既是西省散員，非其所好，又以天保季世，乃謝病還鄉，闔門守道。

乾明初，遵彦奏追德林入議曹。皇建初，下詔搜揚人物，復追赴晉陽。撰《春思賦》一篇，代稱典麗。是時長廣王作相，居守在鄴。敕德林還京，與散騎常侍高元海等參掌機密。王引授丞相府行參軍。未幾而王即帝位，授奉朝請，寓直舍人省。河清中，授員外散騎侍郎，帶齋帥，仍别直機密省。天統初，授給事中，直中書，參掌詔誥。尋遷中書舍人。武平初，加通直散騎侍郎。又敕與中書侍郎宋士素、副侍中趙彦深别典機密。尋丁母艱去職，勺飲不入口五日。因發熱病，遍體生瘡，而哀泣不絶。諸士友陸騫、宋士素，名醫張子彦等，爲合湯藥。德林不肯進，遍體洪腫，數日間，一時頓差，身力平復。諸人皆云孝感所致。太常博士巴叔仁表上其事，朝廷嘉之。纔滿百日，奪情起復，德林以羸病屬疾，請急罷歸。

魏收與陽休之論《齊書》起元事，敕集百司會議。收與德林書曰：「前者議文，總諸事意，小如混漫，難可領解。今便隨事條列，幸爲留懷，細加推逐。凡言或者，皆是敵人之議。既聞人説，因而探論耳。」德林復書曰：「即位之元，《春秋》常義。謹按魯君息姑不稱即位，亦有元年，非獨即位得稱元年也。議云受終之元，《尚書》之古典。謹按《大傳》，周公攝政，一年救亂，二年伐殷，三年踐奄，四年建侯衛，五年營成周，六年制禮作樂，七年致政成王。論者或以舜、禹受終，是爲天子。然則周公以臣禮而死，此亦稱元，非獨受終爲帝也。蒙示議文，扶病省覽，荒情迷識，暫得發蒙。當世君子，必無横議，唯應閣筆贊成而已。輒謂前二條有益於議，仰見議中不録，謹以寫呈。」收重遺書曰：「惠示二事，感佩殊深。以魯公諸侯之事，昨小爲疑。息姑不書即位，舜、禹亦不言即位。息姑雖攝，尚得書元，舜、禹之攝稱元，理也。周公居攝，乃云一年救亂，似不稱元。自無《大傳》，不得尋討。一之與元，其事何别？更有所見，幸請論之。」德林答曰：「攝之與相，其義一也。故周公攝政，孔子曰『周公相成王』；魏武相漢，曹植曰『如虞翼唐』。或云高祖身未居攝，灼然非理。攝者專賞罰之名，古今事殊，不可以體爲斷。陸機見舜肆類上帝，班瑞羣后，便云舜有天下，須格於文祖也，欲使晉之三主異於舜攝。竊以爲舜若堯死獄訟不歸，便是夏朝之益，何得不須格於文祖也？若使用王者之禮，便曰即真，則周公負扆朝諸侯，霍光行周公之事，皆真帝乎？斯不然矣。必知高祖與舜攝不殊，不得從士衡之謬。或以爲書元年者，當時實録，非追書也。大齊之興，實由武帝，謙匿受命，豈直史也？比觀論者閒追

舉受命之元，多有河漢，但言追數受命之歲，情或安之。似所怖者元字耳，事類朝三，是許其一年，不許其元年也。案《易》『黃裳元吉』，鄭玄注云：『如舜試天子，周公攝政。』是以試攝不殊。《大傳》雖無元字，一之與元，無異義矣。《春秋》不言一年一月者，欲使人君體元以居正，蓋史之婉辭，非一與元別也。漢獻帝死，劉備自尊崇。陳壽，蜀人，以魏爲漢賊。寧肯蜀主未立，已云魏武受命乎？士衡自尊本國，誠如高議，欲使三方鼎峙，同爲霸名。習氏《漢晉春秋》，意在是也。正司馬炎兼並，許其帝號。魏之君臣，吳人並以爲戮賊，亦寧肯當塗之世，云晉有受命之徵？史者，編年也，故魯號《紀年》。墨子又云，吾見《百國春秋》。史又有無事而書年者，是重年驗也。若欲高祖事事謙沖，即須號令皆推魏氏。便是編魏年，紀魏事，此即魏末功臣之傳，豈復皇朝帝紀者也。陸機稱紀元立斷，或以正始，或以嘉平。束皙議云，赤雀白魚之事。恐晉朝之議，是並論受命之元，非止代終之斷也。公議云陸機不議元者，是所未喻，願更思之。陸機以刊木著於《虞書》，龕黎見於商典，以蔽晉朝正始、嘉平之議，斯又謬矣。唯可二代相涉，兩史並書，必不得以後朝創業之迹，斷入前史。若然，則世宗、高祖皆天保以前，唯入魏氏列傳，不作齊朝帝紀，可乎？此既不可，彼復何證！」

是時中書侍郎杜臺卿上《世祖武成皇帝頌》，齊主以爲未盡善，令和士開以頌示德林。宣旨云：「臺卿此文，未當朕意。以卿有大才，須叙盛德，即宜速作，急進本也。」德林乃上頌十六章并序，文多不載。武成覽頌善之，賜名馬一匹。三年，祖孝徵入爲侍中，尚書左僕射趙彥深出爲兖州刺史。朝士有先爲孝徵所待遇者，間德林，云是彥深黨與，不可仍掌機密。孝徵曰：「德林久滯絳衣，我常恨彥深待賢未足。內省文翰，方以委之。尋當有佳處分，不宜妄說。」尋除中書侍郎，仍詔修國史。齊主留情文雅，召入文林館。又令與黃門侍郎顏之推二人同判文林館事。五年，勑令與黃門侍郎李孝貞、中書侍郎李若別掌宣傳。尋除通直散騎常侍，兼中書侍郎。隆化中，假儀同三司。承光中，授儀同三司。

及周武帝克齊，入鄴之日，勑小司馬唐道和就宅宣旨慰喻，云：「平齊之利，唯在於爾。朕本畏爾逐齊王東走，今聞猶在，大以慰懷，宜即入相見。」道和引之入內，遣內史宇文昂訪問齊朝風俗政教、人物善惡，即留內省，三宿乃歸。仍遣從駕至長安，授內史上士。自此以後，詔誥格式，及用山東人物，一以委之。武帝嘗於雲陽宮作鮮卑語謂羣臣云：「我常日唯聞李德林名，及見其與齊朝作詔書移檄，我正謂其是天上人。豈言今日得其驅使，復爲我作文書，極爲大異。」神武公紇豆陵毅答曰：「臣聞明王聖主，得騏驎鳳凰爲瑞，是聖德所感，非力能致之。瑞物雖來，不堪使用。如李德林來受驅策，亦陛下聖德感致，有大才用，無所不堪，勝於騏驎鳳凰遠矣。」武帝大笑曰：「誠如公言。」宣政末，授御正下大夫。大象初，賜爵成安縣男。

宣帝大漸，屬高祖初受顧命，邗國公楊惠謂德林曰：「朝廷賜令總文武事，經國任重，非羣才輔佐，無以克成大業。今欲與公共事，必不得辭。」德林聞之甚喜，乃答云：「德林雖庸懦，微誠亦有所在。若曲相提奬，必望以死奉公。」高祖大悅，即召與語。劉昉、鄭譯初矯詔召高祖受顧命輔少主，總知內外兵馬事。諸衛既奉勑，並受高祖節度。鄭譯、劉昉議，欲授高祖冢宰，鄭譯自攝大司馬，劉昉又求小冢宰。高祖私問德林曰：「欲何以見處？」德林云：「即宜作大丞相，假黃鉞，都督內外諸軍事。不爾，無以壓衆心。」及發喪，便即依此。以譯爲相府長史，帶內史上大夫，昉但爲丞相府司馬。譯、昉由是不平。以德林爲丞相府屬，加儀同大將軍。未幾而三方構亂，指授兵略，皆與之參詳。軍書羽檄，朝夕填委，一日之中，動踰百數。或機速競發，口授數人，文意百端，不加治點。鄖公韋孝寬爲東道元帥，師次永橋，爲沁水泛長，兵未得度。長史李詢上密啓云：「大將梁士彥、宇文忻、崔弘度並受尉遲迥餽金，軍中慅慅，人情大異。」高祖得詢啓，深以爲憂，與鄭譯議，欲代此三人。德林獨進計云：「公與諸將，並是國家貴臣，未相伏馭，今以挾令之威，使得之耳。安知後所遣者，能盡腹心，前所遣人，獨致乖異？又取金之事，虛實難明，即令換易，彼將懼罪，恐其逃逸，便須禁錮。然則鄖公以下，必有驚疑之意。且臨敵代將，自古所難，樂毅所以辭燕，趙括以之敗趙。如愚所見，但遣公一腹心，明於智略，爲諸將舊來所信服者，速至軍所，使觀其情僞。縱有異志，必不敢動。」丞相大悟曰：「若公不發此言，幾敗大事。」即令高熲馳驛往軍所，爲諸將節度，竟成大功。凡厥謀謨，多此類也。進授丞相府從事內郎。禪代之際，其相國總百揆、九錫殊禮詔策牋表璽書，皆德林之辭也。高祖登阼之日，授內史令。初，將受禪，虞慶則勸高祖盡滅宇文氏，高熲、楊惠亦依違從之。唯德林固爭，以爲不可。高祖作色怒云：「君讀書人，不足平章此事。」於是遂盡誅之。自是品位不加，出於高、虞之下，唯依班例授上儀同，進爵爲子。

開皇元年，勑令與太尉任國公于翼、高熲等同修律令。事訖奏聞，別賜九環金帶一腰，駿馬一匹，賞損益之多也。格令班後，蘇威每欲改易事條。德林以爲格式已頒，義須畫一，縱令小有踳駮，非過蠹政害民者，不可數有改張。威又奏置五百家鄉正，即令理民間辭訟。德林以爲本廢鄉官判事，爲其里閭親戚，剖斷

不平，令今鄉正專治五百家，恐爲害更甚。且今時吏部，總選人物，天下不過數百縣，於六七百萬戶內，詮簡數百縣令，猶不能稱其才，乃欲於一鄉之內，選一人能治五百家者，必恐難得。又即時要荒小縣，有不至五百家者，復不可令兩縣共管一鄉。」敕令內外羣官，就東宮會議。自皇太子以下，多從德林議。蘇威又言廢郡，德林語之云：「修令時，公何不論廢郡爲便。今令纔出，其可改乎！」然高熲同威之議，稱德林狠戾，多所固執。由是高祖盡依威議。

五年，敕令撰錄作相時文翰，勒成五卷，謂之《霸朝雜集》。序其事曰：「竊以陽烏垂曜，微藿傾心，神龍騰舉，飛雲觸石。聖人在上，幽顯冥符，故稱比屋可封，萬物斯睹。臣皇基草創，便豫驅馳，遂得參可封之民，爲萬物之一。其爲嘉慶，固以多也。若夫帝臣王佐，應運挺生，接踵於朝，諒有之矣。而班、爾之妙，曲木變容，朱藍所染，素絲改色。二十二臣，功成盡美，二十八將，效力於時。種德積善，豈皆比於稷、契，討功稱伐，非悉類於耿、賈。書契已還，立言立事，質非殆庶，何世無之。蓋上稟睿后，旁資羣傑，牧商鄙賤，屠釣幽微，化爲侯王，皆由此也。有教無類，童子羞於霸功，見德思齊，狂夫成於聖業。治世多士，亦因此焉。煙霧可依，騰蛇與蛟龍俱遠，栖息有所，蒼蠅同騏驥之速。因人成事，其功不難。自此而談，雖非上智，事受命之主，委質爲臣，遇高世之才，連官接席，皆可以翊亮天地，流名鐘鼎，何必蒼頡造書，伊尹制命，公旦操筆，老聃爲史，方可敘帝王之事，談人鬼之謀乎？至若臣者，本慚賓實，非勳非德，厠軒冕之流，無學無才，處藝文之職。若不逢休運，非遇天恩，光大含弘，博約文禮，寓官百辟，才悉兼人，收拙里閭，退仕鄉邑，不種東陵之瓜，豈過南陽之掾，安得出入閶闔之閨，趨走太微之庭，履天子之階，侍聖皇之側，樞機帷幄，霑及榮寵者也！昔歲木行將季，諒闇在辰，火運肇興，羣官總己。有周典八柄之所，大隋納百揆之日，兩朝文翰，臣兼掌之。時溥天之下，三方構亂，軍國多務，朝夕填委。簿領紛紜，羽書交錯，或速均發弩，或事大滔天，或日有萬幾，或幾有萬事。皇帝內明外順，經營區宇，吐無窮之術，運不測之神，幽贊兩儀，財成萬類。咨謀臺閣，曉喻公卿，訓率土之濱，責反常之賊。三軍奉律，戰勝攻取之方，萬國承風，安上治民之道。讓受終之禮，報羣臣之令，有憲章古昔者矣，有隨事作故者矣。千變萬化，譬彼懸河，寸陰尺日，不棄光景。大則天壤不遺，小則毫毛無失。遠尋三古，未聞者盡聞，遂聽百王，未見者皆見。發言吐論，即成文章，臣染翰操牘，書記而已。昔放勛之化，老人踏而未知，孔丘之言，弟子聞而不達。愚情冥黑，多必乖舛。加以奏閤趨墀，盈懷滿袖，手披目閱，堆案積几。心無別慮，筆不暫停，或畢景忘餐，或連宵不寐，以勤補拙，不遑自處。其有詞理疎謬，遺漏闕疑，皆天旨訓誘，神筆改定。運籌建策，通幽達冥，從命者獲安，違命者悉禍。懸測萬里，指期來事，常如目見，固乃神知。變大亂而致太平，易可誅而爲淳粹，化成道洽，其在人文，盡出聖懷，用成典誥，並非臣意所能至此。伯禹矢謨，成湯陳誓，漢光數行之札，魏武《接要》之書，濟時拯物，無以加也。屬神器大寶，將遷明德，天道人心，同謨歸往。周靜南面，每詔褒揚，在位諸公，各陳本志，璽書表奏，羣情賜委。臣寰海之內，忝曰一民，樂推之心，切於黎獻，欣然從命，輒不敢辭。比夫潘勗之冊魏王，阮籍之勸晉后，道高前世，才謝往人，內手捫心，夙宵慚惕。檄書露板，及以諸文，有臣所作之，有臣潤色之。唯是愚思，非奏定者，雖詞乖黼藻，而理歸霸德，文有可忽，事不可遺。前奉敕旨，集納麓已還，至於受命文筆，當時制述，條目甚多，今日收撰，略爲五卷云爾。」

高祖省讀訖，明旦謂德林曰：「自古帝王之興，必有異人輔佐。我昨讀《霸朝集》，方知感應之理。昨宵恨夜長，不能早見公面。必令公貴與國始終。」於是追贈其父恒州刺史。未幾，上曰：「我本意欲深榮之。」復贈定州刺史、安平縣公，謚曰孝。以德林襲焉。德林既少有才名，重以貴顯，凡製文章，動行於世。或有不知者，謂爲古人焉。

德林以梁士彥及元諧之徒頻有逆意，大江之南，抗衡上國。乃著《天命論》上之，其辭曰：「粵若邃古，玄黃肇闢，帝王神器，歷數有歸。生其德者天，應其時者命，確乎不變，非人力所能爲也。龍圖鳥篆，號謚遺跡，疑而難信，缺而未詳者，靡得而明焉。其在典文，煥乎緗素，敘明至德，莫盛於唐、虞，貽謀長世，莫過於文、武。大隋神功積於文王，天命顯於唐叔。昔邑姜方娠，夢帝謂己：『余命而子曰虞，將與之唐，而蕃育其子孫。』及生，有文在其手曰『虞』，遂以命之。成王滅唐而封太叔。又唐叔之封也，箕子曰：『其後必大。』《易》曰：『崇高富貴，莫大於帝王。』《老子》謂：『域內四大，王居一焉。』此則名虞與唐，兼二聖，將令其後必大，終致唐、虞之美，蕃育子孫，用享無窮之祚。逮皇家建國，初號大興，箕子必大之言，於茲乃驗。天之眷命，懸屬聖朝，重耳區區，豈足云也！有娀玄鳥，商以興焉，姜嫄巨跡，周以興焉，邑姜夢帝，隋以興焉。古今三代，靈命如一，本枝種德，奕葉丕基。佐高帝而滅楚，立宣皇以定漢，東京太尉，關西孔子，生感遺鱣之集，歿降巨鳥之奇，累仁積善，大申休命。太祖挺生，庇民匡主，立殊

勳於魏室，建盛業於周朝。啓翼軫之國，肇炎精之紀，爰受厥命，陟配彼天。皇帝載誕之初，神光滿室，具興王之表，韞大聖之能。或氣或雲，蔭映於廊廟，如天如日，臨照於軒冕。內明外順，自險獲安，豈非萬福扶持，百禄攸集。有周之末，朝野騷然，降志執均，鎮衛宗社。明神饗其德，上帝付其民，誅姦逆於九重，行神化於四海。于斯時也，尉迥據有齊累世之都，乘新國易亂之俗，驅馳蛇豕，連合縱横，地迺九州陷三，民則十分擁六。王謙乘連率之威，憑全蜀之險，興兵舉衆，震蕩江山，鴆毒巴、庸，蠶食秦、楚。此二虜也，窮凶極逆，非欲割鴻溝之地，閉劍閣之門，皆將長戟强弩，睥睨宸極。從漳河而達負海，連岱岳而距華陽，迫脅荆蠻，吐納江漢。佐鬪嫁禍，紛若蝟毛，曝骨履腸，間不容礪。爾乃奉殪戎之命，運先天之略，不出户庭，推轂分閫，一麾以定三方，數旬而清萬國。蕩滌天壤之速，規摹指晝之神，造化以來，弗之聞也。光熙前緒，罔有不服，煙雲改色，鍾石變音，三靈顧望，萬物影響。木運告盡，褰裳克讓，天歷在躬，推而弗有。百辟庶尹，四方岳牧，稽圖讖之文，順億兆之請，披肝瀝膽，晝歌夜吟，方屈箕潁之高，式允幽明之願。基命宥密，如恒如升，推帝居歆，創業垂統。殊徽號，改服色，建都邑，叙彝倫，薄賦輕徭，慎刑恤獄，除繁苛之政，興清静之風，去無用之官，省相監之職。奇才間出，盛德無隱，星精雲氣，共趨走於堦墀，山神海靈，咸變理於臺閣。東漸日谷，西被月川，教暨北溟之表，聲加南海之外，悠悠沙漠，區域萬里，蠢蠢百蠻，莫之與競。五帝所不化，三王所未賓，屈膝頓顙，盡爲臣妾。殊方異類，書契不傳，梯山越海，貢琛奉贄，欣欣如也。巢居穴處，化以宫室，不火不粒，訓以庖厨。禮樂合天地之同，律吕節寒暑之候，製作詳垂衣之後，淳粹得神農之前。遨遊文雅之場，出入杳冥之極，合神謨鬼，通幽洞微，羣物歲成，含生日用，飲和氣以自得，沐玄澤而不知也。丹雀爲使，玄龜載書，甘露自天，醴泉出地。神禽異獸，珍木奇草，望風觀海，應化歸風。備休祥於圖牒，罄幽遐而戾止。猶且父天子民，兢兢翼翼，至矣大矣，七十四帝，曷可同年而語哉！若夫天下之重，不可妄據，故唐之許由，夏之伯益，懷道立事，人授而弗可也。軒初四帝，周餘六王，藉世因基，自取而不得也。孟軻稱仲尼之德過於堯、舜，著述成帝者之事，弟子備王佐之才，黑不代蒼，泣麟嘆鳳，栖栖汲汲，雖聖達而莫許也。蚩尤則黄帝抗衡，共工則黑帝勍敵，項羽誅秦摧漢，宰割神州，角逐爭驅，盡威力而無就也。其餘欻起妖妄，曾何足數！賊子逆臣，所以爲亂，皆由不識天道，不悟人謀，牽逐鹿之邪説，謂飛鳧而爲鼎。若使四凶爭八元之誠，三監同九臣之志，韓信、彭越深明帝子之符，孫述、隗囂妙識真人之出，尉迥同謳歌之類，王謙比獄訟之民，福禄蟬聯，胡可窮也！而違天逆物，獲罪人神。嗚呼！此前事之大戒矣。誅夷烹醢，歷代共尤，僭逆凶邪，時煩獄吏，其可不戒慎哉！蓋積惡既成，心自絶於善道，物類相感，理必至於誅戮。天奪其魄，鬼惡其盈故也。大帝聰明，羣臣正直，耳目監於率土，賞罰參於國朝，輔助一人，覆育兆庶。豈有食人之禄，受人之榮，包藏禍心而不殲盡者也？必當執法未處其罪，司命已除其籍。自古明哲，慮遠防微，執一心，持一德，立功坐樹，上書削藁，位尊而心踰下，禄厚而志彌約，寵盛思之以懼，道高守之以恭，克念於此，則姦回不至。事乃畏天，豈惟愛禮，謙光滿覆，義在知幾，吉凶由人，妖不自作。衆星共極，在天成象。夙沙則主雖愚蔽，民盡知歸，有苗則始爲跋扈，終而大服。漢南諸國，見一面以從殷，河西將軍，率五郡以歸漢。故能招信順之助，保太山之安。彼陳國者，盜竊江外，民少一郡，地減半州。遇受命之主，逢太平之日，自可獻土銜璧，乞同溥天。乃復養喪家之疹，遵顛覆之軌，趑趄吴、越，仍爲匪民。雖時屬大道，偃兵舞鉞，然國家當混一之運，金陵是殄滅之期，有命不恒，斷可知矣。房風之戮，元龜匪遥，孫皓之侯，守株難得。迷而未覺，諒可愍焉。斯故未辯玄天之心，不聞君子之論也。」

德林自隋有天下，每贊平陳之計。八年，車駕幸同州，德林以疾不從。勑書追之，書後御筆注云：「伐陳事意，宜自隨也。」時高熲因使入京，上語熲曰：「德林若患未堪行，宜自至宅取其方略。」高祖以之付晉王廣。後從駕還，在塗中，高祖以馬鞭南指云：「待平陳訖，會以七寶裝嚴公，使自山東無及之者。」及陳平，授柱國，郡公，實封八百户，賞物三千段。晉王廣已宣勑訖，有人説高熲曰：「天子晝策，晉王及諸將戮力之所致也。今乃歸功於李德林，諸將必當憤惋，且後世觀公有若虚行。」熲入言之，高祖乃止。

初，大象末，高祖以逆人王謙宅賜之，文書已出，至地官府，忽復改賜崔謙。上語德林曰：「夫人欲得，將與其舅。於公無形迹，不須爭之，可自選一好宅。若不稱意，當爲營造，並覓莊店作替。」德林乃奏取逆人高阿那肱衛國縣市店八十塸爲王謙宅替。九年，車駕幸晉陽，店人上表訴稱：「地是民物，高氏强奪，於內造舍。」上命有司料還價直。遇追蘇威自長安至，奏云：「高阿那肱是亂世宰相，以諂媚得幸，枉取民地，造店賃之。德林誣罔，妄奏自入。」李圓通、馮世基等又進云：「此店收利如食千户，請計日追贜。」上因責德林，德林請勘逆人文簿及本换宅之意，上不聽，乃悉追店給所住者。自是益嫌之。十年，虞慶則等於關東

諸道巡省使還，並奏云：「五百家鄉正，專理辭訟，不便於民。黨與愛憎，公行貨賄。」上仍令廢之。德林復奏云：「此事臣本以爲不可。然置來始爾，復即停廢，政令不一，朝成暮毁，深非帝王設法之義。臣望陛下若於律令輒欲改張，即以軍法從事。不然者，紛紜未已。」高祖遂發怒，大詬云：「爾欲將我作王莽邪？」初，德林稱父爲太尉諮議以取贈官，李元操與陳茂等陰奏之曰：「德林之父終於校書，妄稱諮議。」上甚銜之。至是，復庭議忤意，因數之曰：「公爲内史，典朕機密，比不可豫計議者，以公不弘耳。寧自知乎？朕方以孝治天下，恐斯道廢闕，故立五教以弘之。公言孝由天性，何須設教。然則孔子不當説《孝經》也。又罔冒取店，妄加父官，朕實忿之而未能發。今當以一州相遣耳。」因出爲湖州刺史。德林拜謝曰：「臣不敢復望内史令，請預散參。待陛下登封告成，一觀盛禮，然後收拙丘園，死且不恨。」上不許，轉懷州刺史。在州逢亢旱，課民掘井溉田，空致勞擾，竟無補益，爲考司所貶。歲餘，卒官，時年六十一。贈大將軍、廉州刺史，謚曰文。及將葬，勑令羽林百人，並鼓吹一部，以給喪事。贈物三百段，粟千石，祭以太牢。

德林美容儀，善談吐，齊天統中，兼中書侍郎，於賓館受國書。陳使江總目送之曰：「此即河朔之英靈也。」器量沉深，時人未能測，唯任城王湝、趙彦深、魏收、陸卬大相欽重，延譽之言，無所不及。德林少孤，未有字，魏收謂之曰：「識度天才，必至公輔，吾輒以此字卿。」從官以後，即典機密，性重慎，嘗云古人不言温樹，何足稱也。少以才學見知，及位望稍高，頗傷自任，争名之徒，更相譖毁，所以運屬興王，功參佐命，十餘年間竟不徙級。所撰文集，勒成八十卷，遭亂亡失，見五十卷行於世。勑撰《齊史》未成。

雜録

備録

侯白《啟顔録・盧思道》 隋盧思道嘗共壽陽庾知禮作詩，已成而思道未就。禮曰：「盧詩何太春日。」思道答曰：「自許編苦疾，嫌他織錦遲。」思道初下武陽入京，内史李德林向思道揖。思道謂人曰：「德林在齊，恒拜思道，今日官高，向雖拜，乃作跪狀。」思道嘗在賓門日中立，德林謂之曰：「何不就樹陰？」思道曰：「熱則熱矣，不能林下立。」

張鷟《朝野僉載》補輯 隋内史令李德林，深州饒陽人也，使其子卜葬於饒陽城東，遷厝其父母。遂問之，其地奚若，曰：「卜兆云葬後當出八公。其地東村西郭，南道北隄。」林曰：「村名何？」答曰：「五公。」林曰：「唯有三公在。此其命也，知復云何。」遂葬之。子伯藥，孫安期，並襲安平公。至曾孫，與徐敬業反，公遂絶。

孔平仲《續世説》卷五《賞譽》 隋李德林初仕齊，周武帝平齊，以爲内史。謂羣臣曰：「我當日唯聞李德林與齊朝作書檄，我正謂其是天上人，豈意今日得其驅使，復與我作文書，極爲大異。」神武公紇豆陵毅答曰：「臣聞明王聖德，得麒麟鳳凰爲瑞，是聖德所感，非力能致之。瑞雖來，不堪使用。如李德林來受驅策，亦是陛下聖德感致，有大才用，勝於麒麟鳳凰遠矣。」帝大笑曰：「誠如公言。」

孔平仲《續世説》卷五《寵禮》 隋李德林上《霸朝集》，高祖省讀訖，明旦謂德林曰：「自古帝王之興，必有異人輔佐，我昨讀《霸朝集》，方知感應之理。昨宵恨夜長，不能早見公面，必令公貴，與國始終。」德林每贊平陳之計，伐陳之役，高祖以馬鞭南指，云：待平陳訖，會以七寶裝嚴公，使自山東無及之者。

備論

《隋書》卷四二《李德林傳》 史臣曰：德林幼有操尚，學富才優，譽重鄴中，聲飛關右。王基締構，協贊謀猷，羽檄交馳，絲綸間發，文誥之美，時無與二。君臣體合，自致青雲，不患莫己知，豈徒言也！

胡寅《致堂讀史管見》卷一四 齊主頗好文學，祖珽奏置文林館，多引文學之士以充之。以中書侍郎李德林、黄門侍郎顔之推同判館事。

李德林、顔之推，在齊稱賢者也，舍其文學而質其行事，難乎免於君子之責矣。高緯據國，濁亂之時也，祖珽秉政，小人之相也。李、顔二子，儻有器識，必不踐貴任，況肯爲珽所引拔乎？時事屢變，懷禄容身，無伏節死義之操，蓋見于此。孔子曰：「事君者非其人弗自。」孟子曰：「觀遠臣以其所主。」自者，榮辱之

本，主者，成敗之幾也。故古之人未嘗不欲仕也，又惡不由其道，謂此類也。

胡寅《致堂讀史管見》卷一五 周隋公楊堅謂李德林曰：「經國重任，欲與公共事，必不得辭。」德林曰：「願以死奉公。」

李德林文學才謀，在當時少比倫矣，然不知節義，故其所就無足稱者。事齊貴顯矣，及周主入鄴，則從之，如水之赴壑。事周信任矣，及隋主竊國，則從之，如鳥之投林。國移主易，漫無致命守死之操，有所不召，召無不往，有所不命，命無不承，方之妾婦以順爲正者，猶不逮焉。以是自將，文學足貴也，人反以爲賤；才謀足用也，人反以爲疑。終見斥疎，身名俱辱，非隋文寡恩也，德林招之者有素矣。

虞慶則勸隋主盡誅宇文氏，李德林以爲不可。隋主作色曰：「君書生，不足議此。」由是德林品位不進。

江左取國者，必殺前朝之子孫，如宋、齊、梁，説者謂其享國不永，由此致也。獨陳高祖於蕭梁子孫待之甚仁，而其國亦不永，何也？曰：「此蔽人之論也。人之保其身者，於百骸四體、五臟六腑兼所養，無尺寸之膚不愛焉，無尺寸之膚不養焉。夫然後心廣而體胖。夫豈爲心官足恃，而肺腸無用，元首在身，而肘腓可弃哉？人君保國，何獨不然，必也衆政備善，百度無闕，然後治道完固，禍亂不生。夫豈以一事偶合，而定無窮之基，小德適中，而當聖賢之號哉？虞慶則備位大臣，無奇謀碩畫以贊初政，顧請除宇文氏，非惟迎逢隋主忌克之心，亦習聞前世弊風，以爲故常耳。李德林正言而不見信者，國移君廢，已無伏節死難之義，而欲全彼破亡之宗，宜隋主之忽其言也。若夫以書生斥之云者，猾胥險吏，固疾儒士，此則楊堅之本態也。隋得天下，無功無德，特以姿相奇偉，蓋與蕭道成同。而其亡國則有二焉，一曰隋文以胥史治國，二曰獨孤后以妬忌治家，如是而已矣。」

藝文

羅惇衍《集義軒詠史詩鈔》卷三二《李德林》 誰膺驅使貢天閶，才勝麒麟與鳳凰。一旦文書三殿搆，百篇羽檄六軍揚。將心遥結師難代，公面翹思夜恨長。駿馬賜偕金帶厚，不應選宅奪民莊。

牛弘部

綜述

《隋書》卷四九《牛弘傳》 牛弘字里仁，安定鶉觚人也，本姓尞氏。祖熾，郡中正。父允，魏侍中、工部尚書、臨涇公，賜姓爲牛氏。弘初在襁褓，有相者見之，謂其父曰：「此兒當貴，善愛養之。」及長，鬚貌甚偉，性寬裕，好學博聞。在周，起家中外府記室、内史上士。俄轉納言上士，專掌文翰，甚有美稱。加威烈將軍、員外散騎侍郎，修起居注。其後襲封臨涇公。宣政元年，轉内史下大夫，進位使持節、大將軍、儀同三司。

開皇初，遷授散騎常侍、秘書監。弘以典籍遺逸，上表請開獻書之路，曰：「經籍所興，由來尚矣。爻畫肇於庖羲，文字生於蒼頡，聖人所以弘宣教導，博通古今，揚於王庭，肆於時夏。故堯稱至聖，猶考古道而言，舜其大智，尚觀古人之象。《周官》，外史掌三皇五帝之書，及四方之志。武王問黄帝、顓頊之道，太公曰：『在《丹書》。』是知握符御曆，有國有家者，曷嘗不以《詩》、《書》而爲教，因禮樂而成功也。昔周德既衰，舊經紊棄。孔子以大聖之才，開素王之業，憲章祖述，制《禮》刊《詩》，正五始而修《春秋》，闡《十翼》而弘《易》道。治國立身，作範垂法。及秦皇馭宇，吞滅諸侯，任用威力，事不師古，始下焚書之令，行偶語之刑。先王墳籍，掃地皆盡。本既先亡，從而顛覆。臣以圖識言之，經典盛衰，信有徵數。此則書之一厄也。漢興，改秦之弊，敦尚儒術，建藏書之策，置校書之官，屋壁山巖，往往間出。外有太常、太史之藏，内有延閣、秘書之府。至孝成之世，亡逸尚多，遣謁者陳農求遺書於天下，詔劉向父子讎校篇籍。漢之典文，於斯爲盛。及王莽之末，長安兵起，宫室圖書，並從焚燼。此則書之二厄也。光武嗣興，尤重經誥，未及下車，先求文雅。於是鴻生鉅儒，繼踵而集，懷經負帙，不遠斯至。肅宗親臨講肄，和帝數幸書林，其蘭臺、石室，鴻都、東觀，秘牒填委，更倍於前。及孝獻移都，吏民擾亂，圖書縑帛，皆取爲帷囊。所收而西，裁七十餘乘，屬西京大亂，一時燔蕩。此則書之三厄也。魏文代漢，更集經典，皆藏在秘書、内外三閣，遣秘書郎鄭默删定舊文。時之論者，美其朱紫有別。晉氏承之，文籍尤廣。晉秘書監荀勗定魏《内經》，更著《新簿》。雖古文舊簡，猶云有缺，新章後録，鳩集已多，足得恢弘正道，訓範當世。屬劉、石憑陵，京華覆滅，朝章國典，從而失墜。此則書之四厄也。永嘉之後，寇竊競興，因河據洛，跨秦帶趙。論其建國立家，雖傳名號，憲章禮樂，寂滅無聞。劉裕平姚，收其圖籍，五經子史，纔四千卷，皆赤軸青紙，文字古拙。僭僞之盛，莫過二秦，以此而論，足可明矣。故知衣冠軌物，圖畫記注，播遷之餘，皆歸江左。晉、宋之際，學藝爲多，齊、梁之間，經史彌盛。宋秘書丞王儉，依劉氏《七略》，撰爲《七志》。梁人阮孝緒，亦爲《七録》。總其書數，三萬餘卷。及侯景渡江，破滅梁室，秘省經籍，雖從兵火，其文德殿内書史，宛然猶存。蕭繹據有江陵，遣將破平侯景，收文德之書，及公私典籍，重本七萬餘卷，悉送荆州。故江表圖書，因斯盡萃於繹矣。及周師入郢，繹悉焚之於外城，所收十纔一二。此則書之五厄也。後魏爰自幽方，遷宅伊、洛，日不暇給，經籍闕如。周氏創基關右，戎車未息。保定之始，書止八千，後加收集，方盈萬卷。高氏據有山東，初亦採訪，驗其本目，殘缺猶多。及東夏初平，獲其經史，四部重雜，三萬餘卷。所益舊書，五千而已。今御書單本，合一萬五千餘卷，部帙之間，仍有殘缺。比梁之舊目，止有其半。至於陰陽河洛之篇，醫方圖譜之説，彌復爲少。臣以經書，自仲尼已後，迄於當今，年踰千載，數遭五厄，興集之期，屬膺聖世。伏惟陛下受天明命，君臨區宇，功無與二，德冠往初。自華夏分離，彝倫攸斁，其間雖霸王遞起，而世難未夷，欲崇儒業，時或未可。今土宇邁於三王，民黎盛於兩漢，有人有時，正在今日。方當大弘文教，納俗升平，而天下圖書尚有遺逸，非所以仰協聖情，流訓無窮者也。臣史籍是司，寢興懷懼。昔陸賈奏漢祖云『天下不可馬上治之』，故知經邦立政，在於典謨矣。爲國之本，莫此攸先。今秘藏見書，亦足披覽，但一時載籍，須令大備。不可王府所無，私家乃有。然士民殷雜，求訪難知，縱有知者，多懷吝惜，必須勒之以天威，引之以微利。若猥發明詔，兼開購賞，則異典必臻，觀閣斯積，重道之風，超於前世，不亦善乎！伏願天監，少垂照察。」上納之，於是下詔，獻書一卷，賚縑一匹。一二年間，篇籍稍備。進爵奇章郡公，邑千五百户。

三年，拜禮部尚書，奉勑修撰《五禮》，勒成百卷，行於當世。弘請依古制修立明堂，上議曰：「竊謂明堂者，所以通神靈，感天地，出教化，崇有德。《孝經》曰：『宗祀文王於明堂，以配上帝。』《祭義》云：『祀于明堂，教諸侯孝也。』黄帝

曰合宮，堯曰五府，舜曰總章，布政興治，由來尚矣。《周官・考工記》曰：『夏后氏世室，堂脩二七，廣四脩一。』鄭玄注云：『脩十四步，其廣益以四分脩之一，則堂廣十七步半也。』『殷人重屋，堂脩七尋，四阿重屋。』鄭云：『其脩七尋，廣九尋也。』『周人明堂，度九尺之筵，南北七筵，五室，凡室二筵。』鄭云：『此三者，或舉宗廟，或舉王寢，或舉明堂，互言之，明其同制也。』馬融、王肅、干寶所注，與鄭亦異，今不具出。漢司徒馬宮議云：『夏后氏世室，室顯於堂，故命以室。殷人重屋，屋顯於堂，故命以屋。周人明堂，堂大於夏室，故命以堂。夏后氏益其堂之廣百四十四尺，周人明堂，以爲兩序間大夏后氏七十二尺。』若據鄭玄之説，則夏室大於周堂，如依馬宮之言，則周堂大於夏室。後王轉文，周大爲是。但宮之所言，未詳其義。此皆去聖久遠，禮文殘缺，先儒解説，家異人殊。鄭注《玉藻》亦云：『宗廟路寢，與明堂同制。』《王制》曰：『寢不踰廟。』明大小是同。今依鄭玄注，每室及堂，止有一丈八尺，四壁之外，四尺有餘。若以宗廟論之，祫享之時，周人旅酬六尸，並后稷爲七，先公昭穆二尸，先王昭穆二尸，合十一尸，三十六主，及君北面行事於二丈之堂，愚不及此。若以正寢論之，便須朝宴。據《燕禮》：『諸侯宴，則賓及卿大夫脱屨升坐。』是知天子宴，則三公九卿並須升堂。《燕義》又云：『席，小卿次上卿。』言皆侍席。止於二筵之間，豈得行禮？若以明堂論之，總享之時，五帝各於其室。設青帝之位，須於木室之内，少北西面。太昊從食，坐於其西，近南北面。祖宗配享者，又於青帝之南，稍退西面。丈八之室，神位有三，加以簠簋籩豆，牛羊之俎，四海九州美物咸設，復須席上升歌，出樽反坫，揖讓升降，亦以隘矣。據兹而説，近是不然。案劉向《别録》及馬宮、蔡邕等所見，當時有《古文明堂禮》、《王居明堂禮》、《明堂圖》、《明堂大圖》、《明堂陰陽》、《太山通義》、《魏文侯孝經傳》等，並説古明堂之事。其書皆亡，莫得而正。今《明堂月令》者，鄭玄云：『是吕不韋著，《春秋十二紀》之首章，禮家鈔合爲記。』蔡邕、王肅云：『周公所作。』《周書》内有《月令》第五十三，即此也。各有證明，文多不載。束皙以爲夏時之書。劉瓛云：『不韋鳩集儒者，尋于聖王月令之事而記之。不韋安能獨爲此記？』今案不得全稱《周書》，亦未可即爲秦典，其内雜有虞、夏、殷、周之法，皆聖王仁恕之政也。蔡邕具爲章句，又論之曰：『明堂者，所以宗祀其祖以配上帝也。夏后氏曰世室，殷人曰重屋，周人曰明堂。東曰青陽，南曰明堂，西曰總章，北曰玄堂，内曰太室。聖人南面而聽，向明而治，人君之位莫不正焉。故雖有五名，而主以明堂也。制度之數，各有所依。堂方一百四十四尺，坤之策也，屋圓楣徑二百一十六尺，乾之策也。太廟明堂方六丈，通天屋徑九丈，陰陽九六之變，且圓蓋方覆，九六之道也。八闥以象卦，九室以象州，十二宮以應日辰。三十六户，七十二牖，以四户八牖乘九宮之數也。户皆外設而不閉，示天下以不藏也。通天屋高八十一尺，黄鐘九九之實也。二十八柱布四方，四方七宿之象也。堂高三尺，以應三統，四向五色，各象其行。水闊二十四丈，象二十四氣，於外，以象四海。王者之大禮也。』觀其模範天地，則象陰陽，必據古文，義不虛出。今若直取《考工》，不參《月令》，青陽總章之號不得而稱，九月享帝之禮不得而用。漢代二京所建，與此説悉同。建安之後，海内大亂，京邑焚燒，憲章泯絶。魏氏三方未平，無聞興造。晉則侍中裴頠議曰：『尊祖配天，其義明著，而廟宇之制，理據未分。宜可直爲一殿，以崇嚴父之祀，其餘雜碎，一皆除之。』宋、齊已還，咸率兹禮。此乃世乏通儒，時無思術，前王盛事，於是不行。後魏代都所造，出自李沖，三三相重，合爲九室。簷不覆基，房間通街，穿鑿處多，迄無可取。及遷宅洛陽，更加營構，五九紛競，遂至不成，宗配之事，於焉靡託。今皇猷遐闡，化覃海外，方建大禮，垂之無窮。弘等不以庸虛，謬當議限。今檢明堂必須五室者何？《尚書・帝命驗》曰：『帝者承天立五府，赤曰文祖，黄曰神斗，白曰顯紀，黑曰玄矩，蒼曰靈府。』鄭玄注曰：『五府與周之明堂同矣。』且三代相沿，多有損益，至於五室，確然不變。夫室以祭天，天實有五，若立九室，四無所用。布政視朔，自依其辰。鄭司農云：『十二月分在青陽等左右之位。』不云居室。鄭玄亦言：『每月於其時之堂而聽政焉。』《禮圖》畫个，皆在堂偏，是以須爲五室。明堂必須上圓下方者何？《孝經・援神契》曰：『明堂者，上圓下方，八窗四達，布政之宫。』《禮記・盛德篇》曰：『明堂四户八牖，上圓下方。』《五經異義》稱講學大夫淳于登亦云：『上圓下方。』鄭玄同之。是以須爲圓方。明堂必須重屋者何？案《考工記》，夏言『九階，四旁兩夾窗，門堂三之二，室三之一。』殷、周不言者，明一同夏制。殷言『四阿重屋』，周承其後不言屋，制亦盡同可知也。其『殷人重屋』之下，本無五室之文。鄭注云：『五室者，亦據夏以知之。』明周不云重屋，因殷則有，灼然可見。《禮記・明堂位》曰：『太廟天子明堂。』言魯爲周公之故，得用天子禮樂，魯之太廟與周之明堂同。又曰：『複廟重檐，刮楹達鄉，天子之廟飾。』鄭注：『複廟重屋也。』據廟既重屋，明堂亦不疑矣。《春秋》文公十三年：『太室屋壞。』《五行志》曰：『前堂曰太廟，中央曰太室，屋其上重者也。』服虔亦云：『太室，太廟太室之上屋也。』《周書・作

洛篇》曰：『乃立太廟宗宮路寢明堂，咸有四阿反坫，重亢重廊。』孔晁注曰：『重亢累棟，重廊累屋也。』依《黃圖》所載，漢之宗廟皆爲重屋。此去古猶近，遺法尚在，是以須爲重屋。明堂必須爲辟雍者何？《禮記・盛德篇》云：『明堂者，明諸侯尊卑也。外水曰辟雍。』《明堂陰陽錄》曰：『明堂之制，周圜行水，左旋以象天，內有太室以象紫宮。』此明堂有水之明文也。然馬宮、王肅以爲明堂、辟雍、太學同處，蔡邕、盧植亦以爲明堂、靈臺、辟雍、太學同實異名。邕云：『明堂者，取其宗祀之清貌，則謂之清廟，取其正室，則曰太室，取其堂，則曰明堂，取其四門之學，則曰太學，取其周水圜如璧，則曰璧雍。其實一也。』其言別者，《五經通義》曰：『靈臺以望氣，明堂以布政，辟雍以養老教學。』三者不同。袁準、鄭玄亦以爲別。歷代所疑，豈能輒定？今據《郊祀志》云：『欲治明堂，未曉其制。濟南人公玉帶上黃帝時《明堂圖》，一殿無壁，蓋之以茅，水圜宮垣，天子從之。』以此而言，其來則久。漢中元二年，起明堂、辟雍、靈臺於洛陽，並別處。然明堂亦有璧水，李尤《明堂銘》云『流水洋洋』是也。以此須有辟雍。夫帝王作事，必師古昔，今造明堂，須以禮經爲本。形制依於周法，度數取於《月令》，遺闕之處，參以餘書，庶使該詳沿革之理。其五室九階，上圓下方，四阿重屋，四旁兩門，依《考工記》、《孝經》說。堂方一百四十四尺，屋圓楣徑二百一十六尺，太室方六丈，通天屋徑九丈，八闥二十八柱，堂高三尺，四向五色，依《周書・月令》論。殿垣方在內，水周如外，水內徑三百步，依《太山盛德記》、《覲禮經》。仰觀俯察，皆有則象，足以盡誠上帝，祗配祖宗，弘風布教，作範於後矣。弘等學不稽古，輒申所見，可否之宜，伏聽裁擇。」上以時事草創，未遑製作，竟寢不行。

六年，除太常卿。九年，詔改定雅樂，又作樂府歌詞，撰定圓丘五帝凱樂，並議樂事。弘上議云：「謹案《禮》，五聲、六律、十二管還相爲宮。《周禮》奏黃鍾，歌大呂，奏太簇，歌應鍾，皆是旋相爲宮之義。蔡邕《明堂月令章句》曰：『孟春月則太簇爲宮，姑洗爲商，蕤賓爲角，南呂爲徵，應鍾爲羽，大呂爲變宮，夷則爲變徵。他月倣此。』故先王之作律呂也，所以辯天地四方陰陽之聲。揚子雲曰：『聲生於律，律生於辰。』故律呂配五行，通八風，歷十二辰，行十二月，循環轉運，義無停止。譬如立春木王火相，立夏火王土相，季夏餘分，土王金相，立秋金王水相，立冬水王木相。還相爲宮者，謂當其王月，名之爲宮。今若十一月不以黃鍾爲宮，十三月不以太簇爲宮，便是春木不王，夏王不相，豈不陰陽失度，天地不通哉？劉歆《鍾律書》云：『春宮秋律，百卉必彫；秋宮春律，萬物必榮；夏宮冬律，雨雹必降；冬宮夏律，雷必發聲。』以斯而論，誠爲不易。且律十二，今直爲黃鍾一均，唯用七律，以外五律，竟復何施？恐失聖人制作本意。故須依禮作還相爲宮之法。」上曰：「不須作旋相爲宮，且作黃鍾一均也。」弘又論六十律不可行：「謹案：《續漢書・律曆志》，元帝遣韋玄成問京房於樂府，房對：『受學故小黃令焦延壽。六十律相生之法，以上生下，皆三生二，以下生上，皆三生四。陽下生陰，陰上生陽，終於中呂，而十二律畢矣。中呂上生執始，執始下生去滅，上下相生，終於南事，六十律畢矣。十二律之變至於六十，猶八卦之變至於六十四也。冬至之聲，以黃鍾爲宮，太簇爲商，姑洗爲角，林鍾爲徵，南呂爲羽，應鍾爲變宮，蕤賓爲變徵。此聲氣之元，五音之正也。故各統一日。其餘以次運行，當日者各自爲宮，而商徵以類從焉。』房又曰：『竹聲不可以度調，故作準以定數。準之狀如瑟，長一丈而十三絃，隱間九尺，以應黃鍾之律九寸。中央一絃，下畫分寸，以爲六十律清濁之節。』執始之類，皆房自造。房云受法於焦延壽，未知延壽所承也。至元和年，待詔候鍾律殷彤上言：『官無曉六十律以準調音者。故待詔嚴崇具以準法教其子宣，願召宣補學官，主調樂器。』大史丞弘試宣十二律，其二中，其四不中，其六不知何律，宣遂罷。自此律家莫能爲準施絃。熹平年，東觀召典律者太子舍人張光問準意。光等不知，歸閱舊藏，乃得其器，形制如房書，猶不能定其絃緩急，故史官能辨清濁者遂絕。其可以相傳者，唯大榷常數及候氣而已。據此而論，京房之法，漢世已不能行。沈約《宋志》曰：『詳案古典及今音家，六十律無施於樂。』《禮》云『十二管還相爲宮』，不言六十。《封禪書》云：『大帝使素女鼓五十絃瑟而悲，破爲二十五絃。』假令六十律爲樂，得成亦所不用。取『大樂必易，大禮必簡』之意也。」

又議曰：「案《周官》云：『大司樂掌成均之法。』鄭衆注云：『均，調也。樂師主調其音。』《三禮義宗》稱：『《周官》奏黃鍾者，用黃鍾爲調，歌大呂者，用大呂爲調。奏者謂堂下四懸，歌者謂堂上所歌。但一祭之間，皆用二調。』是知據宮稱調，其義一也。明六律六呂迭相爲宮，各自爲調。今見行之樂，用黃鍾之宮，乃以林鍾爲調，與古典有違。晉內書監荀勗依典記，以五聲十二律還相爲宮之法，制十二笛。黃鍾之笛，正聲應黃鍾，下徵應林鍾，以姑洗爲清角。大呂之笛，正聲應大呂，下徵應夷則。以外諸均，例皆如是。然今所用林鍾，是勗下徵之調。不取其正，先用其下，於理未通，故須改之。」上甚善其議，詔弘與姚察、許善心、何妥、虞世基等正定新樂，事在《音律志》。是後議置明堂，詔弘條上故事，

議其得失，事在《禮志》。上甚敬重之。

時楊素恃才矜貴，輕侮朝臣，唯見弘未嘗不改容自肅。素將擊突厥，詣太常與弘言別。弘送素至中門而止，素謂弘曰：「大將出征，故來叙別，何相送之近也？」弘遂揖而退。素笑曰：「奇章公可謂其智可及，其愚不可及也。」亦不以屑懷。

尋授大將軍，拜吏部尚書。時高祖又令弘與楊素、蘇威、薛道衡、許善心、虞世基、崔子發等並召諸儒，論新禮降殺輕重。弘所立議，衆咸推服之。仁壽二年，獻皇后崩，三公已下不能定其儀注。楊素謂弘曰：「公舊學，時賢所仰，今日之事，決在於公。」弘了不辭讓，斯須之間，儀注悉備，皆有故實。素嘆曰：「衣冠禮樂盡在此矣，非吾所及也！」弘以三年之喪，祥禫具有降殺，期服十一月而練者，無所象法，以聞於高祖，高祖納焉。下詔除期練之禮，自弘始也。弘在吏部，其選舉先德行而後文才，務在審慎。雖致停緩，所有進用，並多稱職。吏部侍郎高孝基，鑒賞機晤，清慎絶倫，然爽俊有餘，迹似輕薄，時宰多以此疑之。唯弘深識其真，推心委任。隋之選舉，於斯爲最。時論彌服弘識度之遠。

煬帝之在東宫也，數有詩書遺弘，弘亦有答。及嗣位之後，嘗賜弘詩曰：「晉家山吏部，魏世盧尚書，莫言先哲異，奇才並佐余。學行敦時俗，道素乃沖虚，納言雲閣上，禮儀皇運初。彝倫欣有叙，垂拱事端居。」其同被賜詩者，至於文詞贊揚，無如弘美。大業二年，進位上大將軍。三年，改爲右光禄大夫。從拜恒岳，壇場珪幣，墠時牲牢，並弘所定。還下太行，煬帝嘗引入内帳，對皇后賜以同席飲食。其禮遇親重如此。弘謂其諸子曰：「吾受非常之遇，荷恩深重。汝等子孫，宜以誠敬自立，以答恩遇之隆也。」六年，從幸江都。其年十一月，卒於江都郡，時年六十六。帝傷惜之，賵贈甚厚。歸葬安定，贈開府儀同三司、光禄大夫、文安侯，謚曰憲。

弘榮寵當世，而車服卑儉，事上盡禮，待下以仁，訥於言而敏於行。上嘗令其宣勅，弘至階下，不能言，退還拜謝，云：「並忘之。」上曰：「傳語小辯，故非宰臣任也。」愈稱其質直。大業之世，委遇彌隆。性寬厚，篤志於學，雖職務繁雜，書不釋手。隋室舊臣，始終信任，悔吝不及，唯弘一人而已。有弟曰弼，好酒而酗，嘗因醉，射殺弘駕車牛。弘來還宅，其妻迎謂之曰：「叔射殺牛矣。」弘聞之，無所怪問，直答云：「作脯。」坐定，其妻又曰：「叔忽射殺牛，大是異事！」弘曰：「已知之矣。」顔色自若，讀書不輟。其寬和如此。有文集十三卷行於世。

長子方大，亦有學業，官至内史舍人。次子方裕，性凶險，無人心，從幸江都，與裴虔通等同謀弑逆，事見《司馬德戡傳》。

雜録

備録

《隋書》卷一五《音樂志下》 開皇九年平陳，獲宋、齊舊樂，詔於太常置清商署，以管之。求陳太樂令蔡子元、于普明等，復居其職。由是牛弘奏曰：「臣聞周有六代之樂，至《韶》、《武》而已。秦始皇改周舞曰《五行》，漢高帝改《韶舞》曰《文始》，以示不相襲也。又造《武德》，自表其功，故高帝廟奏《武德》、《文始》、《五行》之舞。又作《昭容》、《禮容》，增演其意。《昭容》生於《武德》，蓋猶古之《韶》也。《禮容》生於《文始》，矯秦之《五行》也。文帝又作《四時》之舞，故孝景帝立，追述先功，采《武德舞》作《昭德舞》，被之管弦，薦於太宗之廟。孝宣采《昭德舞》爲《盛德舞》，更造新歌，薦於武帝之廟。據此而言，遞相因襲，縱有改作，並宗於《韶》。至明帝時，東平獻王采《文德舞》爲《大武》之舞，薦于光武之廟。漢末大亂，樂章淪缺，魏武平荆州，獲杜夔，以爲軍謀祭酒，使創雅樂。時散騎侍郎鄧静善詠雅歌，樂師尹胡能習宗祀之曲，舞師馮肅曉知先代諸舞。總練研精，復於古樂，自夔始也。文帝黄初，改《昭容》之樂爲《昭業樂》，《武德》之舞爲《武頌舞》，《文始》之舞爲《大韶舞》，《五行》之舞爲《大武舞》。明帝初，公卿奏上太祖武皇帝樂曰《武始》之舞，高祖文皇帝樂曰《咸熙》之舞。又製樂舞，名曰《章斌》之舞，有事於天地宗廟，及臨朝大饗，並用之。晉武帝泰始二年，遣傅玄等造行禮及上壽食舉歌詩。張華表曰：『按漢、魏所用，雖詩章辭異，興廢隨時，至其韻逗曲折，並繫於舊，一皆因襲，不敢有所改也。』九年，荀勗典樂，使郭夏、宋識造《正德》、《大豫》之舞。改魏《昭武舞》曰《宣武舞》，羽籥舞曰《宜文舞》。江左之初，典章堙紊，賀循爲太常卿，始有登歌之樂。大寧末，阮孚等又增益之。咸和間，鳩集遺逸，鄴没胡後，樂人頗復南度，東晉因之，以具鐘律。太元間，破苻永固，又獲樂工楊蜀等，閑練舊樂，於是金石始備。尋其設懸音調，並與江左是

同。慕容垂破慕容永於長子，盡獲苻氏舊樂。垂息爲魏所敗，其鍾律令李佛等，將太樂細伎，奔慕容德於鄴。德遷都廣固，子超嗣立，其母先没姚興，超以太樂伎一百二十人詣興贖母。及宋武帝入關，悉收南渡。永初元年，改《正德舞》曰《前舞》，《大武舞》曰《後舞》。文帝元嘉九年，太樂令鍾宗之，更調金石。至十四年，典書令奚縱，復改定之。又有《凱容》、《宣業》之舞，齊代因而用之。蕭子顯《齊書・志》曰：『宋孝建初，朝議以《凱容舞》爲《韶舞》，《宣業舞》爲《武德舞》。據《韶》爲言，《宣業》即是古之《大武》，非《武德》也。』故《志》有《前舞・凱容》歌辭，《後舞・凱容》歌辭者矣。至於梁初，猶用《凱容》、《宣業》之舞，後改爲《大壯》、《大觀》焉。今人猶喚《大觀》爲《前舞》，故知樂名雖隨代而改，聲韻曲折，理應常同。前克荆州，得梁家雅曲，今平蔣州，又得陳氏正樂。史傳相承，以爲合古。且觀其曲體，用聲有次，請修緝之，以備雅樂。其後魏洛陽之曲，據《魏史》云『太武平赫連昌所得』，更無明證。後周所用者，皆是新造，雜有邊裔之聲。戎音亂華，皆不可用。請悉停之。」制曰：「制禮作樂，聖人之事也，功成化洽，方可議之。今宇内初平，正化未洽。遽有變革，我則未暇。」晉王廣又表請，帝乃許之。

牛弘遂因鄭譯之舊，又請依古五聲六律，旋相爲宫。雅樂每宫但一調，唯迎氣奏五調，謂之五音。縵樂用七調，祭祀施用。各依聲律尊卑爲次。高祖猶憶妥言，注弘奏下，不許作旋宫之樂，但作黄鍾一宫而已。於是牛弘及秘書丞姚察、通直散騎常侍許善心、儀同三司劉臻、通直郎虞世基等，更共詳議曰：「後周之時，以四聲降神，雖采《周禮》，而年代深遠，其法久絶，不可依用。謹案《司樂》：『凡樂，圜鍾爲宫，黄鍾爲角，太簇爲徵，姑洗爲羽，舞《雲門》以祭天。函鍾爲宫，太簇爲角，姑洗爲徵，南吕爲羽，舞《咸池》以祭地。黄鍾爲宫，大吕爲角，太簇爲徵，圜鍾爲羽，舞《韶》以祀宗廟。』馬融曰：『圜鍾，應鍾也。』賈逵、鄭玄曰：『圜鍾，夾鍾也。』鄭玄又云：『此樂無商聲，祭尚柔剛，故不用也。』干寶云：『不言商，商爲臣。王者自謂，故置其實而去其名，若曰，有天地人物，無德以主之，謙以自牧也。』先儒解釋，既莫知適從。然此四聲，非直無商，又律管乖次，以其爲樂，無克諧之理。今古事異，不可得而行也。按《東觀書・馬防傳》，太子丞鮑鄴等上作樂事，下防。防奏言：『建初二年七月鄴上言，天子食飲，必順於四時五味，而有食舉之樂。所以順天地，養神明，求福應也。今官雅樂獨有黄鍾，而食舉樂但有太簇，皆不應月律，恐傷氣類。可作十二月均，各應其月氣。公卿朝會，得聞月律，乃能感天，和氣宜應。詔下太常評焉。太常上言，作樂器直錢百四十六萬，奏寢。今明詔復下，臣防以爲可須上天之明時，因歲首之嘉月，發太簇之律，奏雅頌之音，以迎和氣。』其條貫甚具，遂獨施行。起於十月，爲迎氣之樂矣。又《順帝紀》云：『陽嘉二年冬十月庚午，以春秋爲辟雍，隸太學，隨月律。十月作應鍾，三月作姑洗。元和以來，音戾不調，修復黄鍾，作樂器，如舊典。』據此而言，漢樂宫懸有黄鍾均，食舉太簇均，止有二均，不旋相爲宫，亦以明矣。計從元和至陽嘉二年，纔五十歲，用而復止。驗黄帝聽鳳以制律吕，《尚書》曰『予欲聞六律五聲』，《周禮》有『分樂而祭』。此聖人制作，以合天地陰陽之和，自然之理，乃云音戾不調，斯言誣之甚也。今梁、陳雅曲，並用宫聲。按《禮》：『五聲十二律，還相爲宫。』盧植云：『十二月三管流轉用事，當用事者爲宫。宫，君也。』鄭玄曰：『五聲宫、商、角、徵、羽。其陽管爲律，陰管爲吕。布十二辰，更相爲宫，始自黄鍾，終於南吕，凡六十也。』皇侃疏：『還相爲宫者，十一月以黄鍾爲宫，十二月以大吕爲宫，正月以太簇爲宫。餘月放此。凡十二管，各備五聲，合六十聲。五聲成一調，故十二調。』此即釋鄭義之明文，無用商、角、徵、羽爲別調之法矣。《樂稽耀嘉》曰：『東方春，其聲角，樂當宫於夾鍾。餘方各以其中律爲宫。』若有商、角之理，不得云宫於夾鍾也。又云：『五音非宫不調，五味非甘不和。』又《動聲儀》：『宫唱而商和，是謂善本，太平之樂也。』《周禮》：『奏黄鍾，歌大吕，以祀天神。』鄭玄『以黄鍾之鍾，大吕之聲爲均。』均，調也。故崔靈恩云：『六樂十二調，亦不獨論商、角、徵、羽也。』又云：『凡六樂者，皆文之以五聲，播之以八音。』故知每曲皆須五聲八音錯綜而能成也。《禦寇子》云：『師文鼓琴，命宫而總四聲，則慶雲浮，景風翔。』唯《韓詩》云：『聞其宫聲，使人温厚而寬大。聞其商聲，使人方廉而好義。』及古有清角、清徵之流。此則當聲爲曲。今以五引爲五聲，迎氣所用者是也。餘曲悉用宫聲，不勞商、角、徵、羽。何以得知？荀勖論三調爲均首者，得正聲之名，明知雅樂悉在宫調。已外徵、羽、角，自爲謡俗之音耳。且西凉、龜兹雜伎等，曲數既多，故得隸於衆調，調各別曲，至如雅樂少，須以宫爲本，歷十二均而作，不可分配餘調，更成雜亂也。」其奏大抵如此。帝並從之。故隋代雅樂，唯奏黄鍾一宫，郊廟饗用一調，迎氣用五調。舊工更盡，其餘聲律，皆不復通。或有能爲蕤賓之宫者，享祀之際肆之，竟無覺者。

弘又修皇后房内之樂，據毛萇、侯苞、孫毓故事，皆有鍾聲，而王肅之意，乃言不可。又陳統云：「婦人無外事，而陰教尚柔，柔以静爲體，不宜用於鍾。」弘

等採肅、統以取正焉。高祖龍潛時，頗好音樂，常倚琵琶，作歌二首，名曰《地厚》、《天高》，託言夫妻之義。因即取之爲房内曲。命婦人並登歌上壽並用之。職在宫内，女人教習之。

《隋書》卷七五《劉炫傳》 時牛弘奏請購求天下遺逸之書，炫遂僞造書百餘卷，題爲《連山易》、《魯史記》等，録上送官，取賞而去。後有人訟之，經赦免死，坐除名，歸於家，以教授爲務。太子勇聞而召之，既至京師，勑令事蜀王秀，遷延不往。蜀王大怒，枷送益州。既而配爲帳内，每使執杖爲門衛。俄而釋之，典校書史。炫因擬屈原《卜居》，爲《筮塗》以自寄。

及蜀王廢，與諸儒修定《五禮》，授旅騎尉。吏部尚書牛弘建議，以爲禮諸侯絶傍期，大夫降一等。今之上柱國，雖不同古諸侯，比大夫可也。官在第二品，宜降傍親一等。議者多以爲然。炫駁之曰：「古之仕者，宗一人而已，庶子不得進。由是先王重適，其宗子有分禄之義。族人與宗子雖疎遠，猶服縗三月，良由受其恩也。今之仕者，位以才升，不限適庶，與古既異，何降之有。今之貴者，多忽近親，若或降之，民德之疎，自此始矣。」遂寢其事。

開皇二十年，廢國子四門及州縣學，唯置太學博士二人，學生七十二人。炫上表言學校不宜廢，情理甚切，高祖不納。開皇之末，國家殷盛，朝野皆以遼東爲意。炫以爲遼東不可伐，作《撫夷論》以諷焉，當時莫有悟者。及大業之季，三征不克，炫言方驗。

煬帝即位，牛弘引炫修律令。高祖之世，以刀筆吏類多小人，年久長姦，勢使然也。又以風俗陵遲，婦人無節。於是立格，州縣佐史，三年而代之，九品妻無得再醮。炫著論以爲不可，弘竟從之。諸郡置學官，及流外給廪，皆發自於炫。弘嘗從容問炫曰：「案《周禮》士多而府史少，今令史百倍於前，判官減則不濟，其故何也？」炫對曰：「古人委任責成，歲終考其殿最，案不重校，文不繁悉，府史之任，掌要目而已。今之文簿，恒慮覆治，鍛鍊若其不密，萬里追證百年舊案，故諺云『老吏抱案死』。古今不同，若此之相懸也，事繁政弊，職此之由。」弘又問：「魏、齊之時，令史從容而已，今則不遑寧舍，其事何由？」炫對曰：「齊氏立州不過數十，三府行臺，遞相統領，文書行下，不過十條。今州三百，其繁一也。往者州唯置綱紀，郡置守丞，縣唯令而已。其所具僚，則長官自辟，受詔赴任，每州不過數十。今則不然，大小之官，悉由吏部，纖介之迹，皆屬考功，其繁二也。省官不如省事，省事不如清心。官事不省而望從容，其可得乎？」弘甚善其言而不能用。納言楊達舉炫博學有文章，射策高第，除太學博士。歲餘，以品卑去任，還至長平，奉勑追詣行在所。或言其無行，帝遂罷之，歸于河間。

張鷟《朝野僉載》卷四 隋牛弘爲吏部侍郎，有選人馬敞者，形貌最陋，弘輕之，側卧食果子嘲敞曰：「嘗聞扶風馬，謂言天上下。今見扶風馬，得驢亦不假。」敞應聲曰：「嘗聞隴西牛，千石不用軥。今見隴西牛，卧地打草頭。」弘驚起，遂與官。

封演《封氏聞見記》卷二《典籍》 隋開皇三年，秘書監牛弘。表請分遣使搜訪異本，每書一卷，賞縑一疋，校寫既定，本還其主。由是人間異書往往間出。及平陳後，經籍漸多。煬帝限寫五十副本，分爲三品，於東都觀文殿東西廊屋列以貯之。

封演《封氏聞見記》卷四《露布》 隋文帝時，詔太常卿牛弘撰《宣露布儀》。開皇九年平陳，元帥晉王以驛上露布，兵部請依新禮。集百官及四方客使於朝堂，内史令稱有詔，在位者皆拜，宣露布訖，舞蹈者三，又拜。郡縣皆同。自後因循至今不改。

孔平仲《續世説》卷三《雅量》 隋牛弘弟弼，好酒而酗，常醉，射殺弘駕車牛。弘還宅，其妻迎謂曰：「叔射殺牛。」弘聞，無所怪問，直答曰：「作脯。」其妻又曰：「叔忽射牛，大是異事。」弘曰：「已知。」顔色自若，讀書不輟，其寬和如此。

孔平仲《續世説》卷四《識鑑》 隋吏部侍郎高孝基，鑒賞機悟，清慎絶倫，然俊爽有餘，迹似輕薄，時宰多以此疑之。唯牛弘深識其真，推心委任，隋之選舉于斯爲最。時論彌服弘識度之遠。

備論

《隋書》卷四九《牛弘傳》 史臣曰：牛弘篤好墳籍，學優而仕，有淡雅之風，懷曠遠之度，採百王之損益，成一代之典章，漢之叔孫，不能尚也。綢繆省闥三十餘年，夷險不渝，始終無際。雖開物成務非其所長，然澂之不清，混之不濁，可謂大雅君子矣。子實不才，崇基不構，干紀犯義，以墜家風，惜哉！

胡寅《致堂讀史管見》卷一五 鄭譯請修雅樂，詔牛弘、何妥等議之，積年不

決。妥自負宿儒，恐不逮譯等，競爲異議，各立明黨，乃請張樂試之。先白帝曰：「黄鍾象人君之德。」及奏黄鍾之調，帝曰：「滔滔和雅，甚與我心會。」妥因奏上用黄鍾一宫，不假餘律。帝悦，從之。

音五爾，而律吕十有二，猶十二支而配十干，所以變而不窮也。律吕，陰陽也，闕一則不和矣。宫爲君，商爲臣，角爲民，徵爲事，羽爲物。今獨奏黄鍾而不用餘音，是有君而無臣、無民、無事、無物，其爲君也不亦亢乎？何妥佞人也，逢迎周宣立五后者，隋文豈不知之，而命以曲樂？妥能探其主猜防忌克之微，而尊隆君道，寓意於黄鍾，帝果悦而從之，遂使古樂盡廢，後世無所考焉，其害豈不甚哉？且禮樂歷數，有國之大事也。王澤滅息，易學不傳，有欲議禮則紛如聚訟，有欲修樂，則諂承君意，有欲正歷，則必請殺異已者，竟不能復三代之正，況欲行先王之道乎？夫論事莫驗於成敗之效，萬寶常妙達鍾律，樂聲雅淡，必近古矣，而爲蘇威父子所抑。及太常樂成，寶常聞之，曰：「亡國之音也，滛厲而哀，天下將盡矣。」不二十年而其言驗。向使隋文以五音不可偏廢，折何妥、鄭譯、牛弘之徒，而專委寶常製作。雖不能救隋之亡，而先代正音，必不至泯絶於隋世矣。雖然寶常知樂之聲音，而未知樂之道也。如知樂之道，則其將死，當以其書授之好樂者，使傳于後，而以不遇，遂焚其書，無廣傳易良，油然和樂之心，故曰不知樂之道也。

牛弘爲吏部尚書，選舉先德行而後文才，務在慎審，所進用多稱職。

世俗之見，皆謂有才乃能稱職，德行非所先也，苟務求德行以濟世務，是以鼎而支奔轍，以驥而守門户，執圭佩玉而馳逐趨走，安能勝乎？敗國殄民者，率由是言矣。夫莫難得乎民之敬恭其上，莫艱得乎民之不欺其君，莫難得乎民之各勉其事。季康子欲致此，而其道無由也。問於孔子，孔子曰：「臨之以莊，則民敬矣。示以孝慈，則民忠矣。舉善者以教不能者，則民勸矣。」不特是也，凡問爲政，見於《論語》所載，孔子一以躬行身率誨之，曾不及政刑法令之具而貴捷給辨治之才。孔子豈不通世務，固使人尚椎樸，取魯鈍以從政哉？深思其故而考其事，則知世之爲姦爲貪，要功生事，上逢君惡，下爲民蠹者，非有德行之人，乃有文才之士也。牛弘之智，未必及此。然當是時，隋文以吏道爲君，正才能馳騖之時，而弘所見乃爾卓異，且其所用德行之人，又多稱職，亦可信德行之足用，而不必才能之爲貴矣。又況能廣求賢人，舉而加諸上位，使表率能者，其效爲如何？或曰：「孔子嘆才難，而今不以才爲尚，不亦異乎？」曰：「才者，爲善之具也，如舜之五臣，周之十亂，皆有聖人之才，而行聖人之道者也。有才而不爲善，猶駿足之馬而駭輿泛駕，是弃才也。孔子所嘆以謂人之有才，必如此十五人者，然後無失，則信乎才之難矣。故曰：「雖有周公之才美，而驕且吝，亦不史觀也。」不驕不吝，惟有德爲然，有才而不爲不善，非德勝不能也。然小人往往有才而不知修德之方。厚於德而短於才者，固小人之所鄙笑，而人主所宜辨也。不能辨此，此治亂之分也。」

胡寅《致堂讀史管見》卷一六　牛弘問劉炫曰：「今令史百倍於周，何也？」炫曰：「古人委任責成，歲終考其殿最，案不重校，文不繁悉，府史之任，掌要目而已。今之文簿，恒慮覆治，萬里追證百年舊案，事繁政弊，職此之由。」弘曰：「魏、齊之時，令史從容而已，今則不遑寧處，何故？」炫曰：「往者州惟置紀綱，郡置守、丞，縣置令而已。其餘則官長自辟。今小大悉由吏部，官事不省，而望從容，其可得乎？」

劉炫之荅牛弘者是矣，而未盡也，其不敢正言耶？夫令史數多而不遑寧處者，良由隋文之治，皆吏道也。繁文有覆治之慮，舊案有追證之虞，官盡屬銓曹，事悉循條，例則權必歸於令史，而簿書日多。簿書既多，則令史勢必加衆，欲其簡省從容，何可得也？然後知隋文勤勞旰食，以衡石程書者，大抵法令文案而已，此乃老胥猾吏用以困眩官長者。而以人主之重，自弊精神，其末流如牛弘所問，固宜也古之聖王，不敢怠逸，自致其勤者，豈爲是哉？朝以聽政，晝以訪問，夕以修令，夜儆百工，使無慆滛而後即安，則又有賢后妃鷄鳴儆戒；或中夜以思，坐以待旦而行之。若區區然以文案爲訓典，以法律爲《詩》、《書》，則自宰相而下，擇史胥爲之足矣，又何必求賢才？故人主之勤一也，國或以興，亦或以衰，蓋知勤而不知所當勤。能知所當勤而勤之，其興隆孰禦焉？

朱軾《史傳三編》卷四六《牛弘》　論曰：「史言隋室舊臣，始終信任悔吝不及者，惟弘一人。以隋文之猜，隋煬之暴，而周旋數十年不罹其難，倘所謂默足以容者乎。開皇以來，士宇既一，海内富强，正禮樂可興之日，夫明堂者，禮之大也，鐘律者，樂之微也。弘該洽典文，言論皆則古稱先，非苟而已，使得聖明之主，探其本而敬用之。禮行則不争，既衆著于父子君臣之義，樂達則無怨，又陰消其放僻邪侈之心。内和外順，揖讓而治天下者，莫善于此。豈復有弑奪于上，而寇攘于下者乎。孔子曰：『人而不仁，如禮何？人而不仁，如樂何？』觀隋氏

父子益信。」

藝文

徐鈞《史詠詩集》卷下《牛弘》 射牛可怒理都然，三問何如一忍賢。底事婦言堅不聽，爲憂傷我弟兄天。

羅惇衍《集義軒詠史詩鈔》卷三二《牛弘》 獻書雲集路先開，文物衣冠一代才。制度明堂申舊議，詩歌樂府見新裁。身無悔吝君終信，性最寬和弟不猜。射殺車牛非異事，絮言何苦面陳來。

隋煬帝部

綜述

《隋書》卷三《煬帝紀上》 煬皇帝諱廣，一名英，小字阿麽，高祖第二子也。母曰文獻獨孤皇后。上美姿儀，少敏慧，高祖及后於諸子中特所鍾愛。在周，以高祖勳，封雁門郡公。

開皇元年，立爲晉王，拜柱國、并州總管，時年十三。尋授武衛大將軍，進位上柱國、河北道行臺尚書令，大將軍如故。高祖令項城公韶、安道公李徹輔導之。上好學，善屬文，沉深嚴重，朝野屬望。高祖密令善相者來和遍視諸子，和曰：「晉王眉上雙骨隆起，貴不可言。」既而高祖幸上所居第，見樂器絃多斷絶，又有塵埃，若不用者，以爲不好聲妓，善之。上尤自矯飾，當時稱爲仁孝。嘗觀獵遇雨，左右進油衣，上曰：「士卒皆霑濕，我獨衣此乎！」乃令持去。

六年，轉淮南道行臺尚書令。其年，徵拜雍州牧、内史令。八年冬，大舉伐陳，以上爲行軍元帥。及陳平，執陳湘州刺史施文慶、散騎常侍沈客卿、市令陽慧朗、刑法監徐析、尚書都令史暨慧，以其邪佞，有害於民，斬之石闕下，以謝三吴。於是封府庫，資財無所取，天下稱賢。進位太尉，賜輅車、乘馬，衮冕之服，玄珪、白璧各一。復拜并州總管。俄而江南高智慧等相聚作亂，徙上爲揚州總管，鎮江都，每歲一朝。高祖之祠太山也，領武候大將軍。明年，歸藩。後數載，突厥寇邊，復爲行軍元帥，出靈武，無虜而還。

及太子勇廢，立上爲皇太子。是月，當受冊。高祖曰：「吾以大興公成帝業。」令上出舍大興縣。

仁壽初，奉詔巡撫東南。是後高祖每避暑仁壽宮，恒令上監國。

四年七月，高祖崩，上即皇帝位於仁壽宮。八月，奉梓宮還京師。并州總管漢王諒舉兵反，詔尚書左僕射楊素討平之。十一月乙未，幸洛陽。丙申，發丁男數十萬掘塹，自龍門東接長平、汲郡，抵臨清關，度河，至浚儀、襄城，達於上洛，以置關防。癸丑，詔曰：「乾道變化，陰陽所以消息，沿創不同，生靈所以順叙。若使天意不變，施化何以成四時，人事不易，爲政何以釐萬姓！《易》不云乎：『通其變，使民不倦』；『變則通，通則久。』『有德則可久，有功則可大。』朕又聞之，安安而能遷，民用丕變。是故姬邑兩周，如武王之意，殷人五徙，成湯后之業。若不因人順天，功業見乎變，愛人治國者可不謂歟！然洛邑自古之都，王畿之内，天地之所合，陰陽之所和。控以三河，固以四塞，水陸通，貢賦等。故漢祖曰：『吾行天下多矣，唯見洛陽。』自古皇王，何嘗不留意，所不都者蓋有由焉。或以九州未一，或以困其府庫，作洛之制所以未暇也。我有隋之始，便欲創兹懷、洛，日復一日，越暨於今。念兹在兹，興言感哽！朕肅膺寶曆，纂臨萬邦，遵而不失，心奉先志。今者漢王諒悖逆，毒被山東，遂使州縣或淪非所。此由關河懸遠，兵不赴急，加以并州移户復在河南。周遷殷人，意在於此。況復南服遐遠，東夏殷大，因機順動，今也其時。羣司百辟，僉諧厥議。但成周墟塉，弗堪葺宇。今可於伊、洛營建東京，便即設官分職，以爲民極也。夫宫室之制本以便生，上棟下宇，足避風露，高臺廣厦，豈曰適形。故《傳》云：『儉，德之共；侈，惡之大。』宣尼有云：『與其不遜也，寧儉。』豈謂瑶臺瓊室方爲宫殿者乎，土堦采椽而非帝王者乎？是知非天下以奉一人，乃一人以主天下也。民惟國本，本固邦寧，百姓足，孰與不足！今所營構，務從節儉，無令雕墻峻宇復起於當今，欲使卑宫菲食將貽於後世。有司明爲條格，稱朕意焉。」

大業元年春正月壬辰朔，大赦，改元。立妃蕭氏爲皇后。改豫州爲溱州，洛州爲豫州。廢諸州總管府。丙申，立晉王昭爲皇太子。戊申，發八使巡省風俗。下詔曰：「昔者哲王之治天下也，其在愛民乎？既富而教，家給人足，故能風淳俗厚，遠至邇安。治定功成，率由斯道。朕嗣膺寶曆，撫育黎獻，夙夜戰兢，若臨川谷。雖則聿遵先緒，弗敢失墜，永言政術，多有缺然。況以四海之遠，兆民之衆，未獲親臨，問其疾苦。每慮幽仄莫舉，冤屈不申，一物失所，乃傷和氣，萬方有罪，責在朕躬，所以寤寐增歎，而夕惕載懷者也。今既布政惟始，宜存寬大。可分遣使人，巡省方俗，宣揚風化，薦拔淹滯，申達幽枉。孝悌力田，給以優復。鰥寡孤獨不能自存者，量加振濟。義夫節婦，旌表門閭。高年之老，加其版授，並依別條，賜以粟帛。篤疾之徒，給侍丁者，雖有侍養之名，曾無賙贍之實，明加檢校，使得存養。若有名行顯著，操履修潔，及學業才能，一藝可取，咸宜訪採，將身入朝。所在州縣，以禮發遣。其有蠹政害人，不便於時者，使還之日，具録奏聞。」

己酉，以吳州總管宇文弼爲刑部尚書。

二月己卯，以尚書左僕射楊素爲尚書令。

三月丁未，詔尚書令楊素、納言楊達、將作大匠宇文愷營建東京，徙豫州郭下居人以實之。戊申，詔曰：「聽採輿頌，謀及庶民，故能審政刑之得失。是知昧旦思治，欲使幽枉必達，彝倫有章。而牧宰任稱朝委，苟爲徼幸以求考課，虛立殿最，不存治實，綱紀於是弗理，冤屈所以莫申。關河重阻，無由自達。朕故建立東京，躬親存問。今將巡歷淮海，觀省風俗，眷求讜言，徒繁詞翰，而鄉校之內，闕爾無聞。恇然夕惕，用忘興寢。其民下有知州縣官人政治苛刻，侵害百姓，背公徇私，不便於民者，宜聽詣朝堂封奏，庶乎四聰以達，天下無冤。」又於皁澗營顯仁宮，採海內奇禽異獸草木之類，以實園苑。徙天下富商大賈數萬家於東京。辛亥，發河南諸郡男女百餘萬，開通濟渠，自西苑引穀、洛水達於河，自板渚引河通於淮。庚申，遣黃門侍郎王弘、上儀同於士澄往江南採木，造龍舟、鳳艒、黃龍、赤艦、樓船等數萬艘。

夏四月癸亥，大將軍劉方擊林邑，破之。

秋七月丁酉，制戰亡之家給復十年。丙午，滕王綸、衛王集並奪爵徙邊。

閏七月甲子，以尚書令楊素爲太子太師，安德王雄爲太子太傅，河間王弘爲太子太保。丙子，詔曰：「君民建國，教學爲先，移風易俗，必自茲始。而言絕義乖，多歷年代，進德修業，其道寖微。漢採坑焚之餘，不絕如線，晉承板蕩之運，掃地將盡。自時厥後，軍國多虞，雖復黌宇時建，示同愛禮，函丈或陳，殆爲虛器。遂使紆青拖紫，非以學優，製錦操刀，類多墻面。上陵下替，綱維靡立，雅缺道消，實由於此。朕纂承洪緒，思弘大訓，將欲尊師重道，用闡厥繇，講信修睦，敦獎名教。方今宇宙平一，文軌攸同，十步之內，必有芳草，四海之中，豈無奇秀！諸在家及見入學者，若有篤志好古，耽悅典墳，學行優敏，堪膺時務，所在採訪，具以名聞，即當隨其器能，擢以不次。若研精經術，未願進仕者，可依其藝業深淺，門蔭高卑，雖未升朝，並量準給祿。庶夫恂恂善誘，不日成器，濟濟盈朝，何遠之有！其國子等學，亦宜申明舊制，教習生徒，具爲課試之法，以盡砥礪之道。」

八月壬寅，上御龍舟，幸江都。以左武衛大將軍郭衍爲前軍，右武衛大將軍李景爲後軍。文武官五品已上給樓船，九品已上給黃蔑。舳艫相接，二百餘里。

冬十月己丑，赦江淮已南。揚州給復五年，舊總管內給復三年。十一月己未，以大將軍崔仲方爲禮部尚書。

二年春正月辛酉，東京成，賜監督者各有差。以大理卿梁毗爲刑部尚書。丁卯，遣十使併省州縣。

二月丙戌，詔尚書令楊素、吏部尚書牛弘、大將軍宇文愷、內史侍郎虞世基、禮部侍郎許善心制定輿服。始備輦路及五時副車。上常服，皮弁十有二琪，文官弁服，佩玉，五品已上給犢車、通幰，三公親王加油絡，武官平巾幘，袴褶，三品已上給瓟槊。下至胥吏，服色皆有差。非庶人不得戎服。戊戌，置都尉官。

三月庚午，車駕發江都。先是，太府少卿何稠、太府丞雲定興盛修儀仗，於是課州縣送羽毛。百姓求捕之，網羅被水陸，禽獸有堪氅毦之用者，殆無遺類。至是而成。

夏四月庚戌，上自伊闕，陳法駕，備千乘萬騎，入於東京。辛亥，上御端門，大赦，免天下今年租稅。癸丑，以冀州刺史楊文思爲民部尚書。

五月甲寅，金紫光祿大夫、兵部尚書李通坐事免。乙卯，詔曰：「旌表先哲，式存饗祀，所以優禮賢能，顯彰遺愛。朕永鑒前修，尚想名德，何嘗不興嘆九原，屬懷千載。其自古已來賢人君子，有能樹聲立德、佐世匡時、博利殊功、有益於人者，並宜營立祠宇，以時致祭。墳壟之處，不得侵踐。有司量爲條式，稱朕意焉。」

六月壬子，以尚書令、太子太師楊素爲司徒。進封豫章王暕爲齊王。

秋七月癸丑，以衛尉卿衛玄爲工部尚書。庚申，制百官不得計考增級，必有德行功能，灼然顯著者，擢之。壬戌，擢藩邸舊臣鮮于羅等二十七人官爵有差。甲戌，皇太子昭薨。

八月辛卯，封皇孫倓爲燕王，侗爲越王，侑爲代王。

九月乙丑，立秦孝王俊子浩爲秦王。

冬十月戊子，以靈州刺史段文振爲兵部尚書。

十二月庚寅，詔曰：「前代帝王，因時創業，君民建國，禮尊南面。而歷運推移，年世永久，丘壟殘毀，樵牧相趨，塋兆堙蕪，封樹莫辨。興言淪滅，有愴於懷。自古已來帝王陵墓，可給隨近十户，蠲其雜役，以供守視。」

三年春正月癸亥，勑并州逆黨已流配而逃亡者，所獲之處，即宜斬決。

三月辛亥，車駕還京師。癸丑，遣羽騎尉朱寬使於流求國。

夏四月庚辰，詔曰：「古者帝王觀風問俗，皆所以憂勤兆庶，安集遐荒。自

蕃夷內附，未遑親撫，山東經亂，須加存恤。今欲安輯河北，巡省趙、魏。所司依式。」甲申，頒律令，大赦天下，關內給復三年。壬辰，改州爲郡。改度量權衡，並依古式。改上柱國已下官爲大夫。甲午，詔曰：「天下之重，非獨治所安，帝王之功，豈一士之略。自古明君哲后，立政經邦，何嘗不選賢與能，收採幽滯。周稱多士，漢號得人，常想前風，載懷欽佇。朕負扆夙興，冕旒待旦，引領巖谷，置以周行，冀與羣才共康庶績。而彙茅寂寞，投竿罕至，豈美璞韜采，未值良工，將介石在懷，確乎難拔？永鑒前哲，憮然興嘆！凡厥在位，譬諸股肱，若濟巨川，義同舟楫。豈得保兹寵禄，晦爾所知，優游卒歲，甚非謂也。祁大夫之舉善，良史以爲至公，臧文仲之蔽賢，尼父譏其竊位。求諸往古，非無褒貶，宜思進善，用匡寡薄。夫孝悌有聞，人倫之本，德行敦厚，立身之基。或節義可稱，或操履清潔，所以激貪厲俗，有益風化。强毅正直，執憲不撓，學業優敏，文才美秀，並爲廊廟之用，實乃瑚璉之資。才堪將略，則拔之以禦侮，膂力驍壯，則任之以爪牙。爰及一藝可取，亦宜採録，衆善畢舉，與時無棄。以此求治，庶幾非遠。文武有職事者，五品已上，宜依令十科舉人。有一於此，不必求備。朕當待以不次，隨才升擢。其見任九品已上官者，不在舉送之限。」

丙申，車駕北巡狩。丁酉，以刑部尚書宇文弼爲禮部尚書。戊戌，勑百司不得踐暴禾稼，其有須開爲路者，有司計地所收，即以近倉酬賜，務從優厚。己亥，次赤岸澤。以太牢祭故太師李穆墓。

五月丁巳，突厥啓民可汗遣子拓特勤來朝。戊午，發河北十餘郡丁男鑿太行山，達於并州，以通馳道。丙寅，啓民可汗遣其兄子毗黎伽特勤來朝。辛未，啓民可汗遣使請自入塞，奉迎輿駕。上不許。

六月辛巳，獵於連谷。丁亥，詔曰：「聿追孝饗，德莫至焉，崇建寢廟，禮之大者。然則質文異代，損益殊時，學滅坑焚，經典散逸，憲章湮墜，廟堂制度，師説不同。所以世數多少，莫能是正，連室異宫，亦無準定。朕獲奉祖宗，欽承景業，永惟嚴配，思隆大典。於是詢謀在位，博訪儒術。咸以爲高祖文皇帝受天明命，奄有區夏，拯羣飛於四海，革凋敝於百王，恤獄緩刑，生靈皆遂其性，輕徭薄賦，比屋各安其業。恢夷宇宙，混壹車書。東漸西被，無思不服，南征北怨，俱荷來蘇。駕毳乘風，歷代所弗至，辮髮左衽，聲教所罕及，莫不厥角關塞，頓顙闕庭。譯靡絶時，書無虚月，韜戈偃武，天下晏如。嘉瑞休徵，表裏禔福，猗歟偉歟，無得而名者也。朕又聞之，德厚者流光，治辨者禮縟。是以周之文、武，漢之高、光，其典章特立，謚號斯重，豈非緣情稱述，即崇顯之義乎？高祖文皇帝宜別建廟宇，以彰巍巍之德，仍遵月祭，用表蒸蒸之懷。有司以時創造，務合典制。又名位既殊，禮亦異等。天子七廟，事著前經，諸侯二昭，義有差降，故其以多爲貴。王者之禮，今可依用，貽厥後昆。」

戊子，次榆林郡。丁酉，啓民可汗來朝。己亥，吐谷渾、高昌並遣使貢方物。甲辰，上御北樓，觀漁于河，以宴百僚。

秋七月辛亥，啓民可汗上表請變服，襲冠帶。詔啓民贊拜不名，位在諸侯王上。甲寅，上於郡城東御大帳，其下備儀衛，建旌旗，宴啓民及其部落三千五百人，奏百戲之樂。賜啓民及其部落各有差。丙子，殺光禄大夫賀若弼、禮部尚書宇文弼、太常卿高熲。尚書左僕射蘇威坐事免。發丁男百餘萬築長城，西距榆林，東至紫河，一旬而罷，死者十五六。

八月壬午，車駕發榆林。乙酉，啓民飾廬清道，以候乘輿。帝幸其帳，啓民奉觴上壽，宴賜極厚。上謂高麗使者曰：「歸語爾王，當早來朝見。不然者，吾與啓民巡彼土矣。」皇后亦幸義城公主帳。己丑，啓民可汗歸蕃。癸巳，入樓煩關。壬寅，次太原。詔營晉陽宫。九月己未，次濟源。幸御史大夫張衡宅，宴享極歡。己巳，至於東都。壬申，以齊王暕爲河南尹、開府儀同三司。癸酉，以民部尚書楊文思爲納言。

四年春正月乙巳，詔發河北諸郡男女百餘萬開永濟渠，引沁水南達於河，北通涿郡。庚戌，百僚大射於允武殿。丁卯，賜城內居民米各十石。壬申，以太府卿元壽爲內史令，鴻臚卿楊玄感爲禮部尚書。癸酉，以工部尚書衛玄爲右候衛大將軍，大理卿長孫熾爲民部尚書。

二月己卯，遣司朝謁者崔毅使突厥處羅，致汗血馬。

三月辛酉，以將作大匠宇文愷爲工部尚書。壬戌，百濟、倭、赤土、迦羅舍國並遣使貢方物。乙丑，車駕幸五原，因出塞巡長城。丙寅，遣屯田主事常駿使赤土，致羅刹。

夏四月丙午，以離石之汾源、臨泉，雁門之秀容，爲樓煩郡。起汾陽宫。乙卯，詔曰：「突厥意利珍豆啓民可汗率領部落，保附關塞，遵奉朝化，思改戎俗，頻入謁覲，屢有陳請。以氈墻毳幕，事窮荒陋，上棟下宇，願同比屋。誠心懇切，朕之所重。宜於萬壽戍置城造屋，其帷帳牀褥已上，隨事量給，務從優厚，稱朕意焉。」

秋七月辛巳，發丁男二十餘萬築長城，自榆谷而東。乙未，左翊衛大將軍宇文述破吐谷渾於曼頭、赤水。

八月辛酉，親祠恒岳，河北道郡守畢集。大赦天下。車駕所經郡縣，免一年租調。

九月辛未，徵天下鷹師悉集東京，至者萬餘人。辛巳，詔免長城役者一年租賦。

冬十月丙午，詔曰：「先師尼父，聖德在躬，誕發天縱之姿，憲章文、武之道。命世膺期，藴兹素王。而頹山之歎，忽踰於千祀，盛德之美，不存於百代。永惟懿範，宜有優崇。可立孔子後爲紹聖侯。有司求其苗裔，録以申上。」辛亥，詔曰：「昔周王下車，首封唐、虞之胤，漢帝承曆，亦命殷、周之後。皆所以褒立先代，憲章在昔。朕嗣膺景業，傍求雅訓，有一弘益，欽若令典。以爲周兼夏、殷，文質大備，漢有天下，車書混一，魏、晉沿襲，風流未遠。並宜立後，以存繼絶之義。有司可求其胄緒列聞。」乙卯，頒新式於天下。

五年春正月丙子，改東京爲東都。癸未，詔天下均田。戊子，上自東都還京師。己丑，制民間鐵叉、搭鉤、穳刃之類，皆禁絶之。太守每歲密上屬官景迹。

二月戊戌，次於閿鄉。詔祭古帝王陵及開皇功臣墓。庚子，制魏、周官不得爲蔭。辛丑，赤土國遣使貢方物。戊申，車駕至京師。丙辰，宴耆舊四百人於武德殿，頒賜各有差。己未，上御崇德殿之西院，愀然不怡，顧謂左右曰：「此先帝之所居，實用增感，情所未安，宜於此院之西別營一殿。」壬戌，制父母聽隨子之官。

三月己巳，車駕西巡河右。庚午，有司言，武功男子史永遵與從父昆弟同居。上嘉之，賜物一百段，米二百石，表其門閭。乙亥，幸扶風舊宅。

夏四月己亥，大獵於隴西。壬寅，高昌、吐谷渾、伊吾並遣使來朝。乙巳，次狄道，党項羌來貢方物。癸亥，出臨津關，渡黄河，至西平，陳兵講武。

五月乙亥，上大獵於拔延山，長圍周亘二千里。庚辰，入長寧谷。壬午，度星嶺。甲申，宴羣臣於金山之上。丙戌，梁浩亹，御馬度而橋壞，斬朝散大夫黄亘及督役者九人。吐谷渾王率衆保覆袁川，帝分命内史元壽南屯金山，兵部尚書段文振北屯雪山，太僕卿楊義臣東屯琵琶峽，將軍張壽西屯泥嶺，四面圍之。渾主伏允以數十騎遁出，遣其名王詐稱伏允，保車我真山。壬辰，詔右屯衛大將軍張定和往捕之。定和挺身挑戰，爲賊所殺。亞將柳武建擊破之，斬首數百級。

甲午，其仙頭王被圍窮蹙，率男女十餘萬口來降。

六月丁酉，遣左光禄大夫梁默、右翊衛將軍李瓊等追渾主，皆遇賊死之。癸卯，經大斗拔谷，山路隘險，魚貫而出。風霰晦冥，與從官相失，士卒凍死者太半。丙午，次張掖。辛亥，詔諸郡學業該通、才藝優洽，膂力驍壯，超絶等倫，在官勤奮，堪理政事，立性正直，不避强禦四科舉人。壬子，高昌王麴伯雅來朝，伊吾吐屯設等獻西域數千里之地。上大悦。癸丑，置西海、河源、鄯善、且末等四郡。丙辰，上御觀風行殿，盛陳文物，奏九部樂，設魚龍曼延，宴高昌王、吐屯設於殿上，以寵異之。其蠻夷陪列者三十餘國。戊午，大赦天下。開皇已來流配，悉放還鄉，晉陽逆黨，不在此例。隴右諸郡，給復一年，行經之所，給復二年。

秋七月丁卯，置馬牧於青海渚中，以求龍種，無效而止。

九月癸未，車駕入長安。

冬十月癸亥，詔曰：「優德尚齒，載之典訓，尊事乞言，義彰膠序。鬻熊爲師，取非筋力，方叔元老，克壯其猷。朕永言稽古，用求至治，是以龐眉黄髮，更令收叙，務簡秩優，無虧藥膳，庶等卧治，佇其弘益。今歲耆老赴集者，可於近郡處置，年七十以上，疾患沉滯，不堪居職，即給賜帛，送還本郡；其官至七品已上者，量給廩，以終厥身。」

十一月丙子，車駕幸東都。

六年春正月癸亥朔，旦，有盗數十人，皆素冠練衣，焚香持華，自稱彌勒佛，入自建國門。監門者皆稽首。既而奪衛士仗，將爲亂。齊王暕遇而斬之。於是都下大索，與相連坐者千餘家。丁丑，角抵大戲於端門街，天下奇伎異藝畢集，終月而罷。帝數微服往觀之。己丑，倭國遣使貢方物。

二月乙巳，武賁郎將陳稜、朝請大夫張鎮州擊流求，破之，獻俘萬七千口，頒賜百官。乙卯，詔曰：「夫帝圖草創，王業艱難，咸仗股肱，協同心德，用能拯厥頹運，克膺大寶，然後疇庸茂賞，開國承家，誓以山河，傳之不朽。近代喪亂，四海未一，茅土妄假，名實相乖，歷兹永久，莫能懲革。皇運之初，百度伊始，猶循舊貫，未暇改作，今天下交泰，文軌攸同，宜率遵先典，永垂大訓。自今已後，唯有功勳乃得賜封，仍令子孫承襲。」丙辰，改封安德王雄爲觀王，河間王子慶爲郇王。庚申，徵魏、齊、周、陳樂人，悉配太常。三月癸亥，幸江都宮。

夏四月丁未，宴江淮已南父老，頒賜各有差。

六月辛卯，室韋、赤土並遣使貢方物。壬辰，雁門賊帥尉文通聚衆三千，保

於莫壁谷。遣鷹揚楊伯泉擊破之。甲寅，制江都太守秩同京尹。

十二月辛酉，朱崖人王萬昌舉兵作亂，遣隴西太守韓洪討平之。

七年二月己未，上升釣臺，臨揚子津，大宴百僚，頒賜各有差。庚申，百濟遣使朝貢。乙亥，上自江都御龍舟入通濟渠，遂幸於涿郡。壬午，詔曰：「武有七德，先之以安民。政有六本，興之以教義。高麗高元，虧失藩禮，將欲問罪遼左，恢宣勝略。雖懷伐國，仍事省方。今往涿郡，巡撫民俗。其河北諸郡及山西、山東年九十已上者，版授太守；八十者，授縣令。」

夏四月庚午，至涿郡之臨朔宮。

五月戊子，以武威太守樊子蓋爲民部尚書。

秋，大水，山東、河南漂没三十餘郡，民相賣爲奴婢。

冬十月乙卯，底柱山崩，偃河逆流數十里。

十二月己未，西面突厥處羅多利可汗來朝。上大悦，接以殊禮。於時遼東戰士及餽運者填咽於道，晝夜不絶，苦役者始爲羣盜。甲子，勑都尉、鷹揚與郡縣相知追捕，隨獲斬決之。

《隋書》卷四《煬帝紀下》 八年春正月辛巳，大軍集於涿郡。壬午，下詔曰：「天地大德，降繁霜於秋令，聖哲至仁，著甲兵於刑典。故知造化之有肅殺，義在無私，帝王之用干戈，蓋非獲已。版泉、丹浦，莫匪龔行，取亂覆昏，咸由順動。況乎甘野誓師，夏開承大禹之業，商郊問罪，周發成文王之志。永監前載，屬當朕躬。粤我有隋，誕膺靈命，兼三才而建極，一六合而爲家。提封所漸，細柳、盤桃之外，聲教爰暨，紫舌、黄枝之域。遠至邇安，罔不和會，功成治定，於是乎在。而高麗小醜，迷昏不恭，崇聚勃、碣之間，薦食遼、獩之境。雖復漢、魏誅戮，巢窟暫傾，亂離多阻，種落還集。萃川藪於往代，播實繁以迄今，眷彼華壤，剪爲夷類。歷年永久，惡稔既盈，天道禍淫，亡徵已兆。亂常敗德，非可勝圖，掩慝懷姦，唯日不足。移告之嚴，未嘗面受，朝覲之禮，莫肯躬親。誘納亡叛，不知紀極，充斥邊垂，亟勞烽候，關柝以之不静，生人爲之廢業。在昔薄伐，已漏天網，既緩前擒之戮，未即後服之誅，曾不懷恩，翻爲長惡，乃兼契丹之黨，虔劉海戍，習靺鞨之服，侵軼遼西。又青丘之表，咸修職貢，碧海之濱，同稟正朔，遂復奪攘琛賮，遏絶往來，虐及弗辜，誠而遇禍。輶軒奉使，爰暨海東，旌節所次，途經藩境，而擁塞道路，拒絶王人，無事君之心，豈爲臣之禮！此而可忍，孰不可容！且法令苛酷，賦斂煩重，强臣豪族，咸執國鈞，朋黨比周，以之成俗，賄貨如市，冤枉莫申。重以仍歲災凶，比屋饑饉，兵戈不息，徭役無期，力竭轉輸，身填溝壑。百姓愁苦，爰誰適從？境内哀惶，不勝其弊。迴首面内，各懷性命之圖，黄髮稚齒，咸興酷毒之嘆。省俗觀風，爰屆幽朔，弔人問罪，無俟再駕。於是親總六師，用申九伐，拯厥阽危，協從天意，殄兹逋穢，克嗣先謨。今宜援律啓行，分麾屆路，掩勃澥而雷震，歷夫餘以電掃。比戈按甲，誓旅而後行，三令五申，必勝而後戰。左第一軍可鏤方道，第二軍可長岑道，第三軍可海冥道，第四軍可蓋馬道，第五軍可建安道，第六軍可南蘇道，第七軍可遼東道，第八軍可玄菟道，第九軍可扶餘道，第十軍可朝鮮道，第十一軍可沃沮道，第十二軍可樂浪道。右第一軍可黏蟬道，第二軍可含資道，第三軍可渾彌道，第四軍可臨屯道，第五軍可候城道，第六軍可提奚道，第七軍可踏頓道，第八軍可肅慎道，第九軍可碣石道，第十軍可東暆道，第十一軍可帶方道，第十二軍可襄平道。凡此衆軍，先奉廟略，駱驛引途，總集平壤。莫非如豺如貔之勇，百戰百勝之雄，顧眄則山岳傾頽，叱吒則風雲騰鬱，心德攸同，爪牙斯在。朕躬馭元戎，爲其節度，涉遼而東，循海之右，解倒懸於遐裔，問疾苦於遺黎。其外輕齎遊闕，隨機赴響，卷甲銜枚，出其不意。又滄海道軍舟艫千里，高帆電逝，巨艦雲飛，横斷浿江，逕造平壤，島嶼之望斯絶，坎井之路已窮。其餘被髮左衽之人，控弦待發，微、盧、彭、濮之旅，不謀同辭。杖順臨逆，人百其勇，以此衆戰，勢等摧枯。然則王者之師，義存止殺，聖人之教，必也勝殘。天罰有罪，本在元惡，人之多僻，脅從罔治。若高元泥首轅門，自歸司寇，即宜解縛焚櫬，弘之以恩。其餘臣人歸朝奉順，咸加慰撫，各安生業，隨才任用，無隔夷夏。營壘所次，務在整肅，芻蕘有禁，秋毫勿犯，布以恩宥，喻以禍福。若其同惡相濟，抗拒官軍，國有常刑，俾無遺類。明加曉示，稱朕意焉。」

總一百一十三萬三千八百，號二百萬，其餽運者倍之。癸未，第一軍發，終四十日，引師乃盡，旌旗亘千里。近古出師之盛，未之有也。乙未，以右候衛大將軍衛玄爲刑部尚書。

二月甲寅，詔曰：「朕觀風燕裔，問罪遼濱。文武協力，爪牙思奮，莫不執鋭勤王，捨家從役，罕蓄倉廩之資，兼損播殖之務。朕所以夕惕愀然，慮其匱乏。雖復素飽之衆，情在忘私，悦使之人，宜從其厚。諸行從一品以下，佽飛募人以上家口，郡縣宜數存問。若有糧食乏少，皆宜賑給；或雖有田疇，貧弱不能自耕種，可於多丁富室勸課相助。使夫居者有斂積之豐，行役無顧後之慮。」

三月癸巳，上御師。甲午，臨戎於遼水橋。戊戌，大軍爲賊所拒，不果濟。右屯衛大將軍、左光禄大夫麥鐵杖，武賁郎將錢士雄、孟金叉等，皆死之。甲午，車駕渡遼。大戰於東岸，擊賊破之，進圍遼東。乙未，大頓，見二大鳥，高丈餘，皜身朱足，遊泳自若。上異之，命工圖寫，並立銘頌。

于時諸將各奉旨，不敢赴機。既而高麗各城守，攻之不下。

六月己未，幸遼東，責怒諸將。止城西數里，御六合城。

七月壬寅，宇文述等敗績於薩水，右屯衛將軍辛世雄死之。九軍並陷，將帥奔還亡者二千餘騎。癸卯，班師。

九月庚辰，上至東都。己丑，詔曰：「軍國異容，文武殊用，匡危拯難，則霸德攸興，化人成俗，則王道斯貴。時方撥亂，屠販可以登朝，世屬隆平，經術然後升仕。豐都爰肇，儒服無預於周行，建武之朝，功臣不參於吏職。自三方未一，四海交争，不遑文教，唯尚武功。設官分職，罕以才授，班朝治人，乃由勳敘，莫非拔足行陣，出自勇夫，斅學之道，既所不習，政事之方，故亦無取。是非暗於在己，威福專於下吏，貪冒貨賄，不知紀極，蠹政害民，實由於此。自今已後，諸授勳官者，並不得回授文武職事，庶遵彼更張，取類於調瑟，求諸名製，不傷於美錦。若吏部輒擬用者，御史即宜糾彈。」

十一月己卯，以宗女華容公主嫁於高昌王。甲申，敗將宇文述、于仲文等並除名爲民，斬尚書右丞劉士龍以謝天下。是歲，大旱，疫，人多死，山東尤甚。密詔江、淮南諸郡閲視民間童女，姿質端麗者，每歲貢之。

九年春正月丁丑，徵天下兵，募民爲驍果，集於涿郡。壬午，賊帥杜彦冰、王潤等陷平原郡，大掠而去。辛卯，置折衝、果毅、武勇、雄武等郎將官，以領驍果。乙未，平原李德逸聚衆數萬，稱「阿舅賊」，劫掠山東。靈武白榆妄，稱「奴賊」，劫掠牧馬，北連突厥，隴右多被其患。遣將軍范貴討之，連年不能剋。戊戌，大赦。己亥，遣代王侑、刑部尚書衛玄鎮京師。

二月己未，濟北人韓進洛聚衆數萬爲羣盜。壬午，復宇文述等官爵。又徵兵討高麗。

三月丙子，濟陰人孟海公起兵爲盜，衆至數萬。丁丑，發丁男十萬城大興。戊寅，幸遼東。以越王侗、民部尚書樊子蓋留守東都。庚子，北海人郭方預聚徒爲盜，自號盧公，衆至三萬，攻陷郡城，大掠而去。

夏四月庚午，車駕渡遼。壬申，遣宇文述、楊義臣趣平壤。

五月己卯，濟北人甄寶車聚衆萬餘，寇掠城邑。

六月乙巳，禮部尚書楊玄感反於黎陽。丙辰，玄感逼東都。河南贊務裴弘策拒之，反爲賊所敗。戊辰，兵部侍郎斛斯政奔於高麗。庚午，上班師。高麗犯後軍，勑右武衛大將軍李景爲後拒。遣左翊衛大將軍宇文述、左候衛將軍屈突通等馳傳發兵，以討玄感。

秋七月己卯，令所在發人城縣府驛。癸未，餘杭人劉元進舉兵反，衆至數萬。

八月壬寅，左翊衛大將軍宇文述等破楊玄感於閿鄉，斬之。餘黨悉平。癸卯，吴人朱燮、晉陵人管崇擁衆十萬餘，自稱將軍，寇江左。甲辰，制驍果之家蠲免賦役。丁未，詔郡縣城去道過五里已上者，徙就之。戊申，制盜賊籍没其家。乙卯，賊帥陳瑱等衆三萬，攻陷信安郡。辛酉，司農卿、光禄大夫、葛國公趙元淑以罪伏誅。

九月己卯，濟陰人吴海流、東海人彭孝才並舉兵爲盜，衆數萬。庚辰，賊帥梁慧尚率衆四萬，陷蒼梧郡。甲午，車駕次上谷，以供費不給，上大怒，免太守虞荷等官。丁酉，東陽人李三兒、向但子舉兵作亂，衆至萬餘。

閏月己巳，幸博陵。庚午，上謂侍臣曰：「朕昔從先朝周旋於此，年甫八歲，日月不居，倏經三紀，追惟平昔，不可復希！」言未卒，流涕嗚咽，侍衛者皆泣下沾襟。

冬十月丁丑，賊帥吕明星率衆數千圍東郡，武賁郎將費青奴擊斬之。乙酉，詔曰：「博陵昔爲定州，地居衝要，先皇歷試所基，王化斯遠，故以道冠《豳風》，義高姚邑。朕巡撫氓庶，爰届兹邦，瞻望郊廛，緬懷敬止，思所以宣播德澤，覃被下人，崇紀顯號，式光令緒。可改博陵爲高陽郡。赦境内死罪已下。給復一年。」於是召高祖時故吏，皆量材授職。壬辰，以納言蘇威爲開府儀同三司。朱燮、管崇推劉元進爲天子。遣將軍吐萬緒、魚俱羅討之，連年不能剋。齊人孟讓、王薄等衆十餘萬，據長白山，攻剽諸郡，清河賊張金稱衆數萬，渤海賊帥格謙自號燕王，孫宣雅自號齊王，衆各十萬，山東苦之。

十一月己酉，右候衛將軍馮孝慈討張金稱於清河，反爲所敗，孝慈死之。

十二月甲申，車裂玄感弟朝請大夫積善及黨與十餘人，仍焚而揚之。丁亥，扶風人向海明舉兵作亂，稱皇帝，建元白烏。遣太僕卿楊義臣擊破之。

十年春正月甲寅，以宗女爲信義公主，嫁於突厥曷娑那可汗。

二月辛未，詔百僚議伐高麗，數日無敢言者。戊子，詔曰：「竭力王役，致身戎事，咸由徇義，莫匪勤誠，委命草澤，棄骸原野，興言念之，每懷愍惻。往年出車問罪，將届遼濱，廟算勝略，具有進止。而諒惛凶，罔識成敗，高熲愎很，本無智謀，臨三軍猶兒戲，視人命如草芥，不遵成規，坐貽撓退，遂令死亡者衆，不及埋藏。今宜遣使人分道收葬，設祭於遼西郡，立道場一所。恩加泉壤，庶弭窮魂之冤，澤及枯骨，用弘仁者之惠。」辛卯，詔曰：「黄帝五十二戰，成湯二十七征，方乃德施諸侯，令行天下。盧芳小盜，漢祖尚且親戎，隗囂餘燼，光武猶自登隴，豈不欲除暴止戈，勞而後逸者哉！朕纂成寶業，君臨天下，日月所照，風雨所沾，孰非我臣，獨隔聲教。蕞爾高麗，僻居荒表，鴟張狼噬，侮慢不恭，抄竊我邊陲，侵軼我城鎮。是以去歲出軍，問罪遼、碣，殪長蛇於玄菟，戮封豕於襄平。扶餘衆軍，風馳電逝，追奔逐北，徑踰浿水，滄海舟楫，衝賊腹心，焚其城郭，汚其宫室。高元伏鑕泥首，送款軍門，尋請入朝，歸罪司寇。朕以許其改過，乃詔班師。而長惡靡悛，宴安鴆毒，此而可忍，孰不可容！便可分命六師，百道俱進。朕當親執武節，臨御諸軍，秣馬丸都，觀兵遼水，順天誅於海外，救窮民於倒懸，征伐以正之，明德以誅之，止除元惡，餘無所問。若有識存亡之分，悟安危之機，翻然北首，自求多福；必其同惡相濟，抗拒王師，若火燎原，刑兹無赦。有司便宜宣布，咸使知聞。」

丁酉，扶風人唐弼舉兵反，衆十萬，推李弘爲天子，自稱唐王。

三月壬子，行幸涿郡。癸亥，次臨渝宫，親御戎服，禡祭黄帝，斬叛軍者以釁鼓。

夏四月辛未，彭城賊張大彪聚衆數萬，保懸薄山爲盜。遣榆林太守董純擊破，斬之。甲午，車駕次北平。

五月庚子，詔舉郡孝悌廉潔各十人。壬寅，賊帥宋世謨陷琅邪郡。庚申，延安人劉迦論舉兵反，自稱皇王，建元大世。

六月辛未，賊帥鄭文雅、林寶護等衆三萬，陷建安郡，太守楊景祥死之。

秋七月癸丑，車駕次懷遠鎮。乙卯，曹國遣使貢方物。甲子，高麗遣使請降，囚送斛斯政。上大悦。

八月己巳，班師。

冬十月丁卯，上至東都。己丑，還京師。

十一月丙申，支解斛斯政於金光門外。乙巳，有事於南郊。己酉，賊帥司馬長安破長平郡。乙卯，離石胡劉苗王舉兵反，自稱天子，以其弟六兒爲永安王，衆至數萬。將軍潘長文討之，不能剋。是月，賊帥王德仁擁衆數萬，保林慮山爲盜。

十二月壬申，上如東都。其日，大赦天下。戊子，入東都。庚寅，賊帥孟讓衆十餘萬，據都梁宫。遣江都郡丞王世充擊破之，盡虜其衆。

十一年春正月甲午朔，大宴百僚。突厥、新羅、靺鞨、畢大辭、訶咄、傳越、烏那曷、波臘、吐火羅、俱慮建、忽論、靺鞨、訶多、沛汗、龜兹、疏勒、于闐、安國、曹國、何國、穆國、畢、衣密、失范延、伽折、契丹等國並遣使朝貢。戊戌，武賁郎將高建毗破賊帥顔宣政於齊郡，虜男女數千口。乙卯，大會蠻夷，設魚龍曼延之樂，頒賜各有差。

二月戊辰，賊帥楊仲緒率衆萬餘，攻北平，滑公李景破斬之。庚午，詔曰：「設險守國，著自前經，重門禦暴，事彰往策，所以宅土寧邦，禁邪固本。而近代戰争，居人散逸，田疇無伍，郛郭不修，遂使遊惰實繁，寇歎未息。今天下平一，海内晏如，宜令人悉城居，田隨近給，使强弱相容，力役兼濟，穿窬無所厝其姦宄，萑蒲不得聚其逋逃。有司具爲事條，務令得所。」丙子，上谷人王須拔反，自稱漫天王，國號燕，賊帥魏刁兒自稱歷山飛，衆各十餘萬，北連突厥，南寇趙。

五月丁酉，殺右驍衛大將軍、光禄大夫、郕公李渾，將作監、光禄大夫李敏，並族滅其家。癸卯，賊帥司馬長安破西河郡。己酉，幸太原，避暑汾陽宫。

秋七月己亥，淮南人張起緒舉兵爲盜，衆至三萬。

八月乙丑，巡北塞。戊辰，突厥始畢可汗率騎數十萬，謀襲乘輿，義成公主遣使告變。壬申，車駕馳幸雁門。癸酉，突厥圍城，官軍頻戰不利。上大懼，欲率精騎潰圍而出，民部尚書樊子蓋固諫乃止。齊王暕以後軍保於崞縣。甲申，詔天下諸郡募兵，於是守令各來赴難。

九月甲辰，突厥解圍而去。丁未，曲赦太原、雁門郡死罪已下。

冬十月壬戌，上至於東都。丁卯，彭城人魏騏驎聚衆萬餘爲盜，寇魯郡。壬申，賊帥盧明月聚衆十餘萬，寇陳、汝間。東海賊帥李子通擁衆度淮，自號楚王，建元明政，寇江都。

十一月乙卯，賊帥王須拔破高陽郡。

十二月庚辰，詔民部尚書樊子蓋發關中兵，討絳郡賊敬盤陀、柴保昌等，經年不能剋。譙郡人朱粲擁衆數十萬，寇荆襄，僭稱楚帝，建元昌達。漢南諸郡多

爲所陷焉。

十二年春正月甲午，雁門人翟松柏起兵於靈丘，衆至數萬，轉攻傍縣。

二月己未，真臘國遣使貢方物。甲子夜，有二大鳥似鵰，飛入大業殿，止於御幄，至明而去。癸亥，東海賊盧公暹率衆萬餘，保於蒼山。

夏四月丁巳，顯陽門災。癸亥，魏刁兒所部將甄翟兒復號歷山飛，衆十萬，轉寇太原。將軍潘長文討之，反爲所敗，長文死之。

五月壬午，上於景華宮徵求螢火，得數斛，夜出遊山，放之，光徧巖谷。

秋七月甲子，幸江都宮，以越王侗、光禄大夫段達、太府卿元文都、檢校民部尚書韋津、右武衛將軍皇甫無逸、右司郎盧楚等總留後事。奉信郎崔民象以盜賊充斥，於建國門上表，諫不宜巡幸。上大怒，先解其頤，乃斬之。戊辰，馮翊人孫華自號總管，舉兵爲盜。高涼通守洗珤徹舉兵作亂，嶺南溪洞多應之。車駕次汜水，奉信郎王愛仁以盜賊日盛，諫上請還西京。上怒，斬之而行。

八月乙巳，賊帥趙萬海衆數十萬，自恒山寇高陽。

九月丁酉，東海人杜揚州、沈覓敵等作亂，衆至數萬。右禦衛將軍陳稜擊破之。壬戌，安定人荔非世雄殺臨涇令，舉兵作亂，自號將軍。

十二月癸未，鄱陽賊操天成舉兵反，自號元興王，建元始興，攻陷豫章郡。壬辰，鄱陽人林士弘自稱皇帝，國號楚，建元太平，攻陷九江、廬陵郡。唐公破甄翟兒於西河，虜男女數千口。

十三年春正月壬子，齊郡賊杜伏威率衆渡淮，攻陷歷陽郡。丙辰，勃海賊竇建德設壇於河間之樂壽，自稱長樂王，建元丁丑。辛巳，賊帥徐圓朗率衆數千，破東平郡。弘化人劉企成聚衆萬餘人爲盜，傍郡苦之。

二月壬午，朔方人梁師都殺郡丞唐世宗，據郡反，自稱大丞相。遣銀青光禄大夫張世隆擊之，反爲所敗。戊子，賊帥王子英破上谷郡。己丑，馬邑校尉劉武周殺太守王仁恭，舉兵作亂，北連突厥，自稱定楊可汗。庚寅，賊帥李密、翟讓等陷興洛倉。越王侗遣武賁郎將劉長恭、光禄少卿房崱擊之，反爲所敗，死者十五六。庚子，李密自號魏公，稱元年，開倉以振羣盜，衆至數十萬，河南諸郡相繼皆陷焉。壬寅，劉武周破武賁郎將王智辯於桑乾鎮，智辯死之。

三月戊午，廬江人張子路舉兵反。遣右禦衛將軍陳稜討平之。丁丑，賊帥李通德衆十萬，寇廬江，左屯衛將軍張鎮州擊破之。

夏四月癸未，金城校尉薛舉率衆反，自稱西秦霸王，建元秦興，攻陷隴右諸郡。己丑，賊帥孟讓，夜入東都外郭，燒豐都市而去。癸巳，李密陷迴洛東倉。丁酉，賊帥房憲伯陷汝陰郡。是月，光禄大夫裴仁基、淮陽太守趙佗等並以衆叛歸李密。

五月甲子，唐公起義師於太原。丙寅，突厥數千寇太原，唐公擊破之。

秋七月丙辰，武威人李軌舉兵反，攻陷河西諸郡，自稱涼王，建元安樂。

八月辛巳，唐公破武牙郎將宋老生於霍邑，斬之。

九月己丑，帝括江都人女寡婦，以配從兵。是月，武陽郡丞元寶藏以郡叛歸李密，與賊帥李文相攻陷黎陽倉。

冬十月丁亥，太原楊世洛聚衆萬餘人，寇掠城邑。丙申，羅令蕭銑以縣反，鄱陽人董景珍以郡反，迎銑於羅縣，號爲梁王，攻陷傍郡。戊戌，武賁郎將高毗敗濟北郡賊甄寶車於嶬山。

十一月丙辰，唐公入京師。辛酉，遥尊帝爲太上皇，立代王侑爲帝，改元義寧。上起宮丹陽，將遜于江左。

二年三月，右屯衛將軍宇文化及，武賁郎將司馬德戡、元禮，監門直閤裴虔通，將作少監宇文智及，武勇郎將趙行樞，鷹揚郎將孟景，内史舍人元敏，符璽郎李覆、牛方裕，千牛左右李孝本、弟孝質，直長許弘仁、薛世良，城門郎唐奉義，醫正張愷等，以驍果作亂，入犯宮闈。上崩於溫室，時年五十。蕭后令宮人撤牀簀爲棺以埋之。化及發後，右禦衛將軍陳稜奉梓宮於成象殿，葬吳公臺下。發斂之始，容貌若生，衆咸異之。大唐平江南之後，改葬雷塘。

初，上自以藩王，次不當立，每矯情飾行，以釣虚名，陰有奪宗之計。時高祖雅信文獻皇后，而性忌妾媵。皇太子勇内多嬖幸，以此失愛。帝後庭有子，皆不育之，示無私寵，取媚於后。大臣用事者，傾心與交。中使至第，無貴賤，皆曲承顔色，申以厚禮。婢僕往來者，無不稱其仁孝。又常私入宮掖，密謀於獻后，楊素等因機構扇，遂成廢立。自高祖大漸，暨諒闇之中，烝淫無度，山陵始就，即事巡遊，以天下承平日久，士馬全盛，慨然慕秦皇、漢武之事。乃盛治宮室，窮極侈靡，召募行人，分使絶域。諸蕃至者，厚加禮賜，有不恭命，以兵擊之。盛興屯田於玉門、柳城之外。課天下富室，益市武馬，匹直十餘萬，富强坐是凍餒者十家而九。帝性多詭譎，所幸之處，不欲人知。每之一所，輒數道置頓，四海珍羞殊味，水陸必備焉，求市者無遠不至。郡縣官人，競爲獻食，豐厚者進擢，疏儉者獲罪。姦吏侵漁，内外虚竭，頭會箕斂，人不聊生。於時軍國多務，日不暇給，帝方

驕怠，惡聞政事，冤屈不治，奏請罕決。又猜忌臣下，無所專任，朝臣有不合意者，必構其罪而族滅之。故高熲、賀若弼先皇心膂，參謀帷幄，張衡、李金才藩邸惟舊，績著經綸，或惡其直道，或忿其正議，求其無形之罪，加以刎頸之誅。其餘事君盡禮，謇謇匪躬，無辜無罪，横受夷戮者，不可勝紀。政刑弛紊，賄貨公行，莫敢正言，道路以目。六軍不息，百役繁興，行者不歸，居者失業。人飢相食，邑落爲墟，上不之恤也。東西遊幸，靡有定居，每以供費不給，逆收數年之賦。所至唯與後宫流連耽湎，惟日不足，招迎姥媪，朝夕共肆醜言，又引少年，令與宫人穢亂，不軌不遜，以爲娱樂。區宇之内，盗賊蜂起，劫掠從官，屠陷城邑，近臣互相掩蔽，隱賊數不以實對。或有言賊多者，輒大被詰責，各求苟免，上下相蒙，每出師徒，敗亡相繼。戰士盡力，必不加賞，百姓無辜，咸受屠戮。黎庶憤怨，天下土崩，至於就擒而猶未之寤也。

雜録

備録

張鷟《朝野僉載》卷三　隋煬帝巡狩北邊，作大行殿七寶帳，容數百人，飾以珍寶，光輝洞徹。引匈奴啓民可汗宴會其中，可汗恍然，疑非人世之有。識者云，大行殿者，示不祥也。亦是王莽輕車之比，天心其闕人事也歟！

煬帝令朱寬征留仇國還，獲男女口千餘人，並雜物産，與中國多不同。緝木皮爲布，甚細白，幅闊三尺二三寸。亦有細斑布，幅闊一尺許。又得金荆榴數十斤，木色如真金，密緻而文彩盤蹙，有如美錦。甚香極精，可以爲枕及案面，雖沉檀不能及。彼土無鐵，朱寬還至南海郡，留仇中男夫壯者，多加以鐵鉗鎖，恐其道逃叛。還至江都，將見，爲解脱之，皆手把鉗，叩頭惜脱，甚於中土貴金。人形短小，似崑崙。

劉餗《隋唐嘉話》卷上　煬帝善屬文，而不欲人出其右。司隸薛道衡由是得罪，後因事誅之，曰：「更能作『空梁落燕泥』否？」

煬帝爲《燕歌行》，文士皆和，著作郎王胄獨不下帝，帝每銜之。胄竟坐此見害，而誦其警句曰：「『庭草無人隨意緑』，復能作此語耶？」

劉餗《隋唐嘉話》補遺　煬帝宴羣臣，以唐高祖面皺，呼爲阿婆。高祖歸，不悦，以語竇后，后曰：「此吉兆。公封於唐，唐者堂也，阿婆即是堂主。」高祖大悦。

高祖乃煬帝友人。煬帝以圖讖多言姓李將王，每排斥之。而後因大會，煬帝目上，呼爲阿婆面。上不懌，歸家色猶摧沮。后怪而問，久之方説：「帝目某爲阿婆面。」后喜曰：「此可相賀。公是襲唐公，唐之爲言堂也，阿婆面是堂主。」上大悦。

顔師古《大業拾遺記》　大業十二年，煬帝將幸江都，命越王侑留守東都。宫女半不隨駕，争泣留帝，言遼東小國，不足以煩大駕，願擇將征之。攀車留惜，指血染鞅，帝意不回，因戲飛白題二十字，賜守宫女云：「我夢江都好，征遼亦偶然。但存顔色在，離别只今年。」車駕既行，師徒百萬前驅。大橋未就，則命雲屯將軍麻叔謀濬黄河入汴堤，使勝巨艦。叔謀御命甚酷，以鐵脚木鵝試彼淺深。鵝止，謂濬河之夫不忠，隊伍死冰下。至今兒啼聞人言麻胡來，即止。其訛言畏人皆若是。帝離都旬日，幸宋何妥所進車。車前隻輪高廣，疎釘爲刃。後隻輪庳下，以柔榆爲之，使滑勁不滯。使牛御馬車名自都抵汴郡。日進御女車，車轄垂鮫綃網，雜綴片玉鳴鈴，行摇玲瓏，以混車中笑語，冀左右不聞也。長安貢御車女袁寶兒，年十五，腰肢纖墮，騃憨多態，帝寵愛之，特厚。時洛陽進合蔕迎輦花，云得之嵩山塢中，人不知名，採者異而貢之。會帝駕適至，因以迎輦名之。花外股紫，内素膩，菲芬粉蘂，心深紅，跗争兩花，枝幹烘翠，類通草，無刺。葉圓長薄，其香氣穠芬馥，或惹襟袖，移日不散，嗅之令人不多睡。帝令寶兒持之，號曰司花女。時詔虞世南、草征遼指揮德音勑於帝側，寶兒注視久之，帝謂世南曰：「昔傳飛燕可掌上舞，朕常謂儒生飾於文字，豈人能若是乎？及今得寶兒，方昭前事。然多憨態，今注目於卿，卿才，人可便嘲之。」世南應詔爲絶句曰：「學畫鴉黄半未成，垂肩嚲袖太憨生。緣憨却得君王惜，長把花枝傍輦行。」上大悦。至汴，帝御龍舟，蕭妃乘鳳舸，錦帆綵纜，窮極侈靡。舟前爲舞臺，臺上垂蔽日簾，簾即蒲澤國所進，以負山蛟睫幼蓮根絲貫小珠間睫編成，雖曉日激射，而光不能透。每舟擇妙麗長白女子千人，執雕板鏤金楫，號爲殿脚女。一日帝將登鳳舸，凭殿脚女吴絳仙肩，喜其柔麗，不與羣輩齒，愛之甚，久不移步。絳仙善畫長蛾眉，帝色不自禁，回輦召絳仙，將拜婕妤。適值絳仙下嫁爲玉工萬羣妻，

故不克諧。帝寢興罷，擢爲龍舟首檝，號曰崆峒夫人。由是殿脚女争效爲長蛾眉。司宫吏日給螺子黛五斛，號爲蛾緑。螺子黛出波斯國，每顆值十金。後徵賦不足，雜以銅黛給之，獨絳仙得賜螺黛不絶。帝每倚簾視絳仙，移時不去，顧内謁者云：「古人言秀色若可餐，如絳仙真可療飢矣！」因吟《持檝篇》賜之曰：「舊曲歌桃葉，新粧艷落梅。將身旁輕檝，知是渡江來。」詔殿脚女千輩唱之。時越溪進耀光綾，綾紋突起有光彩。越人乘樵風舟，泛於石帆山下，收野繭繅之。繅絲女夜夢神人告之，禹穴三千年一開，汝所得野繭，即《江淹文集》中壁魚所化也。絲織爲裳，必有奇文。織成，果符所夢，故進之。帝獨賜司花女洎絳仙，它姬莫預。蕭妃恚妬不懌，由是二姬稍稍不得親幸。帝嘗醉遊諸宫，偶戲宫婢羅羅者，羅羅畏蕭妃，不敢迎帝，且辭以有程姬之疾，不可薦寢。帝乃嘲之曰：「箇人無賴是横波，黛染隆顱簇小蛾。幸得留儂伴成夢，不留儂住意如何？」帝自達廣陵，宫中多效吴言，因有儂語也。帝昏湎滋深，往往爲妖祟所惑。嘗遊吴公宅鷄臺，恍惚間與陳後主相遇，尚唤帝爲殿下。後主戴車紗皂幘，青綽襃長裾，緑錦純緣紫紋方平履，舞女數十許，羅侍左右，中一女迥美，帝屢目之，後主云：「殿下不識此人耶？即麗華也。每憶桃葉山前，乘戰艦與此子北渡。爾時，麗華最恨方倚臨汩閣，試東郭㕙紫毫筆，書『小研紅綃，作答江令璧月』句，未終，見韓擒虎躍青驄車擁萬甲直來衝入，殊煞風景，以至今日。」俄以緑文測海蠡，酌紅梁新釀勸帝，帝飲之甚歡。因請麗華舞《玉樹後庭花》麗華白後主：「辭以抛擲歲久，自井中出來，腰肢依巨，無復往時姿態。」帝再三索之，乃徐起終一曲。後主問帝：「蕭妃何如此人？」帝曰：「春蘭秋菊，各一時之秀也。」後主復誦詩十數篇，帝不記之，獨愛《小窻詩》及《寄侍兒碧玉詩》。《小窻》云：「午醉醒來晚，無人夢自驚。夕陽如有意，偏傍小窻明。」《寄碧玉》云：「離別腸應斷，相思骨合銷。愁魂若飛散，憑仗一相招。」麗華拜求帝一章，辭以不能。麗華笑曰：「嘗聞此處不留儂，會有留儂處，安可言不能。」帝强爲之《操觚》曰：「見面無多事，聞名爾許時。坐來生百媚，實箇好相知。」麗華捧詩，頩然不懌。後主問帝：「龍舟之遊樂乎？始謂殿下致治在堯舜之上，今日復此逸遊，大抵人生各圖快樂，曩時何見罪之深邪。三十六封書至今使人怏怏不悦。」帝忽悟，叱之云：「何今日尚目我爲殿下，復以往事訊我邪？」隨叱聲，恍然不見。

帝幸月觀，烟景清朗，中夜獨與蕭妃起臨前軒，簾櫳不開，左右方寢，帝凭妃肩説東宫時事。適有小黄門映薔薇叢調宫婢，衣帶爲薔薇罥結，笑聲吃吃不止。帝望見腰肢纖弱，意爲寶兒有私，帝披單衣，亟行擒之，乃宫婢雅娘也。迴入寢殿，蕭妃誚笑不知止，帝因曰：「往年私幸妥娘時，情態正如此。此時雖有性命，不復惜矣。後得月賓被伊作意態不徹，是時儂心，不減今復對蕭娘情態。曾效劉孝綽爲《雜憶詩》，常念與妃，妃記之否？」蕭妃承問，即念云：「憶睡時，待來剛不來。卸粧仍索伴，解佩更相催。博山思結夢，沉水未成灰。」又云：「憶起時，投籖初報曉。被惹香黛殘，枕隱金釵裊。笑動上林中，除却司晨鳥。」聽之咨嗟云：『日月遄逝，今來已是幾年事矣！』妃因言，聞説方外羣盗不少，幸帝圖之。帝曰：「儂家事一切已託楊素了。人生能幾何？縱有他變，儂移不失作長城公，汝無言外事也。」帝嘗幸昭明文選樓，車駕未至，先命宫娥數千人昇樓迎侍。微風東來，宫娥衣被風綽直泊肩項。帝睹之，色荒愈熾，因此乃建迷樓，擇下俚稚女居之，使衣輕羅單裳，倚檻望之，勢若飛舉，又爇名香於四隅。烟氣霏霏，常若朝霧未散，謂爲神仙境不我多也。樓上張，四寶帳，帳各異名：一名散春愁，二名醉忘歸，三名夜酣香，四名延秋月。妝奩寢衣，帳各異製。帝自達廣陵沉湎失度，每睡須摇頓四體，或歌吹齊鼓，方就一夢。侍兒韓俊娥尤得帝意，每寢必召，令振聳支節然後成寢，别賜名爲來夢兒。蕭妃常密訊俊娥曰：「帝體不舒，汝能安之，豈有他媚。」俊娥畏威進言：「妾從帝自都城來，見帝當在何妥車。車行高下不等，女態自摇，帝就摇怡悦。妾今幸承皇后恩德，侍寢帳下，私效車中之態以安帝耳，非他媚也。」他日蕭后誣罪去之，帝不能止。暇日登迷樓憶之，題東南柱二篇云：「黯黯愁侵骨，綿綿病欲成。須知潘岳鬢，强半爲多情。」又云：「不信長相憶，絲從鬢裡生。閑來倚樓立，相望幾含情。」殿脚女自至廣陵，悉命備月觀行宫，由是絳仙等亦不得親侍寢殿。有郎將自瓜州宣事迴，進合歡水果一器。帝命小黄門以一雙馳騎賜絳仙，遇馬急摇解，絳仙拜賜不然，因附紅箋小簡上，進曰：「驛騎傳雙果，君王寵念深。寧知辭帝里，無復合歡心。」帝省章不悦，顧黄門曰：「絳仙如何來辭怨之深也？」黄門懼拜而言曰：「適走馬摇動，及月觀果已離解，不復連理。」帝意不解，因言曰：「絳不仙獨貌可觀，詩意深切，乃女相也。亦何謝左貴嬪乎？」帝於宫中嘗小會爲拆字令，取左右離合之意。時杳娘侍側，帝曰：「我取杳字爲十八日。」杳娘復：「解羅字爲四維。」帝顧蕭妃曰：「爾能拆朕字乎？不能當醉一盃。」妃徐曰：「移左畫居右，豈非淵字乎？」時人望多歸唐公，帝聞之不懌，乃言吾不知此事豈爲非聖人邪。於是奸蠹起於内，盗賊攻於外。直閣斐虔通虎賁郎將司馬德勤等，引左右屯衛將

軍宇文化及將謀亂，因請放宫奴分直上下。帝可奏，即宣詔云：「門下寒暑迭用，所以成歲功也。日月代明，所以均勞逸也。故士子有遊息之談，農夫有休勞之節。咨爾髦衆，服後甚勤，執勞無怠。埃壒溢於爪髮，蟣虱結於兜鍪，朕甚憫之。俾爾休番，從便億戲，無煩方朔滑稽之請，而從衛士遞上之文，朕於侍從之間，可謂恩矣。可依前件事是有焚草之變。」

陶穀《清異録》卷上《蔬菜門》 崑味 落蘇本名茄子，隋煬帝緣飾爲崑崙紫瓜，人間但名「崑味」而已。

陶穀《清異録》卷下《武器門》 一丈威 隋煬帝將征遼，將軍麥鐵杖見帝，慷慨誓死扞敵，帝賜御副槍「一丈威」。

孔平仲《續世説》卷三《箴規》 隋煬帝時，五月五日，百僚上饋，多以珍玩，蘇威獻《尚書》一部，微以諷帝，帝意不平。

孔平仲《續世説》卷四《夙慧》 隋煬帝子昭三歲時，于玄武門弄石獅子，高祖與文獻后至其所。高祖適患腰痛，舉手憑后，昭因避去，如此者再三，高祖嘆曰：「天生長者，誰復教乎！」

孔平仲《續世説》卷九《汰侈》 煬帝作西苑，其内爲海，海北有龍鱗渠，作十六院，門皆監渠，每院以四品夫人主之。

備論

《北史》卷一二《隋紀下》 史臣曰：煬帝爰在弱齡，早有志尚，南平吴會，北却匈奴，昆弟之中，獨著聲績。於是矯情飾貌，肆厥姦回，故得獻后鍾心，文皇革慮。天方肇亂，遂升儲兩。踐峻極之榮基，承丕顯之休命。地廣三代，威振八紘。單于頓顙，越常重譯。赤仄之泉，流溢于都内；紅腐之粟，充積於塞下。

負其富强之資，思逞無厭之欲。狹殷周之制度，尚秦漢之規摹。恃才矜己，傲狠明德。内懷險躁，外示凝簡。盛冠服以塞其姦，除諫官以掩其過。淫荒無度，法令滋彰，教絶四維，刑參五虐。誅鋤骨肉，屠剿忠良。受賞者莫見其功，爲戮者莫聞其罪。驕怒之兵屢動，土木之功不息。頻出朔方，三駕遼左。旌旗萬里，徵税百端。猾吏侵漁，人弗堪命。乃急令暴賦以擾之，嚴刑峻法以臨之，甲兵威武以董之，自是海内騷然，無聊生矣。

俄而玄感肇黎陽之亂，匈奴有雁門之圍，天子方棄中土，遠之揚、越。姦宄乘釁，强弱相陵，關梁閉而不通，皇輿往而莫返。加之以師旅，因之以飢饉，流離道路，轉死溝壑，十七八焉。於是相聚萑蒲，蝟毛而起，大則跨州連郡，稱帝稱王；小則千百爲羣，攻城剽邑。流血成川澤，死人如亂麻，炊者不及析骸，食者不遑易子。茫茫九土，並爲麋鹿之場；惵惵黔黎，俱充蛇豕之餌。四方萬里，簡書相續。猶謂鼠竊狗盗，不足爲虞，上下相蒙，莫肯念亂。振蜉蝣之羽，窮長夜之樂。土崩魚爛，貫盈惡稔。普天之下，莫匪仇讎；左右之人，皆爲敵國。

終然不悟，同彼望夷，遂以萬乘之尊，死於疋夫之手。億兆靡感恩之士，九牧無勤王之師。子弟同就誅夷，骸骨棄而莫掩。社稷顛隕，本枝殄絶。自肇有書契，以迄于兹，宇宙崩離，生靈塗炭，喪身滅國，未有若斯之甚也。《書》曰：「天作孽，猶可違；自作孽，不可逭。」《傳》曰：「吉凶由人，妖不妄作。」又曰：「兵猶火也，不戢將自焚。」觀隋室之存亡，斯言有徵矣。

恭帝年在幼沖，遭家多難。一人失德，四海土崩，羣盗蠭起，豺狼塞路，南巢遂往，流彘不歸。既鍾百六之期，躬踐數終之運，謳歌有屬，笙鍾變響，雖欲不遵堯、舜之迹，庸可得乎。

《隋書》卷四《煬帝紀下》 史臣曰：煬帝爰在弱齡，早有令聞，南平吴、會，北却匈奴，昆弟之中，獨著聲績。於是矯情飾貌，肆厥姦回，故得獻后鍾心，文皇革慮，天方肇亂，遂登儲兩，踐峻極之崇基，承丕顯之休命。地廣三代，威振八紘，單于頓顙，越裳重譯。赤仄之泉，流溢於都内，紅腐之粟，委積於塞下。負其富强之資，思逞無厭之欲，狹殷、周之制度，尚秦、漢之規摹。恃才矜己，傲狠明德，内懷險躁，外示凝簡，盛冠服以飾其姦，除諫官以掩其過。淫荒無度，法令滋章，教絶四維，刑參五虐，鋤誅骨肉，屠勦忠良，受賞者莫見其功，爲戮者不知其罪。驕怒之兵屢動，土木之功不息，頻出朔方，三駕遼左，旌旗萬里，徵税百端，猾吏侵漁，人不堪命。乃急令暴條以擾之，嚴刑峻法以臨之，甲兵威武以董之，自是海内騷然，無聊生矣。俄而玄感肇黎陽之亂，匈奴有雁門之圍，天子方棄中土，遠之揚、越。姦宄乘釁，强弱相陵，關梁閉而不通，皇輿往而不反。加之以師旅，因之以饑饉，流離道路，轉死溝壑，十八九焉。於是相聚萑蒲，蝟毛而起，大則跨州連郡，稱帝稱王，小則千百爲羣，攻城剽邑，流血成川澤，死人如亂麻，炊者不及析骸，食者不遑易子。茫茫九土，並爲麋鹿之場，惵惵黔黎，俱充蛇豕之餌。四方萬里，簡書相續，猶謂鼠竊狗盗，不足爲虞，上下相蒙，莫肯念亂，振蜉

蟒之羽，窮長夜之樂。土崩魚爛，貫盈惡稔，普天之下，莫匪仇讎，左右之人，皆爲敵國。終然不悟，同彼望夷，遂以萬乘之尊，死於一夫之手。億兆靡感恩之士，九牧無勤王之師。子弟同就誅夷，骸骨棄而莫掩，社稷顛隕，本枝殄絶，自肇有書契以迄於兹，宇宙崩離，生靈塗炭，喪身滅國，未有若斯之甚也。《書》曰：「天作孽，猶可違，自作孽，不可逭。」《傳》曰：「吉凶由人，祅不妄作。」又曰：「兵猶火也，不戢將自焚。」觀隋室之存亡，斯言信而有徵矣！

王方慶《魏鄭公諫録》卷三《對隋煬帝求覓無已》 太宗曰：「隋煬帝求覓無已，內則淫蕩於聲色，外則勤人以黷武，遂至滅亡。朕睹此，但以清淨撫之。今百姓自言安樂，豈知朕之力也。」公對曰：「堯人擊壤而歌，亦云：『帝有何力於我哉。』只將此事，以爲太平，百姓亦不知由主上安之也。」太宗曰：「朕今安養百姓，豈求其知，但論理亂，在時君耳。」公對曰：「此事非知之難，終行之難。」

吴兢《貞觀政要》卷三《君臣鑒戒六》 貞觀三年，太宗謂侍臣曰：「君臣本同治亂，共安危，若主納忠諫，臣進直言，斯故君臣合契，古來所重。若君自賢，臣不匡正，欲不危亡，不可得也。君失其國，臣亦不能獨全其家。至如隋煬帝暴虐，臣下鉗口，卒令不聞其過，遂至滅亡。虞世基等，尋亦誅死。前事不遠，朕與卿等可得不慎，無爲後所嗤！」

吴兢《貞觀政要》卷六《慎所好二一》 貞觀四年，太宗曰：「隋煬帝性好猜防，專信邪道，大忌胡人，乃至謂胡牀爲交牀，胡瓜爲黄瓜，又築長城以備胡，終被宇文化及使令狐行達殺之。又誅戮李金才，及諸李殆盡，卒何所益？且君天下者，惟須正身修德而已。此外虚事，不足在懷。」

范仲淹《范文正公文集》卷七《帝王好尚論》 《老子》曰：「我無爲而民自化，我好静而民自正，我無欲而民自富，我無事而民自樸。」此則述古之風，以警多事之時也。三代以還，異於太古。王天下者，身先教化，使民從善。故《禮》曰：「人君謹其所好惡，君好之，則民從之。」孔子曰：「上好禮，則民莫敢不恭；上好義，則民莫敢不服；上好信，則民莫敢不用情。」由此言之，聖帝明王豈得無好？在其正而已。堯設敢諫鼓，建進善旌；舜好問而成至化；禹拜昌言而立大功；湯五聘伊尹；文王躬迎吕望；周公握髪吐哺，以待白屋之士；鄭武公好賢，而《詩・雅》歌之；燕昭王築臺募士，而智者歸之。斯聖賢好尚如是之急也。桀紂好利欲，不好諫諍，而天下亡；秦好兵刑，不好仁義，而天下歸漢；隋煬帝好逸豫，不好恭儉，而天下歸唐。使桀紂好諫諍，秦好仁義，隋煬帝好恭儉，豈有喪亂之禍哉！

南宫靖一《隋史斷》 煬帝弑君父而立，當前星方升之日，天下地震。立煬帝爲太子，是日，天下地震。不謀同時，亂證既彰，覆亡可必。嗣政之後，自以地廣三代，威震八紘，負其富强之資，思逞無厭之欲。小二帝、三王之規模，嘉秦皇、漢武之制度。內懷險躁，外示凝簡，盛衣冠以文其奸，除諫臣以護其過。荒淫無度，法令滋章，螻蟻人民，沙泥金帛，耗儲峙於玉門，裴矩經略西域。柳城之外，頓師徒於陰山、遼左之遠。徵天下之兵伐高麗。宫洛陽、大業元年，命楊素營東京宫室。渠通濟，命皇甫議發丁百萬開通濟渠，自西苑引穀、洛水達於河。復自板渚引河入汴，引汴入泗，以達於淮。又開邗溝入江。狩楊越、巡朔方，大業三年，帝北巡，次榆林衛。斬刈民力，殺掠甚衆，四海之人扣心怨上。又猜忌羣臣，無所專任。先朝元老、殺高熲、宇文㢸、賀若弼。藩邸舊臣，殺張衡。或惡其訐直，或忿其正議，求其無形之罪，加以刎頸之誅。其餘無辜受戮者不可勝計。政刑紊弛，賄賂公行，正言壅底，道路側目，隋氏之亂，已潰裂而不可收拾矣。俄而玄感倡黎陽之亂，玄感，楊素子。突厥有雁門之圍，大業十一年八月，帝巡北邊，始畢可汗入寇，圍帝於雁門，九月乃解。加之以師旅，因之以饑饉，於是相聚爲盜，蝟毛而起，大則跨州連郡，稱號帝王，小則千百爲羣，攻剽郡邑。上下苟安，交相蒙蔽，自謂鼠偷狗盜，不足爲虞，縱虺爲蛇，莫肯念亂。於是李密、稱魏。蕭銑、稱梁。竇建德、稱夏。王世充、稱鄭。薛仁杲父舉稱秦。與夫武周、姓劉，稱定揚。黑闥姓劉，稱漢東。之徒，皆磨牙搖毒，以相吞噬，故皇輿往而不返，而有江都之弑。唐公李淵兵入長安，立代王侑即恭帝。煬帝之孫，立二年。而爲帝。當是時，四海土崩，羣盜蜂起，雖欲爲隋，庸可得乎！迹其禍亂之原，尋其覆亡之兆：楊堅得國之初，不越月閏，既廢其君，又戮其族，使宇文氏灰飛煙滅，蕩無遺燼。近代滅國之禍，未有若是其烈者。楊廣當父病革，淫烝父妾，行甘鳥獸，曾不旋踵，弑父殺兄，禍出不測。踰年之後，一日而殺其猶子者七人，長甯王儼等。屠戮之慘，亦略相報。晚年身死人手，致撤牀簀以裹屍，受禍之烈，亦前代罕有。

《文苑英華》卷七五三朱敬則《隋煬帝論》 煬帝美姿儀，性聰慧，少好學，善屬文。故高祖獻后，特所鍾愛。矯情飾迹，有曹丕之釣名；傾承中使，若子楚之仁孝，況南平江左，北靖塞垣，楊素譽其賢，桑和説其貌。屬青宫失愛，子掖流恩，遂映前星，乃昇明兩。衣冠雖偉，入朝少四皓之賓；公宴雖多，言譚止七子之客。但好心未露，僞跡斯窮。沐猴而冠，輕薄之材不久；況虎爲善，爪牙之毒

會施。故無道於大漸之晨，蒸淫於易簀之夕。罕高宗之諒闇，有册朱之優遊。于時隋德在人，羣生樂業。二十年之訓聚，百萬衆之精彊。乘天下之有盈，驕海內之無事。乃自以士廣三代，威振百蠻，恃才矜己，傲很明德，內懷險躁，外示寬平。盛衣服以掩姦，飾詞令以拒諫。更乃荒淫無度，法令滋章。人力盡於穿築，杼軸空於聚斂。十室之內，思亂者一二焉。方始馭八駿，建五牛。穆天子之白雲，更遠瑶池之外；秦始皇之觀日，方踐石梁之前。或以衢路受刑，或以滋味被戮，死不可無罪而免，賞不可有功而要。相顧懔然，莫知攸止。十室之內，思亂者五六焉？於是斛斯外奔，玄感內逆，兵陷遼水，糧斷河黎。月暈七重，知髦頭之犯畢；日光四散，覺兆庶之分崩。且選妖麗，恣朋淫。嘉羣嫗之慢言，樂少年之醜穢。不軌不物，無威無儀。關梁不通，賦役斷絕。更乃逆取五年之課，以充長夜之娱。十室之內，思亂者八九焉。當此時也，小人方興，羣盗孔熾。大者剽州邑，小者刼村閭。攘攘四人，俱靡息肩之處；喧喧九土，居爲鬬戰之場。天子乃幸維揚，泛舳艫，驅虎賁之騎，唱龍舟之歌，以大江爲天塹，以長淮爲地。險周章至於轂下，猶自未知；閻樂人於廉前，何不告我？昔爲天下之重，今乃一夫所輕，豈不惜哉？彼煬帝者，聰明多智，廣學博聞，豈不知蛟龍失，雲漁夫足得爲害？鯨鯢出外，疑作水螻蟻可以爲災？忽乃棄崤函之奧區，違河洛之重阻。言賊者獲罪，敢諫者受刑，豈不是色醉其心，天奪其鑒？竄吴裔以避其地，虛宫闕以候聖人，蓋爲大唐之驅除也？君子曰：「小人之心猶火也。火之性必須有所燒，小人之心必須有所害。當其受寵遇也。排忠良，疵疑道德，辨足以移視聽，辭足以結主心。導之以淫奢，引之以苛刻。人困而不卹，政荒而不修。如螻蟻潰隄防，不覺其敗；如春風養草木，但見其盛。事至而未知，禍構而方懼。素無材略，不能以敗求全；本自少恩，豈能得衆成事？進退唯谷，無處容身，或出奔以圖生，或殺主而自解。眇觀史策，遍探興亡。開役者多是愛臣，害上者無非近習。然庸君暗主，莫肯遠之，復何言哉。」

王夫之《讀通鑑論》卷一九《隋煬帝》　高麗，弱國也，隋文攻之而不克，逆廣復攻之而大敗，其後唐太宗征之而喪師。廣雖不道，來護兒、宇文述雖非制勝之將，而北摧突厥、吐谷渾之彊，南渡海俘殺流求，則空國大舉以加高麗，亦有摧枯拉朽之勢焉；況唐太宗以英武之姿，席全盛之天下，節制興兵以加蕞爾之小邦；然而終不可勝者，非隋、唐之不克，而麗人之守固也。隋方滅陳，高麗聞之而懼，九年而隋文始伐之，二十二年而廣復伐之，則前此者，皆固結人心、擇將練兵、積芻糧、修械具之日也，故不可克也。何以知其然邪？陳非高麗之與國，恃之以相援而固圉者；乃聞陳亡而懼，懼於九年之前，機發於九年之後，效著於二十三年之餘，而施及於五十餘年之久，其君臣之懼以終始，則能抗彊大以保邦也，不亦宜乎？《易》曰：「其亡其亡，繫於苞桑。」孰繫之？能懼之心繫之也。夫既有其國，即有其民，山川城郭米粟甲兵皆可給也。尊俎之謀臣，折衝之勇士，役息以求，激獎以進，抑不患其無才，不知懼者莫與繫之耳。蜀漢亡，而孫皓不懼；高緯亡，而叔寶不懼；孟昶亡，而李煜不懼；迨及兵之已加，則惴惴然而莫知所應，旁皇四顧，無所謂苞桑矣。杇索枯椿，雖繫之，其將何濟焉？雖然，懼者，自懼也，非懼人也。智者警於心以自彊，愚者奪其魄以自亂，突厥之震慴，而降服爭媚以交攻，抑不如其無懼也。譙周畏魏而撓姜維之守，蜀漢以亡，亦懼者也；宋高畏女直而忍稱臣之辱，大讎不雪，亦懼者也；懼而忘其苞桑，與不懼者均，聞麗人之已事，尚知媿夫！

秦與隋虐民已亟，怨深盗起，天下鼎沸而以亡國，同也。然而有異焉者，胡亥高居逸樂於咸陽，銷兵孤處，而陳勝、吴廣起於江、淮，關中懸遠，弗能急爲控制，迨其開關出擊，而六國之兵已集，勢不便也。隋方有事於高麗，九軍之衆一百一十三萬人連營漸進，首尾千餘里，會於涿郡，而王薄擁衆於長山，劉霸道集黨於平原，張金稱、高士達、竇建德羣起於漳南、清河之間，去涿數百里耳，平蕪相屬，曾無險隘之隔；此諸豪者，不顧百萬之師逼臨眉睫，而糾烏合之衆，昇立於其旌麾相耀、金鼓相聞之地，則爲寇於秦也易，而於隋也難。夫豈隋末諸豪之勇絶倫而智不測乎？迨觀其後，亦如斯而已，而隋卒無如之何，聽其自起自滅、旋滅旋起，以自斃於江都。且逆廣非胡亥匹也，少長兵間，小有才而戰屢克，使與羣雄角逐於中原，未必其劣於羣雄也，則隋末之起兵者尤難也。然而羣雄之得逞志以無難者，無他，上察察以自聾，下師師以自容，所急在遠而舍其近，既盗賊爲疥癬，而自倚其彊，若是者，乘其所忽而回翔其間，進可以徼功，退固有餘地以自藏，而又何惴焉？虎之猛也，而制於蝟；即且之毒也，而困於蝸；其所輕也。故楊玄感、李密以公侯之裔，世領樞機，門生將吏半於朝右，金錢衣幣富埒敵國，而兵起兩月，旋就誅夷，唯隋之忌之也夙而防之也深，一聞其反，全力以爭生死，而山東諸寇起自草莽，不在獨夫心目之中，夫且曰「以玄感之勢傾天下而可如韓盧之搏兔，此區區者其如予何哉！」故羣雄敗可以自存，而連兵不解，卒無如之何也。高頴、賀若弼而既誅夷矣，正逆廣驕語太平、鞭笞六寓之日也，羣

雄不於此而興，尚奚待哉？於是而王薄等之起兵一年矣，僅有一張須陁者與戰而勝，逆廣君臣直視不足畏而姑聽之。然則諸起兵者，無漢高、項羽耳，藉有之，豈待唐公徐起太原，而後商辛自殯於牧野哉？至不仁而斂天下之怨，非所據而踞天位之尊，起而撲之，勿以前起者之敗亡，疑其彊不可拔也。楊玄感死，而隋旋以亡，大有爲者，知此而已。

聖人之大寶曰位，非但承天以理民之謂也，天下之民，非恃此而無以生，聖人之所甚貴者，民之生也，故曰大寶也。秦之亂，天下蠭起，三國之亂，羣雄相角，而殺戮之慘不劇，掠奪之害不滋，唯王莽之世，隋氏之亡，民自相殺而不已。王莽之末，赤眉、尤來、銅馬諸賊偏於東方，延於西隴，北極趙、魏，南迄江、淮，而無有覬覦天步僭名號以自雄者。赤眉將敗，乃擁劉盆子以盜名，而盆子不自以爲君，賊衆亦不以盆子爲君也。大業之亂，自王薄、張金稱，起於淄、濟，竇建德、劉元進、朱燮、管崇、杜伏威、劉苗王、王德仁、孟讓、王須拔、魏刀兒、李子通、翟讓，攘臂相仍，凡六年矣，無有以帝王自號者。其尤妖狂者，則有知世郎、歷山飛、漫天王、迦樓羅王之號。非徒無定天下之心，而抑無草竊割據之志；非徒不爲四海所推奉，而抑不欲爲其類之雄長。於是而淫掠屠割，舉山東、河北、淮左、關右之民，互相吞齕，而愿弱者縮伏以枕藉，流血於郊原。其慘也，較王莽之末而加甚焉。至大業十二年，而後林士弘始稱帝於江南，竇建德、李密踵之，自命爲王公，署官僚，置守令。雖胥盜也，民且依之以延喘息。而捋采既劉，萌蘖稍息，唐乃起而收之，人始知得主之爲安，而天下以漸而定矣。夫盜也，而稱帝王，悖亂之尤，名實之舛甚矣，然而虛擁其名，尚不如其無名也。既曰帝矣，曰王矣，爲之副者，曰將相矣，曰牧守矣，即殘忍貪越，鄙穢足乎訕笑，然且曰此吾民也，固不如公然以蛇豕自居，唯其突而唯其螫也。故位也者，名也，雖聖人有元后父母之實，而天下之尊之以位者，亦名而已。君天下而天下保之，君天下而思保其天下，盜竊者聞風而强效焉，則名位之以斂束暴人之虔劉，而翕合離散之餘民者，又豈不重哉？寶也者，保也，人之所自保也。天下有道，保以其德；天下無道，保以其名；故陳勝起而六王立，漢室淪而孫、曹僭，禍且爲之衰減。人不可一日而無君，天佑下民，作之君，作之師，僞者愈於無，況崛起於厭亂之餘以乂安四海者哉！

忌天下之彊，而獎之以弱，則以自弱而喪其天下，趙宋是已。然弱者，暴之反也，故外侮不可禦，而内不失民也。忌天下之賢，而驅之不肖，於是而毒流天下，則身戮國亡，不能一朝居矣。逆廣之殺高熲、賀若弼也，畏其賢也；薛道衡、王胄，祖君彦一詞章吟詠之長耳，且或死或廢，而無以自容，非以天子而求勝於一夫也，謂賢者之可軋己以奪己，而不肖者人望所不歸，無如己何也。故虞世基、宇文述、裴矩、高德儒之猥賤，則委之腹心而不疑；乃至王世充之凶頑，亦任之以土地甲兵之重；無他，以其耽淫嗜利爲物之所甚賤，而無與戴之者也。唐高祖以才望見忌，幾於見殺，乃縱酒納賄，託於汙行，則重任之使守太原，以爲崛起之資。夫人君即昧於賢不肖之分，爲小人之所撓亂，抑必僞爲節制之容，飾以貞廉之迹，而後可以欺昏昏者以雠其姦；未有以縱酒納賄而推誠委之者，此豈徒逆廣之迷亂哉？自隋文以來，欲銷天下之才智，毀天下之廉隅，利百姓之怨大臣以偷固其位者，非一朝一夕之故矣。嗚呼！爲人君者，唯恐人之修潔自好，竭才以用，擇其不肖而後任之，則生民之荼毒，尚忍言乎？以宇文化及之愚劣，可推刃以相讐，夫豈待賢於己者而後可以亡己哉？祇以賊天下，使父子離而爲塗殍。故天下之惡，莫有甚於惡天下之賢而喜其不肖者也。天子以之不保天下，士庶人以之不保其身，斬宗滅祀，鬼禍不解者，皆此念爲之也，可不畏哉！

語曰：「明君貴五穀而賤珠玉。」五穀之所以貴者，不可不務白也，迷其所以貴，而挾之以爲貴，則違天殃人而禍必及身。所以貴者何也？人待之以生也。匹夫匹婦以之生，而天子以生天下之人，故貴；若其不以生天下之人而奚貴焉？積則不可以約爲藏，藏則易以腐敗而不可久，不能如珠玉之韞千金於一匵，數百年而緘之如新也。故聚之則不如珠玉遠矣，散之則以生天下而貴莫甚焉。傳曰：「財聚則民散，財散則民聚。」謂五穀也。若夫錢布金銀之聚散，猶非民之甚急者也。聚錢布金銀於上者，其民貧，其國危；聚五穀於上者，其民死，其國速亡。天之生之也，不擇地而散，而斂之以聚，是違天也；人之需之也，不終日以俟，而積之以久，是殃民也；故天下之惡，至於聚穀以居利而極矣。爲國計者曰：「九年耕，必有三年之蓄。」此謂諸侯有百里之封，當水旱而告糴於鄰國，一或不應，而民以餒死，故導民以蓋藏，使各處有餘以待匱也。四海一王，舟車銜尾以相濟，而斂民之粟，積之窖窌，鬱爲蒸壤，化爲蛾蝗，使三旬九食者茹草木而咽穅粃，睨高廩大庾以餒死，非至不仁，其忍爲此哉？隋之毒民亟矣，而其殃民以取滅亡者，僅以兩都六軍宮官匠胥之仰給，爲數十年之計，置雒口、興雒、回雒、黎陽、永豐諸倉，斂天下之口食，貯之無用之地，於是粟窮於比屋，一遇凶年，則流亡殍死，而盜以之亟起，雖死而不恤，旋撲旋興，不亡隋而不止。其究也，所

斂而積者，祇爲李密聚衆、唐公得民之資，不亦愚乎？隋之富，漢、唐之盛未之逮也，逆廣北出塞以驕突厥，東渡海以征高麗，離宫徧於天下，錦綺珠玉狼戾充盈，給其窮奢，尚有贏餘以供李密、唐公之攝散，皆文帝周於攈聚之所積也。粟者財之本也，粟聚則財無不聚，召奢誨淫，皆此粟爲之也。貴五穀者，如是以爲貴，則何如無貴之爲愈哉？天子有四海之賦，可不憂六軍之匱；庶人有百畝之田，可不憂八口之飢。斬楛服耆之饔飧，奪勤耕者之生計，居賤糴貴，徒以長子弟之驕奢，召怨家之盻望，何如珠玉者，非人之所待以生，而思奪之者之鮮也。上好之，下必甚焉。粟朽於倉，人殣於道，豪民逞，貧民斃，争奪興，盜賊起，有國破國，有家亡家，愚惛不知，猶託之曰莫貴於五穀，悲夫！

徐洪客者，不知其爲何許人，即其言而察之，大要一險陂無忌之游士，史稱莫知所之，蓋亦自此而死耳，非能蠖屈鴻飛於圖功徼利之世者也。其上書李密曰：「米盡人散。」以後事驗之，人服其明矣。乃曰：「直嚮江都，執取獨夫。」密爲隋氏世臣，假令趨江都執楊廣，又將何以處之哉？項羽，楚之世族，秦其讎也，而殺子嬰、掘驪山之墓，則天下叛之。楊廣儼然君天下者十三載，密以親臣子弟侍於仗下，一旦屠割之如雞豚，以密之很，於是乎固有躊躇而不敢遽者。故殪商辛、執子嬰，乃祖君彥忿懟之讕言，非密之所能任也。天下之大難，以身犯之者死；業已爲人君，而斬刈之者凶；業已爲人臣，而直前執殺其君者，必殲其類。夫密亦知搗江都殺楊廣徒受天下之指數而非可得志也。洪客險陂而不恤名義之小人，惡足以知此乎？或曰：楊廣之逆，均於劉劭，非但紂匹也，執殺之也何傷？曰：密之起也，乘其亂而思奪之乎？抑憤其覆載不容之罪，爲文帝討賊子如沈慶之之援戈而起乎？此密所不能自誣其心而可假以爲名者也。或曰：慕容超、姚泓亦嘗君其國矣，宋武直前破其國而俘斬之都市，又何也？曰：宋武未嘗臣彼，而鮮卑與羌不可以君道予之者也。徐魏公之縱妥懽，拘此義而不知通，而豈以例隋氏哉？懸紂首於太白，未知其果否也？即有之，而三代諸侯之於天子，不純乎臣，非後世之比也。君彥忿戾以言之，洪客遂欲猖狂而決行之，自絕於天，竄死草間而無以表見，宜矣。或乃躋之魯仲連之高誼，不已過與！

擇君而後仕，仕而君不可事則去之，君子之守固然也。失身於不道之君而不能去，則抑無可避之名義矣。徒人費、石之紛如、賈舉、州綽之不得爲死義，以其從君於邪也；苟不從君於邪，則其死也，不可更責以失身。故宋殤、宋閔皆失德之君，而無傷乎孔父、仇牧之義。當凶逆滔天、君父橫尸之日，而尚可引咎歸君，以自貸其死乎？楊廣之不道而見弒於宇文化及，許善心、張琮抗賊以死，當斯時也，雖欲不死而不得也。麥孟才、沈光討賊而見擒，麾下千人無一降者；李襲志保始安，聞弒哭臨，堅守而不降於蕭銑；豈隋氏之能得人心？而頓異於宋、齊以來王謐、褚淵恬不知愧之習者，何也？十三載居位之天子，人雖不道，名義攸存，四海一王，人無貳心，苟知自念，不忍目擊此流血宫庭之大變也。唐高祖聞變而痛哭，豈楊廣之澤足以感之？而又豈高祖之僞哀以欺世乎？臣主之義，生於人心，於此見矣。故莊周曰：「無所逃於天地之間。」君子惡其賊人性之義，有以夫！

《全唐文》卷一〇唐太宗《政本論》 爲政之要，務全其本。若中國不静，遠夷雖至，亦何所益。隋煬帝纂祚之初，天下强盛，棄德窮兵，以取顛覆。頡利近者，足爲强大，意既盈滿，禍亂斯及，喪其大業，爲臣於朕。葉護可汗亦大强盛，自恃富貴，通使求婚，失道怙亂，奄至破滅。其子既立，便肆猜忌，衆叛親離，覆基絶嗣。朕雖不能遠慕堯舜禹湯之德，目覩此輩，何得不誡懼乎。

藝文

《隋書》卷三六《蕭皇后傳》 帝每遊幸，后未嘗不隨從。時后見帝失德，心知不可，不敢厝言，因爲《述志賦》以自寄。其詞曰：「承積善之餘慶，備箕箒於皇庭。恐脩名之不立，將負累於先靈。迺夙夜而匪懈，實寅懼於玄冥。雖自强而不息，亮愚矇之所滯。思竭節於天衢，才追心而弗逮。實庸薄之多幸，荷隆寵之嘉惠。賴天高而地厚，屬王道之升平。均二儀之覆載，與日月而齊明。迺春生而夏長，等品物而同榮。願立志於恭儉，私自競於誡盈。孰有念於知足，苟無希於濫名。惟至德之弘深，情不邇於聲色。感懷舊之餘恩，求故劍於宸極。叨不世之殊盼，謬非才而奉職。何寵祿之踰分，撫胸襟而未識。雖沐浴於恩光，内慚惶而累息。顧微躬之寡昧，思令淑之良難。實不遑於啓處，將何情而自安！若臨深而履薄，心戰慄其如寒。夫居高而必危，慮處滿而防溢。知恣夸之非道，乃攝生於沖謐。嗟寵辱之易驚，尚無爲而抱一。履謙光而守志，且願安乎容膝。珠簾玉箔之奇，金屋瑶臺之美，雖時俗之崇麗，蓋吾人之所鄙。愧絺綌之不工，豈絲竹之喧耳。知道德之可尊，明善惡之由己。蕩囂煩之俗慮，乃伏膺於經史。

綜箴誡以訓心，觀女圖而作軌。遵古賢之令範，冀福禄之能綏。時循躬而三省，覺今是而昨非。嗤黄老之損思，信爲善之可歸。慕周姒之遺風，美虞妃之聖則。仰先哲之高才，貴至人之休德。質菲薄而難蹤，心恬愉而去惑。乃平生之耿介，實禮義之所遵。雖生知之不敏，庶積行以成仁。懼達人之蓋寡，謂何求而自陳。誠素志之難寫，同絶筆於獲麟。」

《白居易集》卷四《柳堤樹》 隋堤柳，歲久年深盡衰朽。風飄飄兮雨蕭蕭，三株兩株汴河口。老枝病葉愁殺人，曾經大業年中春。大業年中煬天子，種柳成行夾流水。西自黄河東至淮，緑影一千三百里。大業末年春暮月，柳色如烟絮如雪。南幸江都恣佚遊，應將此柳繫龍舟。紫髯郎將護錦纜，青蛾御史直迷樓。海内財力此時竭，舟中歌笑何日休？上荒下困勢不久，宗社之危如綴旒。煬天子，自言福祚長無窮，豈知皇子封酅公。龍舟未過彭城閣，義旗已入長安宫。蕭牆禍生人事變，晏駕不得歸秦中。土墳數尺何處葬？吴公臺下多悲風。二百年來汴河路，沙草和煙朝復暮。後王何以鑒前王？請看隋堤亡國樹。

杜牧《樊川文集》卷四《汴河懷古》 錦纜龍舟隋煬帝，平臺複道漢梁王。遊人閒起前朝念，折柳孤吟斷殺腸。

李商隱《李義山詩集》卷三《定子》 檀槽一抹廣陵春，定子初開睡臉新。卻笑吃虚隋煬帝，破家亡國爲何人。

王十朋《梅溪集》卷一〇《煬帝》 汴水東流岸柳春，龍舟南下錦帆新。鳥聲勸酒梅花笑，咲殺隋亡亦似陳。

阮閱《詩話總龜》卷二五《感事門》 隋煬帝迷於聲色，高昌薦浙人項升進《新宫圖》，覽之大悦。即日召有司具材役夫，經歲而成，帑庫爲之一空。幸之，喜謂左右曰：「使真仙遊其中，亦當自迷也，可目之曰迷樓。」每一幸，即經月。宫女無數，後宫多不得進。有侯夫人者有美色，忽自縊於棟下。臂懸錦囊，左右取進，有《自感詩》三首。其一曰：「庭絶玉輦迹，芳草漸成窠。隱隱聞簫鼓，君恩何處多！」其二曰：「欲泣不成泪，悲來翻强歌。庭花方爛漫，無計奈春何！」其三曰：「春陰正無際，獨步意如何？不及閑花艸，翻承雨露多。」又云：「妝成多自恨，夢好却成悲。不及楊花意，春來到處飛。」又《遺意》云：「秘洞扃仙卉，雕房鎖玉人。毛君真可戮，不肯寫昭君。」煬帝見詩，反復傷感。視其尸，已死顔色尚爾，厚禮葬之。

阮閱《詩話總龜》卷三一《詩累門》 隋煬帝善屬文，不欲人出其右。薛道衡由是得罪，後因事誅之，曰：「更能作『空梁燕落泥』否？」嘗爲《燕歌行》，文士皆和之，著作郎王胄獨不和焉，每銜之。終坐此見害，而誦其警句曰：「『庭草無人隨意緑』，復能作此耶？」

阮閱《詩話總龜》卷四九《奇怪門》 隋煬帝游廣陵，恍惚見陳叔寶來謁曰：「聞已開隋渠引洪河之水東游維揚。」因作詩獻之曰：「隋室開兹水，初心謀太奢。一千里力役，百萬民吁嗟。水殿不復返，龍舟成火霞。驚流摧陡岸，濁浪噴黄沙。兩堤人送客，三月柳飛花。日脚沉雲表，榆梢噪暝鴉。如今疲子俗，異日便無家。且樂人間景，休尋漢上槎。客喧舟艤岸，風細錦帆斜。莫言無利役，千古壯京華。」煬帝愠曰：「爾多知爲後人之利耶。」

《全唐詩》卷六六二羅隱《故都》 江南江北兩風流，一作迷津一拜侯。至竟不如隋煬帝，破家猶得到揚州。

《全唐詩》卷六九〇吴仁璧《哀柳》 金風漸利露珠團，廣陌長堤黛色殘。水殿狂遊隋煬帝，一千餘里可堪看。

《全唐文》卷八九四羅隱《迷樓賦》 歲在甲申，余不幸於春官兮，憑羸車以東驅。闕魏闕之三千兮，得隋家之故都。喬木拱立以不語兮，緊今昔之自離。慨餘基之未平兮，曰迷樓而在斯。迷樓者何？煬帝所制。煬襲文後，天下無事。謂春物繁好，不足以開吾視。謂春風嬾慢，不足以欣吾志。斯志既熾，斯樓乃峙。榱桷沈檀，棟梁杞梓。將使乎旁不通乎日月，外不見乎天地。然後朝奏於此，寢食於此。君王欲左右有粉黛，君王欲左右有鄭衛。君王欲問乎百姓，曰百姓有相。君王欲問乎四方，曰四方有將。於是相秉君恩，將侮君權。百姓庶位，萬户千門。且不知隋煬帝迷於樓乎？迷於人乎？若迷於樓，則樓本土木，亦無親屬，縱有所迷。何爽君德？吾意隋煬帝非迷於樓，而人迷煬帝於此。故曰迷樓，然後見生靈意。

楊素部

綜述

《隋書》卷四八《楊素傳》 楊素字處道，弘農華陰人也。祖暄，魏輔國將軍、諫議大夫。父敷，周汾州刺史，没於齊。素少落拓，有大志，不拘小節，世人多未之知，唯從叔祖魏尚書僕射寬深異之，每謂子孫曰：「處道當逸羣絶倫，非常之器，非汝曹所逮也。」後與安定牛弘同志好學，研精不倦，多所通涉。善屬文，工草隸，頗留意於風角。美鬚髯，有英傑之表。周大冢宰宇文護引爲中外記室，後轉禮曹，加大都督。武帝親總萬機，素以其父守節陷齊，未蒙朝命，上表申理。帝不許，至於再三。帝大怒，命左右斬之。素乃大言曰：「臣事無道天子，死其分也。」帝壯其言，由是贈敷爲大將軍，謚曰忠壯。拜素爲車騎大將軍、儀同三司，漸見禮遇。帝命素爲詔書，下筆立成，詞義兼美。帝嘉之，顧謂素曰：「善自勉之，勿憂不富貴。」素應聲答曰：「臣但恐富貴來逼臣，臣無心圖富貴。」

及平齊之役，素請率父麾下先驅。帝從之，賜以竹策，曰：「朕方欲大相驅策，故用此物賜卿。」從齊王憲與齊人戰於河陰，以功封清河縣子，邑五百户。其年授司城大夫。明年，復從憲拔晉州。憲屯兵雞棲原，齊主以大軍至，憲懼而宵遁，爲齊兵所躡，衆多敗散。素與驍將十餘人盡力苦戰，憲僅而獲免。其後每戰有功。及齊平，加上開府，改封成安縣公，邑千五百户，賜以粟帛、奴婢、雜畜。從王軌破陳將吴明徹於吕梁，治東楚州事。封弟慎爲義安侯。陳將樊毅築城於泗口，素擊走之，夷毅所築。

宣帝即位，襲父爵臨貞縣公，以弟約爲安成公。尋從韋孝寬徇淮南，素别下盱眙、鍾離。

及高祖爲丞相，素深自結納，高祖甚器之，以素爲汴州刺史。行至洛陽，會尉迥作亂，滎州刺史宇文胄據武牢以應迥，素不得進。高祖拜素大將軍，發河内兵擊胄，破之。遷徐州總管，進位柱國，封清河郡公，邑二千户。以弟岳爲臨貞公。高祖受禪，加上柱國。開皇四年，拜御史大夫。其妻鄭氏性悍，素忿之曰：「我若作天子，卿定不堪爲皇后。」鄭氏奏之，由是坐免。

上方圖江表，先是，素數進取陳之計，未幾，拜信州總管，賜錢百萬、錦千段、馬二百匹而遣之。素居永安，造大艦，名曰五牙，上起樓五層，高百餘尺，左右前後置六拍竿，並高五十尺，容戰士八百人，旗幟加於上。次曰黄龍，置兵百人。自餘平乘、舴艋等各有差。及大舉伐陳，以素爲行軍元帥，引舟師趣三硤。軍至流頭灘，陳將戚欣，以青龍百餘艘、屯兵數千人守狼尾灘，以遏軍路。其地險峭，諸將患之。素曰：「勝負大計，在此一舉。若晝日下船，彼則見我，灘流迅激，制不由人，則吾失其便。」乃以夜掩之。素親率黄龍數千艘，銜枚而下，遣開府王長襲引步卒從南岸擊欣别栅，令大將軍劉仁恩率甲騎趣白沙北岸，遲明而至，擊之，欣敗走。悉虜其衆，勞而遣之，秋毫不犯，陳人大悦。素率水軍東下，舟艫被江，旌甲曜日。素坐平乘大船，容貌雄偉，陳人望之懼曰：「清河公即江神也。」陳南康内史吕仲肅屯岐亭，正據江峽，於北岸鑿岩，綴鐵鎖三條，横截上流，以遏戰船。素與仁恩登陸俱發，先攻其栅。仲肅軍夜潰，素徐去其鎖。仲肅復據荆門之延洲。素遣巴蜑卒千人，乘五牙四艘，以柏檣碎賊十餘艦，遂大破之，俘甲士二千餘人，仲肅僅以身免。陳主遣其信州刺史顧覺，鎮安蜀城，荆州刺史陳紀鎮公安，皆懼而退走。巴陵以東，無敢守者。湘州刺史、岳陽王陳叔慎遣使請降。素下至漢口，與秦孝王會。及還，拜荆州總管，進爵郢國公，邑三千户，真食長壽縣千户。以其子玄感爲儀同，玄獎爲清河郡公。賜物萬段，粟萬石，加以金寶，又賜陳主妹及女妓十四人。素言於上曰：「里名勝母，曾子不入，逆人王誼，前封於郢，臣不願與之同。」於是改封越國公。尋拜納言。歲餘，轉内史令。

俄而江南人李稜等聚衆爲亂，大者數萬，小者數千，共相影響，殺害長吏。以素爲行軍總管，帥衆討之。賊朱莫問自稱南徐州刺史，以盛兵據京口。素率舟師入自楊子津，進擊破之。晉陵顧世興自稱太守，與其都督鮑遷等復來拒戰。素逆擊破之，執遷，虜三千餘人。進擊無錫賊帥葉略，又平之。吴郡沈玄懀、沈傑等以兵圍蘇州，刺史皇甫績頻戰不利。素率衆援之，玄懀勢迫，走投南沙賊帥陸孟孫。素擊孟孫於松江，大破之，生擒孟孫、玄懀。黝、歙賊帥沈雪、沈能據栅自固，又攻拔之。浙江賊帥高智慧自號東揚州刺史，船艦千艘，屯據要害，兵甚勁。素擊之，自旦至申，苦戰而破。智慧逃入海，素躡之，從餘姚泛海趣永嘉。智慧來拒戰，素擊走之，擒獲數千人。賊帥汪文進自稱天子，據東陽，署其徒蔡道人爲司空，守樂安。進討，悉平之。又破永嘉賊帥沈孝徹。於是步道向天台，

指臨海郡，逐捕遺逸寇。前後百餘戰，智慧遁守閩越。

上以素久勞於外，詔令馳傳入朝。加子玄感官爲上開府，賜綵物三千段。素以餘賊未殄，恐爲後患，又自請行。乃下詔曰：「朕憂勞百姓，日旰忘食，一物失所，情深納隍。江外狂狡，妄構妖逆，雖經殄除，民未安堵。猶有賊首凶魁，逃亡山洞，恐其聚結，重擾蒼生。內史令、上柱國、越國公素，識達古今，經謀長遠，比曾推轂，舊著威名，宜任以大兵，總爲元帥。宣布朝風，振揚威武，擒剪叛亡，慰勞黎庶，軍民事務，一以委之。」素復乘傳至會稽。先是，泉州人王國慶，南安豪族也，殺刺史劉弘，據州爲亂，諸亡賊皆歸之。自以海路艱阻，非北人所習，不設備伍。素汎海掩至，國慶遑遽，棄州而走，餘黨散入海島，或守溪洞。素分遣諸將，水陸追捕。乃密令人謂國慶曰：「爾之罪狀，計不容誅。唯有斬送智慧，可以塞責。」國慶於是執送智慧，斬於泉州。自餘支黨，悉來降附，江南大定。上遣左領軍將軍獨孤陀至浚儀迎勞。比到京師，問者日至。拜素子玄獎爲儀同，賜黃金四十斤，加銀瓶，實以金錢，縑三千段，馬二百匹，羊二千口，公田百頃，宅一區。代蘇威爲尚書右僕射，與高熲專掌朝政。

素性疎而辯，高下在心，朝臣之內，頗推高熲，敬牛弘，厚接薛道衡，視蘇威蔑如也。自餘朝貴，多被陵轢。其才藝風調，優於高熲，至於推誠體國，處物平當，有宰相識度，不如熲遠矣。

尋令素監營仁壽宮，素遂夷山堙谷，督役嚴急，作者多死，宮側時聞鬼哭之聲。及宮成，上令高熲前視，奏稱頗傷綺麗，大損人丁，高祖不悅。素憂懼，計無所出，即於北門啓獨孤皇后曰：「帝王法有離宮別館，今天下太平，造此一宮，何足損費！」后以此理諭上，上意乃解。於是賜錢百萬，錦絹三千段。

十八年，突厥達頭可汗犯塞，以素爲靈州道行軍總管，出塞討之，賜物二千段，黃金百斤。先是，諸將與虜戰，每慮胡騎奔突，皆以戎車步騎相參，輿鹿角爲方陣，騎在其內。素謂人曰：「此乃自固之道，非取勝之方也。」於是悉除舊法，令諸軍爲騎陣。達頭聞之大喜，曰：「此天賜我也。」因下馬仰天而拜，率精騎十餘萬而至。素奮擊，大破之，達頭被重創而遁，殺傷不可勝計，羣虜號哭而去。優詔褒揚，賜縑二萬匹，及萬釘寶帶。加子玄感位大將軍，玄獎、玄縱、積善並上儀同。

素多權略，乘機赴敵，應變無方，然大抵馭戎嚴整，有犯軍令者，立斬之，無所寬貸。每將臨寇，輒求人過失而斬之，多者百餘人，少不下十數。流血盈前，言笑自若。及其對陣，先令一二百人赴敵，陷陣則已，如不能陷陣而還者，無問多少，悉斬之。又令二三百人復進，還如向法。將士股慄，有必死之心，由是戰無不勝，稱爲名將。素時貴倖，言無不從，其從素征伐者，微功必録，至於他將，雖有大功，多爲文吏所譴却。故素雖嚴忍，士亦以此願從焉。

二十年，晉王廣爲靈朔道行軍元帥，素爲長史。王卑躬以交素。及爲太子，素之謀也。

仁壽初，代高熲爲尚書左僕射，賜良馬百匹，牝馬二百匹，奴婢百口。其年，以素爲行軍元帥，出雲州擊突厥，連破之。突厥退走，率騎追躡，至夜而及之。將復戰，恐賊越逸，令其騎稍後。於是親將兩騎，並降突厥二人，與虜並行，不之覺也。候其頓舍未定，趣後騎掩擊，大破之。自是突厥遠遁，磧南無復虜庭。以功進子玄感位爲柱國，玄縱爲淮南郡公。賞物二萬段。

及獻皇后崩，山陵制度，多出於素。上善之，下詔曰：「君爲元首，臣則股肱，共治萬姓，義同一體。上柱國、尚書左僕射、仁壽宮大監、越國公素，志度恢弘，機鑒明遠，懷佐時之略，包經國之才。王業初基，霸圖肇建，策名委質，受脤出師，擒剪凶魁，克平號、鄭。頻承廟算，揚旍江表，每稟戎律，長驅塞陰，南指而吴、越肅清，北臨而獯、獫摧服。自居端揆，參贊機衡，當朝正色，直言無隱。論文則詞藻縱橫，語武則權奇間出，既文且武，唯朕所命，任使之處，夙夜無怠。獻皇后奄離六宮，遠日云及，塋兆安厝，委素經營。然葬事依禮，唯卜泉石，至如吉凶，不由於此。素義存奉上，情深體國，欲使幽明俱泰，寶祚無窮。以爲陰陽之書，聖人所作，禍福之理，特須審慎。乃徧歷川原，親自占擇，纖介不善，即更尋求，志圖元吉，孜孜不已。心力備盡，人靈協贊，遂得神皋福壤，營建山陵。論素此心，事極誠孝，豈與夫平戎定寇，比其功業？非唯廊廟之器，實是社稷之臣，若不加褒賞，何以申茲勸勵？可別封一子義康郡公，邑萬户，子子孫孫，承襲不絶。餘如故。」並賜田三十頃，絹萬段，米萬石，金鉢一，實以金，銀鉢一，實以珠，並綾錦五百段。時素貴寵日隆，其弟約、從父文思、弟文紀，及族父異，並尚書列卿。諸子無汗馬之勞，位至柱國、刺史。家僮數千，後庭妓妾曳綺羅者以千數。第宅華侈，制擬宮禁。有鮑亨者，善屬文，殷胄者，工草隸，並江南士人，因高智慧没爲家奴。親戚故吏，布列清顯，素之貴盛，近古未聞。煬帝初爲太子，忌蜀王秀，與素謀之，構成其罪，後竟廢黜。朝臣有違忤者，雖至誠體國，如賀若弼、史萬歲、李綱、柳彧等，素皆陰中之。若有附會及親戚，雖無才用，必加進擢。朝廷靡

然，莫不畏附。唯兵部尚書柳述，以帝壻之重，數於上前面折素。大理卿梁毗，抗表上言，素作威作福。上漸疏忌之，後因出敕曰：「僕射國之宰輔，不可躬親細務，但三五日一度向省，評論大事。」外示優崇，實奪之權也。終仁壽之末，不復通判省事。上賜王公以下射，素箭爲第一，上手以外國所獻金精盤，價直鉅萬，以賜之。四年，從幸仁壽宮，宴賜重疊。

及上不豫，素與兵部尚書柳述、黄門侍郎元巖等入閤侍疾。時皇太子入居大寶殿，慮上有不諱，須豫防擬，乃手自爲書，封出問素。素録出事狀以報太子。宫人誤送上所，上覽而大恚。所寵陳貴人，又言太子無禮。上遂發怒，欲召庶人勇。太子謀之於素，素矯詔追東宫兵士帖上臺宿衛，門禁出入，並取宇文述、郭衍節度，又令張衡侍疾。上以此日崩，由是頗有異論。

漢王諒反，遣茹茹天保來據蒲州，燒斷河橋。又遣王聃子率數萬人並力拒守。素將輕騎五千襲之，潛於渭口宵濟，遲明擊之，天保敗走，聃子懼而以城降。有詔徵還。初，素將行也，計日破賊，皆如所量。帝於是以素爲并州道行軍總管、河北安撫大使，率衆數萬討諒。時晉、絳、呂三州並爲諒城守，素各以二千人縻之而去。諒遣趙子開擁衆十餘萬，柵絶徑路，屯據高壁，布陣五十里。素令諸將以兵臨之，自引奇兵潛入霍山，緣崖谷而進，直指其營，一戰破之，殺傷數萬。諒所署介州刺史梁修羅屯介休，聞素至，懼，棄城而走。進至清源，去并州三十里，諒率其將王世宗、趙子開、蕭摩訶等，衆且十萬，來拒戰。又擊破之，擒蕭摩訶。諒退保并州，素進兵圍之，諒窮蹙而降，餘黨悉平。帝遣素弟修武公約齎手詔勞素曰：「我有隋之御天下也，於今二十有四年，雖復外夷侵叛，而内難不作，修文偃武，四海晏然。朕以不天，銜恤在疚，號天叩地，無所逮及。朕本以藩王，謬膺儲兩，復以庸虚，纂承鴻業。天下者，先皇之天下也，所以戰戰兢兢，弗敢失墜，況復神器之重，生民之大哉！賊諒苞藏禍心，自幼而長，羊質獸心，假託名譽，不奉國諱，先圖叛逆，違君父之命，成莫大之罪。誑惑良善，委任奸回，稱兵内侮，毒流百姓。私假署置，擅相誅戮，小加大，少凌長，民怨神怒，衆叛親離，爲惡不同，同歸於亂。朕寡兄弟，猶未忍及言，是故開關門而待寇，戢干戈而不發。朕聞之，天生蒸民，爲之置君，仰惟先旨，每以子民爲念，朕豈得枕伏苫廬，熟而不救也！大義滅親，《春秋》高義，周旦以誅二叔，漢啓乃戮七藩，義在茲乎？事不獲已，是以授公戎律，問罪太原。且逆子賊臣，何代不有，豈意今者，近出家國。所嘆荼毒甫爾，便及此事。由朕不能和兄弟，不能安蒼生，德澤未弘，兵戈先動，賊亂者止一人，塗炭者乃衆庶。非唯寅畏天威，亦乃孤負付囑，薄德厚恥，愧乎天下。公乃先朝功臣，勳庸克茂。至如皇基草創，百物惟始，便匹馬歸朝，誠識兼至。汴部、鄭州，風卷秋籜，荆南、塞北，若火燎原，早建殊勳，夙著誠節。及獻替朝端，具瞻惟允，爰弼朕躬，以濟時難。昔周勃、霍光，何以加也！賊乃竊據蒲州，關梁斷絶，公以少擊衆，指期平殄。高壁據嶮，抗拒官軍，公以深謀，出其不意，霧廓雲除，冰消瓦解，長驅北邁，直趣巢窟。晉陽之南，蟻徒數萬，諒不量力，猶欲舉斧。公以棱威外討，發憤於内，忘身殉義，親當矢石。兵刃暫交，魚潰鳥散，僵屍蔽野，積甲若山。諒遂守窮城，以拒鈇鉞。公董率驍勇，四面攻圍，使其欲戰不敢，求走無路，智力俱盡，面縛軍門。斬將搴旗，伐叛柔服，元惡既除，東夏清晏，嘉庸茂績，於是乎在。昔武安平趙，淮陰定齊，豈若公遠而不勞，速而克捷者也。朕殷憂諒闇，不得親御六軍，未能問道於上庠，遂使劬勞於行陣。言念於此，無忘寢食。公乃建累世之元勳，執一心之確志。古人有言曰：『疾風知勁草，世亂有誠臣。』公得之矣。乃銘之常鼎，豈止書勳竹帛哉！功績克諧，哽歎無已。稍冷，公如宜。軍旅務殷，殊當勞慮，故遣公弟，指宣往懷。迷塞不次。」

素上表陳謝曰：「臣自惟虚薄，志不及遠，州郡之職，敢憚劬勞，卿相之榮，無階覬望。然時逢昌運，王業惟始，雖涓流赴海，誠心屢竭，輕塵集岳，功力蓋微。徒以南陽里閈，豐、沛子弟，高位重爵，榮顯一時。遂復入處朝端，出總戎律，受文武之任，預帷幄之謀。豈臣才能，實由恩澤。欲報之德，義極昊天。伏惟陛下照重離之明，養繼天之德，收臣於疏遠，照臣以光暉，南服降枉道之書，春宫奉肅成之旨。然草木無識，尚榮枯候時，況臣有心，實自效無路。晝夜迴徨，寢食慚惕，常懼朝露奄至，虚負聖慈。賊諒包藏禍心，有自來矣，因幸國哀，便肆凶逆，興兵晉、代，摇蕩山東。陛下拔臣於凡流，授臣以戎律，稟心膂之寄，冥平亂之規。蕭王赤心，人皆以死，漢皇大度，天下爭歸，妖寇廓清，豈臣之力！曲蒙使臣弟約齎詔書問勞，高旨峻筆，有若天臨，洪恩大澤，便同海運。悲欣慚懼，五情振越，雖百殞微軀，無以一報。」其月還京師，因從駕幸洛陽，以素領營東京大監。以平諒之功，拜其子萬石、仁行、姪玄挺，皆儀同三司，賚物五萬段，綺羅千匹，諒之妓妾二十人。大業元年，遷尚書令，賜東京甲第一區，物二千段。尋拜太子太師，餘官如故。前後賞錫，不可勝計。明年，拜司徒，改封楚公，真食二千五百户。其年，卒官。諡曰景武，贈光祿大夫、太尉公、弘農河東絳郡臨汾文城

河内汲郡長平上黨西河十郡太守。給轀車，班劍四十人，前後部羽葆鼓吹，粟麥五千石，物五千段。鴻臚監護喪事。帝又下詔曰：「夫銘功彝器，紀德豐碑，所以垂名迹於不朽，樹風聲於没世。故楚景武公素，茂績元勳，劬勞王室，竭盡誠節，協贊朕躬。故以道邁三傑，功參十亂。未臻遐壽，遽戢清徽。春秋遞代，方綿歲祀，式播彫篆，用圖勳德，可立碑宰隧，以彰盛美。」素嘗以五言詩七百字贈番州刺史薛道衡，詞氣宏拔，風韻秀上，亦爲一時盛作。未幾而卒，道衡嘆曰：「人之將死，其言也善，豈若是乎！」有集十卷。

素雖有建立之策，及平楊諒功，然特爲帝所猜忌，外示殊禮，内情甚薄。太史言隋分野有大喪，因改封於楚。楚與隋同分，欲以此厭當之。素寢疾之日，帝每令名醫診候，賜以上藥。然密問醫人，恒恐不死。素又自知名位已極，不肯服藥，亦不將慎，每語弟約曰：「我豈須更活耶？」素負冒財貨，營求産業，東、西二京，居宅侈麗，朝毁夕復，營繕無已，爰及諸方都會處，邸店、水磑並利田宅以千百數，時議以此鄙之。子玄感嗣，别有傳。諸子皆坐玄感誅死。

《隋代墓誌銘彙考》二六六虞世基《大隋納言上柱國光禄大夫司徒公尚書令太子太師太尉公楚景武公墓誌銘并序》 公諱素，字處道，弘農華陰人也。其先出自有周，蓋唐叔虞之苗裔。若夫積德爲基，擢本枝於夢梓；建親作屏，蔚遠葉於□□。□以嶽靈降祉，標削成而起秀；地勢流謙，注長河而不竭。故能侯服之貴，西漢茂其疇庸；衮職之華，東都美其仍世。自大□□□來，名德相踵，爲天下盛族。十世祖瑶，晉侍中、儀同三司、尚書令。高祖恩，河間内史。曾祖鈞，歷侍中、七兵尚書、北道大行台、恒州刺史、司空、臨貞文恭公。祖暄，度支尚書、華州刺史、臨貞忠公。並以勳德弈世，位望優崇，冠冕式瞻，人倫准的。父專，中書□、□□卿、開府儀同三司、汾州刺史、大將軍、淮魯復三州刺史、臨貞忠壯公。宇量凝邈，志略沈遠，身捐士重，節亮時艱。垂令德於□□，奮英風於百代。

公稟景宿之純曜，含俊德而挺生。神機秀發，靈府夷暢。萬籟俱動，未足撓其風飆；百川同會，莫或知其□□。□性爲道，因心則孝。信義立於言表，器業隆於行餘。五典三墳、六藝百家之説，玉笥金簡、石室名山之奥，莫不詳覽宗致，□□□流。至如渭渚剖竹，汜橋授略；問兵符於玄女，得劒術於白猿，斯故宛然在目，若指諸掌。既而響含清越，譽重連城；禮賁□□，□深憲右。周保定五年，起家爲中外府記室，遷司成大夫。公漸翼云初，已致懷於寥廓；攬轡伊始，便有志於澄清。及周武□□□西鄰，將定東夏，齊王禮崇先路，任重元戎，眷求明德，光膺上佐，請公爲行軍府長史。公爰參旗鼓之節，立乎矢石之閒。□□□陳，戰在先勝。以功進位上開府，封安成公，出爲東楚州總管。任隆疆埸，寄重威權。公深謀進取，志存開斥。先屠海陵之□，□□淮南之地。大象二年，襲封臨貞公。及皇隋基命，天步猶艱；道屬經綸，時惟草昧。姦臣叛换，外侮於漳濱；宗國干紀，内□□□邑。士無裹糧之志，朝貽旰食之憂。公奮其義勇，率先占募。陵峻雉其若夷，眄高墉而俯拾。雖則舞梯之攻燕堞，拔幟而□□□。語以奇兵，未足尚也。乃授公大將軍，尋爲徐州總管。未幾，以虎牢之功，進位上柱國，封清河郡公，邑三千户，舊封聽迴。□□□自，禋類改物，彝倫載敘，秉憲繩違，允歸民譽。乃授公御史大夫。巴巫衝要，鄰控邊境。時方謀南伐，皇情西顧。詔公□信州總管，良圖秘計，朝進夕聞。既而王師大舉，分麾授律。皇帝昔以神猷臨邸，親御戎軒；秦孝王亦以懿戚扞城，爰稟□□。□□征之重，非才莫居，親賢並用，於是乎在。開皇八年，同降綸綍，俱爲元帥。於是水龍長騖，蒼兕泛浮，舳艫所指，灌然奔潰。□□□預之謀，朝論歸美；王濬之捷，功亦居多。江表初定，良資撫納，乃授公荆州總管。以平陳之功，封鄂國公，邑三千户，食長壽縣□千户，别授一子儀同三司，舊封即以迴授。如帶如礪，允答殊勳；拜前拜後，賞優恒數。尋改封越國公，荆州總管如故，俄□□□納言。雖復八舍掌壺，獻替斯在；六璽揮翰，樞機是屬。乃授公内史令。龍章鳳姿，翔集兼美；珥璫鳴玉，左右攸宜。吴越遐□，□□未洽，彎弓挺劒，蟻結蜂飛，懷柔服叛，非公莫可，乃授大使，安集江南，仍爲行軍元帥。公高旆揚參，遠踰丹徼，樓船舉颿，□□□波。谷静山空，氛清霧徹。東南底定，帝有嘉焉，授一子上開府儀同三司。尋以公爲尚書右僕射，參貳宰司，憲章惟穆，弘□□□，績譽斯隆，聲振幽遐，勢傾朝野。又授仁壽宫大監。至於徑輪表槷之度，瞻星揆景之宜，莫不裁之秘思，殆侔神造。十九年，□靈州道行軍總管，委以邊略。突厥達頭可汗驅其引弓之衆，率其鳴鏑之旅，踰亭越障，亘野彌原。公親勒輕鋭，

分命驍勇，□□□擊，前後戈殳，轉鬭千里，斬馘萬計。自衛、霍以來，未有若斯之功也。復授一子開府儀同三司。雖沙漠之南，咸知款附。而□□□北，尚有遊魂。今上以睿德居蕃，董攝戎重，輕齋絶漠，寔佇幃筭。授公元帥府長史、靈州道行軍總管。公資稟神規，□□□策，威加絶黨，聲讋虜庭。俄遷尚書左僕射。顯膺名器，寔允僉屬；作副端揆，弘贊朝猷。時突厥啟民可汗爲本國所敗，隻□□□，寄命而已。高祖詔復啟民，仍委公樹立。乃收其部落，還成君長。因頻總元帥，以影響焉。會啟民可汗復爲凶徒所逼，□□□赴躡，殺獲臣多，旋定啟民返其侵掠。於是服者懷德，叛者畏威。此一役也，邊塵遂息。雖周室之長驅獫狁，漢朝之遠納□□，□我勳庸，曾何仿佛。乃授公世子玄感柱國，以旌武功。□獻后升遐，陵塋式建，公包括羣藝，洞曉陰陽，歷相川原，□察墳□。□□所感，寔合神秘，竈謀襲吉，宅兆以安。下詔褒稱，特加旌賞，別封義康郡公，邑一萬户。子孫承襲，貽之長世。及晉陽禍□，□□城邑，□其淵藪，圖逞姦回，公受脈端邁，投袂致討，勢疾驚飆，威踰奔電。春水之照彤日，方斯非擬；秋蘀之卷沖風，喻□□□。□□克舉，茂賞斯隆。迴授推恩，光枝潤葉。豈止蕭何陳力，寵遍宗門；衛青立功，榮加繈褓。頃之，遷尚書令、太子太師。營東京□□，尋授司徒公，改封楚公，加食邑五百户，通前爲一千五百户。總司百揆，弼和五教。春方居師表之尊，東都率子來之美。□□□□玉宇，光升典册，車服崇顯，師尹具瞻。公秉德居謙，貴而能降，竭誠盡節，慎終如始。方當翼宣景化，克享大年，而嶽□□□，□光掩曜。大業二年七月癸丑朔廿三日乙亥遘疾，薨于豫州飛山里第，春秋六十三。粤以大業三年八月丁丑朔八日甲申窆于華陰東原通零里。

惟公雅度宏達，淵猷經遠，神華體俊，鑒照不疲，理瞻詞敏，樞機無滯，奉上以誠，當朝正色，出□□□，□贊機衡，知無不爲，義存體國，諒而能固，守以直道。至於損益時政，獻替謀猷，故乃削其封奏之草，不言温室之樹。□□□□，□莫能知。加以才藝兼通，學無不覽。是以五《禮》六《樂》之文，陰陽緯候之説，蘭臺秘奧，東觀校讎，司天司地，□□□□□□□卜，委以裁綜，垂之不刊，代邸初開，承華式建。公夙荷天眷，亟經遊處，及運膺下武，重建殊勳，尊□□□□□□□□□□□□爲社稷之良臣。人之云亡，莫不流涕。故乃悼興當宸，痛甚趨車。詔贈光禄大夫、太尉□□□□□□□□□□□□□□班劍册人，前後部羽葆鼓吹，大鴻臚監護喪事。謚曰景武公，禮也。雖則□□□□□□□□□□□□□□□□□□□□爲銘曰：「辰象緯天，山嶽鎮地。六階允叶，三□同□。以下並次行共殘缺約六十七字。」

雜録

備録

《隋書》卷六二《柳彧傳》 右僕射楊素當塗顯貴，百僚慴憚，無敢忤者。嘗以少譴，勑送南臺。素恃貴，坐彧牀。彧從外來，見素如此，於階下端笏整容謂素曰：「奉勑治公之罪。」素遽下。彧據案而坐，立素於庭，辨詰事狀。素由是銜之。彧時方爲上所信任，故素未有以中之。

《全隋文補遺》卷三《大隋越國夫人鄭氏墓誌》 夫人諱祁耶，滎陽開封人。昔都鎬邑鄷肇□□□□□□□□譽表緇衣，聲傳革履。曁有魏之藻鏡，流品澄□□□□□□爲盛門。祖道穎，魏開府儀同三司、司農卿□□□□□□□□儀同三司、沔、龍、莒三州刺史，並紉蘭佩蕙□□□□□□□□□絶。夫人三辰垂曜，降星月之精；八卦相蕩，□□□□□□□□骨象應圖，折旋合禮。天情婉順，不待女史□□□□□□□國公地惟鼎族，器乃民宗。夙著高名，早昇顯位□□□□□□禮，百兩來迎，琴瑟克諧，松蘿並茂。以開皇元年拜□□□□夫人金夫勳德日隆，望實踰重。功宣文武，任居將相。□□□人，紆情逮年，曾無險詖之心；約己持身，彌秉謙柔之志。□□於娣姒，分食解衣，賙贍於親族，允膺百福。載育七子，跗□□□，訓稟過庭，固亦教成斷織。昔荀令君一代良宰，嘉偶非□□伉儷□善，內外俱美，實爲希世。既而腠理乖和，彌留氣□。昭陽降慮，乃迎於仁壽宮內，親遣療治，名醫盡録帙之方□反魂莫驗，空煎玉釜之香；促景不停，終逐銅壺之水。將及□開皇十八年歲次戊午五月辛未朔廿三日癸巳，薨於山□□旒冕，悲纏椒掖。賵襚弔祭，有加恒典。越公撫存悼往，神□□□，望空帷而掩泣。以仁壽元年歲次辛酉十月辛亥朔廿□□，葬東原之舊塋。魚軒既反，永閟於黃泉。龍劍一分，空存□□□□□□□□□庭兹□□□□□□

侯白《啟顔録・侯白捷辯》 越公楊素戲弄侯白云：「山東人多仁義，借一而得兩。」侯白問曰：「公若爲得知？」素曰：「有人從其借弓，乃云『揭刀去』，豈非借一而得兩？」白應聲曰：「關中人亦甚聰明，問一而知二。」越公問曰：「何以得知？」白曰：「有人問：『比來多雨，渭水漲不？』報曰『霸漲』，豈非問一而〔知〕二？」越公於是服其辯捷。

侯白《啟顔録・侯白》 隋侯白，州舉秀才，至京。機〔鋒〕辯捷，時莫之比。嘗與僕射越國公楊素並馬言話。路旁有槐樹，顦顇死。素乃曰：「侯秀才理道過人，能令此樹活否？」曰：「能。」素云：「何計得活？」曰：「取槐樹子於樹枝上懸著，即當自活。」素云：「因何得活？」答曰：「可不聞《論語》云：『子在，回何敢死？』」素大笑。

開皇中，有人姓出名六斤，欲參素。齎名紙至省門，遇白，請爲題其姓。乃書曰：「六斤半。」名既入，素召其人問曰：「卿姓六斤半？」答曰：「是出六斤。」曰：「何爲六斤半？」曰：「向請侯秀才題之，當是錯矣。」即召白至，謂曰：「卿何爲錯題人姓名？」對云：「不錯。」素曰：「若不錯，何因姓出名六斤，請卿題之，乃言『六斤半』？」對曰：「向在省門，會卒無處見稱，既聞道是出六斤，斟酌只應是六斤半。」素大笑之。

白在散官，隸屬楊素。愛其能劇談，每上番日，即令談戲弄，或從旦至晚，始得歸。纔出省門，即逢素子玄感。乃云：「侯秀才，可以玄感説一個好話？」白被留連，不獲已，乃云：「有一大蟲欲向野中覓肉，見一刺蝟仰卧，謂是肉臠，欲銜之。忽被蝟卷著鼻，驚走不知休息。直至山中，困乏，不覺昏睡，刺蝟乃放鼻而去。大蟲忽起歡喜，走至橡樹下，低頭見橡斗，乃側身語云：『旦來遭見賢尊，願郎君且避道。』」

素與白劇談，因曰：「今有一深坑，可有數百尺。公入其中，若爲得出？」白曰：「入中不須餘物，唯用一針即出。」素曰：「用針何爲？」答曰：「針頭中令水飽坑，拍浮而出。」素曰：「頭中何處有爾許水？」白曰：「若無爾許水，何因肯入爾許深坑？」

素又謂白曰：「僕爲君作一謎，君射之，不得遲，〔遲〕便須罰酒。」素曰：「頭長一分，眉長一寸，未到日中，已打兩頓。」白應聲曰：「此是道人。」素曰：「君須作謎，亦不得遲。」白即云：「頭長一分，眉長一寸，未到日中，已打兩頓。」素曰：「君因何學吾作道人謎？」白曰：「此是阿歷。」素大笑。【略】白又與素路中遇胡負青草而行。素曰：「長安路上，乃見青草湖。」須臾，又有兩醉胡，衣孝重服，騎馬而走，俄而一胡落馬。白曰：「真所謂『孝乎惟孝』有之矣。」

侯白《啟顔録・口吃》 隋朝有人敏慧，然而口吃。楊素每閑悶，即召與劇談。嘗歲暮無事對坐，因戲之云：「有大坑深一丈，方圓亦一丈，遣公入其中，何法得出？」此人低頭良久，乃問云：「有梯出否？」素云：「只論無梯，若論有梯，何須更問？」其人又低頭良久，問曰：「白白白白日，夜夜夜夜地？」素云：「何須云白日夜地，若爲得出？」乃云：「若不是夜地，眼眼不瞎，爲甚物入入裏許？」素大笑。又問云：「忽命公作軍將，有小城，兵不過一千已下，糧食唯有數日，城外被數萬人圍。若遣公向城中，作何謀計？」低頭良久，問云：「有有救救兵否？」素云：「只緣無救，所以問公。」沈吟良久，舉頭向素云：「審審如如公言，不免須敗。」素大笑。又問云：「計公多能，無種不解。今日家中有人蚍咬足，若爲醫治？」此人即應聲報云：「取取五月五日南牆下雪雪塗塗，即即治。」素云：「五月何處得有雪？」答云：「若五月五日無雪，臘月何處有蚍咬。」素笑而遣之。

劉餗《隋唐嘉話》卷上 李德林爲内史令，與楊素共執隋政。素功臣豪侈，後房婦女，錦衣玉食千人。德林子百藥夜入其室，則其寵妾所召也。素俱執於庭，將斬之。百藥年未二十，儀神儁秀，素意惜之，曰：「聞汝善爲文，可作詩自敘。稱吾意，當免汝死。」後解縛，授以紙筆，立就。素覽之欣然，以妾與之，並資從數十萬。

杜寶《大業雜記》 尚書令楊素於東都造宅，新成，僭於宫省。宅方三百步，門院五重，高齋曲池，時爲冠絶。既而將入，遣人就衛尉少卿蘭陵蕭吉，請擇良日。吉知其不終，必致禍敗，在於此宅，乃以斗加書一卷，封付使人。此書全述死喪之事，極凶惡之書也，素焚於前庭。素宅内造沉香堂，甚精麗，新泥堂訖，閉之三日，後開視，四壁並爲新血所灑，腥氣觸人。初，太子之遘疾也，時與楊素同在侍宴，帝既深忌於素，並起二巵同至，傳酒者不悟是藥酒，錯進太子，既飲三日而毒發，下血二斗餘。宫人聞素平常，始知毒酒誤飲太子，祕不敢言。太子知之，嘆曰：「豈意代楊素死乎？命也！」數日而薨。後素亦竟以毒斃。有人嘗夢鳳鳥集手上，深以爲善徵，往詣蕭吉占之。吉曰：「此極不祥之夢。」夢者恨之，而以爲妄言。後十餘日，夢者母死，遣所親往問吉所以。吉云：「鳳鳥非梧桐不棲，非竹實不食，所以止君手上者，手中有桐竹之象。《禮》云：『苴杖竹也，削杖

桐也。」是知必有重憂耳。」

韋述《兩京新記》卷三《次南曰延康坊》 西南隅，西明寺。本隋尚書令越國公楊素宅。大業中，素子玄感謀誅後没官。武德初，爲萬春公主宅。貞觀中，賜濮恭王泰。泰死後官市之立寺。寺內有楊素舊井，玄感被誅，家人以金投井，後人窺見，鈎汲無所獲，今寺衆謂之靈井，在僧厨院內。初，楊素用事隋朝，奢僭過度，製造珍異，資貨儲積。有美姬，本陳太子舍人徐德言妻，即陳主叔寶之妹，才色冠代，在陳封樂昌公主。初與德言夫妻情義甚厚，屬陳氏將亡，德言垂泣謂妻曰：「今國破家亡，必不相保。以子才色，必入帝王貴人家。我若死，幸無相忘；若生，亦不可復相見矣。雖然，共爲一信。」乃擊破一鏡，各收其半。德言曰：「子若入貴人家，幸將此鏡令於正月望日市中貨之。若存，當冀志之，知生死耳。」及陳滅，其妻果爲隋軍所没。隋文以賜素，深爲素所寵嬖。爲營別院，恣其所欲。陳氏後令閹奴望日齎破鏡詣市，務令高價。果值德言，德言隨價便酬，引奴歸家，垂涕以告其故，並取己片鏡合之，仍寄其妻題詩云：「鏡與人俱去，鏡歸人不歸。無復恒娥影，空餘明月輝。」陳氏得鏡，見詩，悲愴流淚，因不能飲食。素怪其慘悴而問其故，具以事告。素憯然爲之改容，使召德言，還其妻，並衣衾悉與之。陳氏臨行，素邀令作詩叙別，固辭不免，乃爲絶句曰：「今日何遷次，新官對舊官。笑啼俱不敢，方驗作人難。」時人哀陳氏之流落，而以素爲寬惠焉。楊素又有美妾，姿色絶倫。時有千牛桑和，有妖蠱異術，常云：「一見婦人，便即能致。」煬帝嘗密使人竊之。素宅深邃，和明奉詔，其夜便竊以匿。煬帝奇其能，便詔素賜之。

劉肅《大唐新語》卷六《舉賢一三》 封德彝在隋，見重於楊素，素乃以從妹妻之。隋文帝令素造仁智宫，引德彝爲土工監。宫成，文帝大怒曰：「楊素竭百姓之力，雕飾離宫，爲吾結怨於天下！」素惶恐，慮得罪。德彝曰：「公勿憂，待皇后至，必有恩賞。」明日，果召素，良久方入對，獨孤皇后勞之曰：「大用意，知吾夫妻年老，無以娱心，盛飾此宫室，豈非孝順。」賞賚甚厚。素退問德彝曰：「卿何以知之？」對曰：「至尊性儉，雖見而怒，然雅聽后言。婦人唯麗是好。后心既悦，聖慮必移，所以知耳。」素嘆曰：「揣摩之才，非吾所及也！」素時勳略在位，下唯激賞德彝，撫其牀曰：「封郎後時必據吾座。」後素南征，泊海曲。素夜召之，德彝落海，人救而免，乃易衣見素，深加嗟賞，亟薦用焉。

李冗《獨異志》卷上 隋楊素家富侈之極，家僮數千人，後庭曳羅綺之女，亦數千。都會之處，邸店碾磑，不知紀極。性貪營利，心無厭足，時議鄙之。

孟棨《本事詩・情感一》 陳太子舍人徐德言之妻，後主叔寶之妹，封樂昌公主，才色冠絶。德言爲太子舍人，方屬時亂，恐不相保。謂其妻曰：「以君之才容，國亡必入權豪之家，斯永絶矣。儻情緣未斷，猶冀相見，宜有以信之。」乃破一鏡，各執其半，約曰：「他日必以正月望賣於都市，我當在，即以是日訪之。」及陳亡，其妻果入越公楊素之家，寵嬖殊厚。德言流離辛苦，僅能至京，遂以正月望訪於都市。有蒼頭賣半鏡者，大高其價，人皆笑之。德言直引至其居，予食，具言其故，出半鏡以合之，乃題詩曰：「鏡與人俱去，鏡歸人不歸。無復嫦娥影，空留明月輝。」陳氏得詩，涕泣不食。素知之，愴然改容，即召德言，還其妻，仍厚遺之。聞者無不感嘆。仍與德言陳氏偕飲，令陳氏爲詩。曰：「今日何遷次，新官對舊官。笑啼俱不敢，方驗作人難。」遂與德言歸江南，竟以終老。

陶穀《清異録》卷一《官志門》 越公楊素，專恣既久，包藏可畏，四方寒心，不敢直指，故以「風力相國」概之。

《太平廣記》卷一六九《楊素》引《定命録》 封德彝之少也，僕射楊素見而奇之，遂妻以姪女。常撫座曰：「封郎必居此坐。」後討遼東，封公船没，衆皆謂死。楊素曰：「封郎當得僕射，此必未死。」使人求之。公抱得一板，没於大海中，力盡欲放之，忽憶楊公之言，復勉力持之。胸前爲板所摩擊，肉破至骨，衆接救得之。後果官至僕射。

《太平廣記》卷三六一《楊素》引《廣古今五行記》 大業五年，尚書令楊素於東都造宅，潛於宫省。遣人就衛尉少卿蕭吉，請擇良日入新宅。吉知其不終，乃以書一卷付之。此書專是述死喪之事，素開而惡之，乃焚於前庭。素宅內造沉香堂，甚精麗，初成，閉之三日，然後擇日，始開視之。四壁如新血所灑，流於地，腥氣觸人。素甚惡之，竟遇鴆而死。九年，素長子禮部尚書楊玄感，庭中無故有血灑地，玄感懼，遂舉兵反，伏誅。

孔平仲《續世説》卷四《識鑒》 楊素稱賞封倫，每引與論宰相之務，因撫其牀曰：「封郎必據吾此坐。」又善李靖，拊其牀曰：「卿終當坐此。」

孔平仲《續世説》卷五《容止》 伐陳之役，楊素率水軍東下，舳艫被江，旌甲曜日。素坐平乘大船，容貌雄偉，陳人望之，懼曰：「清河公，即江神也。」

孔平仲《續世説》卷六《排調》 蘇威之子夔，少聰敏，楊素甚奇之，戲威曰：「楊素無兒，蘇夔無父。」

隋柳調爲侍御史，楊素曰：「柳條通體弱，獨摇不禁風。」調斂板正色曰：「調信無取者，公不當以爲侍御史；調信有可取，不應發此言。公當具瞻之地，樞機何可輕發？」素甚奇之。

孔平仲《續世説》卷一一《忿狷》 隋賀若弼既平陳，自謂功名出朝臣之右，每以宰相自許。既而，楊素爲右僕射，弼仍爲將軍，甚不平，形於言色，由是免

官。若弼怨望愈甚，後數載下獄，文帝曰：「我以高熲、楊素爲宰相，汝每言此二人唯堪飲飯爾，是何意也？」弼曰：「熲，臣之故人；素，臣之舅子。臣並知其爲人，誠有此語。」上數之曰：「公有三太猛：疾妬心太猛，自是非人心太猛，無上心太猛。」至煬帝，竟殺之。

曾慥《類説》卷六《婆娑羅樹》引《河洛記》 洛城山北謂之邙山，上無木，惟北嶺上有古樗樹，婆娑四五畝。楊素建都城，以此樹爲南北標準。嫌樗木名惡，號「婆娑羅樹」。佛經言婆娑羅樹是如來涅槃之所，其言不祥。後楊玄感亂，李密圍城，及太宗征世充，皆於此樹駐車下瞰城中。

備論

《北史》卷四二《楊素傳》 史臣曰：處道少而輕俠，俶儻不羈，兼文武之資，包英奇之略，志懷遠大，以功名自許。屬隋文帝將清六合，委以腹心之寄。掃妖氛於牛斗，江海恬波；摧驍猛於龍庭，匈奴遠遁。若其夷凶静亂，功臣莫居其右；覽其奇策高文，足爲一時之傑。然以智詐自立，不由仁義之道，阿諛時主，高下其心。營構離宫，陷君於奢侈；謀廢冢嫡，致國於傾危。終使宗廟丘墟，市朝霜露，究其禍敗之源，實乃素之由也。

《隋書》卷四八《楊素傳》 史臣曰：楊素少而輕俠，俶儻不羈，兼文武之資，包英奇之略，志懷遠大，以功名自許。高祖龍飛，將清六合，許以腹心之寄，每當推轂之重。掃妖氛於牛斗，江海無波，摧驍騎於龍庭，匈奴遠遁。考其夷凶静亂，功臣莫居其右，覽其奇策高文，足爲一時之傑。然專以智詐自立，不由仁義之道，阿諛時主，高下其心，營構離宫，陷君於奢侈，謀廢冢嫡，致國於傾危。終使宗廟丘墟，市朝霜露，究其禍敗之源，實乃素之由也。幸而得死，子爲亂階，墳土未乾，闔門殂戮，丘隴發掘，宗族誅夷。則知積惡餘殃，信非徒語。多行無禮必自及，其斯之謂歟！約外示温柔，內懷狡算，爲蛇畫足，終傾國本，俾無遺育，宜哉！

胡寅《致堂讀史管見》卷一五 楊素用兵，多權謀，馭衆嚴，每將臨敵，輒求人過失而斬之，多者百餘人，少者四五十人，流血滿前，言笑自若。及其對陳，先令一二百人赴敵陷陳，不能陷陳而還者，悉斬之。又令二三百人復進，還依向法，將士股慄，有必死之心，由是戰無不勝，稱爲名將。

伐讎討逆，誅暴解紛，兵之大用也。讎未復，逆未除，暴未誅，紛未解，則有不得已而殺人者，殺敵而已。未聞司馬法先殺吾人，而使之致力於殺人也。特三令五申之曰：「汝不用命，予則有無餘刑，予則孥戮汝。」亦以警懼之，未必誠行之也。如楊素所爲，慘毒不道，自英布、彭越猶必羞之，況韓信乎？信驅市人而戰，背水之陳，躬帥士卒，置之死地，存與俱存，亡與俱亡，固不以無撫循之素、嚴殺戮而用之也。況素部曲皆練習精鋭，而所當者又幾尉遲迥、漢王諒之徒，乃殘忍如此，而後成功，稱爲名將，不亦異乎？

廣與宇文述素善，以奪宗之策問之。述曰：「能移上意者，惟楊素耳。」述與其弟約相厚，請見約共圖之。廣大悦，述以晉王之意説約，約以白素，素大喜，撫掌曰：「吾智殊不及此，賴汝起予。」楊素非特勇將，蓋亦知書，與懵然武夫有間矣。既有殊功，又位上宰，君所信向，太子廢立，係其一言耳。若明大義，聞約之説，登時發覺，執宇文述歸諸司寇，顯加鞫治，請正典刑，一舉而太子安，邦本定，藩王窺覦之禍息，大臣匡輔之功著，豈不美哉？萬分一有如不濟，正諫而死，亦無愧矣。乃惑於邪謀，顧私而動，既亡人國，又殄其宗。嗟夫，素所謂「智不及此」者，非不能及於惡也，乃不能及於善耳，豈非人臣之大戒哉？

素入見后，盛言太子不才。后遺素金，使贊上廢之。

行貨薦賕，小人之事，或以干進，或以免禍，變亂黑白，移禍是非，自古有天下國家者所深惡，爲其末流至於販君而賣國也，故受賕之罪，有至死而不赦者。則未聞爲人之母，妬其子之有妾，怨毒憾怒，如非己出，而納賂於權臣，使説其君而廢黜之者。妬心一發，若崑岡之火，不可撲滅，其烈如此。夫虎豹食人而不食其子，人莫不愛其子也，而婦人尤甚，今以妬忌之故，虎豹之不如。而或猶稱獨孤后爲賢能，佐隋文取天下，豈未嘗考其心術耶？

勇憂懼不自安。上知之，使楊素觀勇所爲。素至東宫，偃息未入，勇束帶待之，素故久不進，以激怒勇，勇不平，形於言色。素還奏勇怨望，上疑之。后又遣人伺覘東宫，纖介事皆聞奏，因加誣飾，上遂疎勇。

隋文於勇之事，其可悲矣。勇不當疑也，以失愛而疑之。素不當信也，以久任而信之。既知勇不自安，而欲察其情，獨無忠信可使之人乎，而使素往哉？素至東宫，所以激怒勇者，乃兵機將略，臨敵致師之術，奈何施於國儲君副乎？隋文聞其譖毁太甚，心亦致疑，而又入獨孤巧言，不復加慮，自此勇之廢黜決矣。

《詩》不云乎：「君子信讒，如或醻之。君子不惠，不舒究之。盜言孔甘，亂是用餤。」其隋文之謂乎！又曰：「懿厥哲婦，爲梟爲鴟，婦有長舌，維厲之階。亂匪降自天，生自婦人。」其獨孤后之謂乎，悲夫！

廣路東宮幸臣姬威，令告太子過失，威從之，上怒。九月壬子，御殿集百官，責東宮官屬，令素鞠勇。素舞文鍛鍊以成其獄。十月乙丑，上戎服陳兵，御武德殿，宣詔廢勇。勇再拜泣下，舞蹈而出，左右莫不閔默。

王者聽刑訟，必原父子之親，立君臣之義，以權其中。意論輕重之序，慎測淺深之量，以別其趣。悉其聰明，致其忠愛，以盡其情。獄辭既成，史以告于正。正聽之矣，乃以告于大司寇。大司寇聽之矣，乃以告于王，王尚不敢決也，命三公參聽之。三公僉以爲成矣，王然後制刑。其審如此。今隋文於太子，專用楊素、姬威文致之言，即加訊鞠，陳兵列衆，脅而廢之。蓋隋文心術，如狡慘獄吏，平日以此鍛鍊無辜者，楊素得其微而逢迎之，故以世嫡之重，天下之本，萋斐動搖，如拉枯朽。表之所示，影之所從也，其刑之施於子者如此，則他可知矣。家國之亡，豈特煬帝之罪哉？

上切責東宮官，洗馬李綱曰：「太子本中人，鄉使擇正人輔之，足嗣鴻業。乃以唐令則、鄒文騰爲庶子、家令，此二人惟知絃歌鷹犬娛悅太子，安得不至是耶？」上不悅。

東宮失上、后意，宇文述締交楊約，而楊素傾搖東宮，亦已久矣，播揚失德，非秘事也，李綱身爲宮僚，安得不知？雖在下列，均於所事，盍具以所聞奏白于上乎？及九月壬子，上御殿宣言鞠治，至十月乙丑，猶十有四日，雖事已危迫，尚可進見，而綱亦無所陳論。及儲后已廢，唐、鄒已誅，乃始稱太子之資才，列二人之邪謟，以咎廢立，夫何益矣？原綱之失，非智之不及也，特不勇決而已。

胡寅《致堂讀史管見》卷一六　楊素雖有大功，特爲帝所猜忌。素寢疾，帝恒恐其不死。素自知名位已極，不肯餌藥，曰：「我豈須更活耶？」

楊素廢東宮，黜蜀王秀，禽漢王諒，以扶煬帝，前後三被賞，賜通受帛一萬一千段，綺羅千匹，妓妾二十人，及金寶車馬之屬。方其未得此也，楊氏資産，已不可勝會，僮妓各數千人，然則三賜雖多，於繼富也亦何有？而官爲上宰，爵祚大國，亦無以復加。借曰吾不爲是，姑爲自安之計耶？而前則見疎於文，外優崇而實奪之權，後則見忌於煬，示殊禮而恐其不死，素也尊榮兩朝，受疑兩君，心不遑寧，病不敢療，惴惴然首領是虞，自伐而死，然則向之所爲，無乃徒費耶？不爲是而死，豈不忠且榮耶？不爲是未必有禍，豈不賢且安耶？是故君子莫大乎由義以聽命。以義有不利而不肯由，以命有難知而不肯聽，其爲小人也無所不至矣。

戴少望《將鑒論斷》卷八《楊素》　先儒有言曰：「德勝才，謂之君子，才勝德，謂之小人。」君子挾才以爲善，小人挾才以爲惡。挾才以爲善者，善無不至矣。挾才以爲惡者，惡亦無不至矣。嗚呼，爲是説者其知君子小人之情矣，若素者，所謂「才勝德」者也，素小而倜儻，不拘小節，全文武之才，懷功名之志。議論英發，謀略淵深。隋室初興，重膺閫寄，料敵制勝，變化無窮。泛舟東下，則金陵失險，擁騎北伐，則沙漠清虛。考績榮勳朝臣，無出其右者。向若有之以忠實，行之以仁義，則蕭曹寇鄧蔑以加諸，而恃其縱横。專事智詐，阿諛以媚上，巧詆以害人。營造離宮，導君於奢侈，廢易家嗣，措國於傾危。卒使社稷丘墟，海宇版蕩，推尋禍本，皆素所由。自古小人挾才爲惡，未有不亡家、敗國者也。迹其御軍雖號嚴整，然每將戰輒求人過失而斬之，多者百餘人，少者不下十數，流血盈前，言咲自若。及兵對陣，先令三百人赴敵陷陣，則已不然，無問多少，悉斬之。益遣更盡還，如向法常，以此爲取勝之術。嗚呼，自大公以來爲將，善用兵者多矣。殘忍暴酷未有若斯人者也，身雖幸免死，於牖下子爲亂，階卒就孥戮然。而天網恢恢，疎而不漏，吁可戒哉，吁可畏哉。

何去非《何傅士備論》卷下《楊素論》　戰必勝、攻必取者，將之良能也。良將之所挾，亦曰智勇而已。徒智而無勇，則遇勇而挫；徒勇而無智，則遇智而蹶。智足以役勇，勇足以濟智，然後以戰必勝，以攻必取天下，其孰能當之。昔者楊素之於隋，可謂一代之名將矣，而賀若弼評之，謂其特猛將耳，非所謂謀將也。甚哉，弼之過於自負而輕於議人也。隋自平陳之後，素已爲統帥矣，其克敵斬將，功策爲多。既俘陳主，而江湖海岱羣盜蜂起，大者數萬，小者數千。而素專閫外之權，轉戰萬里，窮越嶺海，無向不滅。已而突厥犯塞，宗室稱兵，而社稷危矣。素之授鉞專征，其所摧陷者不可勝計，遂靖邊氛而清内難。然素之兵未嘗小衄，隋功臣無與肩者，其爲烈亦至矣。而弼猶不以謀將處之，特曰猛而已。夫目之以猛，而不許之以謀，蓋所謂徒勇而無智者矣。考素之功烈如此，苟其智之不逮，則凡所以決機取勝者，其誰之謀也？自隋文平一天下，所謂名將者，獨韓擒虎、賀若弼、史萬歲與素耳。擒、弼自平陳之後，不獲立尺寸之効，獨史萬歲從素征討，以驍勇稱。而弼乃以大將自處，而目是三人者皆不能盡其材，亦見其不知量，而務以其私言動世主也。素之馭戎，嚴整而喜誅，每戰必求士之過失者

斬之，以令嘗至百輩。而先以數百人赴敵陷陣，不能而還者悉斬之，復進以數百人，期必陷陣而止。是以士皆必死，前無堅敵，此弼之所以得目之爲猛也。嗟乎，素非有忍于士也，以爲士之必死者，乃所以決生，必生者，乃所以決死故也。唐之善於兵者無若李靖，其爲書曰：「畏我者不畏敵，畏敵者不畏我。」是以古之名將，十卒而殺其三者威振於敵國，殺其一者令行于三軍。靖豈以卒爲不足愛哉，以爲殺一而百奮，則奮者可期於勝也；縱一而百惰，則惰者可期於敗也。奮而克敵與夫惰而爲敵所克，則是殺者乃所以生之，愛者乃所以害之也。善爲將者能審乎此，則無惡乎其苟忍也。雖然，在素之術，有足以致勝，未足以爲勝之上也。《法》曰：「兵無選鋒曰北。」《詩》曰：「元戎十乘，以先啓行。」其啓行者，選鋒之謂也。越王勾踐之伐吳，其爲士者數萬，而又有君子六千人，所謂君子者，其選鋒也。素之所使以陷陣者，其選鋒之謂歟。然至有不克而還，不免於誅者，疑其非選之特精而養之素厚之士也。又嘗觀唐太宗之將，未嘗先以其身親搏戰也。必以驍騎勁旅而經營於其傍，或瞰臨於其高，常若無意於戰。其兵既交，其鬭皆力，而未決也。卒然率之而奮，士皆殊死，突貫其敵之陣而出其背，凡所嬰者無不摧敗。猶之二人之相搏也，材鈞而力偶，方相持而未決也，卒然一夫起其旁而助之，則夫受助者蔑不勝矣。此法所謂以正合，以奇勝者也。使素之所用以爲鋒者，皆精其選，而又量敵之堅脆以遣之，其必足以陷敵，無至乎不克而還，又加之誅。而常出於唐太宗之奇，則如弼者亦何得而妄議矣。

王夫之《讀通鑑論》卷一九《隋文帝》 文帝畜疑御下，芟夷有功於己者不遺餘力矣。鄭譯、盧賁、柳裘或黜或死，防其以戴己者戴人，固也。其戮力以混一天下者，若史萬歲、王世積、虞慶則誣訐一加，而斧鑕旋及。至於賀若弼、高熲、李德林倚爲心膂，不在楊素之下，而弼下吏幾死，熲除名，德林終廢。徒於楊素投膠漆之分，舉天下以託之，何坦然無疑而盡易其猜防之毒也？乃素卒比附逆廣以推刃於帝，夫豈天奪其衷與？不然，何疑其所可不疑，信其所必不可信，如斯之甚也！隋之諸臣，唯素之不可託也爲最，非但熲、弼、德林之不屑與伍，即以視劉昉、鄭譯猶有懸絕之分。何也？素者，天下古今之至不仁者也。其用兵也，求人而殺之以立威，使數百人犯大敵，不勝而俱斬之，自有兵以來，唯尉繚言之，唯素行之，蓋無他智略，唯忍於自殺其人而已矣。其營仁壽宮也，丁夫死者萬計，皆以殺人而速奏其成，曠古以來，唯以殺人爲事者更無其匹。嗚呼！人之不仁至於此極，而猶知有君之不可弑乎？猶知子之不可弑父而已弗與其謀乎？文帝之項領日懸於素之鋒刃而不知，豈徒素之狐媚以結獨孤后而爲之覆翼乎？抑帝慘毒之性，臭味與諧而相得也！故曰：「君不仁，則不保其國；臣不仁，則不保其身；不仁者樂與不仁者狎而信之篤，雖天子不保其四體。」素之族至其子而乃赤，猶晚矣。故惻隱之心，存亡生死之幾也。夫人性之弗醇，習之不順，惻隱之心不足以發。唯好惡之不迷，不樂與不仁者處而利賴之，惡其可損，禍其可輕乎！

雷士俊《艾陵文鈔》卷二《楊素論》 煬帝始欲爲太子，問於宇文述。述曰：「廢立國家大事，處人父子骨肉之間，誠未易謀也。然能移主上意者，唯楊素耳。」煬帝用素以讒害太子勇，代爲太子。文帝崩，煬帝即位，荒淫驕奢，百姓貧困，盜賊四起，隋遂以亡。雷子曰：「小人營身而不計天下之治亂安危也，類如是哉。李斯廢扶蘇而立胡亥以亡秦，楊素廢勇而立廣以亡隋。斯、素二人者，非獨扶蘇與勇之罪人，秦、隋之罪人也。抑二人之爲此，蓋深結於胡亥與廣，以營其身之富貴也。其後斯爲胡亥所殺，而素亦爲廣猜忌，素之不殺於廣者，幸也。小人之廢立以見德而營其身之富貴者，徒足亡人之社稷，何益乎？雖然素隋之名將也，其權略有足多者焉，彼險而不可法者，則亦不足法也。人皆好生惡死，今一將而驅衆以之死，其誰肯從，而兵法之所以能使衆就死不顧者，惟刑賞也。進而戰不必死，可以邀厚利，退而北無一得，生人莫不力戰矣。進戰有死之憂，退北可以生人，莫不畏戰矣。素馭衆嚴整，每對陳輒先遣二三百人赴敵，不能陷陳而還者，悉斬之。而從之行者微功必錄，史稱素戰無不勝，不亦宜乎？然素之與達頭戰也，令諸軍爲騎陣，則險道矣。先是諸將慮突厥騎兵奔突，以戎車步騎相參設，鹿角爲方陳，騎在其內，素曰：『此自固之道。』於是悉除舊制，乃創騎陣，達頭被重創遁，而素獲勝。嗚呼！此晉荀吳之毀車以克狄者耳。勝則一戰而威振，敗則潰散不可收。有以千萬殲於朝夕者矣。王者之師，當慎重以求全，吾觀握機陣圖，見其兵有居守者，有調發者，有出奇者，居守之兵擁護根本者也，調發之兵應敵者也，出奇之兵往來迅疾乘敵之忽而使其不測者也。一陣之中不戰者十之九，戰者十之一而已。可勝則戰，不可勝則斂兵歸壁。此全師之册也，素盡其軍以僥倖於一戰，雖勝亦險矣。後世天下久平，將不講於兵，言及古陣圖則掩口笑，而精兵千萬聚散無常，同兒童之鬭爭，時或舉軍陷沒，無匹馬數卒反者，而素隋名將，又以此取勝，後世借爲口實。」吾故曰：「素權略足多，險而不可法者，亦不足法也，嗚呼！古之名將犯難以勝敵，而不可法者，多有之矣。豈獨素也哉。」論素瑕瑜不掩。

藝文

宋敏求《唐大詔令集》卷一一四佚名《楊素子孫不得任京官勑》 隋尚書令楊素，昔在本朝，早荷殊遇。稟凶邪之德，懷諂佞之才，惑亂君上，離間骨肉。搖動冢嫡，寧唯掘蠱之禍，誘扇後主，卒成請蹯之釁。隋室喪亡，蓋唯多僻，究其萌兆，職此之由，生爲不忠之人，死爲不義之鬼，身雖幸免，子竟族誅。斯則奸逆之謀，是其庭訓，險薄之行，遂成門風。刑戮雖加，枝胤仍在，豈可復隨近侍，齒列朝行。朕接統百王，恭臨四海，上嘉賢佐，下惡賊臣。常欲從容於萬幾之餘，褒貶於千載之外，況年代未遠，耳目所存者乎！其楊素及兄弟子孫已下，不得令任京官及侍衛。聖曆三年五月。

《文苑英華》卷二四八陳子良《讚德上越國公楊素》 君侯稱上宰，命世挺才英。本超騏驥足，復藴風雲情。攄藻挾錦綺，育德潤瑶瓊。已踵四知舉，非無三傑名。濟世同舟檝，匡政本阿衡。雍容入青瑣，肅穆侍丹楹。桂宮擅鳴珮，槐路獨飛纓。高門羅虎戟，綺閣麗彫甍。金罇酌湛湛，歌扇掩盈盈。匈奴軼燕薊，烽火照幽並。天子命薄伐，受脤事專征。七德播雄略，十萬騁行兵。鴈行蔽虜甸，魚貫出長城。交河方飲馬，瀚海盛揚旌。拔劍倚天外，象犀耀日精。彎弧穿伏石，揮戈斬大鯨。鼓鼙朝作氣，刁斗夜便鳴。六郡多壯士，三邊豈足平。嶺雲朝合陣，山月夜臨營。胡塵暗馬色，芳樹動笳聲。關雲未盡散，塞霧常自生。川長蔓草緑，峰廻雜花明。小人愧王氏，雕文慙馬卿。濫此叨書記，何以謝過榮。高山徒仰止，終是恨才輕。

徐鈞《史詠詩集》卷下《楊素》 巧逢挾忌立功名，殺父猶從罪更深。已託沈浮輕大節，尚言富貴木無心。

鄭炎《雪杖山人詩集》卷三《楊素》 清河公即是江神，乘彼黄龍便代陳。試問五牙今在否，濤聲寒捲白于銀。

宇文愷部

綜述

《隋書》卷六八《宇文愷傳》 宇文愷字安樂，杞國公忻之弟也。在周，以功臣子，年三歲，賜爵雙泉伯，七歲，進封安平郡公，邑二千户。愷少有器局。家世武將，諸兄並以弓馬自達，愷獨好學，博覽書記，解屬文，多伎藝，號爲名父公子。初爲千牛，累遷御正中大夫、儀同三司。

高祖爲丞相，加上開府中大夫。及踐阼，誅宇文氏，愷初亦在殺中，以其與周本别，兄忻有功於國，使人馳赦之，僅而得免。後拜營宗廟副監、太子左庶子。廟成，别封甑山縣公，邑千户。及遷都，上以愷有巧思，詔領營新都副監。高熲雖總大綱，凡所規畫，皆出於愷。後決渭水達河，以通運漕，詔愷總督其事。後拜萊州刺史，甚有能名。兄忻被誅，除名於家，久不得調。會朝廷以魯班故道久絶不行，令愷修復之。既而上建仁壽宫，訪可任者，右僕射楊素言愷有巧思，上然之，於是檢校將作大匠。歲餘，拜仁壽宫監，授儀同三司，尋爲將作少監。文獻皇后崩，愷與楊素營山陵事，上善之，復爵安平郡公，邑千户。

煬帝即位，遷都洛陽，以愷爲營東都副監，尋遷將作大匠。愷揣帝心在宏侈，於是東京制度窮極壯麗。帝大悦之，進位開府，拜工部尚書。及長城之役，詔愷規度之。時帝北巡，欲誇戎狄，令愷爲大帳，其下坐數千人。帝大悦，賜物千段。又造觀風行殿，上容侍衛者數百人，離合爲之，下施輪軸，推移倏忽，有若神功。戎狄見之，莫不驚駭。帝彌悦焉，前後賞賚不可勝紀。

自永嘉之亂，明堂廢絶，隋有天下，將復古制，議者紛然，皆不能決。博考羣籍，奏《明堂議表》曰：「臣聞在天成象，房心爲布政之宫，在地成形，丙午居正陽之位。觀雲告月，順生殺之序，五室九宫，統人神之際。金口木舌，發令兆民，玉瓚黄琮，式嚴宗祀。何嘗不矜莊扆寧，盡妙思於規摹，凝晬冕旒，致子來於矩矱。伏惟皇帝陛下，提衡握契，御辯乘乾，減五登三，復上皇之化，流凶去暴，丕下武之緒。用百姓之異心，驅一代以同域，康哉康哉，民無能而名矣。故使天符地寶，吐醴飛甘，造物資生，澄源反朴。九圍清謐，四表削平，襲我衣冠，齊其文軌。茫茫上玄，陳珪璧之敬，肅肅清廟，感霜露之誠。正金奏《九韶》、《六莖》之樂，定石渠五官、三雍之禮。乃卜瀍西，爰謀洛食，辨方面勢，仰稟神謀，敷土濬川，爲民立極。兼聿遵先言，表置明堂，爰詔下臣，占星揆日。於是採崧山之秘簡，披汶水之靈圖，訪通議於殘亡，購《冬官》於散逸。總集衆論，勒成一家。昔張衡渾象，以三分爲一度，裴秀輿地，以二寸爲千里。臣之此圖，用一分爲一尺，推而演之，冀輪奂有序。而經構之旨，議者殊途，或以綺井爲重屋，或以圓楣爲隆棟，各以臆説，事不經見。今録其疑難，爲之通釋，皆出證據，以相發明。」議曰：「臣愷謹案《淮南子》曰：『昔者神農之治天下也，甘雨以時，五穀蕃植，春生夏長，秋收冬藏，月省時考，終歲獻貢，以時嘗穀，祀於明堂。明堂之制，有蓋而無四方，風雨不能襲，燥濕不能傷，遷延而入之。』臣愷以爲上古朴略，創立典刑。《尚書·帝命驗》曰：『帝者承天立五府，以尊天重象。赤曰文祖，黄曰神斗，白曰顯紀，黑曰玄矩，蒼曰靈府。』注云：『唐、虞之天府，夏之世室，殷之重屋，周之明堂，皆同矣。』《尸子》曰：『有虞氏曰總章。』《周官·考工記》曰：『夏后氏世室，堂脩二七，博四脩一。』注云：『脩，南北之深也。夏度以步，今堂脩十四步，其博益以四分脩之一，則明堂博十七步半也。』臣愷按，三王之世，夏最爲古，從質尚文，理應漸就寬大，何因夏室乃大殷堂？相形爲論，理恐不爾。《記》云『堂脩七，博四脩一』，若夏度以步，則應脩七步。注云『今堂脩十四步』，乃是增益《記》文。殷、周二堂獨無加字，便是其義，類例不同。山東《禮》本輒加二七之字，何得殷無加尋之文，周闕增筵之義？研覈其趣，或是不然。讎校古書，並無『二』字，此乃桑間俗儒信情加減。《黄圖議》云：『夏后氏益其堂之大一百四十四尺，周人明堂以爲兩杼間。』馬宫之言，止論堂之一面，據此爲準，則三代堂基並方，得爲上圓之制。諸書所説，並云下方，鄭注《周官》，獨爲此義，非直與古違異，亦乃乖背禮文。尋文求理，深恐未愜。《尸子》曰：『殷人陽館。』《考工記》曰：『殷人重屋，堂脩七尋，堂崇三尺，四阿重屋。』注云：『其脩七尋，五丈六尺，放夏周則其博九尋，七丈二尺。』又曰：『周人明堂，度九尺之筵，東西九筵，南北七筵，堂崇一筵。五室，凡二筵。』《禮記·明堂位》曰：『天子之廟，複廟重檐。』鄭注云：『複廟，重屋也。』注《玉藻》云：『天子廟及露寢，皆如明堂制。』《禮圖》云：『於内室之上，起通天之觀，觀八十一尺，得宫之數，其聲濁，君之象也。』《大戴禮》曰：『明堂者，古有之。凡九室，一室有四户八牖。以茅蓋，上圓下方，外水曰璧雝。

赤綴戶，白綴牖。堂高三尺，東西九仞，南北七筵。其宮方三百步。凡人民疾，六畜疫，五穀災，生於天道不順。天道不順，生於明堂不飾。故有天災，則飾明堂。』《周書・明堂》曰：『堂方百一十二尺，高四尺，階博六尺三寸。室居內，方百尺，室內方六十尺。戶高八尺，博四尺。』《作洛》曰：『明堂太廟露寢，咸有四阿，重亢重廊。』孔氏注云：『重亢累棟，重廊累屋也。』《禮圖》曰：『秦明堂九室十二階，各有所居。』《呂氏春秋》曰：『有十二堂。』與《月令》同，並不論尺丈。臣愷案：十二階雖不與《禮》合，一月一階，非無理思。《黃圖》曰：『堂方百四十四尺，法坤之策也，方象地。屋圓楣徑二百一十六尺，法乾之策也，圓象天。太室九宮，法九州。太室方六丈，法陰之變數。十二堂法十二月，三十六戶法極陰之變數，七十二牖法五行所行日數。八達象八風，法八卦。通天臺徑九尺，法乾以九覆六。高八十一尺，法黃鐘九九之數。二十八柱象二十八宿。堂高三尺，土階三等，法三統。堂四向五色，法四時五行。殿門去殿七十二步，法五行所行。門堂長四丈，取太室三之二。垣高無蔽目之照，牖六尺，其外倍之。殿垣方，在水內，法地陰也。水四周於外，象四海，圓法陽也。水闊二十四丈，象二十四氣。水內徑三丈，應《覲禮經》。』武帝元封二年，立明堂汶上，無室。其外略依此制。《泰山通議》今亡，不可得而辨也。元始四年八月，起明堂、辟雍長安城南門，制度如儀。一殿，垣四面，門八觀，水外周，堤壤高四尺，和會築作三旬。五年正月六日辛未，始郊太祖高皇帝以配天。二十二日丁亥，宗祀孝文皇帝於明堂以配上帝，及先賢、百辟、卿士有益者，於是秩而祭之。親扶三老五更，袒而割牲，跪而進之。因班時令，宣恩澤。諸侯王、宗室、四夷君長、匈奴、西國侍子，悉奉貢助祭。《禮圖》曰：『建武三十年作明堂，明堂上圓下方，上圓法天，下方法地，十二堂法日辰，九室法九州。室八牕，八九七十二，法一時之王。室有二戶，二九十八戶，法土王十八日。內堂正壇高三尺，土階三等。』胡伯始注《漢官》云：『古清廟蓋以茅，今蓋以瓦，瓦下藉茅，以存古制。』《東京賦》曰：『乃營三宮，布政頒常。複廟重屋，八達九房。造舟清池，惟水泱泱。』薛綜注云：『複重廇覆，謂屋平覆重棟也。』《續漢書・祭祀志》云：『明帝永平二年，祀五帝於明堂，五帝坐各處其方，黃帝在未，皆如南郊之位。光武位在青帝之南，少退西面，各一犢，奏樂如南郊。』臣愷按《詩》云：《我將》祀文王於明堂，『我將我享，維牛維羊』。據此則備太牢之祭。今云一犢，恐與古殊。自晉以前，未有鴟尾，其圓牆璧水，一依本圖。《晉起居注》裴頠議曰：『尊祖配天，其義明著，廟宇之制，理據未分。直可爲一殿，以崇嚴祀，其餘雜碎，一皆除之。』臣愷案：天垂象，聖人則之。辟雍之星，既有圖狀，晉堂方構，不合天文。既闕重樓，又無璧水，空堂乖五室之義，直殿違九階之文。非古欺天，一何過甚！後魏於北臺城南造圓牆，在璧水外，門在水內迥立，不與牆相連。其堂上九室，三三相重，不依古制，室間通巷，違舛處多。其室皆用墼累，極成褊陋。後魏《樂志》曰：『孝昌二年立明堂，議者或言九室，或言五室，詔斷從五室。後元叉執政，復改爲九室，遭亂不成。』《宋起居注》曰：『孝武帝大明五年立明堂，其牆宇規範，擬則太廟，唯十二間，以應朞數。依漢《汶上圖儀》，設五帝位。太祖文皇帝對饗，鼎俎簠簋，一依廟禮。』梁武即位之後，移宋時太極殿以爲明堂。無室，十二間。《禮疑議》云：『祭用純漆俎瓦樽，文於郊，質於廟。止一獻，用清酒。』平陳之後，臣得目觀，遂量步數，記其尺丈。猶見基內有焚燒殘柱，毀斫之餘，入地一丈，儼然如舊。柱下以樟木爲跗，長丈餘，闊四尺許，兩兩相並。凡安數重。宮城處所，乃在郭內。雖湫隘卑陋，未合規摹，祖宗之靈，得崇嚴祀。周、齊二代，闕而不修，大饗之典，於焉靡託。自古明堂圖惟有二本，一是宗周，劉熙、阮諶、劉昌宗等作，三圖略同。一是後漢建武三十年作，《禮圖》有本，不詳撰人。臣遠尋經傳，傍求子史，研究衆說，總撰今圖。其樣以木爲之，下爲方堂，堂有五室，上爲圓觀，觀有四門。」帝可其奏。會遼東之役，事不果行。

以渡遼之功，進位金紫光祿大夫。其年卒官，時年五十八。帝甚惜之。謚曰康。撰《東都圖記》二十卷、《明堂圖議》二卷、《釋疑》一卷，見行於世。子儒童，游騎尉。少子溫，起部承務郎。

雜録

備録

《隋書》卷六六《郎茂傳》 煬帝即位，遷雍州司馬，尋轉太常少卿。後二歲，拜尚書左丞，參掌選事。茂工法理，爲世所稱。時工部尚書宇文愷、右翊衛大將軍于仲文競河東銀窟。茂奏劾之曰：「臣聞貴賤殊禮，士農異業，所以人知局

分，家識廉恥。宇文愷位望已隆，祿賜優厚，拔葵去織，寂爾無聞，求利下交，曾無愧色。于仲文大將，宿衛近臣，趨侍階庭，朝夕聞道，虞、芮之風，抑而不慕，分銖之利，知而必爭。何以貽範庶僚，示民軌物！若不糾繩，將虧政教。」愷與仲文竟坐得罪。茂撰《州郡圖經》一百卷奏之，賜帛三百段，以書付祕府。

《舊唐書》卷二《禮儀志二》 隋文帝開皇中，將作大匠宇文愷依《月令》造明堂木樣以獻。帝令有司於京城安業里内規兆其地，方欲崇建，而諸儒爭論不定，竟議罷之。煬帝時，愷復獻明堂木樣并議狀，屬遷都興役，事又不就。終於隋代，季秋大享，恒在雩壇設祀。

韋述《兩京新記》卷三《次南曰永陽坊》 半以東，大莊嚴寺。隋初置宇文弢別館於此，仁壽三年，爲獻后立爲禪定寺。宇文愷以京城西有昆明池，地勢微下，乃奏於此建木浮圖。高三百卅尺。周匝百廿步。寺内復殿重廊，天下伽藍之盛，莫與爲比。

韋述《兩京新記》卷五《宜人坊》 其半本隋齊王暕宅。煬帝愛子。初欲盡坊爲宅，煬帝問宇文愷曰：「里名爲何？」愷曰：「里名宜人。」帝曰：「既號宜人，奈何無人。可以半爲王宅。」

李吉甫《元和郡縣圖志》卷五《河南道一》 北據邙山，南直伊闕之口，洛水貫都，有河漢之象，東去故城一十八里。初，煬帝嘗登邙山，觀伊闕，顧曰：「此非龍門邪？自古何因不建都於此？」僕射蘇威對曰：「自古非不知，以俟陛下。」帝大悦，遂議都焉。其宫室臺殿，皆宇文愷所創也。愷巧思絶倫，因此製造頗窮奢麗，前代都邑莫之比焉。

宋敏求《長安志》卷八《次南宣陽坊》 東南隅萬年縣廨。去府七里。縣門屋宇文愷所造。太平公主降薛紹於縣廨設婚席，初以縣門隘窄，欲毁之，高宗勑宇文愷所造製作多奇，不須毁折也。坊西南隅浄域寺。

孔平仲《續世説》卷六《巧藝》 宇文愷爲煬帝造觀風行殿，上容侍衛者數百人，離合爲之，下施輪軸，推移倏忽，若有神功。人見之者，莫不驚駭。

程大昌《雍録》卷三《龍首山圖》 元都觀在朱雀街西之第一街，而街之自北向南之第五坊也。名安善坊。宇文愷之營隋都也，曰朱雀街南北盡郭有六條高坡，象乾卦六爻，故於九二置宫殿，以當帝王之居，即隋之大興宫，唐之太極宫。九三立百司，以應君子之數，即朱雀門内百司庶府皆是。九五貴位，不欲常人居之，故置元都觀及興善寺以鎮其地，劉禹錫賦看花詩即此也。

程大昌《雍録》卷六《唐曲江》 唐曲江本秦隑州，前已著説。至漢爲宣帝樂遊廟，亦名樂遊苑，亦名樂遊原，基地最高，四望寬敞。《兩京新記》。隋營京城，宇文愷以其地在京城東南隅，地高不便，故闕此地不爲居人坊巷，而鑿之爲池，以厭勝之。又會黄渠水自城外南來，可以穿城而入，故隋世遂從城外包之入城爲芙蓉池，且爲芙蓉園也。《長安志》、呂《圖》同。

程大昌《雍録》卷六《龍首渠》 隋大興城西據龍首原，宇文愷營都之初，謂横坡六條，可象乾爻者，正龍首山之支脈也。詳在龍首山下。若夫此渠分滻爲堰，則在萬年縣龍首鄉馬頭堰，而龍首鄉者，在縣東十五里，自此引滻從長樂坡入，而分爲兩枝，西北以注入于苑也。見《長安志》。其渠之分滻入城，行朱雀街東永嘉坊，著之甚詳。大明宫東苑有龍首殿，皆受此水而承此名也。故予得以主《兩京道里》所記也。

程大昌《雍録》卷七《杜縣地名圖》 宇文愷爲隋營大興城，以京城東南地高不便，故於城之東南存一坊，穿芙蓉池以厭勝之。

備論

《北史》卷六〇《宇文愷傳》 史臣曰：［宇文］愷學藝兼該，思理通贍，規矩之妙，參蹤班、爾，當時制度，咸取則焉。其起仁壽宫，營建洛邑，要求時幸，窮侈極麗，使文皇失德，煬帝亡身，危亂之原，抑亦由此。至於考覽書傳，定《明堂圖》，雖意過其通，有足觀者。

《隋書》卷六八《宇文愷傳》 史臣曰：宇文愷學藝兼該，思理通贍，規矩之妙，參蹤班、爾，當時制度，咸取則焉。其起仁壽宫，營建洛邑，要求時幸，窮侈極麗，使文皇失德，煬帝亡身，危亂之源，抑亦此之由。至於考覽書傳，定《明堂圖》，雖意過其通，有足觀者。毗，稠巧思過人，頗習舊事，稽前王之采章，成一代之文物。雖失之於華盛，亦有可傳於後焉。

裴矩部

綜述

《隋書》卷六七《裴矩傳》 裴矩字弘大，河東聞喜人也。祖他，魏都官尚書。父訥之，齊太子舍人。矩繦褓而孤，及長好學，頗愛文藻，有智數。世父讓之謂矩曰：「觀汝神識，足成才士，欲求官達，當資幹世之務。」矩始留情世事。齊北平王貞爲司州牧，辟爲兵曹從事，轉高平王文學。及齊亡，不得調。高祖爲定州總管，召補記室，甚親敬之。以母憂去職。

高祖作相，遣使者馳召之，參相府記室事。及受禪，遷給事郎，奏舍人事。伐陳之役，領元帥記室。既破丹陽，晉王廣令矩與高熲收陳圖籍。明年，奉詔巡撫嶺南，未行而高智慧、汪文進等相聚作亂，吴、越道閉，上難遣矩行。矩請速進，上許之。行至南康，得兵數千人。時俚帥王仲宣逼廣州，遣其所部將周師舉圍東衡州。矩與大將軍鹿願赴之，賊立九柵，屯大庾嶺，共爲聲援。矩進擊破之，賊懼，釋東衡州，據原長嶺。又擊破之，遂斬師舉，進軍自南海援廣州。仲宣懼而潰散。矩所綏集者二十餘州，又承制署其渠帥爲刺史、縣令。及還報，上大悦，命升殿勞苦之，顧謂高熲、楊素曰：「韋洸將二萬兵，不能早度嶺，朕每患其兵少。裴矩以三千敝卒，徑至南康。有臣若此，朕亦何憂！」以功拜開府，賜爵聞喜縣公，賚物二千段。除民部侍郎，尋遷内史侍郎。

時突厥强盛，都藍可汗妻大義公主，即宇文氏之女也，由是數爲邊患。後因公主與從胡私通，長孫晟先發其事，矩請出使説都藍，顯戮宇文氏。上從之。竟如其言，公主見殺。後都藍與突利可汗搆難，屢犯亭鄣。詔太平公史萬歲爲行軍總管，出定襄道，以矩爲行軍長史，破達頭可汗於塞外。萬歲被誅，功竟不録。上以啓民可汗初附，令矩撫慰之，還爲尚書左丞。其年，文獻皇后崩，太常舊無儀注，矩與牛弘據《齊禮》參定之。轉吏部侍郎，名爲稱職。

煬帝即位，營建東都，矩職修府省，九旬而就。時西域諸蕃，多至張掖，與中國交市。帝令矩掌其事。矩知帝方勤遠略，諸商胡至者，矩誘令言其國俗山川險易，撰《西域圖記》三卷，入朝奏之。其序曰：「臣聞禹定九州，導河不踰積石，秦兼六國，設防止及臨洮。故知西胡雜種，僻居遐裔，禮教之所不及，書典之所罕傳。自漢氏興基，開拓河右，始稱名號者，有三十六國，其後分立，乃五十五王。仍置校尉、都護，以存招撫。然叛服不恒，屢經征戰。後漢之世，頻廢此官。雖大宛以來，略知户數，而諸國山川未有名目。至如姓氏風土，服章物産，全無纂録，世所弗聞。復以春秋遞謝，年代久遠，兼并誅討，互有興亡。或地是故邦，改從今號，或人非舊類，因襲昔名。兼復部民交錯，封疆移改，戎狄音殊，事難窮驗。于闐之北，葱嶺以東，考于前史，三十餘國。其後更相屠滅，僅有十存。自餘淪没，掃地俱盡，空有丘墟，不可記識。皇上膺天育物，無隔華夷，率土黔黎，莫不慕化。風行所及，日入以來，職貢皆通，無遠不至。臣既因撫納，監知關市，尋討書傳，訪採胡人，或有所疑，即詳衆口。依其本國服飾儀形，王及庶人，各顯容止，即丹青模寫，爲《西域圖記》，共成三卷，合四十四國。仍别造地圖，窮其要害。從西頃以去，北海之南，縱横所亘，將二萬里。諒由富商大賈，周遊經涉，故諸國之事罔不徧知。復有幽荒遠地，卒訪難曉，不可憑虚，是以致闕。而二漢相踵，西域爲傳，户民數十，即稱國王，徒有名號，乃乖其實。今者所編，皆餘千户，利盡西海，多産珍異。其山居之屬，非有國名，及部落小者，多亦不載。發自敦煌，至於西海，凡爲三道，各有襟帶。北道從伊吾，經蒲類海鐵勒部，突厥可汗庭，度北流河水，至拂菻國，達於西海。其中道從高昌，焉耆，龜兹，疏勒，度葱嶺，又經鏺汗，蘇對沙那國，康國，曹國，何國，大、小安國，穆國，至波斯，達於西海。其南道從鄯善，于闐，朱俱波，喝槃陀，度葱嶺，又經護密，吐火羅，挹怛，忛延，漕國，至北婆羅門，達於西海。其三道諸國，亦各自有路，南北交通。其東女國，南婆羅門國等，並隨其所往，諸處得達。故知伊吾、高昌、鄯善，並西域之門户也。總湊敦煌，是其咽喉之地。以國家威德，將士驍雄，汎濛汜而揚旌，越崑崙而躍馬，易如反掌，何往不至！但突厥、吐渾分領羌胡之國，爲其擁遏，故朝貢不通。今並因商人密送誠款，引領翹首，願爲臣妾。聖情含養，澤及普天，服而撫之，務存安輯。故皇華遣使，弗動兵車，諸蕃既從，渾、厥可滅。混一戎夏，其在兹乎！不有所記，無以表威化之遠也。」帝大悦，賜物五百段。每日引矩至御坐，親問西方之事。矩盛言胡中多諸寶物，吐谷渾易可并吞。帝由是甘心，將通西域，四夷經略，咸以委之。

轉民部侍郎，未視事，遷黄門侍郎。帝復令矩往張掖，引致西蕃，至者十餘

國。大業三年，帝有事於恒岳，咸來助祭。帝將巡河右，復令矩往敦煌。矩遣使説高昌王麴伯雅及伊吾吐屯設等，啗以厚利，導使入朝。及帝西巡，次燕支山，高昌王、伊吾設等，及西蕃胡二十七國，謁於道左。皆令佩金玉，被錦罽，焚香奏樂，歌儛諠譟。復令武威、張掖士女盛飾縱觀，騎乘填咽，周亘數十里，以示中國之盛。帝見而大悦。竟破吐谷渾，拓地數千里，並遣兵戍之。每歲委輸巨億萬計，諸蕃懾懼，朝貢相續。帝謂矩有綏懷之略，進位銀青光禄大夫。其冬，帝至東都，矩以蠻夷朝貢者多，諷帝令都下大戲。徵四方奇技異藝，陳於端門街，衣錦綺、珥金翠者，以十數萬。又勒百官及民士女列坐棚閣而縱觀焉。皆被服鮮麗，終月乃罷。又令三市店肆皆設帷帳，盛列酒食，遣掌蕃率蠻夷與民貿易，所至之處，悉令邀延就坐，醉飽而散。蠻夷嗟嘆，謂中國爲神仙。帝稱其至誠，顧謂宇文述、牛弘曰：「裴矩大識朕意，凡所陳奏，皆朕之成算。未發之頃，矩輒以聞。自非奉國用心，孰能若是！」

帝遣將軍薛世雄城伊吾，令矩共往經略。矩諷諭西域諸國曰：「天子爲蕃人交易懸遠，所以城伊吾耳。」咸以爲然，不復來競。及還，賜錢四十萬。矩又白狀，令反間射匱，潛攻處羅，語在《西突厥傳》。後處羅爲射匱所迫，竟隨使者入朝。帝大悦，賜矩以貂裘及西域珍器。

從帝巡於塞北，幸啓民帳。時高麗遣使先通於突厥，啓民不敢隱，引之見帝。矩因奏狀曰：「高麗之地，本孤竹國也。周代以之封於箕子，漢世分爲三郡，晉氏亦統遼東。今乃不臣，別爲外域，故先帝疾焉，欲征之久矣。但以楊諒不肖，師出無功。當陛下之時，安得不事，使此冠帶之境，仍爲蠻貊之鄉乎？今其使者朝於突厥，親見啓民，合國從化，必懼皇靈之遠暢，慮後伏之先亡。脅令入朝，當可致也。」帝曰：「如何？」矩曰：「請面詔其使，放還本國，遣語其王，令速朝覲。不然者，當率突厥，即日誅之。」帝納焉。高元不用命，始建征遼之策。王師臨遼，以本官領武賁郎將。明年，復從至遼東。兵部侍郎斛斯政亡入高麗，帝令矩兼掌兵事。以前後渡遼之役，進位右光禄大夫。於時皇綱不振，人皆變節，左翊衛大將軍宇文述、内史侍郎虞世基等用事，文武多以賄聞。唯矩守常，無贓穢之響，以是爲世所稱。

還至涿郡，帝以楊玄感初平，令矩安集隴右。因之會寧，存問曷薩那部落，遣闕達度設寇吐谷渾，頻有虜獲，部落致富。還而奏狀，帝大賞之。後從師至懷遠鎮，詔護北蕃軍事。矩以始畢可汗部衆漸盛，獻策分其勢，將以宗女嫁其弟叱吉設，拜爲南面可汗。叱吉不敢受，始畢聞而漸怨。矩又言於帝曰：「突厥本淳易可離間，但由其内多有羣胡，盡皆桀黠，教導之耳。臣聞史蜀胡悉尤多姦計，幸於始畢，請誘殺之。」帝曰：「善。」矩因遣人告胡悉曰：「天子大出珍物，今在馬邑，欲共蕃内多作交關。若前來者，即得好物。」胡悉貪而信之，不告始畢，率其部落，盡驅六畜，星馳争進，冀先互市。矩伏兵馬邑下，誘而斬之。詔報始畢曰：「史蜀胡悉忽領部落走來至此，云背可汗，請我容納。突厥既是我臣，彼有背叛，我當共殺。今已斬之，故令往報。」始畢亦知其狀，由是不朝。十一年，帝北巡狩，始畢率騎數十萬，圍帝於雁門。詔令矩與虞世基每宿朝堂，以待顧問。及圍解，從至東都。屬射匱可汗遣其猶子，率西蕃諸胡朝貢，詔矩醮接之。

尋從幸江都宫。時四方盜賊蜂起，郡縣上奏者不可勝計。矩言之，帝怒，遣矩詣京師接候蕃客，以疾不行。及義兵入關，帝令虞世基就宅問矩方略。矩曰：「太原有變，京畿不静，遥爲處分，恐失事機。唯願鑾輿早還，方可平定。」矩復起視事。俄而驍衛大將軍屈突通敗問至，矩以聞，帝失色。矩素勤謹，未嘗忤物，又見天下方亂，恐爲身禍，其待遇人，多過其所望，故雖至厮役，皆得其歡心。時從駕驍果數有逃散，帝憂之，以問矩。矩答曰：「方今車駕留此，已經二年。驍果之徒，盡無家口，人無匹合，則不能久安。臣請聽兵士於此納室。」帝大喜曰：「公定多智，此奇計也。」因令矩檢校爲將士等娶妻。矩召江都境内寡婦及未嫁女，皆集宫監，又召將帥及兵等恣其所取。因聽自首，先有姦通婦女及尼、女冠等，並即配之。由是驍果等悦，咸相謂曰：「裴公之惠也。」

宇文化及之亂，矩晨起將朝，至坊門，遇逆黨數人，控矩馬詣孟景所。賊皆曰：「不關裴黄門。」既而化及從百餘騎至，矩迎拜，化及慰諭之。令矩參定儀注，推秦王子浩爲帝，以矩爲侍内，隨化及至河北。及僭帝位，以矩爲尚書右僕射，加光禄大夫，封蔡國公，爲河北道安撫大使。

及宇文氏敗，爲竇建德所獲，以矩隋代舊臣，遇之甚厚。復以爲吏部尚書，尋轉尚書右僕射，專掌選事。建德起自羣盜，未有節文，矩爲制定朝儀。旬月之間，憲章頗備，擬於王者。建德大悦，每諮訪焉。及建德渡河討孟海公，矩與曹旦等於洺州留守。建德敗於武牢，羣帥未知所屬，曹旦長史李公淹、大唐使人魏徵等説旦及齊善行令歸順。旦等從之，乃令矩與徵、公淹領旦及八璽，舉山東之地歸於大唐。授左庶子，轉詹事、民部尚書。

《舊唐書》卷六三《裴矩傳》 武德五年，拜太子左庶子。俄遷太子詹事。令

與虞世南撰《吉凶書儀》，參按故實，甚合禮度，爲學者所稱，至今行之。八年，兼檢校侍中。及太子建成被誅，其餘黨尚保宫城，欲與秦王決戰，王遣矩曉諭之，宫兵乃散。尋遷民部尚書。矩年且八十，而精爽不衰，以曉習故事，甚見推重。

太宗初即位，務止姦吏，或聞諸曹案典，多有受賂者，乃遣人以財物試之。有司門令史受餽絹一匹，太宗怒，將殺之，矩進諫曰：「此人受賂，誠合重誅。但陛下以物試之，即行極法，所謂陷人以罪，恐非導德齊禮之義。」太宗納其言，因召百僚謂曰：「裴矩遂能廷折，不肯面從，每事如此，天下何憂不治。」貞觀元年卒，贈絳州刺史，謚曰敬。撰《開業平陳記》十二卷，行於代。

子宣機，高宗時官至銀青光禄大夫、太子左中護。

雜録

備録

《隋書》卷八三《西域傳》 煬帝時，遣侍御史韋節、司隸從事杜行滿使於西蕃諸國。至罽賓，得碼碯杯；王舍城，得佛經；史國，得十儛女、師子皮、火鼠毛而還。帝復令聞喜公裴矩於武威、張掖間往來以引致之。其有君長者四十四國。矩因其使者入朝，啗以厚利，令其轉相諷諭。大業年中，相率而來朝者三十餘國，帝因置西域校尉以應接之。尋屬中國大亂，朝貢遂絶。

劉肅《大唐新語》卷一《規諫一》 有人言尚書令史多受賂者，乃密遣左右以物遺之。司門令史果受絹一疋。太宗將殺之，裴矩諫曰：「陛下以物試之，遽行極法，使彼陷於罪，恐非道德齊禮之義。」乃免。

王溥《唐會要》卷五八《户部尚書》 武德九年十月二十九日，民部尚書裴矩奏：「突厥殘暴之處，户請給絹一疋。」太宗謂曰：「朕於天下，惟誠與信，不欲空有存恤之名，而無其實。但户有大小，各須存濟，給物雷同，豈公思之未至也。」治書侍御史孫伏伽進曰：「裴矩受國恩賞，未聞陳議救恤百姓，則欲苟釣虚名，用心若此，豈當朝寄，請鞫其罪。」太宗從之。其後計口爲率，貧民賴焉。

《册府元龜》卷四六八《臺省部・舉薦》 唐裴矩，隋大業末爲黄門侍郎，以海南僻遠，吏多浸漁百姓，咸怨數爲逆，於是選淳良太守撫之。矩因奏言，天水郡守丘和，歷居二郡，皆以惠政，著聞寬而不擾，煬帝從之，迫和爲交趾太守。

《册府元龜》卷四八一《臺省部・譴責》 唐裴矩，太宗時爲民部尚書，奏突厥踐暴之處，户請給絹一匹。太宗曰：「朕天下唯誠與信，不欲宫有存恤之名而無其實，但户有大小，各須存濟，給物雷同，豈公私之至也。」治書御史孫伏伽進曰：裴矩受國恩賞，未聞陳讓救恤百姓，則欲苟釣虚名，用心若是，豈當朝寄，請鞫其罪。」太宗從之，其後計口爲率，貧人賴焉。

孔平仲《續世説》卷八《賢媛》 李德武妻裴淑英，裴矩之女也。德武坐事徙嶺表，矩奏請離婚，煬帝許之。德武將與裴别，謂曰：「燕婉始爾，便事分離，遠投瘴癘，恐無還理。尊君奏留，必欲改嫁爾，於此即事長訣矣！」裴泣下，欲操刀割耳，誓無它志。裴與夫别後，常誦佛經，不御膏澤。

孔平仲《續世説》卷一〇《直諫》 太宗即位，務止姦吏，遣人以財物試之。有司門吏，受絹一匹，太宗怒，將殺之。裴矩諫曰：「此人受賂，誠合重誅，但陛下不應以物試之，即行極法，所謂陷人以罪，恐非道德、齊禮之義。」太宗從之，因召百寮謂曰：「裴矩遂能庭折，不肯面從，每事如此，天下何憂不治。」

備論

《隋書》卷六七《裴矩傳》 史臣曰：裴矩學涉經史，頗有幹局，至於恪勤匪懈，夙夜在公，求諸古人，殆未之有。與聞政事，多歷歲年，雖處危亂之中，未虧廉謹之節，美矣。然承望風旨，與時消息，使高昌入朝，伊吾獻地，聚糧且末，師出玉門。關右騷然，頗亦矩之由也。

《隋書》卷八三《西域傳》 史臣曰：自古開遠夷，通絶域，必因宏放之主，皆起好事之臣。張騫鑿空於前，班超投筆於後，或結之以重寶，或懾之以利劍，投軀萬死之地，以要一旦之功，皆由主尚來遠之名，臣殉輕生之節。是知上之所好，下必有甚者也。煬帝規摹宏侈，掩吞秦、漢，裴矩方進《西域圖記》以蕩其心，故萬乘親出玉門關，置伊吾、且末，而關右暨於流沙，騷然無聊生矣。若使北狄無虞，東夷告捷，必將修輪臺之戍，築烏壘之城，求大秦之明珠，致條支之鳥卵，往來轉輸，將何以堪其敝哉！古者哲王之制，方五千里，務安諸夏，不事要荒。

豈威不能加，德不能被？蓋不以四夷勞中國，不以無用害有用也。是以秦戍五嶺，漢事三邊，或道殣相望，或户口減半。隋室恃其强盛，亦狼狽於青海。此皆一人失其道，故億兆罹其毒。若深思即叙之義，固辭都護之請，返其千里之馬，不求白狼之貢，則七戎九夷，候風重譯，雖無遼東之捷，豈及江都之禍乎！

《舊唐書》卷六三《裴矩傳》 史臣曰：裴矩方略寬簡，士及通變謹密，皆一時之稱也。贊曰：封倫揣摩諂詐，蕭瑀骨鯁儒術。裴矩方略寬簡，士及通變謹密。

《新唐書》卷一〇〇《裴矩傳》 贊曰：封倫、裴矩，其姦足以亡隋，其知反以佐唐，何哉？惟姦人多才能，與時而成敗也。妖禽孽狐，當晝則伏自如，得夜乃爲之祥。若倫僞行匿情，死乃暴聞，免兩觀之誅，幸矣。太宗知士及之佞，爲游言自解，亦不能斥。彼中材之主，求不惑於佞，難哉！

《資治通鑑》卷一九二唐高祖武德九年十二月條 上患吏多受賕，密使左右試賂之。有司門令史受絹一匹，上欲殺之，民部尚書裴矩諫曰：「爲吏受賂，罪誠當死；但陛下使人遺之而受，乃陷人於法也，恐非所謂『道之以德，齊之以禮』。」上悦，召文武五品已上告之曰：「裴矩能當官力争，不爲面從，儻每事皆然，何憂不治！」

臣光曰：古人有言：君明臣直。裴矩佞於隋而忠於唐，非其性之有變也；君惡聞其過，則忠化爲佞，君樂聞直言，則佞化爲忠。是知君者表也，臣者景也，表動則景隨矣。

費樞《廉吏傳》卷下《裴矩》 裴矩，字弘大，河南聞喜人也。煬帝即位，進位右光禄大夫，於時皇綱不正，人皆變節，左翊衛大將軍宇文述、内史侍郎虞世基等用事，文武多以賄聞，矩守常，無臟穢之響，以是爲世所稱。史官曰：「裴矩學涉經史，頗有幹局，至於恪勤匪懈，夙夜在公，求諸古人，殆未之有。與聞政事，多歷歲年，雖處危亂之中，未虧廉謹之節，美矣。然承望風旨，與時消息，使高昌入朝，伊吾獻地，聚糧且末，師出玉門。關右騷然，頗亦矩之由也。」

論曰：「矩遵素守介乎，宇文述、虞世基羣汙之中，取一時之清譽，爲得之矣。然君子所貴乎，廉者爲其視外物輕，不以利自累，則出處裕然。其出則如東漢楊震、李固輩，奮不顧身，有力國計。其退則如管寧在魏，陶潛在宋，身退名全，清議亦歸，一出一處，大抵不踰此兩塗爲善也。矩既有清節，乃承望風旨，與時消息，後仕於唐，而史官以謂其姦足以亡隋，其智足以佐唐，是則前日之清脩，亦何所施乎哉。此非廉之罪，以其道不足故也。」

王若虚《滹南遺老集》卷二八《臣事實辨》 裴矩佞於隋，而直言于太宗。温公曰：「君樂聞直言，則佞化爲忠，惡聞其過，則忠化爲佞。」爾或曰：「矩跡則忠，而其心則佞。」煬帝喜諂諛，矩則以諂諛而悦之。太宗好諫諍，矩則以諫諍而媚之。視君之好惡，而爲取容之計也。此大姦之情，明主之所當誅也。慵夫曰：「攻矩之心術，此固中其病矣。將以示勸戒，而行教化，則温公之論，亦豈可廢哉。」

王紳《繼志齋集》卷五《裴矩論》 甚矣，人心之不可以不正也。以一已言之，固吾身之本推而言之，又國家天下之本也。苟能守之以正，則萬善出焉，用之以邪，則衆惡鍾焉。堯、舜、桀、紂顔曾盜跖同此心也，同此理也。而其所以不同者，守之異而用之，殊也。是故君子守此心，而循此理。信乎若四時之有常也，昭乎若日月之明也，確乎若金石之堅也。萬鍾於我何所加，鼎鑊於我何所屈。於是以之立身，則餓於首陽山，而不以爲困。天下之人非之，而不以爲非以之。事君則剖心爲奴，而不以爲恨。佯狂吞炭，而不以爲辱。又豈有隨其所寓而施之者哉。予怪裴矩當隋煬昏侈之君，揣知其將有志於遠略，則撰《西域圖記》逢其志，而説其征高麗以致覆，三十萬之衆罷中國之民卒底於亡滅。及仕唐，見太宗志在容受直言，欲殺一貪吏則能面争，而以正規之時奚，趨向之不同也。夫何司馬温公猶謂其佞於隋而忠於唐，非其性之有變也。君惡聞其過，則忠化爲佞，君樂聞直言，則佞化爲忠。若然則吾之所守者，在乎君而不在乎我矣。是所謂蹇諤之風，惟可施於明盛之時，而諂諛之計，乃行於昏亂之國。遂使聖者愈聖，愚者愈愚，又何用夫扶傾持危拾遺、補闕之職哉。予嘗推矩之言，其佞於隋者，僞也，其忠於唐者，亦僞也。彼時見太宗英明睿斷，非可以世故惑，故假理義之説以中之。亦猶向之逢煬帝也。夫不可必遇者，時也，不可暫易者心之，理也。吾心既合於理，時之遇與不遇，又何恤哉。令矩之心若下阪之凡，遇嵚欹陂險之穴，則隨而陷之，遇平易坦蕩之道，則歸於正其所守者，爲何如哉。故其幸遇太宗，而得一陳其盛説，設使之終無所遇，而終事煬帝，則亦終其身而爲狗彘之行，以並於虞世基、宇文化及之列矣。又安得太宗之美譽乎，此予所以嘆人心之不可以不正也，或謂百里奚之用於秦，豫讓之死於智伯是亦遇。歟曰：「不然，彼顧其用與不用耳，若矩者既已偺其爵，而析其圭，反進諂計，以搆其禍，又可同日而語乎哉。」

藝文

呂陶《浄德集》卷三八《裴矩》 西巡北幸四夷朝，權寵功名盡易邀。惟有高麗猶旅拒，靈旗從此便征遼。

楊玄感部

綜述

《隋書》卷七〇《楊玄感傳》 楊玄感，司徒素之子也。體貌雄偉，美鬚髯。少時晚成，人多謂之癡，其父每謂所親曰：「此兒不癡也。」及長，好讀書，便騎射。以父軍功，位至柱國，與其父俱爲第二品，朝會則齊列。其後高祖命玄感降一等，玄感拜謝曰：「不意陛下寵臣之甚，許以公廷獲展私敬。」初拜郢州刺史，到官，潛布耳目，察長吏能不。其有善政及贓污者，纖介必知之，往往發其事，莫敢欺隱。吏民敬服，皆稱其能。後轉宋州刺史，父憂去職。歲餘，起拜鴻臚卿，襲爵楚國公，遷禮部尚書。性雖驕倨，而愛重文學，四海知名之士多趨其門。

自以累世尊顯，有盛名於天下，在朝文武多是父之將吏，復見朝綱漸紊，帝又猜忌日甚，內不自安，遂與諸弟潛謀廢帝，立秦王浩。及從征吐谷渾，還至大斗拔谷，時從官狼狽，玄感欲襲擊行宮。其叔慎謂玄感曰：「士心尚一，國未有釁，不可圖也。」玄感乃止。

時帝好征伐，玄感欲立威名，陰求將領。謂兵部尚書段文振曰：「玄感世荷國恩，寵踰涯分，自非立效邊裔，何以塞責！若方隅有風塵之警，庶得執鞭行陣，少展絲髮之功。明公兵革是司，敢布心腹。」文振因言於帝，帝嘉之，顧謂群臣曰：「將門必有將，相門必有相，故不虛也。」於是賚物千段，禮遇益隆，頗預朝政。

帝征遼東，命玄感於黎陽督運。於時百姓苦役，天下思亂，玄感遂與武賁郎將王仲伯、汲郡贊治趙懷義等謀議，欲令帝所軍衆飢餒，每爲逗留，不時進發。帝遲之，遣使者逼促，玄感揚言曰：「水路多盜賊，不可前後而發。」其弟武賁郎將玄縱、鷹揚郎將萬碩並從幸遼東，玄感潛遣人召之。時將軍來護兒以舟師自東萊將入海，趣平壤城，軍未發。玄感無以動衆，乃遣家奴僞爲使者，從東方來，謬稱護兒失軍期而反。玄感遂入黎陽縣，閉城大索男夫。於是取帆布爲牟甲，署官屬，皆準開皇之舊。移書傍郡，以討護兒爲名，各令發兵，會於倉所。以東光縣尉元務本爲黎州刺史，趙懷義爲衛州刺史，河內郡主簿唐禕爲懷州刺史。有衆且一萬，將襲洛陽。唐禕至河內，馳往東都告之。越王侗、民部尚書樊子蓋等大懼，勒兵備禦。修武縣民相率守臨清關，玄感不得濟，遂於汲郡南渡河，從亂者如市。數日，屯兵上春門，衆至十餘萬。子蓋令河南贊治裴弘策拒之，弘策戰敗。瀍、洛父老競致牛酒。玄感屯兵尚書省，每誓衆曰：「我身爲上柱國，家累鉅萬金，至於富貴，無所求也。今者不顧破家滅族者，但爲天下解倒懸之急，救黎元之命耳。」衆皆悅，詣轅門請自效者，日有數千。與樊子蓋書曰：「夫建忠立義，事有多途，見機而作，蓋非一揆。昔伊尹放太甲於桐宮，霍光廢劉賀於昌邑，此並公度內，不能一二披陳。高祖文皇帝誕膺天命，造茲區宇，在璇璣以齊七政，握金鏡以馭六龍，無爲而至化流，垂拱而天下治。今上纂承寶曆，宜固洪基，乃自絕於天，殄民敗德。頻年肆眚，盜賊於是滋多，所在修治，民力爲之凋盡。荒淫酒色，子女必被其侵，躭玩鷹犬，禽獸皆離其毒。朋黨相扇，貨賄公行，納邪佞之言，杜正直之口。加以轉輸不息，徭役無期，士卒填溝壑，骸骨蔽原野。黃河之北，則千里無煙，江淮之間，則鞠爲茂草。玄感世荷國恩，位居上將，先公奉遺詔曰：『好子孫爲我輔弼之，惡子孫爲我屏黜之。』所以上稟先旨，下順民心，廢此淫昏，更立明哲。四海同心，九州響應，士卒用命，如赴私讎，民庶相趨，義形公道。天意人事，較然可知。公獨守孤城，勢何支久！願以黔黎在念，社稷爲心，勿拘小禮，自貽伊戚。誰謂國家一旦至此，執筆潸泫，言無所具。」遂進逼都城。

刑部尚書衛玄，率衆數萬，自關中來援東都。以步騎二萬渡瀍、澗挑戰，玄感僞北。玄逐之，伏兵發，前軍盡沒。後數日，玄復與玄感戰，兵始合，玄感詐令人大呼曰：「官軍已得玄感矣。」玄軍稍怠，玄感與數千騎乘之，於是大潰，擁八千人而去。玄感驍勇多力，每戰親運長矛，身先士卒，喑嗚叱咤，所當者莫不震懾。論者方之項羽。又善撫馭，士樂致死，由是戰無不捷。玄軍日蹙，糧又盡，乃悉衆決戰，陣於北邙，一日之間，戰十餘合。玄感弟玄挺中流矢而斃，玄感稍却。樊子蓋復遣兵攻尚書省，又殺數百人。

帝遣武賁郎將陳稜攻元務本於黎陽，武衛將軍屈突通屯河陽，左翊衛大將軍宇文述發兵繼進，右驍衛大將軍來護兒復來赴援。玄感請計於前民部尚書李子雄，子雄曰：「屈突通曉習兵事，若一渡河，則勝負難決，不如分兵拒之。通不能濟，則樊、衛失援。」玄感然之，將拒通。子蓋知其謀，數擊其營，玄感不果進。

通遂濟河，軍於破陵。玄感爲兩軍。西抗衛玄，東拒屈突通。子蓋復出兵，於是大戰，玄感軍頻北。復請計於子雄，子雄曰：「東都援軍益至，我師屢敗，不可久留。不如直入關中，開永豐倉以賑貧乏，三輔可指麾而定。據有府庫，東面而争天下，此亦霸王之業。」會華陰諸楊請爲鄉導，玄感遂釋洛陽，西圖關中，宣言曰：「我已破東都，取關西矣。」宇文述等諸軍躡之。至弘農宫，父老遮説玄感曰：「宫城空虚，又多積粟，攻之易下。進可絶敵人之食，退可割宜陽之地。」玄感以爲然，留攻之。三日城不下，追兵遂至。玄感西至閿鄉，上盤豆，布陣亘五十里，與官軍且戰且行，一日三敗。復陣於董杜原，諸軍擊之，玄感大敗，獨與十餘騎竄林木間，將奔上洛。追騎至，玄感叱之，皆懼而返走。至葭蘆戍，玄感窘迫，獨與弟積善步行。自知不免，謂積善曰：「事敗矣。我不能受人戮辱，汝可殺我。」積善抽刀斫殺之，因自刺，不死，爲追兵所執，與玄感首俱送行在所。磔其屍於東都市三日，復臠而焚之。餘黨悉平。其弟玄獎爲義陽太守，將歸玄感，爲郡丞周琁玉所殺。玄縱弟萬碩，自帝所逃歸，至高陽，止傳舍，監事許華與郡兵執之，斬於涿郡。萬碩弟民行，官至朝請大夫，斬於長安。並具梟磔。公卿請改玄感姓爲梟氏，詔可之。

初，玄感圍東都也，梁郡人韓相國舉兵應之，玄感以爲河南道元帥。旬月間，衆十餘萬，攻剽郡縣。至於襄城，遇玄感敗，兵漸潰散，爲吏所執，傳首東都。

雜録

備録

《北史》卷八三《虞綽傳》 時禮部尚書楊玄感稱其貴踞，虚己禮之，與結布衣之友。綽數從之遊。其族人虞世南誡之曰：「上性猜忌，而君過厚玄感。若與絶交者，帝知君改悔，可以無咎。不然，終當見禍。」綽不從。尋有告綽以禁内兵書借玄感，帝甚銜之。及玄感敗，其妓妾並入宫，帝因問之曰：「玄感平常時與何人交往？」其妾以虞綽對。帝令大理卿鄭善果窮理其事。綽曰：「羈旅薄游，與玄感文酒談款，實無他謀。」帝怒不解，徙綽于邊。綽至長安而亡。

《北史》卷八三《潘徽傳》 楊玄感兄弟重之，數相往來。及玄感敗，凡所交關，多罹其患。徽以玄感故人，爲帝所不悦，有司希旨，出徽爲西海郡威定縣主簿。意甚不平，行至隴頭，發病而卒。

《隋書》卷七〇《李子雄傳》 遼東之役，帝令從軍自效，因從來護兒自東平將指滄海。會楊玄感反於黎陽，帝疑之，詔鎖子雄送行在所。子雄殺使者，亡歸玄感。玄感每請計於子雄，語在《玄感傳》。及玄感敗，伏誅，籍没其家。

《隋書》卷七〇《趙元淑傳》 禮部尚書楊玄感潛有異志，以元淑可與共亂，遂與結交，多遺金寶。遼東之役，領將軍，典宿衛，加授光禄大夫，封葛公。明年，帝復征高麗，以元淑鎮臨渝。及玄感作亂，其弟玄縱自帝所逃歸，路經臨渝。元淑出其小妻魏氏見玄縱，對宴極歡，因與通謀，并授玄縱賂遺。及玄感敗，人有告其事者，帝以屬吏。元淑言與玄感結婚，所得金寶則爲財娉，實無他故。魏氏復言初不受金。帝親臨問，卒無異辭。帝大怒，謂侍臣曰：「此則反狀，何勞重問！」元淑及魏氏俱斬於涿郡，籍没其家。

《隋書》卷七〇《李密傳》 及楊玄感在黎陽，有逆謀，陰遣家僮至京師召密，令與弟玄挺等同赴黎陽。玄感舉兵而密至，玄感大喜，以爲謀主。玄感謀計於密，密曰：「愚有三計，惟公所擇。今天子出征，遠在遼外，地去幽州，懸隔千里。南有巨海之限，北有胡戎之患，中間一道，理極艱危。今公擁兵，出其不意，長驅入薊，直扼其喉。前有高麗，退無歸路，不過旬月，齎糧必盡。舉麾一召，其衆自降，不戰而擒，此計之上也。又關中四塞，天府之國，有衛文昇，不足爲意。今宜率衆，經城勿攻，輕齎鼓行，務早西入。天子雖還，失其襟帶，據險臨之，故當必尅，萬全之勢，此計之中也。若隨近逐便，先向東都，唐禕告之，理當固守。引兵攻戰，必延歲月，勝負殊未可知，此計之下也。」玄感曰：「不然。公之下計，乃上策矣。今百官家口並在東都，若不取之，安能動物？且經城不拔，何以示威？」密計遂不行。

玄感既至東都，皆捷，自謂天下響應，功在朝夕。及獲韋福嗣，又委以腹心，是以軍旅之事，不專歸密。福嗣既非同謀，因戰被執，每設籌畫，皆持兩端。後使作檄文，福嗣固辭不肯。密揣知其情，因謂玄感曰：「福嗣元非同盟，實懷觀望。明公初起大事，而姦人在側，聽其是非，必爲所誤矣。請斬謝衆，方可安輯。」玄感曰：「何至於此！」密知言之不用，退謂所親曰：「楚公好反而不欲勝，如何？吾屬今爲虜矣！」後玄感將西入，福嗣竟亡歸東都。

時李子雄勸玄感速稱尊號，玄感以問於密。密曰：「昔陳勝自欲稱王，張耳諫而被外，魏武將求九錫，荀彧止而見疎。今者密欲正言，還恐追蹤二子，阿諛順意，又非密之本圖。何者？兵起已來，雖復頻捷，至於郡縣，未有從者。東都守禦尚强，天下救兵益至，公當身先士衆，早定關中。廼欲急自尊崇，何示不廣也！」玄感笑而止。

及宇文述、來護兒等軍且至，玄感謂密曰：「計將安出？」密曰：「元弘嗣統强兵於隴右，今可揚言其反，遣使迎公，因此入關，可得紿衆。」玄感遂以密謀，號令其衆，因引西入。至陝縣，欲圍弘農宫，密諫之曰：「公今詐衆入西，軍事在速，况乃追兵將至，安可稽留！若前不得據關，退無所守，大衆一散，何以自全？」玄感不從，遂圍之，三日攻不能拔，方引而西。至於閿鄉，追兵遂及。

杜佑《通典》卷三四《職官典一六》 隋置上柱國、柱國，以酬勳勞，並爲散官，實不理事。楊玄感以父素軍功位至柱國，與其父俱爲第二品，朝會則齊列，後文帝乃命玄感降一等也。

杜佑《通典》卷一七〇《刑法典八》 煬帝大業中，外征四夷，内窮嗜欲，兵革歲動，賦斂滋繁。窮人無告，聚爲盜賊。帝乃更立嚴刑，敕天下竊盜以上，罪無輕重，不待聞奏，皆斬。百姓轉相羣聚，攻剽城邑，誅罰不能禁。帝以盜不息，乃益肆淫刑。九年，又詔爲盜者籍没其家。自是羣賊大起，郡縣官人又各擅威福，生殺任情矣。及楊玄感反，帝誅之，罪及九族。其尤重者，行轘裂梟首之刑，或磔而射之，命公卿以下臠噉其肉。百姓怨嗟，天下大潰。

葉廷珪《海録碎事》卷七上《私敬》 楊立感與父素俱爲柱國，朝會則齊列。隋文帝命立感降一等。謝曰：「不意陛下寵臣之甚，許以公庭展私敬。」

備論

《北史》卷四一《楊玄感傳》 史臣曰：玄感宰相之子，荷恩二世，君之失德，當竭腹心。未議致身，先圖問鼎，假稱伊、霍之事，將肆莽、卓之心，人神同疾，敗不旋踵。昆弟就葅醢之誅，先人受焚如之酷，不亦甚乎。

《隋書》卷七〇《楊玄感傳》 史臣曰：古先帝王之興也，非夫至德深仁格於天地，有豐功博利，弘濟艱難，不然，則其道無由矣。自周邦不競，隋運將隆，武元、高祖並著大功於王室，平南國，摧東夏，總百揆，定三方，然後變謳歌，遷寶鼎。於時匈奴驕倨，勾吴不朝，既爭長於黄池，亦飲馬於清渭。高祖内綏外禦，日不暇給，委心膂於俊傑，寄折衝於爪牙，文武爭馳，羣策畢舉。服猾夏之虜，掃黄旗之寇，峻五岳以作鎮，環四海以爲池，厚澤被於域中，餘威震於殊俗。

煬帝蒙故業，踐丕基，阻伊、洛而固崤、函，跨兩都而總萬國。矜曆數之在己，忽王業之艱難，不務以道恤人，將以申威海外。運拒諫之智，騁飾非之辯，恥轍迹之未遠，忘德義之不修。於是鑿通渠，開馳道，樹以柳杞，隱以金椎。西出玉門，東踰碣石，塹山堙谷，浮河達海。民力凋盡，徭戍無期，率土之心，鳥驚魚潰。方西規奄蔡，南討流求，視總八狄之師，屢踐三韓之域。自以威行萬物，顧指無違，又躬爲長君，功高曩列，寵不假於外戚，權不逮於羣下，足以轄轢軒、唐，奄吞周、漢，子孫萬代，人莫能窺，振古以來，一君則已。遂乃外疎猛士，内忌忠良，恥有盜竊之聲，惡聞喪亂之事。出師命將，不料衆寡，兵少力屈者，以畏懦受顯誅，謁誠克勝者，以功高蒙隱戮。或斃鋒刃之下，或殞鴆毒之中，賞不可以有功求，刑不可以無罪免，畏首畏尾，進退維谷。彼山東之羣盜，多出厮役之中，無尺土之資，十家之産，豈有陳涉亡秦之志，張角亂漢之謀哉！皆苦於上欲無厭，下不堪命，飢寒交切，救死萑蒲。莫識旌旗什伍之容，安知行師用兵之勢！但人自爲戰，衆怒難犯，故攻無完城，野無横陣，星離棊布，以千百數。豪傑因其機以動之，乘其勢而用之，雖有勇敢之士，明智之將，連踵覆没，莫之能禦。煬帝魂褫氣懾，望絶兩京，謀竄身於江湖，襲永嘉之舊迹。既而禍生轂下，釁起舟中，思早告而莫追，唯請死而獲可。身棄南巢之野，首懸白旗之上，子孫剿絶，宗廟爲墟。

夫以開皇之初，比於大業之盛，度土地之廣狹，料户口之衆寡，算甲兵之多少，校倉廩之虚實，九鼎之譬鴻毛，未喻輕重，培塿之方嵩岱，曾何等級！論地險則遼隧未擬於長江，語人謀則勾麗不侔於陳國。高祖掃江南以清六合，煬帝事遼東而喪天下。其故何哉？所爲之迹同，所用之心異也。高祖北却强胡，南并百越，十有餘載，戎車屢動，民亦勞止，不爲無事。然其動也，思以安之，其勞也，思以逸之。是以民致時雍，師無怨讟，誠在於愛利，故其興也勃焉。煬帝嗣承平之基，守已安之業，肆其淫放，虐用其民，視億兆如草芥，顧羣臣如寇讎，勞近以事遠，求名而喪實。兵纏魏闕，阽危弗圖，圍解雁門，慢遊不息。天奪之魄，人益其災，羣盜並興，百殃俱起，自絶民神之望，故其亡也忽焉。訊之古老，考其行

事，此高祖之所由興，而煬帝之所以滅者也。可不謂然乎！其隋之得失存亡，大較與秦相類。始皇并吞六國，高祖統一九州，二世虐用威刑，煬帝肆行猜毒，皆禍起於羣盜，而身殞於匹夫。原始要終，若合符契矣。

玄感宰相之子，荷國重恩，君之失德，當竭股肱。未議致身，先圖問鼎，遂假伊、霍之事，將肆莽、卓之心。人神同疾，敗不旋踵，兄弟就葅醢之誅，先人受焚如之酷，不亦甚乎！

胡寅《致堂讀史管見》卷一六 禮部尚書楊玄感，見朝政日紊，而帝多猜忌，內不自安，遂謀作亂。帝再伐高麗，命玄感督運。玄感選運夫得五千人，刑牲誓衆，且諭之曰：「主上無道，不以百姓爲念，死遼東者以萬計。今與君等救兆民之弊，何如？」衆皆踴躍稱萬歲。乃勒兵部分。

煬之罪惡，不可解掩，方之桀、紂，浮之已甚矣，人得討之，古今通誼也，而楊玄感則不可。玄感者，素之子也。素者，廢太子，黜蜀王秀，討漢王諒，終始煬主篡弑之事而左右之者也。玄感以父之故，致位列卿，父子相承十年。帝所以失道昏淫驕致禍亂者，未有一言規諫，恐爲己不利，矯詐而起兵。方無事，時則叨竊貴富於朝廷，及勢已傾危，則買忠義於羣衆，人而如此，狗豬不食其餘矣。昔衛殖廢其君，其子喜復之，《春秋》猶書曰：「甯喜弑其君。」若玄感者，叛逆之賊，何足道哉？

王夫之《讀通鑑論》卷一九《隋煬帝》 虎之猛也，而制於蝟；即且之毒也，而困於蝸；其所輕也。故楊玄感、李密以公侯之裔，世領樞機，門生將吏半於朝右，金錢衣幣富將敵國，而兵起兩月，旋就誅夷，唯隋之忌之也夙而防之也深，一聞其反，全力以爭生死，而山東諸寇起自草萊，不在獨夫心目之中，夫且曰「以玄感之勢傾天下而可如韓盧之搏兔，此區區者其如予何哉！」故羣雄敗可以自存，而連兵不解，卒無如之何也。高熲、賀若弼而既誅夷矣，正逆廣驕語太平、鞭笞六寓之日也，羣雄不於此而興，尚奚待哉？於是而王薄等之起兵二年矣，僅有一張須陁者與戰而勝，逆廣君臣直視不足畏而姑聽之。然則諸起兵者，無漢高、項羽耳，藉有之，豈待唐公徐起太原，而後商辛自殪於牧野哉？至不仁而斂天下之怨，非所據而踞天位之尊，起而撲之，勿以前起者之敗亡，疑其彊不可拔也。楊玄感死，而隋旋以亡，大有爲者，知此而已。

宇文化及部

綜述

《隋書》卷八五《宇文化及傳》 宇文化及，左翊衛大將軍述之子也。性兇險，不循法度，好乘肥挾彈，馳騖道中，由是長安謂之輕薄公子。煬帝爲太子時，常領千牛，出入臥内。累遷至太子僕。數以受納貨賄，再三免官。太子嬖昵之，俄而復職。又以其弟士及尚南陽公主。化及由此益驕，處公卿間，言辭不遜，多所陵轢。見人子女狗馬珍玩，必請託求之。常與屠販者遊，以規其利。煬帝即位，拜太僕少卿，益恃舊恩，貪冒尤甚。大業初，煬帝幸榆林，化及與弟智及違禁與突厥交市。帝大怒，囚之數月，還至青門外，欲斬之而後入城，解衣辮髮，以公主故，久之乃釋，並智及並賜述爲奴。述薨後，煬帝追憶之，遂起化及爲右屯衛將軍，智及爲將作少監。

是時李密據洛口，煬帝懼，留淮左，不敢還都。從駕驍果多關中人，久客羈旅，見帝無西意，謀欲叛歸。時武賁郎將司馬德戡總領驍果，屯於東城，風聞兵士欲叛，未之審，遣校尉元武達陰問驍果，知其情，因謀構逆。共所善武賁郎將元禮、直閤裴虔通互相扇惑曰：「今聞陛下欲築宫丹陽，勢不還矣。所部驍果莫不思歸，人人耦語，並謀逃去。我欲言之，陛下性忌，惡聞兵走，即恐先事見誅。今知而不言，其後事發，又當族滅我矣。進退爲戮，將如之何？」虔通曰：「上實爾，誠爲公憂之。」德戡謂兩人曰：「我聞關中陷没，李孝常以華陰叛，陛下收其二弟，將盡殺之。吾等家屬在西，安得無此慮也！」虔通曰：「我子弟已壯，誠不自保，正恐旦暮及誅，計無所出。」德戡曰：「同相憂，當共爲計取。驍果若走，可與俱去。」虔通等曰：「誠如公言，求生之計，無以易此。」因遞相招誘。又轉告内史舍人元敏、鷹揚郎將孟秉、符璽郎李覆、牛方裕、直長許弘仁、薛良、城門郎唐奉義、醫正張愷等，日夜聚博，約爲刎頸之交，情相款昵，言無迴避，於座中輒論叛計，並相然許。時李孝質在禁，令驍果守之，中外交通，所謀益急。趙行樞者，樂人之子，家産巨萬，先交智及，勳侍楊士覽者，宇文甥，二人同告智及。智及素狂悖，聞之喜，即共見德戡，期以三月十五日舉兵同叛，劫十二衛武馬，虜掠居人財物，結黨西歸。智及曰：「不然。當今天實喪隋，英雄並起，同心叛者已數萬人，因行大事，此帝王業也。」德戡然之。行樞、薛良請以化及爲主，相約既定，方告化及。化及性本駑怯，初聞大懼，色動流汗，久之乃定。

義寧二年三月一日，德戡欲宣言告衆，恐以人心未一，更思譎詐以脅驍果，謂許弘仁、張愷曰：「君是良醫，國家任使，出言惑衆，衆必信。君可入備身府，告識者，言陛下聞説驍果欲叛，多醖毒酒，因享會盡鴆殺之，獨與南人留此。」弘仁等宣布此言，驍果聞之，遞相告語，謀叛踰急。德戡知計既行，遂以十日總召故人，諭以所爲。衆皆伏曰：「唯將軍命！」其夜，奉義主閉城門，乃與虔通相知，諸門皆不下鑰。至夜三更，德戡於東城内集兵，得數萬人，舉火與城外相應。帝聞有聲，問是何事。虔通僞曰：「草坊被燒，外人救火，故諠囂耳。」中外隔絶，帝以爲然。孟秉、智及於城外得千餘人，劫候衛武賁馮普樂，共布兵分捉郭下街巷。至五更中，德戡授虔通兵，以换諸門衛士。虔通因自開門，領數百騎，至成象殿，殺將軍獨孤盛。武賁郎將元禮遂引兵進，宿衛者皆走。虔通進兵，排左閤，馳入永巷，問：「陛下安在？」有美人出，方指云：「在西閤。」從往執帝。帝謂虔通曰：「卿非我故人乎！何恨而反？」虔通曰：「臣不敢反，但將士思歸，奉陛下還京師耳。」帝曰：「與汝歸。」虔通因勒兵守之。

至旦，孟秉以甲騎迎化及。化及未知事果，戰慄不能言，人有來謁之者，但低頭據鞍，答云「罪過」。時士及在公主第，弗之知也。智及遣家僮莊桃樹就第殺之，桃樹不忍，執詣智及，久之乃見釋。化及至城門，德戡迎謁，引入朝堂，號爲丞相。令將帝出江都門以示羣賊，因復將入。遣令狐行達弑帝於宫中，又執朝臣不同己者數十人及諸外戚，無少長害之，唯留秦孝王子浩，立以爲帝。

十餘日，奪江都人舟楫，從水路西歸。至顯福宫，宿公麥孟才、折衝郎將沈光等謀擊化及，反爲所害。化及於是入據六宫，其自奉養一如煬帝故事。每於帳中南面端坐，人有白事者，默然不對。下牙時，方收取啓狀，共奉義、方裕、良、愷等參決之。行至徐州，水路不通，復奪人車牛，得二千兩，並載宫人珍寶。其戈甲戎器，悉令軍士負之。道遠疲極，三軍始怨。德戡失望，竊謂行樞曰：「君大謬誤我。當今撥亂，必藉英賢，化及庸暗，羣小在側，事將必敗，當若之何？」行樞曰：「在我等爾，廢之何難！」因共李本、宇文導師、尹正卿等謀，以後軍萬餘兵襲殺化及，更立德戡爲主。弘仁知之，密告化及，盡收捕德戡及其支黨十餘

人，皆殺之。引兵向東郡，通守王軌以城降之。

元文都推越王侗爲主，拜李密爲太尉，令擊化及。密遣徐勣據黎陽倉。化及渡河，保黎陽縣，分兵圍勣。密壁清淇，與勣以烽火相應。化及每攻倉，密輒引兵救之。化及數戰不利，其將軍于弘達爲密所擒，送於侗所，鑊烹之。化及糧盡，渡永濟渠，與密決戰於童山，遂入汲郡求軍糧，又遣使拷掠東郡吏民以責米粟。王軌怨之，以城歸於李密。化及大懼，自汲郡將率衆圖以北諸州。其將陳智略率嶺南驍果萬餘人，張童兒率江東驍果數千人，皆叛歸李密。化及尚有衆二萬，北走魏縣。張愷等與其將陳伯謀去之，事覺，爲化及所殺。腹心稍盡，兵勢日蹙，兄弟更無他計，但相聚酣宴，奏女樂。醉後，因尤智及曰：「我初不知，由汝爲計，强來立我。今所向無成，士馬日散，負殺主之名，天下所不納。今者滅族，豈不由汝乎？」持其兩子而泣。智及怒曰：「事捷之日，初不賜尤，及其將敗，乃欲歸罪。何不殺我以降建德？」兄弟數相鬭鬩，言無長幼，醒而復飲，以此爲恒。其衆多亡，自知必敗，化及嘆曰：「人生故當死，豈不一日爲帝乎？」於是鴆殺浩，僭皇帝位於魏縣，國號許，建元爲天壽，署置百官。

攻元寶藏於魏州，四旬不剋，反爲所敗，亡失千餘人。乃東北趣聊城，將招攜海曲諸賊。時遣士及徇濟北，求饋餉。大唐遣淮安王神通安撫山東，并招化及。化及不從，神通進兵圍之，十餘日不剋而退。竇建德悉衆攻之。先是，齊州賊帥王薄聞其多寶物，詐來投附。化及信之，與共居守。至是，薄引建德入城，生擒化及，悉虜其衆。先執智及、元武達、孟秉、楊士覽、許弘仁，皆斬之。乃以轞車載化及之河間，數以殺君之罪，并二子承基、承趾皆斬之，傳首於突厥義成公主，梟於虜庭。士及自濟北西歸長安。

雜録

備録

《隋書》卷六〇《越王侗傳》 越王侗字仁謹，美姿儀，性寬厚。大業二年，立爲越王。帝每巡幸，侗常留守東都。楊玄感作亂之際，與民部尚書樊子蓋拒之。及玄感平，朝於高陽，拜高陽太守。俄以本官復留守東都。十三年，帝幸江都，復令侗與金紫光祿大夫段達、太府卿元文都、攝民部尚書韋津、右武衛將軍皇甫無逸等總留臺事。

宇文化及之弒逆也，文都等議，以侗元德太子之子，屬最爲近，於是乃共尊立，大赦，改元曰皇泰。謚帝曰明，廟號世祖。追尊元德太子爲孝成皇帝，廟號世宗。尊其母劉良娣爲皇太后。以段達爲納言、右翊衛大將軍、攝禮部尚書，王世充亦納言、左翊衛大將軍、攝吏部尚書，元文都内史令、左驍衛大將軍，盧楚亦内史令，皇甫無逸兵部尚書、右武衛大將軍，郭文懿内史侍郎，趙長文黄門侍郎，委以機務，爲金書鐵券，藏之宫掖。於時洛陽稱段達等爲「七貴」。

未幾，宇文化及立秦王子浩爲天子，來次彭城，所經城邑多從逆黨。侗懼，遣使者蓋琮、馬公政招懷李密。密遂遣使請降，侗大悦，禮其使甚厚。即拜密爲太尉、尚書令、魏國公，令拒化及。

《隋書》卷八五《司馬德戡傳》 從至江都，領左右備身驍果萬人，營於城内。因隋末大亂，乃率驍果謀反，語在化及事中。既獲煬帝，與其黨孟秉等推化及爲丞相。化及首封德戡爲温國公，邑三千戶，加光祿大夫，仍統本兵，化及意甚忌之。後數日，化及署諸將，分配士卒，乃以德戡爲禮部尚書，外示美遷，實奪其兵也。由是憤怨，所獲賞物皆賂於智及，智及爲之言。行至徐州，捨舟登陸，令德戡將後軍，乃與趙行樞、李本、尹正卿、宇文導師等謀襲化及，遣人使於孟海公，結爲外助。遷延未發，以待使報。許弘仁、張愷知之，以告化及，因遣其弟士及陽爲遊獵，至於後軍。德戡不知事露，出營參謁，因命執之，并其黨與。化及責之曰：「與公戮力共定海内，出於萬死。今始事成，願得同守富貴，公又何爲反也？」德戡曰：「本殺昏主，苦其毒害。推立足下，而又甚之。逼於物情，不獲已也。」化及不對，命送至幕下，縊而殺之，時年三十九。

《隋書》卷八五《裴虔通傳》 裴虔通，河東人也。初，煬帝爲晉王，以親信從，稍遷至監門校尉。煬帝即位，擢舊左右，授宣惠尉，遷監門直閤。累從征役，至通議大夫。與司馬德戡同謀作亂，先開宫門，騎至成象殿，殺將軍獨孤盛，擒帝於西閤。化及以虔通爲光祿大夫、莒國公。化及引兵之北也，令鎮徐州。化及敗後，歸於大唐，即授徐州總管，轉辰州刺史，封長蛇男。尋以隋朝殺逆之罪，除名，徙於嶺表而死。

《舊唐書》卷五四《竇建德傳》 二年，宇文化及僭號於魏縣，建德謂其納言

宋正本、内史侍郎孔德紹曰：「吾爲隋之百姓數十年矣，隋爲吾君二代矣。今化及殺之，大逆無道，此吾讎矣，請與諸公討之，何如？」德紹曰：「今海内無主，英雄競逐，大王以布衣而起漳浦，隋郡縣官人莫不争歸附者，以大王仗順而動，義安天下也。宇文化及與國連姻，父子兄弟受恩隋代，身居不疑之地，而行弑逆之禍，篡隋自代，乃天下之賊也。此而不誅，安用盟主！」建德稱善。即日引兵討化及，連戰大破之。化及保聊城，建德縱撞車抛石，機巧絶妙，四面攻城，陷之。建德入城，先謁隋蕭皇后，與語稱臣。悉收弑煬帝元謀者宇文智及、楊士覽、元武達、許弘仁、孟景，集隋文武官對而斬之，梟首轅門之外。化及并其二子同載以檻車，至大陸縣斬之。

《舊唐書》卷五六《羅藝傳》 宇文化及至山東，遣使召藝，藝曰：「我隋室舊臣，感恩累葉，大行顛覆，實所痛心。」乃斬化及使者，而爲煬帝發喪，大臨三日。竇建德、高開道亦遣使於藝，藝謂官屬曰：「建德、開道皆劇賊耳，化及弑逆，並不可從。今唐公起兵，皆符人望，入據關右，事無不成。吾率衆歸之，意已決矣，有沮衆異議者必戮之。」會我使人張道源綏輯山東，遣人諭意，藝大悦。武德三年，奉表歸國，詔封燕王，賜姓李氏，預宗正屬籍。

温大雅《大唐創業起居注》卷三 是月也，宇文化及兼弟智及等，并驍果武賁司馬龕、監門郎將裴乾通等，謀同逆，因驍果等欲還精鋭，遂夜率之而圍江都宫，殺後主於彭城閣。初，驍果兵等苦於久在江都，咸思歸叛。至是，煬帝知唐據有西京，過江計定，仍先分驍果往守會稽，誑之云往東吴催米，故化及等因之而作難。於是隋主崩問至，帝乃率文武羣賢僚佐，從少帝舉哀於大興後殿。帝哭哀甚。有諫止帝者，帝曰：「吾爲人下，喪居何可不哀！然亦恨後主不亡於開皇之末，以延鼎祚耳。」化及等本自因思歸之衆而行殺逆，及以許公之子爲衆所推，至是遂僭稱尊號，率其同惡欲入關，以李密斷成皋，據洛口，乃圖北取黎陽倉，從白馬津而渡。帝乃遣統軍張倫將蒲津以東從兵，往魏郡道，招慰化及等；繼遣淮安王神通往定山東諸郡。又募犯罪者數千人，聽効力贖罪，並張倫等並是淮安王節度焉。李密聞化及之趣河北，乃分兵遣别將徐世勣等屯黎陽拒守，化及從宛道渡河，絶糧，遂頓於聊城縣。淮安王等率衆圖城，部分失機，行兵不利，退保魏郡。化及衆聚聊城，糧無所出。竇建德知其窮蹙，遂攻破之，獲化及兼弟智及，責以弑逆，並斬之而徇衆。煬帝、蕭皇后亦没于賊庭。於是江都宫人美女、珍寶金帛及乎玉璽，並建德有之，不逞之徒，因説建德送蕭皇后及宫人等，多賚金帛，重賂突厥，市馬而求援。

劉肅《大唐新語》卷二《懲戒二五》 楊昉爲左丞時，宇文化及子孫理資蔭，朝庭以事隔兩朝，且其家親族亦衆，多爲言者。所司理之，至於左司。昉未詳其案狀，訴者以道理已成，無復疑滯，勃然逼昉。昉曰：「適朝退未食，食畢當詳案。」訴者曰：「公云未食，亦知天下有累年羈旅訴者乎？」昉遽命案，立批之曰：「父殺隋主，子訴隋資。生者猶配遠方，死者無宜更敘。」時人深賞人。

《資治通鑑》卷一八五隋恭帝義寧二年三月條考異 《蒲山公傳》曰：「趙行樞、楊士覽以司馬德戡謀告化及，化及兄弟聞之大喜，因引德戡等相見。士及説德戡等曰：『足下等因百姓之心，謀非常之事，直欲走逃，故非長策。』德戡曰：『爲之柰何？』士及曰：『官家雖言無道，臣下尚畏服之，聞公叛亡，必急相追捕，竇賢之事，殷鑒在近。不如嚴勒士馬，攻其宫闕，因人之欲，稱廢昏凶，事必克成；然後詳立明哲，天下可安，吾徒無患矣。勳庸一集，公等坐延榮禄。縱事不成，威聲大振，足得官家膽慴，不敢輕相追討，遲疑之間，自延數日，比其議定，公等行亦已遠。如此，則去住之計，俱保萬全，不亦可乎！』德戡等大悦曰：『明哲之望，豈惟楊家，衆心實在許公，故是人天協契。』士及佯驚曰：『此非意所及，但與公等思救命耳。』」《革命記》曰：「帝知曆數將窮，意欲南渡江水，咸言不可。帝知朝士不欲渡，乃將毒藥醞酒二十石，擬三月十六日爲宴會而酖殺百官。南陽公主恐其夫死，乃陰告之，而事泄，爲此，始謀害帝以免禍。並是兇逆之旅妄搆此詞。于時上下離心，人懷異志，帝深猜忌，情不與人，醞若不虚，藥須分付，有處遣何人！併醞二十石藥酒，必其酒有酖毒，一石堪殺千人。審欲擬殺羣寮，謀之者必有三五，衆謀自然早泄，豈得獨在南陽！只是虔通等恥有殺害之名，推過惡於人主耳！」《隋書·化及傳》云：「化及弑逆，士及在公主第，弗之知也。智及遣家僮莊桃樹就第殺之，桃樹不忍，執詣智及。久之，乃見釋。」《南陽公主傳》責士及云：「但謀逆之日，察君不預知耳。」《舊唐書·士及傳》云：「化及謀逆，以其主壻，深忌之而不告。」按士及仕唐爲宰相，《隋書》亦唐初所脩，或者史官爲士及隱惡。賈、杜二書之言亦似可信，但杜儒童自知醞藥酒爲虚，則南陽陰告之事亦非其實。如賈潤甫之説，則弑君之謀皆出士及，而智及爲良人矣。今且從《隋書》而删去莊桃樹事及南陽之語，庶幾疑以傳疑。

顧祖禹《讀史方輿紀要》卷四《歷代州城形勢四》 史略：宇文化及初爲右

屯衛將軍，襲封許公，化及父述，本匈奴種破野頭氏，從其主姓爲宇文氏，爲煬帝所寵任，封許公。從煬帝幸江都。大業十四年，虎賁郎將司馬德戡等定謀弑帝，推化及爲主，自江都趣彭城，欲西還長安，李密據鞏，洛拒化及，化及不得西，乃引軍取東郡。既又北趣黎陽，密將徐世勣畏其兵鋒，西保倉城，化及遂渡河，據黎陽攻倉城，不克，與李密相持，食盡乃入汲郡求糧，東郡亦降於密。化及復自汲郡北據魏縣，今大名府屬縣。稱帝，國號許，有濟北數城。唐武德二年，淮安王神通擊化及於魏縣，化及走保聊城，今東昌府附郭縣。尋爲竇建德所滅。

備論

《北史》卷七六《宇文化及傳》 史臣曰：化及以此下才，負恩累葉。時逢崩拆，不能竭命，乃因利乘便，先圖干紀，率羣不逞，職爲亂階，拔本塞源，裂冠毀冕。釁深指鹿，事切食蹯，天地所不容，人神所同憤矣。

《隋書》卷八五《宇文化及傳》 夫肖形天地，人稱最靈，以其知父子之道，識君臣之義，異夫禽獸者也。傳曰：「人生在三，事之如一。」然則君臣父子，其道不殊，父不可以不父，子不可以不子，君不可以不君，臣不可以不臣。故曰君猶天也，天可讎乎！是以有罪歸刑，見危授命，竭忠貞以立節，不臨難而苟免。故聞其風者，懷夫慷慨，千載之後，莫不願以爲臣。此其所以生榮死哀，取貴前哲者矣。至於委質策名，代卿世禄，出受心膂之寄，入參帷幄之謀，身處機衡，肆趙高之姦宄，世荷權寵，行王莽之桀逆，生靈之所讎疾，犬豕不食其餘。雖薦社污宫，彰必誅之釁，斲棺焚骨，明篡殺之咎，可以懲夫既往，未足深誡將來。昔孔子修《春秋》，而亂臣賊子知懼，抑使之求名不得，欲蓋而彰者也。今故正其罪名，以冠於篇首，庶後之君子，見作者之意焉。【略】

史臣曰：化及庸懦下才，負恩累葉，王充斗筲小器，遭逢時幸，俱蒙獎擢，禮越舊臣。既屬崩剥之期，不能致身竭命，乃因利乘便，先圖干紀，率羣不逞，職爲亂階，拔本塞源，裂冠毁冕。或躬爲戎首，或親行鴆毒，釁深指鹿，事切食蹯，天地所不容，人神所同憤。故梟獍凶魁，相尋菹戮，蛇豕醜類，繼踵誅夷，快忠義於當年，垂炯戒於來葉。嗚呼，爲人臣者可不殷鑒哉！可不殷鑒哉！

胡寅《致堂讀史管見》卷一六 煬帝至江都，荒淫益甚。見中原已亂，無心北歸。司馬德戡、宇文智及等欲逃亡，懼不免禍，乃行大事，以智及兄化及爲主，引兵入宫。帝曰：「我何罪？」賊黨馬文舉曰：「陛下違弃宗廟，巡遊不息，外勤征討，内極奢淫，使四民喪業，盜賊蜂起，專任佞諛，飾非拒諫，何得無罪？」帝曰：「我實負百姓。至於爾輩，榮禄兼極，何乃如是？今日之事，孰爲首耶？」德戡曰：「溥天同怨，何止一人？」遂縊帝殺之。化及自稱大丞相，立秦王浩爲帝，居别館，以兵守之。化及擁衆十萬，據有六宫，奉養一如煬帝。

凡誅討無道之人，得數其罪而屈其詞，猶治姦惡之囚，而得其承欵也。夫然後快於人心，如胡亥、楊廣是已。然廣責司馬德戡曰：「我負百姓，而於爾等榮禄兼極，何乃爲是？」德戡等皆無以應。其無以應也，亦猶煬帝之不能自文也。于是君不君，比於獨夫而宜於弑；臣不臣，同於叛逆而宜於誅。惜哉，宇文化及之不明乎義，而爲利所没也。

王夫之《讀通鑑論》卷一九《隋煬帝》 忌天下之賢，而獎之以弱，則以自弱而喪其天下，趙宋是已。然弱者，暴之反也，故外侮不可禦，而内不失民也。忌天下之賢，而驅之不肖，於是而毒流天下，則身戮國亡，不能一朝居矣。逆廣之殺高熲、賀若弼也，畏其賢也；薛道衡、王胄、祖君彦一詞章吟詠之長耳，且或死或廢，而無以自容，非以天子而求勝於一夫也，謂賢者之可軋己以奪己，而不肖者人望所不歸，無如己何也。故虞世基、宇文述、裴矩、高德儒之猥賤，則委之腹心而不疑；乃至王世充之凶頑，亦任之以土地甲兵之重；無他，以其耽淫嗜利爲物之所甚賤，而無與戴之者也。唐高祖以才望見忌，幾於見殺，乃縱酒納賄，託於汙行，則重任之使守太原，以爲崛起之資。夫人君即昧於賢不肖之分，爲小人之所撓亂，抑必僞爲節制之容，飾以貞廉之迹，而後可以欺昏昏者以讎其姦；未有以縱酒納賄而推誠委之者，此豈徒逆廣之迷亂哉？自隋文以來，欲銷天下之才智，毁天下之廉隅，利百姓之怨大臣以偷固其位者，非一朝一夕之故矣。嗚呼！爲人君者，唯恐人之修潔自好，竭才以用，擇其不肖而後任之，則生民之荼毒，尚忍言乎？以宇文化及之愚劣，可推刃以相嚮，夫豈待賢於己者而後可以亡己哉？祇以賊天下，使父子離而爲逢羿。故天下之惡，莫有甚於惡天下之賢而喜其不肖者也。天子以之不保天下，士庶人以之不保其身，斬宗滅祀，鬼禍不解者，皆此念爲之也，可不畏哉！

藝文

宋敏求《唐大詔令集》卷一一四佚名《禁錮隋朝弑逆子孫詔》 宇文化及弟智及、司馬德戡、裴虔通、孟康、元禮、楊覽、唐奉義、牛方裕、元敏、薛良、馬舉、元武達、李孝本、李孝質、張愷、許弘仁、令狐行達、席德方、李覆等，大業季年，咸居列職，或恩結累世，任重一時。乃苞藏凶慝，罔思忠義，爰在江都，遂行弑逆，罪百閻趙，釁深梟獍。雖事是前代，歲月已久，而天下之惡，古今同棄。宜從重典，以勵臣節，其子及孫，並宜禁錮。勿令齒敘，化及既爲魁首，僭竊名號，一門之內，凶惡尤甚。但其弟士及，不預逆謀。雖云昆季，僅免誅戮，委質皇朝，勳庸克著，彰善癉惡，抑有舊章，士及一房，不在此例。布告天下，咸使聞知。貞觀七年正月。

王世充部

綜述

《舊唐書》卷五四《王世充傳》 王世充字行滿，本姓支，西域胡人也。寓居新豐。祖支頹耨早死。父收隨母嫁霸城王氏，因冒姓焉，仕至汴州長史。世充頗涉經史，尤好兵法及龜策、推步之術。開皇中，以軍功拜儀同，累轉兵部員外郎。善敷奏，明習法律，然舞弄文法，高下其心。或有駁難之者，世充利口飾非，辭議鋒起，衆雖知其不可而莫能屈。

大業中，累遷江都丞，兼領江都宮監。時煬帝數幸江都，世充善候人主顔色，阿諛順旨，每入言事，帝必稱善。乃雕飾池臺，陰奏遠方珍物，以媚於帝，由是益昵之。世充知隋政將亂，陰結豪俊，多收羣心，有繫獄抵罪，皆枉法出之，以樹私恩。及楊玄感作亂，吴人朱燮、晉陵人管崇起兵江南以應之，自稱將軍，擁衆十餘萬。隋遣將軍吐萬緒、魚俱羅等討之，不克。世充爲其偏將，募江都萬餘人，頻擊破之。每有克捷，必歸功於下，所獲軍實，皆推與士卒，由此人争爲用，功最居多。

十年，齊郡賊帥孟讓自長白山寇掠諸郡，至盱眙，有衆十餘萬。世充以兵拒之，保都梁山，爲五栅，相持不戰，乃唱言兵走，羸師示弱。讓笑曰：「王世充文法小吏，安能領兵？吾今生縛取之，鼓行而入江都。」時百姓皆入壁，野無所掠，賊衆漸餒，又苦栅當其道，不得南侵，即分兵圍五栅。世充每日擊之，陽不利，走還入栅。如是數日，讓益輕之，乃稍分人於南方抄掠，留兵纔足以圍栅。世充知其懈，乃於營中夷竈撤幕，設方陣，四面外向，毁栅而出，奮擊，大破之，讓以數十騎遁去，斬首萬餘級，俘虜十餘萬人。煬帝以世充有將帥才略，復遣領兵討諸小盜，所向盡平。

十一年，突厥圍煬帝於雁門。世充盡發江都人將往赴難，在軍中蓬首垢面，悲泣無度，曉夜不解甲，藉草而卧。煬帝聞之，以爲忠，益信任之。十二年，遷江都通守。時厭次人格謙爲盜數年，兵十餘萬在豆子䴚中，爲太僕卿楊義臣所殺，世充帥師擊其餘衆，破之。又擊盧明月於南陽，虜獲數萬。後還江都，煬帝大悦，自執杯酒以賜之。及李密攻陷洛口倉，進逼東都，煬帝特詔世充大發兵，於洛口拒密，前後百餘戰，未有勝負。又遣就軍拜世充爲將軍，趣令破賊。世充引軍渡洛水與李密戰，世充軍敗績，溺死者萬餘人，乃率餘衆歸河陽。時天寒大雪，兵士在道凍死者又數萬人，比至河陽，纔以千數。世充自繫獄請罪，越王侗遣使赦之，徵還洛陽，置營於含嘉倉城，收合亡散，復得萬餘人。

俄而宇文化及作難，太府卿元文都、武衛將軍皇甫無逸、右司郎中盧楚奉越王侗嗣位於東都，拜世充爲吏部尚書，封鄭國公。文都謂楚等曰：「今化及弑逆，讎恥未報，吾雖志在枕戈，而力所不及。爲國計者，莫如以尊官寵李密，以庫物權啗之，使擊化及，令兩賊自鬭，化及既破，而密之兵固亦疲矣。又其士卒得我之賞，居我之官，内外相親，易爲反間，我師養力以乘其弊，則密亦可圖也。」楚等以爲然。即日遣使拜密爲太尉、尚書令，令討化及。

密遂稱臣奉制，以兵拒化及於黎陽，每戰勝則遣使告捷，衆皆悦。世充獨謂其麾下諸將曰：「文都之輩，刀筆吏耳，吾觀其勢，必爲李密所擒。且吾軍人每與密戰，殺其父兄子弟，前後已多，一旦爲之下，吾屬無類矣！」出言以激怒其衆。文都知而大懼，與楚等謀，因世充入内，伏甲而殺之，期有日矣。納言段達庸懦，恐事不果，遣其女婿張志以楚等謀告世充。其夜，勒兵圍宫城，將軍費曜、田闍等拒戰於東太陽門外，曜軍敗，世充遂攻門而入，無逸以單騎遁走，獲楚殺之。時宫門閉，世充遣人扣門言於侗曰：「元文都等欲執皇帝降於李密，段達知而告臣，臣非敢反，誅反者耳。」初，文都聞變，入奉侗於乾陽殿，陳兵衛之，令將帥乘城以拒難。段達矯侗命，執文都送於世充，至則亂擊而死。達又矯侗命，開門以納世充，世充悉遣人代宿衛者，然後入謁陳謝，曰：「文都等無狀，謀相屠害，事急爲此，不敢背國。」侗與之盟。其日，進拜尚書左僕射，總督内外諸軍事。世充去含嘉城，移居尚書省，專宰朝政。以其兄世惲爲内史令，入居禁中，子弟咸擁兵馬，鎮諸城邑。

未幾，李密破化及還，其勁兵良馬多戰死，士卒疲倦。世充欲乘其弊而擊之，恐人心不一，乃假託鬼神，言夢見周公。乃立祠於洛水，遣巫宣言周公欲令僕射急討李密，當有大功，不則兵皆疫死。世充兵多楚人，俗信妖言，衆皆請戰。世充簡練精勇，得二萬餘人，馬二千餘匹，軍於洛水南。密軍偃師北山上。時密新破化及，有輕世充之心，不設壁壘。世充夜遣三百餘騎潛入北山，伏谿谷中，

令軍人秣馬蓐食，遲明而薄密。密出兵應之，陳未成列而兩軍合戰。其伏兵發，乘高而下，馳壓密營，又縱火焚其廬舍，密軍潰，降其將張童仁、陳智略，進下偃師，密走保洛口。初，世充兄世偉及子玄應隨化及至東郡，密得而囚之於城中，至是盡獲之。又執密長史邴元真妻子、司馬鄭虔象之母及諸將子弟，皆撫慰之，各令潛呼其父兄。世充進兵，次洛口，邴元真、鄭虔象等舉倉城以應之，密以數十騎走河陽，率餘衆入朝。世充盡收其衆，振旅而還。

侗進拜世充太尉，以尚書省爲其府，備置官屬。世充立三榜於府門之外：一求文才學識堪濟世務者，一求武藝絶人摧鋒陷陣者，一求能理冤枉擁抑不申者。於是上書陳事，日有數百，世充皆躬自省覽，殷勤慰勞。好行小惠，下至軍營騎士，皆飾辭以誘之。當時有識者見其心口相違，頗以懷貳。世充嘗於侗前賜食，還家大嘔吐，疑遇毒所致，自是不復朝請，與侗絶矣。遣雲定興、段達入奏於侗，請加九錫之禮。

二年三月，遂策授相國，總百揆，封鄭王，加九錫備物。有道士桓法嗣者，自言解圖讖，乃上《孔子閉房記》，畫作丈夫持一竿以驅羊。釋云：「隋，楊姓也。干一者，王字也。王居羊後，明相國代隋爲帝也。」又取《莊子・人間世》、《德充符》二篇上之，法嗣釋曰：「上篇言『世』，下篇言『充』，此即相國名矣，明當德被人間，而應符命爲天子也。」世充大悦曰：「此天命也。」再拜受之，即以法嗣爲諫議大夫。世充又羅取雜鳥，書帛繫其頸，自言符命而散放之。有彈射得鳥來而獻者，亦拜官爵。段達、雲定興等入見於侗曰：「天命不常，鄭王功德甚盛，願陛下揖讓告禪，遵唐、虞之迹。」侗怒曰：「天下者高祖之天下，若隋德未衰，此言不可發，必天命有改，亦何論於禪讓？公等皆是先朝舊臣，忽有斯言，朕復當何所望！」段達等莫不流涕。世充又使人謂曰：「今海内未定，須得長君，待四方乂安，復子明辟。必若前盟，義不違負。」

四月，假爲侗詔策禪位，遣兄世惲廢侗於含涼殿，世充僭即皇帝位，建元曰開明，國號鄭。先封同姓王隆爲淮陽王，整爲東郡王，楷爲馮翊王，素爲樂安王。次封叔瓊爲陳王，兄世衡爲秦王，世偉爲楚王，世惲爲齊王。又封瓊子辯爲杞王；衡子虔壽爲蔡王；偉子弘烈爲魏王，行本爲荆王，琬爲代王；惲子仁則爲唐王，道誠爲衛王，道詢爲趙王，道稜爲燕王；兄世師子太爲宋王，君度爲越王。立子玄應爲皇太子，封子玄恕爲漢王。世充每聽朝，必殷勤誨諭，言辭重復，千端萬緒，百司奉事，疲於聽受。或輕騎遊歷街衢，亦不清道，百姓但避路而已，按轡徐行，謂百姓曰：「昔時天子深坐九重，在下事情，無由聞徹。世充非貪寶位，本欲救時，今當如一州刺史，每事親覽，當與士庶共評朝政。恐門禁有限，慮致壅塞，今止順天門外置座聽朝。」又令西朝堂受抑屈，東朝堂受直諫。於是獻書上事，日有數百，條疏既煩，省覽難遍，數日後不復更出。

五月，世充禮部尚書裴仁基及其子左輔大將軍行儼、尚書左丞宇文儒童等數十人謀誅世充，復尊立侗。事洩，皆見害，夷其三族。六月，世惲因勸世充害侗，以絶衆望。世充遣其姪行本鴆殺侗，謚曰恭皇帝。其將軍羅士信率其衆千餘人來降。十月，世充率衆東徇地，至於滑州，仍以兵臨黎陽。十一月，竇建德入世充之殷州，殺掠居人，焚燒積聚，以報黎陽之役。

三年二月，世充殿中監豆盧達來降。世充見衆心日離，乃嚴刑峻制，家一人逃者，無少長皆坐爲戮，父子、兄弟、夫妻許其相告而免之。又令五家相保，有全家叛去而隣人不覺者，誅及四隣。殺人相繼，其逃亡益甚。至於樵採之人，出入皆有限數，公私窘急，皆不聊生。又以宫城爲大獄，意有所忌，即收繫其人及家屬於宫中。又每使諸將出外，亦收其親屬質於宫内。囚者相次，不減萬口，既艱食，餒死者日數十人。世充屯兵不散，倉粟日盡，城中人相食。或握土置瓮中，用水淘汰，沙石沉下，取其上浮泥，投以米屑，作餅餌而食之，人皆體腫而脚弱，枕倚於道路。其尚書郎盧君業、郭子高等皆死於溝壑。

七月，秦王率兵攻之，師至新安，世充鎮堡相次來降。八月，秦王陳兵於青城宫，世充悉兵來拒，隔澗而言曰：「隋末喪亂，天下分崩，長安、洛陽，各有分地，世充唯願自守，不敢西侵。計熊、穀二州，相去非遠，若欲取之，豈非度内？既敦隣好，所以不然。王乃盛相侵軼，遠入吾地，三崤之道，千里饋糧，以此出師，未見其可。」太宗謂曰：「四海之内，皆承正朔，唯公執迷，獨阻聲教。東都士庶，亟請王師，關中義勇，感恩致力。至尊重違衆願，有斯弔伐。若轉禍來降，則富貴可保，如欲相抗，無假多言。」世充無以報。太宗分遣諸將攻其城鎮，所至輒下。九月，王君廓攻拔世充之轘轅縣，東徇地至管城而還，於是河南州縣相次降附。竇建德自侵殷州之後，與世充遂結深隙，信使斷絶。十一月，竇建德又遣人結好，并陳救援之意。世充乃遣其兄子琬及内史令長孫安世報聘，且乞師。

四年二月，世充率兵出方諸門，與王師相抗，世充軍敗。因乘勝追之，屯其城門，世充步卒不得入，驚散南走，追斬數千級，虜五千餘人。世充從此不復敢出，但嬰城自守，以待建德之援。三月，秦王擒建德并王琬、長孫安世等於武牢，

迴至東都城下以示之，且遣安世入城，使言敗狀。世充惶惑，不知所爲，將潰圍而出，南走襄陽，謀於諸將，皆不答，乃率其將吏詣軍門請降。於是收其府庫，頒賜將士。世充黄門侍郎薛德音以文檄不遜，先誅之，次收世充黨與段達、楊汪、單雄信、楊公卿、郭士衡、郭什柱、董濬、張童仁、朱粲等十餘人，皆戮於洛渚之上。

秦王以世充至長安，高祖數其罪，世充對曰：「計臣之罪，誠不容誅，但陛下愛子秦王許臣不死。」高祖乃釋之。與兄芮、妻、子同徙於蜀，將行，爲讎人定州刺史獨孤修所殺。子玄應及兄世偉等在路謀叛，伏誅。世充自篡位，凡三年而滅。

雜録

備録

陶穀《清異録》卷下《酒漿門》 王世充僭號，謂羣臣曰：「朕萬幾繁壅，所以輔朕和氣者，唯酒功耳。宜封天禄大夫，永賴醇德。」

《資治通鑑》卷一八四隋煬帝大業十三年七月條考異 《雜記》：「四月，世充帥淮南兵萬人援東都。世充行至彭城，懼密衆之盛，自以兵少不敵，乃間行自黎陽濟河而至。七月，世充帥留守兵二萬擊密無功。」今從《略記》、《蒲山公傳》。

《資治通鑑》卷一八五隋恭帝義寧二年正月條考異 《隋書》、《北史・李密傳》曰：「世充復移營洛北，南對鞏縣，其後遂於洛水造浮橋，悉衆以擊密。密出擊之，官軍稍卻，自相陷溺者數萬人；世充僅而獲免，不敢還東都，遂走河陽。其夜，雨雪尺餘，衆隨之者死亡殆盡。」《王世充傳》曰：「充敗績，赴水溺死者萬餘人。時天寒大雪，兵士既渡水，衣皆霑濕，在道凍死者又數萬人。」《蒲山公傳》曰：「世充移營就洛水之北，與密隔洛水以相望；密乃築長城，掘深塹，周迴七十里以自固。十五日，世充與密戰於石窟寺東，密軍退敗，世充渡洛水以乘之，逼倉城爲營塹，密縱兵疾戰，世充兵馬棄仗奔亡，沉溺死者不可勝數。密又令露布上府曰：『世充以今月十一日平旦屯兵洛北，偷入月城。其月十五日，世充及王辯才等又於倉城北偷渡水南，敢逼城堞。』」《河洛記》曰：「十六日，「充與密戰於石窟寺東。」又曰：「其夜，遇風寒疾雨，士卒凍死，十不存一，充脱身宵遁，直向河陽。」餘如《蒲山公傳》。《略記》曰：「辛酉，王世充等移兵洛北，仍令諸軍臨岸布兵，軍別造浮橋，橋先成者輒渡。既前後不一，而李密伏發，我師敗績，争橋赴水溺死者十五六。」《雜記》曰：「十二月，越王遣太常少卿韋霽等率留守兵三萬並受世充節度；」又曰：「王辯縱等敗，衆軍亦潰，争橋赴水，死者太半，王辯縱等皆没，唯世充敗免，與數百騎奔大通城，敗兵得還者，於道遭大雨，凍死者六七千人。世充停留大通十餘日，懼罪不還。十四年，正月，越王遣世充兄世惲往大通慰諭，赦世充喪師之罪。」按李道玄勸進於李密表云：「于時律始太蔟，未宜震霂，而澍雨忽降，凍殍將盡。」今參取衆書，日從《蒲山公傳》，雨從《河洛記》。

《資治通鑑》卷一八五唐高祖武德元年七月條考異 《河洛記》：「初，元文都欲自爲御史，盧楚已爲宣詔；王世充固執以爲不可，乃止。文都大恨。盧楚私謂文都曰：『王世充是外軍一將，非留守達官。比者領軍，屢爲奔徙。吾方衄外姦，且從捨過，翻更宰制人事，跋扈縱横，此而不除，恐爲國患。』文都曰：『未可即殺，且欲當朝上奏，御前縛之，鏁繫於獄。』楚曰：『善。』文都懷奏入殿，臨欲施行，趙季卿私告之，世充遂奔含嘉以作亂。是時宫中亦遣使傳報世充，爲皇姨故也。初，世充妻蕭氏早亡，後有胡氏者，復在江都，皇泰主乃以皇姨嫁之。至是争權，遂起兵馬。文都等令趙方海前後追世充，世充乃託疾不受召。」按世充正爲與文都争李密事相誅耳，恐事不因此。今不取。

《資治通鑑》卷一八六唐高祖武德元年九月條考異 《革命記》曰：「世充先於衆中覓得一人眉目狀似李密者，陰畜之而不令出。師至偃師城下，與李密未大相接，遽令數十騎馳將所畜人頭來，云殺得李密。充佯不信，遣衆共看，咸言是密頭也。遂於城下勒兵，擲頭與城中人，城中人亦言是密頭也，遂以城降。」今從《壺關録》。

《資治通鑑》卷一八八唐高祖武德四年正月條考異 《太宗實録》云：「初，羅士信取千金堡，太宗令屈突通守之。王充自來攻堡，通懼，與烽請救。太宗度通力堪自守，且緩救以驕世充，通舉三烽以告急，太宗方出援之，左右未獲從，以兩騎而進，遇賊騎將葛彦璋，射之，應弦而墜，擒之於陳，後軍亦繼至，通軍復振，表裏奮擊，王充大敗，俘斬六千餘人，幾獲世充。」今從《河洛記》。

曾慥《類説》卷六《銅鏡屏》引《説洛記》 煬帝喜奢侈，幸江都，王世充獻銅

鏡屏。帝甚喜，擢江都通守。

顧祖禹《讀史方輿紀要》卷四《歷代州城形勢四》 史略：王世充初爲江都通守，世充本西域胡人，姓支氏，幼隨母嫁王氏，因冒其姓。大業六年爲江都郡丞，領江都宮監。九年，平餘杭賊帥劉元進等，進位通守。十二年，復擊殺河間賊帥格謙，又平涿郡賊帥盧明月。大業十三年奉命援東都，與李密相持。明年煬帝殺於江都，以越王侗即位，時侗居守東都也。拜世充爲納言，封鄭國公。世充翦除異己者元文都等，遂專大柄。尋敗李密於邙山，密之將帥州縣多附於世充。唐武德二年篡稱帝，廢隋主侗而弒之。國號鄭。北據河，世充取懷、孟及衛、滑諸州地。衛州亦曰義州。東至徐、兗，世充取汴、亳等州，又陷密州，徐圓朗亦以兗州屬世充，又使其弟世辨據徐州。密州，今青州府諸城縣。南有襄、鄧，世充陷唐伊州及鄧州，於是顯州、隨州、襄州俱附世充。伊州亦曰襄城郡，顯州亦曰淮安郡，襄州亦曰襄陽郡，俱見前。西保慈澗。今河南府新安縣東三十里有慈澗，世充置戍於此，以重兵守之。又於境内置司，世充改洛州爲司州，即洛陽也。鄭，於汜水置鄭州，即虎牢也。管，於管城置管州，即今鄭州治。原，於沁水置原州，今山西澤州有沁水縣。伊，見上。殷，於獲嘉置殷州，今衛輝府獲嘉縣。梁，即梁郡，今歸德府。見前。溱，於新鄭置溱州，今鄭州新鄭縣。嵩，於嵩陽置嵩州，今河南府登封縣也。谷，於大谷置谷州，今河南府東南十五里之大谷口是。懷，見上。德於武德置德州，今懷慶府東南五十里廢武德縣是。等十二州營田使，欲繕兵積穀以拒唐，唐遣秦王世民擊平之。

備論

《北史》卷七九《王世充傳》 史臣曰：世充斗筲小器，遭逢時幸，與蒙獎擢，禮越舊臣。而躬爲戎首，親行鴆毒。竟而蛇豕醜類，繼踵誅夷，梟獍兇魁，相尋葅戮。垂炯戒於來葉，快忠義於當年，爲人臣者，可無殷鑒哉！

《隋書》卷八五《王充傳》 史臣曰：化及庸懦下才，負恩累葉，王充斗筲小器，遭逢時幸，俱蒙獎擢，禮越舊臣。既屬崩剥之期，不能致身竭命，乃因利乘便，先圖干紀，率羣不逞，職爲亂階，拔本塞源，裂冠毀冕。或躬爲戎首，或親行鴆毒，釁深指鹿，事切食蹯，天地所不容，人神所同憤。故梟獍凶魁，相尋菹戮，蛇豕醜類，繼踵誅夷，快忠義於當年，垂炯戒於來葉。嗚呼，爲人臣者可不殷鑒哉！可不殷鑒哉！

《舊唐書》卷五四《王世充傳》 史臣曰：世充姦人，遭逢昏主，上則諛佞詭俗以取榮名，下則强辯飾非以制羣論。終行篡逆，自恣陸梁，安忍殺人，矯情馭衆，凡所委任，多是叛亡。出降秦王，不致顯戮，其爲幸也多矣。

《新唐書》卷八五《王世充傳》 贊曰：煬帝失德，天醜其爲，生人籲辜，羣盜乘之，如蝟毛而奮。其劇者，若李密因黎陽，蕭銑始江陵，竇建德連河北，王世充舉東都，皆磨牙搖毒以相噬螫。其間亦假仁義，禮賢才，因之擅王僭帝，所謂盜亦有道者。本夫孽氣腥焰，所以亡隋，觸唐明德，折北不支，禍極凶殫，乃就殲夷，宜哉！

王方慶《魏鄭公諫録》卷三《對李密王世充優劣》 太宗問曰：「義寧之初，國家雖有關中，王充李密，各自割據，當此之時，諸君所事之主，誰優誰劣？」公對曰：「李密智計英拔，而器度局小。」戴胄奏稱：「王充言議分明，繁而寡要，爲化但爲一時之利，不堪思其後圖。」太宗曰：「平定天下，朕雖有其事，若守之失圖，功業亦復難保，秦始皇實可爲戒。公等宜念公忘私，榮名高位，可以長守。」公對曰：「臣聞之，戰勝易，守勝難，陛下深思遠慮，安不忘危，功業既彰，德教復洽，常以此爲政。天下不得不安，四海不得不樂。」

胡寅《致堂讀史管見》卷一六 唐王世子建成、秦公世民，督軍十萬至東都，王世充閉門不出。城中人多欲爲内應者，世民曰：「吾新定關中，根本未固，懸軍遠來，雖得東都，不能守也。」遂引兵還。

當是時，王世充外困於密，内得權未專，唐兵臨之，既有内應，正可取之，時也而秦王舍之而去，何也？若乘時克東都，則密非世民，敵亦不勞餘策矣。失今不取，他日之役，動費十倍，秦王無乃千慮而一失乎？曰：「秦王言『新得關中，根本未固，雖得東都，亦不能守』此事實非詭語也，乃若王之深筭，其自度辦世充有餘，縱使勢成，亦必能克，特欲它日專其功，不欲與太子同事耳。不然，密於世充爲讎，而夏與鄭爲援，兵家離合，難易之勢也，秦王豈固釋所易而甘從事於難者乎？」

王世充將帥多來降。世充乃峻其法，一人亡叛，舉家就戮，父子、兄弟、夫婦，許相告而免之。又使五家爲保，有舉家亡者，四鄰坐誅。殺人益多，亡者益甚。

人之與人，類也，故不得相害，殺人則死，傷人則抵罪。鄰里鄉黨，則類之有情者也，故出入則相友，守望則相助，疾病則相扶持，族屬則類之親者也。故五

服之內，許相容隱。設法如此，澤之所浸，亦莫禦矣。推而上之，則夫婦、兄弟、父子從可知也。夫父爲子隱，子爲父隱，以法論之，則以詆讕，終不肯言，則爲罔上，而孔子明之曰：「父子相爲隱，直在其中矣。」宜曲也，而謂之直者，順理故也。今使父子不得相隱，小則誦言之，大則首訐之，不待夷狄猾夏，狗彘食人，而人之類殄矣。故子證父攘羊，若直而理逆，父子相爲隱，若曲而理順，聖人人倫之至，爲此類也。今夫謀反大逆，理之大蠹也。其謀而未覺，非使人告于上，則其事遂成，是不可不告者。降此而設告首之科，已陷於刻薄之政，又況使天屬之最親者相告，幾何其不胥爲夷狄禽獸矣乎？故逆理愈甚，則其失愈遠。王世充始者輔皇泰主，繼而自立，未甚有愧於唐公，惟其尚威力而滅彝倫，故亡如弗及焉。世充無足言者，而其惡政後世猶有蠆尾，故不得不論也。

詔世民擊世充。世充隔水謂世民曰：「隋室傾覆，唐帝關中，鄭帝河南，世充未嘗西侵，王忽東來，何也？」世民曰：「四海咸仰皇風，惟公獨阻聲教，爲此而來。」世充曰：「相與息兵講好，不亦善乎？」應之曰：「奉詔取東，都不令講好也。」

隋東西二京，皆以親王留守，其輕重等耳，長安差重者，宗廟在焉耳。唐帝長安，鄭帝洛陽，迹其所以取之，未有大相過者，故王世充有隔水之問，而秦王所以答之者，語雖大而不暢，不若復竇建德書詞意之明決也。使唐初舉事，若湯伐桀，若武王伐紂，若沛公誅無道秦，則義橫四海，至仁無敵，世充雖兵强將猛，安得與獨夫之子、子嬰之徒，堅保孤城？而唐室文告之詞，豈正如是而已，此董公所以貴於明其爲賊也。

世民至長安，俘王世充、竇建德獻于太廟。上斬建德于市，赦世充爲庶人，徙處蜀。未行，獨孤修德殺之。上免修德官。

王竇非唐之叛臣也。當隋之末世，以烏合之衆，盜名字者，不可勝數。唐室假仁而行，則此二人之輕重，世充爲首，宜數其事煬不忠，致隋失天下，又弑皇泰主而自立，滛刑以逞虐及無罪而戮之，而以宥世充者宥建德，則刑有章矣。而唐不然，其不戮世充也，得非内省有疚歟？其誅建德也，無乃畏惡其能歟？已而使人潛殺世充，豈所謂與衆弃之歟？

王夫之《讀通鑑論》卷一九《唐高祖》 薛仁杲、蕭銑、竇建德或降或殺而皆斬，唯王世充赦而徙蜀，此不可解之惑也。唐高君臣當大法可伸之日，而執生殺之權，夫豈茫焉而罔正如此。世充，隋之大臣也，導其主以荒淫，立越王而弑奪之，其當辜也，固也；乃世充力守東都，百戰以扞李密，而其篡也，在煬帝已弑之後，使幸而成焉，亦無以異於陳霸先。而唐立代王，旋奪其位，有諸己者不可非諸人，唐固不能正名以行辟也。且取世充與仁杲、建德、蕭銑較，世充者，操、懿以後之積習也。【略】自東漢以後，權臣之篡者，成而爲曹魏、六朝；未成而敗，爲王敦、桓溫、劉毅、沈攸之、蕭穎胄、王僧辯；僨成而速敗，爲桓玄、侯景；乃及隋之亡，而天下之勢易矣，人皆可帝，户皆可王，是匹夫狂起之初機也。唐及早懲之，正草澤稱尊之大罰，然且有黄巢之禍，延於朱温而唐以亡；使弗懲焉，則暗主相承，政刑無紀，閭井之匹夫，幾人帝而幾人王，生民之流血，終無已日矣。若權臣受將相之託，爲功於國，而逼奪孤幼，則不待正鈇鉞於世充而無有繼之者。高祖相世運之遷，大權之移，禍萌之變，而貰世充、誅三僭，其亦審矣，而豈貿貿以張弛乎？已天下之亂者義也，而義固隨時以制宜者也。世充可誅也，建德、銑、仁杲尤不可貸者也，非昧於治亂之幾者，可執一切之義以論得失也。

藝文

宋敏求《唐大詔令集》卷一一九佚名《令秦王討王世充詔》 取亂侮亡，聖人於是致治，安民和衆，大武所以成功。兵革之興，義資靖難，出軍命將，蓋非獲已。自隋氏數窮，天下鼎沸，豺狼交争，黔庶凋殘。朕受命臨御，志存寧濟，率土之内，咸思覆育，聲教所覃，莫不清晏。唯彼伊洛，尚隔朝風，世充作梗，肆行凶暴，虐害良善，擁迫吏民，反道亂常，日月滋甚。禍盈釁積，天亡有徵，心腹猜攜，黨援孤絶，農畝荒廢，糧廪内空，城隍社稷，勢將崩潰，弔民問罪，今實其時。可令陝東道行臺、上柱國、秦王世民總統諸軍，東踰崤澠，分命驍勇，百道俱進，救彼塗炭，誅其凶渠。凡此授律，義在拯民，府庫資財，一無所利。尅敵制勝，効策獻功，官賞之差，並超恒典。其有背賊歸款，因事立勳，即加寵授，務隆厚勸。武德三年七月。

宋敏求《唐大詔令集》卷一二一佚名《赦河南諸州爲王世充詿誤詔》 朕初膺靈命，撫育萬邦，一物失宜，憂責在己。是以昧旦丕顯，昃食忘勞，思流惠澤，被於率土。日者世充作梗，僭擅一方，侵虐士民，阻絶聲教。鞏、洛之地，比邑連城，受制凶威，莫能自免，翹足引領，乞師請命。朕愍彼黎庶，獨爲匪民，命將出

軍，用申撫字。兵威所震，醜徒慴服，元惡頓顙，面縛軍門。殄滅氛祲，混同文軌，拯彼遺民，出乎塗炭。宜從蕩滌，與之更始。可赦河南諸州舊爲世充所詿誤者，自武德四年六月四日以前，皆除其罪。若有率其部衆，保全城邑，因事立功，以歸朝化者，量其效績，就加職任。奇才異行，隨事旌擢，鰥寡孤獨，以時恤理，亡命山澤，詔書到後三十日不來歸首者，復罪如初。

宋敏求《唐大詔令集》卷一二三佚名《募擒王世充爵賞詔》 世充僭逆，拘逼黎元，向化之徒，無由自達。朕惡煩百姓，不欲興戎，久耽兵威，未窮征討。然而縱溢彌甚，暴虐不悛，嘆彼方隅，久遭塗炭。賊既糧盡計竭，衆叛親離，惡稔貫盈，亡徵已見。今則分命驍勇，步騎齊趍，直指洛濱，衝其巢穴，招納降附，拯救阽危，務在安人，豈求實利。兵馬所到，有因事立功，擒兇制勝者，重頒爵命，厚加褒賞。其金玉寶藏，分賜將士，酬賞之科，仍依別格，宜明申布，咸使聞知。武德三年七月。

宋敏求《唐大詔令集》卷一二三佚名《平王世充赦》 詔曰：天生蒸民，樹之司牧，光宅區宇，撫字黎庶。日月照臨，文明於是統極，雷雨作解，順時所以布化。往者隋季道衰，刑政廢缺，九服雲擾，五岳塵飛，率土之民，墜於塗炭，瞻天蹐地，控告無所。朕愍彼横流，志存拯溺，投袂鞠旅，肇建義旗，伐暴除虐，克寧宇縣，靈祇叶贊，遐邇樂推，景運所集，祇膺寶位。戡剪多難，撫輯遺民，溥被萬方，情均覆育。然而世充放命，擾亂周、韓，建德遊魂，虔劉趙魏。害虐良善，阻絶朝風。言念匪民，久罹凶毒，滿堂之樂，猶有向隅，納隍之嘆，無忘旦夕，是以出車命將，伐罪弔民。宗廟威靈，卿士効節，旌旆所拂，醜徒冰泮，二凶授首，萬方廓清，書軌大同，氛祲澄蕩，邊堠解柝，烽燧無虞，振旅休兵，塗歌里抃。今既九圍寧謐，八表乂安，思與吏民，勵精更始。朕惟寡德，政道多違，陰陽不調，致使亢旱。深思惕懼，震悼于懷，解網崇恩，宜流愷澤。可大赦天下，自武德四年七月十二日昧爽以前，大辟罪已下，已發露、未發露，悉從原免。自武德二年十二月三十日以前，亡官失爵者，量聽叙用。天下民庶，給復一年，其陝、鼎、函、虢、□、芮六州，供轉輸之費，幽州管内，久隔寇戎，給復二年。身死王事，量加褒贈。律令格式，且用開皇舊法。孝子順孫義夫節婦，所在詳列，旌表門閭。奇材異行，隨狀薦舉。高年惸獨，量加贍卹。

《全唐文》卷一三四韋雲起《諫征王世充表》 國家承喪亂之後，百姓流離，未蒙安養，頻年不熟，關内阻飢，京邑初平，物情未附，鼠竊狗盜，猶爲國憂。盩厔司竹，餘氛未殄。藍田谷口，羣盜實多。朝夕伺間，極爲國害，雖京城之内，每夜賊發，北有師都，連結胡寇，斯乃國家腹心之疾也。捨此不圖，而窺兵函洛，若師出之後，内盗乘虛，一旦有變，禍將不小。臣謂王世充遠隔千里，山川懸絶，無能爲害，待有餘力，方可討之。今内難未弭，且宜宏於度外，如臣愚見，請暫戢兵，務穡勸農，安人和衆，關中小盜，自然寧息。秦川將卒賈勇有餘，三年之後，一舉便定，今雖欲速，臣恐未可。

李密部

綜述

《隋書》卷七〇《李密傳》 李密字法主，真鄉公衍之從孫也。祖耀，周邢國公。父寬，驍勇善戰，幹略過人，自周及隋，數經將領，至柱國、蒲山郡公，號爲名將。密多籌算，才兼文武，志氣雄遠，常以濟物爲己任。開皇中，襲父爵蒲山公，乃散家産，賙贍親故，養客禮賢，無所愛吝。與楊玄感爲刎頸之交。後更折節，下帷耽學，尤好兵書，誦皆在口。師事國子助教包愷，受《史記》、《漢書》，勵精忘倦，愷門徒皆出其下。大業初，授親衛大都督，非其所好，稱疾而歸。

《舊唐書》卷五三《李密傳》 李密字玄邃，本遼東襄平人。魏司徒弼曾孫，後周賜弼姓徒何氏。祖曜，周太保、魏國公；父寬，隋上柱國、蒲山公；皆知名當代。徙爲京兆長安人。密以父蔭爲左親侍，嘗在仗下，煬帝顧見之，退謂許公宇文述曰：「向者左仗下黑色小兒爲誰？」許公對曰：「故蒲山公李寬子密也。」帝曰：「箇小兒視瞻異常，勿令宿衛。」他日，述謂密曰：「弟聰令如此，當以才學取官，三衛叢脞，非養賢之所。」密大喜，因謝病，專以讀書爲事，時人希見其面。嘗欲尋包愷，乘一黄牛，被以蒲韉，仍將《漢書》一帙挂於角上，一手捉牛靷，一手翻卷書讀之。尚書令、越國公楊素見於道，從後按轡躡之，既及，問曰：「何處書生，耽學若此？」密識越公，乃下牛再拜，自言姓名。又問所讀書，答曰《項羽傳》。越公奇之，與語大悦，謂其子玄感等曰：「吾觀李密識度，汝等不及。」於是玄感傾心結託。大業九年，煬帝伐高麗，使玄感於黎陽監運。時天下騷動，玄感將謀舉兵，潛遣人入關迎密，以爲謀主。密至，謂玄感曰：「今天子出征，遠在遼外，地去幽州，懸隔千里。南有巨海之限，北有胡戎之患，中間一道，理極艱危。今公擁兵出其不意，長驅入薊，直扼其喉。前有高麗，退無歸路，不過旬朔，賫糧必盡。舉麾一召，其衆自降，不戰而擒，此計之上也。關中四塞，天府之國，有衛文昇，不足爲意。若經城勿攻，西入長安，掩其無備，天子雖還，失其襟帶。據險臨之，固當必克，萬全之勢，此計之中也。若隨近逐便，先向東都，頓堅城之下，勝負殊未可知，此計之下也。」玄感曰：「公之下計，乃上策也。今百官家口，並在東都，若不取之，安能動物？且經城不拔，何以示威？」密計遂不行。玄感既至東都，頻戰皆捷，自謂天下響應，功在朝夕。及獲内史舍人韋福嗣，又委以腹心，是以軍旅之事，不專歸密。福嗣既非同謀，因戰被執，每設籌畫，皆持兩端。玄感後使作檄文，福嗣固辭不肯，密揣其情，因謂玄感曰：「福嗣既非同盟，實懷觀望。明公初起大事，而姦人在側，必爲所誤，請斬之以謝衆，方可安輯。」玄感曰：「何至於此！」密知言之不用，退謂所親曰：「楚公好反而不圖勝，如何？吾屬今爲虜矣！」後玄感將西入，福嗣竟亡歸東都。

隋左武衛大將軍李子雄坐事被收，繫送行在所，於路殺使者，亡投玄感，乃勸玄感速稱尊號。玄感問於密，密曰：「昔陳勝自欲稱王，張耳諫而被外；魏武將求九錫，荀彧止而見疎。今者密若正言，還恐追蹤二子；阿諛順意，又非密之本圖。何者？兵起已來，雖復頻捷，至於郡縣，未有從者。東都守禦尚彊，天下救兵益至。公當身先士衆，早定關中，乃欲急自尊崇，何示人不廣也！」玄感笑而止。

及隋將宇文述、來護兒等率軍且至，玄感謂曰：「計將安出？」密曰：「元弘嗣統彊兵於隴右，今可陽言其反，遣使迎公，因此入關，可得紿衆。」因引軍西入。至陝縣，欲圍弘農宫，密諫之曰：「公今詐衆西入，事宜在速，況乃追兵將至，安可稽留！若前不得據關，退無所守，大衆一散，何以自全？」玄感不從，遂圍之，三日不拔，方引而西。至於閿鄉，追兵遂及，玄感敗。密乃間行入關，爲捕者所獲。

時煬帝在高陽，密與其黨俱送帝所，謂其徒曰：「吾等之命，同於朝露，若至高陽，必爲葅醢。今在道中，猶可爲計，安得行就鼎鑊，不規逃避也！」衆然之。其多有金者，密令出示使者曰：「吾等死日，幸用相瘞，其餘即皆報德。」使者利其金，許之。及出關外，防禁漸弛，密請市酒食，每夜讌飲，諠譁竟夕，使者不以爲意。行至邯鄲，密等七人穿牆而遁。抵平原賊帥郝孝德，孝德不甚禮之，密又捨去。詣淮陽，隱姓名，自稱劉智遠，聚徒教授。經數月，鬱鬱不得志，爲五言詩曰：「金風蕩初節，玉露凋晚林。此夕窮塗士，鬱陶傷寸心。野平葭葦合，村荒藜藿深。眺聽良多感，徙倚獨霑襟。霑襟何所爲，悵然懷古意。秦俗猶未平，漢道將何冀？樊噲市井徒，蕭何刀筆吏。一朝時運會，千古傳名謚。寄言世上雄，虚生真可愧。」詩成而泣下數行。時人有怪之者，以告太守趙佗，下縣捕之，密又

亡去。

會東郡賊帥翟讓聚黨萬餘人，密往歸之。或有知密是玄感亡將，潛勸讓害之，讓囚密於營外。密因王伯當以策干讓曰：「當今主昏於上，人怨於下，鋭兵盡於遼東，和親絶於突厥，方乃巡遊揚、越，委棄京都，此亦劉、項奮起之會。以足下之雄才大略，士馬精勇，席卷二京，誅滅暴虐，則隋氏之不足亡也。」讓深加敬慕，遽釋之。遣説諸小賊，所至皆降。密又説讓曰：「今兵衆既多，糧無所出，若曠日持久，則人馬困弊，大敵一臨，死亡無日矣！未若直取滎陽，休兵館穀，待士勇馬肥，然後與人爭利。」讓以爲然。自是破金堤關，掠滎陽諸縣城堡，多下之。

滎陽太守楊慶及通守張須陁以兵討讓，讓曾爲須陁所敗，聞其來，大懼，將遠避之。密曰：「須陁勇而無謀，兵又驟勝，既驕且狠，可一戰而擒之。公但列陣以待，爲公破之。」讓不得已，勒兵將戰，密分兵千餘人於木林間設伏。讓與戰不利，稍却，密發伏自後掩之，須陁衆潰，與讓合擊，大破之，遂斬須陁於陣。讓於是令密別統所部。密軍陣整肅，凡號令兵士，雖盛夏皆若背負霜雪。躬服儉素，所得金寶皆頒賜麾下，由是人爲之用。尋復説讓曰：「昏主蒙塵，播蕩吳、越，羣兵競起，海内飢荒。明公以英傑之才，而統驍雄之旅，宜當廓清天下，誅剪羣凶，豈可求食草間，常爲小盜而已。今東都士庶，中外離心，留守諸官，政令不一。明公親率大衆，直掩興洛倉，發粟以賑窮乏，遠近孰不歸附？百萬之衆，一朝可集，先發制人，此機不可失也！」讓曰：「僕起隴畝之間，望不至此，必如所圖，請君先發，僕領諸軍便爲後殿。得倉之日，當別議之。」

大業十三年春，密與讓領精兵千人出陽城北，踰方山，自羅口襲興洛倉，破之。開倉恣人所取，老弱襁負，道路不絶，衆至數十萬。隋越王侗遣虎賁郎將劉長恭率步騎二萬五千討密，密一戰破之，長恭僅以身免。讓於是推密爲主，號爲魏公。二月，於鞏南設壇場，即位，稱元年，其文書行下稱行軍元帥魏公府。以房彦藻爲左長史，邴元真爲右長史，楊得方爲左司馬，鄭德韜爲右司馬。拜翟讓爲司徒，封東郡公。單雄信爲左武候大將軍，徐世勣爲右武候大將軍，祖君彦爲記室，其餘封拜各有差。於是城洛口周迴四十里以居之。

長白山賊孟讓率所部歸密，鞏縣長柴孝和、侍御史鄭頤以鞏縣降密。隋虎賁郎將裴仁基率其子行儼以武牢歸密，拜爲上柱國，封河東郡公。因遣仁基與孟讓率兵三萬餘人襲迴洛倉，破之，入東都，俘掠居人，燒天津橋，東都出兵乘之，仁基等大敗，僅以身免。密復親率兵三萬逼東都，將軍段達、虎賁郎將高毗、劉長林等出兵七萬拒之，戰於故都城，隋軍敗走。密復下迴洛倉而據之，大修營塹，以逼東都，仍作書以移郡縣曰：「自元氣肇闢，厥初生人，樹之帝王，以爲司牧。是以羲、農、軒、項之後，堯、舜、禹、湯之君，靡不祗畏上玄，愛育黔首，乾乾終日，翼翼小心，馭朽索而同危，履春冰而是懼。故一物失所，若納隍而愧之；一夫有罪，遂下車而泣之。謙德軫於責躬，憂勞切於罪己。普天之下，率土之濱，蟠木距於流沙，瀚海窮於丹穴，莫不鼓腹擊壤，鑿井耕田，治致昇平，驅之仁壽。是以愛之如父母，敬之若神明，用能享國多年，祚延長世。未有暴虐臨人，克終天位者也。隋氏往因周末，預奉綴衣，狐媚而圖聖寶，胠篋以取神器。及纘承負扆，狼虎其心，始暟明兩之暉，終干少陽之位。先皇大漸，侍疾禁中，遂爲梟獍，便行鴆毒。禍深於莒僕，釁酷於商臣，天地難容，人神嗟憤。州吁安忍，閼伯日尋，劍閣所以懷凶，晉陽所以興亂，甸人爲罄，淫刑斯逞。夫九族既睦，唐帝闡其欽明；百世本枝，文王表其光大。况復隳壞盤石，剿絶維城，脣亡齒寒，寧止虞、虢，欲其長久，其可得乎！其罪一也。禽獸之行，在於聚麀，人倫之體，別於内外。而蘭陵公主逼幸告終，誰謂敤首之賢，翻見齊襄之恥。逮於先皇嬪御，並進銀鐶；諸王子女，咸貯金屋。牝鷄鳴於詰旦，雄雉恣其羣飛，袒衣戲陳侯之朝，穹廬同冒頓之寢。爵賞之出，女謁遂成，公卿宣淫，無復綱紀。其罪二也。平章百姓，一日萬機，未曉求衣，昃晷不食。大禹不貴於尺璧，光武不隔於支體，以是憂勤，深慮幽枉。而荒湎於酒，俾晝作夜，式號且呼，甘嗜聲伎，常居窟室，每藉糟丘。朝謁罕見其身，羣臣希覩其面，斷決自此不行，敷奏於是停擁。中山千日之飲，酩酊無名；襄陽三雅之盃，留連詎比。又廣召良家，充選宫掖，潛爲九市，親駕四驢，自比商人，見要逆旅。殷辛之譴爲小，漢靈之罪更輕，内外驚心，遐邇失望。其罪三也。上棟下宇，著在《易》爻；茅茨采椽，陳諸史籍。聖人本意，惟避風雨，詎待朱玉之華，寧須綈錦之麗。故瑤室崇構，商辛以之滅亡；阿房崛起，二世是以傾覆。而不遵古典，不念前章，廣立池臺，多營宫觀，金鋪玉户，青瑣丹墀，蔽虧日月，隔閡寒暑。窮生人之筋力，罄天下之資財，使鬼尚難爲之，勞人固其不可。其罪四也。公田所徹，不過十畝；人力所供，纔止三日。是以輕徭薄賦，不奪農時，寧積於人，無藏於府。而科税繁猥，不知紀極；猛火屢燒，漏巵難滿。頭會箕斂，逆折十年之租；杼軸其空，日損千金之費。父母不保其赤子，夫妻相棄於匡牀。萬户則城郭空虚，千里則煙火斷滅。西蜀王孫之室，翻同原憲之

貧；東海糜竺之家，俄成鄧通之鬼。其罪五也。古先哲王，卜征巡狩，唐、虞五載，周則一紀。本欲親問疾苦，觀省風謠，乃復廣積薪芻，多備饔餼。年年歷覽，處處登臨，從臣疲弊，供頓辛苦。飄風凍雨，聊竊比於先驅；車轍馬跡，遂周行於天下。秦皇之心未已，周穆之意難窮，宴西母而歌雲，浮東海而觀日。家苦納秸之勤，人阻來蘇之望。且夫天下有道，守在海外，夷不亂華，在德非險。長城之役，戰國所爲，乃是狙詐之風，非關稽古之法。而追蹤秦代，板築更興，襲其基墟，延袤萬里，尸骸蔽野，血流成河，積怨滿於山川，號哭動於天地。其罪六也。遼水之東，朝鮮之地，《禹貢》以爲荒服，周王棄而不臣，示以羈縻，達其聲教，苟欲愛人，非求拓土。又强弩末矢，理無穿於魯縞；衝風餘力，詎能動於鴻毛。石田得而無堪，雞肋啖而何用。而恃衆怙力，强兵黷武，惟在并吞，不思長策。夫兵猶火也，不戢將自焚，遂令億兆夷人，隻輪莫返。夫差喪國，實爲黄池之盟；苻堅滅身，良由壽春之役。欲捕鳴蟬於前，不知挾彈在後。復矢相顧，髽而成行，義夫切齒，壯士扼腕。其罪七也。直言啓沃，王臣匪躬，惟木從繩，若金須礪。唐堯建鼓，思聞獻替之言；夏禹懸鞀，時聽箴規之美。而愎諫違卜，蠹賢嫉能，直士正人，皆由屠害。左僕射、齊國公高熲，上柱國、宋國公賀若弼，或文昌上相，或細柳功臣，暫吐良藥之言，翻加屬鏤之賜。龍逢無罪，便遭夏癸之誅；王子何辜，濫被商辛之戮。遂令君子結舌，賢人緘口。指白日而比盛，射蒼天而敢欺，不悟國之將亡，不知死之將至。其罪八也。設官分職，貴在銓衡，察獄問刑，無聞販鬻。而錢神起論，銅臭爲公，梁冀受黄金之蛇，孟佗薦蒲萄之酒。遂使彝倫攸斁，政以賄成，君子在野，小人在位。積薪居上，同汲黯之言；囊錢不如，傷趙壹之賦。其罪九也。宣尼有言，無信不立，用命賞祖，義豈食言。自昏主嗣位，每歲行幸，南北巡狩，東西征伐。至如浩亹陪蹕，東都守固，閿鄉野戰，鴈門解圍。自外征夫，不可勝紀，既立功勳，須酬官爵。而志懷翻覆，言行浮詭，危急則勳賞懸授，克定則絲綸不行，異商鞅之頒金，同項王之刓印。芳餌之下，必有懸魚，惜其重賞，求人死力，走丸逆坂，匹此非難。凡百驍雄，誰不讎怨。至於匹夫蕞爾，宿諾不虧，既在乘輿，二三其德。其罪十也。有一於此，未或不亡。況四維不張，三靈總瘁，無小無大，愚夫愚婦，共識殷亡，咸知夏滅。罄南山之竹，書罪未窮；決東海之波，流惡難盡。是以窮奇災於上國，猰貐暴於中原，三河縱封豕之貪，四海被長蛇之毒，百姓殲亡，殆無遺類，十分爲計，纔一而已。蒼生懍懍，咸憂杞國之崩；赤子嗷嗷，但愁歷陽之陷。且國祚將改，必有常期，六百殷亡之年，三十姬終之世。

故讖籙云：『隋氏三十六年而滅。』此則厭德之象已彰，代終之兆先見。皇天無親，惟德是輔。況乃欃槍竟天，申繻謂之除舊；歲星入井，甘公以爲義興。兼朱雀門燒，正陽日蝕，狐鳴鬼哭，川竭山崩。並是宗廟爲墟之妖，荆棘旅庭之事。夏氏則災釁非多，殷人則咎徵更少。牽牛入漢，方知大亂之期；王良策馬，始驗兵車之會。今者順人將革，先天不違，大誓孟津，陳命景亳，三千列國，八百諸侯，不謀而同辭，不召而自至。轟轟隱隱，如霆如雷，彪虎嘯而谷風生，應龍驤而景雲起。我魏公聰明神武，齊聖廣淵，總七德而在躬，包九功而挺出。周太保、魏公之孫，上柱國、蒲山公之子。家傳盛德，武王承季歷之基；地啓元勳，世祖嗣元皇之業。篤生白水，日角之相便彰；載誕丹陵，大寶之文斯著。加以姓符圖緯，名協歌謡，六合所以歸心，三靈所以改卜。文王厄於羑里，赤雀方來；高祖隱於碭山，彤雲自起。兵誅不道，《赤伏》至自長安；鋒銳難當，黄星出於梁、宋。九五龍飛之始，天人豹變之初，歷試諸難，大敵彌勇。上柱國、司徒、東郡公翟讓，功宣締構，翼亮經綸，伊尹之佐成湯，蕭何之輔高帝。上柱國、總管、齊國公孟讓，柱國、歷城公孟暢，柱國、絳郡公裴行儼，大將軍、左長史邴元真等，並運籌千里，勇冠三軍，擊劍則截蛟斷鰲，彎弧則吟猿落鴈。韓、彭、絳、灌，成沛公之基；寇、賈、吴、馮，奉蕭王之業。復有蒙輪挾輈之士，拔距投石之夫，驥馬追風，吴戈照日。魏公屬當期運，伏兹億兆，躬擐甲冑，跋涉山川，櫛風沐雨，豈辭勞倦。遂起西伯之師，將問南巢之罪，百萬成旅，四七爲名，呼吸則河、渭絶流，叱咤則嵩、華自拔。以此攻城，何城不陷；以此擊陣，何陣不摧。譬猶瀉滄海而灌殘熒，舉崑崙而壓小卵。鼓行而進，百道俱前，以今月二十一日屆於東都。而昏朝文武、留守段達等，昆吾惡稔，飛廉姦佞，久迷天數，敢拒義兵，驅率醜徒，衆有十萬，迴洛倉北，遂來舉斧。於是熊羆角逐，貔虎争先，因其倒戈之心，乘我破竹之勢，曾未旋踵，瓦解冰銷，坑卒則長平未多，積甲則熊耳爲小。達等助桀爲虐，嬰城自固，梯衝亂舞，徒設九拒之謀；鼓角將鳴，空憑百樓之險。燕巢衛幕，魚遊宋池，殄滅之期，匪朝伊暮。然興洛、虎牢，國家儲積，我已先據，爲日久矣。既得迴洛，又取黎陽，天下之倉，盡非隋有。四方起義，足食足兵，無前無敵。裴光禄仁基，雄才上將，受脤專征，遐邇攸憑，安危是託，乃識機知變，還殷事夏。袁謙擒自鹽水，張須陁獲在滎陽，竇慶戰没於淮南，郭絢授首於河北，隋之亡候，聊可知也。清河公房彦藻，近秉戎律，略地東南，師之所臨，風行電擊。安陸、汝南，隨機蕩定；淮安、濟陽，俄然送款。徐圓朗已平魯郡，孟海公又破濟陽，海內

英雄，咸來響應。封民贍取平原之境，郝孝德據黎陽之倉，李士雄虎視於長平，王德仁鷹揚於上黨，滑公李景、考功郎中房山基發自臨渝，劉興祖起於白朔，崔白駒在潁川起，方獻伯以譙郡來，各擁數萬之兵，俱期牧野之會。滄溟之右，函谷以東，牛酒獻於軍前，壺漿盈於道路。諸君等並衣冠世胄，杞梓良才，神鼎靈繹之秋，裂地封侯之始，豹變鵲起，今也其時，鼉鳴鱉應，見機而作，宜各鳩率子弟，共建功名。耿弇之赴光武，蕭何之奉高帝，豈止金章紫綬，華蓋朱輪，富貴以重當年，忠貞以傳奕葉，豈不盛哉！若隋代官人，同吠堯之犬，尚荷王莽之恩，仍懷蒯聵之禄。審配死於袁氏，不如張郃歸曹；范增困於項王，未若陳平從漢。魏公推以赤心，當加好爵，擇木而處，令不自疑。脱猛虎猶豫，舟中敵國，夙沙之人共縛其主，彭寵之僕自殺其君，高官上賞，即以相授。如闇於成事，守迷不反，崑山縱火，玉石俱焚，爾等噬臍，悔將何及！黄河帶地，明余旦旦之言；皎日麗天，知我勤勤之意。布告海内，咸使聞知。」祖君彦之辭也。

俄而德韜、德方俱死，復以鄭頲爲左司馬，鄭虔象爲右司馬。柴孝和説密曰：「秦地阻山帶河，西楚背之而亡，漢高都之而霸。如愚意者，令仁基守迴洛，翟讓守洛口，明公親簡精鋭，西襲長安，百姓孰不郊迎，必當有征無戰。既克京邑，業固兵强，方更長驅崤函，掃蕩東洛，傳檄指撝，天下可定。但今英雄競起，實恐他人我先，一朝失之，噬臍何及！」密曰：「君之所圖，僕亦思之久矣，誠乃上策。但昏主尚存，從兵猶衆，我之所部，並是山東人，既見未下洛陽，何肯相隨西入？諸將出於羣盜，留之各競雄雌。若然者，殆將敗矣！」

密恃兵鋒甚鋭，每入苑與隋軍連戰。會密爲流矢所中，卧於營内，東都復出兵乘之，密衆大潰，棄迴洛倉，歸于洛口。煬帝遣王世充率勁卒五萬擊之，密與戰不利，孝和溺死於洛水，密哭之甚慟。世充營於洛西，與密相拒百餘日，大小六十餘戰。武陽郡丞元寶藏、黎陽賊帥李文相、洹水賊帥張昇、清河賊帥趙君德、平原賊帥郝孝德，並歸於密，共襲破黎陽倉，據之。永安大族周法明舉江、黄之地以附密，齊郡賊帥徐圓朗、任城大俠徐師仁、淮陽太守趙佗皆歸之。

翟讓部將王儒信勸讓爲大冢宰，總統衆務，以奪密之權。讓兄寬復謂讓曰：「天子止可自作，安得與人！汝若不能作，我當爲之。」密聞其言，陰有圖讓之計。會世充列陣而至，讓出拒之，爲世充所擊，讓軍少失利，密與單雄信等率精鋭赴之，世充敗走。明日，讓徑至密所，欲爲宴樂，密具饌以待之，其所將左右各分令就食。密引讓入坐，以良弓示讓，讓方引滿，密遣壯士自後斬之，并殺其兄寬及王儒信。讓部將徐世勣爲亂兵所斫，中重瘡，密遽止之，得免，單雄信等頓首求哀，密並釋而慰諭之。於是詣讓連營，諭其將士，無敢動者。乃命徐世勣、單雄信、王伯當分統其衆。

未幾，世充襲倉城，密復破之。世充復移營洛北，造浮橋，悉衆以擊密，密與千餘騎拒之，不利而退。世充因薄其城下，密簡鋭卒數百人以邀之，世充大潰，争趣浮橋，溺死者數萬。虎賁郎將楊威、王辯、霍舉、劉長恭、梁德、董智皆没於陣，世充僅而獲免。其夜，大雨雪，士卒凍死者殆盡。密乘勝陷偃師，於是修金墉城居之，有衆三十餘萬。留守韋津又與密戰於上春門，津大敗，執於陣。將作大匠宇文愷叛東都，降於密。東至海、岱，南至江、淮，郡縣莫不遣使歸密。竇建德、朱粲、楊士林、孟海公、徐圓朗、盧祖尚、周法明等並隨使通表於密勸進，於是密下官屬咸勸密即尊號，密曰：「東都未平，不可議此。」

及義旗建，密負其强盛，欲自爲盟主，乃致書呼高祖爲兄，請合從以滅隋，大略云欲與高祖爲盟津之會，殪商辛於牧野，執子嬰於咸陽，其旨以弑後主執代王爲意。高祖覽書笑曰：「李密陸梁放肆，不可以折簡致之。吾方安輯京師，未遑東討，即相阻絶，便是更生一秦。密今適所以爲吾拒東都之兵，守成皋之扼，更求韓、彭，莫如用密。宜卑辭推奬，以驕其志，使其不虞於我。我得入關，據蒲津而屯永豐，阻崤函而臨伊、洛，吾大事濟矣。」令記室温大雅作書報密曰：「頃者，崑山火烈，海水羣飛，赤縣丘墟，黔黎塗炭。布衣戎卒，鋤耰棘矜，争霸圖王，狐鳴蜂起。翼翼京洛，强弩圍城，膴膴周原，僵屍滿路。主上南巡，泛膠舟而忘返；匈奴北熾，將被髮於伊川。輦上無虞，羣下結舌，大盜移國，莫之敢指。忽焉至此，自貽伊戚，七百之基，窮於二世。周、齊以往，書契以還，邦國淪胥，未有如斯之酷者也。天生蒸民，必有司牧，當今爲牧，非子而誰？老夫年餘知命，願不及此，欣戴大弟，攀鱗附翼。惟冀早應圖籙，以寧兆庶。宗盟之長，屬籍見容；復封於唐，斯榮足矣！殪商辛於牧野，所不忍言；執子嬰於咸陽，非敢聞命。汾、晉左右，尚須安輯，盟津之會，未暇卜期。今日鑾輿南幸，恐同永嘉之勢。顧此中原，鞠爲茂草，興言感嘆，實疚於懷。脱知動静，數遲貽報，未面靈襟，用增勞軫。名利之地，鋒鏑縱横，深慎垂堂，勉兹鴻業。」密得書甚悦，示其部下曰：「唐公見推，天下不足定也！」於是不虞義師而專意於世充。

俄而宇文化及率衆自江都北指黎陽，兵十餘萬，密乃自將步騎二萬拒之。隋越王侗稱尊號，遣使授密太尉、尚書令、東南道大行臺行軍元帥，魏國公，令先

平化及，然後入朝輔政。密將與化及相抗，恐前後受敵，因卑辭以報謝焉。化及至黎陽，與密相遇，密知其軍少食，利在急戰，故不與交鋒，又遏其歸路。密遣徐世勣守倉城，化及攻之不能下。密知化及糧且盡，因僞與和，以弊其衆。化及弗之悟，大喜，恣其兵食，冀密饋之。後知其計，化及怒，與密大戰於衛州之童山下，密爲流矢所中，頓於汲縣。化及力竭糧盡，衆多叛之，掠汲縣，北趣魏縣。其將陳智略、張童仁等率所部兵歸於密者，前後相繼。初，化及留輜重於東郡，遣其所署刑部尚書王軌守之，至是軌舉郡降密。

密引兵而西，遣使朝於東都，執殺煬帝人于弘達獻越王侗。侗召密入朝，至溫縣，聞世充作難而止，乃歸金墉城。時密兵少衣，世充兵乏食，乃請交易，密初難之，邴元真好求私利，屢勸密，密遂許焉。初，東都絕糧，兵士歸密者日有數百，至此得食，而降人益少，密方悔而止。密雖據倉而無府庫，兵數戰皆不獲賞，又厚撫初附之兵，由是衆心漸怨。

武德元年九月，世充以其衆五千來決戰，密留王伯當守金墉，自引精兵就偃師，北阻邙山以待之。世充軍至，密遂敗績，裴仁基、祖君彥並爲世充所虜，密與萬餘人馳向洛口。世充圍偃師，守將鄭頲之下兵士劫叛，以城降世充。密將入洛口倉城，邴元真已遣人潛引世充，密陰知之，不發其事，欲待世充兵半渡洛水，然後擊之。及世充軍至，密候騎不時覺，比將出戰，世充軍已濟矣。密自度不能支，引騎而遁，徑赴武牢，元真竟以城降於世充。

密將如黎陽，或謂密曰：「殺翟讓之際，徐世勣幾至於死，今向其所，安可保乎？」時王伯當棄金墉，保河陽，密以輕騎自武牢歸之，謂伯當曰：「兵敗矣，久苦諸君！我今自刎，請以謝衆。」伯當抱密，號叫慟絕，衆皆泣，莫能仰視。密復曰：「諸軍幸不相棄，當共歸關中，密身雖愧無功，諸君必保富貴。」其府掾柳爽對曰：「昔盆子歸漢，尚食均輸。明公與唐公同族，兼有疇昔之遇，雖不陪從起義，然而阻東都，斷隋歸路，使唐公不戰而據京師，此亦公之功也。」衆咸曰：「然。」密又謂王伯當曰：「將軍室家重大，豈復與孤俱行哉！」伯當曰：「昔漢高誅項，蕭何率子弟以從，伯當恨不昆季盡從，以此爲愧耳。豈以公今日失利，遂輕去就。縱身分原野，亦所甘心。」左右莫不感激，於是從入關者尚二萬人。高祖遣使迎勞，相望於道，密大喜，謂其徒曰「我有衆百萬，一朝至此，命也。今事敗歸國，幸蒙殊遇，當思竭忠，以事所奉耳！且山東連城數百，知吾至此，遣使招之，盡當歸國。比於竇融，勳亦不細，豈不以一台司見處乎？」及至京師，禮數益薄，執政者又來求賄，意甚不平。尋拜光祿卿，封邢國公。

未幾，聞其所部將帥皆不附世充，高祖使密領本兵往黎陽，招集故時將士，經略世充。時王伯當爲左武衛將軍，亦令爲副。密行至桃林，高祖復徵之，密大懼，謀將叛。伯當頗止之，密不從，因謂密曰：「義士之立志也，不以存亡易心。伯當荷公恩禮，期以性命相報。公必不聽，今祗可同去，死生以之，然終恐無益也。」乃簡驍勇數千人，著婦人衣，戴羃䍦，藏刀裙下，詐爲妻妾，自率之入桃林縣舍。須臾，變服突出，因據縣城，驅掠畜産，直趣南山，乘險而東，遣人馳告張善相，令以兵應接。

時右翊衛將軍史萬寶留鎮熊州，遣副將盛彥師率步騎數千追躡，至陸渾縣南七十里，與密相及。彥師伏兵山谷，密軍半度，横出擊，敗之，遂斬密，時年三十七。王伯當亦死之，與密俱傳首京師。時李勣爲黎陽總管，高祖以勣舊經事密，遣使報其反狀。勣表請收葬，詔許之。高祖歸其屍，勣發喪行服，備君臣之禮。大具威儀，三軍皆縞素，葬於黎陽山南五里。故人哭之，多有歐血者。邴元真之降世充也，以爲行臺僕射，鎮滑州。密故將杜才幹恨元真背密，詐與之會，伏甲斬之，以其首祭于密冢。

《新唐書》卷八四《李密傳》　初，密既殺翟讓，心稍驕，不卹士，素無府庫財，軍戰勝，無所賜與，又厚撫新集，人心始離。民食興洛倉者，給授無檢，至負取不勝，委於道，踐蹂狼扈。密喜，自謂足食。司倉賈潤甫諫曰：「人，國本；食，人天。今百姓飢捐，暴骨道路。公雖受命，然賴人之天以固國本。而稟取不節，敖庾之藏有時而賜，粟竭人散，胡仰而成功？」不聽。徐世勣數規其違，密內不喜，使出就屯，故下苟且無固志。初，世充乏食，密少帛，請交相易，難之。邴元真好利，陰勸密許焉。後世充士飽，降者益少，密悔而止。

魏徵《魏鄭公文集》卷三《唐故邢國公李密墓誌銘》　觀乎天造草昧之初，有聖經綸之始，原鹿逐而猶走，瞻烏飛而未定，必有異人間出，命世挺生，負問鼎之雄圖，鬱拔山之壯氣，控御英傑，鞭撻區宇，志逸風飇，勢傾海岳，或一丸請封函谷，或八千以割鴻溝，夏殷資以興亡，楚漢由其輕重，懋功隳乎既立，奇策敗於垂成，仰龍門以摧鱗，望天池而墜翼，求之前載，豈代有其人者哉？公諱密，字元邃，隴西成紀人。自稷德降祉，宏道垂風，導碧海之長瀾，竦閬峯之遥構，家傳餘慶，明哲繼軌，論文德則弼諧舜禹，語武功則經綸秦漢，其餘令聞令望，且公且侯，垂翠緌拖鳴玉者，蓋亦耆舊未得盡傳，良史莫能詳載矣。曾祖弼，周太師上柱國

衛公。祖曜，周太保、魏公。父寬，隋上柱國、大將軍、涼州總管、蒲山郡公。並匡周之美，呂望愧其嘉謀；平吳之功，杜預慚其遠略。公握窒龍種，丹穴鳳雛，降列象之元精，稟成形之秀氣，雲生五色，一日千里，起家左親衛府東宫千牛備身，趨馳武帳，暉映廊廡，出入龍樓，光生道路。隋文帝精華已竭，義不斷恩，始開陵長之源，將致覆宗之禍。公見機而作，謝病言歸，優游經史，晦明藏用，風塵靡雜，賓友簡通，交必一時之俊，談必霸王之略。尚書令景武公楊素，崖岸峻峙，天資宏亮，壁立千仞，直上萬尋，嗣關西之孔子，追陝東之姬旦，深謀遠鑒，獨步當時。公年甫弱冠，時人未許，景武一見風神，稱其傑出，乃命諸子，從而友焉。並結以始終之期，申以死生之分。暨有隋二世，肆虐黔首，三象霧塞，五岳塵飛，妖災所臻，匪唯血落星隕；怨讟所動，寧止石言鬼哭。輸迹遍於天下，徭戍窮於海外。寃魂塞宇宙，白骨蔽原野。墳壟一發掘，城郭邱墟，萬里蕭條，人烟斷絶。公與楚公協契，共拯横流，未息溟海之波，幾及昆岡之火。亡自道中，竄身草澤，奮臂大呼，羣雄嚮起，豹變梁楚，鳳翔鞏洛，據敖庾而塞轘轅，登太行而臨白馬。九服諸侯，四方豪傑，或跨州連郡，或稱帝圖王，合從締交，爭亡秦族者，莫不驅兹青犢，背彼黑山，擊長轂以雷奔，望高旗而電集，不期而會者以百千數。遂大開幕府，肇啟霸圖，敷七德以宣威，掩八紘而取俊，鱗羽畢萃，草澤無遺。於是發人文以化之，播仁義以乘之，應時機以鼓之，總羣策以決之。九野風馳，六合雷駭，彈壓趙燕，振驚江漢。世充甚昆陽之敗，煬帝同望夷之禍，化及師殲於黎陽，建德稽顙於河朔，七國之地，四爲我有，五都之所，三在域中。胡騎千羣，長戟百萬，餘馬則河洛可竭，作氣則嵩華自飛，近無不懷，遠無不肅，聲溢寰宇，威懾華夷。屬人神乏主，以天下爲己任，荒裔佇來蘇之望，遺黎有息肩之所。雖實下民伊賴，然非上帝所臨，壯志展於人謀，雄圖屈於天命，始先鳴於大樹，終垂翅於羣孽。乃眷西顧，舉兹東夏，載驅周道，來謁承明。帝自念功，降兹休命上柱國、邢國公，拜光禄卿。公威雖未振，主自爲謀，蓋當世舊部先附，多出其右，故吏後來，或居其上。懷漁陽之憤憤，耻從吳耿後列，同淮陰之怏怏，羞與絳灌爲伍。負其智勇，頗不自安。俄屬元帥秦王，經營瀍洛，亦親承祕策，率卒先行。既出雞鳴之關，方次休牛之塞，詔命施號，更盡嘉謀。公想雲夢之僞遊，慮青衣之詐反，心辭魏闕之下，志在江湖之上，慕范蠡之高蹈，追赤松之遠遊。熊耳峯危，羊腸路險，降吳不可，歸蜀無路，短兵既接，修途已窮。陰陵失道，詎展拔山之力？騅馬不逝，徒切虞兮之歌。臨陣喪元，時年三十有七。故吏上柱國、黎陽總管曹國公徐世勣等表請收葬。有詔許焉。公體質貞明，機神警悟，五行一覽，半面十年，雅善書劍，尤精文史，輕一夫之勇，學萬人之敵。至於三令五申之法，七縱七擒之功，出天入地之奇，拔幟擁沙之策，莫不動加神化，應變無窮。負縱横之才，遇風雲之會，望紫氣以驤首，淩扶摇而振翮，總不召之衆，問獨夫之罪，從多如流，三分將二，遂有囊括四海之志，併吞六合之心。既而神器有歸，朝宗天闕，率從義之旅，爲勤王之師。更以名重自疑，功高是懼，將遠遊以避難，翻途窮而及禍。惜乎！高鳥未盡，良弓遽折，敵國猶梗，謀臣已喪。天子過細柳以興嗟，聞鼓鼙而軫慮，雅重事人之節，方申詔葬之禮。粤以武德二年某月日，葬於黎陽山西南五里之平原，禮也。故吏徐世勣等，或同嬰世網，共涉艱難，感意氣於一言，託風雲於千載。所恨並發唐代，不列元凱之功，俱爲漢臣，獨漏山河之誓。是以慟深變布，悲甚向雄。慮陵谷之推移，勒斯銘於泉户。庶使神遊楚國，無慙項羽之臣，魂往齊都不愧田横之客。乃爲銘曰：「如馬唐臣，猶龍周史。宏道百世，邁德千祀。帶地深源，極天峻峙。玉種踰潤，蘭芳不已。成形騰氣，成象降精。餘慶鍾美，惟公挺生。少表奇智，早擅英聲。符采發越，志略縱横。隋道方衰，始開陵長。覩兹兆亂，緬然長想。閉關晦迹，招弓莫往。盤桓利居，不嬰世網。運居道消，時逢改卜。朱旗爰止，素靈已哭。野戰羣龍，馳走原鹿。競窺周鼎，爭亡秦族。時遭蠖屈，運偶鳳翔。劬勞百戰，經營四方。振蕩六合，牢籠八荒。始聞楚霸，終基漢王。羣雄並起，莫恢王度。聖人既作，皇天乃顧。爰自東夏，言遵西路。來擬竇融，寵踰英布。爵窮五等，位登九棘。帷幄參謀，高衢騁力。海運方遠，圖南未極。縱壑摧鱗，摩天墜翼。熊耳失路，新安殞身。長男喪楚，少女留秦。驚魂靡託，反葬何因。列樹松檟，唯餘故人。」

雜録

備録

温大雅《大唐創業起居注》卷二 〔大業十三年七月〕己巳，滎陽賊帥李密遣使送欵致書，請與帝合從。帝大悦，謂大郎、二郎等曰：「桀賊南柔，强胡北附，

所憂此輩，今並歸心。主上志在過江，京都憂死不暇，天下可傳檄而定。何樂如之！」初，李密與楊玄感同逆，感誅而密亡命，投東郡賊帥翟讓。讓知密是蒲山公之子，頗讀《漢書》，納而禮之，推爲謀主。密以百姓饑弊，説來據洛口倉，屯守武牢之險。密自復舊封爲魏公，號翟讓爲司徒公。讓所部兵，並齊濟間漁獵之手，善用長槍，華駋、龍廄，細馬所向江都者，多爲讓所劫，故其兵鋭於他賊。加以密是逃刑之人，同守衝要，隋主以李氏當王，又有桃李之歌，謂密應於符讖，故不敢西顧，尤加憚之。密雖爲讓所推，恐其圖己，恭儉自勵，布衣疎食，所居之室，積書而已。子女珍玩，一無所取。賑貸貧乏，敬禮賓客。故河汴間絶糧之士，多往依之。密又形儀眇小，讓弗之忌，遂謀殺讓，而并其衆。

密以煬帝不來，翟讓已死，坐對敖倉，便有自矜之志，作書與帝，以天下爲己任，屢有大言。其書多不録，大略云：欲帝爲盟津之會，「殪商辛於牧野，執子嬰于咸陽」。其旨以殺後王，執代王爲意。帝覽書抵掌，謂所親曰：「密誇誕不達天命，適所以爲吾拒東都之兵，守成皋之阨，更覓韓、彭，莫如用密。宜卑辭推獎，以驕其志，使其不虞於我。得入關，據蒲津而屯永豐，阻崤函而臨伊洛。東看羣賊鷸蚌之勢，吾然後爲秦人之漁父矣。」記室承旨報密書曰：「頃者崐山火烈，海水羣飛，赤縣丘墟，黔黎塗炭。布衣戍卒，耰鉏棘矜，争帝圖王，狐鳴蠭起。翼翼京洛，强弩圍城；膴膴周原，僵屍滿路。主上南巡，泛膠舟而忘返；匈奴北熾，將被髮於伊川。輦上無虞，羣下結舌。大盜移國，莫之敢指。忽焉至此，自貽伊戚，七百年之基，窮於二世。周齊以往，書契以還，邦國淪胥，未有如斯之酷者也。則我高祖之業，幾墜於地。吾雖庸劣，幸承餘緒，出爲八使，入典八屯，位未爲高，足成非賤。素餐當世，僶俛叨榮。從容平、勃之間，誰云不可。但顛而不扶，通賢所責。主憂臣辱，無義徒然。等袁公而流涕，極賈生之慟哭。所以仗旗投袂，大會義兵，綏撫河朔，和親蕃塞，共匡天下，志在尊隋。以弟見機而作，一日千里，鷄鳴起舞，豹變先鞭。御宇當塗，聿來中土。兵臨郟鄏，將觀周鼎。營屯敖倉，酷似漢王。前遣簡書，屈爲唇齒，今辱來旨，莫我肯顧。天生蒸民，必有司牧，當今爲牧，非子而誰？老夫年踰知命，願不及此。欣戴大弟，攀鱗附翼。惟冀早膺圖籙，以寧兆庶。宗盟之長，屬籍見容。復封于唐，斯足榮矣。殪商辛於牧野，所不忍言；執子嬰於咸陽，非敢聞命。汾晉左右，尚須安輯，盟津之會，未暇卜期。今日鑾輿南幸，恐同永嘉之勢。顧此中原，鞠爲茂草，興言感嘆，實疚于懷。脱知動静，遲數貽報。未面虚襟，用增勞軫。名利之地，鋒鏑縱橫。深慎垂堂，勉兹鴻業。」密得帝書，甚悦。示其部下曰：「唐公見推，天下不足定也。」遂注意東都，無心外略。

劉文静之使蕃也，來遲，而突厥兵馬未至，時有流言者云：突厥欲與武周南入，乘虚掩襲太原。帝集文武官人及大郎、二郎等，而謂之曰：「以天贊我而言，應無此勢；以人事見機而發，無有不爲。此行遣吾當突厥、武周之地，何有不來之理。諸公意謂何？」議者以「老生、突厥相去不遥；李密譎誑，奸謀難測；突厥見利則行；武周，事胡者也；太原一都之會，義兵家屬在焉。愚夫所慮，伏聽教旨」。帝顧謂大郎、二郎等曰：「爾輩如何？」對曰：「武周位極而志滿，突厥少信而貪利，外雖相附，内實相猜。突厥必欲遠離太原，寧肯近亡馬邑，武周悉其此勢，必未同謀。又朝廷既聞唐國舉兵，憂虞不暇，京都留守，特畏義旗，所以驍將精兵，鱗次在近。今若却還，諸軍不知其故，更相恐動，必有變生，營之内外，皆爲勍敵。於是突厥、武周，不謀同至；老生、屈突，追奔競來。進闕圖南，退窮自北。還無所入，往無所之。畏溺先沉，近于斯矣。且今來禾菽被野，人馬無憂，坐足有糧，行即得衆。李密戀于倉米，未遑遠略；老生輕躁，破之不疑。定業取威，在兹一決。諸人保家愛命，所謂言之者也。兒等捐軀力戰，可謂行之者也。耕織自有其人，請無他問。雨罷進軍，若不殺老生而取霍邑，兒等敢以死謝。」帝喜曰：「爾謀得之，吾其決矣。三占從二，何籍輿言。懦夫之徒，幾敗乃公事耳。」

杜寶《大業雜記》〔大業〕十三年二月(李)密稱魏公，改年，於時(興洛)倉猶自固守。既而密遣翟讓將兵夜襲倉城，官軍擊退之；明日，又引衆攻倉，連戰三日，陷外城，官軍猶捉子城。月餘，外援不至，城盡陷没，死者十六七。密遣格謙將兵燒豐都市。三月，越王侗教募力，捉宫城守固，官賞有差，撤天津等諸橋，運迴洛倉米入城。四月，密攻偃師，圍金墉，東都兵出，密還洛口。

劉肅《大唐新語》卷七《知微一六》 李勣少與鄉人翟讓聚衆爲盜，以李密爲主，言於密曰：「天下大亂，本爲饑苦。若得黎陽一倉，大事濟矣。」遂襲取之。時在饑餓，就倉者數十萬人。魏徵、高季輔、杜正倫、郭孝恪皆客遊，勣一見便加禮敬，引之卧内，談謔無倦。及平武牢，獲戴胄，亟推薦。咸至大官。時稱勣有知人之鑒。

劉肅《大唐新語》卷一二《勸勵二六》 徐文遠，齊尚書令孝嗣之孫，江陵被虜至長安，家貧，無以自給。兄林，鬻書爲事。文遠每閲書肆，不避寒暑，遂通五

經，尤精《左氏》。仕隋國子博士，越王侗以爲祭酒。大業末，洛經饑饉，因出樵採，爲李密所得。密即其門人也，令文遠南面坐，率其徒屬北面拜之。遠謂密曰：「將軍欲爲伊霍，繼絶扶傾，鄙雖遲暮，猶願盡力。若爲莽卓，迫險乘危，老夫耄矣，無能爲也。」密謝曰：「敬聞命矣。」密敗，歸王充。充亦曾受業，見之大悦，給其廩食。文遠每見充，必盡敬拜之。或問曰：「聞君倨見李密，而敬王公，何也？」答曰：「李密君子，能受酈生之揖；王公小人，有殺故人之義。相時而動，豈不然歟？」入朝，遷拜國子博士，甚爲太宗所重。孫有功，爲司刑卿，持法寬平，天下賴之。

《太平廣記》卷一四二《李密》引《感定録》 隋李密既會衆，屯洛口，設壇，大張旌旗，告天即公位。其夜，狐狸鳴於壇側。翌日，臨行事，大風四起，飛沙拔木，旗竿有折者，其後果敗。

《太平廣記》卷一七一《魏先生》引《甘澤謡》 魏先生生於周，家於宋，儒書之外，詳究樂章。隋初，出遊關右，值太常考樂，議者未平，聞先生來，競往謁問。先生乃取平陳樂器，與樂官林、蘷、蔡子元等，詳其律度，然後金石絲竹，咸得其所。内致清商署焉。太樂官歛帛二百段以酹之。先生不復入仕，遂歸梁宋，以琴酒爲娱。及隋末兵興，楊玄感戰敗，謀主李密亡命鴈門，變姓名以教授。先生同其鄉曲，由是遂相來往。常論鍾律，李密頗能，先生因戲之曰：「觀吾子氣沮而目亂，心摇而語偷。氣沮者新破敗，目亂者無所主，心摇者神未定，語偷者思有謀於人，今方捕蒲山黨，得非長者乎？」李公驚起，捉先生手曰：「既能知我，豈不能救我歟？」先生曰：「吾子無帝王規模，非將帥才略，乃亂世之雄傑耳。」李公曰：「爲吾辯析行藏，亦當由此而退。」先生曰：「夫爲帝王者，籠羅天地，儀範古今。外則日用而不知，中則歲功而自立。堯詢四岳，舉鯀而殛羽山，此乃出於無私；漢任三傑，納良而圍垓下，亦出於無私也。故鳳有爪吻而不施，麟有蹄角而永廢者，能付其道。而永自集於時者。此帝王規模也。凡爲將帥者，幕建太一旗，驅無戰之師，伐有民之罪，乃彫戈既授，王弩斯張，誠負羈之有言，那李良之猶在。所以務其宴犒，致逸待勞，修其屯田，觀釁而動。遂使風生虎嘯，不可抗其威，雲起龍驤，不可攘其勢。仲尼曰：『我戰則克。』孟軻云：『夫誰與敵。』此將帥之才也。至有衷其才智，動以機鈐，公於國則爲帥臣，私於己則曰亂盜。私於己者，必掠取財色，屠其城池。朱亥爲前席之賓，樊噲爲升堂之客。朝聞夕死，公孫終敗於邑中，寧我負人，曹操豈兼於天下？是忘韋千金之貺，陳一飯之恩，有感謝之人，無懷歸之衆。且魯史之誠曰度德，連山之文曰待時，尚欲謀於人，不能惠於己。天人厭亂，曆數有歸。時雨降而祆祲除，太陽昇而層冰釋。引繩縛虎，難希飛免之門，赴水持瓶，豈是安生之地？吾嘗望氣汾晉，有聖人生，能往事之，富貴可取。」李公拂衣而言曰：「隋氏以弑殺取天下，吾家以勳德居人表，振臂一呼，衆必響應，提兵時伐，何往不下？道行可以取四海，不行亦足王一方。委質於時，誠所未忍。汝真豎儒，不足以計事。」遂絶魏生。因寓懷賦詩，爲鄉吏發覺，李公脱身西走，所在收兵。北依黎陽，而南據洛口，連營百萬，與王充爭衡。首尾三年，終見敗覆。追思魏生之言，即日遂歸於唐，乃授司農之官，後復桃林之叛。魏生得道之士，不志其名，蓋文真之宗親也。

《太平廣記》卷一八九《李密》引《譚賓録》 唐高祖報李密書曰：「天生蒸人，必有司牧，當今爲牧，非子而誰？老夫年餘知命，願不及此。欣戴大弟，攀鱗附翼，唯冀早膺圖籙，以寧兆庶，宗盟之長，屬籍見容，復封於唐，斯榮足矣。殪商辛於牧野，所不忍言；執子嬰於咸陽，非敢聞命。」密得書甚悦，示其部下曰：「唐公見推，天下不足可定。」後密兵敗。王伯當保河陽，密以輕騎歸之，謂伯當曰：「兵敗矣，久苦諸君，我今自刎，請以謝衆。」伯當抱密號叫，密復曰：「諸公幸不相棄，當共歸關中。密身雖愧無功，諸君必保富貴。」伯當贊其計。從入關者尚二萬人。高祖遣使迎勞，相望於道。密大喜，謂其徒曰：「吾雖舉事不成，而恩結百姓，山東連城數百，知吾至，盡當歸唐。比於竇融，勳亦不細，豈不以一台司見處乎？」及至京，禮數益薄，執政者又來求財，意甚不平。尋拜光禄卿，封邢國公。未幾，聞其所部將帥，皆不附世充，高祖復使密領本兵往黎陽，招其將士故時者，以經略王充。王伯當爲左武衛，亦令副密，行至桃林。高祖復徵之，密懼，謀叛，伯當止密，不從。密據桃林縣城，驅掠畜産，直趨南山，乘險而東，遣人使告張善相，令應接。時史萬寶留鎮熊州，遣盛彦師率步騎數十追躡，至陸渾縣南七十里，彦師伏兵山谷，密軍半度，横出擊之，遂斬密，年三十七。時徐勣在黎陽，爲密堅守，高祖遣使，將密首以招之，勣發喪行服，備君臣之禮，表請收葬。大具威儀，三軍皆縞素，葬於黎陽山南五里。故人哭之，多有嘔血者。

《太平廣記》卷二〇〇《李密》引《河洛記》 隋李密，蒲山公寬之子也。初授親衛大都督，非其所好，稱疾而歸。大業中，佐楊玄感起兵。及玄感敗，密間行入關，亡抵平原，賊帥郝孝德不禮之。遭饑饉，至削樹皮而食，乃詣睢陽。舍於村中，變名姓稱劉知遠，聚徒教授。經數月，不得志。乃爲五言詩曰：「金風颺

秋節，玉露凋晚林。此夕窮途士，鬱陶傷寸心。眺聽良多感，慷慨獨霑襟。霑襟何所爲，悵然懷古意。秦俗猶未平，漢道將何冀。樊噲市井屠，蕭何刀筆吏。一朝時運合，萬古傳名謚。寄言世二雄，虛生真可愧。」詩成，泣下數行。義寧元年，密僭據洛口，會羣盜百萬，築壇稱魏公。建元二年，密自鞏洛，鼓行伐隋，兵敗歸唐，授光禄卿。

《資治通鑑》卷一八三隋煬帝大業十二年十月條考異　《隋》、《唐書》皆云：「密歸翟讓，其中有知密是玄感亡將，潛勸讓害之。密懼，因王伯當以策干讓，讓始敬焉。」按密既亡歸羣盜，必不隱其姓名，誰不知是玄感亡將！讓得之當用以敵隋，何惡於密而害之！今不取。《革命記》云：「密投賊帥郝孝德，説之曰：『君能用密之策，河朔可指揮而定。』孝德曰：『本緣饑荒，求活性命，何敢別圖！國家若知公在此，孝德死亡無日。翟讓等待衆絶多，請將兵送公於彼。』是日，孝德以馬一匹自送至河，執袂飲酒而別，軍中慕從者亦數十人，仍遣兵馬將送密於翟讓。」今從《隋書》。

韓昱《壺關録》曰：「大業十一年正月，歷亭鎮將王該，認形狀，獲李密，送宇文述。密佯患足疾，防守者一日不行一二十里。忽至一澗，水深岸險，密跛足寅緣，佯足蹶，返撲而墜，乃至良久，狀若未蘇。防守者又無計下取之，遂以手中槍戟引之。密以手援戟，佯作失勢，推戟向水。守者以危岸，手探不住，遂即放卻，密即得槍，揭守者二人俱斃，遂投郝孝德於平原。」按密，楊玄感之黨，前已詐亡，防者豈得不加械繫，怠慢如此！今不取。

《革命記》：「密説讓曰：『洛口倉米踰巨億，請公發一札之令，使密奉之，告諸道英雄，就倉喫米，必當雲合響應，受命於公，然後稱帝號以定中原』云云。讓曰：『就倉食米，實是上計。自顧庸賤，寧敢別創餘心；必如此謀，願奉公爲主。』密懷懼，改容而拜，讓亦拜。於是言宴盡歡，各恨相知之晚。即日，讓作書與密，散告諸處賊頭，並尅期定日，令總會洛口倉食米。」今從《隋書》。

《資治通鑑》卷一八三隋煬帝大業十三年二月條考異　《壺關録》云：「王伯當令密於西垣校射，書王字於堋上如錢，約中者爲主，其次以近，遠爲拜官高下。使賈雄執箭，仰天而誓，密正中字心，遂奉以爲主。」其説鄙陋，今不取。《河洛記》云：「改大業十三年爲永平元年。」今從《蒲山公傳》及《隋、唐書》。

《略記》云：「二月丙辰，密遣其將夜襲倉城，二府兵擊退之。己未，又悉衆來攻，而府兵敗，遂入據倉；然二府將士猶各固小倉城，二十餘日不下。既而外救不至，食又盡，城乃陷没，死者太半。於是鞏縣長柴孝和、監察御史鄭頲等舉縣降賊。密開倉招納降者，日數百千人。於是趙、魏以南，江、淮以北，莫不歸附，自是賊徒滋蔓矣。壬子，使劉長恭、房崱等統兵東討，大敗，戊午，還都，王慰撫，不責也。於是發教募士庶商旅奴等，分置營壁，各立將帥統領而固守，其諸里居民皆移入三城之内，於省寺府舍安置焉。又使宋遵貴將兵鎮陝縣太原倉。」《雜記》：「密稱魏公改年，于時倉猶自固守。既而密遣翟讓將兵夜襲倉城，官軍擊退之；明日，又引衆攻倉，連戰三日，陷外城，官軍猶捉子城。月餘，外援不至，城盡陷没，死者十六七。」按二月壬午朔，無丙辰等日。今從《隋書》。

《資治通鑑》卷一八三隋煬帝大業十三年三月條考異　《略記》：「三月辛未，密遣孟讓將二十餘人夜入都郭，燒豐都市，比曉而去。癸未，密襲據都倉。乙亥，密部衆入自上春門，於宣仁門東街立柵而住。丙寅，燒上春門及街南北里門樓，火接宣仁門，因逼門爲陳，與城上弓矢相接，而退還倉。」《雜記》：「密遣格謙將兵燒豐都市。三月，越王侗教募力捉，宮城守固，官賞有差，撤天津等諸橋，運回洛倉米入城。四月，密攻偃師，圍金墉，東都兵出，密還洛口。五月，裴仁基翻虎牢入賊，自滎陽以東至陳、譙、下邳、彭城、梁郡皆屬密，賊衆踰盛，并家口百萬。」《蒲山公傳》：「三月乙亥，密帥衆入自上東門，攻宣仁門，不克。丙寅，燒上東門而退。」此三書月日交錯，皆不可憑。今從《隋、唐書》。

《資治通鑑》卷一八三隋煬帝大業十三年五月條考異　《略記》云：「四月戊申，段達等帥關内兵陳於倉西、倉南，密出兵拒戰，大破兇醜，密還固倉。五月丁丑，達等又出兵陳於倉西、倉北，密又來拒，大破之，密奔洛口。」按《隋書》、《北史》、《新・舊唐書》皆云：「密爲流矢所中，卧營中，東都出兵擊之，密衆大潰，棄回洛倉，奔洛口。」俱無月日。《河洛記》云：「密軍失利，歸於鞏縣，東都復得回洛倉。」《蒲山公傳》曰：「五月二十八日，越王夜出師，使段達等大戰於倉西、北；密軍敗績，歸於鞏縣。」亦不云密連月再敗也。戊申，四月二十八日；丁丑，五月二十八日。蓋趙毅承《蒲山公傳》，誤以密一敗分爲二事也。

《資治通鑑》卷一八六唐高祖武德元年十二月條考異　《河洛記》：「密因執驛使者斬之，曉入桃林，詐縣官翻據縣，城中驚悸，莫敢當者；驅掠畜産趨南山。時右翊衛將軍、上柱國、太平公史萬寶在熊州，既聞密叛，遣將劉善武領兵追躡。善武兄善續往在洛口，爲密所屠，善武因此發憤，志在取密，十日十夜，倍道兼行，百方羅捕，無暫休息。追至陸渾縣南七十里，與密相及，連戰轉鬭，一步一

前，驅密於邢公山，與王伯當死之。」今從《實録》及《舊録》。

曾慥《類說》卷六《檄暴》引《河洛記》 李密自立爲魏公，檄喻郡邑，暴煬帝之惡，云：「先皇嬪御，並進銀環，諸王子女，咸儲金屋。」又云：「潛爲九市，親駕四驢，自比商人，見邀逆旅。」

曾慥《類說》卷六《再檄》引《河洛記》 李密云：「賀若弼以上將誅夷，高熲以大勛受縊。薛道衡文宗學士，遂處極刑，痛結人心，悲纏華夏。」又云：「多營宮殿廣立池臺，磬珠玉之珍奇，窮丹青之麗飾。歌姬舞女，終日荒淫，走狗飛鷹，盤遊無度。桑間濮上聽亡國之音，糟丘酒池爲長夜之飲。」又云：「漢朝星動，豈曰勞人，晉國石言，未爲煩役。又云一時收十歲之租，一日枉千金之費。夫行婦寡，父出子孤，百川沸騰，十日並出。」

蔡絛《鐵圍山叢談》卷四 李密之死，《唐書》謂徐世勣表請收藏其尸，迺具威儀，以君禮葬於黎陽山西南五里，墳高七仞。及政和導河，繇大伾，將復禹蹟，因即三山而繫浮梁焉。大伾者，乃稱陽山也。密墳高，適當所導河之衝，有司以聞，詔以禮改葬之。時爲部役者先發其壙，則多取去金玉。及奏下，將改卜，然不見其骸，獨得頭顱，且甚大。傳又謂密額鋭而角方，不知其故。

孔平仲《續世說》卷五《賞譽》 李密乘一黄牛，被以蒲韉，將《漢書》一帙掛于角上，一手捉牛靷，一手翻《漢書》。尚書令越國公見于道，從後按轡躡之，既及，問：「何處書生，耽學如此。」密識越公，乃下牛再拜，自言姓名。又問所讀書，答曰：「《項羽傳》。」越公奇之，與語大悦，謂其子玄感等曰：「吾觀李密識度，汝等不及。」

孔平仲《續世說》卷四《識鑑》 李密爲隋左親衛，嘗在仗下。煬帝顧見之，謂宇文述曰：「向者左仗下黑色小兒爲誰？」對曰：「故蒲山公李寬子也。」帝曰：「箇小兒瞻視異常，勿令宿衛。」

陶宗儀《說郛》卷三五引《壺關録》 李密，字玄邃，遼西人也。又云遼東襄平人。本姓屠何，胡人。祖獯，仕後魏爲東城令，東城河間。爲雔人陳渾切齒，渾士丞相。懼執，改姓李氏，南奔歸宋。宋孝文用之爲直閣吏，後出爲安固令。安固縣在永嘉。獯子道平，累仕朝議郎，宋通直道人陳沈慶之，出牧江揚。道平子遇仙，在任爲司州鞏縣令，爲魏所虜，北歸魏，爲交城尉，累入仕，隨于戎虜，轉副車掾，入京後，轉征戎將軍。遇仙子曜，爲周太保，轉官至魏國公，刑部尚書。未幾，卒。子弼，年三十二歲，轉資襄父爵范陽侯。弼子寬，上柱國蒲山公，知名當代。寬卒而密起焉。晉楊玄感將反，密爲畫三策，用密之下，東據黎陽反。玄感敗走自殺，盡獲李密等。行至魏郡去，後依翟讓反，自號魏國公。令祖君彦作書布告天。下書曰：「大魏永平元年四月二十七日，魏公府上國公翟讓也、元帥府左長史邴元真、大將軍左司馬楊德方等，布告天下人倫衣冠士庶等，自元氣肇闢，厥初生民，樹之帝王，以爲司牧。是以羲農軒頊之後，堯舜禹湯之君，靡不祇畏上玄，愛育黎庶，乾乾始終，翼翼小心，馭朽索而同危，履薄水而焉懼。故一物失所，若納溝而愧之；一夫有罪，遂下車而泣之。謙德軫于責躬，憂勞切于罪己。溥天之下，率土之濱。蟠木距于流沙，瀚海窮于丹穴。莫不鼓腹擊壤，鑿井耕田，致政昇平，驅民仁壽。是以愛之如父母，敬之如神明，用能享國多年，祚延長葉，未有暴虐臨人，克終天位者也。隋氏往因周末，豫奉綴衣，狐媚而圖聖賢，胠篋以取神器。纘承負衮，狼虎其心；始噎明兩之暉，便干少陽之位。先皇大漸，侍疾禁中，遂爲梟獍，便行鴆毒。禍深于莒僕，釁酷于商臣，天地之所不容，人神之所嗟憤。如以州吁安忍，閼伯尋仇。劍閣所以懷兇，晉陽于焉起甲，甸人爲蘖，淫刑斯逞。夫九族既睦，唐帝闡其欽明；百代本枝，文王表其光大。況乃隳壞盤石，剿絶維城，唇亡齒寒，豈止虞虢，欲求長久，其可得乎？其罪一也。禽獸之行，在于聚麀，人倫之禮，別于内外。而蘭陵公主逼幸告終，誰謂敤首之賢，翻見齊襄之恥。逮于先皇嬪御，並進銀鐶；諸皇子女，咸貯金屋。牝雞鳴于詰旦，雌雉恣其羣飛。袒服戲陳侯之朝，穹廬同冒頓之寢。爵賞之出，女謁遂成，公卿宣淫，無復綱紀。其罪二也。平章百姓，一日萬幾，未曉求衣，仄日方食。是以大禹不貴于尺璧，光武無隔于支體。以此殷憂，深慮幽枉。而荒腆于酒色，俾晝作夜，式號且呼，甘嗜聲伎，常居窟室，每籍糟邱，朝廷罕見其身，羣臣希覩其面，斷決自邇不行，敷奏于焉停擁。中山千日之酒，酩酊無知；襄陽三雅之盃，留連詎比。又廣召良家，充選宮掖，潛爲九市，親駕六驢，自比商人，見邀逆旅。殷紂之譴爲小，漢靈之罪更輕。内外驚心，遐邇失望。其罪三也。上棟下宇，著在易爻，茅茨采椽，陳諸史籍。聖人本意，唯避風雨，詎待金玉之華，何須締構之麗。故瓊室崇構，商辛以之滅亡；阿房崛起，秦政以之傾覆。而不遵故典，不念前書，廣立池臺，都爲宮觀，金鋪玉户，青瑣丹墀，蔽虧日月，隔閡寒暑。窮生人之筋力，罄天下之資財，使鬼尚難爲之，勞民固其不可。其罪四也。公田所徵，不過十畝；人力所供，纔止三日。是以輕徭薄賦，不奪農時，寧積與人，無歲府庫。而科税繁弊，不知紀極，猛火屢殘，漏巵難滿。頭會箕斂，逆折十年之租，杼軸其

空，日有黃金之費。父母不保其赤子，夫婦相棄于康莊。萬户則城郭空虛，千里則烟火斷絶。西蜀王孫之室，翻爲原憲之貧；東海糜竺之家，俄成鄧通之鬼。其罪五也。古先哲王，卜征巡狩，唐虞五載，周則一紀。本欲親問疾苦，觀省風謡，乃復廣積薪芻，多聚餱糧。年年歷覽，處處登臨，草臣疲弊，供畜辛苦。而飄風凍雨，聊竊比于先驅；車轍馬迹，遂周行于天下。秦皇之心未已，周穆之意難窮。宴西王母以歌雲，浮東洋海而觀日。家苦納秸之勤，人阻來蘇之望。且天子有道，守在海内，夷不亂華，在德非險。長城之役，戰國所爲，乃是狙詐之風，非關稽古之法。而乃追迹前代，版築更興，廣立基址，延袤萬里。骸骨蔽野，流血成川，積怨比于丘山，號哭動于天地。其罪六也。遼水之東，朝鮮之地，禹貢以爲荒服，周王棄而不臣。以羈縻，達其聲教，苟欲愛人，非求拓土。强弩射天，無穿于魯縞，衝風餘力，詎可動于鴻毛。石田得而無堪，雞肋棄而有用。恃豪怙强，窮兵黷武，唯在吞并，不思長策。兵猶火也，不戢自焚，遂使億兆夷人，隻輪莫返。夫差喪國，實爲黃池之盟；苻堅滅身，良由壽陽之役。捕鳴蟬于前，不知挾彈在後，復失相顧，豎弟成行。義夫切齒，壯士扼腕。其罪七也。正言啟沃，王臣匪躬，惟木從繩，若金須礪。唐堯進鼓，思聞獻替之音；夏禹懸鞀，時聽箴規之美。而愎諫違卜，妬賢嫉能，直士正人，皆由屠戮。左僕射上柱國齊國公蕭穎達，上柱國宋國公賀若弼，或文昌上相；或細柳功臣，暫吐良藥之言，翻加屬鏤之賜。龍逢無罪，乃遭夏桀之誅；王子何辜，遂被商辛之戮。遂令君子結舌，賢人鉗口，指白日而比盛，射蒼天而敢欺，不悟國之將亡，不知老之將至。其罪八也。設官分職，責在銓衡，察獄問刑，無聞販鬻。而錢神起論，銅臭爲功，梁冀愛黃金之蛇，孟佗薦蒲萄之酒。遂使彝倫攸斁，政以賄成，君子在野，小人在位。積薪居上，同汲黯之言；囊錢不如，傷趙壹之賦。其罪九也。宣尼有言：無信不立，用命賞祖，義豈食言。自昏王嗣位，每歲駕幸，南北巡遊，東西征伐，至于浩亹陪蹕，東郡固；守閿鄉野戰，雁門解圍。自外征夫，不可勝紀；既立功勳，須酬官爵。而志懷翻覆，言行浮詭，臨危則勳賞懸授，剋定則絲綸不行。異商鞅之賚金，同項羽之刓印。芳餌之下，必有懸魚，惜其重賞，求人死力，走丸逆坂，譬此非難。凡百驍雄，誰不讐忿。至于匹夫蕞爾，宿諾不虧，況在乘輿，二三其德。其罪十也。有一于此，未或不亡，況四維不張，三靈總瘁，無小無大，共識殷亡；愚婦愚夫，咸知夏滅。罄南山之竹，書罪無窮，決東海之波，流惡難盡。是以窮奇災于上國，猰㺄暴于中原，三河縱封豕之貪，四海被長蛇之毒，百姓殘賊，殆無遺類，十分爲計，纔一而已。蒼生懍懍，同憂杞國之崩，赤縣嗷嗷，但愁歷陽之陷。且國祚將改，必有常期，六百殷喪之辰，三十姬終之數。故讖籙皆云：『隋氏三十六而滅』。此則厭德之象，以彰代終之兆先見，皇天無親，惟德是輔。況乃欃槍竟天，申繻謂之除舊，歲星入非，甘公以爲義興。兼朱雀門燒，正陽日蝕，狐，鳴鬼哭，川竭山崩，並是宗廟丘墟之妖，荆棘板蕩之事。夏氏則災釁非多，殷人則咎徵更少。牽牛入漢，方知大亂之期，王良策馬，始驗兵車之會。今者順人將革，先天勿違，大誓孟津，陳盟景亳。三千列國，七百諸侯，不謀以同詞，不召以自至，轟轟隱隱，如霆如雷，雕虎嘯而谷風生，應龍驤而景雲起。我魏公聰明神武，齊聖廣淵，總七德而在躬，包九功而挺秀。周太保、魏國公之孫，上柱國蒲山公之子。家傳聖德，武王承季歷之基，地啟元勳，世祖嗣蕭王之業。禹生白水，日角之相便彰，載誕丹陵，大寶之文斯著。加以姓符圖籙，名協歌謡，六合所以歸心，三靈所以改卜。文王厄于羑里，赤雀方來；高祖隱于碭上，彤雲自起。兵誅不道，赤符至自長安，鋒刃難當，黃星出于梁宋。九五龍飛之始，大人豹變之秋，歷試諸難，大敵彌勇。上柱國司徒、東郡公翟讓，功宣締構，翼贊經綸，伊尹之佐成湯，蕭何之輔高帝。上柱國、總管歷城公孟讓，上柱國、左武侯大將軍單雄信，上柱國、右武侯大將軍徐勣，上柱國、大將軍邴元真，絳郡公裴行儼，等並運籌千里，勇冠三軍，擊劍則截蛟斷鼇，彎弧則吟猿落雁。韓彭絳灌，成沛公之基，寇賈吴馮，奉蕭王之業。復有蒙輪挾輈之士，超距投石之夫，冀馬追風，吴戈照日。魏公屬當斯運，救此億兆，躬擐甲胄，跋涉山川，櫛風沐雨，豈辭勞倦。遂興西伯之師，將問南巢之罪，百萬成旅，四七爲名，呼吸則江河絶流，叱咤則嵩華自拔，以此攻城，何城不剋，以此擊陣，何陣不摧。譬猶瀉滄海而灌殘熒，舉昆崙而壓小卵。鼓行而進，百道俱前，以四月二十一日，留于東都。而昏朝文武，留守段達、韋津、皇甫無逸等，昆吾惡稔，飛廉奸佞，尚迷天數，敢拒義師，驅率醜徒，衆有十萬，自迴洛倉北，遂來舉斧。于是熊羆角逐，貔豹争先，因其倒戈之心，乘我破竹之勢；曾未旋踵，瓦解冰消。坑卒則長平未，多積甲則熊耳爲小。達等助桀爲虐，嬰城自固。梯衝亂舉，徒設九拒之謀，鼓角將鳴，空憑百樓之險。燕巢衛幕，魚游宋池，殄滅之期，匪伊旦夕。然與洛武牢，國家儲積，並我先據，爲日久矣。又得回洛、取黎陽，天下之倉種，盡非隋有。四海赴義，萬里如雲，足食足兵，無前無敵。裴充禄位仁，基雄才上將，受脤專征，遐邇攸歸，安危是託；識機知變，遷虞事夏。袁謙擒于藍水，須陀獲在滎陽，竇慶戰没于淮南，郭詢授

首于河北，隋之亡没，可料知矣。清河公房彥藻，近持戒律，略地東南，師之所臨，風行電激。安陸、汝南隨機蕩定，淮安、濟陽，俄能送欵。徐圓朗已平魯郡，孟海公又破濟陰。于是海内驍雄，咸來響應，封人贍取長平之境，郝孝德據黎陽之倉，李士林虎視于長平，王湘仁鷹揚于上黨，劉興祖起于北朝，崔白駒在于潁川，各擁數萬之兵，俱期牧野之會。滄溟之右，函谷之東，牛酒獻于軍前，壺漿迎于道左。諸公等並衣冠華胄，杞梓良材，神歆靈繹之秋，裂地封侯之始，豹變鵠起，今也其時。鼃鳴鼉應，見機而作，宜加鳩率子弟，茹功名。耿弇之赴光武，蕭何之奉高帝，當召金章紫綬，軒蓋朱輪，富貴已重當年，珪組必傳後業，豈不盛哉。若隋代官人，同夫桀犬，尚知王莽之恩，仍懷蒯聵之禄。審配死于袁氏，不如張郃歸曹，范增困于項王，未若陳平輔漢。魏公推以赤心，當加好爵，擇木而處，幸不自疑。猛虎猶豫，舟中敵國，夙沙之，人共縛其主，彭寵之漢，自殺其君，高官上爵，即以相授。如暗于成事，守迷不返，崑山縱火，玉石俱焚，易義噬臍，悔將何及，黄河帶地，明予旦旦之言，皎日麗天，知我勤勤之意。布告天下，咸使聞知。」祖君彥，范陽人。齊僕射孝徵第六子。博學强記，下筆成文，贍速之甚，名馳海内。吏部侍郎薛道衡嘗薦于隋文帝，帝曰：「豈非欲殺之斛律明人者耶？」煬帝嗣位，尤忌知名，遂依常調東郡書佐，校宿城令，稱爲祖宿城，自負其才，嘗鬱鬱思亂及李密用爲元帥府將長史記室參軍，恨被隋朝擯棄，所以縱筆直言。唐高祖屯兵壽陽，衆號五十萬，遣仁則齎書至密。密負其强，自爲盟主。密作書報曰：「頃者，皇綱失統，人神離擾，運窮陽九，數中百六，四海業業，常懷逐鹿之心，百姓嗷嗷，家有占烏之望。故炎帝衰則軒轅出，夏癸亂而成湯起。尚勤二十七位，終勞五十二戰。大極横流，重安區域。及周之季世，七雄並據；漢之末年，三分鼎峙。雖由天時，亦由人，事自大業昏兇，年踰一紀，牝雞司晨，飛虎擇肉。游畋莫反，終傷五子之歌，宫室奢侈，寧止百金之費。加以巡幸靡極，役用無窮，筋力盡于征伐，賦税窮于箕斂，夫征妻寡，父出子孤，潛壑如亂麻之多，丘陵有積屍之。氣況雄威早著，壯志遠聞，白武安之用兵，張文成之運策，遂能見機而作，觀釁而動，奮臂鵠起，拂衣豹變。是知一繩所係，寧爲大樹之顛，阿膠欲投，未止黄河之濁。昔項伯亂楚，微子去殷，非夫明誓豈能及與？兄派流雖異，根系本同，俱稟鳳啄之風，共承龍德之後。實願永作維城，長爲盤石。自惟虛薄，幸藉時來，海内英雄，共推明主，鋭師百萬，成旅上將，四七成羣，牛馬谷量，羅紈山積。開鉅橋之粟，襁負攸歸；發廒倉之米，人天斯賚。故能長淮之地，滄海之西，莫不篚厥玄黄，争獻牛酒轟轟隱隱，如霆如雷。滅周者，九鼎之輕亡；秦者，三户云衆。況晉陽之城，表裏山川，共爲唇，齒天下誰敵？左提右挈，戮力同心，執子嬰于咸陽，殪商辛于牧野，豈不盛哉，豈不休哉。願追步騎數千，次于河内，聽待至日，即却令盟。當時而奉光儀，親論進止，東都江消息來去，其知動静。今辰涼風已留，大火將流，戎略務殷，唯宜動息。脱蒙親降玉趾，則側聽金聲。雲霧既披，適願無已。」唐公得書大笑曰：「李密陸梁放肆，不可以折簡致之，吾方安輯西京，不遑東伐，即欲拒絶，便是更生一秦。宜優待之，使其遷善。」記室承指報密曰：「頃者，崑山火烈，海水羣飛，赤縣丘墟，黔黎塗炭。布衣戍卒，鋤耰荆棘，争帝圖王，狐鳴蠭起。翼翼京洛，强弩圍城，膴膴周原，僵屍滿路。昭王南巡，泛膠船而忘返，匈奴北盛，將放髪于伊川。輦上無虞，羣下結舌，大盜移國，莫之敢指。吾雖庸劣，幸承餘緒，出爲八使，入典八屯。雖云位未爲高，立城非賤，素飡當職，僶俛叨榮。從容平勃之間，雖云不可，但顛而不扶，通賢所責。主憂臣辱，無義徒然，等袁安之流涕，極賈生之痛哭。所以仗旗投袂，大會義兵，綏撫河朔，親和蕃兵，共匡天下，志在尊隋。以弟見機而作，一日千里，雞鳴起舞，豹變先鞭，啓宇當塗，聿來中土，兵臨郟鄏，將觀周鼎，屯營敖庾，酷似漢王。前遣簡書，屈爲唇齒，今辱來旨，莫願肯顧。天生蒸庶，必有司牧，當今爲牧，非子而誰？老夫年踰知命，願不及此，忻戴大弟，攀鱗附翼，早膺圖籙，以寧億兆宗盟之長，屬籍見容，復封于唐，斯榮足矣。殪商辛于牧野，所不忍言，執子嬰于咸陽，非敢聞命。汾晉左右，尚須安輯，孟津之會，未暇卜期。今日鑾輿南幸，恐同永嘉之勢。顧此中原，鞠爲茂草，興言感嘆。實疚予懷，未面虛襟，用增勞軫名利之地，鋒鏑縱横。深慎垂堂，勉兹鴻業。」温大雅之詞也。密得書大喜，自是言使頻遣往來。有道士徐鴻客，上《經天緯地策》一篇。于密軍旅揮霍，失其本文。題其對曰：「大衆久聚，恐米盡人散，師老厭戰，難以成功。」勸密乘進取之機，因士馬之鋭，沿流東指，直詣江都，執取獨夫，號令天下。密雖未遑遠略，心異其言，以書招之曰：「齊州長史至，得所上奇策一篇。理智優長，文采密麗，覽而味之，佳翫無已。夫天地閉，賢人隱少微光，處士見。故崆峒之上，軒轅問于廣成，汾水之陽，唐帝從于齧缺。是知肥遯爲美，齊物幽歸，雅度與蘭桂俱芳，高風並雲霞競遠。孤門承世胄，地籍餘緒，平生大志，豈圖富貴。只爲時逢版蕩，代屬艱虞，厭海水之羣飛，憫蒼生之塗炭。便與二三人傑，百萬武旅，欲受降于軹道，將問罪于商郊。未遇玄女，已思黄石，詎有啓沃謀猷弼成韜鈐者

也。百戰百勝之奇，七縱七擒之略，每求筮仕，實勞夢想。仙師學究本源，術苞奇數，八風五星之候，玉臺金匱之書，莫不洞識于心，若指諸掌。今龍戰于野，鶴翔寥廓，或出或處，且變且。更濡足援手，始是仁人，除暴靖亂，方稱君子。贊我興運，今也其時。師宜躡蹻擔簦，用虞卿之禮，披裘輓輅，襲婁敬之風，引領瞻旺，拂席相待，遲聽酈生之談，方聞左車之說，桂樹山幽，歲云暮矣，桃花源穴，想其人耶。冬首薄寒，比其宜也。想攝養有方，當無勞慮，庶不違千里，早赴六軍。孤已勅彼州令，以禮相送，冀面非遥，此不多及。」書送鴻客，晦跡林野，莫知所之。宇文化及弑煬帝于江都，唐高祖始即位改元，江都凶問至東都，越王侗即位，李密使房彥藻詐云：「密欲降隋，猶慮羣臣異議者。」越王乃授密太尉、尚書令兼征討諸校事，詔曰：「我大隋之有天下，于茲三十八載。高祖文皇帝，聖略神功，載造區夏。世祖明皇帝，則天法祖，渾一華戎，東暨蟠桃，西通細柳，前踰丹徼，後越幽都，日月之所照，風雨之所至，圓首方足，稟氣食毛，莫不盡入提封，皆爲臣妾。加以寶貺畢集，祥瑞咸臻，作樂制禮，移風易俗。知周寰海，萬物咸受其賜，道濟天下，百姓用而不知。往因歷試，統臨南服，自居極順，慰茲望幸。所以往歲省方，展禮肆覲，停鑾駐蹕，按駕清道，八屯如昔，七萃不移，豈意釁起非常，逼于軒陛，事生不意，延及冕旒。奉諱之日，五情殞潰，攀號荼毒，不能自勝。且聞之，自古哲帝王，有此迍剝，賊臣逆子，何代無之。且如宇文化，及世傳庸器。其父述，往屬時來，早霑厚遇，賜以婚媾，置之公輔，位過九命，祿重天下，禮極人臣，榮居世表，徒承出獄之恩，未有涓塵之益。化及以此下材，夙蒙顧眄，出入內外奉望階墀，昔陪藩國，統領禁衛，從昇聖祚，位列九卿。但性本兇佷，恣其貪穢，或結交惡黨，或侵掠貨財，事重刑篇，狀盈獄簡。在上不遺簪履，恩加草萊，應至死辜，每蒙恕免，三經除解，尋獲本職，再徙邊裔，尋即追還。生成之恩，昊天罔極，獎擢之，義人間稀有。化及梟獍爲心，禽獸不若，縱毒興禍，傾覆行宮。諸王兄弟，一時殘酷，暴于行路，口不忍言。有窮之在夏時，戎狄之于周代，痛辱之極，亦未爲過。朕所以殞首崩心，飲膽食血，瞻天視地，無處容身。今公卿士庶，羣僚百辟，咸以大寶鴻名，不可顛墜，元兇巨猾，須早夷芟。翼戴朕躬，嗣守寶位。顧性寡薄，志在復讐。今者離繃扆而秉旄鉞，釋哀麻而擐甲胄，銜冤誓衆，忍淚興兵，指日遄征，以平大盜。且化及僞立秦王之子，幽于北方，因抱其身，自稱霸相，專權擬于九，五履踐禁御，據有宮闕，昂首揚眉，初無慚色。衣冠朝士，外懼兇威，志士誠臣，內皆憤怨。以我義師，順彼天道，梟夷醜族，匪夕伊朝。太尉、尚書令、魏國公，丹誠內發，宏略外舉，率勤王之師，討違天之逆。貔虎爭先，熊羆競進。鼓鼙震聾，若火焚毛，鋒刃縱橫，似湯沃雪。魏公志在康濟，投袂前驅，朕親御六軍，星言繼軌，以此衆戰，遂期順舉，擘山可以破；射石可以穿，況賊擁此徒，皆有離德，京師侍衛，北憶家鄉，江右淳黎，南思邦邑。比來表疏絡繹，人信相尋。若王師一臨，舊章暫覩，必卸甲倒戈，冰消葉散。且聞化及自恣，天奪其心，戮及不辜。挫辱人士，莫不道路以目，號天蹋地。朕今復讐雪恥，梟斬者一人，拯溺救焚，所哀者士庶。凡因驅在賊所者，一切原免，罪悉不論。已詔魏公，掃平之日，縱授賊官，明非本意，忍因請計爲懲，若戰前自拔，赴官軍者，量加爵賞，表其誠節。朕都即大位，克在進賢，比來擢引勳舊，皆縻好爵。其從駕朝士，雖未至東朝，皆遥授官職，不爲異等。父兄子弟，咸亦引擢，內外朝一，依官品祿廩賜物，准舊給之。務在哀矜俾無，困乏之難望。天監孔殷，祐我宗社，億兆感義，俱會朕心。梟戮元兇，策勳飲至，四海交泰，稱朕意焉。其兵術戎機，總取魏公節度。」盧楚之詞也。越王仍別與密書，以伸厚意：「皇帝敬問太尉、尚書令東道行軍元帥、上柱國魏國公，司農卿李儉等至，覽表具知，公以厚地鴻材冠冕當世，連城重價領袖一時，加以博學令聞，雄才上略，縉紳攸而，雅俗傾心。朕昔居藩邸，久相欽尚，眷言敬愛，載勞夢想，常恨以事塗之情，未遂神交之望，鬱結何似。今屬王室不造，賊臣搆難，南征不，反蒼梧未歸。雖地承丕緒，膺此明命，泣血冕旒之下，飲膽宮闕之中。公孝義爲心，聞于遐邇，仁恕待物，形于內外。具卿相門，克昌自久，撫高祖撫運之年，明聖在藩之日，非爲義合，實亦家通。今公即宗哥，智足匡時，威足夷難，奮高世之略，舉勤王之師，經綸國家，雪復讐恥，此是公之任也，更俟何人。前度公此懷，必可暗寄，故馳遣一札，聊布腹心。忽得今表，事若符契，詞高理至，義重情深，執對循環，以悲以慰。昔韓信之道合漢高，竇融之功成河右。以古譬今，萬分非一。今日以前，咸共刷蕩，使至已後，彼此通懷。七政之重，佇公匡弼，九伐之利，委公指麾。皇靈在上，幽祇在下，福謙禍盈，天地常數。公率義衆，剪戮兇醜，朕與天下共賞之，宇文化及滔天構逆，傾覆性扆，朕與天下共誅之。且聞元兇初謀，誑惑內外，及行大禍，殘忍極理，久僞霸相，據有宮闕，文武官人，凡有所識，心痛鼻酸，聲徹天壤。今公率有名之師，接無妄之衆，類山壓卵，覆海經營，不俟終日，元功早建。朕亦委，公公以來素懷付朕，魚水一合，金石不移，即是韓彭更生，伊周再出。公縱慈存攝謙，以認古人，而古往今來，彼何人也。道高者不以俗務爲累，德厚者不以名實

爲心。公運此謀猷，除彼喪亂，匪躬之節，出于世表，豈以名殊而掛雅懷。但功高茂實，義弘往策，屈已從務，亦達之心，故有今授恩體之耳。既彼此義合觸類，公家所授官悉依前定，承制封拜，事有舊章。任公便宜，量加除授，必若須行，詔勑待報，即俟送告身，務在機權，勿爲形迹。知摧破凶徒已大果，意于洪達。是起釁之黨擒獲，送身非直，朕之甘心亦甚。袁公深意，李才蠢命延晷刻，待公東行事畢，返旆西討，剋復關河，蹻足可待，司農卿李儉等，既將君意遠來，非無勞止，所以並據授官，以答來旣。總戎之心，去此稱遥，東望風烟，情深爲劇。秋首猶熱，戎略務殷，念保千金，慰兹延望，隱若敵非，獨往賢今，與公合圖，亦是幽明注意。公其勉之，嗣天心也。」故遣銀青光禄大夫、大理卿張權等指揮者。密北面執臣位，拜受詔勑。密與王充戰，敗歸長安，皇朝拜上柱國、光禄卿、邢國公，以表妹獨孤氏妻。獻策勒其舊兵歸河東，高祖許之，乃行。常侯勑詔密歸朝。迴到桃林，反叛。時史寶藏爲熊州留守，遣將軍劉善武討之。密敗死，密妻獨孤氏爲周宗所虜。周宗，善武下兵士，問是表妹，却獻善武。

陶宗儀《説郛》卷四九引《洛中紀異録》　李密歸國，封邢國公，後至桃林渡，叛，上遣兵征之，至陸渾，乃斬于邢公山下。先是，山之側有亂石縱横，頗妨行李，時人謂之邢公扼，密果死于此。

備論

《北史》卷六〇《李密傳》　史臣曰：［李］密遭風雲之會，奮其鱗翼，思封函谷，將割鴻溝，期月之間，衆數十萬，威行萬里，聲動四方。雖事屈興王，運乖天眷，而雄名克振，何其壯歟！然志性輕狡，終致顛覆，固其宜也。

《隋書》卷七〇《李密傳》　史臣曰：李密遭會風雲，奪其鱗翼，思封函谷，將割鴻溝。朞月之間，衆數十萬，破化及，摧世充，聲動四方，威行萬里。雖運乖天眷，事屈興王，而義協人謀，雄名克振，壯矣！然志性輕狡，終致顛覆，其度長挈大，抑陳、項之季孟歟？

《舊唐書》卷五三《李密傳》　史臣曰：當隋政板蕩，煬帝荒淫，摇動中原，遠征遼海，内無賢臣以匡國，外乏良吏以理民，兩京空虚，兆庶疲弊。李密因民不忍，首爲亂階，心斷機謀，身臨陣敵，據鞏、洛之口，號百萬之師，竇建德輩皆效樂推，唐公紿以欣戴，不亦偉哉！及偃師失律，猶存麾下數萬衆，苟去猜忌，疾趣黎陽，任世勣爲將臣，信魏徵爲謀主，成敗之勢，或未可知。至於天命有歸，大事已去，比陳涉有餘矣。始則稱首舉義兵，終乃甘心爲降虜，其爲計也，不亦危乎！又不能委質爲臣，竭誠事上，竟爲叛者，終是狂夫，不取伯當之言，遂及桃林之禍。或以項羽擬之，文武器度即有餘，壯勇斷果則不及。楊素既知密之才幹，合爲王之爪牙，委之癡兒，卒爲謀主，覆族之禍，其宜也哉！贊曰：烏陽既昇，爝火不息。狂哉李密，始亂終逆。

《新唐書》卷八四《李密傳》　贊曰：或稱密似項羽，非也。羽興五年霸天下，密連兵數十百戰不能取東都。始玄感亂，密首勸取關中；及自立，亦不能鼓而西，宜其亡也。然禮賢得士，乃田横徒歟，賢陳涉遠矣！噫，使密不爲叛，其才雄亦不可容於時云。

王方慶《魏鄭公諫録》卷三《對李密王充優劣》　太宗問曰：「義寧之初，國家雖有關中，王充李密，各自割據。當此之時，諸君所事之主，誰優誰劣？」公對曰：「李密智計英拔，而器度局小。」戴胄奏稱：「王充言議分明，繁而寡要，爲化但爲一時之利，不堪思其後圖。」太宗曰：「平定天下，朕雖有其事，若守之失圖，功業亦復難保，秦始皇實可爲戒。公等宜念公忘私，榮名高位，可以長守。」公對曰：「臣聞之，戰勝易，守勝難。陛下深思遠慮，安不忘危，功業既彰，德教復洽。常以此爲政，天下不得不安，四海不得不樂。」

范祖禹《唐鑑》卷一《高祖》　高祖以書招李密，密自恃兵彊，欲爲盟主，復書曰：「所望左提右挈，戮力同心，執子嬰於咸陽，殪商辛於牧野。」高祖得書曰：「密妄自矜大，非折簡可致，若遽絶之，乃是更生一敵，不如卑辭推奬以驕其志。」復書曰：「天生蒸民，必有司牧，當今爲牧，非子而誰？老夫年踰知命，願不及此。欣戴大弟，攀鱗附翼，惟弟早膺圖籙，以寧兆庶。宗盟之長，屬籍見容，復封於唐，斯榮足矣。」密得書甚喜，曰：「唐公見推，天下不足定矣。」

臣祖禹曰：「晉文公譎而不正，孔子譏之。當是時，李密方圍洛邑，高祖乘虚席卷入關，密進則前有太原之敵，後有東都之師，是以聚兵洛口而不能西，其勢亦可見矣。然則高祖何賴於密而招之，以納侮及其自欲爲盟主也。又何憚於密而驕之，以行詐哉！且始舉義兵，而勸進於叛人，非所以爲名也。臣以爲此非太宗劉文静之謀，必出於高祖與裴寂之徒，怯懼之計得已而不已者也。」

胡寅《致堂讀史管見》卷一六　李密説翟讓曰：「今百姓饑饉，洛口倉多積

粟，將軍若親帥大衆，取之如拾遺耳。發粟以振窮乏，則百萬之衆，一朝可集。然後檄召四方，引用賢豪，除亡隋之社稷，布將軍之政令。」讓從之。密、讓將兵七千，襲破興洛倉，恣民所取。於是降者如流，衆數十萬，築洛口城而居之。讓推密爲主，既而爲密所敗。

楊玄感之反也，李密爲謀主，其中策使之徑取關中，玄感不從而敗。及密起，此策故可用也，而盤桓洛口，因遂城之。何工於爲人謀而拙於自爲謀也？密之衆本飢餓之民，烏合成聚，眷戀一倉積粟，故不能去爾。觀密説翟讓之言，若有大志者。然大丈夫欲拯生民，去其疾，乃不能致衆，而借勢於讓，又負義而殺之，以項梁之强，挾詐誅其守以起事，猶無所成，而况於密乎？

李密兵敗於王世充，帥餘衆來降。朝廷待之不副本望，鬱鬱不樂。乃説上曰：「山東之衆，皆臣故時麾下，請往收撫。憑藉國威，取世充如拾地芥耳。」上遣之，羣臣多諫，上不從，密至桃林，遂反。

唐高祖遣密，何思之不詳也？曹公不追關羽，爲其有君臣之分。先主不留徐庶，爲其有母子之情。密何説哉？以三十萬衆驕矜敗亡，平日爪牙，莫肯再爲之用，况又各有係屬，安能復收之？密爲此言以紿高祖，而高祖聽之，過矣。密初入朝，授任誠薄。高祖若念始者復書「早膺圖籙」之言，盛宫室，多子女，衒金帛，寵以虚名，厚其禮貌，則密亦無以生其姦心矣。

黄淳耀《陶菴全集》卷三《李密論》 漢唐之得天下，皆以先定關中。漢高帝之在河南也，王離宿重兵於河北，其勢可以躡，漢兵之後而有項籍綴之，故高帝得以入關。唐高祖之在晉陽也，王世充宿重兵於東都，其勢可以躡，唐兵之後而有李密綴之，故高祖得以入關。夫項籍、李密豈知有漢唐者哉？彼各爲其事，而適以取天下之機予漢唐，所謂真主之興必有爲之驅除難者，此爾今夫李密之才，雖不足以希太宗，然在隋末羣雄之中，固亦未有其比也。顧其人智足以知天下之奇計，而膽不能決爲人謀，則長自爲謀則短焉。楊玄感以密爲謀主，密陳三策，其上以煬帝在遼，隔絶千里，當長驅入薊，扼其歸路；其次以關中四塞，天府之國，勸玄感鼓行而西，經城勿攻直取長安；其下則謂襲取東都，而以百日不克，四方兵至，爲憂玄感從其下計。卒攻東都不克，而敗此密之所扼腕而嘆也。及其身自起兵之時，煬帝在江都，徐洪客勸密沿流東指，執取獨夫，此即密之上計也。柴孝和説密留翟讓、裴仁基等牽制東都，自簡精鋭，西襲長安，此即密之中計也。從其上計，湯武之師也，從其中計，漢高之師也，密兩皆不從，而自用其下計，卒兵敗洛水，身死桃林，是何爲玄感謀之工而自爲謀之拙也？密之言曰：「我所將皆山東人，見洛陽未下，誰肯西入？」夫漢高亦嘗將山東人，所收陳勝、項梁散卒及奪剛武侯軍殆不滿萬，而竟以入關當帝，未入關時攻昌邑未拔，則過高陽攻開封未拔，則攻潁川汲汲然，以批亢擣虚爲事，而未嘗一頓兵于堅城之下，譬如善弈者，然得其大勢則雖有所捐以與人而吾固已勝矣。今密散洛倉之粟，而不能收席士馬之鋭，而不能乘建天下之上游，而争河洛四戰之地，雖得東都，唐固將折箠使之矣。况必不得哉。吾嘗謂李密之智高於英衛項籍之勇，過于英彭。此兩人者皆可以爲人用，而不可以自用，爲人用則將相之才，自用則獨夫而已矣。若夫唐之高祖，則不然，卑詞以謝密使之綴東都之兵，而我得專意關中，兩從裴寂、世民之計，分兵以攻屈突通於河南，而自引軍西上，此二事者，雖謂之彷彿漢高可也。

江用世《史評小品》卷一六《李密》 李密，父寬，隋上柱國蒲山郡公也。密以蔭爲東宫千牛備身。密額鋭角方，瞳子黑白明徹。煬帝謂宇文述曰：「左仗下黑色小兒爲誰？此人顧盼不常，可無令入衛也。」述乃往諭密曰：「君世素貴，當以才學顯，何事三衛間耶。」密遂謝病去，益自感勵讀書，以蒲韉乘牛，掛《漢書》一帙角上行且讀。越國公楊素適見之，曰：「書生何勤也？」問所讀《項羽》傳因與語奇之，歸謂子玄感曰：「吾觀李密識度非常。」玄感遂與傾心交結。唐高祖師起太原，密自謂盟主，致書于唐，呼高祖爲兄，請合從以滅隋。大略欲與高祖爲盟津之會，殪商辛於牧野，執子嬰於咸陽。高祖覽書咲曰：「密陸梁如此，吾方定京師，未能東略，若不與同，是又生一隋也。若爲吾守成皋，拒東都兵，使不得西向足矣。吾寧推順以驕其志。」因令記室温大雅作書報曰：「天生蒸民，必有司牧，當今之牧，非子而誰。惟冀早膺圖籙，以寧兆庶。」密得書大喜曰：「唐公見推，顧天下無可慮者，遂專事隋。後爲盛彦師截擊熊耳山南，斬密傳首京師。」

余觀唐李密之始末，因知天下當豪傑蜂起，玄黄龍戰之際，有一等有用之奸雄如曹孟德、司馬仲達其人者，亦定有一等無用之奸雄，如隗囂公孫述、李密、竇建德輩也。蓋凡成大事者，須先顧名義，漢高起豐沛，必首爲義帝發喪，孟德雄視漢魏間，亦無非曰「挾天子令諸侯」耳。李密非晉陽臣子耶，既自謂盟主，而「殪商辛，執子嬰」之語，何以傳檄而厭伏天下也。密第負其顧盼不凡，識之煬帝器度殊絶，推之越公則將自以爲人中之龍、人中之虎，可以飛揚跋扈而有餘，而

政不知其猖狂，犯順人已，視之爲井底蛙，處堂燕拒輪之螳臂而已矣。寧俟傳首京師之日，而始上其無成哉。嗟夫！識時務者爲俊傑，如李密者，不但非唐文皇之敵，吾以爲併非扶餘王敵也。蓋扶餘一見李公子於不衫不履之際，遂飄然航海□自國於驚濤危浪之中，猶可夜郎自大，而李密遂欲以斗筲之子，秉帝王之重，此固未知王命論者也。或曰：「扶餘事屬子虛然，進不爲王，退亦不爲虜。」此亦神龍見首不見尾之意，姑與李密事相提論之，未必非對症藥也。

夫密豪爽英英，傲睨自負，幾同于出匣青萍，倚天長劍，直無前而舉無上者。至其狼狽不收，卒與鉛刀同敝，故論者目爲無用等之草竊英雄，而魏徵誌銘獨爲三致慨焉。且文詞爛然，足稱極筆，因節録於左。

王夫之《讀通鑑論》卷一九《隋煬帝》 言生乎心者也，成乎言而還生其心。繇心而生言，心之不貞，發於言而漸洩矣，其害淺；繇言而成事，繇事而心益以移，則言爲貞邪之始幾，而必成乎事，必蕩其心，其害深；故曰「生於其心，害於其政」。卒然言之，以爲可爲而爲之，未有不害於政者也。故君子之正天下，恒使之有所敬忌而不敢言。小人之無忌憚也，卒然言之，而禍不可戢也。李密之與唐公，皆隋氏之世臣也，逆廣雖不道，俱嘗北面事之，未嘗如嵇紹之於晉，有父母之讎也。逆廣不可以君天下，密欲奪之，唐公欲奪之，一也。唐公起，明知拚耳盜鈴之不足以欺天下，而必令曰：「犯七廟及代王宗室者，夷三族。」密則任祖君彦怨懟之私，昌言之曰：「殪商辛於牧野，執子嬰於咸陽。」於是而唐公得挾義以折之曰：「所不忍言，未敢聞命。」嗚呼！密與唐之興喪，自此決矣。夫唐豈不以逆廣爲紂，而睨代王侑爲懷璽面縛之子嬰乎？然令其遽出諸口而有所不能也。其不能者何也？不敢與不忍也。非畏逆廣與微弱之代王也，自畏其心之鬼神也。故人至於言之不怍，而後人無可如何矣；人無可如何，而鬼神之弗赦必矣。故聖人欲正人心，而亟正者人之言。心含之，口不能言之，則害止於心；心含之，口遂言之，則害著於外；心未必信之，口遽言之，則還以增益其未至之惡而心與事猖狂而無所訖止。言之有怍，而心有所忌，事有所止，則事雖不順，鬼神且諒其不敢不忍之猶存，而尚或祐之。心叛於理，言叛於心，可言則言，以摇動天下於蔑彝倫、逞志欲之大惡，然後惡滿於天下，而天之殛之也不爽。故唐之報密而折之也，非果有不忘隋之忱悃也，挈不敢不忍以告天下，而還自警其心，卒以保全楊氏之族而賓之。其享有天下，而李密授首於函谷，言不可遏，天不可欺，不亦信夫！

徐洪客者，不知其爲何許人，即其言而察之，大要一險陂無忌之游士，史稱莫知所之，蓋亦自此而死耳，非能蠖屈鴻飛於圖功徼利之世者也。其上書李密曰：「米盡人散。」以後事驗之，人服其明矣。乃曰：「直嚮江都，執取獨夫。」密爲隋氏世臣，假令趨江都執楊廣，又將何以處之哉？項羽，楚之世族，秦其讎也，而殺子嬰，掘驪山之墓，則天下叛之。楊廣儼然君天下者十三載，密以親臣子弟侍於仗下，一旦屠割之如雞豚，以密之很，於是乎固有躊躇而不敢遽者。故殪商辛、執子嬰，乃祖君彦忿懟之譏言，非密之所能任也。天下之大難，以身犯之者死；業已爲人君，而斬刈之者凶；業已爲人臣，而直前執殺其君者，必殲其類。夫密亦知擣江都殺楊廣徒受天下之指數而非可得志也。洪客險陂而不恤名義之小人，惡足以知此乎？或曰：楊廣之逆，均於劉劭，非但紂匹也，執殺之也何傷？曰：密之起也，乘其亂而思奪之乎？抑憤其覆載不容之罪，爲文帝討賊子如沈慶之之援戈而起乎？此密所不能自誣其心而可假以爲名者也。

或曰：慕容超、姚泓亦嘗君其國矣，宋武直前破其國而俘斬之都市，又何也？曰：宋武未嘗臣彼，而鮮卑與羌不可以君道予之者也。徐魏公之縱妥懽，拘此義而不知通，而豈以例隋氏哉？懸紂首於太白，未知其果否也？即有之，而三代諸侯之於天子，不純乎臣，非後世之比也。君彦忿戾以言之，洪客遂欲猖狂而決行之，自絶於天，竄死草間而無以表見，宜矣。或乃躋之魯仲連之高誼，不已過與！

王夫之《讀通鑑論》卷二〇《唐高祖》 李密以殺翟讓故，諸將危疑，一敗於邙山，而邴元貞、單雄信亟叛之；密欲守太行、阻大河以圖進取，而諸將不從，及相帥以降唐，則欣然與俱，而密遂以亡。項羽殺宋義，更始殺伯升，皆終於敗，其轍一也。然則令項羽殺漢王於鴻門，犯天下之忌，愈不能以久延，而昧者猶稱范增爲奇計，鄙夫之陋，惡足以知成敗之大綱哉？夫馭物而能釋其疑忌者，雖未能昭大信於天下，而必信之於己。信於己者，謂之有恒，有恒者，歷乎勝敗而不亂。已有以自立，則無懼於物，而疑忌之情可以不深。李密者，乘人以鬭其捷，而無能自固者也。密，隋之世臣也，無大怨於隋，而己抑無可恃之勢，無故而畜亂志以干楊玄感，玄感敗，亡命而依翟讓，隋有恨於密，密固無恨於隋，而憿數其君之罪，斥之如僕隸，且既已欲殪商辛執子嬰矣，則與隋不兩立，而君臣之義永絶。乃宇文化及弑立，而趨黎陽以逼之於河上，密懼雒陽之義其後，又幸蓋琮之招己，奉表降隋，以緩須臾之困，而受太尉尚書令之命。夫煬帝，密之所欲殪之於

牧野者也，而責化及曰：「世受隋恩，反行弑逆；」越王侗，密之所欲執之於咸陽者也，而北面稱臣，受其爵命；則諸將視之如犬豕，而知其不足有爲，尚誰爲之致死以冀其得天下哉？其降隋也，非元文都之愚，未有信之者也；其降唐也，唐固不信其果降也。反而自問，唐公見推之語而不慚，念起念滅，而莫知所據，匹夫無志，爲三軍之帥而可奪，其何以自立乎？《易》曰：「不恒其德，或承之羞。」咎可補也，凶可貞也，人皆可承以羞，而死亡不可逸矣。故諸將之亟於背密而樂於歸唐也，羞其所爲而莫之與也。密死而不能揜其羞，豈有他哉？無恒而已矣。

制天下有權，權者，輕重適如其分之準也，非詭重爲輕、詭輕爲重，以欺世而行其私者也。重也，而予之以重，適如其數；輕也，而予之以輕，適如其數；持其平而不憂其忒，權之所審，物莫能越也。李密棄土釋兵，擁二萬人以降唐，密之亂天下也，有必誅之罪，而解甲以降，殺之則已重矣。北有建德，東有世充，密獨開關來歸，爲天下倡，當重獎之以勸天下者也；而本爲隋之亂臣，天下之殘賊，厚待之，則又已重矣。密之狙詐樂禍而驕，雖降唐而無固志，緩之須臾，則跳梁終逞，宜乎厚防以制其姦，不可遽抑而激之怨。而衆叛援孤，力窮智屈，疑之重則又本輕，視爲輕而又若重，審其所適然之數者，權也。高祖授之以光禄卿，一閑冗之文吏，而司進食之褻事，使執臣節於殿陛，一若不知其狡黠凶很者然，此之謂能持權以制天下者也。非故揚之，非故抑之，適如其稽顙歸命之情形，而澹然待之若進若退之閒。嗚呼！此大有爲者之所以不可及也。於是而密無可怙之恩，抑無可訟言之怨，詐無所錯，惡無所施，不得已而孤騎叛逃，一有司之禽捕而足矣。使其志悛而終順與？則餉之以禄，安之以位，一如孟昶、劉鋹、元之在宋，而不至如黥布、彭越之葅醢以傷恩也；密之不然，自趨於死，而抑無怨矣。於是而知天下之至很者，無很也；至詐者，無詐也；量各有所止，機各有所息，以固然者待之而適如其分，則於道不失而險阻自消。天下定於一心之平，道本易也；而非大有爲者，不足以與於斯。

王源《居業堂文集》卷一一《李密論》　嗚呼，隋失其政，豪傑競起，晉陽未興，固李密獨雄之時也。密奮身亡命，出奇制勝，據倉粟，招徠遠近；豪傑景從，帶甲數十萬，以之定禍亂而成王業。直反覆手之易，乃一戰而敗，遂以不振，抑獨何哉。嘗觀荀彧説曹操曰：「高祖保關中，光武據河内，皆深根固本以制天下，進可以勝敵，退足以自守，故雖有困敗，而終濟大業。」密之失，在竭力攻東都，不知據形勝爲根本，所以一敗不可復振也。或曰：「密不從柴孝和西取長安之策，固所以自取滅亡乎。」曰：「否，是時隋兵尚强，東都屢敗之餘，猶能自守，況於長安。使密懸軍深入，攻城不克，頓兵挫鋭，將士思歸，隋因其弊而乘之勢必瓦解，密之不從，未爲失策，然則爲密計者，奈何自古英雄，當草昧之際，莫不擇其地之便利，爲吾力所易舉者，乘間疾起而取之，皆可資之以成大業。非必得關中而後可以有爲，密當釋東都之圍，留裴仁基、徐世勣等固守倉城，多設疑兵，使東都不敢議吾之後，而親帥大衆，東徇齊地，席累勝之威，乘將士之鋭，長驅電埽，勢無不克，既定齊地，除苛政，賑饑乏，招流亡，舉賢才，立綱紀。據險守要，務農息兵，轉諸倉之粟，以實山東。竇建德、朱粲之徒，皆已歸附，俱厚加撫慰，使爲我用。俟人心根本既固，然後因建德之勢，以定幽、燕。使利盡東海，無北顧之憂，地廣兵强，形便勢利，於是而天下可圖矣。項羽王梁楚九郡，地錯諸侯間，無險阨以爲固，漢得以燒其積聚，彭越爲遊兵苦楚，故百戰百勝，終斃於垓下。漢高帝數遭挫衄，而關中晏然，無侵擾之虞，常轉漕調軍，供其困乏，於是屢敗屢振。黎陽洛口，雖有積粟，乃四戰之地，不可以守。齊地負山阻海，北接燕、趙，南控江、淮，利則進取，不利則可以退守。使密據燕、齊之地，内脩政事，外觀時變。唐兵未起，則乘間以併江、淮，招撫杜伏威，與之分兵定吴、越，而圖梁、楚。唐兵既起，則陽與交好，而乘虚襲晉陽，連結梁師都、薛舉，使連兵以擾關中。唐固不能舍長安而東顧，然後大舉以平東都，觀兵崤澠，則長安危，下甲南陽，則江陵震。天下縱有未一，有不傳檄而定者哉。」或曰：「王世充悉衆擊密，使密不惑於諸將之議，乘城固守，以老其師，簡精鋭，逼東都，牽其勢，則世充可禽，東都可下，又可有於敗亡之禍乎？」曰：「然，然而密雖得東都，終無濟大事，何者？洛陽四面受敵，無異於黎洛諸城，密得之亦亡，不得亦亡，直時月之閒耳。嗟乎，知者遇時而不惑，勇者見利而不失，值難遇之時，見可乘之利，而因循坐失，雖以蓋世之雄，終不能不受制於人也。英雄之主，其鑒楚、魏所以亡，思漢、唐所以得也哉。」

朱一是《爲可堂初集》卷七《李密論》　自古帝王之創業，必有人焉。爲之開先而驅除難，斯帝王收其功而不勞。如漢高之有項羽，唐太宗之有李密是已。秦隋之强，古未嘗有也，秦將章邯提師東出，所過無不摧滅者。項羽獨斃之于鉅鹿，當其北面，而漢高乃得乘隙西入咸陽降子嬰，而王業爰定。隋之鋭旅盡在東都，而江都又有行幸之甲士，故王世充、宇文化及皆最勁之敵也。李密獨拒之于洛口，當其東面，而唐太宗乃得專力于西北，王業亦定。是漢代秦而有天下，未

嘗與秦戰。唐代隋有天下，未嘗與隋戰。而戰秦戰隋者，皆羽、密之功。二人卒無成而國亡身滅，豈先驅者每徒勞，而後起者，始收績歟然。項羽爲西楚霸王，割鴻溝而據之，猶與漢爭天下者五年。李密一挫于王世充，靡不復起，棄國歸唐，盛彦師輕騎襲之，而即死嗚呼。垓下之戰，熊耳山之走，雖事同喪敗，而勢殊勇怯，君子惜之。謂密不如羽也，遠甚方密之敗東都也。徐世勣尚得黎陽，張善相猶據襄城，洛北山東江淮諸地，莫非密境，使密于此時鼓勵將士，收整携離，進圖王業，收桑榆之效，策之上也。即不然，據其境土，遣一介之使，通欵關中，獻所有以取重于唐。則上可以爲項羽之爭雄，下不失竇融之歸命。何居乎一戰潰師，喪其魂魄，疾走投人，此不過一亡命之匹夫耳。拜官光禄，夫復何望，而又中悔，自取誅夷，不亦愚甚乎。吾觀自古及今，用兵而不善，處敗未有若密之甚者也。其次則秦苻堅淝水之戰，晉未嘗敗堅，堅自敗之也。猶夫東都之戰，隋未嘗敗密，密自敗之也。其敗也，皆倉皇失智，覆亡之不暇，遽失其平時之幹略，其病在乎不能忍爾。古之有天下而能忍者，莫如漢高帝有一國而忍者，莫知越句踐。高帝與項羽相距成臯廣武之間，百戰百敗，奉嘗以爲怯，句踐棲于會稽，身請爲臣，妻請爲妾，未嘗以爲辱。向使高帝方爲項羽所敗，即窮蹙亡命，句踐當臣妾之時，復不能一朝安吴，逃而去之。吾知其喪亡立至，而覇王之業不成矣。李密前敗于王世充，不能爲高帝，後屈于唐。不能爲越句踐器淺，而守脆倒行逆施，豈足爲英雄哉夫。密始從楊玄感而敗，蓋嘗數困矣。托平原而不見收，走淮揚而捕逐，依雍丘而爲史所跡，艱難百折，豈其不困心衡慮，及于得志，勝則心驕，敗即氣沮，興勃亡忽。與陳涉王郎之徒無以異。吾不知其掛牛角而行，且讀者何書也？

㴱貶密者，深情密也，魯公、魏公俱是英雄，但魯公英雄到底，魏公末路可笑耳。唐太宗北漢高帝省事多矣。

藝文

韓滉《澗泉集》卷一五《高祖令李密迎見秦王李密不敢仰視》 甲馬幽州路，英雄不自量。凱歌迎勞處，方識小秦王。

徐鈞《史詠詩集》卷下《李密》 泥封函谷策誠奇，人不能從已不疑。何事昏迷還至此，祇因天欲啟唐基。

劉子翬《屏山集》卷一五《李密迓太宗》 海内羣雄逐鹿時，虬髯一見識英姿。牖窺已嘆尚書婦，野拜仍驚柱圖兒。

李東陽《懷麓堂集》卷二八〇《李密掛牛》 倦來不作帶經鋤，掛角歸時日未晡。道上達官應借問，傳中曾讀竇融無。

劉儲秀《劉西陂集》卷一《李密》 昔聞牛背叟，常讀項羽書。涼州猶未破，先已歸吾廬。一時明且哲，末路復何踈。嗟彼稠桑禍，垓下定焉如。

竇建德部

綜述

《舊唐書》卷五四《竇建德傳》 竇建德，貝州漳南人也。少時，頗以然諾爲事。嘗有鄉人喪親，家貧無以葬，時建德耕於田中，聞而嘆息，遽解耕牛，往給喪事，由是大爲鄉黨所稱。初，爲里長，犯法亡去，會赦得歸。父卒，送葬者千餘人，凡有所贈，皆讓而不受。

大業七年，募人討高麗，本郡選勇敢尤異者以充小帥，遂補建德爲二百人長。時山東大水，人多流散，同縣有孫安祖，家爲水所漂，妻子餒死。縣以安祖驍勇，亦選在行中。安祖辭貧，白言漳南令，令怒笞之。安祖刺殺令，亡投建德，建德舍之。是歲，山東大饑，建德謂安祖曰：「文皇帝時，天下殷盛，發百萬之衆以伐遼東，尚爲高麗所敗。今水潦爲災，黎庶窮困，而主上不恤，親駕臨遼，加以往歲西征，瘡痍未復，百姓疲弊，累年之役，行者不歸，今重發兵，易可摇動。丈夫不死，當立大功，豈可爲逃亡之虜也。我知高雞泊中廣大數百里，莞蒲阻深，可以逃難，承間而出虜掠，足以自資。既得聚人，且觀時變，必有大功於天下矣。」安祖然其計。建德招誘逃兵及無産業者，得數百人，令安祖率之，入泊中爲羣盜，安祖自稱將軍。鄃人張金稱亦結聚得百人，在河阻中。蓨人高士達又起兵得千餘人，在清河界中。時諸盜往來漳南者，所過皆殺掠居人，焚燒舍宅，獨不入建德之閭。由是郡縣意建德與賊徒交結，收繫家屬，無少長皆殺之。建德聞其家被屠滅，率麾下二百人亡歸士達。士達自稱東海公，以建德爲司兵。後安祖爲張金稱所殺，其兵數千人又盡歸於建德。自此漸盛，兵至萬餘人，猶往來高雞泊中。每傾身接物，與士卒均執勤苦，由是能致人之死力。

十二年，涿郡通守郭絢率兵萬餘人來討士達。士達自以智略不及建德，乃進爲軍司馬，咸以兵授焉。建德既初董衆，欲立奇功以威羣賊，請士達守輜重，自簡精兵七千人以拒絢，詐爲與士達有隙而叛之。士達又宣言建德背亡，而取虜獲婦人給爲建德妻子，於軍中殺之。建德僞遣人遺絢書請降，願爲前驅，破士達以自效。絢信之，即引兵從建德至長河界，期與爲盟，共圖士達。絢兵益懈而不備，建德襲之，大破絢軍，殺略數千人，獲馬千餘匹，絢以數十騎遁走，遣將追及於平原，斬其首以獻士達。由是建德之勢益振。

隋遣太僕卿楊義臣率兵萬餘人討張金稱，破之於清河，所獲賊衆皆屠滅，餘散在草澤間者復相聚而投建德。義臣乘勝至平原，欲入高雞泊中，建德謂士達曰：「歷觀隋將，善用兵者唯義臣耳。新破金稱，遠來襲我，其鋒不可當。請引兵避之，令其欲戰不得，空延歲月，將士疲倦，乘便襲擊，可有大功。今與爭鋒，恐公不能敵也。」士達不從其言，因留建德守壁，自率精兵逆擊義臣，戰小勝，而縱酒高宴，有輕義臣之心。建德聞之曰：「東海公未能破賊而自矜大，此禍至不久矣。隋兵乘勝，必長驅至此，人心驚駭，吾恐不全。」遂留人守壁，自率精鋭百餘據險，以防士達之敗。後五日，義臣果大破士達，於陣斬之，乘勢追奔，將圍建德。守兵既少，聞士達敗，衆皆潰散。建德率百餘騎亡去，行至饒陽，觀其無守備，攻陷之，撫循士衆，人多願從，又得三千餘兵。

初，義臣既殺士達，以爲建德不足憂。建德復還平原，收士達敗兵之死者，悉收葬焉。爲士達發喪，三軍皆縞素。招集亡卒，得數千人，軍復大振，始自稱將軍。初，羣盜得隋官及山東士子皆殺之，唯建德每獲士人，必加恩遇。初得饒陽縣長宋正本，引爲上客，與參謀議。此後隋郡長吏稍以城降之，軍容益盛，勝兵十餘萬人。

十三年正月，築壇場於河間樂壽界中，自稱長樂王，年號丁丑，署置官屬。七月，隋遣右翊衛將軍薛世雄率兵三萬來討之，至河間城南，營於七里井。建德聞世雄至，選精兵數千人伏河間南界澤中，悉拔諸城僞遁，云亡入豆子䴚中。世雄以爲建德畏己，乃不設備。建德覘知之，自率敢死士一千人襲擊世雄。會雲霧晝晦，兩軍不辨，隋軍大潰，自相踏藉，死者萬餘，世雄以數百騎而遁，餘軍悉陷。於是建德進攻河間，頻戰不下。其後城中食盡，又聞煬帝被弒，郡丞王琮率士吏發喪，建德遣使弔之，琮因使者請降，建德退舍具饌以待焉。琮率官屬素服面縛詣軍門，建德親解其縛，與言隋亡之事，琮俯伏悲哀，建德亦爲之泣。諸賊帥或進言曰：「琮拒我久，殺傷甚衆，計窮方出，今請烹之。」建德曰：「此義士也。方加擢用，以勵事君者，安可殺之。往在泊中共爲小盜，容可恣意殺人，今欲安百姓以定天下，何得害忠良乎？」因令軍中曰：「先與王琮有隙者，今敢動摇，罪三族。」即日授琮瀛州刺史。始都樂壽，號曰金城宮，自是郡縣多下之。

武德元年冬至日，於金城宫設會，有五大鳥降于樂壽，羣鳥數萬從之，經日而去，因改年爲五鳳。有宗城人獻玄珪一枚，景城丞孔德紹曰：「昔夏禹膺籙，天錫玄珪。今瑞與禹同，宜稱夏國。」建德從之。先是，有上谷賊帥王須拔自號漫天王，擁衆數萬，入掠幽州，中流矢而死。其亞將魏刀兒代領其衆，自號歷山飛，入據深澤，有徒十萬。建德與之和，刀兒因弛守備，建德襲破之，又盡并其地。

二年，宇文化及僭號於魏縣，建德謂其納言宋正本、内史侍郎孔德紹曰：「吾爲隋之百姓數十年矣，隋爲吾君二代矣。今化及殺之，大逆無道，此吾讎矣，請與諸公討之，何如？」德紹曰：「今海内無主，英雄競逐，大王以布衣而起漳浦，隋郡縣官人莫不争歸附者，以大王仗順而動，義安天下也。宇文化及與國連姻，父子兄弟受恩隋代，身居不疑之地，而行弑逆之禍，篡隋自代，乃天下之賊也。此而不誅，安用盟主！」建德稱善。即日引兵討化及，連戰大破之。化及保聊城，建德縱撞車抛石，機巧絶妙，四面攻城，陷之。建德入城，先謁隋蕭皇后，與語稱臣。悉收弑煬帝元謀者宇文智及、楊士覽、元武達、許弘仁、孟景，集隋文武官對而斬之，梟首轅門之外。化及并其二子同載以檻車，至大陸縣斬之。

建德每平城破陣，所得資財，並散賞諸將，一無所取。又不噉肉，常食唯有菜蔬、脱粟之飯。其妻曹氏不衣紈綺，所使婢妾纔十數人。至此，得宫人以千數，並有容色，應時放散。得隋文武官及驍果尚且一萬，亦放散，聽其所去。又以隋黄門侍郎裴矩爲尚書左僕射，兵部侍郎崔君肅爲侍中，少府令何稠爲工部尚書，自餘隨才拜授，委以政事。其有欲往關中及東都者亦恣聽之，仍給其衣糧，以兵援之，送出其境。攻陷洺州，虜刺史袁子幹。遷都于洺州，號萬春宫。遣使往灌津，祠竇青之墓，置守冢二十家。又與王世充結好，遣使朝隋越王侗於洛陽。後世充廢侗自立，乃絶之，始自尊大，建天子旌旗，出警入蹕，下書言詔。追謚隋煬帝爲閔帝，封齊王暕子政道爲鄖公。然猶依倚突厥。隋義城公主先嫁突厥，及是遣使迎蕭皇后，建德勒兵千餘騎送之入蕃，又傳化及首以獻公主。既與突厥相連，兵鋒益盛。

九月，南侵相州，河北大使淮安王神通不能拒，退奔黎陽。相州陷，殺刺史吕珉。又進攻衛州，陷黎陽，左武衛大將軍李世勣、皇妹同安長公主及神通並爲所虜。滑州刺史王軌爲奴所殺，携其首以奔建德，曰：「奴殺主爲大逆，我何可納之。」命立斬奴，而返軌首於滑州。吏人感之，即日而降。齊、濟二州及兖州賊帥徐圓朗皆聞風而下。建德釋李世勣，使其領兵以鎮黎州。

三年正月，世勣捨其父而逃歸，執法者請誅之，建德曰：「勣本唐臣，爲我所虜，不忘其主，逃還本朝，此忠臣也，其父何罪！」竟不誅。舍同安長公主及神通於别館，待以客禮。高祖遣使與之連和，建德即遣公主與使俱歸。嘗破趙州，執刺史張昂、邢州刺史陳君賓、大使張道源等，以侵軼其境，建德將戮之。其國子祭酒凌敬進曰：「夫犬各吠非其主，今鄰人堅守，力屈就擒，此乃忠確士也。若加酷害，何以勸大王之臣乎？」建德盛怒曰：「我至城下，猶迷不降，勞我師旅，罪何可赦？」敬又曰：「今大王使大將軍高士興於易水抗禦羅藝，兵纔至，士興即降，大王之意復爲可不？」建德乃悟，即命釋之。其寬厚從諫，多此類也。

又遣士興進圍幽州，攻之不克，退軍旅籠火城，爲藝所襲，士興大潰。先是，其大將王伏寶多勇略，功冠等倫，羣帥嫉之。或言其反，建德將殺之，伏寶曰：「我無罪也，大王何聽讒言，自斬左右手乎？」既殺之，後用兵多不利。

九月，建德自帥師圍幽州，藝出兵與戰，大破之，斬首千二百級。藝兵頻勝而驕，進襲其營，建德列陣於營中，填塹而出，擊藝敗之。建德薄其城，不克，遂歸洺州。其納言宋正本好直諫，建德又聽讒言殺之。是後人以爲誡，無復進言者，由此政教益衰。

先，曹州濟陰人孟海公擁精兵三萬，據周橋城以掠河南之地。其年十一月，建德自率兵渡河以擊之。時秦王攻王世充於洛陽，建德中書舍人劉斌説建德曰：「今唐有關内，鄭有河南，夏居河北，此鼎足相持之勢也。聞唐兵悉衆攻鄭，首尾二年，鄭勢日蹙而唐兵不解。唐强鄭弱，其勢必破鄭，鄭破則夏有齒寒之憂。爲大王計者，莫若救鄭，鄭拒其内，夏攻其外，破之必矣。若却唐全鄭，此常保三分之勢也。若唐軍破後而鄭可圖，則因而滅之，總二國之衆，乘唐軍之敗，長驅西入，京師可得而有，此太平之基也。」建德大悦曰：「此良策矣。」適會世充遣使乞師於建德，即遣其職方侍郎魏處繪入朝，請解世充之圍。

四年二月，建德克周橋，虜海公，留其將范願守曹州，悉發海公及徐圓朗之衆來救世充。軍至滑州，世充行臺僕射韓洪開城納之，遂進逼元州、梁州、管州，皆陷之，屯於滎陽。三月，秦王入武牢，進薄其營，多所傷殺，并擒其將殷秋、石瓚。時世充弟世辨爲徐州行臺，遣其將郭士衡領兵數千人從之，合衆十餘萬，號爲三十萬，軍次成皋，築宫於板渚，以示必戰。又遣間使約世充共爲表里。經二月，迫於武牢，不得進。秦王遣將軍王君廓領輕騎千餘抄其糧運，獲其大將張青特，虜獲甚衆。

建德數不利，人情危駭，將帥已下破孟海公，皆有所獲，思歸洺州。凌敬進説曰：「宜悉兵濟河，攻取懷州河陽，使重將居守。更率衆鳴鼓建旗，踰太行，入上黨，先聲後實，傳檄而定。漸趨壺口，稍駭蒲津，收河東之地，此策之上也。行此必有三利：一則入無人之境，師有萬全；二則拓土得兵；三則鄭圍自解。」建德將從之，而世充之使長孫安世陰齎金玉啗其諸將，以亂其謀。衆咸進諫曰：「凌敬書生耳，豈可與言戰乎？」建德從之，退而謝敬曰：「今衆心甚鋭，此天贊我矣。因此決戰，必將大捷。已依衆議，不得從公言也。」敬固争，建德怒，扶出焉。其妻曹氏又言於建德曰：「祭酒之言可從，大王何不納也？請自滏口之道，乘唐國之虚，連營漸進，以取山北，又因突厥西抄關中，唐必還師以自救，此則鄭圍解矣。今頓兵武牢之下，日月淹久，徒爲自苦，事恐無功。」建德曰：「此非女子所知也。且鄭國懸命朝暮，以待吾來，既許救之，豈可見難而退，示天下以不信也？」於是悉衆進逼武牢，官軍按甲挫其鋭。

及建德結陣於汜水，秦王遣騎挑之，建德進軍而戰，竇抗當之。建德少却，秦王馳騎深入，反覆四五合，然後大破之。建德中槍，竄於牛口渚，車騎將軍白士讓、楊武威生獲之。先是，軍中有童謡曰：「豆入牛口，勢不得久。」建德行至牛口渚，甚惡之，果敗於此地。

建德所領兵衆，一時奔潰，妻曹氏及其左僕射齊善行將數百騎遁於洺州。餘黨欲立建德養子爲主，善行曰：「夏王平定河朔，士馬精强，一朝被擒如此，豈非天命有所歸也？不如委心請命，無爲塗炭生人。」遂以府庫財物悉分士卒，各令散去。善行乃與建德右僕射裴矩、行臺曹旦及建德妻率僞官屬舉山東之地，奉傳國等八璽來降。七月，秦王俘建德至京師，斬於長安市，年四十九。自起軍至滅，凡六歲，河北悉平。其年，劉黑闥復盜據山東。

《全唐文》卷七四四殷侔《竇建德碑》　雲雷方屯，龍戰伊始，有天命焉，有豪傑焉，不得受命，而命歸聖人，於是元黄之禍成，霸圖之業廢矣。隋大業末，主昏時亂，四海之内，兵革咸起。夏王建德，以耕甿崛興，河北山東，皆所奄有，築宫金城，立國布號，岳峙虎踞，赫赫乎當時之雄也。是時李密在黎陽，世充據東都，蕭銑王楚，薛舉擅秦，然視其刱割之跡，觀其模略之大，皆未有及建德者也。唯夏氏爲國，知義而尚仁，貴忠而愛賢，無暴虐及民，無淫凶於己，故兵所加而勝，令所到而服，與夫世充、銑、密等甚不同矣。行軍有律，而身兼勇武，聽諫有道，而人無拒拂，斯蓋豪傑所以勃興，而定霸一朝，拓疆千里者哉！或以建德方項羽之在前世，竊謂不然，羽暴而嗜殺，建德寬容御衆，得其歸附，語不可同日，跡其英分雄分，指盼備顯，庶幾孫長沙流亞乎。唯天有所勿屬，唯命有所獨歸，故使失計於救鄰，致敗於臨敵，雲散雨覆，亡也忽然。嗟夫！此亦莫之爲而爲者歟。向令運未有統，時仍割分，則太宗龍行乎中原，建德虎視於河北，相持相支，勝負豈須臾辨哉。自建德亡，距今已久遠，山東河北之人，或尚談其事，且爲之祀，知其名不可滅，而及人者存也。聖唐太和三年，魏州書佐殷侔過其廟下，見父老羣祭，駿奔有儀，夏王之稱，猶紹於昔。感豪傑之興奮，弔經營之勿終，始知天命之莫干，惜霸略之旋隕，激於其文，遂碑。

雜録

備録

《隋書》卷七一《楊善會傳》　其年，從楊義臣斬漳南賊帥高士達，傳首江都宫。帝下詔褒揚之。士達所部將竇建德自號長樂王，來攻信都。臨清賊王安阻兵數千，與建德相影響，善會襲安，斬之。建德既下信都，復擾清河，善會逆拒之，反爲所敗，嬰城固守。賊圍之四旬，城陷，爲賊所執。建德釋而禮之，用爲貝州刺史，善會罵之曰：「老賊何敢擬議國士，恨吾力劣，不能擒汝等。我豈是汝屠酤兒輩，敢欲更相吏邪！」臨之以兵，辭氣不撓。建德猶欲活之，爲其部下所請，又知終不爲己用，於是害之。

《舊唐書》卷五五《劉黑闥傳》　劉黑闥，貝州漳南人。無賴，嗜酒，好博弈，不治產業，父兄患之。與竇建德少相友善，家貧無以自給，建德每資之。隋末亡命，從郝孝德爲羣盜，後歸李密爲裨將。密敗，爲王世充所虜。世充素聞其勇，以爲騎將。見世充所爲而竊笑之，乃亡歸建德，建德署爲將軍，封漢東郡公，令將奇兵東西掩襲。黑闥既遍遊諸賊，善觀時變，素驍勇，多姦詐。建德有所經略，必令專知斥候，常間入敵中覘視虚實，或出其不意，乘機奮擊，多所克獲，軍中號爲神勇。及建德敗，黑闥自匿於漳南，杜門不出。

温大雅《大唐創業起居注》卷三　先是，平原賊帥竇建德聚衆數萬人，充斥

河右、渤海、高陽等郡。大將軍府使人張道源所定趙郡、襄國、武安、清河等郡，至是並陷於賊，道源亦隨而没焉。建德遂僭稱王，自號夏國。

張鷟《朝野僉載》卷一　孫佺爲幽州都督，五月北征。時軍師李處郁諫：「五月南方火，北方水，火入水必滅。」佺不從，果没八萬人。昔竇建德救王世充於牛口谷，時謂竇入牛口，豈有還期。果被秦王所擒。其孫佺之北也，處郁曰：「殞若入咽，百無一全。」山東人謂温飯爲殞，幽州以北並爲燕地，故云。

李吉甫《元和郡縣圖志》卷五《河南道一》　板渚，在縣東北三十五里。初，竇建德衆數十萬，自於板渚結陣，南屬鵲山，以臨汜水。太宗帥輕騎擊之，賊衆大潰，建德竄於牛口渚。將軍白士讓生獲之。先是童謡云：「豆入牛口，勢不得久。」果敗於此。牛口渚與板渚迤邐相接。

《太平廣記》卷三七五《鄴中婦人》引《神異録》　竇建德，常發鄴中一墓，無他物。開棺，見婦人，顔色如生，姿容絶麗，可年二十餘，衣物形制，非近世者。候之，似有氣息，乃收還軍養之，三日而生。能言，云：「我魏文帝宫人，隨甄皇后在鄴，死葬於此。命當更生，而我無家屬可以申訴，遂至幽隔，不知今乃何時也。」説甄后見害，了了分明。建德甚寵愛之。其後建德爲太宗所滅，帝將納之，乃具以事白，且辭曰：「妾幽閉黄壤，已三百年，非竇公何以得見今日，死乃妾之分也。」遂飲恨而卒，帝甚傷之。

《資治通鑑》卷一八三隋煬帝大業十二年十月條考異　《革命記》曰：「高士達、高德政與宗族鳩集離散，得五萬人，掠渦於四根柳樹，入高雞泊中，德政自號東海公，以建德爲長史。俄而德政病死，即有高檦脱繼立爲東海公，建德仍依舊任。檦脱領兵劫抄，至晏城府，爲城中兵所射而死。賊之異姓皆欲建德爲主，高氏一族不欲更立别人，遂分爲兩軍，各相猜貳。然高氏兵精强，建德恐被屠，乃詐分爲官軍，告高氏併力共擊之。高氏無疑，即合軍共鬬，兵刃纔交，建德自後擊之，高氏兵大亂，建德兩軍擁掠遣坐，簡其驍勇及頭首千餘人，殺之，遂總統其衆。建德自號長樂王，寇抄州縣，即大業十二年二月也。」今從《隋》、《唐書》。

《資治通鑑》卷一八四隋煬帝大業十三年七月條考異　《革命記》：「帝以李密在洛口，征遼回日，令右翊衛將軍薛世雄於留鎮兵内簡練精鋭及幽、易驍勇討密，經過之處，若有草竊，隨便誅翦；仍令王世充等諸軍並取世雄處分。世雄乃自領精兵六萬，四月末，至河間郡城下作營，州縣皆備牛酒軍糧以待薛將軍。時建德以無糧食，兵士先皆分散，餘軍不滿千人，在武强縣境收麥充食，聞世雄兵至河間，惶懼無計。問一女巫：『欲走避之，如何？』巫云：『不免。』問：『欲首如何？』巫云：『亦不吉。』問：『欲掩其不備擊之，如何？』巫云：『今夜天未明到，大吉。』卜時，日已午；卜處，去河間一百四十里。建德簡精兵二百八十人先行，餘勒續發。建德與衆決云：『夜到即打，明即降之，吉凶之事，在此舉耳。』遂行。去世雄營二里，天已屬明，又聞吹角聲擬發，建德惶惑欲降。須臾，大霧忽起，建德曰：『此天助我也。』遂引兵入營攻之，兵遂大亂。世雄左右先已裝束擬發，世雄遂得上馬奔走，仍中數槍，僅而獲免。幽、易之士，並不欲作留鎮兵，先無鬬意，既不知賊多少，悉棄甲奔亡，遂使山東賊勢轉盛。李密先招慰河北州縣，多悉從之。世雄慙憤而卒。」《唐・竇建德傳》云：「七月，世雄討之，建德帥敢死士千人襲之，世雄以數百騎遁去。」今從《隋・薛世雄傳》，以《建德傳》、《革命記》參之。

《資治通鑑》卷一八七唐高祖武德二年正月條考異　《隋書》云：「載之河間，斬之。」《唐書》云：「至大陸，斬之。」《河洛記》云：「建德將化及并蕭后、南陽公主隨軍，于時襄國郡尚爲隋守，建德因其迴兵，欲攻之，營於城下，遣大理官引化及出營東南二里許，宣令數其罪，并二子一號魏王，一號蜀王，同時受戮。」按蜀王乃士及所封，今不取。

洪邁《容齋續筆》卷一二《婦人英烈》　竇建德救王世充，唐拒之於虎牢。建德妻曹氏，勸使乘唐國之虚，西抄關中，唐必還師自救。建德曰：「此非女子所知。」

備論

《舊唐書》卷五四《竇建德傳》　史臣曰：建德義伏鄉閭，盜據河朔，撫馭士卒，招集賢良。中絶世充，終斬化及，不殺徐蓋，生還神通，沉機英斷，靡不有初。及宋正本、王伏寶被讒見害，凌敬、曹氏陳謀不行，遂至亡滅，鮮克有終矣。然天命有歸，人謀不及。

贊曰：世充篡逆，建德愎諫，二凶即誅，中原弭亂。

《新唐書》卷八五《竇建德傳》　贊曰：煬帝失德，天醜其爲，生人籲辜，羣盜乘之，如蝟毛而奮。其劇者，若李密因黎陽，蕭銑始江陵，竇建德連河北，王世充

舉東都，皆磨牙搖毒以相噬螫。其間亦假仁義，禮賢才，因之擅王僭帝，所謂盜亦有道者。本夫孽氣腥燄，所以亡隋，觸唐明德，折北不支，禍極凶殫，乃就殲夷，宜哉！

胡寅《致堂讀史管見》卷一六 竇建德討宇文化及，禽之，先謁隋蕭后，語皆稱臣，素服哭煬帝盡哀。撫存隋之百官，然後斬化及等。

商紂既亡，商之子孫皆臣服于周。所難化者，惟沫上頑民，服紂成俗，乃有哀號呼天，欲紀其緒，蠢然警動，反鄙周邦。則未聞殷之賢臣，爲紂斬衰擗踊，敬事妲己者也。隋煬之罪，視桀爲浮，其怨疾敵讎，遍于四海，民欲與之俱亡，非若古昔王畿之内，被害特甚者而已。竇建德於是焉，數宇文化及以世受國恩，不能斥諫，親行弑逆，輒自稱尊，討而殺之，可也。而爲昏煬發哀，拜謁蕭后，則施之不當，何足以感動人心，其與漢高爲義帝之節，不亦異乎？

滑州刺史王軌爲奴所殺，携其首詣竇建德降。建德曰：「奴殺王大逆，吾何爲受之？」立命斬奴，反其首，吏民感悦，即日請降。其旁州縣，皆望風歸附。

君臣父子，人道之大倫，中國之所以爲中國也。竇建德殺奴之弑其主者，而遠邇歸附，以順理也。乃有械人之子，使證其父者，亦獨何哉，其淪胥爲夷之故歟？居中國，弃人倫，自古不可，惟冒頓射父，而雄長百蠻，蓋夷狄與禽獸不遠也，聖人外之。苟欲除異己者，其術固多，何必捕繫其子，使誣訐其父，以滅天理乎？古之無道之邦，忌克猜忍，開奴婢告主、弟子告師之路極矣，而又有極者焉。世衰道微久矣，嗚呼，悲夫！

王世充求援于竇建德，建德帥兵十萬救之。世民：「曰一舉兩克，在此行矣。」遂使元吉守東都，自將東趣虎牢。建德兵不得進，數戰不利。凌敬説建德：「悉兵濟河，攻取懷州、河陽，踰太行入，上黨徇，汾晉，趣蒲津，則關中震駭，鄭圍自解矣。」建德不從。

凌敬之策，誠善策也。使竇建德遂從之，則秦王其果釋洛陽之圍而自救乎？抑分兵渡河躡其後而擊之乎？其許之和，兩俱解而退乎？曰：是皆不然，建德雖善將，長安諸人及并州將帥，自足以待之，正使攻取懷孟，而汾、晉、蒲津，豈不戰所能下？延引日月，適足以孤洛陽之心耳。秦王固將攻圍益急，世充見建德不救而去，亦叵測其所以，危疑震懼，能不破乎？既破世充，席戰勝之威，益以降附之衆，北取建德，不過遲時月間耳。

世民至長安，俘王世充、竇建德獻于太廟。上斬建德于市，赦世充爲庶人，徒處蜀。未行，獨孤修德殺之，上免修德官。

王、竇非唐之叛臣也。當隋之末世，以烏合之，衆盜名字者，不可勝數。唐室假仁而行，則此二人之輕重，世充爲首，宜數其事煬不忠，致隋失天下，又弑皇泰主而自立，淫刑以逞虐及無罪而戮之，而以宥世充者宥建德，則刑有章矣。而唐不然，其不戮世充也，得非内省有疚歟？其誅建德也，無乃畏惡其能歟？已而使人潛殺世充，豈所謂與衆弃之歟？

佚名《歷代名賢確論》卷六七《竇建德》 張唐英曰：建德陷黎陽，虜皇妹同安公主及淮安王神通、大將軍李世勣，世勣乃逃歸國。或勸誅世勣之父，建德曰：「世勣本唐臣，逃還本朝，忠臣也，其父何罪？」又舍公主、神通於别館，以客禮而厚之，生令歸國。建德之於神通、世勣，可謂有恩矣，於唐可謂有禮矣。及兵敗俘歸，斬於長安，世勣等無一言以救建德之死，於建德真少恩哉！或曰：建德抗拒王師，外爲世充之援，若赦而不許，何以懲天下之惡？曰：誅之宜也。然當此之時，羣盜擾攘，蜂結蟻聚，凡得忠良之士，率皆屠滅，無有存者。建德乃厚禮公主、神通，又不誅世勣之父，乃姦雄之中仁人也。世勣若念其父嘗拘於建德，而卒保首領，誠出一言救之，設使朝廷不從，亦足以報彼不誅父之恩，全於忠孝，豈非仁人之心哉？朝廷既不原情而定罪，世勣等又不能出力以一援，其後劉黑闥之徒以誅建德爲戒，連衡復叛，擁衆不降，八月之中，盡復建德故地，兵連禍結者復數年，此由失於斬建德而致爾。故曰：彎弓之鳥難安，而黷武之衆易動。刑人之際，可不慎乎！

王士禎《帶經堂集》卷八一《竇建德論》 隋末割據，諸奸雄皆羣盜耳，獨夏王竇建德有帝王之度。觀其舉措，殊不在太宗之下，楊維楨云：「觀建德行事，不忍以劇賊目之。」在鄉里時，解所耕牛與貧無以爲喪者。起兵日，滑州刺史王軌爲奴所殺，以其首來，建德曰：「弑主大逆也，納之敗教。」遂誅奴反軌首。此舉暗合聖經，不納三叛以懲不義之旨，光武有慚德矣，推是心也，豈不可以有天下？予又謂夏王之義，尤在斬宇文化及諸逆臣，爲煬帝素服發喪一事。而唐乃納宇文士及以爲上儀同，視夏王何如此，詎可以成敗論耶？秦王俘建德、世充於京師，謂宜誅世充而赦建德，以服天下之心。顧乃斬建德於市，赦世充爲庶人，徙蜀，未行獨孤修德殺之，猶免修德官。此又何説耶？胡寅謂：「宜數世充之罪而戮之，而以宥世充者宥建德，則刑有章矣，諒哉！顧寅又議：建德不當哭煬帝，謁蕭后，以爲異乎？漢高之於義，帝則腐儒之謬論，不足取也。

王夫之《讀通鑑論》卷一一〇《唐高祖》 〔竇〕建德、仁杲以匹夫，銑以縣令，忽乘喪亂，遂欲竊聖人之大寶以自居，則張角、黃巢之等匹，尤不可長之亂，而無可原之情矣。《春秋》於里克，寧喜弑其君而其伏誅也，書曰「殺其大夫」；齊豹殺公兄，陽虎竊玉弓，未有弑逆之大惡也，而書曰「盜」。貴近之臣，或以親，或以舊，或以才，爲國之柱石，先有成勢於國，而人心歸之，然後萌不軌之心以動於惡，欲效之者，固未易也。且人主與之相邇，賢姦易辨，而可防之於早也；辨之弗明，防之不夙，漸釀堅冰之至，人主亦與有罪焉。若夫疎遠小臣如蕭銑，亡賴細民如建德、如仁杲，始於掠奪，攫窮民而噬之，烏合勢成，遂敢妄窺天位，則四海之廣，梟桀飲博之徒，苟可爲而無不可爲，人君居高而莫察，有司拘法而難誅，決起一旦而毒流天下，則雖人主之失道有以致之，而螘穴一穿，金隄不保，祁寒暑雨之怨咨，皆可爲耰粗棘矜之口實；及其潰敗乞降，猶可以降王之禮恣其徜徉，則人何憚而不殺越平人以希富貴；況當初定之天下，衆志未寧，此撲而彼興，豈有艾乎？

吳士傑《鼪湖堂草集》卷三《竇建德論》 唐太宗擊王世充，竇建德救之。迫於武牢不得進，凌敬説建德取河北，狥汾晉，趨蒲津以震關中，則鄭圍自解。建德不從，遂敗。胡致堂曰：「敬之策誠善矣，然并州將帥，自足以當建德，而汾晉、蒲津，豈不戰所能下，延引日月，使秦王得破世充，則北取建德，不過稍遲時日耳。是雖用敬謀亦無濟也，然則建德竟無救鄭之策乎。」兵者詭道，能而示之不能，用而示之不用，故善用兵者，莫不以陰謀取勝，從未有以情告敵，豫張聲勢，使得先事爲備者也。建德所以不能與鄭合者，太宗據武牢邀之耳。使世充遣使求救時，建德陽斥其侵奪之罪，而陰示以詐敵之意，使世充堅守待援，於是發兵以守西界。彼見吾不救世充，而發兵自守，必謂我念其舊怨，幸其敗亡，而但爲自保之計，則必併力以攻東都，而不爲武牢之備，然後密選輕騎，晝夜兼行，出其不意，直襲武牢，而火軍繼發，鼓行而進，河北之粟，方舟而上，既與鄭合，氣勢自倍，中外夾擊，唐必不支，解而西歸。追擊之，可獲全勝。如此，既可存鄭，而審時度勢，又可以收卞莊之功，誰謂凌敬之策不可用哉。吾嘗謂用兵之道，有先聲而後實者，有始如處女，後如脱兔者，我强而敵弱，則震之以威，彼必望風而潰，故我不勞而敵可克，敵强而我弱，則弭耳歛翼，使不爲備，然後養鋭蓄力，一旦卒發，如疾雷不及掩耳，敵雖强，可使立敗。建德處弱小之勢，而先聲動敵，使得據險以邀之，其敗不亦宜乎。齊善行謂其一敗而禽，蓋天命有所屬，非人力所能爭，其信然歟。

計大受《史林測義》卷二〇《竇建德》 臣按竇建德亦多賢行矣，而卒至於亡者，義失所守也。其於宇文化及之弑逆，自謂：「隋爲吾君，吾爲隋民，不可不討。」生擒化及，召隋官共臨而斬之，甚得名義之正。若王世充亦負弑君篡國之罪，建德且既受隋帝侗夏王之封，顧不能聲以致討而僅與之絶。及唐逼洛陽，世充遣使求救，即親帥師以赴，視誅宇文氏之舉，不大悖乎？蓋聽劉斌鄭亡則夏不能獨立之説，是彼以義起，而此以利亂也。如斷以義拒充之請，而養精畜鋭，慎固封守，唐未必遂有虞，號兼舉之勢，即天命有屬，終不能不折而入。于唐較之，與篡弑之賊，同獻俘於太廟，爲何如哉？罔顧生平之義，聲而遠來以助逆人，殺之長安市中，不足惜也。

藝文

宋敏求《唐大詔令集》卷一二三唐高祖《平竇建德大赦》 自隋氏失馭，政散民流，盜賊交侵，區宇離析，喋喋黔首，俱被焚溺之災，元元無辜，並困豺狼之吻。朕受天明命，君臨八極，克除暴亂，大拯氓黎，聲教所覃無思不服，唯彼趙、魏，尚隔朝風。建德往因喪亂，連羣結黨，竊州據邑，擅置官僚，叛渙一隅，恣行兇虐。朕愍彼河朔，久遭塗炭，納隍軫慮，無忘興寢。但以凋弊之後，惡煩士衆，且事含弘，未先討擊。然而遊魂放命，敷稔貫盈，駈率犬羊，圖爲侵斥，與王世充欲相救援，輙來舉斧，以抗大軍。兵威所臨，醜徒崩潰，生擒建德，囚致軍門。凡厥徒黨，皆就虜獲，歷稔逋寇，一舉廓清。蕩滌遺民，與之更始，可赦山東諸州爲建德詿誤者，自武德四年五月八日以前，皆赦其罪。

王旭《蘭軒集》卷九《跋唐秦王擒竇建德圖》 力在英雄命在天，降王金鎖亦堪憐。五年爭戰成何事，虛負漳南二頃田。

吳彥貞《滄浪軒詩集》卷一《訪竇建德故壘》 奮跡高雞箔，當年氣象雄。發喪申義舉，戒殺見仁風。閫閤能持體，臣僚盡竭忠。可憐輸日角，霸業竟成空。

姜南《蓉塘詩話》卷四《還王軌首》 隋漳南竇建德，煬帝大業七年，聚衆爲盜。十三年，稱長樂王。恭帝義寧二年，建都樂壽，置百官，國號夏，改元五鳳。以隋故官裴矩、崔君肅、何稠等，隨才署職，委以政事。有往關中及中都者，恣聽

不留，仍給道里費，以兵護出於境。時滑州刺史王軌爲奴所殺，以首奔建德。建德曰：「奴殺主，大逆。納之不可不賞，賞逆則廢教，將焉用爲？」斬奴而還軌首，滑人德之。吁！以光武之賢而封子密不義之號，失之大者也，豈謂不及一竇建德哉！

《全唐文》卷二唐高祖《賜秦王獲竇建德手詔》 聞獲建德，竟如汝所料，畫策者雖吾，平定者汝也。吾聞黃河千年一清，乃當今日，汝功一也。隋氏分離，崤函隔絕，兩雄合勢，一朝清蕩，汝功二也。兵既克捷，更無死傷，無媿爲臣，不憂其父，汝功三也。吾今開懷抱，養蒼生，盡其天年，心無外慮，汝功四也。

唐高祖部

綜述

《舊唐書》卷一《高祖紀》 高祖神堯大聖大光孝皇帝姓李氏，諱淵。其先隴西狄道人，涼武昭王暠七代孫也。暠生歆。歆生重耳，仕魏爲弘農太守。重耳生熙，爲金門鎮將，領豪傑鎮武川，因家焉。儀鳳中，追尊宣皇帝。熙生天錫，仕魏爲幢主。大統中，贈司空。儀鳳中，追尊光皇帝。皇祖諱虎，後魏左僕射，封隴西郡公，與周文帝及太保李弼、大司馬獨孤信等以功參佐命，當時稱爲「八柱國家」，仍賜姓大野氏。周受禪，追封唐國公，謚曰襄。至隋文帝作相，還復本姓。武德初，追尊景皇帝，廟號太祖，陵曰永康。皇考諱昞，周安州總管、柱國大將軍，襲唐國公，謚曰仁。武德初，追尊元皇帝，廟號世祖，陵曰興寧。

高祖以周天和元年生於長安，七歲襲唐國公。及長，倜儻豁達，任性真率，寬仁容衆，無貴賤咸得其歡心。隋受禪，補千牛備身。文帝獨孤皇后，即高祖從母也，由是特見親愛，累轉譙、隴、岐三州刺史。有史世良者，善相人，謂高祖曰：「公骨法非常，必爲人主，願自愛，勿忘鄙言。」高祖頗以自負。

大業初，爲滎陽、樓煩二郡太守，徵爲殿内少監。九年，遷衛尉少卿。遼東之役，督運於懷遠鎮。及楊玄感反，詔高祖馳驛鎮弘化郡，兼知關右諸軍事。高祖歷試中外，素樹恩德，及是結納豪傑，衆多款附。時煬帝多所猜忌，人懷疑懼。會有詔徵高祖詣行在所，遇疾未謁。時甥王氏在後宫，帝問曰：「汝舅何遲？」王氏以疾對，帝曰：「可得死否？」高祖聞之益懼，因縱酒沉湎，納賄以混其迹焉。十一年，煬帝幸汾陽宫，命高祖往山西、河東黜陟討捕。師次龍門，賊帥母端兒帥衆數千薄於城下。高祖從十餘騎擊之，所射七十發，皆應弦而倒，賊乃大潰。十二年，遷右驍衛將軍。

十三年，爲太原留守，郡丞王威、武牙郎將高君雅爲副。羣賊蜂起，江都阻絶，太宗與晉陽令劉文静首謀，勸舉義兵。俄而馬邑校尉劉武周據汾陽宫舉兵反，太宗與王威、高君雅將集兵討之。高祖乃命太宗與劉文静及門下客長孫順德、劉弘基各募兵，旬日間衆且一萬，密遣使召世子建成及元吉於河東。威、君雅見兵大集，恐高祖爲變，相與疑懼，請高祖祈雨於晉祠，將爲不利。晉陽鄉長劉世龍知之，以告高祖，高祖陰爲之備。五月甲子，高祖與威、君雅視事，太宗密嚴兵於外，以備非常。遣開陽府司馬劉政會告威等謀反，即斬之以徇，遂起義兵。甲戌，遣劉文静使於突厥始畢可汗，令率兵相應。

六月甲申，命太宗將兵徇西河，下之。癸巳，建大將軍府，并置三軍，分爲左右：以世子建成爲隴西公、左領大都督，左統軍隸焉；太宗爲敦煌公、右領大都督，右統軍隸焉。裴寂爲大將軍府長史，劉文静爲司馬，石艾縣長殷開山爲掾，劉政會爲屬，長孫順德、劉弘基、竇琮等分爲左右統軍。開倉庫以賑窮乏，遠近響應。

秋七月壬子，高祖率兵西圖關中，以元吉爲鎮北將軍、太原留守。癸丑，發自太原，有兵三萬。丙辰，師次靈石縣，營於賈胡堡。隋武牙郎將宋老生屯霍邑以拒義師。會霖雨積旬，饋運不給，高祖命旋師，太宗切諫乃止。有白衣老父詣軍門曰：「余爲霍山神使謁唐皇帝曰：『八月雨止，路出霍邑東南，吾當濟師。』」高祖曰：「此神不欺趙無恤，豈負我哉！」

八月辛巳，高祖引師趨霍邑，斬宋老生，平霍邑。丙戌，進下臨汾郡及絳郡。癸巳，至龍門，突厥始畢可汗遣康稍利率兵五百人、馬二千匹，與劉文静會於麾下。隋驍衛大將軍屈突通鎮河東，津梁斷絶，關中向義者頗以爲阻。河東水濱居人，競進舟楫，不謀而至，前後數百人。

九月壬寅，馮翊賊帥孫華、土門賊帥白玄度各率其衆送款，并具舟楫以待義師。高祖令華與統軍王長諧、劉弘基引兵渡河。屈突通遣其武牙郎將桑顯和率衆數千，夜襲長諧，義師不利。太宗以遊騎數百掩其後，顯和潰散，義軍復振。丙辰，馮翊太守蕭造以郡來降。戊午，高祖親率衆圍河東，屈突通自守不出，乃命攻城，不利而還。文武將吏請高祖領太尉，加置僚佐，從之。華陰令李孝常以永豐倉來降。庚申，高祖率軍濟河，舍於長春宫。三秦士庶至者日以千數，高祖禮之，咸過所望，人皆喜悦。丙寅，遣隴西公建成、司馬劉文静屯兵永豐倉，兼守潼關，以備他盜。太宗率劉弘基、長孫順德等前後數萬人，自渭北徇三輔，所至皆下。高祖從父弟神通起兵鄠縣，柴氏婦舉兵於司竹，至是并與太宗會。郿縣賊帥丘師利、李仲文，盩厔賊帥何潘仁等，合衆數萬來降。乙亥，命太宗自渭汭屯兵阿城，隴西公建成自新豐趨霸上。高祖率大軍自下邽西上，經煬帝行宫園

苑，悉罷之，宮女放還親屬。

冬十月辛巳，至長樂宮，有衆二十萬。京師留守刑部尚書衛文昇、右翊衛將軍陰世師、京兆郡丞滑儀挾代王侑以拒義師。高祖遣使至城下，諭以匡復之意，再三皆不報。諸將固請圍城。十一月丙辰，攻拔京城。衛文昇先已病死，以陰世師、滑儀等拒義兵，並斬之。癸亥，率百僚，備法駕，立代王侑爲天子，遥尊煬帝爲太上皇，大赦，改元爲義寧。甲子，隋帝詔加高祖假黄鉞、使持節、大都督內外諸軍事、大丞相，進封唐王，總録萬機。以武德殿爲丞相府，改教爲令。以隴西公建成爲唐國世子；太宗爲京兆尹，改封秦公；姑臧公元吉爲齊公。

十二月癸未，丞相府置長史、司録已下官僚。金城賊帥薛舉寇扶風，命太宗爲元帥擊之。遣趙郡公孝恭招慰山南，所至皆下。癸巳，太宗大破薛舉之衆於扶風。屈突通自潼關奔東都，劉文静等追擒於閿鄉，虜其衆數萬。河池太守蕭瑀以郡降。丙午，遣雲陽令詹俊、武功縣正李仲袞徇巴蜀，下之。

二年春正月戊辰，世子建成爲撫寧大將軍、東討元帥，太宗爲副，總兵七萬，徇地東都。三月丙辰，右屯衛將軍宇文化及弑隋太上皇於江都宫，立秦王浩爲帝，自稱大丞相。徙封太宗爲趙國公。戊辰，隋帝進高祖相國，總百揆，備九錫之禮。唐國置丞相以下，立皇高祖已下四廟於長安通義里第。

夏四月辛卯，停竹使符，頒銀菟符於諸郡。戊戌，世子建成及太宗自東都班師。五月乙巳，天子詔高祖冕十有二旒，建天子旌旗，出警入蹕。王后、王女爵命之號，一遵舊典。戊午，隋帝詔曰："天禍隋國，大行太上皇遇盗江都，酷甚望夷，釁深驪北。憫予小子，奄造丕愆，哀號永感，心情糜潰。仰惟荼毒，仇復靡申，形影相弔，罔知啓處。相國唐王，膺期命世，扶危拯溺，自北徂南，東征西怨。致九合於諸侯，決百勝於千里。糾率夷夏，大庇甿黎，保乂朕躬，繄王是賴。德侔造化，功格蒼旻，兆庶歸心，曆數斯在，屈爲人臣，載違天命。在昔虞、夏，揖讓相推，苟非重華，誰堪命禹。當今九服崩離，三靈改卜，大運去矣，請避賢路。兆謀布德，顧己莫能，私僮命駕，須歸藩國。予本代王，及予而代，天之所廢，豈其如是！庶憑稽古之聖，以誅四凶；幸值惟新之恩，預充三恪。雪冤恥於皇祖，守禋祀爲孝孫，朝聞夕殞，及泉無恨。今遵故事，遜於舊邸，庶官羣辟，改事唐朝。宜依前典，趨上尊號，若釋重負，感泰兼懷。假手真人，俾除醜逆，濟濟多士，明知朕意。仍勑有司，凡有表奏，皆不得以聞。"遣使持節、兼太保、刑部尚書、光禄大夫、梁郡公蕭造，兼太尉、司農少卿裴之隱奉皇帝璽綬于高祖。高祖辭讓，百僚上表勸進，至於再三，乃從之。隋帝遜於舊邸。改大興殿爲太極殿。

甲子，高祖即皇帝位於太極殿，命刑部尚書蕭造兼太尉，告於南郊，大赦天下，改隋義寧二年爲唐武德元年。官人百姓，賜爵一級。義師所行之處，給復三年。罷郡置州，改太守爲刺史。丁卯，宴百官於太極殿，賜帛有差。東都留守官共立隋越王侗爲帝。壬申，命相國長史裴寂等修律令。

六月甲戌，太宗爲尚書令，相國府長史裴寂爲尚書右僕射，相國府司馬劉文静爲納言，隋民部尚書蕭瑀、相國府司録竇威並爲內史令。廢隋《大業律令》，頒新格。己卯，備法駕，迎皇高祖宣簡公已下神主，祔於太廟。追謚妃竇氏爲太穆皇后，陵曰壽安。庚辰，立世子建成爲皇太子。封太宗爲秦王，齊國公元吉爲齊王。封宗室蜀國公孝基爲永安王，柱國道玄爲淮陽王，長平公叔良爲長平王，鄭國公神通爲永康王，安吉公神符爲襄邑王，柱國德良爲長樂王，上開府道素爲竟陵王，上柱國博乂爲隴西王，奉慈爲渤海王。諸州總管加號使持節。癸未，封隋帝爲酅國公。薛舉寇涇州，命秦王爲西討元帥征之。改封永康王神通爲淮安王。壬辰，加秦王雍州牧，餘官如故。

秋七月丙午，刑部尚書蕭造爲太子太保。追封皇子玄霸爲衛王。西突厥遣使內附。秦王與薛舉大戰於涇州，我師敗績。

八月壬午，薛舉死，其子仁杲復僭稱帝，命秦王爲元帥以討之。丁亥，詔曰："隋太常卿高熲、上柱國賀若弼，並抗節不阿，矯枉無撓；司隸大夫薛道衡、刑部尚書宇文弼、左翊衛將軍董純，並懷忠抱義，以陷極刑：宜從褒飾，以慰泉壤。熲可贈上柱國、郯國公，弼贈上柱國、杞國公，各令有司加謚；道衡贈上開府、臨河縣公，弼贈上開府、平昌縣公，純贈柱國、狄道縣公。"又詔曰："隋右驍衛大將軍李金才、左光禄大夫李敏，並鼎族高門，元功世胄，横受屠殺，朝野稱冤。然李氏將興，天祚有應，冥契深隱，妄肆誅夷。朕受命君臨，志存刷蕩，申冤旌善，無忘寤寐。金才可贈上柱國、申國公，敏可贈柱國、觀國公。又前代酷濫，子孫被流者，並放還鄉里。"涼州賊帥李軌以其地來降，拜涼州總管，封涼王。

九月乙巳，親録囚徒，改銀菟符爲銅魚符。辛未，追謚隋太上皇爲煬帝。宇文化及至魏州，鴆殺秦王浩，僭稱天子，國號許。

冬十月壬申朔，李密率衆來降。封皇從父弟襄武公琛爲襄武王，黄臺公瑗爲廬江王。癸巳，詔行傅仁均所造《戊寅曆》。

十一月己酉，以京師穀貴，令四面入關者，車馬牛驢各給課米，充其自食。

秦王大破薛仁杲於淺水原，降之，隴右平。乙巳，涼王李軌僭稱天子於涼州。詔頒五十三條格，以約法緩刑。

十二月壬申，加秦王太尉、陝東道大行臺。丁丑，封上柱國李孝常爲義安王。庚子，李密反於桃林，行軍總管盛彦師追討斬之。

二年春正月乙卯，初令文官遭父母喪者聽去職。黄門侍郎陳叔達兼納言。

二月丙戌，詔天下諸宗人無職任者，不在徭役之限，每州置宗師一人，以相統攝。丁酉，竇建德攻宇文化及於聊城，斬之，傳首突厥。

閏月辛丑，劉武周侵我并州。己酉，李密舊將徐世勣以黎陽之衆及河南十郡降，授黎州總管，封曹國公，賜姓李氏。庚戌，上微行都邑，以察甿俗，即日還宫。甲寅，賊帥朱粲殺我使散騎常侍段確，奔洛陽。

夏四月乙巳，王世充篡越王侗位，僭稱天子，國號鄭。辛亥，李軌爲其僞尚書安興貴所執以降，河右平。突厥始畢可汗死。

五月己卯，酅國公薨，追崇爲隋帝，謚曰恭。

六月戊戌，令國子學立周公、孔子廟，四時致祭，仍博求其後。癸亥，尚書右僕射裴寂爲晉州道行軍總管，以討劉武周。

秋七月壬申，置十二軍，以關内諸府分隸焉。王世充遣其將羅士信侵我穀州，士信率其衆來降。西突厥葉護可汗及高昌並遣使朝貢。

九月辛未，賊帥李子通據江都，僭稱天子，國號吴。沈法興據毗陵，僭稱梁王。丁丑，和州賊帥杜伏威遣使來降，授和州總管、東南道行臺尚書令，封楚王。裴寂與劉武周將宋金剛戰於介州，我師敗績，右武衛大將軍姜寶誼死之。并州總管、齊王元吉懼武周所逼，奔於京師，并州陷。

冬十月己亥，封幽州總管羅藝爲燕郡王，賜姓李氏。黄門侍郎楊恭仁爲納言。殺民部尚書、魯國公劉文静。乙卯，秦王世民討劉武周，軍於蒲州，爲諸軍聲援。壬子，劉武周進圍晉州。甲子，上親祠華岳。

十一月丙子，竇建德陷黎陽，盡有山東之地。淮安王神通、左武候大將軍李世勣皆没於賊。

十二月丙申，永安王孝基、工部尚書獨孤懷恩、總管於筠爲劉武周將宋金剛掩襲，並没焉。甲辰，狩於華山。

三年春正月辛巳，幸蒲州，命祀舜廟。癸巳，至自蒲州。甲午，李世勣於竇建德所自拔歸國。建德僭稱夏王。

二月庚子，幸華陰。工部尚書獨孤懷恩謀反，伏誅。

三月癸酉，西突厥葉護可汗、高昌王麴伯雅遣使朝貢。突厥貢條支巨鳥。己卯，改納言爲侍中，内史令爲中書令，給事郎爲給事中。甲戌，内史侍郎封德彝兼中書令。封賊帥劉孝真爲彭城王，賜姓李氏。

夏四月壬寅，至自華陰。於益州置行臺尚書省。甲寅，加秦王益州道行臺尚書令。秦王大破宋金剛於介州，金剛與劉武周俱奔突厥，遂平并州。僞總管尉遲敬德、尋相以介州降。

六月壬辰，徙封楚王杜伏威爲吴王，賜姓李氏，加授東南道行臺尚書令。丙午，親録囚徒。封皇子元景爲趙王，元昌爲魯王，元亨爲酆王；皇孫承宗爲太原王，承道爲安陸王，承乾爲恒山王，恪爲長沙王，泰爲宜都王。

秋七月壬戌，命秦王率諸軍討王世充。遣皇太子鎮蒲州，以備突厥。丙申，突厥殺劉武周於白道。

冬十月庚子，懷戎賊帥高開道遣使降，授蔚州總管，封北平郡王，賜姓李氏。

四年春正月丁卯，竇建德行臺尚書令胡大恩以大安鎮來降，封定襄郡王，賜姓李氏。辛巳，命皇太子總統諸軍討稽胡。

三月，徙封宜都王泰爲衛王。竇建德來援王世充，攻陷我管州。

夏四月甲寅，封皇子元方爲周王，元禮爲鄭王，元嘉爲宋王，元則爲荆王，元茂爲越王。初置都護府官員。

五月己未，秦王大破竇建德之衆於武牢，擒建德，河北悉平。丙寅，王世充舉東都降，河南平。

秋七月甲子，秦王凱旋，獻俘於太廟。丁卯，大赦天下。廢五銖錢，行開元通寶錢。斬竇建德於市；流王世充於蜀，未發，爲讎人所害。甲戌，建德餘黨劉黑闥據漳南反。置山東道行臺尚書省於洺州。

八月，兖州總管徐圓朗舉兵反，以應劉黑闥，僭稱魯王。

冬十月己丑，加秦王天策上將，位在王公上，領司徒、陝東道大行臺尚書令；齊王元吉爲司空。乙巳，趙郡王孝恭平荆州，獲蕭銑。

十一月甲申，於洺州置大行臺，廢洺州都督府。庚寅，焚東都紫微宫乾陽殿。會稽賊帥李子通以其地來降。

十二月丁卯，命秦王及齊王元吉討劉黑闥。壬申，徙封宋王元嘉爲徐王。

五年春正月丙申，劉黑闥據洺州，僭稱漢東王。

三月丁未，秦王破劉黑闥於洺水上，盡復所陷州縣，黑闥亡奔突厥。蔚州總管、北平王高開道叛，寇易州。

夏四月庚戌，秦王還京師，高祖迎勞於長樂宫。壬申，代州總管、定襄郡王大恩爲虜所敗，戰死。

六月，劉黑闥引突厥寇山東。置諫議大夫官員。

秋七月丁亥，吴王伏威來朝。隋漢陽太守馮盎以南越之地來降，嶺表悉定。

八月辛亥，以洺、荆、并、幽、交五州爲大總管府。改封恒山王承乾爲中山王。葬隋煬帝於揚州。丙辰，突厥頡利寇雁門。己未，進寇朔州。遣皇太子及秦王討擊，大敗之。

冬十月癸酉，遣齊王元吉擊劉黑闥於洺州。時山東州縣多爲黑闥所守，所在殺長吏以應之。行軍總管、淮陽王道玄與黑闥戰於下博，道玄敗没。

十一月甲申，命皇太子率兵討劉黑闥。丙申，幸宜州，簡閲將士。

十二月丙辰，校獵於華池。庚申，至自宜州。皇太子破劉黑闥於魏州，斬之，山東平。

六年春正月，吴王杜伏威爲太子太保。

二月辛亥，校獵於驪山。

三月乙未，幸昆明池，宴百官。

夏四月己未，舊宅改爲通義宫，曲赦京城繫囚，於是置酒高會，賜從官帛各有差。癸酉，以尚書右僕射、魏國公裴寂爲左僕射，中書令、宋國公蕭瑀爲右僕射，侍中、觀國公楊恭仁爲吏部尚書。

秋七月，突厥頡利寇朔州，遣皇太子及秦王屯并州以備之。

八月壬子，東南道行臺僕射輔公祏據丹陽反，僭稱宋王，遣趙郡王孝恭及嶺南道大使、永康縣公李靖討之。丙寅，吐谷渾内附。

九月丙子，突厥退，皇太子班師。改東都爲洛州。高開道引突厥寇幽州。

冬十月，幸華陰。

十一月，校獵於沙苑。

十二月乙巳，以奉義監爲龍躍宫，武功宅爲慶善宫。甲寅，至自華陰。

七年春正月己酉，封高麗王高武爲遼東郡王，百濟王扶餘璋爲帶方郡王，新羅王金真平爲樂浪郡王。

二月，高開道爲部將張金樹所殺，以其地降。丁巳，幸國子學，親臨釋奠。改大總管府爲大都督府。吴王伏威薨。

三月戊寅，廢尚書省六司侍郎，增吏部郎中秩正四品，掌選事。戊戌，趙郡王孝恭大破輔公祏，擒之，丹陽平。

夏四月庚子，大赦天下，頒行新律令。以天下大定，詔遭父母喪者聽終制。

五月，造仁智宫於宜州之宜君縣。李世勣討徐圓朗，平之。

六月辛丑，幸仁智宫。

秋七月甲午，至自仁智宫。

八月戊辰，突厥寇并州，京師戒嚴。壬午，突厥退。乙未，京師解嚴。

冬十月丁卯，幸慶善宫。癸酉，幸終南山，謁老子廟。

十一月戊辰，校獵於高陵。庚午，至自慶善宫。

八年春二月己巳，親録囚徒，多所原宥。

夏四月，造太和宫於終南山。

六月甲子，幸太和宫。突厥寇定州，命皇太子往幽州，秦王往并州，以備突厥。

八月，并州道總管張公謹與突厥戰於太谷，王師敗績，中書令温彦博没於賊。

九月，突厥退。

冬十月辛巳，幸周氏陂校獵，因幸龍躍宫。

十一月辛卯，幸宜州。庚子，講武於同官縣。改封蜀王元軌爲吴王，漢王元慶爲陳王。加授秦王中書令，齊王元吉侍中。天策上將府司馬宇文士及權檢校侍中。

十二月辛酉，至自宜州。

九年春正月丙寅，命州縣修城隍，備突厥。尚書左僕射、魏國公裴寂爲司空。

二月庚申，加齊王元吉爲司徒。戊寅，親祠社稷。

三月辛卯，幸昆明池。

夏五月辛巳，以京師寺觀不甚清浄，詔曰：「釋迦闡教，清浄爲先，遠離塵垢，斷除貪慾。所以弘宣勝業，修植善根，開導愚迷，津梁品庶。是以敷演經教，檢約學徒，調懺身心，捨諸染著，衣服飲食，咸資四輩。自覺王遷謝，像法流行，末代陵遲，漸以虧濫。乃有猥賤之侣，規自尊高；浮惰之人，苟避徭役。妄爲剃度，託號出家，嗜慾無厭，營求不息。出入閭里，周旋闤闠，驅策田産，聚積貨物。

耕織爲生，估販成業，事同編户，迹等齊人。進違戒律之文，退無禮典之訓。至乃親行劫掠，躬自穿窬，造作妖訛，交通豪猾。每罹憲網，自陷重刑，黷亂真如，傾毁妙法。譬兹稂莠，有穢嘉苗；類彼淤泥，混夫清水。又伽藍之地，本曰净居，栖心之所，理尚幽寂。近代以來，多立寺舍，不求閑曠之境，唯趨喧雜之方。繕采崎嶇，棟宇殊拓，錯舛隱匿，誘納姦邪。或有接延鄽邸，鄰近屠酤，埃塵滿室，羶腥盈道。徒長輕慢之心，有虧崇敬之義。且老氏垂化，本貴冲虚，養志無爲，遺情物外。全真守一，是謂玄門，驅馳世務，尤乖宗旨。朕膺期馭宇，興隆教法，志思利益，情在護持。欲使玉石區分，薰蕕有辨，長存妙道，永固福田，正本澄源，宜從沙汰。諸僧、尼、道士、女冠等，有精勤練行、守戒律者，並令大寺觀居住，給衣食，勿令乏短。其不能精進、戒行有闕、不堪供養者，並令罷遣，各還桑梓。所司明爲條式，務依法教，違制之事，悉宜停斷。京城留寺三所，觀二所。其餘天下諸州，各留一所。餘悉罷之。」事竟不行。

六月庚申，秦王以皇太子建成與齊王元吉同謀害己，率兵誅之。詔立秦王爲皇太子，繼統萬機，大赦天下。

八月癸亥，詔傳位于皇太子。尊帝爲太上皇，徙居弘義宫，改名太安宫。

貞觀八年三月甲戌，高祖讌西突厥使者於兩儀殿，顧謂長孫無忌曰：「當今蠻夷率服，古未嘗有。」無忌上千萬歲壽。高祖大悦，以酒賜太宗。太宗又奉觴上壽，流涕而言曰：「百姓獲安，四夷咸附，皆奉遵聖旨，豈臣之力！」於是太宗與文德皇后互進御膳，并上服御衣物，一同家人常禮。是歲，閱武於城西，高祖親自臨視，勞將士而還。置酒於未央宫，三品已上咸侍。高祖命突厥頡利可汗起舞，又遣南越酋長馮智戴咏詩，既而笑曰：「胡、越一家，自古未之有也。」太宗奉觴上壽曰：「臣早蒙慈訓，教以文道；爰從義旗，平定京邑。重以薛舉、武周、世充、建德，皆上禀睿算，幸而剋定。三數年間，混一區宇。天慈崇寵，遂蒙重任。今上天垂祐，時和歲阜，被髪左衽，並爲臣妾。此豈臣智力，皆由上禀聖算。」高祖大悦，羣臣皆呼萬歲，極夜方罷。

九年五月庚子，高祖大漸，下詔：「既殯之後，皇帝宜於別所視軍國大事。其服輕重，悉從漢制，以日易月。園陵制度，務從儉約。」是日，崩於太安宫之垂拱前殿，年七十。羣臣上謚曰大武皇帝，廟號高祖。十月庚寅，葬於獻陵。高宗上元元年八月，改上尊號曰神堯皇帝。天寶十三載二月，上尊號神堯大聖大光孝皇帝。

雜録

備録

温大雅《大唐創業起居注》卷一　康鞘利將至，軍司以兵起甲子之日，又符讖尚白，請建武王所執白旗，以示突厥。帝曰：「誅紂之旗，牧野臨時所仗，未入西郊，無容預執，宜兼以絳，雜半續之。」諸軍稍旛皆放此。營壁城壘，幡旗四合，赤白相映若花園。開皇初，太原童謡云：「法律存，道德在，白旗天子出東海。」亦云「白衣天子」。故隋主恒服白衣，每向江都，擬于東海。常修律令，筆削不停，并以綵畫五級木壇自隨以事道。又有《桃李子歌》曰：「桃李子，莫浪語。黄鵠繞山飛，宛轉花園裏。」案：李爲國姓，桃當作陶，若言陶唐也。配李而言，故云桃花園，宛轉屬旌旛。汾晉老幼，謳歌在耳，忽睹靈驗，不勝歡躍。帝每顧旗旛，笑而言曰：「花園可爾，不知黄鵠如何？吾當一舉千里，以符冥讖。」【略】唐北京受瑞壇。隋大業十三年，高祖令齊王元吉留守。辛丑，獲青石，若（龍）〔龜〕形，文有丹書四字，曰「李淵萬吉」。齊王獻之，文字映澈，宛若龜形。帝乃令水漬磨以驗之。數日，其字愈明，内外畢賀。帝曰：「上天明命，貺以萬吉，宜以少牢祀石龜，而爵龜人。」因立受瑞壇。

温大雅《大唐創業起居注》卷二　帝特善書，工而且疾，真草不拘常體，而草跡韶媚可愛。嘗一日注授千許人官，更案遇得好紙，走筆若飛，食頃而訖。得官人等，不敢取告符，乞寶神筆之跡，遂各分所授官名而去。【略】甲子，有白衣野老，自云霍太山遣來，詣帝請謁。帝弘達至理，不語神怪，逮乎佛道，亦以致疑，未之深信。門人不敢以聞。此老乃伺帝行營，路左拜見。帝戲謂之曰：「神本不測，卿何得見？卿非神類，豈共神言？」野老對曰：「某事山祠，山中聞語：『遣語大唐皇帝云：若往霍邑，宜東南傍山取路，八月初雨止，我當爲帝破之，可爲吾立祠廟也。』帝試遣案行，傍山向霍邑，道路雖峻，兵枉行而城中不見；若取大路，去縣十里，城上人即遥見兵來。」帝曰：「行逢滯雨，人多疲濕，甲仗非精，何可令人遠見？且欲用權譎，難爲之巧。山神示吾此路，可謂指蹤。雨霽有徵，

吾從神也。然此神不欺趙襄子，亦應無負於孤。」顧左右笑以爲樂。丙寅，突厥始畢使達官、級失、特勤等先報，已遣兵馬上道，計日當至。帝曰：「地名賈胡，知胡將至。天其假吾此胡，以成王業也。」

温大雅《大唐創業起居注》卷三　裴寂等又依光武長安同舍人强華奉赤伏符故事，乃奏神人太原慧化尼、蜀郡衛元嵩等歌謡詩讖。慧化尼歌詞曰：「東海十八子，八井唤三軍。手持雙白雀，頭上戴紫雲。」又曰：「丁丑語甲子，深藏入堂裏。何意坐堂裏，中央有天子。」又曰：「西北天火照龍山，童子赤光連北斗。童子木上懸白幡，胡兵紛紛滿前後。拍手唱堂堂，驅羊向南走。」又曰：「胡兵未濟漢不整，治中都護有八井。」又曰：「興伍伍，仁義行，武得九，九得聲名。童子木底百丈水，東家井裏五色星。我語不可信，問取衛先生。」蜀郡衛元嵩，周天和五年閏十月作詩：「戊亥君臣亂，子丑破城隍；寅卯如欲定，龍蛇伏四方。十八成男子，洪水主刀傍。市朝義歸政，人寧俱不荒。人言有恒性，也復道非常。爲君好思量，何□□禹湯。桃源花□□，李樹起堂堂。只看寅卯歲，深水没黄楊。」

韋述《兩京新記》卷三《次南曰通義坊》　通義坊西南隅興聖尼寺：高祖潛龍舊宅。武德元年，以爲通義宫。六年，高祖臨幸，大宴羣臣，引見鄉里父老，頒賜有差。貞觀元年，立爲寺。高祖寢堂今見在。景雲二年，寢堂前枯柿樹忽更生枝條，鬱茂如故，有勑封植焉。

封演《封氏聞見記》卷一《道教》　國朝以李氏出自老君，故崇道教。高祖武德三年，晉州人吉善行于羊角山見白衣老父，呼善行謂曰：「爲吾語唐天子：吾是老君，即汝祖也。今年無賊，天下太平。」高祖即遣使致祭立廟于其地。遂改浮山縣爲神山縣，拜善行爲朝散大夫。

劉肅《大唐新語》卷七《容恕一五》　崔善爲明天文曆算，曉達時務，爲尚書左丞。令史惡其明察，乃爲謗書曰：「崔子曲如鈎，隨時待封侯。」高宗謂之曰：「澆薄之後，人多醜政。昔北齊好吏歌斛律明月，高緯闇主遂滅其家。朕雖不明，幸免斯事。」乃搆流言者罪之。

劉肅《大唐新語》卷一一《褒錫二四》　高祖嘗幸國學，命徐文遠講《孝經》，僧惠乘講《金剛經》，道士劉進嘉講《老子》。詔劉德明與之辯論，於是詰難鋒起，三人皆屈。高祖曰：「儒、玄、佛義各有宗旨，劉、徐等並當今傑才，德明一舉而蔽之，可謂達學矣。」賜帛五十疋。

李綽《尚書故實》　高祖太武皇帝，本名與文皇帝同上一字，後乃刪去。嘗有碑版，鑿處具在。太武是陵廟中玉册定□，神堯乃母后追尊。顏色曾抗疏極論，爲哀慘所沮而寢。

王仁裕《玉堂閒話》卷三　高陵縣又有神堯先世莊田，今亦爲宫觀矣，有柏樹焉。相傳云：高祖在襁褓之時，母即置放柏樹之陰，而往餉田；比餉迴，日斜而樹影不移。即今柏樹是也。史傳不載，而故老言之。

《太平廣記》卷一六三《唐高祖》引《芝田録》　隋煬帝與神堯高祖俱是獨孤外家，因是神堯與煬帝常侮狎。每朝謁退，煬帝皆有詞謔。後因賜宴，煬帝於衆因戲神堯。神堯高顙面皺，帝目爲阿婆面，神堯忿恚不樂。洎歸就第，怏悵不已。見文皇已下，但流涕而不言。次告竇皇后曰：「某身世可悲。今日更被上顯毁云阿婆面。據是，兒孫不免飢凍矣。」竇后欣躍曰：「此言可以室家相賀。」神堯不喻，謂是解免之詞。后曰：「公封於唐。阿婆乃是堂主，堂者唐也。」神堯涣然冰釋，喜悦。與秦、齊諸王，私相賀焉。

《太平廣記》卷二七七《唐太宗》引《廣德神異録》　唐高祖神堯皇帝將舉義師西入長安，忽夜夢身死，墜于牀下，爲羣蛆所食。及覺，甚惡之。乃詣智滿禪師而密話之。滿即賀曰：「公得天下矣。」大驚，謂滿曰：「何謂也？」滿曰：「身死，是斃也。墜于牀，是下也。羣蛆所食者，是億兆之趨附也。人臣不敢直指天子，故曰陛下，是至尊之象也。甚吉。」又曰：「貧道爲沙彌日，嘗攻《易》，今敢爲公占之。」及卦成，曰：「得《乾》。飛龍在天，又帝王之徵也。」時太宗侍帝之側，滿又曰：「公子，大人極吉。」又語帝曰：「此公子福無量，何憂天下乎？」帝與太宗俱大悦。帝至霍邑，又夢甲馬無數，飛滿空中。帝問是何軍伍，對曰：「是公身中之神也。若無此，何以威制天下？」言訖，並飛入帝身。帝覺，召太宗言之。復曰：「吾事濟矣。」太宗拜于前，連呼萬歲者數四。帝復大悦。其後果即位，乃命復營其寺，賜額爲興義寺，以太原帝舊田宅業産並賜之，永充常住。今之寺内見有圓夢堂及塑師與帝並在。

王溥《唐會要》卷八一《考上》　武德二年二月，上親閲羣臣考績，以李綱、孫伏伽爲上第。上初受禪，以舞人安叱奴爲散騎侍郎，綱上疏論諫；伏伽亦諫賞獻琵琶弓箭者，及請擇正人爲太子諸王師友，皆言詞激切。故皆陟其考第，以旌寵之。

王溥《唐會要》卷九四《西突厥》　武德元年八月，以西突厥曷娑那可汗爲歸義王。曷娑那獻大珠，帝曰：「珠誠至寶，然朕寶王赤心，珠無所用之。」竟還之。

錢易《南部新書》卷癸　武德二年二月，武功人嚴甘羅行劫，爲吏所拘。高祖謂曰：「汝何爲作賊？」甘羅言：「饑寒交切，所以爲盜。」高祖曰：「吾爲汝君，使汝窮之，吾罪也。」因命捨之。

邵伯温《邵氏聞見録》卷二六　先人宰陝之芮城縣，一村落皆李氏，蓋唐之遺族。高祖微時嘗居其地，有故宅基。民收高祖詔書十數紙，皆免賦役事，每云「不得欺壓百姓」。予舊有録本，近失去。

備論

《舊唐書》卷一《高祖紀》　史臣曰：有隋季年，皇圖板蕩，荒主燀燎原之焰，羣盜發逐鹿之機，殄暴無厭，横流靡救。高祖審獨夫之運去，知新主之勃興，密運雄圖，未伸龍躍。而屈己求可汗之援，卑辭答李密之書，決神機而速若疾雷，驅豪傑而從如偃草。洎謳謡允屬，揖讓受終，刑名大剗于煩苛，爵位不踰於邁軸。由是攫金有恥，伏莽知非，人懷漢道之寬平，不責高皇之慢駡。然而優柔失斷，浸潤得行，誅文静則議法不從，酬裴寂則曲恩太過。姦佞由之貝錦，嬖幸得以掇蜂。獻公遂間於申生，小白寧懷於召忽。一旦兵交愛子，矢集申孫。匈奴尋犯於便橋，京邑咸憂於左衽。不有聖子，王業殆哉！

贊曰：高皇創圖，勢若摧枯。國運神武，家難聖謨。言生牀笫，禍切肌膚。《鴟鴞》之詠，無損於吾。

《新唐書》卷一《高祖紀》　贊曰：自古受命之君，非有德不王。自夏后氏以來，始傳以世，而有賢有不肖，故其爲世，數亦或短或長。論者乃謂周自后稷至於文、武，積功累仁，其來也遠，故其爲世尤長。然考於《世本》，夏、商、周皆出於黄帝，夏自鯀以前，商自契至於成湯，其間寂寥無聞，與周之興異矣。而漢亦起於亭長叛亡之徒。及其興也，有天下皆數百年而後已。由是言之，天命豈易知哉！然考其終始治亂，顧其功德有厚薄與其制度紀綱所以維持者何如，而其後世，或寖以隆昌，或遽以壞亂，或漸以陵遲，或能振而復起，或遂至於不可支持，雖各因其勢，然有德則興，無德則絶，豈非所謂天命者常不顯其符，而俾有國者兢兢以自勉耶？唐在周、隋之際，世雖貴矣，然烏有所謂積功累仁之漸，而高祖之興，亦何異因時而特起者歟？雖其有治有亂，或絶或微，然其有天下年幾三百，可謂盛哉！豈非人厭隋亂而蒙德澤，繼以太宗之治，制度紀綱之法，後世有以憑藉扶持，而能永其天命歟？

《資治通鑑》卷一八六唐高祖武德元年十二月條　陳嶽論曰：受命之主，發號出令，爲子孫法；一不中理，則爲厲階。中，竹仲翻。今高祖曰「業已授之，不可追」，苟授之而是，則已；授之而非，胡不可追歟！君人之道，不得不以「業已授之」爲誡哉！

《資治通鑑》卷一九一唐高祖武德九年六月條　癸亥，立世民爲皇太子。又詔：「自今軍國庶事，無大小悉委太子處決，然後聞奏。」

臣光曰：立嫡以長，長，知兩翻。禮之正也。然高祖所以有天下，皆太宗之功；隱太子以庸劣居其右，地嫌勢逼，必不相容。曏使高祖有文王之明，隱太子有泰伯之賢，太宗有子臧之節，文王舍伯邑考而立武王；泰伯讓國於弟王季歷；子臧辭曹國而不受。則亂何自而生矣！既不能然，太宗始欲俟其先發，然後應之，如此，則事非獲已，猶爲愈也。既而爲羣下所迫，遂至蹀血禁門，如淳曰：殺人流血滂沱爲蹀血。師古曰：蹀，謂履涉之也。蹀，徒頰翻。推刃同氣，推，吐雷翻。貽譏千古，惜哉！夫創業垂統之君，子孫之所儀刑也，夫，音扶。彼中、明、肅、代之傳繼，得非有所指擬以爲口實乎！明皇不稱廟號而稱帝號者，温公避本朝諱耳。中宗、肅宗之季，玄宗、代宗並以兵清内難而後繼大統。

蘇轍《欒城集》卷一〇《唐高祖論》　唐高祖起太原，其謀發於太宗，諸子不與也。及克長安，誅鋤羣盜，天下爲一，其功亦出於太宗。蓋天心之所付予，人心之所歸向，其在太宗者，審矣。至立太子，高祖以長立建成，建成當之不辭，於是兄弟疑間，卒至大亂。夫建成不足言也，其咎在高祖。其後武氏之亂，廢中宗，立睿宗，以睿宗長子憲爲太子矣。及中宗之復，睿宗父子皆以王就第。韋氏之亂，臨淄以兵入討，睿宗踐祚而唐室復安。又將以長立憲，憲辭曰：「時平先長嫡，國亂先有功。不如此，必且有難。敢以死請。」睿宗從之，而後臨淄之位定。以太宗之賢，而不免於争奪，玄宗之賢不逮太宗，而晏然受命，則憲之讓，賢於人遠矣！

吾嘗論之：高祖、睿宗皆中主也，其欲立長，非專其私也，以爲立嫡以長，古今之正義也。謂之正義而不敢違，胡不考之前世乎？太王捨太伯、仲雍而立季歷，文王捨伯邑考而立武王，而周以之興。誠天命之所在，而吾無心焉，亂何自生？雖然，太伯奔吴，以避王季，亦畏亂故爾。廢長而立少，雖聖賢猶難之。憲

與玄宗，兄弟相安，終身無間言焉，蓋古今一人而已乎！

范祖禹《唐鑑》卷一《高祖》 隋大業十三年，高祖爲太原留守，領晉陽宫監。時煬帝南遊江都，天下盜賊起。高祖子世民知隋必亡，陰結豪傑，謀舉大事。懼高祖不聽，與副監裴寂謀。寂因選晉陽宫人私侍高祖，乃以大事告之。世民因亦入白其事。五月，以詐殺副留守王威、高君雅，遂起兵，遣劉文静使突厥，約連和。

臣祖禹曰：匹夫欲自立於鄉黨，猶不可不自重也。況欲圖王業，舉大事而可以不正啓之乎？太宗陷父於罪，而脅之以起兵，高祖昵裴寂之邪，受其宫女而不辭，又稱臣於突厥，倚以爲助，何以示後世矣。夫創業之君，其子孫則而象之，如影響之應形聲，尤不可不慎舉也。是以唐世人主無正家之法，戎狄多猾夏之亂，蓋高祖以此始也。或曰：「太宗苟不爲此，則高祖或終不從，而突厥將爲後患，二者權以濟事也。」臣竊以爲不然。古之王者行一不義，殺一不辜，而得天下不爲也。太宗恐高祖之不從，懼突厥之爲患，終守臣節可也，豈有脅父臣虜以得天下而可爲歟！此而可爲，則亦無所不至矣。惜乎！太宗有濟世之志，撥亂之才，而不知義也。

高祖使建成、世民將兵擊西河郡，攻拔之，執郡丞高德儒。世民數之曰：「汝指野鳥爲鸞，以欺人主，取高官。吾興義兵正爲誅佞人耳。」遂斬之。自餘不戮一人，秋毫無犯。

臣祖禹曰：昔武王克商釋箕子之囚，封比干之墓，式商容之閭，戮飛廉，惡來於海隅，顯善除惡，如恐不及，何哉？使民知響，方示以征伐之本意也。故海内莫不革心易慮，以聽上之所爲。去商之汙俗，被周之美化，如水之走下，草之從風也。太宗始起兵而戮一佞人，民知所好惡也。如是則誰不欲爲忠，而不爲佞。宜其成王業之速也。德儒佞於隋而戮於唐，爲佞者果何利哉？

高祖以書招李密，密自恃兵彊，欲爲盟主，復書曰：「所望左提右挈，戮力同心，執子嬰於咸陽，殪商辛於牧野。」高祖得書，曰：「密妄自矜大，非折簡可致。若遽絶之，乃是更生一敵，不如卑辭推奬，以驕其志。」復書曰：「天生蒸民，必有司牧。當今爲牧，非子而誰？老夫年踰知命，願不及此，欣戴大弟攀鱗附翼，惟弟早膺圖籙，以寧兆庶。宗盟之長，屬籍見容。復封於唐，斯榮足矣。」密得書甚喜，曰：「唐公見推，天下不足定矣。」

臣祖禹曰：晉文公譎而不正，孔子譏之。當是時，李密方圍洛邑，高祖乘虚席卷入關，密進則前有太原之敵，後有東都之師，是以聚兵洛口而不能西。其勢亦可見矣。然則高祖何賴於密，而招之以納侮，及其自欲爲盟主也。又何憚於密而驕之，以行詐哉！且始舉義兵而勸進於叛人，非所以爲名也。臣以爲此非太宗、劉文静之謀，必出於高祖與裴寂之徒。怯懼之計得已而不已者也。

武德元年三月，隋恭帝詔以唐王爲相國，加九錫。王謂僚屬曰：「此諂諛者所爲耳！孤秉大政而自加寵錫，可乎？必若循魏晉之迹，彼皆繁文僞飾，欺天罔人。考其實不及五霸，而求名欲過三王，此孤常所非笑，竊亦恥之。」或曰：「歷代所行，亦何可廢？」王曰：「堯舜湯武，各因其時取與異道，皆推其至誠以應天順人，未聞夏商之末，必効唐虞之禪也。若使少帝有知，必不肯爲。若其無知，孤自尊而飾讓，平生素心所不爲也。」但改丞相府爲相國府，其九錫殊禮，皆歸之有司。

臣祖禹曰：自魏晉之君欺孤蔑寡以奪天位，考其實無異於寒浞、王莽，而必欲效唐虞之文，後世因襲而莫之改。其君臣皆不以爲羞也。惟唐高祖知其出於諂諛者所爲，故繁文僞飾，有所不行，亦可謂不自欺者矣。然以兵取而必爲之文曰「受禪於隋」，是亦未免襲衰世之迹也。雖不能正其名，實如三代之王，而優於魏晉則遠矣。

五月，詔曰：「近世以來，時運遷革，前代親族，莫不誅夷，興亡之效，豈伊人力。其隋蔡王智積等子孫，並付所司，量才選用。」

臣祖禹曰：《詩》曰：「商之孫子，其麗不億。上帝既命，侯于周服。侯服于周，天命靡常。」武王數紂曰：「昏棄厥遺，王父母弟不迪，故致討焉。」誅其罪人之身，而立其子，天下之公義也。況其父兄宗族！乎自魏晉以下，彊臣篡奪，除君之族而代其位，以非道得之，亦以非道失之。易姓之禍如循一軌，《傳》曰：「君以此始，亦必以終。」信矣！唐高祖始即位而録隋之子孫，由漢以來，最爲忠厚。其享國長世宜哉！

二年閏二月，隋宇文士及、封德彝來降。帝與士及有舊。時士及妹爲昭儀，由是授上儀同。帝以封德彝隋室舊臣，而諂巧不忠，深誚責之，罷遣就舍。德彝以秘策干帝，帝悦，尋拜内史舍人，俄遷侍郎。

臣祖禹曰：高祖以女寵進士及，責德彝之諂巧。既斥之矣，復悦其計策而驟用之。甚矣！佞人之難遠也。自古君子易疎，小人易親，蓋君子難於進而果於退，小人不耻於自售，而戚於不見。知其進也，無所不至，人君一爲所惑，不能自解，鮮有不至禍敗者也。

五年，太子建成與齊王元吉共傾秦王世民，引樹黨友。中允玉珪、洗馬魏徵，説太子曰：「秦王功蓋天下，中外歸心。殿下但以年長位居東宫，無大功以鎮服海内。今劉黑闥散亡之餘，衆不滿萬，資糧匱乏。以大軍臨之，勢如拉朽。殿下宜自擊之以取功名，因結納山東豪傑，庶可自安。」太子乃請行。帝許之。

臣祖禹曰：立子以長，不以有功；以德，不以有衆，古之道也。晉獻公使太子申生伐東山，里克入而諫君，出見太子而勉之以孝。君子曰：「善處父子之間矣。」王魏以輔導東宫爲職，當勸建成以孝於高祖，友於秦王，則儲位安矣。秦王有定天下之功，高祖苟欲立之，能爲太伯，不亦善乎！且建成既爲太子，則國其國也，安在於有功？乃使之擊賊以立威，結豪傑以自助，是導之以争也。禍亂何從而息乎！夫以王魏之賢，其爲建成謀猶如此，況庸人乎！

王夫之《讀通鑑論》卷二〇《唐高祖》　《易》曰：「湯、武革命，應乎天而順乎人。」聖人知天而盡人之理，《詩》《書》所載，有不可得而詳者，千世而下，亦無從而知其深矣。乃自後世觀之，承天之祐，受人之歸，一六寓而定數百年之基者，必有適當其可之幾，蓋亦可以知天，可以知人焉。得天之時則不逆，應人以其時則志定，時者，聖人之所不能違也。唐之取天下，遲回以起，若不足以争天下之先，而天時人事適與之應以底於成，高祖意念之深，誠不可及也。天之理不易知矣，人之心不易信矣，而失之者恒以躁。楊廣之播虐甚矣，而唐爲其世臣，受爵禄於其廷，非若湯之嗣契，周之嗣稷，建國於唐虞之世，元德顯功，自有社稷，而非純乎爲夏商之臣也。則隋雖不道，唐不可執言以相詰。天有綱，則理不可踰，人可有辭，則心不易服也。故楊廣甚高祖而屢欲殺之，高祖處至危之地，視天下之分崩，有可乘之機，以遠禍而徼福，然且斂意卑伏而不遽起；天下怨隋之虐，王薄一呼，而翟讓、孟海公、竇建德、李密、林士弘、徐圓朗、蕭銑、張金稱、劉元進、管崇、薛舉、劉武周、梁師都、朱粲羣起以亡隋，唐且安於臣服，爲之守太原、御突厥而弗動。至於楊廣棄兩都以流蕩於江都，李密已入雒郛，環海無尺寸之寧土。於斯時也，白骨邱積於郊原，孤寡流離於林谷，天下之毒痛又不在獨夫而在羣盜矣。唐之爲餘民争生死以規取天下者，奪之於羣盜，非奪之於隋也。隋已亡於羣盜，唐自關中而外，皆取隋已失之宇也。然而高祖猶慎之又慎，遲回而不迫起，故秦王之陰結豪傑，高祖不知也，非不知也，王勇於有爲，而高祖堅忍自持，姑且聽之而以静鎮之也。不貪天方動之幾，不乘人妄動之氣，則天與人交應之而不違。故高祖以五月起，十一月而入長安立代王侑，其明年二月，而宇文化及遂弒楊廣於江都。廣已弒，代王不足以興，越王侗見逼於王世充，旦夕待弒，隋已無君，關東無尺寸之土爲隋所有，於是高祖名正義順，蕩夷羣雄，以拯百姓於凶危，而人得主以寧其婦子，則其視楊玄感、李密之背君父以反戈者，順逆之分，相去縣絶矣。故解楊廣之虐政者，羣盜也，而益之深熱；救羣盜之殺掠者，唐也，而予以宴安。惟唐俟之俟之，至於時至事起，而猶若不得已而應，則叛主之名可辭；而聞江都之殺，涕泗交流，保全代王，録用隋氏宗支，君子亦信其非欺。人謂唐之有天下也，秦王之勇略志大而功成，不知高祖慎重之心，持之固，養之深，爲能順天之理、契人之情，放道以行，有以折羣雄之躁妄，綏民志於來蘇，故能折箠以御梟尤，而繫國於苞桑之固，非秦王之所可及也。嗚呼！天子之尊，非可志爲擬也；四海之大，非可氣爲壓也。相時之所疾苦，審己之非横逆，然後可徐起以與天下休息，即毒衆臨戎，而神人罔爲怨恫；降李密，禽世充，斬建德，俘蕭銑，皆義所可爲，仁所必勝也，天下不歸唐，而尚誰歸哉？慎於舉事，而所争者羣盗也，非隋也；非惡已熸而將熄之楊廣也，毒方興而不戢之僞主也。有唐三百載之祚，高祖一念之慎爲之，則湯、武必行法以俟命，其静審天人之幾者，亦可髣髴遇之矣。

謂高祖之立建成爲得適長之禮者，非也。立子以適長，此嗣有天下，太子諸王皆生長深宫，天顯之序，不可以寵嬖亂也。初有天下，而創制自己，以賢以功，爲天下而得人，作君師以佑下民，不可以守法之例例之矣。抑謂高祖宜置建成而立世民者，(抑)〔亦〕非也。睿宗舍宋王成器而立隆基，討賊後以靖國家，隆基自冒險爲之，事成乃奉睿宗以正位，睿宗初不與聞，而況宋王？則宋王固辭，而睿宗決策可也。太原之起，雖繇秦王，而建成分將以嚮長安，功雖不逮，固協謀而戮力與偕矣。同事而年抑長，且建成亦錚錚自立，非若隋太子勇之失德章聞也，高祖又惡得而廢之？故高祖之處此難矣，非直難也，誠無以處之，智者不能爲之辯，勇者不能爲之決也。君子且無以處此，而奚翅高祖？處此而無難者，其唯聖人乎！泰伯之成其至德者，豈徒其仁孝之得於天者厚乎？太王、姜女以仁敬孝慈敦彝倫修内教於宫中者，其養之也久矣。《詩》之頌王季也，曰「則友其兄」。王季固不以得國而易其兄弟之歡也。王季無得國之心，而泰伯可成其三讓之美，一門之内，人修君子長者之行，而静以聽夫天命。故王季得國，猶未得也；泰伯辭國，猶未辭也；内教修而禮讓興，讓者得仁，而受者無疑於失義。邠人之稱太王，曰「仁人也」。豈一朝一夕之故哉？唐高祖之守太原，縱酒納賄以

自蔑，宦人私侍，而嘗試生死以殉其嗜欲，則秦王矯舉以奮興，一唯其才之可以大有爲，而馳騁俠烈之氣，蕩其天性，固無名義之可繫其心，建成尤劣焉，而以望三後忠厚開國之休，使遜心以聽高祖之命，其可得乎？高祖之不能式穀其子，既如此矣；而所左右後先者，又行險儌幸若裴寂之流而已。東宮天策士各以所知遇爲私人，目不覩慈懿之士，耳不聞孝友之言，導以爭猜而亟奪其惻隱，高祖若木偶之尸位於上，而無可如何，誠哉其無可如何也！源之不清，其流孰能澄汰哉？後世之不足以法三代者，此也，非井田封建飾文具以强民之謂也。王之所以王，霸之所以霸，聖之所以聖，賊之所以賊，反身而誠，不言而喻。保爾子孫，寧爾邦家，豈他求之哉？自非聖人，未有能免於禍亂者。立適之法，與賢之權，皆足以召亂，況井田封建之畫地爲守者乎？

魏徵、王珪必死於建成之難乎？曰：未見其可也。事太宗而效忠焉，有以異於管仲之相桓公乎？曰：有異焉，而未爲殊異也。《傳》曰：「食焉不辟其難。」非至論也。君子之身，天植之，親生之，生死者，名義之所維，性情之所主，而僅以殉食乎？君臣之義，生於性者也，性不隨物以遷，君一而已，猶父之不可有二也。管仲，齊之臣，齊侯其君也；徵、珪，唐之臣，高祖其君也。仲之事子糾，齊侯命之，徵、珪之事太子，高祖命之。天之所秩，性之所安，義之所承，君一而已。即以食論，仲食齊侯之食，徵、珪食高祖之食，子糾、建成弗與焉，而況君子之死，必不以殉食乎？故無知者，齊襄之賊，管仲不共戴天之讎也。使唐高而蒙篡弒之禍，徵、珪有死有亡，而必不可一日立於其廷，子糾、建成，君臣之分未定，奚足爲之死邪？爲之死，是一日而有二君矣。胥爲君之子也，或廢或立，君主之，當國之大臣引經衷道以裁之，爲宮僚者，不得以所事者爲適主，而隨之以爭。建成以長，世民以功，兩俱有可立之道，君命我以事彼，則事彼而已矣；君命我以事此，則事此而已矣。高祖初未嘗以荀息之任任徵與珪，使以死拒世民也。則建成死，高祖立世民爲太子，非敵國也，非君讎也，改而事之，無傷乎義，無損乎仁，奚爲其不可哉？然則徵、珪之有異於管仲者，何也？襄公弒，糾與小白出亡於外，入而討賊，不幸而兄弟爭，仲之所不諫也。子糾敗，仲囚於魯，桓公釋之而使相，仲未嘗就公求免以自試也。建成、世民之含毒以爭久矣，知其必有蹀血宮門之慘，不能弭止其惡，抑不能辭宮僚以去之，欲儌幸以觀變，二子之志偷矣。太子死，遽即秦王而請見，尤義之所不許也，斯則其不得與管仲均者也。夫魏徵起於羣盜之中，幸自拔以歸唐，功名之士耳。「介於石，不終日」，而後可以知幾。亦惡足以及此哉？

藝文

《文苑英華》卷七七四李華《高祖元頌一》 昊昊旻天，監於下甸，興有德行。維隋之秋，時黷陰凝，陽潛未登，人思炤矣，雷行龍興，盪濯雰慝。文明乎萬國，垂仁烝人。載親天監，保我子孫。巍巍皇皇，後之皇丕承之。

《文苑英華》卷八三五虞世南《唐高祖神堯皇帝哀册文》 維貞觀九年，歲次癸未五月乙未朔六日庚子，大行太上皇崩于大安宮，殯于前殿之西階。粵十月甲子朔二十七日庚寅，將遷座于獻陵，禮也。九天落構，七曜沉暉，引鸞翿於兩闕，駕龍輴《文粹》、《（大）〔大〕詔令》並作輤。於六飛。哀子嗣皇帝諱，擗踴崩心，攀號泣血，悲慕望其如在，痛音顏之已絶。去昭景而不留，即幽途而永訣。孝以追遠，哀惟慎終。爰詔史册，叙德宣風。其詞曰：

玄覽載籍，逖聽皇王。立德可久，應運期一本作斯。昌。天基崇峻，帝系悠長。虹耀一本作輝。降祉，真氣呈祥。葱珩朱紱，熊軾龍章。《文粹》作常。契叶禎符，誕生叡德。《文粹》作聖。彤雲晝聚，黄星夕映。舒卷潛躍，幾深道性。地載天臨，日暉川鏡。歷試藩岳，風移俗正。火德云謝，羣龍戰野。蚩尤躍旗，《文粹》作曜。王良策馬。拔山殪《文粹》作噎。日，滔天泯夏。蕩析黎元，阽危宗社。提劍創業，杖鉞專征。風驅雲動，海運天行。伐謀上略，制勝神兵。尊王踐土，復帝夷庚。職惟上相，任隆羣辟。六階已平，四門盛闢。殊物顯命，彝章典册。錫重介珪，禮優乘石。煙雲《文粹》作霞。改色，鏞笙變音。覩圖受命，負扆君臨。仁霑動植，化感飛沉。殷輅周冕，禹迹堯心。削觚返樸，抵璧藏金。商俗未改，遺氛阻亂。沙塞虔劉，伊源《文粹》作瀍。叛換。應變雷動，乘機電斷。十角雲消，三川冰泮。漸以文教，致諸王道。制禮和樂，尊儒養老。羣鳳栖桐，一本作梧。册魚在藻。水浮玄貝，階榮朱草。威加海外，澤被區中。要荒合軌，鞮譯《文粹》作鞨。遐通。没羽沉浪，飛輪駕風。眷言釋負，有懷高謝。倏爾櫟陽，杳同姑射。邈詩禮以承天，稟義方以成化。聿應《文粹》作膺。景福，方期大《文粹》作永。年。王几奄及，金縢遂竁《文粹》作窆。絶五日之晨昏，邁千齡而上仙。攀帷房以孺慕，抱劒舄以纏綿。嗚嗁哀哉！處奉顧託，式遵遺志。捐珠玉而不藏，即陶甄以成器。

貽儉德以爲謩，垂風聲於後嗣。嗚呼哀哉！永去天邑，言遵紀市。《文粹》作地肺。背沃野於《文粹》作之。神皋，越通川於渭涘。《文粹》作之清渭。懷岐山之前跡，睠新豐之舊里。笳哀噎以留思，旐聯翩《文粹》作翩。而顧指。悲風急而古《文粹》作拱。木吟，平野晦而愁雲《文粹》作寒煙。起。嗚呼哀哉！惟綴衣之如昨，忽馳光之不《文粹》作莫。駐。亟時遊《文粹》作逝。而即改，俄涉新而履故。野蒼蒼以日衰，歲凜凜而行暮。感物悲於氣序，銜哀踐於霜露。泣逝水之東流，《文粹》作川。水之逝波，動喬《文粹》作商。山之風樹。踳厚地而無感，仰高天而何訴。嗚呼哀哉！曰聖與仁，誰前誰後。炎暑無金石之固，動華異松喬之壽。孰歷世而長存，惟令名之不朽。矧玄功與至德，冠列辟而爲首。俾軼五而登三，與造化而長久。《文粹》作天長而地久。

扈蒙《三原縣志》卷二〇《新修唐高祖廟碑記開寶六年七月》 昔者洪水懷山，下民方割，堙之者禹也。有夏多罪，天命殛之，順之者湯也。紂爲不道，毒痛四海，伐之者武也。隋失其馭，塗炭六合，伐之者唐也。然則干戈揖讓，步驟不同，至于應天順人，爲民除暴，其義一也。唐之高祖曰神堯大聖大光孝皇帝，姓李氏，諱淵。實天之英，實地之靈，體曦舒之至明，稟融結之元精，應符命而出，順時運而生。體貌多奇，乃軒皇之瑞表；寬仁大度，即漢祖之莫風。故舉義參墟，堯起唐侯之比也；陳師渭曲，武誓商郊之類也。尚或建義寧之號，以表至公；尊太上之稱，以存大義。然後受九錫之備物，繼三王之盛躅，開基御極，莫之與京。若夫氛霧翳天，晞之者杲日；黔黎塗地，拯之者聖人。隋自大業末年，羣盜蜂起，大則跨州連郡，竊帝圖王，小則斬木揭竿，攻城剽邑。茫茫九土，盡爲麋鹿之場；擾擾羣生，俱充蛇豕之餌。亂離瘼矣，謂之何哉！帝時以英武之姿，逢板蕩之世，思欲救兆民之卒癉，拯六合之横流。濡足不辭，奮衣而起。加以寬厚容物，則賢者爲之伐謀；明恕愛人，則勇者爲之決戰。豪傑因之而景附，億兆由之而欣戴。故得活烝黎于焚燎，易愁怨爲謳歌，允答羣心，終陟元后。自肇有書契，綿歷載祀，撥亂濟時之主，創業闡統之君，如帝之比，幾何人哉？我應天廣運聖文神武明道至德仁孝皇帝名輝帝籙，道綜王猷，順玄讖以天飛，聳鴻基而岳峙。油雲在上，羣生欽下濟之恩；瑞日升中，六合仰無私之照。窮夏禹奠山之蹟，盡入四封；罄《周官》經野之疆，咸輸九貢。頌聲斯作，瑞牒爭陳，日月爲之貞明，《河》《洛》以之開啓。然猶若稽遂古，緬慕前芳，訪墜典于石渠，感受釐于宣室。以帝昔膺土運，奄有瑶圖，洎谷變以陵遷，遽光沉而薰歇。矧自唐祚將季，秦甸挺拔，一抔曾盜于漢陵，三月幾焚于驪岫。我皇帝思延歷代，澤漏重泉。惜魏帝之銅臺，空存舊址；嗟茂陵之玉盌，已出人間。乃命授以規模，修其圮陊，仍頒寵詔，就建靈祠。因獻陵之下宫，據畢原之故地，鳩工蕆事，不日而成。觀其正殿中蹲，景福、靈光之比也；迴廊對聳，未央、建章之類也。其像塑也，飾之以金碧丹青；其服御也，賁之以藻火粉米。良工盡妙，能事咸臻。及大匠之告成，命詞臣以紀事。微臣寅奉天旨，乃再拜稽首而言曰：昔唐高祖鑿乾搆象，載育含靈，括地開階，重垂大統。故能坐使一十九葉，克紹于鴻圖；三百餘年，善守其宗廟。彼乃得之于前也。今我宋后儀天立極，稽古臨人。蒼璧黄琮，屢謹圜丘之祀；金泥玉檢，將行岱嶽之封。皇葉聿興，人寰受賜。此乃得之于後也。則知前聖後聖，不謀而同，以古擬今，相去何遠。《詩》曰「維其有之，是以似之」，又曰「高山仰止，景行行止」，其是之謂與！宜乎德音是降，祀典惟豐，仍植豐碑，以示來世。敢尊睿旨，虔抒斯銘，曰：「唐昔受命，奄有神器。高祖奮庸，肇基文陛。重熙累洽，綿三百祀。宋今應運，澤流厚地。我后握圖，文經武緯。垂裕儲休，卜三十世。伊二聖兮相望，諒于湯兮有光。今高山之蕪没，嗟舜野之荒涼。乃構原廟，隆其棟梁。乃潔明祀，備以蕭薌。睿睠如是，靈祇充藏。敢載言而紀績，期地久以天長。」開寶六年，歲次癸酉，七月壬子朔，二十日壬申，朝請大夫、行尚書左司員外郎、知制誥、權判昭文館、充史館修撰、判館事、柱國、賜紫金魚袋臣扈蒙撰。

裴寂部

綜述

《舊唐書》卷五七《裴寂傳》 裴寂字玄真，蒲州桑泉人也。祖融，司木大夫。父瑜，絳州刺史。寂少孤，爲諸兄之所鞠養。年十四，補州主簿。及長，疎眉目，偉姿容。隋開皇中，爲左親衛。家貧無以自業，每徒步詣京師，經華嶽廟，祭而祝曰：「窮困至此，敢修誠謁，神之有靈，鑒其運命。若富貴可期，當降吉夢。」再拜而去。夜夢白頭翁謂寂曰：「卿年三十已後方可得志，終當位極人臣耳。」後爲齊州司户。

大業中，歷侍御史、駕部承務郎、晉陽宫副監。高祖留守太原，與寂有舊，時加親禮，每延之宴語，間以博奕，至於通宵連日，情忘厭倦。時太宗將舉義師而不敢發言，見寂爲高祖所厚，乃出私錢數百萬，陰結龍山令高斌廉與寂博戲，漸以輸之。寂得錢既多，大喜，每日從太宗遊。見其歡甚，遂以情告之，寂即許諾。寂又以晉陽宫人私侍高祖，高祖從寂飲，酒酣，寂白狀曰：「二郎密纘兵馬，欲舉義旗，正爲寂以宫人奉公，恐事發及誅，急爲此耳。今天下大亂，城門之外，皆是盜賊。若守小節，旦夕死亡；若舉義兵，必得天位。衆情已協，公意如何？」高祖曰：「我兒誠有此計，既已定矣，可從之。」

及義兵起，寂進宫女五百人，并上米九萬斛、雜綵五萬段、甲四十萬領，以供軍用。大將軍府建，以寂爲長史，賜爵聞喜縣公。從至河東，屈突通拒守，攻之不下，三輔豪傑歸義者日有千數。高祖將先定京師，議者恐通爲後患，猶豫未決。寂進説曰：「今通據蒲關，若不先平，前有京城之守，後有屈突之援，此乃腹背受敵，敗之道也。未若攻蒲州，下之而後入關。京師絶援，可不攻而定矣。」太宗曰：「不然。兵法尚權，權在於速。宜乘機早渡，以駭其心。我若遲留，彼則生計。且關中羣盜，所在屯結，未有定主，易以招懷，賊附兵强，何城不克？屈突通自守賊耳，不足爲虞。若失入關之機，則事未可知矣。」高祖兩從之，留兵圍河東，而引軍入關。及京師平，賜良田千頃、甲第一區、物四萬段，轉大丞相府長史，進封魏國公，食邑三千户。

及隋恭帝遜位，高祖固讓不受，寂勸進，又不答。寂請見曰：「桀、紂之亡，亦各有子，未聞湯、武臣輔之，可爲龜鏡，無所疑也。寂之茅土、大位，皆受之於唐，陛下不爲唐帝，臣當去官耳。」又陳符命十餘事，高祖乃從之。寂出，命太常具禮儀，擇吉日。高祖既受禪，謂寂曰：「使我至此，公之力也。」拜尚書右僕射，賜以服翫，不可勝紀，仍詔尚食奉御，每日賜寂御膳。高祖視朝，必引與同坐，入閤則延之卧内，言無不從，呼爲裴監而不名。當朝貴戚，親禮莫與爲比。

武德二年，劉武周將黄子英、宋金剛頻寇太原，行軍總管姜寶誼、李仲文相次陷没，高祖患之。寂自請行，因爲晉州道行軍總管，得以便宜從事。師次介休，而金剛據城以抗寂。寂保於度索原，營中乏水，賊斷其澗路，由是危迫。欲移營就水，賊因犯之，師遂大潰，死散略盡。寂一日一夜馳至平陽，晉州以東城鎮俱没。金剛進逼絳州。寂抗表陳謝，高祖慰諭之，復令鎮撫河東之地。寂性怯，無捍禦之才，唯發使絡繹，催督虞、秦二州居人，勒入城堡，焚其積聚。百姓惶駭，復思爲亂。夏縣人吕崇茂遂殺縣令舉兵反，引金剛爲援，寂擊之，復爲崇茂所敗。被徵入朝，高祖數之曰：「義舉之始，公有翼佐之勳，官爵亦極矣。前拒武周，兵勢足以破敵，致此喪敗，不獨愧於朕乎？」以之屬吏，尋釋之，顧待彌重。

高祖有所巡幸，必令居守。麟州刺史韋雲起告寂謀反，訊之無端。高祖謂寂曰：「朕之有天下者，本公所推，今豈有貳心？皇自須分，所以推究耳。」因令貴妃三人齎珍饌、寶器就寂第，宴樂極歡，經宿而去。又嘗從容謂寂曰：「我李氏昔在隴西，富有龜玉，降及祖禰，姻婭帝室。及舉義兵，四海雲集，纔涉數月，昇爲天子。至如前代皇王，多起微賤，劬勞行陣，下不聊生。公復世胄名家，歷職清顯，豈若蕭何、曹參起自刀筆吏也！唯我與公，千載之後，無媿前修矣。」其年，改鑄錢，特賜寂令自鑄造。又爲趙王元景聘寂女爲妃。

六年，遷尚書左僕射，賜宴於含章殿，高祖極歡，寂頓首而言曰：「臣初發太原，以有慈旨，清平之後，許以退耕。今四海乂安，伏願賜臣骸骨。」高祖泣下霑襟曰：「今猶未也，要相偕老耳。公爲台司，我爲太上，逍遥一代，豈不快哉！」俄册司空，賜實封五百户，遣尚書員外郎一人每日更直寂第，其見崇貴如此。

貞觀元年，加實封并前一千五百户。二年，太宗祠南郊，命寂與長孫無忌同昇金輅，寂辭讓，太宗曰：「以公有佐命之勳，無忌亦宣力於朕，同載參乘，非公

而誰？」遂同乘而歸。

三年，有沙門法雅，初以恩倖出入兩宮，至是禁絶之，法雅怨望，出妖言，伏法。兵部尚書杜如晦鞫其獄，法雅乃稱寂知其言，寂對曰：「法雅惟云時候方行疾疫，初不聞妖言。」法雅證之，坐是免官，削食邑之半，放歸本邑。寂請住京師，太宗數之曰：「計公勳庸，不至於此，徒以恩澤，特居第一。武德之時，政刑紕繆，官方弛紊，職公之由。但以舊情，不能極法，歸掃墳墓，何得復辭？」寂遂歸蒲州。

未幾，有狂人自稱信行，寓居汾陰，言多妖妄，常謂寂家僮曰：「裴公有天分。」於時信行已死，寂監奴恭命以其言白寂，寂惶懼不敢聞奏，陰呼恭命殺所言者。恭命縱令亡匿，寂不知之。寂遣恭命收納封邑，得錢百餘萬，因用而盡。寂怒，將遣人捕之，恭命懼而上變。太宗大怒，謂侍臣曰：「寂有死罪者四：位爲三公而與妖人法雅親密，罪一也；事發之後，乃負氣憤怒，稱國家有天下，是我所謀，罪二也；妖人言其有天分，匿而不奏，罪三也；陰行殺戮以滅口，罪四也。我殺之非無辭矣。議者多言流配，朕其從衆乎。」於是徙交州，竟流静州。俄逢山羌爲亂，或言反獠劫寂爲主，太宗聞之曰：「我國家於寂有性命之恩，必不然矣。」未幾，果稱寂率家僮破賊。太宗思寂佐命之功，徵入朝，會卒，時年六十。贈相州刺史、工部尚書、河東郡公。

子律師嗣，尚太宗妹臨海長公主，官至汴州刺史。

律師子承先，則天時爲殿中監，爲酷吏所殺。

雜録

備録

温大雅《大唐創業起居注》卷一 〔大業十三年〕六月己卯，太子與齊王至自河東，帝懽甚。裴寂等乃因太子、秦王等入啓，請依伊尹放太甲，霍光廢昌邑故事，廢皇帝而立代王，興義兵以檄郡縣，改旗幟以示突厥，師出有名，以輯夷夏。帝曰：「如此所作，可謂掩耳盜鐘。事機相迫，不得不爾。雖失意于後主，幸未負于先帝。衆議既同，孤何能易。所恨元首叢脞，股肱墮哉！」欷歔不得已。裴寂等曰：「文皇傳嗣後主，假權楊素，亡國喪家，其來漸矣。民怨神怒，降茲禍亂。致天之罰，理亦其宜。」於是遣使以衆議馳報突厥。始畢依旨，即遣其柱國康鞘利、級失、熱寒、特勤、達官等，送馬千匹來太原交市，仍許遣兵送帝往西京，多少惟命。

康鞘利將至，軍司以兵起甲子之日，又符讖尚白，請建武王所執白旗，以示突厥。帝曰：「誅紂之旗，牧野臨時所仗，未入西郊，無容預執，宜兼以絳，雜半續之。」諸軍稍旛皆放此。營壁城壘，幡旗四合，赤白相映若花園。開皇初，太原童謡云：「法律存，道德在，白旗天子出東海。」常亦云：「白衣天子。」故隋主恒服白衣，每向江都，擬于東海。常修律令，筆削不停，并以綵畫五級木壇自隨以事道。又有《桃李子歌》曰：「桃李子，莫浪語，黄鵠繞山飛，宛轉花園裏。」案：李爲國姓，桃當作陶，若言陶唐也；配李而言，故云桃花園，宛轉屬旌幡。汾晉老幼，謳歌在耳。忽覩靈驗，不勝懽躍。帝每顧旗幡，笑而言曰：「花園可爾，不知黄鵠如何。吾當一舉千里，以符冥讖。」自爾已後，義兵日有千餘集焉。二旬之間，衆得數萬。裴寂等啓曰：「義軍漸大，宜有司存，官僚所統，須有肄屬。」帝曰：「布衣之士，或假名竊位。孤實將軍，居唐大宇，近捨于此，更欲何求。」裴寂等請進位大將軍，以隆府號，不乖古今，權藉威名。帝曰：「卿以二立相期，欲孤爲霍光之任，或在將軍，何關大也。必須仍舊，亦任加之，署置府僚長史已下，功次取之，量能受職。」裴寂等又請置諸軍，并兵士等總號。帝曰：「諸侯三軍，春秋所許，孤今霸業，差擬晉文，可作三軍，分置左右。謀簡統帥，妙選其人。諸軍既是義兵，還可呼爲義士。昔周武克殷，義士非其薄德。況今未有所克，敢忘義士者乎！」

王定保《唐摭言》卷一五《雜記》 高祖呼裴寂爲裴三。

陶穀《清異録》卷一《君道門》 隋裴寂待選京都，一日郊飲，遇老人畫地上沙土曰「掃國真人」，又曰「玉環天子」，又曰「兵丹上聖」。告寂云：「三百年中最雄者，此三人耳。」寂醉卧，及醒，已失老人矣。後人紬繹其名，掃國者，太宗之剷平僭暴也。玉環，太真妃子字，玄宗以妃而召亂，玉環天子，是玄宗明矣。憲宗始以兵定方鎮之强，終以丹躁滅身，兵丹之目，其憲宗之謂乎？

王溥《唐會要》卷五八《尚書省諸司中》 〔武德〕三年正月，放裴寂還鄉，表乞住京師，久不肯去。上令問稽留所由，韋挺奏留一十九日。長安縣令王文楷

又不准勅發遣，令決杖三十。尚書右丞魏徵諫曰：「裴寂所爲，事合萬死，但以陛下念其舊功，不致於法。惟解其官，止削半封。今流人尚得裝束假，況寂放還鄉宅。古人有言，進人以禮，退人以禮。文楷識陛下恩寬，見寂大臣，不即蹙迫，論其此情，未合得罪。」上曰：「放寂拜埽，豈非禮耶？」乃釋而不問焉。

備論

《舊唐書》卷五七《裴寂傳》 史臣曰：裴寂歷任仕隋，官至爲宫監，總子女玉帛之務，據倉廩兵甲之饒，喜博戲之利苟多，啓舉義之謀爲首。謁嶽神以徼福，始彰不逞之心；留貴妃以經宿，終昧爲臣之道。居第一之位，乏在三之規。恃高祖之舊恩，致之静之極法。終歸四罪，尚保再生，幸也。文静奮縱横之略，立締構之功，罔思寵辱之機，過爲輕躁之行，未及封而禍也，惜哉！凡關佐命，爰第實封，小大不遺，賢愚自勸，太宗之行賞也明矣！

贊曰：風雲初合，共竭智力。勢利既分，遽變讎敵。

《新唐書》卷八八《裴寂傳》 贊曰：應龍之翔，雲雾滃然而從，震風薄怒，萬空不約而號，物有自然相動耳。觀二子非有踔越之姿，當高祖受命，赫然利見於世，故能或翼或從，尸天之功云。文静數履軍陷陣，以才自進，而寂專用串昵顯。外者易乘，邇者難疎，故文静先被躁望誅，寂後坐訞言斥，誠異夫蕭何、曹參矣！

孫甫《唐史論斷》卷上《殺劉文静釋裴寂》 論曰：恩與刑，人主之大權也。恩當其功，刑當其罪，則中外勸戒矣。反是道，何以服人心？裴寂、劉文静，俱以佐命爲大臣，文静才略功名，過寂遠甚。高祖任情，親寂而疎文静，文静失律則除名。及與寂有隙，出怨言，遂聽寂讒殺之。寂當將相之任，怯而無謀，屢爲賊敗。既入朝，不加深罪，幸矣。顧待彌厚，可乎？施恩於寂太優，用刑於文静太暴，二者兼出於私，非聖子功德之大，人心去矣。

歐陽修《歐陽文忠公全集》外集卷二三《讀裴寂傳》 子嘗與尹師魯論自魏晉而下，佐命功臣，皆可貶絶，以其貳心舊朝，叶成大謀，二字一作謀主雖曰忠於所事，而非人臣之正也。及讀《裴寂傳》，迹其終始，良有以哉。始寂爲晉陽宫監，私以宫人饋高祖，因見親暱，可謂貳隋矣。及太宗以博奕啗之，遂開義師之謀，卒成唐室。武周爲寇，請行自敗，不即就誅者，非特佐命有功，豈非曩時私狎之恩哉？坐交沙門，法雖免官見放，復有所陳。太宗數之曰：「計公勳庸，不至於此。」數以武德時政之繆，皆歸其人。又聞妖言不自明，乃欲殺人緘口，遂彼流放。列其四罪，貸不致理。蓋由進身之私恩衰即敗也。韓、彭之功猶終不保，況寂也哉！

范祖禹《唐鑑》卷一《高祖》 隋大業十三年，高祖爲太原留守，領晉陽宫監。時煬帝南遊江都，天下盜賊起，高祖子世民知隋必亡，陰結豪傑，謀舉大事。懼高祖不聽，與副監裴寂謀，寂因選晉陽宫人，私侍高祖，乃以大事告之。世民因亦入白其事。五月，以詐殺副留守王威、高君雅，遂起兵，遣劉文静使突厥，約連和。

臣祖禹曰：匹夫欲自立於鄉黨，猶不可不自重也，況欲圖王業，舉大事，而可以不正啓之乎？太宗陷父於罪而脅之以起兵，高祖昵裴寂之邪，受其宫女而不辭，又稱臣於突厥，倚以爲助，何以示後世矣？夫創業之君，其子孫則而象之，如影響之應形聲，尤不可不慎舉也。是以唐世人主無正家之法，戎狄多猾夏之亂，蓋高祖以此始也。或曰：太宗苟不爲此，則高祖或終不從，而突厥將爲後患，二者權以濟事也。臣竊以爲不然。古之王者，行一不義，殺一不辜，而得天下，不爲也。太宗恐高祖之不從，懼突厥之爲患，終守臣節可也，豈有脅父臣虜以得天下而可爲歟？此而可爲，則亦無所不至。矣惜乎！太宗有濟世之志，撥亂之才，而不知義也。

晁補之《濟北晁先生鷄肋集》卷四六《裴寂無捍禦才》 劉武周將黄子英、宋金剛寇太原，裴寂自請行。賊斷其澗路，師遂大潰，城鎮俱没。高祖慰諭之，後令鎮撫河東。寂恇怯，無捍禦之才，惟發使絡驛，催督居人入保，百姓惶駭。高祖釋之，有所巡幸，必令居守。

右《裴寂傳第七》。世謂寂與劉文静同輔唐起義，以比漢蕭、曹，非也。沉毅有謀，初睹隋之亂即有大志，惟文静一人而已。且與秦王不謀而合，遂以宫人事脅寂，令啓高祖，師自此興耳。寂既無他長，高祖亦徒以副監歡昵之故而私德之，倚以心腹，於佐命何有哉？文静高才，獨秦王深知。高祖雖緣以起事，而所待文静，與寂薄厚有間矣。以疎處嫌，卒被怨叛之戮，而寂又忌怯而擠之死，去蕭、曹遠矣。嗟夫，惟太宗爲知人，善遇功臣哉！

胡寅《致堂讀史管見》卷一六 李淵爲晉陽留守，其子世民見隋室方亂，有安天下之志，與晉陽宫監裴寂、晉陽令劉文静善。世民説淵興義兵。先是，裴寂

私以宮人侍淵，寂從容言曰：「二郎欲舉大事，正爲寂以宮人侍公，恐事覺耳，公意何如？」淵曰：「從之耳。」乃詐爲敕書，發兵擊高麗，由是人情益思亂。文静勸淵與突厥相結，以益兵勢。淵卑辭厚禮，爲書遺始畢可汗，云：「欲舉義兵，遠迎主上。」始畢曰：「隋主爲人，我所知也。唐公自爲，我當助之。」將佐請從突厥之言，淵不可。寂等乃請尊天子爲太上皇，立代王爲帝，移檄郡縣，以示突厥。淵曰：「此可謂『掩耳盜鍾』，然逼於時事，不得不爾。」

湯伐夏，數桀之罪，曰：「矯誣上天，率割夏邑。」大槩如是而已。武王伐商，數紂之罪則多矣，其大者則沈湎冒色，昵比罪人，賊虐諫輔，毒痛四海，皆有之矣。紂之甚者，不修郊社，不享宗廟。煬雖不至是，而弑父親兄，則紂之所未有，其當討無疑矣。世民父任爲方伯，已賜鈇鉞，可以專征。於是播告之修，聲煬帝罪大逆無道，浮於獨夫，如此則雖德非成湯，亦無愧於自亳之載矣。不必用宮人私侍以劫父也，不必詐爲敕書發民以鼓怨也，不必稱臣突厥資力以助勢也，不必遥尊江都爲太上皇而立代王爲帝也，不必卑辭復書推獎李密以驕其志使不爲我患也。堅守晉陽，收召豪傑，厚集其衆，分擊東、西二京，義聲既振，羣盜自下，乃遣良將總鋭師，南指楊土，撫赦驍果，離析楊廣之衆，如此則不踰旬時，罪人斯得，天下歸唐，其誰能禦之？惜乎世民有安天下之志，才足以撥亂，而無湯、武反身之學，劉文静智謀之士耳，裴寂又出其下，故雖乘時舉事，不旋踵成功，而用智術違義理者多矣。

以裴寂爲右僕射知政事，劉文静爲納言。上待寂厚，羣臣莫比。

裴、劉皆非宰相才，一時起事同謀，次第至此耳。然自二人長短論之，文静智計出寂右，建義之舉，又文静先言。而高祖待寂特厚者，寂之爲人，宜於高祖，而文静爲人，合於秦王也。晉陽宮女之事，自剛明者所不肯爲，不幸失之於初，當終以爲悔，而咎裴寂之誤已。高祖則不然，不取磊落奇士，而眷眷於私暱狎比之徒，而猶不忘也。文静固非宰相才，寂既知政事，文静因無以自見。故唐室之初，殊不足觀，高祖有天下，若幸而得之者。故曰：人主之職，論相而止矣。

劉文静自以功勳在裴寂之右，而位居其下，由是有隙。嘗飲酒酣，拔刀擊柱，曰：「會當斬寂。」家數有妖，召巫爲厭勝。或告之，上以屬吏。文静曰：「今寂爲僕射，臣不異衆人，實有觖望之心，因醉怨言，不能自保。」上曰：「觀此言，其反明矣。」李綱、蕭瑀皆明其不反，世民爲之固請。寂曰：「留之必貽患。」上素親寂，文静竟坐死。

高祖以觖望爲反逆，何不度情之甚歟？上之所爲，不盡愜乎人者多矣，匹夫匹婦，一有憫然不服之心，盡以爲反逆而誅之，桀、紂不至是也。文静首唱大謀，賞不酬勳，又以讒死，冤哉！而太宗不能力救，何也？曰：非不能也，不敢也。高祖先欲斬李靖，既固請矣，今若又逆上意，則裴寂必併秦王而讒之。蓋文静晉陽引寂見世民之時，有漢高、魏武之比，而未嘗歸心高祖，寂則高祖所厚，而世民所薄也。其不敢力諫爲是也歟？在世民爲子則當然，而李綱、蕭瑀不能批數逆鱗，使勳舊冤死，其責大矣。爲文静者，苟有高世之見，既已出力興唐，其功在先，其名已著，逡巡退避，不與寂競，甘於落度，用以全身，何善如之？而乃芥蔕悻悻然，自取猜毒，其才智雖高，而識量淺矣。

裴寂與宋金剛戰，寂軍大敗。上徵還，責之，既而寵待彌厚。爲國而賞罰不類，無以服人心。人心不服，則雖據廊廟之尊，操福威之柄，亦何以異於市井毀譽之相紛者哉？裴寂、劉文静同建義功，文静有死罪，猶當十世宥之，不可於其身而加戮。裴寂禮報已過，及此失地喪師，亦當平行貶削，不可以其寵而失刑。如此則唐之政事，豈不日日新、又日新哉？而高祖狃於愛狎，專顧私勞，何以訓勵具？臣君德於是大疵矣。

置錢監於洛、并、幽、益。世民、元吉賜三鑪，裴寂賜一鑪，聽自鑄錢。

錢者，國之大寶，當鑄之王府，不可歸之臣下。漢賜蜀嚴道銅山與鄧通，豈可法也？天下向平，諸侯國土賞賜，亦不爲薄矣，何必更使自鑄乎？賢而多財，則損其志，秦王不當受。愚而多財，則益其過，齊王豈當與？至於裴寂，既貴且富，勞報踰分，亦復得之，而功出其上，如劉文静者，生則母老家貧，死則貲財籍没。《書》曰：「無黨無偏，王道平平。」高祖所爲不亦異乎？

王夫之《讀通鑑論》卷二〇《唐高祖》 唐高祖之守太原，縱酒納賄以自藏，宮人私侍，而嘗試生死以殉其嗜欲，則秦王矯舉以奮興，一唯其才之可以大有爲，而馳騁俠烈之氣，蕩其天性，固無名義之可繫其心，建成尤劣焉，而以望三后忠厚開國之休，使遜心以聽高祖之命，其可得乎？高祖之不能式穀其子，既如此矣；而所左右後先者，又行險徼幸若裴寂之流而已。東宮天策士各以所知遇爲私人，目不覩慈懿之士，耳不聞孝友之言，導以争焻而亟奪其惻隱，高祖若木偶之尸位於上，而無可如何，誠哉其無可如何也！源之不清，其流孰能澄汰哉？

藝文

王禹偁《小畜外集》卷一二《擬裴寂禱華山文》 伊太華之峻極，故神明之攸宅。尸上帝之賞罰，主下民之休戚。俾福仁以禍淫，類設官而分職，在乎區別賢愚，較量淑慝。苟道豐而德茂，神宜陰助；或行乖而義忒，神乃幽責。善者所以鍾其祉，惡者所以加其殃。故載彼祀典，饗乎血食，視三公之秩，永播鴻名；列五嶽之中，亮無慙德。是以國得而祭之，人得而禱斯。既肸蠁之不昧，豈聰明之我欺？嗟余生之在世，苦命薄而數奇。倮蟲三百兮，賦余以至靈之性；風摶九萬兮，誘余以上擊之期。故戴仁以抱義，亦閱《禮》而敦《詩》。冀代耕以干禄，嘗筮仕乎神龜。君將致于堯、舜，道本師乎孔、姬。何宦游之不調，沉下寮而流離？負王佐之器，處徒勞之資。彼鳴鐘以列鼎，余反接乎晨炊；彼紆朱以拖紫，余獨被乎荷衣。彼華軒以繡轂兮，余泣路以漣洏；彼雕墻以峻宇兮，余衡門以棲遲。嘆窮通以未決，亦進退而自疑。是敢敷壯志，謁嚴祠，方窮困之至此，庶富貴之可知。幸示得喪，形于夢思。余若位極人臣，業展經綸，黜陟乎百執，啓沃乎一人。印懸斗以照日，堤築沙而絶塵。禄千鍾之永保，食萬錢而具陳。褒揚信史之中，勳庸不朽；圖畫凌煙之上，德業彌新。余則三黜而無愠，五就以求伸。俟風雲之胥會，期魚水以相親。必也行乎道澤乎民，不獨苟其位榮其身。使乎霸道升帝，澆風返淳，有域皆壽，無臺不春。雖伊傅兮吕尚，可繼踵而比鄰。余或命本貧窶，材非相輔，或沉在執戟，或老于郎署。食簞笥兮飲一瓢，塵飛甑兮魚游釜，履穿東郭以自嘆，貂弊洛陽而誰顧？詠錢囊之什，唯日怨咨；哭窮途之淚，莫皇攸處。余則考肥遁之友，結方外之侣，和《招隱》以裁詩，賡《歸田》而作賦。必能守踝君，静靈府，匪謂釣虚名，沽浪譽。然後寂爾叩虚，浩然養素，谷處霞棲，呼風飲露。雖頴許與箕巢，可駕肩而接武。余志若是，神心則那？苟無言而冥昧，俾没世以蹉跎。又安用三峰秀出，千仞高摩？但凝嵐而杳靄，徒疊石以嵯峨！幸靈貺之一告，決榮枯而靡它。

宋敏求《唐大詔令集》卷四四佚名《裴寂蕭瑀左右僕射制》 端揆之職，綜理百司，任望斯重，勳賢攸寄。尚書左僕射、魏國公裴寂，風格淹粹，局量弘雅，早預經綸，元功特著，燮諧治本，茂績以宣。中書令宋國公蕭瑀，志懷貞確，業履沖素，歷居顯要，厲精治術。獻納惟允，周慎有聞。宜穆彝章，允釐庶政。寂可尚書左僕射，瑀可尚書右僕射。武德六年四月。

宋敏求《唐大詔令集》卷四四佚名《裴寂司空制》 槐路清肅，台階重峻；經邦論道，燮諧是屬。然而表德優賢，昔王令典；庸勳紀績，列代通規。尚書左僕射、魏國公寂，地胄清華，風神閑悟，立志温裕，局量弘雅。爰自義旗，早參締構，冥契所感，實資同德，譬茲梁棟，有若鹽梅。翊贊綢繆，庶政惟允，歷居端揆，彝章緝穆。元功懋德，寵秩未臻，宜處鼎司，膺茲重望。可司空。武德九年正月。

宋敏求《唐大詔令集》卷六四佚名《裴寂等恕死詔》 朕自起義晉陽，遂登皇極，經綸天下，實仗群才。尚書令、秦王某，尚書右僕射寂，或合契元謀，或同心運始，並蹈義輕生，捐家殉節，艱辛備履，金石不移。論此忠勤，理宜優異。官爵之榮，抑惟舊典，勳賢之議，宜有別恩。其罪非叛逆，可聽恕一死。其太原元謀勳効者，宜以名聞。武德元年八月。

《全唐文》卷二唐高祖《令裴寂等升殿奏事侍立詔》 貴爵尚齒，列代通規，進秩優賢，有國彝訓。尚書左僕射魏國公寂、太子少保新昌縣公綱、左武候大將軍陳國公抗、太常卿沛國公元璹、納言漢東郡公叔達內史令宋國公瑀、兵部尚書蔣國公通、户部尚書滎陽郡公善果、右武候大將軍羅侯、御史大夫滑國公無逸等；或歷任前代，職位隆顯；或耆年夙望，德邁老成，翊戴經綸，功績茂重；或險夷契闊，情兼惟舊；並職司近侍，任兼心膂。恩禮所加，義從隆渥，特宜褒異，俾越常倫。寂已下奏事及侍立令升殿。

李建成部

綜述

《舊唐書》卷六四《李建成傳》 隱太子建成，高祖長子也。大業末，高祖捕賊汾、晉，建成携家屬寄於河東。義旗初建，遣使密召之，建成與巢王元吉間行赴太原。建成至，高祖大喜，拜左領軍大都督，封隴西郡公。引兵略西河郡，從平長安。義寧元年冬，隋恭帝拜唐國世子，開府，置僚屬。二年，授撫軍大將軍、東討元帥，將兵十萬徇洛陽。及還，恭帝授尚書令。

武德元年，立爲皇太子。二年，司竹羣盜祝山海有衆一千，自稱護鄉公，詔建成率將軍桑顯和進擊山海，平之。時涼州人安興貴殺賊帥李軌，以衆來降，令建成往原州應接之。時甚暑而馳獵無度，士卒不堪其勞，逃者過半。高祖憂其不閑政術，每令習時事，自非軍國大務，悉委決之。又遣禮部尚書李綱、民部尚書鄭善果俱爲宫官，與參謀議。

四年，稽胡酋帥劉仚成擁部落數萬人爲邊害，又詔建成率師討之。軍次鄜州，與仚成軍遇，擊大破之，斬首數百級，虜獲千餘人。建成設詐放其渠帥數十人，並授官爵，令還本所招慰羣胡，仚成與胡中大帥亦請降。建成以胡兵尚衆，恐有變，將盡殺之。乃揚言增置州縣，須有城邑，悉課羣胡執板築之具，會築城所，陰勒兵士皆執之。仚成聞有變，奔於梁師都。竟誅降胡六千餘人。

時太宗功業日盛，高祖私許立爲太子，建成密知之，乃與齊王元吉潛謀作亂。及劉黑闥重反，王珪、魏徵謂建成曰：「殿下但以地居嫡長，爰踐元良，功績既無可稱，仁聲又未遐布。而秦王勳業克隆，威震四海，人心所向，殿下何以自安？今黑闥率破亡之餘，衆不盈萬，加以糧運限絶，瘡痍未瘳，若大軍一臨，可不戰而擒也。願請討之，且以立功，深自封植，因結山東英俊。」建成從其計，遂請討劉黑闥，擒之而旋。

時高祖晚生諸王，諸母擅寵，椒房親戚並分事宫府，競求恩惠。太宗每總戎律，惟以撫接才賢爲務，至於參請妃媛，素所不行。初平洛陽，高祖遣貴妃等馳往東都選閱宫人及府庫珍物，因私有求索，兼爲親族請官。太宗以財簿先已封奏，官爵皆酬有功，並不允許，因此銜恨彌切。

時太宗爲陝東道行臺，詔於管内得專處分。淮安王神通有功，太宗乃給田數十頃。後婕妤張氏之父令婕妤私奏以乞其地，高祖手詔賜焉。神通以教給在前，遂不肯與。婕妤矯奏曰：「勅賜妾父地，秦王奪之以與神通。」高祖大怒，攘袂責太宗曰：「我詔勅不行，爾之教命州縣即受。」他日，高祖呼太宗小名謂裴寂等：「此兒典兵既久，在外專制，爲讀書漢所教，非復我昔日子也。」

又德妃之父尹阿鼠所爲横恣，秦王府屬杜如晦行經其門，阿鼠家僮數人牽如晦墜馬毆擊之，罵云：「汝是何人，敢經我門而不下馬！」阿鼠或慮上聞，乃令德妃奏言：「秦王左右凶暴，凌轢妾父。」高祖又怒謂太宗曰：「爾之左右欺我妃嬪之家，一至於此，況凡人百姓乎！」太宗深自辯明，卒不被納。妃嬪等因奏言：「至尊萬歲後，秦王得志，母子定無孑遺。」因悲泣哽咽。又云：「東宫慈厚，必能養育妾母子。」高祖惻愴久之。自是於太宗恩禮漸薄，廢立之心亦以此定，建成、元吉轉蒙恩寵。

自武德初，高祖令太宗居西宫之承乾殿，元吉居武德殿後院，與上臺、東宫晝夜並通，更無限隔。皇太子及二王出入上臺，皆乘馬携弓刀雜用之物，相遇則如家人之禮。由是皇太子令及秦、齊二王教與詔勅並行，百姓惶惑，莫知準的。建成、元吉又外結小人，内連嬖幸，高祖所寵張婕妤、尹德妃皆與之淫亂。復與諸公主及六宫親戚驕恣縱横，并兼田宅，侵奪犬馬。同惡相濟，掩蔽聰明，苟行己志，惟以甘言諛辭承候顔色。

建成乃私召四方驍勇，并募長安惡少年二千餘人，畜爲宫甲，分屯左、右長林門，號爲長林兵。及高祖幸仁智宫，留建成居守，建成先令慶州總管楊文幹募健兒送京師，欲以爲變。又遣郎將爾朱焕、校尉橋公山齎甲以賜文幹，令起兵共相應接。公山、焕等行至豳鄉，懼罪馳告其事。高祖託以他事，手詔追建成詣行在所。既至，高祖大怒，建成叩頭謝罪，奮身自投於地，幾至於絶。其夜，置之幕中，令殿中監陳萬福防禦，而文幹遂舉兵反。高祖馳使召太宗以謀之，太宗曰：「文幹小豎，狂悖起兵，州府官司已應擒剿。縱其假息時刻，但須遣一將耳。」高祖曰：「文幹事連建成，恐應之者衆，汝宜自行，還，立汝爲太子。吾不能效隋文帝誅殺骨肉，廢建成封作蜀王，地既僻小易制。若不能事汝，亦易取耳。」太宗既行，元吉及四妃更爲建成内請，封倫又外爲游説，高祖意便頓改，遂寢不行，復令

建成還京居守。惟責以兄弟不能相容，歸罪於中允王珪、左衛率韋挺及天策兵曹杜淹等，並流之巂州。

後又與元吉謀行酖毒，引太宗入宮夜宴，既而太宗心中暴痛，吐血數升，淮安王神通狼狽扶還西宮。高祖幸第問疾，因勑建成：「秦王素不能飲，更勿夜聚。」乃謂太宗曰：「發跡晉陽，本是汝計；克平宇內，是汝大功。欲升儲位，汝固讓不受，以成汝美志。建成自居東宮，多歷年所，今復不忍奪之。觀汝兄弟，終是不和，同在京邑，必有忿競。汝還行臺，居於洛陽，自陝已東，悉宜主之。仍令汝建天子旌旗，如梁孝王故事。」太宗泣而奏曰：「今日之授，實非所願，不能遠離膝下。」言訖嗚咽，悲不自勝。高祖曰：「昔陸賈漢臣，尚有遞過之事，況吾四方之主，天下爲家。東西兩宮，塗路咫尺，憶汝即往，無勞悲也。」及將行，建成、元吉相與謀曰：「秦王今往洛陽，既得土地甲兵，必爲後患。留在京師制之，一匹夫耳。」密令數人上封事曰：「秦王左右多是東人，聞往洛陽，非常欣躍，觀其情狀，自今一去，不作來意。」高祖於是遂停。

是後，日夜陰與元吉連結後宮，譖訴愈切，高祖惑之。太宗懼，不知所爲。李靖、李勣等數言：「大王以功高被疑，靖等請申犬馬之力。」封倫亦潛勸太宗圖之，並不許。倫反言於高祖曰：「秦王恃有大勳，不服居太子之下。若不立之，願早爲之所。」又説建成作亂曰：「夫爲四海者，不顧其親。漢高乞羹，此之謂矣。」

九年，突厥犯邊，詔元吉率師拒之，元吉因兵集，將與建成剋期舉事。長孫無忌、房玄齡、杜如晦、尉遲敬德、侯君集等日夜固爭曰：「事急矣！若不行權道，社稷必危。周公聖人，豈無情於骨肉？爲存社稷，大義滅親。今大王臨機不斷，坐受屠戮，於義何成？若不見聽，無忌等將竄身草澤，不得居王左右。」太宗然其計。六月三日，密奏建成、元吉淫亂後宮，因自陳曰：「臣於兄弟無絲毫所負，今欲殺臣，似爲世充、建德報讎。臣今枉死，永違君親，魂歸地下，實亦恥見諸賊。」高祖省之愕然，報曰：「明日當勘問，汝宜早參。」四日，太宗將左右九人至玄武門自衛。高祖已召裴寂、蕭瑀、陳叔達、封倫、宇文士及、竇誕、顔師古等，欲令窮覈其事。建成、元吉行至臨湖殿，覺變，即迴馬，將東歸宮府。太宗隨而呼之，元吉馬上張弓，再三不彀。太宗乃射之，建成應弦而斃。元吉中流矢而走，尉遲敬德殺之。俄而東宮及齊府精兵二千人結陣馳攻玄武門，守門兵仗拒之，不得入，良久接戰，流矢及於內殿。太宗左右數百騎來赴難，建成等兵遂敗散。高祖大驚，謂裴寂等曰：「今日之事如何？」蕭瑀、陳叔達進曰：「臣聞內外無限，父子不親，當斷不斷，反受其亂。建成、元吉，義旗草創之際，並不預謀，建立已來，又無功德，常自懷憂，相濟爲惡，釁起蕭牆，遂有今日之事。秦王功蓋天下，率土歸心，若處以元良，委之國務，陛下如釋重負，蒼生自然乂安。」高祖曰：「善！此亦吾之夙志也。」乃命召太宗而撫之曰：「近日已來，幾有投杼之惑。」太宗哀號久之。

建成死時年三十八。長子太原王承宗早卒。次子安陸王承道、河東王承德、武安王承訓、汝南王承明、鉅鹿王承義並坐誅。太宗即位，追封建成爲息王，謚曰隱，以禮改葬。葬日，太宗於宜秋門哭之甚哀，仍以皇子趙王福爲建成嗣。十六年五月，又追贈皇太子，謚仍依舊。

雜録

備録

《資治通鑑》卷一九〇唐高祖武德五年十一月條 建成幼不拘細行，荒色嗜酒，好畋獵，常與博徒遊，故時人稱爲任俠。高祖起義于太原，建成時在河東，本既無寵，又以今上首建大計，高祖不之思也，而今上白高祖，遣使召之，盤遊不即往。今上急難情切，遽以手書諭之，建成乃與元吉間行赴太原，隋人購求之，幾爲所獲。及義旗建而方至，高祖亦喜其獲免，因授以兵。

《資治通鑑》卷一九一唐高祖武德七年六月條 元吉見秦王有大功，每懷妬害，言論醜惡，譖害日甚。每謂建成曰：「當爲大哥手刃之。」建成性頗仁厚，初止之；元吉數言不已，建成後亦許之。元吉因令速發，遂與建成各募壯士，多匿罪人，賞賜之，圖行不軌。其記室榮九思爲詩以刺之曰：「丹青飾成慶，玉帛擅專諸。」而弗悟也。典籤裴宣儼因免官改事秦府，謂泄其事，又鴆之。自殺斯人已後，人皆振恐，知其事，莫有敢言。後乃連結宮闈，與建成俱通德妃尹氏，以爲內援。

洪邁《容齋隨筆》卷一二《讒險》 唐高祖校獵城外，太子建成、秦王世民、齊

王元吉皆從。上命三子馳射角勝，建成有胡馬，肥壯而善蹶，以授世民曰：「此馬甚駿，能超數丈澗，弟善騎，試乘之。」世民乘以逐鹿，馬蹶，世民躍立於數步之外，馬起復乘之，如是者三。顧謂宇文士及曰：「彼欲以此見殺，死生有命，庸何傷乎？」建成因令妃嬪譖之於上，曰：「秦王自言我有天命，方爲天下主，豈有浪死。」上大怒，責世民曰：「天子自有天命，非智力可求，汝求之一何急邪？」世民免冠頓首，乞下法司案驗，上怒不解。

備論

《舊唐書》卷六四《李建成傳》 史臣曰：一人元良，萬國以貞，若明兩重離，道非出震，雖居嫡長，寧固鎡錤。況當開創之初，未見太平之兆。建成殘忍，豈主鬯之才；元吉凶狂，有覆巢之迹。若非太宗逆取順守，積德累功，何以致三百年之延洪、二十帝之纂嗣？或堅持小節，必虧大猷，欲比秦二世、隋煬帝，亦不及矣。元嘉修身，元軌無短，元裕名理，元名高潔，靈夔嚴整，皆有封册之名，而無磐石之固。武氏之亂，或連頸被刑；姦臣擅權，則束手爲制。其望本枝百世也，不亦難乎！

贊曰：有功曰祖，有德曰宗，建成、元吉，實爲二凶，中外交構，人神不容。用晦而明，殷憂啓聖，運屬文皇，功成守正。善惡既分，社稷乃定。盤維封建，本枝茂盛。元嘉、元軌，修身慎行。元裕、元名，行簡居正。犬牙不固，武氏易姓，既無兵民，若拘陷穽。敢告後人，無或失政。

王令《廣陵先生文集》卷一五《殺太子建成論》 或問：「文皇帝殺太子建成，得爲義乎？使聖人者如何爲處？」令應之曰：「是焉得爲義也。吾聞置天下而兄弟讓者，有矣，尚未得爲聖人也。又況以天下而殺其兄者乎？」「聖人處之則讓也，讓而不獲死，奈何？」曰：「是亦命之云爾也。」「然則周公有罪耶？」曰：「周公何罪哉？天下固成王天下也，周公事成王者也。周公東征可不行乎？及其誅之也，人固謂周公，我實謂有司也。周公不無念哉？」或猶未之喻，譬之曰：「今人有轉移爲人執事者，間而主家有盜焉。主怒而盜之嚮也，乃執事是呼，不幸而盜，乃執事者兄也，則行之否乎？」曰：「行矣。」「執事念其兄者而不殺之，而同行者殺之，則執事者猶有罪耶？」曰：「無矣。」「然則周公獨何罪哉？文皇之於周公，又異也？」曰：「湯放桀，武王伐紂，然乎？」曰：「然也。」「然則爲民耶？」曰：「爲民也。」「謂其爲民而殺君，可乎？」曰：「桀行不君矣，爲民而殺之，惡乎不可？」曰：「建成亦有罪，奈何？」曰：「君之有天下之尊者，以其能君也，今而不君矣，可不去之耶？故曰爲民而去之義也。兄之有弟之尊者，親也，親可絶耶？況又建成之罪，不逮古之取放伐者也，抑使桀且紂爲其弟者，尚不忍於殺而身代之也。」曰：「文皇爲民則奈何？」曰：「是猶一人負販而有千金之家，其家又百數十口也，而其兄惟奢淫，是思日散金數十，其家相爲謀而饑變是懼，因惡其兄而喜其弟焉？曰：『安得弟而家是爲也。』其弟率然曰：『是不難。』刃其兄而斃之，乃弟泣曰：『兄非不念也，吾爲一家爾也。』然則何異哉？」或者猶不喻，又曰：「自三代而下，數百年間而有文皇，奈何又訾之？」曰：「以貞觀言之，吾故有取焉，如附建成而言之，是猶借千金之子。」曰：「幸而彼有家，奈何復責殺兄也？」「吾見其戾矣，今之言太子建成者，曰將脅高祖而爲不利，吾固疑其加之也，設或不爲然，然則魏徵、王珪，文皇尚忍用耶？」

范祖禹《唐鑑》卷一《高祖》 〔武德〕五年，太子建成與齊王元吉共傾秦王世民，引樹黨反。中允王珪、洗馬魏徵說太子曰：「秦王功蓋天下，中外歸心。殿下但以年長位居東宮，無大功以鎮服海内。今劉黑闥散亡之餘，衆不滿萬，資糧匱乏，以大軍臨之，勢如拉朽，殿下宜自擊之以取功名，因結納山東豪傑，庶可自安。」太子乃請行，帝許之。

臣祖禹曰：立子以長，不以有功，以德不以有衆，古之道也。晉獻公使太子申生伐東山，里克入而諫君，出見太子，而勉之以孝。君子曰：善處父子之間矣。王、魏以輔導東宫爲職，當勸建成以孝於高祖，友於秦王，則儲位安矣。秦王有定天下之功，高祖苟欲立之，能爲太伯，不亦善乎？且建成既爲太子，則國其國也，安在於有功？乃使之擊賊以立威，結豪傑以自助，是導之以争也。禍亂何從而息乎？夫以王、魏之賢，其爲建成謀猶如此，況庸人乎？

太子建成欲圖秦王世民，擅募驍勇爲東宫衛士，號長林兵。又密使發幽州突騎三百，置東宫諸坊，使慶州都督楊文幹募壯士送長安。帝幸仁智宫，建成居守，使郎將爾朱焕等以甲遺文幹。焕等至豳州，上變，告太子使文幹舉兵，欲表裏相應。帝遣宇文穎召文幹，穎以情告之，文幹遂舉兵反。

臣祖禹曰：建成爲太子，而擅募兵甲於東宫。又使楊文幹反於外，以危君父，此天下之惡也。罪孰大焉！高祖不以公義廢之，乃外惑於姦臣之計，内牽於

妃嬪之請，至使兄弟不相容於天下，此高祖不明之過也。

九年六月，秦王世民殺皇太子建成、齊王元吉。立世民爲皇太子。詔軍國庶事無大小，悉委太子處決。八月，高祖傳位於太子。

臣祖禹曰：建成雖無功，太子也。太宗雖有功，藩王也。太子，君之貳，父之統也，而殺之，是無君父也。立子以長不以功，所以重先君之世也。故周公不有天下，弟雖齊聖，不先於兄久矣。論者或以太宗殺建成、元吉比周公誅管、蔡，臣竊以爲不然。昔者象日以殺舜爲事，舜爲天子也，則封之。管、蔡啓商以叛周，周公爲相也，則誅之。其迹不同，而其道一也。舜知象之將殺己也，故象憂亦憂，象喜亦喜，盡其誠以親愛之而已矣。象得罪於舜，故封之。管、蔡流言於國，將危周公，以間王室，得罪於天下，故誅之。非周公誅之，天下之所當誅也。周公豈得而私之哉？後世如有王者，不幸而有害兄之弟如象，則當如舜封之是也。不幸而有亂天下之兄如管、蔡，則當如周公誅之是也。舜處其常，周公處其變，此聖人所以同歸于道也。若夫建成、元吉豈得罪於天下者乎？苟非得罪於天下，則殺之者，己之私也，豈周公之心乎？或者又以爲使建成爲天子，又輔之以元吉，則唐必亡。臣曰：古之賢人，守死而不爲不義者，義重於死故也。必若爲子不孝，爲弟不弟，悖天理，滅人倫，而有天下，不若亡之愈也。故爲唐史者書曰：「秦王世民殺皇太子建成、齊王元吉。立世民爲皇太子。」然則太宗之罪著矣。

王夫之《讀通鑑論》卷二〇《唐高祖》 謂高祖之立建成爲得適長之禮者，非也。立子以適長，此嗣有天下，太子諸王皆生長深宮，天顯之序，不可以寵嬖亂也。初有天下，而創制自己，以賢以功，爲天下而得人，作君師以佑下民，不可以守法之例例之矣。抑謂高祖宜置建成而立世民者，(抑)〔亦〕非也。睿宗舍宋王成器而立隆基，討賊后以靖國家，隆基自冒險爲之，事成乃奉睿宗以正位，睿宗初不與聞，而況宋王？則宋王固辭，而睿宗決策可也。太原之起，雖繇秦王，而建成分將以嚮長安，功雖不逮，固協謀而戮力與偕矣。同事而年抑長，且建成亦錚錚自立，非若隋太子勇之失德章聞也，高祖又惡得而廢之？故高祖之處此難矣，非直難也，誠無以處之，智者不能爲之辯，勇者不能爲之決者。君子且無以處此，而奚翅高祖？處此而無難者，其唯聖人乎！泰伯之成其至德者，豈徒其仁孝之得於天者厚乎？太王、姜女以仁敬孝慈敦彝倫修内教於宫中者，其養之也久矣。《詩》之頌王季也，曰「則友其兄」。王季固不以得國而易其兄弟之歡也。王季無得國之心，而泰伯可成其三讓之美，一門之内，人修君子長者之行，而静以聽天命。故王季得國，猶未得也；泰伯辭國，猶未辭也；内教修而禮讓興，讓者得仁，而受者無疑於先義。邠人之稱太王，曰「仁人也」。豈一朝一夕之故哉？唐高祖之守太原，縱酒納賄以自晦，宫人私侍，而嘗試生死以殉其嗜欲，則秦王矯舉以奮興，一唯其才之可以大有爲，而馳騁俠烈之氣，蕩其天性，固無名義之可繫其心，建成尤劣焉，而以望二后忠厚開國之休，使遜心以聽高祖之命，其可得乎？高祖之不能式穀其子，既如此矣；而所左右後先者，又行險僥幸若裴寂之流而已。東宫天策士各以所知遇爲私人，目不覩慈懿之士，耳不聞孝友之言，導以争奪而亟奪其惻隱，高祖若木偶之尸位於上，而無可如何，誠哉其無可如何也！源之不清，其流孰能澄汰哉？後世之不足以法三代者，此也，非井田封建飾文具以强民之謂也。王之所以王，霸之所以霸，聖之所以聖，賊之所以賊，反身而誠，不言而喻。保爾子孫，寧爾邦家，豈他求之哉？自非聖人，未有能免於禍亂者。立適之法，與賢之權，皆足以召亂，况井田封建之畫地爲守者乎？

魏徵、王珪必死於建成之難乎？曰：未見其可也。事太宗而効忠焉，有以異於管仲之相桓公乎？曰：有異焉，而未爲殊異也。《傳》曰：「食焉不辟其難。」非至論也。君子之身，天植之，親生之，生死者，名義之所維，性情之所主，而僅以殉食乎？君臣之義，生於性者也，性不隨物以遷，君一而已，猶父之不可有二也。管仲，齊之臣，齊侯其君也；徵、珪，唐之臣，高祖其君也。仲之事子糾，齊侯命之；徵、珪之事太子，高祖命之。天之所秩，性之所安，義之所承，君一而已。即以食論，仲食齊侯之食，徵、珪食高祖之食，子糾、建成弗與焉，而況君子之死，必不以殉食乎？故無知者，齊襄之賊，管仲不共戴天之讎也。使唐高而蒙篡弑之禍，徵、珪有死有亡，而必不可一日立於其廷，子糾、建成，君臣之分未定，奚足爲之死邪？爲之死，是一日而有二君矣。胥爲君之子也，或廢或立，君主之，當國之大臣引經衷道以裁之，爲宫僚者，不得以所事者爲適主，而隨之以争。建成以長，世民以功，兩俱有可立之道，君命我以事彼，則事彼而已矣；君命我以事此，則事此而已矣。高祖初未嘗以荀息之任任徵與珪，使以死拒世民也。則建成死，高祖立世民爲太子，非敵國也，非君讎也，改而事之，無傷乎義，無損乎仁，奚爲其不可哉？

藝文

《文苑英華》卷七六三裴子餘《廢隱太子等四廟議》　議曰：謹按前件，四廟等並前皇嫡嗣，一作胤。殞身昭代，聖人一作上。哀骨肉之深，錫蒸嘗之厚，憲章往昔，垂法一作範。將來。今欲使陵廟有憑，神靈是享。故《禮》曰：「禮從宜。」又曰：「夫孝者，善繼人之志，善述人之事。」禮從宜者，明可置也；善繼志者，不可改也。我太宗文武聖皇帝功成理定，制禮作樂；太上皇能事斯畢，窅然高視，皆以禮順於情，情通則類應；樂感於物，物感則德和。所以深悼友于，敬申孝享，範圍執蹈，潤色鴻名。昔娣廟列周，戾園居漢，並位非七代，置在一時，斯並前史一作代。宏規，後賢令範，固知父子之愛，兄弟之恩，情有所殷，《會要》作殺。方從大教。又按《春秋》，狐突適下國，遇太子，使登僕，曰：「予將以晉畀秦，秦將祀予。」此則太子之言，無復明矣；對曰：「神不歆非類，人不祀非族，君祀無乃殄乎！」此則晉有其祀，立廟必也。一作矣。雖史有詳略，而微旨見存。又定公元年立煬宮，經傳更無異說。鄭玄注云：「煬公伯禽之子，季氏禱而立其宮也。」竊以宮廟國號，建立不殊，季氏陪臣，煬公遠祖，因禱立廟，尚不爲嫌，豈與夫睿聖深恩，《會要》作因心。闡揚至化，篤惟親之祀，垂可《會要》作承。久之法。考之漢儲晉嫡則如彼，言乎周廟魯宮則如此，豈可使晉求秦祀，戾匪漢思，所枉者深，所直者鮮，黷神慢禮，理必不然。昔炎德滅秦，自以功高百代，天下郡國，皆立高廟，二祧不遷，九祖並享，三分國用，四海共違，徒議廢興，竟無得失。既而疾因夢譴，嗣闕承祧，雖天道有因，亦人事何補，既非此例，不假推揚，但樂有差等，禮亦異數，恭聞正議，虔訪有司，金石取象於軒懸，牢禮不虧於乾豆。談樂廢廟，絶恩棄德，神之無形，亦可欺也。又按《周禮》，官有其職，修其事，若廢官去職，何以敬神？失敬與誠，何以降福？且尊以儲后，位絶諸侯，謚號既崇，官吏有典，去羊存朔，非禮所安，狥利忘禮，何以爲國？謹議。

宋敏求《唐大詔令集》卷一二三唐高祖《皇太子建成齊王元吉伏誅大赦》

朕恭膺寶位，臨馭萬方，綏育黔黎，于兹九載，欲使仁惠之政，達於天下，德義之方，孚于宇宙，豈謂莫大之釁。近發蕭牆，反噬之惡，減於天性。皇太子建成，地居嫡長，屬當儲貳，處以少陽，冀克負荷，遂昵近羣小，聽受邪謀，蔑棄君親，離阻骨肉，密圖悖逆，潛爲梟獍。司徒齊王元吉，寄深磐石，任惟翰屏，寵樹既厚，職位非輕，背違天經，協同元惡，助成隱慝，遞相驅扇，醜心逆迹，一旦畫彰，惟彼二凶，罪窮數稔，禍不旋踵，自取屠戮。念兹醜惡，憨懇盈懷。今禍難既除，氛祲澄蕩，國步夷坦，政道惟新，思與萬民，滌除更始，可大赦天下。自武德九年六月四日申時以前，罪無輕重，已發露，未發露，禁囚見徒，悉從原免，凶逆之事，止有二人，自餘徒黨，其被詿誤，一無所問，各從洗蕩，其僧尼道士女冠，宜依舊定，國朝之事，皆受秦王處分。

《全唐文》卷一唐高祖《遣太子建成等巡畿甸詔》　隋末道消，運鍾陽九，盗賊蜂起，饑饉薦臻，四海之民，墜於塗炭。是以上天降鑒，爰命朕躬，綏静黎元，克定凶醜。府庫倉廩，所在開發，流亢之民，隨加鎮撫，言念亭育，監寐匪忘。然年穀不登，民多困乏，一物失所，有甚納隍，宜加存問，救其疾苦。可令皇太子建成巡京城側近諸縣，秦王世民巡京城以東，右僕射裴寂巡京城以西，詣彼閭閻，見其耆老，觀省風俗，廉察吏民，乏絶之徒，量加賑給。如有冤滯，並爲申理。高年疾病，就致束帛。

《全唐文》卷一三三李綱《諫太子建成書》　綱耄矣，日過時流，墳樹已拱，幸未就土，許傅聖躬，無以酬恩，請效愚直，伏願殿下詳之。竊見飲酒過多，誠非養生之術；且凡爲人子者，務於孝友，以慰君父之心，不宜聽受邪言，妄生猜忌。

唐太宗部

綜述

《舊唐書》卷二《太宗紀上》 太宗文武大聖大廣孝皇帝諱世民，高祖第二子也。母曰太穆順聖皇后竇氏。隋開皇十八年十二月戊午，生於武功之別館。時有二龍戲於館門之外，三日而去。高祖之臨岐州，太宗時年四歲。有書生自言善相，謁高祖曰：「公貴人也，且有貴子。」見太宗，曰：「龍鳳之姿，天日之表，年將二十，必能濟世安民矣。」高祖懼其言泄，將殺之，忽失所在，因採「濟世安民」之義以爲名焉。太宗幼聰睿，玄鑒深遠，臨機果斷，不拘小節，時人莫能測也。

大業末，煬帝於雁門爲突厥所圍，太宗應募救援，隸屯衛將軍雲定興營。將行，謂定興曰：「必賫旗鼓以設疑兵。且始畢可汗舉國之師，敢圍天子，必以國家倉卒無援。我張軍容，令數十里幡旗相續，夜則鉦鼓相應，虜必謂救兵雲集，望塵而遁矣。不然，彼衆我寡，悉軍來戰，必不能支矣。」定興從焉。師次崞縣，突厥候騎馳告始畢曰：王師大至。由是解圍而遁。及高祖之守太原，太宗時年十八。有高陽賊帥魏刀兒，自號歷山飛，來攻太原，高祖擊之，深入賊陣。太宗以輕騎突圍而進，射之，所向皆披靡，拔高祖於萬衆之中。適會步兵至，高祖與太宗又奮擊，大破之。

時隋祚已終，太宗潛圖義舉，每折節下士，推財養客，羣盜大俠，莫不願效死力。及義兵起，乃率兵略徇西河，克之。拜右領大都督，右三軍皆隸焉，封燉煌郡公。

大軍西上賈胡堡，隋將宋老生率精兵二萬屯霍邑，以拒義師。會久雨糧盡，高祖與裴寂議，且還太原，以圖後舉。太宗曰：「本興大義以救蒼生，當須先入咸陽，號令天下；遇小敵即班師，將恐從義之徒一朝解體。還守太原一城之地，此爲賊耳，何以自全！」高祖不納，促令引發。太宗遂號泣於外，聲聞帳中。高祖召問其故，對曰：「今兵以義動，進戰則必克，退還則必散。衆散於前，敵乘於後，死亡須臾而至，是以悲耳。」高祖乃悟而止。八月己卯，雨霽，高祖引師趨霍邑。太宗恐老生不出戰，乃將數騎先詣其城下，舉鞭指麾，若將圍城者，以激怒之。老生果怒，開門出兵，背城而陣。高祖與建成合陣於城東，太宗及柴紹陣於城南。老生麾兵疾進，先薄高祖，而建成墜馬，老生乘之，高祖與建成軍咸卻。太宗自南原率二騎馳下峻坂，衝斷其軍，引兵奮擊，賊衆大敗，各捨仗而走。懸門發，老生引繩欲上，遂斬之，平霍邑。

至河東，關中豪傑爭走赴義。太宗請進師入關，取永豐倉以賑窮乏，收羣盜以圖京師，高祖稱善。太宗以前軍濟河，先定渭北。三輔吏民及諸豪猾詣軍門請自效者日以千計，扶老攜幼，滿於麾下。收納英俊，以備僚列，遠近聞者，咸自託焉。師次於涇陽，勝兵九萬，破胡賊劉鷂子，并其衆。留殷開山、劉弘基屯長安故城。太宗自趨司竹，賊帥李仲文、何潘仁、向善志等皆來會，頓於阿城，獲兵十三萬。長安父老賫牛酒詣旌門者不可勝紀，勞而遣之，一無所受。軍令嚴肅，秋毫無所犯。尋與大軍平京城。高祖輔政，受唐國内史，改封秦國公。會薛舉以勁卒十萬來逼渭濱，太宗親擊之，大破其衆，追斬萬餘級，略地至於隴坻。

義寧元年十二月，復爲右元帥，總兵十萬徇東都。及將旋，謂左右曰：「賊見吾還，必相追躡。」設三伏以待之。俄而隋將段達率萬餘人自後而至，度三王陵，發伏擊之，段達大敗，追奔至於城下。因於宜陽、新安置熊、穀二州，戍之而還。徙封趙國公。高祖受禪，拜尚書令、右武候大將軍，進封秦王，加授雍州牧。

武德元年七月，薛舉寇涇州，太宗率衆討之，不利而旋。九月，薛舉死，其子仁杲嗣立。太宗又爲元帥以擊仁杲，相持於折墌城，深溝高壘者六十餘日。賊衆十餘萬，兵鋒甚銳，數來挑戰，太宗按甲以挫之。賊糧盡，其將牟君才、梁胡郎來降。太宗謂諸將軍曰：「彼氣衰矣，吾當取之。」遣將軍龐玉先陣於淺水原南以誘之，賊將宗羅睺并軍來拒，玉軍幾敗。既而太宗親御大軍，奄自原北，出其不意。羅睺望見，復迴師相拒。太宗將驍騎數十人賊陣，於是王師表裏齊奮，羅睺大潰，斬首數千級，投澗谷而死者不可勝計。太宗率左右二十餘騎追奔，直趣折墌以乘之。仁杲大懼，嬰城自守。將夕，大軍繼至，四面合圍。詰朝，仁杲請降，俘其精兵萬餘人、男女五萬口。

既而諸將奉賀，因問曰：「始大王野戰破賊，其主尚保堅城，王無攻具，輕騎騰逐，不待步兵，徑薄城下，咸疑不克，而竟下之，何也？」太宗曰：「此以權道迫之，使其計不暇發，以故克也。羅睺恃往年之勝，兼復養鋭日久，見吾不出，意在相輕。今喜吾出，悉兵來戰，雖擊破之，擒殺蓋少。若不急躡，還走投城，仁杲收

而撫之，則便未可得矣。且其兵衆皆隴西人，一敗拔退，不及迴顧，散歸隴外，則折摭自虛，我軍隨而迫之，所以懼而降也。此可謂成算，諸君盡不見耶？」諸將曰：「此非凡人所能及也。」獲賊兵精騎甚衆，還令仁杲兄弟及賊帥宗羅睺、翟長孫等領之。太宗與之遊獵馳射，無所間然。賊徒荷恩懾氣，咸願效死。時李密初附，高祖令密馳傳迎太宗於豳州。密見太宗天姿神武，軍威嚴肅，驚悚嘆服，私謂殷開山曰：「真英主也。不如此，何以定禍亂乎？」凱旋，獻捷於太廟。拜太尉、陝東道行臺尚書令，鎮長春宮，關東兵馬並受節度。尋加左武候大將軍、涼州總管。

宋金剛之陷澮州也，兵鋒甚鋭。高祖以王行本尚據蒲州，吕崇茂反於夏縣，晉、澮二州相繼陷没，關中震駭，乃手勑曰：「賊勢如此，難與爭鋒，宜棄河東之地，謹守關西而已。」太宗上表曰：「太原王業所基，國之根本，河東殷實，京邑所資。若舉而棄之，臣竊憤恨。願假精兵三萬，必能平殄武周，克復汾、晉。」高祖於是悉發關中兵以益之，又幸長春宮親送太宗。

二年十一月，太宗率衆趣龍門關，履冰而渡之，進屯柏壁，與賊將宋金剛相持。尋而永安王孝基敗於夏縣，于筠、獨孤懷恩、唐儉並爲賊將尋相、尉遲敬德所執，將還澮州。太宗遣殷開山、秦叔寶邀之於美良川，大破之，相等僅以身免，悉虜其衆，復歸柏壁。於是諸將咸請戰，太宗曰：「金剛懸軍千里，深入吾地，精兵驍將，皆在於此。武周據太原，專倚金剛以爲捍。士卒雖衆，内實空虛，意在速戰。我堅營蓄鋭以挫其鋒，糧盡計窮，自當遁走。」

三年二月，金剛竟以衆餒而遁，太宗追之至介州。金剛列陣，南北七里，以拒官軍。太宗遣總管李世勣、程齩金、秦叔寶當其北，翟長孫、秦武通當其南。諸軍戰小卻，爲賊所乘。太宗率精騎擊之，衝其陣後，賊衆大敗，追奔數十里。敬德、相率衆八千來降，還令敬德督之，與軍營相參。屈突通懼其爲變，驟以爲請。太宗曰：「昔蕭王推赤心置人腹中，並能畢命，今委任敬德，又何疑也。」於是劉武周奔於突厥，并、汾悉復舊地。詔就軍加拜益州道行臺尚書令。

七月，總率諸軍攻王世充於洛邑，師次穀州。世充率精兵三萬陣於慈澗，太宗以輕騎挑之。時衆寡不敵，陷於重圍，左右咸懼。太宗命左右先歸，獨留後殿。世充驍將單雄信數百騎夾道來逼，交搶競進，太宗幾爲所敗。太宗左右射之，無不應弦而倒，獲其大將燕頎。世充乃拔慈澗之鎮歸於東都。太宗遣行軍總管史萬寶自宜陽南據龍門，劉德威自太行東圍河内，王君廓自洛口斷賊糧道。又遣黃君漢夜從孝水河中下舟師襲迴洛城，克之。黃河已南，莫不響應，城堡相次來降。大軍進屯邙山。九月，太宗以五百騎先觀戰地，卒與世充萬餘人相遇，會戰，復破之，斬首三千餘級，獲大將陳智略，世充僅以身免。其所署筠州總管楊慶遣使請降，遣李世勣率師出轘轅道安撫其衆。滎、汴、洧、豫九州相繼來降。世充遂求救於竇建德。

四年二月，又進屯青城宮。營壘未立，世充衆二萬自方諸門臨穀水而陣。太宗以精騎陣於北邙山，令屈突通率步卒五千渡水以擊之，因誡通曰：「待兵交即放煙，吾當率騎軍南下。」兵纔接，太宗以騎衝之，挺身先進，與通表裏相應。賊衆殊死戰，散而復合者數焉。自辰及午，賊衆始退。縱兵乘之，俘斬八千人，於是進營城下。世充不敢復出，但嬰城自守，以待建德之援。太宗遣諸軍掘塹，匝布長圍以守之。吴王杜伏威遣其將陳正通、徐召宗率精兵二千來會於軍所。僞鄭州司馬沈悦以武牢降，將軍王君廓應之，擒其僞荆王王行本。

會竇建德以兵十餘萬來援世充，至於酸棗。蕭瑀、屈突通、封德彝皆以腹背受敵，恐非萬全，請退師穀州以觀之。太宗曰：「世充糧盡，内外離心，我當不勞攻擊，坐收其敝。建德新破孟海公，將驕卒惰，吾當進據武牢，扼其襟要。賊若冒險與我爭鋒，破之必矣。如其不戰，旬日間世充當自潰。若不速進，賊入武牢，諸城新附，必不能守。二賊併力，將若之何？」通又請解圍就險以候其變，太宗不許。於是留通輔齊王元吉以圍世充，親率步騎三千五百人趣武牢。

建德自滎陽西上，築壘於板渚，太宗屯武牢，相持二十餘日。諜者曰：「建德伺官軍芻盡，候牧馬於河北，因將襲武牢。」太宗知其謀，遂牧馬河北以誘之。詰朝，建德果悉衆而至，陳兵氾水，世充將郭士衡陣於其南，綿亘數里，鼓譟，諸將大懼。太宗將數騎升高丘以望之，謂諸將曰：「賊起山東，未見大敵。今度險而囂，是無政令；逼城而陣，有輕我心。我按兵不出，彼乃氣衰，陣久卒饑，必將自退，追而擊之，無往不克。吾與公等約，必以午時後破之。」建德列陣，自辰至午，兵士饑倦，皆坐列，又爭飲水，逡巡斂退。太宗曰：「可擊矣！」親率輕騎追而誘之，衆繼至。建德迴師而陣，未及整列，太宗先登擊之，所向皆靡。俄而衆軍合戰，囂塵四起。太宗率史大奈、程齩金、秦叔寶、宇文歆等揮幡而入，直突出其陣後，張我旗幟。賊顧見之，大潰。追奔三十里，斬首三千餘級，虜其衆五萬，生擒建德於陣。太宗數之曰：「我以干戈問罪，本在王世充，得失存亡，不預汝事，何故越境，犯我兵鋒？」建德股慄而言曰：「今若不來，恐勞遠取。」高祖聞而

大悅，手詔曰：「隋氏分崩，崤函隔絕。兩雄合勢，一朝清蕩。兵既克捷，更無死傷。無愧爲臣，不憂其父，並汝功也。」

乃將建德至東都城下。世充懼，率其官屬二千餘人詣軍門請降，山東悉平。太宗入據宮城，令蕭瑀、竇軌等封守府庫，一無所取，令記室房玄齡收隋圖籍。於是誅其同惡段達等五十餘人，枉被囚禁者悉釋之，非罪誅戮者祭而誄之。大饗將士，班賜有差。高祖令尚書左僕射裴寂勞於軍中。

六月，凱旋。太宗親披黃金甲，陣鐵馬一萬騎，甲士三萬人，前後部鼓吹，俘二僞主及隋氏器物輦輅獻於太廟。高祖大悅，行飲至禮以享焉。高祖以自古舊官不稱殊功，乃別表徽號，用旌勛德。十月，加號天策上將、陝東道大行臺，位在王公上。增邑二萬户，通前三萬户。賜金輅一乘，衮冕之服，玉璧一雙，黃金六千斤，前後部鼓吹及九部之樂，班劍四十人。

于時海内漸平，太宗乃鋭意經籍，開文學館以待四方之士。行臺司勳郎中杜如晦等十有八人爲學士，每更直閣下，降以温顔，與之討論經義，或夜分而罷。

未幾，竇建德舊將劉黑闥舉兵反，據洺州。十二月，太宗總戎東討。五年正月，進軍肥鄉，分兵絕其糧道，相持兩月。黑闥窘急求戰，率步騎二萬，南渡洺水，晨壓官軍。太宗親率精騎，擊其馬軍，破之，乘勝蹂其步卒，賊大潰，斬首萬餘級。先是，太宗遣堰洺水上流使淺，令黑闥得渡。及戰，乃令決堰，水大至，深丈餘，賊徒既敗，赴水者皆溺死焉。黑闥與二百餘騎北走突厥，悉虜其衆，河北平。時徐圓朗阻兵徐、兖，太宗回師討平之，於是河、濟、江、淮諸郡邑皆平。十月，加左右十二衛大將軍。

七年秋，突厥頡利、突利二可汗自原州入寇，侵擾關中。有説高祖云：「祇爲府藏子女在京師，故突厥來，若燒卻長安而不都，則胡寇自止。」高祖乃遣中書侍郎宇文士及行山南可居之地，即欲移都。蕭瑀等皆以爲非，然終不敢犯顔正諫。太宗獨曰：「霍去病，漢廷之將帥耳，猶且志滅匈奴。臣忝備藩維，尚使胡塵不息，遂令陛下議欲遷都，此臣之責也。幸乞聽臣一申微效，取彼頡利。若一兩年間不係其頸，徐建移都之策，臣當不敢復言。」高祖怒，仍遣太宗將三十餘騎行剗。還日，固奏必不可移都，高祖遂止。八年，加中書令。

九年，皇太子建成、齊王元吉謀害太宗。六月四日，太宗率長孫無忌、尉遲敬德、房玄齡、杜如晦、宇文士及、高士廉、侯君集、程知節、秦叔寶、段志玄、屈突通、張士貴等於玄武門誅之。甲子，立爲皇太子，庶政皆斷決。太宗乃縱禁苑所養鷹犬，并停諸方所進珍異，政尚簡肅，天下大悅。又令百官各上封事，備陳安人理國之要。己巳，令曰：「依禮，二名不偏諱。近代已來，兩字兼避，廢闕已多，率意而行，有違經典。其官號、人名、公私文籍，有『世民』兩字不連續者，並不須諱。」罷幽州大都督府。辛未，廢陝東道大行臺，置洛州都督府，廢益州道行臺，置益州大都督府。壬午，幽州大都督廬江王瑗謀逆，廢爲庶人。乙酉，罷天策府。

七月壬辰，太子左庶子高士廉爲侍中，右庶子房玄齡爲中書令，尚書右僕射蕭瑀爲尚書左僕射，吏部尚書楊恭仁爲雍州牧，太子左庶子長孫無忌爲吏部尚書，右庶子杜如晦爲兵部尚書，太子詹事宇文士及爲中書令，封德彝爲尚書右僕射。

八月癸亥，高祖傳位於皇太子，太宗即位於東宮顯德殿。遣司空、魏國公裴寂柴告於南郊。大赦天下。武德元年以來責情流配者並放還。文武官五品已上先無爵者賜爵一級，六品已下加勳一轉。天下給復一年。癸酉，放掖庭宮女三千餘人。甲戌，突厥頡利、突利寇涇州。乙亥，突厥進寇武功，京師戒嚴。丙子，立妃長孫氏爲皇后。己卯，突厥寇高陵。辛巳，行軍總管尉遲敬德與突厥戰於涇陽，大破之，斬首千餘級。癸未，突厥頡利至於渭水便橋之北，遣其酋帥執失思力入朝爲覘，自張形勢，太宗命囚之。親出玄武門，馳六騎幸渭水上，與頡利隔津而語，責以負約。俄而衆軍繼至，頡利見軍容既盛，又知思力就拘，由是大懼，遂請和，詔許焉。即日還宮。乙酉，又幸便橋，與頡利刑白馬設盟，突厥引退。

九月丙戌，頡利獻馬三千匹、羊萬口，帝不受，令頡利歸所掠中國户口。丁未，引諸衛騎兵統將等習射於顯德殿庭，謂將軍已下曰：「自古突厥與中國，更有盛衰。若軒轅善用五兵，即能北逐獯鬻；周宣驅馳方、召，亦能制勝太原。至漢、晉之君，逮於隋代，不使兵士素習干戈，突厥來侵，莫能抗禦，致遺中國生民塗炭於寇手。我今不使汝等穿池築苑，造諸淫費，農民恣令逸樂，兵士唯習弓馬，庶使汝鬬戰，亦望汝前無横敵。」於是每日引數百人於殿前教射，帝親自臨試，射中者隨賞弓刀、布帛。朝臣多有諫者，曰：「先王制法，有以兵刃至御所者刑之，所以防萌杜漸，備不虞也。今引裨卒之人，彎弧縱矢於軒陛之側，陛下親在其間，正恐禍出非意，非所以爲社稷計也。」上不納。自是後，士卒皆爲精鋭。壬子，詔私家不得輒立妖神，妄設淫祀，非禮祠禱，一皆禁絕。其龜易五兆之外，

諸雜占卜，亦皆停斷。

冬十月癸亥，立中山王承乾爲皇太子。

十一月庚寅，降宗室封郡王者並爲縣公。

十二月癸酉，親録囚徒。

是歲，新羅、龜茲、突厥、高麗、百濟、党項并遣使朝貢。

貞觀元年春正月乙酉，改元。辛丑，燕郡王李藝據涇州反，尋爲左右所斬，傳首京師。

三月癸巳，皇后親蠶。尚書左僕射、宋國公蕭瑀爲太子少師。丙午，詔：「齊故尚書僕射崔季舒、給事黄門侍郎郭遵、尚書右丞封孝琰等，昔仕鄴中，名位通顯，志存忠讜，抗表極言，無救社稷之亡，遂見龍逢之酷。其季舒子剛、遵子雲、孝琰子君遵，並以門遭時譴，淫刑濫及。宜從褒奬，特異常倫，可免内侍，量才別叙。」

六月壬辰，太子少保宋國公蕭瑀爲尚書左僕射。

是夏，山東諸州大旱，令所在賑恤，無出今年租賦。

秋七月壬子，吏部尚書、齊國公長孫無忌爲尚書右僕射。

九月辛酉，命中書侍郎温彦博、尚書右丞魏徵等分往諸州賑恤。中書令、郢國公宇文士及爲殿中監。御史大夫、檢校吏部尚書、參預朝政、安吉郡公杜淹署位。

十二月壬午，上謂侍臣曰：「神仙事本虚妄，空有其名。秦始皇非分愛好，遂爲方士所詐，乃遣童男女數千人隨徐福入海求仙藥，方士避秦苛虐，因留不歸。始皇猶海側踟躕以待之，還至沙丘而死。漢武帝爲求仙，乃將女嫁道術人，事既無驗，便行誅戮。據此二事，神仙不煩妄求也。」尚書左僕射、宋國公蕭瑀坐事免。

是歲，關中饑，至有鬻男女者。

二年春正月辛丑，尚書右僕射、齊國公長孫無忌爲開府儀同三司。徙封漢王恪爲蜀王，衛王泰爲越王，楚王祐爲燕王。復置六侍郎，副六尚書事，并置左右司郎中各一人。前安州大都督、趙王元景爲雍州牧，蜀王恪爲益州大都督，越王泰爲揚州大都督。

二月丙戌，靺鞨内屬。

三月丁卯，遣御史大夫杜淹巡關内諸州。出御府金寶，贖男女自賣者還其父母。庚午，大赦天下。

夏四月己卯，詔骸骨暴露者，令所在埋瘞。丙申，契丹内屬。初詔天下州縣並置義倉。夏州賊帥梁師都爲其從父弟洛仁所殺，以城降。

六月庚寅，皇子治生，宴五品以上，賜帛有差，仍賜天下是日生者粟。辛卯，上謂侍臣曰：「君雖不君，臣不可以不臣。裴虔通，煬帝舊左右也，而親爲亂首。朕方崇奬敬義，豈可猶使宰民訓俗。」詔曰：「天地定位，君臣之義以彰；卑高既陳，人倫之道斯著。是用篤厚風俗，化成天下。雖復時經治亂，主或昏明，疾風勁草，芬芳無絶，剖心焚體，赴蹈如歸。夫豈不愛七尺之軀，重百年之命？諒由君臣義重，名教所先，故能明大節於當時，立清風於身後。至如趙高之殞二世，董卓之鴆弘農，人神所疾，異代同憤。況凡庸小豎，有懷凶悖，遐觀典策，莫不誅夷。辰州刺史、長蛇縣男裴虔通，昔在隋代，委質晉藩，煬帝以舊邸之情，特相愛幸。遂乃志蔑君親，潛圖弑逆，密伺間隙，招結羣醜，長戟流矢，一朝竊發。天下之惡，孰云可忍！宜其夷宗焚首，以彰大戮。但年代異時，累逢赦令，可特免極刑，除名削爵，遷配驩州。」

秋七月戊申，詔：「萊州刺史牛方裕、絳州刺史薛世良、廣州都督府長史唐奉義、隋武牙郎將高元禮，並於隋代俱蒙任用，乃協契宇文化及，構成弑逆。宜依裴虔通，除名配流嶺表。」太宗謂侍臣曰：「天下愚人，好犯憲章，凡赦宥之恩，唯及不軌之輩。古語曰：『小人之倖，君子之不幸。』『一歲再赦，好人喑啞。』凡養稂莠者傷禾稼，惠姦宄者賊良人。昔文王作罰，刑兹無赦。又蜀先主嘗謂諸葛亮曰：『吾周旋陳元方、鄭康成間，每見啓告理亂之道備矣，曾不語赦也。』夫小人者，大人之賊，故朕有天下已來，不甚放赦。今四海安静，禮義興行，非常之恩，施不可數，將恐愚人常冀僥倖，唯欲犯法，不能改過。」

八月甲戌朔，幸朝堂，親覽冤屈。自是，上以軍國無事，每日視膳於西宫。癸巳，公卿奏曰：「依禮，季夏之月，可以居臺榭。今隆暑未退，秋霖方始，宫中卑濕，請營一閣以居之。」帝曰：「朕有氣病，豈宜下濕。若遂來請，糜費良多。昔漢文帝將起露臺，而惜十家之産。朕德不逮於漢帝，而所費過之，豈謂爲民父母之道也。」竟不許。

九月丙午，詔曰：「尚齒重舊，先王以之垂範；還章解組，朝臣於是克終。釋菜合樂之儀，東膠西序之制，養老之義，遺文可覩。朕恭膺大寶，憲章故實，乞言尊事，彌切深衷。然情存今古，世踵澆季，而策名就列，或乖大體。至若筋力

將盡，桑榆且迫，徒竭夙興之勤，未悟夜行之罪。其有心驚止足，行堪激勵，謝事公門，收骸閭里，能以禮讓，固可嘉焉。內外文武羣官年高致仕、抗表去職者，參朝之日，宜在本品見任之上。」丁未，謂侍臣曰：「婦人幽閉深宫，情實可愍。隋氏末年，求採無已，至於離宫别館，非幸御之所，多聚宫人，皆竭人財力，朕所不取。且灑掃之餘，更何所用？今將出之，任求伉儷，非獨以惜費，亦人得各遂其性。」於是遣尚書左丞戴胄、給事中杜正倫等，於掖庭宫西門簡出之。

十一月辛酉，有事於圜丘。

十二月壬午，黄門侍郎王珪爲侍中。

三年春正月辛亥，契丹渠帥來朝。戊午，謁太廟。癸亥，親耕籍田。辛未，司空、魏國公裴寂坐事免。

二月戊寅，中書令、邢國公房玄齡爲尚書左僕射，兵部尚書、檢校侍中、蔡國公杜如晦爲尚書右僕射，刑部尚書、檢校中書令、永康縣公李靖爲兵部尚書，右丞魏徵爲守秘書監，參預朝政。

夏四月辛巳，太上皇徙居大安宫。甲子，太宗始於太極殿聽政。

六月戊寅，以旱，親録囚徒。遣長孫無忌、房玄齡等祈雨於名山大川，中書舍人杜正倫等往關内諸州慰撫。又令文武官各上封事，極言得失。

秋八月，薛延陀遣使朝貢。

九月癸丑，諸州置醫學。

冬十一月丙午，西突厥、高昌遣使朝貢。庚申，以并州都督李世勣爲通漢道行軍總管，兵部尚書李靖爲定襄道行軍總管，以擊突厥。

十二月戊辰，突利可汗來奔。癸未，杜如晦以疾辭位，許之。癸丑，詔建義以來交兵之處，爲義士勇夫殞身戎陣者各立一寺，命虞世南、李伯藥、褚亮、顔師古、岑文本、許敬宗、朱子奢等爲之碑銘，以紀功業。

是歲，户部奏言：中國人自塞外來歸及突厥前後内附、開四夷爲州縣者，男女一百二十餘萬口。

《舊唐書》卷三《太宗紀下》 四年春正月乙亥，定襄道行軍總管李靖大破突厥，獲隋皇后蕭氏及煬帝之孫正道，送至京師。癸巳，武德殿北院火。

二月己亥，幸温湯。甲辰，李靖又破突厥于陰山，頡利可汗輕騎遠遁。丙午，至自温湯。甲寅，大赦，賜酺五日。民部尚書戴胄以本官檢校吏部尚書，參預朝政。太常卿蕭瑀爲御史大夫，與宰臣參議朝政。御史大夫、西河郡公温彦博爲中書令。

三月庚辰，大同道行軍副總管張寳相生擒頡利可汗，獻於京師。甲午，以俘頡利告於太廟。

夏四月丁酉，御順天門，軍吏執頡利以獻捷。自是西北諸蕃咸請上尊號爲「天可汗」，於是降璽書册命其君長，則兼稱之。

秋七月，上謂房玄齡、蕭瑀曰：「隋文何等主？」對曰：「克己復禮，勤勞思政，每一坐朝，或至日昃。五品已上，引之論事。宿衛之人，傳餐而食。雖非性體仁明，亦勵精之主也。」上曰：「公得其一，未知其二。此人性至察而心不明。夫心暗則照有不通，至察則多疑於物。自以欺孤寡得之，謂羣下不可信任，事皆自決，雖勞神苦形，未能盡合於理。朝臣既知上意，亦復不敢直言，宰相已下，承受而已。朕意不然。以天下之廣，豈可獨斷一人之慮？朕方選天下之才，爲天下之務，委任責成，各盡其用，庶幾於理也。」因令有司：「詔勑不便於時，即宜執奏，不得順旨施行。」

八月丙午，詔三品已上服紫，五品已上服緋，六品七品以緑，八品九品以青；婦人從夫色。甲寅，兵部尚書、代國公李靖爲尚書左僕射。

九月庚午，令收瘞長城之南骸骨，仍令致祭。壬午，令自古明王聖帝、賢臣烈士墳墓無得芻牧，春秋致祭。

冬十月壬辰，幸隴州，曲赦隴、岐二州，給復一年。辛丑，校獵於貴泉谷。甲辰，校獵於魚龍川，自射鹿，獻於大安宫。

十一月甲子，至自隴州。戊寅，制決罪人不得鞭背，以明堂孔穴針灸之所。兵部尚書侯君集參議朝政。

十二月甲寅，高昌王麴文泰來朝。

是歲，斷死刑二十九人，幾致刑措。東至於海，南至於嶺，皆外户不閉，行旅不齎糧焉。

五年春正月癸酉，大蒐於昆明池，蕃夷君長咸從。丙子，親獻禽於大安宫。己卯，幸左藏庫，賜三品已上帛，任其輕重。癸未，朝集使請封禪。

二月己酉，封皇弟元裕爲鄶王，元名爲譙王，靈夔爲魏王，元祥爲許王，元曉爲密王。庚戌，封皇子愔爲梁王，貞爲漢王，惲爲郯王，治爲晉王，慎爲申王，囂爲江王，簡爲代王。

夏四月，以金帛購中國人因隋亂没突厥者男女八萬人，盡還其家屬。

秋八月甲辰，遣使毁高麗所立京觀，收隋人骸骨，祭而葬之。戊申，初令天下決死刑必三覆奏，在京諸司五覆奏，其日尚食進蔬食，内教坊及太常不舉樂。

九月乙丑，賜羣官大射於武德殿。

十二月壬寅，幸温湯。癸卯，獵於驪山。丙午，賜新豐高年帛有差。戊申，至自温湯。

六年二月丙戌，置三師官員。戊子，初置律學。

三月戊辰，幸九成宫。

冬十月乙卯，至自九成宫。

十二月辛未，親録囚徒，歸死罪者二百九十人于家，令明年秋末就刑。其後應期畢至，詔悉原之。

是歲，党項羌前後内屬者三十萬口。

七年春正月戊子，詔曰：「宇文化及弟智及、司馬德戡、裴虔通、孟景、元禮、楊覽、唐奉義、牛方裕、元敏、薛良、馬舉、元武達、李孝本、李孝質、張愷、許弘仁、令狐行達、席德方、李覆等，大業季年，咸居列職，或恩結一代，任重一時；乃包藏凶慝，罔思忠義，爰在江都，遂行弑逆，罪百閻、趙，釁深梟獍。雖事是前代，歲月已久，而天下之惡，古今同棄，宜置重典，以勵臣節。其子孫並宜禁錮，勿令齒叙。」是日，上製《破陣樂舞圖》。辛丑，賜京城酺三日。乙酉，薛延陁遣使來朝。庚寅，秘書監、檢校侍中魏徵爲侍中。癸巳，直太史、將仕郎李淳風鑄渾天黄道儀，奏之，置於凝暉閣。

夏五月癸未，幸九成宫。

八月，山東、河南三十州大水，遣使賑恤。

冬十月庚申，至自九成宫。

十一月丁丑，頒新定《五經》。壬辰，開府儀同三司、齊國公長孫無忌爲司空。

十二月丙辰，狩于少陵原，詔以少牢祭杜如晦、杜淹、李綱之墓。

八年春正月辛丑，右屯衛大將軍張士貴討東、西五洞反獠，平之。壬寅，命尚書右僕射李靖，特進蕭瑀、楊恭仁，禮部尚書王珪，御史大夫韋挺，鄜州大都督府長史皇甫無逸，揚州大都督府長史李襲譽，幽州大都督府長史張亮，涼州大都督李大亮，右領軍大將軍竇誕，太子左庶子杜正倫，綿州刺史劉德威，黄門侍郎趙弘智使於四方，觀省風俗。

二月乙巳，皇太子加元服。丙午，賜天下酺三日。

三月庚辰，幸九成宫。

五月丁丑，上初服翼善冠，貴臣服進德冠。

七月，始以雲麾將軍階爲從三品。山東、河南、淮南大水，遣使賑恤。

九月丁丑，皇太子來朝。

冬十月，右驍衛大將軍、褒國公段志玄擊吐谷渾，破之，追奔八百餘里。甲子，至自九成宫。

十一月辛未，右僕射、代國公李靖以疾辭官，授特進。丁亥，吐谷渾寇涼州。己丑，吐谷渾拘我行人趙德楷。

十二月辛丑，命特進李靖、兵部尚書侯君集、刑部尚書任城王道宗、涼州都督李大亮等爲大總管，各帥師分道以討吐谷渾。壬子，越王泰爲雍州牧。乙卯，帝從太上皇閲武於城西。

是歲，龜兹、吐蕃、高昌、女國、石國遣使朝貢。

九年春三月，洮州羌叛，殺刺史孔長秀。壬午，大赦。每鄉置長一人，佐二人。乙酉，鹽澤道總管高甑生大破叛羌之衆。庚寅，敕天下户立三等，未盡升降，置爲九等。

夏四月壬寅，康國獻獅子。

閏月癸巳，大總管李靖、侯君集、李大亮、任城王道宗破吐谷渾於牛心堆。

五月乙未，又破之於烏海，追奔至柏海。副總管薛萬均、薛萬徹又破之於赤水源，獲其名王二十人。庚子，太上皇崩於大安宫。壬子，李靖平吐谷渾於西海之上，獲其王慕容伏允。以其子慕容順光降，封爲西平郡王，復其本國。

秋七月甲寅，增修太廟爲六室。

冬十月庚寅，葬高祖太武皇帝於獻陵。戊申，祔于太廟。辛丑，左僕射、魏國公房玄齡加開府儀同三司，餘如故。

十二月甲戌，吐谷渾西平郡王慕容順光爲其下所弑，遣兵部尚書侯君集率師安撫之，仍封順光子諾曷鉢爲河源郡王，使統其衆。右光禄大夫、宋國公蕭瑀依舊特進，復令參預朝政。

十年春正月壬子，尚書左僕射房玄齡、侍中魏徵上梁、陳、齊、周、隋五代史，詔藏于秘閣。癸丑，徙封趙王元景爲荆王，魯王元昌爲漢王，鄭王元禮爲徐王，徐王元嘉爲韓王，荆王元則爲彭王，滕王元懿爲鄭王，吴王元軌爲霍王，豳王元

鳳爲虢王，陳王元慶爲道王，魏王靈夔爲燕王，蜀王恪爲吳王，越王泰爲魏王，燕王祐爲齊王，梁王愔爲蜀王，郯王惲爲蔣王，漢王貞爲越王，申王慎爲紀王。

夏六月，以侍中魏徵爲特進，仍知門下省事。壬申，中書令温彦博爲尚書右僕射。甲戌，太常卿、安德郡公楊師道爲侍中。己卯，皇后長孫氏崩于立政殿。

冬十一月庚寅，葬文德皇后於昭陵。

十二月壬申，吐谷渾河源郡王慕容諾曷鉢來朝。乙亥，親録京師囚徒。

是歲，關内、河東疾病，命醫齎藥療之。

十一年春正月丁亥朔，徙鄶王元裕爲鄧王，譙王元名爲舒王。癸巳，加魏王泰爲雍州牧、左武候大將軍。庚子，頒新律令於天下。作飛山宮。甲寅，房玄齡等進所修《五禮》，詔所司行用之。

二月丁巳，詔曰：「夫生者天地之大德，壽者修短之一期。生有七尺之形，壽以百齡爲限，含靈稟氣，莫不同焉，皆得之於自然，不可以分外企也。是以《禮記》云：『君即位而爲椑』。莊周云：『勞我以形，息我以死。』豈非聖人遠鑒，通賢深識？末代已來，明辟蓋寡，靡不矜黄屋之尊，慮白駒之過，並多拘忌，有慕遐年。謂雲車易乘，羲輪可駐，異軌同趣，其蔽甚矣。有隋之季，海内横流，豺狼肆暴，吞噬黔首。朕投袂發憤，情深拯溺，扶翼義師，濟斯塗炭。賴蒼昊降鑒，股肱宣力，提劍指麾，天下大定。此朕之宿志，於斯已畢。猶恐身後之日，子子孫孫，習於流俗，猶循常禮，加四重之櫬，伐百祀之木，勞擾百姓，崇厚園陵。今預爲此制，務從儉約，於九嵕之山，足容棺而已。積以歲月，漸而備之。木馬塗車，土桴葦籥，事合古典，不爲時用。又佐命功臣，或義深舟楫，或謀定帷幄，或身摧行陣，同濟艱危，克成鴻業，追念在昔，何日忘之！使逝者無知，咸歸寂寞；若營魂有識，還如疇曩，居止相望，不亦善乎！漢氏使將相陪陵，又給以東園秘器，篤終之義，恩意深厚，古人豈異我哉！自今已後，功臣密戚及德業佐時者，如有薨亡，宜賜塋地一所，及以秘器，使窀穸之時，喪事無闕。所司依此營備，稱朕意焉。」甲子，幸洛陽宮，命祭漢文帝。

三月丁亥，車駕至洛陽。丙申，改洛州爲洛陽宮。辛亥，大蒐於廣城澤。癸丑，還宮。

夏四月丙寅，詔河北、淮南舉孝悌淳篤，兼閑時務；儒術該通，可爲師範；文辭秀美，才堪著述；明識政體，可委字人：并志行修立，爲鄉閭所推者，給傳詣洛陽宮。

六月丁巳，幸明德宮。己未，定制諸王爲世封刺史。戊辰，定制勳臣爲世封刺史。改封任城王道宗爲江夏郡王，趙郡王孝恭爲河間郡王。己巳，改封許王元祥爲江王。

秋七月癸未，大霪雨。穀水溢入洛陽宮，深四尺，壞左掖門，毁宮寺十九所；洛水溢，漂六百家。庚寅，詔以災命百官上封事，極言得失。丁酉，車駕還宮。壬寅，廢明德宮及飛山宮之玄圃院，分給遭水之家，仍賜帛有差。丙午，修老君廟於亳州，宣尼廟於兖州，各給二十户享祀焉。涼武昭王復近墓二十户充守衛，仍禁芻牧樵採。

九月丁亥，河溢，壞陝州河北縣，毁河陽中潬。幸白司馬坂以觀之，賜遭水之家粟帛有差。

冬十一月辛卯，幸懷州。乙未，狩於濟源。丙午，車駕還宮。

十二月辛酉，百濟王遣其太子隆來朝。

十二年春正月乙未，吏部尚書高士廉等上《氏族志》一百三十卷。

二月乙卯，車駕還京。癸亥，觀砥柱，勒銘以紀功德。甲子，夜郎獠反，夔州都督齊善行討平之。乙丑，次陝州，自新橋幸河北縣，祀夏禹廟。丁卯，次柳谷頓，觀鹽池。戊寅，以隋鷹揚郎將堯君素忠於本朝，贈蒲州刺史，仍録其子孫。

閏二月丙戌，至自洛陽宮。

六月庚子，初置玄武門左右飛騎。

秋七月癸酉，吏部尚書、申國公高士廉爲尚書右僕射。

冬十月己卯，狩于始平，賜高年粟帛有差。乙未，至自始平。己亥，百濟遣使貢金甲雕斧。

十二月辛巳，右武候將軍上官懷仁大破山獠於壁州。

十三年春正月乙巳朔，謁獻陵。曲赦三原縣及行從大辟罪。丁未，至自獻陵。戊午，加房玄齡爲太子少師。

二月丙子，停世襲刺史。

夏四月戊寅，幸九成宮。甲申，阿史那結社爾犯御營，伏誅。

自去冬不雨至于五月。甲寅，避正殿，令五品以上上封事，減膳罷役，分使賑恤，申理冤屈，乃雨。

六月丙申，封皇弟元嬰爲滕王。

秋八月庚辰，立右武候大將軍、化州都督、懷化郡王李思摩爲突厥可汗，率

所部建牙于河北。

冬十月甲申，至自九成宮。

十一月辛亥，侍中、安德郡公楊師道爲中書令。

十二月丁丑，吏部尚書、陳國公侯君集爲交河道行軍大總管，帥師伐高昌。乙亥，封皇子福爲趙王。詔於洛、相、幽、徐、齊、并、秦、蒲等州並置常平倉。己丑，吐谷渾河源郡王慕容諾曷鉢來逆女。壬辰，狩於咸陽。

是歲，滁州言：「野蠶食槲葉，成繭大如柰，其色綠，凡六千五百七十石。」高麗、新羅、西突厥、吐火羅、康國、安國、波斯、疏勒、于闐、焉耆、高昌、林邑、昆明及荒服蠻酋，相次遣使朝貢。

十四年春正月庚子，初命有司讀時令。甲寅，幸魏王泰宅。赦雍州及長安獄大辟罪已下。

二月丁丑，幸國子學，親釋奠，赦大理、萬年繫囚，國子祭酒以下及學生高第精勤者加一級，賜帛有差。庚辰，左驍衛將軍、淮陽王道明送弘化公主歸於吐谷渾。壬午，幸温湯。辛卯，至自温湯。乙未，詔以梁皇侃、褚仲都、周熊安生、沈重、陳沈文阿、周弘正、張譏、隋何妥、劉焯、劉炫等前代名儒，學徒多行其義，命求其後。

三月戊午，置寧朔大使，以護突厥。

夏五月壬戌，徙封燕王靈夔爲魯王。

六月己丑，薛延陀遣使求婚。乙未，滁州野蠶成繭，凡收八千三百石。

八月庚午，新作襄城宮。癸巳，交河道行軍大總管侯君集平高昌，以其地置西州。

九月癸卯，曲赦西州大辟罪。乙卯，於西州置安西都護府。

冬十月己卯，詔以贈司空、河間元王孝恭，贈陝東道大行臺尚書右僕射、鄖節公殷開山，贈民部尚書、渝襄公劉政會等配饗高祖廟庭。

閏月乙未，幸同州。甲辰，狩于堯山。庚戌，至自同州。丙辰，吐蕃遣使獻黄金器千斤以求婚。

十一月甲子朔，有事于圓丘。

十二月丁酉，交河道旋師。吏部尚書、陳國公侯君集執高昌王麴智盛，獻捷于觀德殿，行飲至之禮，賜酺三日。乙卯，高麗世子相權來朝。

十五年春正月丁卯，吐蕃遣其國相禄東贊來逆女。丁丑，禮部尚書、江夏王道宗送文成公主歸吐蕃。辛巳，幸洛陽宮。

三月戊申，幸襄城宮。庚午，發襄城宮。

夏四月辛卯，詔以來年二月有事泰山，所司詳定儀制。

五月壬申，并州僧道及老人等抗表，以太原王業所因，明年登封已後，願時臨幸。上於武成殿賜宴，因從容謂侍臣曰：「朕少在太原，喜羣聚博戲，暑往寒逝，將三十年矣。」時會中有舊識上者，相與道舊以爲笑樂。因謂之曰：「他人之言，或有面諛。公等朕之故人，實以告朕，即日政教，於百姓何如？人間得無疾苦耶？」皆奏：「即日四海太平，百姓歡樂，陛下力也。臣等餘年，日惜一日，但眷戀聖化，不知疾苦。」因固請過并州。上謂曰：「飛鳥過故鄉，猶躑躅徘徊；況朕於太原起義，遂定天下，復少小遊觀，誠所不忘。岱禮若畢，或冀與公等相見。」於是賜物各有差。丙子，百濟王扶餘璋卒。詔立其世子扶餘義慈嗣其父位，仍封爲帶方郡王。

六月戊申，詔天下諸州，舉學綜古今及孝悌淳篤、文章秀異者，並以來年二月總集泰山。丙辰，停封泰山，避正殿以思咎，命尚食減膳。

冬十月辛卯，大閲於伊闕。壬辰，幸嵩陽。辛丑，還宮。

十一月壬戌，廢鄉長。壬申，還京師。癸酉，薛延陀以同羅、僕骨、回紇、靺鞨、霫之衆度漠，屯于白道川。命營州都督張儉統所部兵壓其東境；兵部尚書李勣爲朔方行軍總管，右衛大將軍李大亮爲靈州道行軍總管，涼州都督李襲譽爲涼州道行軍總管，分道以禦之。

十二月戊子朔，至自洛陽宮。甲辰，李勣及薛延陀戰于諸真水，大破之，斬首三千餘級，獲馬萬五千匹，薛延陀跳身而遁。勣旋破突厥思結於五臺縣，虜其男女千餘口，獲羊馬稱是。

十六年春正月辛未，詔在京及諸州死罪囚徒，配西州爲户；流人未達前所者，徙防西州。兼中書侍郎、江陵子岑文本爲中書侍郎，專知機密。

夏六月辛卯，詔復隱王建成曰隱太子，改封海陵刺王元吉曰巢刺王。

秋七月戊午，司空、趙國公無忌爲司徒，尚書左僕射、梁國公玄齡爲司空。

九月丁巳，特進、鄭國公魏徵爲太子太師，知門下省事如故。

冬十一月丙辰，狩於岐山。辛酉，使祭隋文帝陵。丁卯，宴武功士女於慶善宮南門。酒酣，上與父老等涕泣論舊事，老人等遞起爲舞，爭上萬歲壽，上各盡一杯。庚午，至自岐州。

十二月癸卯，幸温湯。甲辰，狩於驪山，時陰寒晦冥，圍兵斷絕。上乘高望見之，欲捨其罰，恐虧軍令，乃迴轡入谷以避之。

是歲，高麗大臣蓋蘇文弑其君高武，而立武兄子藏爲王。

十七年春正月戊辰，右衛將軍、代州都督劉蘭謀反，腰斬。戊申，詔圖畫司徒、趙國公無忌等勳臣二十四人於凌煙閣。

三月丙辰，齊州都督齊王祐殺長史權萬紀、典軍韋文振，據齊州自守，詔兵部尚書李勣、刑部尚書劉德威發兵討之。兵未至，兵曹杜行敏執之而降，遂賜死於内侍省。

夏四月庚辰朔，皇太子有罪，廢爲庶人。漢王元昌、吏部尚書侯君集並坐與連謀，伏誅。丙戌，立晉王治爲皇太子，大赦，賜酺三日。丁亥，中書令楊師道爲吏部尚書。己丑，加司徒、趙國公長孫無忌太子太師，司空、梁國公房玄齡太子太傅，特進、宋國公蕭瑀太子太保，兵部尚書、英國公李勣爲太子詹事，仍同中書門下三品。庚寅，上親謁太廟，以謝承乾之過。癸巳，魏王泰以罪降爵爲東萊郡王。

五月乙丑，手詔舉孝廉茂才異能之士。

六月壬午，改葬隋恭帝。丁酉，尚書右僕射高士廉請致仕，詔以爲開府儀同三司，同中書門下三品。

閏月戊午，薛延陁遣其兄子突利設獻馬五萬匹、牛駝一萬、羊十萬以請婚，許之。丙子，徙封東萊郡王泰爲順陽王。

秋七月庚辰，京城訛言云：「上遣棖棖取人心肝，以祠天狗。」遞相驚悚。上遣使遍加宣諭，月餘乃止。丁酉，司空、太子太傅、梁國公房玄齡以母憂罷職。

八月，工部尚書、鄖國公張亮爲刑部尚書，參預朝政。

九月癸未，徙庶人承乾於黔州。

冬十月丁巳，房玄齡起復本職。

十一月己卯，有事於南郊。壬午，賜天下酺三日。以涼州獲瑞石，曲赦涼州，并録京城及諸州繫囚，多所原宥。

十八年春正月壬寅，幸温湯。

夏四月辛亥，幸九成宫。

秋八月甲子，至自九成宫。丁卯，散騎常侍清苑男劉洎爲侍中，中書侍郎江陵子岑文本、中書侍郎馬周並爲中書令。

九月，黄門侍郎褚遂良參預朝政。

冬十月甲辰，初置太子司議郎官員。甲寅，幸洛陽宫。安西都護郭孝恪師滅焉耆，執其王突騎支送行在所。

十一月壬寅，車駕至洛陽宫。庚子，命太子詹事、英國公李勣爲遼東道行軍總管，出柳城，禮部尚書、江夏郡王道宗副之；刑部尚書、鄖國公張亮爲平壤道行軍總管，以舟師出萊州，左領軍常何、瀘州都督左難當副之。發天下甲士，召募十萬，並趣平壤，以伐高麗。

十二月辛丑，庶人承乾死。

十九年春二月庚戌，上親統六軍發洛陽。乙卯，詔皇太子留定州監國；開府儀同三司、申國公高士廉攝太子太傅，與侍中劉洎、中書令馬周、太子少詹事張行成、太子右庶子高季輔五人同掌機務；以吏部尚書、安德郡公楊師道爲中書令。贈殷比干爲太師，謚曰忠烈，命所司封墓，葺祠堂，春秋祠以少牢，上自爲文以祭之。

三月壬辰，上發定州，以司徒、太子太師兼檢校侍中、趙國公長孫無忌，中書令岑文本、楊師道從。

夏四月癸卯，誓師於幽州城南，因大饗六軍以遣之。癸亥，遼東道行軍大總管、英國公李勣攻蓋牟城，破之。

五月丁丑，車駕渡遼。甲申，上親率鐵騎與李勣會圍遼東城，因烈風發火弩，斯須城上屋及樓皆盡，麾戰士令登，乃拔之。

六月丙辰，師至安市城。丁巳，高麗別將高延壽、高惠真帥兵十五萬來援安市，以拒王師。李勣率兵奮擊，上自高峯引軍臨之，高麗大潰，殺獲不可勝紀。延壽等以其衆降，因名所幸山爲駐蹕山，刻石紀功焉。賜天下大酺二日。

秋七月，李勣進軍攻安市城，至九月不克，乃班師。

冬十月丙辰，入臨渝關，皇太子自定州迎謁。戊午，次漢武臺，刻石以紀功德。

十一月辛未，幸幽州。癸酉，大饗，還師。

十二月戊申，幸并州。

二十年春正月，上在并州。丁丑，遣大理卿孫伏伽、黄門侍郎褚遂良等二十二人，以六條巡察四方，黜陟官吏。庚辰，曲赦并州，宴從官及起義元從，賜粟帛，給復有差。

三月己巳，車駕至京師。己丑，刑部尚書、鄭國公張亮謀反，誅。

夏四月甲子，太子太師、趙國公長孫無忌，太子太傅、梁國公房玄齡，太子太保、宋國公蕭瑀各辭調護之職，詔許之。

六月，遣兵部尚書、固安公崔敦禮，特進、英國公李勣擊破薛延陁於鬱督軍山北，前後斬首五千餘級，虜男女三萬餘人。

秋八月甲子，封皇孫忠爲陳王。己巳，幸靈州。庚午，次涇陽頓。鐵勒回紇、拔野古、同羅、僕骨、多濫葛、思結、阿跌、契苾、跌結、渾、斛薛等十一姓各遣使朝貢，奏稱：「延陁可汗不事大國，部落烏散，不知所之。奴等各有分地，不能逐延陁去，歸命天子，乞置漢官。」詔遣會靈州。

九月甲辰，鐵勒諸部落俟斤、頡利發等遣使相繼而至靈州者數千人，來貢方物，因請置吏，咸請至尊爲可汗。於是北荒悉平，爲五言詩勒石以序其事。

冬十月丙戌，至自靈州。

二十一年春正月丁酉，詔以來年二月有事泰山。甲寅，賜京師酺三日。

二月壬申，詔以左丘明、卜子夏、公羊高、穀梁赤、伏勝、高堂生、戴聖、毛萇、孔安國、劉向、鄭衆、杜子春、馬融、盧植、鄭康成、服子慎、何休、王肅、王輔嗣、杜元凱、范甯等二十一人，代用其書，垂於國胄，自今有事於太學，並命配享宣尼廟堂。丁丑，皇太子於國學釋菜。

夏四月乙丑，營太和宮於終南之上，改爲翠微宮。

五月戊子，幸翠微宮。

六月癸亥，司徒、趙國公無忌加授揚州都督。

秋七月庚子，建玉華宮於宜君縣之鳳凰谷。庚戌，至自翠微宮。

八月壬戌，詔以河北大水，停封禪。辛未，骨利幹國遣使貢名馬。丁酉，封皇子明爲曹王。

冬十一月癸卯，徙封順陽王泰爲濮王。

十二月戊寅，左驍衛大將軍阿史那社爾、右驍衛大將軍契苾何力、安西都護郭孝恪、司農卿楊弘禮爲崑山道行軍大總管，以伐龜兹。

是歲，墮婆登、乙利、鼻林送、都播、羊同、石、波斯、康國、吐火羅、阿悉吉等遠夷十九國，並遣使朝貢。又於突厥之北至于回紇部落，置驛六十六所，以通北荒焉。

二十二年春正月庚寅，司徒、趙國公無忌兼檢校中書令，知尚書門下二省事。己亥，刑部侍郎崔仁師爲中書侍郎，參知機務。戊戌，幸温湯。戊申，還宮。

二月，前黄門侍郎褚遂良起復黄門侍郎。中書侍郎崔仁師除名，配流連州。癸丑，西番沙鉢羅葉護率衆歸附，以其俟斤屈裴禄爲忠武將軍，兼大俟斤。戊午，以結骨部置堅昆都督。乙亥，幸玉華宮。乙卯，賜所經高年篤疾粟帛有差。己卯，蒐於華原。

四月甲寅，磧外蕃人争牧馬出界，上親臨斷決，然後咸服。丁巳，右武候將軍梁建方擊松外蠻，下其部落七十二所。

五月庚子，右衛率長史王玄策擊帝那伏帝國，大破之，獲其王阿羅那順及王妃、子等，虜男女萬二千人、牛馬二萬餘以詣闕。使方士那羅邇娑婆於金飈門造延年之藥。吐蕃贊普擊破中天竺國，遣使獻捷。

九月己亥，黄門侍郎褚遂良爲中書令。

十月癸亥，至自玉華宮。

十一月戊戌，眉、邛、雅三州獠反，右衛將軍梁建方討平之。庚子，契丹帥窟哥、奚帥可度者並率其部内屬。以契丹部爲松漠都督，以奚部置饒樂都督。

十二月乙卯，增置殿中侍御史、監察御史各二員，大理寺置平事十員。

閏月丁丑朔，崑山道總管阿史那社爾降處密、處月，破龜兹大撥等五十城，虜數萬口，執龜兹王訶黎布失畢以歸，龜兹平，西域震駭。副將薛萬徹脅于闐王伏闍信入朝。癸未，新羅王遣其相伊贊千金春秋及其子文王來朝。

是歲，新羅女王金善德死，遣册立其妹真德爲新羅王。

二十三年春正月辛亥，俘龜兹王訶黎布失畢及其相那利等，獻於社廟。

二月丙戌，置瑶池都督府，隸安西都護府。丁亥，西突厥肆葉護可汗遣使來朝。

三月丙辰，置豐州都督府。自去冬不雨，至於此月己未乃雨。辛酉，大赦。丁卯，勑皇太子於金液門聽政。

四月己亥，幸翠微宮。

五月戊午，太子詹事、英國公李勣爲疊州都督。己巳，上崩於含風殿，年五十二。遺詔皇太子即位於柩前，喪紀宜用漢制。秘不發喪。庚午，遣舊將統飛騎勁兵從皇太子先還京，發六府甲士四千人，分列於道及安化門，翼從乃入；大行御馬輿，從官侍御如常。壬申，發喪。

六月甲戌朔，殯於太極殿。

八月丙子，百僚上謚曰文皇帝，廟號太宗。庚寅，葬昭陵。上元元年八月，改上尊號曰文武聖皇帝。天寶十三載二月，改上尊號爲文武大聖大廣孝皇帝。

雜録

備録

張鷟《朝野僉載》卷五　太宗時，西國進一胡，善彈琵琶。作一曲，琵琶絃撥倍麄。上每不欲番人勝中國，乃置酒高會，使羅黑黑隔帷聽之，一遍而得。謂胡人曰：「此曲吾宫人能之。」取大琵琶，遂于帷下令黑黑彈之，不遺一字。胡人謂是宫女也，驚嘆辭去。西國聞之，降者數十國。

隋文皇帝時，大宛國獻千里馬，騣曳地，號曰「師子驄」。上置之馬羣，陸梁人莫能制。上令并羣驅來，謂左右曰：「誰能馭之？」郎將裴仁基曰：「臣能制之。」遂攘袂向前，去十餘步，踴身騰上，一手撮耳，一手摳目，馬戰不敢動，乃鞴乘之。朝發西京，暮至東洛。後隋末，不知所在。唐文武聖皇帝勑天下訪之，同州刺史宇文士及訪得其馬，老於朝邑市麵家挽磑，騣尾焦禿，皮肉穿穴，及見之悲泣。帝自出長樂坡，馬到新豐，向西鳴躍。帝得之甚喜，齒口並平，飼以鍾乳，仍生五駒，皆千里足也。後不知所在矣。

太宗養一白鶻，號曰將軍。取鳥常驅至於殿前，然後擊殺，故名落雁殿。上恒令送書，從京至東都與魏王，仍取報，日往反數迴。亦陸機黄耳之徒歟！

張鷟《朝野僉載》卷六　太宗極康豫，太史令李淳風見上，流淚無言。上問之，對曰：「陛下夕當晏駕。」太宗曰：「人生有命，亦何憂也。」留淳風宿。太守至夜半，奄然入定，見一人云：「陛下暫合來，還即去也。」帝問：「君是何人？」對曰：「臣是生人判冥事。」太宗入見，冥官問六月四日事，即令還。向見者又迎送引導出。淳風即觀玄象，不許哭泣，須臾乃寤。至曙，求昨所見者，令所司與一官，遂注蜀道一丞。上怪問之，選司奏，奉進止與此官。上亦不記，旁人悉聞，方知官皆由天也。

王無㝵好博戲，善鷹鶻。文武聖皇帝微時，與無㝵蒲戲争彩，有李陽之宿憾焉。帝登極，㝵藏匿不出。帝令給使將一鶻子於市賣之，索錢二十千。㝵不知也，酬錢十八貫，給使以聞。帝曰：「必王無㝵也。」遂召至，惶懼請罪。帝笑賞之，令於春明門待諸州麻車三日，並與之。㝵坐三日，屬灞橋破，唯得麻三車，更無所有。帝知其薄命，更不復賞。頻請五品，帝曰：「非不與卿，惜卿不勝也。」固請，乃許之，其夜遂卒。

唐儉事太宗，甚蒙寵遇，每食非儉至不餐。數年後，特憎之，遣謂之曰：「更不須相見，見即欲殺。」隋文帝重高熲，初甚愛，後不願見，見之則怒。

吏部尚書唐儉與太宗棋，争道。上大怒，出爲潭州。蓄怒未洩，謂尉遲敬德曰：「唐儉輕我，我欲殺之，卿爲我證驗有怨言指斥。」敬德唯唯。明日對仗云，敬德頓首曰：「臣實不聞。」頻問，確定不移。上怒，碎玉珽於地，奮衣入。良久索食，引三品以上皆入宴，上曰：「敬德今日利益者各有三：唐儉免枉死，朕免枉殺，敬德免曲從，三利也；朕有怒過之美，儉有再生之幸，敬德有忠直之譽，三益也。」賞敬德一千段，羣臣皆稱萬歲。

劉餗《隋唐嘉話》卷上　隋司隸薛道衡子收，以文學爲秦王府記室，早亡，太宗追悼之，謂梁公曰：「薛收不幸短命，若在，當以中書令處之。」

太宗將誅蕭牆之惡，以匡社稷，謀於衛公李靖，請辭。謀於英公徐勣，勣亦辭。帝以是珍此二人。

太宗燕見衛公，常呼爲兄，不以臣禮。初嗣位，與鄭公語恒自名，由是天下之人歸心焉。

太宗之爲秦王，府僚多被遷奪，深患之。梁公曰：「餘人不足惜，杜如晦聰明識達，王佐才也。」帝大驚，由是親寵日篤。杜僕射薨後，太宗食瓜美，愴然思之，遂輟其半，使置之於靈座。

太宗曾罷朝，怒曰：「會殺此田舍漢！」文德后問：「誰觸忤陛下？」帝曰：「豈過魏徵，每廷争辱我，使我常不自得。」后退而具朝服立於庭，帝驚曰：「皇后何爲若是？」對曰：「妾聞主聖臣忠。今陛下聖明，故魏徵得直言。妾幸備數後宫，安敢不賀？」

太宗每見人上書有所裨益者，必令黏於寢殿之壁，坐卧觀覽焉。

鄭公嘗拜掃還，謂太宗：「人言陛下欲幸南山，在外悉裝束了，而竟不行，何有此消息？」帝笑曰：「時實有此心，畏卿嗔，遂停耳。」

太宗得鷂絶俊異，私自臂之，望見鄭公，乃藏於懷。公知之，遂前白事，因語

古帝王逸豫，徵以諷諫。語久，帝惜鷂且死，而素嚴敬徵，欲盡其言。徵語不時盡，鷂死懷中。

太宗將征遼，衛公病不能從，帝使執政以起之，不起。帝曰：「吾知之矣。」明日駕臨其第，執手與别，靖謝曰：「老臣宜從，但犬馬之疾，日月增甚，恐死於道路，仰累陛下。」帝撫其背曰：「勉之，昔司馬仲達非不老病，竟能自强，立勳魏室。」靖叩頭曰：「老臣請轝病行矣。」至相州，病篤不能進。駐蹕之役，高麗與靺鞨合軍，方四十里，太宗望之有懼色。江夏王進曰：「高麗傾國以抗王師，平壤之守必弱，假臣精卒五千，覆其本根，則數十萬之衆可不戰而降。」帝不應。既合戰，爲賊所乘，殆將不振。還謂衛公曰：「吾以天下之衆，困於蕞爾之夷，何也？」靖曰：「此道宗所解。」時江夏在側，帝顧之，道宗具陳前言，帝悵然曰：「時匆遽不憶也。」駐蹕之役，六軍爲高麗所乘，太宗命視黑旗——英公之麾也，候者告黑旗被圍，帝大恐。須臾復曰圍解，高麗哭聲動山谷，勣軍大勝，斬首數萬，俘虜亦數萬。

鄭公之薨，太宗自製其碑文并自書，後爲人所間，詔令仆之。及征高麗不如意，悔爲是行，乃嘆曰：「若魏徵在，不使我有此舉也。」既渡遼水，令馳驛祀以少牢，復立碑。

太宗每謂人曰：「人言魏徵舉動疎慢，我但覺其嫵媚耳。」貞觀四載，天下康安，斷死刑至二十九人而已。户不夜閉，行旅不賫糧也。

太宗謂羣臣曰：「始人皆言當今不可行帝王道，唯魏徵勸我，今遂得功業如此，恨不得使封德彝等見之。」

太宗嘗止一樹下，曰：「此嘉樹。」宇文士及從而美之不容口，帝正色曰：「魏公常勸我遠佞人，我不悟佞人爲誰，意常疑汝而未明也，今日果然。」士及叩頭謝曰：「南衙羣官，面折廷争，陛下嘗不得舉手，今臣幸在左右，若不少有順從，陛下雖貴爲天子，復何聊乎？」帝意復解。

劉餗《隋唐嘉話》卷中　太宗之平劉武周，河東士庶歌舞於道，軍人相與爲《秦王破陣樂》之曲，後編樂府云。

太宗閲醫方，見《明堂圖》，人五臟之系咸附於背，乃愴然曰：「今律杖笞，奈何令髀背分受？」乃詔不得笞背。

貞觀中，有河内人妄爲妖言，大理丞張蘊古以其素狂病，不當坐。太宗以有情，令斬之，尋悔以無所及。自後每決死刑，皆令五覆奏。

太宗病甚，出英公爲疊州刺史，謂高宗曰：「李勣才智有餘，屢更大任，恐其不厭伏於汝，故有此授。今若即發者，我死後，可親任之。如遲疑顧望，便當殺之。」勣奉詔，不及家而行。

太宗謂鄂公曰：「人言卿反，何故？」答曰：「臣反是實。臣從陛下討逆伐叛，雖憑威靈，幸而不死，然所存皆鋒刃也。今大業已定，而反疑臣。」乃悉解衣投於地，見所傷之處。帝對之流涕，曰：「卿衣矣。朕以不疑卿，故此相告，何反以爲恨？」

薛萬徹尚丹陽公主。太宗嘗謂人曰：「薛駙馬村氣。」主羞之，不與同席數月。帝聞而大笑，置酒召對，握槊，賭所佩刀子，佯爲不勝，解刀以佩之。酒罷，主悦甚。薛未及就馬，遽召同載而還，重之踰于舊。

劉餗《隋唐嘉話》卷下　王右軍《蘭亭序》，梁亂出在外，陳天嘉中爲僧永所得。至太建中，獻文宣帝。隋平陳日，或以獻晉王，王不之寶。後僧果從帝借搨。及登極，竟未從索。果師死後，弟子僧辯得之。太宗爲秦王日，見搨本驚喜，乃貴價市大王書《蘭亭》，終不至焉。及知在辯師處，使蕭翊就越州求得之，以武德四年入秦府。貞觀十年，乃搨十本以賜近臣。帝崩，中書令褚遂良奏：「《蘭亭》先帝所重，不可留。」遂秘於昭陵。

王方慶《魏鄭公諫録》卷一《諫科園川縣官罪》　太宗幸九成宫還京，有宫人憩湋川縣官舍，俄而李靖、王珪至，縣官移宫人於别所，而舍靖、珪。太宗聞之，怒曰：「威福豈由靖等？何爲禮靖等而輕我宫人？」即令按驗湋川官屬。魏徵諫曰：「靖等，陛下心膂大臣，宫人，皇后賤隸。論其委任，事理不同。又靖等出外，官吏倣闕庭法式；朝覲，陛下問人間疾苦。靖等自當與官吏相見，官吏亦不可不謁也。至於宫人，供養之外，不合參承。若以此加罪，恐不益德音，駭天下耳目。」太宗曰：「公言是。」遂捨不問。

王方慶《魏鄭公諫録》卷一《諫所行事與貞觀初有異》　六年十二月四日，上臨朝，有誡懼之言。中書令温彦博曰：「陛下爲政若貞觀之初，則無憂于不治矣。」上曰：「朕其怠乎？」侍中魏徵進曰：「陛下貞觀之初，勵精思治，從諫如流，每因一事，觸類爲善。志存節儉，無所營求。比者造作微多，諫者頗忤，以此爲異耳。」上拊掌大笑曰：「良有是夫！」

王方慶《魏鄭公諫録》卷五《太宗幸積翠池賜宴賦詩》　太宗在雒陽，宴羣臣於積翠池。酒酣，各賦一事。太宗賦《尚書》曰：「日昃翫百篇，臨燈披五典。夏

康既逸怠，商辛亦沉湎，恣情昏主多，克己明君鮮。滅身資累惡，成名由積善。」魏徵賦西漢曰：「受降臨軹道，爭長趣鴻門。驅傳渭橋上，觀兵細柳屯。夜燕經柏谷，朝遊出杜原。終藉叔孫禮，方知天子尊。」太宗曰：「魏徵每言，必約我以禮。」

王方慶《魏鄭公諫錄》卷五《諫李弘節家人賣珠坐所舉》 貞觀八年，先是桂州都督李弘節以清慎聞，及身歿後，其家賣珠。太宗聞之，乃宣於朝曰：「此人生平，宰相皆言其清，今日既然，所舉者豈得無罪？必當深理之，不可捨也。」侍中魏徵承間言曰：「陛下生平言此人濁，未見受財之所，今聞其賣珠，將罪舉者，臣不知所謂。自聖朝以來，爲國盡忠，清貞慎守，終始不渝，屈突通、張道源而已。通子三人來選，有一匹羸馬，道源兒子不能存立，未見一言及之。今弘節爲國立功，前後大蒙賞賚，居官歿後，不言貪殘，妻子賣珠，未爲有罪。審其清者，無所存問，疑其濁者，旁責舉人，雖云疾惡不疑，是亦好善不篤。臣竊思度，未見其可，恐有識聞之，必生橫議。」太宗撫掌曰：「造次不思，遂有此語，方知談不容易。並勿問之。其屈突通、張道源兒子，宜各與一官。」

吳兢《貞觀政要》卷二《納諫五》 貞觀初，太宗與黃門侍郎王珪宴語，時有美人侍側，本廬江王瑗之姬也。瑗敗，籍沒入宮。太宗指示珪曰：「廬江不道，賊殺其夫而納其室。暴虐之甚，何有不亡者乎！」珪避席曰：「陛下以廬江取之，爲是邪，爲非邪？」太宗曰：「安有殺人而取其妻，卿乃問朕是非，何也？」珪對曰：「臣聞於《管子》曰：『齊桓公之郭國，問其父老曰：「郭何故亡？」父老曰：「以其善善而惡惡也。」桓公曰：「若子之言，乃賢君也，何至於亡？」父老曰：「不然。郭君善善而不能用，惡惡而不能去，所以亡也。」』今此婦人尚在左右，臣竊以爲聖心是之。陛下若以爲非，所謂知惡而不去也。」太宗大悅，稱爲至善，遽令以美人還其親族。

太宗有一駿馬，特愛之，恒於宮中養飼，無病而暴死。太宗怒養馬宮人，將殺之。皇后諫曰：「昔齊景公以馬死殺人，晏子請數其罪云：『爾養馬而死，爾罪一也。使公以馬殺人，百姓聞之，民怨吾君，爾罪二也。諸侯聞之，必輕吾國，爾罪三也。』公乃釋罪。陛下嘗讀書見此事，豈忘之邪？」太宗意乃解。又謂房玄齡曰：「皇后庶事相啓沃，極有利益爾。」

太宗嘗怒苑西監穆裕，命於朝堂斬之。時高宗爲皇太子，遽犯顏進諫，太宗意乃解。司徒長孫無忌曰：「自古太子之諫，或乘間從容而言。今陛下發天威之怒，太子申犯顏之諫，誠古今未有。」太宗曰：「夫人久相與處，自然染習。自朕御天下，虛心正直，即有魏徵朝夕進諫。自徵云亡，劉洎、岑文本、馬周、褚遂良等繼之。皇太子幼在朕膝前，每見朕心說諫者，因染以成性，故有今日之諫。」

吳兢《貞觀政要》卷二《直言諫爭附》 貞觀七年，蜀王妃父楊譽，在省競婢，都官郎中薛仁方留身勘問，未及予奪。其子爲千牛，於殿庭陳訴，云：「五品以上非反逆不合留身，以是國親，故生節目，不肯決斷，淹留歲月。」太宗聞之，怒曰：「知是我親戚，故作如此艱難。」即令杖仁方一百，解所任官。魏徵進曰：「城狐社鼠皆微物，爲其有所憑恃，故除之猶不易。況世家貴戚，舊號難理，漢、晉以來，不能禁禦，武德之中，以多驕縱，陛下登極，方始肅條。仁方既是職司，能爲國家守法，豈可枉加刑罰，以成外戚之私乎！此源一開，萬端爭起，後必悔之，將無所及。自古能禁斷此事，惟陛下一人。備豫不虞，爲國常道。豈可以水未橫流，便欲自毀隄防？臣竊思度，未見其可。」太宗曰：「誠如公言，向者不思。然仁方輒禁不言，頗是專權，雖不合重罪，宜少加懲肅。」乃令杖二十而赦之。

貞觀二年，隋通事舍人鄭仁基女年十六七，容色絕姝，當時莫及。文德皇后訪求得之，請備嬪御，太宗乃聘爲充華。詔書已出，策使未發。魏徵聞其已許嫁陸氏，方遽進而言曰：「陛下爲人父母，撫愛百姓，當憂其所憂，樂其所樂。自古有道之主，以百姓之心爲心，故君處臺榭，則欲民有棟宇之安；食膏粱，則欲民無飢寒之患；顧嬪御，則欲民有室家之歡。此人主之常道也。今鄭氏之女，久已許人，陛下取之不疑，無所顧問，播之四海，豈爲民父母之道乎？臣傳聞雖或未的，然恐虧損聖德，情不敢隱。君舉必書，所願特留神慮。」太宗聞之大驚，手詔答之，深自克責，遂停策使，乃令女還舊夫。左僕射房玄齡、中書令溫彥博、禮部尚書王珪、御史大夫韋挺等云：「女適陸氏，無顯然之狀。大禮既行，不可中止。」又陸氏抗表云：「某父康在日，與鄭家往還，時相贈遺資財，初無婚姻交涉親戚。」並云「外人不知，妄有此說。」大臣又勸進。太宗於是頗以爲疑，問徵曰：「羣臣或順旨，陸氏何爲過爾分疎？」徵曰：「以臣度之，其意可識，將以陛下同於太上皇。」太宗曰：「何也？」徵曰：「太上皇初平京城，得辛處儉婦，稍蒙寵遇。處儉時爲太子舍人，太上皇聞之不悅，遂令出東宮爲萬年縣。每懷戰懼，常恐不全首領。陸爽以爲陛下今雖容之，恐後陰加譴謫，所以反覆自陳，意在於此，不足爲怪。」太宗笑曰：「外人意見，或當如此。然朕之所言，未能使人必信。」乃出敕曰：「今聞鄭氏之女，先已受人禮聘，前出文書之日，事不詳審，此乃

朕之不是，亦爲有司之過。授充華者宜停。」時莫不稱嘆。

皇甫德參上書曰：「陛下修洛陽宮，是勞人也；收地租，是厚斂也；俗尚高髻，是宮中所化也。」太宗怒曰：「此人欲使國家不收一租，不役一人，宮人無髮，乃稱其意。」魏徵進曰：「賈誼當漢文之時，上書云『可爲痛哭者三，可爲長嘆者五』。自古上書，率多激切。若非激切，則不能服人主之心。激切即似訕謗，所謂『狂夫之言，聖人擇焉』。惟在陛下裁察，不可責之。否則於後誰敢言者。」乃賜絹二十疋，命歸。

貞觀八年，左僕射房玄齡、右僕射高士廉於路逢少府監竇德素，問北門近來更何營造。德素以聞。太宗乃謂玄齡曰：「君但知南衙事，我北門少有營造，何預君事？」玄齡等拜謝。魏徵進曰：「臣不解陛下責，亦不解玄齡、士廉拜謝。玄齡既任大臣，即陛下股肱耳目，有所營造，何容不知？責其訪問官司，臣所不解。且所爲有利害，役工有多少，陛下所爲善，當助陛下成之，所爲不是，雖營造，當奏陛下罷之。此乃君使臣、臣事君之道。玄齡等問既無罪，而陛下責之，臣所不解；玄齡等不識所守，但知拜謝，臣亦不解。」太宗深愧之。

貞觀十年，越王，長孫皇后所生，太子介弟，聰敏絶倫，太宗特所寵異。或言三品以上皆輕蔑王者，意在譖侍中魏徵等，以激上怒。上御齊政殿，引三品已上入坐定，大怒作色而言曰：「我有一言，向公等道。往前天子，即是天子，今時天子，非天子耶？往年天子兒，是天子兒，今日天子兒，非天子兒耶？我見隋家諸王，達官已下，皆不免被其躓頓。我之兒子，自不許其縱橫，公等所容易過，得相共輕蔑。我若縱之豈不能躓頓公等！」玄齡等戰慄，皆拜謝。徵正色而諫曰：「當今羣臣，必無輕蔑越王者。然在禮，臣、子一例，傳稱，王人雖微，列於諸侯之上。諸侯用之爲公，即是公；用之爲卿，即是卿。若不爲公卿，即下士於諸侯也。今三品已上，列爲公卿，並天子大臣，陛下所加敬異。縱其小有不是，越王何得輒加折辱？若國家紀綱廢壞，臣所不知。以當今聖明之時，越王豈得如此。且隋高祖不知禮義，寵樹諸王，使行無禮，尋以罪黜，不可爲法，亦何足道？」太宗聞其言，喜形於色，謂羣臣曰：「凡人言語理到，不可不伏。朕之所言，當身私愛。魏徵所論，國家大法。朕向者忿怒，自謂理在不疑。及見魏徵所論，始覺大非道理。爲人君言，何可容易！」召玄齡等而切責之，賜徵絹一千匹。

吴兢《貞觀政要》卷三《擇官七》 貞觀二年，太宗謂右僕射封德彝曰：「致安之本，惟在得人。比來命卿舉賢，未嘗有所推薦，天下事重，卿宜分朕憂勞，卿既不言，朕將安寄？」對曰：「臣愚豈敢不盡情，但今未見有奇才異能。」太宗曰：「前代明王使人如器，皆取士於當時，不借才於異代。豈得待夢傅説，逢吕尚，然後爲政乎？且何代無賢，但患遺而不知耳！」德彝慙赧而退。

貞觀二年，太宗謂侍臣曰：「朕每夜恒思百姓間事，或至夜半不寐。惟恐都督、刺史堪養百姓以否。故於屏風上録其姓名，坐卧恒看，在官如有善事，亦具列於名下。朕居深宫之中，視聽不能及遠，所委者惟都督、刺史，此輩實治亂所繫，尤須得人。」

吴兢《貞觀政要》卷五《論忠義一四》 貞觀八年，太宗將發諸道黜陟使，畿内道未有其人，太宗親定，問於房玄齡等曰：「此道事最重，誰可充使？」右僕射李靖曰：「畿内事大，非魏徵莫可。」太宗作色曰：「朕今欲向九成宫，亦非小，寧可遣魏徵出使，朕每行不欲與其相離者，適爲其見朕是非得失。公等能正朕不？何因輒有所言，大非道理。」乃即令李靖充使。

貞觀十一年，太宗行至漢太尉楊震墓，傷其以忠非命，親爲文以祭之。房玄齡進曰：「楊震雖當年夭枉，數百年後方遇聖明，停輿駐蹕，親降神作，可謂雖死猶生，没而不朽。不覺助伯起幸賴欣躍於九泉之下矣。伏讀天文，且感且慰，凡百君子，焉敢不勗勵名節，知爲善之有效！」

貞觀十九年，太宗攻遼東安市城，高麗人衆皆死戰，詔令耨薩延壽、惠真等降衆止其城下以招之，城中堅守不動。每見帝幡旗，必乘城鼓譟。帝怒甚，詔江夏王道宗築土山，以攻其城，竟不能尅。太宗將旋師，嘉安市城主堅守臣節，賜絹三百匹，以勸勵事君者。

吴兢《貞觀政要》卷五《論公平一六》 貞觀元年，吏部尚書長孫無忌嘗被召，不解佩刀入東上閤門，出閤門後，監門校尉始覺。尚書右僕射封德彝議，以監門校尉不覺，罪當死，無忌誤帶刀入，徒二年，罰銅二十斤。太宗從之。大理少卿戴胄駁曰：「校尉不覺，無忌帶刀入内，同爲誤耳。夫臣子之於尊極，不得稱誤，准律云：『供御湯藥、飲食、舟船，誤不如法者，皆死。』陛下若録其功，非憲司所決；若當據法，罰銅未爲得理。」太宗曰：「法者非朕一人之法，乃天下之法，何得以無忌國之親戚，便欲撓法耶？」更令定議。德彝執議如初，太宗將從其議，胄又駁奏曰：「校尉緣無忌以致罪，於法當輕。若論其過誤，則爲情一也，而生死頓殊，敢以固請。」太宗乃免校尉之死。

是時，朝廷大開選舉，或有詐僞階資者，太宗令其自首，不首，罪至于死。俄

有詐僞者事洩，胄據法斷流以奏之。太宗曰：「朕初下敕，不首者死，今斷從法，是示天下以不信矣。」胄曰：「陛下當即殺之，非臣所及，既付所司，臣不敢虧法。」太宗曰：「卿自守法，而令朕失信耶？」胄曰：「法者國家所以布大信於天下，言者當時喜怒之所發耳！陛下發一朝之忿，而許殺之，既知不可，而置之以法，此乃忍小忿而存大信，臣竊爲陛下惜之。」太宗曰：「朕法有所失，卿能正之，朕復何憂也？」

刑部尚書張亮坐謀反下獄，詔令百官議之，多言亮當誅，惟殿中少監李道裕奏亮反形未具，明其無罪。太宗既盛怒，竟殺之。俄而刑部侍郎有闕，令宰相妙擇其人，累奏不可。太宗曰：「吾已得其人矣。往者李道裕議張亮云『反形未具』，可謂公平矣。當時雖不用其言，至今追悔。」遂授道裕刑部侍郎。

吴兢《貞觀政要》卷六《論仁惻二〇》 貞觀初，太宗謂侍臣曰：「婦人幽閉深宮，情實可愍。隋氏末年，求採無已，至於離宮別館，非幸御之所，多聚宮人。此皆竭人財力，朕所不取。且灑掃之餘，更何所用？今將出之，任求伉儷，非獨以省費，兼以息人，亦各得遂其情性。」於是後宮及掖庭前後所出三千餘人。

貞觀七年，襄州都督張公謹卒，太宗聞而嗟悼，出次發哀。有司奏言：「準《陰陽書》云：『日在辰，不可哭泣。』此亦流俗所忌。」太宗曰：「君臣之義，同於父子，情發於中，安避辰日？」遂哭之。

貞觀二年，關中旱，大饑。太宗謂侍臣曰：「水旱不調，皆爲人君失德。朕德之不修，天當責朕，百姓何罪，而多遭困窮？聞有鬻男女者，朕甚愍焉。」仍遣御史大夫杜淹巡檢，出御府金寶贖之，還其父母。

貞觀十九年，太宗征高麗，次定州，有兵士到者，帝御州城北門樓撫慰之。有從卒一人病，不能進，詔至床前，問其所苦，仍敕州縣醫療之，是以將士莫不欣然願從。及大軍回次柳城，詔集前後戰亡人骸骨，設太牢致祭，親臨，哭之盡哀，軍人無不灑泣。兵士觀祭者，歸家以言，其父母曰：「吾兒之喪，天子哭之，死無所恨。」太宗征遼東，攻白巖城，右衛大將軍李思摩，爲流矢所中，帝親爲吮血，將士莫不感勵。

吴兢《貞觀政要》卷六《論貪鄙二六》 貞觀六年，右衛將軍陳萬福自九成宮赴京，違法取驛家麩數石。太宗賜其麩，令自負出以恥之。

魏徵宅內，先無正堂，及遇疾，太宗時欲造小殿，而輟其材爲徵營構，五日而就。遣中使齎素褥布被而賜之，以遂其所尚。

貞觀七年，太宗幸蒲州，刺史趙元楷課父老服黄紗單衣，迎謁路左。盛飾廨宇，修營樓雉以求媚。又潛飼羊百餘口，魚數千頭，將饋貴戚。太宗知，召而數之曰：「朕巡省河、洛，經歷數州，凡有所須，皆資官物，卿爲飼羊養魚，雕飾院宇，此乃亡隋弊俗，今不可復行。當識朕心，改舊態也。」以元楷在隋邪佞，故太宗發此言以戒之。元楷慙懼，數日不食而卒。

吴兢《貞觀政要》卷一〇《務農三〇》 貞觀二年，京師旱，蝗蟲大起。太宗入苑視禾，見蝗蟲，掇數枚而呪曰：「人以穀爲命，而汝食之，是害于百姓。百姓有過，在予一人，爾其有靈，但當蝕我心，無害百姓。」將吞之。左右遽諫曰：「恐成疾，不可。」太宗曰：「所冀移災朕躬，何疾之避！」遂吞之。自是蝗不復爲災。

吴兢《貞觀政要》卷一〇《畋獵三〇》 貞觀十四年，冬十月，太宗將幸櫟陽遊畋。縣丞劉仁軌以收穫未畢，非人君順動之時，詣行所上表切諫。太宗遂罷獵，擢拜仁軌新安令。

柳宗元《龍城録》卷下《太宗沉書於滹沱》 太宗文皇帝平王世充，於圖籍有交關語言構怨連結文書數百事，太宗命杜如晦掌之。如晦復稟上當如何，太宗曰：「付諸曹吏行。」頃聞於外，有大臣將自盡者。上乃復取文書，背裹一物，擬石重，上親裹百重，命中使沉滹沱中，更不復省。此與光武焚交謗數千章者何異。

段成式《酉陽雜俎》前集卷一《忠志》 太宗虬鬚，嘗戲張弓掛矢。好用四羽大笴，長常箭一扶，射洞門闔。

胥利幹國獻馬百匹，十四尤駿，上爲製名。決波騟者，近後足有距，走歷門三限不躓，上尤惜之。隋內庫有交臂玉猿，二臂相貫如連環，將表其轡。上後嘗騎與侍臣遊，惡其飾，以鞭擊碎之。

貞觀中，忽有白鵲搆巢於寢殿前槐樹上，其巢合歡，如腰鼓，左右拜舞稱賀。上曰：「我常笑隋煬帝好祥瑞，瑞在得賢，此何足賀！」乃命毁其巢，鵲放於野外。

段成式《酉陽雜俎》前集卷七《醫》 太宗俘虜天竺國人，就其中得方士那羅邇娑婆寐，自言二百歲，云自有長生之術。太宗深加禮敬，館之於金飈門內，造延年之藥，令兵部尚書崔敦禮監主之。發使天下，採諸奇藥異石，不可勝數。延歷歲月。藥成，服，竟不效。放還本國。

劉肅《大唐新語》卷一《規諫二》 太宗射猛獸於苑內，有羣豕突出林中，太

宗引弓射之，四發殪四豕。有一雄豕直來衝馬，吏部尚書唐儉下馬搏之。太宗拔劍斷豕，顧而笑曰：「天策長史，不見上將擊賊耶？何懼之甚？」儉對曰：「漢祖以馬上得之，不以馬上理之。陛下以神武定四方，豈復逞雄心於一獸！」太宗善之，因命罷獵。

太宗：有人言尚書令史多受賂者，乃密遣左右以物遺之。司門令史果受絹一疋。太宗將殺之，裴矩諫曰：「陛下以物試之，遽行極法，使彼陷於罪，恐非道德齊禮之義。」乃免。

劉肅《大唐新語》卷七《寬恕一五》 李靖征突厥，征頡利河汗，拓境至於大漠。太宗謂侍臣曰：「朕聞主憂臣辱，主辱臣死。往者國家草創，太上皇以百姓之故，稱臣於突厥，未嘗不痛心疾首，志滅匈奴。今暫勞偏師，無往不捷，單于稽首，恥其雪乎！」羣臣皆呼萬歲。御史大夫温彦博害靖之功，劾靖軍無紀綱，突厥寶貨，亂兵所分。太宗捨而不問。及靖凱旋，進見謝罪，太宗曰：「隋將史萬歲破突厥，有功不賞，以罪致戮。朕則不然，當捨公之罪，録公之勳也。」

劉肅《大唐新語》卷一〇《釐革二二》 武德九年十一月，太宗始躬親政事，詔曰：「有隋御宇，政刻刑煩。上懷猜阻，下無和暢。致使朋友遊好，慶弔不通；卿士聯官，請問斯絶。自今已後，宜革前弊，庶上下交泰，品物咸通。布告天下，使知朕意。」由是風俗一變，澆漓頓革矣。

劉肅《大唐新語》卷一一《褒錫二四》 高宗初立爲太子，李勣詹事，仍同中書門下三品，自勣始也。太宗謂之曰：「我兒初登儲貳，故以宫事相委，勿辭屈也。」勣嘗有疾，醫診之曰：「須龍鬚灰方可。」太宗剪鬚以療之，服訖而愈。勣頓首泣謝。他日顧謂勣曰：「朕當屬卿以孤幼，思之，無踰公，往不負李密，豈負於朕哉！」勣流涕而致謝，噬指出血。俄而沉醉，解御服以覆之。

李綽《尚書故實》 天册府弧矢尺度，蓋倍於常者。太宗北逐劉黑闥，爲突厥所窘，遂親發箭射退賊騎。突厥中得此箭，傳觀，皆嘆伏神異。後餘弓一張，箭五隻，藏在武庫。歷代郊丘重禮，必陳於儀衛之前，以耀武德。惜哉，今與法物同爲煨燼矣。然此即劉氏斬蚍劍之比也，豈不有所歸乎？

太宗酷好法書，有大王真蹟三千六百紙，率以一丈二尺爲一軸，寶惜者獨《蘭亭》爲最，置於座側，朝夕觀覽。嘗一日附耳語高宗曰：「吾千秋萬歲後，與吾《蘭亭》將去也。」及奉諱之日，用玉匣貯之，藏於昭陵。

錢易《南部新書》卷丙 太宗破高昌，收馬乳蒲桃種于苑，并得酒法。仍自損益之，造酒成緑色，芳香酷烈，味兼醍醐，長安始識其味也。

錢易《南部新書》卷丁 《蘭亭》者，武德四年歐陽詢就越訪求得之，始入秦王府。麻道嵩奉教搨兩本，一送辯才，一王自收，嵩私搨一本。于時天下草創，秦王雖親總戎，《蘭亭》不離肘腋。及即位，學之不倦。至貞觀二十三年，褚遂良請入昭陵。後但得其摹本耳。

錢易《南部新書》卷己 唐太宗貞觀元年宴日，奏《秦王破陣》之曲。蓋太宗在藩爲秦王時，士庶軍人相與作之。被甲持戟，象戰事。上嘆曰：「豈意今日登于雅樂，朕雖以武功定天下，終以文德綏海内。」遂令虞世南等改製歌詞，更名《七德舞》，舞者至一百二十人。

備論

《舊唐書》卷三《太宗紀下》 史臣曰：臣觀文皇帝，發迹多奇，聰明神武。拔人物則不私於黨，負志業則咸盡其才。所以屈突、尉遲，由仇敵而願傾心膂；馬周、劉洎，自疎遠而卒委鈞衡。終平泰階，諒由斯道。嘗試論之：礎潤雲興，蟲鳴螽躍。雖堯、舜之聖，不能用檮杌、窮奇而治平；伊、吕之賢，不能爲夏桀、殷辛而昌盛。君臣之際，遭遇斯難，以至抉目剖心，蟲流筋擢，良由遭值之異也。以房、魏之智，不踰于丘、軻，遂能尊主庇民者，遭時也。

或曰：以太宗之賢，失愛於昆弟，失教於諸子，何也？曰：然，舜不能仁四罪，堯不能訓丹朱，斯前志也。當神堯任讒之年，建成忌功之日，苟除畏逼，孰顧分崩，變故之興，間不容髮，方懼「毁巢」之禍，寧虞「尺布」之謡？承乾之愚，聖父不能移也。若文皇自定儲於哲嗣，不騁志於高麗；用人如貞觀之初，納諫比魏徵之日。況周發、周成之世襲，我有遺妍；較漢文、漢武之恢弘，彼多慚德。迹其聽斷不惑，從善如流，千載可稱，一人而已！

贊曰：昌、發啓國，一門三聖。文定高位，友于不令。管、蔡既誅，成、康道正。貞觀之風，到今歌詠。

《新唐書》卷二《太宗紀》 贊曰：甚矣，至治之君不世出也！禹有天下，傳十有六王，而少康有中興之業。湯有天下，傳二十八王，而其甚盛者，號稱三宗。武王有天下，傳三十六王，而成、康之治與宣之功，其餘無所稱焉。雖《詩》、《書》

所載，時有闕略，然三代千有七百餘年，傳七十餘君，其卓然著見於後世者，此六七君而已。嗚呼，可謂難得也！唐有天下，傳世二十，其可稱者三君，玄宗、憲宗皆不克其終，盛哉，太宗之烈也！其除隋之亂，比迹湯、武；致治之美，庶幾成、康。自古功德兼隆，由漢以來未之有也。至其牽於多愛，復立浮圖，好大喜功，勤兵於遠，此中材庸主之所常爲。然《春秋》之法，常責備於賢者，是以後世君子之欲成人之美者，莫不嘆息於斯焉。

孫甫《唐史論斷》卷上《太宗・定朝廷之制》 論曰：太宗定天下之功，固天授神武英才，不待贊論而赫赫於無窮矣，其朝廷之制又如是，宜乎貞觀之治也。夫定官之員，不務多而務擇賢，則不賢者安得用矣。大臣議事，使諫官、御史、史官並從而入，或正其失，或糾其非，或書其過，則大臣安敢不正議矣。諸司長官正衙奏事，使衆臣共聞之，屬官不得奏本司外事，非至公之事人不敢言，則陰邪之事自絶矣。疎賤之人言事者，令門下司引奏，又置立仗馬以備急事，則天下之情無不達矣。內侍皆黄衣給事宫掖，則姦人無所附，而事權不假於人矣。數者，皆朝廷大法，爲人君者能遵行之，雖未能及貞觀之治，朝廷必尊，而天下可治也。何哉？官少而賢，必擇之精也。大臣不敢曲議，必聽之明也。諸司官無邪言，必制之公也。言事者無壅，而人情盡達，必采之詳也。內侍不預事，必制之嚴也。數者，非太宗英睿不能盡其道，人君資性至此者鮮矣。然設官少而務擇賢，使諫官輩預開大臣之議而救其失，諸司奏事明陳於庭，疎賤者言事無壅，不任內侍以事，必久其制而力行之，雖不逮太宗之英睿，朝廷豈不尊，天下豈不治也。

孔平仲《舍人集》卷二《唐太宗論》 搢紳之論，皆以爲唐太宗之德業，可以追迹三代之盛王；予以爲太宗特秦皇、漢武之不敗不危者耳。太宗當隋氏之亂，輔翼高祖起義晉陽，以一旅之師轉戰天下，所向必敗其軍，取其將，包其地。及已即帝位，政事簡肅，尊儒重賢，法度文章，稍稍修立，而憔悴之民，復見昇平之世。由是言之，太宗可謂明天子矣。及其務名尚功而用心於外，生事四夷而勤兵於遠，則何以異於秦皇、漢武之爲哉？雖然，秦皇坐招天下之亂，漢武大窮中國之民，而太宗之失，未至於此，予故曰秦皇、漢武之不敗不危者也。請略言太宗之失四事，以爲君國者戒。《春秋》書公會戎於潛，説者以爲禦夷狄者，不一而足也。蓋夷狄者，天地幽陰之氣，聚於障塞之表，散於沙漠之上，故其君臣無闕庭之禮，其士民無冠帶之制，先王視之，若猿狖之在山，魚鱉之在澤也。其來不以爲榮，其去不以爲辱，其殺我不足憂，其譽我不足喜。而太宗溺於四夷之甘言，稱「天可汗」而以臨之，屈天子之貴，下從酋長之號，以徼名於流俗之間，其失一也。蕃夷種類，非有禮義忠信之心，慈良豈弟之意也，特屈於不得已而稽首於我，譬如鷹隼，飽則颺去。先王知其然也，投之不毛之區，置之荒忽之地，使其耳不聞中國之金石，目不覩宗廟之禮，其心冥然如圈豚笠彘，不識堂陛之上，然後姦譎之心，悖亂之計，伏而不生。此先王御夷狄之長計也。太宗不察此，而聽四夷遣子弟入太學，使之習治亂，曉權數，以爲子孫無窮之憂，其失二也。《黄石公記》曰：「捨近而圖遠者，勞而無功；捨遠而圖近者，逸而有終。」先王非不知廓地萬里以爲廣，聚四夷之財以爲富，然夏、商、周之盛，地不過五千里，而夷狄之國不與焉，知其力不足以守也。太宗略取四夷之地而并置州縣，使其將士更往遞戍於風霜砂礫之野，河源險阻之上，萬里奔命，九死一還，捨本而争末，空內以實外，其失三也。夫夷狄之性，非可以法度、風化調習之也，先王待之甚輕，責之甚簡，雖有驁慢不遜，往往置之度外。周宣之時，玁狁內侵，至於太原，其事變亦已亟矣。宣王未嘗投袂撫劍角逐之也，命將驅之出境而止。太宗憤高麗出不遜語以拒使者，於是戎衣親征，涉大海，冒寒暑，至親持戈於馬上以身先士卒，吮驍將血以感厲三軍。以人主之尊，而與徼外之小國争一旦之儁，敗則辱國，勝則不武，其失四也。誠使太宗蚤去四失，而裁之以先王慮深計遠之道，則庶幾乎近世仁義之主；而太宗兼有之，臣故曰秦皇、漢武之不敗不危者也。

蘇軾《東坡全集》卷七《漢武帝唐太宗優劣》 軾以謂古之賢君，知直臣之難得，忠言之難聞，故生盡其用，殁思其言，想見其人，形於夢寐，亦可謂樂賢好德之主矣。漢武帝雄材大略，不減太宗。汲黯之賢，過虞世南。世南已死，太宗思之。汲黯尚存，武帝厭之。故太宗之治，幾至刑措，而武帝之政，盜賊半天下，由此也夫！

蘇軾《東坡全集》卷六五《唐太宗借隋吏以殺兄弟》 唐高祖起兵汾晉間，時子建成、元吉、楚哀王智雲皆留河東護家。高祖起兵，乃密召之，隋購之急，建成、元吉能間道赴太原，智雲幼，不能逃，爲吏所誅。高祖以父子之故，不能少緩義師數日，以須建成等至乎？以此知爲秦王所逼，高祖逼於裴寂亂宫之事，不暇復爲三子性命計矣。太宗本謀於是時借隋吏以殺兄弟，其意甚明。新、舊史皆曲爲太宗潤飾殺兄弟事，然難以欺後世矣。建成、元吉之惡，亦孔子所謂下愚之歸也歟？

蘇轍《欒城集》卷一〇《唐太宗論》 唐太宗之賢，自西漢以來，一人而已。

任賢使能，將相莫非其人；恭儉節用，天下幾至刑措。自三代以下，未見其比也。然傳子至孫，遭武氏之亂，子孫爲戮，不絶如綫。後世推原其故而不得，以吾觀之，惜乎其未聞大道也哉！昔楚昭王有疾，卜之曰：「河爲祟。」大夫請祭諸郊，王曰：「三代命祀，祭不越望。江、漢、睢、漳，楚之望也。禍福之至，不是過也。不穀雖不德，河非所獲罪也。」遂弗祭。及將死，有雲如衆赤鳥，夾日以飛三日。王使問周史。史曰：「其當王身乎。若禜之，可移於令尹、司馬。」王曰：「除腹心之疾，而寘諸股肱，何益？不穀不有大過，天其夭諸？有罪受罰，又焉移之？」亦弗禜。孔子聞之曰：「楚昭王知大道矣！其不失國也，宜哉！」吾觀太宗所爲，其不知道者衆矣，其能免乎？

貞觀之間，天下既平，征伐四夷，滅突厥，夷高昌，殘吐谷渾，兵出四克，務勝而不知止。最後親征高麗，大臣力爭不從，僅而克之，其賢於隋氏者，幸一勝耳！而帝安爲之。原其意，亦欲誇當時，高後世耳。太子承乾既立十餘年，復寵魏王泰，使兄弟相傾。承乾既廢，晉王，嫡子也，欲立泰，而使異日傳位晉王。疑不能決，至引佩刀自刺，大臣救之而止。父子之間，以愛故輕予奪至於如此。

帝嘗得祕讖，言唐後必中微，有女武代王。以問李淳風，欲求而殺之。淳風曰：「其兆既已成，在宫中矣。天之所命，不可去也。徒使疑似之戮，淫及無辜。且自今已往四十年，其人已老，老則仁，雖受終易姓，必不能絶李氏。若殺之，復生壯者，多殺而逞，則子孫無遺類矣。」帝用其言而止，然猶以疑似殺李君羨。夫天命之不可易，惟修德或能已之，而帝欲以殺人弭之，難哉！

帝之老也，將擇大臣以輔少主。李勣起於布衣，忠力勁果，有節俠之氣。嘗事李密，友單雄信。密敗，不忍以其地求利；密死，不廢舊君之禮。雄信將戮，以股肉啗之，使與俱死。帝以是爲可用，疾革，謂高宗：「爾於勣無恩，今以事出之，我死，即授以僕射。」高宗從之。及廢王后，立武昭儀，召勣與長孫無忌、褚遂良計之。勣稱疾不至，帝曰：「皇后無子，罪莫大於絶嗣，將廢之。」遂良等不可。它日勣見，帝曰：「將立昭儀，而顧命大臣皆以爲不可，今止矣。」勣曰：「此陛下家事，不須問外人。」由此廢立之議遂定。勣匹夫之俠也，以死徇人，不以爲難，至於禮義之重，社稷所由安危，勣不知也。而帝以爲可以屬幼孤，寄天下，過矣！且使勣信賢，託國於交，竭忠力以報其子可矣，何至父逐之，子復之而後可哉？挾數以待臣下，於義既已薄矣！

凡此，皆不知道之過也。苟不知道，則凡所施於世，必有逆天理、失人心而不自知者。故楚昭王惟知大道，雖失國而必復。太宗惟不知道，雖天下既安且治，而幾至於絶滅。孔子之所以觀國者如此。

范祖禹《唐鑑》卷二《太宗上》 貞觀元年，帝謂太子少師蕭瑀曰：「朕少好弓矢，得良弓十數，自謂無以加，近以示弓工，乃曰：『皆非良材。』朕問其故，工曰：『木心不正，則脉理皆邪，弓雖勁而發矢不直。』朕始寤，曏者辨之未精也。朕以弓矢定四方，識之猶未能盡，況天下之務，其能偏知乎？」乃命京官五品以上，更宿中書内省，數延見，問以民間疾苦及政事得失。

臣祖禹曰：《傳》曰：「國之將興也，君子自以爲不足，其亡也，若有餘。」太宗因識弓之未精，而知天下之理已不能盡詢，謀於衆而不自用，此其所以興也。

有上書請去佞臣者，帝問佞臣爲誰。對曰：「臣居草澤，不能的知其人，願陛下與羣臣言，或陽怒以試之，彼執小不屈者，直臣也。畏威順旨者，佞臣也。」帝曰：「君原也，臣流也，濁其原而求其流之清，不可得矣。君自爲詐，何以責臣下之直乎！朕方以至誠治天下，見前世帝王好以權譎小數接其臣下者，常竊耻之。卿策雖善，朕不取也。」

臣祖禹曰：太宗可謂知君道矣。夫君以一人之身而御四海之廣，應萬務之衆，苟不以至誠與賢，而役其獨智以先天下，則耳目大志之所及者，其能幾何？是故人君必清心以涖之，虚己以待之，如鑑之明，如水之止，則物至而不能罔矣。夫權衡設而不可欺以輕重者，唯其平也。繩墨設而不可欺以曲直者，唯其正也。我以其正，彼以其頗；我以其真，彼以其僞，何患乎邪之不察，佞之不辨？而必行詐以試之哉！一爲不誠，則心且蔽矣，邪正何能辨乎？是故鑑垢則物不能察也，水動則形不能見也，已不明故也。且待物以誠，猶恐其不動也，況不誠而能動物乎！夫爲君而使左右前後之人，皆莫測其所爲，雖欲不欺，不可得也。唯能御以至誠，則忠直者進而險邪無自入矣。

帝與侍臣論周秦修短。蕭瑀對曰：「紂爲無道，武王征之，周及六國無罪，始皇滅之，得天下雖同，人心則異。」帝曰：「公知其一，未知其二。周得天下，增修仁義；秦得天下，益尚詐力。此修短之所以殊也。蓋取之或可以逆得，而守之不可以不順故也。」瑀謝不及。

臣祖禹曰：太宗於是失言矣。《易》曰：「湯武革命，順乎天而應乎人。」取之以仁義，守之以仁義者周也；取之以詐力，守之以詐力者秦也。此周秦之所以異也。後世或以湯武征伐爲逆取，而不知征伐之順天應人，所以爲仁義也。

太宗曰：「取之或可以逆」，非也！既謂之逆矣，則無時而可也。

二年正月，帝謂魏徵曰：「人主何爲而明，何爲而暗？」對曰：「兼聽則明，偏聽則暗。昔堯清問下民，故有苗之惡得以上聞；舜明四目，達四聰，故共、鯀、驩兜不能蔽也。秦二世偏信趙高，以成望夷之禍；梁武帝偏信朱異，以取臺城之辱；隋煬帝偏信虞世基，以致彭城閣之變。是故人君兼聽廣納，則貴臣不得擁蔽，而下情得以上通也。」帝曰：「善。」

臣祖禹曰：善哉！太宗之問，魏徵之對也。可謂得其要矣。夫聖人以天下爲耳目，故聰明；庸君以近習爲耳目，故暗蔽。明暗之分，惟在於遠近大小而已矣。

四月，突厥頡利可汗請入朝。帝謂侍臣曰：「曩者突厥之彊，控弦百萬，憑陵中夏，用是驕恣以失其民。今自請入朝，非困窮肯如是乎？朕聞之且喜且懼。何則？突厥衰則邊境安矣，故喜。然朕或失道，他日或將如突厥，能無懼乎？卿等宜不惜苦諫，以輔朕之不逮也。」

臣祖禹曰：《易》曰：「其亡其亡，繫于苞桑。」《書》曰：「儆戒無虞。」夫戒所以勵善而進德也。太宗覩突厥入朝而知懼，如此其能致正觀之治，宜哉！

帝謂侍臣曰：「古語有之，赦者小人之幸，君子之不幸。一歲再赦，善人喑啞。夫養稂莠者害嘉穀，赦有罪者賊良民。故朕即位以來，不欲數赦，恐小人恃之輕犯憲章故也。」

臣祖禹曰：數赦之害，前世論之詳矣。夫良民不被澤而罪人獲宥，政之偏黨莫甚於此。欲以致和而措刑，不亦踈乎！而人君每以赦爲推恩，或祈陰德之報。太宗懲之，可謂善治矣。

三年，帝謂房玄齡、杜如晦曰：「公爲僕射，當廣求賢人，隨才授任，此宰相之職也。比聞聽受詞訟，日不暇給，安能助朕求賢乎？」因敕尚書細務屬左右丞，唯大事應奏者，乃關僕射。

臣祖禹曰：太宗責宰相以求賢，而不使之親細務，能任相以其職矣。《書》曰：「惟說式克欽承，旁招俊乂，列于庶位。」此相之職也。苟不務此，而治簿書期會百吏之事，豈所謂相乎？四月，帝謂侍臣曰：「中書門下，機要之司，詔敕有不便者，皆應論執。比來唯睹順從，不聞違異。若但行文書，則誰不可爲，何必擇才也。」房玄齡等皆頓首謝。

臣祖禹曰：朝廷設官分職，非徒使上下相從，欲交修其所不逮也。故《書》曰：「百官修輔。」苟取充位而奉行上令，則是胥史而已。不明之君自以無過，惡人之言，是以政亂而上不聞。太宗勑責而使之言，雖欲不治，不可得也。

四年，滅突厥。四夷君長詣闕，請帝爲「天可汗」。帝曰：「我爲大唐天子，又下行可汗事乎？」羣臣及四夷皆稱「萬歲」。是後以璽書賜西北君長，皆稱「天可汗」。

臣祖禹曰：孔子曰：「夷狄之有君，不如諸夏之亡。」言其無君臣之禮也。太宗以萬乘之主而兼爲夷狄之君，不耻其名而受其佞，事不師古，不足爲後世法也。

突厥部落分散，其降唐者尚十萬口，詔羣臣議區處之宜。朝士多言宜悉徙之河南兗、豫之間，散居州縣，教之耕織，可以化爲農民。顏師古請皆寘之河北，分立酋長，領其部落。李百藥以爲，宜因其離散，各即本部署爲君長，不相臣屬，國分勢敵，各自保全，必不能抗衡中國。竇靜以爲宜假之王。侯之號，妻以宗室之女，分其土地，析其部落，使其權弱勢分，易爲羈制。温彥博請准漢武故事，置降匈奴於塞下，使爲中國扞蔽。魏徵以爲宜縱之使還故土，不可留之中國。帝卒用彥博策。置四部督府六州以處降衆，酋長至者，皆拜將軍、中郎將，布列朝廷。五品以上百餘人，殆與朝士相半，因而入居長安者近萬家。

臣祖禹曰：先王之制，戎狄荒服，夷不亂華，所以辨族類別內外也。孔子美齊桓之功曰：「微管仲吾其被髮左衽矣。」聖人之懲戎狄如此。太宗既滅突厥，而引諸戎入中國，使殊俗醜類與公卿大夫雜處於朝廷，苟欲冠帶四夷以夸示天下，而不知亂華亦甚矣。然則中國幾何不胥而爲夷也！是以唐室世有戎狄之亂，豈非太宗之所啓乎！

六月，發卒修洛陽宮，以備巡幸。張玄素諫曰：「陛下初平洛陽，凡隋氏宮室之宏侈者，皆令毀之，曾未十年，復加營繕，何前日惡之，而今日效之也？且以今日財力，何如隋世！陛下役瘡痍之人，襲亡隋之弊，恐又甚於煬帝矣！」帝謂玄素曰：「卿謂我不如煬帝，何如桀紂？」對曰：「若此役不息，亦同歸于亂。」帝嘆曰：「吾思之不熟，乃至於是。」顧謂房玄齡曰：「朕以洛陽土中，朝貢道均，意欲便民，故使營之。今玄素所言，誠有理，宜即爲之罷役。後日或以事至洛陽，雖露居亦無傷也。」仍賜玄素綵二百匹。

臣祖禹曰：上之所好者，下之所競也。太宗虛己以求直言，故羣臣爭救其失，唯恐其言之不切。太宗不唯說而從之，又賞以勸之。此人君之所難能也。

夫如是，何患於有過乎！

帝問房玄齡、蕭瑀曰：「隋文帝何如主也？」對曰：「文帝勤於爲治，臨朝或至日昃，五品以上，引坐論事，衛士傳餐而食。雖性非仁厚，亦勵精之主也。」帝曰：「公得其一，未得其二。文帝不明而喜察，不明則照有不通，喜察則多疑於物。事皆自決，不任羣臣。天下至廣，一日萬機，雖復勞神苦形，豈能一一中理？羣臣既知主意，唯取決受成，雖有愆違，莫敢諫爭，此所以二世而亡也。朕則不然，擇天下賢材寘之百官，使思天下之事。關由宰相，審熟便安，然後奏聞。有功則賞，有罪則刑，誰敢不竭心力以修職業？何憂天下之不治乎。」因勑百司：自今詔勑行下有不便者，皆應執奏，毋得阿從，不盡己意。

臣祖禹曰：《書》曰：「元首明哉，股肱良哉，庶事康哉。」又曰：「元首叢脞哉，股肱惰哉，萬事墮哉。」此舜皋陶所以賡歌而相戒也。夫君以知人爲明，臣以任職爲良。君知人，則賢者得行其所學；臣任職，則不賢者不得苟容於朝。此庶事所以康也。若夫君行臣職則叢脞矣，臣不任君之事則惰矣。此萬事所以墮也。當舜之時，禹平水土，稷播百穀，土穀之事，舜不親也。契敷五教，皋陶明五刑，教刑之事，舜不治也。伯夷典禮，夔典樂禮，樂之事舜不與也。益爲虞，垂作共工，虞工之事舜不知也。禹爲一相，總百官，自稷以下分職以德焉。君人者如天運於上，而四時寒暑各司其序，則不勞而萬物生矣。君不可以不逸也。所治者大，所司者要也。臣不可以不勞也，所治者寡，所職者詳也。不明之君不能知人，故務察而多疑，欲以一人之身代百官之所爲，則雖聖智，亦日力不足矣。故其臣下，事無大小皆歸之君，政有得失不任其患。賢者不得行其志，而持祿之士得以保其位。此天下所以不治也。是以隋文勤而無功，太宗逸而有成。彼不得其道，而此得其道故也。

帝之初即位也，嘗與羣臣語及教化。帝曰：「今承大亂之後，恐斯民未易化也。」魏徵對曰：「不然。久安之民驕佚，驕佚則難教。經亂之民愁苦，愁苦則易化。譬猶飢者易爲食，渴者易爲飲也。」帝深然之。封德彝非之曰：「三代以還，人漸澆訛，故秦任法律，漢雜霸道，蓋欲化而不能，豈能之而不欲邪！魏徵書生，未識時務，若信其虛論，必敗國家。」徵曰：「五帝三王，不易民而化，昔黄帝征蚩尤，高陽征九黎，湯放桀，武王伐紂，皆能身致太平，豈非承大亂之後邪！若謂古人淳樸，漸致澆訛，則至于今日，當悉化爲鬼魅矣！人主安得而治之？」帝卒從徵言。元年關中饑，米斗直絹一匹。二年天下蝗，三年大水。帝勤而撫之，民雖東西就食，未嘗嗟怨。是歲天下大稔，流散者咸歸鄉里，米斗不過三四錢，終歲斷死刑纔二十九人。東至于海，南及五嶺，皆外户不閉，行旅不齎糧，取給於道焉。帝謂長孫無忌曰：「貞觀之初，上書者皆云人主當獨運威權，不可委之臣下，又云宜震耀威武，征討四夷，唯魏徵勸朕偃武修文，中國既安，四夷自服。朕用其言，今頡利成擒，其酋長並帶刀宿衛，部落皆襲衣冠，徵之力也。但恨不使封德彝見之耳！」徵再拜謝曰：「突厥破滅，海内康寧，皆陛下威德，臣何力焉！」帝曰：「朕能任公，公能稱朕所任，則其功豈獨在朕乎！」

臣祖禹曰：太宗可謂能審取捨矣。魏徵仁義之言也，欲順天下之理而治之。封德彝刑罰之言也，欲咈天下之性而治之。夫民莫不惡危而欲安，惡勞而欲息。以仁義治之則順，以刑罰治之則咈矣。故治天下在順之而已，咈之而能治者，未聞之也。太宗從魏徵而不從德彝，行之四年，遂致太平。仁義之效，如此其速也。故治道在人主所力行耳，孰不可爲太宗乎！及其成功，復歸美於下，此前世帝王之所不及也。

康國求内附，帝曰：「前代帝王，好招來絶域，以求服遠之名，無益於用，而糜敝百姓。今康國内附，儻有急難，於義不得不救。師行萬里，豈不疲勞？勞百姓以取虛名，朕不爲也。」遂不受。

臣祖禹曰：太宗知招來絶域之弊，故有所不爲。然以兵克者，則以爲己有，而郡縣置之，其爲疲勞百姓一也。豈先行其言而後從之者歟！然其不受康國，足以爲後世法矣。使其行事每如此，其盛德可少貶哉！

六年，文武官復請封禪。帝曰：「卿輩皆以封禪爲帝王盛事，朕意不然。若天下乂安，家給人足，雖不封禪，庸何傷乎！昔秦始皇封禪而漢文帝不封禪，後世豈以文帝之賢爲不及始皇邪？」羣臣猶請之不已，帝亦欲從之，魏徵獨以爲不可，乃止。

臣祖禹曰：古者天子巡守，至於方岳，必告祭柴望。所以尊天而懷柔百神也。後世學禮者失其傳，而諸儒之諂諛者爲説，以希世主，謂之封禪。實自秦始，古無有也。且三代不封禪而王，秦封禪而亡。人主不法三代而法秦，以爲太平盛事，亦已謬矣。太宗方明，朝多賢臣，而佞者猶倡其議，獨魏徵以爲時未可，而亦不以其事爲非也。其後使顔師古議其禮，房喬裁定之，徵亦預焉。正觀之末，屢欲東封，以事而止。高宗、明皇，遂踵行之。終唐之世，唯柳宗元以封禪爲非。以韓愈之賢，猶勸憲宗，則其餘無足怪也。嗚呼！禮之失也久矣，世俗之惑

可勝救哉！

帝謂魏徵曰：「爲官擇人，不可造次。用一君子則君子皆至，用一小人則小人競進矣。」對曰：「然。天下未定則專取其才，不考其行；喪亂既平，則非才行兼備不可用也。」

臣祖禹曰：太宗以治亂在庶，官欲進君子退小人，此王者之言也。而魏徵之所謂才行者，不亦異乎！夫才有君子之才，有小人之才。古之所謂才者，君子之才也；後世之所謂才，小人之才也。高陽氏有子八人，天下以爲才。其所以爲才者，曰齊聖、廣淵、明允、篤誠。高辛氏有子八人，天下以爲才。其所以爲才者，曰忠肅、共懿、宣慈、惠和。周公制禮作樂，孔子以爲才。然則古之所謂才者，兼德行而言也。後世之所謂才者，辯給以禦人，詭詐以用兵，僻邪險詖，趨利就事，是以天下多亂職。斯人之用於世也。在《易》師之上六曰：「開國承家，小人勿用。」《象》曰：「小人勿用，必亂邦也。」未濟曰：「高宗伐鬼方三年克之，小人勿用。」王者創業垂統，敷求哲人以遺後嗣，故能長世也。豈其以天下未定而可專用小人之才歟？夫有才無行之小人，無時而可用，退之猶懼其或進也，豈可先用而後廢，乃取才行兼備之人乎！徵之學駁而不純，故所以輔導其君者，卒不至於三王之治也！

九年十一月，以光禄大夫蕭瑀爲特進，復令參預政事。帝曰：「武德六年以後，高祖有廢立之心而未定，我不爲兄弟所容，實有功高不賞之懼。斯人也不可以利誘，不可以死脅。其社稷臣也。」因賜瑀詩曰：「疾風知勁草，板蕩識誠臣。」

臣祖禹曰：太宗以蕭瑀無貳心於己而嘉之，可謂能知臣矣。且太子在而私於藩王者，明君之所甚惡也。或誘以利，或脅以死，而從之者不亦多乎？惟瑀介然自立，有隕無貳，太宗所以知其臨大節而不可奪也。人君以此取於人，豈不得忠正之士乎！

十年八月，帝謂羣臣曰：「朕開直言之路以利國也，而比來上封事者多訐人細事，自今復有爲是者，以讒人罪之。」

臣祖禹曰：太宗欲聞直言而惡告訐，不唯塞讒而又罪之，可謂至明且遠矣。此爲君爲長之道也。

十一年二月，帝自爲終制。初，文德皇后疾篤，言於帝曰：「妾生無益於人，不可以死害人。願勿以丘壠勞費天下，因山爲墳，器用瓦木而已。」及葬，帝復爲文刻之石，稱皇后節儉，遺言薄葬。以爲盜賊之心止求珍貨，既無珍貨，復何所求，朕之本志亦復如此。主者以天下爲家，何必物在陵中，乃爲已有。今因九嵕山爲陵，鑿石之工纔百餘人，數十日而畢，不藏金玉、人馬、器皿，皆用土木形具而已。庶幾姦盜息心，存没無累，當使百世子孫奉以爲法。至是帝以漢世豫作山陵，免子孫蒼猝勞費，父志在儉葬，恐子孫從俗奢靡，於是自爲終制，因山爲陵，容棺而已。

臣祖禹曰：厚葬之禍，古今之所明知也。夫藏金玉於山陵，是爲大盜積而標示其處也，豈不殆哉！是以自漢以來，無不發之陵。後之人主知其有害無益，而姑爲之以買，禍迹相接而莫之或戒也。太宗雖爲終制以戒子孫，而昭陵之葬，亦不爲儉。及唐之末，不免暴露之患，豈非高宗之過乎！

帝幸洛陽，至顯仁宫。官吏以闕儲偫有被譴者。魏徵諫曰：「陛下以儲偫譴官吏，臣恐承風相扇，異日民不聊生，殆非行幸之本意也。昔煬帝諷郡縣獻食，視其豐儉以爲賞罰，故海内叛之。此陛下所親見，奈何欲效之乎？」帝驚曰：「非公不聞此言。」因謂長孫無忌曰：「朕昔過此，買飯而食，僦舍而宿，今供頓如此，豈得猶嫌不足乎？」

臣祖禹曰：富而不忘貧，則能保其富矣；貴而不忘賤，則能保其貴矣。夫以萬乘之貴，四海之富，而猶以爲不足，何哉？忘其始之賤貧，而欲大無窮也。是以高宗舊勞於外，爰暨小人，及其即位，卒爲賢君。文王卑服，即康功田功，周公作書，以戒成王，恐其不知稼穡之艱難而驕逸也。漢文有言曰：「朕能任衣冠，念不至此。」是以恭儉愛民，唯恐煩之。」嗚呼！其可謂有德者矣。若太宗聞諫而能自省，不亦賢乎！

三月，帝宴洛陽宫西苑，泛積翠池。顧謂侍臣曰：「煬帝作此宫苑，結怨於民，今日悉爲我有，正由宇文述、虞世基、裴蘊之徒内爲諂諛外蔽聰明故也，可不戒哉！」

臣祖禹曰：太宗可謂不忘戒矣，覩隋之宫苑而以諂諛掩蔽戒羣臣。夫知彼之所以亡，則圖我之所以存，而不敢怠矣。此三王之所由興也。

八月，馬周上疏。其略曰：貞觀之初，天下饑歉，斗米直匹絹而百姓不怨者，知陛下憂念不忘故也。今比年豐穰，匹絹得粟十餘斛而百姓怨咨者，知陛下不復念之，多營不急之務故也。自古以來，國之興亡，不以畜積多少，在於百姓苦樂。且以近事驗之，隋貯洛口倉而李密因之，東都積布帛而世充資之，西京府庫亦爲國家之有，至今未盡。夫畜積固不可無，要當人有餘力，然後收之，不可

彊斂，以資寇敵。夫儉以息人，陛下已於貞觀之初親所履行，在於今日爲之，固不難也。陛下必欲爲長久之謀，不必遠求上古，但如貞觀之初，則天下幸甚！

臣祖禹曰：紂積鉅橋之粟，武王發之。人主不務德而務聚斂者，民散而國亡。太宗在位寖久，將外事四夷，内治宫室，聚財積穀，欲以有爲。馬周先事而諫，欲如初年之節儉，可謂將順其美而救其惡矣。

十三年五月，旱。詔五品以上上封事。魏徵上疏，以爲陛下志業比貞觀之初漸不克終者凡十條。其間一條以爲「比年以來，輕用民力，乃云百姓無事則驕逸，勞役則易使。自古未有因百姓逸而敗，勞而安者也。此恐非興邦之至言。」帝深加獎，嘆云：「已列諸屏鄣，朝夕瞻仰，并録付史官。」仍賜徵黄金十斤、廄馬二疋。

臣祖禹曰：有國者不憂百姓之貧，而疑其財之有餘，取之不已。不恤百姓之勞，而疑其力之有餘，使之不已。此二者亡之道也，人主曷不反諸己。已欲富而惡貧，則富者民之所欲也；已欲逸而惡勞，則逸者民之所欲也。與其所欲，去其所惡，而不王者未之有也。以太宗之明而養民不及其初，宜魏徵以爲漸不克終也。

范祖禹《唐鑑》卷三《太宗下》 八月，侯君集滅高昌。帝欲以高昌爲州縣。魏徵諫曰：「陛下初即位，高昌王文泰夫婦首來朝，其後稍驕倨，故王。誅加之罪止文泰可矣。宜撫其百姓，存其社稷，復立其子，則威德加於遐荒，四夷皆悦服矣。今若利其土地以爲州縣，則常須千人鎮守，數年一易，往來死者十有三四，供辦衣資，違離親戚，十年之後，隴右虚耗矣。陛下終不得高昌撮粟尺帛以佐中國。所謂散有用以事無用。臣未見其可。」帝不從。九月，以其地爲西州，置安西都護府，於交河城留兵鎮之。於是唐地東極于海，西至焉耆，南盡林邑，北抵大漠，皆爲州縣，東西九千五百里，南北一萬九百一十八里。

臣祖禹曰：魏徵之言，其利害非不明也。以太宗之智，豈不足以知之。惟其好大而喜遠，矜功而徇名，不能以義制心，故忠言有所不從，而欲前世帝王皆莫我若也。

帝謂侍臣曰：「朕雖平定天下，其守之甚難。」魏徵曰：「臣聞『戰勝易，守勝難』，陛下之言及此，宗廟社稷之福也。」

臣祖禹曰：《書》曰：「后克艱厥后，臣克艱厥臣。」又曰：「無輕民事惟難。」孔子曰：「爲君難，夫知所難而後可以有爲也。」《傳》曰：「君以爲易，則其難也將至矣；君以爲難，則其易也將至焉。」太宗知守之之難，所以能有終也。

言事者多請帝親覽表奏，以防壅蔽。帝以問魏徵。對曰：「斯人不知大體，必使陛下一一親之，豈唯朝堂，州縣之事亦當親之矣！」

臣祖禹曰：人主之職在於任賢，得賢則萬事治，何憂乎壅蔽而防之哉！苟知其非賢而姑用之，既用而復疑之，以一人之聰明而欲周天下之務。則君愈勞而臣愈惰。此治功所以不成也。且君臣日相與處，而眴眴然防其欺蔽之不暇，則是左右前後皆不可信也。然則誰與爲治乎？

帝謂侍臣曰：「朕有二喜一懼。比年豐稔，長安斗粟直三四錢，一喜也；北虜久服，邊鄙無虞，二喜也。治安則驕侈易生，驕侈則危亡立至，此一懼也。」

臣祖禹曰：太宗樂而不忘憂，喜而不忘懼，可謂能持盈守成矣。夫惟憂於未然，懼於無形，故卒乎無憂懼也。

帝嘗臨朝，謂侍臣曰：「朕爲天子，常兼將相之事。」給事中張行成退而上書，以爲「禹不矜伐而天下莫與之争，陛下撥亂反正，羣臣誠不足望清光，然不必臨朝言之。以萬乘之尊乃與羣臣校功争能，臣竊爲陛下不取。」帝甚善之。

臣祖禹曰：人主不患有過，患不能改過也。太宗一言之失，而其臣已救正之。惟能親賢以自輔，聽諫以自防，所以爲美也。雖過庸何傷乎！

初，高昌既平，歲發兵千餘人戍其地。褚遂良上疏曰：「陛下興兵取高昌，數郡蕭然，累年不復。歲調千餘人屯戍，遠去鄉里，破産辦裝。又謫徒罪人，皆無賴子弟，適足騷擾邊鄙，豈能有益行陳。所遣多復逃亡，徒煩追捕，加以道塗所經，沙磧千里，冬風如割，夏風如焚，行人往來，遇之多死。設使張、掖、酒泉有烽燧之警，陛下豈得高昌一夫斗粟之用，終當發隴右諸州兵食以赴之耳。然則河西者，中國之腹心；高昌者，他人之手足。奈何糜敝本根以事無用之土乎？且陛下得突厥、吐谷渾皆不有其地，爲之立君長以撫之，高昌獨不得與爲比乎？叛而執之，服而封之，刑莫威焉，德莫厚焉。願更擇高昌子弟可立者，使君其國，子子孫孫負荷大恩，永爲唐臣，内安外寧，不亦善乎？」帝弗聽。及西突厥入寇，帝悔之曰：「魏徵、褚遂良勸我復立高昌，吾不用其言，今方自咎耳！」

臣祖禹曰：有國者喪師之禍小而或以霸，秦穆公、越王勾踐是也；得地之禍大而或以亡，楚靈王、齊湣王是也。是故廣地不若廣德，彊兵不若彊民。先王患德之不足，而不患地之不廣；患民之不安，而不患兵之不彊。封域之外，聲教所不及者，不以煩中國也。太宗不從忠諫，卒自咎悔，況不若太宗之彊盛而可

爲乎！

帝曰：「人主惟有一心，而攻之者甚衆。或以勇力，或以辯口，或以諂諛，或以姦詐，或以嗜欲，輻湊攻之，各求自售以取寵禄。人主少懈而受其一，則危亡隨之，此其所以難也。」

臣祖禹曰：人主不可以有偏好。偏好者姦邪之所趍而讒賊之所入也。《書》曰：「惟精惟一，允執厥中。」夫如是，則衆莫得而攻之矣。

太常丞鄧素使高麗還，請於懷遠鎮增戍兵以逼高麗。帝曰：「遠人不服，則修文德以來之。未聞一二百戍兵能威絶域者也。」

臣祖禹曰：太宗以增戍兵不若修文德，其言豈不美哉！然非能行之，直以辯折其臣下而已。其始不欲增戍而卒親征之，不爲其小而爲其大，豈大者足以勝德乎？《書》曰：「非知之艱，行之惟艱。」太宗之謂矣。

十九年，帝親伐高麗。六月，車駕至安市城，進兵攻之。高麗北部褥薩延壽惠真帥高麗靺鞨兵十五萬救安市。帝謂侍臣曰：「今爲延壽策有三：引兵直前，連安市城爲壘，據高山之險，食城中之粟，縱靺鞨掠吾牛馬，攻之不可猝下，欲歸則泥潦爲阻，坐困吾軍，上策也；拔城中之衆與之宵遁，中策也；不度智能，來與吾戰，下策也。卿曹觀之，彼必出下策，成擒在吾目中矣。」高麗有對盧，年老習事，謂延壽曰：「秦王内芟羣雄，外服戎狄，獨立爲帝，此命世之材。今舉海内之衆而來，不可敵也。爲吾計者，莫若頓兵不戰，曠日持久，分遣奇兵斷其運道，糧食既盡，求戰不得，欲歸無路，乃可勝也。」延壽不從，引軍進戰，大敗，遂來降。

臣祖禹曰：《傳》曰：「國無小不可易也。」蓋雖小國，必有智者爲之謀，勇者致其死，則雖以天下之大，百萬之衆，未可恃以爲必勝也。高麗對盧之謀，正合於太宗所謂上策，使延壽而能聽用，唐師豈不殆哉！

高麗既敗，舉國大駭，後黄城、銀城皆自拔遁去，數百里無復人煙。帝驛書報太子，仍與高士廉等書曰：「朕爲將如此，何如？」

臣祖禹曰：太宗之伐高麗，非獨恃其四海之富，兵力之彊也。本其少時奮於布衣，志氣英果，百戰百勝以取天下。治安既久，不能深居高拱，猶思所以逞志扼腕，踴躍喜於用兵，如馮婦搏虎，不能自止，非有理義以養其志，中和以養其氣，始於勇敢，終於勇敢而已矣。《記》曰：「所貴於勇敢。」彊有力者貴其敢行禮義也。天下無事，則用之於禮義；天下有事則用之於戰勝；用之於戰勝則無敵；用之於禮義則順治。太宗於天下無事，不知用之於禮義，而惟以戰勝爲美也。是故以天子之尊而較勝於遠夷，一戰而克，自以爲功，矜其智能，夸示臣下，其器不亦小哉。

凡征高麗，拔玄菟等十城，徙遼、蓋、巖三州户口入中國者七萬人，新城、建安，駐蹕三大戰斬首四萬餘級，戰士死者幾三千人，戰馬死者什七八。帝以不能成功，深悔之，嘆曰：「魏徵若在，不使我有是行也。」命馳驛祀徵以少牢，復立所製碑，召其妻子詣行在，勞賜之。

臣祖禹曰：太宗比擒頡利，西滅高昌，兵威無所不加，四夷震慴而玩武不已。親擊高麗，以天下之衆困於小夷，無功而還，意折氣沮。親見煬帝以勤遠亡國，而襲其所爲。臣以爲太宗之征高麗，無異於煬帝，但不至於亂亡耳。惟不能慎終如始，日新其德，而欲功過五帝，地廣三王，是以失之。然見危而思直臣，知過而能自悔，此所以爲賢也。

八月，立皇子明爲曹王。明母楊氏，巢剌王之妃也，有寵於帝。文德皇后之崩也，欲立以爲后，魏徵諫曰：「陛下方比德唐虞，奈何以辰贏自累。」乃止。尋以明繼元吉後。

臣祖禹曰：太宗手殺兄弟，曾不愧恥，而復納元吉之妃，惡莫大焉。苟非用魏證之言過，而遂立以爲后，何以視天下之人乎？以明繼元吉後，是章其母之爲弟婦也，其瀆人倫亦甚哉。

二十三年四月，帝謂太子曰：「李世勣才智有餘，然汝與之無恩，恐不能懷服，我今黜之，若徘徊顧望當殺之耳。」五月，以同中書門下三品李世勣爲疊州都督。世勣受詔，不至家而去。

臣祖禹曰：太宗以李勣爲何如人哉！以爲愚也，則不可以託幼孤而寄天下矣；以爲賢也，當任而勿疑，何乃憂後嗣之不能懷服，先黜之而後用邪？是以犬馬畜之也。夫欲奪其心而折之以威，欲得其力而懷之以恩，此漢祖所以馭鯨、彭之徒狙詐之術也，五伯之所不爲也。豈堯舜親賢之道乎！苟以是心而待其臣，則利禄之士可得而使也，賢者不可得而致也。若夫禄之以天下而不顧，繫馬千駟而不視者，太宗豈得而用之哉！

右太宗在位二十四年崩，年五十三。

臣祖禹曰：太宗以武撥亂，以仁勝殘，其材略優於漢高，而規模不及也；恭儉不若孝文，而功烈過之矣。迹其性本彊悍，勇不顧親，而能畏義而好賢，屈己

以從諫，刻厲矯揉，力於爲善，此所以致正觀之治也。夫賢君不世出，自周武成康，歷八百餘年而後，有漢漢八百餘年而後有太宗。其所成就如此，豈不難得哉！人主之所行，其善惡是非在後世，當其時不可得而辨也。故凡太宗之行事，其善與不善，臣皆舉其大略矣。老子曰：「善人者，不善人之師；不善人者善人之資。」人君擇其善者而從之，足以得師；其不善者而戒之，足以爲資矣。

周紫芝《太倉稊米集》卷六四《太宗得秘讖》 太宗得秘讖，言唐中弱，有女主代王，以問李淳風，曰：「其兆既成，已在宫中，又四十年而王。王而夷唐，子孫且盡。」帝欲求殺之，淳風以謂「天命不可去」而止。又明皇時有鄭相如者，師事鄭虔，曰：「開元盡三十年當改元，十五年天下亂，賊臣僭位，公當汙爲官。」虔念其言，終不附賊。唐之大變，惟武后之篡，禄山之反，而二事皆已肇於數十年前。使太宗、明皇不聞是説則可，其或聞之，當思修德弭變，以治易亂。苟爲不然，則惑於符讖前定之言，且得以爲之辭，一抵於亂而曰：「是有數焉，非我罪也。」則我生不有命在天，所以開人主自寬之路也。由是知符讖荒唐之説，人主所不當信，史亦當削而不書。惟漢光武即位之二十年，羣臣上言宜封禪泰山，光武詔：「若郡縣遣使上壽，盛稱虚美，必髡令屯田。」可謂聰明謙厚之主矣。至中元間，因讀《河圖會昌符》，遂有封禪意，竟伸玉牒之儀，於是醴泉赤草之奏紛然，而羣臣遂有宜令太史撰集之請。以光武之英睿沉勇，舉無過事，殆無毫髮不滿羣議，而桓譚以不喜讖流亡，鄭興以遜辭僅免，賈逵能附會文致，最先貴顯。范曄之論，以謂：「世主以此論學，悲哉！」乃知圖讖之説其能眩惑主聽，非特昏庸之君，雖賢若世祖者其失猶且如此也，可不戒哉！

《胡宏集》卷二一《唐太宗》 太宗起義兵，首數高德儒佞諛之罪而斬之，此義聲振也；其令天下以救蒼生，此仁聲振也。此其所以有天下也。論其行事，則一大將才耳，非有大君之度也。如高麗不服，遣將經營足矣，乃逞雄心，忽忠言而自行，迄無成功，勞敝天下。他日高宗遣將平之，如反覆手耳。

葛洪《涉史隨筆》卷九《唐太宗不欲數赦》 唐太宗謂侍臣曰：「古語有之，赦者小人之幸，君子之不幸。一歲再赦，善人喑啞。夫養稂莠者害嘉穀，赦有罪者賊良民。故朕即位以來，不欲數赦，恐小人恃之，輕犯憲章故也。」

漢丞相亮時，有言公惜赦者。亮答曰：「治世以大德，不以小惠，故匡衡、吴漢不願有赦。先帝亦言吾周旋陳元方、鄭康成間，每見啓告，治亂之道悉矣，曾不語赦也。若景升、季玉父子，歲歲赦宥，何益於治？」以此言之，赦者誠偏枯之物也。良民不被其澤，而姦惡之徒獲宥，是豈明世所宜有哉！此孟光所以深責於費禕也。或謂赦者帝王之世所不廢，載之《虞書》、《吕刑》，可覆也。愚曰不然。《虞書》所謂肆赦者，爲過誤而麗於刑者設也。《吕刑》所謂有赦者，爲刑罰之人於疑者設也。未始有罪無輕重皆赦之文也，太宗之見固卓矣。然其意特不欲數耳，而仍未免於或赦，安得武侯者與之上下其論哉！

葛洪《涉史隨筆》卷九《太宗責房玄齡等問營繕》 房玄齡、高士廉遇少府少監竇德素於路，問北門近何營繕。德素奏之，上怒，責玄齡等曰：「君但知南牙政事，北門小營繕，何預君事？」玄齡等拜謝。魏徵進曰：「臣不知陛下何以責玄齡等，而玄齡等亦安所謝。玄齡等爲陛下股肱耳目，於中外事，豈有不應知者？使所營爲是，當助陛下成之；爲非，當請陛下罷之。問於有司，理則宜然，不知何罪而責，亦何罪而謝也？」上甚愧之。

宰相之職，其略見於虞、夏之書，其詳見於《周官》。今觀股肱耳目之言，使宅百揆之語，則知其職無所不統。宫伯屬之冢宰，則環衛之事，宰相得以統之。内宰屬之冢宰，則宫中之事，宰相得以統之。太府屬之冢宰，則財利之事，宰相又得以統之。其他如飲膳酒漿次舍縫染之細，凡關於天子者，無一不統於宰相。政以典式法則，皆當由此而出。所謂以道佐王者，固如此耳。北門營繕，玄齡問之，職也。太宗驟起「何預君事」之怒，夫必多有是説而後及是，不然，玄齡等何爲俯伏退謝之不暇，而無一語以自辣耶？魏徵之辯，真足以救太宗之失，伸宰相之職也。諫官隨宰相入閤之制，其亦僃不逮，至是始知其益如此哉！

章如愚《山堂考索》别集卷二二《唐太宗論》 江夏王道宗伐延陀，破之，鐵勒諸部皆請入朝。車馬至浮陽，回紇冬遣使人貢，帝大喜，詔曰：「混元以降，殊未前聞。」又爲詩序曰：「雪恥酹百王，除凶報千古。」斷之曰，昔武王克商，通道於九夷八蠻，西旅獻獒，大保作訓曰：「不矜細行，終累大德，爲山九仞，功虧一簣。」因事而戒，恐其驕也。太宗不得志於東夷，欲收功於北荒，因延陀破亡，以兵臨之，如疾風於振槁，自以爲開闢以來未之有也。昔之有天下者，亦可得而略聞矣。舜曰：「其難任人，蠻夷率服。」又曰：「無怠無荒，四夷來王。」然則欲其率服，莫若難任人；欲其來王，莫若無怠荒。柔遠能邇，治内安外而殊之，民嚮風慕義，不以利誘，不以威脅，而自至矣。欲附者則撫之，不欲者不强致也。故不勞民，不費財。至於後世之君，或奮疾而欲殄滅之，或愛悦而欲招來之，是二者皆非也，爲之者，秦始皇是也。山川之所限，風氣之所移，言語不通，嗜欲不

同，得其地不可居，得其民不可使也，列爲州縣，是崇虛名而受實弊也。且得之既以爲功，則失之必以爲恥，其失不在於己則在於子孫。故有征討之勞，餽餉之煩，民不堪命，而繼之以亡，隋煬帝是也。且中國地非不廣也，民非不衆也，曷若俱得無失，修其禮樂刑政，以惠養吾民，使男有餘粟，女有餘布，兵革不試，以致大平，不亦帝王之盛美乎？故有求於外如彼其難也，無求於外如此其易也，然而人君常捨所易而行所難，何哉？忽近而喜遠，厭故而謀新，不入於秦則入於隋，雖不至於亡，而嘗與之同事，其累德豈細哉！太宗矜其功能，好大無窮，非所以遺後嗣，安中國之道。此當以爲戒，而不可慕也。

王夫之《讀通鑑論》卷二〇《唐太宗》 《書》曰：「能自得師者王，謂人莫己若者亡。」夫人即喪心失志迷惑之尤者，長短、虛實、大小、有無、清濁、得失、明暗，皎然分畫於前，知則知之，能則能之，眇者窮於視，跛者困於趨，惡得誣其心之所未喻，而謂多聞善慮者之不若己哉！然則謂人不己若者，抑實有不己若者在也。太宗曰：「煬帝文辭奧博，是堯、舜，非桀、紂，行事何其相反。」魏徵曰：「恃其雋才，驕矜自困，以至覆亡。」然則煬帝之奧博，固有高出於羣臣之上者，不己若，誠不若己矣，而人言又惡足以警之哉？夫人主之怙過也，有以高居自逸而拒諫者矣，有以憑勢淩人而拒諫者矣。然忠直之士，卓然不撓，雖斥竄誅夷而不恤以言黜，而暴君不能奪其理，則身雖詘而道固伸也。且恃位而驕，恃威而橫，浮氣外張，而中藏恧縮，迫乎虛憍稍息，追憶前非，固將曰：是吾所不知不能，而終不可誣者也。則諫者之言，或悔而見庸矣。唯夫多聞廣識而給於辯者，知是其所是而非其所非，則言者不憚其威，而憚其小有才之辯慧。言之大，則以爲誇也；言之切，則以爲隘也；察情審理，擬議窮年，而彼已一覽而見謂無餘；引古證今，依類長言，而時或旁徵之有誤，則自非明燭天日，斷若雷霆者，恒惴惴焉恐言出而反爲所折，抱忠而前，括囊而退者，十且八九矣。且夫堯、舜之是，彼且是之矣，吾惡得以堯、舜進之；桀、紂之非，彼且非之矣，吾惡得以桀、紂戒之。彼固曰：使我而爲人臣，以稱説干人主，吾之琅琅鑿鑿以敷陳者，更辯於此也，彼誠不我若，而愛我若父，責我若子，爲笑而已矣。天下雖大，賢人君子雖衆，誰肯以强智多聞見屈於我而不捫舌以自免於辱乎？故人不己若，危亡之媒也；謂人不己若，而其危亡必矣。太宗君臣之知此也，是以興也。不然，太宗之才，當時之臣無有能相項背者，唯予言而莫違，亦何所不可乎？

讀太宗論治之言，我不敢知曰堯、舜之止此也，以視成湯、武王，其相去無幾矣。乃其斁彝倫，虧至德，雜用賢姦，從欲規利，終無以自克，而成乎大疵。讀史者鑒之，可以知治，可以知德，可以知學矣。氣者，發以噓物，而斂以自攝其心者也。聞見之善，啓其聰明，而隨氣以發斂。其發也，洩其藏以加於物。故言者，所以正人，而非以正己也。己有餘，而不忍物之不足，則出其聰明以迪天下之昏翳而矯之以正，子不忍於父，臣不忍於君，士不忍於友，聖人君子道不行而不忍於天下後世，於是而言之功大矣。若夫受天命作君師，臣民之責，服於躬、載於一心，則斂氣以攝聰明，而持天下於心，以建中和之極，故曰「湯、武身之也」。身正而天下正，不以言也。故《仲虺之誥》，仲虺言之也；《咸有一德》，伊尹言之也；《旅獒》，召公言之也；《無逸》，周公言之也；而湯、武無言以自鳴其道而詔羣臣。推而上之，大禹、皋陶、益、稷各盡言以進堯、舜，而堯、舜執中之訓，迨及倦勤遜位之日，道不在己，而後以詔舜、禹。然則堯、舜惟不忍於後世，禹、皋、益、稷、伊、萊、周、召惟不忍於君，而不容已於言。下此者，雖躬行未逮，而進忠於上，亦不必以言過其行責之，其忠也，即其行也。今太宗之言，非堯、舜、湯、武之言，而伊、萊、周、召之言也。任堯、舜、湯、武之任，而奪伊、萊、周、召之言以爲己言，則下且何言之可進，而聞善之路窮。蓋太宗者，聰明溢於聞見，而氣不守中，以動而見長者也。其外侈，其中枵，其氣散，其神沓，其精竭，其心馳，迨乎彝倫之攸斁，至德之已虧，佞幸外熒，利欲内迫，而固無以自守；及其衰年而益以氾濫，所必然矣。嗚呼！豈徒帝王爲然哉？自修之士，有見而亟言之，德不崇，心不精，王通之所以不得爲真儒也。況揚雄、韓愈之利欲熏心者乎？故《魯論》之言言也，曰慎，曰後從，曰訥，曰訒，曰恥，曰怍，聖狂之辨，辨於筆舌，可畏也哉！

太宗曰：「未能受諫，安能諫人。」此知本之論也。夫唯窮凶之主，淫虐無擇，則雖以虛衷樂善之君子，陳大公無我之言，而亦祇以危身；非此者，君之拒諫而遠君子，洵失德矣，諫者亦惡能自反而無咎哉？凡能極言以諫者，大抵其氣勝者也；自信其是，而矜物以莫及，物莫能移者也。其氣勝，則其情浮；自矜而物莫能移，則其理窒。上以事君，下以涖衆，中以交於僚友，可其所可，而否其所否，堅於獨行，而不樂物之我違；唯如是也，乃以輕寵辱、忘死生，而言之無忌。其賢者，有察理未精、達情未適之過，而執之也堅；其次則氣動而不收，言發而不止，攻異己而不遺餘力，以墮於娼忮，而傷物已甚；則人主且窺其中藏，謂是嘵嘵者之但求利己也。其言不可奪，而心固不爲之感，奚望轉石移山於片語

乎？惟虛則公，公則直；惟明則誠，誠則動；能自受諫者，所以虛其心而廣其明也，諫者之能此者鮮矣。事上接下，其理一也。君不受諫，則令焉而臣民不從；臣不受諫，則言焉而天子不信。位不可恃，氣不可任，辯不可倚，理不可挾，平情好善，坦衷遜志者，早有以動人主之敬愛，而消僚友之疾忌，聖而周公，忠而孔明，用此道也。婞直予智，持一理以與當寧爭得失，自非舜、禹以芻蕘之道待之，其不以啓朋黨而壞國是也，難矣哉！

唯大人爲能格君心之非。君心之非，亦易見也；所以格之者，天理民彝之顯道，人皆與知，亦易能也。然而斷之於大人之獨得，而諫諍之臣不足與焉，於魏徵、馬周見之矣。君心無過，而過在事，則德不足而言有當，下逮於工瞽而言無不效。若夫心，則與心相取者也，心之有非，必厚自匿而求以勝物。進言者，其言是也，其人非也，其人雖無大非，而心不能自信，於是則匿非求勝者，將曰旁觀而言之，吾亦能爲此言，試以此言於汝，汝固不受也。言還其言，而心仍其心，交相謫而秖益其怨惡。如能隱忍以弗怨惡足矣，奚望格哉？唐太宗不恤高祖之溫凊視膳，處之卑湫之大安宮，而自如九成宮以避暑，嫁其女長樂公主，勑資送倍於長公主。此豈事之失哉？其憯不知恤者，仁孝忘於心也。馬周言之，魏徵言之，皆開陳天理民彝之顯教，以思動其惻悱也。乃周言不聽，決駕以行，於徵之言，則入謀之長孫皇后而後勉從，使后而如獨孤、武、韋也，徵死矣。人自有父子，人自有兄弟，一念之蔽，忽焉不覺，直辭以啓之，以自親其親，豈難知而難從者乎？而二子者，君所信受者也，卒不能得此於君，則其故可思矣。徵之起也，於羣盜之中，事李密而去之，事隱太子而去之；周則挾策干主，餘於才而未聞其修能之自潔者也；以此而欲警人子之心於不容已之媿疚，奚可得哉？夫大人者，苟以其言格君心之隱慝，賢主樂之，中主媿之，庸主弗敢侮之，何至以太宗之可與言而斥爲田舍翁邪？不幸而遇暴主以殺身，亦比干之自靖自獻於先王，而非滕口說以聽凶人之玩弄，豈易言哉？大人者，正己而物正，己之正非一旦一夕之功矣。

言治者而亟言權，非權也，上下相制以機械，互相操持而交雠。其欺也，以儀、秦之狙詐，行帝王之大法，亂奚得而弭，人心風俗奚得而不壞哉？王伽之詐也，與李參朋姦而徼隋文之賞，唐太宗師之，以縱囚三百九十人，而三百九十人咸師參之智，如期就死。嗚呼！人理亡矣。好生惡死，人之情也，苟有可以得生者，無不用也。守硜硜之信，以死殉之，志士且躊躕而未決，況已蹈大辟之戮民乎？太宗之世，天下大定，道有使，州有刺史，縣有令尉，法令密而廬井定，民什伍以相保，宗族親戚比閭而處，北不可以走胡，南不可以走粵，因之縱者雖欲逋逸，抑誰爲之淵藪者？太宗持其必來之數以爲權，因亦操其必赦之心以爲券，縱而來歸，遂以侈其恩信之相孚，夫誰欺，欺天乎？夫三百九十人之中，非無至愚者，不足以測太宗必赦之情，而徼幸以逃；且當縱遣之時，爲此駭異之舉，太宗以從諫聞，亦未聞法吏據法以廷爭；則必太宗陰授其來歸則赦之旨於有司，使密諭所縱之囚，交相隱以相飾，傳之天下與來世，或驚爲盛治，或詫爲非常，皆其君民上下密用之機械所籠致而如拾者也。古所未有者，必有妄也；人所爭誇者，必其詐也。王道平平，言僻而行詭者，不容於堯、舜之世。蘇洵氏樂道之，曰「帝王之權」，惡烈於洪水矣。

《傳》曰：「爲人君而不知《春秋》之義，前有讒而不見，後有賊而不知。」《春秋》之義，何義也？適庶明，長幼序，尊卑別，刑賞定，重農抑末，進賢遠姦，貴義賤利，端本清源，自治而物正之義也。知此，則讒賊不足以逞，而違此者之爲讒賊，不待擿發而如觀火。舍是，乃求之告訐以知之，告讒告賊，而不知告者之爲讒賊也，宜其迷惑失守，延讒賊於肘腋，而以自危亡也。人主明其義於上以進退大臣，大臣奉此義以正朝廷，朝廷飭此義以正郡邑，牧之有守令，覈之有觀察採訪之使，裁之有執憲之大臣。苟義明而法正，姦頑不軌者惡足以恣行而無忌？即有之，亦隱伏於須臾，而終必敗，奚事告訐乎？告訐興，則賞罰之權全移於健訟之匹夫，而上何貴有君，下何貴有執憲之臣哉？且夫爲人告訐者，洵不道矣，而愿樸柔懦之民，能奮起以與姦頑爭死命者，百不得一也。非夫險詖無憚之徒，惡有暇日以察人之隱慝，而持短長操必勝之術，以與官吏豪彊角逐。忘尊卑，輕禍福，背親戚，叛朋友，吏胥脅其長官，奴隸制其主伯，正《春秋》之義所斥爲讒賊，必杜絕其萌櫱者也。知其害而早絶之，則讒無不見，賊無不知，昭昭然揭日月以與天下相守於法紀，吞舟漏網之姦，其得容於政簡刑清之日者，蓋亦寡矣。太宗曰：「朕開直言之路，以利國也，上封事者訐人細事，當以讒人罪之。」而其時吏不殃民，民不犯上，韙矣哉！

銀之爲用，自宋以上，用飾器服，與黄金珠玉等，而未得與錢、布、粟、帛通用於民間。權萬紀請采銀宣、饒，而太宗斥之，亦猶罷采珠以懲侈耳。後世官賦民用以銀爲主，錢、布、粟、帛皆受重輕之命於銀。夫銀，藏畜不蝕，錬鑠不減，藏之約而齎之也易，人習於便利，知千百年之無以能易之矣。則發山采礦，無大損於

民，而厚利存焉，庸詎不可哉？然而大害存焉者，非庸人之所知也。奚以明其然邪？銀之爲物也，固不若銅、鐵爲械器之必需，而上類黄金，下同鉛、錫，亡足貴者。尊之以爲錢、布、粟、帛之母，而持其輕重之權，蓋出於一時之制，上下競奔走以趨之，殆於愚天下之人而蠱之也。故其物愈多，而天下愈貧也。采之自上，而禁下之采，則上積其盈，以籠致耕夫紅女之絲粟，而財亟聚於上，民日貧餒而不自知。既以殫民之畜積矣，且大利之孔，未可以刑法禁塞之也。嚴禁民采，則刑殺日繁，而終不可戢。若其不禁而任民之自采乎？則貪惰之民，皆舍其穡事，以徼幸於詭獲，而田之汙萊也積；且聚游民於山谷，而唯力是視以取盈，則爭殺興而亂必起。一旦山竭澤枯，游民不能解散，而亂必成；即幸不亂也，耕者桑者戮力所獲，養游民以博無用之物，銀日益而絲粟日銷，國不危，民不死，其奚待焉？自非參百年之終始以究利病者，奚足以察此哉？嗚呼！自銀之用流行於天下，役粟帛而操錢之重輕也，天下之害不可訖矣。錢較粟帛而齎之輕矣，藏之約矣，銀較錢而更輕更約矣；吏之貪墨者，暮夜之投，歸裝之載，珠寶非易致之物，則銀其最便也。不然，汎舟驅車，銜尾載道，雖不恤廉隅者不敢也。民之爲盜也，不能負石粟、持百鏹，即以錢而力盡於十緡矣，穴而入、篋而胠者，其利薄，其刑重，非至亡賴者不爲，銀則十餘人而可挾萬金以去。近自成化以來，大河南北單騎一矢劫商旅者，俄頃而獲千緡之值。是銀之流行，汙吏箕斂、大盜晝攫之尤利也，爲毒於天下，豈不烈哉？無已，杜塞其采鍊之源，而聽其暗耗，廣冶鑄以漸奪其權，而租稅之入，以本色爲主，遠不能致而後參之以錢，行之百年，使銀日賤而賤均鉛錫，將耕桑廣殖，墨吏有所止而盜賊可以戢，尚有瘥乎？天地之産，難得而不易貿遷者，以安民於所止而裕之也；帝王之政，繁重而不取便安者，以息民之偷而節其溢也。旦斸諸山，夕煅諸冶，徑寸而足數十人之衣食，姦者逞，愿者削，召攘奪而棄本務，飢不可食，寒不可衣，而走死天下者，唯銀也。采礦之禁，惡可不嚴哉？權萬紀之削奪，有餘辜矣。

立子以適，而適長者不肖，必不足以承社稷，以此而變故起於宫闈，兵刃加於骨肉，此人主之所甚難，而雖有社稷之臣，不能任其議也。魏王泰投太宗之懷，曰：「臣今日始得爲陛下子。」褚遂良即以此折泰之姦，偉矣；而唐幾亡於高宗，遂良致命以自靖，弗能靖國焉。故曰人主之甚難，而社稷臣不能任其議也。丹朱不肖，堯以天下與舜，聖人拂非常之舉，非後世所可學也。舜立而丹朱安虞賓之位，魏王不竄，能帖然於高宗之世哉？太宗能保高宗之容承乾與泰，而不能必泰安於藩服以承事高宗，則抑情伸法以制泰，事有弗獲已者；自投於牀，抽刀欲刎，嗚呼！英武如太宗，而欷歔以求死也，亦可悲矣哉！或曰：「立適長而不能賢，擇人以輔之，勿憂矣。」似也；太宗之世，忠直老臣，無有過魏徵者，固以師保之任任之矣。乃徵嘗爲建成之宫僚，效既可覩。徵以正月卒，而承乾以四月反，徵即不死，固無能改於其德，大難興，徵爲袁淑而已，紇干、承基之流，於徵何憚焉？教者，君父之反身也，非可僅責之師保也。光武廢東海、立明帝，而漢道昌，東海亦保其福禄，不待竄也，光武之爲君父者無愧也。太宗喋兄弟之血於宫門，早教猱以升木，竄逐其所寵愛，以徇長孫無忌之請，知高宗之不能克家而姑授之，置吴王恪之賢以陷之死，夫亦反身不令，故無以救其終也。漢文守藩代北，際内亂而無窺覬之心，迎立已定，猶三讓焉，然有司請建太子，猶遲久而不定，誠慎之也，非敢執嫡長以輕天位，況太宗之有漸德也乎？

長孫無忌曰：「太子仁恕，實守文之德。」此佞者之辯也。太宗不能折之，遽立治而不改，唐幾以亡。仁恕者，君德之極致，以取天下而有餘，況守文乎？無忌惡知仁恕哉！不明不可以爲仁，不忠不可以爲恕。仁者，愛之理也，而其發於情也易以動，故在下位而易動於利，在上位而易動於欲。君子之仁，廓然曙於情之貞淫，而虚以順萬物之理，與義相扶，而還以相濟。故仁，陰德也，而其用陽。若遇物而即發其不忍之情，則與嚅唲呴沫者相取，而萬物之死生有所不恤。陰德易以陰用，而用以陰，乃仁之賊，此高宗之仁也。恕者，推己以及人，仁之牖也。以己之欲，推之於物，難之難者也。難之難者，以其所推者己之欲也。故君子之恕，推其所不欲以勿施於人，而不推其欲以必施，以所欲者非從心而不踰矩，未可推也。然而不欲者，亦難言矣。奪己之聲色臭味，而使不集於康，固人之所不欲也；以此而不欲奪人，則屈己之道，屈天下之情，以求免於人之怏悒，皆可曰恕，而以縱女子小人僉壬讒佞者彌甚。忠也者，發己自盡之謂。盡己之所可爲，盡己之所宜爲，盡己之所不爲而弗爲，而後可以其不欲者推於物而勿施。不然，人且呼籲以請，涕泣以干，陳其媟狎之私，以匍伏而待命，女子小人僉壬讒佞未能得志之日，方挾此術以怵我，而己於義利理欲之情未定，則見爲不可拂而徇之，以恣其姦邪，皆曰是不可欲者勿施焉，恕也。故仁恕者，君子之大德，非中人以下所能居之不疑者也。高宗竟以此而不庇其妻子，不保其世臣，殃及子孫，禍延宗社。長孫無忌惡足以知仁恕哉？挾仁恕之名以欺太宗，而太宗受其罔，故曰佞者之辯也。太宗明有所困，忠有所詘，遂無以折佞人之口而使鑰其

邪，此三代以下，學不明，德不修，所以縣絶於聖王之理也。

負慝而畏人知，揜之使不著，以疑天下，小人之僞也。其猶畏人知也，有不敢著、不忍著之心，則猶天良之未盡亡也。抑不著而使天下疑，則使天下猶疑於大惡之不可決爲，而名教抑以未熸。無所畏。無所揜，而後惡流於天下，延及後世，而心喪以無餘。太宗親執弓以射殺其兄，疾呼以加刃其弟，斯時也，窮凶極慘，而人之心無毫髮之存者也。史臣修高祖實録，語多微隱，若有怵惕不寧之情焉，夫人皆有之心也，且以示後世，與宋太宗燭下斧影之事同其傳疑，則人固謂天倫之不可戕也。而太宗命直書其事，無畏於天無憚於人而不揜，乃以自信其大惡之可以昭示萬世而無慚，顧且曰「周公誅管、蔡以安周，季友鴆叔牙以存魯」，誰欺乎？周公之誅管、蔡，周公不奪管、蔡之封也；季友鴆叔牙，季友不攘叔牙之位也。建成、元吉與己争立，而未嘗有劉劭之逆，貽唐室以危亡，而殺之以圖存，安忍無親，古人豈其口實哉？且周公之不得已而致天討也，《鴟鴞》之怨，《東山》之悲，有微辭，有隱痛，禍歸於商、奄，而不著二叔誅竄之迹；東人之頌公者，亦曰四國是皇，不曰二叔是誅也。過成於不忍疑，事迫於不獲已，志窘於不能遂，言詘於不忍明，天下後世勿得援以自文其惡，觀過而知仁，公之所以無慚於夙夜也。若夫過之不可揜，而君子謂其如日月之食者，則惟以聽天下後世之公論，而固非己自快言之以奬天下於戕恩。況太宗之以奪大位爲心，有不可示人之巨慝乎？至於自勑直書，而太宗不可復列於人類矣。既大書特書以昭示而無忌矣，天子之不仁者，曰吾以天下故殺兄弟也；卿大夫之不仁者，亦曰吾以家故殺兄弟也；士庶人亦曰吾以身故殺兄弟也。身與家之視天下也孰親？則兄弟援戈矛以起，争田廬絲粟之計，而彊有力者得志焉，亦將張膽瞋目以正告人曰：吾亦行周公季友之道也。蛇相吞，蛙相啖，皆聖賢之徒，何憚而弗爲哉？史者，垂於來今以作則者也，導天下以不仁，而太宗之不仁，蔑以加矣。萬世之下，豈無君子哉？無厭然之心，惻隱羞惡，兩俱灰燼，功利殺奪横行於人類，乃至求一揜惡飾僞之小人而不易得也，悲夫！

星占術測，亂之所自生也。史言《秘記》云：「唐三世之後，女主武王，代有天下。」誰爲此《秘記》者，其繇來不可考也。太白之光，羣星莫及，南北之道，去日近而日奪其光，去日遠則日不能奪，而晝見五緯之出入，曆家所能算測，而南北發斂，曆法略而古今無考，使有精於步測者，亦常耳。而太史守其曲説，曰「女主昌」，與所謂《秘記》者相合，太宗不能以理折之，而横殺李君羡以應之；李淳風又曰「天之所命，人不能違」，以決其必然，武氏之簒奪，實斯言教之也。凡簒奪之禍，類乘乎國之將危，而先得其兵柄，起而立功以拯亂，然且遲回疑畏而不敢驟；抑有彊幹機智之士，若荀攸、郗慮、劉穆之、傅亮、李振、敬翔之流，贊其逆謀，而多畜虎狼之將佐，爲之爪牙，然後動於惡而人莫能禦。今武氏以一淫嫗處於深宫，左右皆傅粉涂朱猥媟之賤士，三思、懿宗、承嗣輩，固耽酒嗜色之紈袴，一彊項之邑令可鞭笞而殺之庸竪也。乃以炎炎方興之社稷，淫風一拂，天下歸心，藏頭咋舌於枷棓薰灼之下，莫之敢抗。武氏何以得此於臣民哉？天下固曰：前聖之《秘記》然也，上天之垂象然也；先知如淳風者，已曰天之所命，人不能違也。淳風曰：當王天下。武氏曰：吾當王也。淳風曰：殺唐子孫殆盡。武氏曰：吾當殺也。嗚呼！摇四海之人心，傾方興之宗社，使李氏宗支駢首以受刃，淳風一言之毒，滔天罔極矣。甚哉！太宗之不明也，正妖言之辟，執淳風而誅之，焚《秘記》，斥太史之妄，武氏惡足以惑天下而成乎簒哉？有天下而不誅逐術士，敬授民時，以定民志，則必召禍亂於無窮。人有生則必有死，國有興則必有亡，雖百世可知也，惡用此嘵嘵者爲？

以利爲恩者，見利而無不可爲。故子之能孝者，必其不以親之田廬爲恩者也；臣之能忠者，必其不以君之爵禄爲恩者也；友之能信者，必其不以友之車裘爲恩者也。懷利以孝於親、忠於君、信於友，利盡而去之若馳，利在他人，則棄君親，背然諾，不旋踵矣，此必然之券也。故慈父不以利畜其子，明君不以利餌其臣，貞士不以利結其友。太宗遷李世勣爲疊州都督，而勑高宗曰：「汝與之無恩，我死，汝用爲僕射，以親任之。」是已明知世勣之唯利是懷，一奪予之閒而相形以成恩怨，其爲無賴之小人，灼然見矣；而委之以相柔弱之嗣君，不亦愚乎！長孫無忌之勳戚可依也，褚遂良之忠貞可託也，世勣何能爲者？高祖不察而許爲純臣，太宗不決而託以國政，利在高宗，則爲高宗用，利在武氏，則爲武氏用，唯世勣之視利以爲歸，而操利以籠之，早已爲世勣所窺見，以益歆於利，「家事」一言，而社稷傾於武氏，所必然矣。若謂其才智有餘，任之以邊陲可矣，錮之於疊州，唐惡從而亂哉！

《全唐文》卷二九八吴兢《上〈貞觀政要〉表》 臣兢言：臣愚，比嘗見朝野士庶有論及國家政教者，咸云：「若以陛下之聖明，克遵太宗之故事，則不假遠求上古之術，必致太平之業。」故知天下蒼生所望於陛下者，誠亦厚矣。《易》曰：「聖人感人心，而天下和平。」今聖德所感，可謂深矣。竊惟太宗文武皇帝之政

化，自曠古而來，未有如此之盛者也。雖唐堯、虞舜、夏禹、殷湯、周之文、武，漢之文、景，皆所不逮也。至於用賢納諫之美，垂代立教之規，可以弘闡大猷，增崇至道者，並煥乎國籍，作鑒來葉。微臣以早居史職，莫不成誦在心。其有委質策名、立功樹德、正詞鯁議、志在匡君者，並隨事載録，用備勸誡，撰成一帙十卷，合四十篇，仍以《貞觀政要》爲目，謹隨表奉進。望紆天鑒，擇善而行，引而申之，觸類而長。《易》不云乎：「聖人久於其道，而天下化成。」伏願行之而有恒，思之而無倦，則貞觀巍巍之化，可得而致矣。昔殷湯不如堯、舜，伊尹恥之。陛下儻不修祖業，微臣亦恥之。《詩》曰：「念我皇祖，陟降廷止。」又云：「無念爾祖，聿修厥德。」此誠欽奉祖先之義也。伏惟陛下念之哉，則萬方幸甚，不勝誠懇之至，謹詣明福門奉表以聞。謹言。

藝文

徐堅《初學記》卷九《帝王部》引佚名《唐太宗頌》 厥初造化，人倫既興；乃建君長，司牧黎烝。肇自文書，爰代結繩；軒昊既謝，唐虞以升。後隋德衰，順時革命；三季之末，干戈是爭。赫矣神武，經期作聖；下括九圍，上齊七政。業統文武，勳邁高光；何險不濟，何患不攘。士女胥悅，篚厥玄黄；斯物之至，昭于我王。我王覆育，資生懷造；配堯登唐，方周在鎬。翕受敷施，明徵定保；允迪厥德，惟清帝道。帝道欽明，天下和平；三時不害，百穀以成。我庾斯積，如坻如京；既富而教，訟息刑清。明明天子，令聞不已；百姓爲心，萬方在己。家賴寬政，朝稱多士；齊一華戎，混同書軌。東池溟渤，西苑嵎丘；八蠻職貢，六狄懷柔。至德潛洽，玄化滂流；日慎一日，雖休勿休。先天不違，靈物效質；丹羽儀韶，翠黄承蹕。甘露零草，祥風應律；嘉禾醴泉，比焉自出。符瑞見兮煥圖書，壇場設兮望鑾輿。至人忘己體冲虚，凝神姑射厭宸居。厭宸居，叶冥契，龍駕升兮邈遐逝，垂玄範兮光來裔，與玄象兮長昭晣。飛英聲兮越三代，永錫祚兮萬億載。

《白居易集》卷四《百鍊鏡》 百鍊鏡，鎔範非常規，日辰處所靈且祇。江心波上舟中鑄，五月五日日午時。瓊粉金膏磨瑩已，化爲一片秋潭水。鏡成將獻蓬萊宫，揚州長吏手自封。人間臣妾不合照，背有九五飛天龍。人人呼爲天子鏡，我有一言聞太宗。太宗常以人爲鏡，鑒古鑒今不鑒容。四海安危居掌内，百王治亂懸心中。乃知天子别有鏡，不是揚州百鍊銅。

《舊唐書》卷五一《后妃傳上》 及太宗崩，追思顧遇之恩，哀慕愈甚，發疾不自醫。病甚，謂所親曰：「吾荷顧實深，志在早殁，魂其有靈，得侍園寢，吾之志也。」因爲七言詩及連珠以見其志。

《文苑英華》卷七七四引李華《太宗烈頌二》 高祖受天命誕興，太宗承天之命。帝煬昏踰，黎民一作人。毒痛，甚熱于爐，甚溺于塗，以號以呼，呼天無辜。高祖謂太宗，爾必有天下，爾其訏謨，太宗稽首，主令二字一作恭。受天命。臣請滌除，張我師撫征四國；剪薙羣慝，鼓一方三方振一作震。驚。默炤其靈，隨顧而平。我負我乳，我安我成；以奉君父，以臨天下。任忠孝文武，建禮章樂舞。我雖明德，諫則納汝，維時一作時維。帝降祐之。自古明后，莫如我德我勛，唐無疆天子之無疆，本太宗成一作休。命。

《文苑英華》卷八三五褚遂良《唐太宗文皇帝哀册文》 維貞觀二十三年歲次己酉五月甲辰朔二十六日己巳，大行皇帝崩于翠微宫之含風殿，旋殯于大極殿之西階。粤八月庚寅，將遷座于昭陵，禮也。鳳紀一作管。凝秋，龍帷將曙，溢化同軫，綿區縞素。哀子嗣皇帝諱，覽風樹而增感，攀銅池而拊膺。逼宗祧之是寄，傷往駕之無憑，奠樽盈而悲序促，靈景翳而愁雲興，去劍滋遠，清徽方閟，爰詔司存，傳芳瓊宇。其詞曰：

三微固祉，五耀垂文。光昭司牧，對越唐勛。族著玄牡，家傳縉雲。高祖配《文粹》作配于。天，一人有慶。大行神武，維幾作聖。良晝《文粹》並《大詔令》作書。自得，高文成性。夙表餘雄，先懷友敬。二本作反正。蒼兕爰發，朱旗首令。寰瀛昏墊，關洛荒蕪。妖傾地軸，盜弄乾樞。戎衣光啓，覇政宏謨。天兵電照，《文粹》作掃。月陣風馳。蚩尤遁《詔令》作遽。剪，猰貐戍一本作咸。誅。閏位不處，餘分興戾。先收秦組，次焚商袟。轉圜上略，容光下濟。從《詔令》作徙凝。邑垂仁，賓門灑惠。脩風順軌，凝圖奉睿。青戾同規，玄珠叶契。發揮三五，聲名遐裔。泛野休兵，靈臺復革。升巖藏銑，遵河奉璧。學隸《詔令》作肆。徐輪，丘園散帛。就日攸宜，如天在斯。刑哀動植，化美埴篪。樂華詹舉，禮葉旁垂。沙場聲剪，斗極咸覊。狼山入囿，湖海一本作渚。歸池。東旌若木，西旆條支。龍鄉委質，《詔令》作盡。烏衣來儀。大矣乘時，悠哉利見。文龜浮沼，應龍在淀。滴露飛甘，卿雲呈絢。松黄望幸，瑶華方薦。仙册劍術，星飛告變。凝沴氣於千二本作升。

年，掩璿暉於離殿。嗚呼哀哉！弘璧陳階，鈞天罷佾。二本作同管初秋，飛紱罷佾。夢齡遐想，《詔令》作驚川悠緬。宮車宴出。大隧弗營，兀龜獻吉。展軫効駕，羲和二本作端圭。司日。迫靈心於將餞，痛皇情其如失。凝清秋《文粹》作凝秋林。《詔令》作拂凝霜。於廣陌，《詔令》作路。遡悲風於長樹。經陌梁而徐轉，邁蘭池而從蹕。聳輕旆之逶迤，動邊笳之蕭瑟。嗚呼哀哉！周營甫竁，漢啓泉闈。轂林摇落，喬巖變哀。平原淒兮白日遠，深渚澹兮秋雲飛。覽銅爵而興慕，傷鼎湖之不歸。嗚呼哀哉！崤陵玄壤，隅二本作嵎。山窮路。肅二本作虛。衛翻英，輕池《文粹》作馳。委素。羲庭易晚，松陰難曙。萬方悲而雨泣，三靈慘而雲沍。嗟厚德之長違，仰高天而攀慕。嗚呼哀哉！崇基未煥，置業方昭。遺風餘烈，天長地遥。想神襟而騰茂，縱史筆而揚翹。籠嘉聲於日月，終有裕於唐堯。嗚呼哀哉！

宋敏求《唐大詔令集》卷二七唐高祖《立秦王爲皇太子詔》 儲貳之重，式固宗祧，一人元良，以貞萬國。天册上將太尉尚書令陝東道大行臺尚書令益州道行臺尚書令雍州牧蒲州都督領十二衛大將軍中書令上柱國秦王某，氣質沖遠，風猷昭茂，宏圖昔著，美業日隆。孝惟悳本，周於百行，仁惟任重，以安萬物。王迹初基，經營締構，戡剪多難，征討不庭，嘉謀獨舉，長算必剋。敷政大邦，宣風區奧，功高四履，道邁二南，任總機衡，庶績惟允。職兼内外，彝倫載穆，遐邇屬意，朝野具瞻，宜承鼎業，允膺守器。可立爲皇太子。所司具禮，以時册命。武德九年六月。

宋敏求《唐大詔令集》卷三〇唐高祖《神堯傳位皇太子詔》 乾道統天，文明於是叙曆；大寶曰位，宸極所以居尊。昔在勛華，不昌厥緒，揖讓之禮，旁求歷試。三代以降，天下爲家，繼體承基，胤嗣相襲。故能孝饗宗廟，卜世長遠，貽慶後昆，克隆鼎祚。朕膺期受命，握圖闡極，大拯横流，載寧區夏。然而昧旦丕顯，日昃坐朝，馭朽兢懷，履冰在念，憂勞庶政，九載於兹。今精華已竭，耄期倦勤，久懷物表，高蹈風雲。釋累遺塵，有同脱屣，深求閑逸，用保休和。皇太子世民，早叶禎符，夙彰奇表，天縱神武，智蘊深機。自雲雷締構，霸業伊始，義旗之舉，首創成規，京邑克平，莫非其力。及皇極已建，天步猶艱，内發謀猷，外清氛祲。英圖冠世，妙算窮神，伐暴夷凶，無思不服。薛舉負西戎之衆，武周引北狄之兵，蝟起蜂飛，假名竊號，元戎所指，折首傾巢。王世充藉府庫之資，憑山河之固，信臣精卒，承間守險；建德因之，同惡相濟，金鼓纔振，一縱兩擒。師不踰時，戎衣大定，夷劉闥於趙魏，覆徐朗於譙兗。功格穹蒼，德孚宇宙，雄才宏略，振古莫儔，造成大唐，緊其是賴。既而居中作相，任降羣后，百揆時總，三階以平。地居元良，實惟國本，萬邦咸正，庶兆樂推。晷緯呈象，休禎允集，華夏載佇，謳訟知歸。今傳皇帝，位於世民，所司備禮，以時册授。公卿百官，四方岳牧，爰及長吏，下至士民，宜悉祗奉，以稱朕意。夫政惟通變，禮貴從宜；利在因民，義存適要。條章法度，不便於時者，隨事改易，勿有疑滯。昔漢祖撥亂，身定大功，羣臣推奉，光宅帝位，而事父資敬，五日一朝，備禮尊崇，號稱太上。朕方游心恬淡，安神玄默，無爲拱揖，憲章往古，稱謂之儀，一準漢代。庶宗社之固，申錫無疆；天禄之期，永安勿替。布告天下，咸使知悉。武德九年八月。

宋敏求《唐大詔令集》卷三〇唐高祖《神堯命皇帝正位詔》 《書》曰：「知人則哲，惟帝難之。」《易》曰：「變通則久，使民不倦。」故太伯端委，周道以隆，東海就國，漢祚方永。立權致治，不其然乎？朕世濟淄衣，家傳鼎鼐，佐魏匡周，勤勞王室。有隋御曆，地居戚里。常以補天在慮，納揆爲心。大業道喪，皇極如燬，傾維折柱，天下分崩。塗炭納隍，黔黎殆盡，顧兹九有，鋒鏑縱横，静念一匡，計無所出。世民幼懷大度，性合天道，藴經緯之奇才，苞湯武之弘略。深謀秘策，沃朕拯溺之心；壯志雄圖，起予救焚之志。因其感激，許以經綸，糾合義師，投袂而起。車及於平陽之郊，劍及于孟津之會，元戎所指，冰銷霧捲。曾未浹旬，廓清京邑，定非常之業，建不世之功，亘古以來，未之聞也。朱旗西指，則仁杲喪元；白羽東臨，則世充泥首。摧武周如拉朽，收建德若拾遺。至於黑闥逋誅，圓朗小醜，三捷七擒，不可勝計。一人之力，冠今超古，暴之遐邇，豈待昌言。以建成嫡長，冀其養德日就，不謂匿怨友于，忌能毁善，讒言屢發，殆至鑠金。賴天啓朕心，宗社降福，密悟凶邪，指麾殲殄。朕愧受浸潤，深念元功，乃敬授帝圖，先天傳政。懼其溢滿驕上，未稱三靈之心；縱慾肆情，不恤萬方之重。朕故仍居紫極，處之肅成，察其復禮，觀其齊政，露往霜來，四載於兹矣。比聞思我王度，克難克艱，昧旦丕顯，去奢去泰。朝夕視膳，蒸蒸之性日嚴；戾景憂民，翼翼之情□慎。南越驟水，北狄欵關，四海晏然，五兵偃戢。招君章之黨，止用尺書；屠師都之城，無虧寸刃。公卿輯睦，遠邇乂安，金鼓絶於疆埸，玉鏡懸於億兆，盡善盡美，吾無間然。匪天祐之，孰能至此？今令月吉辰，風調雨順。朕俯觀人事，仰鑒穹旻，自當養性别宫，使其正居宸極。宜令有司具禮，務在周備，朕得脱屣高蹈，擬跡於軒轅；授曆傳璽，爰屬於□啓。大寶既固，卜年惟永，付託有所，何樂如之。百辟卿士等，或晉陽從我，同披荆棘；或秦邸故吏，早預腹心。並以

德舉言揚，進忠顯効，保乂社稷，天平地成。惟嘗帶礪山河，與國休戚，可以悉心匪弼，無黨無偏，罔或隳哉！替爾不績，善事元首，稱朕意焉。武德九年八月。

蘇軾《東坡全集》卷六九《題唐太宗帖》 太宗抗暴如此，至於妻子間，乃有「忘欲均死」之語，固牽於愛者也。

《張耒集》卷四四《跋唐太宗畫目》 唐太宗躬擐甲冑，出入行陣，親與羣雄搏戰而勝之，計其勇健驍武，豈復翰墨間人也。《官法帖》帝王部中，有太宗書真行千餘字，觀其用筆精工，法度粹美，雜之《二王帖》中，不能辨也，而其雄傑邁秀之氣，則冠諸書者。嗚呼盛哉！宜其備文武之大美，兼聖賢之能事，除隋之亂，比跡湯、武，致治之美，庶幾成、康，雖數十年慨然可想也。此書畫目是其真蹟，前數行亦自有法度可愛。乙酉仲夏柯山東堂書。

王柏《魯齋集》卷六《唐太宗像贊》 世道再變，太宗有國。終始胡風，歷年三百。萬乘不足，一將之雄。仁義果效，何止歲豐！

《全唐詩》卷八二六貫休《古鏡詞》 至寶不自寶，照古還照今。仙人手胼胝，寥汶秋沈沈。不是十二面，不是百煉金。若非八彩眉，不可輒照臨。即歸玉案頭，爲君整冠簪。即居吾君手，照出天下心。恭聞太宗朝，此鏡當宸襟。六合懸清光，萬里無塵侵。此鏡今又出，天地還得一。

《全唐詩》卷八六五慕容垂《冢上答太宗》 太宗征遼，至定州，路側有一鬼，衣黄衣，立高冢上，神彩特異，遣使問之，答以此詩。言訖不見，乃慕容垂墓也。我昔勝君昔，君今勝我今。榮華各異代，何用苦追尋。

《全唐文》卷一五六引謝偃《述聖賦》 臣聞立極著紀之初，闢乾開曆之始。上所以分垂象曜，下所以疆括地里。惟大人之有作，越百代而孤峙。飛五位以龍奮，騰九萬而鵬起。曩者炎運將終，鼎命云絶，四溟波駭，八維幅裂。羽檄交馳，邊烽並爇。長星夜掃，陣雲朝結。莫不望壁壘以麾旗，對轅門而亂轍。故得百城冰潰，千里烟滅。固靈命之有在，乃慷慨而投袂。驅八駿以雷擊，馭六飛而電逝。騰星劍以外倚，振雲鋒而高曳。既後事而先謀，亦先勝而後制。兵有臨而必剋，功無往而不濟。龜筮叶以符兆，人神應而合契。諒包項以駕軒，實孕皇而育帝。足以光燭千祀，足以祚隆萬世。於是戢兵偃武，銘功紀勣。探三代之逸經，刊八方之遺籍。搜隱遁於林藪，訪棲遲於巖石。然後調玉律以定時，測金儀而考歷。符洛下之前驗，嗣容成之絶迹。若夫流惠澤於瀛表，被仁風於區外。窮八際以來庭，踰九譯而洊會。莫不削衽而崇禮樂，解辮而襲冠帶。參兩曜以齊明，混一儀以稱大。信一人之致感，實萬方之攸賴。聖皇以令叶先甲，時惟仲春。乃整法駕，馭華輪，六軍雷動，萬乘星陳。臨濁河以北睠，指清洛而東巡。乃升雲闕，俯天津，朝萬國，禮百禮，琛盡成集，要荒畢臻。夫其地也，據三川以設險，憑四關而作固。總奔湊於八方，測圭影於中度。既定鼎於周業，亦克昌於漢祚。望嵩巒之邐迤，臨崤坂之迴互。所以仰叶辰象，所以俯清天步。若夫削靈巖以表闕，疎清派而爲池。極皇居之壯麗，窮大厦之宏規。抗修廊之窈窕，屬輦道而逶迤。夕霞臨而錯落，晨光照而陸離。至如雲觀晨開，風亭夜敞。迴長飈於輕翼，凝濃露於仙掌。沈落月於璧臺，挂奔星於珠網。羅紈飄而散馥，環珮動而流響。垂密葉於綺窗，散飛花於翠幌。復有天池濛汜，以嬉以遊，鼓輕枻漾仙舟。蔭喬木，鏡清流。魚鳥陵亂，蘋藻沈浮。控飛梁以架迴，列層閣以環洲。漬檐欒之修竹，映迢遞之危樓。風未生而葉動，景將昃而光收。若夫瑞草奇色，祥樹嘉名。霏紅曜紫，垂緗拖青。或玲瓏於玉砌，或點綴於金楹。交九衢而結影，分四照以開榮。浥朝露而踰馥，帶晨風而更輕。於是登崇觀以周覽，闢層軒而遐矚。樹含嶺而共青，草帶原而同緑。俯八紘而非遠，顧千里而爲局。飛霞斂而復舒，輕烟斷而還續。既神怡以情暢，乃遣累而思足。聆天籟之晨響，想鳳簫之夜聲。窺蘂雲之朝散，思鶴蓋之後清。捐大位而不寳，脱萬乘而爲輕。訪真人於姑射，問至理於廣成。志眇眇以遐顧，以遥遥而上征。踐太微之崇閣，闢閶闔之天局。拖紅旗於絳闕，翼芝蓋於紫庭。咀靈一作沖。氣而還壽，吸元液以駐齡。若夫北瞰太行，南臨少室。積峯遠而踰翠，重巖隱而復出。仵鬱律以干霄，又岧嶤而蔽日。松路空而難辨，鳥翔高而易失。屬天下之無事，聊逍遥以自逸。方欲登日觀以撿金，覽云亭而穹蹕。於是凝聖情以遠慮，思成敗於終古。美揖讓於有虞，壯成功於大禹。恥用兵於中冀，鄙窮戰於丹浦。每有違於汝弼，恒知失而思補。乃命促苑囿，散積聚。改制度，易規矩。削侈麗於樓臺，崇質素於階宇。仁好生而必遂，德無貫而不輔。習嘉禮於玉帛，和大樂於鐘鼓。上可以降集羣瑞，下可以安懷率土。惟聖作之可觀，實萬物而斯覩。顧微臣之庸朽，濫叨選於詞林。恒戒盈以懼賊，每規過而進箴。幸天地之覆載，欣日月之照臨。豈窺人而識象，寧測海而知深。徒望雲以考澤，空就日而傾心。漸九皋而戢翰，望天路以揚音。美皇運之方永，嗟頹齡之遽侵。顧鴻恩之未答，徒頌德以長吟。

房玄齡部

綜述

《舊唐書》卷六六《房玄齡傳》 房喬字玄齡，齊州臨淄人。曾祖翼，後魏鎮遠將軍、宋安郡守，襲壯武伯。祖熊，字子，釋褐州主簿。父彥謙，好學，通涉《五經》，隋涇陽令，《隋書》有傳。

玄齡幼聰敏，博覽經史，工草隸，善屬文。嘗從其父至京師，時天下寧晏，論者咸以國祚方永，玄齡乃避左右告父曰：「隋帝本無功德，但誑惑黔黎，不爲後嗣長計，混諸嫡庶，使相傾奪，儲后藩枝，競崇淫侈，終當內相誅夷，不足保全家國。今雖清平，其亡可翹足而待。」彥謙驚而異之。年十八，本州舉進士，授羽騎尉。吏部侍郎高孝基素稱知人，見之深相嗟挹，謂裴矩曰：「僕閱人多矣，未見如此郎者。必成偉器，但恨不覩其聳壑凌霄耳。」父病綿歷十旬，玄齡盡心藥膳，未嘗解衣交睫。父終，酌飲不入口者五日。後補隰城尉。

會義旗入關，太宗徇地渭北，玄齡杖策謁於軍門，溫彥博又薦焉。太宗一見，便如舊識，署渭北道行軍記室參軍。玄齡既遇知己，罄竭心力，知無不爲。賊寇每平，衆人競求珍玩，玄齡獨先收人物，致之幕府。及有謀臣猛將，皆與之潛相申結，各盡其死力。

既而隱太子見太宗勳德尤盛，轉生猜間。太宗嘗至隱太子所，食，中毒而歸，府中震駭，計無所出。玄齡因謂長孫無忌曰：「今嫌隙已成，禍機將發，天下恟恟，人懷異志。變端一作，大亂必興，非直禍及府朝，正恐傾危社稷。此之際會，安可不深思也！僕有愚計，莫若遵周公之事，外寧區夏，內安宗社，申孝養之禮。古人有云：『爲國者不顧小節』，此之謂歟。孰若家國淪亡，身名俱滅乎？」無忌曰：「久懷此謀，未敢披露，公今所說，深會宿心。」無忌乃入白之。太宗召玄齡謂曰：「阽危之兆，其迹已見，將若之何？」對曰：「國家患難，今古何殊。自非睿聖欽明，不能安輯。大王功蓋天地，事鍾壓紐，神贊所在，匪藉人謀。」因與府屬杜如晦同心戮力。仍隨府遷授秦王府記室，封臨淄侯；又以本職兼陝東道大行臺考功郎中，加文學館學士。玄齡在秦府十餘年，常典管記，每軍書表奏，駐馬立成，文約理贍，初無稿草。高祖嘗謂侍臣曰：「此人深識機宜，足堪委任。每爲我兒陳事，必會人心，千里之外，猶對面語耳。」隱太子以玄齡、如晦爲太宗所親禮，甚惡之，譖之於高祖，由是與如晦並被驅斥。

隱太子將有變也，太宗令長孫無忌召玄齡及如晦，令衣道士服，潛引入閤計事。及太宗入春宮，擢拜太子右庶子，賜絹五千匹。貞觀元年，代蕭瑀爲中書令。論功行賞，以玄齡及長孫無忌、杜如晦、尉遲敬德、侯君集五人爲第一，進爵邢國公，賜實封千三百戶。太宗因謂諸功臣曰：「朕敍公等勳效，量定封邑，恐不能盡當，各許自言。」皇從父淮安王神通進曰：「義旗初起，臣率兵先至。今房玄齡、杜如晦等刀筆之吏，功居第一，臣竊不服。」上曰：「義旗初起，人皆有心。叔父雖率得兵來，未嘗身履行陣。山東未定，受委專征，建德南侵，全軍陷沒。及劉黑闥翻動，叔父望風而破。今計勳行賞，玄齡等有籌謀帷幄，定社稷之功，所以漢之蕭何，雖無汗馬，指蹤推轂，故得功居第一。叔父於國至親，誠無所愛，必不可緣私，濫與功臣同賞耳。」初，將軍丘師利等咸自矜其功，或攘袂指天，以手畫地，及見神通理屈，自相謂曰：「陛下以至公行賞，不私其親，吾屬何可妄訴？」

三年，拜太子少師，固讓不受，攝太子詹事，兼禮部尚書。明年，代長孫無忌爲尚書左僕射，改封魏國公，監修國史。既任總百司，虔恭夙夜，盡心竭節，不欲一物失所。聞人有善，若己有之。明達吏事，飾以文學，審定法令，意在寬平。不以求備取人，不以己長格物，隨能收敍，無隔卑賤。論者稱爲良相焉。或時以事被譴，則累日朝堂，稽顙請罪，悚懼踧踖，若無所容。九年，護高祖山陵制度，以功加開府儀同三司。十一年，與司空長孫無忌等十四人並代襲刺史，以本官爲宋州刺史，改封梁國公，事竟不行。

十三年，加太子少師，玄齡頻表請解僕射，詔報曰：「夫選賢之義，無私爲本；奉上之道，當仁是貴。列代所以弘風，通賢所以協德。公忠肅恭懿，明允篤誠，草昧霸圖，綢繆帝道。儀刑黃閣，庶政惟和；輔翼春宮，望實斯著。而忘彼大體，徇茲小節，雖恭教諭之職，乃辭機衡之務，豈所謂弼予一人，共安四海者也？」玄齡遂以本官就職。時皇太子將行拜禮，備儀以待之，玄齡深自卑損，不敢修謁，遂歸於家。有識者莫不重其崇讓。玄齡自以居端揆十五年，女爲韓王妃，男遺愛尚高陽公主，實顯貴之極，頻表辭位，優詔不許。十六年，又與士廉等

同撰《文思博要》成，錫賚甚優。進拜司空，仍綜朝政，依舊監修國史。玄齡抗表陳讓，太宗遣使謂之曰：「昔留侯讓位，竇融辭榮，自懼盈滿，知進能退，善鑒止足，前代美之。公亦欲齊蹤往哲，實可嘉尚。然國家久相任使，一朝忽無良相，如失兩手。公若筋力不衰，無煩此讓。」玄齡遂止。

十七年，與司徒長孫無忌等圖形於凌煙閣，贊曰：「才兼藻翰，思入機神。當官勵節，奉上忘身。」高宗居春宮，加玄齡太子太傅，仍知門下省事，監修國史如故。尋以撰《高祖》、《太宗實錄》成，降璽書褒美，賜物一千五百段。其年，玄齡丁繼母憂去職，特敕賜以昭陵葬地。未幾，起復本官。太宗親征遼東，命玄齡京城留守，手詔曰：「公當蕭何之任，朕無西顧之憂矣。」軍戎器械，戰士糧廩，並委令處分發遣。玄齡屢上言敵不可輕，尤宜誡慎。尋與中書侍郎褚遂良受詔重撰《晉書》，於是奏取太子左庶子許敬宗、中書舍人來濟、著作郎陸元仕、劉子翼、前雍州刺史令狐德棻、太子舍人李義府、薛元超、起居郎上官儀等八人，分功撰錄，以臧榮緒《晉書》爲主，參考諸家，甚爲詳洽。然史官多是文詠之士，好採詭謬碎事，以廣異聞；又所評論，競爲綺豔，不求篤實，由是頗爲學者所譏。唯李淳風深明星曆，善於著述，所修《天文》、《律曆》、《五行》三志，最可觀採。太宗自著宣、武二帝及陸機、王羲之四論，於是總題云御撰。至二十年，書成，凡一百三十卷，詔藏於祕府，頒賜加級各有差。

玄齡嘗因微譴歸第，黃門侍郎褚遂良上疏曰：「君爲元首，臣號股肱，龍躍雲興，不嘯而集，苟有時來，千年朝暮。陛下昔在布衣，心懷拯溺，手提輕劍，仗義而起。平諸寇亂，皆自神功，文經之助，頗由輔翼。爲臣之勲，玄齡爲最。昔呂望之扶周武，伊尹之佐成湯，蕭何關中，王導江外，方之於斯，可以爲匹。且武德初策名伏事，忠勤恭孝，衆所同歸。而前宮、海陵，憑凶恃亂，干時事主，人不自安，居累卵之危，有倒懸之急，命視一刻，身縻寸景，玄齡之心，終始無變。及九年之際，機臨事迫，身被斥逐，闕於謨謀，猶服道士之衣，與文德皇后同心影助，其於臣節，自無所負。及貞觀之始，萬物惟新，甄吏事君，物論推與，而勳庸無比，委質惟舊。自非罪狀無赦，搢紳同尤，不可以一犯一愆，輕示遐棄。陛下必矜玄齡齒髮，薄其所爲，古者有諷諭大臣遣其致仕，自可在後，式遵前事，退之以禮，不失善聲。今數十年勳舊，以一事而斥逐，在外云云，以爲非是。夫天子重大臣則人盡其力，輕去就則物不自安。臣以庸薄，忝預左右，敢冒天威，以申管見。」

二十一年，太宗幸翠微宮，授司農卿李緯爲民部尚書。玄齡時在京城留守，會有自京師來者，太宗問曰：「玄齡聞李緯拜尚書如何？」對曰：「玄齡但云李緯好髭鬚，更無他語。」太宗遽改授緯洛州刺史，其爲當時準的如此。

二十二年，駕幸玉華宮，時玄齡舊疾發，詔令臥總留臺。及漸篤，追赴宮所，乘擔輿入殿，將至御座乃下。太宗對之流涕，玄齡亦感咽不能自勝。敕遣名醫救療，尚食每日供御膳。若微得減損，太宗即喜見顏色；如聞增劇，便爲改容悽愴。玄齡因謂諸子曰：「吾自度危篤，而恩澤轉深，若孤負聖君，則死有餘責。當今天下清謐，咸得其宜，唯東討高麗不止，方爲國患。主上含怒意決，臣下莫敢犯顏；吾知而不言，則銜恨入地。」遂抗表諫曰：「臣聞兵惡不戢，武貴止戈。當今聖化所覃，無遠不屆，洎上古所不臣者，陛下皆能臣之，所不制者，皆能制之。詳觀今古，爲中國患害者，無如突厥。遂能坐運神策，不下殿堂，大小可汗，相次束手，分典禁衛，執戟行間。其後延陀鴟張，尋就夷滅，鐵勒慕義，請置州縣，沙漠以北，萬里無塵。至如高昌叛換於流沙，吐渾首鼠於積石，偏師薄伐，俱從平蕩。高麗歷代逋誅，莫能討擊。陛下責其逆亂，弑主虐人，親總六軍，問罪遼、碣。未經旬月，即拔遼東，前後虜獲，數十萬計，分配諸州，無處不滿。雪往代之宿恥，掩崤陵之枯骨，比功較德，萬倍前王。此聖心之所自知，微臣安敢備說。且陛下仁風被於率土，孝德彰於配天。覩夷狄之將亡，則指期數歲；授將帥之節度，則決機萬里。屈指而候驛，視景而望書，符應若神，算無遺策。擢將於行伍之中，取士於凡庸之末。遠夷單使，一見不忘；小臣之名，未嘗再問。箭穿七札，弓貫六鈞。加以留情墳典，屬意篇什，筆邁鍾、張，辭窮班、馬。文鋒既振，則管磬自諧；輕翰暫飛，則花蘤競發。撫萬姓以慈，遇羣臣以禮。褒秋毫之善，解吞舟之網。逆耳之諫必聽，膚受之訴斯絶。好生之德，焚障塞於江湖；惡殺之仁，息鼓刀於屠肆。鳧鶴荷稻粱之惠，犬馬蒙帷蓋之恩。降乘吮思摩之瘡，登堂臨魏徵之柩。哭戰亡之卒，則哀動六軍；負填道之薪，則精感天地。重黔黎之大命，特盡心於庶獄。臣心識昏憒，豈足論聖功之深遠，談天德之高大哉！陛下兼衆美而有之，靡不備具，微臣深爲陛下惜之重之，愛之寶之。《周易》曰：「知進而不知退，知存而不知亡，知得而不知喪。」又曰：「知進退存亡，不失其正者，惟聖人乎！」由此言之，進有退之義，存有亡之機，得有喪之理，老臣所以爲陛下惜之者，蓋此謂也。老子曰：「知足不辱，知止不殆。」謂陛下威名功德，亦可足矣；拓地開疆，亦可止矣。彼高麗者，邊夷賤類，不足待以仁義，不可責以常禮。

古來以魚鱉畜之，宜從闊略。若必欲絶其種類，恐獸窮則搏。且陛下每決一死囚，必令三覆五奏，進素食，停音樂者，蓋以人命所重，感動聖慈也。況今兵士之徒，無一罪戾，無故驅之於行陣之間，委之於鋒刃之下，使肝腦塗地，魂魄無歸，令其老父孤兒，寡妻慈母，望轊車而掩泣，抱枯骨以摧心，足以變動陰陽，感傷和氣，實天下冤痛也。且兵者凶器，戰者危事，不得已而用之。向使高麗違失臣節，陛下誅之可也；侵擾百姓，而陛下滅之可也；久長能爲中國患，而陛下除之可也。有一於此，雖日殺萬夫，不足爲愧。今無此三條，坐煩中國，內爲舊王雪恥，外爲新羅報讎，豈非所存者小，所損者大？願陛下遵皇祖老子止足之誡，以保萬代巍巍之名。發霈然之恩，降寬大之詔，順陽春以布澤，許高麗以自新，焚凌波之船，罷應募之衆，自然華夷慶賴，遠肅邇安。臣老病三公，旦夕入地，所恨竟無塵露，微增海嶽。謹罄殘魂餘息，預代結草之誠。倘蒙録此哀鳴，即臣死且不朽。」太宗見表，謂玄齡子婦高陽公主曰：「此人危惙如此，尚能憂我國家。」

後疾增劇，遂鑿苑牆開門，累遣中使候問。上又親臨，握手敍別，悲不自勝。皇太子亦就之與之訣。即日授其子遺愛右衛中郎將，遺則中散大夫，使及目前見其通顯。尋薨，年七十。廢朝三日，册贈太尉、并州都督，謚曰文昭，給東園祕器，陪葬昭陵。玄齡嘗誡諸子以驕奢沉溺，必不可以地望凌人，故集古今聖賢家誡，書於屏風，令各取一具，謂曰：「若能留意，足以保身成名。」又云：「袁家累葉忠節，是吾所尚，汝宜師之。」高宗嗣位，詔配享太宗廟庭。

子遺直嗣，永徽初爲禮部尚書、汴州刺史。次子遺愛，尚太宗女高陽公主，拜駙馬都尉，官至太府卿、散騎常侍。初，主有寵於太宗，故遺愛特承恩遇，與諸主婿禮秩絶異。主既驕恣，謀黜遺直而奪其封爵，永徽中誣告遺直無禮於己。高宗令長孫無忌鞫其事，因得公主與遺愛謀反之狀。遺愛伏誅，公主賜自盡，諸子配流嶺表。遺直以父功特宥之，除名爲庶人。停玄齡配享。

《昭陵碑石》引褚遂良《房玄齡碑》 大唐故尚書左僕射司空太子太傅上柱國贈太尉并州都督梁文昭公之碑文

蓋聞翊亮天儀，處師臣者參聖；丹青景化，應圖緯者鄰幾。若乃皇靈厥初，挺生元宰，(約缺四十五字)宸之表，經綸帝績，仰代玄造之功，論道太階，獨見於文昭公矣。公諱玄齡，字喬，清河郡縣人也。昔者帝嬀(約缺四十字)海之清風，繼響承家，鎮聞韶之雅俗。曾祖翼，後魏宋安太守，襲爵壯武侯。祖熊，歷清河、廣川太守。並揚光外[刂]，上承(約缺三十六字)刺史(下空)，皇朝贈徐州都督、臨淄定公。政以禮成，教由言滿。通德之門早閟，竟發納駟之祥；清白之訓方申，終(約缺四十一字)機，精通未兆。同後部之克嶷，良由自然；體曲阜之多才，非因學致。遍遊六藝，泛涉百家。寫延閣於靈台，(下約缺四十四字)年十有八，俯從賓貢，澹乎藏器，世莫能知。吏部侍郎高孝基，察微之士也。半面申款，拭目異(約缺四十一字)藏書，咸成□簡。詔徵碩老，典校缺文。自非學擬更生，方膺妙選，者如伏叟，僅得先鳴。公以富年，俄登□席。望清塵(約缺三十九字)齊[艹]外□。歲序纏懷，終身永切。至哉天性，獨越人靈。於時道阻昏□，思鳴待旦，竟屬碭山雲氣，發□於(下約缺四十六字)之鑒方深；在愍憂而未晞，隱如之寄斯重。(下空)太宗時稱元帥，乃命公爲記室。于是臨戎習禮，奉翊司隸之章；輕出餘資，預表收圖之志。皇唐(約缺三十九字)□□攘萬人之敵，飛箭下億丈之城。故以敷暢軍謀，弼舞干而制勝；弘宣廟略，俟傳檄以成功。豈徒日製□函，委(約缺四十一字)人，朝□丹青，公爲冠首，累加上柱國，封臨淄侯。俄而釁起巫蠱，禍胎滋蔓。管叔阻兵，肆流言而助虐；潘崇建策，(約缺四十字)走魂而徇主，約沈族以酬恩。俄然內難廓清，英威纂統，引公爲右庶子。沃茲三善，匡彼萬機，[距]□[广]徒，□[文]斬祛(下缺)太宗御歷，遷中書令，封邢國公，邑三千户，實食益州賦一千三百户。尋以本職兼太子詹事，仍敕監□(下缺)高祖、太宗二實録，合卌卷，晉、梁、周、齊、陳、隋六代史，合三百廿七卷，雖復馬擅半千，談遷共終其□，班□良(下約缺四十一字)矣，俄遷尚書左僕射。當朝作紀，巨細平分；體國推誠，鴻纖必舉。持衡取正，象雨露而無心；處劇多聞，(下缺)高祖升遐，帝不言政，吉凶機務，大小責成。園寢規摹，仰副孝思之道；山陵制度，簡(約缺四十二字)汾□；□□令器，喻奄宅於龜蒙。公固辭裂土，詔從其義，尋加太子少師。通籍二宮，並司衡軸；交輝兩□，表儀□[頁]。(約缺三十九字)於春風；水土斯平，致河圖於東序。洎乎(下空)今上升儲，道光守器，長琴振響；方嗣虞風，仙管流聲。且揚嬀化，發明春誦，□□□□，□□□□，必資爽望，(約缺三十八字)風□□□□□泱宇，故藉羲馭之功；少海浮霄，尚假朝宗之助。增天益峻，意在茲乎。尋而有事馬韓，將[辶]鳥服，鈎陳(約缺四十三字)公昔從撥亂，飲雪披榛；晚贊天成，憂深責厚。罄其心力，遘此沉痾。古人有言

曰：形大勞則弊，神(下缺)太宗驚其色憂，親加察問，方依實奏。帝用憮然，馳遣良醫，並賫御藥，時方隆暑，迎至涼宮，詔遣(約缺三十八字)小小歹不□身，惕視光陰，益深憂國。高陽公主爲其子妻，附上諫書，言逾切至。□覽增慟，悲(約缺四十一字)二□□□爲右衛□郎將，第三子遺則爲朝散大夫，使及目前，見其通顯。恩波所被，觸類無涯。□以貞觀廿□年七月□□日(下缺)太宗俯閱巨川，悼藏舟之夜失；今上緬惟過隙，痛愛景之宵沉。慟結兩宮，□□□□，□贈太尉、并州□督(下約缺二十五字)，賜□□□□一□□加羽葆鼓吹，班劍卌人。葬事所須，並令優給。仍特降旨，許爲製碑。遐觀遂古君臣之(約缺四十九字)並出。道合神契，德洞天經。體孝爲忠，自家形國。妙年從識，望瑶光而識真；弱歲踰岐，會□泉而委質。□飛龍(下約缺四十四字)山不復，逝水無追。家臣國吏，相與而謀曰：昔魯國懷僖，揚德音於雅頌；周人思邵，播美績於□謡。氵以(下缺)

辰精降説，華靈誕震。台嶽資神，齊光合峻。頁我天網，綿區掩俊。道契文明，聲諧遠(約缺四十六字)地(下空)。聖賢同德，君臣協志。穹壤儵平，幽遐必曁。革夷從夏，羈戎□吏。明謨赫赫，雅議(約缺四十九字)義。□鬱掞詞，雕焕始發。如綸俄成，壯觀璇衡。總務玉鉉，調鼐儀形。濟濟□□，師師彌綸。(約缺四十六字)穠華。門當魯館，邸照姬車。卜居昭儉，脱粟防奢。禮崇身約，室邇情遐。(約缺五十四字)易□，□道難名。德輝不昧，環景齊明。

雜録

備録

張鷟《朝野僉載》卷六 王顯與文武皇帝有嚴子陵之舊，每掣裩爲戲，將帽爲歡。帝微時，常戲曰：「王顯抵老不作繭。」及帝登極，而顯謁奏曰：「臣今日得作繭耶？」帝笑曰：「未可知也。」召其三子，皆授五品，顯獨不及。謂曰：「卿無貴相，朕非爲卿惜也。」曰：「朝貴而夕死足矣。」時僕射房玄齡曰：「陛下既有龍潛之舊，何不試與之？」帝與之三品，取紫袍、金帶賜之，其夜卒。

張鷟《朝野僉載》補輯 盧夫人，房玄齡妻也。玄齡微時，病且死，誘曰：「吾病革，君年少，不可寡居，善事後人。」盧泣，入幃中，剔一目示玄齡，明無他。會玄齡良愈，禮之終身。□按《妬婦記》亦有夫人，何賢於微時而妬於榮顯邪？予於是而有感。

劉餗《隋唐嘉話》卷上 征遼之役，梁公留守西京，敕以便宜從事不請。或詣留臺稱有密者，梁公問密謀所在，對曰：「公則是也。」乃驛遞赴行所，及車駕於相州。太宗聞留守有表送告人，大怒，使人持長刀於前，而後見之，問反者爲誰，曰：「房玄齡。」帝曰：「果然！」叱令斬腰。璽書責梁公以不能自任，更有如此者，得專斷之。

劉餗《隋唐嘉話》卷中 梁公以度支之司，天下利害，郎曹當闕，求之未得，乃自職之。【略】

梁公夫人至妬，太宗將賜公美人，屢辭不受。帝乃令皇后召夫人，告以媵妾之流，今有常制，且司空年暮，帝欲有所優詔之意。夫人執心不迴。帝乃令謂之曰：「若寧不妬而生，寧妬而死？」曰：「妾寧妬而死。」乃遣酌卮酒與之，曰：「若然，可飲此酖。」一舉便盡，無所留難。帝曰：「我尚畏見，何況於玄齡！」

吴兢《貞觀政要》卷三《擇官七》 貞觀二十一年，太宗在翠微宫，授司農卿李緯户部尚書。房玄齡是時留守京城。會有自京師來者，太宗問曰：「玄齡聞李緯拜尚書，如何？」對曰：「但云『李緯大好髭鬚』，更無他語。」由是改授洛州刺史。

吴兢《貞觀政要》卷五《孝友一五》 司空房玄齡事繼母，能以色養，恭謹過人。其母病，請醫人至門，必迎拜垂泣。及居喪，尤甚柴毁。太宗命散騎常侍劉洎就加寬譬，遺寢床、粥食、鹽菜。

柳宗元《龍城録》卷上《房玄齡爲相無嗣》 房玄齡來買卜成都，日者笑而掩鼻曰：「公知名當世，爲時賢相，奈無繼嗣何？」公怒，時遺直以三歲在側。日者顧指曰：「此兒此兒，絶房者此也。」公大悵而還。後皆信然也。

柳宗元《龍城録》卷上《房玄齡有大譽》 房玄齡幼穉日，王通説其父，謂此細眼奴非立忠志，則爲亂賊，輔帝者則爲儒師，綽有大譽矣。

劉肅《大唐新語》卷七《容恕一五》 裴玄本好諧謔，爲户部郎中。時左僕射房玄齡疾甚，省郎將問疾，玄本戲曰：「僕射病可，須問之；既甚矣，何須問也。」有洩其言者。既而隨例候玄齡，玄齡笑曰：「裴郎中來，玄齡不死矣。」

劉肅《大唐新語》卷七《知微一六》 隋吏部侍郎高構典選銓綜，至房玄齡、杜如晦，愕然正視良久，降階抗禮，延入内齋共食，謂之曰：「二賢當興王佐命，位極人臣。杜年稍減於房耳。願以子孫爲託。」因謂裴矩曰：「僕閲人多矣，未見此賢。」嗟仰不已。貞觀初，如晦終右僕射，玄齡至司空，咸如構言。

房玄齡與杜如晦友善，慨然有匡主濟時之志。開皇中，隨父彦謙至長安。時天下晏安，論者以爲國祚無疆。玄齡密告彦謙曰：「隋帝盜有天下，不爲後嗣長計，混淆嫡庶，使相傾奪。今雖清平，其亡可翹足而待。」彦謙驚止之。因謂友人李少適曰：「主上性多忌刻，不納諫争，太子卑弱，諸王擅威，唯行苛酷之政，不弘遠大之略。今雖少安，吾憂其危亂矣。」少適以爲不然。大業之季，其言皆驗。及義師濟河，玄齡杖策謁於軍門，太宗以爲謀主，每歎曰：「昔光武云：『自吾得鄧禹，人益親。』寡人有玄齡，亦猶禹也。」佐平天下，及終相位，凡三十二年，號爲賢相，然無跡可尋。爲唐宗臣，宜哉！

劉肅《大唐新語》卷一一《褒錫二四》 貞觀末，房玄齡避位歸第。時天旱，太宗將幸芙蓉園以觀風俗。玄齡聞之，戒其子弟曰：「鑾輿必當見幸。」亟使灑掃備饌。俄頃，太宗果先幸其第，便載入宫。其夕大雨，咸以爲優賢之應。

宋敏求《長安志》卷七《右朱雀街東第一街九坊》 朱雀街東第二街北當皇城南面之安上門街東從北第一務本坊半以西國子監，領國子監太學、四門律書算六學。坊南街之北先天觀，本司空梁國公房元齡宅。

備論

《舊唐書》卷六六《房玄齡傳》 史臣曰：房、杜二公，皆以命世之才，遭逢明主，謀猷允協，以致昇平。議者以比漢之蕭、曹，信矣。然萊成之見用，文昭之所舉也。世傳太宗嘗與文昭圖事，則曰「非如晦莫能籌之」。及如晦至焉，竟從玄齡之策也。蓋房知杜之能斷大事，杜知房之善建嘉謀，裨諶草創，東里潤色，相須而成，俾無悔事，賢達用心，良有以也。若以往哲方之，房則管仲、子産，杜則鮑叔、罕虎矣。

贊曰：肇啓聖君，必生賢輔。猗歟二公，實開運祚。文含經緯，謀深夾輔。笙磬同音，唯房與杜。

《新唐書》卷九六《房玄齡傳》 贊曰：太宗以上聖之才，取孤隋，攘羣盜，天下已平，用玄齡、如晦輔政。興大亂之餘，紀綱雕弛，而能興僕植僵，使號令典刑粲然罔不完，雖數百年猶蒙其功，可謂名宰相。然求所以致之之蹟，逮不可見，何哉？唐柳芳有言：「帝定禍亂，而房、杜不言功；王、魏善諫，而房、杜讓其直；英、衛善兵，而房、杜濟以文。持衆美效之君。是後，新進更用事，玄齡身處要地，不吝權，善始以終，此其成令名者。」諒其然乎！如晦雖任事日淺，觀玄齡許與及帝所親款，則謨謀果有大過人者。方君臣明良，志葉議從，相資以成，固千載之遇，蕭、曹之勳，不足進焉。雖然，宰相所以代天者也，輔贊彌縫而藏諸用，使斯人由而不知，非明哲曷臻是哉？彼揚己取名，瞭然使户曉者，蓋房、杜之細邪！

《褚遂良集·論房元齡不宜斥逐疏》 君爲元首，臣號股肱，龍躍雲興，不嘯而集，苟有時來，千年朝暮。陛下昔在布衣，心懷拯溺，手提輕劍，仗義而起，平諸寇亂，皆自神功。文經之助，頗由輔翼，爲臣之勳，元齡爲最。昔吕望之扶周武，伊尹之佐成湯，蕭何關中，王導江外，方之於斯，可以爲匹。且武德初策名伏事，忠勤恭孝，衆所同歸。而前宫海陵，憑凶恃亂，干時事主，人不自安，居累卵之危，有懸倒之急，命視一刻，身縻寸景，元齡之心，終始無變。及九年之際，機臨事迫，身被斥逐，闕於謨謀，猶服道士之衣，與文德皇后同心影助，其於臣節，自無所負。及貞觀之始，萬物惟新，甄吏事君，物論推與，而勳庸無比，委質惟舊。自非罪狀無救，搢紳同尤，不可以一犯一愆，輕示遐棄，陛下必矜元齡齒髮，薄其所爲。古者有諷諭大臣，遣其致仕，自可在後，式遵前事，退之以禮，不失善聲。今數十年之勳舊，以一事而斥逐，在外云云：以爲非是。夫天子重大臣，則人盡其力；輕去就則物不自安。臣以庸薄，忝預左右，敢冒天威，以申管見。

孫甫《唐史論斷》卷上《任用房杜》 論曰：人主之任大臣，不可不專，亦不可專，若深知其人可付國事，不專任之何以責成功？蓋任專則責重，責重則人必盡其才力也。若知人未至而專任之，苟無成功，則有敗事，又或竊擅威福，有難制之患。二者惟在人主審之，不可一失，失則事機難追矣。太宗可謂能審任

人之術者也。知房喬、杜如晦之賢而付以國事，房、杜方盡心職事，已著功效，陳師合以平常之見，欲移主意。如晦奏其事，意似不廣，然慮小臣間言漸害於事，公言之爾。太宗不惑師合之言，喬如晦荷信任如是，敢不盡其才力乎！此所以成太平之治也。然有太宗之明，房、杜之賢，則可以專任而不容人言。人主知人未至，當審其付任，不可執此以爲法。

孫甫《唐史論斷》卷上《房杜相業》 論曰：「或問房、杜之相，謀議施爲，不見赫赫之事，而世大賢之，何也？」答曰：宰相之功，何必赫赫，觀時事如何耳。房、杜自秦府遇主，講天下事固詳。太宗即位，遂命作相，付任之專，不與他相同，乃得盡心助治，致時太平。以事明之，其功可見。宰相之任，莫先乎正官職，用賢才。若官得其才，宰相總其大要，庶事舉而天下治矣。正觀元年，房、杜定文武官六百四十員，官既少則才可擇，才可擇則官不濫，官不濫則職自舉。况公於取士，各盡其才，此房、杜得佐主興治之要道也。以至臺閣規模，典章文物，皆其所定。又防姦邪，抑權倖，各有著法，大槩如此，不惟一時之治，固足以垂憲於後也。其他軍國機務，雖謀議不著，每籌事太宗從之。以太宗之英睿，專任二相而從其所籌，其賢又可知也。即正觀時事之治，二相之功可見矣。或曰：「正觀四年，天下大治，太宗惟稱魏公之力，不及房、杜，何也？」答曰：「正觀之初，太宗求治方切，魏公專論王道，封倫橫議以沮之。太宗不惑姦言，力行王道，及天下之治也，嘉賢人之論足以明道，故稱魏公之力；嫉小人之言，惜不能使之慚悔，故恨封倫之不見，其言自不及房、杜也。然魏公，諫臣也；房、杜，宰相也。魏公論其治體，房、杜助其施爲爾。後世賢房、杜而不見其功者，惟詳觀太宗專任之意、正觀時事之要可也。

范祖禹《唐鑑》卷二《太宗上》 三年，帝謂房玄齡、杜如晦曰：「公爲僕射，當廣求賢人，隨才授任，此宰相之職也。比聞聽受詞訟，日不暇給，安能助朕求賢乎？」因敕尚書細務屬左右丞，唯大事應奏者，乃關僕射。

臣祖禹曰：太宗責宰相以求賢，而不使之親細務，能任相以其職矣。《書》曰：惟説式克欽承，旁招俊乂，列于庶位。此相之職也。苟不務此，而治簿書期會百吏之事，豈所謂相乎？

李綱《梁谿集》卷一四八《論非常之功》 有非常之人，則有非常之功，非常者固常之人所不能與也。昔者鮑叔牙薦管仲于桓公，曰：「必欲治國家而伯諸侯，非管仲不可。」于是束縛而取之魯，至則三沐而三薰之，饗于廟而問之政，管仲乃爲陳所以治國而寓兵者。行之數年，九合諸侯，而桓公以伯蕭何薦韓信于高祖，曰：「信國士無雙，如欲長王漢中，無所事信；必欲争天下，非信無可與計事者。」于是設壇場，擇日而拜之以爲大將。信乃爲陳所以還定三秦，以弱項羽之强者。用其策，卒破楚，而高祖遂有天下。太宗之爲秦王也，府屬多外遷。王患之，房玄齡曰：「去者雖多，不足吝。杜如晦，王佐材也，若終守藩，無所事如晦；必欲經營四方，舍如晦無與共功者。」因表留幕府，從征伐，常參帷幄之謀，每議事帝所。玄齡善謀，而如晦長于斷，二人同心協濟，太宗多用其策，卒定禍亂，而身致太平。蜀先主之寓襄陽也，訪世事于司馬德操，德操曰：「儒生俗士，豈識時務，識時務者在乎俊傑，此間自有伏龍鳳雛。」而徐庶亦曰：「諸葛孔明，卧龍也。將軍宜枉駕見之。」先主三顧之于草廬之中，亮乃勸先主取荆益，結吴爲援，以禦曹公。先主用其策，卒定巴蜀，而成鼎峙之勢。由是觀之，方艱難時，非有卓犖不群之材，烏足與論非常之功哉！

胡寅《致堂讀史管見》卷一五 房玄齡、杜如晦皆預選。吏部侍郎高孝基名知人，見玄齡，嘆曰：「異日必爲偉器。」見如晦，謂曰：「君有應變之才，必任棟梁之重。」俱以子孫託之。

隋文以詐力當天命，無人物之鑒，高熲在當時爲第一流，既以讒廢，牛弘、李綱不敢批逆鱗，嬰酷虐之鋒，自餘無聞矣。然一世之人，如一世之物，各足以周一世之用，故藥之空青玉札，寶之金珠象犀，木之楩楠豫章未嘗聞前代期費，而後代無有也。人材者，五行之秀氣，五行與天地無窮，則秀氣亦安有終極哉？特在上者無意於用之而不求耳。大唐開基，以至太平，房、杜之功也。而二人生於隋世，已登仕版，文帝果可與有爲，斯二人者，亦豈肯埋光鏟采，碌碌下僚而不願聞達哉？後之人君讀史至此，當起汲汲求賢之意，要天下之仁人君子，皆爲我用，而猶未以爲慊，是則永世永年之道也。

胡寅《致堂讀史管見》卷一七 上謂房玄齡、杜如晦曰：「廣求賢人隨才受任，此宰相之職也。比聞聽受詞訟，日不暇給，安能助朕求賢乎？」因勑尚書細務屬左右丞，惟大事應奏者，乃關僕射。

宰相而受詞，既非古制，然當之者未有以爲不可，雖賢如房、杜，亦且行之，何也？其説有五：無經濟之略，姑以是爲難於所職者，一也。人君明察，則不敢當權，而以吏事自爲者，二也。才用粗淺，熟於有司之務，躐躋其任，益以是勉勉者，三也。上不知治本，而責成於叢脞，因以奉承之者，四也。實侵大權，

而故治文案，親牒訴爲小心，以眩其君者，五也。若誠知宰相職分，如陳獻侯，必不肯然矣。房、杜之才，非能賢於太宗，故太宗如是而止，固不能爲太甲、高宗、成王之事也。

范浚《香溪集》卷五《房杜不言功論》 君子有心於濟世，無心於立功，功非君子之所當論也。時方輔英主，平禍亂，則所以經濟大業者，不得不用力焉。然其初心，豈以邀功爲哉？痛生人之荼毒，爲之拯救而已。唐太宗取天下，房玄齡、杜如晦力爲多，然二人終不言功，爲其有心於濟世，而無心於立功也。竊嘗言之：隋季不競，魚爛土潰，小黠巨姦，揭竿蠭起，四海之內，鞠爲盜區，元元無聊，有肝腦塗地之禍。太宗於是奮布衣，提三尺劍，剪除群慝，爲萬人請命于上帝，不踰十年，遂定天下。稽其梟威雅，馘老生，俘杲、密，虜充、竇，東取河洛，西舉汧隴，南威蠻荆，北走獯鬻，崇功偉烈，赫奕盛大，疑非手足所能圖者，蓋房、杜實佐成之也。太宗自爲燉煌公時，即收玄齡，自爲秦王，即用如晦。二人之佐太宗，固有年矣；奇謀秘畫，陳之多矣；繩違正諫，亦已數矣。是其有功於唐，殆不可以算計。由常人觀之，則必歷自辨數，以希高爵大封，垂榮後裔，而不疑矣。然而二人方且撝謙貶抑，痛自退遜，曾無一言及之，豈無謂哉？其意必曰：「吾君之定禍亂，天下之所歸也，實爲吾君之德也。吾君不作，我何爲哉？是雖有功，歸之吾君可也。」又必曰：「吾君之定禍亂，衆材之所資也，實爲諸將之力也，不有諸將，我何爲哉？是雖有功，歸之諸將可也。」又必曰：「成功之下不可居也，古所患也，自伐以取禍，功於我何有哉？是雖有功，持之若無可也。」歸之於君，則功不可言也；歸之諸將，則功不可言也；持之若無，則功不可言也。二人有功而不言，意其有得於三者之說也。雖然，是亦無心於立功者之所爲也。使二人者攘袂用力，區區以功名爲務，亦何能不自言耶？抑嘗聞之，薛萬均、盧祖尚、李君羡輩，太宗時俱有功受封爵。然而萬均坐清宮不謹，下獄憤死；祖尚辭交州都督，斬之朝堂；君羡以謡讖見忌，下詔誅之。是皆非辜小眚，不獲保全，則太宗之於功臣，初未嘗加恤也。尉遲恭侍宴，論功爭班，乃至不懌而深譴之，且有「韓、彭夷戮，非漢祖之愆」之語。當時大臣類多畏禍，李靖闔門稱疾，長孫無忌求解僕射，懼有功而終見疑也。然玄齡、如晦之不言功，其亦覆車之戒耶？嗚呼，拔劍讙言，攘袂指畫，競占豐邑，爭據上位者，無時無之。君子欲明退遜之義，其於房、杜，盍亦少懷仰哉！

吳儆《竹洲集》卷三《房杜》 人惟不用於人而後能用人，不制於人而後能制人。何者？有能而可見，不若不可見之爲全；舉事而情得，不若無心而事之所不能加。甚矣，能之不可隱而情之不可掩也。馬之致遠，牛之引重，孔翠之羽，虎豹之皮，其能已見於人，雖欲不爲人用不可得也。養虎者不以生物予之，養鷹者饑之，牧羊者去其敗群，視其後者而鞭之，其情一見於外，雖欲不受制於人，不可得也。是故得者失之基也，譽者咎之門也，榮者辱之本也。禍固多藏於所忽，而怨常集於榮名，故曰皓皓者易污，嶢嶢者難全。古之君子，去才與智而退托於無能之地，辭功與名而自處於不爭之域，然後能用人而制之，以其才全而天機深也。唐史臣稱帝定禍亂而房、杜不言功，王、魏善諫而房、杜遜其直，英、衛善兵而房、杜濟以文。夫兵，危道也；諫，難言也。以英、衛之智，王、魏之辯，蹈天下之至危，犯天下之甚難，終身爲人用而不自覺。彼房、杜者默不見其所爲而坐收天下之功，則房、杜之所以用天下而制之者，有英、衛、王、魏之所不能知，此其所以身名俱榮而獨出於諸公之右也。

章如愚《山堂考索》續集卷三二引林之奇《論房玄齡爲相無迹可尋》 《中庸》曰：「『德輶如毛』，毛猶有倫；『上天之載，無聲無臭』，至矣。」《烝民》之詩所以歎美仲山甫之德者無所不備，雖足以爲中興之碩輔，然所謂「毛猶有倫」者也。房玄齡輔相太宗，以成貞觀之治，而後世觀之，無迹可尋，此則近於「無聲無臭」之至矣。是故漢之文、景紀無可書之事，而爲西都之仁君；唐之房、杜傳無可載之功，而爲貞觀之賢相。

陸九淵《象山全集》卷三〇《房杜謀斷如何論》 事之要者無二機，計之得者無二説，然而得於積思者其意疑，得於忽悟者其意決，此謀之與斷所以異任而同功，殊稱而一致者也。天下之事，惟其要而難處也，於是乎有賴於謀。彼其以善謀稱，而不足與斷者，豈無得於其機，而嘗試爲之説也哉？顧特以其旁推曲攷，原始要終，紬繹復熟而得之，則謹重之心勝，而剛決之意微，故不能不自疑其有所未善。至於善斷者，因其謀而遂斷之。其始之爲謀，雖不出於己，而亦豈無得乎其心，而徒徇人之説，以勇於必行而已哉？蓋其權奇倜儻，方欝於紬繹復熟之久，而聞言輒契，覩機忽悟，如雷蟄而忽驚，日曀而忽明，其勢不能不決。然則謀之與斷雖所任各異，所稱各殊，而要其實，豈不同功而一致也哉？唐房、杜佐太宗取天下，而史稱玄齡善謀，如晦長於斷，愚請以是而論之。甚哉！機事之可畏，而謀斷之任不可以非其人也。嘗觀漢高祖聽酈生之謀，刻印立六國後，高祖方食，以告張良，良借前箸籌之，高祖至輟飯吐哺怒罵，令趣

銷印。石勒去高祖五六百載，以奴虜之身，據有中原，初不知書。一日聽讀《漢史》至刻印事，駭曰：「此法當失，何以得天下？」及讀至張良之籌，乃曰：「賴有此人。」嗚呼！使酈生佩印已行數舍之遠，則高祖之天下，幾已去矣。知天下之機事，率如是之可畏，而張良之籌，高祖之罵，石勒之駭，皆機緘互發，如聲響相應，非直偶然而已。則知凡所謂謀者斷者，皆不可以或非其人，而房、杜之才智，可得而論之矣。雖然，玄齡謀事帝所，必曰「非如晦莫與籌之」，及如晦至，則卒用玄齡策。自常情觀之，玄齡不失爲謙抑謹重，而如晦則爲無謀而因人成事者耳。嗚呼！以此論房、杜，此與兒童之見何異？弈秋中枰而輟弈，少下於弈秋者，必不能以舉其棋矣；王良中道而弭輿，少下於王良者，必不能以振其策矣。天下之機事，而可以非其人而與於其間哉？或謀、或斷，必其機緘識略之相符者而後可也。韓信破趙之後，發使使燕，而燕人從風而靡，其策乃不出於韓信，而出於李左車，然天下不以韓信爲不知兵。鄒陽受梁之謝，入見王長君，而梁罪竟解，其計乃不出於鄒陽，而出於王先生，然天下不以鄒陽爲非辯士。蓋因其善而用之，與夫發悟於心者，實機緘識略之相符，而非苟從之者也。如此則知房、杜之謀斷，如宫商之相應而同於成聲，如斤斧之迭用而同於成器，初不可以差殊觀而優劣論也。抑嘗言之，太宗以弓矢定天下，其智略之出於己者，班班見於紀傳。大焉制勝千里之外，小焉決機兩陣之間，超逸神變，不可窮極。及天下既定，談治道，論政理，則老師宿儒詘其辯，此亦難乎其爲臣矣。然而自渭北一見之初，秦府表留之後，謀必於房，斷必於杜，則夫二公之才智，豈淺淺者所可得而窺議哉？及考之傳紀，則夫謀斷之迹，有不可得而見焉。嗚呼！此二公之才智，所以爲不可及歟？史臣取柳芳之言曰：「帝定禍亂，而房、杜不言功；王、魏善諫，而房、杜遜其直；英、衛善兵，而房、杜濟以文。」此真足以知房、杜謀斷之本矣。若乃謀之不善，而强欲以辯屈人之異己，如徐湛之於沈慶之者；又有嫉其謀之善，而必爲沮格撓敗之計，如牛僧孺之於李德裕者，其視房、杜之謀斷，奚啻天淵之相遼哉？雖然，法律之書詳，而望之以禮樂則缺；功利之意篤，而概之以道義則疏。此雖不足以是責之，而亦不能不使人歎息也。

王夫之《讀通鑑論》卷二〇《唐太宗》 太宗制諫官隨宰相入閤議事，故當時言無不盡，而治得其理。然則以是爲盡聽言行政之理乎？抑有未盡然者。治惟其人，不惟其法。以王珪、魏徵爲諫議大夫，房玄齡、杜如晦爲宰相，而太宗之明，足以折中羣論而從違不爽，則可矣。必恃此以立爲永制，又奚可乎？命官圖治之道，莫大乎官各明其守，而政各任於其人。庶務分治於六官，其屬詳其目，其長持其綱，皆有成憲之可準也。或舉、或廢，或倚法而挾姦私，或因時而爲斟酌，各以其所效之成能爲得失；然而有待於天子宰相之裁成者，則太宗之制，令五品以上更宿内省，以待訪問，固善術也。下有利病得達於上，而上得詰其勤怠公私以制其欺；若夫小有過誤，則包含教戒而俟其改。如使諫官毛舉細過以相糾，則大體失而爭黨起於細微，亂世之所以言愈棼而事愈圮也。宰相者，外統六官，内匡君德，而持可久可大之衡，以貞常而馭變者也。君心之所目正，國體之所自立，國本之所自固，民生之所自安，非弘通於四海萬民數百年之規而不役於一時之利病者，不足以勝其任。故古者三公論道，所論者道耳，不能與任氣敢言之士，爭一言一事之可否；而論道於君，抑不在摘人閒細政，繩舉動之小愆，發深宫之纖過，以與君競，徒自媟而與天子不親；故與諫官同者未必是，而其異者未必非也。詭隨諫官而避其彈射，則可以應一事而不可以規大全；逆折諫官而伸其獨見，則幾事不密，而失其正色立朝之度。若夫宰相而果懷私以病國，固諫官所必抗正以争，而非可使與辯訟於一堂，競偶然之得失者也。夫諫官職在諫矣，諫者，諫君者也，徵聲逐色，奬諛斥忠，好利喜功，狎小人，耽逸豫，一有其幾而必犯顔以諍；大臣不道，誤國妨賢，導主賊民，而君偏任之，則直糾之而無隱。若夫羣執事之修墜，則六官之長覈其成，執憲之臣督其失，宰相與天子總大綱以裁其正，初不藉諫官之毛舉鷙擊、搜剔苛求、以矜辨察；老成熟慮之訏謨，非繁稱曲説、矯舉異同於俄頃者，所可詫風裁以決定者也。故天子誠廣聽以求治，則宰相有坐論之時，羣臣有待問之時，諫官有請對之時，而不可有聚訟一堂、道謀築舍之時。官各有其守，政各任其人，分理而兼聽之，惟上之虚衷以廣益，豈立一成法以啓争端，可爲不易之經乎？

藝文

吕温《吕衡州文集》卷九《房梁公玄齡》 梁公先覺，龍卧待君。長彗流光，掃天布新。義師雷動，公躍其鱗。杖策千里，來排帝閽。婉婉梁公，實懿實聰。實光實融，羽義翼忠。若鸞若鴻，大風動地。儒服從容，静運胸中。弛張折衡，

左右太宗。夷屯廓蒙，定高祖功。功告武成，翊開太平。我心雖勞，時靡有争。網羅遺賢，推轂羣英。玉不韜輝，蘭無沉馨。飛鴻出冥，振鷺在庭。濟濟多士，太宗以寧。公無事矣，闕衮有補。惟仲山甫，經營四方。方叔召虎，大邦鈞軸。至則委汝，問居台輔。撝謙自處，亦莫敢余侮。高明令終，嗚呼梁公。

《褚亮集・記室考功郎中房元齡》 才兼藻翰，思入機神。當官勵節，奉上忘身。

宋敏求《唐大詔令集》卷四四佚名《房玄齡杜如晦左右僕射制》 尚書政本，端揆任隆，自非經國大材，莫或斯舉。中書令、兼太子詹事、邢國公房玄齡，器宇沉邃，風度宏遠，譽彰遐邇，道冠簪纓。兵部尚書、檢校侍中、蔡國公杜如晦，識量清舉，神彩凝映，德宣内外，聲溢廟堂。朕自剋平宇縣，締構資始，叶贊經綸，厥功甚茂，深謀祕略，動合規矩，忠義讜言，事多啓沃。及典司樞要，綢繆宸扆，開物成務，知無不爲。可謂神降英靈，天資人傑。並宜總司衡軸，光闡大猷。玄齡可尚書左僕射，如晦可尚書右僕射，餘如故。貞觀三年二月。

宋敏求《唐大詔令集》卷四四佚名《房玄齡司空制》 惟天爲大，資四序以成功，惟王建國，俟三台以弘化。故隆漢受命，吴鄧飛聲，有晉勃興，荀何底績。開府儀同三司、尚書左僕射、太子少師、上柱國梁國公房玄齡，器範忠肅，識具明允，才稱王佐，望乃時英。霸圖爰始，預經綸之業，鼎命惟新，贊隆平之化。誠固金石，勳勒鍾鼎。自任總庶尹，職重朝端，心力盡於翼亮，憂勞積於歲序。而志在沖退，有懷止足，固陳衰疴，屢上表疏。然則變揆禮閣，職務實繁，論道槐庭，望實攸屬。宜加寵命，平兹水土。可司空。貞觀十六年七月。

孫承恩《文簡集》卷四一《房梁公玄齡》 梁公善謀，神機朗徹。推轂羣材，翊贊大業。端委宅揆，寅亮天工。定製作則，一代元功。

《全唐詩》卷一唐太宗《賦尚書》 崇文時駐步，東觀還停輦。輟膳玩三墳，暉燈披五典。寒心覩肉林，飛魄看沉湎。縱情昏主多，克己明君鮮。滅身資累惡，成名由積善。既承百王末，戰兢隨歲轉。

《全唐詩》卷一唐太宗《賦秋日懸清光賜房玄齡》 秋露凝高掌，朝光上翠微。參差麗雙闕，照耀滿重闈。仙馭隨輪轉，靈烏帶影飛。臨波無定彩，入隙有圓暉。還當葵藿志，傾葉自相依。

《全唐詩》卷一唐太宗《賜房玄齡》 太液仙舟迥，西園隱上才。未曉征車度，雞鳴關早開。

《全唐文》卷六唐太宗《答房元齡請解僕射詔》 夫選賢之義，無私爲本；奉上之道，當仁是貴。列代所以宏風，通賢所以協德。公忠肅恭懿，明允篤誠，草昧霸圖，綢繆帝道。儀則黄閣，庶政惟和；輔翼春宫，實望斯著。而忘彼大體，徇兹小節，雖恭教諭之職，乃辭機衡之務，豈所謂弼予一人，共安四海者也。

《全唐文》卷六唐太宗《宥黨仁宏答房元齡等手詔》 夫爲政之大，慎枉刑獄，縱捨任心，以欺衆庶，罪一也；知人不明，委用貪冒，罪二也；善善未賞，惡惡不誅，罪三也。若斯三者，豈得無過，以公固諫，且依來請。

《全唐文》卷八唐太宗《賜房元齡陪葬詔》 輟膳流哀，悲深棟幹，徹懸興感，悼切股肱。是知飾禮飾終，道先彝册，贈章追遠，事本因心。故司空梁國公元齡，蹈義挺生，資忠秀出，功宣翼贊，誠著艱難。推轂代藩，參六飛之馭，沃心皇極；均十亂之重。恪居端揆，亟積暄寒。九功謡其日用，百辟於焉仰止。若乃恭儉周慎之心，奉國忘私之志，足以抗衡上列，獨暎終古。方申倚寄，永贊隆平，曾不慭遺，摧梁奄及。永惟良輔，是用震慟於厥心，宜加寵靈，式旌泉路。可贈太尉使持節都督并、箕、嵐、勝四州諸軍事，守并州刺史，所司備禮册命。給班劍四十人，及羽葆鼓吹，賻絹布二千段，米粟二千石。陪葬昭陵，賜東園祕器，仍令工部尚書閻立德攝鴻臚卿監護。

《全唐文》卷九唐太宗《答房元齡請解僕射詔》 夫選賢之義，無私爲本，奉上之道，當仁是貴。列代所以宏風，通賢所以叶力。卿忠肅恭懿，明允篤誠，草昧霸圖，綢繆帝道。儀刑禮閣，庶政惟和，輔翼春宫，望實斯在。而忘彼大體，徇兹小節，雖恭教諭之職，乃辭機衡之務，豈所謂弼余一人，共安四海者也。宜聽此懷，無煩固讓。

《全唐文》卷九唐太宗《又答房元齡詔》 元齡德爲時秀，位隆朝右，業履恭儉，志懷冲退，頻表陳誠，固辭執法。朕旰食思治，虚己欽賢，方資啓沃，共康兆庶，豈得申其雅尚，用虧彝典，便可斷表，即令攝職。

羅惇衍《集義軒詠史詩鈔》卷三二《房元齡》 弁冕勳臣相業開，凌煙高閣繼雲臺。略過功狗蕭何任，策決興龍鄧禹來。一著戎衣英主績，雙參軍幄故人才。芙蓉園裏觀風日，親枉鑾輿共載回。

杜如晦部

綜述

《舊唐書》卷六六《杜如晦傳》 杜如晦字克明，京兆杜陵人也。曾祖皎，周贈開府儀同大將軍、遂州刺史。祖徽，周河内太守。祖果，周温州刺史，入隋，工部尚書，義興公，《周書》有傳。父吒，隋昌州長史。

如晦少聰悟，好談文史。隋大業中以常調預選，吏部侍郎高孝基深所器重，顧謂之曰：「公有應變之才，當爲棟梁之用，願保崇令德。今欲俯就卑職，爲須少禄俸耳。」遂補滏陽尉，尋棄官而歸。

太宗平京城，引爲秦王府兵曹參軍，俄遷陝州總管府長史。時府中多英俊，被外遷者衆，太宗患之。記室房玄齡曰：「府僚去者雖多，蓋不足惜。杜如晦聰明識達，王佐才也。若大王守藩端拱，無所用之；必欲經營四方，非此人莫可。」太宗大驚曰：「爾不言，幾失此人矣！」遂奏爲府屬。後從征薛仁杲、劉武周、王世充、竇建德，嘗參謀帷幄。時軍國多事，剖斷如流，深爲時輩所服。累遷陝東道大行臺司勳郎中，封建平縣男，食邑三百户。尋以本官兼文學館學士。天策府建，以爲從事中郎，畫象於丹青者十有八人，而如晦爲冠首，令文學褚亮爲之贊曰：「建平文雅，休有烈光。懷忠履義，身立名揚。」其見重如此。

隱太子深忌之，謂齊王元吉曰：「秦王府中所可憚者，唯杜如晦與房玄齡耳。」因譖之於高祖，乃與玄齡同被斥逐。後又潛入畫策，及事捷，與房玄齡功等，擢拜太子左庶子，俄遷兵部尚書，進封蔡國公，賜實封千三百户。貞觀二年，以本官檢校侍中，攝吏部尚書，仍總監東宫兵馬事，號爲稱職。三年，代長孫無忌爲尚書右僕射，仍知選事，與房玄齡共掌朝政。至於臺閣規模及典章文物，皆二人所定，甚獲當代之譽，談良相者，至今稱房、杜焉。如晦以高孝基有知人之鑒，爲其樹神道碑以紀其德。

其年冬，遇疾，表請解職，許之，禄賜特依舊。太宗深憂其疾，頻遣使存問，名醫上藥，相望於道。四年，疾篤，令皇太子就第臨問，上親幸其宅，撫之流涕，賜物千段；及其未終見子拜官，遂超遷其子左千牛構爲尚舍奉御。尋薨，年四十六。太宗哭之甚慟，廢朝三日，贈司空，徙封萊國公，謚曰成。太宗手詔著作郎虞世南曰：「朕與如晦，君臣義重。不幸奄從物化，追念勳舊，痛悼于懷。卿體吾此意，爲制碑文也。」太宗後因食瓜而美，愴然悼之，遂輟食之半，遣使奠於靈座。又嘗賜房玄齡黄銀帶，顧謂玄齡曰：「昔如晦與公同心輔朕，今日所賜，唯獨見公。」因泫然流涕。又曰：「朕聞黄銀多爲鬼神所畏。」命取黄金帶遣玄齡親送於靈所。其後太宗忽夢見如晦若平生，及曉，以告玄齡，言之歔欷，令送御饌以祭焉。明年如晦亡日，太宗復遣尚宫至第慰問其妻子，其國官府佐並不之罷。終始恩遇，未之有焉。

子構襲爵，官至慈州刺史，坐弟荷謀逆，徙於嶺表而卒。初，荷以功臣子尚城陽公主，賜爵襄陽郡公，授尚乘奉御。貞觀中，與太子承乾謀反，坐斬。

如晦弟楚客，少隨叔父淹没於王世充。淹素與如晦兄弟不睦，譖如晦兄於王行滿，王世充殺之，并囚楚客，幾至餓死，楚客竟無怨色。洛陽平，淹當死，楚客泣涕請如晦救之。如晦初不從，楚客曰：「叔已殺大兄，今兄又結恨棄叔，一門之内，相殺而盡，豈不痛哉！」因欲自刭。如晦感其言，請於太宗，淹遂蒙恩宥。楚客因隱於嵩山。

貞觀四年，召拜給事中，上謂曰：「聞卿山居日久，志意甚高，自非宰相之任，則不能出，何有是理耶？夫涉遠者必自邇，升高者必自下，但在官爲衆所許，無慮官之不大。爾兄雖與我體異，其心猶一，於我國家非無大功。爲憶爾兄，意欲見爾。宜識朕意，繼爾兄之忠義也。」拜楚客蒲州刺史，甚有能名。後歷魏王府長史，拜工部尚書，攝魏王泰府事。楚客知太宗不悦承乾，魏王泰又潛令楚客友朝臣用事者，至有懷金以賂之，因説泰聰明，可爲嫡嗣。人或以聞，太宗隱而不言。及釁發，太宗始揚其事，以其兄有佐命功，免死，廢于家。尋授虔化令，卒。

如晦叔父淹。淹字執禮。祖業，周豫州刺史。父徵，河内太守。淹聰辯多才藝，弱冠有美名，與同郡韋福嗣爲莫逆之交，相與謀曰：「上好用嘉遁，蘇威以幽人見徵，擢居美職。」遂共入太白山，揚言隱逸，實欲邀求時譽。隋文帝聞而惡之，謫戍江表。後還鄉里，雍州司馬高孝基上表薦之，授承奉郎。大業末，官至御史中丞。王世充僭號，署爲吏部，大見親用。及洛陽平，初不得調，淹將委質於隱太子。時封德彝典選，以告房玄齡，恐隱太子得之，長其姦計，於是遽啓太宗，引爲天策府兵曹參軍、文學館學士。武德八年，慶州總管楊文幹作亂，辭連

東宫，歸罪於淹及王珪、韋挺等，並流於越嶲。太宗知淹非罪，贈以黄金三百兩。及即位，徵拜御史大夫，封安吉郡公，賜實封四百户。以淹多識典故，特詔東宫儀式簿領，並取淹節度。尋判吏部尚書，參議朝政。前後表薦四十餘人，後多知名者。

淹嘗薦刑部員外郎邸懷道，太宗因問淹：「懷道才行何如？」淹對曰：「懷道在隋日作吏部主事，甚有清慎之名。又煬帝向江都之日，召百官問去住之計。時行計已決，公卿皆阿旨請去，懷道官位極卑，獨言不可。臣目見此事。」太宗曰：「卿爾日從何計？」對曰：「臣從行計。」太宗曰：「事君之義，有犯無隱。卿稱懷道爲是，何因自不正諫？」對曰：「臣爾日不居重任，又知諫必不從，徒死無益。」太宗曰：「孔子稱從父之命，未爲孝子。故父有争子，國有争臣。若以主之無道，何爲仍仕其世？既食其禄，豈得不匡其非？」因謂羣臣曰：「公等各言諫事如何？」王珪曰：「昔比干諫紂而死，孔子稱其仁；洩冶諫而被戮，孔子曰：『民之多辟，無自立辟。』是則禄重責深，理須極諫；官卑望下，許其從容。」太宗又召淹笑謂曰：「卿在隋日，可以位下不言；近仕世充，何不極諫？」對曰：「亦有諫，但不見從。」太宗曰：「世充若修德從善，當不滅亡；既無道拒諫，卿何免禍？」淹無以對。太宗又曰：「卿在今日，可爲備任，復欲極諫否？」對曰：「臣在今日，必盡死無隱。且百里奚在虞虞亡，在秦秦霸，臣竊比之。」太宗笑。時淹兼二職，而無清潔之譽，又素與無忌不協，爲時論所譏。及有疾，太宗親自臨問，賜帛三百匹。貞觀二年卒，贈尚書右僕射，謚曰襄。

子敬同襲爵，官至鴻臚少卿。敬同子從則，中宗時爲蒲州刺史。

雜録

備録

柳宗元《龍城録》卷下《太宗沉書於滹沱》 太宗文皇帝平王世充，於圖籍有交關語言、構怨連結文書數百事。太宗命杜如晦掌之。如晦復稟上當如何，太宗曰：「付諸曹吏。」行頃聞於外，有大臣將自盡者。上乃復取文書，背裹一物，疑石重。上親裹百重，命中使沉滹沱中，更不復省此。與光武焚交謗數千章者何異。

劉肅《大唐新語》卷一《匡贊第一》 杜如晦少聰悟，精彩絶人。太宗引爲秦府兵曹，俄改陝州長史。房玄齡聞於太宗曰：「餘人不足惜，杜如晦聰明識達，王佐之才。若大王守藩，無用之；必欲經營四方，非此人不可。」太宗乃請爲秦府掾，封建平縣男，補文學館學士。令文學褚亮爲之贊曰：「建平文雅，休有烈光。懷忠履義，身立名揚。」貞觀初，爲右僕射，玄齡爲左僕射。太宗謂之曰：「公爲僕射，當須大開耳目，求訪賢哲，此乃宰相之弘益。比聞聽受詞訴，日不暇給，安能爲朕求賢哉！」自是臺閣規模，皆二人所定。其法令意在寬平，不以求備取人，不以己長格物。如晦、玄齡引進之，如不及也。太宗每與玄齡圖事，則曰：「非如晦莫能籌之。」及如晦至，卒用玄齡之策。二人相須以斷大事，迄今言良相者，稱房杜焉。及如晦薨，太宗謂虞世南曰：「吾與如晦，君臣義重，不幸物化，實痛于懷。卿體吾意，爲製碑也。」後太宗嘗新瓜美，愴然悼之，輟其半，使置之靈座。及賜玄齡黄銀帶，因謂之曰：「如晦與公同心輔朕，今日所賜，惟獨見公。」泫然流涕。以黄銀帶辟惡，爲鬼神所畏，命取金帶，使玄齡送之于其家也。

王溥《唐會要》卷七四《選部上》 〔貞觀〕四年，杜如晦臨終，請委選舉於民部尚書戴胄，遂以檢校吏部尚書。及在銓衡，抑文雅而獎法吏，不適輪轅之用，物議以爲刻。

《册府元龜》卷三九四《宰輔部・褒寵二》 杜如晦爲右僕射，未幾，以疾免。帝令皇太子就第臨問，知其不起，又親幸其宅。撫之流涕，賜物千段。及終，太宗廢朝三日爲之舉哀，哭甚慟，遣國子祭酒楊師道監護喪事，贈開府儀同三司。太宗手勑著作郎虞世南曰：「吾與如晦，君臣義重，不幸物化，追念勳舊，痛悼于懷，卿體吾此意爲之製碑文也。」及將葬，重贈司空。明年，晦卜日，太宗復遣尚宫至第慰問妻子。其國官府佐皆不之罷終，始恩遇未之有焉。

備論

《舊唐書》卷六六《杜如晦傳》 史臣曰：房、杜二公，皆以命世之才，遭逢明

主，謀猷允協，以致昇平。議者以比漢之蕭、曹，信矣。然萊成之見用，文昭之所舉也。世傳太宗嘗與文昭圖事，則曰「非如晦莫能籌之」。及如晦至焉，竟從玄齡之策也。蓋房知杜之能斷大事，杜知房之善建嘉謀，裨諶草創，東里潤色，相須而成，俾無悔事，賢達用心，良有以也。若以往哲方之，房則管仲、子產，杜則鮑叔、罕虎矣。

贊曰：肇啓聖君，必生賢輔。猗歟二公，實開運祚。文含經緯，謀深夾輔。笙磬同音，唯房與杜。

《新唐書》卷九六《杜如晦傳》 贊曰：太宗以上聖之才，取孤隋，攘羣盜，天下已平，用玄齡、如晦輔政。興大亂之餘，紀綱雕弛，而能興仆植僵，使號令典刑粲然罔不完，雖數百年猶蒙其功，可謂名宰相。然求所以致之之蹟，逮不可見，何哉？唐柳芳有言：「帝定禍亂，而房、杜不言功；王、魏善諫，而房、杜讓其直；英、衛善兵，而房、杜濟以文。持衆美效之君。是後，新進更用事，玄齡身處要地，不吝權，善始以終，此其成令名者。」諒其然乎！如晦雖任事日淺，觀玄齡許與及帝所親款，則謨謀果有大過人者。方君臣明良，志叶議從，相資以成，固千載之遇，蕭、曹之勛，不足進焉。雖然，宰相所以代天者也，輔贊彌縫而藏諸用，使斯人由而不知，非明哲曷臻是哉？彼揚己取名，瞭然使户曉者，蓋房、杜之細邪！

孫甫《唐史論斷》卷上《任用房杜》 論曰：人主之任大臣，不可不專，亦不可專。若深知其人可付國事，不專任之何以責成功？蓋任專則責重，責重則人必盡其才力也。若知人未至而專任之，苟無成功，則有敗事，又或竊擅威福，有難制之患。二者惟在人主審之，不可一失，失則事機難追矣。太宗可謂能審任人之術者也。知房喬、杜如晦之賢而付以國事，房、杜方盡心職事，已著功效，陳師合以平常之見，欲移主意。如晦奏其事，意似不廣，然慮小臣間言漸害於事，公言之爾。太宗不惑師合之言，喬、如晦荷信任如是，敢不盡其才力乎！此所以成太平之治也。然有太宗之明，房、杜之賢，則可以專任而不容人言；人主知人未至，當審其付任，不可執此以爲法。

孫甫《唐史論斷》卷上《房杜相業》 論曰：或問房、杜之相，謀議施爲，不見赫赫之事，而世大賢之，何也？答曰：宰相之功，何必赫赫，觀時事如何耳。房、杜自秦府遇主，講天下事固詳。太宗即位，遂命作相，付任之專，不與他相同，乃得盡心助治，致時太平。以事明之，其功可見。宰相之任，莫先乎正官職，用賢才。若官得其才，宰相總其大要，庶事舉而天下治矣。貞觀元年，房、杜定文武官六百四十員，官既少則才可擇，才可擇則官不濫，官不濫則職自舉。況公於取士，各盡其才，此房、杜得佐主興治之要道也。以至臺閣規模，典章文物，皆其所定。又防姦邪，抑權倖，各有著法，大概如此，不惟一時之治，固足以垂憲於後也。其他軍國機務，雖謀議不著，每籌事太宗從之。以太宗之英睿，專任二相而從其所籌，其賢又可知也。即貞觀時事之治，二相之功可見矣。或曰：貞觀四年，天下大治，太宗惟稱魏公之力，不及房、杜，何也？答曰：貞觀之初，太宗求治方切，魏公專論王道，封倫横議以沮之。太宗不惑姦言，力行王道，及天下之治也，嘉賢人之論足以明道，故稱魏公之力；嫉小人之言，惜不能使之慚悔，故恨封倫之不見，其言自不及房、杜也。然魏公，諫臣也；房、杜，宰相也。魏公論其治體，房、杜助其施爲爾。後世賢房、杜而不見其功者，惟詳觀太宗專任之意、貞觀時事之要可也。

范祖禹《唐鑑》卷二《太宗上》 三年，帝謂房玄齡、杜如晦曰：「公爲僕射，當廣求賢人，隨才授任，此宰相之職。也比聞聽受詞訟，日不暇給，安能助朕求賢乎？」因敕尚書細務屬左右丞，唯大事應奏者，乃關僕射。

臣祖禹曰：太宗責宰相以求賢，而不使之親細務，能任相以其職矣。《書》曰：惟說式克欽承，旁招俊乂，列于庶位。此相之職也。苟不務此，而治簿書期會百吏之事，豈所謂相乎？

胡寅《致堂讀史管見》卷一五 房玄齡、杜如晦皆預選。吏部侍郎高孝基名知人，見玄齡，嘆曰：「異日必爲偉器。」見如晦，謂曰：「君有應變之才，必任棟梁之重。」俱以子孫託之。

隋文以詐力當天命，無人物之鑒，高熲在當時爲第一流，既以讒廢，牛弘、李綱不敢批逆鱗，嬰酷虐之鋒，自餘無聞矣。然一世之人，如一世之物，各足以周一世之用，故藥之空青玉札，寶之金珠象犀，木之楩楠豫章未嘗聞前代期費，而後代無有也。人材者，五行之秀氣，五行與天地無窮，則秀氣亦安有終極哉？特在上者無意於用之而不求耳。大唐開基，以至太平，房、杜之功也。而二人生於隋世，已登仕版，文帝果可與有爲，斯二人者，亦豈肯埋光鏟采，碌碌下僚而不願聞達哉？後之人君讀史至此，當起汲汲求賢之意，要天下之仁人君子，皆爲我用而猶未以爲慊，是則永世永年之道也。

胡寅《致堂讀史管見》卷一七 上謂房玄齡、杜如晦曰：「廣求賢人隨才受

任，此宰相之職也。比聞聽受詞訟，日不暇給，安能助朕求賢乎？」因勑尚書細務屬左右丞，惟大事應奏者乃關僕射。

宰相而受詞，既非古制，然當之者未有以爲不可，雖賢如房、杜，亦且行之何也？其説有五：無經濟之略，姑以是爲難於所職者，一也。人君明察，則不敢當權，而以吏事自爲者，二也。才用粗淺，熟於有司之務，躐躋其任，益以是勉勉者，三也。上不知治本，而責成於叢脞，因以奉承之者，四也。實侵大權，而故治文案，親牒訴爲小心，以眩其君者，五也。若誠知宰相職，分如陳獻侯，必不肯然矣。房、杜之才，非能賢於太宗，故太宗如是而止，固不能爲太甲、高宗、成王之事也。

李綱《梁谿集》卷一四八《論非常之功》 有非常之人，則有非常之功，非常者固常之人所不能與也。昔者鮑叔牙薦管仲于桓公，曰：「必欲治國家而伯諸侯，非管仲不可。」于是束縛而取之魯，至則三沐而三薰之，饗于廟而問之政，管仲乃爲陳所以治國而寓兵者。行之數年，九合諸侯而桓公以伯蕭何薦韓信于高祖，曰：「信國士無雙，如欲長王漢中，無所事信；必欲争天下，非信無可與計事者。」于是設壇場，擇日而拜之以爲大將。信乃爲陳所以還定三秦，以弱項羽之强者。用其策，卒破楚，而高祖遂有天下。太宗之爲秦王也，府屬多外遷。王患之，房玄齡曰：「去者雖多，不足吝。杜如晦，王佐材也，若終守藩，無所事如晦；必欲經營四方，舍如晦無與共功者。」因表留幕府，從征伐，常參帷幄之謀，每議事帝所。玄齡善謀，而如晦長于斷，二人同心協濟，太宗多用其策，卒定禍亂，而身致太平。蜀先主之寓襄陽也，訪世事于司馬德操，德操曰：「儒生俗士，豈識時務，識時務者在乎俊傑，此間自有伏龍鳳雛。」而徐庶亦曰：「諸葛孔明卧龍也。將軍宜枉駕見之。」先主三顧之于草廬之中，亮乃勸先主取荆益，結吴爲援，以禦曹公。先主用其策，卒定巴蜀，而成鼎峙之勢。由是觀之，方艱難時非有卓犖不群之材，烏足與論非常之功哉！

范浚《香溪集》卷五《房杜不言功論》 君子有心於濟世，無心於立功，功非君子之所當論也。時方輔英主，平禍亂，則所以經濟大業者，不得不用力焉。然其初心，豈以邀功爲哉？痛生人之荼毒，爲之拯救而已。唐太宗取天下，房玄齡、杜如晦力爲多，然二人終不言功，爲其有心於濟世，而無心於立功也。竊嘗言之：隋季不競，魚爛土潰，小黠巨姦，揭竿蠭起，四海之内，鞠爲盗區，元元無聊，有肝腦塗地之禍。太宗於是奮布衣，提三尺劍，剪除群慝，爲萬人請命于上帝，不踰十年，遂定天下。稽其梟威雅，馘老生，俘杲、密，虜充、竇，東取河洛，西舉汧隴，南威蠻荆，北走獯鬻，崇功偉烈，赫奕盛大，疑非手足所能圖者，蓋房、杜實佐成之也。太宗自爲燉煌公時，即收玄齡，自爲秦王，即用如晦。二人之佐太宗，固有年矣；奇謀秘畫，陳之多矣；繩違正諫，亦已數矣。是其有功於唐，殆不可以算計。由常人觀之，則必歷自辨數，以希高爵大封，垂榮後裔，而不疑矣。然而二人方且撝謙貶抑，痛自退遜，曾無一言及之，豈無謂哉？其意必曰：「吾君之定禍亂，天下之所歸也，實爲吾君之德也。吾君不作，我何爲哉？是雖有功，歸之吾君可也。」又必曰：「吾君之定禍亂，衆材之所資也，實爲諸將之力也，不有諸將，我何爲哉？是雖有功，歸之諸將可也。」又必曰：「成功之下不可居也，古所患也，自伐以取禍，功於我何有哉？是雖有功，持之若無可也。」歸之於君，則功不可言也；歸之諸將，則功不可言也；持之若無，則功不可言也。二人有功而不言，意其有得於三者之説也。雖然，是亦無心於立功者之所爲也。使二人者攘袂用力，區區以功名爲務，亦何能不自言耶？抑嘗聞之，薛萬均、盧祖尚，李君羡輩，太宗時俱有功受封爵。然而萬均坐清宫不謹，下獄憤死；祖尚辭交州都督，斬之朝堂；君羡以謡讖見忌，下詔誅之。是皆非辜小眚，不獲保全，則太宗之於功臣，初未嘗加恤也。尉遲恭侍宴，論功争班，乃至不憚而深譴之，且有「韓、彭夷戮，非漢祖之愆」之語。當時大臣類多畏禍，李靖闔門稱疾，長孫無忌求解僕射，懼有功而終見疑也。然玄齡、如晦之不言功，其亦覆車之戒耶？嗚呼，拔劍讙言，攘袂指畫，競占豐邑，争據上位者，無時無之。君子欲明退遜之義，其於房、杜，盍亦少懷仰哉！

吴儆《竹洲集》卷三《房杜》 人惟不用於人而後能用人，不制於人而後能制人。何者？有能而可見，不若不可見之爲全；舉事而情得，不若無心而事之所不能加。甚矣，能之不可隱而情之不可掩也。馬之致遠，牛之引重，孔翠之羽，虎豹之皮，其能已見於人，雖欲不爲人用不可得也。養虎者不以生物予之，養鷹者饑之，牧羊者去其敗群，視其後者而鞭之，其情一見於外，雖欲不受制於人，不可得也。是故得者失之基也，譽者咎之門也，榮者辱之本也。禍固多藏於所忽，而怨常集於榮名，故曰皓皓者易污，嶢嶢者難全。古之君子，去才與智而退托於無能之地，辭功與名而自處於不争之域，然後能用人而制之，以其才全而天機深也。唐史臣稱帝定禍亂而房、杜不言功，王、魏善諫而房、杜遜其直，英、衛善兵而房、杜濟以文。夫兵，危道也；諫，難言也。以英、衛之智，王、魏之辯，蹈天下

之至危，犯天下之甚難，終身爲人用而不自覺。彼房、杜者默不見其所爲而坐收天下之功，則房、杜之所以用天下而制之者，有英、衛、王、魏之所不能知，此其所以身名俱榮而獨出於諸公之右也。

陸九淵《象山全集》卷三〇《房杜謀斷如何論》　事之要者無一機，計之得者無一說，然而得於積思者其意疑，得於忽悟者其意決，此謀之與斷所以異任而同功，殊稱而一致者也。天下之事，惟其要而難處也，於是乎有賴於謀。彼其以善謀稱，而不足與斷者，豈無得於其機，而嘗試爲之說也哉？顧特以其旁推曲致，原始要終，紬繹復熟而得之，則謹重之心勝，而剛決之意微，故不能不自疑其有所未善。至於善斷者，因其謀而遂斷之。其始之爲謀，雖不出於己，而亦豈無得乎其心，而徒徇人之說，以勇於必行而已哉？蓋其權奇倜儻，方鬱於紬繹復熟之久，而聞言輒契，覩機忽悟，如雷蟄而忽驚，日晴而忽明，其勢不能不決。然則謀之與斷雖所任各異，所稱各殊，而要其實，豈不同功而一致也哉？唐房、杜佐太宗取天下，而史稱玄齡善謀，如晦長於斷，愚請以是而論之。甚哉！機事之可畏，而謀斷之任不可以非其人也。嘗觀漢高祖聽酈生之謀，刻印立六國後，高祖方食，以告張良，良借前箸籌之，高祖至輟飯吐哺怒罵，令趣銷印。石勒去高祖五六百載，以奴虜之身，據有中原，初不知書。一日聽讀《漢史》至刻印事，駭曰：「此法當失，何以得天下？」及讀至張良之籌，乃曰：「賴有此人。」嗚呼！使酈生佩印已行數舍之遠，則高祖之天下，幾已去矣。知天下之機事，率如是之可畏，而張良之籌，高祖之罵，石勒之駭，皆機緘互發，如聲響相應，非直偶然而已。則知凡所謂謀者斷者，皆不可以或非其人，而房、杜之才智，可得而論之矣。雖然，玄齡謀事帝所，必曰「非如晦莫與籌之」，及如晦至，則卒用玄齡策。自常情觀之，玄齡不失爲謙抑謹重，而如晦則爲無謀而因人成事者耳。嗚呼！以此論房、杜，此與兒童之見何異？弈秋中枰而輟弈，少下於弈秋者，必不能以舉其棋矣；王良中道而弭輿，少下於王良者，必不能以振其策矣。天下之機事，而可以非其人而與於其間哉？或謀、或斷，必其機緘識略之相符者而後可也。韓信破趙之後，發使使燕，而燕人從風而靡，其策乃不出於韓信，而出於李左車，然天下不以韓信爲不知兵。鄒陽受梁之謝，人見王長君，而梁罪竟解，其計乃不出於鄒陽，而出於王先生，然天下不以鄒陽爲非辯士。蓋因其善而用之，與夫發悟於心者，實機緘識略之相符，而非苟從之者也。如此則知房、杜之謀斷，如宮商之相應而同於成聲，如斤斧之迭用而同於成器，初不可以差殊觀而優劣論也。抑嘗言之，太宗以弓矢定天下，其智略之出於己者，班班見於紀傳。大焉制勝千里之外，小焉決機兩陣之間，超逸神變，不可窮極。及天下既定，談治道，論政理，則老師宿儒詘其辯，此亦難乎其爲臣矣。然而自渭北一見之初，秦府表留之後，謀必於房，斷必於杜，則夫二公之才智，豈淺淺者所可得而窺議哉？及考之傳紀，則夫謀斷之迹，有不可得而見焉。嗚呼！此二公之才智，所以爲不可及歟？史臣取柳芳之言曰：「帝定禍亂，而房、杜不言功；王、魏善諫，而房、杜遜其直；英、衛善兵，而房、杜濟以文。」此眞足以知房、杜謀斷之本矣。若乃謀之不善，而强欲以辯屈人之異己，如徐湛之於沈慶之者；又有嫉其謀之善，而必爲沮格撓敗之計，如牛僧孺之於李德裕者，其視房、杜之謀斷，奚啻天淵之相遼哉？雖然，法律之書詳，而望之以禮樂則缺；功利之意篤，而概之以道義則疏。此雖不足以是責之，而亦不能不使人歎息也。

王夫之《讀通鑑論》卷二〇《唐太宗》　太宗制諫官隨宰相入閣議事，故當時言無不盡，而治得其理。然則以是爲盡聽言行政之理乎？抑有未盡然者。治惟其人，不惟其法。以王珪、魏徵爲諫議大夫，房玄齡、杜如晦爲宰相，而太宗之明，足以折中羣論而從違不爽，則可矣。必恃此以立爲永制，又奚可乎？命官圖治之道，莫大乎官各明其守，而政各任於其人。庶務分治於六官，其屬詳其目，其長持其綱，皆有成憲之可準也。或舉、或廢，或倚法而挾姦私，或因時而爲斟酌，各以其所效之成能爲得失；然而有待於天子宰相之裁成者，則太宗之制，令五品以上更宿內省，以待訪問，固善術也。下有利病得達於上，而上得詰其勤怠公私以制其欺；若夫小有過誤，則包含教戒而俟其改。如使諫官毛舉細過以相糾，則大體失而爭黨起於細微，亂世之所以言愈棼而事愈圮也。宰相者，外統六官，內匡君德，而持可久可大之衡，以貞常而馭變者也。君心之所自正，國體之所自立，國本之所自固，民生之所自安，非弘通於四海萬民數百年之規而不役於一時之利病者，不足以勝其任。故古者三公論道，所論者道耳，不能與任氣敢言之士，爭一言一事之可否；而論道於君，抑不在摘人間細政，繩舉動之小愆，發深宮之纖過，以與君競，徒自媟而與天子不親；故與諫官同者未必是，而其異者未必非也。詭隨諫官而避其彈射，則可以應一事而不可以規大全；逆折諫官而伸其獨見，則幾事不密，而失其正色立朝之度。若夫宰相而果懷私以病國，固諫官所必抗正以爭，而非可使與辯訟於一堂，競偶然之得失者也。夫諫官職在諫矣，諫者，諫君者也，徵聲逐色，獎諛斥忠，好利喜功，狎小人，耽逸豫，一有其幾

而必犯顏以諍；大臣不道，誤國妨賢，導主賊民，而君偏任之，則直糾之而無隱。若夫羣執事之修墜，則六官之長覈其成，執憲之臣督其失，宰相與天子總大綱以裁其正，初不藉諫官之毛舉鷙擊、搜剔苛求、以矜辨察；老成熟慮之訏謨，非繁稱曲說、矯舉異同於俄頃者，所可詫風裁以決定者也。故天子誠廣聽以求治，則宰相有坐論之時，羣臣有待問之時，諫官有請對之時，而不可有聚訟一堂、道謀築舍之時。官各有其守，政各任其人，分理而兼聽之，惟上之虛衷以廣益，豈立一成法以啓争端，可爲不易之經乎？

藝文

《褚亮集·大行臺司勳郎中杜如晦》 建平文雅，休有烈光。懷中履義，一作抱義身立名揚。

呂温《呂衡州文集》卷九《杜萊公如晦》 穆穆萊公，奇姿粹靈。蘊元和氣，爲大國楨。乘時能恢，唐室大開。故人相攜，公與房梁公同有匡濟之志也直上泰階。更爲陰陽，迭作日月。佐明四方，贊育萬物。王度是欽，如玉如金。德音愔愔，萬有千古。永稱房杜，如周申甫。

孫承恩《文簡集》卷四一《杜蔡公如晦》 蔡公睿姿，明決果斷。輔相真主，戡定禍亂。相資共濟，協恭和衷。治登太平，令名無窮。

《全唐文》卷九唐太宗《令虞世南製杜如晦碑手勅》 吾與如晦，君臣義重，不幸物化，追念勳舊，痛悼於懷，卿體吾此意，爲之製碑文也。

《全唐文》卷一六唐臨《劾杜如晦奏》 臣聞樹德立功，允應高秩之賞；千紀逆節，必加夷滅之誅；苟違斯道，實虧政理如晦昔陪藩邸，頗効微庸，出震惟新，參謀帷幄，遂得爵分茅社，位踐台衡然而機鑒未充，周慎多爽，昧貽厥之嘉猷，闕義方之明訓其子逆賊構荷等，並稟氣凶悖，早挾邪謀，深禹山之同惡，甚玁狁之連禍徙邊棄市，既伏其辜，食采疇邑，猶均雨露昔石碏純臣，早爲子厚之所，日殫忠謹先加弄兒之罰皆所以防萌杜漸，安國全家如晦識滯生前，愆遺身後舊榮昔寵，已忝冒於曩日；削土除國，宜申法於今辰。

羅惇衍《集義軒詠史詩鈔》卷三二《杜如晦》 苦從夢裏憶平生，留得昭陵不盡情。秦府參軍王佐顯，瀛洲學士後儒榮。嘗瓜淚灑當筵摯，封蔡勳酬畫策精。莫歎奇才年竟夭，協心謀斷有英名。

魏徵部

綜述

《舊唐書》卷七一《魏徵傳》 魏徵字玄成，鉅鹿曲城人也。父長賢，北齊屯留令。徵少孤貧，落拓有大志，不事生業，出家爲道士。好讀書，多所通涉，見天下漸亂，尤屬意縱横之説。

大業末，武陽郡丞元寶藏舉兵以應李密，召徵使典書記。密每見寶藏之疏，未嘗不稱善，既聞徵所爲，遽使召之。徵進十策以干密，雖奇之而不能用。及王世充攻密於洛口，徵説密長史鄭頲曰：「魏公雖驟勝，而驍將鋭卒死傷多矣；又軍無府庫，有功不賞。戰士心惰，此二者難以應敵。未若深溝高壘，曠日持久，不過旬月，敵人糧盡，可不戰而退，追而擊之，取勝之道。且東都食盡，世充計窮，意欲死戰，可謂窮寇難與争鋒，請慎無與戰。」頲曰：「此老生之常談耳！」徵曰：「此乃奇謀深策，何謂常談？」因拂衣而去。

及密敗，徵隨密來降，至京師，久不見知。自請安輯山東，乃授秘書丞，驅傳至黎陽。時徐世勣尚爲李密擁衆，徵與世勣書曰：「自隋末亂離，群雄競逐，跨州連郡，不可勝數。魏公起自叛徒，奮臂大呼，四方響應，萬里風馳，雲合霧聚，衆數十萬。威之所被，將半天下，破世充於洛口，摧化及於黎山。方欲西蹈咸陽，北凌玄闕，揚旌瀚海，飲馬渭川，翻以百勝之威，敗於奔亡之虜。固知神器之重，自有所歸，不可以力争。是以魏公思皇天之乃睠，入函谷而不疑。公生於擾攘之時，感知己之遇，根本已拔，確乎不動，鳩合遺散，據守一隅。世充以乘勝餘勇，息其東略；建德因侮亡之勢，不敢南謀。公之英聲，足以振於今古。然誰無善始，終之慮難，去就之機，安危大節。若策名得地，則九族蔭其餘輝；委質非人，則一身不能自保。殷鑒不遠，公所聞見。孟賁猶豫，童子先之，知幾其神，不俟終日。今公處必争之地，乘宜速之機，更事遲疑，坐觀成敗，恐凶狡之輩，先人生心，則公之事去矣。」世勣得書，遂定計遣使歸國，開倉運糧，以饋淮安王神通之軍。

俄而建德悉衆南下，攻陷黎陽，獲徵，署爲起居舍人。及建德就擒，與裴矩西入關。隱太子聞其名，引直洗馬，甚禮之。徵見太宗勳業日隆，每勸建成早爲之所。及敗，太宗使召之，謂曰：「汝離間我兄弟，何也？」徵曰：「皇太子若從徵言，必無今日之禍。」太宗素器之，引爲詹事主簿。及踐祚，擢拜諫議大夫，封鉅鹿縣男，使安輯河北，許以便宜從事。徵至磁州，遇前宫千牛李志安、齊王護軍李思行錮送詣京師。徵謂副使李桐客曰：「吾等受命之日，前宫、齊府左右，皆令赦原不問。今復送思行，此外誰不自疑？徒遣使往，彼必不信，此乃差之毫厘，失之千里。且公家之利，知無不爲，寧可慮身，不可廢國家大計。今若釋遣思行，不問其罪，則信義所感，無遠不臻。古者，大夫出疆，苟利社稷，專之可也。况今日之行，許以便宜從事，主上既以國士見待，安可不以國士報之乎？」即釋遣思行等，仍以啓聞，太宗甚悦。

太宗新即位，勵精政道，數引徵入卧内，訪以得失。徵雅有經國之才，性又抗直，無所屈撓。太宗與之言，未嘗不欣然納受。徵亦喜逢知己之主，思竭其用，知無不言。太宗嘗勞之曰：「卿所陳諫，前後二百餘事，非卿至誠奉國，何能若是？」其年，遷尚書左丞。或有言徵阿黨親戚者，帝使御史大夫温彦博案驗無狀，彦博奏曰：「徵爲人臣，須存形迹，不能遠避嫌疑，遂招此謗。雖情在無私，亦有可責。」帝令彦博讓徵，且曰：「自今後不得不存形迹。」他日，徵入奏曰：「臣聞君臣協契，義同一體。不存公道，唯事形迹，若君臣上下，同遵此路，則邦之興喪，或未可知。」帝瞿然改容曰：「吾已悔之。」徵再拜曰：「願陛下使臣爲良臣，勿使臣爲忠臣。」帝曰：「忠、良有異乎？」徵曰：「良臣，稷、契、咎陶是也。忠臣，龍逢、比干是也。良臣使身獲美名，君受顯號，子孫傳世，福禄無疆。忠臣身受誅夷，君陷大惡，家國並喪，空有其名。以此而言，相去遠矣。」帝深納其言，賜絹五百匹。

貞觀二年，遷秘書監，參預朝政。徵以喪亂之後，典章紛雜，奏引學者校定四部書。數年之間，秘府圖籍，粲然畢備。

時高昌王麴文泰將入朝，西域諸國咸欲因文泰遣使貢獻，太宗令文泰使人厭怛紇干往迎接之。徵諫曰：「中國始平，瘡痍未復，若微有勞役，則不自安。往年文泰入朝，所經州縣，猶不能供，况加於此輩。若任其商賈來往，邊人則獲其利；若爲賓客，中國即受其弊矣。漢建武二十二年，天下已寧，西域請置都護、送侍子，光武不許，蓋不以蠻夷勞弊中國也。今若許十國入貢，其使不下千

人，欲使緣邊諸州何以取濟？人心萬端，後雖悔之，恐無所及。」上善其議。時厭怛紇干已發，遽追止之。

後太宗幸九成宮，因有宮人還京，憩於漳川縣之官舍。俄又右僕射李靖、侍中王珪繼至，官屬移宮人於別所而舍靖等。太宗聞之，怒曰：「威福之柄，豈由靖等？何爲禮靖而輕我宮人！」即令案驗漳川官屬及靖等。徵諫曰：「靖等，陛下心膂大臣；宮人，皇后掃除之隸。論其委付，事理不同。又靖等出外，官吏訪朝廷法式，歸來，陛下問人間疾苦。靖等自當與官吏相見，官吏亦不可不謁也。至於宮人，供食之外，不合參承。若以此罪責縣吏，恐不益德音，徒駭天下耳目。」帝曰：「公言是也。」乃釋官吏之罪，李靖等亦寢而不問。

尋宴於丹霄樓，酒酣，太宗謂長孫無忌曰：「魏徵、王珪，昔在東宮，盡心所事，當時誠亦可惡。我能拔擢用之，以至今日，足爲無愧古人。然徵每諫我不從，發言輒即不應，何也？」對曰：「臣以事有不可，所以陳論，若不從輒應，便恐此事即行。」帝曰：「但當時且應，更別陳論，豈不得耶？」徵曰：「昔舜誡羣臣：『爾無面從，退有後言。』若臣面從陛下方始諫，此即『退有後言』，豈是稷、契事堯、舜之意耶？」帝大笑曰：「人言魏徵舉動疏慢，我但覺嫵媚，適爲此耳。」徵拜謝曰：「陛下導之使言，臣所以敢諫，若陛下不受臣諫，豈敢數犯龍鱗？」

是月，長樂公主將出降，帝以皇后所生，敕有司資送倍於永嘉長公主。徵曰：「不可。昔漢明欲封其子，云『我子豈與先帝子等？可半楚、淮陽。』前史以爲美談。天子姊妹爲長公主，子爲公主，既加『長』字，即是有所尊崇。或可情有淺深，無容禮相踰越。」上然其言，入告長孫皇后，後遣使齎錢四十萬、絹四百匹，詣徵宅以賜之。尋進爵郡公。

七年，代王珪爲侍中，尚書省滯訟有不決者，詔徵評理之。徵性非習法，但存大體，以情處斷，無不悅服。

初，有詔遣令狐德棻、岑文本撰《周史》，孔穎達、許敬宗撰《隋史》，姚思廉撰《梁》、《陳史》，李百藥撰《齊史》。徵受詔總加撰定，多所損益，務在簡正。《隋史》序論，皆徵所作，《梁》、《陳》、《齊》各爲總論，時稱良史。史成，加左光禄大夫，進封鄭國公，賜物二千段。

徵自以無功於國，徒以辯説，遂參帷幄，深懼滿盈，後以目疾頻表遜位。太宗曰：「朕拔卿於讎虜之中，任公以樞要之職，見朕之非，未嘗不諫。公獨不見金之在鑛也，何足貴哉？良冶鍛而爲器，便爲人所寶，朕方自比於金，以卿爲良匠。卿雖有疾，未爲衰老，豈得便爾？」其年，徵又面請遜位，太宗難違之，乃拜徵特進，仍知門下事。其後又頻上四疏，以陳得失。其一曰：「臣觀自古受圖膺運，繼體守文，控御英傑，南面臨下，皆欲配厚德於天地，齊高明於日月，本枝百代，傳祚無窮。然而克終者鮮，敗亡相繼，其故何哉？所以求之失其道也。殷鑒不遠，可得而言。昔在有隋，統一寰宇，甲兵强盛，三十餘年，風行萬里，威動殊俗；一旦舉而棄之，盡爲他人之有。彼煬帝豈惡天下之治安，不欲社稷之長久，故行桀虐，以就滅亡哉！恃其富强，不虞後患。驅天下以從欲，罄萬物以自奉，採域中之子女，求遠方之奇異。宮宇是飾，臺榭是崇，徭役無時，干戈不戢。外示威重，内多險忌，讒邪者必受其福，忠正者莫保其生。上下相蒙，君臣道隔，人不堪命，率土分崩。遂以四海之尊，殞於匹夫之手，子孫殄滅，爲天下笑，深可痛哉！聖哲乘機，拯其危溺，八柱傾而復正，四維絶而更張。遠肅邇安，不踰於期月，勝殘去殺，無待於百年。今宮觀臺榭，盡居之矣；奇珍異物，盡收之矣；姬姜淑媛，盡侍於側矣；四海九州，盡爲臣妾矣。若能鑒彼之所以亡，念我之所以得，日慎一日，雖休勿休。焚鹿臺之寶衣，毁阿房之廣殿，懼危亡於峻宇，思安處於卑宮，則神化潛通，無爲而理。德之上也。若成功不毁，即仍其舊，除其不急，損之又損。雜茅茨於桂棟，參玉砌以土階，悦以使人，不竭其力。常念居之者逸，作之者勞，億兆悦以子來，羣生仰而遂性。德之次也。若惟聖罔念，不慎厥終，忘締構之艱難，謂天命之可恃。忽采椽之恭儉，追雕牆之侈靡，因其基以廣之，增其舊而飾之。觸類而長，不思止足，人不見德，而勞役是聞，斯爲下矣。譬之負薪救火，揚湯止沸，以亂易亂，與亂同道，莫可則也，後嗣何觀，則人怨神怒；人怨神怒，則災害必下，而禍亂必作。禍亂既作，而能以身名令終者鮮矣。順天革命之後，隆七百之祚，貽厥孫謀，傳之萬世，難得易失，可不念哉。」其二曰：「臣聞求木之長者，必固其根本；欲流之遠者，必浚其泉源；思國之安者，必積其德義。源不深而豈望流之遠，根不固而何求木之長。德不厚而思國之治，雖在下愚，知其不可，而況於明哲乎！人君當神器之重，居域中之大，將崇極天之峻，永保無疆之休。不念於居安思危，戒貪以儉，德不處其厚，情不勝其欲，斯亦伐根以求木茂，塞源而欲流長者也。凡百元首，承天景命，莫不殷憂而道著，功成而德衰。有善始者實繁，能克終者蓋寡，豈其取之易而守之難乎？昔取之而有餘，今守之而不足，何也？夫在殷憂必竭誠以待下，既得志則縱情以傲物。竭誠則胡越爲一體，傲物則骨肉爲行路。雖董之以嚴刑，振之以威怒，終苟

免而不懷仁，貌恭而不心服。怨不在大，可畏惟人。載舟覆舟，所宜深慎，奔車朽索，其可忽乎？君人者，誠能見可欲則思知足以自戒，將有所作則思知止以安人，念高危則思謙冲而自牧，懼滿溢則思江海而下百川，樂盤游則思三驅以爲度，恐懈怠則思慎始而敬終，慮壅蔽則思虚心以納下，想讒邪則思正身以黜惡，恩所加則思無因喜以謬賞，罰所及則思無因怒而濫刑。總此十思，弘兹九德，簡能而任之，擇善而從之。則智者盡其謀，勇者竭其力，仁者播其惠，信者效其忠。文武争馳，君臣無事，可以盡豫游之樂，可以養松喬之壽，鳴琴垂拱，不言而化。何必勞神苦思，代下司職，役聰明之耳目，虧無爲之大道哉！」其三曰：「臣聞《書》曰：『明德慎罰，惟刑恤哉！』《禮》云：『爲上易事，爲下易知，則刑不煩矣。上多疑則百姓惑，下難知則君長勞矣。』夫上易事，下易知，君長不勞，百姓不惑。故君有一德，臣無二心；上播忠厚之誠，下竭股肱之力，然後太平之基不墜，『康哉』之詠斯起。當今道被華夷，功高宇宙，無思不服，無遠不臻。然言尚於簡大，志在於明察，刑賞之本，在乎勸善而懲惡，帝王之所以與天下爲畫一，不以親疏貴賤而輕重者也。今之刑賞，未必盡然。或申屈在乎好惡，輕重由乎喜怒。遇喜則矜其刑於法中，逢怒則求其罪於事外；所好則鑽皮出其毛羽，所惡則洗垢求其瘢痕。瘢痕可求，則刑斯濫矣；毛羽可出，則賞典謬矣。刑濫則小人道長，賞謬則君子道消。小人之惡不懲，君子之善不勸，而望治安刑措，非所聞也。且夫暇豫清談，皆敦尚於孔、老；威怒所至，則取法於申、韓。直道而行，非無三黜，危人自安，蓋亦多矣。故道德之旨未弘，刻薄之風已扇。夫上風既扇，則下生百端，人競趨時，則憲章不一，稽之王度，實虧君道。昔州黎上下其手，楚國之法遂差；張湯輕重其心，漢朝之刑以弊。人臣之頗僻，猶莫能申其欺罔，況人君之高下，將何以措其手足乎！以睿聖之聰明，無幽微而不燭，豈神有所不達，智有所不通哉？安其所安，不以卹刑爲念；樂其所樂，遂忘先笑之變。禍福相倚，吉凶同域，唯人所召，安可不思。頃者責罰稍多，威怒微厲，或以供給不贍，或以人不從欲，皆非致治之所急，實乃驕奢之攸漸。是知貴不與驕期而驕自來，富不與奢期而奢自至，非徒語也。且我之所代，實在有隋，隋氏亂亡之源，聖明之所臨照。以隋氏之甲兵，況當今之士馬；以隋氏之府藏，譬今日之資儲；以隋氏之户口，校今時之百姓。度長計大，曾何等級？然隋氏以富强而喪敗，動之也；我以貧寡而安寧，静之也。静之則安，動之則亂，人皆知之，非隱而難見也，微而難察也。鮮蹈平易之塗，多遵覆車之轍，何哉？在於安不思危，治不念亂，存不慮亡之所致也。昔隋氏之未亂，自謂必無亂；隋氏之未亡，自謂必不亡。所以甲兵屢動，徭役不息，至於身將戮辱，竟未悟其滅亡之所由也，可不哀哉！夫鑒形之美惡，必就於止水；鑒國之安危，必取於亡國。《詩》曰：『殷鑒不遠，在夏后之世。』又曰：『伐柯伐柯，其則不遠。』臣願當今之動静，思隋氏以爲鑒，則存亡治亂，可得而知。若能思其所以危，則安矣；思其所以亂，則治矣；思其所以亡，則存矣。存亡之所在，節嗜欲以從人，省畋游之娱，息靡麗之作，罷不急之務，慎偏聽之怒。近忠厚，遠便佞，杜悦耳之邪説，聽苦口之忠言。去易進之人，賤難得之貨，採堯、舜之誹謗，追禹、湯之罪己，惜十家之産，順百姓之心。近取諸身，恕以待物，思勞謙以受益，不自滿以招損。有動則庶類以和，出言而千里斯應，超上德於前載，樹風聲於後昆。此聖哲之宏規，帝王之盛業，能事斯畢，在乎慎守而已。夫守之則易，取之實難，既得其所以難，豈不能保其所以易。其或保之不固，則驕奢淫泆動之也，慎終如始，可不勉歟！《易》云：『君子安不忘危，存不忘亡，治不忘亂，是以身安而國家可保。』誠哉斯言，不可以不深察也。伏惟陛下欲善之志，不減於昔時；聞過必改，少虧於曩日。若能以當今之無事，行疇昔之恭儉，則盡善盡美，固無得而稱焉。」其四曰：「臣聞爲國之基，必資於德禮；君子所保，惟在於誠信。誠信立則下無二心，德禮形則遠人斯格。然則德禮誠信，國之大綱，在於父子君臣，不可斯須而廢也。故孔子曰：『君使臣以禮，臣事君以忠。』又曰：『自古皆有死，人無信不立。』文子曰：『同言而信，信在言前；同令而行，誠在令外。』然則言而不行，言不信也；令而不從，令無誠也。不信之言，無誠之令，爲上則敗國，爲下則危身，雖在顛沛之中，君子所不爲也。自王道休明，十有餘載，威加海外，萬國來庭，倉廩日積，土地日廣。然而道德未益厚，仁義未益博者，何哉？由乎待下之情未盡於誠信，雖有善始之勤，未覩克終之美故也。其所由來者漸，非一朝一夕之故。昔貞觀之始，聞善若驚，暨五六年間，猶悦以從諫。自兹厥後，漸惡直言，雖或勉强，時有所容，非復曩時之豁如也。謇諤之士，稍避龍鱗；便佞之徒，肆其巧辯。謂同心者爲朋黨，謂告訐者爲至公，謂强直者爲擅權，謂忠讜者爲誹謗。謂之朋黨，雖忠信而可疑；謂之至公，雖矯僞而無咎。强直者畏擅權之議，忠讜者慮誹謗之尤。至於竊斧生疑，投杼致惑，正人不得盡其言，大臣莫能與之諍。熒惑視聽，鬱於大道，妨化損德，其在兹乎？故孔子惡利口之覆邦家，蓋爲此也。且君子小人，貌同心異。君子掩人之惡，揚人之善，臨難無苟免，殺身以成仁。小人不恥不仁，不畏不義，唯利之

所在，危人以自安。夫苟在危人，則何所不至。今將求致治，必委之於君子；事有得失，或訪之於小人。其待君子也則敬而疏，遇小人也必輕而狎，狎則言無不盡，疏則情或不通。是譽毁在於小人，刑罰加於君子，實興喪所在，亦安危所繫，可不慎哉！夫中智之人，豈無小慧，然才非經國，慮不及遠，雖竭力盡誠，猶未免於傾敗；況内懷姦利，承顔順旨，其爲患禍，不亦深乎？故孔子曰：『君子或有不仁者焉，未見小人而仁者。』然則君子不能無小惡，惡不積無妨於正道；小人或時有小善，善不積不足以立忠。今謂之善人矣，復慮其有不信，何異夫立直木而疑其影之不直乎？雖竭精神，勞思慮，其不可亦已明矣。夫君能盡禮，臣得竭忠，必在於内外無私，上下相信。上不信則無以使下，下不信則無以事上，信之爲義大矣哉！故自天祐之，吉無不利。昔齊桓公問於管仲曰：『吾欲酒腐於爵，肉腐於俎，得無害於霸乎？』管仲曰：『此極非其善者，然亦無害霸也。』公曰：『何如而害霸乎？』曰：『不能知人，害霸也；知而不能用，害霸也；用而不能信，害霸也；既信而又使小人參之，害霸也。』晉中行穆伯攻鼓，經年而不能下，餽間倫曰：『鼓之嗇夫，間倫知之，請無疲士大夫而鼓可得。』穆伯不應。左右曰：『不折一戟，不傷一卒，而鼓可得，君奚爲不取？』穆伯曰：『間倫之爲人也佞而不仁。若間倫下之，吾不可以不賞。賞之，是賞佞人也。佞人得志，是使晉國之士捨仁而爲佞，雖得鼓，將何用之？』夫穆伯列國大夫，管仲霸者之佐，猶慎於信任，遠避佞人也如此，況乎爲四海之大君，應千齡之上聖，而可使巍巍之盛德，復將有所間然乎？若欲令君子小人是非不雜，必懷之以德，待之以信，厲之以義，節之以禮，然後善善而惡惡，審罰而明賞，則小人絶其佞邪，君子自强不息，無爲之化，何遠之有？善善而不能進，惡惡而不能去，罰不及於有罪，賞不加於有功，則危亡之期，或未可保。永錫祚胤，將何望哉？」太宗手詔嘉美，優納之。嘗謂長孫無忌曰：「朕即位之初，上書者或言『人主必須威權獨運，不得委任羣下』；或欲耀兵振武，懾服四夷。唯有魏徵勸朕『偃革興文，布德施惠，中國既安，遠人自服』。朕從其語，天下大寧。絶域君長，皆來朝貢，九夷重譯，相望於道。此皆魏徵之力也。」

太宗嘗嫌上封者衆，不近事實，欲加黜責。徵奏曰：「古者立誹謗之木，欲聞己過，今之封事，謗木之流也。陛下思聞得失，祇可恣其陳道。若所言衷，則有益於陛下；若不衷，無損於國家。」太宗曰：「此言是也。」並勞而遣之。

後太宗在洛陽宮，幸積翠池，宴羣臣，酒酣各賦一事。太宗賦《尚書》曰：「日昃玩百篇，臨燈披《五典》。夏康既逸豫，商辛亦流湎。恣情昏主多，克己明君鮮。滅身資累惡，成名由積善。」徵賦西漢曰：「受降臨軹道，争長趣鴻門。驅傳渭橋上，觀兵細柳屯。夜宴經柏谷，朝游出杜原。終藉叔孫禮，方知皇帝尊。」太宗曰：「魏徵每言，必約我以禮也。」尋以修定《五禮》，當封一子爲縣男，請讓孤兄子叔慈。太宗愴然曰：「卿之此心，可以勵俗。」遂許之。

十二年，禮部尚書王珪奏言：「三品以上遇親王於塗，皆降乘，違法申敬，有乖儀準。」太宗曰：「卿輩皆自崇貴，卑我兒子乎？」徵進曰：「自古迄兹，親王班次三公之下。今三品皆曰天子列卿及八座之長，爲王降乘，非王所宜當也。求諸故事，則無可憑；行之於今，又乖國憲。」太宗曰：「國家所以立太子者，擬以爲君也。然則人之修短，不在老少，設無太子，則母弟次立。以此而言，安得輕我子耶？」徵曰：「殷家尚質，有兄終弟及之義；自周以降，立嫡必長，所以絶庶孽之窺覦，塞禍亂之源本，有國者之所深慎。」於是遂可珪奏。會皇孫誕育，召公卿賜宴，太宗謂侍臣曰：「貞觀以前，從我平定天下，周旋艱險，玄齡之功，無所與讓。貞觀之後，盡心於我，獻納忠讜，安國利民，犯顔正諫，匡朕之違者，唯魏徵而已。古之名臣，何以加也。」於是親解佩刀以賜二人。

徵以戴聖《禮記》編次不倫，遂爲《類禮》二十卷，以類相從，削其重復，採先儒訓注，擇善從之，研精覃思，數年而畢。太宗覽而善之，賜物一千段，録數本以賜太子及諸王，仍藏之祕府。

先是，遣使詣西域立葉護可汗，未還，又遣使多齎金銀帛歷諸國市馬。徵諫曰：「今以立可汗爲名，可汗未定，即詣諸國市馬，彼必以爲意在市馬，不爲專意立可汗。可汗得立，則不甚懷恩。諸蕃聞之，以爲中國薄義重利，未必得馬而失義矣。昔漢文有獻千里馬者，曰：『吾凶行日三十里，吉行五十里，鑾輿在前，屬車在後，吾獨乘千里馬將安之？』乃賞其道里所費而返之。漢光武有獻千里馬及寶劍者，馬以駕鼓車，劍以賜騎士。陛下凡所施爲，皆邈踰三王之上，奈何至於此事，欲爲孝文、光武之下乎？又魏文帝欲求市西域大珠，蘇則曰：『若陛下惠及四海，則不求自至，求而得之，不足爲貴也。』陛下縱不能慕漢文之高行，可不畏蘇則之言乎？」太宗納其言而止。

時公卿大臣並請封禪，唯徵以爲不可。太宗曰：「朕欲卿極言之。豈功不高耶？德不厚耶？諸夏未治安耶？遠夷不慕義耶？嘉瑞不至耶？年穀不登耶？何爲而不可？」對曰：「陛下功則高矣，而民未懷惠；德雖厚矣，而澤未滂

流；諸夏雖安，未足以供事；遠夷慕義，無以供其求；符瑞雖臻，尉羅猶密；積歲豐稔，倉廩尚虛，此臣所以竊謂未可。臣未能遠譬，且借喻於人。今有人十年長患瘵，治且愈，此人應皮骨僅存，便欲使負米一石，日行百里，必不可得。隋氏之亂，非止十年，陛下爲之良醫，疾苦雖已乂安，未甚充實，告成天地，臣竊有疑。且陛下東封，萬國咸萃，要荒之外，莫不奔走。今自伊、洛以東，暨乎海岱，灌莽巨澤，蒼茫千里，人煙斷絕，雞犬不聞，道路蕭條，進退艱阻，豈可引彼夷狄，示以虛弱？竭財以賞，未厭遠人之望；重加給復，不償百姓之勞。或遇水旱之災，風雨之變，庸夫橫議，悔不可追。豈獨臣之懇誠，亦有輿人之誦。」太宗不能奪。是後，右僕射缺，欲拜之，徵固讓乃止。

及皇太子承乾不修德業，魏王泰寵愛日隆，內外庶僚，并有疑議。太宗聞而惡之，謂侍臣曰：「當今朝臣忠謇，無踰魏徵，我遣傅皇太子，用絕天下之望。」十六年，拜太子太師，知門下省事如故。徵自陳有疾，詔答曰：「漢之太子，四皓爲助，我之賴公，即其義也。知公疾病，可卧護之。」

其年，稱綿頓，中使相望。徵宅先無正寢，太宗欲爲小殿，輟其材爲徵營構，五日而成，遣中使齎素褥布被而賜之，遂其所尚也。及病篤，輿駕再幸其第，撫之流涕，問所欲言，徵曰：「嫠不恤緯，而憂宗周之亡。」後數日，太宗夜夢徵若平生，及旦而奏徵薨，時年六十四。太宗親臨慟哭，廢朝五日，贈司空、相州都督，謚曰文貞。給羽葆鼓吹、班劍四十人，賻絹布千段、米粟千石，陪葬昭陵。及將祖載，徵妻裴氏曰：「徵平生儉素，今以一品禮葬，羽儀甚盛，非亡者之志。」悉辭不受，竟以布車載柩，無文彩之飾。太宗登苑西樓，望喪而哭，詔百官送出郊外。帝親製碑文，并爲書石。其後追思不已，賜其實封九百户。嘗臨朝謂侍臣曰：「夫以銅爲鏡，可以正衣冠；以古爲鏡，可以知興替；以人爲鏡，可以明得失。朕常保此三鏡，以防己過。今魏徵殂逝，遂亡一鏡矣！徵亡後，朕遣人至宅，就其書函得表一紙，始立表草，字皆難識，唯前有數行，稍可分辯，云：『天下之事，有善有惡，任善人則國安，用惡人則國亂。公卿之內，情有愛憎，憎者唯見其惡，愛者唯見其善。愛憎之間，所宜詳慎，若愛而知其惡，憎而知其善，去邪勿疑，任賢勿貳，可以興矣。』其遺表如此，然在朕思之，恐不免斯事。公卿侍臣，可書之於笏，知而必諫也。」

徵狀貌不逾中人，而素有膽智，每犯顏進諫，雖逢王赫斯怒，神色不移。嘗密薦中書侍郎杜正倫及吏部尚書侯君集有宰相之材。徵卒後，正倫以罪黜，君集犯逆伏誅，太宗始疑徵阿黨。徵又自錄前後諫諍言辭往復以示史官起居郎褚遂良，太宗知之，愈不悅。先許以衡山公主降其長子叔玉，於是手詔停婚，顧其家漸衰矣。

徵四子，叔琬、叔璘、叔瑜。叔玉襲爵國公，官至光祿少卿；叔瑜至潞州刺史；叔璘禮部侍郎，則天時爲酷吏所殺。

神龍初，繼封叔玉子膺爲鄭國公。

叔瑜子華，開元初太子右庶子。

雜錄

備錄

張鷟《朝野僉載》卷六 魏徵爲僕射，有二典事之長參，時徵方寢，二人窗下平章。一人曰：「我等官職總由此老翁。」一人曰：「總由天上。」徵聞之，遂作一書，遣「由此老翁」人者送至侍郎處，云「與此人一員好官」。其人不知，出門心痛，憑「由天上」者送書。明日引注，「由老人」者被放，「由天上」者得留。徵怪之，問焉，具以實對。乃嘆曰：「官職禄料由天者，蓋不虛也。」

劉餗《隋唐嘉話》卷中 《破陣樂》，被甲持戟，以象戰事。《慶善樂》，廣袖曳屣，以象文德。鄭公見奏《破陣樂》則俯而不視，《慶善樂》則翫之而不厭。

王方慶《魏鄭公諫錄》卷一《諫科祖孝孫罪》 太宗謂侍臣曰：「人皆以祖孝孫爲知音，今教曲多不諧韻，此其未至精妙，爲不存意乎？」乃敕所司令定其罪。公進諫曰：「陛下生平不愛音聲，今忽爲教女樂差舛，責及孝孫，臣恐天下眙愕。」太宗曰：「汝等並是我腹心，應須忠正，何反附下罔上爲孝孫爲辭！」温彦博拜謝。公及王珪進曰：「陛下不以臣等不肖，置於樞近，今臣所言，豈是爲私？不意陛下責臣至此！臣常奉明旨云：『勿以臨時嗔怒，即便曲從，成我大過。』臣等不敢失墜，所以每觸龍鱗。今以此爲責，只是陛下負臣，臣終不負於陛下。」太宗怒猶未已，懔然作色。公曰：「祖孝孫學問立身，何如白明達？陛下平生禮遇孝孫，復何如白明達？今過聽一言，便謂孝孫可疑，明達可信，臣恐羣臣

衆庶有以窺陛下。」太宗意乃解。

王方慶《魏鄭公諫録》卷五《文德后載誕侍宴》　文德皇后誕公主，月滿，宴羣臣於丹霄殿。太宗命公圍棋賭，公再拜曰：「臣無可賭之物，不敢煩勞聖躬。」太宗曰：「朕知君有物，不須致辭。」公固言無物堪供進者。太宗曰：「朕知君大有忠正。君若勝朕，與君物；君若不如，莫虧今日。」遂與公棋。纔下數十子，太宗曰：「君已勝矣。」賜尚乘馬一匹，并金裝鞍轡勒，仍賜絹千匹。

吴兢《貞觀政要》卷二《任賢三》　魏徵，鉅鹿人也，近徙家相州之臨黄。武德末，爲太子洗馬。見太宗與隱太子陰相傾奪，每勸建成早爲之謀。太宗既誅隱太子，召徵責之曰：「汝離間我兄弟，何也？」衆皆爲之危懼。徵慷慨自若，從容對曰：「皇太子若從臣言，必無今日之禍。」太宗爲之斂容，厚加禮異，擢拜諫議大夫。數引之卧内，訪以政術。徵雅有經國之才，性又抗直，無所屈撓。太宗每與之言，未嘗不悦。徵亦喜逢知己之主，竭其力用。又勞之曰：「卿所諫前後二百餘事，皆稱朕意，非卿忠誠奉國，何能若是？」三年，累遷秘書監，參預朝政，深謀遠算，多所弘益。太宗嘗謂曰：「卿罪重於中鉤，我任卿逾於管仲，近代君臣相得，寧有似我於卿者乎？」六年，太宗幸九成宫，宴近臣，長孫無忌曰：「王珪、魏徵，往事息隱，臣見之若讎，不謂今者又同此宴。」太宗曰：「魏徵往者實我所讎，但其盡心所事，有足嘉者。朕能擢而用之，何慚古烈？徵每犯顔切諫，不許我爲非，我所以重之也。」徵再拜曰：「陛下導臣使言，臣所以敢言。若陛下不受臣言，臣亦何敢犯龍鱗、觸忌諱也。」太宗大悦，各賜錢十五萬。七年，代王珪爲侍中，累封鄭國公。尋以疾乞辭所職，請爲散官。太宗曰：「朕拔卿於讎虜之中，任卿以樞要之職，見朕之非，未嘗不諫。公獨不見金之在礦，何足貴哉？良冶鍛而爲器，便爲人所寶。朕方自比於金，以卿爲良匠。雖有疾，未爲衰老，豈得便爾耶？」徵乃止。後復固辭，聽解侍中，授以特進，仍知門下省事。十二年，太宗以誕皇孫，詔宴公卿，帝極歡，謂侍臣曰：「貞觀以前，從我平定天下，周旋艱險，玄齡之功無所與讓。貞觀之後，盡心於我，獻納忠讜，安國利人，成我今日功業，爲天下所稱者，惟魏徵而已。古之名臣，何以加也。」於是親解佩刀以賜二人。庶人承乾在春宫，不修德業。魏王泰寵愛日隆，内外庶寮，咸有疑議。太宗聞而惡之，謂侍臣曰：「當今朝臣，忠謇無如魏徵，我遣傅皇太子，用絶天下之望。」十七年，遂授太子太師，知門下事如故。徵自陳有疾，太宗謂曰：「太子宗社之本，須有師傅，故選中正，以爲輔弼。知公疹病，可卧護之。」徵乃就職。尋遇疾。徵宅内先無正堂，太宗時欲營小殿，乃輟其材爲造，五日而就。遣中使賜以布被素褥，遂其所尚。後數日，薨。太宗親臨慟哭，贈司空，謚曰文貞。太宗親爲製碑文，復自書於石。特賜其家食實封九百户。太宗後嘗謂侍臣曰：「夫以銅爲鏡，可以正衣冠；以古爲鏡，可以知興替；以人爲鏡，可以明得失。朕常保此三鏡，以防己過。今魏徵殂逝，遂亡一鏡矣！」因泣下久之。乃詔曰：「昔惟魏徵，每顯予過。自其逝也，雖過莫彰。朕豈獨有非於往時，而皆是於兹日？故亦庶僚苟順，難觸龍鱗者歟！所以虚己外求，披迷内省。言而不用，朕所甘心。用而不言，誰之責也？自斯已後，各悉乃誠。若有是非，直言無隱。」

吴兢《貞觀政要》卷二《直諫五》　貞觀二年，隋通事舍人鄭仁基女，年十六七，容色絶姝，當時莫及。文德皇后訪求得之，請備嬪御，太宗乃聘爲充華。詔書已出，策使未發，魏徵聞其已許嫁陸氏，方遽進而言曰：「陛下爲人父母，子愛萬姓，當憂其所憂，樂其所樂。自古有道之主，以百姓之心爲心，故君處臺榭，則欲民有棟宇之安；食膏粱，則欲民無饑寒之患；顧嬪御，則欲民有室家之歡。此人主之常道也。今鄭氏之女，久已許人，陛下取之不疑，無所顧問，播之四海，豈爲民父母之義乎？臣傳聞雖或未的，然恐虧損聖德，情不敢隱。君舉必書，所願特留神慮。」太宗聞之大驚，乃手詔答之，深自克責，遂停策使，乃令女還舊夫。左僕射房玄齡、中書令温彦博、禮部尚書王珪、御史大夫韋挺等云：「女許適陸氏，無顯然之狀，大禮既行，不可中止。」陸氏又抗表云：「其父康在日，與鄭家還往，時相贈遺資財，初無婚姻交涉親戚。」并云：「外人不知，妄有此説。」大臣又勸進。太宗於是頗以爲疑，問徵曰：「羣臣或順旨，陸氏何爲過爾分疏？」徵曰：「以臣度之，其意可識，將以陛下同於太上皇。」太宗曰：「何也？」徵曰：「太上皇初平京城，得辛處儉婦，稍蒙寵遇。處儉時爲太子舍人，太上皇聞之不悦，遂令出東宫爲萬泉縣令，每懷戰懼，常恐不全首領。陸爽以爲陛下今雖容之，恐後陰加譴謫，所以反覆自陳，意在於此，不足爲怪。」太宗笑曰：「外人意見，或當如此。然朕之所言，未能使人必信。」乃出敕曰：「今聞鄭氏之女，先已受人禮聘，前出文書之日，事不詳審，此乃朕之不是，亦爲有司之過。授充華者宜停。」時莫不稱嘆！

貞觀七年，蜀王妃父楊譽在省競婢，都官郎中薛仁方留身勘問，未及與奪。其子爲千牛，於殿庭陳訴，云：「五品以上非反逆不合留身。以是國親，故生節目，不肯斷決，淹歷歲年。」太宗聞之，大怒曰：「知是我之親戚，故作如此艱難。」

即令杖仁方一百，解所任官。侍中魏徵進曰：「城狐社鼠，皆是微物，爲其有所憑恃，故除之猶不易。況外戚、公主，舊號難理。漢、晉以來，莫能禁制。武德之中，以多驕縱，陛下登極，方始肅然。仁方既是職司，能爲國家守法，豈可横加嚴罰，以成外戚之私乎！此源一開，萬端爭起，後必悔之，將無所及。自古能禁斷此事，惟陛下一人。備豫不虞，爲國常道，豈可以水未横流，便欲自毀隄防？臣竊思度，未見其可。」太宗曰：「誠如公言，嚮者不思。然仁方輒禁不言，頗是專擅，雖不合重罪，宜少加懲肅。」乃令杖二十而赦之。

貞觀八年，陝縣丞皇甫德參上書忤旨，太宗以爲訕謗。侍中魏徵進言曰：「昔賈誼當漢文帝時上書云『可爲痛哭者一，可爲長嘆息者六。』自古上書，率多激切。若不激切，則不能起人主之心。激切即似訕謗，惟陛下詳其可否。」太宗曰：「非公無能道此者。」令賜德參帛二十段。

吴兢《貞觀政要》卷五《論忠義一四》 貞觀二年，將葬故息隱王建成、海陵王元吉，尚書右丞魏徵與黄門侍郎王珪請預陪送，上表曰：「臣等昔受命太上，委質東宫，出入龍樓，垂將一紀。前宫結釁宗社，得罪人神，臣等不能死亡，甘從夷戮，負其罪戾，寘録周行，徒竭生涯，將何上報？陛下德光四海，道冠前王，陟岡有感，追懷棠棣，明社稷之大義，申骨肉之深恩，卜葬二王，遠期有日。臣等永惟疇昔，忝曰舊臣，喪君有君，雖展事君之禮；宿草將列，未申送往之哀。瞻望九原，義深凡百，望於葬日，送至墓所。」太宗義而許之，於是宫府舊僚吏，盡令送葬。

貞觀八年，先是桂州都督李弘節以清慎聞，及身殁後，其家賣珠。太宗聞之，乃宣於朝曰：「此人生平，宰相皆言其清，今日既然，所舉者豈得無罪？必當深理之，不可捨也。」侍中魏徵承間言曰：「陛下生平言此人濁，未見受財之所，今聞其賣珠，將罪舉者，臣不知所謂。自聖朝以來，爲國盡忠，清貞慎守，終始不渝，屈突通、張道源而已。通子三人來選，有一匹羸馬，道源兒子不能存立，未見一言及之。今弘節爲國立功，前後大蒙賞賚，居官殁後，不言貪殘，妻子賣珠，未爲有罪。審其清者，無所存問，疑其濁者，旁責舉人，雖云疾惡不疑，是亦好善不篤。臣竊思度，未見其可，恐有識聞之，必生横議。」太宗撫掌曰：「造次不思，遂有此語，方知談不容易。並勿問之。其屈突通、張道源兒子，宜各與一官。」

韋述《兩京新記》卷三《次南曰永興坊》 永興坊西門北，魏徵宅。本宇文愷宅，及徵居之，太宗幸焉。時將營小殿，賜徵爲堂。

封演《封氏聞見記》卷五《第宅》 太宗朝，天下新承隋氏喪亂之後，人尚儉素。太子太師魏徵，當朝重臣也，所居室宇卑陋。太宗欲爲營第，輒謙讓不受。洎徵寢疾，太宗將營小殿，遂輟其材爲造正堂，五日而就。開元中此堂猶在，家人不謹，遺火焚之，子孫哭臨三日，朝士皆赴弔。

柳宗元《龍城録》卷上《魏徵嗜醋芹》 魏左相忠言讜論，贊襄萬機，誠社稷臣。有日退朝，太宗笑謂侍臣曰：「此羊鼻公不知遺何好而能動其情？」侍臣曰：「魏徵好嗜醋芹，每食之，欣然稱快。此見其真態也。」明日，召賜食，有醋芹三杯，公見之欣喜翼然，食未竟而芹已盡。太宗笑曰：「卿謂無所好，今朕見之矣。」公拜謝曰：「君無爲，故無所好。臣執作從事，獨僻此收斂物。」太宗默而感之。公退，太宗仰睨而三嘆之。

柳宗元《龍城録》卷下《魏徵善治酒》 魏左相能治酒，有名曰醽渌翠濤，常以大金罌内貯盛，十年飲不歇，其味即世所未有。太宗文皇帝嘗有詩賜公，稱「醽渌勝蘭生，翠濤過玉薤。十日醉不醒，十年味不敗」。蘭生，即漢武百味旨酒也。玉薤，煬帝酒名。公此酒本學釀於西胡人，豈非得大宛之法，司馬遷所謂富人藏萬石葡萄酒，數十歲不敗者乎！

劉肅《大唐新語》卷四《持法七》 張玄素爲侍御史，彈樂蟠令叱奴騭盜官糧。太宗大怒，特令處斬。中書舍人張文瓘執據律不當死，太宗曰：「倉糧事重，不斬恐犯者衆。」魏徵進曰：「陛下設法，與天下共之。今若改張，人將法外畏罪。且復有重於此者，何以加之？」騭遂免死。

劉肅《大唐新語》卷六《舉賢一三》 魏徵、王珪、韋挺俱事隱太子，時或稱東宫有異圖，高祖不欲彰其事，將黜免宫寮以解之。流挺、珪於嶲州，徵但免官。而徵言於裴寂、封德彝曰：「徵與韋挺、王珪，並承東宫恩遇，俱以被責退。今挺、珪得罪，而徵獨留，何也？」寂等曰：「此由在上，寂等不知。」徵曰：「古人云：成王欲殺召公，周公豈得不知？」無何，挺等徵還。

劉肅《大唐新語》卷一一《褒錫二四》 魏徵有大志，不恥小節，博通羣書，頗明王霸之術。隋末爲道士，初仕李密，密敗歸國。後爲竇建德所執，建德敗，委質於隱太子。太子誅，太宗稍任用，前後規諫二百餘奏，無不稱旨。太子承乾失德，魏王泰有奪嫡之漸。太宗聞而惡之，謂侍臣曰：「當今朝臣，忠謇無踰魏徵。我遣輔太子，用絶天下之望。」乃以爲太子太師，徵以疾辭。詔答曰：「漢之太子，四皓爲助；我之賴卿，即其義也。知公疾病，可卧護之。」徵宅無堂，太宗將

嘗小殿，輟其材以賜之，五日而就。遣使賞布被素褥以賜之，遂其所尚。及疾亟，太宗幸其第，撫之流涕。問其所欲，徵曰：「嫠不恤緯，而憂宗社之隕。」徵貌不踰中人，而素有膽氣，善得人主意。身死之日，知與不知，莫不痛惜。

王溥《唐會要》卷六五《內侍省》 貞觀十四年，司門員外郎韋元方不過所給使，見左右僕射而去，給使奏之。上大怒，由元方爲華陰令。特進魏徵言曰：「帝王震怒，動若雷霆，何可妄發。爲前給使一言，夜出勑書，事似軍機，外人誰不驚駭！但宦官之徒，古來難近，輕爲言語，易生患害。獨行遠使，深非事宜。漸不可長，所宜深慎。」上納之，遂停貶黜。

沈作喆《寓簡》卷九 書固藝事，然不得心法，不能造微入妙也。唐文皇帝妙於翰墨，嘗病戈法難精，乃作「戩」字空其右，而命虞永興填之，以示魏鄭公，曰：「朕學世南，似盡其法。」鄭公曰：「天筆所臨，萬象不能逃其形，非臣下可擬。然惟『戩』字戈法乃逼真。」太宗驚歎。學之精，鑒之明，乃至於此！作字尚爾，況於修身學道，爲國爲天下立大事，而可以苟簡鹵莽，姑息而爲之有不敗者乎！鄭公之鑒裁，可謂入神矣。

備論

《舊唐書》卷七一《魏徵傳》 史臣曰：臣嘗讀漢史《劉更生傳》，見其上書論王氏擅權，恐移運祚，漢成不悟，更生徘徊伊鬱，極言而不顧禍患，何匡益忠盡也如此！當更生時，諫者甚多。如谷永、楊興之上言，圖爲姦利，與賊臣爲鄉導；梅福、王吉之言，雖近古道，未切事情。則納諫任賢，詎宜容易！臣嘗閱《魏公故事》，與文皇討論政術，往復應對，凡數十萬言。其匡過弼違，能近取譬，博約連類，皆前代諍臣之不至者。其實根於道義，發爲律度，身正而心勁，上不負時主，下不阿權幸，中不侈親族，外不爲朋黨，不以逢時改節，不以圖位賣忠。所載章疏四篇，可爲萬代王者法。雖漢之劉向、魏之徐邈、晉之山濤、宋之謝朏，才則才矣，比文貞之雅道，不有遺行乎？前代諍臣，一人而已。

贊曰：智者不諫，諫或不智。智者盡言，國家之利。鄭公達節，才周經濟。太宗用之，子孫長世。

《新唐書》卷九七《魏徵傳》 贊曰：君臣之際，顧不難哉！以徵之忠，而太宗之睿，身歿未幾，猜譖遽行。始，徵之諫，累數十餘萬言，至君子小人，未嘗不反復爲帝言之，以佞邪之亂忠也。久猶不免。故曰：「皓皓者易污，嶢嶢者難全」，自古所歎云。唐柳芳稱「徵死，知不知莫不恨惜，以爲三代遺直」。諒哉！謩之論議挺挺，有祖風烈，《詩》所謂「是以似之」者歟！

孫甫《唐史論斷》卷上《魏鄭公論致治不難》 論曰：帝王興治之道，在觀時而爲之。觀時在至明，至明在至公，至明則理無不通，至公則事無不正。通於理故能變天下之弊，正其事故能立天下之教。弊變教立，其治不勞而成矣。孔子曰：「如有用我者，期月而已可也，三年有成。」則聖人之意可見矣。或曰：「孔子言『善人爲邦，百年然後勝殘去殺』，又言『王者必世而後仁』，何謂也？」答曰：孔子教爲邦者久之之辭也。爲邦若非聖哲，或行仁政，未能變通時事，功業不速，必中道而止，故教以久行仁政乃有成功也。若以聖哲之道則期月可也，但後之爲天下者，雖欲興起治道，多非聖哲之才，不能通究時弊，以道變之，務速其功，以行一時之事，故所爲駁雜，莫復前古之治也。觀魏公之論，誠得聖人之意，文皇能納其言，而不惑奸人之論，力變時弊，以行王道。嗚呼，明哉！大亂之後，興立教法，不急其功，致時太平，德流於後。嗚呼，公哉！

孫甫《唐史論斷》卷上《魏鄭公溫彥博論處置降虜》 論曰：安邊之術，其難哉！以太宗之英明，魏公之辯論，豈不能察夷狄之情，定安危之計，何至納溫彥博曲議，處虜內地，仍擇酋長，備官京師？慮之不審，乃如是乎！夷狄之態，弱則伏人，強則爲患，禮義不能移其性，仁恩不能懷其心，從古而然也。頡利之敗，其部落之降者，豈慕德義而來，正爲逃死之計耳。置之塞外，分酋長以主之，足示好生之德，何過處置有差也？蓋太宗以雄才大略，平突厥，意破亡之餘，不能爲患，但以大度畜之，至仁懷之，夸大盛德，以示萬世，故忽其事也。不然，彥博之議突厥餘衆若遣居河南，綏懷德惠，終無叛逆，此固妄言，豈能惑其聰明哉！及數年有變，始徙降戎塞外，乃悔今日之失也。

孫甫《唐史論斷》卷上《魏鄭公諫諍》 論曰：魏公以忠直稱，曆數百年而乃愈高。李翱論修史之法，則曰：「假如傳魏徵，但記其諫諍之詞，足以見正直。」是魏公得諫諍之道，其言足以傳信於後也。貞觀十年，魏公三上疏，乃諫諍之著者，然不過諫侈逸，明任人，平刑賞，辨忠邪，及引前代治亂爲說，未嘗深言君過，亦不及安危大計。詳味其意，尤見當時高致。夫不深言君過，君無大過也；不及安危大計，君能自主威福，了天下大事也。君無大過，能了大事，真英主也。

但政有小失則諫之，引前代治亂爲戒，使不至於甚，此所以爲忠也。魏公事英主，力贊治道，已成太平之治，見其小失尚孜孜諫諍，以防其甚；如事中常之主，天下未治，其君或有大過，魏公之諫必危切，至安危大計必忘身以爭也。蓋輔相之道不至此，不足以爲忠。魏公之心，後之爲相者宜詳之。

曾鞏《元豐類藁》卷五一《書魏鄭公傳》 余觀太宗常屈己以從羣臣之議，而魏鄭公之徒，喜遭其時，感知己之遇，事之大小，無不諫諍，雖其忠誠所自至，亦得君以然也。則思唐之所以治，太宗之所以稱賢主，而前世之君不及者，其淵源皆出於此也。能知其有此者，以其書存也。及觀鄭公以諫諍事付史官，而太宗怒之，薄其恩禮，失終始之義，則未嘗不反覆嗟惜，恨其不思，而益知鄭公之賢焉。夫君之使臣與臣之事君者何？大公至正之道而已矣。大公至正之道，非滅人言以揜己過，取小亮以私其君，此其不可者也。又有甚不可者，夫以諫諍爲當揜，是以諫諍爲非美也，則後世誰復當諫諍乎？況前代之君有納諫之美，而後世不見，則非惟失一時之公，又將使後世之君，謂前代無諫諍之事，是啓其怠且忌矣。太宗末年，群下既知此意而不言，漸不知天下之得失。至於遼東之敗，而始恨鄭公不在世，未嘗知其悔之萌芽出於此也。夫伊尹、周公何如人也？伊尹、周公之諫切其君者，其言至深，而其事至迫也。存之於書，未嘗揜焉。至今稱太甲、成王爲賢君，而伊尹、周公爲良相者，以其書可見也。令當時削而棄之，成區區之小讓，則後世何所據依而諫，又何以知其賢且良歟？桀、紂、幽、厲、始皇之亡，則其臣之諫詞無見焉，非其史之遺，乃天下不敢言而然也。則諫諍之無傳，乃此數君之所以益暴其惡於後世而已矣。或曰：《春秋》之法，爲尊親賢者諱，與此其戾也。夫《春秋》之所諱者，惡也，納諫諍豈惡乎？然則焚稿者非歟？曰：焚稿者誰歟？非伊尹、周公爲之也，近世取區區之小亮者爲之耳，其事又未是也。何則？以焚其稿爲揜君之過，而使後世傳之，則是使後世不見稿之是非，而必其過常在於君，美常在於己也，豈愛其君之謂歟？孔光之去其稿之所言，其在正邪，未可知也，其焚之而惑後世，庸詎知非謀己之奸計乎？或曰：「造辟而言，詭辭而出，異乎此。」曰：此非聖人之所曾言也。令萬一有是理，亦謂君臣之間，議論之際，不欲漏其言於一時之人耳，豈杜其告萬世也。噫！以誠信持己而事其君，而不欺乎萬世者，鄭公也。益知其賢云，豈非然哉！豈非然哉！

范祖禹《唐鑑》卷二《太宗上》 文德皇后崩，十一月葬昭陵。帝念后不已，於苑中作層觀，以望昭陵，嘗引魏徵同登，使視之。徵孰視曰：「臣昏眊，不能見。」帝指視之，徵曰：「臣以爲陛下望獻陵，若昭陵，則臣固見之矣。」帝泣，爲毀觀。

臣祖禹曰：魏徵可謂能以義正君矣，造次不忘納之於善，恐其薄於孝而厚於愛也。孟子曰：「唯大人爲能格君心之非。」若魏徵近之矣。

范祖禹《唐鑑》卷三《太宗下》 八月，帝曰：「當今國家何事最急？」褚遂良曰：「今四方無虞，唯太子、諸王宜有定分最急。」帝曰：「此言是也。」時太子承乾失德，魏王泰有寵，羣臣日有疑議，帝聞而惡之，謂侍臣曰：「方今羣臣，忠直無踰魏徵，我遣傅太子，用絕天下之疑。」九月，以徵爲太子太師。時徵有疾小愈，詣朝堂表辭，帝手詔諭以：「周幽、晉獻，廢嫡立庶，危國亡家。漢高祖幾廢太子，賴四皓然後安。我今賴公，即其義也。知公疾病，可臥護之。」徵乃受詔。

臣祖禹曰：魏徵之於太宗，知無有不言，言無有不盡。君臣之際，人莫得而間也。當是時，太子、魏王方爭，羣臣有黨，徵不知之，是不明也。知而不言，是隱情也。且君使之爲太子師，倚其正直以重太子也。外不聞告其君以嫡庶之別，內不聞訓太子以禍敗之戒，受君之託而無所補救，處父子兄弟疑危之際，依違而已，豈其疾而耄乎？卒之身没而見疑，讒人得以間之，惜哉。

范浚《香溪集》卷五《魏鄭公願爲良臣論》 人臣有殺身之義，而殺身者，每出於不得已。君爲不道，醜行日積，不知自悔，臣必輸忠而指言之。言之不從，則必號泣而苦言之，於是而忤君心，逢震怒，赴湯冒鉞，乃有至於殺身。是君之惡至此而極，而臣之義亦至此而窮且凶也，豈臣心之所欲哉？唐魏鄭公謂太宗曰：「願陛下俾臣爲良臣，無俾臣爲忠臣。」蓋殺身而爲忠臣者，出於不得已，非其心之所欲故也。自古無道之世，臣主之名有兩敗，無兩立。君行惡矣，臣不能以忠死之，則臣亦惡矣，此有兩敗也。君行惡矣，臣以忠死之，則君惡愈大，而臣獨得忠名於世，此無兩立也。臣主之名兩敗，君子固深恥之，君名惡而臣獨善，君子亦寧樂哉？而或至於爲忠者，不得已也，故曰「無俾臣爲忠臣」也。或曰：「鄭公之願爲良臣，將愛身而難於爲忠耶？」曰：不然也。鄭公之於忠臣，非不能爲，不願爲也。其言雖曰願爲良臣，然正欲以示其將必爲忠臣之心。太宗有道，則公爲良臣，是俾公爲良臣也；太宗無道，則公爲忠臣，是俾公爲忠臣也。鄭公若曰：「願陛下爲有道，毋爲無道；無道，則臣將必爲忠臣。」蓋欲繩其君，使不得爲無道云耳。且以忠、良異稱，要皆美號，鄭公亦何擇焉？其所以言此，非爲身謀，正爲太宗謀耳。公爲良臣，則太宗爲有道；公爲忠臣，則太宗爲無

道。君以無道見醜於天下後世，而臣獨以忠節有聞，孰若身荷美名，君都顯號，而臣主之善兩立？此公所以爲太宗謀，而願爲良臣也。不然，與龍逢比干遊於地下，鄭公寧有貶哉？幸太宗能用公計，以致貞觀之治，是以卒擅良臣之美也。雖然，公之言，可以爲賢者道。彼有庸回之臣，苟於固位，坐視君之愚昏而無所正救，不知良臣初未嘗不爲忠焉，乃曰：「魏鄭公不願爲忠臣，君雖無道，吾願爲良臣而已。」脂韋塞默，卒有臣主兩敗之禍，此豈鄭公之謂哉？

范浚《香溪集》卷五《魏徵勸太宗行仁義論》 人必有是志也，然後勉之而益進，激之而益勵。苟惟不役志於是事，而以是事勸之，則雖予、賜聞説挽乎前，儀、秦捭闔劫乎後，吾知其行事不能以寸。是故戰國之君，昧夫人道，忸怵于剥斂積實攻鬭侵取之説。凡其君臣，早朝宴罷，諏謀而建白者，必功利是圖，謂拓土爲能臣，謂豐財爲至計，誅求無藝，使民剔肌出髓而未已，玩兵嗜殺，使民絶脰洞胸而不悔。彼其大欲在圖霸，積慮在富强，故雖以孟軻游談仁義於齊、梁、鄒、魯、宋、薛之間，往往枘鑿不偶，蔑有一君行其言者。非軻言不足用，蓋時君無役志乎仁義者也。故夫人主必有是志，然後勸之以是事，則深聽而果行。昔大宗致貞觀之治，天下晏然，外薄嶺海，户闔不閉，蠻夷君長咸襲衣冠，帶刀宿衛。於是帝曰：「此魏徵勸我行仁義，既效矣，惜不令封德彝見之。」古今議者因遂以謂太宗行仁義，率由魏徵勸之。嗟夫，徵排德彝，而勉其君以施化，信有助矣。然向非太宗有志乎仁義，則德彝言入而莫回，徵徒百説，未免爲虚語也。徵雖賢，孰與孟軻？太宗雖明，而貪功勤兵，猶未賢遠於齊梁之君。使其素心不在仁義，則孟軻復生，言猶不聽，况徵其能勸之有行乎？觀太宗在貞觀初，嘗謂侍臣曰：「今欲專以仁義誠信爲治，庶革近代之澆薄。」又曰：「爲國之道，必撫以仁義，公等宜共行之。」惟夫素心在仁義，然後知仁義之可以爲國，而責治於臣下者，亦必在於仁義。故又嘗謂仁義之道，當存之心，使常相繼，斯須懈怠，去之已遠。譬猶飲食，嘗令充飽，乃可全生。此其於仁義，固克念而不敢忘，則於徵之説，非偶然聽之，所以能有助也。或謂文皇芟刈手足，安忍無親，此其於仁義背而馳者也，何克念之有乎？曰：是誠太宗之慚德也。然仁義何嘗之有？背之則爲小人，蹈之則爲君子。使太宗自艾自克，處仁遷義，則一洗心易慮，猶可與也，况能力行乎？孟軻言五霸假之，久假而不歸，烏知其非有？《春秋》惡惡疾，其始善善樂其終，然太宗既久假矣，胡可嫉其始，遂終疾之耶？

楊萬里《誠齋集》卷九〇《魏鄭公勸行仁義論》 論曰：人君之於道，資有所近則言有所入。蓋道無難易，而君子之言有從違；言無從違，而人君之資有遠近。資之所不遠，小人不能却而返；資之所不近，君子不能勸而進。太宗之行仁義，人以爲鄭公之勸也，帝亦自以爲公之勸我也。不知夫非公之勸也，言之入也；非言之入也，帝資之近也。帝之資不近乎仁義而可勸，則封倫亦能勸之矣。故太宗曰：「魏徵勸我行仁義。」君子以爲非勸也。天下之治亂，其發在機，其澤在人，非發之難也，決之難也。蓋天下無一定之説也，天下而有一定之説，則誰不能決之者？是故儒與墨並興，而道與術交攻，此有此之説，而彼亦有彼之説。將從其所謂道，則倦於難成；將不從其所謂術，則樂其有速效。難成也者，難毁者也，速效也者，速禍者也。世主能作其怠心以勝其樂心，見其難毁以破其速禍者希矣。治亂之機，一言發之，百世不得而移之決之者，果難矣哉！秦堂上之一議，甘龍之言不勝，商鞅之言勝，君子已知秦之短矣。漢匈奴之一議，王恢之言行，韓安國之言不行，君子已知漢之災矣。而秦昭王、漢武帝不自知其祚之短、民之災由此而生也。不惟不知之，又從而樂之，可悼也乎？唐之治不在乎貞觀之後，而在乎貞觀之初。貞觀之初，太宗求治而未有所從，鄭公嘗有言焉，封倫亦有言焉。公之言仁義之言也，倫之言刑名之言也。公之言似甘龍，似安國，似可倦；倫之言似商鞅，似王恢，似可樂。方是時，一言之勝負，一代之治亂也。君子憂之，非憂其遽亂也，憂其發也，憂其決也。使太宗有秦昭王好伯之資，有漢武帝喜功之資，則倫之言勝，而公之言不勝矣。公之言所以勝者，以帝之資不近二君之資故也。帝之資不近二君則烏乎近哉！帝資之所近，近乎先王仁義之資也。資之近，故入之也堅；入之也堅，故決之也果；決之也果，故發之也成。米斗三錢，外户不閉，四夷來賓，非勸也，資也。非勸而太宗以爲勸，豈亦太宗之賢，樂其言之忠、而忘其資之近故耶？大抵求治之主莫難於有其天，有其天矣，莫大於盡其人。曷謂天？資是也。曷謂人？學是也。鄉人之憫孺子入井也，齊宣王之不忍於牛也，太宗之觀明堂圖而罷鞭背也，禹湯之泣辜祝網也，其天者相近也。然鄉人之不爲齊宣，齊宣之不爲太宗，太宗之不爲禹、湯，何也？其人者相遠也。充其人之學以極其天之資，鄉人其不爲禹湯乎？而况太宗之賢也哉？君子於此是以爲太宗而歎也。謹論。

《陳亮集》卷一一《子房賈生孔明魏徵何以學異端》 異端之學，何所從起乎？起於上古之闕略，而成於春秋戰國之君子傷周制之過詳，憂世變之難救，各

以己見而求聖人之道，得其一説，附之古而崛起於今者也。老莊爲黄帝之道，許行爲神農之言，墨氏祖於禹，而申、韓又祖於《道德》。其初豈自以爲異端之學哉，原始要終而卒背於聖人之道，故名曰異端，而不可學也。夫豪傑之士雖無文王猶興。天資既高，目力自異，得一書而讀之，其穎脱獨見之地不能逃，而背戾之所亦不能以惑我也。得其穎脱而不惑乎背戾，一旦出而見於設施，如兔之脱，如鶻之擊，成天下之駿功而莫能禦之者，此豈有得於異端之學哉，其説有以觸吾之機耳。使聖人之道未散，而六經之學尚明；極其天資、目力之所至，伏而讀其書，以與一世共之，當掩後世之名臣而奪之氣，而與三代之賢比隆矣。子房、孔明蓋庶幾乎此者也。賈生不得自盡於漢，而魏徵有以自見於唐，亦惟其所遭耳。子房爲高帝謀臣，從容一發，動中機會，而嘗超然於事物之外，此豈圯下兵法之所有哉。孔明苟全於危世，不求聞達，三顧後起，而惓惓漢事，每以天人之際爲難知，管、樂功利之學，蓋未能造此室也。天資之高，目力之異，卓然有會於胸中，必有因而發耳。賈生於漢道初成之際，經營講畫，不遺餘慮，推而達之於仁義禮樂，無所不可，申、韓之書，直發其經世之志耳。魏徵於太宗求治如不及之時，從容論議，有過必救，有善必達，雖禮樂之未暇，而治體蓋亦略盡，縱横之學，直發其遇合之機耳。豪傑之士，天資之高，目力之異，未可以一書而律之也。嗟夫，使聖人之道未散，《六經》之學尚明，而皆得以馳騁於孔氏之門，由、賜、游、夏不足進也。昔者聖人歷觀上古之書，商周之典禮，斷自唐虞以下，訖於周，歎其前之不足爲法，而傷其後之不可復知，所以塞異端之原，而使其流之無以復開也。而春秋戰國之君子，卒取唐虞以上不足存之説以馳騖於世，則孔子之慮誠遠矣。然而《詩》、《書》、執《禮》，乃孔子之所雅言，日與羣弟子共之者，而《易》、《春秋》不與焉，何以發豪傑不羣之志哉！子路以爲「有民人焉，有社稷焉，何必讀書，然後爲學」，則深排而力斥之，以爲非教人之常也。宜其律天下豪傑於規矩準繩之中，而乃上許管仲以一正天下之仁，下許顔子以四代之禮樂，是殆其他未有以當孔氏之心耳。賈生魏徵可也，吾是以三歎於子房、孔明焉。

韋如愚《山堂考索》續集卷三二引林之奇《論唐言良相必曰房杜不及魏徵》

魏徵所遭之時、所遇之主與房、杜並，而當世語良相必曰「房、杜」，而徵獨貶焉，何哉？蓋房、杜在高祖時止爲文學館學士，至太宗即位後方爲相，雖曰與魏徵同時，然房、杜爲相時，徵方爲諫議大夫，房、杜聲名已播，功業已成，徵實與帝共守成耳。天下後世首言房、杜，於徵何愧耶？

佚名《歷代名賢確論》卷七〇《魏鄭公》　張唐英論魏公言守成之難曰：自古桀、紂、幽、厲、成、哀、桓、靈、晉懷愍、隋煬帝，皆守成之君矣，天下大器，皆由而失之。蓋承豐泰之後，府庫實而無所用，則思窮土木之妖；干戈戢而無所試，則思拓邊疆之廣。志氣既驕，則悦諂諛之言；嗜欲既惑，則惡忠直之諫。處瓊殿之華麗，而不知下有拆廬屋以輸官者；享大官之珍羞，而不知下有啗糟糠以充腸者；有嬪御之嬌艷，而不知下有鰥寡而亡告者；有鄭衛之娱耳，而不知下有哀怨可傷者。天下已叛，而堂上未聞；蕭牆已釁，而禁中未悟。推此，信魏公以守成爲難矣。

張唐英曰：温彦博嘗奏魏公不存形迹，遂被謗議，帝令諭魏公今後須存形迹。魏公因奏曰：「君臣叶契，義均一體，豈可不存公道，唯事形迹？若君臣上下同遵此路，邦之喪亡，未可知也。」上瞿然改容悔之。噫！魏公之奏，實萬世君天下之龜鑑也。嘗觀前世治道之駁雜，敝源之浸淫，非無長謀遠慮之賢，經時濟世之主，慷慨決裂，横身爲國，以乂寧天下之蒼生；然由君臣之志不通，上下之情有間，常立事者謂之專權，激切敢諫者謂之好訐。故朝廷議論之際，有可言而不言，所以避嫌疑；有可行而不行，所以遠謗議。以致事多因循而不革，政或偏弊而不舉。始以突隙不徙，終焚百尋之屋；初以蟻穴不窒，竟潰千里之隄。魏晉而下，何其紛紛之多也！鄭公深識安危治亂之變，極陳切當之論，太宗遂改容悔之，真改過不吝、而聞諫必從之英主也。温公曾不慮此，而反欲魏公存形迹，則賢與不賢，兹可知矣。

佚名《歷代名賢確論》卷七〇《房玄齡李靖魏鄭公》　張唐英論房魏曰：夫得百騏驥，不若得一伯樂；得百太阿，不若得一歐冶。百騏驥有時而疲勞，百太阿有時而缺毁；若伯樂、歐冶存，則舉天下之良馬、良劍，何求之而不得哉！房、魏二公，文皇帝之伯樂、歐冶也。當文皇時，天下賢士大夫，一才一能畢登於朝，亦由二公啓沃薦引於上而任用之，所以能稱其職。而世之談良相者，止曰房、杜，而不曰房、魏者，何哉？房喬起於佐命，平定天下，輔成太平，二十餘年，百度修舉，其功固大矣。如晦與房喬共掌朝政，亦多規畫，然薨於貞觀三年，則其功固不及房矣。魏公得用，知無不爲，前後奏議數十萬言，著之行事者數百餘條，政事大小，罔有不論，貞觀太平之功，魏公之功最居多。而言者不曰房、魏，而曰房、杜者，豈當太宗即位之初，房、杜執政，天下之民喜見太平之初，則言曰房、杜；及太平已久，天下之人但酣樂太宗之德化，而功不復歸於臣下，

是庖人調鼎而不敢食之也，故世不曰房、魏焉。然迹其行事，考之實效，魏公才智在杜之上，而規畫並於房，故曰房、魏二公，太宗之伯樂、歐冶，如晦乃温彦博之流也，奚逮於魏哉！

王夫之《讀通鑑論》卷二〇《唐太宗》 或曰："立適長而不能賢，擇人以輔之，勿憂矣，"似也。太宗之世，忠直老臣，無有過魏徵者，固以師保之任任之矣。乃徵嘗爲建成之宫僚，效既可覩。徵以正月卒，而承乾以四月反，徵即不死，固無能改於其德，大難興，徵爲袁淑而已，紇干、承基之流，於徵何憚焉？

袁枚《小倉山房文集》卷二〇《魏徵論》 魏徵者，才智士也，非賢臣也。徵以諫得名，而所諫不得與古諫臣比。古之諫臣，婉諫與直諫不同，受賞與受誅又不同，要在問其心而已。其心純，雖好貨好色，孟子親勸其君，而爲君子。其心雜，雖攻擊上身，谷永日諫其君，而爲小人。魏徵之諫，魏徵之心何如乎？

太宗鋭意太平，頗事粉飾，名言讜論，史不絶書，縱囚吞蝗之事，靡所不爲，其不肯殺諫臣以自累也明矣。當其諫也，太宗有故縱魏徵之心，魏徵有挾制太宗之意。太宗示其意以引誘徵，而博納諫之名；徵反其迹以迎合太宗，而彰能諫之直。是君臣之交相籠絡以成名也，曷足貴也？使太宗有納諫之實，徵有忠諫之心，則太宗不應貳過，徵諫而不聽亦當去矣。何君臣之喋喋不憚煩乎？徵臨卒以諫草付史官，太宗大怒，踣其碑，停其子之尚主。蓋至此而君臣争名之心，彼此露矣。不然，諫草何與乎史官？而付諫草，又何損於太宗哉？太宗退朝怒甚曰："會須殺此田舍翁。"長孫皇后具簪珥以賀，乃免。夫太宗者，英主也。果欲殺徵，殺可也，何必退而詛咒，如兒女子然？蓋不如此，不足以彰皇后之賢。此太宗詐魏徵以取名也。太宗引徵望昭陵，曰："臣以爲獻陵耳。"太宗臂鷂，徵奏事故遲，鷂死懷中。夫魏徵者，直臣也，果人主不當念亡后、玩禽鳥，諫可也，何必佯爲不知，而刻薄其趣？不可施於友者，而竟施於君，以爲不如此，不足以動人之傳聞。此魏徵詐太宗以取名也。太宗納元吉妃，殺張藴古、盧祖尚，較望陵、臂鷂二事，過孰重焉？而徵既無諫章，又不去位。其故何哉？蓋徵固才智士也，知其説之可以行，即不行亦無害，則諫；知其説之必不能行，而又犯上之所忌，則不諫。其事太子建成時，屢勸殺太宗，建成不能用。夫高祖之天下，太宗之天下也。以徵之才智，豈不知以吴泰伯勸建成，亦豈不知以修身睦弟勸建成？而忍爲此羽父、華督之計者，徵蓋深知建成昏暴，不可以正言諫故也。其諫太宗之心，即其諫建成之心而已矣。

徵曾爲李密官，爲竇建德官，再爲建成官，終乃爲太宗官。女之四醮，而以克家稱者也，謚之曰"貞"，愧矣！

藝文

《褚亮集・聖製故司空魏徵挽歌詞表》 臣亮言：伏見聖製故司空鄭國公挽詞十首，詞窮情曲，理備哀傷。漢武非管之書，更慙追遠；魏文南皮之歎，取愧悼亡。與辰緯而相暉，隨鍾石而俱振。魏徵早逢興運，譽美當朝，爲聖主之賢臣，預能官於多士，出納通顯，憑藉寵私，忠誠所到，心力同盡。而逝水不追，清徽永謝。樹碑荒壠，已叨相質之文；哀歌泉路，復降高堂之曲。事重一時，榮流千載。臣趨侍學林，竊觀睿藻，不入玉山，屢逢盈尺。如遊珠水，常覩照車。慶抃之深，唯知舞蹈。不任下情。

高適《高常侍集》卷三《魏鄭公》 鄭公經綸日，隋氏風塵昏。濟代取高位，逢時敢直言。道光先帝業，義激舊君恩。寂寞卧龍處，英靈千載魂。

吕温《吕衡州文集》卷九《魏鄭公徵》 堂堂魏公，崇節大志。喬幹直聳，摩天自致。遭風雲時，得霸王器。一言委質，有死無二。撫我則後，各盡其志。浮沉變通，吾道不窮。龍戰既息，皇建其極。俾補衮職，其繩則直。謇謇嶷嶷，危言正色。保太宗德，弼違替否。日月不蝕，黜漢霸雜。行周王道，人亦有言。秉德不撓，禮興樂崇。德洽道豐，保合太和。昭明有融，起四年中。復三代風，言出化成。神哉厥功，尹躬佐商。有恥於湯，公以其心。匡扶聖唐，爲唐宗臣。致唐無疆，致唐無疆，永式萬邦。

《包拯集》卷一《進魏鄭公三疏劄子》 臣聞唐太宗英明好諫之主也，魏玄成忠直無隱之臣也，故君臣道合，千載一時，事無不言，言無不納。太宗嘗謂左右曰："朕即位之初，或言人主必須威權獨運，不得委任羣下，或欲耀兵振武，懾服四夷；惟有玄成勸朕偃革興文，布德施惠，中國既安，遠人自服。朕從其語，天下大寧，絶域君長，皆來朝貢，此皆玄成之力也。"是故貞觀之風與三代比盛，垂三百年，抑有繇矣。所上諫疏，具在史册。臣竊謂玄成雖言於當日，亦可行於方今，謹條其三疏，備録於左，皆詞理切直，可爲龜鑑。伏望陛下萬幾之暇，特賜觀覽。傳説曰："知之非艱，行之惟艱。"惟陛下少留聖意，天下幸甚。

宋敏求《唐大詔令集》卷五五佚名《魏徵特進制》 留侯名相，濟北之志已高，踈傅人師，東都之迹彌遠。後進仰其遺烈，前策以爲美談，諒可以砥節厲行，化俗弘風者也。左光禄大夫、侍中、鄭國公魏徵，器量沉敏，軌儀詳正，文史優贍，學業該通。自參贊機衡，綢繆帷幄無不爲，心力備盡。格言弗隱，正議日聞，一德載宣，四聰斯達，實賴嘉猷，用宣治道。而深執謙損，志懷沖退，詞誠懇切，良用憮然。杼軸于懷，屢移氣序，而固陳丹款，義在難違。今便申其雅志，成厥美□。可特進，封如故。仍知門下事，朝章國典，參議得失。自徒流以上罪，詳事奏聞。其禄賜及國官防閤等竝同職事。貞觀十六年丹。

黄庭堅《山谷外集》卷一一《題魏鄭公砥柱銘後》 余平生喜觀《貞觀政要》，見魏鄭公之事太宗，有愛君之仁，有責難之義，其智足以經世，其德足以服物，平生欣慕焉。故觀《砥柱銘》，時爲好學者書之，忘其文之工拙，所謂「我但見其嫵媚」者也。吾友楊明叔知經術，能詩，喜屬文。爲吏幹公家如己事，持身潔清，不以夏畦之面事上官，不以得上官之面陵其下，可告以魏鄭公之事業者也，故書此銘遺之。置《砥柱》於座旁，亦自有味。劉禹錫云：「世道劇頽波，我心如砥柱。」夫隨波上下，若水中之鳧，既不可以爲人師表，又不可以爲人臣作則，《砥柱》之文在旁，并得兩師焉。雖然，持砥柱之節以事人，上官之所不悦，下官之所不附，明叔亦安能病此而改其節哉！建中靖國元年正月庚寅，繫船王市，山谷老人燭下書，瀘州史子山請鑱諸石。

晁補之《濟北晁先生鷄肋集》卷四六《魏徵録諫章以示史官》 徵自録前後諫諍言詞往復，以示史官褚遂良，太宗知之，愈不悦。

右《魏徵傳第二十一》。此事史書之，不知信否。然太宗始得天下，而勸行仁義，卒致太平者，鄭公也。當時謨議，往往在人耳目，徵雖不自録，人將不録之耶？不然，不欲隱君之美，非但掠己美也。馬周亦於獻替有補當時，而臨終索所陳事表草一秩，手自焚之，曰：「管、晏彰君之過，求身後名。吾弗爲也。」周之事君日淺，雖忠亮有謀，不減鄭公，而知識勳勞、名德之舊，則少後之。至其不伐，則鄭公之事可慚矣。

計有功《唐詩紀事》卷四《魏徵》 《正日臨朝應詔》詩曰：百靈侍軒後，萬國會塗山。豈如今睿哲，邁古獨光前。聲教溢四海，朝宗别百川。鏘洋鳴玉珮，灼爍耀金蟬。淑景輝雕輦，高旌揚翠煙。庭實超王會，廣樂盛鈞天。既傾東日户，復詠南風篇。願奉光華慶，從斯萬億年。

《出關作》云：中原初逐鹿，投筆事戎軒。縱横計不就，慷慨志猶存。杖策謁天子，驅馬出關門。請纓係南越，憑軾下東蕃。鬱紆陟高岫，出没望平原。古木吟寒鳥，空山啼夜猨。既傷千里目，還驚久逝魂。豈不憚艱險，深懷國士恩。季布無二諾，侯嬴重一言。人生感意氣，功名誰復論。

徵，字元成，魏州人。相太宗，致太平。天下既治，懼帝喜武功，嘗賦詩曰：終籍叔孫禮，方知皇帝尊。帝曰：徵言未嘗不約我以禮。徵士，帝賦詩曰：望望情何極，浪浪淚空泫。無復昔時人，芳春共誰遣。

太宗在洛陽宫，幸積翠池，宴酣各賦一事。帝賦《尚書》曰：日昃翫百篇，臨燈披五典。夏康既逸豫，商辛亦流湎。恣情昏主多，克己明君鮮。滅身資累惡，成名由積善。徵賦《西漢》曰：受降臨軹道，争長趣鴻門。驅傳渭橋上，觀兵細柳屯。夜宴經栢谷，朝遊出杜原。終籍叔孫禮，方知皇帝尊。帝曰：徵言未嘗不約我以禮。

張金吾《愛日精廬藏書志》卷一三引李某《魏鄭公諫録跋》 《魏鄭公諫録》五卷，《唐・藝文志》以爲《魏徵諫事》，司馬文正《通鑑書目》以爲《魏元成故事》，蓋一書也。鄭公事太宗，以諫争爲己任。前後二百餘奏，無不剴切當帝心。世徒聞其語，而見於史纔斑斑焉。至於問對之辭，往往略去。間有登載，或文之太過。其君臣之間，相與以誠，不事形跡，往復難詰，而詞語無所緣飾，則於是書乎見之。是爲有補世教，不可以不傳。□□□陳叔進舍人得本，以屬予客馬叔度校正，凡謬誤一百四十五字，刊於齋。淳熙己亥十月上澣，吴興下闕。

王昶《金石萃編》卷一三九《唐凌煙閣功臣魏徵畫像讚》 堂堂魏公，□節大志。貞幹直聳，摩□自致。遭風雲時，得霸王氣。一言委質，有死無二。撫我則後，各盡其忠。沉浮變道，其道不窮。龍戰既息，皇建其極。裨衮補職，其繩則直。諤諤嶷嶷，危言正色。漢興是崇，德洽道豐。保合大和，昭明有融。尹躬佐商，有恥於湯。公以其心，匡飾巨唐。

孫承恩《文簡集》卷四一《魏鄭公徵》 蹇蹇鄭公，維古遺直。補衮納忠，危言正色。詆黜霸雜，敷陳義仁。貞觀治效，功無與倫。

《全唐詩》卷一唐太宗《望送魏徵葬》 閶闔總金鞍，上林移玉輦。野郊愴新别，河橋非舊餞。慘日映峯沈，愁雲隨蓋轉。哀笳時斷續，悲旌乍舒卷。望望情何極，浪浪淚空泫。無復昔時人，芳春共誰遣。

《全唐詩》卷一唐太宗《賜魏徵詩》 醽醁勝蘭生，翠濤過玉韰。千日醉不

醒，十年味不敗。蘭生，漢武帝百味旨酒。玉薤，隋煬帝酒名也。

《全唐文》卷九唐太宗《獎魏徵編注戴氏禮詔》 禮經殘缺，其來已久，漢代戴聖，爰記舊聞。古今所宗，條目雜亂，先儒傳授，多歷年所，咸事因循，莫能釐正。特進鄭國公徵，文高翰林，學綜册府，服膺典禮，有志討論。乃依聖所記，更事編録，以類相從，别爲篇第，并更注解，文義粲然。遂得先聖微言，因兹重闡，後之學者，多有宏益。宜付祕書。

《全唐文》卷九唐太宗《答魏徵謝賜殿材起堂詔》 觀卿書不如尋常，憂惋之情，切朕懷意。處卿至此堂，爲宏濟黎元經圖達化耳，豈爲朕一人而已，何事果來相謝。

《全唐文》卷九唐太宗《問魏徵病手詔》 不見數日，憂憤甚深，自顧過已多矣。言已失矣，行已虧矣。古人云：「無鏡無以鑑鬚眉。」可謂實也。比欲自往，恐勞卿，所以使人來去。若有聞知，此後可以信來具報。

《全唐文》卷九唐太宗《答魏徵上羣書理要手詔》 朕少尚威武，不精學業。先王之道，茫若涉海。覽所撰書，博而且要，見所未見，聞所未聞，使朕致治稽古，臨事不惑其爲勞也。不亦大哉！

《全唐文》卷九唐太宗《重問魏徵病手詔》 近來疹病何似，漸得可未？卿患日久，言面已賒，理國立家，方知難耳。比日自爲，勞思委頓，始驗任人則逸，自任則勞，非虚言也。此懷公想知之，可以意得。書何盡心，略而言耳。

《全唐文》卷九唐太宗《答魏徵辭太子太師詔》 漢之太子，四皓爲助我之賴公，即其義也知公疾病，可卧護之。

《全唐文》卷一六九王綝《唐魏鄭公諫録序》 蓋聞主聖於上，臣忠於下，非聖無以納忠，非忠無以感聖。逖觀前載，罔弗由兹。太子太師鄭國文貞魏公，運屬昌期，時逢叡後，迺神迺武，亟虚襟以待諫，將之明之，遂竭誠而薦讜。事有必犯，知無不爲，故能契叶雲龍，義均魚水，成百代之模楷，固一時之凖的。茂躅宏規，已備於青史，片言餘論，或漏於緗圖；雖貞質自然，無假於飾；而高山仰止，有欲增峻。於是採聽人謡，參詳國典，撰成《諫録》，凡爲五卷，亦猶平仲《春秋》，不遺其實録；宣尼《家語》，兼敘其對問，各爲題目，列之如左。唐尚書吏部郎中琅琊王綝撰。

羅惇衍《集義軒詠史詩鈔》卷三三《魏徵》 三杯芹醋眷終衰，身後遺讒竟仆碑。鷂匿懷中深諱過，龍批頷下勇陳辭。祖孫直諫重綸貴，臣主争名一鑑奇。同是黄冠鴻客隱，獨留故笏繫人思。

李靖部

綜述

《舊唐書》卷六七《李靖傳》 李靖本名藥師，雍州三原人也。祖崇義，後魏殷州刺史、永康公。父詮，隋趙郡守。靖姿貌瓌偉，少有文武材略，每謂所親曰：「大丈夫若遇主逢時，必當立功立事，以取富貴。」其舅韓擒虎號爲名將，每與論兵，未嘗不稱善，撫之曰：「可與論孫、吴之術者，惟斯人矣。」初仕隋爲長安縣功曹，後歷駕部員外郎。左僕射楊素、吏部尚書牛弘皆善之。素嘗拊其牀謂靖曰：「卿終當坐此。」

大業末，累除馬邑郡丞。會高祖擊突厥於塞外，靖察高祖，知有四方之志，因自鎖上變，將詣江都，至長安，道塞不通而止。高祖克京城，執靖將斬之，靖大呼曰：「公起義兵，本爲天下除暴亂，不欲就大事，而以私怨斬壯士乎！」高祖壯其言，太宗又固請，遂捨之。太宗尋召入幕府。

武德二年，從討王世充，以功授開府。時蕭銑據荆州，遣靖安輯之。輕騎至金州，遇蠻賊數萬，屯聚山谷，廬江王瑗討之，數爲所敗。靖與瑗設謀擊之，多所克獲。既至硤州，阻蕭銑，久不得進。高祖怒其遲留，陰敕硤州都督許紹斬之。紹惜其才，爲之請命，於是獲免。會開州蠻首冉肇則反，率衆寇夔州，趙郡王孝恭與戰，不利。靖率兵八百，襲破其營，後又要險設伏，臨陣斬肇則，俘獲五千餘人。高祖甚悦，謂公卿曰：「朕聞使功不如使過，李靖果展其效。」因降璽書勞曰：「卿竭誠盡力，功效特彰。遠覽至誠，極以嘉賞，勿憂富貴也。」又手敕靖曰：「既往不咎，舊事吾久忘之矣。」

四年，靖又陳十策以圖蕭銑。高祖從之，授靖行軍總管，兼攝孝恭行軍長史。高祖以孝恭未更戎旅，三軍之任，一以委靖。其年八月，集兵於夔州。銑以時屬秋潦，江水泛漲，三峽路險，必謂靖不能進，遂休兵不設備。九月，靖乃率師而進，將下峽，諸將皆請停兵以待水退，靖曰：「兵貴神速，機不可失。今兵始集，銑尚未知，若乘水漲之勢，倏忽至城下，所謂疾雷不及掩耳，此兵家上策。縱彼知我，倉卒徵兵，無以應敵，此必成擒也。」孝恭從之，進兵至夷陵。銑將文士弘率精兵數萬屯清江，孝恭欲擊之，靖曰：「士弘，銑之健將，士卒驍勇，今新失荆門，盡兵出戰，此是救敗之師，恐不可當也。宜且泊南岸，勿與爭鋒，待其氣衰，然後奮擊，破之必矣。」孝恭不從，留靖守營，率師與賊合戰。孝恭果敗，奔於南岸。賊委舟大掠，人皆負重。靖見其軍亂，縱兵擊破之，獲其舟艦四百餘艘，斬首及溺死將萬人。

孝恭遣靖率輕兵五千爲先鋒，至江陵，屯營於城下。士弘既敗，銑甚懼，始徵兵於江南，果不能至。孝恭以大軍繼進，靖又破其驍將楊君茂、鄭文秀，俘甲卒四千餘人，更勒兵圍銑城。明日，銑遣使請降，靖即入據其城，號令嚴肅，軍無私焉。時諸將咸請孝恭云：「銑之將帥與官軍拒戰死者，罪狀既重，請籍没其家，以賞將士。」靖曰：「王者之師，義存弔伐。百姓既受驅逼，拒戰豈其所願。且犬吠非其主，無容同叛逆之科，此蒯通所以免大戮於漢祖也。今新定荆、郢，宜弘寬大，以慰遠近之心，降而籍之，恐非救焚拯溺之義。但恐自此已南城鎮，各堅守不下，非計之善。」於是遂止。江、漢之域，聞之莫不爭下。以功授上柱國，封永康縣公，賜物二千五百段。詔命檢校荆州刺史，承制拜授。乃度嶺至桂州，遣人分道招撫，其大首領馮盎、李光度、寧真長等皆遣子弟來謁，靖承制授其官爵。凡所懷輯九十六州，户六十餘萬。優詔勞勉，授嶺南道撫慰大使，檢校桂州總管。

六年，輔公祏於丹陽反，詔孝恭爲元帥、靖爲副以討之，李勣、任瓌、張鎮州、黄君漢等七總管并受節度。師次舒州，公祏遣將馮惠亮率舟師三萬屯當塗，陳正通、徐紹宗領步騎二萬屯青林山，仍於梁山連鐵鎖以斷江路，築却月城，延袤十餘里，與惠亮爲掎角之勢。孝恭集諸將會議，皆云：「惠亮、正通并握强兵，爲不戰之計，城栅既固，卒不可攻。請直指丹陽，掩其巢穴，丹陽既破，惠亮自降。」孝恭欲從其議。靖曰：「公祏精鋭，雖在水陸二軍，然其自統之兵，亦皆勁勇。惠亮等城栅尚不可攻，公祏既保石頭，豈應易拔？若我師至丹陽，留停旬月，進則公祏未平，退則惠亮爲患，此便腹背受敵，恐非萬全之計。惠亮、正通皆是百戰餘賊，必不憚於野戰，止爲公祏立計，令其持重，但欲不戰以老我師。今若攻其城栅，乃是出其不意，滅賊之機，唯在此舉。」孝恭然之。靖乃率黄君漢等先擊惠亮，苦戰破之，殺傷乃溺死者萬餘人，惠亮奔走。靖率輕兵先至丹陽，公祏大懼。先遣僞將左遊仙領兵守會稽以爲形援，公祏擁兵東走，以趨遊仙，至吴郡，

與惠亮、正通并相次擒獲，江南悉平。於是置東南道行臺，拜靖行臺兵部尚書，賜物千段，奴婢百口，馬百匹。其年，行臺廢，又檢校揚州大都督府長史。丹陽連罹兵寇，百姓凋弊，靖鎮撫之，吴、楚以安。

八年，突厥寇太原，以靖爲行軍總管，統江淮兵一萬，與張瑾屯太谷。時諸軍不利，靖衆獨全。尋檢校安州大都督。高祖每云：「李靖是蕭銑、輔公祏膏肓，古之名將韓、白、衛、霍，豈能及也！」九年，突厥莫賀咄設寇邊，征靖爲靈州道行軍總管。頡利可汗入涇陽，靖率兵倍道趨豳州，邀賊歸路，既而與虜和親而罷。

太宗嗣位，拜刑部尚書，并録前後功，賜實封四百户。貞觀二年，以本官兼檢校中書令。三年，轉兵部尚書。突厥諸部離叛，朝廷將圖進取，以靖爲代州道行軍總管，率驍騎三千，自馬邑出其不意，直趨惡陽嶺以逼之。頡利可汗不虞於靖，見官軍奄至，於是大懼，相謂曰：「唐兵若不傾國而來，靖豈敢孤軍而至。」一日數驚。靖候知之，潛令間諜離其心腹，其所親康蘇密來降。四年，靖進擊定襄，破之，獲隋齊王暕之子楊正道及煬帝蕭后，送於京師，可汗僅以身遁。以功進封代國公，賜物六百段及名馬、寶器焉。太宗嘗謂曰：「昔李陵提步卒五千，不免身降匈奴，尚得書名竹帛。卿以三千輕騎深入虜庭，克復定襄，威振北狄，古今所未有，足報往年渭水之役。」

自破定襄後，頡利可汗大懼，退保鐵山，遣使入朝謝罪，請舉國内附。又以靖爲定襄道行軍總管，往迎頡利。頡利雖外請朝謁，而潛懷猶豫。其年二月，太宗遣鴻臚卿唐儉、將軍安修仁慰諭，靖揣知其意，謂將軍張公謹曰：「詔使到彼，虜必自寬。遂選精騎一萬，齎二十日糧，引兵自白道襲之。」公謹曰：「詔許其降，行人在彼，未宜討擊。」靖曰：「此兵機也，時不可失，韓信所以破齊也。如唐儉等輩，何足可惜。」督軍疾進，師至陰山，遇其斥候千餘帳，皆俘以隨軍。頡利見使者大悅，不虞官兵至也。靖軍將逼其牙帳十五里，虜始覺。頡利畏威先走，部衆因而潰散。靖斬萬餘級，俘男女十餘萬，殺其妻隋義成公主。頡利乘千里馬將走投吐谷渾，西道行軍總管張寶相擒之以獻。俄而突利可汗來奔，遂復定襄、常安之地，斥土界自陰山北至於大漠。

太宗初聞靖破頡利，大悅，謂侍臣曰：「朕聞主憂臣辱，主辱臣死。往者國家草創，太上皇以百姓之故，稱臣於突厥，朕未嘗不痛心疾首，志滅匈奴，坐不安席，食不甘味。今者暫動偏師，無往不捷，單于款塞，恥其雪乎！」於是大赦天下，酺五日。御史大夫温彦博害其功，譖靖軍無綱紀，致令虜中奇寶，散於亂兵之手。太宗大加責讓，靖頓首謝。久之，太宗謂曰：「隋將史萬歲破達頭可汗，有功不賞，以罪致戮。朕則不然，當赦公之罪，録公之勳。」詔加左光禄大夫，賜絹千匹，真食邑通前五百户。未幾，太宗謂靖曰：「前有人讒公，今朕意已悟，公勿以爲懷。」賜絹二千匹，拜尚書右僕射。靖性沉厚，每與時宰參議，恂恂然似不能言。

八年，詔爲畿内道大使，伺察風俗。尋以足疾上表乞骸骨，言甚懇至。太宗遣中書侍郎岑文本謂曰：「朕觀自古已來，身居富貴，能知止足者甚少。不問愚智，莫能自知，才雖不堪，强欲居職，縱有疾病，猶自勉强。公能識達大體，深足可嘉，朕今非直成公雅志，欲以公爲一代楷模。」乃下優詔，加授特進，聽在第攝養，賜物千段、尚乘馬兩匹，禄賜、國官府佐並依舊給，患若小瘳，每三兩日至門下、中書平章政事。九年正月，賜靖靈壽杖，助足疾也。

未幾，吐谷渾寇邊，太宗顧謂侍臣曰：「得李靖爲帥，豈非善也！」靖乃見房玄齡曰：「靖雖年老，固堪一行。」太宗大悅，即以靖爲西海道行軍大總管，統兵部尚書、侯君集、刑部尚書任城王道宗、凉州都督李大亮、右衛將軍李道彦、利州刺史高甑生等五總管征之。九年，軍次伏俟城，吐谷渾燒去野草，以餒我師，退保大非川。諸將咸言春草未生，馬已羸瘦，不可赴敵。唯靖決計而進，深入敵境，遂踰積石山。前後戰數十合，殺傷甚衆，大破其國。吐谷渾之衆遂殺其可汗來降，靖又立大寧王慕容順而還。初，利州刺史高甑生爲鹽澤道總管，以後軍期，靖薄責之，甑生因有憾於靖。及是，與廣州都督府長史唐奉義告靖謀反。太宗命法官按其事，甑生等竟以誣罔得罪。靖乃闔門自守，杜絶賓客，雖親戚不得妄進。

十一年，改封衛國公，授濮州刺史，仍令代襲，例竟不行。十四年，靖妻卒，有詔墳塋制度依漢衛、霍故事，築闕象突厥内鐵山、吐谷渾内積石山形，以旌殊績。十七年，詔圖畫靖及趙郡王孝恭等二十四人於凌煙閣。十八年，帝幸其第問疾，仍賜絹五百匹，進位衛國公、開府儀同三司。太宗將伐遼東，召靖入閣，賜坐御前，謂曰：「公南平吴會，北清沙漠，西定慕容，唯東有高麗未服，公意如何？」對曰：「臣往者憑藉天威，薄展微效，今殘年朽骨，唯擬此行。陛下若不棄，老臣病期瘳矣。」太宗愍其羸老，不許。二十三年，薨於家，年七十九。冊贈司徒、并州都督，給班劍四十人、羽葆鼓吹，陪葬昭陵，謚曰景武。

子德謇嗣，官至將作少匠。

靖弟客師，貞觀中，官至右武衛將軍，以戰功累封丹陽郡公。永徽初，以年老致仕。性好馳獵，四時從禽，無暫止息。有别業在昆明池南，自京城之外，西際灃水，鳥獸皆識之，每出則鳥鵲隨逐而噪，野人謂之「鳥賊」。總章中卒，年九十餘。

客師孫令問，玄宗在藩時與令問款狎，及即位，以協贊功累遷至殿中少監。先天中，預誅竇懷貞等功，封宋國公，實封五百户。令問固辭實封，詔不許。開元中，轉殿中監、左散騎常侍，知尚食事。令問雖特承恩寵，未嘗干預時政，深爲物論所稱。然厚於自奉，食饌豐侈，廣畜芻豢，躬臨宰殺。時方奉佛，其篤信之士或譏之，令問曰：「此物畜生，與果菜何異，胡爲强生分别，不亦遠於道乎？」略不以恩眄自恃，閒適郊野，從禽自娱。十五年，凉州都督王君㚟奏回紇部落叛，令問坐與連姻，左授撫州别駕，尋卒。

大和中，令問孫彦芳任鳳翔府司録參軍，詣闕進高祖、太宗所賜衛國公靖官告、敕書、手詔等十餘卷，内四卷太宗文皇帝筆迹，文宗寶惜不能釋手。其佩筆尚堪書，金裝木匣，製作精巧。帝並留禁中，令書工模寫本還之，賜芳絹二百匹、衣服、靴、笏以酬之。

《全唐文》卷一五二許敬宗《大唐故尚書右僕射特進開府儀同三司上柱國贈司徒并州都督衛景武公碑》 有唐建極，將事補天，物色異人，營求國器。採六奇於楚將，而疆宇廓清；探九賾於商賢，而彝倫式敘。若乃西戡建闕一字。東闕公諱靖，字藥師，隴西成紀人也。源夫龍德在躬，法混成而謂道；猨靈象臂，縱飲羽以窮神。譬諸吞乙皇靈由其闕梓靈源所漸，美地冠於神洲；國謀攸章，茂緒光於列代。蓋以被於金石，無俟一二詳焉。曾祖懽，後魏河秦闕一字。州刺史闕一字。縣開國公闕。和復硤殷五州刺史永康縣公，中南降靈，材高文梓，關西出將，氣蓋削成，遊刃六條，理棼絲而有緒，擁旄千里，讋闕軍事荆州刺史綺歲權奇，慕成慶之高義，弱齡耿介，服子路之嘉言，竟能縶馬埋輪，自立闕一字。之譽，走魂闕一字。胥以闕五字。公心闕。以納方部於胸中，轥趙辛於跨下，豈非帝錫賢弼，以胙聖人？比夫闕一字。成作師，用康漢道，滋泉人籙，實沃闕一字。心。生闕八字。之闕。行事咸施可久，謀而後動，智越老成，寬而納衆；量含多士，數召與語，嘉其志氣，每商榷通變，靡究闕一字。涯闕。之可畏矣。年十有六，長安令調爲功曹，蓋以望表黄圖，光膺禮貢，英標赤縣，不謝弓招。俄而雍州引闕一字。賓闕二字。策闕茀次骨嚴科，濫加端士，天倫之長，竟被凝脂。由是除公爲汲縣令，歷安陽三原，考績連最。於時寰中萬宇，並闕。設地險而分疆。公乃以德安邊，長城弛柝，運奇料敵，合境無塵。於時寵晶爲梁，久盤澤國，盜驪窮轍，留滯闕一字。鄉。公闕。而渙汗流湯之旅，猶未倒戈，漸臺之衆，尚嬰窮壘。故知元天覆構，非斷鼇之所持，巨壑騰波，豈精衛闕一字。能闕一字。公闕。引居周衛，申之以心膂。太宗地居帝子，昊應寶圖，則哲欽明，内韞知臣之鑒，推心通夢，預投闕二字。之闕溪赤堇守江塹以誰訶。由是命公撫寧荒憬，建旗直指，進次夔州，招集遺黎，將申問罪。銑徒再肇，跨有闕一字。利闕一字。沈闕。止授以兵權，慰勉瘡傷，人皆拔拒，奮揚衰怠。髮並衝冠，孤城掩扉，已經二載，能勝兵者，裁八百人。夜赴賊闕一字。乘其闕一字。意闕。揚塵翳景，我師既趁，人皆色變。公徐攝馬策而謂衆云：「賊擾且囂，是其怯也，及未成列，可以薄之。」闕一字。二百人敵山闕是清定因請孝恭進圖蕭銑，詔授行軍總管，使事首途。於時八月凉秋，稻水湊荆門之阨，二江行潦，闕四字。嶺之闕其巢勢若疾雷，敵必無備，遠徵不可以應速，近召未足以成軍，計日就擒，此兵家之上策也。由是闕一字。計闕一字。爲先鋒闕。之争搏救其懸命，處死地以圖山，先犯後軍闕一字。師遂悪賊争虜掠，散地交馳。公親率前茅，射虚而進，擒其僞帥。由是闕江撫循嶺外，承制選補，百越率從。敕授嶺南道安撫大使檢校桂州總管，東漸閩區，南踰象浦，雕題鑿齒，并闕。烈闕一字。寬分精投醪，惠深時雨。玉桴括野，候王弩以馳威；金鐲乘飆，指金陵而振旅。偃短狐於洞澤，則潋浦闕一字。流，漸長闕。太宗統極，寵渥增隆，徵拜刑部尚書，參圖國政，别食邑四百户，仍以本官行太子左衛率。未幾，轉兵部尚書，再闕。俱遠。若乃旄頭上列，星野於是分區；大沙下布，地脉因而致絶。謂天驕子，代蹙中原，隨氏季年，長圍宸闕一字。自兹闕。引弓超忽，自登不聞吟鏑。公乃輕齎畢景，隨飛雪而長駈，勁騎通霄，籋遺風而遠襲。奄逾高闕，勢若飆馳，潛闕一字。庭闕一字。如闕之功是稱鑿賴，進封代國公，增邑三千户，加位左光禄大夫，餘官如故。曩代和戎，賞袞舞佾，昔人出塞，闕一字。號冠軍，以闕。尚書右僕射。當權執憲，象雨露之無私；緯俗經邦，法嶽瀆之爲紀。遠清邇晏，書一之道無闕一字。翊政還醇。闕一字。三闕。上不能抑，下詔從之。加授特進，許其閒逸。散金之賞，擬迹疏公；松子之懽，比肩張傅。安車宏大隱之義。闕二字。協闕太宗憫兹視穴，慮彼遊魂，乃詔徵公爲西海道行軍總管。於是攝羽中令，立表即戎，懸旌鄯善之阿，酣戰崑崙闕彼有慙德，

改封衛國公，授濮州刺史，疇其爵邑，子孫承嗣。太山如礪，信誓之文不渝；鏤鼎傳銘，世祿之闕一字。方闕。詔曰：「儀比台階，允歸時望，位參衮職，必俟茂勳。是以漢之鄧騭，垂芳於往載；晉之鄭袤，著美於當時。特進衛國公靖，闕居端副，志在奉上，知無不爲。叶贊之道既彰，止足之風彌遠。自違朝寵，仍屬沈痾，攝養私第，炎涼亟改言念闕。職事望重台槐，職離神化，追蹤昭伯，勝映前猷，繼美叔林，儀形當代，庶將乞言膠序，相禮云亭，天下慭留，俄從化闕一字。以闕詔贈司徒使持節都督并汾箕嵐四州諸軍事并州刺史，給東園祕器，班劍卅人，羽葆鼓吹，凶事所須，并命優闕。景武公，禮也。惟公才膺衡石，契合休明，受律九天之上，收功四維之表洞庭狼顧，翦不崇朝。惟楊闕三字。如闕。始濟東流遽閱，揭日未淹，西崦已晦，將軍從驃之客。望祁山而慟懷，丞相開閤之賓，對佳城而掩泣。乃與家闕一字。室。闕。

猗歟茂族，同源帝先。鬱雲摽隴，切漢分川。闕一字。沭攸出，金輿在旃。洪基誕聖，末派生賢。秦州忠烈，執羈從闕。顧盼揚采，鼓動生風。惟皇作極，求賢委政。軒後順風，有虞申命。在我明辟，道包前聖。擬漢藩荆，如周引鄭。闕一字。宫南紀闕。智繳大風，威殲鑿齒。夷波海澨，廓氛江汜。昏昏鹿塞，淼淼雞田。綿穹泱野，蘊沴蒸天。受律横奮，電掃雲褰。闕。著績，溢宇騰聲。黳丹潛徙，國棟俄傾。託辰沈曜，愛景韜精。朝念明䇿，哀深詔葬。士思令範，緬懷宗闕一字。晉原不闕二字。山。闕。

雜錄

備錄

劉餗《隋唐嘉話》卷上　太宗將誅蕭牆之惡，以匡社稷，謀於衛公李靖，靖辭。謀於英公徐勣，勣亦辭。帝以是珍此二人。

衛公既滅突厥，斥境至於大漠，謂太宗曰：「陛下五十年後，當憂北邊。」高宗末年，突厥爲患矣。突厥之平，僕射温彦博請其種落于朔方以實空虚之地，於是人居長安者且萬家。鄭公以爲夷不亂華，非久遠策，爭論數年不決。至開元中，六胡州竟反叛，其地復空也。

衛公始困於貧賤，因過華山廟，訴於神，且請告以位宦所至，辭色抗厲，觀者異之。佇立良久乃去。出廟門百許步，聞後有大聲曰：「李僕射好去。」顧不見人。後竟至端揆。隋大業中，衛公上書，言高祖終不爲人臣，請速除之。及京師平，靖與胥儀、衛文昇等俱收。衛、胥既死，太宗慮囚，見靖與語，固請於高祖而免之。始以白衣從趙郡王南征，静巴漢，擒蕭銑，蕩一揚、越，師不留行，皆靖之力。武德末年，突厥至渭水橋，控弦四十萬，太宗初親庶政，驛召衛公問策。時發諸州軍未到，長安居人，勝兵不過數萬。胡人精騎騰突挑戰，日數十合，帝怒，欲擊之。靖請傾府庫賂以求和，潛軍邀其歸路。帝從其言，胡兵遂退。於是據險邀之，虜棄老弱而遁，獲馬數萬匹，玉帛無遺焉。

劉肅《大唐新語》卷一《規諫二》　太宗幸九成宫還京，有宫人憩湋川縣官舍，俄而李靖、王珪至，縣官移宫人於别所，而舍靖、珪。太宗聞之，怒曰：「威福豈由靖等？何爲禮靖等而輕我宫人？」即令按驗湋川官屬。魏徵諫曰：「靖等陛下心膂大臣，宫人皇后賤隸。論其委任，事理不同。又靖等出外，官吏皆闕庭法式；朝覲，陛下問人間疾苦。靖等自當與官吏相見，官吏亦不可不謁也。至於宫人，供養之外，不合參承。若以此加罪，恐不益德音，駭天下耳目。」太宗曰：「公言是。」遂捨不問。

劉肅《大唐新語》卷六《舉賢一三》　高祖以唐公舉義於太原，李靖與衛文昇爲隋守長安，乃收皇族害之。及關中平，誅文昇等，次及靖。靖言曰：「公定關中，唯復私讎。若爲天下，未得殺靖。」乃赦之。及爲岐州刺史，人或希旨，告其謀反。高祖命一御史按之，謂之曰：「李靖反且實，便可處分。」御史知其誣罔，與告事者行數驛，佯失告狀，驚懼，鞭撻行典，乃祈求於告事者曰：「李靖反狀分明，親奉進旨，今失告狀，幸救其命，更請狀。」告事者乃疏狀與御史，驗與本狀不同。即日還以聞。高祖大驚。御史具奏，靖不坐。御史失名氏，惜哉！

李復言《續玄怪録》卷四《李衛公靖》　衛國公李靖，微時嘗射獵霍山中，寓食山村。村翁奇其爲人，每豐饋焉。歲久益厚。忽遇群鹿，乃逐之，會暮，欲捨之不能。俄而陰晦迷路，茫然不知所歸，悵悵而行，困悶益極。乃極目有燈火光，因馳赴焉。既至，乃朱門大第，牆宇甚峻，叩門久之，一人出問，公告其迷，且請寓宿。人曰：「郎君皆已出，惟太夫人在，宿應不可。」公曰：「試爲咨白。」乃入告而出，曰：「夫人初欲不許，且以陰黑，客又言迷，不可不作主人。」邀入廳

中。有頃，一青衣出曰：「夫人來。」年可五十餘，青裙素襦，神氣清雅，宛若士大夫家。公前拜之，夫人答拜，曰：「兒子皆不在，不合奉留。今天色陰晦，歸路又迷，此若不容，遣將何適。然此山野之居，兒子往還，或夜到而喧，勿以爲懼。」公曰：「不敢。」既而命食，食頗鮮美，然多魚。食畢，夫人入宅，二青衣送床席裀褥，衾被香潔，皆極鋪陳，閉户繫之而去。公獨念山野之外，夜到而鬧者何物也，懼不敢寢，端坐聽之。夜將半，聞扣門聲甚急，又聞一人應之，曰：「天符，大郎子報當行雨，周此山七百里，五更須足，無慢滯，無暴傷。」應者受符入呈。聞夫人曰：「兒子二人未歸，行雨次到，固辭不可，違時見責。縱使報之，亦已晚矣。僮僕無任專之理，當如之何？」一小青衣曰：「適觀廳中客，非常人也，盍請乎？」夫人喜，因自扣廳門曰：「郎覺否？請暫出相見。」公曰：「諾。」遂下階見之。夫人曰：「此非人宅，乃龍宮也。妾長男赴東海婚禮，小男送妹。適奉天符，次當行雨。計兩處雲程，合踰萬里，報之不及，求代又難，輒欲奉煩頃刻間，如何？」公曰：「靖俗客，非乘雲者，奈何能行雨？有方可教，即唯命耳。」夫人曰：「苟從吾言，無有不可也。」遂敕黄頭：「鞴青驄馬來。」又命取雨器，乃一小瓶子，繫於鞍前，誡曰：「郎乘馬，無勒銜勒，信其行，馬躩地嘶鳴，即取瓶中水一滴滴馬鬃上，慎勿多也。」於是上馬騰騰而行，其足漸高，但訝其穩疾，不自知其雲上也。風急如箭，雷霆起於步下。於是隨所躩，輒滴之，既而電掣雲開，下見所憩村，思曰：「吾擾此村多矣，方德其人，計無以報。今久旱，苗稼將悴，而雨在我手，寧復惜之。」顧一滴不足濡，乃連下二十滴。俄頃雨畢，騎馬復歸。夫人者泣於廳曰：「何相誤之甚！本約一滴，何私感而二十之！天此一滴，乃地上一尺雨也。此村夜半平地水深二丈，豈復有人。妾已受譴，杖八十矣。」袒視其背，血痕滿焉。「兒子並連坐，如何？」公慚怖，不知所對。夫人復曰：「郎君世間人，不識雲雨之變，誠不敢恨。即恐龍師來尋，有所驚恐，宜速去此。然而勞煩，未有以報。山居無物，有二奴奉贈。總取亦可，取一亦可，唯意所擇。」於是命二奴出來。一奴從東廊出，儀貌和悅，怡怡然。一奴從西廊出，憤氣勃然，拗怒而立。公曰：「我獵徒，以鬬猛爲事，一旦取奴而取悅者，人以我爲怯乎？」因曰：「兩人皆取則不敢。夫人既賜，欲取怒者。」夫人微笑曰：「郎之所欲乃爾。」遂揖與别，奴亦隨去。出門數步，迴望失宅，顧問其奴，亦不見矣。獨尋路而歸。及明望其村，水已極目，大樹或露梢而已，不復有人。其後竟以兵權静寇難，功蓋天下，而終不及於相，豈非悅奴之不得乎？世言關東出相，關西出將，豈東西而喻耶？所以言奴者，亦臣下之象。向使二奴皆取，位極將相矣。

《太平廣記》卷二一九《李衛公》引《原仙記》 蘇州常熟縣元陽觀單尊師，法名以清。大曆中，常往嘉興。入船中，聞香氣頗甚，疑有異人。遍目舟中客，皆賈販之徒，唯船頭一人，顏色頗殊，旨趣恬静。單君至中路，告船人，令易席座船頭，就與言也。既並席之後，香氣亦甚。單君因從容問之。答曰：「某本此地人也。少染大風，眉髮皆落，自惡不已，遂私逃於深山，意任虎豹所食。數日山路轉深，都無人跡。忽遇一老人問曰：『子何人也，遠入山谷！』某具述本意，老人哀之，視曰：『汝疾得吾，今能差矣，可隨吾行。』因隨老人行。入山十餘里，至一澗，過水十餘步，豁然廣闊。有草堂數間，老人曰：『汝未可便入，且於此堂中待一月日，後吾自來看汝。』因遺丸藥一裹，令服之。又云：『此堂中有黄精百合、茯苓薯蕷、棗栗蘇蜜之類，恣汝所食。』某入堂居，老人遂行，更入深去。某服藥後，亦不饑渴，但覺身輕，如是凡經兩月日，老人方至。見其人笑曰：『爾尚在焉，不亦有心哉，汝疾已差，知乎？』曰：『不知。』老人曰：『於水照之。』鬢眉皆生矣，色倍少好。老人曰：『汝未合久居此，既服吾藥，不但祛疾，可長生人間矣。且修行道術，與汝二十年後爲期。』因令却歸人間。臨别，某拜辭曰：『不審仙聖復何姓名，願垂告示。』老人曰：『子不聞唐初衛公李靖否？即吾身是也。』乃辭出山。今以所修恐未合聖旨，年限將及，再入山尋師耳。」單君因記其事，爲人説之。

《太平廣記》卷二九六《李靖》引《國史記》 衛公李靖，始困於貧賤，因過華山廟，訴於神，且請告以官位所至。辭色抗厲，觀者異之。佇立良久，乃出廟門百許步。聞後大聲曰：「李僕射好去。」顧之不見人，後竟至端揆。

王讜《唐語林》卷五《補遺》 虯鬚客，姓張氏，赤髮而虯鬚。時楊素家紅拂妓張氏奔李靖，將歸太原。行次靈橋驛，既設牀，爐中煮肉。張氏以髮長垂地，立梳牀前，靖方刷馬，忽虯鬚客乘驢而來，投革囊于爐前，取枕敧卧，看張氏梳頭。靖怒，未決。張氏熟視其面，一手映身摇示靖，令勿怒。急急梳頭畢，斂衽前，問其姓氏。卧客曰：「姓張。」張氏對曰：「妾亦姓張，合是妹。」遽拜之。問第幾，曰：「第三。」亦問第幾，曰：「最長。」遂喜曰：「今日幸逢一妹。」張氏遥呼曰：「李郎，且來拜三兄！」靖驟拜之，遂環坐。客曰：「煮者何肉？」曰：「羊肉，計已熟矣。」客曰：「飢。」靖出市胡餅，客抽腰間匕首切肉，共食之竟，以餘肉

亂切飼驢。客曰：「何之？」曰：「將避地太原。」客曰：「有酒乎？」曰：「主人西，則酒肆也。」靖取酒一斗。既巡，客曰：「吾有少下酒物，李郎能同食乎？」靖曰：「不敢。」遂開革囊，取出一人頭，并心肝，卻以頭貯囊中，以匕首切心肝共食之，曰：「此天下負心者也。銜之二十年，今始獲之，吾憾釋矣！」又曰：「觀李郎儀形器宇，真丈夫也！亦聞太原有異人乎？」曰：「嘗識一人，余謂之真人也。其餘將相而已。」曰：「其人何姓？」曰：「某之同姓。」「年幾？」曰：「僅二十。」曰：「今何爲？」曰：「州將之子也。」曰：「李郎能致吾一見乎？」曰：「靖之友劉文靜者與之善，因文靜見之可也。然兄欲何爲？」曰：「望氣者云『太原有奇氣』，使吾訪之。李郎何日到太原？」曰：「靖計之，某日當達。」曰：「達之明日方曙，候我于汾陽橋。」言訖，乘驢而去，其行如飛，迴顧已失矣。公與張氏且驚且懼。久之，曰：「烈士不欺人，固無畏也。」促鞭而行。及期，入太原，候之，相見大喜。偕詣劉氏，詐謂文靜曰：「有善相者思見郎君，請迎之。」文靜素奇其人，方議匡輔，一旦聞客有知人者，其心可知，遽致酒延之。使回而到，不衫不履，裼裘而來，神氣揚揚，貌與常異。虬鬚默然，于坐末見之，心死。飲數杯而起，招靖曰：「真天子也！吾見之，十得八九矣。然須道兄見之。李郎宜與一妹復入京。某日午時，訪我于馬行東酒樓，下有此驢及瘦騾，即我與道兄俱在其上矣。」又別而去之。靖與張氏及期訪焉，宛見二乘，攬衣登樓，而虬鬚與道士方對飲。見靖驚喜，召對環飲十數巡，曰：「樓下匱中有錢十萬，可擇一深隱處，駐一妹，某日復會我于汾陽橋下。」靖如期至，則道士與虬鬚已先到矣。仍俱詣文靜。時方弈棊，揖起而話心焉。文靜飛書迎文皇，看道士對弈，虬鬚與靖旁立焉。俄而文皇到來，精彩驚人，揖而坐。神氣清朗，滿坐風生，顧盼偉如也。道士一見慘然，失棊子曰：「此局輸矣！輸矣！于此失卻局，奇哉！救無路矣！復奚言！」弈罷請去。既出，謂虬鬚曰：「此世界非子世界，他方圖之可矣。勉之，勿以爲念。」因共入京。虬鬚曰：「計李郎之程，某日方到。到之明日，可與一妹同詣某坊小宅相訪。欲令新婦祗謁，兼議從容，無前卻也。」言畢，吁嗟而去。靖策馬而歸，遂與張氏同往。見一小板門，扣之，有應者云：「三郎令候李郎一娘子久矣。」延入重門，門愈壯麗。奴婢四十餘人，羅列庭前。奴二十人，引靖入東廳，婢二十人，引張氏入西廳。廳之陳設，窮極精異，巾箱、妝奩、冠蓋、首飾之盛，非人間之物。巾櫛既畢，又請更衣，衣甚珍奇。既畢，傳云：「三郎來！」乃虬鬚也。紗帽裼裘，亦有龍虎之狀。歡然相見，催其妻出拜，蓋真天人也。于是四人對坐，牢饌畢陳，女樂列奏。其飲食妓樂，若自天降，非人間之物。食畢行酒，而家人自堂東舁出兩牀，各以錦繡帕覆之。既呈，盡去其帕，乃文簿鑰匙耳。虬鬚指謂曰：「此珍寶貨泉之數，吾所有悉以充贈。向者本欲于此世界求事，或當一二十年，建少功業。今既有主，住亦何爲？太原李氏，真英主也。海內即當太平。李郎以奇特之才，輔清平之主，竭忠盡行，必極人臣。一妹以天人之資，蘊不世之藝，從夫之貴，榮極軒裳。非一妹不能識李郎，亦不能存李郎；非李郎不能遇一妹，亦不能榮一妹。起陸之漸，際會如斯，虎嘯風生，龍吟雲起，固當然也。將予之贈，以佐真人，贊功業也。勉之哉！此後十餘年，東南數千里外有異事，是吾得志之秋也。妹與李郎可瀝酒相賀。」因命家僕列拜，曰：「李郎、一妹，是汝主也。」言畢，與其妻戎裝，從一奴，乘馬而去，數步乃不復見。靖據其宅，遂爲豪家，得以助文皇締構之資，遂匡大業。貞觀十年，靖以左僕射同平章事。東南蠻奏：「有海賊以千艘，帶甲者十萬人，入扶餘國，殺其主自立，國已定。」靖知虬鬚之得志也，歸告張氏，具禮相賀，瀝酒東南祝拜之。是知真人之興，非英雄所覬，況非英雄乎？人臣之謬思亂者，乃螗臂拒輈耳。我皇家垂福萬葉，豈虛言哉！或曰：「衛公兵法，半乃虬鬚所傳。」信哉！

葉廷珪《海錄碎事》卷七下《妾門》 李靖微時，見楊素白事。有紅拂妓，目靖久之。其夜來奔，曰：「我楊家紅拂妓也，閱天下人多矣，未有如公者，故來奔耳。」

鄺露《赤雅》卷下《西嶽真蹟》 李衛公少年憤隋亂，《上書西嶽文》最激昂。後爲桂州行兵總管，刻於勾漏。其真蹟用黄絹書。上半元時燬於火，後半餘四十字，筆法遒勁，激昂青雲，其波掠處如扶劍斫馬。今人雲驛娘家，予跋其後。

備論

《舊唐書》卷六七《李靖傳》 史臣曰：近代稱爲名將者，英、衛二公，誠煙閣之最。英公振彭、黥之迹，自拔草莽，常能以義藩身，與物無忤，遂得功名始終。賢哉垂命之誡！敬業不蹈貽謀，至於覆族，悲夫！衛公將家子，綽有渭陽之風。臨戎出師，凜然威斷。位重能避，功成益謙。銘之鼎鐘，何慚耿、鄧。美哉！

贊曰：功以懋賞，震主則危。辭祿避位，除猜破疑。功定華夷，志懷忠義。

自首乎戎，賢哉英、衛。

《新唐書》卷九三《李靖傳》 贊曰：唐興，其名將曰英、衛，擢皆罪亡之餘，遂能依乘風雲，勒功帝籍。蓋君臣之際，固有以感之，獨推期運，非也。若靖闔門稱疾，畏遠權逼，功大而主不疑，雖古哲人，何以尚茲？勣之節，見於黎陽，故太宗勤勤於托孤，誠有爲也。至以老臣輔少主，會房帷易奪，天子畏大臣，依違不專，委誠取決，惟議是聽。勣乃私己畏禍，從而導之，武氏奮而唐之宗屬幾殲焉。及其孫，因民不忍，舉兵覆宗，至掘冢而暴其骨。嗚呼，不幾一言而喪邦乎？惜其不通學術，昧夫臨大節不可奪之誼，反與許、李同科，可不戒哉！世言靖精風角、鳥占、雲祲、孤虛之術，爲善用兵。是不然，特以臨機果，料敵明，根於忠智而已。俗人傅著怪詭禨祥，皆不足信。故列靖所設施如此。

孫甫《唐史論斷》卷上《命李靖爲僕射》 論曰：太宗之明，李靖之賢，君臣之心，可無間矣。況靖深入虜地，方成大功，安得容讒人之言？且謂靖軍無綱紀，致以虜中奇貨，散於亂兵之手，此不識事體之言也。靖善用兵，法令素整，以少精騎深入虜中，無綱紀安能成功乎？虜中奇貨，若果有之，散之兵衆，正得其宜。突厥淩中國久矣，一日平之，張天威，雪國恥，安邊甯人，非靖盡心，兵衆盡力，何以成此功？且寶貨散之軍衆，是上不奉君欲，下足恩衆心，故謂正得事宜，但不知寶貨之有無爾。太宗爲君，何至以奇寶爲意，猜疑賢將？尚賴仁明之德，不行重責，靖之忠誠，無所觖望。不然，君臣之間，兩有大過矣。及數月，始悟其事，命靖爲相，亦足光其功德。宜罪讒人，以戒於後世可也。

孫甫《唐史論斷》卷上《命李靖討吐谷渾》 論曰：天子善任人而能主威柄，則大臣不驕，大臣不驕，則中外自肅。太宗以吐谷渾拒命，一日謂侍臣曰：「欲李靖爲帥討之。」靖功名之大，爲當世勛臣首，方以老病居家，聞其言，亟見執政請行。太宗使大臣如是，功名不逮於靖，筋力未衰於靖者，敢驕慢乎？人臣不敢驕慢，則各盡才節。人臣各盡才節，天下事不足治矣。天子使人至是者無他，善任人而能主威柄也。

晁補之《濟北晁先生鷄肋集》卷四六《溫彦博譖李靖》 李靖復定襄、常安之地，斥土界自陰山北至於大漠。御史大夫溫彦博害其功，譖靖軍無綱紀，致令虜中奇寶，散於亂兵之手。太宗大加責讓，靖頓首謝。久之，太宗曰：「隋將史萬歲破達頭可汗，有功不賞，以罪致戮。朕則不然，當赦公之罪，録公之功。」

右《李靖傳第十七》。靖破蕭銑，下東南數十城，號令嚴肅，軍無私焉，謂無綱紀，誣甚矣！且彦博自忠良，帷幄獻替，何庸害將帥之功？或者以職事所聞言之。然太宗至引隋將誅死事責靖，是忘其大功而疑其所未必然者，亦過矣！豈自古人臣功大難賞，人主所忌，必借一事豫折伏之，如是以爲駕馭之策乎？則與所謂「有功見知則悦」者，豈不異意也哉！

晁補之《濟北晁先生鷄肋集》卷四六《太宗將伐遼李靖請行》 太宗將伐遼，召靖，謂曰：「公南平吳會，北清沙漠，西定慕容，吐谷渾也。惟東有高麗未服，公意如何？」對曰：「殘年朽骨，惟擬此行，病期瘳矣。」太宗愍其老，不許。

右《靖傳》。房喬將死，惟諫伐遼。而靖老病，聞命踴躍。靖才智信堪此行，然戰將耳，非知遠經國器也。

蘇過《斜川集》卷六《書二李傳後》 昔袁盎論絳侯功臣，非社稷臣。此固有爲而言也。然功臣、社稷臣之辨，不可不察也。淮南王安反，謂大將軍可刺，説丞相如發蒙耳，而獨憚一汲黯。仗節死義，其與社稷存亡也審矣。愚嘗謂社稷臣如腹心，功臣如手足。人有斷一肢，折一足，未及死也。心腹之病，則爲膏肓，不可救已。李靖、李勣可謂功臣，始終唐之元勳也。而太宗付屬委託，亦已重矣。然止將帥之材耳。疆埸之事，任之則有餘。社稷之寄，安危之機，則兩人者，有折足渥形之敗矣。太宗欲伐高麗，諫者十六七。靖已老矣，而自請將兵，遂堅太宗黷武之志，幾爲不戢自焚之禍。高宗欲立武后，舉朝爲之寒心，而勣以爲陛下家事，無問外人，武氏之禍，戮及襁褓，唐室不絶如綫。夫二人者，爲腹心之病亦大矣。張釋之諫嗇夫之拜，使文帝終身爲長者；魏元成折封倫之論，使太宗不失行仁義。語曰：一言而興邦，一言而喪邦，豈其然乎？

胡寅《致堂讀史管見》卷一六 馬邑郡丞李靖，素與淵有隙。淵克長安，收靖將斬之，靖大呼曰：「公欲平暴亂，而以私怨殺壯士乎？」世民固請，乃舍之，因召置幕府。

李靖將略，與秦王伯仲間耳，餘人不能及也。唐公方經營天下，且與之有隙，而不知其才，微秦王力救免之，則靖必死矣。淵何爲而生隙？此必靖輕之有素也。夫不忘宿怨，雖漢高大度，尚且芥蔕於雍齒，然得子房一言，不旋踵而封之。秦王固請，僅得不斬，而自不能用也，其相去遠矣。迹淵人物之鑑，猶不逮滕公，非有世民爲之子，則天下豈唐所有哉？

胡寅《致堂讀史管見》卷一七 吐谷渾入寇，詔大舉討之。上欲以李靖爲將，爲其老，重勞之。靖請行，上大悦，以爲大總管，節度諸軍。平吐谷渾而歸，

高甑生後軍期，靖按之。甑生誣告靖反，按驗無狀。甑生坐減死徙邊，靖自是闔門杜絕賓客。

事君之義，雖惟命是從，然功名既成，人臣所難處也。李靖老矣，宣力亦已多，立效亦已衆矣，納祿於君，奉身而退，合止足之戒，無避事之嫌，不亦善乎？吐谷渾其時勢已衰弱，特伏允悍猾，猶且爲寇，唐朝他將，皆足以辦，靖何必攘臂請行爲馮婦耶？況前破頡利，爲人所讒，面被責誚，幾不免於大戾，今復賈餘勇，又爲人所誣，乃至闔門謝客以避禍，蓋不以馬援爲監，是以得此辱也。知進知退，不失其正，抑君子所難耶？

胡寅《致堂讀史管見》卷一八　上使李靖教侯君集兵法，君集言於上曰：「靖將反矣。」上問其故，對曰：「靖教臣之粗而匿其精，以是知之。」上以問靖，靖曰：「此乃君集欲反。今諸夏已定，臣之所教，足以制四夷，而君集固求盡臣之術，非反而何？」既而君集勸太子謀反，伏誅。

衛公妙達兵法，與韓信等，而不爲術勝則過之，在相位恂恂似不能言，及被讒杜門謝客之類，非信所及也。然君集告上之際，亦已危哉！向也不遇明君，則受疑必矣。雖然，有如太宗問以術之精者，不知靖何詞以對？是故君子有若無，實若虛，當太宗之問之也，宜曰：「臣平日奉使征討，皆仰憑聖筭，是以所向克捷，臣何力之有焉？又況被命使教君集，其敢有隱？君集既盡臣之術，而意欲無厭，妄意精粗之別，以動陛下之聽，必欲見殺，是逢蒙也，惟聖明察之。」如此，則語意忠盡，所謂善言無譎者也。今乃以精術自居，如君集之言，其與「多多益辦」之語亦何較焉？前史謂「三世爲將，道家所忌」，世以爲口實，亦據後世觀之耳。英布、信、越，不待再世也。楊素、李勣，不待三世也。太公八十鷹揚，封於營丘，幾三十君，其兵法後世之所祖述也，何爲而然乎？

《陳亮集》卷八《李靖》　兵有正有奇，善審敵者然後識正奇之用：敵堅則用正，敵脆則用奇，正以挫之，奇以掩之，均勝之道也。夫計里而行，尅日而戰，正也，非吾之所謂正；依險而伏，乘間而起，奇也，非吾之所謂奇。奇正之說，存乎兵制而已矣。正兵，節制之兵也；奇兵，簡捷之兵也。節制之兵，其法繁，其行密：隅落鉤連，曲折相對；進無速奔，退無遽走；前者鬬，後者治力；後者進，前者更休；一以當十，十以當百；詐者不能襲，勇者不能突；當之則破，觸之則摧。此所謂正兵，而以挫堅敵也。簡捷之兵，其法略，其行疏：號令簡一，表裏洞貫；進如飈風，退如疾雷；地險峻則魚貫而前，道迂曲則雁行而進；以一擊百，以百擊萬；間者不及知，能者不及拒；望之則恐，遇之則潰。此所謂奇兵，而以掩脆敵也。然而奇兵以簡捷寓節制，非廢節制也；正兵以節制存簡捷，非棄簡捷也。唯善治戎者爲能制之，唯天下奇才爲能用之。昔者李靖蓋天下之奇才也。平突厥以奇兵；而太宗問何以討高麗，則欲用正兵。此其意曉然可見矣。頡利之敵，脆敵也，奇兵以臨之，使之不及拒。蘇文之敵，堅敵也，正兵以臨之，則彼無所用其能矣。故吾嘗謂諸葛孔明所用之兵無非正，靖所用之兵無非奇。其亦以時之所遇有難易，而敵之所當有堅脆歟。請遂言之。東都之末，英雄之都會也。大者爭雄，小者固守。孔明於是以正兵臨之。南收孟獲，七縱七擒；西攻祁山，三郡響應。一戰而梟王雙，再出而走郭淮。兵退木門，張郃追之，交鋒而斃；師次渭南，司馬懿拒之，卒不敢決戰。其陣堂堂，其旗正正，此非正兵不能然也。隋室之季，太宗獨雄之時也。大者僅能自守，小者至不能有立。靖於是以奇兵臨之。要險設伏而梟冉肇則，乘水傅壘而破蕭銑；輕兵至丹陽而公祏擒，勁騎襲定襄而頡利走。出其不意，掩其無備，此非奇兵不能爲也。然靖亦嘗一用正兵矣：提師西征，決策深入，大戰數十，卒破吐谷渾，此豈非正兵歟？將以是平高麗，而不幸疾亟矣。故吾嘗謂自漢以來，識奇正之用者，孔明與靖而已。然非深曉兵機者，孰肯以吾言爲信哉！嗟夫，奇兵之效捷，正兵之效迂。孔明非不欲用奇也，而時之難，敵之堅，勢有所不可者。彼郭淮司馬懿之徒，未嘗無詐謀也，使吾以奇兵乘之，彼亦將設詐以覆我矣。故孔明特挫之以正兵，欲收功於數年之後，而不幸早喪。論者見其功之不成，遂以爲不用奇之罪，是所謂不能盡人之詞而欲斷其曲直也。悲夫！

藝文

呂溫《呂衡州文集》卷九《李衛公靖》　有隋之末，羣盜熾爇。帝怒震發，五星從太白。煥昭參野，將有聖人。兵定天下，金精下射。猛毅感激，李公矯矯。從此奮跡，躍於中原。王者自獲，壯士不死。唐威載赫，帝曰汝傑。致天之罰，手付金鉞。俾往式遏，不庭則殺。如飈發發，如火烈烈。摧枯爍雪，應鼓如截。遠若荆巫，險若江湖。强若匈奴，莫不率從。莫不震恭，車書混同。氛祲蕩空，衛侯之功。功則維何，威明惠和。策勇駕智，長驅仁義。仁義曠蕩，帝王之將。

萬古曷瞻，鐵山巋巋。

宋敏求《唐大詔令集》卷四四佚名《李靖右僕射制》 端右望隆，寄任尤重，實資勳德，朝難其選，左光祿大夫行兵部尚書代國公李靖，識度宏遠，才略優贍，博綜機務，兼資文武，誠著夷險，效彰出納，便蕃省闥，詳謹有聞，宜緝彝倫。允茲名器可尚書右僕射。貞觀四年八月。

宋敏求《唐大詔令集》卷五五佚名《李靖特進制》 高秩厚禮，允屬茂勳，貴德崇讓，用光彝典，尚書右僕射代國公靖器識恢弘，風度宏邈，早申期遇，夙披忠款，宣力運始，効績邊隅，南定荊揚，北清沙塞，皇威遠暢，功業有成，及參聞政本，職重端副綢繆翼贊，勤勞庶績，知無不爲，歲寒彌厲，既懷沖挹，以疾固辭，表疏懇至，情理難奪，煩以吏職，有乖養賢，宜加優寵，申其雅志，可特進封如故，并賜物一千段，尚乘馬兩疋，祿賜國官府佐及親事帳内防閤等並依舊給。患若小瘳，每三兩日至門下中書平章事。患若未除，任在第攝養。貞觀八年十一月。

孫承恩《文簡集》卷四一《李衛公》 於惟衛公，雄武沉毅。掌帝九伐，掃蕩氛翳。氛翳既清，泰階以平。鐵山蕘蕘，武功並高。

《全唐文》卷五唐太宗《授李靖尚書左僕射詔》 端右望隆，寄任尤重，實資勳德，朝難其選。左光祿大夫行兵部尚書代國公李靖，識度宏遠，才略優贍，博綜機務，兼資文武。誠著夷險，效彰出納，便蕃省闥，詳謹有聞。宜緝彝倫允茲名器，可尚書左僕射。

《全唐文》卷八唐太宗《賜李靖陪葬詔》 昔晉羊公云逝，名都爲之罷市；鄭子產斯亡，在機於焉投杼。故開府儀同三司上柱國衛國公李靖，蘭畹騰芳，釣川揚佐，氣淩關外，志溢戎場。興言締搆，十角將三吴咸偃；披勳王府，閩禹與渾塞同揮。澄妖氛於下瀨，闡皇猷於高門。舟檝遐宣，台儀近曜，官稱載静，休有餘芳，蘊茲高志，歸乎樂善。遊赤松於艾服之年，訪黄綺於杖鄉之歲。語默之趣，儔今罕匹，進退之道，對古爲朋。逝川東馳，高春西靡，眷言永往，情深哀悼。昔帷堂始事，荀公有追贈之文，郊平既穸，祭遵致容車之禮。式旌泉壤，以備哀榮。可贈司徒使持節都督并、汾、箕、嵐四州諸軍事，所司備禮册命給班劒四十人，及羽葆鼓吹，陪葬昭陵。賜東園祕器，仍令攝鴻臚寺卿享監護，羽儀送至墓所。

華嵒《離垢集》卷五《題李靖虬髯公》 拋擲兩丸無息機，九州膏乳自空肥。乾坤浩浩人如虱，誰識英雄在布衣。

羅惇衍《集義軒詠史詩鈔》卷三二《李靖》 平吴定楚破群夷，開創勳名宇宙垂。入座虬髯恢偉略，叩門蠑首識英姿。冢齊衛霍山爲象，兵貫孫吴陣出奇。西嶽一書疑贗筆，雄才豈肯騁游詞。

長孫無忌部

綜述

《舊唐書》卷六五《長孫無忌傳》 長孫無忌字輔機，河南洛陽人。其先出自後魏獻文帝第三兄。初爲拓拔氏，宣力魏室，功最居多，世襲大人之號，後更跋氏，爲宗室之長，改姓長孫氏。七世祖道生，後魏司空、上黨靖王。六世祖旃，後魏特進、上黨齊王。五世祖觀，後魏司徒、上黨定王。高祖稚，西魏太保、馮翊文宣王。曾祖子裕，西魏衛尉卿、平原郡公。祖兕，周開府儀同三司，襲平原公。父晟，隋右驍衛將軍。

無忌貴戚好學，該博文史，性通悟，有籌略。文德皇后即其妹也。少與太宗友善，義軍渡河，無忌至長春宫謁見，授渭北道行軍典籤。常從太宗征討，累除比部郎中，封上黨縣公。武德九年，隱太子建成、齊王元吉謀將害太宗，無忌請太宗先發誅之。於是奉旨密召房玄齡、杜如晦等共爲籌略。六月四日，無忌與尉遲敬德、侯君集、張公謹、劉師立、公孫武達、獨孤彦雲、杜君綽、鄭仁泰、李孟嘗等九人，入玄武門討建成、元吉，平之。太宗昇春宫，授太子左庶子。及即位，遷左武候大將軍。

貞觀元年，轉吏部尚書，以功第一，進封齊國公，實封千三百户。太宗以無忌佐命元勳，地兼外戚，禮遇尤重，常令出入卧内。其年，拜尚書右僕射。時突厥頡利可汗新與中國和盟，政教紊亂，言事者多陳攻取之策。太宗召蕭瑀及無忌問曰：「北番君臣昏亂，殺戮無辜。國家不違舊好，便失攻昧之機；今欲取亂侮亡，復爽同盟之義。二途不決，孰爲勝耶？」蕭瑀曰：「兼弱攻昧，擊之爲善。」無忌曰：「今國家務在戢兵，待其寇邊，方可討擊。彼既已弱，必不能來。若深入虜廷，臣未見其可。且按甲存信，臣以爲宜。」太宗從無忌之議。突厥尋政衰而滅。

或有密表稱無忌權寵過盛，太宗以表示無忌曰：「朕與卿君臣之間，凡事無疑。若各懷所聞而不言，則君臣之意無以獲通。」因召百僚謂之曰：「朕今有子皆幼，無忌於朕，實有大功，今者委之，猶如子也。疏間親，新間舊，謂之不順，朕所不取也。」無忌深以盈滿爲誡，懇辭機密，文德皇后又爲之陳請，太宗不獲已，乃拜開府儀同三司，解尚書右僕射。是歲，太宗親祠南郊，及將還，命無忌與司空裴寂同昇金輅。五年，與房玄齡、杜如晦、尉遲敬德四人，以元勳各封一子爲郡公。

七年十月，册拜司空，無忌固辭，不許。又因高士廉奏曰：「臣幸居外戚，恐招聖主私親之誚，敢以死請。」太宗曰：「朕之授官，必擇才行。若才行不至，縱朕至親，亦不虚授，襄邑王神符是也；若才有所適，雖怨讎而不棄，魏徵等是也。朕若以無忌居後兄之愛，當多遺子女金帛，何須委以重官，蓋是取其才行耳。無忌聰明鑒悟，雅有武略，公等所知，朕故委之台鼎。」無忌又上表切讓，詔報之曰：「昔黄帝得力牧而爲五帝先，夏禹得咎繇而爲三王祖，齊桓得管仲而爲五伯長。朕自居藩邸，公爲腹心，遂得廓清宇内，君臨天下。以公功績才望，允稱具瞻，故授此官，無宜多讓也。」

太宗追思王業艱難，佐命之力，又作《威鳳賦》以賜無忌。其辭曰：「有一威鳳，憩翮朝陽。晨游紫霧，夕飲玄霜。資長風以舉翰，戾天衢而遠翔。西翥則煙氛閟色，東飛則日月騰光。化垂鵬於北裔，馴羣鳥於南荒。殄亂世而方降，應明時而自彰。俛翼雲路，歸功本樹。仰喬枝而見猜，俯修條而抱蠹。同林之侣俱嫉，共幹之儔并忤。無桓山之義情，有炎洲之凶度。若巢葦而居安，獨懷危而履懼。鴟鴞嘯乎側葉，燕雀喧乎下枝。慚己陋之至鄙，害他賢之獨奇。或聚咮而交擊，乍分羅而見羈。戢凌雲之逸羽，韜偉世之清儀。遂乃蓄情宵影，結志晨暉，霜殘綺翼，露點紅衣。嗟憂患之易結，歎矰繳之難違。期畢命於一死，本無情於再飛。幸賴君子，以依以恃，引此風雲，濯斯塵滓。披蒙翳於葉下，發光華於枝裏。仙翰屈而還舒，靈音摧而復起。眄八極以遐翥，臨九天而高峙。庶廣德於衆禽，非崇利於一己。是以徘徊感德，顧慕懷賢。憑明哲而禍散，托英才而福全。答惠之情彌結，報功之志方宣。非知難而行易，思令後而終前。俾賢德之流慶，畢萬葉而芳傳。」十一年，令與諸功臣世襲刺史。詔曰：「周武定業，胙茅土於子弟；漢高受命，誓帶礪於功臣。豈止重親賢之地，崇其典禮，抑亦固磐石之基，寄以藩翰。魏、晉已降，事不師古，建侯之制，有乖名實。非所謂作屏王室，永固無窮者也。隋氏之季，四海沸騰，朕運屬殷憂，戡翦多難。上憑明靈之祐，下賴英賢之輔，廓清宇縣，嗣膺寶曆，豈予一人，獨能致此！時迍共資其力，

世安專享其利，乃睽於斯，甚所不取。但今刺史，即古之諸侯，雖立名不同，監統一也。故申命有司，斟酌前代，宣條委共理之寄，象賢存世及之典。司空、齊國公無忌等並策名運始，功參締構，義貫休戚，效彰夷險，嘉庸懿績，簡於朕心，宜委以藩鎮，改錫土宇。無忌可趙州刺史，改封趙國公；尚書左僕射、魏國公玄齡可宋州刺史，改封梁國公；故司空、蔡國公杜如晦可贈密州刺史，改封萊國公；特進、代國公靖可濮州刺史，改封衛國公；特進、吏部尚書、許國公士廉可申州刺史，改封申國公；兵部尚書、潞國公侯君集可陳州刺史，改封陳國公；刑部尚書、任城郡王道宗可鄂州刺史，改封江夏郡王；晉州刺史、趙郡王孝恭可觀州刺史，改封河間郡王；同州刺史、吳國公尉遲敬德可宣州刺史，改封鄂國公；并州都督府長史、曹國公李勣可蘄州刺史，改封英國公；左驍衛大將軍、楚國公段志玄可金州刺史，改封褒國公；左領軍大將軍、宿國公程知節可普州刺史，改封盧國公；太僕卿、任國公劉弘基可朗州刺史，改封夔國公；相州都督府長史、鄖國公張亮可澧州刺史，改封鄖國公。餘官食邑並如故，即令子孫奕葉承襲。」無忌等上言曰：「臣等披荊棘以事陛下，今海內寧一，不願違離，而乃世牧外州，與遷徙何異。」乃與房玄齡上表曰：「臣等聞質文迭變，皇王之迹有殊；今古相沿，致理之方乃革。緬惟三代，習俗靡常，爰制五等，隨時作教。蓋由力不能制，因而利之，禮樂節文，多非己出。逮於兩漢，用矯前違，置守頒條，蠲除曩弊。爲無益之文，覃及萬方；建不易之理，有逾千載。今曲爲臣等，復此奄荒，欲其優隆，錫之茅社，施於子孫，永貽長世。斯乃大鈞播物，毫髮並施其生；小人踰分，後世必嬰其禍。何者？違時易務，曲樹私恩，謀及庶僚，義非僉允。方招史册之誚，有紊聖代之綱。此其不可一也。又臣等智效罕施，器識庸陋。或情緣右戚，遂陟臺階；或顧想披荊，便蒙夜拜。直當今日，猶愧非才，重裂山河，愈彰濫賞。此其不可二也。又且孩童嗣職，義乖師儉之方，任以褰帷，寧無傷錦之弊。上干天憲，彝典既有常科，下擾生民，必致餘殃於後，一挂刑網，自取誅夷。陛下深仁，務延其世，翻令剿絕，誠有可哀。此其不可三也。當今聖曆欽明，求賢分政，古稱良守，寄在共理。此道之行，爲日滋久，因緣臣等，或有改張。封植兒曹，失於求瘼，百姓不幸，將焉用之。此其不可四也。在茲一舉，爲損實多，曉夕深思，憂貫心髓。所以披丹上訴，指事明心，不敢浮辭，同於矯飾。伏願天澤，諒其愚款，特停渙汗之旨，賜其性命之恩。」太宗覽表謂曰：「割地以封功臣，古今通義，意欲公之後嗣，翼朕子孫，長爲藩翰，傳之永久。而公等薄山河之誓，發言怨望，朕亦安可強公以土宇耶？」於是遂止。十二年，太宗幸其第，凡是親族，班賜有差。十六年，册拜司徒。

十七年，令圖畫無忌等二十四人於凌煙閣，詔曰：「自古皇王，褒崇勳德，既勒銘於鐘鼎，又圖形於丹青。是以甘露良佐，麟閣著其美；建武功臣，雲臺紀其跡。司徒、趙國公無忌，故司空、揚州都督、河間元王孝恭，故司空、萊國成公如晦，故司空、相州都督、太子太師、鄭國文貞公徵，司空、梁國公玄齡，開府儀同三司、尚書右僕射、申國公士廉，開府儀同三司、鄂國公敬德，特進、衛國公靖，特進、宋國公瑀，故輔國大將軍、揚州都督、褒忠壯公志玄，輔國大將軍、夔國公弘基，故尚書左僕射、蔣忠公通，故陝東道行臺右僕射、鄖節公開山，故荊州都督、譙襄公柴紹，故荊州都督、邳襄公順德，洛州都督、鄖國公張亮，光祿大夫、吏部尚書、陳國公侯君集，故左驍衛大將軍、郯襄公張公謹，左領軍大將軍、盧國公程知節，故禮部尚書、永興文懿公虞世南，故户部尚書、渝襄公劉政會，光祿大夫、户部尚書、莒國公唐儉，光祿大夫、兵部尚書、英國公勣，故徐州都督、胡壯公秦叔寶等，或材推棟梁，謀猷經遠，綢繆帷帳，經綸霸圖；或學綜經籍，德範光茂，隱犯同致，忠讜日聞；或竭力義旗，委質藩邸，一心表節，百戰標奇；或受脤廟堂，闢土方面，重氛載廓，王略遐宣。並契闊屯夷，劬勞師旅，贊景業於草昧，翼淳化於隆平。茂績殊勳，冠冕列辟；昌言直道，牢籠搢紳。宜酌故實，弘茲令典，可並圖畫於凌煙閣。庶念功之懷，無謝於前載；旌賢之義，永貽於後昆。」其年，太子承乾得罪，太宗欲立晉王，而限以非次，迴惑不決。御兩儀殿，羣官盡出，獨留無忌及司空房玄齡、兵部尚書李勣，謂曰：「我三子一弟，所爲如此，我心無憀。」因自投於牀，抽佩刀欲自刺。無忌等驚懼，争前扶抱，取佩刀以授晉王。無忌等請太宗所欲，報曰：「我欲立晉王。」無忌曰：「謹奉詔。有異議者，臣請斬之。」太宗謂晉王曰：「汝舅許汝，宜拜謝。」晉王因下拜。太宗謂無忌等曰：「公等既符我意，未知物論何如？」無忌曰：「晉王仁孝，天下屬心久矣。伏乞召問百僚，必無異辭。若不蹈舞同音，臣負陛下萬死。」於是建立遂定，因加授無忌太子太師。尋而太宗又欲立吳王恪，無忌密争之，其事遂輟。

太宗嘗謂無忌等曰：「朕聞主賢則臣直，人苦不自知，公宜面論，攻朕得失。」無忌奏言：「陛下武功文德，跨絕古今，發號施令，事皆利物。《孝經》云：『將順其美。』臣順之不暇，實不見陛下有所愆失。」太宗曰：「朕冀聞己過，公乃妄相諛悦。朕今面談公等得失，以爲鑒誡。言之者可以無過，聞之者可以自

改。」因目無忌曰：「善避嫌疑，應對敏速，求之古人，亦當無比；而總兵攻戰，非所長也。高士廉涉獵古今，心術聰悟，臨難既不改節，爲官亦無朋黨；所少者骨鯁規諫耳。唐儉言辭俊利，善和解人，酒杯流行，發言啓齒；事朕三十載，遂無一言論國家得失。楊師道性行純善，自無愆過；而情實怯懦，未甚任事，緩急不可得力。岑文本性道敦厚，文章是其所長；而持論常據經遠，自當不負於物。劉洎性最堅貞，言多利益；然其意上然諾於朋友，能自補闕，亦何以尚。馬周見事敏速，性甚貞正，至於論量人物，直道而行，朕比任使，多所稱意。褚遂良學問稍長，性亦堅正，既寫忠誠，甚親附於朕，譬如飛鳥依人，自加憐愛。」

十九年，太宗征高麗，令無忌攝侍中。還，無忌固辭師傅之位，優詔聽罷太子太師。二十一年，遥領揚州都督。二十三年，太宗疾篤，引無忌及中書令褚遂良二人受遺令輔政。太宗謂遂良曰：「無忌盡忠於我，我有天下，多是此人力。爾輔政後，勿令讒毁之徒損害無忌。若如此者，爾則非復人臣。」

高宗即位，進拜太尉，兼揚州都督，知尚書及門下二省事并如故。無忌固辭知尚書省事，許之，仍令以太尉同中書門下三品。永徽二年，監修國史。高宗嘗謂公卿：「朕開獻書之路，冀有意見可録，將擢用之。比者上疏雖多，而遂無可採者。」無忌對曰：「陛下即位，政化流行，條式律令，固無遺闕。言事者率其鄙見，妄希僥倖，至於裨俗益教，理當無足可取。然須開此路，猶冀時有讜言，如或杜絶，便恐下情不達。」帝曰：「又聞所在官司，猶自多有顔面。」無忌曰：「顔面阿私，自古不免。然聖化所漸，人皆向公，至於肆情曲法，實謂必無此事。小小收取人情，恐陛下尚亦不免，况臣下私其親戚，豈敢頓言絶無？」時無忌位當元舅，數進謀議，高宗無不優納之。明年，以旱上疏辭職，高宗頻降手詔敦喻，不許。五年，親幸無忌第，見其三子，并擢授朝散大夫。又命圖無忌形像，親爲畫贊以賜之。

六年，帝將立昭儀武氏爲皇后，無忌屢言不可，帝乃密遣使賜無忌金銀寶器各一車，綾錦十車，以悦其意。昭儀母楊氏復自詣無忌宅，屢加祈請。時禮部尚書許敬宗又屢申勸請，無忌嘗厲色折之。帝後又召無忌、左僕射于志寧、右僕射褚遂良，謂曰：「武昭儀有令德，朕欲立爲皇后，卿等以爲如何？」無忌曰：「自貞觀二十三年後，先朝付托遂良，望陛下問其可否。」帝竟不從無忌等言而立昭儀爲皇后。皇后以無忌先受重賞而不助己，心甚銜之。

顯慶元年，無忌與史官國子祭酒令狐德棻綴集武德、貞觀二朝史爲八十卷，表上之，無忌以監領功，賜物二千段，封其子潤爲金城縣子。

四年，中書令許敬宗遣人上封事，稱監察御史李巢與無忌交通謀反，帝令敬宗與侍中辛茂將鞫之。敬宗奏言無忌謀反有端，帝曰：「我家不幸，親戚中頻有惡事。高陽公主與朕同氣，往年遂與房遺愛謀反，今阿舅復作惡心。近親如此，使我慚見萬姓。」敬宗曰：「房遺愛乳臭兒，與女子謀反，豈得成事。且無忌與先朝謀取天下，衆人服其智，作宰相三十年，百姓畏其威，可謂威能服物，智能動衆。臣恐無忌知事露，即爲急計，攘袂一呼，嘯命同惡，必爲宗廟深憂。誠願陛下斷之，不日即收捕，準法破家。」帝泣曰：「我决不忍處分與罪，後代良史道我不能和其親戚，使至於此。」敬宗曰：「漢文帝漢室明主，薄昭即是帝舅，從代來日，亦有大勳，與無忌不别。於後惟坐殺人，文帝惜國之法，令朝臣喪服就宅哭而殺之，良史不以爲失。今無忌忘先朝之大德，捨陛下之至親，聽受邪謀，遂懷悖逆，意在塗炭生靈。若比薄昭罪惡，未可同年而語，案諸刑典，合誅五族。臣聞當斷不斷，反受其亂，大機之事，間不容髮，若少遲延，恐即生變，惟請早决！」帝竟不親問無忌謀反所由，惟聽敬宗誣構之説，遂去其官爵，流黔州，仍遣使發次州府兵援送至流所。其子祕書監、駙馬都尉沖等並除名，流於嶺外。

敬宗尋與吏部尚書李義府遣大理正袁公瑜就黔州重鞫無忌反狀，公瑜逼令自縊而死，籍没其家。無忌既有大功，而死非其罪，天下至今哀之。上元元年，優詔追復無忌官爵，特令無忌孫延主齊獻公之祀。

無忌從父兄安世，仕王世充，署爲内史令，東都平，死於獄中。安世子祥，以文德皇后近屬，累除刑部尚書，坐與無忌通書見殺。

雜録

備録

張鷟《朝野僉載》卷一　趙公長孫無忌以烏羊毛爲渾脱氈帽，天下慕之，其帽爲「趙公渾脱」。後坐事長流嶺南，渾脱之言，於是效焉。

張鷟《朝野僉載》補輯　唐趙公長孫無忌奏別敕長流，以爲永例。後趙公犯事，敕長流嶺南，至死不復迴。此亦爲法之弊。

劉餗《隋唐嘉話》卷上　趙公宴朝貴，酒酣樂闋，顧羣公曰：「無忌不才，幸遇休明之運，因緣寵私，致位上公，人臣之貴，可謂極矣。公視無忌富貴何與越公？」或對爲不如，或謂過之。曰：「自揣誠不羨越公，所不及越公一而已。越公之貴也老，而無忌之貴也少。」

劉肅《大唐新語》卷一二《酷忍二七》　吴王恪母曰楊妃，煬帝女也。恪善騎射，太宗尤愛之。承乾既廢，立高宗爲太子，又欲立恪。長孫無忌諫曰：「晉王仁厚，守文之良主也。且舉棋不定，前哲所戒，儲位至重，豈宜數易！」太宗曰：「朕意亦如此，不能相違，阿舅後無悔也。」由是恪與無忌不協。高宗即位，房遺愛等謀反，敕無忌推之。遺愛希旨引恪，冀以獲免。無忌既與恪有隙，因而斃恪。臨刑，駡曰：「長孫無忌竊弄威權，構害良善。若宗社有靈，當見其族滅。」不久，竟如其言。

高宗王后性長厚，未嘗曲事上下。母柳氏，外舅爽，見内人尚宫，又不爲禮。則天伺王后所不敬者，傾心結之。所得賞賜，悉以分布。罔誣王后與母求厭勝之術。高宗遂有意廢之。長孫無忌已下，切諫以爲不可。時中書舍人李義府陰賊樂禍，無忌惡之，左遷壁州司馬。詔書未至門下，李義府密知之，問計於中書舍人王德儉。王德儉曰：「武昭儀甚承恩寵，上欲立爲皇后，猶豫未決者，直恐大臣異議耳。公能建策立之，則轉禍爲福，坐取富貴。」義府然其計，遂代德儉宿直，叩頭上表，請立武昭儀。高宗大悦，召見與語，賜寶珠一斗，詔復舊官。德儉，許敬宗之甥也，癭而多智，時人號曰智囊。義府於是與敬宗及御史大夫崔義玄、中丞袁公瑜等，覩時變而布腹心矣。高宗召長孫無忌、李勣、于志寧、褚遂良，將議廢立。勣稱疾不至，志寧顧望不敢對。高宗再三顧無忌曰：「莫大之罪，無過絶嗣。皇后無子，今欲廢之，立武士彠女，何如？」無忌曰：「先朝以陛下託付遂良，望陛下問其可否。」遂良進曰：「皇后出自名家，先帝爲陛下所娶，伏事先帝，無違婦德。愚臣不敢曲從，上違先帝之旨。」高宗不悦而罷。翌日又言之，遂良曰：「伏願再三審思。愚臣上忤聖顔，罪當萬死。但得不負先帝，甘心鼎鑊。」因置笏於殿階，曰：「還陛下此笏。」乃解巾叩頭流血。高宗大怒，命引出。則天隔簾大聲曰：「何不撲殺此獠！」無忌曰：「遂良受先帝顧命，有罪不可加刑。」翌日，高宗謂李勣曰：「册立武昭儀，遂良固執不從，且止。」勣曰：「陛下家事，何須問外人。」許敬宗又宣言於朝曰：「田舍兒剩穫得十斛麥，尚欲换舊婦。况天子富有四海，立皇后有何不可？關汝諸人底事，而生異議！」則天令人以聞，高宗意乃定。遂廢王皇后及蕭淑妃爲庶人，囚之别院。高宗猶念之，至其幽所，見其門封閉極密，唯通一竅以通食器，惻然呼曰：「皇后、淑妃何在，復好在否？」皇后泣而言曰：「妾得罪，廢棄以爲宫婢，何敢竊皇后名！」言訖嗚咽。又曰：「至尊思舊，使妾再見日月，望改此爲迴心院，妾再生之幸。」高宗曰：「朕即有處分。」則天知之，各杖一百，截去手，投於酒甕中，謂左右曰：「令此兩嫗骨醉可矣。」初，令宫人宣敕示王后，后曰：「願大家萬歲。昭儀長承恩澤，死是吾分也。」次至淑妃，聞敕駡曰：「阿武狐媚，翻覆至此，百生千劫，願我託生爲貓兒，阿武爲老鼠，吾扼其喉以報今日足矣。」自此禁中不許養貓兒。頻見二人爲祟，被髮瀝血，如死時狀。則天惡之，命巫祝祈禱，祟終不滅。

劉肅《大唐新語》卷一三《諧謔二八》　太宗嘗宴近臣，令嘲謔以爲樂。長孫無忌先嘲歐陽詢曰：「聳膊成山字，埋肩不出頭。誰家麟閣上，畫此一獮猴？」詢應聲答曰：「索頭連背暖，漫襠畏肚寒。只由心溷溷，所以面團團。」太宗斂容曰：「汝豈不畏皇后聞耶？」無忌，后之弟也。詢爲人瘦小特甚，寢陋而聰悟絶倫，讀書數行俱下，博覽古今，精究《蒼雅》。初學王羲之書，漸變其體，筆力險勁，爲一時之絶。

《太平御覽》卷八七三《芝》　貞觀十九年，雍州李樹生芝之英，赤蓋紫光，色鮮麗。司徒長孫無忌與官方岳上表請禪，不許。

《太平廣記》卷二四九《長孫無忌》引《國朝雜記》　唐太宗宴近臣，戲以嘲謔。趙公長孫無忌嘲歐陽詢曰：「聳膊成山字，埋肩不出頭。誰家麟閣上，畫此一獮猴。」詢應曰：「索頭連背煖，㡂當畏肚寒。只因心溷溷，所以面團團。」帝斂容曰：「歐陽詢，汝豈不畏皇后聞。」趙公，皇后之兄也。

《太平廣記》卷四四七《長孫無忌》引《廣異記》　唐太宗以美人賜趙國公長孫無忌，有殊寵。忽遇狐媚，其狐自稱王八，身長八尺餘，恒在美人所。美人見無忌，輒持長刀斫刺。太宗聞其事，詔諸術士，前後數四，不能却。後術者言：「相州崔參軍能愈此疾。」始崔在州，恒謂其僚云：「詔書見召，不日當至。」數日敕至，崔便上道。王八悲泣，謂美人曰：「崔參軍不久將至，爲之奈何？」其發後止宿之處，輒具以白。及崔將達京師，狐便遁去。既至，敕詣無忌家，時太宗亦幸其第。崔設案几，坐書一符。太宗與無忌俱在其後。頃之，宅内井竈門厠十

二辰等數十輩，或長或短，狀貌奇怪，悉至庭下。崔訶曰：「諸君等爲貴官家神，職任不小，何故令媚狐入宅？」神等前白云：「是天狐，力不能制，非受賂也。」崔令捉狐去。少頃復來，各著刀箭，云：「適已苦戰被傷，終不可得。」言畢散去。崔又書飛一符，天地忽爾昏瞑。帝及無忌懼而入室。俄聞虛空有兵馬聲，須臾，見五人，各長數丈，來詣崔所，行列致敬。崔乃下階，小屈膝。尋呼帝及無忌出拜庭中，諸神立視而已。崔云：「相公家有媚狐，敢煩執事取之。」諸神敬諾，遂各散去。帝問：「何神？」崔云：「五嶽神也。」又聞兵馬聲，乃縛一狐墜砌下。無忌不勝憤恚，遂以長劍斫之，狐初不驚。崔云：「此已通神，擊之無益，自取困耳。」乃判云：「肆行姦私，神道所殛，量決五下。」狐便乞命。崔取東引桃枝決之，血流滿地。無忌不以爲快，但恨杖少。崔云：「五下是人間五百，殊非小刑。爲天曹役使此輩，殺之不可。」使敕自爾不得復至相公家，狐乃飛去，美人疾遂愈。

孔平仲《續世説》卷五《寵禮》 太宗信任長孫無忌。或有密表，言其權寵過盛者，太宗以表示無忌，曰：「朕與卿君臣之間，凡事無疑，若各懷所聞而不言，則君臣之意，無以獲通。」因召百寮諭之曰：「朕今有子皆幼，無忌於朕實有大功，今者委之猶子也。疏間親，新間舊，謂之不順，朕所不取。」又作《威鳳賦》賜無忌，命圖無忌形像，太宗自作畫贊賜之。

趙令畤《侯鯖録》卷一《傾盃曲》 唐太宗貞觀初內宴，長孫無忌造《傾盃曲》。又《樂府雜録》云：宣宗善吹蘆管，自製此曲。

王讜《唐語林》卷四《豪爽》 長孫趙公朝宴酒酣樂闋，顧羣公曰：「無忌不才，幸遇休明之運。因緣寵私，致位上公，人臣之貴，可謂極矣。公視無忌，何如越公？」【原注】楊素有大功，封越公。或對曰：「不如。」或曰：「過之。」公曰：「吾自揣誠不羨越公。越公之貴也老，而無忌之貴也少。」

備論

《舊唐書》卷六五《長孫無忌傳》 史臣曰：士廉才望素高，操秉無玷，保君臣終始之義，爲子孫襲繼之謀。社稷之臣，功亦隆矣；獎遇之恩，賞亦厚矣。及子真行，手刃其子，何凶忍也，若是積慶之道，不其惑哉！無忌戚里右族，英冠人傑，定立儲闈，力安社稷，勳庸茂著，終始不渝。及黜廢中宮，竟不阿旨，報先帝之顧託，爲敬宗之誣構。嗟乎！忠信獲罪，今古不免，無名受戮，族滅何辜。主暗臣姦，足貽後代。

贊曰：嚴嚴申公，功名始終。文皇題品，信謂酌中。趙公右戚，兩朝宣力。功成不去，竟逢鬼蜮。

《新唐書》卷一〇五《長孫無忌傳》 贊曰：高宗之不君，可與爲治邪？內牽嬖陰，外劫讒言，以無忌之親，遂良之忠，皆顧命大臣，一旦誅斥，忍而不省。反天之剛，撓陽之明，卒使牝咮鳴辰，祚移後家，可不哀哉！天以女戎間唐而興，雖義士仁人抗之以死，決不可支。然瑗、濟、義琰、儀四子可謂知所守矣。噫，使長孫不逐江夏，害吳王，褚不譖死劉洎，其盛德可少訾乎！

孫甫《唐史論斷》卷上《長孫無忌黔州安置》 論曰：「人主之惑讒言，由不知其人爲蔽耳。高宗於許敬宗，非不知其人也。如敬宗修《太宗實録》，移《威鳳賦》事，高宗明知不足傳信，修史尚高下其手，他事固不可信矣。鞫獄之際，事外言所嫉之人，其大罪豈得信乎？況無忌親則元舅，位則三公，忠亮之誠，許國甚至，一姦人譖之，不自臨問，遂竄遐裔。此非不知敬宗之誣謗，無忌之非辜。正欲快嬖者之意，使元舅以勳德重望，冤死遐徼，不惟昏塞之過，實不仁不孝之甚也。」

范祖禹《唐鑑》卷四《高宗》 帝欲廢王皇后，立武昭儀，畏大臣不從，乃與昭儀幸太尉長孫無忌第，酣飲極驩，席上拜無忌寵姬子三人皆爲朝散大夫，仍載金寶繒錦十車以賜無忌。帝因從容言皇后無子以諷無忌，無忌對以它語，竟不順旨，帝及昭儀皆不悦而罷。昭儀又令母楊氏詣無忌第，屢有祈請，無忌終不許。衛尉卿許敬宗亦數勸無忌，無忌厲色折之。

臣祖禹曰：「高宗欲廢后而立妾，故官無忌妾子，又重賂以悦之，誘之以利，非德賞也。而無忌受其官與賜，豈未之思乎。夫大臣欲以義正君，而先没於利，則不足以爲重矣。無忌苟辭其官，反其賜而不受，使其君知大臣之不可誘以利，亦足以格其非心，而益見憚矣。無忌不知出，此卒使武后怨其受賜，而不助己，姦臣得以入其謀。高宗無足譏焉，惜乎，無忌之不學也。」

胡寅《致堂讀史管見》卷一七 以長孫無忌爲右僕射。無忌與上爲布衣交，加以外戚，且有功，上欲用爲相者數矣。文德皇后固請曰：「妾備位椒房，不願兄弟復執國政。呂、霍、上官，可爲深。」戒上不聽。

用人之道，固不擇親疏貴賤，惟其才而已矣。然長孫無忌亦常才也，以布衣交則不當爲宰相，以外戚則不當與朝權，以佐命功則與房、杜諸人等爾。上所以譽之者，纔曰善避嫌疑，應物敏速，能決斷事理，然則唐朝豈無與爲對？必不可闕，如房、杜、王、魏之比乎？若從后言，不使知政，退避權勢，保其寵禄，又安有黔南之禍哉？

上既詔宗室羣臣襲封刺史，于志寧、馬周上疏爭之。會趙州刺史長孫無忌等皆不願之國，上表固讓，且曰：「臣披荊棘事陛下，今海内寧一，奈何棄之外州，與遷徙何異？」上曰：「割地封功臣，古今通義，欲公後嗣輔朕子孫，共傳永久，而公等乃發言怨望，朕豈强公等耶？」詔停世封刺史。

無忌佐太宗取天下，其才智於趨事赴功優矣，而於先王經世長慮，則不知也。故其沮襲封尤力，其後流置黔南，與出刺趙州，相去如何，安得謂刺史與遷徙不殊？其家皆没爲官奴婢，則子孫誅夷之禍，何預乎封建？徒使良法不行，古制益弛。聖人心事，固非小才近智所能窺也。

胡寅《致堂讀史管見》卷一八　上問羣臣：「太子性行，外人亦聞之乎？」司徒無忌曰：「太子雖不出宫門，天下無不欽仰。陛下神武，乃撥亂之才，太子仁恕，實守文之德。此皇天所以祚大唐也。」

爲大臣，又懿戚，其任重而恩深，與餘人異矣。凡爲人謀，猶不可不忠，況爲君父謀乎？爲君父謀，雖薄物細故，猶不可不得其當，況建太子乎？無忌以懿戚居輔相，所宜援立英果，以安靖國家。乃私於其甥，悉力擁護，雖晉王無大過，在庭多以爲宜，然主斷大論，示衆趨向者，無忌而已。無忌之心，爲國則輕，爲身則重，晉王既立，可以長保富貴，燕及子孫，理在不疑也。曾無幾何時，困於誣罔，不得見上闢白一言，竟被誅絶，然則向之營私，適所以自伐，可爲大臣謀國置嗣不忠之戒矣。雖然，高宗目擊元舅羽翼之勤，一旦棄猶糞土，不少顧惜，悠悠蒼天，此何人哉？

上謂宰相曰：「聞官司行事，多不盡公。」長孫無忌曰：「肆情曲法，實亦不敢。至於小小收取人情，恐陛下尚不能免。」

常情易私而難公，況於帝王威尊？可以生，可以殺，可以予，可以奪，恪以公道，猶恐其肆於情欲也，況爲之開私邪之路乎？高宗以「官司不盡公」問無忌，無忌宜將順美意，勸其君以身率臣下，其有徇私曲法者，刑責加焉，是則宰相之職，而朝廷正矣。無忌乃導以收取人情，夫人君以天下爲家，惟至公則人情服，何以收取爲？無忌先言，而褚遂良棄外，彼張行成、于志寧、高季輔備位輔弼，固常才也，不能革而正之，使其君以收取人情爲是，而官司不避徇私之嫌，其蠹政豈有既耶？

戴良《九靈山房集》卷四《論長孫無忌》　長孫無忌以元勳近戚，輔相二朝，竟乃坐視武氏之姦，而莫之或救，卒以殉之。觀其事未嘗不爲之流涕也。方太宗建儲之際，固已疑晉王之懦弱，而有意於吴王恪矣。無忌乃爲之擁護晉王而疎恪，豈不以晉王爲己之出，而欲藉之以長保富貴故耶。太宗且死，無忌遂以遺命立晉王，既又陷恪以罪而誅之，無忌於此，亦可謂計出萬全矣。殊不知害己者，乃不在於恪，而在於晉王之武氏也。武氏陷無忌以反，固不異於無忌之陷恪以逆，若武於此時，明恪之冤，而以搆害元德蔑棄宗親戮之，無忌其謂何，無忌此舉，又豈止禍及一身而已。雖唐室之衰，亦未必不自此始也。何則，恪之在諸王中，誠英果人也。使恪而不死於無忌之手，則武氏之奸心猶有所忌也。夫惟武氏之無所忌，而後李氏之子孫無遺類矣，唐之衰也。又豈待於易姓改號之日而見之哉。嗟乎，以無忌之才，猶乃一舉而家國俱亡，則彼大臣之謀國，而欲一出於智力，信不可矣。

王夫之《讀通鑑論》卷二一《唐高宗》　房遺愛狂騃，與婦人謀逆以自斃，而荆王元景、吴王恪駢首就戮，李道宗亦坐流以死。嗚呼！元景之長而有功，恪之至親而賢，道宗之同姓而爲元勳，使其存也，武氏尚未能以一婦人而制唐之命也。夫長孫無忌之決於誅殺，固非挾私以争權，蓋亦衛高宗而使安其位爾。乃衛高宗而不恤唐之宗社，則私於其出，無忌之惡也。原其所自失，其太宗之自貽乎！承乾廢，魏王黜，太宗既知恪之可以守國也，則如光武之立明帝，自決於衷，而不當與無忌謀。如以高宗爲嫡子而分不可紊，則抑自決於衷，而尤不當與無忌謀。疑而未決，則在廷自有可參大議之臣，如德宗之於李泌，宋仁宗之於韓琦，資其識以成其斷。唯無忌者，高宗之元舅也，而可與辨高宗與恪之廢立乎？乃告無忌曰：「雉奴弱，恪英果類我，我欲立之。」事既不果，無忌所早作夜思以疑恪、忌恪、畏恪之怨己而欲剿絶其命者，終不忘矣。唐無戚輔之親賢，而己以先后已謝之威靈，不能敵房帷之親寵，終亦必亡者，皆其所懵焉不覩者矣。太宗一言之失，問非其人，而不保其愛子，不永其宗祧。《易》曰：「君不密，則失臣。」豈徒君臣，父不密，且失其子矣。無忌怙外戚以爲攀固之圖，太宗不察焉，顧謂無忌曰：「公以恪非己之甥邪？」愈發其隱，而無忌之志愈憯矣。房玄齡、褚遂

良之贊立高宗，義之正也；太宗之疑於立恪，道之權也；無忌之固請立高宗，情之私也。挾私而終之以戕殺，無忌之惡稔，而太宗不灼見而早防之，不保其子，不亦宜乎！或曰：褚公受顧命輔國政，不能止無忌之姦，且道宗之竄，公實與謀，豈亦挾私以翦宗子乎？夫房遺愛已探無忌之意旨，誣恪以求自免，言已出而若有徵，褚公未易任其無患，恪且死，罵無忌而不及公，則謂公之陷道宗者，亦許敬宗之誣，史無與正之與？【略】長孫無忌之惡李義府，正矣；既熟察其凶險之情，則不宜輕示以機而使之自危。乃不待其罪之著見而無可逃，而遽欲謫之於蜀徼；抑不能迅發以決行，而使得展轉以圖徼幸。於是義府之姦，迫以求伸，用王德儉之謀，請立武氏，一旦超擢相位，而無忌不能不坐受其窮。然則爲相臣者，不能平情以審法，持法以立斷，徒挾惡惡之心，大聲疾呼，頳顔奮袂，與小人爭邪正，以自禍而禍國也有餘。好惡賞罰，治亂之樞機，持之一念，豈易易哉！

藝文

呂温《呂衡州文集》卷九《長孫趙公無忌》 趙國之先，發祥朔土。乃祖乃父，受天之祜。有女而聖，文德皇后。爲天下母。有子而賢，爲唐室輔。聖賢同氣，千載一覯。不顯趙公，允武允文。克忠克仁，實有大勳。高祖受命，太宗歸尊。翼翼乾乾，恪居於藩。孼孽亂嗣，爭窺神器。鴻業將墜，公揭大義。一匡天下，人到於今。家受其賜，帝將傳聖。爰有顧命，汝忠汝誠。莫與汝京，與我聖子。守唐太平，公相高宗。有太宗遺風，刑措財豐，八荒來同，和氣大融，妖星襲月，禍起中宫，公將正之，以玉帝躬。武氏謀位，公以力爭。力屈羣邪，誠阻天聰，黜非其尤，令問無窮。

宋敏求《唐大詔令集》卷四四佚名《長孫無忌右僕射制》 望隆朝右，任重國鈞，尚想風猷，義惟賢戚。吏部尚書、齊國公長孫無忌，識量宏遠，神情警發，道照搢紳，才資文武。罇俎之策，電斷風馳，干戈所指，雲銷霧澈。幾深之理彌著，忠義之節以彰，斯固立德佐時，降靈輔闕，宜期以翼贊，授之端揆，可尚書右僕射。貞觀元年七月。

宋敏求《唐大詔令集》卷四四佚名《長孫無忌司空制》 論道台階，實賴明哲，丹青神化，寄深變理。自非鹽梅是屬，棟幹有歸，則曠職俟能，罔或必備。開府儀同三司、齊國公無忌，器宇凝正，風度峻遠，才包文武，地兼賢戚。誠著草昧之辰，業預艱難之始，功侔十亂，聲高三傑。亮采銓衡，庶僚有序，儀刑端右，彝常以穆。自任參鼎司，位班槐路，撝挹之美，形於搢紳，翼贊之規，章於帷扆，宜崇名器，允副具瞻。可司空。所司具禮，以時册命。貞觀七年十一月。

宋敏求《唐大詔令集》卷四四佚名《長孫無忌司徒制》 古先哲后，咸正庶官，德優者爵高，功多者禄厚。是以經邦緯國，必俟蕭曹之勳，燮理陰陽，允歸鍾華之望。司空趙國公無忌，識量弘博，風度峻遠，地惟親賢，材稱梁棟。締構霸業，茂勳著於艱難，弼成王道，乃心竭於寅亮。鹽梅是寄，丹青攸屬，德綜機衡，聲猷具舉。自升槐鉉，歲月亟移，固以勒美太常，書忠甲令者矣。宜陟中台，式典邦教。可司徒。貞觀十六年七月。

宋敏求《唐大詔令集》卷五四佚名《長孫無忌開府儀同三司制》 昔東漢功臣，莫任機揆，西京戚里，或存退讓，故能長守富貴，不懼危殆。尚書右僕射、齊國公無忌，神識清舉，風彩凝映，賢戚之望，朝野所推。比軒禁不虞，釁生慮表，倉卒之間，厥功以茂。自居樞要，聲實俄遠，然以椒掖之親，處權衡之地，深知止足，有戒滿盈。收衽之請，言辭懇切。宜遂其心，以勵貪競。可解尚書右僕射，仍進散位開府儀同三司。貞觀二年正月。

孫承恩《文簡集》卷四一《長孫趙公》 決謀輔主，定策立儲。武事非長，忠懇有餘。輔治永徽，人多汝績。孽后肆屠，天下共惜。

張開東《白蒓詩集》卷一四《長孫無忌宅》 長孫里巷長孫宅，樓底鎮名。粧樓指舊居。一帶荒溪楊柳綠，不知何處美人渠。文德后歸寧，因建有粧樓美人渠等名，今無考。

李勣部

綜述

《舊唐書》卷六七《李勣傳》 李勣，曹州離狐人也。隋末，徙居滑州之衛南。本姓徐氏，名世勣，永徽中，以犯太宗諱，單名勣焉。家多僮僕，積粟數千鍾，與其父蓋皆好惠施，拯濟貧乏，不問親疏。

大業末，韋城人翟讓聚衆爲盜，勣往從之，時年十七，謂讓曰：「今此土地是公及勣鄉壤，人多相識，不宜自相侵掠。且宋、鄭兩郡，地管御河，商旅往還，船乘不絶，就彼邀截，足以自相資助。」讓然之，於是劫公私船取物，兵衆大振。隋遣齊郡通守張須陁率師二萬討之，勣與頻戰，竟斬須陁於陣。

初，李密亡命在雍丘，浚儀人王伯當匿於野，伯當共勣説翟讓奉密爲主。隋令王世充討密，勣以奇計敗世充於洛水之上，密拜勣爲東海郡公。時河南、山東大水，死者將半，隋帝令飢人就食黎陽，開倉賑給。時政教已紊，倉司不時賑給，死者日數萬人。勣言於密曰：「天下大亂，本是爲飢，今若得黎陽一倉，大事濟矣。」密乃遣勣領麾下五千人自原武濟河掩襲，即日克之，開倉恣食，一旬之間，勝兵二十萬餘。經歲餘，宇文化及於江都弑逆，擁兵北上，直指東郡。時越王侗即位於東京，赦密之罪，拜爲太尉，封魏國公，授勣右武候大將軍，命討化及。密遣勣守倉城，勣於城外掘深溝以固守，化及設攻具，四面攻倉，阻塹不得至城下，勣於塹中爲地道出兵擊之，大敗而去。

武德二年，密爲王世充所破，擁衆歸朝。其舊境東至於海，南至於江，西至汝州，北至魏郡，勣並據之，未有所屬，謂長史郭孝恪曰：「魏公既歸大唐，今此人衆土地，魏公所有也。吾若上表獻之，即是利主之敗，自爲己功，以邀富貴，吾所耻也。今宜具録州縣名數及軍人户口，總啓魏公，聽公自獻，此則魏公之功也。」乃遣使啓密。使人初至，高祖聞其無表，惟有啓與密，甚怪之。使者以勣意聞奏，高祖大喜曰：「徐世勣感德推功，實純臣也。」詔授黎陽總管、上柱國，萊國公。尋加右武候大將軍，改封曹國公，賜姓李氏，賜良田五十頃，甲第一區。封其父蓋爲濟陰王，蓋固辭王爵，乃封舒國公，授散騎常侍、陵州刺史。令勣總統河南、山東之兵以拒王世充。及李密反叛伏誅，高祖以勣舊經事密，遣使報其反狀。勣表請收葬，詔許之。勣服衰絰，與舊僚吏將士葬密於黎山之南，墳高七仞，釋服而散，朝野義之。

尋而竇建德擒化及於魏縣，復進軍攻勣，力屈降之。建德收其父，從軍爲質，令勣復守黎陽。三年，自拔歸京師。四年，從太宗伐王世充於東都，累戰大捷。又東略地至武牢，僞鄭州司兵沈悦請翻武牢，勣夜潛兵應接，克之。擒其僞刺史荆王行本。又從太宗平竇建德，降王世充，振旅而還。論功行賞，太宗爲上將，勣爲下將，與太宗俱服金甲，乘戎輅，告捷於太廟。其父自洺州與裴矩入朝，高祖見之大喜，復其官爵。勣又從太宗破劉黑闥、徐圓朗，累遷左監門大將軍。圓朗重據兗州反，授勣河南大總管以討之，尋獲圓朗，斬首以獻，兗州平。

七年，詔與趙郡王孝恭討輔公祏，孝恭領舟師巡江而下，勣領步卒一萬渡淮，拔其壽陽，至硤石。公祏之將陳正通率兵十萬屯於梁山，又遣其大將馮惠亮帥水軍十萬，鎖連大艦以斷江路，仍於江西結壘，分守水陸，以禦王師。勣攻其壘，尋克之。惠亮單艓而遁。勣乘勝逼，正通大潰，以十餘騎奔於丹陽。公祏棄城夜遁，勣縱騎追斬之於武康，江南悉定。

八年，突厥寇并州，命勣爲行軍總管，擊之於太谷，走之。太宗即位，拜并州都督，賜實封九百户。貞觀三年，爲通漢道行軍總管，至雲中，與突厥頡利可汗兵會，大戰於白道。突厥敗，屯營於磧口，遣使請和。詔鴻臚卿唐儉往赦之。勣時與定襄道大總管李靖軍會，相與議曰：「頡利雖敗，人衆尚多，若走渡磧，保於九姓，道遥阻深，追則難及。今詔使唐儉至彼，其必弛備，我等隨後襲之，此不戰而平賊矣。」靖扼腕喜曰：「公之此言，乃韓信滅田横之策也。」於是定計。靖將兵逼夜而發，勣勒兵繼進。靖軍既至，賊營大潰，頡利與萬餘人欲走渡磧。勣屯軍於磧口，頡利至，不得渡磧，其大酋長率其部落並降於勣，虜五萬餘口而還。

時高宗爲晉王，遥領并州大都督，授勣光禄大夫，行并州大都督府長史。父憂解，尋起復舊職。十一年，改封英國公，代襲蘄州刺史，時並不就國，復以本官遥領太子左衛率。勣在并州凡十六年，令行禁止，號爲稱職。太宗謂侍臣曰：「隋煬帝不能精選賢良，安撫邊境，惟解築長城以備突厥，情識之惑，一至於此。朕今委任李世勣於并州，遂使突厥畏威遁走，塞垣安静，豈不勝遠築長城耶？」

十五年，徵拜兵部尚書，未赴京，會薛延陁遣其子大度設帥騎八萬南侵李思

摩部落。命勣爲朔州行軍總管，率輕騎三千追及延陁於青山，擊大破之，斬其名王一人，俘獲首領，虜五萬餘計，以功封一子爲縣公。勣時遇暴疾，驗方雲鬚灰可以療之，太宗乃自翦須，爲其和藥。勣頓首見血，泣以懇謝，帝曰：「吾爲社稷計耳，不煩深謝。」

十七年，高宗爲皇太子，轉勣太子詹事兼左衛率，加位特進，同中書門下三品。太宗謂曰：「我兒新登儲貳，卿舊長史，今以宮事相委，故有此授。雖屈階資，可勿怪也。」太宗又嘗閒宴，顧勣曰：「朕將屬以幼孤，思之無越卿者。公往不遺於李密，今豈負於朕哉！」勣雪涕致辭，因噬指流血。俄而沉醉，乃解御服覆之，其見委信如此。

十八年，太宗將親征高麗，授勣遼東道行軍大總管，攻破蓋牟、遼東、白崖等數城，又從太宗摧殄駐蹕陣，以功封一子爲郡公。二十年，延陁部落擾亂，詔勣將二百騎便發突厥兵討擊。至烏德鞬山，大戰，破之。其大首領梯真達官率衆來降，其可汗咄摩支南竄於荒谷，遣通事舍人蕭嗣業招慰部領，送於京師，磧北悉定。

二十二年，轉太常卿，仍同中書門下三品。旬日，復除太子詹事。二十三年，太宗寢疾，謂高宗曰：「汝於李勣無恩，我今將責出之。我死後，汝當授以僕射，即荷汝恩，必致其死力。」乃出爲疊州都督。高宗即位，其月，召拜洛州刺史，尋加開府儀同三司，令同中書門下，參掌機密。是歲，册拜尚書左僕射。永徽元年，抗表求解僕射，仍令以開府儀同三司依舊知政事。四年，册拜司空。初，貞觀中，太宗以勳庸特著，嘗圖其形於凌煙閣，至是，帝又命寫形焉，仍親爲之序。顯慶三年，從幸東都，在路遇疾，帝親臨問。麟德初，東封泰山，詔勣爲封禪大使，乃從駕。次滑州，其姊早寡，居勣舊閭，皇后親自臨問，賜以衣服，仍封爲東平郡君。勣又墜馬傷足，上親降問，以所乘賜之。

乾封元年，高麗莫離支男生爲其弟男建所逐，保於國内城，遣子獻誠詣闕乞師。總章元年，命勣爲遼東道行軍總管，率兵二萬略地至鴨緑水。賊遣其弟來拒戰，勣縱兵擊敗之，追奔二百里，至於平壤城。男建閉門不敢出，賊中諸城駭懼，多拔人衆遁走，降款者相繼。勣又引兵圍平壤，遼東道副大總管劉仁軌、郝處俊、將軍薛仁貴並會於平壤，掎角圍之。經月餘，克其城，虜其王高藏及男建、男産，裂其諸城，並爲州縣，振旅而旋。令勣便道以高藏及男建獻於昭陵，禮畢，備軍容入京城，獻太廟。

二年，加太子太師，增食實封通前一千一百户。其年寢疾，詔以勣弟晉州刺史弼爲司衛正卿，使得視疾。尋薨，年七十六。帝爲之舉哀，輟朝七日，贈太尉、揚州大都督，謚曰貞武，給東園秘器，陪葬昭陵，令司平太常伯楊昉攝同文正卿監護。及葬日，帝幸未央古城，登樓臨送，望柳車慟哭，并爲設祭。皇太子亦從駕臨送，哀慟悲感左右。詔百官送至故城西北，所築墳一準衛、霍故事，象陰山、鐵山及烏德鞬山，以旌破突厥、薛延陁之功。光宅元年，詔勣配享高宗廟庭。

勣前後戰勝所得金帛，皆散之於將士。初得黎陽倉，就食者數十萬人。魏徵、高季輔、杜正倫、郭孝恪皆客游其所，一見於衆人中，即加禮敬，引之卧内，談謔忘倦。及平武牢，獲僞鄭州長史戴冑，知其行能，尋釋放，竟推薦，咸至顯達，當時稱其有知人之鑒。又，初平王世充，獲其故人單雄信，依例處死，勣表稱其武藝絶倫，若收之於合死之中，必大感恩，堪爲國家盡命，請以官爵贖之。高祖不許。臨將就戮，勣對之號慟，割股肉以啖之，曰：「生死永訣，此肉同歸於土矣。」仍收養其子。每行軍用師，頗任籌算，臨敵應變，動合事機。與人圖計，識其臧否，聞其片善，扼腕而從，事捷之日，多推功於下，以是人皆爲用，所向多克捷。洎勣之死，聞者莫不凄愴。

與弟弼特存友愛，閨門之内，肅若嚴君。自遇疾，高宗及皇太子送藥，即取服之；家中召醫巫，皆不許入門。子弟固以藥進，勣謂曰：「我山東一田夫耳，攀附明主，濫居富貴，位極三臺，年將八十，豈非命乎？修短必是有期，寧容浪就醫人求活！」竟拒而不進。忽謂弼曰：「我似得小差，可置酒以申宴樂。」於是堂上奏女妓，簷下列子孫。宴罷，謂弼曰：「我自量必死，欲與汝一别耳。恐汝悲哭，誑言似差可，未須啼泣，聽我約束。我見房玄齡、杜如晦、高季輔辛苦作得門户，亦望垂裕後昆，並遭癡兒破家蕩盡。我有如許豚犬，將以付汝，汝可防察，有操行不倫、交遊非類，急即打殺，然後奏知。又見人多埋金玉，亦不須爾。惟以布裝露車，載我棺柩，棺中斂以常服，惟加朝服一副，死倘有知，望著此奉見先帝。明器惟作馬五六匹，下帳用幔皁爲頂，白紗爲裙，其中著十個木人，示依古禮芻靈之義，此外一物不用。姬媪已下，有兒女而願住自養者聽之，餘并放出。事畢，汝即移入我堂，撫恤小弱。違我言者，同於戮屍。」此後略不復語，弼等遵行遺言。

勣少弟感，幼有志操。李密之敗也，陷於王世充，世充逼令以書召勣，感曰：「家兄立身，不虧名節，今已事主，君臣分定，決不以感造次改圖。」卒不肯，世充怒，遂害焉，時年十五。

勣長子震，顯慶初官至梓州刺史，先勣卒。

勣孫敬業。高宗崩，則天太后臨朝，既而廢帝爲廬陵王，立相王爲皇帝，而政由天后，諸武皆當權任，人情憤怨。時給事中唐之奇貶授括蒼令，長安主簿駱賓王貶授臨海丞，詹事司直杜求仁黜縣丞，敬業坐事左授柳州司馬，其弟盩厔令敬猷亦坐累左遷，俱在揚州。敬業用前盩厔尉魏思温謀，據揚州。嗣聖元年七月，敬業遣其黨監察御史薛璋先求使江都，又令雍州人韋超詣璋告變，云「揚州長史陳敬之與唐之奇謀逆」，璋乃收敬之繫獄。居數日，敬業矯制殺敬之，自稱揚州司馬，詐言「高州首領馮子猷叛逆，奉密詔募兵進討。」是日開府庫，令士曹參軍李宗臣解繫囚及丁役、工匠，得數百人，皆授之以甲。録事參軍孫處行拒命，敬業斬之以徇。遂據揚州，鳩聚民衆，以匡復廬陵爲辭。乃開三府：一曰匡復府，二曰英公府，三曰揚州大都督府。敬業自稱匡復府上將，領揚州大都督，以杜求仁、唐之奇、駱賓王爲府屬，餘皆僞署職位。旬日之間，勝兵有十餘萬。仍移檄諸郡縣曰：「僞臨朝武氏者，人非温順，地實寒微。昔充太宗下陳，嘗以更衣入侍，洎乎晚節，穢亂春宮，密隱先帝之私，陰圖後庭之嬖。入門見嫉，蛾眉不肯讓人；掩袖工讒，狐媚偏能惑主。踐元后於翬翟，陷吾君於聚麀。加以虺蜴爲心，豺狼成性，近狎邪僻，殘害忠良，殺姊屠兄，弑君鴆母。人神之所同嫉，天地之所不容。猶復包藏禍心，窺竊神器。君之愛子，幽之於别宮；賊之宗盟，委之以重任。嗚呼！霍子孟之不作，朱虚侯之已亡。鷰啄皇孫，知漢祚之將盡；龍漦帝后，識夏廷之遽衰。」

敬業，皇唐舊臣，公侯冢胤，奉先君之成業，荷本朝之舊恩。宋微子之興悲，良有以也；袁君山之流涕，豈徒然哉！是用氣憤風雲，志安社稷，因天下之失望，順宇内之推心，爰舉義旗，誓清妖孽。南連百越，北盡三河，鐵騎成羣，玉舳相接。海陵紅粟，倉儲之積靡窮；江浦黄旗，匡復之功何遠。班聲動而北風起，劍氣衝而南斗平。喑嗚則山嶽崩頹，叱咤則風雲變色。以此制敵，何敵不摧？以此圖功，何功不克？

公等或家傳漢爵，或地協周親，或膺重寄於爪牙，或受顧命於宣室。言猶在耳，忠豈忘心？一抔之土未乾，六尺之孤何托？倘能轉禍爲福，送往事居，共立勤王之師，無廢舊君之命，凡諸爵賞，同裂山河。請看今日之域中，竟是誰家之天下！

則天命左玉鈐衛大將軍李孝逸將兵三十萬討之，追削敬業祖、父官爵，剖墳斲棺，復本姓徐氏。

初，敬業兵集，圖其所向，薛璋曰：「金陵王氣猶在，大江設險，可以自固。且取常、潤等州，以爲霸基，然後治兵北渡。」魏思温曰：「兵貴神速，但宜早渡淮而北，招合山東豪傑，乘其未集，直取東都，據關決戰，此上策也。」敬業不從。十月，率衆渡江，攻拔潤州，殺刺史李思文。先是，太子賢爲天后所廢，死於巴州，敬業乃求狀貌似賢者，置於城中，奉之爲主，雲賢本不死。孝逸軍渡淮，至楚州，敬業之衆狼狽還江都，屯兵高郵以拒之。頻戰大敗，孝逸乘勝追躡。敬業奔至揚州，與唐之奇、杜求仁等乘小舸，將入海投高麗。追兵及，皆捕獲之。初，敬業傳檄至京師，則天讀之微哂，至「一抔之土未乾」，遽問侍臣曰：「此語誰爲之？」或對曰：「駱賓王之辭也。」則天曰：「宰相之過，安失此人？」

中宗返正，詔曰：「故司空勣，往因敬業，毁廢墳塋。朕追想元勳，永懷佐命。昔竇憲干紀，無累安豐之祠；霍禹亂常，猶全博陸之祀。罪不相及，國之通典。宜特垂恩禮，令所司速爲起墳，所有官爵，並宜追復。」勣諸子孫坐敬業誅殺，靡有遺胤，偶脱禍者，皆竄迹胡越。貞元十七年，吐蕃陷麟州，驅掠民畜而去。至鹽州西横槽烽，蕃將號徐舍人者，環集漢俘於呼延州，謂僧延素曰：「師勿甚懼，予本漢人，司空、英國公五代孫也。屬武太后斲喪王室，吾祖建義不果，子孫流落絶域，今三代矣。雖代居職任，掌握兵要，然思本之心，無忘於國。但族屬已多，無由自拔耳。此地蕃漢交境，放師還鄉。」數千百人，解縛而遣之。

《唐代墓誌彙編》總章〇一〇《大唐故司空公太子太師贈太尉揚州大都督上柱國英國公李公墓誌之銘》 大唐故司空太子太師贈太尉揚州大都督上柱國英國公勣墓誌銘并序　朝散郎守司文郎崇賢館直學士臣劉禕之奉敕撰

惟天爲大，麗七衡而構象；惟地稱厚，鎮八柱以開基。欽若巨唐，體乾坤而合德；粤惟上宰，混陰陽而變化。首參練石之功，兆贊隨山之業。身負日月，勳昭區宇。致君於堯舜之先，濟俗於胥庭之上。鬱爲良輔，其在太尉英國公乎。公諱勣，字懋功，本姓徐氏，高平之著族焉。後寓濟陰，又居東郡，今爲衛南人也。偃王以高義遺邦，導源於楚服；太尉以洪勳啓胙，得姓於皇家。曾祖鵲，後魏濮陽郡守；祖康，齊譙郡太守，皇朝贈濟州刺史；家聲有裕，馮氏之累葉分符；門慶無疆，何族之聯芳授册。顯考蓋，皇朝散騎常侍，封濟陰郡王，固辭王爵，徙封舒國公，贈潭州都督，謚曰節。其道可貴，鄉無亢禮之賓；其教有方，庭

洽聞詩之訓。初啓長沙之胙，旋頒曲阜之封。式亮鳴謙，載光延賞。公即節公之元子也。惟嶽降靈，自天縱哲。數尋擢穎，識者知其偉材；五尺成童，通賢咨其國器。引旗爲戲，早萌戡亂之心；學劍且成，夙韞濟時之略。屬炎精告否，大浸方稽。年甫十七，情圖九萬。授手爲念，擁膝長懷。志欲清於天下，聲已馳於海内。乃與同郡翟讓、單雄信等籌咨權略，董率英豪。指麾而百郡傾心，叱咤而萬夫翹首。未踰期月，盡有强齊之地。及李密歸於翟讓，公乃推爲盟主。隋越王稱制東都，假密太尉，以公爲右武候大將軍，封東海郡公。煬帝南征不復，蛇豕之毒方流；化及北上長驅，犬羊之徒自擾。公乃縞六師而抗憤，先固黎陽；料百勝以推鋒，義高即墨。以順圖逆，所向無前。我大唐繼天理物，撥亂反正。革夏而三風已變，宅秦而五星遽聚。李密爲王充所困，擁衆歸朝。公知天命有在，猶全事君之節。通啓於密，俟去就之命。高祖聞而嘉之曰：此真忠義之士。乃授黎州總管、上柱國，封萊國公，尋改封於曹，賜姓李氏。太宗龍川韞睿，豹略窮微，躬勞丹浦之師，親繳青丘之憝。公參陪九伐，戡翦八荒，屠建德於河陰，斮武周於汾澨。而王充跋扈，且昧謳歌，苟安助桀之徒，偷據遷殷之野。公載麾旆，剋清瀍洛。爰洎凱旋，策勳疇帥。太宗爲上將而公膺下將焉。獻捷之辰，特賁金甲，夷夏縱觀，莫不榮之。加食邑五千户，轉左監門衛大將軍、齊州總管。逆賊劉黑闥、徐員朗，輔公祏之平也，咸有大功焉。太宗踐祚，授并州大都督，別食封九百户。尋爲通漠道行軍總管，破頡利牙於漠北，虜獲廿餘萬。皇上之居藩邸，遥攝并州，改授公左光禄大夫、并州長史。六年初，議封建，徙封英國公，册拜蘄州刺史。時並不就國，復以本官遥領太子左衛率，徵拜兵部尚書，參謀國政。上膺九星之耀，下居六坐之重。持議以平，獻善伊直。十七年加特進、太子詹事，仍同中書門下。太宗問罪東夷，以公爲遼東道大總管。屬延陁入寇，乃統蕃兵擊之，遂清大漠。師旋，加領太常卿。廿三年，以公事降授疊州都督。宫車晚駕，遺詔追復本官。皇上纂圖，以特進檢校洛州刺史，尋加開府儀同三司，仍知政事。俄遷尚書左僕射。聿階元佐，是居端右。異伯仁三日之謡，同景倩四辭之切。永徽元年，又表固讓。帝重違雅志，以開府參國政焉。四年，册拜司空。公勳業兼懋，聲實具舉。登太階而平五土，升揆路而高百辟。公材公望，朝野式瞻。先朝嘗圖公像於凌煙閣，至是，皇上又命寫形焉。神筆序之曰：朕聞珠潛漢沼，仍輝皎夜之光；玉蘊荆峰，終耀連城之價。是以吴起佐魏，顯德舟中；樂毅歸燕，論功濟上。用今方古，異代同規。但公勇志潛通，石梁飲羽。忠誠幽感，踈勒飛泉。窮玉帳之微，體金壇之要。或以臨機制變，義在忘軀。推轂受脉，情期竭命。揚旌紫塞，非勞結燧之謀；振旅朱鳶，何假沉沙之術。殘雲斷蓋，碎幾陣於龍庭；落月虧輪，摧數城於玄菟。加以入陪帷幄，出總戎麾。道駕八元，榮高三傑。朕以綺紈之歲，先朝特以委公。故知則哲之明，所寄斯重。自平臺肇建，望苑初開，備引英奇，以光僚宷。而歲序推遷，凋亡互及，茂德舊臣，唯公而已。用旌厥美，永飾丹青。昔者西漢功臣，圖形於騏閣；東京列將，繢範於雲臺。語事可儔，校恩彌遠。麟德之二載也，有事岱宗，特詔公爲封禪大使，詳擇前規，申明舊典。式光絶代之禮，載洽施尊之慶。憬彼韓獩，長惡不悛。奮筆而虐被黎烝，尋戈而毒流支庶。主上情期極溺，念軫推溝。伐叛之規，佇成先志；總戎之重，迺睠台庭。公尚想伏波，不辭於暮齒；載懷充國，莫踰於老臣。遂膺跪轂之儀，式隆分閫之寄。虔奉聖筭，龔行天討。白羽既麾，玄夷底定。蕩積稔之逋寇，攄聖皇之宿憤。偃伯韜戈，宇内胥悦。振旅之日，乘輿親郊勞之，禮焉。總章二年，加授太子太師。臨軒策命，增别食封通前一千一百户。公載懷止足，累辭榮寵。皇上深體二疏之誠，終俟一夔之力。爰降優旨，一月三朝。微展閑放，無虧變理。惟公誕膺人傑，允迪師臣。齊君五往而忘勞，晉臣一見而咸服。至如石陣沙城之變，三宫七舍之奇，匪因黄石之書，自得紫房之妙，斯乃公之餘事焉。其有超倫絶跡，固不可得而略也。方以事上，善必推君。昭德塞違，有犯無隱。先朝昔嘗閑宴，顧謂公曰：萬歲之後，屬卿以幼孤。公涕雪致詞，因噬指流血。俄而沉醉，乃解御服覆之。又嘗目疾，親剪鬚以充藥劑。因謂侍臣曰：非我私之，爲社稷計耳。及上之嗣位，特流渥澤。公嘗墜馬，迺降乘而撫之。鑾輿翟輅，三幸公宅。儲后英藩，咸陪天駟。此則忠於國而愛於君也。事親之道，候色無違；就養之方，因心罔匱。及風樹不静，再從權奪。外迫敦喻，内殷創巨。茹荼嬰蓼，則朝序延悲；菒貌欒形，而家臣不識。此則孝於家而顯於親也。姊以貞順守節，爰開石窌之封；弟以廉直効官，亟綰銅符之任。友悌之至，貫于幽明。此則睦於天倫也。惟子及孫，是稱繁衍。千金勖垂堂之誡，萬石禀趨里之恭。珪組充庭，人莫知貴；芝蘭溢廡，時無間言。此則嚴於庭訓也。單雄信者，公之故人。委質王充，竟罹逆黨。請免官爵，以贖其辜。國有常刑，止宥妻子。逮將就戮，對之號慟。因抽刀割股以啖之曰：生死永訣，此肉同歸於土矣。天下聞之，莫不掩泣。是後收其孤嗣，愛同己子。事軼指囷，恩逾分宅。此則義於交也。束髮登朝，便階七命。升簪揆務，愈慎四知。秩俸之資，咸

散於婕屬；恩賞之澤，必陣於廊廡。是以寢丘之田，絶膏腴之利；文終之第，隔輪奐之美。邁公儀之拔葵，甘次卿之脱粟。此則廉於財也。再戰而傾十角，一舉而滅二韓。諒惟神謨，寔寄英勇。是以東夷北狄，畏威懷惠。匈奴昔嘗遣使，求識於公。類彼王商，竟貽真相之目；均夫李廣，憚其飛將之名。此則威於邊也。是茲七德，獨秀千齡，故能業濟勤王，功宣輔帝。僉奉二聖，咸穆良哉之重；式暢九功，允光則哲之化。道冠惟師，望優元老。可謂令德具美，善始令終者歟。從辛九成，移疾沉痾。及旋京第，即居路寢。東首而卧，怡然待終。主上憂形於色，恩過於常。日昃忘餐，甚於罝郵之問；夜分輟寢，深乎窺壁之勞。以公嘗誡滿盈，子弟多述職於外。至是，驛召咸令侍疾。伏枕彌留，乘箕不駐，以總章二年十二月三日薨，春秋七十有六。天子撫牀沫泣，去膳纏悲，哭於別次，哀聲外徹。文武在列，不勝感欷。特詔輟朝七日，撤樂亦如之。中宫悼切宗臣，事均於吴漢；副後痛殷良傳，情深於杜夷。潘枝委翼而含悽，列辟望廬而揮涕。華夷軫恨，愚智同傷，豈止捨瑱輟簌，毀耕罷肆而已。有詔册贈太尉、使持節、大都督，揚和滁宣歙常潤七州諸軍事、揚州刺史，給班劍卅人，加羽葆鼓吹；賜布帛二千五百段，米粟副焉；凶事所須，務從優厚，并賜東園秘器；仍令司禮大常伯、駙馬都尉楊思敬，司稼少卿李行詮監護。粤以三年歲次庚午二月甲辰朔六日己酉陪葬於昭陵。儀仗送至墓所往還。有司考行，謚曰貞武公。其墳象烏德鞬山及鐵山，以旌平延陀、句麗之功也。遺命薄葬，優詔許焉。皇上親製碑文，以光粹烈。尚以畢陌之前，雖貫廬山之象；趙樓之下，未紀滕城之銘。爰詔史臣，載揚勳烈。其頌曰：

虞夏膺籙，商周革命，稷契匡風，伊姜輔聖。於昭鳳曆，登三有慶，顯允龍光，咸一無競。曾芒演粹，閉氣騰英，電眸異表，雲角殊禎。滔滔遠度，凛凛高情，雄標寥廓，沉算從横。斧藻天經，發揮地紀，飾羽文箭，雕彤貫杵。道邁八區，言應千里，粤人之傑，惟物之軌。運鍾毀冕，年方弱冠，逐鹿知歸，從龍式贊。抱樂辭夏，收圖佐漢，授鉞申威，橫戈静亂。功昭草昧，業峻經綸，北清柳室，東掃扶津。四瀛滌祲，六漢銷塵，總戎之律，執國之鈞。西次徂輝，南箕託化，方憲膠序，俄捐館舍。桃徑無春，松扃有夜，蘬庭閟範，鹿轓寢駕。紫宸流悼，青宫締悲，國館元老，朝虚帝師。三河詔葬，四兆貞期，廬山貫象，畢陌聯逵。哀笳嘹唳，容幰逶遲，盛德不朽，洪勳在兹。

《昭陵碑石》引唐高宗《李勣碑並陰》　大唐故司空太子太師上柱國贈太尉揚州大都督英貞武公李公之碑

朕聞四維紀地，坤元所以載物；八柱承天，乾策由其列耀。故軒丘御曆，資六相以經綸；豐水膺圖，憑九臣而締構。莫不道符金礪，契叶鹽梅，虎嘯龍騰，風翔雲起。公名勣，字懋功，滑州衛南人也。本姓徐氏。靈源有□，□□□□□之□；□□□□□，高士抱□山之節。曾祖元□，後魏大中大夫、□昌郡守。祖康，齊伏波將軍、譙郡太守，追贈濟州刺史。父蓋，散騎常侍、陵州刺史、上柱國、濟陰郡王，後固辭王，改封舒國公，贈潭州都督。業傳弓冶，代列簪裾。載德象賢，□光惇史。公稟靈川岳，毓□星辰。□□奇□之□，□□□□□之志。乘長風而擊□，□□□□□；指大□而開□，夙懷英略。年甫十七，屬隋運分崩，于時率土沸騰，群方競逐。黃龍白騎，牙動干戈；丹浦緑林，遞興氛祲。家負吞沙之力，人懷鍊石之心。李密據九洛以稱兵，臨二周而問鼎，公權推盟主，暫定君臣□□黎陽□之□□□(下空)高祖神堯皇帝應昊穹而撥亂，順斗極以龔行。四海樂推，兆人思戴。及密來投附，公獨未歸。既承其旨，方奉皇運。誠於所事，造次必形。風霜之節，其在茲矣。(下空)高祖乃詔公爲黎州總管，上柱國、萊國公，尋改封曹公，賜同國氏。公臨危守義，類文聘之懷忠；建策承恩，同奉春之得姓。武德二年，又授右武候大將軍。是時國步未夷，王塗尚梗。(下空)太宗文武聖皇帝懋兹交喪，大拯横流。公出贊元戎，入參神算，受分麾之重寄，沐賜棨之殊榮。劉武周率彼犬羊，憑凌汾晉，(下空)先朝躬親矢石，公則任屬偏裨。蕭斧纔臨，胡菌俄翦。王充、竇德，僭議合從。南瀕控鶴之山，北距飛狐之塞。擁周韓之鋭卒，驅趙魏之梟兵，自謂力動天關，威迴地軸，□軒營[辶]明，月陣交鋒。□□竟□□□□武□□□□□□□□必捷，□雁□□是憑。□□[扌]□□□□，徐員郎虔劉齊地。南征北伐，並効深功。憬彼凶奴，自昔爲患。乘折膠而犯鄣，候滿月而來侵。朔騎騁於唐郊，胡笳沸於汾隰。簸林搖岳，噉野騰川。烽火照於迴中，羽檄飛於闕下。公出車受□，□□□□□□□□□□□□□□之術□□□□□□□□□□□□，若□豪之逢巨燎；彌山柳室，似危葉之遇沖飆。滅跡掃塵，追奔逐北，乃加食封九百户。參墟奥壤，王跡所基。傍控寶符之鄉，近對金庭之域。眷言樞要，綏撫特難。鎮俗威邊，非公莫□。乃授并州大都督□□□□□□□□□□□兵部尚書□□□□□□□□□□□□浮革船而度紫河。窮雁海而傾巢，就狼台以探

穴。遂使地空塞北，候静漠南。漢將勒燕然之銘，胡騎動陰山之哭。既而頻丁巨罰，殆不勝哀。累詔寬解，敦還[扌]任。于時朕居藩□，□□□□□□□□□□□□□□吏，□因□覲，入□宸闈。(下空)先聖承閑，曲垂談宴，緒言之際，以朕託公，便即嚙指流血，銘肌爲記。忠貞之操，振古莫儔；金石之心，唯公而已。改封英國公，授兵部尚書，尋授特進、太子詹事、左衛率。貞觀十九年，授遼東道行軍大總管，□(下空)先朝東征，大破駐蹕，尋授靈州道安撫大使。破延陁於烏德鞬山，又授太常卿。出爲疊州都督，尋除特進、檢校洛州刺史。朕纂承丕緒，延想舊勳，又授公開府儀同三司、尚書左僕射。□□文昌□□□□□□□□□□□□具瞻，公以管仲論□，□□殊任。□光授職，動賢異宜。踐位未淹，遽申沖讓。朕成公之美，權遂謙光。尋拜司空，用旌高德。傍甫九土，上穆三台。聿膺玄武之符，載調黄鼎之飪。彝倫式叙，庶績其凝。乃將有事太山，又以公爲封禪大使，仍□□□□□□□□□□□□□掌□者(下空)先朝親行弔伐。雲沖萬道，天兵四臨。籠醜徒於握中，置凶羣於几上。但(下空)聖心惻隱，不忍坑夷，賜以重生，返其歸路。猶復收合餘燼，背義忘恩，莫念解網之仁，還興舉斧之逆。朕恭惟往志，情切授柯，思清襚穴之祆，誓雪(下空)園陵之憤。昔王翦舊將，方吞南楚之强；充國老臣，始定西羌之孽。立功立事，耆德是憑。故勞公暮年，出征外域，乃以公爲遼東道安撫大使、行軍大總管。韞玉帳之宏□，□□宫之妙□。沉沙□□□□□□□□□□□□□□以疲□□□□養鋭□雅投壺。縱間諜以知窮，因鄉導而乘隙。殄兹寇壘，不籍九攻之勞；獲彼凶渠，惟恃七擒之術。傾源拔本，海磬山空。萬代逋誅，一朝清蕩。及旋，拜太子太師，加封二百户。公自少及長，忘身奉國，□神□風，□□□□□□□□□□□□□□，以□遘疾，□晨昏□息，□□□憂。上藥名醫，相望道路。曰仁以壽，竟爽神期。天不憖遺，殲我良懿。以總章二年十二月三日薨於私第，春秋七十有六。朕趨車軫慟，去簫興哀。爰命百寮，廢朝七日。豈直秦□輟相，鄭國寢□，□□□□□□□□日□公給東園秘器。葬事所須，□令官給。以咸亨元年二月六日陪葬(下空)昭陵。所築之墳，一準衛霍故事，象烏德鞬山及陰山、鐵山等，以旌破北狄東夷之功焉。其遷葬之辰，朕自至横門投書永訣。穿壁候疹，不救鶴版之災；登城望泫，徒深蟻慕之感。公□得□之幾□□一□□□□□□□□□□□節□□歸□□□□□□□。與朋則虛舟靡逆，行己則暗室無欺。晦雨不革其音，疾風益知其勁。奉親思孝，遽彰懷橘之誠；事上資恭，無待觀喬之誡。孫吴藝術，弗學而生知；管樂才□，率性而斯□。國家貽訓，(缺十四字)之慎。潛德隱□，□耀□□。□窮獻替之言，外不彰其直；入盡弼諧之致，出不顯其忠。就禮俗而存道，因善虐而申諷。抵掌宏議，庶政咸杖其謀；造膝詭詞，羣寮莫知其際。夷險一概，寵辱齊驚。蕭蕭焉，竦□□之節；□□□，□□□之□。□□□□□□浮雲之心□無□□□□相觀公之懼。其爲吏也，嚴而不殘；其爲將也，威而能愛。子顔之方敵國，在昔多慚；道濟之比長城，於今爲劣。朕以公桑榆昃景，力謝年侵，欲令諸子仕京，得申私養。公(缺二十三字)覆□□□□必傾，願保餘生，懷此知足。加以卜居[開]宇，唯欣里宅之卑；列壤疏封，獨尚寢丘之儉。豈非業光三傑，譽重二南。爲社稷之元龜，實期運之隆棟。公材公望，有始有終者歟。朕屬□雲□，唯(缺十八字)室之無□，悲晉京之不作。股肱□逝，何痛如之。徂光倏而不留，宰樹森其成列。恐栒邑之地，竟淪彩於琱戈；庶武昌之原，永傳輝於翠琰。式旌遺懿，乃勒銘云：

惟皇建極，惟臣佐功。吟嘯玄感，卜夢潛通。如鱗縱壑，若羽隨風。弼諧天構，光亨棟隆。其一：爰有傑人，胄承華緒。德□殆庶，道光性與。情希管樂，器侔伊吕。應物卷舒，隨□出處。其二：(缺十二字)□星耀□。□參□幄，出統中壘。□如□□，□□□泉。其三：金石齊貞，松筠表勁。攝下唯爾，基身以正。賜厚分驂，恩隆得姓。變和師律，抑揚辭令。其四：營開偃月，旆[扌]連雲。下江澄靄，平林散氛。玄池妙略，黄石崇動。威横百戰，勇冠三軍。其五：□資文武，□□□□□□臨□□雲□秋。香(下缺十一字)慎同温室。其六：出車青徼，申謀絳宫。駕狄攻狄，驅戎伐戎。鯨銷海宴，蜃碎樓空。永殪逋藪，長清大風。其七：締構邦基，經綸國步。戒盈辭滿，鳴謙履素。克壯其猷，聿光歲暮。凜凜奇節，温温雅度。其八：惟孝惟念，爰泉爰□。□□□□，□抱柔□。□□□□□□□□□。謁誠戴主，傾身奉國。其九：負山潛遠，夢瓊興愴。階裂下台，星沉上將。朝悲野泣，投環輟相。晉原長往，吴閶徒望。其十：三河聚騎，五校陳兵。旌軒委鬱，笳挽凄清。沉沉□□，寂寂佳城。松寒月□，□□□□。其十一：業茂生前，道存身後。□□□□，名留峴首。墳象戰山，樹凝營柳。人謡國頌，天長地久。其十二。

儀鳳二年歲次丁丑十月庚寅朔六日乙未建

雜録

備録

張鷟《朝野僉載》卷五　英公李勣爲司空，知政事，有一番官者參選被放，來辭英公。公曰：「明朝早向朝堂見我來。」及期而至，郎中並在傍，番官至辭，英公頻眉謂之曰：「汝長生不知事尚書、侍郎，我老翁不識字，無可教汝，何由可得留，深負媿汝。努力好去。」侍郎等慞懼，遽問其姓名，令南院看牓。須臾引入，注與吏部令史。英公時爲宰相，有鄉人嘗過宅，爲設食。食客裂却餅緣，英公曰：「君大少年。此餅，犂地兩遍熟，槩下種鋤塒收刈打颺訖，磑羅作麪，然後爲餅。少年裂却緣，是何道？此處猶可，若對至尊前，公作如此事，參差斫却你頭。」客大慚悚。

張鷟《朝野僉載》補輯　唐英公徐勣初卜葬，繇曰：「朱雀和鳴，子孫盛榮。」張景藏聞之，私謂人曰：「所占者過也。此所謂朱雀悲哀，棺中見灰。」後孫敬業揚州反，弟敬貞答款曰：「敬業初生時，於蓐注校：「蓐」原作「葬」，據明鈔本改。下掘得一龜，云大貴之象。英公令秘而不言，果有大變之象。」則天怒，斲英公棺，焚其屍，灰之應也。《廣記》卷三八九《徐勣》

劉餗《隋唐嘉話》卷上　英公始與單雄信俱臣李密，結爲兄弟。密既亡，雄信降王充，勣來歸國。雄信壯勇過人。勣後與海陵王元吉圍洛陽，元吉恃其膂力，每親行圍。王充召雄信告之，酌以金碗，雄信盡飲，馳馬而出，槍不及海陵者尺。勣惶遽，連呼曰：「阿兄阿兄，此是勣主。」雄信攬轡而止，顧笑曰：「胡兒不緣你，且了竟。」充既平，雄信將就戮，英公請之不得，泣而退。雄信曰：「我固知汝不了此。」勣曰：「平生誓共爲灰土，豈敢念生，但以身已許國，義不兩遂。雖死之，顧兄妻子何如？」因以刀割其股，以肉啖雄信曰：「示無忘前誓。」雄信食之不疑。

英公雖貴爲僕射，其姊病，必親爲粥，火燃，輒焚其鬚。姊曰：「僕妾多矣，何爲自苦如此？」勣曰：「豈爲無人耶！顧今姊年老，勣亦年老，雖欲久爲姊粥，復可得乎？」

英公嘗言：「我年十二三爲無賴賊，逢人則殺；十四五爲難當賊，有所不快者，無不殺之；十七八爲好賊，上陣乃殺人；年二十，便爲天下大將，用兵以救人死。」

劉餗《隋唐嘉話》卷中　英公既薨，高宗思平遼勳，令制其塚像高麗中三山，猶漢霍去病之祁連云。後孫敬業兵起，武后令掘平之，大霧三日不解，乃止焉。

劉肅《大唐新語》卷三《公直五》　李密既降，徐勣尚守黎陽倉，謂長史郭恪曰：「魏公既歸于唐，我士衆土地，皆魏公之有也。吾若上表獻之，即是自邀富貴，吾所恥也。今宜具録以啓魏公，聽公自獻，則魏公之功也。」及使至，高祖聞其表，甚怪之。使者具以聞，高祖大悦曰：「徐勣盛德推功，真忠臣也。」即授黎州總管，賜姓李氏。

劉肅《大唐新語》卷四《持法七》　李勣征高黎，將引其子壻杜懷恭行，以求勳效。懷恭性滑稽，勣甚重之。懷恭初辭以貧，勣贍給之。又辭以無奴馬，又給之。既而辭窮，乃亡匿岐陽山中，謂人曰：「乃公將我作法則耳。」固不行。勣聞，泫然流涕曰：「杜郎放而不拘，或有此事。」遂不之逼。時議曰：「英公持法者，杜之懷慮深矣。」

劉肅《大唐新語》卷七《知微一六》　李勣少與鄉人翟讓聚衆爲盜，以李密爲主，言於密曰：「天下大亂，本爲饑苦。若得黎陽一倉，大事濟矣。」遂襲取之。時在飢餓，就倉者數十萬人。魏徵、高季輔、杜正倫、郭孝恪皆客遊，勣一見便加禮敬，引之卧内，談謔無倦。及平武牢，獲戴胄，亟推薦。咸至大官。時稱勣有知人之鑒。

劉肅《大唐新語》卷八《聰敏一七》　賈嘉隱年七歲，以神童召見。時太尉長孫無忌、司空李勣於朝堂立語，李戲之曰：「吾所倚者何樹？」嘉隱對曰：「松樹。」李曰：「此槐也，何忽言松？」嘉隱曰：「以公配木，則爲松樹。」無忌連問之曰：「吾所倚者何樹？」嘉隱曰：「槐樹。」無忌曰：「汝不能復矯對耶？」嘉隱應聲曰：「何須矯對，但取其以鬼配木耳。」勣曰：「此小兒作獠面，何得如此聰明？」嘉隱又應聲曰：「胡面尚爲宰相，獠面何廢聰明！」勣狀貌胡也。

胡璩《譚賓録》卷二　李勣每臨陣選將，必相有福禄者而後遣之。人問其故，對曰：「薄命之人。不足與成功名。」君子以爲知言。

《太平廣記》卷一六九《李勣》引《廣人物志》 貞觀元年，勣爲并州都督，時侍中張文瓘爲參軍事。勣嘗歎曰：「張稚珪後來管、蕭，吾不如也。」待以殊禮。時有二寮，亦被禮接，勣將入朝，一人贈以佩刀，一人贈以玉帶。文瓘獨無所及，因送行二十餘里。勣曰：「諺云：千里相送，歸於一别。稚珪何行之遠也，可以還矣。」文瓘曰：「均承尊奬，彼皆受賜而返，鄙獨見遺，以此於悒。」勣曰：「吾子無苦，老夫有説：某遲疑少決，故贈之以刀，戒令果斷也；某放達不拘，故贈之以帶，戒令檢約也；吾子宏才特達，無施不可，焉用贈爲？」因極推引。後文瓘累遷至侍中。

宋敏求《長安志》卷一〇《次南普寧坊》 坊西街有漢太學餘阯，次東漢辟雍，次東漢明堂，東南隅東明觀，街東之北靈化寺，西南隅太尉英國公李勣宅，北門之西，司農卿韋機宅，西北隅祆祠。

邵博《邵氏聞見後録》卷九 唐高宗曰：「隋煬帝拒諫而亡，朕常以爲戒，虚心求諫。而無諫者，何也？」李勣曰：「陛下所爲盡善，羣臣無得而諫。」予謂高宗立太宗才人武氏爲后，決於李勣「陛下家事勿問外人」一言。又謂高宗「盡善無可諫」。太宗以勣遺高宗，失於知人矣。

備論

《舊唐書》卷六七《李勣傳》 史臣曰：近代稱爲名將者，英、衛二公，誠煙閣之最。英公振彭、黥之迹，自拔草莽，常能以義藩身，與物無忤，遂得功名始終。賢哉垂命之誡！敬業不蹈貽謀，至於覆族，悲夫！衛公將家子，綽有渭陽之風。臨戎出師，凛然威斷。位重能避，功成益謙。銘之鼎鐘，何慚耿、鄧。美哉！

贊曰：功以懋賞，震主則危。辭禄避位，除猜破疑。功定華夷，志懷忠義。白首平戎，賢哉英、衛。

《新唐書》卷九三《李勣傳》 贊曰：「唐興，其名將曰英、衛，擢皆罪亡之餘，遂能依乘風雲，勒功帝籍。蓋君臣之際，固有以感之，獨推期運，非也。若靖闔門稱疾，畏遠權逼，功大而主不疑，雖古哲人，何以尚兹？勣之節，見於黎陽，故太宗勤勤於托孤，誠有爲也。至以老臣輔少主，會房帷易奪，天子畏大臣，依違不專，委誠取決，惟議是聽。勣乃私己畏禍，從而導之，武氏奮而唐之宗屬幾殲焉。及其孫，因民不忍，舉兵覆宗，至掘冢而暴其骨。嗚呼，不幾一言而喪邦乎？惜其不通學術，昧夫臨大節不可奪之誼，反與許、李同科，可不戒哉！世言靖精風角、鳥占、雲祲、孤虚之術，爲善用兵。是不然，特以臨機果，料敵明，根於忠智而已。俗人傳著怪詭禨祥，皆不足信。故列靖所設施如此。

孫甫《唐史論斷》卷上《親征高麗》 論曰：正觀中，天下治平，四夷賓服，天子威德甚盛。太宗練兵師，尚功名，其志甚鋭。以此不衰怠之意臨天下，可預防患難，永保太平之業也。但因一遠夷之臣，殺主害民，復侵陵鄰國，詔罷兵不聽。然彼有罪，豈預中國之事？命一二將帥出師境上，示征討救援之勢，使畏威懷德，足爲天子能事，何至決親征之計乎？忠賢交諫，莫非苦言；李勣一議，堅不可動。遂使中國數萬之衆，驅之異域，輕其性命，已似忍心。況以萬乘之尊，與遠夷爭勝，又自輕之甚，雖平遼東數城，破延壽大軍，何足益其威德？若延壽納對盧之計，危可測乎？此蓋太宗英雄自恃，忽于深慮；李勣順意生事，遂成誤計。且初議伐遼，褚遂良諫正其事，太宗然之。勣至，追述延陀犯邊，聖策本欲追擊，由魏徵苦諫，致失事機，以此激之，遂定親征之議。及敗延壽之衆，太宗下馬謝天，則危心可知矣。詔從行軍人戰死者，加勳級，牓殯地，則中國士衆，殞命于遠夷可知矣。天子荷宗廟社稷之重，爲天下生靈之主，一旦不因中國之事，履危難，輕人命，威德無乃損乎？且李勣追咎魏徵諫擊延陀事，謂之失策，如延陀犯邊，太宗命將禦之，大破其衆，足示中國之威，不追擊之，亦未爲失。高麗本不敢犯邊，何至親征乎？勣順意生事，無以逃其罪矣。房喬忍死上表，懇諫伐遼，賢哉！

孫甫《唐史論斷》卷上《降李勣爲疊州都督》 論曰：君待臣以道，臣以道報之；君待臣以利，臣以利報之，此歷代君臣之常理也。太宗用李勣，有本有末，其謀謨智力，立功立事，爲大臣固宜然也。以其不負李密，尤信其心，使輔太子，正爲此節。勣雖高勳重望，位尚書，預中書門下事，寵已至矣；使輔太子，敢不盡力乎？何至無故譴逐，使太子他日授以僕射？且人受恩於父兄，未有不厚其子弟者，況天子以大位授人，又寵信之，豈於太子不盡力耶？然勣忠義之士，但風氣英豪，非感激不能盡節，一日無故逐之，使不無怏怏。太子雖授以僕射，勣之機心，豈不曉其利誘乎？至廢立皇后之際，不肯盡忠，雖勣無大臣節，亦太宗以利啓其心也。

孫甫《唐史論斷》卷上《命李勣爲僕射同中書門下三品》 論曰：唐宋魏晉

而下，歷代任宰相之制，以僕射、侍中、中書令，爲正宰相，故僕射一二品，侍中、中書令，三品。同中書門下三品，由李勣自尚書授詹事，詹事卑於尚書，藉其輔翼太子，故授之。同中書門下三品者，得預聞國政，此侍中中書令之任也。今勣授開府儀同三司，又改授僕射，品已高而曰同三品，故蘇冕《會要》駁其事曰：「李勣遷開府儀同三司，又改僕射。開府從一品，僕射從二品，今反同三品者，豈不與立號之意乖乎？」杜佑《通典》曰：「同中書門下三品，當以階卑官高，令所給祿秩同品耳。」據此，似非位署。後同三品者，止記初命，卒不以爲位號也。

王令《廣陵先生文集》卷一四《書李勣傳後》 論曰：隋、唐之交，天下大潰，而所在虎遇以爭，而勣於此時，能牙爪出以自用。天下已平矣，文皇猶多事四夷，而嘗得勣以甘心，故突厥延陀之平，勣尤用自偉，而世主亦多尚之。獨君子者有以罪勣也。而文皇尤傾心以注勣，雖髭鬚有以爲勣用者，猶不嫌有損以賜之，而況其外者耶？殆其終盡之言則甚矣，豈於勣猶有遺憂，而平時亦以奇御勣耶？及高宗廢后之議，竟亦得勣力，以致武氏移天下。然余嘗病文皇之不果於明。使勣尚爲用，固已嘗用之；如猶有一日之憂，尚多其前功，則自可休養之，且俾來者，無授以柄則已矣。如天下方有事，顧勣獨有能，不若亦以忠死之，又惡在賣之以收其力哉？然如勣雖有用於一切，而當不可爲大臣，謂其未知其所以愛君也。方武氏之議，如遂良、無忌輩，更探沸以患熱，而勣獨忍不顧，雖其心固自有存，然亦有所從來也。然勣曹終無用，假之得其力而極厥愛，則勣前之所爲盡矣。使其不得其愛，且力尚何用之適，宜爲憂矣。余讀之至此，惜其知人常無難而人常難於知人，又病其使人者多不以道也，故重言之。然至勣之孫敬業，竟以兵動武后時，而謂爲復唐以誅，豈非天耶？然爲人臣者，亦不可不知其愛君也。

范祖禹《唐鑑》卷四《高宗》 六年九月，帝召大臣，欲廢皇后，立武昭儀。李勣稱疾不入，褚遂良以死爭。帝大怒，長孫無忌曰：「遂良受先朝顧命，有罪不可加刑。」韓瑗涕泣極諫，又上疏諫，來濟上表諫。帝皆不納。它日李勣獨入見，帝問之曰：「朕欲立武昭儀爲后，遂良固執以爲不可。遂良既顧命大臣，事當且已乎！」對曰：「此陛下家事，何必更問外人。」帝意遂決。

臣祖禹曰：高宗欲廢立，而猶難於顧命大臣，取決於李勣之一言，勣若以爲不可，則武氏必不立矣。勣非惟不諫，又勸成之。孽后之立，無忌、遂良之死，唐室中絕，皆勣之由，其禍豈不博哉！太宗以勣爲忠，託以幼孤，而其大節如此。《書》曰：「知人則哲，惟帝其難之。」信矣。

麟德二年二月，帝語及隋煬帝，謂侍臣曰：「煬帝拒諫而亡，朕常以爲戒，虛心求諫，而竟無諫者，何也？」李勣對曰：「陛下所爲盡善，羣臣無得而諫。」

臣祖禹曰：甚矣，李勣之佞也。陷君於惡，又諂以悅之。君有求諫之心，而臣無納忠之志，其罪大矣。勣本羣盜，不學無識，可爲將而不可爲相，以輔少主，居伊、周之地非其任矣。

十二月，李勣寢疾，謂弟弼曰：「我見房杜平生勤苦，僅能立門戶。遭不肖子蕩覆無餘。吾有子孫，今悉付汝，我死謹察視之，其有志氣不倫，交遊非類者，皆先榜殺，然後以聞。」自是不復更言。

臣祖禹曰：《易》曰：「積善之家，必有餘慶；積不善之家，必有餘殃。」君子如欲澤及其子孫，世守其門戶，則莫若積善以遺之而已矣。房杜事君以忠，其子孫不肖，覆宗絕祀，出於不幸，非其積不善也。李勣一言而廢母后，立孽女，殺忠臣，罪不容誅，得死牖下，幸矣。至於其孫，卒羣不逞以起兵，以興復爲辭而希覬非望之福，戮及父祖，剖棺暴尸，豈非餘殃哉。而勣之將死，乃以房杜爲戒，可謂不能省己者矣。古者父子之間不責善，骨肉之親無絕也。而有志氣不倫，交遊非類者，遽使殺之，殘忍無親，何異於梟獍乎？非所以爲訓也。

晁補之《雞肋集》卷四六《太宗付託李勣》 李勣遇暴疾，方云須灰可以療之，太宗乃自翦須，爲和藥，勣頓首流血以謝。帝曰：「吾爲社稷計耳。」又嘗閒燕，顧勣曰：「朕屬幼孤。」勣雪涕嚙指。太宗寢疾，謂高宗曰：「汝於李勣無恩，今責出之。我死，汝當授以僕射，即荷汝恩，必致其死力。」乃出爲疊州都督。高宗即位，召爲左僕射。

右《李勣傳第十七》。太宗知勣不負李密，固可以託孤矣。且以天下傳子，何所疑而爲是哉？勣事太宗，寵遇已極。誠忠臣耶，身受非常之眷，自當以道事君，同其休戚，豈必嗣主有恩如私臣者而後可哉？無罪而出之，欲收恩於高宗，太宗待勣既已薄。而勣又無學問，知忠於所事，而不能爲國遠慮，使其主不陷於惡，然後爲忠，至阿其所好，倉猝定立武氏，禍流國家。《新史》以謂不幾於「一言而喪邦」者，意自古如此者少，獨勣事當之也。

蘇過《斜川集》卷六《書二李傳後》 昔袁盎論絳侯功臣，非社稷臣。此固有爲而言也。然功臣、社稷臣之辨，不可不察也。淮南王安反，謂大將軍可刺，說

丞相如發蒙耳，而獨憚一汲黯。仗節死義，其與社稷存亡也審矣。愚嘗謂社稷臣如腹心，功臣如手足。人有斷一肢，折一足，未及死也。心腹之病，則爲膏肓，不可救已。李靖、李勣可謂功臣，始終唐之元勳也。而太宗付屬委託，亦已重矣。然止將帥之材耳。疆場之事，任之則有餘。社稷之寄，安危之機，則兩人者，有折足渥形之敗矣。太宗欲伐高麗，諫者十六七。靖已老矣，而自請將兵，遂堅太宗黷武之志，幾爲不戢自焚之禍。高宗欲立武后，舉朝爲之寒心，而勣以爲陛下家事，無問外人，武氏之禍，戮及襁褓，唐室不絶如綫。夫二人者，爲腹心之病亦大矣。張釋之諫嗇夫之拜，使文帝終身爲長者；魏元成折封倫之論，使太宗不失行仁義。《語》曰「一言而興邦，一言而喪邦」，亶其然乎？

華鎮《雲溪居士集》卷二〇《李勣論》　史官咎王重榮不殺朱全忠，以書考之，未足多罪。方全忠以同州歸，一降虜耳，未有跋扈之漸，顧天下多事，惜其材之可用而活之，非知其必叛，留以爲己資也。弟不若王夷甫、張曲江之前知耳，安足多咎？若李勣之不爭立武后，是爲可誅。太宗託勣以高宗之重，使高宗惟勣之聽，勣曰不可，則高宗之意定矣。乃道禍要福，求固恩寵，爲自安計，卒使孽后得志，流毒社稷，罪莫大焉。然身以幸免，釁鍾子孫，覆其宗祀。勣之負唐誠深，而天之報勣亦稱矣。

胡寅《致堂讀史管見》卷一八　古者不盟，結言而退，蓋人不愛其情，相命而信喻矣。逮德下衰，疑阻猜貳，至於刑牲歃血而誓，曰：「或間茲命，司盟司慎，名山名川，羣神羣祀，先王先公，七姓十二國之祖，明神殛之，俾失其民，墜命亡氏，踣其國家。」其言可謂泰深痛切矣。曾未旋踵，又已背之。是故孔子於《春秋》，不貴盟誓，而善胥命，取苟息，欲人之惇信而不食言也。若李勣齧指出血，以受太宗之託，若不爲負義者，而於王、武廢興之際，以一言喪邦，則不必待如里克，然後爲隳大節也。夫以言許人者，猶恐非其本心，勣受託而無一言，徒齧指出血而已，使當堯、舜之智，豈得遁乎？

兵豈易用哉？以太宗英武，諸將百戰之餘，士馬精練，財用給足，而征弑逆之小夷，其必克之勢，誠如泰山之壓卵矣。而李勣以一言之失，遂不能下安市城，太宗挫志而歸，鬱鬱成疾，兵果易用耶？世勣之言，乃田單所以誤燕將，而堅即墨之心者也，反以自爲，可謂大繆矣。太宗初戒世勣曰：「不得不用公言，勿誤吾事」，至是不黜世勣，蓋取則秦穆，此其所以爲賢也。

佚名《歷代名賢確論》卷六九引張唐英《李勣論》　太宗寢疾，謂太子晉王曰：「汝於李勣無恩，我將責之，汝他日授以僕射，即荷汝恩，以致死力。」乃出爲疊州都督。晉王即位，召爲僕射。嘗觀史至此，惜太宗於任人之誠，有未盡矣。且既知勣可爲顧命大臣，當面授遺詔，使爲羽翼，奈何勣本無過失，乃責爲都督，使太子自召而用，求其致力哉？夫忠臣義士，雖在裘褐之中、巖野之下，亦有憂勞天下之心，不必位之尊、禄之厚，然後致死力於國家。且匹夫之交，亦有可託，市道之友，亦能知心，而況勣出入將相二十餘年，自當致力以答累朝之恩，何必須太子自授以官，然後可任使哉？使勣小人也，則苟且一時之寵，以充詘其志；使勣君子也，其肯忘先朝之恩，而不盡忠於嗣君乎？其後勣竟不能奮大節以輔高宗，乃雷同取容，扶立武氏，斲喪王室，皆勣之爲，又肯能爲高宗致死力哉？諺謂「欲不溺，而自硾以石；欲不病，而自飲以堇」，其太宗任勣之謂乎！

王夫之《讀通鑑論》卷二〇《唐高祖》　徐世勣始終一狡賊而已矣。其自言曰「少爲亡賴賊」，習一定而不可移者也。夫爲盜賊而能雄長於其類者，抑必有似信似義者焉，又非假冒之而人亡實也；相取以氣，相感以私，亦將守之生死而不貳。如螢之光，非自外生，而當宵則燿，當晝則隱。故以其似信似義者，予之以義之能執、信之能篤，而重任之，則一無足據，而適以長亂。其習氣之所守者在是，適如其量而止，過此則顛越而不可致詰。其似信似義者亦非僞也，愈真而愈不足任也。世勣受李密之命守黎陽，魏徵安集山東，勸之降唐，而世勣籍户口士馬之數，啓密使獻之，己不持修降表，高祖稱之曰：「不背德，不邀功，真純臣也。」遂寵任之，以授之於太宗，而終受託孤之命。世勣之於此，亦豈盡出於僞以欺高祖而邀其寵遇乎？其所見及是，其所守在是，蓋嘗聞有信義而服膺焉，以爲是可以卓然自命爲豪傑也，故以坦然行之，而果爲高祖之所矜獎。若是天性之殘忍，僅與盜賊相孚，而智困於擇君，心迷於循理，可以稱英君之任使，不可以折闇主之非僻，則秖以錚錚於羣盜之中，而遽許之以純臣，高祖、太宗知人之鑒，窮於此矣。夫不見其降於竇建德，質其父而使爲將，遂棄父而欲襲曹旦以歸唐乎？故其爲信義也，盜賊之信義也，察於利以動，任於氣以逞，戕性賊恩，亦一往而不恤，遽信其爲純臣而任以安定國家之大，鮮不覆矣。曾子曰：「臨大節而不可奪，君子人也。」惟君子而後可以履信而守義，非小人之所能與，殆魚躍之不可出沼，鳥步之不可越域也矣。

王夫之《讀通鑑論》卷二〇《唐太宗》　隋之攻高麗而不克也，君非其君，將非其將，士卒怨於下，盜賊亂於內，固其宜矣。唐太宗百戰以蕩羣雄，李世勣、程

名振、張亮，皆戰將也，天下抑非楊廣狼戾以疲敝之天下，太宗自信其必克，人且屬目以待成功，乃其難也，無異於隋，於是而知王者行師之大略矣。太宗自克白巖，將舍安市不攻，徑取建安，策之善者也，而世勣不從。高延壽、高惠真請拔烏骨城，收其資糧，鼓行以攻平壤，而長孫無忌不可。乃以困於安市城下，而狼狽班師。夫世勣、無忌豈不知困守堅城之無益，而阻撓奇計，太宗自策既審，且喜聞二高之言，而終聽一將以遷延，何也？唯天子親將，勝敗所繫者重，世勣、無忌不敢以萬乘嘗試，太宗亦自顧而不能忘豫且之戒也。嚮令命將以行，則韓信之度井陘、劉裕之入河、渭，出險而收功；即令功墮師撓，固無繫於安危之大數，世勣、無忌亦何憚而次且哉？苻堅不自將以犯晉，則不大潰以啓鮮卑之速叛；竇建德不自將以救雒，則不被禽而兩敗以俱亡；完顏亮不自將以窺江，則不挫於采石，而國內立君以行弒；佛狸之威，折於盱眙；石重貴之身，禽於契丹；區區盜賊(遠方)〔夷狄〕之主，且輕動而召危亡，況六宇維繫於一人而輕試於小夷乎？怯而無功，世勣、無忌尚老成持重之謀也。不然，土木之禍，天維傾折，悔將奚及邪？王欽若詆寇準以孤注，欽若誠姦，準亦幸矣；鼓一往之氣，以天子渡河爲準之壯猷，幾何而不誤來世哉？《春秋》書從王伐鄭，諱其敗以譏之，射肩而後，王室不可復興，桓王自貽之也。故曰天子討而不伐。

以利爲恩者，見利而無不可爲。故子之能孝者，必其不以親之田廬爲恩者也；臣之能忠者，必其不以君之爵禄爲恩者也；友之能信者，必其不以友之車裘爲恩者也。懷利以孝於親、忠於君、信於友，利盡而去之若馳，利在他人，則棄君親、背然諾，不旋踵矣，此必然之券也。故慈父不以利畜其子，明君不以利餌其臣，貞士不以利結其友。太宗遷李世勣爲疊州都督，而敕高宗曰：「汝與之無恩，我死，汝用爲僕射，以親任之。」是已明知世勣之唯利是懷，一奪予之閒而相形以成恩怨，其爲無賴之小人，灼然見矣；而委之以相柔弱之嗣君，不亦愚乎！長孫無忌之勳戚可依也，褚遂良之忠貞可託也，世勣何能爲者？高祖不察而許爲純臣，太宗不決而託以國政，利在高宗，則爲高宗用，利在武氏，則爲武氏用，唯世勣之視利以爲歸，而操利以籠之，早已爲世勣所窺見，以益歆於利，「家事」一言，而社稷傾於武氏，所必然矣。若謂其才智有餘，任之以邊陲可矣，錮之於疊州，唐惡從而亂哉！

王夫之《讀通鑑論》卷二一《唐高宗》　李世勣之安忍無親也：置父於竇建德之刃下而不恤；强其壻杜懷恭與征高麗，而欲殺之以立法；付諸子於其弟，而使怒則揭殺之。顧於其姊病，爲之煮粥焚鬚，而曰：「姊老勣亦老，雖欲爲姊煮粥，其可得乎？」藹然天性之言，讀之者猶堪流涕。繇此言之，則世勣上陷其父於死，而下欲殺其子與壻，非果天理民彝之絶於心也。天下輕卒寡謀之士，躁動而忘其天性之安，然其於不容已之慈愛，是惟弗發，發則無所掩遏而可遂其情。唯夫沈鷙果決者，非自拔於功利之陷溺，則得喪一繫其心，而期於必得，心方戚而目已怒，淚未收而兵已操，梟獍之雄心不可復戢，彼固自詫爲一世之雄也，而豈其然哉？蓋無所不至之鄙夫而已。剛則不恤其君親，柔則盡捐其廉恥，明知之而必忍之，雖聖人亦無如之何也。有時而似忠貞矣，有時而似孝友矣，非徒似也，利之所不在，則抑無所吝而用其情也。世勣之於單雄信，割肉可也，爲姊而焚鬚，何所吝邪？利無可趨，害無可避，亦何爲而不直達其惻隱之心，以發爲仁者之言哉？籍甲兵户口上李密而使獻，知高祖之不以爲己罪也；太宗問以建成、元吉之事而不答，事未可知，姑爲兩試，抑知太宗之不以此爲嫌也；年愈老，智愈猾，高宗問以羣臣不諫，而曰「所爲盡善，無得而諫」，知高宗之不以己爲佞也。則以黨義府、敬宗，贊立武氏，人自亡其社稷，己自保其爵禄，惻隱羞惡是非之心，非不炯然內動，而力制之以護其私，安忍者自忍其心，於人何所不忍乎？故一念之仁，不足恃也，正惡其有一念之仁而矯拂之也。夫且曰吾豈不知忠孝哉？至於此而不容不置忠孝於膜外也。爲鄙夫，爲盜賊，爲篡弒之大逆，皆此而已矣。

藝文

呂温《呂衡州文集》卷九《李英公勣》　橫流莫極，大亂無象。英公傑出，應運爲將。與楚楚霸，與漢漢王。天時人事，隨我所向。長蛇縱毒，東據河洛。婪婪封豕，來濟同惡。號吼連聲，如雷如霆。萬里震驚，時維英公。諒我太宗，斬豕以鉞。毆蛇於穴，羣穢殄滅。乃定九鼎，乃開明堂。奄有大邦，金甲同光。告成於皇，皇業用昌。帝命英公，北伐玁狁。雷鼓殷殷，旄頭幾殞。掃雪黑山，布唐陽春。五原草綠，不見南牧。島夷未庭，天子親征。其鋒維英，莫拒莫抗。是震是蕩，破東海浪。天下既和，解鞍投戈。衮服委蛇，華髮皤皤。終始三朝，無玷可磨。

宋敏求《唐大詔令集》卷六二佚名《册李勣改封英國公文》 維貞觀某年月日甲子，皇帝使某官持節册命曰：於戲，列爵者必俟茂勳，設官者咸資懿德，所以翼贊王室，弘宣帝載。惟爾光禄大夫行并州都督長史太子左衛率曹國公李勣，識量恢弘，風略宏遠，忠以奉上，信以立身，獻款西歸，邯鄲風美，分麾東略，號鄭景從，預艱難於藩邸，參經綸而方面，南定惟揚，北清大漠，威振殊俗，勳書册府。及入司禁旅，出帥藩鎮，勤勞表於夙夜，績用成於期月。蘄春之地，濱帶江淮，鎮捍之重，允屬功烈，是用命爾爲使持節蘄州諸軍事蘄州刺史，改封英國公，任重六條，地優五等，爲朕屏藩，傳爾子孫，往欽哉，其祇膺朝命，克固臣節，勤恤黎元，垂裕後世，可不慎歟。

李復《潏水集》卷七《題李勣繪像》 唐太宗嘗因燕閒顧謂李勣曰：「欲托以孤幼，思之無如卿者，卿往不遺於李密，今豈負於朕哉！」勣齧指出血爲誓。高宗將立武后，衆皆以爲不可，後問勣，勣曰：「此乃陛下家事，何須問及外人？」立后之議遂决。予嘗過渭北九嵕山，見英、衛皆陪葬昭陵，英公墓域高大，特爲立闕，乃武后厚葬以報之。敬業欲興復而不能，不知禍本於其祖，一言喪邦，若此其甚乎！元祐丁卯清明日，李某履中題。

李彌遜《竹谿先生文集》卷一〇《太宗以事出李勣議》 唐李勣字懋功，本姓徐氏。隋大業末，從李密襲黎陽，守之。武德二年，密歸朝廷，高祖授勣黎州總管，賜姓，附宗正屬籍。後從秦王伐東都，破劉黑闥、徐圓朗，討輔公祏。太宗即位，累遷光禄大夫，行并州大都督府長史，治并十六年，以威肅聞。帝嘗曰：「煬帝不擇人守邊，勞中國築長城以備虜。今我用勣守并，突厥不敢南，賢長城遠矣。」晉王爲皇太子，授詹事，俄同中書門下三品。帝曰：「吾兒方位東宫，公舊長史，以宫事相委，勿以資屈爲嫌也。」勣既忠力，帝謂可託大事。嘗暴疾，醫曰：「用鬚灰可治。」帝乃自剪鬚和藥。及愈入謝，頓首流血。帝曰：「吾爲社稷計，何謝爲？」後留宴，顧曰：「朕思屬孤幼，無易公者。公昔不遺李密，豈負朕哉？」俄大醉，帝親解衣覆之。帝疾，謂太子曰：「爾於勣無恩，今以事出之。我死，宜即授以僕射，彼必致死力矣。」乃授疊州都督。高宗立，召授開府儀同三司，同中書門下，參掌機密，遂爲尚書左僕射。

議曰：勣自武德初，束身歸朝，從秦王討平諸寇，以成大業，可謂有功王室矣。太宗將屬以孤幼，故遇之非群臣比，至剪鬚藥之、解衣覆之，豈無意哉？然君臣之間，惟誠能使之盡心。既與之戮力艱難，知其可託大事，則當任之不疑。苟以爲非才，改命可也。乃無罪而出之，以移恩於太子，是以智籠之，恐非所以訓臣下也。施之勣尚不可，推此以待忠賢，失其心矣，詎能致彼死力哉？

孫承恩《文簡集》卷四《李英公》 矯矯英公，爲時良將。料敵制變，敵莫與抗。蕩定海宇，實多武功。孽后禍基，乃虧臣忠。

王昶《金石萃編》卷一三九游師雄《唐凌煙閣功臣李勣畫像讚》 横流莫極，大亂無象。英公傑出，應運爲將。與楚楚霸，與漢漢王。天時人事，隨其所嚮。長蛇縱毒，東據河洛。棼棼封豕，其濟同惡。哮吼連聲，如雷若霆。萬里震驚，時惟英公。□□□□，斬豕以鉞。□□□□，□□殄滅。乃□□□□□□□□有大□□□□□□□□和□□□□□□□□白髪皤□□□□□□□□磨。

《全唐文》卷一六唐中宗《追復李勣官爵詔》 故司空勣，往因敬業，毁廢墳塋。朕追想元勳，永懷佐命，昔賓憲于紀，無累安豐之祠；霍禹亂常，猶全博陸之祀。罪不相及，國之通典，宜持垂恩禮，令所司速爲起墳，所有官爵，並宜追復。

孔穎達部

綜述

《舊唐書》卷七三《孔穎達傳》 孔穎達字沖遠，冀州衡水人也。祖碩，後魏南臺丞。父安，齊青州法曹參軍。穎達八歲就學，日誦千餘言。及長，尤明《左氏傳》、《鄭氏尚書》、《王氏易》、《毛詩》、《禮記》，兼善算曆，解屬文。同郡劉焯名重海內，穎達造其門，焯初不之禮，穎達請質疑滯，多出其意表，焯改容敬之。穎達固辭歸，焯固留，不可。還家，以教授爲務。隋大業初，舉明經高第，授河內郡博士。時煬帝徵諸郡儒官集於東都，令國子祕書學士與之論難，穎達爲最。時穎達少年，而先輩宿儒耻爲之屈，潛遣刺客圖之，禮部尚書楊玄感舍之於家，由是獲免。補太學助教。屬隋亂，避地於武牢。太宗平王世充，引爲秦府文學館學士。武德九年，擢授國子博士。貞觀初，封曲阜縣男，轉給事中。

時太宗初即位，留心庶政，穎達數進忠言，益見親待。太宗嘗問曰：「《論語》云：『以能問於不能，以多問於寡，有若無，實若虛。』何謂也？」穎達對曰：「聖人設教，欲人謙光。己雖有能，不自矜大，仍就不能之人求訪能事。己之才藝雖多，猶以爲少，仍就寡少之人更求所益。己之雖有，其狀若無。己之雖實，其容若虛。非唯匹庶，帝王之德，亦當如此。夫帝王內蘊神明，外須玄默，使深不可測，度不可知。《易》稱『以蒙養正，以明夷莅衆』，若其位居尊極，炫燿聰明，以才凌人，飾非拒諫，則上下情隔，君臣道乖，自古滅亡，莫不由此也。」太宗深善其對。

六年，累除國子司業。歲餘，遷太子右庶子，仍兼國子司業。與諸儒議歷及明堂，皆從穎達之說。又與魏徵撰成《隋史》，加位散騎常侍。十一年，又與朝賢修定《五禮》，所有疑滯，咸諮决之。書成，進爵爲子，賜物三百段。庶人承乾令撰《孝經義疏》，穎達因文見意，更廣規諷之道，學者稱之。太宗以穎達在東宮數有匡諫，與左庶子于志寧各賜黃金一斤、絹百匹。十二年，拜國子祭酒，仍侍講東宮。十四年，太宗幸國學觀釋奠，命穎達講《孝經》，既畢，穎達上《釋奠頌》，手詔褒美。後承乾不循法度，穎達每犯顏進諫。承乾乳母遂安夫人謂曰：「太子成長，何宜屢致面折？」穎達對曰：「蒙國厚恩，死無所恨。」諫諍逾切，承乾不能納。

先是，與顔師古、司馬才章、王恭、王琰等諸儒受詔撰定《五經》義訓，凡一百八十卷，名曰《五經正義》。太宗下詔曰：「卿等博綜古今，義理該洽，考前儒之異說，符聖人之幽旨，實爲不朽。」付國子監施行，賜穎達物三百段。時又有太學博士馬嘉運駁穎達所撰《正義》，詔更令詳定，功竟未就。十七年，以年老致仕。十八年，圖形於凌煙閣，讚曰：「道光列第，風傳闕里。精義霞開，掞辭飈起。」二十二年卒，陪葬昭陵，贈太常卿，謚曰憲。

《全唐文》卷一四五于志寧《大唐故太子右庶子銀青光祿大夫國子祭酒上護軍曲阜憲公孔公碑銘》 蓋聞八卦已列，書契之迹肇興；六籍既陳，禮樂之基斯闡。是以厲鄉設教，道德垂訓於百王；洙水立言，雅頌闕一字。法于萬闕一字。如欲化民成俗，致遠鈎深，非博闕二字。以究其源，非闕三字。以宏其闕四字。聖之幽贊，爲後進之範圍，軼匡莊而驤首，超賈杜而矯翼，見之祭酒曲阜憲公矣。公諱穎達，字沖遠，冀州衡水人也，若夫順天開物，黑帝寧區夏以干戈，定樂闕十字。霸闕四字。令譽於鶴闕一字。光贊闕二字。振芳聲於龍鼎。可謂長源眇眇，將德水而俱遥；曾構巖巖，與削成而共峻。其後公侯載德，簪紱連暉，備在縑緗，可得而畧。曾祖靈龜，魏國子博士，闕一字。應闕一字。之闕一字。馳譽闕五字。之闕一字。識飛英庠序闕一字。授魏治書侍御史，冠錫神羊，權豪爲之屏跡；任司衡象，風俗以之肅清。父安，齊青州法曹參軍，輕重之典，情在公平；大小之獄，心敦寬簡。公蘊靈闕一字。智闕三字。和闕二字。篤闕一字。之闕一字。駿闕三字。之足。庭羅俎豆，幼習升降之儀；門列驂駔，少懷遠大之操。闕一字。韜金匱，覃思邁於西河；學富石渠，沈研冠於東閣。詞光翰苑，文麗綵虹，思極掞天，才華日闕一字。蹈忠闕一字。以行已，踐仁信以闕一字。身。闕一字。漢皇之名珠，光映照車之珤；抱金山之美玉，價重連城之器聞之者未面而虛闕一字。見之者忘言而傾蓋。可謂儒宗之鏡闕一字。學府之闕二字。者焉。昔大業膺圖，更開横塾，賁帛而徵闕四字。而辟闕八字。業隆槐市大訪闕一字。彦廣闕一字。學徒公闕二字。千闕一字。苞括百氏，牢籠曹許，孕育毛王，足使仲遠伏膺，子幹闕一字。道，所以闕一字。天資於漸陸，紀地由乎濫觴。居此高才，闕五字。家授闕三字。博士，尋除太學助教。闕四字。馭海縣分寓，甚闕三字。踰楚岳。巨猾於焉鴟視，大憝所以鴟張。比王粲之寓蹟荆門，同班彪之銷聲隴坻。闕二字。尚阻，還

蜀無由。暨六合同文，八紘闕二字。既闕三字。之闕一字。遂闕三字。之遊。闕二字。司空闕一字。國公禮部尚書黎陽公秘書監永興公爲秦府文闕一字。館學士，闕二字。學博士東膠西序，講肆於是重興，碣館闕一字。宫文闕一字。於兹愈闕二字。年遷國子博士，膏梁闕二字。舉闕七字。揮汗闕三字。攝齊問感，譬洪鍾而闕一字。叩，負笈質疑，闕一字。衢尊而闕二字。聲實振於闕右，芳風蓋於淹中。其年封曲阜縣開國男。食邑三百户，析圭助土，望闕十字。德。貞觀二闕一字。改闕一字。給闕一字。中職亞闕一字。卿位闕三字。丹墀近侍，允屬時英，四年加員外散騎常侍行太子中允，入陪玉裕，出侍金輿，闕一字。重起居，寄深獻替。六年除國子司業闕二字。太子右庶子，七年闕二字。庶子兼國子司業，以公闕二字。可闕三字。有闕一字。比闕一字。君仲闕二字。子闕一字。十年奉勅共秘書監鄭公修《隋書》，良直著乎青史，微婉表於丹書。跨固超遷，含劉孕謝。特蒙恩闕三字。增闕二字。散騎常侍闕二字。庶子兼國子司業闕一字。如闕一字。制禮作樂，沿革不同，於是闕一字。名多門，委以删定。其大戴小戴之舛错，前鄭後鄭之危疑，往哲之所不通，前賢之所未釋，公剖兹闕一字。節，鍼此膏肓，足使儀刑。闕三字。澤王化闕一字。成闕五字。賞進爵爲子，邑七百户，賜物二百段。其年以公匡弼副主，屢進讜言，與左庶子黎陽公特蒙恩詔，又賜黄金一斤，絹一百匹。十二年除國子祭酒東宫侍闕二字。封如故闕二字。卿名闕一字。齊闕一字。膺兹寵命，闕二字。道光闕二字。荷闕一字。殊榮。公乃再振頹風，重宏絶業，學徒盈於家室，頌聲彰於國朝。十四年車駕幸學，親觀釋奠，公闕一字。總九流，才兼六藝，彝倫之所鑽仰。闕一字。德之所闕一字。崇。詔公闕一字。於講筵闕四字。連闕一字。暫闕一字。指闕二字。其談鋒英辯一擒闕二字。慙其河瀉，下帷博學，閉户多聞，競舉雲梯，争迴雄戟，公金湯易固，樓雉難攻，遂使輔嗣倒戈，大春反旆，宿疑舊惑，闕一字。順冰銷。闕二字。神衷闕四字。悠悠闕三字。見斯闕一字。禮畢。上《釋奠頌》一篇，文豔雕龍，將五色而比彩；韻諧闕一字。鳳，與八音而同節。逸思掩於子玉，麗藻超於闕二字。蒙闕一字。勅闕三字。表讚其書曰：闕二字。并上釋奠闕一字。殊爲闕六字。清詞爛其盈闕五字。逸氣闕一字。已淩。雲驪龍九重，不足方斯綺麗；威鳳五彩，無以比其鮮華。揚雄挨闕一字。高蹤闕一字。遠黄香闕十四字。昔强秦之末，政教闕一字。遲，搢紳以闕三字。墳典以爲灰燼，逮炎漢握圖，闕一字。敷經學，憲章斯教，文藝聿修。及自三國，迄于晉宋，書記可略而言之。近至隨運將終，天下鼎沸，闕八字。鑑乎闕一字。隨，豈不愴恨？朕少逢闕二字。之闕一字。長遇干戈之闕三字。兹宸極執闕一字。璇璣闕一字。阪泉崇國之功闕一字。有之矣，靈臺辟雍之德，則未可庶幾。雖然，亦嘗有意乎雕蟲，存心乎儒史。開獻書之路，闕四字。賢束帛蒲輪，亦以多矣。闕一字。學謝闕二字。文慙闕七字。春三闕三字。國老養於闕一字。序，庶老闕一字。於西庠。聽廣論而無闕一字。導深義而闕一字。席。洪鍾待扣，扣無不應；幽谷發聲，聲無不答。闕十二字。夙挺珪璋，早闕四字。羅百氏闕三字。經闕一字。涌珠泉，情抽蕙闕一字。闢西孔子，更起乎方今；濟南伏生，重興乎兹闕一字。庶令宏四科於縹帙，闡闕一字。遍於青衿，翰苑詞林，闕一字。其闕十字。奉勅闕一字。撰五經義疏。公博極羣書，遊闕一字。衆藝，削前闕一字。之紕繆，闕一字。往哲之闕二字。誠萬古之儀刑，實一代之標的。蒙勅賜名《五經正義》，付國子監施行，賜物三百段。公教老氏之止足，追太史之鳴謙，闕一字。請歸闕一字。優詔不許。闕二字。聞奏始蒙闕三字。防閤闕四字。又使中書令闕二字。賫手闕一字。存問，榮寵之極，曠古罕儔。闕一字。世室於國陽，佇聞公玉之制，告成功於日觀，庭覩司馬之書，闕五字。光闕二字。兩楹闕一字。夢環海闕四字。千月之闕一字。以闕十字。薨於萬年縣平康里第，春秋七十有五。哀感宸扆，悲動搢紳。甚魏主之惜桓階，若晉人之傷衛玠。詔贈物闕二字。段，陪葬昭陵，喪事所須，率由官給，闕七字。公，禮也。闕二字。遺老陪闕一字。陵而起墳，闕三字。臣奉峻陽而卜兆，以今訪古，隔代同符，惟公氣稟五常，道光六行，得孔甫之具體，總姬旦之多才，延閣策府之奇書，探賾索隱，東館南宫之逸闕二字。陝窮源闕三字。於闕二字。無闕三字。之闕四字。於闕二字。不假張寬之闕一字。道合者不以賤貧而易交，行僞者無以權貴而投分。志懷耿介，性闕一字。廣門，有石奮之謙恭，類宋宏之方闕一字。推賢進士，後己先人。舉事而闕五字。而成準的乃闕一字。之翹楚，闕二字。之羽儀，於時將創明闕一字。令羣儒詳審互陳聞見，闕一字。起異端，公擽摭舊事，憲章故實，删裴頠之制度，畧蔡雍之節文，酌今古之儀，得豐儉之闕一字。裒衣博帶，闕一字。不闕三字。觀之始闕一字。翬闕四字。樂闕五字。之禮之墜典記事記言之史，俱資筆削，大雅之詩，咸佇刊定。奉勅修《隨史》五十卷，闕。《禮》一百卷，《五經正義》一百七十卷。邁南董於曩策，逾孟慶於闕一字。書，闕二字。闕闕十一字。論衡匹此未奇，撰闕二字。聞帝用嘉尚，后倉制禮，闕一字。振曲臺，孫通創闕一字。榮光稷嗣，以今方古，彼獨何人，豈謂食薪爲災，夢桑成闕一字。魏夷之藥無效，齊鵲之言闕二字。遂闕一字。山陽之闕三字。長闕一字。之闕二字。宫之闕三字。金石之

聲。世子志元等，悲深陟岵，思烏闕一字。而無期；恩極昊天，對風枝而增慟。恐鍾律易改，陵谷難常，乃闕一字。氏英猷，永傳五鼎。楊公闕一字。軌，長勒四碑，敬陳伐閲，樹之闕五字。

赫赫華胄，巖巖崇趾。元烏降神，闕二字。效祉。德表温室，道光闕里。績著太常，芳流惇史。誕生令哲，卓犖絶羣。百丈挺秀，九畹騰芬。迢闕一字。流略，囊括邱墳。凌雲縟藻，闕六字。羣籍網羅闕二字。邁闕二字。思窮五際。糠粃名闕一字。鏘鉢象繫。落足潘詞，巢高孫第。世尚典故，時敦學植。賓雁成行，翹車轉軾。金馬待詔，璧池攝職。闕二字。欽風，闕二字。詠德。飛纓黄屋，闕十字。三闕一字。獻書闕五字。闈。六學規模，百寮冠冕。星闕一字。喪寶，石折殲良。闕一字。矣武庫，闕一字。哉智囊。塋嘶白馬，墳瘞黄腸。九泉雖閟，千載名揚。

雜録

備録

吴兢《貞觀政要》卷六《謙讓一九》 貞觀二年，太宗問給事中孔穎達曰：「《論語》云：『以能問於不能，以多問於寡，有若無，實若虚。』何謂也？」穎達對曰：「聖人設教，欲人謙光，己雖有能，不自矜大，仍就不能之人，求訪能事。己之才藝雖多，猶以爲少，仍就寡少之人更求所益。己之雖有，其狀若無，己之雖實，其容若虚。非惟匹庶，帝王之德，亦當如此。夫帝王内蘊神明，外須玄默，使深不可測，遠不可知。故《易》稱『以蒙養正，以《明夷》莅衆』，若其位居尊極，炫耀聰明，以才陵人，飾非拒諫，則上下情隔，君臣道乖。自古滅亡，莫不由此也。」太宗曰：「《易》云：『勞謙，君子有終，吉。』誠如卿所説。」詔賜物二百段。

王溥《唐會要》卷一一《明堂制度》 貞觀五年，太宗將造明堂，太子中允孔穎達以諸儒立議，頗乖故實，上表曰：「伏尋前勅，依禮部尚書盧寬、國子助教劉伯莊等議，以爲從崑崙道上層祭天。又尋後勅，爲左右閣道，登樓設祭。臣謹按六藝羣書，百家諸史，皆基上曰堂，樓上曰觀，未聞重樓之上而有堂名。《孝經》云：『宗祀文王于明堂。』不云明樓、明觀，其義一也。又明堂法天，聖王示儉，或有翦蒿爲柱，葺茅作蓋。雖復古今異制，不可常然，猶依大典，貴在樸素。是以席惟藁秸，器尚陶匏，用繭栗以貴誠，服大裘以訓儉。今若飛樓架道，綺閣陵雲，考古之文，實堪疑慮。按《郊祀志》，漢武明堂之制，四面無壁，上覆以茅，祀五帝于上座，祀后土于下防。臣以上座正爲基上，下防維是基下。既云無四壁，未審伯莊以何知上層祭神，下有五室？且漢武所爲，多用方士之説，違經背正，不可師祖。又盧寬等議曰，上層祭天，下堂布政，欲使人神位別，事不相干。臣以古者敬重大事，與接神相似，是以朝覲祭祀，皆在廟堂，豈有樓上祭祖，樓下視朝？閣道升樓，路便窄隘，乘輦則接神不敬，步陟則勞勤聖躬。侍衛在傍，百司供奉。求之典誥，全無此理。臣非敢固執愚見，欲求己長。伏以國之大典，不可不慎。伏乞以臣愚表，下付羣官詳議焉。」侍中魏徵議曰：「稽諸古訓，參以舊圖，其上圓下方，複廟重屋，百慮一致，異軫齊軌。洎當塗膺籙，未遑斯禮；典午聿興，無所取則。裴頠以諸儒持論，異端蜂起，是非舛互，靡所適從，遂乃以人廢言，止爲一殿。宋、齊即仍其舊，梁、陳遵而不改。雖嚴配有所，祭饗不匱，求之典則，道實未弘。夫孝因心生，禮緣情立。心不可極，故備物以表其誠；情無以盡，故飾宫以廣其敬。宣尼美嘆，意在兹乎！臣等親奉德音，得參大議，思竭塵露，增崇山海。凡聖人有作，義重隨時，萬物斯覩，事資通變。若據蔡邕之説，則至理失于文繁；若依裴頠所爲，則大體傷于質略。求之情理，未允厥中。今之所議，非無用捨。請爲五室重屋，上圓下方，既體有則象，又事多故實。下室備布政之居，上堂爲祭天之所，人神不雜，禮亦宜之。其高下廣袤之規，几筵尺丈之度，則並隨時立法，因事制宜。自我而作，何必師古，廓千載之疑議，爲百王之懿範。不使泰山之下，惟聞黄帝之法；汶水之上，獨稱漢武之圖。則通乎神明，庶幾可俟，子來經始，成之不日。」至十七年五月，祕書監顔師古議曰：「竊以明堂之制，爰自古昔，求諸簡牘，全文莫覩。肇起黄帝，降及有虞，彌歷夏、殷，迄於周代，各立名號，別創規模。衆説舛駮，互執所見，鉅儒碩學，莫有詳通，斐然成章，不知裁斷。究其指要，實布政之宫也。徒以戰國從横，典籍廢棄；暴秦酷烈，經禮湮亡。今之所存，記傳雜説，用爲準的，理實蕪昧。然《周書》之敍明堂，紀其四面，則有應、庫、雉門，據此一堂，固是王者之常居耳。其青陽、總章、玄堂、太廟及左個、右個，與《月令》四時之次相同，則路寢之義，足爲明證。又文王居明堂之篇，

帶以弓韣，祠於高禖。下九門磔禳，以禦疾疫；置梁除道，以利農夫；令國有酒，以合三族。凡此等事，皆合《月令》之文。觀其所爲，皆在路寢者也。又《禮記》云：『昔者周公朝諸侯於明堂之位，天子負斧扆，南嚮而立。』明堂也者，明諸侯之尊卑也。《周官》又云：『周人明堂，度九尺之筵，東西九筵，堂一筵。』據其制度，即太寢也。《尸子》亦曰：『黄帝曰合宫，有虞曰總章，殷曰陽館，周曰明堂。』斯皆路寢之徵，知非别處。《大戴》所説，初有近郊之言，後稱文王之廟，進退無據，自爲矛盾。原夫負扆受朝，常居出入，既在皋庫之内，亦何云於郊野哉？《孝經傳》云『在國之陽』，又無里數。漢武有懷創造，廣集縉紳，言論紛紜，終以不定，乃于汶水之上而宗祀焉，明其不拘遠近，無擇方面。孝成之世，表行城南，雖有其文，厥功靡立。平帝元始四年，大議營起，孔牢等乃以爲明堂、辟雍、大學，一實三名，金褒等又稱經傳無明文，不能分别同異。中興之後，蔡邕作論，復云：『明堂、太廟，一物二名。』鄭玄則曰：『在國之陽，三里之外。』淳于登又云：『三里之外，七里之内，丙巳之地。』穎容《釋例》亦曰：『明堂太廟，凡有八名，其體一也。』苟立同異，競爲巧説，並出自胸懷，曾無師祖審見。且夫功成作樂，治定制禮，草創從宜，質文遞變。旌旗冠冕，今古不同，律度權衡，前後不一，隨時之義，斷可知矣。假使周公舊章，尤當擇其可否；宣尼彝則，尚或補其闕漏。況乎鄭氏臆説，淳于謏聞，匪異守株，何殊膠柱？愚謂不出墉雉，邇接宫闈，實允事宜，諒無所惑。但當上遵天旨，祇奉德音，作皇代之明堂，永貽範於來葉。區區碎議，皆略而不論也。」又上表曰：「明堂之制，陛下已發德音，久令詳議。但以學者耑固，人人異言，損益不同，是非莫定。臣愚以爲五帝之後，兩漢以前，高下方圓，皆不相襲。惟在陛下，聖情創造，即爲大唐明堂，足以傳於萬代，何必論户牖之多少，疑階庭之廣狹？若恣儒者，互説一端，久無斷決，徒稽盛禮。昔漢武欲草封禪儀，博望諸生，所説不同，莫知孰是。惟御史大夫倪寬勸上自定制度，遂成登封之禮。臣之愚誠，亦望陛下斟酌繁省，自爲節文，不可謙讓，以淹大典。」永徽二年七月二日詔：「朕聞上玄幽贊，處崇高而不言；皇王提象，代神工而理物。是知五精降德，爰應帝者之尊；九室垂文，用紀配天之業。合宫、靈符，創洪規於上代；太室、總章，標茂範於中葉。雖質文殊制，奢儉異時，然其立天中，作人極，布政施教，歸之一揆。今國家四表無虞，人和歲稔，作範垂訓，今也其時。宜令所司，與禮官學士等，考覈故事，詳議得失，務依典禮，造立明堂。庶曠代闕文，獲申於茲日；因心展敬，永垂於後昆。其明堂制度，宜令諸曹尚書，及左右丞侍郎、太常、國子監、秘書官，弘文館學士，同共詳議。」太常博士柳宣依鄭玄議，以明堂之制，當爲五室。前内直丞孔志約獻狀，據《大戴禮》及盧植、蔡邕等議，以爲九室。曹王友趙慈皓、秘書丞薛文思等各進明堂圖樣。諸儒紛争，互有不同。上以九室之議，理有可依，乃令所司詳定明堂形制大小，階基高下，及辟雍門闕等制度，務從典故也。明年六月二十八日，禮官學士詳議制度，久之不定，上乃内出九室樣，更令有司損益之。有司奏言：「内樣：堂基三重，每基階各十二。上基方九雉，八角，高一尺。中基方三百尺，高一筵。下基方三百六十尺，高一丈二尺。上基象黄琮，爲八角，四面安十二階。請從内樣爲定。基高下，仍請准周制高九尺，其方共作司約准二百四十八尺。中基下基，望並不用。又内室，各方三筵，開四闥、八窻，室圓楣徑二百九十一尺。按季秋大饗五帝，各在一室，商量不便，請依兩漢，季秋合饗，總於太室。若四時迎氣之祀，則各於其方之室。其安置九室之制，增損明堂故事，三三相重。太室在中央，方六丈。其四隅之室，謂之左右房，各方二丈四尺。當太室四面，青陽、明堂、總章、玄堂等室，各長六丈，以應太室；闊二丈四尺，以應左右房。室間並通巷，各廣一丈八尺。其九室并巷在堂上，總方一百四十四尺，法坤之策。屋圓楣、楯、檐，或爲未允。請據鄭玄、盧植等説，以前梁爲楣，其徑二百十六尺，法乾之象。圓楣之下，所施圓柱，旁出九宫、四隅，各七尺，法天以七紀。柱外餘基，共作司約准，面别各餘一丈一尺。内室别四闥、八窻；檢與古合，請依爲定。其户仍在外，設而不開。内外有柱三十六，每柱十梁。内有七間，柱根以上至梁，高三丈，梁以上至屋峻起，計高八十一尺。上圓下方，飛檐應規，請依内樣爲定。其蓋屋形制，仍望據《考工記》改爲四阿，并依禮加重檐，准太廟安鴟尾。堂四向五色，請依《周禮》白盛爲便。其四向各隨方色。請施四垣及四門。辟雍，案《大戴禮》及前代説，辟雍多無水廣、内徑之數。蔡邕云：『水廣二十四丈，四周於外。』《三輔黄圖》云：『水廣四周』，與蔡邕不異，仍云『水外周堤』。又張衡《東京賦》稱『造舟爲梁』。《禮記·明堂位》、《陰陽録》云：『水左旋以象天。』商量水廣二十四丈，恐傷於闊，今請減爲二十四步，垣外量取周足。仍依故事造舟爲梁，其外周以圓堤，并取陰陽水行左旋之制。殿垣，案三輔黄圖，殿垣四周方，在水内，高不蔽日，殿門去殿七十二步。准今行事陳設，猶恐窄小。其方垣四門，去堂步數，請准太廟南門去廟基遠近爲制。仍立四門八觀，依太廟門别各安三門，施玄閫，四角，造三重魏闕。」自後羣儒紛競，各執異議，九室五室，俱有依憑。上令所

司於觀德殿前，依兩議張設，親與公卿觀之。謂公卿曰：「明堂之制，自古有之。議者不同，所以未造。今設兩議，公等以何者爲宜？」工部尚書閻立德奏曰：「兩議不同，俱有典故。九室似闇，五室似明。取捨之宜，斷在聖意。」上亦以五室爲便，以後制度未定而止。

王溥《唐會要》卷七七《論經義》　貞觀十二年，國子祭酒孔穎達撰《五經義疏》一百七十卷，名曰「義贊」，有詔改爲《五經正義》。太學博士馬嘉運每掎摭之，有詔更令詳定，未就而卒。

備論

《舊唐書》卷七三《孔穎達傳》　史臣曰：唐德勃興，英儒間出，佐命協力，實有其人。【略】孔穎達風格高爽，幼而有聞，探賾明敏，辨析應對，天有通才。人道惡盈，必有毁訐，及《正義》炳焕，乃異人也，雖其掎摭，亦何損於明。

贊曰：河東三鳳，俱瑞黄圖。棻爲良史，穎實名儒。解經不窮，希顔之徒。登瀛入館，不其盛乎！

胡寅《致堂讀史管見》卷一七　上問孔穎達曰：「『以能問於不能，以多問於寡，有若無，實若虚。』何謂也？」穎達具釋其義以對，且曰：「非獨匹夫如是，帝王亦然。内藴神明，外當玄默，故《易》以蒙養正，以明夷涖衆。若炫燿聰明，飾非拒諫，則下情不通，取亡之道也。」上深善其言。

太宗之問，疑其不必如是，蓋其爲人有善，惟恐人之不知，故於不矜不伐，未能有行焉，孔穎達所言，亦足以箴之矣。雖然，「吾友從事於斯」之意，則未易曉也。夫既能矣，不自以爲能可也，而又問於不能，既多矣，不自以爲多可也，而又問於寡，彼不能與寡者，將何以益我，不幾於僞以下人者乎？是不然。惟善學者，志不倦，心不盈，一善之不聞，一義之不知，歉然如飲食之不飽也。此何所爲而然哉？故曰：學然後知不足。夫聖如孔子，猶曰「我學不厭」，「好古敏以求之」，誠以道無量，理無極，而事無方。太宗而知之，庶乎少進矣。

朱熹《晦菴集》卷三七《孔穎達》　孔氏是一揲也，四字先儒莫有覺其誤者，今論正之，信有功矣。但細詳疏文後，段孔氏實非不曉揲法者，但爲之不熟，故其言之《易》差而誤多。此四字耳，其云合於掛扐之處，又云合於掛扐之一處，而總掛之則實有誤。然於其大數亦不差也。

佚名《歷代名賢確論》卷七一《孔穎達》　張唐英曰：孔穎達嘗撰《周易正義》，又與馬嘉運、趙乾協、蘇德詳等參詳，以行於世。觀其發明三聖之旨，通貫萬化之藴，其亦深於《易》乎。然於下《繫》云：「案諸儒象卦制器，皆取卦之爻、象之體。今韓康伯之意，直取卦名，因以制器。案上《繫》云『制器者尚其象』，則取象不取名也。韓氏乃取名不取象，於義未善。今既遵韓氏之學，且依此釋之。」甚哉穎達之失！聖人之道至深遠，而學者不悟，故洪生碩儒爲注疏，以啓導後進，而使得其餘。今韓氏既失於取象之義，己爲《正義》，當爲刊正指歸，以爲後人之師法；奈何既知其失，不爲剖析是非，又從而蹈其失哉！夫「斲木爲耜，揉木爲耒」，蓋取諸《益》。《益》者，《震》下《巽》上。《震》陽，木動也；《巽》陰，木可揉也。而揉以爲耒耜之象，其動在下，耕田之象也。而韓謂「制器致豐，以益萬物」。又「刳木爲舟，剡木爲楫」之象，而韓謂「乘理以散通也」。「斷木爲杵，掘地爲臼」，蓋取《小過》。《小過》者，《艮》下而《震》上。《艮》，山也；《震》，木也。山止於下，木動於上，杵、臼之象，而韓謂「以小物濟用」。諸如此類，失者甚衆，不可備舉。韓氏妄肆臆説，穎達又不發明其得失，誠可惜也。類而推之，則聖人之旨皆可見矣，學者宜自求之。

黄淮《歷代名臣奏議》卷三《君德》　〔乾道〕五年，汪應辰爲敷文閣待制進故事曰：唐太宗問給事中孔穎達云：「孔子稱以能問於不能，以多問於寡，有若無，實若虚，何謂也？」穎達對曰：「此聖人教謙耳。己雖能，仍就不能之人以咨所未能；己雖多，仍就寡少之人更資其多；内有道，外若無；中雖實，容若虚。非特匹夫，君德亦然。故《易》稱『蒙以養正，明夷以莅衆』。若其據尊極之位，炫燿聰明，恃才以肆，則上下不通，君臣道乖，自古滅亡，莫不由此。」太宗稱善。

臣竊惟聖人聰明睿智，首出庶物，而不有其善，不居其聖，謙冲退託，委曲周密，以通天下之情，以兼天下之智，此所以爲聖人也。孔穎達對太宗之言，簡直明白，切於治道，太宗能嘉納之，其致貞觀之治宜矣。

王夫之《讀通鑑論》卷二〇《唐太宗》　嗚呼！豈徒人主哉？士而賢智多聞，當世固出其下，則欲以取擇善之益也難矣。「以能問於不能，以多問於寡」，顔子之所以大也。雖然，人知其能與多矣，問之雖勤，且欲告而中訥，則問爲虚設，而祇益其驕；惟若無若虚之情發於不容已，而問必以誠，然後人相忘於寡與不能，以昌言而不怯。太宗之問孔穎達也，幾知學矣，乃固以多能有實自居，而矜其能問，亦何足

以測顏子之心哉？孔穎達不能推極隱微以格君心，太宗之驕所繇未戢也。

藝文

《褚亮集・太學博士孔穎達》 道充列第，風傳闕里。精義霞開，摛辭飈起。

《全唐文》卷一三六長孫無忌《進〈五經正義〉表》 臣無忌等言：臣聞混元初闢，三極之道分焉；醇德既醨，六籍之文著矣。於是龜書浮於温洛，爰演九疇；龍圖出於滎河，以彰八卦。故能範圍天地，埏埴陰陽，道濟四溟，知周萬物。所以七教八政，垂炯誡於百王；五始六虚，貽徽範於千古。詠歌明得失之跡，雅頌表興廢之由。實刑政之紀綱，乃人倫之隱括。昔雲官司契之后，火紀建極之君，雖步驟不同，質文有異，莫不開兹膠序，樂以典墳，敦稽古以宏風，闡儒雅以立訓，啟含靈之耳目，贊神化之丹青。姬孔發揮於前，荀孟抑揚於後。馬鄭迭進，成均之望鬱興；蕭戴同升，石渠之業愈峻。歷夷險其教不墜，經隆替其道彌尊。斯乃邦家之基，王化之本者也。伏惟皇帝陛下得一繼明，通三撫運，乘天地之正，齊日月之暉。敷四術而緯俗經邦，蘊九德而辨方軌物。御紫宸而訪道，坐元扈以裁仁。化被丹澤，政洽幽陵。三秀六穗之祥，府無虚月；集囿巢閣之瑞，史不絶書。照金鏡而泰階平，運玉衡而景宿麗。可謂鴻名軼於軒昊，茂績冠於勳華。而垂拱無爲，遊心經典，以爲聖教幽賾，妙理深元，訓詁紛綸，文疏踳駮。先儒競生別見，後進爭出異端，未辨三家之疑，莫祛五日之惑。故祭酒上護軍曲阜縣開國子孔穎達，宏才碩學，名振當時，貞觀年中，奉勅修撰。雖加討覈，尚有未周，爰降絲綸，更令刊定。勅太尉揚州都督監修國史上柱國趙國公臣無忌，司空上柱國英國公臣勣，尚書左僕射兼太子少師監修國史上柱國燕國公臣志寧，尚書右僕射兼太子少傅監修國史上護軍曲阜縣開國公臣行成，光禄大夫侍中兼太子少保監修國史上護軍蓚縣開國公臣季輔，光禄大夫吏部尚書監修國史上柱國河南郡開國公臣褚遂良，銀青光禄大夫守中書令監修國史上騎都尉臣柳奭，前諫議大夫宏文館學士臣谷那律，國子博士宏文館學士臣劉伯莊，朝議大夫國子博士臣王德韶，朝散大夫行太學博士臣賈公彦，朝散大夫行太學博士宏文館直學士臣范義頵，朝散大夫行太常博士臣柳宣通，直郎太學博士臣齊威，宣德郎守國子助教臣史士宏，宣德郎守太學博士臣孔志約，右內率府長史宏文館直學士臣薛伯珍，太學助教臣鄭祖元，徵事郎守太學助教臣隋德素，徵事郎守四門博士臣趙君贊，承務郎守太學助教臣周元達，承務郎守四門助教臣李元植，儒林郎守四門助教臣王真儒等，上稟宸旨，傍摭羣書，釋左氏之膏肓，翦古文之煩亂，探曲臺之奧趣，索連山之元言，囊括百家，森羅萬有。比之天象，與七政而長懸；方之地軸，將五嶽而永久。筆削已了，繕寫如前。臣等學謝伏恭，業慚張禹，雖罄庸淺，懼乖典正，謹以上聞，伏增戰越。謹言。永徽四年二月二十四日，太尉揚州都督上柱國公臣無忌等上。

羅惇衍《集義軒詠史詩鈔》卷三二《孔穎達》 年少談經屈老儒，幾遭刺客在東都。隋氛煽燄傷狼狽，鄭學齊名得步趨。太子師資聞讜論，聖人謙教有嘉謨。頌成釋奠臨雍後，金絹駢蕃爵賜殊。

孫思邈部

綜述

《舊唐書》卷一九一《孫思邈傳》　孫思邈，京兆華原人也。七歲就學，日誦千餘言。弱冠，善談莊、老及百家之説，兼好釋典。洛州總管獨孤信見而歎曰：「此聖童也。但恨其器大，適小難爲用也。」周宣帝時，思邈以王室多故，乃隱居太白山。隋文帝輔政，徵爲國子博士，稱疾不起。嘗謂所親曰：「過五十年，當有聖人出，吾方助之以濟人。」及太宗即位，召詣京師，嗟其容色甚少，謂曰：「故知有道者誠可尊重，羡門、廣成，豈虚言哉！」將授以爵位，固辭不受。顯慶四年，高宗召見，拜諫議大夫，又固辭不受。

上元元年，辭疾請歸，特賜良馬，及鄱陽公主邑司以居焉。當時知名之士宋令文、孟詵、盧照鄰等，執師資之禮以事焉。思邈嘗從幸九成宫，照鄰留在其宅。時庭前有病梨樹，照鄰爲之賦，其序曰：「癸酉之歲，余卧疾長安光德坊之官舍。父老云：『是鄱陽公主邑司。昔公主未嫁而卒，故其邑廢。』時有孫思邈處士居之。邈道合古今，學殫數術。高談正一，則古之蒙莊子；深入不二，則今之維摩詰耳。其推步甲乙，度量乾坤，則洛下閎、安期先生之儔也。」照鄰有惡疾，醫所不能愈，乃問思邈：「名醫愈疾，其道何如？」思邈曰：「吾聞善言天者，必質之於人；善言人者，亦本之於天。天有四時五行，寒暑迭代，其轉運也，和而爲雨，怒而爲風，凝而爲霜雪，張而爲虹蜺，此天地之常數也。人有四支五藏，一覺一寐，呼吸吐納，精氣往來，流而爲榮衛，彰而爲氣色，發而爲音聲，此人之常數也。陽用其形，陰用其精，天人之所同也。及其失也，蒸則生熱，否則生寒，結而爲瘤贅，陷而爲癰疽，奔而爲喘乏，竭而爲燋枯，診發乎面，變動乎形。推此以及天地亦如之。故五緯盈縮，星辰錯行，日月薄蝕，孛彗飛流，此天地之危診也。寒暑不時，天地之蒸否也；石立土踊，天地之瘤贅也；山崩土陷，天地之癰疽也；奔風暴雨，天地之喘乏也；川瀆竭涸，天地之燋枯也。良醫導之以藥石，救之以鍼劑，聖人和之以至德，輔之以人事，故形體有可愈之疾，天地有可消之災。」又曰：「膽欲大而心欲小，智欲圓而行欲方。《詩》曰：『如臨深淵，如履薄冰』，謂小心也；『赳赳武夫，公侯干城』，謂大膽也。『不爲利回，不爲義疚』，行之方也；『見機而作，不俟終日』，智之圓也。」

思邈自云開皇辛酉歲生，至今年九十三矣，詢之鄉里，咸云數百歲人，話周、齊間事，歷歷如眼見，以此參之，不啻百歲人矣。然猶視聽不衰，神采甚茂，可謂古之聰明博達不死者也。

初，魏徵等受詔修齊、梁、陳、周、隋五代史，恐有遺漏，屢訪之，思邈口以傳授，有如目覩。東臺侍郎孫處約將其五子侹、儆、俊、佑、佺以謁思邈，思邈曰：「俊當先貴；佑當晚達；佺最名重，禍在執兵。」後皆如其言。太子詹事盧齊卿童幼時，請問人倫之事，思邈曰：「汝後五十年位登方伯，吾孫當爲屬吏，可自保也。」後齊卿爲徐州刺史，思邈孫溥果爲徐州蕭縣丞。思邈初謂齊卿之時，溥猶未生，而預知其事。凡諸異迹，多此類也。

永淳元年卒。遺令薄葬，不藏冥器，祭祀無牲牢。經月餘，顔貌不改，舉屍就木，猶若空衣，時人異之。自注《老子》、《莊子》，撰《千金方》三十卷，行於代。又撰《福禄論》三卷，《攝生真録》及《枕中素書》、《會三教論》各一卷。

子行，天授中爲鳳閣侍郎。

《新唐書》卷一九六《孫思邈傳》　孫思邈，京兆華原人。通百家説，善言老子、莊周。周洛州總管獨孤信見其少，異之，曰：「聖童也，顧器大難爲用爾！」及長，居太白山。隋文帝輔政，以國子博士召，不拜。密語人曰：「後五十年有聖人出，吾且助之。」太宗初，召詣京師，年已老，而聽視聰瞭。帝歎曰：「有道者！」欲官之，不受。顯慶中，復召見，拜諫議大夫，固辭。上元元年，稱疾還山，高宗賜良馬，假鄱陽公主邑司以居之。

思邈於陰陽、推步、醫藥無不善，孟詵、盧照鄰等師事之。照鄰有惡疾，不可爲，感而問曰：「高醫愈疾，奈何？」答曰：「天有四時五行，寒暑迭居，和爲雨，怒爲風，凝爲雪霜，張爲虹蜺，天常數也。人之四支五藏，一覺一寐，吐納往來，流爲榮衛，章爲氣色，發爲音聲，人常數也。陽用其形，陰用其精，天人所同也。失則蒸生熱，否生寒，結爲瘤贅，陷爲癰疽，奔則喘乏，竭則燋槁，發乎面，動乎形。天地亦然：五緯縮贏，孛彗飛流，其危診也；寒暑不時，其蒸否也；石立土踊，是其瘤贅；山崩土陷，是其癰疽；奔風暴雨其喘乏，川瀆竭涸其燋槁。高醫導以藥石，救以鍼劑；聖人和以至德，輔以人事。故體有可愈之疾，天有可振

之災。」

照隣曰：「人事奈何？」曰：「心爲之君，君尚恭，故欲小。《詩》曰『如臨深淵，如履薄冰』，小之謂也。膽爲之將，以果決爲務，故欲大。《詩》曰『赳赳武夫，公侯干城』，大之謂也。仁者静，地之象，故欲方，《傳》曰『不爲利回，不爲義疚』，方之謂也。智者動，天之象，故欲圓。《易》曰『見機而作，不俟終日』，圓之謂也。」

復問養性之要，答曰：「天有盈虚，人有屯危，不自慎，不能濟也。故養性必先知自慎也。慎以畏爲本，故士無畏則簡仁義，農無畏則墮稼穡，工無畏則慢規矩，商無畏則貨不殖，子無畏則忘孝，父無畏則廢慈，臣無畏則勳不立，君無畏則亂不治。是以太上畏道，其次畏天，其次畏物，其次畏人，其次畏身。憂於身者不拘於人，畏於己者不制於彼，慎於小者不懼於大，戒於近者不侮於遠。知此則人事畢矣。」

初，魏徵等脩齊、梁、周、隋等五家史，屢咨所遺，其傳最詳。永淳初，卒，年百餘歲，遺令薄葬，不藏明器，祭去牲牢。

孫處約嘗以諸子見，思邈曰：「俊先顯，侑晚貴，佺禍在執兵。」後皆驗。太子詹事盧齊卿之少也，思邈曰：「後五十年位方伯，吾孫爲屬吏，願自愛。」時思邈之孫溥尚未生，及溥爲蕭丞，而齊卿徐州刺史。

雜録

備録

釋法藏《華嚴經傳記》卷五《書寫》 處士孫思邈，雍州永安人也。神彩高遠，儀貌魁梧，身長七尺，眉目疎朗。然學該内外，尤閑醫藥，陰陽術數星曆卜筮，無不該通。善養性，好服食，嘗服流珠丹及雲母紛，肌膚光潤，齒髮不虧，耆老相傳云：「百餘歲視其形狀，如年七八十許。」義寧元年，高祖起義并州時，邈在境内，高祖知其宏達，以禮待之。命爲軍頭，任之四品，固辭不受。後歷遊諸處，不恒所居，隨時利物，專以醫方。爲事有來請問，無不拯療。常勸道俗諸人，寫《華嚴經》七百五十餘部。上元儀鳳之年，居長安、萬年二縣之境，嘗與人談話，説齊魏人物及洛陽故都，城中朝士，並寺宇衆僧，宛然目擊。及將更問，便即不言。嘗撰古今名醫妙術，號曰「孫氏千金方」，凡六十卷，備窮時用，進上高祖。高祖賞以束帛，將授榮班，苦辭不受。時召入内，旬月不出待詔禁中，甚見優寵。帝嘗縱容顧問：「修何功德，爲最佳耶？」邈對曰：「天皇何不讀《華嚴經》？」帝問：「何故？」邈曰：「天皇大人，須讀大典。譬如寶器函蓋宜相稱耳！」帝曰：「若論大經，近者玄奘法師所譯《大般若》，凡六百卷，寧不大乎？」邈曰：「《般若》空宗，乃《華嚴經》中，枝條出矣。」帝深信之。永淳前卒。邈有子曰「行真」，又名「元一」，貞正該博，强記洽聞，深思法要，迴向一乘，繼習父風，亦以華嚴爲業，知名當代，實爲高信士焉。

段成式《酉陽雜俎》前集卷二《玉格》 孫思邈嘗隱終南山，與宣律和尚相接，每來往互參宗旨。時大旱，西域僧請於昆明池結壇祈雨，詔有司備香燈，凡七日，縮水數尺。忽有老人夜詣宣律和尚求救，曰：「弟子昆明池龍也，無雨久，匪由弟子。胡僧利弟子腦，將爲藥，欺天子言祈雨，命在旦夕，乞和尚法力加護。」宣公辭曰：「貧道持律而已，可求孫先生。」老人因至思邈石室求救。孫謂曰：「我知昆明龍宫有仙方三十首，爾傳與予，予將救汝。」老人曰：「此方上帝不許妄傳，今急矣，固無所吝。」有頃，捧方而至。孫曰：「爾第還，無慮胡僧也。」自是池水忽漲，數日溢岸，胡僧羞恚而死。孫復著《千金方》三十卷，每卷入一方，人不得曉。及卒後，時有人見之。

劉肅《大唐新語》卷一〇《隱逸二三》 孫思邈，華原人，七歲就學，日諷千言。及長，善譚莊老百家之説。周宣帝時，以王室多故，隱於太白山。隋文帝輔政，徵爲國子博士，不就。常謂人曰：「過是五十年，當有聖人出，吾方助之，以濟生人。」太宗召詣京師，嗟其顔貌甚少，謂之曰：「故知有道者誠可尊重，羡門之徒，豈虚也哉！」將授之以爵位，固辭不受。高宗召拜諫議大夫，又固辭。時年九十餘，而視聽不衰，頗明推步導養之術。時范陽盧照鄰，有盛名於朝，而染惡疾，嗟稟受之不同，昧彭殤之殊致，嘗問於思邈曰：「名醫愈疾，其道如何？」對曰：「吾聞善言天者，必本之於人。天有四時五行，寒暑迭代，其運轉也。和而爲雨，怒而爲風，凝爲霜雪，張爲虹蜺，此天地之常數。人有四肢五藏，一覺一寐，呼吸吐納，精氣往來，流而爲榮衛，彰而爲氣色，發而爲聲音，此人之常數也。陽用其精，陰用其形，天人之所同也。及其失也，蒸則生熱，否則生寒，結而爲瘤

贅，陷而爲癰疽，奔而爲喘乏，竭而爲焦枯，診發乎面，變動乎形，推此以及天，則兆亦如之。故五緯盈縮，星辰錯行，日月薄蝕，彗孛流飛，此又天文之危診也。寒暑不時，此天地之蒸否也。石立土踴，此天地之瘤贅也。山崩地陷，此天地之癰疽也。奔風暴雨，此天地之喘乏也。雨澤不降，川瀆涸竭，此天地之焦枯也。良醫導之以藥石，救之以針劑。聖人和之以至德，輔之以人事。故體有可愈之疾，天地有可消之災也。」又曰：「膽欲大而心欲小，智欲圓而行欲方。詩曰：『如臨深淵，如履薄冰。』謂小心也。『赳赳武夫，公侯干城。』謂大膽也。不爲利回，不爲義疚，仁之方也。見幾而作，不俟終日，智之圓也。」制授承務郎，直尚藥局。永徽初卒，遺令薄葬，不設明器牲牢之奠。月餘顔色不變，舉屍入棺，如空焉。時人疑其尸解矣。

馮贄《雲仙雜記》卷三《百齒梳》 孫思邈以交加木造百齒梳用之，養生要法也。

《太平廣記》卷二一《孫思邈》引《仙傳拾遺》 孫思邈，雍州華原人也。七歲就學，日誦千餘言。弱冠，善談莊老及百家之説，亦好釋典。洛州總管獨孤信，見而歎曰：「此聖童也。但恨其器大識小，難爲用也。」後周宣帝時，思邈以王室多故，遂隱居太白山。隋文帝輔政，徵爲國子博士，稱疾不起。常謂所親曰：「過是五十年，當有聖人出，吾方助之以濟人。」及唐太宗即位，召詣京師，嗟其容色甚少。謂曰：「故知有道者誠可尊重，羨門、廣成，豈虚言哉。」將授以爵位，固辭不受。唐顯慶四（原作七，據明鈔本改。）年，高宗召見，拜諫議大夫，又固辭不受。上元元年，辭疾請歸，特賜良馬及鄱陽公主邑司以居焉。當時名士，如宋之問、孟詵、盧照鄰等，皆執師弟之禮以事焉。思邈嘗從幸九成宫。照鄰病，留在其宅，時庭前有大梨樹，照鄰爲之賦。其序曰：「癸酉之歲，余卧疾長安光德坊之官舍，户老云：是鄱陽公主邑司。昔公主未嫁而卒，故其邑廢。時有處士孫思邈，道洽古今，學殫數術，高談正一，則古之蒙莊子。深入不二，則今之維摩詰。至于推步甲乙，度量乾坤，則洛下閎、安期先生之儔也。自云開皇辛酉歲生，年九十三矣。詢之鄉里，咸云數百歲。又共話周齊間事，歷歷如目見。以此參之，不啻百歲人矣。然猶視聽不衰，神彩甚茂，可謂古之聰明博達不死者也。時照鄰有盛名，而染惡疾，嗟稟受之不同，昧遐天之殊致。因問思邈曰：「名醫愈疾，其道如何？」對曰：「吾聞善言天者，必質於人；善言人者，必本於天。天有四時五行，寒暑迭代。其轉運也，和而爲雨，怒而爲風，凝而爲霜雪，張而爲虹蜺。此天地之常數也。人有四肢五藏，一覺一寐，呼吸吐納，循而爲往來，流而爲榮衛，彰而爲氣色，發而爲音聲。此人之常數也。陽用其精，陰用其形，天人之所同也。及其失也，蒸則生熱，否則生寒，結而爲疣贅，陷而爲癰疽，奔而爲喘乏，竭而爲焦枯，診發乎面，變動乎形。推此以及天地，則亦如之。故五緯盈縮，星辰失度，日月錯行，彗孛流飛，此天地之危診也。寒暑不時，此天地之蒸否也。石立土踴，此天地之疣贅也。山崩地陷，此天地之癰疽也。奔風暴雨，此天地之喘乏也。雨澤不時，川源涸竭，此天地之焦枯也。良醫導之以藥石，救之以針劑；聖人和之以道德，輔之以政事。故體有可愈之疾，天地有可消之災。」又曰：「膽欲大而心欲小，智欲圓而行欲方。《詩》曰：『如臨深淵，如履薄冰。』謂小心也。『赳赳武夫，公侯干城？』謂大膽也。『不爲利回，不爲義疚。』行之方也。『見機而作，不俟終日。』智之圓也。」其文學也，頴出如是。其道術也，不可勝紀焉。初魏徵等受詔修齊、梁、周、隋等五代史，恐有遺漏，屢訪於思邈，口以傳授，有如目覩。東臺侍郎孫處約，嘗將其五子侹、儆、俊、侑、佺，以謁思邈。思邈曰：「俊當先貴，侑當晚達，佺最居重位，禍在執兵。」後皆如其言。太子詹事盧齊卿，自幼時請問人倫之事，思邈曰：「汝後五十年，位登方伯。吾孫當爲屬吏，可自保也。」齊卿後爲徐州刺史，思邈孫溥，果爲徐州蕭縣丞。邈初謂齊卿言時，溥猶未生，而預知其事。凡諸異跡，多如此焉。永淳元年卒。遺令薄葬，不藏冥器，不奠牲牢，經月餘，顔貌不改。舉尸就木，空衣而已，時人異之。自注《老子》、《莊子》。撰《千金方》三十卷，《福禄論》三十卷，《攝生真録》、《枕中素書》、《會三教論》各一卷。開元中，復有人見隱於終南山，與宣律師相接，每來往參請宗旨。時大旱，西域僧請於昆明池結壇祈雨，詔有司備香燈，凡七日，縮水數尺，忽有老人夜詣宣律師求救曰：「弟子昆明池龍也。無雨時久，匪由弟子，胡僧利弟子腦將爲藥，欺天子言祈雨，命在旦夕。乞和尚法力救護。」宣公辭曰：「貧道持律而已，可求孫先生。」老人因至，思邈謂曰：「我知昆明龍宫有仙方三十首，若能示予，予將救汝。」老人曰：「此方上帝不許妄傳，今急矣，固無所悋。」有頃，捧方而至。思邈曰：「爾但還，無慮胡僧也。」自是池水忽漲，數日溢岸，胡僧羞恚而死。又嘗有神仙降，謂思邈曰：「爾所著《千金方》，濟人之功，亦已廣矣。而以物命爲藥，害物亦多。必爲尸解之仙，不得白日輕舉矣。昔真人桓闓謂陶貞白，事亦如之，固吾子所知也。」其後思邈取草木之藥，以代虻蟲水蛭之命，作《千金方翼》三十篇。每篇有龍宫仙方一首，行之於世。及玄宗避羯胡之亂，西幸蜀。既至

蜀，夢一叟鬚鬢盡白，衣黃襦，再拜于前，已而奏曰：「臣孫思邈也，廬於峨眉山有年矣。今聞鑾駕幸成都，臣故候謁。」玄宗曰：「我熟識先生名久矣。今先生不遠而至，亦將有所求乎？」思邈對曰：「臣隱居雲泉，好餌金石藥，聞此地出雄黃，願以八十兩爲賜。脱遂臣請，幸降使齎至峨眉山。」玄宗諾之，悸然而寤。即詔寺臣陳忠盛，挈雄黃八十兩，往峨眉宣賜思邈。忠盛既奉詔，入峨眉，至屏風嶺，見一叟貌甚俊古，衣黃襦，立於嶺下。謂忠盛曰：「汝非天子使乎？我即孫思邈也。」忠盛曰：「上命以雄黃賜先生。」其叟傴而受。既而曰：「吾蒙天子賜雄黃，今有表謝，屬山居無翰墨，天使命筆扎傳寫以進也。」忠盛即召吏執牘染翰。叟指一石曰：「表本在石上，君可録焉。」忠盛目其石，果有硃字百餘，實表本也。遂謄寫其字，寫畢。視其叟與石，俱亡見矣。於是具以其事聞於玄宗，玄宗因問忠盛，叟之貌與夢者果同，由是益奇之。自是或隱或見。咸通末，山下民家，有兒十餘歲，不食葷血，父母以其好善，使於白水僧院爲童子。忽有遊客稱孫處士，周遊院中訖，袖中出湯末以授童子曰：「爲我如茶法煎來。」處士呷少許，以餘湯與之，覺湯極美，願賜一碗。處士曰：「此湯爲汝來耳。」即以末方寸七，更令煎喫，因與同侶話之，出門，處士已去矣。童子亦乘空而飛，衆方驚異。顧視煎湯銚子，已成金矣。其後亦時有人見思邈者。

《太平廣記》卷二二二《孫思邈》引《定命録》　孫思邈年百餘歲，善醫術。謂高仲舒曰：「君有貴相，當數政刺史。若爲齊州刺史，邈有一兒作尉，事使君，雖合得杖，君當憶老人言，願放之。」後果如其言，已剥其衣訖，忽記憶，遂放。

王溥《唐會要》卷八二《醫方》　〔顯慶〕三年，詔徵太白山人孫思邈至，居於鄱陽公主廢府，時年九十餘，視聽不衰，盧照鄰、宋令文、孟詵皆執師贄之禮。照鄰嘗問曰：「名醫愈疾，其道何也？」思邈曰：「吾聞善言天者，必資之于人；善言人者，亦本之於天。天有四時五行，日月相推，寒暑迭代，其轉運也。和而爲雨，怒而爲風，散而爲露，亂而爲霧，凝而爲霜雪，張而爲虹蜺，此天地之常數也。人有四肢五臟，一覺一寐，呼吸吐納，精氣往來。流而爲榮衛，彰而爲氣色，發而爲音聲，此人之常數也。陽用其形，陰用其精，天人之所同也。及其失也，蒸則生熱，否則生寒，結而爲瘤贅，陷而爲癰疽，奔而爲喘乏，渴而爲焦枯，診發乎面，變動乎形。推及天地，則亦如之。故五緯盈縮，星辰錯行，日月薄蝕，孛彗流飛，此天地之危診也；寒暑不時，此天地之蒸否也；石立土踊，此天地之瘤贅也；山崩地陷，天地之癰疽也；衝風暴雨，天地之喘乏也；雨澤不降，川瀆涸竭，天地之焦枯也。良醫導之以藥石，救之以鍼劑，如聖人和之以至德，輔之以人事。故身有可愈之疾，天地有可消之災，通乎數也。」照鄰曰：「人事如何？」思邈曰：「心爲五臟之君，君以恭慎爲主，故心欲小；膽爲五臟之將，將以果決爲務，故膽欲大。智者動，象天，故欲圓；仁者靜，象地，故欲方。《詩》曰：『如臨深淵，如履薄冰。』謂小心也。『糾糾武夫，公侯干城。』謂大膽也。《傳》曰：『不爲利回，不爲義疚。』仁之方也。《易》曰：『見幾而作，不俟終日。』智之圓也。」照鄰又曰：「養性之要何也？」思邈曰：「天道有盈缺，人事多屯厄。苟不自慎，而能濟於屯厄者，未之有也。故養性之士，先知自慎，自慎者，以憂畏爲本。《經》曰：『人不憂畏，大威至矣。』憂畏者，生死之門，存亡之由，禍福之本，吉凶之元也。故士無憂畏，則仁義不立；農無憂畏，則稼穡不滋；工無憂畏，則規矩不設；商無憂畏，則貨殖不盈；子無憂畏，則孝敬不篤；父無憂畏，則慈愛不著；臣無憂畏，則勳庸不立；君無憂畏，則社稷不安。故養性者，失其憂畏，則心亂而不理，形躁而不寧，神散而氣越，志蕩而意昏。應生者死，應存者亡，應成者敗，應吉者兇。夫憂畏者，猶水火不可暫忘也。人無憂畏，子弟爲勁敵，妻妾爲寇讎。是故太上畏道，其次畏天，其次畏物；其次畏人，其次畏身。憂於身者，不拘於人；畏於天者，不危于人；畏於己者，不制於彼；慎於小者，不懼於大；戒於近者，不悔於遠。能如此者，水行蛟龍不能害，陸行虎兕不能傷，五兵不能及，疫癘不能染，讒賊不能謗，毒螫不能加。善知此者，則人事畢矣。」照鄰自傷彊仕之年，而嬰沉病，乃作《病梨樹賦》，以傷稟受之不固也。至四年，思邈授承務郎，直尚藥局。

洪邁《容齋五筆》卷二《孫馬兩公所言》　盧照鄰有疾，問孫思邈曰：「高醫愈疾奈何？」答曰：「天有四時五行，寒暑迭居，和爲雨，怒爲風，凝爲雪霜，張爲虹蜺，天常數也。人之四支五藏，一覺一寐，吐納往來，流爲榮衛，章爲氣色，發爲音聲，人常數也。陽用其形，陰用其精，天人所同也。失則烝生熱，否生寒，結爲瘤贅，陷爲癰疽，奔則喘乏，竭則焦槁，發乎面，動乎形。天地亦然，五緯縮贏，孛彗飛流，其危診也。寒暑不時，其烝否也。石立土踴，是其瘤贅。山崩土陷，是其癰疽。奔風暴雨，其喘乏。川瀆竭涸，其焦槁。高醫導以藥石，救以砭劑，聖人和以至德，輔以人事，故體有可愈之疾，夫有可振之災。」睿宗召司馬子微問其術，對曰：「爲道日損損之又損，以至於無爲。夫心目所知，見每損之尚不能已，況攻異端而增智慮哉。」帝曰：「治身則爾，治國若何？」曰：「國猶身也，故

游心於淡，合氣於漠，與物自然，而無私焉，而天下治。」孫公、司馬所言，皆至道妙理之所寓，治心養性，宜無出此者矣。

孔平仲《續世説》卷四《夙慧》 孫思邈七歲就學，日誦千餘言。弱冠，善談莊老及百家之説，兼好釋典。洛州總管獨孤信見而歎曰：「此聖童也。」

孔平仲《續世説》卷六《術解》 盧齊卿童幼，問孫思邈它日之事，思邈曰：「汝後五十年，位登方伯，吾孫當爲屬吏，可自保也。」後齊卿爲徐州刺史，思邈孫溥，果爲蕭縣丞。齊卿問時，溥猶未生。

曾慥《類説》卷三《龍宫藥方》引《續仙傳》 孫思邈嘗救一青蛇，乃龍子也。後爲龍王召至水府，得龍宫藥方三十道，作《千金方》，每一卷内，秘隱一方。

曾慥《類説》卷十八《孫思邈請僧誦法華經》引《湘山野録》 成都一僧誦法華經甚專，雖經兵亂於蜀，亦不能害。忽一山僕至，云：「先生來晨請師誦經。」引侍過溪嶺數重，烟嵐中一山居。僕曰：「先生病起晚，請誦至《寶塔品》願見報，欲一聽之。」至時果出，野服杖藜，兩耳垂肩。焚香聽經罷，入不復出。以藤盤、竹箸，秫飯一盂，杞菊數甌，無鹽酪，美若甘露，得襯錢一鐶。僕送出路口，問曰：「先生何姓？」曰：「姓孫。」問：「何名？」僕於僧掌中書「思邈」二字，僧大駭，僕失去。三日，山中尋求，竟迷舊路，歸視襯資，乃金錢一百文也。由兹一飯，身輕無疾，天禧中僧一百五十歲矣，後隱不見。

備論

黄震《黄氏日鈔》卷四九《隱逸傳》 唐史以隱逸先循吏，是何重介僻之士，而輕爲民父母者哉。天地生才，國家養士，正爲何事。孔子歷聘，孟子遊説，果爲何説而惑於莊生寓言之許由哉。且隱逸者，獨善其身之名也。唐隱逸，惟孫思邈志行修潔，言論可法，無媿於隱逸之名。

《全唐文》卷七三二張皋《諫惑方士》 臣聞神慮淡則血氣和，嗜慾勝則疾疹作。和則必臻於壽考，作則必致於傷殘。是以古之聖賢，務自頤養，不以外物撓耳目，聲色敗情性。繇是和平自臻，福慶斯集。故《易》曰：「無妄之疾，勿藥有喜。」《詩》曰：「自天降康降福，穰穰。」此皆理合天人，著在經訓。然則藥以攻疾，無疾固不可餌之也。高宗時，處士孫思邈者，精識高道，深達攝生。所著《千金方》三十卷，行之於代。其序論云：「凡人無故不宜餌藥，藥氣偏有所助，令人藏氣不平。」推此論之，可謂達見至理矣。天寒暑爲賊，節宣乖度，有資醫方，尚當重慎。故禮稱「醫不三世，不服其藥。」施于凡庶，猶且如此，況在天子，豈得自輕？先帝晚節，頗喜方士，累致危疾，陛下所自知，不可更蹈前覆，自貽後悔也。今朝野之人，紛紛竊議，直畏忤旨，莫敢獻言。臣蓬艾微生，麇鹿同處，既非邀寵，亦復何求？但以曾覽古今，粗知忠義，顧有聞而默，於理不安。願陛下無忽芻蕘，庶裨萬一。

藝文

《全唐文》卷四唐太宗《賜真人孫思邈頌》 鑿開徑路，名魁大醫。羽翼三聖，調和四時。降龍伏虎，拯衰救危。巍巍堂堂，百代之師。

玄奘部

綜述

《舊唐書》卷一九一《玄奘傳》 僧玄奘，姓陳氏，洛州偃師人。大業末出家，博涉經論。嘗謂翻譯者多有訛謬，故就西域，廣求異本以參驗之。貞觀初，隨商人往遊西域。玄奘既辯博出羣，所在必爲講釋論難，蕃人遠近咸尊伏之。在西域十七年，經百餘國，悉解其國之語，仍採其山川謡俗，土地所有，撰《西域記》十二卷。貞觀十九年，歸至京師。太宗見之，大悅，與之談論。於是詔將梵本六百五十七部於弘福寺翻譯，仍敕右僕射房玄齡、太子左庶子許敬宗，廣召碩學沙門五十餘人，相助整比。

高宗在東宮，爲文德太后追福，造慈恩寺及翻經院，內出大幡，敕《九部樂》及京城諸寺幡蓋衆伎，送玄奘及所翻經像、諸高僧等入住慈恩寺。顯慶元年，高宗又令左僕射于志寧，侍中許敬宗，中書令來濟、李義府、杜正倫，黄門侍郎薛元超等，共潤色玄奘所定之經，國子博士范義碩、太子洗馬郭瑜、弘文館學士高若思等，助加翻譯。凡成七十五部，奏上之。後以京城人衆競來禮謁，玄奘乃奏請逐靜翻譯，敕乃移於宜君山故玉華宮。六年卒，時年五十六，歸葬於白鹿原，士女送葬者數萬人。

慧立、彦悰《大慈恩寺三藏法師傳》卷一《起載誕於緱氏終西屆於高昌》 法師諱玄奘，俗姓陳，陳留人也。漢太丘長仲弓之後。曾祖欽，後魏上黨太守。祖康，以學優仕齊，任國子博士，食邑周南，子孫因家，又爲緱氏人也。父慧，英潔有雅操，早通經術，形長八尺，美眉明目，褒衣博帶，好儒者之容，時人方之郭有道。性恬簡，無務榮進，加屬隋政衰微，遂潛心墳典。州郡頻貢孝廉及司隸辟命，並辭疾不就，識者嘉焉。有四男，法師即第四子也。

幼而珪璋特達，聰悟不羣。年八歲，父坐於几側口授《孝經》，至曾子避席，忽整襟而起。問其故，對曰：「曾子聞師命避席，（玄奘）〔某〕今奉慈訓，豈宜安坐。」父甚悅，知其必成，召宗人語之，皆賀曰：「此公之揚烏也。」其早慧如此。

自後備通經典，而愛古尚賢，非雅正之籍不觀，非聖哲之風不習；不交童幼之黨，無涉闤闠之門；雖鐘鼓嘈啐於通衢，百戲叫歌於閭巷，士女雲萃，亦未嘗出也。

又少知色養，温凊淳謹。其第二兄長捷先出家，住東都淨土寺，察法師堪傳法教，因將詣道場，教誦習經業。俄而有敕於洛陽度二七僧，時業優者數百，法師以幼少不預取限，立於公門之側。時使人大理卿鄭善果有知士之鑒，見而奇之，問曰：「子爲誰家？」答以氏族。又問曰：「求度耶？」答曰：「然。但以習近業微，不蒙比預。」又問：「出家意何所爲？」答曰：「意欲遠紹如來，近光遺法。」果深嘉其志，又賢其器貌，故特而取之。因謂官僚曰：「誦業易成，風骨難得。若度此子，必爲釋門偉器，但恐果與諸公不見其翔翥雲霄，灑演甘露耳。又名家不可失。」以今觀之，則鄭卿之言爲不虛也。

既得出家，與兄同止。時寺有景法師講《涅槃經》，執卷伏膺，遂忘寢食。又學嚴法師《攝大乘論》，愛好逾劇。一聞將盡，再覽之後，無復所遺。衆咸驚異，乃令昇座覆述，抑揚剖暢，備盡師宗。美聞芳聲，從兹發矣，時年十三也。

其後隋氏失御，天下沸騰。帝城爲桀、跖之窠，河、洛爲豺狼之穴。衣冠殄喪，法衆銷亡，白骨交衢，煙火斷絶。雖王、董僭逆之釁，劉、石亂華之災，刳斮生靈，芟夷海內，未之有也。法師雖居童幼，而情達變通，乃啟兄曰：「此雖父母之邑，而喪亂若兹，豈可守而死也！今聞唐主驅晉陽之衆，已據有長安，天下依歸如適父母，願與兄投也。」兄從之，即共俱來，時武德元年矣。

是時國基草創，兵甲尚興，孫、吴之術斯爲急務，孔、釋之道有所未遑，以故京城未有講席，法師深以慨然。初，煬帝於東都建四道場，召天下名僧居焉。其徵來者，皆一藝之士，是故法將如林，景、脱、基、暹爲其稱首。末年國亂，供料停絶，多遊綿、蜀，知法之衆又盛於彼。法師乃啟兄曰：「此無法事，不可虚度，願遊蜀受業焉。」兄從之。又與兄經子午谷入漢川，遂逢空、景二法師，皆道場之大德，相見悲喜。停月餘，日從之受學，仍相與進向成都。

諸德既萃，大建法筵，於是更聽基、暹《攝論》、《毗曇》及震法師《迦延》，敬惜寸陰，勵精無怠，二三年間，究通諸部。時天下饑亂，唯蜀中豐静，故四方僧投之者衆，講座之下常數百人，法師理智宏才皆出其右，吴、蜀、荆、楚無不知聞，其想望風徽，亦猶古人之欽李、郭矣。

法師兄因住成都空慧寺，亦風神朗俊，體狀魁傑，有類於父。好內、外學，凡

講《涅槃經》、《攝大乘論》、《阿毘曇》，兼通《書》、《傳》，尤善《老》、《莊》，爲蜀人所慕，總管酇公特所欽重。至於屬詞談吐，藴藉風流，接物誘凡，無愧於弟。若其亭亭獨秀，不雜埃塵，遊八紘，窮玄理，廓宇宙以爲志，繼聖達而爲心，匡振隤綱，苞挫殊俗，涉風波而意靡倦，對萬乘而節逾高者，固兄所不能逮也。然昆季二人懿業清規，芳聲雅質，雖廬山兄弟無得加焉。

法師年滿二十，即以武德五年於成都受具，坐夏學律，五篇七聚之宗，一徧斯得。益部經論研綜既窮，更思入京詢問殊旨。條式有礙，又爲兄所留，不能遂意，乃私與商人結侣，泛舟三峽，沿江而遁，到荊州天皇寺。彼之道俗承風斯久，既屬來儀，咸請敷説。法師爲講《攝論》、《毘曇》，自夏及冬，各得三徧。時漢陽王以盛德懿親，作鎮於彼，聞法師至，甚歡，躬申禮謁。發題之日，王率羣僚及道俗一藝之士，咸集榮觀。於是徵詰雲發，關並峯起，法師酬對解釋，靡不辭窮意服。其中有深悟者，悲不自勝。王亦稱歎無極，䞋施如山，一無所取。

罷講後，復北遊，詢求先德。至相州，造休法師，質難問疑。又到趙州，謁深法師學《成實論》。又入長安，止大覺寺，就岳法師學《俱舍論》。皆一徧而盡其旨，經目而記於心，雖宿學耆年不能出也。至於鉤深致遠，開微發伏，衆所不至，獨悟於幽奧者，固非一義焉。

時長安有常、辯二大德，解究二乘，行窮三學，爲上京法匠，緇素所歸，道振神州，聲馳海外，負笈之侣從之如雲，雖含綜衆經，而偏講《攝大乘論》。法師既曾有功吴、蜀，自到長安，又隨詢採，然其所有深致，亦一拾斯盡。二德並深嗟賞，謂法師曰：「汝可謂釋門千里之駒，其再明慧日當在爾躬，恨吾輩老朽恐不見也。」自是學徒改觀，譽滿京邑。

法師既徧謁衆師，備飡其説，詳考其義，各擅宗途，驗之聖典，亦隱顯有異，莫知適從，乃誓遊西方以問所惑，並取《十七地論》以釋衆疑，即今之《瑜伽師地論》也。又言：「昔法顯、智嚴亦一時之士，皆能求法導利羣生，豈使高跡無追，清風絶後？大丈夫會當繼之。」於是結侣陳表。有詔不許。諸人咸退，唯法師不屈。

既方事孤遊，又承西路艱險，乃自試其心，以人間衆苦種種調伏，堪任不退。然始入塔啓請，申其意志，願乞衆聖冥加，使往還無梗。又法師初生也，母夢法師著白衣西去。母曰：「汝是我子，今欲何去？」答曰：「爲求法故去。」此則遊方之先兆也。

貞觀三年秋八月，將欲首塗，又求祥瑞。乃夜夢見大海中有蘇迷盧山，四寶所成，極爲嚴麗。意欲登山，而洪濤洶湧，又無船栰，不以爲懼，乃決意而入。忽見石蓮華踊乎波外，應足而生，卻而觀之，隨足而滅。須臾至山下，又峻峭不可上。試踊身自騰，有摶飇颯至，扶而上昇，到山頂，四望廓然，無復擁礙，喜而寤焉，遂即行矣。時年二十六也。

時有秦州僧孝達在京學《涅槃經》，功畢返鄉，遂與俱去。至秦州，停一宿，逢蘭州伴，又隨去至蘭州。一宿，遇涼州人送官馬歸，又隨去至彼。停月餘日，道俗請開《涅槃》、《攝論》及《般若經》，法師皆爲開發。

涼州爲河西都會，襟帶西蕃、葱右諸國，商侣往來，無有停絶。時開講日，盛有其人，皆施珍寶，稽顙讚歎，歸還各向其君長稱歎法師之美，云欲西來求法於婆羅門國，以是西域諸城無不預發歡心，嚴灑而待。散會之日，珍施豐厚，金錢、銀錢、口馬無數，法師受一半然燈，餘外並施諸寺。

時國政尚新，疆埸未遠，禁約百姓不許出蕃。時李大亮爲涼州都督，既奉嚴敕，防禁特切。有人報亮云：「有僧從長安來，欲向西國，不知何意。」亮懼，追法師問來由。法師報云：「欲西求法。」亮聞之，逼還京。

彼有慧威法師，河西之領袖，神悟聰哲，既重法師辭理，復聞求法之志，深生隨喜，密遣二弟子，一曰慧琳、二曰道整，竊送向西。自是不敢公出，乃晝伏夜行，遂至瓜州。時刺史獨孤達聞法師至，甚歡喜，供事殷厚。法師因訪西路。或有報云：從此北行五十餘里有瓠𤚲河，下廣上狹，洄波甚急，深不可渡。上置玉門關，路必由之，即西境之襟喉也。關外西北又有五烽，候望者居之，各相去百里，中無水草。五烽之外即莫賀延磧，伊吾國境。聞之愁憒，所乘之馬又死，不知計出，沈默經月餘日。

未發之間，涼州訪牒又至，云：「有僧字玄奘，欲入西蕃，所在州縣宜嚴候捉。」州吏李昌，崇信之士，心疑法師，遂密將牒來呈云：「師不是此耶？」法師遲疑未報。昌曰：「師須實語。必是，弟子爲師圖之。」法師乃具實而答。昌聞，深讚希有，曰：「師實能爾者，爲師毁却文書。」即於前裂壞之。仍云：「師須早去。」

自是益增憂惘。所從二小僧，道整先向燉煌，唯慧琳在，知其不堪遠涉，亦放還。遂貿易得馬一疋，但苦無人相引。即於所停寺彌勒像前啓請，願得一人相引渡關。其夜，寺有胡僧達磨夢法師坐一蓮華向西而去。達磨私怪，旦而來

白。法師心喜爲得行之徵，然語達磨云：「夢爲虛妄，何足涉言。」更入道場禮請，俄有一胡人來入禮佛，逐法師行二三市。問其姓名，云姓石字槃陀。此胡即請受戒，乃爲授五戒。胡甚喜，辭還。少時齎餅果更來。法師見其明健，貌又恭肅，遂告行意。胡人許諾，言送師過五烽。法師大喜，乃更貿衣資爲買馬而期焉。明日日欲下，遂入草間，須臾彼胡更與一胡老翁乘一瘦老赤馬相逐而至，法師心不懌。少胡曰：「此翁極諳西路，來去伊吾三十餘返，故共俱來，望有平章耳。」胡公因說西路險惡，沙河阻遠，鬼魅熱風，遇無免者。徒侶衆多，猶數迷失，況師單獨，如何可行？願自料量，勿輕身命。法師報曰：「貧道爲求大法，發趣西方，若不至婆羅門國，終不東歸。縱死中途，非所悔也。」胡翁曰：「師必去，可乘我馬。此馬往返伊吾已有十五度，健而知道。師馬少，不堪遠涉。」法師乃竊念在長安將發志西方日，有術人何弘達者，誦呪占觀，多有所中。法師令占行事，達曰：「師得去。去狀似乘一老赤瘦馬，漆鞍橋前有鐵。」既覩胡人所乘馬瘦赤，漆鞍有鐵，與何言合，心以爲當，遂即換馬。胡翁歡喜，禮敬而別。

於是裝束，與少胡夜發。三更許到河，遙見玉門關。去關上流十里許，兩岸可闊丈餘，傍有梧桐樹叢。胡人乃斬木爲橋，布草填沙，驅馬而過。法師既渡而喜，因解駕停憩，與胡人相去可五十餘步，各下褥而眠。少時胡人乃拔刀而起，徐向法師，未到十步許又迴，不知何意，疑有異心。即起誦經，念觀音菩薩。胡人見已，還卧遂睡。天欲明，法師喚令起取水盥漱，解齋訖欲發，胡人曰：「弟子將前途險遠，又無水草，唯五烽下有水，必須夜到偷水而過，但一處被覺，即是死人。不如歸還，用爲安穩。」法師確然不迴。乃俛仰而進，露刀張弓，命法師前行。法師不肯居前，胡人自行數里而住，曰：「弟子不能去。家累既大而王法不可忤也。」法師知其意，遂任還。胡人曰：「師必不達。如被擒捉，相引奈何？」法師報曰：「縱使切割此身如微塵者，終不相引。」爲陳重誓，其意乃止。與馬一疋，勞謝而別。自是孑然孤遊沙漠矣。惟望骨聚馬糞等漸進。頃間忽見有軍衆數百隊滿沙磧間，乍行乍息，皆裘褐駝馬之像及旌旗矟纛之形，易貌移質，倏忽千變，遙瞻極著，漸近而微。法師初覩，謂爲賊衆；漸近見滅，乃知妖鬼。又聞空中聲言「勿怖，勿怖」，由此稍安。

逕八十餘里，見第一烽。恐候者見，乃隱伏沙溝，至夜方發。到烽西見水，下飲盥手訖，欲取皮囊盛水，有一箭颯來，幾中於膝。須臾更一箭來，知爲他見，乃大言曰：「我是僧，從京師來。汝莫射我。」即牽馬向烽。烽上人亦開門而出，相見知是僧，將入見校尉王祥。祥命爇火令看，曰：「非我河西僧，實似京師來也。」具問行意。法師報曰：「校尉頗聞涼州人說有僧玄奘欲向婆羅門國求法不？」答曰：「聞承奘師已東還，何因到此？」法師引示馬上章疏及名字，彼乃信。仍言：「西路艱遠，師終不達，今亦不與師罪，弟子燉煌人，欲送師向燉煌。彼有張皎法師，欽賢尚德，見師必喜，請就之。」法師對曰：「奘桑梓洛陽，少而慕道。兩京知法之匠，吳、蜀一藝之僧，無不負笈從之，窮其所解。對揚談說，亦忝爲時宗，欲養己修名，豈劣檀越燉煌耶？然恨佛化，經有不周，義有所闕，故無貪性命，不憚艱危，誓往西方遵求遺法。檀越不相勵勉，專勸退還，豈謂同厭塵勞，共樹涅槃之因也？必欲拘留，任即刑罰，玄奘終不東移一步以負先心。」祥聞之，憫然曰：「弟子多幸，得逢遇師，敢不隨喜。師疲倦且卧，待明自送，指示塗路。」遂拂筵安置。至曉，法師食訖，祥使人盛水及麨餅自送至十餘里，云：「師從此路徑向第四烽，彼人亦有善心，又是弟子宗骨，姓王名伯隴，至彼可言弟子遣師來。」泣拜而別。

既去，夜到第四烽，恐爲留難，欲默取水而過。至水未下間，飛箭已至，還如前報，即急向之，彼亦下來。入烽，烽官相問，答：「欲往天竺，路由於此，第一烽王祥校尉故遣相過。」彼聞歡喜留宿，更施大皮囊及馬、麥相送。云：「師不須向第五烽。彼人疏率，恐生異圖。可於此去百里許，有野馬泉，更取水。」

從此已去，即莫賀延磧，長八百餘里，古曰沙河，上無飛鳥，下無走獸，復無水草。是時顧影唯一，心但念觀音菩薩及《般若心經》。初，法師在蜀，見一病人，身瘡臭穢，衣服破污，愍將向寺施與衣服飲食之直。病者慚愧，乃授法師此《經》，因常誦習。至沙河間，逢諸惡鬼，奇狀異類，遶人前後，雖念觀音不得全去，即誦此《經》，發聲皆散，在危獲濟，實所憑焉。

時行百餘里，失道，覓野馬泉不得。下水欲飲，袋重，失手覆之，千里之資一朝斯罄。又路盤迴不知所趣，乃欲東歸還第四烽。行十餘里，自念我先發願，若不至天竺終不東歸一步，今何故來？寧可就西而死，豈歸東而生！於是旋轡，專念觀音，西北而進。是時四顧茫然，人鳥俱絶。夜則妖魑舉火，爛若繁星，晝則驚風擁沙，散如時雨。雖遇如是，心無所懼，但苦水盡，渴不能前。是時四夜五日無一滴霑喉，口腹乾燋，幾將殞絶，不復能進，遂卧沙中默念觀音，雖困不捨。啟菩薩曰：「玄奘此行不求財利，無冀名譽，但爲無上正法來耳。仰惟菩薩慈念羣生，以救苦爲務。此爲苦矣，寧不知耶？」如是告時，心心無輟。至第五夜半，

忽有涼風觸身，冷快如沐寒水。遂得目明，馬亦能起。體既穌息，得少睡眠。即於睡中夢一大神長數丈，執戟麾曰：「何不强行，而更卧也！」法師驚寤進發，行可十里，馬忽異路制之不迴。經數里，忽見青草數畝，下馬恣食。去草十步欲迴轉，又到一池，水甘澄鏡徹，下而就飲，身命重全，人馬俱得穌息。計此應非舊水草，固是菩薩慈悲爲生，其志誠通神，皆此類也。即就草池一日停息，後日盛水取草進發，更經兩日，方出流沙到伊吾矣。此等危難，百千不能備敍。

既至伊吾，止一寺。寺有漢僧三人，中有一老者，衣不及帶，跣足出迎，抱法師哭，哀號哽咽不能已已，言：「豈期今日重見鄉人！」法師亦對之傷泣。自外胡僧、王悉來參謁，王請屆所居，備陳供養。

時高昌王麴文泰使人先在伊吾，是日欲還，適逢法師，歸告其王。王聞，即日發使，敕伊吾王遣法師來，仍簡上馬數十疋，遣貴臣馳驅設頓迎候。比停十餘日，王使至，陳王意，拜請殷勤。法師意欲取可汗浮圖過，既爲高昌所請，辭不獲免，於是遂行，涉南磧，經六日，至高昌界白力城。

時日已暮，法師欲停，城中官人及使者曰：「王城在近請進，數換良馬前去，法師先所乘赤馬留使後來。」即以其夜半到王城。門司啟王，王敕開門。法師入城，王與侍人前後列燭自出宫，迎法師入後院，坐一重閣寶帳中，拜問甚厚，云：「弟子自聞師名，喜忘寢食。量準塗路，知師今夜必至，與妻子皆未眠，讀經敬待。」須臾，王妃共數十侍女又來禮拜。是時漸欲將曉，言久疲勩欲眠，王始還宫，留數黄門侍宿。方旦，法師未起，王已至門，率妃已下俱來禮問。王云：「弟子思量磧路艱阻，師能獨來，甚爲奇也。」流淚稱歎不能已已。遂設食解齋訖，而宫側別有道場，王自引法師居之，遣閹人侍衛。彼有彖法師曾學長安，善知法相，王珍之，命來與法師相見，少時出。又命國統王法師，年逾八十，共法師同處，仍遣勸住勿往西方。法師不許。

停十餘日，欲辭行，王曰：「已令統師諮請，師意何如？」師報曰：「留住實是王恩，但於來心不可。」王曰：「朕與先王遊大國，從隋帝歷東西二京及燕、代、汾、晉之間，多見名僧，心無所慕。自承法師名，身心歡喜，手舞足蹈，擬師至止，受弟子供養以終一身。令一國人皆爲師弟子，望師講授，僧徒雖少，亦有數千，並使執經充師聽衆。伏願察納微心，不以西遊爲念。」法師謝曰：「王之厚意，豈貧道寡德所當。但此行不爲供養而來，所悲本國法義未周，經教少闕，懷疑蕴惑，啟訪莫從，以是畢命西方，請未聞之旨，欲令方等甘露不但獨灑於迦維，決擇微言庶得盡霑於東國，波崙問道之志，善財求友之心，只可日日堅强，豈使中塗而止。願王收意，勿以汎養爲懷。」王曰：「弟子慕樂法師，必留供養，雖葱山可轉，此意無移。乞信愚誠，勿疑不實。」法師報曰：「王之深心，豈待屢言然後知也？但玄奘西來爲法，法既未得，不可中停。以是敬辭，願王相體。又大王曩修勝福，位爲人主，非唯蒼生恃仰，固亦釋教悠憑，理在助揚，豈宜爲礙。」王曰：「弟子亦不敢障礙，直以國無導師，故屈留法師以引迷愚耳。」法師皆辭不許。王乃動色攘袂大言曰：「弟子有異塗處師，師安能自去。或定相留，或送師還國，請自思之，相順猶勝。」法師報曰：「玄奘來者爲乎大法，今逢爲障，只可骨被王留，識神未必留也。」因嗚咽不復能言。王亦不納，更使增加供養，每日進食，王躬捧盤。法師既被停留，違阻先志，遂誓不食以感其心。於是端坐，水漿不涉於口三日。至第四日，王覺法師氣息漸惙，深生愧懼，乃稽首禮謝云：「任法師西行，乞垂早食。」法師恐其不實，要王指日爲言。王曰：「若須爾者，請共對佛更結因緣。」遂共入道場禮佛，對母張太妃共法師約爲兄弟，任師求法。還日請住此國三年，受弟子供養。若當來成佛，願弟子如波斯匿王頻婆娑羅等與師作外護檀越。仍屈停一月講《仁王般若經》，中間爲師營造行服。法師皆許。太妃甚歡，願與師長爲眷屬，代代相度，於是方食。其節志貞堅如此。

後日，王別張大帳開講，帳可坐三百餘人，太紀已下王及統師大臣等各部別而聽。每到講時，王躬執香爐自來迎引。將昇法座，王又低跪爲隥，令法師躡上，日日如此。

講訖，爲法師度四沙彌以充給侍。製法服三十具。以西土多寒，又造面衣、手衣、靴、韈等各數事。黄金一百兩，銀錢三萬，綾及絹等五百疋，充法師往返二十年所用之資。給馬三十疋，手力二十五人。遣殿中侍御史歡信送至葉護可汗衙。又作二十四封書，通屈支等二十四國，每一封書附大綾一疋爲信。又以綾綃五百疋、果味兩車獻葉護可汗，并書稱：「法師者是奴弟，欲求法於婆羅門國，願可汗憐師如憐奴，仍請敕以西諸國給鄔落馬遞送出境。」

法師見王送沙彌及國書綾絹等至，慚其優餞之厚，上啟謝曰：

奘聞江海遐深，濟之者必憑舟檝；羣生滯惑，導之者實假聖言。是以如來運一子之大悲，生兹穢土；鏡三明之慧日，朗此幽昏。慈雲蔭有頂之天，法雨潤三千之界，利安已訖，捨應歸真。遺教東流，六百餘祀，騰、會振輝於吴、洛，讖、什鍾美於秦、涼，不墜玄風，咸匡勝業。但遠人來譯，音訓不同，去聖時遥，義類

差舛，遂使雙林一味之旨，分成當現二常；大乘不二之宗，析爲南北兩道。紛紜争論，凡數百年。率土懷疑，莫有匠決。玄奘宿因有慶，早預緇門，負笈從師，年將二紀。名賢勝友，備悉諮詢，大小乘宗，略得披覽，未嘗不執卷躊躇，捧經侘傺，望給園而翹足，想鷲嶺而載懷，願一拜臨，啓伸宿惑。然知寸管不可窺天，小蠡難爲酌海，但不能棄此微誠，是以束裝取路，經塗荏苒，遂到伊吾。伏維大王稟天地之淳和，資二儀之淑氣，垂衣作王，子育蒼生，東祇大國之風，西撫百戎之俗，樓蘭、月氏之地，車師、狼望之鄉，並被深仁，俱沾厚德。加以欽賢愛士，好善流慈，憂矜遠來，曲令引接。既而至止，渥惠逾深，賜以話言，闡揚法義。又蒙降結娣季之緣，敦獎友于之念，并遣書西域二十餘蕃，煦飾殷勤，令遞餞送。又愍西遊煢獨，雪路凄寒，爰下明敕，度沙彌四人以爲侍伴，法服、綿帽、裘毯、靴韈五十餘事，及綾絹、金銀錢等，令充二十年往還之資。伏對驚慚，不知啓處，決交河之水比澤非多，舉葱嶺之山方恩豈重。懸度凌溪之險不復爲憂，天梯道樹之鄉瞻禮非晚。儻蒙允遂，則誰之力焉，王之恩也。然後展謁衆師，稟承正法，歸還翻譯，廣布未聞，翦邪見之稠林，絶異端之穿鑿，補像化之遺闕，定玄門之指南，庶此微功，用答殊澤。又前塗既遠，不獲久留，明日辭違，預增凄斷。不任銘荷，謹啓謝聞。」

王報曰：「法師既許爲兄弟，則國家所畜，共師同有，何因謝也。」

發日，王與諸僧、大臣、百姓等傾都送出城西。王抱法師慟哭，道俗皆悲，傷離之聲振動郊邑。敕妃及百姓等還，自與大德已下各乘馬送數十里而歸。其所經諸國王侯禮重，皆此類也。

從是西行，度無半城、篤進城後，入阿耆尼國。（舊云鄔耆，訛也。）

慧立、彦悰《大慈恩寺三藏法師傳》卷二《起阿耆尼國—終羯若鞠闍國》 從此西行至阿耆尼國阿父師泉。泉在道南沙崖，崖高數丈，水自半而出。相傳云，舊有商侣數百在途水盡，至此困乏不知所爲。時衆中有一僧，不裹行資，依衆乞活。衆議曰：「是僧事佛，是故我曹供養，雖涉萬里，無所賫攜。今我等熬然，竟不憂念，宜共白之。」僧曰：「汝等欲得水者，宜各禮佛，受三歸五戒，我爲汝等登崖作水。」衆既危困，咸從其命。受戒訖，僧教曰：「吾上崖後，汝等當唤『阿父師爲我下水』，任須多少言之。」其去少時，衆人如教而請，須臾水下充足，大衆無不歡荷。師竟不來。衆人上觀，已寂滅矣。大小悲號，依西域法焚之。於坐處聚甎石爲塔，塔今猶在，水亦不絶。行旅往來，隨衆多少，下有細麤；若無人時，津液而已。

法師與衆宿於泉側。明發，又經銀山。山甚高廣，皆是銀礦，西國銀錢所從出也。山西又逢羣賊，衆與物而去。遂至王城所處川崖而宿。時同侣商胡數十，貪先貿易，夜中私發，前去十餘里，遇賊劫殺，無一脱者。比法師等到，見其遺骸，無復財産，深傷歎焉。

漸去遥見王都，阿耆尼王與諸臣來迎，延入供養。其國先被高昌寇擾，有恨不肯給馬。法師停一宿而過。

前渡一大河，西履平川，行數百里，入屈支國界。（舊云龜兹，訛也。）將近王都，王與羣臣及大德僧木叉毱多等來迎。自外諸僧數千，皆於城東門外，張浮幔，安行像，作樂而住。法師至，諸德起來相慰訖，各還就坐。使一僧擎鮮華一盤來授法師。法師受已，至佛前散華，禮拜訖，就木叉毱多下坐。坐已，復行華。行華已，行蒲桃槳。於初一寺受華、受槳已，次受餘寺亦爾，如是展轉日晏方訖，僧徒始散。

有高昌人數十於屈支出家，别居一寺，寺在城東南。以法師從家鄉來，先請過宿，因就之，王共諸德各還。明日，王請過宫備陳供養，而食有三净，法師不受，王深怪。法師報：「此漸教所開，而玄奘所學者大乘不爾也。」受餘别食。食訖，過城西北阿奢理兒寺，（此言奇特也。）是木叉毱多所住寺也。毱多理識閑敏，彼所宗歸，遊學印度二十餘載，雖涉衆經，而《聲明》最善，王及國人咸所尊重，號稱獨步。見法師至，徒以客禮待之，未以知法爲許。謂法師曰：「此土《雜心》、《俱舍》、《毗婆沙》等一切皆有，學之足得，不煩西涉受艱辛也。」法師報曰：「此有《瑜伽論》不？」毱多曰：「何用問是邪見書乎？真佛弟子者，不學是也。」法師初深敬之，及聞此言，視之猶土，報曰：「《婆沙》、《俱舍》本國已有，恨其理疏言淺，非究竟説，所以故來欲學大乘《瑜伽論》耳。又《瑜伽》者是後身菩薩彌勒所説，今謂邪書，豈不懼無底枉坑乎？」彼曰：「《婆沙》等汝所未解，何謂非深？」法師報曰：「師今解不？」曰：「我盡解。」法師即引《俱舍》初文問，發端即謬，因更窮之，色遂變動，云：「汝更問餘處。」又示一文，亦不通，曰：「《論》無此語。」時王叔智月出家，亦解經論，時在傍坐，即證言《論》有此語。乃取本對讀之，毱多極慚，云：「老忘耳。」又問餘部，亦無好釋。

時爲凌山雪路未開，不得進發，淹停六十餘日，觀眺之外，時往就言，相見不復踞坐，或立或避。私謂人曰：「此支那僧非易詶對。若往印度，彼少年之儔未

必有也。」其畏歎如是。至發日，王給手力、駝馬，與道俗等傾都送出。

從此西行二日，逢突厥寇賊二千餘騎，其賊乃預共分張行衆資財，懸諍不平，自鬭而散。

又前行六百里渡小磧，至跋禄迦國，（舊曰姑墨。）停一宿。又西北行三百里，渡一磧，至凌山，即葱嶺北隅也。其山險峭，峻極於天。自開闢以來，冰雪所聚，積而爲凌，春夏不解，凝沍汗漫，與雲連屬，仰之皚然，莫覩其際。其凌峰摧落横路側者，或高百尺，或廣數丈，由是蹊徑崎嶇，登涉艱阻。加以風雪雜飛，雖複履重裘不免寒戰。將欲眠食，復無燥處可停，唯知懸釜而炊，席冰而寢。七日之後方始出山，徒侣之中殍凍死者十有三四，牛馬逾甚。

出山後至一清池，（清池亦云熱海。見其對凌山不凍，故得此名，其水未必温也。）周千四五百里，東西長，南北狹，望之淼然，無待激風而洪波數丈。循海西北行五百餘里，至素葉城，逢突厥葉護可汗，方事畋遊，戎馬甚盛。可汗身著緑綾袍，露髮，以一丈許帛練裹額後垂。達官二百餘人皆錦袍編髮，圍繞左右。自餘軍衆皆裘毼毳毛，槊纛端弓，駝馬之騎，極目不知其表。既與相見，可汗歡喜，云：「暫一處行，二三日當還，師且向衙所。」令達官答摩支引送安置至衙。三日可汗方歸，引法師入。可汗居一大帳，帳以金華裝之，爛眩人目。諸達官於前列長筵兩行侍坐，皆錦服赫然，餘仗衛立於後。觀之，雖穹廬之君亦爲尊美矣。法師去帳三十餘步，可汗出帳迎拜，傳語慰問訖，入座。突厥事火不施床，以木含火，故敬而不居，但地敷重茵而已。仍爲法師設一鐵交床，敷蓐請坐。須臾，更引漢使及高昌使人入，通國書及信物，可汗自目之甚悦，令使者坐。命陳酒設樂，可汗共諸臣使人飲，别索蒲萄漿奉法師。於是恣相酬勸，窣渾鍾椀之器交錯遞傾，僸佅兜離之音鏗鏘互舉，雖蕃俗之曲，亦甚娱耳目、樂心意也。少時，更有食至，皆烹鮮羔犢之質，盈積於前。别營浄食進法師，具有餅飯、酥乳、石蜜、刺蜜、蒲萄等。食訖，更行蒲萄漿，仍請説法。法師因誨以十善愛養物命，及波羅蜜多解脱之業，乃舉手叩額，歡喜信受。

因留停數日，勸住曰：「師不須往印特伽國，（謂印度也。）彼地多暑，十月當此五月，觀師容貌，至彼恐銷融也。其人露黑，類無威儀，不足觀也。」法師報曰：「今之彼，欲追尋聖跡慕求法耳。」可汗乃令軍中訪解漢語及諸國音者，遂得年少，曾到長安數年通解漢語，即封爲摩咄達官，作諸國書，令摩咄送法師到迦畢試國。又施緋綾法服一襲，絹五十疋，與羣臣送十餘里。

自此西行四百餘里，至屏聿，此曰千泉，地方數百里，既多池沼，又豐奇木，森沈凉潤，即可汗避暑之處也。自屏聿西百五十里，至呾邏斯城。又西南二百里，至白水城。又西南二百里，至恭御城。又南五十里，至笯（奴故反。）赤建國。又西二百里，至赭時國，（此言石國。）國西臨（葉）葉河。又西千餘里，至窣堵利瑟那國，國東臨（葉）葉河。河出葱嶺北原，西北流。又西北入大磧，無水草，望遺骨而進。

五百餘里，至颯秣建國。（此言康國。）王及百姓不信佛法，以事火爲道。有寺兩所，迥無僧居，客僧投者，諸胡以火燒逐不許停住。法師初至，王接猶慢。經宿之後，爲説人、天因果，讚佛功德，恭敬福利，王歡喜請受齋戒，遂致殷重。所從二小師往寺禮拜，諸胡還以火燒逐。沙彌還以告王，王聞令捕燒者，得已，集百姓令截其手。法師將欲勸善，不忍毁其肢體，救之。王乃重笞之，逐出都外。自是上下肅然，咸求信事，遂設大會，度人居寺。其革變邪心，誘開曚俗，所到如此。

又西三百餘里，至屈霜你迦國。又西二百餘里，至喝捍國。（此言東安國也。）又西四百里，至捕喝國。（此言中安國也。）又西百餘里，至伐地國。（此言西安國也。）又西五百里，至貨利習彌伽國，國東臨縛芻河。又西南三百餘里，至羯霜那（去聲）那國。（此言史國。）又西南二百里入山，山路深險，纔通人步，復無水草。山行三百餘里，入鐵門，峰壁狹峭而崖石多鐵鑛，依之爲門，扉又鍱鐵，又鑄鐵爲鈴，多懸於上，故以爲名，即突厥之關塞也。出鐵門至覩貨羅國。（舊曰吐火羅，訛也。）

自此數百里渡縛芻河，至活國，即葉護可汗長子呾度設（設者官名。）所居之地，又是高昌王妹壻。高昌王有書至其所。比法師到，公主可賀敦已死，呾度設又病，聞法師從高昌來，又得書，與男女等嗚咽不能止。因請曰：「弟子見師目明，願少停息。若差，自送師到婆羅門國。」時更有一梵僧至，爲誦呪，患得漸除。其後娶可賀敦，年少，受前兒囑，因藥以殺其夫。設既死，高昌公主男小，遂被前兒特勤篡立爲設，仍妻後母。爲逢喪故，淹留月餘。

彼有沙門名達摩僧伽，遊學印度，葱嶺以西推爲法匠，其疎勒、于闐之僧無敢對談者。法師欲知其學深淺，使人問師解幾部經論。諸弟子等聞皆怒。達摩笑曰：「我盡解，隨意問。」法師知不學大乘，就小教《婆沙》等問數科，不是好通。因謝服，門人皆慙。從是相見歡喜，處處譽讚，言己不能及。

時新設既立，法師從求使人及鄔落，欲南進向婆羅門國。設云：「弟子所部

有縛喝國，北臨縛芻河，人謂小王舍城，極多聖迹。願師暫往觀禮，然後取乘南去。」時縛喝僧數十人聞舊設死，子又立，共來弔慰。法師與相見，言其意。彼曰：「即當便去，彼有好路，若更來此，徒爲迂會。」法師從其言，即與設辭，取乘隨彼僧去。

既至，觀其城邑，郊郭顯敞，川野腴潤，實爲勝地。伽藍百所，僧徒三千餘人，皆小乘學。城外西南有納縛伽藍，（此言新。）裝嚴甚麗。伽藍內佛堂中有佛澡罐，量可斗餘。又有佛齒長一寸，廣八九分，色黄白，每有光瑞。又有佛掃箒，迦奢草作，長三尺餘，圍可七寸，其帚柄飾以雜寶。此三事，齋日每出，道俗觀禮，至誠者感發神光。伽藍北有窣堵波，高二百餘尺。伽藍西南有一精廬，建立多年，居中行道證四果者，世世無絶，涅槃後皆有塔記，基址接連數百餘矣。大城西北五十里，至提謂城。城北四十里，有波利城。城中有二窣堵波，高三丈。昔佛初成道，受此二長者麨蜜，初聞五戒十善，并請供養。如來嘗授髮爪令造塔及造塔儀式，二長者將還本國，營建靈剎，即此也。城西七十餘里有窣堵波，高逾二丈，過去迦葉佛時作也。

納縛伽藍有磔迦國小乘三藏名般若羯羅，（此言慧性。）聞縛喝國多有聖迹，故來禮敬。其人聰慧尚學，少而英爽，鑽研九部，游泳四含，義解之聲周聞印度。其小乘《阿毗達磨》、《迦延》、《俱舍》、《六足》、《阿毗曇》等無不曉達。既聞法師遠來求法，相見甚歡。法師因申疑滯，約《俱舍》、《婆沙》等問之，其酬對甚精熟，遂停月餘，就讀《毗婆沙論》。伽藍又有二小乘三藏，達摩畢利（此言法愛。）達摩羯羅，（此言法性。）皆彼所宗重。覩法師神彩明秀，極加敬仰。

時縛喝西南有鋭末陀、胡實健國，其王聞法師從遠國來，皆遣貴臣拜請過國受供養，辭不行。使人往來再三，不得已而赴。王甚喜，乃陳金寶飲食施法師，皆不受而返。

自縛喝南行，與慧性法師相隨入揭職國。東南入大雪山，行六百餘里，出覩貨羅境，入梵衍那國。國東西二千餘里，在雪山中，途路艱危，倍於淩磧之地，凝雲飛雪，曾不暫霽，或逢尤甚之處，則平途數丈，故宋王稱西方之艱，層冰峩峩，飛雪千里，即此也。嗟乎，若不爲衆生求無上正法者，寧有稟父母遺體而遊此哉！昔王遵登九折之坂，自云「我爲漢室忠臣」；法師今涉雪嶺求經，亦可謂如來真子矣。

如是漸到梵衍都城，有伽藍十餘所，僧徒數千人，學小乘說出世部。梵衍王出迎，延過宮供養，累日方出。彼有摩訶僧祇部學僧阿梨耶馱娑（此言聖使。）阿梨耶斯那，（此言聖軍。）並深知法相，見法師，驚歎支那遠國有如是僧，相引處處禮觀，殷勤不已。王城東北山阿有立石像，高百五十尺。像東有伽藍，伽藍東有鍮石釋迦立像，高一百尺。伽藍內有佛入涅槃卧像，長一千尺。並莊嚴微妙。此東南行二百餘里，度大雪山至小川，有伽藍，中有佛齒及劫初時獨覺齒，長五寸，廣減四寸。復有金輪王齒，長三寸，廣二寸。商諾迦縛娑（舊曰商那和修，訛也。）所持鐵鉢，量可八九升，及僧伽胝衣，赤絳色。其人五百身中陰、生陰，恒服此衣，從胎俱出，後變爲袈裟，因緣廣如別傳。

如是經十五日出梵衍，二日逢雪，迷失道路，至一小沙嶺，遇獵人示道，度黑山，至迦畢試境。國周四千餘里，北背雪山。王則剎利種也，明略有威，統十餘國。將至其都，王共諸僧並出城來迎。伽藍百餘所，諸僧相諍，各欲邀過所住。有一小乘寺名沙落迦，相傳云是昔漢天子子質於此時作也。其寺僧言：「我寺本漢天子兒作。今從彼來，先宜過我寺。」法師見其殷重，又同侶慧性法師是小乘僧，意復不欲居大乘寺，遂即就停。

質子造寺時，又藏無量珍寶於佛院東門南大神王足下，擬後修補伽藍。諸僧荷恩，處處屋壁圖畫質子之形。解安居日，復爲講誦樹福。代代相傳，於今未息。近有惡王貪暴，欲奪僧寶，使人掘神足下，地便大動。其神頂上有鸚鵡鳥像，見其發掘，振羽驚鳴。王及衆軍皆悉悶倒，懼而還退。寺有窣堵波相輪摧毀，僧欲取寶修營，地還震吼，無敢近者。法師既至，衆皆聚集，共請法師陳說先事。法師共到神所，焚香告曰：「質子原藏此寶擬營功德，今開施用，誠是其時。願鑒無妄之心，少戢威儀之德。如蒙許者，奘自觀開，稱知斤數以付所司，如法修造，不令虛費。唯神之靈，願垂體察。」言訖，命人掘之，夷然無患，深七八尺得一大銅器，中有黄金數百斤，明珠數十顆。大衆歡喜，無不嗟服。

法師即於寺夏坐。其王輕藝，唯信重大乘，樂觀講誦，乃屈法師及慧性三藏於一大乘寺法集。彼有大乘三藏名秣奴若瞿沙，（此言如意聲也。）薩婆多阿梨耶伐摩，（此言聖胄。）彌沙塞部僧求那跋陀，（此言德賢。）皆是彼之稱首。然學不兼通，大小各別，雖精一理，終偏有所長。唯法師備諳衆教，隨其來問，各依部答，咸皆愜服。如是五日方散。王甚喜，以純錦五疋別施法師，以外各各有差。於沙落迦安居訖，其慧性法師重爲覩貨羅王請卻還，法師與別。

東進行六百餘里，越黑嶺，入北印度境，至濫波國。國周千餘里。伽藍十

所，僧徒皆學大乘。停三日，南行至一小嶺，嶺有窣堵波，是佛昔從南步行到此住立，後人敬戀，故建茲塔。自斯以北境域，皆號蔑戾車。（此言邊地。）如來欲有教化，乘空往來，不復履地，若步行時，地便傾動。

從此南二十餘里，下嶺渡河，至那揭羅喝國（北印度境。）大城東南二里有窣堵波，高三百餘尺，無憂王所造，是釋迦菩薩於第二僧祇遇然燈佛敷鹿皮衣及布髮掩泥得受記處。雖經劫壞，此跡恒存，天散衆華，常爲供養。法師至彼禮拜旋遶，傍有老僧爲法師説建塔因緣。法師問曰：「菩薩布髮之時，既是第二僧祇，從第二僧祇至第三僧祇中間經無量劫，一一劫中世界有多成壞，如火災起時，蘇迷盧山尚爲灰燼，如何此跡獨得無虧？」答曰：「世界壞時，此亦隨壞，世界成時，當其舊處跡現如本。且如蘇迷盧山壞已還有，在乎聖跡，何得獨無？以此校之，不煩疑也。」上爲名答。次西南十餘里有窣堵波，是佛買華處。

又東南度沙嶺十餘里，到佛頂骨城。城有重閣，第二閣中有七寶小塔，如來頂骨在中。骨周一尺二寸，髮孔分明，其色黄白，盛以寶函。但欲知罪福相者，磨香末爲涅，以帛練裹，隱於骨上，隨其所得以定吉凶。法師印得菩提樹像，所將二沙彌，大者得佛像，小者得蓮華像。其守骨婆羅門歡喜，向法師彈指散華，云：「師所得甚爲希有，足表有菩提之分。」復有髑髏骨塔，狀如荷葉。復有佛眼，睛大如柰，光明暉赫，徹燭函外。復有佛僧伽胝，上𦀗細氎所作。復有佛錫杖，白鐵爲環，栴檀爲莖。法師皆得禮拜，盡其哀敬，因施金錢五十，銀錢一千，綺旛四口，錦兩端，法服二具，散衆雜華，辭拜而出。

又聞燈光城西南二十餘里有瞿波羅龍王所住之窟，如來昔日降伏此龍，因留影在中。法師欲往禮拜，承其路道荒阻，又多盜賊，二三年已來人往多不得見，以故去者稀疏。法師欲往禮拜，時迦畢試國所送使人貪其速還，不願淹留，勸不令去。法師報曰：「如來真身之影，億劫難逢，寧有至此不往禮拜？汝等且漸進，奘暫到即來。」於是獨去。至燈光城，入一伽藍問訪途路，覓人相引，無一肯者。後見一小兒，云「寺莊近彼，今送師到莊」。即與同去，到莊宿。得一老人知其處所，相引而發。行數里，有五賊人拔刀而至，法師即去帽現其法服。賊云：「師欲何去？」答：「欲禮拜佛影。」賊云：「師不聞此有賊耶？」答云：「賊者，人也，今爲禮佛，雖猛獸盈衢，奘猶不懼，况檀越之輩是人乎！」賊遂發心隨往禮拜。既至窟所，窟在石澗東壁，門向西開，窺之窈冥，一無所覩。老人云：「師直入，觸東壁訖，卻行五十步許，正東而觀，影在其處。」法師入，信足而前，可五十步，果觸東壁。依言卻立，至誠而禮，百餘拜一無所見。自責障累，悲號懊惱，更至心禮誦《勝鬘》等諸經、諸佛偈頌，隨讚隨禮，復百餘拜，見東壁現如鉢許大光，倏而還滅。悲喜更禮，復有槃許大光，現已還滅。益增感慕，自誓若不見世尊影，終不移此地。如是更二百餘拜，遂一窟大明，見如來影皎然在壁，如開雲霧忽矚金山，𦀗相熙融，神姿晃昱，瞻仰慶躍，不知所譬。佛身及袈裟並赤黄色，自膝已上相好極明，華座已下稍似微昧，左右及背後菩薩、聖僧等影亦皆具有。見已，遥命門外六人將火入燒香。比火至，欻然佛影還隱，急令絶火，更請方乃重現。六人中五人得見，一人竟無所覩。如是可半食頃，了了明見，得申禮讚，供散華香訖，光滅爾乃辭出。所送婆羅門歡喜，歎未曾有，云：「非法師志誠願力之厚，無致此也。」窟門外更有衆多聖迹。（説如别傳。）相與歸還，彼五賊皆毁刀仗，受戒而别。

從此復與伴合。東南山行五百餘里，至健陀邏國。（舊云健陀衛，訛也。北印度境也。）其國東臨信度河，都城號布路沙布羅。國多賢聖，古來作論諸師那羅延天、無著菩薩、世親菩薩、法救、如意、脇尊者等，皆此所出也。王城東北有置佛鉢寶臺。鉢後流移諸國，今現在波剌拏斯國。

城外東南八九里有畢鉢羅樹，高百餘尺，過去四佛並坐其下，現有四如來像，當來九百九十六佛，亦當坐焉。其側又有窣堵波，是迦膩色迦王所造，高四百尺，基周一里半，高一百五十尺，其上起金剛相輪二十五層，中有如來舍利一斛。大窣堵波西南百餘步有白石像，高一丈八尺，北面立，極多靈瑞，往往有人見像夜遶大塔經行。

迦膩色迦伽藍東北百餘里，渡大河至布色羯邏伐底城，城東有窣堵波，無憂王造，即過去四佛説法處也。城北四五里伽藍内有窣堵波，高二百餘尺，無憂王所立，即釋迦佛昔行菩薩道時，樂行惠施，於此國千生爲王，即千生捨眼處。此等聖迹無量，法師皆得觀禮。自高昌王所施金、銀、綾、絹、衣服等，所至大塔、大伽藍處，皆分留供養，申誠而去。從此又到烏鐸迦漢荼城。

城北涉履山川，行六百餘里，入烏仗那國。（此言苑。昔阿輸迦王之苑也。舊稱烏長，訛也。）夾蘇婆薩堵河。昔有伽藍一千四百所，僧徒一萬八千，今並荒蕪減少。其僧律儀傳訓有五部焉：一，法密部；二，化地部；三，飲光部；四，説一切有部；五，大衆部。其王多居瞢揭釐城，人物豐盛。城東四五里有大窣堵波，多有奇瑞，是佛昔作忍辱仙人，爲羯利王（此言鬭諍。舊曰歌利，訛也。）割截身體處。

城東北二百五十里入大山，至阿波邏羅龍泉，即蘇婆河之上源也。西南流。其地寒冷，春夏恒凍，暮即雪飛，仍含五色，霏霏舞亂如雜華焉。龍泉西南三十餘里，水北岸盤石上有佛脚跡，隨人福願，量有修短，是佛昔伏阿波邏羅龍時至此留跡而去。順流下三十餘里，有如來濯衣石，袈裟條葉文相宛然。城南四百餘里至醯羅山，是如來昔聞半偈，（舊曰偈，梵文略也。或曰偈他，梵文訛也。今從正宜云伽他。伽陀，唐言頌，頌有三十二言也。）報藥叉之恩捨身下處。瞢揭釐城西五十里渡大河，至盧醯呾迦（此言赤。）窣堵波，高十餘丈，無憂王造，是如來往昔作慈力王時，以刀刺身飤五藥叉處。（舊云夜叉，訛也。）城東北三十餘里，至遏部多（此言奇特。）石窣堵波，高三十尺，在昔佛於此爲人、天説法，佛去後自然涌出此塔。塔西渡大河三四里至一精舍，有阿縛盧枳多伊濕伐羅菩薩像，（此言觀自在。合字連聲梵語如上。分文而言，即阿縛盧枳多譯曰觀，伊濕伐羅譯曰自在。舊云光世音或觀世音，或觀世音自在，皆訛也。）威靈極著。城東北聞説有人登越山谷，逆上徙多河，途路危險，攀緣絙鎖，踐躡飛梁，可行千餘里，至達麗羅川，即烏仗那舊都也。其川中大伽藍側有刻木慈氏菩薩像，金色裝嚴，高百餘尺。末田底迦（舊曰末田地，訛也。）阿羅漢所造。彼以神通力，將匠人昇覩史多天，（舊曰兜率陀，訛也。）令親觀妙相，往來三返爾乃功畢。

自烏鐸迦漢荼城南渡信度河，河廣三四里，流極清急，毒龍惡獸多窟其中，有持印度奇寶名華及舍利渡者，船輒覆没。渡此河至呾叉始羅國。（北印度境。）其城北十二三里有窣堵波，（彼）無憂王所建，每放神光。是如來昔行菩薩道爲大國王，號戰達羅鉢剌婆，（此言月光。）志求菩提捨千頭處。塔側有伽藍，昔經部師拘摩邏多（此言童壽。）於此製造衆論。從此東南七百餘里間有僧訶補羅國。（北印度境。）又從呾叉始羅北界渡信渡河，東南二百餘里，經大石門，是昔摩訶薩埵王子於此捨身飤餓烏擇七子處。其地先爲王子身血所染，今猶絳赤，草木亦然。又從此東南山行五百餘里，至烏剌尸國。

又東南登危險，度鐵橋，行千餘里，至迦濕彌羅國。（舊曰罽賓，訛也。）其都城西臨大河，伽藍百所，僧五千餘人。有四窣堵波，崇高壯麗，無憂王所建，各有如來舍利升餘。法師初入其境，至石門，彼國西門也，王遣母弟將車馬來迎。入石門已，歷諸伽藍禮拜，到一寺宿，寺名護瑟迦羅。其夜衆僧皆夢神人告曰：「此客僧從摩訶脂那來，欲學經印度，觀禮聖迹，師實未聞。其人既爲法來，有無量善神隨逐，現在於此。師等宿福爲遠人所慕，宜勤誦習，令他讚仰，如何懈怠沉没睡眠！」諸僧聞已，各各驚寤，經行禪誦，至旦，並來説其因緣，禮敬逾肅。

如是數日，漸進王城，離可一由旬，到達摩舍羅。（此言福舍。王教所立，使招延行旅，給贍貧乏。）王率群臣及都内僧詣福舍相迎，羽從千餘人，幢蓋盈塗，煙華滿路。既至，相見禮讚殷厚，自手以無量華供散訖，請乘大象相隨而進。至都，止闍耶因陀羅寺。（寺，王舅所立也。）明日，請入宫供養，並命大德僧稱等數十人。食訖，王請開講，令法師論難，觀之甚喜。又承遠來慕學，尋讀無本，遂給書手二十人，令寫經、論。别給五人供承驅使，資待所須，事事公給。彼僧稱法師者，高行之人，戒禁淳潔，思想淹深，多聞總持，才睿神茂，而性愛賢重士，既屬上賓，盱衡延納。法師亦傾心諮禀，曉夜無疲，因請講授諸論。彼公是時年向七十，氣力已衰，慶逢神器，乃勵力敷揚，自午已前講《俱舍論》，午已後講《順正理論》，初夜後講《因明》、《聲明論》。由是境内學人無不悉集。法師隨其所説，領悟無遺，研幽擊節，盡其神祕。彼公歡喜，歎賞無極，謂衆人曰：「此支那僧智力宏贍，顧此衆中無能出者，以其明懿足繼世親昆季之風，所恨生乎遠國，不早接聖賢遺芳耳。」

時衆中有大乘學僧毗戍陀僧訶、（此言淨師子也。）辰那飯荼，（此言最勝親。）薩婆多學僧蘇伽蜜多羅、（此言如來友。）婆蘇蜜多羅，（此言世友。）僧祇部學僧蘇利耶提婆、（此言日天。）辰那呾邏多，（此言最勝救。）其國先來尚學，而此僧等皆道業堅貞，才解英富，比方僧稱雖不及，比諸人足有餘。既見法師爲大匠褒揚，無不發憤難詰法師，法師亦明目訓酢，無所蹇滯，由是諸賢亦率慙服。

其國先是龍池。佛涅槃後第五十年，阿難弟子末田底迦阿羅漢教化龍王捨池立五百伽藍，召諸賢聖於中住止，受龍供養。其後健陀羅國迦膩色迦王，如來滅後第四百年，因脇尊者請諸聖衆，内窮三藏、外達五明者，得四百九十九人，及尊者世友，合五百賢聖於此結集三藏。先造十萬頌《鄔波弟鑠論》，（舊曰《優波提舍》，訛也。）釋《素呾纜藏》。（舊曰《修多羅》，訛也。）次造十萬頌《毗奈耶毗婆沙論》，釋《毗奈耶藏》。（舊曰《毗那耶》，訛也。）次造十萬頌《阿毗達磨毗婆沙論》，釋《阿毗達磨藏》。（或曰《阿毗曇》，訛也。）凡三十萬頌，九十六萬言。王以赤銅爲鍱，鏤寫論文，石函封記，建大窣堵波而儲其中，命藥叉神守護。奥義重明，此之力也。如是停留首尾二年，學諸經、論，禮聖迹已，乃辭。

西南逾涉山澗，行七百里，至半笯嗟國。從此東行四百餘里，至曷邏闍補羅國。（北印度境。）

從此東南下山渡水七百餘里，至磔迦國。（北印度境。）自藍波至於此土，其俗既住邊荒，儀服語言稍殊印度，有鄙薄之風焉。自出曷邏闍補羅國，經二日，渡旃達羅婆伽河，（此云月分。）到闍耶補羅城，宿於外道寺。寺在城西門外，是時徒侶二十餘人。後日進到奢羯羅城，城中有伽藍，僧徒百餘人，昔者世親菩薩於中製《勝義諦論》。其側有窣堵波，高二百尺，是過去四佛說法之處，見有經行遺跡。

從此出那羅僧訶城，東至波羅奢大林中，逢羣賊五十餘人，法師及伴所將衣資劫奪都盡，仍揮刀驅就道南枯池，欲總屠害。其池多有蓬棘蘿蔓，法師所將沙彌遂映刺林，見池南岸有水穴，堪容人過，私告法師，即相與透出。東南疾走可二三里，遇一婆羅門耕地，告之被賊，彼聞驚愕，即解牛與法師，向村吹貝，聲鼓相命，得八十餘人，各將器杖，急往賊所。賊見衆人，逃散各入林間。法師遂到池解衆人縛，又從諸人施衣分與，相攜投村宿。人人悲泣，獨法師笑無憂慼。同侶問曰：「行路衣資賊掠俱盡，唯餘性命，僅而獲存。困弊艱危，理極於此，所以却思林中之事，不覺悲傷。法師何因不共憂之，倒爲欣笑？」答曰：「居生之貴，唯乎性命。性命既存，餘何所憂。故我土俗書云：『天地之大寶曰生。』生之既在，則大寶不亡。小小衣資，何足憂悋。」由是徒侶感悟。其澄波之量，渾之不濁如此。

明日到磔迦國東境，至一大城。城西道北有大菴羅林，林中有一七百歲婆羅門，及至觀之，可三十許，形質魁梧，神理淹審，明《中》、《百》諸論，善《吠陀》等書。有二侍者，各百餘歲。法師與相見，延納甚歡。又承被賊，即遣一侍者，命城中信佛法者，令爲法師造食。其城有數千户，信佛者蓋少，宗事外道者極多。法師在迦濕彌〔羅〕時，聲譽已遠，諸國皆知，其使乃遍城中告唱云：「支那國僧來近處被賊，衣服總盡，諸人宜共知時。」福力所感，遂使邪黨革心，有豪傑等三百餘人，聞已各將班氎布一端，并奉飲食，恭敬而至，俱積於前，拜跪問訊。法師爲呪願，并說報應因果，令諸人等皆發道意，棄邪歸正，相對笑語舞躍而還。長年歎未曾有。於是以氎布分給諸人，各得數具衣直，猶用之不盡，以五十端布奉施長年。仍就停一月，學《經百論》、《廣百論》。其人是龍猛弟子，親得師承，說甚明淨。

從此東行五百餘里，到至那僕底國。詣突舍薩那寺，有大德毗膩多鉢臘婆，（此云調伏光，即北印度王子。）好風儀，善三藏，自造《五蘊論釋》、《唯識三十論釋》，因住十四月，學《對法論》、《顯宗論》、《理門論》等。

大城東南行五十餘里，至答秣蘇伐那僧伽藍，（此言闇林。）僧徒三百餘人，學說一切有部。賢劫千佛皆當於此地集人、天說法。釋迦如來涅槃後第三百年中，有迦多衍那（舊曰迦旃延，訛也。）論師於此制《發智論》。

從此東北行百四五十里，至闍爛達那國。（北印度境。）入其國，詣那伽羅馱那寺，有大德旃達羅伐摩，（此云月胄。）善究三藏，因就停四月，學《衆事分毗婆沙》。

從此東北登履危嶮，行七百餘里，至屈（居勿反）露多國。（北印度境。）自屈露多國南行七百餘里，越山渡河，至設多圖盧國。（北印度也。）從此西南行八百餘里，至波里夜呾羅國。（中印度境。）從此東行五百餘里，至秣兔羅國。（中印度境。）釋迦如來諸聖弟子舍利子等遺身窣堵波，謂舍利子、（舊曰舍梨子，又曰舍利弗，皆訛也。）沒特伽羅子（舊曰目乾連，訛也。）等塔皆見在。呾麗衍尼弗呾羅、（此言滿慈子。舊曰彌多羅尼子，訛略也。）優波釐、阿難陀、羅怙羅（舊曰羅睺羅，又曰羅雲，皆訛也。）及曼殊室利，（此言妙吉祥。舊曰濡首，又曰文殊師利，或言曼殊尸利，曰妙德，訛也。）如是等諸窣堵波，每歲修福之日，僧徒相率隨所宗事而修供養。阿毗達磨衆供舍利子；習定之徒供養沒特伽羅子；誦持經者供養滿慈子；學毗奈耶衆供養優波離；諸比丘尼供養阿難；未受具戒者供養羅怙羅；學大乘者供養諸菩薩。城東五六里至一山伽藍，尊者烏波毱多（此言近護。）之所建也。其中爪、髮舍利。伽藍北巖有石室，高二十餘尺，廣三十餘尺，四寸細籌填積其內。尊者近護說法導，夫妻俱證阿羅漢果者，乃下一籌，單己及別族者，雖證不記。

從此東北行五百餘里，至薩他泥濕伐羅國。（中印度境。）又東行四百餘里，至祿勒那國。（中印度境。）東臨殑伽河，北背大山，閻牟那河中境而流。

又河東行八百餘里，至殑伽河源，廣三四里，東南流入海處廣十餘里，其味甘美，細沙隨流。彼俗書記謂之「福水」。就中沐浴，罪釁銷除；啜波嗽流，則殃災殄滅；沒而死者，即生天受福。愚夫愚婦常集河濱，皆外道邪言，無其實也。後提婆菩薩示其正理，方始停絶。國有大德名闍耶毱多，善閑三藏。法師遂住一冬半春，就聽《經部毗婆沙》訖。

渡河東岸至秣底補羅國。其王戍陀羅種也。伽藍十餘所，僧徒八百餘人，學小乘一切有部。大城南四五里有小伽藍，僧徒五十餘人。昔瞿拏鉢剌婆（此言德光。）論師於此作《辯真》等論，凡百餘部。論師是鉢伐多國人，本習大乘，後退學小乘。時提婆犀那（此言天軍。）阿羅漢往來覩史多無，德光願見慈氏，決諸疑

滯，請天軍以神力接上天宮。既見慈氏，揖而不禮。言「我出家具戒，慈氏處天同俗，禮敬非宜」。如是往來三返，皆不致禮。既我慢自高，疑亦不決。

德光伽藍南三四里有伽藍，僧二百餘人，並小乘學。是衆賢論師壽終處。論師本迦濕彌羅國人，博學高才，明一切有部《毗婆沙》。時世親菩薩亦以睿智多聞，先作《阿毗達磨俱舍論》，破毗婆沙師所執，理奧文華，西域學徒莫不鑽仰，爰至鬼神亦皆講習。衆賢覽而心憤，又十二年，覃思作《俱舍雹論》二萬五千頌，八十萬言。造訖，欲與世親面定是非，未果而終。世親後見其論，歎有知解，言其思力不減《毗婆沙》之衆也。雖然甚順我義，宜名《順正理論》，遂依行焉。衆賢死後，於菴沒羅林中起窣堵波，今猶見在。

林側又有窣堵波，是毗末羅蜜多羅（此言無垢稱也。）論師遺身處。論師迦濕彌羅國人，於說一切有部出家，遊五印度，學窮三藏，將歸本國，塗次衆賢之塔，悲其著述未及顯揚，奄便逝殁，因自誓更造諸論，破大乘義，滅世親名，使論師之旨永傳遐代。說此語已，心智狂亂，五舌重出，遍體血流，自知此苦原由惡見，裁書懺悔，勸諸同侶勿謗大乘，言終氣絕，當死之處，地陷爲坑。

其國有大德名蜜多斯那，年九十，即德光論師弟子，善閑三藏。法師又半春一夏就學薩婆多部《怛埵三弟鑠論》、（此言《辯真論》，二萬五千頌，德光所造。）《隨發智論》等。

又從此北行三百餘里，至婆羅吸摩補羅國。（中印度。）又此東南行四百餘里，至醯掣怛羅國。（中印度境。）又南行二百餘里，渡殑伽河，西南至毗羅那拏國。（中印度境。）又東行二百餘里，至劫比他國。（中印度境。）城東二十餘里有大伽藍，院內有三寶階，南北列，面東西下，是佛昔於忉利天爲摩耶夫人說法訖，歸贍部洲下處。中是黃金，左是水精，右是白銀。如來起善法堂，將諸天衆躡中階而下，大梵天王執白拂，履銀階，處右，天帝釋持寶蓋，蹈水精階，居左。是時百千天衆、諸大菩薩陪隨而下。自數百年前猶有階級，今並淪没，後王戀慕，累甎石擬其狀，飾以雜寶，見高七十餘尺。上起精舍，中有石佛像，左右有釋、梵之像，並倣先儀，式彰如在。傍有石柱高七丈，無憂王所立。傍有石基，長五十餘步，高七尺，是佛昔經行處。

從此西北行二百里，至羯若鞠闍國。（此言曲女城。中印度。）國周四千里。都城西臨殑伽河，長二十餘里，廣五六里。伽藍一百餘所，僧徒萬餘人，大小俱學。其王吠奢種也，字曷利沙伐彈那，（此言喜增。）父字波羅羯邏伐彈那，（此言作增。）兄字遏邏闍伐彈那。（此言王增。）喜增在位仁慈，國人稱詠。時東印度羯羅拏蘇伐剌那（此言金耳。）國設賞迦王（此言日。）惡其明略而爲鄰患，乃誘而害之。大臣婆尼（此言明了。）及羣僚等，悲蒼生之無主，共立其弟尸羅阿迭多（此言戒日。）統承宗廟。王雄姿秀傑，算略宏遠，德動天地，義感人神，遂能雪報兄讎，牢籠印度，威風所及，禮教所霑，無不歸德。天下既定，黎庶斯安，於是戢武韜戈，營樹福業，敕其境內無得殺生，凡厥元元普令斷肉。隨其聖迹，皆建伽藍，歲三七日徧供衆僧。五年一陳無遮大會，府庫所積並充檀捨，詳其所行，須達拏之流矣。城西北有窣堵波，高二百餘尺，東南六七里殑伽河南有窣堵波，亦高二百餘尺，並無憂王所造，皆是佛昔說法處。

慧立、彦悰《大慈恩寺三藏法師傳》卷三《起阿踰陀國—終伊爛拏國》 自此東南行六百餘里，渡殑伽河，南至阿踰陀國。（中印度境。）寺百餘所，僧徒數千人，大小乘兼學。大城中有故伽藍，是伐蘇槃度菩薩（此言世親，舊婆藪槃豆，譯爲天親，訛也。）於此製大、小乘論及爲衆講處。城西北四五里，臨殑伽河岸大伽藍中，有窣堵波高二百餘尺，無憂王所建，佛昔三月說法處。其旁又有過去四佛經行處。

城西南五六里有故伽藍，是阿僧伽菩薩說法處。菩薩夜昇覩史多天，於慈氏菩薩所受《瑜伽論》、《莊嚴大乘論》、《中邊分別論》，晝則下天爲衆說法。阿僧伽亦名無著，即健陀邏國人也。佛滅度後一千年中出現於世，從彌沙塞部出家，後信大乘。弟世親菩薩於說一切有部出家，後信大乘。兄弟皆稟明聖之器，含著述之才，廣造諸論，解釋大乘，爲印度宗匠。如《攝大乘論》、《顯揚聖教》、《對法》、《唯識》、《俱舍論》等，皆其筆也。

法師自阿踰陀國禮聖迹，順殑伽河與八十餘人同船東下，欲向阿耶穆佉國。行可百餘里，其河兩岸皆是阿輸伽林，非常深茂。於林中兩岸各有十餘船賊，鼓棹迎流，一時而出。船中驚擾，投河者數人，賊遂擁船向岸，令諸人解脱衣服，搜求珍寶。然彼羣賊素事突伽天神，每於秋中覓一人質狀端美，殺取肉血用以祠之，以祈嘉福。見法師儀容偉麗，體骨當之，相顧而喜曰：「我等祭神時欲將過，不能得人，今此沙門形貌淑美，殺用祠之，豈非吉也！」法師報：「以奘穢陋之身，得充祠祭，實非敢惜。但以遠來，意者欲禮菩提像耆闍崛山，并請問經法，此心未遂，檀越殺之，恐非吉也。」船上諸人皆共同請，亦有願以身代，賊皆不許。於是賊帥遣人取水，於華林中治地設壇，和泥塗掃，令兩人拔刀牽法師上壇，欲即揮刃。法師顔無有懼，賊皆驚異。既知不免，語賊「願賜少時，莫相逼惱，使我

安心歡喜取滅」。法師乃專心覩史多宮念慈氏菩薩，願得生彼恭敬供養，受《瑜伽師地論》，聽聞妙法，成就通慧，還來下生，教化此人令修勝行，捨諸惡業，及廣宣諸法，利安一切。於是禮十方佛，正念而坐，注心慈氏，無復異緣。於心想中，若似登蘇迷盧山，越一二三天，見覩史多宮慈氏菩薩處妙寶臺，天衆圍繞。此時身心歡喜，亦不知在壇，不憶有賊。同伴諸人發聲號哭。須臾之間黑風四起，折樹飛沙，河流涌浪，船舫漂覆。賊徒大駭，問同伴曰：「沙門從何處來？名字何等？」報曰：「從支那國來求法者此也。諸君若殺，得無量罪。且觀風波之狀，天神已瞋，宜急懺悔。」賊懼，相率懺謝，稽首歸依。時亦不覺，賊以手觸，爾乃開目，謂賊曰：「時至耶？」賊曰：「不敢害師，願受懺悔。」法師受其禮謝，爲説殺盜邪祠諸不善業，未來當受無間之苦。何爲電光朝露少時之身，作阿僧企耶長時苦種！賊等叩頭謝曰：「某等妄想顛倒，爲所不應爲，事所不應事。若不逢師福德感動冥祇，何以得聞啟誨。請從今日已去即斷此業，願師證明。」於是遞相勸告，收諸劫具總投河流，所奪衣資各還本主，並受五戒。風波還静。賊羣歡喜，頂禮辭別。同伴驚歎轉異於常。遠近聞者莫不嗟怪。非求法殷重，何以致兹。

從此東行三百餘里，渡殑伽河，北至阿耶穆佉國。（中印度境。）從此東南行七百餘里，渡殑伽河南、閻牟那河北，至鉢羅耶伽國。（中印度境。）城西南瞻博迦華林中有窣堵波，無憂王所造，是佛昔降外道處。其側有伽藍，是提婆菩薩作《廣百論》，挫小乘外道處。

大城東兩河交處，其西有墠，周十四五里，土地平正，自古以來諸王豪族仁慈惠施，皆至於此，因號其處爲大施場。今戒日王亦繼斯軌，五年積財，七十五日散施，上從三寶，下至孤窮，無不悉施。

從此西南入大林，多逢惡獸、野象。經五百餘里，至憍賞彌國。（舊曰俱睒彌，訛。中印度。）伽藍十餘所，僧徒三百餘人。城内故宫中有大精舍，高六十餘尺，有刻檀佛像，上懸石蓋，鄔陀衍那王（此言出愛。舊云優填王，訛。）之所造也。昔如來在忉利天經夏爲母説法，王思慕，及請目連將巧工昇天觀佛尊顔容止，還以紫檀雕刻以像真容，世尊下來時，像迎佛，即此也。

城南有故宅，是瞿史羅（舊曰瞿師羅，訛。）長者故居也。城南不遠有故伽藍，即長者之園地。中有窣堵波，高二百餘尺，無憂王所造。次東南重閣是世親造《唯識論》處。次東菴没羅林有故基，是無著菩薩作《顯揚論》處。

從此東行五百餘里，至鞞索迦國。伽藍二十餘所，僧三千許人，學小乘正量部。東南道左有大伽藍，是昔提婆設摩阿羅漢造《識身足論》，説無我人，瞿波阿羅漢作《聖教要實論》，説有我人，因此法執，遂深諍論。又是護法菩薩七日中摧伏小乘一百論師處。其側又有如來六年説法處。有一樹高七十尺餘，昔佛因浄齒，木棄其餘枝，遂植根繁茂至今。邪見之徒數來殘伐，隨伐隨生，榮茂如本。

從此東北行五百餘里，至室羅伐悉底國。（舊曰舍衛，訛也。）周六千餘里，伽藍數百，僧徒數千，並學正量部。佛在時，鉢羅斯那恃多（此言勝軍。舊曰波斯匿，訛。）王所居都也。城内有王殿故基，次東不遠有故基，上建窣堵波，勝軍王爲佛造大講堂處。次復有塔，是佛姨母鉢羅闍鉢底（此言生主。舊曰波闍波提，訛也。）比丘尼精舍。次東有塔，是蘇達多（此言樂施。舊曰須達，訛也。）故宅。宅側有大窣堵波，是鴦窶利摩羅（舊曰央崛摩羅，訛也。）捨邪之處。

城南五六里有逝多林，（此言勝林。舊曰祇陀，訛也。）即給孤獨園也。昔爲伽藍，今已頽毁。東門左右各建石柱，高七十餘尺，無憂王所立。諸屋並盡，獨一甎室在。中有金像。昔佛昇天爲母説法，勝軍王心生戀慕，聞出愛王刻檀爲像，因造此也。伽藍後不遠是外道梵志殺婦謗佛處。伽藍東百餘步有大深坑，是提婆達多以毒藥害佛生身入地獄處。其南復有大坑，瞿伽梨比丘謗佛生身入地獄處。坑南八百餘步，是戰遮婆羅門女謗佛生身入地獄處。凡此三坑，窺不見底。

伽藍東七十餘步有精舍，伽藍高大，中有佛像東面坐，如來昔共外道論議處。次東有天祠，量等精舍，日光移轉，天祠影不及精舍，精舍影常覆天祠。次東三四里有窣堵波，是舍利子與外道論議處。大城西北六十餘里有故城，是賢劫中人壽二萬歲時，迦葉波佛父城也。城南是佛成正覺已初見父處。城北有塔，塔有迦葉波佛全身舍利，並無憂王所立。

從此東南行八百餘里，至劫比羅伐窣堵國。（舊曰迦毗羅衛國。）國周四千餘里，都城十餘里，並皆頽毁。宫城周十五里，壘甎而成，極牢固。内有故基，浄飯王之正殿，上建精舍，中作王像。次北有故基，是摩耶夫人之寢殿，上建精舍，中作夫人之像。其側有精舍，是釋迦菩薩降神母胎處，中作菩薩降生之像。上座部云，菩薩以嗢怛羅頞沙荼月三十日夜降神母胎，當此五月十五日。諸部則以此二十三日，當此五月八日。東北有窣堵波，阿私陀仙相太子處。於城左右有太子共諸釋種捔力處。又有太子乘馬踰城處，及先於四門見老、病、死及沙門，厭離世間迴駕處。

從自東行荒林五百餘里，至藍摩國。（中印度境。）居人稀少。故城東有甎窣

堵波，高百餘尺，如來涅槃後，此國先王分得舍利，還而造也，每放光明。其側有龍池，龍數變身爲人，繞塔行道，野象銜華常來供養。

其側不遠有伽藍，以沙彌知寺任。相傳昔有苾芻招命同學，遠來禮拜，見野象銜華，安置塔前，復以牙芟草，以鼻灑水，衆見無不感歎。有一苾芻便捨大戒，願留供養，謂衆人曰：「象是畜生，猶知敬塔獻華灑掃，我居人類，依佛出家，豈可目覩荒殘，不供事也！」即辭衆住，結宇疏地，種華植果，雖涉寒暑，不以勞倦。鄰國聞之，各捨財寶，共建伽藍，仍即屈知僧務，自此相承，遂爲故事矣。

沙彌伽藍東大林中行百餘里，有窣堵波，無憂王所建，是太子踰城至此，解寶衣、天冠、髻珠付闡鐸迦（舊曰車匿，訛也。）還處也。及剃髮，皆有塔記。

出此林已，至拘尸那揭羅國。處極荒梗。城内東北隅有窣堵波，無憂王所建，准陀故宅。（舊曰純陀，訛也。）宅中有井，將營獻供時鑿也，水猶澄映。

城西北三四里，度阿恃多伐底河，（此言無勝。舊曰阿利跋提河，訛也。）河側不遠至娑羅林，有樹似槲而皮青葉白，甚光潤，四雙齊高，即如來涅槃處也。有大甎精舍，内有如來涅槃之像，北首而卧。傍有大窣堵波，高二百餘尺，無憂王所造。又立石柱記佛涅槃事，不書年月，相傳云：佛處世八十年，以吠舍佉月後半十五日入涅槃，當此二月十五日。說一切有部復云：佛以迦剌底迦月後半入涅槃，當此九月八日。自涅槃以來，或云千二百歲，或千三百、或千五百，或云過九百未滿千年。又如來坐金棺爲母說法，出臂問阿難，現足示迦葉，香木焚身，八王分骨，皆有塔記。

從此復大林中經五百餘里，至婆羅痆（音女黠反。）斯國。國周四千餘里，都城西臨殑伽河，長十餘里，廣五六里。伽藍三十餘所，僧二千餘人，學小乘一切有部。

渡婆羅痆斯河東北行十餘里，至鹿野伽藍，臺觀連雲，長廊四合。僧徒一千五百人，學小乘正量部。大院内有精舍，高百餘尺，石階甎龕，層級百數，皆隱起黄金佛像。室中有鍮石佛像。量等如來身，作轉法輪狀。精舍東南有石窣堵波，無憂王所建，高百餘尺。前有石柱，高七十餘尺，是佛初轉法輪處。其側有梅怛麗（此言慈氏。舊曰彌勒，訛也。）菩薩受記處。次西有窣堵波，是佛昔爲護明菩薩，於賢劫中人壽二萬歲時，迦葉波佛所受記處。

釋迦受記南，有過去四佛經行處，長五十餘步，高七尺，以青石積成，上有四佛經行之像。

伽藍西有如來澡浴池，又有滌器池，又有浣衣池，並神龍守護，無人穢觸。池側有窣堵波，佛修菩薩行時，爲六牙白象施獵師牙處。又爲鳥時，與獼猴、白象約尼拘律樹，定長幼巡行化人處。又作鹿王，又度憍陳如等五人處。

從此順殑伽河流東行三百餘里，至戰主國。從此東北渡殑伽河行百四五十里，至吠舍釐國。（舊曰毗舍離，訛也。）國周五千餘里，土壤良沃，多菴没羅果、茂遮果。都城荒毁。故基周六七十里，居人甚少。宫城西北五六里有一伽藍，旁有窣堵波，是佛昔說《毗摩羅詰經》處。次東北三四里有窣堵波，是毗摩羅詰故宅，其宅尚多靈異。去此不遠有一室，積石所作，是無垢稱現疾說法處。其側亦有寶積故宅，菴摩羅女故宅。次北三四里有窣堵波，是佛將往拘尸那國般涅槃，天、人隨從竚立處。次西復有佛最後觀吠舍釐處，次南又有菴羅女持園施佛處，又有佛許魔王涅槃處。

從吠舍釐南境去殑伽河百餘里，到吠多補羅城，得《菩薩藏經》。

又南渡殑伽河，至摩揭陀國。（舊曰摩伽陀，訛也。）周五千餘里。俗崇學重賢。伽藍五十餘所，僧萬餘人，多大乘學。河南有故城，周七十餘里，雖復荒頽，猶有雉堞。昔人壽無量歲時，號拘蘇摩補羅城，（此言香華宫城。）王宫多華，故致此號。後至人壽數千歲時，更名波吒釐子國，（舊曰熙連弗邑，訛也。）復約波吒釐樹爲名。

至佛涅槃後第一百年，有阿輸迦王，（此言無憂王。舊曰阿育王，訛也。）即頻毗娑羅王（此言影堅。）之曾孫，自王舍城遷都來此。年代浸遠，今唯故基。伽藍數百，存者二三。故宫北臨殑伽河爲小城，城有千餘家，宫北有石柱高數十尺，無憂王作地獄處。法師在小城停七日，巡禮聖迹。地獄南有窣堵波，即八萬四千之一也。王以人工建立，中有如來舍利一升，每放神光。次有精舍，中有如來所履石，石上有佛雙迹，長一尺八寸，廣六寸，兩足下有千輻輪相，十指端有萬字華紋及瓶魚等，皎然明著，是如來將入涅槃，發吠舍釐至此，於河南岸大方石上立，顧謂阿難：「此是吾最後望金剛座及王舍城所留之迹也。」

精舍北有石柱，高三十餘尺，書記無憂王三以贍部洲施佛、法、僧，三以珍寶贖嗣也。故城東南有屈屈吒阿濫摩（此言雞園。）僧伽藍故基，無憂王所造，是召千僧四事供養處。是等聖跡，凡停七日，禮拜方徧。

又西南行六七由旬，至底羅磔加寺。寺有三藏數十人，聞法師至，皆出迎引。從此又南行百餘里，到菩提樹。樹垣壘甎，高峻極固。東西長，南北稍狹。正門東對尼連禪河，南門接大華池，西帶嶮固，北門通大伽藍，其内聖迹連接，或

精舍，或窣堵波，並諸王、大臣、豪富、長者慕聖營造，用爲旌記。正中有金剛座。賢劫初成，與天地俱起，據三千大千之中，下極金輪，上齊地際，金剛所成，周百餘步。言金剛者，取其堅固難壞，能沮萬物。若不依本際則地不能停，若不以金剛爲座則無地堪發金剛定。今欲降魔成道，必居於此，若於餘地，地便傾昃。故賢劫千佛皆就此焉。又成道之處亦曰道場，世界傾搖，獨此不動。

一二百年來衆生薄福，往菩提樹不見金剛座。佛涅槃後，諸國王以兩軀觀自在菩薩像南北標界，東向而坐。相傳此菩薩身没不見，佛法當盡，今南邊菩薩已没至胸。其菩提樹即畢鉢羅樹也，佛在時高數百尺，比頻爲惡王誅伐，今可五丈餘，佛坐其下，成無上等覺，因謂菩提樹。樹莖黄白，枝葉青潤，秋冬不凋，唯至如來涅槃日，其葉頓落，經宿還生如本。每至是日，諸國王與臣僚共集樹下，以乳灌洗，然燈散華，收葉而去。

法師至，禮菩提樹及慈氏菩薩所作成道時像，至誠瞻仰訖，五體投地，悲哀懊惱，自傷歎言佛成道時，不知漂淪何趣。今於像季方乃至斯，緬惟業障一何深重，悲淚盈目。時逢衆僧解夏，遠近輻湊數千人，觀者無不鳴噎。

其處一踰繕那聖跡充滿，停八九日，禮拜方遍。

至第十日，那爛陀寺衆差四大德來迎，即與同去。行可七踰繕那至寺莊，莊是尊者目連本生之村。至莊食，須臾，更有二百餘僧與千餘檀越將幢蓋、華香復來迎引，讚歎圍繞入那爛陀。既至，合衆都集。法師與相見訖，於上座頭别安牀，命法師坐，徒衆亦坐。坐訖，遣維那擊揵椎唱。法師住寺，寺中一切僧所畜用法物道具咸皆共同。

仍差二十人非老非少、閑解經律、威儀齊整者，將法師參正法藏，即戒賢法師也，衆共尊重不斥其名，號爲正法藏。於是隨衆入謁。既見，方事師資，務盡其敬，依彼儀式，膝行肘步，嗚足頂禮，問訊讚歎訖。法藏令廣敷牀座，命法師及諸僧坐。坐訖，問法師從何處來？報曰：「從支那國來，欲依師學《瑜伽論》。」聞已啼泣，唤弟子佛陀跋陀羅，(此言覺賢。)即法藏之姪也，年七十餘，博通經論，善於言談。法藏語曰：汝可爲衆説我三年前病惱因緣。」覺賢聞已，啼泣拭淚而説昔緣云：「和尚昔患風病，每發，手足拘急如火燒刀刺之痛，乍發乍息，凡二十餘載。去三年前，苦痛尤甚，厭惡此身，欲不食取盡。於夜中夢三天人，一黄金色，二瑠璃色，三白銀色，形貌端正，儀服輕明，來問和尚曰：『汝欲棄此身耶？經云，説身有苦，不説厭離於身。汝於過去曾作國王，多惱衆生，故招此報。今宜觀省宿愆，至誠懺悔，於苦安忍，勤宣經論，自當銷滅。直爾厭身，苦終不盡。』和尚聞已，至誠禮拜。其金色人指碧色者語和尚曰：『汝識不？此是觀自在菩薩。』又指銀色曰：『此是慈氏菩薩。』和尚即禮拜慈氏，問曰：『戒賢常願生於尊宮，不知得不？』報曰：『汝廣傳正法，後當得生。』金色者自言：『我是曼殊室利菩薩。我等見汝空欲捨身，不爲利益，故來勸汝。當依我語，顯揚正法《瑜伽論》等，徧及未聞，汝身即漸安隱，勿憂不差。有支那國僧樂通大法，欲就汝學，汝可待教之。』法藏聞已，禮拜報曰：『敬依尊教。』言已不見。自爾已來，和尚所苦瘳除。」僧衆聞者莫不稱歎希有。

法師得親承斯記，悲喜不能自勝，更禮謝曰：「若如所説，玄奘當盡力聽習，願尊慈悲攝受教誨。」法藏又問曰：「法師汝在路幾年？」答：「三年。」既與昔夢符同，種種誨喻令法師歡喜，以申師弟之情。

言訖辭出。向幼日王院安置於覺賢房第四重閣。七日供養已，更安置上房在護法菩薩房北，加諸供給。日得贍步羅果一百二十枚，檳榔子二十顆，荳蔻二十顆，龍腦香一兩，供大人米一升。其米大於烏豆，作飯香鮮，餘米不及，唯摩揭陀國有此秔米，餘處更無，獨供國王及多聞大德，故號爲供大人米。月給油三斗，酥乳等隨日取足。净人一人、婆羅門一人，免諸僧事，行乘象輿。那爛陀寺主客僧萬，預此供給添法師合有十人。其遊踐殊方，見禮如此。

那爛陀寺者，此云施無厭寺。耆舊相傳，此伽藍南菴没羅園中有池，池有龍名那爛陀，傍建伽藍，故以爲號。又云是如來昔行菩薩道時，爲大國王建都此地，憐愍孤窮，常行惠捨，物念其恩，故號其處爲施無厭地也。地本菴没羅長者園，五百商人以十億金錢買以施佛，佛於此處三月説法，商人多有證果。佛涅槃後，此國先王鑠迦羅阿迭多(此言帝日。)敬戀佛故，造此伽藍。王崩後，其子佛陀毱多王(此言覺密。)纂承鴻業，次南又造伽藍。至子怛他揭多王(此言如來。)次東又造伽藍。至子婆羅阿迭多，(此言幼日。)次東北又建伽藍。後見聖僧從此支那國往赴其供，心生歡喜，捨位出家。其子伐闍羅(此言金剛。)嗣位，次北又建伽藍。其後中印度王於側又造伽藍。如是六帝相承，各加營造，又以甎壘其外，合爲一寺，都建一門。庭序别開，中分八院。寶臺星列，瓊樓岳峙，觀竦煙中，殿飛霞上，生風雲於户牖，交日月於軒簷。加以渌水逶迤，青蓮菡萏，羯尼華樹暉煥其間，菴没羅林森竦其外。諸院僧室皆有四重重閣，虬棟虹梁，緑櫨朱柱，雕楹鏤檻，玉礎文梲，甍接瑤暉，榱連繩彩。印度伽藍數乃千萬，壯麗崇高，此爲其極。

僧徒主客常有萬人，並學大乘兼十八部，爰至俗典《吠陀》等書，因明、聲明、醫方、術數亦俱研習。凡解經、論二十部者一千餘人，三十部者五百餘人，五十部者并法師十人。唯戒賢法師一切窮覽，德秀年耆，爲衆宗匠。寺内講座日百餘所，學徒修習，無棄寸陰。德衆所居，自然嚴肅。建立以來七百餘載，未有一人犯譏過者。國王欽重，捨百餘邑充其供養，邑二百户，日進秔米、酥乳數百石。由是學人端拱無求而四事自足，藝業成就，斯其力焉。

法師於那爛陀寺安置已，向王舍城觀禮聖跡。王舍舊城彼云矩奢羯羅補羅城，（此言上茅宮城。）城處摩揭陀國之中，古昔君王多住其内。其地又生好香茅，故取爲稱。四面皆山，峻峭如削，西通小徑，北有大門，東西長，南北狹，周一百五十餘里。其内更有小城，基周三十餘里，羯尼迦樹處處成林，發萼開榮，四時無間，葉如金色。

宫城北面外有窣堵波，是提婆達多與未生怨王放護財醉象欲害佛處。此東北有窣堵波，是舍利子聞阿溼婆恃苾芻説法證果處。次北不遠有大深坑，是室利毱多（此言勝密。）受外道邪言，以火坑、毒飯欲害佛處。次大坑東北山城之曲有窣堵波，是時縛迦大醫（舊曰耆婆，訛也。）於此爲佛造説法堂處。其側現有時縛迦故宅。

宫城東北行十四五里，至姑栗陀羅矩吒山。（此云鷲峰，亦云鷲臺。舊曰耆闍崛山，訛也。）其山連岡北嶺，隆崛特高，形如鷲鳥，又狀高臺，故取爲稱。泉石清奇，林樹森鬱，如來在世多居此山説《法華》、《大般若》等無量衆經。

山城北門行一里餘，至迦蘭陀竹園，今現有甎室，如來在昔多居其中，制諸戒律。園主名迦蘭陀，先以此園施諸外道。後見佛，又聞深法，恨不以園得施如來。時地神知其意，爲現災怪怖諸外道，逐之令出，告曰：「長者欲以園施佛，汝宜速去。」外道含怒而出，長者歡喜，建立精舍訖，躬往請佛，佛爲受之。竹園東有窣堵波，阿闍多設咄路王（此言未生怨。舊曰阿闍世，訛也。）之所建。如來涅槃後，諸王共分舍利，未生怨王得已將歸，立塔供養。無憂王發心欲徧造諸塔，開取舍利，尚留少許，今每放光。

竹園西南行五六里，山側有別竹林，中有大石室，是尊者摩訶迦葉波於此與九百九十九大阿羅漢如來涅槃後結集三藏處。當結集時，無量聖衆雲集，迦葉告曰：「衆中自知具三明、六通，總持如來一切法藏無錯謬者住，餘各隨所安。」時簡得九百九十九人。阿難在於學地，迦葉語阿難：「汝漏未盡，勿污清衆。」阿難慚愧而出。一夜勤修，斷三界結，成阿羅漢，還來叩門。迦葉問曰：「汝結盡耶？」答曰：「然。」復曰：「若結盡者，不勞開門，隨意所入。」阿難乃從户隙而入，禮拜僧足。迦葉執其手曰：「我欲汝斷除諸漏證聖果，故驅逐汝出，汝當知之，勿以爲恨。」阿難曰：「若懷恨者，豈名結盡。」於是禮謝而坐。即初安居十五日時也。迦葉語阿難曰：「如來常於衆中稱汝多聞，總持諸法，汝可昇座爲衆誦《素怛纜藏》，即《一切經》也。」阿難承命而起，向佛般涅槃山方作禮訖，昇座誦經，諸衆隨口而録。録訖，又命優波離誦《毗奈耶藏》，即《一切戒律》也。訖誦，迦葉波自誦《阿毗達磨藏》，即《一切論議經》。三月安居中集三藏訖，書之貝葉方徧流通。諸聖相謂曰：「我等集此，名報佛恩，今日得聞，斯其力也。」以大迦葉僧中上座，因名上座部。

又此西二十里有窣堵波，無憂王所建，即大衆部共集之處。諸學、無學數千人，大迦葉結集時不預者，共集此中，更相謂曰：「如來在日，同一師學。世尊滅度，驅簡我等，我等豈不能結集法藏報佛恩耶？」復集《素怛纜藏》、《毗奈耶藏》、《阿毗達磨藏》、《雜集藏》、《禁呪藏》，别爲五藏，此中凡、聖同會，因謂之大衆部。

次東北三四里至曷羅闍姞利呬多城。（此言王舍。）外郭已壞，内城猶峻，周二十餘里，面有一門。初頻毗娑羅王居上茅宫時，百姓殷稠，居家鱗接。數遭火災，乃立嚴制，有不謹慎，先失火者，徙之寒林。寒林即彼國棄屍惡處也。頃之，王宫忽復失火。王曰：「我爲人王，自犯不行，無以懲下。」命太子留撫，王徙居寒林。時吠舍釐王聞頻毘娑羅野居於外，欲簡兵襲之。候望者知而奏，王乃築邑。以王先舍於此，故名王舍城，即新城也。後闍王嗣位，因都之。至無憂王遷都波吒釐，以城施婆羅門。今城中無雜人，唯婆羅門千餘家耳。宫城内西南隅有窣堵波，是殊底色迦長者故宅。（此言星曆。舊云樹提伽，訛也。）傍又有度羅怙羅處。（即佛子也。）

那爛陀寺西北有大精舍，高三百餘尺，婆羅阿迭多王之所建也。莊嚴甚麗，其中佛像同菩提樹像。精舍東北有窣堵波，如來昔於此七日説法處。西北又有過去四佛坐處。其南鍮石精舍，戒日王之所建，功雖未畢，詳其圖量，限高十餘丈。城次東二百餘步有銅立佛像，高八十餘尺，重閣六層方得覆及，昔滿胄王之所作也。又東行數里有窣堵波，佛初成道向王舍城至此，頻毘娑羅王與國人百千萬衆迎見佛處。

又東行三十餘里，至因陀羅勢羅窶訶山。東峰伽藍前有窣堵波，謂僧（斯贈

反）娑。（此言雁。）昔此伽藍依小乘漸教，食三淨食，於一時中買瞷不得，其檢校人傍徨無措，乃見羣雁翔飛，仰而戲言曰：「今日僧供有闕，摩訶薩埵宜知是時。」言訖，其引前者應聲而迴，鎩翮高雲，投身自墜。苾芻見已慚懼，徧告衆僧，聞者驚嗟，無不對之歎泣。各相謂曰：「此菩薩也。我曹何人，敢欲噉食。又如來設教，漸次而防，我等執彼初誘之言，便爲究竟之說，守愚無改，致此損傷。自今已後，宜依大乘，不得更食三淨。」仍建靈塔，以死雁埋中，題表其心，使永傳芳烈，以故有茲塔也。如是等聖跡，法師皆周徧觀禮訖。

還歸那爛陀寺，方請戒賢法師講《瑜伽論》，同聽者數千人。開題訖，少時，有一婆羅門於衆外悲號而復言笑。遣人問其所以，答言我是東印度人，曾於布磔伽山觀自在菩薩像所發願爲王，菩薩爲我現身，訶責我言：「汝勿作此願！後某年月日那爛陀寺戒賢法師爲支那國僧講《瑜伽論》，汝當往聽。因此聞法後得見佛，何用王爲！」今見支那僧來，師復爲講，與昔言同，所以悲喜。戒賢法師因令住聽經。十五月講徹，遣人將婆羅門送與戒日王，王封以三邑。

法師在寺聽《瑜伽》三徧，《順正理》一徧，《顯揚》、《對法》各一徧，《因明》、《聲明》、《集量》等論各二徧，《中》、《百》二論各三徧。其《俱舍》、《婆沙》、《六足》、《阿毗曇》等已曾於迦濕彌羅諸國聽訖，至此尋讀決疑而已。

兼學婆羅門書。印度梵書名爲記論，其源無始，莫知作者。每於劫初，梵王先說傳受天人，以是梵王所說，故曰梵書。其言極廣，有百萬頌，即舊譯云《毗伽羅論》者是也。然其音不正，若正應云《毗耶羯剌諵》，（音女咸反）此翻名爲《聲明記論》，以其廣記諸法能詮，故名《聲明記論》。昔成劫之初，梵王先說具百萬頌。後至住劫之初，帝釋又略爲十萬頌。其後北印度健馱羅國婆羅門覩羅邑波膩尼仙又略爲八千頌，即今印度現行者是。近又南印度婆羅門爲南印度王復略爲二千五百頌，邊鄙諸國多盛流行，印度博學之人所不遵習。此並西域音字之本。其支分明相助者，復有《記論略經》，有一千頌。又有字體三百頌，又有字緣兩種，一名《門擇迦》三千頌，二名《溫那地》二千五百頌，此辯字緣、字體。有《八界論》八百頌，此中略合字之緣、體。此諸記論辯能詮所詮，有其兩例。一名底（丁履反，下同。）彥多聲，有十八囀，二名蘇漫多聲，有二十四囀，其底彥多聲於文章壯麗處用，諸汎文亦少用。其二十四囀者於一切諸文同用。其底彥多聲十八囀者，有兩：一般羅颯迷，二阿答末涅，各有九囀，故合有十八。初九囀者，如汎論一事即一事有三。說他有三，自說有三，一一三中，說一、說二、說多，故有三也。兩句皆然，但其聲別，故分二九耳。依般羅颯迷聲說，有無等諸法。且如說有。有即三名，一名婆破（之靴反。）底，二名婆破破，（多訛反。）三名婆飯底。說他三者，一名婆破斯，二名婆破破，三名婆破他。自說三者，一婆破彌，二婆破靴，（去聲。）三婆破摩。（此第三依《四吠陀論》中說多言婆破末斯。）依阿答末涅九囀者，於前九囀下各置毗耶底言，餘同上。安此者令文巧妙無別義，亦表極美義也。蘇漫多聲二十四囀者，謂言總有八囀，於八囀中一一各三。謂說一、說二、說多，故開爲二十四。於二十四中一一皆三：謂男聲、女聲、非男非女聲。言八囀者：一詮諸法體，二詮所作業，三詮作具及能作者，四詮所爲事，五詮所因事，六詮所屬事，七詮所依事，八詮呼召事。且以男聲寄丈夫上作八囀者，丈夫印度語名布路沙。體三囀者，一布路殺，二布路筲，三布路沙。（去聲。）所作業三者，一布路芟，二布路筲，三布路霜。作具作者三者，一布路鎩拏，二布路鞞，（音鞞僣反，下同。）三布路鎩鞞，或言布路鎩呬。所爲事三者，一布路廈（沙詐反。）耶，二布路沙鞞，三布路鎩韵。（鞞約反，下同。）所因三者，一布路沙哆，（他我反。）二布路鎩鞞，三布路鎩韵。所屬三者，一布路鎩諮，（子耶反。）二布路鎩鞞，三布路鎩諵。（安咸反。）所依三者，一布路脺，（所齊反。）二布路殺諭，三布路鎩鏑。（所芻反。）呼召三者，一系布路殺，二系布路稍，三系布路沙。略舉一二如此，餘例可知，難爲具述。法師皆洞達其詞，與彼人言清典逾妙。如是鑽研諸部及學梵書，凡經五歲。

從此復往伊爛拏鉢伐多國。在路至迦布路伽藍。伽藍南二三里有孤山，巖巘崇崒，灌木蕭森，泉沼清澄，鮮華芬馥。既爲勝地，靈廟實繁，感變之奇，神異多種。最中精舍有刻檀觀自在菩薩像，威神特尊，常有數十人，或七日、二七日絕粒斷漿，請祈諸願，心殷至者，即見菩薩具相莊嚴，威光朗曜，從檀像中出，慰喻其人，與其所願。如是感見數數有人，以故歸者逾衆。其供養人恐諸來者坌污尊像，去像四面各七步許豎木鉤闌，人來禮拜，皆於闌外，不得近像。所奉香華，亦並遥散。其得華住菩薩手及掛臂者，以爲吉祥，以爲得願。

法師欲往求請，乃買種種華，穿之爲鬘，將到像所，志誠禮讚訖，向菩薩跪發三願：「一者，於此學已還歸本國，得平安無難者，願華住尊手；二者，所修福慧，願生覩史多宫事慈氏菩薩，若如意者，願華貫掛尊兩臂；三者，聖教稱衆生界中有一分無佛性者，玄奘今自疑不知有不，若有佛性，修行可成佛者，願華貫掛尊頸項。」語訖，以華遥散，咸得如言。既滿所求，喜歡無量。其傍同禮及守精舍人見已，彈指鳴足，言未曾有也。當來若成道者，願憶今日因緣先相度耳。

自此漸去至伊爛拏國。伽藍十所，僧徒四千餘人，多學小乘，說一切有部義。近有鄰王廢其國君，以都城施僧，於中並建二寺，各有千僧。有二大德，一名怛他揭多毱多，（此云如來密。）二名羼底僧訶，（此云師子忍也。）俱善薩婆多部。又停一年，就讀《毗婆沙》、《順正理》等。

大城南有窣堵波，佛昔於此三月爲天、人說法，其傍又有過去四佛遺跡。國西界殑伽河，南至小孤山，佛昔於此三月安居，降薄句羅藥叉。山東南巖下大石上有佛坐跡，入石寸餘，長五尺二寸，廣四尺一寸。又有佛置捃稚迦（即澡罐也。舊曰軍持，訛也。）跡，深寸餘，作八出華文。國南界荒林，多有大象，壯而高大焉。

慧立、彦悰《大慈恩寺三藏法師傳》卷四《起瞻波國—終迦摩縷波國王請》

自此順殑伽河南岸東行三百餘里，至瞻波國。（中印度境。）伽藍十所，僧徒二百餘人，習小乘教。城壘甎高數丈，基隍深闊，極爲崇固。昔者劫初人皆穴處，後有天女下降人中，遊殑伽河浴，水靈觸身生四子，分王贍部洲，刱疆界，築閭邑，此則一子之都。國南界數十由旬有大山林，幽茂連綿二百餘里，其間多有野象，數百爲羣，故伊爛拏、瞻波二國象軍最多，每於此林令象師調捕充國乘用。又豐豺、兕、黑豹，人無敢行。

相傳云：先佛未出之時，有一放牛人牧數百頭牛，驅至林中，有一牛離羣獨去，常失不知所在，至暮欲歸，還到羣內，而光色姝悅，鳴吼異常，諸牛咸畏，無敢處其前者。如是多日。牧牛人怪其所以，私候目之，須臾還去，遂逐觀之。見牛入一石孔，人亦隨入，可行四五里，豁然大明，林野光華，多異華果，爛然溢目，並非俗內所有。見牛於一處食草，草色香潤，亦人間所無。其人見諸果樹黃赤如金，香而且大，乃摘取一顆，心雖貪愛，仍懼不敢食。少時牛出，人亦隨歸，至石孔未出之間，有一惡鬼奪其果留。牧牛人以此問一大醫，並說果狀，醫言不可即食，宜方便將一出來。後日復隨牛入，還摘一顆，懷欲將歸，鬼復遮奪，其人以果內於口中，鬼復撮其喉，人即咽之。果既入腹，身遂洪大，頭雖得出，身猶在孔，竟不得歸。後家人尋訪，見其形變，無不驚懼，然尚能語，說其所由。家人歸還，多命手力欲共出之，竟無移動。

國王聞之自觀，慮爲後患，遣人掘挽，亦不能動。年月既久，漸變爲石，猶有人狀。後更有王知其爲仙果所變，謂侍臣曰：「彼既因藥身變，即身是藥，觀雖是石，其體終是神靈，宜遣人將鎚鑽斲取少許將來。」臣奉王命，與工匠往，盡力鐫鑿，凡經一旬，不得一片，今猶現在。

自此東行四百餘里，至羯朱嗢祇羅國。（中印度境。）尋禮聖跡，伽藍六七所，僧徒三百餘人。自此東度殑伽河，行六百餘里，至奔那伐彈那國。（南印度境。）尋禮聖跡，伽藍二十餘所，僧三千餘人，大小乘兼學。城西二十餘里有跋姞婆伽藍，臺閣壯峻，僧徒七百人。其側有窣堵波，無憂王所建，昔如來在此三月說法處，數放光明。又有四佛經行之跡。傍有精舍，中有觀自在菩薩像，至誠祈請，無願不遂。

自此東南行九百餘里，至羯羅拏蘇伐剌那國。（東印度境。）伽藍十餘所，僧徒三百餘人，學小乘正量部法。別有三伽藍，不食乳酪，此承提婆達多遺教也。大城側有絡多末知僧伽藍，（此言赤泥。）即往昔此國未有佛法時，南印度沙門客遊此國，降挫鍱腹外道邪論已，國王爲立。其側又有窣堵波，無憂王所建，是佛昔於此七日說法處。

從此東南出至三摩怛吒國。（東印度境。）濱近大海，氣序和暢。伽藍三十餘所，僧徒二千餘人，習上座部義。天祠外道其徒亦衆。去城不遠有窣堵波，無憂王所建，昔佛爲諸人、天於此七日說法處。去此不遠又有伽藍，中有青玉佛像，高八尺，相好端嚴，常有自然妙香，芬馥滿院。五色光瑞，往往燭天。凡預見聞，無不深發道意。

從自東北，海濱山谷間有室利差怛羅國，次東南海隅有迦摩浪迦國，次東有墮羅鉢底國，次東有伊賞那補羅國，次東有摩訶瞻波國，（此云林邑。）次西有閻摩那洲國。凡此六國，山海深遠，雖不入其境，而風俗可知。

自此三摩怛吒國西行九百餘里，至耽摩栗底國。（東印度境。）居近海隅，伽藍十餘所，僧衆千餘人。城側有窣堵波，高二百餘尺，無憂王所建，傍有過去四佛經行遺迹。

是時聞海中有僧伽羅國，（此云執師子。）有明上座部三藏及解《瑜伽論》者，涉海路七百由旬方可達彼。未去間，逢南印度僧相勸云，往師子國者不須水路，海中多有惡風、藥叉、濤波之難，可從南印度東南角，水路三日行即到。雖復跋履山川，然用爲安隱，并得觀烏荼等諸國聖跡。

法師即西南向烏荼國。（東印度境。）伽藍百餘所，僧徒萬餘人，學大乘法。亦有天祠外道，邪正雜居。窣堵波十餘所，皆無憂王所建，靈相間起。國東南境臨大海有折利怛羅城，（此言發行。）即入海商人及遠方客旅往來停止之路，南去僧伽羅國二萬餘里。每夜靜無雲之時，遙望見彼佛牙窣堵波上寶珠，光明瑩然，狀似

空中星躅。

自此西南大林中行一千二百餘里，至恭御陀國。（東印度境。）從此西南行大荒林一千四五百里，至羯餕伽國。（南印度境。）伽藍十餘所，僧五百餘人，學上座部法。往昔人極殷稠，爲擾觸一五通仙人，仙人瞋忿，以惡呪殘害，國人少長俱死，後餘處稍漸遷居，猶未充實。

自此西北行一千八百餘里，至南憍薩羅國。（中印度境。）王，刹帝利也。崇敬佛法，愛尚學藝。伽藍百所，僧徒萬人。天祠外道，頗亦殷雜。城南不遠有故伽藍，傍有窣堵波，無憂王所立。昔者如來於此處現大神變，降挫外道，後龍猛菩薩止此伽藍。時此國王號娑多婆訶，（此言引正。）珍敬龍猛，供衛甚厚。時提婆菩薩自執師子國來求論難，造門請通，門司爲白。龍猛素知其名，遂滿鉢盛水，令弟子持出示之。提婆見水，默而投針，弟子將還。龍猛見已，深加喜歎，曰：「水之澄滿，以方我德，彼來投針，遂窮其底，若斯人者，可與論玄議道，囑以傳燈。」即令引入。坐訖，發言往復，彼此俱歡，猶魚水相得。龍猛曰：「吾衰邁矣，朗耀慧日，其在子乎。」提婆避席禮龍猛足曰：「某雖不敏，敢承慈誨。」

其國有婆羅門善解因明，法師就停月餘日，讀《集量論》。

從此南大林中東南行九百餘里，至案達羅國。（南印度境。）城側有大伽藍，雕構宏壯，尊容麗肅。前有石窣堵波，高數百尺，阿折羅（此言所行。）阿羅漢所造。羅漢伽藍西南二十餘里有孤山，上有石窣堵波，是陳那（此言授。）菩薩於此作《因明論》處。

從此南行千餘里，至馱那羯磔迦國。（南印度境。）城東據山有弗婆勢羅（此言東山。）僧伽藍，城西據山有阿伐羅勢羅（此言西山。）僧伽藍，此國先王爲佛建立，窮大厦之規式，盡林泉之秀麗，天神保護，賢聖遊居。佛涅槃千年之内每有千凡夫僧同來安居，竟安居已，皆證羅漢，陵虛而去。千年之後，凡聖同居，自百餘年來，山神易質，擾惱行人，皆生怖懼，無復敢往，由是今悉空荒，寂無僧侣。城南不遠有一大石山，是婆毗吠迦（此言清辯。）論師住阿素洛宮，待慈氏菩薩成佛擬決疑處。

法師在其國逢二僧，一名蘇部底，一名蘇利耶，善解大衆部三藏，法師因就停數月，學大衆部《根本阿毗達磨》等論，彼亦依法師學大乘諸論，遂結志同行，巡禮聖跡。

自此西行千餘里，至珠利耶國。（南印度境。）城東南有窣堵波，無憂王所建，是佛昔於此地現大神通，摧伏外道，說法度人、天處。城西有故伽藍，是提婆菩薩與此寺嗢怛羅（此言上。）阿羅漢論議，至第七轉已去，羅漢無答，乃竊運神通，往覩史多宫問慈氏菩薩，菩薩爲釋，因告言「彼提婆者，植功曩久，當於賢劫成等正覺，汝勿輕也」。既還，復解前難。提婆曰：「此慈氏菩薩義，非仁者自智所得也。」羅漢慚服，避席禮謝之處。

從此南經大林，行一千五六百里，至達羅毗荼國。（南印度境。）國大都城號建志補羅。建志城即達磨波羅（此言護法。）菩薩本生之處。菩薩此國大臣之子，少而爽慧，弱冠之後，王愛其才，欲妻以公主。菩薩久修離欲，無心愛染，將成之夕，特起憂煩，乃於佛像前請祈加護，願脱兹難，而志誠所感，有大神王携負而出，送離此城數百里，置一山寺佛堂中。僧徒來見，謂之爲盜，菩薩自陳由委，聞者驚嗟，無不重其高志，因即出家。爾後專精正法，遂能究通諸部，閑於著述，乃造《聲明雜論》二萬五千頌，又《釋廣百論》、《唯識論》及《因明》數十部，並盛宣行。其茂德高才，別自有傳。

建志城即印度南海之口，向僧伽羅國水路三日行到。未去之間而彼王死，國内饑亂。有大德名菩提迷祇濕伐羅、（此云覺自在雲。）阿跋耶鄧瑟哳羅，（此云無畏牙。）如是等三百餘僧，來投印度，到建志城。法師與相見訖，問彼僧曰：「承彼國大德等解上座部三藏及《瑜伽論》，今欲往彼參學，師等因何而來？」報曰：「我國王死，人庶饑荒，無可依仗。聞贍部洲豐樂安隱，是佛生處，多諸聖跡，是故來耳。又知法之輩無越我曹，長老有疑，隨意相問。」法師引《瑜伽》要文大節徵之，亦不能出戒賢之解。

自此國界三千餘里，聞有秣羅矩吒國，（南印度境。）既居海側，極豐異寶。其城東有窣堵波，無憂王所建，昔如來於此說法現大神變，度無量衆處。國南濱海有秣剌耶山，崖谷崇深，中有白檀香樹，栴檀你婆樹，樹類白楊，其質涼冷，蛇多附之，至冬方蟄，用以别檀也。又有羯布羅香樹，松身異葉，華果亦殊，溼時無香，採乾之後，折之中有香，狀類雲母，色如冰雪，此所謂龍腦香也。

又聞東北海畔有城，自城東南三千餘里至僧伽羅國。（此言執師子，非印度境也。）國周七千餘里，都城周四十餘里，人户殷稠，穀稼滋實，黑小急暴，此其俗也。

國本寶渚，多有珍奇。其後南印度有女聘鄰國，路逢師子王，侍送之人怖畏逃散，唯女獨在車中，師子來見，負女而去，遠入深山，採果逐禽以用資給。歲月既淹，生育男女，形雖類人，而性暴惡。男漸長大，白其母曰：「我爲何類？父獸

母人。」母乃爲陳昔事。子曰：「人畜既殊，何不捨去而相守耶？」母曰：「非不有心，但無由免脱。」子後逐父登履山谷，察其經涉。他日伺父去遠，即擔携母妹，下投人里，至母本國，訪問舅氏，宗嗣已絶，寄止村閭。其師子王還，不見妻子，憤恚出山，哮吼人里，男女往來多被其害。百姓以事啟王，王率四兵，簡募猛士，將欲圍射。師子見已，發聲瞋吼，人馬傾墜，無敢赴者。如是多日，竟無其功。王復標賞告令，有能殺師子者賞賜億金。子語母曰：「饑寒難處，欲赴王募，如何？」母曰：「不可。彼雖是獸，仍爲爾父，若其殺者，豈復名人？」子曰：「若不如是，彼終不去，或當尋逐我等來入村閭。一旦王知，我等還死，亦不相留。何者？師子爲暴，緣孃及我，豈有爲一而惱多人？二三思之，不如應募。」於是遂行。師子見已，馴伏歡喜，都無害心，子遂以利刀開喉破腹，雖加此苦，而慈愛情深，含忍不動，因即命絶。王聞歡喜，怪而問之：「何因爾也？」竟不實言。種種窮迫，方乃具述。王曰：「嗟乎！非畜種者，誰辦此心。雖然，我先許賞，終不違言。但汝殺父，悖逆之人，不得更居我國。」敕有司多與金寶，逐之荒外，即莊兩船，多置黄金及資糧等，送箸海中，任隨流逝。男船泛海至此寶渚，見豐奇翫，即便止住。後商人將家屬採寶，復住其間，乃殺商人，留其婦女。如是産育子孫，經無量代，人衆漸多，乃立君臣。以其遠祖執殺師子，因爲國稱。女船泛海至波剌斯西，爲鬼魅所得，生育羣女，今西大女國是也。

又言僧伽羅是商人子名，以其多智，免羅剎鬼害，後得爲王，至此寶渚，殺除羅剎，建立國都，因之爲名，語在《西域記》。

其國先無佛法，如來涅槃後一百年中，無憂王弟摩醯因陀羅厭捨欲愛，獲四沙門果，乘空往來，遊化此國，顯讚佛教，發示神通，國人信慕，建立伽藍。見百餘所，僧徒萬人，遵行大乘及上座部教。緇徒肅穆，戒節貞明，相勗無怠。王宫側有佛牙精舍，高數百尺，以衆寶莊嚴，上建表柱，以鉢曇摩羅伽大寶置之刹端，光曜映空，静夜無雲，雖萬里同覩。

其側又有精舍，亦以雜寶莊嚴。中有金像，此國先王所造，髻有寶珠，無知其價。後有人欲盗此珠，守衛堅牢，無由得入，乃潛穴地中入室欲取，而像形漸高，賊不能及。却而言曰：「如來昔修菩薩道，爲諸衆生不惜軀命，無悋國城，何以今日反慳固也？以此思之，恐往言無實。」像乃僂身授珠。其人得已，將出貨賣，人有識者，擒之送王。王問所得。賊曰：「佛自與我。」乃具説所由。王自觀之，像首尚低。王覩靈聖，更發深心，以諸珍寶於賊處贖珠，還施像髻。今猶現在。

國東南隅有駿迦山，多神鬼依住。如來昔於此山説《駿迦經》。（舊曰楞伽，訛也。）國南浮海數千里至那羅稽羅洲，洲人短小，長於三尺，人身鳥喙，無稼穡，食椰子。其國海浪遼長，身不能至，訪諸人口，梗概如是。

自達羅毗荼與師子國僧七十餘人，西北歸，觀禮聖跡，行二千餘里，至建那補羅國。（南印度境。）伽藍百餘所，僧徒萬餘人，大小乘兼習。天祠外道亦甚衆多。王宫城側有大伽藍，僧徒三百餘人，並博贍文才。其精舍中有一切義成太子（舊曰悉達太子，訛也。）寶冠，高減二尺，盛以寶函，每到齋日，出置高臺，其至誠觀禮者，多感異光。城側伽藍有精舍，中有刻檀慈氏菩薩像，高十餘尺，亦數有光瑞，是聞二百億羅漢所造也。城北有多羅樹林，周三十餘里，葉長色潤，諸國抄寫，最以爲貴。

從此西北經大林暴獸之野，行二千四五百里，至摩訶剌侘國。（南印度境。）其俗輕死重節。王剎帝種也。好武尚戎，故其國士兵馬齊整，法令嚴明，每使將與敵戰，雖喪軍失利，不加刑罰，但賜女服，使其羞慚，彼人恥愧，多至自死。常養勇士數千人，暴象數百，臨將對陣又多飲酒，量其欲醉，然後麾旗，以此奮衝，未有不潰，恃兹慢傲，莫顧鄰敵。戒日王自謂智略宏遠，軍帥强盛，親臨征伐，亦不能摧制。

伽藍百餘所，僧徒五千餘人，大小乘兼習。亦有天祠塗灰之道。大城内外有五窣堵波，皆數百尺，是過去四佛所遊之跡，無憂王建也。

自此西北行千餘里，渡耐秣陀河，至跋祿羯呫婆國。（南印度境。）從此西北二千餘里，至摩臘婆國。（南羅羅國也。南印度境。）風俗調柔，崇愛藝業，五印度中唯西南摩臘婆、東北摩揭陀二國稱爲好學尚賢，善言談，有風韻。此國伽藍百餘所，僧徒二萬餘人，習小乘正量部教。亦有塗灰外道事天之衆。

相傳云，自六十年前有王名戒日，高才博學，仁慈惠和，愛育黎元，崇敬三寶，始自爲王，至於崩逝，口絶麤言，顔無愠色，不傷臣庶之意，無損蚊蟻之形。每象，馬飲水，漉而後飲，恐害水居之命也。爰至國人，亦令斷殺。由是野獸附人，豺狼息毒，境内夷静，祥瑞日興。營構精廬，窮極輪奂，造七佛之儀，設無遮之會。如是勝業，在位五十餘年，無時暫輟，黎庶思慕，於今不止。

大城西北二十餘里，婆羅門邑傍有陷坑，是大慢婆羅門謗毀大乘、生身入地獄處，語在《西域記》。

自此西北行二千四五百里，至阿吒釐國。（南印度境。）土出胡椒樹，樹葉似蜀椒；出薰陸香樹，樹葉類此棠梨也。

自此西北行三日，至契吒國。（南印度境。）自此北行千餘里，至伐臘毗國。（南印度境。）伽藍百餘所，僧衆六千餘人，學小乘正量部法。如來在日，屢遊此國，無憂王隨佛至處皆有表記。今王，剎帝利種也，即羯若鞠闍國尸羅阿迭多王之女婿，號杜魯婆跋吒，（此言帝冑。）性躁急，容止踈率，然貴德尚學，信愛三寶，歲設大會七日，延諸國僧，施以上味奇珍，床座、衣服，爰至藥餌之資，無不悉備。

自此西北行七百餘里，至阿難陀補羅國。（西印度境。）又西北行五百餘里，至蘇剌侘國。（西印度境。）自此東北行千八百里至瞿折羅國。又東南行二千八百餘里，至鄔闍衍那國。（南印度境。）去城不遠有窣堵波，是無憂王作地獄處。從此東北行千餘里，至擲枳陀國。（南印度境。）從此東北行九百餘里，至摩醯濕伐羅補羅國。（中印度境。）從此又西還蘇剌侘國。自此復西行，至阿點婆翅羅國。（西印度境。）如來在日，頻遊其地，無憂王隨有聖跡之處皆起窣堵波，今皆具在。

從此西行二千餘里，至狼揭羅國。（西印度境。）臨近大海，向西女國之路。自此西北至波剌斯國，非印度境，聞說之，其地多珠寶、大錦、細褐、善馬、駱駝其所出也。伽藍二三，僧徒數百，學小乘教說一切有部，釋迦佛鉢在此王宮。國東境有鶴秣城，西北接拂懍國，西南海島有西女國，皆是女人，無男子，多珍貨，附屬拂懍，拂懍王歲遣丈夫配焉，其俗產男，例皆不舉。

又從狼揭羅國東北行七百餘里，至臂多勢羅國。（西印度境。）中有窣堵波，高數百尺，無憂王所建，中有舍利，數放光明。是如來昔作仙人，爲國王害處也。

從此東北行三百餘里，至阿軬荼國。（西印度境。）城東北大林中有伽藍故基，是佛昔者於此處聽諸比丘著亟縛屣。（此言靴。）有窣堵波，無憂王所建。傍有精舍，中有青石立佛像，數放光明。次南八百餘步大林中，有窣堵波，無憂王所建，是如來昔日止此，夜寒，乃以三衣重覆，至明日開諸苾芻著納衣處。

從此又東行七百餘里，至信度國。（西印度境。）土出金、銀、鍮石、牛、羊、駱駝、赤鹽、白鹽、黑鹽等，餘處取以爲藥。如來在日，數遊此國，所有聖跡，無憂王皆建窣堵波以爲表記。又有烏波毱多大阿羅漢遊化之跡。

從此東行九百餘里，渡河東岸，至茂羅三部盧國。（西印度境。）俗事天神，祠宇華峻，其日天像鑄以黃金，飾諸雜寶，諸國之人多來求請。華林池沼，接砌簃階。凡預瞻觀，無不愛賞。

從此東北行七百餘里，至鉢伐多國。（北印度境。）城側有大伽藍，百餘僧皆學大乘，是昔慎那弗怛羅（此言最勝子）論師於此製《瑜伽師地釋論》，亦是賢愛論師、德光論師本出家處。

又其國有二三大德，並學業可遵。法師因停二年，就學正量部《根本阿毗達磨》及《攝正法論》、《教實論》等。

從此復東南，還摩揭陀施無厭寺，參禮正法藏訖。聞寺西三踰繕那有低羅擇迦寺，有出家大德名般若跋陀羅，本縛羅鉢底國人，於薩婆多部出家，善自宗三藏及《聲明》、《因明》等。法師就停兩月，諮決所疑。從此復往杖林山居士勝軍論師所。軍本蘇剌佗國人，剎帝利種也。幼而好學，先於賢愛論師所學《因明》，又從安慧菩薩學《聲明》、《大小乘論》，又從戒賢法師學《瑜伽論》，爰至外籍羣言，四《吠陀》典、天文、地理、醫方、術數，無不究覽根源，窮盡枝葉。既學該內外，德爲時尊，摩揭陀主滿冑王欽賢重士，聞風而悅，發使邀請，立爲國師，封二十大邑，論師不受。滿冑崩後，戒日王又請爲師，封烏荼國八十大邑，論師亦辭不受。王再三固請，亦皆固辭，謂王曰：「勝軍聞受人之祿，憂人之事。今方救生死縈纏之急，豈有暇而知王務哉？」言罷揖而出，王不能留。自是每依杖林山養徒教授，恒講佛經，道俗宗歸，常逾數百。法師就之，首末二年，學《唯識決擇論》、《意義理論》、《成無畏論》、《不住涅槃》、《十二因緣論》、《莊嚴經論》，及問《瑜伽》、《因明》等疑已。

於夜中忽夢見那爛陀寺房院荒穢，並繫水牛，無復僧侶。法師從幼日王院西門入，見第四重閣上有一金人，色貌端嚴，光明滿室。內心歡喜，欲登上無由，乃請垂引接。彼曰：「我曼殊室利菩薩也。以汝緣業未可來也。」乃指寺外曰：「汝看是。」法師尋指而望，見寺外火焚燒村邑，都爲灰燼。彼金人曰：「汝可早歸。此處十年後，戒日王當崩，印度荒亂，惡人相害，汝可知之。」言訖不見。法師覺已怪歎，向勝軍說之。勝軍曰：「三界無安，或當如是。既有斯告，任仁者自圖焉。」是知大士所行，皆爲菩薩護念。將往印度，告戒賢而駐待；淹留未返，示無常以勸歸。若所爲不契聖心，誰能感此？及永徽之末，戒日果崩，印度饑荒，並如所告。國家使人王玄策備見其事。

當此正月初時也。西國法以此月菩提寺出佛舍利，諸國道俗咸來觀禮，法師即共勝軍同往。見舍利骨或大或小，大者如圓珠，光明紅白，又肉舍利如豌豆大，其狀潤赤。無量徒衆獻奉香華，讚禮訖，還置塔中。至夜過一更許，勝軍共法

師論舍利大小不同云：「弟子見餘處舍利大如米粒，而此所見何其太大？師意有疑不？」法師報曰：「玄奘亦有此疑。」更經少時，忽不見室中燈，內外大明，怪而出望。乃見舍利塔光暉上發，飛燄屬天，色含五彩，天地洞朗，無復星月，兼聞異香氛氳溢院。於是遞相告報，言舍利有大神變，諸衆乃知，重集禮拜，稱歎希有。經食頃光乃漸收，至於欲盡，遶覆鉢數帀，然始總入，天地還闇，辰象復出。衆覩此已，咸除疑網。

禮菩提樹及諸聖跡，經八日，復還那爛陀寺。

時戒賢論師遣法師爲衆講《攝大乘論》、《唯識決擇論》。時大德師子光先已爲四衆講《中》、《百論》，述其旨破《瑜伽》義。法師妙閑《中》、《百》，又善《瑜伽》，以爲聖人立教，各隨一意，不相違妨，惑者不能會通，謂爲乖反，此乃失在傳人，豈關於法也。愍其局狹，數往徵詰，復不能酬答，由是學徒漸散，而宗附法師。

法師又以《中》、《百論》旨唯破遍計所執，不言依他起性及圓成實性，師子光不能善悟，見《論》稱「一切無所得」，謂《瑜伽》所立圓成實等亦皆須遣，所以每形於言。法師爲和會二宗言不相違背，乃著《會宗論》三千頌。《論》成，呈戒賢及大衆，無不稱善，並共宣行。師子光慚赧，遂出往菩提寺，別命東印度一同學名旃陀羅僧訶來相論難，冀解前恥。其人既至，憚威而默，不敢致言，法師聲譽益甚。

初師子光未去前，戒日王於那爛陀寺側造鍮石精舍，高逾十丈，諸國咸知。王後自征恭御陀，行次烏茶國，其國僧皆小乘學，不信大乘，謂爲空華外道，非佛所說。既見王來，譏曰：「聞王於那爛陀側作鍮石精舍，功甚壯偉，何不於迦波釐外道寺造，而獨於彼也？」王曰：「斯言何甚？」答曰：「那爛陀寺空華外道，與迦波釐不殊故也。」

先是南印度王灌頂師老婆羅門，名般若毱多，明正量部義，造《破大乘論》七百頌，諸小乘師咸皆歎重。因取示王曰：「我宗如是，豈有大乘人能難破一字者？」王曰：「弟子聞狐行鼷鼠之羣，自謂雄於師子。及其見也，則魂亡魄散。師等未見大乘諸德，所以固守愚宗。若一見時，恐還同彼。」彼曰：「王若疑者，何不集而對決是非？」王曰：「此亦何難。」即於是日發使修書與那爛陀寺正法藏戒賢法師曰：「弟子行次烏茶，見小乘師恃憑小見，製論誹謗大乘，詞理切害，不近人情，仍欲張鱗，共師等一論。弟子知寺中大德並才慧有餘，學無不悉，輒以許之，謹令奉報。願差大德四人，善自他宗兼內外者，赴烏茶國行從所。」正法藏得書，集衆量擇，乃差海慧、智光、師子光及法師爲四人，應王之命。

其海慧等咸憂，法師謂曰：「小乘諸部三藏，玄奘在本國及入迦濕彌羅以來遍皆學訖，具悉其宗。若欲將其教旨能破大乘義，終無此理。奘雖學淺智微，當之必了。願諸德不煩憂也。若其有負，自是支那國僧，無關此事。」諸人咸喜。後戒日王復有書來云：「前請大德未須即發，待後進止。」

時復有順世外道來求論難，乃書四十條義懸於寺門曰：「若有難破一條者，我則斬首相謝。」經數日，無人出應。法師遣房內淨人出取其義毀破，以足蹉蹋。婆羅門大怒，問曰：「汝是何人？」答曰：「我是摩訶耶那提婆奴。」婆羅門亦素聞法師名，慚恥更不與論。法師令喚入，將對戒賢法師及命諸德爲證，與之共論，徵其宗本歷外道諸家所立。其詞曰：「如餔多外道、離繫外道、髏鬘外道、殊徵伽外道，四種形服不同；數論外道、（舊曰僧佉。）勝論外道，（舊曰衛世師也。）二家立義有別。餔多之輩以灰塗體，用爲修道，遍身艾白，猶寢竈之猫狸。離繫之徒則露質標奇，拔髮爲德，皮裂足皴，狀臨河之朽樹。髏鬘之類，以髏骨爲鬘，莊頭掛頸，陷枯磈磊，若塚側之藥叉。徵伽之流披服糞衣，飲噉便穢，腥臊臭惡，譬溷中之狂豕。爾等以此爲道，豈不愚哉！至如數論外道，立二十五諦義，從自性生大，從大生我執，次生五唯量，次生五大，次生十一根，此二十四並供奉於我，我所受用；除離此已則我得清淨。勝論師立六句義，謂實、德、業有同異性和合性，此六是我所受具，未解脱已來受用前六；若得解脱，與六相離，稱爲涅槃。今破數論所立，如汝二十五諦中我之一種是別性，餘二十四展轉同爲一體，而自性一種以三法爲體，爲薩埵剌闍答摩。此三展轉合成大等二十三諦，二十三諦一一皆以三法爲體。若使大等一一皆攬三成，如衆如林，即是其假，如何得言一切是實？又此大等各以三成即一是一切，若一則一切則應一一皆有一切作用。既不許然，何因執三爲一切體性？又若一則一切應口眼等根，即是大小便路，又一一根有一切作用，應口耳等根聞香見色。若不爾者，何得執三爲一切法體，豈有智人而立此義？又自性既常，應如我體，何能轉變作大等法？又所計我其性若常，應如自性，不應是我。若如自性，其體非我，不應受用二十四諦。是則我非能受，二十四諦非是所受，既能所俱無，則諦義不立。」如是往復數番，婆羅門默無所說，起而謝曰：「我今負矣，任依先約。」法師曰：「我曹釋子終不害人，今役汝爲奴，隨我教命。」婆羅門歡喜敬從，即將向房，聞者無不稱慶。

時法師欲往烏茶，乃訪得小乘所製《破大乘義》七百頌者。法師尋省有數處

疑，謂所伏婆羅門曰：「汝曾聽此義不？」答曰：「曾聽五遍。」法師欲令其講。彼曰：「我今爲奴，豈合爲尊講？」法師曰：「此是他宗，我未曾見，汝但説無苦。」彼曰：「若然，請至夜中，恐處人聞從奴學法，污尊名稱。」於是至夜屏去諸人，令講一徧，備得其旨。遂尋其謬節，申大乘義而破之，爲一千六百頌，名《破惡見論》。將呈戒賢法師及宣示徒衆，無不嗟賞曰：「以此窮覈，何敵不亡。」其論如別。因謂婆羅門曰：「仁者論屈爲奴，於恥已足，今放仁者去，隨意所之。」婆羅門歡喜辭出，往東印度迦摩縷波國向鳩摩羅王談法師德義，王聞甚悦，即發使來請焉。

慧立、彦悰《大慈恩寺三藏法師傳》卷五《起尼乾占歸國—終至帝城之西漕》

鳩摩羅使未至間，有一露形尼乾子名伐闍羅忽入房來。法師聞尼乾善於占相，即請坐問所疑，曰：「玄奘支那國僧，來此學問，歲月已久。今欲歸還，不知達不？又去住二宜，何最爲吉？及壽命長短。願仁者占看。」尼乾乃索一白石畫地而筮，報法師曰：「師住時最好，五印度及道俗無不敬重；去時得達，於敬重亦好，但不如住。師之壽命，自今已去，更可十年。若憑餘福轉續，非所知也。」法師又問，意欲思歸，經像既多，不知若爲勝致。尼乾曰：「勿憂，戒日王、鳩摩羅王自遣人送師，必達無苦。」法師報曰：「彼二王者從來未面，如何得降此恩？」尼乾曰：「鳩摩羅王已發使來請，二三日當到，既見鳩摩羅，亦便見戒日。」如是言訖而去。

法師即作還意，莊嚴經像。諸德聞之，咸來勸住，曰：「印度者，佛生之處。大聖雖遷，遺蹤具在，巡遊禮讚，足預平生，何爲至斯而更捨也？又支那國者，蔑戾車地，輕人賤法，諸佛所以不生，志狹垢深，聖賢由兹弗往，氣寒土嶮，亦焉足念哉！」法師報曰：「法王立教，義尚流通，豈有自得霑心而遺未悟。且彼國衣冠濟濟，法度可遵，君聖臣忠，父慈子孝，貴仁貴義，尚齒尚賢。加以識洞幽微，智與神契。體天作則，七耀無以隱其文；設器分時，六律不能韜其管。故能驅役飛走，感致鬼神，消息陰陽，利安萬物。自佛遺法東被，咸重大乘，定水澄明，戒香芬馥。發心造行，願與十地齊功，斂掌熏修，以至三身爲極。向蒙大聖降靈，親麾法化，耳承妙説，目擊金容，並轡長途，未可知也，豈得稱佛不往，遂可輕哉！」彼曰：「經言諸天隨其福德，共食有異。今與法師同居贍部，而佛生於此，不往於彼，以是將爲邊惡地也，地既無福，所以勸仁勿歸。」法師報曰：「無垢稱言：『夫日何故行贍部洲？』答曰：『爲之除冥。』今所思歸，意遵此耳。」

諸德既見不從，乃相呼往戒賢法師所具陳其意。戒賢謂法師曰：「仁意定何如？」報曰：「此國是佛生處，非不愛樂。但玄奘來意者，爲求大法，廣利羣生。自到已來，蒙師爲説《瑜伽師地論》，決諸疑網，禮見聖跡，及聞諸部甚深之旨，私心慰慶，誠不虚行。願以所聞，歸還翻譯，使有緣之徒同得聞見，用報師恩，由是不暇停住。」戒賢喜曰：「此菩薩意也，吾心望爾亦如是。任爲裝束，諸人不須苦留。」言訖還房。

經二日，東印度鳩摩羅王遣使奉書與戒賢法師曰：「弟子願見支那國大德，願師發遣，慰此欽思。」戒賢得書，告衆曰：「鳩摩羅王欲請玄奘，但此人衆差擬往戒日王所，與小乘對論，今若赴彼，戒日儻須，如何可得？不宜遣去。」乃謂使曰：「支那僧意欲還國，不及得赴王命。」使到，王更遣來請曰：「師縱欲歸，暫過弟子，去亦非難。必願垂顧，勿復致違。」

戒賢既不與遣，彼王大怒，更發別使賫書與戒賢法師曰：「弟子凡夫，染習世樂，於佛法中未知迴向。今聞外國僧名，身心歡喜，似開道芽之分，師復不許其來，此乃欲令衆生長淪永夜，豈是大德紹隆遺法，汲引物哉？不勝渴仰，謹遣重諮。若也不來，弟子則分是惡人，近者設賞迦王猶能壞法毁菩提樹，師謂弟子無此力耶？必當整理象軍，雲萃於彼，踏那爛陀寺，使碎如塵。此言如日，師好試看。」戒賢得書，謂法師曰：「彼王者善心素薄，境内佛法不甚流行。自聞仁名，似發深意。仁或是其宿世善友，努力爲去，出家以利物爲本，今正其時。譬如伐樹，但斷其根，枝修自殄。到彼令王發心，則百姓從化。若違不赴，或有魔事。勿憚小勞。」

法師辭師，與使俱去。至彼，王見甚喜，率羣臣迎拜讚歎，延入宫，日陳音樂，飲食華香，盡諸供養，請受齋戒。如是經月餘。

戒日王討恭御陀還，聞法師在鳩摩羅處，驚曰：「我先頻請不來，今何因在彼？」發使語鳩摩羅王：「急送支那僧來！」王曰：「我頭可得，法師未可即來。」使還報，戒日王大怒，謂侍臣曰：「鳩摩羅王輕我也，如何爲一僧發是麤語！」更遣使責曰：「汝言頭可得者，即付使將來。」鳩摩羅深懼言失，即命嚴象軍二萬，乘船三萬艘，共法師同發，泝殑伽河以赴王所，至羯朱嗢祇羅國，遂即參及。

鳩摩羅王將欲發引，先令人於殑伽河北營行宫。是日渡河至宫，安置法師訖，自與諸臣參戒日王於河南。戒日王見來甚喜，知其敬愛於法師，亦不責其前語，但問「支那僧何在？」報曰：「在某行宫。」王曰：「何不來？」報曰：「大王欽

賢愛道，豈可遣師就此參王。」王曰：「善。且去，某明日自來。」鳩摩羅還謂法師曰：「王雖言明日來，恐今夜即至，仍須候待。若來，師不須動。」法師曰：「玄奘佛法理自如是。」至夜一更許，王果來。有人報曰：「河中有數千炬燭，並步鼓聲。」王曰：「此戒日王來。」即敕擎燭，自與諸臣遠迎。其戒日王行時，每將金鼓數百，行一步一擊，號爲節步鼓。獨戒日王有此，餘王不得同也。既至，頂禮法師足，散華瞻仰，以無量頌讚歎訖，謂法師曰：「弟子先時請師，何爲不來？」報曰：「玄奘遠尋佛法，爲聞《瑜伽師地論》。當奉命時，聽論未了，以是不遂參王。」王又問曰：「師從支那來，弟子聞彼國有《秦王破陣樂》歌舞之曲，未知秦王是何人？復有何功德，致此稱揚？」法師曰：「玄奘本土見人懷聖賢之德，能爲百姓除兇翦暴，覆潤羣生者，則歌而詠之。上備宗廟之樂，下入閭里之謳。秦王者，即支那國今之天子也。未登皇極之前，封爲秦王。是時天地版盪，蒼生乏主，原野積人之肉，川谷流人之血，妖星夜聚，沴氣朝凝，三河苦封豕之貪，四海困長蛇之毒。王以帝子之親，應天策之命，奮威振旅，撲翦鯨鯢，杖鉞麾戈，肅清海縣，重安宇宙，再耀三光。六合懷恩，故有茲詠。」王曰：「如此之人，乃天所以遣爲物主也。」又謂法師曰：「弟子且還。明日迎師，願不憚勞。」於是辭去。

詰旦使來，法師共鳩摩羅同去至戒日宫側，王與門師二十餘人出迎入坐，備陳珍饍，作樂散華供養訖。王曰：「聞師作《制惡見論》，何在？」法師報：「在此。」因取觀。觀訖，王甚悅，謂其門師等曰：「弟子聞日光既出則螢燭奪明，天雷震音而鎚鑿絕響。師等所守之宗，他皆破訖，試可救看。」諸僧無敢言者。王曰：「師等上座提婆犀那，自云解冠羣英，學該衆哲，首興異見，常毀大乘。及聞客大德來，即往吠舍釐禮觀聖跡，託以逃潛，故知師等無能也。」王有妹聰慧利根，善正量部義，坐於王後。聞法師序大乘，宗塗奧曠，小教局淺，夷然歡喜，稱讚不能已。

王曰：「師論大好，弟子及此諸師並皆信伏，但恐餘國小乘外道尚守愚迷，望於曲女城爲師作一會，命五印度沙門、婆羅門、外道等，示大乘微妙，絕其毀謗之心，顯師盛德之高，摧其我慢之意。」是日發敕告諸國及義解之徒，集曲女城，觀支那國法師之論焉。

法師自冬初共王逆河而進，至臘月方到會場。五印度中有十八國王到，諳知大小乘僧三千餘人到，婆羅門及尼乾外道二千餘人到，那爛陀寺千餘僧到。是等諸賢並博蘊文義，富贍辨才，思聽法音，皆來會所。兼有侍從，或象或輿，或幢或旛，各自圍繞，峨峨岌岌，若雲興霧涌，充塞數十里間，雖六齊之舉袂成帷，三吴之揮汗爲雨，未足方其盛也。

王先敕會所營二草殿，擬安像及徒衆，比到並成。其殿峻廣，各堪坐千餘人。王行宫在會場西五里。日於宫中鑄金像一軀，裝一大象，上施寶帳，安佛在其中。戒日王作帝釋形，手執白拂侍右，鳩摩羅王作梵王形，執寶蓋侍左，皆著天冠華鬘，垂纓珮玉。又裝二大象，載寶華逐佛後，隨行隨散。令法師及門師等各乘大象，次列王後。又以三百大象，使諸國王、大臣、大德等乘，魚麗於道側，稱讚而行。從旦裝束，自行宫引向會所，至院門各令下乘，捧佛入殿，置於寶座。王共法師等以次供養。然後命十八國王入；諸國僧名稱最高、文義贍博者，使千餘人入；婆羅門、外道有名行者，五百餘人入；諸國大臣等二百餘人入。自外道俗，各令於院門外部伍安置。王遣内外並設食。

食訖，施佛金槃一、金椀七、金澡罐一、金錫杖一（枚）、金錢三千、上氎衣三十。法師及諸僧等施各有差。施訖，別設寶牀，請法師坐爲論主，稱揚大乘序作論意，仍遣那爛陀寺沙門明賢法師讀示大衆。別令寫一本懸會場門外示一切人，若其間有一字無理能難破者，請斬首相謝。如是至晚，無一人致言，戒日王歡喜，罷會還宫，諸王、諸僧各歸所止，次法師共鳩摩羅王亦還自宫。明旦復來，迎像送引聚集如初。

經五日，小乘外道見毀其宗，結恨欲爲謀害。王知，宣令曰：「邪黨亂真，其來自久。埋隱正教，誤惑衆生，不有上賢，何以鑒僞。支那法師者，神宇衝曠，解行淵深，爲伏羣邪，來遊此國，顯揚大法，汲引愚迷，妖妄之徒不知慚悔，謀爲不軌，翻起害心，此而可容，孰不可恕！衆有一人傷觸法師者斬其首，毀罵者截其舌。其欲申辭救義，不拘此限。」自是邪徒戢翼，竟十八日無人發論。

將散之夕，法師更稱揚大乘，讚佛功德，令無量人返邪入正，棄小歸大。戒日王益增崇重，施法師金錢一萬、銀錢三萬、上氎衣一百領；十八國王亦各施珍寶。法師一皆不受。王命侍臣莊嚴一大象，施幢請法師乘，令貴臣陪衛，巡衆告唱，表立義無屈。西國法，凡論得勝如此，法師讓不行。王曰：「古來法爾，事不可違。」乃將法師袈裟遍唱曰：「支那國法師立大乘義，破諸異見，自十八日來無敢論者，普宜知之。」諸衆歡喜，爲法師競立美名，大乘衆號曰「摩訶耶那提婆」，此云「大乘天」。小乘衆號曰「木叉提婆」，此云「解脱天」。燒香散華，禮敬而去，自是德音彌遠矣。

王行宮西有一伽藍，王所供養，中有佛牙，長可寸半，其色黃白，每放光明。

昔迦濕彌羅國訖利多種滅壞佛法，僧徒解散。有一苾芻遠遊印度。其後覩貨邏國雪山下王忿諸賤種毀滅佛法，乃詐爲商旅，率三千勇士，多賫珍寶，僞言獻奉。其王素貪，聞之甚喜，遣使迎接。但雪山王稟質雄猛，威肅如神，既至其座，去帽而叱之，訖利多王覩便驚懾，顛仆於地。雪山王按其首而斬之，謂其羣臣曰：「我雪山下王。念爾諸奴毀壞佛法，故來罰汝。然則過在一人，非關汝輩，各宜自安，唯扇惑其王首爲惡者逐之他國，餘無所問。」既殲醜孽，建立伽藍，召集僧徒，奉施而返。

前投印度苾芻聞國平定，杖錫旋歸，路逢羣象鳴吼而來，苾芻見已，昇樹藏避，象乃吸水灌樹，以牙排掘，須臾樹倒，象以鼻卷苾芻置背上負載而去。至一大林，中有病象，患瘡而臥。象引比丘手觸其苦處，見瘡有竹刺，爲拔刺引去膿血，裂衣爲裹，象得漸安。明日諸象競求果味，奉施苾芻，苾芻食已，有一象將金函授於病者，病象得已，授與苾芻，苾芻得已，諸象載送出林，到舊處，置於地，跪拜而去。苾芻開函，乃佛牙也，將歸供養。

近戒日王聞迦濕彌羅有佛牙，親至界首，請看禮拜。諸衆悋惜，不聽將出，乃別藏之。但其王懼戒日之威，處處掘覓，得已將呈，戒日見之，深生敬重，倚恃强力，遂奪歸供養，即此牙也。

散會後，王以所鑄金像、衣錢等付囑伽藍，令僧守護。

法師先已辭那爛陀諸德，及取經像訖，罷論竟，至十九日辭王欲還。王曰：「弟子嗣承宗廟，爲天下主，三十餘年，常慮福德不增廣，往因不相續，以故積集財寶，於鉢羅耶伽國兩河間立大會場，五年一請五印度沙門、婆羅門及貧窮孤獨，爲七十五日無遮大施。已成五會，今欲作第六會，師何不暫看隨喜。」法師報曰：「菩薩爲行，福慧雙修，智人得果，不忘其本。王尚不悋珍財，玄奘豈可辭少停住，請隨王去。」王甚喜。

至二十一日，發引向鉢羅耶伽國就大施場。殑伽河在北，閻牟那河在南，俱從西北東流至此國而會。其二河合處，西有大墠，周圍十四五里，平坦如鏡，自昔諸王皆就其地行施，因號施場焉。相傳云，若於此地施一錢，勝餘處施百千錢，由是古來共重。王敕於墠上建施場，豎蘆爲籬，面各千步，中作草堂數十間，安貯衆寶，皆金、銀、真珠、紅玻瓈、寶帝青珠、大青珠等，其傍又作長舍數百間，貯憍奢耶衣、斑氍衣、金銀錢等。籬外別作造食處，於寶庫前更造長屋百餘行，似此邑肆行，一一長屋可坐千餘人。

先是王敕告五印度沙門、外道尼乾、貧窮孤獨，集施場受施。有因法師曲女城會不歸便往施所者，十八國王亦便逐王行。比至會場，道俗到者五十餘萬人。戒日王營殑伽河北岸，南印度王杜魯婆跋吒營合河西，鳩摩羅王營閻牟那河南華林側，諸受施人營跋吒王西。

辰旦，其戒日王與鳩摩羅王乘船軍，跋吒王從象軍，各整儀衛，集會場所，十八國諸王以次陪列。初一日，於施場草殿內安佛像，布施上寶上衣及美饌，作樂散華，至日晚歸營。第二日，安日天像，施寶及衣半於初日。第三日，安自在天像，施如日天。第四日，施僧萬餘人，百行俱坐，人施金錢百、文珠一枚、氎衣一具，及飲食香華供養訖而出。第五番施婆羅門，二十餘日方徧。第六番施外道，十四方徧。第七番施遠方求者，十日方徧。第八番施諸貧窮孤獨者，一月方徧。至是，五年所積府庫俱盡，唯留象、馬、兵器，擬征暴亂，守護宗廟。自餘寶貨及在身衣服、瓔珞、耳璫、臂釧、寶鬘、頸珠、髻中明珠，總施無復孑遺。

一切盡已，從其妹索麤弊衣著，禮十方佛，踊躍歡喜，合掌言曰：「某比來積集財寶，常懼不入堅牢之藏。今得貯福田中，可謂入藏矣。願某生生常具財法等施衆生，成十自在，滿二莊嚴。」

會訖，諸王各將諸寶錢物，於諸衆邊贖王所施瓔珞、髻珠、御服等還將獻王。經數日，王衣服及上寶等服用如故。

法師辭欲歸，王曰：「弟子方欲共師闡揚遺法，何遽即歸？」如是留連復十餘日，鳩摩羅王慇懃亦如是，謂法師曰：「師能住弟子處受供養者，當爲師造一百寺。」法師見諸王意不解，乃告以苦言曰：「支那國去此遐遠，晚聞佛法，雖霑梗概，不能委具，爲此故來訪殊異耳。今果願者，皆由本土諸賢思渴誠深之所致也，以是不敢須臾而忘。《經》言『障人法者，當代代無眼』。若留玄奘則令彼無量行人失知法之利，無眼之報寧不懼哉！」王曰：「弟子慕重師德，願常瞻奉，既損多人之益，實懼於懷，任師去住。雖然，不知師欲從何道而歸？師取南海去者，當發使相送。」法師報曰：「玄奘從支那來，至國西界，有國名高昌，其王明睿樂法，見玄奘來此訪道，深生隨喜，資給豐厚，願法師還日相過，情不能違，今者還須北路而去。」王曰：「師須幾許資糧？」法師報：「無所須。」王曰：「何得爾？」於是命施金錢等物，鳩摩羅王亦施衆珍，法師並皆不納。唯受鳩摩羅王曷剌犛帔，（即麤毛下細者所作。）擬在塗防雨。於是告別，王及諸衆相餞數十里而歸。

將分之際，嗚噎各不能已。

法師以經像等附北印度王烏地多軍，鞍乘漸進。後戒日王更附烏地王大象一頭、金錢三千、銀錢一萬，供法師行費。別三日，王更與鳩摩羅王、跋吒王等各將輕騎數百復來送別，其慇勤如是。仍遣達官四人名摩訶怛羅。（類此散官也。）王以素氎作書，紅泥封印，使達官奉書送法師所經諸國，令發乘遞送，終至漢境。

自發鉢羅耶伽國西南大林野中，行七日，到憍賞彌國，城南劬師羅長者施佛園處，禮聖跡訖，復與烏地多王西北行。一月餘日，歷數國，重禮天梯聖跡。

復西北行三踰繕那，至毗羅那拏國都城。停兩月日，逢師子光、師子月同學二人，講《俱舍》、《攝論》、《唯識論》等，皆來迎接甚歡。法師至，又開《瑜伽決擇》及《對法論》等，兩月訖，辭歸。

復西北行一月餘日，經數國，至闍蘭達國，即北印度王都，復停一月。烏地王遣人引送，西行二十餘日，至僧訶補羅國，時有百餘僧皆北人，賫經像等依法師而還。如此復二十餘日，山澗中行，其處多賊，法師恐相劫掠，常遣一僧預前行，若逢賊時，教説「遠來求法，今所賫持並經、像、舍利，願檀越擁護，無起異心。」法師率徒侶後進。時亦屢逢，然卒無害。

如是二十餘日行，至呾叉尸羅國，重禮月光王捨千頭處。國東北五十踰繕那即迦濕彌羅國，其王遣使迎請，法師爲象行輜重不果去。停七日，又西北行三日至信度大河，河廣五六里，經像及同侣人並坐船而進，法師乘象涉渡。時遣一人在船看守經及印度諸異華種，將至中流，忽然風波亂起，摇動船舫，數將覆没，守經者惶懼墮水，衆人共救得出，遂失五十夾經本及華種等，自餘僅得保全。

時迦畢試王先在烏鐸迦漢荼城，聞法師至，躬到河側奉迎，問曰：「承師河中失經，師不將印度華果種來？」答曰：「將來。」王曰：「鼓浪傾船，事由於此。自昔以來，欲將華種渡者，並然。」因共法師還城，寄一寺停五十餘日，爲失經本，更遣人往烏長（去聲）那國抄寫迦葉臂耶部三藏。迦濕彌王聞法師漸近，亦忘遠躬來參拜，累日方歸。

法師與迦畢試王相隨西北行，一月餘日，至藍波國境。王遣太子先去，敕都人及衆僧莊辦幢旛，出城迎候，王與法師漸發。比至，道俗數千人，幢旛甚盛，衆見法師，歡喜禮拜訖，前後圍遶讚詠而進。至都，停一大乘寺，時王亦爲七十五日無遮大施。

自此復正南行十五日，往伐剌拏國，禮聖跡。又西北，往阿薄健國。又西北，往漕矩吒國。又北行五百餘里，至佛栗氏薩儻那國。從此東出至迦畢試國境。王又爲七日大施訖，法師辭發。東北行一踰繕那，至瞿盧薩謗城，與王別北行。

王遣一大臣將百餘人，送法師度雪山，負芻草糧食資給。行七日，至大山頂。其山疊嶂危峰，參差多狀，或平或聳，勢非一儀，登陟艱辛，難爲備叙。自是不得乘馬，策杖而前。復經七日，至一高嶺，嶺下有村，可百餘家，養羊畜，羊大如驢。其日宿於此村，至夜半發，仍令村人乘山駝引路。其地多雪澗凌溪，若不憑鄉人引導，交恐淪墜。至明晝日，方渡凌嶮，時唯七僧并雇人等有二十餘，象一頭、騾十頭、馬四疋。明日到嶺底，尋盤道復登一嶺，望之如雪，及至皆白石也。此嶺最高，雖雲結雪飛，莫至其表。是日將昏，方到山頂，而寒風凄凛，徒侣之中無能正立者。又山無卉木，唯積石攢峰，岋岋然如林笋矣。其處既山高風急，鳥將度者皆不得飛，自嶺南嶺北各行數百步外，方得舒其六翮矣。尋贍部洲中嶺岳之高，亦無過此者。

法師從西北下數里有少平地，施帳宿，旦而進，經五六日下山，至安怛羅縛婆國，即覩貨羅之故地。伽藍三所，僧徒數十，習大衆部法。有一窣堵波，無憂王建也。法師停五日，西北下山行四百餘里，至闊悉多國，亦覩貨羅之故地。從此西北復山行三百餘里，至活國，居縛芻河側，即覩貨羅東界，都城在河南岸。因見葉護可汗孫王覩貨羅，自稱葉護。至衙停一月，葉護遣衛送，共商侣東行。

二日，至曹健國。其傍又有阿利尼國、曷邏胡國、訖栗瑟摩國、鉢利曷國，皆覩貨羅故地也。自曹健復東行入山三百餘里，至呬摩怛羅國，亦覩貨羅故地。風俗大同突厥，而尤異者，婦人首冠木角，高三尺餘，前有兩歧，表夫父母，上歧表父，下歧表母，隨先喪亡，除去一歧，若舅姑俱殁，則舉冠全棄。自此復東行二百餘里，至鉢創那國，亦覩貨羅故地也。爲寒雪，停月餘日。

從此又東南山行二百餘里，至淫薄健國。又東南履危躡嶮，行三百餘里，至屈（居勿反。）浪拏國。從此又東北山行五百餘里，至達摩悉鐵帝國。（亦名護密也。）國在兩山間，臨縛芻河，出善馬，形小而健。俗無禮義，性暴形陋，眼多碧緑，異於諸國。伽藍十餘所。昏馱多城，國之都也，中有伽藍，此國先王所立。伽藍中石佛像上有金銅圓蓋，雜寶莊瑩，自然住空，當於佛頂，人有禮旋，蓋亦隨轉，人停蓋止，莫測其靈。（寺立因緣廣如別傳。）從此國大山北至尸棄尼國。又越達摩悉鐵帝國至商彌國。從此復東山行七百餘里，至波謎羅川。川東西千餘里，南

北百餘里，在兩雪山間，又當葱嶺之中，風雪飄飛，春夏不止，以其地寒烈，卉木稀少，稼穡不滋，境域蕭條，無復人跡。中有大池，東西三百里，南北五十餘里，處贍部洲中，地勢高隆，瞻之漭漭，目所不能極。水族之類千品萬種，喧聲交聒，若百工之肆焉。復有諸鳥，形高丈餘，鳥卵如甕。舊稱條支巨鷇，或當此也。池西分出一河，西至達摩悉鐵帝國東界，與縛芻河合而西流赴海，以右諸水亦皆同會。池東分一大河，東至佉沙國西界，與徙多河合而東流赴海，以左諸水亦並同會。川南山外有鉢露羅國，多金、銀，金色如火。又此池南北與阿耨池相當。

從此川東出，登危履雪，行五百餘里，至朅盤陀國。城依峻嶺，北背徙多河，其河東入鹽澤，潛流地下，出積石山，爲此國河源也。其王聰慧，建國相承多歷年所，自云本是脂那提婆瞿怛羅。(此言漢日天種。)王故宫有故尊者童壽論師伽藍。尊者，怛叉始羅國人也，神悟英秀，日誦三萬二千言，兼書亦爾，遊戲衆法，雅閑著述，凡製論數十部，並盛宣行，即經部本師也。是時東有馬鳴，南有提婆，西有龍猛，北有童壽，號爲四日，能照有情之惑。童壽聲譽既高，先王躬伐其國，迎而供養。

城東南三百餘里，至大石壁，有二石室，各一羅漢於中入滅盡定，端坐不動，視若羸人，而竟無傾朽，已經七百餘歲矣。法師在其國停二十餘日。

復東北行五日，逢羣賊，商侣驚怖登山，象被逐溺水而死。賊過後，與商人漸進東下，冒寒履嶮，行八百餘里，出葱嶺至烏鎩國。

城西二百里有大山，峰崿甚峻，上有窣堵波。聞之舊説曰，數百年前，雷震山崩，中有苾芻，身量枯偉，冥目而坐，鬚髮鬖鬖，垂覆肩面。有樵者見而白王，王躬觀禮，仕庶傳聞，遠近同集，咸申供養，積華成簣。王曰：「此何人也？」有苾芻對曰：「此出家羅漢，入滅盡定者，歲月滋淹，故髮長耳。」王曰：「若何驚悟令其起也？」對曰：「〔斷〕(段)食之身，出定便壞，宜先以酥乳灌灑，使潤霑腠理，然後擊揵槌，感而悟之，或可起也。」王曰：「善哉！」遂依僧語，灌乳擊槌。羅漢舉目而視曰：「爾輩何人，形披法服？」對曰：「我輩苾芻也。」彼曰：「我師迦葉波如來今何所在？」對曰：「久入涅槃。」聞之愀然。重曰：「釋迦文佛成無上等覺未？」答曰：「已成，利物斯周，亦從寂滅。」聞已低眉良久，以手舉髮，起昇虚空，作大神變，化火焚身，遺骸墮地。王與大衆收骨，起窣堵波，即此塔也。

從此北行五百餘里，至佉沙國。(舊曰疏勒，乃稱其城號也。正音宜云室利訖栗多底。疏勒之言尚訛也。)又從此東南行五百餘里，渡徙多河，踰大嶺，至斫句迦國。(舊曰沮渠。)國南有大山，山多龕室，印度證果人多運神通，就之棲止，因入寂滅者衆矣。今猶有三羅漢住巖穴，入滅心定，鬚髮漸長，諸僧時往爲剃。又此國多大乘經典，十萬頌爲部者，凡有數十。

從此東行八百餘里，至瞿薩旦那國。(此言地乳，即其俗雅言也。俗謂渙那國，匈奴謂之于遁，諸胡謂之豁旦，印度謂之屈丹。舊曰于闐，訛也。)沙磧大半，宜穀豐樂。出氍毹、細氈，氈工績絁紬。又土多白玉、毉玉。氣序和調，俗知禮義，尚學好音，風儀詳整，異胡諸俗。文字遠遵印度，微有改耳。重佛法，伽藍百所，僧五千餘人，多學大乘。其王雄智勇武，尊愛有德，自云毗沙門天之胤也。王之先祖即無憂王之太子，在怛叉始羅國，後被譴出雪山北，養牧逐水草，至此建都，久而無子，因禱毗沙門天廟，廟神額上剖出一男，復於廟前地生奇味，甘香如乳，取向養子，遂至成長。王崩，後嗣立，威德遐被，力並諸國，今王即其後也。先祖本因地乳資成，故于闐正音稱地乳國焉。

法師入其境，至勃伽夷城，城中有坐佛像，高七尺餘，首戴寶冠，威顔圓滿。聞諸舊説，像本在迦濕彌羅國，請來到此。昔有羅漢，有一沙彌身嬰疹疾，臨將捨壽，索酢米餅，師以天眼觀見瞿薩旦那有，潛運神足，乞而與之。沙彌食已歡喜，樂生其國，願力無違，命終即生王家，嗣立之後，才略驍雄，志思吞攝，乃踰雪山伐其舊國。時迦濕彌王亦簡將練兵，欲事攘拒。羅漢曰：「不勞舉刃，我自遣之。」即往瞿薩旦那王所，爲説頂生貪暴之失，及示先身沙彌衣服。王見便得宿命智，深生愧恧，與迦濕彌王結好而罷，仍迎先所供像，隨軍還國。像至此城住而不進，王與衆軍盡力移轉，卒不能動，即於像上營構精廬，招延僧侣，捨所愛冠莊嚴佛頂。其冠見在，極多貴寶，覩者歎焉。

法師停七日，于闐王聞法師到其境，躬來迎謁。後日發引，王先還都，留兒侍奉。行二日，王又遣達官來迎，離城四十里宿。明日，王與道俗將音樂香華接於路左。既至，延入城，安置於小乘薩婆多寺。

王城南十餘里有大伽藍，此國先王爲毗盧折那(此言遍照。)阿羅漢造也。昔此國法教未霑，而羅漢自迦濕彌羅至此，宴坐林中，時有見者，怪其形服，以狀白王。王聞親往觀其容止，問曰：「爾何人，獨棲林野？」曰：「我如來弟子，法爾閑居。」王曰：「稱如來者復何義也？」答曰：「如來者即佛陀之德號。昔净飯王太子一切義成愍諸衆生沈没苦海，無救無歸，乃棄七寶千子之資，四洲輪王之位，閑林進道，六年果成，獲金色之身，證無師之法，灑甘露於鹿苑，耀摩尼於鷲

峰，八十年中，示教利喜，化緣既盡，息應歸真，遺像遺典，傳通猶在，王以宿福位爲人主，當法輪之付囑，作有識之歸依，冥而不聞，是何理也？」王曰：「某罪累淹積，不聞佛名。今蒙聖人降德，猶是餘福。既有遺像、遺典，請奉修行。」羅漢報曰：「必願樂者，當先建立伽藍，則靈像自至。」王於是旋駕，與羣臣詳擇勝地，命選匠人，問羅漢造立之式，因而建焉。寺成，王重請曰：「伽藍已就，佛像何在？」報曰：「王但至誠，像至非遠。」王共大臣及士庶等各燒香捧華，一心而立。須臾間有佛像自空而來，降於寶座，光暉晃朗，容顔肅然。王見歡喜，稱慶無極，并請羅漢爲衆説法，因與國人廣興供養。故此伽藍即最初之立也。

法師前爲渡河失經，到此更使人往屈支、疏勒訪本，及爲于闐王留連，未獲即還，因修表使高昌小兒逐商伴入朝，陳已昔往婆羅門國求法，今得還歸到于闐。其表曰：

沙門玄奘言。奘聞馬融該贍，鄭玄就扶風之師，伏生明敏，晁錯躬濟南之學。是知儒林近術，古人猶且遠求，況諸佛利物之玄蹤，三藏解纏之妙説，敢憚塗遥而無尋慕者也。玄奘往以佛興西域，遺教東傳，然則勝典雖來而圓宗尚闕，常思訪學，無顧身命。遂以貞觀三年四月，冒越憲章，私往天竺。踐流沙之浩浩，陟雪嶺之巍巍，鐵門巉嶮之塗，熱海波濤之路。始自長安神邑，終於王舍新城，中間所經五萬餘里。雖風俗千别，艱危萬重，而憑恃天威，所至無鯁。仍蒙厚禮，身不苦辛，心願獲從，遂得觀耆闍崛山，禮菩提之樹，見不見迹，聞未聞經，窮宇宙之靈奇，盡陰陽之化育，宣皇風之德澤，發殊俗之欽思，歷覽周遊一十七載。今已從鉢羅耶伽國經迦畢試境，越葱嶺，渡波謎羅川歸還，達於于闐。爲所將大象溺死，經本衆多，未得鞍乘，以是少停，不獲奔馳早謁軒陛，無任延仰之至。謹遣高昌俗人馬玄智隨商侶奉表先聞。

是後爲于闐諸僧講《瑜伽》、《對法》、《俱舍》、《攝大乘論》，一日一夜，四論遞宣，王與道俗歸依聽受，日有千數。時間經七八月，使還，蒙恩敕降使迎勞曰：「聞師訪道殊域，今得歸還，歡喜無量，可即速來與朕相見。其國僧解梵語及經義者，亦任將來。朕已敕于闐等道使諸國送師，人力鞍乘應不少乏，令敦煌官司於流沙迎接，鄯鄯於沮沫迎接。」法師奉敕已，即進發，于闐王資餞甚厚。

自發都三百餘里，東至媲摩城。城有雕檀立佛像，高三丈餘，姿狀端嚴，甚多靈應。人有疾病，隨其苦處以金箔貼像，病即瘳愈；凡有願求，多蒙果遂。相傳云，昔佛在世，憍賞彌國鄔陀衍那王所作，佛滅度後，自彼飛來，至此國北曷勞落迦城，後復自移到此。（因緣如別傳。）又相傳有記云，釋迦法滅，像入龍宫。

從媲摩城東入沙磧，行二百餘里，至泥壤城。又從此東入流沙，風動沙流，地無水草，多熱毒鬼魅之患。無徑路，行人往返，望人畜遺骸以爲幖幟，磽确難涉，委如前序。又行四百餘里，至覩貨羅故國。又行六百餘里，至折摩馱那故國，即沮沫地。又東北行千餘里，至納縛波故國，即樓蘭地，展轉達於自境。得鞍乘已，放于闐使人及駝馬還。有敕酬其勞，皆不受而去。

既至沙州，又附表。時帝在洛陽宫。表至，知法師漸近，敕西京留守左僕射梁國公房玄齡使有司迎待。法師承上欲問罪遼濱，恐稽緩不及，乃倍途而進，奄至漕上。官司不知迎接，威儀莫暇陳設，而聞者自然奔湊，觀禮盈衢，更相登踐，欲進不得，因宿於漕上矣。

慧立、彦悰《大慈恩寺三藏法師傳》卷六《起十九年春正月入西京—終二十二年夏六月謝御製經序並答》 貞觀十九年春正月景子，京城留守左僕射梁國公房玄齡等承法師齎經、像至，乃遣右武侯大將軍侯莫陳實、雍州司馬李叔眘、長安縣令李乾祐奉迎，自漕而入，舍於都亭驛，其從若雲。

是日有司頒諸寺，具帳輿、華旛等，擬送經、像於弘福寺，人皆欣踊，各競莊嚴。翌日大會於朱雀街之南，凡數百件，部伍陳列。即以安置法師於西域所得如來肉舍利一百五十粒；摩揭陀國前正覺山龍窟留影金佛像一軀，通光座高三尺三寸；擬婆羅痆斯國鹿野苑初轉法輪像刻檀佛像一軀，通光座高三尺五寸；擬憍賞彌國出愛王思慕如來刻檀寫真像刻檀佛像一軀，通光座高二尺九寸；擬劫比他國如來自天宫下降寶階像銀佛像一軀，通光座高四尺；擬摩揭陀國鷲峰山説《法華》等經像金佛像一軀，通光座高三尺五寸；擬那揭羅曷國伏毒龍所留影像刻檀佛像一軀，通光座高尺有三寸；擬吠舍釐國巡城行化刻檀像等。又安置法師於西域所得大乘經二百二十四部，大乘論一百九十二部，上座部經、律、論一十五部，三彌底部經、律、論一十五部，彌沙塞部經、律、論二十二部，迦葉臂耶部經、律、論一十七部，法密部經、律、論四十二部，説一切有部經、律、論六十七部，因明論三十六部，聲論一十三部，凡五百二十夾，六百五十七部，以二十疋馬負而至。其日所司普頒諸寺，俱有寶帳、幢、旛供養之具，限明二十八日旦並集朱雀街擬迎新至經、像於弘福寺。

於是人增勇鋭，各競莊嚴，窮諸麗好，旛帳、幢蓋、寶案、寶轝，寺别將出分布訖，僧尼等整服隨之，雅梵居前，薰爐列後，至是並到朱雀街内，凡數百事。布

經、像而行，珠珮流音，金華散彩，預送之儔莫不歌詠希有，忘塵遣累，歎其希遇。始自朱雀街內，終屆弘福寺門，數十里間，都人士子、內外官僚迾道兩傍，瞻仰而立，人物闐闐。所司恐相騰踐，各令當處燒香散華，無得移動，而煙雲讚響，處處連合。昔如來創降迦毗，彌勒初昇覩史，龍神供養，大衆圍繞，雖不及彼時，亦遺法之盛也。其日衆人同見天有五色綺雲現於日北，宛轉當經、像之上，紛紛郁郁，周圓數里，若迎若送，至寺而微。

釋彥悰箋述曰：「余考尋圖史，此蓋謂天之喜氣，識者嘉焉。昔如來創降迦維，慈氏將昇覩史，龍神供養，天衆奉迎，雖不及往時，而遺法東流，未有若茲之盛也。」

壬辰，法師謁文武聖皇帝於洛陽宮。二月己亥，見於儀鸞殿，帝迎慰甚厚。既而坐訖，帝曰：「師去何不相報？」法師謝曰：「玄奘當去之時，已再三表奏，但誠願微淺，不蒙允許。無任慕道之至，乃輒私行，專擅之罪，唯深慚懼。」帝曰：「師出家與俗殊隔，然能委命求法，惠利蒼生，朕甚嘉焉，亦不煩爲愧。但念彼山川阻遠，方俗異心，怪師能達也。」法師對曰：「奘聞乘疾風者，造天池而非遠；御龍舟者，涉江波而不難。自陛下握乾符，清四海，德籠九域，仁被八區，淳風扇炎景之南，聖威鎮葱山之外，所以戎夷君長，每見雲翔之鳥自東來者，猶疑發於上國，斂躬而敬之，況玄奘圓首方足，親承育化者也。既賴天威，故得往還無難。」帝曰：「此自是師長者之言，朕何敢當也。」因廣問彼事。自雪嶺已西，印度之境，玉燭和氣，物産風俗，八王故迹，四佛遺蹤，並博望之所不傳，班、馬無得而載。法師既親遊其地，觀覿疆邑，耳聞目覽，記憶無遺，隨問酬對，皆有條理。帝大悅。謂侍臣曰：「昔苻堅稱釋道安爲神器，舉朝尊之。朕今觀法師詞論典雅，風節貞峻，非惟不愧古人，亦乃出之更遠。」時趙國公長孫無忌對曰：「誠如聖旨。臣嘗讀《三十國春秋》，見敘安事，實是高行博物之僧。但彼時佛法來近，經、論未多，雖有鑽研，蓋其條葉，非如法師躬窺淨域，討衆妙之源，究泥洹之跡者矣。」帝曰：「公言是也。」

帝又謂法師曰：「佛國遐遠，靈跡法教，前史不能委詳，師既親覩，宜修一傳，以示未聞。」帝又察法師堪公輔之寄，因勸罷道，助秉俗務。法師謝曰：「玄奘少踐緇門，服膺佛道，玄宗是習，孔教未聞。今遣從俗，無異乘流之舟使棄水而就陸，不唯無功，亦徒令腐敗也。願得畢身行道，以報國恩，玄奘之幸甚。」如是固辭乃止。

時帝將問罪遼濱，天下兵馬已會於洛，軍事忙迫，聞法師至，命引入朝，期暫相見，而清言既交，遂不知日昃。趙國公長孫無忌奏稱法師停在鴻臚，日暮恐不及。帝曰：「忽忽言猶未盡意，欲共師東行，省方觀俗，指麾之外，別更談敘，師意如何？」法師謝曰：「玄奘遠來，兼有疾疹，恐不堪陪駕。」帝曰：「師尚能孤遊絶域，今此行蓋同跬步，安足辭焉？」法師對曰：「陛下東征，六軍奉衛，罰亂國，誅賊臣，必有牧野之功，昆陽之捷。玄奘自度，終無裨助行陣之效，虛負塗路費損之慚。加以兵戎戰鬭，律制不得觀看。既佛有此言，不敢不奏。伏願天慈哀矜，即玄奘幸甚。」帝信納而止。

法師又奏云：「玄奘從西域所得梵本六百餘部，一言未譯。今知此嵩嶽之南少室山北有少林寺，遠離鄽落，泉石清閑，是後魏孝文皇帝所造，即菩提留支三藏翻譯經處。玄奘望爲國就彼翻譯，伏聽敕旨。」帝曰：「不須在山。師西方去後，朕奉爲穆太后於西京造弘福寺，寺有禪院甚虛靜，法師可就翻譯。」法師又奏曰：「百姓無知，見玄奘從西方來，妄相觀看，遂成闤闠，非直違觸憲綱，亦爲妨廢法事，望得守門以防諸過。」帝大悅曰：「師此意可謂保身之言也，當爲處分。師可三五日停憩，還京就弘福安置。諸有所須，一共玄齡平章。」自是辭還矣。

三月己巳，法師自洛陽還至長安，即居弘福寺。將事翻譯，乃條疏所須證義、綴文、筆受、書手等數，以申留守司空梁國公房玄齡，玄齡遣所司具狀發使定州啓奏。令旨依所須供給，務使周備。

夏六月戊戌，證義大德諳解大小乘經、論爲時輩所推者一十二人至，即京弘福寺沙門靈潤、沙門文備、羅漢寺沙門慧貴、實際寺沙門明琰、寶昌寺沙門法祥、静法寺沙門普賢、法海寺沙門神昉、廓州法講寺沙門道琛、汴州演覺寺沙門玄忠、蒲州普救寺沙門神泰、綿州振音寺沙門敬明、益州多寶寺沙門道因等。又有綴文大德九人至，即京師普光寺沙門棲玄、弘福寺沙門明濬、會昌寺沙門辯機、終南山豐德寺沙門道宣、簡州福聚寺沙門静邁、蒲州普救寺沙門行友、棲巖寺沙門道卓、幽州照仁寺沙門慧立、洛州天宮寺沙門玄則等。又有字學大德一人至，即京大總持寺沙門玄應。又有證梵語、梵文大德一人至，即京大興善寺沙門玄謩。自餘筆受、書手，所司供料等並至。

丁卯，法師方操貝葉開演梵文，創譯《菩薩藏經》、《佛地經》、《六門陀羅尼經》、《顯揚聖教論》等四部，其翻《六門經》當日了，《佛地經》至辛巳了，《菩薩藏經》、《顯揚論》等歲暮方訖。

二十年春正月甲子，又譯《大乘阿毗達磨雜集論》，至二月訖。又譯《瑜伽師地論》。

秋七月辛卯，法師進新譯經、論現了者，表曰：

沙門玄奘言。竊聞八正之旨，實出苦海之津梁，一乘之宗，誠昇涅槃之梯隥。但以物機未熟，致蘊葱山之西，經胥庭而莫聞，歷周、秦而靡至。暨乎摩騰入洛，方被三川，僧會遊吴，始霑荆、楚。從是以來，遂得人修解脱之因，家樹菩提之業，固知傳法之益，其利博哉。次復嚴、顯求經，澄什繼譯，雖則玄風日扇，而並處僞朝。唯玄奘輕生，獨逢明聖，所將經、論咸得奏聞。蒙陛下崇重聖言，賜使翻譯，比與義學諸僧等專精夙夜，無墮寸陰，雖握管淹時，未遂終訖。已絶筆者，見得五部五十八卷，名曰《大菩薩藏經》二十卷、《佛地經》一卷、《六門陀羅尼經》一卷、《顯揚聖教論》二十卷、《大乘阿毗達磨雜集論》一十六卷，勒成八袠，繕寫如別，謹詣闕奉進。玄奘又竊見弘福寺尊像初成，陛下親降鑾輿，開青蓮之目，今經、論初譯，聖爲代新文，敢緣前義，亦望曲垂神翰，題製一序，讚揚宗極。冀沖言奥旨與日月齊明，玉字銀鉤將乾坤等固，使百代之下誦詠不窮，千載之外瞻仰無絶。

前又洛陽奉見日，敕令法師修《西域記》，至是而成。

乙未，又進表曰：

沙門玄奘言。竊尋蟠木幽陵，雲官紀軒皇之壤；流沙滄海，夏載著伊、堯之域。西母白環，薦垂衣之主；東夷楛矢，奉刑措之君。固已飛英曩代，式徽前典。伏惟陛下握紀乘時，提衡範物，刳舟絃木，威天下而濟羣生，鼇足蘆灰，堙方輿而補圓蓋，耀武經於七德，闡文教於十倫，澤徧泉源，化霑蕭葦，芝房發秀，浪井開華。樂囿馴班，巢阿響律，浮紫膏於貝闕，霏白雲於玉檢。遂苑弱水而池濛汜，圃炎火而照積冰，梯赤坂而承朔，泛滄津而委軄，史曠前良，事絶故府，豈如漢開張掖，近接金城，秦戍桂林，纔通珠浦而已。玄奘幸屬天地貞觀，華夷静謐，冥心梵境，敢符好事，命均朝露，力譬秋螽。徒以憑假皇靈，飄身進影，展轉膜拜之鄉，流離重驛之外，條支巨鷇，方驗前聞，罽賓孤鸞，還稽曩實。時移歲積，人願天從，遂得下雪岫而泛提河，窺鶴林而觀鷲嶺，祇園之路髣像猶存，王城之基坡陀尚在。尋求歷覽，時序推遷，言返帝京，淹逾一紀，所聞所履，百有二十八國。竊以章允之所踐籍，空陳廣袤，夸父之所陵厲，無述土風。班超侯而未遠，張騫望而非博。今所記述，有異前聞。雖未極大千之疆，頗窮葱外之境，皆存實録，匪敢彫華。謹具編裁，稱爲《大唐西域記》，凡一十二卷，繕寫如別。望班之右筆，飾以左言，掩博物於晉臣，廣九丘於皇代。但玄奘資識淺短，遺漏實多，兼拙於筆語，恐無足觀覽。

景申，神筆自答書曰：「省書具悉來意。法師夙標高行，早出塵表，泛寶舟而登彼岸，搜妙道而闢法門，弘闡大猷，蕩滌衆罪，是故慈雲欲卷，舒之蔭四空，慧日將昏，朗之照八極，舒朗之者，其唯法師乎！朕學淺心拙，在物猶迷，況佛教幽微，豈能仰測，請爲經題，非己所聞。又云新撰《西域記》者，當自披覽。敕裝尚。」

丁酉，法師重表曰：

沙門玄奘言。伏奉墨敕，猥垂獎喻，祗奉綸言，精守振越。玄奘業行空疏，謬忝緇侶，幸屬九瀛有截，四表無虞，憑皇靈以遠征，恃國威而訪道，窮遐冒險，雖厲愚誠，纂異懷荒，實資朝化。所獲經、論，蒙遣翻譯，見成卷軸，未有銓序。伏惟陛下叡思雲敷，天華景爛，理包繫象，調逸咸英，跨千古以飛聲，掩百王而騰實，竊以神力無方，非神思不足銓其理，聖教玄遠，非聖藻何以序其源。故乃冒犯威嚴，敢希題目，宸眷沖邈，不垂矜許，撫躬累息，相顧失圖。玄奘聞日月麗天，既分暉於户牖，江河紀地，亦流潤於巖崖，雲和廣樂，不祕響於聾昧，金璧奇珍，豈韜彩於愚瞽。敢緣斯理，重以干祈。伏乞雷雨曲垂，天文俯照，配兩儀而同久，與二曜而俱懸。然則鷲嶺微言，假神筆而弘遠，鷄園奥典，託英詞而宣暢，豈止區區梵衆，獨荷恩榮，蠢蠢迷生，方超塵累而已。

自此方許。

二十二年春，駕幸玉華宫。夏五月甲午，翻《瑜伽師地論》訖，凡一百卷。

六月庚辰，敕追法師赴宫。比發在途，屢有使至令緩進，無得勞損。既至，見於玉華殿，甚歡。帝曰：「朕在京苦暑，故就此山宫，泉石既凉，氣力稍好，能省覽機務。然憶法師，故遣相屈，涉途當大勞也。」法師謝曰：「四海黎庶依陛下而生，聖躬不安則率土惶灼。伏聞鑾轝至此，御膳順宜，凡預含靈，孰不蹈舞。願陛下永保崇高，與天無極。玄奘庸薄，猥蒙齒召，銜荷不覺爲勞。」

帝以法師學業該贍，儀韻淹深，每思逼勸歸俗，致之左右，共謀朝政。往於洛陽宫奉見之際，已親論之。至是又言曰：「昔堯、舜、禹、湯之君，隆周、炎漢之主，莫不以爲六合務廣，萬機事殷，兩目不能偏鑒，一心難爲獨察，是以周憑十亂，舜託五臣，翼亮朝猷，弼諧邦國。彼明王聖主猶仗羣賢，況朕寡闇而不寄衆

哲者也？意欲法師脫須菩提之染服，掛維摩詰之素衣，昇鉉路以陳謨，坐槐庭而論道，於意何如？」法師對曰：「陛下言六合務廣，三五之君不能獨守，寄諸賢哲共而成之。仲尼亦云，君失臣得，故君爲元首，臣爲股肱。玄奘謂此言將誠中庸，非爲上智。若使有臣皆得，桀、紂豈無臣耶？以此而推，不必由也。仰惟陛下上智之君，一人紀綱，萬事自得其緒，況撫運已來，天地休平，中外寧晏，皆是陛下不荒、不婬、不麗、不侈，兢兢業業，雖休勿休，居安思危，爲善承天之所致也，餘何預哉！請辯一二以明其事。陛下經緯八紘之略，驅駕英豪之才，剋定禍亂之功，崇闡雍熙之業，聰明文思之德，體元合極之姿，皆天之所授，無假於人，其義一也。敦本棄末，尚仁尚禮，移澆風於季俗，反淳政於上皇，賦遵薄制，刑用輕典，九州四海禀識懷生，俱沐恩波，咸遂安樂，此又聖心聖化，無假於人，其義二也。至道旁通，深仁遠洽，東逾日域，西邁崑丘，南盡炎洲，北窮玄塞，彫蹄鼻飲之俗，卉服左衽之人，莫不候雨瞻風，稽顙屈膝，獻珍貢寶，充委夷邸，此又天威所感，無假於人，其義三也。玁狁爲患，其來自久，五帝所不臣，三王所不制，遂使河、洛爲被髮之野，酆、鄗爲鳴鏑之場，中國陵遲，匈奴得志，殷周已來不能攘弭。至漢武窮兵，衛、霍盡力，雖毀枝葉，根本猶存。自後已來，無聞良策。及陛下御圖，一征斯殄，傾巢倒穴，無復孑遺，瀚海、燕然之域其入提封，單于弓騎之人俱充臣妾。若言由臣，則虞、夏已來賢輔多矣，何因不獲？故知有道斯得，無假於人，其義四也。高麗小蕃，失禮上國，隋帝總天下之師，三自征伐，攻城無傷半堞，掠卒不獲一人，虛喪六軍，狼狽而反。陛下暫行，將數萬騎，摧駐蹕之强陣，破遼、蓋之堅城，振振凱旋，俘馘三十萬衆。用兵御將，其道不殊，隋以之亡，唐以之得，故知由主，無假於人，其義五也。又如天地交泰，日月光華，和氣氤氲，慶雲紛郁，四靈見質，一角呈奇，白狼、白狐，朱鸞、朱草，昭彰雜沓，無量億千，不能徧舉，皆是應德而至，無假於人。乃欲比喻前王，寄功十亂，竊爲陛下不取。縱復須人，今亦伊、呂多矣。玄奘庸陋，何足以預之。至於守戒緇門，闡揚遺法，此其願也，伏乞天慈，終而不奪。」帝甚悅。謂法師曰：「師向所陳，並上玄垂祐，及宗廟之靈，卿士之力，朕安能致也。既欲敷揚妙道，亦不違高志，可努力，今日已後，亦當助師弘道。」

釋彥悰箋述曰：「法師才兼內外，臨機酬答，其辯洽如是，難哉！昔道安陳諫，苻堅之駕不停，恒標奮詞，姚興之心莫止，終致敗軍之辱，逃遁之勞，豈如法師雅論纔申，皇情允塞，清風轉潔，美志踰真。以此而言，可不煩月旦而優劣見矣。」

時中書令褚遂良奏曰：「今四海廓清，九域寧晏，皆陛下聖德，實如師言，臣等備位而已。日月之下，螢爝何功。」帝笑曰：「不如此。夫珍裘非一狐之腋，大厦必衆材共成。何有君能獨濟？師欲自全雅操，故濫相光飾耳。」帝又問法師：「(此)〔比〕翻何經、論？」答：「近翻《瑜伽師地論》訖，凡一百卷。」帝曰：「此論甚大，何聖所說？復明何義？」答曰：「論是彌勒菩薩說，明十七地義。」又問：「何名十七地？」答：「謂五識相應地，意識相應地，有尋有伺地，無尋唯伺地，無尋無伺地，三摩呬多地，非三摩呬多地，有心地，無心地，聞所成地，思所成地，修所成地，聲聞地，獨覺地，菩薩地，有餘依地，無餘依地。」及舉綱提目，陳列大義。帝甚愛焉。遣使向京取《瑜伽論》。《論》至，帝自詳覽，覩其詞義宏遠，非從來所聞，歎謂侍臣曰：「朕觀佛經譬猶瞻天俯海，莫測高深。法師能於異域得是深法，朕比以軍國務殷，不及委尋佛教。而今觀之，宗源杳曠，靡知涯際，其儒道九流之典比之，猶汀瀅之池方溟渤耳。而世云三教齊致，此妄談也。」因敕所司簡秘書省書手寫新翻經、論爲九本，與雍、洛、并、兗、相、荆、楊、涼、益等九州展轉流通，使率土之人同禀未聞之義。

時司徒趙國公長孫無忌、中書令褚遂良等奏曰：「臣聞佛教沖玄，天人莫測，言本則甚深，語門則難入。伏惟陛下至道昭明，飛光昱日，澤霑遐界，化溢中區，擁護五乘，建立三寶，故得法師當(叔)〔菽〕葉而秀質，間千載而挺生，陟重阻以求經，履危途而訪道。見珍殊俗，具獲真文，歸國翻宣，若菴園之始說，精文奧義，如金口之新開，皆是陛下聖德所感。臣等愚瞽，預此見聞，苦海波瀾，舟航有寄。又天慈廣遠，使布之九州，蠢蠢黔黎，俱餐妙法。臣等億劫希逢，不勝幸甚。」帝曰：「此是法師大慈願力，又卿等宿福所逢，非朕獨所致也。」

帝先許作新經序，國務繁劇，未及措意。至此法師重啓，方爲染翰。少頃而成，名《大唐三藏聖教序》，凡七百八十一字，神筆自寫，敕貫衆經之首。帝居慶福殿，百官侍衛，命法師坐，使弘文館學士上官儀以所製序對羣僚宣讀，霞煥錦舒，極褒揚之致。其詞曰：「蓋聞二儀有象，顯覆載以含生，四時無形，潛寒暑以化物。是以窺天鑑地，庸愚皆識其端，明陰洞陽，賢哲罕窮其數。然而天地苞乎陰陽而易識者，以其有像也；陰陽處乎天地而難窮者，以其無形也。故知像顯可徵，雖愚不惑，形潛莫覩，在智猶迷，況乎佛道崇虛，乘幽控寂，弘濟萬品，典御十方，舉威靈而無上，抑神力而無下，大之則彌於宇宙，細之則攝於毫釐，無滅無

生，歷千劫而不古，若隱若顯，運百福而長今，妙道凝玄，遵之莫知其際，法流湛寂，挹之莫測其源，故知蠢蠢凡愚，區區庸鄙，投其旨趣，能無疑惑者哉。然則大教之興，基乎西土，騰漢庭而皎夢，照東域而流慈。昔者分形分跡之時，言未馳而成化，當常現常之世，民仰德而知遵。及乎晦影歸真，遷儀越世，金容掩色，不鏡三千之光，麗像開圖，空端四八之相。於是微言廣被，拯含類於三途，遺訓遐宣，導羣生於十地。然而真教難仰，莫能一其旨歸，曲學易尊，邪正於焉紛糺。所以空有之論，或習俗而是非，大小之乘，乍沿時而隆替。有玄奘法師者，法門之領袖也。幼懷貞敏，早悟三空之心，長契神情，先包四忍之行。松風水月未足比其清華，仙露明珠詎能方其朗潤，故以智通無累，神測未形，超六塵而迥出，隻千古而無對。凝心內境，悲正法之陵遲，栖慮玄門，慨深文之訛謬。思欲分條析理，廣被前聞，截僞續真，開茲後學。是以翹心淨土，往遊西域，乘危遠邁，杖策孤征。積雪晨飛，塗間失地，驚沙夕起，空外迷天，萬里山川，撥煙霞而進影，百重寒暑，躡霜露而前蹤。誠重勞輕，求深願達。周遊西宇，十有七年，窮歷道邦，詢求正教。雙林、八水，味道餐風，鹿苑、鷲峰，瞻奇仰異，承至言於先聖，受真教於上賢，探賾妙門，精窮奧業，一乘五律之道，馳驟於心田，八藏三篋之文，波濤於口海。爰自所歷之國，總將三藏要文，凡六百五十七部，譯布中夏，宣揚勝業。引慈雲於西極，注法雨於東垂，聖教缺而復全，蒼生罪而還福，溼火宅之乾燄，共拔迷途，朗愛水之昏波，同臻彼岸。是知惡因業墜，善以緣昇，昇墜之端，唯人所託。譬夫桂生高嶺，零露方得泫其華，蓮出淥波，飛塵不能污其葉。非蓮性自潔而桂質本貞，良由所附者高則微物不能累，所憑者淨則濁類不能霑。夫以卉木無知，猶資善而成善，況乎人倫有識，不緣慶而成慶？方冀茲經流施，將日月而無窮，斯福遐敷，與乾坤而永大。」

時法師既奉《序》，表謝曰：

沙門玄奘言。竊聞六爻探賾，局於生滅之場，百物正名，未涉真如之境，猶且遠徵羲冊，覩奧不測其神，遐想軒圖，歷選並歸其美。伏惟皇帝陛下玉毫降質，金輪御天，廓先王之九州，掩百千之日月，廣列代之區域，納恒沙之法界。遂使給園精舍並入提封，貝葉靈文咸歸冊府。玄奘往因振錫，聊謁崛山，經途萬里，恃天威如咫步，匪乘千葉，詣雙林如食頃。搜揚三藏，盡龍宮之所儲，研究一乘，窮鷲嶺之遺旨，並已載於白馬，還獻紫宸。尋蒙下詔，賜使翻譯。玄奘識乖龍樹，謬忝傳燈之榮，才異馬鳴，深愧瀉瓶之敏。所譯經、論，紕舛尤多，遂荷天恩，留神構序。文超象、繫之表，理括衆妙之門。忽以微生親承梵響，踊躍歡喜，如聞授記，無任欣荷之極。謹奉表詣闕陳謝以聞。

帝看表後，手報書曰：「朕才謝珪璋，言慚博達，至於內典，尤所未閑。昨製序文，深爲鄙拙，唯恐穢翰墨於金簡，標瓦礫於珠林。忽得來書，謬承褒讚，循躬省慮，彌益厚顔。善不足稱，空勞致謝。」

慧立、彦悰《大慈恩寺三藏法師傳》卷七《起二十二年夏六月皇太子製〈述聖記〉—終永徽五年春二月法師答書》 二十二年夏六月，天皇大帝居春宮，奉覩聖文，又製《述聖記》，其詞曰：「夫顯揚正教，非智無以廣其文；崇闡微言，非賢莫能定其旨。蓋真如聖教者，諸法之玄宗，衆經之軌躅也。綜括宏遠，奧旨遐深，極空有之精微，體生滅之機要。詞茂道曠，尋之者不究其源；文顯義幽，履之者莫測其際。故知聖慈所被，業無善而不臻；妙化所敷，緣無惡而不剪。開法網之綱紀，弘六度之正教，拯羣有之塗炭，啟三藏之祕扃。是以名無翼而長飛，道無根而永固。道名流慶，歷遂古而鎮常；赴感應身，經塵劫而不朽。晨鍾夕梵，交二音於鷲峰；慧日法流，轉雙輪於鹿苑。排空寶蓋，接翔雲而共飛；莊野春林，與天華而合彩。伏惟皇帝陛下，上玄資福，垂拱而治八荒；德被黔黎，斂衽而朝萬國。恩加朽骨，石室歸貝葉之文；澤及昆蟲，金匱流梵説之偈。遂使阿耨達水通神甸之八川，耆闍崛山接嵩、華之翠嶺。竊以法性凝寂，靡歸心而不通；智地玄奧，感懇誠而遂顯。豈謂重昏之夜，燭慧炬之光，火宅之朝，降法雨之澤。於是百川異流，同會於海；萬區分義，總成乎實。豈與湯、武校其優劣，堯、舜比其聖德者哉！玄奘法師者，夙懷聰令，立志夷簡，神清齠齓之年，體拔浮華之世，凝情定室，匿跡幽巖，栖息三禪，巡遊十地，超六塵之境，獨步迦維，會一乘之旨，隨機化物。以中華之無質，尋印度之真文，遠涉恒河，終期滿字。頻登雪嶺，更獲半珠。問道往還，十有七載，備通釋典，利物爲心。以貞觀十九年二月六日，奉敕於弘福寺翻譯聖教要文，凡六百五十七部。引大海之法流，洗塵勞而不竭；傳智燈之長燄，皎幽闇而恒明。自非久植勝緣，何以顯揚斯旨。所謂法性常住，齊三光之明；我皇福臻，同二儀之固。伏見御製衆經論序，照古騰今，理含金石之聲，文抱風雲之潤。治輒以輕塵足岳，墜露添流，略舉大綱，以爲斯記。」

法師進啟謝曰：

玄奘聞七耀摛光，憑高天而散景；九河灑潤，因厚地而通流。是知相資之美，處物既然，演法依人，理在無惑。伏惟皇太子殿下發揮睿藻，再述天文，讚美

大乘，莊嚴實相。珠迴玉轉，霞爛錦舒，將日月而聯華，與咸英而合韻。玄奘輕生多幸，沐浴殊私，不任銘佩，奉啟陳謝。

時降令答法師書曰：「治素無才學，性不聰敏。內典諸文殊未觀覽，所作序記鄙拙尤繁。忽得來書，褒揚讚述，撫躬自省，慙悚交并。勞師等遠臻，深以爲愧。」

釋彥悰箋述曰：「自二聖序文出後，王公、百辟、法、俗、黎庶手舞足蹈，歡詠德音，內外揄揚，未及浹辰而周六合，慈雲再蔭，慧日重明，歸依之徒波迴霧委。所謂上之化下，猶風靡草，其斯之謂乎！如來所以法付國王，良爲此也。」

時弘福寺寺主圓定及京城僧等，請鐫二序文於金石，藏之寺宇，帝可之。後寺僧懷仁等乃鳩集晉右軍將軍王羲之書，勒於碑石焉。

庚辰，皇太子以文德聖皇后早棄萬方，思報昊天，追崇福業，使中大夫守右庶子臣高季輔宣令曰：「寡人不造，咎譴所鍾，年在未識，慈顏棄背，終身之憂，貫心滋甚，風樹之切，刻骨冥深。每以龍忌之辰，歲時興感，空懷陟屺之望，益疚寒泉之心。既而笙歌遂遠，瞻奉無逮，徒思昊天之報，罔寄烏鳥之情。竊以覺道洪慈，實資冥福，冀申孺慕，是用歸依。宜令所司於京城內舊廢寺妙選一所，奉爲文德聖皇后即營僧寺。寺成之日，當別度僧。仍令挾帶林泉，務盡形勝。仰規忉利之果，副此罔極之懷。」

於是有司詳擇勝地，遂於宮城南晉昌里，面曲池，依浄覺故伽藍而營建焉。瞻星揆地，像天闕，放給園，窮班、倕巧藝，盡衡、霍良木，文石梓桂櫲樟栟櫚充其林，珠玉丹青赭堊金翠備其飾。而重樓複殿，雲閣洞房，凡十餘院，總一千八百九十七間，牀褥器物，備皆盈滿。

文武聖皇帝又讀法師所進《菩薩藏經》，美之，因勅春宮作其經後序。其詞曰：「蓋聞羲皇至賾，精粹止於龜文；軒后通幽，雅奧窮於鳥篆。考丹書於索隱，殊昧實際之源；徵緑錯以研幾，蓋非常樂之道。猶且事光圖史，振薰風於八埏；德洽生靈，激堯波於萬代。伏惟皇帝陛下轉輪垂拱而化漸鷄園，勝殿凝旒而神交鷲嶺，總調御於徽號，匪文思之所窺；綜波若於綸言，豈繫象之能擬。由是教覃溟表，咸傳八解之音，訓浹寰中，皆踐四禪之軌。遂使三千法界，盡懷生而可期；百億須彌，入提封而作鎮。尼連德水，邇帝里之滄池，舍衛菴園，接上林之茂苑。雖復法性空寂，隨感必通，真乘深妙，無幽不闡。所謂大權御極，導法流而靡窮；能仁撫運，拂劫石而無盡，體均具相，不可思議，校美前王，焉可同年而語矣。爰自開闢，地限流沙，震旦未融，靈文尚隱。漢王精感，託夢想於玄宵；晉后翹誠，降修多於白馬。有同蠡酌，豈達四海之涯；取譬管窺，寧窮七曜之隩。暨乎皇靈遐暢，威加鐵圍之表；至聖發明，德被金剛之際。恒沙國土，普襲衣冠，開解脫門，踐真實路，龍宮梵説之偈必萃清臺，猊吼貝葉之文咸歸册府。灑茲甘露，普潤芽莖，垂此慧雲，遍霑翾走，豈非歸依之勝業，聖政之靈感者乎！《大菩薩藏經》者，大覺義宗之要旨也。佛修此道，以證無生；菩薩受持，咸登不退。六波羅蜜關鍵所資，四無量心根力斯備。蓋彼岸之津涉，正覺之梯航者焉。貞觀中年，身毒歸化，越熱坂而頒朔，跨懸度以輸賝。文軌既同，道路無壅。沙門玄奘振錫尋真，出自玉關，長驅奈苑，至於天竺力士生處，訪獲此經，歸而奏上，降詔翻譯，於是畢功。余以問安之暇，澄心妙法之寶，奉述天旨，微表讚揚，式命有司綴於終卷。」自是帝既情信日隆，平章法義，福田功德無輟於口，與法師無暫相離，敕加供給，及時服卧具數令換易。

秋七月景申，夏罷，又施法師衲袈裟一領，價直百金。觀其作製，都不知鍼綫出入所從。

帝庫內多有前代諸衲，咸無好者，故自教後宮造此，將爲稱意，營之數歲方成，乘輿四巡，恒將隨逐。二十二年，駕幸洛陽宮，時蘇州道恭法師、常州慧宣法師並有高行，學該內外，爲朝野所稱。帝召之。既至，引入坐言訖，時二僧各披一衲，是梁武帝施其先師，相承共寶。既來謁龍顏，故取披服。帝哂其不工，取衲令示，仍遣賦詩以詠。恭公詩曰：「福田資象德，聖種理幽薰。不持金作縷，還用綵成文。朱青自掩映，翠綺相氤氲，獨有離離葉，恒向稻畦分。」宣公詩末云：「如蒙一披服，方堪稱福田。」意欲之。帝並不與，各施絹五十疋，即此衲也。傳其麗絶，豈常人所服用，唯法師盛德當之矣。時并賜法師剃刀一口。法師表謝曰：

沙門玄奘伏奉敕賜衲袈裟一領、剃刀一口。殊命薦臻，寵靈隆赫，恭對惶悸，如履春冰。玄奘幸遭邕穆之化，早預息心之侶，三業無紀，四恩靡答，謬迴天睠，濫叨雲澤。忍辱之服彩合流霞，智慧之刀銛逾切玉。謹當衣以降煩惱之魔，佩以斷塵勞之網。起餘譏於彼己，懼空疎於冒榮。慚悳屏營，趨承俯僂，鞠心跼蹐，精爽飛越。不任悚荷之至。謹奉表謝聞。塵黷聖鑒，伏深戰慄。

帝少勞兵事，纂曆之後又心存兆庶，及遼東征罰，櫛沐風霜，旋旆已來，氣力頗不如平昔，有憂生之慮。既遇法師，遂留心八正，牆壍五乘，遂將息平復。帝

因問曰：「欲樹功德，何最饒益？」法師對曰：「衆生寢惑，非慧莫啟。慧芽抽殖，法爲其資。弘法由人，即度僧爲最。」帝甚歡。

秋九月己卯，詔曰：「昔隋季失御，天下分崩，四海塗炭，八埏鼎沸。朕屬當戕亂，躬履兵鋒，亟犯風霜，宿於馬上。比加藥餌猶未痊除，近日已來方就平復，豈非福善所感而致此休徵耶？京城及天下諸州寺宜各度五人，弘福寺宜度五十人。」計海内寺三千七百一十六所，計度僧尼一萬八千五百餘人。未此以前，天下寺廟遭隋季凋殘，緇僧將絶，蒙茲一度，並成徒衆。美哉君子所以重正言也。

帝又問：「《金剛般若經》一切諸佛之所從生，聞而不謗，功逾身命之施，非恒沙珍寶所及。加以理微言約，故賢達君子多愛受持，未知先代所翻，文義具不？」法師對曰：「此經功德實如聖旨。西方之人咸同愛敬。今觀舊經，亦微有遺漏。據梵本具云『能斷金剛般若』，舊經直云『金剛般若』。欲明菩薩以分別爲煩惱，而分別之惑，堅類金剛，唯此經所詮無分別慧，乃能除斷，故曰『能斷金剛般若』，故知舊經失上二字。又如下文，三問闕一，二頌闕一，九喻闕三，如是等。什法師所翻舍衛國也，留支所翻婆伽婆者，少可。」帝曰：「師既有梵本，可更委翻，使衆生聞之具足。」然經本貴理，不必須飾文而乖義也。故今新翻《能斷金剛般若》，委依梵本。奏之，帝甚悦。

冬十月，車駕還京，法師亦從還。先是敕所司於北闕紫微殿西别營一所，號弘法院。既到，居之。晝則帝留談説，夜乃還院翻經。更譯無性菩薩所釋《攝大乘論》十卷，世親所釋《攝大乘論》十卷，《緣起聖道經》一卷，《百法明門論》一卷。

戊申，皇太子又宣令曰：「營慈恩寺漸向畢功，輪奐將成，僧徒尚闕，伏奉敕旨度三百僧，别請五十大德同奉神居降臨行道。其新營道場宜名大慈恩寺，别造翻經院，虹梁藻井，丹青雲氣，瓊礎銅沓，金環華鋪，並加殊麗，令法師移就翻譯，仍綱維寺任。」法師既奉令旨，令充上座，進啟讓曰：

沙門玄奘啟。伏奉令旨以玄奘爲慈恩寺上座。恭聞嘉令，心靈靡措，屏營累息，增深戰悚。玄奘學藝無紀，行業空疎，敢誓捐軀，方期光贊。憑恃皇靈，窮遐訪道，所獲經論，奉敕翻譯，誠冀法流漸潤，克滋鼎祚，聖教紹宗，光華史册。玄奘昔冒危塗，久嬰痾疹，駑蹇力弊，恐不卒業，孤負國恩，有罰無赦。命知僧務，更貽重譴，魚鳥易性，飛沉失路。伏惟皇太子殿下仁孝天縱，愛敬因心，感風樹之悲，結寒泉之病，式建伽藍，將弘景福，匡理法衆，任在能人，用非其器，必有顛仆。伏願睿情遠鑒，照弘法之福因，慈造曲垂，察愚誠之忠款，則法僧無晦老之咎，魚鳥得飛沉之趣。不任誠懇之至，謹奉啟陳情，伏用慚惶，追增悚悸。

十二月戊辰，又敕太常卿江夏王道宗將九部樂，萬年令宋行質、長安令裴方彦各率縣内音聲，及諸寺幢帳，並使務極莊嚴。己巳，旦集安福門街，迎像送僧入大慈恩寺。至是陳列於通衢，其錦綵軒檻，魚龍幢戲，凡一千五百餘乘，帳蓋三百餘事。先是内出繡畫等像二百餘軀，金銀像兩軀，金縷綾羅旛五百口，宿於弘福寺，并法師西國所將經、像、舍利等，爰自弘福引出，安置於帳座及諸車上，處中而進。又於像前兩邊各麗大車，車上竪長竿懸旛，旛後布師子神王等爲前引儀。又莊寶車五十乘坐諸大德，次京城僧衆執持香華，唄讚隨後，次文武百官各將侍衛部列陪從，太常九部樂挾兩邊，二縣音聲繼其後，而幢旛鐘鼓訇磕繽紛，眩日浮空，震耀都邑，望之極目不知其前後。皇太子遣率尉遲紹宗、副率王文訓領東宫兵千餘人充手力，敕遣御史大夫李乾祐爲大使，與武侯相知檢校。帝將皇太子、後宫等於安福門樓執香鑪目而送之，甚悦。衢路觀者數億萬人。經像至寺門，敕趙公、英公、中書褚令執香鑪引入，安置殿内，奏九部樂、破陣舞及諸戲於庭，訖而還。

壬申，將欲度僧。辛未，皇太子與仗衛出宿故宅。後日旦，從寺南列羽儀而來，至門，下乘步入，百僚陪從。禮佛已，引五十大德相見，陳造寺所爲意，發言嗚噎，酸感旁人，侍臣及僧無不哽泣，觀烝烝之情，亦今之舜也。言訖，昇殿東閣，令少詹事張行成宣恩宥降京畿見禁囚徒，然後剃髮觀齋，及賜王公已下束帛訖。屏人下閣禮佛，與妃等巡歷廊宇。至法師房，製五言詩貼於户曰：「停軒觀福殿，遊目眺皇畿。法輪含日轉，華蓋接雲飛。翠煙香綺閣，丹霞光寶衣。旛虹遥合彩，空外迴分暉。蕭然登十地，自得會三歸。」觀訖還宫。是時緇素歡欣，更相慶慰，莫不歌玄風重盛，遺法再隆，遠近已來未曾有也。其日敕追法師還北闕。

二十三年夏四月，駕幸翠微宫，皇太子及法師並陪從。既至，處分之外，唯談玄論道，問因果報應，及西域先聖遺芳故迹，皆引經酬對。帝深信納，數攘袂歎曰：「朕共師相逢晚，不得廣興佛事。」帝發京時雖少違和，而神威睿慮無減平昔。至五月己巳，微加頭痛，留法師宿宫中。庚午，帝崩於含風殿。時祕不言，還京發喪，殯太極殿。其日皇太子即皇帝位於梓宫之側，踰年改元曰永徽，萬方號慟，如喪考妣。

法師還慈恩寺。自此之後，專務翻譯，無棄寸陰。每日自立程課，若晝日有

事不充，必兼夜以續之。遇乙之後方乃停筆。攝經已復禮佛行道，至三更暫眠，五更復起，讀誦梵本，朱點次第，擬明日所翻。每日齋訖，黄昏二時講新經論，及諸州聽學僧等恒來決疑請義。既知上座之任，僧事復來諮禀。復有内使遣營功德，前後造一切經十部，夾紵寶裝像二百餘軀，亦令取法師進止。日夕已去，寺内弟子百餘人咸請教誡，盈廊溢廡，皆酬答處分無遺漏者。雖衆務輻湊，而神氣綽然，無所擁滯。猶與諸德説西方聖賢立義，諸部異端，及少年在此周遊講肆之事，高論劇談，竟無疲怠，其精敏强力，過人若斯。復數有諸王卿相來過禮懺，逢迎誘導，並皆發心，莫不捨其驕華，肅敬稱歎。

二年春正月壬寅，瀛州刺史賈敦頤、蒲州刺史李道裕、穀州刺史杜正倫、恒州刺史蕭鋭因朝集在京，公事之暇，相命參法師請受菩薩戒。法師即授之，并爲廣説菩薩行法，勸其事君盡忠，臨下慈愛，羣公歡喜，辭去，各捨浄財，共修書遣使參法師，謝聞戒法。其書曰：「竊聞身非欲食，如來受純陀之供，法師所求，浄名遂善德之請，皆爲顯至理之常恒，示凡聖之無二。又是因機以接物，假相而弘道，爲之者表重法之誠，受之者爲行檀之福，豈曰心緣於彼此，情染於名利者哉！仰惟宿殖德本，非於三四五佛，深達法相，善識十二部經，獨悟真宗，遠尋聖迹，遊崛山之浄土，浴恒水之清流，入深法界，求善知識，收至文於百代之後，探玄旨於千載之前。津粱庶品，不皦不昧，等施一切，無先無後。頤等識蔽二空，業淪三界，猶蠶絲之自纏，如井輪之不息。雖復順教生信，隨緣悟解，頂禮歸依，受持四句，隱身而爲宴坐，厭苦而求常樂，而遠滯無明，近昏至理，未能悟佛性之在身，知境界之唯識，心非去取，義涉有無，不能即八邪而入八正，行非道而通佛道。譬涉海而無津，猶面牆而靡見。昨因事隙，遂得參奉，由蒙接引，授菩薩戒。施以未曾有法，發其無上道心，一念破於無邊，四心盡於來際，菩提之種起自塵勞，火中生蓮曷足爲喻。始知如來之性即是世間，涅槃之際不殊生死，行於般若便是不行，得彼菩提翻爲無得。忽以小機預聞大教，頂受尋思，無量歡喜。然夫檀義攝六，法施爲優；尊位有三，師居其一。弘慈利物，雖類日月之無心；仰照懷恩，竊同葵藿之知感。大士聞法捐軀，非所企及，童子見佛奉土，輒敢庶幾。謹送片物表心，具如别疏。所願照其誠懇，生其福田，受兹微施，隨意所與，使夫墜露添海，將浮澥而俱深；飛塵集岳，與須彌而永固，可久可大，幸甚幸甚。春寒尚重，願動止休宜。謹遣白書，諸無所具。賈敦頤等和南。」其爲朝賢所慕如是。

三年春三月，法師欲於寺端門之陽造石浮圖，安置西域所將經像，其意恐人代不常，經本散失，兼防火難。浮圖量高三十丈，擬顯大國之崇基，爲釋迦之故迹。將欲營築，附表聞奏。敕使中書舍人李義府報法師云：「所營塔功大，恐難卒成，宜用甎造。亦不願師辛苦，今已敕大内東宫、掖庭等七宫亡人衣物助師，足得成辦。」於是用甎，仍改就西院。其塔基面各一百四十尺，倣西域制度，不循此舊式也。塔有五級，并相輪、露盤凡高一百八十尺。層層中心皆有舍利，或一千、二千，凡一萬餘粒。上層以石爲室。南面有兩碑，載二聖《三藏聖教序》、《記》，其書即尚書右僕射河南公褚遂良之筆也。初基塔之日，三藏自述誠願，略曰：

玄奘自惟薄祜，生不遇佛，復乘微善，預聞像教，儻生末法，何所歸依。又慶少得出家，目覩靈相，幼知來慕法，耳屬遺筌。聞説菩薩所修行，思齊如不及；聞説如來所證法，仰止於身心。所以歷尊師授，博問先達。信夫漢夢西感，正教東傳，道阻且長，未能委悉，故有專門競執，多滯二常之宗，黨同嫉異，致乖一味之旨，遂令後學相顧，靡識所歸。是以面鷲山以增哀，慕常啼而假寐，潛祈靈祐，顯恃國威，決志出一生之域，投身入萬死之地。經是聖迹之處，備謁遺靈，但有弘法之人，遍尋正説。經一所，悲見於所未見；遇一字，慶聞於所未聞，故以身命餘資，繕寫遺闕。既誠遂願，言歸本朝，幸屬休明，詔許翻譯。先皇道跨金輪，聲震玉鼓，紹隆像季，允膺付囑，又降發神衷，親裁《三藏》之序，今上春宫講道，復爲《述聖》之記，可謂重光合璧，振彩聯華，涣汗垂七曜之文，鏗鍧韻九成之奏。自東都白馬，西明草堂，傳譯之盛，詎可同日而言者也。但以生靈薄運，共失所天，唯恐三藏梵本，零落忽諸，二聖天文，寂寥無紀，所以敬崇此塔，擬安梵本，又樹豐碑，鐫斯《序》、《記》，庶使巍峩永劫，願千佛同觀，氤氳聖迹，與二儀齊固。

時三藏親負簣畚，擔運甎石，首尾二周，功業斯畢。

夏五月乙卯，中印度國摩訶菩提寺大德智光、慧天等致書於法師。光於大、小乘及彼外書、四韋陀、五明論等莫不洞達，即戒賢法師門人之上首，五印度學者咸共宗焉。慧天於小乘十八部該綜明練，匠誘之德亦所推重，法師遊西域日常共切磋。彼雖半教有功，然未措心於《方等》，爲其執守偏見，法師恒詆訶。曲女城法集之時，又深折挫，彼亦媿伏。自别之後，欽佇不忘，乃使同寺沙門法長將書，并賫讃頌及氎兩端，揄揚之心甚厚。其書曰：「微妙吉祥世尊金剛座所摩訶菩提寺諸多聞衆所共圍遶上座慧天，致書摩訶支那國於無量經律論妙盡精微

木叉阿遮利耶：敬問無量少病少惱。我慧天苾芻今造佛大神變讚頌及諸經論比量智等，今附苾芻法長將往。此無量多聞老大德阿遮利耶智光亦同前致問，鄔波索迦日授稽首和南。今共寄白氎一雙，示不空心，路遠莫怪其少，願領。彼須經論，録名附來，當爲抄送木叉阿遮利耶，願知。」其爲遠賢所慕如此。

五年春二月，法長辭還，又索報書。法師答，并信物。其書寫文録奏，然後將付使人。其詞曰：

大唐國苾芻玄奘謹修書中印度摩揭陀國三藏智光法師座前。自一辭違，倏十餘載。境域遐遠，音徽莫聞。思戀之情，每增延結。彼苾芻法長至，蒙問，并承起居康豫，豁然目明，若覩尊顔。踊躍之懷，筆墨難述。節候漸暖，不審信後何如？又往年使還，承正法藏大法師無常，奉問摧割，不能已已。嗚呼！可謂苦海舟沉，天人眼滅，遷奪之痛，何其速歟！惟正法藏植慶曩晨，樹功長劫，故得挺冲和之茂質，標懿傑之宏才，嗣德聖天，繼輝龍猛，重然智炬，再立法幢。撲炎火於邪山，塞洪流於倒海，策疲徒於寶所，示迷衆於大方，蕩蕩焉，巍巍焉，實法門之棟幹也。又如三乘半滿之教，異道斷常之書，莫不韞綜胸懷，貫練心腑。文盤節而克暢，理隱昧而必彰，故使内外歸依，爲印度之宗袖。加以恂恂善誘，曉夜不疲，衢罇自盈，酌而不竭。玄奘昔因問道，得預參承，并荷指誨，雖曰庸愚，頗亦蓬依麻直。及辭還本邑，囑累尤深，殷勤之言，今猶在耳。方冀保安眉壽，式贊玄風，豈謂一朝奄歸萬古，追惟永往，彌不可任。伏惟法師夙承雅訓，早昇堂室，攀戀之情當難可處，奈何奈何。有爲法爾，當可奈何，願自裁抑。昔大覺潛暉，迦葉紹宗洪業；商那遷化，毱多闡其嘉猷。今法將歸真，法師次任其事，唯願清詞妙辯，共四海而恒流，福智莊嚴，與五山而永久。玄奘所將經論，已翻《瑜伽師地論》等大小三十餘部，其《俱舍》、《順正理》見譯未周，今年必了。即日大唐天子聖躬萬福，率土安寧，以輪王之慈，敷法王之化，所出經論，並蒙神筆製序，令所司抄寫，國内流行，爰至鄰邦亦俱遵習。雖居像運之末，而法教光華，雍雍穆穆，亦不異室羅筏誓多林之化也。伏願照知。又前渡信渡河失經一馱，今録名如後，有信請爲附來。并有片物供養，願垂納受。路遠不得多，莫嫌鮮薄。玄奘和南。

又答慧天法師書曰：

大唐國苾芻玄奘謹致書摩訶菩提寺三藏慧天法師足下。乖別稍久，企仰惟深。音寄不通，莫慰傾渴。彼苾芻法長至，辱書敬承休豫，用增欣悅。又領細白氈兩端，讚頌一夾，來意既厚，寡德愧無以當，悚息悚息。節氣漸和，不知信後體何如也？想融心百家之論，栖慮九部之經，建正法幢，引歸宗之客，擊克勝鼓，挫鍱腹之賓，頡頏王侯之前，抑揚英俊之上，故多歡適也。玄奘庸弊，氣力已衰，又加念德欽仁，唯豐勞積。昔因遊方在彼，遇瞻光儀。曲女城會，又親交論。當對諸王及百千徒衆，定其深淺。此立大乘之旨，彼豎半教之宗，往復之間，詞氣不無高下。務存正理，靡護人情，以此輒生數觸。罷席之後，尋已豁然。今來使猶傳法師寄申謝悔，何懷固之甚也。法師學富詞清，志堅操遠，阿耨達水無以比其波瀾，淨末尼珠不足方其皦潔，後進儀表，屬在高人，願易良規，闡揚正法。至如理周言極，無越大乘，意恨法師未爲深信，所謂耽翫羊鹿，棄彼白牛，賞愛水精，捨頗胝寶，明明大德，何此惑之滯歟？又壞器之身，浮促難守，宜早發大心，莊嚴正見。勿使臨終方致嗟悔。今使還國，謹此代誠，并附片物，蓋欲示酬來意，未是盡其深心也。願知。前還日渡信渡河，失經一馱，今録名如別，請爲附來。餘不能委述。苾芻玄奘謹呈。

慧立、彦悰《大慈恩寺三藏法師傳》卷八《起永徽六年夏五月譯〈理門論〉—終顯慶元年春三月百官謝示御製寺碑文》 六年夏五月庚午，法師以正譯之餘，又譯《理門論》。又先於弘福寺譯《因明論》。此二論各一卷，大明立破方軌，現比量門，譯寮僧伍競造文疏。時譯經僧栖玄將其論示尚藥奉御吕才，才遂更張衢術，指其長短，作《因明註解立破義圖》，序曰：「蓋聞一消一息，範圍天地之儀，大哉至哉，變通爻畫之紀。理則未弘於方外，事乃猶拘於域中。推渾元而莫知，窮陰陽而不測。豈聞象繫之表，猶開八正之門，形器之先，更弘二智之教者也。故能運空有而雙照，冥真俗而兩夷，泛六度於愛河，駕三車於火宅。是知法王法力，超羣生而自在，自覺覺人，摧衆魔而獨悟，業運將啓，乃雷震而電耀，化緣斯極，亦火滅而薪盡。觀其應跡，若有去來，察此真常，本無生住。但以宏濟之道，有緣斯應，天祚明德，無遠不臻，是以萌蔕疇昔，神光聊見於曩時，祥瑞有歸，淨土咸歎於茲日。伏惟皇唐之有天下也，運金輪而臨四有，握璿極而撫萬方，耀慧日於六天，蒸法雲於十地，西越流沙，遂荒妙樂之域，東漸於海，掩有歡喜之都。振聲教於無邊，通車書於有頂，遂使百億須彌既咸頒於望秩，三千法界亦共沐於皇風。故令五方印度改荒服於稾街，十八韋陀譯梵文於秘府。乃有三藏玄奘法師者，所謂當今之能仁也。聰慧夙成，該覽宏贍，德業純粹，律禁翹勤，實三寶之棟梁，四衆之綱紀者也。每以釋教東遷，爲日已久，或恐邪正雜揉，水

乳不分，若不稽實相於迦維，驗真文於摩竭，何以成決定之藏，爲畢竟之宗者乎。幸逢二儀交泰，四海無塵，遂得拂衣玄漠，振錫葱嶺，不由味於蒟醬，直路夷通，豈藉佩於杜衡，遥途近易。於是窮河源於西域，涉恒水於東維，採貝葉於鷲山，窺金文於鶴樹。所歷諸國百有餘都，所獲經論向七百部，並傳以藩馹，聿歸上京，因得面奉聖顔，對揚宗極。此《因明論》者，即是三藏所獲梵本之内之一部也。理則包括於三乘，事乃牢籠於百法，研機空有之際，發揮内外之宗，雖詞約而理弘，實文微而義顯。學之者當生不能窺其奥，游之者數載未足測其源。以其衆妙之門，是以先事翻譯。其有神泰法師、靖邁法師、明覺法師等，並以神機昭晰，志業兼該，精習羣經，多所通悟，皆蒙别敕追赴法筵，遂得函丈請益，執卷承旨。三藏既善宣法要，妙盡幽深，泰法師等是以各録所聞，爲之義疏。詮表既定，方擬流通，無緣之徒多未聞見。復有栖玄法師者，乃是才之幼少之舊也。昔栖遁於嵩嶽，嘗枉步於山門，既筮仕於上京，猶曲睠於窮巷。自蒙修攝，三十餘年，切怛之誠，二難俱盡。然法師節操精潔，戒行冰霜，學既照達於一乘，身乃拘局於十誦。才既覩其清苦，時以開遮折之。但以内外不同，行已各異，言戲之間，是非蜂起。師乃從容謂才曰：『檀越復研味於六經，探賾於百氏，推陰陽之愆伏，察律吕之忽微。又聞生平未見《太玄》，詔問須臾即解，由來不窺象戲，試造旬日復成。以此有限之心，逢事即欲穿鑿，但以佛法玄妙，量謂未與彼同，雖復强學推尋，恐非措心之所，何因今將内論翻用見譏者乎？』法師後逢《因明》創行，義趣幽隱，是以先寫一通，故將見遺。仍附書云：『此論極難，深究玄妙，比有聰明博識，聽之多不能解，今若復能通之，可謂内外俱悉矣。』其論既近至中夏，才實未之前聞，耻於將試不知，爲復强加披閲。於是依極成而探深義，憑比量而求微旨，反復再三，薄識宗趣。後復借得諸法師等三家義疏，更加究習，然以諸法師等雖復序致泉富，文理會通，既以執見參差，所説自相矛盾。義既同稟三藏，豈合更開二門，但由釁發蕭牆，故容外侮闚測。然佛以一音演説，亦許隨類各解，何必獨簡白衣，不爲衆生之例？才以公務之餘，輒爲斯注，至於三法師等所説，善者因而成之，其有疑者，立而破之，分爲上、中、下卷，號曰《立破注解》。其間墨書者即是論之本文，朱書注者以存師等舊説，其下墨書注者，是才今之新撰，用決師等前義，凡有四十餘條，自鄶已下，猶未具録。至於文理隱伏稍難見者，仍畫爲《義圖》，共相比校，仍更别撰一方丈大圖，獨存才之近注。論既外無人解，無處道聽途説，若言生而知之，固非才之望也。然以學無再請，尚曰傳燈，聞一知十，方稱殆庶。況乎生平不見，率爾輒事含毫，今既不由師資，注解能無紕紊。竊聞雪山夜叉説生滅法，丘井野獸歎未曾有，苟令所言合理，尚得天仙歸敬，才之所注庶幾於兹。法師等若能忘狐鬼之微陋，思句味之可尊，擇善而從，不簡真俗，此則如來之道不墜於地，弘之者衆，何常之有。必以心未忘於人我，義不察於是非，才亦扣其兩端，猶擬質之三藏。」

秋七月己巳，譯經沙門慧立聞而愍之，因致書於左僕射燕國于公論其利害曰：「立聞諸佛之立教也，文言奥遠，旨義幽深，等圓穹之廓寥，類滄波之浩汗。談真如之性相，居十地而尚迷，説小草之因緣，處無生其猶昧。況有縈纏八邪之網，沈淪四倒之流，而欲窺究宗因，辯彰同異者，無乃妄哉。竊見大慈恩寺翻譯法師慧基早樹，智力夙成，行潔珪璋，操逾松杞，遂能躬遊聖域，詢稟微言，總三藏於胸懷，包四含於掌握，嗣清徽於曩哲，扇遺範於當今，實季俗之舟航，信緇林之龜鏡者也。所翻聖教已三百餘軸，中有小論，題曰《因明》，詮論難之指歸，序折邪之軌式，雖未爲玄門之要妙，然亦非造次之所知也。近聞尚藥吕奉御以常人之資，竊衆師之説，造《因明圖》，釋宗因義。不能精悟，好起異端，苟覓聲譽，妄爲穿鑿，誹衆德之正説，任我慢之褊心，媒衒公卿之前，囂喧閭巷之側，不慙顔厚，靡倦神勞，頗歷炎涼，情猶未已。然奉御於俗事少閑，遂謂真宗可了，何異鼷鼠見釜竈之堪陟，乃言崐、閬之非難，蛛蝥覩棘林之易羅，亦謂扶桑之可網，不量涯分，何殊此焉。抑又聞之，大音希聲，大辯若訥。所以浄名會理，杜口毗城。尼父德高，恂恂鄉黨。又叔度汪洋之稱，元禮模楷之譽，亦未聞誇競自媒而獲搢紳之推仰也。」云。立致書，其事遂寢。

冬十月丁酉，太常博士柳宣聞其事寢，乃作《歸敬書偈》，以檄譯經僧衆曰：「稽首諸佛，願護神威。當陳誠請，罔或尤譏。沈晦未悟，圓覺所歸。久淪愛海，舟檝攸希。異執乖競，和合是依。玄離取有，理絶過違。慢乖八正，戲入百非。取捨同辯，染浄混微。簡金去礫，琢玉裨輝。能仁普鑒，凝慮研幾。契誠大道，孰敢毁誹。諤諤崇德，唯唯浸衰。惟願留聽，庶有發揮。望矜悃悃，垂誨斐斐。歸敬曰：昔能仁示現王宫，假殁雙樹，微言既暢，至理亦弘，刹土蒙攝受之恩，懷生霑昭蘇之惠。自佛樹西蔭，塔影東臨，漢、魏實爲濫觴，苻、姚盛其風彩，自是名僧間出，賢達連鑣，慧日長懸，法輪恒馭。開鑿之功始自騰、顯，弘闡之力仍資什、安。别有單開遠適，羅浮、圖澄，近現趙、魏，鼉言圭、角，未可縷陳。莫不談空有於一乘，論苦集於四諦，假銓明有，終未離於有爲，息言明道，方契證於凝

寂。猶執玄以求玄，是玄非玄；理因玄以忘玄，玄或是玄。義雖冥會幽途，事理絶於言象，然攝生歸寂，終藉筌蹏，亦既立言，是非蜂起，如彼戰争，干戈競發，負者屏氣，勝者先鳴。故尚降魔，制諸外道，自非辯才，無畏答難有方，則物輩喧張，我等恥辱。是故專心適道，一意總持，建立法幢，祇植法鼓，旗鼓既正，則敵者殘摧，法輪既轉，能威不伏。若使望風旗靡，對難含膠，而能闡弘三寶，無有是處。尚藥吕奉御入空有之門，馳正見之路，聞持擬於昔賢，洞微侔於往哲。其詞辯，其義明，其德真，其行著，已沐八解之流，又悟七覺之分，影響成教，若浄名之詣菴園，聞道必求，猶波崙之歸無竭。意在弘宣佛教，立破《因明》之疏。若其是也，必須然其所長；如其非也，理合指其所短。今見僧徒雲集，並是採石他山。朝野俱聞吕君請益，莫不側聽瀉瓶，皆望蕩滌掉悔之源，銷屏疑忿之聚。」

有太史令李淳風者，聞而進曰：「僕心懷正路，行屬歸依，以實慧爲大覺玄軀，無爲是調御法體。然皎日麗天，實助上玄運用；賢僧闡法，實裨天師妙道。是所信受，是所安心。但不敢以黄葉爲金，山鷄成鳳，南郭濫吹，淄澠混流耳。或有異議，豈僕心哉！豈僕心哉！然鶴林已後，歲將二千，正法既萎，末法初踐，玄理鬱而不彰，覺道浸將湮落。玄奘法師頭陀法界，遠達迦維，目擊道樹金流，仍覩七處八會，毗城、鷲嶺身入彼邦，娑羅寶階仍驗虚實。至於歷覽王舍、檀特、恒河，如斯等輩，未易具言也。加之西域名僧莫不面論波若，東國疑義悉皆質之彼師，毗尼之藏既奉持而不捨，《毗曇》明義亦洞觀而爲常，蘇妬路既得之於聲明，耨多羅亦剖斷於疑滯。法無大小，莫不韞之胸懷，理無深淺，悉能決之敏慮。故三藏之名振旦之所推定，摩訶之號乃羅衛之所共稱，名實之際，何可稱道。然吕君學識該博，義理精通，言行樞機，是所詳悉。至於陀羅佛法，稟自生知，無礙辯才，寧由伏習。但以《因明》義隱，所説不同，觸象各得其形，共器飯有異色。吕君既已執情，道俗企望指定。秋霜已降，側聽鍾鳴；法雲既敷，雷震希發。但龍象蹴蹋，非驢所堪，猶緇服壼奥，白衣不踐，脱如龍種抗説，無垢釋疑，則苾蒭悉曇，亦優婆能盡。輒附微志，請不爲煩。若有滯疑，望諮三藏裁決，以所承稟傳示四衆，則正道克昌，覆障永絶，紹隆三寶，其在兹乎！過此已往，非復所悉。弟子柳宣白。」

庚子，譯經僧明濬答柳博士宣，以《還述頌》言其得失曰：「於赫大聖，種覺圓明，無幽不察，如響酬聲。弗資延慶，孰悟歸誠，良導可仰，實引迷生。百川邪浪，一味吞并。物有取捨，正匪虧盈。八邪馳鋭，四句争名，飾非濫是，抑重爲輕。照日冰散，投珠水清，顯無上德，體道居貞。縱加譽毁，未動遺榮，昂昂令哲，鬱鬱含情。俟諸達觀，定此權衡，聊申悱悱，用簡英英。還述曰：頃於望表預矚歸敬之詞，覽其雄文，焕乎何偉麗也。詳其雅致，誠哉豈不然歟。悲夫愛海滔天，邪山槩日。封人我者顛墜其何已，恃慢結者沈淪而不窮，故六十二見争翳薈而自處，九十五道競扶伏以忘歸。如來以本願大悲，亡緣俯應，内圓四智，外顯六通，運十力以伏天魔，飛七辯而摧外道，竭兹愛海，濟稟識於三空，殄彼邪山，軀肖形於八正。指因示果，返本還源，大矣哉悲智妙用，無得而言焉。昔道樹登庸，被聲教於百億，雙林寢迹，振遺烈於三千。自佛日西傾，餘光東照，周感夜明之瑞，漢通宵夢之徵。騰、蘭蘙慧炬於前，澄、什嗣傳燈於後。其於譯經弘法，神異濟時，高論摧邪，安禪肅物。緝頹綱者接武，繼絶紐者肩隨，莫不夷夏欽風，幽明翼化，聯華靡替，可略而詳。惟今三藏法師蘊靈秀出，含章而體一味，瓶瀉以贍五乘，悲去聖之逾遠，憫來教之多闕，細思圓義，許道以身，心口自誅，形影相弔，振衣擎錫，討本尋源，出玉關而遠遊，指金河而一息。稽疑梵宇，探幽洞微，旋化神州，揚真殄謬。遺詮闕典大備兹辰，方等圓宗彌廣前烈。所明勝義，妙絶寰中之中；真性真空，極踰方外之外。以有取也，有取喪其真；就無求之，無求蠹其實。拂二邊之迹，忘中道之相，則累遣未易洎其深，重空何以臻其極。要矣妙矣，至哉大哉。契之於心，然後以之爲法。在心爲法，形言爲教，法有自相共相，教乃遮詮表詮。粹旨沖宗，豈造次所能覼縷。法師凝神役智，詳本正末，緝熙玄籍，大啓幽關。祕希聲應扣擊之大小，廓義海納朝宗之巨細。於是殊方碩德，異域高僧，服膺問道，蓄疑請益。固已飲河滿腹，莫測其深淺；聆音駭聽，孰知其遠邇。至於因明之道，現比蓋微，斯乃指初學之方隅，舉立論之幖幟。至若靈樞祕鍵，妙本成功，備諸奥册，非此所云也。而吕奉御以風神爽拔，早擅多能，器宇該通，夙彰博物，弋獵開墳之典，鉤深壞壁之書，觸類而長，窮諸數術。振風飈於辯囿，摛光華於翰林，驤首雲中，先鳴日下。五行資其筆削，六位佇其高談，一覽《太玄》，應問便釋，再尋象戲，立試即成，實晉代茂先、漢朝曼倩，方今蔑如也。既而翱翔羣略，綽有餘功，而敬慕大乘，夙敦誠信，比因友生戲爾，忽復屬想因明，不以師資，率已穿鑿，比決諸疏，指斥求非。誼議於朝廷，形言於造次。考其志也，固已難加；覈其知也，誠爲可惑。此論以一卷成部，五紙成卷，研機三疏，向已一周。舉非四十，自無一是。自既無是而能言是，疏本無非而能言非。言非不非，言是不是。言是不是，是而恒非；言非不非，非而恒是。非非

恒是，不爲是所是；是是恒非，不爲非所非。以茲貶失，致或病諸。且據生因了因，執一體而忘二義；能了所了，封一名而惑二體。又以宗依宗，體留依去體以爲宗；喻體喻依，去體留依而爲喻。緣斯兩系，妄起多疑；迷一極成，謬生七難。但以讚窮二論，師己一心，滯文句於上下，誤字音於平去。復以數論爲聲論，舉生城爲滅城。豈唯差離合之宗因，蓋亦違倒順之前後。又探鄙俚訛韻以擬梵本囀音，雖復廣援七種，而只當彼一囀。然非彼七所目乃是第八呼聲。舛雜乖訛何從而至。又案勝論立常極微，數乃無窮，體唯極小。後漸和合生諸子微。數則倍減於常微，體又倍增於父母。迄乎終已，體彼大千；究其所窮，數唯是一。呂公所引《易》繫辭云：太極生兩儀，兩儀生四象，四象生八卦，八卦生萬物。云此與彼言異義同。今案太極無形，肇生有像，元資一氣，終成萬物，豈得以多生一而例一生多？引類欲顯博聞，義乖復何所託。設引大例生義似同若釋，同於邪見深累如何自免。豈得苟要時譽，混正同邪，非身之讐奚至於此。凡所紕紊，胡可勝言。特由率己，致斯狼狽。根既不正，枝葉自傾，遂誤生疑，隨疑設難，由形直影其可得乎？試舉一二，冀詳大意，深疵繁諸，委答如別。尋夫呂公達鑒，豈孟浪而至此哉！示顯真俗，雲泥難易楚、越。因彰佛教弘遠，正法凝深，譬洪鑪非掬雪所投，渤澥豈膠舟能越也？太史令李君者，靈府沈祕，襟期邈遠，專精九數，綜涉六爻。博考墳圖，瞻觀雲物，鄙衛宏之失度，陋裨竈之末工。神無滯用，理實斯在。既屬呂公餘論，復致問言。以實際爲大覺玄軀，無爲是調御法體。此乃信薰修容有分，證稟自然，約不可成。良恐言似而意違，詞近而旨遠。天師妙道，幸以再思。且寇氏天師，崔君特薦，共貽伊咎，夫復何言。雖謂不混於淄、澠，蓋已自濫金鍮耳。惟公逸宇寥廓，學殫墳索，庇身以仁義，應物以樞機。肅肅焉，汪汪焉，擢勁節以干雲，淡清潤而鎮地。騰芳文苑，職處儒林，捃摭九疇之宗，研詳二戴之說。至於經禮三百，曲禮三千，莫不義符指掌，事如俯拾。罇俎咸推其準的，法度皆待其雌黃，遂令相鼠之詩絕聞於野，魚麗之詠盈耳於朝。惟名與實盡善盡美，而誠敬之重稟自夙成，弘護之心實惟素蓄，屬斯諠議同恥疚懷。故能投刺含膠，允光大義。非夫才兼內外，照實鄰幾，豈能激揚清濁，濟俗匡真者耶！昔什公門下，服道者三千；今此會中，同德者如市。貧道猥以庸陋，叨厠末筵，雖慶朝聞，終慙夕惕。詳以造疏二德，並是貫達五乘，牆仞罕窺，詞峰難仰。既屬商羊鼓舞，而霈澤必霑，疾雷迅發，恐無暇掩耳。僉議，古人曰，一枝可以戢羽，何繫乎鄧林；一滴足以沈鱗，豈俟於滄海。故不以愚懦，垂逼課虛。辭弗獲免，蠢陳梗概。雖文不足取，而義或可觀。顧己庸疏，彌增慄恧，指述還答，餘無所申。釋明濬白。」

癸卯，宣得書，又激呂奉御因奏其事，敕遣羣公學士等往慈恩寺請三藏與呂公對定。呂公詞屈，謝而退焉。

顯慶元年春正月景寅，皇太子忠自以非嫡，不敢久處元良，乃慕太伯之規，陳表累讓。大帝從之，封忠爲梁王，賜物一萬段、甲第一區。即以其月册代王弘爲皇太子。

戊子，就大慈恩寺爲皇太子設五千僧齋，人施布帛三段，敕遣朝臣行香。時黄門侍郎薛元超、中書侍郎李義府因參法師，遂問曰：「翻經固法門之美，未審更有何事可以光揚？又不知古來翻譯儀式如何？」法師報曰：「法藏沖奥，通演實難，然則內闡住持由乎釋種，外護建立屬在帝王。所以泛海之舟能馳千里，依松之葛遂竦萬尋，附託勝緣，方能廣益。今漢、魏遥遠，未可詳論。且陳苻、姚已來翻宣經論。除僧之外，君臣贊助者，苻堅時曇摩難提譯經，黄門侍郎趙政執筆；姚興時鳩摩羅什譯經，姚王及安城侯姚嵩執筆；後魏菩提留支譯經，侍中崔光執筆及製經序。齊、梁、周、隋並皆如是。貞觀初波頗羅那譯經，敕左僕射房玄齡、趙郡王李孝恭、太子詹事杜正倫、太府卿蕭璟等監閱詳緝。今獨無此。又慈恩寺聖上爲文德聖皇后營建，壯麗輪奂，今古莫儔，未得建碑傳芳示後，顯揚之極莫過於此。公等能爲致言，則斯美可至。」二公許諾而去。明日因朝，遂爲法師陳奏，天皇皆可之。

壬辰，光禄大夫中書令兼檢校太子詹事監修國史柱國固安縣開國公崔敦禮宣敕曰：「大慈恩寺僧玄奘所翻經、論，既新翻譯，文義須精，宜令太子太傅尚書左僕射燕國公于志寧、中書令兼檢校吏部尚書南陽縣開國男來濟、禮部尚書高陽縣開國男許敬宗、守黄門侍郎兼檢校太子左庶子汾陰縣開國男薛元超、守中書侍郎兼檢校右庶子廣平縣開國男李義府、中書侍郎杜正倫等，時爲看閱，有不穩便處，即隨事潤色。若須學士，任量追三兩人。」罷朝後，敕遣內給事王君德來報法師云：「師須官人助翻經者，已處分于志寧等令往，其碑文朕望自修，不知稱師意不？且令相報。」法師既奉綸旨，允慰宿心，當對使人悲喜，不覺淚流襟袖。翌日，法師自率徒衆等詣朝堂奉表陳謝。（表文失。）

二月，有尼寶乘者，高祖神堯皇帝之婕妤、隋襄州總管臨河公薛道衡之女也。德芬彤管，美擅椒闈。父既學業見稱，女亦不虧家訓。妙通經史，兼善文

才。大帝幼時，從其受學，嗣位之後，以師傳舊恩，封河東郡夫人，禮敬甚重。夫人情慕出家，帝從其志，爲禁中別造鶴林寺而處之，并建碑述德。又度侍者數十人，並四事公給，將進具戒。至二月十日，敕迎法師將大德九人，各一侍者，赴鶴林寺爲河東郡夫人薛尼受戒。又敕莊校寶車十乘、音聲車十乘，待於景曜門內，先將馬就寺接入城門已，方乃登車發引，大德居前，音聲從後。是時春之仲月，景物妍華，柳翠桃紅，松青霧碧，錦軒紫蓋交映其間，飄飄然猶給園之衆適王城矣。既到，安置別館，設壇席，爲寶乘等五十餘人受戒，唯法師一人爲闍黎，諸德爲證而已。三日方了。受戒已，復命巧工吴智敏圖十師形，留之供養。其鶴林側先有德業寺，尼衆數百人，又奏請法師受菩薩戒，於是復往德業寺。事訖辭還，嚫施隆重，敕遣內給事王君德將手力執華蓋引送，衢路觀者極生善矣。鶴林後改爲隆國寺焉。

無幾，御製碑文成，敕遣太尉長孫無忌，以碑宣示羣公。其詞曰：「朕聞乾坤締構之初，品物權輿之始，莫不載形后土，藉覆穹蒼。然則二曜輝天，靡測盈虛之象。四溟紀地，豈究波瀾之極。況乎法門沖寂，現生不滅之前，聖教牢籠，示有無形之外。故以道光塵劫，化洽含靈者矣。緬惟王宫發迹，蓮披超步之華，神沼騰光，樹曲空低之幹，演德音於鹿苑，會多士於龍宫，福已罪之羣生，興將滅之人代，能使下愚挹道，骨碎寒林之野；上哲欽風，魂沈雪山之偈，綵流法雨，清火宅而辭炎；輪昇慧日，皎重昏而歸晝。朕逖覽緗史，詳觀道藝，福崇永劫者其唯釋教歟。文德皇太后憑柯瓊樹，疏派璿源，德照塗山，道光嬀汭，流芬彤管，彰懿則於八紘，垂訓紫宫，扇徽猷於萬古。遽而陰精掩月，永戢貞輝，坤維絶紐，長淪茂迹。撫奩鏡而增感，望陟屺而何追。昔仲由興歎於千鍾，虞丘致哀於三失。朕之罔極實有切於終身，故載懷興葺，創兹金地。卻背邠郊，點千莊之樹錦，前臨終岳，吐百仞之峰蓮，左面八川，水皎地而分鏡，右鄰九達，羽飛蓋而連雲，抑天府之奥區，信上京之勝地。示其雕軒架迥，綺閣陵虛，丹空曉烏，焕日宫而泛彩，素天初兔，鑒月殿而澄輝。薰徑秋蘭，疏庭佩紫，芳巖冬桂，密户叢丹。燈皎繁華，啖轉煙心之鶴，旛標迴刹，彩縈天外之虹。飛陛參差，含文露而棲玉，輕簾舒卷，網曆宿而編珠。霞班低岫之紅，池汎漠煙之翠，鳴佩與宵鍾合韻，和風共晨梵分音。豈直香積天宫，遠慙輪奂，閬風仙闕，遥愧雕華而已哉！有玄奘法師者，實真如之冠冕也，器宇凝邃，若清風之肅長松，縟思繁蔚，如綺霞之輝迴漢，騰今照古之智，挺自生知，蘊寂懷真之誠，發乎齠亂。孤標一代，邁生遠以照前，迴秀千齡，架澄、什而光後。以爲淳風替古，澆俗移今，悲臣夜之長昏，痛微言之永翳，遂乃投迹異域，廣餐祕教，乘杯雲漢之外，振錫煙霞之表，滔天巨海，侵驚浪而羈遊，亘地嚴霜，犯淒氛而獨逝，平效散緒，衣單雪嶺之風，曠野低輪，肌弊流沙之日。遐征月路，影對宵而暫雙，遠邁危峰，形臨朝而永隻。研窮智境，探賾至真，心罄玄津，研幾祕術。通昔賢之所不逮，悟先典之所未聞。遂得金牒東流，續將斷之教，實偈西徙，補已缺之文。於時睠彼靈基，棲心此地。弘宣奥旨，葉方翠於祇林；遠闢幽關，波再清於定水。朕所以虔誠八正，肅志雙林，將延景福，式資冥助。奉願皇太后逍遥六度，神遊丹闕之前，偃息四禪，魂昇紫極之境。悲夫！玉燭易往，促四序於炎涼；金箭難留，馳六龍於晷漏。恐波遷樹在，夷溟海於桑田；地是勢非，淪高岸爲幽谷。於是敬刊貞石，式旌真境。其銘曰：三光照象，萬品流形，人途超忽，時代虛盈。淳風久謝，澆俗潛生，愛波滔識，業霧昏情。猗歟調御，迦維騰迹，妙道乘幽，玄源控寂。鷲峰遐峙，龍宫廣闢，慧日舒光，慈雲吐液。睠言聖教，載想德音，義宗往劫，道冠來今。騰神九域，晦迹雙林，漢夢如在，周星遽沈。悲纏奩鏡，哀深棟宇，濯龍潛潤，椒風韜緒，霜露朝侵，風枝夕舉，雲車一駕，悠哉萬古。乃興輪奂，實構雕華，紫棟留月，紅梁藻霞，雲窗散葉，風沼翻華，蓋低鳳偃，橋側虹斜。爰有慧命，英器虛沖，孤標千載，獨步三空，給園味道，雪嶺餐風，智燈再朗，真筌重宗。四運流速，六龍馳騖，巨夜銷氛，函關啟曙，茂德垂範，微塵表譽，勒美披文，遐年永著。」

三月庚申，羣公等奉聖製，咸詣朝堂上表陳謝曰：「跪發天華，觀河宗之奇寶；虔開祕篆，聆雲英之麗曲。包萬葉之鴻規，籠千祀之殊觀，相趨慶忭，莫知所限。竊以慧日西照，朗巨夜而開冥，法流東徙，洽東亥而挺秀。無方之化不一，應物之理同歸，歷代迄兹，咸崇斯典。伏惟陛下垂衣截海，作鏡中區，錫類之道彌光，出要之津尤重，開給園於勝境，延稱首以閒居，地窮輪奂，人標龍象。重兹濬發沖旨，爰製豐碑，妙思難涯，玄襟獨王，義超繫表，理邃環中。臣等夙蔽真宗，幸窺天藻，以坳堂之量揣靈鼇之浚壑，蜉蝣之情議仙驥之遐壽。式歌且舞，咸誦在心，循覽周遑，不勝欣躍。」

慧立、彦悰《大慈恩寺三藏法師傳》卷九《起顯慶元年三月謝慈恩寺碑成—終二年十一月法師謝敕問病表》 顯慶元年春三月癸亥，御製大慈恩寺碑文訖。時禮部尚書許敬宗遣使送碑文與法師，鴻臚寺又有符下寺。甲子，法師率寺衆詣闕陳謝曰：

凝多藝。鴻範光於洛浦,草聖茂於臨池。玄奘肅荷前恩,奉若華於金境;冒希後澤,佇桂影於銀鉤。豈直含璧相循,聯輝是仰,亦恐非天翰無以懸日月之文,唯麗則可以摛希微之軌。馳魂泥首,非所敢望,不勝積懷,昧死陳請。

表奏,帝方運神筆。

法師既蒙帝許,不勝慶抃。表謝曰:

沙門玄奘言。伏奉敕旨,許降宸筆自勒御製大慈恩寺碑文。璽誥爰臻,綸慈猥集,祇荷慙惕,罔知攸措。玄奘聞强弩在彀,鼷鼠不足動其機;洪鐘匿音,纖莛無以發其響。不謂日臨月照,遂迴景於空門;雨潤雲蒸,乃昭感於玄寺。是所願也,豈所圖焉。伏惟陛下履翼乘樞,握符纘運,追軒邁頊,孕夏吞殷,演衆妙以陶時,總多能而景俗。九域之内既沐仁風,四天之表亦霑玄化。然則津梁之法非至聖無足闡其源,幽贊之工非至人何以敷其迹。雖追遠所極,自動天情,而冥祐可祈,即迴宸睠。英詞曲被,已超希代之珍;祕迹行開,將踰絶價之寶。凡在羣品,靡弗欣戴。然彼梵徒,倍增慶躍,夢鈞天之廣樂,匹此非奇,得輪王之髻珠,疇茲豈貴。庶當刊以貞石,用樹福庭,蠢彼迷生,方開耳目。盛乎法炬,傳諸未來,使夫瞻寶字而戢銀鉤,發菩提於此日;諷遒文而探至賾,悟般若於斯地。劫成窮芥,昭昭之美恒存;運海還桑,藹藹之風無朽。玄奘出自凡品,夙慙行業,既蒙落飾,思闡玄猷。往涉迦維,本憑皇化,迫茲翻譯,復承朝獎。而貞觀之際,濫沐洪慈,永徽已來,更叨殊遇。二主神筆,猥賜褒揚,兩朝聖藻,亟垂榮飾。顧循愚劣,實懷兢懼。輸報之誠不忘昏曉。但以恩深巨壑,豈滴水之能酬;施厚崧丘,匪纖塵之可謝。唯當憑諸慧力,運以無方,資景祚於園寢,助隆基於七百。不任誠戴之至。謹附内給事臣王君德奉表陳謝以聞。輕犯威嚴,伏深戰懼。

夏四月八日,帝書碑并匠鐫訖,將欲送寺,法師慙荷聖慈,不敢空然待送,乃率慈恩徒衆及京城僧尼,各營幢蓋、寶帳、旛華,共至芳林門迎。敕又遣太常九部樂,長安、萬年二縣音聲共送。幢最卑者上出雲霓,旛極短者猶摩霄漢,凡三百餘事,音聲車千餘乘。至七日冥集城西安福門街。其夜雨。八日,路不堪行,敕遣且停,仍迎法師入内。至十日,天景晴麗,敕遣依前陳設。十四日旦,方乃引發,幢旛等次第陳列,從芳林門至慈恩寺,三十里間爛然盈滿。帝登安福門樓望之甚悦,京都士女觀者百餘萬人。至十五日,度僧七人,設二千僧齋,陳九部樂等於佛殿前,日晚方散。至十六日,法師又與徒衆詣朝堂陳謝碑至寺。

沙門玄奘言。被鴻臚寺符,伏奉敕旨,親紆聖筆爲大慈恩寺所製碑文已成,睿澤傍臨,宸詞曲照,玄門益峻,梵侶增榮,跼厚地而懷慙,負層穹而寡力。玄奘聞造化之功既播物而成教,聖人之道亦因辭以見情。然則畫卦垂文,空談於形器;設爻分象,未踰於寰域。羲皇之德尚見稱於前古,姬后之風亦獨高於後代。豈若開物成務,闡八政以摛章;詮道立言,證三明而導俗。理窮天地之表,情該日月之外,較其優劣,斯爲盛矣。伏惟皇帝陛下金輪在運,玉曆乘時,化溢四洲,仁覃九有。道包將聖,功茂通神,縱多能於生知,資率由於天至。始悲奩鏡,即創招提,俄樹勝幢,更敷文律。若乃天華穎發,睿藻波騰,吞筆海而孕龍宫,掩詞林而包鶴樹。内該八藏,外覈六經,奥而能典,宏而且密。固使給園遺迹託寶思而彌高,奈苑餘芳假瓊章而不昧。豈直抑揚夢境,昭晰迷塗,諒以鎔範四天,牢籠三界者矣。玄奘言行無取,猥預緇徒,亟叨恩顧,每謂多幸。重忝曲成之造,欣逢像法之盛,且懽且躍,實用交懷。無任誠戴之誠,謹詣朝堂奉表陳謝。

乙丑,法師又惟主上文明天縱,聖而多能,非直文麗魏君,亦乃書遒漢主。法師以見碑是聖文,其書亦望神筆,詣闕請皇帝自書。表曰:

沙門玄奘等言。竊以應物垂象,神用溥該;隨時設教,聖功畢盡。是知日月雙朗,始極經天之運;卉木俱秀,方窮麗地之德。伏惟皇帝陛下智周萬物,仁霑三界,既隆景化,復闡玄風。鄙姬穆之好道,空賞瑶池之詠;蔑漢明之崇法,徒開白馬之祠。遂乃俯降天文,遠揚幽旨,用彫豐琬,長垂茂則。同六英之發音,若五緯之摛曜,敷至懷而感俗,弘大誓以匡時。豈獨幽贊真如,顯揚玄賾者也。雖玉藻斯暢,翠版將刊,而銀鉤未書,丹字猶韞。然則夔樂已窮,匪里曲之堪預;龍鄉既畫,何爝火之能明。非夫牙、曠撫律,羲和總馭,焉得揚法鼓之大音,裨慧日之沖彩。敢緣斯義,冒用干祈,伏乞成茲具美,勒以神筆,庶陵雲之妙,邁迹前王,垂露之奇,騰芬後聖。金聲玉振,即悟羣迷;鳳翥龍蟠,將開衆瞽。豈止克隆像教,懷生霑莫大之恩;實亦聿贊明時,宗社享無疆之福。玄奘庸識愚淺,謬齒緇林,本慙窺涉,多虧律行,猥辱紫宸,詞過褒美。雖驚惕之甚,措顔無地,而慊懇之勤,翹誠有日。重敢塵黷,更懷冰火。

表奏不納。

景寅,法師又請曰:

昨一日蒙賚天藻,喜戴不勝,未允神翰,翹丹尚擁。竊以攀榮奇樹,必含笑而芬芳;跪寶玉岑,亦舒渥而貽彩。伏惟陛下提衡執粹,垂拱大寧,睿思綺毫,俯

表曰：

沙門玄奘等言。今月十四日，伏奉敕旨，送御書大慈恩寺碑，並設九部樂供養。堯日分照，先增慧炬之暉；舜海通波，更足法流之廣。豐碣巖峙，天文景燭，狀彩霞之映靈山，疑縟宿之臨仙嶠。凡在緇素，電激雲奔，瞻奉驚躍，得未曾有。竊以八卦垂文，六爻發繫，觀鳥製法，泣麟敷典，聖人能事，畢見於兹，將以軌物垂範，隨時立訓，陶鑄生靈，抑揚風烈。然則秦皇刻石，獨昭美於封禪；魏后刊碑，徒紀功於大饗。猶稱題目，高視百王，豈若親紆叡藻，俯門仙翰。金奏發韻，銀鉤絢迹，探龍宫而駕三玄，軼鳳篆而窮八體，揚春波而騁思，滯秋露以標奇。弘一乘之妙理，讃六度之幽賾，化總三千之域，聲騰百億之外。柰苑微言，假天詞而更顯；竹林開士，託神筆而彌尊。固使梵志歸心，截疑綱而祇訓，波旬革慮，偃邪山而徇道。豈止塵門之士始悟迷方，滯夢之賓行超苦際。至如漢明通感，尚咨謀於傅毅，吴主歸宗，猶考疑於闞澤。自斯以降，無足稱者，隨緣化物，獨推昭運，爲善必應，克峻昌基，若金輪之王神功不測，同寶冠之帝休祚方永。玄奘等謬忝朝恩，幸登玄肆，屬慈雲重布，法鼓再揚，三明之化既隆，八正之門長闢，而顧非貞懇，虚蒙獎導，仰層旻而荷澤，俯浚谷以懷慙。無任竦戴之誠，謹詣闕陳謝以聞。

碑至，有司於佛殿前東南角别造碑屋安之。其舍複拱重櫨，雲楣綺棟，金華下照，寶鐸上暉，仙掌露盤，一同靈塔。帝善楷、隸、草、行，尤精飛白。其碑作行書，又用飛白勢作『顯慶元年』四字，並窮神妙。觀者日數千人，文武三品以上表乞摸打，許之。自結繩息用，文字代興，二篆形殊，楷、草勢異，懸鍼垂露，雲氣偃波，銘石章程，八分行隸，古人互有短長，不能兼美。至如漢元稱善史書，魏武工於草、行，鍾繇閑於三體，王仲妙於八分，劉劭、張弘發譽於飛白，伯英、子玉流名於草聖。唯中郎、右軍稍兼衆美，亦不能盡也。故韋文休見二王書曰「二王自可稱能，未是知書」也。若其天鋒秀拔，頵鬱遒健，該古賢之衆體，盡先哲之多能，爲豪翰之陽春、文字之寡和者，信歸之於我皇矣。

法師少因聽習，及往西方，涉凌山、雪嶺，遂得冷病，發即封心，屢經困苦。數年已來，憑藥防禦得定。今夏五月，因熱追凉，遂動舊疾，幾將不濟。道俗憂懼，中書聞奏，敕遣供奉上醫尚藥奉御蔣孝璋、鍼醫上官琮專看，所須藥皆令内送。北門使者日有數般，遣伺氣候，遞報消息。乃至眠寢處所，皆遣内局上手安置。其珍惜如是，雖慈父之於一子，所不過也。孝璋等給侍醫藥，晝夜不離，經五日方損，内外情安。法師既荷聖恩，翌日進表謝曰：

沙門玄奘言。玄奘拙自營衛，冷疹增動，幾至綿篤，殆辭昭運。天恩矜愍，降以良醫，鍼藥纔加，即蒙瘳愈。駐頽齡於欲盡，反營魄於將消，重覩昌時，復遵明導，豈止膏肓永絶，腠理恒調而已。顧循庸菲，屢荷殊澤，施厚命輕，罔知輸報。唯憑慧力，庶訓冥祉。玄奘猶自虚惙，未堪詣闕陳謝，無任竦戴之至。謹遣弟子大乘光先奉表以聞。

帝覽表，遣給事王君德慰問法師曰：「既初服藥後，氣力固當虚劣，請法師善自攝衛，未宜即用心力。」法師又蒙聖問，不勝喜懼之至，又表謝曰：

沙門玄奘言。玄奘業累所嬰，致招疾苦，呼吸之頃，幾隔明時。忽蒙皇帝、皇后降慈悲之念，垂性命之憂，天使頻循，有逾十慰，神藥俯救，若遇一丸。飲沐聖慈，已袪沈痛，承荷醫療，遂得痊除。豈期已逝之魂見招於上帝，將夭之壽重禀於洪鑪。退省庸微，何以當此，撫膺媿越，言不足宣。荷殊澤而詎勝，粉微軀而靡謝。方冀勗兹禮誦，罄此身心，以答不次之恩，少塞無窮之責。無任感戴之極，謹附表謝聞。喜懼兼並，罔知攸措，塵黷聽覽，伏增惶悚。

往貞觀十一年中，有敕曰：「老子是朕祖宗，名位稱號宜在佛先。」時普光寺大德法常、總持寺大德普應等數百人於朝堂陳諍，未蒙改正。法師還國來已頻内奏，許有商量，未果而文帝昇遐。永徽六年，先有敕：「道士、僧等犯罪情難知者，可同俗法推勘。」邊遠官人不閑敕意，事無大小動行枷杖，虧辱爲甚。法師每憂之，因疾委頓，慮更不見天顔，乃附人陳前二事於國非便：「玄奘命垂日夕，恐不獲後言，謹附啟聞，伏枕惶懼。」敕遣報云：「所陳之事聞之。但佛道名位，先朝處分，事須平章。其同俗敕，即遣停廢。師宜安意，强進湯藥。」至二十三日，降敕曰：「道教清虚，釋典微妙，庶物藉其津梁，三界之所遵仰。比爲法末人澆，多違制律，且權依俗法，以伸懲誡，冀在止惡勸善，非是以人輕法。但出家人等具有制條，更别推科，恐爲勞擾。前令道士、女道士、僧、尼有犯依俗法者宜停。必有違犯，宜依條制。」法師既荷兹聖澤，奉表詣闕陳謝曰：

沙門玄奘言。伏見敕旨，僧、尼等有過，停依俗法之條，還依舊格。非分之澤忽委緇徒，不訾之恩復霑玄肆，晞暘沐道，實用光華，跼地循躬，唯增震惕。竊以法王既没，像化空傳，宗紹之規，寄諸明后。伏惟皇帝陛下寶圖御極，金輪乘正，睠兹釋教，載懷宣闡，以爲落飾玄門，外異流俗，雖情牽五濁，律行多虧，而體被三衣，福田斯在。削玉條之密網，布以寬仁；信金口之直詞，允兹迴向。斯固

天祇載悅，應之以休徵，豈止梵侶懷恩，加之以貞確。若有背茲寬貸，自貽伊咎，則違大師之嚴旨，虧聖主之深慈，凡在明靈，自宜譴謫，豈待平章之律，方科簽妄之罪。玄奘庸昧，猥廁法流，每恭鴻恩，己懷慙惕，重祇殊獎，彌復兢惶。但以近嬰疾疹，不獲隨例詣闕。無任竦戴之誠，謹遣弟子大乘光先奉表陳謝以聞。

自是僧徒得安禪誦。

法師悲喜交集，不覺淚霑襟袖，不勝忭躍之至。又重進表謝曰：

沙門玄奘言。伏奉恩敕，除僧等依俗法推勘條章。喜戴之誠，莫知準譬。竊尋正法隆替，隨君上所抑揚，彝倫薄厚，儷玄風以興缺。自聖運在璿，明皇執粹，甄崇道藝，區別玄儒，開不二之鍵，廣唯一之轍，寫龍宮於蓬閣，接鷲壤於神皋，俾夫鍾梵之聲洋溢區宇，福善之業濯沐黎氓，實法門之嘉會，率土之幸甚。頃爲僧徒不整，誨馭乖方，致使內虧佛教，外犯王法，一人獲罪，舉衆蒙塵，遂觸天威，令依俗法。所期清肅，志在懲誡。僧等震懼，夙夜慙惶，而聖鑒天臨，仁澤昭被，篤深期於玄妙，掩纖垢於含弘，爰降殊恩，釋茲嚴罰，非其人之足惜，顧斯法之可尊。遂令入網之魚復遊江、漢，觸籠之鳥還颺杳冥，法水混而更清，福田鹵而還沃。僧等各深荷戴，人知自勉，庶當勵情去惡，以副天心；專精禮念，用答鴻造。伏願皇帝、皇后以紹隆之功，永凝百福，乘慈悲之業，端拱萬春。震域締祥，維城具美。不勝舞躍感荷之至。謹重附表陳謝以聞。輕黷冕旒，伏增惶恐。

帝覽表，知法師病愈，遣使迎法師入，安置於凝陰殿院之西閣供養。仍彼翻譯，或經一旬、二旬方乃一出。

冬十月，中宮在難，歸依三寶，請垂加祐。法師啓「聖體必安和無苦，然所懷者是男，平安之後願聽出家」。當蒙敕許。其月一日，皇后施法師衲袈裟一領，并雜物等數十件。法師啓謝曰：

沙門玄奘啓。垂賜衲并雜物等，捧對驚慙，不知比喻。且金縷上服，傳自先賢，或無價衣，聞諸聖典，未有窮神盡妙，目擊當如今之賜者也。觀其均綵濃淡，敬君不能逾其巧；裁縫婉密，離婁無以窺其際。便覺煙霞入室，蘭囿在身，旋俯自瞻，頓增榮價。昔道安言珍秦代，未遇此恩；支遁稱禮晉朝，罕聞斯澤。唯玄奘庸薄，獨竊洪私，顧寵循躬，彌深戰汗。伏願皇帝、皇后富衆多之子孫，享無疆之福祚，長臨玉鏡，永御寶圖，覆育羣生，與天無極。不任慙佩之至。謹啓謝聞。施重詞輕，不能宣盡。

五日申後，忽有一赤雀飛來止於御帳，奘不勝喜慶，陳表賀曰：

沙門玄奘言。玄奘聞白鳩彰瑞，表殷帝之興；赤雀呈符，示周王之慶。是知穹昊降祥以明人事，其來久矣。玄奘今日申後酉前，於顯慶殿庭帷內見有一雀，背羽俱丹，腹足咸赤，從南飛來，入帳止於御座，徘徊踊躍，貌甚從容。見是異禽，乃謂之曰：「皇后在孕未遂分誕，玄奘深懷憂懼，願乞平安，若如所祈，爲陳喜相。」雀乃迴旋蹀足，示平安之儀，了然解人意。玄奘深心歡喜，舉手喚之，又徐徐相向，乃至逼之不懼，撫之不驚，左右之人咸悉共見。玄奘因爲受三歸報其雅意，未及執捉，從其徘徊，遂復飛去。伏惟皇帝、皇后德通神明，恩加兆庶，禮和樂洽，仁深義遠，故使羽族呈祥，神禽效質，顯子孫之盛，彰八百之隆，既爲曩代之休符，亦是當今之靈貺。玄奘輕生有幸，肇屬嘉祥，喜忭之深，不敢緘默，略疏梗概，謹以奏聞。若其羽翼之威儀，陽精之淳偉，歷代之稽古，出見之方表，所不知也。謹言。

表進已，頃聞有敕令使報法師：「皇后分娩已訖，果生男，端正奇特，神光滿院，自庭燭天。朕歡喜無已，內外舞躍，必不違所許。願法師護念，號爲佛光王。」法師進賀曰：

沙門玄奘言。竊聞至道攸敷，啓天人於載筭；深期所感，誕玄聖於克岐。伏惟皇帝、皇后情鏡三空，化孚九有，故能闡垂旒於二諦，卻走馬於一乘。藹殿初歆，爰發俱胝之願；珽柯在孕，便結踰城之徵。俾夫十號降靈，弘慈攝受，百神翼善，肅此宮闈。所以災厲克清，安和載誕。七華儼以承步，九龍低而灌質。玄門佇迹，道樹靈陰，雖昔之履帝呈祥，捫天表異，寧足以方斯感貺，匹此英猷。率土詠歌，喜皇階之納祐；緇林勇鋭，欣紺馬之來遊。伏願無替前恩，特令法服，靡局常戀，迴構良因。且帝子之崇，出處斯在，法王之任，高尚彌隆。加以功德無邊，津梁載遠，儻聖澤無舛，弘誓不移。竊謂殫四海之資，不足比斯檀行；傾十地之業，無以譬此福基。當願皇帝、皇后百福凝華，齊輝北極，萬春表壽，等固南山。磬娛樂於延齡，踐薩云於遐劫。儲君允茂，綏紹帝猷。寵蕃惟宜，翊亮王室。禨祿英胤，休祉日繁，標志節於本枝，嗣芳塵於草座。玄奘濫偶不運，局影禁門，貴匪德昇，寵緣恩積。幸屬國慶惟始，净業開基，踊躍之懷，塵粉無恨。不勝喜賀之至。謹奉表以聞。輕觸威嚴，伏增戰越。

佛光王生滿三日，法師又進表曰：

沙門玄奘言。玄奘聞《易》嘉日新之義，《詩》美無疆子孫，所以周祚過期，漢

曆遐緒者，應斯道也。又聞龍門洄激，資源長而流遠；桂樹叢生，藉根深而芳藹。伏惟皇運累聖相承，重規疊矩，積植仁義，浸潤黎元，其來久也。由是二后光膺大寶，爲子孫基，可謂根深源長矣。逮陛下受圖，功業逾盛。還淳反素，邁三五之蹤；製禮作樂，逸殷、周之軌。不恃黄屋爲貴，以濟兆庶爲心。未明求衣，日昃忘食，一人端拱，萬里廓清。雖成、康之隆，未至於此。是故卿雲紛郁，江海無波，日域遵風，龍鄉沐化。蕩蕩乎，巍巍乎，難得而備言矣。既而道格穹蒼，明神降福，令月嘉辰，皇子載誕。天枝廣茂，瓊萼增敷，率土懷生，莫不慶賴。在於玄奘特百恒情，豈直喜聖后之平安，實亦欣如來之有嗣。伏願不違前敕，即聽出家。移人王之胤，爲法王之子，披著法服，制立法名，授以三皈，列於僧數。紹隆像化，闡播玄風，再秀禪林，重暉覺苑。追淨眼之茂跡，踐月蓋之高縱。斷二種纏，成無等覺。色身微妙，譬彼山王；餤網莊嚴，過於日月。然後蔭慈雲於大千之境，揚慧炬於百億之洲，振法鼓而挫天魔，麾勝旛而摧外道，接沈流於倒海，撲燎火於邪山，竭煩惱之深河，碎無明之巨轂，爲天人師，作調御士。唯願先廟先靈藉孫祉而昇彼岸，皇帝、皇后因子福而享萬春。永握靈圖，常臨九域。子能如此，方名大孝，始曰榮親。所以釋迦棄國而務菩提，蓋爲此也。豈得以東平瑣瑣之善，陳思庸庸之才，並日而論優劣，同年而議深淺矣。謹即嚴衣捧鉢，以望善來之賓；拂座清塗，用竚踰城之駕。不勝慶慰顒顒之至。謹奉表以聞。輕觸宸威，追深戰越。

當即受三皈依服袈裟，雖保傅養育，所居常近法師。

十二月五日，滿月，敕爲佛光王度七人，仍請法師爲王剃髮。法師進表謝曰：

沙門玄奘言。昨奉恩旨，令玄奘爲佛光王剃髮，并敕度七人。所剃之髮則王之煩惱落也。所度之僧則王之侍衛具也。是用震動波旬之殿，踊躍淨居之懷，弘願既宣，景福彌盛。豈謂庸賤之手得効伎於天膚，凡庶之人蒙入道於嘉會，上下欣忭，悲喜交集。竊尋覆護之重在褓所先，解脱之因落飾爲始。伏惟皇帝、皇后道凝象外，福洽區中，所以光啟妙門，聿修德本。所願皇階納祐，玉扆延和，臨百億天下，畢千萬歲奇。佛光高子，乳哺惟宜，善神衛質，諸佛摩頂，增華睿哲之姿，允穆紹隆之寄。新度之僧荷澤既深，亦當翹勤道業，專精戒行，允嗣僧偷，佇當取草。不勝感荷之至。謹奉表以聞。

其日，法師又重慶佛光王滿月，并進法服等。表曰：

沙門玄奘言。竊聞摶風迅羽，累日而衝空；寫月明璣，逾旬而就滿。是知禀靈物表，亮彩天中者，固已後發其姝，惟新厥美者矣。惟佛光王資上善以締祥，闡中和而育德。自微園降誕，天祠動瞻，睿氣清襟，寢興納祐，玉顔秀表，晨夕增華。自非皇帝、皇后慧日在躬，法流濯想，寄紹隆於盤石，啟落飾於天人，其孰能福此褓衣，安茲乳哺，無災無害，克歧克嶷者哉！今魄照初環，滿月之姿盛矣；蓂枝再長，如蓮之目倩兮。所以紫殿慰懷，黔首胥悦，七衆歸怙，四門佇鑒。豈唯日索後言，鶴驂待馭而已。玄奘幸承恩寵，許垂蔭庇。師弟之望，非所庶幾，同梵之情，實切懷抱。輒敢進金字《般若心經》一卷并函，《報恩經變》一部，袈裟法服一具，香爐、寶子香案、澡餅、經架、數珠、錫杖、澡豆榼各一，以充道具，以表私歡。所冀篋載弄於半璋，代辟邪於蓬矢。俾夫善神見而踊躍，弘誓因以堅固，輕用干奉，實深悚惕。伏願皇帝、皇后尊邁拱辰，明兼合耀，結歡心於兆庶，享延齡於萬春。少海澄輝，掩丕釗而取儁，寵蕃振美，轥間平以載馳。所願佛光王千佛摩頂，百福凝軀，德音日茂，善規丕相。不勝感荷，奉表以聞。

二年春二月，駕幸洛陽宫，法師亦陪從。并翻經僧五人、弟子各一人，事事公給。佛光王駕前而發，法師與王子同去，餘僧居後。既到，安置積翠宫。

夏四月，車駕避暑於明德宫，法師又亦陪從，安置飛華殿。其宫南接皁澗，北跨洛濱，則隋之顯仁宫也。

五月，敕法師還於積翠宫翻譯。法師既奉帝旨，進表辭曰：

沙門玄奘言。伏蒙恩旨許令積翠宫翻經。仰佩優渥，誠深喜戴。伏念違離，旋增憫然。玄奘功微勳府，道謝德科，而久紊榮章，鎮荷曾覆，循涯知懼，臨谷匪危。伏惟皇帝、皇后聖哲含弘，仁慈亭育，故使萬類取足，一物獲安。而近隔蘭除，聽揚鑾而悲結，甫瞻茨嶺，想多預而欣然。伏願玉宇延和，仙桃薦壽，邁甘泉之清暑，等瑶水之佳遊。所冀温樹迎秋，涼飈造夏，候歸軒於砥陌，儼幽錫於喬林，稱慶萬春，甘從九逝。不勝感戀之極。謹附表奉辭以聞。荒越在顔，水火交慮。

法師在京之日，先翻《發智論》三十卷及《大毗婆沙》未了，至是有敕報法師曰：「其所欲翻經、論，無者先翻，有者在後。」法師進表曰：

竊聞冕旒庸俗，咸競前修，述作窮神，必歸睿后。皇帝造物，玄猷遠暢，掩王城於候甸，光貝葉於羽陵。傍啟譯寮，降緝鴻序，騰照千古，流輝萬葉。陛下纂承丕業，光敷遠韻，神用日新，賞鑒無怠。玄奘濫沐天造，肅承明詔，每撫庸躬，

恒深悚息。去月日奉敕，所翻經論，在此無者宜先翻，舊有者在後翻。但《發智》、《毗婆沙論》有二百卷，此土先唯有半，但有百餘卷，而文多舛雜，今更整頓翻之。去秋已來已翻得七十餘卷，尚有百三十卷未翻。此《論》於學者甚要，望聽翻了。餘經論有詳略不同及尤舛誤者，亦望隨翻，以副聖述。

帝許焉。

法師少離京洛，因茲扈從，暫得還鄉，遊覽舊廛，問訪親故，淪喪將盡。唯有姊一人，適瀛州張氏，遣迎相見悲喜。問姊父母墳隴所在，躬自掃謁。爲歲久荒頹，乃更詳勝地，欲具棺槨而改葬。雖有此心，未敢專志，法師乃進表請曰：

沙門玄奘言。玄奘不天，夙鍾荼蓼。兼復時逢隋亂，殯掩倉卒。日月不居，已經四十餘載，墳隴頹毀，殆將湮滅。追惟平昔，情不自寧。謹與老姊一人，收捧遺柩，去彼狹陋，改葬西原，用答昊天，微申罔極。昨日蒙敕放玄奘出三兩日檢校。但玄奘更無兄弟，惟老姊一人。卜遠有期，用此月二十一日安厝。今觀葬事尚寥落未辦，所賜三兩日恐不周帀。望乞天恩聽玄奘葬事了還。又婆羅門上客今相隨逐，過爲率略，恐將嗤笑。不任纏迫憂慴之至。謹附表以聞。伏乞天覆雲迴，幽憐孤請。

帝覽表，允其所請。仍敕所司，其法師營葬所須，並宜公給。

法師既荷殊澤，又進啟謝曰：

沙門玄奘啟。玄奘殃深舋積，降罰明靈，不能殞亡，偷存今日。但灰律驟改，盈缺匪居，墳隴淪頹，草棘荒蔓，思易宅兆，彌歷歲年，直爲遠隔關山，不能果遂。幸因陪隨鑾駕，得屆故鄉，允會宿心，成茲改厝。陳設所須，復蒙皇帝、皇后曲降天慈，賜遣營佐。不謂日月之光在瓦礫而猶照，雲雨之澤雖蓬艾而必霑。感戴屏營，喜䴏兼集，不任存亡銜佩之至。謹附啟謝聞。事重人微，不能宣盡。

法師既蒙敕許，遂改葬焉。其營送威儀並公家資給，時洛下道俗赴者萬餘人。

後魏孝文皇帝自代徙都洛陽，於少室山北造少林伽藍，因地勢之高卑，有上方、下方之稱，都一十二院。東據嵩嶽，南面少峰，北依高嶺，兼帶三川。聳石巉巖，飛泉縈映，松蘿共篔簹交葛，桂柏與杞梓蕭森，壯婉清虛，實域中之佳所。其西臺最爲秀麗，即菩提留支譯經處，又是跋陀禪師宴坐之所，見有遺身定塔。大業之末，羣賊以火焚之，不然，遠近珍異。寺西北嶺下緱氏縣之東南鳳凰谷陳村亦名陳堡谷，即法師所生地也。秋九月二十日，法師請入少林寺翻譯。表曰：

沙門玄奘言。玄奘聞菩提路遠，趣之者必假資糧；生死河深，渡之者須憑船筏。資糧者，三學三智之妙行，非宿舂之類也；船筏者，八忍八觀之淨業，非方舟之徒也。是以諸佛具而昇彼岸，凡夫闕而沈生死。由是茫茫三界，俱漂七漏之河；浩浩四生，咸溺十纏之浪。莫不波轉烟迴，心迷意醉，窮劫石而靡息，盡芥城而彌固。曾不知駕三車而出火宅，乘八正而適寶坊，實可悲哉！豈直秋之爲氣，良增歎矣，寧惟孔父之情，所以未嘗不臨食輟飡，當寐而驚者也。玄奘每惟此身衆緣假合，念念無常，雖岸樹井藤不足以儔危脆，乾城水沫無以譬其不堅，所以朝夕是期，無望長久。而歲月如流，六十之年颯焉已至。念茲遄速，則生涯可知。加復少因求法，尋訪師友，自邦他國，無處不經，途路遐遥，身力疲竭。頃年已來，更增衰弱。顧陰視景，能復幾何。既資糧未充，前途漸促，無日不以此傷嗟，筆墨陳之不能盡也。然經生多幸，屬逢明聖，蒙先朝不次之澤，荷陛下非分之恩，沐浴隆慈，歲月久矣。至於增名益價，發譽騰聲，無翼而飛，坐陵霄漢，受四事之供，超倫輩之華，求之古人，所未有也。玄奘何德何功，以至於此。皆是天波廣潤，日月曲臨，遂使燕石爲珍，駑駘取貴，撫躬內省，唯深慙恧。且害盈惡滿，乃前哲之雅旨；少欲知足，亦諸佛之誠言。玄奘自揆藝業空虛，名行無取，天慈聖澤，無宜久冒。望乞骸骨，畢命山林，禮誦經行，以答提奬。又蒙陛下以輪王之尊，布法王之化，西域所得經本並令翻譯。玄奘猥承人乏，濫當斯任。既奉天旨，夙夜靡寧。今已翻出六百餘卷，皆三藏、四含之宗要，大、小二乘之樞軸。凡聖行位之林藪，八萬法門之海澤，西域稱詠以爲鎮國方之典。所須文義，無拔不得，譬猶擇木鄧林，隨求大小，收珍海浦，任取方圓，學者之宗，斯爲努駉。玄奘用此奉報國恩，誠不能盡，雖然，亦冀萬分之一也。但斷伏煩惱，必定慧相資，如車二輪，闕一不可。至如研味經論，慧學也；依林宴坐，定學也。玄奘少來頗得專精教義，唯於四禪九定未暇安心。今願託慮禪門，澄心定水，制情猨之逸躁，縶意馬之奔馳，若不斂迹山中，不可成就。竊承此州嵩高少室，嶺嶂重疊，峰澗多奇，含孕風雲，包蘊仁智，果藥豐茂，蘿薜清虛，實海內之名山，域中之神嶽。其間復有少林伽藍、閑居寺等，皆跨枕巖壑，縈帶林泉，佛事尊嚴，房宇閒邃。即後魏三藏菩提留支譯經之處也，實可歸依，以修禪觀。又兩疏朝士尚解歸晦辭榮，巢許俗人猶知栖真蘊素，況玄奘出家爲法，翻滯闠中，清風激人，念之增媿者也。伏惟陛下明踰七曜，照極九幽。伏乞亮此愚誠，特垂聽許，使得絕囂塵於衆俗，卷影迹於人間，陪麋鹿之羣，隨鳧鶴之侶，栖身片石之上，庇影一

樹之陰，守察心猨，觀法實相，令四魔九結之賊無所穿窬，五忍十行之心相從引發，作菩提之由漸，爲彼岸之良因，外不累於皇風，內有增於行業，以此送終，天之恩也。儻蒙矜許，則廬山慧遠雅操庶追，剡岫道林清徽望續。仍冀禪觀之餘，時間翻譯，無任樂願之至。謹詣闕奉表以聞。輕觸宸威，追深戰越。

帝覽表不許。

其月二十一日，神筆自報書曰：「省表知欲晦跡巖泉，追林、遠而鶩往，託慮禪寂，軌澄、什以標今，仰挹風徽，實所欽尚。朕業空學寡，靡究高深。然以淺識薄聞，未見其可。法師津梁三界，汲引四生，智皎心燈，定凝意水。非情塵之所翳，豈識浪之能驚。道德可居，何必太華疊嶺；空寂可舍，豈獨少室重巒。幸戢來言，勿復陳請。則市朝大隱，不獨貴於昔賢；見聞弘益，更可珍於即代。」

敕既令斷表，不敢更言。法師既奉敕書，進啟謝曰：

沙門玄奘言。使人李君信至，垂賜手詔。銀鉤麗於丹字，睿藻蔚彼河圖，磊落帶峰岳之形，郁潤挹風雲之氣。不謂白藏之暮更覩春葩之文，身居伊、洛之澗忽矚崑、荆之寶。捧對歡欣，手舞足蹈。昔季重蒙魏君之扎，唯敍睽離；惠遠辱晉帝之書，纔令給米。未覩詞兼空寂可舍之旨，誨示大隱朝市之情。固知聖主之懷，窮真罄俗，綜有該無。超羲、軒而更高，駕曹、馬而逾遠者矣。但玄奘素絲之質，尤畏朱藍，葛藟之身，實希松杞。思願嬔烟霞於少室，偶泉石於嵩阿，允避溺之情，終防火之志。所以敢竭愚瞽，昧死陳聞，庶陶甄之慈無遺鳧鷃，雲雨之澤不棄奄蠡。而明照霈臨，不垂亮許。仍降恩獎，曲存輝賁。五情戰懼，不知所守。既戢來言，不敢更請。謹附謝文，唯增悚越。

冬十一月五日，佛光王晬日，法師又進法衣一具上佛光王。表曰：

沙門玄奘言。玄奘聞蘭榮紫畹，過之者必觀，桂茂青溪，逢之者斯悅。卉木猶爾，況人倫乎，況聖胤乎！伏惟皇帝、皇后抱神睿之姿，懷天地之德，撫寧區夏，子育羣生。兼復大建伽藍，廣興福聚。益寶圖常恒不變之業，助鼎命金剛堅固之因。既妙善薰修，故使皇太子機神日茂，潞王懿傑逾明。佛光王岐嶷增朗，可謂超周越商，與黃帝比崇，子子孫孫萬年之慶者也。玄奘猥以庸微，時得參見王等，私心踊悦，誠歡誠喜。今是佛光王誕晬之日，禮有獻賀，輒率愚懷，謹上法衣一具。伏願王子萬神擁衛，百福扶持，寤寐安和，乳餔調適。紹隆三寶，摧伏四魔，行菩薩行，繼如來事。不勝瓊萼天枝，英華美茂，歡喜之至。謹附表并衣以聞。輕觸宸嚴，追深戰越。

法師時在積翠宮翻譯，無時暫輟，積氣成疾。奏帝，帝聞不悅，即遣供奉內醫呂弘哲宣敕慰問法師。法師悲喜不已，進表謝曰：

沙門玄奘言。使人呂弘哲等至，宣敕慰問玄奘所患，并許出外將息。慈旨忽臨，庢骸用起，若對旒冕，如寘冰泉。玄奘攝慎乖方，疾瘵仍集。自違離鑾蹕，倍覺嬰纏，心痛背悶，骨酸肉楚，食眠頓絶，氣息漸微，恐有不圖，點穢宮宇。思欲出外自屏溝壑，仍恐驚動聖聽，不敢即事奏聞。遂依門籍出至寺所，病既困劣轉篤，心亦分隔明時。乃有尚藥司醫張德志爲鍼療，因漸瘳降，得存首領。還顧專輒之罪，自期粉墨之誅。伏惟日月之明久諒愚拙，江海之澤特肆含容，豈可移幸於至微，屈法於常典。望申公道，以穆憲司，枉獄爲輕，伏鈇是俟。而殘魂朽質，仍被恩光，撫臆言懷，用銘肌骨。自惟偃頓，非復尋常，縱微下里之憂，亦盡生涯之冀，但恨隆恩未答，未命先虧。仰惟帝勤，親勞薄狩，期於閲武，情在訓戎。既昭仁於放麟，又策勳於獻鳳，遐邇慶集，上下歡并，風伯清塵，山祇護野。敬惟動止，故極休貞。申炯誡於十旬，浹辰而返；鄙宣遊於八駿，密邇而旋。玉乘可佇，冰懷以慰，撫事迴惶，終期殞越。不勝荷懼之至。謹奉表待罪以聞。荒惴失圖，伏聽敕旨。

帝覽表甚歡。經三日後，遣使迎法師入，四事供養，留連累日，敕送法師還積翠宮仍舊宣譯焉。

冬十二月，改洛陽宮爲東都。嫌封畿之褊隘，乃東分鄭州之氾水、懷州之河陽，西廢穀州，取宜陽、永寧、新安、澠池等縣皆隸屬焉。法師以鄉邑增貴，修表賀曰：

沙門玄奘言。竊聞鶉首錫秦，上帝兆金城之據；龜圖薦夏，中畿啟玉泉之窺。是知靈貺所基，皇猷顯屬。昌誦由其卜遠，高光所以闡期。允迪厥猷，率遵斯在。伏惟皇帝、皇后揆物裁務，懸衡撫俗。即土中之重隩，遞虞巡而駐蹕；因舊制之瓌偉，儀鎬京而建郛。仍以卑宮載懷，改作勞於曩役；馭奔在念，軫居逸於晨興。自非折中華夷，均一徭輸，豈能留連聖眷，焕汗綸言。是以令下之初，山川鬱其改觀；拓制爰始，烟雲霏而動色。飛甍日麗，馳道風清，神期肸蠁，彝倫都穆。若賦武昌之魚，樂遷王里；争企云亭之鶴，願奉屬車。即小晉、鄭之依，更褊劉、張之策。前王齷齪，豐、洛遞開，我后牢籠，伊、咸並建。麟宗克茂，鼎祚惟遠，自可東晏平樂，西臨建章。佇吹笙而駐壽，秉在藻而流詠。蕩蕩至公，巍巍罕述。玄奘散材莫効，貽懼增深。但三川之郊，猥霑故里；千載之幸，

鬱爲新邑。葦門雖翳，篘命猶存；喜編轂下，匪慙闕外。況光宅之慶，遐邇所同歡；聖上允安，庸微所特荷。不勝喜忭之極。謹奉表陳謝以聞。

三年春正月，駕還西京，法師亦隨歸。

慧立、彦悰《大慈恩寺三藏法師傳》卷一〇《起顯慶三年正月隨車駕自洛還西京—終至麟德元年二月玉華宮捨化》 顯慶三年正月，駕自東都還西京，法師亦隨還。

秋七月，敕法師徙居西明寺。寺以元年秋八月戊子十九日造。時有敕曰，以延康坊濮王故宅爲皇太子分造觀、寺各一，命法師案行其處。還奏地窄不容兩所，於是總用營寺，其觀改就普寧坊。仍先造寺，以其年夏六月營造功畢。其寺面三百五十步，周圍數里。左右通衢，腹背廛落。青槐列其外，渌水亘其間，(亹亹)〔亹亹〕耽耽，都邑仁祠此爲最也。而廊殿樓臺，飛驚接漢，金鋪藻棟，眩目暉霞。凡有十院，屋四千餘間。莊嚴之盛，雖梁之同泰，魏之永寧，所不能及也。

敕先委所司簡大德五十人、侍者各一人，後更令詮試業行童子一百五十人擬度。至其月十三日，於寺建齋度僧，命法師看度。至秋七月十四日，迎僧入寺，其威儀、幢蓋、音樂等一如入慈恩及迎碑之則。敕遣西明寺給法師上房一口，新度沙彌十人充弟子。帝以法師先朝所重，嗣位之後禮敬逾隆，中使朝臣問慰無絶，賜施綿帛、綾錦前後萬餘段，沙服、衲、袈裟等數百事，法師受已，皆爲國造塔及營經像，給施貧窮並外國婆羅門客等，隨得隨散，無所貯蓄。發願造十俱胝像，百萬爲十俱胝，並造成矣。

東國重於《般若》，前代雖翻，不能周備，衆人更請委翻。然《般若》部大，京師多務，又人命無常，恐難得了，乃請就於玉華宮翻譯，帝許焉。

即以四年冬十月，法師從京發向玉華宮，并翻經大德及門徒等同去，其供給諸事一如京下，到彼安置肅誠院焉。

至五年春正月一日，起首翻《大般若經》。梵本總有二十萬頌，文既廣大，學徒每請删略，法師將順衆意，如羅什所翻，除繁去重。作此念已，於夜夢中即有極怖畏事以相警誡，或見乘危履嶮，或見猛獸搏人，流汗顫慄，方得免脱。覺已驚懼，向諸衆説，還依廣翻。夜中乃見諸佛菩薩眉間放光，照觸己身，心意怡適。法師又自見手執華燈供養諸佛，或昇高座爲衆説法，多人圍繞，讚歎恭敬。或夢見有人奉己名果，覺而喜慶，不敢更删，一如梵本。佛説此經凡在四處：一，王舍城鷲峰山；二，給孤獨園；三，他化自在天王宮；四，王舍城竹林精舍。總一十六會，合爲一部。然法師於西域得三本，到此翻譯之日，文有疑錯，即校三本以定之，殷懃省覆，方乃著文，審慎之心，自古無比。或文乖旨奥，意有躊躇，必覺異境似若有人授以明決，情即豁然若披雲覩日。自云：「如此悟處，豈奘淺懷所通，並是諸佛菩薩所冥加耳。」經之初會有嚴凈佛土品，中説諸菩薩摩訶衆爲般若波羅蜜故，以神通願力，盛大千界上妙珍寶，諸妙香華、百味飲食、衣服、音樂、隨意所生五塵妙境種種供養，嚴説法處。時玉華寺主慧德及翻經僧嘉尚，其夜同夢見玉華寺内廣博嚴凈，綺飾莊嚴，幢帳、寶轝、華旛、伎樂盈滿寺中，又見無量僧衆手執華蓋，如前供具，共來供養《大般若經》，寺内衢巷牆壁皆莊綺飾，地積名華，衆共履踐。至翻經院，其院倍加勝妙，如經所載，寶莊嚴土。又聞院内三堂講説，法師在中堂敷演。既覩此已，歡喜驚覺，俱參法師説所夢事。法師云：「今正翻此品，諸菩薩等必有供養。諸師等見信有是乎？」時殿側有雙奈樹，忽於非時數數開華，華皆六出，鮮榮紅白，非常可愛。時衆詳議云，是《般若》再闡之徵。又六出者，表六到彼岸。然法師翻此經時，汲汲然恒慮無常，謂諸僧曰：「玄奘今年六十有五，必當卒命於此伽藍，經部甚大，每懼不終，人人努力加勤，勿辭勞苦。」

至龍朔三年冬十月二十三日，方乃絶筆，合成六百卷，稱爲《大般若經》焉。合掌歡喜，告徒衆曰：「此經於此地有緣，玄奘來此玉華寺者，經之力也。向在京師，諸緣牽亂，豈有了時。今得終訖，並是諸佛冥加，龍天擁祐，此乃鎮國之典，人天大寶，徒衆宜各踊躍欣慶。」時玉華寺都維那寂照，慶賀功畢，設齋供養。是日請經從肅誠殿往嘉壽殿齋所講讀。當迎經時，《般若》放光，照燭遠邇，兼有非常香氣。法師謂門人曰：「經自記此方當有樂大乘者國王、大臣、四部徒衆，書寫受持，讀誦流布，皆得生天究竟解脱。既有此文，不可緘默。」

至十一月二十二日，令弟子窺基奉表聞，請御製經序。至十二月七日，通事舍人馮義宣敕垂許。

法師翻《般若》後，自覺身力衰竭，知無常將至，謂門人曰：「吾來玉華，本緣《般若》，今經事既終，吾生涯亦盡，若無常後，汝等遣我宜從儉省，可以籧蒢裹送，仍擇山澗僻處安置，勿近宮寺。不凈之身宜須屏遠。」門徒等聞之哀哽，各抆淚啓曰：「和尚氣力尚可，尊顔不殊於舊，何因忽出此言？」法師曰：「吾自知之，汝何由得解。」

麟德元年春正月朔一日，翻經大德及彼寺衆殷勤啓請翻《大寶積經》。法師見衆情專至，俛仰翻數行訖，便收梵本停住，告衆曰：「此經部軸與《大般若》同，玄奘自量氣力不復辦此，死期已至，勢非賒遠。今欲往蘭芝等谷禮辭俱胝佛像。」於是與門人同出，僧衆相顧莫不潸然。禮訖還寺，專精行道，遂絶翻譯。

至八日，有弟子高昌僧玄覺因向法師自陳所夢，見有一浮圖端嚴高大，忽然崩倒，見已驚起，告法師。法師曰：「非汝身事，此是吾滅謝之徵。」

至九日暮間，於房後度渠，腳跌倒，脛上有少許皮破，因即寢疾，氣候漸微。

至十六日，如從夢覺，口云：「吾眼前有白蓮花，大於盤，鮮淨可愛。」十七日，又夢見百千人，形容偉大，俱著錦衣，將諸綺繡及妙華珍寶，從法師所臥房室以次莊嚴徧翻經院內外，爰至院後山嶺林木，悉竪幢旛，衆彩間錯，并奏音樂；門外又見無數寶轝，轝中香食美果色類百千，並非人中之物，各各擎來供養於法師。法師辭曰：「如此珍味，證神通者方堪得食。玄奘未階此位，何敢輒受。」雖此推辭而進食不止。侍人謦欬，遂爾開目，因向寺主慧德具説前事。法師又云：「玄奘一生已來所修福慧，準斯相貌，欲似功不唐捐，信如佛教因果並不虛也。」遂命嘉尚法師具録所翻經、論，合七十四部，總一千三百三十五卷。又録造俱胝畫像、彌勒像各一千幀，又造素像十俱胝，又寫《能斷般若》、《藥師》、《六門陀羅尼》等經各一千部，供養悲、敬二田各萬餘人，燒百千燈，贖數萬生。録訖，令嘉尚宣讀，聞已合掌喜慶。又告門人曰：「吾無常期至，意欲捨墮，宜命有緣總集。」於是罄捨衣資，更令造像，并請僧行道。

至二十三日，設齋嚫施。其日又命塑工宋法智於嘉壽殿竪菩提像骨已，因從寺衆及翻經大德并門徒等乞歡喜辭別，云：「玄奘此毒身深可厭患，所作事畢，無宜久住，願以所修福慧迴施有情，共諸有情同生覩史多天彌勒内眷屬中奉事慈尊，佛下生時亦願隨下廣作佛事，乃至無上菩提。」辭訖，因默正念，時復口中誦「色蘊不可得，受想行識亦不可得；眼界不可得，乃至意界亦不可得；眼識界不可得，乃至意識界亦不可得，無明不可得，乃至老死亦不可得；乃至菩提不可得，不可得亦不可得。」復口説偈教傍人云：「南無彌勒、如來應正等覺，願與含識速奉慈顔，南謨彌勒、如來所居内衆，願捨命已，必生其中。」時寺主慧德又夢見有千軀金像從東方來，下入翻經院，香華滿空。

至二月四日夜半，瞻病僧明藏禪師見有二人各長一丈許，共捧一白蓮華如小車輪，華有三重，葉長尺餘，光淨可愛，將至法師前。擎華人云：「師從無始已來所有損惱有情諸有惡業，因今小疾並得消殄，應生欣慶。」法師顧視，合掌良久，遂以右手而自搘頭，次以左手申左髀上，舒足重累右脅而臥，迄乎屬纊，竟不迴轉，不飲不食。

至五日夜半，弟子光等問云：「和尚決定得生彌勒内衆不？」法師報云：「得生。」言訖，氣息漸微。少間神逝，侍人不覺，屬纊方委，從足漸冷，最後頂暖，顔色赤白，怡悦勝常，過七日竟無改變，亦無異氣。自非定慧莊嚴，戒香資被，孰能致此。

又慈恩寺僧明慧業行精苦，初中後夜念誦經行，無時懈廢，於法師亡夜夜半後，旋遶佛堂行道，見北方有白虹四道從北亘南貫井宿，直至慈恩塔院，皎潔分明，心怪所以。即念往昔如來滅度，有白虹十二道從西方直貫太微，於是大聖遷化。今有此相，將非玉華法師有無常事耶？天曉向衆説其所見，衆咸怪之。至九日旦，凶問至京，正符虹現之像，聞者嗟其感異。

法師形長七尺餘，身赤白色，眉目疏朗，端嚴若神，美麗如畫。音詞清遠，言談雅亮，聽者無厭。或處徒衆，或對嘉賓，一坐半朝，身不傾動。服尚乾陀，裁唯細氎，修廣適中，行步雍容，直前而視，輒不顧眄。滔滔焉若大江之紀地，灼灼焉類芙蕖之在水。加以戒範端凝，始終如一，愛惜之意過護浮囊，持戒之堅超逾草繫。性愛恬簡，不好交遊，一入道場，非朝命不出。

法師亡後，西明寺上座道宣律師有感神之德，至乾封年中見有神現，自云：「弟子是韋將軍諸天之子，主領鬼神。如來欲入涅槃，敕弟子護持贍部遺法，比見師戒行清嚴，留心律部，四方有疑皆來諮決，所制輕重儀，時有乖錯。師年壽漸促，文記不正，誑誤後人，以是故來示師佛意。」因指宣所出律鈔及輕重儀僻謬之處，並令改正。宣聞之悚慄悲喜，因問經、律、論等心所不決者，神並爲決之。又問古來傳法之僧德位高下，並問法師。神答云：「自古諸師解行互有短長而不一準，且如奘師一人，九生已來備修福慧，生生之中多聞博洽，聰慧辯才，於贍部洲支那國常爲第一，福德亦然。其所翻譯，文質相兼，無違梵本。由善業力，今見生覩史多天慈氏内衆，聞法悟解，更不來人間受生。」神授語訖，辭别而還。宣因録入别記，見西明寺藏矣。據此而言，自非法師高才懿德乃神明知之，豈凡情所測度。

法師病時，檢校翻經使人許玄備以其年二月三日奏云：「法師因損足得病。」至其月七日，敕中御府宜遣醫人將藥往看。所司即差供奉醫人張德志、程

桃捧將藥急走。比至，法師已終，醫藥不及。時房州刺史竇師倫奏法師已亡，帝聞之哀慟傷感，爲之罷朝。數曰「朕失國寶矣」！時文武百僚莫不悲哽流涕，帝言已嗚咽悲不能勝。翌日，又謂羣臣曰：「惜哉！朕國内失奘法師一人，可謂釋衆梁摧矣，四生無導矣。亦何異苦海方闊，舟楫遽沉，闇室猶昏，燈炬斯掩！」帝言已，嗟惋不止。至其月二十六日，下敕曰：「竇師倫所奏玉華寺玄奘法師已亡，葬事所須並令官給。」至三月六日，又敕曰：「玉華寺奘法師既亡，其翻經之事且停。已翻成者，準舊例官爲鈔寫；自餘未翻者，總付慈恩寺守掌，勿令損失。其奘師弟子及同翻經先非玉華寺僧者，宜放還本寺。」至三月十五日，又有敕：「玉華寺故大德玄奘法師葬日，宜聽京城僧尼造幢蓋送至墓所。」法師道茂德高，爲明時痛惜，故於亡後重疊降恩，求之古人無比此也。

於是門人遵其遺命，以籧篨爲轝，奉神柩還京，安置慈恩寺翻經堂内。弟子數百人哀號動地，京城道俗奔赴哭泣，日數百千。以四月十四日將葬滻東，都内僧尼及諸士庶共造殯送之儀，素蓋、旛幢、泥洹、帳轝、金棺、銀槨、娑羅樹等五百餘事，布之街衢，連雲接漢，悲笳悽挽，響市穹宇，而京邑及諸州五百里内送者百萬餘人。雖復喪事華整，而法師神柩仍在籧篨本轝。東市絹行用繒綵三千疋結作涅槃轝，兼以華珮莊嚴，極爲殊妙，請安法師神柩。門徒等恐虧師素志，因止之。乃以法師三衣及國家所施百金之衲置以前行，籧篨轝次其後，觀者莫不流淚哽塞。是日緇素宿於墓所者三萬餘人。十五日旦，掩坎訖，即於墓所設無遮會而散。是時天地變色，鳥獸鳴哀，物感既然，則人悲可悉。皆言愛河尚淼，慈舟遽沉，永夜猶昏，慧燈光滅，攀戀之痛如亡眼目，不直比之山頹木壞而已。惜哉！

至總章二年四月八日，有敕徙葬法師於樊川北原，營建塔宇。蓋以舊所密邇京郊，禁中多見，時傷聖慮，故改卜焉。至於遷殯之儀，門徒哀感，行侶悲慟，切比如初。嗚呼！

釋慧立論曰：觀夫夜星宵月纘西日之明，三江九河助東溟之大，相資之道在物既然，傳襲之風於人豈異。自法王潛耀之後，阿難結集以來，歲越千年，時逾十代。聖賢間出，英睿遞生，各韞雄圖，俱苞上智，負荷遺法，控御天人，道制風飈，神傾海岳。或舒指而流膏液，或異室而明奇光，或速屍以伏天魔；或一對而迴時主。或願通法於邊刹，冒浪波於嶮塗；或虛己以應物，求裹糧而行死地。終令玄津溢瀁，惠濟無疆，既益傳燈，實符付囑，考之前冊，可不然哉！而清源不窮，今復遇法師嗣承之矣。

惟法師星象降靈，山岳騰氣，才過東箭，譽美南金，雅操不羣，堅芳獨拔。以四生爲己任，建正法爲身事，巍巍乎似嵩、華之負穹蒼，皎皎焉若琅玕之映澄海。而聰機俊骨，發於自然，味道輕榮，率由天性。至夫多識洽聞之奧冠恒肇而逾高，詳玄造微之功跨生融而更遠。滔滔乎，蕩蕩乎，實紹隆之神器也。將使像化重光於頹季之期，故誕茲明德者矣。法師以今古大德，闡揚經、論，雖復俱依聖教，而引據不同，諍論紛然，其來自久。至如黎耶是報非報，化人有心無心，和合怖數之徒，聞熏滅不滅等，百有餘科，並三藏四含之槃根，大小兩宗之鉗鍵，先賢之所不決，今哲之所共疑。法師亦躊躇此文，怏怏斯旨，慨然歎曰：「此地經、論，蓋法門枝葉，未是根源。諸師雖各起異端，而情疑莫遣，終須括囊大本，取定於祇洹耳。」

由是壯志發懷，馳心遐外。以貞觀三年秋八月立誓束裝，拂衣而去。到中天竺那爛陀寺，逢大法師名尸羅跋陀，此曰戒賢。其人體居一宗，神鑒奧遠，博閑三藏，善四韋陀。於《十七地論》最爲精熟，以此論該冠衆經，亦徧常宣講，元是彌勒菩薩所造，即攝大乘之根系，是法師發軔之所祈者。十六大國靡不歸宗，稟義學徒恒有萬計。法師既往修造，一面盡歡，以爲相遇之晚。於是服膺聽受，兼諮決所疑，一徧便覆，無所遺忘。譬濛、汜之納羣流，若孟諸之吞雲夢。彼師嗟怪，歎未曾有，云：「若斯人者聞名尚難，豈謂此時共談玄耳。」法師從是聲振葱嶺，名流八國，彼諸先達英傑聞之，皆宿構重關，共來難詰，雁行魚貫，轂駕肩隨，其並論之詞，雲屯雨至。法師從容辯釋，皆入其室、操其戈，取其矛、擊其盾，莫不人人喪轍，解頤虔伏，稱爲此公天縱之才，難酬對也。戒日王等見之抃喜，皆肘步嗚足，傾珍供養。

罷席之後，更學梵書，并餘經、論。自如來一代所説，耆山方等之教，鹿苑半字之文，爰至後聖馬鳴、龍樹、無著、天親諸所製作，及灰山、住等十八異執之宗，五部殊塗之致，並收羅研究，達其旨、得其文。並佛處世之跡，如泥洹堅固之林，降魔菩提之樹，迦路崇高之塔，那揭留影之山，皆躬伸禮敬，備覩靈奇，亦無遺矣。

法師心期既滿，學覽復周，將旋本土，遂繕寫大小乘法教六百餘部，請像七軀，舍利百有餘粒，以今十九年春正月二十五日還至長安。道俗奔迎，傾都罷市。是時也，烟收霧卷，景麗風清，寶帳盈衢，華幢掩日。慶雲垂彩於天表，郁郁

紛紛；庶士詠讚於通莊，轟轟隱隱。邪風於焉頓戢，慧日赫以重明。雖不逢世尊從忉利之下閻浮，此亦足爲千載之休美也。

法師此行經塗數萬，備歷艱危。至如涸陰沍寒之山，飛濤激浪之壑，厲毒黑風之氣，狻猊貙豻之羣，並法顯失侶之鄉，智嚴遺伴之地，班超之所不踐，章亥之所未遊。法師孑爾孤征，坦然無梗，扇唐風於八河之外，揚國化於五竺之間，使乎退域侯王馳心輦轂，遠方酋長係仰天衢，雖法師不世之功，抑亦聖朝運昌感通之力也。

皇帝握龍圖而纂曆，膺赤服以君臨，戮鯨豕以濟羣生，蕩雲霓而光日月。正四維之絶柱，息滄海之横流，重立乾坤，再施鎔造。九功苞於虞、夏，七德冠於曹、劉。海晏河清，時和歲阜，遠無不順，邇無不安，天成地平，人慶神悦。加以重明麗正，三善之義克隆；宰輔忠勤，良哉之歌斯允。既而功窮厚載，德感上玄，紫芝含秀於玉階，華果結英於朱閣。又如西州石瑞，松縣琨符，紀聖主千年之期，顯儲君嗣承之業。鳳毛才子之句，上果佛日之文，歷萬古而不聞，當我皇而始出。豈非明靈輔德，玄天福眷者焉。

加復遊心真際，城塹五乘，追思鷲嶺之容，竚想提河之説，故使遺形紺髮，焕彩來儀，勝典高僧，相輝而至。慈雲布於六合，法鼓震於三千，天華將景風共飛，翠霧與香烟同馥，於是溺俗沈流之士，望涯岸而有期，清虚蹈玄之賓，顧三空而非遠。所謂司南啓路而衆惑知方，商飈襲林而羣籟自響。法師盛德也如彼，逢時也如此，豈同雅、澄懷道，遇二石之兇殘，安、什傳經，值苻、姚之僞曆。校之深淺，即行潦之類江湖，比之明暗，乃朝陽之與螢曜矣。

昔鍾玦既至，魏文奉賦以讚揚；神雀斯呈，賈逵獻頌而論異。在禽物之微賤，古人猶且詠歌，況法師不朽之神功，棟梁之大業，豈可緘默於明時而無稱述者也。立學愧往賢，德非先達，直以同霑像化，叨厠末塵，欣慕之懷，百於恒品，所以力課庸愚，輒申斯傳。其清徽令望之美，絶後光前之蹤，別當分諸鴻筆，非此所能覼縷也。冀明鑒君子收意而不哂焉。贊曰：

生靈感絶，大聖遷神，其能紹繼，唯乎哲人。馬鳴先唱，提婆後申，如日斯隱，朗月方陳。穆矣法師，諒爲貞士，迴秀天人，不羈塵滓。窮玄之奧，究儒之理，潔若明珠，芬同蕙芷。悼經之闕，疑義之錯，委命詢求，陵危踐壑。恢恢器宇，赳赳誠恪，振美西州，歸功東閣。屬逢有道，時惟我皇，重懸玉鏡，再理朱囊。三乘既闡，《十地》兼揚，俾夫慧日，幽而更光。粤余庸眇，幸參塵末，長自蓬門，靡雕靡括。高山斯仰，清流是渴，願得攀依，比之藤葛。

釋彦悰箋述曰：余觀佛教東土已來，英俊賢明，捨家入道者萬計，其中罕能兼善，一二美者有焉。至若視聽貌言，洽聞强識，輕生重道，絶域遐征，貞操勁松筠，雅志陵金石，羣雄革慮，聖主迴光者，於三藏備之矣。抑又聞之，三藏當盛暑之晨，體無霑液，祁寒之際，貌不悽慘，不夭不申，不欠不嚏，斯蓋未詳其地位，何賢聖之可格哉！又北宫現疾之時，徵慶繁縟，將終之日，色貌敷愉，亦難得而測也。及終後月餘日，有人賣栴檀末香至，請依西國法用塗三藏身，衆咸莫之許。其人作色曰：「弟子别奉進止，師等若不許，請録狀以聞。」衆從之。及開棺發殮已，人覺異香等蓮華之氣，互相驚問，皆云若兹。向人除併殮衣，唯留襯服，衆覩三藏貌如生人，百姓號絶共視。向人塗香服殮蓋棺已，俄失所在，衆疑天人焉。余考三藏夙心，稽其近迹，自非摩訶薩埵其孰若之乎？曰我同儔，幸希景仰，勗哉！

釋道宣《續高僧傳》卷四《唐京師大慈恩寺釋玄奘傳》 釋玄奘，本名褘，姓陳氏，漢太丘仲弓後也，子孫徙於河南，故今爲洛州緱氏人焉。祖康，北齊國子博士。父惠，早通經術，長八尺，明眉目，拜江陵令，解纓而退，即大業末年，識者以爲剋終隱淪之候故也。兄素出家，即長捷法師也，容貌堂堂，儀局瓌秀，講釋經義，聯班羣伍，住東都浄土寺。以奘少罹窮酷，攜以將之，日授精理，旁兼巧論。年十一，誦《維摩》、《法華》，東都恒度，便預其次。自尒卓然梗正，不偶朋流，口誦目緣，略無閑缺。覩諸沙彌劇談掉戲，奘曰：「經不云乎，夫出家者爲無爲法。豈復恒爲兒戲，可謂徒喪百年。」且思齊之懷，尚鄙而不取，拔萃出類，故復形在言前耳。時東都慧日盛弘法席，《涅槃》、《攝論》，輪馳相係，每恒聽受，昏明思擇。僧徒異其欣奉，美其風素，愛敬之至，師友參榮。大衆重其學功，弘開役務。時年十五，與兄住浄土寺，由是專門受業，聲望逾遠。

大業餘曆，兵飢交貿，法食兩緣，投庇無所。承沙門道基化開井絡，法俗欽仰，乃與兄從之，行達長安，住莊嚴寺。又非本望，西踰劍閣，既達蜀都，即而聽受《阿毗曇論》。一聞不忘，見稱昔人，隨言鏡理，又高倫等。至於《婆沙》廣論，《雜心》玄義，莫不鑿窮巖穴，條疏本幹。然此論東被，弘唱極繁，章鈔異同，計逾數十，皆蘊結胸府，聞持自然，至於得喪筌旨，而能引用無滯。時皆訝其憶念之力，終古罕類也。基每顧而歎曰：「余少遊講肆多矣，未見少年神悟若斯人也。」席中聽侶，僉號英雄，四方多難，摠歸綿益，相與稱讚，逸口傳聲。又僧景《攝

論》，道振《迦延》，世號難加，人推精覈，皆師承宗據，隅奧明銓。昔來《攝論》，十二住義，中表銷釋，十有二家，講次誦持，率多昏漠。而奘初聞記録，片無差舛，登座叙引，曾不再緣，須便爲述，狀逾宿構。如斯甚衆，不可殫言。

武德五年，二十有一，爲諸學府雄伯沙門講揚《心論》，不窺文相，而涌注無窮。時曰神人，不神何能此也！晚與兄俱住益南空慧寺，私自惟曰：「學貴經遠，義重疏通，鑽仰一方，未成探賾。」有沙門道深，體悟《成實》，學稱包富，控權敷化，振網趙邦。憤發内心，將捐巴蜀，捷深知其遠量也，情顧勤勤，每勸勉之。而正意已行，誓無返面，遂乃假緣告别，間行江硤。經途所及荆、揚等州，訪逮道隣，莫知歸詣。便北達深所，委參勇鎧，素襲嘉問，縱洽無遺，終始十月，資承略盡。時燕趙學侣，相顧逢秋，後發前至，抑斯人也。沙門慧休，道聲高邈，行解相富，夸罩古今，獨據鄴中，昌言傳授，詞鋒所指，海内高尚；又往從焉。不面生來，相逢若舊，去師資禮，事等法朋。偏爲獨講《雜心》、《攝論》，指摘纖隱，曲示綱猷，相續八月，領酬無猒。休又驚異絶歎，撫掌而嗟曰：「希世若人，尒其是也。」

沙門道岳，宗師《俱舍》，闡弘有部，包籠領袖，吞納喉襟，揚業帝城，來儀羣學，乃又從焉。創迹京都，詮途義苑，沙門法常，一時之最，經論教悟，其徒如林。奘乃一舉十問，皆陳幽奥，坐中杞梓，拔思未聞，由是馳譽道流，擅聲日下。沙門僧辯，法輪論士，機慧是長，命來連坐，吾之徒也。但爲《俱舍》一論，昔所未聞，因尒服膺，曉夕諮請。岳審其殷至，慧悟霞明，樂説不窮，任其索隱，覃思研採，晬周究竟。沙門玄會，匠剖《涅槃》，删補舊疏，更張琴瑟，承斯令問，親位席端，諮質遲疑，涣然祛滯。僕射宋公蕭瑀敬其脱穎，奏住莊嚴，然非本志，情栖物表。乃又惟曰：「余周流吴、蜀，爰逮趙、魏，末及周秦，預有講筵，率皆登踐。已布之言令，雖藴胸襟；未吐之詞宗，解籤無地。若不輕生殉命，誓往華胥，何能具覿成言，用通神解，一覩明法，了義真文。要返東華，傳揚聖化，則先賢高勝，豈决疑於彌勒；後進鋒穎，寧輟想於瑜伽耶？」時年二十九也。遂厲然獨舉，詣闕陳表，有司不爲通引，頓迹京輦，廣就諸蕃遍學書語，行坐尋授，數日便通。側席面西，思聞機候。

會貞觀三年，時遭霜儉，下勑道俗隨豐四出。幸因斯際，徑往姑臧。漸至燉煌，路由天塞，裹糧弔影，前望悠然，但見平沙，絶無人徑。迴遑委命，任業而前，展轉因循，達高昌境。初，奘在涼州講揚經論，華夷士庶，盛集歸崇，商客通傳，預聞蕃域。高昌王麴文泰特信佛經，復承奘告將遊西鄙，恒置郵馹，境次相迎，忽聞行達，通夕立候。王母妃屬，執炬殿前，見奘苦辛，備言意故，合宫下淚，驚異希有。延留夏坐，長請開弘。王命爲弟，母命爲子，殊禮厚供，日時恒致。乃爲講《仁王》等經及諸機教，道俗係戀，並願長留。奘曰：「本欲通開大化，遠被家國，不辭賤命，忍死西奔。若如來語，一滯此方，非唯自虧發足，亦恐都爲法障。」乃不食三日。僉見極意，無敢措言。王母曰：「今與法師一遇，並是往業因緣。脱得果心東返，願重垂誡詰。」遂與奘手傳香信，誓爲母子。麴氏流淚，執足而别，仍勑殿中侍郎賫綾帛五百疋、書二十四封，並給從騎六十人，送至突厥葉護牙所，以大雪山北六十餘國皆其部統，故重遺達奘，開前路也。初至牙所，信物倍多，異於恒度，謂是親弟，具以情告，終所不信。可汗重其賄賂，遣騎前告所部諸國：「但有名僧勝地，必令奘到。」於是連騎數十，盛若皇華，中途經國，道次參候，供給頓具，倍勝於初。

自高昌至於鐵門，凡經一十六國，人物優劣，奉信淳疏，具諸圖傳。其鐵門也即鐵門關，漢之西屏，入山五百，旁無異路，一道南出，險絶人物，左右石壁，竦立千仞，色相如鐵，故因號焉。見漢門扉，一竪一卧，外鐵裹木，加懸諸鈴，必掩此關，寔惟天固。南出斯門，土田温沃，花果榮茂，地名覩貨羅也。縱千餘里，廣三千餘，東拒葱嶺，西接波斯，南大雪山，北據鐵門，縛芻大河，中境西流，即經所謂博叉河也。其境自分爲二十七國，各有君長，信重佛教。僧以十二月十六日安居，坐其春分，以斯時濕熱雨多故也。

又前經國，凡度十三，至縛喝國，土地華博，時俗號爲小王舍城，國近葉護南牙也。突厥常法，夏居北野，花草繁茂，放牧爲勝，冬處山中，用遮寒厲，故有兩牙。王都城外，西南寺中有佛澡罐，可容斗許，及佛掃箒并以佛牙，守護莊嚴，殆難瞻覩。奘爲國使，躬事頂戴。西北不遠有提謂、波利兩城，建塔表靈，即爰初道成，獻麨長者之本邑髮爪塔也。

又東南行大雪山中，七百餘里至梵衍國，僧有數千，學出世部。王城北山有立石像，高百五十尺，城東卧佛長千餘尺，並精舍重接，金寶莊校，晃曜人目，見者稱歎。又有佛齒舍利，劫初緣覺齒長五寸許，金輪王齒長三寸許，并商那和修鉢及九條衣絳色猶存。

又東山行，至迦畢試國，奉信彌勝。僧有六千，多大乘學。其王歲造銀像，舉高丈八，延請遐邇，廣樹名壇。國有如來爲菩薩時齒，長可寸餘，又有其髮，引

長尺餘，放還螺旋。自斯地北，民雜胡戎，制服威儀，不參大夏，名爲邊國蜜利車類，唐言譯之，垢濁種也。

又東南七百，至濫波國，即印度之北境矣。言印度者，即天竺之正名，猶身毒、賢豆之訛號耳。論其境也，北背雪山，三垂大海，地形南狹，如月上弦，川平廣衍，周九萬里。七十餘國，依止其中。時或乖分，略地爲國，今則盡三海際，同一王命。

又東雪山至那伽羅曷國，即布髮掩泥之故地也。詳諸經相，意有疑焉。何則？討尋本事，乃在賢劫已前，蓮花、定光，名殊三佛，既非同劫，頻被火災，何得故處今猶泥濕？若以爲虛，佛非妄語。如彼諸師，各陳異解。有論者言，此實本地，佛非妄也，雖經劫壞，本空之處，願力莊嚴，如因事也，並是如來流化，斯迹常存，不足怪矣。故其勝地，左則標樹諸窣堵波，即靈塔之正名，猶偷婆、藪斗婆之訛號耳。阿育王者，此號無憂，恨不覩佛，興諸感戀，纔是聖迹，皆起銘記，故於此處爲建石塔，高三十餘丈。又有石壁佛影，蹈迹衆相，皆豎標記，並如前也。

城南不遠，醯羅城中，有佛頂骨，周尺二寸，其相仰平，形如天蓋。佛髑髏蓋如荷葉盤，佛眼圓睛，狀如柰許，澄淨皎然。有佛大衣，其色黄赤。佛之錫杖，以鐵爲環，紫檀爲笴。此五聖迹，同在一城，固守之務，如傳國寶。北近突厥，昔經侵奪，雖至所在，還潛本處，斯則赴緣隱顯，未在兵威。奘奉覩靈相，悲淚横流，手撥末香，親看體狀，倍增欣悦。即以和香，印其頂骨，覩有嘉瑞，又增悲慶。近有北狄大月支王，欲知來報，以香取相，乃示馬形。甚非所望，加諸布施，積功懺悔，又以香取，現師子形。雖位獸王，終爲畜類，情倍歸依，又加施戒，乃現人、天，方還本國。故其俗法，見五相者相一金錢，取其相者酬七金錢。俗利其實，用充福物，既非僧掌，固守彌崇，無論道俗，必先酬價。奘被王命，觀覩具周，旁國諸僧承斯榮望，同來禮謁。

又東山行，至健馱邏國，佛寺千餘，民皆雜信。城中素有鉢廟，衆事莊嚴。昔如來鉢經於此廟，乃數百年，今移波斯王宫供養。城東有迦膩王大塔，基周里半，佛骨舍利，一斛在中，舉高五百餘尺，相輪上下二十五重。天火三災，今正營構，即世中所謂雀離浮圖是也。元魏靈太后胡氏奉信情深，遣沙門道生等賫大幡長七百餘尺往彼掛之，脚纔及地，即斯塔也。亦不測「雀離」名生所由。左側諸迹，其相極多。近則世親、如意造論之地，遠則捨於千眼，睒奉二親。檀特名山，達拏本迹，仙爲女亂，佛化鬼母，並在其境。皆無憂王爲建石塔，高者數百餘尺，立標記焉。

自北山行，達烏長那國，即世中所謂北天竺烏長國也。其境周圍五千餘里，果實充備，爲諸國所重，傳云即昔輪王之苑囿也。僧有萬餘，兼大乘學。王都四周，多諸古迹。忍仙佛蹤，半偈避鏟，析骨書經，割肉代鴿，蛇藥護命，血飲夜叉，如斯等相，備列其境。各具瞻奉，情倍欣欣。城之東北減三百里，大山龍泉名阿波邏，即信度河之本源，西南而流，經中所謂辛頭河也。王都東南，越山逆河，鐵橋棧道，路極懸險。千有餘里，至極大川，即古烏仗之王都也。中有木慈氏像，高百餘尺，即末田地羅漢將諸工人三返上天方得成者，身相端嚴，特難陳說。還返烏仗，南至呾叉始羅國，具見伊羅鉢龍所住之池，月光抉目之地，育王標塔，舉高十丈。北有石門，殊極高大，崇竦重山，道由中過，斯又薩埵捨身處也。

自此東南，山行險阻，經一小國，度數鐵橋，減二千里，至迦濕彌羅國，即此俗常傳罽賓是也。莫委「罽賓」由何而生，觀其圖域，同罽賓耳。本是龍海羅漢取之引衆而住通三藏也。故其國境四面負山，周七千餘里，門徑狹迮。僧徒五千，多學小乘。國有大德名僧勝匠，奘就學《俱舍》、《順正理》、因明、聲明及《大毗婆沙》。王憨遠至，給書手十人，供給寫之。有佛牙長可寸餘，光白如雪。自濫波至此，繞山諸國，形禮鄙薄，俗習胡蕃，雖預五方，非印度之正境也，以住居山谷，風雜諸邊。

自此南下，通望無山，將及千里，至磔迦國。土據平川，周萬餘里，兩河分注，卉木繁榮。于時徒伴二十餘人，行至大林中，遇賊劫掠，纔獲命全，入村告乞，乃達東境。大林有婆羅門年七百歲，貌如三十，明《中》、《百論》及外道書，云是龍猛弟子，乃停一月學之。又東至那僕底國，就調伏光法師學《對法》、《顯宗》、《理門》等論。又東詣那伽羅寺，就月冑論師學《衆事分婆沙》。又東至禄勒那國，就闍那崛多大德學《經部婆沙》；又就蜜多犀那論師學薩婆多部《辯真論》。

漸次東南，路經六國，多有遺迹。育王標塔高二十丈者，其數不少。中有末兔羅國，最饒蹤緒。城東六里有一山寺，昔烏波毱多，唐言近護，即五師之一也，是其本住所建。北巖石室高二十餘丈，廣三十步，其側不遠，復有獼猴墮坑處、四佛經行處，賢聖依住處，靈相衆矣。

又東南行，經于七國，至劫比他國，俗事大自在天。其精舍者高百餘尺，中有天根，形極偉大，謂諸有趣由之而生，王民同敬，不爲鄙恥。諸國天祠，率置此

形，大都異道，乃有百數，中所高者，自在爲多。有一大寺，五百僧徒，净人、僕隸，乃有數萬，皆宅其寺側。中有三道階，南北而列，即佛爲母，忉利安居，夏竟下天，帝釋之所作也。寶階本基，淪没並盡，後王倣之，在其故地，猶高七十餘尺。育王爲建石柱，高七丈餘，光净明照，隨人罪福，影現其中。旁有賢劫四佛經行石基，長五十許步，高于七尺，足蹈所及，皆有蓮華文生焉。

國西北不遠，二百許里，至羯若鞠闍國，唐言曲女城也。王都臨殑伽河，即恒河之正名矣，源從北來，出大雪山。其土邪正雜敬，僧徒盈萬，多諸聖迹：四佛行坐處、七日説法處、佛牙髮爪等塔，精舍千餘。名寺異相，多臨河北。奘於此國學《佛使》、《日胄》二《毗婆沙》於毗耶犀那三藏所，經于三月。王號戒日，正法治世將五十載。言戒日者，謚法之名，此方薨後量德以贈，彼土初登即先薦號，以滅後美之，徒虚名耳。今猶御世，統五印度。初治邊陲，爲小國也。先有室商佉王，威行海内，酷虐無道，剗殘釋種，拔菩提樹，絶其根苗，選簡名德三百餘人留之，餘者並充奴隸。戒日深知樹於禍始也，與諸官屬至菩提坑立大誓曰：「若我有福統臨海内，必能崇建佛法，願菩提樹從地而生。」言已尋視，見菩提萌坑中上踊，遂迴兵馬往商佉所，威福力故，當即除滅。所以抱信誠篤，倍發由來。還統五方，象兵八萬，軍威所及，並藉其力。素不血食，化境有羊，皆贖施僧，用供乳酪。五年一施，傾其帑藏，藏盡還蓄，時至復行，用此爲常。有犯王法乃至叛逆罪應死者，遠斥邊裔，餘者懲罰，蓋不足言。故諸國中多行盜竊，非假伴援，不可妄進。

又東南行，二千餘里，經于四國。順殑伽河側，忽被秋賊，須人祭天。同舟八十許人悉被執縛，唯選奘公，堪充天食。因結壇河上，置奘壇中，初便生饗，將加鼎鑊。當斯時也，取救無緣，注想慈尊彌勒如來，及東夏住持三寶，私發誓曰：「餘運未絶，會蒙放免。必其無遇，命也如何？」同舟一時悲啼號哭。忽惡風四起，賊船而覆没，飛沙折木，咸懷恐怖。諸人又告賊曰：「此人可愍，不辭危難，專心爲法，利益邊陲。君若殺之，罪莫大也。寧殺我等，不得損他。」衆賊聞之，投刃禮愧，受戒悔失，放隨所往。達憍償彌，外道殷盛。王都城中有佛精舍，高六十尺，中有檀像，即昔優闐大王造之，倣在天之景也。其側龍窟，聖迹多矣。

又東北千餘里，至室羅伐悉底國，即舍衛舍婆提之正名也。周踐荒毁，才有故基，斯匿治宫，須達故宅，趾墌存焉。城南五里有逝多林，即祇陀園也，勝軍王臣善施所造。今寺頹滅，尚有石柱，舉高七丈。育王標樹邊有塼室一區，中安如來爲母説法像。自餘院宇湮没蕩盡，但有佛洗病比丘處、目連舉身子衣處、佛僧常汲故井處、外道陰謗殺婬女處、佛與異論處、身子捔處、琉璃没處、得眼林處、迦葉波佛本生地，諸如上處，皆建石塔，並無憂王之所造也。寺東不遠，三大深坑，即調達、瞿波、戰遮女人所没之處。坑極深邃，臨望無底，自古及今，大雨洪注，終無溢滿。

又東將七百里，至劫毗羅伐窣堵國，即迦毗羅衛，净飯王所治之都也。空城十餘，無人栖住。故宫甎城，周十五里。荒寺千餘，惟宫中一所存焉。王寢殿基上有銘塔，即如來降神之處也。彼有説云五月八日神來降者，上座部云十五日者，與此方述微復不同。豈有異耶？至如東夏所尚，素王爲聖，將定年筭，前達尚迷；況復曆有三代，述時紀號，猶自差舛。顧惟理越情求，赴機應感，皆乘權道，適變爲先，豈以常人之耳目，用通於至極也！城之南北有過去二佛生地諸塔，育王石柱銘記甚多。都城西北數百千塔，並是琉璃所誅諸釋，既是聖者，後人爲造。當斯時也，有四釋子忿其見逼，不思犯戒，出外拒軍，琉璃遂退。後還本國，城中不受，告曰：「吾爲法種，誓不行師。汝退彼軍，非吾族也。」既被放斥，遠投諸國，本是聖胤，競宗樹之。今烏仗、梵衍等王，並其後也。城東百里，即是如來生地之林，今尚存焉。或有説者三月八日，上座部云十五日也，此土諸經咸云四月八日，斯非感見之機，異計多耳。

又東七百里方至拘尸，中途諸異，略不復紀。創達此城，不覺五情失守，崩踊躃地。頃之顧眄，但見荒城隤阤，純陀宅基，有標誌耳。西北四里，河之西岸，即娑羅大林，周帀輪徑，三十餘里，中央高竦，即涅槃地。有一甎室，卧像北首。旁施塔柱，具書銘記，而諸説混淆，通列其上，有云二月十五日入涅槃者，或云九月八日入涅槃者，或云自彼至今過千五百年者，或云過九百年者。城北渡河，即焚身地，方一里餘，深三丈許，土尚黄黑，狀同焦炭。諸國有病，服其土者，無不除愈，故其焚處致有坑耳。其側復有現足分身雉鹿諸塔，並具瞻已。

又西南行大深林中，七百餘里，達婆羅痆斯國，即常所謂波羅柰也。城臨殑伽，外道殷盛，乃出萬計。天寺百餘，多遵自在。僧徒三千，並小乘正量部也。王都東北波羅柰河之西，塔柱雙建，育王所立，影現佛像，覩者興敬。度河十里即鹿野寺也，周閭重閣，望若仙宫。僧減二千，皆同前部。佛事高勝，諸國最矣。中有轉法論像，狀如言説。旁樹石柱，高七十餘尺，内影外現，衆相備矣。斯即如來初轉法處。其側復有五百獨覺塔、三佛行坐處。寺中銘塔聖迹極多，乃有

數百。又有佛所浴池，浣衣浣器之水，皆有龍護。曝衣方石，鹿王迎佛之地，並建石塔，動高三百餘尺，相甚弘偉，故略陳耳。

順河東下，減於千里，達吠舍釐，即毗捨離也，露形異術，偏所豐足。國城舊基，周七十里，人物寡鮮，但爲名地。其中説《浄名經》處，寶積、浄名諸故宅處，身子證果處，姨母滅度處，七百結集處，阿難分身處，此之五處，後代各建勝塔標示。

自斯東北，二千餘里，入大雪山，至尼波羅國。純信於佛，僧有二千，大小兼學。城東有池，中有天金，光浮水上。古老傳云：彌勒下生，用爲首飾。或有利其寶者，夜往盜之，但見火聚騰燄，都不可近。今則沉深，叵窮其底，水又極熱，難得措足。唐國使者試火投之，燄便涌起，因用煮米，便得成飯。其境北界即東女國，與吐蕃接境，比來國命往還，率由此地，約指爲語。唐、梵相去一萬餘里，自古迴邅，致途遠阻。

又從梵吠舍南濟殑伽河，達摩揭陀國，即摩竭提之正號也。其國所居，是爲中印度矣。今王祖胤，繼接無憂，無憂即頻毗婆羅之曾孫也，王即戒日之女壻矣。今所治城，非古所築。殑伽南岸有波吒釐城，周七十里，即經所謂華氏城也，王宮多花，故因名焉。昔阿育王自離王舍，遷都於此。左側聖所，其量彌繁。城之西南四百餘里，度尼連禪河至伽耶城，人物希少，可千餘家。又行六里，有伽耶山，自古諸王所登封也，故此一山，世稱名地，如來應俗，就斯成道。頂有石塔，高百餘尺，即《寶雲》等經所説之處。周迴四十里內，聖迹充滿。山之西南即道成處，有金剛坐，周百餘步，其地則今所謂菩提寺是也。寺南有菩提樹，高五丈許，遶樹周垣，壘甎爲之，輪迴五百許步。東門對河，北門通寺，院中靈塔，相狀多矣。如來得道之日，互説不同，或云三月八日及十五日者。垣北門外大菩提寺，六院三層，牆高四丈，皆甎爲之。師子國王買取此處，興造斯寺，僧徒僅千，大乘上座部所住持也。有骨舍利，狀人指節，肉舍利者，大如真珠。彼土十二月三十日，當此方正月十五日，世稱大神變月。若至其夕，必放光瑞，天雨奇花，充滿樹院。奘初到此，不覺悶絶，良久穌醒，歷覩靈相。昔聞經説，今宛目前，恨居邊鄙，生在末世，不見真容，倍復悶絶。旁有梵僧，就地接撫，相與悲慰。雖備禮謁，恨無光瑞，停止安居，迄於解坐。彼土常法，至於此時，道俗千萬，七日七夜，競申供養。凡有兩意，謂覩光相及希樹葉。每年樹葉，恰至夏末，一時飛下，通夕新抽，與故齊等。時有大乘居士，爲奘開釋《瑜伽師地》，尒夜對講，忽失燈明，又觀所珮珠瓔珞不見光彩，但有通明晃朗，內外洞然，而不測其由也。怪斯所以，共出草廬，望菩提樹，乃見有僧，手擎舍利，大如人指，在樹基上遍示大衆，所放光明，照燭天地。于時衆鬧，但得遥禮，雖目覩瑞，心疑其火，合掌虔跪，乃至明晨，心漸萎頓，光亦歇滅。居士問曰：「既覩靈瑞，心無疑耶？」奘具陳意，居士曰：「余之昔疑，還同此也，其瑞既現，疑自通耳。」余見菩提樹葉，如此白楊，具以問之。奘曰：「相狀略同，而扶疏茂盛，少有異也。」於此寺東望屈屈吒播陀山，即經所謂雞足山也，直上三峰，狀如雞足，因取號焉。去菩提寺一百餘里，頂樹大塔，夜放神炬，光明通照，即大迦葉波寂定所也。路極梗澀，多諸林竹，師子、虎、象，縱橫騰倚。每思登踐，取進無由，奘乃告王，請諸防援，蒙給兵三百餘人，各備鋒刃，斬竹通道，日行十里。尒時彼國聞奘往山，士女大小，數盈十萬，奔隨繼至，共往雞足。既達山阿，壁立無路，乃縛竹爲梯，相連而上。達山頂者三千餘人，四睇欣然，轉增喜踊，具覩石罅，散花供養。

自山東北，百有餘里，至佛陀伐那山，有大石室。佛曾遊此，天帝就石塗香，以供行至，其處今猶郁烈。不遠山室，可受千人，如來三月於中坐夏。壘石爲道，廣二十步，長五里許，即頻毗婆羅修覲上山之所由也。

又東六十里，便至矩奢揭羅補羅古城，唐言茅城，多出香茅，故因名也。其城即摩揭陀之正中，經本所謂王舍城者是矣。崇山四周，爲其外郭，上如陴埦，皆甎爲之。西通小徑，北闢山門。廣長從狹，周輪百五十里，其中宮城周三十餘里，內諸古迹，其量復多。宮之東北可十五里，有姞栗陀羅矩吒山，即經所謂耆闍崛山者是也，唐言鷲峰之臺，於諸山中最高，顯映奪接，山之陽，佛多居住。從下至頂，編石爲階，廣十餘步，長六里許，佛常往來於斯道也。歷觀崖岫，備諸古迹，不可勝紀，廣如圖傳。山城北門强一里許，即迦蘭陀竹園，精舍石基，東户甎室，今仍現在。自園西南行六里許，南山之陰大竹林中有石室焉，即大迦葉波與千無學結集經教所託之地。又西二十餘里，即大衆部結集處也。山城之北可五里許，至曷羅闍姞利呬城，唐言新王舍也，餘傳所稱者是矣。

又北三十餘里，至那爛陀寺，唐言施無厭也，贍部洲中寺之最者，勿高此矣，五王共造，供給倍隆，故因名焉。其寺都有五院，同一大門，周閭四重，高八丈許，並用甎壘。其最上壁，猶厚六尺，外郭三重，牆亦甎壘，高五丈許。中間水遶，極深池塹，備有花畜，嚴麗可觀。自置已來，防衛清肅，女人非濫，未曾容隱。常住僧衆四千餘人，外客道俗，通及邪正，乃出萬數，皆周給衣食，無有窮竭，故

復號寺爲施無厭也。中有佛院，備諸聖迹。精舍高者二十餘丈，佛昔於中四月說法。又有精舍高三十餘丈，中諸變態，不可名悉。置立銅像，高八丈餘，六層閣盛，莊嚴綺飾，即戒日之兄滿胄王造也。又有鍮石精舍，高可八丈，戒日親造，雕裝未備，日役千功。彼國常法，欽敬德望，有諸論師智識清遠，王給封户，乃至十城，漸降量賞，不減三城。其寺現在受封大德三百餘人，通經已上，不掌僧役，重愛學問，諮訪異法。故烏耆已西，被於海内，諸出家者皆多義學，任國追隨，都無隔礙。王雖守國，不敢遮障，故彼學徒，博聞該贍。奘歷諸國，風聲久遠，將造其寺，衆差大德四十人至莊迎宿，莊即目連之本村也。明日食後，僧二百餘、俗人千餘，擎輿幢蓋香花來迎，引入都會，與衆相慰問訖，唱令住寺，一切共同。又差二十人引至正法藏所，即戒賢論師也，年百六歲，衆所仰重，故號「正法藏」。博聞强識，内外大小一切經書，無不通達，即昔室商佉王所坑之者，爲賊擎出，潛淪草莽，後興法顯，道俗所推。戒日增邑十城，科税以人，賢以税物，成立寺廟。奘禮讚訖，並命令坐，問從何來，答「從支那國來，俗學《瑜伽》等論。」聞已啼泣，召弟子覺賢説己舊事，賢曰：「和尚三年前患困如刀刺，欲不食而死，夢金色人曰：『汝勿厭身！往作國王，多害物命，當自悔責，何得自盡！有支那僧來此學問，已在道中，三年應至。以法惠彼，彼復流通，汝罪自滅。吾是曼殊室利，故來相勸。』和尚今損。」正法藏問：「在路幾時？」奘曰：「出三年矣。」既與夢同，悲喜交集。禮謝訖。寺素立法，通三藏者員置十人，由來闕一。以奘風問，便處其位，日給上饌二十盤，大人米一升，檳榔、豆蔻、龍腦香、乳酥蜜等，净人四，婆羅一，行乘象輿，三十人從。大人米者粳米也，大如烏豆，飯香百步，惟此國有，王及知法者預焉。故此寺通三藏者給二十盤，即二十日，漸減，通一經者猶給五盤、五日，過此已後，便依僧位。便請戒賢講《瑜伽論》，聽者數千人，十有五月方得一遍，重爲再講，九月方了。自餘《順理》、《顯揚》、《對法》等，並得諮稟，然於《瑜伽》，偏所鑽仰。經於五年，晨夕無輟，將事博義，未忍東旋。賢誡曰：「吾老矣！見子殉命求法，經途十年方至，今日不辭朽老，力爲申明。法貴流通，豈期獨善，更參他部，恐失時緣。智無涯也，惟佛乃窮。人命如露，非旦則夕，即可還也。」便爲裝行調，付給經論。奘曰：「敢聞命矣。」意欲遍巡諸國，還途北指，以高昌昔言，不得違也。

便爾東行大山林中，至伊爛拏國。見佛坐迹，入石寸許，長五尺二寸，廣二尺一寸。旁有瓶迹，没石寸許，八出花文，都似新置。有佛立迹，長尺八寸，闊强六寸。又東南行，路經五國，將四千里，至三摩呾吒國，濱斥大海，四佛曾遊，見青玉像，舉高八尺。自斯東北，山海之中，凡有六國，即達林邑，道阻且長，兼多瘴癘，故不遊踐。又從西行，將二千里，達羯羅拏國，邪正兼事，别有三寺，不食乳酪，調達部也。又西南行，七百餘里，至烏荼國，東境臨海，有發行城，多有商侣停於海次。南大海中有僧伽羅國，謂執師子也。相去約指二萬餘里，每夜南望，見彼國中佛牙塔上寶珠光明，騰燄暉赫，現於天際。又西南行，具經諸國，並有異迹。

可五千里，至憍薩羅國，即南印度之正境也，崇信佛法，僧徒萬許。其土寬廣，林野相次。王都西南三百餘里有黑蜂山，昔古大王爲龍猛菩薩造立斯寺，即龍樹也。其寺上下五重，鑿石爲之，引水旋注，多諸變異，沿波方達，令净人固守，罕有登者。龕中石像，形極偉大。寺成之日，龍猛就山，以藥塗之，變成紫金，世無等者。又有經藏，甲縛無數，古老相傳，蓋初結集，並現存在。雖外佛法，屢遭誅殄，而此一山，住持無改。近有僧來，於彼夏坐，但得讀誦，不許持出，具陳此事。但路幽阻，難可尋問。

又復南行，七千餘里，路經五國，並有靈迹，至秣羅矩吒國，即贍部最南濱海境也。山出龍腦香焉。旁有嚴頂，清流繞旋，二十許帀，南注大海。中有天宫，觀自在菩薩常所住處，即觀世音之正名也。臨海有城，古師子國，今入海中，可三千餘里，非結大伴則不可至，故不行也。

自此西北，四千餘里，中途經國，具諸神異，達摩訶剌他國。其王果勇，威英自在，未賓戒日。寺有百餘，僧徒五千，大小兼學。東境山寺，羅漢所造，有大精舍，高百餘尺，中安石像，長八丈許，上施石蓋，凡有七重，虚懸空中，相去各三尺許。禮謁見者，無不嘆訝斯神也。自此因循，廣尋聖迹。至鉢伐多國，有數名德，學業可遵，又停二年，學正量部《根本論》、《攝正法論》、《成實論》等。

便東南還那爛陀，參戒賢已，往杖林山勝軍論師居士所。其人剎利種，學通内外五明數術，依林養徒，講佛經義。道俗歸者，日數百人。諸國王等亦來觀禮，洗足供養，封賞城邑。奘從學《唯識決擇論》、《意義論》、《成無畏論》等，首尾二年。夜夢寺内及外林邑，火燒成灰，見一金人告曰：「卻後十年，戒日王崩，印度便亂，當如火蕩。」覺已，向勝軍説之。奘意方決，嚴具東還。及永徽之末，戒日果崩，今並飢荒，如所夢矣。

初，那爛陀寺大德師子光等，立《中》、《百》論宗，破《瑜伽》等義。奘曰：「聖

人作論，終不相違，但學者有向背耳。」因造《會宗論》三千頌，以呈戒賢諸師，咸稱善。先有南印度王灌頂師，名般若毱多，明正量部，造《破大乘論》七百頌。時戒日王討伐至烏茶國，諸小乘師保重此論，以用上王，請與大乘師決勝。王作書與那爛陀寺，可差四僧善大小內外者詣行在所，擬有論義。戒賢乃差海慧、智光、師子光及奘爲四，應命將往。未發間，有順世外道來求論難，書四十條義懸於寺門，若有屈者，斬首相謝。彼計四大爲人物因，旨理沉密，最難徵覈，如此陰陽，誰窮其數。此道執計，必求捔決。彼土常法，論有負者，先令乘驢，屎瓶澆頂，公於衆中，形心折伏，然後依投，永爲皂隸。諸僧同疑，恐有敍負，默不陳對。奘停既久，究達論道，告衆請對，何得同恥！各立旁證，往復數番，通解無路，神理俱喪，溘然潛伏。預是釋門，一時騰踊。彼既屈已，請依先約，奘曰：「我法弘恕，不在刑科。禀受我法，如奴事主。」因將向房，遵正法要。彼烏茶《論》，又別訪得，尋擇其中，便有謬濫，謂所伏外道曰：「汝聞烏茶所立義不？」曰：「彼義曾聞，特解其趣。」即令説之，備通其要，便指纖芥，申大乘義破之，名《制惡見論》千六百頌，以呈戒賢等師，咸曰：「斯論窮天下之勍寇也，何敵當之！」

奘意欲流通教本，乃放任開正法，遂往東印度境迦摩縷多國。以彼風俗並信異道，故其部衆乃有數萬，佛法雖弘，未至其土。王事天神，愛重教義，但聞智人，不問邪正，皆一奉敬其人。創染佛法，將事弘闡，故往開化。既達於王，歎奘勝度，神思清遠。童子王聞，欣得面款，遣使來請，再三乃往。既至相見，宛若舊遊，言議接對，又經晦朔。于時異術雲聚，請王決論，言辯纔交，邪徒草靡。王加崇重，初開信門，請問「諸佛何所功德」？奘讚如來三身利物，因造《三身論》三百頌以贈之。王曰：「未曾有也。」頂戴歸依。此國東境接蜀、西蠻，聞其途路，兩月應達。

于時戒日王臣造曰：「東蕃童子王所有支那大乘天者，道德弘被，彼王所重。請往致之。」其「大乘天」者，即印度諸僧美奘之目也。王曰：「我已頻請，辭而不來，何因在彼？」即使語拘摩羅王，可送支那法師來，共會祇羅國。童子王命象軍一萬、方船三萬，與奘泝殑伽河以赴戒日。戒日與諸官屬百餘萬衆順河東下，同集羯朱祇羅國。初見頂禮，嗚足盡敬，散花設頌，無量供已，曰：「弟子先請，何爲不來？」答以「聽法未了，故此延命」。王曰：「彼支那國有《秦王破陣樂》歌舞曲，秦王何人，至此歌詠？」奘曰：「即今正國之天子也，是大聖人，撥亂反正，恩霑六合，故有斯詠。」王曰：「故天縱之爲物主也。」乃延入行宮，陳諸供養。乃述《制惡見論》，顧謂門師曰：「日光既出，螢燭奪明。師所寶者，他皆破訖。」試救取看，小乘諸僧無敢言者。王曰：「此論雖好，然未廣聞。欲於曲女城大會，命五印度能言之士，對衆顯之，使邪從正，捨小就大，不亦可乎？」是日發勑，普告天下，揔集沙門、婆羅門、一切異道會曲女城。自冬初泝流，臘月方到。尒時四方翕集，乃有萬數，能論義者數千人，各擅雄辯，咸稱克敵。先立行殿，各容千人，安像陳供香花音樂。請奘昇座，即標舉論宗，命衆徵覈，竟十八日無敢問者。王大嗟賞，施銀錢三萬、金錢一萬、上氎衣一百具，仍令大臣執奘袈裟巡衆唱言：「支那法師論勝，十八日來無敢問者，並宜知之。」于時僧衆大悦，曰：「佛法重興，乃令邊人權智若此！」便辭東歸，王重請住，觀七十五日大施場相。事訖辭還，王勑所部遞送出境，并施青象、金銀錢各數萬。戒日、拘摩羅等十八大國王流淚執別，奘便辭而不受，以象形大，日常料草四十餘圍，餅食所須又三斛許。戒日又勑令諸屬國隨到供給。諸僧勸受象施，皆曰：「斯勝相也，佛滅度來，王雖崇敬，種種布施，未聞以象用及釋門。象爲國寶，今既見惠，信之極矣。」因即納象，而反錢寶。然其象也，其形圓大，高可丈三，長二丈許，上容八人，并諸什物、經像等具，並在其上，狀如重堵，相似空行，雖逢奔逸而安隱不墜，瓶水不側。

緣國北旋出印度境，戒日威被，咸蒙供待。入卑利國，山川相半，沃壤豐熟，僧徒數萬，並學大乘。東北山行，過諸城邑，上大雪山，及至其頂，諸山並下。又上三日，達最高嶺，南北通望，但見横山，各有九重。過斯已往，皆是平地，雖有小山，孤斷不續，唯斯一嶺，曼延高遠。約略爲言，贍部一洲，山叢斯地。何以知耶？至如西境波斯，平川渺漫，東尋嵬崿，莫有窮蹤，北則横野蕭條，南則印度皐衍，即經所謂香山者也。達池幽邃，未可尋源，四河所從，皆由斯出。《尒雅》所謂崑崙之墟，豈非斯耶？案諸《禹貢》，河出積石，蓋局談其潛出處耳。張騫尋之，乃遊大夏，固是超步所經，猶不言其發源之始，斷可知矣。

奘引從前後，自勒行衆，沿嶺而下，三日至地，達覩貨羅諸故都邑。山行八百，路極艱險，寒風切骨，至於活國。中途所經，皆屬北狄，而此王者，突厥之胤，統管諸胡，揔御鐵門以南諸小國也。自此境東，方入葱嶺。嶺據贍部洲中，南接雪山，北至熱海，東漸烏鎩，西極波斯，縱廣結固，各數千里。冬夏積雪，冰嚴崖險，過半已下，多出山葱，故因名焉。昔人云葱嶺停雪，即雪山也，今親目驗，則知其非。雪山乃居葱嶺已南，東西亘海，南望平野，北達叢山，方名葱嶺。

又東山行，經於十國，二千餘里，至達摩悉鐵帝國。境在山間，東西千六百里，南北極廣。不踰四五里許，臨縛芻河，從南而來，不測其本。僧寺十餘。有一石像，上施金銅圓蓋，人有旋遶，蓋亦隨轉。豈由機巧？莫測其然。

又東山行，近有千里，達商彌國。東至大川，廣千餘里，南北百餘里，絶無人住。川有龍池，東西三百，南北五十。其池正在大葱嶺內，贍部洲中最高地也。何以明之？池出二河，其西流者至達摩悉鐵國，與縛芻河合，自此以西，水皆西流。其東流者至佉沙西界，與徙多河合，自此已東，水皆東流。故分二河，各注兩海，故知高也。河出大鳥，卵如斗許。案：條支國大卵如甕，豈非斯耶？

又東五百至揭盤陀國。北背徙多河，即經所謂悉陀河也。東入鹽澤，潛於地中，涌於積石，爲東夏河矣。其國崇信佛法。城之東南三百餘里，大崖兩室，各一羅漢，現入滅定七百餘年，鬚髮漸長。互近諸僧，年別爲剃。

又東千餘里，方出葱嶺，至烏鎩國。城臨徙多，西有大山，崖自崩墜。中有僧焉，瞑目而坐，形甚奇偉，鬚髮下垂，至於肩面。問其委由，乃迦葉佛時人矣，近重崩崖，沒於山內。奘至斯國，與象別行，先度雪河，象晚方至。水漸汎漲，不悉山道，尋嶺直下，牙衝岸樹。象性凶獷，反拔卻頓，因即致死，悵恨所經。

已越山險，將達平壤，不果祈願，東過疏勒，乃至沮渠，可千餘里。同伴五百，皆共推奘爲大商主，處位中營，四面防守。且自沮渠一國，素來常鎮十部大經，各十萬偈，如前所傳，國寶護之，不許分散，今屬突厥。南有大山，現三羅漢入滅盡定。東行八百，達于遁國。地惟沙壤，寺有百餘，僧徒五千，並大乘學。城西山寺，佛曾遊踐，有大石室，羅漢入定，石門封掩。

初，奘既度葱嶺，先遣侍人賫表陳露達國化也。下勑流問，令早相見。行達于循，以象致死，所賫經像交無運致，又上表請，尋下別勑，令于遁王給其鞍乘。既奉嚴勑，駝馬相運，至于沙洲。又蒙別勑計其行程酬雇價直，自尒乘傳二十許乘，以貞觀十九年正月二十四日届于京郊之西。道俗相趨，屯赴闐閬，數十萬衆如值下生。將欲入都，人物諠擁，取進不前，遂停別館，通夕禁衛，候備遮斷，停駐道旁。從故城之西南至京師朱雀門街之都亭驛，二十餘里，列衆禮謁，動不得旋。于時駕幸洛陽，奘乃留諸經像送弘福寺，京邑僧衆競列幢帳，助運莊嚴，四部諠譁，又倍初至。當斯時也，復感瑞雲現于日北，團圓如蓋，紅白相映，當于像上，顯發輪光，既非遶日，同共嗟仰。從午至晡，像入弘福，方始歇滅。致使京都五日，四民廢業，七衆歸承，當此一期，傾仰之高，終古罕類也。奘雖逢榮問，獨守館宇，坐鎮清閑，恐陷物議，故不臨對。及至洛濱，特蒙慰問，並獻諸國異物，八馬馱之。別勑引入深宮之內殿，面奉天顏，談敘真俗，無爽帝旨，從卯至酉，不覺時延，迄于閉鼓。上即事戎旃，問罪遼左，明日將發，下勑同行。固辭疾苦，兼陳翻譯。不違其請，乃勑京師留守梁國公房玄齡專知監護，資備所須，一從天府。

初，奘在印度，聲暢五天，稱述支那人物爲盛。戒日大王并菩提寺僧思聞此國，爲日久矣，但無信使，未可依憑。彼土常傳，贍部一洲，四王所治：東謂脂那王，人王也，西謂波斯主，寶王也，南謂印度主，象王也，北謂獫狁主，馬王也。皆謂四國藉斯以治，即因爲言。奘既安達，恰述符同。戒日及僧，各遣中使，賫諸經寶，遠獻東夏。是則天竺信命，自奘而通，宣述皇猷之所致也。使既西返，又勑王玄策等二十餘人隨往大夏，并贈綾帛千有餘段，王及僧等，數各有差。并就菩提寺僧召石蜜匠，乃遣匠二人僧八人俱到東夏，尋勑往越州，就甘蔗造之，皆得成就。先是，菩提寺僧三人送經初至，下勑普請京城設齋，仍於弘福譯《大嚴》等經。不久之間，奘信又至，乃勑且停，待到方譯。主上虛心企仰，頻下明勑，令奘速至，但爲事故留連，不早程達。既見洛宮，深沃虛想，即陳翻譯，搜擢賢明。上曰：「法師唐、梵具贍，詞理通敏。將恐徒揚仄陋，終虧聖典。」奘曰：「昔者二秦之譯，門位三千，雖復翻傳，猶恐後代無聞，懷疑乖信。若不搜舉，同奉玄規，豈以褊能，妄參朝委。」頻又固請，乃蒙降許。帝曰：「自法師行後，造弘福寺，其處雖小，禪院虛靜，可爲翻譯。所須人物吏力，並與玄齡商量，務令優給。」既承明命，返迹京師，遂召沙門慧明、靈潤等以爲證義，沙門行友、玄賾等以爲綴緝，沙門智證、辯機等以爲錄文，沙門玄模以證梵語，沙門玄應以定字僞。其年五月，創開翻譯《大菩薩藏經》二十卷，余爲執筆，并刪綴詞理。其經廣解六度、四攝、十力、四畏，三十七品，諸菩薩行合十二品，將四百紙。又復旁翻《顯揚聖教論》二十卷，智證等更迭錄文，沙門行友詳理文句，奘公於論重加陶練。次又翻《大乘對法論》一十五卷，沙門玄賾筆受。微有餘隙，又出《西域傳》一十二卷，沙門辯機親受。時事連紕，前後兼出《佛地》、《六門》、《神咒》等經，都合八十許卷。自前代已來，所譯經教，初從梵語，倒寫本文，次乃迴之，順同此俗，然後筆人觀理文句，中間增損，多墜全言。今所翻傳，都由奘旨，意思獨斷，出語成章，詞人隨寫，即可披翫。尚賢吴、魏所譯諸文，但爲西梵所重，貴於文句鉤鎖，聯類重沓，布在唐文，頗居繁複，故使綴工專司此位，所以貫通詞義，加度節之，銓本勒成，秘書繕寫。于時駕返西京，奘乃表上，并請序題。尋降手勑曰：「法師夙標

高行，早出塵表，泛寶舟而登彼岸，搜妙道而闢法門，弘闡大猷，蕩滌衆累。是以慈雲欲卷，舒之蔭四空；慧日將昏，朗之照八極。舒朗之者，其惟法師乎！朕學淺心拙，在物猶迷，況佛教幽微，豈敢仰測？請爲經題，非己所聞，其新撰《西域傳》者，當自披覽。」

及西使再返，勑二十餘人隨往印度。前來國命，通議中書，勑以「異域方言，務取符會，若非伊人，將渝聲教」，故諸信命，並資於奘，乃爲轉唐言，依彼西梵文詞輕重，令彼讀者尊崇東夏。尋又下勑，令翻《老子》五千文爲梵言，以遺西域。奘乃召諸黄巾，述其玄奥，領疊詞旨，方爲翻述。道士蔡晃、成英等，競引釋論《中》《百》玄意，用通道經。奘曰：「佛道兩教，其致天殊，安用佛言，用通道義？窮覈言跡，本出無從。」晃歸情曰：「自昔相傳，祖憑佛教，至於三論，晃所師遵，準義幽通，不無同會，故引解也。如僧肇著論，盛引《老》《莊》，猶自申明，不相爲怪。佛言似道，何爽綸言？」奘曰：「佛教初開，深文尚擁，《老》談玄理，微附佛言。《肇論》所傳，引爲聯類，豈以喻詞，而成通極？今經論繁富，各有司南。《老》但五千，論無文解，自餘千卷，多是醫方。至如此土賢明何晏、王弼、周顒、蕭繹、顧歡之徒，動數十家，注解《老子》，何不引用？乃復旁通釋氏，不乃推步逸蹤乎？」既依翻了，將欲封勒，道士成英曰：「《老經》幽邃，非夫序引，何以相通？請爲翻之。」奘曰：「觀《老》治身治國之文，文詞具矣。叩齒咽液之序，其言鄙陋，將恐西聞異國，有愧鄉邦。」英等以事聞諸宰輔，奘又陳露其情，中書馬周曰：「西域有道如老莊不？」奘曰：「九十六道並欲超生，師承有滯，致淪諸有。至如順世四大之術，冥初六諦之宗，東夏所未言也。若翻《老序》，則恐彼以爲笑林。」遂不譯之。

奘以弘讚之極，勿尚帝王，開化流布，自古爲重，又重表曰：「伏奉墨勑，猥垂獎喻，祇奉綸言，精守振越。玄奘業尚空疏，謬參法侶，幸屬九瀛有截，四表無虞，憑皇靈以遠征，恃國威而訪道。窮遐冒險，雖勵愚誠，纂異懷荒，寔資朝化。所獲經論，奉勑翻譯，見成卷軸，未有詮序。伏惟陛下睿思雲敷，天華景爛，理包《繫》《象》，調逸《咸》《英》，跨千古以飛聲，掩百王而騰實。竊以神力無方，非神思不足詮其理；聖教玄遠，非聖藻何以序其源！故乃冒犯威嚴，敢希題目。宸睠冲邈，不垂矜許，撫躬累息，相顧失圖。玄奘聞日月麗天，既分暉於戶牖；江河紀地，亦流潤於巖涯。雲和廣樂，不秘響於聾昧；金璧奇珍，豈韜彩於愚瞽？敢緣斯理，重以干祈。伏乞雷雨曲垂，天文俯照，配兩儀而同久，與二曜而俱懸。然則鷲嶺微言，假神筆而弘遠；雞園奧義，託英詞而宣暢。豈止區區梵衆，獨荷恩榮，亦使蠢蠢迷生，方超塵累而已。」表奏之日，勑遂許焉。謂尉馬高履行曰：「汝前請朕爲汝父作碑，今氣力不如昔，願作功德，爲法師作序，不能作碑。汝知之。」

貞觀二十二年，幸玉華宮，追奘至，問翻何經論，答：「正翻《瑜伽》。」上問：「何聖所作？明何等義？」具答已，令取《論》自披閱，遂下勑：「新翻經論寫九本，頒與雍、洛、相、兗、荆、揚等九大州。」奘又請經題，上乃出之，名《大唐三藏聖教序》，於明月殿命弘文館學士上官儀對羣僚讀之。其詞曰：

蓋聞二儀有象，顯覆載以含生；四時無形，潛寒暑以化物。是以窺天鑑地，庸愚皆識其端；明陰洞陽，賢哲罕窮其數。然而天地包乎陰陽，而易識者以其有象也；陰陽處乎天地，而難窮者以其無形也。故知象顯可徵，雖愚不惑；形潛莫覩，在智猶迷。況乎佛道崇虛，乘幽控寂，弘濟萬品，典御十方。舉威靈而無上，抑神力而無下。大之則彌於宇宙，細之則攝於毫釐。無滅無生，歷千劫而不古；若隱若顯，運百福而長今。妙道凝玄，遵之莫知其際；法流湛寂，挹之莫測其源。故知蠢蠢凡愚，區區庸鄙，投其旨趣，能無疑惑者哉？然則大教之興，基乎西土，騰漢庭而皎夢，照東域而流慈。昔者分形分跡之時，言未馳而成化；當常現常之世，民仰德而知遵。及乎晦影歸真，遷儀越世，金容掩色，不鏡三千之光；麗像開圖，空端四八之相。於是微言廣被，拯含類於三塗；遺訓遐宣，導羣生於十地。然而真教難仰，莫能一其指歸；曲學易遵，邪正於焉紛糺。所以空有之論，或習俗而是非；大小之乘，乍沿時而隆替。有玄奘法師者，法門之領袖也。幼懷貞敏，早悟三空之心；長契神情，先包四忍之行。松風水月，未足比其清華；仙露明珠，詎能方其朗潤！故以智通無累，神測未形，超六塵而迥出，隻千古而無對。凝心內境，悲正法之陵遲；栖慮玄門，慨深文之訛謬。思欲分條析理，廣彼前聞；截僞續真，開茲後學。是以翹心淨土，往遊西域，乘危遠邁，杖策孤征。積雪晨飛，途間失地；驚砂夕起，空外迷天。萬里山川，撥煙霞而進影；百重寒暑，躡霜雨以前蹤。誠重勞輕，求深願達，周遊西宇，十有七年，窮歷道邦，詢求正教。雙林八水，味道餐風；鹿苑鷲峰，瞻奇仰異。承至言於先聖，受真教於上賢，探賾妙門，精窮奧業。一乘五律之教，馳驟於心田；八藏三篋之文，波濤於口海。爰自所歷之國，總將三藏要文，凡六百五十七部，譯布中夏，宣揚勝業。引慈雲於西極，注法雨於東垂。聖教缺而復全，蒼生罪而還福。濕火宅之乾焰，共拔迷途；朗愛水之昏波，同臻彼岸。是知惡因業墜，善以緣昇，昇

墜之端，惟人所託。譬夫桂生高嶺，零露方得泫其華；蓮出淥波，飛塵不能汙其葉。非蓮性自潔而桂質本貞，良由所附者高，則微物不能累；所憑者淨，則濁類不能沾。夫以卉木無知，猶資善而成善；況乎人倫有識，不緣慶而求慶。方冀茲經流施，將日月而無窮；斯福遐敷，與乾坤而永大。」

百寮稱慶。

奘表謝曰：「竊聞六爻探賾，局於生滅之場；百物正名，未涉真如之境。猶且遠徵羲冊，覩奧不測其神；遐想軒圖，歷選並歸其美。伏惟皇帝陛下玉毫降質，金輪御天，廓先王之九州，掩百千之日月，斥列代之區域，納恒沙之法界。遂使給園精舍，並入提封；貝葉靈文，咸歸冊府。玄奘往因振錫，聊謁崛山。經途萬里，怙天威如咫步；匪乘千葉，詣雙林如食頃。搜揚三藏，盡龍宮之所儲；研究一乘，窮鷲嶺之遺旨。並已載於白馬，還獻紫宸。尋蒙下詔，賜使翻譯。玄奘識乖龍樹，謬忝傳燈之榮；才異馬鳴，深愧寫瓶之敏。所譯經論，紕舛尤多，遂荷天恩，留神構序。文超《象》《繫》之表，若聚日之放千光；理括衆妙之門，同慧雲之濡百草。一音演說，億劫罕逢。忽以微生，親承梵響，踊躍歡喜，如聞授記。」表奏之日，尋下敕曰：「朕才謝珪璋，言慚博達，至於內典，尤所未閑。昨製序文，深爲鄙拙，惟恐穢翰墨於金簡，標瓦礫於珠林。忽得來書，謬承褒讚，循躬省慮，彌益厚顏。善不足稱，空勞致謝。」又重表謝。敕云：「朕往不讀經，兼無才智，忽製論序，翻汙經文。具覽來言，枉見褒飾，愧達虛美，唯益真慙。」自尒朝宰英達，咸申擊讚，釋宗弘盛，氣接成陰。皇太子述上所作《三藏聖教序》曰：

夫顯揚正教，非智無以廣其文；崇闡微言，非賢莫能定其旨。蓋真如聖教者，諸法之玄宗，衆經之軌躅也。綜括宏遠，奧旨遐深，極空有之精微，體生滅之機要。詞茂道曠，尋之者不究其源；文顯義幽，履之者莫測其際。故知聖慈所被，業無善而不臻；妙化所敷，緣無惡而不翦。開法網之綱紀，弘六度之正教；拯羣有之塗炭，啓三藏之祕扃。是以名無翼而長飛，道無根而永固。道名流慶，歷遂古而鎮常；赴感應身，經塵劫而不朽。晨鍾夕梵，交二音於鷲峰；慧日法流，轉雙輪於鹿苑。排空寶蓋，接翔雲而共飛；莊野春林，與天花而合彩。伏惟皇帝陛下，上玄資福，垂拱而治八荒；德被黔黎，斂衽而朝萬國。恩加朽骨，石室歸貝葉之文；澤及昆蟲，金匱流梵說之偈。遂使阿耨達水通神甸之八川，耆闍崛山接嵩、華之翠嶺。竊以法性凝寂，靡歸心而不通；智地玄奧，感懇誠而遂顯。豈謂重昏之夜，燭慧炬之光；火宅之朝，降法雨之澤。於是百川異流，同會於海，方區分義，揔成乎實。豈與湯、武校其優劣，堯、舜比其聖德者哉？玄奘法師者，夙懷聰令，立志夷簡，神清齠齔之年，體拔浮華之世。凝情定室，匿迹幽巖。栖息三禪，巡遊十地。超六塵之境，獨步迦維；會一乘之旨，隨機化物。以中華之無質，尋印度之真文。遠涉恒河，終期滿字；頻登雪嶺，更獲半珠。問道往還，十有七載，備通釋典，利物爲心。以貞觀十九年二月六日，奉敕於弘福寺翻譯聖教要文，凡六百五十七部。引大海之法流，洗塵勞而不竭；傳智燈之長焰，皎幽闇而恒明。自非久植勝緣，何以顯揚斯旨？所謂法相常住，齊三光之明；我皇福臻，同二儀之固。伏見御製衆經論序，照古騰今，理含金石之聲，文抱風雲之潤；治輒以輕塵足岳，墜露添流，略舉大綱，以爲斯記。

自此常參內禁，扣問沉隱，翻譯相續，不爽法機。敕賜雲納一領，妙絕古今。又敕天下，寺度五人，維持聖種，皆其力也。冬十月，隨駕入京，於北闕造弘法院，鎮恒在彼。初，於曲池爲文德皇后造慈恩寺，追奘令住，度三百人。有令寺西北造翻經院，給新度弟子一十五人，弘福舊處仍給十人。

今上嗣録，素所珍敬，追入優問，禮殊恒秩。永徽二年，請造梵本經臺，蒙敕賜物，尋得成就。又追入內，於修文殿翻《發智》等論，降手詔飛白書慰問優洽。顯慶元年正月，爲皇太子於慈恩設大齋，朝宰揔至。黃門侍郎薛元超、中書郎李義府曰：「譯經佛法之大，未知何德以光揚耶？」奘曰：「公此之問，常所懷矣。譯經雖位在僧，光價終憑朝貴。至如姚秦鳩摩羅什，則安成侯姚嵩筆受；元魏菩提流支，則侍中崔光録文；貞觀波頗初譯，則僕射蕭瑀、太府蕭璟、庶子杜正倫等監閱詳定。今並無之，不足光遠。又大慈恩寺，聖上切風樹之哀，追造壯麗，騰實之美，勿過碑頌。若蒙二公爲致言，則不朽之迹自形於今古矣。」便許之。明日遣給事宣敕云：「所須官人助翻者，已處分訖，其碑朕自作。」尋敕：「慈恩翻譯，文義須精。宜令左僕射于志寧、中書令來濟、禮部許敬宗、黃門侍郎薛元超、中書郎李義府等，有不安穩，隨事潤色。若須學士，任追三兩人。」及碑成，請神翰自書，蒙特許。剋日送寺，京寺咸造幢蓋。又敕王公已下、太常九部及兩縣伎樂車從千餘乘，駐弘福寺。上居安福門，俯臨將送。京邑士女列於道側，自北之南二十餘里，充仞衢街。光俗興法，無與儔焉。又賜山水納，妙勝前者，并以服玩百有餘件。

顯慶二年，駕幸洛陽，預從，安置東都積翠宮，召入大內麗日殿翻《觀所緣》等論，又於明德宮翻《大毗婆沙》等論。奘少離桑梓，白首言歸，訪問親故，零落

殆盡，惟有一姊，迎與相見，訪以墳壟，旋殯未遷，便卜勝地，施塋改葬。其少室山西北，緱氏故縣東北，遊仙鄉控鶴里鳳凰谷，即奘之生地也，不遠有少林寺，即魏孝文所立，是翻《十地》之所，意願栖託，爲國翻譯。蒙手勑云：「省《表》，知欲晦迹巖泉，追林、遠而架往；託慮禪寂，軌澄、什以標今。仰挹風徽，宴所欽尚！朕業空學寡，靡究高深，然以淺識薄聞，未見其可。法師津梁三界，汲引四生，智皎心燈，定凝意水，非情塵之所曀，豈識浪而能驚！然以道德可居，何必太華疊嶺；空寂可舍，豈獨少室重巒！幸戢來言，勿復陳請。」即市朝大隱，不獨貴於昔賢；見聞弘益，更可珍於即代。遂因寢言。

顯慶三年，下勑爲皇太子造西明寺成，令給上房僧十人以充侍者。有《大般若》者二十萬偈，此土八部，咸在其中。不久下勑，令住玉華翻經，供給一准京寺，遂得託静，不爽譯功。以顯慶五年正月元日創翻大本，至龍朔三年十月末了，凡四處十六會説，揔六百卷，般若空宗，此焉周盡。於間又翻《成唯識論》、《辯中邊論》、《唯識二十論》、《品類足論》等。至十一月表上此經，請制經序，於蓬萊宫通事舍人馮義宣勑許之。

奘生常以來，願生彌勒，及遊西域，又聞無著兄弟皆生彼天，又頻祈請，咸有顯證，懷此專至，益增翹勵。後至玉華，但有隙次，無不發願生覩史多天見彌勒佛。自《般若》翻了，惟自策勤，行道禮懺。麟德元年，告翻經僧及門人曰：「有爲之法，必歸磨滅，泡幻形質，何得久停！行年六十五矣，必卒玉華。於經論有疑者，今可速問。」聞者驚曰：「年未耆耄，何出此言？」報曰：「此事自知。」遂往辭佛，先造俱胝十億像所，禮懺辭别。有門人外行者，皆報「好去，今與汝别，亦不須來，來亦不見」。至正月九日告寺僧曰：「奘必當死。經云此身可惡，猶如死狗。奘既死已，勿近宫寺，山静處埋之。」因既卧疾，開目閉目，見大蓮花鮮白而至，又見偉相，知生佛前。命僧讀所翻經論名目已，揔有七十三部一千三百三十卷，自懷欣悦，揔召門人，有緣並集，云：「無常將及，急來相見。」於嘉壽殿以香木樹菩提像骨，對寺僧、門人辭訣，並遺表訖，便默念彌勒，令傍人稱曰：「南謨彌勒如來應正等覺，願與含識速奉慈顔。南謨彌勒如來所居内衆，願捨命已必生其中。」至二月四日，右脇累足，右手支頭，左手胜上，鏗然不動。有問何相，報曰：「勿問！妨吾正念。」至五日中夜，弟子問曰：「和尚定生彌勒前不？」答曰：「決定得生。」言已氣絶神逝，迄今兩月，色貌如常。又有冥應，略故不述。又下勑：「葬日聽京城僧尼幢蓋往送。」於是素蓋素幢，浮空雲合；哀笳哀梵，氣遏人神。四俗以之悲涼，七衆惜其沉没。乃葬於白鹿原，四十里中，皂素彌滿。其塋與兄捷公相近，苕然白塔，近燭帝城。尋下别勑，令改葬於樊川，與州縣相知供給吏力。乃又出之，衆咸歎異，經久埋瘞，色相如初，自非願力所持，焉能致此？

余以闇昧，濫霑斯席，與之對晤，屢展炎涼。聽言觀行，名實相守。精厲晨昏，計時分業，虔虔不懈，專思法務。言無名利，行絶虚浮，曲識機緣，善通物性。不倨不謟，行藏適時，吐味幽奇，辯開疑議。寔季代之英賢，乃佛宗之法將矣！且其發蒙入法，特異常倫，聽覽經論，用爲恒任。既周行東夏，挹酌諸師，披露肝膽，盡其精義，莫不傾倒林藪，更新學府，遂能不遠數萬，諮求勝法，誓捨形命，必會爲期。發趾張掖，途次龍沙，中途艱險，身心僅絶。既達高昌，倍光來價，傳國祖送，備閱靈儀。路出鐵門、石門，躬乘沙嶺、雪嶺，歷天險而志逾慷慨，遭凶賊而神彌厲勇。兼以歸稟正教，師承戒賢，理遂言揚，義非再授，廣開異論，包藏胸臆，致使梵侣傾心，不遺其法。又以《起信》一論，文出馬鳴，彼土諸僧思承其本，奘乃譯唐爲梵，通布五天，斯則法化之緣，東西互舉。又西華餘論，深尚聲明，奘乃卑心請決，隨授隨曉，致有七變其勢，動發異蹤，三循廣論，恢張懷抱。故得施無猒寺三千學僧皆號智囊，護持城壍，及覩其脣吻，聽其詞義，皆彈指讚歎：「斯何人也！」隨其遊歷，塞外海東，百三十國，道俗邪正承其名者，莫不仰德歸依，更崇開信。可以家國增榮，光宅惟遠，獻奉歲至，咸奘之功。若非天挺英靈，生知聖授，何能振斯鴻緒，導達遺蹤？前後僧傳往天竺者，首自法顯、法勇，終于道邃、道生，相繼中途，一十七返；取其通言華、梵，妙達文筌，揚導國風，開悟邪正，莫高於奘矣。恨其經部不翻，猶涉過半，年未遲暮，足得出之，無常奄及，惜哉！

雜録

備録

釋道宣《佛道論衡》卷丙《文帝詔令奘法師翻老子爲梵文事第十》 貞觀二十一年，西域使李義表還奏，稱「東天竺童子王所，未有佛法，外道宗盛，臣已告云：『支那大國未有佛教已前，舊有得聖人説經，在俗流布。但此文不來。若得

聞者，必當信奉。』彼王言：『卿還本國，譯爲梵言，我欲見之。必道越此徒傳通不晚。』」登即下勅，令玄奘法師與諸道士對共譯出。於時道士蔡晃、成英二人，李宗之望，自餘鋒穎三十餘人，並集五通觀，日別參議，詳覈《道德》，奘乃句句披析，窮其義類，得其旨理，方爲譯之。諸道士等並引用佛經「中」「百」等論，以通玄極。奘曰：「佛教道教，理致天乖。安用佛理通明道義？」如是言議往還，累日窮勘。出語濩落，的據無從。或誦四諦四果，或誦無得無待。名聲雲涌，實質俱虛。奘曰：「諸先生何事游言，無可尋究？向說四諦四果，道經不明。何因喪本，虛談老子，且據四諦一門，門有多義，義理難曉。作論辯之，佛教如是，不可陷倫。向問四諦，但答其名。諦別廣義，尋問莫識。如何以此欲相抗乎？道經明道，但是一義。又無別論，用以通辯，不得引佛義宗用解老子，斯理定也。」晃遂歸情曰：「自昔相傳，祖承佛義，所以《維摩》三論，晃素學宗，致令吐言命旨，無非斯理。且道義玄通，洗情爲本。在文雖異，厥趣攸同。故引解之，理例無爽。如僧肇著論，盛引老莊。成誦在心，由來不怪。佛言似道，如何不思！」奘曰：「佛教初開，深經尚擁。老談玄理，微附虛懷。盡照落筌，滯而未解，故肇論序致，聯類喻之，非謂比擬，便同涯極。今佛經正論繁富，人謀各有司南，兩不諧會。然老之《道德》，文止五千。無論解之，但有箋注。自餘千卷，事雜符圖。蓋張葛之言附，非老君之氣葉。又《道德》兩卷，詞旨沈深。漢景重之，誠不虛及。至如何晏、王弼、嚴遵、鍾會、顧歡、蕭繹、盧景裕、韋處玄之流數十餘家，注解老經，指歸非一。皆推步俗理，莫引佛言。如何棄置舊蹤，越津釋府，將非探賾過度，同夫混沌之竅耶？」於是諸徒無言以對。遂即染翰綴文。厥初云「道」，此乃人言。梵云「末伽」，可以翻度。諸道士等一時舉袂曰：「道翻末伽，失於古譯。昔稱菩提，此謂爲道。未聞末伽以爲道也。」奘曰：「今翻《道德》，奉勅不輕。須覈方言，乃名傳旨。菩提言覺，末伽言道。唐梵音義，確爾難乖。豈得浪翻，冒罔天聽。」道士成英曰：「佛陀言覺，菩提言道。由來盛談，道俗同委。今翻末伽，何得非妄？」奘曰：「傳聞濫真，良談匪惑。未達梵言，故存恒習。佛陀天音，唐言覺者。菩提天語，人言爲覺。此則人法兩異，聲采全乖。末伽爲道，通國齊解。如不見信，謂是妄談。請以此語，問彼西人。足所行道，彼名何物？非末伽者，余是罪人。非唯惘上，當時亦乃取笑天下。」自此衆鋒一時潛退，便譯盡文。河上序胤，闕而不出。成英曰：「老經幽祕，聞必具儀。非夫序胤，何以開悟？請爲翻度，惠彼邊戎。」奘曰：「觀老存身存國之文文，詞具矣。叩齒咽液之序，序實驚人，同巫覡之淫哇，等禽獸之淺術。將恐西關異國有愧卿邦。」英等不愜其情，以事陳諸朝宰。中書馬周曰：「西域有道如李莊不？」答：「彼土尚道九十六家，並厭形骸爲桎梏，指神我爲聖本。莫不淪滯情有，致使不拔我根。故其陶練精靈，不能出俗。上極非想，終墜無間。至如順俗四大之術，冥初六諦之宗，東夏老莊所未言也。若翻老序，彼必以爲笑林。奘告忠誠，如何不相體悉！」當時中書門下同僚，咸然此述。遂不翻之。奘姓陳氏，潁川人也。後葉居於兩河，以慧解馳名。周行嶽瀆，承梵學富，誓願博求。以貞觀初入關住莊嚴寺，學梵書語，不久並通，上表西行，有司不許。因遂間行遠詣天竺，三年方達，所在王臣高勝無不重之。經十餘年備獲經論，旋於京邑，天子降禮賜以優言。貞觀末年敬重尤甚，常處內禁行往畢隨。永徽已來不爽前敬，常以翻譯而爲命家，今在北山玉華宮寺，領徒翻經勤注不絶。然其高行不可具陳，別有大傳，廣文如後。

段成式《酉陽雜俎》前集卷三《貝編》 國初，僧玄奘往五印取經，西域敬之。成式見倭國僧金剛三昧，言嘗至中天，寺中多畫玄奘麻屩及匙筯，以綵雲乘之，蓋西域所無者。每至齋日，輒膜拜焉。

段成式《酉陽雜俎》前集卷一六《毛篇》 又僧玄奘至西域，大雪山高嶺下有一村養羊，大如驢。罽賓國出野青羊，尾如翠色，土人食之。

段成式《酉陽雜俎》續集卷七《寺塔記下》 慈恩寺，寺不淨覺故伽藍，因而營建焉。凡十餘院，摠一千八百九十七間，敕度三百僧。初，三藏自西域回，詔太常卿江夏王道宗設九部樂，迎經像入寺，綵車凡千餘輛。上御安福門觀之。太宗常賜三藏衲，約直百餘金，其工無鍼綖之迹。初，三藏翻《因明》，譯經僧栖玄，以論示尚藥奉御呂才，才遂張之廣衢，指其長短，著《破義圖》。其序云：「豈謂象繫之表，猶開八正之門；形器之先，更弘二知之教。」立難四十餘條，詔才就寺對論。三藏謂才云：「檀越平生未見《太玄》，詔問須臾即解。由來不窺象戲，試造旬日即成。以此有限之心，逢事即欲穿鑿。」因重申所難，一一收攝，折毫藏耳，袞袞不窮，凡數千言。才屈不能領，辭屈禮拜。塔西面畫濕耳師子，仰摹蟠龍，尉遲畫。及花子鉢、曼殊，皆一時絶妙。寺中柿樹、白牡丹是法力上人手植。上人時常執爐循諸屋壁，有變相處輒獻虔祝，年無虛月。又殿庭大莎羅樹，大曆中，安西所進。其木棓賜此寺四橛，橛皆灼固。其木大德行逢自種之，一株不活。

劉肅《大唐新語》卷一三《記異二七》 沙門玄奘俗姓陳，偃師人，少聰敏，有

操行。貞觀三年，因疾而挺志往五天竺國，凡經十七歲，至貞觀十九年二月十五日，方到長安。足所親踐者一百一十一國，探求佛法，咸究根源。凡得經論六百五十七部，佛舍利并佛像等甚多。京城士女迎之，填城隘郭。時太宗在東都，乃留所得經像於弘福寺。有瑞氣徘徊像上，移晷乃滅。遂詣駕，并將異方奇物朝謁，太宗謂之曰：「法師行後，造弘福寺，其處雖小，禪院虚静，可爲翻譯之所。」太宗御製聖教序。高宗時爲太子，又作《述聖記》，並勒於碑。麟德中，終於坊郡玉華寺。玄奘撰《西域記》十二卷，見行於代。著作郎敬播爲之序。

李冗《獨異志》卷上　唐初，僧玄奘至西域取經，入維摩詰方丈室。及歸，將書年月於壁，染翰欲書，約行數千百步，終不及牆。

唐初有僧玄奘往西域取經，一去十七年。始去之日於齊州靈巖寺院，有松一本立於庭，奘以手摩其枝曰：「吾西去求佛教，汝可西長。若歸，即此枝東向，使吾門人弟子知之。」及去，年年西指，約長數丈。一年忽東向指，門人弟子曰：「教主歸矣。」乃西迎之。奘果還歸，得佛經六百部。至今衆謂之「摩頂松」。

陶穀《清異録》卷一《釋族門》　玄奘論道釋云：「道有爲宗，舟航化。佛無爲宗，虚空化。」

錢易《南部新書》卷庚　奘法師至中印度鄃爛陁寺，館於幼日王院覺賢房第四重閣，日供步羅果一百二十枚，大人米等。

釋志磐《佛祖統紀》卷二九《二祖三藏玄奘法師》　法師玄奘，洛陽陳氏，年十一誦通《維摩》、《法華》時，道基法師化行長安，師負笈西遊，從受《阿毘曇婆沙雜心論》等基贊之曰：「予遊講肆多矣，未見少年神悟若此。」武德中，在京師講《雜心論》，以不泥文相爲世所服。僕射蕭瑀奏住大莊嚴寺。正觀二年，上表遊西竺，上允之。杖策西征，遠逾葱嶺，毒風切肌，飛沙塞路，遇溪澗懸絶，則以繩爲梁，梯空而進。及登雪山，壁立千仞，人持四棧，手足更互著崖孔中，猿臂而過，張騫、甘延壽所未至也。過沙何逢惡鬼異類出没前後，師一心念觀音及《般若心經》，倏然退散。稜山水雪春夏不解，從侶凍死者十之四。入銕門峯壁皆銕，即突厥關塞也，所歷百三十國。凡如來所化之地，泥洹堅固之林，降魔菩提之樹，迦路崇高之塔，那揭留影之山，皆申禮敬。獲寶像舍利貝葉七十五部。耆山方等之教，鹿苑半字之文，馬鳴龍樹諸所著述，十八異執之宗，五部殊途之致，收羅研究，悉得其文。雖七例八轉之音，三聲六釋之句，無不盡其微妙。既而祇羅國王，賜青象白馬，以助馱載。十九年正月歸長安，留守房玄齡備幢播鼓吹釋部威儀。道俗數萬衆，以寶輦迎師。二月至洛陽，見上於儀鸞殿時帝行幸洛京，尉勞勤至，問西城事迹，詔撰《西域記》。山川風俗，前史未聞，詔就弘福寺與沙門道宣、靈綱等同翻譯。二十年，上新譯《菩薩藏經顯揚聖教論》，請上製聖教序。三十二年，進《瑜伽師地論》，上親覽，歎曰：「佛教廣大，猶瞻天瞰海，莫極高深，九流典籍，若汀瀅方溟渤耳，世言三教齊致，此妄談也。」詔瀉新譯《經論》，宣賜九道總管時天下分爲九道，展轉流布，詔於京師紫微殿西，別創弘法院。延師居之，選名德七人以自從。對上論道之餘，則與衆隨時翻譯，上令翻《老子》爲梵文以遺西竺，師曰：「佛老二教其致，大殊，安用佛言以通老義，且老子立義膚淺，五竺聞之，適足見薄。」遂止。永徽三年，表請創塔於慈恩寺，以奉藏梵本及兩朝御製《聖教序》，上許之。仍哀七宫亡人衣財以助其費。顯慶元年，皇子生中宗，神光滿室，上賜號佛光王，越月表請佛光王出家，詔落髮授歸戒，進金字心經法衣鉢具。二年，帝幸洛陽，詔師陪駕，便道陳留，改葬二親，勅供給葬具。四年，以玉華宫爲寺，追崇先帝，詔師居之譯《大般若經》。及四年成，六百卷。麟德元年二月四日，告衆曰：「幻泡之質何得久停，令衆稱彌勒，願與含識速奉慈顔。」遂右脅累足，以手支頤，凝然不動，帝哭之慟，廢朝五日。五詔褒恤，用佛故事，以金棺銀槨葬於滻東。初，卧病，明藏禪師問疾，見二長人捧白蓮至前，曰：「師從無始損惱有情，因今小疾並得消殄。」師顧大衆合掌而聽，得非譯般若力轉重罪爲輕受乎。初，遊天竺，手摩門逕松曰：「吾西求法可枝向西，吾若言歸枝可東指。」既往枝果西，一日忽東指，弟子曰：「教生歸矣。」因號摩頂松。師至天竺，遇龍樹宗，欲從其學，其徒令服藥求長生，方可窮研宗旨。師自念，本欲求經，恐仙術不就，有負宿願，遂學法相於戒賢傳唯識宗，賢時年一百三歲，蒙文殊付託，忍死以遅奘。賢用三時教，一有二空，三不空不有，起信論雖出馬鳴，久而無傳，師譯唐爲梵，俾流布五天。復聞要道，師之功也。

備論

釋道宣《續高僧傳》卷四《唐京師大慈恩寺玄奘傳》　論曰：觀夫翻譯之功，誠遠大矣，前録所載，無得稱焉。斯何故耶？諒以言傳理詣，惑遣道清，有由寄也。所以列代賢聖，祖述弘導之風；奉信賢明，憲章翻譯之意。宗師舊轍，頗見

詞人；埏埴既圓，稍工其趣。至如梵文天語，元開大夏之鄉；鳥迹方韻，出自神州之俗。具如別傳，曲盡規猷。遂有僥幸時譽，叨臨傳述，逐轉鋪詞，返音列喻，繁略科斷，比事擬倫，語迹雖同，校理誠異。自非明逾前聖，德邁往賢，方能隱括殊方，用通弘致。道安著論，五失易窺；彥琮屬文，八例難涉。斯並古今通叙，豈妄登臨？若夫九代所傳，見存簡録。漢魏守本，本固去華。晉宋傳揚，時開義舉，文質恢恢，諷味餘逸。厥斯以降，輕靡一期，騰實未聞，講悟蓋寡。皆由詞逐情轉，義寫情心，共激波瀾，永成通式。充車溢藏，法寶住持，得在福流，失在訛競。故勇猛陳請，詞同世華，制本受行，不惟文綺。至聖殷鑒，深有其由，羣籍所傳，滅法故也，即事可委，況弘識乎？然而習俗生常，知過難改，雖欲徙轍，終陷前蹤。粤自漢明，終于唐運，翻傳梵本，多信譯人，事語易明，義求罕見，厝情獨斷，惟任筆功，縱有覆疏，還遵舊緒。梵僧執葉，相等情乖，音語莫通，是非俱濫。至如三學盛典，唯詮行旨，八藏微言，宗開詞義，前翻後出，靡墜風猷，古哲今賢，德殊恒律；豈非方言重阻，臆斷是投，世轉澆波，奄同浮俗？昔聞淳風雅暢，既在皇唐，綺飾訛雜，宴鍾季葉，不思本實，妄接詞鋒，競掇芻蕘，鄭聲難偃。原夫大覺希言，絶世特立，八音四辯，演暢無垠；安得凡懷，虛參聖慮，用爲標擬，誠非立言。雖復樂說不窮，隨類各解，理開情外，詞逸寰中，固當斧藻標奇，文高金玉，方可聲通天樂，韻過恒致。近者晉宋，顔謝之文，世尚企而無比，況乖於此，安可言乎？必踵斯蹤，時俗變矣，其中蕪亂，安足涉言？往者西涼法讖，世號通人，後秦童壽，時稱僧傑，善披文意，妙顯經心，會達言方，風骨流便，弘衍於世，不虧傳述。宋有開士慧嚴、寶雲，世係賢明，勃興前作，傳度廣部，聯輝絶蹤；將非面奉華胥，親承詁訓，得使聲流千載，故其然哉！餘則事義相傳，足開神府。寧得如瓶寫水，不妄叨流！薄乳之喻，復存今日，終虧受誦，足定澆淳。世有奘公，獨高聯類，往還震動，備盡觀方。百有餘國，君臣謁敬，言議接對，不待譯人，披析幽旨，華戎胥悅。唐朝後譯，不屑古人，執本陳勘，頻開前失。既闕今乖，未遑釐正，輒略陳此，夫復何言！

藝文

釋道宣《廣弘明集》卷二二唐太宗《三藏聖教序》 蓋聞二儀有像，顯覆載以含生；四時無形，潛寒暑以化物。是以窺天鑑地，庸愚皆識其端；明陰洞陽，賢哲罕窮其數。然而天地包乎陰陽而易識者，以其有像也；陰陽處乎天地而難窮者，以其無形也。故知像顯可徵，雖愚不惑；形潛莫覩，在智猶迷。況乎佛道崇虛，乘幽控寂，弘濟萬品，典御十方。舉威靈而無上，抑神力而無下。大之則彌於宇宙，細之則攝於毫釐。無滅無生，歷千劫而不古；若隱若顯，運百福而長今。妙道凝玄，遵之莫知其際；法流湛寂，挹之莫測其源。故知蠢蠢凡愚，區區庸鄙，投其旨趣，能無疑惑者哉。然則大教之興，基於西土。騰漢庭而皎夢，照東域而流慈。昔者分形分跡之時，言未馳而成化；當常現常之世，民仰德而知尊。及乎晦影歸真，遷儀越世。金容掩色，不鏡三千之光；麗象開圖，空端四八之相。於是微言廣被，拯含類於三途；遺訓遐宣，導羣生於十地。然而真教難仰，莫能一其指歸；曲學易遵，邪正於焉紛糺。所以空有之論，或習俗而是非；大小之乘，乍沿時而隆替。有玄奘法師者，法門之領袖也。幼懷貞敏，早悟三空之心；長契神情，先包四忍之行。松風水月，未足比其清華；仙露明珠，詎能方其朗潤。故以智通無累，神測未形，超六塵而迥出，隻千古而無對。凝心内境，悲正法之陵遲；栖慮玄門，慨深文之訛謬。思欲分條析理，廣彼前聞；截僞續真，開茲後學。是以翹心净土，往遊西域；乘危遠邁，杖策孤征。積雪晨飛，途閒失地；驚砂夕起，空外迷天。萬里山川，撥烟霞而進影；百重寒暑，躡霜雨而前蹤。誠重勞輕，求深願達，周遊西宇，十月七年。窮歷道邦，詢求正教。雙林八水，味道餐風。鹿苑鷲峯，瞻奇仰異，承至言於先聖，受真教於上賢。探賾妙門，精窮奧業，一乘五律之道，馳驟於心田；八藏三篋之文，波濤於口海。爰自所歷之國，總將三藏要文，凡六百五十七部，譯布中夏，宣揚勝業。引慈雲於西極，注法雨於東陲。聖教缺而復全，蒼生罪而還福。濕火宅之乾燄，共拔迷途；朗愛水之昏波，同臻彼岸。是知惡因業墜，善以緣升升墜之端，唯人所託。譬夫桂生高嶺，零露方得泫其華；蓮出淥波，飛塵不能污其葉。非蓮性自潔，而桂質本貞，良由所附者高，則微物不能累；所憑者净，則濁類不能沾。夫以卉木無知，猶資善而成善，況乎人倫有識，不緣慶而求慶。方冀茲經流施，將日月而無窮；斯福遐敷，與乾坤而永大。

釋道宣《廣弘明集》卷二二唐高宗《述三藏聖教序》 夫顯揚正教，非智無以廣其文，崇闡微言，非賢莫能定其旨。蓋真如聖教者，諸法之玄宗，衆經之軌躅也。綜括宏遠，奧旨遐深，極空有之精微，體生滅之機要。詞茂道曠，尋之者不

究其源；文顯義幽，履之者莫測其際；故知聖慈所被，業無善而不臻。妙化所敷，緣無惡而不翦，開法網之綱紀，弘六度之正教，拯羣有之塗炭，啓三藏之秘扃。是以名無翼而長飛，道無根而永固。道名流慶，歷遂古而鎮常；赴感應身，經塵劫而不朽。晨鍾夕梵，交二音於鷲峯；慧日法流，轉雙輪鹿苑。排空寶蓋，接祥雲而共飛；莊野春林，與天花而合彩。伏惟皇帝陛下上玄資福，垂拱而治八荒；德被黔黎，斂衽而朝萬國。恩加朽骨，石室歸貝葉之文；澤及昆蟲，金匱流梵說之偈。遂使阿耨達水，通神甸之八川；耆闍崛山，接嵩華之翠嶺。竊以法性凝寂，靡歸心而不通；智地玄奧，感懇誠而遂顯。豈謂重昏之夜，燭慧炬之光；火宅之朝，降法雨之澤。於是百川異流，同會於海；萬區分義，總成乎實。豈與湯武校其優劣，堯舜比其聖德者哉。玄奘法師者，夙懷聰令，立志夷簡，神清齠齔之年，體拔浮華之世。凝情定室，匿迹幽巖，栖息三禪，巡遊十地。超六塵之境，獨步迦維；會一乘之旨，隨機化物。以中華之無質，尋印度之真文，遠涉恒河，終期滿字。頻登雪嶺，更獲半珠，問道往還，十有七載，備通釋典，利物爲心。以貞觀十九年二月六日奉敕，於弘福寺翻譯聖教要文凡六百五十七部，引大海之法流洗，塵勞而不竭；傳智燈之長燄，皎幽闇而恒明。自非久植勝緣，何以顯揚斯旨？所謂法相常住，齊三光之明；我皇福臻，同二儀之固。伏見御製衆經論序，照古騰今，理含金石之聲，文抱風雲之潤，治輒以輕塵足岳，墜露添流，略舉大綱，以爲斯記。

玄奘《大唐西域記》附敬播《大唐西域記序》 竊以穹儀方載之廣，蘊識懷靈之異，談天無以究其極，括地詎足辯其原？是知方志所未傳，聲教所不暨者，豈可勝道哉！詳夫《天竺》之爲國也，其來尚矣。聖賢以之疊軫，仁義於焉成俗。然事絶於曩代，壤隔於中土，《山經》莫之紀，《王會》所不書。博望鑿空，徒寘懷於邛竹；昆明道閉，謬肆力於神池。遂使瑞表恒星，鬱玄妙於千載；夢彰佩日，祕神光於萬里。暨於蔡愔訪道，摩騰入洛。經藏石室，未盡龍宮之奥；像畫涼臺，寧極鷲峯之美。自茲厥後，時政多虞。閹豎乘權，憒東京而鼎峙；母后成釁，剪中朝而幅裂。憲章泯於函、雒，烽燧警於關塞，四郊因而多壘，況茲邦之絶遠哉！然而釣奇之客，希世間至。頗存記注，寧盡物土之宜；徒採神經，未極真如之旨。有隋一統，實務恢疆，尚且睠西海而咨嗟，望東離而杼軸。揚旌玉門之表，信亦多人；利涉葱嶺之源，蓋無足紀。曷能指雪山而長騖，望龍池而一息者哉！良由德不被物，威不及遠。我大唐之有天下也，闢寰宇而創帝圖，掃攙搶而清天步。功侔造化，明等照臨。人荷再生，肉骨豺狼之吻；家蒙錫壽，還魂鬼蜮之墟。總異類於藁街，掩遐荒於輿地。苑十洲而池環海，小五帝而鄙上皇。法師幼漸法門，慨祇園之莫履；長懷真迹，仰鹿野而翹心。褰裳淨境，實惟素蓄。會淳風之西偃，屬候律之東歸，以貞觀三年，杖錫遵路。資皇靈而抵殊俗，冒重險其若夷；假冥助而踐畏塗，幾必危而已濟。暄寒驟徙，展轉方達。言尋真相，見不見於空有之間；博考精微，聞不聞於生滅之際。廓羣疑於性海，啓妙覺於迷津。於是隱括衆經，無片言而不盡；傍稽聖迹，無一物而不窺。周流多載，方始旋返。十九年正月，屆於長安。所獲經論六百五十七部，有詔譯焉。親踐者一百一十國，傳聞者二十八國。或事見於前典，或名始於今代。莫不餐和飲澤，頓顙而知歸；請吏革音，梯山而奉贐。歡闕庭而相抃，襲冠帶而成羣。爾其物產風土之差，習俗山川之異，遠則稽之於國典，近則詳之於故老。邈矣殊方，依然在目。無勞握槧，已詳油素。名爲《大唐西域記》，一帙，十二卷。竊惟書事記言，固已緝於微婉；瑣詞小道，冀有補於遺闕。祕書著作佐郎敬播序之云爾。

《全唐文》卷二二五于志寧《大唐西域記序》 若夫玉毫流照，甘露灑於大千；金鏡揚輝，薰風被於有截。故知示現三界，粤稱天下之尊；光宅四表，式標域中之大。是以慧日淪影，像化之跡東歸；帝猷宏闡，大章之步西極。有慈恩道場三藏法師，諱玄奘，俗姓陳氏，其先潁川人也。帝軒提象，控華渚而開源；大舜賓門，基歷山而聳搆。三恪照於姬載，六奇光於漢祀。書奏而承朗月，遊道而聚德星。縱壑駢鱗，培風齊翼。世濟之美，鬱爲景冑。法師藉慶誕生，含和降德，結根深而葩茂，道源浚而靈長。奇開之歲，霞軒月舉；聚沙之年，蘭薰桂馥。洎乎成立，藝殫墳素。九臯載響，五府交辟。以夫早悟真假，夙照慈慧，鏡真筌而延佇，顧生涯而永息。而朱紱紫纓，誠有界之徽網；寶車丹枕，實出世之津途。由是擯落塵滓，言歸閑曠。令兄長寂法師，釋門之棟幹者也。擅龍象於身世，挺鷲鷺於當年。朝野挹其風猷，中外羨其聲采。既而情深友愛，道穆天倫。法師服勤請益，分陰靡棄。業光上首，擢秀檀林；德契中庸，騰芬蘭室。抗策平道，包九部而吞夢；鼓枻元津，俯四韋而小魯。自茲徧遊談肆，載移涼燠。功既成矣，能亦畢矣。至於泰初日月，燭耀靈臺；子雲鑾帨，發揮神府。於是金文暫啟，佇秋駕而雲趨；玉柄纔撝，披霧市而波屬。若會斲輪之旨，猶知拜瑟之微。以瀉瓶之多聞，泛虛舟而獨遠。迺於轘轅之地，先摧鏶腹之誇；井絡之鄉，遽表

浮杯之異。遠邇宗挹，爲之語曰：昔聞荀氏八龍，今見陳門雙驥。汝、潁多奇士，誠哉此言。法師自幼迄長，遊刃元籍。名流先達，部執交馳，趨末忘本，摭華捐實，遂有南北異學，是非紛糾。永言於此，良用憮然。或恐傳譯踳駮，未能筌究，欲窮香象之文，將罄龍宫之目。以絶倫之德，屬會昌之期，杖錫拂衣，第如遐境。於是背元灞而延望，指葱山而矯跡。川陸緜長，備嘗艱險。陋博望之非遠，嗤法顯之爲局。遊踐之處，畢究方言，鐫求幽賾，妙窮津會。於是詞發雌黄，飛英天竺；文傳貝葉，聿歸震旦。太宗文皇帝金輪纂御，寶位居尊。載佇風徽，召見青蒲之上；迺眷通識，前膝黄屋之間。手詔綢繆，中使繼路。俯摛睿思，乃製《三藏聖教序》，凡七百八十言。今上昔在春闈，裁《述聖記》，凡五百七十九言。啓元妙之津，書揄揚之旨。蓋非道映雞林，譽光鷲嶽，豈能緬降神藻，以旌時秀。奉詔翻譯梵本，凡六百五十七部。具覽遐方異俗，絶壤殊風，土著之宜，人備之序，正朔所暨，聲教所覃，著《大唐西域記》，勒成一十二卷。編録典奥，綜覈明審，立言不朽，其在兹焉。

《全唐文》卷九〇七辯機《大唐西域記贊》 大矣哉，法王之應世也！靈化潛運，神道虚通。盡形識於沙界，絶起謝於塵劫。形識盡，雖盡應生而不生；起謝絶，示寂滅而無滅。豈實迦維降神，娑羅潛化而已。固知應物效靈，感緣垂迹，嗣種刹利，紹胤釋迦，繼域中之尊，擅方外之道。於是捨金輪而臨制法界，摛玉毫而光撫含生。道洽十方，智周萬物。雖出希夷之外，將庇視聽之中。三轉法輪於大千，一音振辯於群有。八萬門之區别，十二部之綜要。是以聲教之所霑被，馳騖福林；風軌之所鼓扇，載驅壽域。聖賢之業盛矣，天人之義備矣！然忘動寂於堅固之林，遺去來於幻化之境，莫繼乎有待，匪遂乎無物。尊者迦葉妙選應真，將報佛恩，集斯法寶。四含總其源流，三藏括其樞要。雖部執兹興，而大寶斯在。粤自降生，洎乎潛化，聖迹千變，神瑞萬殊。不盡之靈逾顯，無爲之教彌新。備存經誥，詳著記傳。然尚群言紛糺，異議舛馳，原始要終，罕能正説。此指事之實録，尚衆論之若斯，況正法幽元，至理沖邈，研覈奥旨，文多闕焉。是以前修令德，繼軌譯經之學；後進英彦，踵武缺簡之文。大義鬱而未彰，微言闕而無問。法教流漸，多歷年所，始自炎漢，迄於聖代，傳譯盛業，流美聯暉，元道未攄，真宗猶昧，匪聖教之行藏，固王化之由致。我大唐臨訓天下，作孚海外，考聖人之遺則，正先王之舊典。闡兹像教，鬱爲大訓，道不虚行，宏在明德。遂使三乘奥義，鬱於千載之下；十方遺靈，悶於萬里之外。神道無方，聖教有寄，待緣斯顯，其言信矣。夫玄奘法師者，疏清流於雷澤，派洪源於嬀川，體上德之禎祥，蘊中和之淳粹，履道合德。居貞葺行，福樹曩因，命偶昌運。拔迹俗塵，閑居學肆，奉先師之雅訓，仰前哲之令德。負笈從學，遊方請業，周流燕、趙之地，歷覽魯、衛之邦，背三河而入秦中，步三蜀而抵吳會。達學髦彦，徧效請益之勤；冠世英賢，屢申求法之志。側聞餘論，考厥衆謀，競黨專門之義，俱嫉異道之學。情發討源，志存詳考。屬四海之有截，會八表之無虞，以貞觀三年仲秋朔日，褰裳遵路，杖錫遐征。資皇化而問道，乘冥祐而孤遊。出鐵門、石門之阨，踰淩山、雪山之險，驟移灰管，達於印度。宣國風於殊俗，諭大化於異域。親承梵學，詢謀哲人，宿疑則覽文明發，奥旨則博問高才，啓靈府而究理，廓神衷而體道。聞所未聞，得所未得，爲道場之益友，誠法門之匠人者也。是知道風昭著，德行高明，學蘊三冬，聲馳萬里。印度學人，咸仰盛德，既曰經笥，亦稱法將，小乘學徒號木叉提婆，唐言解脱天。大乘法衆號摩訶耶那提婆。唐言大乘天。斯乃高其德而傳徽號，敬其人而議嘉名。至若三輪奥義，三請微言，深究源流，妙窮枝葉，奂然慧悟，怡然理順，質疑之義，詳諸別録。既而精義通元，清風載扇，學已博矣，德已盛矣，於是乎歷覽山川，徘徊郊邑。出茅城而入鹿苑，遊杖林而憩雞園，迴眺迦維之國，流目拘尸之城。降生故基，與川原而無懸；潛靈舊址，對郊阜而茫茫。覽神迹而增懷，仰元風而永歎，匪惟麥秀悲殷，黍離愍周而已。是用詳釋迦之故事，舉印度之茂實，頗采風壤，存記異説。歲月遄邁，寒暑屢遷，有懷樂土，無忘返迹。請得如來肉舍利一百五十粒；金獅像一軀，通光座高尺有六寸，擬摩揭陀國前正覺山龍窟影像金佛像一軀，通光座高三尺三寸；擬婆羅痆斯國鹿野苑初轉法輪像刻檀佛像一軀，通光座高尺有五寸；擬憍賞彌國出愛王思慕如來刻檀寫真像刻檀佛像一軀，通光座高二尺九寸；擬劫比他國如來自天宫降履寶階像銀佛像一軀，通光座高四尺；擬摩揭陀國鷲峯山説《法華》等經像金佛像一軀，通光座高三尺五寸；擬那揭羅曷國伏毒龍所留影像刻檀佛像一軀，通光座高尺有三寸；擬吠舍釐國巡城行化像；大乘經二百二十四部；大乘論一百九十二部；上座部經律論一十四部；大衆部經律論一十五部；三彌底部經律論一十五部；彌沙塞部經律論二十二部；迦葉臂耶部經律論一十七部；法密部經律論四十二部；説一切有部經律論六十七部；因論三十六部；聲論一十三部；凡五百二十夾，總六百五十七部。將宏至教，越踐畏途，薄言旋軔，載馳歸駕。出舍衛之故國，背伽耶之舊郊，踰葱嶺之危隥，越沙磧之險路。

十九年春正月，達於京邑，謁帝雒陽。肅承明詔，載令宣譯，爰召學人，共成勝業。法雲再陰，慧日重明。黄圖流鷲山之化，赤縣演龍宮之教。像運之興，斯爲盛矣。法師妙窮梵學，式讚深經，覽文如已，轉音猶響，敬順聖旨，不加文飾，方言不通，梵語無譯，務存陶冶，取正典謨，推而考之，恐乖實矣。有縉紳先生，動色相趨，儼然而進曰：「夫印度之爲國也，靈聖之所降集，賢懿之所挺生，書稱天書，語爲天語，文辭婉密，音韻循環，或一言貫多義，或一義綜多言，聲有抑揚，調裁清濁，梵文深致，譯寄明人，經旨沖玄，義資盛德。若其裁以筆削，調以宮商，實所未安，誠非讜論。傳經深旨，務從易曉，苟不違本，斯則爲善。文過則豔，質勝則野。讜而不文，辯而不質，則可無大過矣，始可與言譯也。李老曰：美言者則不信，信言者則不美。韓子曰：理正者直其言，言飾者昧其理。是知垂訓範物，義本元同，庶祛蒙滯，將存利喜，違本從文，所害滋甚，率由舊章，法王之至誠也。」緇、素僉曰：「俞乎，斯言讜矣！」昔孔子在位，聽訟文辭，有與人共者，弗獨有也。至於修《春秋》，筆則筆，削則削，游、夏之徒，孔門文學，嘗不能讚一辭焉。法師之譯經，亦猶是也。非如童壽逍遙之集文，任生、肇、融、叡之筆削。况乎刓方爲圓之世，斲彫從朴之時，其可增損聖旨，綺藻經文者歟？辯機遠承輕舉之允，少懷高蹈之節，年方志學，抽簪革服，爲大總持寺薩婆多部道岳法師弟子。雖遇匠石，朽木難彫；幸入法流，脂膏不潤。徒飽食而終日，誠面牆而卒歲。幸藉時來，屬斯嘉會。負鷙雀之資，厠鵷鴻之末。爰命庸才，撰斯方志。學非博古，文無麗藻，磨鈍勵朽，力疲曳蹇，恭承志記，論次其文，尚書給筆札，而撰録焉。淺智褊能，多所闕漏，或有盈辭，尚無刊落。昔司馬子長，良史之才也，序《太史公書》，仍父子繼業，或名而不字，成縣而不郡。故曰：一人之精，思繫文重，蓋不暇也。其况下愚之智，而能詳備哉？若其風土習俗之差，封疆物産之記，性智區品，炎凉節候，則備寫優薄，審存根實。至於胡戎姓氏，頗稱其國，印度風化，清濁羣分，略書梗概，備如前序。賓儀、嘉禮，户口、勝兵，染衣之士，非所詳記。然佛以神通接物，靈化垂訓，故曰：神道洞玄，則理絶人區，靈化幽顯，則事出天外。是以諸佛降祥之域，先聖流美之墟，略舉遺靈，麤申記注。境路盤紆，疆埸回互，行次即書，不在編比。故諸印度，無分境壤，散書國末，略指封域。書行者，親遊踐也；舉至者，傳聞記也。或直書其事，或由暢其文，優而柔之，推而述之，務從實録，進誠皇極。二十年秋七月，絶筆殺青，文成油素，塵黷聖鑒，詎稱天規？然則冒遠窮遐，實資朝化；懷奇纂異，誠賴皇靈。逐日八荒，匪專夸父之力；鑿空千里，徒聞博望之功。鷲山徙於中州，鹿苑掩於外囿。想千載如目擊，覽萬里若躬遊，夐古之所不聞，前載之所未記。至德燾覆，殊俗來王，淳風遐扇，幽荒無外。庶斯地志，補闕《山經》，頒左史之書事，備職方之遍舉。

褚遂良部

綜述

《舊唐書》卷八〇《褚遂良傳》 褚遂良，散騎常侍亮之子也。大業末，隨父在隴右，薛舉僭號，署爲通事舍人。舉敗歸國，授秦州都督府鎧曹參軍。貞觀十年，自秘書郎遷起居郎。遂良博涉文史，尤工隸書，父友歐陽詢甚重之。太宗嘗謂侍中魏徵曰：「虞世南死後，無人可以論書。」徵曰：「褚遂良下筆遒勁，甚得王逸少體。」太宗即日召令侍書。太宗嘗出御府金帛購求王羲之書迹，天下爭齎古書詣闕以獻，當時莫能辯其真僞，遂良備論所出，一無舛誤。

十五年，詔有事太山，先幸洛陽，有星孛于太微，犯郎位。遂良言於太宗曰：「陛下撥亂反正，功超前烈，將告成東嶽，天下幸甚。而行至洛陽，彗星輒見，此或有所未允合者也。且漢武優柔數年，始行岱禮，臣愚伏願詳擇。」太宗深然之，下詔罷封禪之事。其年，遷諫議大夫，兼知起居事。太宗嘗問曰：「卿知起居，記錄何事，大抵人君得觀之否？」遂良對曰：「今之起居，古左右史，書人君言事，且記善惡，以爲鑒誡，庶幾人主不爲非法。不聞帝王躬自觀史。」太宗曰：「朕有不善，卿必記之耶？」遂良曰：「守道不如守官，臣職當載筆，君舉必記。」黄門侍郎劉洎曰：「設令遂良不記，天下亦記之矣。」太宗以爲然。

時魏王爲太宗所愛，禮秩如嫡。其年，太宗問侍臣曰：「當今國家何事最急？」中書侍郎岑文本曰：「《傳》稱『導之以德，齊之以禮』，由斯而言，禮義爲急。」遂良進曰：「當今四方仰德，誰敢爲非？但太子、諸王，須有定分，陛下宜爲萬代法以遺子孫。」太宗曰：「此言是也。朕年將五十，已覺衰怠。既以長子守器東宮，弟及庶子數將五十，心常憂慮，頗在此耳。但自古嫡庶無良佐，何嘗不傾敗國家。公等爲朕搜訪賢德，以傅儲宮，爰及諸王，咸求正士。且事人歲久，即分義情深，非意窺窬，多由此作。」於是限王府官僚不得過四考。

十七年，太宗問遂良曰：「舜造漆器，禹雕其俎，當時諫舜、禹者十餘人。食器之間，苦諫何也？」遂良對曰：「雕琢害農事，纂組傷女工。首創奢淫，危亡之漸。漆器不已，必金爲之，金器不已，必玉爲之。所以諍臣必諫其漸，及其滿盈，無所復諫。」太宗以爲然，因曰：「夫爲人君，不憂萬姓而事奢淫，危亡之機可反掌而待也。」

時皇子年幼者多任都督、刺史，遂良上疏曰：「昔兩漢以郡國理人，除郡以外，分立諸子。割土分疆，雜用周制。皇唐州縣，粗依秦法。皇子幼年，或授刺史，陛下豈不以王之骨肉，鎮扞四方？此之造制，道高前烈。如臣愚見，有小未盡。何者？刺史郡帥，民仰以安。得一善人，部内蘇息；遇一不善，合州勞弊。是以人君愛恤百姓，常爲擇賢。或稱河潤九里，京師蒙福；或人興歌詠，生爲立祠。漢宣帝云：『與我共理者，惟良二千石。』如臣愚見，陛下兒子内年齒尚幼未堪臨人者，且留京師，教以經學。一則畏天之威，不敢犯禁；二則觀見朝儀，自然成立。因此積習，自知爲人。審堪臨州，然後遣出。臣謹按漢明、章、和三帝，能友愛子弟，自兹已降，取爲準的。封立諸王，雖各有國土，年尚幼小者，召留京師，訓以禮法，垂以恩惠。訖三帝世，諸王數十百人，唯二王稍惡，自餘餐和染教，皆爲善人。則前事已驗，惟陛下詳察。」太宗深納之。

其年，太子承乾以罪廢，魏王泰入侍，太宗面許立爲太子，因謂侍臣曰：「昨青雀自投我懷云：『臣今日始得與陛下爲子，更生之日也。臣唯有一子，臣百年之後，當爲陛下殺之，傳國晉王。』父子之道，故當天性，我見其如此，甚憐之。」遂良進曰：「陛下失言。伏願審思，無令錯誤也。安有陛下百年之後，魏王執權爲天下之主，而能殺其愛子，傳國於晉王者乎？陛下昔立承乾爲太子，而復寵愛魏王，禮數或有踰於承乾者，良由嫡庶不分，所以至此。殷鑒不遠，足爲龜鏡。陛下今日既立魏王，伏願陛下別安置晉王，始得安全耳。」太宗涕泗交下曰：「我不能。」即日召長孫無忌、房玄齡、李勣與遂良等定策，立晉王爲皇太子。

時頻有飛雉集於宫殿之内，太宗問羣臣曰：「是何祥也？」對曰：「昔秦文公時，有童子化爲雉，雌者鳴於陳倉，雄者鳴於南陽。童子曰：得雄者王，得雌者霸。文公遂以爲寶雞。後漢光武得雄，遂起南陽而有四海。陛下舊封秦王，故雄雉見於秦地，此所以彰表明德也。」太宗悦曰：「立身之道，不可無學，遂良博識，深可重也。」尋授太子賓客。

時薛延陀遣使請婚，太宗許以女妻之，納其財聘，既而不與。遂良上疏曰：「臣聞信爲國本，百姓所歸，是以文王許枯骨而不違，仲尼寧去食而存信。延陀曩歲乃一俟斤耳，值神兵北指，盪平沙塞，狼山、瀚海，萬里蕭條，陛下兵加諸外而

恩起於內，以爲餘寇奔波，須立酋長，璽書鼓纛，立爲可汗。其懷恩光，仰天無極，而餘方戎狄，莫不聞知，以共沐和風，同飡恩信。頃者頻年遣使，請婚大國，陛下復降鴻私，許其姻媾。於是報吐蕃，告思摩，示中國，五尺童子人皆知之。於是御幸北門，受其獻食，于時百僚端笏，戎夷左衽，虔奉歡宴，皆承德音，口歌手舞，樂以終日。百官會畢，亦各有言，咸以爲陛下欲得百姓安寧，不欲邊境交戰，遂不惜一女而妻可汗，預在含生，所以感德。今一朝生進退之意，有改悔之心，臣爲國家惜兹聲聽。君子不失色於物，不失口於人。晉文公圍原，命三日糧，原不降，命去之。諜出曰：「原將降矣。」軍吏請待之，公曰：「信，國之寶也，民之庇也。得原失信，何以庇之？」陛下慮生意表，信在言前，今者臨事，忽然乖殊，所惜尤少，所失滋多。情既不通，方生嫌隙，一方所以相畏忌，邊境不得無風塵，西州、朔方，能無勞擾？彼胡以主被欺而心怨，此士以此無信而懷慚，不可以訓戎兵，不可以勵軍事。伏惟陛下以聖德神功，廓清四表，自君臨天下，十有七載，以仁恩而結庶類，以信義而撫戎夷，莫不欣然，負之無力。其見在之人，皆思報厚德；其所生胤嗣，亦望報陛下子孫。今者得一公主配之，以成陛下之信，有始有卒，其唯聖人乎！且又龍沙以北，部落無算，中國擊之，終不能盡，亦由可比敗，芮芮興，突厥亡，延陀盛。時以古人虛外實內，懷之以德，爲惡在夷不在華，失信在彼不在此。伏惟陛下聖德無涯，威靈遠震，遂平高昌，破吐渾，立延陀，滅頡利。輕刑薄賦，庶事無壅，菽粟豐賤，祥符累臻。此則堯、舜、禹、湯不及陛下遠矣。伏願旁垂愷悌，廣兹含育，而常嗔絕域，有意遠藩，非偃伯興文之道，非止戈爲武之義。臣以庸暗，忝居左右，敢獻瞽言，不勝戰懼。」

時太宗欲親征高麗，顧謂侍臣曰：「高麗莫離支賊殺其王，虐用其人。夫出師弔伐，當乘機便，今因其弒虐，誅之甚易。」遂良對曰：「陛下兵機神算，人莫能知。昔隋末亂離，手平寇亂。及北狄侵邊，西蕃失禮，陛下欲命將擊之，羣臣莫不苦諫，陛下獨斷進討，卒並誅夷。海內之人，徼外之國，畏威懾伏，爲此舉也。今陛下將興師遼東，臣意熒惑。何者？陛下神武，不比前代人君，兵既渡遼，指期克捷，萬一差跌，無以威示遠方，若再發忿兵，則安危難測。」太宗深然之。兵部尚書李勣曰：「近者延陀犯邊，陛下必欲追擊，此時陛下取魏徵之言，遂失機會。若如聖策，延陀無一人生還，可五十年間疆埸無事。」帝曰：「誠如卿言，由魏徵誤計耳。朕不欲以一計不當而尤之，後有良算，安肯矢謀。」由是從勣之言，經畫渡遼之師。遂良以太宗銳意三韓，懼其遺悔，翌日上疏諫曰：「臣聞有國家者譬諸身，兩京等於心腹，四境方乎手足，他方絕域若在身外。臣近於坐下，伏奉口敕，布語臣下，云自欲伐遼。臣數夜思量，不達其理。高麗王爲陛下之所立，莫離支輒殺其主，陛下討逆收地，斯實乘機。關東賴陛下德澤，久無征戰，但命二、三勇將發兵四、五萬，飛石輕梯，取如迴掌。夫聖人有作，必履常規，貴能剋平兇亂，駕馭才傑。惟陛下弘兩儀之道，扇三五之風，提厲人物，皆思效命。昔侯君集、李靖，所謂庸夫，猶能掃萬里之高昌，平千載之突厥，皆是陛下發蹤指示，聲歸聖明。臣旁求史籍，訖乎近代，爲人之主，無自伐遼，人臣往征，則有之矣。漢朝則荀彘、楊僕，魏代則毋丘儉、王頎；司馬懿猶爲人臣，慕容真僭號之子，皆爲其主長驅高麗，虜其人民，削平城壘。陛下立功同於天地，美化包於古昔，自當超邁於百王，豈止俯同於六子。陛下昔翦平寇逆，大有爪牙，年齒未衰，猶堪任用，匪唯陛下之所使，亦何行而不克。方今太子新立，年實幼少，自餘藩屏，陛下所知。今一旦棄金湯之全，渡遼海之外，臣忽三思，煩愁並集。大魚依於鉅海，神龍據於川泉，此謂人君不可輕而遠也。且以長遼之左，或遇霖淫，水潦騰波，平地數尺。夫帶方、玄菟，海途深渺，非萬乘所宜行踐。東京、太原，謂之中地，東搗可以爲聲勢，西指足以摧延陀，其於西京，逕路非遠。爲其節度，以設軍謀，繫莫離支頸，獻皇家之廟。此實處安全之上計，社稷之根本，特乞天慈，一垂省察。」太宗不納。十八年，拜黃門侍郎，參綜朝政。

高麗莫離支遣使貢白金，遂良言於太宗曰：「莫離支虐弒其主，九夷所不容，陛下以之興兵，將事弔伐，爲遼山之人報主辱之恥。古者，討弒君之賊，不受其賂。昔宋督遺魯君以郜鼎，桓公受之於太廟，臧哀伯諫曰：『君人者昭德塞違，今滅德立違，而置其賂器於太廟，百官象之，其又何誅焉？武王克商，遷九鼎於洛邑，義士猶或非之，而況將昭違亂之賂器，置諸太廟，其若之何？』夫《春秋》之書，百王取法，若受不臣之筐篚，納弒逆之朝貢，不以爲愆，何所致伐？臣謂莫離支所獻，自不得受。」太宗納焉，以其使屬吏。

太宗既滅高昌，每歲調發千餘人防遏其地，遂良上疏曰：「臣聞古者哲后，必先事華夏而後夷狄，務廣德化，不事遐荒。是以周宣薄伐，至境而止；始皇遠塞，中國分離。漢武負文、景之聚財，玩士馬之餘力，始通西域，初置校尉。軍旅連出，將三十年。復得天馬於宛城，採蒲萄於安息。而海內虛竭，生人失所，租及六畜，算至舟車，因之凶年，盜賊並起，搜粟都尉桑弘羊復希主意，遣士卒遠田輪臺，築城以威西域。帝翻然追悔，情發於中，棄輪臺之野，下哀痛之詔，人神感

悦，海内乃康。向使武帝復用弘羊之言，天下生靈皆盡之矣。是以光武中興，不踰葱嶺；孝章即位，都護來歸。陛下誅滅高昌，威加西域，收其鯨鯢，以爲州縣。然則王師初發之歲，河西供役之年，飛芻輓粟，十室九空，數郡蕭然，五年不復。陛下歲遣千餘人遠事屯戍，終年離别，萬里思歸。去者資裝，自須營辦，既賣菽粟，傾其機杼。經途死亡，復在其外，兼遣罪人，增其防遏。彼罪人者，生於販肆，終朝惰業，犯禁違公，止能擾於邊城，實無益於行陣。所遣之内，復有逃亡，官司捕捉，爲國生事。高昌途路，沙磧千里，冬風冰冽，夏風如焚，行人去來，遇之多死。《易》云：「安不忘危，理不忘亂。」設令張掖塵飛，酒泉烽舉，陛下豈能得高昌一人菽粟而及事乎？終須發隴右諸州，星馳電擊。由斯而言，此河西者方於心腹，彼高昌者他人手足，豈得糜費中華，以事無用？《書》曰：「不作無益害有益。」其此之謂乎！陛下道映先天，威行無外，平頡利於沙塞，滅吐渾於西海。突厥餘落，爲立可汗；吐渾遺甿，更樹君長。復立高昌，非無前例，此所謂有罪而誅之，既伏而立之。四海百蠻，誰不聞見，蠕動懷生，畏威慕德。宜擇高昌可立者立之，徵給首領，遣還本國，負戴洪恩，長爲藩翰。中國不擾，既富且寧，傳之子孫，以貽永世。」二十年，太宗於寢殿側别置一院，令太子居，絶不令往東宫。遂良復上疏諫曰：「臣聞周世問安，三至必退；漢儲視膳，五日乃來。前賢作法，規模弘遠。《禮》曰：男子十年出就外傅，出宿於外，學書計也。然則古之達者，豈無慈心，減兹私愛，欲使成立。凡人尚猶如此，况君之世子乎。自當春誦夏絃，親近師傅，體人間之庶事，適君臣之大道，使翹足延首，皆聆善聲。若獻歲之有陽春，玄天之有日月，弘此懿德，乃作元良。伏惟陛下道育三才，功包九有，親樹太子，莫不欣欣。既云廢昏立明，須稱天下瞻望，而教成之道，實深乖闕。不離膝下，常居宫内，保傅之説無暢，經籍之談蔑如。且朋友不可以深交，深交必有怨；父子不可以滯愛，滯愛或生愆。伏願遠覽殷、周，近遵漢、魏，不可頓革，事須階漸。嘗計旬日，半遣還宫，專學藝以潤身，布芳聲於天下，則微臣雖死，猶曰生年。」太宗從之。

遂良前後諫奏及陳便宜書數十上，多見采納，其年，加銀青光禄大夫。二十一年，以本官檢校大理卿，尋丁父憂解。明年，起復舊職，俄拜中書令。

二十三年，太宗寢疾，召遂良及長孫無忌入卧内，謂之曰：「卿等忠烈，簡在朕心。昔漢武寄霍光，劉備託葛亮，朕之後事，一以委卿。太子仁孝，卿之所悉，必須盡誠輔佐，永保宗社。」又顧謂太子曰：「無忌、遂良在，國家之事，汝無憂矣。」仍命遂良草詔。高宗即位，賜爵河南縣公。永徽元年，進封郡公。尋坐事出爲同州刺史。三年，徵拜吏部尚書、同中書門下三品，監修國史，加光禄大夫。其月，又兼太子賓客。四年，代張行成爲尚書右僕射，依舊知政事。

六年，高宗將廢皇后王氏，立昭儀武氏爲皇后，召太尉長孫無忌、司空李勣、尚書左僕射于志寧及遂良以籌其事。將入，遂良謂無忌等曰：「上意欲廢中宫，必議其事，遂良今欲陳諫，衆意如何？」無忌曰：「明公必須極言，無忌請繼焉。」及入，高宗難於發言，再三顧謂無忌曰：「莫大之罪，絶嗣爲甚。皇后無胤息，昭儀有子，今欲立爲皇后，公等以爲何如？」遂良曰：「皇后出自名家，先朝所娶，伏事先帝，無愆婦德。先帝不豫，執陛下手以語臣曰：『我好兒好婦，今將付卿。』陛下親承德音，言猶在耳。皇后自此未聞有愆，恐不可廢。臣今不敢曲從，上違先帝之命，特願再三思審。愚臣上忤聖顔，罪合萬死，但願不負先朝厚恩，何顧性命。」遂良致笏於殿陛，曰：「還陛下此笏。」仍解巾叩頭流血。帝大怒，令引出。長孫無忌曰：「遂良受先朝顧命，有罪不加刑。」翌日，帝謂李勣曰：「册立武昭儀之事，遂良固執不從。遂良既是受顧命大臣，事若不可，當且止也。」勣對曰：「此乃陛下家事，不合問外人。」帝乃立昭儀爲皇后，左遷遂良潭州都督。顯慶二年，轉桂州都督。未幾，又貶爲愛州刺史。明年，卒官，年六十三。

遂良卒後二歲餘，許敬宗、李義府奏言長孫無忌所構逆謀，並遂良扇動，乃追削官爵，子孫配流愛州。弘道元年二月，高宗遺詔放還本郡。神龍元年，則天遺制復遂良及韓瑗爵位。

雜録

備録

劉餗《隋唐嘉話》卷中　褚遂良爲太宗哀册文，自朝還，馬誤入人家而不覺也。

高宗之將册武后，河南公褚遂良謀於趙公無忌、英公勣，將以死諍。趙公請先入，褚曰：「太尉，國之元舅，脱事有不如意，使上有怒舅之名，不可。」英公

曰：「勣請先入。」褚曰：「司空，國之元勳，有不如意，使上有罪功臣之名，不可。遂良出自草茅，無汗馬功，蒙先帝殊遇，以有今日。且當不諱之時，躬奉遺詔，不効其愚衷，何以下見先帝？」揖二公而入。帝深納其言，事遂中寢。

褚遂良問虞監曰：「某書何如永師？」曰：「聞彼一字直錢五萬，官豈得若此？」曰：「何如歐陽詢？」曰：「聞詢不擇紙筆，皆能如志，官豈得若此？」褚恚曰：「既然，某何更留意於此？」虞曰：「若使手和筆調，遇合作者，亦深可貴尚。」褚喜而退。

劉肅《大唐新語》卷二《剛正四》　韋仁約彈右僕射褚遂良，出爲同州刺史。遂良復職，黜仁約爲清水令。

劉肅《大唐新語》卷七《識量十四》　高麗莫離支蓋蘇文貢白金，褚遂良進曰：「莫離支弑其君，陛下以之興兵，將弔伐，爲遼東之人報主之耻。古者討弑君之賊，不受其賂。昔宋督遺魯君以郜鼎，桓公受之於太廟，臧哀伯諫以爲不可。春秋書之，百王所法。受不臣之筐篚，納弑逆之朝貢，不以爲愆，何以示後。臣謂莫離支所獻不宜受。」太宗從之。

劉肅《大唐新語》卷七《知微十六》　魏王泰有寵於太宗，所給月料逾於太子。褚遂良諫曰：「聖人制禮，尊嫡卑庶。故立嫡以長，謂之儲君，其所承也重矣。俾用物不計，與王者共之。庶子雖賢，不是正嫡。先王所以塞嫌疑之漸，除禍亂之源。伏見儲君料物翻少魏王，陛下非所以愛子也。」文多不盡載，太宗納之。

劉肅《大唐新語》卷八《聰敏一七》　貞觀中，有雄雉集於東宮明德殿，太宗問羣臣曰：「是何祥也？」褚遂良對曰：「昔秦文公時，有童子化爲雉，雌者鳴於陳倉，雄者鳴於南陽，童子言曰：『得雄者王，得雌者霸。』文公以爲寶雞祀。漢光武膺得雄之祥，遂起南陽而有四海。陛下舊封秦王，故雄雉見於秦地，所以彰明德也。」太宗悦曰：「立身之道，不可無學。遂良博識，深可重也。」

張彦遠《法書要録》卷四《唐朝叙書録》　貞觀六年正月八日，命整理御府古今工書鍾、王等真蹟，得一千五百一十卷。至十年，太宗嘗謂侍中魏徵曰：「虞世南死後，無人可與論書。」徵曰：「褚遂良下筆遒勁，甚得王逸少之體。」太宗即日召令侍書。嘗以金帛購求王羲之書蹟，天下爭齎古書詣闕以獻，當時莫能辯其真僞。遂良備論所出，一無舛誤。

王溥《唐會要》卷四六《前代功臣》　〔永徽三年〕五月詔：「隋儀同三司豆盧毓、御史中丞游楚客，齊侍中崔季舒、給事黄門侍郎裴澤，並標忠烈，其子孫令所司量材敍用。」先是，有詔追録前代忠鯁子孫，周相州總管尉遲迥曾孫文禮訴言：「迥忠于周室，爲隋所誅。」上遣議之。太常卿江夏王道宗等議，皆以迥死節于周，宜有甄録。褚遂良進曰：「竊窺史籍，咸以救君難則爲忠，不救則爲逆。春秋趙穿弑晉靈公，趙盾爲正卿，不討賊，太史書曰：『趙盾弑其君。』由此言之，尉遲迥受周重寄，既聞隋文作相，稱兵鄴下，南通于陳，北達突厥，頓兵六十餘日，不赴國難，免其罪惡爲幸，若謂之忠鯁，臣所深惑。」羣議然之。

王溥《唐會要》卷四八《寺》　永徽六年正月三日，昭陵側置一寺，尚書右僕射褚遂良諫曰：「關中既是陛下所都，自長安而制四海，其間衛士已上，悉是陛下爪牙。陛下必欲乘釁滅遼，若不役關中人，不能濟事。由此言之，理須愛惜。今者昭陵建造佛寺，唯欲早成其功，雖云和雇，皆是催迫發遣。豳州已北，岐州已西，或一百里，或二百里，皆來赴作。遂積時月，豈其所願。陛下昔嘗語弘福寺僧云：『我義活蒼生，最爲功德。』且又今者所造，制度準禪定寺，則大弘福，寺自不可大於弘福。既有東道征役，此寺亦宜漸次修營，三二年得成，亦未爲遲。」

王溥《唐會要》卷五一《識量上》　〔貞觀〕二十年，太宗於寢殿側置一室，令太子居之，絶不令往東宮。黄門侍郎、參綜朝政褚遂良諫曰：「臣聞文王問安，三至必退；漢儲視膳，五日乃來。前賢作法，規模弘遠。《禮》曰：『男子十年出就外傅，出宿於外，學書計也。』則古之達者，豈無慈愛，思使成立。凡人尚猶如此，况君之世子乎！自當春誦夏絃，親近師傅，體人間之庶事，識君臣之大道。况新樹太子，莫不欣然。既云廢昏立明，須稱天下瞻望，而教成之道，實深乖闕。不離膝下，常居宮内，保傅之説無暢，經籍之談蔑如。伏願遠覽殷周，近遵漢魏，不可頓革，事須階漸。但計旬日，半遣還宮，專學藝以潤身，布芳聲於天下，則微臣雖死，猶曰生年。」上從之。

王溥《唐會要》卷五二《忠諫》　永徽五年，召長孫無忌、李勣、于志寧、褚遂良等，李勣稱疾不至，皆曰：「當緣昭儀事。」或曰：「長孫太尉當先言之。」遂良曰：「太尉，上之元舅，脱事有不如意，使上有怒舅之名，不可。」又曰：「英公勣，上之所重，當先言之。」遂良曰：「司空，國之元勳，有不如意，使上有罪功臣之名，不可。遂良躬奉遺詔，若不盡其愚誠，何以下見先帝？」及上謂長孫無忌曰：「莫大之罪，絶嗣爲重。皇后無嗣息，昭儀有子，今欲立爲皇后，公等以爲何如？」遂良曰：「皇后出自名家，先朝所娶，伏事先帝，無愆婦德。先帝疾甚，執

陛下手以語臣曰：『我好兒好新婦，今將付卿。』陛下親承德音，言猶在耳。皇后未有愆過，恐不可廢。臣不敢從上違先帝之命。」上不悅。翌日，又言之。遂良曰：「陛下必別立皇后，伏請妙擇天下令族，何必要在武氏？且昭儀經事先帝，衆所共知，陛下豈可蔽天下耳目，使萬世之後，何以稱傳此事？陛下倘虧人子之道，自招不善之名，敗亂之端，自此始也。臣上忤聖顔，罪合萬死，倘得不負先帝，則甘從鼎鑊。」遂置笏於殿階，叩頭流血曰：「還陛下此笏，乞放歸田里。」上大怒，命引出之。

王溥《唐會要》卷六一《彈劾》 永徽元年十月二十四日，中書令褚遂良抑買中書譯語人史訶擔宅，監察御史韋仁約劾之。大理丞張山壽斷，以遂良當徵銅二十斤。少卿張叡册以爲非當，估宜從輕。仁約奏曰：「官市依估，私但兩和耳。園宅及田，不在市肆，豈用應估。叡册曲憑估買，斷爲無罪。大理之職，豈可使斯人處之。」遂遷遂良及叡册官。

王溥《唐會要》卷七一《十二衛》 永徽元年，尚書左僕射褚遂良請千牛不簡嫡庶，上表曰：「臣聞主祭祀之裔，必貴于嫡長；擢文武之才，無限于正庶。故知求賢之務，有異承家，前王制禮緣情，于斯爲極。永嘉以來，王塗不競，在于河北，風俗頓乖。嫡待庶若奴，妻御妾若婢，廢情虧禮，轉相因習，構怨于室，取笑于朝，莫能自改，死而無悔。降及隋代，斯流遂遠，獨孤后牢雎鳩之德，同牝雞之晨，昔禁庶子，不得入侍，自始及末，怨聲未弭。聖朝御曆，深革前弊，人以才進，不論嫡庶，于茲二紀，多士如林。今若簡千牛舍人，方爲此制。臣竊思審，於理未安。何者？母以子貴，子不緣母也。今以母非正室，便令子無貴仕，則趙衰孕于越婢，遥集産于胡媪，田文、枚皋皆妾子也，文則播美于强齊，皋則有聲于大漢。未聞前載，有所間然。儻側室之子，負材而不用，君棄之于上，家輕之于下，忠孝莫展，友愛無施，如此等人，豈不怨憤。雖隔千牛之選，仍許二衛之官，色類乃復稍殊，捍禦至竟無別。若唯才是用，人自甘心；一彼一此，異端斯起。至如昨來檢責粗人，公孫武達及崔仁師等兒，多是嫡子。故知善惡由乎積習，邪正寧限嫡庶，必然之理，不言可明。」

王溥《唐會要》卷九一《内外官料錢上》 貞觀十二年二月，諫議大夫褚遂良上疏曰：「爲政之本，在于擇人，不正其源，遂差千里。漢家以明經拜職，或四科辟召，必擇器任使，量才命官，然則市井子孫，不居官吏。大唐制令，憲章古昔，商賈之人，亦不居官位。陛下近許諸司令史捉公廨本錢，諸司取此色人，號爲捉錢令史，不簡性識，寧論書藝，但令身能估販，家足貲財，録牒吏部，使即依補。大率人捉五十貫已下，四十貫已上，任居市肆，恣其販易。每月納利四千，一年凡輸五萬，送利不違，年滿受職。然有國家者，嘗笑漢代賣官，今開此路，頗類於彼。在京七十餘司，大率司引九人，更一二載後，年別即有六百餘人輸利受職。伏惟陛下治致升平，任賢爲政，或文學高第，或諸州進士，皆策同片玉，經若懸河，奉先聖之格言，慕昔賢之廉恥，拔十取五，量能授官。然犯禁違公，輒罹刑法。況乎捉錢令史，主於估販，志意分毫之末，耳目廛肆之間，輸錢於官，以獲品秩。荏苒年歲，陛下能不使用之乎？此人習以性成，慣於求利，苟得無恥，莫蹈廉隅，使其居職，從何而可？將來之弊，宜絶本源。臣每周遊人間，爲國視聽，京司寮庶，爰及外官，異口同詞，皆言不便，伏願勅朝臣，遣其詳議。」上納之。其月二十三日，勅並停，改置胥士七千人，以諸州上户充，准防閤例輸課，二年一替，計官員多少分給之。

王溥《唐會要》卷九三《諸司諸色本錢上》 〔貞觀〕十二年，復置公廨本錢。諫議大夫褚遂良上疏，言七十餘司，更一二歲，捉錢令史六百餘人受職。太學高第，諸州進士，拔十取五，猶有犯禁罹法者，況廛肆之人，苟得無恥，不可使其居職。太宗乃罷捉錢令史，復給百官俸。又令文武職事三品以上，給親事、帳内，以六品七品子爲親事，以八品九品子爲帳内，歲納錢千五百，謂之品子課錢。凡捉錢品子，無違負者，滿二百日，本屬以簿附朝集使，上於考功、兵部，滿十歲，量文武授官。

宋敏求《長安志》卷八《次南平康坊》 西門之南，尚書左僕射河南郡公褚遂良宅。自遂良父太常卿亮居焉。沅按《唐書》傳云，代張行成爲尚書右僕射。

備論

《舊唐書》卷八〇《褚遂良傳》 史臣曰：褚河南上書言事，亹亹有經世遠略。魏徵、王珪之後，骨鯁風彩，落落負王佐器者，殆難其人。名臣事業，河南有焉。昔齊人饋樂而仲尼去，戎王溺妓而由余奔，婦人之言，聖哲懼罹其禍，況二佞據衡軸之地，爲正人之魑魅乎！古之志士仁人，一言相期，死不之悔，況於君臣之間，受托孤之寄，而以利害禍福，忘平生之言哉！而韓、來諸公，可謂守死善

道，求福不回者焉。

贊曰：褚公之言，和樂偕偕，鍾石在簴，動成雅音。二猘雙吠，三賢一心。人皆觀望，我不浮沉。

《新唐書》卷一〇五《褚遂良傳》 贊曰：高宗之不君，可與爲治邪？内牽嬖隂，外劫讒言，以無忌之親，遂良之忠，皆顧命大臣，一旦誅斥，忍而不省。反天之剛，撓陽之明，卒使牝咮鳴辰，祚移后家，可不哀哉！天以女戎間唐而興，雖義士仁人抗之以死，決不可支。然瑗、濟、義琰、儀四子可謂知所守矣。噫，使長孫不逐江夏，害吴王，褚不譖死劉洎，其盛德可少訾乎！

孫甫《唐史論斷》卷上《劉洎賜死》 論曰：劉洎之死，據舊史所書，由褚遂良之譖也。然伐遼之行，太宗諭洎輔翼太子之意，洎有誅大臣之對，時已責其疏健。太宗至自遼東，不豫，洎謁見而深憂之。或言誅大臣事亦與前疏健之語何異，儻爲遂良所奏，太宗疊前怒殺之，迹其事狀，近於是矣。若洎止憂聖體，絶無他語，又引馬周自明，周對與洎不異，太宗何至偏信遂良，遽誅大臣乎？況洎有罪而周隱之，又安得止罪洎而不責周也？蓋遂良後諫廢立皇后事，以忠直被讒，姦人從而譖構之，惟恐其無罪。故劉洎之子訴冤，李義府助之，賴樂彦瑋力辯其事，遂良譖洎之言，當出於此矣。又《貞觀實録》本敬播所修，號爲詳正；後許敬宗事修史之任，頗以愛憎改易舊文。則遂良譖洎之事，安可信乎？

孫甫《唐史論斷》卷上《褚遂良諫廢立皇后》 論曰：高宗即位數年，奉先帝成法以臨天下，頗得守文之體。一旦昏惑自恣，不奉天戒，雖前代荒亂之主，少過之者。天子之貴，嬪御之衆，何至私先帝才人，使逞隂譎之計，構陷中宫，爲國大醜！且高宗自晉邸升皇儲，即位之年，地震於晉，久而不止，是必天意以隂盛爲戒也。太宗臨終，顧無忌、遂良稱「好兒、好婦」，是以國家事付託於大臣也。武氏詭計初行，方議廢立，遂良以死争之，是不負先帝付託也。嗚呼！先帝付託於臨終，天地示戒於連年，大臣力争於所議，稍近中常之主，當知事理甚明，不可不念。況高宗幼爲聖父教訓，正人輔導，豈全不辨事理乎？但内惑嬖者之計，外納姦人之言，上不奉天戒，次不遵父命，下不顧忠議，徇一時之欲，以至於此。心知王皇后無辜而憫之，及爲嬖者抵賊，亦卒不問，此又孱懦之太甚矣。使文武之臣、蕃夷之長共朝嬖者，此又亂禮之甚，前代未之有也。卒使嬖者擅人主之權，害宗室、殺大臣，幾移宗社，實高宗之過也。然高宗之過雖姦黨所贊，亦由李勣微言、于志寧顧望所致爾。李勣荷先帝付託，于志寧任宰弼之重，若稍助遂良及無忌、韓瑗、來濟之言，姦黨豈能動乎？是極諫高宗之過者，遂良也；成就高宗之過者，李勣、志寧也。故《書》曰：「右僕射、河南郡公褚遂良諫廢立皇后，降潭州都督。」書其官爵，明大臣之任也。諫廢立，明廢者不當廢，立者不當立也。因諫而降，明無罪也。遺勣、志寧立皇后，不書其官，但名之，明勣、志寧無大臣節，賤之也。書「臨軒立后」而不曰「帝」，見高宗無人君之體也。

《蘇軾文集》卷六五《褚遂良以飛雉入宫爲祥》 唐太宗時，飛雉數集宫中。上以問褚遂良。良曰：「昔秦文公時，童子化爲雉，雌鳴陳倉，雄鳴南陽。童子曰：『得雄者王，得雌者霸。』文公得其雌，遂雄諸侯。光武得其雄，起南陽，有四海。陛下本封秦，故雌雄並見，以告明德。」上悦曰：「人不可以無學，遂良所謂多識君子哉。」予以謂秦雉，陳寶也，豈常雉乎？今見雉，即謂之寶，猶得白魚，便自比武王，此諂佞之甚，愚瞽其君者，而太宗喜之，史不譏焉。野鳥無故數入宫中，此正災異。使魏徵在，必以高宗鼎耳之祥諫也。遂良非不知此，捨鼎耳而取陳寶，非忠臣也。

范祖禹《唐鑑》卷三《太宗下》 〔貞觀〕十七年二月，帝問褚遂良曰：「舜造漆器，諫者十餘人。此何足諫？」對曰：「奢侈者，危亡之本。漆器不已，將以金玉爲之。忠臣愛君，必防其漸，若禍亂已成，無所復諫矣。」帝曰：「然。朕有過，卿亦當諫其漸。朕見前世帝王拒諫者，多云『業已爲之』，或云『業已許之』，終不爲改。如此，欲無危亡，得乎？」

臣祖禹曰：所貴乎賢者，爲其能止亂於未然，閑邪於未形也。若其已然，則衆人之所能知也。何賴於賢乎？危亡之言，惟明主能信，而闇主忽焉。是以自古無事之時，常患乎諫之難入也。今有人康彊而無疾，或告之以多言之損氣，多食之致死，彼愛其身者聞之，必惕焉，兢兢而不忘，則疾疢何自而生矣？彼恃其彊者，聞之不惟不信，而又鄙然，是人也，不病則已，病則忽焉而死，雖欲救之無及矣。從諫之與拒諫者，何以異於是？故聖主能從諫於未然，賢主能改過於已然，諫而不聽者，斯爲下矣。忠臣之事上君也，亦諫其未然。事中君也，多諫其已然。事闇君也，救其横流。故有以諫殺身者矣。唐虞之時，羣聖聚於朝，無過舉矣，憂其所當憂，戒其所當戒而已。故常有儆懼之言，其慮患豫也。至於後世令王，其賢臣多諫其已然，而防其未然。太宗求諫於羣臣，其有意於防未然者乎？

八月，帝謂司徒無忌等曰：「人苦不自知其過，卿可爲朕明言之。」對曰：

「陛下武功文德，臣等將順之不暇，又何過之可言！」帝曰：「朕問公以己過，公等乃曲相諛悅，朕欲面舉公等得失以相戒而改之，何如？」皆拜謝。帝曰：「長孫無忌善避嫌疑，應物敏速，決斷事理，而總兵攻戰非其所長。高士廉涉獵古今，心術明達，臨難不改節，當官無朋黨，所乏者骨鯁規諫耳。唐儉言辭辯捷，善和解人，事朕三十年，遂無言及於獻替。楊師道性行純和，自無愆失，而情實怯懦，緩急不可得力。岑文本性質敦厚，文章華贍，而持論常據經遠，自當不負於物。劉洎性最堅貞，有利益，然其意尚然諾，私於朋友。馬周見事敏速，性甚貞正，論量人物，直道而言，朕比任使，多能稱意。褚遂良學問稍長，性亦堅正，每寫忠誠，親附於朕，譬如飛鳥依人，人自憐之。」

臣祖禹曰：君臣以道相與，以義相正者也。故先王以羣臣爲友，有朋友之義，非徒以上下之分相使而已。太宗欲聞過於無忌，而無忌納諂以悅之。君好直而臣不忠，其罪大矣。而太宗論羣臣之得失，其言豈皆中於理哉？褚遂良直道事君，犯顏諫争，盡忠無隱，王、魏之比也，而譬之飛鳥依人，輕侮其臣，不恭孰甚焉？

胡寅《致堂讀史管見》卷一八 無忌深惡吴王恪、遺愛，誣其同謀。恪坐死，江夏王道宗與無忌及褚遂良不協，坐與遺愛交通流嶺表。

魏徵死，能繼之者惟褚遂良耳，蓋社稷臣也。其譖劉洎無顯迹，史不明指之，獨以洎子訟冤之言，故君子爲遂良辨，以爲無譖人之事也。江夏王道宗，唐賢王也，有大功，無顯過，坐與遺愛交通而貶，已爲不可，又緣無忌、遂良私憾，然則故入其罪矣。無忌因遺愛之獄，濫及吴王，遂良所宜救止，既不能然，復以素不相協而斥道宗。夫受顧命，秉大政，而刑罰頗類，不當人心，其不能保終而來讒言，有以也夫。

上召長孫無忌等入内殿。上曰：「皇后無子，武昭儀有子，今欲立昭儀爲后，如何？」褚遂良力諫，叩頭流血。上大怒，命引出。昭儀於簾中人言曰：「何不殺之？」無忌曰：「遂良受先朝顧命，不可加刑。」

褚遂良忠矣，然昧於消息盈虚之理，姤壯勿取之義，毫釐不伐，至用斧柯而無所及，兹人謀有未盡，不可歸之天數也。自太宗在御，李淳風奏占［文］，而民間有《秘記》，正使太宗愛其所忘，而疑有所不及，遂良豈得不聞，而逆爲國家長慮乎？又況占、《記》之讖，已有其人，則當率協羣公，上書皇后，沮止長髮之命，深諫高宗割制邪慾，勿干先帝之私，悉意竭忠，不遺餘力，其勢必可遏也。當其時而不治，及事既成，雖叩首出血，繼之以死，亦何益矣？故《易》以見幾爲吉，而《姤》以攸往見凶，大臣不可不學也。

褚遂良至愛州，上表自陳定策之功，受遺之寄，曰：「螻蟻餘齒，乞陛下哀憐。」君子悲之，而亦嫌其氣衰而志挫也。來濟赴敵而死，可謂善處死矣。人孰不死？處死之爲難。使遂良而知此，則能待盡無言矣。

王夫之《讀通鑑論》卷二〇《唐太宗》 立子以適，而適長者不肖，必不足以承社稷，以此而變故起於宫闈，兵刃加於骨肉，此人主之所甚難，而雖有社稷之臣，不能任其議也。魏王泰投太宗之懷，曰：「臣今日始得爲陛下子。」褚遂良即以此折泰之姦，偉矣；而唐幾亡於高宗，遂良致命以自靖，弗能靖國焉。故曰人主之甚難，而社稷臣不能任其議也。

劉洎之殺，謂褚公譖之者，其爲許敬宗之汙誣，固已。乃使褚公果以洎之言白於太宗，亦詎不可哉？太宗征高麗，留守西京者，房玄齡也；受命輔太子於定州者，高士廉、張行成、高季輔、馬周，而洎以新進與焉，非固爲宗臣，負伊、周之獨任也。兵凶戰危，太宗春秋已高，安危未決也，太子柔弱，固有威福下移之防。洎於受命之日，遽亢爽無忌而大言曰：「大臣有罪，臣謹即行誅。」然則不幸而太宗不返，嗣君在疚，玄齡之項領，且縣於洎之鋒刃，而況士廉以下乎？又況其餘之未嘗受命者乎？人臣而欲擅權以移國者，必立威以脅衆，子罕奪宋公之柄，用是術也。而曹操之殺孔融，司馬懿之殺曹爽，王敦之殺周顗、戴淵，無所禀承，猶無擇噬；矧洎已先言於當寧，挾既請之旨，復何所忌以戢其専殺乎？魏王泰未死，吴王恪物望所歸，洎執生殺之權以誅異己，欺太子之柔，唯其志以逞，何求而不得？然則伊、霍之事，洎即不言，抑必有其情焉；且又惡知洎之狂悖，不果有是言哉？或曰：洎謹即行誅之對，剛而戇耳，非能有不軌之情也。曰：所惡於彊臣者，唯其很耳。戇者，很之徒也。無所忌而函之心，乃可無所忌而失諸口，遂以無所忌而見之事。司馬師、高澄、朱温、李茂貞唯其言之無忌者，有以震懾乎人心，而天下且詫之曰：此英雄之無隱也。當其曰「謹即行誅」，目無天子，心無大臣，百世而下，猶不測其威之所底止，而可留之以貽巽輭之冲人乎？使褚公果勸太宗以殺洎，亦忠臣之效也。或曰：唐處方興之勢，而長孫無忌、房玄齡、李世勣以開國元臣匡扶王室，洎雖狂，無能爲也。曰：人之可信以無妄動者，唯其慎以言、慮以動而已。不可言而言之，則亦不可爲而爲之。朱泚孤軍無助而走德宗，苗傅、劉正彦處張浚、韓世忠之閒而廢宋高，皆愚戇而不恤禍福者也。

藉曰洎爲文吏，兵柄不屬焉，范曄、王融亦非有兵之可恃，又孰能保洎之無他乎？使伏其辜，非過計而淫刑，審矣。

王夫之《讀通鑑論》卷二一《唐高宗》　或曰：褚公受顧命輔國政，不能止無忌之姦，且道宗之竄，公實與謀，豈亦挾私以翦宗子乎？夫房遺愛已探無忌之意旨，誣恪以求自免，言已出而若有徵，褚公未易任其無患，恪且死，罵無忌而不及公，則謂公之陷道宗者，亦許敬宗之誣，史無與正之與？

藝文

晁補之《濟北晁先生鷄肋集》卷四七《唐舊書雜論》　崔仁師甚承恩遇，中書令褚遂良頗忌嫉之。會有伏閤上奏者，仁師不奏，太宗以仁師罔上，遂配龔州。

右《崔仁師傳第二十四》。太宗征遼時，劉洎嘗輕出言，太宗頗怪之。及太宗疾，又有憂懼語，故遂良之誣易入，因賜自盡。蘇翰林疑無是事。然觀仁師事，史臣亦有忌嫉之語，何耶？《語》曰：「君子而不仁者有矣。」人情大不美，雖聖人猶曰「不保其往也」，況利害之間哉？王荆公亦疑揚雄無投閣事。兩公意皆忠厚，然雄之學惟未至於孟軻，或不幸至此。以《劇秦美新》觀雄意，憂懼深矣。後之君子，必有能辨之者。

葛勝仲《丹陽集》卷一〇《跋褚遂良臨蘭亭帖》　昭陵嘗恨虞永興死，無與論書者。魏鄭公曰：「遂良下筆遒勁，甚得逸少體。」即日令侍書。又，當時争以逸少書求售，真僞莫别，獨遂良論所出，談者不復敢異。是篇河南所臨，固宜與永和筆迹亂真也。

周紫芝《太倉稊米集》卷六四《褚遂良對飛雉》　唐太宗時，有飛雉集宮中，上以問褚遂良。遂良對以秦文公之事。太宗以謂人固不可無學。昔鴻嘉中博士行大射禮，有飛雉集於堂陛間，已而又集於諸府間，已而又集於未央宮承明殿。當時左右大臣無能言者，獨車騎將軍王音能言之。其後成帝遣人問音：「得無人爲之乎？」音對曰：「安得亡國之言？天尚不能感悟陛下，臣子何望？」以張禹相成帝無狀，朱雲欲斷其首，幾至殺身。庭辱師傅，帝怒若此，況親斥其主乎？方王鳳用事，權傾天下，王章以忠直刺鳳，爲鳳所殺。當時災異數見，羣下莫敢言，而音能言之，可謂漢比干矣。野鳥入室，安得爲祥？遂良不以高宗彤日之事告太宗，而反以爲瑞，亦焉用多學爲哉？遂良可謂王音之罪人矣。

曹勛《松隱文集》卷二九《褚遂良帖贊》　褚河南作字，爲一代翰墨之宗。以嘗受詔臨寫禊帖，所得遂多。此帖六十四字，尤爲寶玩，巾以緹襲，繫以贊曰：

內舍妙翰，姿度横出。位置端雅，尚想置笏。

桑世昌《蘭亭考》卷五引李公麟《題褚遂良摹本蘭亭》　遂良摹本，逸少神寓之跡也。唐文皇帝甘心學之，贊曰：「煙飛霧結，狀欲斷而還連；鳳翥龍盤，勢如邪而反直。」頗爲能狀之。此永和九年書也。十二年爲山陰道士寫《黄庭經》，又作意移入楷法，故於點曳裁成之妙，亦爲正書之冠。唐之學者心慕手追，輔成已能，流而爲歐、虞、褚、薛。故後人但見定武石刻爲工，今遇此本方真元，乃褚河南親摹以傳，頓覺定本尚類唐臨，去此絶遠，何則？柔閒蕭散，而神韻獨高，華巧天就，如運斤成風，而中桑林之舞。乃知妙絶千古者，不在點畫畦畛間，而風流天韻，非力學所可到。捨此本，疇能見之？紹聖丙子，李公麟伯時書。

魏了翁《鶴山全集》卷四九《湘鄉縣褚公洗筆池記》　唐永徽六年，褚公以尚書右僕射諫立武宸妃，幾爲所殺，賴長孫太尉一言以免，猶坐貶潭州都督。一日行縣至湘鄉，距縣治之北數百步，有僧寺曰感應，公嘗滌筆池上，若有浮雲滃然，人異之，即其地祠公。歲久弗治，藩拔碑仆。紹定二年，邵君自言爲宰，即故堤遺址封略而浚治焉。斷碑所勒，有「遠山蛸崒翠凝煙」之詩，乃爲亭其上，榜曰「凝煙」，爲大門，榜曰「唐都督褚公洗筆池」，更爲堤以環之。灌木脩蔓，蒙茸蔽虧，漣水衡陳，鳳山對峙，實爲是邦勝處。書來，命記成事。余惟《咸》以無心爲感，《艮》以不獲其身爲明。蓋感於所不係，感以虚也；止於所不見，見以理也。此人心之良感而實見也。方褚公之侯臯長沙也，梟婦之勢如燎方揚，而轍跡所蹂，豪端所沾，湘民之愛之殆與屈潭、賈井儷芳齊榮。況筆非有靈也，水非有雲也，即思而成，致愛而存。世之相後今六百載，尚懔乎如在也，是又奚感奚見而然哉！許敬宗、李義府諸人擠善逢惡，固無足言，李勣何爲者，亦遷延獨對，故陳喪邦之言。自一忤一合而升沈立判，升者信乎爲得矣，歲月慆邁，事與時逝，浮榮急景何翅朝菌莫蕣，而是心之昭昭可以建諸天地，質諸鬼神者，億萬人而一心，千百載而一日，著在史册，寓諸陳跡，是非邪正燎如目睫，彼所謂得者初無毫髮加益，徒起穢以自臭，而忠臣良士流風所漸，則雖殘隄斷碣，過其下者屏營徬徨，周視太息，莫敢翦拜，甚則尸祝而社祠之。嗚呼，是所謂良感而實見，非可以幸而致也。敬宗既陷忠良，復專史筆，變亂白黑，類非敬播之舊，如謂劉垍之死，

褚公有力，且埒子訟冤之事，義府助之，而敬宗書之。公之大節如此，人將公之信乎，抑許、李之信乎？然則士大夫以萬物皆備之身而不以古人自任，不以千載自期，則亦自遏其躬耳矣。邵君金華名閥也，習聞詩書之訓，故爲政知所先後，其必謂余言然也。

孫承恩《文簡集》卷四一《褚河南公》 河南蹇蹇，王魏之倫。在太宗時，讜言屢聞。牝鷄禍成，徒切忠諫。主德則昏，公節愈見。

《全唐文》卷一五九韓瑗《理褚遂良疏》 古之聖主，立諫鼓，設謗木，冀欲聞逆耳之言，甘苦口之義，發揚大化，裨益洪猷，垂令譽於將來，揚休聲於不朽者也。伏以褚遂良運偶昇平，道昭前烈，束髮從官，方淹累稔，趨侍階陛，多歷歲年，不聞涓滴之愆，嘗覩勤勞之效。加以竭忠誠於早歲，罄直道於兹年，體國忘家，捐身狥物，風霜其操，鐵石其心，誠可重於皇朝，豈專方於曩昔？且先帝納之於帷幄，寄之以心膂，德逾水石，義冠舟車，公家之利，言無不可。及纏悲四海，遏密八音，竭忠國家，親承顧託，一德無二，千古凛然。此不待臣言，陛下備知之矣。臣嘗懷此心，未敢聞奏。且萬姓失業，旰食忘勞，一物不安，納隍軫慮，在於微細，寧得過差？況社稷之舊臣，陛下之賢佐，無聞罪狀，斥去朝廷，内外甿黎，咸嗟舉措。觀其近日言事，披誠懇惻，蓋欲推陛下之德，先於堯舜，懼陛下之過，塵於史册，而乃深遭厚謗，重負醜言，可以痛志士之心，損陛下之明也。臣聞晉武宏裕，不貽劉毅之誅，漢祖深仁，無恚周昌之直。而遂良被遷，已經寒暑，違忤陛下，其罰塞焉。伏願緬鑒無辜，稍寬非罪，俯矜微款，以順人情。

《全唐文》卷一八六韋仁約《劾張叡册迴護褚遂良斷判不當奏》 遂良賤買地宅，叡册准估，斷爲無罪。然估價之設，屬國家所須，非關臣下之事，私自交易，豈得准估爲定？叡册舞弄文法，附下罔上，罪在當誅。

羅惇衍《集義軒詠史詩鈔》卷三三《褚遂良》 宫中飛雉主何祥，纔廢承乾立晉王。已兆牝晨同吕后，誤將陳寶附秦皇。白頭淒謫孤舟遠，碧血空流一笏香。羅織未遭身早殁，天心猶自愛忠良。

唐高宗部

綜述

《舊唐書》卷四《高宗紀上》　高宗天皇大聖大弘孝皇帝，諱治，太宗第九子也。母曰文德順聖長孫皇后。以貞觀二年六月，生於東宮之麗正殿。五年，封晉王。七年，遥授并州都督。幼而岐嶷端審，寬仁孝友。初授《孝經》於著作郎蕭德言，太宗問曰：「此書中何言爲要？」對曰：「夫孝，始於事親，中於事君，終於立身。君子之事上，進思盡忠，退思補過，將順其美，匡救其惡。」太宗大悦曰：「行此，足以事父兄，爲臣子矣。」及文德皇后崩，晉王時年九歲，哀慕感動左右，太宗屢加慰撫，由是特深寵異。尋拜右武候大將軍。

十七年，皇太子承乾廢，魏王泰亦以罪黜，太宗與長孫無忌、房玄齡、李勣等計議，立晉王爲皇太子。太宗每視朝，常令在側，觀決庶政，或令參議，太宗數稱其善。十八年，太宗將伐高麗，命太子留鎮定州。及駕發有期，悲啼累日，因請飛驛遞表起居，并遞敕垂報，並許之。飛表奏事，自此始也。及軍旋，太子從至并州。時太宗患癰，太子親吮之，扶輦步從數日。

二十三年五月己巳，太宗崩。庚午，以禮部尚書、兼太子少師、黎陽縣公于志寧爲侍中，太子少詹事、兼尚書左丞張行成爲兼侍中、檢校刑部尚書，太子右庶子、兼吏部侍郎、攝户部尚書高季輔爲兼中書令、檢校吏部尚書，太子左庶子、高陽縣男許敬宗兼禮部尚書。辛未，還京。

六月甲戌朔，皇太子即皇帝位，時年二十二。詔曰：「大行皇帝奄棄普天，痛貫心靈，若置湯火。思遵大孝，不敢滅身，永慕長號，將何逮及。粤以孤眇，屬當元嗣，思勵空薄，康濟黎元。敬順惟新，仰昭先德，宜布凱澤，被乎億兆。可大赦天下。內外文武賜勳官一級。諸年八十以上賚以粟帛。雍州及諸州比年供軍勞役尤甚之處，並給復一年。」辛巳，改民部尚書爲户部尚書。叠州都督、英國公勣爲特進、檢校洛州刺史，仍於洛陽宫留守。癸未，詔司徒、揚州都督、趙國公無忌爲太尉兼檢校中書令，知尚書門下二省事，餘並如故，賜物三千段。癸巳，特進、英國公勣爲開府儀同三司，同中書門下三品。

秋七月丙午，有司請改治書侍御史爲御史中丞，諸州治中爲司馬，别駕爲長史，治禮郎爲奉禮郎，以避上名。以貞觀時不諱先帝二字，不許，有司奏曰：「先帝二名，禮不偏諱。上既單名，臣子不合指斥。」上乃從之。己酉，于闐王伏闍信來朝。

八月癸酉朔，河東地震，晉州尤甚，壞廬舍，壓死者五千餘人。三日又震，詔遣使存問，給復二年，壓死者賜絹三匹。以開府儀同三司、英國公勣爲尚書左僕射，同中書門下三品。僕射始帶同中書門下。庚寅，葬太宗於昭陵。

九月甲寅，加授鄜州刺史、荆王元景爲司徒，前安州都督、吴王恪爲司空，兼梁州刺史。丙寅，贈太尉、梁國公玄齡，贈司徒、申國公士廉，贈左僕射、蔣國公屈突通，並司配食太宗廟庭。

永徽元年春正月辛丑朔，上不受朝，詔改元。壬寅，御太極殿，受朝而不會。丙午，立妃王氏爲皇后。丁未，以陳王忠爲雍州牧。

二月辛卯，封皇子孝爲許王，上金爲杞王，素節爲雍王。

五月丁未，上謂羣臣曰：「朕謬膺大位，政教不明，遂使晉州之地屢有震動。良由賞罰失中，政道乖方。卿等宜各進封事，極言得失，以匡不逮。」吐火羅遣使獻大鳥如駝，食銅鐵，上遣獻于昭陵。吐蕃贊普死，遣右武衛將軍鮮于匡濟齎璽書往弔祭。

秋七月丙寅，以旱，親録京城囚徒。

九月癸卯，右驍衛郎將高侃執車鼻可汗詣闕，獻于社廟及昭陵。己未，尚書左僕射、英國公勣固請解職，許之，令以開府儀同三司同中書門下三品。

十一月己未，中書令、河南郡公褚遂良左授同州刺史。

十二月，瑶池都督、沙鉢羅葉護阿史那賀魯以府叛，自稱可汗，總有西域之地。是歲，雍、絳、同等九州旱蝗，齊、定等十六州水。

二年春正月戊戌，詔曰：「去歲關輔之地，頗弊螟蝗，天下諸州，或遭水旱，百姓之間，致有罄乏。此由朕之不德，兆庶何辜？矜物罪己，載深憂惕。今獻歲肇春，東作方始，糧廩或空，事資賑給。其遭蟲水處有貧乏者，得以正、義倉賑貸。雍、同二州，各遣郎中一人充使存問，務盡哀矜之旨，副朕乃眷之心。」乙巳，黄門侍郎、平昌縣公宇文節加銀青光禄大夫，依舊同中書門下三品。守中書侍郎柳奭爲中書侍郎，依舊同中書門下三品。

夏四月乙酉，秩太廟令及獻、昭一陵令從五品，丞從七品。

五月壬辰，開府儀同三司及京官文武職事四品、五品，並給隨身魚。

秋七月丁未，賀魯寇陷金嶺城、蒲類縣，遣武候大將軍梁建方、右驍衛大將軍契苾何力爲弓月道總管以討之。

八月乙丑，大食國始遣使朝獻。己巳，侍中、燕國公于志寧爲尚書左僕射，侍中兼刑部尚書、北平縣公張行成爲尚書右僕射，並同中書門下三品，猶不入銜。中書令兼檢校吏部尚書、蓚縣公高季輔爲侍郎。

九月癸巳，改九成宮爲萬年宮，廢玉華宮以爲佛寺。

閏月辛未，頒新定律、令、格、式於天下。

十一月辛酉，有事於南郊。丁丑，以高昌故地置安西都護府。白水蠻寇麻州，命左領軍將軍趙孝祖討平之。

三年春正月癸亥，以去秋至于是月不雨，上避正殿，降天下死罪及流罪遞減一等，徒以下咸宥之。弓月道總管梁建方、契苾何力等大破處月朱邪孤注於牢山，斬首九千級，虜渠帥六十，俘生口萬餘，獲牛馬雜畜七萬。丙寅，太尉、趙國公無忌以旱請遜位，不許。己巳，同州刺史、河南郡公褚遂良爲吏部尚書、同中書門下三品。丙子，親祠太廟。丁亥，籍于千畝，賜羣官帛有差。

三月辛巳，黃門侍郎、平昌縣公宇文節爲侍中，中書侍郎柳奭爲中書令。庚申，幸觀德殿，賜文武羣官大射。

夏四月庚寅，左領軍將軍趙孝祖大破白水蠻大勃律。

五月庚辰，詔以周司沐大夫裴融、齊侍中崔季舒、給事黃門侍郎裴澤、尚書左丞封孝琰、隋儀同三司豆盧毓、御史中丞游楚客等，並門挺忠鯁，其子孫各宜甄擢。

秋七月丁巳，立陳王忠爲皇太子，大赦天下，五品已上子爲父後者賜勳一轉，大酺三日。乙丑，左僕射于志寧兼太子少師，右僕射張行成兼太子少傅，侍中高季輔兼太子少保，侍中宇文節兼太子詹事。丁丑，上問戶部尚書高履行：「去年進戶多少？」履行奏稱：「進戶總一十五萬。」又問曰：「隋日有幾戶？今見有幾戶？」履行奏：「隋開皇中有戶八百七十萬，即今見有戶三百八十萬。」

九月丁巳，改太子中允爲內允，中書舍人爲內史舍人，諸率府中郎將改爲旅賁郎將，以避太子名。

冬十月戊戌，幸同安大長公主第，又幸高陽長公主第，即日還宮。

十一月乙亥，駮馬國遣使朝貢。庚寅，弘化長公主自吐谷渾來朝。

四年春正月癸丑朔，上臨軒，不受朝，以濮王泰在殯故也。丙子，新除房州刺史、駙馬都尉房遺愛，司徒、秦州刺史、荆王元景，司空、安州刺史、吳王恪，寧州刺史、駙馬都尉薛萬徹，嵐州刺史、駙馬都尉柴令武謀反。

二月乙酉，遺愛、萬徹、令武等並伏誅，元景、恪、巴陵高陽公主並賜死。左驍衛大將軍、安國公執失思力配流嶲州，侍中兼太子詹事、平昌縣公宇文節配流桂州。戊子，特進、太常卿、江夏王道宗配流桂州，恪母弟蜀王愔廢爲庶人。己亥，絳州刺史、徐王元禮加授司徒，開府儀同三司、英國公勣爲司空。

三月壬子朔，頒孔穎達《五經正義》於天下，每年明經令依此考試。丙辰，上御觀德殿，陳逆人房遺愛等口馬資財爲五垛，引王公、諸親、蕃客及文武九品已上射。

夏四月戊子，林邑國王遣使來朝，貢馴象。壬寅，以旱，避正殿，減膳，親錄繫囚，遣使分省天下冤獄，詔文武官極言得失。

九月甲戌，吏部尚書、河南郡公褚遂良爲尚書右僕射，依舊知政事。

冬十月庚子，幸新豐之溫湯。甲辰，曲赦新豐。乙巳，至自溫湯。戊申，睦州女子陳碩真舉兵反，自稱文佳皇帝，攻陷睦州屬縣。婺州刺史崔義玄、揚州都督府長史房仁裕各率衆討平之。

十一月癸丑，兵部尚書、固安縣公崔敦禮爲侍中。頒新律疏於天下。

五年春三月戊午，幸萬年宮。辛未，曲赦所經州縣繫囚。以工部尚書閻立德領丁夫四萬築長安羅郭。

夏四月，守黃門侍郎、潁川縣公韓瑗，守中書侍郎來濟，並加銀青光祿大夫，依舊同中書門下三品。

閏五月丁丑夜，大雨，水漲暴溢，漂溺麟遊縣居人及當番衛士，死者三千餘人。

六月，恒州大雨，滹沱河泛溢，溺五千餘家。癸丑，蒲州汾陰縣暴雨，漂溺居人，浸壞廬舍。癸亥，中書令柳奭兼吏部尚書。丙寅，河北諸州大水。

七月辛巳，有小鳥如雀，生大鳥如鳩於萬年宮皇帝舊宅。

八月，大理奏決死囚，總管七十餘人。辛亥，詔自今已後，五品已上有薨亡者，隨身魚並不須追收。辛未，吐蕃使人獻馬百匹及大拂廬可高五丈，廣袤各二十七步。

九月丁酉，至自萬年宮。

冬十一月癸酉，築京師羅郭，和雇京兆百姓四萬一千人，板築三十日而罷，九門各施觀。

十二月癸丑，倭國獻琥珀、碼瑙，琥珀大如斗，碼瑙大如五斗器。戊午，發京師謁昭陵，在路生皇子賢。己未，敕二年一定户。

六年春正月壬申朔，親謁昭陵，曲赦醴泉縣民，放今年租賦。陵所宿衛將軍、郎將進爵一等，陵令、丞加階賜物。甲戌，至自昭陵。於陵側建佛寺。庚寅，封皇子弘爲代王，賢爲潞王。

二月乙巳，皇太子忠加元服，内外文武職事五品已上爲父後者，賜勳一級。大酺三日。

三月，營州都督程名振破高麗於貴端水。壬戌，昭儀武氏著《内訓》一篇。

夏五月癸未，命左屯衛大將軍、盧國公程知節等五將軍帥師出葱山道以討賀魯。黄門侍郎、潁川郡公韓瑗爲侍中，中書侍郎、南陽男來濟爲中書令。

六月，大食國遣使朝貢。

秋七月乙亥，侍中、固安縣公崔敦禮爲中書令。乙酉，均天下州縣公廨。

八月，尚藥奉御蔣孝璋員外特置，仍同正。員外同正，自蔣孝璋始也。己酉，大理更置少卿一員。先是大雨，道路不通，京師米價暴貴，出倉粟糶之，京師東西二市置常平倉。

九月庚午，尚書右僕射、河南郡公褚遂良以諫立武昭儀，貶授潭州都督。乙酉，洛州大水，毁天津橋。

冬十月己酉，廢皇后王氏爲庶人，立昭儀武氏爲皇后，大赦天下。

十一月丁卯朔，臨軒，命司空勣、左僕射志寧册皇后，文武羣官及番夷之長，奉朝皇后於肅義門。十一月己巳，皇后見于廟。癸酉，追贈后父故工部尚書、應國公、贈并州都督武士彠爲司空。癸巳，應國夫人楊氏改封代國夫人。

十二月，遣禮部尚書、高陽縣男許敬宗每日待詔於武德殿西門。

七年春正月辛未，廢皇太子忠爲梁王，立代王弘爲皇太子。壬申，大赦，改元爲顯慶。文武九品已上及五品已下子爲父後者，賜勳官一轉。大酺三日。甲子，尚書左僕射兼太子少師、燕國公于志寧兼太子太傅，侍中韓瑗、中書令來濟、禮部尚書許敬宗，並爲太子賓客，始有賓客也。御玄武門，餞葱山道大總管程知節。

二月庚寅，名《破陣樂》爲《神功破陣樂》。辛亥，贈司空武士彠爲司徒、周國公。

三月辛巳，皇后祀先蠶于北郊。丙戌，户部侍郎杜正倫爲守黄門侍郎、同中書門下三品。

夏四月戊申，御安福門，觀僧玄奘迎御製并書慈恩寺碑文，導從以天竺法儀，其徒甚盛。

五月己卯，太尉長孫無忌進史官所撰梁、陳、周、齊、隋《五代史志》三十卷。弘文館學士許敬宗進所撰《東殿新書》二百卷，上自製序。

六月，岐州刺史、潞王賢爲雍州牧。

秋七月癸未，中書令兼檢校太子詹事、固安縣公崔敦禮爲太子少師、同中書門下三品。改户部尚書爲度支尚書，侍郎亦然。

八月，左衛大將軍程知節與賀魯所部歌邏禄獲刺頡發及處月預支俟斤等戰於榆幕谷，大破之，斬首千餘級，獲駝馬牛羊萬計。

九月癸酉，初詔户滿三萬已上爲上州，二萬已上爲中州；先爲上州、中州者各依舊。皇后製《外戚誡》。庚辰，括州海水泛溢，壞安固、永嘉二縣，損四千餘家。辛巳，初制都督及上州各置執刀十五人，中州、下州十人。癸未，初置驃騎大將軍，官爲從一品。程知節與賀魯男咥運戰，斬首數千級，進至怛篤城，俘其部落户口及貨物鉅積。

冬十一月乙丑，皇子顯生，詔京官、朝集使各加勳級。

十二月乙酉，置算學。左屯衛大將軍程知節坐討賀魯逗留，追賊不及，減死免官。罷蘭州都督。鄯州置都督。

二年春正月庚寅，幸洛陽。命右屯衛將軍蘇定方等四將軍爲伊麗道將軍，帥師以討賀魯。

二月辛酉，入洛陽宫，曲赦洛州。庚午，封皇第七子顯爲周王，徙封許王素節爲郇王。

三月甲子，中書侍郎李義府爲中書令兼檢校御史大夫，黄門侍郎杜正倫兼度支尚書，依舊同中書門下三品。

夏五月丙申，幸明德宫。

秋七月丁亥，還洛陽宫。

八月丁卯，侍中、潁川縣公韓瑗左授振州刺史，中書令兼太子詹事、南陽侯

來濟左授台州刺史，皆坐諫立武昭儀爲皇后，救褚遂良之貶也。禮部尚書、高陽郡公許敬宗爲侍中，以立武后之功也。

九月庚寅，度支尚書杜正倫爲中書令。

冬十月戊戌，親講武於許、鄭之郊，曲赦鄭州。遣使祭鄭大夫國僑、漢太丘長陳寔墓。

十二月乙卯，還洛陽宫。庚午，改「昬」「葉」字。丁卯，手詔改洛陽宫爲東都，洛州官員階品並准雍州。廢穀州，以福昌等四縣，并懷州河陽、濟源、温，鄭州汜水並隸洛州。己巳，中書省置起居舍人兩員，品同起居郎。庚午，以周王顯爲洛州牧。壬午，分散騎常侍爲左右各兩員，其右散騎常侍隸中書省。

三年春正月戊子，太尉、趙國公無忌等脩《新禮》成，凡一百三十卷，二百五十九篇，詔頒於天下。

二月丁巳，車駕還京。壬午，親録囚徒，多所原宥。蘇定方攻破西突厥沙鉢羅可汗賀魯及咥運、闕啜。賀魯走石國，副將蕭嗣業追擒之，收其人畜前後四十餘萬。甲寅，西域平，以其地置濛池、崑陵二都護府。復於龜兹國置安西都護府，以高昌故地爲西州。置懷化大將軍正三品，歸化將軍從三品，以授初附首領，仍分隸諸衛。

六月，程名振攻高麗。

九月，廢書、算、律學。有司奏請造排車七百乘，擬行幸載排城；上以爲勞民，乃於舊頓置院牆焉。

冬十一月戊戌，侍中許敬宗權檢校中書令。戊子，侍中、皇太子賓客、權檢校中書令、高陽郡公許敬宗爲中書令，賓客已下如故；大理卿辛茂將爲侍中。鴻臚卿蕭嗣業於石國取賀魯至，獻於昭陵。

四年春二月乙亥，上親策試舉人，凡九百人，惟郭待封、張九齡五人居上第，令待詔弘文館，隨仗供奉。

三月，以左驍衛大將軍、郕國公契苾何力往遼東經略。

夏四月己未，太子太傅、尚書左僕射、燕國公于志寧爲太子太師，仍同中書門下三品。乙丑，黄門侍郎許圉師同中書門下三品。丙戌，太子太師、同中書門下三品、燕國公于志寧免官，放還私第。戊戌，太尉、揚州都督、趙國公無忌帶揚州都督於黔州安置，依舊準一品供給。

五月丙申，兵部尚書任雅相、度支尚書盧承慶並參知政事。

秋七月壬子，普州刺史李義府爲吏部尚書，同中書門下三品。

冬十月乙巳，皇太子加元服，大赦天下，文武五品已上子孫爲父祖後者加勳官一級，大酺三日。

閏十月戊寅，幸東都，皇太子監國。戊戌，至東都。

十一月，以中書侍郎許圉師爲散騎常侍、檢校侍中。

五年春正月甲子，幸并州。二月辛巳，至并州。丙戌，宴從官及諸親、并州官屬父老，賜帛有差。曲赦并州及管内諸州。義旗初職事五品已上身亡殁墳墓在并州者，令所司致祭。佐命功臣子孫及大將軍府僚佐已下今見存者，賜階級有差，量才處分。起義之徒職事一品已下，賜物有差。年八十已上，版授刺史、縣令。佐命功臣食别封身已殁者，爲後子孫各加兩階。賜酺三日。甲午，祠舊宅，以武士彠、殷開山、劉政會配食。

三月丙午，皇后宴親族鄰里故舊於朝堂，命婦婦人入會於内殿，及皇室諸親賜帛各有差，及從行文武五品以上。制以皇后故鄉并州長史、司馬各加勳級。又皇后親預會，每賜物一千段，期親五百段，大功已下及無服親、鄰里故舊有差。城内及諸婦女年八十已上，各版授郡君，仍賜物等。己酉，講武於并州城西，上御飛閣，引羣臣臨觀。辛亥，發神丘道軍伐百濟。丁巳，左右領始改左右千牛。

夏四月戊寅，車駕還東都，造八關宫于東都苑内。癸亥，至自并州。

五月壬戌，幸八關宫，改爲合璧宫。

六月辛卯，詔文武五品已上四科舉人。甲午，駕還東都。

秋七月乙巳，廢梁王忠爲庶人，徙於黔州。

八月庚辰，蘇定方等討平百濟，面縛其王扶餘義慈。國分爲五部，郡三十七，城二百，户七十六萬，以其地分置熊津等五都督府。曲赦神丘、禺夷道總管已下，賜天下大酺三日。

九月戊午，賜英國公勣墓塋一所。

冬十月丙子，代國夫人楊氏改榮國夫人，品第一，位在王公母妻之上。

十一月戊戌朔，邢國公蘇定方獻百濟王扶餘義慈、太子隆等五十八人俘於則天門，責而宥之。乙卯，狩於許、鄭之郊。

十二月己卯，至自許州。

六年春正月乙卯，於河南、河北、淮南六十七州募得四萬四千六百四十六人，往平壤帶方道行營。

二月乙未，以益、綿等州皆言龍見，改元。曲赦洛州。

龍朔元年三月丙申朔，改元。壬戌，幸合璧宮。

夏五月丙申，命左驍衛大將軍、涼國公契苾何力爲遼東道大總管，左武衛大將軍、邢國公蘇定方爲平壤道大總管，兵部尚書、同中書門下三品、樂安縣公任雅相爲浿江道大總管，以伐高麗。是日，皇后請禁天下婦人爲俳優之戲，詔從之。

六月庚寅，中書令許敬宗等進《累璧》六百三十卷，目録四卷。

秋七月癸卯，車駕還東都。

八月丙戌，令諸州舉孝行尤著及累葉義居可以勵風俗者。

九月甲辰，以河南縣大女張年百三歲，親幸其第。又幸李勣之第。天宮寺是高祖潛龍時舊宅，上周歷殿宇，感愴久之，度僧二十人。皇后至許圉師第。壬子，徙封潞王賢爲沛王。是日，以雍州牧、幽州都督、沛王賢爲揚州都督、左武候大將軍，牧如故。以洛州牧、周王顯爲并州都督。是日，敕中書門下五品已上諸司長官、尚書省侍郎并諸親三等已上，並詣沛王宅設宴禮，奏《九部樂》。禮畢，賜帛雜綵等各有差。

冬十月丁卯，狩于陸渾。癸酉，還宮。

是歲，新羅王金春秋卒，其子法敏嗣立。

二年春正月乙巳，太府寺更置少卿一員，分兩京檢校。丙午，東都初置國子監，并加學生等員，均分於兩都教授。

二月甲子，改京諸司及百官名：尚書省爲中臺，門下省爲東臺，中書省爲西臺，左右僕射爲左右匡政，左右丞爲肅機，侍中爲左相，中書令爲右相，自餘各以義訓改之。又改六宮内職名。

三月甲申，自東都還京。癸丑，幸同州。蘇定方破高麗于葦島，又進攻平壤城，不克而還。

夏四月庚申朔，至自東都。辛巳，造蓬萊宮成，徙居之。

五月丙申，左侍極許圉師爲左相。乙巳，復置律、書、算三學。

六月己未朔，皇子旭輪生。乙丑，初令道士、女冠、僧、尼等，並盡禮致拜其父母。乙亥，制蓬萊宮諸門殿亭等名。

秋七月丁亥朔，以東宮誕育滿月，大赦天下，賜酺三日。

八月甲午，右相許敬宗乞骸骨。壬寅，許敬宗爲太子少師，同東西臺三品，仍知西臺事。

九月，司禮少常伯孫茂道奏稱：「八品、九品舊令著青，亂紫，非卑品所服，望令著碧。」詔從之。戊寅，前吏部尚書、河間郡公李義府起復爲司列太常伯，同東西臺三品。

冬十月丁酉，幸温湯，皇太子弘監國。丁未，至自温湯。庚戌，西臺侍郎上官儀同東西臺三品。

十一月癸酉，封皇第四子旭輪爲殷王。

十二月辛丑，改魏州爲冀州大都督府，改冀州爲魏州。又以并、揚、荆、益四都督府並爲大都督府。沛王賢爲揚州大都督，周王顯爲并州大都督，殷王旭輪遥領冀州大都督。左相許圉師解見任。

三年春正月，左武衛大將軍鄭仁泰等帥師討鐵勒餘種，盡平之。乙丑，司列太常伯李義府爲右相。

二月丙戌，隴、雍、同、岐等一十五州户口，徵修蓬萊宮。癸巳，置太子左右諭德及桂坊大夫等官員，改司經局爲桂坊館，崇賢館罷隸左春坊。丁酉，減京官一月俸，助修蓬萊宮。庚戌，詔曰：「天德施生，陽和在節，言念幽圄，載惻分宵。雖復每有哀矜，猶恐未免枉濫。在京繫囚應流死者，每日將二十人過。」於是親自臨問，多所原宥，不盡者令皇太子録之。詔以書學隸蘭臺，算學隸秘閣，律學隸詳刑寺。改燕然都護府爲瀚海都護府，瀚海都護府爲雲中都護府。

二月，太子弘撰《瑶山玉彩》成，書凡五百卷。

夏四月乙丑，右相李義府下獄。戊子，李義府除名，配流嶲州。丙午，幸蓬萊宮新起含元殿。

秋八月戊申，詔百僚極言正諫。命司元太常伯竇德玄、司刑太常伯劉祥道等九人爲持節大使，分行天下。仍令内外官五品已上各舉所知。

十二月庚子，詔改來年正月一日爲麟德元年。

麟德元年春正月甲子，改雲中都護府爲單于大都護府，官品同大都督府。

二月丁亥，加授殷王旭輪單于大都護。戊子，幸萬年宮。

三月辛亥，展大射禮。丁卯，長女追封安定公主，謚曰思，其鹵簿鼓吹及供葬所須，並如親王之制，於德業寺遷于崇敬寺。

五月乙卯，於昆明之弄楝川置姚州都督府。

秋八月丙子朔，至自萬年宮，便幸舊宅。己卯，降萬年縣繫囚，因幸大慈恩

寺。壬午，還蓬萊宮。戊子，兼司列太常伯、檢校沛王府長史、城陽縣侯劉祥道兼右相，大司憲竇德玄兼司元太常伯、檢校左相。

九月己卯，詔曰：「周京兆尹、左右宮伯大將軍、司衛上將軍、少冢宰、廣陵郡公宇文孝伯，忠亮存心，貞堅表志。淫刑既逞，方納諫而求仁；忍忌將加，甘捐軀而徇節。年載雖久，風烈猶生，宜峻徽章，式旌胤胄。其孫左威衛長史思純，可加授朝散大夫。」

十二月丙戌，殺西臺侍郎上官儀。戊子，庶人忠坐與儀交通，賜死。右相、城陽縣侯劉祥道爲司禮太常伯。太子右中護檢校西臺侍郎樂彦瑋、西臺侍郎孫處約同知政事。

二年春正月壬午，幸東都。丁酉，幸合璧宮。戊子，慮雍、洛二州及諸司囚。甲子，以發向泰山，停選。

三月甲寅，兼司戎太常伯、永安郡公姜恪同東西臺三品。辛未，東都造乾元殿成。

四月丙午，曲赦桂、廣、黔三都督府管内大辟罪已上。丙寅，講武邙山之陽，御城北樓觀之。戊辰，左侍極、仍檢校大司成、嘉興縣子陸敦信爲檢校右相，其大司成宜停。

五月辛卯，以秘閣郎中李淳風造曆成，名《麟德曆》，頒之。以司空、英國公李勣，少師、高陽郡公許敬宗，右相、嘉興縣子陸敦信，左相、鉅鹿男竇德玄爲檢校封禪使。

冬十月戊午，皇后請封禪，司禮太常伯劉祥道上疏請封禪。癸亥，高麗王高藏遣其子福男來朝。丁卯，將封泰山，發自東都。是歲大稔，米斗五錢，䵃麥不列市。

十一月丙子，次于原武，以少牢祭漢將紀信墓，贈驃騎大將軍。

十二月丙午，御齊州大廳。乙卯，命有司祭泰山。丙辰，發靈巖頓。

《舊唐書》卷五《高宗紀下》 麟德三年春正月戊辰朔，車駕至泰山頓。是日親祀昊天上帝於封祀壇，以高祖、太宗配饗。己巳，帝升山行封禪之禮。庚午，禪於社首，祭皇地祇，以太穆太皇太后、文德皇太后配饗；皇后爲亞獻，越國太妃燕氏爲終獻。辛未，御降禪壇。

壬申，御朝覲壇受朝賀。改麟德三年爲乾封元年，諸行從文武官及朝覲華戎岳牧，致仕老人朝朔望者，三品已上賜爵二等，四品已下、七品以上加階，八品已下加一階，勳一轉。諸老人百歲已上版授下州刺史，婦人郡君；九十、八十節級。齊州給復一年半，管嶽縣二年。所歷之處，無出今年租賦。乾封元年正月五日已前，大赦天下，賜酺七日。癸酉，宴羣臣，陳《九部樂》，賜物有差，日昳而罷。丙子，皇太子弘設會。丁丑，以前恩薄，普進爵及階勳等，男子賜古爵。兖州界置紫雲、仙鶴、萬歲觀，封巒、非煙、重輪三寺。天下諸州置觀、寺一所。丙戌，發自泰山。甲午，次曲阜縣，幸孔子廟。追贈太師，增修祠宇，以少牢致祭。其褒聖侯德倫子孫，並免賦役。

二月己未，次亳州。幸老君廟，追號曰太上玄元皇帝，創造祠堂；其廟置令、丞各一員。改谷陽縣爲真源縣，縣内宗姓特給復一年。

夏四月甲辰，車駕至自泰山，先謁太廟而後入。

五月庚寅，改鑄乾封泉寶錢。

六月壬寅，高麗莫離支蓋蘇文死。其子男生繼其父位，爲其弟男建所逐，使其子獻誠詣闕請降，詔左驍衛大將軍契苾何力率兵以應接之。

秋七月乙丑，徙封殷王旭輪爲豫王。庚午，左侍極、檢校右相、嘉興子陸敦信緣老病乞辭機揆，拜大司成，兼知左侍極。大司憲兼檢校右中護劉仁軌兼右相，檢校右中護。

八月丁未，殺司衛少卿武惟良、淄州刺史武懷運，仍改姓蝮氏。

冬十月己酉，命司空、英國公勣爲遼東道行軍大總管，以伐高麗。

二年春正月丁丑，以去冬至于是月無雨雪，避正殿，減膳，親録囚徒。罷乾封錢，復行開元通寶錢。

二月辛丑，改萬年宫依舊名九成宫。

夏六月乙卯，西臺侍郎楊武，西臺侍郎、道國公、檢校太子左中護戴至德，正諫議大夫、檢校東臺侍郎、安平郡公李安期，東臺侍郎張文瓘，並同東西臺三品。

三年春正月庚寅，詔繕工大監兼瀚海都護劉審禮爲西域道安撫大使。壬子，以右相劉仁軌爲遼東道副大總管。

二月戊午，遼東道破薛賀水五萬人，陣斬首五千餘級，獲生口三萬餘人，器械牛馬不可勝計。

丙寅，以明堂制度歷代不同，漢、魏以還，彌更訛舛，遂增損古今，新制其圖。下詔大赦，改元爲總章元年。二月戊寅，幸九成宫。己卯，分長安、萬年置乾封、明堂二縣，分理於京城之中。癸未，皇太子弘釋奠於國學。贈顏回太子少師，曾

參太子少保。

夏四月丙辰，有彗星見於畢、昴之間。乙丑，上避正殿，減膳，詔内外羣官各上封事，極言過失。於是羣臣上言：「星雖孛而光芒小，此非國眚，不足上勞聖慮，請御正殿，復常饌。」帝曰：「朕獲奉宗廟，撫臨億兆，譴見于天，誠朕之不德也，當責躬修德以禳之。」羣臣復進曰：「星孛于東北，此高麗將滅之徵。」帝曰：「高麗百姓，即朕之百姓也。既爲萬國之主，豈可推過於小蕃！」竟不從所請。

秋八月癸酉，至自九成宫。

九月癸巳，司空、英國公勣破高麗，拔平壤城，擒其王高藏及其大臣男建等以歸。境内盡降，其城一百七十，户六十九萬七千，以其地爲安東都護府，分置四十二州。

二年春正月，封諸王嫡子皆爲郡王。

二月，東臺侍郎、同東西臺三品兼知左史事張文瓘署位，始入銜。

三月，東臺侍郎郝處俊同東西臺三品。癸酉，皇后親祀先蠶。

夏四月乙酉，幸九成宫。置司列少常伯、司戎少常伯各兩員。

五月庚子，移高麗户二萬八千二百，車一千八十乘，牛三千三百頭，馬二千九百匹，駝六十頭，將入内地，萊、營二州般次發遣，量配於江、淮以南及山南、并、涼以西諸州空閑處安置。

六月，括州大風雨，海水泛溢永嘉、安固二縣城郭，漂百姓宅六千八百四十三區，溺殺人九千七十，牛五百頭，損田苗四千一百五十頃。冀州大水，漂壞居人廬舍數千家。並遣使賑給。

秋七月，劍南益、瀘、巂、茂、陵、邛、雅、緜、翼、維、始、簡、資、榮、隆、果、梓、普、遂等一十九州旱，百姓乏絶，總三十六萬七千六百九十户，遣司珍大夫路勵行存問賑貸。癸巳，冀州大都督府奏，自六月十三日夜降雨，至二十日水深五尺，其夜暴水深一丈已上，壞屋一萬四千三百九十區，害田四千四百九十六頃。

秋八月甲戌，改瀚海都護府爲安北都護府。

九月己亥，發自九成宫。壬寅，停華林頓，大蒐于岐。乙巳，至岐州。高祖初仕隋爲扶風太守，故曲赦岐州管内。高祖時胥徒隨材擢用，賜高年衣物粟帛各有差。

冬十月丁巳，至自九成宫。

十一月庚辰，發九州人夫，轉發太原倉米粟入京。丁亥，徙封豫王旭輪爲冀王，仍令單名輪。

三年春正月辛卯，列遼東地爲州縣。

二月戊申，以旱，親録囚徒，祈禱名山大川。

三月甲戌朔，大赦天下，改元爲咸亨元年。三月丁丑，改蓬萊宫爲含元殿。

夏四月，吐蕃寇陷白州等一十八州，又與于闐合衆襲龜兹撥換城，陷之。罷安西四鎮。辛亥，以右威衛大將軍薛仁貴爲邏娑道行軍大總管，右衛員外大將軍阿史那道真、左衛將軍郭待封爲副，領兵五萬以擊吐蕃。庚午，幸九成宫。

五月丙戌，詔曰：「諸州縣孔子廟堂及學館有破壞并先來未造者，遂使生徒無肄業之所，先師闕奠祭之儀，久致飄露，深非敬本。宜令所司速事營造。」

秋七月戊子，前西臺侍郎李敬玄起復本職，仍依舊同東西臺三品。薛仁貴、郭待封至大非川，爲吐蕃大將論欽陵所襲，大敗，仁貴等并坐除名。吐谷渾全國盡没，唯慕容諾曷鉢及其親信數千帳内屬，仍徙於靈州界。

八月甲子，至自九成宫。丙寅，以久旱，避正殿，尚食減膳。九月甲申，衛國夫人楊氏薨，贈魯國夫人，謚曰忠烈。

閏月壬子，故贈司徒、周忠孝公士彠贈太尉、太子太師、太原郡王，贈魯國忠烈太夫人贈太原王妃。甲寅，葬太原王妃，京官文武九品已上及外命婦，送至便橋宿次。

冬十月癸酉，大雪，平地三尺餘，行人凍死者贈帛給棺木。令雍、同、華州貧窶之家，有年十五已下不能存活者，聽一切任人收養爲男女，充驅使，皆不得將爲奴婢。

十二月庚寅，諸司及百官各復舊名。

是歲，天下四十餘州旱及霜蟲，百姓飢乏，關中尤甚。詔令任往諸州逐食，仍轉江南租米以賑給之。

二年春正月乙巳，幸東都。留皇太子弘於京監國，令侍臣戴至德、張文瓘、李敬玄等輔之。唯以閻立本、郝處俊從。甲子，至東都。

二月丁亥，雍州人梁金柱請出錢三千貫賑濟貧人。

六月戊寅，左散騎常侍兼檢校秘書、太子賓客、周國公武敏之以罪復本姓賀蘭氏，除名，流雷州。丁亥，以旱，親録囚徒。

冬十月，搜揚明達禮樂之士。

十一月庚戌，幸許、汝等州教習。癸酉，冬狩，校獵於許州葉縣昆水之陽。

十二月丙戌，還東都。

三年春正月辛丑，發梁、益等一十八州兵募五千三百人，遣右衛副率梁積壽往姚州擊叛蠻。辛未，制雍、洛二州人聽任本州官。

夏四月戊寅，幸合璧宮。壬午，於水南教旗。上問中書令閻立本、黄門侍郎郝處俊：「伊尹負鼎俎干湯，應是補緝時政，不知鑄鼎所緣，復在何國？將爲國之重器，歷代傳寶？」閻立本以古義對。

五月乙未，五品已上改賜新魚袋，並飾以銀；三品已上各賜金裝刀子、礪石一具。

六月丙子，於洛州柏崖置倉。

九月乙卯，冀州大都督府復爲魏州，魏州復爲冀州。壬寅，沛王賢徙封雍王。

冬十月己未，皇太子監國。壬戌，車駕還京師。乙亥，中書侍郎、同中書門下三品、道國公戴至德加兼户部尚書，黄門侍郎、同中書門下三品張文瓘檢校大理卿，黄門侍郎、甑山縣公、同中書門下三品郝處俊爲中書侍郎，兼檢校吏部侍郎、同中書門下三品李敬玄爲吏部侍郎，並依舊同中書門下三品。

十一月甲辰，至自東都。

十二月癸卯，太子左庶子劉仁軌同中書門下三品。

是冬，左監門大將軍高侃大敗新羅之衆於横水。

四年春正月甲午，詔咸亨初收養爲男女及驅使者，聽量酬衣食之直，放還本處。

二月壬午，以左金吾將軍裴居道女爲皇太子弘妃。

夏四月丙子，幸九成宮。

閏五月丁卯，燕山道總管李謹行破高麗叛黨於瓠盧河之西，高麗平壤餘衆遁入新羅。

秋七月庚午，九成宮太子新宮成，上召五品已上諸親宴太子宮，極歡而罷。辛巳，婺州暴雨，水泛溢，漂溺居民六百家，詔令賑給。

八月辛丑，上痁疾，令太子受諸司啓事。己酉，大風毁太廟鴟吻。

冬十月乙未，皇太子弘納妃畢，曲赦岐州，大酺三日。庚子，還京師。乙巳，至自九成宮。

十一月丙寅，上製樂章，有《上元》、《二儀》、《三才》、《四時》、《五行》、《六律》、《七政》、《八風》、《九宮》、《十洲》、《得一》、《慶雲》之曲，詔有司，諸大祠享即奏之。

十二月丙午，弓月、疏勒二國王入朝請降。

五年春二月壬午，遣太子左庶子、同中書門下三品劉仁軌爲雞林道大總管，以討新羅，仍令衛尉卿李弼、右領大將軍李謹行副之。

三月己巳，皇后祀先蠶。

夏四月辛卯，以尚輦奉御、周國公武承嗣爲宗正卿。

五月己未，詔：「春秋二社，本以祈農，如聞此外别爲邑會。此後除二社外，不得聚集，有司嚴加禁止。」

秋八月壬辰，追尊宣簡公爲宣皇帝，懿王爲光皇帝，太祖武皇帝爲高祖神堯皇帝，太宗文皇帝爲文武聖皇帝，太穆皇后爲太穆神皇后，文德皇后爲文德聖皇后。皇帝稱天皇，皇后稱天后。改咸亨五年爲上元元年，大赦。戊戌，敕文武官三品已上服紫，金玉帶；四品深緋，五品淺緋，並金帶；六品深緑，七品淺緑，並銀帶；八品深青，九品淺青，鍮石帶；庶人服黄，銅鐵帶。一品已下文官，並帶手巾、算袋、刀子、礪石，武官欲帶亦聽之。

九月辛亥，百僚具新服，上宴之於麟德殿。癸丑，追復長孫無忌官爵，仍以其曾孫翼襲封趙國公，許歸葬於昭陵先造之墳。

十一月丙午朔，幸東都。己酉，狩於華山之曲武原。戊辰，至東都。

十二月戊子，于闐王伏闍雄來朝。辛卯，波斯王卑路斯來朝。壬寅，天后上意見十二條，請王公百僚皆習《老子》，每歲明經一準《孝經》、《論語》例試於有司。又請子父在爲母服三年。

二年春正月壬戌，支汗郡王獻碧玻璃。丙寅，以于闐爲毗沙都督府，以尉遲伏闍雄爲毗沙都督，分其境内爲十州，以伏闍雄有擊吐蕃功故也。庚午，龜兹王白素稽獻銀頗羅。辛未，吐蕃遣其大臣論吐渾彌來請和，不許。

二月，雞林道行軍大總管大破新羅之衆於七重城，斬獲甚衆。新羅遣使入朝獻方物，伏罪；赦之，復其王金法敏官爵。

三月丁巳，天后親蠶於邙山之陽。時帝風疹不能聽朝，政事皆決於天后。自誅上官儀後，上每視朝，天后垂簾於御座後，政事大小皆預聞之，内外稱爲「二聖」。帝欲下詔令天后攝國政，中書侍郎郝處俊諫止之。

夏四月，分括州永嘉、永固二縣置温州，析臨海縣爲樂安、永寧二縣。己亥，

皇太子弘薨于合璧宮之綺雲殿。時帝幸合璧宮，是日還東都。

五月己亥，追謚太子弘爲孝敬皇帝。

六月戊寅，以雍王賢爲皇太子，大赦。

秋七月辛亥，洛州復置緱氏縣，以管孝敬皇帝恭陵。

八月庚子，太子左庶子、同中書門下三品、樂成侯劉仁軌爲左僕射，依舊監修國史；中書門下三品、大理卿張文瓘爲侍中；中書侍郎、同三品、甑山公郝處俊爲中書令，監修國史如故；吏部侍郎、檢校太子左庶子、監修國史李敬玄吏部尚書兼太子左庶子、同中書門下三品，依前監修國史；左丞許圉師爲户部尚書。

九月丙午，宰相劉仁軌、戴至德、張文瓘、郝處俊並兼太子賓客。

冬十月，析永州營道、江華、唐興三縣置道州。

十二月丁亥，龜茲王白素稽獻名馬。

三年春正月戊戌，徙封冀王輪爲相王。

二月甲戌，移安東都護府於遼東。乙亥，堅昆獻名馬。丁亥，幸汝州之温湯。

三月癸卯，黄門侍郎來恒、中書侍郎薛元超並同中書門下三品。甲辰，還東都。

閏三月己巳朔，吐蕃入寇鄯、廓、河、芳等四州。乙酉，洛州牧、周王顯爲洮州道行軍元帥，領工部尚書劉審禮等十二總管；并州都督、相王輪爲涼州道行軍元帥，領左衛將軍契苾何力等軍，以討吐蕃。二王竟不行。戊午，敕制比用白紙，多爲蟲蠹，今後尚書省下諸司、州、縣，宜並用黄紙。其承制敕之司，量爲卷軸，以備披檢。庚寅，車駕還京。

夏四月戊申，至自東都。甲寅，中書侍郎李義琰同中書門下三品。戊午，幸九成宫。

六月癸丑，黄門侍郎高智周同中書門下三品。

八月乙未，吐蕃寇疊州。庚子，以星變，避殿，減膳，放京城繫囚，令文武官各上封事言得失。壬寅，置南選使，簡補廣、交、黔等州官吏。青、齊等州海泛溢，又大雨，漂溺居人五千家，遣使賑卹之。

九月甲子朔，車駕還京。癸丑，於北京置金鄰州。

十一月丁卯，敕新造《上元舞》，圓丘、方澤、享太廟用之，餘祭則停。

壬申，以陳州言鳳凰見於宛丘，改上元三年曰儀鳳元年，大赦。庚寅，吏部尚書李敬玄爲中書令。

十二月丙申，皇太子賢上所注《後漢書》，賜物三萬段。戊午，遣使分道巡撫：宰相來恒河南道，薛元超河北道，左丞崔知悌等江南道。

二年春正月乙亥，上躬籍田於東郊。壬辰，幸司竹園，即日還宫。

二月丁巳，工部尚書高藏授遼東都督，封朝鮮郡王，遣歸安東府，安輯高麗餘衆；司農卿扶餘隆熊津州都督，封帶方郡王，令往安輯百濟餘衆。仍移安東都護府於新城以統之。

夏四月，以河南、河北旱，遣使賑給。

八月，徙封周王顯爲英王，改名哲。

十二月乙卯，敕關内、河東諸州召募勇敢，以討吐蕃。詔京文武職事官三品已上，每年各舉文武才能堪任將帥牧守者一人。

三年四月丁亥朔，以旱，避正殿，親録囚徒，悉原之。戊申，大赦，改來年正月一日爲通乾。

五月壬戌，幸九成宫。以相王輪爲洛州牧。

秋七月丁巳，宴近臣諸親於咸亨殿。上謂霍王元軌曰：「去冬無雪，今春少雨，自避暑此宫，甘雨頻降，夏麥豐熟，秋稼滋榮。又得敬玄表奏，吐蕃入龍支，張虔勗與之戰，一日兩陣，斬馘極多。又太史奏，七月朔，太陽合虧而不虧。此蓋上天垂祐，宗社降靈，豈虚薄所能致此！又男輪最小，特所留愛，比來與選新婦，多不稱情；近納劉延景女，觀其極有孝行，復是私衷一喜。思與叔等同爲此歡，各宜盡醉。」上因賦七言詩效柏梁體，侍臣並和。

九月丁巳，還京師。辛酉，至自九成宫。丙寅，洮河道行軍大總管中書令李敬玄、左衛大將軍劉審禮等與吐蕃戰于青海之上，王師敗績，審禮被俘。上以蕃寇爲患，問計於侍臣中書舍人郭正一等，咸以備邊不深討爲上策。

十二月，詔停明年「通乾」之號，以反語不善故也。

四年正月己酉，幸東都。

二月壬戌，吐蕃贊普卒，遣使弔祭之。乙丑，東都饑，官出糙米以救饑人。

夏四月，左丞崔知悌爲户部尚書，中書令郝處俊爲侍中。

五月壬午，盜殺正諫大夫明崇儼。丙戌，皇太子賢監國。戊戌，造紫桂宫於澠池之西。

六月辛亥，制大赦天下，改儀鳳四年爲調露元年。

秋七月己卯朔，詔以今年冬至有事嵩岳，禮官學士詳定儀注。

八月丁巳，侍中郝處俊、左庶子高智周、黄門侍郎崔知温、給事中劉景先兼脩國史。

九月壬午，吏部侍郎裴行儉討西突厥，擒其十姓可汗阿史那都支及别帥李遮匐以歸。

冬十月，單于大都護府突厥阿史德温傅及奉職二部相率反叛，立阿史那泥孰匐爲可汗，二十四州首領並叛。遣單于大都護長史蕭嗣業、將軍花大智、李景嘉等討之。與突厥戰，爲賊所敗。嗣業配流桂州。壬子，令將軍曹懷舜率兵往恒州守井陘，崔獻往絳州守龍門，以備突厥。庚申，前詔封嵩山，宜停。癸亥，吐蕃文成公主遣其大臣論塞調傍來告喪，請和親，不許。遣郎將宋令文使吐蕃，會贊普之葬。

十一月癸未，以吏部侍郎裴行儉爲禮部尚書，賞擒都支、遮匐之功也。甲辰，裴行儉爲定襄道大總管，與營州都督周道務等兵十八萬，并西軍程務挺、東軍李文暕等，總三十萬以討突厥。甲寅，臨軒試應岳牧舉人。

二年春正月乙酉，宴諸王、諸司三品已上、諸州都督刺史於洛城南門樓，奏新造《六合還淳》之舞。

二月丙午，詔曰：「故符璽郎李延壽撰《正典》一部，辭殫雅正，雖已淪亡，功猶可録，宜賜其家絹五十疋。」壬子，霍王元軌率文武百僚，請出一月俸料助軍，以討突厥。癸丑，幸汝州温湯。丁巳，至少室山。戊午，親謁少姨廟。賜故玉清觀道士王遠知謚曰昇真先生，贈太中大夫。又幸隱士田遊巖所居。己未，幸嵩陽觀及啓母廟，並命立碑。又幸逍遥穀道士潘師正所居。甲子，自温湯還東都。

三月，裴行儉大破突厥於黑山，擒其首領奉職。僞可汗泥孰匐爲其部下所殺，傳首來降。

夏四月乙丑，幸紫桂宫。戊辰，黄門侍郎裴炎崔知温、中書侍郎王德真並同中書門下三品。

秋七月，吐蕃寇河源，屯于良非川。河西鎮撫大使李敬玄與吐蕃將贊婆戰于湟中，官軍敗績。時左武衛將軍黑齒常之力戰，大破蕃軍，遂擢爲河源軍經略大使；令李敬玄鎮鄯州，爲之援。是月，突厥餘衆圍雲州，中郎將程務挺擊破之。

八月丁未，自紫桂宫還東都。甲子，廢皇太子賢爲庶人，幽於别所。

乙丑，立英王哲爲皇太子。改調露二年爲永隆元年，赦天下，大酺三日。

九月，河南、河北諸州大水，遣使賑卹，溺死者官給棺槥，其家賜物七段。

冬十月己酉，自東都還京。

十一月洛州饑，減價官糶，以救饑人。

二年春正月，突厥寇原、慶等州。乙亥，命將軍李知十、王杲等分兵禦之。癸巳，遣禮部尚書裴行儉爲定襄道大總管，率師討突厥温傅部落。己亥，詔雍、岐、華、同民户宜免兩年地税，河南、河北遭水處一年。上詔雍州長史李義玄曰：「朕思還淳返朴，示天下以質素。如聞游手墮業，此類極多，時稍不豐，便致饑饉。其異色綾錦，并花間裙衣等，糜費既廣，俱害女工。天后，我之匹敵，常著七破間裙，豈不知更有靡麗服飾，務遵節儉也。其紫服赤衣，閭閻公然服用；兼商賈富人，厚葬越禮。卿可嚴加捉搦，勿使更然。」

二月丙午，皇太子親行釋奠禮。

五月丙戌，定襄道總管曹懷舜與突厥史伏念戰於横水，官軍大敗。懷舜減死，配流嶺南。

七月，太平公主出降薛紹，赦京城繫囚。

閏七月丁未，黄門侍郎裴炎爲侍中，黄門侍郎崔知温、中書侍郎薛元超並爲中書令。庚申，上以服餌，令皇太子監國。丙寅，雍州大風害稼，米價騰踊。是月，裴行儉大破突厥史伏念之衆，伏念爲程務挺急追，遂執温傅來降，行儉於是盡平突厥餘黨。行儉執伏念、温傅，振旅凱旋。

八月丁卯朔，河南、河北大水，許遭水處往江、淮已南就食。辛卯，改交州爲安南都護府。

冬十月乙丑，改永隆二年爲開耀元年。曲赦定襄軍及緣征突厥官吏兵募等。丙寅，斬阿史那伏念及温傅等五十四人於都市。丁亥，新羅王金法敏薨，仍以其子政襲位。

十一月癸卯，徙庶人賢于巴州。

十二月，吐火羅獻金衣一領，上不受。

永淳元年正月乙未朔，以年饑，罷朝會。關内諸府兵，令於鄧、綏等州就穀。

二月癸未，以太子誕皇孫滿月，大赦。改開耀二年爲永淳元年，大酺三日。戊午，立皇孫重照爲皇太孫，欲開府置僚屬。吏部郎中王方慶曰：「按周禮，有嫡子無嫡孫。漢、魏已來，皇太子在，不立太孫，但封王耳。晉立愍懷太子子彧

爲太孫，齊立文惠太子子昭業爲太孫，使居東宮；而皇太子在而立太孫，未有前例。」上曰：「自我作古，可乎？」曰：「可。」然竟不立府僚。

四月丙寅，幸東都。皇太子京師留守，命劉仁軌、裴炎、薛元超等輔之。上以穀貴，減扈從兵，士庶從者多殍踣於路。辛未，以裴行儉爲金牙道行軍大總管，與將軍閻懷旦等三總管兵分道討十姓突厥阿史那車薄。行儉未行而卒。安西副都護王方翼破車薄、咽麪，西域平。戊寅，次澠池之紫桂宫。乙酉，至東都。丁亥，黄門侍郎郭待舉、兵部侍郎岑長倩、中書侍郎郭正一、吏部侍郎魏玄同並同中書門下同承受進止平章事。上謂參知政事崔知温曰：「待舉等歷任尚淺，且令預聞政事，未可即與卿等同名稱。」自是外司四品已下知政事者，遂以平章爲名。

五月壬寅，置東都苑總監。自丙午連日澍雨，洛水溢，壞天津及中橋、立德弘教景行諸坊，溺居民千餘家。

六月，關中初雨，麥苗澇損，後旱，京兆、岐、隴螟蝗食苗並盡，加以民多疫癘，死者枕藉於路，詔所在官司埋瘞。丁丑，以岐州刺史蘇良嗣爲雍州長史。京師人相食，寇盜縱横。

秋七月己亥，造奉天宫於嵩山之陽，仍置嵩陽縣。又於藍田造萬全宫。

是秋，山東大水，民饑。吐蕃寇柘、松、翼等州。

冬十月丙寅，黄門侍郎劉景先同平章事。

十二月，南天竺、于闐各獻方物。突厥餘黨阿史那骨篤祿等招合殘衆，據黑沙城，入寇并州北境。

二年春正月甲午朔，幸奉天宫，遣使祭嵩岳、少室、箕山、具茨等山，西王母、啓母、巢父、許由等祠。

二月庚午，突厥寇定州、嬀州之境。

三月庚寅，突厥阿史那骨篤祿、阿史德元珍等圍單于都護府。

夏四月己巳，還東都。甲申，綏州部落稽白鐵余據城平縣反，命將軍程務挺將兵討之。

五月庚寅，幸芳桂宫，阻雨，還東都。突厥寇蔚州，殺刺史李思儉，豐州都督崔智辯率師出朝那山掩擊之，爲賊所敗，遂寇嵐州。

秋七月己丑，封皇孫重福爲唐昌郡王。甲辰，相王輪改封豫王，更名旦。己丑，令唐昌郡王重福爲京留守，劉仁軌副之。召皇太子至東都。己巳，河水溢，壞河陽城，水面高於城内五尺，北至鹽坎，居人廬舍漂没皆盡，南北並壞。

十一月，皇太子來朝。癸亥，幸奉天宫。時天后自封岱之後，勸上封中岳。每下詔草儀注，即歲饑，邊事警急而止。至是復行封中岳禮，上疾而止。上苦頭重不可忍，侍醫秦鳴鶴曰：「刺頭微出血，可愈。」天后帷中言曰：「此可斬，欲刺血於人主首耶！」上曰：「吾苦頭重，出血未必不佳。」即刺百會，上曰：「吾眼明矣。」戊戌，命將軍程務挺爲單于道安撫大使，以招討總管討山賊元珍、骨篤祿、賀魯等。詔皇太子監國，裴炎、劉齊賢、郭正一等於東宮同平章事。丁未，自奉天宫還東都。上疾甚，宰臣已下並不得謁見。

十二月己酉，詔改永淳二年爲弘道元年。將宣赦書，上欲親御則天門樓，氣逆不能上馬，遂召百姓於殿前宣之。禮畢，上問侍臣曰：「民庶喜否？」曰：「百姓蒙赦，無不感悦。」上曰：「蒼生雖喜，我命危篤。天地神祇若延吾一兩月之命，得還長安，死亦無恨。」是夕，帝崩於真觀殿，時年五十六。宣遺詔：「七日而殯，皇太子即位于柩前。園陵制度，務從節儉。軍國大事有不決者，取天后處分。」羣臣上謚曰天皇大帝，廟號高宗。文明元年八月庚寅，葬於乾陵。天寶十三載，改謚曰天皇大弘孝皇帝。

雜録

備録

張鷟《朝野僉載》卷一 調露中，大帝欲封中岳，屬突厥叛而止。後又欲封，土番入寇，遂停。至永淳年，又駕幸嵩岳，謡曰：「嵩山凡幾層，不畏登不得，只畏不得登。三度徵兵馬，傍道打騰騰。」岳下遘疾，不愈，迴至宫而崩。

劉餗《隋唐嘉話》卷中 太宗征高麗，高宗留居定州，請驛遞表起居，飛奏事自此始。

崔令欽《教坊記・春鶯囀》 高宗曉聲律，晨坐聞鶯聲，命樂工白明達寫之，遂有此曲。

段成式《酉陽雜俎》前集卷一《忠志》 高宗初扶牀，將戲弄筆，左右試置紙

於前，乃亂書滿紙，角邊畫處，成草書數字。太宗遽令焚之，不許傳外。

劉肅《大唐新語》卷二《極諫三》 總章中，高宗將幸涼州。時隴右虛耗，議者以爲非便。高宗聞之，召五品已上，謂曰：「帝五載一巡狩，羣后肆朝，此蓋常禮。朕欲暫幸涼州，如聞中外咸謂非宜。」宰臣已下，莫有對者。詳刑大夫來公敏進曰：「陛下巡幸涼州，宣王略，求之故實，未虧令典。但隨時度事，臣下竊有所疑，既見明敕施行，所以不敢陳黷。奉敕顧問，敢不盡言。伏以高黎雖平，扶餘尚梗，西道經略，兵猶未停。且隴右諸州，人户寡少，供待車駕，備挺稍難。臣聞中外實有竊議。」高宗曰：「既有此言，我止度隴，存問故老，蒐狩即還。」遂下詔停西幸。擢公敏爲黄門侍郎。

中書令郝處俊：高宗將下詔遜位於則天攝知國政，召宰臣議之，處俊對曰：「《禮經》云：『天子理陽道，后理陰德。』然則帝之與后，猶日之與月，陰之與陽，各有所主，不相奪也。若失其序，上則謫見於天，下則禍成於人。昔魏文帝著令，崩後尚不許皇后臨朝，奈何遂欲自禪位於天后。況天下者，高祖、太宗之天下，非陛下之天下。正合謹守宗廟，傳之子孫，不可持國與人，有私於后。惟陛下詳審。」中書侍郎李義琰進曰：「處俊所引經典，其言至忠，惟聖慮無疑，則蒼生幸甚。」高宗乃止。及天后受命，處俊已歿，孫象竟被族誅。始，則天以權變多智，高宗將排羣議而立之。及得志，威福並作，高宗舉動，必爲掣肘。高宗不勝其忿。時有道士郭行真出入宫掖，爲則天行厭勝之術。内侍王伏勝奏之。高宗大怒，密召上官儀廢之，因奏：「天后專恣，海内失望，請廢黜以順天心。」高宗即令儀草詔，左右馳告則天，遽訴。詔草猶在，高宗恐其怨懟，待之如初，且告之曰：「此並上官儀教我。」則天遂誅儀及伏勝等，並賜太子忠死。自是政歸武后，天子拱手而已，竟移龜鼎焉。

劉肅《大唐新語》卷九《諛佞二一》 高宗末年，苦風眩頭重，目不能視。則天幸災逞己志，潛遏絶醫術，不欲其愈。及疾甚，召侍醫張文仲、秦鳴鶴診之，鳴鶴曰：「風毒上攻，若刺頭出少血，則愈矣。」則天簾中怒曰：「此可斬！天子頭上豈是試出血處耶？」鳴鶴叩頭請命，高宗曰：「醫之議病，理不加罪。且我頭重悶，殆不能忍，出血未必不佳。朕意決矣。」命刺之。鳴鶴刺百會及腦户出血。高宗曰：「吾眼明矣。」言未畢，則天自簾中頂禮以謝鳴鶴曰：「此天賜我師也。」躬負繒寶以遺之。高宗甚愧焉。

劉肅《大唐新語》卷一二《酷忍二七》 高宗王后性長厚，未嘗曲事上下。母柳氏，外舅爽，見内人尚宫，又不爲禮。則天伺王后所不敬者，傾心結之。所得賞賜，悉以分布。因誣王后與母求厭勝之術。高宗遂有意廢之。長孫無忌已下，切諫以爲不可。時中書舍人李義府陰賊樂禍，無忌惡之，左遷壁州司馬。詔書未至門下，李義府密知之，問計於中書舍人王德儉。王德儉曰：「武昭儀甚承恩寵，上欲立爲皇后，猶豫未決者，直恐大臣異議耳。公能建策立之，則轉禍爲福，坐取富貴。」義府然其計，遂代德儉宿直，叩頭上表，請立武昭儀。高宗大悦，召見與語，賜寶珠一斗，詔復舊官。德儉，許敬宗之甥也，癭而多智，時人號曰智囊。義府於是與敬宗及御史大夫崔義玄、中丞袁公瑜等，觀時變而布腹心矣。高宗召長孫無忌、李勣、于志寧、褚遂良，將議廢立。勣稱疾不至，志寧顧望不敢對。高宗再三顧無忌曰：「莫大之罪，無過絶嗣。皇后無子，今欲廢之，立武士彠女，何如？」無忌曰：「先朝以陛下托付遂良，望陛下問其可否。」遂良進曰：「皇后出自名家，先帝爲陛下所娶，伏事先帝，無違婦德。愚臣不敢曲從，上違先帝之旨。」高宗不悦而罷。翌日又言之，遂良曰：「伏願再三審思。愚臣上忤聖顔，罪當萬死。但得不負先帝，甘心鼎鑊。」因置笏於殿階，曰：「還陛下此笏。」乃解巾叩頭流血。高宗大怒，命引出。則天隔簾大聲曰：「何不撲殺此獠！」無忌曰：「遂良受先帝顧命，有罪不可加刑。」翌日，高宗謂李勣曰：「冊立武昭儀，遂良固執不從，且止。」勣曰：「陛下家事，何須問外人。」許敬宗又宣言於朝曰：「田舍兒剩種得十斛麥，尚欲换舊婦。況天子富有四海，立皇后有何不可？關汝諸人底事，而生異議！」則天令人以聞，高宗意乃定。遂廢王皇后及蕭淑妃爲庶人，囚之別院。高宗猶念之，至其幽所，見其門封閉極密，唯通一竅以通食器，惻然呼曰：「皇后、淑妃何在，復好在否？」皇后泣而言曰：「妾得罪，廢棄以爲宫婢，何敢竊皇后名！」言訖嗚咽。又曰：「至尊思舊，使妾再見日月，望改此爲迴心院，妾再生之幸。」高宗曰：「朕即有處分。」則天知之，各杖一百，截去手，投於酒甕中，謂左右曰：「令此兩嫗骨醉可矣。」初，令宫人宣敕示王后，后曰：「願大家萬歲。昭儀長承恩澤，死是吾分也。」次至淑妃，聞敕罵曰：「阿武狐媚，翻覆至此，百生千劫，願我託生爲貓兒，阿武爲老鼠，吾扼其喉以報今日足矣。」自此禁中不許養貓兒。頻見二人爲祟，被髮瀝血，如死時狀。則天惡之，命巫祝祈禱，祟終不滅。

錢易《南部新書》卷戊 高帝出獵，見大官刲羊，謂其無罪就死，以死鹿代之。

錢易《南部新書》卷辛　胡楚賓屬文敏速，每飲酒半酣而後操筆。高宗每令作文，必以金杯盛酒，令飲，便以杯賜之。

王溥《唐會要》卷二七《行幸》　顯慶二年閏正月十四日，幸洛陽，勑每事儉約，道路不許修理。是日微雨，至灞橋，御馬蹶，御史中丞許圉師劾進馬官監門將軍斛斯政則罪合死刑，請付法。上曰：「馬有蹶失，不可責人。」特原之。

程大昌《演繁露》卷四《儀鸞》　顯慶四年，高宗因羣臣賀桃株生李，上曰：「隋煬帝世，常有野雀集於殿上，當上校尉唱云：『此是鸞鳥。』有衛士報云：『田野之中，大有此物。』乃笞衛士，奏以爲瑞，仍名此殿爲儀鸞殿，至今嗤笑。」

陳思《書小史》卷一《紀》　龍朔二年四月，上自爲書與遼東諸將，謂許敬宗曰：「許圉師常自愛書，可於朝堂開示。」圉師見，甚驚喜，私謂朝官曰：「圉師見古跡多矣。魏晉以後，唯稱二王。然逸少多力而少妍，子敬多妍而少力。今觀聖跡，兼絶二王，鳳翥鸞迴，實古今書聖也。」

備論

《舊唐書》卷五《高宗紀下》　史臣曰：大帝往在藩儲，見稱長者；暨升旒扆，頓異明哉。虛襟似納於觸鱗，下詔無殊於扇暍。既蕩情於帷薄，遂忽怠於基扃。惑麥斛之佞言，中宮被毒；聽趙師之誣説，元舅銜冤。忠良自是脅肩，姦佞於焉得志。卒致盤維盡戮，宗社爲墟。古所謂一國爲一人興，前賢爲後愚廢，信矣哉！

贊曰：藉文鴻業，僅保餘位。封岱禮天，其德不類。伏戎于寢，構堂終墜。自蘊禍胎，邦家殄瘁。

《新唐書》卷三《高宗紀》　贊曰：《小雅》曰：「赫赫宗周，褒姒滅之。」此周幽王之詩也。是時，幽王雖亡，而太子宜臼立，是爲平王。而詩人乃言滅之者，以爲文、武之業於是蕩盡，東周雖在，不能復興矣。其曰滅者，甚疾之之辭也。武氏之亂，唐之宗室戕殺殆盡，其賢士大夫不免者十八九。以太宗之治，其遺德餘烈在人者未遠，而幾於遂絶，其爲惡豈一褒姒之比邪？以太宗之明，昧於知子，廢立之際，不能自決，卒用昏童。高宗溺愛衽席，不戒履霜之漸，而毒流天下，貽禍邦家。嗚呼，父子夫婦之間，可謂難哉！可不慎哉？

范祖禹《唐鑑》卷四《高宗》　永徽元年正月，太宗女衡山公主應適長孫氏。有司以爲服既公除，欲以今秋成昏。于志寧上言：「漢文立制，本爲天下百姓，公主服本斬衰，縱使服隨例除，豈可情隨例改，請俟三年喪畢成昏。」帝從之。

臣祖禹曰：《書》曰：「三載四海，遏密八音。」君喪三年，自古以來未之有改也。漢文率情變禮，薄於喪紀，始令吏民三日，羣臣三十六日而釋服。雖欲自損以便人，而不知使人入於夷狄也。自是以後，民不知戴君之義，而嗣君遂亦不爲三年之服。唐之人主鮮能謹於禮者，故有公除而議昏，亮陰而舉樂，内無父子，外無君臣，而欲教化，行禮俗成難，矣夫。

君者父道也；臣者子道也。無君是無父也，況人君而可以無父乎？若君服於内，臣除於外，是有父子無君臣也。爲國家者，必務革漢文之薄制，遵三代之隆禮，教天下以方，喪三年，則衆著於君臣之義矣。

三年正月，梁建方大破處月朱邪孤注。御史劾奏建方逗留不進，高德逸敕令市馬自取駿者。帝以建方等有功，釋不問。大理卿李道裕奏言德逸所取之馬筋力異常，請實中廄。帝謂侍臣曰：「道裕法官，進馬非其本職，妄希我意，豈朕行事不爲臣下所信邪？朕方自咎，故不欲黜道裕耳。」二月甲寅，帝御安福門樓觀百戲。乙卯，謂侍臣曰：「昨登樓欲以觀人情及風俗奢儉，非爲聲樂。朕聞胡人善爲擊鞠之戲，嘗一觀之。昨初升樓即有羣胡擊鞠，意謂朕篤好之也。帝王所爲，豈宜容易，朕已焚此鞠，冀杜胡人窺望之情，亦因以自誡。」

臣祖禹曰：高宗即位之初，日引刺史問民疾苦，尊禮輔相，恭已以聽，故永徽之政有正觀之風。察道裕希旨而自責行已之不足取信，覩胡人進戲而知所好之不可不慎。率是道也，豈不足爲賢君哉！不數年而悖謬昏惑，忠臣不可諫，骨肉不相保，雖享國之日久，卒成武氏之篡，何哉？初親賢，後用佞也。《書》曰：「孺子其朋，孺子其朋。」其往，周公所以戒成王也，況高宗乎。

五年九月，帝謂五品以上曰：「頃在先帝左右，見五品以上論事，或仗下面陳，或退上封事，終日不絶，豈今日獨無事邪？何公等皆不言也？」

臣祖禹曰：太宗嘉納直言，導羣臣以諫争，是以論闕失者日相繼也。後嗣承其餘烈，以高宗之闇而求言於臣下，如此由其祖宗爲之法也。《詩》曰：「詒厥孫謀，以燕翼子。」太宗之謂矣。

帝欲廢王皇后，立武昭儀，畏大臣不從，乃與昭儀幸太尉長孫無忌第，酣飲極驩。席上拜無忌寵姬子三人皆爲朝散大夫，仍載金寶繒錦十車以賜無忌。帝

因從容言皇后無子，以諷無忌。無忌對以它語，竟不順旨。帝及昭儀皆不悅而罷。昭儀又令母楊氏詣無忌第，屢有祈請，無忌終不許。衛尉卿許敬宗亦數勸無忌，無忌厲色折之。

臣祖禹曰：高宗欲廢后而立妾，故官無忌妾子，又重賂以悅之，誘之以利，非德賞也。而無忌受其官與賜，豈未之思乎？夫大臣欲以義正君，而先汲於利，則不足以爲重矣。無忌苟辭其官，反其賜而不受，使其君知大臣之不可誘以利，亦足以格其非心而益見憚矣。無忌不知出此，卒使武后怨其受賜而不助己，奸臣得以入其謀。高宗無足譏焉，惜乎無忌之不學也。

六年九月，帝召大臣，欲廢皇后，立武昭儀。李勣稱疾不入，褚遂良以死爭。帝大怒，長孫無忌曰：「遂良受先朝顧命，有罪不可加刑。」韓瑗涕泣極諫，又上疏諫，來濟上表諫。帝皆不納。它日李勣獨入見，帝問之曰：「朕欲立武昭儀爲后，遂良固執以爲不可。遂良既顧命大臣，事當且已乎？」對曰：「此陛下家事，何必更問外人。」帝意遂決。

臣祖禹曰：高宗欲廢立，而猶難於顧命大臣，取決於李勣之一言。勣若以爲不可，則武氏必不立矣。勣非惟不諫，又勸成之。孽后之立，無忌、遂良之死，唐室中絕，皆勣之由，其禍豈不博哉！太宗以勣爲忠，託以幼孤，而其大節如此。《書》曰：「知人則哲，惟帝難之。」信矣。

麟德二年二月，帝語及隋煬帝，謂侍臣曰：「煬帝拒諫而亡，朕常以爲戒，虛心求諫，而竟無諫者，何也？」李勣對曰：「陛下所爲盡善，羣臣無得而諫。」

臣祖禹曰：甚矣，李勣之佞也。陷君於惡又諂以悅之。君有求諫之心，而臣無納忠之志，其罪大矣。勣本羣盜，不學無識，可爲將而不可爲相以輔少主，居伊、周之地非其任矣。總章元年四月，彗星見于五車，帝避正殿，減常膳，撤樂。許敬宗等奏請復常，曰：「彗星見東北，高麗將滅之兆也。」帝曰：「朕之不德，謫見于天，豈可歸咎小夷，且高麗百姓，猶朕之百姓也。」不許。戊辰，彗星滅。

臣祖禹曰：天垂象，聖人則之。三辰之告，天所以警戒人君也。昔齊景公欲禳彗星，晏子曰：「彗，所以除穢也，君無穢德，又何禳焉。」若德之穢，禳之何損，而許敬宗諂諛人主，歸咎高麗，豈不矯誣上天乎？高宗庸昏，而猶能出人君之言，其至誠足以動天矣。然則自古失道之君，未必其身親爲不善也，奸佞之臣納之於惡者，蓋多矣。亦可以爲戒哉。

二年八月，詔以十月幸涼州，時隴右虛耗，議者多以爲未宜遊幸。帝聞之，御延福殿，召五品以上謂曰：「自古帝王，莫不巡守，故朕欲巡視遠俗。若果以爲不可，何不面陳，而退有後言，何也？」自宰相以下莫敢對。詳刑大夫來公敏獨進曰：「巡守雖帝王常事，然今高麗新平，餘寇尚多，西邊經略亦未息兵，隴右戶口雕弊，鑾輿所至，供億百端，誠爲未易。外間實有竊議，但明制已行，故羣臣不敢陳論耳。」帝善其言，爲之罷西巡。未幾，擢公敏爲黃門侍郎。

臣祖禹曰：自褚遂良、韓瑗、來濟之逐，長孫無忌之死，天下以爲言諱久矣。而高宗責羣臣之不言，若賢主之所爲，何哉！蓋親見太宗孜孜求諫，聽受直言，於心不忘，而欲慕其名，是以時亦爲之。及其溺於所愛，不顧禮義，則雖以元舅之親，顧命之臣，以先帝遺言爭之，確乎其不可入也。涼州之不行，得非武后之意乎？何其從諫之易也。且不從其大，而從其細，雖曰能聽諫，而謹其細行，亦不免陷於大惡也。

十一月，李勣寢疾，謂弟弼曰：「我見房杜平生勤苦，僅能立門戶。遭不肖子蕩覆無餘。吾有子孫，今悉付汝，我死謹察視之，其有志氣不倫，交遊非類者，皆先撾殺，然後以聞。」自是不復更言。

臣祖禹曰：《易》曰：「積善之家，必有餘慶；積不善之家，必有餘殃。」君子知欲澤及其子孫，世守其門戶，則莫若積善以遺之而已矣。房杜事君以忠，其子孫不肖，覆宗絕祀，出於不幸，非其積不善也。李勣一言而廢母后，立孽女，殺忠臣，罪不容誅，得死牖下，幸矣。至於其孫，率羣不逞以起兵，以興復爲辭而希覬非望之福，戮及父祖，剖棺暴尸，豈非餘殃哉。而勣之將死，乃以房杜爲戒，可謂不能省己者矣。古者父子之間不責善，骨肉之親無絕也。而有志氣不倫，交遊非類者，遽使殺之，殘忍無親，何異於梟獍乎？非所以爲訓也。

上元二年四月，太子弘薨。五月，下詔：「朕方欲禪位太子，而疾遽不起，宜申往命，加以尊名，可謚爲『孝敬皇帝』。」

臣祖禹曰：皇帝者，有天下之號，苟無其位，非所以爲贈謚也。父沒而後子立，今父在而追尊其子，豈禮也哉？李泌以爲武后欲謀篡國，酖太子洪，蓋高宗不之知，而后復加之尊名，以掩其迹。是時政出於后，高宗尸位而已。其後明皇追謚寧王憲，代宗追謚建寧王倓，以此爲故事，皆不正之禮，不可爲後世法也。

弘道元年二月，右庶子同中書門下三品李義琰改葬父母，使其舅氏遷舊墓。帝聞之怒曰：「義琰倚勢，乃陵其舅家，不可復知政事。」義琰聞之，不自安，以足疾乞骸骨。庚子，以義琰爲銀青光祿大夫致仕。

臣祖禹曰：高宗責義琰爲宰相而陵其母家，不可以率天下，斯言當矣。然已以讒殺元舅，而不自知其惡，何以責臣下之薄於母黨乎！由此觀之，自古人主能知其過者鮮矣。右高宗在位三十三年崩，年五十六。

佚名《歷代名賢確論》卷七五《論唐高宗立武后》 吁，虐哉高宗也！隋氏酷民塗炭，太宗援之以仁義，躋之於富壽。民方出死地而登樂土，高宗溺於一婦人，輕以天下授之，民復塗炭者二十年。信矣，高宗之虐也！初，太宗不豫，執高宗手，顧謂褚遂良、長孫無忌曰：「我好兒，我好新婦，今付卿。」暨王皇后廢，立則天，後唐室幾爲丘墟，李氏子孫殲踵殺戮，皆高宗之虐毒及於祖先，流於後世也。噫！皇后者，宗廟之本也，天下之母也。天子理陽道，后理陰德；君治外事，后聽内政。君之與后，猶日之與月也，陰之與陽也。立之必以存天下之大公，繫宗廟之大本，爲社稷之大計，合於天地人心，而後可以得立也。廢之必以存天下之大公，係宗廟之大本，爲社稷之大計，合於天地人心，而後可以得廢也。高宗專一人之欲，徇一人之愛，不顧天下大公、宗廟大本、社稷大計，而以一時之私情自廢立，卒貽武氏之禍，幾乎覆宗絶祀，日既不食；夜讀經書，漏分不寐。勞心苦體，孜孜焉，致海内太平，作子孫久長業。未嘗敢暫時宴樂，未嘗敢一夕荒寧。苑囿不游，絲竹不御，畋獵不數，女色不近。凡武德、貞觀二三十年間，四海晏然，生人樂業。國家之制度備矣，禮樂成矣，政化行矣，教法修矣，以垂於子、垂於孫，將謂之萬世而無喪亂覆亡之禍也。嗚呼！太宗陵土未乾，而則天奪國，李氏子孫，殺戮殆盡，唐室宗廟，將爲丘墟。自後韋皇后、安樂公主專政擅權，朝廷大壞。至楊太真之惑亂，則海内一摇。明皇、肅宗，四世播遷，唐室自此亦衰矣。才得十八帝，僅三百年，國滅家破，良由高宗、中宗、睿宗、明皇覆敗祖業。噫嗟歎息，痛心疾首，撫卷扼腕，而泣下不止。蓋傷其人子傳人社稷，不仁不孝，以致於此。臣聞天子之孝，在乎承宗廟，奉社稷，撫四海，安萬民。彼高宗輩惑一婦人，溺一女子，忽然忘宗廟之重，棄社稷之大，輕四海之廣，絶萬民之衆，其爲不孝也甚矣，後世得不以爲深戒哉！

王夫之《讀通鑑論》卷二一《唐高宗》 房遺愛狂騃，與婦人謀逆以自斃，而荆王元景、吴王恪駢首就戮，李道宗亦坐流以死。嗚呼！元景之長而有功，恪之至親而賢，道宗之同姓而爲元勳，使其存也，武氏尚未能以一婦人而制唐之命也。夫長孫無忌之決於誅殺，固非挾私以争權，蓋亦衛高宗而使安其位爾。乃衛高宗而不恤唐之宗社，則私於其出，無忌之惡也。原其所自失，其太宗之自貽乎！承乾廢，魏王絀，太宗既知恪之可以守國也，則如光武之立明帝，自決於衷，而不當與無忌謀。如以高宗爲嫡子而分不可紊，則抑自決於衷，而尤不當與無忌謀。疑而未決，則在廷自有可參大議之臣，如德宗之於李泌，宋仁宗之於韓琦，資其識以成其斷。唯無忌者，高宗之元舅也，而可與辨高宗與恪之廢立乎？乃告無忌曰：「雉奴弱，恪英果類我，我欲立之。」事既不果，無忌所早作夜思以疑恪、忌恪、畏恪之怨己而欲勦絶其命者，終不忘矣。唐無夾輔之親賢，而己以先后已謝之威靈，不能敵房帷之親寵，終亦必亡者，皆其所憯焉不顧者矣。太宗一言之失，問非其人，而不保其愛子，不永其宗祧。《易》曰：「君不密，則失臣。」豈徒君臣？父不密，且失其子矣。無忌怙外戚以爲擘固之圖，太宗不察焉，顧謂無忌曰：「公以恪非己之甥邪？」愈發其隱，而無忌之志愈憯矣。房玄齡、褚遂良之贊立高宗，義之正也；太宗之疑於立恪，道之權也；無忌之固請立高宗，情之私也。挾私而終之以戕殺，無忌之惡稔，而太宗不灼見而早防之，不保其子，不亦宜乎！或曰：褚公受顧命輔國政，不能止無忌之奸，且道宗之竄，公實與謀，豈亦挾私以翦宗子乎？夫房遺愛已探無忌之意旨，誣恪以求自免，言已出而若有徵，褚公未易任其無患，恪且死，罵無忌而不及公，則謂公之陷道宗者，亦許敬宗之誣，史無與正之與？

至弱之主，必有暴怒；至暗之主，必有微明。使弱以暗者，必無偶見之明、無恒之怒，則巨奸猶不測其所終，而未敢凌乘以逞；明乍啓而可蔽，怒忽動而旋移，然後伎倆畢見，可迫駕其上而無所復忌。君子之欲輔之以有爲也，難矣。而抑有道焉：苟知其明之不審而怒之易移，則豫防其明與威之不可繼，而因間抵隙，徐以養之，使積之厚而發之以舒，庶乎其有濟矣。即其不濟，而在我有餘地，以待他日之改圖；在彼無增長之威，以成不可拔之勢。故惟慎重以持權者，能事昏主、宰亂朝，而消其險阻，斯大臣之所以不易得也。高宗以厭禱故怒武氏而欲廢之，使其廢也，社稷之福也。雖然，廢后大事也，惡有倏然怒之，倏然言之，而即倏然廢之者乎？倏然言之，即可倏然廢之，則其人雖不廢，亦無能害於國凶於家矣。悍狡如武氏，而可以偶然之忿黜之須臾乎？懦夫之懦也，惟其忿怒偶發而悻悻不能俄頃待也。暴雨之盈溝澮，操舟而汎之以指江海。上官儀之不審，愚亦甚矣哉！使於此持重以處而漸導以機，從容謂帝曰：后之不可爲天下母，臣等固知之而未敢言也，今幸上知之矣，而固未可輕也，姑寬之以觀其驕，漸疏之以觀其怨，斟酌於心，而正告羣臣，悔前此之過，然後正祖宗之家法，與天下

共黜之，臣且達上意於公忠體國之大臣，咸使昌言以昭天下之公論，今未可以一紙詔書快須臾之怒也。如此，則高宗之志可漸以定，武氏之惡可察而著，忠直之言可牖而納，佞幸之黨可次而解，而懦夫易消之怒，以無所發而蘊於中，武氏之涕泣無所施，而危機自阻。其終廢也，社稷以寧，即不終廢也，亦何至反激其搏噬，劫羣臣以使風靡哉？上官儀之不及此也，識不充，守不固，躁率而幸成於一朝，喪身殃國，儀欲辭其咎而不能矣。雖然，論者曰：「彼昏不知，不可與言，儀之不智以亡身，與京房等」，則非也。身爲大臣，有宗社之責焉。緘口求容，鄙夫而已矣。儀忠而愚者也，未可以苛求也。

張公藝以百忍字獻高宗，論者謂其無當於高宗之失，而增其柔懦，亦惡知忍之爲道乎！《書》曰：「必有忍，乃克有濟。」忍者，至剛之用，以自彊而持天下者也。忍可以觀物情之變，忍可以挫奸邪之機，忍可以持刑賞之公，忍可以畜德威之固。夫高宗乍然一怒，聽宦者之辭，而立命上官儀草詔以廢武氏，是惟無激，激之而不揣以憤興，不忍於先，則無恒於後，所以終脅於悍婦者正此也。夫能忍者，豈桎梏其羞惡是非之心以使不行哉？不任耳而以心殉之而已矣。任耳而以心殉之者，如急水之觸磯，沸膏之蘸水，譖愬甫及而顔頳耳熱，若高天厚地之無以自容，正哲婦奸人所乘之以制其命者也。故王后伉儷之恩，太子賢、太子忠毛裏之愛，長孫無忌渭陽之情，聞譖即疑，而死亡旋及，一激即不能容，他日悔之而弗能自艾，不忍於耳，即不忍於心，高宗之絶其天良，惡豈在忍哉？公藝之忍而保九世之宗，唯聞言不信而制以心也，威行其中矣。不然，子孫僕妾噂沓背憎以激人於不可忍，日盈於耳，尺布斗粟，可操戈戟於天倫，而能飭九世以齊壹乎？

藝文

《文苑英華》卷七七四李華《高宗康頌三》 肇爲阯爲堂，實勤實，勤一作實勤實勤。付俾厥裔，不成后帝。帝思不忘，神桀静康不曜而光，不求而昌。自中方外，達夷荒一作羌。瞻我大邦，助祭于廟，執貢朝于王。油油時雲，兩厥百穀；繆繆景風，扇彼嘉穀。飴口飽腹，以猷以足，俾壽而福，都阜成天人。

《文苑英華》卷八三五天后武氏《唐高宗大皇大帝哀册文》 維弘道元年，歲次癸未，十二月甲寅朔，四日丁巳，大行天皇崩于洛陽宫之貞觀殿，殯于乾元殿之西階。粤以文明元年五月壬午朔，十五日丙申，發自瀍洛旋于鎬京。以其年八月庚辰朔，十一日庚寅，將遷座于乾陵，禮也。曉霧收碧，晨霞泛册，庭分羽衛，殫啓龍攢。哀子嗣皇帝輪，攀訴容車，崩號宸殿悲屋軺之空嚴，感鳳樽之虚薦。擗摽糜潰，充窮殞裂，刻思攀一作舉。而還迷，羸喘興而復絶。俯惟煢悫，荼毒交侵，瞻白雲而茹泣，望蒼野而摧心。愴遊冠之日遠，哀墜舠之年深。淚有變於湘竹，恨方纏於穀林。念兹孤幼，哽咽荒襟，腸與肝而共斷，憂與痛而相尋。顧慕册檻，迴環紫掖，撫耿嗣而傷今，想宸顔而慟昔。寄柔情於簡素，播天聲於金石。其詞曰：

月瑶誕慶，靈一作雲。丘降祥。仙源漢遠，聖緒天長。繞樞飛電，麗室騰光。烏庭開象，龍德含章。六藝生知，四聰神授。晦迹登序，韜光齒胄。綴王詞條，緝瓊文囿。發揮緑錯，牢籠紫宙。鑑符敦敏，量木疏通。賓門表譽，納麓彰功。始潜朱邸，或躍青宫。夏俞欽德，周誦傾風。粤自銅闈，虔膺寶命。惠霑動植，信洎翔沫。淳化有敷，至仁無兢。教溢璇寓，道光金鏡。五龍開運，六羽昇平。西雲應吕，南風散絃。晷符羲日，蔭廣堯天。賁園旌士，焚林蓋賢。濬明上格財成下濟。問寢承親，在原申悌。戒盈茅宇，斶奢土砌。衢室標宗，雲門饗帝。以聖承聖，資明嗣明。禮崇殷夏，樂盛咸英。時和俗泰，天平地成。永同文軌，長垂頌聲。德動乾符，威清地紀。澄氛遂一作和。穴，掃沴濛汜。推轂六師，坐知千里。亭毒寰縣，瑩鏡圖史。霜戟林聳，月旗雲亘。疊鼓簫闕，鳴笳松嶝。追涼水殿，避暑山楹。霞翻浪井，樹響層一作魯。城。務簡通一二，神凝得一。玄池肆賞，青丘佇逸。訪道順風，養真乘日。拜牧襄野，尊師石室。寶獻河宗，賮歸王會。浮毳交影，飛輪繫軟。雲封薦欵，日觀申虔。告成七廟，歸功九天。無事無爲，爰逝爰豫。骨域延想，汾川滌慮。儀鳳巢阿，飛麟在馭。火林歸朔，燭鄉移曙。所冀玄壽，齊年紫皇。祲興旅館災纏未央。遽脱屣於宸極，奄乘雲於帝鄉。亘天維而落構，匝日寓而沉光。殉百身而靡贖，積萬苦而徒傷。魂銷志殞，裂骨抽腸。受王几之遺顧，託寶業於窮荒，嗣君孝切，諒闇居喪。荷一作集。大務於殘喘，積衆憂於未亡。所以割深哀而克勵，力迷衿而自强。嗚呼哀哉！浹埏遏密，綿區縞素。恨鈞天之不歸，瞻鼎湖以凝慕。嗚呼哀哉！攀聖滋遠，戀德滋深。訴昊穹而兩泗，擗厚載而崩心。泣人靈而灑悲霰，晦宇宙而起愁陰。嗚呼哀哉！緹琯移序朱明應律。蛩龕方營，龜謀獻吉，背九洛而移馭，儼八川而從蹕。列璧羽之逶迤，動鍾梡之簫瑟。顧園邑之蒼翠，望巖遂之紆鬱。喬陽之烏

不追，茂陵之書方出。嗚呼哀哉！跡圖懸圃，神降長流。去重陽之奕奕，襄大夜之悠悠。同霸塋之薄空，契紀廛而莫脩。思門山於夕月，悲隴樹於新秋。嗚呼哀哉！想軒駕之攀龍，思尋一作吊。山之戀鳳。矧承眷於先房，誓奉毀而哀送。豈謂務切至綦，一作丕基。事違深倥。仍徇公而抑己，遂奪情以從衆。悲干罔極之悲，痛萬終天之痛。嗚呼哀哉！恭惟聖烈，寔鏤微衷。敬因雕管，載撰玄功。業彌遥而道彌著，時益遠而聲益隆。播二儀而不極，横四海而焉窮。嗚呼哀哉！

宋敏求《唐大詔令集》卷七李嶠《應天神龍皇帝册文》 維神龍三年，歲次丁未，九月景申朔，五月庚子，具官某及文武羣臣等，謹昧死再拜稽首奉册言：爰自厥初，肇興司牧，皇矣撫極，蒸哉察道；莫不因時適變，改物殊徽，推五運而陟崇高，步二儀而應曆數。天地人皇之立稱，始别洪荒；唐虞夏帝之居尊，漸詳文質。姬水以推輪發號，烈山以斵耒增名，然後仁被德宣，功昭業遠，歷訪前古，兹爲舊式。我大唐受乾坤之睠命，當寓縣之謳歌，奄有黎庶，遂荒宸象。應天皇帝陛下垂旒御辨，載海披圖，承四業之休光，握三靈之寶契。虞舜蒸蒸之德，永錫羣方；周文翼翼之心，其凝庶績。駈齊人於仁壽，致雅俗於醇醲，六府咸修，五戎不用。航海梯山之客，奉贄輸賝；耕田鑿井之夫，擊壤鼓腹。中外静謐，表裏邕熙，而孽子滔天，亂臣干紀，謀同觸瑟，禍劇弄兵。不虞之災，忽生於肘腋；無象之鑒，獨賾於神祇。于時凶豎逼樓，聖君憑檻，威靈下濟，豈封豕之周惶；醜逆上瞻，見神龍之輔翼。寶仗似億千之衛，天儀成丈六之容。衆瑞共臨，羣妖大駭，盡迷方而失據，咸奪氣而忘精，顧盼而斬馘羣兇，指麾而冰銷霧廓。雖復草爲兵甲，秦師驚將帝之神；樹作幡幢，釋主屈魔王之衆；虵軀之變媧后，蚊影之隨漢高，未足以匹此奇徵，方斯偉應。自非冥符幽贊，睿感潛通，何以承波若之護持，享高明之福助？昔者伏牛之主，是曰犧皇；名鳥之君，仍題鳳紀。法身用焉鳴成道，上士以龍德爲仙。敢託元符，爰資故實，謹上尊號曰應天神龍皇帝。鴻猷載肇，昌曆惟新，庶以仰順乾心，俯從人欲。天長地久，更隆四大之尊名；玉振金聲，恒爲百王之稱首：盛矣美矣，唐哉皇哉！臣某等誠歡誠喜頓首頓首死罪死罪再拜以聞。

宋敏求《唐大詔令集》卷一一唐太宗《太宗遺詔》 夫天命之重，緑錯奉其圖書；天子之尊，赤縣先其司牧。而功兼造化，喬山之樹已陰；業致昇平，蒼梧之駕方遠。至於平寇亂，安黎元，洒洪災，攘大患，黄帝之五十二戰，商湯之二十七征，以此申威，曾何足筭。昔者亂階斯永，禍鍾隋季，磬宇凝氛，曀昏辰象，綿區作梗，摇蕩江河。朕拂衣於舞象之年，抽劍於斬虵之地。雖復妖干王莽，戮首輗車，兇百蚩尤，釁尸軍鼓。垂文暘於炎野，餘勇澄於斗極。前王不闢之土，悉請衣冠；前史不載之鄉，並爲州縣。再維地軸，更張乾絡。禮義溢於寰瀛，菽粟同於水火。破舟船於靈沼，收干戈於武庫。辛李衞霍之將，咸分土宇；搢紳廊廟之材，共垂帶綬。至於比屋黎元，關河遺老，或贏金帛，或賚倉儲。朕於天下士大夫，可謂無負矣；朕於天下蒼生，可謂安養矣。自櫛風沐雨，遂成弭沴，憂勞庶政，更起沉痾。況乃漢苦周勤，禹胼堯臘，以矜百姓之所致也。道存物往，人理同歸，掩乎玄泉，夫亦何恨矣。皇太子治，大孝通神，自天生德，累經監撫，熟達機務。凡厥百僚，羣公卿士，送往事居，無違朕意。屬纊之後，七日便殯。宗社存焉，不可無主，皇太子即於柩前即皇帝位，依周漢舊制，軍國大事，不可停闕，尋常閑務，任之有司。文武官人三品已上，並三日朝晡哭臨，十五舉音，事畢便出。四品已下，臨於朝堂，其殿中當臨者，非朝夕臨，無得擅哭。諸王爲都督刺史任者，並來奔喪。濮王萊王，不在來限。其方鎮岳牧，在任官人，各於任所舉哀三日。其服紀輕重，宜依漢制，以日易月。園陵制度，務從儉約。昔者霸陵不掘，則朕意焉。遼東行事並停。太原元從人見在者，各賜勳官一級。諸營作土木之功，並宜停斷。貞觀二十三年五月。

宋敏求《唐大詔令集》卷一三武后《高宗天皇帝謚議》 竊聞星迴日薄，懸象著明之謂天；龍躍鳳翔，握鏡乘時之謂聖。天以不言爲德，非言無以暢其神；聖以無名會道，佇名然後筌其用。嘗窟橧巢之代，猶昧典章；如雲類海之君，方崇號謚。所以闡揚功美，榮鏡古今。伏惟大行皇帝，稟樞電以降靈，膺星虹而延睿。以大聖而乘聖，克昌寶曆之基；由至德而纂德，載廣金圖之運。對日之歲，窮象外之微言；弄田之辰，盡天下之能事。迨入膺儲副，養德春闈。恒侍禁中，問安之道斯極；長居膝下，候色之誠逾勵。因心隆於愛敬，率性感於神明，此先聖之孝德也。洎乎正位旒扆，光宅區縣，孚俗軫如傷之念。負重懷若厲之心，求瘼恤隱，寒扇渴漿。追夏禹之焚甲，襲殷湯之解網。一物有違，則滿堂興慮；一夫弗獲，則推溝寘懷，此先聖之仁德也。無幽不察，觀六合於目前；無遠不招，視八紘於掌内。循機授政，則倍燭於九圍；命將出師，則坐知其萬里。此先聖之明德也。賓畏上玄，肅雍清廟，以義制事，以禮制心。提衡均馭朽之危，履石同蹈冰之懼，雖處泰罔泰休而勿休。此先聖之恭德也。卑宫菲食，土簋茅簷，身好弋

綈之衣，手無金玉之玩，鞶裘必爐，絳帳必易，捐雕鏤而莫施，屏鸞龍而弗馭，此先聖之廉德也。滎河綠錯，鑒宸鑑而生知，溫洛丹青，藻璇襟於性與。汾水秋風之唱，仰天翰而扶輪；嬀汭叢雲之調。欽睿詞而擁彗，此先聖之文德也。駕狄□狄，無遠而不懷；以戎伐戎，有征而必伏。提封所亘，拓地伍於鄒瀛；正朔所通，闢境踰於亥步。此先聖之威德也。爲於無爲，事於無事，嗚鑾訪道，□拜小童之言，脩己就問，載感大庭之夢。此先聖之玄德也。體至道而調一氣，舒卷陰陽；運冲和而契兩儀，發揮風雨。將百靈以交際，□萬物而通誠，珍瑞普彰，休徵畢應。此先聖之神德也。以兹九德，上則九玄。顧連陸於後塵，掩胥燧而高視。若乃亭育羣方之惠，財成庶類之仁，百姓日用而不知，萬品歲計而不測，握河沈璧，既受貺於玄符，封岳泥金，復推功於大帝，巍巍蕩蕩，無得而名。方冀千祥翊聖，萬翊贊德。長居北極之尊，永契南山之壽。豈謂十枝墜景，遽淪悲谷之暉，八柱傾天，奄落閶陽之構。雲輿在御，仙路方遥。攀號無再奉之期，摧殞深百身之痛。鼎湖弓劍，逾增日遠之悲；璇寢衣冠，空愴月游之感。顧以虚菲，夙承乾陰，既忝彰明之地，常懷輔佐之誠。薦螢燭以助光，引鶴露而添海。而聖德虚受，無求不應，每聽覽餘暇，侍奉話言，論道德則洞啓玄樞，語忠孝則廣通心極。叙軒頊之淳化，積若神交；述堯禹之清風，宛成晤對。在位二十五載，功超七十二君。圖象所莫傳，開闢所不覩。罄楚越之竹，書善未窮；極泉雲之才，頌德難盡。自賢歡厭俗，緹律亟移，禍變相仍，荒梗彌切。正惟憑几之夕，爰及啓衾之際。神清湛正，顧託慇勤。痛遺音之既遠，懼先旨之無述。所以俯延荒息，强綜彝倫，望膺漢以興推，瞻宸筵而永慕。今者龜謀既襲，登壛將臨，敬上尊號之儀，冀葉大名之典。謹按自然覆育曰天，明一合道曰皇，無所不包曰大，謹狀上議曰天皇大帝，廟稱高宗。

宋敏求《唐大詔令集》卷二七唐太宗《立晉王爲皇太子詔》 昔者哲王受圖，上聖垂範，建儲兩以奉宗廟，總監撫以寧邦國。既義在於至公，亦事兼於權道。故以賢而立，則王季興周；以貴而升，則明帝定漢。詳諸方册，豈不然乎？并州都督右武侯大將軍晉王治，地居茂親，才惟明悊，至性仁孝，淑哲惠和。夙著夢日之祥，早流樂善之譽。好禮無倦，强學不怠。今承華虚位，率土繫心，疇咨文武，咸所推戴。古人云：「知子莫若父，知臣莫若君。」朕謂此子，實允衆望。可以則天作貳，可以守器承祧，永固百世，以貞萬國。可立爲皇太子，所司備禮册命。貞觀十七年四月。

宋敏求《唐大詔令集》卷二八唐太宗《册晉王爲皇太子文》 維貞觀十七年，歲次甲辰，四月某朔日，於戲！惟爾并州都督右武侯大將軍晉王治，忠肅恭懿，宣慈惠和，仁孝出於自然，信義備於成德。禎祥夙著，睿哲日新，永言少陽，匕鬯是寄。疇咨朝列，卿士協從，是用命爾爲皇太子。往欽哉！爾其思王道之艱難，遵聖人之炯戒，勤修六德，勉行三善。無或舉非法度，忘恭儉而好驕奢；無或理乖彝倫，遠忠良而近邪佞。非履道無以彰名，非任賢無以成德。爾身爲善，國家以安；爾身爲惡，天下以殆。睦九族而禮庶僚，懷萬邦而憂退裔。兢兢業業，無怠無荒，克念爾祖宗，以寧我宗社，可不慎歟！

裴炎部

綜述

《舊唐書》卷八七《裴炎傳》 裴炎，絳州聞喜人也。少補弘文生，每遇休假，諸生多出遊，炎獨不廢業。歲餘，有司將薦舉，辭以學未篤而止。在館垂十載，尤曉《春秋左氏傳》及《漢書》。擢明經第，尋爲濮州司倉參軍。累歷兵部侍郎、中書門下平章事、侍中、中書令。

永淳元年，高宗幸東都，留太子哲守京師，命炎與劉仁軌、薛元超爲輔。明年，高宗不豫，炎從太子赴東都侍疾。十一月，高宗疾篤，命太子監國，炎奉詔與黄門侍郎劉齊賢、中書侍郎郭正一並於東宫平章事。十二月丁巳，高宗崩，太子即位。未聽政，宰臣奏議，天后降令於門下施行。中宗既立，欲以后父韋玄貞爲侍中，又欲與乳母子五品，炎固爭以爲不可。中宗不悦，謂左右曰：「我讓國與玄貞豈不得，何爲惜侍中耶？」炎懼，乃與則天定策廢立。炎與中書侍郎劉禕之、羽林將軍程務挺張虔勗等勒兵入内，宣太后令，扶帝下殿。帝曰：「我有何罪？」太后報曰：「汝欲將天下與韋玄貞，何得無罪。」乃廢中宗爲廬陵王，立豫王旦爲帝。炎以定策功，封河東縣侯。

太后臨朝，天授初，又降豫王爲皇嗣。時太后姪武承嗣請立武氏七廟及追王父祖，太后將許之。炎進諫曰：「皇太后天下之母，聖德臨朝，當存至公，不宜追王祖禰，以示自私。且獨不見呂氏之敗乎？臣恐後之視今，亦猶今之視昔。」太后曰：「呂氏之王，權在生人；今者追尊，事歸前代。存殁殊迹，豈可同日而言？」炎曰：「蔓草難圖，漸不可長。殷鑒未遠，當絶其源。」太后不悦而止。時韓王元嘉、魯王靈夔等皆皇屬之近，承嗣與從父弟三思屢勸太后因事誅之，以絶宗室之望。劉禕之、韋仁約並懷畏憚，唯唯無言，炎獨固爭，以爲不可，承嗣深憾之。

文明元年，官名改易，炎爲内史。秋，徐敬業構逆，太后召炎議事。炎奏曰：「皇帝年長，未俾親政，乃致猾豎有詞。若太后返政，則此賊不討而解矣。」御史崔詧聞而上言，曰：「裴炎伏事先朝，二十餘載，受遺顧託，大權在己，若無異圖，何故請太后歸政？」乃命御史大夫騫味道、御史魚承曄鞫之。鳳閣侍郎胡元範奏曰：「炎社稷忠臣，有功於國，悉心奉上，天下所知，臣明其不反。」右衛大將軍程務挺密表申理之，文武之間證炎不反者甚衆，太后皆不納。光宅元年十月，斬炎于都亭驛之前街。炎初被擒，左右勸炎遜詞於使者，炎歎曰：「宰相下獄，焉有更全之理！」竟無折節。及籍没其家，乃無儋石之蓄。胡元範，申州義陽人，坐救炎流死瓊州。程務挺伏法，納言劉齊賢貶吉州長史，吏部侍郎郭待舉貶岳州刺史，皆坐救炎之罪也。

先是，開耀元年十月，定襄道行軍大總管裴行儉獻定襄所獲俘囚，除曲赦外，斬阿史那伏念、温傅等五十四人於都市。初，行儉討伐之時，許伏念以不死，伏念乃降。時炎害行儉之功，奏云：「伏念是程務挺、張虔勗逼逐于營，又磧北回紇南向逼之，窘急而降。」乃殺之。行儉歎曰：「渾、濬之事，古今恥之。但恐殺降之後，無復來者。」行儉因此稱疾不出。炎致國家負義而殺降，妬能害功，構成陰禍，其敗也宜哉！

睿宗踐祚，下制曰：「飾終追遠，斯乃舊章；表德旌賢，有光恒策。故中書令裴炎，含弘稟粹，履信居貞，望重國華，才稱人秀。唯幾成務，鎮宣于代工；偶居無猜，義深於奉上。文明之際，王室多虞，保乂朕躬，實著誠節。而危疑起釁，倉卒罹災，歲月屢遷，丘封莫樹。永言先正，感悼良多。宜追賁於九原，俾增榮於萬古。可贈益州大都督。」

炎長子彦先，後爲太子舍人；從子伷先，後爲工部尚書。

雜録

備録

張鷟《朝野僉載》卷五 裴炎爲中書令，時徐敬業欲反，令駱賓王畫計，取裴炎同起事。賓王足踏壁，静思食頃，乃爲謡曰：「一片火，兩片火，緋衣小兒當殿坐。」教炎莊上小兒誦之，并都下童子皆唱。炎乃訪學者令解之。召賓王至，數

唆以寶物錦綺，皆不言。又賂以音樂、女妓、駿馬，亦不語。乃對古忠臣烈士圖共觀之，見司馬宣王，賓王欻然起曰：「此英雄丈夫也。」即說自古大臣執政，多移社稷，炎大喜。賓王曰：「但不知謠讖何如耳。」炎以謠言「片火緋衣」之事白，賓王即下，北面而拜曰：「此真人矣。」遂與敬業等合謀。揚州兵起，炎從內應，書與敬業等合謀。唯有「青鵞」，人有告者，朝廷莫之能解，則天曰：「此：『青』字者十二月，『鵞』字者我自與也。」遂誅炎，敬業等尋敗。

劉肅《大唐新語》卷三《清廉六》 裴炎有雅望於朝廷，高宗臨崩，與舅王德真俱受遺詔輔少主。則天既臨朝，廢中宗爲廬陵王，將行革命之事。徐敬業舉兵於揚州，時炎爲內史，示閑暇不急討。則天潛察之，下炎詔獄，鳳閣侍郎胡元範、劉齊賢等庭争，以炎忠鯁無反狀。則天曰：「炎反有端，顧卿不知耳。」範、賢曰：「若裴炎反，臣等亦反。」則天曰：「朕知裴炎反，知卿不反。」炎既誅，範、賢亦被廢黜。炎將刑，顧謂兄弟曰：「可憐官職並自得之，炎無分毫遺，今坐炎流竄矣。」炎雖官達而甚清貧，收其家，略無積聚，時人傷焉。

劉肅《大唐新語》卷一〇《釐革二二》 舊制，宰相臣嘗於門下省議事，謂之政事堂。故長孫無忌、魏徵、房玄齡等，以他官兼政事者，皆云知門下省事。弘道初，裴炎自侍中轉中書令，執朝政，始移政事堂於中書省，至今以爲故事。

劉肅《大唐新語》卷一一《懲戒二五》 高宗大漸，顧命裴炎輔少主。既而則天以太后臨朝，中宗欲以后父韋玄貞爲侍中，並乳母之子五品官。炎争以爲不可。中宗不悅，謂左右曰：「我讓國與玄貞豈不得！何爲惜侍中？」炎懼，遂與則天定策，廢中宗爲廬陵王，幽於別所。則天命炎及中書侍郎劉禕之率羽林兵入，左右承則天旨，扶中宗下殿。中宗曰：「我有何罪？」則天曰：「汝欲將天下與韋玄貞，何得無罪！」炎居中執權，親授顧託，未盡匡救之節，遽行伊霍之謀，神器假人，爲獸傅翼，其不免也宜哉！

備論

《舊唐書》卷八七《裴炎傳》 史臣曰：裴炎位居相輔，時屬艱難，歷覽前蹤，非無忠節。但見遲而慮淺，又遭命以會時。何者，當是時，高宗晏駕尚新，武氏革命未見，炎也唯慮中宗之過失，是其淺也；不見太后之苞藏，是其遲也。及乎承嗣請封祖禰，三思勸殺宗親，然後徒有諫章，何嘗濟事，是辜遺託，豈痛伏誅。時論則然，遲淺須信。況聞覯構逆則示其閒暇，俾殺降則彰彼猜嫌，小數有餘，大度何足，又其驗也。【略】贊曰：政無刑法，時屬艱危。裴炎之智，慮淺見遲。禕之履行，貸色自欺。昭德强猛，何由不虧？死無令譽，孰謂非宜。玄同不幸，顛殞亦隨。

《新唐書》卷一一七《裴炎傳》 贊曰：異乎，炎之暗于幾也！知中宗之不君，不知武后之盜朝，假虎翼而責其搏人，死固宜哉！昭德、項進不以道，君子恥之。雖然，一情區區，抑武興唐，其助有端，則賢炎遠矣。禕之、玄同漏言及誅，不失所以事君者云。

孫甫《唐史論斷》卷上《裴炎請太后歸政太后殺之》 論曰：裴炎死雖由直諫，迹其本末，自取之也。武后篡奪之勢，非一朝一夕爲之，方欲因事立威，震攝中外，然後行其所謀。中宗即位之初，過寵后父，炎力争之，因有「讓國」之言，蓋一時忿激之詞也。炎諫於外，武后制於內，一孱主豈能有爲？何得因一時忿激之詞，便謂不堪輔佐，遽行廢立？蓋炎自以忤意，預憂禍及，遂附武后爲之謀爾。殊不知后既能廢帝立少子，天下之權皆出於己，其勢至此，事肯已乎？況素有異謀也。炎方區區諫正其過，又請復政少子。盜欲取人奇寶，己預其謀，既使得之，乃以廉恥爲責，令歸其寶，言得從乎？言既不從，禍可免乎？故曰：炎之死，亦自取之也。夫爲人臣者，惟當盡力於事，在擇主之正與不正爾。主不正而盡力，鮮有不罹其禍者。蓋共事之時，知其計畫所長，用心所向；得志之後，必慮復與人謀，則不利於己，故有忌之之意。炎與劉禕之、程務挺輩相繼被戮，皆自取之也。

胡寅《致堂讀史管見》卷一八 中宗即位，立妃韋氏爲后。中宗欲以后父韋玄貞爲侍中，裴炎固争，中宗怒曰：「我以天下與韋玄貞，何不可？而惜侍中耶？」炎白太后，密謀廢立。太后集百官於乾元殿，裴炎勒兵入宮，宣太后令，廢中宗爲廬陵王。中宗曰：「我何罪？」太后曰：「汝欲以天下與韋玄貞，何得無罪？」乃幽于別所。立豫王旦爲皇帝，是爲睿宗，事皆決於太后。

世觀中宗之廢者，往往歸咎武氏，而不知事起裴炎也。中宗云「以天下與韋玄貞」，固爲失言，炎安得奔告于后，遽謀廢之耶？身爲宰相，勒兵宣令，則廢君之罪，炎爲首，而武后爲從矣。炎但知玄貞與政，必與己分權，不若倚后爲重，而不爲唐室遠慮，以啓革命屠戮之禍，然則炎之罪又不止於廢君而已。武氏包藏

禍心，覬覦神器，自高宗中代，其迹益彰，炎豈懵然不識乎？苟不能識，是爲不智，罪猶淺也，識后意趣而勸使廢立，是欲爲后腹心股肱之助，其情爲如何？它日劉景先、胡元範與文武間不以炎爲反者，皆昧於君臣之大義者也。

武承嗣請太后追王其祖，立武氏七廟，太后從之。裴炎諫曰：「太后母臨天下，當示至公，不可私於所親，獨不見呂氏之敗乎？」太后曰：「呂后以權與生者，故及於敗。今吾追尊亡者，何傷乎？」對曰：「事當防微杜漸，不可長耳。」太后不從。

哀哉，裴炎之愚也！人主一言之失，即勸女主廢之，而戒以「防微杜漸」，事尚有微漸於廢君者乎？呂氏惟殺趙王、戚姬也，遂有王諸呂之事。武氏殘其主母，而害三太子，比之呂后孰爲甚？炎舉呂氏之敗以爲戒，而不知廢天子者，呂后所無有也。事當防微，而爲之決其防事，當杜漸而爲之撤其杜，躬行此事而口出此戒，所謂識二五而不知十者，其愚豈不甚乎？

太后問計於裴炎，對曰：「皇帝年長，不親政事，故豎子得以爲詞。若太后返政，則不討自平矣。」太后怒，以炎欲反，斬之。

裴炎謂睿宗年長不親政事，故賊得以爲辭，中宗年長，既親政矣，而炎廢之，何説也？始而廢中宗，開太后視朝，今而議討賊，勸太后復辟，譬猶以肉啗飢虎，又從而奪之，則見咋而已矣。故能權輕重，而後可以當國家之大事。韋玄貞爲侍中，雖曰外戚，然有長孫無忌前例，亦未至遽擅權而亂國也。方之太后專斷之久，豈不懸遠乎？中宗雖下愚，炎與玄貞及劉仁軌、劉禕之之徒，左提右挈，雖排太后不預外可也。然炎當高宗初崩，中宗即位之時，即奏言太子未應宣敕，有要速處分，望宣太后令施行，纔兩月乃有廢立之舉，既自黨于太后矣，今又欲使太后歸政睿宗，以收公議，而弛張大柄，一出於己，其將能乎？太后目之以反，炎雖欲辭此名，不可得矣。

佚名《歷代名賢確論》卷七三《裴炎》 張唐英論炎廢中宗爲廬陵王曰：中宗欲以韋后父爲侍中，宰臣裴炎以爲不可，中宗曰：「我讓國與之豈不得，何惜一侍中！」炎懼，入白太后定策，與劉禕之、程務挺、張虔勗入宮，挾帝下殿，廢爲廬陵王，立豫王旦爲帝，炎以功封河東侯。嗟乎，裴炎真庸臣也！且中宗「讓國」之言，本以炎不與后父侍中，乃激怒之言也，非本意欲擅位於后父也。奈何不思人主發憤之言，遂定策而廢之？設使中宗誠有此意，已爲執政大臣，持天下之柄，當諫曰：「天下者，高祖、太宗之天下，非陛下之天下。陛下若倦於萬幾，欲遊神於無爲，逍遥於太上，則當傳之子孫，不可輕議以神器而付於后族，使宗廟絶食。」若終不可諫，尚有伊尹放太甲於桐宫之事，奈何不精思遠慮，遽行霍光昌邑之大事，遂使武氏得志，革姓改氏，誅戮李氏子孫幾盡，豈非炎庸夫一言之失所致乎？若萬乘之君可容易廢立，則愚恐後世竊國而賣君者，踵足而起爾。其後以崔察誣奏誅死，蓋有以召之也。中宗已反正，不斵其棺，庸夫之幸也。

王夫之《讀通鑑論》卷二一《唐中宗》 中宗嗣位兩月，失德未著，而武氏與裴炎亟廢而幽之。三葉全盛之天子，如掇虚器於井竈之閒，任其所置，百官尸位，噤無敢言者，武氏何以得此於天下哉？國必有所恃以立，大臣者，所恃也。大臣秉道，而天子以不傾，即其懷姦，而猶依天子以自固，唯其任重而望隆，交深而位定，休戚相倚而情不容不固也。而高宗之世，大異於是。高宗在位三十四年，尚書令僕左右相侍中同平章事皆輔相之任，爲國心膂者也，而乍進乍退，尸其位者四十三人，進不知其所自，退不知其所亡，無有一人爲高宗所篤信而固任者，大臣之賤，於此極矣。長孫無忌、褚遂良、于志寧、高季輔、張行成，太宗所任以輔己者也，貶死黜廢，不能以一日安矣，保禄位以令終，唯懷姦之李勣耳。自是而外，若韓瑗、來濟、杜正倫、劉仁軌、上官儀、劉祥道，較無覆餗之傷，而斥罪旋加，幸免者亦託於守邊以免禍。若其他竊位懷禄之宵小，勿論李義府、許敬宗之爲通國所指數；即若宇文節、柳奭、崔敦禮、辛茂將、許圉師、竇德玄、樂彦瑋、孫處約、姜恪、閻立本、陸敦信、楊弘武、戴至德、李安期、張文瓘、趙仁本、郝處俊、來恒、薛元超、高智周、張大安、崔知温、王德真、郭待舉、岑長倩、魏玄同者，皆節不足以守筦庫，才不足以理下邑，或循次而升，或一言而合，或趨歧經而詭遇，競相踵以贊天工。至其顧命託孤委畀九鼎者，則裴炎、劉景先、郭正一二三無賴之徒也。嗚呼！惡有任輔弼大臣如此之輕，而國可不亡者乎？夫高宗柔懦之主也，柔者易以合，然而難以離也，乃合之易而離之亦易者，何也？惟其疑而已矣。疑者，己心之所自迷，人情之所自解者也。剛而責物已甚也，則疑；柔而自信無據也，則疑；兩者異趣同歸，以召敗亡一也。剛不以決邪正，而以行猜忮；柔不以安善類，而以聽讒諛；猜忮生於心，讒諛興於外，於是乎人皆可相，人皆不可相也，人皆可斥而可誅也。爲大臣者，視黄閣爲傳舍，悠悠於來去，而陌路其君親，不亦宜乎！孟子曰：「王無親臣矣。」無親臣，則不可以爲父母，裴炎片語之失意，而廢中宗如搏蝨於褌中，復奚恤哉？夫相代天工，天之所畀、人之所歸也；天下不能知其姓字，逆臣不屑奉爲蓍龜，豔妻宵小，怙長存之勢，以役驟進驟退之鄙夫，談笑而

移宗社，一多疑之所必致也。審察亂源，可以知所歸來矣。

自霍光行非常之事，而司馬懿、桓温、謝晦、傅亮、徐羨之託以鑆其私，裴炎贊武氏廢中宗立豫王，亦其故智也。不然，豈有嗣位兩月，夫德未彰，片言之佞，而爲之臣者遽更置之如僕隸之任使乎？炎之不自揣也，不知其權與姦出武氏之下倍蓰而無算，且謂豫王立而已居震世之功，其欲僅如霍氏之乘權與懿、温之圖篡也，皆不可知；然時可爲，則進而窺天位，時未可，抑足以壓天下而永其富貴；豈意一爲武氏用，而豫王浮寄宫中，承嗣、三思先己而爲捷足也哉？其請反政豫王也，懿、温之心，天下後世有目有心者知之，而豈武氏之不覺邪？家無甔石之儲，似清；請反政於豫王，似忠；從子伷先忘死以訟冤，似義；以此而掞滔天之瞻，解天子之璽紱以更授一人，則其似是而非者，視王莽之恭儉誠無以過。而武氏非元后，己非武氏之姻族，妄生非分之想，則白晝攫金，見金而不見人，其愚亦甚矣。

自炎姦不讎而授首於都市，而後權姦之詐窮，後世佐命之姦，無有敢藉口伊、霍以狂逞者，劉季述、苗傅、劉正彦以内豎武夫驟試之而旋就誅夷，不足以動天下矣。炎之誅死，天其假手武氏以正綱常於萬世歟！

藝文

《全唐詩》卷八七八佚名《裴炎謡》 炎爲中書令時，徐敬業欲反，令駱賓王畫計，取炎同起事，賓王乃爲此謡。炎訪學者令解之，賓王北面拜曰：「此真人矣。」遂與敬業等合謀起兵，炎從内應，則天因誅炎。

一片火，兩片火，緋衣小兒當殿坐。

《全唐文》卷一八唐睿宗《贈裴炎益州大都督制》 慎終追遠，斯乃舊章，表德旌賢，有光常策。故中書令裴炎，含和稟粹，履信居貞，望重國華，才稱人秀。唯幾成務，績宣於代工；偶居無猜，義深於奉上。文明之際，王室多虞。保乂朕躬，實著誠節。而危疑起釁。倉卒罹災，歲月屢遷，邱封莫樹。永言先正，感悼良多，宜追賁於九原，俾增榮於萬古。可贈益州大都督。

狄仁傑部

綜述

《舊唐書》卷八九《狄仁傳》 狄仁傑字懷英，并州太原人也。祖孝緒，貞觀中尚書左丞。父知遜，夔州長史。仁傑兒童時，門人有被害者，縣吏就詰之，衆皆接對，唯仁傑堅坐讀書。吏責之，仁傑曰：「黄卷之中，聖賢備在，猶不能接對，何暇偶俗吏，而見責耶！」後以明經舉，授汴州判佐。時工部尚書閻立本爲河南道黜陟使，仁傑爲吏人誣告，立本見而謝曰：「仲尼云：『觀過知仁矣。』足下可謂海曲之明珠，東南之遺寶。」薦授并州都督府法曹。其親在河陽別業，仁傑赴并州，登太行山，南望見白雲孤飛，謂左右曰：「吾親所居，在此雲下。」瞻望佇立久之，雲移乃行。仁傑孝友絶人，在并州，有同府法曹鄭崇質，母老且病，當充使絶域。仁傑謂曰：「太夫人有危疾，而公遠使，豈可貽親萬里之憂！」乃詣長史藺仁基，請代崇質而行。時仁基與司馬李孝廉不協，因謂曰：「吾等豈獨無愧耶？」由是相待如初。

仁傑，儀鳳中爲大理丞，周歲斷滯獄一萬七千人，無冤訴者。時武衛大將軍權善才坐誤斫昭陵柏樹，仁傑奏罪當免職。高宗令即誅之，仁傑又奏罪不當死。帝作色曰：「善才斫陵上樹，是使我不孝，必須殺之。」左右矚仁傑令出，仁傑曰：「臣聞逆龍鱗，忤人主，自古以爲難，臣愚以爲不然。居桀、紂時則難，堯、舜時則易。臣今幸逢堯、舜，不懼比干之誅。昔漢文時有盜高廟玉環，張釋之廷諍，罪止棄市。魏文將徙其人，辛毗引裾而諫，亦見納用。且明主可以理奪，忠臣不可以威懼。今陛下不納臣言，瞑目之後，羞見釋之、辛毗於地下。陛下作法，懸之象魏，徒流死罪，俱有等差。豈有犯非極刑，即令賜死？法既無常，則萬姓何所措其手足！陛下必欲變法，請從今日爲始。古人云：『假使盜長陵一抔土，陛下何以加之？』今陛下以昭陵一株柏殺一將軍，千載之後，謂陛下爲何主？此臣所以不敢奉制殺善才，陷陛下於不道。」帝意稍解，善才因而免死。居數日，授仁傑侍御史。

時司農卿韋機兼領將作、少府二司，高宗以恭陵玄宫狹小，不容送終之具，遣機續成其功。機於埏之左右爲便房四所，又造宿羽、高山、上陽等宫，莫不壯麗。仁傑奏其太過，機竟坐免官。左司郎中王本立恃寵用事，朝廷懾懼，仁傑奏之，請付法寺，高宗特原之。仁傑奏曰：「國家雖乏英才，豈少本立之類，陛下何惜罪人而虧王法？必欲曲赦本立，請棄臣於無人之境，爲忠貞將來之誡。」本立竟得罪，繇是朝廷肅然。

尋加朝散大夫，累遷度支郎中。高宗將幸汾陽宫，以仁傑爲知頓使。并州長史李沖玄以道出妬女祠，俗云盛服過者必致風雷之災，乃發數萬人別開御道。仁傑曰：「天子之行，千乘萬騎，風伯清塵，雨師灑道，何妬女之害耶？」遽令罷之。高宗聞之，歎曰：「真大丈夫也！」

俄轉寧州刺史，撫和戎夏，人得歡心，郡人勒碑頌德。御史郭翰巡察隴右，所至多所按劾。及入寧州境内，耆老歌刺史德美者盈路。翰既授館，召州吏謂之曰：「入其境，其政可知也。願成使君之美，無爲久留。」州人方散。翰薦名於朝，徵爲冬官侍郎，充江南巡撫使。吳、楚之俗多淫祠，仁傑奏毁一千七百所，唯留夏禹、吳太伯、季札、伍員四祠。

轉文昌右丞，出爲豫州刺史。時越王貞稱兵汝南事敗，緣坐者六七百人，籍没者五千口，司刑使逼促行刑。仁傑哀其詿誤，緩其獄，密表奏曰：「臣欲顯奏，似爲逆人申理；知而不言，恐乖陛下存恤之旨。表成復毁，意不能定。此輩咸非本心，伏望哀其詿誤。」特敕原之，配流豐州。豫囚次於寧州，父老迎而勞之曰：「我狄使君活汝輩耶！」相攜哭於碑下，齋三日而後行。豫囚至流所，復相與立碑頌狄君之德。

初，越王之亂，宰相張光輔率師討平之。將士恃功，多所求取，仁傑不之應。光輔怒曰：「州將輕元帥耶？」仁傑曰：「亂河南者，一越王貞耳。今一貞死而萬貞生。」光輔質其辭，仁傑曰：「明公董戎三十萬，平一亂臣，不戢兵鋒，縱其暴横，無罪之人，肝腦塗地，此非萬貞何耶？且兇威協從，勢難自固，及天兵暫臨，乘城歸順者萬計，縋墜四面成蹊。公奈何縱邀功之人，殺歸降之衆？但恐冤聲騰沸，上徹于天。如得尚方斬馬劍加於君頸，雖死如歸。」光輔不能詰，心甚銜之。還都，奏仁傑不遜，左授復州刺史。入爲洛州司馬。

天授二年九月丁酉，轉地官侍郎、判尚書、同鳳閣鸞臺平章事。則天謂曰：「卿在汝南時，甚有善政，欲知譖卿者乎？」仁傑謝曰：「陛下以臣爲過，臣當改

之，陛下明臣無過，臣之幸也。臣不知濬者，並爲善友，臣請不知。」則天深加歎異。

未幾，爲來俊臣誣構下獄。時一問即承者例得減死，來俊臣逼協仁傑，令一問承反。仁傑歎曰：「大周革命，萬物唯新，唐朝舊臣，甘從誅戮。反是實！」俊臣乃少寬之。判官王德壽謂仁傑曰：「尚書必得減死。德壽意欲求少階級，憑尚書牽楊執柔，可乎？」仁傑曰：「若何牽之？」德壽曰：「尚書爲春官時，執柔任其司員外，引之可也。」仁傑曰：「皇天后土，遣仁傑行此事！」以頭觸柱，流血被面，德壽懼而謝焉。既承反，所司但待日行刑，不復嚴備。仁傑求守者得筆硯，拆被頭帛書冤，置綿衣中，謂德壽曰：「時方熱，請付家人去其綿。」德壽不之察。仁傑子光遠得書，持以告變。則天召見，覽之而問俊臣。俊臣曰：「仁傑不免冠帶，寢處甚安，何由伏罪？」則天使人視之，俊臣遽命仁傑巾帶而見使者。乃令德壽代仁傑作謝死表，附使者進之。則天召仁傑，謂曰：「承反何也？」對曰：「向若不承反，已死於鞭笞矣。」「何爲作謝死表？」曰「臣無此表。」示之，乃知代署也。故得免死。貶彭澤令。武承嗣屢奏請誅之，則天曰：「朕好生惡殺，志在恤刑。渙汗已行，不可更返。」

萬歲通天年，契丹寇陷冀州，河北震動，徵仁傑爲魏州刺史。前刺史獨孤思莊懼賊至，盡驅百姓入城，繕修守具。仁傑既至，悉放歸農畝，謂曰：「賊猶在遠，何必如是。萬一賊來，吾自當之，必不關百姓也。」賊聞之自退，百姓咸歌誦之，相與立碑以紀恩惠。俄轉幽州都督。神功元年，入爲鸞臺侍郎、同鳳閣鸞臺平章事，加銀青光禄大夫，兼納言。仁傑以百姓西戍疏勒等四鎮，極爲凋弊，乃上疏曰：「臣聞天生四夷，皆在先王封疆之外。故東拒滄海，西隔流沙，北横大漠，南阻五嶺，此天所以限夷狄而隔中外也。自典籍所紀，聲教所及，三代不能至者，國家盡兼之矣。此則今日之四境，已逾於夏、殷者也。詩人矜薄伐於太原，美化行於江、漢，則是前代之遠裔，而國家之域中。至前漢時，匈奴無歲不陷邊，殺掠吏人。後漢則西羌侵軼漢中，東寇三輔，入河東上黨，幾至洛陽。由此言之，則陛下今日之土宇，過於漢朝遠矣。若其用武荒外，邀功絶域，竭府庫之實，以爭磽确不毛之地，得其人不足以增賦，獲其土不可以耕織。苟求冠帶遠夷之稱，不務固本安人之術，此秦皇、漢武之所行，非五帝、三皇之事業也。若使越荒外以爲限，竭資財以騁欲，非但不愛人力，亦所以失天心也。昔始皇窮兵極武，以求廣地，男子不得耕於野，女子不得蠶於室，長城之下，死者如亂麻，於是天下潰叛。漢武追高、文之宿憤，藉四帝之儲實，於是定朝鮮，討西域，平南越，擊匈奴，府庫空虚，盜賊蜂起，百姓嫁妻賣子，流離於道路者萬計。末年覺悟，息兵罷役，封丞相爲富民侯，故能爲天所祐也。昔人有言：「與覆車同軌者未嘗安。」此言雖小，可以喻大。近者國家頻歲出師，所費滋廣，西戍四鎮，東戍安東，調發日加，百姓虚弊。開守西域，事等石田，費用不支，有損無益，轉輸靡絶，杼軸殆空。越磧逾海，分兵防守，行役既久，怨曠亦多。昔詩人云：「王事靡盬，不能蓺稷黍。」「豈不懷歸，畏此罪罟。念彼恭人，涕零如雨。」此則前代怨思之辭也。上不是恤，則政不行而邪氣作；邪氣作，則蟲螟生而水旱起。若此，雖禱祀百神，不能調陰陽矣。方今關東饑饉，蜀、漢逃亡，江、淮以南，徵求不息。人不復業，則相率爲盜，本根一摇，憂患不淺。其所以然者，皆爲遠戍方外，以竭中國，爭蠻貊不毛之地，乖子養蒼生之道也。昔漢元納賈捐之之謀而罷珠崖郡，宣帝用魏相之策而棄車師之田，豈不欲慕尚虚名，蓋憚勞人力也。近貞觀年中，克平九姓，册李思摩爲可汗，使統諸部者，蓋以夷狄叛則伐之，降則撫之，得推亡固存之義，無遠戍勞人之役。此則近日之令典，經邊之故事。竊見阿史那斛瑟羅，陰山貴種，代雄沙漠，若委之四鎮，使統諸蕃，封爲可汗，遣禦寇患，則國家有繼絶之美，荒外無轉輸之役。如臣所見，請捐四鎮以肥中國，罷安東以實遼西，省軍費於遠方，并甲兵於塞上，則恒、代之鎮重，而邊州之備實矣。況綏撫夷狄，蓋防其越逸，無侵侮之患則可矣，何必窮其窟穴，與螻蟻計校長短哉！且王者外寧必有内憂，蓋爲不勤修政故也。伏惟陛下棄之度外，無以絶域未平爲念。但當敕邊兵謹守備，蓄鋭以待敵，待其自至，然後擊之，此李牧所以制匈奴也。當今所要者，莫若令邊城警守備，遠斥候，聚軍實，蓄威武。以逸待勞，則戰士力倍；以主禦客，則我得其便；堅壁清野，則寇無所得。自然賊深入必有顛躓之慮，淺入必無虜獲之益。如此數年，可使二虜不擊而服矣。」

仁傑又請廢安東，復高氏爲君長，停江南之轉輸，慰河北之勞弊，數年之後，可以安人富國。事雖不行，識者是之。尋檢校納言，兼右肅政臺御史大夫。

聖曆初，突厥侵掠趙、定等州，命仁傑爲河北道元帥，以便宜從事。突厥盡殺所掠男女萬餘人，從五迴道而去。仁傑總兵十萬追之不及。便制仁傑河北道安撫大使。時河朔人庶，多爲突厥逼脅，賊退後懼誅，又多逃匿。仁傑上疏曰：「臣聞朝廷議者，以爲契丹作梗，始明人之逆順，或因迫脅，或有願從，或受僞官，或爲招慰，或兼外賊，或是土人，跡雖不同，心則無別。誠以山東雄猛，由來重

氣，一顧之勢，至死不回。近緣軍機，調發傷重，家道悉破，或至逃亡，剔屋賣田，人不爲售，內顧生計，四壁皆空。重以官典侵漁，因事而起，取其髓腦，曾無心媿。修築池城，繕造兵甲，州縣役使，十倍軍機。官司不矜，期之必取，枷杖之下，痛切肌膚。事迫情危，不循禮義，愁苦之地，不樂其生。有利則歸，且圖賒死，此乃君子之愧辱，小人之常行。人猶水也，壅之則爲泉，疏之則爲川，通塞隨流，豈有常性。昔董卓之亂，神器播遷，及卓被誅，部曲無赦，事窮變起，毒害生人，京室丘墟，化爲禾黍。此由恩不普洽，失在機先。臣一讀此書，未嘗不廢卷歎息。今以負罪之伍，必不在家，露宿草行，潛竄山澤。赦之則出，不赦則狂，山東羣盜，緣茲聚結。臣以邊塵暫起，不足爲憂，中土不安，以此爲事。臣聞持大國者不可以小道，理事廣者不可以細分。人主恢弘，不拘常法，罪之則衆情恐懼，恕之則反側自安。伏願曲赦河北諸州，一無所問。自然人神道暢，率土歡心，諸軍凱旋，得無侵擾。」制從之。軍還，授內史。

聖曆三年，則天幸三陽宮，王公百僚咸經侍從，唯仁傑特賜宅一區，當時恩寵無比。是歲六月，左玉鈐衛大將軍李楷固、右武威衛將軍駱務整討契丹餘衆，擒之，獻俘於含樞殿。則天大悅，特賜楷固姓武氏。楷固、務整，並契丹李盡忠之別帥也。初，盡忠之作亂，楷固等屢率兵以陷官軍，後兵敗來降，有司斷以極法。仁傑議以爲楷固等並有驍將之才，若恕其死，必能感恩効節。又奏請授其官爵，委以專征。制並從之。及楷固等凱旋，則天召仁傑預宴，因舉觴親勸，歸賞於仁傑。授楷固左玉鈐衛大將軍，賜爵燕國公。

則天又將造大像，用功數百萬，令天下僧尼每日人出一錢，以助成之。仁傑上疏諫曰：「臣聞爲政之本，必先人事。陛下矜羣生迷謬，溺喪無歸，欲令像教兼行，覩相生善。非爲塔廟必欲崇奢，豈令僧尼皆須檀施？得栿尚捨，而況其餘。今之伽藍，制過宮闕，窮奢極壯，畫繢盡工，寶珠殫於綴飾，瓌材竭於輪奐。工不使鬼，止在役人，物不天來，終須地出，不損百姓，將何以求？生之有時，用之無度，編戶所奉，常若不充，痛切肌膚，不辭箠楚。遊僧一說，矯陳禍福，翦髮解衣，仍慚其少。亦有離間骨肉，事均路人，身自納妻，謂無彼我。皆託佛法，詿誤生人。里陌動有經坊，闤闠亦立精舍。化誘倍急，切於官徵；法事所須，嚴於制敕。膏腴美業，倍取其多；水碾莊園，數亦非少。逃丁避罪，併集法門，無名之僧，凡有幾萬，都下檢括，已得數千。且一夫不耕，猶受其弊，浮食者衆，又劫人財。臣每思惟，實所悲痛。往在江表，像法盛興，梁武、簡文，捨施無限。及其三淮沸浪，五嶺騰煙。列刹盈衢，無救危亡之禍；緇衣蔽路，豈有勤王之師！比年已來，風塵屢擾，水旱不節，徵役稍繁。家業先空，瘡痍未復，此時興役，力所未堪。伏惟聖朝，功德無量，何必要營大像，而以勞費爲名。雖斂僧錢，百未支一。尊容既廣，不可露居，覆以百層，尚憂未徧，自餘廊廡，不得全無。又云不損國財，不傷百姓，以此事主，可謂盡忠？臣今思惟，兼採衆議，咸以爲如來設教，以慈悲爲主，下濟羣品，應是本心，豈欲勞人，以存虛飾。當今有事，邊境未寧，宜寬征鎮之徭，省不急之費。設令雇作，皆以利趨，既失田時，自然棄本。今不樹稼，來歲必饑，役在其中，難以取給。況無官助，義無得成，若費官財，又盡人力，一隅有難，將何救之！」則天乃罷其役。是歲九月，病卒，則天爲之舉哀，廢朝三日，贈文昌右相，謚曰文惠。

仁傑常以舉賢爲意，其所引拔桓彥範、敬暉、竇懷貞、姚崇等，至公卿者數十人。初，則天嘗問仁傑曰：「朕要一好漢任使，有乎？」仁傑曰：「陛下作何任使？」則天曰：「朕欲待以將相。」對曰：「臣料陛下若求文章資歷，則今之宰臣李嶠、蘇味道亦足爲文吏矣。豈非文士齷齪，思得奇才用之，以成天下之務者乎？」則天悅曰：「此朕心也。」仁傑曰：「荊州長史張柬之，其人雖老，真宰相才也。且久不遇，若用之，必盡節於國家矣。」則天乃召拜洛州司馬。他日，又求賢，仁傑曰：「臣前言張柬之，猶未用也。」則天曰：「已遷之矣。」對曰：「臣薦之爲相，今爲洛州司馬，非用之也。」又遷爲秋官侍郎，後竟召爲相。柬之果能興復中宗，蓋仁傑之推薦也。

仁傑嘗爲魏州刺史，人吏爲立生祠。及去職，其子景暉爲魏州司功參軍，頗貪暴，爲人所惡，乃毀仁傑之祠。長子光嗣，聖曆初爲司府丞，則天令宰相各舉尚書郎一人，仁傑乃薦光嗣。拜地官員外郎，莅事稱職，則天喜而言曰：「祁奚內舉，果得其人。」開元七年，自汴州刺史轉揚州大都督府長史，坐贓貶歙州別駕卒。

初，中宗在房陵，而吉頊、李昭德皆有匡復讜言，則天無復辟意。唯仁傑每從容奏對，無不以子母恩情爲言，則天亦漸省悟，竟召還中宗，復爲儲貳。初，中宗自房陵還宮，則天匿之帳中，召仁傑以廬陵爲言。仁傑慷慨敷奏，言發涕流，遽出中宗謂仁傑曰：「還卿儲君。」仁傑降階泣賀，既已，奏曰：「太子還宮，人無知者，物議安審是非？」則天以爲然，乃復置中宗於龍門，具禮迎歸，人情感悅。仁傑前後匡復奏對，凡數萬言，開元中，北海太守李邕撰爲

《梁公別傳》，備載其辭。中宗返正，追贈司空；睿宗追封梁國公。仁傑族曾孫兼謨。

兼謨，登進士第。祖郊、父邁，仕官皆微。兼謨，元和末，解褐襄陽推官，試校書郎，言行剛正，使府知名。憲宗召爲左拾遺，累上書言事，歷尚書郎。長慶、大和中，歷鄭州刺史，以治行稱，入爲給事中。開成初，度支左藏庫妄破漬污縑帛等贓罪，文宗以事在赦前不理。兼謨封還敕書，文宗召而諭之曰：「嘉卿舉職，然朕已赦其長官，典吏亦宜在宥。然事或不可，卿勿以封敕爲艱。」遷御史中丞。謝日，文宗顧謂之曰：「御史臺朝廷綱紀，臺綱正則朝廷理，朝廷正則天下理。凡執法者，大抵以畏忌顧望爲心，職業由茲不舉。卿梁公之後，自有家法，豈復爲常常之心哉！」兼謨謝曰：「朝法或未得中，臣固悉心彈奏。」會江西觀察使吴士矩違額加給軍士，破官錢數十萬計，兼謨奏曰：「觀察使守陛下土地，宣陛下詔條，臨戎賞軍，州有定數。而士矩與奪由己，盈縮自專，不唯貽弊一方，必致諸軍援例。請下法司，正行朝典。」士矩坐貶蔡州別駕。兼謨尋轉兵部侍郎。明年，檢校工部尚書、太原尹，充河東節度使。會昌中，累歷方鎮，卒。

范仲淹《范文正公文集》卷一一《唐狄梁公碑》 天地閉，孰將闢焉？日月蝕，孰將廓焉？大廈仆，孰將起焉？神器墜，孰將舉焉？巖巖乎克當其任者，唯梁公之偉歟！公諱仁傑，字懷英，太原人也。祖宗高烈，本傳在矣。

公爲子極于孝，爲臣極于忠。忠孝之外，揭如日月者，敢歌于廟中。公嘗赴并州掾，過太行山，反瞻河陽，見白雲孤飛，曰：「吾親在其下。」久而不能去，左右爲之感動。《詩》有陟岵陟屺，傷君子于役，弗忘其親，此公之謂歟！於嗟乎，孝之至也，忠之所繇生乎！

公嘗以同府掾當使絶域，其母老疾，公謂之曰：「奈何重太夫人萬里之憂？」詣長史府請代行。時長史、司馬方眦睚不協，感公之義，歡如平生。于嗟乎，與人交而先其憂，况君臣之際乎！

公爲大理寺丞，決諸道滯獄萬七千人，天下服其平。武衛將軍權善才坐伐昭陵栢，高宗命戮之，公抗奏不卻。上怒曰：「彼致我不孝。」左右築公令出。公前曰：「陛下以一樹而殺一將軍，張釋之所謂假有盜長陵一抔土，則將何法以加之？臣豈敢奉詔，陷陛下於不道？」帝意解，善才得恕死。于嗟乎，執法之官，患在少恩，公獨愛君以仁，何所存之遠乎！

高宗幸汾陽宫，道出妬女祠下。彼俗謂盛服過者，必有風雷之災。并州發數萬人別開御道。公爲知頓使，曰：「天子之行，風伯清塵，雨師灑道，彼何害哉！」遽命罷其役。又公爲江南巡撫使，奏毁淫祠千七百所，所存惟夏禹、太伯、季子、伍員四廟。曰：「安使無功血食，以亂明哲之祠乎？」于嗟乎，神猶正之，而况於人乎！

公爲寧州刺史，能撫戎夏，郡人紀之碑。及遷豫州，會越王亂後，緣坐者七百人，籍没者五千口。有使促行刑，公緩之，密表以聞曰：「臣言似理逆人，不言則辜陛下好生之意。表成復毁，意不能定。彼咸非本心，唯陛下矜焉。」勑貸之，流于九原郡。道出寧州舊治，父老迎而勞之曰：「我狄使君活汝輩耶？」相攜哭于碑下，齋三日而去。于嗟乎，古謂民之父母，如公則過焉。斯人也，死而生之，豈父母之能乎！

時宰相張光輔率師平越王之亂，將士貪暴，公拒之不應。光輔怒曰：「州將忽元帥耶？」對曰：「公以三十萬衆除一亂臣，彼脅從輩聞王師來，乘城而降者萬計，公縱暴兵殺降以爲功，使無辜之人肝腦塗地。如得尚方斬馬劍加於君頸，雖死無恨。」光輔不能屈，奏公不遜，左遷復州刺史。于嗟乎，孟軻有言，威武不能屈，是爲大丈夫，其公之謂乎！

爲地官侍郎，同鳳閣鸞臺平章事，爲來俊臣誣搆下獄。公曰：「大周革命，萬物惟新。唐朝舊臣，甘從誅戮。」因家人告變，得免死，貶彭澤令。獄吏嘗抑公誣引楊執柔，公曰：「天乎，吾何能爲！」以首觸柱，流血被面，彼懼而謝焉。于嗟乎，陷穽之中，不義不爲，況廟堂之上乎！

契丹陷冀州，起公爲魏州刺史以禦焉。時河朔震動，咸驅民保郛郭。公至，下令曰：「百姓復爾業，寇來吾自當之。」狄聞風而退，魏人爲之立碑。未幾入相，請罷戍疏勒等四鎮，以肥中國。又請罷安東，以息江南之饋輸。識者韙之。北狄再寇趙、定間，出公爲河北道元帥。狄退，就命公爲安撫大使。前爲突厥所脅從者，咸逃散山谷。公請曲赦河北諸州，以安反側。朝廷從之。于嗟乎，四方之事，知無不爲，豈虚尚清談而已乎！

公在相日，中宗幽房陵，則天欲立武三思爲儲嗣。一日問羣臣可否，衆皆稱賀，公退而不答。則天曰：「無乃有異議乎？」對曰：「有之。一昨陛下命三思募武士，歲時之間數百人。及命廬陵王代之，數日之間應者十倍。臣知人心未厭唐德。」則天怒，令策出。又一日，則天謂公曰：「我夢雙陸不勝者何？」對

曰：「雙陸不勝，宮中無子也。」復命策出。又一日，則天有疾，公入問閤中。則天曰：「我夢鸚鵡雙翅折者何？」對曰：「武者陛下之姓，相王、廬陵王則陛下之羽翼也，是可折乎？」時三思在側，怒發赤色。則天以公屢言不奪，一旦感悟，遣中使密召廬陵王矯衣而入，人無知者。乃召公坐于簾外而問曰：「我欲立三思，羣臣無不可者，惟侯公一言。從之則與卿長保富貴，不從則無復得與卿相見矣。」公從容對曰：「太子天下之本，本一搖而天下動。陛下豈以一心之欲，輕天下之動哉！太宗百戰取天下，授之子孫，三思何與焉？昔高宗寢疾，令陛下權親軍國。陛下奄有神器數十年，又將以三思爲後，如天下何？且姑與母孰親，子與姪孰近？立廬陵王，則陛下萬歲後享唐之血食，立三思則宗廟無祔姑之禮。臣不敢愛死以奉制，陛下其圖焉。」則天感泣，命褰簾使廬陵王拜公曰：「今日國老與汝天子。」公哭于地，則天命左右起之，拊公背曰：「豈朕之臣，社稷之臣耶！」已而奏曰：「還宮無儀，孰爲太子？」於是復置廬陵王於龍門，備禮以迎，中外大悦。于嗟乎，定天下之業，斷天下之疑，其至誠如神。雷霆之威，不得而變乎！

則天嘗命公擇人，公曰：「欲何爲？」曰：「可將相者。」公曰：「如求文章，則今宰相李嶠、蘇味道足矣。豈文士齷齪，思得奇才以成天下之務乎？荆州長史張柬之，真宰相才，誠老矣，一朝用之，尚能竭其心。」乃召拜洛州司馬。他日又問人於公。對曰：「臣前言張柬之，雖遷洛州，猶未用焉。」改秋官侍郎。及召爲相，果能誅張易之輩，返正中宗，復則天爲皇太后。于嗟乎，薄文華，重才實，其知人之深乎！又嘗引拔桓彦範、敬暉、姚元崇等至公卿者數十人。

公之勳德，不可殫言。有論議數十萬言，李邕載之別傳。論者謂松栢不干，金石不柔，受於天焉。公爲大理丞，抗天子而不屈。在豫州日，拒元帥而不下。及居相位，而能復廢主，以正天下之本。豈非剛正之氣出乎誠性，見于事業？當時優遊薦紳之中，顛而不扶，危而不持者，亦何以哉！

某貶守鄱陽，移丹徒郡，道過彭澤，謁公之祠而述焉。又系之云：

商有三仁，弗救其滅。漢有四皓，正於未奪。嗚呼！武暴如火，李寒如灰。何心不隨，何力可回？我公哀傷，拯天之亡。逆長風而孤騫，遡大川以獨航。金可革，公不可革，孰爲乎剛？地可動，公不可動，孰爲乎方？一朝感通，羣陰披攘。天子既臣而皇，天下既周而唐。七世發靈，萬年垂光。噫！非天下之至誠，其孰能當！

雜録

備録

張鷟《朝野僉載》卷三　則天后嘗夢一鸚鵡，羽毛甚偉，兩翅俱折。以問宰臣，羣公默然，内史狄仁傑曰：「鵡者，陛下姓也；兩翅折，陛下二子廬陵、相王也。陛下起此二子，兩翅全也。」武承嗣、武三思連項皆赤。後契丹圍幽州，檄朝廷曰「還我廬陵、相王來」，則天乃憶狄公之言，曰：「卿曾爲我占夢，今乃應矣。朕欲立太子，何者爲得？」仁傑曰：「陛下内有賢子，外有賢姪，取舍詳擇，斷在聖衷。」則天曰：「我自有聖子，承嗣、三思是何疥癬！」承嗣等懼，掩耳而走。即降敕追廬陵，立爲太子，充元帥。初募兵，無有應者，聞太子行，北邙山頭皆兵滿，無容人處。賊自退散。

張鷟《朝野僉載》卷六　秋官侍郎狄仁傑嘲秋官侍郎盧獻曰：「足下配馬乃作驢。」獻曰：「中劈明公，乃成二犬。」傑曰：「狄字犬傍火也。」獻曰：「犬邊有火，乃是煮熟狗。」

劉餗《隋唐嘉話》卷下　狄内史仁傑始爲江南安撫使，以周赧王、楚王項羽、吳王夫差、越王勾踐、吳夫槩王、春申君、趙佗、馬援、吳桓王等神廟七百餘所，有害於人，悉除之。惟夏禹、吳太伯、季札、伍胥四廟存焉。

李濬《松窗雜録》　狄仁傑之爲相也，有盧氏堂姨居于午橋南別墅。姨止有一子，而未嘗來都城親戚家。梁公每遇伏臘晦朔，修禮甚謹。嘗經甚雪多休暇，因候盧姨安否，適見表弟挾弓矢攜雉兔來歸，膳味進於北堂。顧揖梁公，意甚輕簡。公因啓姨曰：「某今爲相，表弟有何樂從，願悉力以從其旨。」姨曰：「相自貴爾，有一子不欲令其事女主。」公大慚而退。

封演《封氏聞見記》卷九《剛正》　狄仁傑爲度支員外郎，車駕將幸汾陽宫，仁傑奉使先修官頓。并州長史李玄冲以道出妒女祠，俗稱有盛衣服車馬過，必致雷風之異，欲別開路。仁傑謂曰：「天子行幸，千乘萬騎，風伯清塵，雨師灑道，何妒女之敢害而欲避之！」玄冲遂止，果無他變。上聞之，嘆曰：「可謂真丈

夫也！」後爲冬官侍郎，充江南安撫使，吳、楚風俗，歲時尚淫祀，祠廟凡一千七百餘所，仁傑並令焚之。有項羽神，號爲楚王廟，祈禱至多，爲吳人所憚。仁傑先致檄書，責其喪失江東八千子弟而妄受牲牢之薦，然後焚除。

劉肅《大唐新語》卷四《持法七》 權善才，高宗朝爲將軍，中郎將范懷義宿衛昭陵，有飛騎犯法，善才繩之。飛騎因番請見，先涕泣不自勝，言善才等伐陵柏，大不敬。高宗悲泣不自勝，命殺之。大理丞狄仁傑斷善才罪止免官。高宗大怒，命促刑。仁傑曰：「法是陛下法，臣僅守之。奈何以數株小柏而殺大臣？請不奉詔。」高宗涕泣曰：「善才斫我父陵上栢，我爲子不孝，以至是。知卿好法官，善才等終須死。」仁傑固諫，侍中張文瓘以笏揮令出，仁傑乃引張釋之高廟、辛毗牽裾之例，曰：「臣聞逆龍鱗，忤人主，自古以爲難，臣以爲不難。居桀紂時則難，堯舜時則不難。臣今幸逢堯舜，不懼比干之誅。陛下不納臣言，臣瞑目之後，羞見釋之、辛毗於地下。」高宗曰：「善才情不可容，法雖不死，朕之恨深矣，須法外殺之。」仁傑曰：「陛下作法，懸諸象魏，徒流及死，具有等差，豈有罪非極刑，特令賜死？法既無恒，萬方何所措其手足？陛下必欲變法，請今日爲始。」高宗意乃解，曰：「卿能守法，朕有法官。」命編入史。又曰：「仁傑爲善才正朕，豈不能爲朕正天下耶？」授侍御史。後因諫事，高宗笑曰：「卿得權善才便也。」時左司郎中王本立恃寵用事，朝廷懼之，仁傑按之，請付法。高宗特原之，仁傑奏曰：「雖國之英秀，豈少本立之類。陛下何惜罪人，而虧王法？必不欲推問，請曲赦之，棄臣於無人之境，以爲忠貞將來之戒。」高宗乃許之。由是朝廷肅然。

劉肅《大唐新語》卷四《政能八》 狄仁傑因使岐州，遇背軍士卒數百人，夜縱剽掠，晝潛山谷，州縣擒捕繫獄者數十人。仁傑曰：「此途窮者，不輯之，當爲患。」乃明榜要路，許以陳首。仍出繫獄者，廩而給遣之。高宗喜曰：「仁傑識國家大體。」乃頒示天下，宥其同類，潛竄畢首矣。

則天將不利王室，越王貞於汝南舉兵，不克，士庶坐死者六百餘人，沒官人五千餘口，司刑使相次而至，逼促行刑。時狄仁傑檢校刺史，哀其詿誤，止司刑使，停斬決，飛奏表曰：「臣欲聞奏，似爲逆人論理；知而不言，恐乖陛下存恤之意。表成復毀，意不能定。此輩非其本心，願矜其詿誤。」表奏，特敕配流豐州。諸囚次于寧州，寧州耆老郊迎之，曰：「我狄使君活汝耶！」相攜哭于碑側，齋三日而後行。諸囚至豐州，復立碑紀德。初，張光輔以宰相討越王，既平之後，將士恃威，徵斂無度，仁傑率皆不應。光輔怒曰：「州將輕元帥耶？何徵發之不赴？」仁傑〔曰〕：「汝南勃亂，一越王(耶)〔耳〕。(仁傑曰)今一越王已死，而萬越王生。」光輔質之，仁傑曰：「明公親董戎旃二十餘萬，所在劫奪，遠邇流離，創鉅之餘，肝腦塗地。此非一越王死而萬越王生耶？且脅從之徒，勢不自固，所以先著綱理之也。自天兵暫臨，其棄城歸順者不可勝計，縋墜四面成蹊，奈何縱求功之人，殺投降之士？但恐冤聲騰沸，上徹于天，將請尚方(斷)〔斬〕馬劍斬足下，當北面請命，死猶生也。」遂爲光輔所譖，左授復州刺史。尋徵還魏州刺史，威惠大行，百姓爲立生祠。遷內史，及薨，朝野淒慟。則天贈文昌左相，中宗朝贈司空，睿宗朝追封梁國公，哀榮備於三朝，代莫與爲比。

劉肅《大唐新語》卷六《舉賢一三》 狄仁傑爲兒童時，門人被害者，縣吏就詰之。衆咸移對，仁傑堅坐讀書。吏責之，仁傑曰：「黃卷之中，聖賢備在，猶未對接，何暇偶俗人而見耶？」以資授汴州判佐。工部尚書閻立本黜陟河南，仁傑爲吏人誣告，立本驚謝曰：「仲尼云：『觀過，斯知仁矣。』足下可謂海曲明珠，東南遺寶。」特薦爲并州法曹。其親在河陽別業，仁傑赴任，於并州登太行，南望白雲孤飛，謂左右曰：「吾親所居，近此雲下！」悲泣，佇立久之，候雲移乃行。

劉肅《大唐新語》卷七《識量一四》 狄仁傑爲內史，則天謂之曰：「卿在汝南，甚有善政，欲知譖卿者乎？」仁傑謝曰：「陛下以臣爲過，臣當改之；陛下明言，臣之幸也。若臣不知譖者，並爲友善，臣請不知。」則天深加歎異。

薛用弱《集異記》卷二《集翠裘》 則天時，南海郡獻集翠裘，珍麗異常。張昌宗侍側，則天因以賜之，遂命披裘，供奉雙陸。宰相狄梁公仁傑時入奏事，則天令昇座，因命梁公與昌宗雙陸，梁公拜恩就局。則天曰：「卿二人賭何物？」梁公對曰：「爭先三籌，賭昌宗所衣毛裘。」則天謂曰：「卿以何物爲對？」梁公指所衣紫絁袍曰：「臣以此敵。」則天笑曰：「卿未知此裘價逾千金，卿之所指，爲不等矣。」梁公起曰：「臣此袍乃大臣朝見奏對之衣，昌宗所衣乃嬖倖寵遇之服，對臣之袍，臣猶怏怏。」則天業已處分，遂依其說。而昌宗心赧神沮，氣勢索莫，累局連北。梁公對御就褫其裘，拜恩而出。及至光範門，遂付家奴衣之，乃促馬而去。

薛用弱《集異記》卷二《狄梁公》 狄梁公性閑醫藥，尤妙針術。顯慶中，應製入關，路由華州。闤闠之北，稠人廣衆，聚觀如堵。狄梁公引轡遥望，有巨牌大字云：「能療此兒，酬絹千疋。」即就觀之，有富室兒，年可十四五，臥牌下。鼻端生贅，大如拳石，根蒂綴鼻，纔如食筯，或觸之，酸痛刺骨，於是兩眼爲贅所

縋，目睛翻白，痛楚危亟，頃刻將絶。惻然久之，乃曰：「吾能爲也。」其父母洎親屬叩顙祈請，即輦千縑，置于坐側。公因令扶起，即於腦後下針寸許，仍詢病者曰：「針氣已達病處乎？」病人頷之。公遽抽針，而疣贅應手而落，雙目登亦如初，曾無病痛。其父母親眷，且泣且拜，則以縑物奉焉。公笑曰：「吾哀爾命之危逼，吾蓋急病行志耳，吾非鬻伎者也。」不顧而去焉。

《太平廣記》卷一四六《狄仁傑》引《定命録》　唐狄仁傑之貶也，路經汴州，欲留半日醫疾，開封縣令霍獻可追逐當日出界，狄公甚銜之。及回爲宰相，霍已爲郎中，狄欲中傷之而未果。則天命擇御史中丞，凡兩度承旨，皆忘。後則天又問之，狄公卒對，無以應命，唯記得霍獻可，遂奏之，恩制除御史中丞。後狄公謂霍曰：「某初恨公，今却薦公，乃知命也，豈由於人耶？」

《太平廣記》卷一六六《狄仁傑》引《談賓録》　狄仁傑，太原人，爲府法曹參軍。時同僚鄭崇資母老且病，當充使絶域。仁傑謂曰：「太夫人有危亟之病，而公遠使，豈可貽親萬里之泣乎？」乃請代崇資。

《太平廣記》卷二五四《狄仁傑》引《御史臺記》　唐狄仁傑倜儻不羈，嘗授司農員外郎，每判事，多爲正員卿同異。仁傑不平之，乃判曰：「員外郎有同側室，正員卿位擅嫡妻，此難曲事女君，終是不蒙顔色。」正員頗亦慙悚。時王及善、豆盧欽望拜左右相，仁傑以才望時議歸之，頗冀此命，每戲王、豆盧，略無屈色。王、豆盧俱善長行，既拜，謂時宰曰：「某無材行，濫有此授。」狄謂曰：「公二人並能長行，何謂無材行？」或曰左相事，云適已白右相，狄謂曰：「不審唤爲右相，合呼爲有相。」王、豆盧問故，狄曰：「公不聞：聰明兒不如有相子，公二人可謂有相子也。」二公强笑，意亦悒悒。

《太平廣記》卷三一三《狄仁傑祠》引《玉堂閒話》　魏州南郭狄仁傑廟，即生祠堂也。天后朝，仁傑爲魏州刺史，有善政，吏民爲之立生祠。及入朝，魏之士女，每至月首皆詣祠奠醊。仁傑方朝，是日亦有醉色，天后素知仁傑初不飲酒，詰之，具以事對。天后使驗問乃信。

《太平廣記》卷三一五《狄仁傑檄》引《吴興掌故集》　唐垂拱四年，安撫大使狄仁傑檄告西楚霸王項君將校等，略曰：「鴻名不可以謬假，神器不可以力争，應天者膺樂推之名，背時者非見機之主。自祖龍御寓，横噬諸侯，任趙高以當軸，棄蒙恬而齒劍。沙丘拚禍於前，望夷覆滅於後，七廟墮圮，萬姓屠原，鳥思静于飛塵，魚豈安于沸水。赫矣皇漢，受命玄穹，膺赤帝之鎮符，當素靈之缺運。俯張地紐，彰鳳舉之符，仰緝天綱，鬱龍興之兆。而君潛遊澤國，嘯聚水鄉，矜扛鼎之雄，逞拔山之力，莫測天符之所會，不知曆數之有歸。遂奮關中之翼，竟垂垓下之翅，蓋盡由於人事，焉有屬於天亡！雖驅百萬之兵，終棄八千之子。以爲殷鑑，豈不惜哉！當匿魄東峯，收魂北極，豈合虚承廟食，廣費牲牢。仁傑受命方隅，循革攸寄，今遣焚燎祠宇，削平臺室，使蕙帷銷燼，羽帳隨烟，君宜速遷，勿爲人患。檄到如律令。」遂除項羽廟，餘小神並盡，惟會稽禹廟存焉。

王溥《唐會要》卷五三《雜録》　聖曆三年，則天曰：「朕令宰相各舉尚書郎一人。」狄仁傑獨薦男光嗣，由是拜地官尚書郎。莅事有聲，則天謂仁傑曰：「祁奚内舉，果得人也。」

王溥《唐會要》卷八一《考上》　上元二年，大理寺丞狄仁傑考中上，考使尚書左僕射劉仁軌以新任不録，大理卿張文瓘稱獨知理司之要，仁軌乃驚問：「公斷幾何獄？」文瓘曰：「歲竟，凡斷一萬七千八百人。」仁軌乃擢爲上下考。

錢易《南部新書》卷丙　狄梁公爲兒童時，與諸昆同遊于道，遇善相者海濤法師，驚曰：「此郎位極人臣，蒼生是賴。但恨衰朽之質，所不見爾。」

《資治通鑑》卷二〇六則天皇后聖曆元年二月條考異引《狄梁公傳》　后納諸武之議，將移宗社，擬立武三思爲儲副，遷廬陵王於房陵。諸武陰計，日夜獻謀曰：「陛下姓武，合立武氏，未有天子而取別姓將爲後者也。」天后既已許，禮問羣臣曰：「朕年齒將衰，國無儲主，今欲擇善，誰可當之？朕雖得人，終在羣議。」諸宰臣多聞計定，言皆希旨；仁傑獨退立，寂無一言。天后問曰：「卿獨無言，當有異見。」公曰：「有之。臣上觀乾象，無易主之文；中察人心，實未厭唐德。」天后曰：「卿何以知之？」公曰：「頃者匈奴犯邊，陛下使梁王三思於都市召募，一月之外，不滿千人。後廬陵王踵之，未經二旬，數盈五萬。以此觀之，人心未去。陛下將欲繼統，非廬陵王，餘實非臣所知。」天后震怒，命左右扶而去之。

後經旬，召公入，曰：「朕昨夜夢與人雙陸，頻不見勝，何也？」對曰：「雙陸不勝，蓋爲宫中無子。此是上天之意，假此以示陛下，安可久虚儲位哉？」天后曰：「是朕家事，斷在胸中，卿豈合預焉！」仁傑對曰：「臣聞王者以天下爲家，四海之内，悉爲臣妾，何者不爲陛下家事！君爲元首，臣爲股肱，臣安得不預焉！」又命扶出，竟不納。

《資治通鑑》卷二〇六則天皇后聖曆元年三月條考異引《狄梁公傳》　天后

御一小殿，垂簾於後，左右隱蔽，外不能知，乃命公坐於階下，曰：「前者所議，事實非小，寤寐反覆，思卿所言，彌覺理非甚乖。朕意忠臣事主，豈在多違！今日之間，須易前見。以天下之位在卿一言，可朕意即兩全，逆朕心即俱斃！」公從容言曰：「陛下所言，天子之位，可得專之。以臣所知，是太宗文武皇帝之位，陛下豈得而自有也！太宗身陷鋒鏑，經綸四海，所以不告勞者，蓋爲子孫，豈爲武三思邪！陛下身是大帝皇后，大帝寢疾，權使陛下監國；大帝崩後，合歸冢嫡。陛下遂奄有神器，十有餘年。今議纘承，豈可更異！且姑與母孰親？子與姪孰近？」云云。天后於是歔欷流涕，命左右褰簾，手撫公背，大叫曰：「卿非朕之臣，是唐社稷之臣！」回謂廬陵王曰：「拜國老！今日國老與爾天子！」公免冠頓首，涕血灑地，左右扶策，久不能起。天后曰：「即具所言，宣付中外，擇日禮册。」公揮涕而言曰：「自古以來，寧有偷人作天子！廬陵王留在房州，天下所悉知，今日在内，臣亦不知。臣欲奉詔，若同衛太子之變，陛下何以明臣？」天后曰：「安可卻向房陵！只於石像驛安置，具法駕，陳百僚，就迎之。」於是大呼萬歲，儲位乃定。

《資治通鑑》卷二〇七則天皇后久視元年九月條考異引《狄梁公傳》 張柬之、桓彦範、敬暉、崔玄暐、袁恕己皆公所薦。公嘗退食之後，謂五公曰：「所恨衰老，身先朝露，不得見五公盛事，冀各保愛，願盡本心。」五公心知目擊，懸悟公意。公寢疾，五公候問，偶對終日，竟無一言。少頃，流涕及枕，但相視而已。五公退出，遽不測其由。袁恕己曰：「豈不氣力轉羸，須問家事乎？」張柬之曰：「未有大賢廢國謀家者也。」斯須，命張柬之、袁恕己、桓彦範三公入，餘二公立於門外，曰：「向者無言，蓋以二公之故。此二公能斷而不能密，若先與議之，事必外泄，一泄之後，則國異而家亡也。至其時或不與共之，事亦不就。梁王三思掌權，可先收而後行也。不然，則必反生大禍。」狄公没後，經歲餘，五公潛會於幽閒之處，敍公當時之言，重結盟約。徹饌之後，相顧欲言，未至其時，恐負前諾，欲言又止，前後數四，桓彦範乃敍其言。言猶未畢，閒户牖之外，聲若雷霆，須臾風雨，咫尺莫辨，所坐牀褥悉擲於階下。五公戰懼，不知所據，乃相謂曰：「此是狄公忠烈之至，假此靈變以驚衆心，不欲吾輩先論此事，未至其時，不可復言也。」斯須，天清日明，不異於初。易之等既誅，袁謂張公曰：「昔有遺言，使先收三思，豈可捨諸？」張公曰：「但大事畢功，此是機上之物，豈有逃乎！」後梁王交通於内，王公果爲所譖，俱遭流竄。所期興廢年月，遺約軌模少無異也。

孔平仲《續世説》卷五《寵禮》 武后信重狄仁傑，羣臣莫及，常謂之國老而不名。仁傑好面折廷諍，太后每屈意從之。嘗從太后游幸，遇風吹仁傑巾墜，而馬驚不能止，太后命太子追執其鞚而繫之。仁傑屢以老病乞骸骨，太后不許。入見常止其拜，曰：「每見公拜，朕亦身痛。」仁傑薨，太后泣曰：「朝堂空矣。」

程大昌《演繁露》卷一一《五王桃李》引《廬陵王傳》 狄梁公既立中宗，薦張柬之、袁恕己、桓彦範、崔玄暐、敬暉，五公咸出門下，皆自州縣拔居顯名，外以爲五公爲一代之盛桃李也。

佚名《分門古今類事》卷一五《武后萬年》引《紀異録》 唐天后既立國號周，又欲立三思爲後。狄仁傑切諫，上曰：「奈何有武氏臨朝萬萬年之謡？」公對曰：「陛下改萬歲登封元年，又改萬歲通天元年，又改大足元年，則萬萬之數足矣。」武后大悟，始有歸中宗之意。

備論

《舊唐書》卷八九《狄仁傑傳》 史臣曰：天子有諍臣七人，雖無道不失其天下。致廬陵復位，唐祚中興，諍由狄公，一人以蔽。或曰：許之太甚。答曰：當革命之時，朋邪甚衆，非推誠竭力，致身忘家者，孰能與於此乎！仁傑流死不避，骨鯁有彰，雖逢好殺無辜，能使終畏大義。竟存天下，豈不然乎！【略】

贊曰：犯顔忤旨，返政扶危。是人難事，狄能有之。終替武氏，克復唐基。功之莫大，人無以師。

《新唐書》卷一一五《狄仁傑傳》 贊曰：武后乘唐中衰，操殺生柄，劫制天下而攘神器。仁傑蒙恥奮忠，以權大謀，引張柬之等，卒復唐室，功蓋一時，人不及知。故唐吕温頌之曰：「取日虞淵，洗光咸池。潛授五龍，夾之以飛。」世以爲名言。

孫甫《唐史論斷》卷上《狄仁傑薦張柬之爲相》 論曰：觀武后用張柬之，見其任賢之術也。武后臨朝，僭竊二十餘年，所用之人姦正相半。蓋后俊智之性，有過於人，謂不用姦人無以成己欲，不用賢人無以庇己過，然持大權者多賢才也。如狄仁傑、姚元崇相於内，婁師德、郭元振將於外，天下事何慮乎？故雖兇殘不道，不至禍敗者以此也。當仁傑、元崇相國，才謀之士不乏於時，尚孜孜訪

於二相，求大才以備任用。二相力薦柬之，立命作相，其推心不疑如此，則向之任用之意可知矣，豈非得任賢之術也？一婦僭天下大號，恣行兇虐，尚以大權付得其人，久不禍敗；爲人君者能推誠任賢，天下豈有憂患乎？

蘇轍《欒城集・後集》卷一〇《狄仁傑三六》 母后臨朝，據人君之地，而私其親，有志之士將欲正之，常患不克。漢吕后欲王諸吕，王陵以高帝舊約争之，曰：「非劉氏而王，天下共擊之。背之不可。」言雖直，不見省。陵幸而不死，亦廢不用。唐武后廢廬陵王，立豫王，豫王雖在位，未嘗省天下事。徐敬業爲之起兵於外，裴炎争之於内，皆不旋踵爲戮。何者？位尊權重，臣下所無奈何，勢必至此也。惠帝之亡也，陳平聽張辟彊計，封王諸吕，吕后安之。故平與周勃得執將相之柄，以伺其間。後復聽陸賈，交歡周勃，將相之權不分，故周勃得入北軍，左袒一呼，而吕氏以亡。豫王既立，武后革命稱帝，追尊祖考，封王子弟，戕殺天下豪俊，志得氣滿，以爲武氏有泰山之安矣。狄仁傑雖爲宰相，而未嘗一言。及后欲以三思爲太子，訪之大臣，仁傑乃曰：「臣觀天人未厭唐德，頃匈奴犯邊，陛下使三思募士，逾月不及千人，及使廬陵王，不旬浹得五萬人。今欲立嗣，非廬陵不可。」后怒罷議。久之，復召問曰：「朕數夢雙陸不勝，何也？」對曰：「雙陸不勝，無子也。意者天以此儆陛下耶？文皇帝身蹈鋒刃，百戰以有天下，傳之子孫。先帝寢疾，詔陛下監國，陛下掩神器而取之，十餘年矣，又欲以三思爲後。且母子與姑姪孰親？陛下立廬陵王，則千秋萬歲，血食於太廟。三思立廟，無祔姑之禮。」后感悟，即日遣徐彦伯迎廬陵於房州而立之。蓋王陵、裴炎迎禍亂之鋒，欲以一言折之，故不廢則死。陳平、狄仁傑待其已衰而徐正之，故身與國俱全。惟吕后無子，親止於姪，故没身而後變。武后有子，母子之愛，人情之所同，故老而自復。由此觀之，陳、狄之所以成功者，皆以緩得之也。然廬陵既立，而張易之、昌宗未去，仁傑猶置之不問，復授之張柬之，俟其惡稔而後取。豈以禍亂之根生於母子之間，不如是必至於毁傷故耶？老氏有言：「將欲歙之，必固張之。將欲弱之，必固强之。將欲廢之，必固興之。將欲奪之，必固與之：是謂微明。柔勝剛，弱勝强。魚不可以脱於淵，國之利器不可以示人。」二公得之矣！

胡寅《致堂讀史管見》卷一九 河南道巡撫大使狄仁傑以吴、楚多淫祠，奏焚其一千七百餘所，獨留夏禹、吴太伯、季札、伍員四祠。

禹與太伯、季札，或聖或賢，祠之當矣。彼一千七百餘，所獨無賢於伍員者乎，而得與禹班，狄公何意哉？曰：公之留此四祠，所以風武氏也。夏禹與子者也，太伯、季札讓國者也，伍員復讎者也。其意若曰：「文皇與子而奪之，及今而讓，猶足爲賢，不然將有復讎者起矣。」仁人君子之有所爲也，豈苟然而已哉？范氏爲《狄公廟碑》，表出此事而係之曰：「神猶正之，而况於人。」蓋亦未喻懷英之意也。夫范之爲此碑，亦將以諷焉，而終於懷英之微意，猶有所未喻。賢哲心事之難明如此，又況其凡乎？或問：伍員之事，是耶非耶？蘇子有言：「揚雄以三諫不去，鞭尸藉棺，爲子胥之罪，此曲士陋説也。子胥吴宗臣，與國存亡，去將安往？百諫不聽，繼之以死可也。父不受誅，子復讎，禮也。生則斬首，死則鞭尸，發其至痛，無所釋也。至於藉棺，則闔廬與羣臣之罪，非子胥意也。」愚竊以爲不然，以君討臣而許之報，是有父子，無君臣，非聖人之教也。子胥之治報，受兄命焉，夫豈父奢之意哉？吴伐楚，入郢，楚子奔鄖，鄖辛之弟懷將弑王，曰：「平王殺吾父，我殺其子，不亦可乎？」辛曰：「君討臣，誰敢讎之？必犯是，余殺汝。」乃止。其視子胥，不亦賢乎？若如《公羊》之言，弑君之臣，踵相接而肩相摩矣。蘇子取之，蓋擇焉而不精之過也。故子胥無足取者，狄懷英借以發意可也。

以狄仁傑同平章事。

狄公在武后世，第一等人也，而不恥於事女主，何也？曰：將以復唐也，故寧受屈辱，濱於危殆，而眷眷於后。又善藏其用，不先事而言，待時而後發，其誠心足以感動之，故雖知武后鷙烈暴悍，亦爲之回慮易意，而廢主得還，其功大矣。古人有不羞汙君者，仁傑必以是自爲。武氏于時年將七十，以人生常數期之，反正之日，若可待也，是以不計其身之危辱，以冀唐室之復寧，雖未及如志，而廬陵王來居東宫，魄兆已見矣。向若既踐相位，罹來俊臣之獄，一斥不復，則此志不遂，何以自白於天下後世耶？是故《同人》之九三：公用射隼于高墉之上，獲之，無不利。孔子曰：「隼者禽也，弓矢者器也，射之者人也，君子藏器於身，待時而動，何不利之有？」然則仁傑比之伊尹五就桀、五就湯，蓋瞠若乎其後矣。伊尹之就桀也，湯使之也。桀不可與爲善決矣，非湯使尹諫且勸之，尹何爲而往？桀苟能聽尹，則湯豈有鳴條之舉哉？惟至于再三，至于四五，而言終不入也，於是説湯以伐夏救民，蓋未嘗枉已也。故尹進而醜有夏，退則有亳可歸。仁傑進而不醜武氏，未見其退志，烏得與伊尹比歟？柳宗元乃爲之説曰：「伊尹蓋嘗思曰：『湯仁人也，其功遲。桀誠不仁，朝吾從而莫及於天下，可也。』」天聖人救世之心雖切，而不肯少貶以求用，如其不然孔子當燔肉之不至，受女樂而不朝，何汲汲然去之乎？爲是説者，蓋以文其黨附王叔文之罪，所謂自以爲中庸而無忌

憚也。楊子雲有言：『詘身，將以伸道也，孔子見所不見，敬所不敬者，詘身也。』此言亦非也。身者，行道之具，猶燭者照暗之物也。身既詘矣，道安能伸？燭自不明，安能破暗？孔子無不見，無不敬，未嘗詘也。其言曰『天厭之，天厭之』『吾將仕矣』，以天自處，行止在我，曾是以爲詘乎？斯道也，惟知聖人者知之。

狄仁傑嘗薦姚元崇、柏彦範等數十人，率爲名臣。或謂仁傑曰：「天下桃李，悉在公門矣。」仁傑曰：「薦賢爲國，非爲私也。」

治古宰相以旁招俊乂爲任，後世乃有植黨之嫌，惟明君能不以此嫌而廢大臣薦賢之職，以所益者大也。狄公引進凡數十人，而當時不以植黨爲譏，亦可見其得人而無私矣。得人衆多，不以其私，可謂賢宰相矣。或者援親姻，阿所好，固爲負國。倘得避嫌之譽，而無所舉，使賢愚同滯，是亦私而已矣。

章如愚《山堂考索》續集卷三三引林之奇《論狄仁傑薦張柬之可爲相》 甚矣，狄仁傑之薦張柬之，有似於蕭何之薦韓信也。蕭何謂高祖曰：「王必欲長王漢中，無所事信。必欲争天下，非信，無可與計事者。」王曰：「吾以爲將。」何曰：「雖爲將，信不留。」乃以爲大將。蓋信之才惟爲大將然後可，不爲大將，則未足以盡其才也。狄仁傑爲武后求相，曰：「文學醖藉，則蘇味道固其選，必欲卓犖奇才，則張柬之雖老，宰相材也。」及武后擢爲洛州司馬，而謂仁傑曰：「已遷矣。」對曰：「臣所薦者可爲宰相，非司馬也。」久之，卒用爲相。蓋柬之之材，惟爲宰相然後可；不爲宰相，則亦未足以盡其材也。

章如愚《山堂考索》續集卷三三引林之奇《論狄仁傑姚元崇薦張柬之可爲相》 觀近臣以其所爲主，觀遠臣以其所主。張柬之沉厚有謀，能斷大事，武氏之禍，賴之以平，而其薦之者，前則有狄仁傑，後則有姚元崇。欲知姚元崇、狄仁傑之賢，觀之張柬之，是謂觀近臣以其所爲主。欲知張柬之之賢，觀之狄仁傑、姚元崇，是謂觀遠臣以其所主。

程敏政《篁墩集》卷一二《狄仁傑論》 先儒謂狄仁傑未及復中宗年七十以卒，所薦張柬之等嗣而成之，柬之亦年八十矣。使天不假年，則事機一失，國祚終傾。仁傑之不早計於此，有遺恨焉。是大不然，凡事之成雖出於人，然其所以成者，天也。當武后末年，中宗已還東宫而仁傑居相位，其間豈無事機？可乘而遲回，以至於死，固不可以言智。然中宗既還東宫，則天下者，東宫之天下，不言可知。智者於此正當持重以銷羣慝而要其成固，不要爲萬一嘗試之舉，此仁傑之心而柬之幸其功，凡此皆天也。就使柬之不幸亦死而唐命未改，天下豈無狄張之徒哉？論者乃以其衰莫不早計，爲恨末矣。文王三分天下有其二，壽幾百年事紂終其身。至武王年九十有三輔，以太公亦年八十餘方始勝。殷殺受大告武成，由是觀之則文武太公之衰莫不早計，甚矣！《傳》曰：「天之所廢，孰能興之。天之所興，孰能廢之。」論者烏足以及此。

王夫之《讀通鑑論》卷二一《唐中宗》 知人之哲，其難久矣。狄公之知張柬之、敬暉，付以唐之宗社，何以知其勝任哉？夫人所就之業，視其器之所堪；器之所堪，視其量之所函；量之所函，視其志之所持。志不能持者，雖志於善而易以動，志易動，則纖芥之得失可否一觸其情，而氣以勃興，識以之而不及遠，才以之而不及大，苟有可見其功名，即規以爲量，事溢於量，則張皇而畏縮，若此者，授之以大，而愕然不給，所必然矣。

夫以宗社之淪亡，而女主宣淫，姦邪窺伺，嗣君幽暗，刑殺横流，天下延頸企踵以望光復，此亦最易動之情矣。則欲立拔起之功，以反陰霾之日月，似非鋭於進取者不能。狄公公門多士，而欲得此義奮毅興之人，夫豈難哉？然前此者，李敬業、駱賓王以此致敗，徒以增逆燄而沮壯夫之氣，其成敗已可覩矣。故雖有慷慨英多捐生效節之情，公弗與也。張柬之爲蜀州刺史，奏罷姚州之戍，瀘南諸鎮一切廢省，禁南夷之往來；敬暉爲衛州刺史，突厥起兵，欲取河北，諸州發民修城，暉不欲舍收穫而事城郭，罷使歸田；公於此乃有以得二公之器量，而知其可以大任焉。持之不發者，藏之已固也；居之以重者，發之不輕也；斂之以密者，出之不測也；不爲無益之功名者，不避難成之險阻也。故武氏任之而不疑，羣姦疑之而不敢動，臣民胥信其舉事之必克，而樂附以有成，善觀人而任之者，於此求之而失者鮮矣。

狄公之與張柬之，皆有古大臣之貞焉，故志相喻，信相孚也。中宗初復，薛季昶曰：「産、祿猶在，草根復生。」而柬之不誅諸武，欲使上自誅之，以張天子之威。以斯言體斯心，念深禮謹，薄一己之功名，正一王之綱紀，端人正士所蹈異於功名之士遠矣。中宗之不可與有爲而不知揣，非闇也。趙汝愚曰：「社稷有靈，當無此患。」人臣爲其所可爲，而謹守臣節，不與天子争威福之柄，知此而已。其不濟與！社稷之不幸也，榮辱生死又何恤焉？且使中宗之淫昏不如是之甚乎？春秋已富，曾正位於受終之日矣，乃既斬二張，復誅諸武，王鉞在手，唯己所爲，無所待命，儼負事主者，自怵惕而不敢寧，固非薛季昶以利害居心者所能知也。劉幽求曰：「三思尚在，公等終無葬地。」成何等事，而早以葬地繫其心乎？

絳侯之盡誅諸呂，文帝尚在藩服，而國無君，非中宗不違咫尺之比也，然絳侯且不免對吏之辱，而幾不保。中宗而果有爲也，柬之不待天子之命，廣行誅戮，又足以保其勳名乎？乃其淫昏如彼矣，其後三思伏誅，且割太子首以獻宗廟，宗楚客復起而亂唐，相王幾不免焉，則諸武雖誅，未見五王得免於走狗之烹也。均之不免，而秉臣節以蒙大難，不尤無疚於心與？論者惜季昶、幽求之言不用，而嗤柬之之愚，其愚不可及也。豫謀禍福者，不足以見貞士之心，久矣。唐多能臣而鮮端士，於柬之有取焉，所以與狄公有芥珀之投也。

藝文

呂温《呂衡州文集》卷九《狄梁公立廬陵王傳讚並序》 梁公以武氏簒盜，國命如綴，翊安宗社，非我而誰，是用蒙大恥，履大險，聳節振義，以持世心，閉高祖天下於方寸之地。盜力雖盛，莫之敢窺，唐復爲唐，緊公是賴。後代昧者，頗歸功於五臣，殊不知五臣之功，公所授也。客有以李北海所傳示予者，述廬陵廢立之際，見公如生，貽諸將來，可以不惑。敢攄憤而讚之，詞曰：「於休梁公，社稷之臣。濡迹應變，與唐屈伸。妖虹横天，鳴牝專晨。獨立大道，指南生人。闔闢有期，命先我時。乃建國本，代天張機。取日虞泉，洗光咸池。譖授五龍，夾之以飛。臨終指麾，皇業再基。運起身後，功成不知。穆若清風，嶷然宏規。凡爲臣者，可不度思。

《張祜詩集》卷一《讀狄梁公傳》 失運廬陵厄，乘時武后尊。五丁扶造化，一柱正乾坤。上保儲皇位，深然國老勳。聖朝雖百代，長合問王孫。

宋敏求《唐大詔令集》卷四四佚名《狄仁傑內史制》 鸞臺：訏謀房帷，秉鈞之任爲重，典綜絲綸，揮翰之才是屬。銀青光禄大夫、守納言、上柱國、汝陽縣開國男狄仁傑，地華簪組，材標棟幹，城府凝深，宫牆峻邈。有八能之藝術，兼三冬之文史，雅達政方，早膺朝寄。出移節傳，播良守之風；入踐臺閣，得名臣之體。豈惟懷道佐時，見期於管樂；故以竭誠匡主，思致於堯舜。九重肅侍，則深陳可否；百辟在庭，則顯言得失。雖從容顧問，禮被於皇闈；而斟酌輕重，事隆於紫誥。宜遷掌壺之秩，式懋專車之寵。可守內史，散官勳封如故。主者施行。聖曆三年十二月十八日。

秦觀《淮海集》卷三一《告狄梁公廟文》 惟公昔以盛德，爲唐名臣，嘗刺此州，風流具存。越王之禍，玉石俱焚，二千餘人，賴公獲免。宜千萬年，血食兹土，豫之子孫，報仰何窮？舊祠迫隘，不稱明靈，爰築新室，以安貌像。敢涓時日，薦告于庭。

釋惠洪《石門文字禪》卷二七《跋狄梁公傳》 秦攻魏破之，殺魏王瑕，誅諸公子，而一公子不得，乃令魏國曰：「得公子者賜金千鎰，匿之者罪至夷。」公子之乳母節乳之俱逃，而魏故臣有識乳母者，曰：「乳母無恙乎？」乳母曰：「嗟乎，吾奈公子何！」故臣曰：「今公子安在？吾聞秦令曰：『有能得公子者賜千金，匿之者夷。』乳母儻知其處，盍不言乎？」乳母曰：「吁，我不知公子處。借吾知之，終不可言。」故臣曰：「魏國正破亡，族已滅矣，尚誰爲乎？」乳母吁而言曰：「夫見利而反上逆也，畏死而棄義亂也。恃逆亂以求利，吾不爲也。」遂抱公子藏大澤中，故臣告秦軍，秦軍追見射之。乳母以身蔽矢，著身者數十，乃俱死。秦王聞而貴之，葬以卿禮。東漢李善，南陽李元奴也，家疫死，止孤兒續始生數旬，而貲以萬數。奴婢共議謀殺續，分其産，善潛負續逃亡，隱山陽瑕丘界中。親自哺養，乳爲生湩。續雖在孩抱，奉之不異長者。有事輒跪請白，然後行之。續年十歲，善與歸其邑，修理舊業。鍾離意時爲瑕丘令，上書薦之，光武詔善及續並爲太子舍人。魏節乳母、漢李善，古之奴婢也，而其所爲卓越如此。予聞虎生三日，其氣食牛，駃騠七日，而超其母。蓋其種性殊特，不幸而趣異類中耳。若二人者，殆功名富貴者事也，又可以品類拘之乎？唐則天皇后受夫顧託，而欲奪以自有，哥舒翰提兵三十萬，而北面事賊，此真奴婢，豈實能功名富貴者乎？

高斯得《恥堂存稿》卷四《彭澤縣狄梁公廟記》 士生天地間，以忠信仁義自立，將以扶植天經，綱紀世道，其任蓋不輕而重也。奈何自古以來，君子每爲小人所乘，正論每爲邪説所敗，志士仁人覽觀前志，未嘗不掩卷三嘆，繼以流涕痛哭也。雖然，秉彝好德著在人心，浮雲掩於一時，日月揭乎千古，則彼惡直醜正者秖足以增光益潤而已，何足道哉！唐武后天授間，狄文惠公以地官侍郎、鳳閣鸞臺平章事爲來俊臣所陷，貶彭澤令，邑人爲置生祠，數百年不絶。我朝紹興七年十有一月，始名其廟曰顯正焉。公在當時濡迹周庭，繫心唐室，決策禁中，力還國嗣，拔引五王，權輿大計，卒能取日虞淵，迓續唐祚，其何正如之。方其黜居陋邦，流落不耦，湮鬱甚矣，而邑人欽慕英風，懷想遺愛，社祠尸祝不懈益虔。唐祀既忽，聖代聿興，肇錫嘉名，載光秩祀，宋甄留侯不得專美，其何顯如之。昔公

巡撫江南，毀淫祠千七百房，止存夏禹、吴太伯、季札、伍員四祠，今也寢廟奕奕，與四祠而五。嗚呼盛哉！生祠廟貌頗壯，縣之遷，邑人以遠，不得朝夕駿奔，乃移諸新邑，寄招提，境隘陋不足以宴娱神。邑元趙君卯發來宰是邑，雞牛妙割之餘，歷穎寢而怵焉，曰：「精忠盛德之祀而弗稱若是，吾之責也。」乃更卜爽塏，作爲新廟，翬飛跂翼，邦人改觀，共稱明宰爲政知所先後，若此，非梁公之徒疇克爾耶？君又念廟與陶祀爲鄰，而陶祀亦將圮焉，乃爲建廊廡，具庖福，築新亭于東嶺，名之曰「舒嘯」，而又葺「退觀」之故亭，命浮屠掌之，官月廪給。以書來曰：「吾於二公無能爲役，幸甚獲踵芳塵，故治雙祠以慰邦人之思，且以致吾高山仰止、景行行止之思，公爲我記之。」予謂陶公拳拳晉室于義熙之末，狄公孜孜唐祚於天授之間，千載一心，若合符節。蕞爾小邦，祀二盛德，一何幸歟！然世方迂教化而輕節義，非絶識拔乎流俗，其孰能發揮之？故予于趙君之作重有感焉，乃書之以爲記。

趙漢卿解彭澤印爲池陽郡丞，乙亥冬，疆事日急，漢卿先爲詩寄其弟以死自誓，已而北兵奄至，不屈死之。事聞，贈三官，與一子恩澤。會予以兵部尚書召，見上，力陳其從容就義，非倉皇就死者比，乞依知饒州唐震恤典改命，遂贈華文閣待制，録後改爲京澤。昔狄公令於斯，廟食一代幾六百年，漢卿遺愛在人，其仗節死義，於狄公有光。異時少康祀夏，予欲言之朝，作廟斯邑，庶幾二忠臣後先輝映，九鼎此邦。恨老篤且入地，不能待也，因手抄《狄公廟記》，泫然思漢卿，遂書其後。

徐鈞《史詠詩集》卷下《狄仁傑》 天理何曾一日亡，始終感悟爲存唐。平生獨有知人鑑，身後功名付老張。

張詠《乖崖集》卷六《謁狄梁公廟文》 皇宋文士張某，再拜致言于有唐巨臣梁公廡下：若子負氣男子，學入聖理。純正積中，文言任己。期欲擺去庸訛，彰顯正始。使浴溢乎天地，洞格于鬼神。上欲昇君，魁爲堯鄰；下欲鑄民，熙熙如春。惟公昭達，察予悲辛。今則荏苒光陰，壯有及矣。結括宏圖，流浪千里。秋聲寥寥，遠客心死。樂公清風，拜于廟址。即問窮通，胡彼焉此？嗚呼，大丈夫豈徒言哉！帝閽難寓，晨飢暮寒。進身非援，如捫青天。天理冥冥，愚實難知。報應如日，昭昭莫欺。小儒願福，亦人之私。將出身以事主，幸明神其祐之！

孫承恩《文簡集》卷四一《狄梁公仁傑》 妖后亂唐，王祚欲絶。批龍扼虎，幾蹈禍烈。撥亂反正，捧日再昇。社稷之功，孰能與爭。

《全唐文》卷一一五晉高祖《贈狄仁傑太師詔》 唐室中圮，賢臣挺生，凜然英風，迥冠千古，不有典册，曷旌忠良？唐梁國公狄仁傑，稟五行正氣，聳九諫直操，鼎祚危而復安，黔庶否而獲泰。惠流河北，名振寰中，惟爾事君，無愧臣節，用光遺像，式示明恩。論道經邦，著周官之貴位；貞魂毅魄，焕魏土之靈祠，昭是寵嘉，永光縑素。可追贈太師。仍令所司擇日，備禮册命。

《全唐文》卷六二四馮宿《魏府狄梁公祠堂碑》 后不可以獨臨，必誕生嶽靈，扶既傾，繫將絶，兹梁國狄公是已，興於天授之朝，藴深謀，奮奇節也。物不可以終否，必纘起邦傑，欽往績，懋來功，兹沂國田公是已，挺乎河朔之郊，創新祠，修舊典也。初梁公出牧於魏，實宜斯人，罔遂乞留，則深遺愛。闔境同力，生祠其神，畏威懷仁，如在乎上，祈恩徼福，亦若有答。洎胡起幽陵，毒痛中邦，腥羶遺餘，漸漬甿俗，十六年於兹矣。戰血滿野，忠魂歸天，階戺之容，隱嶙猶在。元和壬辰歲，我天子恢拓千古之不庭，凡在率土，罔不來服。維元侯保和一心之有衆，舉兹列城，表正多方，歸職貢而奉官司，尊漢儀而秉周禮。鳳鳴而梟音革，蘭芳而棘刺死，甘醴涌而盜泉竭，慶雲飛而濁祲消，四郊廓清，萬方丕變。然後辯正封疆，咨諏耆老，得是舊址，作爲新祠。鳩材僝功，蕆事頒役，上下有度，東西惟序，披圖以立儀像，據品以昭命數，不僭不偪，經之營之，越十月五日，厥功成。沂國公於是乎請護軍迨賓僚、將校、虎貔之羣，撰吉而致饗焉。先一日，執事設次於門西，設柔毛、翰音、腯肥、鮮薧之具以俟。詰朝公至，則改命服於次，率護軍等升拜，將校以下，叙拜於堂下。公親酌以奠，揚觶而言曰：「昔者皇風中微，陰沴勃興，六宫弄其神器，萬乘遜於羅川。生人之耳目盡迴，元老之肺肝彌固，蹈履虎尾，攘奪鯨口，薙除蔓草，扶持忠賢。元良克正，萬國居貞，祕策潛授，五王奮起，包復夏之大業於心術，貽安劉之永圖於身後，再造唐室，時維梁公。顧不腆之是羞，獲守斯土，實牽帥與三軍之衆，逮封内之黎老，勤請於天王。天王重睠斯人而鑒厥誠，未及浹辰，而璽書金印，命服瑞節，一日駢至。於是又頒非常之清問，下莫大之洪澤，馬逐逐，車闐闐，野接跡，空駕肩。彼感心與喜氣，固已翔九天而滲九泉。今所靡遑寧居，思有上報，竊慕神之志義，景神之忠功，薦神於此堂，吉辰良日，以微懇陳告。至於修廢繼絶，興仁樹善，乃守臣之職，焉敢爲名。」再拜而退。由是六州之人士，知狄公之崇德可享，而田公斯言可復也。《詩》云：「維其有之，是以似之。」乃作銘曰：

奕奕新祠，於魏之疆。巖巖梁公，惠此一方。其惠伊何，其人則亡。在昔通

天，戎虜猖狂。衝陷連城，勢莫與亢，山東繹騷，駘藉犬羊。顧是都會，孰能保障。天后召公，飛傳靡遑。至自彭澤，屹爲金湯。以逸待勞，以柔摧剛。緩賦寬役，勉農勸桑。外示無虞，内爲之防。虜則引歸，歲獲大穰。人荷公來，踊躍歡康。人惜公遷，泣涕彷徨。援刀割膚，守闕上章。終然不克，詎可弭忘。衆心欲成，經始斯堂。立公儀形，薦此馨香。於此祝之，萬壽無疆；於以歌之，久久垂芳。追惟我公，實邦之良。岐嶷有聞，金玉其相。學以時習，闇然日彰。文武是經，謨謀允臧。測圭知正，涵鼎難量。碩大博厚，靖和端莊。逮使絶域，義聲孔揚，居憂致感，有鳥呈祥。旿於天理，決獄平當。亟觸龍鱗，驟探虎狼。西門沈巫，汲直開倉。蜀守興學，晉臣撫牀。公兼有之，謇謇在旁。宣威中權，論道上庠。慰薦幽仄，懷來暴强。天授以還，燎火無光。藹藹本枝，困於斧斨。下適人願，上迴天綱。拜洛受圖，非劉而王。后實當扆，唐遷於房。時維正色，中激剛腸。嫈伊侈謀，將易儲皇。公陳不可，校短推長。血瀝太階，心祈彼蒼。長戈倒日，勁草横霜。一柱巋然，四維重張。帝拜元老，春歸少陽。潛安爪牙，密佈棟梁。七日變疾，五月興唐。道優三仁，力茂一匡。始終無愧，夷夏所望。維此魏邦，實維樂康。燕寇之後，中爲戰場。何人不鰥，靡室不喪。祠宇煨燼，階除虚荒。故老懷思，遺旿慨慷。猶依封畛，時奠壺觴。否道既傾，聖曆會昌。元和御宸，天子垂裳。九夷八蠻，山梯海航。禮備樂陳，執贄奉璋。思我懷人，寘彼周行。是生沂公，忠順激昂。劍久埋獄，錐能處囊。道言愔愔，武烈洸洸。業尚管蕭，化臻龔黃。掃除氛祲，弔恤災傷。尾斷蜂蠆，苗鋤莠稂。萬夫歸誠，有死無將。天子嘉之，霈澤瀼瀼。龍節虎旗，玉珮金鐺。班其慶賜，覃其潛翔。沂公滋恭，俯伏兢惶。愧負山嶽，誓酬毫芒。乃建新祠，媲彼甘棠。航其廈屋，繚以周墻。吉蠲羞容，羽衛兩廂。仰止何遠，中心是藏。地回沙麓，河抱衡漳。刻勒豐碑，揭乎中央。

《全唐文》卷七九九皮日休《狄梁公祠碑》 嗚呼！天后革大命，垂二十年，天下晏如，不讓貞觀之世，是遵何道哉？非以敬任公乎？不然者，來俊臣之酷不能誣，諸武之猜不能害，房齡之諫不能逆。闕進士皮日休游江左至彭澤，當河東公觀察之四年，贊皇公刺史之二年，下闕其詞曰：

惟唐中否，帝室如燬。闕一字后持權，式人端委。書誡牝雞，易稱羸豕。大樹得蒴，崇臺欲墜。便藩諸武，作我蝪虺。泉深兮東宫已矣，闕北極綰我神璽。媧皇肇命，吕君函紀。周德方木，秦運爲水。杜闕與化宫闕致治。天將啓唐，載誕忠良。闕爲道如勃木强，乃寫大辯，對彼明颺。一言苟悖，視死如鄉。少海既闊，少陽既光。五公始昌，其交玉堂。闕

羅惇衍《集義軒詠史詩鈔》卷三四《狄仁傑》 滄海珠遺薦剡公，畫師也自識英雄。望雲遊子思親淚，捧日文臣復嗣功。表赦五千人感泣，袍書十二字旌忠。淫祠毁盡生祠建，彭澤於今廟貌崇。

武則天部

綜述

《舊唐書》卷六《則天皇后紀》 則天皇后武氏諱曌，并州文水人也。父士彠，隋大業末爲鷹揚府隊正。高祖行軍於汾、晉，每休止其家。義旗初起，從平京城。貞觀中，累遷工部尚書、荊州都督，封應國公。

初，則天年十四時，太宗聞其美容止，召入宫，立爲才人。及太宗崩，遂爲尼，居感業寺。大帝於寺見之，復召入宫，拜昭儀。時皇后王氏、良娣蕭氏頻與武昭儀争寵，互讒毁之，帝皆不納。進號宸妃。永徽六年，廢王皇后而立武宸妃爲皇后。高宗稱天皇，武后亦稱天后。后素多智計，兼涉文史。帝自顯慶已後，多苦風疾，百司表奏，皆委天后詳決。自此内輔國政數十年，威勢與帝無異，當時稱爲「二聖」。

弘道元年十二月丁巳，大帝崩，皇太子顯即位，尊天后爲皇太后。既將篡奪，是日自臨朝稱制。庚午，加授澤州刺史、韓王元嘉爲太尉，豫州刺史、滕王元嬰爲開府儀同三司，絳州刺史、魯王靈夔爲太子太師，相州刺史、越王貞爲太子太傅，安州都督、紀王慎爲太子太保。元嘉等地尊望重，恐其生變，故進加虚位，以安其心。甲戌，劉仁軌爲尚書左僕射，岑長倩爲兵部尚書，魏玄同爲黄門侍郎，並依舊知政事。劉齊賢爲侍中，裴炎爲中書令。

嗣聖元年春正月甲申朔，改元。

二月戊午，廢皇帝爲廬陵王，幽于别所，仍改賜名哲。己未，立豫王輪爲皇帝，令居於别殿。大赦天下，改元文明。皇太后仍臨朝稱制。庚午，廢皇太孫重照爲庶人。太常卿兼豫王府長史王德真爲侍中，中書侍郎、豫王府司馬劉禕之同中書門下三品。

三月，庶人賢死于巴州。

夏四月，改封畢王上金爲澤王，葛王素節爲許王。丁丑，遷廬陵王哲於均州。

閏五月，禮部尚書武承嗣同中書門下三品。

秋七月，突厥骨咄禄、元珍寇朔州，命左威衛大將軍程務挺拒之。

九月，大赦天下，改元爲光宅。旗幟改從金色，飾以紫，畫以雜文。改東都爲神都，又改尚書省及諸司官名。初置右肅政御史臺官員。故司空李勣孫柳州司馬徐敬業僞稱揚州司馬，殺長史陳敬之，據揚州起兵，自稱上將，以匡復爲辭。

冬十月，楚州司馬李崇福率所部三縣以應敬業。命左玉鈐衛大將軍李孝逸爲大總管，率兵三十萬以討之。殺内史裴炎。丁酉，追削敬業父祖官爵，復其本姓徐氏。

十二月，殺左威衛大將軍程務挺。

垂拱元年春正月，以敬業平，大赦天下，改元。

三月，遷廬陵王哲於房州。頒下親撰《垂拱格》於天下。

五月，秋官尚書裴居道爲内史，冬官尚書蘇良嗣爲納言。詔内外文武九品已上及百姓，咸令自舉。

二年春正月，皇太后下詔，復政於皇帝。以皇太后既非實意，乃固讓。皇太后仍依舊臨朝稱制，大赦天下。初令都督、刺史並準京官帶魚。

三月，初置匭於朝堂，有進書言事者聽投之，由是人間善惡事多所知悉。

夏四月，岑長倩爲内史。

六月，蘇良嗣爲文昌左相，天官尚書韋待價爲文昌右相，並同鳳閣鸞臺三品。右肅政御史大夫韋思謙爲納言。

三年春正月，封皇子成義爲恒王，隆基爲楚王，隆範爲衛王，隆業爲趙王。

夏四月，裴居道爲納言，夏官侍郎張光輔爲鳳閣侍郎、同鳳閣鸞臺平章事。庚午，劉禕之賜死於家。

秋八月，地官尚書魏玄同檢校納言。

四年春二月，毁乾元殿，就其地造明堂。山東、河南甚飢乏，詔司屬卿王及善、司府卿歐陽通、冬官侍郎狄仁傑巡撫賑給。

夏四月，魏王武承嗣僞造瑞石，文云：「聖母臨人，永昌帝業。」令雍州人唐同泰表稱獲之洛水。皇太后大悦，號其石爲「寶圖」，擢授同泰遊擊將軍。

五月，皇太后加尊號曰聖母神皇。

秋七月，大赦天下。改「寶圖」曰「天授聖圖」，封洛水神爲顯聖，加位特進，并立廟。就水側置永昌縣。天下大酺五日。

八月壬寅，博州刺史、琅邪王沖據博州起兵，命左金吾大將軍丘神勣爲行軍總管討之。庚戌，沖父豫州刺史、越王貞又舉兵於豫州，與沖相應。

九月，命内史岑長倩、鳳閣侍郎張光輔、左監門大將軍鞠崇裕率兵討之。丙寅，斬貞及沖等，傳首神都，改姓爲虺氏。曲赦博州。韓王元嘉、魯王靈夔、元嘉子黄國公譔、靈夔子左散騎常侍范陽王藹、霍王元軌及子江都王緒、故號王元鳳子東莞公融坐與貞通謀，元嘉、靈夔自殺，元軌配流黔州，譔等伏誅，改姓虺氏。自是宗室諸王相繼誅死者，殆將盡矣。其子孫年幼者咸配流嶺外，誅其親黨數百餘家。

十二月己酉，神皇拜洛水，受「天授聖圖」，是日還宫。明堂成。

永昌元年春正月，神皇親享明堂，大赦天下，改元，大酺七日。

三月，張光輔爲内史，武承嗣爲納言。

夏四月，誅蔣王惲、道王元慶、徐王元禮、曹王明等諸子孫，徙其家屬於巂州。

五月，命文昌右相韋待價爲安息道大總管以討吐蕃。

六月，令文武官五品已上各舉所知。

秋七月，紀王慎被誣告謀反，載以檻車，流于巴州，改姓虺氏。韋待價坐遲留不進，士卒多飢饉而死，配流繡州。

八月，左肅政御史大夫王本立同鳳閣鸞臺三品。辛巳，誅内史張光輔。

九月，納言魏玄同賜死于家。

冬十月，春官尚書范履冰、鳳閣侍郎邢文偉並同鳳閣鸞臺平章事。改羽林軍百騎爲千騎。

載初元年春正月，神皇親享明堂，大赦天下。依周制建子月爲正月，改永昌元年十一月爲載初元年正月，十二月爲臘月，改舊正月爲一月，大酺三日。神皇自以「曌」字爲名，遂改詔書爲制書。

春一月，蘇良嗣爲特進，武承嗣爲文昌左相，岑長倩爲文昌右相，裴居道爲太子少傅，並依舊同鳳閣鸞臺三品。鳳閣侍郎武攸寧爲納言，邢文偉爲内史。

秋七月，殺豫章王亶，遷其父舒王元名於和州。有沙門十人僞撰《大雲經》，表上之，盛言神皇受命之事。制頒於天下，令諸州各置大雲寺，總度僧千人。丁亥，殺隨州刺史澤王上金、舒州刺史許王素節并其子數十人。

九月九日壬午，革唐命，改國號爲周。改元爲天授，大赦天下，賜酺七日。乙酉，加尊號曰聖神皇帝，降皇帝爲皇嗣。丙戌，初立武氏七廟於神都。追尊神皇父贈太尉、太原王士彠爲孝明皇帝。兄子文昌左相承嗣爲魏王，天官尚書三思爲梁王，堂姪懿宗等十二人爲郡王。司賓卿史務滋爲納言，鳳閣侍郎宗秦客爲内史。給事中傅遊藝爲鸞臺侍郎，仍依舊知鳳閣鸞臺平章事。令史務滋等十人分道存撫天下。改内外官所佩魚並作龜。

冬十月，改并州文水縣爲武興縣，依漢豐、沛例，百姓子孫相承給復。

二年正月，親祀明堂。

春三月，改唐太廟爲享德廟。

夏四月，令釋教在道法之上，僧尼處道士女冠之前。

六月，命岑長倩率諸軍討吐蕃。左肅政御史大夫格輔元爲地官尚書，鸞臺侍郎樂思晦並同鳳閣鸞臺平章事。

秋七月，徙關内雍、同等七州户數十萬以實洛陽。分京兆置鼎、稷、鴻、宜四州。夏官尚書歐陽通知納言事。

九月，傅遊藝下獄死。右羽林衛大將軍、建昌王攸寧爲納言，洛州司馬狄仁傑爲地官侍郎、同鳳閣鸞臺平章事。

冬十月，制官人者咸令自舉。殺文昌左相岑長倩、納言歐陽通、地官尚書格輔元。

三年正月，親祀明堂。

春一月，冬官尚書楊執柔同鳳閣鸞臺平章事。

三月，五天竺國並遣使朝貢。

四月，大赦天下，改元爲如意，禁斷天下屠殺。

秋七月，大雨，洛水泛溢，漂流居人五千餘家，遣使巡問賑貸。

八月，魏王承嗣爲特進，建昌王攸寧爲冬官尚書，楊執柔爲地官尚書，並罷知政事。秋官侍郎崔元琮爲鸞臺侍郎，夏官侍郎李昭德爲鳳閣侍郎，檢校天官侍郎姚璹爲文昌左丞，地官侍郎李元素爲文昌右丞，並同鳳閣鸞臺平章事。

九月，大赦天下，改元爲長壽。改用九月爲社，大酺七日。并州改置北都。

冬十月，武威軍總管王孝傑大破吐蕃，復龜茲、于闐、疏勒、碎葉鎮。

二年春一月，親享明堂。癸亥，殺皇嗣妃劉氏、竇氏。

臘月，改封皇孫成器爲壽春郡王，恒王成義爲衡陽郡王，隆基爲臨淄郡王，衛王隆範爲巴陵郡王，隆業爲彭城郡王。

春二月，尚方監裴匪躬坐潛謁皇嗣，腰斬於都市。

秋九月，上加金輪聖神皇帝號，大赦天下，大酺七日。辛丑，司賓卿豆盧欽望爲內史，文昌右丞韋巨源同鳳閣鸞臺平章事，秋官侍郎陸元方爲鸞臺侍郎、同鳳閣鸞臺平章事。

三年春一月，親享明堂。

三月，鳳閣侍郎李昭德檢校內史，鸞臺侍郎蘇味道同鳳閣鸞臺平章事。韋巨源爲夏官侍郎，依舊知政事。

四月，夏官尚書王孝傑同鳳閣鸞臺三品。

五月，上加尊號爲越古金輪聖神皇帝，大赦天下，改元爲延載，大酺七日。

秋八月，司賓少卿姚璹爲納言。左肅政御史中丞楊再思爲鸞臺侍郎，洛州司馬杜景儉爲鳳閣侍郎，仍並同鳳閣鸞臺平章事。梁王武三思勸率諸蕃酋長奏請大徵斂東都銅鐵，造天樞於端門之外，立頌以紀上之功業。

冬十月，文昌右丞李元素爲鳳閣鸞臺平章事。

證聖元年春一月，上加尊號曰慈氏越古金輪聖神皇帝，大赦天下，改元，大酺七日。戊子，豆盧欽望、韋巨源、杜景儉、蘇味道、陸元方並左授趙、鄜、集、綏等州刺史。丙申夜，明堂災，至明而並從煨燼。庚子，以明堂災告廟，手詔責躬，令內外文武九品已上各上封事，極言正諫。

春二月，上去慈氏越古尊號。

秋九月，親祀南郊，加尊號天册金輪聖神皇帝，大赦天下，改元爲天册萬歲，大辟罪已下及犯十惡常赦所不原者，咸赦除之，大酺九日。

萬歲登封元年臘月甲申，上登封于嵩嶽，大赦天下，改元，大酺九日。丁亥，禪于少室山。己丑，又制內外官三品已上通前賜爵一等，四品已下加兩階。洛州百姓給復二年，登封、告成縣三年。癸巳，至自嵩嶽。甲午，親謁太廟。

春三月，重造明堂成。

夏四月，親享明堂，大赦天下，改元爲萬歲通天，大酺七日。以天下大旱，命文武官九品以上極言時政得失。

五月，營州城傍契丹首領松漠都督李盡忠與其妻兄歸誠州刺史孫萬榮殺都督趙文翽，舉兵反，攻陷營州。盡忠自號可汗。乙丑，命鷹揚將軍曹仁師、右金吾大將軍張玄遇、右武威大將軍李多祚、司農少卿麻仁節等二十八將討之。

秋七月，命春官尚書、梁王三思爲安撫大使，納言姚璹爲之副。制改李盡忠爲盡滅，孫萬榮爲萬斬。

秋八月，張玄遇、曹仁師、麻仁節與李盡滅戰于西硤石黃麞谷，官軍敗績，玄遇、仁節並爲賊所虜。

九月，命右武衛大將軍、建安王攸宜爲大總管以討契丹。并州長史王方慶爲鸞臺侍郎，與殿中監李道廣並同鳳閣鸞臺平章事。吐蕃寇涼州，都督許欽明爲賊所執。庚申，王方慶爲鳳閣侍郎，仍依舊知政事。李盡滅死，其黨孫萬斬代領其衆。

冬十月，孫萬斬攻陷冀州，刺史陸寶積死之。

十一月，又陷瀛州屬縣。

二年正月，親享明堂。鳳閣侍郎李元素、夏官侍郎孫元亨坐與綦連耀謀反，伏誅。原州都督府司馬婁師德爲鳳閣侍郎、同鳳閣鸞臺平章事。

春三月，王孝傑、蘇宏暉等率兵十八萬與孫萬斬戰于硤石谷，王師敗績，孝傑没於陣，宏暉棄甲而遁。

夏四月，鑄九鼎成，置于明堂之庭，前益州大都督府長史王及善爲內史。

五月，命右金吾大將軍、河內王懿宗爲大總管，右肅政御史大夫婁師德爲副大總管，右武威衛大將軍沙吒忠義爲前軍總管，率兵二十萬以討孫萬斬。

六月，內史李昭德、司僕少卿來俊臣以罪伏誅。孫萬斬爲其家奴所殺，餘黨大潰。魏王承嗣、梁王三思並同鳳閣鸞臺三品。

秋八月，納言姚璹爲益州大都督府長史。

九月，以契丹李盡滅等平，大赦天下，改元爲神功，大酺七日。婁師德爲納言。

冬十月，前幽州都督狄仁傑爲鸞臺侍郎，司刑卿杜景儉爲鳳閣侍郎，並同鳳閣鸞臺平章事。

聖曆元年正月，親享明堂，大赦天下，改元，大酺九日。

春三月，召廬陵王哲於房州。

夏五月，禁天下屠殺。突厥默啜上言，有女請和親。

秋七月，令淮陽王武延秀往突厥，納默啜女爲妃。遣右豹韜衛大將軍閻知微攝春官尚書，赴虜庭。

八月，突厥默啜以延秀非唐室諸王，乃囚於別所，率衆與閻知微入寇媯、檀等州。命司屬卿高平王重規、右武威衛大將軍沙吒忠義、幽州都督張仁亶、右羽

林衛大將軍李多祚等率兵二十萬逆擊，乃放延秀還。己丑，默啜攻陷定州，刺史孫彦高死之，焚燒百姓廬舍，遇害者數千人。庚子，梁王三思爲内史，狄仁傑爲納言。

九月，建昌王攸寧同鳳閣鸞臺平章事。默啜攻陷趙州，刺史高睿遇害。丙子，廬陵王哲爲皇太子，令依舊名顯，大赦天下，大酺五日。令納言狄仁傑爲河北道行軍元帥。辛巳，皇太子謁太廟。天官侍郎蘇味道鳳閣侍郎、同鳳閣鸞臺平章事。癸未，默啜盡殺所掠趙、定州男女萬餘人，從五迴道而去，所至殘害，不可勝紀。

冬十月，夏官侍郎姚元崇、麟臺少監李嶠並同鳳閣鸞臺平章事。是月，閻知微自突厥叛歸，族誅之。

二年春二月，封皇嗣旦爲相王。初爲寵臣張易之及其弟昌宗置控鶴府官員，尋改爲奉宸府，班在御史大夫下。左肅政御史中丞魏元忠爲鳳閣侍郎，吉頊爲天官侍郎，並同鳳閣鸞臺平章事。戊子，幸嵩山，過王子晉廟。丙申，幸緱山。丁酉，至自嵩山。

夏四月，吐蕃大論贊婆來奔。

秋七月，上以春秋高，慮皇太子、相王與梁王武三思、定王武攸寧等不協，令立誓文於明堂。

八月，王及善爲文昌左相，豆盧欽望爲文昌右相，仍並同鳳閣鸞臺三品。

冬十月乙亥，幸福昌縣。

三年正月戊寅，梁王三思爲特進。

臘月辛巳，封皇太子男重潤爲邵王。狄仁傑爲内史。戊寅，幸汝州之温湯。甲戌，至自温湯。造三陽宮于嵩山。

春三月，李嶠爲鸞臺侍郎，知政事如故。

夏四月戊申，幸三陽宮。

五月癸丑，上以所疾康復，大赦天下，改元爲久視，停金輪等尊號，大酺五日。六月，魏元忠爲左肅政御史大夫，仍舊知政事。

秋七月，至自三陽宮。天官侍郎張錫爲鳳閣侍郎、同鳳閣鸞臺平章事；其甥鳳閣鸞臺平章事李嶠爲成均祭酒，罷知政事。壬寅，制曰：「隋尚書令楊素，昔在本朝，早荷殊遇。稟凶邪之德，有諂佞之才，惑亂君上，離間骨肉。搖動冢嫡，寧唯握蠱之禍；誘扇後主，卒成請蹯之釁。隋室喪亡，蓋惟多僻，究其萌兆，職此之由。生爲不忠之人，死爲不義之鬼，身雖幸免，子竟族誅。斯則姦逆之謀，是爲庭訓；險薄之行，遂成門風。刑戮雖加，枝胤仍在，何得肩隨近侍，齒列朝行？朕接統百王，恭臨四海，上嘉賢佐，下惡賊臣。常欲從容於萬機之餘，褒貶於千載之外，況年代未遠，耳目所存者乎！其楊素及兄弟子孫已下，並不得令任京官及侍衛。」

冬十月甲寅，復舊正朔，改一月爲正月，仍以爲歲首，正月依舊爲十一月，大赦天下。韋巨源爲地官尚書，文昌左丞韋安石爲鸞臺侍郎、同鳳閣鸞臺平章事。丁卯，幸新安，曲赦其縣。壬申，至自新安。

十二月，開屠禁，諸祠祭令依舊用牲牢。

大足元年春正月，制改元。

二月，鸞臺侍郎李懷遠同鳳閣鸞臺平章事。

三月，姚元崇爲鳳閣侍郎，依舊知政事。

夏五月，幸三陽宮。命左肅政御史大夫魏元忠爲總管以備突厥。天官侍郎顧琮同鳳閣鸞臺平章事。

六月，夏官侍郎李迥秀同鳳閣鸞臺平章事。辛未，曲赦告成縣。

秋七月甲戌，至自三陽宮。

九月，邵王重潤爲易之譖構，令自死。

冬十月，幸京師，大赦天下，改元爲長安。

二年春正月，突厥寇鹽、夏等州，殺掠人吏。

冬十月，日本國遣使貢方物。

十一月，相王旦爲司徒。戊子，親祀南郊，大赦天下。

三年夏四月庚子，相王旦表讓司徒，許之。改文昌臺爲中臺。李嶠知納言事。

六月，寧州雨，山水暴漲，漂流二千餘家，溺死者千餘人。

秋七月，殺右金吾大將軍唐休璟。

秋九月，正諫大夫朱敬則同鳳閣鸞臺平章事。戊申，相王旦爲雍州牧。是月，御史大夫兼知政事、太子右庶子魏元忠爲張昌宗所譖，左授端州高要尉。京師大雨雹，人畜有凍死者。

冬十月丙寅，駕還神都。乙酉，至自京師。

四年春正月，造興泰宮於壽安縣之萬安山。天官侍郎韋嗣立爲鳳閣侍郎、

同鳳閣鸞臺平章事。

二月，進封平恩郡王重福爲譙王，夏官侍郎宗楚客同鳳閣鸞臺平章事。

夏四月，韋安石知納言事，李嶠知內史事。丙子，幸興泰宮。

六月，天官侍郎崔玄暐同鳳閣鸞臺平章事；李嶠爲國子祭酒，知政事如故。

七月丙戌，楊再思爲內史。甲午，至自興泰宮。

八月，姚元崇爲司僕卿，知政事；韋安石檢校揚州大都督府長史。

冬十月，秋官侍郎張柬之同鳳閣鸞臺平章事。

十一月，李嶠爲地官尚書，張柬之爲鳳閣鸞臺平章事。自九月至於是，日夜陰晦，大雨雪，都中人有飢凍死者，令官司開倉賑給。

神龍元年春正月，大赦，改元。上不豫，制自文明元年已後得罪人，除揚、豫、博三州及諸逆魁首，咸赦除之。癸亥，麟臺監張易之與弟司僕卿昌宗謀反，皇太子率左右羽林軍桓彥範、敬暉等，以羽林兵入禁中誅之。甲辰，皇太子監國，總統萬機，大赦天下。是日，上傳皇帝位于皇太子，徙居上陽宮。戊申，皇帝上尊號曰則天大聖皇帝。

冬十一月壬寅，則天將大漸，遺制祔廟、歸陵，令去帝號，稱則天大聖皇后；其王、蕭二家及褚遂良、韓瑗等子孫親屬當時緣累者，咸令復業。是日，崩于上陽宮之仙居殿，年八十三，謚曰則天大聖皇后。二年五月庚申，祔葬于乾陵。睿宗即位，詔依上元年故事，號爲天后。未幾，追尊爲大聖天后，改號爲則天皇太后。太后嘗召文學之士周思茂、范履冰、衛敬業，令撰《玄覽》及《古今內範》各百卷，《青宮紀要》、《少陽政範》各三十卷，《維城典訓》、《鳳樓新誡》、《孝子》、《列女傳》各二十卷，《內軌要略》、《樂書要錄》各十卷，《百僚新誡》、《兆人本業》各五卷，《臣軌》兩卷，《垂拱格》四卷，并文集一百二十卷，藏于秘閣。

《新唐書》卷七六《則天皇后傳》 高宗則天順聖皇后武氏，并州文水人。父士彠，見《外戚傳》。文德皇后崩，久之，太宗聞士彠女美，召爲才人，方十四。母楊，慟泣與訣，后獨自如，曰：「見天子庸知非福，何兒女悲乎？」母韙其意，止泣。既見帝，賜號武媚。及帝崩，與嬪御皆爲比丘尼。高宗爲太子時，入侍，悅之。王皇后久無子，蕭淑妃方幸，后陰不悅。它日，帝過佛廬，才人見且泣，帝感動。后廉知狀，引內後宮，以撓妃寵。

才人有權數，詭變不窮。始，下辭降體事后，后喜，數譽於帝，故進爲昭儀。一日顧幸在蕭右，寢與后不協。后性簡重，不曲事上下，而母柳見內人尚宮無浮禮，故昭儀伺后所薄，必款結之，得賜予，盡以分遺。由是后及妃所爲必得，得輒以聞，然未有以中也。昭儀生女，后就顧弄，去，昭儀潛斃兒衾下，伺帝至，陽爲歡言，發衾視兒，死矣。又驚問左右，皆曰：「后適來。」昭儀即悲涕，帝不能察，怒曰：「后殺吾女，往與妃相讒媢，今又爾邪！」由是昭儀得入其訾，后無以自解，而帝愈信愛，始有廢后意。久之，欲進號「宸妃」，侍中韓瑗、中書令來濟言：「妃嬪有數，今別立號，不可。」昭儀乃誣后與母厭勝，帝挾前憾，實其言，將遂廢之。長孫無忌、褚遂良、韓瑗及濟瀕死固爭，帝猶豫；而中書舍人李義府、衛尉卿許敬宗素險側，狙勢即表請昭儀爲后，帝意決，下詔廢后。詔李勣、于志寧奉璽綬進昭儀爲皇后，命羣臣及四夷酋長朝后肅義門，內外命婦入謁。朝皇后自此始。

后見宗廟，再贈士彠至司徒，爵周國公，謚忠孝，配食高祖廟。母楊，再封代國夫人，家食魏千戶。后乃製《外戚誡》獻諸朝，解釋譏訾。於是逐無忌、遂良，踵死徙，寵煽赫然。后城宇深，痛柔屈不恥，以就大事，帝謂能奉己，故扳公議立之。已得志，即盜威福，施施無憚避，帝亦儒昏，舉能鉗勒，使不得專，久稍不平。麟德初，后召方士郭行真入禁中爲蠱祝，宦人王伏勝發之，帝怒，因是召西臺侍郎上官儀，儀指言后專恣，失海內望，不可承宗廟，與帝意合，乃趣使草詔廢之。左右馳告，后遽從帝自訴，帝羞縮，待之如初，猶意其恚，且曰：「是皆上官儀教我！」后諷許敬宗構儀，殺之。

初，元舅大臣佛旨，不閱歲屠覆，道路目語，及儀見誅，則政歸房帷，天子拱手矣。羣臣朝，四方奏章，皆曰「二聖」。每視朝，殿中垂簾，帝與后偶坐，生殺賞罰惟所命。當其忍斷，雖甚愛，不少隱也。帝晚益病風不支，天下事一付后。后乃更爲太平文治事，大集諸儒內禁殿，譔定《列女傳》、《臣軌》、《百僚新誡》、《樂書》等，大氐千餘篇。因令學士密裁可奏議，分宰相權。

始，士彠娶相里氏，生子元慶、元爽。又娶楊氏，生三女：伯嫁賀蘭越石，蚤寡，封韓國夫人；仲即后；季嫁郭孝慎，前死。楊以后故，寵日盛，徙封榮國。始，兄子惟良、懷運與元慶等遇楊及后禮薄，后銜不置。及是，元慶爲宗正少卿，元爽少府少監，惟良司衛少卿，懷運淄州刺史。它日，夫人置酒，酣，謂惟良曰：「若等記疇日事乎？今謂何？」對曰：「幸以功臣子位朝廷，晚緣戚屬進，憂而不榮也。」夫人怒，諷后僞爲退讓，請惟良等外遷，無示天下私。繇是，惟良爲始州刺史；元慶，龍州；元爽，濠州，俄坐事死振州。元慶至州，憂死。韓國出入禁

中，一女國姝，帝皆寵之。韓國卒，女封魏國夫人，欲以備嬪職，難於后，未決。后内忌甚，會封泰山，惟良、懷運以岳牧來集，從還京師，后毒殺魏國，歸罪惟良等，盡殺之，氏曰「蝮」，以韓國子敏之奉士彠祀。初，魏國卒，敏之入弔，帝爲慟，敏之哭不對。后曰：「兒疑我！」惡之。俄貶死。楊氏徙鄭、衛二國，咸亨元年卒，追封魯國，謚忠烈，詔文武九品以上及五等親與外命婦赴弔，以王禮葬咸陽，給班劍、葆杖、鼓吹。時天下旱，后僞表求避位，不許。俄又贈士彠太尉兼太子太師、太原郡王，魯國忠烈夫人爲妃。

上元元年，進號天后，建言十二事：一、勸農桑，薄賦徭；二、給復三輔地；三、息兵，以道德化天下；四、南北中尚禁浮巧；五、省功費力役；六、廣言路；七、杜讒口；八、王公以降皆習《老子》；九、父在爲母服齊衰三年；十、上元前勳官已給告身者無追覈；十一、京官八品以上益稟入；十二、百官任事久，材高位下者得進階申滯。帝皆下詔略施行之。

蕭妃女義陽、宣城公主幽掖廷，幾四十不嫁，太子弘言于帝，后怒，酖殺弘。帝將下詔遜位于后，宰相郝處俊固諫，乃止。后欲外示寬裕，劫人心使歸己，即奏言：「今羣臣納半俸、百姓計口錢以贍邊兵，恐四方妄商虚實，請一罷之。」詔可。

儀鳳三年，羣臣、蕃夷長朝后于光順門。即并州建太原郡王廟。帝頭眩不能視，侍醫張文仲、秦鳴鶴曰：「風上逆，砭頭血可愈。」后内幸帝殆，得自專，怒曰：「是可斬，帝體寧刺血處邪？」醫頓首請命。帝曰：「醫議疾，烏可罪？且吾眩不可堪，聽爲之！」醫一再刺，帝曰：「吾目明矣！」言未畢，后簾中再拜謝，曰：「天賜我師！」身負繒寶以賜。

帝崩，中宗即位，天后稱皇太后，遺詔軍國大務聽參決。嗣聖元年，太后廢帝爲廬陵王，自臨朝，以睿宗即帝位。后坐武成殿，帝率羣臣上號册。越三日，太后臨軒，命禮部尚書攝太尉武承嗣、太常卿攝司空王德真册嗣皇帝。自是太后常御紫宸殿，施慘紫帳臨朝。追贈五世祖後魏散騎常侍克己爲魯國公，妣裴即其國爲夫人；高祖齊殷州司馬居常爲太尉、北平郡王，妣劉爲王妃；曾祖永昌王諮議參軍、贈齊州刺史儉爲太尉、金城郡王，妣宋爲王妃；祖隋東郡丞、贈并州刺史、大都督華爲太尉、太原郡王，妣趙爲王妃。皆置園邑，户五十。考爲太師、魏王，加實户滿五千，妣爲王妃，王園邑守户百。時睿宗雖立，實囚之，而諸武擅命。又謚魯國公曰靖，裴爲靖夫人；北平郡王曰恭肅，金城郡王曰義康，太原郡王曰安成，妃從夫謚。太后遣册武成殿使者告五世廟室。

於是柳州司馬李敬業、括蒼令唐之奇、臨海丞駱賓王疾太后脅逐天子，不勝憤，乃募兵殺揚州大都督府長史陳敬之，據州欲迎廬陵王，衆至十萬。楚州司馬李崇福連和。盱眙人劉行舉嬰城不肯從，敬業攻之，不克。太后拜行舉遊擊將軍，擢其弟行實楚州刺史。敬業南度江取潤州，殺刺史李思文，曲阿令尹元貞拒戰死。太后詔左玉鈐衛大將軍李孝逸爲揚州道行軍大總管，率兵三十萬討之，戰于高郵，前鋒左豹韜果毅成三朗爲唐之奇所殺。又以左鷹揚衛大將軍黑齒常之爲江南道行軍大總管，并力。敬業興三月敗，傳首東都，三州平。

始，武承嗣請太后立七廟，中書令裴炎沮止，及敬業之興，下炎獄，殺之，并殺左威衛大將軍程務挺。太后方怫恚，一日，召羣臣廷讓曰：「朕於天下無負，若等知之乎？」羣臣唯唯。太后曰：「朕輔先帝踰三十年，憂勞天下。爵位富貴，朕所與也；天下安佚，朕所養也。先帝棄羣臣，以社稷爲託，朕不敢愛身，而知愛人。今爲戎首者皆將相，何見負之遽？且受遺老臣伉扈難制有若裴炎乎？世將種能合亡命若徐敬業乎？宿將善戰若程務挺乎？彼皆人豪，不利於朕，朕能戮之。公等才有過彼，蚤爲之。不然，謹以事朕，無詒天下笑。」羣臣頓首，不敢仰視，曰：「惟陛下命。」

久之，下詔陽若復辟者。睿宗揣非情，固請臨朝，制可。乃冶銅匭爲一室，署東曰「延恩」，受干賞自言；南曰「招諫」，受時政失得；西曰「申冤」，受抑枉所欲言；北曰「通玄」，受讖步秘策。詔中書門下一官典領。

太后不惜爵位，以籠四方豪桀自爲助，雖妄男子，言有所合，輒不次官之，至不稱職，尋亦廢誅不少縱，務取實材真賢。又畏天下有謀反逆者，詔許上變，在所給輕傳，供五品食，送京師，即日召見，厚餌爵賞歆動之。凡言變，吏不得何詰，雖耘夫蕘子必親延見，稟之客館。敢稽若不送者，以所告罪之。故上變者遍天下，人人屏息，無敢議。

新豐有山因震突出，太后以爲美祥，赦其縣，更名慶山。荆人俞文俊上言：「人不和，疣贅生；地不和，堆阜出。今陛下以女主處陽位，山變爲災，非慶也。」太后怒，投嶺外。

詔毁乾元殿爲明堂，以浮屠薛懷義爲使督作。懷義，鄠人，本馮氏，名小寶，偉岸淫毒，佯狂洛陽市，千金公主嬖之。主上言：「小寶可入侍。」后召與私，悦之。欲掩迹，得通籍出入，使祝髮爲浮屠，拜白馬寺主。詔與太平公主婿薛紹通

昭穆，紹父事之。給厩馬，中官爲騶侍，雖承嗣、三思皆尊事惟謹。至是護作，士數萬，巨木率一章千人乃能引。又度明堂後爲天堂，鴻麗嚴奧次之。堂成，拜左威衛大將軍、梁國公。

始作崇先廟于西京，享武氏。承嗣僞款洛水石，導使爲帝，遣雍人唐同泰獻之，后號爲「寶圖」，擢同泰遊擊將軍。於是汜人又上瑞石，太后乃郊上帝謝況，自號聖母神皇，作神皇璽，改寶圖曰「天授聖圖」，號洛水曰永昌水，圖所曰聖圖泉，勒石洛壇左曰「天授聖圖之表」，改汜水曰廣武。時柄去王室，大臣重將皆攜不得逞，宗室孤外無寄足地。於是，韓王元嘉等謀舉兵唱天下，迎還中宗。琅邪王沖、越王貞先發，諸王倉卒無應者，遂敗。元嘉與魯王靈夔等皆自殺，餘悉坐誅，諸王牽連死滅殆盡，子孫雖嬰褓亦投嶺南。太后身拜洛受圖，天子率太子、羣臣、蠻夷以次列，大陳珍禽、奇獸、貢物，鹵簿壇下，禮成去。

永昌元年，享萬象神宮，改服袞冕，搢大圭，執鎮圭，睿宗亞獻，太子終獻。合祭天地，五方帝、百神從，以高祖、太宗、高宗配，引魏王士彠從配。班九條，訓百官。遂大饗羣臣。號士彠周忠孝太皇，楊忠孝太后。以文水墓爲章德陵，咸陽墓爲明義陵。太原安成王爲周安成王，金城郡王爲魏義康王，北平郡王爲趙肅恭王，魯國公爲太原靖王。

載初中，又享萬象神宮，以太穆、文德二皇后配皇地祇，引周忠孝太后從配。作曌、𠀑、埊、𠥱、囝、〇、𠁊、𢘑、𠡦、𡆠、𤯔、𠙺十有二文。太后自名曌。改詔書爲制書。以周、漢爲二王後，虞、夏、殷後爲三恪，除唐屬籍。拜薛懷義輔國大將軍，封鄂國公，令與羣浮屠作《大雲經》，言神皇受命事。春官尚書李思文詭言：「《周書》《武成》爲篇，辭有『垂拱天下治』，爲受命之符。」后喜，皆班示天下，稍圖革命。然畏人心不肯附，乃陰忍鷙害，肆斬殺怖天下。內縱酷吏周興、來俊臣等數十人爲爪吻，有不慊若素疑憚者，必危法中之。宗姓侯王及它骨鯁臣將相駢頸就鈇，血丹狴戶，家不能自保。太后操奩具坐重帷，而國命移矣。

御史傅遊藝率關內父老請革命，改帝氏爲武。又脅羣臣固請，妄言鳳集上陽宮，赤雀見朝堂。天子不自安，亦請氏武，示一尊。太后知威柄在己，因大赦天下，改國號周，自稱聖神皇帝，旗幟尚赤，以皇帝爲皇嗣。立武氏七廟于神都。尊周文王爲文皇帝，號始祖，妣姒曰文定皇后；武王爲康皇帝，號睿祖，妣姜曰康惠皇后；太原靖王爲成皇帝，號嚴祖，妣曰成莊皇后；趙肅恭王爲章敬皇帝，號肅祖，妣曰章敬皇后；魏義康王爲昭安皇帝，號烈祖，妣曰昭安皇后；祖周安成王爲文穆皇帝，號顯祖，妣曰文穆皇后；考忠孝太皇爲孝明高皇帝，號太祖，妣曰孝明高皇后。罷唐廟爲享德廟，四時祠高祖以下三室，餘廢不享。至日，祀上帝萬象神宮，以始祖及考妣配，以百神從祀。盡王諸武。詔并州文水縣爲武興，比漢豐、沛，百姓世給復。以始祖冢爲德陵，睿祖爲喬陵，嚴祖爲節陵，肅祖爲簡陵，烈祖爲靖陵，顯祖爲永陵，章德陵爲昊陵，明義陵爲順陵。

太后雖春秋高，善自塗澤，雖左右不悟其衰。俄而二齒生，下詔改元爲長壽。明年，享神宮，自制大樂，舞工用九百人，以武承嗣爲亞獻，三思爲終獻。帝之爲皇嗣，公卿往往見之，會尚方監裴匪躬、左衛大將軍阿史那元慶、白潤府果毅薛大信、監門衛大將軍范雲仙潛謁帝，皆腰斬都市，自是公卿不復上謁。

有上封事言嶺南流人謀反者，太后遣攝右臺監察御史萬國俊就按，得實即論決。國俊至廣州，盡召流人，矯詔賜自盡，皆號哭不服，國俊驅之水曲，使不得逃，一日戮三百餘人。乃誣奏流人怨望，請悉除之。於是太后遣右衛翊府兵曹參軍劉光業、司刑評事王德壽、苑南面監丞鮑思恭、尚輦直長王大貞、右武衛兵曹參軍屈貞筠，皆攝監察御史，分往劍南、黔中、安南等六道訊鞫，而擢國俊左臺侍御史。光業等亦希功于上，惟恐殺人之少。光業殺者九百人，德壽殺七百人，其餘亦不減五百人。太后久乃知其冤，詔六道使所殺者還其家。國俊等亦相踵而死，皆見有物爲厲云。

太后又自加號金輪聖神皇帝，置七寶于廷：曰金輪寶，曰白象寶，曰女寶，曰馬寶，曰珠寶，曰主兵臣寶，曰主藏臣寶，率大朝會則陳之。又尊其顯祖爲立極文穆皇帝，太祖爲無上孝明皇帝。延載二年，武三思率蕃夷諸酋及耆老請作天樞，紀太后功德，以黜唐興周，制可。使納言姚璹護作。乃大裒銅鐵合冶之，署曰「大周萬國頌德天樞」，置端門外。其制若柱，度高一百五尺，八面，面別五尺，冶鐵象山爲之趾，負以銅龍，石鑱怪獸環之。柱顛爲雲蓋，出大珠，高丈，圍三之。作四蛟，度丈二尺，以承珠。其趾山周百七十尺，度二丈。無慮用銅鐵二百萬斤。乃悉鐫羣臣、蕃酋名氏其上。

薛懷義寵稍衰，而御醫沈南璆進，懷義大望，因火明堂，太后羞之，掩不發。懷義愈很恣怏怏。乃密詔太平公主擇健婦縛之殿中，命建昌王武攸寧、將作大匠宗晉卿率壯士擊殺之，以畚車載尸還白馬寺。懷義負幸昵，氣蓋一時，出百官上，其徒多犯法。御史馮思勗劾其姦，懷義怒，遇諸道，命左右歐

之，幾死，弗敢言。默啜犯塞，拜新平、伐逆、朔方道大總管，提十八將軍兵擊胡，宰相李昭德、蘇味道至爲之長史、司馬。後厭入禁中，陰募力少年千人爲浮屠，有逆謀。侍御史周矩劾狀請治驗，太后曰：「第出，朕將使詣獄。」矩坐臺，少選，懷義怒馬造廷，直往坐大榻上，矩召吏受辭，懷義即乘馬去。矩以聞，太后曰：「是道人素狂，不足治，力少年聽窮劾。」矩悉投放醜裔。懷義構矩，俄免官。

太后祀天南郊，以文王、武王、士彠與唐高祖并配。太后加號天冊金輪聖神皇帝。遂封嵩山，禪少室，冊山之神爲帝，配爲后。封壇南有大槲，赦日置鷄其杪，賜號「金鷄樹」。自制《升中述志》，刻石示後。改明堂爲通天宫，鑄九州鼎，各位其方，列廷中。又斂天下黄金作大儀鐘，不克。久之，以崇先廟爲崇尊廟，禮視太廟，旋復崇尊廟爲太廟。

自懷義死，張易之、昌宗得幸，乃置控鶴府，有監，有丞及主簿、録事等，監三品，以易之爲之。太后自見諸武王非天下意，前此中宗自房州還，復爲皇太子，恐百歲後爲唐宗室躪藉無死所，即引諸武及相王、太平公主誓明堂，告天地，爲鐵券使藏史館。改昊陵署爲攀龍臺。久視初，以控鶴監爲天驥府，又改奉宸府，罷監爲令，以左右控鶴爲奉宸大夫，易之復爲令。

神龍元年，太后有疾，久不平，居迎仙院。宰相張柬之與崔玄暐等建策，請中宗以兵入誅易之、昌宗，於是羽林將軍李多祚等帥兵自玄武門入，斬二張于院左。太后聞變而起，桓彦範進請傳位，太后返卧，不復語。中宗於是復即位。徙太后上陽宫，帝率百官詣觀風殿問起居，後率十日一詣宫，俄朔、望。廢奉宸府官，遷東都武氏廟于崇尊廟，更號崇恩，復唐宗廟。諸武王者咸降爵。是歲，后崩，年八十一。遺制稱則天大聖皇太后，去帝號。謚曰則天大聖后，祔乾陵。

會武三思蒸韋庶人，復用事。於是大旱，祈陵輒雨。三思訹帝詔崇恩廟祠如太廟，齋郎用五品子。博士楊孚言：「太廟諸郎取七品子，今崇恩取五品，不可。」帝曰：「太廟如崇恩可乎？」孚曰：「崇恩太廟之私，以臣準君則僭，以君準臣則惑。」乃止。及韋、武黨誅，詔則天大聖皇后復號天后，廢崇恩廟及陵。景雲元年，號大聖天后。太平公主奸政，請復二陵官，又尊后曰天后聖帝，俄號聖后。太平誅，詔黜周孝明皇帝號，復爲太原郡王，后爲妃，罷昊、順等陵。開元四年，追號則天皇后。太常卿姜皎建言：「則天皇后配高宗廟，主題天后聖帝，非是，請易題爲則天皇后武氏。」制可。

雜録

備録

張鷟《朝野僉載》卷一　永徽後，天下唱《武媚娘歌》，後立武氏爲皇后。大帝崩，則天臨朝，改號大周。二十餘年，武后彊盛，武三王梁、魏、定等並開府，自餘郡王十餘人，幾遷鼎矣。

咸亨以後，人皆云：「莫浪語，阿婆嗔，三叔聞時笑殺人。」後果則天即位，至孝和嗣之。阿婆者，則天也；三叔者，孝和爲第三也。

龍朔年已來，百姓飲酒作令云：「子母相去離，連臺拗倒。」子母者，盞與盤也；連臺者，連盤拗倒盞也。及天后永昌中，羅織事起，有宿衛十餘人於清化坊飲，爲此令。此席人進狀告之，十人皆棄市。自後廬陵徙均州，則子母相去離也；連臺拗倒者，則天被廢，諸武遷放之兆。

則天之廢廬陵也，飛騎十餘人於客户坊同飲。有一人曰：「早知今日無功賞，不及扶豎廬陵。」席上一人起出，北門進狀告之。席未散，並擒送羽林，鞫問皆實。告者授五品，言者斬，自餘知反不告，坐絞。

天授中，則天好改新字，又多忌諱。有幽州人尋如意上封云：「國字中『或』，或亂天象，請『口』中安『武』以鎮之。」則天大喜，下制即依。月餘有上封者云：「『武』退在『口』中，與囚字無異，不祥之甚。」則天愕然，遽追制，改令中爲「八方」字。後孝和即位，果幽則天於上陽宫。

張鷟《朝野僉載》卷二　蘇州嘉興令楊廷玉，則天之表姪也，貪狠無厭。著詞曰：「迴波爾時廷玉，打獠取錢未足。阿姑婆見作天子，傍人不得棖觸。」差攝御史康訔推奏斷死。【略】有敕：楊廷玉改盡老母殘年。

張鷟《朝野僉載》卷三　大足中，有祆妄人李慈德，自云能行符書厭，則天於内安置。布豆成兵馬，畫地爲江河，與給使相知削竹爲槍，纏被爲甲，三更於内反，宫人擾亂相殺者十二三。羽林將軍楊玄基聞内裏聲叫，領兵斬關而入，殺慈德，閹豎數十人。惜哉，慈德以厭爲客，以厭而喪。

唐同泰於洛水得白石紫文，云「聖母臨水，永昌帝業」，進之，授五品果毅，置永昌縣。乃是白石鑿作字，以紫石末和藥嵌之。後并州文水縣於谷中得一石還如此，有「武興」字，改文水爲武興縣。自是往往作之。後知其僞，不復採用，乃止。

則天好禎祥，拾遺朱前疑説夢云，則天髮白更黑，齒落更生。即授都官郎中。司刑寺囚三百餘人，秋分後無計可作，乃於圜獄外羅牆角邊作聖人跡，長五尺。至夜半，三百人一時大叫。内使推問，云：「昨夜有聖人見，身長三丈，面作金色，云『汝等並冤枉，不須怕懼。天子萬年，即有恩赦放汝』。」把火照之，見有巨跡，即大赦天下，改爲大足元年。

張鷟《朝野僉載》卷四　則天革命，舉人不試皆與官，起家至御史、評事、拾遺、補闕者，不可勝數。張鷟爲謡曰：「補闕連車載，拾遺平斗量。把推侍御史，椀脱校書郎。」時有沈全交者，傲誕自縱，露才揚己，高巾子，長布衫，南院吟之，續四句曰：「評事不讀律，博士不尋章。麵糊存撫使，眯目聖神皇。」遂被杷推御史紀先知捉向左臺，對仗彈劾，以爲謗朝政，敗國風，請於朝堂決杖，然後付法。則天笑曰：「但使卿等不濫，何慮天下人語？不須與罪，即宜放却。」先知於是乎面無色。

張鷟《朝野僉載》卷五　則天時，調猫兒與鸚鵡同器食，命御史彭先覺監，遍示百官及天下考使。傳看未遍，猫兒飢，遂齩殺鸚鵡以餐之，則天甚愧。武者國姓，殆不祥之徵也。

周聖曆年中，洪州有胡超僧出家學道，隱白鶴山，微有法術，自云數百歲。則天使合長生藥，所費巨萬，三年乃成。自進藥於三陽宫，則天服之，以爲神妙，望與彭祖同壽，改元爲久視元年。放超還山，賞賜甚厚。服藥之後三年而則天崩。

劉餗《隋唐嘉話》卷下　武后以吏部選人多不實，乃令試日自糊其名，暗考以定等第。判之糊名，自此始也。

武后將如洛陽，至閿鄉縣東，騎忽不進，召巫，言晉龍驤將軍王濬云：「臣墓在道南，每爲樵者所苦。聞大駕今至，故求哀。」后敕：去墓百步，不得耕殖。至今荆棘森然。

武后初爲明堂，明堂後又爲天堂五級，則俯視明堂矣。未就，並爲天火所焚。今明堂制度卑狹於前，猶三百餘尺。

武后爲天堂以安大像，鑄大儀以配之。天堂既焚，鐘復鼻絶。至中宗欲成武后志，乃斵像令短，建聖善寺閣以居之。今明堂始微於西南傾，工人以木於中薦之。武后不欲人見，因加爲九龍盤糺之狀。其圓蓋上本施一金鳳，至是改鳳爲珠，羣龍捧之。

封演《封氏聞見記》卷四《金鷄》　則天封嵩岳，大赦，改元「萬歲登封」。壇南有大槲樹，樹杪置金雞，因名樹爲金雞樹。

封演《封氏聞見記》卷四《明堂》　垂拱四年，則天于東都造明堂，爲宗祀之所，高三百尺。又于明堂之側，造天堂以侔佛像。大風摧倒，重營之。火災延及，明堂並盡。無何，又勑于其所復造明堂，侔于舊制。所鑄九州鼎，置于明堂之下。當中豫州鼎高一丈八尺，受一千八百石。其餘各依方面，並高一丈四尺，受一千二百石。都用銅五十六萬七百一十二斤。開元中，改明堂爲聽政殿，頗毁徹，而宏規不改。頂上金火珠迴出空外，望之赫然。省司試舉人，作《明堂火珠詩》，進士崔曙詩最清拔。其時曰：「正位開重屋，陵空大火珠。夜來雙月滿，曙後一星孤。天净光微滅，烟生望若無。還知聖明代，國寶在神都。」

段成式《酉陽雜俎》前集卷一《忠志》　則天初誕之夕，雌雉皆雊。右手中指有黑毫，左旋如黑子，引之長尺餘。

駱賓王爲徐敬業作檄，極疏大周過惡，則天覽及「蛾眉不肯讓人，狐媚偏能惑主」，微笑而已。至「一抔之土未乾，六尺之孤安在」，不悦曰：「宰相何得失如此人。」

段成式《酉陽雜俎》續集卷四《貶誤》　予數見還往説，天后時有獻三足烏，左右或言一足僞耳。天后笑曰：「但史册書之，安用察其真僞乎？」《唐書》曰：天授元年，有進三足烏，天后以爲周室嘉瑞。睿宗云：「烏前足僞。」天后不悦。須臾，一足墜地。

劉肅《大唐新語》卷一《匡贊一》　長安末，張易之等將爲亂，張柬之陰謀之，遂引桓彦範、敬暉、李湛等爲將，委以禁兵。神龍元年正月二十三日，暉等率兵將至玄武門，王同皎、李湛等先遣往迎皇太子於東宫，啓曰：「張易之兄弟，反道亂常，將圖不軌。先帝以神器之重，付殿下主之，無罪幽廢，人神憤惋，二十三年於兹矣。今天啓忠勇，北門將軍、南衙執政，剋期以今日誅兇豎，復李氏社稷。伏願殿下暫至玄武門，以副衆望。」太子曰：「凶豎悖亂，誠合誅夷。如聖躬不康何？慮有驚動，請爲後圖。」同皎諷諭久之，太子乃就路。又恐太子有悔色，遂扶

上馬，至玄武門，斬關而入，誅易之等於迎仙院。則天聞變，乃起見太子曰：「乃是汝邪？小兒既誅，可還東宫。」桓彦範進曰：「太子安得更歸！往者天皇棄羣臣，以愛子託陛下。今太子年長，久居東宫，將相大臣思太宗、高宗之德，誅凶豎，立太子，兵不血刃而清内難，則天意人事，歸乎李氏久矣。今聖躬不康，神器無主，陛下宜『復子明辟』，以順億兆神祇之心。臣等謹奉天意，不敢不請陛下傳立愛子，萬代不絶，天下幸甚矣。」則天乃卧不語，見李湛曰：「汝是誅易之兄弟人耶？我養汝輩，翻見今日。」湛不敢對。湛，義府之子也。

劉肅《大唐新語》卷八《聰敏一七》 李嶠少負才華，代傳儒學，累官成均祭酒、吏部尚書，三知政事，封鄭國公。長壽三年，則天徵天下銅五十萬餘斤，鐵三百三十餘萬，錢兩萬七千貫，於定鼎門内鑄八稜銅柱，高九十尺，徑一丈二尺，題曰「大周萬國述德天樞」，紀革命之功，貶皇家之德。天樞下置鐵山，銅龍負載，獅子、麒麟圍遶，上有雲蓋，蓋上施盤龍以托火珠，珠高一丈，圍三丈，金彩熒煌，光侔日月。武三思爲其文，朝士獻詩者不可勝紀。唯嶠詩冠絶當時，其詩曰：「轍跡光西崪，勳名紀北燕。何如萬國會，諷德九門前。灼灼臨黄道，迢迢入紫煙。仙盤正下露，高柱欲承天。山類叢雲起，珠疑大火懸。聲流塵作劫，業固海成田。聖澤傾堯酒，熏風入舜絃。欣逢下生日，還偶上皇年。」後憲司發嶠附會韋庶人，左授滁州别駕而終。開元初，詔毁天樞，發卒銷爍，彌月不盡。洛陽尉李休烈賦詩以詠之曰：「天門街裏倒天樞，火急先須卸火珠。計合一條絲線挽，何勞兩縣索人夫。」先有訛言云：「一條線挽天樞。」言其不經久也。故休烈詩及之。士庶莫不諷詠。天樞之北，韋庶人繼造一臺，先此毁拆。

劉肅《大唐新語》卷九《從善二〇》 則天稱尊號，以睿宗爲皇嗣，居東宫。雒陽人王慶之希旨，率浮僞千餘人詣闕，請廢皇嗣而立武承嗣爲太子。召見，兩淚交下。則天曰：「皇嗣我子，奈何廢之？」慶之曰：「神不享非類，今日誰國，而李氏爲嗣也！」則天固諭之令去，慶之終不去，面覆地，以死請。則天務遣之，乃以内印印紙，謂之曰：「持去矣。須見我，以示門者，當聞也。」慶之持紙，去來自若。此後屢見，則天亦頗而怒之，命李昭德賜杖。昭德命左右引出光政門外，昌言曰：「此賊欲廢皇嗣而立武承嗣。」命撲之，眼耳皆血出，乃榜殺之。

李綽《尚書故實》 武后朝宰相石泉公王方慶，瑯琊王也。武后嘗御武成殿閲書畫，問方慶曰：「卿家舊法書存乎？」方慶遂集自右軍已下至僧虔、智永禪師等二十五人各書一卷，進上。后命崔融作序，謂爲《寶章集》，亦曰王氏世寶也。

佚名《大唐傳載》 洛東龍門香山寺上方，則天時名望春宫。則天常御石樓坐朝，文武百執事班於外而朝焉。

《資治通鑑》卷一二唐中宗神龍元年五月條考異引《統紀》 太后善自粉飾，雖子孫在側，不覺其衰老。及在上陽宫，不復櫛纇，形容羸悴。上入見，大驚。太后泣曰：「我自房陵迎汝來，固以天下授汝矣，而五賊貪功，驚我至此。」上悲泣不自勝，伏地拜謝死罪。由是三思等得入其謀。

孔平仲《續世説》卷一二《邪諂》 周長壽中，斷屠極切。左拾遺張德，妻誕一男，秘宰一口羊宴客。其日，命諸遺補，杜肅私囊一餤肉，進狀告之。至明日，在朝前，則天謂張德曰：「郎妻誕一男，大歡喜。」德拜謝。則天又謂曰：「然何處得肉？」德叩頭稱死罪。則天曰：「朕斷屠，吉凶不預。卿命客，亦須擇交。無賴之人，不須共聚集。」出肅狀以示之。肅流汗浹背，舉朝唾其面。

葉廷珪《海録碎事》卷五《衣冠服用部》 漢發兵用銅虎符。及唐初，爲銀兔符，以兔子爲符瑞故也。又以鯉魚爲符瑞，遂爲銅魚符以珮之。至僞〔周〕，武姓也，玄武，龜也，又以銅爲龜符。

備論

《舊唐書》卷六《則天皇后紀》 史臣曰：治亂時也，存亡勢也。使桀、紂在上，雖十堯不能治；使堯、舜在上，雖十桀不能亂；使懦夫女子乘時得勢，亦足坐制羣生之命，肆行不義之威。觀夫武氏稱制之年，英才接軫，靡不痛心於家索，扼腕於朝危，竟不能報先帝之恩，衛吾君之子。俄至無辜被陷，引頸就誅，天地爲籠，去將安所？悲夫！昔掩鼻之讒，古稱其毒；人彘之酷，世以爲冤。武后奪嫡之謀也，振喉絶繈褓之兒，菹醢碎椒塗之骨，其不道也甚矣，亦姦人妒婦之恒態也。然猶泛延讜議，時禮正人，初雖牝雞司晨，終能復子明辟，飛語辯元忠之罪，善言慰仁傑之心，尊時憲而抑幸臣，聽忠言而誅酷吏。有旨哉，有旨哉！

贊曰：龍漦易貌，丙殿昌儲。胡爲穹昊，生此夔魖？奪攘神器，穢褻皇居。窮妖白首，降鑒何如。

《新唐書》卷四《則天皇后紀》 贊曰：昔者孔子作《春秋》而亂臣賊子懼，其

於殺君篡國之主，皆不黜絶之，豈以其盜而有之者，莫大之罪也，不没其實，所以著其大惡而不隱歟？自司馬遷、班固皆作《高后紀》，吕氏雖非篡漢，而盜執其國政，遂不敢没其實，豈其得聖人之意歟？抑亦偶合於《春秋》之法也。唐之舊史因之，列武后于本紀，蓋其所從來遠矣。

夫吉凶之於人，猶影響也，而爲善者得吉常多，其不幸而罹於凶者有矣；爲惡者未始不及於凶，其幸而免者亦時有焉。而小人之慮，遂以爲天道難知，爲善未必福，而爲惡未必禍也。武后之惡，不及於大戮，所謂幸免者也。至中宗韋氏，則禍不旋踵矣。然其親遭母后之難，而躬自蹈之，所謂下愚之不移者歟！

《新唐書》卷七六《則天皇后傳》 贊曰：或稱武、韋亂唐同一轍，武持久，韋亟滅，何哉？議者謂否。武后自高宗時挾天子威福，脅制四海，雖逐嗣帝，改國號，然賞罰己出，不假借羣臣，僭於上而治於下，故能終天年，阽亂而不亡。韋氏乘夫，淫蒸于朝，斜封四出，政放不一，既鴆殺帝，引睿宗輔政，權去手不自知，戚地已疏，人心相挻，玄宗藉其事以撼豪英，故取若掇遺，不旋踵宗族夷丹，勢奪而事淺也。然二后遺后王戒，顧不厚哉！

孫甫《唐史論斷》卷上《不稱武后年名》 論曰：武后僭竊位號，唐史臣修實録、撰國史者，皆爲立紀，繫后事於帝王之年，列僞國於有唐之史，名體大亂，史法大失矣。後史臣沈既濟奏議曰：「中宗以始年登大位，季年復大業，雖尊名中奪，而天命未改，足以首事，足以表年。昔魯昭公之出也，《春秋》歲書其居曰『公在乾侯』，君雖失位，不敢廢也。今請併《太后紀》合《中宗紀》，每於歲首，必書中宗所居曰『某年春正月，皇帝在房陵，太后行某事，改某制』，則紀稱中宗而事述太后，俾名不失正，禮不違常。」此得《春秋》之法，足正唐史之失也，故從其議，書武后事於《中宗紀》中。武后改年，皆是妄作。今起嗣聖，繼以景龍，武后所改但存其名，備證它事而不以表年焉，所以正帝統而黜僭號也。

孫甫《唐史論斷》卷上《廢武后》 論曰：《舊唐史》書武后傳位於中宗，蓋史官諱其事也。然《桓彦範傳》書「武三思以武后爲彦範等所廢，常深憤怨」，又於《武后實録》書「彦範請太后復辟，卧不語」事，是廢之爲實。今迹其實事，書「柬之、彦範等遂廢武后」，所以明大法也。唐之天下，高祖、太宗之天下也。高宗傳受於祖宗，及其崩也，以子託后，后擅威權，乃逼奪其位，僭竊天號，恣行兇虐，毒流内外，踰二十年。不道至此，若終身無禍，何以作戒於後？況實廢之，安可諱也？若以中宗武后之子也，彦範等奉子而廢母，於事不順，是不達其理。《春秋》莊公元年三月，「夫人遜於齊」，此莊公之母也，以悖亂之事去其氏貶之，則《春秋》之法可見矣。武氏奪嗣君之位，變唐國號，兇威虐法，爲害歲久，安得無所貶也？況書廢武氏者，廢其僭竊之號，彊大之權，復后之位爾。復后位所以奉祖宗之統，豈不順乎？故用《春秋》之法，爲唐貶絶罪人，且作戒於後也。

王夫之《讀通鑑論》卷二一《唐中宗》 或曰：「公之所以得武氏之心而唯言是聽，樹虎臣於左右而武氏不疑，此必有異入之深機，以得當於武氏，而後使爲己用。」考公之生平，豈其然乎？當高宗時，方爲大理丞，高宗欲殺盜伐昭陵柏者，公持法以抗争，上怒洊加而終不移；及酷吏横行之際，爲寧州刺史，以寬仁獲百姓之心；再刺豫州，按越王貞之獄，密奏保全坐斬者六七百家，當籍没者五千餘口免之；此豈嘗有姑尚委隨而與世推移以求曲濟之心乎？其尤赫然與日月争光者，莫若安撫江南而焚淫祠一千七百餘所。是舉也，疑夫輕率任氣者亦能爲之，而固不能也。鬼神者，即人心而在者也。往而悍然以興，氣雖盛，心之惴惴者若或掣之，昧昧之士民，競起而撓之，非心服於道而天下共服其心者，未有不踟躇而前卻者也，故曰赫然與日月争光者也。繇此思之，唯以道爲心，以心爲守，坦然無所疑慮，其視妖淫凶狠之武氏，猶夫人也，不見可憂，不見可懼。請復廬陵，而樹張柬之等於津要，武氏灼見其情而自不能違，豈有他哉？無不正之言，無不正之行，無不正之志而已矣。或曰：「公苟特立自正，無所用其機權，則胡不潔身不仕，卓然而無能浼辱？乃姑事之而後圖之，則抑權也，而非正也。」曰：武氏無終篡之理，唐無可亡之勢，天下憒憒弗之察耳。三思、承嗣以無賴小人淫昏醉夢而結市井椎埋之黨，逐聲狂吠，庸人視之，如推車於太行之險；大人君子視之，一葦可杭之淺者也，秉正治之而有餘，何爲棄可爲之時，任其煽亂，以待南陽再起，始梟王莽於漸臺，而貽中原之流血乎？天下無正人而後有妖亂，叢狐山猱足以惑人之視聽，武氏亦猶是而已。範我馳驅，無求不獲，公亦坦然行之，而何機權之足云！

載觀武氏之世，人不保其首領宗族者，蔑不岌岌也，而子昂與蘇安恒、朱敬則、韋安石皆犯羣凶，持正論而不撓；李昭德、魏元忠、李日知雖貶竄，而終不與傅遊藝、王慶之、侯思止、來俊臣等同受顯戮。繇是言之，則武氏雖懷滔天之惡，抑何嘗不可秉正以抑其妄哉？而高宗方没、中宗初立之際，舉國之臣，縮項容頭，以樂推武氏，廢奪其君，無異議者。嚮令有子昂等林立於廷，裴炎、傅遊藝其能鏟姦慝以移九鼎乎？夫人才之盈虚，視上之好惡。無以作之，其氣必萎；無

以縶之，其體必戾。乃武氏以嗜殺之淫嫗，而得人之盛如此；高宗承貞觀之餘澤，有永徽之初治，而流俗風靡，不能得一骨鯁之士，何也？善善而不用，惡惡而不去，目塞而闇，耳塞而聾，其足以挫生人之氣，更甚於誅殺也。人之有心，獎之而勸，故盛世之廷多正士；激之而亦起，故大亂之世有忠臣；廢鍼石以養癰，而後成一痿痹之風俗，則高宗之柔闇以壞人心、毒天下，劇於武氏之淫虐，不亦宜乎！滅唐者，文宗也；滅宋者，理宗也。唐之復興於開元，尚太宗未斬之澤與！不然，何以堪高宗三十餘年曀曀之陰邪？

罪者，因其惡而爲之等也，而惡與罪亦有異焉。故先王之制刑，惡與罪有不相值者，其惡甚而不可以當辜，其未甚而不可以曲宥，酌之理，參之分，垂諸萬世而可守，非悁悁疾惡、遂可置大法以快人情也。武氏之惡，浮於韋氏多矣，鬼神之所不容，臣民之所共怨，萬世聞其腥聞，而無不思按劍以起，韋氏之惡，未如是之甚也。然以罪言，則不可以韋氏之罪加之武氏。法者，非以快人之怒，平人之憤，釋人之怨，遂人惡惡之情者也；所以敘彝倫，正名分，定民志，息禍亂，爲萬世法者也。故唯弒父與君之賊，自其子之外，人皆得而殺之；苟其爲梟獍矣，則雖他惡無聞，人無餘怨，而必不可貸。玄宗起而斬韋氏於宮中，允矣。凡唐室之臣民，嘗以母后事韋氏者，無不可手刃以誅之。若武氏，則雖毒流天下，殲戮唐宗，惡已極，神人之怨已盈，而唐(氏)〔室〕之臣曾改面奉之爲君者，不可操刃以相嚮，況中宗其子而張柬之其相乎？無已，則錮中宗於房州、廢豫王爲皇嗣之日，猶可誅也。中宗歸而受皇太子之封矣，柬之奉太子以誅倖臣，非可殺武氏之日矣；遷之別宮，俟其自斃，行法如是焉可耳。許柬之以殺武氏，旦北面而夕操戈，奉其子以殺其母，而曰「法所宜伸也」，亂臣賊子，因緣以起，何患無言之可執，而更孰與致詰乎？惡武氏者，責柬之之不行誅，求快惡惡之心，而不恤法之伸詘，又何取焉？唯加以則天皇帝之稱，而使三思等仍竊禄位，則失刑矣。文姜非躬弒而但與聞，哀姜與弒而所弒者其子，《春秋》不奪夫人之稱，許齊桓之討哀姜，而不使魯人伸法，則中宗君臣不得加刃於武氏明矣。以上皆武氏時事。

藝文

《文苑英華》卷八三七崔融《則天大聖皇后哀册文》 維神龍元年歲次乙巳十二月巳巳朔二十六日甲午，《文粹》作十一月二十日。《唐會要》作十二月二十六日。《大詔令》作十一月巳巳朔二十六日甲午。新舊《唐書》并《通鑑》並十一月壬寅。按《通鑑》目録十一月丁丑朔壬寅，即二十六日。大行則天大聖皇后崩于洛陽宮之觀象《文粹》作仙居。殿，旋殯于集仙殿之西階，粤二年歲次丙午　月朔日，將遷祔于乾陵，禮也。祖庭火爐，攢宮月曉，雲戴黼翣，風牽絳旐。儼天衛之蒼蒼，邈神遊《詔令》作宸儀。《文粹》作神義。之窅窅。哀子嗣皇帝諱，慕切克窮，誠殷遺奠，瞻象服其如在，攀龍車而不見；閟慈範於長陵，戢神暉於前殿。示人軌訓，先《詔令》作前。王典則，爰命史臣，颺言聖德。其詞曰：天生后稷，飛鳥覆翼。天護武王，躍魚隕航。施于成康，武子有光。曹沛之疆，河汾之陽。異氣發祥，聖后其昌。穆穆皇皇，作合于唐。至哉坤德，沉潛剛克。奇相月姮，惠心淵唐諱二本作泉。塞。蘋藻必恭二本作惟勤，紘綖是則。訓自閨闈，風行邦國。九二本作七。廟肅祇，六宮久聳。中和外睦，遐邇清夷。家道以正，王化之基。皇曰内《文粹》作納。輔，后其謀咨。謀咨伊始《文粹》作攸俟。皇用嘉止。亦既顧命，聿懷代已。聖后謙沖，辭不獲已。從宜稱制，於斯爲美。仗義當責，忘軀濟厄。神器權臨，大運匪革。宗祧永固，寰區奄宅。負扆肅《詔令》作淑。清，垂旒光赫。洸洸《文粹》作洗洗非。我君，四海無氛。英才遠略，鴻業大勳。雷霆其武，日月其文。灑以甘露，覆之慶雲。制禮作樂，還淳返朴。宗祀明堂，崇儒太學。四海《文粹》作夷。慕化，九夷《文粹》作戎。稟朔。沉璧大河，沈金中岳。巍乎成功，靡《文粹》作翕。然向風。乃復明辟，深惟至公。歸閑於大庭之館，受養於長樂之宮。品彙胥悅，謳歌載隆。鼎祚既穆，璇《文粹》作珽非。樞已肅。庶保太和，長介景福。如何靡怙，而降斯酷。后弄孫其未淹《文粹》作掩。人喪妣其焉速？嗣皇擗摽《文粹》作踊。列辟扶服。九族《文粹》作親。號咷，萬姓荼毒。嗚呼哀哉！積憂勞而弗念《文粹》作不豫。兮，搆氛沴而成災。逢冰霜《詔令》作霰。之慘烈兮，見草木之凋摧。感大漸之將逝《文粹》作至。兮，遺惠言而不迴。付聖子其得所兮，顧黎元曰念哉。頒寵錫以留訣兮，節禮數以《文粹》作而。送哀。邈終天而一往《文粹》作去。兮，復何時而下來？嗚呼哀哉！光陰荏苒兮，氣序迴互。泣盡冬霜兮悲生春露。攢塗云啓兮，同軌畢赴。湘川未《文粹》作不。從兮漢塋蓋祔。古則禮《文粹》作祀非。闕今也，儀具。嗚呼哀哉！夜漏盡兮晨輓發，轉湘風兮摇晝月。厭河洛兮不臨，去嵩邙兮飄忽。指咸陽之陵二本作園。寢，歷長安之宮闕。旋六馬兮須斯，考三龜兮中歇。嗚呼哀哉！出國門兮林丘《文粹》作夷曲。覽舊迹兮新憂。具《文粹》作備。物森兮如在，

《詔令》作無改。良辰闕兮莫留。當赫曦之盛夏，宛蕭瑟之窮秋。山隱隱兮崩裂，水迴迴兮逆流。嗚呼哀哉！掛旌旐於松煙，即宮闈於夜泉。下幽翳兮無日，上穹隆兮蓋天。隧路嚴兮百靈拱，殿垣虛兮萬國旋。如有望而不至，怨西陵之茫然。嗚呼哀哉！軼一本作攝。帝皇之高風兮稽母后《文粹》作欽文母。之餘懿。時來存乎《文粹》作兮。立極，《詔令》有兮字。數往歸乎一本作兮。配地。何通變之有恒兮，而始終之無愧。惟正辭《文粹》作聖慈。之可法，《詔令》有兮字。播徽音《詔令》作休聲。於後嗣。嗚呼哀哉！

《全唐詩》卷五三宋之問《則天皇后挽歌》 象物行周禮，衣冠集漢都。誰憐事虞舜，下里泣蒼梧。

《全唐詩》卷六一李嶠《奉和天樞成宴夷夏羣僚應制》 《唐新語》云：長壽中，則天徵天下銅鐵。于定鼎門內鑄八稜銅柱，高九十尺，徑一丈二尺。題曰：大周萬國述德天樞。紀革命之功，貶唐家之德。天樞下置鐵山，鐵龍負載，獅子麒麟圍遶，上有雲蓋。蓋上施盤龍以托火珠，高一丈，圍三尺。金彩熒煌，光侔日月。武三思爲文，朝士獻詩者不可勝紀，惟嶠詩冠絕當時。

轍迹光西崦，勳庸紀北燕。何如萬方會，頌德九門前。灼灼臨黃道，迢迢入紫煙。仙盤正下露，高柱欲承天。山類叢雲起，珠疑大火懸。聲流塵作劫，業固海成田。帝澤傾堯酒，宸歌掩舜弦。欣逢下生日，還覩上皇年。

《全唐詩》卷六一李嶠《皇帝上禮撫事述懷》 配極輝光遠，承天顧託隆。負圖濟多難，脫屣歸成功。聖道昭永錫，邕言讓在躬。還推萬方重，咸仰四門聰。恭己忘自逸，因人體至公。垂旒滄海晏，解網法星空。雲散天五色，春還日再中。稱觴合纓弁，率舞應絲桐。凱樂深居鎬，傳歌盛飲豐。小臣濫簪筆，無以頌唐風。

《全唐詩》卷六八崔融《則天皇后挽歌二首》 宵陳虛禁夜，夕臨空山陰。日月昏尺景，天地慘何心。紫殿金鋪澀，黃陵玉座深。鏡奩長不啓，聖主淚霑巾。

前殿臨朝罷，長陵合葬歸。山川不可望，文物盡成非。陰月霾中道，軒星落太微。空餘天子孝，松上景雲飛。

來俊臣部

綜述

《舊唐書》卷一八六上《來俊臣傳》　來俊臣，雍州萬年人也。父操，博徒。與鄉人蔡本結友，遂通其妻，因樗蒲贏本錢數十萬，本無以酬，操遂納本妻。入操門時，先已有娠，而生俊臣。凶險不事生產，反覆殘害，舉無與比。曾於和州犯奸盜被鞫，遂妄告密。召見奏，刺史東平王續杖之一百。後續天授中被誅，俊臣復告密，召見，奏言前所告密是豫，博州事，枉被續決杖，遂不得申。則天以爲忠，累遷侍御史，加朝散大夫。按制獄，少不會意者，必引之，前後坐族千餘家。

二年，擢拜左臺御史中丞。朝廷累息，無交言者，道路以目。與侍御史侯思止、王弘義、郭霸、李仁敬，司刑評事康暐、衛遂忠等，同惡相濟。招集無賴數百人，令其告事，共爲羅織，千里響應。欲誣陷一人，即數處別告，皆是事狀不異，以惑上下。仍皆云：「請付來俊臣推勘，必獲實情。」則天於是於麗景門別置推事院，俊臣推勘必獲，專令俊臣等按鞫，亦號爲新開門。但入新開門者，百不全一。弘義戲謂麗景門爲「例竟門」，言入此門者，例皆竟也。

俊臣與其黨朱南山輩造《告密羅織經》一卷，皆有條貫支節，布置事狀由緒。俊臣每鞫囚，無問輕重，多以醋灌鼻，禁地牢中，或盛之瓮中，以火圜遶炙之，並絕其糧餉，至有抽衣絮以噉之者。又令寢處糞穢，備諸苦毒。自非身死，終不得出。每有赦令，俊臣必先遣獄卒盡殺重囚，然後宣示。又以索元禮等作大枷，凡有十號：一曰定百脉，二曰喘不得，三曰突地吼，四曰著即承，五曰失魂膽，六曰實同反，七曰反是實，八曰死猪愁，九曰求即死，十曰求破家。復有鐵籠頭連其枷者，輪轉于地，斯須悶絕矣。囚人無貴賤，必先布枷棒于地，召囚前曰：「此是作具。」見之魂膽飛越，無不自誣矣。則天重其賞以酬之，故吏競勸爲酷矣。由是告密之徒，紛然道路，名流僶俛閲日而已。朝士多因入朝，默遭掩襲，以至于族，與其家無復音息。故每入朝者，必與其家訣曰：「不知重相見不？」

如意元年，地官尚書狄仁傑，益州長史任令暉，冬官尚書李遊道，秋官尚書袁智宏，司賓卿崔神基，文昌左丞盧獻等六人，並爲其羅告。俊臣既以族人家爲功，苟引之承反，乃奏請降敕，一問即承，同首例得減死。及脅仁傑等反，仁傑歎曰：「大周革命，萬物惟新，唐朝舊臣，甘從誅戮。反是實。」俊臣乃少寬之。其判官王德壽謂仁傑曰：「尚書事已爾，得減死。德壽今業已受驅策，欲求少階級，憑尚書牽楊執柔，可乎？」仁傑曰：「若之何？」德壽曰：「尚書昔在春官時，執柔任某司員外，引之可也。」仁傑曰：「皇天后土，遣狄仁傑行此事！」以頭觸柱，血流被面，德壽懼而止焉。

仁傑既承反，有司但待報行刑，不復嚴備。仁傑得憑守者求筆硯，拆被頭帛書之，敘冤苦，置于綿衣，遣謂德壽曰：「時方熱，請付家人去其綿。」德壽不復疑矣，家人得衣中書，仁傑子光遠持之稱變，得召見。則天覽之愕然，召問俊臣曰：「卿言仁傑等承反，今子弟訟冤，何故也？」俊臣曰：「此等何能自伏其罪！臣寢處甚安，亦不去其巾帶。」則天令通事舍人周綝視之。俊臣遽令獄卒令假仁傑等巾帶，行立於西，命綝視之。綝懼俊臣，莫敢西顧，但視東唯諾而已。俊臣令綝少留，附進狀，乃令判官妄爲仁傑等作謝死表，代署而進之。鳳閣侍郎樂思晦男年八九歲，其家已族，宜隸于司農，上變，得召見，言俊臣苛毒，願陛下假條反狀以付之，無大小皆如狀矣。則天意少解，乃召見仁傑曰：「卿承反何也？」仁傑等曰：「不承反，臣已死於枷棒矣。」則天曰：「何謂作謝死表？」仁傑曰：「無。」因以表示之，乃知其代署，遂出此六家。

俊臣復按大將軍張虔勗、大將軍内侍范雲仙於洛陽牧院。虔勗等不堪其苦，自訟於徐有功，言辭頗厲。俊臣命衛士以亂刀斬殺之。雲仙亦言歷事先朝，稱所司冤苦，俊臣命截去其舌。士庶破膽，無敢言者。

俊臣累坐贓，爲衛吏紀履忠所告下獄。長壽二年，除殿中丞。又坐贓，出爲同州參軍，逼奪同列參軍妻，仍辱其母。萬歲通天元年，召爲合宫尉，擢拜洛陽令、司農少卿。則天賜其奴婢十人，當受於司農。時西蕃酋長阿史那斛瑟羅家有細婢，善歌舞，俊臣因令其黨羅告斛瑟羅反，將圖其婢。諸蕃長詣闕割耳剺面訟冤者數十人，乃得不族。時綦連耀、劉思禮等有異謀，明堂尉吉頊知之，不自安，以白俊臣發之，連坐族者數十輩。俊臣將擅其功，復羅告頊，得召見，僅而免。

俊臣先逼娶太原王慶詵女。俊臣與河東衛遂忠有舊，遂忠行雖不著，然好學，有詞辯，嘗攜酒謁俊臣，俊臣方與妻族宴集，應門者紿云：「已出矣。」遂忠知

妄，入其宅，慢罵毀辱之。俊臣恥其妻族，命毆擊反接，既而免之，自此構隙。俊臣將羅告武氏諸王及太平公主、張易之等，遂相掎摭，則天屢保持之。而諸武及太平公主恐懼，共發其罪，乃棄市，國人無少長皆怨之，競剮其肉，斯須盡矣。

中宗神龍元年三月八日，詔曰：「國之大綱，惟刑與政，刑之不中，其政乃虧。劉光業、王德壽、王處貞、屈貞筠、鮑思恭、劉景陽等，庸流賤職，姦吏險夫，以粗暴爲能官，以兇殘爲奉法。往從按察，害虐在心，倏忽加刑，呼吸就戮，曝骨流血，其數甚多，冤濫之聲，盈於海内。朕唯布新澤，恩被人祇，撫事長懷，尤深惻隱。光業等五人積惡成釁，並謝生涯，雖其人已殂，而其跡可貶，所有官爵，並宜追奪。其枉被殺人，各令州縣以禮埋葬，還其官蔭。劉景陽身今見在，情不可矜，特以會恩，免其嚴罰，宜從貶降，以雪冤情，可棣州樂單縣員外尉。自今内外法官，咸宜敬慎。其文深刺骨，跡徇凝脂，高下任情，輕重隨意，如酷吏丘神勣、來子珣、萬國俊、周興、來俊臣、魚承曄、王景昭、索元禮、傅遊藝、王弘義、張知默、裴籍、焦仁亶、侯思止、郭霸、李仁敬、皇甫文備、陳嘉言等，其身已死，並遺除名。自垂拱已來，枉濫殺人，有官者並令削奪。唐奉一依前配流，李秦授、曹仁哲並與嶺南惡處。」

開元十三年三月十二日，御史大夫程行諶奏：「周朝酷吏來子珣、萬國俊、王弘義、侯思止、郭霸、焦仁亶、張知默、李敬仁、唐奉一、來俊臣、周興、丘神勣、索元禮、曹仁哲、王景昭、裴籍、李秦授、劉光業、王德壽、屈貞筠、鮑思恭、劉景陽、王處貞二十三人，殘害宗枝，毒陷良善，情狀尤重，子孫不許與官。陳嘉言、魚承曄、皇甫文備、傅遊藝四人，情狀稍輕，子孫不許近任。」

雜録

備録

張鷟《朝野僉載》卷三 載初年中，來俊臣羅織，告故庶人賢二子夜遣巫祈禱星月，呪咀不道。栲楚酸痛，奴婢妄證，二子自誣，並鞭殺之，朝野傷痛。

劉肅《大唐新語》卷二《極諫三》 周興、來俊臣羅織衣冠，朝野懼慴，御史大夫李嗣真上疏奏曰：「臣聞陳平事漢祖，謀疏楚之君臣，乃用黄金七十斤，行反間之術。項羽果疑臣下，陳平之計遂行。今告事紛紜，虚多實少。如當有凶慝，焉知不先謀疏陛下君臣，後除國家良善。臣恐有社稷之禍。〔一四〕伏乞陛下迴思遷慮，察臣狂瞽，然後退就鼎鑊，實無所恨。臣得歿爲忠鬼，孰與存爲諂人。如羅織之徒，即是疏間之漸，陳平反間，其遠乎哉？」遂爲俊臣所構，放於嶺表。俊臣死，徵還，途次桂陽而終，贈濟州刺史。中宗朝，追復本官。

劉肅《大唐新語》卷二《剛正四》 則天朝諛佞者必見擢用，有人於洛水中獲白石，有數點赤，詣闕請進，諸宰臣詰之，其人曰：「此石赤心，所以進。」〔李〕昭德叱之曰：「洛水中石豈盡反邪？」左右皆失笑。昭德建立東都羅城及尚書省洛水中橋，人不知其役而功成就。除數凶人，大獄遂罷。以正直庭諍，爲皇甫文所搆，與來俊臣同日棄市。國人歡憾相半，哀昭德而快俊臣也。

劉肅《大唐新語》卷三《公直五》 來俊臣棄故妻，奏取太原王慶詵女。侯思正亦奏娶趙郡李自挹女。敕正事商量，内史李昭德撫掌謂諸宰曰：「大可笑！大可笑！」諸宰問故，昭德曰：「往年來俊臣賊劫王慶詵女，已太辱國；今日此奴又請索李自挹女，乃復辱國耶？」遂寢。思正竟爲昭德所繩，榜殺之。

劉肅《大唐新語》卷一二《酷忍二七》 周興、來俊臣等，羅告天下衣冠，遇族者不可勝紀。俊臣案詔獄，特選十箇大枷，一曰定百脉，二曰喘不得，三曰突地吼，四曰着即承，五曰失魂魄，六曰實同反，七曰反是實，八曰死豬愁，九曰求即死，十曰求破家。遭其枷者，宛轉於地，斯須悶絶。又有枷名鉤尾猶，棒名見即承。復有鐵圈籠頭，名號數十，大略如此。又與其徒侯思止、衛遂忠等，招集告事者數百人，造《告密羅織經》一卷，其意網羅平人，織成反狀。每執囚，先布枷棒於地，召囚前，曰：「此是作具。」見者魂魄飛越，罕不自誣。由是破家者已千數。則天不下階序，潛移六合矣。天授中，春官尚書狄仁傑、天官侍郎任令暉、文昌左丞盧獻等五人，並爲所告。俊臣既以族人爲功，苟引之承反，乃奏請一問即承同首，例得減死。乃脅仁傑等令承反，仁傑歎曰：「大周革命，萬物維新。唐朝舊臣，甘從誅戮。反是實。」俊臣乃少寬之。其判官王德壽謂仁傑曰：「尚書事已爾，且得免死。德壽今業已受驅策，意欲求少階級，憑尚書牽楊執柔，可乎？」仁傑曰：「若之何？」德壽曰：「尚書昔在春官，執柔任其司員外，引可也。」仁傑曰：「皇天后土，遣仁傑自行此事。」以頭觸柱，血流被面。德壽懼而謝焉。仁傑既承反，所司但待日刑，不復嚴備。仁傑求守者得筆硯，拆破頭帛，書

之叙冤，匿置於錦衣中，謂德壽曰：「時方熱，請付家人去其綿。」德壽不之慮，仁傑子光遠得衣中書，持以稱變，得召見。則天覽之惘然，問俊臣曰：「卿言仁傑等反，今子弟訴冤何多也？」俊臣曰：「此等何能自伏其罪，臣寢處甚安，亦不去巾帶。」則天使人視之，俊臣遽命仁傑巾帶。使者將復命，俊臣乃令德壽代仁傑等作謝死表，代署附使者進之。則天召仁傑等謂曰：「卿承反何也？」仁傑等曰：「向若不承反，已死於枷棒矣。」則天曰：「何爲作謝死表？」仁傑等曰：「無之。」出表示之，乃知代署。仁傑等五人獲免。

郭霸與來俊臣爲羅織之黨，嘗按芳州刺史李思徵，思徵不承反，乃殺之。聖曆中，思徵出見霸，霸甚惡之，退朝遽歸家，命人速請僧轉經設齋。須臾，見思徵從數十騎止其庭，詬曰：「汝枉陷我，今取汝。」霸周章惶怖，拔刀自刳腹而死。是日，閭里咸見焉。霸纔氣絶，思徵亦沒。太子諭德張元一以齋諧供奉，時中橋新成，則天問元一在外有何好事？元一對曰：「洛橋成而郭霸死，即好事也。」則天默然。

陶穀《清異錄》卷上《官志門》　來紹乃唐酷吏俊臣之裔，天稟鷙忍，以決罰爲樂。嘗宰邵陽，生靈困於孽手。創造鐵繩千條，或有令不承，則急縛之，仍以其半揺手，往往委頓。每肆枯木之威，則百囚俱斷，轟響震動一邑，時呼肉雷。

《太平廣記》卷二六七《來俊臣》引《御史臺記》　來俊臣，雍人也。父操，松州長史。俊臣少詭譎無賴，反覆險詖，殘忍荒慝，舉世無比。則天朝，羅告諸王貴臣，授朝散大夫，拜侍御史。按制獄，少不會意者，必奉引之，前後坐族滅千餘家。朝廷累息，無敢言者，道路以目。與侍御史王弘義，侯思止腹心，羅告衣冠，無問春夏，誅斬人不絶。時于麗景門内置制獄，亦號爲新開門，但入新開門，百不全一。弘義戲謂麗景門爲例竟門，言入此門例竟也。俊臣與其黨朱南山等十餘輩，造《告密羅織經》數千言，皆有條貫支節張本，布置事狀由緒。令其黨告之，或投匭以聞，則天多委俊臣按問。俊臣別造枷，號爲突地吼。遭其枷者，輪轉于地，斯須悶絶矣。又作枷有十，號棒名見即承。復有鐵圈籠頭，當訊囚，圈中下楔。其餘名號數十，大略如此也。囚人無貴賤，必先列枷棒于地，召囚前曰：「此是作具。」見之魂膽飛越，無不自誣者。則天重其爵賞以酬之，故吏競勸爲酷矣。由是告密之徒，紛然道路，名流僶俛，閱日而已。朝士因朝，默遭掩襲，至於族滅。與其家訣曰：「不知重相見否。」天授中，春官尚書狄仁傑、天官侍郎任令暉、文昌左丞盧獻等五人，並爲其羅告。俊臣既以族人家爲功，欲引人承反，乃奏請降敕：一問即承，同首例得減死。以脇仁傑等，令承反。傑歎曰：「大周革命，萬物惟新，唐室舊臣，甘從誅戮。反是實。」俊臣乃少寬之。其判官王德壽謂傑曰：「尚書事已爾，且得減死。壽今業已受驅策，意欲求少階級，憑尚書牽楊執柔可乎？」傑曰：「若之何？」壽曰：「尚書昔在春官，執柔任其司員外，引之可也。」傑曰：「皇天后土，遣狄仁傑行此事耶？」以頭觸柱，血流被面，德壽懼而謝焉。仁傑既承反，所司待日行刑，不復嚴防，得憑守者求筆硯，拆被頭帛書之，敍冤苦，置于綿衣中。遣謂德壽曰：「時方熱，請付家人去其綿。」德壽不復疑也。家人得衣中書，傑子光遠持之稱變，得召見。則天覽之惘然，召問俊臣曰：「卿言仁傑等承反，今其子弟訟冤，何也？」俊臣曰：「此等何能自伏其罪？臣寢處之甚安，亦不去其巾帶。」則天令通事舍人周綝往視之，俊臣遂命獄人，令假傑等巾帶，行立於西，命綝視之。綝懼俊臣，莫敢西顧，但視東唯諾而已。俊臣令綝少留，附進狀，乃令判官妄爲傑等作謝死表，代署而進之。鳳閣侍郎樂思晦男，年八九歲，其家已族，且隸于司農，上變得召見，言俊臣等苛毒，願陛下假條反狀以付之，無大小皆如狀矣。則天意少解，乃召見傑等曰：「卿承反何也？」傑等曰：「向不承，已死于枷棒矣。」則天曰：「何爲作謝死表？」傑等曰：「無。」因以表示之，乃知其代署，因釋此五家。俊臣復奏大將軍張乾勗、大將軍給使范雲仙于洛陽牧院，虔勗等不堪苦，自訟于國有功，言辭頗厲，俊臣命衛士亂刀斫殺之。雲仙亦言歷事先朝，稱使司冤苦，俊臣命截去其舌。士庶破膽，無敢言者。俊臣累坐贓，出同州參軍，逼奪同列參軍妻，仍辱其母，莫敢言者。尋授河南尉，累遷太僕卿，則天賜其奴婢十人，當受于司農。時西蕃酋長大將軍斛瑟羅，家有細婢，善歌舞，俊臣且止司農賜，令其黨羅告斛瑟羅反，將圖其婢。諸酋長詣闕，割耳剺面訟冤者數十人，乃得不族。時綦連耀與劉思禮等有議，長安尉吉頊知之，以語俊臣，俊臣發之，連坐族者數十。俊臣恃擅其功，復羅遣頊，頊得召見庭訴，僅而免。俊臣先逼取太原王慶詵女。俊臣素與河東衛遂忠有舊，忠名行雖不著，然好學，有詞辨。酒酣詣俊臣，俊臣方與妻族宴集，應門者妄云：「已出矣。」遂忠知妄，入其家，慢罵辱之。俊臣恥其親族，命毆擊反接。既而免之，自此搆隙。俊臣將羅告武氏諸僞王及太平公主、張易之等，遂忠發之，則天屢保持，而諸武及公主司懼，共毀之，乃棄市。國人無少長皆怨恨，競剮其肉，斯須而盡。則天覺悟，降敕曰：「來俊臣問巷小人，輕險有素。以其頗申糺謫，嘗謂微効款誠。諸王等磐石宗枝，必期毀敗；南北衙文武將相，咸擬傾危。

宜加赤族之誅，以雪蒼生之憤。」既族之，無問士庶男女，相慶于道路，咸曰：「自此後卧，乃背得著牀。不爾，朝不謀夕矣。」

《太平廣記》卷二六九《誣劉如璿惡黨》引《御史臺記》 劉如璿事親以孝聞，解褐唐昌尉，累遷乾封尉，爲侍御史，轉吏部員外。則天朝，自夏官郎中左授都城令，轉南鄭令，遷司僕、司農少卿、秋官侍郎。時來俊臣黨人與司刑府史姓樊者不協，誣以反誅之，其子訟冤于朝堂，無敢理者，乃援刀自刳其腹。朝士莫不目而悚惕，璿不覺唧唧而淚下。俊臣奏云黨惡，下詔獄。璿訴曰：「年老，因遇風而淚下。」俊臣劾之曰：「目下涓涓之淚，乍可因風？口稱唧唧之聲，如何取雪？」處以絞刑。則天特流于瀼州。子景憲訟冤，得徵還，復秋官侍郎，辭疾，授兖州都督。好著述，文集四十卷行於代。俊臣但苛虐，無文，其劾乃鄭愔之詞也。

《太平廣記》卷二七八《酷吏》引《神異經》 來俊臣、侯思止、王弘義、郭霸等數十人爲推官。俊臣父操，與鄉人蔡本善。本與操樗蒱，贏本錢數十萬，本無以酧，遂將其妻馮折。及至操家，已有娠，而産俊臣。于禾州犯盗，遂因密告，則天以爲忠，累拜侍御史。

王士翹《慎刑録》卷四《俊臣羅織》 來俊臣天資殘忍，天授中擢侍御史，按詔獄，最稱旨，脅制羣臣，前後夷千餘族，生平有纖芥，皆入於死。拜左臺御史中丞，陰唆不逞之徒，使飛語誣蠛公卿。上急變，每摘一事千里，同時輒發契驗，不差時，號爲羅織。鞫囚不問輕重，皆注醯於鼻，掘地爲牢，或寢以矢溺，或絶其粮，非死終不得出。俊臣知羣臣不敢斥已，乃有異圖，常自比石勒，諸武共證其罪，有詔斬西市，人皆相賀，爭抉目擿，肝醢其肉，以馬踐其骨無餘。

備論

《舊唐書》卷一八六《酷吏傳上》 古今御天下者，其政有四：五帝尚仁，體文德也；三王仗義，立武功也；五霸崇信，取威令也；七雄任力，重刑名也。蓋仁義既廢，然後齊之以威刑；威刑既衰，而酷吏爲用，於是商鞅、李斯譎詐設矣。持法任術，尊君卑臣，奮其策而鞭撻宇宙，持危救弊，先王不得已而用之，天下之人謂之苛法。降及兩漢，承其餘烈，於是前有郅都、張湯之徒持其刻，後有董宣、陽球之屬肆其猛。雖然異代，亦克公方，天下之人謂之酷吏，此又鞅、斯之罪人也，然而網既密而姦不勝矣。夫子曰：「刑罰不中，則人無所措手足。」誠哉是言也！

唐初革前古之敝，務於勝殘，垂衣而理，且七十載，而人不敢欺。由是觀之，在彼不在此。逮則天以女主臨朝，大臣未附，委政獄吏，剪除宗枝。於是來俊臣、索元禮、萬國俊、周興、丘神勣、侯思止、郭霸、王弘義之屬，紛紛而出。然後起告密之刑，制羅織之獄，生人屏息，莫能自固。至於懷忠蹈義，連頸就戮者，不可勝言。武后因之坐移唐鼎，天網一舉，而卒籠八荒，酷之爲用，斯害也已。遂使酷吏之黨，横噬於朝，制公卿之死命，擅王者之威力。貴從其欲，毒侈其心，天誅發於唇吻，國柄秉於掌握。兇慝之士，棨而慕之，身赴鼎鑊，死而無悔。若是者何哉？要時希旨，見利忘義也！

嘗試而論之，今夫國家行斧鉞之誅，設狴牢之禁以防盗者，雖云固矣，而猶踰垣掘塚，揭篋探囊，死者於前，盗者於後，何者？以其間有欲也，然所徇者不過數金之資耳！彼酷吏與時上下，取重人主，無怵惕之憂，坐致尊寵，杖起卒伍，富擬封君，豈唯數金之利耶？則盗官者爲幸矣。故有國者則必窒覬覦之路，杜僥倖之門，可不務乎！況乎樂觀時變，恣懷陰賊，斯又郅都、董宣之罪人也。異哉，又有效於斯者！中興四十載而有吉温、羅希奭之蠹政，又數載而有敬羽、毛若虚之危法。朝經四葉，獄訟再起，比周惡黨，剿絶善人。屢撓將措之刑，以傷太和之氣，幸災樂禍，苟售其身，此又來、索之罪人也。

《新唐書》卷二〇九《酷吏傳》 太宗定天下，留心聽斷，著令：州縣論死三覆奏，京師五覆奏。獄已決，尚芋然爲徹膳止樂。至晚節，天下刑幾措。是時州縣有良吏，無酷吏。

武后乘高、中懦庸，盜攘天權，畏下異己，欲脅制羣臣，梱翦宗支，故縱使上飛變，構大獄。時四方上變事者，皆給公乘，所在護送，至京師，稟於客館，高者蒙封爵，下者被賚賜，以勸天下。於是索元禮、來俊臣之徒，揣后密旨，紛紛並興，澤吻磨牙，噬紳纓若狗豚然，至叛齒臭達道路，冤血流離刀鋸，忠鯁貴彊之臣，朝不保昏。而后因以自肆，不出幃闥，而天命已遷，猶慮臣下弗懲，而六道使始出矣。

至載初，右臺御史周矩諫后曰：「凶人告訐，遂以爲常，推劾之吏，以嶮責痛詆爲功，鑿空投隙，相矜以殘，泥耳籠首，枷楔兼暴，拉脅籤爪，縣髮熏目，號曰

『獄持』。晝禁食，夜禁寐，敲撲撼搖，使不得瞑，號曰『宿囚』。人苟貽死，何求不得？陛下不諒，試取告牒判無驗者，使推其情，有司必上下其手，希合盛旨。今舉朝脅息，謂陛下朝與爲密，夕與爲讎，一罹攝逮，便與妻子決。且周用仁昌，秦用刑亡。惟陛下察之。」后寤，獄乃稍息，而酷吏寖寖以罪去。

天寶後至肅、代間，政類事叢，姦臣作威，渠儉宿狡，頗用慘刻奮，然不得如武后時敢搏擊殺戮矣。

嗚呼！非吏敢酷，時誘之爲酷。觀俊臣輩忕利放命，内懷滔天，又張湯、郅都之土苴云。

胡寅《致堂讀史管見》卷一九　來俊臣方用事，選司受其屬請不次除官者，每銓數百人。及俊臣受誅，侍郎皆自首。太后責之，對曰：「臣負陛下，罪止一身。違忤俊臣，立見族滅。」

人主欲行其志，不能自達，必付事柄於可任之臣。其志善，其臣賢，則福逮蒼生，而仁不可勝用。其志不善，其臣不賢，則君取其一，臣取其十，而害不可勝言。武氏委來俊臣之徒，本欲誅鋤異己者耳，而俊臣倚勢挾威，恣爲姦利，有司不敢拒，武氏不得知，然則武氏所得少，而俊臣所得多。人君監此，必不以不義之心而託之不義之人，使利歸於下而害歸於上矣。

藝文

《全唐文》卷九五則天皇后《暴來俊臣罪狀制》　來俊臣閭巷小人，姦險有素，以其頗申糾摘，將謂微效款誠，遂拔自泥，塗齒於簪。紱歲月滋久，涓埃莫施，專搆凶邪，每相朋扇。隱逆賊之妹，尤深嬖寵，逼良家之女，以爲妾媵。作威作福，無禮無義。剝奪甚萑蒲之盜，贓賄踰邱山之積。諸王等盤石宗枝，必期毀敗，南北衙文武將相，咸將傾危。冀得竊弄機權，方擬潛爲悖逆，無君之心已著，不臣之迹顯然。天下側目，含靈切齒，擢其髮不足以數罪，粉其骨不足以塞愆。棄市之刑，嚴酷未極，汙官之辟，輿議所歸。宜加赤族之誅，以雪蒼生之憤。

《全唐文》卷一六四李嗣真《上諫來俊臣構陷無罪書》　臣聞陳平事漢祖，謀疎楚君臣，乃用黄金五萬斤，行反間之術。項王果疑臣下，陳平反間果行。今告事紛紜，虛多實少，如當有凶慝，焉知必無陳平？先謀疎陛下君臣，後謀除國家良善，恐爲社稷之禍。伏乞陛下特迴天慮，察臣狂瞽，然後退就鼎鑊，實無所恨，臣得歿爲忠鬼，孰與存爲諂人？如羅織之徒，即是疎間之漸，陳平反間，其遠乎哉？

《全唐文》卷二〇八魏靖《理冤濫疏》　臣聞古之綱紀，在乎降殺，理道攸寄，人命所懸。法務於寬，刑期尚簡，猶慮誣欺過制，旋濫不歸。臣遠睹前經，歷探故事，刑得其中，則風雨順而陰陽和，法失其宜，則怨濫興而災眚作。虐臣酷吏者，資矯佞以事君，行刻薄以臨下，矯佞似乎用意，刻薄類乎無私。侮憲害公，弄權撓法，倚深之奏。似公之請，既肆淫巧，理難聽察。其周興、來俊臣、邱勣、萬國俊、王宏義、侯思止、郭宏霸、李敬仁、彭先覺、王德壽、張知默者，既堯年四凶矣，恣愚鷙暴，縱虐含毒，譬疾在位，安忍朝臣？罪逐法加，刑隨意改。當其時也，囹圄如市，朝廷以目。既而神靈不昧，冤魂有託，行惡期報，禍淫可徵，具嚴天刑，以懲亂首。臣竊見來俊臣身處極法者，以其羅織良善，屠陷忠良，籍沒以勸將來，顯戮以謝天下。臣又聞之道路，上至聖主，傍洎貴臣，明明有羅織事矣。俊臣既死，推者獲功，胡元禮超遷，裴談顯授，中外稱慶，朝廷載安。破其黨者，既能賞不逾時，被其陷者，豈可銜冤累歲。且稱反之徒，須得反狀，惟據口辨，即請行刑，拷楚妄加，疑咨何限？故徐有功以寬平見忌，斛瑟羅以妓女而受拘，中外具知，枉直斯在，借以爲喻，其餘可詳。臣又聞之，郭宏霸自刺而唱快，萬國俊被遮而遽亡，霍獻可臨終膝拳於項，李敬仁將死舌至於臍，皆衆鬼滿庭，羣妖橫道。近集若響隨聲，備在人謠，不爲虛說，但有書見，殆無以過，此亦羅織之一據也。臣以至愚，不識大體，儻使平反者數人，衆共詳覆來俊臣等所推大獄，庶鄧艾獲申於今日，孝婦不濫於昔時。恩渙一流，天下幸甚。

張柬之部

綜述

《舊唐書》卷九一《張柬之傳》 張柬之字孟將，襄州襄陽人也。少補太學生，涉獵經史，尤好《三禮》，國子祭酒令狐德棻甚重之。進士擢第，累補青城丞。永昌元年，以賢良徵試，同時策者千餘人，柬之獨爲當時第一，擢拜監察御史。

聖曆初，累遷鳳閣舍人。時弘文館直學士王元感著論云：「三年之喪，合三十六月。」柬之著論駁之曰：「三年之喪，二十五月，不刊之典也。謹案《春秋》：『魯僖公三十三年十二月乙巳，公薨。』『文公二年冬，公子遂如齊納幣。』《左傳》曰『禮也』。杜預注云：『僖公喪終此年十一月，納幣在十二月。士婚禮，納采納徵，皆有玄纁束帛，諸侯則謂之納幣。蓋公爲太子，已行婚禮。』故《傳》稱禮也。《公羊傳》曰：『納幣不書，此何以書？譏喪娶。在三年之外何以譏？三年之內不圖婚。』何休注云：『僖公以十二月薨，至此冬未滿二十五月，納采、問名、納吉，皆在三年之內，故譏。』何休以公十二月薨，至此冬十二月纔二十四月，非二十五月，是未三年而圖婚也。按《經》書『十二月乙巳公薨』，杜預以《長曆》推乙巳是十一月十二日，非十二月，書十二月，是《經》誤。『文公元年四月，葬我君僖公』，《傳》曰，緩也。諸侯五月而葬，若是十二月薨，即是五月，不得言緩。明知是十一月薨，故注僖公喪終此年，至十二月而滿二十五月，故丘明《傳》曰，禮也。據此推步，杜之考校，豈公羊之所能逮，況丘明親受《經》於仲尼乎？且二《傳》何、杜所爭，唯爭一月，不爭一年。其二十五月除喪，由來無別。此則《春秋》三年之喪，二十五月之明驗也。《尚書·伊訓》云：『成湯既没，太甲元年，惟元祀十有二月，伊尹祀于先王，奉嗣王祇見厥祖。』孔安國注云：『湯以元年十一月崩。』據此，則二年十一月小祥，三年十一月大祥。故《太甲》中篇云：『惟三祀十有二月朔，伊尹以冕服奉嗣王歸于亳。』是十一月大祥，訖十二月朔日，加王冕服吉而歸亳也。是孔言『湯元年十一月』之明驗。《顧命》云：『四月哉生魄，王不懌』，是四月十六日也。『翌日乙丑，王崩』，是十七日也。『丁卯，命作册度』，是十九日也。『越七日癸酉，伯相命士須材』，是四月二十五日也。則成王崩至康王麻冕黼裳，中間有十日，康王方始見廟。則知湯崩在十一月，淹停至殯訖，方始十二月，祇見其祖。《顧命》見廟訖，諸侯出廟門俟，《伊訓》言『祇見厥祖，侯甸羣后咸在』，則崩及見廟，殷、周之禮並同。此周因於殷禮，損益可知也。不得元年以前，别有一年。此《尚書》三年之喪，二十五月之明驗也。《禮記·三年問》云：『三年之喪，二十五月而畢，哀痛未盡，思慕未忘，然而服以是斷之者，豈不送死有已，復生有節？』又《喪服四制》云：『變而從宜，故大祥鼓素琴，告人以終。』又《間傳》云：『期而小祥，食菜果。又期而大祥，有醯醬。中月而禫，食酒肉。』又《喪服小記》云：『再期之喪，三年也。期之喪，二年也。九月七月之喪，三時也。五月之喪，二時也。三月之喪，一時也。』此《禮記》三年之喪，二十五月之明驗也。

《儀禮·士虞禮》云：『期而小祥。又期而大祥。中月而禫，是月也吉祭。』此禮周公所制，則《儀禮》三年之喪，二十五月之明驗也。此四驗者，並禮經正文，或周公所制，或仲尼所述，吾子豈得以《禮記》戴聖所修，輒欲排毁？漢初高堂生傳《禮》，既未周備，宣帝時少傅后蒼因淹中孔壁所得五十六篇著《曲臺記》，以授弟子戴德、戴聖、慶溥三人，合以正經及孫卿所述，並相符會。列於學官，年代已久。今無端構造異論，既無依據，深可歎息。其二十五月，先儒考校，唯鄭康成注《儀禮》『中月而禫』，以『中月間一月，自死至禫凡二十七月』。又解禫云：『言澹澹然平安之意也。』今皆二十七月復常，從鄭議也。踰月入禫，禫既復常，則二十五月爲免喪矣。二十五月、二十七月，其議本同。竊以子之於父母喪也，有終身之痛，創巨者日久，痛深者愈遲，豈徒歲月而已乎？故練而慨然者，蓋悲慕之懷未盡，而踊擗之情已歇；祥而廓然者，蓋哀傷之痛已除，而孤邈之念更起。此皆情之所致，豈外飾哉。故《記》曰：『三年之喪，義同過隙，先王立其中制，以成文理。』是以祥則縞帶素紕，禫則無所不佩。今吾子將徇情棄禮，實爲乖僻。夫棄縗麻之服，襲錦縠之衣，行道之人，皆不忍也，直爲節之以禮，無可奈何。故由也不能過制爲姊服，鯉也不能過期哭其母。夫豈不懷，懼名教逼己也。若孔、鄭、何、杜之徒，並命代挺生，範模來裔，宫墻積仞，未易可窺。但鑽仰不休，當漸入勝境，詎勞終年矻矻，虚肆莠言？請所有掎摭先儒，願且以時消息。」時人以柬之所駁，頗合於禮典。

是歲，突厥默啜表言有女請和親，則天盛意許之，欲令淮陽郡王延秀娶之。

柬之奏曰：「自古無天子求娶夷狄女以配中國王者。」表入，頗忤其旨。神功初，出爲合州刺史，尋轉蜀州刺史。舊例，每歲差兵募五百人往姚州鎮守，路越山險，死者甚多。柬之表論其弊曰：「臣竊按姚州者，古哀牢之舊國。絶域荒外，山高水深，自生人以來，洎於後漢，不與中國交通。前漢唐蒙開夜郎滇筰，而哀牢不附。至光武季年，始請内屬，漢置永昌郡以統理之，乃收其鹽布毯罽之税，以利中土。其國西通大秦，南通交阯，奇珍異寶，進貢歲時不闕。劉備據有巴蜀，常以甲兵不充。及備死，諸葛亮五月渡瀘，收其金銀鹽布以益軍儲，使張伯岐選其勁卒搜兵以增武備。故《蜀志》稱自亮南征之後，國以富饒，甲兵充足。由此言之，則前代置郡，其利頗深。今鹽布之税不供，珍奇之貢不入，戈戟之用不實於戎行，寶貨之資不輸於大國，而空竭府庫，驅率平人，受役蠻夷，肝腦塗地，臣竊爲國家惜之。昔漢以得利既多，歷博南山，涉蘭倉水，更置博南、哀牢二縣。蜀人愁怨，行者作歌曰：「歷博南，越蘭津，渡蘭倉，爲他人。」蓋譏漢貪珍奇鹽布之利，而爲蠻夷之所驅役也。漢獲其利，人且怨歌。今減耗國儲，費用日廣，而使陛下之赤子身膏野草，骸骨不歸，老母幼子，哀號望祭於千里之外。於國家無絲髮之利，在百姓受終身之酷。臣竊爲國家痛之。往者，諸葛亮破南中，使其渠率自相統領，不置漢官，亦不留兵鎮守。人問其故，亮言置官留兵有三不易。大意以置官夷漢雜居，猜嫌必起；留兵運糧，爲患更重；忽若反叛，勞費更多。但粗設紀綱，自然安定。臣竊以亮之此策，妙得羈縻蠻夷之術。今姚府所置之官，既無安邊静寇之心，又無葛亮且縱且擒之伎。唯知詭謀狡算，恣情割剥，貪叨劫掠，積以爲常。扇動酋渠，遣成朋黨，折支諂笑，取媚蠻夷，拜跪趨伏，無復慚恥。提挈子弟，嘯引凶愚，聚會蒱博，一擲累萬。劍南逋逃，中原亡命，有二千餘户，見散在彼州，專以掠奪爲業。姚州本龍朔中武陵縣主簿石子仁奏置之，後長史李孝讓、辛文協並爲羣蠻所殺。前朝遣郎將趙武貴討擊，貴及蜀兵應時破敗，噍類無遺。又使將軍李義總等往征，郎將劉惠基在陣戰死，其州乃廢。臣竊以諸葛亮稱置官留兵有三不易，其言乃驗。至垂拱四年，蠻郎將王善寶、昆州刺史爨乾福又請置州，奏言所有課税，自出姚府管内，更不勞擾蜀中。及置州後，録事參軍李稜爲蠻所殺。延載中，司馬成琛奏請於瀘南置鎮七所，遣蜀兵防守，自此蜀中騷擾，于今不息。且姚府總管五十七州，巨猾遊客，不可勝數。國家設官分職，本以化俗妨姦，無恥無厭，狼籍至此。今不問夷夏，負罪並深，見道路劫殺，不能禁止，恐一旦驚擾，爲禍轉大。伏乞省罷姚州，使隸巂府，歲時朝覲，同之蕃國。瀘南諸鎮，亦皆悉廢，於瀘北置關，百姓自非奉使入蕃，不許交通往來。增巂府兵選，擇清良宰牧以統理之。臣愚將爲穩便。」疏奏，則天不納。

後累拜荆州大都督府長史。長安中，召爲司刑少卿，遷秋官侍郎。時夏官尚書姚崇爲靈武軍使，將行，則天令舉外司堪爲宰相者。崇對曰：「張柬之沉厚有謀，能斷大事，且其人年老，惟陛下急用之。」則天登時召見，尋同鳳閣鸞臺平章事。未幾，遷鳳閣侍郎，仍知政事。及誅張易之兄弟，柬之首謀其事。中宗即位，以功擢拜天官尚書、鳳閣鸞臺三品，封漢陽郡公，食實封五百户。未幾，遷中書令，監修國史。月餘，進封漢陽郡王，加授特進，令罷知政事。

其年秋，柬之表請歸襄州養疾，許之，仍特授襄州刺史，又拜其子漪爲著作郎，令隨父之任。上親賦詩祖道，又令羣公餞送於定鼎門外。柬之至襄州，有鄉親舊交抵罪者，必深文致法，無所縱捨。其子漪恃以立功，每見諸少長，不以禮接，時議以爲不能易荆楚之剽性焉。尋爲武三思所構，貶授新州司馬。柬之至新州，憤恚而卒，年八十餘。景雲元年，制曰：「褒德紀功，事華典册；飾終追遠，理光名教。故吏部尚書張柬之翼戴興運，謨明帝道，經綸謇諤，風範猶存。往屬回邪，構成釁咎，無辜放逐，淪没荒遐。言念勳賢，良深軫悼，宜加寵贈，式賁幽泉。可贈中書令，封漢陽郡公。」建中初，又贈司徒。

玄孫璟，開成三年，自宜城尉遷壽安尉。

雜録

備録

劉肅《大唐新語》卷六《舉賢一三》 張柬之進士擢第，爲清源丞，年且七十餘，永昌初，勉復應制策。試畢，有傳柬之考入下課者，柬之歎曰：「余之命也！」乃委歸襄陽。時中書舍人劉允濟重考，自下第昇甲科，爲天下第一，擢第，拜監察，累遷荆州長史。長安中，則天問狄仁傑曰：「朕要一好漢使，有乎？」仁傑對曰：「臣料陛下若求文章資歷，則今之宰臣李嶠、蘇味道，亦足爲之使矣。豈非文士齷齪，思大才用之，以成天下之務者乎？」則天悦曰：「此朕心也。」仁

傑曰：「荊州長史張柬之，其人雖老，真宰相材也。且久不遇，若用之，必盡於國家。」則天乃召以爲洛州司馬。他日又求賢，仁傑曰：「臣前言張柬之，猶未用也。」則天曰：「已遷之矣。」仁傑曰：「臣薦之，請爲相也。今爲洛州司馬，非用之也。」乃遷秋官侍郎。及姚崇將赴靈武，則天令舉外司堪爲宰相者，姚崇曰：「張柬之沉厚有謀，能斷大事，且其人年老，陛下急用之。」登時召見，以爲同鳳閣鸞臺平章事，年已八十矣。與桓彥範、敬暉、袁恕己、崔玄暐等誅討二張，興復社稷，忠冠千古，功格皇天云。

《太平廣記》卷二二一《張柬之》引《定命録》　張柬之任青城縣丞，已六十三矣，有善相者云：「後當位極人臣。」衆莫之信。後應制策被落。則天怪中第人少，令於所落人中更揀，有司奏一人策好，緣書寫不中程律，故退。則天覽之，以爲奇才，召入，問策中事，特異之，即收上第，拜王屋縣尉。後至宰相，封漢陽王。

備論

《舊唐書》卷九一《張柬之傳》　史臣曰：昔夫差入越，勾踐保於會稽，不聽子胥之言，而有甬東之歎。此五王除凶返正，得計成功。當是時，彥範、敬暉握兵全勢，三思、攸暨其黨半殲，若從李湛之言，寧有利貞之禍？蓋以心懷不忍，遽失後圖，黜削流移，理固然也。且芟蔓而不能拔本，建謀而尚欠防微，死即無辜，禍由自掇。失斷召亂也，不亦宜哉！

贊曰：嗟彼五王，忠于有唐。知火在木，謂其無傷。禍發既克，勢摧靡當。何事不敏，周身之防。

《新唐書》卷一二〇《張柬之傳》　贊曰：武后乘唐中衰，操殺生柄，劫制天下而攘神器。仁傑蒙恥奮忠，以權大謀，引張柬之等，卒復唐室，功蓋一時，人不及知。故唐吕溫頌之曰：「取日虞淵，洗光咸池。潛授五龍，夾之以飛。」世以爲名言。方高宗舉天下將以禪后，處俊固争，不使妻乘夫，陰反陽，至姦人銜怨，仇齮以逞。蓋所謂誼形於主耶。敬則一諫，而羅織之獄衰，時而後言者歟！

孫甫《唐史論斷》卷上《狄仁傑薦張柬之爲相》　論曰：觀武后用張柬之，見其任賢之術也。武后臨朝，僭竊二十餘年，所用之人，姦正相半。蓋后俊智之性，有過於人，謂不用姦人無以成己欲，不用賢人無以庇己過，然持大權者多賢才也。如狄仁傑、姚元崇相於内，婁師德、郭元振將於外，天下事何患乎？故雖兇殘不道，不至禍敗者以此也。當仁傑、崇相國，才謀之士不乏於時，尚孜孜訪於一相，求大才以備任用。一相力薦柬之，立命作相，其推心不疑如此，則向之任用之意可知矣，豈非得任賢之術也。一婦僭天下大號，恣行凶虐，尚以大權付得其人，久不禍敗，爲人君者能推誠任賢，天下豈有憂患乎？

胡寅《致堂讀史管見》卷一九　神龍元年正月，太后疾甚，張易之、昌宗用事。張柬之、崔玄暐、敬暉、桓彥範、袁恕己帥兵詣東宫，迎太子至玄武門，斬關而入。太后在迎仙宫，柬之等斬易之、昌宗於廡下，進至太后寢殿。太后驚問曰：「亂者誰耶？」對曰：「易之、昌宗謀反，臣等奉太子誅之。」太后見太子曰：「乃汝耶？小子既誅，可還東宫。」彥範進曰：「太子安得更歸？天意人心，久思李氏。羣臣不忘太宗、天皇之德，故奉太子誅賊臣。願陛下傳位，以順天人之心。」太后乃傳位於太子。丙午，中宗即位，帥百官上太后尊號，曰則天大聖皇帝。復國號曰唐。

武氏之禍，古所未有也。張柬之、諸王第知反正廢主，而不能以大義處非常之變者，不爲唐室討罪人是也。武后以太宗才人，蠱惑嗣帝，一罪也。戕殺主母皇后，二罪也。黜中宗，幽而奪之，三罪也。殺君之子三人，四罪也。自立爲帝，五罪也。廢唐宗廟，六罪也。誅鋤宗室殆盡，七罪也。穢德彰聞，八罪也。尊用酷吏，毒痡四海，九罪也。兵既入宫，當先奉太子復位，即以武氏至唐太廟，數其九罪，稱高祖、太宗之命廢爲庶人而賜之死，中宗不得與焉。又取武姓王侯嘗用事肆虐于唐之人者，盡戮之，然後足以慰在天之靈，雪臣民之憤，而天地之常經立矣。或曰：「此大事也，於古有稽乎？」曰：「有昔者文姜預弑魯桓，哀姜預弑二君，聖人例以孫書，若其去而不返，以深絶之，所以著恩輕而義重也。宋桓公之夫人，衛女也，生襄公而出，襄公既立，其母思之，而義不可往，乃作《河廣》之詩以自抑，襄公尊爲國君，號令自己，莫或干之者，欲迎其母，又何難焉？」終不敢徇私恩以廢大義也。聖人録《河廣》于《國風》，豈獨見衛女之以禮制心，正欲明襄公之重本，其義與《春秋》所書一也。夫知母而不知父，走獸是也。人則知父矣，學士大夫則知尊祖矣。桀、紂爲天下主，及其失道，聖人猶存湯、武之事，況於太宗親平四海，功隆業大，而故時宫嬪，已髠首爲尼，乃干天位，負九大罪，此於高祖、太宗豈有婦禮？於中宗豈有母道？而乃膠常守故，不能討治，使得傳位，又受顯冊，仍皇帝之稱，以是見五王雖能反正舊主，苟非因武后久疾，其勢可

乘，亦未敢動。則其平日處心積慮，欲戡此難者，志氣忠果，而智謀淺近，使禍本不除，諸武遺燼，燄然再熾，然則中、睿之間，有功者未有大於五王者也，而有罪者亦未有大於五王者也。爲大臣斷大事而無學，其不能善始善終決矣。或曰：「使狄公而在，當有以異乎此耶？」曰：「狄公亦如是而已。矣何以知之？」觀其説武氏之言：「曰立廬陵王，則陛下萬歲後享唐之血食，立三思，則宗廟無祔姑之禮。」狄公固不肯絶以血食於先，而以罪討之於後也。故知其亦如是而已耳。或曰：「文姜與聞乎弑君是以絶母子之恩，武氏未嘗弑也，比而同之，不亦過乎？」曰：「弑君立君，宗廟猶未亡也，其罪已當絶，況移其宗廟，改其國姓，是滅之矣，豈不重於弑君者耶？」夫惟如是，故不旋踵，韋后肆行，無所忌憚，意可以爲常也。然則以中、睿之間，有功者未有大於五王，而有罪者亦未有大於五王者，豈不信乎？爲大臣斷大事，欲善始而善終，豈不在於有學乎？【略】

二張之誅也，洛州長史薛季昶謂張柬之曰：「二凶雖除，產、禄猶在，去草不去根，終當復生。」柬之曰：「大事已定，夫何能爲？」季昶嘆曰：「吾不知死所矣。」劉幽求亦謂桓彦範曰：「武三思尚存，若不早圖，噬臍無及。」不從。及上即位，與三思圖議政事，由是武氏之勢復振。

刑賞當與事類，五王討亂，所殺者張易之五人，而武氏不預焉，於是失先後重輕之類矣。易之等嬖人也，非唐室所以存亡者。武三思親則爲王，尊則爲相，誠不易圖，反正之初，宜亟誅之，若奉漏甕沃焦釜，若斬蛇虺刺虎豹，不足以喻其急也。乃置而不問，是弃遺燼於稿葦之中，可謂智乎？《易》曰：「其亡其亡，繫于苞桑。」孔子曰：「危者，安其位者也；亡者，保其存者也；亂者，有其治者也。君子安而不忘危，存而不忘亡，治而不忘亂，是以身安而國家可保也。」夫桑之爲物，深固難拔，苞桑則叢生者，尤難拔也。難拔如此，於之維係焉，則雖否而有休息之道，無危亡之患。張柬之、桓彦範智昧於此，故未及治而復亂，未及安而復危，國既傾顛，身亦隨之。聖人設戒，豈虚言而無驗，可不信哉？【略】

楊再思薨。

再思貴爲宰相，一善無聞，而有「兩足狐」之號，其心固不以爲恥也。持禄取容，竟卒于位，自無知者觀之必以謂賢於張柬之、崔玄暐之徒矣。彼其自處，亦必曰：「白璧不可爲，吾寧以偷合而全身也。」嗚呼，天地久遠，人以一身生死其間，何啻白駒之過隙，君子所以異乎小人者，勉勉於爲善，不與草木俱腐焉耳。使柬之、玄暐之徒，無善可稱；而又罹冤横，是誠再思之不若矣。自後世觀之，再思雖卒于相位，斂以公衮，而一善無聞，「兩足狐」之名，不可浣也。五王難困躓冤横，死于凶人，而忠烈顯顯，爲興復唐室之功臣，不可滅也。故君子不較榮辱成敗於一日，以千歲自期而已矣。

佚名《歷代名賢確論》卷七三《五王》 張唐英曰：薛季昶嘗勸敬暉等令誅武三思，而暉等不從，季昶曰：「吾不知死所矣。」其後因王同皎事，羅織其事，遠竄嶺外。崔寔獻計，遣御史周利用巡嶺外，逼令自殺。桓彦範死於龍州，敬暉死於崖州，崔暐死於白州，張柬之死於新州，袁恕己死於竇州。讀史至此，未嘗不歔欷流涕也。嗟乎！五王奮大忠，仗大節，誅張昌宗等，掃除内難，肅清宫闈，復子明辟，中興國祚，其忠節足以貫神明，純誠足以貫日月，謂其延福錫慶，宜與唐齊其盛衰，而纔享封爵，已陷網羅，豈所謂漁於深淵者，得禍亦大乎？蓋當斷不斷，反受其亂也。夫以三思之智，豈賢於五王哉？蓋果於先幾而發，使五王卒爲所圖。故五王能用季昶之計而誅韋氏，梟三思，則豈有後患哉！昔漢之竇武，晉之張華，皆遲疑不斷，盡爲小人之所圖。若五王之非辜，其亦武、華之徒歟！後世忠義之士，欲立大功，弭大難，苟徘徊乎寸心，猶豫乎末路，不能屈伸在我，而枉直隨形，則五王之禍，嘗倚人門户之間爾，可不畏哉！又舊史以季昶載於《良吏傳》，亦非也。況季昶本與五王同謀誅易之，其後又同得罪死於嶺外，附於《五王傳》可也，何必載於《良使傳》哉？

王夫之《讀通鑑論》卷二一《唐中宗》 知人之哲，其難久矣。狄公之知張柬之、敬暉，付以唐之宗社，何以知其勝任哉？夫人所就之業，視其器之所堪；器之所堪，視其量之所函；量之所函，視其志之所持。志不能持者，雖志於善而易以動，志易動，則纖芥之得失可否一觸其情，而氣以勃興，識以之而不及遠，才以之而不及大，苟有可見其功名，即規以爲量，事溢於量，則張皇而畏縮，若此者，授之以大，而枵然不給，所必然矣。夫以宗社之淪亡，而女主宣淫，姦邪窺伺，嗣君幽暗，刑殺横流，天下延頸企踵以望光復，此亦最易動之情矣。則欲立拔起之功，以反陰霾之日月，似非鋭於進取者不能。狄公公門多士，而欲得此義奮欻興之人，夫豈難哉？然前此者，李敬業、駱賓王以此致敗，徒以增逆燄而沮壯夫之氣，其成敗已可覩矣，故雖有慷慨英多捐生效節之情，公弗與也。張柬之爲蜀州刺史，奏罷姚州之戍，瀘南諸鎮一切廢省，禁南夷之往來；敬暉爲衛州刺史，突厥起兵，欲取河北，諸州發民修城，暉不欲舍收穫而事城郭，罷使歸田；公於此乃有以得二公之器量，而知其可以大任焉。持之不發者，藏之已固也；居之以

重者，發之不輕也；斂之以密者，出之不測也；不爲無益之功名者，不避難成之險阻也。故武氏任之而不疑，羣姦疑之而不敢動，臣民胥信其舉事之必克，而樂附以有成，善觀人而任之者，於此求之而失者鮮矣。

狄公之與張柬之，皆有古大臣之貞焉，故志相輸、信相孚也。中宗初復，薛季昶曰：「產、祿猶在，草根復生。」而柬之不誅諸武，欲使上自誅之，以張天子之威。以斯言體斯心，念深禮謹，薄一己之功名，正一王之綱紀，端人正士所繇異於功名之士遠矣。中宗之不可與有爲而不知揣，非闇也。趙汝愚曰：「社稷有靈，當無此患。」人臣爲其所可爲，而謹守臣節，不與天子争威福之柄，知此而已。其不濟與！社稷之不幸也，榮辱生死又何恤焉？且使中宗之淫昏不如是之甚乎？春秋已富，曾正位於受終之日矣，乃既斬二張，復誅諸武，王鈇在手，唯己所爲，無所待命，懷貞事主者，自怵惕而不敢寧，固非薛季昶以利害居心者所能知也。劉幽求曰：「三思尚在，公等終無葬地。」成何等事，而早以葬地繫其心乎？絳侯之盡誅諸吕，文帝尚在藩服，而國無君，非中宗不違咫尺之比也，然絳侯且不免對吏之辱，而幾不保。中宗而果有爲也，柬之不待天子之命，廣行誅戮，又足以保其勳名乎？乃其淫昏如彼矣，其後三思伏誅，且割太子首以獻宗廟，宗楚客復起而亂唐，相王幾不免焉，則諸武雖誅，未見五王得免於走狗之烹也。均之不免，而秉臣節以蒙大難，不尤無疚於心與？論者惜季昶、幽求之言不用，而嗤柬之之愚，其愚不可及也。豫謀禍福者，不足以見貞士之心，久矣。唐多能臣而鮮端士，於柬之有取焉，所以與狄公有芥珀之投也。

藝文

《王昌齡詩集》卷二《奉贈張荆州》 祝融之峯紫雲銜，翠如何其雪崭嵓。邑西有路緣石壁，我欲從之卧穹嵌。魚有心兮脱網罟，江無人兮鳴楓杉。王君飛舄仍未去，蘇耽宅中意遥緘。

吕温《吕衡州文集》卷九《張荆州畫讚並序》 中書令始興文獻公，有唐之鯁亮臣也。開元二十二年後，元宗春秋高矣，以太平自致，頗易天下，綜覈稍怠，推納寖廣。君子小人，摩肩于朝，直聲遂寢，邪氣始勝。中興之業衰焉。公於是以生人爲身，社稷自任，抗危言而無所避，秉大節而不可奪。小必諫，大必静，攀帝檻，歷天階，犯雷霆之威，不霽不止。日月之蝕，爲公却明。虎而冠者，不敢猛視。羣賢倚賴，天下仰息。凛凛乎千載之望矣。不虞天將啓幽薊之禍，俾姦臣乘釁以速致戎，詐成讒勝，聖不能保，褫我公衮，寘于侯服。身雖遠而諫愈切，道既塞而誠彌堅，憂而不怨，終老南國。於戲，功業見乎變，而其變有二。在否則通，在泰則窮。開元初，天子新出艱難，久憤荒政，樂與羣下勵精緻理，於是乎有否極之變。姚、宋坐而乘之，舉爲時要，動中上意，天光照身，宇宙在手，勢若舟檝相得，當洪流而鼓迅風，崇朝萬里，不足怪也。開元末，天子倦于勤而安其安，高視穆清，霈然大滿，於是乎有泰極之變。荆州起而扶之，舉爲時害，動咈上欲，日與讒黨抗衡于交戟之中，勢若微陽戰陰，衝密雲而吐丹氣，欻耀而滅，又何歎乎？所痛者，逢一時，事一聖，踐其迹，執其柄，而有可有不可，有成有不成，况乎差池草茅，沈落光耀者，復何言哉。復何言哉。曹溪沙門靈澈雖脱離世務，而猶好正直，得其圖像，因以示予，覩而感之，乃作銘曰：唐有棟臣，往矣其邈。世傳遺像，以覺後覺。德容恢異，天骨峻擢。波澄東溟，日照太岳。具瞻崇崇，起敬起忠。貌與神會，凛然生風。氣藴逆鱗，色形匪躬。當時曲直，如在胸中。鯤鱗初脱，激海以化。羊角中頽，摩天而下。無喜無愠，亦如此畫。嗚呼爲臣，儆爾夙夜。

宋敏求《唐大詔令集》卷六一佚名《册張柬之漢陽郡王文》 維神龍元年，歲次乙巳，五月己卯朔，十五日癸巳，皇帝若曰：「咨，古者之命官也，有德尊以爵，有功尊以禄，用能百揆時序，庶績其凝，詳其利建之跡也。異姓則鬻熊封之於楚，宗子則邵奭宅之於燕，惟皇作極，率由前典。咨爾銀青光禄大夫、中書令、監修國史、漢陽郡公張柬之，効祉星辰，資靈川岳，負佐時之略，有經邦之材，以忠孝爲己任，以仁義爲事業。頃者巨猾未殄，常思克清，一朝奮臂，二兇行翦，竟燃臍於東市，終掛膽於西州。遂得聖祚中興，皇運光啓，乾坤再闢，日月重明。刑白馬而書功，未足云荅，指青山而比礪，曾何足酬。是用命爾爲特進漢陽郡王，爾其靖恭乃職，式允具瞻。使厚秩尊官，永全於長代，春蘭秋菊，無絶於終古。往欽哉，可不勉歟，可不慎歟。

徐鈞《史詠詩集》卷下《張柬之》 八十衰翁氣尚存，揮戈一整舊乾坤。惜哉千載多遺恨，餘燼猶存竟燎原。

侯克中《艮齋詩集》卷三《張柬之定武氏亂》 孟將八袠氣横秋，決策興唐廢僞周。謁闕未聲諸武罪，斬關先取二張頭。龍韜虎略須臾定，鳳閣鸞臺取次休。

禍生肘腋，卿上銜天命，外發兵符，行正卯之戮。既於兩觀，磔蚩尤之屍，俄成四冢。曾不延晷，鬱成大功。分壤錫珪，固其宜矣。行當勉以自愛，享此倉壽，乘几杖之榮，極鄉園之樂，崇讓小節，念勿爲也。

《全唐文》卷一八唐睿宗《追贈張柬之中書令制》 褒德紀功，事華典册，飾終追遠，理光名教。吏部尚書張柬之，翼戴興運，謨明帝道，經綸謇諤，風範猶存。往屬回邪，搆成釁咎，無辜放逐，淪没荒遐。言念勳賢，良深軫悼，宜加寵贈，式賁幽泉。可贈中書令，封漢陽郡公。

羅惇衍《集義軒詠史詩鈔》卷三二《張柬之》 七十賢良第一人，材真宰相顯經綸。士求奇士非文士，臣薦忠臣是老臣。獨倡東宫誅討亂，不教北狄請和親。五龍夾日雲霄明，耄耋奇勳孰比倫。

郝洛《中山集詩鈔》卷六《張柬之》 女皇八十尚傾城，九九龜齡錫老生。夬卦鷹揚揣不出，長生殿下五龍爭。

留得三思元惡在，相君寧免死新州。

《全唐詩》卷三一二皇甫澈《中書令漢陽王張柬之》 周曆革元命，天步值艱阻。烈烈張漢陽，左袒清諸武。休明神器正，文物舊儀覩。南向翊大君，西宫朝聖母。茂勳鏤鐘鼎，鴻勞食茅土。至今稱五王，卓立邁萬古。

《全唐文》卷一六唐中宗《令張柬之母辭封爵詔》 卿履謙尚遜，忌盈戒滿，詞志勤勤，請謝王位。然懸爵所以勸善，申至公也，裂土所以疇庸，非徇私也。故漢德之盛，異姓而王者八人。魏祚之隆，同功而邑者千户，今卿列爵之貴，未越於漢圖，食邑之豐，纔半於魏制。而遽形簡牘，一何甚也。朕承三代之丕業，荷七廟之威靈，惟唐據承祧之尊，於周保元良之重。至於復子休命，配天大業，雖歷數有歸，亦謳歌所繫。然狐鼠不掘，終貽城社之憂，頑兇未除，實負朝廷之懼。卿誠亮白日，忠勵秋霜，懷直道以立身，固一心而徇國。自二兇搆患，潛圖不軌。惡跡初彰，釁萌始露，卿之大節，義在不虧。烈士之首，期於必碎。及難作宫禁，

神秀部

綜述

《舊唐書》卷一九一《神秀傳》 僧神秀，姓李氏，汴州尉氏人。少遍覽經史，隋末出家爲僧。後遇蘄州雙峯山東山寺僧弘忍，以坐禪爲業，乃歎伏曰：「此真吾師也。」便往事弘忍，專以樵汲自役，以求其道。

昔後魏末，有僧達摩者，本天竺王子，以護國出家，入南海，得禪宗妙法，云自釋迦相傳，有衣鉢爲記，世相付授。達摩齎衣鉢航海而來，至梁，詣武帝，帝問以有爲之事，達摩不說。乃之魏，隱於嵩山少林寺，遇毒而卒。其年，魏使宋雲於葱嶺回，見之，門徒發其墓，但有衣履而已。達摩傳慧可，慧可嘗斷其左臂，以求其法；慧可傳璨；璨傳道信，道信傳弘忍。

弘忍姓周氏，黄梅人。初，弘忍與道信並住東山寺，故謂其法爲東山法門。神秀既師事弘忍，弘忍深器異之，謂曰：「吾度人多矣，至於懸解圓照，無先汝者。」弘忍以咸亨五年卒，神秀乃往荊州，居於當陽山。則天聞其名，追赴都，肩輿上殿，親加跪禮，敕當陽山置度門寺以旌其德。時王公已下及京都士庶，聞風爭來謁見，望塵拜伏，日以萬數。中宗即位，尤加敬異。中書舍人張説嘗問道，執弟子之禮，退謂人曰：「禪師身長八尺，龐眉秀耳，威德巍巍，王霸之器也。」

初，神秀同學僧慧能者，新州人也，與神秀行業相埒。弘忍卒後，慧能住韶州廣果寺。韶州山中，舊多虎豹，一朝盡去，遠近驚歎，咸歸伏焉。神秀嘗奏則天，請追慧能赴都，慧能固辭。神秀又自作書重邀之，慧能謂使者曰：「吾形貌雖陋，北土見之，恐不敬吾法。又先師以吾南中有緣，亦不可違也。」竟不度嶺而死。天下乃散傳其道，謂神秀爲北宗，慧能爲南宗。

神秀以神龍二年卒，士庶皆來送葬。有詔賜謚曰大通禪師。又於相王舊宅置報恩寺，岐王範、張説及徵士盧鴻一皆爲其碑文。神秀卒後，弟子普寂、義福，並爲時人所重。

普寂姓馮氏，蒲州河東人也。年少時徧尋高僧，以學經律。時神秀在荊州玉泉寺，普寂乃往師事，凡六年，神秀奇之，盡以其道授焉。久視中，則天召神秀至東都，神秀因薦普寂，乃度爲僧。及神秀卒，天下好釋氏者咸師事之。中宗聞其高年，特下制令普寂代神秀統其法衆。開元十三年，敕普寂於都城居止。時王公士庶，競來禮謁，普寂嚴重少言，來者難見其和悦之容，遠近尤以此重之。二十七年，終于都城興唐寺，年八十九。時都城士庶曾謁者，皆制弟子之服。有制賜號爲大照禪師。及葬，河南尹裴寬及其妻子，並衰麻列于門徒之次，士庶傾城哭送，閭里爲之空焉。

義福姓姜氏，潞州銅鞮人。初止藍田化感寺，處方丈之室，凡二十餘年，未嘗出宇之外。後隸京城慈恩寺。開元十一年，從駕往東都，途經蒲、虢二州，刺史及官吏士女，皆齎幡花迎之，所在途路充塞。以二十年卒，有制賜號大智禪師。葬於伊闕之北，送葬者數萬人。中書侍郎嚴挺之爲製碑文。

神秀，禪門之傑，雖有禪行，得帝王重之，而未嘗聚徒開堂傳法。至弟子普寂，始於都城傳教，二十餘年，人皆仰之。

張説《張燕公集》卷一九《唐玉泉寺大通禪師碑》 諜夫總四大者，成乎身矣；立萬法者，主乎心矣。身是虛哉，即身見空，始同妙用；心非實地，觀心若幻，乃等真如，名教入焉，妙本乖，言説出焉真宗隱。故如來有意傳要道，力持至德，萬劫而遣付法印，一念而頓受佛身，誰其弘之？實大通禪師其人也。禪師尊稱大通，諱神秀，本姓李，陳留尉氏人也。心洞九漏，懸解先覺，身長八尺，秀眉大耳，應王伯之象，合聖賢之度。少爲諸生，游問江表，老、莊玄旨，《書》、《易》大義，三乘經論，四分律儀，説通訓詁，音參吳晉，爛乎如襲孔翠，玲然如振金玉。既而獨鑒潛發，多聞旁弛，逮知天命之年，自拔人間之世。企聞蘄州有忍禪師，禪門之法胤也，自菩提達磨天竺東來，以法傳惠可，惠可傳僧璨，僧璨傳道信，道信傳弘忍，繼明重跡，相承五光。乃不遠遐阻，翻飛謁詣，虛受與沃心懸會，高悟與真同徹。繼指忘識，湛見本心，任寂滅境，行無是處。有師而成，即燃燈佛所；無依而説，是空王法門。服勤六年，不捨晝夜，大師歎曰：「東山之法，盡在秀矣。」命之洗足，引之并坐，於是涕辭而去，退藏於密。儀鳳中，始隸玉泉，名在僧録，寺東七里，地坦山雄，目之曰：「此正楞伽孤峯，度門蘭若，蔭松藉草，吾將老焉。」雲從龍，風從虎，大道出，賢人覩。岐陽之地，就去成都；華陰之山，學來如市，未云多也。後進得以拂三有，超四禪，昇堂七十，味道三千，不足過也。爾其開法大略，則專念以息想，極力以攝心，其入也品均凡聖，其到也行無前後。

趣定之前，萬緣盡閉；發慧之後，一切皆如。特承楞伽，遞爲心要，過此以往，未之或知。久視年，禪師春高矣，詔請而來，趺坐覲君，肩與上殿，屈萬乘而稽首，洒九重而宴居。傳聖道者不北面，有盛德者無臣禮，遂推爲兩京法主，三帝國師，仰佛日之再中，慶優曇之一現。然處都邑，婉其秘旨，每帝王分座，后妃臨席，鵷鷺四匝，龍象三繞。時熾炭待礦，故對默而心降；時詠飢投味，故告約而義領。一雨溥霑於衆緣，萬籟各吹於本分，非夫安住無畏，應變無方者，孰能爲爾乎？聖敬日崇，朝思代積，當思軾閭名鄉，表德非擬一局厭諠輦，長懷虛壑，累乞還山，既聽中駐。久矣衰憊，無他患苦，報魄散神全，形遺力謝。神龍二年二月二十八日夜中，顧命扶坐，泊如化滅。禪師武德八年乙酉受具於天宮，至是年丙午復終於此寺，蓋僧臘八十矣。生於隋末，百有餘歲，未嘗自言，故人莫審其數也。三界火心，四部冰背，欀崩梁壞，雷動雨泣，凡諸寶身，生是金口，故其喪也，如執親焉。詔使弔哀，侯王歸賵三月二日，册謚大通，展節終之義，禮也。時厥五日，假安闕塞，緩及葬之期，懷也。宸駕臨決至午橋，王公悲送至伊水，羽儀陳設至山龕。仲秋既望，還詔乃下，帝諾先許，冥遂宿心。太常卿鼓吹導引，城門郎護監喪葬。是日，天子出龍門泫金襯，登高停蹕，目盡迴輿。自伊及江，扶道哀候，幡花百輦，香雲千里。維十月哉生魄明，即舊居後岡安神起塔，國錢嚴飾，賜逾百萬。巨鍾是先帝所鑄，羣經是後皇所錫，金牓御題，華幡內造，塔寺尊重，遠稱標絶。初禪師形解東洛，相見南荆，白霧積晦於禪山，素蓮寄生於坐樹，則雙林變色，泗水逆流，至人違代，同符異感。百日卒哭也，在龍花寺設大會，八千人度二七人，二祥練縞也，咸就西明道場，如前會。萬迴菩薩乞於後宮，寶衣盈箱，珍價敵國，親舉寵費侑供巡香。其廣福博因，存没如此，日月逾邁，榮落相推。於戲。法子永戀宗極，痛慈舟之遽夫，恨涌塔之遲開，石城之歎也不孤，廬山之碑焉可祚。竊比子貢之論夫子也，生於天地，不知天地之高厚；飲於江海，不知江海之廣深，强名迹，以慰其心銘。曰：

額珠內隱，匪指莫效。心鏡外塵，匪磨莫照。
海藏安静，風識牽樂。不入度門，孰探玄要。
偉哉禪伯，獨立天下。功收密詣，解却名假。
詣無所得，解亦都捨。月影空如，現於悟者。
無量善衆，爲父爲師。露清熱惱，光射昏疑。
巽將任世，萬壽無期。奈何過隟，一朝去之。
嗟我門人，憂心斷續。進憶瞻仰，退思付囑。
盡不離定，空非滅覺。念茲在茲，敢告無學。

釋贊寧《宋高僧傳》卷八《唐荆州當陽山度門寺神秀傳》 釋神秀，俗姓李氏，今東京尉氏人也。少覽經史，博綜多聞。既而奮志出塵剃染受法，後遇蘄州雙峯東山寺五祖忍師，以坐禪爲務，乃歎伏曰：「此真吾師也。」決心苦節以樵汲自役而求其道。昔魏末有天竺沙門達磨者，得禪宗妙法。自釋迦佛相傳授，以衣鉢爲記，世相傳付，航海而來。梁武帝問以有爲之事，達磨貴傳逕門心要，機教相乖若水投石，乃之魏隱於嵩丘少林寺。尋卒。其年魏使宋雲於葱嶺見之，門徒發其塚，但有衣履而已，以法付慧可，可付粲，粲付道信，信付忍，忍與信俱住東山。故謂其法爲東山法門。秀既事忍，忍默識之，深加器重，謂人曰：「吾度人多矣。至於懸解圓照無先汝者。」忍於上元中卒，秀乃往江陵當陽山居焉。四海緇徒嚮風而靡，道譽聲香普蒙熏灼。則天太后聞之，召赴都，肩與上殿親加跪禮，內道場豐其供施，時時問道。勅於昔住山置度門寺以旌其德，時王公已下京邑士庶兢至禮謁，望塵拜伏日有萬計。洎中宗孝和帝即位，尤加寵重。中書令張説嘗問法執弟子禮，退謂人曰：「禪師身長八尺，厖眉秀目，威德巍巍，王霸之器也。」初，秀同學能禪師與之德行相埒，互得發揚無私於道也。嘗奏天后請追能赴都，能懇而固辭，秀又自作尺牘序帝意徵之，終不能起，謂使者曰：「吾形不揚，北土之人見斯短陋或不重法。又先師記吾以嶺南有緣，且不可違也。」了不度大庾嶺而終，天下散傳其道，謂秀宗爲北，能宗爲南，南北二宗名從此起。秀以神龍二年卒，士庶皆來送葬，詔賜謚曰大通禪師。又於相王舊邸造報恩寺，岐王範燕國公張説，微士盧鴻各爲碑誄，服師喪者名士達官不可勝紀。門人普寂義福並爲朝野所重，蓋宗先師之道也。

系曰：夫甘苦相傾，氣味殊致，甘不勝苦則純苦乘時，苦不勝甘則純甘用事，如是則爲藥治病，偏重必離也。昔者達磨没而微言絶，五祖喪而大義乖，秀也拂拭以明心，能也俱非而唱道。及乎流化北方，尚修練之勤，從是分岐南，服興頓門之説。由茲荷澤行于中土，以頓門隔修練之煩，未移磐石，將紘促象韋之者，空費躁心，致令各親其親，同黨其黨。故有盧奕之彈奏神會之徙遷，伊蓋施療專其一味之咎也，遂見甘苦相傾之驗矣。理病未効乖競先成，秪宜爲法重人，何至因人損法。二弟子濯擊師足，洗垢未遑折脛斯見，其是之喻歟。

雜録

備録

釋慧能《壇經·頓漸第八》 時，祖師居曹溪寶林，神秀大師在荆南玉泉寺。于時兩宗盛化，人皆稱南能北秀；故有南北二宗頓漸之分，而學者莫知宗趣。師謂衆曰：「法本一宗，人有南北，法即一種，見有遲疾；何名頓漸？法無頓漸，人有利鈍，故名頓漸。」然秀之徒衆，往往譏南宗祖師不識一字，有何所長？秀曰：「他得無師之智，深悟上乘，吾不如也。且吾師五祖，親傳衣法，豈徒然哉！吾恨不能遠去親近，虚受國恩。汝等諸人，毋滯於此，可往曹溪參决。」一日，命門人志誠曰：「汝聰明多智，可爲吾到曹溪聽法；若有所聞，盡心記取，還爲吾説。」志誠稟命至曹溪，隨衆參請，不言來處。時，祖師告衆曰：「今有盗法之人，潛在此。」會志誠即出禮拜，具陳其事。師曰：「汝從玉泉來，應是細作。」對曰：「不是。」師曰：「何得不是？」對曰：「未説即是，説了不是。」師曰：「汝師若爲示衆？」封曰：「常指誨大衆，住心觀静，長坐不卧。」師曰：「住心觀静，是病非禪；長坐拘身，於理何益？」聽吾偈曰：

「生來坐不卧，死去卧不坐。

一具臭骨頭，何爲立功課。」

志誠再拜曰：「弟子在秀大師處學道九年，不得契悟；今聞和尚一説，便契本心。弟子生死事大，和尚大慈，更爲教示！」師云：「吾聞汝師教示學人戒定慧法，未審汝師説戒定慧行相一如何？與吾説看。」誠曰：「秀大師説，諸惡莫作名爲戒，諸善奉行名爲慧，自浄其意名爲定，彼説如此，未審和尚以何法誨人？」師曰：「吾若言有法與人，即爲誑汝。但且隨方解縛，假名三昧。如汝師所説戒定慧，實不可思議，吾所見戒定慧又别。」志誠曰：「戒定慧只合一種，如何更别？」師曰：「汝師戒定慧，接大乘人；吾戒定慧，接最上乘人。悟解不同，見有遲疾；汝聽吾説，與彼同否？吾所説法，不離自性；離體説法，名爲相説；自性常迷，須知一切萬法，皆從自性起用，是真戒定慧法，聽吾偈曰：

『心地無非自性戒，心地無癡自性慧，

心地無亂自性定，不增不減自金剛，

身去身來本三昧。』」

誠聞偈悔謝，乃呈一偈曰：「

五藴幻身，幻何究竟？迴趣真如，

法還不浄。」

師然之復語誠曰：「汝師戒定慧，勸小根智人；吾戒定慧，勸大根智人；若悟自性，亦不立菩提涅槃，亦不立解脱知見。無一法可得，方能建立萬法；若解此意，亦名佛身亦名菩提涅槃，亦名解脱知見。見性之人，立亦得，不立亦得，去來自由，無滯無礙；應用隨作，應語隨答；普見化身，不離自性；即得自在神通，遊戲三昧；是名見性。」志誠再啓師曰：「如何是不立義？」師曰：「自性無非、無癡、無亂；念念般若觀照，常離法相，自由自在，縱横盡得，有何可立？自性自悟，頓悟頓修，亦無漸次，所以不立一切法。諸法寂滅，有何次第？」志誠禮拜，願爲執侍，朝夕不懈。誠，吉州太和人也。

釋慧能《壇經·行由一》 衆得處分，退而遞相謂曰：「我等衆人，不須澄心用意作偈，將呈和尚，有何所益？神秀上座，現爲教授師，必是他得。我輩謾作偈頌，枉用心力。」餘人聞語，總皆息心，咸言：「我等已後依止秀師，何煩作偈？」神秀惟：「諸人不呈偈者，爲我與他爲教授師，我須作偈，將呈和尚，若不呈偈，和尚如何知我心中見解深淺？我呈偈意，求法即善，覓祖即惡，却同凡心，奪其聖位奚别？若不呈偈，終不得法。大難大難！」五祖堂前，有步廊三間，擬請供奉盧珍，畫楞伽經變相，及五祖血脉圖，流傳供養。神秀作偈成已，數度欲呈，行至堂前，心中恍惚，遍身汗流，擬呈不得，前後經四日，一十三度呈偈不得。秀乃思惟：「不如向廊下書著，從他和尚看見。忽若道好，即出禮拜，云是秀作；若道不堪，枉向山中數年，受人禮拜，更修何道？」是夜三更，不使人知，自執燈，書偈於南廊壁間，呈心所見。偈曰：

「身是菩提樹，心如明鏡臺。

時時勤拂拭，勿使惹塵埃。」

秀書偈了，便却歸房，人總不知。秀復思惟：「五祖明日見偈歡喜，即我與法有緣；若言不堪，自是我迷，宿業障重，不合得法。」聖意難測，房中思想，坐卧不安，直至五更。祖已知神秀入門未得，不見自性。天明，祖喚盧供奉來，向南

廊壁間，繪畫圖相忽見其偈，報言：「供奉却不用畫，勞爾遠來。經云：『凡所有相，皆是虛妄。』但留此偈，與人誦持，依此偈修。免墮惡道，依此偈修，有大利益。」令門人炷香禮敬，盡誦此偈，即得見性，門人誦偈，皆歎善哉。祖，三更喚秀入，堂間曰：「偈是汝作否？」秀言：「實是秀作，不敢妄求祖位，望和尚慈悲，看弟子有少智慧否？」祖曰：「汝作此偈，未見本性，只到門外，未入門內。如此見解，覓無上菩提，了不可得。無上菩提，須得言下識自本心，見自本性，不生不滅。於一切時中，念念自見，萬法無滯，一真一切真，萬境自如如，如如之心，即是真實，若如是見，即是無上菩薩之自性也。汝且去，一兩日思惟，更作一偈，將來吾看，汝偈若入得門，付汝衣法。」神秀作禮而出。又經數日，作偈不成，心中恍惚，神思不安，猶如夢中，行坐不樂。復兩日，有一童子於碓坊過，唱誦其偈，惠能一聞，便知此偈未見本性，雖未蒙教授，早識大意。遂問童子曰：「誦者何偈？」童子曰：「爾這獦獠不知，大師言，世人生死事大，欲得傳付衣法，令門人作偈來看。若悟大意，即付衣法爲第六祖。神秀上座，於南廊壁上，書無相偈，大師令人皆誦，依此偈修，免墮惡道，依此偈修，有大利益。」惠能曰：「一本有我亦要誦，此結來生緣人！我此踏碓，八箇餘月，未曾行到堂前，望上人引至偈前禮拜。」童子引至偈前禮拜，惠能曰：「惠能不識字，請上人爲讀。」時，有江州別駕，姓張名日用，便高聲讀。惠能聞已，遂言：「亦有一偈，望別駕爲書。」別駕言：「汝亦作偈，其事希有！」惠能向別駕言：「欲學無上菩提，不得輕於初學。下下人有上上智，上上人有没意智。若輕人即有無量無邊罪。」別駕言：「汝但誦偈，吾爲汝書。汝若得法，生須度吾，勿忘此言。」惠能偈曰：

「菩提本無樹，明鏡亦非臺。

本來無一物，何處惹塵埃。」

書此偈已，徒衆總驚，無不嗟訝，各相謂言：「奇哉！不得以貌取人，何得多時，使他肉身菩薩。」

《太平廣記》卷九七《神秀》引《西京記》　洛都天宫寺有秀禪師者，俗姓李，汴州陳留人，習禪精苦。初至荆州，後移此寺，深爲武太后所敬禮。玄鑒默識，中若符契。長安中入京，住資聖寺。忽戒禪院弟子滅燈燭，弟子留長明燈，亦令滅之，因説：「火災難測，不可不備。嘗有寺家不備火燭，佛殿被災。又有一寺鐘樓遭火，一寺經藏焚爇，殊可痛惜。」寺衆不知其意。至夜失火，果焚佛殿鐘樓，及經藏三所。唐玄宗在藩時，常與諸王俱詣作禮，留施一笛。玄宗出後，秀召弟子曰：「謹掌此。後有要時，當獻上也。」及玄宗登極，達摩等方悟其言，取笛以進。秀師年百歲，卒於此寺，瘞於龍門山，道俗奔赴數千人。燕國公張説爲其碑文。

釋普濟《五燈會元》卷一《東土禪師》　咸亨中有一居士，姓盧名慧能，自新州來參謁。祖問曰：「汝自何來？」盧曰：「嶺南。」祖曰：「欲須何事？」盧曰：「唯求作佛。」祖曰：「嶺南人無佛性，若爲得佛？」盧曰：「人即有南北，佛性豈然？」祖知是異人，乃訶曰：「著槽廠去。」盧禮足而退，便入碓坊，服勞於杵臼之間，晝夜不息。經八月，祖知付授時至，遂告衆曰：「正法難解，不可徒記吾言，持爲己任。汝等各自隨意述一偈，若語意冥符，則衣法皆付。」時會下七百餘僧。上座神秀者，學通内外，衆所宗仰，咸推稱曰：「若非尊秀，疇敢當之？」神秀竊聆衆譽，不復思惟，乃於廊壁書一偈曰：「身是菩提樹，心如明鏡臺。時時勤拂拭，莫使惹塵埃。」祖因經行，忽見此偈，知是神秀所述，乃讚歎曰：「後代依此修行，亦得勝果。」

藝文

元稹《元氏長慶集》卷一三《度門寺》　北祖三禪地，神秀禪師造。西山萬樹松。門臨溪一帶，橋映竹千重。剪鑿基階正，包藏景氣濃。諸巖分院宇，雙嶺抱垣墉。舍利開層塔，香爐占小峯。道場居士置，經藏大師封。太子知栽植，神王守要衝。由旬排講座，丈六寫真容。佛語迦陵説，僧行猛虎從。脩羅擡日拒，樓至拔霜鋒。畫井垂枯朽，穿池救噞喁。蕉非難敗壞，槿喻暫丰茸。寶界留遺事，金棺滅去蹤。鉢傳烘碼碯，石長翠芙蓉。影帳紗全落，繩牀土半壅金棺已下，並寺中所有。荒林迷醉象，危壁亞盤龍。行色憐初月，歸程待曉鍾。心源雖了了，塵世苦憧憧。宿陰高聲讖，齋糧併力舂。佗生再來此，還願總相逢。

《文苑英華》卷六三四張説《謝賜御書大通禪師碑額狀》　右：内侍尹鳳祥宣示御書大通禪師碑額六字，畫起平雲，點蹲芒玉，戈茅攢倚，鸞鶴交飛，神功發於至想，睿思成於玄德。實謂天龍捧持，虛空樂贊，逝者如在，荐福知歸。臣栖志禪門，撰碑靈塔，幸遇聖情崇道，天書假貸，刻星辰於嘉石，爛日月於封丘。感極悲生，恩深無答，臣無任望外殊澤之至。

黃庭堅《豫章黃先生文集》卷一五《大通禪師真贊》 前波法涌，後波大通。大通法涌，徹底澄空。圓照願海，千漚一實。圓通法流，滔天沃日。三世一念，十方見前。銅崖鐵壁，不可攀緣。見即彈指，蹉過萬年。大則偏圓異位，通則真假同源。觀者著眼，是傳非傳。

釋大壑《南屏浄慈寺志》卷七《大通禪師》 儼臨千衆屼如山，道譽揚揚藹世間。不是虛承圓照後，須知接武向西還。

唐玄宗部

綜述

《舊唐書》卷八《玄宗紀上》 玄宗至道大聖大明孝皇帝諱隆基，睿宗第三子也，母曰昭成順聖皇后竇氏。垂拱元年秋八月戊寅，生於東都。性英斷多藝，尤知音律，善八分書。儀範偉麗，有非常之表。三年閏七月丁卯，封楚王。天授三年十月戊戌，出閤，開府置官屬，年始七歲。朔望車騎至朝堂，金吾將軍武懿宗忌上嚴整，訶排儀仗，因欲折之。上叱之曰：「吾家朝堂，干汝何事？敢迫吾騎從！」則天聞而特加寵異之。尋却入閤。長壽二年臘月丁卯，改封臨淄郡王。聖曆元年，出閤，賜第於東都積善坊。大足元年，從幸西京，賜宅於興慶坊。長安中，歷右衛郎將、尚輦奉御。

神龍元年，遷衛尉少卿。景龍二年四月，兼潞州別駕。十二月，加銀青光禄大夫。州境有黄龍白日昇天。嘗出畋，有紫雲在其上，後從者望而得之。前後符瑞凡一十九事。四年，中宗將祀南郊，來朝京師。將行，使術士韓禮筮之，蓍一莖孑然獨立。禮驚曰：「蓍立，奇瑞非常也，不可言。」屬中宗末年，王室多故，上常陰引材力之士以自助。上所居宅外有水池，浸溢頃餘，望氣者以爲龍氣。四年四月，中宗幸其第，因遊其池，結綵爲樓船，令巨象踏之。

至六月，中宗暴崩，韋后臨朝稱制。韋温、宗楚客、紀處訥等謀傾宗社，以睿宗介弟之重，先謀不利。道士馮道力、處士劉承祖皆善於占兆，詣上布誠款。上所居里名隆慶，時人語訛以「隆」爲「龍」；韋庶人稱制，改元又爲唐隆，皆符御名。上益自負，乃與太平公主謀之，公主喜，以子崇簡從。上乃與崇簡、朝邑尉劉幽求、長上折衝麻嗣宗、押萬騎果毅葛福順李仙鳧、寶昌寺僧普潤等定策誅之。或曰：「先啓大王。」上曰：「我拯社稷之危，赴君父之急，事成福歸於宗社，不成身死於忠孝，安可先請，憂怖大王乎！若請而從，是王與危事；請而不從，則吾計失矣。」遂以庚子夜率幽求等數十人自苑南入，總監鍾紹京又率丁匠百餘以從。分遣萬騎往玄武門殺羽林將軍韋播、高嵩，持首而至，衆歡叫大集。攻白獸、玄德等門，斬關而進，左萬騎自左入，右萬騎自右入，合於凌烟閣前。時太極殿前有宿衛梓宫萬騎，聞譟聲，皆披甲應之。韋庶人惶惑走入飛騎營，爲亂兵所害。於是分遣誅韋氏之黨，比明，内外討捕，皆斬之。乃馳謁睿宗，謝不先啓請之罪。睿宗遽前抱上而泣曰：「宗社禍難，由汝安定，神祇萬姓，賴汝之力也。」拜殿中監、同中書門下三品，兼押左右萬騎，進封平王。

睿宗即位，與侍臣議立皇太子，僉曰：「除天下之禍者，享天下之福；拯天下之危者，受天下之安。平王有聖德，定天下，又聞成器已下咸有推讓，宜膺主鬯，以副羣心。」睿宗從之。丙午，制曰：「舜去四凶而功格天地，武有七德而戡定黎人，故知有大勳者必受神明之福，仗高義者必爲匕鬯之主。朕恭臨寶位，亭育寰區，以萬物之心爲心，以兆人之命爲命。雖承繼之道，咸以冢嫡居尊；而無私之懷，必推功業爲首。然後可保安社稷，永奉宗祧。第三子平王基孝而克忠，義而能勇。比以朕居藩邸，虔守國彝，貴戚中人，都無引接。羣邪害正，兇黨實繁，利口巧言，讒説罔極。韋温、延秀，朋黨競起；晉卿、楚客，交構其間。潛結回邪，排擠端善，潛貯兵甲，將害朕躬。基密聞其期，先難奮發，推身鞠旅，衆應如歸，呼吸之間，凶渠殄滅。安七廟於幾墜，拯羣臣於將殞。方舜之功過四，比武之德逾七。靈祇望在，昆弟樂推。一人元良，萬邦以定。爲副君者，非此而誰？可立爲皇太子。有司擇日，備禮册命。」七月己巳，睿宗御承天門，皇太子詣朝堂受册。是日有景雲之瑞，改元爲景雲，大赦天下。

二年，又制曰：「惟天生烝人，牧以元后；維皇立國，副以儲君。將以保綏家邦，安固後嗣者也。朕纂承洪業，欽奉寶圖，夜分不寢，日旰忘倦。茫茫四海，懼一人之未周；烝烝萬姓，恐一物之失所。雖卿士竭誠，守宰宣化，緬懷庶域，仍未小康。是以求下人之瘼風，遵先朝之故事。皇太子基仁孝因心，温恭成德，深達禮體，能辨皇猷，宜令監國，俾爾爲政。其六品以下除授及徒罪已下，並取基處分。」

延和元年六月，兇黨因術人聞睿宗曰：「據玄象，帝座及前星有災，皇太子合作天子，不合更居東宫矣。」睿宗曰：「傳德避災，吾意決矣。」七月壬午，制曰：「朕以寡昧，虔奉鴻休，本殊王季之賢，早達延陵之節。昔在聖曆，已讓皇嗣之尊；爰暨神龍，終辭太弟之授。豈唯衣冠所覩，抑亦兆庶咸知。頃屬國步不夷，時艱主幼，大業有綴旒之懼，寶位深墜地之憂，議迫公卿，遂司契箓，日慎一日，以至于今。一紀之勞，勤亦至矣；萬方之俗，化漸行矣。將成宿願，脱屣寰

區。昔堯之禪舜，唯能是與，禹以命啓，匪私其親，神器之重，允歸公授。皇太子基有大功於天地，定阽危於社稷，温文既習，聖敬克躋。委之監國，已移歲年，時政益明，庶工惟序。朕之知子，庶不負時，曆數在躬，宜陟元后。可令即皇帝位，有司擇日授册。朕方比迹洪古，希風太皇，神與化遊，思與道合，無爲無事，豈不美歟！王公百僚，宜識朕意。」上意惶懼，馳見叩頭，請所以傳位之旨。睿宗曰：「吾因汝功業得宗社。今帝座有眚，思欲遜避，唯聖德大勳，始轉禍爲福。易位於汝，吾知晚矣。」上始居武德殿視事，三品以下除授及徒罪皆自決之。

先天二年七月三日，尚書左僕射竇懷貞、侍中岑羲、中書令蕭至忠崔湜、雍州長史李晉、左羽林大將軍常元楷、右羽林將軍李慈等與太平公主同謀，期以其月四日以羽林軍作亂。上密知之，因以中旨告岐王範、薛王業、兵部尚書郭元振，將軍王毛仲，取閑廄馬及家人三百餘人，率太僕少卿李令問、王守一、内侍高力士、果毅李守德等親信十數人，出武德殿，入虔化門。梟常元楷、李慈於北闕。擒賈膺福、李猷於内客省以出，執蕭至忠、岑羲於朝，皆斬之。睿宗明日下詔曰：「朕將高居無爲，自今軍國政刑一事已上，並取皇帝處分。」上御承天門樓，下制曰：「朕承累聖之洪休，荷重光之積慶。昔因多難，内屬搆屯，寶位深墜地之憂，神器有綴旒之懼。事殷家國，義感神祇，吟嘯風雲，龔行雷電，致君親於堯、舜，濟黔首於休和。遂以孟秋，允昇儲貳；旋承内禪，纘體宸居。拜首之請空勤，讓立之誠莫展，恭臨億兆，二載于兹。上稟聖謨，下凝庶績，八荒同軌，瀛海無波。不謂姦慝潛謀，蕭牆竊發。逆賊竇懷貞等並以庸妄，權齒朝廷，毫髮之效未申，丘山之釁乃積，共成梟獍，將肆姦回。太上皇聖斷宏通，英謀獨運，命朕率岐王範、薛王業等躬事誅鋤。齊斧一麾，凶渠盡殪。太陽朗耀，澄氛靄於天衢；高風順時，厲肅殺於秋序。神靈協贊，夷夏相歡，四族之慝既清，七百之祚方永。爰承後命，載闡休期，總軍國之大猷，施雲雨之鴻澤。承乾之道，既光被於無垠；作解之恩，思式覃於品物。當與億兆，同此惟新。可大赦天下，大辟罪已下咸赦除之。加邠王守禮實封三百户，宋王成器、申王成義各加實封一千户，岐王範、薛王業各加實封七百户。文武官三品以下賜爵一級，四品已下各加一階。内外官人被諸道按察使及御史所摘伏，咸宜洗滌，選日依次敍用。」

丁卯，崔湜、盧藏用除名，長流嶺表。壬申，王琚爲銀青光禄大夫、户部尚書，封趙國公，實封三百户；姜皎銀青光禄大夫、工部尚書，封楚國公，實封五百户；李令問銀青光禄大夫、殿中監，實封三百户；王毛仲輔國大將軍、左武衛大將軍、檢校内外閑廄兼知監牧使、霍國公，實封五百户；王守一銀青光禄大夫、太常卿同正員，進封晉國公，實封五百户：並賞其定策功。琚、皎、令問固讓。癸丑，中書侍郎陸象先爲益州大都督府長史兼劍南道按察兵馬使，尚書左丞張説爲檢校中書令。甲戌，令毁天樞，取其銅鐵充軍國雜用。庚辰，王琚爲中書侍郎，加實封二百户；姜皎殿中監，仍充内外閑廄使，加實封二百户；李令問殿中少監、知尚食事，加實封二百户。己丑，周孝明高皇帝依舊追贈太原王，宜去帝號；孝明皇后宜稱太原王妃；昊陵、順陵並稱太原王及妃墓。

八月壬辰，封州流人劉幽求爲尚書左僕射、知軍國重事、徐國公，仍依舊實封七百户。制曰：「凡有刑人，國家常法。掩骼埋胔，王者用心。自今已後，輒有屠割刑人骨肉者，依法科殘害之罪。」

九月，司空兼揚州大都督、宋王成器爲太尉兼揚州大都督，益州大都督兼右金吾大將軍、申王成義爲司徒兼益州大都督，單于大都護兼左金吾大將軍、邠王守禮爲司空。癸丑，封華嶽神爲金天王。九月丁卯，宋王成器爲開府儀同三司，尚書左僕射劉幽求同中書門下三品，檢校中書令、燕國公張説爲中書令，特進王仁皎爲開府儀同三司。己卯，宴王公百僚於承天門，令左右於樓下撒金錢，許中書門下五品已上官及諸司三品已上官争拾之，仍賜物有差。郭元振兼御史大夫。丙戌，又置右御史臺。

冬十一月甲申，幸新豐之温湯。癸卯，講武於驪山。甲辰，畋獵於渭川。同州刺史、梁國公姚元之爲兵部尚書、同中書門下三品。乙巳，至自温湯。十一月乙丑，幽求兼知侍中。戊子，上加尊號爲開元神武皇帝。

十二月庚寅朔，大赦天下，改元爲開元，内外官賜勳一轉。改尚書左、右僕射爲左、右丞相，中書省爲紫微省，門下省爲黄門省，侍中爲監。雍州爲京兆府，洛州爲河南府，長史爲尹，司馬爲少尹。國初以來宰相及食實封功臣子孫，一應沈翳未承恩者，令量才擢用。開元元年十二月己亥，禁斷潑寒胡戲。癸丑，尚書左丞相兼黄門監劉幽求爲太子少保，罷知政事；紫微令張説爲相州刺史。甲寅，門下侍郎盧懷慎同紫微黄門平章事。

二年春正月，關中自去秋至于是月不雨，人多饑乏，遣使賑給。制求直諫昌言弘益政理者。名山大川，並令祈祭。丙寅，紫微令姚崇上言請檢責天下僧尼，以僞濫還俗者二萬餘人。甲申，并州大都督府長史兼檢校左衛大將軍薛訥同紫微黄門三品，仍總兵以討奚、契丹。

二月，突厥默啜遣其子同俄特勤率衆寇北庭都護府，右驍衛將軍郭虔瓘擊敗之，斬同俄於城下。己酉，以旱，親録囚徒。改太史監罷隸秘書省。

閏月癸亥，令道士、女冠、僧尼致拜父母。丁卯，復置十道按察使。己未，突厥默啜妹壻火拔頡利發石失畢與其妻來奔，封燕山郡王，授左衛員外大將軍。

三月，去年九月有詔毀天樞，至今春始。

六月丁巳，開府儀同三司、宋王成器爲岐州刺史，司徒、申王成義爲豳州刺史，司空、邠王守禮爲虢州刺史：委務於上佐。內出珠玉錦繡等服玩，又令於正殿前焚之。

七月，薛訥與副將杜賓客、崔宣道等總兵六萬自檀州道遇賊於灤河，爲賊所敗。訥等屏甲遁歸，減死，除名爲庶人。辛未，光禄卿竇希瑊爲太子太傅。房州刺史、襄王重茂薨於梁州，謚曰殤帝。丙午，昭文館學士柳沖、太子左庶子劉子玄刊定《姓族系録》二百卷，上之。以興慶里舊邸爲興慶宮。諸王傅並停。京官所帶跨巾算袋，每朝參日着，外官衙日着，餘日停。吐蕃寇臨洮軍，又遊寇蘭州、渭州，掠羣牧，起薛訥攝左羽林將軍、隴右防禦使，率杜賓客、郭知運、王晙、安思順以禦之。太常卿、岐王範爲華州刺史，秘書監、薛王業爲同州刺史。

八月戊午，西天竺國遣使獻方物。

九月戊申，幸新豐之温泉。甲寅，制曰：「自古帝王皆以厚葬爲誡，以其無益亡者，有損生業故也。近代以來，共行奢靡，遞相仿效，浸成風俗，既竭家產，多至凋弊。然則魂魄歸天，明精誠之已遠；卜宅於地，蓋思慕之所存。古者不封，未爲非達。且墓爲真宅，自便有房，今乃別造田園，名爲下帳，又冥器等物，皆競驕侈。失禮違令，殊非所宜；戮屍暴骸，實由於此。承前雖有約束，所司曾不申明，喪葬之家，無所依准。宜令所司據品令高下，明爲節制：冥器等物，仍定色數及長短大小；園宅下帳，並宜禁絶；墳墓塋域，務遵簡儉；凡諸送終之具，並不得以金銀爲飾。如有違者，先決杖一百。州縣長官不能舉察，並貶授遠官。」

冬十月戊午，至自温泉。薛訥破吐蕃於渭州西界武階驛，斬首一萬七千級，馬七萬七匹，牛羊四萬頭。

十一月庚寅，葬殤帝於武功西原。

十二月乙丑，封皇子嗣真爲鄫王，嗣初爲鄂王，嗣玄爲鄄王。時右威衛中郎將周慶立爲安南市舶使，與波斯僧廣造奇巧，將以進內。監選使、殿中侍御史柳澤上書諫，上嘉納之。

三年春正月丁亥，立郢王嗣謙爲皇太子，降死罪已下，大酺三日。癸卯，黄門侍郎盧懷慎爲檢校黄門監。

二月，禁斷天下採捕鯉魚。十姓部落左厢五咄六啜、右厢五弩失畢五俟斤，及高麗莫離支高文簡、都督跌跌思太等，各率其衆自突厥相繼來奔，前後總二千餘帳。析許州、唐州置仙州。

夏四月，岐王範兼虢州刺史，薛王業兼幽州刺史。

六月，山東諸州大蝗，飛則蔽景，下則食苗稼，聲如風雨。紫微令姚崇奏請差御史下諸道，促官吏遣人驅撲焚瘞，以救秋稼，從之。是歲，田收有穫，人不甚饑。

冬十月甲寅，制曰：「朕聽政之暇，常覽史籍，事關理道，實所留心，中有闕疑，時須質問。宜選耆儒博學一人，每日入內侍讀。」以光禄卿馬懷素爲左散騎常侍，與右散騎常侍褚無量並充侍讀。甲子，幸郿縣之鳳泉湯。

十一月己卯，至自鳳泉湯。乙酉，幸新豐之温湯。丁亥，妖賊崔子嵓等入相州作亂。戊子，州司討平之。甲午，至自温湯。

十二月庚午，以軍器使爲軍器監，置官員。

四年春正月癸未，尚衣奉御長孫昕恃以皇后妹壻，與其妹夫楊仙玉毆擊御史大夫李傑，上令朝堂斬昕以謝百官。以陽和之月不可行刑，累表陳請，乃命杖殺之。丁亥，宋王成器、申王成義以「成」字犯昭成皇后謚號，於是成器改名憲，成義改爲撝。

二月丙辰，幸新豐之温湯。丁卯，至自温湯。以關中旱，遣使祈雨于驪山，應時澍雨。令以少牢致祭，仍禁斷樵採。

夏六月癸亥，太上皇崩于百福殿。癸酉，突厥可汗默啜爲九姓拔曳固所殺，斬其首送于京師。默啜兄子小殺繼立爲可汗。

是夏，山東、河南、河北蝗蟲大起，遣使分捕而瘞之。其回紇、同羅、霫、勃曳固、僕固五部落來附，於大武軍北安置。

秋七月丙申，分嶲、雅二州置黎州。

冬十月庚午，葬睿宗大聖貞皇帝于橋陵。以同州蒲城縣爲奉先縣，隸京兆府。

十一月丁亥，徙中宗神主于西廟。甲午，尚書左丞源乾曜爲黄門侍郎、同紫

微黃門平章事。

十二月乙卯，幸新豐之温湯。其夜，定陵寢殿災。乙丑，至自温湯。尚書、廣平郡公宋璟爲吏部尚書兼黃門監，紫微侍郎、許國公蘇頲同紫微黃門平章事。兵部尚書兼紫微令、梁國公姚崇爲開府儀同三司，黃門侍郎、安陽男源乾曜守京兆尹，並罷知政事。停十道採訪使。

五年春正月壬寅朔，上以喪制不受朝賀。癸卯寅時，太廟屋壞，移神主于太極殿，上素服避正殿，輟朝五日，日躬親祭享。辛亥，幸東都。戊辰，昏霧四塞。

二月甲戌，至自東都，大赦天下，唯謀反大逆不在赦限，餘並宥之。河南百姓給復一年，河南、河北遭澇及蝗蟲處，無出今年地租。武德、貞觀以來勳臣子孫無位者，訪求其後奏聞；有嘉遯幽棲養高不仕者，州牧各以名薦。

三月庚戌，於柳城依舊置營州都督府。丁巳，以辛景初女封爲固安縣主，妻于奚首領饒樂郡王大酺。

夏四月己丑，皇帝第九子嗣一薨，追封夏王，謚曰悼。甲午，以則天拜洛受圖壇及碑文并顯聖侯廟，初因唐同泰僞造瑞石文所建，令即廢毀。

六月壬午，鞏縣暴雨連月，山水泛濫，毁郭邑廬舍七百餘家，人死者七十二。汜水同日漂壞近河百姓二百餘家。

秋七月甲子，詔曰：「古者操皇綱執大象者，何嘗不上稽天道，下順人極，或變通以隨時，爰損益以成務。且衢室創制，度堂以筵。因之以禮神，是光孝德；用之以布政，蓋稱視朔，先王所以厚人倫感天地者也。少陽有位，上帝斯歆，此則神貴於不黷，禮殷於至敬。今之明堂，俯鄰宫掖，比之嚴祝，有異肅恭，苟非憲章，將何軌物？由是禮官博士公卿大臣廣參羣議，欽若前古，宜存露寢之式，用罷辟雍之號。可改爲乾元殿，每臨御依正殿禮。」

九月壬寅，改紫微省依舊爲中書省，黃門省爲門下省，黃門監爲侍中。

冬十月丙子，京師修太廟成。丁丑，詔以故越王貞死非其罪，封故許王男琳爲嗣越王，以繼其後。戊寅，祔神主于太廟。

十一月己亥，契丹首領松漠郡王李失活來朝，以宗女爲永樂公主以妻之。

六年春正月丙辰朔，以未經大祥，不受朝賀。辛酉，禁斷天下諸州惡錢，行二銖四分已上好錢，不堪用者並即銷破覆鑄。將作大匠韋湊上疏，請遷孝敬神主，别立義宗廟。

二月甲戌，禮幣徵嵩山隱士盧鴻。

夏五月乙未，孝敬哀皇后祔于恭陵。

六月甲申，瀍水暴漲，壞人廬舍，溺殺千餘人。乙酉，制以故侍中桓彦範、敬暉，故中書令兼吏部尚書張柬之，故特進崔玄暐，故中書令袁恕己配饗中宗廟庭，故司空蘇瓌，故左丞相太子少保郴州刺史劉幽求配饗睿宗廟庭。

九月乙未，遣工部尚書劉知柔持節往河南道存問。

冬十月丙申，車駕還京師。

十一月辛卯，至自東都。丙申，親謁太廟，迴御承天門，詔：「七廟元皇帝已上三祖枝孫有失官序者，各與一人五品京官。內外官三品已上有廟者，各賜物三十匹，以備修祭服及俎豆。」賜文武官有差。乙巳，傳國八璽依舊改稱寶，符璽郎爲符寶郎。

七年春正月，吐蕃遣使朝貢。

三月丁酉，左武衛大將軍、霍國公王毛仲加特進。渤海靺鞨郡王大祚榮死，其子武藝嗣位。

秋七月丙辰，制以亢陽日久，上親録囚徒，多所原免。諸州委州牧、縣宰量事處置。

八月癸丑，敕：「周公制禮，歷代不刊；子夏爲傳，孔門所受。逮及諸家，或變例。與其改作，不如好古。諸服紀宜一依舊文。」

九月甲子，改昭文館依舊爲弘文館。宋王憲徙封寧王。

冬十月，於東都來庭縣廨置義宗廟。辛卯，幸新豐之温湯。癸卯，至自温湯。戊寅，皇太子詣國學行齒胄禮，陪位官及學生賜物有差。

十二月丙戌，置弘文、崇文兩館讎校書郎官員。

八年春正月甲子朔，皇太子加元服。乙丑，皇太子謁太廟。丙寅，會百官於太極殿，賜物有差。己卯，侍中宋璟爲開府儀同三司，中書侍郎蘇頲爲禮部尚書，並罷知政事。京兆尹源乾曜爲黃門侍郎，并州大都督府長史張嘉貞爲中書侍郎，並同中書門下平章事。

二月丁酉，皇子敏薨，追封懷王，謚曰哀。

夏五月丁卯，源乾曜爲侍中，張嘉貞爲中書令。南天竺國遣使獻五色鸚鵡。

六月壬寅夜，東都暴雨，穀水泛漲。新安、澠池、河南、壽安、鞏縣等廬舍蕩盡，共九百六十一户，溺死者八百一十五人。許、衛等州掌閑番兵溺者千一百四十八人。

秋九月，突厥欲谷寇甘、涼等州，涼州都督楊敬述爲所敗，掠契苾部落而歸。以御史大夫王晙爲兵部尚書兼幽州都督，黄門侍郎韋抗爲御史大夫、朔方總管以禦之。甲子，太子少師兼岐州刺史、岐王範兼太子太傅，太子少保兼虢州刺史、薛王業爲太子太保，餘並如故。

冬十月辛巳，幸長春宫。壬午，畋于下邽。

十一月乙丑，至自長春宫。辛未，突厥寇涼州，殺人掠羊馬數萬計而去。

九年春正月丙辰，改蒲州爲河中府，置中都。丙寅，幸新豐之温湯。

夏四月庚寅，蘭池州叛胡顯首僞稱葉護康待賓，安慕容，爲多覽殺大將軍何黑奴，僞將軍石神奴、康鐵頭等，據長泉縣，攻陷六胡州。兵部尚書王晙發隴右諸軍及河東九姓掩討之。甲戌，上親策試應制舉人於含元殿，謂曰：「古有三道，今減一策。近無甲科，朕將存其上第，務收賢俊，用寧軍國。」仍令有司設食。

秋七月戊申，罷中都，依舊爲蒲州。己酉，王晙破蘭池州叛胡，殺三萬五千騎。丙辰，揚、潤等州暴風，發屋拔樹，漂損公私船舫一千餘隻。辛酉，集諸酋長，斬康待賓。先天中，重修三九射禮，至是，給事中許景先抗疏罷之。

九月丁巳，御丹鳳樓，宴突厥首領。庚申，幸中書省。癸亥，右羽林將軍、權檢校并州大都督府長史、燕國公張說爲兵部尚書、同中書門下三品。

冬十一月丙辰，左散騎常侍元行沖上《羣書目録》二百卷，藏之内府。庚午冬至，大赦天下，内外官九品已上加一階，三品已上加爵一等。自六月二十日、七月三日匡衛社稷食實封功臣，坐事削除官爵，中間有生有死，並量加收贈。致仕官合佩魚者聽其終身。賜酺三日。

十二月乙酉，幸新豐之温湯。壬午，至自温湯。

十年春正月丁巳，幸東都。甲子，省王公已下視品官參佐及京三品已上官伏身職員。乙丑，停天下公廨錢，其官人料以税户錢充，每月准舊分例數給。戊申，内外官職田，除公廨田園外，並官收，給還逃户及貧下户欠丁田。

二月戊寅，至東都。

三月戊申，詔自今内外官有犯贓至解免已上，縱逢赦免，並終身勿齒。

夏四月丁酉，封契丹首領松漠都督李鬱干爲松漠郡王，奚首領饒樂都督李魯蘇爲饒樂郡王。

五月，東都大雨，伊、汝等水泛漲，漂壞河南府及許、汝、仙、陳等州廬舍數千家，溺死者甚衆。

閏五月壬申，兵部尚書張說往朔方軍巡邊。戊寅，敕諸番充質宿衛子弟，並放還國。

六月辛丑，上訓注《孝經》，頒于天下。癸卯，以餘姚縣主女慕容氏爲燕郡公主，出降奚首領饒樂郡王李魯蘇。己巳，增置京師太廟爲九室，移孝和皇帝神主以就正廟。

秋八月丙戌，嶺南按察使裴伷先上言安南賊帥梅叔鸞等攻圍州縣，遣驃騎將軍兼内侍楊思勗討之。丁亥，遣户部尚書陸象先往汝、許等州存撫賑給。

九月，張說擒康願子於木盤山。詔移河曲六州殘胡五萬餘口於許、汝、唐、鄧、仙、豫等州，始空河南朔方千里之地。甲戌，秘書監、楚國公姜皎坐事，詔杖之六十，配流欽州，死於路。都水使者劉承祖配流雷州。乙亥，制曰：「朕君臨宇内，子育黎元。内修睦親，以敍九族；外協庶政，以濟兆人。勳戚加優厚之恩，兄弟盡友于之至。務崇敦本，克慎明德。今小人作孽，已伏憲章，恐不逞之徒，猶未能息。凡在宗屬，用申懲誡：自今已後，諸王、公主、駙馬、外戚家，除非至親以外，不得出入門庭，妄説言語。所以共存至公之道，永協和平之義，克固藩翰，以保厥休。貴戚懿親，宜書座右。」又下制，約百官不得與卜祝之人交遊來往。乙卯夜，京兆人權梁山僞稱襄王男，自號光帝，與其黨權楚璧，以屯營兵數百人，自景風、長樂等門斬關入宫城構逆。至曉兵敗，斬梁山，傳首東都。廢河陽柏崖倉。

冬十月癸丑，乾元殿依舊題爲明堂。甲寅，幸壽安之故興泰宫，畋獵于上宜川。庚申，至自興泰宫。波斯國遣使獻獅子。

十一月乙未，初令宰相共食實封三百户。

十二月，停按察使。

十一年春正月丁卯，降都城見禁囚徒，流、死罪減一等，餘並原之。己巳，北都巡狩，敕所至處存問高年，鰥寡惸獨，征人之家，減流、死罪一等，徒以下放免。庚辰，幸并州，潞州，宴父老，曲赦大辟罪已下，給復五年。别改其舊宅爲飛龍宫。辛卯，改并州爲太原府，官吏補授，一準京兆、河南兩府。百姓給復一年，貧户復二年，元從户復五年。武德功臣及元從子孫，有才堪文武未有官者，委府縣搜揚，具以名薦。上親制《起義堂頌》及書，刻石紀功于太原府之南街。戊申，次晉州。壬子，祠后土于汾陰之脽上，昇壇行事官三品已上加一爵，四品已上加一階，陪位官賜勳一轉。改汾陰爲寶鼎縣。癸亥，兵部尚書張說兼中書令。

三月庚午，車駕至京師，制所經州、府、縣無出今年地税，京城見禁囚徒並原免之。

夏四月丙辰，遷祔中宗神主于太廟。癸亥，張説正除中書令，吏部尚書、中山公王晙爲兵部尚書、同中書門下三品。

五月己巳，北都置軍器監官員。王晙爲朔方節度使，兼知河北郡、隴右、河西兵馬使。

六月，王晙赴朔方軍。

秋八月戊申，尊八代祖宣皇帝廟號獻祖，光皇帝廟號懿祖，始祔于太廟之九室。

九月己巳，頒上撰《廣濟方》於天下，仍令諸州各置醫博士一人。春秋二時釋奠，諸州宜依舊用牲牢，其屬縣用酒脯而已。

冬十月丁酉，幸新豐之温泉宮。甲寅，至自温泉。

十一月戊寅，親祀南郊，大赦天下，見禁囚徒死罪至徒流已下免除之。昇壇行事及供奉官三品已上賜爵一級，四品轉一階。武德以來實封功臣、知政宰輔淪屈者，所司具以狀聞。賜酺三日，京城五日。丁亥，廢軍器監官員，少府監加置少監一人以充之。

十二月甲午，幸鳳泉湯。戊申，至自鳳泉湯。

十二年夏四月，封故澤王上金男義珣爲嗣澤王。嗣許王瓘左授鄂州别駕，以弟璆爲上金嗣故也。癸卯，嗣江王禕降爲信安郡王，嗣蜀王褕爲廣漢郡王，嗣密王徹爲濮陽郡王，嗣曹王臻爲濟國公，嗣趙王琚爲中山郡王，武陽郡王堪爲澧國公。禕等並自神龍之後外繼爲王，以瓘利澤王之封，盡令歸宗改封焉。

秋七月己卯，廢皇后王氏爲庶人。后弟太子少保、駙馬都尉守一貶爲澤州别駕，至藍田，賜死。

冬十一月庚申，幸東都，至華陰，上制岳廟文，勒之于石，立于祠南之道周。戊寅，至自東都。五溪首領覃行璋反，遣鎮軍大將軍兼内侍楊思勗討平之。

十三年春正月乙酉，以幽州都督府爲大都督府。戊子，降死罪從流，流已下罪悉原之。分遣御史中丞蔣欽緒等往十道疏決囚徒。

二月戊午，幸龍門，即日還宫。乙亥，初置彍騎，分隸十二司。丙子，改豳州爲邠州，鄭州爲莫州，梁州爲褒州，沅州爲巫州，舞州爲鶴州，泉州爲福州，以避文相類及聲相近者。

三月甲午，皇太子嗣謙改名鴻；郯王嗣直改名潭，徙封慶王；陝王嗣昇改名浚，徙封忠王；鄫王嗣真改名洽，徙封棣王；鄂王嗣初改名涓，徙封郎王；嗣玄改名滉，封榮王。又第八子涺封爲光王，第十二男濰封爲儀王，第十三男澐封爲潁王，第十六男澤封爲永王，第十八男清封爲壽王，第二十男洄封爲延王，第二十一男沐封爲盛王，第二十二男溢封爲濟王。丙申，御史大夫程行諶奏：「周朝酷吏來子珣、萬國俊、王弘義、侯思止、郭霸、焦仁亶、張知默、李敬仁、唐奉一、來俊臣、周興、丘神勣、索元禮、曹仁哲、王景昭、裴籍、李秦授、劉光業、王德壽、屈貞筠、鮑思恭、劉景陽、王處貞等二十三人，殘害宗枝，毒陷良善，情狀尤重，子孫不許仕宦。陳嘉言、魚承曄、皇甫文備、傅遊藝四人，情狀雖輕，子孫不許近任。請依開元二年二月五日敕。」

夏四月丁巳，改集仙殿爲集賢殿，麗正殿書院改集賢殿書院；内五品已上爲學士，六品已下爲直學士。癸酉，令朝集使各舉所部孝悌文武，集於泰山之下。

六月乙亥，廢都西市。

冬十月癸丑，新造銅儀成，置於景運門内，以示百官。辛酉，東封泰山，發自東都。

十一月丙戌，至兖州岱宗頓。丁亥，致齋於行宫。己丑，日南至，備法駕登山，仗衛羅列嶽下百餘里。詔行從留於谷口，上與宰臣、禮官昇山。庚寅，祀昊天上帝於上壇，有司祀五帝百神于下壇。禮畢，藏玉册於封祀壇之石礤，然後燔柴。燎發，羣臣稱萬歲，傳呼自山頂至嶽下，震動山谷。上還齋宫，慶雲見，日抱戴。辛卯，祀皇地祇於社首，藏玉册於石礤，如封祀壇之禮。壬辰，御帳殿受朝賀，大赦天下，流人未還者放還。内外官三品已上賜爵一等，四品已下賜一階，登山官封賜一階，褒聖侯量才與處分。封泰山神爲天齊王，禮秩加三公一等，近山十里，禁其樵採。賜酺七日。侍中源乾曜爲尚書左丞相兼侍中，中書令張説爲尚書右丞相兼中書令。甲午，發岱嶽。丙申，幸孔子宅，親設奠祭。

十二月己巳，至東都。時累歲豐稔，東都米斗十錢，青、齊米斗五錢。

是冬，分吏部爲十銓，敕禮部尚書蘇頲、刑部尚書韋抗、工部尚書盧從愿等分掌選事。

十四年春正月癸亥，改封契丹松漠郡王李召固爲廣化王，奚饒樂郡王李魯蘇爲奉誠王，封宗室外甥女二人爲公主，各以妻之。

二月庚戌朔，邕州獠首領梁大海、周光等據賓、橫等州叛，遣驃騎大將軍兼內侍楊思勗討之。

三月壬寅，以國甥東華公主降于契丹李召固。

夏四月癸丑，御史中丞宇文融與御史大夫崔隱甫彈尚書右丞相、兼中書令張説，鞫於尚書省。丁巳，户部侍郎李元紘同中書門下平章事。庚申，張説停兼中書令。辛丑，於定、恒、莫、易、滄等五州置軍以備突厥。

五月癸卯，户部進計帳，今年管户七百六萬九千五百六十五，管口四千一百四十一萬九千七百一十二。

六月戊午，大風，拔木發屋，毁端門鴟吻，都城門等及寺觀鴟吻落者殆半。上以旱、暴風雨，命中外羣官上封事，指言時政得失，無有所隱。

秋七月癸丑夜，瀍水暴漲入漕，漂没諸州租船數百艘，溺者甚衆。

九月己丑，檢校黄門侍郎兼磧西副大都護杜暹同中書門下平章事。

是秋，十五州言旱及霜，五十州言水，河南、河北尤甚，蘇、同、常、福四州漂壞廬舍，遣御史中丞宇文融檢覆賑給之。

冬十月，廢麟州。庚申，幸汝州廣成湯。己巳，還東都。

十一月甲戌，突厥遣使來朝。辛丑，渤海靺鞨遣其子義信來朝，并獻方物。

十二月丁巳，幸壽安之方秀川。壬戌，還東都。

十五年春正月戊寅，制草澤有文武高才，令詣闕自舉。庚子，太史監復爲太史局，依舊隸秘書省。辛丑，涼州都督王君㚟破吐蕃於青海之西，虜輜車、馬羊而還。

二月，遣左監門將軍黎敬仁往河北賑給貧乏，時河北牛畜大疫。

夏五月，晉州大水，漂損居人廬舍。癸酉，以慶王潭爲涼州都督兼河西諸軍節度大使，忠王浚爲單于大都護、朔方節度大使，棣王洽爲太原冀北牧、河北諸軍節度大使，鄂王涓爲幽州都督、河北節度大使，榮王滉爲京兆牧、隴右節度大使，光王涺爲廣州都督、五府節度大使，儀王濰爲河南牧，潁王澐爲安東都護、平盧軍節度大使，永王澤爲荊州大都督，壽王清爲益州大都督、劍南節度大使，延王洄爲安西大都護、磧西節度大使，盛王沐爲揚州大都督，並不出閤。

秋七月甲戌，雷震興教門樓兩鴟吻，欄檻及柱災。庚寅，鄜州洛水泛漲，壞人廬舍。辛卯，又壞同州馮翊縣廨宇，及溺死者甚衆。丙申，改武臨縣爲潁陽縣。己亥，赦都城繫囚，死罪降從流，徒已下罪悉免之。

九月丙子，吐蕃寇瓜州，執刺史田元獻及王君㚟父壽，殺掠人吏，盡取軍資倉糧而去。丙戌，突厥毗伽可汗使其大臣梅録啜來朝。

閏月庚子，突騎施蘇禄、吐蕃贊普圍安西，副大都護趙頤貞擊走之。庚申，車駕發東都，還京師。回紇部落殺王君㚟于甘州之鞏筆驛。制檢校兵部尚書蕭嵩兼判涼州事，總兵以禦吐蕃。

是秋，六十三州水，十七州霜旱；河北饑，轉江淮之南租米百萬石以賑給之。

冬十月己卯，至自東都。

十二月乙亥，幸温泉宫。丙戌，至自温泉宫。

十六年春正月庚子，始聽政于興慶宫。春，瀧等州獠首領瀧州刺史陳行範、廣州首領馮仁智、何遊魯叛，遣驃騎大將軍楊思勗討之。壬寅，安西副大都護趙頤貞敗吐蕃于曲子城。甲子，黑水靺鞨遣使來朝獻。

秋七月，吐蕃寇瓜州，刺史張守珪擊破之。乙巳，檢校兵部尚書蕭嵩、鄯州都督張志亮攻拔吐蕃門城，斬獲數千級，收其資畜而還。丙辰，新羅王金興光遣使貢方物。

八月己巳，特進張説進《開元大衍曆》，詔命有司頒行之。辛卯，蕭嵩又遣杜賓客擊吐蕃于祁連城，大破之，獲其大將一人，斬首五千級。

九月丙午，以久雨，降死罪從流，徒以下原之。

冬十月己卯，幸温泉宫。己丑，至自温泉宫。

十一月癸巳朔，檢校兵部尚書、河西節度判涼州事蕭嵩爲兵部尚書、同中書門下平章事，餘如故。

十二月丁卯，幸温泉宫。丁丑，至自温泉宫。

十七年二月丁卯，嶲州都督張審素攻破蠻，拔昆明城及鹽城，殺獲萬人。庚子，特進張説復爲尚書左丞相，同州刺史陸象先爲太子少保。甲寅，禮部尚書、信安王禕帥衆攻拔吐蕃石堡城。

夏四月癸亥，令中書門下分就大理、京兆、萬年、長安等獄疏決囚徒。制天下繫囚死罪減一等，餘並宥之。

五月癸巳，復置十道按察使。

六月甲戌，尚書左丞相源乾曜停兼侍中，黄門侍郎杜暹爲荊州大都督府長史，中書侍郎李元紘爲曹州刺史。兵部尚書蕭嵩兼中書令。户部侍郎兼鴻臚卿

宇文融爲黃門侍郎，兵部侍郎裴光庭爲中書侍郎，並同中書門下平章事。

八月癸亥，上以降誕日，讌百僚于花萼樓下。百僚表請以每年八月五日爲千秋節，王公已下獻鏡及承露囊，天下諸州咸令讌樂，休暇三日，仍編爲令，從之。丙寅，越州大水，漂壞廨宇及居人廬舍。己卯，中書侍郎裴光庭兼御史大夫，依舊知政事。乙酉，尚書右丞相、開府儀同三司兼吏部尚書宋璟爲尚書左丞相，尚書左丞相源乾曜爲太子少傅。

九月壬寅，裴光庭爲黃門侍郎，依舊知政事。

冬十月癸未，睦州獻竹實。

十一月庚申，親饗九廟。辛卯，發京師。丙申，謁橋陵。上望陵涕泣，左右並哀感。制奉先縣同赤縣，以所管萬三百户供陵寢，三府兵馬供宿衛，曲赦縣內大辟罪已下。戊戌，謁定陵。己亥，謁獻陵。壬寅，謁昭陵。乙巳，謁乾陵。戊申，車駕還宮。大赦天下，流移人並放還，左降官移近處。百姓無出今年地稅之半。每陵取側近六鄉供陵寢。內外官三品已上加爵一等，四品已下賜一階，五品已上清官父母亡者，依級賜官及邑號。

十二月辛酉，幸溫泉宮。乙丑，校獵渭濱。壬申，至自溫泉宮。

十八年春正月辛卯，黃門侍郎裴光庭爲侍中，依舊兼御史大夫。左丞相張說加開府儀同三司。丙午，幸薛王業宅，即日還宮。

二月辛卯，改定州縣上中下户口之數，依舊給京官職田。

夏四月乙卯，築京城外郭城，凡十月而功畢。壬戌，幸寧親公主第，即日還宮。乙丑，裴光庭兼吏部尚書。是春，命侍臣及百僚每旬暇日尋勝地讌樂，仍賜錢，令所司供帳造食。丁卯，侍臣已下讌于春明門外寧王憲之園池，上御花萼樓邀其迴騎，便令坐飲，遞起爲舞，頒賜有差。

五月，契丹衙官可突干殺其主李召固，率部落降于突厥，奚部落亦隨西叛。奚王李魯蘇來奔，召固妻東華公主陳氏及魯蘇妻東光公主韋氏並奔投平盧軍。制幽州長史趙含章率兵討之。

六月庚申，命左右丞相、尚書及中書門下五品已上官，舉才堪邊任及刺史者。丙子，命單于大都護、忠王浚爲河北道行軍元帥，御史大夫李朝隱、京兆尹裴伷先爲副，率十八總管以討契丹及奚等，事竟不行。壬午，東都瀍、洛泛漲，壞天津、永濟二橋及提象門外仗舍，損居人廬舍千餘家。

閏月甲申，分幽州置薊州。己丑，令范安及、韓朝宗就瀍、洛水源疏決，置門以節水勢。辛卯，禮部奏請千秋節休假三日，及村閭社會，並就千秋節先賽白帝，報田祖，然後坐飲，從之。秋七月庚辰，幸寧王憲第，即日還宮。

八月丁亥，上御花萼樓，以千秋節百官獻賀，賜四品已上金鏡、珠囊、縑綵，賜五品已下束帛有差。上賦八韻詩，又制《秋景詩》。辛亥，幸永穆公主宅，即日還宮。

九月，先是高户捉官本錢；乙卯，御史大夫李朝隱奏請薄稅百姓一年租錢充，依舊高户及典正等捉，隨月收利，供官人料錢。

冬十月，吐蕃遣其大臣名悉獵獻方物請降，許之。庚寅，幸岐州之鳳泉湯。癸卯，至自鳳泉湯。

十一月丁卯，幸新豐溫泉宮。

十二月戊子，豐州刺史袁振坐妖言下獄死。

是歲，百僚及華州父老累表請上尊號內請加「聖文」兩字，並封西嶽，不允。

十九年春正月壬戌，開府儀同三司、霍國公王毛仲貶爲瀼州別駕，中路賜死，黨與貶黜者十數人。辛卯，遣鴻臚卿崔琳入吐蕃報聘。丙子，親耕於興慶宮龍池。己卯，禁採捕鯉魚。天下州府春秋二時社及釋奠，停牲牢，唯用酒脯，永爲常式。

二月甲午，以崔琳爲御史大夫。

三月乙酉朔，崔琳使于吐蕃。

夏四月壬午，於京城置禮院。丙申，令兩京及天下諸州各置太公尚父廟，以張良配饗，春秋二時仲月上戊日祭之。

五月壬戌，五嶽各置老君廟。

秋八月辛巳，降天下死罪從流，徒已下悉原之。

九月辛未，吐蕃遣其國相論尚他律來朝。

冬十月丙申，幸東都。

十一月丙辰，至自東都。

十二月，巂州都督張審素以劫制使監察御史楊汪伏誅。

是冬，浚苑內洛水，六十餘日而罷。戊戌，裴光庭上《瑤山往則》、《維城前軌》各一卷，上令賜太子、諸王各一本。

二十年春正月乙卯，以禮部尚書、信安王禕率兵討契丹。丁巳，幸長芬公主宅；乙丑，幸薛王業宅：並即日還宮。

二月己未，敕文武選人，承前例三月三十日爲例，然開選門，比團甲進官至夏末。自今已後，選門並正月内開，團甲二月内訖。分命宰相録京城諸獄繫囚。

三月，信安王禕與幽州長史趙含章大破奚、契丹於幽州之北山。

夏四月乙亥，讌百僚於上陽東州，醉者賜以牀褥，肩輿而歸，相屬于路。癸巳，改造天津橋，毁皇津橋，合爲一橋。

五月癸卯，寒食上墓，宜編入五禮，永爲恒式。戊辰，信安王獻奚、契丹之俘，上御應天門受之。

六月丁丑，單于大都護、河北東道行軍元帥、忠王浚加司徒，都護如故；副大使信安王禕加開府儀同三司。庚寅，幽州長史趙含章坐盜用庫物，左監門員外將軍楊元方受含章饋餉，並於朝堂決杖，流瀼州，皆賜死于路。其月，遣范安及於長安廣花萼樓，築夾城至芙蓉園。

秋七月戊辰，幸寧王憲宅，即日還宫。

九月乙巳，中書令蕭嵩等奏上《開元新禮》一百五十卷，制所司行用之。渤海靺鞨寇登州，殺刺史韋俊，命左領軍將軍蓋福順發兵討之。

冬十月丙戌，命巡幸所至，有賢才未聞達者舉之。仍令中書門下疏決囚徒。辛卯，至潞州之飛龍宫，給復三年，兵募丁防先差未發者，令改出餘州。辛丑，至北都。癸丑，曲赦太原，給復三年。

十一月庚午，祀后土於脽上，大赦天下，左降官量移近處。内外文武官加一階，開元勳臣盡假紫及緋。大酺三日。

十二月壬申，至京師。

其年户部計户七百八十六萬一千二百三十六，口四千五百四十三萬一千二百六十五。

二十一年春正月庚子朔，制令士庶家藏《老子》一本，每年貢舉人量減《尚書》、《論語》兩條策，加《老子》策。乙巳，遷祔肅明皇后神主于廟，毁儀坤廟。丁巳，幸温泉宫。己未，命工部尚書李暠使于吐蕃。癸亥，至自温泉宫。

三月甲寅，尚書右丞韓休爲黄門侍郎、同中書門下平章事。

閏月，幽州道副總管郭英傑等討契丹，爲所敗於都山之下，英傑死之。

夏四月丁巳，以久旱，命太子少保陸象先、户部尚書杜暹等七人往諸道宣慰賑給，及令黜陟官吏，疏決囚徒。丁酉，寧王憲爲太尉，薛王業爲司徒，慶王潭爲太子太師，忠王浚爲開府儀同三司，棣王洽爲太子少傅，鄂王涓爲太子太保。

五月甲申，皇太子納妃薛氏。制天下死罪降從流，流已下釋放。京文武官賜勳一轉。

九月壬午，封皇子溢爲濟王，沔爲信王，泚爲義王，漼爲陳王，澄爲豐王，潓爲恒王，漎爲涼王，滔爲深王。

冬十月庚戌，幸温泉宫。

十二月丁未，兵部尚書、徐國公蕭嵩爲尚書右丞相，黄門侍郎韓休爲兵部尚書，並罷知政事。京兆尹裴耀卿爲黄門侍郎，前中書侍郎張九齡起復舊官，並同中書門下平章事。

是歲，關中久雨害稼，京師饑，詔出太倉米二百萬石給之。

二十二年春正月癸亥朔，制古聖帝明皇、嶽瀆海鎮用牲牢，餘並以酒酺充奠。己巳，幸東都。辛未，太府卿嚴挺之、户部侍郎裴寬於河南存問賑給。乙酉，懷、衛、邢、相等五州乏糧，遣中書舍人裴敦復巡問，量給種子。己丑，至東都。

二月壬寅，秦州地震，廨宇及居人廬舍崩壞殆盡，壓死官吏以下四十餘人，殷殷有聲，仍連震不止。命尚書右丞相蕭嵩往祭山川，並遣使存問賑恤之，壓死之家給復一年，一家三人已上死者給復二年。辛亥，初置十道採訪處置使。徵恒州張果先生，授銀青光禄大夫，號曰通玄先生。

三月，沒京兆商人任令方資財六十餘萬貫。壬午，欲令不禁私鑄錢，遣公卿百僚詳議可否。衆以爲不可，遂止。

四月乙未，伊西、北庭且依舊爲節度。廢太廟署，以太常寺奉宗廟。庚子，唐州界准勝州例立表，測候日晷影長短。乙巳，詔京都見禁囚徒，令中書門下及留守檢校覆降罪，天下諸州委刺史。丁未，眉州鼎皇山下江水中得寶鼎。

五月戊子，黄門侍郎裴耀卿爲侍中，中書侍郎張九齡爲中書令，黄門侍郎李林甫爲禮部尚書，同中書門下平章事。

是夏，上自於苑中種麥，率皇太子已下躬自收穫，謂太子等曰：「此將薦宗廟，是以躬親，亦欲令汝等知稼穡之難也。」因分賜侍臣，謂曰：「比歲令人巡檢苗稼，所對多不實，故自種植以觀其成；且《春秋》書麥禾，豈非古人所重也！」

六月乙未，遣左金吾將軍李佺於赤嶺與吐蕃分界立碑。

七月甲申，遣中書令張九齡充河南開稻田使。

八月，先是駕至東都，遣侍中裴耀卿充江淮、河南轉運使，河口置輸場。王

寅，於輸場東置河陰縣。又遣張九齡於許、豫、陳、亳等州置水屯。

九月壬申，改饒樂都督府爲奉誠都督府。辛巳，移登州平海軍於海口安置。

十二月乙巳，幽州長史張守珪發兵討契丹，斬其王屈烈及其大臣可突干於陣，傳首東都，餘叛奚皆散走山谷。立其酋長李過折爲契丹王。

是歲，突厥毗伽可汗死。斷京城乞兒。

二十三年春正月己亥，親耕籍田，上加至九推而止，卿已下終其畝。大赦天下。京文武官及朝集採訪使三品已下加一爵，四品已下加一階，外官賜勳一轉。其才有霸王之略、學究天人之際，及堪將帥牧宰者，令五品已上清官及刺史各舉一人。致仕官量與改職，依前致仕。賜酺三日。

夏五月戊寅，宗子請率月俸於興慶宫建龍池，上《聖德頌》。

秋七月丙子，皇太子鴻改名瑛，慶王直已下十四王並改名。又封皇子玭爲義王，珪爲陳王，珙爲豐王，琪爲恒王，璿爲涼王，璥爲汴王。其榮王琬已下並開府置官屬，各食實封二千户。

八月戊子，制鰥寡惸獨免今年地税之半，江淮已南有遭水處，本道使賑給之。

九月戊申，移泗州就臨淮縣置。

冬十月辛亥，移隸伊西、北庭都護屬四鎮節度。突騎施寇北庭及安西撥換城。

十二月，新羅遣使朝獻。

二十四年春正月，吐蕃遣使獻方物。北庭都護蓋嘉運率兵擊突騎施，破之。

三月乙未，始移考功貢舉，遣禮部侍郎掌之。

秋七月辛丑，李林甫爲兵部尚書，依舊知政事。

八月戊申朔，加親舅小功服，舅母緦麻服，堂舅袒免。

九月壬午，改尚書主爵曰司封。

冬十月戊申，車駕發東都，還西京。甲子，至華州，曲赦行在繫囚。丁丑，至自東都。

十一月壬寅，侍中裴耀卿爲尚書左丞相，中書令張九齡爲尚書右丞相，並罷知政事。

兵部尚書李林甫兼中書令，殿中監牛仙客兵部尚書、同中書門下三品。尚書右丞相蕭嵩爲太子太師，工部尚書韓休爲太子少保。

十二月戊申，太子太師、慶王琮爲司徒。丙寅，牛仙客知門下省事。

《舊唐書》卷九《玄宗紀下》 開元二十五年春正月壬午，制：「朕猥集休運，多謝哲王，然而哀矜之情，小大必慎。自臨寰宇，子育黎烝，未嘗行極刑，起大獄。上玄降鑒，應以祥和，思協平邦之典，致之仁壽之域。自今有犯死刑，除十惡罪，宜令中書門下與法官詳所犯輕重，具狀奏聞。崇德尚齒，三代不易，敦風勸俗，五教攸先。其曾任五品已上清資官以禮去職者，所司具録名奏，老疾不堪釐務者與致仕。道士、女冠宜隸宗正寺，僧尼令祠部檢校。百司每旬節休假，並不須入曹司，任遊勝爲樂。宣示中外，知朕意焉。」癸卯，道士尹愔爲諫議大夫、集賢學士兼知史館事。

二月，新羅王金興光卒，其子承慶嗣位，遣贊善大夫邢璹攝鴻臚少卿，往弔祭册立之。

壬子，加宗正丞一員。戊午，罷江淮運，停河北運。癸酉，張守珪破契丹餘衆於棒禄山，殺獲甚衆。

三月乙卯，河西節度使崔希逸自涼州南率衆入吐蕃界二千餘里。己亥，希逸至青海西郎佐素文子觜，與賊相遇，大破之，斬首二千餘級。

夏四月庚戌，陳、許、豫、壽四州開稻田。辛酉，監察御史周子諒上書忤旨，摔之殿庭，朝堂決杖死之。甲子，尚書右丞相張九齡以曾薦引子諒，左授荆州長史。乙丑，皇太子瑛、鄂王瑶、光王琚並廢爲庶人。太子妃兄駙馬都尉薛鏽長流瀼州，至藍田驛賜死。

秋七月己卯，大理少卿徐峤奏：「天下今歲斷死刑五十八，幾致刑措，烏巢寺之獄。」上特推功元輔，庚辰，封李林甫爲晋國公，牛仙客爲豳國公。己卯，敕諸陵廟並隸宗正寺，其宗正寺官員，自今並以宗枝爲之。

九月壬申，頒新定《令》、《式》、《格》及《事類》一百三十卷於天下。

冬十月，制自今年每年立春日迎春於東郊，其夏及秋冬如常。以十二月朔日於正殿受朝，讀時令。

十一月壬申，幸温泉宫。

十二月丙午，惠妃武氏薨，追謚爲貞順皇后，葬於敬陵。吐蕃使其大臣屬盧論莽藏來朝貢。

二十六年春正月乙亥，工部尚書牛仙客爲侍中。丁丑，親迎氣于東郊，祀青帝。制天下繫囚，死罪流嶺南，餘並放免。鎮兵部還。京兆府新開稻田，並散給

貧人。百官賜勳絹。長安、萬年兩縣各與本錢一千貫，收利供馹，仍付雜馹。天下州縣，每鄉一學，仍擇師資，令其教授。諸鄉貢每年令就國子監謁先師，明經加口試。內外八品已下及草澤有博學文辭之士，各委本司本州聞薦。

二月辛卯，以李林甫遥領隴右節度使。甲辰，禁大寒食以雞卵相饋送。庚申，葬貞順皇后于敬陵。乙卯，以牛仙客遥領河東道節度使。辛酉，廢仙州，分其屬縣隸許、汝等州。

三月己巳朔，減秘書省校書、正字官員。己酉，河南、洛陽兩縣亦借本錢一千貫，收利充人吏課役。吐蕃寇河西，左散騎常侍崔希逸擊破之；鄯州都督杜希望又攻拔新羅城，制以其城爲威戎軍。

夏四月己亥朔，始令太常卿韋縚讀時令于宣政殿，百僚於殿上列坐而聽之。

五月乙酉，以李林甫遥領河西節度使，兼判梁州事。庚寅，幸咸宜公主宅。

六月庚子，立忠王璵爲皇太子。

秋七月己巳，冊皇太子，大赦天下，常赦所不免者咸赦除之。內外文武官及五品已上爲父後者各賜勳一轉。忠王府官及侍講加一階。賜酺三日。庚辰，分越州置明州。

九月庚子，於舊六胡州地置宥州。益州長史王昱率兵攻吐蕃安戎城，爲賊所據，官軍大敗，昱棄甲而遁，兵士死者數千人。

冬十月戊寅，幸温泉宮。

是歲渤海靺鞨王大武藝死，其子欽茂嗣立，遣使弔祭冊立之。

其冬，兩京建行宮，造殿宇各千餘間。潤州刺史齊澣開伊婁河於揚州南瓜洲浦。析左右羽林軍置左右龍武軍，以左右萬騎營隸焉。

二十七年二月己巳，加尊號開元聖文神武皇帝，大赦天下，常赦所不免者咸赦除之，開元已來諸色痕瘕人咸從洗滌，左降官量移近處。百姓免今年租稅。三品已上賜爵一級，四品已上加一階。宗廟薦饗，自今已後並用宗子。賜酺五日。

夏四月丁丑，廢洮州隸蘭州，改臨州爲洮州。乙酉，太子少傅竇璵爲開府儀同三司，吏部尚書李暠爲太子少傅。丁酉，侍中牛仙客爲兵部尚書兼侍中；兵部尚書兼中書令李林甫爲吏部尚書，依舊兼中書令。以東宮內侍隸內侍省爲署。

五月癸卯，置龍武軍官員。先是，鄎國公主之子薛諗與其黨李談、崔洽、石如山同於京城殺人，或利其財，或違其志，即白日椎殺，煮而食之。其夏事發，皆決殺於京兆府門，諗以國親流瀼州，賜死於城東驛。

六月甲戌，內常侍牛仙童坐贓，決殺之。幽州節度使、兼御史大夫張守珪以賄貶爲括州刺史。太子太師、徐國公蕭嵩以嘗賂仙童，左授青州刺史。

秋七月，北庭都護蓋嘉運以輕騎襲破突騎施於碎葉城，殺蘇祿，威震西陲。

八月，吐蕃寇白草、安人等。甲申，制追贈孔宣父爲文宣王，顏回爲兖國公，餘十哲皆爲侯，夾坐。後嗣褒聖侯改封爲文宣公。

九月，皇太子改名紹。汴州刺史齊澣請開汴河下流，自虹縣至淮陰北合于淮，逾時而功畢。因棄沙壅舊路，行者弊之，尋而新河之水勢淙急，遂填塞矣。

冬十月，將改作明堂。譌言官取小兒埋於明堂之下，以爲厭勝。村野童兒藏於山谷，都城騷然，咸言兵至。上惡之，遣主客郎中王佶往東都及諸州宣慰百姓，久之定。

冬十月，毁東都明堂之上層，改拆下層爲乾元殿。戊戌，幸温泉宮。辛丑，至自温泉宮。

是歲，蓋嘉運大破突騎施之衆，擒其王吐火仙，送于京師。

二十八年春正月，兩京路及城中苑內種果樹。癸巳，幸温泉宮。庚子，至自温泉宮。壬寅，以望日御勤政樓讌羣臣，連夜燒燈，會大雪而罷，因命自今常以二月望日夜爲之。

三月壬子，權判益州長史章仇兼瓊拔吐蕃安戎城，分兵鎮守之。

六月，懷州刺史、信安王禕爲太子少師。

秋七月壬寅，追尊宣皇帝陵名曰建初，光皇帝陵名曰啓運，仍置官員。

九月，魏州刺史盧暉開通濟渠，自石灰窠引流至州城而西，郤注魏橋。九月庚寅，封皇孫俶等十九人爲郡王。

冬十月甲子，幸温泉宮。辛巳，至自温泉宮。乙酉夜，東都新殿後佛光寺災。吐蕃寇安戎城。

十一月，牛仙客停遥兼朔方、河東節度使。

十二月乙卯，突騎施酋長莫賀達干率衆內屬。

是歲，金城公主薨，吐蕃遣使來告喪。其時頻歲豐稔，京師米斛不滿二百，天下乂安，雖行萬里不持兵刃。

二十九年春正月丁丑，制兩京、諸州各置玄元皇帝廟并崇玄學，置生徒，令

習《老子》、《莊子》、《列子》、《文子》，每年准明經例考試。內外官有伯叔兄弟子姪堪任刺史、縣令，所司親自保薦。禁九品已下清資官置客舍邸店車坊、士庶厚葬。

三月，吐蕃、突厥各遣使來朝。

夏四月丙辰，以太原裴伷先爲工部尚書。親王已下及內外官各賜錢令讌樂。壬午，以左右金吾大將軍裴寬爲太原尹、北都留守。

秋七月乙卯，洛水汎漲，毀天津橋及上陽宮仗舍。洛、渭之間，廬舍壞，溺死者千餘人。突厥登利可汗死。北州刺史王斛斯爲幽州節度使；幽州節度副使安禄山爲營州刺史，充平盧軍節度副使，押兩番、渤海、黑水四府經略使。

九月，大雨雪，稻禾偃折，又霖雨月餘，道途阻滯。

是秋，河北博、洺等二十四州言雨水害稼，命御史中丞張倚往東都及河北賑恤之。壬申，御興慶門，試明《四子》人姚子彥、元載等。

冬十月丙申，幸温泉宮。戊戌，分遣大理卿崔翹等八人往諸道黜陟官吏。

十一月辛酉，至自温泉宮。

十二月丁酉，吐蕃入寇，陷廓州達化縣及振武軍石堡城，節度使蓋嘉運不能守。女國王趙曳夫及佛逝國王、日南國王遣其子來朝獻。

天寶元年春正月丁未朔，大赦天下，改元，常赦不原咸赦除之。百姓所欠負租稅及諸色並免之。前資官及白身人有儒學博通、文辭秀逸及軍謀武藝者，所在具以名薦。京文武官才堪爲刺史者各令封狀自舉。改黄鉞爲金鉞。內外官各賜勳兩轉。甲寅，陳王府參軍田同秀上言：「玄元皇帝降見于丹鳳門之通衢，告賜靈符在尹喜之故宅。」上遣使就函谷故關尹喜臺西發得之，乃置玄元廟於大寧坊。陝郡太守李齊物先鑿三門，辛未，渠成放流。

二月丁亥，上加尊號爲開元天寶聖文神武皇帝。辛卯，親享玄元皇帝于新廟。甲午，親享太廟。丙申，合祭天地于南郊。制天下囚徒，罪無輕重並釋放。流人移近處，左降官依資敍用，身死貶處者量加追贈。枉法贓十五疋當絞，今加至二十疋。莊子號爲南華真人，文子號爲通玄真人，列子號爲沖虛真人，庚桑子號爲洞虛真人。其四子所著書改爲真經。崇玄學置博士、助教各一員，學生一百人。桃林縣改爲靈寶縣。改侍中爲左相，中書令爲右相，左右丞相依舊爲僕射，又黄門侍郎爲門下侍郎。東都爲東京，北都爲北京，天下諸州改爲郡，刺史改爲太守。陝州河北縣爲平陸縣。老幼版授，文武官三品已上加一爵，四品已下加一階。庚子，平盧節度使安禄山進階驃騎大將軍。

夏六月庚寅，武功山水暴漲，壞人廬舍，溺死數百人。

八月丁丑，刑部尚書、兼御史大夫李適之爲左相。丁亥，突厥阿布思及默啜可汗之孫、登利可汗之女相與率其黨屬來降。壬辰，吏部尚書兼右相李林甫加尚書左僕射，左相李適之兼兵部尚書，左僕射裴耀卿爲尚書右僕射。

九月辛卯，上御花萼樓，出宮女讌毗伽可汗妻可登及男女等，賞賜不可勝紀。丙寅，改天下縣名不穩及重名一百一十處。兩京玄元廟改爲太上玄元皇帝宮，天下准此。

冬十月丁酉，幸温泉宮。辛丑，改驪山爲會昌山，仍於秦坑儒之所立祠宇，以祀遭難諸儒。新成長生殿名曰集靈臺，以祀天神。

十一月己巳，至自温泉宮。

是歲，命陝郡太守韋堅引滻水開廣運潭於望春亭之東，以通河、渭；京兆尹韓朝宗又分渭水入自金光門，置潭於西市之兩衙，以貯材木。

其年，天下郡府三百六十二，縣一千五百二十八，鄉一萬六千八百二十九。户部進計帳，今年管户八百五十二萬五千七百六十三，口四千八百九十萬九千八百。

二年春正月丙辰，追尊玄元皇帝爲大聖祖玄元皇帝，兩京崇玄學改爲崇玄館，博士爲學士。

三月壬子，親祀玄元廟以册尊號。制追尊聖祖玄元皇帝父周上御史大夫敬曰先天太上皇，母益壽氏號先天太后，仍於譙郡本鄉置廟。尊咎繇爲德明皇帝。改西京玄元廟爲太清宮，東京爲太微宮，天下諸郡爲紫極宮。韋堅開廣運潭畢功，盛陳舟艦。丙寅，上幸廣運樓以觀之，即日還宮。

夏六月甲戌夜，雷震東京應天門觀災，延燒至左、右延福門，經日不滅。

九月辛酉，譙郡紫極宮改爲太清宮。

冬十月戊寅，幸温泉宮。

十一月乙卯，至自温泉宮。

十二月己亥，東京應天門改爲乾元門。戊申，幸温泉宮。丙辰，至自温泉宮。十二月乙酉，太子賓客賀知章請度爲道士還鄉。

三載正月丙辰朔，改年爲載。赦見禁囚徒。庚子，遣左右相已下祖别賀知章於長樂坡，上賦詩贈之。壬寅，幸温泉宮。

二月己巳，還京。丁丑，封讓皇帝男琳爲嗣寧王，故邠王守禮男承寧爲嗣邠王，讓帝男璹爲嗣申王，惠宣太子男珍爲嗣岐王，瑨爲嗣薛王。庚寅，皇太子紹改名亨。

閏月辛亥，有星如月，墜於東南，墜後有聲。京師譌言官遣棖捕人肝以祭天狗。人相恐，畿縣尤甚，發使安之。

三月庚午，武威郡上言：番禾縣天寶山有醴泉湧出，嶺石化爲瑞麰，遠近貧乏者取以給食。改番禾爲天寶縣。癸酉，制天下見禁囚徒死罪降流，流已下並原之。

夏四月，南海太守劉巨鱗擊破海賊吴令光，永嘉郡平。敕兩京、天下州郡取官物鑄金銅天尊及佛各一軀，送開元觀、開元寺。

秋八月丙午，九姓拔悉密葉護攻殺突厥烏蘇米施可汗，傳首京師。庚申，内外文武官六品已下自今已後，赴任之後，計載終滿二百日已上，許其成考。

冬十月癸巳，幸温泉宫。丁未，改史國爲來威國。

十一月癸卯，還京。癸丑，每載依舊取正月十四日、十五日、十六日開坊市門燃燈，永以爲常式。玉真公主先爲女道士，讓號及實封，賜名持盈。

十二月甲午，分新豐縣置會昌縣。甲寅，親祀九宫貴神於東郊，禮畢，大赦天下。百姓十八已上爲中男，二十三已上成丁。每歲庸調，八月起徵，可延至九月。詔天下民間家藏《孝經》一本。

四載春三月甲申，宴羣臣於勤政樓。壬申，封外孫獨孤氏女爲静樂公主，出降契丹松漠都督李懷節；封外孫楊氏女爲宜芳公主，出降奚饒樂都督李延寵。

秋八月甲辰，册太真妃楊氏爲貴妃。

九月，契丹及奚酋長各殺公主，舉部落叛。隴右節度使皇甫惟明與吐蕃戰于石堡城，官軍不利，副將褚直廉等死之。

冬十月，於單于都護府置金河縣，安北都護府置陰山縣。丁酉，幸温泉宫。壬子，以會昌縣爲同京縣。

十二月戊戌，還京。

五載春正月乙亥，敕大小縣令並准畿官吏三選聽集。《禮記月令》改爲《時令》。封中嶽爲中天王，南嶽爲司天王，北嶽爲安天王。天下山水，名稱或同，義且不經，多因於里諺，宜令所司各據圖籍改定。丙子，遣禮部尚書席豫、左丞崔翹、御史中丞王鉷等七人分行天下，黜陟官吏。

夏四月丁酉，門下侍郎陳希烈同中書門下平章事。

五月庚申，敕今後每至旬節休假，中書門下文武百僚不須入朝，外官不須衙集。癸卯，停郡縣差丁白直課錢。

六月，敕三伏内令宰相辰時還宅。

秋七月丙子，韋堅爲李林甫所構，配流臨封郡，賜死。堅妹皇太子妃聽離，堅外甥嗣薛王瑨貶夷陵郡别駕，女壻巴陵太守盧幼臨長流合浦郡。太子少保李適之貶宜春太守，到任，飲藥死。

八月，以户部侍郎郭虚己爲御史大夫、劍南節度使。

九月壬子，於太清宫刻石爲李林甫、陳希烈像，侍於聖容之側。

冬十月丁酉，幸温泉宫。改臨淄郡爲濟南郡。

十一月己巳，還京。

六載正月丁亥，親享太廟。戊子，親祀圜丘，禮畢，大赦天下，除絞、斬刑，但決重杖。於京城置三皇、五帝廟，以時享祭。其章懷、節愍、惠莊、惠文、惠宣等太子，宜與隱太子、懿德太子同爲一廟。每日立仗食及設仗於庭，此後並宜停廢。五嶽既已封王，四瀆當昇公位，封河瀆爲靈源公，濟瀆爲清源公，江瀆爲廣源公，淮瀆爲長源公。

夏四月戊午，門下侍郎陳希烈爲左相兼兵部尚書。癸酉，復置軍器監。

自五月不雨至秋七月。乙酉，以旱，命宰相、臺寺、府縣録繫囚，死罪決杖配流，徒已下特免。庚寅，始雨。

冬十月戊申，幸温泉宫，改爲華清宫。

十一月乙亥，户部侍郎楊慎矜及兄少府少監慎餘與弟洛陽令慎名，並爲李林甫及御史中丞王鉷所構，下獄死。

十二月壬戌，還京。

七載春正月己亥，韋紹奏御案褥袱帷等望去紫用赤黄，從之。

三月乙酉，大同殿柱産玉芝，有神光照殿。羣臣請加皇帝尊號曰開元天寶聖文神武應道，許之。

夏四月辛丑，以高力士爲驃騎大將軍。

五月壬午，上御興慶宫，受册徽號，大赦天下，百姓免來載租庸。三皇以前帝王，京城置廟，以時致祭。其歷代帝王肇跡之處未有祠宇者，所在各置一廟。忠臣、義士、孝婦、烈女德行彌高者，亦置祠宇致祭。賜酺三日。

六月，范陽節度使安祿山賜實封及鐵券。

秋八月己亥朔，改千秋節爲天長節。壬子，改萬年縣爲咸寧縣。

冬十月庚午，幸華清宫，封貴妃姊二人爲韓國、虢國夫人。

十二月戊戌，言玄元皇帝見于華清宫之朝元閣，乃改爲降聖閣。改會昌縣爲昭應縣，會昌山爲昭應山；封山神爲玄德公，仍立祠宇。辛酉，還京。

八載春正月甲申，賜京官絹，備春時遊賞。

二月戊申，引百官於左藏庫縱觀錢幣，賜絹而歸。

三月，朔方節度使張齊丘於中受降城北築横塞城。

夏四月，幸華清宫觀風樓。

五月辛巳，於開遠門外作振旅亭。

六月，大同殿又産玉芝一莖。隴右節度使哥舒翰攻吐蕃石堡城，拔之。

閏月己丑，改石堡城爲神武軍。劍南索磨川新置都護府，宜以保寧爲名。丙寅，上親謁太清宫，册聖祖玄元皇帝尊號爲聖祖大道玄元皇帝。高祖、太宗、高宗、中宗、睿宗五帝，皆加「大聖皇帝」之字；太穆、文德、則天、和思、昭成皇后，皆加「順聖皇后」之字。羣臣上皇帝尊號爲開元天地大寶聖文神武應道皇帝。丁卯，上御含元殿受册，大赦天下。自今後每至禘祫，並於太清宫聖祖前序昭穆。初，太白山人李渾言太白山金星洞有帝福壽玉版石記，求得之，乃封太白山爲神應公，金星洞爲嘉祥公，所管華陽縣爲貞符縣。丁亥，南衙立仗馬宜停，省進馬官。

秋八月戊子，郡別駕宜停，下郡置長史。

冬十月丙寅，幸華清宫。

十一月丁巳，幸御史中丞楊釗莊。

九載春正月庚寅朔，與歲次同始，受朝於華清宫。己亥，還京。庚戌，羣臣請封西嶽，從之。

三月庚戌，改匭使爲獻納。辛亥，西嶽廟災。時久旱，制停封西嶽。

夏五月庚寅，以旱，録囚徒。乙卯，安禄山進封東平郡王。節度使封王，自此始也。

秋七月己亥，國子監置廣文館，領生徒爲進士業者。

九月乙卯，處士崔昌上《五行應運曆》，以國家合承周、漢，請廢周、隋不合爲二王後。

冬十一月庚寅，幸華清宫。己丑，制自今告獻太清宫及太廟改爲朝獻，巡陵爲朝拜，告宗廟爲奏，天地享祀文改昭告爲昭薦，以告者臨下之義故也。辛卯，幸楊國忠亭子。辛丑，立周武王、漢高祖廟於京城，司置官吏。

十二月乙亥，還京。

十載春正月壬辰，朝獻太清宫。癸巳，朝饗太廟。甲午，有事于南郊，合祭天地，禮畢，大赦天下。太廟置内官，供灑掃諸陵廟。己亥，改傳國寶爲承天大寶。丁未，李林甫領安北副大都護、朔方節度使。庚戌，大風，陝郡運船失火，燒米船二百餘隻，人死者五百計。癸丑，分遣嗣吴王祗等十三人祭嶽瀆海鎮。

二月丁巳，安禄山兼雲中太守、河東節度使。

夏四月，劍南節度使鮮于仲通將兵六萬討雲南，與雲南王閣羅鳳戰于瀘川，官軍大敗，死於瀘水者不可勝數。

五月丁亥，改諸衛幡旗緋色者爲赤黄，以符土運。

秋八月乙卯，廣陵郡大風，潮水覆船數千艘。丙辰，京城武庫災，燒器械四十七萬事。

是秋，霖雨積旬，牆屋多壞，西京尤甚。

冬十月辛亥，幸華清宫。

十一月乙未，幸楊國忠宅。丙午，兵部侍郎、兼御史中丞楊國忠兼領劍南節度使。

十一載春正月辛亥，還京。

二月癸酉，禁惡錢，官出好錢以易之。既而商旅不便，訴於國忠，乃止之。

三月，朔方節度副使、奉信王阿布思與安禄山同討契丹，布思與禄山不協，乃率其部下叛歸漠北。丙午，制今後每月朔望，宜令薦食於太廟，每室一牙盤，仍五日一開室門灑掃。改吏部爲文部，兵部爲武部，刑部爲憲部，其部内諸司有部字者並改，將作大匠、少匠爲大、少二監。

夏四月，御史大夫兼京兆尹王鉷賜死，坐弟銲與兇人邢縡謀逆故也。楊國忠兼京兆尹。

八月己丑，幸左藏庫，賜羣臣帛有差。

九月甲寅，改諸衛士爲武士。

冬十月戊寅，幸華清宫。

十一月乙卯，尚書左僕射兼右相、晉國公李林甫薨於行在所。庚申，御史大

夫兼蜀郡長史楊國忠爲右相兼文部尚書。

十二月甲戌，楊國忠奏請兩京選人銓日便定留放，無長名。己亥，還京。

十二載春正月壬子，楊國忠於尚書省注官，注訖，於都堂對左相與諸司長官唱名。

二月庚辰，選人鄭懟等二十餘人以國忠銓注無滯，設齋於勤政殿下，立碑於尚書省門。癸未，追削故右相李林甫在身官爵，男將作監岫、宗黨李復道等五十人皆流貶，國忠誣奏林甫陰結叛胡阿布思故也。

夏五月乙酉，以魏、周、隋依舊爲三恪及二王後，復封韓、介、酅等公。辛亥，太廟諸陵署依舊隸太常寺。

七月壬子，天下齊人不得鄉貢，須補國子學生然後貢舉。

八月，京城霖雨，米貴，令出太倉米十萬石，減價糶與貧人。仍令中書門下就京兆、大理疏決囚徒。

九月己亥朔，隴右節度使、涼國公哥舒翰進封西平郡王，食實封五百户。

冬十月戊申，幸華清宮。和雇京城丁户一萬三千人築興慶宮牆，起樓觀。

至十二月，改横塞城爲天德軍。庚寅，行從官憲部尚書張筠等請上尊號爲開元天地大寶聖文神武孝德證道皇帝。

十三載春正月丁酉朔，上御華清宮之觀風樓，受朝賀。己亥，安慶緒獻俘于行在，帝引見於禁中，賞賜巨萬。乙巳，加安禄山尚書左僕射，賜實封千户，奴婢十房，莊、宅各一區；又加閑厩、五坊、宮苑、隴右羣牧都使，以武部侍郎吉温爲副。丙午，還京。

二月癸酉，上親朝獻太清宮，上玄元皇帝尊號曰大聖祖高上大道金闕玄元天皇大帝。甲戌，親饗太廟，上高祖謚曰神堯大聖大光孝皇帝，太宗謚曰太宗文武大聖大廣孝皇帝，高宗謚曰高宗天皇大聖大弘孝皇帝，中宗謚曰中宗太和大聖大昭孝皇帝，睿宗謚曰睿宗玄真大聖大興孝皇帝。乙亥，御興慶殿受徽號，禮畢，大赦天下。左降官遭父母憂，放歸。獻陵等五署改爲臺，令丞各升一階。文武三品已上賜爵一級，四品已下加一階。賜酺三日。戊寅，右相兼文部尚書楊國忠守司空，餘如故。甲申，司空楊國忠受册，天雨黄土，霑於朝服。禄山奏前後討契丹立功將士跳盪等，請超三資，告身仍望好寫；於是超授將軍者五百餘人，中郎將者二千餘人。

三月丙午，御躍龍殿門張樂宴羣臣，賜右相絹一千五百疋，綵羅三百疋，綵綾五百疋；左相絹三百疋，綵羅綾各五十疋；餘三品八十疋，四品五品六十疋，六品七品四十疋，極歡而罷。壬戌，御勤政樓大酺。北庭都護程千里生擒阿布思獻于樓下，斬之於朱雀街。乙丑，左羽林上將軍封常清權北庭都護、伊西節度使。萬春公主出降楊朏。

六月，侍御史、劍南留後李宓率兵擊雲南蠻於西洱河，糧盡軍旋，馬足陷橋，爲閣羅鳳所擒，舉軍皆没。廢濟陽郡，以所領五縣隸東平郡。

秋八月丁亥，以久雨，左相、許國公陳希烈爲太子太師，罷知政事；文部侍郎韋見素爲武部尚書，同中書門下平章事。

是秋，霖雨積六十餘日，京城垣屋頹壞殆盡，物價暴貴，人多乏食，令出太倉米一百萬石，開十場賤糶以濟貧民。東都瀍、洛暴漲，漂没一十九坊。上御勤政樓試四科制舉人，策外加詩賦各一首。制舉加詩賦，自此始也。

冬十月壬寅，幸華清宮。戊午，還京。

其載，户部計今年見管州縣户口：管郡總三百二十一，縣一千五百三十八，鄉一萬六千八百二十九；户九百六十一萬九千二百五十四，三百八十八萬六千五百四不課，五百三十萬一千四十四課；口五千二百八十八萬四百八十八，四千五百二十一萬八千四百八十不課，七百六十六萬二千八百課。

十四載春三月丙寅，宴羣臣於勤政樓，奏《九部樂》，上賦詩敩柏梁體。癸未，遣給事中裴士淹等巡撫河南、河北、淮南等道。

八月壬辰，上親録囚徒。

冬十月壬辰，幸華清宮。甲午，頒《御注老子》并《義疏》於天下。

十一月丙寅，范陽節度使安禄山率蕃、漢之兵十餘萬，自幽州南向詣闕，以誅楊國忠爲名，先殺太原尹楊光翽於博陵郡。壬申，聞於行在所。癸酉，以郭子儀爲靈武太守、朔方節度使。封常清自安西入奏，至行在。甲戌，以常清爲范陽、平盧節度使，兼御史大夫，令募兵三萬以禦逆胡。戊寅，還京。以羽林大將軍王承業爲太原尹，以衛尉卿張介然爲陳留太守、河南節度採訪使，以金吾將軍程千里爲潞州長史，並令討賊。甲申，以京兆牧、榮王琬爲元帥，命高仙芝副之，於京城召募，號曰天武軍，其衆十萬。丙戌，高仙芝等進軍，上御勤政樓送之。

十二月丙戌朔，禄山於靈昌郡渡河。甲午，陷滎陽郡，殺太守崔無詖。丙申，封常清與賊戰于成皋罌子谷，官軍敗績，常清奔於陝郡。丁酉，禄山陷東京，殺留守李憕、中丞盧奕、判官蔣清。時高仙芝鎮陝郡，棄城西保潼關。常山太守

顔杲卿與長史袁履謙、賈深等殺賊將李欽湊，執賊將何千年、高邈送京師。辛丑，詔皇太子統兵東討。以永王璘爲山南節度使，以江陵長史源洧副之；潁王璬爲劍南節度使，以蜀郡長史崔圓副之。二王不出閤。丙午，斬封常清、高仙芝于潼關，以哥舒翰爲太子先鋒兵馬元帥，領河、隴兵募守潼關以拒之。

十五載春正月乙卯，御宣政殿受朝。其日，禄山僭號於東京。庚申，以李光弼爲雲中太守、河東節度使。壬戌，賊將蔡希德陷常山郡，執太守顔杲卿、長史袁履謙，殺民吏萬餘，城中流血。甲子，哥舒翰進位尚書左僕射、同中書門下平章事。乙丑，賊將安慶緒犯潼關，哥舒翰擊退之。乙巳，加平原太守顔真卿户部侍郎，獎守城也。

二月丙戌，李光弼、郭子儀將兵東出井陘，與賊將史思明戰，大破之，進取郡縣十餘。

三月壬午朔，以河東節度使李光弼爲御史大夫、范陽節度使。乙酉，以平原太守顔真卿爲河北採訪使。己亥，改常山郡爲平山郡，房山縣爲平山縣，鹿泉縣爲獲鹿縣，鹿城縣爲束鹿縣。

夏四月丙午，以贊善大夫來瑱爲潁川太守、招討使。

五月戊午，南陽太守魯炅與賊將武令珣戰于滍水上，官軍大敗，爲賊所虜，進寇我南陽。詔嗣虢王巨自藍田出師救南陽。

六月癸未朔，顔真卿破賊將袁知泰於堂邑，北海太守賀蘭進明收信都。庚寅，哥舒翰將兵八萬與賊將崔乾祐戰于靈寶西原，官軍大敗，死者十六七。其日，李光弼與賊將史思明戰于常山東嘉山，大破之，斬獲數萬計。辛卯，哥舒翰至潼關，爲其帳下火拔歸仁以左右數十騎執之降賊，關門不守，京師大駭，河東、華陰、上洛等郡皆委城而走。

甲午，將謀幸蜀，乃下詔親征，仗下後，士庶恐駭，奔走于路。乙未，凌晨，自延秋門出，微雨霑濕，扈從惟宰相楊國忠、韋見素、内侍高力士及太子、親王，妃主、皇孫已下多從之不及。平明渡便橋，國忠欲斷橋。上曰：「後來者何以能濟？」命緩之。辰時，至咸陽望賢驛置頓，官吏駭散，無復儲供。上憩於宮門之樹下，亭午未進食。俄有父老獻麨，上謂之曰：「如何得飯？」於是百姓獻食相繼。俄又尚食持御膳至，上須給從官而後食。是夕次金城縣，官吏已遁，令魏方進男允招誘，俄得智藏寺僧進芻粟，行從方給。

丙辰，次馬嵬驛，諸衛頓軍不進。龍武大將軍陳玄禮奏曰：「逆胡指闕，以誅國忠爲名，然中外羣情，不無嫌怨。今國步艱阻，乘輿震蕩，陛下宜徇羣情，爲社稷大計，國忠之徒，可置之于法。」會吐蕃使二十一人遮國忠告訴於驛門，衆呼曰：「楊國忠連蕃人謀逆！」兵士圍驛四合，及誅楊國忠、魏方進一族，兵猶未解。上令高力士詰之，迴奏曰：「諸將既誅國忠，以貴妃在宮，人情恐懼。」上即命力士賜貴妃自盡。玄禮等見上請罪，命釋之。

丁酉，將發馬嵬驛，朝臣唯韋見素一人，乃命見素子京兆府司録諤爲御史中丞，充置頓使。議其所向，軍士或言河、隴，或言靈武、太原，或言還京爲便。韋諤曰：「還京，須有捍賊之備，兵馬未集，恐非萬全，不如且幸扶風，徐圖所向。」上詢于衆，咸以爲然。及行，百姓遮路乞留皇太子，願戮力破賊，收復京城，因留太子。

戊戌，次扶風縣。己亥，次扶風郡。軍士各懷去就，咸出醜言，陳玄禮不能制。會益州貢春綵十萬匹，上悉命置于庭，召諸將諭之曰：「卿等國家功臣，陳力久矣，朕之優獎，常亦不輕。逆胡背恩，事須迴避。甚知卿等不得别父母妻子，朕亦不及親辭九廟。」言發涕流。又曰：「朕須幸蜀，路險狹，人若多往，恐難供承。今有此綵，卿等即宜分取，各圖去就。朕自有子弟中官相隨，便與卿等訣别。」衆咸俯伏涕泣曰：「死生願從陛下。」上曰：「去住任卿。」自此悖亂之言稍息。

庚子，以司勳郎中、劍南節度留後崔圓爲蜀郡長史、劍南節度副大使。以潁王璬爲劍南節度大使，以監察御史宋若思爲御史中丞充置頓使，韋諤充巡閣道使，並令先發。辛丑，發扶風郡，是夕，次陳倉。壬寅，次散關。分部下爲六軍，潁王璬先行，壽王瑁等分統六軍，前後左右相次。丙午，次河池郡，崔圓奏劍南歲稔民安，儲供無闕，上大悦，授圓中書侍郎、同中書門下平章事，蜀郡長史、劍南節度如故。以前華州刺史魏廑爲梁州長史。

秋七月壬戌，次益昌縣，渡吉柏江，有雙魚夾舟而躍，議者以爲龍。甲子，次普安郡，憲部侍郎房琯自後至，上與語甚悦，即日拜爲吏部尚書、同中書門下平章事。丁卯，詔以皇太子諱充天下兵馬元帥，都統朔方、河東、河北、平盧等節度兵馬，收復兩京；永王璘江陵府都督，統山南東路、黔中、江南西路等節度大使；盛王琦廣陵郡大都督，統江南東路、淮南、河南等路節度大使；豐王珙武威郡都督，領河西、隴右、安西、北庭等路節度大使。初，京師陷賊，車駕倉皇出幸，人未知所向，衆心震駭，及聞是詔，遠近相慶，咸思效忠於興復。庚午，次巴西郡，太守崔渙奉迎。即日以渙爲門下侍郎、同中書門下平章事。以韋見素爲左相。庚辰，車駕至蜀郡，扈從官吏軍士到者一千三百人，宮女二十四人而已。

八月癸未朔，御蜀都府衙，宣詔曰：「朕以薄德，嗣守神器，每乾乾惕厲，勤念生靈，一物失所，無忘罪己。聿來四紀，人亦小康，推心于人，不疑于物。而姦臣兇豎，棄義背恩，割剥黎元，擾亂區夏，皆朕不明之過也。今巡撫巴蜀，訓厲師徒，仍令太子諸王蒐兵重鎮，誅夷兇醜，以謝昊穹；思與羣臣重弘理道，可大赦天下。」癸巳，靈武使至，始知皇太子即位。丁酉，上用靈武册稱上皇，詔稱誥。己亥，上皇臨軒册肅宗，命宰臣韋見素、房琯使靈武，册命曰：「朕稱太上皇，軍國大事先取皇帝處分，後奏朕知。候克復兩京，朕當怡神姑射，偃息大庭。」

明年九月，郭子儀收復兩京。十月，肅宗遣中使啖廷瑶入蜀奉迎。丁卯，上皇發蜀郡。十一月丙申，次鳳翔郡。肅宗遣精騎三千至扶風迎衛。十二月丙午，肅宗具法駕至咸陽望賢驛迎奉。上皇御宫之南樓，肅宗拜慶樓下，嗚咽流涕不自勝，爲上皇徒步控轡，上皇撫背止之，即騎馬前導。丁未，至京師，文武百僚，京城士庶夾道歡呼，靡不流涕。即日御大明宫之含元殿，見百僚，上皇親自撫問，人人感咽。時太廟爲賊所焚，權移神主於大内長安殿，上皇謁廟請罪，遂幸興慶宫。

三載二月，肅宗與羣臣奉上皇尊號曰太上至道聖皇帝。乾元三年七月丁未，移幸西内之甘露殿。時閹宦李輔國離間肅宗，故移居西内。高力士、陳玄禮等遷謫，上皇寖不自懌。

上元二年四月甲寅，崩于神龍殿，時年七十八。羣臣上謚曰至道大聖大明孝皇帝，廟號玄宗。初，上皇親拜五陵，至橋陵，見金粟山崗有龍盤鳳翥之勢，復近先塋，謂侍臣曰：「吾千秋後宜葬此地，得奉先陵，不忘孝敬矣。」至是，追奉先旨以創寢園，以廣德元年三月辛酉葬于泰陵。

雜録

備録

張鷟《朝野僉載》卷一　神武皇帝七月即位，東都白馬寺鐵像頭無故自落於殿門外。自後捉搦僧尼嚴急，令拜父母等，未成者並停革，後出者科決，還俗者十八九焉。

劉餗《隋唐嘉話》卷下　今上之爲潞州別駕，將入朝，有軍人韓凝禮，自謂知兆，上因以食箸試之。既布卦，一箸無故自起，凡三偃三起，觀者以爲大吉徵。既而誅韋氏，定天位，因此行也。凝禮起家五品，至今猶存。

今上既誅韋氏，擢用賢俊，改中宗之政，依貞觀故事，有志者莫不想望太平。中書令元之、侍中璟、御史大夫構、河南尹傑，皆一時之選，時人稱姚、宋、畢、李焉。

開元始年，上悉出金銀珠玉錦繡之物於朝堂，若山積而焚之，示不復御用也。

十七年，丞相源乾曜、張説以八月初五今上生之日，請爲千秋節，百姓祭皆就此日，名爲賽白帝。羣臣上萬歲壽，王公戚里進金鏡綬帶，士庶結絲承露囊，更相遺問。

懷州北有丹水，其源出長平山下。傳云：秦殺趙卒，其水變赤，因以爲名。今上始幸太原，知其故，詔改爲懷水，潼津關爲周密。

李濬《松窗雜録》　玄宗先天中再平内難，後以中外無事，鋭意政理，好於觀書。追自周漢以來有所未及者，必欲盡舉之。帝既勤書，海内之風翕然率化。尤注意於起居注。先天、開元中，皆選當時鴻儒或貞正之士充之。若有舉其職者，雖十數年猶載筆螭頭，惜不欲去，則遷名曹郎與兼之。自先天元年至天寶十一載冬季，起居注撰成七百卷，内起居注撰成三百卷。内起居注自開元二年春，因上幸寧王宅，敍家人禮，至於樂奏前後，酒食沾賚，上無自專，皆令稟於寧王教。上曰：「大哥好作主人，阿瞞但謹爲上客。」上在禁中嘗自稱阿瞞。以是極歡而罷。明日寧玉率岐、薛已下同奏曰：「臣聞起居注必記天子言動，臣恐左右史不得天子閨行極庶人之禮，無以光示萬代。臣請自今後臣與兄弟各輪日載筆於乘〔輿〕前，得以行在紀敍其事，四季則用朱印聯名牒送史館，然皆依外史例悉上聞，庶明臣等守職如螭頭官。」上以八分書日本國紙爲答，辭甚謹□，然悉允所奏。自是天寶十載冬季以成三百卷，率以五十幅黄麻爲一編，用雕檀軸紫龍鳳綾褾。書成，寧王上請(自)〔百〕部納于史閣。上命賜以酒樂，共宴侍臣于史館。及禄山陷長安，用嚴、高計，未〔至〕升殿宫，先以火千炬猛焚是閣，不移時灰滅。故《玄宗實録》百不敍及三四，以是人間傳記者尤鮮。禄山謀臣：嚴莊、高尚。

玄宗幸東都，偶因秋霽，與一行師共登天宮寺閣。臨眺久之，上遐顧淒然，發歎數四，謂一行曰：「吾甲子得終無患乎？」一行進曰：「陛下行幸萬里，聖祚無疆。」及西行初至成都，前望大橋，上舉鞭問左右曰：「是橋何名？」節度使崔圓躍馬前進曰：「萬里橋。」上因追歎曰：「一行之言今果符之，吾無憂矣。」

上自臨淄郡王爲潞州別駕，乞假歸京師，覩時晦跡，尤用卑損。會春暮，豪家子數輩盛酒饌，遊於昆明池，選勝方宴。上戎服臂小鷹於野次，因疾驅直突會前，諸子輩頗露難色。忽一少年持酒船唱令曰：「宜以門族官品備陳之。」酒及於上，因大聲曰：「曾祖天子，父相王，臨淄郡王某也。」諸少年聞之，驚走四散，不敢復視於車服。上因聯飲三銀船，盡一巨(餡)〔觥〕，徐乘馬而東去。

崔令欽《教坊記·序》 玄宗在藩邸，有散樂一部。及即位，且羈縻之。嘗於九曲閱太常樂，卿姜晦押樂以進。凡戲，輒分兩朋以判優劣，人心競勇，謂之熱戲。乃詔寧王主藩邸樂以敵之。一伎戴百尺幢，鼓舞而進，太常所戴則百餘尺。此彼伎一出，則往復矣，長欲半之，疾乃兼倍。太常羣樂方鼓譟。上不説，命內養五六十人各執一物，皆鐵馬鞭骨檛之屬也，潛匿袖中，雜立於聲兒後。候復鼓譟，當亂捶之。左右初怪內養麏至，竊見袖中有物，皆奪氣喪魄，而戴竿者方振搖其幢，南北不已。上顧謂內人曰：「其竿即當自折。」斯須中斷，上撫掌大笑。內伎咸稱慶，於是罷遣。

崔令欽《教坊記》補遺 上嘗三殿打毬，榮王墮馬悶絶，移時不蘇。黃幡綽奏曰：「大家如今年紀不爲小，聖體又重，不宜自勞。何不著女婿等與諸人爲之，如臣坐對食盤，口眼俱飽，此爲樂耳。旁觀大家馳逐忙遽，何暇云樂？」上曰：「爾言大有理，不復自爲也。」

郭湜《高力士外傳》 初，至德二年十一月，詔迎太上皇於西蜀，十二月至鳳翔，被賊臣李輔國詔取隨駕甲仗。上皇曰：「臨至王城，何用此物？」悉令收付所司。欲至城，皇帝具儀仗出城迎候。二聖相見，泣涕久之，傾城道路，一時忭舞。便於興慶宮安置。乾元元年冬，上皇幸温泉宮，二十日却歸。因此被賊臣李輔國陰謀不軌，欲令猜阻，更樹勳庸，移仗之端，莫不由此。輔國趨馳末品，小子纖人，一承攀附之恩，致位雲霄之上。聖上屬殘孽未殄，蒼生不安，負總軍戎，冀清海內，不暇揀擇左右，屏棄回邪，遂使輔國熒惑兩宮，至傷萬姓，恣行威福，不懼典刑。上元元年七月，太上皇移仗西內安置，高公竄謫巫州，皆輔國之計也。上皇在興慶宮先留廄馬三百疋，欲移仗前一日，輔國矯詔，索所留馬，惟留十疋。有司奏陳，上皇謂高公曰：「當用輔國之謀，我兒不得終孝道，明早向北內。」及曉，至北內，皇帝使人起拜云：「兩日來疹病，不復親起拜伏，伏願且留喫飯。」飯畢，又曰：「且歸南內。」至夾城，忽聞戛戛聲，上驚迴顧，見輔國領鐵騎數百人便逼近御馬，輔國便持御馬。高公驚下爭持，曰：「縱有他變，須存禮儀，何得驚御！」輔國叱曰：「老翁大不解事，且去！」即斬高公從者一人。高公即攏御馬，直至西內安置。自辰及酉，然後老宮婢十數人將隨身衣物至，一時號泣，上皇止之，皆輔國矯詔之所爲也，聖上寧得知之乎？上皇謂高公曰：「興慶是吾王地，吾頻讓與皇帝，皇帝仁孝不受。今雖爲輔國所制，正愜我本懷。」進御人令撤肉，便處分尚食，明日已後，不須進肉食。每日上皇與高公親看掃除庭院、芟薙草木。或講經論議，轉變説話，雖不近文律，終冀悅聖情。經十餘日，高公患瘧，勑於功臣閣下避瘧。日晚，聞門外有人問，稱是談庭瑶，云：「聖人喚阿翁。」問：「曾見太上皇未？」曰：「見了。」高公亦不敢辭，即隨庭瑶至閣門外。日晚見內養將一卷文書狀，云使看，略見少多，皆是罷職，却被索將，附奏云：「臣合死已久，聖恩含忍容至今日，所看事狀，並不曾聞。伏願得親辭聖顏，復受戮，死亦無恨。」明日有制：「力士潛通逆黨，曲附兇徒，既懷梟獍之心，合就鯨鯢之戮。以其久侍帷幄，頗効勤勞，且捨殊死，可除名，長流巫州。」

封演《封氏聞見記》卷六《打毬》 景雲中，吐蕃遣使迎金城公主，中宗于梨園亭子賜觀打毬。吐蕃贊咄奏言：「臣部曲有善毬者，請與漢敵。」上令仗內試之。決數都，吐蕃皆勝。時玄宗爲臨淄王，中宗又令與嗣虢王邕、駙馬楊慎交、武秀等四人，敵吐蕃十人。玄宗東西驅突，風迴電激，所向無前。吐蕃功不獲施，其都滿贊咄猶此僕射也。中宗甚悅，賜强明絹數百段，學士沈佺期、武平一等皆獻詩。

開元、天寶中，玄宗數御樓觀打毬爲事，能者左縈右拂，盤旋宛轉，殊可觀。然馬或奔逸，時致傷斃。

封演《封氏聞見記》卷六《繩妓》 玄宗開元二十四年八月五日，御樓設繩妓。妓者先引長繩，兩端屬地，埋鹿盧以繫之。鹿盧內數丈立柱以起繩，繩之直如絃。然後妓女自繩端躡足而上，往來倏忽之間，望之如仙。有中路相遇，側身而過者；有著屐而行，從容俯仰者；或以畫竿接脛，高五六尺；或蹋肩蹈頂至三四重，既而翻身擲倒至繩，還往曾無蹉跌，皆應嚴鼓之節，真奇觀者。衛士胡嘉隱作《繩妓賦》獻之，辭甚宏暢，玄宗覽之，大悅，擢拜金吾衛倉曹參軍。自胡

寇覆蕩，伶倫分散，外方始有此妓，軍州宴會，時或爲之。

南卓《羯鼓録》 上洞曉音律，由之天縱，凡是絲管，必造其妙。若製作諸曲，隨意即成。不立章度，取適短長，應指散聲，皆中點拍。至於清濁變轉，律呂呼召，君臣事物，迭相制使，雖古之夔、曠不能過也。尤愛羯鼓、玉笛，常云：「八音之領袖，諸樂不可爲比。」嘗遇二月初，詰旦，巾櫛方畢，時當宿雨初晴，景色明麗，小殿内庭，柳杏將吐，覩而嘆曰：「對此景物，豈得不爲他判斷之乎！」左右相目，將命備酒，獨高力士遣取羯鼓，上旋命之，臨軒縱擊一曲，曲名《春光好》，上自製也。神思自得。及顧柳杏，皆已發拆，上指而笑謂嬪御曰：「此一事，不唤我作天公可乎？」嬪御侍官皆呼萬歲。又製《秋風高》，每至秋空迥徹，纖翳不起，即奏之，必遠風徐來，庭葉隨下。其曲絶妙入神，例皆如此。

柳宗元《龍城録》卷上《明皇識覆之術》 上皇始平禍亂，在宫所與道士馮存澄因射覆得卦，曰「合因」，又得卦曰「斬關」，又得卦曰「鑄印乘軒」。存澄啓謝曰：「昔此卦三靈爲最善，黄帝勝炎帝而筮得之，所謂合因斬關，鑄印乘軒，始當果斷，終得嗣天。」上皇掩其口曰：「止矣！」默識之矣。後即位，應其術焉。

柳宗元《龍城録》卷上《明皇夢姚宗當爲相》 上皇初登極，夢二龍銜符自紅霧中來，上大隸「姚崇宋璟」四字，扐之兩大樹上，宛延而去。夢迴，上召申王圓兆。王進曰：「兩木，相也。二人名爲天遣龍致於樹，即知崇、璟當爲輔相兆矣。」

李德裕《次柳氏舊聞》 玄宗之在東宫，爲太平公主所忌，朝夕伺察，纖微聞於上；而宫闈左右亦潛持兩端，以附太平之勢。時元獻皇后得幸，方娠，玄宗懼太平，欲令服藥除之，而無可與語者。張説以侍讀得進太子宫中，玄宗從容謀及説，説亦密贊其事。他日，説又入侍，因懷去胎藥三煮劑以獻。玄宗得其藥，喜，盡去左右，獨構火殿中，煮未及熟，怠而假寐。肸蠁之際，有神人長丈餘，身披金甲，操戈繞藥三匝，煮盡覆而無遺焉。玄宗起視，異之，復增火，又投一劑，煮于鼎中，因就榻瞬目以候之，而見神覆煮如初。凡三煮皆覆，乃止。明日，説又至，告其詳。説降階拜賀曰：「天所命也，不可去。」厥後，元獻皇后思食酸，玄宗亦以告説。説每因進經，輒袖木瓜以獻。故開元中，説恩澤莫之與比；肅宗之於説子均、垍，若親戚昆弟云。〔柳〕芳本張説所引，説嘗自陳述，與力士詞協也。

玄宗初即位，體貌大臣，賓禮故老，尤注意於姚崇、宋璟，引見便殿，皆爲之興，去則臨軒以送。其他宰臣，優寵莫及。至李林甫以宗室近屬，上所援用，恩意甚厚，而禮遇漸輕。姚崇爲相，嘗於上前請序進郎吏，上顧視殿宇不注，崇再三言之，冀上少售，而卒不對。崇益恐，趨出。而高力士奏曰：「陛下初承鴻業，宰臣請事，即當面言可否。而崇言之，陛下不視，臣恐宰臣必大懼。」上曰：「朕既任崇以庶政，事之大者當白奏，朕與共決之；如郎署吏秩甚卑，崇獨不能決，而重煩吾耶？」崇至中書，方悸不自安。會力士宣事，因爲言上意，崇且解且喜。朝廷聞者，皆以上有人君之大度，得任人之道焉。

源乾曜因奏事稱旨，上悦之，於是驟拔用，歷户部侍郎、京兆尹，以至宰相。異日，上獨與力士語曰：「爾知吾拔用乾曜之速乎？」曰：「不知也。」上曰：「吾以其容貌言語類蕭至忠，故用之。」力士曰：「至忠不嘗負陛下乎？陛下何念之深也？」上曰：「至忠晚乃謬計耳。其初立朝，得不謂賢相乎？」上之愛才宥過，聞者無不感悦。

玄宗善八分書，凡命將相，皆先以御札書其名，置案上。會太子入侍，上舉金甌覆其名，以告之曰：「此宰相名也，汝庸知其誰耶？射中，賜爾巵酒。」肅宗拜而稱曰：「非崔琳、盧從愿乎？」上曰：「然。」因舉甌以示之，乃賜巵酒。是時，琳與從愿皆有宰相望，玄宗將倚爲相者數矣，終以宗族繁盛，附託者衆，卒不用。

代宗之誕三日，上幸東宫，賜之金盆，命以浴。吴皇后年幼體弱，皇孫體未舒，負媪惶惑，乃以宫中諸子同日生而體貌豐碩者以進。上視之，不樂曰：「此非吾兒。」負媪叩頭具服。上睨謂曰：「非爾所知，取吾兒來。」於是以太子之子進見。上大喜，置諸掌内，向日視之，笑曰：「此兒福禄，一過其父。」及上起還宫，盡留内樂，謂力士曰：「此一殿有三天子，樂乎哉！可與太子飲酒。」吴湊嘗言於先臣，與力士説亦同。

肅宗爲太子時，嘗侍膳，尚食置熟俎。有羊臂臑，上顧使太子割。肅宗既割，餘污漫在刃，以餅潔之。上熟視不懌。肅宗徐舉餅啖之，上甚悦，謂太子曰：「福當如是愛惜。」

興慶宫，上潛龍之地，聖曆初五王宅也。上性友愛，及即位，立樓於宫之西南垣，署曰「花萼相輝」。朝退，亟與諸王遊，或置酒爲樂。時天下無事，號太平者垂五十年。及羯胡犯闕，乘傳遽以告，上欲遷幸，復登樓置酒，四顧悽愴，乃命進玉環。玉環者，睿宗所御琵琶也。異時，上張樂宫殿中，每嘗置之别榻，以黄帕覆之，不以雜他樂器，而未嘗持用。至，俾樂工賀懷智取調之，又命禪定寺僧

段師取彈之。時美人善歌從者三人，使其中一人歌《水調》。畢奏，上將去，復留眷眷，因使視樓下有工歌而善《水調》者乎？一少年心悟上意，自言頗工歌，亦善《水調》。使之登樓且歌，歌曰：「山川滿目淚沾衣，富貴榮華能幾時。不見只今汾水上，唯有年年秋雁飛。」上聞之，潸然出涕，顧侍者曰：「誰爲此詞？」或對曰：「宰相李嶠。」上曰：「李嶠真才子也。」不待曲終而去。

玄宗西幸，車駕自延秋門出，楊國忠請由左藏庫而去，上從之。望見千餘人持火炬以俟，上駐蹕曰：「何用此爲？」國忠對曰：「請焚庫積，無爲盜守。」上斂容曰：「盜至若不得此，當厚斂於民，不如與之，無重困吾赤子也。」命撤火炬而後行。聞者皆感激流涕，迭相謂曰：「吾君愛人如此，福未艾也。雖太王去豳，何以過此乎？」

上始入斜谷，天尚早，煙霧甚晦。知頓使、給事中韋倜於野中得新熟酒一壺，跪獻於馬首者數四，上不爲之舉。倜懼，乃注以他器，引滿於前。上曰：「卿以我爲疑耶？始吾御宇之初，嘗飲，大醉損一人，吾悼之，因以爲戒，迨今四十餘年，未嘗甘酒味。」指力士及近侍者曰：「此皆知之，非紿卿也。」從臣聞之，無不感悦。上孜孜儆戒也如是。富有天下，僅五十載，豈不由斯道乎？

玄宗於諸昆季，友愛彌篤，呼寧王爲大哥，每與諸王同食。因食之次，寧王錯喉噴上鬚，王驚慚不遑。上顧其悚悚，欲安之，黄幡綽曰：「不是錯喉。」上曰：「何也？」對曰：「是噴帝。」上大悦。

段成式《酉陽雜俎》前集卷一《忠志》 玄宗，禁中嘗稱阿瞞，亦稱鴉。壽安公主，曹野那姬所生也，以其九月而誕，遂不出降。常令衣道服，主香火。小字蟲娘，上呼爲師娘。爲太上皇時，代宗起居，上曰：「汝在東宫，甚有令名。」因指壽安，「蟲娘是鴉女，汝後與一名號。」及代宗在靈武，遂令蘇澄尚之，封壽安焉。

天寶末，交趾貢龍腦，如蟬蠶形。波斯言老龍腦樹節方有，禁中呼爲瑞龍腦。上唯賜貴妃十枚，香氣徹十餘步。上夏日嘗與親王棋，令賀懷智獨彈琵琶，貴妃立於局前觀之。上數枰子將輸，貴妃放康國猧子於坐側，猧子乃上局，局子亂，上大悦。時風吹貴妃領巾於賀懷智巾上，良久，回身方落。賀懷智歸，覺滿身香氣非常，乃卸幞頭，貯於錦囊中。及上皇復宫闕，追思貴妃不已，懷智乃進所貯幞頭，具奏他日事。上皇發囊，泣曰：「此瑞龍腦香也。」

段成式《酉陽雜俎》前集卷一二《語資》 黄翻兒矮陋機惠，玄宗常憑之行，問外間事，動有錫賚，號曰肉杌。一日入遲，上怪之，對曰：「今日雨淖，向逢捕賊官與臣爭道，臣掀之墜馬。」因下階叩頭，上曰：「外無奏，汝無懼。」復憑之。有頃，京兆上表論，上即叱出，令杖殺焉。

段成式《酉陽雜俎》前集卷一四《諾臯記上》 天寶初，安思順進五色玉帶，又於左藏庫中得五色玉杯。上怪近日西貢無五色玉，令責安西諸蕃。蕃言比常進，皆爲小勃律所劫，不達。上怒，欲征之，羣臣多諫。獨李右座林甫贊成上意，且言武臣王天運謀勇可將。乃命王天運將四萬人，兼統諸蕃兵伐之。及逼勃律城下，勃律君長恐懼請罪，悉出寶玉，願歲貢獻。天運不許，即屠城，虜三千人及其珠璣而還。勃律中有術者言，將軍無義，不祥，天將大風雪矣。行數百里，忽驚風四起，雪花如翼，風激小海水成冰柱，起而復摧。經半日，小海漲湧，四萬人一時凍死，唯蕃漢各一人得還。

段成式《酉陽雜俎》前集卷一六《羽篇》 玄宗時，有五色鸚鵡能言，上令左右試牽帝衣，鳥輒瞋目叱咤。岐府文學熊延景獻《鸚鵡篇》以贊其事。張燕公有表賀，稱爲「時樂鳥」。

段成式《酉陽雜俎》前集卷一八《木篇》 甘子。天寶十年，上謂宰臣曰：「近日於宫内種甘子數株，今秋結實一百五十顆，與江南、蜀道所進不異。」宰臣賀表曰：「雨露所均，混天區而齊被。草木有性，憑地氣而潛通。故得資江外之珍果，爲禁中之華實。」相傳玄宗幸蜀年，羅浮甘子不實。

姚汝能《安禄山事迹》卷上 鑾駕自延秋門出，百官尚未知。明日亦(□)〔未〕有來朝者。已而宫嬪亂出，驢馬入殿，爭運庫物。上過渭橋後，楊國忠令燒斷其路。上知之，使高力士走馬至橋，止之曰：「今百姓蒼惶，各求生路，何得斷絶！」令力士撲滅了來。上止望賢宫，從官告飢，乃命殺馬，拆行宫木煮肉遺之。入宫，憩於樹下，惘然有棄海内之思。高力士覺之，遂抱上足嗚咽。上曰：「朕之作后，無負黎元，今朔胡負恩，宗廟失守，竟無一人勤王者。朕負宗社，敢不自勉！唯爾知我，更復何言。」即使中官入縣宣告。咸陽官吏、百姓更無一人至者。午時，上猶未餐。良久，有村叟來獻蜜麨，上對之慘然。既而尚食令人舁御膳至，分散從官。

李肇《唐國史補》卷上 玄宗開元二十四年，時在東都。因宫中有怪，明日召宰相，欲西幸。裴稷山、張曲江諫曰：「百姓場圃未畢，請待冬中。」是時李林甫初拜相，竊知上意，及班旅退，佯爲蹇步。上問：「何故腳疾？」對曰：「臣非腳疾，願獨奏事。」乃言：「二京，陛下東西宫也。將欲駕幸，焉用擇時？假有妨

于刈穫，則獨可蠲免沿路租稅。臣請宣示有司，即日西幸。」上大説，自此駕至長安，不復東矣。旬月，耀卿、九齡俱罷，而牛仙客進焉。

梨園弟子有胡雛者，善吹笛，尤承恩寵。嘗犯洛陽令崔隱甫，已而走入禁中。玄宗非時託以他事，召隱甫對，胡雛在側。指曰：「就卿乞此得否？」隱甫對曰：「陛下此言，是輕臣而重樂人也，臣請休官。」再拜將出。上遽曰：「朕與卿戲耳！」遂令曳出，纔至門外，立杖殺之。俄頃有敕釋放，已死矣。乃賜隱甫絹百匹。

玄宗至蜀，每思張曲江則泣下。遣使韶州祭之，兼賚貨幣，以恤其家。其誥辭刻于白石山屋壁間。

蜀郡有萬里橋，玄宗至而喜曰：「吾常自知，行地萬里則歸。」

劉肅《大唐新語》卷一《匡贊一》 開元二十三年，加榮王已下官，敕宰官入集賢院，分寫告身以賜之。侍中裴耀卿因入書庫觀書，既而謂人曰：「聖上好文，書籍之盛事，自古未有。朝宰充使，學徒雲集，觀象設教，盡在是矣。前漢有金馬、石渠，後漢有蘭臺、東觀，宋有總明，陳有德教，周則獸門、麟址，北齊有仁壽、文林，雖載在前書，而事皆瑣細。方之今日，則豈得扶翰捧轂者哉！」

劉肅《大唐新語》卷八《聰敏一七》 玄宗幸成都，給事中裴士淹從。士淹聰悟柔順，頗精歷代史。玄宗甚愛之，馬上偕行，得備顧問。時肅宗在鳳翔，每有大除拜，輒啓聞。房琯爲將，玄宗曰：「此不足以破賊也。」歷評諸將，並云：「非滅賊材。」又曰：「若姚崇在，賊不足滅也。」因言崇之宏才遠略。語及宋璟，玄宗不悦曰：「彼賣直以沽名耳。」歷數十餘人，皆當其目。至張九齡，亦甚重之。及言李林甫，曰：「妬賢嫉能，亦無敵也。」士淹因啓曰：「既知，陛下何用之久耶？」玄宗默然不應。

劉肅《大唐新語》卷九《著述一九》 開元十二年，沙門一行造黄道游儀以進。玄宗親爲之序，文多不盡載。其略曰：「孰爲天大，此焉取則。均以寒暑，分諸晷刻。盈縮不忒，列舍不忒。制器垂象，永鑒無惑。」因遣太史官馳往安南及蔚州，測候日影，經年乃定。

玄宗謂張説曰：「兒子等欲學綴文，須檢事及看文體。《御覽》之輩，部帙既大，尋討稍難。卿與諸學士撰集要事並要文，以類相從，務取省便。令兒子等易見成就也。」説與徐堅、韋述等編此進上，詔以《初學記》爲名。賜修撰學士束帛有差。其書行於代。

劉肅《大唐新語》卷十《釐革二二》 開元中，天下無事。玄宗聽政之後，從禽自娱。又於蓬萊宫側立教坊，以習倡優（蔓）〔曼〕衍之戲。酸棗尉袁楚客以爲天子方壯，宜節之以雅，從禽好鄭衛，將蕩上心，乃引由余、太康之義，上疏以諷。玄宗納之，遷下邽主簿，而好樂如初。

玄宗嘗謁橋陵，至金粟山，覩崗巒有龍盤鳳翔之勢，謂左右曰：「吾千秋後，宜葬此地。」寶應初，追述先旨而置山陵焉。

玄宗北巡狩，至於太行坂，路隘，逢椑車，問左右曰：「車中何物？」曰：「椑。《禮》云：天子即位，爲椑，歲一漆之，示存不忘亡也。出則載以從，先王之制也。」玄宗曰：「焉用此！」命焚之。天子出不以椑從，自此始也。

劉肅《大唐新語》卷一一《褒錫二四》 開元初，左常侍褚無量與光禄卿馬懷素隔日侍讀。詔曰：「朕於百事考之，無如文籍。先王要道，盡在於斯。是欲令經史詳備，聽政之暇，遊心觀覽。」無量等奉詔整理内庫書，至六年，分部上架畢。制文武百官入乾元殿東廊觀察，移時乃出。於是賜無量等束帛有差。

劉肅《大唐新語》卷一三《郊禪三〇》 開元十三年，玄宗既封禪，問賀知章曰：「前代帝王，何故秘玉牒之文？」知章對曰：「玉牒本通神明之意。前代帝王所求各異，或禱年算，或求神仙，其事微密，故外人莫知之。」玄宗曰：「朕今此行，皆爲蒼生祈福，更無私請，宜將玉牒示百寮。」其詞曰：「有唐嗣天子臣某乙，敢昭告于昊天上帝：天啓李氏，運興土德。高祖、太宗，受命立極。高宗昇平，六合殷盛。中宗紹復，繼體丕定。上帝眷祐，錫臣忠武。底綏内難，翼戴聖父。恭承大寶，十有三年。敬若天意，四海宴然。封祀岱嶽，謝成於天。子孫百禄，蒼生受福。」御製撰《太山銘》親札勒山頂。詔張説製《封祀壇碑》以紀功德。

鄭處誨《明皇雜録》卷上 唐天后嘗召諸皇孫坐于殿上，觀其嬉戲，取竺西國所貢玉環釧杯盤，列於前後，縱令争取，以觀其志。莫不奔競，厚有所獲，獨玄宗端坐，略不爲動。后大奇之，撫其背曰：「此兒當爲太平天子。」遂命取玉龍子以賜。玉龍子，太宗於晉陽宫得之，文德皇后常置之衣箱中，及大帝載誕之三日後，以朱絡衣褓并玉龍子賜焉。其後常藏之内府。雖其廣不數寸，而温潤精巧，非人間所有。及玄宗即位，每京師愆雨，必虔誠祈禱。將有霖注，逼而視之，若奮鱗鬣。開元中，三輔大旱，玄宗復祈禱，而涉旬無雨，帝密投南内之龍池，俄而雲物暴起，風雨隨作。及幸西蜀，車駕次渭水，將渡，駐蹕於水濱。左右侍御或有臨流濯弄者，於沙中得之。上聞驚喜，視之泫然流泣曰：「此吾昔時所寶玉龍

子也。」自此，每夜中光彩輝燭一室。上既還京，爲小黃門攘竊以遺李輔國，李輔國常置於櫃中。輔國將敗，夜聞櫃中有聲，開視之，已亡其所。

鄭處誨《明皇雜録》卷下 唐玄宗在東洛，大酺於五鳳樓下，命三百里内縣令、刺史率其聲樂來赴闕者，或謂令較其勝負而賞罰焉。時河内郡守令樂工數百人於車上，皆衣以錦繡，伏廂之牛，蒙以虎皮，及爲犀象形狀，觀者駭目。時元魯山遣樂工數十人，聯袂歌《于蔿》。于蔿，魯山文也。玄宗聞而異之，試徵其詞，乃歎曰：「賢人之言也。」其後，上謂宰臣曰：「河内之人其在塗炭乎？」促命徵還，而授以散秩。每賜宴設酺會，則上御勤政樓。金吾及四軍兵士未明陳仗，盛列旗幟，皆帔黃金甲，衣短後繡袍。太常陳樂，衛尉張幕後，諸蕃酋長就食府縣。教坊大陳山車旱船，尋橦走索、丸劍角抵、戲馬鬭鷄。又令宫女數百，飾以珠翠，衣以錦繡，自帷中出，擊雷鼓爲《破陣樂》、《太平樂》、《上元樂》。又列大象，犀牛入場，或拜舞，動中音絆。每正月望夜，又御勤政樓，觀作樂。貴臣戚里，官設看樓。夜闌，即遣宫女於樓前歌舞以娱之。

玄宗幸華清宫，新廣湯池，製作宏麗。安禄山於范陽，以白玉石爲魚龍鳧雁，仍爲石梁及石蓮花以獻，雕鐫巧妙，殆非人工。上大悦，命陳於湯中，又以石梁横亘湯上，而蓮花纔出於水際。上因幸華清宫，至其所，解衣將入，而魚龍鳧雁皆若奮鱗舉翼，狀欲飛動。上甚恐，遽命撤去，其蓮花猶存。又嘗於宫中置長湯屋數十間，環迴甃以文石，爲銀鏤漆船及白香木船，置於其中，至於楫櫓，皆飾以珠玉。又於湯中壘瑟瑟及丁香爲山，以狀瀛洲、方丈。上將幸華清宫，貴妃姊妹競車服。爲一犢車，飾以金翠，間以珠玉，一車之費，不下數十萬貫。既而重甚，牛不能引，因復上聞，請各乘馬。於是競購名馬，以黃金爲銜韉，組繡爲障泥。共會於國忠宅，將同入禁中，炳炳照灼，觀者如堵。自國忠宅至於城東南隅，僕御車馬，紛紜其間。國忠方與客坐於門下，指而謂客曰：「某家起於細微，因緣椒房之親，以至於是。吾今未知税駕之所，念終不能致令名，要當取樂於富貴耳。」由是驕奢僭侈之態紛然，而昧處滿持盈之道矣。太平公主玉葉冠，虢國夫人夜光枕，楊國忠鎖子帳，皆稀代之寶，不能計其直。

玄宗嘗器重蘇頲，欲待以爲相，禮遇顧問，與羣臣特異。欲命相前一日，上祕密不欲左右知，迨夜將艾，乃令草詔，訪於侍臣曰：「外廷直宿誰？」遂命秉燭召來，至則中書舍人蕭嵩。上即以頲姓名授嵩，令草制書。既成，其詞曰「國之瓌寶」。上尋讀三四，謂嵩曰：「頲，瓌之子，朕不欲斥其父名，卿爲刊削之。」上仍命撤帳中屏風與嵩，嵩慚懼流汗，筆不能下者久之。上以嵩抒思移時，必當精密，不覺前席以觀。唯改曰：「國之珍寶」，他無更易。嵩既退，上擲其草於地曰：「虚有其表耳。」嵩長大多髯，上故有是名。左右失笑。上聞，遽起掩耳口，曰：「嵩雖才藝非長，人臣之貴，亦無與比，前言戲耳。」其默識神覽，皆此類也。

鄭處誨《明皇雜録》補遺 玄宗嘗命教舞馬四百蹄，各爲左右，分爲部，目爲某家寵、某家驕。時塞外亦有善馬來貢者，上俾之教習，無不曲盡其妙。因命衣以文繡，絡以金銀，飾其鬃鬣，間雜珠玉。其曲謂之《傾盃樂》者數十回，奮首鼓尾，縱横應節。又施三層板牀，乘馬而上，旋轉如飛。或命壯士舉一榻，馬舞於榻上，樂工數人立左右前後，皆衣淡黃衫、文玉帶，必求少年而姿貌美秀者。每千秋節，命舞於勤政樓下。其後上既幸蜀，舞馬亦散在人間。禄山常觀其舞而心愛之，自是因以數匹置於范陽。其後轉爲田承嗣所得，不之知也，雜之戰馬，置之外棧。忽一日，軍中享士，樂作，馬舞不能已。廝養皆謂其爲妖，擁篲以擊之。馬謂其舞不中節，抑揚頓挫，猶存故態。吏遽以馬怪白承嗣，命箠之甚酷，馬舞甚整，而鞭撻愈加，竟斃於櫪下。時人亦有知其舞馬者，懼暴而終不敢言。

唐玄宗自蜀回，夜闌登勤政樓，憑欄南望，煙雲滿目，上因自歌曰：「庭前琪樹已堪攀，塞外征夫久未還。」蓋盧思道之詞也。歌歇，上問：「有舊人乎？逮明爲我訪來。」翌日，力士潛求於里中，因召與同至，則果梨園子弟也。其夜，上復與乘月登樓，唯力士及貴妃侍者紅桃在焉。遂命歌《涼州詞》，貴妃所製，上親御玉笛爲之倚曲。曲罷相睹，無不掩泣。上因廣其曲，今《涼州》傳於人間者，益加怨切焉。至德中，明皇復幸華清宫，父老奉迎，壺漿塞路。時上春秋已高，常乘步輦，父老進曰：「前時上皇過此，常逐從禽，今何不爲？」上曰：「吾老矣，豈復堪此？」父老士女聞之，莫不悲泣。新豐市有女伶曰謝阿蠻，善舞《凌波曲》，常入宫中，楊貴妃遇之甚厚，亦遊於國忠及諸姨宅。上至華清宫，復令召焉。舞罷，阿蠻因出金粟裝臂環，云：「此貴妃所與。」上持之出涕，左右莫不嗚咽。

明皇既幸蜀，西南行，初入斜谷，屬霖雨涉旬，於棧道雨中聞鈴，音與山相應。上既悼念貴妃，採其聲爲《雨霖鈴》曲，以寄恨焉。時梨園子弟善吹觱篥者張野狐爲第一，此人從至蜀，上因以其曲授野狐。洎至德中，車駕復幸華清宫，從官嬪御多非舊人，上於望京樓中命野狐奏《雨霖鈴》曲，未半，上四顧淒涼，不覺流涕，左右感動，與之歔欷。其曲今傳於法部。

天寶中，諸公主相效進食，上命中官袁思藝爲檢校進食使，水陸珍羞數千，

一盤之貴，蓋中人十家之産。中書舍人竇華嘗因退朝，遇公主進食，方列於通衢，乃傳呵按轡，行於其間。宫苑小兒數百人奮梃而前，華僅以身免。

鄭處誨《明皇雜録》逸文　天寶中，上命宫女子數百人爲梨園弟子，皆居宜春北院。上素曉音律，時有馬仙期、賀懷智洞知音律。安禄山自范陽入覲，亦獻白玉簫管數百事，安皆陳于梨園。自是音響殆不類人間。有中官白秀貞自蜀使回，得琵琶以獻。其槽以邏逤檀爲之，温潤如玉，光輝可見，有金縷紅文蹙成雙鳳。貴妃每抱是琵琶奏於梨園，音韻淒清，飄如雲外。而諸王貴主洎虢國以下，競爲貴妃琵琶弟子，每奏曲畢，廣有進獻。

三元日，宣令崇玄學士講《道德》、《南華》等經，羣公咸就觀禮。

明皇自爲上皇，嘗玩一紫玉笛，一日吹笛，有雙鶴下，顧左右曰：「上帝召我爲孔昇真人。」未幾，果崩。

上所乘馬有玉花驄、照夜白。

天寶中，嶺南獻白鸚鵡，養之宫中，歲久頗聰慧，洞曉言詞。上及貴妃皆呼爲雪衣女。性即馴擾，常縱其飲啄飛鳴，然亦不離屏幃間。上令以近代詞臣詩篇授之，數遍便可諷誦。上每與貴妃及諸王博戲，上稍不勝，左右呼雪衣娘，必入局中鼓舞，以亂其行列，或啄嬪御及諸王手，使不能争道。忽一日，飛上貴妃鏡臺，語曰：「雪衣娘昨夜夢爲鷙鳥所搏，將盡於此乎？」上使貴妃授以《多心經》，記誦頗精熟，日夜不息，若懼禍難有所禳者。上與貴妃出于别殿，貴妃置雪衣娘于步輦竿上，與之同去。既至，上命從官校獵於殿下，鸚鵡方戲于殿上，忽有鷹搏之而斃。上與貴妃歎息久之，遂命瘞于苑中，爲立冢，呼爲鸚鵡冢。

鄭處誨《明皇雜録》補　明皇在南内，耿耿不樂，每自吟太白《傀儡詩》曰：「刻木牽絲作老翁，雞皮鶴髮與真同。須臾弄罷渾無事，還似人生一世中。」

李冗《獨異志》卷中　玄宗幸蜀之時，至東泰山，内臣高力士攏馬請下，東北陳四拜，奏曰：「陛下出幸忽遽，不得親辭九廟。此山最高，可望秦中。」玄宗悲感慟極，左右不勝哀咽。

鄭綮《開天傳信記》　開元初，上勵精理道，鏟革訛弊，不六七年，天下大治，河清海晏，物殷俗阜。安西諸國，悉平爲郡縣。自開遠門西行，亘地萬餘里，入河湟之賦稅。左右藏庫，財物山積，不可勝較。四方豐稔，百姓殷富，管户一千餘萬，米一斗三四文，丁壯之人，不識兵器。路不拾遺，行者不囊糧。其瑞疊應，重譯麕至，人情欣欣然，感登岱告成之事。上猶惕勵不已，爲讓者數四焉。是時，劉晏年八歲，獻《東封書》。上覽而奇之，命宰相出題，就中書試驗。張説、源乾曜等咸寵薦。上以晏聞生秀妙，引晏於内殿，縱六宫觀看。貴妃坐晏於膝上，親爲晏畫眉總丱髻。宫中人投果遺花者，不可勝數也。尋拜晏祕書省正字。

上於諸王友愛特甚，常思作長枕，與諸王同起卧。諸王有疾，上輒終日不食，終夜不寢，形憂於色。左右或開諭進食，上曰：「弟兄，吾手足也。手足不理，吾身廢矣，何暇更思美食安寢邪？」上於東都起五王宅，於上都製「花萼相輝」之樓，蓋爲諸王爲會集宴樂之地。上與諸王靡日不會聚，或講經義、論理道，間以球獵蒲博、賦詩飲食，歡笑戲謔，未嘗惰怠。近古帝王友愛之道，無與比也。

開元初，山東大蝗。姚元崇請分遣使捕蝗埋之。上曰：「蝗，天災也，誠由不德而致焉。卿請捕蝗，得無違而傷義乎？」元崇進曰：「臣聞《大田》詩曰『秉畀炎火』者，捕蝗之術也。古人行之於前，陛下用之於後，古人行之，所以安農；陛下行之，所以除害。臣聞安農，非傷義也，農安則物豐，除害則人豐樂，興農去害，有國之大事也，幸陛下熟思之。」上喜曰：「事既師古，用可救時，是朕心也。」遂行之。時中外咸以爲不可，上謂左右曰：「吾與賢相討論已定，捕蝗之事，敢議者死！」是歲所司結奏捕蝗蟲凡百餘萬石，時無飢饉，天下賴焉。

上將登封太山，益州進白騾至，潔朗豐潤，權奇偉異，上遂親乘之。柔習安便，不知登降之倦。告成禮畢，復乘而下。纔下山坳，休息未久，而有司言白騾無疾而殪。上歎異之，謚曰白騾將軍，命有司具棺櫝，疊石爲墓。在封禪壇北一里餘，于今存焉。

上爲皇孫時，風表瓌異，神彩英邁，嘗於朝堂叱武攸暨曰：「朝堂，我家朝堂，汝得恣蜂蠆而狼顧耶？」則天聞而驚異之，再三顧曰：「此兒氣概，終當爲吾家太平天子也。」

上封太山回，車駕次上黨。路之父老，負擔壺漿，遠近迎謁。上皆親加存問，受其獻饋，錫賚有差。父老有先與上相識者，上悉賜酒食，與之話舊。故過村部，必令詢訪孤老喪疾之家，加弔恤之。父老忻忻然，莫不瞻戴叩乞駐留焉。及車駕過金橋，御路縈轉，上見數十里間，旌纛鮮潔，羽衛整肅。顧謂左右曰：「張説言：『勒兵三十萬，旌旗千里間。陝右上黨，至於太原。』見《后土碑》。真才子也。」左右皆稱萬歲。上遂詔吴道玄、韋無忝、陳閎，令同製《金橋圖》。聖容及上所乘照夜白馬，陳閎主之；橋梁、山水、車輿、人物、草樹、雁鳥、器仗、帷幕，吴道玄主之；狗馬、騾驢、牛羊、駱駝、猫、猴、猪貀四足之類，韋無忝主之。圖成，

時謂三絕焉。

車駕次華陰，上見嶽神數里迎謁。上問左右，莫之見。遂詔諸巫問神安在，獨老巫阿馬婆奏云：「三郎，在路左，朱髮紫衣，迎候陛下。」上顧笑之，仍敕阿馬婆，敕神先歸。上至廟，見神櫜鞬，俯伏庭東南大柏樹下，又詔阿馬婆問之，對如上見。上加敬禮，命阿馬婆致意，而旋降詔先諸嶽，封爲金天王，仍上自書製碑文以寵異之。其碑高五十餘尺，闊丈餘，厚四五尺，天下碑莫比也。其陰刻扈從太子王公以下百官名氏。製作壯麗，巧無倫比焉。

上幸蜀回，車駕次劍門，門左右巖壁峭絕。上謂侍臣曰：「劍門天險若此，自古及今，敗亡相繼，豈非在德不在險耶？」因駐蹕題詩曰：「劍閣横空峻，鑾輿出守回。翠屏千仞合，丹障五丁開。灌木縈旗轉，仙雲拂馬來。乘時方在德，嗟爾勒銘才。」其詩至德二年普安郡太守賈深勒於石壁，今存焉。

上嘗坐朝，以手指上下按其腹。朝退，高力士曰：「陛下向來數以手指按其腹，豈非聖體小不安耶？」上曰：「非也。吾昨夜夢遊月宮，諸仙娱予以上清之樂，寥亮清越，殆非人間所聞也。酣醉久之，合奏諸樂以送吾歸。其曲淒楚動人，杳杳在耳。吾回，以玉笛尋之，盡得之矣。坐朝之際，慮忽遺忘，故懷玉笛，時以手指上下尋，非不安。」力士再拜賀曰：「非常之事也。願陛下爲臣一奏之。」其聲寥寥然，不可名言也。力士又再拜，且請其名。上笑言曰：「此曲名《紫雲回》。」遂載於樂章。今太常刻石在焉。

上封太山，進次滎陽旃然河上，見黑龍，命弧矢射之。矢發，龍潛滅，自爾旃然伏流，于今日餘年矣。按旃然即濟水也，溢而爲滎，遂名旃然。《左傳》云「楚師濟于旃然」是也。《開天傳信記》。又《廣記》四

唐開元末，于弘農古函谷關得寶符，白石赤文，正成「乘」字。識者解之云：「乘者四十八，所以示聖人御曆之數也。」及帝幸蜀之來歲，正四十八年。得寶之時，天下歌之曰：「得寶耶？弘農耶？弘農耶？得寶耶？」得寶之年，遂改元爲天寶。

天寶初，上游華清宫。有劉朝霞者，獻《駕幸温泉賦》。詞調倜儻，雜以俳諧，文多不載。今略其詞曰：「若夫天寶二年，十月後兮臘月前，辦有司之供具，命駕幸于温泉。天門軋開，露神仙之輻輳；鑾輿劃出，驅甲仗以駢闐。青一隊兮黄一隊，熊踏胸兮豹拏背；朱一團兮繡一團，玉鏤珂兮金鈒鞍。」述德云：「直攫得盤古髓，掐得女媧瓤，遮莫你古時千帝，豈如我今日三郎。」自敘云：「別有窮奇蹭蹬，失路猖狂，骨憧雖短，伎藝能長。夢裏幾回富貴，覺來依舊悽惶。今日是千年一遇，叩頭莫五角六張。」帝覽而奇之，將加殊賞，上命朝霞改去「五角六張」字。奏云：「臣草此賦時，有神助，自謂文不加點，筆不停綴，不願從天而改。」上顧曰：「真窮薄人也。」遂授以宫衛佐而止焉。

韋絢《劉賓客嘉話録》 德宗降誕三日，玄宗立於高階上，肅宗次之，代宗又次之，保母襁褓德宗來，呈，色不白皙，耳仆前，肅宗、代宗皆不悦。二帝以手自下遞傳呈上。玄宗一顧之，曰：「真我兒也。」謂肅宗曰：「汝不及他。」又謂代宗曰：「汝亦不及他，髣髴似我。」既而在位二十七年，壽六十三。肅宗登位五年，代宗登位十五年。後明皇帝幸蜀，至中路，曰：「岧郎亦一遍到此來裏。」及德宗幸梁，是驗也。乃知聖人應天受命，享國脩遠，豈徒然哉。

佚名《大唐傳載》 沙門一行，開元中嘗奏玄宗云：「陛下行幸萬里，聖祚無疆。」故天寶中幸東都，庶盈萬數。及上幸蜀，至萬里橋，方悟焉。

天寶中，天下無事。選六宫風流豔態者，名「花鳥使」，主宴。

玄宗幸蜀，天廄八駿，其七盡斃於棧道，惟一雲騅存焉。德宗幸梁，亦充御馬。

王仁裕《開元天寶遺事》卷上《步輦召學士》 明皇在便殿，甚思姚元崇論時務。七月十五日，苦雨不止，泥濘盈尺。上令侍御者擡步輦召學士來。時元崇爲翰林學士，中外榮之。自古急賢待士，帝王如此者，未之有也。

王仁裕《開元天寶遺事》卷上《七寶山座》 明皇於勤政樓，以七寶裝成山座，高七尺，召諸學士講議經旨及時務，勝者得升焉。惟張九齡論辯風生，升此座，餘人不可階也。時論美之。

王仁裕《開元天寶遺事》卷上《隨蝶所幸》 開元末，明皇每至春時旦暮，宴於宫中，使嬪妃輩争插豔花，帝親捉粉蝶放之，隨蝶所止幸之。後因楊妃專寵，遂不復此戲也。

王仁裕《開元天寶遺事》卷上《花妖》 初有木芍藥植於沉香亭前，其花一日忽開一枝兩頭，朝則深紅，午則深碧，暮則深黄，夜則粉白，晝夜之内，香豔各異。帝謂左右曰：「此花木之妖，不足訝也。」

王仁裕《開元天寶遺事》卷上《助嬌花》 御苑新有千葉桃花，帝親折一枝插於妃子寶冠上，曰：「此箇花尤能助嬌態也。」

王仁裕《開元天寶遺事》卷上《助情花》 明皇正寵妃子，不視朝政。安禄山

初承聖睠，因進助情花香百粒，大小如粳米而色紅。每當寢處之際，則含香一粒，助情發興，筋力不倦。帝秘之曰：「此亦漢之慎䘏膠也。」

王仁裕《開元天寶遺事》卷上《金衣公子》 明皇每於禁苑中見黄鶯，常呼之爲「金衣公子」。

王仁裕《開元天寶遺事》卷上《銷恨花》 明皇於禁苑中，初有千葉桃盛開，帝與貴妃日逐宴於樹下。帝曰：「不獨萱草忘憂，此花亦能銷恨。」

王仁裕《開元天寶遺事》卷下《醒酒花》 明皇與貴妃幸華清宮，因宿酒初醒，憑妃子肩同看木芍藥。上親折一枝，與妃子遞嗅其艷，帝曰：「不惟萱草忘憂，此花香艷，尤能醒酒。」

王仁裕《開元天寶遺事》卷下《被底鴛鴦》 五月五日，明皇避暑遊興慶池，與妃子晝寢於水殿中。宮嬪輩憑欄倚檻，争看雌雄二鸂鶒戲於水中。帝時擁貴妃於綃帳内，謂宮嬪曰：「爾等愛水中鸂鶒，争如我被底鴛鴦？」

王仁裕《開元天寶遺事》卷下《半仙之戲》 天寶宮中，至寒食節，競竪鞦韆，令宮嬪輩戲笑以爲宴樂。帝呼爲「半仙之戲」，都中士民因而呼之。

王仁裕《開元天寶遺事》卷下《投錢賭寢》 明皇未得妃子，宮中嬪妃輩投金錢賭侍帝寢，以親者爲勝。召入妃子，遂罷此戲。

王仁裕《開元天寶遺事》卷下《解語花》 明皇秋八月，太液池有千葉白蓮數枝盛開，帝與貴戚宴賞焉。左右皆歎羨。久之，帝指貴妃示於左右曰：「争如我解語花？」

王仁裕《開元天寶遺事》卷下《文帥》 明皇常謂侍臣曰：「張九齡文章，自有唐名公皆弗如也。朕終身師之，不得其一二。此人真文場之元帥也。」

王仁裕《開元天寶遺事》卷下《金函》 明皇憂勤國政，諫無不從，或有章疏規諷，則探其理道優長者貯於金函中，日置於右，時取讀之，未嘗懈怠也。

王仁裕《開元天寶遺事》卷下《錦鴈》 奉御湯中以文瑶密石，中央有玉蓮，湯泉涌以成池，又縫錦繡爲鳧鴈於水中，帝與貴妃施鈒鏤小舟，戲玩於其間。宮中退水，出於金溝，其中珠纓寶絡流出街渠，貧民日有所得焉。

王仁裕《開元天寶遺事》卷下《忍字》 光禄卿王守和，未嘗與人有争，嘗於案几間大書「忍」字，至於幃幌之屬，以繡畫爲之。明皇知其姓字，非時引對，問曰：「卿名守和，已知不争，好書『忍』字，尤見用心。」奏曰：「臣聞堅而必斷，剛則必折，萬事之中，『忍』字爲上。」帝曰：「善。」賜帛以旌之。

王仁裕《開元天寶遺事》卷下《風流陣》 明皇與貴妃，每至酒酣，使妃子統宮妓百餘人，帝統小中貴百餘人，排兩陣于掖庭中，目爲風流陣。以霞被錦被張之，爲旗幟攻擊相鬭，敗者罰之巨觥以戲笑。時議以爲不祥之兆，後果有禄山兵亂，天意人事不偶然也。

王仁裕《開元天寶遺事》卷下《望月臺》 玄宗八月十五日夜與貴妃臨太液池，憑欄望月不盡，帝意不快，遂勑令左右：于池西岸别築百尺高臺，與吾妃子來年望月。後經禄山之兵，不復置焉，惟有基址而已。

王仁裕《開元天寶遺事》卷下《竹義》 太液池岸有竹數十叢，牙筍未嘗相離，密密如栽也。帝因與諸王閑步于竹間，帝謂諸王曰：「人世父子兄弟，尚有離心離意，此竹宗本不相疏，人有懷貳心生離間之意。覩此可以爲鑑。」諸昜王皆唯唯，帝呼爲「竹義」。

陶穀《清異録》卷一《君道門》 開元中，後宮繁衆，侍御寢者難於取捨，爲彩局兒以定之。集宮嬪，用骰子擲，最勝一人乃得專夜。宦璫私號骰子爲「剉角媒人」。

陶穀《清異録》卷二《菓門》 天寶年，内中柑樹結實，帝日與貴妃賞御，呼爲「瑞聖奴」。

陶穀《清異録》卷三《器具門》 明皇因對寧王，問：「卿近日棋神威力何如？」王奏：「臣憑托陛下聖神，庶或可取。」上喜，呼：「將方亭侯來。」二宮人以玉界局進，遂與王對手。

《太平廣記》卷一八八《唐玄宗》引《戎幕閒談》 玄宗爲太上皇時，在興慶宮，屬久雨初晴，幸勤政樓。樓下市人及往來者愈喜，曰：「今日再得見我太平天子！」傳呼萬歲，聲動天地。時肅宗不豫，李輔國誣奏云：「此皆九仙媛、高力士、陳玄禮之異謀也。」下矯詔遷太上皇於西内，絶其扈從，部伍不過老弱二三十人。及中道，攢刃輝日，輔國統之，太上皇驚，欲墜馬數四，左右扶持，得免。高力士躍馬前進，厲聲曰：「五十年太平天子，李輔國舊爲家臣，不宜無理。」李輔國下馬，失轡。又宣太上皇誥曰：「將士各得好在否？」於是輔國令兵士咸韜刃鞘中，高聲云：「太上皇萬福。」一時拜舞。力士又曰：「李輔國攏馬。」輔國遂攏馬，著靴行，與將士等護侍太上皇平安到西内。輔國領衆既退，太上皇泣持力士手曰：「微將軍，阿瞞已爲兵死鬼矣！」九仙媛、力士、玄禮長流遠惡處。此事本在朱崖太尉竟爲輔國所搆，九仙媛於嶺南安置，力士、玄禮皆嗚咽流涕。翌日，

所續《柳史》第十六條，蓋以避時忌，所以不書也。

錢易《南部新書》卷戊 開元六年，西幸至蘭峯頓。乘輿每出，所宿侍臣皆從。既而馳逐原野，然從官分散，宰相即先于前頓朝堂列位，乘輿至，必鞭揖之方入。是日，上垂鞭盛氣，不顧而入，蘇、宋懼。蓋怒河南尹李朝隱橋頓不備也，解之方息。

開元二十五年西幸，駐蹕壽安連曜宫。宫側有精舍，庭内刹柱高五丈。有立于承露盤者，上望見之，初謂姦盜覘視宫掖，使中官就竿下詰之。人曰：「吾欲捨身。本是知湯前官，被知湯中使邀錢物，已輸十縑，索仍不已。每進湯水，輒投土其中，事若闕供，責怒必死，寧死于捨身爾。」具以聞，詔高力士召知湯中使賫絹于竿下謝之，仍命徹尚舍衛尉幕委積于竿下。其人禮十方畢，以身投地，墜于幕外。舉體深紅色，初尚微動，須臾絶。詔集文武從官于朝堂，杖殺中使，勑府縣厚葬殯者。

錢易《南部新書》卷己 開元十九年冬，駕東巡至陜，以廳爲殿，郭門皆屬城門局。薛王車半夜發，及郭，西門不開，掌門者云：「鑰匙進内。」家僕不之信，乃壞鎖徹關而入。比明日，有司以聞，上以金吾警夜不謹，將軍段崇簡授代州督，壞鎖奴杖殺之。

錢易《南部新書》卷辛 驪山湯甫邇京邑，帝王時所遊幸。玄宗于驪山置華清宫，每年十月車駕自京而出，至春乃還。百官羽衛并諸方朝集，商賈繁會，里閭闐咽焉。山上起朝元閣，上常登眺。命羣臣賦詩，正字劉飛詩最清拔，特蒙激賞。右相李林甫怒飛不先呈己，出爲一尉，竟不入而卒，士字冤之。喪亂以來，湯所館殿，鞠爲茂草。

錢易《南部新書》卷壬 華岳雲臺觀中方之上，有山崛起，半甕之狀，名曰：甕肚峰。上賞望，嘉其高迥。欲於峰腹大鑿「開元」二字，填以白石，令百餘里望見。諫官上言，乃止。

樂史《楊太真外傳》卷上 時新豐初進女伶謝阿蠻，善舞。上與妃子鍾念，因而受焉。就按於清元小殿，寧王吹玉笛，上羯鼓，妃琵琶，馬仙期方響，李龜年觱篥，張野狐箜篌，賀懷智拍板。自旦至午，歡洽異常。時唯妃女弟秦國夫人端坐觀之。曲罷，上戲曰：「阿瞞（上在禁中，多自稱也）樂籍，今日幸得供養夫人。請一纏頭！」秦國曰：「豈有大唐天子阿姨，無錢用耶？」遂山三百萬爲一局焉。樂器皆非世有者，才奏而清風習習，聲出天表。

葉廷珪《海録碎事》卷一〇《人間無》 明皇東封，至嘉會頓，有兔起於御馬之前，引弓傍射，獲之。時突厥遣其大臣頡利發入朝，因扈從，頡利發下馬捧兔，舞蹈曰：「聖人神武超絶，若天上則不知，人間無也。」

王讜《唐語林》卷一《政事上》 玄宗宴蕃客，唐崇句當音聲，先述國家盛德，次序朝廷歡娱，又贊揚四方慕義，言甚明辨。上極歡。崇因長入人許小客求教坊判官，久之未敢奏。一日，過崇曰：「今日崖公甚蜆斗，欲爲弟奏請，沈吟未敢。」崇謂小客有所欲，乃贈絹兩束。後數日，上憑小客肩，行永巷中。小客曰：「臣請奏事。」上乃推去之，問曰：「何事？」對曰：「臣所奏，坊中事耳。」小客方言唐崇，上遽曰：「欲得教坊判官也？」小客蹈舞曰：「真聖明，未奏即知。」上曰：「前宴蕃客日，崇辭氣分明，我固賞之，判官何慮不得？汝出報，令明日玄武門來。」小客歸以語崇，崇蹈舞權躍。上密敕北軍曰：「唐崇來，可馳馬踐殺之。」明日，不果殺。乃敕教坊使范安及曰：「唐崇何等，敢干請小客奏事？可決杖，遞出五百里外。小客更不須令來。」

王讜《唐語林》卷四《豪爽》 玄宗起涼殿，拾遺陳知節上疏極諫。上令力士召對。時暑毒方甚，上在涼殿，座後水激扇車，風獵衣襟。知節至，賜坐石榻。陰霤沈吟，仰不見日，四隅積水成簾飛灑，座内含凍。復賜冰屑麻節飲。陳體生寒慄，腹中雷鳴，再三請起方許，上猶拭汗不已。陳纔及門，遺洩狼籍，逾日復故。謂曰：「卿論事宜審，勿以己方萬乘也。」

備論

《舊唐書》卷九《玄宗紀下》 史臣曰：孔子稱「王者必世而後仁」。李氏自武后移國三十餘年，朝廷罕有正人，附麗無非險輩。持苞苴而請謁，奔走權門；效鷹犬以飛馳，中傷端士。以致斲喪王室，屠害宗枝。骨鯁大臣，屢遭誣陷，舞文酷吏，坐致顯榮。禮儀無復興行，刑政壞於犬馬，端揆出阿黨之語，冕旒有和事之名，朋比成風，廉恥都盡。

我開元之有天下也，糾之以典刑，明之以禮樂，愛之以慈儉，律之以軌儀。黜前朝徼倖之臣，杜其姦也；焚後庭珠翠之玩，戒其奢也；禁女樂而出宫嬪，明其教也；賜酺賞而放哇淫，懼其荒也；敍友于而敦骨肉，厚其俗也；蒐兵而責

帥，明軍法也；朝集而計最，校吏能也。廟堂之上，無非經濟之才；表著之中，皆得論思之士。而又旁求宏碩，講道藝文。昌言嘉謨，日聞於獻納；長轡遠馭，志在於昇平。貞觀之風，一朝復振。于斯時也，烽燧不驚，華戎同軌。西蕃君長，越繩橋而競款玉關；北狄酋渠，捐毳幕而爭趨鴈塞。象郡、炎州之玩，雞林、鯷海之珍，莫不結轍於象胥，駢羅於典屬。膜拜丹墀之下，夷歌立仗之前，可謂冠帶百蠻，車書萬里。天子乃覽雲臺之義，草泥金之札，然後封日觀，禪雲亭，訪道於穆清，怡神於玄牝，與民休息，比屋可封。於時垂髫之倪，皆知禮讓；戴白之老，不識兵戈。虜不敢乘月犯邊，士不敢彎弓報怨。「康哉」之頌，溢于八紘。所謂「世而後仁」，見於開元者矣。年踰三紀，可謂太平。

於戲！國無賢臣，聖亦難理；山有猛虎，獸不敢窺。得人者昌，信不虛語。昔齊桓公行同禽獸，不失霸主之名；梁武帝静比桑門，竟被臺城之酷。蓋得管仲則淫不害霸，任朱異則善不救亡。開元之初，賢臣當國，四門俱穆，百度唯貞，而釋、老之流，頗以無爲請見。上乃務清净，事薰修，留連軒后之文，舞詠伯陽之説，雖稍移於勤倦，亦未至於怠荒。俄而朝野怨咨，政刑紕繆，何哉？用人之失也。自天寶已還，小人道長。如山有朽壞，雖大必虧；木有蠹虫，其榮易落。以百口百心之讒諂，蔽兩目兩耳之聰明，苟非鐵腸石心，安得不惑！而獻可替否，靡聞姚、宋之言；妬賢害功，但有甫、忠之奏。豪猾因兹而睥睨，明哲於是乎卷懷，故禄山之徒，得行其僞。厲階之作，匪降自天，謀之不臧，前功併棄。惜哉！

贊曰：開元握圖，永鑒前車。景氣融朗，昏氛滌除。政纔勤倦，妖集廷除。先民之言，「靡不有初」。

《新唐書》卷五《玄宗紀》　贊曰：睿宗因其子之功，而在位不久，固無可稱者。嗚呼，女子之禍於人者甚矣！自高祖至于中宗，數十年間，再罹女禍，唐祚既絶而復續，中宗不免其身，韋氏遂以滅族。玄宗親平其亂，可以鑒矣，而又敗以女子。方其勵精政事，開元之際，幾致太平，何其盛也！及侈心一動，窮天下之欲不足爲其樂，而溺其所甚愛，忘其所可戒，至於竄身失國而不悔。考其始終之異，其性習之相遠也至於如此。可不慎哉！可不慎哉！

《資治通鑑》卷二一一唐玄宗開元二年七月條　上以風俗奢靡，秋，七月，乙未，制：「乘輿服御、金銀器玩，宜令有司銷毁，以供軍國之用；其珠玉、錦繡，焚於殿前；乘，繩證翻。后妃以下，皆毋得服珠玉錦繡。」戊戌，敕：「百官所服帶及酒器、馬銜、鐙，鐙，都鄧翻，鞍鐙也。三品以上，聽飾以玉，四品以金，五品以銀，自餘皆禁之；婦人服飾從其夫、子。夫，子者，夫若子也。其舊成錦繡，聽染爲皂。自今天下更毋得采珠玉，織錦繡等物，違者杖一百，工人減一等。」唐法：杖一百，決臀杖二十；減一等則杖八十。罷兩京織錦坊。

臣光曰：明皇之始欲爲治，治，直吏翻。能自刻厲節儉如此，晚節猶以奢敗；甚哉奢靡之易以溺人也！《詩》云：「靡不有初，鮮克有終。」《詩蕩》之辭。易，以豉翻。鮮，息淺翻。可不慎哉！

《資治通鑑》卷二一一唐玄宗開元三年正月條　春，正月，癸卯，以盧懷慎檢校吏部尚書兼黄門監。懷慎清謹儉素，不營資産，雖貴爲卿相，所得俸賜，隨散親舊，俸，芳用翻。妻子不免飢寒，所居不蔽風雨。

姚崇嘗有子喪，喪，息浪翻。謁告十餘日，政事委積，懷慎不能決，惶恐，入謝於上。上曰：「朕以天下事委姚崇，以卿坐鎮雅俗耳。」崇既出，須臾，裁決俱盡，頗有得色，顧謂紫微舍人齊澣曰：「余爲相，可比何人？」澣未對。崇曰：「何如管、晏？」澣曰：「管、晏之法雖不能施於後，猶能没身。公所爲法，隨復更之，似不及也。」復，扶又翻。更，工衡翻。觀姚崇之所以問，齊澣之所以對，皆揣己以方人，欲不失其實。今之好議論者，當大臣得權之時，則譽之爲伊、傅、周、召；爲大臣者安受之而不愧。失權之後，則詆之爲王莽、董卓、李林甫、楊國忠，爲大臣者亦受之而不得以自明。則今日之諂我者，乃他日之毁我者也。崇曰：「然則竟如何？」澣曰：「公可謂救時之相耳。」崇喜，投筆曰：「救時之相，豈易得乎！」

懷慎與崇同爲相，自以才不及崇，每事推之，易，以豉翻。推，吐雷翻，又如字。時人謂之「伴食宰相」。

臣光曰：昔鮑叔之於管仲，子皮之於子産，皆位居其上，能知其賢而下之，授以國政；孔子美之。管仲請囚於魯，鮑叔受之以歸，言於桓公曰：「管夷吾治於高傒，使相可也。」桓公用之，遂霸諸侯。鄭子皮當國，授子産政，子産辭。子皮曰：「虎帥以聽，孰敢不聽！」遂授以政，鄭國大治。下，遐稼翻。曹參自謂不及蕭何，一遵其法，無所變更；漢業以成。事見十二卷漢惠帝二年。更，工衡翻。夫不肖用事，爲其僚者，愛身保禄而從之，不顧國家之安危，是誠罪人也。賢智用事，爲其僚者，愚惑以亂其治，專固以分其權，媢嫉以毁其功，愎戾以竊其名，是亦罪人也。治，直吏翻。媢，音冒。愎，弼力翻。崇，唐之賢相，懷慎與之同心戮力，以濟明皇太平之政，夫何罪哉！《秦誓》曰：「如有一介臣，斷斷猗，無他技；斷，丁亂翻。猗，於綺翻，又於宜翻。技，渠綺翻：下同。其心休休焉，其如有容；人之有技，若己有之，人之彦聖，其心

好之，好，呼到翻。不啻如自其口出，是能容之，以保我子孫黎民，亦職有利哉。」懷慎之謂矣。

《資治通鑑》卷二一三唐玄宗開元十四年十二月條 是歲，黑水靺鞨遣使入見；黑水靺鞨在流鬼國西南，女真即其遺種也。靺鞨，音末曷。見，賢遍翻。上以其國爲黑水州，仍爲置長史以鎮之。「長史」恐當作「長吏」。仍爲，于僞翻。

勃海靺鞨王武藝曰：「黑水入唐，道由我境。往者請吐屯於突厥，突厥置吐屯以領諸附從之國。厥，九勿翻。先告我與我偕行；今不告我而請吏於唐，是必與唐合謀，欲腹背攻我也。」遣其母弟門藝與其舅任雅將兵擊黑水。將，即亮翻；下同。門藝嘗爲質子於唐，質，音致。諫曰：「黑水請吏於唐，而我以其故擊之，是叛唐也。唐，大國也。昔高麗全盛之時，强兵三十餘萬，不遵唐命，掃地無遺。掃地無遺，言國亡無遺育也；事見《太宗》、《高宗紀》。麗，力知翻。況我兵不及高麗什之一二，一旦與唐爲怨，此亡國之勢也。」武藝不從，强遣之。强，其兩翻。門藝至境上，復以書力諫。武藝怒，遣其從兄大壹夏代之將兵，召，欲殺之。門藝棄衆，間道來奔，復，扶又翻。夏，户雅翻。從，才用翻。間，古莧翻。制以爲左驍衛將軍。武藝遣使上表罪狀門藝，請殺之。驍，堅堯翻。使，疏吏翻。上，時掌翻。上密遣門藝詣安西；留其使者，别遣報云，已流門藝於嶺南。武藝知之，上表稱「大國當示人以信，豈得爲此欺誑？」誑，居況翻。固請殺門藝。上以鴻臚少卿李道邃、源復不能督察官屬，致有漏泄，皆坐左遷。唐九寺皆有少卿二人。鴻臚掌四夷之客，故以漏泄爲罪。臚，陵如翻。少，始照翻。暫遣門藝詣嶺南以報之。

臣光曰：王者所以服四夷，威信而已。門藝以忠獲罪，自歸天子；天子當察其枉直，賞門藝而罰武藝，爲政之體也。縱不能討，猶當正以門藝之無罪告之。今明皇威不能服武藝，恩不能庇門藝，顧效小人爲欺誑之語以取困於小國，乃罪鴻臚之漏泄，不亦可羞哉！

孫甫《唐史論斷》卷中《開元神武皇帝尊號》 論曰：古天子之稱，曰皇曰帝、王，蓋稱其德也。秦不顧德之所稱，但自務尊極，故稱皇帝，然亦未有尊號也。至漢哀帝始有「聖劉太平」之號，此豈可爲法乎？高祖、太宗各有功德，俱無尊號。高宗徇武后之意，始稱「天皇」；中宗從韋庶人之欲，乃號「應天」。二宗并爲婦人所制，綱紀號令，不由於己，其行事紛亂，果合天理乎？而稱曰「天皇」，號曰「應天」，是妄自尊大，但取千萬世罵與笑耳。明皇以賢繼位，祖宗善惡之事，聞見固熟，何故忘高祖、太宗之實德，襲高宗、中宗之虚名？蓋臣下諂諛，不守經義，逢君之過而然也。故所上表明言「何必稽古」，此人臣不忠之言耳。人君行事，不可泥古之迹，又不可不稽古之道。泥古迹則失於通變之機，不稽古道無以成大中之法。況明皇英偉之主，志氣雄俊，臣下當以古道諷之，尚慮越逸，何得更言「何必稽古」以導其侈心乎？

孔平仲《舍人集》卷二《唐明皇論》 唐明皇之治，盛於開元之間，而衰於天寶之際。自唐之名臣崔羣、崔植之徒，皆曰用姚崇、宋璟則治，任李林甫、牛仙客則亂。爲是説者，固深知治亂之源者也。雖然，任君子則理，任小人則亂，天下之人皆足以知之，不待辨而著者也。臣嘗以爲天下之治亂，豈特係乎任相之得失，亦人君之所爲，有以自速之耳。蓋崇清净、慕無爲者，開元之治所以衰，而天寶之亂所以致也。何哉？人君據崇高富貴之地，提生殺予奪之權，身居廣宫，口享備味，目視天下之美色，耳聽天下之善聲，凡所以順心意、快嗜欲者，未有求而不得，招而不至也。是以其志易驕，其情易肆，其恭儉遜謹之誠易壞，其淫佚奢汰之氣易生。而古之賢君不至乎是者，以有天下之憂累其心也。惟天下之憂累其心，故日出而坐朝，中昃而後食，夜分而寐，未旦而蚤起，疲心焦思乎社稷安危、元元利害之計，猶不自以爲足，況有暇於燕游之樂、聲色之惑哉？夫如是，然後享天下之崇高，而不足以驕其志也。故後世稱堯之德者，曰以天下爲憂，而不以位爲樂。彼豈特有愛民恤物之誠，然後兢兢若此耶？亦其勢然也。明皇中年惑於道家之説，晏然深宫之中，屏思徹慮，將以遊心大庭，追迹姑射，則天下之憂固已不置於胸中矣。以人主之尊安富樂，而又加以天下之憂不置於胸中，此固般樂侈汰之所由生也。於是女謁之險詖得以亂其志，近倖之巧言得以入其耳，邀功之將得以開其辨，聚斂之臣得以伸其説，而明皇方且默然於上，視天下之勢日入於壞，而猶未知恤也。此所以遽至於天寶之亂與。昔梁武帝溺於桑門之學，而臺城之禍起，至明皇而又以道家之説敗焉，則釋、老之學果無益於治，而秖以亂天下也。孔子曰：「攻乎異端，斯害也已。」治天下者可不戒哉！

吕祖謙《宋文鑑》卷一〇一引崔鶠《明皇論》 穆王戒太僕曰：「僕臣正，厥后克正；僕臣諛，厥后自聖。」仲虺告成湯曰：「能自得師者王，謂人莫己若者亡。」夫實凡也，而自以爲聖，則偃然以天下爲莫己若。以天下爲莫己若，則有罪不聞，有過不改，禍亂之形成而卒以不悟。是亡之道也。以唐考之，克有天下者十有八王，而不以諛臣之故别加稱號者，高祖、太宗、睿宗、文宗四君而已，其餘皆立虚名。而開元、天寶之間，羣臣至六上尊號，嗟乎！諛亦甚矣。而明皇受而

不辭，蓋將自以爲聖者歟。其播越流離至於亡國，非不幸也。夫加以天地道德聖神文武之號，兼覆載之大美，極今古之徽稱，彼其臣遂以爲誠爾邪？直以爲吾君好諛喜佞，故逢之也。以爲誠爾，則天不以號然後推其高，地不以名然後推其厚。三皇無有也，五帝無有也，自古賢君懿主皆無有，而吾祖宗亦無有也。彼其後世中君幽主獨有之，是直以好諛喜佞待吾君而以諛佞逢之，人君之賊也。聖矣夫，光武之爲君也！詔天下上書不得言聖。明矣哉，顯宗之爲君也！曰先帝詔書，禁人言聖，自今有過稱虛譽，尚書宜抑而不省，示不爲諂子嗤也〔一〕。嗚乎！姦人之情得矣，其成建武、永平之盛有以矣夫。

范祖禹《唐鑑》卷四《玄宗上》 開元元年七月，以高力士爲右監門將軍，知内侍省事。初，太宗定制，内侍省不置三品官，黄衣廩食守門傳命而已。天后雖女主，宦官亦不用事。中宗時嬖幸猥多，宦官七品以上至千餘人，然衣緋者尚寡。帝在藩邸，力士傾心奉之，及爲太子，奏爲内給事，至是以誅蕭岑功賞之。是後宦官稍增至三千餘人，除三品將軍者寖多，衣緋紫者千餘人。宦官之盛自此始。

臣祖禹曰：自古國家之敗，未有不由子孫更變祖宗之舊也。創業之君，其得之也難，故其防患也深，其慮之也遠，故其立法也密。後世雖有聰明才智之君，高出羣臣之表，然未若祖宗更事之多也。夫中人不可假以威權，蓋近而易以爲姦也。明皇不戒履霜之漸，而輕變太宗之制，崇寵宦者，增多其員。自是以後，寖干國政，其原一啓，末流不可復塞。唐室之禍，基於開元。《書》曰：「監于先王成憲，其永無愆。」爲人後嗣，可不念之哉！

十月，姚崇爲相，嘗奏請序進郎吏，帝仰視殿屋，崇再三言之，終不應，崇懼趨出。高力士諫曰：「陛下新總萬機，宰相奏事，當面加可否，奈何一不省察。」帝曰：「朕任崇以庶政，大事當奏聞共議之，郎吏卑秩，乃一一煩朕邪？」會力士宣事至省中，爲崇道帝語，崇乃喜。聞者皆服帝識人君之體。

臣祖禹曰：人君勞於求賢，逸於任人，古者疇咨僉諧然後用之，苟得其人，則任而勿疑，乃可以責成功。明皇既相姚崇而委任之，如此其能致開元之治，不亦宜哉。

二年正月，并州長史薛訥奏請擊契丹，帝亦以冷陘之役欲討之。羣臣姚崇等多諫。甲申，以訥同紫微黄門三品將兵擊契丹，羣臣乃不敢言。

臣祖禹曰：姚崇等以其君討契丹爲是邪當成之，爲非邪當争之，不可微諫而止也。明皇既不聽諫，又益甚之，遂相薛訥而使之將兵，崇等乃不敢言。則是人君可以威脅羣臣而遂其非也，然則君有大過將何以止之。夫人臣諫而不聽，則當去位，苟不能彊諫而視其君之過舉，至於天下咸怨，其臣則曰非我不諫君，不能用我也。始則擇利以處其身，終則引謗以歸於君。此不忠之大者也。使君驕其臣而輕於用武，天下不勝其弊，崇之罪也。

帝素友愛，近世帝王莫能及。初即位，爲長枕大被與兄弟同寢，聽朝罷，多從諸王遊在禁中，拜跪如家人禮，飲食起居相與同之，於殿中設五幄，與諸王更處其中，謂之五王帳。宋王成器尤恭慎，未嘗議及時政，與人交結，帝愈信重之。故讒間之言無自而入。

臣祖禹曰：文王孝於王季，故友于兄弟，睦於大姒，故慈于子孫以及其家邦，至於鳥獸草木無不被澤者，推其心而已矣。先王未有孝而不友，友而不慈者也。至於後世帝王或能於此，則不能於彼，何哉？非其才不足以爲聖賢，不能舉斯心加諸彼而已。明皇以藩王有功，成器居嫡長，而能辭位以授之，故明皇之心篤於兄弟。蓋成器之行有以養其友愛之心也。是以能全其天性，而讒間之言無自入焉。嗚呼！苟能充是心，則仁不可勝用也。至於爲人父則以讒殺其子，爲人夫則以嬖黜其妻，爲人君則以非罪殄戮其臣下，是皆不能充其類也，苟不能充其類，則其爲善，豈不出於利心哉！

姚、宋相繼爲相，二人每進見，帝輒爲之起，去則臨軒送之。及李林甫爲相，雖寵任過於姚、宋，然禮遇殊卑薄矣。

臣祖禹曰：三公坐而論道，天子所與共天位治天職者也。故其禮不可不尊，其任不可不重。自堯舜至于三代，尊禮輔相，詩書著矣。漢承秦敝，崇君卑臣，然猶宰相進見，天子御坐爲起，在輿爲下，所以體貌大臣而風厲其節也。開元之初，明皇勵精政治，優禮故老，姚宋是師。天寶以後，宴安驕侈，倦求賢俊，委政羣下，彼小人者唯利是就，不顧國體，巧言令色以求親昵，人主甘之，薄於禮，厚於情，是以林甫得容其姦。故人君不體貌大臣，則賢者日退而小人日進矣。

范祖禹《唐鑑》卷五《玄宗下》 開元十三年。初，隋國馬皆爲盜賊及戎狄所掠，唐初纔得牝牡三千匹於赤岸澤，徙之隴右，命太僕張萬歲掌之。萬歲善於其職，自貞觀至麟德，馬蕃息及七十萬匹，分爲八坊四十八監，各置使以領之。是時天下以一縑易一馬，垂拱以後馬潛耗太半。帝初即位，牧馬有二十四萬匹，以太僕卿王毛仲爲内外閑厩使，少卿張景順副之。至是有馬四十三萬匹，牛羊稱

是。帝之東封，以牧馬數萬匹從，色別爲羣，望之如雲錦。帝嘉毛仲之功，加開府儀同三司。

臣祖禹曰：《詩》美衛文公曰：「秉心塞淵，騋牝三千。」夫塞故能誠，淵故能通，誠於己而通於人，所以致物之多也。唐之國馬，惟得一能臣而掌之，不數十年而其多過於一百倍，由其任職之專也。《傳》曰：「冀之北土，馬之所生。」夫馬必生於邊陲而養於苦寒之地，稍遷之中國，則莫能壯也。三代諸侯之國，雖皆有馬，以春秋之時考之，未若晉之彊也。鄭之小駟，出於河南，故不可乘。唐養馬於隴右，非獨就其水草之美，蓋置之西戎之地，以求其健也。凡欲制事，得其人而善其法，豈有不盛者乎。

十七年八月，帝以生日，宴百官於花萼樓下。源乾曜、張說帥百官上表，請以每歲八月五日爲千秋節，布於天下，咸令宴樂。尋，又移社就千秋節。

臣祖禹曰：太宗不以生日宴樂，以爲父母劬勞之日也。乾曜等乃以人主生日爲節，又移社以就之。夫節者，陰陽氣至之候，不可爲也；社者，國之大祀，不可移也。明皇享國既久，驕心寖生，乾曜、說不能以義正君，每爲諂首以逢迎之，後世猶謂說等爲名臣，不亦異乎。

十九年正月，王毛仲賜死。自是宦官勢益盛。高力士尤爲帝所寵信。嘗曰：「力士上直，吾寢則安。」故力士多留禁中，稀至外第。四方表奏皆先呈力士，然後奏御，事小力士即決之，勢傾內外。

臣祖禹曰：明皇不監石顯之事而寵任力士，至使省決章奏。以萬機之重，委之閹寺，失君道甚矣。其後李林甫、楊國忠皆因力士以進，迹其禍亂所從來者漸矣。《傳》曰：「存亡在所任。」人君可不慎其細哉！

二十五年四月，監察御史周子諒彈牛仙客非才，引讖書爲證。帝怒甚。命左右撲於殿庭，絶而復蘇，仍杖之朝堂，流瀼州，至藍田而死。李林甫言：「子諒，張九齡所薦也。」貶九齡荆州長史。

臣祖禹曰：古之殺諫臣者，必亡其國。明皇親爲之，其大亂之兆乎！開元之初諫者受賞，及其末也而殺之。非獨於此而異也。始誅韋氏，抑外戚，焚珠玉錦繡，詆神仙，禁言祥瑞，豈不正哉！其終也惑女寵，極奢侈，求長生，悦禨祥，以一人之身而前後相反如此，由有所陷溺其心故也，可不戒哉。廢太子瑛、鄂王瑶、光王琚皆爲庶人，尋賜死。七月，大理卿徐嶠奏：今歲天下斷死刑五十八，大理獄院由來相傳殺氣大盛，鳥雀不栖，今有鵲巢其樹。於是百官以幾致刑措上表稱賀，帝歸功宰輔，賜李林甫爵晉國公，牛仙客豳國公。

臣祖禹曰：明皇一日殺三子，而李林甫以刑措受賞。讒諂得志，天理滅矣。安得久而不亂乎！

二十七年二月，羣臣上尊號曰：開元聖文神武皇帝。

臣祖禹曰：三皇稱皇，五帝稱帝。三王稱王，豈其德不足歟！名號一而已矣。及秦兼皇帝之號，固已僭矣，後世因而不改，以爲法後王也。漢哀惑於妖讖，始有陳聖劉太平之號。周宣驕恣，自稱天元，高宗稱天皇，武后稱天后。尊號之興，蓋本於此。開元之際，主驕臣諛，遂著以爲故事，使其臣子生而加謚於君父，豈不悖哉。

二十九年正月，帝夢玄元皇帝告云：「吾有像在京城西南百餘里，汝遣人求之，吾當與汝興慶宮相見。」帝遣使求得於盩厔樓觀山間。閏四月，迎置興慶宮。五月，命畫玄元真容分置諸州開元觀。

臣祖禹曰：《中庸》曰：「誠則形，形則著。」楊雄曰：「人心其神矣乎！」人之有夢也，蓋亦誠之形而心之神也。今夫人無人之室，而其心惴焉，則或聞肅肅之聲，見罔象之形，何也？心之動也。夢亦如是矣。昔高宗恭默思道，誠心求賢，敵夢帝賚之良弼，果求而得之，此其心之神也。開元之末，明皇怠於庶政，志求神仙，惑方士之言，自以老子其祖也，故感而見夢，亦其誠之形也。自是以後，言祥瑞者衆而迂怪之語日聞。諂諛成風，姦宄得志，而天下之理亂矣。人君心術可不慎哉！

天寶元年，時天下聲教所被之州三百三十一，羈縻之州八百，置十節度經略使以備邊。凡鎮兵四十九萬人，馬八萬餘匹。開元之前每歲供邊兵衣糧費不過二百萬。天寶之後邊將奏益兵寖多，每歲用衣千二十萬匹，糧百九十萬斛，公私勞費，民始困苦矣。

臣祖禹曰：海内之地非不廣也，生民之財非不多也，人君苟能清心以治之，恭儉以守之，豈有不足之患哉！守成之君，不能無爲以持太平。於其安也而勞之，於其富也而刻之。是以天下之禍常甚於太平之時。至於亂已成而人主猶不悟也，豈非好大多欲，任失其人之咎歟！

陳王府法曹參軍田同秀上言：「見玄元皇帝於丹鳳門外之空中，告以我藏靈符在尹喜故宅。」帝遣使於故函谷關求得之。羣臣上表以函谷寶符潛應年號，請於尊號加天寶字。從之。二月，帝享玄元皇帝於新廟。甲午，享太廟。丙申，

合祀天地於南郊，改桃林縣曰靈寶。田同秀除朝散大夫。

臣祖禹曰：孟子曰：「上之所好，下必有甚者矣。」明皇崇老喜仙，故其大臣諛，小臣欺，蓋度其可爲而爲之也。不惟信而惑之，又賞以勸之，則小人孰不欲爲姦罔哉！昔漢文一爲新垣平所詐而終身不復言神仙之事，可謂能補過矣。

三載三月，以平盧節度使安禄山兼范陽節度使，范陽節度使裴寬爲户部尚書，禮部尚書席建侯爲河北黜陟使，稱禄山公直。李林甫、裴寬皆順旨，稱其美。三人皆帝所信任，由是禄山之寵益固不摇矣。

臣祖禹曰：明皇寵信安禄山，故羣臣争譽其美，以封殖之。王心益固，雖太子不能間也。三人者，豈必交利於一蕃將，而不忠於唐之社稷哉！不過諛悦人主以保寵位而已。其後禄山卒大亂天下。人臣阿意順旨，其長禍豈細哉。

四載正月，帝謂宰相曰：「朕比以甲子日於宫中爲壇，爲百姓祈福，朕自草黄素置案上，俄飛升天空中，語云『聖壽延長』。又朕於嵩山鍊藥成，亦置壇上，及夜，左右欲收之，又聞空中語云『藥未須收』。此自守護，達旦乃收之。」太子諸王宰相皆上表賀。

臣祖禹曰：明皇假於怪神以罔天下，言之不怍而居之不疑，何以使其臣下不爲欺乎。是率天下而欺已也。昔漢武封太室而從官諂諛，言有呼萬歲者，明皇乃自爲詐又甚於漢武矣。

初，武惠妃薨，帝悼念不已，後宫數千無當意者。或言壽王妃楊氏之美絶世無雙，帝見而悦之，乃令妃自以其意乞爲女官，號太真，更爲壽王娶左衛郎將韋昭訓女，潛内太真宫中，不朞歲，寵遇如惠妃。七月，册昭訓女爲壽王妃。八月，册太真爲貴妃。

臣祖禹曰：衛宣公納伋之妻，國人惡之。明皇殺三子，又納子婦於宫中，用李林甫爲相，使族滅無罪。父子、夫婦、君臣，人之所以立也，三綱絶矣，其何以爲天下乎！

〔六載〕十二月，以高仙芝爲安西四鎮節度使。自唐興以來，邊帥皆用忠厚名臣，不久任，不遥領，不兼統，功名著者，往往入爲宰相。其四夷之將，雖才略如阿史那社爾、契苾何力，猶不專大將之任，皆以大臣爲使以制之。及開元中，天子有吞四夷之志，爲邊將者十餘年不易，始久任矣。皇子則慶、忠諸王，宰相則蕭嵩、牛仙客始遥領矣。蓋嘉運、王忠嗣專制數道，始兼統矣。李林甫欲杜邊帥入相之路，以胡人不知書，乃奏言：「文臣爲將，怯當矢石，不若用寒族胡人。胡人勇決習戰，寒族則孤立無黨，陛下誠以恩洽其心，彼必能爲朝廷盡死。」帝悦其言，始用安禄山。至是諸道節度使盡用胡人，精兵咸戍北邊，天下之勢偏重，卒使禄山傾覆天下。皆出於林甫專寵固位之謀也。

臣祖禹曰：李林甫巧言似忠，明皇故信而不疑。然以胡人爲制將，則不必聰明聖智之主而後能知其非也。明皇蔽於吞滅四夷，欲求一切之功，是以林甫得行其計，以中其欲。人君苟不能以義制欲，迷而不復，何所不至哉！

八載二月，引百官觀左藏，賜物有差。帝以國用豐衍，故視金帛如糞壤，賞賜貴寵之家，無有限極。

臣祖禹曰：財者天地之所生，而出於民之膏血。先王知稼穡之艱難，杼柚之勤勞，故取之有制，而用之有節。明皇暴斂而横費之，其不愛惜如此，安得無禍乎！

九載十月，太白山人王玄翼上言：「見玄元皇帝言『寶仙洞有妙寶真符。』」命刑部尚書張均等往，求得之。時帝尊道教，慕長生，故所在争言符瑞，羣臣表賀無虚月。李林甫等皆請捨宅爲觀，以祝聖壽。帝悦。

臣祖禹曰：昔秦始皇削平六國，漢武帝驅攘四夷，皆雄才之主也。及其爲方士之所欺玩，無異於嬰兒。人君唯恭儉寡欲，清虚以居上，則邪諂無自而入矣。其心一有所蔽，鮮不爲惑也。明皇不正其心，故小人争爲幻以惑之，其神明精爽既奪矣，此所以養成大亂也。

十載，帝命有司爲安禄山起第於親仁坊。敕令但窮壯麗，不限財力。既成，具幄帟器皿充牣其中，雖禁中服御之物，殆不及也。禄山生日，帝及貴妃賜衣服寶器酒饌甚厚。後三日，召禄山入禁中，貴妃以錦繡爲大襁褓裹禄山，使宫人以綵輿舁之。帝觀之喜，賜貴妃洗兒金銀錢，復厚賜禄山。盡歡而罷。自是禄山出入宫掖不禁，或與貴妃對食，或通宵不出，頗有醜聲聞於外，帝亦不之疑也。

臣祖禹曰：昔辛有適伊川，見被髮而祭者，知其將爲戎。明皇不信其子，而寵胡人，以爲戲，至使出入宫禁而不疑，褻慢神器亦極矣。豈天奪其明，將啓戎狄以亂華歟！何其惑之甚也。

十一載，户部侍郎王鉷聚斂刻剥，歲貢額外錢帛百億萬，貯於内庫，以供宫中宴賜。曰：「此皆不出於租庸調。」中外嗟怨。帝以鉷爲能富國，益厚遇之。權寵日盛，領二十餘使，宅旁爲使院，文案盈積，吏求署一字，累日不得前，中使賜賚，不絶於門，雖李林甫亦畏避之。鉷弟户部郎中銲凶險不法，召術士任海川

問：「我有王者之相否？」海川懼，亡匿。鉷恐事泄，捕得殺之。王府司馬韋會，定安公主之子也，話之私庭，鉷又殺之。銲所善邢縡與右龍武萬騎謀殺龍武將軍，以其兵作亂，殺李林甫、陳希烈、楊國忠。有告之者，帝使鉷捕之。鉷意銲在縡所，先遣人召之，乃捕縡。縡格鬥且走，禁軍擊斬之。國忠言鉷必預謀，賴陳希烈與國忠鞫之。於是任海川，韋會等事皆發，鉷賜自盡，銲杖死於朝堂，鉷子準備流嶺南，尋殺之。籍其第舍，數日不能徧。

臣祖禹曰：昔榮夷公好專利，厲王悅之。召穆公一本作芮良夫知王室之將卑，以爲王人者，將導利而布之上下者也。而或專之，其害多矣。夫利百物之所生，而天地之所以養人也。專之必壅，壅則所害者多。故凡有利必有害，利於己必害於人。君子不盡利以遺民，所以均天地之施也。聖王寧損己以益人，不損人而益己。《記》曰：「與其有聚斂之臣，寧有盜臣。」是以興利之臣鮮不禍敗。自桑洪羊以來，未有令終者也。唐世言利，始於宇文融，融既流死，而韋堅、楊慎矜、王鉷繼起，又益甚之，極于楊國忠，皆身首異處，宗族塗地，其故何哉？壅利而所害者衆也。天下之怨歸之，故其惡必復，其禍必酷，而唐室幾亡。其後以劉晏之能猶不免，況其非道者乎！必若公劉之厚民，管仲之富國，李悝之平糴，耿壽昌之常平，不爲掊克，上下皆濟，則身享其榮，後嗣蒙其慶矣。吉凶禍福之效如此，可不戒哉！

十三載正月，帝欲加安禄山同平章事，已令張垍草制，楊國忠諫而止。時垍爲太常卿、翰林院供奉。唐初，詔敕皆中書門下官有文者爲之，乾元以後，始召文士元萬頃、范履冰等草諸文詞，常於北門候進止，謂之北門學士。中宗之世，上官昭容專其事。帝即位，始置翰林院，密邇禁廷，延文章之士，下至僧道、書畫琴棊數術之工，皆處之，謂之待詔。

臣祖禹曰：中書門下，出納王命之司也，故詔敕行焉。明皇始置翰林，而其職始分，既發號令，預謀議，則自宰相以下，進退輕重繫之矣。豈特取其詞藝而已哉。釋老之徒，方外之士，書畫琴棊數術，執技以事上，不與士齒者也，而使與文學之臣雜處，非所以育材養賢也。上失其制，下懷其利，爲之者不亦可羞哉。

先是，劍南節度使鮮于仲通討南詔蠻，大敗於瀘南，士卒死者六萬人，仲通僅以身免，楊國忠掩其敗狀，仍叙其戰功。六月，劍南留後李宓又將兵七萬擊南詔，閤羅鳳誘之深入，卒罹瘴疫，飢死什七八，乃引還，蠻追擊之，宓被擒，全軍皆没。國忠隱其敗，更以捷聞，益發中國兵討之，前後死者二十萬人。

臣祖禹曰：管子有言曰：「堂上遠於百里，堂下遠於千里，君門遠於萬里。」言壅蔽之爲害深也。明皇信一楊國忠，喪師二十萬而不得知，以敗爲勝，其不亡，豈不幸哉！國忠欺蔽如此，而舉朝亦無一人敢以實告君者，蓋在位者皆小人，無一賢也。當是時，明皇享國四十餘年，自以爲太平，有萬世之安，而不知禍亂將發於朝莫，由置相非其人也。可不戒哉。

帝嘗謂高力士曰：「朕今老矣，朝事付之宰相，邊事付之諸將，夫復何憂？」力士對曰：「臣聞雲南數喪師，又邊將擁兵太盛，陛下何以制之？臣恐一旦禍發，不可復救。何謂無憂？」帝曰：「卿勿言，朕徐思之。」自去秋水旱相繼，關中大飢，楊國忠惡京兆尹李峴不附己，以災沴歸咎於峴。九月，貶峴長沙太守。帝憂雨傷稼，國忠取禾之善者獻之，曰：「雨雖多，不害稼也。」帝以爲然。扶風太守房琯言所部水災，國忠使御史推之。是歲，天下無敢言災者。高力士侍側，帝曰：「淫雨不已，卿可盡言。」對曰：「自陛下以權假宰相，賞罰無章，陰陽失度，臣何敢言。」帝默然。

臣祖禹曰：明皇之言未爲失也。其失者任非其人也。誠使朝事付之相如姚、宋，邊事付之將如王忠嗣，夫復何憂哉！而以姦宄爲賢能，巨猾爲忠良，是以禍亂成而不自知也。自李林甫之言時路塞絶，以妄言爲實，以實言爲妖。楊國忠知其君之可欺也，而欺之。公卿大夫、百執事之人宴安寵禄，諛佞成風，大亂將作，凡民且能知之而無一人敢言者，蓋其君子皆去，其立於朝者皆小人也。高力士帷幄之臣，非有深謀遠慮，心知其事而不忍噤默，此非其忠義過人，蓋朝廷無賢，百官失職，而至於宦者言天下之事。明皇亦可以悟矣，而曾不之省。以及於亂，不亦宜哉。

哥舒翰軍于潼關。或説楊國忠曰：「今朝廷重兵盡在翰手，翰若援旗西指，於公豈不危哉。」國忠大懼。乃奏：「潼關大軍雖盛，而無後繼。萬一失利，京師可憂。請選監牧小兒三千於苑中訓諫。」使李福德領之，又募萬人屯灞上，令杜乾運將之，名爲禦賊，實備翰也。翰亦恐爲國忠所圖，乃表灞上軍隸潼關。六月，召乾運詣關，因事斬之。國忠益懼。帝遣使趣翰進兵，復陝洛。翰奏以爲未可。國忠疑翰謀己，言翰逗留，將失機會。帝續遣中使趣之，項背相望。翰不得已，撫膺慟哭，引兵出關，與賊將崔乾祐戰于靈寶西原。翰大敗，乾祐進克潼關。蕃將火拔歸仁等執翰以降賊。

臣祖禹曰：楊國忠既激安禄山，使之速反以信其言，又促哥舒翰出兵潼關，恐其爲己不利。動爲身計，不顧社稷之患。然所以求全者，適足以自族也。夫就利避害，小人之常也。利於己而不利於人，則爲之；害於國而不害於家，則爲之。自以爲得計矣，而不知害於國，則亦害於家；不利於人則亦不利於己。是以自古小人之敗，必至於家國俱亡。此先王所以戒小人之不可用也。明皇以天下安危寄之一相，而其人如此，安得不傾覆乎？

楊國忠首唱幸蜀之策，帝然之。甲午，移仗北内，既夕，命陳玄禮整北六軍，厚賜錢帛，選閑厩馬九百餘匹，外人皆莫之知。

乙未黎明，帝獨與貴妃姊妹、皇子、妃、主、皇孫、楊國忠韋見素、魏方進、陳玄禮及親近宦官宮人出延秋門。妃主皇孫之在外者，皆委之而去。

臣祖禹曰：《傳》曰：「社稷之主，不可以輕。」輕則失衆，況爲天下之主乎。古者天子巡守，必載廟主而行。明皇既不能率其民人城守，以待勤王之師，必不得已而避寇出奔，猶當告于宗廟，諭衆而行，爲備而動，則不至於顛沛矣。乃以天子之尊，獨與其所愛脱身而逃，委其子孫皆碎賊手，明皇自取之也。自是以後，天下有變，則京師不守，人主先爲出計。自明皇始，其可醜也夫。

帝遣宦者王洛卿前行，告諭郡縣置頓食，時至咸陽望賢宫，洛卿與縣令俱逃。中使徵召，吏民莫有應者。日向中，帝猶未食。楊國忠自市胡餅以獻，於是民争獻糲飯，雜以麥豆，皇孫輩争以手匊食之。須臾而盡，猶未能飽。帝皆酬其直慰勞之。衆皆哭，帝亦掩泣。

臣祖禹曰：臣民之位，上下之等，以勢相扶而已矣。天子者，以一身而寄天下之上，所恃者，衆心之所戴也。合而從之則爲人君，離而去之則爲匹夫。天下常治則能保其人君之尊。亂則衆散，衆散則與匹夫何異哉！《書》曰：「予臨兆民，懍乎若朽索之馭六馬。」先王不敢自恃如此，故其國家可保也。明皇享國幾五十年，一旦失國出奔，自長安至咸陽不四十里，而已無食。天子之貴，四海之富，其可恃乎！

有老父郭從謹進言曰：「禄山包藏禍心，固非一日，亦有詣闕告其謀者，陛下往往誅之，使得逞其姦逆，致陛下播越。是以先王務延忠良以廣聰明，蓋爲此也。臣猶記宋璟爲相，數進直言，天下賴以安平。自頃以來，在廷之臣以言爲諱，惟阿諛取容，是以闕門之外，陛下皆不得知。草野之臣必知有今日久矣。但九重嚴邃，區區之心，無路上達，事不至此，臣何由得睹陛下之面而訴之乎！」帝曰：「此朕之不明，悔無所及。」慰諭而遣之。

臣祖禹曰：天寶之亂，田夫野人皆能知之，而其君不得聞，豈不哀哉！夫壅蔽之禍，至白刃流矢交於前，六親不能相保，而始覺也。不亦晚乎！

右玄宗在位四十六年，傳位於肅宗。寶應元年崩，年七十八。

佚名《歷代名賢確論》卷七五《立貴妃》 石守道論曰：明皇帝承則天、中宗、睿宗三朝危亂之後，思洗刷垢穢，刬絶荒蕪，澄滌化源，潔清政道。乃用姚崇、宋璟、韓休、張九齡、李元紘、杜暹等相次爲宰相。宵分不寐，日昃不食。潛心堯舜之道，側耳忠良之言。憂勤萬機，念慮四海。不敢暫時逸豫，不敢一日畋游。苑囿稀行，聲色不御。汲汲論思，遂致開元三十年太平。一旦妃子入宫專寵，惑成内荒，頹隳庶政。蛾眉巧笑，迷君之心；妖姿艷舞，眩君之目。日月斯久，情愛寖探。竭天下之財以奉一婦人，殫海内之力以事一女子，常恐不足。兄弟姊妹，皆啓厚封；骨肉姻親，咸登要職。名園甲第以賜之，膏腴水石以寵之。牝鷄晨鳴，威過人主，后戚專國，勢傾朝廷。諸侯輦貨於妃子之宫，四方争賂於楊氏之宅。恩由財結，官以賄成。紀綱盡隳，爵賞無序。讒邪得進，忠良見廢。故天寶之政不在於天子，而在於楊氏。是以中外胥怨，人神共憤。迨禄山舉兵一唱，而東都陷没，靈駕播遷，倉皇出關，崎嶇幸蜀。國祚危如綴旒，皇都鞠爲茂草。誰其爲之？楊氏一婦人也。遷主恩而自專，弄國柄而無禁，色荒於内，而天下怨叛，豈非一婦人能致耶？《詩》曰：「赫赫宗周，褒姒滅之。」紂以妲己而亡，吴以西施而滅。天寶之亂，誰謂非貴妃之罪也？噫，明皇至聰明、至神聖也，爲一女之惑，取笑千載之下，可痛也哉！臣嘗思唐高祖、太宗親履矢石，身冒霜露，艱難辛苦十餘年，以得天下。既得之後，側席求賢，虚心納諫。晝視朝政，君深居九重之内，朝廷千官百辟比肩而進，接武而退，何由辨得其賢臣而用之？何由辨得其姦邪而去之？對曰：賢臣與姦邪迥異爾，非爲難辨也。在人君密審而熟察，其可見也昭昭矣。其好直言君之短者，直訐君之失者，好忠謀不避死者，好補時政之闕者，好不從君之欲者，好不徇君之私者，復爲當朝正人之所延譽者，爲左右小臣之所譖毁者，爲宫掖嬪后之所憎惡者，此則賢臣也。其好隨君之意、順君之旨，伺君之色、候君之言，探君之心、徇君之欲，好詭隨而後衆，好循默而不言，復不爲朝廷正人之所延譽者，爲左右小臣之所引薦者，爲宫掖嬪后之所稱美者，此則姦邪也。君以此察之，賢臣姦邪甚易見也。明皇欲罪太子瑛、鄂王瑶、光王琚，張九齡不奉詔。李林甫曰：「一此家事，何須謀於外人？」明皇欲加

牛仙客實封，張九齡奏爲不可。林甫曰：「天子用人，有何不可？」凡人觀之，皆以爲九齡賢，林甫姦；而明皇怒九齡不順己，善林甫能承意，貶九齡而相林甫。此明皇之不察也。傳曰：「失之毫釐，差之千里。」明皇失之，致海内罹毒，國祚將傾，豈止謬以千里也！任人之際，可不察歟！向使明皇能辨林甫之姦、九齡之賢，則豈有禄山犯闕之事也？千載之下，可爲龜鑑也。

佚名《歷代名賢確論》卷七七《高力士》 石守道論曰：明皇在開元初，鋭意政治，登用姚崇、宋璟、韓休、張九齡等爲宰相，百度修敕，彝倫攸敘，而開元三十年躋於太平。迨高力士用事，引宇文融、李林甫、楊國忠等在内，安禄山、安思順、高仙芝等居外，朝政盡損，治道剥喪，綱紀大壞，賄賂公行。姦臣得以行其謀，天子得以肆其欲。忠謇箝舌，佞邪成羣，賢人道消，萬民胥怨。安禄山之禍，由妃子鼓之於内，力士導之於外也。噫！左右輔弼，中外賢才，森然滿朝，謀劃泉湧，不與議論萬幾之政，進退四海之士，策慮安危，謀惟教化；乃引此輩立帷幄之内，與論議國政，參決機務，評品善惡，黜陟士類，不亦失乎！觀夫天寶之亂，則可爲戒也已。

佚名《歷代名賢確論》卷七八《李林甫》 石守道論曰：《書》云：「后非賢不乂。」又曰：「良臣惟聖。」則知人君雖有自誠之明、上聖之性，必由忠賢輔翼，然後聖德日躋，而天下長治也。古言治者莫尚乎三皇，言三皇者莫尚乎黄帝，須得六相，而後皇道成也。古言治者莫尚乎五帝，言五帝者莫尚乎堯舜。堯須得四嶽，舜須得十六相，而後帝德盛也。古之言治者莫尚乎三王，言三王者莫尚乎禹、湯、文、武。禹必得益，湯必得伊尹，文王、武王必得周、召、吕望，而後王業大也。三王而下，言治者莫尚乎漢，言漢者莫尚乎高祖，高祖必得蕭、張，而後能滅暴秦而平海内也。漢而下，言治者莫尚乎唐，言唐者莫尚乎太宗。太宗必得房、魏，而後能革亂隋而登太平也。故曰，人君雖有自誠之明、上聖之性，必由忠賢輔翼，然後聖德日躋，而天下長治矣。臣觀唐明皇帝爲臨淄王，始得劉幽求等，克討韋庶人，以清内難；自皇太子即帝位，能用崔日用、郭元振等，遂誅太平公主，以除大憝。開元初，則引姚崇、宋璟等爲宰相，乃致開元三十年太平之功業。偉哉，侔禹、湯而齊文、武矣！暨天寶初，姚崇、宋璟既死，又斥棄張九齡不用，專任李林甫、楊國忠，於是忠良路塞，君子道否，姦黨并進，小人得時。明皇一身，三處受害：林甫、國忠蔽其明，高力士塞其聰，楊貴妃食其心。大凡人所待而用者心也、耳也、目也。聖人高拱巖廊之上，南面臨天下者，以心勞乎萬機之務，而計乎成敗也；以明視乎九州之遠，而察乎安危也；以聰聽乎萬方之政，而審乎治亂也。今明皇心與耳目三者皆廢，雖有自誠之明、上聖之性，又安用之哉！荒色淫酒，惑以喪志。萬機曠廢而不知，朝廷傾亂而不察，天下咨怨而不恤，社稷將覆而不悟。禄山兵起，河北陷没，而賊據東都，猶未之覺。干戈將及乘輿，乃遽走出延秋門以避鋒刃。幾何不喪身亡國，由林甫、國忠之啓亂也。或曰：高力士弄權於外，楊貴妃用事於内，天寶之亂，豈獨林甫、國忠也？對曰：力士所以得弄權於外，楊貴妃所以得用事於内者，由林甫、國忠爲之也。高力士自開元初則知内侍省事，已承人主恩寵。是時姚、宋爲宰相，力士小心供職而已，固未敢干政事、竊威權。及林甫、國忠爲相，皆由力士進達，故力士得專恣矣。宇文融、李適之、蓋嘉運、韋堅、楊慎矜、王鉷、安禄山、安思順、高仙芝皆因附力士，并取將相高位，專寵恣横，威福擅作，而君子道消。開元初，武惠妃寵遇特厚，以故王皇后見廢，而明皇虚中宫二十年，專寵惠妃。及惠妃薨，後庭數千人，無可意者。後楊貴妃進見，至於期歲，禮遇纔如惠妃。然則明皇在開元間，非惑於女色，而海寓無事，政令和一，豈非以姚、宋等朝夕左右，以忠言鯁論進於君耳，使君汲汲行堯舜之道？明皇鋭意治本，懼兹正人，飲酒不敢過夕，坐朝不敢差晚，絲竹不敢數御，苑囿不敢頻行。内雖嬖寵惠妃，而外不敢隳慢庶政。惠妃雖受君寵，而不敢輒竊君權。雖有百惠妃，又豈能惑明皇之心，亂開元之政哉！及楊貴妃入宫，則林甫、國忠爲宰相，唯以奢侈之務厭君之心，佚樂之事蕩君之志。積斂財貨，以盈君欲；崇飾臺榭，以諳君遊。累日不視朝，無人切諫；連宵奏鐘鼓，無人上言。倡優日戲上前，婦女明淫宫内。朝政大壞，皆林甫、國忠爲之也。噫！用姚、宋則治，用楊、李則亂。賢臣不可不用也，姦人不可不去也。崔羣嘗對憲宗曰：「安危在出令，治亂由所任。」明皇用姚崇、宋璟、張九齡、韓休、李元紘、杜暹則治，用李林甫、楊國忠則亂。人皆以天寶十五年禄山自范陽起兵是治亂分時也，臣以爲開元二十年罷賢相張九齡，專任姦臣李林甫，治亂自此已分矣。用人得失，所係非小。又穆宗嘗謂侍臣曰：「國家貞觀中，文皇帝躬帝道，治致昇平。及神龍之間，纔有内難，明皇平定興復不易，而聲名最盛。歷代長久，何道而然？」宰相崔植對曰：「前代創業之君多起自人間，知百姓疾苦，初承丕業，皆能勵精思理。太宗文皇帝特稟上聖之姿，同符堯舜之道，是以貞觀一朝，四海寧晏。有房喬、杜如晦、魏鄭公、王珪之屬爲輔佐股肱，君明臣忠，事無不理。聖賢相遇，固宜如此。明皇守文繼體，嘗經天后艱危。開元初，得姚崇、

宋璟，委之爲政。此二人者，皆天生俊傑，動必推公，夙夜孜孜，致君於道。璟嘗手寫《尚書・無逸》一篇，爲圖以獻，明皇置之内殿，出入觀省，咸記在心。每歎古人至言，後代莫及，故任賢戒慾，心歸沖漠。開元之末，因《無逸圖》壞，始以山水圖代之。自後既無座右箴規，又信姦臣用事。天寶之世，稍倦於勤，王道於斯缺矣。陛下既虚心理道，亦望以《無逸》爲元龜。」開元之治、天寶之亂，則任賢臣與任姦邪，得失安危明矣。或曰：人爲虐不亦甚乎！

佚名《歷代名賢確論》卷七九《總論玄宗之政》 石守道論任用楊、李曰：《書》云：「后非賢不乂。」又曰：「良臣惟聖。」則知人君雖有自誠之明、上聖之性，必由忠賢輔翼，然後聖德日躋，而天下長治也。古言治者莫尚乎三皇，言三皇者莫尚乎黄帝，須得六相，而後皇道成也。古言治者莫尚乎五帝，言五帝者莫尚乎堯、舜。堯須得四嶽，舜須得十六相，而後帝德盛也。古之言治者莫尚乎三王，言三王者莫尚乎禹、湯、文、武。禹必得益，湯必得伊尹，文王、武王必得周、召、呂望，而後王業大也。三王而下，言治者莫尚乎漢，言漢者莫尚乎高祖，高祖必得蕭、張，而後能滅暴秦而平海内也。漢而下，言治者莫尚乎唐，言唐者莫尚乎太宗。太宗必得房、魏，而後能革亂隋而登太平也。故曰人君雖有自誠之明、上聖之性，必由忠賢輔翼，然後聖德日躋，而天下長治矣。臣觀唐明皇帝爲臨淄王，始得劉幽求等，克討韋庶人，以清内難。自皇太子即帝位，能用崔日用、郭元振等，遂誅太平公主，以除大憝。開元初，則引姚崇、宋璟等爲宰相，乃致開元三十年太平之功業。偉哉，侔禹、湯而齊文、武矣！暨天寶初，姚崇、宋璟既死，又斥棄張九齡不用，專任李林甫、楊國忠，於是忠良路塞，君子道否，姦黨並進，小人得時。明皇一身，三處受害：林甫、國忠蔽其明，高力士塞其聰，楊貴妃食其心。大凡人所待而用者心也，耳也，目也，聖人高拱巖廊之上，南面臨天下者，以心勞乎萬機之務，而計乎成敗也；以明視乎九州之遠，而察乎安危也；以聰聽乎萬方之政，而審乎治亂也。今明皇心與耳目三者皆廢，雖有自誠之明、上聖之性，又安用之哉！荒色淫湎，惑以喪志。萬機曠廢而不知，朝廷傾亂而不察，天下咨怨而不恤，社稷將覆而不悟。禄山兵起，河北陷没，而賊據東都，猶未之覺。干戈將及乘輿，乃遽走出延秋門以避鋒刃。幾何不喪身亡國，由林甫、國忠之啓亂也。或曰：高力士弄權於外，楊貴妃用事於内，天寶之亂，豈獨林甫、國忠也？對曰：力士所以得弄權於外，楊貴妃所以得用事於内者，由林甫、國忠爲之也。高力士自開元初則知内侍省事，已承人主恩寵。是時姚、宋爲宰相，力士小心供職而已，固未敢干政事，竊威權。及林甫、國忠爲相，皆由力士進達，故力士得專恣矣。宇文融、李適之、蓋嘉運、韋堅、楊慎矜、王鉷、安禄山、安思順、高仙芝皆因附力士，並取將相高位，專寵恣横，威福擅作，而君子道消。開元初，武惠妃顧遇特厚，以故王皇后見廢，而明皇虚中宫二十年，專寵惠妃。及惠妃薨，後庭數千人，無可意者。後楊貴妃進見，至於朞歲，禮遇纔如惠妃。然則明皇在開元間，非惑於女色，而海寓無事，政令和一，豈非以姚、宋等朝夕左右，以忠言鯁論進於君耳，使君汲汲行堯、舜之道？明皇鋭意治本，懼兹正人，飲酒不敢過夕，坐朝不敢差晚，絲竹不敢數御，苑囿不敢頻行。内雖嬖寵惠妃，而外不敢褻慢庶政。惠妃雖受君寵，而不敢輙竊君權。雖有百惠妃，又豈能惑明皇之心，亂開元之政哉！及楊貴妃入宫，則林甫、國忠爲宰相，唯以奢侈之務厭君之心，佚樂之事蕩君之志。積歛財貨，以盈君欲；崇飾臺榭，以請君遊。累日不視朝，無人切諫；連宵奏鍾鼓，無人上言。倡優日戲上前，婦女朋淫宫内。朝政大壞，皆林甫、國忠爲之也。噫！用姚、宋則治，用楊、李則亂，賢臣不可不用也，姦人不可不去也。崔羣嘗對憲宗曰：「安危在出令，治亂由所任。明皇用姚崇、宋璟、張九齡、韓休、李元紘、杜暹則治，用李林甫、楊國忠則亂。人皆以天寶十五年禄山自范陽起兵，是治亂分時也，臣以爲開元二十年罷賢相張九齡，專任姦臣李林甫，治亂自此已分矣。用人得失，所係非小。」又穆宗嘗謂侍臣曰：「國家貞觀中，文皇帝躬帝道，治致昇平。及神龍之間，繼有内難，明皇平定興復不易，而聲名最盛。歷代長久，何道而然？」宰相崔植對曰：「前代創業之君多起自人間，知百姓疾苦，初承丕業，皆能勵精思理。太宗文皇帝特稟上聖之姿，同符堯、舜之道，是以貞觀一朝，四海寧晏。有房喬、杜如晦、魏鄭公、王珪之屬爲輔佐股肱，君明臣忠，事無不理。聖賢相遇，固宜如此。明皇守文繼體，常經天后艱危。開元初，得姚崇、宋璟，委之爲政。此二人者，皆天生俊傑，動必推公，夙夜孜孜，致君于道。璟嘗手寫《尚書・無逸》一篇，爲圖以獻，明皇置之内殿，出入觀省，咸記在心。每歎古人至言，後代莫及，故任賢戒慾，心歸沖漠。開元之末，因《無逸圖》壞，始以山水圖代之。自後既無座右箴規，又信姦臣用事。天寶之世，稍倦于勤，王道于斯缺矣。陛下既虚心理道，亦望以《無逸》爲元龜。」開元之治、天寶之亂，則任賢臣與任姦邪，得失安危明矣。或曰：人君深居九重之内，朝廷千官百辟比肩而進，接武而退，何由辨得其賢臣而用之？何由辨得其姦邪而去之？對曰：賢臣與姦邪迥異爾，非爲難辨也。在人君密審而熟察，其可見也昭

昭矣。其好直言君之短者，直訐君之失者，好忠諫不避死者，好補時政之闕者，好不從君之欲者，好不徇君之私者，復爲當朝正人之所延譽者，爲左右小臣之所譖毀者，爲宫掖嬪后之所憎惡者，此則賢臣也。其好隨君之意，順君之旨，伺君之色，候君之言，探君之心，徇君之欲，好詭隨而從衆，好循默而不言，復不爲朝廷正人之所延譽者，爲左右小臣之所引薦者，爲宫掖嬪后之所稱美者，此則姦邪也。君以此察之，賢臣姦邪甚易見也。明皇欲罪太子瑛、鄂王瑶、光王琚，張九齡不奉詔，李林甫曰：「此家事，何須謀於外人？」明皇欲加牛仙客實封，張九齡奏爲不可，林甫曰：「天子用人，有何不可？」凡人觀之，皆以爲九齡賢，林甫姦，而明皇怒九齡不順己，善林甫能承意，貶九齡而相林甫。此明皇之不察也。傳曰：「失之毫釐，差之千里。」明皇失之，致海内罹毒，國祚將傾，豈止謬以千里也！任人之際，可不察與！向使明皇能辨林甫之姦、九齡之賢，則豈有禄山犯闕之事也？千載之下，可爲龜鑑也。

王夫之《讀通鑑論》卷二二《唐玄宗》　言治道者，至於法而難言之矣。有宋諸大儒疾敗類之貪殘，念民生之困瘁，率尚威嚴，糾虔吏治，其持論既然，而臨官馭吏，亦以扶貧弱、鋤豪猾爲己任，甚則醉飽之愆，簾幃之失，書箑之餽，無所不用其舉劾，用快輿論之心。雖然，以儒者而暗用申、韓之術，將仁恕寬平之言，堯、禹、湯、文、孔、孟其有獎亂之過與？仁而弱，寬而縱，崇情以亂法，養姦以病民，誠過矣。然使其過也，果害於國，果賊於民，則先王既著之於經，後世抑守之以律，違經破律，取悦於衆，而自矜陰德，則誠過矣。欲謝其過，抑豈毛舉瘢求，察人於隱曲，聽惰民無已之怨讟，信士大夫不平之指摘，辱薦紳以難全之名節，責中材以下以不可忍之清貧，矜纖芥之聰明，立難攖之威武也哉？老氏以慈爲寶，以無爲爲正，言治言學者所諱也。乃若君子之言，曰寬，曰簡，曰不忍人，曰哀矜而勿喜，自與老氏之旨趣相似而固不同科，如之何以羞惡是非之激發妨其惻隱邪？絶人之腰領，死者不可復生矣；輕人之竄逐，棄者不可復收矣；壞人之名節，辱者不可復榮矣。唯夫大無道者，怙終放恣，自趨死而非我殺之，自貽辱而非我辱之，無所容其欽恤耳。苟其不然，於法之中，字櫛而句比之；於法之外，言吹而行索之；酒漿婢妾之失，陷以終身，當世之有全人者，其能幾也？惡非衆惡，害未及人，咎其已往，億其將來，其人雖受罰而不服，公議亦或然而或否，欲堅持以必行而抑自詘矣。徒爲繁密之深文，終以沮撓而不决，一往惡惡之鋭氣，亦何濟於懲姦，而祇以辱朝廷羞當世之士邪？夫曰寬，曰不忍，曰哀矜，皆帝王用法之精意，然疑於縱弛藏姦而不可專用。以要言之，唯簡其至矣乎！八口之家不簡，則婦子嘻争；十姓之閭不簡，則胥役旁午；君天下，子萬民，而與臣民治勃谿之怨，其亦陋矣。簡者，寬仁之本也；敬以行簡者，居正之原也。敬者，君子之自治，不以微疵累大德；簡者，臨民之上理，不以苛細起紛争。禮不下於庶人，不可以君子之修，論小人之刑辟；刑不上於大夫，不可以胥隸之禁，責君子以逡巡。早塞其嚴刻之源，在執法者之善爲斟酌而已。玄宗初親政，晉陵尉楊相如上言曰：「法貴簡而能禁，刑貴輕而必行。小過不察，則無煩苛；大罪不漏，則止姦慝。」斯言也，不倚於老氏，抑不流於申、韓，洵知治道之言乎！後世之爲君子者，十九而爲申、韓，鑒於此，而其失不可揜已。

論魯莊公者曰：「母不可制，制其侍御之人。」以此而事不順之父母，未盡善也，以施之不令之兄弟，則義正而恩全，道莫尚焉。舜使吏治象國，而不得暴其民，聖人亦如是而已。不謂玄宗之能及此也。駙馬都尉裴虚己私從岐王遊，挾圖讖，坐流新州，離其婚，法嚴而無所貸；於岐王則不以此攖疑，而慰安之如故。夫虚己挾邪説以私交，而岐王容之，王豈無罪乎？而虚己之辟既伸，則遊王門者咸知畏忌。以生長深宫之帝子，居宦官宫妾之間，旦歌夕飲以戢其邪心，固不待加威而自安侯服矣。無左吴、趙賢，則淮南不能謀逆；無宇文述、楊素，則楊廣不能奪嫡；無張公謹、尉遲敬德，則太宗不能殺兄；天下之亂，釀成於徼幸功名者之從臾者類然也。博望啓，而戾太子之項縣於湖城；天策開，而隱太子之血流於玄武；事成則禍及於國，不成則殃及於身。玄宗日遊諸王於鬬鷄吹笛之間，而以雷霆之威，亟施之挑激之小人，諸王保其令祚，王室無所震驚，不亦休乎！不能殛逐僭亂之姦，纔乃摧殘其同氣，睿宗所以縱竇懷貞而僅存一妹，終以傷心也。周公以頑民授管叔，固不如舜之與象以天子之吏治其國，而永保其恩也。故曰：「聖人人倫之至也。」法其一端，可以盡倫，可以已亂，堯、舜之道，人皆可學，亦爲之而已矣。

漢之太守，去古諸侯也無幾，辟除賞罰兵刑賦役皆得以專制，而縣令聽命如其臣，故宣帝詔曰：「與我共天下者，其二千石乎！」太守之權重，則縣令之任輕，故天子詳於二千石之予奪，而治道畢舉矣。唐、宋以降，雖有府州以統縣，有稟承稽核之任，而誅賞廢置之權不得而專，縣令皆可自行其意以令其民，於是天下之治亂，生民之生死，惟縣令之仁暴貪廉是視，而縣令之重也甚矣。玄宗敕在京官五品以上、外官刺史四府上佐，各舉縣令，誠重之也。重之於舉之之始，必

將以保任分功罪，其得也，但得文飾治具之士，惠弱免咎，而無以利民；其失也，舉主畏連坐之罰，而互相揜蔽以蓋其姦；則保舉之法，不足以肅官常、澤民生，固已。重之者，豈徒在選舉之日乎？夫縣令之任重矣，而其秩則卑，故後世多以爲筮仕之官，才不才非有前效之可驗，欲先辨而使克副其職，雖具知人之鑒者未易也。然士當初受一命，初試一邑，苟非蹈胥史異途而升，則其不畏清議，甘爲敗類，以病國虐民者，固鮮矣。無以激之，其濁不懲；無以揚之，其清不展；軋於上官，其用不登；責以奔趨，其節不立：夫亦存乎上之所以用之者耳。重憲紀以糾其不若，則有所戒也；懸清要以待其拔擢，則有所勸也。成法之外，許以因地而便民，則權可任也；供頓驛遞之役，委之簿尉，而弗效褻役之勞，則節可礪也。夫然，則賢者志得，而不才者亦勉而自惜；若其尤不肖者，固比類相形，愆尤易見，持法以議其後，亦不患稂莠之難除矣。何事於未試之前，以不可保之始終繩薦舉者，而責以所難知哉？開元之制，乍行之以昭示上意之所重，可也；據以爲法，而弊即在焉。重者，用之重也，非一選舉而可畢任賢養民之道也，用之重而治可幾矣。

罷兵必有所歸，兵罷而無所歸，則爲盜、爲亂。張說平麟州叛胡，奏罷邊兵二十萬人，而天下帖然，蓋其所罷者府兵也，府兵故農人也，歸而田其田，廬其廬，父子夫婦相保於穹窒栗薪之間，故帖然也。於是而知府兵之徒以毒天下而無救於國之危亂，審矣。說之言曰：「臣久在疆埸，具知其情，將帥苟以自衛及役使營私而已。」夫民之任爲兵者，必佻宕不戢，輕於死而憚於勞之徒，然後貪釃酒椎牛之利，而可任之以效死。夫府兵之初，利租庸之免，而自樂爲兵，或亦其材勇之可堪也。迨其後著籍而不可委卸，則視爲不獲已之役，而柔弱愿樸者，皆垂涕就道以赴行伍。若此者，其鈍懦之材，既任爲役，而不任爲兵，畏死而不憚勞，則樂爲役以避鋒鏑，役之而無不受命，驕貪之將領，何所恤而不役以營私邪？團隊之長役之矣，偏裨役之矣，大將役之矣，行邊之大臣役之矣；乃至紈袴之子弟，元戎之僕妾役之矣，幕府之墨客，過從之游士，彈箏擊築，六博投瓊，調鷹飼犬之徒，皆得而役之。爲兵者，亦欣然願爲奴隸以偷一日之生。嗚呼！府兵者，惡得有兵哉？舉百萬井疆耕耨之丁壯爲奴隸而已矣。縱遣歸田，如奴隸之得爲良人，而何弗帖然邪？無疆悍不受役之氣，有偷安不恤役之情，因其有可役之資，而幸收其效役之利，行則役於邊臣，居則役於長吏，一時不審，役以終身，先世不謀，役及後裔，天下之苦兵也，不待矢石相加，骴骼不返，而後怨毒填胸矣。是張說所奏罷之二十萬人，無一人可供戰守之用，徒苦此二十萬之農民於奉拚除、執虎子、築毬場、供負荷之下。故軍一罷，而玄宗知其勞民而弱國也，而募兵分隸之議行，漸改爲長從，漸改爲彍騎。窮之必變，尚可須臾待哉？而論者猶責玄宗、張說之改制異於古法，從事於君子之道以垂法定制而保國安民者，不宜如此之鹵莽也。所患者，法弊已極，習相沿而難革，雖與更張，害猶相襲。故自說罷邊兵而邊空，長從彍騎制未定而不收其用，邊將承之，畜私人，養番兵，自立軍府，以釀天寶之亂。蓋自府兵調戍之日，早已睥睨天下之無兵，而一旦撤歸，芻糧贏餘，唯其所爲，而朝廷固莫之能詰也。數十年府兵之流禍，而改制之初受之，乃舉而歸過於召募，胡不度人情，循事理，而充耳塞目以任浮游之說輕談天下事邪？

議也，而以私與其間，則成乎私而害道。唐、宋以下所稱持大體、務遠圖之大臣，未有不雜公私以議國事者，故伎主姦臣倒持之以相撓而相脅。玄宗與宰相議廣州刺史裴伷先之罪，張嘉貞請杖之，張說曰：「刑不上大夫，爲其近於君也，且所以養廉恥也。」其言韙矣，允爲存國體、勸臣節之訏謨矣。既而又曰：「宰相時來則爲之，大臣皆可笞辱，行及吾輩。」此與宋人「勿使人主手滑」之說同。苟懷此心以倡此說，傳之上下，垂之史策，人主將曰：士大夫自護其類以抗上而避害，蓋古今之通習，其爲存國體、獎士節，皆假爲之辭，不可信也。賈誼以不辱貴大臣諫文帝，亦與說略同，而誼以新進小臣，非絳、灌之伍，自可昌言而無諱。說懷「行及我輩」之心，與同官嘵嘵以語，則不可令人主聞，而開後世臣主猜防之釁。念一移而言隨得咎，過豈在大哉？且夫士之可殺不可辱者在己也，非挾持以覬上之寬我於法也。居之以淡泊，行之以寧靜，絶賄賂之門，飭子弟之汰，謝游客之邪，息黨同之爭，卓然於朝右，而奚笞辱之足憂？誠有過也，則引身以待罪；言不庸也，則辭禄以歸耕。萬一遇昏暴之主，觸婦寺權姦之忌，而辱在不免，則如高忠憲攀龍之池水明心，全肢體以見先人於地下。又其不幸，固義命之適然，雖辱而榮者。規規然計及他日之見及，而制人主以不我辱，士大夫有門庭，而君不能有其喜怒，無怪乎暴君之益其猜忌，偏以其所不欲者加之也。說自詡其識之及遠，而自君子觀之，何以異於胥史之雄，鉗制其長吏爲不可拔之根株也乎？天下之公理，以私亂之，則公理奪矣。君臣之道喪，唐、宋之大臣自喪之也。於是而廷杖詔獄之禍，燎原而不可撲矣。

李林甫之譖殺太子瑛及二王，爲壽王地也。武惠妃薨，壽王寵漸衰，而林甫

欲樹私恩、怙權勢，志終不移，謀之愈很，持之愈堅，凡可以熒惑主聽、由成邪計者，尤劇於惠妃未死之前，以其爲己死生禍福之樞機也，可以得當者，無所不用。然而玄宗終以忠王年長好學，聞高力士乘間片言，儲位遂定，林甫莫能置一喙焉。繇此觀之，姦邪自詡得君，劫廷臣以懼己，其誇誕無實之伎倆，概可知矣。非徒玄宗中載未甚淫昏也，即極闇懦之主，一聽姦臣之然然否否而唯其牽曳，亦情之必不能而勢之不可得者。且姦臣狐媚以容身，抑豈若董卓、高澄威脅上以必徇己志而俾君懟怨哉？唯探其意之所欲爲於前，祕其事之所自成於後，舉凡其君之用舍從違，皆早測而知其必爾，乃以號於衆曰：天子固未然而吾能使之然也。恩者其恩，威者其威，羣工百姓待命於敕旨既下之餘，不得親承顧問，則果信恩威之一出於姦臣，而人主唯其牽曳，乃以恐喝天下，籠絡而使歸己，雖有欲斥其姦者，弗敢發也。然則苟有忠智之士，知其術之僅出乎此，則以武氏之悍淫，周、來、侯、索之驟銜天憲，諸武、二張之密侍內廷，而攻擊者弗傷，按殺者無憚，直言請斥遠之者反見任使，況其亂非武氏之世，猶可與言者乎？特患無明理察情之士，灼見而不惑耳，豈果有不可拔之勢哉？惡之、恨之、疑之、畏之，私議於下，徒罹於禍以瘖死屠門，姦邪之所以益逞，忠貞之所以益替，人君之所以益迷，可勝悼哉！

天寶元年，置十節度使，其九皆西北邊徼也。唯河東一鎮治太原，較居內地。別有嶺南經略，長樂、東萊、東牟三守捉，亦皆邊也，而權抑輕。若畿輔內地，河、雒、江、淮、汴、蔡、荆、楚、兖、泗、魏、邢，咸弛武備，幸苟安，而倚沿邊之節鎮，以冀旦夕之無虞，外彊中枵，亂亡之勢成矣。蓋自一行立兩戒之說，分用文用武之國，於是居輕御重、彊枝弱幹之術行，而自詫其鞏固。方玄宗之世，吐蕃、突騎施、奚、契丹雖倔强不賓，而亦屢挫衄以退，本無可用防禦者。無故而若大患之在邊，委專征之權於邊將，其失計固不待言矣。即令外寇果彊，侵陵相迫，抑必內屯重旅，以時應敵，而不容棲重師於塞上，使玩寇失防，一敗而無以爲繼。況周、漢之亡，雖先內潰，覆車不遠，豈盡繇四裔乎？寇之起於內也，非能亟聚數萬人以橫行天下；其或爾者，又皆烏合而弗難撲滅者也。唯中原空其無人，則旋滅旋起，而無所彈壓。撤邊兵以入討，必重虐吾民，而人心離叛；偶一折喪，乘勢以收潰卒，席捲以行，而邊兵皆爲賊用，然後鼓行而入無人之境，更無有挾一矢以抗之者，社稷邱墟在旦晚之間耳。夫使祿山之亂，兩河、汝、雒、淮、楚之間，有大臣屯重旅，拊其入關之背，而迫之以前卻兩難之勢，賊其敢輕窺函谷哉？封常清一身兩臂，募市人於倉卒，以授賊禽，其爲必敗無疑矣。二顏之起河北，張、許之守睢陽，皆率市人以戰，賊之所望而目笑者也。李、郭雖出，九門克捷，而不救潼關之敗。觀於此，則虛其腹心，以樹彊援於四末，一朝瓦解，大廈旋傾，勢在必亡，無可拯救，必然之券矣。且重兵之在邊也，兵之彊弱，朝廷不得而知也；將之忠姦，中樞不得而詰也。兵唯知其將之恩威，而不知有天子；將一失其所守，而自放爲游兵，潰而散，靡而降，反戈而內訌，豈徒祿山犯闕、天子奔蜀爲然乎？楊劉一潰，而朱友貞匹馬無投；恒州一衄，而石重貴束身待縛；種師道入援不振，而宋徽父子憑孤城以就獲。千古敗亡之一軌，自犬戎邊起，烽火無援，其來久矣。東漢黎陽之屯，差爲有恃；乃其亡也，亦以邊彊腹弱，而山東義旅，不敵董卓之胡騎。後之謀保天下者，可弗鑒諸？

唐政之不終者凡三：貞觀也，開元也，元和也。而天寶之與開元，其治亂之相差爲尤縣絕。夫人之持志以務修能，亦難乎其始耳，血氣未定，物誘易遷，智未開，守未固，得失貞淫治亂之故未熟嘗，而易生其驕惰；及其年富力彊，見聞益廣，浮蕩之志氣已斂，聲色之娛樂已厭，而好修之成效有可居，則靡而淫，玩而弛，縱而暴，皆日損以嚮於善；此中人之恒也。太甲、成王終爲令主，亦此而已矣。唐之三君，既能自克以圖治於氣盈血溢、識淺情浮之日矣，功已略成，效可自喜，而躁烈之客氣且衰，漁色耽遊之滋味已飫，乃改而逆行，若少年狂蕩之爲者，此又何也？於是而知修德之與立功，其分量之所至，各有涯涘，而原委相因也。夫苟以修德爲心與？德者，無盡之藏也，未之見，則一善成而已若有餘矣，天下之可妨吾善者，相引以遷而不自覺；既見之矣，既習之矣，仁不熟不安於心，義未精不利於用，浩乎其無涯矣，森乎其不可犯矣，亹亹乎相引以深密，若登高山，愈陟而愈見其峻，勿容自釋也。故所患者，始之不自振也，繼之不自省也，而不患其終之不自保也。師保在前，疑丞在後，古人之遺文，相督而不假，窺其精意，欲從而未繇，則雖未日進於高明，而可不失其故步，奚憂末路之猖狂哉？苟其以立功爲心，而不知德在己而不在事與？則功者，有盡之規也，內賊未除，除之而內見清矣；外寇未戢，戢之而外見寧矣；百姓未富，富之而人有其生矣；法制未修，修之而國有其典矣。夫既內無肘腋之姦，外無跳梁之敵，野鮮流亡，而朝有綱紀，則過此以往，復奚事哉？志大而求盈，則貪荒遠之功；心滿而自得，則偷晏安之樂；所願者在是，所行者及是，所成者止是，復奚事哉？邪佞

進，女寵興，酣歌恒舞，而曰與民同樂；深居晏起，而曰無爲自正。進厝火積薪之説者，無可見之徵；抱蟻穴金堤之慮者，被苛求之責。智淺者不可使深，志小者不可使大，度量有涯，淫溢必汎，蓋必然之勢矣。是以古之聖王，後治而先學，貴德而賤功，望之天下者輕，而責之身心者重，故耄修益勤，死而後已，非以爲天下也，爲己而已矣。爲己者，功不欲居，名不欲立，以天子而無殊於巖穴之士，志日專，氣日斂，欲日憺忘，心日內守，則但患其始之未正也，師保任之也；不患其終之不永也，無可見之功勳，則無告成之逸豫也。唐以功立國，而道德之旨，自天子以至於學士大夫置不講焉，三君之不終，有以夫！

天子出奔以避寇，自玄宗始。其後代、德、僖三宗凡四出而卒返，雖亂而不亡。平陽之青衣行酒，五國之囚繫終身，視此何如邪？《春秋傳》曰：「國君死社稷，正也。」國君者，諸侯之謂也，棄其國，寓於他人之國，不得立宗廟，置社稷，委天子之命，絶先祖之祀，殄子孫之世，不若死之愈矣。諸侯之侯度固然，非天子之謂也。自宋李綱始倡誤國之説，爲君子者，喜其詞之正，而不察《春秋傳》大義微言之旨，欲陷天子於一城而棄天下，乃以終滅其宗廟之血食。甚矣！持一切之論者，義不精，學不講，見古人之似而迷其真，以誤天下有餘矣。天（下）〔子〕者，天（子）〔下〕之望也，前之失道而致出奔，誠不君矣；而天下臣民固倚以爲重，而視其存亡爲去就；固守一城，而或死或辱於寇賊之手，於是乎寇賊之勢益張，而天下臣民若喪其首，而四支亟隨以仆。以此爲正，而不恤四海之淪胥，則幽王之滅宗周，元帝之斬梁祀，可許以不辱不偷之大節乎？天子撫天下而爲主，都京師者，其擇便而安居者爾。九州莫非其土，率土莫非其人，一邑未亡，則猶奉宗祧於一邑，臣民之望猶繫焉，弗難改圖以光復也。而以匹夫硜硜之節，輕一死以瓦解天下乎？嗚呼！非徒天子然也。郡縣之天下，守令爲天子牧民，民其所司也，土非其世守也。禄山之亂，守州郡者，如郭納、達奚珣、令狐潮之流，望風納款，乃至忠貞如顔杲卿、袁履謙、張巡者，亦初受脅迫而始改圖，困守孤城而不知變計，幾陷於逆，莫能湔滌。力不能如顔魯公之即可有爲也，則何如潔身以避之，徐圖自效可也。身居危困之外，自有餘地以致身盡瘁；而濡忍不決，勢迫神昏，自非與日月爭光之義烈，「艮其限，厲熏心」，亦危矣哉！不保其終無玷也。故守令無三軍之寄，而以失城坐大辟，非法也。去亦死，守亦死，中人之情，畏死其恒也，迫之以必死，則唯降而已矣，是敺郡邑以從逆也。故曰非法也。

藝文

《文苑英華》卷七七四引李華《玄宗文頌六》 丕鑠玄宗之明，克孝克仁，久武久文，宣祖宗之光，垂於一作于。子孫。盛禮畢舉，大樂畢陳，百蠻來賓，元元阜殷。戎或不賓，悉一作遣。師徂征，罔不頓顙，踣於一作于。雷霆。在漢方昌，用刑慘酷，中都繫考，六萬餘人，使者按録，誅千萬人，然後興王。一作其後賢王。光武赫赫，誅沛賓客，以千以百，孝明稱賢。楚獄連年，坐死逮捕，以萬以千，猶曰漢祚宜長。越我宗祖，不忍用刑。至於玄宗，哀彼鈇鑕，降爲鞭抶。誕古萬一作羣。國，大爲屋室，醫彼百疾。追懷登遐，正一作止。害禽畜；旁爲陂池，養鱗水族；一作養鱗介族。既濡既渥，昆蟲草木。享國五十年，寓縣晏然，逆臣犯天，天念蒸人，若曰寧我負恥，不忍人戰死。乃告元子，理兵朔鄙，西幸蜀，都命元子受圖。天下既定，父堯子舜，歸於一作于。國都，無不忻愉，無不涕濡，付一作傳一。聖自顧，升靈太微。嗚呼！上聖之道之純，不可度思。

《文苑英華》卷八三六王縉《玄宗大明皇帝哀册文》 維寶應元年歲次壬寅建巳月五日，玄宗至道大聖大明孝皇帝崩于神龍殿，旋殯于太極殿之西階。粤以寶應二年三月甲辰朔十一日，將遷座于泰陵，禮也。象物已設，仙馭將飛，空聞脱屣，無復求衣。孝孫皇帝親臨遺奠，意延晷刻，向池紼而涕流，想山園而心惻。九天兮無所，一往兮何極？感貽美於孫謀，俾述事於祖德。其詞曰：天猒隋亂，中原無主。人歸唐德，上帝是輔。以聖易暴，興文繼武。義冠殷湯，威包漢祖。仰膺歷數，光宅區寓。《文粹》作字通用。惟皇得一，承帝《文粹》作乾。嗣五。赫哉厥初，萬物斯覩。景龍之際，乾儀反坤。不利王室，將開禍門。吕危劉氏，趙啄皇孫。我獨杖劍，神斯《文粹》、《詔令》作期。武賁。上排閶闔，俯掃軒轅。不驚宗廟，大造黎元。爲而不有，禮備尊尊。乃奉睿宗，爰受寶命。問安視《文粹》作侍。膳，純孝至敬。維城之年，佐潞之政。一著獻兆，百靈翼聖。躍馬絶二本作截。流，水不敢競。潛龍一變海，池亦告二本作呈。慶。有開必先，興王之盛。詔曰皇帝，余倦于勤。往纘不績，二本作業。以順兆人。辭之不可，其命維新。體乾之大，法土之均。臨之以日，生之以春。寒暑影信，動植知仁。九族既睦，四門既賓。天通之聖，電一作雷。斷之神。求賢簴簾，就列縉紳。讜言是聽，庶政

必親。刑措兵弭，一本作戢。咸加德馴。戎狄讋竄，塞不驚塵。琛賮爭入，來自無垠。駕鼓斥駿，焚裘棄珍。風雨時若，京坻相因。師於上古，思與還淳。然後制禮節焉，作樂和焉。東一本作北。祠后土，南郊上玄。齋祭陵廟，位號山川。教戰講武，祈農籍田。冕旒問俗，旌旗幸邊。文物蔽地，英聲動天。鳳巢麟擾，甘露醴泉。九尾三脊，朱草飛煙。繽紛効祉，每歲且千。道德洋溢，乾坤交泰。成功如何，登封於岱。太平如何，是時無外。才藝餘美，帝王之最。樂究天人，乙夜慙對。文齊日月，秋風靡逮。推曆正元，調律平害。札動雲落，弦開葉碎。揮琴弄一本作陋。虞，教歌輕沛。良辰可賞，聽政方退。鍾鼓屢陳，君臣高會。巍巍蕩蕩，四十餘載。巡省順動，西南粵區。命子出震，繼明握圖。長驅猛士，累剪封狐。不失舊物，言旋上都。離宮就養，壽酒多娛。習道久矣，神仙遠乎。嗚呼哀哉！湖上鑄鼎，海中祈藥。忽乘紫氣，長遊碧落。千門萬户，告一本作若。無天兮寥廓。八達九衢，雖有人兮寂寞。淚爲雨於宸扆《文粹》作極。哭，成雷於郊郭。遺轍迹而徒攀，葬衣冠而何託？同軌畢至，初陵已開。震鳳輦於仙仗，降龍輴於帝臺，儼一本作擬。將行兮肅穆，似有顧《文粹》作覩。兮徘徊。過春城兮如送，望暮山兮謂來。嗚呼哀哉！壽元肇吉，先天不違。接橋山之往一本作大。隧，啓金阜之玄扉。擁馳道兮皆往，獨宫車兮不歸。原夜《文粹》有兮字。藏書，終天《文粹》有兮字。戢輝。文始建《文粹》作遠。極，武餘英威。玄一本作立。德不朽，至道惟微。雖陰陽之與變化，侔神聖一本作德聖。兮安可希？超前古以作則，遺後代以垂衣。嗚呼哀哉！

宋敏求《唐大詔令集》卷七引蘇頲《開元神武皇帝册文》 維先天二年，歲次癸丑，十一月辛酉朔，二十八日戊子，攝太尉臣某等六千五百一十四人等言：臣聞厥初生人，首出庶物，物不自理，惟后所以康乂。后不自尊，惟人所以歸往。古先哲後，安人育物，表初崇號，不可辭也。皇矣上帝，臨于巨唐，降氤氳，垂耿光，重熙而累盛，至太皇而授聖皇，臣等敢稽首而言曰：曩者景龍之末，長蛇纔禍，陛下慮宗社之墜，提劍夷之，則因親以尊主。間者朝有賊臣，天罰大怒，陛下拯邦家之難，援族剿之，則厝枉以舉直。戮不及嗣，惡惟其身，思與王公卿士，下逮元元，揚闓澤而布和氣。臣又聞之，軒夢華胥，堯期姑射，未有一其道而順太皇之心。文王昭事，武王纘緒，未有一其時而居聖人之位。褰裳釋重，至公也。端扆嚮明，至孝也。使九族惇敍，百工允釐，東西南北，砥礪聲教。彼靈有四，招翠黄而可乘。我寶有三，指珠玉而不御。然猶發揮禮樂，馳騖典墳，論思獻納，進善從諫，日慎於一日矣。上稽天意，下考人謀，卓哉協元符而纘靈命者已。夫開者泰也，罔弗亨；元者善也，罔弗利；神者聖也，罔弗通；武者威也，罔弗服。臣等不勝大願，昧死上尊號曰開元神武皇帝，謹上玉册玉璽。臣等誠惶誠恐，死罪死罪，謹上。

宋敏求《唐大詔令集》卷七引佚名《開元天寶聖文神武應道皇帝册文》 維天寶七載，歲次戊子，五月庚午朔，十三日壬午，攝太尉銀青光禄大夫守刑部尚書兼京兆尹上柱國潁川郡開國公臣蕭炅，及文武百僚等，謹稽首奉開元天寶聖文神武皇帝陛下：臣聞惟道至大，王者均其名。惟天不應，聖人光其德。陛下弘啓玄宗，紹開皇運，淳化既洽，勞謙有恒，每滌覽真經，虔心明祀，將以答三靈之睠命，爲萬姓而祈福。故得玉芝，數白魚，見卿雲，降仙露，傳對敭之休，必有不可讓者也。於是公卿宗子，耆艾法流，詣闕奏章，願增徽號。至于再，至于三，伏奉甲戌詔曰：禎祥者，所以合天人；鴻名者，所以彰德業。今封章繼至，誠請甚勤，敬膺神休，允答人望。臣等不勝大慶，謹上加尊號曰開元天寶聖文神武應道皇帝。伏惟開闢之功，簡易之德，與道同運，體乾無極。

宋敏求《唐大詔令集》卷七引佚名《開元天地大寶聖文神武應道皇帝册文》

維天寶八載，歲次己丑，閏六月癸亥朔，五日丁卯，攝太尉開府儀同三司行尚書左僕射兼右相吏部尚書崇玄館大學士集賢院學士修國史上柱國晉國公臣林甫，特進行左相兼兵部尚書崇玄館大學士太清宫太微宫使上柱國臣希烈，及文武百官正議大夫檢校禮部尚書上柱國清河縣開國男賜紫金魚袋臣崔翹等，謹再拜稽首奉册開元天寶聖文神武應道皇帝陛下：臣聞自昔帝王，與道同功者，道寶降焉。與天合德者，天命彰焉。陛下功冠九皇，德包三古。而猶虔恭夕惕，朝禮上清。復玄化之雍熙，致蒼生於仁壽。故昊穹眷命，烈祖垂休，玉芝再産於宸居，瑶圖懸記於仙洞，混成微旨，允屬聖躬。陛下推美廣孝，克崇祖宗之禮，羣臣以公議納忠，庶葉承天之意，乃有卿雲散彩。瑞日重輪，對敭大號，固不可辭讓者也。於是公卿宗子，耆艾法流，顒然詣闕，奉章陳請。陛下猶謙沖之德，至于再至于三，伏奉景辰詔曰：陰隲既啓，公議屢陳，惟懷永圖，敬依來請。臣等不勝大慶，謹上加尊號曰開元天地大寶聖文神武應道皇帝。伏惟覆載之功，廣大之業，丕膺鴻烈，實祚無疆也。

宋敏求《唐大詔令集》卷七引徐浩《太上皇加光天文武大聖孝感皇帝册文》

維至德三載，歲次己亥，正月甲戌朔，五日戊寅，太上皇若曰：古之握乾符，建

皇極，社稷不可無主。帝王唯其有歸，則堯禪舜，舜禪禹，畏天命也。啓嗣禹，武嗣文，從人望也。革命易姓，舉至公於國。纂戎繼統，用不私於親，斯美大矣。朕承五聖之丕業，宅萬國而爲君，膺時撫運，載將四紀，夢帝與齡，實受多福，曷嘗不虔恭至道。亭育羣生，早厭黄屋之勤，每懷紫霄之馭，惟父知子。我有元良，惟君安人，久思付託。皇帝天縱睿哲，日躋孝敬，孝性之至，通於神明。財成之道，冠于宇宙。朕往以蕭牆之難，克保宗社。故先帝俾予以生𡷊，頃者中原之禍，期輯邦家。我於是命爾以仗鉞，當經綸雲雷之際。櫛沐風雨之時，思恕宿心，累有成命，而義不奉詔，謙不踰尊，至于再三，明兹懇讓。洎即戎致討，觀兵朔漠，驅馭豪傑，用服乃功于明辟。天亦集大命于爾躬，推之至公，終陟元后。奄有四海，克康兆人，光天之業也。經綸天地，戡定禍亂，文武之公也。雄圖英算，大聖也。保國安親，孝感也。今加徽號于皇帝曰光天文武大聖孝感皇帝。授傳國璽符受命寶符各一，上副于天，中契于神，下葉于人，二者朕無愧焉。永保累聖之鴻緒，對一人之休命。朕將訪道崆山，追蹤汾水，超然金闕之上，終以玉京之遊，不其至哉，良願畢矣。宜令所司擇日即行册禮。夫名以制義，器以昭德。今羣公卿士，咸旅于庭，明聽朕言，敷厥成訓，於戲。

釋惠洪《石門文字禪》卷二七《跋唐明皇傳》 初，明皇聞元魯山之歌，歎曰：「賢人之言也。」聞左璿訴道迎宋璟，不爲璟禮，則益知其賢，何其明也。及聞祿山曰：「胡家不知有父，但知有母。」便遂信之，何其暗也。孟子曰：「養心莫大於寡欲。」欲少縱之，則反易如此。然能割所甚愛以寧天下，與漢高帝鑄印銷印，遲速一間耳，此其所以再造唐室也。

司馬承禎部

綜述

《舊唐書》卷一九二《司馬承禎傳》 道士司馬承禎，字子微，河内温人。周晉州刺史、琅邪公裔玄孫。少好學，薄於爲吏，遂爲道士。事潘師正，傳其符籙及辟穀導引服餌之術。師正特賞異之，謂曰：「我自陶隱居傳正一之法，至汝四葉矣。」承禎嘗遍遊名山，乃止於天台山。則天聞其名，召至都，降手敕以讚美之。及將還，敕麟臺監李嶠餞之於洛橋之東。

景雲二年，睿宗令其兄承禕就天台山追之至京，引入宫中，問以陰陽術數之事。承禎對曰：「道經之旨：『爲道日損，損之又損，以至於無爲。』且心目所知見者，每損之尚未能已，豈復攻乎異端，而增其智慮哉！」帝曰：「理身無爲，則清高矣。理國無爲，如何？」對曰：「國猶身也。《老子》曰：『遊心於澹，合氣於漠，順物自然而無私焉，而天下理。』《易》曰：『聖人者，與天地合其德。』是知天不言而信，不爲而成。無爲之旨，理國之道也。」睿宗歎息曰：「廣成之言，即斯是也。」承禎固辭還山，仍賜寶琴一張及霞紋帔而遣之，朝中詞人贈詩者百餘人。

開元九年，玄宗又遣使迎入京，親受法籙，前後賞賜甚厚。十年，駕還西都，承禎又請還天台山，玄宗賦詩以遣之。十五年，又召至都。玄宗令承禎於王屋山自選形勝，置壇室以居焉。承禎因上言：「今五嶽神祠，皆是山林之神，非正真之神也。五嶽皆有洞府，各有上清真人降任其職，山川風雨，陰陽氣序，是所理焉。冠冕章服，佐從神仙，皆有名數。請别立齋祠之所。」玄宗從其言，因敕五嶽各置真君祠一所，其形象制度，皆令承禎推按道經，創意爲之。承禎頗善篆隸書，玄宗令以三體寫《老子經》，因刊正文句，定著五千三百八十言爲真本以奏上之。以承禎王屋所居爲陽臺觀，上自題額，遣使送之。賜絹三百匹，以充藥餌之用。俄又令玉真公主及光禄卿韋縚至其所居修金籙齋，復加以錫賚。

是歲，卒於王屋山，時年八十九。其弟子表稱：「死之日，有雙鶴遶壇，及白雲從壇中涌出，上連于天，而師容色如生。」玄宗深歎之，乃下制曰：「混成不測，入寥自化。雖獨立有象，而至極則冥。故王屋山道士司馬子微，心依道勝，理會玄遠，遍遊名山，密契仙洞。存觀其妙，逍遥得意之場；亡復其根，宴息無何之境。固以名登真格，位在靈官。林壑未改，遐霄已曠，言念高烈，有愴于懷，宜贈徽章，用光丹籙。可銀青光禄大夫，號真一先生。」仍爲親製碑文。

雜録

備録

劉肅《大唐新語》卷一〇《隱逸二三》 司馬承禎，字子微。博學能文，攻篆迴爲一體，號曰「金剪刀書」。隱於天台山玉霄峯，自號白雲子。有服餌之術。則天累徵之不起。睿宗雅尚道教，屢加尊異，承禎方赴召。睿宗問陰陽術數之事，承禎對曰：「《老子》經云：『損之又損，以至於無爲。』且心目所見知，每損之尚未能已，豈復攻乎異端而增智慮哉！」睿宗曰：「理身無爲，則清高矣；理國無爲，如之何？」對曰：「國猶身也。老子曰：『留心於淡，合氣於漠，順物自然，乃無私焉，而天下理。』《易》曰：『聖人者，與天地合其德。』是知天不言而信，無爲而成。無爲之旨，理國之要。」睿宗深賞異，留之，欲加寵位，固辭。無何，告歸山，乃賜寶琴、花帔以遣之。公卿多賦詩以送，常侍徐彦伯撮其美者三十餘篇，爲製序，名曰《白雲記》，見傳於世。時盧藏用早隱終南山，後登朝，居要官，見承禎將還天台，藏用指終南謂之曰：「此中大有佳處，何必在天台！」承禎徐對曰：「以僕所觀，乃仕途之捷徑耳。」藏用有慙色。玄宗有天下，深好道術，累徵承禎到京，留於内殿，頗加禮敬。問以延年度世之事，承禎隱而微言，玄宗亦傳而祕之，故人莫得知也。由是玄宗理國四十餘年，雖禄山犯闕，鑾輿幸蜀，及爲上皇，回，又七年，方始晏駕。誠由天數，豈非道力之助延長耶？初，玄宗登封太嶽回，問承禎：「五嶽何神主之？」對曰：「嶽者，山之巨，能出雲雨，潛儲神仙，國之望者爲之，然山林之神也，亦有仙官主之。」于是詔五嶽於山頂列置仙官廟，自承禎始也。

李綽《尚書故實》 司馬天師，名承禎，字紫微。形狀類陶隱居，玄宗謂人

曰：「承禎，弘景後身也。」天降車，上有字曰：「賜司馬承禎。」尸解去日，白鶴滿庭，異香郁烈。承禎號白雲先生，故人謂車爲「白雲車」。至文宗朝，並張騫海槎同取入内。

張彥遠《歷代名畫記》卷九《唐朝上》 司馬承禎，字子微。自梁陶隱居至先生，四世傳授仙法。開元中，自天台徵至，天子師之十五年。至王屋山，敕造陽臺觀居之。嘗畫於屋壁，又工篆隸，詞采衆藝皆類於隱居焉。制雅琴，鎮銘美石爲之，詞刻精絶。開元中，彥遠高王父河東公獲受教於先生。玄宗皇帝制碑，具述其妙。二十三年，尸解，白雲從堂户出，雙鶴繞壇而上。年八十一。謚貞一先生。

沈汾《續仙傳》卷下《司馬承禎》 司馬承禎，字子微。博學能文，攻篆迥爲一體，號曰金剪刀書，隱於天台山玉霄峯，自號白雲子，有服餌之術。唐則天累徵不起。睿宗雅尚道教，屢加尊異，承禎方赴召。睿宗問陰陽術數之事。承禎對曰：「老子經云：『損之又損，以至於無爲。』且心目所見知，每損之尚未能已，豈復攻乎異端而增智慮哉。」睿宗曰：「理身無爲，則清高矣；理國無爲，如之何？」對曰：「國猶身也，老子云：『留心於澹，氣合於漠，順物自然』，乃無私焉，而天下理。《易》曰：『聖人者與天地合其德。』是知天不言而信，不爲而成。無爲之旨，理國之要也。」睿宗深賞異，留之欲加寵位。固辭。無何告歸山。乃賜賚寶琴花帔以遣之。公卿多賦詩送。之常侍徐彥伯。撮其美者二十餘篇，爲製序，名曰《白雲記》，見傳於世。盧藏用早隱終南山，後登朝，居要官，見承禎將還天台，藏用指終南謂之曰：「此中大有佳處，何必天台。」承禎徐對曰：「以僕所觀，乃仕宦之捷徑耳。」藏用有慚色。」明皇詔於王屋山，置壇室以居之。承禎善篆隸，金剪刀書自成一家體。帝命以三體寫老子，刊正文句。嘗鑄含象鑑、震景劒進之。命光禄卿韋滔至所居，按金籙設祠，厚錫。上封泰山回，問承禎五嶽何神主之，對曰：「嶽者山之巨鎮，而能出雲降雨，爲國之望。然靈仙所隱，別有仙官主之。」於是詔五嶽別立仙官廟。時女真焦静真泛海，詣蓬萊求師。至一山，見道者，指言曰：「天台山司馬承禎，名在丹臺，身居赤城，真良師也。」静真既還，詣承禎求度，未幾昇天。嘗降謂薛季昌曰：「先生得道，高於陶都水之任，當爲東華上清真人。」開元中，文靖天師與承禎赴長生殿，千秋節齋直，中衣行道。畢，隔雲屏各就枕，斯須忽聞小兒誦經聲，玲玲如金玉響。天師乃褰裳躡步而窺之，見承禎額上有小日如錢，光耀一席。逼而聽之，乃承禎腦中之聲也。天師退，謂其徒曰：「《黄庭經》云：『泥丸九真皆有，方圓一寸處此中。』又云：『左神公子發神語。』先生之謂。」有弟子七十餘人。忽曰：「吾玉霄峯東望蓬萊，有靈真降駕，今爲東海一青童君。東華君，所召必須往。」俄頃化去，如蟬脱蛻，弟子葬其衣冠焉，時年八十有九。詔贈銀青光禄大夫，謚正一先生。帝親文其碑，韋渠牟作傳。嘗撰《修真祕旨》、《天地宫府圖》、《坐忘論》、《登真系》等行於世。

釋志磐《佛祖統紀》卷四一《法運通塞志第一七之八》 司馬承禎告化，敕謚貞一先生。睿宗時居天台，召入問道，對曰：「爲道曰損。」上曰：「治身可矣，治國若何？」曰：「國猶身也，順物無私而天下理。」上歎曰：「廣成之言也。」玄宗朝遣使迎至京，受法籙，辭歸王屋山。有弟子焦静過仙女告之曰：「子可謁東華青童君受三皇法，請名氏則貞一也。」歸而竭之。

孔平仲《續世説》卷一《德行》 司馬承禎，睿宗問以理國，對曰：「順物自然而無私焉，而天下理。《易》曰：『聖人與天地合其德。』是知天不言而信，不爲而成，無爲之旨，理國之道也。」睿宗歎息。

計有功《唐詩紀事》卷一三《司馬承禎》 宋之問《吟冬宵引贈承禎》云：河有冰兮山有雪，北户墐兮行人絶。獨坐山中兮對明月，懷美人兮屢盈缺。明月的的寒潭中，青松幽幽吟勁風。此情不向俗人説，愛而不見恨無窮。承禎答云：時既暮兮節欲春，山林寂兮懷幽人。登奇峯兮望白雲，悵緬邈兮象郁紛。白雲悠悠去不返，寒風颼颼吹日晚。不見其人誰與言，歸坐彈琴思逾遠。

承禎，字子微，事潘師正，傳辟穀導引術，無不通。睿宗、明皇累召至京師，問其術。卒，贈貞一先生。沈佺期贈詩云：紫微降天仙，丹地授雲藻。上言華頂事，中問長生道。華頂居最高，大壑朝陽早。長生術何妙，童顔後天老。清晨朝鳳京，静夜思鴻寶。敍其被召之事也。李白云：余昔於金陵，見司馬子微，謂余有仙風道骨，可以神遊八極之表，因著《大鵬賦》以見志焉。

備論

趙道一《歷世真仙體道通鑑》卷二五《司馬承禎》 臣道一曰：司馬承禎窺視軒裳，棲身洞府，心地之高邁，學問之淵源，不易及也。其答唐睿宗之問曰：「國猶身也，故游心於淡，合炁於漠，與物自然，而無容私焉，則天下治。」此誠得

太上之深旨。《道德經》云：「我無爲而民自化，我好静而民自正，我無事而民自富，我無欲而民自樸。」即此義也。

藝文

《全唐文》卷一九唐睿宗《賜天師司馬承禎三勅》 皇帝敬問天台山司馬鍊師：惟彼天台，淩於地軸，與四明而蔽日，均八洞而藏雲，珠闕玲瓏，琪樹璀璨，九芝含秀，八桂舒芳，赤城之域斯存，青溪之人攸處。司馬鍊師德超河上，道邁浮邱，高游碧落之庭，獨步青元之境。朕初臨寶位，久藉徽猷。雖堯帝披圖，翹心齧缺，軒轅御歷，締想崆峒，緬維彼懷，寧妨此顧。夏景漸熱，妙履清和，思聽真言，用袪蒙蔽。朝欽夕佇，迹滯心，飛欲遣使者專迎，或遇鍊師驚懼，故令兄往，願與同來，披敘不遥，先此無恙，故勅。

鍊師道實徵明，德惟虚寂，淩姑射之遐軌，激具茨之絶風。自任鍊藥名山，祈真洞壑，攀地肺之紅壁，坐天台之白雲，廣成以來，一人而已。足可發揮仙圃，黼藻元闗，海嶽爲之增輝，風霞由其動色。弟子緬懷河上，側佇巖幽，鶴馭方來，鳳京爰降。對安期之舄，聞稷邱之琴，順風訪道，諒在兹日。所進明鏡，規制幽奇。隱至道之精，含太易之象，藏諸寶匣，銘佩良深。故勅。先生道風獨峻，真氣孤標。餐霞赤城之表，馭風紫霄之上，遁俗無悶，逢時有待。蹔謁蓬萊之府，將還桐柏之巖，鴻寶少留，鳳裝難駐。閒居三月，方味廣成之言；别途萬里，空懷子陵之意。然行藏異跡，聚散恒理，今之别也，亦何恨哉！白雲悠悠，杳若天際，去德方遠，有勞夙心。敬遣代懷，指不多及。故勅。

《全唐文》卷二二唐玄宗《贈司馬承禎銀青光禄大夫制》 混成不測，入寥自化。雖獨立有象，而至極則冥。故王屋山道士司馬子微，心依道勝，理會元遠。遍遊名山，密契仙洞。存觀其妙，逍遥自得之場；歸復其根，宴息無何之境。固以名登真格，位在靈官，林壑未改，遐霄已曠。言念高烈，有愴於懷，宜贈徽章，用光丹籙可，銀青光禄大夫，號真一先生。

《全唐文》卷三六唐玄宗《賜司馬承禎勅》 司馬鍊師以吐納餘暇，琴書自娱，瀟灑白雲，超馳元圃。高德可重，蹔違蘿薜之情；雅志難留，敬順松喬之意。音塵一閒，俄歸葛氏之天台；道術斯成，頃縮長房之地脉。善自珍愛，以保童顔，志之所之，略陳鄙什。既敘前離之意，仍懷别後之資。故遣此書，指不多及。

《全唐文》卷三七唐玄宗《答司馬承禎進鑄含象鏡劒圖批》 得所進明照寶劒等，含兩曜之暉，稟八卦之象，足使光延仁壽，影滅豐城。佩服多情，慚式四韻。

《全唐文》卷三〇六衛憑《唐王屋山中巖臺正一先生廟碣》 古之所謂列仙者，執大全以御於自然，遊無有以至於不死，旁午衆妙，而登夫太元。蓋著自元元，成於天師，備諸簡寂，而詳乎貞白。得貞白之道者曰昇元，昇元以授於體元。自三真在天，羣學無主，主道之柄，必將有人。天以司馬真人爲木鐸歟？不然，元標靈符，遹駿若是，尊師族司馬氏，世居温。晉彭城王權之後，隋親侍都督晟之孫，皇代襄、滑二長史仁最之子。夫軒冕奕代，是謂令緒；忠賢繼出，必生異人。故子阿推恵，許真於以降跡；初成行慈，茅君所以升道，抑有由也。宗師諱承禎，字子微，法號道隱。生而能言，幼而知道，天錫奇表，神仙正性。老莊大旨也，引而伸之；楊許内學也，默而存之。潔其行，聳其德，識窮精微，思入虚極。議者謂冥冥之翮，不可屈而致。年二十一，始服巾褐入道，師體元先生；先生中嶽之隱几者也。尊師神凝用簡，情汰事落，其秉操不可瀆，其執勤不知倦，體元乃洒然異之。他日，以金根上經、三洞祕籙許真行事陶公微旨盡授於我尊師高悟獨得，虚融大通，發揮道真，出入元奥。嘗夢有鳳鳥銜璽，置於法案，刻曰「授君東華上清真人」。由是寶其壽，神其行，聽於氣，息於踵，則七日而外物，三月而遺形，一年而遊於無有矣。且鑿坯而遁，其隱跡。非應物也，狂歌而遊，其内修，非教人也；吐騰奇術，其眩愚，非保真也；偃仰下位，其容身，非高代也。尊師是以務宏道不滯其用，方善救不寧其居。入覲聖上，九重肅廣成之謁；出應時賢，羣公交子訓之請。故行而無迹事而無傳，虚受以曲成，廣照以吹萬。或外符能鼓其動，或内楗善閉其闗，或燕處而潛偶羣真，或冥升而密行上界，斯則不可測已。而後遊句曲步華陽之天，棲桐柏入靈墟之洞，尋大霍采金瓶之實，登衡山窺石廩之祕。皆山鬼貢藥，天真授經，猛獸護門，野禽繞座，若此又不可備論也。開元十二年，天子修明庭之禩，思接萬靈；動汧水之駕，奬邀四子。乃徵尊師入内殿，受上清經法。仍於王屋山置陽臺觀以居之，師以王屋小有之天，總真之府，景氣幽欻，神祇會昌，矧吾道苟行，奚適不可？翻飛投足，遂有終焉之志。更於觀之乾維，高邱之午，窮極絶界，得中巖臺。上直大壇，下繚大阜，巨木圓

抱，鳴溪中落。每養龍大谷，相鶴中峯，燎金洞之衆香，吸石竇之鮮氣，有日矣。初隱居抄撰道書，爲《證真隱訣》，其存修之道，率多闕文。尊師乃著《修真祕旨》十二篇，見行於世。至如發晨蘊以陳呪，步宵壇以飛章；迴冥威於三官，走故氣於百鬼；一以皇極增峻，息金革水旱之虞，一以人寰載清，無流痡疵癘之儆，亦尊師之力也。抱一守寂，反道歸根之理既盡，洎鍊景迴元，乘飇蹈氣之術又備。豈兩儀之可以透迤造物，保合大均，觀變化而沖和其心，撫陰陽而寥廓其眠。豈兩儀之細，而同其濁質；萬化之雜，而拘其清神哉！歲乙亥夏六月十八日，顧謂近侍曰：「吾已受職元都，不復得住。」遂部署封檢，將若遠適。迨昏有赤雲繚繞，摩地而來，簫聲泠然，乘空而去。衆咸驚駭，謂必上昇，遽奓户而入，已蜕形矣。越二十一日，羣弟子相與瘞杖舄於西北之松臺。制贈銀青光禄大夫，謚曰貞一，并上自製碑，申寵章也。門人曰：尊師之生也，五百年甲子矣。常見體如寒松，心若明鑑，居絶憂喜，生無嗜慾。昔住嵩嶂，則後阜松生；及移台嶺，則東壁泉湧。幽居於南嶽，則元鶴蔽野；坐忘於兹山，則綵雲滿室。若乃高姿逸軌，近類華陽；俄聞偉藝，遠齊抱朴。其善誨善誘，則常以爲己任，若性與天道，亦不可得而聞。宣其馳轅於妙門，遊刃於真宰，邁元德而同世恤，宣至理而障羣僞。及揮斥萬仞，翱翔四空，凝冰者理順，捕影者心伏。於戲！豈古登天遊霧而不死者夫？河東郡寶鼎縣主簿司馬綱，師之猶子也。餐味密訓，倘佯精廬禦侮道門，翹足仙事。乃恢張遺寢，制造新廟，將謂靈仙不妄，且以虔奉有所。考室也，侈而大之；立主也，尸而祝之。徒見反宇蘧蘧，高松杳翠，靈響虚應，圓光夜燭，亦神異也。僉惟昔之得道者，智有如江如海惟湥也，我師則無不在；德有如邱如陵其高也，我師則不可升。故塞於瀛縣，馨於圖史，豈遊其門者，能象其迹而綴其美乎？誠以立祠者表靈之道，刻石者宏教之端；思存乎阜鄉之遺風，景行乎靁平之故事。若述作之奇偉，見於萃集；感應之幽微，存乎內傳云爾。乃作頌曰：「大元混茫，上境遼廓。沖用斯應，翰飛是託。道其湥微，人孰營度。不有真匠，疇能係作。偉哉真匠，乘運挺生。超乎長存，隱乎無名。元退首出，道再演成。潤色大象，猗那之精。至精伊何，能修體妙。大象伊何，能勤廣照。周麾後學，緣飾垂教。弱喪知歸，晞光胥效。從道於中，以克大道。終處其厚，奄荒無有。七域昭貢，百靈奔走。夫生在命，此身能久。且曰無待，著名列仙。嗣武貞白，齊明稚川。解玉何地，迴旌幾年。靈廟之下，空瞻洞天。」

姚崇部

綜述

《舊唐書》卷九六《姚崇傳》 姚崇，本名元崇，陝州硤石人也。父善意，貞觀中，任巂州都督。元崇爲孝敬挽郎，應下筆成章舉，授濮州司倉，五遷夏官郎中。時契丹寇陷河北數州，兵機填委，元崇剖析若流，皆有條貫。則天甚奇之，超遷夏官侍郎，又尋同鳳閣鸞臺平章事。

聖曆初，則天謂侍臣曰：「往者周興、來俊臣等推勘詔獄，朝臣遞相牽引，咸承反逆，國家有法，朕豈能違。中間疑有枉濫，更使近臣就獄親問，皆得手狀，承引不虚，朕不以爲疑，即可其奏。近日周興、來俊臣死後，更無聞有反逆者，然則以前就戮者，不有冤濫耶？」元崇對曰：「自垂拱已後，被告身死破家者，皆是枉酷自誣而死。告者特以爲功，天下號爲羅織，甚於漢之黨錮。陛下令近臣就獄問者，近臣亦不自保，何敢輒有動摇？被問者若翻，又懼遭其毒手，將軍張虔勗、李安静等皆是也。賴上天降靈，聖情發寤，誅鋤兇豎，朝廷乂安。今日已後，臣以微軀及一門百口保見在内外官更無反逆者。乞陛下得告狀，但收掌，不須推問。若後有徵驗，反逆有實，臣請受知而不告之罪。」則天大悦曰：「以前宰相皆順成其事，陷朕爲淫刑之主。聞卿所説，甚合朕心。」其日，遣中使送銀千兩以賜元崇。

時突厥叱利元崇構逆，則天不欲元崇與之同名，乃改爲元之。俄遷鳳閣侍郎，依舊知政事。

長安四年，元之以母老，表請解職侍養，言甚哀切，則天難違其意，拜相王府長史，罷知政事，俾獲其養。其月，又令元之兼知夏官尚書事、同鳳閣鸞臺三品。元之上言：「臣事相王，知兵馬不便。臣非惜死，恐不益相王。」則天深然其言，改爲春官尚書。是時，張易之請移京城大德僧十人配定州私置寺，僧等苦訴，元之斷停，易之屢以爲言，元之終不納。由是爲易之所譖，改爲司僕卿，知政事如故，使充靈武道大總管。

神龍元年，張柬之、桓彦範等謀誅易之兄弟，適會元之自軍還都，遂預謀，以功封梁縣侯，賜實封二百户。則天移居上陽宫，中宗率百官就閤起居，王公已下皆欣躍稱慶，元之獨嗚咽流涕。彦範、柬之謂元之曰：「今日豈是啼泣時！恐公禍從此始。」元之曰：「事則天歲久，乍此辭違，情發於衷，非忍所得。昨預公誅兇逆者，是臣子之常道，豈敢言功；今辭違舊主悲泣者，亦臣子之終節，緣此獲罪，實所甘心。」無幾，出爲亳州刺史，轉常州刺史。

睿宗即位，召拜兵部尚書、同中書門下三品，尋遷中書令。時玄宗在東宫，太平公主干預朝政，宋王成器爲閑廄使，岐王範、薛王業皆掌禁兵，外議以爲不便。元之同侍中宋璟密奏請令公主往就東都，出成器等諸王爲刺史，以息人心。睿宗以告公主，公主大怒。玄宗乃上疏以元之、璟等離間兄弟，請加罪，乃貶元之爲申州刺史。再轉揚州長史、淮南按察使，爲政簡肅，人吏立碑紀德。俄除同州刺史。先天二年，玄宗講武在新豐驛，召元之代郭元振爲兵部尚書、同中書門下三品，復遷紫微令。避開元尊號，又改名崇，進封梁國公。固辭實封，乃停其舊封，特賜新封一百户。

先是，中宗時，公主外戚皆奏請度人爲僧尼，亦有出私財造寺者，富户强丁，皆經營避役，遠近充滿。至是，崇奏曰：「佛不在外，求之於心。佛圖澄最賢，無益於全趙；羅什多藝，不救於亡秦。何充、苻融，皆遭敗滅；齊襄、梁武，未免災殃。但發心慈悲，行事利益，使蒼生安樂，即是佛身。何用妄度姦人，令壞正法？」上納其言，令有司隱括僧徒，以僞濫還俗者萬二千餘人。

開元四年，山東蝗蟲大起，崇奏曰：「《毛詩》云：『秉彼蟊賊，以付炎火。』又漢光武詔曰：『勉順時政，勸督農桑，去彼蝗蜮，以及蟊賊。』此並除蝗之義也。蟲既解畏人，易爲驅逐。又苗稼皆有地主，救護必不辭勞。蝗既解飛，夜必赴火，夜中設火，火邊掘坑，且焚且瘞，除之可盡。時山東百姓皆燒香禮拜，設祭祈恩，眼看食苗，手不敢近。自古有討除不得者，祇是人不用命，但使齊心戮力，必是可除。」乃遣御史分道殺蝗。汴州刺史倪若水執奏曰：「蝗是天災，自宜修德。劉聰時除既不得，爲害更深。」仍拒御史，不肯應命。崇大怒，牒報若水曰：「劉聰僞主，德不勝妖；今日聖朝，妖不勝德。古之良守，蝗蟲避境，若其修德可免，彼豈無德致然！今坐看食苗，何忍不救，因以饑饉，將何自安？幸勿遲回，自招悔吝。」若水乃行焚瘞之法，獲蝗一十四萬石，投汴渠流下者不可勝紀。

時朝廷喧議，皆以驅蝗爲不便，上聞之，復以問崇。崇曰：「庸儒執文，不識通變。凡事有違經而合道者，亦有反道而適權者。昔魏時山東有蝗傷稼，緣小忍不除，致使苗稼總盡，人至相食；後秦時有蝗，禾稼及草木俱盡，牛馬至相噉毛。今山東蝗蟲所在流滿，仍極繁息，實所稀聞。河北、河南，無多貯積，倘不收穫，豈免流離，事繫安危，不可膠柱。縱使除之不盡，猶勝養以成災。陛下好生惡殺，此事請不煩出敕，乞容臣出牒處分。若除不得，臣在身官爵，並請削除。」上許之。

黄門監盧懷慎謂崇曰：「蝗是天災，豈可制以人事？外議咸以爲非。又殺蟲太多，有傷和氣。今猶可復，請公思之。」崇曰：「楚王吞蛭，厥疾用瘳；叔敖殺蛇，其福乃降。趙宣至賢也，恨用其犬；孔丘將聖也，不愛其羊。皆志在安人，思不失禮。今蝗蟲極盛，驅除可得，若其縱食，所在皆空。山東百姓，豈宜餓殺！此事崇已面經奏定訖，請公勿復爲言。若救人殺蟲，因緣致禍，崇請獨受，義不仰關。」懷慎既庶事曲從，竟亦不敢逆崇之意，蝗因此亦漸止息。

是時，上初即位，務修德政，軍國庶務，多訪於崇，同時宰相盧懷慎、源乾曜等，但唯諾而已。崇獨當重任，明於吏道，斷割不滯。然縱其子光禄少卿彝、宗正少卿異廣引賓客，受納饋遺，由是爲時所譏。時有中書主書趙誨爲崇所親信，受蕃人珍遺，事發，上親加鞫問，下獄處死。崇結奏其罪，復營救之，上由是不悦。其冬，曲赦京城，敕文特標誨名，令決杖一百，配流嶺南。崇自是憂懼，頻面陳避相位，薦宋璟自代。俄授開府儀同三司，罷知政事。

居月餘，玄宗將幸東都，而太廟屋壞，上召宋璟、蘇頲問其故，璟等奏言：「陛下三年之制未畢，誠不可行幸。凡災變之發，皆所以明教誡。陛下宜增崇大道，以答天意，且停幸東都。」上又召崇問曰：「朕臨發京邑，太廟無故崩壞，恐神靈誡以東行不便耶？」崇對曰：「太廟殿本是苻堅時所造，隋文帝創立新都，移宇文朝故殿造此廟，國家又因隋氏舊制，歲月滋深，朽蠹而毁。山有朽壤，尚不免崩，既久來枯木，合將摧折，偶與行期相會，不是緣行乃崩。且四海爲家，兩京相接，陛下以關中不甚豐熟，轉運又有勞費，所以爲人行幸，豈是無事煩勞？東都百司已作供擬，不可失信於天下。以臣愚見，舊廟既朽爛，不堪修理，望移神主於太極殿安置，更改造新廟，以申誠敬。車駕依前徑發。」上曰：「卿言正合朕意。」賜絹二百匹，令所司奉七廟神主於太極殿，改新廟，車駕乃幸東都。因令崇五日一參，仍入閤供奉，甚承恩遇。後又除太子少保，以疾不拜。九年薨，年七十二，贈揚州大都督，謚曰文獻。

崇先分其田園，令諸子姪各守其分，仍爲遺令以誡子孫，其略曰：「古人云：『富貴者，人之怨也。貴則神忌其滿，人惡其上；富則鬼瞰其室，虜利其財。』自開闢已來，書籍所載，德薄任重而能壽考無咎者，未之有也。故范蠡、疏廣之輩，知止足之分，前史多之。況吾才不逮古人，而久竊榮寵，位逾高而益懼，恩彌厚而增憂。往在中書，遘疾虛憊，雖終匪懈，而諸務多闕。薦賢自代，屢有誠祈，人欲天從，竟蒙哀允。優遊園沼，放浪形骸，人生一代，斯亦足矣。田巴云：『百年之期，未有能至。』王逸少云：『俛仰之間，已爲陳迹。』誠哉此言。比見諸達官身亡以後，子孫既失覆蔭，多至貧寒，斗尺之間，參商是競。豈唯自玷，仍更辱先，無論曲直，俱受嗤毁。莊田水碾，既衆有之，遞相推倚，或致荒廢。陸賈、石苞，皆古之賢達也，所以預爲定分，將以絶其後爭，吾静思之，深所歎服。昔孔丘亞聖，母墓毁而不修；梁鴻至賢，父亡席卷而葬。昔楊震、趙咨、盧植、張奂，皆當代英達，通識今古，咸有遺言，屬以薄葬。或濯衣時服，或單帛幅巾，知真魂去身，貴於速朽，子孫皆遵成命，迄今以爲美談。凡厚葬之家，例非明哲，或溺於流俗，不察幽明，咸以奢厚爲忠孝，以儉薄爲慳惜，至令亡者致戮屍暴骸之酷，存者陷不忠不孝之誚。可爲痛哉，可爲痛哉！死者無知，自同糞土，何煩厚葬，使傷素業。若也有知，神不在柩，復何用違君父之令，破衣食之資。吾身亡後，可殮以常服，四時之衣，各一副而已。吾性甚不愛冠衣，必不得將入棺墓，紫衣玉帶，足便於身，念爾等勿復違之。且神道惡奢，冥塗尚質，若違吾處分，使吾受戮於地下，於汝心安乎？念而思之。今之佛經，羅什所譯，姚興執本，與什對翻。姚興造浮屠於永貴里，傾竭府庫，廣事莊嚴，而興命不得延，國亦隨滅。又齊跨山東，周據關右，周則多除佛法而修繕兵威，齊則廣置僧徒而依憑佛力。及至交戰，齊氏滅亡，國既不存，寺復何有？修福之報，何其蔑如！梁武帝以萬乘爲奴，胡太后以六宫入道，豈特身戮名辱，皆以亡國破家。近日孝和皇帝發使贖生，傾國造寺，太平公主、武三思、悖逆庶人、張夫人等皆度人造寺，竟術彌街，咸不免受戮破家，爲天下所笑。經云：『求長命得長命，求富貴得富貴』；『刀尋段段壞，火坑變成池』。比來緣精進得富貴長命者爲誰？生前易知，尚覺無應，身後難究，誰見有徵。且五帝之時，父不葬子，兄不哭弟，言其致仁壽、無夭横也。三王

之代，國祚延長，人用休息，其人臣則彭祖、老聃之類，皆享遐齡。當此之時，未有佛教，豈抄經鑄像之力，設齋施佛之功耶？《宋書》《西域傳》，有名僧爲《白黑論》，理證明白，足解沈疑，宜觀而行之。且佛者覺也，在乎方寸，假有萬像之廣，不出五蘊之中，但平等慈悲，行善不行惡，則佛道備矣。何必溺於小說，惑於凡僧，仍將喻品，用爲實錄，抄經寫像，破業傾家，乃至施身亦無所吝，可謂大惑也。亦有緣亡人造像，名爲追福，方便之教，雖則多端，功德須自發心，旁助寧應獲報？遞相欺誑，浸成風俗，損耗生人，無益亡者。假有通才達識，亦爲時俗所拘。如來普慈，意存利物，損衆生之不足，厚豪僧之有餘，必不然矣。且死者是常，古來不免，所造經像，何所施爲？夫釋迦之本法，爲蒼生之大弊，汝等各宜警策，正法在心，勿效兒女子曹，終身不悟也。吾亡後必不得爲此弊法。若未能全依正道，須順俗情，從初七至終七，任設七僧日，齋中若隨齋須布施，宜以吾緣身衣物充，不得輒用餘財，爲無益之枉事，亦不得妄出私物，徇追福之虛談。道士者，本以玄牝爲宗，初無趨競之教，而無識者慕僧家之有利，約佛教而爲業。敬尋老君之說，亦無過齋之文，抑同僧例，失之彌遠。汝等勿拘鄙俗，輒屈於家。汝等身沒之後，亦教子孫依吾此法云。」

十七年，重贈崇太子太保。

崇長子彝，開元初光祿少卿。次子異，坊州刺史。少子弈，少而修謹，開元末，爲禮部侍郎、尚書右丞。天寶元年，右相牛仙客薨，彝男閎爲侍御史、仙客判官，見仙客疾亟，逼爲仙客表，請以弈及兵部侍郎盧奂爲宰相代己。其妻因中使奏之，玄宗聞而怒之，閎決死，弈出爲永陽太守，奂爲臨淄太守。玄孫合，登進士第，授武功尉，遷監察御史，位終給事中。

《全唐文》卷二三〇張說《故開府儀同三司上柱國贈揚州刺史大都督梁國公姚文貞公神道碑奉勅撰》 敘曰：八柱承天，高明之位定；四時成歲，亭育之功存。晝爲九州禹也，堯享鴻名；播時百穀棄也，舜稱至德。由此言之，知人則哲，非賢罔乂致君堯舜，何代無人？有唐元宰曰梁文貞公者，位爲帝之四輔，才爲國之六翮，言爲代之軌物，行爲人之師表：蓋維嶽降神，應時間出者也。公諱崇，字元之，姚姓。有虞之後，遠自吳興，近徙於陝，今家洛陽焉。烈考長沙文獻公，槐勛王室，建旟舊府。公紈綺而孤，克廣前業，激昂成學，榮問日流，武庫則矛戟森然，文房則禮樂盡在。弱冠補孝敬挽郎，又制舉高第，歷佐濮、鄭，並有聲華。入爲司刑丞，天授之際，獄吏峻密，公持法無頗，全活者衆。進夏官員外郎

郎中侍郎，朝廷曰能，遂掌軍國。遷鳳閣侍郎監修國史兼相王府長史。始則天人讓王，承置醴之顧；終以飛龍利見，延參乘之恩。自時厥後，恒當大任，凡三處兵部尚書，三入中書令，一爲禮部尚書左庶子，又肅政大夫總靈武軍兵馬，又司僕卿知隴右監牧使，出典亳、宋、常、越、許、申、徐、潞、揚同十郡。景雲初，以藩邸舊僚，封梁國公，食賦百室。公性仁恕，行簡易，虛懷汎愛，而涇渭不雜；貞率徑盡，而應變無窮：常推是心，以御於物，故所莅必甿庶風偃，驁狠化從，言不厲而教成，政不威而事理。去思輿頌，來暮聞歌，既登邦政，卒乘輯睦。及在宗伯，神人克諧，令之中書，是爲理本，謀事兼於百揆，論道總於三台。公執國之鈞，金玉王度，大渾順序，休徵來臻，懋德格天，名遂身退。拜開府儀同三司，崇其秩，逸其志也。初太夫人在堂，公授職西掖，頗限扃禁，求侍晨昏。優詔既許，尋令還職，公固請以泣，制曰：「家有令弟，足慰母心；國有棟臣，安可暫闕其後剖符江表，敦諭起復。哀麻外墨，欒棘內毀，變禮中權，通識所貴。神龍之首，預聞興復，疇其井賦，累讓而停。夫以革故鼎新，大來小往，得喪而不形於色，進退而不失其正者，鮮矣！」君子曰：「忠不忘親，仁也；哀不違事，義也；讓功辭邑，禮也；濟代全名，智也。仁以長人，義以和下，禮以安上，智以周身。宜其光輔四帝，軒冕三紀，池臺琴筑，優游暮齒，傳爵土於祚允，保祿位於終始矣。」享年七十有一，開元九年九月，寢疾薨於東都之慈惠里。皇上悼焉，國人慕焉，撫牀輟舂，曾未云比。制贈揚州大都督，謚曰文貞，禮也。十年二月，葬於萬安山之南原。在疾也，王人賜膳，御醫視藥；於薨也，中使弔臨，羽儀哀送：君臣之義，厚莫重焉。子異、子弈，思綴遺美，以寘罔極，有詔掌文之官敘事，盛德之老銘功，將以寵宗臣，揚英烈。帝乃洒恩仙翰，鏤澤豐碑，日月臨照於佳城，烟雲變態於神道。寶其文字，別爲羣玉之山；禁其樵蘇，即表三司之墓。銘曰：「源深自虞，派別從吳。避地魯陝，居家洛都。神明遠契，嶽瀆冥符。翊聖斯偶，生賢不孤。仁將勇濟，孝與忠俱。學刃攢植，文鋒迅驅。纔安卑位，即騁長途。惟實惟有，若虛若無。再三軍國，一二訏謨。戎柄尤重，王綸最樞。兼司任切，久政榮殊。黼藻彌煥，丹青靡渝。以寬容物，以鑒分區。外或形放，中恒禮拘。箴雖誠口，諍亦忘軀。但覩渾璞，誰詳瑾瑜？伊臯尺寸，管樂錙銖。名正身遂，言誠願孚。方辭漢祿，更辱齊租。既積而散，窮歡盡娛。川歸東極，日去西晡。上惻旒扆，傍悲路衢。藍田美玉，荔浦明珠。載廣休慶，爰宏典謨。豐碑乃立，盛業其鋪。帝念頻軫，仙毫特紆。鏤金刻石，鳳篆龍圖。七曜光動，三泉澤濡。銓能敘

事，理鬱詞敷。求舊銘實，慚殫恩蕪。緬思雲霧，尚想江湖。有道之德，其何以踰？延陵之墓，空此嗚呼。存没終始，遐哉邈乎。

雜録

備録

張鷟《朝野僉載》補輯　紫微舍人倪若水贓至八百貫，因諸王内宴，姚元崇諷之曰：「倪舍人正直，百司嫉之，欲成事，何不爲上言之？」諸王入，衆共救之，遂釋，一無所問。主書趙誨受蕃餉一刀子，或直六七百錢，元崇宣敕處死。後有降，崇乃批曰：「别敕處死者，決一百，配流。」大理決趙誨一百不死，夜遣給使縊殺之。

劉餗《隋唐嘉話》卷下　姚開府凡三爲相，而必兼兵部，至於軍鎮道里與騎卒之數，皆暗能計之矣。

劉肅《大唐新語》卷一《匡贊一》　初，姚崇引（宋）璟爲中丞，再引之入相。崇善應變，故能成天下之務；璟善守文，故能持天下之政。二人執性不同，同歸於道，葉心翼贊，以致刑措焉。

姚崇以拒太平公主，出爲申州刺史，玄宗深德之。太平既誅，徵爲同州刺史。素與張説不叶，説諷趙彦昭彈之，玄宗不納。俄校獵于渭濱，密召崇會於行所，玄宗謂曰：「卿頗知獵乎？」崇對曰：「此臣少所習也。臣年二十，居澤中，以呼鷹逐兔爲樂，猶不知書。張璟（藏）謂臣曰：『君當位極人臣，無自棄也。』爾來折節讀書，以至將相。臣少爲獵師，老而猶能。」玄宗大悦，與之偕馬臂鷹，遲速在手，動必稱旨。玄宗懽甚，樂則割鮮，閑則咨以政事，備陳古今理亂之本上之可行者必委曲言之。玄宗心益開，聽之亹亹忘倦。軍國之務，咸訪於崇。崇罷冗職，修舊章，内外有叙。又請無赦宥，無度僧，無數遷吏，無任功臣以政。玄宗悉從之，而天下大理。

劉肅《大唐新語》卷三《公直五》　長安末，諸酷吏並誅死，則天悔於枉濫，謂侍臣曰：「近者朝臣多被周興、來俊臣推勘，遞相牽引，咸自承伏。國家有法，朕豈能違。中間疑有濫者，更使近臣就獄推問，得報皆自承引，朕不以爲疑，即可其奏。自周興、俊臣死，更不聞有反逆者。然已前就戮者，豈不有冤濫耶？」夏官侍郎姚崇對曰：「自垂拱已後，被告身死破家者，皆枉酷自誣而死。告事者特以爲功。天下號爲羅織，甚於漢之黨錮。陛下令近臣就獄推問者，近臣亦不自保，何敢輒有動摇。賴上天降靈，聖情發寤，誅滅凶豎，朝廷宴安。今日已後，微軀及一門百口，保見在内外官吏無反逆者。」則天大悦曰：「已前宰相皆順成其事，陷朕爲淫刑之主。聞卿所説，甚合朕心。」乃賜銀一千兩。

劉肅《大唐新語》卷四《持法七》　開元中，申王撝奏：「辰府録事閻楚珪，望授辰府參軍。」玄宗許之。姚崇奏曰：「臣昔年奏旨，王公駙馬所有奏請，非降墨敕，不可商量。其楚珪官，請停。」詔從之。

劉肅《大唐新語》卷六《舉賢一三》　姚崇初不悦學，年逾弱冠，常過所親，見《修文殿御覽》，閱之，喜，遂耽玩墳史，以文華著名。歷牧常、揚，吏並建碑紀德。再秉衡軸，天下欽其公直。外甥任弈，任異少孤，養在崇家，乃與之立家産，謂之曰：「汝，吾無間然矣，惜殊宗而代疏矣。」命與其子同名，冀無别也。時人多之。

劉肅《大唐新語》卷一三《諧謔二八》　姚崇爲紫微令，舊例給、舍直次，不讓宰相。崇以年位俱高，不依其請。令史持直簿詣之，崇批其簿曰：「告直令史，遣去又來，必欲取人，有同司命。老人年事，終不擬當。」給舍見之歡笑，不復逼也。後遂停宰相直宿。

鄭處誨《明皇雜録》卷上　姚元崇與張説同爲宰輔，頗疑阻，屢以其相侵，張銜之頗切。姚既病，誡諸子曰：「張丞相與我不葉，衅隙甚深。然其人少懷奢侈，尤好服玩。吾身殁之後，以吾嘗同寮，當來弔。汝其盛陳吾平生服玩寶帶重器，羅列於帳前，若不顧，汝速計家事，舉族無類矣；目此，吾屬無所虞，便當録其玩用，致於張公，仍以神道碑爲請。既獲其文，登時便寫進，仍先礱石以待之，便令鐫刻。張丞相見事遲於我，數日之後當悔，若卻徵碑文，以刊削爲辭，當引使視其鐫刻，仍告以聞上訖。」姚既殁，張果至，目其玩服三四，姚氏諸孤，悉如教誡。不數日文成，叙述該詳，時爲極筆。其略曰：「八柱承天，高明之位列；四時成歲，亭毒之功存。」後數日，張果使使取文本，以爲詞未周密，欲重爲删改。姚氏諸子仍引使者示其碑，乃告以奏御。使者復命。悔恨拊膺，曰：「死姚崇猶能算生張説，吾今知才之不及也遠矣。」

李德裕《次柳氏舊聞》　魏知古起諸吏，爲姚崇引用，及同升也，崇頗輕之。

無何，請知古攝吏部尚書，知東都選士事，以吏部尚書宋璟門下過官，知古心銜之，思有以中之者。時崇二子並分曹洛邑，食知古至，恃其家君，頗招顧請託。知古歸，悉以上聞。他日，上召崇，從容謂曰：「卿子才乎？皆何官也？又安在？」崇揣知上意，因奏云：「兩人皆分司東都矣。其爲人欲而寡慎，是必以事干知古。然臣未及問之耳。」上始以丞相子重言之，欲微動崇，而意崇私其子，或爲之隱。及聞崇所奏，大喜，且曰：「卿安從知之？」崇曰：「知古微時，是臣之所慰薦，以至榮達。臣之子愚，謂知古見德，必容其非，故必干之。」上於是明崇不私其子之過，而薄知古之負崇也。上欲斥之，崇爲之請曰：「臣有子無狀，撓陛下法，陛下特原之，臣爲幸大矣。而由臣逐知古，海內臣庶必以陛下爲私臣矣，非所以裨元化也。」上久乃許之。翌日，以知古爲工部尚書，罷知政事。

王仁裕《開元天寶遺事》卷上《四方神事》 姚元崇初牧荆州，三年，受代日，闔境民吏泣擁馬首，遮道不使去，所乘之馬鞭鐙，民皆截留之，以表瞻戀。新牧具其事奏之，褒詔美焉。就賜中金一千兩。

《資治通鑑》卷二一〇唐玄宗開元元年十月條考異引《升平源》 姚元崇初拒太平得罪，上頗德之。既誅太平，方任元崇以相，進拜同州刺史。張説素不叶，命趙彦昭騾彈之，不許。居無何，上將獵於渭濱，密召元崇會於行所。初，元崇聞上講武於驪山，謂所親曰：「凖式，車駕行幸，三百里内刺史合朝覲，元崇必爲權度所擠，若何？」參軍李景初進曰：「某有兒母者，其父即教坊長入内，相公儻致厚賂，使其冒法進狀，可達。」公然之，輒效。燕公説使姜皎入曰：「陛下久卜河東總管，重難其人。臣有所得，何以見賞？」上曰：「誰邪？如愜，有萬金之賜。」乃曰：「馮翊太守姚元崇，文武全材，即其人也。」上曰：「此張説意也。卿罔上，當誅。」皎首服萬死，即詔中官追赴行在。上方獵於渭賓，公至，拜馬首。上言：「卿頗知獵乎？」元崇曰：「臣少孤，居廣成澤，目不知書，唯以射獵爲事。四十年，方遇張憬藏，謂臣當以文學備位將相，無爲自棄。爾來折節讀書。今雖官位過忝，至於馳射，老而猶能。」於是呼鷹放犬，遲速稱旨。上大悦。上曰：「朕久不見卿，思有顧問，卿可於宰相行中行。」公行猶後。上縱轡久之，顧曰：「卿行何後？」公曰：「臣官疎賤，不合參宰相行。」上曰：「可兵部尚書同平章事。」公不謝，上顧訝焉。至頓，上命宰臣坐。公跪奏：「臣適奉作弼之詔不謝者，欲以十事上獻，有不可行，臣不敢奉詔。」上曰：「悉數之，朕當量力而行，然後定可否。」公曰：「自垂拱已來，朝廷以刑法理天下，臣請聖政先仁義，可乎？」上曰：「朕深心有望於公也。」又曰：「聖朝自喪師青海，未有牽復之悔，臣請三數十年不求邊功，可乎？」上曰：「可。」又曰：「自太后臨朝以來，喉舌之任，或出於閹人之口，臣請中官不預公事，可乎？」上曰：「懷之久矣。」又曰：「自武氏諸親，猥侵清切權要之地，繼以韋庶人、安樂、太平用事，班序荒雜，臣請國親不任臺省官，凡有斜封待闕員外等官，悉請停罷，可乎？」上曰：「朕素志也。」又曰：「比來近密佞幸之徒，冒犯憲網者，皆以寵免，臣請行法，可乎？」上曰：「朕切齒久矣。」又曰：「比因豪家戚里，貢獻求媚，延及公卿方鎮，亦爲之，臣請除租庸賦稅之外，悉杜塞之，可乎？」上曰：「願行之。」又曰：「太后造福先寺，中宗造聖善寺，上皇造金仙、玉真觀，皆費鉅百萬，耗蠹生靈。凡寺觀宫殿，臣請止絶建造，可乎？」上曰：「朕每睹之，心即不安，而況敢爲者哉？」又曰：「先朝褻狎大臣，或虧君臣之敬，臣請陛下接之以禮，可乎？」上曰：「事誠當然，有何不可？」又曰：「自燕欽融、韋月將獻直得罪，由是諫臣沮色。臣請凡在臣子，皆得觸龍鱗，犯忌諱，可乎？」上曰：「朕非唯能容之，亦能行之。」又曰：「吕氏產、禄，幾危西京，馬、竇、閻、梁，亦亂東漢，萬古寒心，國朝爲甚，臣請陛下書之史册，永爲殷鑒，作萬代法，可乎？」上乃潸然良久曰：「此事真可爲刻肌刻骨者也。」公再拜曰：「此誠陛下致仁政之初，是臣千年一遇之日，臣敢當弼諧之地。天下幸甚，天下幸甚。」又再拜，蹈舞稱萬歲者三。從官千萬，皆出涕。上曰：「坐！」公坐於燕公之下，燕公讓不敢坐。上問，對曰：「元崇是先朝舊臣，合首坐。」公曰：「張説是紫微宫使，今臣是客宰相，不合首坐。」上曰：「可紫微宫使居首坐。」

《資治通鑑》卷二一一唐玄宗開元五年正月條考異引《明皇雜録》 上幸東都，至繡嶺宫，當時炎酷，上以行宫狹隘，謂左右曰：「此有佛寺乎？吾將避暑於廣廈。」或云：「六軍填委於其中，不可速行。」上謂高力士曰：「姚崇多計，第往覘之。」力士回奏云：「姚崇方絺綌乘小駟按轡於木陰下。」上悦曰：「吾得之矣。」遽命小駟，而頓消暑溽，乃歎曰：「小事尚如此，觸類而長之，天下固受其惠矣。」

王讜《唐語林》卷一《德行》 姚崇每與兒孫會集，曰：「外甥自非疏，但別姓耳。」遣與兒姪連名。

王讜《唐語林》卷三《品藻》 姚梁公與崔監司在中書。梁公有子喪，在假旬日，政事委積，處置皆不得。言于玄宗，玄宗曰：「朕以天下事本付姚崇，以卿坐

鎮雅俗。」及梁公出，頃刻間決遣盡畢。時齊平陽爲舍人，在旁見之。梁公自以爲能，頗有得色，乃問平陽曰：「余之爲相，比何等人？」齊未及對。梁公曰：「何如管、晏？」曰：「不可比管、晏。管、晏作法，雖不及後，猶及其身。相公前入相，所立法令施未竟，悉更之，以此不及。」梁公曰：「然則竟如何？」曰：「相公可謂救時之相也。」梁公投筆曰：「救時之相，豈易得乎？」時齊平陽善知今事，高仲舒善知古事。姚作相，凡質疑問難，皆此二人。因嘆曰：「欲知古事，問高仲舒；欲知今事，問齊澣，即無敗政矣！」

佚名《分門古今類事》卷九《姚崇甚貴》引《唐史》 陝州刺史王當有女，甚愛之，集州縣文武官，令善相者擇婿。相者曰：「此無貴婿，惟識果毅姚某者有貴子，可嫁之，終必得力。」當從其言，遂嫁之，時人咸笑焉。乃元崇也。時年二十二，好獵，都未知書。嘗詣一親表飲，遂遇相者，謂之曰：「公甚貴，異日必爲宰相。」歸以告其母。母勸令讀書，崇遂割放鷹鷂，折節學仕。爲孝敬挽郎，舉，下筆成章。後爲同州刺史。

備論

《舊唐書》卷九六《姚崇傳》 史臣曰：履艱危則易見良臣，處平定則難彰賢相。故房、杜預創業之功，不可儔匹。而姚、宋經武、韋二后，政亂刑淫，頗涉履於中，克全聲跡，抑無愧焉。

贊曰：姚、宋入用，刑政多端。爲政匪易，防刑益難。諫諍以猛，施張用寬。不有其道，將何以安？

《新唐書》卷一二四《姚崇傳》 贊曰：姚崇以十事要説天子而後輔政，顧不偉哉，而舊史不傳。觀開元初皆已施行，信不誣已。宋璟剛正又過於崇，玄宗素所尊憚，常屈意聽納。故唐史臣稱崇善應變以成天下之務，璟善守文以持天下之正。二人道不同，同歸於治，此天所以佐唐使中興也。嗚呼！崇勸天子不求邊功，璟不肯賞邊臣，而天寶之亂，卒悼其害，可謂先見矣。然唐三百年，輔弼者不爲少，獨前稱房、杜，後稱姚、宋，何哉？君臣之遇合，蓋難矣夫！

孫甫《唐史論斷》卷中《相姚元崇》 論曰：天子任輔臣，非知其忠，推誠待之，何以責成功。輔臣荷天子之知，非素蘊策畫，通達時務，盡節行之，何以稱大用？明皇之用相，姚元崇之事君，得其道矣。初，明皇以崇可相，將召之，張説輩讒言交結，一不能動，遂以大柄付之崇，荷其信任之意，力救時弊，行之不疑。數十年紛亂之政，旬日而變。紀綱法令，卓然振起。非君臣相得之誠，至深至悉，何以及此？然爲姚崇則易，爲明皇則難。自中宗復位，承武后暴政之餘，且爲韋庶人所制，用姦貪，去忠良，官職無敍，紀綱大亂。重以太平暴横，不改其惡，中外人心，思治甚切，崇有才智，固能觀時事之弊。知變之之術，一日當國政，順人心，行之不難耳，明皇居藩邸，已憤時弊之甚。即位之始，鋭意求治，任崇固宜，但張説有輔翊舊勳，素親信任。方君左右，與崇不協，崇雖才過於説，適在疎遠，不任説而任崇，此所以爲難也！嗚呼！人主知疎遠之臣可用，付以大柄，推誠待之，使盡其心，以成開元治平之業，後之人主，宜以此爲用賢之法也！

蘇轍《欒城集・後集》卷一一《姚崇》 唐史官稱姚崇善應變，以成天下之務；宋璟善守文，以持天下之正。斯言固二人之所長也。然應變者要不失正而後可。孟子有言：「所惡於智者，爲其鑿也。如智者若禹之行水，則無惡於智矣。禹之行水也，行其所無事也。如智者亦行其所無事，則智亦大矣！」唐玄宗，豪俊之君也，而崇復以豪俊事之。方其君臣遇合，天下事迎刃而解，若無足爲者。雖然，以水濟水，後將有不可食者。開元四年，天下大蝗，民祭且拜之，坐視食苗，而不敢捕。崇奏遣御史爲捕蝗使，分道殺蝗。羣臣多不以爲然，帝亦疑之，而崇行之愈力，蝗亦爲息。捕蝗，雖古之遺法，然遇災而懼，修德以答天變，古之正道也。崇置之不言，而專以捕爲事，已可疑矣。既而崇所親吏趙誨以賕死，崇懼還政。時帝將幸東都，而太廟屋壞。宰相宋璟、蘇頲皆言三年喪未終，不可巡幸，壞壓之變，天戒也，請罷東巡，修德以答至譴。帝以問崇，崇曰：「此苻堅故殿也。山有朽壤而崩，木蠹而折，理無足怪，但壞與行會，非緣行而壞也。今關中無年，餽餉勞弊，出幸東都，所以爲人，非爲己也。百司已戒，供擬已具，請車駕即東。而遷神主太極殿，更作新廟，此大孝也。」帝用其言。崇由此復相。開元末，帝在東都，欲還長安，裴耀卿等皆言：「農人場圃未畢，須冬可還。」李林甫獨曰：「二都本東西宮耳，車駕往來，何用待時？假令妨農，獨赦所過租賦可也。」帝大悦，即駕而西。崇建東幸之計，林甫獻西還之議，其意同耳，孰謂崇獨賢乎？從崇之議，使人君上不畏天戒，中不敬宗廟，下不卹人言。三者皆忠臣之所諱，而崇居之不疑。何哉？其後崇、璟既没，玄宗愈老愈輕蔑羣臣。方任張九齡而廢太子瑛，用牛仙客則聽李林甫，方嬖楊國忠而縱安禄山，則用輔璆琳，專

以適己爲悦，類崇有以啓之也。故吾謂開元之治，雖出於崇，而天寶之亂，亦崇之所自致。此人臣之至戒也。

吴儆《竹洲集》卷三《姚宋》 古之君子因天下之變而用其權，循天下之常而守其正，其道可以爲善而可以爲不善。何者？權近於邪，正鄰於固。人之常情，每過於用其所長而流於所偏，於是而不善用之，固以敗矣。漢高帝謂王陵少戇，陳平可以佐之。陳平智有餘，難以獨任，不以安劉之功許之也。唐宰相牛僧孺、李德裕皆一代之偉人，然僧孺迹涉於邪而德裕亦以剛介取敗，蓋偏於所長而不善用之，其敝固至此也。唐史臣稱姚崇善應變以成天下之務，宋璟善守文以持天下之正。夫崇之於應變誠所長矣，而推其所爲，近於挾數用術，以欺其君。至其臨大節，斷大疑，毅然有不可撓者，此其所以爲善也。不然則忽壞梁而建東幸之計，與李林甫違農時而獻西還之策何以異也？璟之於守文亦誠所長矣，而推其所爲，近於狷介忿躁而不能一日安於朝廷之上者。至其禮法自將而姦人不得以行其計，論列利害而聞者不以爲忤，進退之際，雍容可觀，此其所以爲善也。不然，斥宫掖之獻而觸姦臣之鋒，與周子諒、韋月將之徒同被誅殛，而何補於天下？孟子曰：「伯夷隘，柳下惠不恭。」隘與不恭，君子不由也。宰相之體，貴於通而不貴於所長。若二子者，可謂善用其所長者矣。

陳造《江湖長翁集》卷三二《姚宋論上》 明皇在蜀，論肅宗用房琯，知非破賊才；姚崇在，賊不足滅；至宋璟，則曰「賣直取名爾」。人各有見，自其見持而有爲，而治亂盛衰形焉。明皇之言，平昔之見在是，宜其致天寶之亂也。陳子曰：精于治者無善治之功，精于醫者無善醫之名。無功無名，非果無之也，銷患於無形故無功，除病於未兆故無名，而功名者次之。功立于有事，名著于有病。天下孰不功名者之貴？而精于治與醫者不然。古之聖君賢臣，講磨治道，圖回天下，其詳載於六經。六經之書明並日月，功配造化，然大抵皆保治之術，所以維持締結，使天下無事，禍患無得而作。是六經之旨也，其大意必曰正心，曰脩身，曰納諫，曰畏天，心通下情，勤政去佞，如是數端而已。未嘗曰兵何爲則敵摧，刑何爲則人畏，智詐勇力何爲而用之。凡二帝三代所以持守天下，求諸此足矣。若曰鄰國見侵，非孫、吴之智不可以取勝；疆事見告，非韓、彭之勇不足以得志。是後世之君臣淺之爲治，治不能安天下於無事，幸則揭丹青以自夸，大不幸則委蒼生於虎狼之口者也，非六經之所貴也。和、扁之醫，觀色察脉，必告曰「勿爲是，勿嗜是」，而疾自銷於冥冥矣。推床撼屋，嗆嗆求死焉，治而藥之，曰「吾之功起死」。或者甚其疾以自大其功。功則功矣，非和、扁之所貴也。姚崇才有餘而工於順適者也；宋璟才不逮其節，而以直弼正其君者也。委二子於干戈繁興、事變搶攘之地，姚固有餘，宋果有不能辦者。然朝夕納君於正，率臣下以無枉，使天下之事變無自而萌，則固屬之璟矣。天下之理，順適者可意，而守正者似乎矯拂；振辦者類才，而静重者似乎迂闊。有可喜之功者必售，無媚上之具者易厭，自古皆然，況乎明皇以英睿通達之資，適久安無事之時，志意得而侈心萌，其視迎刃破竹，適己便勢。如崇者安之久矣，璟乃一切矯而正之。然猶相之數年者，無乃迫於公議，姑惟留之，其心固已冰炭，惟恐其不去也。其真情非在蜀，則至死不露。向之君相之情，特矯而忍之，以相彌縫爾。主人有直其突者，又積薪焉，客勸以曲突徙薪，不聽也。一旦火其室，鄰里救之而止。牛酒勞之，曲突徙薪無恩澤，焦頭爛額爲上客，或者得以譏之。宋璟之正，曲突徙薪者也；姚崇之才，焦頭爛額者邪。使三代之君得二子任之，輕重固有主矣，惜乎明皇不足以知此也。

陳造《江湖長翁集》卷三二《姚宋論下》 或曰明皇之相，姚、宋首稱。予謂天寶之亂，姚優爲之，顧乃優宋，何歟？然則排難解紛之才，無貴於世乎？曰：非然也。世所謂才者，非獨後世貴之，先王亦貴之矣。才貴乎用，尤貴乎有才而不用才者，有事而後見於用者也。儲其才而無事焉，才惡乎用？是最先王之所貴也。先王之世，凡智可以立事，勇可以摧敵，拓弛不羈之士，莫不兼收而不遺，以備吾不測之用。然卒不用之者，正以有深謀遠慮、正己率物之士相與周旋朝夕，有一善推而廣之，有一不韙矯而正之，天下之心素服，而禍亂不得而芽蘖。智者無自而施其謀，勇者無自而效其力矣。猶之善攝生者，天雄、烏喙，莫不儲峙以待一旦之急，而卒於有而不用也。平居無事，薄滋味，時起居，血氣內和，外邪無間，則天雄、烏喙之屬可用而不用。毒藥之用，身之不幸也；才者之用，國之不幸也。姚崇之才，天雄祛寒，烏喙療風，才則才矣，抑節宣導養，使身無恙患，天雄、烏喙置之不用，璟尤賢哉！古之賢相，不獨於天下之才藏於不用，而於一己之才，當其用也，猶不既其用，其意深矣。禹之征苗，三旬逆命，乃班師。以苗之逆，禹之盛德，豈不能一戰？脱與之戰，豈不必其勝邪？周公征三監，居東二年，罪人斯得。兵聞拙速，以三監之悖，周公之聖，乘之如拉藁爾，又何待二年之久？聖人之意，必曰戰而速勝。故吾之功而置吾民於死傷，國必不堪，而吾深不忍也。故寧不戰而去，與徐而待其斃，毋寧爲是角一旦之命，使吾民肝腦塗地

也。而禹方且諫舜以惟德動天，周公作詩貽王，言王業之艱難。凡其嗇於用才，而必於納諫；當有事之時猶然，況時無事也乎？臣而有愛君之心，寧數諫以保其無事，毋寧幸有事而露吾之才可也。武帝之時，不能安於無事，以守文景之業。汲黯獨憂之，而天下號爲有才者，莫不幸之。挑四夷，則黯不如衛、霍；深刑戮，則黯不如張、杜；掊財利，則黯不如弘羊、孔僅；辨論蠭發，移人主心，黯又不如終軍、壽王之徒。至淮南萌姦，乃獨憚黯，曰：「好守節直諫。」自俗儒論之，黯幾無用之才，孰知規君以正，保天下於無事，在此而不在彼耶？姚、宋之議，灼然可見矣。嗚呼！璟與黯，其所以息未然之禍，皆本於諫，而二君所以不安，二子正以其敢諫，一以爲戇，一以爲賣直。納忠於君，顧不難哉！三代之君臣專美於前，有以也夫！

章如愚《山堂考索》卷三二《論狄仁傑姚元崇薦張柬之可爲相》　觀近臣以其所爲主，觀遠臣以其所主。張柬之沉厚有謀，能斷大事，武氏之禍，賴之以平，而其薦之者，前則有狄仁傑，後則有姚元崇。欲知姚元崇、狄仁傑之賢，觀之張柬之，是謂觀近臣以其所爲主。欲知張柬之之賢，觀之狄仁傑、姚元崇，是謂觀遠臣以其所主。

章如愚《山堂考索》卷三二《論明皇重姚宋而輕林甫然寵任林甫過於姚宋》

魏鄭公曰：「重君子也，敬而遠之；輕小人也，狎而近之。近之莫見其非，遠之莫見其是。莫見其是，則不待間而疏；莫見其非，則有時而昵。」斯言可謂合夫君子小人之情狀矣。明皇之待姚、宋，每進見，輒爲之起，去則臨軒送之，可謂重君子而敬之矣。李林甫爲相，寵任雖過於姚、宋，而禮遇卑薄，可謂輕小人而狎之矣。然姚崇爲相才三四年，宋璟爲相才五年，而李林甫則至於十有九年者，豈非近之莫見其非，則有時而昵，遠之莫見其是，則不待間而疏者乎？

章如愚《山堂考索》卷三三《論宋璟爲吏部人服其公姚崇爲兵部武選亦治》

呂吉甫曰：「秤必有星，尺必有刻。勿爲無星之秤，勿爲無刻之尺。」蓋法者，天下之至公，本無私也，所以不爲天下之信者，惟用者之私爾。唐之銓衡，李嶠、崔湜之徒掌之，則傾附勢要，以至於選法大壞者，是所謂無星之秤、無刻之尺也。宋璟掌吏部而人服其公，姚崇爲兵部而武選亦治者，所謂秤之有星，而尺之有刻也。

李新《跨鼇集》卷一五《姚崇論》　天下之議，謂明皇帝用姚崇於即位之初，以成中興之太平，故開元之盛，皆姚崇之功也。吾竊謂非崇之功，乃崇之罪也。然則何以爲見崇之罪？愚將申其説而明之。夫天子擇宰相之才以有爲，而宰相擇天下之才以報天下。使宰相而不用才，則凡鄙默不言、兀然無能爲者，舉皆可爲之也。則將何以服役豪傑之心，而驅別分任之乎？雖然，宰相而有才則可也，自用其才，渺然視天下有競長絶物之情不可也。天之賦與於人，不使之兼全久矣。以難全之才，而欲獨任天下之事，決萬萬無此理也。惟其能屈己之才，以伸天下之才於進賢退不肖之際，了無容心焉。謂若人也可任若事，彼其過我耶，其或不及耶，吾之仇耶，平生之雅善耶，吾舉皆若不知焉，惟知若事非若人則不以濟也。能各因其一長而委任之，然後紛紛之務，無大小，無難易，羣才奏功，而宰相集其成以獻于天子。天子垂拱仰成，而四海畢治。若此，惟無心者能之，真王佐才也。伊尹於商曰阿衡，周公於周曰太宰。惟衡也，不以其能辨物而忌天下之物；惟宰也，不以其能別味而忌天下之味。惟伊尹、周公，不以其能用才而忌天下之才，故能使成湯、太甲擅美於商，而武王、成王獨高於周也。惜乎崇不能總之，以道其所養，非伊周之量，反乃喜於自用，而忌天下之才，舉天下之豪英率爲讎敵焉。此明皇帝之治所以止於開元，而有愧於成湯、太甲、武王、成王之爲君也。開元之初，崇入爲同三品，帝鋭意求治，與飢渴同。史臣謂他宰相畏其威決，皆謙憚而不敢進，其獨佐裁決，得專任者，惟崇一人而已。且是時，與崇並執國柄者，止劉幽求、張説、魏知古、源乾曜、盧懷慎五人。而薛訥不預也。爲崇者宜乎協謀共慮，從容爲帝言諸公之長，俾其無謙憚之失，然後共廣耳目，招來天下之英。此千載一時，孰謂崇不能出此。幽求反以其言而貶守睦州矣。幽求雖以怨望逐，然黜之太過，因崇素忌之故耳。至於説也，久憾不平，則詭足疾以中之。至於知古也，本其所引，及同列則輕之，故不免相州東都之遷者，皆崇發之也。惟乾曜最後進用，每遇崇移告則就咨焉，其不合上意亦必問崇也。懷慎於事又且推而不專，委其獨任，而時有伴食之名。卒之懷慎以善終而乾曜與崇同罷。是則知五人之間不協者三，則竄身流落之不暇屈下者二，則遂免於禍而不失。夫保位之安，無心之人，固如是乎！其後因趙誨事，惶懼以避位，始不得已而薦宋璟於朝。然薦璟之章，因齊澣數諷之而後爲，非其素志也。又若不喜鍾紹京，惡張鷟而疾李邕，坐是皆貶出，益何其不洪也。三子雖非全節之士，然如紹京者，姑務卹之，緩急或有可用也。臨事而求，將無及矣。才如邕、鷟，就其一長，則庶位羣司寧無可置之地乎？崇嘗薦嚴挺之、齊澣矣，終崇爲相之日，挺之不過爲考功給事，澣止一中書舍人。彼劉、張之與魏，則去之而不喜其用。源與

盧也，則存之而不盡其用。惟宋也則知之而不欲用。鍾、張之與李也，則短之而不足用。嚴與齊也，則愛之而不能用。是天下將何人而可用也？此數君子者，既崇之所不取矣，然以其子賂謝之故，乃遷崔沔爲著作郎，是復何哉？不免貽笑正人也。則雖得百盧藏用，曾何益人國乎？推此以觀，則知當開元時，天下英偉適用之才，崇之不能進用者，復又幾何人！惟其不能盡用天下之才，故開元之治，尚有愧於三代。愚故曰，非相崇之功，乃相崇之罪也。深嘆崇之得君以騁其才，而隘淺如此，故論之以告後世之君，庶得崇者而用之，則期以伊尹、周公之量，而爲崇者亦充其所養哉。

袁枚《小倉山房文集》卷二一《姚崇宋璟論》 唐姚、宋并稱，而議者多優宋而劣姚。余謂不然。夫仡仡矜矜，萬仞壁立，立於朝，使百辟消其邪心。此臣道之如山者也。宋璟是也。静深有謀，涵蓋一切，「惟幾也能成天下之務」。此臣道之如海者也。姚崇是也。然而山雖高，蛟龍不居；海雖渾，變化不測。余故曰崇勝也。

夫人主之愎諫而暱小人者，情也。所貴爲大臣者，不逆其情，而善誘之以歸於道。不必有排斥小人之迹，而能使之與人主日疏。崇之對幸東都，與其黜姜皎、罷魏知古者，皆璟之所不屑爲，而亦璟之所不能爲者也。

吾嘗謂天寶之禍，宋璟在猶可憂，而姚崇在則無慮。何也？彼明皇者，英主也。其畏璟而愛崇也，素矣。源乾曜奏事稱旨，必曰姚崇之謀；不合，則曰何不與姚崇議之？自崇死，而天下無如崇者。李林甫始得以才見用，然臨軒之禮，卒不相假者，終知林甫之非崇也。知其非崇而必用之者，太平日久而樂用才臣以自暇自逸，則姑任之爲快。而張九齡者，宋璟儔也，有其道無其術。道不合則爭，爭不得則去。九齡去而天下無爭之者，李林甫始得以見才用。使其時有若崇者，爲之内娱主意於所甚安，而陰以計擠小人於外；則終玄宗之世，林甫不得專政，而禄山不得入宫矣。

且人但知爲璟難，不知爲崇難；但知用璟難，不知用崇尤難。張易之譖魏元忠，使張説爲證。説許諾。宋璟要之，卒以敗悔。崇告謁十餘日，諸事委積，盧懷慎不能決，惶恐入謝。夫以張説之反覆，而一旦效璟，卒爲正人；以懷慎之忠清，而終身效崇，不能決事。豈非德易及而才難强者乎？人主雖非甚聰，皆能涉獵書史，審察邪正。若璟之犯顔諫諍，公罪也；中才之主，雖重違其意，而心固識其忠。若崇之細行不矜，所使者以賄敗，此私罪也；苟非大度之主，又安能用之而不疑？今有棟梁之材而不免贅疣之形，此固衆人之所棄，而大匠之所取也。

嗟乎！從來君子之自爲，往往多疏；小人之防身，往往多密。以姚、宋之賢，開元之治，兩人皆以微罪行，不久於其位。李林甫獨專相二十餘年，君臣魚水。彼其罪過，必十倍姚、宋萬萬矣。然而明皇甘以天下付之，至於高力士諫而猶不悟。豈其工於防君子，而拙於防小人哉？要知姚、宋之過易於見聞，而林甫之惡難於發露故也。讀史至此，不能不掩卷而深感慨焉。

此已未館課題也。時習翻譯，不與課。溧陽相公嫌諸翰林多優宋而劣姚，特授意命作，似亦未乖於正。姑存之。自記。

藝文

《文苑英華》卷四〇四蘇頲《授姚元之等兼太子庶子制》 敕：元儲者，萬國之貞；端士者，一時之選；自匪英傑，孰當調護？銀青光禄大夫守兵部尚書同中書門下三品上柱國梁縣開國公姚元之、中散大夫檢校吏部尚書同中書門下三品宋璟等，並以賢良方正，茂才異等，著於天下，揚于王庭。忠而在公，孝以爲政，見義難奪，立誠不回，發揮文教，慱一作錯。綜儒術，故能生此王國，戴于朕躬。屬少陽初建，承華洞啓，使股肱之良，宣諭道德；雖典厥二柄，實務兹官；必俟大臣俾兼中庶。元之可兼左庶子，璟可兼右庶子，餘如故。

《文苑英華》卷四四八蘇頲《姚元之拜相制》 門下：王佐之重，師兵之任，勞求屏翰，膺此具瞻。同州刺史姚元之，宏略冠時，偉才生代，識精鑒遠，正辭强學。有忠臣之操，得賢相之風，累踐台陛，匡益斯在。頃居藩郡，循良是屬。載懷一德，分命六官，訏謨久歸，文武兼濟。式憑帷幄之筭，宜副韜鈐之委。

宋敏求《唐大詔令集》卷四四蘇頲《姚崇兼紫微令制》 黄門：天之紫微，地在清禁，宰臣爲重，庶政攸先，不有殊才，曷云兼寄？金紫光禄大夫兵部尚書同紫微黄門三品監修國史上柱國梁國公姚崇，河山粹氣，禮樂清英，德量在寬，公心益謹。詞必體要，行之自遠，學以窮微，志於可大。允兹忠讜，光我謀謩，聞善若驚，欲仁斯至。衣冠以爲蓍蔡，廊廟資其柱石，朕之欽哉管樂，臣之傑者蕭張。遂能以身許國，開物成務，邦是用乂，朝惟得賢。北辰環拱，四垣近密，俾因題劒

之棨，式演如絲之命。可兼紫微令，餘如故，主者施行。開元元年十二月九日。

宋敏求《唐大詔令集》卷四四佚名《姚元之同三品制》 門下：王佐之重，師兵之任，旁求棟幹，膺此具瞻。同州刺史姚元之，宏略冠時，偉才生代，識精鑒遠，正辭强學。有忠臣之操，得賢相之風，累踐台衡，匡益斯在。頃居藩郡，循良是屬。載懷一德，分命六官，訏謨允歸，文武兼濟。式憑帷幄之算，宜副韜鈐之委，可兵部尚書同中書門下三品。先天二年六月。

宋敏求《唐大詔令集》卷五二蘇頲《姚崇都檢校諸軍大使制》 黄門：廟堂之儀，不可去兵，帷幄之謀，在於料敵；自非行有餘力，坐而決勝，則何以威百蠻而破萬里者也？兵部尚書兼紫微令監修國史上柱國梁國公姚崇，朝廷宿望，軍國大才。藴平仲之一心，舉夷吾之六翮，惟此人傑，是稱天賚。銀青光禄大夫行黄門侍郎昭文館學士上柱國中山郡開國公李乂，用窮精微，體自公直，貞規踰於鐵石，詞律比於笙簧，左曹之美，中朝所詠。咸能上言寵答，備陳胡虜，閲武觀對，闔合孫吴。頃雖衆和以德，軍全非戰，或徵其侍子，久詣闕庭；或勞我偏裨，尚留關塞。行役之苦，寢興弗忘，師臧謂何？豫備斯在。佇恢遥護之略，更屬遠安之算。崇可都檢校諸軍大使，乂爲副，主者施行。開元二年正月二十四日。

宋敏求《唐大詔令集》卷五五佚名《姚元之相王府長史制》 忠爲令德，孝乃天經，義著君親，道存敬愛，其或兼者可不美歟，銀青光禄大夫行鳳閣侍郎兼檢校相王府長史同鳳閣鸞臺三品姚元之，自掖垣趍侍，廊廟謀猷，竭忠盡誠，讜言正議，始終無替，弘益以多，近以母氏衰老，情兼喜懼，在休沐之期，闕晨昏之禮，乞解所職，以就閒養，外奏内請，志到詞勤，宜遂懇情，用敦孝道，睠彼藩邸，高選經佐，俾從梁苑之遊，以致潘園之樂，可行相王府長史，一事已上並同三品。長安四年六月。

計有功《唐詩紀事》卷一五《姚崇》 《享龍池樂章》云：恭聞帝里生靈沚，應報明君鼎業新。既叶翠泉光寶命，還符白水出真人。當時舜海潛龍躍，此日堯河帶馬巡。獨有前池一小鴈，叨承舊惠入天津。又云：帝宅王家大道邊，神馬潛龍涌聖泉。昔日昔時經此地，看來看去漸成川。歌臺舞榭宜正月，柳岸梅洲勝往年。莫疑沙上春雪少，祇爲龍飛直上天。龍池，興慶宮池也，明皇潛龍之地。張九齡撰《龍池頌》，刊石興慶宮，玄宗以爲不稱，更命嗣澤王璆爲頌，建花萼樓北。初，睿宗五子，賜第隆慶坊，號五王宅。明皇爲太子，製大衾長枕，將與諸王共之。睿宗喜甚。明皇先天後，盡以隆慶舊邸爲興慶宮，而賜憲、薛第於勝業、申、岐第於安興，環列宮側。天子於宮西南置樓，西曰花萼相輝，南曰勤政務本。張曲江有《和姚令公哭李尚書》詩，姚亦時有述作，然少見於世。《口箴》云：君子欲訥，吉人寡辭。利口作戒，長舌爲詩。斯言不善，千里違之。勿謂可復，駟馬難追。惟静惟默，澄神之極。去甚去泰，居物之外。多言多失，多事多害。聲繁則淫，音希則大。室本無暗，垣亦有耳。何言者天，成蹊者李。似不能言，爲世所尊。言不出口，冠時之首。無掉爾舌，以速爾咎。無易爾言，亦孔之醜。欽之慎之，可大可久。欽之伊何，三命而走。慎之伊何，三緘其口。勉哉夫子，行矣勉旃。書之屋壁，以代韋絃。李德裕《舌箴序》云：余宿於洞庭西，夢與中書令姚公偶坐，如舊相識。問余曰：君見僕所作《口箴》乎？余對曰：去歲居守東周，於公曾孫諫議郃處覩金石之刻。遂莞爾而笑曰：孫子猶能藏之。又曰：余感姚公之夢，乃爲《舌箴》云。

徐鈞《史詠詩集》卷下《姚崇》 天資權譎性圓通，相業開元治效中。至死未能忘故智，乞銘猶自算燕公。

《全唐詩》卷七三蘇頲《奉和姚令公温湯舊館永懷故人盧公之作》 樹德豈孤邁，降神良並出。偉茲廊廟楨，調彼鹽梅實。正悦虞垂舉，翻悲鄭僑卒。同心不可忘，交臂何爲失。清路荷前幸，明時稱右弼。曾聯野外遊，尚記帷中密。新慟情莫遣，舊遊詞更述。空令還辱和，長歎知音日。

《全唐詩》卷一一四丁仙芝《戲贈姚侍御》 繁霜曉幕鳴柏烏，待子獸炭然金爐。重門啓鎖紫髯胡，新披驄馬隴西駒。頭戴獬豸急晨趨，明光殿前見天子，今日應彈佞倖夫。

《全唐文》卷九五張九齡《許姚元之解職制》 忠爲令德，孝乃天經，義著君親，道存愛敬，其或兼者，可不美歟。銀青光禄大夫行鳳閣侍郎兼檢校相王府長史同鳳閣鸞臺三品姚元之，自掖垣趨侍，廊廟謀猷，竭節盡誠，讜言正議，始終無替，宏益以多。近以母氏衰老，情兼喜懼，在休沐之期，闕晨昏之禮，乞解所職，以就閒養。外奏内請，志到詞勤，宜遂懇情，用敦孝道。睠彼藩邸，高選經佐，俾從梁苑之游，以致潘園之樂。可行相王府長史，一事已上，并同三品。

《全唐文》卷二九〇張九齡《上姚令公書》 月日，左拾遺張九齡謹奏記紫微令梁公閣下：公登廟堂運天下者久矣。人之情僞，事之得失，所更多矣，非曲學之説，小子之慮，所能損益，亦已明矣。然而意有不盡未可息，區區之懷，或以見容，亦猶用九九之術，以此道也，忍棄之乎？今君侯秉天下之鈞，爲聖朝之佐，大

見信用，渴日太平，千載一時，胡可遇也？而君侯既遇非常之主，已踐難得之機，加以明若鏡中，運如掌上，有形必察，無往不臻，朝暮羲、軒之時，何云伊呂而已？際會易失，功業垂成。而舉朝之衆傾心，前人之弊未盡。往往擬議，愚用惜焉。何者？任人當才，爲政大體，與之共理，無出此途。而曩之用才，非無知人之鑒；其所以失，溺在緣情之舉。夫見勢則附，俗人之所能也；與不妄受。志士之所難也。君侯察其苟附，及不輕受，就而厚之，因而用之，則禽息之首，爲知己而必碎；豫讓之身，感國士而能漆。至於合如市道，廉公之門客虛盈；勢比雀羅，廷尉之交情貴賤。初則許之以死殉，體面俱柔；終乃背之而飽飛，身名已遂：小人恒態，不可不察。自君侯職相國之重，持用人之權，而淺中弱植之徒，已延頸企踵而至，諂親戚以求譽，媚賓客以取容，情結笑言，談生羽翼。萬事至廣，千變難知，其間豈不有才？所失在於無恥。君侯或棄其所短，收其所長，人且不知深，旨之若斯，便謂盡私於此輩。其有議者，則曰不識宰相，無以得選，不因交遊，無以求進，明主在上，君侯爲相，安得此言，猶出其口？某所以爲君侯至惜也。且人可誠感，難可户説，爲君侯之計，謝媒介之徒，即雖有所長，一皆沮抑，專謀選衆之舉，息彼訕上之失，禍生有胎，亦不可忽。嗚呼！古人有言：「禦寒莫若重裘，止謗莫如自修。」修之至極，何謗不息？勿曰無害，其禍將大。夫長才廣度，珠潛璧匿，無先容以求達，雖後時而自寧。今豈無之？何近何遠？但問於其類，人焉廋哉？雖不識之，有何不可？是知女不私人，可以爲婦矣；士不苟進，可以爲臣矣，此君侯之度内耳，安用小人之説焉？固知山藏海納，言之無咎，下情上通，氣用和洽，是以不敢默默而已也。願無以人故而廢其言，以傷君侯之明，此至願也，幸甚幸甚。

羅惇衍《集義軒詠史詩鈔》卷三五《姚崇》 八柱天擎相業崇，碑銘大筆賺張公。算生黄閣權謀祕，進諫彤闈諷諭工。泣駭五王皆特智，行要十事也殊功。守文通變難優劣，姚宋襟懷自不同。

宋璟部

綜述

《舊唐書》卷九六《宋璟傳》 宋璟，邢州南和人，其先自廣平徙焉，後魏吏部尚書弁七代孫也。父玄撫，以璟貴，贈邢州刺史。璟少耿介有大節，博學，工於文翰。弱冠舉進士，累轉鳳閣舍人，當官正色，則天甚重之。長安中，倖臣張易之誣構御史大夫魏元忠有不順之言，引鳳閣舍人張説令證之。説將入於御前對覆，惶惑迫懼，璟謂曰：「名義至重，神道難欺，必不可黨邪陷正，以求苟免。若緣犯顔流貶，芬芳多矣。或至不測，吾必叩閤救子，將與子同死。努力，萬代瞻仰，在此舉也。」説感其言。及入，乃保明元忠，竟得免死。

璟尋遷左御史臺中丞。張易之與弟昌宗縱恣益横，傾朝附之。昌宗私引相工李弘泰觀占吉凶，言涉不順，爲飛書所告。璟廷奏請窮究其狀，則天曰：「易之等已自奏聞，不可加罪。」璟曰：「易之等事露自陳，情在難恕，且謀反大逆，無容首免。請勒就御史臺勘當，以明國法。易之等久蒙驅使，分外承恩，臣必知言出禍從，然義激於心，雖死不恨。」則天不悦。内史楊再思恐忤旨，遽宣敕令璟出。璟曰：「天顔咫尺，親奉德音，不煩宰臣擅宣王命。」則天意稍解，乃收易之等就臺，將加鞫問。俄有特敕原之，仍令易之等詣璟辭謝，璟拒而不見，曰：「公事當公言之，若私見，則法無私也。」

璟嘗侍宴朝堂，時易之兄弟皆爲列卿，位三品，璟本階六品，在下座。易之素畏璟，妄悦其意，虚位揖璟曰：「公第一人，何乃下座？」璟曰：「才劣品卑，張卿以爲第一人，何也？」當時朝列，皆以二張内寵，不名官，呼易之爲五郎，昌宗爲六郎。天官侍郎鄭善果謂璟曰〔一〕：「中丞奈何呼五郎爲卿？」璟曰：「以官言之，正當爲卿；若以親故，當爲張五。足下非易之家奴，何郎之有？鄭善果一何懦哉！」其剛正皆此類也。自是易之等常欲因事傷之，則天察其情，竟以獲免。

神龍元年，遷吏部侍郎。中宗嘉璟正直，仍令兼諫議大夫、内供奉，仗下後言朝廷得失。尋拜黄門侍郎。時武三思恃寵執權，嘗請託於璟，璟正色謂之曰：「當今復子明辟，王宜以侯就第，何得尚干朝政？王獨不見産、禄之事乎？」俄有京兆人韋月將上書訟三思潛通宫掖，將爲禍患之漸，三思諷有司奏月將大逆不道，中宗特令誅之。璟執奏請按其罪狀，然後申明典憲，月將竟免極刑，配流嶺南而死。

中宗幸西京，令璟權檢校并州長史，未行，又帶本官檢校貝州刺史。時河北頻遭水潦，百姓飢餒，三思封邑在貝州，專使徵其租賦，璟又拒而不與，由是爲三思所擠。又歷杭、相二州刺史，在官清嚴，人吏莫有犯者。

中宗晏駕，拜洛州長史。睿宗踐祚，遷吏部尚書、同中書門下三品。玄宗在春宫，又兼右庶子，加銀青光禄大夫。先是，外戚及諸公主干預朝政，請託滋甚。崔湜、鄭愔相次典選，爲權門所制，九流失敍，預用兩年員闕注擬，不足，更置比冬選人，大爲士庶所歎。至是，璟與侍郎李乂、盧從願等大革前弊，取捨平允，銓綜有敍。

時太平公主謀不利於玄宗，嘗於光範門内乘輦伺執政以諷之，衆皆失色。璟昌言曰：「東宫有大功於天下，真宗廟社稷之主，安得有異議！」乃與姚崇同奏請令公主就東都。玄宗懼，抗表請加罪於璟等，乃貶璟爲楚州刺史。無幾，歷魏兗冀三州刺史、河北按察使。遷幽州都督，兼御史大夫。尋拜國子祭酒，兼東都留守。歲餘，轉京兆尹，復拜御史大夫，坐事出爲睦州刺史，轉廣州都督，仍爲五府經略使。廣州舊俗，皆以竹茅爲屋，屢有火災。璟教人燒瓦，改造店肆，自是無復延燒之患，人皆懷惠，立頌以紀其政。

開元初，徵拜刑部尚書。四年，遷吏部尚書，兼黄門監。明年，官名改易，爲侍中，累封廣平郡公。其秋，駕幸東都，次永寧之崤谷，馳道隘狹，車騎停擁，河南尹李朝隱、知頓使王怡並失於部伍，上令黜其官爵。璟入奏曰：「陛下富有春秋，方事巡狩，一以塾隘，致罪二臣，竊恐將來人受艱弊。」於是遽令捨之。璟曰：「陛下責之，以臣言免之，是過歸於上而恩由於下。請且使待罪於朝，然後詔復其職，則進退得其度矣。」上深善之。

俄又令璟與中書侍郎蘇頲爲皇子制名及封邑，并公主等邑號。璟等奏曰：「王子將封，三十餘國，周之麟趾，漢之犬牙，彼何足云，於斯爲盛。竊以郯、郟王等傍有古邑字，臣等以類推擇，謹件三十國名。又王子先有名者，皆上有『嗣』字，又公主邑號，亦選擇三十美名，皆文不害意，言足定體。又令臣等別撰一佳

名及一美邑號者。七子均養，百王至仁，今若同等別封，或緣母寵子愛，骨肉之際，人所難言，天地之中，典有常度。昔袁盎降慎夫人之席，文帝竟納之，慎夫人亦不以爲嫌，美其得久長之計。臣等故同進，更不別封，上彰覆載無偏之德。」上稱歎之。

七年，開府儀同三司王皎卒，及將築墳，皎子駙馬都尉守一請同昭成皇后父竇孝諶故事，其墳高五丈一尺。璟及蘇頲請一依禮式，上初從之。翌日，又令準孝諶舊例。璟等上言曰：「夫儉，德之恭；侈，惡之大。高墳乃昔賢所誡，厚葬實君子所非。古者墓而不墳，蓋此道也。凡人子於哀送之際，則不以禮制爲思。故周、孔設齊斬緦免之差，衣衾棺槨之度，賢者俯就，私懷不果。且蒼梧之野，驪山之徒，善惡分區，圖史所載。衆人皆務奢靡而獨能革之，斯所謂至孝要道也。中宮若以爲言，則此理固可敦諭。在外或云竇太尉墳甚高，取則不遠者。縱令往日無極言，其事偶行，令出一時，故非常式。又貞觀中文德皇后嫁所生女長樂公主，奏請儀注加於長公主，魏徵諫云：『皇帝之姑姊爲長公主，皇帝之女爲公主，既有『長』字，合高於公主。若加於長公主，事甚不可。』引漢明故事云：『羣臣欲封皇子爲王，帝曰：『朕子豈敢與先帝子等。』』時太宗嘉納之，文德皇后奏降中使致謝於徵。此則乾坤輔佐之間，綽有餘裕。豈若韋庶人父追加王位，擅作酆陵，禍不旋踵，爲天下笑。則犯顏逆耳，阿意順旨，不可同日而言也。

況令之所載，預作紀綱，情既無窮，故爲之制度，不因人以摇動，不變法以愛憎。頃謂金科玉條，蓋以此也。比來蕃夷等輩及城市閒人，遞以奢靡相高，不將禮儀爲意。今以后父之寵，開府之榮，金穴玉衣之資，不憂少物；高墳大寢之役，不畏無人。百事皆出於官，一朝亦可以就。而臣等區區不已以聞，諒欲成朝廷之政，崇國母之德，化浹寰區，聲光竹素。倘中宮情不可奪，陛下不能苦違，即準一品合陪陵葬者，墳高三丈已上，四丈已下，降敕將同陪陵之例，即極是高下得宜。」上謂璟等曰：「朕每事常欲正身以成綱紀，至於妻子，情豈有私？然人所難言，亦在於此。卿等乃能再三堅執，成朕美事，足使萬代之後，光揚我史策。」乃遣使賚綵絹四百匹分賜之。

先是，朝集使每至春將還，多有改轉，率以爲常，璟奏請一切勒還，絶其僥求之路。又禁斷惡錢，發使分道檢括銷燬之，頗招士庶所怨。俄授璟開府儀同三司，罷知政事。明年，京兆人權梁山構逆伏誅，制河南尹王怡馳傳往長安窮其枝黨。怡禁繫極衆，久之未能決斷，乃詔璟兼京兆留守，并按覆其獄。璟至，惟罪元謀數人，其餘緣梁山詐稱婚禮因假借得罪及脅從者，盡奏原之。十二年，駕又東巡，璟復爲留守。上臨發，謂璟曰：「卿國之元老，爲朕股肱耳目。今將巡洛邑，爲別歷時，所有嘉謨嘉猷，宜相告也。」璟因極言得失，特賜綵絹等，仍手制曰：「所進之言，書之座右，出入觀省，以誡終身。」其見重如此。俄又兼吏部尚書。

十七年，遷尚書右丞相，與張説、源乾曜同日拜官。敕太官設饌，太常奏樂，於尚書都省大會百僚。玄宗賦詩褒述，自寫與之。二十年，以年老上表曰：「臣聞力不足者，老則更衰；心無主者，疾而尤廢。臣昔聞其語，今驗諸身，況且兼之，何能爲也。臣自拔跡幽介，欽屬盛明，才不逮人，藝非經國。復以久承驅策，歷參試用，命偶時來，榮因歲積。遂使再升台座，三入冢司，進階開府，增封本郡。所更中外，已紊彝章，逮居端揆，左叨名職。何者？丞相官師之長，任重昔時；愚臣衰朽之餘，用慚他日。位則愈盛，人則浸微，盡知其然，何居而可？頃僶俛從政，蒼黄不言，實懷覆載之德，冀竭涓塵之効。今積羸成憊，沈錮莫瘳，耳目更昏，手足多廢。顧惟殞越，寧遂宿心？安可以苟徇大名，仍尸重禄，且留章綬，不上闕庭。儀刑此乖，禮法何設？伏惟陛下審能以授，爲官而擇，察臣之懇詞，矜臣之不逮，使罷歸私第，養疾衡門，上弭官謗，下知死所。則歸全之望，獲在愚臣；養老之恩，成於聖代。日暮途遠，天高聽卑，瞻望軒墀，伏深感戀。謹奉表陳乞以聞。」手敕許之，仍令全給禄俸。璟乃退歸東都私第，屏絶人事，以就醫藥。二十二年，駕幸東都，璟於路左迎謁，上遣榮王親勞問之，自是頻遣使送藥餌。二十五年薨，年七十五，贈太尉，謚曰文貞。

子昇，天寶初太僕少卿。次尚，漢東太守。次渾，與右相李林甫善，引爲諫議大夫、平原太守、御史中丞、東京採訪使。次恕，都官郎中、劍南採訪判官，依倚權勢，頗爲貪暴。渾在平原，重徵一年庸調。作東畿採訪使，又使河南尉楊朝宗影娶妻鄭氏。鄭氏即薛稷外孫，姊爲宗婦，孀居有色，渾有妻，使朝宗聘而渾納之，奏朝宗爲赤尉。恕在劍南，有雒縣令崔珪，恕之表兄，妻美，恕誘而私之，而貶珪官。又養刺客李晏。至九載，並爲人所發，贓私各數萬貫。林甫奏稱璟子渾就東京臺推，恕就本使劍南推，皆有實狀，渾流嶺南高要郡，恕流海康郡。尚，其載又爲人訟其贓，貶臨海長史。其子華、衡，居官皆坐贓，相次流貶。其後渾會赦，量移至東陽郡下，請託過求，及役使人吏，求其資課，人不堪其弊，訟之，配流潯江郡。然兄弟盡善飲謔，俳優雜戲，衡最粗險，廣平之風教，無復存矣。

廣德後，渾除太子諭德，爲物議薄之，乃留寓於江嶺卒。

顏真卿《顏魯公文集》卷一〇《有唐開府儀同三司行尚書右丞相上柱國贈太尉廣平文貞公宋公神道碑銘》 於戲！逆鱗嚙上，匪躬之義深；守死不回，人臣之致極。況乎文包風雅，道濟生靈，建一言而天下倚平，合九德而三光式序。超無友而獨立者，其惟廣平公乎？公諱璟，字闕二字邢州南和人。其先出於殷王元子。七代祖弁，魏吏部尚書，襲列人子。祖欽道，北齊黃門侍郎。並事跡崇高，各見本傳。高祖元節，定州田曹。曾祖宏俊，大理丞。祖務本，皇櫟陽令。父元撫，衛州司户，贈户部尚書。自田曹至於尚書，皆實浮於名，而位不充量，事見許公蘇頲所撰《神道碑》。公七歲能屬文，一遍誦《鵩鳥賦》。丁尚書府君憂，水漿絶口者五日。八九歲時，嘗夢大鳥銜書，吐公口中，公吞之，遂乘而直上。倏忽驚寤，猶若下在胸間，自後藻思日新，襟懷益爽。年十六七時，或讀《易》曠時不精，公遲而覽之，自亥及寅，精義必究。明年進士高第，補上黨尉，轉王屋主簿。相國蘇味道爲侍御史出使，精擇判官，奏公爲介。公作《長松篇》以自興，《梅花賦》以激時，蘇深賞嘆之，曰：「真王佐才也！」轉合宮尉。長壽三年從調，判入高等，有司特聞，天后親問所欲。公以代爲唐臣，不求榮達，詭奏云：「家本山東，願得魏之一吏。」遂手詔授録事參軍，拜舞趨出。后異而召還，又手詔拜監察御史裏行。尋丁齊國太夫人憂，服闋，築室反耕，志圖不起。俄而即真，遷殿中侍御史。同列有博於臺中者，將責名品而黜之，博者惶恐自匿。翌日，公獨正辭引過。天后悦而釋之。遷天官員外郎，鳳閣舍人，御史中丞，乃謂所親曰：「吾比欲優遊自免，不圖要近。驟至於斯，其敢廢所職乎？」乃悉心納忠，無所迴避。時張易之、昌宗兄弟，席寵脅權，天下側目。公危冠入奏，奮不顧身，天后失色，蒼黃欲起。公叩頭流血，誓以死爭。拾遺李邕奏曰：「陛下坐則天下安，起則天下危。」内史令敕公出，公曰：「天顏咫尺，親奉德音。不勞宰臣，擅宣王命。」詞氣慷慨，左右震悚。遂俱攝詣臺，庭立切責，二豎股栗氣索，不敢仰視。自朝至於日昃，敕使馳救之，公不得已而罷。又令詣公謝罪，公拒之。後有慘恤，二豎來弔，公辭曰：「貴近不宜與執法通同。」假滿，朝士慰公，二豎又欲序進，公舉板迎揖之，不得成禮而去。神龍之興復也，公實佐其謀，及當疇庸，讓而不受，曰：「清宮問罪，事出五王，祀夏中興，功歸明主。非曰逃賞，誰敢貪天？」俄拜朝散大夫吏部侍郎兼諫議大夫，遷黃門侍郎。嘗遇梁王武三思於朝，三思方欲言事，公正色謂之曰：「當今復子明辟，王宜以侯就第，何得尚干朝政？」三思慚懼而退，請急累月。俄而兼攝尚書左丞。中宗將幸西蜀，深虞北鄙，乃兼檢校并州大都督府長史，又改兼貝州刺史。與數人同辭，三思獨揖公住，公顧謂之曰：「諸人已出，不可獨留。」遂揖之而去。屬年穀不登，國租罷入，三思食邑，公悉蠲之。既屢挫其鋒，亦處之自若。俄而真拜，轉杭州，又復遷相州，尋入爲洛州長史。唐隆初拜吏部尚書同中書門下三品，粤五日兼右庶子，尋加銀青光禄大夫。元宗之在儲闈，鎮國太平長公主潛謀廢立，嘗於光範門内坐步檐中，諷宰臣以此旨，諸相失色，莫敢先言。公盛氣詰之曰：「東宫有大功，宗廟社稷主也。安得異議？」遂奏婦人干政，恐生禍階，請不令朝謁。俄而男又縱橫，公奏之，謫是貶楚州刺史，主亦竟以凶終。無何，復拜銀青，歷魏、兖、冀三州兼河北按察使。尋遷幽州都督兼御史大夫，復爲魏州，入爲國子祭酒，東都留守。開元二年尋拜御史大夫兼京兆尹，貶睦州刺史。轉廣州都督，充按察經略討擊使，又兼御史大夫，特許便宜從事。前是首領桀驁，多據洞不賓，公之下車，無敢不蔇。彼之風俗，競趨苟簡，茅茨竹檐，比屋鱗次，火災歲起，煨燼無餘。公教之度材，變以陶瓦，千甍齊翼，萬堵皆興，於今賴焉。燕國公張説著爲《碑頌》。無何，使中官楊思勖召公，公拜恩而就馬便行，在路竟不交一言。思勖以將軍貴幸，泣訴於帝，帝嗟嘆久之。拜刑部尚書。四年遷吏部兼黃門監，監修國史。五年改號侍中。明年，駕幸東都。至三崤，馳道險隘，行不得前，河南尹李朝隱、知頓使中丞王怡並坐當降黜。公奏曰：「必若致罪二臣，將來必受其弊。」遂命公舍之，曰：「陛下責之，以臣免之，是過歸於上，恩由於下。臣請使且待罪，然後俾其復職。」上嘉而從之。元宗嘗命公名諸皇子及公主邑號，既而又令各定一美名。公奏稱：「七子均養，鳲鳩之德，錫以名號，不宜有殊。若母寵子愛，恐非正家之道，王化所宜。」元宗悦而從之。八年拜開府儀同三司，進爵廣平郡開國公，策勳上柱國。狂豎權梁山構逆長安，有司深按其獄，斂公按覆。如京兆司録李如璧等百餘家，皆以借宅假器，悉當連坐。公以婚姻假借，天下大同，至於京城，其例尤衆。知情即是同反，無罪不合論辜，凶渠之外，一切原免，天下欣服焉。中書令河東張公，傑出將明之材，獨運廟堂之上。鏡機朗徹，見事風生，求公規模，悉閲堂案。每至危言讜議，執正守中。未嘗不廢卷失聲，汗流浹背。其爲通賢所服也如此。十二年，駕幸東都，以公爲西京留守。公極言得失，無有所隱。元宗感悦，制曰：「所奏之言，置之座右，出入觀省，以誡終身。」因賜綵物一百匹。明年又兼吏部，十七年拜尚書右丞相。雅善戲謔，不嘗矜莊，與故户部尚書王晙爲莫逆之

友，晚而彌篤。凡所談諧，人輒疏取。端五日蒙賜鍾乳，命醫歸鍊，或以爲上藥異味，不宜委之。公曰：「推誠求信，猶懼不應，猜以待人，信其可得？」聞者慚退。二十一年抗疏告老，至於再三，手詔優許，遂特給全禄，賜絹五百匹，還東京。公以爲大臣歸休，不宜關通人事，遂杜絶賓客。其年，駕幸洛陽。公迎拜道左，元宗親駐龍蹕，使榮王琬勞問者數四。自後中使往來，賞賚不絶，方崇乞言之典，以極師臣之敬。二十五年仲冬月十九日，寢疾薨於東都明教里第，享年七十五。天下失聲，元宗震悼，追贈太尉，謚曰文貞公。賻物米粟，常數有加，喪葬官供，仍詔河南少尹崔釋之充監護使。夫人齊國夫人博陵崔氏，滄州長史藝之女。淑慎嚴整，高明柔克，訓諸子而慈且有威，佐丞相而德無違者。門内之理，一以見咨，躡公而殁，允終偕老。嗚呼！公有七子：復，同州司功，先公而卒；昇，尚書郎太僕少卿；尚，漢東太守；渾，職方郎中、諫議大夫、御史中丞、東京畿採訪使、太子左諭德；恕，都官郎中、延原少尹；華，判入高等，登封尉、尉氏令；衡，右散騎常侍兼御史中丞河南節度行軍司馬。或肅或乂，或哲或謀，克篤前烈，以休令聞。以戊寅歲五月二十九日，虔奉遺約，歸葬公於沙河縣太尉鄉丞相原之先塋，夫人合而祔焉，禮也。惟公間氣降神，應期傑出，生知禮度，天縱才明。玉立殿天子之拜，介然秉大臣之節。震雷憑怒，讜言而不有厥躬；鼎鑊沸前，臨事而義形於色。蠢迪檢押，難常情之所易；志深直諒，易古人之所難。外其身而富貴不離，行其道而死生勿替。非夫含一之德，格於皇天。不二之心，形於造次，則何以異是乎？允所謂振古之元龜，皇王之威寶者矣！且夫公之德烈，充塞寰寓；公之謀猷，著明日月。大歷五年冬十二月，孫儼懼遺盛美，不遠求蒙。以真卿天禄校文，叨太僕之下列；憲臺執簡，承論德之深知。雖青史傳信，實録已編於方册；而豐碑勒銘，表墓願備於論譔。謹憑吏部員外郎盧僎所上行狀，略陳萬一，多恨闕遺。其辭曰：天命元鳥，降而生商。湯孫之緒，微子分疆。詞招正則，尉翼文皇。吏部黄門，紛綸耿光。忠賢世出，信史相望。篤生丞相，祚我有唐。文明純嘏，毅烈堅剛。恒衛間氣，星辰降芒。嶷然山立，鏗爾金鏘。忠孝之盛，人倫紀綱。垂髫能文，夢鳥發祥。通夕究《易》，沖齡擅場。勝冠結綬，歷政洋洋。乃尉合宫，貳轄琅琅。賦嗤梅豔，篇美松長，蘇公嗟稱，才必佐王。滿歲從調，試言高驤。登聞黼扆，驟列繡裳。簉跡天官，如圭如璋。司言鳳閣，綸綍煌煌。乃作中丞，威棱莫當。志除凶狡，廷劾二張。天后愕眙，百寮震惶。公獨凜然，出身激昂。義形言色，精貫穹蒼。皇室中興，嘉謨克彰。功成牢讓，事軼屠羊。貳職選曹，諫議是匡。載清流品，屢奏封章。乃侍瑣闈，時維夕郎。悉心糾正，庶績咸康。三思睢盱，席寵干常。責之就第，慚懼靡亢。左曹攝轄，大鹵於襄。兼刺貝邱，朋辭鴈行。三思揖語，公獨循牆。處之不怍，轉旆於杭。既遷鄴城，遂尹洛陽。乃作蒙宰，訏謨廟堂。俄兼宫相，亟綰銀黄。元宗登儲，鎮國是遑。潛謀廢立，謠諑相翔。厥男撓政，累奏愆殃。聿臨楚邦，洊察冀方。總督幽薊，飜國庠。亞相烈烈，尹京趪趪。旋臨建德，欻莅南荒。俾帥咸蔇，茅鴇是攘。張公頌德，雋咏甘棠。所忠來召，拜命即裝。略無爻言，帝用式臧。載司刑吏，八座抑揚。兼監黄樞，鈞軸是將。匪躬蹇蹇，終始洸洸。乃拜儀同，允釐保障。河東閱故，汗洽流漿。狂豎犯闕，凶渠既戕。命公覆獄，咸脱死亡。乃涉右揆，讜論泱泱。每謔王君，豈常矜莊。懸車告老，庶保康强。方崇饋酳，孤映縑緗。天不憖遺，萎哲壞粱。一人震悼，九有淒涼。市既罷賈，春仍絶粻。乃贈太尉，飾終禮滂。返葬沙河，羽儀央央。闔朝傾祖，河尹護喪。生榮死哀，行路感傷。令人孺慕，攀泣喤喤。高墳崔嵬，鉅鹿劇旁。森梢宰樹，繚繞連岡。吁嗟廣平，宅此不暘。孝孫翼翼，論譔靡忘。豐碑堅碣，萬古嘗相。

雜録

備録

封演《封氏聞見記》卷九《端慤》 宋璟爲廣府都督，玄宗思之，使内侍楊思勗馳馬往追。璟拜恩就馬，在路竟不與思勗交一言。思勗以將軍貴倖殿庭，因訴于玄宗。上嗟嘆良久，即拜刑部尚書。

劉肅《大唐新語》卷二《極諫三》 武三思得幸於中宗，京兆人韋月將等不堪憤激，上書告其事。中宗惑之，命斬月將。黄門侍郎宋璟執奏，請按而後刑。中宗愈怒，不及整衣履，岸巾出側門，迎謂璟曰：「朕以爲已斬矣，何以緩之？」命促斬。璟曰：「人言宫中私於三思，陛下竟不問而斬，臣恐有竊議。」固請按而後刑。中宗大怒，璟曰：「請先斬臣，不然，終不奉詔。」乃流月將於嶺南，尋使人殺之。

劉肅《大唐新語》卷二《剛正四》 張易之、昌宗方貴寵用事，潛相者言其當王，險薄者多附會之。長安末，右衛西街有牓云：「易之兄弟、長孫汲、裴安立等謀反。」宋璟時爲御史中丞，奏請窮理其狀。則天曰：「易之已有奏聞，不可加罪。」璟曰：「易之爲飛書所逼，窮而自陳。且謀反大逆，法無容免，請勒就臺勘當，以明國法。易之等久蒙驅使，分外承恩，臣言發禍從，即入鼎鑊。然義激於心，雖死不恨。」則天不悦。內史楊再思遽宣敕命，令璟出，璟曰：「天顏咫尺，親奉德音，不煩宰臣擅宣王命。」左拾遺李邕歷階而進曰：「宋璟所奏，事關社稷，望陛下可其所奏。」則天意若解，乃傳命令易之就臺推問。斯須，特敕原之，仍遣易之、昌宗就璟拜謝。拒而不見，令使者謂之曰：「公事當公言之，私見即法有私也。」璟謂左右：「恨不先打豎子腦破，而令混亂國經，吾負此恨。」時朝列呼易之、昌宗爲五郎、六郎，璟獨以官呼之。天官侍郎鄭杲謂璟曰：「中丞奈何喚五郎爲卿？」璟曰：「鄭杲何庸之甚！若以官秩，正當卿號；若以親故，當爲張五郎、六郎矣。足下非張氏家僮，號五郎、六郎何也？」杲大慚而退。

宋璟，則天朝以頻論得失，內不能容，而憚其公正，乃敕璟往揚州推按。奏曰：「臣以不才，叨居憲府，按州縣乃監察御史事耳，今非意差臣，不識其所由，請不奉制。」無何，復令按幽州都督屈突仲翔。璟復奏曰：「御史中丞，非軍國大事不當出使。且仲翔所犯贓污耳，今高品有侍御史，卑品有監察御史，今敕臣，恐非陛下之意，當有危臣，請不奉制。」月餘，優詔令副李嶠使蜀。嶠喜，召璟曰：「叨奉渥恩，與公同謝。」璟曰：「恩制示禮數，不以禮遣璟，璟不當行，謹不謝。」乃上言曰：「臣以憲司，位居獨坐。今隴蜀無變，不測聖意令臣副嶠，何也？恐乖朝庭故事，請不奉制。」易之等冀璟出使，當別以事誅之。既不果，伺璟家有婚禮，將刺殺之。有密以告者，璟乘事舍於他所，乃免。易之尋伏誅。

劉肅《大唐新語》卷三《公直五》 玄宗令宋璟製諸王及公主邑號，續遣中使宣詔令，更作一佳號，璟奏曰：「七子均養，鳴鳩之德。至錫名號，不宜有殊。今奉此旨，恐母寵子異，非正家國之大訓，王化之所宜，不敢奉詔。」玄宗從之。

劉肅《大唐新語》卷七《容恕一五》 端午日，玄宗賜宰臣鍾乳。宋璟既拜賜，而命醫人錬之，醫請將歸家錬。子弟諫曰：「此乳珍異，他者不如，今付之歸，恐招欺換。」璟誡之曰：「自隱爾心然，疑他心耶？仗信示誠，猶恐不至，矧有猜責，豈可得乎？」

李翱《卓異記・與同列子弟爲丞相》 宋璟與蘇瓌子頲同時爲相。按蘇頲除紫薇侍郎平章事，時璟歎曰：「吾與蘇家父子同時爲丞相，至如寬厚博物，僕射亦有之，若正直賢明，則頲過其父。」推此爲論，繼代爲相有如此，頲與其父同秉衡者，古無所聞。璟初共其父比肩，又與其子同列。如璟年德重，久居台位，又無其比。

王仁裕《開元天寶遺事》卷上《鏡影成相字》 宋璟未第時，因於日中覽鏡，鏡影忽成「相」字。璟因此自負，遂修相業，後如其志。

王仁裕《開元天寶遺事》卷下《粲花之論》 宋璟愛民恤物，朝野歸美，時人咸謂璟爲有脚陽春，言所至之處，如陽春煦物也。

錢易《南部新書》卷己 開元初，突厥寇邊。時天武軍將子郝靈筌出使迴，引回紇部落，斬突厥黠夷獻首於闕下。自謂有不世之功。時宋璟爲相，以天子少好武，恐徼功者生心，痛抑其賞。逾年，始受中郎將，靈筌遂嘔血而死。

孔平仲《續世説》卷三《方正》 宋璟嘗侍宴朝堂，張易之兄弟皆爲列卿位，舉笏待璟，久之方至。先執酒向西拜謝，飲不盡卮，遽稱腹痛而歸。

孔平仲《續世説》卷十二《邪諂》 有薦山人范知濬文學，并獻其所爲文，宋璟判曰：「觀其《良宰論》，頗涉佞諛。山人宜極言讜議，豈宜偷合苟容！」抑而不奏。

王讜《唐語林》卷五《補遺》 宋開府璟雖耿介不羣，亦深好聲樂，尤善羯鼓。樂部行王詢云：「南山起雲，北山起雨」，即開府所爲也。始承恩顧，與上論鼓事，曰：「不是青州石末，即是魯山花甆。撚小碧上，掌下須有朋去聲肯之聲。」據此，乃是漢震第二鼓也。且鬗用石末、花甆，固是腰鼓，掌下朋肯聲，是以手拍，非羯鼓明矣。第二鼓者，左以杖，右以手指。又開府謂上曰：「頭如青山峯，手如白雨點，此即羯鼓之能事也。山峯取不動，雨點取碎急。」上與開府兼擅兩鼓，而羯鼓偏好，以其比漢震稍雅細焉。開府之家悉傳之。東都留守鄭叔則祖母，即開府之女。今尊賢里鄭氏第有小樓，即宋夫人習鼓之所也。開府孫沇亦工之，並有音律之學。貞元中進《樂書》三卷，德宗覽而嘉之。又知是開府之孫，遂召對賜坐，與論音樂，喜甚。數日，又召至宣徽，張樂使觀焉，曰：「有舛誤乖謬，悉可言之。」沇沇吟曰：「容臣與樂官商榷講論，具狀條奏。」上使宣徽使、教坊使就教坊，與樂官參議數日，然後進奏。二使奏：「樂工多言沇不解聲律，不審節拍，兼有聵疾，不可議樂。」上頗異之，又召宣徽使對，沇曰：「臣年老多病，耳實失聰，若迫於聲律，不致無業。」上又使作樂，曲罷，問其得失，承稟舒遲，衆工多笑之。沇顧笑

者，忽忿怒作色，奏曰：「曲雖妙，其間有不可者。」上驚問之，即指一琵琶云：「此人大逆戕忍，不日間兼即抵法，不宜在至尊前。」又指一笙云：「此人神魂已游墟墓，不可更留供奉。」上尤驚異，令主者潛伺察之。旋而琵琶者爲同輩告訐，稱六七年前，其父自縊，不得端由。即令按鞫，遂伏其罪。笙者乃憂恐不食，旬日而卒。上益加知遇，面賜章綬，累召對，每令沇察樂。樂工惴恐脅息，不敢正視。沇懼罹禍，辭病而退。

計有功《唐詩紀事》卷一四《宋璟》 劉禹錫上權舍人書曰：昔宋廣平之沉下僚也，蘇公味道時爲繡衣直指使者，廣平投以《梅花賦》，蘇盛稱之，自是方列於聞人之目。

皮日休《桃花賦序》曰：余常慕宋廣平之爲相，貞姿勁質，剛態毅狀，疑其鐵腸石心，不能吐婉媚辭。然覩其文而有《梅花賦》，清便富豔，得南朝徐、庾之體。

韋述《兩京新記》卷五《明教坊》 明教坊龍興觀西南隅，開府宋璟宅。南門之東，國子司業崔融宅。璟造宅悉東西相對，不爲斜曲，以避惡名。融爲則天哀策，用思精苦，下直，馬過其門不覺，文就而卒。

備論

《舊唐書》卷九六《宋璟傳》 史臣曰：履艱危則易見良臣，處平定則難彰賢相。故房、杜預創業之功，不可儔匹。而姚、宋經武、韋二后，政亂刑淫，頗涉履於中，克全聲跡，抑無愧焉。

贊曰：姚、宋入用，刑政多端。爲政匪易，防刑益難。諫諍以猛，施張用寬。不有其道，將何以安？

《新唐書》卷一二四《宋璟傳》 贊曰：姚崇以十事要說天子而後輔政，顧不偉哉，而舊史不傳。觀開元初皆已施行，信不誣已。宋璟剛正又過於崇，玄宗素所尊憚，常屈意聽納。故唐史臣稱崇善應變以成天下之務，璟善守文以持天下之正。二人道不同，同歸于治，此天所以佐唐使中興也。嗚呼！崇勸天子不求邊功，璟不肯賞邊臣，而天寶之亂，卒悼其害，可謂先見矣。然唐三百年，輔弼者不爲少，獨前稱房、杜，後稱姚、宋，何哉？君臣之遇合，蓋難矣夫！

孫甫《唐史論斷》卷中《盧懷慎遺表薦宋璟盧從愿》 論曰：太宗嘗賜魏徵手詔，言晉何曾不忠之罪，蓋謂曾窺見武帝奢逸之心，不能切諫，但退有後言也。觀懷慎與宋璟等所言，頗似何曾之意，然懷慎與曾言同而意則異矣。曾自以奢縱，爲時所譏，見主之過，默而不言，此正保位爾；其與子孫竊言，又欲取名於後世也。懷慎清儉有節，性復公正，非懷祿固寵之人也。其主方勤政治，未有深過，但以高識見其萌芽，不聞切諫，此亦可責；能與璟等深言，且力薦之，是使諫正於後。以此論之，懷慎與曾言同而意異也。夫大臣德望有素，無保位懷祿之迹，若觀主微過而不言，又能薦賢者諫正於後，尚可掩過；如德望未著，見主過而不言，又不能力薦賢者使之諫正，此懷祿固位之人，雖竊一時富貴，千載萬世，識者視之，當爲罪人矣。

胡寅《致堂讀史管見》卷一九 張昌宗譖魏元忠謀反，太后欲使元忠、昌宗廷辨之。昌宗密賂鳳閣舍人張說，許以美官，使證元忠，說許之。明日，太后召說。說將入，鳳閣舍人宋璟謂說曰：「名義王重，鬼神難欺，不可黨邪陷正以求苟免。萬代瞻仰，在此舉也。」御史張廷珪、左史劉知幾亦曰：「無汙青史。」及入，太后問之，說曰：「臣實不聞元忠謀反，但昌宗逼臣使誣證之耳。」太后曰：「張說反覆小人，宜并繫治。」他日更問，說對如前。命更鞫之，所執如初。元忠貶高要尉，說流嶺表。

宋璟可謂賢矣，爲張說謀而忠。張說亦可謂賢矣，聞宋璟言而受。使事君者相詔相聽皆如是，朝廷豈有過舉哉？雖然，此最凶渠姦賊之所惡，指爲朋黨者也。其言曰：爾雖有義，安得自伸？顧惟我之從可爾。以此爲向背之的，則特立獨行者，必斥而去，阿諛比附者，必悅而留，而是非之理亂矣。詳說之爲人，非能守義不回者也。璟既戒之甚力，張廷珪、劉知幾又從而激勵之，蓬生麻中，勢不得不直也。苟惟不然，說他日事業可紀，如是者甚少，豈爵位既高，不能親忠良以自助耶？君子所以貴乎三益之友也。

時武三思以下，皆謹事張易之兄弟，宋璟獨不爲禮。諸張積怒，常欲中傷之，太后知之，故得免。

武后雖肆行誅殺，而當時號爲賢士，則未有死者，惟所寵信邪惡之人，反多不免。至如狄仁傑、徐有功、朱敬則、宋璟之徒，則保護尤力，其與庸遠矣。非惟盛時弛張如志，及其末路，衆正畢集而終賴以免，豈非智術之高歟？明皇之初，用賢求治，中道而廢，馴致大亂，又不免其身，方諸王母，乃大不及。陰能任陽剛之事，而陽不能勝陰柔之克，豈天之降才爾殊哉！

太后寢疾，宰相不得見者累月，惟張易之、昌宗侍側。二人見太后疾篤，恐禍及已，引用黨援，陰爲之備。屢有飛書言其謀反，或告「昌宗召術士李弘泰占相，弘泰言昌宗有天子相。」太后命韋承慶、宋璟、崔神慶鞫之。承慶、神慶奏：「弘泰之語，昌宗尋已奏聞，準法首原。」璟奏：「昌宗儻以弘泰爲妖妄，何不執送睿司？」雖云奏聞，終是包藏禍心，請窮治其罪。」太后久之不應，璟曰：「儻不即收繫，恐其摇動衆心。」太后勑璟揚州推按，又勑幽州推按，又勑安撫隴、蜀，璟皆不行，復奏收昌宗。太后温顔解之，璟聲愈厲。太后乃可其奏，遣昌宗詣臺。璟按之，未畢，太后遣中使特赦之。璟歎曰：「不先擊小子腦裂，負此恨矣。」太后使昌宗詣璟謝，璟拒不見。

二慶邪黨也，宋璟正士也，武氏若欲曲庇昌宗，則付二慶足矣，而使璟同鞫之，其心固了了邪正之判矣。是故璟雖再三陳論，至於抗制不受，太后終不之怒，以内嬖之私，終不可屈外庭之議也。夫嬖寵私溺，其情難移，子不可得之於父，臣又安能必之於君乎？而武氏肯自抑斷，以伸正直之氣，其與漢文聽申屠嘉而摧辱鄧通何以異哉？使其生爲男子而臨天下，其雄材大略殆與孝武等矣。人主愛非所愛，不爲公論所奪者，視此寧不愧耶？

吴儆《竹洲集》卷三《姚宋》 古之君子因天下之變而用其權，循天下之常而守其正，其道可以爲善而可以爲不善。何者？權近於邪，正鄰於固。人之常情，每過於用其所長而流於所偏，於是而不善用之，固以敗矣。漢高帝謂王陵少戇，陳平可以佐之。陳平智有餘，難以獨任，不以安劉之功許之也。唐宰相牛僧孺、李德裕皆一代之偉人，然僧孺迹涉於邪而德裕亦以剛介取敗，蓋偏於所長而不善用之，其敝固至此也。唐史臣稱姚崇善應變以成天下之務，宋璟善守文以持天下之正。夫崇之於應變誠所長矣，而推其所爲，近於挾數用術，以欺其君。至其臨大節，斷大疑，毅然有不可撓者，此其所以爲善也。不然則忽壞梁而建東幸之計，與李林甫違農時而獻西還之策何以異也？璟之於守文亦誠所長矣，而推其所爲，近於狷介忿躁而不能一日安於朝廷之上者。至其禮法自將而姦人不得以行其計，論列利害而聞者不以爲忤，進退之際，雍容可觀，此其所以爲善也。不然，斥宫掖之獻而觸姦臣之鋒，與周子諒、韋月將之徒同被誅殛，而何補於天下？孟子曰：「伯夷隘，柳下惠不恭。」隘與不恭，君子不由也。宰相之體，貴於通而不貴於所長。若二子者，可謂善用其所長者矣。

楊萬里《誠齋集》卷九〇《宋璟剛正過姚崇論》 論曰：與天下以治之福，不與其君以治之功，此大臣愛君之厚也。蓋治生於不治，不治生於治。方其不治，人君以一身而憂天下；及其既治，人君以天下而樂一身。大臣成其君之治可也，與其君之治不可也。與則樂，樂則怠矣。姚、宋之相明皇，同於成開元之治也，而論者以璟爲過於崇，何也？蓋璟以其治與天下，崇以其治與其君。與天下以治之福，君亦享其福；與其君以治之功，君必喪其功。彼宋璟有，其剛有可憚，其正無可喜，將致其君於終身不樂之地者也。致其君於不樂，乃所以致其君於不憂歟？史臣曰：「宋璟剛正過姚崇。」親君子而疎小人，人君之心也，親小人而踈君子，非人君之心也。君子之過也。君子之事君，不使之樂必使之憂，不欲其喜必欲其憚，不待小人間之，君已病之矣，非君子之過乎？」是不然。君子之心必有所不愛而後能有所愛。其所愛者君之治也，故使之憂不使之樂；其所不愛者，身之不踈也，故欲其憚不欲其喜。非不使之樂也，無樂於初，有樂於終，有憂之名，無憂之實，兹其所以有樂於君歟？非不使之喜也，吾得其喜，君得其亂，吾得其憚，君得其治，兹其所以無愛於身歟？天下之治亂，君子所恤也；吾身之親踈，君子遑恤哉！嗚呼！以治與天下而不以治與其君，此宋璟之剛正所以過姚崇歟？姚崇何人也？中興之賢相也。宋璟何人也？亦中興之賢相也。成開元之治，致中興之功，二公可同也。一則權譎，一則剛正，二公不可同也。吾嘗觀乎姚矣。明皇之獵，因獵以進，皮冠之招無是舉也；太廟之壞，以爲偶然，夷伯之震無是説也；捕蝗之役，不曰修德，蝝生之書無是法也。姚之權譎一至此哉！吾嘗觀乎宋矣。中使之召，不交一言，孟子之所以遠王驩也；倖臣之飲，正色而起，蓋寬饒之所以忤許伯也；無逸之圖，戒以淫亂，周公之所以警成王也。宋之剛正一至此哉！當是時，明皇之見姚也，吾意其一言必和焉，一政必美焉，姚之爲人温乎其可喜也。明皇之見宋也，吾意其一言必規焉，一政必刺焉，宋之爲人，凛乎其可憚也。見姚而喜，明皇以開元之治爲極治，明皇其不樂乎？見宋而憚，明皇以開元之治爲未治，明皇其不憂乎？姚、宋則皆賢也，開元則誠治也。明皇樂於開元之功，天下不見其禍；明皇憂於開元之功，天下不見其福。不勝其憂，明皇於是乎一而逐韓休，再而逐九齡；不勝其樂，明皇於是乎一而相林甫，再而相國忠。天下之事至此然後知宋璟之可憚，乃深可喜歟？然則不以治之功與其君，真愛君之厚者也。大抵天下猶一家也，君臣猶父子也。昔者秦皇帝有二子焉，其長則扶蘇也，其季則胡亥也。扶蘇好諫，秦皇帝憎焉；胡亥不諫，秦皇帝暱焉。扶蘇不在外，秦皇帝無一日之樂；胡亥不在側，秦皇帝亦無一

日之樂。扶蘇遠矣，胡亥近矣，秦皇帝之不樂一變而爲樂矣。爲樂矣秦皇帝之不樂則變而爲樂也，秦皇帝之秦亦變而爲謨也。秦皇帝不思扶蘇而明皇思九齡，唐之所以未亡歟？論者欲觀唐之君臣，觀秦之父子則得之矣。謹論。

《陳亮集》卷一一《蕭曹丙魏房杜姚宋何以獨名於漢唐》 「五百年必有王者興，其間必有名世者。」聖賢之生亦有定理，而君臣相遭亦有定數乎？夫是以知天人之難合也。蓋至於吾夫子，有扶天下之道，有正四代禮樂之志，而時君方騖於功利，有道不合，有志不遭，而徒能歎鳳鳥之不至，周公之不復夢見，而定理之不應，定數之不驗。孟子所以復歎其未有疏於此時，而傷其數之過。知天下息肩之日尚遠，而聖賢相遭之期猶未也。時日愈疏，世變愈下，使其相遭，則君非昔者之君，臣非昔者之臣，徒以當方來之數，而無復三代之盛矣。孟子之歎，蓋歎此也。自漢而言之，則蕭曹之遇高祖，丙魏之遇宣帝，蓋可謂漢家遇合之盛矣。自唐而言之，則房杜之遇太宗，姚宋之遇明皇，亦可謂唐家遇合之盛矣。其一時君臣之遇合，足以扶斯世而蘇生民，貽謀方來而光映前古；其所謀謨成就，後世皆莫之先也。而卒有愧於三代，豈其期運不接，源流不繼，而天人之際至難合歟！何治道之遂疏闊也！周室之衰，以迄于秦，天下之亂極矣。斯民不知有生之爲樂，而急於一日之安也。高祖君臣獨知之，三章之約以與天下更始，禁網疏闊，使當時之人闊步高談，無危懼之心，雖禮文多闕，而德在生民矣。曹參以清净而繼「畫一」之歌，此其君臣遇合之盛，無一念之不在斯民也。魏相之奉天時，行故事，丙吉之不務苛碎，不求快意，以供奉宣帝寬大之政，亦不負君臣之遇合矣。唐承隋舊，其去隋文安平之日未遠，天下不能無望於紀綱制度之舉而致治之隆也。太宗君臣獨知之，興仆植僵，以《六典》正官，以進士取人，以租庸調任民，以府衛立兵。雖禮樂未講，而天下之廢略舉矣。房、杜謀斷相先，而卒與共濟斯美。此其君臣遇合之盛，亦無一念之不在斯民也。姚崇之遇事立斷，宋璟之守正不阿，以共成明皇開元之治，亦不負君臣之遇合矣。自漢唐以來，雖聖人不作，而賢豪接踵於世，有如賈生之通達國體，董生之淵源王道，欲揭其君於三代之隆，其君亦既知之，而卒於不遇；而第五倫、李固之徒，亦班班自見於東都，而無復君臣遇合之盛，亦可爲漢家天時人事之歎矣。有如陸贄之論諫仁義，李泌之惓惓古制，欲使其君爲不世出之主，其君亦嘗用之，而終於不盡；而杜黃裳、裴度之徒，亦各有以自見於世，而無復君臣遇合之盛，亦可爲唐家天時人事之歎矣。夫君臣之相遭，蓋天人之相合，而一代之盛際也，此豈可常之事哉！盍於《易》《否》《泰》之象而玩之乎。

葛洪《涉史隨筆・宋璟隨才録用》 宋璟奏，括州員外司馬李邕，儀州司馬鄭勉，並有才略文詞，但多異端。若全引進，則悔咎必至，若長棄捐，則才用可惜。請除渝硤二州刺史。又奏大理卿元行沖，素稱才行，初用之時實允命，議當事之，後頗非稱職，請復以爲左散騎常侍，以李朝隱代之。陸象先閑，於政體寬，不容非請以爲河南尹。

陸贄有言：「中人以上，迭有所長，苟區別得，宜付授當器，各適其性，各宣其能，及乎合以成功，亦與全才無異，但在明鑒大度，御之有道而已。故善官人者，猶良工之用木也，取其所長，棄其所短，使璟無翕受敷施之度，則李邕鄭勉之徒長爲棄人矣！昔齊桓公問可爲相者於管仲，仲以隰朋爲可，而不與鮑叔。蓋以叔牙之爲人也，於不已若者，不比之聞人之過。終身不忘而隰朋之爲人，愧不若人。而哀不已若者，惟其不忘人過。故不能棄人之短，而用其長。惟其哀人之不已若故能捨人之短，而取其長。」秦誓曰：「如有一介臣，斷斷兮無他技，其心休休焉，其如有容。然則相天下者，惟宅心廣大者而後能勝其任也。若璟者其亦庶幾於此乎！」

陳造《江湖長翁集》卷三二《姚宋論上》 明皇在蜀，論肅宗用房琯，知非破賊才；姚崇在，賊不足滅；至宋璟，則曰「賣直取名爾」。人各有見，自其見持而有爲，而治亂盛衰形焉。明皇之言，平昔之見在是，宜其致天寶之亂也。陳子曰：精于治者無善治之功，精于醫者無善醫之名。無功無名，非果無之也，銷患於無形故無功，除病於未兆故無名，而功名者次之。功立于有事，名著于有病。天下孰不功名者之貴？而精于治與醫者不然。古之聖君賢臣，講磨治道，圖回天下，其詳載於六經。六經之書明並日月，功配造化，然大抵皆保治之術，所以維持締結，使天下無事，禍患無得而作。是六經之旨也，其大意必曰正心，曰脩身，曰納諫，曰畏天，心通下情，勤政去佞，如是數端而已。未嘗曰兵何爲則敵摧，刑何爲則人畏，智詐勇力何爲而用之。凡二帝三代所以持守天下，求諸此足矣。若曰鄰國見侵，非孫、吴之智不可以取勝；疆事見告，非韓、彭之勇不足以得志。是後世之君臣淺之爲治，治不能安天下於無事，幸則揭丹青以自夸，大不幸則委蒼生於虎狼之口者也，非六經之所貴也。和、扁之醫，觀色察脉，必告曰「勿爲是，勿嗜是」，而疾自銷於冥冥矣。推床撼屋，嗡嗡求死焉，治而藥之，曰「吾之功起死」。或者甚其疾以自大其功。功則功矣，非和、扁之所貴也。姚崇

才有餘而工於順適者也；宋璟才不逮其節，而以直弼正其君者也。委二子於千戈繁興，事變搶攘之地，姚固有餘，宋果有不能辦者。然朝夕納君於正，率臣下以無枉，使天下之事變無自而萌，則固屬之璟矣。天下之理，順適者可喜，而守正者似乎矯拂；振辦者類才，而靜重者似乎迂闊。有可喜之功者必售，無媚上之具者易厭，自古皆然，況乎明皇以英睿通達之資，適久安無事之時，志意得而侈心萌，其視迎刃破竹，適己便勢。如崇者安之久矣，璟乃一切矯而正之。然猶相之數年者，無乃迫於公議，姑惟留之，其心固已冰炭，惟恐其不去也。其真情非在蜀，則至死不露。向之君相之情，特矯而忍之，以相彌縫爾。主人有直其突者，又積薪焉，客勸以曲突徙薪，不聽也。一旦火其室，鄰里救之而止。牛酒勞之，曲突徙薪無恩澤，焦頭爛額爲上客，或者得以譏之。宋璟之正，曲突徙薪者也；姚崇之才，焦頭爛額者邪。使三代之君得二子任之，輕重固有主矣，惜乎明皇不足以知此也。

陳造《江湖長翁集》卷三三《姚宋論下》　或曰明皇之相，姚、宋首稱。予謂天寶之亂，姚優爲之，顧乃優宋，何歟？然則排難解紛之才，無貴於世乎？曰：非然也。世所謂才者，非獨後世貴之，先王亦貴之矣。才貴乎用，尤貴乎有才而不用才者，有事而後見於用者也。儲其才而無事焉，才惡乎用？是最先王之所貴也。先王之世，凡智可以立事，勇可以摧敵，拓弛不羈之士，莫不兼收而不遺，以備吾不測之用。然卒不用之者，正以有深謀遠慮，正己率物之士相與周旋朝夕，有一善推而廣之，有一不韙矯而正之，天下之心素服，而禍亂不得而芽蘖。智者無自而施其謀，勇者無自而效其力矣。猶之善攝生者，天雄、烏喙，莫不儲時以待一旦之急，而卒於有而不用也。平居無事，薄滋味，時起居，血氣內和，外邪無間，則天雄、烏喙之屬可用而不用。毒藥之用，身之不幸也；才者之用，國之不幸也。姚崇之才，天雄祛寒，烏喙療風，才則才矣，抑節宣導養，使身無恙患，天雄、烏喙置之不用，璟尤賢哉！古之賢相，不獨於天下之才藏於不用，而於一己之才，當其用也，猶不既其用，其意深矣。禹之征苗，三旬逆命，乃班師。以苗之逆，禹之盛德，豈不能一戰？脫與之戰，豈不必其勝邪？周公征三監，居東二年，罪人斯得。兵聞拙速，以三監之悖，周公之聖，乘之如拉槁爾，又何待二年之久？聖人之意，必曰戰而速勝，故吾之功而置吾民於死傷，國必不堪，而吾深不忍也。故寧不戰而去，與徐而待其斃，毋寧爲是角一旦之命，使吾民肝腦塗地也。而禹方且謙舜以惟德動天，周公作詩貽王，言王業之艱難。凡其蓄於用才，而必於納諫；當有事之時猶然，況時無事也乎？臣而有愛君之心，寧數諫以保其無事，毋寧幸有事而露吾之才可也。武帝之時，不能安於無事，以守文景之業。汲黯獨憂之，而天下號爲有才者，莫不幸之。挑四夷，則黯不如衛、霍；深刑戮，則黯不如張、杜；掊財利，則黯不如弘羊、孔僅；辨論蠭發，移人主心，黯又不如終軍、壽王之徒。至淮南萌姦，乃獨憚黯，曰：「好守節直諫。」自俗儒論之，黯幾無用之才，孰知規君以正，保天下於無事，在此而不在彼耶？姚、宋之議，灼然可見矣。嗚呼！璟與黯，其所以息未然之禍，皆本於諫，而二君所以不安，二子正以其敢諫，一以爲戇，一以爲賣直。納忠於君，顧不難哉！三代之君臣事業於前，有以也夫！

章如愚《山堂考索》續集卷三二《論明皇重姚宋而輕林甫然寵任林甫過於姚宋》　魏鄭公曰：「重君子也，敬而遠之；輕小人也，狎而近之。近之莫見其非，遠之莫見其是。莫見其是，則不待間而疏；莫見其非，則有時而昵。」斯言可謂合夫君子小人之情狀矣。明皇之待姚、宋，每進見，輒爲之起，去則臨軒送之，可謂重君子而敬之矣。李林甫爲相，寵任雖過於姚、宋，而禮遇卑薄，可謂輕小人而狎之矣。然姚崇爲相才三四年，宋璟爲相才五年，而李林甫則至於十有九年者，豈非近之莫見其非，則有時而昵，遠之莫見其是，則不待間而疏者乎？

章如愚《山堂考索》續集卷三三《論宋璟爲吏部人服其公姚崇爲兵部武選亦治》　呂吉甫曰：「秤必有星，尺必有刻。勿爲無星之秤，勿爲無刻之尺。」蓋彼者，天下之至公，本無私也，所以不爲天下之信者，惟用者之私爾。唐之銓衡，李嶠、崔湜之徒掌之，則傾附勢要，以至於選法大壞者，是所謂無星之秤、無刻之尺也。宋璟掌吏部而人服其公，姚崇爲兵部而武選亦治者，所謂秤之有星，而尺之有刻也。

王夫之《讀通鑑論》卷二二《唐睿宗》　太平公主謀危太子，宋璟、姚元之請令於東都安置，睿宗曰：「朕唯一妹，豈可遠置東都。」悲哉其言之乎！自武氏之殄唐宗，慘殺其子而不恤，於是高宗之子姓，上及於兄弟，芟夷饗盡，所僅存者三人而已。父闇而不能庇其生，母憯而不難置之死，又繼以韋氏，宗楚客之淫凶，睿宗之與公主，其不與中宗同受刃者，幸也。原隰之哀，伊誰相惜，凋殘已盡，僅保一人。《詩》不云乎：「將恐將懼，惟吾與汝。」況其在同氣之親乎？故姚、宋之言，社稷之計也；睿宗之藹然傷心，亦詎可決於一旦哉？【略】唐初之習氣，士大夫過惜其類而相容忍，賢姦並列而不相妨，寧得罪於天子，而不結怨於僚友，以

宋璟之剛，弗能免也，元之之智以圖全，又何望焉！

王夫之《讀通鑑論》卷二二《唐玄宗》 經國之遠圖，存乎通識。通識者，通乎事之所繇始、弊之所繇生、害之所繇去、利之所繇成，可以廣恩，可以制宜，可以止姦，可以裕國，而咸無不允。於是乎而有獨斷。有通識而成其獨斷，一旦毅然行之，大駭乎流俗，而庸主具臣規目前之損益者，則固莫測其爲，而見爲重有損，如宋璟發太府粟及府縣粟十萬石糴之，斂民閒惡錢送少府銷燬是已。散粟於民，而取其值，疑不足以爲仁之惠；君與民市，疑不足以爲義之宜；以粟易錢而銷燬之，徒取值於民而無實於上，疑其病國而使貧；一旦爲之，不可測而可駭，庸主具臣聞言而縮舌，固其所必然矣。以實求之，夫豈然哉？取值不有，而散十萬之粟於待食之人，不費之惠也；下積惡錢，將隨敝壞，上有餘粟，將成紅朽，而兩易之，制事之宜也。乃若大利於國者，則尤非淺見褊衷之所易知也。惡錢之公行於天下，姦民與國爭利，而國恒不勝，惡錢充斥，則官鑄不行；人情趨輕而厭重，國錢之不能勝私鑄久矣。惡錢散積於人閒，無所消歸，而欲人決棄之也，雖日刑人而不可止；發粟以收惡錢者，使人不喪其利而樂出之也。銷燬雖多未盡，而民見上捐十萬粟之值付之一炬，則知終歸泯滅而不肯藏，不數年閒，不待棄捐而自不知其何往矣。惡錢不行則國錢重，國錢重則鼓鑄日興，姦民不足逞，而利權歸一，行之十年，其利百倍十萬粟之資，暗償之而贏餘無算，又豈非富國之永圖乎？乃當其時，愚者不測也，吝者不決也，非玄宗之倚任，姚崇、蘇頲之協恭，則璟言出而訕笑隨之矣。司國計而知大體者之難，小人以環堵之識，惜目睫之錙銖，吝於出而急於納，徒以削民斂怨，暗耗本計於十年之後，而吮之如蜜，王安石之以病宋者此也。不耕而思穫，爲盜而已，爲乞而已；盜與乞，其可與託國哉！

袁枚《小倉山房文集》卷二一《姚崇宋璟論》 唐姚、宋并稱，而議者多優宋而劣姚。余謂不然。夫仡仡矜矜，萬仞壁立，立於朝，使百辟消其邪心。此臣道之如山者也。宋璟是也。静深有謀，涵蓋一切，「惟幾也能成天下之務」。此臣道之如海者也。姚崇是也。然而山雖高，蛟龍不居；海雖渾，變化不測。余故曰崇勝也。

夫人主之愎諫而暱小人者，情也。所貴爲大臣者，不逆其情，而善誘之以歸於道。不必有排斥小人之迹，而能使之與人主日疏。崇之對幸東都，與其黜姜皎，罷魏知古者，皆璟之所不屑爲，而亦璟之所不能爲者也。

吾嘗謂天寶之禍，宋璟在猶可憂，而姚崇在則無慮。何也？彼明皇者，英主也。其畏璟而愛崇也，素矣。源乾曜奏事稱旨，必曰姚崇之媒；不合，則曰何不與姚崇議之？自崇死，而天下無如崇者。李林甫始得以才見用，然臨軒之禮，卒不相假者，終知林甫之非崇也。知其非崇而必用之者，太平日久而樂用才臣以自暇自逸，則姑任之爲快。而張九齡者，宋璟儔也，有其道無其術。道不合則爭，爭不得則去。九齡去而天下無争之者，李林甫始得以見才用。使其時有若崇者，爲之内娱主意於所甚安，而陰以計擠小人於外；則終玄宗之世，林甫不得專政，而禄山不得入宫矣。

且人但知爲璟難，不知爲崇難；但知用璟難，不知用崇尤難。張易之譖魏元忠，使張説爲證。説許諾。宋璟要之，卒以敗悔。崇告謁十餘日，諸事委積，盧懷慎不能決，惶恐入謝。夫以張説之反覆，而一旦效璟，卒爲正人；以懷慎之忠清，而終身效崇，不能決事。豈非德易及而才難强者乎？人主雖非甚聰，皆能涉獵書史，審察邪正。若璟之犯顔諫諍，公罪也；中才之主，雖重違其意，而心固識其忠。若崇之細行不矜，所使者以賄敗，此私罪也；苟非大度之主，又安能用之而不疑？今有棟梁之材而不免贅疣之形，此固衆人之所棄，而大匠之所取也。

嗟乎！從來君子之自爲，往往多疏；小人之防身，往往多密。以姚、宋之賢，開元之治，兩人皆以微罪行，不久於其位。李林甫獨專相二十餘年，君臣魚水。彼其罪過，必十倍姚、宋萬萬矣。然而明皇甘以天下付之，至於高力士諫而猶不悟。豈其工於防君子，而拙於防小人哉？要知姚、宋之過易於見聞，而林甫之惡難於發露故也。讀史至此，不能不掩卷而深感慨焉。

此己未館課題也。時習翻譯，不與課。溧陽相公嫌諸翰林多優宋而劣姚，特授意命作，似亦未乖於正。姑存之。自記。

藝文

《文苑英華》卷三九三蘇頲《授宋璟御史大夫制》 黄門：三台副職，百寮之師，紀綱是任，涖事惟能。國子祭酒上柱國廣平郡開國公東都留守宋璟，含純粹之德，秉清剛之氣，學研精以辨政，文體要以經遠。吉人之寡，敷言有訓，君子之

慎，擇行無違，正色而自具陽秋，立誠而不僭風雨。必能靜專動直，獻忠納規，常聞沃心之任，靡憚犯顏之情。使其坐以鎮俗，毅一作嶷。然當朝，則不能者退，不仁者遠。王臣蹇蹇，儒夫有立，俾光天憲，式副人瞻。可御史大夫，勳封如，故主者施行。

《文苑英華》卷四〇五蘇頲《授宋璟兼京兆尹制》 敕：惟雍設都，實難其理，尹京鎮俗，不易其才。御史大夫上柱國廣平郡開國公宋璟，天假直清，時歸方正。端莊以立，姦慝遷於望風；果斷而行，綱維成於不日。衣冠所重，人吏攸欽，俾承彈糾之餘，乃綜浩穰之劇。可兼京兆尹，餘如故。

宋敏求《唐大詔令集》卷四四蘇頲《宋璟兼黄門監蘇頲平章事制》 黄門：虞庭稱盛，任於夔龍，周邦以寧，屬於閎散。是知出納惟允，必俟英奇，啓沃有光，實資茂彦。銀青光禄大夫守刑部尚書上柱國廣平郡開國公宋璟，宇量凝峻，執心勁直。銀青光禄大夫行紫微侍郎兼知制誥上柱國許國公蘇頲，風檢詳密，藻思清華。或掌憲南宫，持平邦典；或撫翰西掖，匡輔政途。咸竭奉上之心，俱盡匪躬之節。九流俟其澄序，衆務資其弼諧。宜委銓管，兼侍帷幄。璟可守吏部尚書兼黄門監，頲可同紫微黄門平章事，散官勳封，並各如故。開元四年閏十二月。

宋敏求《唐大詔令集》卷五一蘇頲《宋璟蘇頲修國史制》 古之良史，實難其人，掌邦國之事，明懲勸之道，是以淑駿弘簡，茂先博物，爰自重臣，式膺兼領。銀青光禄大夫吏部尚書兼黄門監上柱國廣平郡開國公宋璟，明允篤誠，有犯無隱。銀青光禄大夫行紫微侍郎黄門平章事上柱國許國公蘇頲，忠肅恭懿，察微知章。並光我國禎，熙我帝載，在公聞山甫之頌，抗直有史魚之節。王言斯典，嘗是獻替，君舉必書，亦惟褒貶。宜崇鼎鉉之任，更述《盤盂》之篇。並可修國史，餘如故。

計有功《唐詩紀事》卷一五《宋璟》 《奉和明皇答張説南出雀鼠谷》詩云：秦地雄西夏，并州近北胡。禹行山啓路，舜在邑爲都。忽視寒暄隔，深思險易殊。四時宗伯敍，六義宰臣鋪。微作宫商應，星環日每紆。盛哉逢合道，良以致亨衢。

《奉和聖製送張尚書巡邊》云：帝道薄存兵，王師尚有征。是開《司馬法》，爰命總戎行。晝閫崇威信，分麾盛寵榮。聚觀方結轍，出祖遂傾城。聖酒山河潤，天詞象緯明。德風邊草偃，勝氣朔雲平。宰國推良器，爲軍挹壯聲。至和常得體，不戰即亡精。以智泉寧竭，其徐海自清。遲遲廟堂坐，贈別故人情。

《奉和御製三相同日上官》詩云：丞相邦之重，非賢諒不居。老臣庸且憊，何德以當諸！厚秩先爲忝，崇班復此除。太常陳禮樂，中掖降簪裾。聖酒山河潤，仙文象緯舒。冒恩懷寵禄，陳力省空虚。郭隗慙無駿，馮諼媿有魚。不知周勃者，榮幸定何如？

《恩賜樂遊園宴》詩云：侍飲終酺會，承恩續勝遊。戴天惟慶幸，選地即殊尤。北向祇雙闕，南臨賞一丘。曲江新溜暖，上苑雜花稠。亹亹韶弦屢，戔戔賁帛周。醉歸填畛陌，榮耀接軒裘。

開元天子登封泰山，南出雀鼠谷，張説獻詩，明皇御答，羣臣應製，故明皇詩有川途猶在昔，車馬漸歸秦之句。餞張尚書朔方者，燕公説也。明皇詩有三台入武帳，八座起文昌之句。左丞相張説、右丞相宋璟、太子少傅源乾曜，同日上官，錫宴東堂，明皇賜詩，有赤帝收三傑之句，故蘇晉序云：天子作三傑之詩，以命宴樂，蓋爲此也。

劉禹錫《獻權舍人書》曰：昔宋廣平之沉下僚也，蘇公味道時爲繡衣直指使者，廣平投以《梅花賦》，蘇盛稱之，自是方列于聞人之目，名遂振。嗚呼！以廣平之才，未爲是賦，則蘇公果暇知其人耶！將廣平困於窮，阨於躓，然後爲是文耶！是知英賢卓犖，可外文字，然猶用片言借説於先達之口，席其勢而後驤首當時，矧碌碌者，疇能自異？

皮日休《桃花賦序》曰：余嘗慕宋廣平之爲相，貞姿勁質，剛態毅狀，疑其鐵腸石心，不能吐婉媚辭。然覩其文而有《梅花賦》，清便富豔，得南朝徐、庾之體。

《玄元觀尋李先生不遇》詩云：羽客今何在，空尋伊洛間。忽聞歸苦縣，應想入函關。未作十年別，猶應七日還。神仙不可見，寂寞返蓬山。

《奉和春日途中喜雨應詔》詩曰：豫遊欣勝地，皇澤乃先天。油雲陰御道，膏雨潤公田。隴麥霑逾翠，山花濕更燃。稼穡良所重，方復悦豐年。

《春夜寓直鳳閣懷羣公》詩云：拜門傳漏晚，寓省索居時。昔重安仁賦，今稱伯玉詩。鴛池滿不溢，鷄樹久逾滋。夙夜懷山甫，清風詠所思。

先天初爲侍中，從獵渭川獻詩曰：嘗聞夏太康，五弟訓禽荒。我后來冬狩，三驅盛禮張。順時鷹隼擊，講事武功揚。奔走未及去，翾飛豈暇翔。非熊從渭水，瑞翟想陳倉。此欲誠難縱，兹遊不可常。子雲陳《羽獵》，僖伯諫漁棠。得失鑒齊楚，仁恩念禹湯。邕熙諒在宥，亭毒匪多傷。《辛甲》今爲史，《虞箴》遂孔

彰。手詔褒之。

知古卒，宋璟歎曰：叔向古遺直，子産古遺愛，兼之者其魏公乎！

徐鈞《史詠詩集》卷下《宋璟》 一片剛方鐵石心，梅花冷淡獨知音。君王外貌雖加敬，賣直誰知内忌深。

歸有光《震川先生集》卷五《跋廣平宋文貞公碑》 右廣平宋文貞公碑，顔魯公書，在今沙河縣之東北康陵。丁丑之年，太末方思道爲沙河令，碑已斷没，出之土中，鎔二百斤鐵，貫而續之。今方公所爲修復封樹，皆無存矣。惟此碑屹立於風霜烈日之中，恐亦不能久也。歐陽文忠公以謂魯公真蹟今世在者，得其零落之餘，猶足以爲寶。今此碑剥蝕猶少，況以廣平之重，使歐公得之，其爲珍賞，當倍他書矣。

歸有光《震川先生集》卷三〇《謁宋文貞公墓文》 維年月日，具官歸有光，謹以瓣香，拜謁唐宰相宋文貞公之墓。唐有天下三百年，惟貞觀、開元，號爲盛治。賢相並稱姚、宋，而屹然正直之氣，可與公媲者，獨始興文獻公而已。有光自初束髮，知讀唐史。嘆天寶以後，何其亂也！生民之禍極矣！使公與曲江尚在。匡持之，唐之國祚，歷年豈可量哉？信乎，國以一人而興也。今者備員兹土，下車之初。以吏事過南和，聞公墓在此鄉，而魯公碑刻尚存。因迂道齋宿縣邸，來致景仰之私。嗟夫！公之直道，有國者一日而無此，則相率靡靡以馴至於亂亡而不覺。三季之後，若同一軌。此予心之耿耿，徘徊於公之墓下而不忍去也。謹告。

《全唐詩》卷三裴光庭《左丞相説右丞相璟太子少傅乾曜同日上官命宴東堂賜詩》 赤帝收三傑，黄軒舉二臣。由來丞相重，分掌國之鈞。我有握中璧，雙飛席上珍。子房推道要，仲子訝風神。復輟台衡老，將爲調護人。鵷鸞同拜日，車騎擁行塵。樂聚南宫宴。觴連北斗醇。俾予成百揆，垂拱問彝倫。

《全唐詩》卷八八張説《奉和御製與宋璟源乾曜同日上官命宴東堂賜詩應製》 大塊鎔羣品，經生偶聖時。猥承三事命，虚忝百僚師。右揆謀華碩，前星傅重資。連騫求舊禮，濫典樂賢詩。賜釜同榮拜，摐金宴宰司。菊花吹御酒，蘭葉捧天詞。寶曆休明盛，頹年晷漏衰。少留青史筆，未敢赤松期。

《〔道光〕廣東通志》卷二三四《宦績録》四《唐廣州都督尚書右丞相贈太尉謚文貞宋璟》 宋璟文正，邢州南和。好學工文，進士擢科。鳳閣是登，居官不阿。時魏元忠，爲易之誣。語引張説，冀其見扶。璟亟謂説，勉以名義：「毋陷正人，以求免己。緣是受謫，芬香多矣，有不測者，吾且救子。吾寧愛生，與子偕死。」説感其言，卒對以實。元忠得免，讒構以屈。當此之時，屢折二張。后亮其忠，莫克中傷。不附三思，竟寬月將韋月將。湜、愔典選崔湜、鄭愔。奪於戚近。擢璟天官，銓綜平允。太平公主，不利東宫。璟輒昌言，太子有功。自睦徙廣，來爲都督。廣之多火，竹茅茨屋。璟教陶瓦，築堵列肆。越俗始知，棟宇之利。吏部、侍中，開元所拜。廣人有言，請頌遺愛。璟時自陳：「治不足紀。以臣當國，故爲溢美。不受諂諛，請自臣始。」自廣臨朝，内侍迓之楊思勗。不交一言，帝益嗟咨。常被召命，制皇子名，與公主號，别擇美稱。璟引鳴鳩，七子均養。同等别封，義不敢上。又請后父王仁皎。葬子著令。不用孝諶，寶孝諶。帝以順聽。日食之論，修德修刑。諄諄其言，畢發於誠。梁山權梁山。之獄，牢械充滿。璟守京兆，爲之覆按。婚集假貸，并坐貸人。非衆防億，狂謀率然。貸者不知，何罪之云？平縱數百，衆戴其仁。帝之東巡，嘉謀極陳。手制褒答請誠終身。并乾曜、説，是爲三傑。賦詩以賜，西京是埒。靈佺郝靈佺。之還，謂必賞賜。顧帝方少，恐後生事。抑之踰年，才授武衛。不賞邊功，與姚合意。厥後嘉貞，嘗閲堂按。見其危言，輒失聲歎。七十五終，人惜其喪。唐三百年，號稱賢相。

羅惇衍《集義軒詠史詩集》卷三五《宋璟》 第一流人懾六郎，直聲早見震嚴廊。通侯斬賞彌邊隙，旱魃讐忠演教坊。金筋長教調鼎鼐，玉環何至侍帷房。激時聊作梅花賦，不減長松鐵石腸。

張説部

綜述

《舊唐書》卷九七《張説傳》 張説字道濟，其先范陽人，代居河東，近又徙家河南之洛陽。弱冠應詔舉，對策乙第，授太子校書，累轉右補闕，預修《三教珠英》。

久視年，則天幸三陽宮，自夏涉秋，不時還都，説上疏諫曰：「陛下屯萬乘，幸離宮，暑退涼歸，未降還旨。愚臣固陋，恐非良策，請爲陛下陳其不可。三陽宮去洛城一百六十里，有伊水之隔，崿坂之峻，過夏涉秋，水潦方積，道壞山險，不通轉運，河廣無梁，咫尺千里。扈從兵馬，日費資給，連雨彌旬，即難周濟。陛下太倉、武庫，並在都邑，紅粟利器，蘊若山丘。奈何去宗廟之上都，安山谷之僻處？是猶倒持劍戟，示人鐏柄，臣竊爲陛下不取。夫禍變之生，在人所忽，故曰：『安樂必誡，無行所悔。』此不可止之理一也。告成褊小，萬方輻湊，填城溢郭，併錙無所。排斥居人，蓬宿草次，風雨暴至，不知庇託，孤惸老病，流轉衢巷。陛下作人父母，將若之何？此不可止之理二也。池亭奇巧，誘掖上心，削巒起觀，竭流漲海，俯貫地脉，仰出雲路，易山川之氣，奪農桑之土，延木石，運斧斤，山谷連聲，春夏不輟。勸陛下作此者，豈正人耶？《詩》云：『人亦勞止，汔可小康。』此不可止之理三也。御苑東西二十里，所出入來往，雜人甚多，外無牆垣扃禁，內有榛叢溪谷，猛獸所伏，暴慝是憑。陛下往往輕行，警蹕不肅，歷蒙密，乘嶮巇，卒然有逸獸狂夫，驚犯左右，豈不殆哉！雖萬全無疑，然人主之動，不宜易也。《易》曰：『思患預防。』願陛下爲萬姓持重。此不可止之理四也。今國家北有胡寇覷邊，南有夷獠騷徼。關西小旱，耕稼是憂；安東近平，輸漕方始。臣願陛下及時旋軫，深居上京，息人以展農，修德以來遠，罷不急之役，省無用之費。澄心澹懷，惟億萬年，蒼蒼羣生，莫不幸甚。臣自度芻議，十不一從。何者？沮盤遊之娱，間林沚之玩，規遠圖而替近適，要後利而棄前歡，未沃明主之心，已戾貴臣之意。然臣血誠密奏而不愛死者，不願負陛下言責之職耳。輕觸天威，伏地待罪。」疏奏不省。

長安初，修《三教珠英》畢，遷右史、內供奉，兼知考功貢舉事，擢拜鳳閣舍人。時麟臺監張易之與其弟昌宗構陷御史大夫魏元忠，稱其謀反，引説令證其事。説至御前，揚言元忠實不反，此是易之誣構耳。元忠由是免誅，説坐忤旨配流欽州。在嶺外歲餘。中宗即位，召拜兵部員外郎，累轉工部侍郎。景龍中，丁母憂去職，起復授黄門侍郎，累表固辭，言甚切至，優詔方許之。是時風教頽紊，多以起復爲榮，而説固節懇辭，竟終其喪制，大爲識者所稱。服終，復爲工部侍郎，俄拜兵部侍郎，加弘文館學士。

睿宗即位，遷中書侍郎，兼雍州長史。景雲元年秋，譙王重福於東都構逆而死，留守捕繫枝黨數百人，考訊結構之狀，經時不決。睿宗令説往按其獄，一宿捕獲重福謀主張靈均、鄭愔等，盡得其情狀，自餘枉被繫禁者，一切釋放。睿宗勞之曰：「知卿按此獄，不枉良善，又不漏罪人。非卿忠正，豈能如此？」

玄宗在東宮，説與國子司業褚無量俱爲侍讀，深見親敬。明年，同中書門下平章事，監修國史。是歲二月，睿宗謂侍臣曰：「有術者上言，五日內有急兵入宮，卿等爲朕備之。」左右相顧莫能對，説進曰：「此是讒人設計，擬摇動東宮耳。陛下若使太子監國，則君臣分定，自然窺覦路絶，災難不生。」睿宗大悦，即日下制皇太子監國。明年，又制皇太子即帝位。俄而太平公主引蕭至忠、崔湜等爲宰相，以説爲不附己，轉爲尚書左丞，罷知政事，仍令往東都留司。説既知太平等陰懷異計，乃因使獻佩刀於玄宗，請先事討之，玄宗深嘉納焉。及至忠等伏誅，徵拜中書令，封燕國公，賜實封二百户。其冬，改易官名，拜紫微令。

自則天末年，季冬爲潑寒胡戲，中宗嘗御樓以觀之。至是，因蕃夷入朝，又作此戲。説上疏諫曰：「臣聞韓宣適魯，見周禮而歎；孔子會齊，數倡優之罪。列國如此，況天朝乎。今外蕃請和，選使朝謁，所望接以禮樂，示以兵威。雖曰戎夷，不可輕易，焉知無駒支之辯，由余之賢哉？且潑寒胡未聞典故，裸體跳足，盛德何觀；揮水投泥，失容斯甚。法殊魯禮，褻比齊優，恐非干羽柔遠之義，樽俎折衝之禮。」自是此戲乃絶。

俄而爲姚崇所構，出爲相州刺史，仍充河北道按察使。俄又坐事左轉岳州刺史，仍停所食實封三百户，遷右羽林將軍，兼檢校幽州都督。開元七年，檢校并州大都督府長史，兼天兵軍大使，攝御史大夫，兼修國史，仍賫史本隨軍修撰。八年秋，朔方大使王晙誅河曲降虜阿布思等千餘人。時并州大同、橫野等軍有

九姓同羅、拔曳固等部落，皆懷震懼。說率輕騎二十人，持旌節直詣其部落，宿于帳下，召酋帥以慰撫之。副使李憲以爲夷虜難信，不宜輕涉不測，馳狀以諫，說報書曰：「吾肉非黃羊，必不畏喫；血非野馬，必不畏刺。士見危致命，是吾効死之秋也。」於是九姓感義，其心乃安。

九年四月，胡賊康待賓率衆反，據長泉縣，自稱葉護，攻陷蘭池等六州。詔王晙率兵討之，仍令說相知經略。時叛胡與党項連結，攻銀城、連谷，以據倉糧，說統馬步萬人出合河關掩擊，大破之。追至駱駝堰，胡及党項自相殺，阻夜，胡乃西遁入鐵建山，餘黨潰散。說招集党項，復其居業。副使史獻請因此誅党項，絶其翻動之計，說曰：「先王之道，推亡固存，如盡誅之，是逆天道也。」因奏置麟州，以安置党項餘燼。其年，拜兵部尚書、同中書門下三品，仍依舊修國史。

明年，又敕說爲朔方軍節度大使，往巡五城，處置兵馬。時有康待賓餘黨慶州方渠降胡康願子自立爲可汗，舉兵反，謀掠監牧馬，西涉河出塞。說進兵討擒之，并獲其家屬於木盤山，送都斬之，其黨悉平，獲男女三千餘人。於是移河曲六州殘胡五萬餘口配許、汝、唐、鄧、仙、豫等州，始空河南逆方千里之地。說以討賊功，復賜實封二百户。先是，緣邊鎮兵常六十餘萬，說以時無强寇，不假師衆，奏罷二十餘萬，勒還營農。玄宗頗以爲疑，說奏曰：「臣久在疆埸，具悉邊事，軍將但欲自衛及雜使營私。若禦敵制勝，不在多擁閑冗，以妨農務。陛下若以爲疑，臣請以闔門百口爲保。以陛下之明，四夷畏伏，必不慮減兵而招寇也。」上乃從之。

時當番衛士，浸以貧弱，逃亡略盡。說又建策，請一切罷之，别召募强壯，令其宿衛，不簡色役，優爲條例，逋逃者必争來應募。上從之。旬日，得精兵一十三萬人，分繫諸衛，更番上下，以實京師，其後彍騎是也。

是歲，玄宗將還京，而便幸并州，說進言曰：「太原是國家王業所起，陛下行幸，振威耀武，并建碑紀德，以申永思之意。若便入京，路由河東，有漢武脽上后土之祀，此禮久闕，歷代莫能行之。願陛下紹斯墜典，以爲三農祈穀，此誠萬姓之福也。」上從其言。及祀后土禮畢，說代張嘉貞爲中書令。夏四月，玄宗親爲詔曰：「動惟直道，累聞獻替之誠；言則不諛，自得謀猷之體。政令必俟其增損，圖書又藉其刊削，才望兼著，理合褒升。考中上。」

說又首建封禪之議。十三年，受詔與右散騎常侍徐堅、太常少卿韋縚等撰東封儀注。舊儀不便者，說多所裁正，語在《禮志》。玄宗尋召說及禮官學士等賜宴於集仙殿，謂說曰：「今與卿等賢才同宴於此，宜改名爲集賢殿。」因下制改麗正書院爲集賢殿書院，授說集賢院學士，知院事。

及將東封，授說爲右丞相兼中書令，源乾曜爲左丞相兼侍中，蓋勒成岱宗，以明宰相佐成王化也。說又撰《封禪壇頌》以紀聖德。初，源乾曜本意不欲封禪，而說固贊其事，由是頗不相平。及登山，說引所親攝供奉官及主事等從升，加階超入五品，其餘官多不得上。又行從兵士，惟加勳，不得賜物，由是頗爲內外所怨。先是，御史中丞宇文融獻策，請括天下逃户及籍外剩田，置十道勸農使，分往檢察；說嫌其擾人不便，數建議違之。及東封還，融又密奏分吏部置十銓，融與禮部尚書蘇頲等分掌選事。融等每有奏請，皆爲說所抑，由是銓綜失敍。融乃與御史大夫崔隱甫、中丞李林甫奏彈說引術士夜解及受賕等狀，敕宰臣源乾曜、刑部尚書韋抗、大理少卿胡珪、御史大夫崔隱甫就尚書省鞫問。說兄左庶子光詣朝堂割耳稱冤。時中書主事張觀、左衛長史范堯臣並依倚說勢，詐假納賂，又私度僧王慶則往來與說占卜吉凶，爲隱甫等所鞫伏罪。說經兩宿，玄宗使中官高力士視之，回奏：「說坐於草上，於瓦器中食，蓬首垢面，自罰憂懼之甚。」玄宗憫之。力士奏曰：「說曾爲侍讀，又於國有功。」玄宗然其奏，由是停兼中書令，觀及慶則決杖而死，連坐遷貶者十餘人。隱甫及融等恐說復用爲己患，又密奏毁之。明年，詔說致仕，仍令在家修史。

初，說爲相時，玄宗意欲討吐蕃，說密奏許其通和，以息邊境，玄宗不從。及瓜州失守，王君㚟死，說因獲嶲州鬬羊，上表獻之，以申諷諭。其表：「臣聞勇士冠雞，武夫戴鶡，推情舉類，獲此鬬羊。遠生越嶲，蓄性剛決，敵不避强，戰不顧死，雖爲微物，志不可挫。伏惟陛下選良家於六郡，求猛士於四方，鳥不遁才，獸不藏伎。如蒙効奇靈囿，角力天場，却鼓怒以作氣，前躑躅以奮擊。趹若奔雲之交觸，碎如轉石之相叩，裂骨賭勝，濺血争雄，敢毅見而衝冠，鷙狠聞而擊節。冀將少助明主市駿骨，揖怒蛙之意也。若使羊能言，必將曰『若鬬不解，立有死者』。所賴至仁無殘，量力取勸焉。臣緣損足，未堪履地，謹遣男詣金明門奉進。」玄宗深悟其意，賜絹及雜綵一千匹。

十七年，復拜尚書左丞相、集賢院學士，尋代源乾曜爲尚書左丞相。視事之日，上敕所司供帳，設音樂，內出酒食，御製詩一篇以敍其事。尋以修謁陵儀注功，加開府儀同三司。時長子均爲中書舍人，次子垍尚寧親公主，拜駙馬都尉，又特授說兄慶王傅光爲銀青光禄大夫。當時榮寵，莫與爲比。

十八年，遇疾，玄宗每日令中使問疾，并手寫藥方賜之。十二月薨，時年六十四。上懵惻久之，遽於光順門舉哀，因罷十九年元正朝會，詔曰：「弘濟艱難，參其功者時傑；經緯禮樂，贊其道者人師。式瞻而百度允釐，既往而千載貽範。台衡軒鼎，垂黼藻於當今；徽策寵章，播芳蕤於後葉。故開府儀同三司、尚書左丞相、集賢院學士知院事、上柱國、燕國公張説，辰象降靈，雲龍合契。元和體其沖粹，妙有釋其至賾。挹而莫測，仰之彌高。精義探繫表之微，英辭鼓天下之動。昔侍春誦，綢繆歲華。含春容之聲，叩而盡應；蘊泉源之智，啓而斯沃。授命興國，則天衢以通；濟用和民，則朝政惟允。司鈞總六官之紀，端揆爲萬邦之式。方弘風緯俗，返本於上古之初；而邁德振仁，不臻於中壽之福。于嗟不憖，既喪斯文。宣室餘談，泠然在耳；王殿遺草，宛留其蹟。言念忠賢，良深震悼。是使當宁撫几，臨樂徹懸，罷稱觴之儀，遵往禭之禮。可贈太師，賜物五百段。」

始玄宗在東宫，説已蒙禮遇，及太平用事，儲位頗危，説獨排其黨，請太子監國，深謀密畫，竟清内難，遂爲開元宗臣。前後三秉大政，掌文學之任凡三十年。爲文俊麗，用思精密，朝廷大手筆，皆特承中旨撰述，天下詞人，咸諷誦之。尤長於碑文、墓誌，當代無能及者。喜延納後進，善用己長，引文儒之士，佐佑王化，當承平歲久，志在粉飾盛時。其封泰山，祠脽上，謁五陵，開集賢，修太宗之政，皆説爲倡首。而又敦氣義，重然諾，於君臣朋友之際，大義甚篤。時中書舍人徐堅自負文學，常以集賢院學士多非其人，所司供膳太厚，嘗謂朝列曰：「此輩於國家何益，如此虚費。」將建議罷之。説曰：「自古帝王功成，則有奢縱之失，或興池臺，或玩聲色。今聖上崇儒重道，親自講論，刊正圖書，詳延學者。今麗正書院，天子禮樂之司，永代規模，不易之道也。所費者細，所益者大。徐子之言，何其隘哉！」玄宗知之，由是薄堅。説既遭訕鑠，罷知政事，專集賢文史之任，每軍國大事，帝遣中使先訪其可否。説嘗自製其父《贈丹州刺史騭碑文》，玄宗聞之而御書其碑額賜之，曰「嗚呼，積善之墓」。有文集三十卷。太常謚議曰「文貞」，左司郎中陽伯成駁議，以爲不稱，工部侍郎張九齡立議，請依太常爲定，紛綸未決。玄宗爲説自製神道碑文，御筆賜謚曰文貞，由是方定。

均、垍俱能文，説在中書，兄弟已掌綸翰之任。居父憂服闋，均除户部侍郎，轉兵部。二十六年，坐累貶饒州刺史，以太子左庶子徵，復爲户部侍郎。九載，遷刑部尚書。自以才名當爲宰輔，常爲李林甫所抑。及林甫卒，依附權臣陳希烈，期於必取。既而楊國忠用事，心頗惡之，罷希烈知政事，引文部侍郎韋見素代之，仍以均爲大理卿。均大失望，意常鬱鬱。禄山之亂，受僞命爲中書令，掌賊樞衡。李峴、吕諲條流陷賊官，均當大辟；肅宗於説有舊恩，特免死，長流合浦郡。

垍以主婿，玄宗特深恩寵，許於禁中置内宅，侍爲文章，嘗賜珍玩，不可勝數。時兄均亦供奉翰林院，常以所賜示均，均戲謂垍曰：「此婦翁與女婿，非天子賜學士也。」天寶中，玄宗嘗幸垍内宅，謂垍曰：「希烈累辭機務，朕擇其代者，孰可？」垍錯愕未對，帝即曰：「無踰吾愛婿矣。」垍降階陳謝。楊國忠聞而惡之，及希烈罷相，舉韋見素代，垍深觖望。天寶十三年正月，范陽節度使安禄山入朝。時禄山立破奚、契丹功，尤加寵異。禄山求帶平章事，下中書擬議。國忠進言曰：「禄山誠立軍功，然眼不識字，制命若行，臣恐四夷輕國。」玄宗乃止，加左僕射而已。及禄山還鎮，命中官高力士餞於滻坡，既還，帝曰：「禄山慰意否？」力士曰：「觀其深心鬱鬱，必伺知宰相之命不行故也。」帝告國忠，國忠曰：「此議他人不知，必張垍所告。」帝怒，盡逐張垍兄弟，出均爲建安太守，垍爲盧溪郡司馬，埱爲宜春郡司馬。歲中召還，再遷爲太常卿。

禄山之亂，玄宗幸蜀，宰相韋見素、楊國忠、御史大夫魏方進等從，朝臣多不至。次咸陽，帝謂高力士曰：「昨日蒼黄離京，朝官不知所詣，今日誰當至者？」力士曰：「張垍兄弟世受國恩，又連戚屬，必當先至。房琯素有宰相望，深爲禄山所器，必不此來。」帝曰：「事未可料。」是日，琯至，帝大悦，因問均、垍，琯曰：「臣離京時，亦過其舍，比約同行，均報云『已於城南取馬』，觀其趣向，來意不切。」既而均弟兄果受禄山僞命，垍與陳希烈爲賊宰相，垍死於賊中。

張九齡《曲江集》卷一八《故開府儀同三司行尚書左丞相燕國公贈太師張公墓誌銘并序》 大唐有天下一百十三年，開元十有八載，龍集庚午，冬十二月戊申，開府儀同三司行尚書左丞相燕國公薨于位，享年六十四。嗚呼哀哉！皇帝悼焉，素服舉哀，廢朝三日，乃下制贈太師，蓋師傅之舊恩，禮有加也，詔葬先遠。喪事有日，又特賜御詞，表章琬炎。公義有忘身之勇，忠爲社稷之衛，文武可憲之政，公侯作扞之勳，皆已昭昭於天文，雖與日月争光可矣。公諱説，字道濟，范陽方城人，晉司空壯武公之裔孫，周通道館學士諱弋府君之曾孫，慶州都督諱恪府君之孫，贈丹州刺史刑部尚書諱騭府君之季子。自上世積慶，及公而祥發，神明所府，道德爲樞。生以寧濟，幼而休祥，鷹揚虎視，英偉磊落，越在諸生之中，已有絶雲霓之望矣。初，天后稱制，舉郡國賢良，公時大知名，拔乎其萃者也。

起家太子校書，迄於左丞相，官政四十有一，而人臣之位極矣。尚書國之理本，公悉更之；中書朝之樞密，公亟掌之。休聲與偕，升降數四。守正而見逐者一，遇坎而左遷者二，其餘總戎于外，爲國作藩。所平除者，惟幽并秉節鉞而已。至若三登左右丞相，三作中書令，唐興已來，朝佐莫比。蓋聖賢之運有會，師臣之道欲行，人雖求多，我每餘地，馨香之發，敷聞自久。宜其翊戴聖后，師範百寮，功烈過於如神，德聲出於咸一。此固與版築崛起，屠釣作合之類，亦云異也。公志元遠，而性高亮，未嘗自異，會節乃有立，何所不可，體道以爲宗。既定國於一言，亦保身之大雅，其於經理代務，雜以軍國，決事如流，應物如響，紛綸輻輳，其猶指掌。及夫先聖微旨，稽古未傳，缺文必補，墜禮咸甄，與經籍爲笙簧，於朝廷爲粉澤，固不可詳而載也。始公之從事，實以懿文，而風雅陵夷，已數百年矣。時多吏議，擯落文人，庸引雕蟲，沮我勝氣，丘明有恥，子雲不爲，乃未知宗匠所作。王霸盡在，及公大用，激昂後來，天將以公爲木鐸矣。斯文豈喪，而今也則亡。嗚呼！克生以輔時，而臣道不究。致用以利物，而人將安仰。上撫牀以念往，下輟相而哀至，復見之於公焉。太常議行，謚曰「文貞」。二十年秋八月甲申，遷窆於萬安山之陽，燕國夫人元氏祔焉。夫人故尚書右司員外郎武陵公贈幽州都督諱懷景之女也，動爲柔範，皆可師訓，及公之貴，連姻帝室。雖處榮盛，若非在已，內執謙下，外睦親疎，古之賢明，未始兼有。開元十九年三月壬戌，薨於東都康俗里第，享年六十四。長子均，中書舍人。次曰垍，駙馬都尉衛尉卿。季曰椒，符寶郎，泣血在疚，皆我之有後也。嗚呼！元堂永閟，何事春秋，幽篆斯在，亦云不朽而已。銘曰：天有密命，滋液百寶。時無大賢，誰與明道。我公允叶，我德孔昭。翰飛戾天，羽儀清朝。功遂身謝，名由實美。言而有立，古無不死。南山之下，詔葬於兹。後之與歸，惟我太師。

雜録

備録

張鷟《朝野僉載》卷五 燕國公張說，倖佞人也。前爲并州刺史，諂事特進王毛仲，餉致金寶不可勝數。後毛仲巡邊，會說於天雄軍大設，酒酣，恩敕忽降，授兵部尚書、同中書門下三品。說謝訖，便把毛仲手起舞，嗅其鞾鼻。

李濬《松窗雜録》 姚崇爲相，忽一日對於便殿，舉左足不甚輕利。上曰：「卿有足疾耶？」崇曰：「臣有腹心之疾，非足疾也。」因前奏張說罪狀數百言，上怒曰：「卿歸中書，宜宣與御史中丞共按其事。」而說未之知，會朱衣吏報午後三刻，說乘馬先歸。崇急呼御史中丞李林甫以前詔付之。林甫語崇曰：「說多智謀，是必困之，宜以劇地。」崇搆曰：「丞相得罪，未宜太偪。」林甫曰：「公必不忍耶！說當無害。」林甫正將詔付於御史，中路以馬墜告假。說之未遭崇搆也，前旬月有教授書生私通於侍婢最寵者，會擒得姦狀以聞於說，說怒甚，將窮獄於京兆尹。書生勵聲曰：「覩色不能禁，亦人之常情也。公貴爲相，豈無緩急有用人乎？靳於一婢女耶！」說奇其言而釋之，以侍兒與歸。書生一跳跡去，旬有餘無所聞知。忽一日直訪於說，憂色滿面，且言：「某感公之恩，思有謝者久之。今方聞公爲姚相國所搆，外獄將具，公不知之，危將至矣。某願得公平生所寶者，用計於九公主，必能立釋之。」說因自歷指狀所寶之物，書生告云：「未足解公之難。」又凝思久之，忽曰：「近有雞林郡夜明簾爲寄信者。」書生曰：「吾事濟矣。」因請手札數行，懇以情言，遂急趍出，逮夜始及九公主邸第，書生具以說旨言之，兼用簾爲贄。且請公主曰：「上獨不念在東宮時思必始終恩加張丞相乎？而今反用快不利張丞相之心耶？」明旦公主入謁，具爲奏之。上感動，急命高力士就御史臺宣前所按事並宜罷之。書生亦不再見張丞相矣。

封演《封氏聞見記》卷五《巾幞》 巾子制，頂皆方平；仗內即頭小而圓說，謂之「內樣」。開元中，燕公張說當朝文伯，冠服以儒者自處。玄宗嫌其異己，賜內樣巾子，長脚羅幞頭。燕公服之入謝，玄宗大悅。因此令內外官僚百姓並依此服。自後巾子雖時有高下，幞頭羅有厚薄，大體不變焉。

段成式《酉陽雜俎》前集卷七《金剛經鳩異》 蜀小將革少卿，韋表微堂兄也。少不喜書，嗜好劄青。其季父嘗令解衣視之，胸上刺一樹，樹杪集鳥數十。其下懸鏡，鏡鼻繫索，有人止於側牽之。叔不解問焉，少卿笑曰：「叔不曾讀張燕公詩否？『挽鏡寒鴉集』耳。」

李肇《唐國史補》卷上 玄宗令張燕公撰華嶽碑，首四句或云一行禪師所作。或云碑之文鑿破，亂取之曰：「巉巉太華，柱天直上。青崖白谷，仰見仙掌。」

張燕公好求山東婚姻，當時皆惡之。及後與張氏爲親者，乃爲甲門。

劉肅《大唐新語》卷一《匡贊一》 張説獨排太平之黨，請太子監國，平定禍亂，迄爲宗臣，前後三秉大政，掌文學之任，凡三十年。爲文思精，老而益壯，尤工大手筆，善用所長，引文儒之士以佐王化。得僧一行贊明陰陽律曆，以敬授人時，封太山，祠睢上，舉闕禮，謁五陵，開集賢，置學士，功業恢博，無以加矣。尚然諾于君臣、朋友之際，大義甚篤。及薨，玄宗爲之罷元會。

開元中，陸堅爲中書舍人，以麗正學士或非其人，而所司供擬過爲豐贍，謂朝列曰：「此亦何益國家，空致如此費損。」將議罷之。張説聞之，謂諸宰相曰：「説聞自古帝王，功成則有奢縱之失，或興造池臺，或耽玩聲色。聖上崇儒重德，親自講論，刊校圖書，詳延學者。今之麗正，即是聖主禮樂之司，永代規模不易之道。所費者細，所益者大。陸子之言，爲未達也。」玄宗後聞其言，堅之恩眄，從此而減。

劉肅《大唐新語》卷二《剛正四》 魏元忠以摧辱二張，反爲所搆，云結少年欲奉太子。則天大怒，下獄鞫之，易之引張説爲證，召大臣，令元忠與易之、説等定是非。説佯氣逼不應。元忠懼，謂説曰：「張説與易之共羅織魏元忠耶？」説叱曰：「魏元忠爲宰相，而有委巷小兒羅織之言，豈大臣所謂？」則天又令説言元忠不軌狀，説曰：「臣不聞也。」易之遽曰：「張説與元忠同逆。」則天問其故，易之曰：「説往時謂元忠居伊、周之地。臣以伊尹放太甲，周公攝成王之位，此其狀也。」説奏曰：「易之、昌宗大無知！所言伊周，徒聞其語耳，詎知伊、周爲臣之本末。元忠初加拜命，授紫綬，臣以郎官拜賀。元忠曰：『無尺寸之功而居重任，不勝畏懼。』臣曰：『公當伊、周之任，何愧三品。』然伊、周歷代書爲忠臣，陛下不遣臣學伊、周，使臣將何所學？」説又曰：「易之以臣宗室，故託爲黨。然附易之有台輔之望，附元忠有族滅之勢。臣不敢面欺，亦懼元忠冤魂耳。」遂焚香爲誓。元忠免死，流放嶺南。

劉肅《大唐新語》卷七《識量七》 開元初，玄宗詔太子賓客元行沖修魏徵撰次《禮記疏》，擬行之於國學。及成，奏上之。中書令張説奏曰：「今上《禮記》，是戴聖所編。歷代傳習，已向千載，著爲經教，不可刊削。至魏，孫炎始改舊本，以類相比，有同鈔書，先儒所非，竟不行用。貞觀中，魏徵因炎舊書，更加釐正，兼爲之注。先朝雖加賜賚，其書亦竟不行。今行沖勒成一家，然與先儒義乖，章句隔絶。若欲行用，竊恐未可。」詔從之，留其書於内府，竟不頒下。時議以爲説之通識過於魏徵。

張説拜集賢學士，於院廳讌會，舉酒，説推讓不肯先飲，謂諸學士曰：「學士之禮，以道義相高，不以官班爲前後。説聞高宗朝修史學士有十八九人，時長孫太尉以元舅之尊，不肯先飲，其守九品官者亦不許在後，乃取十九杯一時舉飲。長安中，説修《三教珠英》，當時學士亦高卑懸隔，至於行立前後，不以品秩爲限也。」遂命數杯一時同飲，時議深賞之。

玄宗東封迴，右丞相張説奏曰：「吐蕃醜逆，誠負萬誅，然國家久事征討，實亦勞心。今甘、涼、河、鄯徵發不息，已數十年於兹矣，雖有克捷，亦有敗軍，此誠安危之時也。聞其悔過請和，惟陛下許其稽顙，以息邊境，則蒼生幸甚。」玄宗曰：「待與王君㚟籌之。」説出，謂源乾曜曰：「君㚟勇而無謀，好兵以求相。兩國和好，何以爲功？彼若入朝，則吾計不行矣。」竟如其言。説懼君㚟黷兵，終致傾覆。時嶲州獲鬬羊，因上鬬羊表以諷焉。玄宗不納。至十五年九月，吐蕃果犯瓜州，殺刺史田元獻，並害君㚟，大殺掠男女，取軍貲倉糧而去。君㚟馳赴肅州以襲之，還至甘州鞏筆驛，爲吐蕃所擊，師徒大敗，君㚟死之，咸如説言。

劉肅《大唐新語》卷八《文章一八》 則天初革命，大搜遺逸，四方之士應制者向萬人。則天御雒陽城南門，親自臨試。張説對策爲天下第一。則天以近古以來未有甲科，乃屈爲第二等。其警句曰：「昔三監翫常，有司既糾之以猛；今四罪咸服，陛下宜討之以寬。」拜太子校書。仍令寫策本於尚書省，頒示朝集及蕃客等，以光大國得賢之美。

玄宗朝，張説爲麗正殿學士，常獻詩曰：「東壁圖書府，西垣翰墨林。諷詩關國體，講《易》見天心。」玄宗深佳賞之，優詔答曰：「得所進詩，甚爲佳妙。風雅之道，斯焉可觀。並據才能，略爲贊述，具如別紙，宜各領之。」玄宗自於彩箋上八分書説贊曰：「德重和鼎，功逾濟川。詞林秀發，翰苑光鮮。」其徐堅已下，並有贊述，文多不盡載。

張説、徐堅同爲集賢學士十餘年，好尚頗同，情契相得。時諸學士凋落者衆，唯説、堅二人存焉。説手疏諸人名，與堅同觀之。堅謂説曰：「諸公昔年皆擅一時之美，敢問孰爲先後？」説曰：「李嶠、崔融、薛稷、宋之問，皆如良金美玉，無施不可。富嘉謩之文，如孤峯絶岸，壁立萬仞，叢雲鬱興，震雷俱發，誠可畏乎！若施於廊廟，則爲駭矣。閻朝隱之文，則如麗色靚粧，衣之綺繡，燕歌趙舞，觀者忘憂。然類之《風》《雅》，則爲俳矣。」堅又曰：「今之後進，文詞孰賢？」

說曰：「韓休之文，有如太羹玄酒，雖雅有典則，而薄於滋味。許景先之文，有如豐肌膩體，雖穠華可愛，而乏風骨。張九齡之文，有如輕縑素練，雖濟時適用，而窘於邊幅。王翰之文，有如瓊林玉斝，雖爛然可珍，而多有玷缺。若能箴其所闕，濟其所長，亦一時之秀也。」

劉肅《大唐新語》卷一一《褒錫二四》 張説既致仕，在家修養，乃乘閑往景山之陽，於先塋建立碑表。玄宗仍賜御書碑額以寵之。其文曰：「嗚呼！積善之墓。」與宣父延陵季子墓誌同體也。朝野以爲榮。及説薨，玄宗親製神道碑，其略曰：「長安中，公爲鳳閣舍人，屬麟臺監張易之誣搆大臣，作爲飛語。御史大夫魏元忠即其醜正，必以中傷。天后致投杼之疑，中宗憂掘蠱之變。是時敕公爲證，啗以右職。一言刺回，四國交亂。公重爲義，死且不辭，庭辯無辜，中旨有忤，左右爲之惕息，而公以之抗詞。反元忠之塋魂，出太子於坑陷。人謂此舉義重於生。由是長流欽州，守正故也。」文多不盡載。

鄭處誨《明皇雜録》卷上 張説之謫岳州也，常鬱不樂。時宰以説機辨才略，互相排擯。蘇頲方當大用，而張説與瓌相善，張因爲《五君詠》，致書，封其詩以遺頲，戒其使曰：「候忌日近暮送之。」使者既至，因忌日齋書至頲門下。會積陰累旬，近暮，弔客至，多説先公寮舊。頲因覽詩，嗚咽流涕，悲不自勝。翌日，乃上封事，陳説忠貞謇諤，嘗勤勞王室，亦人望所屬，不宜淪滯於遐方。上乃降璽書勞問，俄而遷荆州長史。陸象先、韋嗣立、張廷珪、賈曾，皆以讜逐歲久，因加甄收。頲常以説父之執友，事之甚謹，而説重其才器，深加敬慕焉。

李冗《獨異志》卷上 玄宗朝宰相盧懷慎無疾暴終，夫人崔氏止兒女，不令號哭，曰：「公命未盡，我得知之。」語曰：「公清儉而廉潔，蹇進而謙退，四方賂遺，毫髮不留。與張燕公同時爲相，張納貨山積，其人尚在。奢儉之報，豈虚也哉？」及宵分，公復生。左右以夫人之言啓陳，公曰：「理固不同。冥司有三十爐，日夕鼓橐，爲説鑄橫財，我無一焉，惡可匹哉？」言訖復絶。

佚名《大唐傳載》 張文貞公第某女嫁盧氏，嘗爲舅盧公求官，候公朝下而問焉，公不語，但指搘牀龜而示之。女拜而歸室，告其夫曰：「舅得詹事矣。」

王仁裕《開元天寶遺事》卷上《記事珠》 開元中，張説爲宰相。有人惠説一珠，紺色有光，名曰記事珠。或有闕忘之事，則以手持弄此珠，便覺心神開悟，事無巨細，涣然明曉，一無所忘。説祕而至寶也。

王仁裕《開元天寶遺事》卷下《言刑》 張燕公説，有宰輔之才，而多詭詐，復貪財賄。時人亦多之，亦汙之。每中書議事，及衆僚巡廳，或有所忤，立便叱罵，爲衆所嫌。故朝彦相謂曰：「張公之言，毒於極刑。」言好面辱人也。

《太平廣記》卷一七〇《張説》引《定命録》 燕公説之少也，元懷景知其必貴，嫁女與之。後張至宰相，其男女數人婚姻榮盛，男尚公主，女爲三品夫人。

《太平廣記》卷一八六《張説》引《玄宗實録》 中書舍人張均知考，父左相張説知京官考，特注曰：「父教子忠，古之善訓。祁奚舉子，義不務私。至如潤色王言，章施帝載，道參墳典，例絶常功。恭聞前烈，尤難其任。豈以嫌疑，敢撓綱紀。考上下。」

王溥《唐會要》卷六四《史館雜録下》 長安三年，張易之、昌宗欲作亂，將圖皇太子，遂譖御史大夫、知政事魏元忠。昌宗奏言：「可用鳳閣舍人張説爲證。」説初不許，遂賂以高官，説被逼迫，乃僞許之。昌宗乃奏：「元忠與太平公主所寵司禮丞高戩交通密媒，」構造飛語曰：『主上老矣，吾屬當挾皇太子，可謂耐久。』」時則天春秋高，惡聞其語。鳳閣侍郎宋璟恐説阿意，乃謂曰：「大丈夫當守死善道。」殿中侍御史張廷珪又謂曰：「朝聞道，夕死可矣。」起居郎劉知幾又謂曰：「無汙青史，爲子孫累。」明日，上引皇太子、相王及宰相等於殿廷，遣昌宗與元忠、高戩對於上前。上謂曰：「具述其事。」説對曰：「臣今日對百寮，請以實録。」因厲聲言：「魏元忠實不反，總是昌宗令臣誣枉耳。」是日，百寮震懼。上聞説此對，謂宰相曰：「張説傾巧，翻覆小人，且總收禁，待更勘問。」異日，又召，依前對問。昌宗乃屢誘掖逼促之，説視昌宗言曰：「乞陛下看取，天子前尚逼臣如此。況元忠實無反語，奈何欲令臣空虚加誣其罪！今大事去矣，伏願記之。易之、昌宗必亂社稷。」天后默然，令所司且收禁。掌諫議大夫、知政事朱敬則密表奏曰：「魏元忠素稱忠正，張説又所坐無名，俱令抵罪，恐失天下之望，願加詳察。」乃貶元忠爲高要尉，説流欽州。時人議曰：昌宗等包藏禍心，遂與説計議，欲擬謀害大臣。宋璟等知説巧詐，恐損良善，遂與之言，令其内省。向使説元來不許昌宗虚證元忠，必無今日之事，乃是自招其咎。賴識通變，轉禍爲福，不然，皇嗣殆將危矣。後數年，説拜黄門侍郎，同中書門下平章事，因至史館，讀則天實録，見論證對元忠事，乃謂著作佐郎兼修國史吴兢曰：「劉五修實録，劉五即子玄也。論魏齊公事，殊不相饒假，與説毒手。」當時説驗知是吴兢書之，所以假託劉子玄。兢從容對曰：「是兢書之，非劉公修述，草本猶在。其人已亡，不可誣枉於幽魂，令相公有怪耳。」同修史官蘇、宋等見兢此對，深驚異之，乃歎曰：「昔董狐古之良史，即今是焉。」説

自後頻祈請刪削數字，兢曰：「若取人情，何名爲直筆。」

備論

《舊唐書》卷九七《張説傳》 史臣曰：劉徐公負不羈之材，逢抵巇之運，遂能奮命決策，扶力中興，朝爲徒步之人，夕據公侯之位，苟非輕死重利，不恥不義之富，安及此哉！郭代公、張燕公解逢掖而登將壇，驅貔虎之師，斷獯戎之臂，暨居衡軸，克致隆平，可謂武緯文經，惟申與甫而已。惜乎均、垍務速，失節賊廷。自武德已來，稱賢相者，房、杜、姚、宋四公，皆遭無賴子弟汙圮先業，非獨燕國之不幸也。希烈柔而多智，長於名理，竟死於名。所謂離婁不見其眉睫，與夫平叔、太初，同膏肓耳。

贊曰：箕、微去紂，閎、散扶昌。謀不近義，旋踵而亡。幽求不令，道濟允臧。偉哉郭侯，勳德煌煌。

《新唐書》卷一二五《張説傳》 贊曰：説於玄宗最有德，及太平用事，納忠惓惓，又圖封禪，發明典章，開元文物彬彬，説力居多。中爲姦人排根，幾不免，自古功名始終亦幾希，何獨説哉！至子以利遽敗其家。若瓌、頲再世稱賢宰相，盛矣！

胡寅《致堂讀史管見》卷一九 張昌宗譖魏元忠謀反，太后欲使元忠、昌宗廷辨之。昌宗密賂鳳閣舍人張説，許以美官，使證元忠，説許之。明日，太后召説。説將入，鳳閣舍人宋璟謂説曰：「名義至重，鬼神難欺，不可黨邪陷正以求苟免。萬代瞻仰，在此舉也。」御史張廷珪、左史劉知幾亦曰：「無汙青史。」及入，太后問之，説曰：「臣實不聞元忠謀反，但昌宗逼臣使誣證之耳。」太后曰：「張説反覆小人，宜并繫治。」他日更問，説對如前。命更鞫之，所執如初。元忠貶高要尉，説流嶺長。

宋璟可謂賢矣，爲張説謀而忠。張説亦可謂賢矣，聞宋璟言而受。使事君者相詔相聽皆如是，朝廷豈有過舉哉？雖然，此最凶渠姦賊之所惡，指爲朋黨者也。其言曰：「爾雖有義，安得自伸，顧惟我之從可爾。」以此爲向背之的，則特立獨行者，必斥而去，阿諛比附者，必悦而留，而是非之理亂矣。詳説之爲人，非能守義不回者也。璟既戒之甚力，張廷珪、劉知幾又從而激勵之，蓬生麻中，勢不得不直也。苟惟不然，説他日事業可紀，如是者甚少，豈爵位既高，不能親忠良以自助耶？君子所以貴乎三益之友也。

胡寅《致堂讀史管見》卷二〇 初，崔湜與譙王重福通，當死，張説、劉幽求營護脱之。既而湜附太平，罷説政事。及幽求貶，湜諷廣州都督周利貞殺之。桂州都督王晙知之，留幽求不遣。

張説、劉幽求皆有才智，而短於器識者也，是以不知人。彼崔湜之不肖著矣，曾何足救者？是故縱虺得囓，放虎得噬，幽求之免，亦幸而已。取人者未嘗不以身，孔明所謂各務其所尚是也，然脩身必以道，而道有正有邪，故修道必以仁。心果仁矣，乃能好人，能惡人，好惡不失其類，則所好必善，所惡必惡。故仁其心者，知人之要也。

王夫之《讀通鑑論》卷二一《唐中宗》 武氏遷於上陽宫，姚元之涕泗嗚咽，以是出爲亳州刺史，張柬之、敬暉惡足以察元之之智術哉？武氏廢，二張誅，而諸武安於磐石；中宗淫昏，得之性成，疢疾而不悟；其不能長此清晏也，衆人不知，而智者先見之矣。元之之智，垂死而可以制張説，方在圖功濟險之日，百憂千慮，周覽微察，早知五王之命縣於諸武之手，固不欲以身試其戈矛，以一涕謝諸武而遠引以出，故其後五王駢戮而元之安。或持正以居功，或用智以祈免，忠直之士不屑智士之爲，而通識之士不尚婞直之節，其不相爲謀也久矣。【略】説之言曰：「臣久在疆埸，具知其情，將帥苟以自衛及役使營私而已。」夫民之任爲兵者，必佻宕不戢，輕於死而憚於勞之徒，然後貪驪酒椎牛之利，而可任之以效死。夫府兵之初，利租庸之免，而自樂爲兵，或亦其材勇之可堪也。迨其後著籍而不可委卸，則視爲不獲已之役，而柔弱愿樸者，皆垂涕就道以赴行伍。若此者，其鈍懦之材，既任爲役，而不任爲兵，畏死而不憚勞，則樂爲役以避鋒鏑，役之而無不受命，驕貪之將領，何所恤而不役以營私邪？團隊之長役之矣，偏裨役之矣，大將役之矣，行邊之大臣役之矣；乃至紈袴之子弟、元戎之僕妾役之矣；爲幕府之墨客，過從之遊士，彈筝擊筑、六博投瓊、調鷹飼犬之徒，皆得而役之。爲兵者，亦欣然願爲奴隸以偷一日之生。嗚呼！府兵者，惡得有兵哉？舉百萬井疆耕耨之丁壯爲奴隸而已矣。縱遣歸田，如奴隸之得爲良人，而何弗帖然邪？無疆悍不受役之氣，有偷安不恤役之情，因其有可役之資，而幸收其效役之利，行則役於邊臣，居則役於長吏，一時不審，役以終身，先世不謀，役及後裔，天下之苦兵也，不待矢石相加，骴骼不返，而後怨毒填胸矣。是張説所奏罷之二十萬

人，無一人可供戰守之用，徒苦此二十萬之農民於奉拚除、執虎子、築毬場、供負荷之下。故軍一罷，而玄宗知其勞民而弱國也，而募兵分隸之議行，漸改爲長從，漸改爲彍騎。窮之必變，尚可須臾待哉？而論者猶責玄宗、張説之改制異於古法，從事於君子之道以垂法定制而保國安民者，不宜如此之鹵莽也。

王夫之《讀通鑑論》卷二二《唐玄宗》 玄宗與宰相議廣州刺史裴伷先之罪，張嘉貞請杖之，張説曰：「刑不上大夫，爲其近於君也，且所以養廉恥也。」其言韙矣，允爲存國體、勸臣節之訏謨矣。既而又曰：「宰相時來則爲之，大臣皆可笞辱，行及吾輩。」此與宋人「勿使人主手滑」之説同。苟懷此心以倡此説，傳之上下，垂之史策，人主將曰：士大夫自護其類以抗上而避害，蓋古今之通習，其爲存國體、奬士節，皆假爲之辭，不可信也。賈誼以不辱貴大臣諫文帝，亦與説略同，而誼以新進小臣，非絳、灌之伍，自可昌言而無諱。説懷「行及我輩」之心，與同官噂沓以語，則不可令人主聞，而開後世臣主猜防之釁。念一移而言隨得咎，過豈在大哉？且夫士之可殺不可辱者在己也，非挾持以覬上之寛我於法也。居之以淡泊，行之以寧静，絶賄賂之門，飭子弟之汰，謝遊客之邪，息黨同之争，卓然於朝右，而奚笞辱之足憂？誠有過也，則引身以待罪；言不庸也，則辭禄以歸耕。萬一遇昏暴之主，觸婦寺權姦之忌，而辱在不免，則如高忠憲攀龍之池水明心，全肢禮以見先人於地下。又其不幸，固義命之適然，雖辰而榮者。規規然計及他日之見及，而制人主以不我辱，士大夫有門庭，而君不能有其喜怒，無怪乎暴君之益其猜忌，偏以其所不欲者加之也。説自詡其識之及遠，而自君子觀之，何以異於胥史之雄，鉗制其長吏爲不可拔之根株也乎？

藝文

張九齡《曲江集》卷一七《祭張燕公文》 維年月朔日，族子祕書少監集賢院學士某，謹以清酌少牢之奠，敢昭告於燕國公之靈，惟公應有期之運，降不世之英，坦高軌以明道，謹大節而立誠。懸鏡待人，虚舟濟物，妙用無數，精心惟一。明未聯而先覩，聽有餘而每黜，猶豹變而成文，嘗鳳鳴而中律。故能羽翼聖后，丹青元化，陳皋陶之謨謀，盡仲山之夙夜，道因慮於文武，業惟永於王霸，綢繆恩渥，荏苒代謝，國重元輔，門承下嫁，實大我之宗盟與人君之姻婭，天蓋福善，地益華宗，赫赫爲尹，巖巖比崇，不享黄髮，如何元穹？既道長而運短，豈祥降而惠終？人亡令則，國失良相，學墮司南，文殞宗匠。惟國華之見奪，何天道之弗諒？追惟小子，夙荷深期，一顧增價，二紀及兹，非駑駘之足數，蓋枝葉以見貽。洎剖符於外臺，承徽琴於舊館，屢行號而身贖，空匍匐而心斷，跡既拘於彝憲，情未展於哀款。朝章猥及，傳名斯入，想德輝而不見，望仁里而徒泣。樹所歎而猶存，人具瞻而永戢，盡繐帳之今感，哀烏衣之往集。庶羞雖薄，冀享厥誠，尊靈斯降，是嘉平生。已矣萬古，纏緜五情，追悲緒於離筵，結巨恨於幽明，伏惟尚饗。

宋敏求《唐大詔令集》卷四四唐玄宗《張説同三品制》 門下：乾坤以陰陽化成，后王以輔弼興理，所以寅亮天極，緝熙帝圖，匪賴大賢，孰寄斯任。天兵軍節度大使右羽林將軍兼并州長史攝御史大夫燕國公兼修國史張説，挺其公才，生我王國，體文武之道，則出將入相，盡忠貞之節，則前疑後丞，諒可以弘此大猷，惣其邦政，允釐庶績，保乂皇家，可守兵部尚書同中書門下三品，勳封修國史如故。仍即馳驛赴京。開元九年九月。

宋敏求《唐大詔令集》卷四五唐玄宗《張説中書令王晙同三品制》 門下：周稱内史，以司號令，漢曰尚書，是主喉舌，用平邦國，以佐王教。兵部尚書兼中書令張説，履道體正，經邦立言。吏部尚書王晙，忠肅剛簡，博聞宏識，並才包王佐，望重時英，内訓五品，外清九服，嘉謨必盡，庶績允康，宜參五臣之命，以正三台之象。説可中書令，晙可兵部尚書同中書門下三品。開元十一年四月。

宋敏求《唐大詔令集》卷五一唐玄宗《張説等監修國史敕》 敕：古之王者，代有史官，以日繫月，屬詞比事，舉而則書，用存有法，事而不法，是謂空言。蓋貶褒之重慎也。自非經術文雅，進德修業，出忠入孝，匡俗佐時，爲朕寶臣，有邦良輔者，孰可綜覈班紀，發揮蒼籀。銀青光禄大夫守中書令上柱國燕國公張説，銀青光禄大夫守兵部尚書同中書門下平章事三品上柱國梁郡開國公姚元之等，並可監修國史，餘各如故。先天二年十一月二十二日。

宋敏求《唐大詔令集》卷五二唐玄宗《張説兼知朔方軍節度使制》 朔方之地，雍州之域。密邇關輔，是稱河塞。頃者胡孽爲寇，擾其居人，王師有征，戎事斯大，戍役之弊，邊甿既勤，雖妖醜底清，而政理未洽，不有經制。曷云昭蘇，且和衆爲武者，所以詰奸慝。惣軍命將者，所以訓甲兵。匪夫大賢，孰允兹任。兵部尚書同中書門下平章事三品燕國公張説，天與明秀，自然才傑，光備九德，弘宣七政，爰掌邦理，實爲國楨，謀而必忠，言則無隱。寅亮之美，用熙帝載。談笑

之餘，更陳戎略，所謂善行樽俎，事立封疆，宜以上台之尊，遥統中軍之任，可持節兼知朔方軍節度大使。餘如故。

宋敏求《唐大詔令集》卷五五唐玄宗《張説停中書令制》 門下：特進行尚書右丞相兼中書令燕國公張説，往屬艱難，輸誠於履險，及兹輔相，潤色於告成，而不肅細微之人，頗乖周慎之旨。朕略小在大，念舊録功，且法不欲屈，宜罷中樞之務，義亦有在，更全端右之榮，宜停中書令，仍將國史於宅修撰，主者施行。

《全唐詩》卷一一八孫逖《故右丞相贈太師燕文貞公挽詞二首》 海内文章伯，朝端禮樂英。一言興寶運，三入濟羣生。命與才相偶，年將位不并。台星忽已坼，流慟軫皇情。甲第三重戟，高門四列侯。已成冠蓋里，更有鳳皇樓。人世方爲樂，生涯遽若休。空餘掌綸地，傳慶百千秋。

《全唐詩》卷九一一韋嗣立《奉和張岳州王潭別詩二首》 茂先王佐才，作牧楚江隈。登樓正欲賦，復遇仲宣來。黄鵠飛將遠，雕龍文爲開。寧知昔聯事，聽曲有餘哀。

昔時陪二賢，纓冕會神仙。一去馳江海，相逢共播遷。無因千里駕，忽覩四愁篇。覽諷歎何已，歡終徒愴然。

《全唐詩》卷九一八梁知微《入朝別張燕公》 華容佳山水，之子厭承明。符竹紆小郡，江湖被德聲。三年計吏入，路指巴丘城。鳧舟纔結纜，騶駕已相迎。別離他鄉酒，委曲故人情。孤嶼早煙薄，長波晚氣清。辛勤方遠騖，勝賞屢難并。迴瞻洞庭浦，日暮愁雲生。

《全唐文》卷一六唐中宗《答張説讓起復黄門侍郎制》 卿操烈寒松，心横勁草，累遷臺閣，咸播聲猷，不屈二兇之威，獨全一至之節，每念嘉歎，無忘寢興。但青瑣位隆，黄樞寄切，爰奪苴麻之禮，擢居審省之曹，朝命已行，即宜斷哀。

《全唐文》卷三〇唐玄宗《贈張説太師詔》 宏濟艱難，參其功者時傑。經緯《禮》《樂》，贊其道者人師。式瞻而百度允釐，既往而千載遺範。台衡軒鼎，垂黼藻於當今；徽策寵章，播芳蕤於後葉。故開府儀同三司尚書左丞相集賢院學士知院事上柱國燕國公張説，辰象降靈，雲龍合契。元和體其沖粹，妙有釋其至賾。挹而莫測，仰之彌高。精義探繫表之微，英辭鼓天下之動。昔侍春誦，綢繆歲華；含春容之聲，叩而盡應；藴泉源之智，啓而斯沃。授命興國，則天衢以通；濟用和民，則朝政惟允。司鈞總六官之紀，端揆爲萬方之式。方宏風緯俗，返本於上古之初；而邁德振仁，不臻於中壽之福。于嗟不憖，既喪斯文。宣室餘談，泠然在耳。玉殿遺草，宛留其蹟。言念忠賢，良深震悼，是使當宁撫几，臨樂徹懸，罷稱觴之儀，遵往襚之禮。可贈太師，賜物五百段。

《全唐文》卷三一二孫逖《唐故幽州都督河北節度使燕國文貞張公遺愛頌并序》 有唐開府儀同三司行尚書左丞贈太師燕國文貞公諱説，字道濟，張氏，聖文神武皇帝佐命之臣也。開元六祀，宅於幽朔。及公既殁，御撰豐碑，以爲用公於是邦，當革弊之舉，訊彼故老，徵於前事，有以見聖人之情見於辭矣。夫渤碣之北，有山戎焉，乍臣乍驕，或息或縱。鎮之以大府，府有都督，威之以大軍，軍有節度。二者之任，萬邦之屏，彌縫其闕，必有宗臣。曩者天册之初，王尚書不反命，則我天后以納言狄公領之，先天之際，孫將軍不振旅，則我睿宗以太尉宋公爲之。洎陘口之役，薛公小衄，後數稔，傷痍未平，易置諸將，少有稱者，則我皇帝注意於文貞公。社稷之固，生民之傑，伊昔徇節，未嘗顧身。面折二豎，辯邪正於君側，首謀四凶，決安危於天下。勇於義，力於忠，雖有賁育，不能奪已。自受命處此，聲振殊俗，終公之代，不敢近邊。聖人金城，其在是矣。先是公之未至也，軍實耗斁，邊儲匱少，帑藏乏中人之産，革車無百駟之羣。將欲豐之，不其難也，公問以謡俗，因而化之。命壯人採銅於黄山，使興鼓鑄之利；命杼人斬木於燕岳，使通林麓之財；命圉人市駿於兩蕃，使頒質馬之政；命廩人搜粟於塞下，使循平糴之法。物有其官，官瞻其事，如川之至。以莫不增，一年而財用肅給，二年而蓄聚饒羨，軍聲武備，百倍於往時矣。猶以爲不一勞者不久逸，不暫費者不永寧，既庶且富，人可用也。於是塹山澤，起亭障，塞雞鳴之阨，守阜陵之衝，遮大夏之路，距盧龍之口。延袤千里，横絶一方，以順天地之心，且爲華夷之限。命下之日，修塞之後，人到於今賴焉。夫戎狄遠却，暴禁矣；貨食滋至，財豐矣，封守以固，人安矣；師徒不勞，兵戢矣。武有七德，我其四焉。坐致必勝之道，以銷未形之患，是公之深計遠慮所致也。初公之大用，實以詞宗，雖亟持國鈞，而未執兵柄。及台揆中廢，荆衡外牧，上將復内用，因以爲將。惟幽都克慎厥始，惟大原克和厥中，惟朔方克成厥終，三駕而時靡有争，繇是復踐中樞之任矣。文武爲憲，斯之謂歟？喬嶽告成，遂登仲虺之相；金華念舊，仍遵尚父之師。高朗令終，固其宣也。昔周有張仲，是稱孝友；漢有留侯，見推籌畫。太守飛聲於朔野，司空邁績於西晉。及公之貴，世德其昌，光於祖考，則慶州都督刑部尚書追孝於前烈；友于兄弟，則國子祭酒懷州刺史致美於當代；施於祚

允，則兵部侍郎駙馬都尉纘戎於後葉。人臣尊寵，舉集其門，豈伊朱輪之盛，方繼緇衣之好。辯其譜系，范陽之大族也；敘其封略，燕國之名都也；徵其政理，幽州之良牧也，美數多矣。斯人之德，與夫班伯之榮故郡，買臣之驚守邸，蓋不侔矣。薊縣父老某乙等，感之所致，久而益思，遠訴不才，追書盛德。徽音已隔，空悲梁木之歌；碑頌獨存，應墮峴山之淚。仍係辭曰：

聖出賢親，爲師爲輔。大國宗文，殊方畏武。帝謂幽朔，人思鎮撫。受命再瞻，聿來茲土。謀猷既壯，闕漏咸補。守固邦寧，財豐人聚。四牡既駕，三邊無侮。又何與之，元衮及黼。范陽宗邑，燕垂守宇。德被塞翁，恩深召父。琢彼遺愛，傳於終古。貞石不騫，薊邱之下。

《全唐文》卷三三一陽伯成《駁太常燕國公張説謚議》 議曰：謚者，德之表，行之迹，將以激勵風俗、檢束名教。固無虛譽，是尊實録。《准張説罷相制》云：「不肅細微之人，頗乖周慎之旨。」又《致仕制》云：「行虧半古，防闕周身。」未免瓜李之嫌而暗衆多之口。且玉之有瑕，尚可磨也；人之斯玷，焉可追焉？謚曰文貞，何成沮勸？請下太常，更據行事定議。謹議。

宇文融部

綜述

《舊唐書》卷一〇五《宇文融傳》 宇文融，京兆萬年人，隋禮部尚書平昌公弢之玄孫也。祖節，貞觀中爲尚書右丞，明習法令，以幹局見稱。時江夏王道宗嘗以私事託於節，節遂奏之，太宗大悦，賜絹二百匹，仍勞之曰：「朕所以不置左右僕射者，正以卿在省耳。」永徽初，累遷黄門侍郎、同中書門下三品，代于志寧爲侍中。坐房遺愛事配流桂州而卒。父嶠，萊州長史。

融，開元初累轉富平主簿，明辯有吏幹，源乾曜、孟温相次爲京兆尹，皆厚禮之，俄拜監察御史。時天下戶口逃亡，免役多僞濫，朝廷深以爲患。融乃陳便宜，奏請檢察僞濫，搜括逃戶。玄宗納其言，因令融充使推勾。無幾，獲僞濫及諸免役甚衆，特加朝散大夫，再遷兵部員外郎，兼侍御史。融於是奏置勸農判官十人，並攝御史，分往天下，所在檢括田疇，招攜戶口。其新附客戶，則免其六年賦調，但輕税入官。議者頗以爲擾人不便，陽翟尉皇甫憬上疏曰：「臣聞智者千慮，或有一失；愚夫千計，亦有一得。且無益之事繁，則不急之務衆；不急之務衆，則數役；數役，則人疲；人疲，則無聊生矣。是以太上務德，以静爲本；其次化之，以安爲上。但責其疆界，嚴之隄防，山水之餘，即爲見地。何必聚人阡陌，親遣括量，故奪農時，遂令受弊。又應出使之輩，未識大體，所由殊不知陛下愛人至深，務以勾剥爲計。州縣懼罪，據牒即徵。逃亡之家，鄰保代出；鄰保不濟，又便更輸。急之則都不謀生，緩之則慮法交及。臣恐逃逸從此更深。至如澄流在源，止沸由火，不可不慎。今之具僚，向逾萬數，蠶食府庫，侵害黎人。國絶數載之儲，家無經月之畜，雖其厚税，亦不可供。戶口逃亡，莫不由此。縱使伊、臯申術，管、晏陳謀，豈息兹弊？若以此給，將何以堪！雖東海、南山盡爲粟帛，亦恐不足，豈括田税客能周給也！」左拾遺楊相如上書，咸陳括客爲不便。上方委任融，侍中源乾曜及中書舍人陸堅皆贊成其事，乃貶憬爲盈川尉。於是諸道括得客戶凡八十餘萬，田亦稱是。州縣希融旨意，務於獲多，皆虛張其數，亦有以實戶爲客者。歲終徵得客戶錢數百萬，融由是擢拜御史中丞。言事者猶稱括客損居人，上令集百僚於尚書省議。公卿已下懼融恩勢，皆雷同不敢有異詞，唯戶部侍郎楊瑒獨建議以括客不利居人，徵籍外田税，使百姓困弊，所得不補所失。無幾，瑒出爲外職。

融乃馳傳巡歷天下，事無大小，先牒上勸農使而後申中書，省司亦待融指撝而後決斷。融之所至，必招集老幼宣上恩命，百姓感其心，至有流淚稱父母者。融使還具奏，乃下制曰：「人惟邦本，本固邦寧，必在安人，方能固本。永言理道，實獲朕心。思所以康濟黎庶，寵綏華夏，上副宗廟乾坤之寄，下答宇縣貢獻之勤，何嘗不夜分輟寢，日旰忘食。然後以眇眇之身，當四海之責。雖則長想遐邇，不可家至日見。至于宣布政教，安輯逋亡，言念再三，其勤至矣。莫副朕命，實用恧焉，當宸永懷，静言厥緒。豈人流自久，招諭不還，上情靡通于下，衆心罔達於上。求之明發，想見其人。當屬括地使宇文融謁見于延英殿，朕以人必土著，因議逃亡，嘉其忠讜，堪任以事，乃授其田戶紀綱，兼委之郡縣釐革，便令充使，奉以安人。遂能恤我黎元，克將朕命，發自夏首，及於歲終，巡按所及，歸首百萬。仍聞宣制之日，老幼欣躍，惟令是從，多流淚以感朕心，咸吐誠以荷王命。猶恐朕之薄德，未孚于人，撫字安存，更冀良算。遂命百司長吏，方州岳牧，僉議都堂，廣徵異見。羣詞盈於札翰，環省彌于旬日，庶廣朕意，豈以爲勞，稽衆考言，謂斯折衷。欲人必信，期於令行，凡爾司存，勉以遵守。夫食爲人天，富而後教，經教彝體，前哲至言。故平糴行於昔王，義倉加於近代，所以存九年之蓄，收上中之斂。穰賤則農不傷財，災饉則時無菜色，救人活國，其利博哉！今流戶大來，王田載理，敦庾之務，寤寐所懷。其客戶所税錢，宜均充所在常平倉用，仍許預付價直，任粟麥兼貯。并舊常平錢粟，並委本道判官勾當處置，使斂散及時，務以矜恤。且分災恤患，州黨之常情；損餘濟闕，親鄰之善貸。故木鐸云徇，里胥均功，夜績相從，齊俗以贍。今陽和布澤，丁壯就田，言念鰥惸，事資拯助。宜委使司與州縣商量，勸作農社，貧富相恤，耕耘以時。仍每至雨澤之後，種穫忙月，州縣常務，一切停減。使趨時急於備寇，尺璧賤於寸陰，是則天無虛施，人無遺力。又政在經遠，功惟久著，今逃亡初復，居業未康，循逃戶及籍外剩田，猶宜勞倈，理資存撫。其十道分判官，三五年内，使就厥功，令有終始。當道覆屯，及須推劾，並以委之，不須廣差餘使，示專其事，不擾于人。政術有能，必行賞罰。其已奏復業歸首，勾當州縣，每季一申，不須挾名，致有勞擾。其歸首戶，各令新

首處與本貫計會年户色役，勿欺隱及其兩處徵科。宣佈天下，使明知朕意。」

中書令張説素惡融之爲人，又患其權重，融之所奏，多建議争之。融揣其意，先事圖之。中書舍人張九齡言於説曰：「宇文融承恩用事，辯給多詞，不可不備也。」説曰：「此狗鼠輩，焉能爲事！」融尋兼户部侍郎。從東封還，又密陳意見，分吏部爲十銓典選事，所奏又爲説所抑。融乃與御史大夫崔隱甫連名劾説，廷奏其狀，説由是罷知政事。融恐説復用爲己患，數譖毁之。上惡其朋黨，尋出融爲魏州刺史。俄轉汴州刺史，又上表請用《禹貢》九河舊道，開稻田以利人，并迴易陸運本錢，官收其利。雖興役不息，而事多不就。

十六年，復入爲鴻臚卿，兼户部侍郎。明年，拜黄門侍郎，與裴光庭并兼同中書門下平章事。融既居相位，欲以天下爲己任，謂人曰：「使吾居此數月，庶令海内無事矣。」於是薦宋璟爲右丞相，裴耀卿爲户部侍郎，許景先爲工部侍郎，甚允朝廷之望。然性躁急多言，又引賓客故人，晨夕飲謔，由是爲時論所譏。時禮部尚書、信安王禕爲朔方節度使，殿中侍御史李宙劾之，驛召將下獄。禕既申訴得理，融坐阿黨李宙，出爲汝州刺史，在相凡百日而罷。

裴光庭時兼御史大夫，又彈融交遊朋黨及男受贓等事，貶昭州平樂尉。在嶺外歲餘，司農少卿蔣岑舉奏融在汴州迴造船脚，隱没鉅萬，給事中馮紹烈又深文案其事實，融於是配流巖州。地既瘴毒，憂恚發疾，遂詣廣府，將停留未還。都督耿仁忠謂融曰：「明公負朝廷深譴，以至於此，更欲故犯嚴命，淹留他境，仁忠見累，誠所甘心，亦恐朝廷知明公在此，必不相容也。」融遽還，卒于路。上聞之，思其舊功，贈台州刺史。

雜録

備録

鄭處誨《明皇雜録》卷下　玄宗命宇文融爲括田使，融方恣睢，稍不附己者必加誣譖，密奏以爲盧從愿廣置田園，有地數百頃。帝素器重，亦倚爲相者數矣，而又族望宦婚，鼎盛於一時，故帝亦重言其罪，但目從愿爲多田翁。從愿少家相州，應明經，常從五舉，制策三等，授夏縣尉。自前明經至吏部侍郎才十年，自吏部員外至侍郎只七個月。

備論

《舊唐書》卷一〇五《宇文融傳》　史臣曰：夫奸佞之輩，惟事悦人；聚斂之臣，無非害物。賈禍招怨，敗國喪身，罕不由斯道也。君人者，中智已降，亦心緣利動，言爲甘聞，志雖慕於聖明，情不勝於嗜欲，徒有賢佐，無如之何，所以禮經戒其勿畜。宇文融、韋堅、楊慎矜、王鉷，皆開元之倖人也，或以括户取媚，或以漕運承恩，或以聚貨得權，或以剥下獲寵，負勢自用，人莫敢違。張説、李林甫手握大權，承主恩顧，尚遭凌擯，以身下之，他人即可知也。然天道惡盈，器滿則覆，終雖不令，其弊已多，良可痛也。宋璟、裴耀卿、許景先獲居重任，因融薦之，此亦有鳳之一毛也。玄宗以聖哲之姿，處高明之位，未免此累，或承之羞，後之帝王，得不深鑑！贊曰：財能域人，聚則民散。如何帝王，志求餘羨。融、堅、矜、鉷，因利乘便。以徼寵榮，宜招後患。

《新唐書》卷一三四《宇文融傳》　贊曰：開元中，宇文融始以言利得幸。於時天子見海内完治，偃然有攘卻四夷之心，融度帝方調兵食，故議取隱户剩田，以中主欲。利説一開，天子恨得之晚，不十年而取宰相。雖後得罪，而追恨融才有所未盡也。孟子所謂「上下征利而國危」者，可不信哉！

天寶以來，外奉軍興，内蠱豔妃，所費愈不貲計。於是韋堅、楊慎矜、王鉷、楊國忠各以裒刻進，剥下益上，歲進羨緡百億萬爲天子私藏，以濟横賜，而天下經費自如，帝以爲能，故重官累使，尊顯烜赫。然天下流亡日多於前，有司備員不復事。而堅等所欲既充，還用權媢以相屠脅，四族皆覆，爲天下笑。夫民可安而不可擾，利可通而不可竭。覩數子乃欲擾而竭之，斂怨基亡，則向所謂利者，顧不反哉！鉷、國忠後出，横虐最甚，當方毒，天下復思融云。

蘇轍《欒城集・後集》卷一一《宇文融》　開元之初，天下始脱中睿之亂，玄宗厲精政事，姚崇、宋璟彌縫其闕而損其過，庶幾貞觀之治矣！在《易》：「天下雷行，物與無妄。」開元之初，無妄之世也。無妄之爲言，無一不正之謂也。君子之處此也，亦全其大正，而略其小不正而已。蓋詳其小，必廢其大。古語有之：

「銖銖而稱之，至石必差；寸寸而量之，至丈必過。石稱丈量，徑而寡失。」故《無妄》之二曰：「不耕穫，不菑畬，則利有攸往。」其三曰：「無妄之災，或繫之牛。行人之得，邑人之災。」其五曰：「無妄之疾，勿藥有喜。」夫必耕而後穫，必菑而後畬，小人之所謂無妄也，而君子不然。於義可穫，不必其所耕也；於道可畬，不必其所菑也，然後無所不行。今有失牛於此，得之者行人也，而責得於邑人，其意亦以求無妄也，而邑人罹其橫。故無妄之疾，雖勿藥可也。藥之，其損或有甚於病者。開元之初，雖號富庶，而户口未嘗升降。監察御史宇文融得其隙而論之，請治籍外羨田逃户，命攝御史分行括實。玄宗喜之，朝臣莫敢言其非者。惟陽翟尉皇甫憬、户部侍郎楊瑒以爲籍外取税，百姓困弊，得不償失，而二人皆坐左遷。諸道所括，凡得客户八十餘萬，田亦稱是。然州縣希旨，多張虚數，以正田爲羨，編户爲客，歲終籍錢數百萬緡。其名似是，而實失民心。淺言之，則失在求詳；深言之，則失在貪利。時帝方以耳目之奉，責得於人，行之不疑。於是羣臣争爲聚斂，以迎侈心。天寶之亂，實始於此。吾觀近世士大夫多有此病，賢者不忍天下有小不平，而欲平之；小人僥幸其利，以爲進取之計，故天下每每多弊。宰相李沆，近世之賢相也，嘗言：「吾在朝廷十有餘年，無功可紀，惟四方之言利者，未嘗有一施行，持此聊以報國。」古之善言醫者，患醫之難，以爲有病不服藥，常得中醫。蓋良醫不不必得，而愚醫舉目皆是。愚醫類能殺人，而不服藥者未必死。李公之言蓋類此也。

周紫芝《太倉稊米集》卷四六《宇文融論》　天下之禍必有所自起，善論事者不當罪其成禍之人，而當罪其始禍之人。是以成禍者其罪小，始禍者其罪大，不可不辨也。古人有言曰：「與其畜聚斂之臣，寧畜盜臣。」人情豈固欲捨君子之名而蒙盜賊之稱哉，顧聚斂之臣本以逢君之欲，主意既合，非特階以自售其身，往往因以致位卿相。後之好進者，遂指掊克之計以爲宰相捷塗，曰：「彼既以是而得之，吾何憚而不爲哉！」由是知成禍者爲患於一時，而始禍者貽患於後世。此始禍者其罪所以不得不大，成禍者其罪所以不得不小也。開元之初，明皇以勵精之志奮然有爲於天下。當是之時，元老魁舊布列於朝，人主猶知有所尊憚焉。及太平既久，淫侈日肆，財用困竭，國計艱短，言利之臣得以用事。明皇始相宇文融，其後韋堅、楊慎矜，王鉷、楊國忠咸以言利進。至歲裒緡錢萬億，爲天子私藏以濟横賜，卒使盜起兵興，主遷勢奪而不可救，惜哉！德宗繼肅、代喪亂之後，既相楊炎，作兩税法，民力未及少紓，而太常博士陳京請借商錢，户部侍郎趙贊代杜佑行借錢令。民不勝冤，家若被盜，至市人相率遮邀宰相，泣訴於朝，曾不之卹。逮裴延齡用事，益爲天子增私藏，海内重困，天子不免播遷之患。至憲宗時，皇甫鎛由聚斂勾剥爲宰相，雖市道皆嗤之，卒使憲宗剛明果斷之資不克有終，而其禍有甚於德宗焉。是數子者皆操融之術，躡融之踵，以取融之位，如探囊而得物，則天下之禍吾固知其有所始矣。初，明皇用融之策，張説嘗數沮其謀。融乃誣告説罪，帝發金吾兵圍其第，幾不免殺。自是利説一開，羣奸相繼而至矣。至德宗之用裴延齡也，陸贄言延齡侵削兆民，爲天子取怨於下。帝怒罷贄，亦幾不免。憲宗之時，程异、皇甫鎛以言財賦幸，俄得宰相。裴度三上書言不可。帝不納其言，用之不疑。何明皇不信張説之言而用宇文融，德宗不信陸贄之言而用裴延齡，憲宗不信裴度之言而用皇甫鎛也？蓋諛言利説易饜主情，而忠諫讜議難回感聽。君子小人勢不兩立，小人進則君子退，其理然也。憲宗即位，嘗謂宰相李吉甫曰：「德宗播遷，誰實召亂？」吉甫以陳京、趙贊之事告之。帝憤然曰：「京與贊真賊臣！」憲宗聞暴斂之禍首於賊臣，未幾復相皇甫鎛，豈亦迫於國計，不得已而然歟？乃知利説易以摇其君，雖明皇之事，德宗之所聞，德宗之事，憲宗之所聞，而公然蹈其覆轍，亟於亂亡而不悔也。唐自太宗之業廢於後世，而取民之制日已滋廣，兩税之外，如鹽鐵、轉運、鑄錢、括田、榷利、借商、進奉、獻助，靡所不至，其取之可謂極矣，其爲報亦酷焉。當時聚斂掊克之人不可勝數，而始作俑者蓋起於融。後人見融以言利獲寵取相位，皆翕然師之，因以陷其君於危亡。然則論天下之禍而誅其首禍之人，非融而誰歟？

黄震《黄氏日鈔》卷四九《宇文融》　宇文融以材智之士，而爲聚斂之首，甚矣。材智之足以誤身，而擇術之不可以不謹也。

王夫之《讀通鑑論》卷二四《唐德宗》　晏之理財於兵興之日，非宇文融、王鉷、元載之額外苛求以困農也，察諸道之豐凶，豐則貴糴，凶則賤糶，使自有餘息以供國，而又以蠲免救助濟民之餒瘠，其所取盈者，姦商豪民之居贏，與墨吏之妄濫而已。仁民也，非以殃民也。榷鹽之利，得之姦商，非得之食鹽之民也；漕運之羨，得之徒勞之費，非得之輸輓之民也。上不在官，下不在民，晏乃居中而使租、庸不加，軍食以足。晏死兩年，而括富商、增税錢、減陌錢，税間架，重剥餘民之政興，晏爲小人，則彼且爲君子乎？

藝文

李白《李太白全集》卷一《酬宇文少府見贈桃竹書筒》 桃竹書筒綺繡文，良工巧妙稱絶羣。靈心圓映三江月，彩質疊成五色雲。中藏寶訣峨眉去，千里提攜長憶君。

王維《王摩詰文集》卷九五《送宇文太守赴宣城》 寥落雲外山，迢遞舟中賞。鐃吹發西江，秋空多清響。地迥古城蕪，月明寒潮廣。時賽敬亭神，復解罟師網。何處寄相思，南風吹一作摇五兩。

張説《張燕公集》卷二《奉和聖製送宇文融安輯户口應制》 至德臨天下，勞情遍九圍。念兹人去本，蓬轉將何依。外避征戍數，内傷親黨稀。嗟不逢明盛，胡能照隱微。柏臺簡行李，蘭殿錫朝衣。别曲動秋風，恩令生春輝。使出四海安，詔下萬心歸。怍非夔龍佐，徒歌鴻雁飛。

宋敏求《唐大詔令集》卷五七唐玄宗《宇文融汝州刺史制》 事君之節，在於匪躬，爲臣則忠，期於無隱。黄門侍郎同中書門下平章事宇文融，幸藉藝能，早承推擇。往以封輯田户，漕運邊儲，用其籌謀，頗有弘益。三遷憲府，再入禮闈，仍仗以訏謨，委其密勿。雖十旬八拜，一日九遷，方此超騰，彼未爲速。庶違爾弼，朕則佇於昌言；謀而不臧，近頗彰於公論。交遊非謹，舉薦或虧，將何以論道三台，具瞻百辟？宜輟中樞之位，俾居外藩之寄。可汝州刺史。

計有功《唐詩紀事》卷一四《宇文融》 《奉和御製三相同日上官》詩云：申甫生周日，宣慈舉舜年。何如偶昌運，比德邁前賢。寵獲元良密，榮瞻端揆遷。職優三仕老，位極百僚先。北極迴宸渥，南宫飾御筵。飛文瑶札降，賜酒玉杯傳。謬列台衡重，俱承雨露偏。誓將同竭力，相與効塵涓。

融爲張説所惡，欲先事中傷説。張九齡謂説曰：融辯給多詐，公不可忽。説曰：狗鼠何能！其後乃與崔隱甫廷劾説受賕事，帝詔説致仕而出。融詩有誓將同竭力，相與効塵涓之語，欣附説之辭也。

融安輯户口，明皇賜詩，張説奉和云：聖德臨天下，勞情遍九圍。念兹人去本，蓬轉將何依。外避征戍數，内傷親黨稀。嗟不逢明盛，胡能照隱微。柏臺簡行李，蘭殿錫朝衣。别曲動秋風，恩令生春輝。使出四海安，詔下萬心歸。怍無夔龍佐，徒歌《鴻雁》飛。

《全唐詩》卷一一孫逖《送魏騎曹充宇文侍御判官分按山南》 雲雨陽臺路，光華驛騎巡。勸農開夢土，恤隱惠荆人。樓迥吟黄鶴，江長望白蘋。觀風布明詔，更是漢南春。

張九齡部

綜述

《舊唐書》卷九九《張九齡傳》 張九齡字子壽，一名博物。曾祖君政，韶州別駕，因家于始興，今爲曲江人。父弘愈，以九齡貴，贈廣州刺史。九齡幼聰敏，善屬文。年十三，以書干廣州刺史王方慶，大嗟賞之，曰：「此子必能致遠。」登進士第，應舉登乙第，拜校書郎。玄宗在東宮，舉天下文藻之士，親加策問，九齡對策高第，遷右拾遺。時帝未行親郊之禮，九齡上疏曰：「伏以天才者，百神之君，而王者之所由受命也。自古繼統之主，必有郊配之義，蓋以敬天命以報所受。故於郊之義，則不以德澤未洽，年穀不登，凡事之故，而闕其禮。《孝經》云：『昔者周公郊祀后稷以配天。』斯謂成王幼沖，周公居攝，猶用其禮，明不暫廢。漢丞相匡衡亦云：『帝王之事，莫重乎郊祀。』董仲舒又云：『不郊而祭山川，失祭之序，逆於禮正，故《春秋》非之。』臣愚以爲匡衡、仲舒，古之知禮者，皆謂郊之爲祭所宜先也。伏惟陛下紹休聖緒，其命惟新，御極已來，於今五載，既光太平之業，未行大報之禮，竊考經傳，義或未通。今百穀嘉生，鳥獸咸若，夷狄內附，兵革用寧。將欲鑄劍爲農，泥金封禪，用彰功德之美，允答神祇之心。能事畢行，光耀帝載。況郊祀常典，猶闕其儀，有若怠於事天，臣恐不可以訓。伏望以迎日之至，展焚柴之禮，升紫壇，陳采席，定天位，明天道，則聖朝典則，可謂無遺矣。」九齡以才鑒見推，當時吏部試拔萃選人及應舉者，咸令九齡與右拾遺趙冬曦考其等第，前後數四，每稱平允。開元十年，三遷司勳員外郎。時張說爲中書令，與九齡同姓，敘爲昭穆，尤親重之，常謂人曰：「後來詞人稱首也。」九齡既欣知己，亦依附焉。十一年，拜中書舍人。

十三年，車駕東巡，行封禪之禮。說自定侍從升中之官，多引兩省錄事主書及己之所親攝官而上，遂加特進階，超授五品。初，令九齡草詔，九齡言於說曰：「官爵者，天下之公器，德望爲先，勞舊次焉。若顛倒衣裳，則譏謗起矣。今登封霈澤，千載一遇。清流高品，不沐殊恩；胥吏末班，先加章紱。但恐制出之後，四方失望。今進草之際，事猶可改，唯令公審籌之，無貽後悔也。」說曰：「事已決矣，悠悠之談，何足慮也！」竟不從。及制出，內外甚咎於說。

時御史中丞宇文融方知田戶之事，每有所奏，說多建議違之，融亦以此不平於說。九齡復勸說爲備，說又不從其言。無幾，說果爲融所劾，罷知政事，九齡亦改太常少卿，尋出爲冀州刺史。九齡以母老在鄉，而河北道里遼遠，上疏固請換江南一州，望得數承母音耗，優制許之，改爲洪州都督。俄轉桂州都督，仍充嶺南道按察使。上又以其弟九章、九皋爲嶺南道刺史，令歲時伏臘，皆得寧覲。

初，張說知集賢院事，常薦九齡堪爲學士，以備顧問。說卒後，上思其言，召拜九齡爲秘書少監、集賢院學士，副知院事。再遷中書侍郎。常密有陳奏，多見納用。尋丁母喪歸鄉里。二十一年十二月，起復拜中書侍郎、同中書門下平章事。明年，遷中書令，兼修國史。

時范陽節度使張守珪以裨將安祿山討奚、契丹敗衄，執送京師，請行朝典。九齡奏劾曰：「穰苴出軍，必誅莊賈；孫武教戰，亦斬宮嬪。守珪軍令必行，祿山不宜免死。」上特捨之。九齡奏曰：「祿山狼子野心，面有逆相，臣請因罪戮之，冀絕後患。」上曰：「卿勿以王夷甫知石勒故事，誤害忠良。」遂放歸藩。

二十三年，加金紫光祿大夫，累封始興縣伯。李林甫自無學術，以九齡文行爲上所知，心頗忌之。乃引牛仙客知政事，九齡屢言不可，帝不悅。二十四年，遷尚書右丞相，罷知政事。後宰執每薦引公卿，上必問：「風度得如九齡否？」故事皆搢笏於帶，而後乘馬，九齡體羸，常使人持之，因設笏囊。笏囊之設，自九齡始也。

初，九齡爲相，薦長安尉周子諒爲監察御史。至是，子諒以妄陳休咎，上親加詰問，令於朝堂決殺之。九齡坐引非其人，左遷荊州大都督府長史。俄請歸拜墓，因遇疾卒，年六十八，贈荊州大都督，謚曰文獻。九齡在相位時，建議復置十道採訪使，又教河南數州水種稻，以廣屯田。議置屯田，費功無利，竟不能就，罷之。性頗躁急，動輒忿詈，議者以此少之。

子拯，伊闕令。祿山之亂陷賊，不受僞命；兩京克復，詔加太子右贊善。弟九皋，自尚書郎歷唐、徐、宋、襄、廣五州刺史。九章，歷吉、明、曹三州刺史，鴻臚卿。

九齡爲中書令時，天長節百僚上壽，多獻珍異，唯九齡進《金鏡錄》五卷，言前古興廢之道，上賞異之。又與中書侍郎嚴挺之、尚書左丞袁仁敬、右庶子梁升卿、御史中丞盧怡結交友善。挺之等有才幹，而交道終始不渝，甚爲當時之所

稱。至德初，上皇在蜀，思九齡之先覺，下詔褒贈，曰：「正大厦者柱石之力，昌帝業者輔相之臣。生則保其榮名，殁乃稱其盛德，飾終未允於人望，加贈實存乎國章。故中書令張九齡，維嶽降神，濟川作相，開元之際，寅亮成功。讜言定其社稷，先覺合於蓍策，永懷賢弼，可謂大臣。竹帛猶存，樵蘇必禁，爰從八命之秩，更進三台之位。可贈司徒，仍遣使就韶州致祭。」有集二十卷。

《全唐文》卷四四〇徐浩《唐尚書右丞相中書令張公神道碑》 有唐既受命，在太宗時，有若梁公房、鄭公魏衛公李，格于皇天。在高宗時，有若梁公狄，格于上帝。在中宗時，有若漢陽王張、扶陽王桓，興復宗社。在元宗時，有若梁公姚、廣平公宋、燕公、始興公二張，中興王業。夫以天柱將傾，大盜方起，一振綱目，再闡皇猷，始興公爲之。公諱九齡，字子壽，一名博物。其先范陽方城人。軒轅建國，弦弧受氏，良位爲帝華，才稱王佐。或相韓五葉，或佐漢七貂，代有大賢，時稱盛族。四代祖諱守禮，隋鍾離郡塗山令。曾祖諱君政，皇朝韶州别駕，終於官舍，因爲土著姓。大父諱胄，越州剡縣令。列考諱宏愈，新州索盧縣丞，贈太常卿廣州都督。皆藴德葆光，力行未舉，地積高而成嶽，雲久蓄而作霖。是生我公，蔚爲人傑，弱不好弄，七歲能文。居太常府君憂，柴毁骨立，家庭甘樹，數株連理，王公方慶出牧廣州。時年十三，上書路左，燕公過嶺，一見文章，並深提拂，厚爲禮敬。弱冠鄉試進士，考功郎沈佺期尤所激揚，一舉高第。時有下等，謗議上聞，中書令李公當代詞宗，詔令重試。再拔其萃，擢秘書省校書郎，應道侔伊吕科對策第一等，遷左拾遺。封章直言，不協時宰，方屬辭滿，拂衣告歸。太夫人在堂，承順左右，孝養之至，閭里化焉。始興北嶺，峭險巉絶；大庾南谷，坦然平易。公乃獻狀，詔委開通，曾不浹時，行可方軌。特拜左補闕，尋除禮部司勳二員外郎，加朝散大夫，超中書舍人，封曲江縣男，轉太常少卿，出冀州刺史。以庭闈在遠，表請罷官，改洪州都督，徙桂州都督，攝御史中丞嶺南按察兼選補使，黜免貪吏，引伸正人，任良登能，亮賢勞事，澤被膏雨，令行祥風。屬燕公薨落，斯文將喪，擢秘書少監集賢院學士，副知院事。時屬朋黨，頗相排根，窮棲歲餘，深不得意。渤海國王武藝違我王命，思絶其詞，中書奏章，不愜上意，命公改作，援筆立成。上甚嘉焉，即拜尚書工部侍郎兼知制誥，扈從北巡，便祠后土，命公撰赦，對御爲文，凡十三紙。初無藁草，上曰：「比以卿爲儒學之士，不知有王佐之才，今日得卿，當以經術濟朕。」累乞歸養，上深勉焉。遷公弟九臯九章官近州里，伏臘賜告，給驛歸寧。遷中書侍郎丁内憂，中使慰問，賜絹三百匹，奔喪南訃，祔葬先塋，毁無圖生，嗌不容粒，白雀黄犬，號噪庭塋，素鳩紫芝，巢植廬隴孝之至者，將有感乎！既卒哭，復遣中使起公本官同中書門下平章事，口敕敦諭，不許爲辭。聞命號咷，使者逼迫，及至闕下，懇請終喪。手詔曰：「不有至孝，誰能盡忠，墨縗之義不行，蒼生之望安在，朕以非常用賢。曷云常禮哀訴，即宜斷表。」賜甲第一區，御馬一。尋遷中書令、集賢學士知院事，修國史。初，公作相也，奏差擇元戎，皆取良吏，不許入請，罷賞戰功，減諸軍兵，省年支賜，諛臣傀議事竟不行。明年，公奏籍田躬耕禮節。加金紫光禄大夫，進封始興伯。每天長節，公卿皆進寶鏡，公上千秋録，述帝王興衰以爲鑒戒。公直氣鯁詞，有死無貳；彰善癉惡，見義不回。范陽節度潁王澐奏前太子索甲二千領，上乃震怒，謂其不臣，顧問於公。公曰：「子弄父兵，罪當笞，況元良國本，豈可動？」上因涕泣，遂寢其奏。武貴妃離間儲君，將立其子，使中謁者私於公曰：「若有廢也，必將興焉。」公遂叱之曰：「宫闈之言，何得輒出。」御史大夫李公尚隱、太府卿裴伷先不禮中官皆忤上旨，必在殊譴，公全度焉。幽州節度張公守珪緣降兩番斬屈突干，將拜侍中，涼州節度牛仙客以省軍用，將拜尚書，並觸鱗固争，竟不奉詔。平盧將安禄山入朝奏事，見於廟堂，以爲必亂中原，固請戮之。上曰：「卿以王衍知石勒，此何足言？」無何用兵，爲虜所敗，張守珪請按軍令，中留不行。公狀諫曰：「穰苴出軍，必誅莊賈，孫子行令，亦斬宫嬪。守珪所奏非虚，禄山不當免死。」再三懇請，上竟不從。邊將蓋嘉運等上策，密發將士，襲平西戎。公以爲不可妄舉，結後代讎，非皇王之化也。上又不納。及羯胡亂常，犬戎逆命，元宗追嘆曰：「自公殁後，不復聞忠讜言。」發中使至韶州弔祭，其先見之明，有如此者。學究精義，文參微旨，或有興託，或存諷諫，後之作者，所宗仰焉。上表論事，事多樞密，入皆削藁，人莫得知，常以致君堯舜，齊衡管樂，行之在我，何必古人？由是去循資格，置採訪使，收拔幽滯，引進直言，野無遺賢，朝無闕政，百揆時序，庶工允釐，同儕見嫉，内寵潛搆，罷公爲尚書右丞相。初不介意，居之坦然。執憲者素公所用，劾奏權臣，豸冠得罪，藉以爲累，貶州長史。三歲爲相，萬邦底寧，而善惡太分，背憎者衆，虞機密發，投杼生疑，百犬吠聲，衆狙皆怒，每讀韓非《孤憤》，涕泣沾襟。開元二十八年春，請拜掃南歸，五月七日，遘疾薨於韶州曲江之私第，享年六十三，皇上震悼，贈荆州大都督，有司謚行曰文獻公。粵來歲孟冬，葬於洪義里武臨原，近於先塋，禮也。夫人桂陽郡夫人譚氏，循州司馬府君海之子也，淑慎宜家，齊莊刑國，珮環有節，纂組皆工，幼作女儀，長爲内

則。太夫人樂在南國，不欲北轅，克勤奉養，深得婦禮，至德二年十月六日，終於私第，春秋七十七，晝哭。閫門日月綿遠，同塋異穴，卜兆從宜。公仲弟九皋，宋襄廣三州刺史採訪節度經略等使殿中監。季弟九章温吉曹等州刺史鴻臚卿，腰金拖紫，三虎爲榮立德行政，二馮推美。嗣子拯，居喪以孝聞，立身以行著，陷在寇逆，不受僞官，及收復兩京，特製拜朝散大夫太子右贊善大夫。孫藏器，河南府壽安尉，永保先業，克秉義方。姪殿中侍御史抗，文吏雅才，清公賢操，以兄拯早世，姪藏器幼孤，未建豐碑乃刻樂石，用殿猶子之慕，庶揚世父之美，浩義深知已，眷以文章，禮接同人，惠兼甥舅。薄技效德，無愧其詞。銘曰：

鳳生丹穴，鵬翥南溟。天乘粹氣，地發精靈。傑出我公，揚於王庭。甫稱降神，説表騎星。學究經術，文高宗匠。再掌司言，爰立作相。忠義柱石，謀猷帷賬。王綱允釐，帝采惟亮。退居右揆，出守南荆。元鶴緝翼，青蠅營營。不瞑猶視，雖殁如生。昭昭令名，千古作程。

《唐代墓誌彙編》開元五二五《唐故尚書右丞相贈荆州大都督始興公陰堂誌銘并序》 公姓張氏，諱九齡，其先范陽人。四代祖因官居此地。公誕受正性，體於自然，五行之氣均，九德之美具，才位所底，不亦宜歟？蓋所闕者：降年之數不延，蒼生之望未足耳。源以秀才，没贈都督，歷任典詔翰，居連率，自中書令而遷端右，凡十八徙爲序。夫官次存乎事跡，列於中原之碑，備諸良史之筆矣。公之生歲六十有三，以開元廿八年五月七日薨，廿九年三月三日遷窆於此，韶江環浸，湞山隱起，形勝之地，靈域在焉，神其安之，用永終古。嗚呼！嗣子拯，號訴罔逮，而謀遠圖，刻他山之石，誌于玄室，人非谷變，知我公之墓於斯。銘曰：龜筮從吉兮宅其吉，山盤踞兮土賢實。嗚呼相國君之墓，與氣運而齊畢。

雜録

備録

劉肅《大唐新語》卷一《匡贊一》 張九齡開元中爲中書令，范陽節度使張守珪奏裨將安禄山頻失利，送就戮於京師。九齡批曰：「穰苴出軍，必誅莊賈；孫武行令，亦斬宮嬪。守珪軍令若行，禄山不宜免死。」及到中書，九齡與語久之，因奏曰：「禄山狼子野心，而有逆相，臣請因罪戮之，冀絶後患。」玄宗曰：「卿勿以王夷甫識石勒之意，誤害忠良。」更加官爵，放歸本道。至德初，玄宗在成都思九齡之先覺，詔曰：「正大厦者，柱石之力，昌帝業者，輔相之臣。生則保其雄名，殁則稱其盛德。飾終未允於人望，加贈實存於國章。故中書令張九齡，維岳降神，濟川作相，開元之際，寅亮成功，讜言定於社稷，先覺合於著龜。永懷賢弼，可謂大臣。竹帛猶存，樵蘇必禁。爰從八命之秩，更重三台之位。可賜司徒，仍令遣使，就韶州致祭者。」

劉肅《大唐新語》卷三《公直五》 玄宗將封禪泰山，張説自定升山之官，多引兩省工録及己之親戚。中書舍人張九齡言於説曰：「官爵者，天下之公器，德望爲先，勞舊爲次。若顛倒衣裳，則譏議起矣。今登封沛澤，千載一遇，清流高品不沐殊恩，胥吏末班先加章紱，但恐制出之後，四方失望。今進草之際，事猶可改。」説曰：「事已決矣。悠悠之談，何足慮也。」果爲宇文融所劾。

劉肅《大唐新語》卷七《識量一四》 牛仙客爲涼州都督，節財省費，軍儲所積萬計。崔希逸代之，具以聞，詔刑部尚書張利貞覆之，有實。玄宗大悦，將拜爲尚書。張九齡諫曰：「不可。尚書，古之納言，有唐以來，多用舊相居之。不然，歷踐内外清貴之地，妙行德望者充之。仙客本河湟一吏典耳，拔昇清流，齒班常伯，此官邪也。又欲封之，良爲不可。漢法，非有功不封。唐尊漢法，太宗之制也。邊將積穀帛，繕兵器，蓋將帥之常務。陛下念其勤勞，賞之金帛可也，尤不可列地封之。」玄宗怒曰：「卿以仙客寒士嫌之耶？若是，如卿豈有門籍！」九齡頓首曰：「荒陬賤類，陛下過聽，以文學用臣。仙客起自胥吏，目不知書。韓信，淮陰一壯士耳，羞與絳、灌同列。陛下必用仙客，臣亦恥之。」玄宗不悦。翌日，李林甫奏：「仙客宰相材，豈不堪一尚書？九齡文吏，拘於古義，失於大體。」玄宗大悦，遂擢仙客爲相。先是，張守珪累有戰功，玄宗將授之以宰相。九齡諫曰：「不可。宰相者，代天理物，有其人而後授，不可以賞功。若開此路，恐生人心。傳曰：『國家之敗，由官邪也。官濫爵輕，不可理也。』若賞功臣，即有故事。」玄宗乃止。九齡由是獲譴。自後朝士懲九齡之納忠見斥，咸持禄養恩，無敢庭議矣。

鄭處誨《明皇雜録》卷下 張九齡在相位，有謇諤匪躬之誠，玄宗既在位年深，稍怠庶政，每見帝無不極言得失。李林甫時方同列，聞帝意，陰欲中之。時

欲加朔方節度使牛仙客實封，九齡因稱其不可，甚不叶帝旨。他日林甫請見，屢陳九齡頗懷誹謗。於時方秋，帝命高力士持白羽扇以賜，將寄意焉。九齡惶恐，因作賦以獻，又爲《歸燕》詩以貽林甫。其詩曰：「海燕何微渺，乘春亦蹇來。豈知泥滓賤，只見玉堂開。繡户時雙入，華軒日幾迴。無心與物競，鷹隼莫相猜。」林甫覽之，知其必退，恚怒稍解。九齡洎裴耀卿罷免之日，自中書至月華門，將就班列，二人鞠躬卑遜，林甫處其中，抑揚自得。觀者竊謂一雕挾兩兔。俄而詔張、裴爲左右僕射，罷知政事。林甫視其詔，大怒曰：「猶爲左右丞相耶？」二人趨就本班，林甫目送之。公卿以下視之，不覺股栗。

馮贄《雲仙雜記》卷一《吞雲夢澤》 張曲江語人曰：「學者常想胸次吞雲夢澤，筆頭湧若耶溪，量既并包，文亦浩瀚。」

王仁裕《開元天寶遺事》卷上《傳書鴿》 張九齡少年時，家養羣鴿，每與親知書信往來，只以書繫鴿足上，依所教之處飛往投之。九齡目之爲飛奴。時人無不愛訝。

王仁裕《開元天寶遺事》卷上《盆池魚》 明皇以李林甫爲相，後因召張九齡問可否，九齡曰：「宰相之職，四海具瞻，若任人不當，則國受其殃。只如林甫爲相，然寵擢出宸衷，臣恐他日之後禍延宗社。」帝意不悦。忽一日，帝曲宴近臣於禁苑中，帝指示於九齡、林甫曰：「檻前盆池中所養魚數頭，鮮活可愛。」林甫曰：「賴陛下恩波所養。」九齡曰：「盆池之魚猶陛下任人，他但能裝景致助兒女之戲爾。」帝甚不悦。時人皆美九齡之忠直。

王仁裕《開元天寶遺事》卷下《向火乞兒》 張九齡見朝之文武僚屬趨附楊國忠，争求富貴，惟九齡未嘗及門，楊甚銜之。九齡常與識者議曰：「今時之朝彦，皆是向火乞兒，一旦火盡灰冷，暖氣何在？當凍屍裂體，棄骨於溝壑中，禍不遠矣。」果然因禄山之亂，附炎者皆罪累族滅，不可勝數。九齡之先見，信夫神智博達也！向火言附炎也。

王仁裕《開元天寶遺事》卷下《口案》 張九齡累歷刑獄之司，無所不察。每有公事赴本司行勘，胥吏輩未敢訊劾，先取則於九齡。因於前，面分曲直，口撰案卷，囚無輕重，咸樂其罪。時人謂之張公口案。

王仁裕《開元天寶遺事》卷下《走丸之辯》 張九齡善談論，每與賓客議論經旨，滔滔不竭如下坂走丸也，時人服其俊辯。

陶穀《清異録》卷上《木門》 張曲江里第之側有古柘，嘗因狂風發其一根，解爲器具，花紋甚奇，人以公之手筆冠世，目之曰「文章樹」。

錢易《南部新書》卷甲 故事：皆搢笏于帶，然後乘馬。張九齡體羸不勝，因設笏囊，使人持之馬前。遂以爲常制。

佚名《錦繡萬花谷》前集一八《孕育》引《九齡家傳》 張九齡母夢九鶴自天而下，飛集于庭，遂生九齡。

備論

《舊唐書》卷九九《張九齡傳》 史臣曰：崔日用附會三思，以取高位，預討韋氏，遂握重權。自言「吾一生行事，皆臨時制變，不必專守始謀」，信矣。與夫守死善道者，不可同年而語也。張嘉貞雖不立田園，奈急於勢利，朋比近習，杖姜皎、伷先，非中立之士也。蕭嵩位極中令，異政無聞，樹破虜之勳，真致遠之器。九齡文學政事，咸有所稱，一時之選也。適之臨下雖簡，在公克勤，惜乎不得其死也！挺之才略器識，不下諸公，恥近權門，爲人所惡，不登台輔，養疾宫僚。雖富貴在天，窮達有命，彼林甫者，誠可投畀豺虎也。

贊曰：開元之代，多士盈庭。日用無守，嘉貞近名。嵩、齡、適、挺，各有度程。大位俱極，半慚德馨。

《新唐書》卷一二六《張九齡傳》 贊曰：人之立事，無不鋭始而工於初，至其半則稍怠，卒而漫澶不振也。觀玄宗開元時，厲精求治，元老魁舊，動所尊憚，故姚元崇、宋璟言聽計行，力不難而功已成。及太平久，左右大臣皆帝自識擢，狎而易之，志滿意驕，而張九齡争愈切，言益不聽。夫志滿則忽其所謀，意驕則樂軟熟，憎鯁切，較力雖多，課所效不及姚、宋遠矣。終之胡雛亂華，身播邊陬，非曰天運，亦人事有致而然。若知古等皆宰相選，使當天寶時，庸能有救哉！

江用世《史評小品》卷一六《張九齡》 史稱張九齡與嚴挺之善，欲此爲相，謂之曰：「李尚書方承恩足下，宜一造門與之欵！」愜挺之素薄林甫，竟不詣挺之，可謂持正能不阿矣！」九齡非阿人者，而教挺之乃如此。昔杜預在鎮，數餉遺洛中貴要。或問之曰：「吾恐爲害，不求益也。」九齡蓋以杜預事爲挺之計耳。九齡善挺之，而教之以是取相，則九齡非愛挺之者也，然則預之餉遺貴要，欲免禍也！亦豈君子所得爲之事哉！宋林大中落職歸客，或勸大中通侂胄書，大中

曰：「吾爲夕郎時，一言承意，豈閒居至今日。」客曰：「縱不求福，盍亦免禍。」大中曰：「福不可求而得，禍可懼而免耶！」陸務觀有言：「禍有不可避者，避之得禍彌甚，既不能隱，而仕小則譴斥，大則死自是其分，若苟逃譴斥，而奉承上官，則奉承之禍不止失，官苟逃死而喪失臣節，則失節之禍不止，喪身人，自有儒，而不能蹈禍難者，固不可强惟當躬耕絶仕，進則去禍自遠。」

劉禹錫謂張九齡爲相，建言放臣不宜與善地，噫！善地，未必佳醜也，未必惡。自元和初，至于會昌，長安貴人，不啻滄桑幾變。彼武元衡、王涯、賈餗者，豈瘴癘能殺之哉！而唐天子，服金石，求長生，生愈不長，至此亦四易位矣！獨再起，再斥之，禹錫猶然無恙於江湖之上，禹錫之所得不知與長安貴人孰多？何必造爲是説恐喝，怯人異其援已也！

擇地未必得福，任運或反遠害，屬有冥冥安排，了非智計所測。

王夫之《讀通鑑論》卷二二《唐玄宗》 夫苟欲自全其志行以效於國，則樂黨淫朋以敗官常也，必其所不欲爲。乃立身無玷，而於邪佞終不得而遠，究以比匪受傷，勢成於無可如何，而正志不伸，修名有累者，抑何多也！張九齡抱忠清以終始，夐乎爲一代泰山喬嶽之風標，爲李林甫所側目，而遊冥寥以消矰弋，觀其始進奏記於姚崇，可以得其行己待物之大端矣。其言曰：「君侯登進未幾，而淺中弱植之徒，已延頸企踵而至，豈不有才，所失在於無恥。」至哉其言之乎！夫以鴻才偉望，一旦受天子之知，爰立三事，隆隆炎炎，熏蒸海内，物望之歸，如夏雲之轟興，春流之奔湊，所不待言矣。於斯時也，有所求而進者進矣，無所求而進者進矣。有所求而進者，志在求而無難窺見其隱也；無所求而進者，徐而察之，果無所求也，是其爲樂我之善，玉我於成，以共宣力於國家者乎？於是樂與之偕，而因以自失。夫惡知無所求而進者，爲熏蒸之氣所鼓動，不特我不知其何求，使彼自問，亦不知其何以芸芸而不自釋也？無他，淺中者其量之止此，而弱植者自無以立，待人而起者也。俄而勢在於此，則集於此矣，俄而勢在於彼，則移於彼矣，害不及而避其故也如驚，福不及而奔其新也如醉。君子小人一伸一屈，數之常也，言爲之易其臧否，色爲之易其顰笑，趾爲之易其高下，則凡可以抑方屈而揚方興者，無所不用，與斯人居，而上不病吾君，下不病吾民，中不貽他日之恥辱者，鮮矣。故天下之可賤、可惡，君子遠之必夙者，唯此隨風以驅，隨波以逝，中淺而不知事會之無恒，植弱而不守中心之所執者也。生於教衰行薄之日，履物望攸歸之位，習尚已然，弗能速易，惟有杜門卻迹，寧使怨謗，勿與周旋，以自立風軌而已耳。天下方亂而言兵，天下初定而言禮，時急於用而言財，乃至教興道顯而相倣以談性學，皆中之淺、植之弱，足以玷君子之修名，而或一違時，則反脣相詆而不遺餘力者也。乍與周旋，容其旅進，一爲其所顛倒，欲不病於而國，累於而身，敗於而名也，其可得乎？司馬温公失之於蔡京，唯察此之未精耳。九齡唯早曙於此也，故清節不染於濁流，高蹈不傷於鉗網。其詩曰：「弋者何所慕。」無可慕也，鴻飛之冥冥，所以翔雲逵而爲羽儀於天下也。

唐多才臣，而清貞者不少概見，貞觀雖稱多士，未有與焉。其後如陸贄、杜黄裳、裴度，立言立功，赫奕垂於没世，而寧静淡泊，固非其志行之所及也。唯開元之世，以清貞位宰相者三：宋璟清而勁，盧懷慎清而慎，張九齡清而和，遠聲色，絶貨利，卓然立於有唐三百餘年之中，而朝廷乃知有廉恥，天下乃藉以乂安，開元之盛，漢、宋莫及焉。不然，則議論雖韙，法制雖詳，而永徽以後，奢淫貪縱之風，不能革也。抑大臣而以清節著聞者，類多刻覈而難乎其下，掣曳才臣以不得有爲，亦非國民之利也。漢、宋之世，多有之矣，孤清而不足以容物，執競而不足以集事，其於才臣，如水火之相息，而密雲屯結之不能雨也。乃三子之清，又異於是，勁者自彊，慎者自持，和者不流，而固不争也。故璟與姚崇操行異而體國同；懷慎益不欲以孤介自旌，而礙崇之設施；九齡超然於毁譽之外，與李林甫偕而不自失，終不與競也。唯然，而才臣不以己爲嫌，己必不替才臣以自矜其素履，故其清也，異於漢、宋狷急之流，置國計民生於度外，而但争涇渭於苞苴竿牘之閒也。嗚呼！偉矣！楊震也，包拯也，魯宗道也，軒輗、海瑞也，使處姚崇、張説、源乾曜、裴耀卿之閒，能勿金躍於冶、冰結於胸否邪？治無與襄，功無與立，徒激朋黨以啓人主之厭憎，又何賴焉？夫三子之能清而不激，以永保其身、廣益於國者，抑有道矣。士之始進也，自非猥鄙性成，樂附腥羶者，則一時名之所歸，望之所集，争託其門庭以自處於清流之選，其志皆若可嘉，其氣皆若可用也。而懷清之大臣，遂欣受之以爲臭味，於是乎和平之度未損於中，而激揚之情遂移於衆，競相獎而交相持，則雖有邊圉安危之大計，黎民生死之遠圖，宗社興衰之永慮，皆不勝其激昂之衆志，而但分流品爲畛域，以概爲廢置。夫豈抱清貞者始念之若斯哉？唱和迭增，勢已成而弗能挽也。於是而知三子者之器量遠矣，其身不辱，其志不軌，昭昭然揭日月而行者，但以率其固然之儉德，而不以此歆召天下，奉名節爲標榜，士固無得而附焉。不矜也，亦不黨也，不黨則不争矣。嗚呼！士起田閒，食淡衣麤，固其所素然矣。若其爲世禄之子，則抑有舊德之可

食，而無交謫之憂；讀先聖之書，登四民之上，則不屑以身心陷錐刀糟蘖之中，豈其爲特行哉？無損於物，而固無所益，亦惡足以傲岸子雄而建鼓以求清流之譽聞乎？天下之事，自與天下共之，智者資其謀，勇者資其斷，藝者資其材，彼不可驕我以多才，我亦不可驕彼以獨行，上致於君，下逮於物，持其正而不厲，致其慎而不浮，養其和而不戾，天下乃賴有清貞之大臣，嘵嘵者又何賴焉？故君子秉素志以立朝，學三子焉斯可矣。有伯夷之廉，而驕且吝，亦人道之憂也。

藝文

《孟浩然集》卷二《荆門上張丞相》 共理分荆國，招賢愧不材。召南風更闡，丞相閤還開。覯止欣眉睫，沈淪拔草萊。坐登徐孺榻，頻接李膺杯。始慰蟬鳴柳，俄看雪間梅。四時年籥盡，千里客程催。日下瞻歸翼，沙邊厭曝鰓。佇聞宣室召，星象列三台。

《孟浩然集》卷二《陪張丞相登荆城樓因寄薊州》 薊門天北畔，銅柱日南端。出守聲彌遠，投荒法未寬。側身聊倚望，攜手莫同歡。白璧無瑕玷，青松有歲寒。府中丞相閤，江上使君灘。興盡回舟去，方知行路難。

《孟浩然集》卷二《陪張丞相祠紫蓋山途經玉泉寺》 望秩宣王命，齋心待漏行。青衿列胄子，從事有參卿。五馬尋歸路，雙林指化城。聞鐘度門近，照膽玉泉清。皁蓋依松憩，緇徒擁錫迎。天宫上兜率，沙界豁迷明。欲就終焉志，恭一作先。聞智者名。人隨逝水没，波逐覆舟傾。想像若在眼，周流空復情。謝公還欲卧，誰與濟蒼生。

《孟浩然集》卷二《陪張丞相自松滋江東泊渚宫》 放溜下松滋，登舟命檝師。詎忘經濟日，不憚沍寒時。洗幘豈獨古，濯纓良在兹。政成人自理，機息鳥無疑。雲物凝孤嶼，江山辨四維。晚來風稍急，冬至日行遲。臘響驚雲夢，漁歌激楚辭。渚宫何處是，川暝欲安之。

《孟浩然集》卷三《望洞庭湖贈張丞相》 八月湖水平，涵虚混太清。氣蒸雲夢澤，波撼岳陽城。欲濟無舟楫，端居耻聖明。坐觀垂釣者，空有羨魚情。

《孟浩然集》卷三《陪張丞相登嵩陽樓》 獨步人何在，嵩陽有故樓。歲寒問耆舊，行縣擁諸侯。林莽北彌望，沮漳東會流。客中遇知己，無復越鄉憂。

王維《王摩詰文集》卷五《寄荆州張丞相》 所思竟何在，悵望深荆門。舉世無相識，終身思舊恩。方將與農圃，藝植老丘園。目盡南飛雁，何由寄一言。

《王昌齡集》卷二《奉贈張荆州》 祝融之峰紫雲銜，翠如何其雪嶄巖。邑西有路緣石壁，我欲從之卧穹嵌。魚有心兮脱網罟，江無人兮鳴楓杉。王君飛舄仍未去，蘇耽宅中意遥緘。

宋敏求《唐大詔令集》卷四五徐安貞《裴耀卿張九齡平章事制》 門下：風雲之感，必生王佐，廊廟之任，爰在柱臣。中大夫守京兆尹護軍借紫金魚袋裴耀卿，含元精之休，體度弘遠。正議大夫前檢校中書侍郎集賢院學士仍副知院事上柱國賜紫金魚袋曲江縣開國男張九齡，挺天生之秀，器識通明。並風望素高，人倫是仰，可以叶彼寅亮，當兹啓沃。許時待士，既資鼎實之和；爲國急賢，寧唯金革之事。耀卿可黄門侍郎同中書門下平章事弘文館學士，散官勳如故。九齡可起復中書侍郎同中書門下平章事兼修國史，餘如故。主者施行。

宋敏求《唐大詔令集》卷四五徐安貞《裴耀卿侍中張九齡中書令李林甫同三品制》 門下：《春秋》之義，尚重卿才。王國克楨，莫先相位。用增其命，必正其名。中大夫守黄門侍郎同中書門下平章事弘文館學士賜紫金魚袋上護軍裴耀卿、正議大夫中書侍郎同中書門下平章事集賢院學士副知院事兼修國史賜紫金魚袋上柱國曲江縣開國男張九齡，經濟之才，式是百辟。正議大夫檢校黄門侍郎賜紫金魚袋上柱國李林甫，泉源之智，迪惟前人。既樞密載光，而親賢稱首，審能宰會，所莅有孚，寧惟是日疇咨，故以多年歷選，國鈞緊賴，邦禮克清，宜命曰鼎臣，置之廊廟。耀卿可銀青光禄大夫守侍中，學士勳如故。九齡可銀青光禄大夫守中書令，集賢院修國史勳如故。林甫可銀青光禄大夫守禮部尚書，同三品勳如故。主者施行。開元二十二年五月

徐鈞《史詠詩集》卷下《張九齡》 禄山必兆邊陲禍，林甫終貽廟社憂。二事眼前君不悟，何須金鑑録千秋。

《全唐詩》卷一一三裴耀卿《敬酬張九齡當塗界留贈之作》 茂先實王佐，仲舉信時英。氣覩衝天發，人將下榻迎。珪符肅有命，江國遠徂征。九派期方越，千鈞或所輕。高帆出風迥，孤嶼入雲平。遄邁嗟于役，離憂空自情。飾簪陪早歲，接壤厠專城。曠別心彌軫，宏規義轉傾。徒然恨飢渴，況乃諷瑶瓊。

《全唐詩》卷一一三裴耀卿《酬張九齡使風見示》 兹地五湖鄰，艱哉萬里人。驚飆翻是託，危浪亦相因。宣室才華子，金閨諷議臣。承明有三人，去去速

羅惇衍《集義軒詠史詩鈔》卷三五《張九齡》 白羽揚風扇未捐，讜言猶愛度翩翩。道侔伊呂王推轂，身播邊陬帝拊絃。偃月一彎堂縹曲，排雲百尺棧鉤連。絳霄仙鶴何時下，空憶霜毛意態騫。

歸輪。

《全唐詩》卷一一三裴耀卿《和張荆州九齡晨出郡舍林下》 優閑表政清，林薄賞秋成。江上懸曉月，往來虧復盈。天雲抗真意，郡閣晦高名。坐嘯應無欲，寧辜濟物情。

高力士部

綜述

《舊唐書》卷一八四《高力士傳》 高力士，潘州人，本姓馮。少閹，與同類金剛二人，聖曆元年嶺南討擊使李千里進入宮。則天嘉其黠惠，總角修整，令給事左右。後因小過，撻而逐之。內官高延福收爲假子，延福出自武三思家，力士遂往來三思第。歲餘，則天復召入禁中，隸司宮臺，廩食之。長六尺五寸，性謹密，能傳詔敕，授宮闈丞。景龍中，玄宗在藩，力士傾心奉之，接以恩顧。及唐隆平內難，升儲位，奏力士屬內坊，日侍左右，擢授朝散大夫、內給事。先天中，預誅蕭、岑等功，超拜銀青光祿大夫，行內侍同正員。開元初，加右監門衛將軍，知內侍省事。

玄宗尊重宮闈，中官稍稱旨，即授三品將軍，門施棨戟，故楊思勗、黎敬仁、林招隱、尹鳳祥等，貴寵與力士等。楊則持節討伐，黎、林則奉使宣傳，尹則主書院。其餘孫六、韓莊、楊八、牛仙童、劉奉廷、王承恩、張道斌、李大宜、朱光輝、郭全、邊令誠等，殿頭供奉、監軍、入蕃、教坊、功德主當，皆爲委任之務。監軍則權過節度，出使則列郡辟易。其郡縣豐贍，中官一至軍，則所冀千萬計，修功德，市鳥獸，詣一處，則不啻千貫，皆在力士可否。故帝城中甲第，畿甸上田、果園池沼，中官參半於其間矣。

每四方進奏文表，必先呈力士，然後進御，小事便決之。玄宗常曰：「力士當上，我寢則穩。」故常止於宮中，稀出外宅。若附會者，想望風彩，以冀吹噓，竭肝膽者多矣。宇文融、李林甫、李適之、蓋嘉運、韋堅、楊慎矜、王鉷、楊國忠、安祿山、安思順、高仙芝因之而取將相高位，其餘職不可勝紀。肅宗在春宮，呼爲二兄，諸王公主皆呼「阿翁」，駙馬輩呼爲「爺」。力士於寢殿側簾帷中休息，殿側亦有一院，中有修功德處，雕瑩璀璨，窮極精妙。力士謹愼無大過，然自宇文融已下，用權相噬，以紊朝綱，皆力士之由。又與時消息，觀其勢候，雖至親愛，臨覆敗皆不之救。

力士義父高延福夫妻，正授供奉。嶺南節度使於潘州求其本母麥氏送長安，令兩媼在堂，備於甘脆。金吾大將軍程伯獻與力士結爲兄弟，麥氏亡，伯獻於靈筵散髮，具縗絰，受賓弔答。十七年，贈力士父廣州大都督，麥氏越國夫人。開元初，瀛州呂玄晤作吏京師，女有姿色，力士娶之爲婦，擢玄晤爲少卿、刺史，子弟皆爲王傅。呂夫人卒，葬城東，葬禮甚盛。中外爭致祭贈，充溢衢路，自第至墓，車馬不絕。

天寶初，加力士冠軍大將軍、右監門衛大將軍，進封渤海郡公。七載，加驃騎大將軍。力士資産殷厚，非王侯能擬，於來庭坊造寶壽佛寺、興寧坊造華封道士觀，寶殿珍臺，侔於國力。於京城西北截澧水作碾，並轉五輪，日破麥三百斛。初，寶壽寺鐘成，力士齋慶之，舉朝畢至。凡擊鐘者，一擊百千；有規其意者，擊至二十杵，少尚十杵。

其後又有華州袁思藝，特承恩顧。然力士巧密，人悅之；思藝驕倨，人士疏懼之。十四載，置內侍省，內侍監兩員，秩正三品，以力士、思藝對任之。玄宗幸蜀，思藝走投祿山，力士從幸成都，進封齊國公。從上皇還京，加開府儀同三司，賜實封五百户。

上元元年八月，上皇移居西內甘露殿，力士與內官王承恩、魏悅等，因侍上皇登長慶樓，爲李輔國所構，配流黔中道。力士至巫州，地多薺而不食，因感傷而咏之曰：「兩京作斤賣，五谿無人採。夷夏雖不同，氣味終不改。」寶應元年三月，會赦歸，至朗州，遇流人言京國事，始知上皇厭代，力士北望號慟，嘔血而卒。代宗以其耆宿，保護先朝，贈揚州大都督，陪葬泰陵。

《全唐文》卷四四二張少悌《大唐故開府儀同三司兼內侍監上柱國齊國公贈揚州大都督高公墓志銘并序》 尚書駕部員外郎知制誥潘炎奉敕撰，太中大夫將作少監翰林待詔張少悌奉敕書。

事君之難，諸言其狀。盡禮者，或以爲諂，納忠言，時有不容。直必見非，謂之劘上；嚴又被憚，不得居中。古所謂爲臣不易者以此。至有排金門，上玉堂，出入五紀，近天子之光；周旋無違，獻納必可；言大小而皆入，事曲折而合符；恭而不勞，親而不黷，諫而不忤，久而不猒，美暢于中，聲聞于外，開元之后，見之於高公矣。公本姓馮，初諱元一，則天聖后賜姓高，改名力士。馮之先，北燕人也，衣冠屢遷，不常厥所，章甫適越，遂爲强家。曾祖盎，皇唐初高州都督，耿國公，廣韶等十八州總管，贈荊州大都督，平旗特建，嶺嶠爲雄，頤指萬家，手據千

里。有三子，曰智戣、智戴、智玭，耿公知而內舉，請以分憂，朝庭許之。戣爲高州刺史，戴爲恩州刺史，玭爲潘州刺史。聖曆中，潘州府君捐館舍，子君衡襲其位焉，父没子繼，南州故事。且持斧鉞，方侯絲綸，按察使摧折高標，擿抉瑕釁，禍心潛構，飛語上聞。帝閽難叩，家遂籍没，及公之鼎貴，恩贈廣州大都督，公即廣州之少子也。年未十歲，入于宫闈，武后期壯而將之，別令女徒鞠育，將復公侯之慶，俾加括羽之深，令受教于内翰林。學業日就，文武不墜，必也射乎。五善既閑，百發皆中，因是有力士之稱。自文林郎宫教博士轉内府丞，至尊以公夙遭閔凶，弱喪何怙，倍年存父事之禮，三州有天屬之恩。帝曰：「喻以汝爲内侍高延福男，由是遂爲高氏。君命天也，天所授焉。于楚大不韋之門，齊妻育有媯之后，兆自真宰，成于主恩。孝和忽其升遐，韋氏紛以干命，玄宗至道大聖皇帝，中夜提劍，遲明登天，斗杓未移，氛氣如掃。攀龍附鳳，公實親焉，録其翼戴之勳，遂有驟遷之命，特加朝散大夫，内給事充内弓箭庫使，尋遷内常侍兼三宫使，又加雲麾將軍、右監門衛大將軍。恭以橋梓之心，懼過車馬之賜，乞回所授，進父之班，聖心嘉之，用獎名教，父子并受内侍。公仍加銀青光禄大夫，又屬萬乘東巡，柴于岱岳，更授雲麾大將軍、左監門衛大將軍，申前命也，兼充内飛龍廄大使。公艱疚之歲，太夫人在堂，夫人麥氏，宿國猛公之曾孫也。覆巢之下，陟屺無從，寒泉切莫慰之心，永初無隨子之賦。德均聖善，孝感神明，瘴海炎山，不爲疵癘，板輿萬里，來就高堂。歡甚如初，和樂且孺。兄元璡、元珪等雁行而至，當代榮之。慶吊相隨，風樹增嘆，無何？丁太夫人憂，絶漿之日，恩制起奪，先夫人有越國之贈，崇賜類也。累遷冠軍、鎮軍、輔國、驃騎等大將軍，特拜内侍監，内侍有監，自公始也。王鉷之亂，輦轂震驚，禁軍一舉，玉石同碎。公親執桴鼓，令於顔行曰：斬級者無戰功，擒生者受上賞。俄獲之際，人無横酷者，由公一言也。屬胡羯僭逆，天王居于成都，跋涉艱難，扶護警蹕。蜀有南詹之叛，公討而平之，加開府儀同三司，封齊國公，食邑三千户。文明武德皇帝再造區夏，奉迎皇輿，太上皇高居復歸于鎬，賞從行者，加食實封三百户。公左右明主垂五十年，布四海之宏綱，承九重之密旨。造膝之議，削稾之書，不可得而知也。其寬厚之量，藝業之尤，宣撫之才，施舍之迹，存于長者之論。良有古人之風，上元初遭謗，遷謫安置巫州，知與不知，皆爲嘆息。寶應元年，有制追赴上都，中路聞天崩地坼，二聖下席，長號泣血，勺飲不入口。借攀髯而無及，俄易簣而長辭，其八月八日，終于朗州龍興寺，年七十三。輿櫬至京，恩制贈開府儀同三司、揚州大都督，仍陪葬泰陵，書王命褒之也。公以寶應二年四月十二日安厝，夫人吕氏道備公宫，天寶中封齊國夫人，方貴而逝，封樹已久，安而不遷，嗣子正議大夫、前將作少監、上柱國、渤海郡開國公承悦，猶子爲繼，克家有光，時稱雅才，喪善執禮，以先父出遠，表請黜官，皇鑒至明，俾復舊職，封章屢上，改恒王府長史。時議多之，養子内給事承信等，永言孝思，敬奉先訓，炎今之述者，天所命焉。用刊青璽之銘，長記黄陵之側，詞曰：

五嶺之南歌大禹，桂林湘水神降公。君門九重閶闔通，開元神武英復雄。雲天雨露恩渥崇，幃扆籌謀心膂同。五十年間佐聖躬，無瑕遇謫遷巴東。來歸未達鼎湖空，撫膺一絶如有窮。魂隨仙駕遊蒼穹，託塋山足茂陵中。君臣義重天地終，懋官事有嫌累微瑕有玷。

雜録

備録

郭湜《高力士外傳》 高力士於太宗陵寢宫見小梳箱一，柞木梳一，黑角篦一，草根刷子一，嘆曰：「先帝首建義旗，新正皇極，十有餘載，方致昇平，隨身服用，惟留此物。將欲傳示孝孫，永存節儉。」具以奏聞。上至陵日，山川雷隱，草木風生，陳于宫朝見之儀，具九賓宗祀之禮。禮畢，俯伏流涕，若不自勝。須臾聞鼓聲四振，雲霧明清，萬歲之聲，豈惟於遠近，一人之孝，固通於神明，不可得而稱也。至寢宫問曰：「所留示朕者何在？」力士趨入捧跪上，上跪奉肅敬，如不可勝，曰：「夜光之珍，垂棘之璧，將以喻此，曾何足言。」即命史官書之典冊。

二十三年後，上忽言曰：「朕親主六合二十餘年，兩都往來，甚覺勞弊，欲久住關內，其可致焉？」三問羣臣卿士，皆云：「江淮漕運轉輸極難，臣等愚蒙，未知爲計。」上甚不悦。後李林甫用紫曜之謀，爰興變造，牛仙客取彭果之計，首建和糴，數年之中，甚覺寬貸。上因大同殿思神念道，左右無人，謂高公曰：「朕自住關內向欲十年，俗阜人安，中外無事，高止黄屋，吐故納新，軍國之謀，委以林甫，卿謂如何？」高公頓首曰：「臣自二十年已後，陛下頻賜臣酒，往往過度，

便染風疾，言辭倒錯，進趨無恒。十年已來，不敢言事，陛下不遺鄙賤，言訪芻蕘，縱慾上陳，無裨聖造。然所聞所見，敢不竭誠？且林甫用變造之謀，仙客建和糴之策，足堪救弊，未可長行。恐變正倉盡即義倉盡，正義俱盡。國無旬月之蓄，人懷飢饉之憂。和糴不停，即四方之利不出公門，天下之人盡無私蓄。棄本逐末，其遠乎哉？但順動以時，不逾古制；征税有典，自合恒規。則人不告勞，物無虚費。軍國之柄，未可假人，威權之聲，振於中外，得失之議，誰敢興言？伏惟陛下圖之。」上乃言曰：「卿十年已來，不多言事，今所敷奏，未會朕心。」乃頓首曰：「臣生於夷狄之國，長自昇平之代，一承恩渥，三十餘年，嘗願粉骨碎身以裨玄化，竭誠盡節，上答皇慈。頃緣風疾所侵，遂使言辭舛謬。今所塵黷，不稱天心，合當萬死，頓首，頓首。」上曰：「朕與卿休戚共同，何須憂慮。」命左右曰：「即置酒爲樂，無使懷憂。」左右皆稱萬歲。從此便住内宅，不接人事。

及開元之末、天寶之初，陳希烈上玄元之尊，田同秀獻寶符之瑞，貴妃受寵，外戚承恩，羅、吉、張、俞興黨錮之獄，楊、裴、韋、李受無狀之誅，五六年間，道路以目，禄山之禍，自此興焉。至十年，上又言曰：「朕年事漸高，心力有限，朝廷細務，委以宰臣，蕃戎不讋，付之邊將，自然無事，日益寬閒，卿謂如何？」高公曰：「比在内宅，不知時議。近於閤門外見諸道奏事人説雲南頻有喪律，陛下何以禦之？北兵近甚精强，陛下何以制之？但以皇威遠震，聖澤傍流，足以吞食鯨鯢，剪滅封豕，諸餘纖介，曾何足云！臣恐久無備於不虞，卒有成於滋蔓，然後禁止，不亦難乎？」上曰：「卿之所疾，漸亦痊除，今日奏陳，雅符朕意。近小有疑慮，所以問卿，卿慎勿言，杜復泄露，應須方便，然可改張。」高公頓首謝曰：「以陛下至聖，微臣至愚，幸契天心，不勝欣慶。」其後楊、李争權，競相傾奪，王、邢不軌，咸就誅夷。十二年冬，林甫云亡，國忠作相，先酬宿憾，林甫被瑑棺之刑；寧俟後圖，國忠播宣淫之恥。十三年秋，大雨晝夜六十日，陳希烈罷相，韋見素持衡。上因左右無人，謂高公曰：「自天寶十年之後，朕數有疑，果致天災，以殃萬姓，雖韋、陳改轍，楊、李殊途，終未通朕懷。卿總無言，何以爲意？」高公伏奏曰：「開元二十年以前，宰臣授職，不敢失墜；邊將承恩，更相戮力。自陛下威權假於宰相，法令不行，災眚備於歲時，陰陽失度，縱爲軫慮，難以獲安，臣不敢言，良有以也。」上久而不答。

十四年冬，安禄山作逆，起自范陽，私聚甲兵，假稱朝貢。囚李芝於真定，劫光翽於太原。長驅兩河，將吞九鼎。蕞爾戎羯，乘我不虞。國家久致昇平，不脩兵甲，卒徵烏合之衆，以禦必死之軍。遂使張介然喪律於陳留，封常清棄甲於汜水。東京已陷，西土猶寧。有詔斬封、高於驛前，鎮哥舒於關上。交鋒縱鏑，向歷半年；斬將搴旗，不逾信宿。兵疲師老，衆潰親離。國忠促哥舒之軍，務令速進；火拔冀禄山之黨，更却先投。烽火遍照於川原，羽書交馳於道路。西京於焉失守，萬姓及此騷然。十五載六月十二日，有詔移仗未央宫。十三日有詔幸巴蜀。至延秋門外，上駐馬謂高公曰：「卿往日之言是。今日之事，朕之曆數尚亦有餘，不須憂懼。」扈從至馬嵬山，百姓驚惶，六軍奮怒。國忠方進，咸即誅夷；虢國、太真，一時連坐。肅宗減隨駕兵馬，復至咸陽。未振軍容，師徒小却。長驅卒乘，北至朔方。七日，萬人勸進，讓不獲已，乃即皇帝位於靈武。八月，尊太上皇於成都，改元爲至德元年，成都宣赦。上皇謂高公曰：「我兒嗣位，應天順人，改元至德，孝乎惟孝。卿之與朕，亦有何憂？」高公伏奏曰：「陛下躬親庶務，子有黔黎四十餘年，天下無事。一朝兩京失守，萬姓流亡，西蜀、朔方，皆爲警蹕之地；河南、漢北，盡爲征戰之場。天下之臣，莫不增痛。陛下謂臣曰：『卿之與朕，復何憂哉？』臣未敢奉詔。臣聞主憂臣辱，主辱臣死，死辱之義，職臣之由。臣不孝不忠，尚存餘喘。親蒙曉諭，戰懼伏深。」

初，上過利州，西臨蜀郡，往來表疏，道路相望，知兩京有剋復之期，兆人佇來蘇之慶。仍皇情未暢，臣下多虞。及出劍門到巴蜀，井邑氣候風雲，與中國而頗殊，對偏方而增恨，應需扈從，皆同此心。賴節度使崔圓以忠懇至誠，恐皇恩軫慮，凡所進奉，不越時宜；應修殿宇，不勦人力。上爲之悦，左右皆稱萬歲。上曰：「崔圓可謂大臣歟？」即日拜相。西南之俗，無不欣然。後崔相欲赴行在，來測聖情，上覺其憂懼，謂高公曰：「朕觀崔圓氣宇沖邃，理識弘通，比諸宰臣，無出其右。若得對見，必倍承恩。」後果如上言。且蜀中風土，有異中原，秋熱冬温，晝晴夜雨，事之常也。及駕出劍門到巴蜀，氣候都變，不異兩京。九月十九日，霜風振厲，朝見之時，皆有寒色，詔即令著袍。至二十一日，百官盡衣袍立朝，不依舊式。每奏事人來往兩京，動静無不盡知。二年正月，禄山爲子慶緒所殺。慶緒僞立，兇謀逆計，主以嚴莊；僞勑僞書，出於高尚。但置酒爲樂，餘無所圖。上謂高公曰：「皇帝久在鳳翔，兵威大震，兇徒逆黨，即應殄滅。」高公伏奏曰：「逆賊背天地之恩，恣豺狼之性，更相魚肉，其可久乎？」九月，皇帝在鳳翔，元帥廣平王、中書令郭子儀驅百萬之熊羆，吞二京之蚊蚋。不逾旬月，收復兩都。慶緒北走於鄴中，王師續圍於城下。至乾元元年，慶緒爲逆賊史思明

所殺。王師失利，再陷洛陽。李光弼作鎮於河陽，郭英乂次安於虢路。上元元年，爲子朝義所殺。至寶應元年，下收洛陽。朝義奔走不知所在。上皇謂高公曰：「安、史二逆賊，父子相次伏誅，豈非天地神明之所殛罰也？」高公曰：「皇帝聖化，變及無窮；陛下仁德，福流萬葉。凡是兇醜，自合誅夷，不勝慶快之至。」

初，至德二年十一月，詔迎太上皇於西蜀，十二月至鳳翔，被賊臣李輔國詔取隨駕甲仗。上皇曰：「臨至王城，何用此物？」悉令收付所司。欲至城，皇帝具儀仗出城迎候。二聖相見，泣涕久之，傾城道路，一時忭舞。便於興慶宮安置。乾元元年冬，上皇幸温泉宮，二十日却歸。因此被賊臣李輔國陰謀不軌，欲令猜阻，更樹勳庸，移仗之端，莫不由此。輔國趨馳末品，小了纖人；一承攀附之恩，致位雲霄之上。聖上屬殘孽未殄，蒼生不安，食總軍戎，冀清海内，不暇揀擇左右，屏棄回邪，遂使輔國熒惑兩宮，至傷萬姓，恣行威福，不懼典刑。上元元年七月，太上皇移仗西内安置，高公竄謫巫州，皆輔國之計也。上皇在興慶宮先留厩馬三百疋，欲移仗前一日，輔國矯詔，索所留馬，惟留十疋。有司奏陳，上皇謂高公曰：「常用輔國之謀，我兒不得終孝道，明早向北内。」及曉，至北内，皇帝使人起拜云：「兩日來疹病，不復親起拜伏，伏願且留喫飯。」飯畢，又曰：「且歸南内。」至夾城，忽聞戛戛聲，上驚迴顧，見輔國領鐵騎數百人便逼近御馬，輔國便持御馬。高公驚下爭持，曰：「縱有他變，須存禮儀，何得驚御！」輔國叱曰：「老翁大不解事，且去！」即斬高公從者一人。高公即攏御馬，直至西内安置。自辰及酉，然後老宫婢十數人將隨身衣物至，一時號泣，上皇止之，皆輔國矯詔之所爲也，聖上寧得知之乎？上皇謂高公曰：「興慶是吾王地，吾頻讓與皇帝，皇帝仁孝不受。今雖爲輔國所制，正愜我本懷。」進御人令撤内，便處分尚食，明日已後，不須進肉食。每日上皇與高公親看掃除庭院，芟薙草木。或講經論議，轉變説話，雖不近文律，終冀悦聖情。經十餘日，高公患瘧，劾於功臣閣下避瘧。日晚，聞門外有人問，稱是談庭瑶，云：「聖人喚阿翁。」問：「曾見太上皇未？」曰：「見了。」高公亦不敢辭，即隨庭瑶至閣門外。日晚見内養將一卷文書狀，云使看，略見少多，皆是罷職，却被索將，附奏云：「臣合死已久，聖恩含忍容至今日，所看事狀，並不曾聞。伏願得親辭聖顏，復受戮，死亦無恨。」明日有制：力士潛通逆黨，曲附兇徒，既懷梟獍之心，合就鯨鯢之戮。以其久侍帷幄，頗効勤勞，且捨殊死，可除名，長流巫州。

九月三十日至巫州，隨身手力，不越十人；所餘衣糧，纔至數月。殷憂待罪，首尾三年。經一年，忽見本道觀察第五國珍，謫至夷州。與第五相飲，賦詩曰：「烟燻眼落膜，瘴染面朱虞。」謂同病曰：「宰相猶如此，餘何以堪！」左右聞之，皆爲揮涕。又於園中見薺菜，土人不解吃，便賦詩曰：「兩京秤斤買，五溪無人採。夷夏雖有殊，氣味應不改。」使拾之爲羹，甚美。或登山臨水，以永終日。至元年建辰月，有制：流人一切放還。至建巳月，二聖昇遐，今上即位，改元爲寶應元年。六月，巫州二聖遺詔到，號天叩地，悲不自勝，制服持喪，禮過常度。每一號慟，數迴氣絶，晝夜無時，傷感行路，恨不得親奉陵寢而使永隔幽明。哀毁既深，哽咽成疾。七月，發巫山至朗州，八月病漸亟。謂左右曰：「吾年已七十九，可謂壽矣。官至開府儀同，可謂貴矣。既貴且壽，死何恨焉。所恨者二聖昇遐，攀號不逮；孤魂旅櫬，飄泊何依？」泣下霑襟，視之盡血。言畢，以寶應元年八月十八日終於朗州開元寺之西院。遠近聞之，莫不傷嘆。九月，靈櫬發朗州，十一月至襄州。有詔令復舊官爵，追贈廣州都督。喪事行李，一切官給，陪葬玄宗陵。

高公所生母麥氏，即隋將鐵杖曾孫。始與母别時，年十歲。母撫其首泣曰：「與汝分别，再見無時。然汝胸上七黑子，他人云必貴。吾若不死，得重見。記取此言。汝常弄吾臂上雙金環，吾亦留看，待見汝何之，慎勿忘却。」即與訣别。向三十年後，知母在瀧州，雖使人迎候，終不敢望見。及到，子母並不相識。母問曰：「與汝别時語記否？」「胸前有黑子？」母曰：「在否？」即解衣視之，母亦出金環示之。一時號泣，累日不止。上聞，登時召見，封越國夫人，便於養父母家安置。十餘年後卒，葬東京原。燕公誌墓曰：「驗七黑於子心，辨雙環於母臂。」即此事也。其妻，東平吕氏，故岐州刺史玄悟之女，躬行婦道，有逾常禮。

大理司直太原郭湜曰：「李輔國謬承恩寵，竊弄威權，蒙蔽聖聰，恣行兇醜。所持刑憲，皆涉回邪，即有敬毛裴畢之流，起周代索丘之獄，既無所措，難以圖存。使天下之心，自然搖矣。但經推案，先没家貲，不死則流，動逾千計。黔中道此一色尤多，則三故相，裴冕、張鎬、第五琦是也；一大夫，賀蘭進明是也；六中丞，鄭叔清、暢璀、韋利見、皇甫鋭、張萬頃、毛若虚是也；七御史，李融、屈無易、孫昌胤、孫鎣、宋晦、嚴鋭、畢曜是也；三員外，張渭、張之緒、李宣是也；一左丞，皇甫銑是也；一郡王，瑀是也；一開府，力士是也。遺詳補博卿監司舍將

軍列卿州牧縣宰已下，散在諸郡，不可盡紀。從至德至寶應向二千人，及承恩放還，十二三矣。嗟乎！淫刑以逞，誰得無罪？湜同病者，報以誌之，况與高公俱嬰讉累。每接言論，敢不書紳。豈謂懷輔弼之元勳，當休明之聖代，卒爲讒佞所惡，生死銜冤，悲夫！」

段成式《酉陽雜俎》續集卷六《寺塔記下》 翊善坊保壽寺，本高力士宅，天寶九載舍爲寺。初鑄鐘成，力士設齋慶之。舉朝畢至，一擊百千。有規其意，連擊二十杵。經藏閣規構危巧，二塔火珠，受十餘斛。河陽從事李琢，性好奇古，與僧智增善，嘗俱至此寺，觀庫中舊物。忽於破甕中得物如被，幅裂汚坌，觸而塵起。琢徐視之，乃畫也。因以縣圖三及縑三十獲之，令家人裝治之，大十餘幅。訪於常侍柳公權，方知張萱所畫石橋圖也。玄宗賜高，因留寺中。後爲鬻畫人宗牧言於左軍，尋有小使領軍卒數十人至宅，宣勑取之，即日進入。先帝好古，見之大悦，命張於雲韶院。

事徵：高力士呼二兄，呼阿翁，呼將軍，呼火老，五輪磑，初施棨戟，常卧鹿牀，長六尺五寸，陪葬泰陵，詠薺，鹵成印，上國下國，夢鞭，吕氏生髭。

鄭處誨《明皇雜録》補遺 高力士既譴于巫州，山谷多薺，而人不食，力士感之，因爲詩寄意：「兩京作斤賣，五溪無人採。夷夏雖有殊，氣味終不改。」其後會赦，歸至武溪，道遇開元中羽林軍士，坐事謫嶺南，停車訪舊，方知上皇已厭世。力士北望號泣，嘔血而死。

《資治通鑑》卷二一八唐肅宗至德元載六月條考異引《幸蜀記》 上意將幸西蜀，有中使常清奏曰：「國忠久在劍南，又諸將吏或有連謀，慮遠防微，須深詳議。」中官陳全節奏曰：「太原城池固莫之比，可以久處，請幸北京。」中官郭希奏曰：「朔方地近，被帶山河，鎮遏之雄，莫之與比。以臣愚見，不及朔方。」中使駱承休奏曰：「姑臧一郡嘗霸中原，秦、隴、河、蘭皆足徵取，且巡隴右，駐蹕凉州，翦彼鯨鯢，事將取易。」左右各陳其意見者十餘輩。高力士在側而無言。上顧之曰：「以卿之意，何道堪行？」力士曰：「太原雖固，地與賊鄰，本屬禄山，人心難測。朔方近塞，半是蕃戎，不達朝章，卒難教馭。西凉懸遠，沙漠蕭條，大駕順動，人馬非少，先無備擬，必有闕供，賊騎起來，恐見狼狽。劍南雖窄，土富人繁，表裏江山，內外險固，以臣所料，蜀道可行。」上然之。即除韋諤御史中丞，充置頓使。

備論

《舊唐書》卷一八四《宦官傳》 贊曰：崇墉大厦，壯其楹礎。殿邦禦侮，亦俟明德。宵人意褊，動不量力。投鼠敗器，良堪太息。

《新唐書》卷二〇七《高力士傳》 〔高〕力士善揣時事勢候相上下，雖親昵，至當覆敗，不肯爲救力，故生平無顯顯大過。議者頗恨宇文融以來權利相賊，階天下之禍，雖有補益，弗相除云。

范祖禹《唐鑑》卷四《玄宗上》 開元元年七月，以高力士爲右監門將軍，知內侍省事。初，太宗定制，內侍省不置三品官，黄衣廩食，守門傳命而已，天后雖女主，宦官亦不用事。中宗時，嬖幸猥多，宦官七品以上至千餘人，然衣緋者尚寡。帝在藩邸，力士傾心奉之，及爲太子，奏爲內給事，至是以誅蕭、岑功賞之。是後宦官稍增至三千餘人，除三品將軍者寖多，衣緋、紫者千餘人，宦官之盛自此始。

臣祖禹曰：自古國家之敗，未有不由子孫更變祖宗之舊也。創業之君，其得之也難，故其防患也深，其慮之也遠，故其立法也密。後世雖有聰明才智之君，高出羣臣之表，然未若祖宗更事之多也。夫中人不可假以威權，蓋近而易以爲姦也。明皇不戒履霜之漸，而輕變太宗之制，崇寵宦者，增多其員，自是以後，寖干國政，其原一啓，末流不可復塞。唐室之禍，基於開元。《書》曰：「監于先王成憲，其永無愆。」爲人後嗣，可不念之哉！

十月，姚崇爲相，嘗奏請序進郎吏，帝仰視殿屋，崇再三言之，終不應。崇懼，趨出。高力士諫曰：「陛下新揔萬機，宰相奏事，當面加可否，奈何一不省察？」帝曰：「朕任崇以庶政，大事當奏聞共議之。郎吏卑秩，乃一一煩朕邪？」會力士宣事至省中，爲崇道帝語，崇乃喜。聞者皆服帝識人君之體。

臣祖禹曰：人君勞於求賢，逸於任人。古者疇咨僉諧，然後用之。苟得其人，則任而勿疑，乃可以責成功。明皇既相姚崇，而委任之如此，其能致開元之治，不亦宜哉！

范祖禹《唐鑑》卷五《玄宗下》 十九年正月，王毛仲賜死。自是宦官勢益盛。高力士尤爲帝所寵信，嘗曰：「力士上直，吾寢則安。」故力士多留禁中，稀

至外第。四方表奏，皆先呈力士，然後奏御，事小力士即決之，勢傾内外。

臣祖禹曰：明皇不監石顯之事，而寵任力士，至使省決章奏，以萬機之重，委之閹寺，失君道甚矣。其後李林甫、楊國忠皆因力士以進，迹其禍亂，所從來者漸矣。《傳》曰：「存亡在所任。」人君可不慎其細哉？

帝嘗謂高力士曰：「朕今老矣，朝事付之宰相，邊事付之諸將，夫復何憂？」力士對曰：「臣聞雲南數喪師，又邊將擁兵太盛，陛下何以制之？臣恐一旦禍發不可復救，何謂無憂？」帝曰：「卿勿言，朕徐思之。」自去秋水旱相繼，關中大飢。楊國忠惡京兆尹李峴不附己，以災沴歸咎於峴，九月，貶峴長沙太守。帝憂雨傷稼，國忠取禾之善者獻之，曰：「雨雖多，不害稼也。」帝以爲然。扶風太守房琯言所部水災，國忠使御史推之。是歲，天下無敢言災者。高力士侍側，帝曰：「淫雨不已，卿可盡言。」對曰：「自陛下以權假宰相，賞罰無章，陰陽失度，臣何敢言！」帝默然。

臣祖禹曰：明皇之言未爲失也，其失者，任非其人也。誠使朝事付之相如姚、宋，邊事付之將如王忠嗣，夫復何憂哉？而以姦宄爲賢能，巨猾爲忠良，是以禍亂成而不自知也。自李林甫之(言時)〔時言〕路塞絶，以妄言爲實，以實言爲妖。楊國忠知其君之可欺也，而欺之。公卿大夫百執事之人，宴安寵禄，諛佞成風，大亂將作，凡民且能知之，而無一人敢言者，蓋其君子皆去，其立於朝者皆小人也。高力士帷幄之臣，非有深謀遠慮，心知其事而不忍噤默，此非其忠義過人，蓋朝廷無賢，百官失職，而至於宦者言天下之事，明皇亦可以悟矣，而曾不之省，以及於亂，不亦宜哉。

藝文

《文苑英華》卷九九一張説《爲高力士祭父文》 維開元十七年月日，孝子力士，敢告于考潘州府軍、妣南海太君之靈：小子不天，夙齡凶閔，身嬰寇剽，家值虜裂。幸供掃洒之餘，遂蒙侍從之顧，扶戴明聖，逼畏艱難。大固不敢不密，小亦不敢不誠，事必記心，言無漏口。日慎一日，將二十年，玉弁加首，金章在佩。先靈納祐，明神降鑒，阿母遠至於京華，妹兄自拔于泥滓，咸以官漸榮禄，姻通士林，慈顔復慶《集》作願復。於日前，同氣展歡於膝下。又緑幼育高氏，變族移家，敬愛盡於二堂，温清周於一紀。不圖無狀招禍，未見孤棄，聖主恩華，曲逮存没，邑封舊郡，官贈本邦。親感《集》作恩。君澤，子承父意，致命報天，誓有同於皦日；竭忠資孝，志無忝於幽泉。敬惟靈懷，慰聞昭遂，先遠有日，卜兆新塋，遥啓尊，魂合祔良壤，哀迫祖載，攀戀須臾。謹以清酌少牢，恭陳遺奠，盈鐏不舉，虚饌莫嘗。號天叩地，殞絶何仰？

《全唐詩》卷八七〇張保胤《又留别同院》 憶昔當年富貴時，如今頭腦尚依稀。布袍破後思宮内，錦袴穿時憶御衣。鶻子背鑽高力士，嬋娟翻畫太真妃。如今顛頷離南海，恰似當時幸蜀時。

一行部

綜述

《舊唐書》卷一九一《一行傳》 僧一行，姓張氏，先名遂，魏州昌樂人，襄州都督、郯國公公謹之孫也。父擅，武功令。一行少聰敏，博覽經史，尤精曆象、陰陽、五行之學。時道士尹崇博學先達，素多墳籍。一行詣崇，借揚雄《太玄經》，將歸讀之。數日，復詣崇，還其書。崇曰：「此書意指稍深，吾尋之積年，尚不能曉，吾子試更研求，何遽見還也？」一行曰：「究其義矣。」因出所撰《大衍玄圖》及《義決》一卷以示崇。崇大驚，因與一行談其奧賾，甚嗟伏之。謂人曰：「此後生顔子也。」一行由是大知名。武三思慕其學行，就請與結交，一行逃匿以避之。尋出家爲僧，隱於嵩山，師事沙門普寂。睿宗即位，敕東都留守韋安石以禮徵，一行固辭以疾，不應命。後步往荆州當陽山，依沙門悟真以習梵律。

開元五年，玄宗令其族叔禮部郎中洽齎敕書就荆州强起之。一行至京，置於光太殿，數就之，訪以安國撫人之道，言皆切直，無有所隱。開元十年，永穆公主出降，敕有司優厚發遣，依太平公主故事。一行以爲高宗末年，唯有一女，所以特加其禮，又太平驕僭，竟以得罪，不應引以爲例。上納其言，遽追敕不行，但依常禮。其諫諍皆此類也。

一行尤明著述，撰《大衍論》三卷、《攝調伏藏》十卷、《天一太一經》及《太一局遁甲經》、《釋氏系録》各一卷。時《麟德曆經》推步漸疏，敕一行考前代諸家曆法，改撰新曆，又令率府長史梁令瓚等與工人創造黄道游儀，以考七曜行度，互相證明。於是一行推《周易》大衍之數，立衍以應之，改撰《開元大衍曆經》。至十五年卒，年四十五，賜謚曰大慧禪師。

初，一行從祖東臺舍人太素，撰《後魏書》一百卷，其《天文志》未成，一行續而成之。上爲一行製碑文，親書於石，出内庫錢五十萬，爲起塔於銅人之原。明年，幸温湯，過其塔前，又駐騎徘徊，令品官就塔以告其出豫之意，更賜絹五十匹，以蒔塔前松柏焉。

初，一行求訪師資，以窮大衍，至天台山國清寺，見一院，古松十數，門有流水，一行立於門屏間，聞院僧於庭布算聲，而謂其徒曰：「今日當有弟子自遠求吾算法，已合到門，豈無人導達也？」即除一算。又謂曰：「門前水當却西流，弟子亦至。」一行承其言而趨入，稽首請法，盡受其術焉，而門前水果却西流。道士邢和璞嘗謂尹愔曰：「一行其聖人乎？漢之洛下閎造曆，云：『後八百歲當差一日，必有聖人正之。』今年期畢矣，而一行造《大衍》正其差謬，則洛下閎之言信矣，非聖人而何？」

時又有黄州僧泓者，善葬法。每行視山原，即爲之圖，張説深信重之。

雜録

備録

段成式《酉陽雜俎》前集卷一《天咫》 僧一行博覽無不知，尤善於數，鈎深藏往，當時學者莫能測。幼時家貧，鄰有王姥，前後濟之數十萬。及一行開元中承上敬遇，言無不可，常思報之。尋王姥兒犯殺人罪，獄未具，姥訪一行求救。一行曰：「姥要金帛，當十倍酬也。明君執法，難以請求，如何？」王姥戟手大罵曰：「何用識此僧！」一行從而謝之，終不顧。……詰朝，中使叩門急召。至便殿，玄宗迎問曰：「太史奏昨夜北斗不見，是何祥也，師有以禳之乎？」一行曰：「後魏時，失熒惑。至今，帝車不見，古所無者，天將大警於陛下也。夫匹婦匹夫不得其所，則隕霜赤旱。盛德所感，乃能退舍。感之切者，其在葬枯出繫乎？釋門以瞋心壞一切善，慈心降一切魔。如臣曲見，莫若大赦天下。」玄宗從之。又其夕，太史奏北斗一星見，凡七日而復。

段成式《酉陽雜俎》前集卷三《貝編》 僧一行窮數有異術。開元中嘗旱，玄宗令祈雨，一行言當得一器，上有龍狀者，方可致雨。上令於内庫中遍視之，皆言不類。數日後，指一古鏡，鼻盤龍，喜曰：「此有真龍矣。」乃持入道場，一夕而雨。或云是揚州所進，初範模時，有異人至，請閉户入室，數日開户，模成，其人已失。有圖並傳於世。此鏡五月五日，於揚子江心鑄之。

段成式《酉陽雜俎》前集卷一二《語資》　一行公本不解弈，因會燕公宅，觀王積薪棋一局，遂與之敵。笑謂燕公曰：「此但爭先耳，若念貧道四句乘除語，則人人爲國手。」

劉肅《大唐新語》卷一三《記異二九》　沙門一行，俗姓張，名遂，郯公公謹之曾孫。年少出家，以聰敏學行，見重於代。玄宗詔於光文殿改撰曆經。後又移就麗正殿，與學士參校曆經。一行乃撰《開元大演曆》一卷，《曆議》十卷，《曆立成》十二卷，《曆書》二十四卷，《七政長曆》三卷，凡五部五十卷。未及奏上而卒。張説奏上，詔令行用。初，一行造黄道游儀以進，御製《游儀銘》付太史監，將向靈臺上，用以測候。分遣太史官大相元太等馳驛往安南、朗、兖等州，測候日影，同以二分二至之日正午時量日影，皆數年乃定。安南量極高二十一度六分，冬至日長七尺九寸二分，春秋二分長二尺九寸三分，夏至影在表南三寸三分。蔚州横野軍北極高四十度，冬至日影長一丈五尺八分，春秋二分長六尺六寸二分，夏至影在表北二尺二寸九分。此二所爲中土南北之極。其朗、兖、太原等州，並差殊不同。一行用勾股法算之，云：大約南北極相去纔八萬餘里。修曆人陳玄景亦善算術，歎曰：「古人云『以管窺天，以蠡測海』，以爲不可得而致也。今以丈尺之術，而測天地之大，豈可得哉！若依此而言，則天地豈得爲大也。」其後參校一行曆經，並精密，迄今行用。

鄭處誨《明皇雜録》補遺　僧一行姓張氏，鉅鹿人，本名遂。唐玄宗既召見，謂曰：「卿何能？」對曰：「唯善記覽。」玄宗因詔掖庭，取宮人籍以示之，周覽既畢，覆其本，記念精熟，如素所習讀。數幅之後，玄宗不覺降御榻，爲之作禮，呼爲聖人。先是，一行既從釋氏，師事普寂於嵩山。師嘗設食於寺，大會羣僧及沙門，居數百里者皆如期而至，且聚千餘人。時有盧鴻者，道高學富，隱於嵩山，因請鴻爲文，讚歎其會。至日，鴻持其文至寺，其師授之，致於几案上。鍾梵既作，鴻請普寂曰：「某爲文數千言，況其字僻而言怪，盍於羣僧中選其聰悟者，鴻當親爲傳授。」乃令召一行。既至，伸紙微笑，止於一覽，復致於几上，鴻輕其疎脱而竊怪之。俄而羣僧會於堂，一行攘袂而進，抗音興裁，一無遺忘。鴻驚愕久之，謂寂曰：「非君所能教導也，當縱其遊學。」一行因窮《大衍》。自此訪求師資，不遠千里。嘗至天台國清寺，見一院，古松數十步，門有流水。一行立於門屏間，聞院中僧於庭布算，其聲簌簌。既而謂其徒曰：「今日當有弟子求吾算法，已合到門，豈無人導達耶？」即除一算。又謂曰：「門前水合却西流，弟子當至。」一行承言而入，稽首請法，盡授其術焉。而門水舊東流，忽改爲西流矣。邢和璞嘗謂尹愔曰：「一行其聖人乎？漢之洛下閎造《大衍曆》，云後八百歲當差一日，則有聖人定之。今年期畢矣，而一行造《大衍曆》，正在差謬，則洛下閎之言信矣。」一行又嘗詣道士尹崇，借楊雄《太玄經》，數日復詣崇還其書。崇曰：「此書意旨深遠，吾尋之積年，尚不能曉。吾子試更研求，何遽見還也？」一行曰：「究其義矣。」因出所撰《大衍玄圖》及義訣一卷以示崇，崇大嗟伏，謂人曰：「此後生顔子也。」初，一行幼時家貧，鄰有王姥者，家甚殷富，奇一行，不惜金帛，前後濟之約數十萬，一行常思報之。至開元中，一行承玄宗敬遇，言無不可。未幾，會王姥兒犯殺人，獄未具，姥詣一行求救。一行曰：「姥要金帛，當十倍酬也。君上執法，難以情求，如何？」王姥戟手大罵曰：「何用識此僧！」一行從而謝之，終不顧。一行心計渾天寺中工役數百，乃命空其室內，徙一大甕於中央，密選常住奴二人，授以布囊，謂曰：「某坊某角有廢園，汝向中潛伺。從午至昏，當有物入來，其數七者，可盡掩之。失一則杖汝。」如言而往，至酉後，果有羣豕至，悉獲而歸。一行大喜，令置甕中，覆以木蓋，封以六一泥，朱題梵字數十，其徒莫測。詰朝，中使叩門急召，至便殿，玄宗迎謂曰：「太史奏昨夜北斗不見，是何祥也？師有以禳之乎？」一行曰：「後魏時失熒惑，至今帝車不見，古所無者，天將大警於陛下也。夫匹婦匹夫不得其所，則殞霜赤旱。盛德所感，乃能退舍。感之切者，其在葬枯出繫乎！釋門以嗔心壞一切喜，慈心降一切魔。如臣曲見，莫若大赦天下。」玄宗從之。又其夕，太史奏北斗一星見，凡七日而復。至開元末，裴寬爲河南尹，深信釋氏，師事普寂禪師，日夕造焉。居一日，寬詣寂，寂云：「方有少事，未暇款語，且請遲回少憩也。」寬乃屏息，止於空室，見寂潔滌正堂，焚香端坐。坐未久，忽聞扣門，連云：「天師一行和尚至矣。」一行入，詣寂作禮。禮訖，附耳密語，其貌絶恭，寂但頷云：「無不可者。」一行語訖，降階入南室，自闔其户。寂乃徐命弟子云：「遣鍾，一行和尚滅度矣。」左右疾走視之，一如其言。滅度後，寬乃服衰絰葬之，自徒步出城送之。

鄭綮《開天傳信記》　玄宗既召見一行，謂曰：「師何能？」對曰：「惟善記覽。」玄宗因詔掖庭取宮人籍以示之。周覽既畢，覆其本，記念精熟，如素所習讀。數幅之後，玄宗不覺降御榻爲之作禮，呼爲聖人。先是，一行既從釋氏，師事普寂於嵩山。師嘗設食于寺，大會羣僧及沙門，居數百里者，皆如期而至，聚且千餘人。時有盧鴻者，道高學富，隱於嵩山，因請鴻爲文讚嘆其會。至日，鴻

持其文至寺，其師受之，致於几案上。鐘梵既作，鴻請普寂曰：「某爲文數千言，況其字僻而言怪，盍於羣僧中選其聰悟者，鴻當親爲傳授。」乃令召一行。既至，伸紙微笑，止於一覽，復致於几上。鴻輕其疏脱而竊怪之。俄而羣僧會於堂，一行攘袂而進，抗音興裁，一無遺忘。鴻驚愕久之，謂寂曰：「非君所能教導也，當從其遊學。」一行因窮大衍，自此訪求師資，不遠數千里。嘗至天台國清寺，見一院，古松數十步，門有流水。一行立於門屏間，聞院中僧於庭布算，其聲蔌蔌。既而謂其徒曰：「今日當有弟子求吾算法，已合到門，豈無人道達耶？」即除一算。又謂曰：「門前水合却西流，弟子當至。」一行承言而入，稽首請法，盡受其術焉。而門水舊東流，今忽改爲西流矣。邢和璞嘗謂尹愔曰：「一行其聖人乎？漢之洛下閎造大衍曆，云後八百歲當差一日，則有聖人定之，今年期畢矣。而一行造大衍曆，正在差謬，則洛下閎之言信矣。」行又嘗詣道士尹崇借揚雄《太玄經》，數日，復詣崇還其書。崇曰：「此書意旨深遠，吾尋之數年，尚不能曉，吾子試更研求，何遽還也？」一行曰：「究其義矣。」因出所撰《太衍玄圖》及《義訣》一卷以示崇，崇大嗟服，曰：「此後生顔子也。」至開元末，裴寬爲河南尹，深信釋氏，師事普寂禪師，日夕造焉。居一日，寬詣寂，寂云：「方有小事，未暇欵語，且請遲回休憩也。」寬乃屏息，止於空室。見寂潔正堂，焚香端坐。坐未久，忽聞叩門，連云：「天師一行和尚至矣。」一行入，詣寂作禮，禮訖，附耳密語，其貌絶恭，但頷云：「無不可者。」語訖禮，禮訖又語，如是者三，寂惟云：「是是，無不可者。」一行語訖，降階入南室，自闔其户。寂乃徐命弟子云：「遣鍾，一行和尚滅度矣。」左右疾走視之，一行如其言滅度。後寬乃服衰絰葬之，自徒步出城送之。【略】一行將卒，留物一封，命弟子進於上。發而視之，乃蜀當歸也。上初不諭，及幸蜀回，乃知微旨，深歎異之。

《太平廣記》卷一四〇《一行》引《廣德神異録》 唐開元十五年，一行禪師臨寂滅遺表云：「他時慎勿以宗子爲相，蕃臣爲將。」後李林甫擅權於内，安禄山弄兵於外，東都爲賊所陷。

錢易《南部新書》卷辛 開元中，重沙門。一行幼時，鄰母常濟行貧，常思報之。後王姥男殺人，詣求救。行曰：「要金帛可十倍酬，國法難請。」姥戟手駡曰：「何用此爲！」一行心計渾天，日役數百工，命空其室，移一大瓮於中。又密遣奴二人，持布囊曰：「汝可往某方某角，有廢園，汝潛伺之。自午至昏，當有異物至，其數七，可盡掩之。失一則罪汝。」至彼，酉時果有羣豕至，奴獲七豕，囊負歸。令寘瓮中，覆以木蓋，封以六一泥，朱書梵字數十，其徒罔測。詰旦，中使詔對便殿，玄皇曰：「太史奏，昨夜北斗不見，何祥也？師禳之乎？」一行曰：「後魏時，失熒惑，至今帝車不見。此天警陛下耳。臣所見莫若大赦天下。」從之。一行歸，放一豕出。其夕，奏一星見。至七夕皆見矣。

錢易《南部新書》卷壬 一行老病將死，玄皇執手問之曰：「更有何事相救？」行曰：「尚有二事。」其一曰：「勿遣胡人掌重兵。不獲已用之，勿與内宴。若使見富貴，必反逆以取。」其二曰：「禁兵勿付漢官，須令内官監統。」及幸蜀，臨渭永，與肅皇別，歎曰：「吾不用一行之言。」後方置神策軍。

王闢之《澠水燕談録》卷九《雜録》 唐太宗問一行世數，禪師製葉子格進之。葉子，言「二十世李」也。當時士大夫宴集皆爲之。

藝文

《全唐文》卷二二三張説《賀大衍歷表》 臣説言：伏以《開元大衍歷》天旨裁其紀綱，日官考其精要，履端更始，敬授惟新。加以辯五行之序，推七精之數，明徵聖期，實光土德。臣又見粱天監中陶宏景著《玉匱記》云：「盛德木子，以肇來運。」頃者僧一行推璿衡歷，得皇家天命，成數千年。古今祥兆，若合符契，歷數既在於聖躬，卜年又表於長歷，莫大之慶，獨冠前王。臣忝跡儒林，預聞昌運，無任抃躍之至，謹奉表陳賀以聞。

李林甫部

綜述

《舊唐書》卷一六〇《李林甫傳》　李林甫，高祖從父弟長平王叔良之曾孫。叔良生孝斌，官至原州長史。孝斌生思誨，官至揚府參軍，思誨即林甫之父也。林甫善音律，初爲千牛直長，其舅楚國公姜皎深愛之。開元初，遷太子中允。時源乾曜爲侍中，乾曜姪孫光乘，姜皎妹壻，乾曜與之親。乾曜之男潔白其父曰：「李林甫求爲司門郎中。」乾曜曰：「郎官須有素行才望高者，哥奴豈是郎官耶？」數日，除諭德。哥奴，林甫小字。累遷國子司業。

十四年，宇文融爲御史中丞，引之同列，因拜御史中丞，歷刑、吏二侍郎。時武惠妃愛傾後宮，二子壽王、盛王以母愛特見寵異，太子瑛益疏薄。林甫多與中貴人善，乃因中官干惠妃云：「願保護壽王。」惠妃德之。初，侍中裴光庭妻武三思女，詭譎有材略，與林甫私。中官高力士本出三思家，及光庭卒，武氏銜哀祈於力士，請林甫代其夫位。力士未敢言，玄宗使中書令蕭嵩擇相，嵩久之以右丞韓休對，玄宗然之，乃令草詔。力士遽漏於武氏，乃令林甫白休。休既入相，甚德林甫，與嵩不和，乃薦林甫堪爲宰相，惠妃陰助之，因拜黃門侍郎，玄宗眷遇益深。

二十三年，以黃門侍郎平章事裴耀卿爲侍中，中書侍郎平章事張九齡爲中書令，林甫爲禮部尚書、同中書門下三品，並加銀青光祿大夫。林甫面柔而有狡計，能伺候人主意，故驟歷清列，爲時委任。而中官妃家，皆厚結託，伺上動靜，皆預知之，故出言進奏，動必稱旨。而猜忌陰中人，不見於詞色，朝廷受主恩顧，不由其門，則構成其罪；與之善者，雖廝養下士，盡至榮寵。尋歷戶、兵二尚書，知政事如故。

尋又以太子瑛、鄂王瑤、光王琚皆以母失愛而有怨言，駙馬都尉楊洄白惠妃。玄宗怒，謀於宰臣，將罪之。九齡曰：「陛下三箇成人兒不可得。太子國本，長在宮中，受陛下義方，人未見過，陛下奈何以喜怒間忍欲廢之？臣不敢奉詔。」玄宗不悅。林甫惘然而退，初無言，既而謂中貴人曰：「家事何須謀及於人。」時朔方節度使牛仙客在鎮，有政能，玄宗加實封，九齡又奏曰：「邊將訓兵秣馬，儲蓄軍實，常務耳，陛下賞之可也；欲賜實賦，恐未得宜。惟聖慮思之。」帝默然。林甫以其言告仙客，仙客翌日見上，泣讓官爵。玄宗欲行實封之命，兼爲尚書，九齡執奏如初。帝變色曰：「事總由卿？」九齡頓首曰：「陛下使臣待罪宰相，事有未允，臣合盡言。違忤聖情，合當萬死。」玄宗曰：「卿以仙客無門籍耶？卿有何門閥？」九齡對曰：「臣荒徼微賤，仙客中華之士。然陛下擢臣踐臺閣，掌綸誥；仙客本河湟一使典，目不識文字，若大任之，臣恐非宜。」林甫退而言曰：「但有材識，何必辭學；天子用人，何有不可？」玄宗滋不悅。

九齡與中書侍郎嚴挺之善。挺之初娶妻出之，妻乃嫁蔚州刺史王元琰。時元琰坐贓，詔三司使推之，挺之救免其罪。玄宗察之，謂九齡曰：「王元琰不無贓罪，嚴挺之囑託所由輩有顏面。」九齡曰：「此挺之前妻，今已婚崔氏，不合有情。」玄宗曰：「卿不知，雖離之，亦却有私。」玄宗籍前事，以九齡有黨，與裴耀卿俱罷知政事，拜左、右丞相，出挺之爲洺州刺史，元琰流于嶺外。即日林甫代九齡爲中書、集賢殿大學士、修國史；拜牛仙客工部尚書、同中書門下平章事，知門下省事。監察御史周子諒言仙客非宰相器，玄宗怒而殺之。林甫言子諒本九齡引用，乃貶九齡爲荆州長史。

玄宗終用林甫之言，廢太子瑛、鄂王瑤、光王琚爲庶人，太子妃兄駙馬都尉薛鏽長流瀼州，死於故驛，人謂之「三庶」，聞者冤之。其月，佞媚者言有鳥鵲巢於大理獄戶，天下幾致刑措。玄宗推功元輔，封林甫晉國公，仙客豳國公。其冬，惠妃病，三庶人爲祟而薨。儲宮虛位，玄宗未定所立。林甫曰：「壽王年已成長，儲位攸宜。」玄宗曰：「忠王仁孝，年又居長，當守器東宮。」乃立爲皇太子。自是林甫懼，巧求陰事以傾太子。

林甫既秉樞衡，兼領隴右、河西節度，又加吏部尚書。天寶改易官名，爲右相，停知節度事，加光祿大夫，遷尚書左僕射。六載，加開府儀同三司，賜實封三百戶，而恩渥彌深。凡御府膳羞，遠方珍味，中人宣賜，道路相望。與宰相李適之雖同宗屬，而適之輕率，嘗與林甫同論時政，多失大體，由是主恩益疏，以至罷免。黃門侍郎陳希烈性便佞，嘗曲事林甫，適之既罷，乃引希烈同知政事。林甫久典樞衡，天下威權，並歸於己，台司機務，希烈不敢參議，但唯諾而已。每有奏請，必先賂遺左右，伺察上旨，以固恩寵。上在位多載，倦於萬機，恒以大臣接對

拘檢，難徇私欲，自得林甫，一以委成。故杜絶逆耳之言，恣行宴樂，衽席無別，不以爲恥，由林甫之贊成也。

林甫京城邸第，田園水磑，利盡上腴。城東有薛王別墅，林亭幽邃，甲於都邑，特以賜之，及女樂二部，天下珍玩，前後賜與，不可勝紀。宰相用事之盛，開元已來，未有其比。然每事過慎，條理衆務，增修綱紀，中外遷除，皆有恒度。而耽寵固權，己自封植，朝望稍著，必陰計中傷之。初，韋堅登朝，以堅皇太子妃兄，引居要職，示結恩信，實圖傾之，乃潛令御史中丞楊慎矜陰伺堅隙。會正月望夜，皇太子出遊，與堅相見，慎矜知之，奏上。上大怒，以爲不軌，黜堅，免太子妃韋氏。林甫因是奏李適之與堅昵狎，及裴寬、韓朝宗並曲附適之，上以爲然，賜堅自盡，裴、韓皆坐之斥逐。後楊慎矜權位漸盛，林甫又忌之，乃引王鉷爲御史中丞，託以心腹。鉷希林甫意，遂誣罔密奏慎矜左道不法，遂族其家。楊國忠以椒房之親，出入中禁，奏請多允，乃擢在臺省，令按刑獄。會皇太子良娣杜氏父有鄰與子婿柳勣不叶，勣飛書告有鄰不法，引李邕爲證，詔王鉷與國忠按問。鉷與國忠附會林甫奏之，於是賜有鄰自盡，出良娣爲庶人，李邕、裴敦復枝黨數人並坐極法。林甫之苞藏安忍，皆此類也。

林甫自以始謀不佐皇太子，慮爲後患，故屢起大獄以危之，賴太子重慎無過，流言不入。林甫嘗令濟陽別駕魏林告隴右、河西節度使王忠嗣，林往任朔州刺史，忠嗣時爲河東節度，自云與忠王同養宫中，情意相得，欲擁兵以佐太子。玄宗聞之曰：「我兒在内，何路與外人交通？此妄也。」然忠嗣亦左授漢陽太守。八載，咸寧太府趙奉章告林甫罪狀二十餘條。告未上，林甫知之，諷御史臺逮捕，以爲妖言，重杖決殺。

十載，林甫兼領安西大都護、朔方節度，俄兼單于副大都護。十一載，以朔方副使李獻忠叛，讓節度，舉安思順自代。國家武德、貞觀已來，蕃將如阿史那社爾、契苾何力，忠孝有才略，亦不專委大將之任，多以重臣領使以制之。開元中，張嘉貞、王晙、張説、蕭嵩、杜暹皆以節度使入知政事，林甫固位，志欲杜出將入相之源，嘗奏曰：「文士爲將，怯當矢石，不如用寒族、蕃人，蕃人善戰有勇，寒族即無黨援。」帝以爲然，乃用思順代林甫領使。自是高仙芝、哥舒翰皆專任大將，林甫利其不識文字，無入相由，然而禄山竟爲亂階，由專得大將之任故也。

林甫恃其早達，輿馬被服，頗極鮮華。自無學術，僅能秉筆，有才名於時者尤忌之。而郭慎微、苑咸文士之闒茸者，代爲題尺。林甫典選部時，選人嚴迥判語有用「杕杜」二字者，林甫不識「杕」字，謂吏部侍郎韋陟曰：「此云『杖杜』，何也？」陟俯首不敢言。太常少卿姜度，林甫舅子，度妻誕子，林甫手書慶之曰：「聞有弄獐之慶。」客視之掩口。

初，楊國忠登朝，林甫以微才不之忌；及位至中司，權傾朝列，林甫始惡之。時國忠兼領劍南節度，會南蠻寇邊，林甫請國忠赴鎮。帝雖依奏，然待國忠方渥，有詩送行，句末言入相之意。又曰：「卿止到蜀郡處置軍事，屈指待卿。」林甫心尤不悦。林甫時已寢疾。其年十月，扶疾從幸華清宫，數日增劇，巫言一見聖人差減，帝欲視之，左右諫止。乃敕林甫出於庭中，上登降聖閣遥視，舉紅巾招慰之，林甫不能興，使人代拜於席。翌日，國忠自蜀還，謁林甫，拜於牀下，林甫垂涕託以後事。尋卒，贈太尉、揚州大都督，給班劍、西園秘器。諸子以吉儀護柩還京師，發喪於平康坊之第。

林甫晚年溺於聲妓，姬侍盈房。自以結怨於人，常憂刺客竊發，重扃複壁，絡板甃石，一夕屢徙，雖家人不之知。有子二十五人、女二十五人：岫爲將作監，崿爲司儲郎中，嶼爲太常少卿；子婿張博濟爲鴻臚少卿，鄭平爲户部員外郎，杜位爲右補闕，楊齊宣爲諫議大夫，元搗爲京兆府户曹。

初，林甫嘗夢一白皙多鬚長丈夫逼己，接之不能去。既寤，言曰：「此形狀類裴寬，寬謀代我故也。」時寬爲户部尚書、兼御史大夫，故因李適之黨斥逐之。是時楊國忠始爲金吾胄曹參軍，至是不十年，林甫卒，國忠竟代其任，其形狀亦類寬焉。國忠素憾林甫，既得志，誣奏林甫與蕃將阿布思同構逆謀，誘林甫親族間素不悦者爲之證。詔奪林甫官爵，廢爲庶人，岫、崿諸子並謫於嶺表。林甫性沉密，城府深阻，未嘗以愛憎見於容色。自處台衡，動循格令，衣冠士子，非常調無仕進之門。所以秉鈞二十年，朝野側目，憚其威權。及國忠誣構，天下以爲冤。

雜録

備録

段成式《酉陽雜俎》續集五《寺塔記上》 寺之制度，鐘樓在東，唯此寺緣李

右座林甫宅在東，故建鐘樓於西。寺内有郭令玳瑁鞭及郭令王夫人七寶帳。寺主元竟，多識釋門故事，云李右座每至生日常轉請此寺僧就宅設齋。有僧乙嘗嘆佛，施鞍一具，賣之，材直七萬。又僧廣有聲名，口經數年，次當嘆佛，因極祝右座功德，冀獲厚賜。齋畢，簾下出綵篚，香羅帕籍一物如朽釘，長數寸。僧歸失望，慚惋數日。且意大臣不容欺己，遂攜至西市，示於商胡。商胡見之，驚曰：「上人安得此物，必貨此不違價。」僧試求百千，胡人大笑曰：「未也，更極意言之。」加至五百千，胡人曰：「此直一千萬。」遂與之。僧訪其名，曰：「此寶骨也。」

李肇《國史補》卷下　自開元二十二年，吏部置南院，始懸長名，以定留放。時李林甫知選，寧王私謁十人，林甫曰：「就中乞一人賣之。」于是放選牓云：「據其書判，自合得留。緣囑寧王，且放冬集。」

封演《封氏聞見記》卷三《貢舉》　李右相在廟堂，進士王如泚者，妻翁以伎術供奉玄宗，欲與改官，拜謝而請曰：「臣女壻王如泚，見應進士舉，伏望聖恩回換，與一及第。」上許之，付禮部宜與及第。侍郎李暐以詔旨執政。右相曰：「如泚文章堪及第否？」暐曰：「與亦得，不與亦得。」右相曰：「若爾，未可與之。明經進士，國家取才之地，若聖恩優異，差可與官；今以及第與之，將何以觀材。」林甫即自聞奏取旨。如泚賓朋讌賀，車馬盈門；忽中書下牒禮部：「王如泚可依例考試」，聞者愕然失錯矣。

封演《封氏聞見記》卷五《頌德》　開元中，右相李林甫爲國子司業，頗振綱紀。洎登廟堂，見諸生好説司業時事。諸生希旨，相率署石建碑于國學都堂之前。後因釋奠日，百寮畢集，林甫見碑，問之祭酒班景倩，具以事對。林甫戚然曰：「林甫何功而立碑，誰爲此舉？」意色甚厲。諸生大懼得罪，通夜琢滅，覆之于南廊。天寶末，其石猶在。

劉肅《大唐新語》卷一一《懲誡二五》　天寶中，李林甫爲相，專權用事。先是，郭元振、薛訥、李適之等，咸以立功邊陲，入參鈞軸。林甫懲前事，遂反其制，始請以蕃人爲邊將，冀固其權。言於玄宗曰：「以陛下之雄才，國家富强，而諸蕃未滅者，由文吏爲將怯懦不勝武事也。陛下必欲滅四夷，威海内，莫若武臣；武臣莫若蕃將。夫蕃將生而氣雄，少養馬上，長於陣敵，此天性然也。若陛下感而將之，使其必死，則狄不足圖也。」玄宗深納之，始用安禄山，卒爲戎首。雖理亂安危係之天命，而林甫奸宄，實生亂階，痛矣哉！

鄭處誨《明皇雜録》卷上　李林甫子壻鄭平爲户部員外郎，嘗與林甫同處。一日，林甫就院省其女，遇平方櫛髮，見林甫坐處甘露羹，取而食之，曰：「縱當華皓，必當鬢黑。」明日，果有中使至，賜林甫食，中有甘露羹，遂以與平。平食訖，一旦髮毛如黳。

上與李林甫議立太子，意屬忠王。林甫從容言於上曰：「古者建立儲君，必推賢德，苟非有大勳於社稷，則惟元子。」上默然曰：「朕長子琮，往年因獵苑中，所傷面目尤甚。」林甫曰：「破面不猶愈於破國乎！陛下其圖之。」上微感其言，徐思之。林甫亦素知其有疾，意欲動摇肅宗，而託附武惠妃，因以壽王瑁爲請；竟以肅宗孝友聰明，中外所屬，故姦邪之計莫得行焉。

鄭處誨《明皇雜録》卷下　玄宗宴於勤政樓下，巷無居人，宴罷，帝猶垂簾以觀。兵部侍郎盧絢謂帝已歸宫掖，垂鞭按轡，縱横樓下，絢負文雅之稱，而復風標清粹。帝一見不覺目送之，問左右曰：「誰？」近臣具以絢名氏對之，帝亟稱其蘊藉。是時林甫方持權忌能，帝左右寵倖，未嘗不厚以金帛爲賄，由是帝之動静，林甫無不知之。翌日，林甫召絢之子弟謂曰：「賢尊以素望清崇，今南方籍才，聖上有交廣之寄，可乎？若憚遐方，即當請老，不然，以賓詹仍分務東洛，亦優賢之命也。」子歸而具道建議可否，于是絢以賓詹爲請。林甫恐乖衆望，出爲華州刺史，不旬月，誣其有疾，爲郡不理，授太子詹事員外安置。

佚名《大唐傳載》　開元中，吏部侍郎被寧王憲囑親故十人官，遂詣王請見云：「十人之中，有商量去者乎？」王云：「九人皆不可矣，一人某者聽公。」吏部歸，九人皆超資好官，獨某者當時出，云：「據其書判，自合得官。緣囑寧王，且放冬集。」

范攄《雲溪友議》卷中《李右座》　李相公林甫，當開元之際，與巷陌交通，權等人主。天下之能名，須出其門也。如不稱意者，必遭竄逐之禍。雖楊國忠之盛，未得侔焉。其姬愛之衆，皆不勝其珠翠。嘗賜宫娥二人，一者潛歸私家，經旬方還，相公亦乃不知。其榮顯謂之右座相公，軒蓋諸侯，見者如履冰谷。舉子尉遲匡，幽并耿概之士也，以頻年不第，投書于右座，皆擊刺之説。匡有《暮行潼關》之作，云：「明日飛出海，黄河流上天。」又《觀内人樓上踏歌》曰：「芙蓉初出水，桃李忽無言。」又《塞上曲》云：「夜夜月爲青塚鏡，年年雪作黑山花。」相公鑒此句曰：「得非才子乎？若使匡伏恨銜冤，不假陶鑄之力，則從四夷八蠻，分爲左袒矣！豈爲進人乎？豈爲賢相乎？」及得相見，右座曰：「有一蕭穎士，既叨

科第，輕時縱酒，不遵名教，嘗忤吏部王尚書丘，然以文識該通，孰爲其敵，君子不遺其言，幾至鞭撲。子之詩篇，幸未方於穎士，且吾之名，復異於王公，言王吏部。重欲相干，三思可矣。」匡知右座見怒，惶怖而趨出。酒肩無依，退歸林墅。罷宵戚之高歌，効約成之獨樂。登山臨水，勞灼灼之音焉。

王仁裕《開元天寶遺事》卷上《選婿窗》 李林甫有女六人，各有姿色，雨露之家，求之不允。林甫廳事壁間，開一横窗，飾以雜寶，縵以絳紗。常日使六女戲於窗下，每有貴族子弟入謁，林甫即使女於窗中自選可意者事之。

王仁裕《開元天寶遺事》卷下《肉腰刀》 李林甫妬賢嫉能，不協羣議，每奏御之際，多所陷人，衆謂林甫爲肉腰刀。又云林甫嘗以甘言誘人之過，譖於上前，時人皆言林甫甘言如蜜。朝中相謂曰：「李公雖面有笑容，而肚中鑄劍也。」人日憎怨，異口同音。

王仁裕《開元天寶遺事》卷下《索鬭雞》 李林甫爲性狠狡，不得士心，每有所行之事，多不協羣議，而面無和氣。國人謂林甫精神剛戾，常如索鬭雞。

王仁裕《開元天寶遺事》卷下《醉語》 李林甫每與同僚議及公直之事，則如癡醉之人，未嘗問答；或語及阿徇之事，則響應如流。張曲江常謂賓客曰：「李林甫議事如醉漢腦語也，不足可言。」

《太平廣記》卷一九《李林甫》引《逸史》 唐右丞相李林甫，年二十尚未讀書，在東都，好遊獵打毬，馳逐鷹狗。每於城下槐壇下，騎驢擊鞠，略無休日。既憊，捨驢，以兩手返據地歇。一日，有道士甚醜陋，見李公踞地，徐言曰：「此有何樂，郎君如此愛也？」李怒顧曰：「關足下何事？」道者去。明日又復言之。李公幼聰悟，意其異人，乃攝衣起謝。道士曰：「郎君雖善此，然忽有顛墜之苦，則悔不可及。」李公請自此修謹，不復爲也。道士笑曰：「與郎君後三日五更會於此。」曰：「諾。」及往，道士已先至，曰：「爲約何後？」李乃謝之。曰：「更三日復來。」李公夜半往。良久，道士至，甚喜，談笑極洽，且曰：「某行世間五百年，見郎君一人。已列仙籍，合白日昇天，如不欲，則二十年宰相，重權在己。郎君且歸，熟思之。後三日五更復會於此。」李公迴，計之曰：「我是宗室，少豪俠，二十年宰相，重權在己，安可以白日昇天易之乎？」計已決矣。及期往白，道士嗟嘆咄叱，如不自持，曰：「五百年始見一人，可惜，可惜！」李公悔，欲復之。道士曰：「不可也，神明知矣。」與之敘別曰：「二十年宰相，生殺權在己，威振天下。然慎勿行陰賊，當爲陰德，廣救拔人，無枉殺人，如此則三百年後，白日上昇矣。官祿已至，可便入京。」李公匍匐泣拜，道士握手與別。時李公堂叔爲庫部郎中，在京，遂詣。叔父以其縱蕩，不甚記錄之，頗驚曰：「汝何得至此？」曰：「某知向前之過，今故候覲，請改節讀書，願受鞭箠。」庫部甚異之，亦未令就學，每有賓客，遣監杯盤之飾，無不修潔。或謂曰：「汝爲吾著某事。」雖雪深没踝，亦不去也。庫部益親憐之，言於班行，知者甚衆。自後以蔭敘，累官至贊善大夫，不十年，遂爲相矣。權巧深密，能伺上旨，恩顧隆洽，獨當衡軸，人情所畏，非臣下矣。數年後，自固益切，大起大獄，誅殺異己，冤死相繼，都忘道士槐壇之言戒也。

《太平廣記》卷二二一《衡相》引《定命録》 開元中有相者不知姓名，自言衡山來，人謂之衡相，在京舍宣平里。時李林甫爲太子諭德，往見之，入門，則鄭少微、嚴杲已在中庭。相者引坐，謂李公曰：「自僕至此，見人衆矣，未有如公貴者也。且國家以刑法爲重，則公典司寇之職。朝廷以銓管爲先，則公居冢宰之任。然又秉丹青之筆，當節制之選。加以列茅分土，窮榮極盛，主恩綢繆，人望浹洽。兼南省之官，秩增數四；握中樞之務，載盈二九。搢紳仰威，黎庶瞻惠，將古所未有也。」顧嚴、鄭曰：「預聞此者，非不幸也。公二人宜加禮奉，否則悔吝生矣。」時嚴、鄭各負才名，李猶聲譽未達，二公有輕蔑之心，及聞相者言，以爲甚不然，唯唯而起，更不復問。李因辭去。後李公拜中書，鄭時已爲刑部侍郎，因述往事，謂鄭曰：「曩者宣平相人，咸以荒唐之説，乃微有中者。」無何，鄭出爲岐州刺史，與所親話其事。未期，又貶爲萬州司馬。嚴自郎中亦放遠郡。李林甫少孤，爲元氏姨所育，住在伊川。時林甫年十歲，與諸兒戲于路旁，有老父歎而目焉，人問之，老父曰：「富貴誠不自知。」指李公曰：「此童後當爲中書令，凡二十年。所歎與凡小戲誰辨也。」

《太平廣記》卷二四〇《李林甫》引《譚賓録》 李林甫居相位一十九年，誅鋤海内人望，自儲君以下，無不累息。初，開元後，姚、宋等一二老臣多獻可替否，以爭天下大體，天下既理，上心亦泰。張九齡上所拔，頗以後進少之，九齡尤謇諤，數犯上，上怒而逐之。上雄才豁達，任人不疑，晚得林甫，養成君欲，未嘗有逆耳之言。上愛之，遂深居高枕，以富貴自樂。大臣以下，罕得對見。事無大小，責成林甫。林甫雖不文，而明練吏事，慎守綱紀，衣冠非常調，無進用之門。而陰賊忍殺，未嘗以愛憎見于容色。上左右者雖饔人厮養，無不賂之，故動静輒知。李適之初入相，踈而不密，林甫賣之，乃曰：「華山之下有金鑛焉，採之可以富國，上未知之耳。」適之善其言，他日，從容以奏。上悦，顧問林甫，林甫曰：

「臣知之久矣。華山，陛下本命也，王氣所在，不可發之。故臣不敢言。」上遂薄適之，因曰：「自今奏事，先與林甫議之，無輕脱。」自是適之束手矣。非其所引進，皆以罪誅。威震海内，諫官但持禄養資，無敢論事。獨補闕杜中猶再上疏，翌日，被黜爲下邽令。林甫召諸諫官謂曰：「今明主在上，羣臣將順之不暇，何用多言！君不見立仗馬乎，終日無聲，而食三品料，及其一鳴，即黜去。雖欲再鳴，其可得乎？」由是諫諍之路絶矣。晚年多冤讐，懼其報復，出廣車僕，金吾静街，前驅百步之外。居則以磚甃屋，以板幙牆，家人警衛，如禦大敵。其自防也如此。故事：宰臣騎從，三五人而已，士庶不避于路。至是騎從百餘人，爲左右翼，公卿以下趨避，自林甫始也。

《太平廣記》卷二七九《李林甫》引《譚賓録》　李林甫夢一人，細長有髯，逼林甫，推之不去。林甫寤而言曰：「此裴寬欲謀替我。」

《太平廣記》卷三六二《李林甫》引《開天傳信記》　平康坊南街廢鑾院，即李林甫舊宅也。林甫於正堂後别創一堂，製度彎曲，有却月之形，名曰月堂。土木秀麗精巧，當時莫儔也。林甫每欲破滅人家，即入月堂，精思極慮，喜悦而出，必不存焉。

張彦遠《歷代名畫記》卷九　李林甫亦善丹青。高詹事與林甫詩曰：「興中唯白雲，身外即丹青。」余曾見其畫亦，甚佳，山水小類李中舍也。

錢易《南部新書》卷甲　李林甫寡薄，中表有誕子者，以書賀之云：「知有弄麞之慶。」

錢易《南部新書》卷乙　李林甫開元初爲中允，時源乾曜爲侍中，是中表之戚，託其子求司門郎中。乾曜曰：「郎官須有素行才望高者，哥奴豈是郎官耶？」數日除諭德。哥奴，林甫小字。

佚名《愛日齋叢抄》卷二　相傳李林甫爲相，若嫉其人，即以倡鬼日除授，無得免禍。

備論

《舊唐書》卷一六〇《李林甫傳》　史臣曰：李林甫以諂佞進身，位極台輔，不懼盈滿，蔽主聰明，生既唯務陷人，死亦爲人所陷，得非彼蒼假手，以示禍淫者乎！楊國忠稟性奸回，才薄行穢，領四十餘使，恣弄威權，天子莫見其非，羣臣由之杜口，致禄山叛逆，鑾輅播遷，梟首覆宗，莫救艱步。以玄宗之睿哲，而惑於二人者，蓋巧言令色，先意承旨，財利誘之，迷而不悟也。開元任姚崇、宋璟而治，幸林甫、國忠而亂，與夫齊桓任管仲、隰朋，幸豎刁、易牙，亦何異哉！《書》曰：「臣有作福作威，害于而家，凶于而國。」孔子曰：「佞人殆。」誠哉是言也。張暐、王琚、王毛仲，皆鄧通、閎孺之流也。琚有締構之功，過多僭侈，死於非罪，亦何惜之！

贊曰：天啓亂階，甫、忠當國。蔽主聰明，秉心譺慝。暐同二王，亦承恩德。吁哉僭踰，不知紀極。

《新唐書》卷二二三下《李林甫傳》　贊曰：木將壞，蟲實生之；國將亡，妖實産之。故三宰嘯凶牝奪辰，林甫將蕃黄屋奔，鬼質敗謀興元蹙，崔、柳倒持李宗覆。嗚呼，有國家者，可不戒哉！

孫甫《唐史論斷》卷中《用李林甫平章事》　論曰：帝王之命輔相，或自知其人，或大臣所薦，必名德有素，才能已試者，始可協天下之望。林甫先圖郎官，源乾曜薄其才行，不許。郎官不可爲，則其人不賢，衆所知矣。及宇文融引之爲黨，歷中丞、侍郎，無一善績可稱。雖爲韓休所薦，休之言亦未必能信於主，但武妃、力士内爲之助，遂至大用爾。假如明皇以林甫是韓休所薦，休有一時之名，其言雖可信，豈不思武妃、力士，已之嬖寵者也？林甫爲近臣，能使嬖寵者爲之言，其人姦佞可知矣。假如惑嬖寵之言，不辯其佞，既相之後，能議何事？況不知學術，有何所長任之也？是林甫凡百奏請，但能希意旨，以取恩寵耳。況人臣奏請之事，若有合於主意，當考其經世濟民，理道明白，始可無疑；若事事合於主意，是明有所希而然也。況本因嬖寵而用，又奏請之事皆合己意，帝王稍明理道者，豈不復慮哉？況明皇天資，不爲不明，一日昏惑，都無念慮，遂使姦臣擅權，終亂天下，則嬖寵之爲患也如此。夫帝王荷宗社之重，主生靈之命，不得賢輔，何以興起治道？求賢輔無他術，必取名德有素，才能累試者，可矣。若名德未著，才能未彰，但取嬖寵之言而命之，以迎意希旨而任之，是上忘宗社之重，下輕生靈之命，欲天下不亂，不可得也。林甫任用浸久，内則起大獄，引楊國忠，使倚貴妃勢以害忠良，致其權力，外則保任藩將，使專節制，利其夷狄賤類，無入相之路，養成禄山凶威。則天寶之亂，林甫致之也。噫！天子一聽嬖寵之言，任姦人相國，以其迎意希旨而寵之，遂起大亂，已罹播遷之禍，民陷死亡之難。後世

人主，得不戒之哉！

孫甫《唐史論斷》卷中《刑罰幾措推功李林甫牛仙客》 論曰：或問：「開元二十五年，明皇用姦人，逐賢相，戮直臣，殺三子，此國事大失，人道幾喪也，有何德化，尚致天下訟獄希少？」曰：「國政善惡，皆有後效。明皇即位之初，勵精政事，得姚崇、宋璟、張九齡之徒，繼爲輔相，盡心贊助，故德化被於人間。風俗既厚，獄訟幾息。及在位漸久，怠於政治，雖姦邪乘間而進，尚有忠賢任事，未至大害於政。及罷免賢相，專任姦人，直臣言事，遂遭殺戮，三子無辜，俱以讒死，其他流貶者，不可勝道，此固君之大過。但惡在於内，而未及於民，前日爲善之效，流風未改，故獄訟尚希也。林甫自以專任經歲，姦蹟漸露，取天下一善事掠之爲功，將以掩罪。徐嶠輩小人，得希其意，妄托微物，用爲靈異，上以固主心，下以愚民聽。明皇惑其事，從而賞之，自此擅威權，起大獄，姦惡日甚，無所不爲。天寶之亂，乃爲惡之效也。爲君爲相者，勿以目前善迹，便爲己功，當顧己之行事如何耳。善惡之事，未有不效者也。」

范祖禹《唐鑑》卷五《玄宗下》 初，武惠妃薨，帝悼念不已，後宫數千，無當意者。或言壽王妃楊氏之美，絶世無雙。帝見而悦之，乃令妃自以其意乞爲女官，號太真，更爲壽王娶左衛郎將韋昭訓女，潛内太真宫中。不朞歲，寵遇如惠妃。七月，册昭訓女爲壽王妃。八月，册太真爲貴妃。

臣祖禹曰：衛宣公納伋之妻，國人惡之。明皇殺三子，又納子婦於宫中，用李林甫爲相，使族滅無罪。父子、夫婦、君臣，人之所以立也，三綱絶矣，其何以爲天下乎？【略】十二月，以高仙芝爲安西四鎮節度使。自唐興以來，邊帥皆用忠厚名臣，不久任，不遥領，不兼統，功名著者往往入爲宰相。其四夷之將，雖才略如阿史那社爾、契苾何力，猶不專大將之任，皆以大臣爲使以制之。及開元中，天子有吞四夷之志，爲邊將者十餘年不易，始久任矣。皇子則慶、忠諸王，宰相則蕭嵩、牛仙客，始遥領矣。蓋嘉運、王忠嗣專制數道，始兼統矣。李林甫欲杜邊帥入相之路，以胡人不知書，乃奏言：「文臣爲將，怯當矢石，不若用寒族胡人。胡人勇決習戰，寒族則孤立無黨，陛下誠以恩洽其心，彼必能爲朝廷盡死。」帝悦其言，始用安禄山。至是諸道節度使盡用胡人，精兵咸戍北邊，天下之勢偏重，卒使禄山傾覆天下，皆出於林甫專寵固位之謀也。

臣祖禹曰：李林甫巧言似忠，明皇故信而不疑。然以胡人爲制將，則不必聰明聖智之主，而後能知其非也。明皇蔽於吞滅四夷，欲求一切之功，是以林甫得行其計，以中其欲。人君苟不能以義制欲，迷而不復，何所不至哉！

《張耒集》卷四六《敢言説》 漢王鳳以外戚輔政，殺王章以杜天下能言之口，而梅福以南昌尉上書顯攻之而不忌。唐文宗時，宦人握禁兵，制天子，樞密使權過宰相，莫敢少忤其意，而劉蕡對策肆言其惡，斥其篡弑廢立之罪。而明皇時，李林甫爲相幾二十年，固寵恃權，愚瞽其君，内助楊氏之勢，外成禄山之亂。補闕杜璡嘗再上書論事，斥爲下邽令。林甫以語動其餘曰：「立仗馬終日無聲，飫三品芻豆，一鳴則黜之矣。後雖欲不鳴，得乎？」由是諫諍路絶矣。

夫林甫之威，未慘于漢廷之外戚，唐文宗之宦官也，而梅福、劉蕡敢犯之，而林甫徒以區區貶斥，而天下之士震怖如畏虎狼，其故何也？王鳳得政之初，帝失德未深，猶可與論道理，商成敗，而漢之公卿猶有賢智忠義之士也。文宗太和二年，名臣在朝者，如裴度、李絳、韋處厚之徒猶數人，公卿侍從之間，差可告語，其勢猶足以恃典型也。故此二子者，非妄發恣行，而心實有所恃也。若林甫之時，人主昏淫于上，視天下之治亂如越人視秦人之肥瘠，不可與言矣。而朝廷之士，有一介之善略，能别黑白者，林甫斥逐之而無餘矣。國中空虚無人，上下内外皆從君于昏者也，而天下之士雖欲有言，何恃以救其禍乎？此人之所甚畏也。嗚呼！國無善人，國非其國也，可不懼哉！明皇嘗論林甫曰：「此子妒賢嫉能，無與爲比。」則其時人物可知也。

黄震《黄氏日鈔》卷四九《李林甫》 唐世宗室相者，九人，惟失之林甫耳。劉知幾、吴兢，號唐史之巨擘，然後世無述焉。豈文承八代之陋歟？

佚名《歷代名賢確論》卷七七《李林甫》 張唐英論李林甫置節度曰：唐自武德以來，其武臣蕃將雖有大功者，未嘗委以重權，如馮盎、阿史那社爾、契苾何力、黑齒常之，令其出於外，止居副總管、副節度之職，其都總管、節度大使，常擇名臣而委之。故自武德至開元已來，藩鎮之臣，未嘗有叛。如張嘉正、王晙、張説、蕭嵩、杜暹，皆出爲節度，入爲宰相。當時經始之慮，亦已深矣。何則？名藩大鎮，有城池之險，有甲兵之彊，有土地之廣，有人民之衆，有府庫之實，苟非忠孝之臣，忽有不軌之志。是故文皇帝始立法制，而付之名臣，以杜禍亂之端。至於天寶，李林甫以姦詭狡媚，因緣重任，恣爲氛翳，虧蔽日月。以己本非儒術文行才望而進，慮賢者得進而在己之上，欲杜中外名臣出將入相之路，乃用高仙芝爲四鎮節度使，哥舒翰爲隴右節度使，封常清爲安西節度使，牛仙客爲河西節度使，皆專大將之任，利其不知文字，不知典故，而無輔政之望。故禄山之叛，由專

范陽大將之任，故敢西嚮，欲争天下，此皆由林甫啓之也。

李光《莊簡集》卷一七《書李林甫傳後》 上嘗諭侍從，令各舉所知，踰月遂以姓名奏上，人不過二人。有旨並引對，宰臣秦檜曰：「士人稍衆，欲止令堂中審察，量才與差遣。」予曰：「陛下以久在東南，用江浙士大夫多，前日面諭侍從，令舉北方士人。臣竊見侍從搜訪中原流寓之士，已具名奏上，若各引對，陛下觀其人才，察其議論，然後諭宰相量才擢用，庶幾仰副陛下側席求賢之意。」孫近探檜意不樂，乃進曰：「近報藍公佐等使金國回，將入境，大議未決，朝廷多事，侍從所薦幾四十餘人，皆遠方小臣，何用一一引對？」予曰：「更在陛下裁處。」上意稍不懌，卒不引對。今日偶觀《李林甫傳》，事頗相類，猶恨林甫傍無一孫近爲助耳。

王志堅《讀史商語》卷三 李林甫之才智，真不世出之雄也！弄英主如小兒，御奸雄如奴隸，然觀其出則金吾，静街居則重關，複壁一夕屢徙床。雖家人莫知其處，其子岫，嘗指役夫曰：「大人久處鈞軸，讐怨滿天下，一朝禍至，欲爲此得乎？」林甫不樂，如此亦良苦矣。平居引用爪牙以張其勢，稍相軋則除之，而獨無柰其所不足慮之，陳希烈、楊國忠，且死流涕，謂國忠曰：「林甫死矣，公必爲相，以後事累公。」噫！亦可憐矣！身没未幾，而以謀反告者，即國忠也。證成之者，其壻楊齊宣也，生平誤國之罪盡漏，天誅而卒其所以敗者，乃了無影響之反謀已，好枉人，人亦以枉報之，可畏哉可畏哉！

王夫之《讀通鑒論》卷二二《唐玄宗》 李林甫之譖殺太子瑛及二王，爲壽王地也。武惠妃薨，壽王寵漸衰，而林甫欲樹私恩、怙權勢，志終不移，謀之愈很，持之愈堅，凡可以熒惑主聽、曲成邪計者，尤劇於惠妃未死之前，以其爲己死生禍福之樞機也，可以得當者，無所不用。然而玄宗終以忠王年長好學，聞高力士乘間片言，儲位遂定，林甫莫能置一喙焉。繇此觀之，姦邪自詡得君，劫廷臣以懼己，其誇誕無實之伎倆，概可知矣。

非徒玄宗中載未甚淫昏也，即極闇懦之主，一聽奸臣之然然否否而唯其牽曳，亦情之必不能而勢之不可得者。且姦臣孤媚以容身，抑豈董卓、高澄威脅上以必徇己志而俾君懟怨哉？唯探其意之所欲爲於前，祕其事之所自成於後，舉凡其君之用舍從違，皆早測而知其必爾，乃以號於衆曰：天子固未然而吾能使之然也。恩者其恩，威者其威，羣工百姓待命於敕旨既下之餘，不得親承顧問，則果信恩威之一出於姦臣，而人主唯其牽曳，乃以恐喝天下，籠絡而使歸己，雖有欲斥其姦者，弗敢發也。

然則苟有忠智之士，知其術之僅出乎此，則以武氏之悍淫，周、來、侯、索之驟銜天憲，諸武、二張之密侍内廷，而攻擊者弗傷，按殺者無憚，直言請斥遠之者反見任使，況其亂非武氏之世，猶可與言者乎？特患無明理察情之士，灼見而不惑耳，豈果有不可拔之勢哉？惡之、恨之、疑之、畏之，私議於下，徒罹於禍以瘖死屠門，姦邪之所以益逞，忠貞之所以益替，人君之所以益迷，可勝悼哉！【略】唐之既亡，朱温以盗，朱邪、臬捩雞以夷，劉知遠、郭威瑣瑣健兒，瓜分海内，而僅據中州，稱帝稱王，賤於丞尉；至宋而後治教修明，賢君相嗣，以爲天下君師。是於周、漢與唐，猶手授也。曾不能推原治統，自躋休美；而以姑息之恩，獨崇柴氏。名儒林立，此議無聞，大義隱，顯道息，垂及劉伯温、宋景濂，不復知有乾坤之綱紀，弗能請求劉、李、趙氏之裔以作賓于王家㊀，曾李林甫之弗若，豈非千古之遺憾哉？雖然，人紀不容終絶，王道不容永弛，豪傑之士申其義，明斷之主決於行，夫豈難哉？敬以俟之來哲。

藝文

宋敏求《唐大詔令集》卷五三孫逖《李林甫兼河西節度使制》 門下：天討有罪，未可去兵，帝賚良弼，是資決勝，金紫光禄大夫兵部尚書兼中書令持節、關經略支度營田大使知節度事集賢院學士修國史上柱國晉國公李林甫，高操命代，特秀生人。忠公爲百度之貞，文武成萬邦之憲，自登上相，兼委中權，克致時和，且聞戎捷，踰隴之外。已恢帷幄□□，涉河而西，更是輔車之勢，且欲懲猾夏，必在夾攻，宜以三事之謨，遥制兩軍之律。可兼充河西節度經略支度營田長行轉運九姓等使節度事赤水軍仍判涼州事。餘並如故。開元二十六年五月

宋敏求《唐大詔令集》卷五三孫逖《李林甫兼朔方軍節度使制》 經邦論道，允屬於才賢；保大定功，聿求於長策。不有兼領，孰彰寵賢。開府儀同三司行尚書左僕射右相崇玄館大學士集賢院學士太清太微宫使修國史上柱國晉國公李林甫，器惟國楨，材乃人範，文標楷式，學究精微。啓沃之誠，罄嘉猷於造膝；清貞之節，盡公心於匪躬。自登于三事，式是百辟，具瞻惟允，藏績居多。任總廟堂，既贊邕熙之化；智高帷幄，更資決勝之謀。宜因公輔之重，兼受元戎之

寄。可兼安北副大都護、持節朔方節度關内支度營田鹽池押諸蕃部落副大使、知節度事、六城水運節度管内軍郡採訪處置等使。並如故。開元二十四年十一月

宋敏求《唐大詔令集》卷一二六孫逖《李林甫除削官秩詔》 爲臣之道，貳則有辟，事君之致，將而必誅。故左僕射、兼右相、吏部尚書、上柱國、晉國公、贈太尉、廣陵大都督李林甫，爰因宗室，獎以班序；逮履清貫，尤持矯飾。鄙夫患失，狡迹多端。朕待以勿疑，任當殊重，恩私踰分，崇高至極，秉據樞衡，垂二十載。豈知外表廉慎，内包兇險，籌謀不軌，覬覦非望。昵比庸細，譖害忠良，悖德反經，師心蘊慝。禍福生於喜怒，榮辱由其愛憎，使搢紳箝口，行路側目。淫祀夜禱于神祇，厭勝家崇於蠱道。遵空養素，實繁有徒，既畢禬禳，旋勦其命。阿布斯振降塞上，委於綏輯，敢行交結，輸竭深衷。嚴室焚香，要之誓信。指期撤警，縱以叛離。且肆犬羊之羣，侵軼我疆埸；方申犄角之契，圖危我宗社。可隱之狀，所不忍言。以親黨薦引，咸歸諂黷；子息蕃多，曾無教誨。貪叨納賂，依倚成姦，閱墻屢聞，敗官相次。作僞滋久，晚節頗彰，含垢在予，猶示弘蔽。鬼得誅而溢盡，惡布露而難容。逮從訊鞫，事皆昭著，殲夷噍類，曷足懲愆；鞭斲屍棺，未云塞責。但以常經使任，特寛恒典。其在身所有官秩，並追除削，俾同凡庶，許其殯掩。男前將作監岫，率由下劣，不承勗□，驕恣越度，過失彌深，且配流黔中延德郡。前司儲郎中崿，配流蒼梧郡；前太常少卿嶼，配流臨封郡；仍並除名，即綱馳驛領送。自餘男有官者，令所司即勘會，亦除名。各配流嶺南及黔中遠惡郡。女在室，并男未有官者，取其情願，任隨兄弟。朕念其驅策，尚懷仁恕，既貸生成之恩，赦其殞嗣之罰。仍每房各乞奴婢三兩人，并與緣身衣服粮食，使其存濟。自餘資産，一切官收，男孫有官者、解却，無官者、勒隨父并家口、並續遞，途流所至，捉搦勿許東西。縱會恩赦，不在量移之限。其林甫男女妻等，有罪非妄。惟其子婿諫議大夫楊齊宣，覩其不善，尋有薄功，跡異同惡，頗申誠款。并自餘至親、應合累者，續有處分。噫！堯謂達聰，四凶在列，周稱盛德，三監俶擾。知人之美，誠愧格言。明罰斯加，非無累歎。凡百在位，咸自誡焉。

徐鈞《史詠詩集》卷下《李林甫》 柄國年深巧蔽欺，如何方面用胡兒。只知怙寵爲身計，不道漁陽亂已基。

《全唐詩》卷九九盧僎《奉和李令扈從温泉宮賜遊驪山韋侍郎別業》 風后軒皇佐，雲峯謝客居。承恩來翠嶺，締賞出丹除。飛蓋松谿寂，清笳玉洞虛。窺巖詳霧豹，過水略泉魚。鄉入無何有，時還上古初。伊皐羞過狹，魏丙服粗疏。白雪緣情降，青霞落卷舒。多慚郎署在，輒繼國風餘。

《全唐詩》卷一一八孫逖《奉和李右相中書壁畫山水》 廟堂多暇日，山水契中情。欲寫高深趣，還因藻繪成。九江臨户牖，三峽繞檐楹。花柳窮年發，烟雲逐意生。能令萬里近，不覺四時行。氣染荀香馥，光含樂鏡清。詠歌齊出處，圖畫表沖盈。自保千年遇，何論八載榮。

《全唐詩》卷一一八孫逖《奉和李右相賞會昌林亭》 賢相初陪蹕，靈山本降神。作京雄近縣，開閣寵平津。地勝林亭好，時清宴賞頻。百泉縈草木，萬井布郊畛。德與春和盛，功將造化鄰。還嗤渭濱叟，歲晚獨垂綸。

楊國忠部

綜述

《舊唐書》卷一六〇《楊國忠傳》　楊國忠本名釗，蒲州永樂人也。父珣，以國忠貴，贈兵部尚書。則天朝倖臣張易之，即國忠之舅也。國忠無學術拘檢，能飲酒，蒱博無行，爲宗黨所鄙。乃發憤從軍，事蜀帥，以屯優當遷，益州長史張寬惡其爲人，因事笞之，竟以屯優授新都尉。稍遷金吾衛兵曹參軍。太真妃，即國忠從祖妹也。天寶初，太真有寵，劍南節度使章仇兼瓊引國忠爲賓佐，既而擢授監察御史。去就輕率，驟履清貫，朝士指目嗤之。

時李林甫將不利於皇太子，掎摭陰事以傾之。侍御史楊慎矜承望風旨，誣太子妃兄韋堅與皇甫惟明私謁太子，以國忠怙寵敢言，援之爲黨，以按其事。京兆府法曹吉温舞文巧詆，爲國忠爪牙之用，因深竟堅獄，堅及太子良娣杜氏、親屬柳勣、杜昆吾等，痛繩其罪，以樹威權。於京城别置推院，自是連歲大獄，追捕擠陷，誅夷者數百家，皆國忠發之。林甫方深阻保位，國忠凡所奏劾，涉疑似於太子者，林甫雖不明言以指導之，皆林甫所使，國忠乘而爲邪，得以肆意。上春秋高，意有所愛惡，國忠探知其情，動契所欲。驟遷檢校度支員外郎，兼侍御史，監水陸運及司農、出納錢物、内中市買、召募劍南健兒等使。以稱職遷度支郎中，不期年，兼領十五餘使，轉給事中、兼御史中丞，專判度支事。是歲，貴妃姊虢國、韓國、秦國三夫人同日拜命，兄銛拜鴻臚卿。八載，玄宗召公卿百僚觀左藏庫，喜其貨幣山積，面賜國忠金紫，兼權太府卿事。國忠既專錢穀之任，出入禁中，日加親幸。

初，楊慎矜希林甫旨，引王鉷爲御史中丞，同構大獄，以傾東宫。既帝意不迴，慎矜稍避事防患，因與鉷有隙。鉷乃附國忠，奏誣慎矜，誅其昆仲，由是權傾内外，公卿惕息。吉温爲國忠陳移奪執政之策，國忠用其謀，尋兼兵部侍郎。京兆尹蕭炅、御史中丞宋渾皆林甫所親善，國忠皆誣奏譴逐，林甫不能救。王鉷爲御史大夫，兼京兆尹，恩寵侔於國忠，而位望居其右。國忠忌其與己分權，會邢縡事泄，乃陷鉷兄弟誅之，因代鉷爲御史大夫，權京兆尹，賜名國忠。乃窮竟邢縡獄，令引林甫交私鉷、銲與阿布思事狀，而陳希烈、哥舒翰附會國忠，證成其狀，上由是疏薄林甫。

南蠻質子閤羅鳳亡歸不獲，帝怒甚，欲討之。國忠薦閬州人鮮于仲通爲益州長史，令率精兵八萬討南蠻，與羅鳳戰于瀘南，全軍陷没。國忠掩其敗狀，仍敍其戰功，仍令仲通上表請國忠兼領益部。十載，國忠權知蜀郡都督府長史，充劍南節度副大使，知節度事，仍薦仲通代己爲京兆尹。國忠又使司馬李宓率師七萬再討南蠻。宓渡瀘水，爲蠻所誘，至和城，不戰而敗，李宓死於陣。國忠又隱其敗，以捷書上聞。自仲通、李宓再舉討蠻之軍，其徵發皆中國利兵，然於土風不便，沮洳之所陷，瘴疫之所傷，饋餉之所乏，物故者十八九。凡舉二十萬衆，棄之死地，隻輪不還，人銜冤毒，無敢言者。國忠尋兼山南西道採訪使。十一載，南蠻侵蜀，蜀人請國忠赴鎮，林甫亦奏遣之。將辭，雨泣懇陳必爲林甫所排，帝憐之，不數月召還。會林甫卒，遂代爲右相，兼吏部尚書、集賢殿大學士、太清太微宫使，判度支、劍南節度、山南西道採訪、兩京出納租庸鑄錢等使並如故。

國忠本性疏躁，强力有口辯，既以便佞得宰相，剖決機務，居之不疑。立朝之際，或攘袂扼腕，自公卿已下，皆頤指氣使，無不讋憚。故事，宰相居台輔之地，以元功盛德居之，不務威權，出入騎從簡易。自林甫承恩顧年深，每出車騎滿街，節將、侍郎有所關白，皆趨走辟易，有同案吏。舊例，宰相午後六刻始出歸第，林甫奏太平無事，以巳時還第，機務填委，皆決於私家。主書吴珣持籍就左相陳希烈之第，希烈引籍署名，都無可否。國忠代之，亦如前政。國忠自侍御史以至宰相，凡領四十餘使，又專判度支、吏部三銓，事務鞅掌，但署一字，猶不能盡，皆責成胥吏，賄賂公行。

國忠既以宰臣典選，奏請銓日便定留放，不用長名。先天已前，諸司官知政事，午後歸本司決事，兵部尚書、侍郎亦分銓注擬。開元已後，宰臣數少，始崇其任，不歸本司。故事，吏部三銓，三注三唱，自春及夏，才終其事。國忠使胥吏於私第暗定官員，集百僚於尚書省對注唱，一日令畢，以誇神速，資格差謬，無復倫序。明年注擬，又於私第大集選人，令諸女弟垂簾觀之，笑語之聲，朗聞於外。故事，注官訖，過門下侍中、給事中。國忠注官時，呼左相陳希烈於座隅，給事中在列，曰：「既對注擬，過門下了矣。」吏部侍郎韋見素、張倚皆衣紫，是日與本曹郎官同咨事，趨走於屏樹之間。既退，國忠謂諸妹曰：「兩員紫袍主事何如

人？」相對大噱。其所昵京兆尹鮮于仲通、中書舍人竇華、侍御史鄭昂諷選人於省門立碑，以頌國忠銓綜之能。

貴妃姊虢國夫人，國忠與之私，於宣義里構連甲第，土木被綈繡，棟宇之盛，兩都莫比，晝會夜集，無復禮度。有時與虢國並轡入朝，揮鞭走馬，以爲諧謔，衢路觀之，無不駭歎。玄宗每年冬十月幸華清宫，常經冬還宫。國忠山第在宫東門之南，與虢國相對，韓國、秦國甍棟相接，天子幸其第，必過五家，賞賜宴樂。每扈從驪山，五家合隊，國忠以劍南幢節引於前，出有餞路，還有軟脚，遠近餉遺，珍玩狗馬，閹侍歌兒，相望於道。進封衛國公，食實封三百户，俄拜司空。

時安禄山恩寵特深，總握兵柄，國忠知其跋扈，終不出其下，將圖之，屢於上前言其悖逆之狀，上不之信。是時，禄山已專制河北，聚幽、并勁騎，陰圖逆節，動未有名，伺上千秋萬歲之後，方圖叛换。及見國忠用事，慮不利於己，禄山遥領内外閑厩使，遂以兵部侍郎吉温知留後，兼御史中丞、京畿採訪使，内伺朝廷動静。國忠使門客蹇昂、何盈求禄山陰事，圍捕其宅，得李超、安岱等，使侍御史鄭昂縊殺於御史臺。又奏貶吉温於合浦，以激怒禄山，幸其摇動，内以取信於上，上竟不之悟。由是禄山惶懼，遂舉兵以誅國忠爲名。玄宗聞河朔變起，欲以皇太子監國，自欲親征，謀於國忠。國忠大懼，歸謂姊妹曰：「我等死在旦夕。今東宫監國，當與娘子等併命矣。」姊妹哭訴於貴妃，貴妃銜土請命，其事乃止。及哥舒翰守潼關，諸將以函關距京師三百里，利在守險，不利出攻。國忠以翰持兵未決，慮反圖己，欲其速戰，自中督促之。翰不獲已出關，及接戰桃林，王師奔敗，哥舒受擒，敗國喪師，皆國忠之誤惑也。

自禄山兵起，國忠以身領劍南節制，乃布置腹心於梁、益間，以圖自全之計。六月九日，潼關不守。十二日凌晨，上率龍武將軍陳玄禮、左相韋見素、京兆尹魏方進，國忠與貴妃及親屬，擁上出延秋門，諸王妃主從之不及，慮賊奄至，令内侍曹大仙擊鼓于春明門外，又焚芻藁之積，煙火燭天。既渡渭，即令斷便橋。辰時，至咸陽望賢驛，官吏駭竄，無復貴賤，坐宫門大樹下。亭午，上猶未食，有老父獻麨，帝令具飯，始得食。翌日，至馬嵬，軍士飢而憤怒，龍武將軍陳玄禮懼亂，先謂軍士曰：「今天下崩離，萬乘震蕩，豈不由楊國忠割剥甿庶，朝野怨咨，以至此耶？若不誅之以謝天下，何以塞四海之怨憤！」衆曰：「念之久矣。事行，身死固所願也。」會吐蕃和好使在驛門遮國忠訴事，軍士呼曰：「楊國忠與蕃人謀叛。」諸軍乃圍驛擒國忠，斬首以徇。是日，貴妃既縊，韓國、虢國二夫人亦爲亂兵所殺。御史大夫魏方進死，左相韋見素傷。良久兵解，陳玄禮等見上謝罪曰：「國忠撓敗國經，構興禍亂，使黎元塗炭，乘輿播越，此而不誅，患難未已。臣等爲社稷大計，請矯制之罪。」帝曰：「朕識之不明，任寄失所。近亦覺悟，審其詐佞，意欲到蜀，肆諸市朝。今神明啓卿，諧朕夙志，將疇爵賞，何至言焉。」

是時，禄山雖據河洛，其兵鋒東止於梁、宋，南不過許、鄧。李光弼、郭子儀統河朔勁卒，連收恒、定，若崤、函固守，兵不妄動，則兇逆之勢，不討自弊。及哥舒翰出師，凡不數日，乘輿遷幸，朝廷陷没，百僚繫頸，妃主被戮，兵滿天下，毒流四海，皆國忠之召禍也。

國忠子：暄、昢、曉、晞。暄爲太常卿兼户部侍郎，尚延和郡主；昢爲鴻臚卿，尚萬春公主。兄弟各立第於親仁里，窮極奢侈。國忠娶蜀倡裴氏女曰裴柔，國忠既死，柔與虢國夫人皆自剄死。暄死於馬嵬；昢陷賊被殺；曉走漢中郡，漢中王瑀榜殺之；晞走至陳倉，爲追兵所殺。

國忠之黨翰林學士張漸竇華、中書舍人宋昱、吏部郎中鄭昂等，憑國忠之勢，招來賂遺，車馬盈門，財貨山積；及國忠敗，皆坐誅滅，其斲喪王室，俱一時之沴氣焉。

雜録

備録

封演《封氏聞見記》卷三《貢舉》 〔天寶〕十一年，楊國忠初知選事，進士孫季卿曾謁國忠，言：「禮部帖經之弊大，舉人有實才者，帖經既落，不得試文。若先試雜文，然後帖經，則無餘才矣。」國忠然之。無何，有勑，進士先試帖經，仍前後開一行。是歲收入，有倍常歲。

封演《封氏聞見記》卷三《銓曹》 選曹每年皆先立版牓，懸之南院。選人所通文書，皆依版樣。一字有違，即被駮落，至有三十年不得官者。楊國忠爲尚書，創爲押例，選深者先授官，有文狀闕失，許續通，不令駮放。淹滯之流，翕然歸美。其五品已上及清要官，吏部不注，送名中書門下者，各量資次臨時勑除。

歷任有淺深，官資有高下，故授任者或稱「檢校」，或稱「兼試」、「知攝」、「內供奉」之類，名目非一。

封演《封氏聞見記》卷五《頌德》 〔李〕林甫薨後，楊國忠爲(左)〔右〕相，兼總銓衡。從前注擬，皆約循資格，至國忠創爲押例，選深者盡留，乃無才與不才也。選人等求媚于時，請立碑于尚書省門，以頌聖主得賢臣之意。敕京兆尹鮮于仲通撰文，玄宗親改定數字。鐫畢，以金填改字處。識者竊非之曰：「天子有善，宰相能事，青史自當書之。古來豈有人君人臣自立碑之禮！亂將作矣。」未數年，果有馬嵬之難。肅宗登極，始除去其碑。

劉肅《大唐新語》卷九《諛佞二一》 駙馬張垍，以太常卿、翰林院供奉官贊相禮儀，雍容有度。玄宗心悅之，謂垍曰：「朕罷希烈相，以卿代之。」垍謝不敢當。楊貴妃知之，以告楊國忠，楊國忠深忌之。時安祿山入朝，玄宗將加宰相，命垍草詔。國忠諫曰：「祿山不識文字，命之爲相，恐四夷輕於唐。」玄宗乃止。及安祿山歸范陽，詔高力士送於長樂陂。力士歸，玄宗問曰：「祿山喜乎？」力士對曰：「祿山恨不得宰相，頗有言。」國忠遽曰：「此張垍告之也。」玄宗不察國忠之誣，疑垍漏泄，大怒。黜垍爲盧溪郡司馬，兄均爲建安郡司馬，弟埱爲宜春郡司馬。

鄭處誨《明皇雜錄》卷上 楊國忠之子暄，舉明經，禮部侍郎達奚珣考之，不及格，將黜落，懼國忠而未敢定。時駕在華清宮，珣子撫爲會昌尉，珣遽召使，以書報撫，令候國忠具言其狀。撫既至國忠私第，五鼓初起，列火滿門，將欲趨朝，軒蓋如市。國忠方乘馬，撫因趨入，謁於燭下，國忠謂其子必在選中，撫蓋微笑，意色甚歡。撫乃白曰：「奉大人命，相君之子試不中，然不敢黜退。」國忠却立，大呼曰：「我兒何慮不富貴，豈藉一名爲鼠輩所賣耶！」不顧，乘馬而去。撫惶駭，遽奔告於珣曰：「國忠恃勢倨貴，使人之慘舒出於咄嗟，奈何以校其曲直？」因致暄于上第。既而爲戶部侍郎，珣纔自禮部侍郎轉吏部侍郎，與同列。暄話於所親，尚歎己之淹徊，而謂珣遷改疾速。

王仁裕《開元天寶遺事》卷上《夢中有孕》 楊國忠出使於江浙，其妻思念至深，荏苒成疾。忽晝夢與國忠交，因而有孕，後生男名朏。洎至國忠使歸，其妻具述夢中之事，國忠曰：「此蓋夫妻相念情感所致。」時人無不譏誚也。

王仁裕《開元天寶遺事》卷上《移春檻》 楊國忠子弟每春至之時，求名花異木植於檻中，以板爲底，以木爲輪，使人牽之自轉。所至之處，檻在目前，而便即歡賞，目之爲移春檻。

王仁裕《開元天寶遺事》卷上《冰山避暑》 楊氏子弟每至伏中，取大冰使匠琢爲山，周圍於宴席間。座客雖酒酣而各有寒色，亦有挾纊者。其驕貴如此也。

王仁裕《開元天寶遺事》卷下《百寶欄》 楊國忠初因貴妃專寵，上賜以木芍藥數本，植於家，國忠以百寶妝飾欄楯，雖帝宮之內不可及也。

王仁裕《開元天寶遺事》卷下《四香閣》 國忠又用沉香爲閣，檀香爲欄，以麝香、乳香篩土和爲泥飾壁。每於春時木芍藥盛開之際，聚賓友於此閣上賞花焉。禁中沉香之亭遠不侔此壯麗也。

王仁裕《開元天寶遺事》卷下《肉陣》 楊國忠於冬月，常選婢妾肥大者，行列於前，令遮風。蓋藉人之氣相暖，故謂之肉陣。

王仁裕《開元天寶遺事》卷下《鳳炭》 楊國忠家以炭屑用蜜捏塑成雙鳳，至冬月，則燃於爐中，又先以白檀木鋪於爐底，餘灰不可參雜也。

王仁裕《開元天寶遺事》卷下《千炬圍》 楊國忠子弟每至上元夜，各有千炬紅燭圍于左右。

王仁裕《開元天寶遺事》卷下《樓車載樂》 楊國忠子弟恃后族之貴，極於奢侈，每春遊之際，以大車結綵帛爲樓，載女樂數十人，自私第聲樂前引，出遊園苑中，長安豪民貴族皆效之。

王仁裕《開元天寶遺事》卷下《冰獸贈王公》 楊國忠子弟以奸媚結識朝士，每至伏日，取堅冰令工人鏤爲鳳獸之形，或飾以金環綵帶，置之雕盤中，送與王公大臣，惟張九齡不受此惠。

樂史《楊太真外傳》卷下 上每年冬十月，幸華清宮，常經冬還宮闕，去即與妃同輦。華清宮有端正樓，即貴妃梳洗之所；有蓮花湯，即貴妃澡沐之室。國忠賜第在宮東門之南，虢國相對。韓國、秦國，甍棟相接。天子幸其第，必過五家，賞賜燕樂。扈從之時，每家爲一隊，隊著一色衣。五家合隊相映，如百花之煥發。遺鈿墜舄，瑟瑟珠翠，燦於路歧，可掬。曾有人俯身一窺其車，香氣數日不絕。駝馬千餘頭疋，以劍南旌節器仗前驅。出有餞飲，還有軟腳。遠近餉遺珍玩狗馬，閹侍歌兒，相望於道。及秦國先死，獨虢國、韓國、國忠轉盛。虢國又與國忠亂焉。略無儀檢，每入朝謁，國忠於韓、虢連轡，揮鞭驟馬，以爲諧謔。從官嫗百餘騎，秉燭如晝，鮮裝袨服而行，亦無蒙蔽。衢路觀者如堵，無不駭歎。十宅諸王男女婚嫁，皆資韓、虢紹介，每一人納一千貫，上乃許之。

《太平廣記》卷二四〇《楊國忠》引《譚賓錄》 玄宗謂侍臣曰：「我欲行一

事,自古帝王未有也。」蓋欲傳位于肅宗。及制出,國忠大懼,言語失次,歸語楊氏姊妹曰:「娘子,我輩何用更作活計!皇太子若監國,我與姊妹等即死矣。」相聚而哭。虢國入謀于貴妃,妃銜土以請,其事遂止。哥舒翰在潼關,或勸請誅國忠,以悦衆心,舒翰不聽。禄山發范陽,每日于帳前數曰:「楊國忠頭,來何太遲也!」國忠妻裴柔,蜀之大娼也。國忠又爲劍南節度,勸玄宗入蜀。授其所親官,布蜀漢。

《太平廣記》卷一八六《楊國忠》引《唐續會要》 天寶十載十一月,楊國忠爲右相,兼吏部尚書,奏請兩京選人,銓日便定留放,無少長各於宅中引注。虢國姊妹垂簾觀之,或有老病醜陋者,皆指名以笑,雖士大夫亦遭訴恥。故事:兵、吏部注官訖,於門下過侍中、給事中,省不過者謂退量。國忠注官,呼左相陳希烈於坐隅。給事中行列於前,曰:「既對注擬,即是過門下了。」希烈等腹悱而已。侍郎韋見素、張倚皆衣紫,與本曹郎官藩屏外排比案牘,趨走語事。乃謂簾中楊氏曰:「兩箇紫袍主事何如?」楊乃大噱。選人鄭愔附會其旨,與二十餘人率錢於勤政樓設齋,兼爲國忠立碑於尚書省南。所注吏部三銓選人,專務鞅掌,不能躬親,皆委典及令史孔目官爲之,國忠但押一字,猶不可遍。

《資治通鑑》卷二一六唐玄宗天寶九載十月條考異引《天寶故事》 楊國忠本張易之之子。天授中,張易之恩幸莫比,每歸私第,詔令居樓上,仍去其梯。母恐張氏絶嗣,乃密令女奴嬪珠上樓,遂有娠而生國忠。

《資治通鑑》卷二一七唐玄宗天寶十四載四月條考異引《肅宗實録》 國忠日夜伺求禄山反狀,或矯詔以兵圍其宅,或令府縣捕其門客李起、安岱、李方來等,皆令侍御史鄭昂之陰推劾,潛槌殺之。慶宗尚郡主,又供奉在京,密報其父,禄山轉懼。【略】是夏,京兆尹李峴貶零陵太守。先是楊國忠使門客蹇昂、何盈求禄山陰事,命京兆尹圍捕其宅,得安岱、李方來等與禄山反狀,使侍御史鄭昂之縊殺之。禄山怒,使嚴莊上表自理,具陳國忠罪狀二十餘事。上懼其生變,遂歸過於峴以安之。

王讜《唐語林》卷五《補遺》 楊國忠嘗會諸親,時知吏部銓事,且欲大噱以娱之。已設席,呼選人名,引入於中庭,不問資序,短小者道州參軍,胡者湖州文學。簾中大笑。

扶風太守房琯申當郡苗損,國忠怒以他事推之。自是天下有事,皆潛中國忠,以取可否。

備論

《舊唐書》卷一四〇《楊國忠傳》 史臣曰:大盜作梗,禄山亂常,詞雖欲誅國忠,志則謀危社稷。于時承平日久,金革道消,封常清、高仙芝相次率不教之兵,募市人之衆,以抗兇寇,失律喪師。哥舒翰廢疾于家,起專兵柄,二十萬衆拒賊關門,軍中之務不親,委任又非其所。及遇羯賊,旋致敗亡,天子以之播遷,自身以之拘執,此皆命帥而不得其人也。《禮》曰:「大夫死衆。」又曰:「謀人之軍師敗則死之。」翰受署賊庭,苟延視息,忠義之道,即可知也,豈不愧於顔杲卿乎!抑又聞之,古之命將者,推轂而謂之曰:「閫外之事,將軍裁之。」觀楊國忠之奏事,邊令誠之護戎,又掣肘於軍政者也,未可偏責三帥,不尤伊人。後之君子,得不深鑑!

贊曰:羯賊犯順,戎車啓行。委任失所,封、高敗亡。虔劉圻甸,僭竊衣裳。醜哉舒翰,不能死王。

《新唐書》卷二六〇《楊國忠》 凡外戚成敗,視主德何如。主賢則共其榮,主否則先受其禍。故太宗檢貴倖,裁賞賜,貞觀時,内里無敗家。高、中二宗,柄移豔私,産亂朝廷,武、韋諸族,耄嬰頸血,一日同汙鈇刃。玄宗初年,法行近親,裏表脩敕。天寶奪明,委政妃宗,階召反虜,遂喪天下。楊氏之誅,噍類不遺,蓋數十年之寵,不償一日之慘,甲第厚貲,無救同坎之悲,寧不哀哉!代、德而降,閹尹參嬖,後宫雖多,無赫赫顯門,亦無刀鋸大戮。故用福甚者得禍酷,取名少者蒙責輕,理所固然。若乃長孫無忌之功,武平一之識,吴溆之忠,弗緣内寵者,自見别傳云。

范祖禹《唐鑑》卷五《玄宗下》 先是,劍南節度使鮮於仲通討南詔蠻,大敗於瀘南,士卒死者六萬人,仲通僅以身免。楊國忠掩其敗狀,仍叙其戰功。六月,劍南留後李宓又將兵七萬擊南詔。閤羅鳳誘之深入,卒罹瘴疫飢死什七八,乃引還,蠻追擊之,宓被擒,全軍皆没。國忠隱其敗,更以捷聞,益發中國兵討之,前後死者二十萬人。

臣祖禹曰:管子有言曰:「堂上遠於百里,堂下遠於千里,君門遠於萬里。」言壅蔽之爲害深也。明皇信一楊國忠,喪師二十萬而不得知,以敗爲勝,其不

亡，豈不幸哉！國忠欺蔽如此，而舉朝亦無一人敢以實告君者，蓋在位者皆小人，無一賢也。當是時，明皇享國四十餘年，自以爲太平，有萬世之安，而不知禍亂將發於朝莫，由置相非其人也。可不戒哉！

帝嘗謂高力士曰：「朕今老矣，朝事付之宰相，邊事付之諸將，夫復何憂？」力士對曰：「臣聞雲南數喪師，又邊將擁兵太盛，陛下何以制之？臣恐一旦禍發不可復救，何謂無憂？」帝曰：「卿勿言，朕徐思之。」自去秋水旱相繼，關中大飢。楊國忠惡京兆尹李峴不附己，以災沴歸咎於峴，九月，貶峴長沙太守。帝憂雨傷稼，國忠取禾之善者獻之，曰：「雨雖多，不害稼也。」帝以爲然。扶風太守房琯言所部水災，國忠使御史推之。是歲，天下無敢言災者。高力士侍側，帝曰：「淫雨不已，卿可盡言。」對曰：「自陛下以權假宰相，賞罰無章，陰陽失度，臣何敢言！」帝默然。

臣祖禹曰：明皇之言未爲失也，其失者，任非其人也。誠使朝事付之相如姚、宋，邊事付之將如王忠嗣，夫復何憂哉？而以姦宄爲賢能，巨猾爲忠良，是以禍亂成而不自知也。自李林甫之(言時)〔時言〕路塞絶，以妄言爲實，以實言爲妖。楊國忠知其君之可欺也，而欺之。公卿大夫百執事之人，宴安寵祿，諫佞成風，大亂將作，凡民且能知之，而無一人敢言者，蓋其君子皆去，其立於朝者皆小人也。高力士帷幄之臣，非有深謀遠慮，心知其事而不忍噤默，此非其忠義過人，蓋朝廷無賢，百官失職，而至於宦者言天下之事，明皇亦可以悟矣，而曾不之省，以及於亂，不亦宜哉。

十五載二月，以吴王祗爲靈昌太守，河南都知兵馬使。賈賁前至雍丘，有衆二千。先是，譙郡太守楊萬石以郡降安祿山，逼真源令張巡使爲長史，西迎賊。巡至真源，率吏民哭於玄元皇帝廟，起兵討賊，吏民樂從者數千人。西至雍丘，與賈賁合。

臣祖禹曰：明皇之末，朝廷無忠賢，左右無正人。一旦兵起幽薊，中原瓦解，而顔杲卿首謀於常山，真卿唱義於平原，張介然、崔無詖死其城郭，李憕、盧奕、蔣清死其官守，賈賁以一尉討賊，張巡以縣令起兵，郭子儀鷹揚於朔方，李光弼奮擊於河北，孰謂天下無人乎！蓋有之而不用也。其後興復唐室，卒賴之於忠賢。夫國有人則存，無人則亡。古者萬乘之國，有一臣則不可得而亡，況忠賢如此其多乎！唐之不亡，斷可知矣。《詩》云：「無競維人，四方其訓之。」苟得其人，則何危亂之有！

哥舒翰軍于潼關，或説楊國忠曰：「今朝廷重兵盡在翰手，翰若援旗西指，於公豈不危哉！」國忠大懼，乃奏：「潼關大軍雖盛，而無後繼，萬一失利，京師可憂，請選監牧小兒三千於苑中訓練。」使李福德領之。又募萬人屯灞上，令杜乾運將之，名爲禦賊，實備翰也。翰亦恐爲國忠所圖，乃表灞上軍隸潼關。六月，召乾運詣關，因事斬之，國忠益懼。帝遣使趣翰進兵復陝、洛。翰奏以爲未可，國忠疑翰謀己，言翰逗留，將失機會。帝續遣中使趣之，項背相望。翰不得已，撫膺慟哭，引兵出關，與賊將崔乾祐戰于靈寶西原，翰大敗，乾祐進，克潼關。蕃將火拔歸仁等執翰以降賊。

臣祖禹曰：楊國忠既激安祿山，使之速反，以信其言。又促哥舒翰出兵潼關，恐其爲己不利，動爲身計，不顧社稷之患，然所以求全者，適足以自族也。夫就利避害，小人之常也。利於己而不利於人，則爲之。害於國而不害於家，則爲之。自以爲得計矣，而不知害於國，則亦害於家，不利於人，則亦不利於己。是以自古小人之敗，必至於家國俱亡。此先王所以戒小人之不可用也。明皇以天下安危寄之一相，而其人如此，安得不傾覆乎！

楊國忠首唱幸蜀之策，帝然之。甲午，移仗北内。既夕，命陳玄禮整比六軍，厚賜錢帛，選閑廄馬九百餘匹，外人皆莫之知。乙未黎明，帝獨與貴妃姊妹、皇子、妃、主、皇孫、楊國忠、韋見素、魏方進、陳玄禮及親近宦官、宫人出延秋門，妃、主、皇孫之在外者，皆委之而去。

臣祖禹曰：《傳》曰：「社稷之主，不可以輕，輕則失衆。」況爲天下之主乎！古者天子巡守必載廟主而行。明皇既不能率其民人城守，以待勤王之師，必不得已而避寇出奔，猶當告于宗廟，諭衆而行。爲備而動，則不至於顛沛矣。乃以天子之尊，獨與其所愛脱身而逃，委其子孫，皆碎賊手，明皇自取之也。自是以後，天下有變，則京師不守，人主先爲出計，自明皇始，其可醜也夫！

胡寅《致堂讀史管見》卷二〇 劍南節度使鮮于仲通討南詔蠻，大敗，士卒死者六萬人，仲通僅以身免。

楊國忠感鮮于仲通薦己，報以節鉞，而開南詔之隙，前後喪師幾二十萬人。高仙芝擊大食，喪師三萬人。安祿山討奚、契丹，喪師六萬人。其時天下無事，户口歲滋，而三年間死於邊域者幾三十萬人。前此楊思勗討叛蠻，所殺又十一萬人。夫爲天養人者，天子之職也。將帥殺之如此，而明皇不得知，夫職久矣。其能免乎？

楊國忠加御史大夫。初，林甫以國忠微才，且貴妃之族，故善遇之。國忠與王鉷俱爲中丞，鉷用林甫薦爲大夫，國忠不悅，會邢縡謀作亂，國忠鞫之，令縡引林甫交私之狀，上由是踈之，而國忠貴震天下矣。

以智巧傾人者，人亦以智巧傾之矣；以勢力壓人者，人亦以勢力壓之矣；以無道横逆加人者，人亦以無道横逆加之矣。雖黜除異已，殺戮謗議，使不爲我害，然天下之人至衆，安得一一而防禁之？得君之路至多，安得一一而壅遏之？事變無常，又安能備所不及備？主心不定，又安能固所不可固？此賢人君子所以直道而行，不可則止者也。李林甫好興大獄，意天下無如我何，而國忠用其術以治之。曾子曰：「出乎爾者，反乎爾者也。」小人覩此，亦可革心而改轍矣。

林甫薨，國忠爲相，誣林甫謀反。制削林甫官爵，子孫流嶺南，貲産没官，親黨坐貶者五十餘人。剖棺褫服，抉取含珠，以庶人禮葬。

林甫專國十九年，罪惡山積，國忠舉其迷國誤朝之甚者，按實行法，雖踣而斬之可也。乃誣以謀反，則林甫實未嘗反也，雖快一時之憤，然邦憲差忒，非朝廷之體矣。子岫嘗戒其父曰：「大人仇怨滿天下，一旦欲爲役夫，不可得。」林甫曰：「勢已如此，將若之何？」雖生免刑戮，而肉未及寒，剖棺抉口，夷諸庶人以葬，十九年所積悖入之貨，還歸於官，子孫竄流，親黨披敗，前日之威勢富貴，一旦如浮煙飛塵，不可搏玩。未用遠引前古，與之同朝者，裴耀卿、張九齡、嚴挺之、盧絢諸人，生榮死哀，曾無此患。而國忠終不監戒，隨以涘滅。嗚呼！窮議之極，極於顔回，窮利之極，極於盜跖！利之一字，能惑心喪身，覆家亡國也，審矣！決矣！

王志堅《讀史商語》卷三 天寶之亂，養成之者李林甫，然使林甫不死，亂不至是也。禄山畏林甫，必不敢亂，即亂，而林甫之才足以辦之。但恐禄山平，玄宗耄，則林甫亦非北面事人之人耳，唐事之壞皆由楊國忠激成禄山使之速反，仗哥舒翰拒賊而陰媒孽之，潼關失守，而創爲幸蜀之説。唐之不亡，天也，使林甫之後，不繼之以國忠，唐之壞何遽至是乎？

楊國忠典選，就第唱補，帷女兄弟觀之，士之醜野蹇傴者，呼其名，輒笑於堂，聲徹諸外，不知當時選人中，何以無郤克其人，他日，帝嘆河北二十四郡，無一忠臣，豈有忠臣肯仕於此時者乎？

吴士奇《緑滋館考信編》卷二《李林甫楊國忠安禄山》 禄山之反，史氏獨歸罪于國忠。夫以禄山之包蔵禍心，久懷異志，即草奔之人皆知之，雖微國忠有終不反者乎？速則其謀未深，而爲害猶小；遲則釀成愈久，而爲禍滋大。嗟夫！國忠固亂人國者，乃其數言禄山之必反，則天未亡唐而使小人自相携貳也，何也？禄山雖擁有數鎮，兼制諸道，而是時，居中與事者，非其素所畏之林甫，則其素所藐之國忠也。畏則恐兩强相厄，而不敢引之爲腹心；藐則鄙豎子無能而不屑假之爲羽翼。中外異黨，分道角立，故雖河北諸郡望風淪没，而帝猶得徐駕入蜀，不然以禄山之驍勇，使結國忠爲内應，一夫作難，諸奸駢集，帝之走蜀且爲齊湣矣！故小人之交，異則兩虎相鬭，而君子猶得觀變以成功。小人之交，合則彼此協謀，而一發遂不可收拾。乃其機在君子知微知彰，而徐以俟之，故曰：「矜而不争，夫惟有君子之争，而後成小人之黨。彼以爲不如，是不足以抗，君子而爲自完計也。」故東漢諸賢，卒以激小人，而使之合不旋踵，而身與國俱斃也！

王夫之《讀通鑑論》卷二二《唐玄宗》 自武德至天寶，百餘年矣，議禮之臣，無能昌言以釐正，猶奉拓拔、宇文（偏隅）〔犬羊〕之族、楊氏悖亂之支爲元后父母之淵源，何其陋也！天寶九載，乃求殷、周、漢後立爲三恪，而廢拓拔、宇文、楊氏之封，雖曰已晚，堂堂乎舉久湮之墜典，立百王之準則，亦偉矣哉！乃非天子所能念也，非大臣所能正也，非儒者所能議也，而出於人微言輕之崔昌。又以以土代火，五德推遷，襲鄒衍之邪説參之。爲儒如衛包者，抑以「四星聚尾」無稽之言爲徵，不能闡元德顯功、民心天理之秩序以播告來兹者爲永式，主之者又李林甫也。故林甫死，楊國忠之黨又起而撓之，後此弗能伸其義者；聖帝明王之祀廕，永絶於世，不亦傷乎！

藝文

《杜甫全集》卷一《麗人行》 三月三日天氣新，長安水邊多麗人。態濃意遠淑且真，肌理細膩骨肉勻。繡一作畫羅衣裳照暮春，蹙金孔雀銀麒麟。頭上何所有，翠微一作爲匐烏合反葉一作匌匐垂鬢脣。背一作身後何所見，珠壓腰衱一作襻一作肢。穩稱身。就中雲幕椒房親，賜名大國虢與秦。紫駝之峯一作珍出翠釜，水精之盤行素鱗。犀箸厭飫久未下，鑾刀縷切空一作坐紛綸。黄門飛鞚不動塵，御廚絡繹一作絲絡送八珍。簫鼓一作管哀吟感鬼神，賓從雜一作合遝實要津。後來鞍馬何逡巡，當軒一作道下馬入錦茵。楊花雪落覆音副白蘋，青鳥飛去銜紅

巾。炙手可熱勢一作世絕倫，愼莫近一作向前丞相嗔。明皇每年十月幸華清宮。楊國忠姊妹五家扈從。每家爲一隊。著一色衣。五家合隊。照映如百花之煥發。燦爛芳馥於路。而國忠私於虢國。不避雄狐之刺。每入朝。或聯鑣方駕。不施幃幔。同入禁中。

《白居易集》卷三《新豐折臂翁》 新豐老翁八十八，頭鬢眉鬚皆似雪。玄孫扶向店前行，左一作右臂憑肩右一作左臂折。問翁臂折來幾年，兼問致折何因緣。翁云貫屬新豐縣，生逢聖代無征戰。慣聽梨園歌管聲，一作唯聽驪宮歌吹聲。不識旗槍與弓箭。無何天寶大徵兵，户有三丁點一丁。點得一作里胥驅將一作向何處去，五月萬里雲南行。聞一作傳道雲南有瀘水，椒花落時瘴煙起。大軍徒涉水如湯，未過一作戰十人二三死。村南村北哭聲哀一作悲，兒別爺娘夫別妻。皆云前後征蠻者，千萬人行無一迴。是時翁年二十四，兵部牒中有名字。夜深不敢使人知，偷將一作自把大石搥折臂。張弓簸旗俱不堪，從茲始免征雲南。骨碎筋傷非不苦，且圖揀退歸鄉土。此臂折來一作臂折六十年，一肢雖廢一身全。至今風雨陰寒夜，直到天明痛不眠，痛不眠。終不悔，且喜老身今獨在。不然當時瀘水頭，身死魂孤骨不收，應作雲南望鄉鬼，萬人冢上哭呦呦。雲南有萬人冢。即鮮于仲通、李宓曾覆軍之所也。老人言，君聽取。君一作何不聞開元宰相宋開府，不賞邊功防黷武。開元初，突厥數寇邊。時天武軍牙將郝靈荃出使，因引特勒迴鶻部落斬突厥默啜，獻首於闕下，自謂有不世之功。時宋璟爲相，以天子年少好武，恐徼功者生心，痛抑其(黨)〔賞〕。逾年，始授郎將。靈荃遂慟哭嘔血而死也。又不聞天寶宰相楊國忠，欲求恩幸立邊功。邊功未立生人怨，請問新豐折臂翁。天寶末，楊國忠爲相。重構閣羅鳳之役，募人討之。前後發二十餘萬衆，去無返者。又捉人連枷赴役，天下怨哭，人不聊生。故祿山得乘人心而盜天下。元和初，折臂翁猶存。因備歌之。

宋敏求《唐大詔令集》卷四五徐安貞《楊國忠右相制》 先王立政，必惟擇賢，所以時亮天功，叶修人紀，惣茲三事，是屬中樞，審于百工，僉曰亞相。銀青光祿大夫御史大夫判度支事權知太府卿兼蜀郡長史持節劍南節度支度營田等副大使本道兼山南西道採訪處置使兩京太府司農出納監倉祠祭木炭宫市長春九成宫等使關内道及京畿採訪處置使上柱國弘農縣開國伯楊國忠，純粹精明，懸解虚受，比之管樂，文多體要之詞；擬于邴魏，武有韜鈐之學。直方其道，簡易能成。往自星郎，爰秉天憲，邦國大政，弘益滋多，則造膝沃心，已期王佐，彌綸經濟，同致雍熙。況南臺冢宰，尤思藻鑒，西垣鼎座，深佇燮和。會予夙心，命爾爲相，宜兼密啓，式惣如綸。可守右相兼吏部尚書集賢殿學士修國史崇玄館大學士太清太微宫使，仍判度支及蜀郡大都督府長史劍南節度支度營田副大使本道兼山南西道採訪處置使兩京出納勾當租庸鑄錢等使並如故。天寶十一載十一月。

高仙芝部

綜述

《舊唐書》卷一四〇《高仙芝傳》　高仙芝，本高麗人也。父舍鷄，初從河西軍，累勞至四鎮十將、諸衛將軍。仙芝美姿容，善騎射，勇決驍果。少隨父至安西，以父有功授游擊將軍。年二十餘即拜將軍，與父同班秩。事節度使田仁琬、蓋嘉運，未甚任用，後夫蒙靈詧累拔擢之。開元末，爲安西副都護、四鎮都知兵馬使。

小勃律國王爲吐蕃所招，妻以公主，西北二十餘國皆爲吐蕃所制，貢獻不通。後節度使田仁琬、蓋嘉運并靈詧累討之，不捷，玄宗特敕仙芝以馬步萬人爲行營節度使往討之。時步軍皆有私馬，自安西行十五日至撥換城，又十餘日至握瑟德，又十餘日至疏勒，又二十餘日至葱嶺守捉，又行二十餘日至播密川，又二十餘日至特勒滿川，即五識匿國也。仙芝乃分爲三軍：使疏勒守捉使趙崇玭統三千騎趣吐蕃連雲堡，自北谷入；使撥換守捉使賈崇瓘自赤佛堂路入；仙芝與中使邊令誠自護密國入，約七月十三日辰時會于吐蕃連雲堡。堡中有兵千人，又城南十五里因山爲柵，有兵八九千人。城下有婆勒川，水漲不可渡。仙芝以三牲祭河，命諸將選兵馬，人賫三日乾糧，早集河次。水既難渡，將士皆以爲狂。既至，人不濕旗，馬不濕韉，已濟而成列矣。仙芝喜謂令誠曰：「向吾半渡賊來，吾屬敗矣，今既濟成列，是天以此賊賜我也。」遂登山挑擊，從辰至巳，大破之。至夜奔逐，殺五千人，生擒千人，餘並走散。得馬千餘匹，軍資器械不可勝數。

玄宗使術士韓履冰往視日，懼不欲行，邊令誠亦懼。仙芝留令誠等以羸病尫弱三千餘人守其城，仙芝遂進。三日，至坦駒嶺，直下峭峻四十餘里，仙芝料之曰：「阿弩越胡若速迎，即是好心。」又恐兵士不下，乃先令二十餘騎詐作阿弩越城胡服上嶺來迎。既至坦駒嶺，兵士果不肯下，云：「大使將我欲何處去？」言未畢，其先使二十人來迎，云：「阿弩越城胡並好心奉迎，娑夷河藤橋已斫訖。」仙芝陽喜以號令，兵士盡下。娑夷河，即古之弱水也，不勝草芥毛髮。下嶺三日，越胡果來迎。明日，至阿弩越城，當日令將軍席元慶、賀婁餘潤先修橋路。仙芝明日進軍，又令元慶以一千騎先謂小勃律王曰：「不取汝城，亦不斫汝橋，但借汝路過，向大勃律去。」城中有首領五六人，皆赤心爲吐蕃。仙芝先約元慶云：「軍到，首領百姓必走入山谷，招呼取以敕命賜綵物等，首領至，齊縛之以待我。」元慶既至，一如仙芝之所教，縛諸首領。王及公主走入石窟，取不可得。仙芝至，斬其爲吐蕃者五六人。急令元慶斫藤橋，去勃律猶六十里，及暮，纔斫了，吐蕃兵馬大至，已無及矣。藤橋闊一箭道，修之一年方成。勃律先爲吐蕃所詐借路，遂成此橋。至是，仙芝徐自招諭勃律及公主出降，并平其國。

天寶六載八月，仙芝虜勃律王及公主趣赤佛堂路班師。九月，復至婆勒川連雲堡，與邊令誠等相見。其月末，還播密川，令劉單草告捷書，遣中使判官王廷芳告捷。仙芝軍還至河西，夫蒙靈詧都不使人迎勞，罵仙芝曰：「啖狗腸高麗奴！啖狗屎高麗奴！于闐使誰與汝奏得？」仙芝曰：「中丞。」「焉耆鎮守使誰邊得？」曰：「中丞。」「安西副都護使誰邊得？」曰：「中丞。」「安西都知兵馬使誰邊得？」曰：「中丞。」靈詧曰：「此既皆我所奏，安得不待我處分懸奏捷書！據高麗奴此罪，合當斬，但緣新立大功，不欲處置。」又謂劉單曰：「聞爾能作捷書。」單恐懼請罪。令誠具奏其狀曰：「仙芝立奇功，今將憂死。」其年六月，制授仙芝鴻臚卿，攝御史中丞，代夫蒙靈詧爲四鎮節度使，徵靈詧入朝。靈詧大懼，仙芝每日見之，趨走如故，靈詧益不自安。將軍程千里時爲副都護，大將軍畢思琛爲靈詧押衙，并行官王滔、康懷順、陳奉忠等，嘗構譖仙芝於靈詧。仙芝既領節度事，謂程千里曰：「公面似男兒，心如婦人，何也？」又謂思琛曰：「此胡敢來！我城東一千石種子莊被汝將去，憶之乎？」對曰：「此是中丞知思琛辛苦見乞。」仙芝曰：「吾此時懼汝作威福，豈是憐汝與之！我欲不言，恐汝懷憂，言了無事矣。」又呼王滔等至，捽下將笞，良久皆釋之，由是軍情不懼。

八載，入朝，加特進，兼左金吾衛大將軍同正員，仍與一子五品官。九載，將兵討石國，平之，獲其國王以歸。仙芝性貪，獲石國大塊瑟瑟十餘石、真金五六馲駝、名馬寶玉稱是。初，舍鷄以仙芝爲懦緩，恐其不能自存，至是立功，家財鉅萬，頗能散施，人有所求，言無不應。其載，入朝，拜開府儀同三司，尋除武威太守、河西節度使，代安思順。思順諷羣胡割耳剺面請留，監察御史裴周南奏之，制復留思順，以仙芝爲右羽林大將軍。十四載，進封密雲郡公。

十一月，安禄山據范陽叛。是日，以京兆牧、榮王琬爲討賊元帥，仙芝爲副。

命仙芝領飛騎、彍騎及朔方、河西、隴右應赴京兵馬，并召募關輔五萬人，繼封常清出潼關進討，仍以仙芝兼御史大夫。十二月，師發，玄宗御望春亭慰勞遣之，仍令監門將軍邊令誠監其軍，屯於陝州。是月十一日，封常清兵敗於汜水。十三日，禄山陷東京，常清以餘衆奔陝州，謂仙芝曰：「累日血戰，賊鋒不可當。且潼關無兵，若狂寇奔突，則京師危矣。宜棄此守，急保潼關。」常清、仙芝乃率見兵取太原倉錢絹，分給將士，餘皆焚之。俄而賊騎繼至，諸軍惶駭，棄甲而走，無復隊伍。仙芝至關，繕修守具，又令索承光守善和戍。賊騎至關，已有備矣，不能攻而去，仙芝之力也。

雜録

備録

《太平廣記》卷四一四《訶黎勒》引《廣異記》 高仙芝伐大食，得訶黎勒，長五六寸。初置抹肚中，便覺腹痛，因快痢十餘行。初謂訶黎勒爲祟，因欲棄之，以問大食長老。長老云：「此物人帶，一切病消。痢者，出惡物耳。」仙芝甚寶惜之。天寶末被誅，遂失所在。

備論

《舊唐書》卷一四〇《高仙芝傳》 史臣曰：大盜作梗，禄山亂常，詞雖欲誅國忠，志則謀危社稷。于時承平日久，金革道消，封常清、高仙芝相次率不教之兵，募市人之衆，以抗兇寇，失律喪師。哥舒翰廢疾于家，起專兵柄，二十萬衆拒賊關門，軍中之務不親，委任又非其所。及遇羯賊，旋致敗亡，天子以之播遷，自身以之拘執，此皆命帥而不得其人也。《禮》曰：「大夫死衆。」又曰：「謀人之軍師敗則死之。」翰受署賊庭，苟延視息，忠義之道，即可知也，豈不愧於顔杲卿乎！抑又聞之，古之命將者，推轂而謂之曰：「閫外之事，將軍裁之。」觀楊國忠之奏事，邊令誠之護戎，又掣肘於軍政者也，未可偏責三帥，不尤伊人。後之君子，得不深鑑！

贊曰：羯賊犯順，戎車啓行。委任失所，封、高敗亡。虔劉圻甸，僭竊衣裳。醜哉舒翰，不能死王。

《新唐書》卷一三五《高仙芝傳》 贊曰：禄山裒百鬭驍虜，乘天下忘戰，主德耄勤，故提戈内譟，人情崩潰。常清乃驅市人數萬以嬰賊鋒，一戰不勝，即奪爵土。欲入關見天子論成敗事，使者三輩上書，皆不報，回斬于軍。仙芝棄陝守關，遏賊西勢，以喪地被誅。玄宗雖爲左右蒙瞽，然荒奪其明亦甚矣。卒使叛將得藉口，執翰以降賊。嗚呼，非天孰其惡，使亂四海，舉黔首而殘之邪！彼二將奚誅焉？

藝文

《杜甫全集》卷一《高都護驄馬行》 安西都護胡青驄，聲價歘然來向東。此馬臨陣久無敵，與人一心成大功。功成惠養赭白馬賦。願終惠養。隨所致，飄飄一作飄遠自流沙至。雄姿未受伏櫪恩，猛氣猶思戰場利。腕一作踠促蹄高如踣鐵，交河幾蹴曾冰裂。五花翦鬃爲瓣。或三花。或五花。或云印以三花飛風之字。散作雲滿身，萬里方看汗流血。長安壯兒不敢騎，走過掣電傾城知。青絲絡頭爲君老，何由卻出横門道。長安城北出西頭第一門曰横門。其外有横橋。

陳維崧《湖海樓詩集》卷五《過高都護水榭》 將軍亭榭亦佳哉，出郭争携步屧來。春水半城昏似夢，野花二月短如苔。園荒怕有朱欄坼，日落愁無畫槳開。還是永和修禊處，風流不見使人哀。水榭向係侯氏斯干堂。

朱彝尊《明詩綜》卷五三《送高都護入賀》 將軍白馬插雕弧，自傍屬車誇射烏。陛下聖明三萬歲，微臣直至執金吾。

陸心源《宋詩紀事補遺》卷三三《輓高都護》 粉身碎骨勇無難，祇爲君恩重泰山。風淡月明都護府，功名千古在人間。

《全唐文》卷二五二蘇頲《授高仙芝右羽林軍大將軍制》 門下：四鎮經略副使前右羽林軍大將軍員外置同正員密雲縣開國男賜紫金魚袋上柱國高仙芝，素稱驍悍，兼聞智略，久在戎場，夙推武用。才有所適，禮則從權，宜復官資，更爲邊扞。可起復右羽林軍大將軍員外置同正員。

李白部

綜述

《新唐書》卷二〇二《李白傳》 李白字太白，興聖皇帝九世孫。其先隋末以罪徙西域，神龍初，遁還，客巴西。白之生，母夢長庚星，因以命之。十歲通詩書，既長，隱岷山。州舉有道，不應。蘇頲爲益州長史，見白異之，曰：「是子天才英特，少益以學，可比相如。」然喜縱横術，擊劍爲任俠，輕財重施。更客任城，與孔巢父、韓準、裴政、張叔明、陶沔居徂來山，日沈飲，號「竹溪六逸」。

天寶初，南入會稽，與吴筠善，筠被召，故白亦至長安。往見賀知章，知章見其文，歎曰：「子，謫仙人也！」言於玄宗，召見金鑾殿，論當世事，奏頌一篇。帝賜食，親爲調羹，有詔供奉翰林。白猶與飲徒醉于市。帝坐沈香子亭，意有所感，欲得白爲樂章，召入，而白已醉，左右以水頮面，稍解，授筆成文，婉麗精切，無留思。帝愛其才，數宴見。白嘗侍帝，醉，使高力士脱鞾。力士素貴，恥之，擿其詩以激楊貴妃，帝欲官白，妃輒沮止。白自知不爲親近所容，益驁放不自脩，與知章、李適之、汝陽王璡、崔宗之、蘇晉、張旭、焦遂爲「酒八仙人」。懇求還山，帝賜金放還。白浮游四方，嘗乘月與崔宗之自采石至金陵，著宮錦袍坐舟中，旁若無人。

安禄山反，轉側宿松、匡廬間，永王璘辟爲府僚佐。璘起兵，逃還彭澤；璘敗，當誅。初，白游并州，見郭子儀，奇之。子儀嘗犯法，白爲救免。至是子儀請解官以贖，有詔長流夜郎。會赦，還尋陽，坐事下獄。時宋若思將吴兵三千赴河南，道尋陽，釋囚辟爲參謀，未幾辭職。李陽冰爲當塗令，白依之。代宗立，以左拾遺召，而白已卒，年六十餘。

白晚好黄老，度牛渚磯至姑孰，悦謝家青山，欲終焉。及卒，葬東麓。元和末，宣歙觀察使范傳正祭其冢，禁樵採。訪後裔，惟二孫女嫁爲民妻，進止仍有風範，因泣曰：「先祖志在青山，頃葬東麓，非本意。」傳正爲改葬，立二碑焉。告二女，將改妻士族，辭以孤窮失身，命也，不願更嫁。傳正嘉歎，復其夫徭役。

文宗時，詔以白歌詩、裴旻劍舞、張旭草書爲「三絶」。

《李太白全集》卷一 李華《故翰林學士李君墓誌并序》 嗚呼！姑熟東南，青山北址，有唐高士李白之墓。嗚呼哀哉！夫仁以安物，公其懋焉。義以濟難，公其志焉。識以辯理，公其博焉。文以宣志，公其懿焉。宜其上爲王師，下爲伯友。年六十有二不偶，賦《臨終歌》而卒。悲夫！聖以立德，賢以立言，道以恒世，言以經俗。雖曰死矣，吾不謂其亡矣也。有子曰伯禽，天然長能持，幼能辯，數梯公之德，必將大其名也已矣。銘曰：立德謂聖，立言謂賢。嗟君之道，奇于人而侔于天。哀哉！

劉全白《唐故翰林學士李君碣記》 君名白，廣漢人。性倜儻，好縱横術，善賦詩，才調逸邁，往往興會屬詞，恐古人之善詩者亦不逮。尤工古歌。少任俠，不事産業，名聞京師。天寶初，玄宗辟翰林待詔，因爲和蕃書，并上《宣唐鴻猷》一篇。上重之，欲以綸誥之任委之。同列者所謗，詔令歸山。遂浪跡天下，以詩酒自適。又志尚道術，謂神仙可致，不求小官，以當世之務自負。流離轗軻，竟無所成名。有子名伯禽，偶遊至此，遂以疾終，因葬于此。文集亦無定卷，家家有之。代宗登極，廣拔淹瘁，時君亦拜拾遺。聞命之後，君亦逝矣。嗚呼！與其才不與其命，悲夫！全白幼則以詩爲君所知，及此投弔，荒墳將毁，追想音容，悲不能止。邑有賢宰顧公游秦，志好爲詩。亦常慕效李君氣調，因嗟盛才冥寞，遂表墓式墳，乃題貞石，冀傳于往來也。貞元六年四月七日記，沙門履文書，墳去墓記一百二十步。

范傳正《唐左拾遺翰林學士李公新墓碑并序》 騏驥筋力成，意在萬里外。歷塊一蹶，斃於空谷。惟餘駿骨，價重千金。大鵬羽翼張，勢欲摩穹昊。天風不來，海波不起。塌翅别島，空留大名。人亦有之。故左拾遺、翰林學士李公之謂矣。公名白，字太白，其先隴西成紀人。絶嗣之家，難求譜牒。公之孫女搜于箱篋中，得公之亡子伯禽手疏十數行，紙壞字缺，不能詳備。約而計之，凉武昭王九代孫也。隋末多難，一房被竄于碎葉，流離散落，隱易姓名。故自國朝已來，漏于屬籍。神龍初，潛還廣漢，因僑爲郡人。父客以逋其邑，遂以客爲名。高臥雲林，不求禄仕。公之生也，先府君指天枝以復姓，先夫人夢長庚而告祥，名之與字，咸所取象。受五行之剛氣，叔夜心高；挺三蜀之雄才，相如文逸。瓌奇宏廓，拔俗無類。少以俠自任，而門多長者車。常欲一鳴驚人，一飛沖天，彼漸陸遷喬，皆不能也。由是慷慨自負，不拘常調，器度弘大，聲聞于天。天寶初，召見

于金鑾殿，玄宗明皇帝降輦步迎，如見園、綺。論當世務，草答蕃書，辯如懸河，筆不停綴。玄宗嘉之，以寶牀方丈賜食于前，御手和羹，德音褒美。褐衣恩遇，前無比儔。遂直翰林，專掌密命。將處司言之任多陪侍從之游。他日泛白蓮池，公不在宴。皇歡既洽，召公作序。時公已被酒于翰苑中，仍命高將軍扶以登舟，優寵如是。既而上疏請還舊山，玄宗甚愛其才，或慮乘醉出入省中，不能不言温室樹，恐掇後患，惜而遂之。公以爲千鈞之弩，一發不中，則當摧檣折牙而永息機用，安能傚碌碌者蘇而復上哉！脱屣軒冕，釋羈韁鎖，因肆情性，大放宇宙間。飲酒非嗜其酣樂，取其昏以自富。作詩非事于文律，取其吟以自適。好神仙非慕其輕舉，將不可求之事求之。欲耗壯心，遣餘年也。在長安時，祕書監賀知章號公爲謫仙人。吟公《烏棲曲》云：此詩可以哭鬼神矣。時人又以公及賀監、汝陽王、崔宗之、裴周南等八人爲酒中八仙。朝列賦謫仙歌百餘首。俄屬戎馬生郊，遠身海上，往來于斗牛之分，優游没身。偶乘扁舟，一日千里，或遇勝境，終年不移。長江遠山，一泉一石，無往而不自得也。晚歲渡牛渚磯，至姑熟，悦謝家青山，有終焉之志。盤桓利居，竟卒于此。其生也，聖朝之高士；其往也，當塗之旅人。代宗之初，搜羅俊逸，拜公左拾遺。制下于彤庭，禮降于玄壤。生不及禄，没而稱官，嗚呼命與！傳正共生唐代，甲子相懸。常于先大夫文字中見與公有潯陽夜宴詩，則知與公有通家之舊。于人間得公遺篇逸句，吟咏在口。無何叨蒙恩獎，廉問宣、池。按圖得公之墳墓，在當塗屬邑。因令禁樵採，備灑掃，訪公之子孫，欲申慰薦。凡三四年，乃獲孫女二人，一爲陳雲之室，一爲劉勸之妻，皆編户甿也。因召至郡庭，相見與語，衣服村落，形容朴野，而進退閑雅，應對詳諦，且祖德如在，儒風宛然。問其所以，則曰：父伯禽以貞元八年不禄而卒，有兄一人，出游一十二年，不知所在。父存無官，父殁爲民，有兄不相保，爲天下之窮人。無桑以自蠶，非不知機杼；無田以自力，非不知稼穡。况婦人不任，布裙糲食，何所仰給？儷于農夫，救死而已。久不敢聞于縣官，懼辱祖考。鄉間逼迫，忍恥來告。言訖淚下，余亦對之泫然。因云：先祖志在青山，遺言宅兆，頃屬多故，殯于龍山東麓，地近而非本意。墳高三尺，日益摧圮，力且不及，知如之何。聞之憫然，將遂其請。因當塗令諸葛縱會計在州，得諭其事。縱亦好事者，學爲歌詩，樂聞其語。便道還縣，躬相地形，卜新宅于青山之陽，以元和十二年正月二十三日遷神于此。遂公之志也。西去舊墳六里，南抵驛路三百步。北倚謝公山，即青山也。天寶十二載勑改名焉。因告二女，將改適于士族。皆曰：夫妻之道命也，亦分也。在孤窮既失身于下俚，仗威力乃求援于他門。生縱偷安，死何面目見大父于地下？欲敗其類，所不忍聞。余亦嘉之，不奪其志，復井稅免傜役而已。今士大夫之葬必誌于墓，有勳庸道德之家，兼樹碑于道。余才術貧虚，不能兩致。今作新墓銘，兼刊二石，一寘于泉扃，一表于道路。亦峴首漢川之義也。庶芳聲之不泯焉。文集二十卷，或得之于時之文士，或得之于宗族，編輯斷簡，以行于代。銘曰：

嵩嶽降神，是生輔臣。蓬萊譴真，斯爲逸人。晉有七賢，唐稱八仙。應彼星象，唯公一焉。晦以麴糵，暢于文篇。萬象奔走乎筆端，萬慮泯滅乎罇前。臥必酒甕，行惟酒船。吟風咏月，席地幕天。但貴乎適其所適，不知夫所以然而然。至今尚疑其醉在千日，寧審乎壽終百年？謝家山兮李公墓，異代詩流同此路。舊墳卑庳風雨侵，新宅爽塏松柏林。故鄉萬里且無嗣，二女從民永于此。猗歟琢石爲二碑，一藏幽隧一臨岐。岸深谷高變化時，一存一毁名不虧。

裴敬《翰林學士李公墓碑》 李翰林名白，字太白，以詩著名，召入翰林。世稱才名，占得翰林，他人不復争先。其後以脅從得罪，既免，遂放浪江南，死宣城，葬當塗青山下。李陽冰序詩集，粗具行止。敬嘗游江表，過其墓下，愛其才，壯其氣，味其嗜酒，知其取適，作碑於墓。且曰：先生得天地秀氣耶！不然，何異於常之人耶！或曰：太白之精下降，故字太白，故賀監號爲謫仙，不其然乎！故爲詩格高旨遠，若在天上物外，神仙會集，雲行鶴駕，想見飄然之狀。視塵中屑屑米粒，蟲睫紛擾，菌蠢羈絆蹂躪之比。又嘗有知鑒，客并州，識郭汾陽於行伍間，爲免脱其刑責而奬重之。後汾陽以功成官爵請贖翰林。上許之，因免誅。其報也。又常心許劍舞裴將軍，予曾叔祖也。嘗投書曰：如白願出將軍門下。其文高，其氣雄。世稀其本，懼失其傳，故序傳之。大和初，文宗皇帝命翰林學士爲三絶贊，公之詩歌與將軍劍舞洎張旭長史草書爲三絶。夫天付上才，必同靈氣。賢傑相投，龍虎兩合，可爲知者言，非常人所知也。予嘗過當塗，訪翰林舊宅，又於浮屠寺化城之僧得翰林自寫《訪賀監不遇》詩云：東山無賀老，却棹酒船回。味之不足，重之爲寶，用獻知者。又於歷陽郡得翰林《與劉尊師書》一紙，思高筆逸。又嘗遊上元蔣山寺，見翰林贊誌公云，水中之月，了不可取，刀齊尺量，扇迷陳語。文簡事備，誠爲作者，附於此云。夫古以名德稱，占其官謚者甚希。前以詩稱者，若謝吏部、何水部、陶彭澤、鮑參軍之類。唐朝以詩稱，若王江寧、宋考功、韋蘇州、王右丞、杜員外之類。以文稱者，若陳拾遺、蘇司業、元容

州、蕭功曹、韓吏部之類。以德行稱者，元魯山、陽道州。以直稱者，魏文貞、狄梁公。以忠烈稱者，顏魯公、段太尉。以武稱者，李衛公、英公。以學行文翰俱稱者，虞祕監。唐之得人，于斯爲盛。翰林其以詩稱之一也。會昌三年二月中，敬自滑水草堂南遊江左，過公墓下，四過青山，兩發塗口，徘徊不忍去，與前濮州鄄城縣尉李劭同以公服拜其墓，問其墓左人畢元宥實備灑掃，留綿帛具酒饌祭公。知公無孫，有孫女二人，一娶劉勸，一娶陳雲，皆農夫也。且曰二孫女不拜墓已五六年矣，因告邑宰李君都傑，請免畢元宥力役，俾專灑掃事。嘻！享名甚高，後事何薄！謝公舊井，新墓角落。青山白雲，共爲蕭索。巨竹拱木，如公卓犖。天長地久，其名不朽。此爲祭文，寫授元宥。又爲碑曰：貴盡皆然，名存則難。故予重名不重官。作李翰林碑十五字而已。

雜録

備録

段成式《酉陽雜俎》前集卷一二《語資》　白前後三擬詞選，不如意，悉焚之。唯留《恨》、《別》賦。

李白名播海内，玄宗於便殿召見，神氣高朗，軒軒然若霞舉，上不覺亡萬乘之尊，因命納履。白遂展足與高力士，曰：「去靴。」力士失勢，遽爲脱之。及出，上指白謂力士曰：「此人固窮相。」……及禄山反，製《胡無人》，言「太白入月敵可摧」。及禄山死，太白蝕月。衆言李白唯戲杜考功「飯顆山頭」之句。成式偶見李白《祠亭上宴别杜考功詩》，今録首尾曰：「我覺秋興逸，誰言秋興悲？山將落日去，水共晴空宜。」「烟歸碧海夕，雁度青天時。相失各萬里，茫然空爾思。」

李肇《唐國史補》卷上　李白在翰林多沈飲。玄宗令撰樂詞，醉不可待，以水沃之，白稍能動，索筆一揮十數章，文不加點。後對御，引足令高力士脱韡，上命小閹排出之。

馮贄《雲仙雜記》卷一《搔首問青天》　李白登華山落鴈峯，曰：「此山最高，呼吸之氣想通天帝座矣。恨不攜謝朓驚人詩來，搔首問青天耳！」

馮贄《雲仙雜記》卷二《水松牌》　李白遊慈恩寺，寺僧用水松牌刷以吴膠粉，捧乞新詩。白爲題訖，僧獻玄沙鉢、緑英梅、檀香筆格、蘭縑袴、紫瓊霜。

孟棨《本事詩·高逸三》　李太白初自蜀至京師，舍於逆旅。賀監知章聞其名，首訪之。既奇其姿，復請所爲文。出《蜀道難》以示之。讀未竟，稱歎者數四，號爲謫仙，解金龜换酒，與傾盡醉，期不間日，由是稱譽光赫。賀又見其《烏棲曲》，歎賞苦吟曰：「此詩可以泣鬼神矣。」故杜子美贈詩及焉。曲曰：「姑蘇臺上烏棲時，吴王宫裏醉西施。吴歌楚舞歡未畢，西山欲銜半邊日。金壺丁丁漏水多，起看秋月墮江波。東方漸高奈樂何。」或言是《烏夜啼》二篇，未知孰是，故兩録之。《烏夜啼》曰：「黄雲城邊烏欲棲，歸飛啞啞枝上啼。機中織錦秦川女，碧紗如煙隔窗語。停梭向人問故夫，欲説遼西淚如雨。」白才逸氣高，與陳拾遺齊名，先後合德。其論詩云：「梁陳以來，艷薄斯極，沈休文又尚以聲律，將復古道，非我而誰與！」故陳、李二集，律詩殊少。嘗言：「興寄深微，五言不如四言，七言又其靡也，況使束於聲調俳優哉！」故戲杜曰：「飯顆山頭逢杜甫，頭戴笠子日卓午。借問别來太瘦生，總爲從前作詩苦。」蓋譏其拘束也。玄宗聞之，召入翰林。以其才藻絶人，器識兼茂，欲以上位處之，故未命以官。嘗因宫人行樂，謂高力士曰：「對此良辰美景，豈可獨以聲伎爲娱，倘時得逸才詞人吟詠，可以誇耀於後。」遂命召白。時寧王邀白飲酒，已醉；既至，拜舞頹然。上知其薄聲律，謂非所長，命爲《宫中行樂》五言律詩十首。白頓首曰：「寧王賜臣酒，今已醉。倘陛下賜臣無畏，始可盡臣薄技。」上曰：「可。」即遣二内臣掖扶之，命研墨濡筆以授之，又令二人張朱絲欄於其前。白取筆抒思，略不停綴，十篇立就，更無加點。筆迹遒利，鳳跱龍拏。律度對屬，無不精絶。其首篇曰：「柳色黄金嫩，梨花白雪香。玉樓巢翡翠，金殿宿鴛鴦。選妓隨雕輦，徵歌出洞房。宫中誰第一，飛燕在昭陽。」文不盡録。常出入宫中，恩禮殊厚。竟以疎縱乞歸。上亦以非廊廟器，優詔罷遣之。後以不羈，流落江外；又以永王招禮，累謫於夜郎。及放還，卒於宣城。杜所贈二十韻，備敘其事。讀其文，盡得其故跡。杜逢禄山之難，流離隴蜀，畢陳於詩，推見至隱，殆無遺事，故當時號爲「詩史」。

王定保《唐摭言》卷七《知己》　李太白始自西蜀至京，名未甚振，因以所業贄謁賀知章。知章覽《蜀道難》一篇，揚眉謂之曰：「公非人世之人，可不是太白星精耶？」

王定保《唐摭言》卷一三《敏捷》　開元中，李翰林應詔草《白蓮花開序》及《宫

詞》十首。時方大醉，中貴人以冷水沃之，稍醒，白於御前索筆一揮，文不加點。

王仁裕《開元天寶遺事》卷下《夢筆頭生花》 李太白少時，夢所用之筆頭上生花，後天才贍逸，名聞天下。

王仁裕《開元天寶遺事》卷下《美人呵筆》 李白于便殿對明皇撰詔誥，時十月大寒，筆凍莫能書字。帝勑宮嬪十人，侍于李白左右，令各執牙筆呵之，遂取而書其詔，其受聖眷如此。

王仁裕《開元天寶遺事》卷下《任人如市瓜》 明皇召諸學士宴于便殿，因酒酣顧謂李白曰：「我朝與天后之朝何如？」白曰：「天后朝政出多門，國由姦幸，任人之道，如小兒市瓜，不擇香味，惟揀肥大者；我朝任人如淘沙取金，剖石採玉，皆得其精粹者。」明皇笑曰：「學士過有所飾。」

王仁裕《開元天寶遺事》卷下《隔障歌》 寧王宮有樂妓寵姐者，美姿色，善謳唱。每宴外客，其諸妓女盡在目前，惟寵姐客莫能見。飲欲半酣，詞客李太白恃醉戲曰：「白久聞王有寵姐善歌，今酒肴醉飽，羣公宴倦，王何吝此女示於衆。」王笑謂左右曰：「設七寶花障，召寵姐於障後歌之。」白起謝曰：「雖不許見面，聞其聲亦幸矣。」

王仁裕《開元天寶遺事》卷下《粲花之論》 李白有天才俊逸之譽，每與人談論，皆成句讀，如春葩麗藻，粲于齒牙之下，時人號曰李白粲花之論。

王仁裕《開元天寶遺事》卷下《醉聖》 李白嗜酒不拘小節，然沉酣中所撰文章，未嘗錯誤，而與不醉之人相對議事，皆不出太白所見，時人號爲醉聖。

陶穀《清異録》卷四《酒漿門》 舊聞李太白好飲玉浮粱，不知其果何物。余得吴婢，使釀酒，因促其功，答曰：「尚未熟，但浮粱耳。」試取一盞至，則浮蛆酒脂也，乃悟太白所飲蓋此耳。

《太平御覽》卷四六《九華山》 此山奇秀，高出雲表，峯巒異狀，其數有九，故號九子山焉。李白因遊江漢，覩其山秀異，遂更號曰九華。

錢易《南部新書》卷丙 李白爲天才絶，白居易爲人才絶，李賀爲鬼才絶。

王讜《唐語林》卷五《補遺》 李白開元中謁宰相，封一板，上題曰：「海上釣鼇客李白。」宰相問曰：「先生臨滄海，釣巨鼇，以何物爲鉤綫？」白曰：「風波逸其情，乾坤縱其志。以虹蜺爲綫，明月爲鉤。」又曰：「何物爲餌？」白曰：「以天下無義氣丈夫爲餌。」宰相竦然。

趙令時《侯鯖録》卷六 李白墳在太平州采石鎮民家菜圃中，游人亦多留詩。

然州之南有青山，乃有正墳。或云太白平生愛謝家青山，葬其處，采石特空墳耳。世傳太白過采石，酒狂捉月，竊意當時藁殯於此，至范侍郎爲遷窆青山焉。

沈括《夢溪筆談》卷四《辯證》 前史稱嚴武爲劍南節度使，放肆不法，李白爲之作《蜀道難》。按孟棨所記，白初至京師，賀知章聞其名，首詣之，白出《蜀道難》，讀未畢，稱嘆數四。時乃天寶初也，此時白已作蜀道難。嚴武爲劍南，乃在至德以後肅宗時，年代甚遠。蓋小説所記，各得於一時見聞，本末不相知，率多舛誤，皆此文之類。李白集中稱「刺章仇兼瓊」，與《唐書》所載不同，此《唐書》誤也。

吴曾《能改齋漫録》卷五辨誤《天子呼來不上船》 唐范傳正作李白墓碑云：「明皇泛白蓮池，公不在宴。皇情既洽，召公作序。時公已被酒於翰苑中，乃命高將軍扶以登舟，優寵如是。」杜子美《八仙歌》云：「天子呼來不上船，自稱臣是酒中仙。」蓋謂此也。

辛文房《唐才子傳》卷二《李白》 白，字太白，山東人。母夢長庚星而誕，因以命之。十歲通《五經》，自夢筆頭生花，後天才贍逸。喜縱横擊劍，爲任俠，輕財好施。更客任城，與孔巢父、韓準、裴政、張叔明、陶沔居徂徠山中，日沉飲，號「竹溪六逸」。天寶初，自蜀至長安，道未振，以所業投賀知章。讀至《蜀道難》，歎曰：「子，謫仙人也。」乃解金龜換酒，終日相樂。遂薦於玄宗，召見金鑾殿，論時事，因奏頌一篇。帝喜，賜食，親爲調羹，詔供奉翰林。嘗大醉，上前草詔，使高力士脱鞾，力士恥之，摘其《清平調》中飛燕事以激怒貴妃。帝每欲與官，妃輒沮之。白益傲放，與賀知章、李適之、汝陽王璡、崔宗之、蘇晉、張旭、焦遂爲「飲酒八仙人」。懇求還山，賜黄金，詔放歸。白浮游四方，欲登華山，乘醉跨驢，經縣治。宰不知，怒引至庭下，曰：「汝何人，敢無禮？」白供狀，不書姓名，曰：「曾令龍巾拭吐，御手調羹，貴妃捧硯，力士脱鞾。天子門前，尚容走馬；華陰縣裏，不得騎驢！」宰驚愧，拜謝曰：「不知翰林至此。」白長笑而去。嘗乘舟，與崔宗之自采石至金陵，着宮錦袍坐，傍若無人。禄山反，明皇在蜀。永王璘節度東南，白時卧廬山，辟爲僚佐。璘起兵反，白逃歸彭澤。璘敗，累繫潯陽獄。初，白遊并州，見郭子儀，奇之，曾救其死罪。至是，郭子儀請官以贖，詔長流夜郎。白晚節好黄、老，度牛渚磯，乘酒捉月，沉水中。初，悦謝家青山，今墓在焉。有文集二十卷行世。或云：白，涼武昭王暠九世孫也。

《隋唐五代名人年譜》第一册薛仲邕《李翰林年譜》 武后聖曆二年己亥

先生生於是年。按史云：年六十餘。曾鞏《序》，享年六十四。李陽冰《序》

載，先生卒於寶應元年十一月也。又云，代宗初立，以拾遺召，而先生已卒，寶應止一年也。

久視元年庚子

久視二年辛丑正月改大足十月改長安

長安二年壬寅

安長三年癸卯

《上裴長史書》云：五歲誦六甲。

長安四年甲辰

中宗神龍元年乙巳

神龍二年丙午

景龍元年丁未

景龍二年戊申

《上裴長史書》云：十歲。《觀百家史》云：通《詩》、《書》。

景龍三年己酉

睿宗唐龍元年庚戌七月改景雲

景雲二年辛亥改元延和

先天元年壬子改元太極

玄宗開元元年癸丑

《上韓荊州朝宗書》云：十五好劒術。又詩云：十五遊神仙。十月甲辰，獵渭川，有《大獵賦》。

開元二年甲寅

開元三年乙卯

開元四年丙辰

開元五年丁巳

開元六年戊午

《安陸白兆山桃花巖寄劉綰侍御詩》云：雲臥三十年，好閒復愛仙。多居岷山，有錦城散花樓、仙城山寺，道者元丹丘，談玄登峨眉，有《峨眉山月詩》。

開元七年己未

開元八年庚申

是年，蘇頲以前禮部尚書檢校益州大長史，先生於路中投刺，待以布衣之禮，後有《襄陽歌》、《陪商州裴使君遊石娥溪詩》。江淮觀雲夢，娶許相國師孫女，留雲夢三年，去之。齊魯居徂徠山竹溪，與孔巢父六人，日沈飲，號竹溪六逸。

開元九年辛酉

開元十年壬戌

賦《大鵬遇希有鳥賦》，後改爲《大鵬賦》。

開元十一年癸亥

開元十二年甲子

開元十三年乙丑

開元十四年丙寅

開元十五年丁卯

開元十六年戊辰

《上裴長史書》云：制作不倦，迄今三十春矣。有門前有車馬，客行。又有《答湖州迦葉司馬詩》云：酒肆藏名三十春。

開元十七年己巳

開元十八年庚午

開元十九年辛未

開元二十年壬申

開元二十一年癸酉

開元二十二年甲戌

開元二十三年乙亥

開元二十四年丙子

開元二十五年丁丑

開元二十六年戊寅

開元二十七年己卯

開元二十八年庚辰

開元二十九年辛巳

天寶元年壬午

天寶二年癸未

天寶三載甲申是歲改年爲載

先生與吳筠善，筠待詔翰林，先生亦至長安，見太子賓客賀知章，於紫極宫因解金貂换酒爲樂，薦於明皇，召見金鑾殿，詔供奉翰林，進《清平調》、《宫中行樂詞》，有《翰林讀書言懷》、《侍從温泉應制》、《送賀監宜春苑詩》。後爲高力士憾脱靴，譖於貴妃，三欲命官，被沮而止。乃放驁不自修，與知章等八人，爲酒八仙。帝賜金放還，有《初出金門尋王侍御不遇詠鸚鵡詩》云：落羽辭金殿，孤鳴吒繡衣。能言終見棄，還向隴山飛。就從祖陳留採訪大使彦允，請北海高天師授籙，有《餞高尊師如貴道士傳籙》，畢歸。《北海詩》：自此抵趙、魏、燕、晉、岐、邠、商於洛陽游梁最久，復之齊魯、淮泗再入吳轉徙金陵上秋浦、潯陽，皆有詩文，不著歲月，不可考。

天寶四載乙酉

有《虞城令李公去思頌》。

天寶五載丙戌

天寶六載丁亥

有《潯陽紫極宫詩》云：四十九年非，一往不可復。

天寶七載戊子

有《雪寃詩》云：嗟予沈迷，猖獗亦久。五十知非，古人常有。

天寶八載己丑

有《魯郡崇明寺尊勝幢頌》。

天寶九載庚寅

天寶十載辛卯

有《比干碑》。

天寶十一載壬辰

有《代宣城趙守悦上楊右相書》。

天寶十二載癸巳

天寶十三載甲午

天寶十四載乙未

是年，安禄山反，有《永王璘東巡歌》。避地廬山，爲璘脅行，軍敗奔亡，至宿松山，有《奔亡道中詩》、《坐繫尋陽獄崔涣爲宣慰大使有獄中上涣詩》并《上百憂章宋若思中丞亦爲清雪有代宋中丞自薦表》，云：前翰林供奉李白，年五十有七，爲璘脅行，道中奔走，涣及臣推覆，實審無辜之意。又有《代宋中丞祭》、《九江文》、并《中丞以吳兵三千赴河南軍至尋陽脱予之囚因參幕府口號陪中丞武昌夜飲詩》。

肅宗至德元載丙申

天寶十五載七月，改至德。有《上皇西巡歌韋刺史德政碑》、《代吳王謝責赴行在遲表》。

至德二載丁酉

乾元元年戊戌是歲改載復稱年

坐汙永王璘，流夜郎，有《烏江别宗十六至江夏西塞驛題葵葉閒酬寄内詩》。

乾元二年己亥

流夜郎，半道承恩，放還。書《懷示息秀才詩》、《登巫山詩》，云：三月下瞿唐。《漢陽病酒歸江夏寄王明府詩》云：去歲左遷夜郎道，今年勑放巫山陽。復過江夏，尋陽金陵，歷陽、宣城二郡，皆有詩文，亦不著歲月，不可考。

上元元年庚子

上元二年辛丑

寶應元年壬寅

是年，族人李陽冰宰當塗。先生過之。十一月卒。有《獻陽冰詩》，云：小子别金陵，來自白下亭。是自金陵來當塗也。享年六十四，葬謝家青山東麓。元和末，范傳正觀察宣歙，以二孫女之請，改葬青山，立二碑。

唐李杜文章，光燄萬丈，與韓柳竝傳於世，學者莫不諷誦矜式。丞相汲公吕微仲爲《杜詩年譜》，丹陽洪興祖爲《韓文年譜》、潞國文安禮亦爲《柳柳州年譜》矣。獨太白之集闕焉。予聞見淺陋，杜門循習之餘，無所用心，因取唐史諸紀傳，與李陽冰、魏灝、樂史、宋敏求、曾鞏所序，述參校文，集爲之年譜。先生遍遊宇内，篇什最多，然往往不著歲月，故可考者少，又流夜郎事，史官所載與《代宋中丞自薦表》尤爲異，同安意當，以表爲正，遠方無書，檢閲其餘更俟，博學多聞，君子審訂增廣，庶幾爲全譜云。

備論

《舊唐書》卷一九〇下《李白傳》 贊曰：國之華彩，人文化成。間代傑出，

奮藻摛英。騏驥逸步，《咸》、《韶》正聲。燦流緗素，下視姬、嬴。

佚名《歷代名賢確論》卷七八《李白杜甫》 東坡曰：太史公論詩，以爲《國風》好色而不淫，《小雅》怨誹而不亂。以予觀之，是特識變風變雅耳！烏覩詩之正乎？昔先王之澤衰，然後變風發乎情，雖衰而未竭，是以猶止於禮義，以爲賢於無所止者而已矣。若夫發於性止於忠孝者，其詩豈可同日而語哉？古今詩人衆矣，而杜子美爲首，豈非以其流落饑寒，終身不用，而一飯未嘗忘君也歟？云云 王元之《李太白真贊序》曰：予嘗讀《謫仙傳》，具得其事：始而隱以俟命也，中而仕以求用也，終而退以全身也。又嘗讀謫仙文，微達其旨：頌而諷，以救時也；僻而奧，以矯俗也；清而麗，以見才也。而未識謫仙之容，可太息矣。云云 謫仙之形，態秀姿清，融融春露，曉濯金莖；謫仙之格，骨寒氣直，泠泠碧江，下浸秋石。仙眸半瞑，醉魄初醒，海底驪龍，眠濤枕浪。仙袂任彈，霓裳任斜，松顛皓鶴，宿月棲霞。龍竹自攜，烏紗不整，異貌無疋，華姿若生。真所謂神仙中人，風塵外物者也。亦既遂願，能無述乎？且夫畫充國之形，頌而美德；寫曼倩之質，讚以紀功，矧我謫仙之文行哉！贊曰：仙之來兮峨嵋扃，曳素衣兮遊紫庭。仙之去兮騎長鯨，拂霞袖兮歸滄溟。雲濤雪波閬蓬瀛，是誰仙筆留其形？國風缺壞誰繼聲，空有鶴態高亭亭。

東坡曰：李太白狂士也，又嘗失節於永王璘，此豈濟世之人哉！而畢文簡公以王佐期之，不亦過乎！曰：士固有大言而無實，虛名不適於用者，然不可以此料天下之士。士以氣爲主，方高力士用事，公卿大夫争事之，太白使脫靴殿上，固曰氣蓋天下矣。使之得志，必不肯附權倖以取容，其可使從君於昏乎！夏侯湛贊東方生云：開濟明豁，包含宏大。陵轢卿相，嘲哂豪傑。籠罩靡前，跆藉貴勢。出不休顯，賤不憂戚。戲萬乘若僚友，視儔列如草芥。雄節邁倫高氣蓋世，可謂拔乎其萃遊方之外者也。吾於太白亦云。太白之從永王璘，當由迫脅。不然，璘之狂肆愚陋，雖庸人知其必敗也！太白識郭子儀之爲人傑，而不能知璘之無成，此理之必不然也。吾不可以不辨。

沈光曰：有唐咸通辛巳歲正月壬午，吳興沈光過任城，題李白酒樓。夫觸彊者靦緬而不發，乘險者怗爾而不進，潰毒者隱忍而不能就其鍼砭，搏猛者持疑而不能盡其膽勇。而復視其彊者弱之，險者夷之，毒者甘之，猛者柔之。信乎酒之作於人也如是！噫翰林李公太白，聰明才韻，至今爲天下唱者。業術匡救，天必付之矣。致其君如古帝王，進其臣如古藥石，揮直刃以血其邪者，推義轂以輦其正者，豈憑酒而作也？憑酒而作者，彊非真勇。太白既以峭訐矯時之狀，不得大用，流斥齊魯。眼明耳聰，恐貽顛踣，故狎弄盃觴，沉溺麴糵，耳一淫雅，目混黑白。或酒醒神健，視聽銳發，振筆著紙，乃以聰明移於月露風雲，使之涓潔飛動；移於草木禽魚，使之研茂騫擲；移於邊情閨思，使之壯氣激人，離情溢目；移於幽巖邃谷，使之遼歷物外，爽人精魄；移於車馬弓矢、悲憤酣歌，使之馳騁決發，如睨幽并。而失意放懷，盡見窮通焉。嗚呼！太白觸文之彊，乘文之險，潰文之毒，搏文之猛。而作狎弄盃觴、沉溺麴糵，是真築其聰、翳其明。醒則移於賦詠，宜乎醉而生、醉而死。余徐思之，使太白疏其聰、決其明，移於行事，强犯時忌，其不得醉而死生也。當時骨鯁忠赤遞有其人，收其逸才，萃於太白。至於齊魯，結創淩雲者有限，獨斯樓也，廣不逾數席，瓦壞椽蠹，雖樵兒牧竪，過亦指之：「曰李白常醉於此矣。」

曾子固曰：《李白詩集》二十卷，舊七百若干篇，今九百若干篇者，知制誥常山宋敏求字次道之所廣也。次道既以類廣白詩，自爲序，而未考次其作之先後。余得其書，考其先後而次第之。蓋白蜀郡人，初隱岷山，出居湖漢之間，南遊江淮，至楚觀雲夢。雲夢許氏者，高宗時宰相圉師之家也，以女妻白，因留雲夢者三年。去之齊魯，居徂徠山竹溪，入吳，至長安，明皇聞其名，召見以爲翰林供奉，頃之不合去。北抵趙、魏、燕、晉，西涉岐邠，歷商於，至洛陽，游梁最久。復之齊魯，南浮淮泗，再入吳，轉涉金陵，上秋浦，抵尋陽，天寶十四載，安祿山反，明年明皇在蜀，永王璘節度東南，白時臥廬山，璘迫致之。璘軍敗丹陽，白奔至宿松，坐繫尋陽獄。宣撫大使崔涣與御史中丞宋若思驗治白，以爲罪薄宜貫，而若思軍赴河南，遂釋白囚，使謀其軍事，上書肅宗，薦白才可用，不報。是時，白年五十有七矣。終以璘事長流夜郎，遂泛洞庭，上峽江，至巫山，以赦得釋。憩岳陽、江夏，久之復如尋陽，過金陵，徘徊於歷陽、宣城二郡。其族人陽冰爲當塗令，白過之，以病卒，年六十有四，是時寶應元年也。其始終所更涉如此，此白之詩書所自序可考者也。云云

藝文

《李太白全集》卷一李陽冰《草堂集序》 李白，字太白，隴西成紀人，涼武昭

王嵩九世孫，蟬聯珪組，世爲顯著。中葉非罪，謫居條支，易姓與名。然自窮蟬至舜，五世爲庶，累世不大曜，亦可歎焉。神龍之始，逃歸於蜀，復指李樹而生伯陽。驚姜之夕，長庚入夢，故生而名白，以太白字之。世稱太白之精得之矣。不讀非聖之書，恥爲鄭、衛之作。故其言多似天仙之辭。凡所著述，言多諷興。自三代已來，《風騷》之後，馳驅屈、宋，鞭撻揚、馬，千載獨步，唯公一人。故王公趨風，列岳結軌。羣賢翕習，如鳥歸鳳。盧黄門云：陳拾遺横制頽波，天下質文翕然一變，至今朝詩體，尚有梁、陳宫掖之風。至公大變，掃地併盡。今古文集，遏而不行。唯公文章，横被六合。可謂力敵造化歟。天寶中，皇祖下詔，徵就金馬，降輦步迎，如見綺、皓。以七寶牀賜食，御手調羹以飯之，謂曰：卿是布衣，名爲朕知，非素蓄道義何以及此？置于金鑾殿，出入翰林中，問以國政，潛草詔誥，人無知者。醜正同列，害能成謗，格言不入，帝用疏之。公乃浪跡縱酒，以自昏穢。詠歌之際，屢稱東山。又與賀知章、崔宗之等自爲八仙之遊，謂公謫仙人，朝列賦謫仙之歌，凡數百首，多言公之不得意。天子知其不可留，乃賜金歸之，遂就從祖陳留採訪大使彦允，請北海高天師授道籙于齊州紫極宫。將東歸蓬萊，仍羽人駕丹丘耳。陽冰試絃歌於當塗，心非所好，公遐不棄我，乘扁舟而相顧。臨當挂冠，公又疾亟。草藁萬卷，手集未修。枕上授簡，俾予爲序。論《關雎》之義，始愧卜商；明《春秋》之辭，終慚杜預。自中原有事，公避地八年，當時著述，十喪其九，今所存者，皆得之他人焉。時寶應元年十一月乙酉也。

《李太白全集》附魏顥《李翰林集序》 自盤古劃天地，天地之氣艮於西南。劍門上斷，横江下絶，岷、峨之曲，别爲錦川。蜀之人無聞則已，聞則傑出。是生相如、君平、王褒、揚雄，降有陳子昂、李白，皆五百年矣。白本隴西，乃放形因家于綿。身既生蜀，則江山英秀。伏羲造書契後，文章濫觴者《六經》。《六經》糟粕《離騷》，《離騷》糠粃建安七子。七子至白，中有蘭芳。情理宛約，詞句妍麗，白與古人争長。三字九言，鬼出神入，瞠若乎後耳。白久居峨眉，與丹丘因持盈法師達。白亦因之入翰林，名動京師。《大鵬賦》時家藏一本，故賓客賀公奇白風骨，呼爲謫仙子。由是朝廷作歌數百篇。上皇豫游召白，白時爲貴門邀飲，比至半醉，令製《出師詔》，不草而成，許中書舍人。以張垍讒逐，游海、岱間，年五十餘尚無禄位。禄位拘常人，横海鯤，負天鵬，豈池籠榮之？顥始名萬，次名炎，萬之日不遠命駕江東訪白，遊天台，還廣陵見之，眸子炯然，哆如餓虎，或時束帶，風流醖籍。曾受道籙於齊，有青綺冠帔一副。少任俠，手刃數人。與友自荆徂揚，路亡權窆，迴棹方暑，亡友糜潰，白收其骨，江路而舟。又長揖韓荆州，荆州延飲，白誤拜，韓讓之，白曰：酒以成禮。荆州大悦。白始娶于許，生一女一男，曰明月奴，女既嫁而卒。又合于劉。劉訣，次合于魯一婦人，生子曰頗黎，終娶於宋。間攜昭陽、金陵之妓迹類謝康樂，世號爲李東山，駿馬美妾，所適二千石郊迎，飲數斗醉，則奴丹砂撫《青海波》，滿堂不樂，白宰酒則樂。顥平生自負，人或爲狂，白相見泯合，有贈之作，謂余爾後必著大名于天下，無忘老夫與明月奴。因盡出其文，命顥爲集。顥今登第，豈符言耶！解攜明年，四海大盜，宗室有潭者，白陷焉。謫居夜郎，罪不至此，屢經昭洗，朝廷忍白久爲長沙汨羅之儔，路遠不存，否極則泰，白宜自寬。吾觀白之文義，有濟代命，然千鈞之弩，魏王大瓠，用之有時。議者奈何以白有叔夜之短，黨黄祖過禰，晉帝罪阮，古無其賢。所謂仲尼不假蓋于子夏。經亂離，白章句蕩盡，上元末，顥于絳偶然得之。沉吟累年，一字不下。今日懷舊，援筆成序，首以贈顥作，顥酬白詩，不忘故人也。次以《大鵬賦》、古樂府諸篇積薪而録，文有差互者兩舉之。白未絶筆，吾其再刊。付男平津子掌。其他事跡，存於後序。

《杜甫全集》卷一《飲中八仙歌》 知章騎馬似乘船，眼花落井水底眠。汝陽三斗始朝天，道逢麴車口流涎，恨不移封向酒泉。左相日興費萬錢，飲如長鯨吸百川。銜杯樂聖稱避賢。宗之瀟灑美少年，舉觴白眼望青天，皎如玉樹臨風前。蘇晉長齋繡佛前，醉中往往愛逃禪。李白一斗詩百篇，長安市上酒家眠。天子呼來不上船，自稱臣是酒中仙。張旭三盃草聖傳，脱帽露頂王公前，揮毫落紙如雲烟。焦遂五斗方卓然，高談雄辯驚四筵。

《杜甫全集》卷二《蘇端薛復筵簡薛華醉歌》 坐中薛華能醉歌，歌辭自作風格老。近來海内爲長句，汝與山東李白好。何劉沈謝力未工，才兼鮑照愁絶倒。

《杜甫全集》卷一二《寄李十二白二十韻》 昔年有狂客，號爾謫仙人。筆落驚風雨，詩成泣鬼神。聲名從此大，汩没一朝伸。文采承殊渥，流傳必絶倫。龍舟移棹晚，獸錦奪袍新。白日來深殿，青雲滿後塵。乞歸優詔許，遇我宿心親。未負幽棲志，兼全寵辱身。劇談憐野逸，嗜酒見天真。醉舞梁園夜，行歌泗水春。才高心不展，道屈善無鄰。處士禰衡俊，諸生原憲貧。稻粱求未足，薏苡謗何頻？五嶺炎蒸地，三危放逐臣。幾年遭鵩鳥，獨泣向麒麟。蘇武先還漢，黄公豈事秦？楚筵辭醴日，梁獄上書辰。已用當時法，誰將此義陳？老吟秋月下，病起暮江濱。莫怪恩波隔，乘槎與問津。

韓愈《昌黎先生文集》卷五《調張籍》 李杜文章在，光燄萬丈長。不知羣兒愚，那用故謗傷？蚍蜉撼大樹，可笑不自量。伊我生其後，舉頸遥相望。夜夢多見之，晝思反微茫。徒觀斧鑿痕，不矚治水航。想當施手時，巨刃磨天揚。垠崖劃崩豁，乾坤擺雷硠。惟此兩夫子，家居率荒涼。帝欲長吟哦，故遣起且僵。剪翎送籠中，使看百鳥翔。平生千萬篇，金薤垂琳琅。仙官勑六丁，雷電下取將。流落人間者，泰山一毫芒。我願生兩翅，捕逐出八荒。精誠忽交通，百怪入我腸。刺手拔鯨牙，舉瓢酌天漿。騰身跨汗漫，不著織女襄。顧語地上友，經營無太忙。乞君飛霞佩，與我高頡頏。

《白居易集》卷一五《讀李杜詩集因題卷後》 翰林江左日，員外劍南時。不得高官職，仍逢苦亂離。暮年逋客恨，浮世謫仙悲。吟詠留千古，聲名動四夷。文場供秀句，樂府待新詞。天意君須會，人間要好詩。

《皮日休文集》卷一〇《李翰林》 吾愛李太白，身是酒星魄。口吐天上文，跡作人間客。磥砢千丈林，澄澈萬尋碧。醉中草樂府，十幅筆一息。召見承明廬，天子親賜食。醉曾吐御牀，傲幾觸天澤。權臣妒逸才，心如斗筲窄。失恩出内署，海岳甘自適。刺謁戴接䍦，赴宴著穀屐。諸侯百步迎，明君九天憶。竟遭腐脅疾，醉魄歸八極。大鵬不可籠，大椿不可植。蓬壺不可見，姑射不可識。五岳爲辭鋒，四海作胸臆。惜哉千萬年，此俊不可得。

樂史《李翰林別集序》 李翰林歌詩，李陽冰纂爲《草堂集》十卷，史又别收歌詩十卷，與《草堂集》互有得失，因校勘排爲二十卷，號曰《李翰林集》。今于三館中得李白賦序表讚書頌等亦排爲十卷，號曰《李翰林別集》。翰林在唐天寶中，賀祕監聞於明皇帝，召見金鑾殿。降步輦迎，如見綺、皓。草和蕃書，思若懸河。帝嘉之，七寶方丈，賜食于前，御手調羹。于是置之金鑾殿，出入翰林中。其諸事跡，《草堂集序》、范傳正撰新墓碑，亦略而詳矣。史又撰《李白傳》一卷，事又稍周，然有三事近方得之。開元中，禁中初重木芍藥，即今牡丹也。得四本，紅紫淺紅通白者。上因移植于興慶池東沉香亭前。會花方繁開，上乘照夜車，太真妃以步輦從。詔選梨園弟子中尤者，得樂一十六色。李龜年以歌擅一時之名，手捧檀板，押衆樂前，將欲歌之。上曰：賞名花，對妃子，焉用舊樂辭焉！遽命龜年持金花牋宣賜翰林供奉李白，立進《清平調詞》三章，白欣然承詔旨。由若宿酲未解，因援筆賦之。其一曰：雲想衣裳花想容，春風拂檻露華濃。若非羣玉山頭見，會向瑤臺月下逢。其二曰：一枝紅豔露凝香，雲雨巫山枉斷腸。借問漢宮誰得似？可憐飛燕倚新妝。其三曰：名花傾國兩相歡，長得君王帶笑看。解釋春風無限恨，沉香亭北倚闌干。龜年以歌辭進，上命梨園弟子略約調撫絲竹，遂促龜年以歌之。太真妃持頗梨七寶杯，酌西涼州蒲萄酒，笑領歌辭，意甚厚。上因調玉笛以倚曲，每曲徧將換，則遲其聲以媚之。太真妃飲罷，斂繡巾重拜。上自是顧李翰林尤異于諸學士。會高力士終以脱靴爲深恥。異日太真妃重吟前辭，力士曰：始以妃子怨李白深入骨髓，何翻拳拳如是耶！太真妃因驚曰：何翰林學士能辱人如斯！力士曰：以飛燕指妃子，賤之甚矣。太真妃頗深然之。上嘗三欲命李白官，卒爲宮中所捍而止。白嘗有知鑒。客并州，識汾陽王郭子儀于行伍間，爲脱其刑責而奬重之。及翰林坐永王之事，汾陽功成，請以官爵贖翰林。上許之，因而免誅。翰林之知人如此，汾陽之報德如彼。白之從弟令問嘗目白曰：兄心肝五臟皆錦繡耶！不然，何開口成文，揮翰霞散爾爾！傳中漏此三事，今書于序中。白有歌云：吟詩作賦北窗裏，萬言不及一杯水。蓋嘆乎有其時而無其位。嗚呼！以翰林之才名，遇玄宗之知見，而乃飄零如是。宋中丞薦于聖真云：一命不霑，四海稱屈。得非命歟！白居易贈劉禹錫詩云：詩稱國手徒爲爾，命壓人頭不奈何。斯言不虛矣。凡百有位，無自輕焉。撰集之次，聊存梗槩而已。時在鐃雷州中，咸平元年三月三日序。

釋貫休《禪月集》卷二《常思李太白》 常思李太白，仙筆驅造化。玄宗致之七寶牀，虎殿龍樓無不可。一朝力士脱靴後，玉上青蠅生一箇。紫皇案前五色麟，忽然掣斷黄金鎖。五湖大浪如銀山，滿船載酒撾鼓過。賀老成異物，顛狂誰敢和？寧知江邊墳，不是猶醉卧。

歐陽修《歐陽文忠公全集》卷五《太白戲聖俞》 開元無事二十年，五兵不用太白閑。太白之精下人間，李白高歌《蜀道難》。蜀道之難難于上青天，李白落筆生雲烟。千奇萬險不可攀，却視蜀道猶平川。宮娃扶來白已醉，醉裏詩成醒不記。忽然乘興登名山，龍咆虎嘯松風寒。山頭婆娑弄明月，九域塵土悲人寰。吹笙飲酒紫陽家，紫陽真人駕雲車。空山流水空落花，飄然已去淩青霞。下視區區郊與島，螢飛露濕吟秋草。

曾鞏《元豐類稿》卷三八《代人祭李白文》 子之文章，傑立人上。地闢天開，雲蒸雨降。播產萬物，瑋麗瑰奇。大巧自然，人力何施？又如長河，浩浩奔放。萬里一瀉，末勢猶壯。大騁厥辭，至于如此。意氣飄然，發揚儁偉。飛黄駃騠，軼羣絶類。擺棄羈馬，脱遺轍軌。捷出横步，志狹四裔。側睨駑駘，與無物

比。始來玉堂，旋去江湖。麒麟鳳凰，世豈能拘？古今僻儒，鉤章摘字。下里之學，辭卑義鄙。士有一曲，拘牽泥滯。亦或狡巧，爭馳勢利。子之可異，豈獨茲文？輕世肆志，有激斯人。姑熟之野，子來長民。舉觴墓下，感嘆餘芬。

方孝孺《遜志齋集》卷一九《李太白贊》 唐治既極，氣鬱弗舒。乃生人豪，泄天之奇。矯矯李公，雄蓋一世。麟遊龍驤，不可控制。粃糠萬物，甕盎乾坤。狂呼怒叱，日月爲奔。或入金門，或登玉堂。東遊滄海，西歷夜郎。心觸化機，噴珠湧璣。翰墨所在，百靈護持。此氣之充，無上無下。安能瞑目，閟于黄土？手搏長鯨，鞭之如羊。至于扶桑，飛騰帝鄉。惟昔戰國，其豪莊周。公生雖後，其文可侔。彼何小儒！氣餒如鬼。仰瞻英風，猶虎與鼠。斯文之雄，實以氣充。後有作者，尚視于公。

方孝孺《遜志齋集》卷二四《弔李白》 君不見唐朝李白特達士，其人雖亡神不死。聲名流落天地間，千載高風有誰似？我今誦詩篇，亂髮飄蕭寒。若非胸中湖海闊，定有九曲蛟龍蟠。却憶金鑾殿上見天子，玉山已頽扶不起。脱靴力士祇羞顔，捧硯楊妃勞玉指。當時豪俠應一人，豈愛富貴留其身？歸來長安弄明月，從此不復朝金闕。酒家有酒頻典衣，日日醉倒身忘歸。詩成不管鬼神泣，筆下自有烟雲飛。丈夫襟懷真磊落，將口談天日月薄。泰山高兮高可夷，滄海深兮深可涸。惟有李白天才奪造化，世人孰得窺其作？我言李白古無雙，至今采石生輝光。嗟哉石崇空豪富，終當埋没聲不揚。黄金白璧不足貴，但願男兒有筆如長杠。

徐鈞《史詠詩集》卷下《李白》 風骨神仙籍裏人，詩狂酒聖且平生。開元一遇成何事，留得千秋萬古名。

計有功《唐詩紀事》卷一八《李白》 《烏棲曲》云：姑蘇臺上烏棲時，吴王宫裏醉西施。吴歌楚舞歡未畢，青山猶銜半邊日。銀箭金壺一作金丁。漏水多，起看秋月墜江波。東方漸高奈樂何。一作爾何。天寶初，賀知章見之，曰：此詩可以泣鬼神矣！《蜀道難》云：噫吁嚱，危乎高哉！蜀道之難難於上青天。蠶叢及魚鳬，開國何茫然！爾來四萬八千歲，乃與秦塞通人煙。西當太白有鳥道，可以横絶峨嵋巔。地崩山摧壯士死，然後天梯石棧方一作相。鈎連。上有六龍迴日之高標，一作横河斷海之浮雲。下有衝波逆折之回川。黄鶴之飛尚不得過，猿猱欲度愁攀緣。一作牽。青泥何盤盤，百步九折縈巖巒。捫參歷井仰脅息，以手撫膺坐長嘆。問君西遊何時還？畏途巉巖不可攀。但見悲鳥號古木，雄飛雌從遶林間。又聞子規啼夜月，愁空山。蜀道之難難於上青天，使人聽此凋朱顔。連峯去天不盈尺，一作入烟幾千尺。枯松倒挂倚絶壁。飛湍瀑流爭喧豗，砯崖轉石萬壑雷。其險也若此，嗟爾遠道之人胡爲乎來哉！劍閣峥嶸而崔嵬，一夫當關，萬人一作夫。莫開。所守或匪親，一作人。化爲狼與豺。朝避猛虎，夕避長蛇，磨牙吮血，殺人如麻。錦城雖云樂，不如早還家。蜀道之難難於上青天，側身西望長咨嗟！一作令人嗟。《蜀道難》或曰譏章仇兼瓊；或曰譏嚴武之暴，爲房相、杜甫危之也。《宫中行樂詞》云：小小生金屋，盈盈在紫微。山花插寶髻，石竹繡羅衣。每出深宫裏，常隨步輦歸。只愁歌舞散，化作綵雲飛。其一 柳色黄金嫩，梨花白雪香。玉樓巢一作開。翡翠，珠一作金。殿鎖鴛鴦。選妓隨雕一作朝。輦，徵歌出洞房。宫中誰第一，飛燕在昭陽。其二 盧橘爲秦樹，蒲桃出一作是。漢宫。煙花宜落日，絲管醉春風。笛奏龍鳴一作吟。水，簫吟一作鳴。鳳下空。君王多樂事，何必向一作在。回中。其三 玉樹一作殿。春歸日，一作好。金宫樂事多。後庭朝未入，輕輦夜相過。笑步花間語，嬌來燭下歌。莫教明月去，留著醉姮娥。其四 繡户香風暖，紗窗曙色新。宫花爭笑日，池草暗生春。緑樹聞歌鳥，青樓見舞人。昭陽桃李月，羅綺自一作坐。相親。其五 今日明光裏，還須結伴遊。春風開紫殿，天樂下朱樓。豔舞全知巧，嬌歌半欲羞。更憐花月夜，宫女笑藏鉤。其六 寒雪梅中盡，春風柳上歸。宫鶯嬌欲醉，簷燕語還飛。遲日明歌席，新花豔舞衣。晚來移綵仗，行樂好光輝。其七 水緑南薰殿，花紅北闕樓。鶯歌聞太液，鳳吹遶瀛州。素女鳴珠佩，天人弄綵毬。今朝風日好，宜入未央遊。其八

明皇坐沉香亭，意有所感，欲得白爲樂章。召入。而白已醉，左右以水頮面，稍解，授筆成文，婉轉精切無留思。《清平調詞》云：雲想衣裳花想容，春風拂檻露華濃。若弗羣玉山頭見，會向瑶臺月下逢。其一 一枝紅豔露凝香，雲雨巫山枉斷腸。借問漢宫誰得似，可憐飛燕倚新粧。其二 名花傾國兩相歡，長得君王帶笑看。解釋春風無限恨，沉香亭北倚欄干。其三 禁中木芍藥開，上賞之，妃子從。帝曰：賞名花，對妃子，焉用舊樂詞爲！命李龜年持金花牋賜白，爲《清平樂詞》三章。梨園弟子撫絲竹，李龜年歌之。上親調玉笛以倚曲，每曲遍將换，則遲其聲以媚之。太真以頗梨七寶盃，酌西凉蒲萄酒笑飲。《翰林讀書言懷呈集賢院内諸學士》云：晨趨紫禁中，夕待金門詔。觀書散遺帙，探古窮至妙。片言苟會心，掩卷忽而笑。青蠅易相點，白雪難同調。本是散疎人，屢貽褊促誚。雲天屬清朗，林壑憶遊眺。或時清風來，閑倚欄一作簷。下嘯。嚴光桐廬溪，謝

客臨海嶠。功成謝人君，一作問。從比一投釣。高力士以脫靴之恥，譖白於貴妃曰：以飛燕指妃子，是賤之甚也。不爲親近所容，乃益放驁，爲酒八仙人，懇求還山。《潯陽紫極宮感秋作》云：何處聞秋聲，翛翛北牕竹。迴薄萬古心，攬之不盈掬。靜坐觀衆妙，浩然媚幽獨。白雲南山來，就我簷下宿。嬾從唐生決，羞訪季主卜。四十九年非，一往不可復。野情轉蕭散，世道有翻覆。陶令歸去來，田家酒應熟。是時自有歸山之意矣。《胡無人》云：嚴風吹霜海草凋，筋幹精堅胡馬驕。漢家戰士三十萬，將軍兼領一作誰者。霍嫖姚。流星白羽腰間插，劍花秋蓮光出匣。天兵照雪下玉關，虜箭如沙射金甲。雲龍風虎盡一作晝。交回，太白入月敵可摧。敵可摧，旄頭滅，履胡之腸涉胡血。懸胡青天上，埋胡紫塞旁。胡無人，漢道昌。陛下之壽三千霜，但歌《大風》雲飛揚，安用猛士兮守四方。此詩祿山反時作。祿山死，太白食月云。

《東武吟》云：好古笑流俗，素聞賢達風。方希佐明主，長揖辭成功。白日在高天，回光燭微躬。恭承鳳凰詔，歘起雲蘿中。清切紫霄迥，優遊丹禁通。君王賜顏色，聲價凌烟虹。乘輿擁翠蓋，扈從金城東。寶馬麗絕景，錦衣入新豐。倚巖望松雪，對酒鳴絲桐。因學揚子雲，獻賦甘泉宮。天書美片善，清芬播無窮。歸來入咸陽，談笑皆王公。一朝去金馬，飄落成飛蓬。賓友日疎散，玉樽日成空。才力猶可倚，一作恃。不慙世上雄。閑作《東武吟》，曲盡情未終。書此謝知己，吾尋黃綺翁。一作扁舟尋釣翁。或曰：白以是詩留別翰苑，遂放遊江湖矣。《對酒憶賀監》序云：太子賓客賀公，於長安紫極宮一見余，呼余爲謫仙人。因解金龜換酒爲樂。殁後，對酒悵然有懷，而作是詩。曰：四明有狂客，風流一作霞杯。賀季真。長安一相見，呼我謫仙人。昔好盃中物，翻一作今。爲松下塵。金龜換酒處，却憶淚沾巾。又，狂客歸四明，山陰道士迎。勑賜鏡湖水，爲君臺沼榮。人亡餘湖宅，空有荷花生。念此杳如夢，淒然傷我情。又曰：欲向江東去，定將誰舉盃。稽山無賀老，却棹酒船迴。飯顆山頭逢杜甫，頂戴笠子日卓午。借問因何太瘦生？總爲從前作詩苦。此詩載於唐舊史。

近世傳白詩云：斷崖如削瓜，嵐光破崖綠。天河從中來，白雲漲川谷。玉案勑文字，世眼不可讀。攝身凌清霄，松風拂我足。又云：舉袖露條脫，招我飯胡麻。白本末，傳記所載不同。唐史稱白興聖皇帝九世孫，隋末以罪徙西域，神龍初遁還，客巴西。既長，隱岷山，蘇頲爲益州長史，見白異之。更客任城，與孔巢父、韓準、裴政、張叔明、陶沔居徂徠山，日沉飲，號竹溪六逸。天寶初，南人會稽，與吳筠善；筠被召，故白亦至長安。往見賀知章，賀知章見其文，歎曰：子謫仙人也！《嚴武傳》：武爲劍南節度使，房琯以故相爲部內刺史，武慢倨不爲禮。最厚杜甫，然欲殺甫數矣。李白爲《蜀道難》者，乃爲房、杜危之也。《韋臯傳》：天寶時，李白爲《蜀道難》斥嚴武。陸暢更爲《蜀道易》以美韋臯。《摭言》云：太白自蜀至京，以所業贄謁賀知章。知章覽《蜀道難》一篇，揚眉謂之曰：公非人世人，豈非太白星精耶？然則《蜀道難》之作久矣，非爲房、杜也。又《南部新書》云：李白，山東人，父爲任城尉，因家焉。少與魯人隱徂徠山，號竹溪六逸。天寶初，遊會稽，與吳筠隱剡中。俗稱蜀人，非也。今任城令廳有白之詞尚存。唐范傳正誌其墓曰：白，涼武昭王九世孫。昭王隴西人，隋末，子孫以罪徙碎葉。神龍時，白父客，自西域逃居綿之巴西，而白生焉。唐魏顥、李陽冰序其文，劉全白撰其墓碣，皆曰廣漢人。故論白者，或曰隴西，或曰山東，或曰蜀。陽冰云：李翰林浪跡縱酒，以自昏穢，詠歌之際，屢稱東山李白。亦云以張垍讒逐，遊海岱間，子美所謂汶與山東李白好，蓋白自號也。《蜀道難》，或曰作於天寶初，或曰作於天寶末，二說皆出於後世，以意逆之，曰此爲房、杜危之也。陸暢去白未遠，作《蜀道易》以美韋臯，傳之當時。而《蜀道難》之詞曰：錦城雖云樂，不如早還家。其意必有所屬，房、杜之說，蓋近之矣。白之父客於巴西，故以客呼之。東蜀楊天惠《彰明逸事》云：元符二年春正月，天惠補令於此，竊從學士大夫求問逸事。聞唐李太白本邑人，微時募縣小吏，入令臥內，嘗驅牛經堂下，令妻怒，將加詰責。太白亟以詩謝云：素面倚欄鉤，嬌聲出外頭。若非是織女，何必問牽牛。令驚異，不問。稍親，招引侍研席。令一日賦山火詩，思軋不屬，太白從傍綴其下句。令詩云：野火燒山去，人歸火不歸。太白繼云：焰隨紅日去，煙逐暮雲飛。令慙止。頃之，從令觀漲，有女子溺死江上，令復苦吟，太白輒應聲繼之。令詩云：二八誰家女，漂來倚岸蘆。鳥窺眉上翠，魚弄口傍珠。太白繼云：綠鬢隨波散，紅顏逐浪無。因何逢伍相，應是想秋胡。令滋不悅。太白恐，棄去，隱居戴天大匡山，往來旁郡，依潼江趙徵君蕤。蕤亦節士，任俠有氣，善爲縱橫學，著書號《長短經》。太白從學歲餘，去遊成都，賦《春感》詩云：茫茫南與北，道直事難諧。榆莢錢生樹，楊花玉糝街。塵縈遊子面，蝶弄美人釵。却憶青山上，雲門掩竹齋。益州刺史蘇頲見而奇之。時太白齒方少，英氣溢發，諸爲詩文甚多，微類《宮中行樂詞》體。今邑人所藏百篇，大抵皆格律也。雖頗體弱，然短羽褵褷，已有鵷鳳態。淳化中，縣令楊遂爲之引，謂爲少作是也。遂，江南人，

自名能詩，累謫爲令云。始太白與杜甫相遇梁宋間，結交歡甚，久乃去，客居魯徂徠山。甫從嚴武成都，太白益流落不能歸，故甫詩又云：匡山讀書處，頭白好歸來。然學者多疑太白爲山東人，又以匡山爲匡廬，皆非也。今大匡山猶有讀書臺，而清廉鄉故居，遺地尚在，廢爲寺，名隴西院，有唐梓州刺史碑，失其名。及綿州刺史高祝記。太白有子曰伯禽，女平陽，皆生太白去蜀後。有妹月圓，前嫁邑子，留不去，以故葬邑下，墓今在隴西院旁百步外。或傳院乃其所捨云。白詩云：昔作芙蓉花，今爲斷腸草。以色事他人，能得幾時好？陶弘景仙方云：斷腸草不可食，其名美好，名芙蓉。乃知詩人無一字閑語。

《全唐詩》卷七一七曹松《弔李翰林》 李白雖然成異物，逸名猶與萬方傳。昔朝曾侍玄宗側，大夜應歸賀老邊。山木易高迷故壠，國風長在見遺編。投金渚畔春楊柳，自此何人繫酒船？

羅惇衍《集義軒詠史詩鈔》卷三六《李白》 錦袍畫鷁地行仙，奏上金鑾頌一篇。傾國花容憂禍始，如來粟影證身前。臺高題鳳雲常翳，江冷騎鯨月不圓。救郭傲楊心事了，放懷詩酒自年年。

杜甫部

綜述

《新唐書》卷二〇一《杜甫傳》 甫字子美，少貧不自振，客吳越、齊趙間。李邕奇其材，先往見之。舉進士不中第，困長安。

天寶十三載，玄宗朝獻太清宮，饗廟及郊，甫奏賦三篇。帝奇之，使待制集賢院，命宰相試文章，擢河西尉，不拜，改右衛率府胄曹參軍。數上賦頌，因高自稱道，且言：「先臣恕、預以來，承儒守官十一世，迨審言，以文章顯中宗時。臣賴緒業，自七歲屬辭，且四十年，然衣不蓋體，常寄食於人，竊恐轉死溝壑，伏惟天子哀憐之。若令執先臣故事，拔泥塗之久辱，則臣之述作雖不足鼓吹《六經》，至沈鬱頓挫，隨時敏給，揚雄、枚皋可企及也。有臣如此，陛下其忍棄之？」

會祿山亂，天子入蜀，甫避走三川。肅宗立，自鄜州羸服欲奔行在，爲賊所得。至德二年，亡走鳳翔上謁，拜右拾遺。與房琯爲布衣交，琯時敗陳濤斜，又以客董廷蘭，罷宰相。甫上疏言：「罪細，不宜免大臣。」帝怒，詔三司雜問。宰相張鎬曰：「甫若抵罪，絶言者路。」帝乃解。甫謝，且稱：「琯宰相子，少自樹立爲醇儒，有大臣體，時論許琯才堪公輔，陛下果委而相之。觀其深念主憂，義形於色，然性失於簡。酷嗜鼓琴，廷蘭託琯門下，貧疾昏老，依倚爲非，琯愛惜人情，一至玷汙。臣歎其功名未就，志氣挫衄，覬陛下棄細錄大，所以冒死稱述，涉近訐激，違忤聖心。陛下赦臣百死，再賜骸骨，天下之幸，非臣獨蒙。」然帝自是不甚省録。

時所在寇奪，甫家寓鄜，彌年艱窶，孺弱至餓死，因許甫自往省視。從還京師，出爲華州司功參軍。關輔饑，輒棄官去，客秦州，負薪採橡栗自給。流落劍南，結廬成都西郭。召補京兆功曹參軍，不至。會嚴武節度劍南東、西川，往依焉。武再帥劍南，表爲參謀，檢校工部員外郎。武以世舊，待甫甚善，親入其家。甫見之，或時不巾，而性褊躁傲誕，嘗醉登武牀，瞪視曰：「嚴挺之乃有此兒！」武亦暴猛，外若不爲忤，中銜之。一日欲殺甫及梓州刺史章彝，集吏於門。武將出，冠鉤于簾三，左右白其母，奔救得止，獨殺彝。武卒，崔旰等亂，甫往來梓、夔間。

大曆中，出瞿唐，下江陵，泝沅、湘以登衡山，因客耒陽。游嶽祠，大水遽至，涉旬不得食，縣令具舟迎之，乃得還。令嘗饋牛炙白酒，大醉，一昔卒，年五十九。

甫曠放不自檢，好論天下大事，高而不切。少與李白齊名，時號「李杜」。嘗從白及高適過汴州，酒酣登吹臺，慷慨懷古，人莫測也。數嘗寇亂，挺節無所汙，爲歌詩，傷時橈弱，情不忘君，人憐其忠云。

元稹《元氏長慶集》卷五六《唐故工部員外郎杜君墓係銘并序》 敍曰：余讀詩至杜子美，而知大小之有總萃焉。始堯舜時，君臣以賡歌相和。是後詩人繼作，歷夏、殷、周千餘年，仲尼緝拾選練，取其干預教化之尤者三百篇，其餘無聞焉。騷人作而怨憤之態繁，然猶去風雅日近，尚相比擬。秦漢以還，採詩之官既廢，天下俗謡民謳，歌頌諷賦，曲度嬉戲之詞，亦隨時間作。至漢武帝賦《柏梁》詩而七言之體興，蘇子卿、李少卿之徒，尤工爲五言。雖句讀文律各異，雅鄭之音亦雜，而詞意簡遠，指事言情，自非有爲而爲，則文不妄作。建安之後，天下文士遭罹兵戰，曹氏父子鞍馬間爲文，往往横槊賦詩。其遒文壯節，抑揚怨哀悲離之作，尤極於古。晉世風概稍存，宋齊之間，教失根本，士子以簡慢、歙習、舒徐相尚，文章以風容、色澤、放曠、精清爲高，蓋吟寫性靈、流連光景之文也。意義格力，固無取焉。陵遲至於梁陳，淫豔、刻飾、佻巧、小碎之詞劇，又宋齊之所不取也。唐興，學官大振，歷世之文，能者互出，而又沈宋之流，研練精切，穩順聲勢，謂之爲律詩。由是而後，文變之體極焉。然而莫不好古者遺近，務華者去實；效齊梁則不逮於魏晉，工樂府則力屈於五言；律切則骨格不存，閑暇則纖穠莫備。至於子美，蓋所謂上薄風雅，下該沈宋，言奪蘇李，氣吞曹劉，掩顔謝之孤高，雜徐庾之流麗，盡得古今之體勢，而兼文人之所獨專矣。使仲尼考鍛其旨要，尚不知貴一作圖，其多乎哉！苟以爲能所不能，無可無不可，則詩人以來，未有如子美者。是時山東人李白，亦以奇文取稱，時人謂之李杜。余觀其壯浪縱恣，擺去拘束，模寫物象及樂府歌詩，誠亦差肩於子美矣。至若鋪陳終始，排比聲韻，大或千言，次猶數百，辭氣豪邁而風調清深，屬對律切而脱棄凡近，則李尚不能歷其藩翰，況堂奧乎？予嘗欲條析其文，體别相附，與來者爲之準，特病懶未就爾一無爾字。適遇子美之孫嗣業，啓子美之柩，襄祔事於偃

師，途次於荆一有楚字，雅知余愛言其大父之爲文，拜余爲誌。辭不能絶，余因係其官閥而銘其卒葬云。

係曰：晉當陽成侯姓杜氏，下十世而生依藝，令於鞏。依藝生審言，審言善詩，官至膳部員外郎。審言生閑，閑生甫。閑爲奉天令。甫字子美，天寶中，獻《三大禮賦》，明皇奇之，命宰相試文，文善，授右衛率府胄曹。屬京師亂，步謁行在，拜左拾遺。歲餘，以直言失官，出爲華州司功，尋遷京兆功曹。劍南節度使嚴武，狀爲工部員外參謀軍事。旋又棄去，扁舟下荆楚間，竟以寓卒，旅殯岳陽。享年五十有九。夫人弘農楊氏女，父曰司農少卿怡，四十九年而終。嗣子曰宗武，病不克葬，殁，命其子嗣業。嗣業以家貧，無以給喪，收拾乞匄，焦勞晝夜，去子美殁餘四十年，然後卒先人之志，亦足爲難矣。銘曰：維元和之癸巳，粤某月某日之佳辰，合窆我杜子美於首陽之山前。嗚呼！千載而下，曰：此文先生之古墳。

雜録

備録

鄭處誨《明皇雜録》補遺　杜甫後漂寓湘潭間，旅於衡州耒陽縣，頗爲令長所厭。甫投詩於宰，宰遂致牛炙白酒以遺，甫飲過多，一夕而卒。集中猶有《贈聶耒陽》詩也。

馮贄《雲仙雜記》卷一《文星典吏》　杜子美十餘歲，夢人令采文于康水。覺而問人，此水在二十里外，乃往求之。見鵝冠童子，告曰：「汝本文星典吏，天使汝下謫，爲唐世文章海。九雲誥已降，可於豆瓏下取。」甫依其言，果得一石，金字曰：「詩王本在陳芳國，九夜捫之麟篆熟，聲振扶桑享天福。」後因佩入葱市，歸而飛火滿室。有聲曰：「邂逅穢吾，令汝文而不貴。」

馮贄《雲仙雜記》卷一《籠桶衫柿油中》　杜甫在蜀日，以七金買黄兒米半籃，細子魚一串，籠桶衫，柿油巾，皆蜀人奉養之粗者。

馮贄《雲仙雜記》卷三《惠一絲兩絲》　杜甫寓蜀，每蠶熟，即與兒躬行而乞曰：「如或相憫，惠我一絲兩絲。」

馮贄《雲仙雜記》卷四《夜飛蟬》　杜甫每朋友至，引見妻子。韋侍御見而退，使其婦送夜飛蟬以助粧飾。

馮贄《雲仙雜記》卷七《石斧欲砍斷詩手》　杜甫子宗武，以詩示阮兵曹，兵曹答以石斧一具，隨使并詩還之。宗武曰：「斧，父斤也。兵曹使我呈父，加斤削也。」俄而阮聞之，曰：「誤矣。欲子斫斷其手。此手若存，天下詩名又在杜家矣。」

王定保《唐摭言》卷一二《酒失》　杜工部在蜀，醉後登嚴武之牀，厲聲問武曰：「公是嚴挺之子否？」武色變。甫復曰：「僕乃杜審言兒。」於是少解。

王讜《唐語林》卷二《政事下》　又聞杜工部詩如爽鶻摩霄，駿馬絶地。其《八哀詩》，詩人比之大謝《擬魏太子鄴中八篇》。杜曰：「公知其一，不知其二。吾詩曰：『汝陽讓帝子，眉宇真天人；虬髯似太宗，色映塞外春。』八篇中有此句不？」或曰：「『百川赴巨海，衆星拱北辰。』所謂世有其人。」杜曰：「使昭明再生，吾當出劉、曹、二謝上。」杜善鄭廣文，嘗以《花卿》及《姜楚公畫鷹歌》示鄭，鄭曰：「足下此詩可以療疾。」他日鄭妻病，杜曰：「爾但言『子章髑髏血模糊，手提擲還崔大夫』。如不瘥，即云『觀者徒驚帖壁飛，畫師不是無心學』。未間，更有『太宗拳毛騧，郭家師子花』。如又不瘥，雖和、扁不能爲也。」其自得如此。

趙令畤《侯鯖録》卷六　杜子美墳在耒陽，有碑其上。《唐史》言：至耒陽，以牛肉白酒，一夕醉飽而卒。然元微之作子美墓誌曰：「扁舟下荆楚，竟以寓卒，旅殯岳陽。至其(子)〔孫〕嗣業始葬偃師首陽山。」當以墓誌爲正。蓋子美自言晉當陽杜元凱之後，故世葬偃師首陽山。又子美父閑常爲鞏縣令，故子美爲鞏縣人。偃師首陽山在官路，其下古塚纍纍。而杜元凱墓猶載圖經可考。其旁元凱子孫附葬者數十，但不知孰爲子美墓耳。

祝穆《事文類聚》前集卷一七《子美漂湍》　杜子美客耒陽，一日過江，上舟中飲醉。是夕，江水暴漲，子美爲急流漂泛，其尸不知落於何處。玄宗思子美，詔求之。聶令乃積空槎於江上，曰：「子美爲白酒牛炙脹飫而死。」

祝穆《事文類聚》續集卷六《浣花草堂》　杜甫在成都，劍南節度使裴冕爲卜西郭浣花溪作草堂居焉。或以爲嚴武，非也。

陸友仁《研北雜志》卷下　杜子美舊居在秦州東柯谷，今爲寺，山下有大木，至今呼爲「子美樹」。

辛文房《唐才子傳》卷二《杜甫》 甫，字子美，京兆人。審言生閑，閑生甫。貧，少不自振，客吳、越、齊、趙間。李邕奇其材，先往見之。舉進士不中第，困長安。天寶三載，玄宗朝獻太清宮，饗廟及郊，甫奏賦三篇，帝奇之，使待詔集賢院。命宰相試文章，擢河西尉，不拜，改右衛率府胄曹參軍。數上賦頌，高自稱道，且言：「先臣恕、預以來，承儒守官十一世。迨審言以文章顯。臣賴緒業，自七歲屬辭，且四十年。然衣不蓋體，常寄食於人，竊恐轉死溝壑，伏惟天子哀憐之。若令執先臣故事，拔泥塗久辱，則臣之述作，雖不足鼓吹《六經》，先鳴數子；至沉鬱頓挫，隨時敏給，揚雄、枚臯，可企及也。有臣如此，陛下其忍棄之？」會禄山亂，天子入蜀，甫避走三川。肅宗立，自鄜州羸服欲奔行在，爲賊所得。至德二年，亡走鳳翔，上謁，拜左拾遺。與房琯爲布衣交，琯時敗兵，又以琴客董廷蘭之故罷相，甫上疏言罪細不宜免大臣，帝怒，詔三司雜問。宰相張鎬曰：「甫若抵罪，絶言者路。」帝解，不復問。時所在寇奪，甫家寓鄜，彌年艱窶，孺弱至餓死，因許甫自往省視。從還京師，出爲華州司功參軍。關輔饑，輒棄官去。客秦州，負薪拾橡栗自給。流落劍南，營草堂成都西郭浣花溪。召補京兆功曹參軍，不至。會嚴武節度劍南西川，往依焉。武再帥劍南，表爲參謀，檢校工部員外郎。武以世舊，待甫甚善，親詣其家，甫見之，或時不巾。而性褊躁傲誕，常醉登武牀，瞪視曰：「嚴挺之乃有此兒！」武中銜之。一日欲殺甫，集吏於門，武將出，冠鈎於簾者三，左右走報其母，力救得止。崔旰等亂，甫往來梓、夔間。大曆中，出瞿塘，泝沅、湘，以登衡山。因客耒陽，遊嶽祠，大水暴至，涉旬不得食。縣令具舟迎之，乃得還。爲設牛炙、白酒，大醉，一昔卒。年五十九。甫放曠不自檢，好論天下大事，高而不切也。與李白齊名，時號「李杜」。數嘗寇亂，挺節無所污。爲歌詩，傷時撓弱，情不忘君，人皆憐之。墳在岳陽。有集六十卷，及潤州刺史樊晃纂《小集》，今傳。

能言者未必能行，能行者未必能言。觀李、杜二公，崎嶇板蕩之際，語語王覇，褒貶得失。忠孝之心，驚動千古；《騷》、《雅》之妙，雙振當時。兼衆善於無今，集大成於往作。歷世之下，想見風塵。惜乎長轡未騁，奇才並屈，竹帛少色，徒列空言，嗚呼哀哉！昔謂杜之典重，李之飄逸，神聖之際，二公造焉。「觀於海者難爲水，遊李、杜之門者難爲詩。」斯言信哉！

杜甫《杜工部集・分門集注杜工部詩》附録呂大防《杜工部年譜》

睿宗先天元年癸丑

甫生於是年。按甫《誌》及《傳》皆云年五十九卒於大曆五年辛亥故也。

玄宗開元元年甲寅

開元三年丙辰

觀公孫弟子《舞劒器詩序》：「去開元三年，余尚童稚，於郾城觀公孫氏舞劒器。」按甫是年纔四歲，年必有誤。

開元二十九年壬午

天寶元年癸未

集有《天寶初南曹司寇爲山詩》，時年三十一。

天寶十一年癸巳

《上韋左相》詩云：「鳳曆軒轅紀，龍飛四十春。」是年，玄宗即位四十年。時有《兵車行》。天寶中詩《麗人行》。

天寶十三年乙未

是年，有《三大禮賦》序：「臣生陛下淳樸之俗，四十年矣。」時年四十三。

天寶十四年丙申

是年十一月初，自京赴奉先，有《詠懷詩》。是月有禄山之亂。

天寶十五年丁酉

是年七月，肅宗即位，改至德元年。

是年避寇於馮翊，有《白水高齋三川觀漲詩》。六月，帝西幸。七月，至蜀郡，時有《哀王孫詩》。

至德二年戊戌

是年，自城中竄歸鳳翔，拜左拾遺，有《寶應元年癸卯詩》，有元年建巳月，乃是年也。

代宗廣德元年申辰

是年，有《祭房相國文嚴武再鎮西川奏甫節度參謀檢校工部員外郎作傷春》五首。

永泰元年丙午

嚴武平蜀亂，甫遊東川，除京兆功曹，不赴。

大曆元年丁未

移居夔。

大曆三年己酉

離峽中之荆南，至湘潭。

大曆五年辛亥

有《追酬高適人日詩》。是年夏，甫還襄、漢，卒於岳陽。

予苦韓文杜詩之多誤，既讎正之，又各爲薦岑，參謝口敕，放推問狀。八月，墨制放往鄜州，有《北征詩》。

乾元元年己亥

是年，移華州司功，有《試進士策爲郭使君論殘寇狀》。時有《新安史》、《石壕吏》、《新婚别》、《垂老别》、《無家别》、《留花門洗兵馬詩》。

乾元二年庚子

是年，棄官之秦州。自秦適同谷，自同谷入蜀。時有《遺興》三百首。

上元元年辛丑

是年，在蜀郡，有《百憂集行》，云：即今倏忽已五十。按是年年四十九。時有《杜鵑行》、《石犀行》、《古栢行》、《病橘》、《病栢》、《枯椶》、《枯柟》、《憶昔》各一首述。

上元二年壬寅

是年，嚴武鎮成都，甫往依焉。

杜甫《杜工部集·分門集注杜工部詩》附録蔡興宗《杜工部年譜》

玄宗先天元年壬子

先生姓杜氏，諱甫，字子美。其先襄陽人，後徙河南之鞏縣，晉鎮南大將軍當陽城侯預之十三世孫，曾祖依藝，監察御史、洛州鞏縣令。祖審言，修文館學士、尚書膳部員外郎。父閑京兆府奉天縣令。先生生於是歲。元微之撰墓係云：享年五十九。《王原叔集記》云：「卒於大曆五年是也。」桉唐史，明皇傳位後，始改元。而吕汲公所編《年譜》作睿宗先天元年癸丑，皆誤。

天寶五載丙戌三載正月詔改年爲載。

有《飲中八仙歌》，略曰：「左相日興費萬錢，飲如長鯨吸百川，銜盃樂聖稱避賢。」桉唐史是歲四月，李適之自左相罷政。七月，坐韋堅累，貶宜春太守。明年正月，自殺。適之《嘗賦詩》云：「避賢初罷相，樂聖且傳盃。」《集》中誤爲稱世賢。

九載庚寅

時年三十九。是歲冬，進《三大禮賦》，進表，曰：「臣生陛下淳樸之俗，行四十載矣。」其賦曰：「冬十有一月，天子將納處士之議。」又曰：「明年，孟陬將攄大禮。」又曰：「壬辰既格于道祖。」又曰：「甲午，方有事於采壇。」桉唐史，十載春正月壬辰，上朝獻《太清宫》。癸巳，《朝享太廟》。甲午，《合祀天地於南郊》。而《新書》列傳、《集記》、《舊譜》及賦題之下註文皆作十三年，非也。

十載辛卯

有《杜位宅守歲詩》，略曰：「四十明朝過。」乃是歲也。桉《新書》列傳、《集記》皆以先生獻《三大禮賦》，明皇奇之，召試文章，授河西尉，不拜。改右衛率府胄曹，則或在此載下。而《考秋述文》曰：「我棄物也，四十無位。」又十三載，《進封西岳賦表》，略曰：「臣本杜陵諸生，年過四十。嘗困於衣食，蓋長安一疋夫耳。頃歲，國家有事於郊廟，幸得奏賦，待制於集賢，委學官試文章，再降恩澤，送隸有司，參列選序。」又《贈韋左丞詩》有曰：「主上頃見徵，欻然欲求伸。青冥却垂翅，蹭蹬無縱鱗。」乃知先生進三賦後纔俾參列選序，則罷尉河西改授胄曹，其在天寶之末載乎。故《夔府書懷詩》有曰：「昔罷河西尉，初興薊北師。」是也。

十一載壬辰

《麗人行》之謂丞相者，楊國忠也。桉唐史，是冬，國忠始拜相。當是次歲以後詩，而舊譜入此載，非也。

十二載癸巳

有《投贈哥舒開府翰詩》，略曰：「歸來御席同。」又曰：「茆土加名數。」《送蔡希魯還隴右因寄高書記詩註》曰：「時哥舒入奏，勒蔡子先歸。」其詩有曰：「春城赴上都。」桉唐史，十一載，哥舒翰加開府儀同三司，冬入朝。是載春，進封涼國公。

十三載甲午

冬，進《封西岳賦》，賦《序》曰：「上既封太山之後三十年。」桉唐史開元十三年乙丑歲，封太山，至是三十年矣。有《上韋丞相詩》，略曰：「龍飛四十春。」又曰：「霖雨思賢佐。」桉唐史，以是歲苦雨潦閱，六旬上謂宰相非其人，罷陳希烈，拜韋見素。時明皇在位四十三年，蓋詩得略舉成數，非若進賦之可據，而《舊譜》入十一載，皆誤。

十四載乙未

冬十一月，有《自京赴奉先縣詠懷詩》。桉唐史，是月，安禄山反於范陽。

肅宗至德元載丙申

夏五月，挈家避地鄜州，有《白水縣高齋三川觀漲塞蘆子詩》，即自鄜挺身赴朝廷，遂陷賊中，後在夔州有詩，略曰：「往在西京時，胡來滿彤宫。」桉唐史，六月，禄山犯長安。七月，肅宗即帝位於靈武，改元。本傳謂先生聞肅宗立，自鄜羸服欲奔行在，爲賊所得，非也。冬，有《悲陳陶悲青坂哀王孫諸詩》。

二載丁酉

春，猶陷賊中，有《哀江頭大雲寺贊公房得舍弟消息諸詩》。夏，竄歸行在所於鳳翔，拜左拾遺。有《述懷送長孫侍御送樊侍御送從弟亞彭衙行》諸詩。秋，閏八月，奉詔至鄜迎家，有《九成宫徒步得玉華宫北征羌村》諸詩。復歸鳳翔，有《送韋評事詩》。冬十月，扈從還京，有《病後遇王倚飲臘日》諸詩。

乾元元年戊戌二月改元復以載爲年

春，在諫省，有《簡薛華醉歌》、《送程録事晦日尋崔戢李封》、《雨過蘇端喜晴洗兵馬偪仄行》、《送李校書留花門》諸詩。夏六月，出爲華州司功，有《爲郭使君進滅殘寇形勢狀》、《試進士策問至日遣興寄兩院遺補詩》。冬末，以事之東都，有《瘦馬行路逢楊少府入京戲題呈楊員外閬鄉姜七少府設鱠秦少公短歌胡城東遇孟雲卿李鄠縣胡馬行詩》。

二年己亥

春三月，回自東都，有《新安吏》、《石壕吏》、《潼關吏》、《新昏别》、《垂老别》、《無家别》詩。桉唐史是月八日壬申，九節度之師潰於相州。夏，在華州，有《夏日歎夏夜歎詩》。秋七月，棄官往居秦州，有《寄賈至嚴武詩》，略曰：「舊好腸堪斷，新愁眼欲穿。」其一秋賦詩至多。冬十月，赴同谷縣，有《紀行》十二首、《七歌萬丈潭詩》。十二月一日，自隴右赴劍南，又有《紀行》十二首，首篇曰：「一歲四行役。」是也。又《成都府詩》曰：「季冬樹木蒼。」乃以是月至劍南。而元祐間胡資政守蜀，作《草堂詩碑》，引云「先生至成都之年月不可考」，蓋未詳也。

上元元年庚子

是歲春，卜居成都，浣花溪上賦詩至多。後在《東川寄題江外草堂詩》，略曰：「經營上元始，斷手寶應年。」桉唐史，十一月，楊州長史劉展反，陷昇、潤等州。

二年辛丑

有《百憂集詩》，時年五十，有《喜雨詩註》曰：「時聞浙右多盜賊。」《戲作花卿歌》。桉唐史，夏四月，劍南東川兵馬使段子璋反，陷緜州。五月，劍南節度使崔光遠克東川，子璋伏誅。秋九月，大赦。以十一月爲歲首，去年號，稱元年，月以斗所建辰爲名。《草堂即事》略曰：「荒村建子月。」乃是歲詩也。

寶應元年壬寅

春，建卯月，有《説旱文註》曰：「初，中丞嚴公節制劍南，日奉此説。」又有《遭田父泥飲美新尹嚴中丞詩》。夏，有《戲贈友》二首，皆曰元年建巳月。桉唐史，四月，大赦。改元，復以正月爲歲首。是月，肅宗崩。代宗即位。五月，有《嚴公枉駕草堂詩》。秋，送嚴侍郎至綿州，其詩略曰：「鼎湖瞻望遠，象闕憲章新。」尋避成都之亂入梓州，有《九日奉寄嚴大夫詩》及《嚴武巴嶺答杜二見憶作後歸成都草堂詩》，略曰：「大將赴朝廷，羣小起異圖。」而唐史於此年書七月，劍南西川兵馬使徐知道反。又别書「是年六月，以兵部侍郎嚴武爲西川節度使，而知道拒武不得進，今以先生詩文參考之」。是歲，爲夏武皆守蜀，殆赴朝廷之後，蜀中始亂，然《八哀詩》謂：「嚴公三掌華陽兵。」又《諸將五詩》一謂：「武守蜀者，亦曰主恩前後三持節。」《通鑑》亦書武三鎮劍南，必嘗有是命，第未詳何年。冬，游射洪，通泉二縣，有《至金華山觀盡陪王侍御登東山十古詩》，其詩有曰：「南京亂初定。」及《以次年春日戲郝使君詩》可考，此行在是歲。蓋居梓州止涉一春也。

代宗廣德元年癸卯

是歲，召補京兆功曹，不赴。時嚴武尹京，有《春日寄馬巴州詩注》曰：「時除京兆功曹，在東川。」而本傳與《集記》作上元年間，《舊譜》作永泰年，皆誤。

春夏在梓州，賦詩頗多，亦嘗暫游左綿，有《題涪城縣香積寺縣在梓緜中塗緜州巴西驛亭城上詩》，皆春晚作也。秋九月，至閬州，有《祭故相國房公文》、《東樓筵十一舅往青城發閬中》諸詩。冬，回梓州，有《冬狩行别》、《章使君柳字韻》諸詩。遂挈家再入閬州。桉唐史，十一月，吐蕃陷京師，代宗幸陝。十二月至自陝。

二年甲辰

春，居閬中，有《傷春五首别本註》曰：「巴閬僻遠，傷春罷。」始知春前已收宫闕。《集》中乃編作《夔州詩》，又有收京三首而編作《鳳翔行在詩》，尤爲差誤。桉唐史，正月，合劍南東西川爲一道，以黄門侍郎嚴武爲節度使，有《奉待嚴大夫詩》，略曰：「不知旌節隔年回。」是也。春晚，自閬携家歸蜀，再依嚴鄭公奏爲節

度參謀，有《先寄嚴鄭公五詩》及《草堂》、《四松》、《水檻》、《營屋》、《揚旗》諸詩，略曰：「別來忽三歲。」以游梓閬跨三年也。及他詩言三年者非一，而《集記》乃書入蜀復適東川。上元二年聞嚴武鎮成都，自閬挈家往依焉。其《舊譜》又多因之。

永泰元年乙巳

春，在嚴公幕府，有《正月三日歸溪上》及《春日江村憶昔諸詩時授檢校工部員外郎賜緋見之春日江村詩》。中夏，以嚴公卒遂發成都，泛舟順流經嘉、戎、渝、忠諸郡，皆有詩。青溪驛隸嘉州犍爲縣。秋末，留寓夔州雲安縣，有《九日》及《十二月一日》諸詩。校唐史，四月，嚴武卒。冬，蜀中大亂。而《集記》謂先生避地梓州，亂定歸成都，無所依乃泛江游嘉、戎。又編《梓州》、《秋冬》數詩於《再至成都詩》後，非也。《舊譜》尤誤。

大曆元年丙午

春，在雲安，有《杜鵑》、《客堂》諸詩。春晚，移居夔州，有詩最多，合次年所賦古律詩，幾盈五卷。

二年丁未

終歲居夔州。春，自白帝城遷寓瀼西。先有《瀼西寒望詩》，略曰：「瞿唐春欲至，定卜瀼西居。」又《暮春題瀼西草屋詩》，略曰：「久嗟三峽客，再與暮春期。」乃是歲也。

三年戊申

春，發白帝下峽泊舟江陵。秋晚，遷寓公安縣數月。歲暮，發公安至岳州，有《發劉郎浦》、在公安之下石首縣。《歲晏行》、《泊岳陽城下》諸詩。

四年己酉

春，初發岳陽，泛洞庭，至潭州，遂留終歲，有《春日岳麓山道林二寺行》。夏日，江閣臥病。暮秋，《杜表道州手札》、《對雪》諸詩。

五年庚戌

春正月，有《追和故高蜀州人日見寄詩》。尋發長沙入衡陽，有《上水遣懷》、并《二月紀行》諸詩。至衡，有《酬郭受詩》。而受詩有云：「春興不知凡幾首，衡陽紙價頓能高。」三月，復在長沙，有《清明詩》。以唐史氣朔考之，是歲三月三日清明，故卒。章曰：「況乃今朝更祓除。」校唐史，夏四月八日庚子，湖南兵馬使臧玠殺其觀察使崔瓘。先生避亂竄還衡州，有《衡山縣學堂》、《入衡州舟中苦熱遣懷》諸詩，其詩曰：「遠歸兒侍側。」又曰：「久客幸脫免。」又曰：「中夜混黎甿，脫身亦奔竄。」乃知嘗寓家衡陽，獨至長沙，遂罹此變。本傳謂先生數遭寇亂，挺節無所汙，是也。尋於江上阻暴水，半旬不食。耒陽聶令具舟致酒肉迎歸，一夕而卒。《舊譜》乃書還襄漢卒於岳陽，尤誤。後餘四十年其孫嗣業，始克歸葬於偃師，元和八年癸巳歲也。聞今耒陽縣南猶有先生墳及祠屋在焉。議者謂元微之先爲墓係而卒，不能歸葬也。

備論

《舊唐書》卷一九〇下《杜甫傳》 天寶末詩人，甫與李白齊名，而白自負文格放達，譏甫齷齪，而有飯顆山之嘲誚。元和中，詞人元稹論李、杜之優劣曰：「予讀詩至杜子美而知小大之有所總萃焉。始堯、舜之時，君臣以賡歌相和。是後詩人繼作，歷夏、殷、周千餘年，仲尼緝拾選揀，取其干預教化之尤者三百，餘無所聞。騷人作而怨憤之態繁，然猶去《風》、《雅》日近，尚相比擬。秦、漢已還，採詩之官既廢，天下妖謠民謳，歌頌諷賦，曲度嬉戲之辭，亦隨時間作。至漢武賦《柏梁》而七言之體具。蘇子卿、李少卿之徒，尤工爲五言。雖句讀文律各異，雅鄭之音亦雜，而辭意簡遠，指事言情，自非有爲而爲，則文不妄作。建安之後，天下之士遭罹兵戰，曹氏父子鞍馬間爲文，往往橫槊賦詩，故其遒壯抑揚、冤哀悲離之作，尤極於古。晉世風概稍存。宋、齊之間，教失根本，士以簡慢歙習舒徐相尚，文章以風容色澤、放曠精清爲高，蓋吟寫性靈、留連光景之文也，意義格力無取焉。陵遲至於梁、陳，淫豔刻飾、佻巧小碎之詞劇，又宋、齊之所不取也。唐興，官學大振，歷世之文，能者互出。而又沈、宋之流，研練精切，穩順聲勢，謂之爲律詩。由是之後，文體之變極焉。然而莫不好古者遺近，務華者去實，效齊、梁則不逮於魏、晉，工樂府則力屈於五言，律切則骨格不存，閒暇則纖穠莫備。至於子美，蓋所謂上薄《風》、《騷》，下該沈、宋，言奪蘇、李，氣吞曹、劉，掩顏、謝之孤高，雜徐、庾之流麗，盡得古今之體勢，而兼人人之所獨專矣。使仲尼考鍛其旨要，尚不知貴其多乎哉！苟以爲能所不能，無可無不可，則詩人已來，未有如子美者。是時山東人李白，亦以文奇取稱，時人謂之李、杜。予觀其壯浪縱恣，擺去拘束，模寫物象，及樂府歌詩，誠亦差肩於子美矣。至若鋪陳終始，排比

聲韻，大或千言，次猶數百，詞氣豪邁，而風調清深，屬對律切，而脫棄凡近，則李尚不能歷其藩翰，況堂奧乎！予嘗欲條析其文，體別相附，與來者爲之準，特病懶未就爾。自後屬文者，以稹論爲是。甫有文集六十卷。

贊曰：國之華彩，人文化成。間代傑出，奮藻摛英。騏驥逸步，《咸》、《韶》正聲。燦流緗素，下視姬、嬴。

《新唐書》卷二〇一《杜甫傳》 贊曰：唐興，詩人承陳、隋風流，浮靡相矜。至宋之問、沈佺期等，研揣聲音，浮切不差，而號「律詩」，競相襲沿。逮開元間，稍裁以雅正，然恃華者質反，好麗者壯違，人得一槩，皆自名所長。至甫，渾涵汪茫，千彙萬狀，兼古今而有之，它人不足，甫乃厭餘，殘膏賸馥，沾丐後人多矣。故元稹謂：「詩人以來，未有如子美者。」甫又善陳時事，律切精深，至千言不少衰，世號「詩史」。昌黎韓愈於文章慎許可，至歌詩，獨推曰：「李、杜文章在，光燄萬丈長。」誠可信云。

藝文

韓愈《昌黎先生文集》卷五《調張籍》 李杜文章在，光焰萬丈長。不知羣兒愚，那用故謗傷。蚍蜉撼大樹，可笑不自量。伊我生其後，舉頭遥相望。夜夢多見之，晝思反微茫。徒觀斧鑿痕，不矚治水航。想當施手時，巨刃磨天揚。垠崖劃崩豁，乾坤擺雷硠。惟此兩夫子，家居率荒涼。帝欲長吟哦，故遣起且僵。剪翎送籠中，使看百鳥翔。平生千萬篇，金薤垂琳琅。仙宫敕六丁，雷電下取將。流落人間者，泰山一毫芒。我願生兩翅，捕逐出八荒。精誠忽交通，百怪入我腸。刺手拔鯨牙，舉瓢酌天漿。騰身跨汗漫，不著織女襄。顧語地上友，經營無太忙。乞君飛霞佩，與我高頡頏。

《白居易集》卷一五《讀李杜詩集因題卷後》 翰林江左日，員外劍南時。不得高官職，仍逢苦亂離。暮年逋客恨，浮世謫仙悲。吟咏流千古，聲名動四夷。文場供秀句，樂府待新詞。天意君須會，人間要好詩。

歐陽修《歐陽文忠公全集》外集卷四《堂中畫像探題杜子美》 風雅久寂寞，吾思見其人。杜君詩之豪，來者孰比倫。生焉一身窮，死也萬世珍。言苟可垂後，士無羞賤貧。

王安石《臨川集》卷九《子美畫像》 吾觀少陵詩，謂與元氣侔。力能排天斡九地，壯顔毅色不可求。浩蕩八極中，生物豈不稠。醜妍巨細千萬殊，竟莫見以何雕鎪。惜哉命之窮，顛倒不見收。青衫老更斥，餓走半九州。瘦妻僵前子仆後，攘攘盜賊森戈矛。吟哦當此時，不廢朝廷憂。常願天子聖，大臣各伊周。寧令吾廬獨破受凍死，不忍四海赤子寒颼颼。傷屯悼屈止一身，嗟時之人我所羞。所以見公畫，再拜涕泗流。推公之心古亦少，願起公死從之遊。

黄庭堅《山谷外集》卷四《題杜子美浣花醉圖》 拾遺流落錦官城，故人作尹眼爲青。碧雞坊西結茅屋，百花潭水濯冠纓。故衣未補新衣綻，空蟠胸中書萬卷。探道欲度羲黄前，論詩未覺《國風》遠。干戈峥嵘暗寓縣，杜陵韋曲無雞犬。老妻稚子且眼前，弟妹漂零不相見。此公樂易真可人，園翁溪友肯卜鄰。鄰家有酒邀皆去，得意魚鳥來相親。浣花酒船散車騎，野牆無主看桃李。宗文守家宗武扶，落日蹇驢馱醉起。願聞解冠脱兜鍪，老儒不用千户侯。中原未得平安報，醉裏眉攢萬國愁。生綃鋪牆粉墨落，平生忠義今寂寞。兒呼不蘇驢失脚，猶恐醒來有新作。常使詩人拜畫圖，煎膠續弦千古無。

李綱《梁溪集》卷九《子美》 杜陵老布衣，饑走半天下。作詩千萬篇，一一干教化。是時唐室卑，四海事戎馬。愛君憂國心，憤發幾悲咤。孤忠無與施，但以佳句寫，《風》《騷》列屈宋，麗則凌鮑謝。筆端籠萬物，天地入陶冶。豈徒號詩史，誠足繼風雅。嗚呼詩人師，萬世誰爲亞。

南宋有忠定相才可當鄴侯，而韓岳將略可方李郭，不能用之以平河北，詩悲少陵，實自傷也。忠定公葬會稽之范陽，明季越紳董念儒卜兆侵穴，形家見公擊以金簡，嘔血立斃。忠賢名墓，不可無傳，願修志者亟表彰之。

袁說友等《成都文類》卷四二趙次公《杜工部草堂記》 李杜號詩人之雄，而白之詩多在於風月草木之間，神仙虛無之說，亦何補於教化哉？惟杜陵野老，負王佐之才，有意當世，而骯髒不偶，胸中所蘊，一切寫之以詩。其曰：「許身一何愚，自比稷與契。」又曰：「致君堯舜上，再使風俗淳。」此其素願也。至其出處，每與孔孟合。「尚憐終南山，回首清渭濱」，則有遲遲去魯之懷；「勳業頻看鏡，行藏獨倚樓」，則有皇皇得君之意。晚依嚴武，未愜素心，枉駕再顧，赴期肯來，禮數非不寬也，而卒未免於嫌忌，致同袍有蜀道難之悲，吁，可慨夫！次公有《杜詩注》四十九卷，故録存此記。

陸游《渭南文集》卷一七《東屯高齋記》 少陵先生晚遊夔州，愛其山川不忍

去，三徙舍，皆名高齋。其詩曰次水門者，白帝城之高齋也；曰依藥餌者，瀼西之高齋也；曰見一川者，東屯之高齋也。故又曰：「高齋非一處。」予至夔數月，弔先生之遺跡，則白帝城已廢爲丘墟百有餘年，自城郭府寺，父老無知其處者，況所謂高齋乎！瀼西蓋今夔府治所，晝爲阡陌，裂爲坊市，高齋尤不可識。獨東屯有李氏者，居已數世，上距少陵財三易主，大曆中故券猶在，而高齋負山帶谿，氣象良是。李氏業進士，名襄，因郡博士雍君大椿屬予記之。予太息曰：少陵，天下士也。遭遇明皇、肅宗，官爵雖不尊顯，而見知實深，蓋嘗慨然以稷卨自許。及落魄巴蜀，感漢昭烈帝諸葛丞相之事，屢見於詩。頓挫悲壯，反覆動人，其規模志意豈小哉。然去國寖久，諸公故人熟睨其窮，無肯出力，以至夔，客於柏中丞、嚴明府之間，如九尺丈夫，俛首居小屋下，思一吐氣而不可得。予讀其詩，至「小臣議論絶，老病客殊方」之句，未嘗不流涕也。嗟夫，辭之悲乃至是乎！荆卿之歌，阮嗣宗之哭，不加於此矣。少陵非區區於仕進者，不勝愛君憂國之心，思少出所學以佐天子，興貞觀開元之治，而身愈老，命愈蹇，坎壈且死，則其悲至此，亦無足怪也。今李君初不踐通塞榮辱之機，讀書絃歌，忽焉忘老，無少陵之憂而有其高。少陵家東屯不浹歲，而君數世居之，使死者復生，予未知少陵自謂與君孰得失也。若予者，仕不能無愧於義，退又無地可耕，是直有慕於李君耳。故樂與爲之記。乾道七年四月十日記。

計有功《唐詩紀事》卷一八《杜甫》 元稹作子美墓銘，敍曰：予讀詩至杜子美，而知古人之才有所總萃焉。始堯、舜時，君臣以賡歌相和；是後詩人繼作，歷夏、殷、周千餘年，仲尼緝拾選練，取其干預教化之尤者三百篇，其後無聞焉。騷人作而怨憤之態繁，然猶去《風》《雅》日近，尚相比擬。秦、漢已還，采詩之官既廢，天下俗謡、民謳、歌頌、諷賦、曲度、嬉戲之詞，亦隨時間作。至武帝賦《柏梁詩》，而七言之體具。蘇子卿、李少卿之徒，尤工爲五言。雖句讀文律各異，雅鄭之音亦雜，而詞意簡遠，指事言情，自非有爲而爲，則文不妄作。建安之後，天下文士遭罹兵戰，曹氏父子鞍馬間爲文，往往横槊賦詩，故其遒文壯節，抑揚怨哀，悲離之作，尤極於古。晉世風槩稍存。宋、齊之間，教失根本，士以簡慢矯飾、歙習舒徐相尚，文章以風容色澤放曠精清爲高，蓋吟寫性靈流連光景之文也，意義格力無取焉。陵遲至梁、陳，淫豔刻飾、佻巧小碎之詞劇，又宋、齊之所不取也。唐興，學官大振，歷世之文，能者互出。而又沈、宋之流，研練精切，穩順聲勢，謂之爲律詩。由是而後，文變之體極焉。然而又好古者遺近，務華者去實。效齊、梁則不逮於魏、晉，工樂府則力屈於五言，律切則骨格不存，閑暇則纖穠莫備。至於子美，蓋所謂上薄《風》《雅》，下該沈、宋，言奪蘇、李，氣吞曹、劉，掩顔、謝之孤高，雜徐、庾之流麗，盡得古今之體勢，而兼昔人之所獨專矣。如使仲尼考鍛其旨要，尚不知貴其多乎哉！苟以爲能所不能，無可無不可，則詩人以來未有如子美者。是時山東人李白，亦以奇文取稱，時人謂之李、杜。余觀其壯浪縱恣，擺去拘束，模寫物象，及樂府歌詩，誠亦差肩於子美矣。至若鋪陳終始，排比聲韻，大或千言，次猶數百，詞氣豪邁而風調清深，屬對律切而脱棄凡近，則李尚不能歷其藩翰，況堂奧乎？予嘗欲條析其文，體別相附，與來者爲之準，特病懶未就爾。適子美之孫嗣業，啓子美之柩，襄祔事於偃師，途次于荆楚，雅知余愛言其大父之爲文，祈余爲誌。辭不可絶，余因系其官閥而銘其卒葬云。系曰：晉當陽成侯姓杜氏，下十世而生依藝，令於鞏。依藝生審言，善詩，官至膳部員外郎。審言生閑，閑生甫。閑爲奉天令。甫，字子美。天寶中，獻《三大禮賦》，明皇奇之，命宰相試文，文善，授右衛率府胄曹。屬京師亂，步謁行在，授左拾遺。歲餘以直言失官，出爲華州司功，尋遷京兆功曹。劍南節度使嚴武狀爲工部員外參謀軍事。旋又棄其官，扁舟下荆楚間，竟以寓卒。旅殯岳陽，享年五十九。夫人弘農楊氏女，父曰司農少卿怡，四十九年終。嗣子曰宗武；病不克葬；殁，命其子嗣業。嗣業以家貧，無以給喪，收拾乞匃，焦勞晝夜，去子美殁後餘四十年，然後卒先人之志，亦足爲難矣。銘曰：惟元和之癸巳，粤某月某日之佳辰，合窆我杜子美於首陽之山前。嗚呼！千載而下曰：此文先生之古墳。樂天曰：杜詩最多，至於貫穿今古，覼縷格律，盡工盡善，又過於李。然撮其《新安》、《石壕》、《潼關吏》、《蘆子關》、《留花門》之章，朱門酒肉臭，路有凍死骨之句，亦不過三四十。杜尚如此，況不逮者乎！

睿宗先天元年癸丑，是歲甫生。明皇開元三年丙辰，於郾城觀公孫大娘舞劍器。是年才四歲，必有悞。天寶元年癸未，有《南曹小司寇爲山》之作，時年三十一。天寶十一年癸巳，上韋相詩，有龍飛四十春，帝即位四十年。時有《兵車行》、《麗人行》。十三年乙未，上《三大禮賦》，甫年四十三。召試文章，授河西尉，不行，改右衛率府胄曹。十四年丙申，是年十一月，初自京赴奉先，有《詠懷》詩。是月禄山亂。以家避亂鄜州，獨陷賊中。天寶十五載丁酉六月，帝西狩，有《哀王孫》詩。七月，肅宗即位，改元至德。是年避寇馮翊，有《白水高齋三州觀漲》詩。至德二年，自賊中竄歸鳳翔，拜左拾遺。八月，墨制放往鄜州迎家，有《北征》詩。明年

乾元元年，收京，扈從還長安。上疏論救房琯，帝怒，黜甫華州司功，有《新安吏》、《石壕吏》、《新婚別》、《垂老別》、《留花門》、《洗兵馬》詩。明年，關輔飢亂，棄官之秦州，乃適同谷，乃入蜀，有《遣興》三首。上元元年辛丑，在蜀。二年，嚴武鎮蜀，甫自閬往依焉。明年寶應元年癸巳，有元年建巳月詩。代宗廣德元年甲辰，有《祭房相國文》。武再鎮蜀，表甫參謀檢校工部員外，作《傷春》五首。永泰元年丙午，武卒，崔旰殺郭英乂，楊子琳、柏正節舉兵攻旰，蜀亂，甫遊東川。除京兆功曹，不赴。大曆元年丁未，移居夔州。三年，出峽之荆渚，至湘潭，寓居耒陽。五年辛亥，有《追高適人日作》。夏，甫還襄漢。卒於岳陽。段成式《酉陽雜俎》云：《李白集》有《堯祠亭上宴别杜補闕》者，老杜也。詩曰：我覺秋興逸，誰言秋興悲，山將落日去，水共晴空宜。烟歸碧海夕，鴈度青天時。相失各萬里，茫然空爾思。不獨飯顆山頭之句也。

國朝盛文肅，嘗夢朝上帝，見殿上題扇云：夜闌更秉燭，相對如夢寐。初謂天上人作，已而知子美詩也。禰衡撾《漁陽摻》，其聲悲壯。漢武時，星辰影動摇，東方朔謂民勞之應。子美詩云：五更鼓角聲悲壯，三峽星河影動摇。乃用故事也。先儒云：不行一萬里，不讀萬卷書，不知老杜詩。信然。

詩話云：有病瘧者，子美曰：吾詩可以療之。病者曰：云何？曰：夜闌更秉燭，相對如夢寐。其人誦之，瘧猶是也。杜曰：更誦吾詩云：子章髑髏血模糊，手提擲還崔大夫。其人誦之，果愈。子美傲誕，不冠見嚴武。故詩云：莫倚善題《鸚鵡賦》，何須不着鵕鸃冠。子美奉酬云：謝安不倦登臨興，阮籍焉知禮法疏。《傳》敍子美傲放，武積不平，欲殺之，冠鈎於簾者三，遂止。《寄韋有夏都中詩》云：省郎憂病士，書信有柴胡。飲子頻通汗，懷君想報珠。飲子對懷君，或云沈佺期齒録對牙緋，孟浩然鷄黍對楊梅之類也。子美《題李尊師松障》詩云：已知仙客意相親，更覺良工心獨苦。用意之妙，有舉世莫知者。此唐人所以名家也。

戴復古《石屏詩集》卷一《杜甫祠》 嗚呼杜少陵，醉臥春江漲。文章萬丈光，不隨枯骨葬。平生稷契心，致君堯舜上。時兮弗我與，屹然抱微尚。干戈奔走蹤，道路飢寒狀。草中辯君臣，筆端誅將相。高吟比興體，力救風雅喪。如史數十篇，才氣一何壯。到今五百年，知公尚無恙。麒麟守高阡，貂蟬入畫像。一死不幾時，聲迹兩塵莽。何如耒陽江頭三尺荒草墳，名如日月光天壤。

徐鈞《史詠詩集》卷下《杜甫》 萬里飄零獨此身，詩魂終戀浣花村。寧貧寧凍寧饑死，一飯何曾忘至尊。

文天祥《文山集》卷一四《讀杜詩》 平生蹤跡只奔波，偏是文章被折磨。耳想杜鵑心事苦，眼看湖馬淚痕多。千年夔峽有詩在，一夜耒江如酒何。黄土一丘隨處是，故鄉歸骨任蹉跎。

錢惟善《江月松風集》卷一《題杜甫麻鞵見天子圖》 四郊多壘未還鄉，又別潼關謁鳳翔。九廟君臣同避難，十年弟妹各殊方。中興百戰洗兵甲，萬里一身愁虎狼。寂寞當時窮獨叟，按圖懷古恨茫茫。

仇兆鰲《杜詩詳注》附編王洙《杜工部集序》 杜甫，字子美，襄陽人，徙河南鞏縣。曾祖依藝，鞏令。祖審言，膳部員外郎。父閑，奉天令。甫少不羈，天寶末獻《三大禮賦》，召試文章，授河西尉，辭不行，改右衛率府胄曹。天寶末，以家避亂鄜州，轉陷賊中。至德二載，竄歸鳳翔，謁肅宗，授左拾遺，詔許至鄜迎家。明年收京，扈從還長安。房琯罷相，甫上疏論琯有才，不宜廢免，肅宗怒，貶琯邠州刺史，出甫爲華州司功。屬關輔饑亂，棄官之秦州，又居成州同谷，自負薪採梠，餔糒不給。遂入蜀，卜居成都浣花里，復適東川。朱曰：公適東川，在嚴武鎮成都之後。此四字當删。久之，召補京兆府功曹，以道阻不赴，欲如荆楚。上元二年，聞嚴武鎮成都，自閬州挈家往依焉。子美自閬還成都，武再鎮蜀時也。此序誤。武歸朝廷，甫浮遊左蜀諸郡，往來非一。武再鎮兩川，奏爲節度參謀、檢校工部員外郎，賜緋。永泰元年夏，武卒，郭英乂代武。崔旰殺英乂，楊子琳、柏正當作貞，宋本避諱。節舉兵攻旰，蜀大亂，甫逃至梓州。亂定，歸成都，無所依，子美避徐知道亂，入梓州。崔旰亂後，自雲安寓夔，不復還成都矣。此序亦誤。乃泛江，遊嘉戎，次雲安，移居夔州。大曆三年春，下峽，至荆南，又次公安，入湖南，泝沿湘流，遊衡山，寓居耒陽。嘗至岳廟，阻暴水旬日不得食。耒陽聶令知之，自具舟迎還。五月夏，一夕，醉飽卒，年五十九。觀甫詩與唐實録，猶概見事跡，比《新書》列傳，彼爲踳駁。傳云：召試，授京兆功曹，而集有《官定後戲贈》詩，注云：初授河西尉，辭，改右衛率府胄曹。傳云：遁赴河西，謁肅宗於彭原，而集有《喜達行在》詩，注云：自京竄至鳳翔。傳云：嚴武卒，乃遊東蜀依高適，既至而適卒。據適自東川入朝，拜散騎常侍，乃卒。又集有《忠州聞高常侍亡》詩。傳云：扁舟下峽，未維舟而江陵亂，乃游湘衡。而集有居江陵及公安詩至多。傳云：永泰二年卒。而集有《大曆五年正月追酬高蜀州》詩及別題大曆年者數篇。甫集初六十卷，今秘府舊藏、通人家所有稱大小集者，皆亡逸之餘，人自編摭，非當時第次矣。蒐裒中外書，凡九十九卷。古本二卷，蜀本二十卷，集略十五卷，樊晃序

小集六卷，孫光憲序二十卷，鄭文寶序少陵集二十卷，別題小集二卷，孫僅一卷，雜編三卷。除其重複，定取千四百有五篇，凡古詩三百九十有九，近體千有六，起太平時，終湖南所作，視居行之次，與歲時爲先後，分十八卷。又別録賦筆雜著二十九篇爲二卷，合二十卷。茲未可謂盡，他日有得，尚圖一作副益諸。寶元仁宗年號二年十月日。鄧氏注杜，而託名王原叔，猶夫張性著《杜律演義》，而假名虞集也。

晁公武曰：本朝自王原叔以後，學者喜觀杜詩，世有爲之注者數家，率鄙淺可笑。有託原叔名者，其實非也。吴彦高《東山集》云：今世所注杜詩，乃元祐間秘閣校對黄本鄧忠臣所爲，鏤板家標題，遂以託名王原叔。兩王公前後記，初無一語及注。後記又言，如原叔之能文，止作記於後。則原叔不注杜詩，益可見矣。

仇兆鰲《杜詩詳注》附編《諸家詠杜》王玄《弔耒陽杜墓》 才高憂負國，身没耒陽城。雖葬先生骨，難埋《騷》《雅》名。事往斯文在，時遷旅冢平。邑侯新布政，一爲剪紫荆。

仇兆鰲《杜詩詳注》附編《諸家詠杜》余恁《庚寅六月再過耒江謁杜工部墳》 一寸心丹篤愛君，數根髮白苦憂民。吟邊見得公真像，莫問公墳真不真。

仇兆鰲《杜詩詳注》附編《諸家詠杜》程可則《題杜少陵畫像》 杜陵老叟生絶奇，蒼髯頳面英雄姿。似兹不合久貧賤，曷爲坎壈長戲欷。自從大禮獻三賦，尉授河西不肯赴。當宁何曾解愛才，旅食京華歲虛度。忽然鞞鼓動長安，玉輦西遊蜀道難。奔走三川寄家室，脱身賊壘多辛酸。麻鞋謁帝趨靈武，拾遺侃侃居言路。直節何妨捄友生，諫書反得君王怒。牢落天涯到秦州，負薪拾橡窮且愁。微官棄去亦何恨，可憐事業付沙鷗。劍南直入嚴武幕，散髮戎渝致非惡。春流無恙下夔門，秋色蕭然臥西閣。晚年出峽望衡山，楚水茫茫潭岳間。酒酣賚志仰天哭，咫尺襄樊那得還。一生落拓無窮已，獨有豪吟詠詩史。同時比肩惟太白，後來作者紛誰是。鄢陵先生絶世雄，讀書萬卷身乘驄。稱詩酷擬草堂作，沈鬱頓挫將無同。昔年作吏向秦國，工部祠堂拜顔色。傳與先賢作畫圖，曠代風流盡相識。嗟哉！杜陵一没已千秋，吾徒仰止空悠悠。先生望古有殊契，神交豈直形像謀。我亦幼齡重高詠，乞將粉本歸南州。

仇兆鰲《杜詩詳注》附編《諸家詠杜》張翔《弔杜墓》 迢遞來南紀，倉皇問北征。詩通高叟固，才到屈原清。天地心無愧，風雷氣不平。徘徊江上月，昨夜照文明。

仇兆鰲《杜詩詳注》附編《諸家詠杜》解縉《弔耒陽杜墓》 何年陵墓存翁仲，尚有殘碑紀鳳行。行過石橋江上路，一林芳樹近宫牆。

仇兆鰲《杜詩詳注》附編《諸家詠杜》陳獻章《弔杜公墓》 裸葬不葬等悠悠，有生無生名可留。壽遲殤子千年在，文與江河萬古流。天借人心昭日月，山藏廟貌自春秋。拾遺苦被蒼生累，贏得乾坤不盡愁。

仇兆鰲《杜詩詳注》附編《諸家詠杜》孫何《讀杜子美集》 世系留唐史，丘封寄耒山。高名落身後，遺集出人間。逸氣應天與，淳風自我還。鋒鋩堪定霸，徽墨可繩姦。進退軍三令，迴旋馬六閑。楚詞休獨步，周雅合重删。李白從先達，王維亦厚顔。庖刀盡餘刃，羿彀肯虛彎。聖域分中上，天樞奪要關。逍遥登禁闥，偃蹇下塵寰。麗思蘇幽蟄，神功鑿險艱。語成新體句，才折好官班。誰氏傳軒冕，何人得佩環。朱弦本疏越，黄鳥浪縣蠻。元白詞華窄，錢郎景象慳。蜀峰愁杳杳，湘水恨潺潺。子欲探驪頷，吾思攝虎斑。毛錐應穎脱，燕石竟疏頑。已襲蘭兼菊，無嫌蒯與菅。二南如有得，高躅願追攀。

仇兆鰲《杜詩詳注》附編左峴《杜工部草堂記》 嗚呼！杜少陵當天寶之亂，干戈騷屑，間關秦隴，崎嶇巴蜀，於成都浣花里種竹植樹，結廬枕江，縱酒賦詩，與田父野老相狎侮，彼其心曷嘗須臾忘故國哉！思家宵立，憶弟晝眠，憂盜賊縱横，睠懷宗國，而每飯不忍忘君，一篇之中三致意焉。千載而下，讀之者有餘悲也。考公於肅宗乾元二年己亥十二月，自同谷入蜀，至成都，依成都尹裴冕以居。至次年，改元上元元年庚子，是歲，始營草堂，嘗間至新津青城。而三月李光弼已代冕。所謂「主人爲卜林塘」者，非必盡出於冕也。王司馬攜營茅屋資相訪，則曰「憂我營茅棟，攜錢過野橋」；王録事許草堂資不到，則曰「爲嗔王録事，不寄草堂資」。蓋其旅次未安，資斧不快，而經始之艱且劬也如此。時公先寓居草堂寺中，高適寄詩所謂「傳道招提客，詩書自討論」者是也。上元二年辛丑，以嚴武爲成都尹，竹裏行厨，花邊立馬，自此逢迎得有主人，堂垂成。于次年改元寶應元年壬寅，而是年建巳月乙卯，上皇崩。丁卯，肅宗崩。秋七月，嚴武召還爲二聖山陵橋道使，公送至綿州。未幾，徐知道亂，遂入梓州。冬，復歸城都，迎家至梓。冬十一月，往射洪縣南之通泉縣。時嚴武入朝，遂游東川，依高適，而公已去草堂矣。代宗廣德元年癸卯，自梓往祭房相國于閬州。是年，除京兆功曹，道阻不赴。二年甲辰春，復自梓往閬，嚴武代高適爲節度使，再鎮蜀。春晚，遂歸成都。六月，在武幕中，武表爲節度參謀，檢校工部員外郎，幕中多不合意，故有《晚晴懷西郭茅舍》之作。至次年，改元永泰乙巳，即辭幕府，歸浣花溪草

堂。四月，嚴武卒，郭英乂代武。英乂武人，粗暴，無能刺謁。公流落劍外，無所依，即于五月舍草堂南下，自戎州、渝州，旋寓居雲安、夔州矣。是時，公雖在蜀已七載，而居草堂者不過三四歲。又此三四歲之中，經營卜築，已費其大半。及斷手於寶應年，而是秋即在梓閬間，往來梓閬幾二載，公詩所謂「三年奔走空皮骨」者也。及武再鎮，留院中半年歸浣溪，不逾時即離之而去已。然公雖流離困頓，自成都往梓閬，復往雲安、夔州，而并州故鄉之感，時刻廑于懷。《遣弟占歸檢校草堂》則曰「東林竹影薄，臘月更須栽」；《寄題草堂》則曰「爲念四小松，蔓草易拘纏」；《送韋郎歸成都》則曰「爲問南溪竹，抽梢合過牆」；《懷錦水居止》則曰「雪嶺界天白，錦城曛日黃」：形諸篇什，其惓惓不忘如此。公卜居浣花里，地名百花潭，與草堂寺相近，因名草堂。今寺與堂相近，疑恐非舊址，然《卜居》詩有曰「浣花溪水水西頭」，《狂夫》詩有曰「萬里橋西一草堂，百花潭水即滄浪」，《堂成》詩「背郭堂成蔭白茅」，《西郊》詩「時出碧雞坊，西郊向草堂」，《懷居》詩「萬里橋南宅，百花潭北莊」。讀其詩，吊望其山川里居，而草堂背成都郭，在西郊外，萬里橋南，百花潭北，浣花水西，歷歷如舊。公當日歸草堂，時出西郊。自南郭而言之，則草堂在萬里橋西，自西郭而言之，則草堂在萬里橋南，故互文曰橋西橋南也。明皇使吳道子繪蜀道圖，歸，索其畫，曰無有，盡在臣腹中。及明皇入蜀，而所過山川城邑，無不按圖悉肖。今去公千載，陵谷幾變遷，而江村白沙之路，竹翠椒丹，橘刺藤梢，雖其一草一木，亦盡能極容，形于楮上。有公詩，即草堂如見。余竊怪楊升菴修《全蜀藝文志》，而于杜詩寥寥止數首。夫以杜之九鑽巴火，三蟄楚雷，其大半所作，豈獨爲瞿塘岷峨生色，乃多抑而不載。黃魯直在涪州，盡書子美夔州之詩，而刻之于石壁，世有君子，當同是心也。

故友左君湘南，登康熙庚戌科進士，初任龍巖令，後補蜀之威州，故于蜀中形勝古迹，多留意焉。再知陳州，陞部郎，見余注杜，囑之曰：「少陵千載詩宗，註家林立，往往彼此譏彈。子箋此集，恐具目者且四面而環攻之矣。」後衡文東粵，振拔孤寒，高出從前學使。歸里時，克捐餘資以佐剞劂之不逮。此書告成，甫寓目而旋逝世。噫！表諸事於先賢，撫遺文而歎息，草堂一記，考據精詳，真堪流傳藝苑矣。歲在甲申菊月兆鰲附記。

鑒真部

綜述

釋贊寧《宋高僧傳》卷一四《唐揚州大雲寺鑒真傳》 釋鑒真，姓淳于氏，廣陵江陽縣人也。總草俊明，器度宏博，能典謁矣。隨父入大雲寺，見佛像，感動夙心，因白父求出家。父奇其志，許焉。登便就智滿禪師，循其奬訓。屬天后長安元年，詔於天下度僧，乃爲息慈配住本寺，後改爲龍興。殆中宗孝和帝神龍元年，從道岸律師受菩薩戒。景龍元年，詣長安。至二年三月二十八日，於實際寺依荆州恒景律師邊得戒。雖新發意，有老成風，觀光兩京，名師陶誘。三藏教法，數稔該通，動必研幾，曾無矜伐。言旋淮海，以戒律化誘，鬱爲一方宗首。冰池印月，適足清明；猊座揚音，良多響答。

時日本國有沙門榮叡、普照等東來募法，用補缺然。於開元年中，達于揚州，爰來請問，禮真足曰：「我國在海之中，不知距齊州幾千萬里。雖有法而無傳法人，譬猶終夜有求於幽室，非燭何見乎？願師可能輟此方之利樂，爲海東之導師乎！」真觀其所以，察其翹勤，乃問之曰：「昔聞南岳思禪師生彼爲國王，興隆佛法，是乎？又聞彼國長屋曾造千袈裟來施中華名德，復於衣緣繡偈云：『山川異域，風月同天，寄諸佛子，共結來緣。』以此思之，誠是佛法有緣之地也。」默許行焉。所言長屋者，則相國也。真乃慕比丘思託等一十四人，買舟自廣陵齎經律法離岸，乃天寶二載六月也。至越州浦，止署風山。真夜夢甚靈異。纔出洋，遇惡風濤，舟人顧其垂没，有投棄棧香木者。聞空中聲云：「勿投棄。」時見舳艫各有神將介甲操仗焉，尋時風定。俄漂入蛇海，其蛇長三丈餘，色若錦文。洎後入魯魚海，魚長尺餘，飛滿空中。次一洋，純見飛鳥集于舟背，壓之幾没。洎出鳥海，乏水。俄泊一島，池且泓澄，人飲甘美。相次達于日本，其國王歡喜迎入城大寺安止。初於盧遮那殿前立壇，爲國王受菩薩戒。次夫人、王子等，然後教本土有德沙門足滿十員，度沙彌澄脩等四百人，用白四羯磨法也。又有王子一品親田捨宅造寺，號招提，施水田一百頃。自是已來，長敷律藏，受教者多，彼國號大和尚，傳戒律之始祖也。以日本天平寶字七年癸卯歲五月五日，無疾辭衆，坐亡，身不傾壞，乃唐代宗廣德元年矣。春秋七十七，至今其身不施苧漆，國王貴人信士時將寶香塗之。僧思託著《東征傳》詳述焉。

雜録

備録

真人元開《唐大和上東征傳》 大和上諱鑑真，揚州江陽縣人也，俗姓淳于，齊〔大夫〕髡之後。

其父先就揚州大雲寺智滿禪師受戒，學禪門。大和上年十四，隨父入寺，見佛像感動心，因請父求出家；父奇其志，許焉。是時，大周則天長安元年有詔于天下諸州度僧，便〔就〕智滿禪師出家爲沙彌，配住大雲寺後改爲龍興寺。唐中宗孝和〔聖〕皇帝神龍元年，從道岸律師受菩薩戒。景龍元年杖錫東都，因入長安。其二年三月二十八日，於西京實際寺登壇受具足戒。荆州南泉寺弘景律師爲和上巡遊二京，究學三藏。後歸淮南，教授戒律；江淮之間，獨爲化主。於是興建佛事，濟化羣生，其事繁多，不可具載。

日本〔國〕天平五年，歲次癸酉，沙門榮叡、普照等隨遣唐大使丹墀真人廣成，至唐國留學。是〔歲〕，唐開元二十一年也。唐國諸寺三藏、大德，皆以戒律爲入道之正門；若有不持戒者，不齒於僧中。於是，方知本國無傳戒人。仍請東都大福〔先〕寺沙門道璿律師，附副使中臣朝臣名代之〔舶〕，先向本國去，擬爲傳戒者也。

榮叡、普照留學唐國，已經十載，雖不待使，而欲早歸；於是，請西京安國寺僧道航、澄觀，東都僧德清，高麗僧如海；又請得宰相李林甫之兄林宗之書，與揚州倉曹李湊，令造大舟，備糧送遣。又與日本國同學僧玄朗、玄法二人，俱下至揚州。是歲，唐天寶元載冬十月日本天平十四年，歲次壬午。

時，大和上在揚州大明寺爲衆〔僧〕講律，榮叡、普照師至大明寺，頂禮大和上足下，具述本意曰：「佛法東流至日本國，雖有其法，而無傳法人。本國昔有

聖德太子曰：『二百年後，聖教興於日本。』今鍾此運，願和上東遊興化。」大和上答曰：「昔聞南岳〔惠〕思禪師遷化之後，託生倭國王子，興隆佛法，濟度衆生。又聞，日本國長屋王崇敬佛法，〔造〕千袈裟，〔來施〕此國大德、衆僧；其袈裟〔緣〕上繡着四句曰：『山川異域，風月同天，寄諸佛子，共結來緣。』以此思量，誠是佛法興隆，有緣之國也。今我同法衆中，誰有應此遠請，向日本國傳法者乎？」時衆默然，一無對者。良久，有僧祥彥進曰：「彼國太遠，性命難存，滄海淼漫，百無一至。人身難得，中國難生；進修未備，道〔果〕未到。是故衆僧咸默無對而已。」

和上曰：「是爲法事也，何惜身命？諸人不去，我即去耳。」

祥彥曰：「和上若去，彥亦隨去。」爰有僧道興、道航、神崇、忍靈、曜祭、明烈、道默、道因、法藏、法載、曇靜、道巽、幽巖、如海、澄觀、德清、思託等二十一人，願同心隨和上去。

是歲，天寶二載癸未，〔當時〕海賊大動繁多，台州、温州、明州海邊，并被其害，海〔路堙〕塞，公私斷行。僧道航云：「今向他國，爲傳戒法，人皆高德，行業肅清。如海等少學，可停却矣。」

時，如海大瞋，裹頭入州，上採訪廳告曰：「大使知否？有僧道航造舟入海，與海賊連。都有若干人，〔已〕辦乾糧，在既濟、開元、大明寺，復有百海賊入城來。」時淮南〔道〕採訪使班景倩聞即大驚，便令人將如海於獄推問；又差官人於諸寺收捉賊徒。〔遂〕於既濟寺搜得乾糧，大明寺捉得日本僧普照，開元寺得玄朗、玄法。其榮叡師走入池水中仰臥，不良久，見水動，入水得榮叡師，並送縣推問。

僧道航隱俗人家，亦被捉得，並禁獄中。問曰：「〔徒〕有幾人與海賊連？」道航答曰：「不與〔海〕賊連，航是宰相李林甫之兄林宗家僧，今送功德往天台國清寺，陸行過嶺辛苦，造舟從海路去耳！今有林宗書二通在倉曹所。」採訪使問倉曹，〔倉曹〕對曰：「實也。」仍索其書看，乃云：「阿師無事，今海賊大動，不須過海去。」

其所造舟没官，其雜物還僧。其誣告僧如海與反坐，還俗，決杖六十，〔還〕送本貫。其日本僧四人，揚州上奏；〔奏〕至京，鴻臚寺檢案問本配寺，寺衆報曰：「其僧隨駕去，更不見〔來〕。」鴻臚依寺報而奏，便敕下揚州曰：「僧榮叡等，既是蕃僧，入朝學問，每年賜絹廿五匹，四季給時服，兼予隨駕，非是僞濫。今欲還國，隨意放還，宜〔委〕揚州〔依〕例送遣。」

時，榮叡、普照等四月被禁，八月方始得出。其玄朗、玄法從此還國別去。

時榮叡、普照同議曰：「我等本願爲傳戒法，〔請〕諸高德，將還本國，今揚州奉敕唯送我四人，不得請諸師而空〔返〕無益，豈如不受官送，依舊請僧將還本國，流傳戒法者乎？」

於是巡避官所，俱至大和上所計量。大和上曰：「不須愁，宜求方便，必遂本願。」仍出正爐八十貫錢，買得嶺南道採訪使劉〔巨鱗〕之軍舟一隻，雇得舟人等十八口。備辦海糧：〔落〕脂紅綠米一百石，甜豉三十石，牛蘇一百八十斤，麪五十石，乾胡餅二車，乾蒸餅一車，乾薄餅一萬，番〔捻〕頭一半車；漆合子盤卅具，兼將〔畫〕五頂像一鋪，寶像一鋪，金〔漆〕泥像一軀，六扇佛菩薩障子一具，金字《華嚴經》一部，金字《大品經》一部，金字《大集經》一部，金字《大涅槃經》一部，雜經、章疏等都一百部；月令〔障〕子一具，行天〔障〕子一具，道場幡一百廿口，珠幡十四條，玉環手幡八口；螺鈿經函五十口，銅瓶廿口；花氈廿四領，袈裟一千領，〔裙〕衫一千對，坐具一千床；大銅〔盂〕四口，〔竹葉盂〕卌口，大銅盤廿面，中銅盤廿面，小銅盤四十四面，一尺銅疊八十面，少銅疊二百面；白藤簟十六領，五〔色〕藤簟六領；麝香廿〔劑〕，沉香、甲香、甘松香、龍腦香、膽唐香、安息香、棧香、零陵香、青木香、薰陸香都有六百餘斤；又有畢鉢、訶黎勒、胡椒、阿魏、石蜜、蔗餹等五百餘斤，蜂蜜十斛，甘蔗八十束；青錢十千貫，正爐錢十千〔貫〕，紫邊錢五〔千〕貫；羅襆頭二千枚，麻靴卅量，帽冒卅箇。

僧祥彥、道興、德清、榮叡、普照、思託等一十七人，玉作人、畫師、雕佛、刻鏤、鑄寫、繡師、修文、鐫碑等工手都有八十五人，同駕一隻舟。天寶二載十二月，舉帆東下，到〔狼〕溝浦，被惡風飄浪擊，舟破，人總上岸。潮來，水至人腰；和上在烏藍草上，餘人並在水中。冬寒，風急，甚太辛苦。更修理舟，下至大〔板〕山泊，舟〔去〕不得，即至下嶼山。

住一月，待好風發，欲到桑石山。風急浪高，舟〔垂著石〕，無計可量；纔離嶮岸，還落石上。舟破，人並上岸。水米俱盡，飢渴三日，風停浪静，〔有白水郎〕將水、米來相救。又經五日，有〔邏〕海官來問消息，申〔諜〕明州；〔明州太〕守處分，安置鄮縣山阿育王寺，寺有阿育王塔。

明州者，舊是越州之一縣也。開元廿六年，越州鄮縣令王叔通奏割越州一縣，特置明州；更開三縣，令成一州四縣，今稱餘姚郡。

其〔阿〕育王塔者，是佛滅度後一百年，時有鐵輪王，名〔曰〕阿育王，役使鬼神，建八萬四千塔之一也。其塔非金，非玉，非石，非土，非銅，非鐵，紫〔烏〕色，刻鏤非常；一面薩埵王子變，一面捨眼變，一面出腦變，一面救鴿變。上無露盤，中有懸鐘，埋没地中，無能知者。唯有方基高數仞，草棘蒙茸，罕有尋窺。至晉泰始元年，〔并州〕西〔河〕離石人劉薩訶者，死至閻羅王界，閻羅王教令掘出。自晉、宋、齊、梁至於唐代，時時造塔，造堂，其事甚多。

〔其〕鄮山東南嶺石上，有佛〔右〕迹；東北小岩上，復有佛左迹，並長一尺四寸，前闊五寸八分，後闊四寸半，深三寸。千輻輪相，其印文分明顯示。世傳曰：「迦葉佛之迹也。」

東一里，路側有聖井，深三尺許，清涼甘美，極雨不溢，極旱不涸。中有一鰻魚，長一尺九寸，世傳曰護塔菩薩也。有人以香花供養，有福者即見，無福者經年求不見。有人就井上造屋，至以七寶作材〔瓦〕，即從井中水漲流却。

天寶三載，歲次甲申，越州龍興寺衆僧請大和上講律受戒。事畢，更有杭州、湖州、宣州並來請。大和上依次巡遊，開講，授戒，還至鄮山阿育王寺。

時越州僧等知大和上欲往日本國，告州官曰：「日本國僧榮叡誘大和上欲往日本國。」時山陰縣尉遣人於王亟宅，搜得榮叡師，著枷遞送〔於〕京〔還〕至杭州。榮叡師臥病，請〔假〕療治，經多時，云病死乃得放出。

榮叡、普照師等爲求法故，前後被災，艱辛不可言盡，然其堅固之志，曾無退悔。大和上悦其如是，欲遂其愿，乃遣僧法進及二近事，將輕貨往福州買船，具辦糧用。

和上率諸門徒祥彦、榮叡、普照、思託等三十餘人，辭禮育王塔，巡禮佛迹，供養聖〔井〕，護塔魚菩薩，尋山直出。州太守盧同宰及僧徒父老迎送，設供養，差人備糧送至白社村寺；修理壞塔，勸諸鄉人造一佛殿，至台州寧海縣白泉寺宿。

明日〔齋〕後踰山，嶺峻途遠，日暮夜暗，澗水没膝，飛雪迷眼，諸人泣淚，同受寒苦。明日度嶺，入〔始豐〕縣，日暮到國清寺，松篁蓊鬱，奇樹璀璨；寶塔玉殿，玲瓏赫奕，莊嚴華飾，不可言盡。孫綽《天台〔山〕賦》不能盡其萬一。

明朝，早食發，欲向温州，忽有採訪使牒來追。其意〔者〕，在揚州和上弟子僧靈佑及諸寺三綱衆僧，同議曰：「我大師和上，發願向日本國，登山涉海，數年艱苦，滄溟萬里，死生莫測；可共告官，遮令留住。」仍共以牒告於州縣。於是，江東道採訪使下牒諸州，先追所經諸寺三綱於獄，留身推問；尋蹤至禪林寺，捉得大和上，差使押送，防護十重圍繞，送至採訪使所。

大和上所至州縣，官人參迎禮拜歡喜，即放出所禁三綱等。採訪使處分，依舊令住本寺，約束三綱防護，曰：「勿令更向他國。」

諸州道俗聞和上還至，各辦四事供養，競來慶賀，遞相〔抱〕手慰勞。獨和上憂愁，呵責靈佑，不賜開顔。其靈佑日日懺謝〔乞〕歡喜，每夜一立至五更謝罪。遂終六十日，又諸寺三綱、大德共來禮謝〔乞〕歡喜，和上乃開顔耳。

天寶七載春，榮叡、普照師從同安郡來，下至揚州崇福寺大和上住處。和上更與二師作方便，造舟，買香藥，備辦百物，一如天寶二載所備。

同行人僧祥彦、神倉、光演、頓悟、道祖、如高、德清、日悟、榮叡、普照、思託等道俗一十四人，及化得水手一十八人，及餘樂相隨者，合有三十五人。六月廿七日，發自崇福寺。至揚州新河，乘舟下至常州界〔狼〕山，風急浪高，旋轉三山。明日得風，至越州界三塔山。停住一月，得好風，發至暑風山，停住一月。

十月十六日晨朝，和上云：「昨夜，夢見三官人，一著緋，二著緑，於岸上拜別，知是國神相別也，疑是度必得渡海也。」

少時，風起，指頂岸山發。東南見山，至日中，其山滅，知是蜃氣也。去岸漸遠，風急波峻，水黑如墨。沸浪一透，如上高山；怒濤再至，似入深谷。人皆荒醉，〔但〕唱觀音。舟人告曰：「舟今欲没，有何所惜！」即牽棧香籠欲拋，空中有聲，言：「莫拋！莫拋！」即止。

中夜時，舟人言：「莫怖！有四神王，着甲把杖，二在舟頭，二在檣舳邊。」衆人聞之，心裏稍安。

三日過蛇海。其蛇長者一丈餘，小者五尺餘，色皆斑斑，滿泛海上。

三日過飛魚海。白色飛魚，翳滿空中，長一尺許。

一日經飛鳥海。鳥大如人，飛集舟上，舟重欲没，人以手推，鳥即銜手。

其後二日無物，唯有急風高浪。衆僧惱臥，但普照師每日食時，行生米少許，與衆僧以充中食。舟上無水，嚼米，喉乾咽不入，吐不出；飲鹹水，腹即脹。一生辛苦，何劇於此！

海中忽有四隻金魚，長各一尺許，走繞舟四邊。明旦，風息，見山。人〔總〕渴水，臨欲死；榮叡師面色忽然怡悦，即説云：「夢見〔有〕官人請我受戒懺悔，叡曰：『貧道甚渴，欲得水。』彼官人取水與叡，水色如乳汁，取飲甚美。心既清

涼,敕語彼官人曰:『舟上三十餘人,多日不飲水,甚大飢渴,請檀越早取水來。』時,彼官人喚雨令老人處分,云汝等大了事人,急送水來。夢相如是,水應〔令〕至,諸人急須把碗待。」衆人聞此,總歡喜。

明日,未時,西南空中雲起來,覆舟上,注雨;人人把碗承〔水〕飲。第二日亦雨至,人皆飽足。明日近岸,有四白魚來,引舟直至泊舟浦。

舟人把碗,競上岸頭覓水,過一小崗,〔便〕遇池水,清涼甘美,衆人爭飲,各得飽滿。後日,更向池;昨日池處,但有陸地,而不見池,衆共悲喜,知是神靈化出池也。

是時,冬十一月,花〔蘂〕開敷,樹實竹筍,不辨於夏。凡在海中經十四日,方得着岸。遣人求浦,乃有四經紀人便引道去。四人口云:「和上大果報,遇於弟子,不然合死。此間人物吃人,火急去來!」便引舟去。

入浦。晚,見一人被髮帶刀,諸人大怖,與食便去。

夜發,經三日乃到振州江口泊舟。其經紀人往報郡,其別駕馮崇債遣兵四百餘人來迎。引至州城,別駕來迎,乃云:「弟子早知和上來,昨夜夢有僧姓豐田,當是債舅。此間若有姓豐田者否?」

衆僧皆云:「無也。」

債云:「此間雖無姓豐田人,而今和上即將當弟子之舅。」即迎入宅內,設〔齋〕供養。又於太守廳內,設會授戒,仍入州大雲寺安置。其寺佛殿壞廢,衆僧各捨衣物造佛殿,住一年造了。別駕馮崇債自備甲兵八百餘人送,經四十餘日,至萬安州。

州大首領馮若芳請住其家,三日供養。若芳每年常劫取波斯舶二三艘,取物爲己貨,掠人爲奴婢。其奴婢居處,南北三日行,東西五日行,村村相次,總是若芳奴婢之〔住〕處也。若芳會客,常用乳頭香爲燈燭,一燒一百餘斤。其宅後,蘇芳木露積如山;其餘財物,亦稱此焉。

行到崖州界,無賊,別駕乃迴去。

榮叡、普照師從海路經四十餘日,到崖州,州遊奕大使張雲出迎,拜謁,引入,令住開元寺。官寮參省設齋,施物盈滿一屋。

彼處珍異口味,乃有益智子、檳榔子、〔椰子〕、荔支子、龍眼、甘蕉、拘莚、樓頭大如鉢盂,甘甜於蜜,花如七寶色;〔贍〕唐香樹,聚生成林,風至,香聞五里之外;又有波羅捺樹,〔菓〕大如冬瓜,樹似〔榠〕楂;畢鉢〔菓〕,子同今見,葉似水葱;其根味似乾柿。十月作田,正月收粟;養蠶八度,收稻再度。男着木笠,女着布絮。人皆雕蹄鑿齒,繡面鼻飲,是其異也。

大使已下,至於典正,作番供養衆僧。大使自手行食,將優曇鉢樹葉以充生菜,復將優曇鉢子供養衆僧。乃云:「和上知否,此是優曇鉢樹子。此樹有子〔無〕花,弟子得遇和上,如優曇鉢花,甚難值遇。」其葉赤色,圓一尺餘;子色紫丹,氣味甜美。

彼州遭火,寺〔並〕被燒,和上受大使請造寺。振州別駕聞和上造寺,即遣諸奴,各令進一椽,三日內一時將來,即構佛殿、講堂、塼塔。〔椽〕木〔有〕餘;又造釋迦丈六佛像。登壇〔授〕戒,講律,度人已畢,仍別大使去。仍〔差〕澄邁縣令,〔着〕送上船。

三日三夜,便達雷州。羅州、辨州、象州、白州、傭州、藤州、梧州、桂州等官人、僧、道、父老迎送禮拜,供養承事,其事無量,不可言記。

大使已下,至於典正,作番供養衆僧。大使自手行食,將優曇鉢樹葉以充生菜,復將優曇鉢子供養衆僧。乃云:「和上知否,此是優曇鉢樹子。此樹有子〔無〕花,弟子得遇和上,如優曇鉢花,甚難值遇。」其葉赤色,圓一尺餘;子色紫丹,氣味甜美。

彼州遭火,寺〔並〕被燒,和上受大使請造寺。振州別駕聞和上造寺,即遣諸奴,各令進一椽,三日內一時將來,即構佛殿、講堂、塼塔。〔椽〕木〔有〕餘;又造釋迦丈六佛像。登壇〔授〕戒,講律,度人已畢,仍別大使去。仍〔差〕澄邁縣令,〔着〕送上船。

三日三夜,便達雷州。羅州、辨州、象州、白州、傭州、藤州、梧州、桂州等官人、僧、道、父老迎送禮拜,供養承事,其事無量,不可言記。

始安〔郡〕都督上黨公馮古璞等步出〔城〕外,五體投地,接足而禮,引入開元寺。初開佛殿,香氣滿城,城中僧徒〔擎〕幡,燒香,唱梵,雲集寺中。州縣官人,百姓填滿街衢,禮拜讚嘆,日夜不絕。馮都督來,自手行食,供養衆僧,請和上受菩薩戒。其所都督七十四州官人,選舉試學人併集此州;隨都督受菩薩戒人,其數無量。和上留住一年。

時南海郡大都督,五府經略,採訪大使,攝御史中丞,廣州太守盧奐牒下諸州,迎和上向廣府。時馮都督來,親送和上,自扶上船,口云:「古璞與和上,終至彌勒天宮相見。」悲泣〔而〕別去。下桂江,七日至梧州,次至端州龍興寺。榮

叙師奄然遷化，大和上哀慟悲切，送喪而去。

端州太守迎引送至廣州，盧都督率諸道俗出迎城外，恭敬承事，其事無量。引入大雲寺，四事供養，登壇受戒。此寺有訶梨勒樹二株，子如大棗。又開元寺有胡人造白檀華嚴經九會，率工匠六十人，三十年造畢，用物卅萬貫錢，欲〔將往〕天竺；採訪使劉〔巨鱗〕奏狀，勅留開元寺供養，七寶莊嚴，不可思議。又有婆羅門寺三所，並梵僧居住。池有青蓮花，花、葉、〔莖〕、根並芬馥奇異。江中有婆羅門、波斯、崑崙等舶，不知其數；並載香藥、珍寶，積載如山。其舶深六、七丈。師子國、大石國、骨唐國、白蠻、赤蠻等往來居〔住〕，種類極多。州城三重，都督執六纛，一纛一軍，威嚴不異天子；紫緋滿城，邑居逼側。大和上住此一春，發向韶州，傾城遠送；乘江七百餘里，至韶州禪居寺，留住三日。韶州官人又迎引入法泉寺，乃是則天爲慧能禪師造寺也，禪師影像今現在。後移開元寺，普照師從此辭和上向嶺北去，〔至〕明州阿育王寺。是歲，天寶九載也。時，和上執普照〔師〕手，悲泣而曰：「爲傳戒律，發願過海，遂不至日本國，本願不遂。」於是分手，感念無喻。時和上頻經炎熱，眼光暗昧，爰有胡人言能治目，遂加療治，眼遂失明。

後巡遊靈鷲寺、廣果寺，登壇〔授〕戒。至湞昌縣，過大庾嶺，至虔州開元寺；僕射鍾紹京左〔降〕在此，請和上至宅，立壇受戒。次至吉州，僧祥彦於舟上端坐，問思託師云：「大和上睡覺否？」思託答曰：「睡未起。」彦云：「今欲死別。」思託諮和上，和上燒香，將曲几來，使彦凭几向西方念阿彌陀佛。彦即一聲唱佛，端坐，寂然無言。和上乃唤彦，彦悲慟無數。時，諸州道俗聞和上歸嶺北來，四方奔集，日常三百以上；人物駢闐，供具煒燁。從此向江州，至廬山東林寺，是晉代慧遠法師之所居也。遠法師於是立壇授戒，天降甘露，因號甘露壇，今尚存焉。近天寶九載，有志恩律師於此壇上與授戒，又感天雨甘露。道俗見聞，歎同晉遠。

和上留連此地，已經三日，即向潯陽龍泉寺。昔遠法師於是立寺，無水，爰發願曰：「若於此地堪棲止者，當使抽泉。」以錫杖扣地，有二青龍尋錫杖上，水即飛湧，今尚其水湧出地上三尺焉，因名〔曰〕龍泉寺。

從此陸行至江州城，太守追集州內僧、尼、道士、〔女〕官、州縣官人、百姓，香花音樂來迎，請停三日供養。太守親從潯陽縣至九江驛，和上乘舟與太守別去。從此七日至潤州江寧縣，入瓦官寺登寶閣。閣高二十丈，是梁武帝之所建也，至今三百餘歲，微有傾損。昔一夜暴風急吹，明〔旦〕，人看閣下四隅，有〔八〕神跡，長三尺，入地三寸；今造四神王像，扶持閣四角，其神〔踐〕跡，今尚存焉。昔梁武帝崇信佛法，興建伽藍，今有江寧寺、彌勒寺、長慶寺、延祚寺等，其數甚多；莊嚴雕刻，已盡工巧。

和上之弟子僧靈祐承和上來，遠從棲霞寺迎來，見和上五體投地，進接和上足，展轉悲泣而歎曰：「我大和上遠向海東，自謂一生不獲再覲，今日親禮，誠如盲龜開目見日；戒燈重明，昏衢再〔朗〕。」即引還棲霞寺，住三日。却下攝山，歸揚府。過江至新河岸，即入揚子亭既濟寺。江都道俗，奔填道路，江中迎舟，舳艫連接；遂入城，住本□龍興寺也。

和上從南振州來至揚府，所經州縣，立壇授戒，無空過者。今亦於龍興、崇福、大明、〔延〕光等寺講律授戒，〔暫〕無停斷。昔光州道岸律師命世挺生，天下四百餘州，以爲受戒之主。岸律師遷化之後，其弟子〔杭州〕義威律師響振四遠，德流八紘，諸州亦以爲受戒師。義威律師無常之後，開元廿一年，時大和上年滿卌六；淮南江左净持戒〔律〕者，唯大和上獨秀無倫，道俗歸心，仰爲授戒大師。凡前後講大律並〔疏〕〔卌〕遍，講《律鈔》七十遍，講《輕重〔儀〕》十遍，講《羯磨疏》十遍；具修三學，博達〔五〕乘；外秉威儀，内求奥理。講授之〔閒〕，造立寺舍，供養十方〔衆〕僧，造佛菩薩像，其數無量；縫〔衲〕袈裟千領，布袈裟二千餘領，〔供〕送五台山僧，設無遮大會；開悲田而救濟貧病，〔設〕敬田而供養三寶。寫《一切經》三部，各一萬〔一〕千卷；前後度人，授戒，略計過四萬有餘。

其弟子中超羣拔萃，爲世師範者，即有：楊州崇福寺僧祥彦、潤州天響寺僧道金、西京安國寺僧璿光、潤州棲霞寺僧希瑜、揚州白塔寺僧法進、潤州棲霞寺僧乾印、汴州相國寺僧神邕、潤州三昧寺僧法藏、江州〔大〕林寺僧志恩、洛州福〔先〕寺僧靈祐、揚州既濟寺僧明烈、西京安國寺僧明債、越州道樹寺僧璿真、揚州興雲寺僧惠琮、天台山國清寺僧法雲等三十五人，并爲翹楚，各在一方，弘法於世，導化羣生。

天寶十二載，歲次癸巳，十月十五日壬午，日本國使大使特進藤原朝臣清河，副使銀青光禄大夫、光禄卿大伴宿禰胡麿，副使銀青光禄大夫、秘書監吉備朝臣真備，衛尉卿安倍朝臣朝衡等，來〔至〕延光寺，白和上云：「弟子等早知和上五遍渡海向日本國，將欲傳教，今親奉顔色，頂禮歡喜。弟子等先録和上尊名，並持律弟子五僧，已奏聞主上，向日本傳戒。主上要令將道士去，日本君王

先不崇道士法，便奏留春桃原等四人，令住學道士法。爲此，和上名亦奏退，願和上自作方便。弟子等自有載國信物船四舶，行裝具足，去亦無難。」時和上許諾已竟。時揚州道俗皆云，和上欲向日本國。由是，龍興寺防護甚固，無由進發，時有仁幹禪師從〔婺〕州來，密知和上欲出，備具船舫於江頭相待。

和上於天寶十二載十月〔十〕九日戌時，從龍興寺出，至江頭乘船。下時，有二十四沙彌悲泣〔趕〕來，白和上言：「大和上今向海東，重〔覲〕無由我，今者最後請予結緣。」乃於江邊爲二十四沙彌授戒。訖，乘船下至蘇州黄〔泗浦〕。相隨弟子：揚州白塔寺僧法進、泉州超功寺僧曇靜、台州開元寺僧思託、揚州興雲寺僧義靜、衢州靈耀寺僧法載、竇州開元寺僧法成等一十四人，藤州通善寺尼智首等三人，揚州優婆塞潘仙童，胡國人安如寶，崑崙國人軍法力，〔瞻〕波國人善聽，都二十四人。

所將如來肉舍利三千粒，功德繡普集變一鋪，阿彌陀如來像一鋪，雕白旃檀千手像一軀，繡千手像一鋪，救〔苦〕觀世音像一鋪，藥師、彌陀、彌勒菩薩瑞像各一軀，同障子，《大方廣佛華嚴經》八十卷、《大佛名經》十六卷、金字《大品經》一部、金字《大集經》一部、南本《涅槃經》一部四十卷、《四分律》一部六十卷、法勵師《四分疏》五本各十卷、光統律師《四分疏》百廿紙、《鏡中記》二本、智周師《菩薩戒疏》五卷、靈溪釋子《菩薩戒疏》二卷、《天台止觀法門》〔計四十卷〕、《玄義》、《文句》各十卷、《四教義》十二卷、《次第禪門》十一卷、《行法華懺法》一卷、《小止觀》一卷、《六妙門》一卷、《明了論》一卷、定賓律師《飾宗義記》九卷、《補釋宗義記》一卷、《戒疏》二本各一卷、觀音寺〔亮〕律師《義記》二本十卷、〔終〕南山宣律師《含注戒本》一卷及疏、〔懷道律師《戒本疏》四卷〕、《行事抄》五本、《羯磨疏》等二本、懷素律師《戒本疏》四卷、大覺律師《批記》十四卷、《音訓》二本、《比丘尼傳》二本四卷、玄奘法師《西域記》一本十二卷、終南山宣律師《關中創開戒壇圖〔經〕》一卷、法銑律師《尼戒本》一卷及疏二卷，合四十八部，及玉環水精手幡四口、□□金珠□□□□□□□菩提子三斗、青蓮花廿莖、玳瑁疊子八面、天竺革履二〔量〕，王右軍真跡行書一帖、小王真跡三帖、天竺、朱和等雜體書五十帖，□□□□□□，水精手幡已下，皆進内裏。又阿育王塔樣金銅塔一區。

廿三日庚寅，大使處分：大和上已下分乘副使已下舟。畢後，大使已下共議曰：「方今廣陵郡覺知和上向日本國，將欲搜舟，若被搜得，爲使有〔妨〕；又〔被風〕漂還，着唐界，不免罪惡。」由是，衆僧總下舟，留。

十一月十日丁未夜，大伴副使竊招和上及衆僧納己舟，總不令知。

十三日，普照師從越餘姚郡來，乘吉備副使舟。

十五日壬子，四舟同發。有一雉飛第一舟前，仍下矴留。

十六日發，廿一日戊午，第一、第二兩舟同到阿兒奈波島，在多禰島西南；第三舟昨夜已泊同處。

十二月六日，南風起，第一舟着石不動，第二舟發向多禰去。七日，至益救島。

十八日，自益救發。十九日，風雨大發，不知四方。午時，浪上見山頂。

廿日乙酉午時，第二舟著薩摩國阿多郡秋妻屋浦。廿六日辛卯，延慶師引和上入〔太〕宰府。

天平勝寶六年甲午，正月十一日丁未，副使從四位上大伴宿禰胡麿奏：大和上到築志〔太〕宰府。

二月一日到難波，唐僧崇道等迎慰供養。

三日，至河内國，大納言正二位藤原朝臣仲麿遣使迎慰，復有道璿律師遣弟子僧善談等迎勞；復有高行僧志忠、賢璟、靈福、曉貴等卅餘人迎來，禮謁□□。

四日，入京，勑遣正四位下安宿王於羅城門外迎慰、拜勞，引入東大寺安置。

五日，唐道璿律師、婆羅門菩提僧正來慰問；宰相、右大臣、大納言已下官人百餘人來禮拜、問訊。後勑〔使〕正四位下吉備朝臣真備來，宣詔曰：「大德和上，遠涉滄波，來投此國，誠副朕意，喜慰無喻。朕造此東大寺，經十餘年，欲立戒壇，傳受戒律，自有此心，日夜不忘。今諸大德，遠來傳戒，冥契朕心。自今以後，授戒傳律，一任和上。」又勑僧都良辨，令錄諸臨壇大德名進内。不經日，勑授傳燈大法師位。

其年四月初，於盧舍那殿前立戒壇，天皇初登壇受菩薩戒，次皇后、皇太子亦登壇受戒。尋爲沙彌澄修等四百四十餘人授戒。又舊大僧靈〔福〕、賢璟、志忠、善頂、道緣、〔平〕德、忍基、善謝、行潛、行忍等八十餘人僧，捨舊戒，重受和上所授之戒。後於大佛殿西，別作戒壇院，即移天皇受戒壇土築作之。

大和上從天寶二載始爲傳戒，五度裝束，渡海艱辛，雖被漂迴，本願不退。至第六度，過日本卅六人，總無常〔去〕退心。道俗二百餘人，唯有大和上、學問僧普照、天台僧思託始終六度，經〔逾〕十二年，遂果本願，來傳聖戒；方知濟物慈悲，宿因深厚，不惜身命，所度極多。

時有四方來學戒律者，緣無供養，多有退還，此事漏聞于天聽，仍以寶字元年丁酉十一月二十三日，勑施備前國水田一百町，大和上以此田欲立伽藍。時有勑旨，施大和上園地一區，是故一品新田部親王之舊宅；普照、思託〔勸〕請大和上以此地爲伽藍，長傳四分律藏，法勵〔師〕《四分律疏》、《鎮國道場飾宗義記》、《宣律師鈔》，以持戒之力，保護國家。和上言大好，即寶字三年八月一日，私立唐律招提名，後請官額，依此爲定；還以此日請善俊師講件疏記等。所立〔寺〕者，今唐招提是。

大和上誕生像季，親爲佛使；經云：「如來處處度人，汝等亦斆如來，廣行度人。」和上既承遺風，度人逾於四萬，如上略件及講〔遍數〕。唐道璿律師請大和上門人思託曰：「所學有基緒，璿弟子閑漢語者，令學勵疏并鎮國記，幸見開導。」僧思託便受於大安〔寺〕唐院，爲忍基等講，四、五年中，研磨數遍。寶字三年，僧忍基於東大唐院講《疏記》，僧善俊於唐寺講《件疏記》，僧忠惠於近江講《件疏記》，僧惠新於大安塔院講《件疏記》，僧常巍於大安寺講《件疏記》，僧真法於興福寺講《件疏記》。從此以來，日本律儀，漸漸嚴整；師〔師〕相傳，遍於寰宇。如佛所言，我諸弟子展轉行之，即爲如來常在不滅；亦如一燈燃百千燈，瞑者皆明明不絶。寶字七年癸卯春，弟子僧忍基夢見講堂棟梁摧折，寤而驚懼，〔知〕大和上遷化之相也；仍率諸弟子模大和上之影。是歲五月六日，結跏趺座，面西化，春秋七十六。

化後三日，頂上猶煖，由是久不殯殮；至於闍維，香氣滿山。平生〔常〕謂僧思託言：「我若終，已願〔坐〕死，〔汝〕可爲我於戒壇院別立影堂，舊住房與僧住。」《千臂經》云，臨終端〔坐〕，如入禪定，當知此人已入初地。以兹驗之，聖凡難測。

寶龜〔八〕年丁巳，日本國使遣唐，揚州諸寺皆承大和上之凶聞，總著喪服，向東舉哀三日，都會龍興寺設大〔齋〕會。其龍興寺先是失火，皆被燒，大和上昔住院房，獨不燒損，是亦戒德之餘慶也。

《唐大和上東征傳》一卷。

寶龜十年歲次己未二月八日己卯撰。

李肇《唐國史補》卷上　佛法自西土，故海東未之有也。天寶末，揚州僧鑒真始往倭國，大演釋教。經黑海蛇山，其徒號過海和尚。

釋普濟《五燈會元》卷七《雪峰存禪師法嗣》　越州諸暨縣越山師鼐號鑒真禪師，初參雪峯而染指。後因閩王請，於清風樓齋，坐久擧目，忽覩日光豁然頓曉，而有偈曰：「清風樓上赴官齋，此日平生眼豁開。方知普通年遠事，不從葱嶺路將來。」歸呈雪峯，雪峯然之。僧問：「如何是佛身？」師曰：「汝問那個佛身？」曰：「釋迦佛身。」師曰：「舌覆三千界。」師臨終時，集衆示一偈曰：「眼光隨色盡，耳識逐聲消。還源無別旨，今日與明朝。」偈畢跏趺而逝。

安祿山部

綜述

《新唐書》卷二二五上《安祿山傳》 安祿山，營州柳城胡也，本姓康。母阿史德，爲覡，居突厥中，禱子於軋犖山，虜所謂鬬戰神者，既而妊。及生，有光照穹廬，野獸盡鳴，望氣者言其祥，范陽節度使張仁愿遣搜廬帳，欲盡殺之，匿而免。母以神所命，遂字軋犖山。少孤，隨母嫁虜將安延偃。開元初，偃攜以歸國，與將軍安道買亡子偕來，得依其家，故道買子安節厚德偃，約兩家子爲兄弟，乃冒姓安，更名祿山。及長，忮忍多智，善億測人情，通六蕃語，爲互市郎。

張守珪節度幽州，祿山盜羊而獲，守珪將殺之，呼曰：「公不欲滅兩蕃邪？何殺我？」守珪壯其語，又見偉而皙，釋之，與史思明俱爲捉生。知山川水泉處，嘗以五騎禽契丹數十人，守珪異之，稍益其兵，有討輒剋，拔爲偏將。守珪醜其肥，由是不敢飽，因養爲子。後以平盧兵馬使擢特進、幽州節度副使。

於是御史中丞張利貞採訪河北，祿山百計諛媚，多出金諧結左右爲私恩。利貞入朝，盛言祿山能，乃授營州都督、平盧軍使、順化州刺史。使者往來，陰以賂中其嗜，一口更譽，玄宗始才之。天寶元年，以平盧爲節度，祿山爲之使，兼柳城太守，押兩蕃、渤海、黑水四府經略使。明年，入朝，奏對稱旨，進驃騎大將軍。又明年，代裴寬爲范陽節度、河北採訪使，仍領平盧軍。祿山北還，詔中書門下尚書三省正員長官、御史中丞餞鴻臚亭。

四載，奚、契丹殺公主以叛，祿山幸邀功，肆其侵，於是兩蕃貳。祿山起軍擊契丹，還奏：「夢李靖、李勣求食於臣，乃祠北郡，芝生于梁。」其詭誕敢言不疑如此。席豫爲河北黜陟使，言祿山賢。時宰相李林甫嫌儒臣以戰功進，尊寵間己，乃請顓用蕃將，故帝寵祿山益牢，羣議不能軋，卒亂天下，林甫啓之也。

祿山陽爲愚不敏蓋其姦，承間奏曰：「臣生蕃戎，寵榮過甚，無異材可用，願以身爲陛下死。」天子以爲誠，憐之。令見皇太子，不拜。左右擿語之，祿山曰：「臣不識朝廷儀，皇太子何官也？」帝曰：「吾百歲後付以位。」謝曰：「臣愚，知陛下不知太子，罪萬死。」乃再拜。時楊貴妃有寵，祿山請爲妃養兒，帝許之。其拜，必先妃後帝，帝怪之，答曰：「蕃人先母後父。」帝大悦，命與楊銛及三夫人約爲兄弟。繇是祿山有亂天下意，令麾下劉駱谷居京師，伺朝廷隙。

六載，進御史大夫，封妻段爲夫人，有國。林甫以宰相貴甚，羣臣無敢鈞禮，惟祿山倚恩，入謁倨。林甫欲諷寤之，使與王鉷偕，鉷亦位大夫，林甫見鉷，鉷趨拜卑約，祿山惕然，不覺自磬折。林甫與語，揣其意，迎剖其端，祿山大駭，以爲神，每見，雖盛寒必流汗。林甫稍厚之，引至中書，覆以己袍。祿山德林甫，呼十郎。駱谷每奏事還，先問：「十郎何如？」有好言輒喜；若謂「大夫好檢校」，則反手據牀曰：「我且死！」優人李龜年爲帝學之，帝以爲樂。

晚益肥，腹緩及膝，奮兩肩若挽牽者乃能行，作《胡旋舞》帝前，乃疾如風。帝視其腹曰：「胡腹中何有而大？」答曰：「唯赤心耳！」每乘驛入朝，半道必易馬，號「大夫換馬臺」，不爾，馬輒仆，故馬必能負五石馳者乃勝載。帝爲祿山起第京師，以中人督役，戒曰：「善爲部署，祿山眼孔大，毋令笑我。」爲瑣户交疏，臺觀沼池華僭，帟幕率緹繡，金銀爲篣筐、爪籬，大抵服御雖乘輿不能過。帝登勤政樓，幄坐之左張金雞大障，前置特榻，詔祿山坐，褰其幄，以示尊寵。太子諫曰：「自古幄坐非人臣當得，陛下寵祿山過甚，必驕。」帝曰：「胡有異相，我欲厭之。」

時太平久，人忘戰，帝春秋高，嬖豔鉗固，李林甫、楊國忠更持權，綱紀大亂。祿山計天下可取，逆謀日熾，每過朝堂龍尾道，南北睥睨，久乃去。更築壘范陽北，號雄武城，峙兵積穀。養同羅、降奚、契丹曳落河八千人爲假子，教家奴善弓矢者數百，畜單于、護真大馬三萬，牛羊五萬，引張通儒、李廷堅、平洌、李史魚、獨孤問俗署幕府，以高尚典書記，嚴莊掌簿最，阿史那承慶、安太清、安守忠、李歸仁、孫孝哲、蔡希德、牛廷玠、向潤客、高邈、李欽湊、李立節、崔乾祐、尹子奇、何千年、武令珣、能元皓、田承嗣、田乾真皆拔行伍，署大將。潛遣賈胡行諸道，歲輸財百萬。至大會，祿山踞重牀，燎香，陳怪珍，胡人數百侍左右，引見諸賈，陳犧牲，女巫鼓舞于前以自神。陰令羣賈市錦綵朱紫服數萬爲叛資。月進牛、橐駝、鷹、狗、奇禽異物，以蠱帝心，而人不聊。自以無功而貴，見天子盛開邊，乃紿契丹諸酋，大置酒，毒焉，既酣，悉斬其首，先後殺數千人，獻馘闕下。帝不知，賜鐵券，封柳城郡公。又贈延偃范陽大都督，進祿山東平郡王。

九載，兼河北道採訪處置使，賜永寧園爲邸。入朝，楊國忠兄弟姊弟迓之新

豐，給玉食；至湯，將校皆賜浴。帝幸望春宮以待，獻俘八千，詔賜永穆公主池觀爲游燕地。徙新第，請墨敕召宰相宴。是日，帝將擊毬，乃置會，命宰相皆赴。帝獵苑中，獲鮮禽，必馳賜。詔上谷郡置五鑪，許鑄錢。又求兼河東，遂拜雲中太守、河東節度使。既兼制三道，意益侈。男子凡十一，帝以慶宗爲太僕卿，慶緒鴻臚卿，慶長祕書監。

十一載，率河東兵討契丹，告奚曰：「彼背盟，我將討之，爾助我乎？」奚爲出徒兵二千鄉導。至土護真河，禄山計曰：「道雖遠，我疾趨賊，乘其不備，破之固矣。」乃敕人持一繩，欲盡縛契丹。晝夜行三百里，次天門嶺，會雨甚，弓弛矢脱不可用，禄山督戰急，大將何思德曰：「士方疲，宜少息，使使者盛陳利以脅賊，賊必降。」禄山怒，欲斬以令軍，乃請戰。思德貌類禄山，及戰，虜叢矛注矢邀取之，傳言禄山獲矣。奚聞亦叛，夾攻禄山營，士略盡。禄山中流矢，引奚兒數十，棄衆走山而墜，慶緒、孫孝哲掖出之，夜走平盧，部將史定方以兵鏖戰，虜解圍去。

禄山不得志，乃悉兵號二十萬討契丹以報。帝聞，詔朔方節度使阿布思以師會。布思者，九姓首領也，偉貌多權略，開元初，爲默啜所困，內屬，帝寵之。禄山雅忌其才，不相下，欲襲取之，故表請自助。布思懼而叛，轉入漠北，禄山不進，輒班師。會布思爲回紇所掠，奔葛邏禄，禄山厚募其部落降之。葛邏禄懼，執布思送北庭，獻之京師。禄山已得布思衆，則兵雄天下，愈偃肆。皇太子及宰相屢言禄山反，帝不信。是時國忠疑隙已深，建言追還朝，以驗厥狀。禄山揣得其謀，乃馳入謁，帝意遂安，凡國忠所陳，無入者。

十三載，來謁華清宮，對帝泣曰：「臣蕃人，不識文字，陛下擢以不次，國忠必欲殺臣以甘心。」帝慰解之。拜尚書左僕射，賜實封千户，奴婢第産稱是，詔還鎮。又請爲閑厩、隴右羣牧等使，表吉溫自副。其軍中有功位將軍者五百人，中郎將二千人。禄山之還，帝御望春亭以餞，斥御服賜之。禄山大驚，不自安，疾驅去。至淇門，輕艫循流下，萬夫挽繂而助，日三百里。既總閑牧，因擇良馬内范陽，又奪張文儼馬牧，反狀明白。人告言者，帝必縛與之。

明年，國忠謀授禄山同中書門下平章事，召還朝。制未下，帝使中官輔璆琳賜大柑，因察非常。禄山厚賂之，還言無它，帝遂不召。未幾事洩，帝託它罪殺之，自是始疑。然禄山亦懼朝廷圖己，每使者至，稱疾不出，嚴衛然後見。黜陟使裴士淹行部至范陽，再旬不見，既而使武士挾引，無復臣禮。士淹宣詔還，不敢言。帝賜慶宗娶宗室女，手詔禄山觀禮，辭疾甚。獻馬三千匹，騶約自倍，車三百乘，乘三士，因欲襲京師。河南尹達奚珣極言毋內騶兵，詔可。帝賜書曰：「爲卿別治一湯，可會十月，朕待卿華清宮。」使至，禄山踞牀曰：「天子安穩否？」乃送使者別館。使還，言曰：「臣幾死！」

冬十一月，反范陽，詭言奉密詔討楊國忠，騰榜郡縣，以高尚、嚴莊爲謀主，孫孝哲、高邈、張通儒、通晤爲腹心，兵凡十五萬，號二十萬，師行日六十里。先三日，合大將置酒，觀繪圖，起燕至洛，山川險易攻守悉具，人人賜金帛，并授圖，約曰：「違者斬！」至是，如所素。禄山從牙門部曲百餘騎次城北，祭先冢而行。使賈循主留務，呂知誨守平盧，高秀巖守大同。燕老人叩馬諫，禄山使嚴莊好謂曰：「吾憂國之危，非私也。」禮遣之。因下令：「有沮軍者夷三族！」凡七日，反書聞，帝方在華清宮，中外失色。車駕還京師，斬慶宗，賜其妻康死，榮義郡主亦死。下詔切責禄山，許自歸。禄山答書慢甚，叵可忍。賊遣高邈、臧均以射生騎二十馳入太原，劫取尹楊光翽殺之，以張獻誠守定州。

禄山謀逆十餘年，凡降蕃夷皆接以恩，有不服者，假兵脅制之，所得士，釋縛給湯沐、衣服，或重譯以達，故蕃夷情僞悉得之。禄山通夷語，躬自尉撫，皆釋俘囚爲戰士，故其下樂輸死，所戰無前。邈最有謀，勸禄山取李光弼爲左司馬，不納，既而悔之，憂見顔色，久而曰：「史思明可當之。」賊之未反，邈爲謀，聲進生口，直取洛陽，無殺光翽，天下當未有知者，賊不從。何千年亦勸賊令高秀巖以兵三萬出振武，下朔方，誘諸蕃，取鹽、夏、鄜、坊，使李歸仁、張通儒以兵二萬道雲中，取太原，團弩士萬五千入蒲關，以動關中；勸禄山自將兵五萬梁河陽，取洛陽，使蔡希德、賈循以兵二萬絶海收淄、青，以摇江淮：則天下無復事矣。禄山弗用。

時兵暴起，州縣發官鎧仗，皆穿朽鈍折不可用，持梃鬬，弗能亢，吏皆棄城匿，或自殺，不則就禽，日不絶。禁衛皆市井徒，既授甲，不能脱弓韣、劍鞘，乃發左藏庫繒帛大募兵。以封常清爲范陽、平盧節度使，郭子儀爲朔方節度，關內支度副大使，右羽林大將軍王承業爲太原尹，衛尉卿張介然爲汴州刺史，金吾將軍程千里爲潞州長史，以榮王爲元帥，高仙芝副之，馳驛討賊。

禄山至鉅鹿，欲止，驚曰：「鹿，吾名。」去之沙河，或言如漢高祖不宿柏人以佞賊。賊投草穨樹於河，以長繩維舟集楂以結，冰一昔合，遂濟河，陷靈昌郡。又三日，下陳留、滎陽。次罌子谷，將軍荔非守瑜邀之，殺數百人，流矢及禄山

輿，乃不敢前，更出谷南。守瑜矢盡，死於河。敗封常清，取東都，常清奔陝。殺留守李憕、御史中丞盧弈。河南尹達奚珣臣于賊。時高仙芝屯陝，聞常清敗，棄甲保潼關，太守竇廷芝奔河東。常山太守顔杲卿殺賊將李欽湊，禽高邈、何千年，於是趙郡、鉅鹿、廣平、清河、河間、景城六郡皆爲國守，祿山所有纔盧龍、密雲、漁陽、汲、鄴、陳留、滎陽、陝郡、臨汝而已。

賊之據東京，見宫闕尊雄，鋭情僭號，故兵久不西，而諸道兵得稍集。尹子奇屯陳留，欲東略，會濟南太守李隨、單父尉賈賁、濮陽人尚衡、東平太守嗣吴王祗、真源令張巡相繼起兵，旬日衆數萬。子奇至襄邑而還。

明年正月，僭稱雄武皇帝，國號燕，建元聖武，子慶緒王晉，慶和王鄭，達奚珣爲左相，張通儒爲右相，嚴莊爲御史大夫，署拜百官。復取常山，殺顔杲卿。安思義屯真定，會李光弼出土門救常山，思義降，博陵亦拔，唯稾城、九門二縣爲賊守。史思明、李立節、蔡希德圍饒陽，不克，引軍攻石邑，張奉璋固守。朔方節度使郭子儀自雲中引兵與光弼合，敗思明於九門，李立節死，希德奔鉅鹿；思明奔趙郡，自鼓城襲博陵，復據之。光弼拔趙郡，還圍博陵，軍恒陽。希德請濟師於賊，賊以二萬騎涉滹沱入博陵，牛廷玠發嬀、檀等兵萬人來助，思明益彊，與光弼戰，敗于嘉山。光弼收郡十三，河南諸郡皆嚴兵守，潼關不開。

祿山懼，欲還范陽，召嚴莊、高尚責曰：「我起，而曹謂萬全。今四方兵日盛，自關以西，不跬步進，爾謀何在，尚見我爲？」遣尚等出。凡數日，田乾真自潼關來，勸祿山曰：「自古興王，戰皆有勝負，乃成大業，無一舉而得者。今四方兵雖多，非我敵也。有如事不成，吾擁數萬衆，尚可横行天下，爲十年計。且高尚、嚴莊，佐命元勳也，陛下何遽絶之，使自爲患邪？」祿山喜，道其小字曰：「阿浩，非汝孰悟我！然則奈何？」乾真曰：「召而尉安之。」乃内尚等，與飲宴，祿山自歌，君臣如初。即遣孫孝哲、安神威西攻長安。會高仙芝等死，哥舒翰守潼關，爲乾祐所敗，因之。賊不謂天子能遽去，駐兵潼關，十日乃西。時行在已至扶風，於是汧、隴以東，皆没於賊。祿山以張通儒守東京，乾真爲京兆尹，使安守忠屯苑中。

祿山未至長安，士人皆逃入山谷，東西駱驛二百里，宫嬪散匿行哭，將相第家委寶貨不貲，羣不逞爭取之，累日不能盡。又剽左藏大盈庫，百司帑藏竭，乃火其餘。祿山至，怒，乃大索三日，民間財貲盡掠之，府縣因株根牽連，句剥苛急，百姓愈騷。祿山怨慶宗死，乃取帝近屬自霍國長公主、諸王妃妾、子孫姻婿等百餘人害之，以祭慶宗。羣臣從天子者，誅滅其宗。虜性得所欲則肆爲殘虐，人益不附。諸大將欲有咨決，皆因嚴莊以見。御下少恩，雖腹心雅故，皆爲仇敵。郡縣相與殺守將，迎王師，前後反覆十數，城邑墟矣。

肅宗治兵靈武，天下日跂首待，長安相傳太子西來矣，人聞輒東走，闤里至空，都畿豪桀殺賊吏自歸者無虚日，賊斬刈懲之不能止。又賊將類慓勇無遠謀，日縱酒，嗜聲色財利，車駕危得入蜀，終無進躡之患。

帳下李猪兒者，本降豎，幼事祿山謹甚，使爲閹人，愈親信。祿山腹大垂膝，每易衣，左右共舉之，猪兒爲結帶，雖華清賜浴，亦許自隨。及老，愈肥，曲隱常瘡。既叛，不能無恚懼，至是目復盲，俄又得疽疾，尤卞躁，左右給侍，無罪輒死，或箠掠何辱，猪兒尤數，雖嚴莊親倚，時時遭笞靳，故二人深怨祿山。初，慶緒善騎射，未冠爲鴻臚卿。賊僭號，嬖段夫人，愛其子慶恩，欲立之。慶緒懼不立，莊亦疑難作不利己，私語慶緒曰：「君聞大義滅親乎？自古固有不得已而爲者。」慶緒陰曉曰：「唯唯。」又語猪兒曰：「汝事上罪可數乎？不行大事，死無日！」遂與定謀。至德二載正月朔，祿山朝羣臣，創甚，罷。是夜，莊、慶緒持兵扈門，猪兒入帳下，以大刀斫其腹。祿山盲，捫佩刀不得，振幄柱呼曰：「是家賊！」俄而腸潰于牀，即死，年五十餘，包以氈罽，埋牀下。因傳疾甚，僞詔立慶緒爲皇太子，又矯稱祿山傳位慶緒，乃僞尊太上皇。

既襲僞位，改載初元年，即縱樂飲酒，委政於莊而兄事之，以張通儒、安守忠等屯長安，史思明領范陽，鎮恒陽軍，牛廷玠屯安陽，張志忠戍井陘，各募兵。

於是廣平王率師東討，李嗣業將前軍，郭子儀將中軍，王思禮將後軍，回紇葉護以兵從。通儒等裒兵十萬陣長安中，賊皆奚，素畏回紇，既合，驚且囂。王分精兵與嗣業合擊之，守忠等大敗，引而東，通儒棄妻子奔陝郡。王師入長安，思禮清宫。僕固懷恩以回紇、南蠻、大食兵前驅，王悉師追賊，莊自將兵十萬與通儒合，鉦鼓震百餘里。尹子奇已殺張巡，悉衆十萬來，并力營陝西，次曲沃。先是回紇傍南山設伏，按軍北崦以待。莊大戰新店，以騎挑戰，六遇輒北，王師逐之，入賊壘，賊張兩翼攻之，追兵没，王師亂，幾不能軍。嗣業馳，殊死鬬，回紇自南山繚擊其背，賊驚，遂亂，王師復振，合攻之，殺掠不勝算，賊大敗，追奔五十餘里，尸髀藉藉滿阬壑，鎧仗狼扈，自陝屬于洛。莊跳還，與慶緒、守忠、通儒等劫殘軍走鄴郡。

王入洛陽，大陳兵天津橋，僞侍中陳希烈等三百人素服叩頭待罪，王勞曰：

「公等脅汙，非反也，天子有詔赦罪，皆復而官。」衆大喜。於是陳留殺賊將尹子奇以降。莊妻薛舍獲嘉，給言永王女，詣營，及見王，辭曰：「莊欲降，願得一信。」王與子儀謀，莊若至者，餘黨可諭而下，乃約莊賜鐵券。莊乃降，乘驛至京師，肅宗引見，釋其死，授司農卿。阿史那承慶以其衆三萬奔恒、趙，或趨范陽，其從慶緒者，疲卒纔千餘。

會蔡希德自上黨，田承嗣自潁川，武令珣自南陽，各以衆來，邢、衛、洺、魏募兵稍稍集，衆六萬，賊復振。以相州爲成安府，太守爲尹，改元天和，以高尚、平冽爲宰相，崔乾祐、孫孝哲、牛廷玠爲將，以阿史那承慶爲獻城郡王，安守忠左威衛大將軍，阿史那從禮左羽林大將軍。然部黨益攜解，由是能元皓以僞淄青節度使、高秀岩以河東節度使並納順。德州刺史王暕、貝州刺史宇文寬皆背賊自歸，河北諸軍各嬰城守，賊使蔡希德、安雄俊、安太清等以兵攻陷之，戮于市，膾其肉。

慶緒懼人之貳己，設壇加載書，牲血與羣臣盟。然承慶等十餘人送密款，有詔以承慶爲太保、定襄郡王，守忠左羽林軍大將軍、歸德郡王，從禮太傅、順義郡王，蔡希德德州刺史，李廷訓邢州刺史，苻敬超洺州刺史，楊宗太子左諭德，任瑗明州刺史，獨孤允陳州刺史，楊日休洋州刺史，薛榮光岐陽令；自裨校等，數數爲國間賊。而慶緒治宮室，觀榭、塘沼、汎樓舡爲水嬉，長夜飲。通儒等爭權不能一，凡有建白，衆共訾沮之。希德最有謀，剛狷，謀殺慶緒爲內應，通儒以它事斬之，麾下數千皆亡去。希德素得士，舉軍恨歎。慶緒以乾祐爲天下兵馬使，權震中外，愎悍少恩，士不附。

乾元元年秋九月，帝詔郭子儀率九節度兵凡二十萬討慶緒，攻衛州，遂度河，師背水壁而待。慶緒遣安太清拒戰，聞衛州已圍，則鼓而南，作三軍：乾祐將上軍，雄俊、王福德佐之；田承嗣將下軍，榮敬佐之；慶緒自將中軍，孫孝哲、薛嵩佐之。既戰，王師僞卻，慶緒逐之，遇伏而潰，慶緒走，獲其弟慶和，斬于京師。子儀引軍躡賊，戰愁思崗，賊復敗，自是銳兵盡矣。因嬰鄴自固，使薛嵩以厚幣求救於史思明。思明遣李歸仁將兵萬三千壁滏陽，未進，而王師圍已固，築壘隉三周，決安陽水灌城。城中棧而處，糧盡，易口以食，米斗錢七萬餘，一鼠錢數千，屑松飼馬，隳牆取麥秸，濯糞取芻，城中欲降不得。賊更以太清代乾祐將。

於是思明有衆十三萬，三分其軍趨鄴。明年三月，營安陽。慶緒急，乃遣太清奉皇帝璽綬讓思明，思明以書示軍中，咸呼萬歲，乃約慶緒爲兄弟，還其書，慶緒大悅。王師不利，九節度奔還，子儀斷河陽橋，戍穀水。思明進屯鄴南。慶緒收官軍餘饟，尚十餘萬石。召孝哲等謀拒思明，諸將皆曰：「今日安得復背史王乎？」通儒、尚、冽皆請自往謝思明，慶緒許諾。思明見，爲流涕，厚禮遣還。三日，慶緒未出，思明請慶緒歃血盟，不得已，以五百騎詣思明軍。先此，思明令軍中擐甲待，慶緒至，再拜伏地謝曰：「臣不克負荷，棄兩都，陷重圍，不意大王以太上皇故，暴師遠來，臣之罪，唯王圖之。」思明恚曰：「兵利不利亦何事，而爲人子，殺父求位，非大逆邪？吾乃爲太上皇討賊。」顧左右牽出斬之。慶緒數目周萬志，萬志進曰：「慶緒爲君矣，宜賜死。」乃并四弟縊。又誅尚、孝哲、乾祐、殊而膊之。思明改葬祿山以王禮，僞謚燕剌王。祿山父子僭位凡三年而滅。

初，祿山陷東京，以張萬頃爲河南尹，士人宗室賴以免者衆，肅宗嘉其仁，拜濮陽太守。帝以賊國讎，惡聞其姓，京師坊里有「安」字者，悉易之。

雜錄

備錄

封演《封氏聞見記》卷五《第宅》 安祿山初承寵遇，勑營甲第，瓌材之美，爲京城第一。太真妃諸姊妹第宅，競爲宏壯，曾不十年，皆相次覆滅。

姚汝能《安祿山事跡》卷上 安祿山，營州雜種胡也，小名軋犖山。母阿史德氏，爲突厥巫，無子，禱軋犖山神，應而生焉。是夜赤光傍照，羣獸四鳴，望氣者見妖星芒熾落其穹廬。時張韓公使人搜其廬，不獲，長幼並殺之。祿山爲人藏匿，得免。怪兆奇異不可悉數，其母以爲神，遂命名軋犖山焉。突厥呼鬭戰神爲軋犖山。少孤，隨母在突厥中。母後嫁胡將軍安波注兄延偃。史思明令僞史官官稷一撰《祿山墓誌》云，祖諱逸偃，與此不同。

開元初，延偃族落破，胡將軍安道買男孝節並波注男思順文貞俱逃出突厥中。道買次男貞節爲嵐州別駕收之。祿山年十餘歲，貞節與其兄孝節相攜而至，遂與祿山及思順並爲兄弟，乃冒姓安氏。案：郭汾陽《請雪安思順表》云：本姓康，

亦不具本末。名祿山焉。長而姦賊殘忍，多智計，善揣人情，解九蕃語，爲諸蕃互市牙郎。張守珪爲范陽節度使，祿山盜羊姦發，追捕至，欲棒殺之。祿山大呼曰：「大夫不欲滅奚、契丹兩蕃耶？而殺壯士！」守珪奇其言貌，乃釋之，留軍前驅使，遂與史思明同爲捉生將。祿山素習山川井泉，嘗以麾下三五騎生擒契丹數十人，守珪轉奇之，每益以兵，擒賊必倍。後爲守珪偏將，所向無不摧靡，守珪遂養爲子，以軍功加員外左騎衛將軍，充衙前討擊使。

開元二十一年，守珪令祿山奏事，中書令張九齡見之，謂侍中裴光庭曰：「亂幽州者，必此胡也。」

二十四年，祿山爲平盧將軍，討〔奚〕契丹失利，守珪奏請斬之。九齡批曰：「穰苴出軍，必誅莊賈；孫武行令，亦斬宮嬪。守珪軍令若行，祿山不宜免死。」玄宗惜其勇鋭，一作驍勇。但令免官，白衣展效。九齡又執奏，請誅之。玄宗曰：「卿豈以王夷甫識石勒，便臆斷祿山難制耶？」竟不誅之。玄宗至蜀，追恨不從九齡之言，遣中使至曲江祭酹，其誥辭刻於白石山崖壁中。至建中元年十一月五日，德宗以九齡先睹未萌，追贈司徒。

二十八年，爲平盧軍兵馬使。

二十九年三月九日，加特進。時御史中丞張利貞爲河北採訪使，至平盧。祿山諂佞，善伺人情，曲事利貞，復以金帛遺其左右。利貞歸朝，盛稱祿山之美，遂授營州(節)〔都〕督，充平盧軍節度使，知左廂兵馬使，支度、營田、水利、陸運使副，押兩蕃、渤海、黑水四府經略〔使〕，順化州刺史。王仁經授以偉略，玄宗始親信之。

天寶元年正月六日，分平盧別爲節度，以祿山爲左羽林大將軍，員外置同正員兼柳城郡太守，持節充平盧軍攝御史大夫，管内採訪處置等使。

二載，入朝，奏對稱旨，因是玄宗賞重之，加驃騎大將軍。

三載三月，授范陽長史，充范陽節度、河北採訪使，平盧節度，餘如故。

是月，祿山出鎮，敕中書門下三品已下正員外郎長官、諸司侍郎、御史中丞於鴻臚亭子祖餞。是時，祿山奏云：去年七月，部内生紫方蟲食禾苗，臣焚香告天曰：臣若不行正道，事主不忠，食臣心；若不欺正道，事主竭誠，其蟲請便消化，啓告必應。時有羣鳥食其蟲，其鳥赤頭而青色。伏請宣付史館。又其時選人張奭者，御史中丞倚之子也，不辨菽麥，假手爲判，中甲科。時有下第者，爲薊令，以事白祿山。祿山恩寵漸盛，得見無時，具奏之。玄宗乃大集登科人，御花萼樓，親試升第者〔十無〕一二。奭手持試紙，竟日不下一字，時謂之曳白。玄宗大怒，出吏部侍郎宋遥爲武當太守，倚淮陽太守，敕「庭闈之間，不能訓子，選調之際，仍以託人」。士子皆爲戲笑焉。

四載，奚、契丹各殺公主，舉部落以叛。祿山方邀〔功〕兩蕃，肆其侵掠，奚等始貳於我。祿山又奏：臣昨討契丹，軍次北平郡，夢見先朝名將李勣、李靖於臣求食。乃令立廟，兼伸禱祈。薦奠之日，神室梁生芝草，一本十莖，狀如珊瑚盤疊。臣當重寄，誓殄東夷，人神協從，靈芝瑞應。伏請宣付史館，以彰幽贊之功。從之。祿山恃恩寵，縱虚妄，以取媚於玄宗，皆此之類也。

五載，(吏)〔禮〕部尚書席建侯爲河北黜陟使，表薦祿山公直、無私、嚴正、奉法。利貞推美於前，建侯表進於後。

六載正月二十四日，加兼御史大夫。右相李林甫素與祿山交通，復屢言於玄宗，由是特加寵遇。玄宗初即位，用郭元振、薛(翊)、張嘉貞、張説、杜暹、蕭嵩、李適之，咸以大將直登三事。李林甫即陷適之，遂反其制，始請以蕃人爲將，以固其權。嘗奏於玄宗曰：「以陛下之雄才，國家富强，而蕃之未滅者，由文吏爲將而怯懦不勝武也。陛下必欲滅四夷，威(服)海内，即莫若武臣，武臣莫若蕃將，生時氣雄，(小)〔少〕養馬上，長習陳敵，此天性也。陛下撫而將之，使其必死，則夷狄不足圖也。」玄宗大悦。首用祿山，卒爲戎首，林甫之罪也。初，王鉷承恩亞於林甫，而敬畏其威，事之彌謹。祿山恃恩，嘗見林甫白事，怠而不恭。林甫欲示以威，佯語他事，命左右白王大夫鉷至，鞠躬如也。祿山不覺自失。鉷語逾謹，而祿山逾恭，自此還遞相維。林甫危害肅宗，告祿山思作難，約令其子引兵來援。天寶十〔一〕年，林甫死後，楊國忠納祿山，遣嚴莊領阿布私〔部〕下降兵三十三人，告林甫與阿布私潛通，結爲父子。至十二載，詔奪林甫官爵，同凡庶殯掩，連累之者，五六十人。迹其行事，不得不爾。

玄宗春秋漸高，託祿山心膂之任。祿山每探其旨，常因内宴承歡，奏云：「臣蕃戎賤臣，受〔人〕主寵榮過甚，臣無異材爲陛下用，願以此身爲陛下死。」玄宗不對，私甚憐之。因命皇太子見之。祿山見太子不拜，左右曰：「何爲不拜？」祿山曰：「臣蕃人，不識朝儀，不知太子是何官？」玄宗曰：「是儲君。朕百歲之後，傳位於太子。」祿山曰：「臣愚，比者只知陛下，不知太子，臣今當萬死。」左右令拜，祿山乃拜。玄宗尤嘉其純誠。時貴妃太真寵冠六宮，祿山遂請爲養兒。每對見，先拜太真，玄宗問之，奏曰：「蕃人先母後父耳。」玄宗大悦。祿山恩寵寖深，上前應對，雜以諧謔，而貴妃常在座，詔楊氏三夫人約爲兄弟。由是，祿山心動。及動兵，聞馬嵬之事，不覺數歎。雖林甫養育之，國忠激怒之，然其他腸亦可知也。

六載，加御史大夫，封兩妻康氏、段氏並爲國夫人。祿山嘗令麾下將劉駱谷

在京伺察朝廷旨意動靜，皆竝代爲牋表，便隨所要而通之。御史中丞楊國忠中外敬憚，每禄山登降，扶翼之。右丞相李林甫專宰相柄，威權莫二，見禄山於政事堂，引坐與語。時屬冬寒，脱己袍披覆之，其爲承恩見重也如此。晚年益肥，腹垂過膝，自秤得三百五十斤。每朝見，玄宗戲之曰：「朕適見卿腹幾垂至地。」禄山每行，以肩膊左右擡挽其身，方能移步。玄宗每令作《胡旋舞》，其疾如風。嘗夜晏禄山，禄山醉卧，化爲一黑豬而龍首，左右遽言之，玄宗曰：「豬龍也，無能爲者。」禄山乘驛馬詣闕，每驛中間築臺以换馬，謂之大夫换馬臺。不然馬輒死。驛家市禄山乘馬，以五石土袋試之，能馱者，乃高價市焉，餘飼以候禄山；鞍前更連置一小鞍，以承其腹。禄山肉疾轉甚，富貴之已極。每朝，常經龍尾道，未嘗不南北睥睨，久而方進，即凶逆之萌，常在心矣。禄山舊宅在道政坊，玄宗以其陋隘，更於親仁坊選寬爽之地，出御庫錢更造宅焉。今親仁坊東南隅玄元觀，即其地也。敕所司窮極華麗，不限財物，堂隍院宇，重複窈窱，匼帀詰曲，窗牖綺疏，高臺曲池，宛若天造，幃帳幔幕，充牣其中。九載〔八月〕，禄山獻俘入京，方命入此新宅，玄宗賜銀平脱破方八角花鳥藥屏帳一具，方圓一丈七尺；金銅鉸具，銀鑿鏤，銀鏁二具；色絲絛一百副；夾頡羅頂額織成錦簾二領；各紫綊簾羅金銅鉤，分錯色絲縚貼白檀香牀兩張，各長一丈，闊六尺；並水蔥夾貼緑錦緣白平紬背席二領；繡茸毛毯合銀平脱帳一具，方一丈三尺；金銅鉸具，繡綾頡夾帶，碧綾(□)〔峻〕旗，色絲縚百副；貼文牙牀二張，各長一丈，闊三尺；水蔥夾貼席，紅錦緣白平紬背，紅異文繡方繡褥，紫紬牀帳兼黄金瑶光等並全兩内帳設。續賜青羅金鸞緋花鳥子女立馬雞袍袴等，屏風六合，紅瑞錦褥四領，二色綾褥八領，瑞錦屏兩領，龍鬚夾貼席一十四領，貼文柏牀一十四張，白檀香木細繩牀一張，繡草敦子三十箇。至於廚廄之内，亦以金銀飾其器，又賜金平脱五斗飯罌二口，銀平脱五斗淘飯魁二，銀絲織成莠筐，銀織笊籬各一，金銀具食藏二，零碎之物不可勝數。雖宫中服御殆不及也。玄宗嘗御勤政樓，於御座東閒設一大金雞帳，前置一榻，坐之，卷去其簾，以示榮寵。每於樓下宴會，百僚在座，禄山或撥去御簾而出。肅宗諫曰：「自古正殿，無人臣坐之禮，陛下寵之太甚，必將驕也。」上呼太子前曰：「此胡骨狀怪異，欲以此厭勝之耳。」

七載六月，賜實封三百户，並賜鐵券，封柳城郡開國公。詔曰：「用奇材者必拔於常倫，立茂績者亦超於彝典。驃騎大將軍兼羽林大將軍，員外置同正員兼御史大夫，范陽郡大都督府長史，柳城郡太守，持節范陽節度，經略，支度，營田副大使知節度兼平盧節度使，支度、營田、陸運、押兩蕃、渤海、黑水四府經略處置及平盧、河北轉運並管内採訪等使，上柱國柳城縣開國伯安禄山，河嶽誕實，雄武生材；寓里長城，鎮清邊裔；中權決勝，(喑)〔暗〕合孫吴。自授以元戎，升之憲府，一心之節逾亮，七擒之策益章。内實軍資，豐財以潤國；外威戎落，稽顙以輸誠。加以〔公〕忠〔必〕竭，私誠無隱；疇之舊典，宜誓山河；長平之封，式崇井賦，可柳城郡開國公，仍賜實封三百户，並賜鐵券，餘如故。」

是月，又加禄山父贈使持節魏郡諸軍事，魏郡太守。延假，夙稱幹略，素懷節義。仁而有勇，志已慕於韜鈐；忠以立身，名早雄於沙漠。克生令胤，實負長才。藴登壇之良謀，當弄印之榮寄。作鎮幽薊，肅清醜虜，舉無遺策，動見奇功。自葉流根，是光幹蠱之德；飾終褒美，爰申加等之贈。宜膺寵秩，用慰泉壤。□范陽大都督。

尋進封禄山爲東平郡王。制曰：「寄重者位崇，勳高者禮厚。欽若古訓，抑爲舊章。開府儀同三司兼左羽林大將軍，員外置同正員，御史大夫，范陽大都督府長史，柳城郡太守，(使)〔持〕節范陽節度，經略，支度，營田，陸運，押兩蕃，渤海，黑水四府處置及平盧軍，河北轉運並營田〔管内〕採訪使，上柱國柳城郡開國公安禄山，性合韜鈐，氣稟雄武，聲威振於絶漠，捍禦比於長城。戰必克平，智能料敵。所以擢升臺憲，仍杖旌旄。既表勤王之誠，屢伸殄寇之略。頃者，契丹負德，潛懷禍心，乃能運彼深謀，(果)〔累〕梟渠帥。風塵攸静，邊朔底寧。不示殊恩，孰彰茂績？疆埸式遏，且殊衛霍之功；土宇斯開，宜踐韓彭之秩。可封東平郡王，仍(更)賜實封(三)〔二〕百户，〔通前五百户〕，餘如故。」

九載八月二日，又加〔河〕北道採訪處置等使。命壽王瑁書告身，並裝金平脱函瑞錦褾鈿軸，令内常侍郭全羽送焉。

天長節，禄山進山石功德及幡花香爐等，命於大同殿安置，朝夕禮謁焉。優詔褒美，兼賜禄山寶鈿鏡一面，並金平脱匣、寶枕、承露囊、金花盌等，亦令郭全羽送之，酬其忠孝之意也。又進玉石天尊一鋪，請於道場所安置。玄宗命置於内暖殿。天尊並侍坐真人、玉女神、天丁力士、六樂童子及師子、辟邪、香爐，玉案三十六事。

是秋，禄山將入朝，乃令於温泉爲禄山造宅。禄山將至之日，宣賜什物、米麵、柴炭之屬萬計。又賜永寧園充使院。今司天臺，是其地也。禄山將及戲水，楊國忠兄弟、虢國姊妹並至新豐以來會焉。飛蓋蔭野，車騎雲屯，所止之處，皆御賜膳，水陸畢備。至温泉賜浴。將士並賜食，賜錢。玄宗計日幸望春宫，以待十六日獻俘八千人於觀風樓下。賜莊宅各一所，雜彩綾羅，金銀器物及聲音口等。龜茲一部，雞樓鼓、指鼓、腰鼓、笛、簫、觱篥等七人。將士亦各頒賜。賜禄山金鞍花大銀胡餅四、大銀魁二並蓋，金花大銀盤四，雜色綾羅三千尺。判中殿中侍御史楊玄章等三人，緋衣各一對，

及絹綵等。將士大將軍楊歸順等一百九十三人，衣各一副，並絹綵等。又賜契丹生女口，大小五十人。考課之日，上考，祿山又自獻金銀器物、婢及駞馬等。金窯細胡瓶二，銀平脱胡平牀子二，紅羅褥子一，婢十人，細馬十匹，打毬士生馬三十匹，駱駝十頭，骨鞍韉三十具，(茸)〔並〕黄綾鞍袱三十條，抄尾大馬纓十箇，又進鹿尾醬、鹿尾骨等。

祿山同列皆尚食供饌，其餘頒賜品味，備極水陸。玄宗每食一味，稍珍美，必令賜與，中貴相望於道。又嘗遺祿山酥真符，寶輿並窯臺，及音聲，寶車，牛士，繖蓋，並小山花果藥雜樹，小獅子，白象各二，兼藥食等一牙盤，令内謁除大賓，宣賜祿山，以爲奇觀焉。

又賜永穆公主池亭以爲遊宴之地。祿山既移居親仁坊，進表求降墨敕，請宰相至席宴會。是日，玄宗欲於樓下打毬，遂停打毬，命宰相赴焉。玄宗每於苑中〔放〕鷹鶻，所獲鮮禽，多走馬宣令賜嘗。王鉷、楊國忠選勝燕樂，必賜梨園教坊音樂，貴妃姊妹亦多在會中。駕幸温泉，必令扈從，賜馬，賜衣，香囊珍寶，不知紀極。祿山時染小疾，王人御醫重疊複至，煎和湯藥皆在禁中。先許祿山於管内上谷郡起五鑪鑄錢，時又進錢樣一千貫文。召祿山男慶緒及女壻歸義王李獻誠，祿山養兒王守忠、安忠臣等赴闕，到日並賜衣服，玉腰帶，錦綵等，仍令尚食供食。其冬久無雪，至十二月十四日乃雪，祿山表賀焉。玄宗批答兼口號以賜之曰：「臘月忻三(日)〔白〕，嘉平安四鄰，預知天下稔，先爲物華春。」其見重如此。

十載正月一日，是祿山生日，先日賜諸器物衣服，太真亦厚加賞遺。玄宗賜金花大銀盆二，金花銀雙絲平二，金鍍銀蓋椀二，金平脱酒海一並蓋，金平脱杓一，小馬腦盤二，金平脱大盞四，次盞四，金平脱大〔瑪〕腦盤一，玉腰帶一，並金魚袋一，及平脱匣一，紫細綾衣十副，内三副錦褉子並半臂，每副四事，熟錦細綾□□三十六具。太真賜金平脱裝一具，内漆半花鏡一，玉合子二，玳瑁刮舌篦、耳篦各一，銅鑷子各一，犀角梳篦刷子一，骨咄合子三，金鍍銀盒子二，金平脱盒子四，碧羅(帛)〔帕〕子一，紅羅繡(帛)〔帕〕子二，紫羅枕一，氊一，金平脱鐵面枕一，並平脱鎖子一，(紅羅繡帛子二)，銀沙羅一，銀鏂椀一，紫衣二副，内一副錦，每衣計四事件。

其日，又賜陸海諸物，皆盛以金銀器，並賜焉。所賜祿山食物、香藥，皆以金銀器盛之，其器並賜，前後又不可勝計也。

後三日，召祿山入内，貴妃以繡綳子綳祿山，令内人以綵輿舁之，歡呼動地。玄宗使人問之，報云：「貴妃與祿山作三日洗兒，洗了又綳祿山，是以歡笑。」玄宗就觀之，大悦，因加賞賜貴妃洗兒金銀錢物，極樂而罷。自是，宮中皆呼祿山

爲祿兒，不禁其出入。又爲河東節度，二月二日，遂加雲中太守兼充河東節度採訪使，餘如故。祿山奏請户部侍郎吉温知留後事，大理寺張通儒爲留後判官。雲中之事一委吉温，祿山甚重之。

祿山母、祖母皆賜國夫人，男慶宗、慶緒、慶恩、慶和、慶餘、慶則、慶光、慶喜、慶祐、慶長、慶〔林〕等一十一男，皆是玄宗賜名。慶宗爲衛尉少卿，慶緒爲鴻臚少卿兼廣陽郡太守，慶宗加祕書少監，又尚榮義郡主，改太僕卿。祿山恃此，日增驕恣。嘗以曩時不拜肅宗之嫌，慮玄宗年高，國中事變，遂包藏禍心，將生逆節。乃於范陽築雄武城，外示禦寇，内貯兵器，養同羅及降奚、契丹曳落河蕃人〔謂〕健兒爲曳落河。八千餘人爲假子，及家童教弓矢者百餘人，以推恩信，厚其所給，皆感恩竭誠，一以當百。文畜單于、護真大馬習戰鬭者數萬疋，牛羊五萬餘頭，總三道以節制，天寶元年，除平盧節度使。三年，兼范陽節度使。十年，兼河東節度使。刑賞在己。於是張通儒、李廷望、平冽、李史魚、獨孤問俗等在幕下，高尚掌奏記，嚴莊主簿書，安守忠、李歸仁、蔡希德、牛庭玠、向潤容、崔乾祐、尹子奇、何千年、武令珣、能元皓、田乾真等爲將帥，潛於諸道商胡興販，每歲輸異方珍貨計百萬數。每商至，則祿山胡服坐重牀，燒香列珍寶，令百胡侍左右，羣胡羅拜於下，邀福於天。祿山盛陳牲牢，諸巫擊鼓、歌舞，至暮而散。遂令羣胡於諸道潛市羅帛，及造緋紫袍、金銀魚袋、腰帶等百萬計，將爲叛逆之資，已八九年矣。又每歲獻俘虜、牛羊、駞馬，不絶於路，珍禽奇獸，珠寶異物貢無虚月，所過郡縣，疲於遞運，人不聊生。

祿山性殘忍，多姦謀，常誘熟蕃奚、契丹因會，酒中實毒，鴆殺之，動數十人，斬大首領，函以獻捷。

是年秋，祿山大舉兵討契丹，使人謂奚曰：「今契丹背盟，我將討之，汝豈無助乎？」奚遂以驍騎二千從之。祿山使爲鄉導，行至土護真河，誓衆曰：「兵法，疾雷不及掩耳，今久雨，復去賊尚遠，若倍道趨程，賊必不虞我至，破賊必矣。」遂晝夜兼行三百餘里，契丹不爲備，至，大駭亂矣。祿山使人持一繩，欲盡縛契丹，意欲生擒以歸。是時屬雨甚，弓弩盡溼，弛而不可張。大將何思德請曰：「兵志，遠來倍道疲頓，用之力必不足，不如少憩，張其勢必脅之，不三日必降。」祿山大怒，欲斬之以令三軍，遂請效死於先鋒。

思德形貌素類祿山，契丹望見，攢槍矢而取之，須臾支解，骨肉立盡，衆咸謂殺得祿山。奚又背祿山，以附契丹，併力夾攻，殺傷略相當。矢中祿山鞍橋，鞭

弭俱棄，簪履亦墜，獨以麾下二十騎走，上山蒼黃，陷於坑中，男慶緒、麾下將孫孝哲扶出之。又戰數十里，會夜，追騎解，遂投平盧城。平盧騎將史定方領精兵三千赴之，契丹知救至，遂解圍而去，祿山方得脱。

十一載三月，祿山引蕃奚步騎二十萬直入契丹，以報去秋之役，朔方節度副使奉信王阿布思率同羅數萬以會之。布思與祿山不協，遂擁衆歸漠北。初，布思自節〔度〕使張暐請不行，不受，乃劫太倉庫而去。祿山乃屯兵不進。哥舒翰與祿山並來朝，玄宗使內侍高力士及貴人迎於京城東。使射生官供解鹿，取血煮其腸，謂之熱洛河以賜之，爲翰好之故也。

翰母尉遲氏，於闐女也。祿山以思順常銜之。至是，忽謂翰曰：「我父是胡，母是突厥女。爾父是突厥，母是胡，與公族類頗同，何得不相親乎？」翰應之曰：「古人云，野狐向窟嗥拜，以其不忘本也，敢不同心焉？」祿山以爲譏其胡也，大怒，罵翰曰：「突厥敢如此耶？」翰欲應之，力士目翰，翰乃止。初，思順與翰分控河、隴，情甚不睦。及翰守潼關，主天下兵權，遂肆其志以報怨，誣思順與祿山潛通，僞令人遺書，於關門擒之以獻。思順與弟太僕卿元真並伏誅，天下寃之。思順與祿山少狎。及思順入奏，言祿山必反。玄宗以其先奏，不坐，至是乃誅之。

十一月十七日，祿山遣其男范陽節度副使、鴻臚卿同正兼廣陽太守慶緒〔獻〕奚、契丹及同羅、阿布思等阿布思者，九姓首領也。開元初，爲默啜所破，請降附。天寶元年，朝京師，玄宗甚禮焉。布思美容貌，多才略，代爲蕃首。祿山恃寵，布思不爲之下。祿山因請爲將，共討契丹。慮其見害，乃率其部以叛。後爲回鶻所破，祿山誘其部落降之。自是祿山精兵無敵於天下，其男女一萬口送於京師。玄宗御勤政樓，執以獻，以丁壯一千遞於屬(川)〔州〕，餘並歸祿山。布思敗後，投於葛邏祿，葉護規(畏)〔毗〕懼不敢受，擒之送於北庭。十三年三月二十四日，北庭都護程千里生擒樓下斬之，省衛文武官往觀之，具五刑，前時所獻者，蓋此部落也。生口三千人，金、銀、錦、罽、駞、奚車布於闕下。婦人皆衣以文錦，飾以義須，盛陳列以爲壯。玄宗大悦，授慶緒特進、衛尉卿，張樂以會將士。

姚汝能《安祿山事跡》卷中 十三載正月四日，祿山入覲於行在，乃見於禁中，賜錦綵繒寶鉅萬。時肅宗覩其兇逆之狀已露，言於玄宗，玄宗不納。肅宗恐宗廟顛覆，乃至誠祈一夢。是夜，夢故內侍胡普昇等二人舁一紫鞍覆黃帕，自天而下，至於肅宗前，一素板丹書，文字甚多，所記者唯四句，曰：「厥不云乎，其惟其時，上天所命，福祿不(覷)〔虧〕。」及見玄宗，涕泣而言曰：「臣本胡人，陛下不次擢用，累居節制，恩出常人。楊國忠妒嫉，欲謀害臣，臣死無日矣。」李林甫陰(俠)〔狹〕多智，見祿山，必揣知其情僞，遂畏服之。楊國忠性(懆)〔躁〕，而祿山視之蔑如也。至是國忠言其必反，奏請(追)〔召〕之。祿山以玄宗不疑，促駕朝見。以故，玄宗益信祿山爲忠，不信國忠之言。九日，加祿山尚書左僕射，賜實封通前一千户，與一子三品官，一子五品官，奴婢十房，各莊宅一所。二十四日，又加閑廐、苑內、營田、五方、隴右羣牧都使，支度、營田等使，以御史中丞吉温爲之副。温加武部侍郎，爲之副使。二十六日，又加兼知總監事。祿山奏前後破奚、契丹部落，及討招九姓、十二姓等應立功將士，其跳蕩、第一、第二功，並請不拘，付中書門下批擬。其跳蕩功請超三資，第一功請超二資，第二功請依資進功。其告身仍望付本官，爲好書寫送付臣軍前。制曰：「可。」以是超授將軍者五百餘人，中郎將者三一作二。千餘人。祿山歸范陽，玄宗御望春亭送別，脱御服以賜之，祿山受之，驚懼不敢言。自謂先兆，恐復留之，遂疾驅出關。至淇門，順流而下，所至郡縣，船夫持牽板繩立於岸上以待，至則牽之，而日行三四百里。

三月一日，祿山將拜官也，玄宗以宰相處之，命太常卿、翰林學士張垍草詔。既而楊國忠諫曰：「祿山不識文字，命之爲相，恐四夷輕中國。」乃止。將行也，玄宗命高力士送之於長樂坡。力士歸，玄宗謂曰：「祿山喜乎？」對曰：「恨不得宰相，頗怏怏。」楊國忠曰：「此張垍所洩也。」玄宗大怒，黜垍瀘谿郡司馬。初，垍贊相禮儀雍容，玄宗翌日謂垍曰：「朕罷希烈，以卿代之。」垍曰：「不敢。」貴妃在座，遂告國忠叛之，因以爲恨。

祿山既至范陽，憂不自安，始決計稱兵向闕。自是，或言祿山反者，玄宗縛送祿山，以是道路相目，無敢言者。奏還者告祿山反，乃囚於商州。將送之，遇祿山起兵，乃放之。

十四載五月，祿山遣副將何千年奏表陳事，請以蕃將三十二人以代漢將。遣中使袁思藝宣付中書門下，即日進畫，便寫告身付千年。宰相楊國忠、韋見素相謂曰：「流言祿山蓄不臣之心，今又請蕃將以代漢將，其反明矣。」乃請見陳事，既見未對，玄宗先告曰：「卿等疑祿山反。」國忠等遽走階下，垂涕具陳祿山反狀，國忠以祿山表留於上前而出。俄又令袁思藝宣旨：「此一度姑容之，朕徐爲圖耳。」國忠等乃奉詔。及國忠見，無不懇論其事，國忠曰：「臣畫得一計，可鎮其難，伏望以祿山帶左僕射平章事，追赴朝廷，以賈循爲范陽節度使，吕知誨爲平盧節度使，楊光翽爲河東節度使。」上許草制，未行。或云：請不以蕃將代漢將，論祿山反狀，及請追祿山赴闕，並是韋見素之意，國忠曾無預焉。仍語見素曰：「祿山出

自寒微，位居衆上，時所忌疾，成疑似耳。」見素曰：「公若實爲此見，社稷危矣。」將至上前，懇論其事，見素約以「事如未諧，請公繼之」，國忠都無一言，俯僂而退。見素却到中書，嗚咽流涕。此非他也，國忠要禄山(先)〔速〕反，以明己之先見耳。上潛遣中使輔璆琳送甘子於范陽，私候其狀。璆琳受賂而還，固稱無他，其制遂寢。

初，璆琳未還之時，上引宰相對，常置白麻於座前。及還，上謂宰臣曰：「禄山必無二心，其制朕已焚矣。」後禄山數詐稱破奚、契丹，所獲駞、馬、牛不可勝紀。國忠因令門客蹇昂、何盈以求禄山陰事，命京兆尹李峴圍捕其宅，得李起、安岱、李方來等，皆令侍御史鄭昂之陰推劾，潛縊殺於御史臺，又貶吉温爲澧陽長史，温，天官侍郎頊之猶子也。連按大獄，倚法附邪，以出入人命者，凡十餘年。性巧詆，忍而不(忌)〔忘〕，失意者必引而陷之。其欲膠固，雖王公大人立可漠視也。初，蕭炅爲河南尹，以贓下獄，温訊竟其罪，炅爲李林甫佐之，由是特恩轉太府卿。温後爲萬年縣丞。未幾，炅拜京兆尹。時高力士權移將相，炅親附之，温尤與之善。温揣炅拜官，必謝恩於力士，歸則先造其門。炅纔至，則聞其言笑之聲甚歡。炅問，閽者曰：「吉七郎也。」炅素懼勢，俟語畢，通謁亦已久矣，力士命引炅，温佯若恐懼將走，力士遽曰：「吉七參尹，此故人也。」炅揖之，與之對坐，遂與之相結爲膠漆矣。乃引爲曹官，薦之於林甫。温之進也，由力士。中書舍人梁陟嘗逢温於路，低帽以避之，温心銜之。及柳勣之獄，託勣引陟，陟竟以流死，其陰賊也如此。後與國忠相善，教其取恩。及國忠與禄山交惡，而温厚於禄山，禄山掌閑厩，引之副使，内倖朝庭，國忠遂忌之。及其貶也，玄宗命高力士於朝堂宣慰百官曰：「吉温兇忍之人也，自伯父已來，世爲酷吏，朕任人不明，比刑濫，悉温所爲。今爲卿等除酷吏，卿其悦乎？」羣臣皆蹈舞拜謝。無何，安禄山上表以理，且言國忠讒疾之狀。玄宗方寵於將相，故兩存之。初，禄山握兵跋扈，逆亂未發，而以法制之。國忠反激而怒之，利其疾動，以取信於玄宗。十四載正月九日丁卯，吉温又坐贓七千疋，及逼士人女爲妾，重貶端谿縣令，尋杖死於獄中。以激怒禄山，幸其速反，玄宗竟不之覺。慶宗尚榮義郡主，供奉在京，密報其父，禄山聞之怒，命嚴莊上表以自理，且陳國忠罪狀二十餘事。玄宗懼其生變，遂歸過於京尹李峴，峴貶零陵太守。以安之。

六月，玄宗使黜陟使分行郡縣，給事中裴士淹恐懼，不敢歸，禄山乃見之。禄山自歸范陽，逆狀漸露，懼朝廷誅之，使者將至，輒稱疾不迎，嚴介士於前後，戒備，而後見之。士淹之至也，亦如之，令武士引入，無復人臣之禮，士淹宣旨而退。

七月，禄山又請獻馬三千疋，鞍轡百副，每疋牽馬夫二人，令蕃將二十二人部送，載物長行，車三百乘，每乘夫三人。河南尹達奚珣奏：「禄山所進鞍馬不少，又自將兵來，復與甲杖庫同行，臣所未會，伏望特敕，禄山所進馬，官給人夫，不煩本軍遠勞。將健所進車馬，令待至冬即先後遥遠，計㬌矣。」玄宗稍悟。或云：因此撲殺輔璆琳，非爲託祭龍堂不虔也。乃遣中使馮承威齎璽書，召禄山曰：「與卿修得一湯，故令召卿至，十月朕御於華清宮。」兼宣如達奚珣之策。禄山聞命曰：「馬不進，亦得十月灼然入京。」承威復命，奏泣曰：「臣幾不得生還，禄山聞臣宣先奏旨，踞牀上不起，但云聖人安穩。遽令左右送臣於別館，居數日，然後得免難。」

十一月九日，禄山起兵反，以同羅、契丹、室韋曳落河，兼范陽、平盧、河東、幽、薊之衆，號爲父子軍，馬步相兼十萬，鼓行而西，以誅楊國忠爲名。十五日，聞於行在，玄宗召宰相等謀，國忠多自得之色，笑曰：「今反者獨禄山耳！三軍左右皆不欲也，旬日必斬之來降，不如此，陛下發兵討之，仗大義誅暴逆，可不血刃而定矣。」大臣以下，相顧失色，上竟不悟，以至於敗。唯與孔目官嚴莊、掌書記高尚〔將軍孫孝哲〕。嚴莊者，本至太僕卿，後勸禄山反，與高尚同力贊助。及禄山末年，恐事主不測，遂與左右李豬兒同害禄山，遂宣僞敕，立安慶緒爲皇太子。慶緒兄事莊，每事必先問之。後慶緒奔相州，軍事蹙，遂令妻薛氏假稱永王第十一女，詣懷鎮。時遏將李建，將請歸順，及見元帥代宗及汾陽告之，遂云：「是嚴莊妻薛氏，恐在道留滯不達，故假稱永王女。今嚴莊已背慶緒，見在獲嘉，若許歸投，請給鐵券在軍前，如可招者，填名以付之。」與汾陽議曰：「若嚴莊招到，則餘黨可招，特許奏聞必大用。」便將鐵券兼賜衣，差官領妻薛氏招莊，仍差衙前魏羽奉狀奏聞，便令莊及妻乘傳詣闕，到京之明日除司農卿。高尚，幽州雍奴人也，本名不危，多才學。常歎息，謂汝南周銑曰：「不危寧當舉事不終，而不能咬草根以求活。」州里之間甚得文章之名，後改名尚。天寶初，李齊物爲新平太守，舉尚高蹈不仕，送錢三萬，並寓書於中官將軍吴懷寶以託之。其年策試第四等，授右領將軍倉曹。後懷寶引見高力士，置之門下，令子師之。無何，託安禄山奏爲平盧軍掌書記，禄山由是益親之，遂與莊等共解圖讖。禄山疑懼，勸其謀反，累奏爲屯田員外郎，乃隨禄山陷東都，僞授中書侍郎，僞赦書制敕，並尚爲之，毁讟本朝，所不忍聞。及慶緒至相州，嚴莊所掌機務，並尚代之，仍拜侍郎。及史思明救相州而殺慶緒兄弟，尚與孫孝哲同日遇害。孝哲，本契丹部人也。母美容色，爲禄山所通，因兹狎近，身長七尺，勇健多謀。及事禄山，出入卧内，甚見親信。禄山常因對見宮門，俟玄宗之召，衣紐無故斷落，禄山驚忙不知所爲，孝哲探懷内，取鍼線爲禄山綴之，禄山轉憐之。常侍禄山，皆先意曲言，必嘉悦。又善於女工裁縫之事，禄山形大肚垂，與衆稍異，非孝哲裁縫，不稱其身也。天寶中，官至大將軍。禄山(潛)〔僭〕逆，爲殿中監，充閑厩使。衣馬奢侈，性殘賊，中外畏之。於西監安守忠、張通儒、田虔貞等攻長安，皆受制於孝哲，殺王妃數十人，楊國忠、高力士之黨及素與禄山不叶者，必殺之，以鐵棒揭腦蓋而死，血流於地。蕃將阿史那承慶、慶緒同謀，幕府僚屬偏裨更無一人知其端倪者。其年八月後，慰諭兵士，磨礪戈矛，稍甚於常，識者竊怪。至是，禄山勒諸將出，謂衆曰：「奉事官胡逸自京迴，奉密旨，遣禄山將隨手兵入朝來，以平禍亂耳。」兼云：「莫令那人知。」那人指國忠也。諸公勿怪。」翌日，至

城北，辭其祖考墳墓，遂發，以節度〔副〕使賈循爲留後。薊縣耆壽李克諫禄山，以舉兵無名必敗。禄山特收人望，使嚴莊報之曰：「苟利國家，專之可也。利主寧邦，正在今日，何憚之乎？」百姓等議曰：「百年老公未嘗見范陽兵馬向南者。」人人相與憂懼。既出范陽，遂爲長牓以毀國家，兼妄云，累奏不聽。先令將軍何千年領壯士數千人，詐稱獻捷，以車千乘，包藏器械，先俟於河陽橋。以掌書記屯田員外郎高尚、孔目官太僕丞嚴莊專居左右以畫籌。所至郡縣無兵禦捍，兵起之後，列郡開甲仗庫，器械朽壞，皆不可執，兵士皆持白棒。所謂天下雖安，忘戰必危。皆開門延敵，長史走匿，或被擒殺，或自縊路傍，而降者不可勝計。禄山專制河朔已來，七年餘，蘊蓄姦謀，潛行恩惠，東至靺鞨，北及匈奴，其中契丹委任尤重，一國之柄，十得二三，行軍用兵皆在掌握。蕃人歸降者以恩煦之，不伏者以勁兵討之，生得者皆釋而待，錫以衣資，賞之妻妾。前後節度使招懷夷狄，皆重譯告（喻）〔諭〕夷夏之意，因〔人〕而〔傳〕，往往不（傳）〔孚〕。禄山悉解九夷之語，躬自撫慰，曲宣威惠，夷人朝爲俘囚，暮爲戰士，莫不樂輸死節，而況幽薊之士乎？及狼顧負恩，其所由來者漸矣。

其九月九日甲午，縛太原尹楊光翽，送之。賊將高邈僞進射生手二十人，光翽輕騎出迎，遂爲所執，送詣禄山。太原奏光翽被擒，並東受降城奏禄山反。玄宗猶疑以讎嫌毀譖，尚不之信。移牒陳其罪狀，末云：「光翽今已就擒，國忠豈能更久。」其日陰風悽慘，觀者寒心。至鉅鹿郡，欲宿，禄山忽驚曰：「我名禄，非所宜宿也。」移營至沙河縣，博陵太守張萬頃獻《漢高祖不宿柏人頌》。王子牒至云：「渡黄河，河水見底，冰結成橋。」禄山多載草木於河中，並以長索繫破船、大樹礙淩，一宿而冰合。

丁卯，陷靈昌郡。庚午，陷陳留郡，傳張介然、荔非守瑜等首至。尋陷滎陽，傳太守崔無詖首至。禄山是行也，人以爲敗不旋踵，及頻告捷，人皆失望。

十二日，封常清戰敗，西走保陝州。初，常清自安西至，上問東討方略，常清大言，上悦，遂除范陽節度使，於東都召募，皆市人，而賊師至，一戰塗地，敕削常清官秩，令隨高仙芝效力。

十三日，陷洛陽，傳留守李憕、御史中丞盧奕首至，平原太守顔真卿留其首，斬其使者，哭而瘞之。

顔杲卿又以常山歸順，聚徒兵，故殺賊將李欽湊於土門，以應郭子儀。燕南豪傑殺賊以地歸順者凡七郡。並縛賊副使何千年、高邈送詣行在。杲卿本以材幹，禄山奏爲常山太守。（及）杲卿（爲）〔及〕長史袁履謙、前真定令賈深、内邱丞張通幽密謀背之。時賊將李歸仁令弟欽湊領步騎五千鎮土門，而守常山。杲卿遂謀召欽湊赴郡會議，因殺之，以併其兵。會賊將高邈，何千年俱自東至，杲卿設策，遣藁城尉崔安石、縣吏翟萬德伏兵於驛，生擒千年及邈。至是，杲卿乃使男泉明與賈深、張通幽執邈、千年，及欽湊之首，獻於京師焉。

是月，我以京兆尹牧榮王琬爲行宫元帥，以河西、隴右節度使、西平王哥舒翰爲副元帥，領河、隴諸蕃部落奴剌、頡、跌、朱耶、契苾、渾、蹛林、奚結、沙陁、蓬子、處蜜、吐谷渾、思結等一十三部落，督蕃漢兵二十一萬八千人鎮於潼關。時朝廷空虚，失藩籬之固，懼其乘勢侵軼。會禄山方圖僭號，遂得徵兵以備之，諸道軍士稍稍而至矣。是時，河北十五郡皆殺賊官吏以歸國。京城誅慶宗，清河誅崔文，廣平誅郭自卯，常山擒何千年、高邈，博陵誅□誠，河間誅杜睦，一時皆以其地歸順。

河北驛路再絶，河南諸郡防禦固備。哥舒翰擁兵守潼關，又令王思禮至陝州見賊將僞御史中丞、無敵將軍、平西大使崔乾祐，説以禍福。禄山始懼，責高尚及嚴莊曰：「汝等令我舉事，皆云必成，四邊兵馬若是，必成何在？汝等陷我，不見汝等矣。」遂誡門下逐之。數日，禄山憂懼不知所爲，而怒不解。及田乾真自關至，從容爲尚等言於禄山：「撥亂之主，經營創業，草昧之際，靡不艱難。漢祖狼狽於滎陽，曹公傾覆於赤壁，未嘗一舉而成大事者。今四面兵馬雖多，皆募新軍烏合之衆，未經行陣堡壘，非勁鋭之卒，不足爲我敵。縱大事不成，猶可效袁本初以數萬之衆據守河北之地，亦足過十年五歲耳。莊、尚皆佐命元勳，何以遽斥絶之，使諸將聞之，心不動摇乎？」禄山喜曰：「阿法之言是也。吾已絶之，奈何？」乾真曰：「但唤取慰勞之，其心必安。」因詔尚等飲燕酣樂。禄山自唱《傾盃樂》與尚送酒，待之如初。阿法，乾真小字也。

禄山雖盜據河朔，百姓怨其殘暴，所在叛去，累其兵力不能進尺寸之地。乃遣其黨史思明、蔡希德以平盧步騎五千攻常山，顔杲卿力屈而城陷。初，杲卿使男泉明及張通幽、賈深獻捷，且求救於太原王承業。通幽獻計於承業，承業亦心害其功，逗遛其子，久而方遣，仍以所得賊將以爲己功，是以承業等驟加官爵，故杲卿屈焉。思明執杲卿及袁履謙送於禄山，怒縛於洛水橋柱。杲卿詬罵之聲，至死不絶。履謙性剛狷，詬賊尤甚。賊怒之，先截其舌，履謙以血噴賊面，遂臠割之，路人皆不忍視。

常山既陷，鄴郡、廣平、鉅鹿、上谷、博陵、文安、魏郡、信都等一十郡，復爲賊守。十五年六月八日，郭子儀、李光弼二軍東出，敗史思明之衆於嘉山。思明跣足露髮奔於博陵，歸順者十三郡，思明懼焉。潼關失守，二將旋師，燕趙之間，賊復屠之。

姚汝能《安禄山事跡》卷下　十五載正月乙卯朔，禄山遣東都耆老緇黄勸進，遂僞即帝位，國曰大燕，自稱雄武皇帝，禄山起逆方初，童謡云：「燕燕飛上天，天上女兒鋪白氊，氊上一貫錢。」燕者，禄山國號。重言燕者，史思明亦稱天子。天上女，安字也。鋪白氊者，禄山入洛陽之日，大雪盈尺。氊上一貫錢者，言禄山只得一千日。禄山云：「纔入洛陽，瑞雪盈尺。」盧言一作顔。上禄山詩曰：「象曰雲雷屯，大君理經綸。馬上取天

下，雪中朝海神。」改元曰聖武元年，置丞相已下官，封其子慶緒爲王，以達奚珣爲侍中，張通儒爲尚書。初，汾陽收東都後，差人送僞朝士陳希烈等三百五十餘人赴京，兼奏表請從寬恕以招來者三表。上皇以朝官不扈從，其恨頗深，遂下敕云：「初陷寇逆，忽被脅從，受任數年，得非同惡，戴天履地，爲爾之羞，宜付三司詳理處分。」後三司讞刑奏曰：「達奚珣、珣子摯、薛曉、一作曉。韋恒、韓澄井、大通丹、大華、劉子英罪當大辟。陳希烈、張均、門用之、郭納、許彥嵩並賜自盡。許房、宇文班、盧自勵、達於□、蕭克濟、陳□、柳芳、李彥光、何昌裔、郝處俊、崔肅等流於徼外，勿齒。」帝曰：「珣、摯父子同刑，人所不忍。」降摯一等，因於所司。太師房琯曰：「張均欲往賊所，望五陵涕泣而不忍去也。」遂減死一等，流於崖（洲）〔州〕。發韓公張仁亶一作亶。之墓，戮其屍，以張通儒故也。張萬頃、獨孤問俗、張休，並復舊官。祿山令問俗壞太廟，問俗遷延，終以獲全。令萬頃捕殺皇支，萬頃多所脫免。休數（回）〔面〕諫祿山。此二三人者，本祿山賓佐。其餘文武悉備署之。以范陽爲東都，復其百姓終身，署其城東隅私第爲潛龍宮。其第本造爲同羅館，前後十餘院，門觀宏壯，闌闠幽深，土木之瑰奇，（口）〔黝〕堊之雕飾，僭擬宮室。祿山表請以一千萬買之，（奏）〔奉〕敕賜之，至是號焉。

僞節度留後賈循、右虞候程超謀以范陽歸順，爲祿山僞支度副向潤客所覺，潛令送赦書，使韓朝陽告之。庚寅，朝陽自洛陽致祿山意旨，將畢，命人別館。循不虞朝陽之害己，與朝陽款曲行禮，朝陽引之密語，抽佩刀斬之。遂宣僞詔，數循罪逆，並斬超，並傳首東都，戮及妻子。以平盧〔僞〕持節呂知誨一作節。爲留後，亦爲本軍所殺，又加潤客右散騎常侍，代之。殺皇支范陽府掾李戒等四人，沒其妻子。

五月，奚、契丹兩蕃數出北山口至於范陽，俘劫牛馬子女，止城下累日，城中唯留後羸兵數千，不敵，潤客等計無所出，遂以樂人戴竿索者爲趫捷可用，授兵出戰。至城北清水河大敗，爲奚、羯所戮，唯三數人伏草莽間，獲免。其樂人本玄宗所賜，皆非人間之伎，轉相教習，得五百餘人。或一人肩一作扇。符首戴□，二十四人戴竿，長百餘尺，至於竿杪，人騰擲如猿狖、飛鳥之勢，竟爲奇絕，累日不憚，觀者汗流目眩。於是，此輩殲矣。庚未至前月餘日，童謠云：「舊來誇戴竿，今日不堪看。但看五日裏，清水河邊見。」契丹初聞莫悟，至是而應之。

六月八日乙酉，哥舒翰出兵潼關，爲祿山將崔乾祐所敗。十四日辛卯，潼關失守。初，翰守潼關，或勸翰曰：「祿山阻兵，以誅國忠爲名，公若留二萬人守潼關，悉以餘兵誅國忠，此漢誅晁錯挫七國之計也，公以爲何如？」翰許之，未發。或泄其言於國忠，國忠大懼，乃奏曰：「兵法，安不忘危，今潼關兵衆雖多，而無後殿，萬一不利，京師得無恐乎？請選監牧小兒三千人，訓練於苑中。」從之，遂遣劍南軍將李福德、劉光庭分部焉。又奏，召募一萬人屯霸上，令其腹心杜乾運將之焉。翰慮爲所圖，乃上表請乾運兵隸於潼關，乃召乾運赴潼關計事，因斬之。國忠語其子暄曰：「吾死無日矣。」翰自是心不自安。人謂諸將以潼關三百餘里，利在守險，不利出攻。楊國忠以翰持兵未決，慮於己不利，欲其速戰，數奏促之。賊將崔乾祐叩（闕）〔關〕數請戰，國忠與翰既不協，因言翰逗遛不進。玄宗數使進兵出關，翰遂領馬步十五萬，與賊將崔乾祐會。初，翰造氈車，以氈蒙其車，以馬駕之，畫以龍虎之狀，五色相宣，復以金銀飾其畫獸之目及爪，將衝戰，馬因驚駭，從而擠戈矢逐之。賊知其計，積薪芻於隘路，候氈車至，順風縱炎焚之，駕馬奔駭，燒氈車及薪芻，煙燄昏黑，兩軍不相辨。我軍謂賊在煙燄之中，遂集弓弩併射之，賊軍抽退，日昳方覺無賊。我衆，從關門六七十里，路狹，北拒黃河，南抵石岸，排蹴前進不得。賊抽軍從南山設疑，曳柴揚塵，以同羅習險之騎，直透黃河橫截，我軍敗績，沈溺死者十有二三。翰在北高阜上觀軍陣進退之勢，於時搬糧船在河北岸，左右言取船渡兵，遂將船百餘隻到河南岸，爭渡者不可勝（紀）〔計〕，每滿即沈，如是沈者數十渡。餘軍散走，人南關。先時於關門旁穿三道塹，闊二丈餘。及師敗之際，前後奔競，人馬枕藉入坑，須臾塹滿，兵士踐人馬之上，方得入關。陣之既敗也，乾祐領白旗引左右馳突往來，我軍視之，狀若神鬼，又見黃旗軍數百隊，官軍潛謂是賊，不敢逼之。須臾，又見與乾祐鬭，黃旗不勝，退而又戰者不一，俄然不知所在。後昭陵奏：「是日靈宮石人馬汗流。」其日，翰在靈寶縣西洪溜澗與崔乾祐相逼，翰兵馬多，乾祐不過萬人，爲撒星陣，十五爲一旗，或密或疏，或前或却，官軍見之，皆大笑焉。乾祐又以陌刀五（千）〔十〕人列於陣後，令其軍曰：「進則十五有生，退則死在旋踵。」故其兵一一自戰。乾祐忽驚，金鼓卷旗，狀似退，官軍益怠。忽馳而進，勢若雷霆，官軍失勢。遂爲所薄。是（月）〔日〕，東風吼地，飛沙漲天，煙塵相合，野中舊積諸草，賊皆焚之，煙燄徹天，昏黑如夜，旗號之色，人皆莫辨。賊乘風便趨我軍，煙塵之中，拱手而皆受戮。

初，翰至潼關，風疾頗甚，軍中之務不復躬親，政事委行軍田良邱。其將王思禮、李承光又爭長不叶，全無鬭志。及出師，未陣而潰，爲麾下蕃將火拔歸仁執降於祿山。軍敗後，翰自首陽山西渡入潼關津驛，關門不守，王思禮收合餘軍，更欲戰。歸仁語翰曰：「賊勢逼，相公且宜西行避之，以圖去就。」翰上馬出驛，歸仁帥諸將，叩馬請降祿山：「後書異圖，事將未晚。」翰曰：「逆胡猖狂，偶然一勝。天下之兵，計相續至，羯胡之首，期懸旦暮。」歸仁曰：「賊在咫尺，更俗徵兵，則我之命已掛賊戈矣。」翰欲下馬，遂以毛繩於馬腹下連縛其脚，控轡出驛。翰怒握鞭，自築其喉，又被奪却，鞭擁馬就乾祐，送於洛陽。祿山曰：「汝常輕我，今日何如？」翰俯伏，稱：「肉眼豈知陛下，遂至此。陛下爲撥亂之主，今天下未平，李光弼在土門，來瑱在河南，魯炅在南陽，但留臣，臣以尺書招之，不日平矣。」祿山大喜，遂署翰爲司空，令書招光弼等。諸將報書，皆讓翰不死節。祿山知事不遂，閉翰於苑中而害之。

辛卯之夕，平安火不至，玄宗懼焉。十五日壬辰，聞於朝廷，玄宗召百官問

計，國忠以爲幸蜀便。先是國忠欒於蜀地，爲自全之計，自天下之兵，頗置腹心於梁、益間，卒行其志。或曰：「非國忠之計。」解之在後。監察御史請出御庫金帛召募壯士，率六軍一戰以拒之，識者壯其志，而又拙其謀。初，玄宗覽龜茲曲名部，見《北洛背代》，深惡之，謂樂工李龜年曰：「何（忽）〔物〕音樂爲如此不祥之名？」遂令諸曲悉改故名。及聞禄山反，龜年曰：「曲名先兆，果不虛矣。」開元天寶中，人間多於宫調中奏突厥神，亦爲禄山之應。國初盛傳《武媚娘》曲，而則天僭竊之事應之，則先兆豈可測哉？

十六日癸卯，玄宗幸蜀。鑾駕自延秋門出，百官尚未知。明日亦（□）〔未〕有來朝者。已而宫嬪亂出，驢馬入殿，輦運庫物。上過渭橋後，楊國忠令燒斷其路。上知之，使高力士走馬至橋，止之曰：「今百姓蒼惶，各求生路，何得斷絶！」令力士撲滅了來。上止望賢宫，從官告飢，乃命殺馬，拆行宫木煮肉遺之。入宫，憩於樹下，惘然有棄海内之思。高力士覺之，遂抱上足嗚咽。上曰：「朕之作后，無負黎元，今朔胡負恩，宗廟失守，竟無一人勤王者。朕負宗社，敢不自勉！唯爾知我，更復何言。」即使中官入縣宣告。咸陽官吏、百姓更無一人至者。午時，上猶未餐。良久，有村叟來獻蜜麵，上對之慘然。既而尚食令人舁御膳至，分散從官。發至金城宿。是夜，王思禮自潼關至，奏哥舒翰敗没之狀。十八日，至馬嵬，從官韋見素及男諤，楊國忠及男暄，魏方進及男元向等六人入驛起居，纔出，有吐蕃二十餘騎，接國忠曰：「其等異域蕃人，來遇國難，請示歸路。」國忠方與語。衆軍傳（介）〔命〕曰：「楊國忠與吐蕃同反，魏方進亦連。」一時帶甲圍驛，國忠曰：「禄山已屢梟獍，逼迫君父，汝等更相倣傚邪？」衆軍曰：「爾是逆賊，更道何人？」騎士張小敬先射國忠落馬，便即梟首，屠割其屍。魏方進及兩男、吐蕃同時遇害。見素爲亂兵所傷，腦血塗地。曰：「莫損韋相公父子。」乃得免。上令壽王以藥封瘡，兵猶圍驛不散。王召從官，唯見素父子二人。上策杖躡屨，自出驛門，令各收軍，軍人不應。行在都虞候陳玄禮領諸將三十餘人，帶仗奏曰：「國忠父子既誅，太真不合供奉。」上曰：「朕即當處置。」乃迴步入驛，倚（迴）〔杖〕久之不進，韋諤極言，乃引步前行。高力士乃請先入見太真，具述事勢，太真曰：「今日之事，實所甘心，容禮佛。」遂縊於佛堂，舁置驛庭中。令玄禮等觀之，玄禮等免冑謝焉。軍人乃悦。然（後）議鑾駕所詣，上意欲幸蜀中，中使常清以國忠久在劍南，恐其中連謀生意，不如幸太原，百姓望幸多時，地安可駐。中官郭師太謀幸朔方，曰：「彼蕃漢雜處，父子成章，自來地名忠孝。」中官駱休祥請幸隴西，曰：「姑臧一部曾王五涼，土厚地殷，實堪巡幸。」各陳所見，都十餘輩，上皆不可，顧謂力士曰：「卿意如何？」力士曰：「太原雖近，地與賊連，先屬禄山，人心難測；朔方近塞，全是蕃戎，教之甚難，不達人意；西涼地遠，沙塞蕭條，大駕巡幸，人馬不少，既無備擬，立見悽惶；劍南雖小，土富人强，表裏山河，内外險固。以臣所見，幸蜀爲宜。」上然之。即日幸蜀。皇太子爲百姓所留，尋幸靈武。

十七日甲午，陷西京。初，禄山不虞玄宗南幸，故進兵緩也。於是禄山僞官屬等，全虜府庫兵甲、文物、圖籍，宜春雲韶，犀象、舞馬，掖庭後宫皆没焉。禄山以車輦樂器及歌舞衣服，迫脅樂工，牽制犀象，驅掠舞馬，遣入洛陽，復散於北，向時之盛埽地矣。肅宗克復，方散求於人間，復歸於京師，十得一二三。禄山至東都，既爲僭逆，嘗令設樂。禄山揣幽燕戎王，蕃胡酋長多未之見，乃誑曰：「自吾得天下，犀象自南海奔來，見吾必拜舞，禽鳥尚知天命所歸，況於人乎？則四海安得不從我！」於是令左右領象至，則瞪目忿怒，略無舞者。禄山大慙，懷怒命置於穽井中，以烈火燒，使力憊，俾壯士乘高而投之，洞達胸腋，流血數石。舊人樂工見之，無不掩泣。禄山尤致意於樂工，求訪頗切，不旬日間，獲梨園弟子數百人。羣賊皆相與大會於凝碧池，宴僞官數十人，陳御庫珍寶，羅列前後。樂既作，梨園弟子皆不覺戲欷，相視泣下，羣賊露刃持（滿）〔戈〕以脅之，而悲不自勝。樂工雷海清者，投樂器於地，西向慟哭，賊乃縛海清於戲馬臺，支解以示樂人，聞之者無不傷痛。時王維亦在賊中，（初）〔拘〕於菩提佛寺，聞之，賦詩曰：「萬户傷心生野煙，百官何日更朝天？秋槐葉落空宫裏，凝碧池頭奏管絃。」維，開元初進士及第，事母崔氏以孝聞，累官給事中。禄山陷長安，維在賊中，佯狂失音久之。賊重其名，追赴洛陽，僞（受）〔授〕給事中。至德二年冬，收東京。〔三司類例〕，陷賊官（三）〔六〕等定罪。時弟縉爲刑部侍郎，抗表請以官爵贖兄之罪。上元元年，特宥之。責授太子中允，後爲尚書右丞。嘗別業於輞川，朝散之後，常獨坐焚香。妻亡後，三十年孤居一室，便絶塵累。及臨終之際，縉在鳳翔，作別縉書及平生故人，勸以修習，捨筆而終。

禄山竊據河、洛，令張通儒居守，安守忠總兵以鎮西京，於時二京全陷。至德元年九月，賊黨孫孝哲害霍國長公主、永王妃及駙馬楊駬等八十〔餘〕人，又害皇孫二十餘人，並刳其心，以祭安慶宗。慶宗以禄山起兵之年十一月二十七日腰斬於長安，並母康氏等五人，榮義公主亦賜死焉。自後安忍殺不附己者，王侯將扈從入蜀者子孫兄弟，雖在嬰孩之中，皆不免於刑戮。遂深居高拱，殘虐自恣，其大將等亦不可得而見之，皆因嚴莊以白事。其酷如狼虎，雖曰腹心，齊爲仇敵矣。先是，百姓因亂爲盜，忽入倉庫。禄山既收西京，怒之，大索長安三日而後止，雖私財必皆取之。又令府縣推按，連引支證，日以句録徵剥搜捕爲事，錐刀之末無不徵之，百姓騷然，所在叛矣。間諜日至，士庶潛議亡歸，知肅宗至靈武，皆企官軍，相傳曰：「皇太子從西來也。」人皆奔走，市肆爲空，如是者百餘日。京畿豪杰，没賊官吏歸者，相繼不絶，誅而復起，（絶）〔總〕莫能制。其初自京畿，鄜坊至於岐隴，悉附之，至是城西之外爲勍敵。其將皆勇而無謀，日縱酒高會，唯聲色財貨是嗜，不復萌西進之心。故肅宗得乘其弊，蓋天所命也。兇威所至，無不蕩覆，衣冠士庶歸順於靈武郡者，繼於道路，家口亦多避地於江淮。天寶初，貴游士庶好衣胡服，爲豹皮帽，婦人則簪步摇，衩衣之制度，衿袖窄小。識者竊怪之，知其（戎）〔兆〕矣。其陷賊州郡，賊軍所至則爲賊守，師纔去則相共殺賊歸國，反覆十數度，至於城邑爲墟，而人心不改。及聞肅宗治兵於靈武，人心益堅矣。

禄山先患眼疾，日加昏昧，殆不見物，又性轉嚴酷，事不如意，即加箠撻，左右

給侍微過，便行斧鉞。特寵段氏，常欲以段氏所生慶恩代長子慶緒爲嗣。慶緒每懼見廢，嚴莊亦慮祿山眼疾轉甚，恐宮中事變之後將不利，遂夜與慶緒及祿山左右閹豎李豬兒等同謀。莊謂慶緒曰：「殿下聞大義滅親乎？臣子之間事不得已而爲者，不可失也。」慶緒小胡，性又怯懦，憂懼之際，遂應之曰：「兄之所爲，敢不從命。」又謂豬兒曰：「汝事皇帝，鞭笞寧可數乎？汝不行大事，死無日矣。」二年正月五日，遂相與謀殺祿山。嚴莊、慶緒執兵立於帳外，豬兒執大刀直入帳下，以刀斬其腹，左右懼不敢動。祿山眼無所見，牀頭常著佩刀，始覺難作，捫刀不得，但以手撼帳竿大呼云：「賊由嚴莊。」須臾，腹已數斗血流出。掘牀下地，以氈裹其屍埋之，戒宮中勿令泄。莊明日宣言於外，稱祿山疾亟，僞詔立慶緒爲皇太子，軍國事大小並決之於慶緒。僞即位，尊祿山爲太上皇。慶緒常兄事嚴莊，每事必咨之。豬兒，契丹之降口也，年十歲餘，事祿山頗謹。宮刑之時，流血數斗，殆死，數日方蘇，幼時祿山最信之。祿山腹大，每著衣服，令三四人擎腹，豬兒頭戴之，始得繫衣帶。玄宗賜祿山華清宮浴，豬兒得入宮與祿山解著衣裳。然祿山性殘暴，鞭撻豬兒最多，遂有割腹之禍。

祿山以天寶十四年乙未十一月反，至至德二年丁酉正月被殺，僭竊三年，年五十五。至德二年八月二十五日，敗賊將安守忠等於香積寺。汾陽領軍從城南赴(東)〔西〕都。二十八日，元帥代宗皇帝入城，安撫百姓。十月六日，又收東都，安慶緒空東都遁於河朔。十月二十三日，大駕還京，其日上皇發成都。慶緒之奔也，步軍不滿三千，馬軍纔三四百，至新鄉，知嚴莊投國家，諸將當時心動。阿史那承慶部落及李立節、安守忠、李歸仁等散投恒、趙、范陽，只有張通儒、崔乾祐等兩三人，時來衙前參。至衛州則無人輒見，及至湯陰，分散過半，縱未去者亦止泊相遠。慶緒知人心移改，不敢詢問。至相州，離散略盡，疲卒纔一千，騎士三百而已。至滏陽縣界，時河東節度使李光弼屯卒一萬，軍馬三百在滏陽，慶緒處必死地，謂諸弟曰：「一種是死，不如刀頭取決。」遂與慶和等三人領家童數百，設奇計大破官軍，光弼大潰。澤潞節度使王思禮營相去四五里，知光弼敗，一時分散，慶緒遂分八道，曳露布稱：破光弼、思禮兩軍，收斫萬計，營幕儼然，天假使便，無所欠少，況回鶻已走，立功不難。其先潰將士於相州屯集，限此月二十六日前到取，來月八日再收洛陽。諸賊知河東喪師，逆心又固，受其招誘，以十月悉到相州。慶緒改相州爲安成府，大赦境內，改年曰天和。委薛嵩訓練新舊衆三萬餘，馬軍六千已上。旬日之中，僞將蔡希德以其衆自高平至，田承嗣自潁川至，武令珣自唐至，道塗復及六萬。明年六月十四日，汾陽自上都赴軍，領十六萬至衛州城下。而慶緒以馬步十萬來逆戰，數合皆敗。慶和恃以弓矢，獨自出陣射官軍，中箭棄鎗，墜馬就擒。慶緒大敗，遇夜走歸相州，汾陽遂收諸道兵馬。薛兼訓、董秦等二十一萬衆於相州西南三十里下營。十一月五日，慶緒以五萬衆列陣於愁思岡，賊衆大敗，殺二萬餘人，遂至城下，四面穿濠圍之。慶緒以殘傷出戰，多至摧敗，却入城守。史思明本爲慶緒北鎮幽薊，及慶緒京陝西敗，洛陽奔北，思明殺烏承恩，却背國家。慶緒危急，頻〔遣〕使求救於思明，思明乃引軍來援。兇徒既出燕州。乾元二年，思明於魏州僭稱燕王，年號順天，全軍屯於楚王橋。使李歸仁以精兵一萬尋山向北。汾陽以敕賜刀授(懷)軍。平明，引軍躡賊，賊亦駐軍，相持至暮，三合，歸仁大敗，擒僞洛州節度使張令暉、兵馬使范秀嚴，流血積屍，填谿溢谷，歸仁乃歸滏陽，招取敗卒，思明聞之大懼。汾陽以諸將欲襲思明謀議不同，汾陽與李廣琛同謀，引安陽河水浸城，遂築堰開渠，而浸城焉。城中無復出路，餓死者衆，思明遂領兵來助，殺我防堰官健，決我隄堰，又破衛尉縣，燒糧車五十乘，驅却牛萬頭，官健走脱者一半(已來)。二月己未，慶緒城中易子而食，屑朽木淘馬糞飼馬。官軍以道路懸絶，往來甚艱，汾陽與光弼所謀不協，遂列大陣於鄴縣南十里韓陵山東(潼)〔滏〕水上。官軍初勝，生擒，殺傷甚衆。思明於困敗之中，忽生奇計，官軍大敗。日蕩風起，塵埃晝昏，城下諸軍望見迴軍，以爲賊徒大至，一時皆潰，資糧器械並棄。汾陽行二三里駐馬以待師，與諸將結四面陣，當路而迴，官軍四分損一。思明引全軍赴相州，慶緒使人三十里外，將赭黄衣以(送)〔逆〕思明，申誠請册。思明曰：「不用衣服即當相見。」慶緒與弟五人，渡安陽河十里來逆，見思明欲下馬，思明止之，迴馬讓行，慶緒從焉。當時分配安置僞刑部尚書孫孝哲、侍中高尚、兵部尚書崔乾祐大將已下九人並在毬場祇候，參賀思明過後，九人一時處斬。思明休卒於合河之陽。思明既下馬，慶緒兄弟(□)〔廳〕前東西而立。數慶緒凡數百言，末云：「因何殺阿爺奪職掌？」曳慶緒西面縊殺之，諸弟四人並斬。初，慶緒未敗時，讖云：「渡河野狐尾獨速，明年死在十八日。」又云：「胡絶其後，死在合河口。」至是而驗。當(解)〔時〕，思明將士或謀殺思明而附慶緒，蓋懷祿山舊恩。事臨發，慶緒降，衆人皆恨之。慶緒官健六千餘人，大半餓不(能)行立，並令安太清等養育之，數內三千三百人是隨從慶緒者，亦殺之，食後方移入城。自是祿山之種類殲矣。

慶緒自至德二年殺祿山自立，至乾元二年己亥爲史思明所殺，其後併於思明。思明復稱大燕，以祿山爲僞燕，令僞史官(□)〔官〕稷一撰祿山、慶緒墓誌，而祿山不得其屍，與妻康氏並招魂而葬，所謂哀后者也。謚祿山曰光烈皇帝，降慶緒爲進剌王。其墓誌敍述兇逆，語非典實，所紀亦無可取，故略也。史思明，營州雜種胡也。本名窣干，玄宗改爲思明。瘦小，少髭鬚，深目鳶肩，性剛急。與祿山同鄉，生較祿山先一日，思明歲夜生，祿山歲日生。及長，相親，俱以驍勇聞。解六蕃語，同爲牙郎。以欠官錢走入奚，詐爲漢使得免，後誘殺奚，節度使張守珪以思明殺奚功，奏授折衝。與祿山同爲捉生將，去無不捷，累拜大將軍。及祿山叛逆，遂爲祿山攻劫郡縣，所向無敵。始自一卒至平州刺史，收河朔，戮力驟至崇秩，畏威懷德，雖死無二。後慶緒殺祿山，而賜思明姓安氏，改名榮國，封嬀川王。思明自己懷計，而常懼賊將蔡希德。無何，朝義殺希德，而思明喜形於色。尋以八百騎衆舉河北降，封歸義王、范陽節度使。明年，改乾元元年。戊戌，肅宗使烏承恩爲思明副，思明殺之，復及諸將。圍慶緒於相州，思明乃來援，初懼我軍之救，會蕭華以魏州來歸順，詔河南節度使李光遠代蕭華，思明乘其初到，以子擊光遠，光遠脱身南渡。明年，

即(元)(二)年己亥正月一日也，思明於魏州自立爲燕王，年號順天。引兵救相州，官軍敗績，九節度使引退，思明頓兵於合河口，慶緒兄弟至，皆殺之，併其衆，迴至薊城。集僚屬誇衒克捷，自爲天假智略，人亦以爲然。乃立宗廟社稷，謚祖考爲皇帝，以妻辛氏爲皇后，次子朝興爲皇太子，長子朝義爲懷王，諸子皆爲王。以禮招魂葬禄山。置侍中、尚書令等官，立臺省無曹局，遞爲檢討之所，識者笑之。以范陽爲燕京，命洛陽爲周京，長安爲秦京，置日華等門，署衙門樓爲聽政樓，節度廳爲紫微殿。又令其妻爲親蠶之禮於薊城東郊，以官屬妻爲命婦，燕羯之地不聞此禮，看者塡街塞路。燕薊閒軍士都不識京官名品，見稱黄門侍郎者曰：「黄門何得有髭鬚？」皆此類也。其年八月，又總兵南來。九月，又收大梁，陷我洛陽，東洛佛事皆送幽州，以舊宅爲龍興寺，而崇飾之。思明本不識文字，忽然好吟詩，每就一章，必驛宣示，皆可絶倒。嘗欲以櫻桃賜其子朝義及周贄，以彩牋敕左右書之，曰：「櫻桃一籠子，半赤一半黄。一半與懷王，一半與周贄。」小吏龍譚進曰：「請改爲一半與周贄，一半與懷王，則聲韻相協。」思明曰：「韻是何物？豈可以我兒在周贄之下！」又題《石榴詩》曰：「三月四月紅花裏，五月六月瓶子裏。作刀割破〔黄胞衣〕，六七千箇赤男女。」郡國傳寫，置之郵亭。子朝興，本牧羊胡雛，忽奄有十州之地，恣爲不法，人不聊生，萬姓嗷嗷，皆望官軍之至。上元二年辛丑，官軍於邙山敗績，光弼奔聞喜。思明使其子朝義爲先鋒，自爲後殿，朝義至永寧郡西，使鐵騎先鋒至姜子嶺，爲官軍所敗。朝義屢進兵皆挫衄，思明大怒朝義與諸將，並欲按軍令，朝義惶懼不自安。思明居驛，令心腹曹將軍擊刁斗，防衛甚嚴。朝義將駱悦、蔡文景與朝義曰：「王於姜子嶺失律，今日害王，王何不自謀，悦等與王死無日矣。因言廢立之事，曹將軍亦願爲之，欲喚共謀大事如何？」朝義曰：「勿驚動聖人，善爲之計。」使許叔冀男季常以其命命曹將軍至，駱悦以其謀告之，曹將軍知諸將怨，恐禍及己，乃不敢拒。其夜，領朝義〔部〕下數百人(釋)〔擐〕甲詣驛，思明侍衛怪其有異，懼曹將軍，遂不敢動。思明夢覺，據牀惆悵。思明性好伶人，寢食必置左右，伶人以其殘忍皆怨之。因問其故，思明曰：「吾向夢見小沙上羣鹿，吾逐鹿一本無「吾逐鹿」三字。及水，遂見鹿死水乾。」言畢如厠，伶人相謂曰：「鹿者，禄也；水者，命也。禄與命俱盡矣。」俄頃，駱悦以兵入，問思明所在，未及對，以匕首揕殺數人，因指如厠。思明知事變，踰牆至馬厩，鞴馬(將)(已)乘之，悦等索見之，使麾下周子俊射中其臂，落馬。思明問悦等曰：「是何人作難？」悦曰：「懷王命。」思明曰：「我朝來語錯，合招此事。然汝廢我太疾，何不待我收長安，終歸汝事。今雖廢我，汝必不成。」因急呼朝義小名者三，曰：「莫殺我，我不惜死，恐汝有殺父之名。」因罵曹將軍：「此胡殺我，我負汝何事，而行此逆乎！」悦等叱左右擒思明赴柳泉驛，乃迴見朝義，朝義曰：「莫驚聖人否？」悦曰：「無之。」周贄、許叔冀軍在邙山。朝義發許季常往報，贄於簾下坐見季常，聞説驚倒。朝義乃領兵迴，周贄、許叔冀與季常赴之。恐贄貳於己，令駱悦等歡迎之，殺於柳泉驛。恐衆心未定，遂矯朝義之命，以帛縊殺思明，氈裹其屍，駱駝馳到東都。朝義，思明之孽子也，既殺思明，復使張通儒誅朝興等。以通儒爲燕京留守，尋爲高鞫仁所殺。又與蕃將阿思那承慶相害，承慶不敵而奔潞縣。鞫仁令城中殺胡者重賞，於是羯胡盡殪，小兒擲於空中，以戈承之，高鼻類胡而濫死者甚衆。以鞫仁爲燕京兵馬使。五月，以僞太常卿李懷仙爲御史大夫、范陽節度使，復殺鞫仁。衙門自春至夏，相殺者凡四五。加懷仙兵部尚書、隴西郡王。寶應元年，葬思明於良鄉東北崗。是月，王師克復洛陽。朝義敗走渡河，保魏州。河北相繼歸順，朝義又加懷仙侍中，走至莫州，疑懷仙，不入前城，取道北走，將投奚。十二月，李懷仙以范陽歸順，誘殺朝義於城東，函其首，使騎將徐濟馳獻於闕下。朝廷嘉之，拜懷仙太傅、檢校侍中兼兵部尚書，封武(都)〔威〕郡王，仍爲幽州節度使，薊門遂寧。思明以乾元二年己亥三月殺安慶緒僭王，至史朝義寶應元年十二月爲李懷仙殺，首尾四年。

安、史二兇羯，相繼亂於范陽，安禄山以天寶十四載乙未十一月犯順，史思明男朝義至寶應元年壬寅十二月爲李懷仙所殺，二胡共擾中原凡八年，幽、燕始平。

劉肅《大唐新語》卷二《極諫三》 安禄山天寶末請以蕃將三十人代漢將，玄宗宣付中書令即日進呈。韋見素謂楊國忠曰：「安禄山有不臣之心，暴於天下，今又以藩將代漢，其反明矣。」遽請對。玄宗曰：「卿有疑禄山之意邪？」見素趨下殿，涕泗且陳禄山反狀。詔令復位，因以禄山表留上前而出。俄又宣詔曰：「此之一奏，姑容之，朕徐爲圖矣。」見素自此後，每對見，每言其事，曰：「臣有一策，可銷其難，請以平章事追之。」玄宗許爲草詔，訖，中留之，遣中使輔璆琳送甘子，且觀其變。璆琳受賂而還，因言無反狀。玄宗謂宰臣曰：「必無二心，詔本朕已焚矣。」後璆琳納賂事洩，因祭龍堂，託事撲殺之。十四年，遣中使馬承威賚璽書召禄山曰：「朕與卿修得一湯，故召卿。至十月，朕待卿於華清宫。」承威復命，泣曰：「臣幾不得生還。禄山見臣宣進旨，踞床不起，但云：『聖體安穩否？』遽令送臣於別館。數日，然後免難。」至十月九日，反於范陽。

鄭處誨《明皇雜録》補遺 上西幸蜀，禄山以車輦、樂器及歌舞、衣服迫脅樂工，牽引其犀象，驅掠舞馬，盡入洛陽，復散于河北。舊時之盛，掃地而盡矣。洎肅宗克復，方散求于人間。其後歸於京師者，十無一二焉。禄山至東都，既懷僭逆，大設聲樂。禄山揣幽戎王、蕃胡酋長多未之見，因誑之曰：「吾自有天下，大象自南海奔走而至，見吾必拜舞。鳥獸尚知天命有所歸，何況人乎？」則四海必從我。」于是左右引象來，至則瞋目憤怒，略無拜舞者。禄山大懷慚怒，命左右置檻穽中，以烈火爇之，以刀槊俾壯士乘高投之，洞中胸臆，血流數丈。舊人樂工見者，無不掩淚。

天寶末，羣賊陷兩京，大掠文武朝臣及黄門、宮嬪、樂工、騎士。每獲數百人，以兵仗嚴衛送於雒陽。至有逃於山谷者，而卒能羅捕，追脅授以冠帶。禄山

尤致意樂工，求訪頗切，於旬日獲梨園弟子數百人。羣賊因相與大會於凝碧池。宴僞官數十人，大陳御庫珍寶，羅列於前後。樂既作，梨園舊人不覺歔欷，相對泣下。羣逆皆露刃持滿以脅之，而悲不能已。有樂工雷海清者，投樂器於地，西向慟哭，逆黨乃縛海清於戲馬殿支解以示衆。聞之者莫不傷痛。王維時爲賊拘於菩提寺中，聞之賦詩曰：「萬户傷心生野煙，百官何日更朝天。秋槐葉落空宫裏，凝碧池頭奏管弦。」

趙璘《因話録》卷一《宫部》　安禄山入覲，肅宗屢言其不臣之狀，玄宗無言。一日，召太子諸王擊毬，太子潛欲以鞍馬傷之。密謂太子曰：「吾非不疑，但此胡無尾，汝姑置之。」

張固《幽閒鼓吹》　安禄山將反前三兩日，於宅宴集大將十餘人，錫賚絶厚，滿廳施大圖，圖山川險易攻取剽劫之勢，每人付一圖，令曰：「有違者斬，直至洛陽！」指揮皆畢，諸將承命，不敢出聲而去，於是行至洛陽，悉如其畫也。

《太平廣記》卷七六《安禄山術士》引《逸史》　唐安禄山多置道術人。謂術士曰：「我對天子亦無恐懼，唯見李相則神機悚戰。」即李林甫。術士曰：「公有陰兵五百人，皆銅頭鐵額，常在左右，何得畏李相公！」又謂禄山曰：「吾安得見之？」禄山因表請宴宰相。令術士於簾下窺之。驚曰：「吾初見報相公來，有雙鬟二青衣，捧香爐先入。僕射侍衛銅頭鐵額之類，皆穿屋踰垣而走，某亦不知其故。當是仙官暫謫居人間也。」

王仁裕《開元天寶遺事》卷下《金牌斷酒》　安禄山受帝睠愛，常與妃子同食，無所不至。帝恐外人以酒毒之，遂賜金牌子，繫於臂上。每有王公召宴，欲沃以巨觥，禄山即以牌示之，云准敕斷酒。

李德裕《次柳氏舊聞》補遺　天寶中，安禄山每來朝，上特異待之，爲置坐于殿，而偏張金雞障，其來輒賜坐。肅宗諫曰：「自古正殿無人臣坐禮，陛下寵之已甚，必將驕也。」上呼太子前曰：「此胡有奇相，吾以此厭弭之爾。」

陶穀《清異録》卷下《武器門》　安禄山得飛剛寶劍，欲奏上，乞封劍爲堅利侯。僚屬以無此例，力止之。

錢易《南部新書》卷癸　安禄山押字，以手指三撮而成。

《資治通鑑》卷二一六唐玄宗天寶十載正月條考異引《天寶亂離西幸記》　禄山諂約楊妃，誓爲子母。自虢國已下，次及諸王，皆戲禄兒，與之促膝娱宴。上時聞後宫三千合處喧笑，密偵則禄山果在其內。貴戚猱雜，未之前聞；凡曰釵鬟，皆啗厚利；或通宵禁掖，暱狎嬪嬙。和士開出入臥內，方此爲疏；薊城侯之獲厠刑餘，又奚足尚！

《資治通鑑》卷二一七唐玄宗天寶十四載十一月條考異引《薊門紀亂》　自其年八月後，慰諭兵士，磨厲戈矛，頗異於常，識者竊怪矣。至是，禄山勒兵夜發。將出，命屬官等謂曰：「奏事官胡逸自京回，奉密旨，遣禄山將隨身兵馬入朝來，莫令那人知。羣公勿怪，便請隨軍。」

王讜《唐語林》卷三《識鑒》　安禄山初爲張韓公帳下走使之吏，韓常令禄山洗足。韓公脚下有黑點子，禄山因洗脚而竊窺之。韓公顧笑曰：「黑子，吾貴相也，獨汝窺之，亦能有之乎？」禄山曰：「某賤人也，不幸兩足皆有，比將軍者黑而加文，竟不知是何祥也。」韓公奇而觀之，益親厚之，約爲義兒而加薦寵焉。

佚名《分門古今類事》卷九《禄山異聞》引《唐宋遺史》　唐明皇朝退，召禄山陞殿，用銀裹小杌子賜坐，清問甚久，方令引退。肅宗因暇陳曰：「自古正殿，人臣不可坐，陛下縱愛之，但加之禄秩，賜之金帛可矣！」明皇不答。異日朝退，又召禄山賜坐。肅宗乃懷疏伏於寢殿青蒲上，曰：「臣於家，與陛下父子也，於朝，與陛下君臣也，至親切無如君臣父子矣。臣嘗言，正殿人臣不可坐。陛下今召禄山賜坐，金口詢問，移時方使去，是臣言無所用。且臣位爲太子，更欲何圖？若坐視朝廷之禮有所不正而不言，是臣陷君父於有過之地，則臣之不忠不孝之罪可知也。」因泣涕交下。玄宗遽命引起，辟去左右，撫其背曰：「是非吾兒所能知也。此胡有奇相，吾以此厭之也。」肅宗曰：「若然，則何不殺之？」玄宗曰：「殺假恐生真。」肅宗乃還東宫，私念默求計以殺之。一日召禄山飲，乃先教宫人曰：「若吾索壽酒，汝當進鴆。」禄山至，酒數行。肅宗曰：「將軍與吾家親逾骨肉，義極君臣，然將軍亦謹厚，吾頗喜也。今日願與將軍爲壽！」乃命左右進壽盃。禄山舉之將飲，適會燕啣泥墮盃中，禄山乃不飲，復置盃於坐，起曰：「臣蒙殿下賜酒，已醉。」乃再拜而去。

備論

《舊唐書》卷二〇〇下《安禄山傳》　史臣曰：我唐之受命也，置器於安，千年惟永，百蠻嚮化，萬國來王。但否泰之無恒，故夷險之不一。三百算祀，二十

帝王。雖時有竊邑叛君之臣，乘危徼倖之輩，莫不才興兵革，即就誅夷。其間沸騰，大盜三發，安禄山、朱泚、黄巢是也。

夫謀危社稷，將害君親，轘裂瀦宫，未塞其罪，故不俟於多談也。然盜之所起，必有其來，且無問於天時，宜決之於人事。禄山母爲巫者，身是牙郎，偶緣微立邊功，遂至大加寵用，總知馬牧，特委兵權。愛天子之獨尊，與國忠之相忌，故不能以義制事，以禮制心，遂稱向闕之兵，以期非望之福，此所以爲亂也。朱泚家本漁陽，性惟兇狡，耳習聞於篡奪，心本乏於忠貞。暨弟爲亂階，身留京邑，小不如意，别懷異圖。但樂荒雞之鳴，唯幸和鑾之動，緣幽帥之嘗因亂得，謂神器之可以徼求。黄巢闒茸微人，萑蒲賤類，因饑饉之歲，躡王、尚之蹤，志在奪攘，謀非遠大。一旦長驅江表，徑入關中，見五輅之蒙塵，謂寶命之在我。必若玄宗採九齡之語，行三令之威，不然使禄山名位不高，委任得所，則羣黎未必陷於塗炭，萬乘未必越於岷、峨。德宗能含垢匿瑕，不佳兵尚勇，不然則取李承之言，不委希烈伐叛，不然則取公輔之諫，早令朱泚就行，如此則未必有涇原之亂兵，未必有奉天之危急。僖宗能知人疾苦，惠彼困窮，不然則從鄭畋之謀，赦羣偷之罪，如此則黄巢不必能犯順，鑾御未必須省方。蓋差之毫釐，失之千里，蛇螫不能斷腕，蟻穴所以壞隄。後之帝王，足爲殷鑒。

史朝義、秦宗權乘彼亂離，肆行暴虐，虔劉我郡邑，僭竊我衣裳，終雖滅亡，爲害斯甚，兹亦沴氣之餘也。

贊曰：天地否閉，反逆亂常。禄山犯闕，朱泚稱皇。賊巢陵突，羣豎披攘。徵其所以，存乎慢藏。

《新唐書》卷二二五上《安禄山傳》 贊曰：禄山、思明興夷奴餓俘，假天子恩幸，遂亂天下。彼能以臣反君，而其子亦能賊殺其父，事之好還，天道固然。然生民厄會，必假手于人者，故二賊暴興而亟滅。張謂讖劉裕「近希曹、馬，遠棄桓、文，禍徒及於兩朝，福未盈於三載，八葉傳其世嗣，六君不以壽終，天之報施，其明驗乎！」杜牧謂：「相工稱隋文帝當爲帝者，後篡竊果得之。周末，楊氏爲八柱國，公侯相襲久矣，一旦以男子偷竊位號，不三二十年，壯老嬰兒皆不得其死。彼知相法者，當曰此必爲楊氏之禍，乃可爲善相人。」張、杜確論，至今多稱誦之。如禄山、思明，希劉裕，楊堅而不至者，是以著其論。

孫甫《唐史論斷》卷中《張九齡請斬安禄山》 論曰：人君有忌心，則賢者不能立事。軍國之務至衆，一人之智固不能了，必藉賢者謀議也。賢者謀議，多出衆人之見，非英睿求治之君，往往不諒其心，或以忤意厭之，或以立異惡之。姦邪希旨之臣，摭疑似之事，從而讒毁，則人君忌之矣。既忌之，不惟謀議難合，且欲鬬一時怒氣，多方沮之，雖理道明白，亦不從也。賢者爲人君所忌如此，欲立事得乎？九齡以高才直道，居輔相之位，值明皇倦於政治，厭聞讜言，方且倚任李林甫。姦臣謀議，固無所合，及奏禄山逆狀，此先覺獨斷之論，非常人可明。其以將校敗衂，請行軍法，此有何難明之理，況禄山素無賢名，又無大功，本以勇鋭可用；今戰而敗衂，則勇鋭亦不過人，不知以何功德可贖罪也？是明皇特以九齡議論堅正，多所違忤，又聽姦言讒間，久有忌心，因不從其言而沮之也。噫！賢者忠於國而君忌之，謀議之事雖理道明白，不從其言，在賢者無負於國矣。但人主内倚姦言，外養大惡，遷播之辱，歸咎何人哉？

王夫之《讀通鑑論》卷二三《唐玄宗》 玄宗之幾喪邦也，惟其以官酬功，而使禄山懷不得宰相之忿，鏇忮廷臣，怨懟君父，而逞其毒。玄宗出奔，肅宗孤起於邊陲，以待匡救於羣臣。於斯時也，人競乘時以希高位，而不知所厭止者也。凡天下一敗而不能復興之禍，恒起於人覬貴寵而君輕爵位。貴寵可覬，則賢不肖無别，而賢者不爲盡節；爵位既輕，則勸與威無以相繼，而窮於勸者怨乃以生。長源知亂之必生於此也，故玄宗知其才，欲官之，而早已不受；抑知必反此而後可以立功也，故肅宗與商報功之典，而曰「以官賞功，非才則廢事，權重則難制，莫若疏爵土使比小郡，而不可輕予以宰相之名」。唯然，猶恐同功共事之人，侈望之積習不化，故已以東宫之友，倚任之重，聯鑣對榻之隆，而居然一布衣也；則人不以官位爲貴而貴有功，不以虚名爲榮而榮有實，天寶濫竽之敝政，人恥而不居，而更始「羊頭關内」、高緯「鷹犬儀同」，敗亡之覆軌，不復蹈焉。

王夫之《讀通鑑論》卷二四《唐德宗》 夫環天下之賢不肖，待銓除於吏部，不足以辨不齊之材品，此誠有未允者，而亦事理之不得不然者也。操黜陟之權於一人者，天子憲天以立極，猶萬彙之榮枯統於真宰也。分進退之衡，使宰相部臣司其進，牧守使臣糾其退者，各有所司而不相侵，猶春夏之司生，秋冬之司殺，互成歲功也。牧守既臨下以考功罪矣，又使兼爵人禄人之權焉，則誣上行私、政散人流而不可止。唐之以判官副將聽諸使之自擇，其威福下移之害，既可睹矣。激安禄山以反者，幽、燕部曲也；黨劉展以反者，江、淮親舊也；勸李寶臣以抗命者，王武俊也；導李惟岳以自立者，畢華也；説朱滔以首亂者，王侑也；奉四叛以稱王者，李子千也。自非端士，必懷禄以爲恩。足不涉天子之都，目不睹朝

廷之法，知我用我，生死以之，而遑問忠孝哉？故自田承嗣、薛嵩、李正己、李希烈以洎乎李克用、朱温、王建、楊行密，皆有盡心推戴之士以相煽而起。朝廷孤立，無與爲謀，唐之亡，亡於人之散，明矣。抑令天下無釁，牧守無妄動之心，而互相輔倚，以貪縱虐民、蕩佚法制，亦孰與禁之？而國民之交病，不可詰矣。既濟倡爲邪說，以破一王之法制，意者其爲藩鎮之内援，以禁天子不得有一士之用乎？不然，何大綱已失，必取其細目而裂之也？

藝文

徐鈞《史詠詩集》卷下《安禄山》 隨人畜養寧知父，負主恩私豈有君。逆氣終然招逆報，可憐四海亂如雲。

洪适《盤洲文集》卷二七《唐户部侍郎平原太守河北招討採訪使移清河諸郡討安禄山檄》 天寶十五載，二月某日，户部侍郎平原郡太守河北招討採訪使真卿移清河博平諸郡太守，蓋聞食土之毛既已，莫非臣子僭人之爵，毋寧坐視寇讎，敢布心腹之辭，共竭股肱之力。我國家受天明命，卜世過終商周，享國百年致治追於文景。高祖肇基大業，太宗翦薙羣兇，我皇帝厚德格于上天，深仁被于綿宇。而賊臣安禄山者犬羊餘噍螻蟻餓俘，荷三道之重權，積十齡之異志，志推食解衣之德，舊裂冠毀冕之謀，鳴鏑楊塵蹂北土萬里之地，長戈指闕宇太微五帝之庭，僭擬乘輿汚穢宫禁，罄南山之竹書罪無窮。決東海之波滌瑕不足，神人共怒，天地靡容，真卿世受皇恩，身膺郡寄，誓捐軀而効死，不與賊以俱生，增陴浚隍爲日已久，蒐乘補卒固敵是求，勵平原之兵已多，多而益辦，仰清河之粟更陳，陳而相因，英雄皆投石之才，驍鋭有成林之衆，以此制敵何敵不摧，以此攻城何城不克，公等王侯華胄師，帥重權方，當此摇蜂毒以長驅，豈不能聞雞鳴而起舞，宜各陳其師旅以共濟，於國家或搤其吭，或斷其臂，或趨汲鄴以潰其膂腹，或徇河洛以鯁其喉牙，帥兹西向之鋒制其北走之路，同濟非常之業，式隆再造之勳，義士忠臣，各協乃力，皇天后土，實佑此行，毋懷恤緯之心，遂失投機之會，文書千里驛行。

《全唐詩》卷八七五佚名《安禄山古讖》 兩角女子緑衣裳，端坐太行邀君王，一止之月必消亡。

《全唐詩》卷八七八佚名《燕燕謡》 燕燕，飛上天。天上女兒鋪白氈，氈上有千錢。

《全唐詩》卷八七八佚名《幽州謡》 舊來誇戴竿，今日不堪看。但看五月裏，清水河邊見契丹。《青瑣高議》又載一謡云：「山上一羣鹿，大鹿來相逐。啼殺澗下羊，卻被豬兒觸。」

《全唐詩》卷八八七盧言《上安禄山》 象曰雲雷屯，大君理經綸。馬上取天下，雪中朝海神。

史思明部

綜述

《舊唐書》卷二〇〇上《史思明傳》　史思明，本名窣干。營州寧夷州突厥雜種胡人也。姿瘦，少鬚髮，鳶肩傴背，嶔目側鼻。性急躁。與安祿山同鄉里，先祿山一日生，思明除日生，祿山歲日生。及長，相善，俱以驍勇聞。初事特進烏知義，每令騎覘賊，必生擒以歸。又解六蕃語，與祿山同爲互市郎。張守珪爲幽州節度，奏爲折衝。天寶初，頻立戰功，至將軍，知平盧軍事。嘗入奏，玄宗賜坐，與語，甚奇之。問其年，曰「四十矣」。玄宗撫其背曰：「卿貴在後，勉之。」遷大將軍、北平太守。十一載，祿山奏授平盧節度都知兵馬使。

十四載，安祿山反，命思明討饒陽等諸郡，陷之。十五載正月六日，思明與蔡希德圍顏杲卿於常山，九日拔之。又圍饒陽，二十九日不能拔。李光弼出土門，拔常山郡，思明解圍而拒光弼。光弼列兵於城南，相持累月。光弼草盡，使精卒以車數乘於旁縣取草，輒被擊之，其後率十匹唯共得兩束草，至剉薦以飼之。初，祿山以賈循爲范陽留後，謀歸順，爲副留守向潤客所殺，以思明代之。又以征戰在外，令向潤客代其任。四月，朔方節度郭子儀以朔方蕃、漢二萬人自土門而至常山，軍威遂振，南拔趙郡，思明退保博陵。五月十日，子儀、光弼擊之，敗思明於沙河上。又攻之，思明以騎卒奔嘉山，光弼擊之，思明大敗，走入博陵郡。光弼圍之，城幾拔。屬潼關失守，肅宗理兵於朔方，使中官邢廷恩追朔方、河東兵馬。光弼入土門，思明隨後徼擊之，已而迴軍併行擊劉正臣，正臣易之。初不設備，遂棄軍保北平，正臣妻子及軍資二千乘盡没。

思明將卒頗精鋭，皆平盧戰士，南拔常山、趙郡。又攻河間，爲尹子奇所圍，已四十餘日。顏真卿使和琳以一萬二千人、馬百匹以救之，至河間二十餘里，北風勁烈，鼓聲不相聞，賊縱擊之，擒和琳以至城下。思明既至，合勢，賊軍益盛。李奂爲賊所擒，送東京。又攻景城，擒李暐，暐投河而死。遂使康没野波攻平原，真卿覺之，兵馬既盡，渡河而南。攻清河，糧盡城陷，擒太守王懷忠以獻祿山。將軍莊嗣賢圍烏承恩於信都，承恩母、妻先爲安祿山所獲，思明獲其男從則，使諭承恩，承恩遂降，思明與之把臂飲酒。饒陽陷，李系投火死。河北悉陷。尹子奇以五萬衆渡河至青州，欲使向江、淮。會回紇二千騎奄至范陽，范陽閉門二日，然後向太原，子奇行千里以救之。二年正月，思明以蔡希德合范陽、上黨兵馬十萬，圍李光弼於太原。光弼使爲地道，至賊陣前。驍賊方戲弄城中人，地道中人出擒之，敵以爲神，呼爲「地藏菩薩」。思明留十月，會安祿山死，慶緒令歸范陽，希德留百餘日，皆不能拔而歸。自祿山陷兩京，常以駱駝運兩京御府珍寶於范陽，不知紀極。由是恣其逆謀，思明轉驕，不用慶緒之命。安慶緒爲王師所敗，投鄴郡。其下蕃、漢兵三萬人，初不知所從，思明擊殺三千人，然後降之。

慶緒使阿史那承慶、安守忠徵兵於思明，且欲圖之。判官耿仁智、忠謀之士，謂思明曰：「大夫崇重，人不敢言，仁智請一言而死。」思明曰：「試言之。」對曰：「大夫久事祿山，祿山兵權若此，誰敢不服。如大夫比者，逼於兇威耳，固亦無罪。今聞孝感皇帝聰明勇智，有少康、周宣之略。大夫發使輸誠，必開懷見納，此轉禍爲福之上策也。」思明曰：「善。」承慶等以五千騎至范陽，思明悉衆介冑以逆之，衆且數萬，去之一里，使謂之曰：「相公及王遠至，將士等不勝喜躍。此皆邊兵怯懦，頗懼相公之來，莫敢進也。請弛弓以安之。」從之。思明遂以承慶、守忠入内廳，飲樂之。別令諸將於其所分收其甲仗。其諸郡兵皆給糧，恣歸之，欲留者分隸諸營。遂拘承慶，斬守忠、李立節之首。李光弼使衙官敬俛招之，遂令衙官竇子昂奉表，以所管兵衆八萬人及以僞河東節度高秀巖來降。肅宗大悦，封歸義王、范陽長史、御史大夫、河北節度使，朝義已下并爲列卿，秀巖雲中太守，以其男如岳等七人爲大官。使内侍李思敬、將軍烏承恩宣慰使，令討殘賊。

明年，改乾元元年。四月，肅宗使烏承恩爲副使，候伺其過而殺之。初，承恩父知義爲節度，思明常事知義，亦有開獎之恩。以此李光弼冀其無疑，因謀殺之。承恩至范陽，數漏其情，夜取婦人衣衣之，詣諸將家，以翻動之意諭之。諸將以白思明，甚懼，無以爲驗。有頃，承恩與思敬從上京來，宣恩命畢，將歸私第。思明留承恩且於館中，明當有所議。已令幃其所寢之牀，伏二人于其下。承恩有小男，先留范陽，思明令省其父。夜後，私於其子曰：「吾受命除此逆，明便授吾節度矣。」牀下二人叫呼而出，以告思明。思明令執之，搜其衣囊，得朝廷所與阿史那承慶鐵券及光弼與承恩之牒，云：「承慶事了，即付鐵券；不了，不

可付之。」又得簿書數百紙，皆載先所從反軍將名。思明語之曰：「我何負於汝而至是耶？」承恩稱：「死罪，此太尉光弼之謀也。」思明集軍將官吏百姓，西向大哭曰：「臣以十三州之地、十萬衆之兵降國家，赤心不負陛下，何至殺臣！」因搒殺承恩父子，囚李思敬，遣使表其事。朝廷又令中使慰諭云：「國家與光弼無此事，乃承恩所爲，殺之善也。」

又有使從京至，執三司議罪人狀。思明曰：「陳希烈已下，皆重臣，上皇棄之幸蜀，既收復天下，此輩當慰勞之。今尚見殺，況我本從禄山反乎！」諸將皆云：「烏承恩之前事，情狀可知，光弼尚在，憂不細也。大夫何不取諸將狀以誅光弼，以謝河北百姓。主上若不惜光弼，爲大夫誅之，大夫乃安；不然，爲患未已。」思明曰：「公等言是。」乃令耿仁智、張不矜修表，「請誅光弼以謝河北。若不從臣請，臣則自領兵往太原誅光弼」。不矜初以表示思明，及封入函，耿仁智盡削去之。寫表者密告思明，思明大怒，執二人於庭曰：「汝等何得負我！」命斬之。仁智事思明頗久，意欲活之，却令召入，謂之曰：「我任使汝向三十年，今日之事，我不負汝。」仁智大呼曰：「人生固有一死，須存忠節。今大夫納邪說，爲反逆之計，縱延旬月，不如早死，請速加斧鉞。」思明大怒，亂捶殺之，腦流于地。

十月，郭子儀領九節度圍相州，安慶緒偷道求救於思明，思明懼軍威之盛，不敢進。十二月，蕭華以魏州歸順，詔遣崔光遠替之。思明擊而拔其城，光遠脫身南渡。思明於魏州殺三萬人，平地流血數日，即乾元二年正月一日也。思明於魏州北設壇，僭稱爲大聖燕王，以周贄爲行軍司馬。三月，引衆救相州，官軍敗而引退。思明召慶緒等殺之，併有其衆。四月，僭稱大號，以周贄爲相，以范陽爲燕京。九月，寇汴州，節度使許叔冀合於思明，思明益振。又陷洛陽，與太尉光弼相拒。思明恣行兇暴，下無聊矣。

上元二年，潛遣人反說官軍曰：「洛中將士，皆幽、朔人，咸思歸。」魚朝恩以爲然，告光弼及諸節度僕固懷恩、衛伯玉等：「可速出兵以討殘賊。」光弼等然之，乃出師兩道齊進。次榆林，賊委物僞遁，將士等不復設備，皆入城虜掠。賊伏兵在北邙山下，因大下，士卒咸棄甲奔散。魚朝恩、衛伯玉退保陜州，光弼、懷恩棄河陽城，退居聞喜。步兵散死者數千人，軍資器械盡爲賊所有，河陽、懷州盡陷於賊。

思明至陜州，爲官軍所拒於姜子坂，戰不利，退歸永寧。築三角城，約一日內畢，以貯軍糧。朝義築城畢，未泥，思明至，詬之。對曰：「緣兵士疲乏，暫歇耳！」又怒曰：「汝惜部下兵，違我處分。」令隨身數十人立馬看泥，斯須而畢。又曰：「待收陜州，斬却此賊。」朝義大懼。思明居驛，朝義在店中，思明令腹心曹將軍總中軍兵嚴衛，朝義將駱悅并許叔冀男季常等言：「主上欲害王，悅與王死無日矣。」因言：「廢興之事，古來有之，欲喚取曹將軍舉大事，可乎？」朝義迴面不應。悅曰：「若不應，悅等即歸李家，王亦不全矣。」朝義然之，令許季常命曹將軍至。悅等告之，不敢拒。其夜，思明夢而驚悟，據牀惆悵。每好伶人，寢食置左右，以其殘忍，皆恨之。及此，問其故，曰：「吾向夢見水中沙上羣鹿渡水而至，鹿死水乾。」言畢如廁。伶人相謂曰：「鹿者，禄也；水者，命也。胡禄命俱盡矣。」駱悅入，問思明所在，未及對，殺數人，因指在廁。思明覺變，踰牆出，至馬槽，鞴馬騎之。悅等至，令傔人周子俊射，中其臂，落馬，曰：「是何事？」悅等告以懷王。思明曰：「我朝來語錯，今有此事。然汝殺我太疾，何不待我收長安？終事不成矣。」因急呼懷王者三，曰：「莫殺我！」却罵曹將軍曰：「這胡誤我，這胡誤我！」悅遂令心腹擒思明赴柳泉驛，曰：「事已成矣。」朝義曰：「莫驚聖人否？莫損聖人否？」悅曰：「無有。」時周贄、許叔冀統後軍在福昌，朝義令許季常往告之。贄聞，驚欲仰倒。朝義領兵迴，贄等來迎，因殺贄。思明至柳泉驛，縊殺之。朝義便僭僞位。

雜録

備録

封演《封氏聞見記》卷四《明堂》 史賊入洛陽，登明堂，仰觀棟宇，謂其徒曰：「大好舍屋。」又指諸鼎曰：「煮物料處亦大近。」洎殘孽奔走，明堂與慈閣俱見焚燒。

姚汝能《安禄山事跡》卷下 思明本不識文字，忽然好吟詩，每就一章，必驛宣示，皆可絕倒。嘗欲以櫻桃賜其子朝義及周贄，以彩牋敕左右書之，曰：「櫻桃一籠子，半赤一半黃。一半與懷王，一半與周贄。」小吏龍譚進曰：「請改爲一

半與周贄，一半與懷王，則聲韻相協。」思明曰：「韻是何物？豈可以我兒在周贄之下！」又《題石榴》詩曰：「三月四月紅花裏，五月六月瓶子裏。作刀割破〔黄胞衣〕，六七千箇赤男女。」郡國傳寫，置之郵亭。

佚名《大唐傳載》 河南廣武山有流桂泉，史思明於其上立漢高廟。

《太平廣記》卷四九五《史思明》引《芝田錄》 安祿山敗，史思明繼逆，至東都，遇櫻桃熟，其子在河北，欲寄遺之，因作詩同去。詩云：「櫻桃一籠子，半已赤，半已黄。一半與懷王，一半與周至。」詩成，左右贊美之，皆曰：「明公此詩大佳。若能言一半周至，一半懷王，即與黄字聲勢稍穩。」思明大怒曰：「我兒豈可居周至之下！」思明長驅至永寧縣，爲其子朝義所殺。思明曰：「爾殺我太早，祿山尚得至東都，而爾何亟也？」思明子僞封懷王，周至即其傅也。

《資治通鑑》卷二二〇唐肅宗乾元元年九月條考異引《薊門紀亂》 史思明常畏〔蔡〕希德，自知謀策、果斷、英武皆不及之。時希德在相州，爲慶緒竭節展效，思明未改顯背。無何，希德爲慶緒所殺，思明初聞，驚疑不信，及知其實，大喜見於顔色焉。

《資治通鑑》卷二二二唐肅宗上元二年二月條考異引《河洛春秋》 思明混諸嫡庶，以少者爲尊，唯愛所鍾，即爲繼嗣，欲殺朝義，追朝清爲僞太子。左右泄之，父子之隙自此始構。

備論

《舊唐書》卷二〇〇下《史思明傳》 贊曰：天地否閉，反逆亂常。祿山犯闕，朱泚稱皇。賊巢陵突，羣豎披攘。徵其所以，存乎慢藏。

《新唐書》卷二二五上《史思明傳》 贊曰：祿山、思明興夷奴餓俘，假天子恩幸，遂亂天下。彼能以臣反君，而其子亦能賊殺其父，事之好還，天道固然。然生民厄會，必假手于人者，故二賊暴興而亟滅。張謂譏劉裕「近希曹、馬，遠棄桓、文，禍徒及於兩朝，福未盈於三載，八葉傳其世嗣，六君不以壽終，天之報施，其明驗乎！」杜牧謂：「相工稱隋文帝當爲帝者，後篡竊果得之。周末，楊氏爲作八柱國，公侯相襲久矣，一旦以男子偷竊位號，不三二十年，壯老嬰兒皆不得其死。彼知相法者，當曰此必爲楊氏之禍，乃可爲善相人。」張、杜確論，至今多

稱誦之。如祿山、思明、希烈、裕、楊堅而不至者，是以著其論。

孫甫《唐史論斷》卷中《烏承恩爲史思明所害》 論曰：李光弼謀史思明事，何不度事機、不顧國體之甚？思明爲祿山逆黨，罪不容誅，但能從耿仁智忠義之言，以范陽一道歸於朝廷。雖險詐之心，未可全信，已能斬安慶緒之黨，表歸順之節，天子命之節帥，封之王爵，恩寵方厚，未見復叛之迹，何遽遣人圖之也？若以叛逆之罪，險詐之情，必不可留，亦須國威兵力足以制服其心，赫然命將誅之，示天下去惡之法。何至方降國命之際，乃遣人爲之副介，使潛結部曲圖之，此豈國體也？況河北殘寇，尚未平定，叛逆之黨，方觀國之恩信厚薄，爲向背之計。思明既以歸順被寵，隨而圖之，使叛者決其計，此又豈事機也？使思明復叛，大亂兩河，毒生民，敗王師，凶勢之盛，數年始平，由兹失策矣。噫！光弼賢將，謀乃如是之失，後之謀國事者得不深慮之？

范祖禹《唐鑑》卷一一《肅宗》 乾元元年六月，史思明既降，李光弼以思明終當叛亂，而烏承恩爲思明所信，陰使圖之，又勸帝以承恩爲范陽節度副使，賜阿史那承慶鐵券，令共圖思明，帝從之。會承恩入京師，帝使内侍李思敬與之俱至范陽宣慰。承恩謀泄，思明責之，承恩謝曰：「此皆李光弼之謀也。」思明乃集將佐民吏，西向大哭曰：「臣以十三州十萬衆降朝廷，何負陛下，而欲殺臣！」遂殺承恩，連坐死者二百餘人。囚思敬，表上其狀。帝遣中使慰諭思明曰：「此非朝廷與光弼之意，皆承恩所爲，殺之甚善。」

臣祖禹曰：王者所以威服海内，惟其有信與義也。匹夫一爲不信，猶不可自立於鄉黨，況人主而爲不信，天下其誰從之。肅宗既納史思明之降，加以爵命，於時未有逆亂之節也。李光弼爲國元帥，職在禦侮，知其有不臣之志，終爲背叛，言於君而備之，可也，待其發而誅之，可也。乃使傳詔之臣，陰與其黨爲盜賊之計，不亦辱王命乎！若事之捷，則反側之人，誰不懷懼，事之不捷，適足以長亂，非所以弭亂也。既失信於已降之虜，又歸罪於死事之臣，欲以服天下姦雄之心，豈不難哉！

王夫之《讀通鑑論》卷二三《唐玄宗》 史思明降而復叛，肅宗使烏承恩陰圖之，而給阿史那承慶鐵券以離其黨，事覺而速其反，謀之不臧，祇以速亂。雖然，亂自速耳，即弗然，而思明豈悔過自新、終於臣服者哉？張鎬之策，李光弼之請，非過計也。安慶緒欲圖思明，耿仁智、烏承玼乘其危疑而誘之以降，於時慶緒孤保鄴城，不亡如綫，思明既恭其圖己，抑料其必亡，姑爲自全之計，持兩端以觀

釁，其不可恃也，亦較著矣。慶緒之心既非不可解之仇，無難數易；而唐室君臣復東京而志已滿，回紇歸，子儀弱，威力不足以及河朔，明矣。思明何所憚、復何所歆，而已張之爪距弭耳受柙乎？曠歲無北伐之師，思明目已無唐矣，不反何待焉？討賊易，平亂難；誘賊降已易，受賊之降難。能受降者，必其力足以殲賊，而姑容其歸順者也。威不足制，德不足懷，賊以降餌已，已以受降餌賊，方降之日，即其養餘力以決起於一旦者也。非高位厚禄、溫言重賜之所能撫也，非輸粟輦金、安插屯聚之所能戢也，非深謀秘計、分兵散黨之所能制也，誠視吾所以致其降者何如耳。重兵以臨之，屢挫而奪其魄，如諸葛公之於孟獲，岳鵬舉之於羣盜，而後可開以自新之路，而不萌反復之心。故肅宗之失，在不聽鄴侯之策，並塞以攻幽、燕，使諸賊失可據之穴，魂銷於奔竄，而後受其歸命之忱，薄録其將，解散其兵，乃可以受降而永綏其亂。失此不圖，遽欲挽狂瀾以歸壑，庸可得哉？鄴侯去國，兵無謀主，郭、李之威，盡於一戰，思明再叛，河北終不歸唐，非但烏承恩之謀淺、李光弼之計左也。梁武之威，不足以壓侯景；唐肅之威，不足以制思明；養寇與激亂，均爲失策，張鎬雖能先知，亦將如之何也！嚮令承恩之計行，與承慶共斬思明，而承慶、承恩又一思明矣。數叛之人，不保其繼，愈疑愈紛，愈防愈潰，河決而塞之，癰潰而斂之，其亡速矣。

藝文

宋敏求《唐大詔令集》卷七九唐肅宗《史思明再陷洛陽巡幸東京詔》　昔昆夷作患，周宣興薄伐之役；陳豨稱亂，漢祖發親征之師。蓋所以禁暴除兇，取威靖難，上以保宗社，下以拯黎元。古帝先王，兹道無替。頃者禄山構逆，背義負恩，惡既貫盈，尋已殄滅。而思明殘寇，尚敢延妖孽之氛，蜂蠆之餘，邀我雷霆之伐。朕以干戈屢動，黎庶未安，由是按延天誅，冀其來格，而乃竊兵干紀，自取滅亡。副元帥光弼，統率鋭徒，恭行天罰，爰啓絳宫之略，克摧青犢之師，曾未浹辰，大破兇黨。此皆穹昊垂祐，宗社降靈。是以戎律用貞，禍淫斯在。如聞蓬艾之下，蚊蚋猶虞，固當乘破竹以追奔，同燎原而撲滅。朕爲人父母，深念塗炭，是用大整戈矛，方申弔伐，撫綏河洛，以致和平。即以今月十七日幸東京，率六軍取路進發。乾元二年九月。

《全唐文》卷四三唐肅宗《親征史思明詔》　昔昆夷作患，周宣興薄伐之役；陳豨稱亂，漢祖發親征之師。蓋所以禁暴除兇，取威靖難，上以保宗社，下以拯黎元，古者帝王，兹道無替。頃者禄山稱兵搆逆，背義負恩，惡既貫盈，尋已殄滅。而思明殘寇，尚敢挺妖，聚其蜂蠆之餘，邀我雷霆之伐。朕以干戈屢動，黎庶未康，繇是按甲延誅，冀其來格。而乃竊兵干紀，自取滅亡，副元帥光弼，糾率鋭徒，恭行天罰。爰啓絳宫之略，克摧青犢之師，曾未浹辰，大破兇黨。此皆穹昊垂祐，宗社降靈，是以戎律用貞，禍淫斯在。如聞蓬艾之下，蚊蚋猶虞，故當乘破竹以追奔，同燎原而撲滅。朕爲人父母，深念塗炭，是用大整戈矛，方申弔伐，撫綏河雒，以致和平。即以今月十七日幸東京，率六軍取北路進發。但巡幸所過，自有行營，應緣祇供，並有司自辦。其路次州縣，一切不得別有徵斂，亦不得輒有進獻及時新野味等。王公以下文武從官，每頓主人供蔬飯，不得輒置魚肉餅果及鋪設，亦不得妄差人力，別有祇承。行從官及州縣所繇，有如違犯，王公以下五品以上，具名録奏，當日貶官。餘并從軍令。仍令知頓使左右巡使御史相知糾察，具狀彈奏。如涉阿容，及不能舉奏，所繇議在必行，毋貽後悔。仍令户部侍郎同中書門下平章事第五琦充置頓使，應行幸供擬及兵馬糧料，續擘節作條件奏聞。其從官委中書門下定名録奏。務從減省，不欲勞煩。宣示中外，宜知朕意。

《全唐文》卷四三二張鎬《諫招撫史思明奏》　思明兇豎，因逆竊位，兵强則衆附，勢奪則人離。包藏不測，禽獸無異，可以計取，難以義招，伏望不以威權假之。又滑州防禦使許叔冀，性狡多謀，臨難必變，望追入宿衛。

瞿灝《無不宜齋未定稿》卷四《惘忠寺見史思明寶塔頌》　開元蝥賊，安與史顯，逆當陽乞，陰祉導諛，辱此石劖，剛推倒應，呼一牛曳誰敟？調停護瓦，全數字點，竄東都燕，幾月乖訛，文缺泐有目摩挲，仍共識由來，金石代相珍，不惟其物，惟其人賜名，惘忠義，安設要，奠貞魂，勵臣節，一薰一蕕，同器藏臭者，自臭香者，香君不見，黃絹幼婦，一方石感激，孤臣死粒血。謝叠山於惘忠寺見壁間曹娥碑感泣不食而死

唐肅宗部

綜述

《舊唐書》卷一〇《肅宗紀》 肅宗文明武德大聖大宣孝皇帝諱亨，玄宗第三子，母曰元獻皇后楊氏，景雲二年乙亥生。初名嗣昇，二歲封陝王，五歲拜安西大都護、河西四鎮諸蕃落大使。上仁愛英悟，得之天然；及長，聰敏强記，屬辭典麗，耳目之所聽覽，不復遺忘。

開元十五年正月，封忠王，改名浚。五月，領朔方大使、單于大都護。十八年，奚、契丹犯塞，以上爲河北道元帥，信安王禕爲副，帥御史大夫李朝隱、京兆尹裴伷先等八總管兵以討之。仍命百僚設次於光順門，與上相見。左丞相張説退謂學士孫逖、韋述曰：「嘗見太宗寫真圖，忠王英姿穎發，儀表非常，雅類聖祖，此社稷之福也。」二十年，諸將大破奚、契丹，以上遥統之功，加司徒。二十三年，改名璵。二十五年，皇太子瑛得罪。二十六年六月庚子，立上爲皇太子，改名紹。後有言事者云：紹與宋太子名同，改今名。初，太子瑛得罪，上召李林甫議立儲貳，時壽王瑁母武惠妃方承恩寵，林甫希旨，以瑁對。及立上爲太子，林甫懼不利己，乃起韋堅、柳勣之獄，上幾危者數四。後又楊國忠依倚妃家，恣爲褻穢，懼上英武，潛謀不利，爲患久之。

天寶十三載正月，安禄山來朝，上嘗密奏，云禄山有反相，玄宗不聽。十四載十一月，禄山果叛，稱兵詣闕。十二月丁未，陷東京。辛丑，制太子監國，仍遣上親總諸軍進討。時禄山以誅楊國忠爲名，由是軍民切齒於楊氏。國忠懼，乃與貴妃謀間其事，上遂不行。乃召河西節度使哥舒翰爲皇太子前鋒兵馬元帥，令率衆二十萬守潼關。

明年六月，哥舒翰爲賊所敗，關門不守，國忠諷玄宗幸蜀。丁酉，至馬嵬頓，六軍不進，請誅楊氏。於是誅國忠，賜貴妃自盡。車駕將發，留上在後宣諭百姓，衆泣而言曰：「逆胡背恩，主上播越，臣等生於聖代，世爲唐民，願戮力一心，爲國討賊，請從太子收復長安。」玄宗聞之曰：「此天啓也。」乃令高力士與壽王瑁送太子内人及服御等物，留後軍廐馬從上。令力士口宣曰：「汝好去！百姓屬望，慎勿違之。莫以吾爲意。且西戎北狄，吾嘗厚之，今國步艱難，必得其用，汝其勉之！」

上迴至渭北，便橋已斷，水暴漲，無舟楫；上號令水濱百姓，歸者三千餘人。渭水可涉，又遇潼關散卒，誤以爲賊，與之戰，士衆多傷。乃收其餘衆北上，軍既濟，其後皆溺，上喜，以爲天之佑。時從上惟廣平、建寧二王及四軍將士，纔二千人。自奉天而北，夕次永壽，百姓遮道獻牛酒。有白雲起西北，長數丈，如樓閣之狀，議者以爲天子之氣。戊戌，至新平郡。時晝夜奔馳三百餘里，士衆器械亡失過半，所存之衆，不過一旅。己亥，至安定郡，斬新平太守薛羽、保定太守徐瑴，以其棄郡也。庚子，至烏氏驛，彭原太守李遵謁見，率兵士奉迎，仍進衣服糧糗。上至彭原，又募得甲士四百，率私馬以助軍。辛丑，至平涼郡，蒐閲監牧公私馬，得數萬疋，官軍益振。時賊據長安，知上治兵河西，三輔百姓皆曰：「吾太子大軍即至！」賊望西北塵起，有時奔走。戊申，扶風人康景龍殺賊宣慰使薛總等二百餘人，陳倉令薛景仙率衆收扶風郡守之。由是關輔豪右皆謀殺賊，賊故不敢侵軼。

上在平涼，數日之間未知所適，會朔方留後杜鴻漸、魏少遊、崔漪等遣判官李涵奉牋迎上，備陳兵馬招集之勢，倉儲庫甲之數，上大悦。鴻漸又發朔方步騎數千人於白草頓奉迎。時河西行軍司馬裴冕新授御史中丞赴闕，遇上於平涼，亦勸上治兵於靈武以圖進取，上然之。上初發平涼，有彩雲浮空，白鶴前引，出軍之後，有黄龍自上所憩屋騰空而去。上行至豐寧南，見黄河天塹之固，欲整軍北渡，以保豐寧，忽大風飛沙，跬步之間，不辨人物，及迴軍趨靈武，風沙頓止，天地廓清。

七月辛酉，上至靈武，時魏少遊預備供帳，無不畢備。裴冕、杜鴻漸等從容進曰：「今寇逆亂常，毒流函谷，主上倦勤大位，移幸蜀川。江山阻險，奏請路絶，宗社神器，須有所歸。萬姓顒顒，思崇明聖，天意人事，不可固違。伏願殿下順其樂推，以安社稷，王者之大孝也。」上曰：「俟平寇逆，奉迎鑾輿，從容儲闈，侍膳左右，豈不樂哉！公等何急也？」冕等凡六上牋，辭情激切，上不獲已，乃從。

是月甲子，上即皇帝位於靈武。禮畢，冕等跪進曰：「自逆賊憑陵，兩京失守，聖皇傳位陛下，再安區宇，臣稽首上千萬歲壽。」羣臣舞蹈稱萬歲。上流涕歔

欷，感動左右。即日奏其事於上皇。是日，御靈武南門，下制曰：『朕聞聖人畏天命，帝者奉天時。知皇靈睠命，不敢違而去之；知曆數所歸，不獲已而當之。在昔帝王，靡不由斯而有天下者也。乃者羯胡亂常，京闕失守，天未悔禍，羣兇尚扇。聖皇久厭大位，思傳眇身，軍興之初，已有成命，予恐不德，罔敢祗承。今羣工卿士僉曰：「孝莫大於繼德，功莫盛於中興。」朕所以治兵朔方，將殄寇逆，務以大者，本其孝乎。須安兆庶之心，敬順羣臣之請，乃以七月甲子，即皇帝位於靈武。敬崇徽號，上尊聖皇曰上皇天帝，所司擇日昭告上帝。朕以薄德，謬當重位，既展承天之禮，宜覃率土之澤，可大赦天下，改元曰至德。內外文武官九品已上加兩階，賜兩轉，三品已上賜爵一級。』以朔方度支副使、大理司直杜鴻漸爲兵部郎中，朔方節度判官崔漪爲吏部郎中，並知中書舍人。以御史中丞裴冕爲中書侍郎、同中書門下平章事。河西兵馬使周佖爲河西節度使，隴右兵馬使彭元暉爲隴右節度使，前蒲州刺史呂崇賁爲關內節度使兼順化郡太守。以陳倉縣令薛景仙爲扶風太守，以隴右節度使郭英乂爲天水郡太守。改靈武郡爲大都督府，上縣爲望，中縣爲上。丁卯，逆胡害霍國長公主、永王妃侯莫陳氏、義王妃閻氏、陳王妃韋氏、信王妃任氏、駙馬楊朏等八十餘人於崇仁之街。甲戌，賊黨同羅部五千餘人自西京出降朔方軍。己卯，京兆尹崔光遠、長安令蘇震等率府縣官吏大呼於西市，殺賊數千級，然後來赴行在。詔改扶風爲鳳翔郡。

八月壬午，朔方節度使郭子儀、范陽節度使李光弼破賊於常山郡之嘉山。上以治兵收京城，詔子儀等旋師，子儀、光弼率所統步騎五萬至自河北。詔以子儀爲兵部尚書，依前靈州大都督府長史；光弼爲户部尚書，兼太原尹、北京留守；同中書門下平章事。回紇、吐蕃遣使繼至，請和親，願助國討賊，皆宴賜遣之。是日，上皇至成都，大赦。癸巳，上所奉表始達成都。丁酉，上皇遜位稱誥，遣左相韋見素、文部尚書房琯、門下侍郎崔渙等奉册書赴靈武。

九月戊辰，上南幸彭原郡。封故邠王守禮男承寀爲燉煌王，令使回紇和親，册回紇可汗女爲毗伽公主，仍令僕固懷恩送承寀至回紇部。內官邊令誠背上皇投賊，至是復來見，上命斬之。丙子，至順化郡，韋見素、房琯、崔渙等自蜀郡齎上册書及傳國寶等至。

十月癸未，彭原郡以軍興用度不足，權賣官爵及度僧尼。上素知房琯名，至是琯請爲兵馬元帥收復兩京，許之，仍令兵部尚書王思禮爲副。分兵爲三軍，楊希文、劉貴哲、李光進等各將一軍，其衆五萬。辛丑，琯與賊將安守忠戰于陳濤斜，官軍敗績，楊希文、劉貴哲等降於賊，琯亦奔還。平原太守顔真卿以食盡援絕，棄城渡河，於是河北郡縣盡陷於賊。

十一月辛亥，河西地震有聲，圮裂廬舍，張掖、酒泉尤甚。戊子，回紇引軍來赴難，與郭子儀同破賊黨同羅部三千餘衆於河上。詔宰相崔渙巡撫江南，補授官吏。

十二月戊子，以王思禮爲關內節度。彭原郡百姓給復二載，郡同六雄，縣升緊、望。以秦州都督郭英乂爲鳳翔太守，諫議大夫高適爲廣陵長史、淮南節度兼採訪使。賊將阿史那承慶攻陷潁川郡，執太守薛愿、長史龐堅。甲辰，江陵大都督府永王璘擅領舟師下廣陵。

二載春正月庚戌朔，上在彭原受朝賀。是日通表入蜀賀上皇。上皇在蜀，每得上表疏，訊其使者，知上涕戀晨省，乃下誥曰：「至和育物，大孝安親，古之哲王，必由斯道。朕往在春宫，嘗事先后，問安靡闕，視膳無違。及同氣天倫，聯華棣蕚，居嘗共被，食必分甘。今皇帝奉而行之，未嘗失墜，每有銜命而來，戒途將發，必肅恭拜跪，涕泗漣洏，左右侍臣，罔不感動。間者抱戴、赤雀、白狼之瑞，接武荐臻，此皆皇帝聖敬之符，孝友之感也。故能誕敷德教，横於四海，信可以光宅寰宇，永綏黎元者哉！其天下有至孝友悌行著鄉閭堪旌表者，郡縣長官採聽聞奏，庶孝子順孫沐於玄化也。」甲寅，以襄陽太守李峘爲蜀郡長史、劍南節度使，將作少監魏仲犀爲襄陽、山南道節度使，永王傅劉彙爲丹陽太守兼防禦使。以憲部尚書李麟同中書門下平章事。上皇遣平章事崔圓奉誥赴彭原。乙卯，逆胡安禄山爲其子慶緒所殺。辛酉，於江寧縣置金陵郡，仍置軍，分人以鎮之。甲子，幸保定郡。丙寅，武威郡九姓商胡安門物等叛，殺節度使周佖，判官崔稱率衆討平之。是日，蜀郡健兒賈秀等五千人謀逆，上皇御蜀郡南樓，將軍席元慶等討平之。

二月戊子，幸鳳翔郡。文城太守武威郡九姓齊莊破賊五千餘衆。上議大舉收復兩京，盡括公私馬以助軍。給事中李廙署云「無馬」，大夫崔光遠劾之，貶廙江華太守。節度使李光弼大破賊將蔡希德之衆於城下，斬虜七萬，軍資器杖稱是。朔方節度使郭子儀大破賊將崔乾祐於潼關，收河東郡。永王璘兵敗，奔於嶺外，至大庾嶺，爲洪州刺史皇甫侁所殺。

三月辛酉，以左相韋見素、平章事裴冕爲左右僕射，並罷知政事。以前憲部尚書致仕苗晉卿爲左相。吐蕃遣使和親，遣給事中南巨川報命。

夏四月戊寅朔，以郭子儀爲司空，兼副元帥，統諸節度；李光弼爲司徒。

五月癸丑，郭子儀與賊將安守忠戰於清渠，官軍敗績，子儀退保武功。丁巳，房琯爲太子少師，罷知政事。以諫議大夫張鎬爲中書侍郎、同中書門下平章事。以武部侍郎杜鴻漸爲河西節度。庚申，詔追贈故妃楊氏爲元獻皇太后，上母也。甲子，郭子儀以失律讓司空，許之。

七月庚戌夜，蜀郡軍人郭千仞謀逆，上皇御玄英樓，節度使李峘討平之。丁巳，賊將安武臣陷陝郡，民無遺類。

八月甲申，以黄門侍郎崔渙爲餘杭太守、江東採訪防禦使。己丑，以平章事張鎬兼河南節度、採訪處置等使。靈昌太守許叔冀爲賊所攻，援兵不至，拔衆投睢陽郡。癸巳，大閲諸軍，上御城樓以觀之。丁酉，改雍縣爲鳳翔縣，陳倉爲寶雞縣。

閏八月辛未，賊將遽寇鳳翔，崔光遠行軍司馬王伯倫、判官李椿率衆捍賊。賊退，乘勝至中渭橋，殺賊守橋衆千人，追擊入苑中。時賊大軍屯武功，聞之燒營而去。伯倫與賊血戰而死，李椿力窮被執，然自是賊不敢西侵。

九月丁丑，上黨節度使程千里與賊挑戰，爲賊將蔡希德所擒。燉煌王承宷自回紇使還，拜宗正卿；納回紇公主爲妃，回紇封爲葉護，持四節，與回紇葉護太子率兵四千助國討賊。葉護入見，宴賜加等。丁亥，元帥廣平王統朔方、安西、回紇、南蠻、大食之衆二十萬，東向討賊。壬寅，與賊將安守忠、李歸仁等戰于香積寺西北，賊軍大敗，斬首六萬級，賊帥張通儒棄京城東走。癸卯，廣平王收西京。甲辰，捷書至行在，百僚稱賀，即日告捷于蜀。上皇遣裴冕入京，啓告郊廟社稷。

冬十月乙巳朔，以崔光遠爲京兆尹。詔曰：「緣京城初收，要安百姓，又灑掃宫闕，奉迎上皇。以今月十九日還京，應緣供頓，務從減省。」吐蕃寇陷西平郡。癸丑，賊將尹子奇陷睢陽，害張巡、姚誾、許遠。賊自香積之敗，悉衆保陝郡，廣平王統郭子儀等進攻，與賊戰于陝西之新店，賊衆大敗，斬首十萬級，横屍三十里。庚申，安慶緒與其黨奔河北。壬戌，廣平王入東京，陳兵天津橋南，士庶歡呼路側。陷賊官僞署侍中陳希烈、中書令張垍等三百餘人素服待罪。癸亥，上自鳳翔還京，仍遣太子太師韋見素入蜀迎上皇，鳳翔郡給復五載。丙寅，至望賢宫，得東京捷書至，上大喜。丁卯，入長安。士庶涕泣拜忭曰：「不圖復見吾君！」上亦爲之感惻。九廟爲賊所焚，上素服哭於廟三日，入居大明宫。是日，上皇發蜀郡。己巳，文武脅從官免冠徒跣，朝堂待罪，禁之府獄，命中丞崔器劾之。回紇葉護自東京還，宴之于宣政殿，便辭還蕃。乃封葉護爲忠義王，約每年送絹二萬疋，至朔方王便交授。

十一月壬申朔，上御丹鳳樓，下制曰：「我國家出震乘乾，立極開統。謳歌曆數，啓聖千齡；文物聲名，握圖六葉。安禄山夷羯賤類，粗立邊功，遂肆兇殘，變起倉卒，而毒流四海，塗炭萬靈。朕興言痛憤，提戈問罪，靈武聚一旅之衆，至鳳翔合百萬之師，親總元戎，掃清羣孽。廣平王俶受委元帥，能振天聲；郭子儀決勝無前，克成大業。朕早承聖訓，嘗讀禮經，義切奉先，恐不克荷。今復宗廟於函洛，迎上皇於巴蜀；導鑾輿而反正，朝寢門而問安；寰宇載寧，朕願畢矣。且復人將有主，敬當天地之心；興豈在予，實憑社稷之祐。今兩京無虞，三靈通慶，可以昭事，宜在覃恩，待上皇到日，當取處分。」是時河南、河東諸郡縣皆平。宫省門帶「安」字者改之。僞御史大夫嚴莊來降。新成九廟神主，上親告享。

十二月丙午，上皇至自蜀，上至望賢宫奉迎。上皇御宫南樓，上望樓辟易，下馬趨進樓前，再拜蹈舞稱慶。上皇下樓，上匍匐捧上皇足，涕泗嗚咽，不能自勝。遂扶侍上皇御殿，親自進食；自御馬以進，上皇上馬，又躬攬轡而行，止之後退。上皇曰：「吾享國長久，吾不知貴，見吾子爲天子，吾知貴矣。」上乘馬前導，自開遠門至丹鳳門，旗幟燭天，綵棚夾道。士庶舞忭路側，皆曰：「不圖今日再見二聖！」百僚班於含元殿庭，上皇御殿，左相苗晉卿率百辟稱賀，人人無不感咽。禮畢，上皇詣長樂殿謁九廟神主，即日幸興慶宫。上請歸東宫，上皇遣高力士再三慰譬而止。受賊僞署左相陳希烈、達奚珣等二百餘人並禁於楊國忠宅鞫問。

甲寅，以左相苗晉卿爲中書侍郎、同中書門下平章事。（十二月）戊午（朔），上御丹鳳門，下制大赦。蜀郡靈武元從功臣太子太師、豳國公韋見素，内侍、齊國公高力士，右龍武大將軍陳玄禮，各加實封三百户。田長文、張崇俊、杜休祥各加二百户。右僕射裴冕冀國公，殿中監李輔國成國公，宗正卿李遵鄭國公，兼進封邑。廣平王俶封楚王，加實封二千户。左僕射、朔方節度郭子儀加司徒，進封代國公，實封一千户。兵馬使僕固懷恩封豐國公，右金吾將軍李嗣業封虢國公，司徒兼太原尹李光弼薊國公，關内節度王思禮霍國公，淮南節度來瑱潁國公，南陽太守魯炅岐國公，仍並加實封。京兆尹崔光遠鄴國公，開府李光進范陽

郡公，左相苗晉卿爲侍中，封韓國公，憲部尚書、平章事李麟褒國公，中書侍郎崔圓爲中書令、趙國公，中書侍郎張鎬南陽縣公。近日所改百司額及郡名官名，一依故事。改蜀郡爲南京，鳳翔府爲西京，西京改爲中京，蜀郡改爲成都府。鳳翔府官僚並同三京名號。其李憕、盧弈、顏杲卿、袁履謙、許遠、張巡、張介然、蔣清、龐堅等即與追贈，訪其子孫，厚其官爵。文武三品已上賜爵一級，四品已下加一階。賜酺五日。進封南陽王係爲趙王，新城王僅爲彭王，潁川王僩爲兗王。第七男侹爲涇王，第九男僙封襄王，第十男侣封興王，第十一男侇封杞王，第十二男侗封定王。甲子，上皇御宣政殿，授上傳國璽，上於殿下涕泣而受之。

己丑，賊將僞范陽節度使史思明以其兵衆八萬之籍，與僞河東節度使高秀巖並表送降。庚午，制：「人臣之節，有死無二，爲國之體，叛而必誅。況乎委質賊廷，宴安逆命，耽受寵禄，淹延歲時，不顧恩義，助其效用，此其可宥，法將何施？達奚珣等或受任台輔，位極人臣；或累葉寵榮，姻聯戚里；或歷踐臺閣，或職通中外。夫以犬馬微賤之畜，猶知戀主；龜蛇蠢動之類，皆能報恩。豈曰人臣，曾無感激？自逆胡作亂，傾覆邦家，凡在黎元，皆含怨憤，殺身殉國者，不可勝數。此等黔首，猶不背國恩。受任於梟獍之間，咨謀於豺虺之輩，静言此情，何可放宥。達奚珣等一十八人，並宜處斬；陳希烈等七人，並賜自盡；前大理卿張均特宜免死，配流合浦郡。」是日斬達奚珣等於子城西南隅獨柳樹，仍集百僚往觀之。

三載正月戊寅，上皇御宣政殿，册皇帝尊號曰光天文武大聖孝感皇帝。上以徽號中有「大聖」二字，上表固讓，不允。乙酉，敕：「因亂所失庫物，先差使搜檢，如聞下吏因便擾人，其搜檢使一切並停，務令安輯。」内出宫女三千人。庚寅，大閲諸軍於含元殿庭，上御棲鸞閣觀之。庚子，册良娣張氏爲淑妃。

二月癸卯朔，賊將僞淄青節度能元皓以其地請降，用爲河北招討使，並其子昱並授官爵。乙巳，上御興慶宫，奉册上皇徽號曰太上至道聖皇大帝。丁未，御明鳳門，大赦天下，改至德三載爲乾元元年。成都、靈武扈從功臣三品已上與一子官，五品已下與一子出身，六品已下量與改轉。死王事、陷賊不受僞命而死者，並與追贈。陷賊官先推鞫者，例減罪一等。今後醫卜入仕者，同明法例處分。

三月甲戌，元帥楚王俶改封成王。乙亥，山南東道、河南、淮南、江南皆置節度使。辛卯，以歲饑，禁酤酒，麥熟之後，任依常式。太史監爲司天臺，取承寧坊張守珪宅置，仍補官員六十人。

夏四月癸卯，以太子少師、嗣虢王巨爲東京留守、河南尹，充京畿採訪處置使。己酉，册淑妃張氏爲皇后。辛亥，九廟成，備法駕自長安殿迎九廟神主入新廟。甲寅，上親享九廟，遂有事於圓丘，即日還宫。翌日，御明鳳門，大赦天下。戊辰，上進鍊石英金竈於興慶宫。

五月壬申朔，回紇、黑衣大食各遣使朝貢，至閤門爭長，詔其使各從左右門入。壬午，詔：「近緣狂寇亂常，諸道分置節度，蓋總管内徵發、文牒往來，仍加採訪，轉滋煩擾。其諸道先置採訪、黜陟二使宜停。」戊子，以河南節度、中書侍郎、平章事張鎬爲荆州大都督府長史、本州防禦使，以禮部尚書崔光遠爲河南節度。庚寅，立成王俶爲皇太子。以荆州長史季廣琛赴河南行營會計討賊於河北。己未，中書令崔圓爲太子少師，刑部尚書、同平章事李麟爲太子少傅，並罷知政事。以太常少卿、知禮儀事王璵爲中書侍郎、同中書門下平章事。

六月辛丑朔，吐火羅、康國遣使朝貢。己酉，初置太一神壇於圓丘東。是日，命宰相王璵攝行祠事。戊午，詔：「三司所推劾受賊僞官等，恩澤頻加，科條遞減，原其事狀，稍近平人，所推問者，並宜釋放。」

秋七月辛未朔，吐火羅葉護烏利多並九國首領來朝，助國討賊，上令赴朔方行營。丙戌，初鑄新錢，文曰「乾元重寶」，用一當十，與開元通寶同行用。丁亥，制上第二女寧國公主出降回紇英武威遠毗伽可汗。

八月壬寅，以青徐等五州節度使季廣琛兼許州刺史，河南節度使崔光遠兼汴州刺史。以青州刺史許叔冀兼滑州刺史，充青滑六州節度使。甲辰，上皇誕節，上皇宴百官於金明門樓。朔方節度使郭子儀、河東節度使李光弼、關内節度使王思禮來朝，加子儀中書令，光弼侍中，思禮兵部尚書，餘如故。

九月庚午朔，右羽林大將軍趙泚爲蒲州刺史、蒲同虢三州節度使，貝州刺史能元皓爲齊州刺史、齊兗鄆等州防禦使。庚寅，大舉討安慶緒於相州。命朔方節度郭子儀、河東節度李光弼、關内潞州節度使王思禮、淮西襄陽節度魯炅、興平節度李奂、滑濮節度許叔冀、平盧兵馬使董秦、北庭行營節度使李嗣業、鄭蔡節度使季廣琛等九節度之師，步騎二十萬，以開府魚朝恩爲觀軍容使。癸巳，廣州奏大食國、波斯國兵衆攻城，刺史韋利見棄城而遁。

十月乙未，以鳳翔尹李齊物爲刑部尚書，以濮州刺史張方須爲廣州都督、五府節度使。郭子儀奏破賊十萬於衛州，獲安慶緒弟慶和，進收衛州。甲寅，上皇

幸華清宮，上送於灞上。許叔冀奏：「衛州婦人侯四娘、滑州婦人唐四娘、某州婦人王二娘相與歃血，請赴行營討賊。」皆補果毅。壬申，王思禮破賊二萬於相州。

十一月丁丑，郭子儀收魏州，得僞署刺史蕭華於州獄，詔復以華爲刺史。是日，上皇至自華清宮，上迎於灞上。上自控上皇馬轡百餘步，詔止之，乃已。

十二月癸卯，以河南節度崔光遠爲魏州刺史，遣蕭華赴相州行營。甲辰，以昇州刺史韋黄裳爲蘇州刺史、浙西節度使。庚戌，以户部尚書李峘充淮南、浙西觀察使、處置節度使。丙寅，立春，上御宣政殿，讀時令，常參官五品已上升殿序坐而聽之。時王師圍相州，慶緒食盡，求於史思明率衆來援。丁卯，思明復陷魏州，刺史崔光遠出奔。

二年春正月己巳朔，上御含元殿，受尊號曰乾元大聖光天文武孝感皇帝。是日，史思明自稱燕王於魏州，僭立年號。丁丑，上親祀九宮貴神，齋宿於壇所。戊寅，有事於籍田，上行九推，禮官奏太過，上曰：「朕勸農率下，所恨不終千畝耳。」乙丑，以御史中丞崔寓都統浙江、淮南節度處置使。庚子，以太子少師崔圓充東京留守，判尚書省事。

二月壬子望，月蝕既。百官請加皇后張氏尊號曰「翊聖」，上以月蝕陰德不修而止。貶東京留守、嗣虢王巨以遂州刺史，苛政也。壬戌，遣侍中苗晉卿、王璵分録囚徒。

三月己巳，皇后祀先蠶於苑中。壬申，相州行營郭子儀等與賊史思明戰，王師不利，九節度兵潰，子儀斷河陽橋，以餘衆保東京。辛卯，以衛尉卿荔非元禮爲懷州刺史，權鎮西、北庭行營節度使；以滑州刺史許叔冀充滑、汴、曹、宋等州節度使；以鄆州刺史尚衡爲徐州刺史，充亳、潁等州節度使。甲午，以兵部侍郎吕諲同中書門下平章事，以太子賓客薛景仙爲鳳翔尹、本府防禦使。乙未，侍中苗晉卿爲太子太傅，平章事王璵爲刑部尚書，並罷知政事。以京兆尹李峴爲吏部尚書，禮部侍郎李揆爲中書侍郎，與户部侍郎第五琦等並同中書門下平章事。丙申，以郭子儀爲東畿、山南東、河南等道節度、防禦兵馬元帥，權東京留守，判尚書省事。以河西節度副使來瑱爲陝州刺史，充號華節度、潼關防禦團練等使。

四月丁酉朔，王思禮奏於潞城縣東直千嶺破賊萬人。壬寅，詔以寇孽未平，務懷撝挹，「自今以後，朕常膳及服御等物，並從節減，諸作坊造坊並停。」「比緣軍國務殷，或宣口敕處分。今後非正宣，並不得行用，中外諸務，各歸有司。英武軍及六軍諸使，比因論竟使行追攝。今後須經臺府，如處斷不平，具狀聞奏。自文武五品已上正官各舉賢良方正、直言極諫一人，任自封進。兩省官十日一上封事。御史臺欲彈事，不須進狀，仍服豸冠。殘妖未殄，國步猶艱，共體至公，以康庶政。朕推誠御物，與衆共之，思與蒼生，臻夫至道。宣示中外，知朕意焉。」甲辰，以鄧州刺史魯炅爲鄭州刺史，充陳、鄭、潁、亳節度使；以徐州刺史尚衡爲青州刺史，充青、淄、密、登、萊、沂、海等州節度使；以商州刺史、興平軍節度李奂兼豫、許、汝等州節度使。乙巳，第五琦依舊判度支、租庸等使。史思明僭號於魏州。崔光遠爲太子少保。癸亥，以久旱徙市，雩祈雨。

五月丁亥，上御宣政殿試文經邦國等四科舉人。乃以汝州刺史劉展爲滑州刺史，以平盧軍節度都知兵馬使董秦爲濮州刺史。

六月乙未朔，以右僕射裴冕爲御史大夫、成都尹，持節充劍南節度副大使、本道觀察使；以邠州刺史房琯爲太子賓客；以饒州刺史顔真卿爲昇州刺史，充浙江西道節度使。己巳，以明州刺史吕延之爲越州刺史，充浙江東道節度使；以右羽林大將軍彭元曜爲鄭州刺史，充陳、鄭、申、光、壽等州節度使。

秋七月乙丑朔，以禮部尚書韋陟充東京留守。辛巳，制以趙王係爲天下兵馬元帥，司空兼侍中李光弼爲副。丁亥，以兵部尚書、潞州大都督府長史、潞沁節度，霍國公王思禮兼太原尹，充北京留守、河東節度副大使；刑部尚書王璵爲蒲州刺史，充蒲、同、絳三州節度使。

八月乙亥，襄州偏將康楚元逐刺史王政，據城自守。丙辰，寧國公主自回紇還宮。副元帥李光弼兼幽州大都督府長史、河北節度等使。

九月甲午，襄州賊張嘉延襲破荆州，澧、朗、復、郢、硤、歸等州官吏皆棄城奔竄。戊辰，新鑄大錢，文如乾元重寶，而重其輪，用一當五十，以二十二斤成貫。丁亥，以太子少保崔光遠充荆、襄等州招討使，右羽林大將軍王仲昇充申、安、沔等州節度使，右羽林將軍李抱玉爲鄭州刺史、鄭陳潁亳四州節度使。庚寅，逆胡史思明陷洛陽，副元帥李光弼守河陽，汝、鄭、滑等州陷賊。

冬十月丁酉，制親征史思明，竟不行。乙巳，李光弼奏破賊於城下。壬戌，宰相吕諲起復，依前平章事。

十一月甲子朔，商州刺史韋倫破康楚元，荆襄平。

十二月癸巳朔，神策將軍衛伯玉破賊於陝東彊子坂。甲寅，以御史大夫史翽爲襄州刺史，充山南東道節度、觀察處置等使。

三年春正月辛巳，李光弼進位太尉、兼中書令，餘如故。以杭州刺史侯令儀爲昇州刺史，充浙江西道節度兼江寧軍使。戊子，以朔方節度使郭子儀兼邠寧、鄜坊兩道節度使。

二月癸巳朔，以右丞崔寓爲蒲州刺史，充蒲、同、晉、絳等州節度使。癸丑，以太子少保崔光遠爲鳳翔尹、秦隴節度使。

三月壬申，以京兆尹李若幽爲成都尹、劍南節度使。甲申，以蒲州爲河中府，其州縣官吏所置，同京兆、河南二府。

四月甲午，李光弼奏破賊於懷州、河陽。甲辰，以禮部尚書、東京留守韋陟爲吏部尚書，太子賓客房琯爲禮部尚書。以太子賓客、平章事張鎬爲左散騎常侍，太子賓客崔渙爲大理卿。是歲饑，米斗至一千五百文。戊申，襄州軍亂，殺節度使史翽，部將張維瑾據州叛。戊午，以右丞蕭華爲河中尹、兼御史中丞，充同、晉、絳等州節度、觀察處置使。己未，以陝州刺史來瑱爲襄州刺史，充山南東道襄鄧等十州節度、觀察處置等使。庚申，以右羽林大將軍郭英乂爲陝州刺史、陝西節度、潼關防禦等使。

閏四月壬戌，以禮部尚書房琯爲晉州刺史。甲子，制彭王僅充河西節度大使，兖王僴北庭節度大使，涇王侹隴右節度大使，杞王倕陝西節度大使，興王佋鳳翔節度大使，蜀王俍邠寧節度大使，並不出閤。丁卯，太原尹王思禮進位司空。甲戌，天下兵馬元帥、趙王係改封越王。

己卯，以星文變異，上御明鳳門，大赦天下，改乾元爲上元。追封周太公望爲武成王，依文宣王例置廟。時大霧，自四月雨至閏月末不止。米價翔貴，人相食，餓死者委骸於路。壬午，以刑部尚書王璵爲太常卿，右散騎常侍韓擇木爲禮部尚書。

五月丙午，以太子太傅、韓國公苗晉卿爲侍中。壬子，黄門侍郎、同中書門下三品呂諲爲太子賓客，罷知政事。癸丑，以河南尹劉晏爲户部侍郎，勾當度支、鑄錢、鹽鐵等使。

六月乙丑，詔先鑄重稜錢一當五十，宜減當三十文；開元宜一當十。

七月己丑朔。丁未，上皇自興慶宫移居西内。丙辰，開府高力士配流巫州；内侍王承恩流播州，魏悦流溱州；左龍武大將軍陳玄禮致仕。

八月丁丑，以太子賓客呂諲爲荆州大都督府長史、澧朗硤忠五州節度觀察處置等使。己卯，以將作監王昂爲河中尹、本府晉絳等州節度使。

九月甲午，以荆州爲南都，州曰江陵府，官吏制置同京兆。其蜀郡先爲南京，宜復爲蜀郡。

十月壬申，以廬州刺史趙良弼爲越州刺史，充浙江東道節度使；青州刺史殷仲卿爲淄州刺史、淄沂滄德棣等州節度使。甲申，以兵部侍郎尚衡爲青州刺史、青登等州節度使。

十一月乙巳，李光弼奏收懷州。宋州刺史劉展赴鎮揚州，揚州長史鄧景山以兵拒之，爲展所敗，展進陷揚、潤、昇等州。

十二月庚辰，以右羽林軍大將軍李鼎爲鳳翔尹、興鳳隴等州節度使。

二年春正月辛卯，温州刺史季廣琛爲宣州刺史，充浙江西道節度使。甲午，上不康，皇后張氏刺血寫佛經。甲寅，詔府縣、御史臺、大理疏理繫囚，死罪降從流，流已下並釋放。乙卯，平盧軍兵馬使田神功生擒劉展，揚、潤平。

二月己未，党項寇寶雞，入散關，陷鳳州，殺刺史蕭愧，鳳翔李鼎邀擊之。癸亥，以鳳翔尹崔光遠爲成都尹、劍南節度度支營田觀察處置等使，以太子詹事、趙國公崔圓爲揚州大都督府長史、淮南節度觀察等使。戊寅，李光弼率河陽之軍五萬，與史思明之衆戰於北邙，官軍敗績。光弼、僕固懷恩走保聞喜，魚朝恩、衛伯玉走保陝州，河陽、懷州共陷賊，京師戒嚴。以前河中尹蕭華爲中書侍郎、同平章事、集賢殿崇文館大學士，兼修國史。

三月甲子，史朝義率衆夜襲我陝州，衛伯玉逆擊敗之。戊戌，史思明爲其子朝義所殺。李光弼以失律讓太尉、中書令，許之，授侍中、河中尹、晉絳等州節度觀察使。

夏四月乙亥朔，嗣岐王珍得罪，廢爲庶人，於溱州安置。連坐竇如玢、崔昌處斬，駙馬都尉楊洄、薛履謙賜自盡，左散騎常侍張鎬貶辰州司户長任。己未，以吏部侍郎裴遵慶爲黄門侍郎、同中書門下平章事。青州刺史尚衡、兖州刺史能元皓並奏破賊。壬午，梓州刺史段子璋叛，襲破遂州，殺刺史嗣虢王巨。東川節度使李奂戰敗，奔成都。

五月甲午，思明僞將滑州刺史令狐彰以滑州歸朝，授彰御史中丞，依前滑州刺史、滑魏德貝相六州節度使。乙未，劍南節度使崔光遠率師與李奂擊敗段子璋於綿州，擒子璋殺之，綿州平。李光弼來朝，進位太尉、兼侍中，充河南副元帥，都統河南、淮南、山南東道五道行營節度，鎮臨淮。辛丑，以鴻臚卿、趙國公管崇嗣爲太原尹、兼御史大夫，充北京留守、河東節度副大使。

六月己卯，以鳳翔尹李鼎爲鄜州刺史、隴右節度營田等使。

秋七月甲辰，延英殿御座梁上生玉芝，一莖三花，上製《玉靈芝詩》。

八月癸丑朔，以中官李輔國守兵部尚書，於尚書省上，命宰臣百官送之，酣宴竟日。自七月霖雨，至是方止，牆宇多壞，漉魚道中。辛巳，以殿中監李若幽爲户部尚書，充朔方鎮西北庭陳鄭等州節度使，鎮絳州，賜名國貞。

九月壬辰，以太子賓客、集賢殿學士、昌黎伯韓擇木爲禮部尚書。壬寅，制：朕獲守丕業，敢忘謙沖，欲垂範而自我，亦去華而就實。其「乾元大聖光天文武孝感」等尊崇之稱，何德以當之？欽若昊天，定時成歲，《春秋》五始，義在體元，惟以紀年，更無潤色。至於漢武，飾以浮華，非前王之茂典，豈永代而作則。自今已後，朕號唯稱皇帝，其年號但稱元年，去上元之號。其以今北庭潞儀陳等州行營，本管節度觀察等事，移鎮絳州。癸酉，河南副元帥李光弼破賊於許州城下，收復許州。

建辰月壬午，詔天下見禁繫囚，無輕重一切釋放。癸巳，以襄州刺史來瑱爲安州刺史，充淮西申、安、蘄、黄、沔等十六州節度使。甲午，党項奴剌寇梁州，刺史李勉棄郡走。丙申，党項寇奉天。上不康，百僚於佛寺齋僧。丁未，詔左降官、流人一切放還。戊申，中書侍郎、平章事、徐國公蕭華爲禮部尚書，罷知政事。以尚書户部侍郎元載同中書門下平章事，以禮部尚書韓擇木爲太子太保。

建巳月壬子，楚州刺史崔侁獻定國寶玉十三枚：一曰玄黄天符，如笏，長八寸，闊三寸，上圓下方，近圓有孔，黄玉也；二曰玉雞，毛文悉備，白玉也；三曰穀璧，白玉也，徑可五六寸，其文粟粒無雕鐫之迹；四曰西王母白環，二枚，白玉也，徑六七寸；五曰碧色寶，圓而有光；六曰如意寶珠，形圓如雞卵，光如月；七曰紅靺鞨，大如巨栗，赤如櫻桃；八曰琅玕珠，二枚，長一寸二分；九曰玉玦，形如玉環，四分缺一；十曰玉印，大如半手，斜長，理如鹿形，陷入印中，以印物則鹿形著焉；十一曰皇后採桑鈎，長五六寸，細如筯，屈其末，似真金，又似銀；十二曰雷公石斧，長四寸，闊二寸，無孔，細緻如青玉；十三寶置於日中，皆白氣連天。侁表云：「楚州寺尼真如者，恍惚上升，見天帝。帝授以十三寶，曰：『中國有災，宜以第二寶鎮之。』」甲寅，太上至道聖皇天帝崩於西内神龍殿。上自仲春不豫，聞上皇登遐，不勝哀悸，因兹大漸。乙丑，詔皇太子監國。又曰：「上天降寶，獻自楚州，因以體元，叶乎五紀。其元年宜改爲寶應，建巳月爲四月，餘月並依常數，仍依舊以正月一日爲歲首。」丁卯，宣遺詔。是日，上崩於長生殿，年五十二。羣臣上謚曰文明武德大聖大宣孝皇帝，廟號肅宗。寶應二年三月庚午，葬於建陵。

雜録

備録

段成式《酉陽雜俎》續集卷六《寺塔記下》 光宅坊光宅寺，本官蒲萄園中禪師影堂。師號惠中，肅宗上元二年，徵至京師，初居此寺。徵詔云：「杖錫而來，京師非遠。齋心已久，副朕虚懷。」

李肇《唐國史補》卷上 肅宗五月五日抱小公主，對山人李唐於便殿。顧唐曰：「念之勿怪。」唐曰：「太上皇亦應思見陛下。」肅宗涕泣。是時張氏已盛，不由己矣。

樂史《廣卓異記》卷一《唐肅宗》引《肅宗實録》 既收復長安，玄宗自蜀至，上至望(覽)〔賢〕宫奉迎。玄宗御宫南樓以俟，上望樓辟，即下馬趨進前，再拜蹈舞稱賀。玄宗下樓，上匍匐捧玄宗涕泗嗚咽，不能自勝。扶玄宗陞殿尚食，每進一味，上皆嘗膳然後進。飛龍御馬，上親選試然後進御。玄宗上馬，上秉轡控玄宗馬行數十步，玄宗止之而後退。玄宗謂左右曰：「吾享國已來，未知貴也，今日見吾子爲天子，乃知貴也。」上嘗避馳道執鞭弭，導引玄宗自開遠門至丹鳳門。自後乾元元年十月，玄宗再幸華清宫，上至灞上迎候，下馬趨進百餘步。舞蹈前抱玄宗足，玄宗撫上背，上又控轡行數十步，有命乃止。

錢易《南部新書》卷丁 韓擇木奏賀肅宗節儉，妓樂無綺綉之飾，飲食無珍羞之具。上因出衣袖以示之，曰：「朕此三浣矣。」

《資治通鑑》卷二一九唐肅宗至德二載正月條 肅宗自馬嵬北行，至同官縣，食於土豪李謙家。張良娣稱腹痛不能乘馬，併小女寄謙家而去。上即位，使人迎之。迎者或有他説。

《資治通鑑》卷二二〇唐肅宗至德二載十二月條 太上皇召肅宗謂曰：「張均弟兄皆與逆賊作權要官，就中張均更與賊毁阿奴、三哥家事，雖犬彘之不若

也。其罪無赦。」肅宗下殿，叩頭再拜曰：「臣比在東宫，被人誣譖，三度合死，皆張説保護，得全首領以至今日。説兩男一度合死，臣不能力争，儻死者有知，臣將何面目見張説於地下！」嗚咽俯伏。太上皇命左右曰：「扶皇帝起。」乃曰：「與阿奴處置，張垍宜長流遠惡處，張均宜棄市。阿奴更不要苦救這賊也。」肅宗掩泣奉詔。

孔平仲《續世説》卷一《德行》 肅宗欲赦諸將，克長安日發李林甫冢，焚骨揚灰。李泌曰：「陛下方定天下，奈何讎死者？彼枯骨何知，徒示聖德之不宏爾。且方今從賊者，皆陛下之讎也。若聞此舉，恐阻其自新之心。」上不悦，曰：「此賊昔日百方危朕，當是時，朕不保朝夕，朕之全，天幸爾。林甫亦惡卿，但未及害卿而死爾，奈何矜之？」泌曰：「臣非不知，所以言者，上皇有天下向五十年，太平娱樂，一朝失意，遠處巴蜀。南方地惡，上皇春秋高，聞陛下此敕，意必以爲用韋妃之故，内慙不釋。萬一感憤成疾，是陛下以天下之大，不能安君親。」言未畢，上流涕被面，降階仰天拜曰：「朕不及此，是天使先生言之也。」遂抱泌頸泣不已。

孔平仲《續世説》卷三《方正》 肅宗嘗不豫，太卜云：「祟在山川。」王璵作相，遣女巫分行天下，令中使監之，所至因緣爲姦。有一巫，盛年美色，以惡少數十自隨，宿黄州傳舍。刺史左震晨至，驛門扃鐍，不可啟，震破鎖而入，曳女巫階下斬之，所從惡少皆斃。閲其贓賂數十萬，震籍以上聞，仍以贓錢代貧民租税，其中使遣歸京，肅宗不能詰。

肅宗欲大用李勉，會李輔國寵任，意欲勉降禮于己。勉不爲之屈，竟爲所抑，出歷汾、虢刺史，後爲相。盧杞自新州司馬除澧州刺史，袁高奏駮，遂授澧州别駕。勉謂德宗曰：「衆人皆言盧杞姦邪，而陛下獨不知，此所以爲姦邪也。」時人多其正直。

孔平仲《續世説》卷十《直諫》 肅宗以王璵爲相，信妖祠。道士李國禎請建大地婆婦等祠，昭應縣令梁鎮上表極言其不可，曰：「大地婆婦，祀典無文，言甚不經，義無可取。若陛下特與大地建祖宗之廟，必上天貽向背之責，陛下又何以爲祠哉？」

王讜《唐語林》卷一《德行一》 肅宗在東宫，爲李林甫所搆，勢幾危者數矣。無何，鬢髮斑白。常早朝，上見之，愀然曰：「汝第歸院，吾當幸汝。」及上至，顧見宫中庭宇不灑掃，而樂器久屏，塵埃積其間，左右使令，無有妓女。上爲之動色，顧力士曰：「太子居處如此，將軍盍使我聞之乎？」（上在禁中，不名力士，呼爲將軍。）力士奏曰：「臣嘗欲上言，太子不許，云：無以動上念。」上即詔力士下京兆尹，亟選人間女子細長潔白者五人，將以賜太子。力士趨出庭下，復還奏曰：「臣他日嘗宣旨京兆閲致女子，人間囂囂然，而朝廷好言事者得以爲口實。臣以爲掖庭中故衣冠以事没其家者，宜可備選。」上大悦，使力士詔掖庭，令按籍閲視，得三人，乃以賜太子，而章敬皇后在選中。頃者，后侍寢，厭不寤，吟呼若有痛，氣不屬者。肅宗呼之不解，竊自計曰：「上始賜我，卒無狀不寤。上安知非吾護視不謹耶？」遽秉燭視之，良久方寤。肅宗問之，后手掩其左脅曰：「妾向夢有神人長丈餘，介金操劍，謂妾曰：『帝命與汝作子。』自左脅以劍決而入腹，痛殆不可忍，及今未之已也。」肅宗驗之於燭下，有若綖而赤者存焉。遽以狀聞，遂生代宗。吴操嘗言於先臣，與力士説符。

王讜《唐語林》卷五《補遺》 肅宗在春宫，嘗與諸王從玄宗詣太清宫。有龍見于殿之東梁，玄宗目之，顧問諸王：「有所見乎。」皆曰：「無之。」問太子，太子俛而未對。上問：「頭在何處？」曰：「在東。」上撫之曰：「真我兒也。」

備論

《舊唐書》卷一〇《肅宗紀》 史臣曰：臣每讀《詩》至許穆夫人聞宗國之顛覆，周大夫傷宫室之黍離，其辭情於邑，賦諭勤懇，未嘗不廢書興歎。及觀天寶失馭，流離奔播，又甚於詩人之於邑也。當其戎羯負恩，奄爲豨突，豺豕遽興於轂下，胡越寧慮於舟中，借人之戈，持之反刺，變生於不意也。所幸太王去國，豳人不忘於周君；新莽據圖，黔首仍思於漢德。是以宣皇帝蒙六聖之遺業，因百姓之樂推。號令朔方，旬日而車徒雲合；旋師右輔，期月而關、隴砥平。故兩都再復於鑾輿，九廟復歆於黍稷。觀其迎上皇於蜀道，陳拜慶於望賢，父子於是感傷，行路爲之隕涕。昔太公迎子，或從家令之言；而西伯事親，靡怠寢門之問。曾參、孝己，足以擬倫。然而道屈知幾，志微遠略。殘妖未殄，宜先恢復之謀；餘燼纔收，何暇昇平之禮。方聽王璵伏奏，輔國贊成，紺轅躬籍于春郊，翠幰先蠶於繭館，或御殿曉宣時令，或登壇宿禮貴神，禮即宜然，時何暇給。鍾懸未移於簨簴，思明已陷於洛陽，是知祝史疇人，安能及遠。猶賴大臣宣力，諸將効忠，

旄頭終隕於三川，杲日重明於六合。比平王之遷洛，我則英雄；論元帝之渡江，彼誠么麽。寧親復國，肅邁休哉！

贊曰：犬羊犯順，鞶輅播遷。兇徒竟斃，景祚重延。星馳蜀道，雨泣望賢。孝宣之謚，誰曰不然？

《新唐書》卷五《肅宗紀》 贊曰：天寶之亂，大盜遽起，天子出奔。方是時，肅宗以皇太子治兵討賊，真得其職矣！然以僖宗之時，唐之威德在人，紀綱未壞，孰與天寶之際？而僖宗在蜀，諸鎮之兵糾合勠力，遂破黃巢而復京師。由是言之，肅宗雖不即尊位，亦可以破賊矣。蓋自高祖以來，三遜于位以授其子，而獨睿宗上畏天戒，發於誠心，若高祖、玄宗，豈其志哉！代宗之時，餘孽猶在，平亂守成，蓋亦中材之主也！

《資治通鑑》卷二二〇唐肅宗乾元元年五月條 臣光曰：夫民生有欲，無主則亂。《書仲虺之誥》之言。是故聖人制禮以治之。治，直之翻。自天子、諸侯至於卿、大夫、士、庶人，尊卑有分，分，扶問翻。大小有倫，若綱條之相維，《書說命》曰：「若網在綱，有條而不紊」。臂指之相使，賈誼曰：「如身之使臂，臂之使指，莫不制從。」是以民服事其上，而下無覬覦。覬，音冀。覦，音俞。其在《周易》，「上天、下澤，履。」象曰：「君子以辨上下，定民志。」此之謂也。凡人君所以能有其臣民者，以八柄存乎己也。《周禮》：「王以八柄馭羣臣：一曰爵，以馭其貴；二曰禄，以馭其富；三曰予，以馭其幸；四曰置，以馭其行；五曰生，以馭其福；六曰奪，以馭其貧；七曰廢，以馭其罪；八曰誅，以馭其過。」苟或捨之，則彼此之勢均，何以使其下哉！

肅宗遭唐中衰，幸而復國，是宜正上下之禮以綱紀四方；而偷取一時之安，不思永久之患。彼命將帥，統藩維，國之大事也，乃委一介之使，徇行伍之情，行，户剛翻。無問賢不肖，惟其所欲與者則授之。自是之後，積習爲常，君臣循守，以爲得策，謂之姑息。姑，且也；息，安也；且求目前之安也。乃至偏裨士卒，殺逐主帥，亦不治其罪，因以其位任授之。然則爵禄、廢置、殺生、予奪，此即《周禮》所謂八柄也。治，直之翻。予，讀曰與。皆不出於上而出於下，亂之生也，庸有極乎！

且夫有國家者，賞善而誅惡，故爲善者勸，爲惡者懲。彼爲人下而殺逐其上，惡孰大焉！乃使之擁旄秉鉞，師長一方，長，知兩翻。是賞之也。賞以勸惡，惡其何所不至乎！《書》云：「遠乃猷。」《書》《康誥》之言。猷，謀也。《詩》云：「猷之未遠，是用大諫。」《詩》《大雅板》之辭。孔子曰：「人無遠慮，必有近憂。」見《論語》。爲天下之政而專事姑息，其憂患可勝校乎！勝，音升。由是爲下者常眄眄焉伺其上，眄，眠見翻，目偏合而衺視也。苟得間則攻而族之；爲上者常惴惴焉畏其下，苟得間則掩而屠之；二語曲盡唐末藩鎮、將卒之情狀。間，古莧翻。惴，之睡翻，憂懼貌。爭務先發以逞其志，非有相保養爲俱利久存之計也。如是而求天下之安，其可得乎！迹其厲階，肇於此矣。言其禍肇於命侯希逸帥平盧也。毛萇曰：厲，惡也。鄭氏曰：犯政爲惡曰厲。

蓋古者治軍必本於禮，故晉文公城濮之戰，見其師少長有禮，知其可用。《左傳》：晉楚戰于城濮。晉侯登有莘之虚以觀師，曰：「少長有禮，其可用也。」遂戰，楚師敗績。治，直之翻；下同。少，詩照翻。長，知兩翻。今唐治軍而不顧禮，使士卒得以陵偏裨，偏裨得以陵將帥，則將帥之陵天子，自然之勢也。賈誼廉陛之論，正此意。

由是禍亂繼起，兵革不息，民墜塗炭，無所控訴，凡二百餘年，然後大宋受命。太祖始制軍法，使以階級相承，小有違犯，咸伏斧質。是以上下有敍，令行禁止，四征不庭，庭，直也。不庭，諸侯之不直者。近世儒者以不朝爲不庭，謂其不來庭也。無思不服，宇内乂安，兆民允殖，以迄于今，皆由治軍以禮故也。豈非詒謀之遠哉！

范祖禹《唐鑑》卷六《肅宗》 至德元載七月，甲子。帝即位於靈武城南樓，尊玄宗曰上皇天帝，赦天下，改元。

臣祖禹曰：哥舒翰守潼關，王思禮請廻兵誅楊國忠。翰曰：「此乃翰反，非禄山也」。翰僨軍降虜，固無足道，然其言可爲後法。肅宗以皇太子討賊，至靈武，遂自稱帝，此乃太子叛父，何以討禄山也。唐有天下幾三百年，由漢以來享國最爲長久。然三綱不立，無父子君臣之義。見利而動，不顧其親。是以上無教化，下無廉恥。古之王者，必正身齊家以率天下。其身不正，未有能正人者也。唐之父子不正，而欲以正萬事，難矣！其享國長久，亦曰幸哉。

文部侍郎同平章事房琯喜賓客，好談論，多引拔知名之士，而輕鄙庸俗，人多怨之。賀蘭進明與琯有隙，言琯專爲迂闊大言，以立虚名，所引用皆浮華之黨。真王衍之比也。帝由是踈之。琯上疏，請將兵復兩京。帝許之。加持節招討西京兼防禦蒲潼兩關兵馬節度使。琯請自選參佐，悉以戎務委李揖、劉秩二人，皆書生不閑軍旅。琯謂人曰：「賊曳落河雖多，安能敵我劉秩！」琯分爲三軍，以南軍、北軍爲前鋒。十月二，軍遇賊將安守忠於咸陽之陳濤叙，琯效古用車戰。以牛車二千乘，馬步夾之。賊順風鼓譟，牛皆震駭，賊縱火焚之，人畜大亂。官軍死傷者四萬餘人，存者數千而已。琯自以南軍戰，又敗。帝聞琯敗，大

怒。李泌爲之營救，帝乃宥之。待琯如初。琯性高簡，時國家多難，而琯多稱病不朝謁，不以職事爲意。日與劉秩、李揖高談釋老，或聽門客董庭蘭鼓琴。庭蘭以是大招權利。明年，罷琯爲太子太師。

臣祖禹曰：房琯有高志虛名而無實才。肅宗既疎之而猶以爲將帥，倚其能成克復之功。是不知其臣也。琯以讒見疎，而猶以討賊爲己任，是不量其君也。君不知其臣，臣不量其君，而欲成天下之務，未之聞也。且肅宗任琯而琯任劉秩，君臣不知人如此，夫安得不敗乎？

帝在彭原，廨舍隘狹，帝與張良娣博，打子聲聞于外，李泌言諸軍奏報停壅，帝乃潛令刻乾樹雞爲子，不欲有聲。良娣以是怨泌。

臣祖禹曰：明皇播遷于蜀，肅宗越在草莽，宗廟焚毀，社稷丘墟，此痛心嘗膽之時也，而於軍旅之中與婦人嬉戲，豈非以位爲樂乎！肅宗之志不及遠矣。享國不永，此其兆歟！二載四月，帝在鳳翔。是時府庫無蓄積，專以官爵賞功。諸將出征皆給空名告身，自開府、特進、列卿、大將軍，下至中郎、郎將，聽臨事注名。其後又聽以信牒授人官爵，有至異姓王者。諸有官者，但以職任相統攝，不復計官爵高下。大將軍告身一通，纔易一醉。凡應募入軍者，一切衣金紫，至有朝士僮僕衣金紫而身執賤役者。名器之濫，至是而極焉。

臣祖禹曰：《傳》曰：「不軌不物，謂之亂政。」官爵者，人君所以馭天下，不可以虛名而輕用也。君以爲貴，則人貴之；君以爲賤，則人賤之。難得而加於君子，則貴矣；易得而施之小人，則賤矣。肅宗欲以苟簡成功，而濫假名器，輕於糞土，此亂政之極也。唐室之不競，不亦宜哉。

九月，廣平王俶、郭子儀等大軍收西京。初，帝欲速得京師，與回紇約曰：「克城之日土地士庶歸唐，金帛女子皆歸回紇。」至是，葉護欲如約，俶拜於葉護馬前，曰：「今始得西京，若遽俘掠，則東京之人皆爲賊固守，不可復取矣。願至東京乃如約。」葉護許之。十月，收東京。回紇及西域諸胡縱兵大掠三日，軍士爲之鄉導，府庫及士民之室皆空。回紇意猶未厭，俶患之。父老請率羅錦萬匹以賂回紇，回紇乃止。

臣祖禹曰：肅宗欲克復唐室，苟求天下之賢而與之共天下之功，因民之心以討暴逆，何患乎賊之不滅？而唐之人主好結戎狄以求其援。肅宗姑務欲速，不爲遠謀，至使諸胡縱掠，與賊無異，其失民也不亦甚乎！昔武王伐商，亦有微、盧、彭、濮。春秋之時，姜戎嘗佐晉征討，皆以中國之，師制之使爲掎角之助而已。至於後世，則倚戎狄以成功，與之共事，未有不爲患者也。

十二月，上皇至咸陽，帝備法駕迎於望賢宮。上皇在宮南樓，帝釋黃袍，著紫袍，望樓下馬，趨進拜舞於樓下。上皇降樓，撫帝而泣，帝捧上皇足，嗚咽不自勝。上皇索黃袍，自爲帝著之。帝伏地頓首固辭。上皇曰：「天數人心皆歸於汝，使朕得保餘齒，汝之孝也。」帝不得已受之。上皇不肯居正殿，曰：「此天子之位也。」帝固請，自扶上皇登殿。尚食、進食，帝品嘗而薦之。將發行宮，帝親爲上皇習馬而進之。上皇上馬，帝親執鞚行數步，上皇止之。帝乘馬前引，不敢當馳道。上皇謂左右曰：「吾爲天子五十年，未爲貴，今爲天子父，乃貴耳。」

臣祖禹曰：肅宗以皇太子討賊，遂自立於靈武，不由君父之命而有天下，是以不孝令也。及其迎上皇於望賢宮，百姓皆注耳目，則辭帝服，避馳道，屑屑焉末禮，以眩耀於衆，豈其誠乎！況其終也，用婦言而保姦謀，遷其父於西宮，卒以憤鬱而殂。事親若此，罪莫大焉。且臨危則取大利，居安則謹小節，以是爲孝，亦已悖矣。孟子曰：「不能三年之喪，而緦小功之察，放飯流歠而問無齒決。」其肅宗之謂乎。

乾元元年六月，史思明既降。李光弼以思明終當叛亂，而烏承恩爲思明所信，陰使圖之。又勸帝以承恩爲范陽節度副使，賜阿史那承慶鐵券，令共圖思明。帝從之。會承恩入京師，帝使內侍李思敬與之俱至范陽宣慰。承恩謀泄，思明責之，承恩謝曰：「此皆李光弼之謀也。」思明乃集將佐民吏西向大哭曰：「臣以十三州十萬衆降朝廷，何負陛下而欲殺臣？」遂殺承恩，連坐死者二百餘人，囚思敬，表上其狀。帝遣中使慰諭思明曰：「此非朝廷與光弼之意，皆承恩所爲，殺之甚善。」

臣祖禹曰：王者所以威服海內，惟其有信與義也。匹夫一爲不信，猶不可自立於鄉黨，況人主而爲不信，天下其誰從之？肅宗既納史思明之降，加以爵命，於時未有逆亂之節也。李光弼爲國元帥，職在禦侮，知其有不臣之志，終爲背叛，言於君而備之可也。待其發而誅之可也。乃使傳詔之臣陰與其黨爲盜賊之計，不亦辱王命乎！若事之捷，則反側之人誰不懷懼？事之不捷，適足以長亂，非所以弭亂也。既失信於已降之虜，又歸罪於死事之臣，欲以服天下姦雄之心，豈不難哉！

九月，命郭子儀等九節度討安慶緒。帝以子儀、光弼皆元勳，難相統屬，故不置元帥，但以宦官魚朝恩爲觀軍容宣慰處置使。觀軍容之名自此始。明年三

月，九節度之師六十萬潰於相州。

臣祖禹曰：夙沙衛殿齊師，殖綽、郭最曰：「子殿國師，齊之辱也。」夫以諸侯之師使閹人殿之，猶以爲辱，况天子之師而使宦者爲之主帥乎！是辱天下之衆也。且慶緒窮虜，郭、李不世出之將也，使朝恩節制之，猶不免於敗，則庸人可知矣。肅宗初復兩京，舉六十萬之衆而棄之其不亡亦幸哉。

上元元年十一月，淮西節度使王仲昇惡宋州刺史劉展，使監軍邢延恩入奏：「展倔彊，不受命，名應謡讖，請除之。」延恩因説帝曰：「展與李銑，一體之人，今銑誅，展不自安，不去之，恐爲亂。然展方握彊兵，請除展江淮都統，代李峘，俟其釋兵赴鎮，中道執之，此一夫力耳。」帝從之，以展爲江淮都統三道節度使，密敕李峘、鄧景山圖之。延恩授展制書，展疑之，延恩乃馳詣廣陵，與峘謀，解印節以授展。展舉宋州兵七千趨廣陵。延恩知展已得其情，還奔廣陵，與李峘、鄧景山發兵拒之，移檄州縣，言展反。展亦移檄言峘反，使其將擊景山。景山衆潰，與延恩奔壽州。展引兵入廣陵。峘悉鋭兵守京口，聞展將至，軍自潰，峘奔宣城。展陷潤州、昇州。十二月，陷蘇州、常州、湖州、泗州、宣州、濠、楚、舒、和、滁、廬等州。初，帝命平盧兵馬使田神功將所部精兵三千屯任城。鄧景山既敗，與邢延恩奏乞敕神功救淮南，未報。景山遣人趨之，且許以淮南金帛子女爲賂，神功討展，展敗。神功入廣陵及楚州，大掠，殺商胡以千數，城中地穿掘略徧。明年正月，擊展，斬之。平盧軍大掠十餘日。安史之亂兵不及江淮。至是其民始罹荼毒矣。

臣祖禹曰：邢延恩一言而朝廷失信，藩臣皆叛，江淮數千里罹塗炭之患，甚矣，小人之交亂四國也。肅宗不明，有以來讒慝之口，豈特一延恩之罪哉！

二年五月，初，李輔國與張后同謀，遷上皇於西内。是日端午，山人李唐見帝，帝方抱幼女謂唐曰：「朕念之，卿勿怪也。」唐曰：「太上皇思見陛下，計亦如陛下之念公主也。」帝泫然泣下，然畏張后，尚不敢詣西内。

臣祖禹曰：陽失其所以爲陽，則制於陰；剛失其所爲剛，則困於柔。肅宗不君，故制於小人女子，不能鐽疾而反畏之。欲見其父而且不敢，其况能保四海乎！

九月，制去尊號，但稱皇帝；去年號但稱元年。以建子月爲歲首，月皆以所建爲數，因赦天下。

臣祖禹曰：肅宗信禨祈之小數，以爲更制、改號可以致福而弭禍。夫畏鬼神聽巫覡者，匹婦之愚也。以天下之君爲之，不亦異哉。

寶應元年建巳月。楚州刺史崔侁表稱：有尼真如，恍惚登天見上帝。賜以寶玉十三枚。云：「中國有災，以此鎮之。」羣臣表賀。甲寅，上皇崩，帝疾轉劇，乃命太子監國。甲子，制改元，復以建寅月爲正月。月數皆如其舊。赦天下。丁卯，帝崩。

臣祖禹曰：昔堯命重黎絶地天通，蓋惡神人雜揉，巫覡矯妄而誣天罔民也。後世主昏于上，民迷于下，瀆亂天地，無所不有。肅宗父子不相信妖由人興，故姦僞得以惑之，獲寶不一月而二帝崩。吉凶之驗，亦可睹矣。

帝疾篤，張皇后與太子謀誅李輔國，太子不可。后乃召越王係謀之，授甲於長生殿。程元振知其謀，密告輔國，以兵送太子於飛龍廄。輔國、元振夜勒兵三殿，收捕越王係及宦官等百餘人，遷后於别殿。帝在長生殿，使者逼后下殿，并左右數十人幽於後宫，宦官宫人皆驚駭逃散，帝尋崩。輔國等殺后并係及兖王僩。

臣祖禹曰：李輔國本飛龍馬家早隸之流，肅宗尊寵而任之，委之以政，授之以兵。明皇以憂崩，已以駭没。張后、二王以戮死。上不保其父，中不保其身，下不保其妻子。此近小人之禍也。可不戒哉，可不戒哉！

初，帝召山南東道節度使來瑱赴京師。瑱諷將吏上表留之。行及鄧州，復令還鎮。荆南吕諲、淮西王仲昇及中使往來者，言瑱由收衆心，恐久難制。帝乃割商、金、均、房别置觀察使，令瑱止領六州行軍司馬。裴茙謀奪瑱位，密表瑱倔彊難制，請以兵襲取之。帝以爲然。乃以瑱爲淮西河南十六州節度，外示寵任，實欲圖之。密敕以茙代瑱爲襄、鄧等州防禦使。瑱聞徙鎮，大懼，又諷將吏留己，代宗欲姑息無事，復以瑱爲山南東道節度使。裴茙既得密敕，即率麾下二千趣襄陽。瑱以兵逆之，問所以來，對曰：「尚書不受朝命，故來。若受代，謹當釋兵。」瑱曰：「吾已蒙恩復留鎮此。」因取敕及告身示之。茙驚惑。瑱與薛南陽縱兵夾擊，大破之，追擒茙於申口，送京師，賜死。

臣祖禹曰：肅宗信讒，黜陟不明，以藩鎮爲餌，欲誘反側之臣，故劉展叛於前，來瑱亂於後，皆朝廷易置不以其道，故也。且瑱未失臣節，而行裴茙篡奪之謀，使茙克瑱而代其位，不若瑱跋扈之爲愈也。夫藩臣倔彊阻兵，得一賢相足以制之。肅宗謀及宦者，得無亂乎！

右肅宗在位七年崩，年五十二。

王夫之《讀通鑑論》卷二三《唐肅宗》 肅宗自立於靈武，律以君臣父子之大倫，罪無可辭也。裴冕、杜鴻漸等之勸進，名爲社稷計，實以居擁戴之功取卿相，其心可誅也。史稱顏魯公頒赦書於諸郡，河南、江、淮知肅宗之立，徇國之志益堅，若以此舉爲收拾人心之大計，豈其然乎？玄宗之召亂也，失德而固未嘗失道也。淫荒積於宮闈，用舍亂於朝右，授賊以柄而保寇以滋，斁倫傷教，誠不足以任君師、佑下民。而誅殺不淫，未嘗如漢桓、靈之掊掠，宋哲、徽之竄逐也；賦役不繁，未嘗如秦之築長城、治驪山，隋之征高麗、開汴渠也。天不佑玄宗，而人不厭唐德，禄山以凶淫狂嚚之胡雛，縣軍嚮闕，得志而驕，無終日之謀以固其勢，無錙銖之惠以餌其民，蟪蛄之春秋，人知其速隕，豈待靈武之詔，始足動天下以去逆效順哉？雖然，肅宗不立，而天下抑有不可知者。幸而不然，人不知其變之必至耳。國雖不固，君雖不令，未有一寇甫興而即滅者，秦之無道，陳涉不能代之以興，況唐立國百年，民無荼毒，天寶之富庶甲乎古今，豈易傾哉？而有不可知者，亂者，所以召亂也；止亂者，尤亂之所自生也。袁、曹討董卓，而漢亡於袁、曹；劉裕誅桓玄，而晉亡於劉裕；禍發而不戢，惡知其極？定之不早，意外之變繼起，而天下乃以分崩，是則安、史雖平，唐亢岌岌也。於稽其時，玄宗聞東京之陷，既欲使太子監國矣；其發馬嵬，且宣傳位之旨矣。乃未幾而以太子充元帥，諸王分總天下節制，以分太子之權。忽予忽奪，疑天下而召紛爭，所謂一言而可以喪邦者在此矣。盛王琦、豐王珙，皆隨駕在蜀；吳王祇、虢王巨，皆受專征之命；永王璘之出江南，業已抱異志而往；是蕭梁骨肉分爭之勢也。河北、雍、睢之義旅，罔測所歸；河西李嗣業，且欲保境以觀釁；安西李栖筠，愈遠處而無適從；李、郭雖心王室，且斂兵入井陘，求主未得而疑；同羅叛歸，結諸胡以內窺，僕固玢敗而降之爲內導，以擊河東、朔方之附；此漢末荆、益，西晉河西之勢也。使一路奮起討賊，而諸方不受其統率，則爭競以生；又李克用、朱全忠不相下之形也。諸王各依一鎮以立，諸鎮各挾之以爲名；抑西晉八王之禍也。居今驗古，不憂安、史之不亡，而亡安、史者即以亡唐。詎玄宗二三不定之命，割裂以雄長於其方，太子雖有元帥之虛名，亦惡能統一而使無參差乎？玄宗之猶豫不決，吝以天下授太子，不盡皆楊氏銜土之罪也，其父子之閒，離忌而足以召亂久矣。肅宗亟立，天下乃定歸於一，西收涼、隴，北撫朔、夏，以身當賊，而功不分於他人，諸王諸帥無可挾之助名以嗣起爲亂，天未厭唐，啓裴、杜之心，使因私以濟公，未嘗不爲唐幸也。蓋肅宗亦未嘗不慮此矣，而非冕、鴻漸之所能及也。肅宗自立之罪無可辭，而猶可原也。冕、鴻漸斁大倫以徼擁戴之功，唐雖舔之以安，允爲名教之罪人，惡在心，奚容貸哉？

李長源間關至靈武，肅宗命爲相而不受，以白衣爲賓友，疑乎其潔身高尚也，而其後歷仕中外，且終相德宗矣，此論者所未測也。抑而下之，則譏其無定情，始以賓友自尊，而終喪其所守。推而高之，則謂其鄙肅宗之乘危自立，紊大倫而恥與翼戴之列。夫長源志深識遠，其非始自尊而終耽寵禄也明甚。若鄙肅宗之自立，則胡爲冒險閒行以參帷幄，既與大謀，又惡可辭推戴之辜邪？夫長源之辭相，乃唐室興亡之大機。人心離合、國紀張弛之所自決，悠悠者惡足以知之？玄宗之幾喪邦也，惟其以官酬功，而使禄山懷不得宰相之忿，鏑鏃廷臣，怨懟君父，而逞其毒。玄宗出奔，肅宗孤起於邊陲，以待匡救於羣臣。於斯時也，人競乘時以希高位，而不知所厭止者也。凡天下一敗而不能復興之禍，恒起於人覬貴寵而君輕爵位。貴寵可覬，則賢不肖無別，而賢者不爲盡節；爵位既輕，則勸與威無以相繼，而窮於勸者怨乃以生。長源知亂之必生於此也，故玄宗知其才，欲官之，而早已不受；抑知必反此而後可以立功也，故肅宗與商報功之典，而曰「以官賞功，非才則廢事，權重則難制，莫若疏爵土使比小郡，而不可輕予以宰相之名」。唯然，猶恐同功共事之人，修望之積習不化，故己以東宮之友，倚任之重，聯鑣對榻之隆，而居然一布衣也；則人不以官位爲貴而貴有功，不以虛名爲榮而榮有實，天寶濫竽之敝政，人恥而不居，而更始「羊頭關內」、高緯「鷹犬儀同」，敗亡之覆軌，不復蹈焉。嗚呼！此長源返極重之勢，塞潰敗之源，默挽人心、扶危定傾之大用，以身爲鵠，而收復之功所自基也。深矣遠矣，知之者鮮矣。以示人臣遇難致身，非貪榮利之大節，以戒人主避近相賞、遽假威福之淫施，不但如留侯智以全身之比也。其後充幕僚，刺外州，而不嫌屈馴，至德宗之世，始以四朝元老任台鼎之崇，進有漸也。士君子登用之正，當如此爾。昭然著見而人不測，乃疑其詭祕無恒也。吳聘君一出山而即求枚卜，視此能勿慚乎？

肅宗用朔方之衆以討賊收京，乃唯恐不勝，使僕固懷恩請援回紇，因脅西域城郭諸國，徵兵入助，而原野爲之蹂踐；讀杜甫擬絕天驕、花門蕭瑟之詩，其亂大防而虐生民，禍亦棘矣。嗣是而連吐蕃以入寇，天子爲之出奔，害幾不救。然收京之役，回紇無血戰之功，一皆郭汾陽之獨力，唐固未嘗全恃回紇，屈身割地以待命也。則愈於敬瑭遠矣，有自立者存也。夷考其時，西京被陷，而禄山留雒，不敢入關，孫孝哲、安守忠、李歸仁、張通儒、田乾真之流，日夜縱酒宣淫而無

戰志，搜索民財，人皆怨憤，顒首以望王師，薛景僊破賊於扶風，京西之威已振，畿内豪傑殺賊應官兵者四起，肅宗既擁朔方之衆，兼收河西、安西之旅，以臨欲潰之賊，復何所藉於回紇而後敢東嚮哉？此其故有二，皆情勢之窮，慮不能及於遠大也。其一，自天寶以來，邊兵外彊，所可與幽、燕、河北並峙者，唯王忠嗣之在朔方耳。玄宗自削其輔，奪忠嗣而廢之，奉忠嗣之餘威收拾西陲者，哥舒翰也。翰爲禄山屈而稱病閒居，朔方之勢已不振，既且盡撤之以守潼關，而陷没於賊。郭、李雖分節鉞，兵備已枵，同羅叛歸，又扼項背以掣東下之肘，故郭、李志雖堅，名雖盛，而軍孤且弱，不足壓賊勢於未灰。陳濤之敗，繼以清渠，不得專咎房琯而謂汾陽之所嚮無前也。推其致弱之繇，玄宗失計於前，肅宗不能遽振於後，積弱乍興，不得不資回乾以壯士氣而奪賊膽，其勢然也。其一，肅宗已至鳳翔，諸軍大集，李泌欲分安西、西域之兵並塞以取幽、燕，使其計行，則終唐之世，河北跋扈之禍永消；而肅宗不從，急用回紇疾收長安者，以居功固位不能稍待也。其言曰：「切於晨昏之戀，不能久待」，徒飾説耳。南内幽居，父幾死於宦豎之手，猶曰功在社稷，晨昏之語，將誰欺乎？蓋其時上皇在蜀，人心猶戴故君，諸王分節制之命，玄宗且無固志，永王璘已有琅邪東渡之雄心矣。肅宗若無疾復西京之大勳，孤處西隅，與天下縣隔，海岱、江淮、荆楚、三巴分峙而起，高材捷足，先收平賊之功，區區適長之名，未足以彈壓天下也。故唯恐功不速收，而日暮倒行，屈媚回紇，縱其蹂踐，但使奏效崇朝，奚遑他恤哉？決遣燉煌王以爲質而受辱於虜帳，其情然也。

肅宗表請上皇，自求還東宫修人子之職，雖其飾詞，亦子道之常耳，而李長源料玄宗之咈然，果徬徨不進，得羣臣就養之表，而後欣然就道，抑何至於此哉？言之必如其事也，事之必如其心也，君子之以立誠而動物，無有不然者也。然有時乎以交天下之人，猶出之以遜讓，飾之以文詞，抑以昭雍容謙挹之度，而遠直情徑行草野倨侮之惡，君臣朋友賓主之閒，蓋亦擇其可用而用之矣。獨至於父子之際，固無所容此也。幼而哺以乳，未嘗讓乳也；長而食以食，未嘗讓食也；壯而授以室，未嘗讓室也；天性自然之愛，不忍欺也。可欲者欲之，可得者得之，以誠請，以誠受，天子雖尊，天下雖大，亦將徹之卮酒豆肉而已矣，父猶父也，子猶子也，奪之非怨，予之非恩，父母而賓客之，豈復有人之心哉？肅宗自立於靈武，其不道固矣，天下不可欺，而尤不可自欺其心，以上欺其父。僞爲辭讓以告天下，人亦孰與諒之？乃於拜表奉迎之日，悲歡交集之頃，爲飾説以告父，此何心邪？賊未破，京未收，寸功不見於社稷，則居大位而不疑；已破賊收京，欲至論功，正南面之尊，乃曰退就東宫，歸大位於已稱上皇之老父乎？肅宗之爲此也，探玄宗失位怏悒之情而制之也。若曰吾非不欲避位，而天命已去，人心已解，父且不能含羞拂衆以復貪大寶，折服其不平之氣，而使箝口戢志以無敢復他也。嗚呼！天理滅，人心絶矣。玄宗固曰彼已自立而復爲此辭者，不以父待我，而以相敵之情相制，心叵測矣。司馬懿稱病以謝曹爽，唐高祖輸款以推李密，其後竟如之何也，尚能忘憂以安寢食哉？不孝之大者，莫甚於匿情以相脅，故自立之罪可原，而請就東宫之惡不可逭。非鄴侯之善處，則南宫禁錮，不待他日，且使自斃於成都，惡尤烈於衛輒矣。羣臣表至，玄宗乃曰：「今日爲天子父乃貴。」所以明其不復願爲天子而自保其餘年也，悲哉！

將與兵必相得也，兵不宜其將，非弱則訌。唐節度使死，因察軍中所欲立者授之，亦未爲過也。其事自肅宗以平盧授侯希逸始。於是唐權下移，終其世於亂，而國以亡。蓋人君之心，有可洞然昭示使天下共見者，雖雄猜如曹孟德，而亦無所隱。有藏之密、慮之熟，決於一旦而天下莫測者，雖孔子之墮郈、費，亦未嘗示人以欲墮之志。非疑於人，信之在己者深也。

藝文

《文苑英華》卷七七四李華《肅宗孝頌七》 穆穆孝慈，有如肅宗之誠，達於一作于。神祇。爰訓六師，震發北陲，陵陵雷馳。西戎、南蠻，北狄、東夷，咸舉其旂，佐皇之威。帝心天和，一作如天。無筮無卜。一作無筮無慾。自一作副。然丘岳，破裂冰一作岸。谷，逆隸傾覆，朝社大復。屈於一作于。海之外服，以盥以濯，以舞以躍。帝在東宫，孝如文王，蒸蒸其思，一作心。天地知其孝。既收鎬洛，祀於一作于。陵廟，奉迎上聖，天日普一作並。照。有兇有孽，將噬將齧，我旂方設，則已顛蹶。如燀于一作於。雪，尊嚴而仁，仁覆而嚴。大臣小臣，莫不潔廉，躬勤百度，百度如其素。

《文苑英華》卷七七四李華《今上昭頌八》 大邦之興，維天相之。曷興曷則？一作相。有德繼王。昔殷王盤庚、武丁，昭一作紹。登殷明。矧我帝唐，一作君。丕承天命，疊引其慶，生我皇聖。幼沖聖敬，實左右肅宗，開國即一作御。

戎，羣師稟教，舉則成功。自西自東，如霆如風，蕩滌頑一作元。兇，罔不率從。既登天一作大。位，於變時邕，人咸曰上如太宗，延億兆斯年！延億兆斯祚！一無此五字。天博地崇，一作地博天崇。罔不爾容。玄宗元孫，象一作爲。玄宗列文；肅宗元子，承肅宗孝理。

《文苑英華》卷八三六李華《肅宗大宣孝皇帝哀册文》 維寶應元年歲次壬寅四月庚戌朔十八日丁卯，大行文明武德大聖大宣孝皇帝崩于長生殿，旋殯于兩儀殿之西階。粤二年三月二十七日庚午，將遷座于建陵，禮也。燭列瑶宫，一作燭映瑱宫。河低象闕，簷擁霄霧，庭微曙月。森鷺翮以成行，儼輼輬一作龍輼。而將發，哀子嗣皇帝諱，充窮感慕，擗摽傷摧。奠玄宬而增肅，瞻白雲而不廻，雨泗噎兮千官泣，天仗摇兮萬國陪。懿業方永，神暉潛翳，迺詔有司，騰芳後裔。其詞曰：高丘演慶，玄牝開祥。寶曆一作系。攸重，靈源自長。文昭武穆，累聖重光。七葉增睿，一作濬。時惟我皇。天帝褰裳，全真養正。窅然姑射，欽哉有命。謂禹知子，踵堯傳聖。伊昔休應，虹流電驚。倚蘭養德，叢桂疏榮。徇齊純孝，弘裕欽明。光含玉理，秀發珠衡。辨一作辯。日多語，朝雲更輕。尊師樂業，問寢揚名。三善克舉，萬邦以貞。叶契斷金，觀書羣玉。性與兼愛，道存濡足。詢事考言，登庸一作應圖。受籙。運符提象，輝同偶燭。景星耀芒，大風成曲。戎羯緣問，書稱猾夏。轉旆秦川，連兵朔野。水靈潛衛，山祇巘㟐。順時徙邑，聿來岐下。用剪修虵，匪勤戎馬。輯寧黎庶，保乂宗社。赫矣天府，於皇樂都。瑶壇饗帝，璧沼崇儒。進善求瘼，明刑恤辜。丹巖藏銑，緑浦捐珠。容成啓路，王母獻圖。功宣祀夏，道洽歌虞。物莫疵癘，人用昭蘇。櫟陽先惠，棣華增睦。恩猶覆燾，冠帶麟洲，賓延鳥服。招諫懸鼓，誓師推轂。禮備樂和，遠安邇肅。恩猶覆燾，義涵亭毒。露臺愛費，茅宇蠲奢。北薦春寶，南牧一作收。若華。卿雲聳蓋，潏露垂葩。畝秀同穎，階榮指邪。滌慮高居，凝神下濟。遠探仙訣，深入真諦。穆穆頌聲，温温愷悌。榮鍾三古，牢籠八裔。才生之亹爰集。良已之文莫繼。佇襄野而來巡，怨祁宫而興沴。嗚呼哀哉！序分弘璧，庭臨綴衣。如天落構，象日徂輝。棄璇寓而奚速，啓金縢而遂違。烏册龍圖之瑞，青丘丹浦之威。瞻脱屣兮如在，痛攀髯兮不歸。巖岫晦兮愁雲積，郊原空兮落景微。嗚呼哀哉！環瀛縞素，鞮譯凝慕。龜謀協吉，象耕遐赴。珠玉重而不藏，襲稱一作衣。廉而有數。静鈎陳于塋所，閉閶闔于應一作象。路。靡營南紀之廛，空望西陵之樹。嗚呼哀哉！蒼旻浩然，緹律亟遷。既深悲於寒霰，俄隕涕於韶煙。背鳳城而紆鬱，援一作振。蜃紼而聯翩。息輿駕于懸圃，閒鍾磬於廣川。神理冥其造物，皇情邈以終天。嗚呼哀哉！三光猶變，九舟非術。蛩隧蒼茫，鮒隅簫瑟。度清渭而徐轉，指甘泉而半出。薤曲嘶管以臨風，松門倚巖而蔽日。嗚呼哀哉！式敭末命，戒兹羣后。至德神功，天長地久。邁千祀之騰茂，居百王之冠首。俾下武而欽承，彰典謨而不朽。嗚呼哀哉！

李泌部

綜述

《舊唐書》卷一三〇《李泌傳》　李泌字長源，其先遼東襄平人，西魏太保、八柱國司徒徒何弼之六代孫。今居京兆，吴房令承休之子。少聰敏，博涉經史，精究《易象》，善屬文，尤工於詩，以王佐自負。張九齡、韋虚心、張廷珪皆器重之。泌操尚不羈，耻隨常格仕進。天寶中，自嵩山上書論當世務，玄宗召見，令待詔翰林，仍東宫供奉。楊國忠忌其才辯，奏泌嘗爲《感遇詩》，諷刺時政，詔於蘄春郡安置，乃潛遁名山，以習隱自適。

天寶末，禄山構難，肅宗北巡，至靈武即位，遣使訪召。會泌自嵩、潁間冒難奔赴行在，至彭原郡謁見，陳古今成敗之機，甚稱旨，延致卧内，動皆顧問。泌稱山人，固辭官秩，特以散官寵之，解褐拜銀青光禄大夫，俾掌樞務。至於四方文狀、將相遷除，皆與泌參議，權踰宰相，仍判元帥廣平王軍司馬事。肅宗每謂曰：「卿當上皇天寶中，爲朕師友，下判廣平王行軍，朕父子三人，資卿道義。」其見重如此。尋爲中書令崔圓、倖臣李輔國害其能，將有不利於泌。泌懼，乞遊衡山，優詔許之，給以三品禄俸，遂隱衡岳，絶粒栖神。

數年，代宗即位，召爲翰林學士，頗承恩遇。及元載輔政，惡其異己，因江南道觀察都團練使魏少遊奏求參佐，稱泌有才，拜檢校秘書少監，充江南西道判官，幸其出也。尋改爲檢校郎中，依前判官。元載誅，乃馳傳入謁，上見悦之。又爲宰相常衮所忌，出爲楚州刺史。及謝恩，具陳戀闕，上素重之，留京數月。會澧州刺史闕，衮盛陳泌理行，以荆南凋瘵，遂輟泌理之。詔曰：「荆南都會，粤在澧陽，俾人歸厚，惟賢是牧。以泌文可以代成風俗，政可以全活惸嫠。爰命頒條，期乎共理，無薄淮陽之守，勉思渤海之功。可檢校御史中丞，充澧朗硤團練使。」重其禮而遣之。無幾，改杭州刺史，以理稱。

興元初，徵赴行在，遷左散騎常侍。貞元元年，除陝州長史，充陝虢都防禦觀察使。二年六月，泌奏：「虢州盧氏山冶，近出瑟瑟，請充獻，禁人開採。」詔曰：「瑟瑟之寶，中土所無，今産於近甸，實爲靈貺。朕不飾器玩，不尚珍奇，常思返朴之風，用明躬儉之節。其出瑟瑟之處，任百姓求採，不宜禁止。」就加泌檢校禮部尚書。時陝、許戍邊卒三千自京西逃歸，至州境，泌潛師險隘，左右攻擊，盡誅之。

尋拜中書侍郎、平章事、集賢崇文館學士、修國史。初，張延賞大減官員，人情咨怨，泌請復之，以從人欲，因是奏罷兼試額内占闕等官，加百官俸料，隨閑劇加置手力課，上從之，人人以爲便。而竇參旁奏，遂改易，使同品之内，月俸多少纍等。泌又奏請罷拾遺、補闕，上雖不從，亦不授人，故諫司惟韓皋、歸登而已。泌仍命收其署滄錢，令登等寓食於中書舍人，故時戲云：「韓諫議雖分左右，歸拾遺莫辨存亡。」如是者三年。至貞元五年，以前東都防禦判官、殿中侍御史、内供奉韋綬爲左補闕，監察御史梁肅右補闕。既復置，人心忻然。順宗在春宫，妃蕭氏母郜國公主交通外人，上疑其有他，連坐貶黜者數人，皇儲亦危。泌百端奏説，上意方解。

泌頗有讜直之風，而談神仙詭道，或云嘗與赤松子、王喬、安期、羨門遊處，故爲代所輕，雖詭道求容，不爲時君所重。德宗初即位，尤惡巫祝怪誕之士。初，肅宗重陰陽祠祝之説，用妖人王璵爲宰相，或命巫媪乘驛行郡縣以爲厭勝。凡有所興造功役，動牽禁忌。而黎幹用左道位至尹京，嘗内集衆工，編刺珠繡爲御衣，既成而焚之，以爲禳禬，且無虚月。德宗在東宫，頗知其事，即位之後，罷集僧於内道場，除巫祝之祀。有司言宣政内廊壞，請修繕，而太卜云：「孟冬爲魁罡，不利穿築，請卜他月。」帝曰：「《春秋》之義，啓塞從時，何魁罡之有？」卒命修之。又代宗山陵靈駕發引，上號送於承天門，見轀輬不當道，稍指午未間。問其故，有司對曰：「陛下本命在午，故不敢當道。」上號泣曰：「安有枉靈駕而謀身利。」卒命直午而行。及建中末，寇戎内梗，桑道茂有城奉天之説，上稍以時日禁忌爲意，而雅聞泌長於鬼道，故自外徵還，以至大用，時論不以爲愜。及在相位，隨時俯仰，無足可稱。復引顧況輩輕薄之流，動爲朝士戲侮，頗貽譏誚。年六十八薨，贈太子太傅，賻禮有加。泌放曠敏辯，好大言，自出入中禁，累爲權倖忌嫉，恒由智免；終以言論縱横，上悟聖主，以躋相位。有文集二十卷。

《新唐書》卷一三九《李泌傳》　李泌字長源，魏八柱國弼六世孫，徙居京兆。七歲知爲文。玄宗開元十六年，悉召能言佛、道、孔子者，相答難禁中。有員俶者，九歲升坐，詞辯注射，坐人皆屈。帝異之，曰：「半千孫，固當然。」因問：「童子豈有類若者？」俶跪奏：「臣舅子李泌。」帝即馳召之。泌既至，帝方與燕國公

張說觀弈，因使說試其能。說請賦「方圓動静」，泌逡巡曰：「願聞其略。」說因曰：「方若棋局，圓若棋子，動若棋生，静若棋死。」泌即答曰：「方若行義，圓若用智，動若騁材，静若得意。」說因賀帝得奇童。帝大悦曰：「是子精神，要大於身。」賜束帛，敕其家曰：「善視養之。」張九齡尤所奬愛，常引至卧内。九齡與嚴挺之、蕭誠善，挺之惡誠佞，勸九齡謝絶之。九齡忽獨念曰：「嚴太苦勁，然蕭軟美可喜。」方命左右召蕭，泌在旁，帥爾曰：「公起布衣，以直道至宰相，而喜軟美者乎？」九齡驚，改容謝之，因呼「小友」。

及長，博學，善治《易》，常游嵩、華、終南間，慕神仙不死術。天寶中，詣闕獻《復明堂九鼎議》，帝憶其早惠，召講《老子》，有法，得待詔翰林，仍供奉東宫，皇太子遇之厚。嘗賦詩譏誚楊國忠、安禄山等，國忠疾之，詔斥置蘄春郡。

肅宗即位靈武，物色求訪，會泌亦自至。已謁見，陳天下所以成敗事，帝悦，欲授以官，固辭，願以客從。入議國事，出陪輿輦，衆指曰：「著黄者聖人，著白者山人。」帝聞，因賜金紫，拜元帥廣平王行軍司馬。帝嘗曰「卿侍上皇，中爲朕師，今下判廣平行軍，朕父子資卿道義」云。始，軍中謀帥，皆屬建寧王，泌密白帝曰：「建寧王誠賢，然廣平冢嗣，有君人量，豈使爲吴太伯乎？」帝曰：「廣平爲太子，何假元帥？」泌曰：「使元帥有功，陛下不以爲儲副，得耶？太子從曰撫軍，守曰監國，今元帥乃撫軍也。」帝從之。

初，帝在東宫，李林甫數構譖，勢危甚，及即位，怨之，欲掘冢焚骨。泌以天子而念宿嫌，示天下不廣，使脅從之徒得釋言於賊。帝不悦，曰：「往事卿忘之乎？」對曰：「臣念不在此。上皇有天下五十年，一旦失意，南方氣候惡，且春秋高，聞陛下録故怨，將内慚不懌，萬有一感疾，是陛下以天下之廣不能安親也。」帝感悟，抱泌頸以泣曰：「朕不及此。」因從容問破賊期，對曰：「賊掠金帛子女，悉送范陽，有苟得心，渠能定中國邪？華人爲之用者，獨周摯、高尚等數人，餘皆脅制偷合，至天下大計，非所知也。不出二年，無寇矣。陛下無欲速。夫王者之師，當務萬全，圖久安，使無後害。今詔李光弼守太原，出井陘，郭子儀取馮翊，入河東，則史思明、張忠志不敢離范陽、常山，安守忠、田乾真不敢離長安，是以三地禁其四將也。隨禄山者，獨阿史那承慶耳。使子儀毋取華，令賊得通關中，則北守范陽，西救長安，奔命數千里，其精卒勁騎，不踰年而弊。我常以逸待勞，來避其鋒，去翦其疲，以所徵之兵會扶風，與太原、朔方軍互擊之。徐命建寧王爲范陽節度大使，北並塞與光弼相掎角，以取范陽。賊失巢窟，當死河南諸將手。」帝然之。會西方兵大集，帝欲速得長安，曰：「今戰必勝，攻必取，何暇千里先事范陽乎？」泌曰：「必得兩京，則賊再强，我再困。且我所恃者，磧西突騎、西北諸戎耳。若先取京師，期必在春，關東早熱，馬且病，士皆思歸，不可以戰。賊得休士養徒，必復來南。此危道也。」帝不聽。

二京平，帝奉迎上皇，自請歸東宫以遂子道。泌曰：「上皇不來矣。人臣尚七十而傳，況欲勞上皇以天下事乎。」帝曰：「奈何？」泌乃爲羣臣通奏，具言天子思戀晨昏，請促還以就孝養。上皇得初奏，答曰：「當與我劍南一道自奉，不復東矣。」帝甚憂。及再奏至，喜曰：「吾方得爲天子父！」遂下誥戒行。

崔圓、李輔國以泌親信，疾之。泌畏禍，願隱衡山。有詔給三品禄，賜隱士服，爲治室廬。泌嘗取松樛枝以隱背，名曰「養和」，後得如龍形者，因以獻帝，四方争效之。代宗立，召至，舍蓬萊殿書閣。初，泌無妻，不食肉，帝乃賜光福里第，彊詔食肉，爲娶朔方故留後李暐甥，昏日，敕北軍供帳。

元載惡不附己，因江西觀察使魏少游請僚佐，載稱泌才，以試秘書少監充判官。載誅，帝召還。復爲常衮所忌，出爲楚州刺史，辭不行，帝亦留之。會澧州缺，衮盛言南方凋瘵，請輟泌治之，乃授澧朗峽團練使，徙杭州刺史，皆有風績。

德宗在奉天，召赴行在，授左散騎常侍。時李懷光叛，歲又蝗旱，議者欲赦懷光。帝博問羣臣，泌破一桐葉附使以進，曰：「陛下與懷光，君臣之分不可復合，如此葉矣。」由是不赦。始，朱泚亂，帝約吐蕃赴援，賂以安西、北庭。既而渾瑊與賊戰咸陽，泚大敗，吐蕃以師追北不甚力，因大掠武功而歸。京師平，來請如約。帝業許，欲遂與之。泌曰：「安西、北庭，控制西域五十七國及十姓突厥，皆悍兵處，以分吐蕃勢，使不得併兵東侵。今與其地，則關中危矣。且吐蕃向持兩端不戰，又掠我武功，乃賊也，奈何與之？」遂止。

貞元元年，拜陝虢觀察使。泌始鑿山開車道至三門，以便饟漕。以勞，進檢校禮部尚書。淮西兵防秋屯鄜州，已而四千人亡歸，或曰吴少誠密招之。既入境，泌邀險悉擊殺之。三年，拜中書侍郎、同中書門下平章事，累封鄴縣侯。初，張延賞減天下吏員，人情愁怨，至流離死道路者。泌請復之，帝未從，因問：「今户口減承平時幾何？」曰：「三之二。」帝曰：「人既彫耗，員何可復？」泌曰：「不然。户口雖耗，而事多承平十倍。陛下欲省州縣則可，而吏員不可減。今州或參軍署券，縣佐史判案。所謂省官者，去其冗員，非常員也。」帝曰：「若何爲冗員？」對曰：「州參軍無職事及兼、試額内官者。兼、試，自至德以來有之，比

正員三之一，可悉罷。」帝乃許復吏員，而罷冗官。泌又條奏：「中朝官常侍、賓客十員，其六員可罷；左右贊善三十員，其二十員可罷。如舊制，諸王未出閤，官屬皆不除。而所收料奉，乃多於減員矣。」帝悦。

是時，州刺史月奉至千緡，方鎮所取無藝，而京官禄寡薄，自方鎮入八座，至謂罷權。薛邕由左丞貶歙州刺史，家人恨降之晚。崔祐甫任吏部員外，求爲洪州別駕。使府賓佐有所忤者，薦爲郎官。其當遷臺閣者，皆以不赴取罪去。泌以爲外太重，内太輕，乃請隨官閑劇，普增其奉，時以爲宜。而竇參多沮亂其事，不能悉如所請。泌又白罷拾遺、補闕，帝雖不從，然因是不除諫官，唯用韓皋、歸登。泌因收其公廨錢，令二人寓食中書舍人署。凡三年，始以韋綬、梁肅爲左右補闕。

太子妃蕭母，郜國公主也，坐蠱媚，幽禁中，帝怒，責太子，太子不知所對。泌入，帝數稱舒王賢，泌揣帝有廢立意，因曰：「陛下有一子而疑之，乃欲立弟之子，臣不敢以古事爭。且十宅諸叔，陛下奉之若何？」帝赫然曰：「卿何知舒王非朕子？」對曰：「陛下昔爲臣言之。陛下有嫡子以爲疑，弟之子敢自信於陛下乎？」帝曰：「卿違朕意，不顧家族邪？」對曰：「臣衰老，位宰相，以諫而誅，分也。使太子廢，佗日陛下悔曰『我惟一子殺之，泌不吾諫，吾亦殺爾子』，則臣絶祀矣。雖有兄弟子，非所歆也。」即噫嗚流涕。因稱：「昔太宗詔：『太子不道，藩王窺伺者，兩廢之。』陛下疑東宮而稱舒王賢，得無窺伺乎？若太子得罪，請亦廢之而立皇孫，千秋萬歲後，天下猶陛下子孫有也。且郜國爲其女妒忌，而蠱惑東宮，豈可以妻母累太子乎？」執爭數十，意益堅，帝寤，太子乃得安。

初，興元後國用大屈，封物皆三損二。舊制，堂封歲三千六百縑，後纔千二百。至是，帝使還舊封。於是李晟、馬燧、渾瑊各食實封，悉讓送泌，泌不納。時方鎮私獻於帝，歲凡五十萬緡，其後稍損至三十萬，帝以用度乏問泌，泌請：「天下供錢歲百萬給宫中，勸不受私獻。凡詔旨須索，即代兩税，則方鎮可以行法，天下紓矣。」

帝嘗從容言：「盧杞清介敢言，然少學，不能廣朕以古道，人皆指其姦而朕不覺也。」對曰：「陛下能覺杞之惡，安致建中禍邪？李揆和蕃，顔真卿使希烈，其害舊德多矣。又楊炎罪不至死，杞擠陷之而相闟播。懷光立功，逼使其叛。此欺天也。」帝曰：「卿言誠有之。然楊炎視朕如三尺童子，有所論奏，可則退，不許則辭官，非特杞惡之也。且建中亂，卿亦知桑道茂語乎？乃命當然。」對曰：「夫命者，已然之言。主相造命，不當言命。言命，則不復賞善罰惡矣。桀曰：『我生不有命自天。』武王數紂曰：『謂己有天命。』君而言命，則桀、紂矣。」帝曰：「朕請不復言命。」俄加集賢殿、崇文館大學士，修國史。泌建言：學士加大，始中宗時，及張説爲之，固辭，乃以學士知院事。至崔圓復爲大學士，亦引泌爲讓而止。

帝以「前世上巳、九日，皆大宴集，而寒食多與上巳同時，欲以二月名節，自我爲古，若何而可？」泌謂：「廢正月晦，以二月朔爲中和節，因賜大臣戚里尺，謂之裁度。民間以青囊盛百穀瓜果種相問遺，號爲獻生子。里閭釀宜春酒，以祭勾芒神，祈豐年。百官進農書，以示務本。」帝悦，乃著令，與上巳、九日爲三令節，中外皆賜緡錢燕會。

四年八月，月蝕東壁，泌曰：「東壁，圖書府，大臣當有憂者。吾以宰相兼學士，當之矣。昔燕國公張説由是以亡，又可免乎？」明年果卒，年六十八，贈太子太傅。

泌出入中禁，事四君，數爲權倖所疾，常以智免。好縱横大言，時時讜議，能寤移人主。然常持黄老鬼神説，故爲人所譏切。初，肅宗重陰陽巫祝，擢王璵執政，大抵興造工役，輒牽禁忌俗説。而黎幹以左道位京兆尹，嘗使禁工駢珠刺繡爲乘輿服，舉焚之以爲禳禬。德宗素不爲然，及嗣位，罷内道場，除巫祝。代宗將葬，帝號送承天門，而轀車行不中道，問其故，有司曰：「陛下本命在午，故避之。」帝泣曰：「安有枉靈駕以謀身利？」命直午而行。又宣政廊壞，太卜言：「孟冬魁岡，不可營繕。」帝曰：「《春秋》『啓塞從時』，何魁岡爲？」亟詔葺之。及桑道茂城奉天事驗，始尚時日拘忌，因進用泌，泌亦自有所建明。獨柳玭稱，兩京復，泌謀居多，其功乃大於魯連、范蠡云。子繁。

雜録

備録

李肇《唐國史補》卷上　李相泌以虚誕自任。嘗對客曰：「令家人速灑掃，今夜洪崖先生來宿。」有人遺美酒一榼，會有客至，乃曰：「麻姑送酒來，與君同

傾。」傾之未畢，閽者云：「某侍郎取榼子。」泌命倒還之，略無怍色。

李濬《松窗雜録》 德宗命李泌爲相，以泌三朝顧遇，禮待信用不與諸宰相等。常於便殿語及玄宗朝，尤惜謬用李林甫，因再三歎息，重言曰：「中原之禍，自林甫始也。然以玄宗英特之姿，何始不察耶？」泌因奏曰：「玄宗盛年始初，已歷則天、中宗多難之後，雖江充將陷戾園，賈后欲圖愍、懷，於睿宗之患無以改過也。及降封臨淄，旋出入閣，上下鄠杜之間，備聞人間疾苦。又以天縱英姿，志除内難，有漢宣之多異，仗蕭王之赤城。故英威一震，姦兇自殪。而夙尚儒學，深達政經，薄漢高馬上之言，美武帝更僕之問。自初登寶位，樂近正人。惟帝之難，力所能舉。上既勤儉，政事無不施行，又得良臣，天下自化。及東封之後，上每覽帝籍，有自多之言。用聲色爲娱，漸堂階之峻。故古語曰：貧不學儉而儉自來，富不學奢而奢自至。若以勤儉爲志，則臣下守法，官無邪人。及嗜慾稍深，則政亦怠矣。故林甫善爲承迎上意，招顧金玉，託庇左右，安國委相之跡如是，則百吏可知。是以揚雄言：昔武帝運帑藏之財，填廬山之壑，未爲害也。今貨入權門，甚於此矣。林甫未厭，仙客繼之。昔齊桓以管仲存而霸業成，管仲亡而齊難作，則古人所諷見於深旨。」由是泌屢以是非諷之，上怡然聽從，似喜所得。因曰：「相才而又知書，吾高枕矣。」

康駢《劇談録》卷上《李鄴侯救竇庭芝》 寶應年中，員外郎竇庭芝分司洛邑，常敬事卜者胡盧生，每言吉凶，無不必中。如此者往來甚頻，長幼莫不傾蓋。一旦凌晨入門，頗甚嗟惋。庭芝問之，良久乃言：「君家大禍將成，舉族恐無遺類。」即未在旦夕，所期亦甚不遠。」既而舉家涕泣，請問求生之路。云：「非遇黄中君、鬼谷子，不可相救。然黄中君造次難見，但見鬼谷子，當無患矣。」具述形貌服飾，仍約浹旬求之。於是竇與兄弟挈從洎妻子奴僕，曉夕求訪於洛下。時李鄴侯有内艱，居于河清縣，因省觀親友，策蹇驢入洛。至中橋南，遇大尹避道，所乘驢忽驚逸而走，徑入庭芝所居。與僕者共造其門，值庭芝車馬羅列將出，忽見鄴侯，皆驚眙而退。俄有人出來，云：「此是分司竇員外宅，所失驢收在馬廄，請客入座，員外嘗願修謁。」如此者數四，鄴侯不獲已，就其廳事。庭芝既出，降堦而拜，延接殷勤，遂至信宿。至如妻孥孩稚，咸備家人之禮。數日告去，贈送殊厚，但云：「貴達之辰，願以一家爲託。」鄴侯居于河清，信使旁午於道。及朱泚搆逆，庭芝方廉察陝服，車駕出幸奉天，遂陷於賊庭。及鑾輿返正，德宗首命誅之。鄴侯自南嶽徵迴，至行在便爲宰相，因第臣僚罪狀，遂請庭芝減死。聖意不解，云：「卿以爲寧王懿親乎？以此論之，猶不可。然莫有他事俾其全活否？卿但言之。」於是具以前事上聞，由是特原其罪。鄴侯始奏，上密使中官夜乘傳陝州問之，竇奏其事。德宗曰：「曩言黄中君，蓋指於朕。未知呼卿爲鬼谷子何也？」

韋絢《劉賓客嘉話録》 李丞相泌謂德宗曰：「肅宗師臣，豈不呼陛下爲岧郎？」聖顔不悦。泌曰：「陛下天寶元年生，向外言改年之由，或以弘農得寶，此乃謬也。以陛下此年降誕，故玄宗皇帝以天降之寶，因改年號爲天寶也。」聖顔然後大悦。又韋渠牟曾爲道士及僧，德宗問：「卿從道門，本師復是誰？」渠牟曰：「臣師李仙師，仙師師張果老先生。肅宗皇帝師李仙師爲仙帝，臣道合爲陛下師，由跡微官卑，故不足爲陛下師。」渠牟亦效李相泌之對也。

《太平廣記》卷三八《李泌》引《鄴侯外傳》 李泌字長源，趙郡中山人也。六代祖弼，唐太師。父承休，唐吴房令。休娶汝南周氏。【略】泌生而髮至於眉。先是周每産，必累日困憊，唯娩泌獨無恙，由是小字爲順。泌幼而聰敏，書一覽必能誦，六七歲學屬文。開元十六年，玄宗御樓大酺，夜於樓下置高座，召三教講論。泌姑子員俶，年九歲，潛求姑備儒服，夜昇高座，詞辨鋒起，譚者皆屈。玄宗奇之，召入樓中，問姓名，乃曰：「半千之孫，宜其若是。」因問：「外更有奇童如兒者乎？」對曰：「舅子順，年七歲，能賦敏捷。」問其宅居所在，命中人潛伺於門，抱之以入，戒勿令其家知。玄宗方與張説觀棋，中人抱泌至。俶與劉晏，偕在帝側。及玄宗見泌，謂説曰：「後來者與前兒絶殊，儀狀真國器也。」説曰：「誠然。」遂命説試爲詩，即令詠方圓動静。泌曰：「願聞其狀。」説應曰：「方如棋局，圓如棋子，動如棋生，静如棋死。」説以其幼，仍教之曰：「但可以意虚作，不得更實道棋字。」泌曰：「隨意即甚易耳。」玄宗笑曰：「精神全大於身。」泌乃言曰：「方如行義，圓如用智，動如逞才，静如遂意。」説因賀曰：「聖代嘉瑞也。」玄宗大悦，抱於懷，撫其頭，命果餌啗之。遂送忠王院，兩月方歸，仍賜衣物及綵數十，且諭其家曰：「年小，恐於兒有損，未能與官，當善視之，乃國器也。」由是張説邀至其宅，令其子均、珀相與若師友，情義甚狎。張九齡、賀知章、張庭珪、韋虚心，一見皆傾心愛重。賀知章嘗曰：「此穉子目如秋水，必當拜卿相。」張説曰：「昨者上欲官之，某言未可，蓋惜之，待其成器耳。」當其爲兒童時，身輕，能於屏風上立，薰籠上行。道者云：年十五必白日昇天。父母保惜，親族憐愛，聞之，皆若有甚厄也。一旦空中有異香之氣及音樂之聲，李公之血屬必迎罵之。至其年八月十五日，笙歌在室，時有綵雲掛於庭樹，李公之親愛乃多搗蒜虀，至

數斛，何其異音奇香至，潛令人登屋，以巨杓颺濃蒜潑之，香樂遂散，自此更不復至。後二年，賦《長歌行》曰：「天覆吾，地載吾，天地生吾有意無？不然絶粒昇天衢，不然鳴珂遊帝都。焉能不貴復不去，空作昂藏一丈夫。一丈夫兮一丈夫，平生志氣是良圖。請君看取百年事，業就扁舟泛五湖。」詩成，傳寫之者莫不稱賞。張九齡見，獨誡之曰：「早得美名，必有所折，宜自韜晦，斯盡善矣。藏器於身，古人所重。況童子耶！但當爲詩以賞風景，詠古賢，勿自揚己爲妙。」泌泣謝之。爾後爲文，不復自言。九齡尤喜其有心，言前途不可量也。又嘗以直言規諷九齡，九齡感之，遂呼爲小友。九齡出荆州，邀至郡經年。就於東都肄業，遂遊衡山、嵩山，因遇神仙桓真人、羡門子、安期先生降之。羽車幢節，流雲神光，照灼山谷。將曙乃去，仍授以長生羽化服餌之道，且戒之曰：「太上有命，以國祚中危，朝廷多難，宜以文武之道佐佑人主，功及生靈，然後可登真脱屣耳。」自是多絶粒咽氣，修黄光谷神之要。及歸京師，寧王延於第，玉真公主以弟呼之，特加敬異。常賦時，必播於王公樂章。及丁父憂，絶食柴毁。服闋，復遊嵩、華、終南，不顧名禄。天寶十載，玄宗訪召入内，獻《明堂九鼎議》，應製作《皇唐聖祚文》。多講道談經。肅宗爲太子，敕與太子諸王爲布衣交。爲楊國忠所忌，以其所作《感遇》詩謗議時政，搆而陷之。詔於蘄春郡安置。天寶十二載，母周亡，歸家，太子諸王皆使弔祭。尋禄山陷潼關，玄宗、肅宗分道巡狩。泌嘗竊賦時，有匡復意。號王巨爲河洛節度使，使人求泌於嵩少間。會肅宗手札至，號王備車馬送至靈武。肅宗延於臥内，動静顧問，規畫大計，遂復兩都。泌與上寢則對榻，出則聯鑣。代宗時爲廣平王，領天下兵馬元帥，詔授侍謀軍國天下兵馬元帥府行軍長史，判行軍事，仍於禁中安置。崔圓、房琯自蜀至，册肅宗爲皇帝，並賜泌手詔衣馬枕被等。既立大功，而幸臣李輔國害其能，將不利之，因表乞遊衡岳。優詔許之，給以三品禄俸。山居累年，夜爲寇所害，投之深谷中。及明，乃攀緣他徑而出，爲槁葉所藉，略無所損。

初，肅宗之在靈武也，常憂諸將李、郭等，皆已爲三公宰相，崇重既極，慮收復後無以復爲賞也。泌對曰：「前代爵以報功，官以任能，自堯舜以至三代，皆所不易。今收復後，若賞以茅土，不過二三百户一小州，豈難制乎？」肅宗曰：「甚善。」因曰：「若臣之所愿，則特與他人異。」肅宗曰：「何也？」泌曰：「臣絶粒無家，禄位與茅土，皆非所欲。爲陛下帷幄運籌，收京師後，但枕天子膝睡一覺，使有司奏客星犯帝座，一動天文，足矣。」肅宗大笑。及南幸扶風，每頓，必令泌領元帥兵先發，清行宫，收管鑰，奏報，然後肅宗至。至保定郡，泌稍懈，先於本院寐，肅宗來入院，不令人驚之，登床，捧泌首置於膝，良久方覺。上曰：「天子膝已枕矣。尅復之期，當在何時？可促償之。」泌遽起謝恩。肅宗持之不許。因對曰：「是行也，以臣觀之，假九廟之靈，乘一人之威，當如郡名，必保定矣。」既達扶風，旬日而西域河隴之師皆會，江淮庸調亦相繼而至，肅宗大悦。又肅宗嘗夜坐，召穎王等三弟，同於地爐罽毯上食。以泌多絶粒，肅宗每自爲燒二梨以賜泌。時穎王恃恩固求，肅宗不與，曰：「汝飽食肉，先生絶粒，何乃争此耶？」穎王曰：「臣等試大家心，何乃偏耶？不然，三弟共乞一顆。」肅宗亦不許，别命他菓以賜之。王等又曰：「臣等以大家自燒，故乞，他菓何用？」因曰：「先生恩渥如此，臣等請聯句，以爲他年故事。」穎王曰：「先生年幾許，顔色似童兒。」其次信王曰：「夜抱九仙骨，朝披一品衣。」其次益王曰：「不食千鍾粟，唯餐兩顆梨。」既而三王請成之，肅宗因曰：「天生此間氣，助我化無爲。」泌起謝。肅宗又不許，曰：「汝之居山也，棲遁幽林，不交人事。居内也，密謀匡救，動合玄機，社稷之鎮也。」泌恩渥隆異，故元載、輔國之輩，嫉之若仇。代宗即位，累有頒錫，中使旁午於道。别號天柱峯中岳先生，賜朝天玉簡。已而徵入翰林。元載奏以朝散大夫檢校秘書少監，爲江西觀察判官。載伏誅，追復京師。又爲常袞所嫉，除楚州刺史，未行，改豐朗二州團練使，兼御史中丞，又改授杭州。所至稱理。興元初，徵赴行在，遷左散騎常侍。尋除陝府長史，充陝虢防禦使。陳許戍卒三千自京西逃歸，至陝州界，泌潛師險隘，盡破之。又開三門陸運一十八里，漕米無砥柱之患，太濟京師。二年六月，就拜中書侍郎平章事，加崇文館大學士，修國史，封鄴侯。時順宗在春宫，妃蕭氏母郜國公主交通於外，上疑其有他志，連坐貶黜者數人，皇儲危懼。泌周旋陳奏，德宗意乃解。頗有讜正之風。五年春，德宗以二月一日爲中和節，泌奏今有司上農書，獻穜稑之種，王公戚里上春服，士庶乃各相問訊。泌又作中和酒，祭勾芒神，以祈年穀。至今行之。泌曠達敏辨，好大言。自出入中禁，累爲權臣所擠，恒由智免。終以言論縱横，上悟聖主，以躋相位。是歲三月薨。贈太子太傅。

泌自丁家艱，無復名宦之冀，服氣修道，周遊名山。詣南岳張先生受録，德宗追謚張爲玄和先生，又與明瓚禪師遊，著《明心論》。明瓚，釋徒謂之嬾殘。泌嘗讀書衡岳寺，異其所爲，曰：「非凡人也。」聽其中宵梵唱，響徹山林，泌頗知音，能辨休戚，謂嬾殘經音先悽惋而後喜悦，必謫墮之人時至將去矣。候中夜，

潛往謁之。嬾殘命坐，撥火出芋以餡之，謂泌曰：「慎勿多言，領取十年宰相。」泌拜而退。天寶八載，在表兄鄭叔則家。已絶粒多歲，身輕，能行屏風上，引指使氣，吹燭可滅。每導引，骨節皆珊然有聲。時人謂之鏁子骨。後二歲，爲玄宗所召。後常有隱者八人，容服甚異，來過鄭家，數自言仙法嚴備，事無不至。臨去，歎曰：「俗緣竟未盡，可惜心與骨耳。」泌求隨去。曰：「不可。姑與他爲却宰相耳。」出門不復見。因作八公詩叙之。【略】泌每訪隱選異，採怪木蟠枝，持以隱居，號曰「養和」。人至今效而爲之。乃作《養和篇》，以獻肅宗。泌去三四載，二聖登遐，代宗踐祚，乃詔追至闕，舍於蓬萊殿延喜閣。由給事以上及方鎮除降，代宗必令商量，軍國大事，亦皆泌參決。因語及建寧王靈武之功，請加贈太子，代宗感悼久之，云：「吾弟之功，非先生則世人不知。豈止贈太子也！」即勑於彭原迎喪，贈承天皇帝，葬齊陵。【略】先是，建寧王倓有艱難定策之功，於代宗爲弟，人或譖於肅宗，云有圖嗣害兄之心，遂遇害。及肅宗追悟倓無罪，泌慮復及諸王，因事言曰：「昔高宗有子八人，皇祖睿宗最幼。武后生者自爲行第，故皇祖第四。長曰孝敬皇帝，監國而仁明，爲武后所忌而鴆之。次曰雍王賢，爲太子。中宗、睿宗常所不安，晨夕憂懼。雖父母之前，無由敢言，乃作《黄臺瓜詞》，令樂人歌之，欲微悟父母之意，冀天皇天后聞之。歌曰：『種瓜黄臺下，瓜熟子離離。一摘使瓜好，再摘令瓜稀，三摘猶尚可，四摘抱蔓歸。』然太子竟亦流廢，終於黔州。建寧之事，已一摘矣，慎無再摘。」肅宗曰：「先生忠於宗社，憂朕家事，言皆爲國龜鏡，豈可暫離朕耶？」時玄宗有誥，只要劍南一道自奉，未議北迴。泌請肅宗奉表，請歸東宮，次作功臣表，述馬嵬、靈武之事，請上皇還京。初，肅宗表至，玄宗徘徊未決，及功臣表至，乃大喜曰：「吾方得爲天子父。」下誥定行日，且曰：「必李泌也。」肅宗召泌，且泣且喜，曰：「上皇已下誥還京，皆卿力也。」

《太平廣記》卷一四九《蕭華》引《感定録》　蕭華雖陷賊中，李泌嘗薦之。後泌歸山，肅宗終相之。唯舉薛勝掌綸誥，終不行。或問於泌，泌云：「勝官卑，難於發端。」乃置其《拔河賦》於案，冀肅宗覽之，遂更薦。肅宗至，果讀之，不稱旨，曰：「天子者君父，而以天子玉齒對金錢熒煌乎？」他日復薦，終不得。信命也。

《太平廣記》卷二八九《李長源》引《辯疑志》　李長源常服氣導引，並學禹步方術之事，凡數十年，自謂得靈精妙，而道已成。遠近輩親敬師事者甚多。洪州晝日火發，風猛焰烈，從北來，家人等狼狽，欲拆屋倒籬以斷其勢。長源止之，遂上屋禹步禁呪。俄然火來轉盛，長源高聲誦呪。遂有迸火飛焰，先著長源身，遂墮於屋下。所居之室燒蕩盡，器用服玩，無復孑遺。其餘圖籙持呪之具，悉爲灰燼。

錢易《南部新書》卷丁　李泌有讜直之風，而好談詭神仙鬼道。或云嘗與赤松、王喬、安期、羨門等遊處。坐此爲人所譏。

錢易《南部新書》卷己　天寶末，韋斌謫守蘄春。時李泌以處士放逐於彼，中夜同宴，屢聞鴞音，韋流涕而歎。泌曰：「此鳥之聲，人以爲惡，以好音聽之，則無足悲矣。」請飲酒不聞鴞音者，浮以大白。坐客皆企其聲，終夕不厭。

《資治通鑑》卷二二四唐代宗大曆三年四月條考異引《鄴侯家傳》　到山四歲而二聖登遐。代宗踐阼，命中人手詔馹騎徵先公於衡岳。先是半年前，先公夜遇盜三人，爲其所拉，而投之於懸澗，及日出，乃寤，下藉樹葉丈餘，都無所傷，緣巖攀蘿而出，不敢至舊居，山中人以爲仙去。及中貴將至，先公大懼，沐浴更衣以俟命，乃代宗踐阼之徵也。疑盜爲張后及輔國所遣，亦竟不知其由。

孔平仲《續世説》卷一《言語》　肅宗欲敕諸將，克長安日發李林甫冢，焚骨揚灰。李泌曰：「陛下方定天下，奈何讎死者？彼枯骨何知，徒示聖德之不宏爾。且方今從賊者皆陛下之讎也，若聞此舉，恐阻其自新之心。」上不悦，曰：「此賊昔日百方危朕，當是時，朕不保朝夕，朕之全，天幸爾。林甫亦惡卿，但未及害卿而死爾，奈何矜之？」泌曰：「臣非不知。所以言者，上皇有天下向五十年，太平娱樂，一朝失意，遠處巴蜀，南方地惡，上皇春秋高，聞陛下此敕，意必以爲韋妃之故，内慙不懌，萬一感憤成疾，是陛下以天下之大不能安君親。」言未畢，上流涕被面，降階，仰天拜曰：「朕不及此，是天使先生言之也。」遂抱泌頸，泣不已。

曾慥《類説》卷二引《鄴侯家傳》　德宗既相泌，令與同列分職，泌曰：「宰相代天理物，補衮之職，不可分也。至於給舍，乃分司押事，故舍人謂之六押。平章事，當共之，若各司其局，乃有司也，焉得謂之相？」帝從之。

泌謂盧杞姦邪，德宗稱其小心，泌曰：「小心乃姦臣之態。」

有布衣張子路上書，言泌之短，德宗殺之，謂泌曰：「朕皆得其誣妄。且云卿受嚴震獅子百枚，計價二萬貫，朕料必是沙糖獅子。山南地貧，何處有如許金？又人家用一百個金獅子作何物？試使人潛勘，送沙糖使猶在城。卿避嫌疑，諸道寄茶及口味，悉皆拆開將入，此賊遂敢誣罔，故處置之。」

泌加集賢學士，奏曰：「《論語》是聖人之言，弟子記之，而篇序之名多不近理，且甚錯雜。何晏集解，又多舛誤。臣少欲編次註釋而未暇，今加學士，樞務稍簡，欲成素志。」上曰：「朕幼好《論語》，以其篇名淺近，註釋又踈，有意與碩儒爲之。卿先有此請，即爲置一講論殿，殿成，與卿日夕時論。」泌曰：「未可。」上曰：「向前帝王好用臣下著述爲御製，朕意不如此。自幼讀書，頗有義性，今欲同商量撰註。朕義長，則註稱御製；卿義長，則稱臣曰，令後代知君臣同心，精於古訓，一時盛事，非欲占卿義也。」泌曰：「陛下睿聖，天縱生知，當合堯舜。宣尼，祖述堯舜者也。臣識見淺短，方欲解釋七十子之言，豈憂占臣義乎？所言未可者，見梁武帝，侯景及周軍至，猶講《老子》不輟，故庾信賦云：『縉紳以干戈爲兒戲，宰衡以清談爲廟略。』高貴鄉公與鍾繇等較量精義，何救於敗？今吐蕃刼盟，其屯集去京無五百里，陛下乃與臣講論，恐邊將懈怠，且爲後代所笑。臣忝學士，偶成夙志則可，君臣同註，乃是不急之務，願待理平後圖之。」上曰：「卿凡事精深如此，可謂真宰相。然卿亦未得便自註，終待平定後與卿同爲之。」於是乃止。

德宗曰：「前代三九皆有公會，而上巳與寒食往往同時。來年合是三月二日寒食，乃春無公會矣。欲於二月創置一節，何日而可？」泌曰：「二月十五日以後，雖是花時，與寒食相值，又近晦日，以晦爲節，非佳名也。二月一日正是桃李開時，請以二月一日爲中和節。其日賜大臣方鎮勳戚尺，謂之裁度；令人家以青囊盛百穀果實相問遺，謂之獻生子；醞酒謂之宜春酒；村閭祭勾芒神祈穀；百僚進農書以示務本。」上大悦，即令行之，并與上巳、重陽謂之三令節，中外皆賜錢尋勝宴會。

代宗欲相泌，元載令其黨排毀百端，帝不得已，出泌爲江西觀察判官，曰：「後召當以銀爲信。」後路嗣恭代魏少遊爲江西觀察使，載與路書云：「泌亦莫令在南，亦莫令在北。」路奏泌爲虔州別駕。明年春，勅下，除銀青光禄大夫。及見，上喜甚，曰：「別卿八年，方處置得此賊，亦幾落其計。再與卿相見，何慰如之！賴春宫仁孝，發其謀，不然不得見卿矣！」對曰：「往年已具奏，大臣若陛下以爲不可，即去之。需事而賊，皆由含容大過，使之惡稔至是。」上曰：「卿知三品以上皆是賊乎！且面屬卿而去，乃取載意奏卿爲虔州別駕，云卿意欲之，其欺朕如此！且平嶺南，進瑠璃盤，面闊九寸，朕以爲寶，乃破載家得一尺面者，乃其所寄，非賊而何？」

皇孫奉節王煎茶加酥椒之類，求泌作詩，泌曰：「旋沫番成碧玉池，添酥散作瑠璃眼。」奉節王即德宗也。

泌與肅宗夾鑪而臥，懇求退，曰：「今陛下以隔爐爲遠，此時不得請，它日香案前奏事，豈復可得乎？」

肅宗即還京師，泌辭去，云：「臣有五不可住：臣遇太早，陛下用臣太重，恩太深，功太高，而跡太奇。」力辭，果去。

泌得請於衡嶽隱居，詔即所居營「端居室」。

曾慥《類説》卷三五引《事始》 中宗時，道士葉静能加金紫。代宗朝，李泌乞遊衡嶽，詔給品禄，贈紫道衣。其後道士賜紫自泌始。

洪邁《容齋四筆》卷一六《杜畿李泌董晉》 唐貞元初，陝虢兵馬使達奚抱暉殺節度使張勸，代總軍務，邀求旌節。德宗遣李泌往，欲以神策軍送之，泌請以單騎入，上加泌觀察使。泌出潼關，鄜坊步騎三千布於關外，曰：「奉密詔送公。」泌寫宣以却之，疾驅而前。抱暉不使將佐出迎，去城十五里方出謁。泌稱其攝事保城壁之功，入城視事。明日，召抱暉至宅，語之曰：「吾非愛汝而不誅，恐自今有危疑之地，朝廷所命將帥，皆不能入，故丐汝餘生。」抱暉遂亡命。

陶宗儀《説郛》卷七引《鄴侯家傳》 李泌幼警敏，賦詩譏楊國忠曰：「青青東門柳，歲晏必憔悴。」國忠訴於帝，帝曰：「賦柳譏卿，則賦桃者爲譏朕，可乎？」

泌未相時，宿内院，人竊其鞋送德宗所，帝曰：「鞋者，諧也。當爲弼諧，事且諧矣。」

德宗初議改元，泌曰：「本朝之盛，無如貞觀、開元，各取一字。」乃改號貞元。

陶宗儀《説郛》卷七三引《南楚新聞》 德宗以播遷爲天命，泌曰：「天子造命，不可言命。」

備論

《舊唐書》卷一三〇《李泌傳》 史臣曰：蒸嘗礿祀，前王制以奉先；怪力亂神，宣聖鄙而不語。凡云左道，固有舊章。璵假於鬼神，乃至將相，既處代天之

位，爰滋亂政之源。國禎妖人疑衆，妄恢其祀典；粱鎮正士抗疏，方悟其上心。泌見可進而知難退，足爲高率智辯之士；居相位而談鬼神，乃見狂妄浮薄之蹤。《王制》云：「執左道以亂政，殺。」寧無畏乎！繁之醜行，棄於當時，竟陷非辜，諒由素履。造爲臣得禮，莅事非能；播居位取容，舉人敗事。皆非國器，咸歷台司，失人者亡，國其危矣。

贊曰：璵、泌、造、播，俱非相材。國禎左道，粱生直哉！

《新唐書》卷一三九《李泌傳》 贊曰：泌之爲人也，異哉！其謀事近忠，其輕去近高，其自全近智，卒而建上宰，近立功立名者。觀肅宗披榛莽，立朝廷，單言暫謀有所寤合，皆付以政。當此時，泌於獻納爲不少，又佐代宗收兩京，獨不見錄，寧二主不以宰相器之邪？德宗晚好鬼神事，乃獲用，蓋以怪自置而爲之助也。繁爲家傳，言泌本居鬼谷，而史臣謬言好鬼道，以自解釋。既又著泌數與靈仙接，言舉不經，則知當時議者切而不與，有爲而然。繁言多浮侈，不可信，掇其近實者著于傳。至勸帝先事范陽，明太子無罪，亦不可誣也。

范祖禹《唐鑑》卷一四《德宗下》 臣祖禹曰：李泌善處父子兄弟之間，故能以其直誠正言感悟人主，卒使父子如初，可謂忠矣。諂諛之人助君之決者，必曰：「家事非他人所預。」陷君於惡，率由此言。泌以爲天子以四海爲家，則莫非家事，以君之子爲己任。其知相之職業哉！

陳繼儒《陳眉公集》卷六《雕蟲草序》 昔李鄴侯勳名已就，度無可談者，則托之好譚神仙；而蘇眉山之才高則好談鬼。是二公者意在玩世，故其言可以得已而不已。若制舉義，雖英雄白首困頓於藏鉤射覆之中，而必欲援之以涉世，則其言又不得已而不已者也。

王世貞《讀書後》卷三《書李鄴侯傳後》 《鄴侯家傳》者，故唐丞相李泌孫蘩所撰也。蘩才而躁，嘗歷仕至方伯，討賊有功，而以贓論死。當下獄，且論報，自度不得免，恐死而先人之蹟且泯泯，故成此傳。其所紀獲遇肅宗且相，而遽引避；再遇代宗且相，而復引避獨，最後遇德宗不能免相以終，而中間預收復二京，策平淮西叛，卒其事甚奇。至於保護諸皇，前後者二則留文成之所不如矣。司馬文正纂《通鑑》悉收載之，而宋景文之於《唐史》略焉，豈宋以史筆貴覈，而司馬志在資治，姑取益時政耶？泌既好誕，蘩復有加焉，可以類推矣。史又謂泌以好譚神仙爲世所譏，雖然不可謂無得也，晚而拜相，卒死。蘩劇將無自夭其天年也耶？泌辟穀，文成亦辟穀，乃卒不終辟者何也？富貴之可愛甚於死之可畏也。

自三代而後，人臣出處之蹟未有如李鄴侯泌之奇者也。或伸而屈，或屈而伸，或先幾，或忍詬，其保身亦未有如鄴侯之巧者也。七歲而以童子薦入禁中，與宰相張九齡諸公善，奇矣！尋謝去游嵩、華、終南間，求神仙不死之術，又奇也。久之復以獻議入翰林，從太子諸王游，太子善之，又奇也。爲詩以譏楊國忠，安祿山斥置蘄春，又奇也。太子即位靈武，爲肅宗使人召致泌，泌忽間關來謁，又奇也。立談而參帷幄，體輔若一，拜右相，辭，俄又賜金紫爲侍謀軍國元帥行軍長史，亦將相任耳，又奇也。復兩京迎上皇，除道、清宮泌皆任之，甫功成而辭，榮乞歸以避李輔國，又奇也。當是時廣平王以太子領元帥，泌賓也，師友也，即位爲代宗召泌，舍之蓬萊閣，强以婚娶、食肉，又奇也，然其重已不及肅宗矣。元載忌之，出爲江西觀察判官，判官一下佐也，泌不辭而往，又奇也。載誅而復召，常衮忌之，出團練澧朗、刺杭州，又不辭而以吏治顯，又奇也。嗣帝爲德宗，避泚奉天復召泌而用之，則直臣之，而已又出，而觀察陝虢，鑿鑱漕之道，窮淮西之逆，又奇也。自是始登相位，天子恭己，委之不復設他相，以至終其身，又奇也。至德之初郭汾陽、李臨淮，貞元之際李西平、馬北平，其建勛克復若異代然，而皆保全於泌之手，又奇也。夫以輔國忌之，載忌之，而不能傷衮，忌之而不能終抑，則泌之巧所得於老氏者深矣。其所進深謀秘計以聽者之中庸不能盡售，然至於處父子兄弟之間功亦不淺矣。

王夫之《讀通鑑論》卷二三《唐肅宗》 李長源間關至靈武，肅宗命爲相而不受，以白衣爲賓友，疑乎其潔身高尚也，而其後歷仕中外，且終相德宗矣，此論者所未測也。抑而下之，則譏其無定情，始以賓友自尊，而終喪其所守。推而高之，則謂其鄙肅宗之乘危自立，紊大倫而恥與翼戴之列。夫長源志深識遠，其非始自尊而終眈寵祿也明甚。若鄙肅宗之自立，則胡爲冒險間行以參帷幄，既與大謀，又惡可辭推戴之辜邪？夫長源之辭相，乃唐室興亡之大機，人心離合、國紀張弛之所自決，悠悠者惡足以知之？

玄宗之幾喪邦也，惟其以官酬功，而使祿山懷不得宰相之忿，鼓其廷臣，怨懟君父，而逞其毒。玄宗出奔，肅宗孤起於邊陲，以待匡救於羣臣。於斯時也，人競乘時以希高位，而不知所厭止者也。凡天下一敗而不能復興之禍，恒起於人覬貴寵而君輕爵位。貴寵可覬，則賢不肖無別，而賢者不爲盡節；爵位既輕，則勸與威無以相繼，而窮於勸者怨乃以生。長源知亂之必生於此也，故玄宗知其才，欲官之，而早已不受；抑知必反此而後可以立功也，故肅宗與商報功之

典，而曰「以官賞功，非才則廢事，權重則難制，莫若疏爵土使比小郡，而不可輕予以宰相之名」。唯然，猶恐同功共事之人，侈望之積習不化，故己以東宫之友，倚任之重，聯鑣對榻之隆，而居然一布衣也；則人不以官位爲貴而貴有功，不以虚名爲榮而榮有實，天寶濫竽之敝政，人恥而不居，而更始「羊頭關内」、高緯「鷹犬儀同」，敗亡之覆軌，不復蹈焉。

嗚呼！此長源返極重之勢，塞潰敗之源，默挽人心、扶危定傾之大用，以身爲鵠，而收復之功所自基也。深矣遠矣，知之者鮮矣。以示人臣遇難致身，非貪榮利之大節，以戒人主邂逅相賞、遽假威福之淫施，不但如留侯智以全身之比也。其後充幕僚，刺外州，而不嫌屈馴，至德宗之世，始以四朝元老任台鼎之崇，進有漸也。士君子登用之正，當如此爾。昭然著見而人不測，乃疑其詭祕無恒也。吴聘君一出山而即求枚卜，視此能勿慚乎？

制治於未亂，保邦於未危，乃可以爲天子之大臣。《易》曰：「其亡！其亡！繫于苞桑。」九四捍禦之功，不如上九之豫防，足以傾否，九五之不亡，上九繫之也，李長源當之矣。

其與肅宗議功臣之賞，勿以官而以封邑，故賊平而無挾功以逼上之大臣，此之謂保邦於未危。不然，則如劉裕之誅桓玄、李克用之驅黄巢，社稷隨之以傾矣。

其諫肅宗以元帥授廣平、勿授建寧也，故國儲定而人心一。全二王兄弟之恩，息骨肉猜疑之釁，此之謂制治於未亂。不然，則且如太宗宫門流血之慘，玄宗、太平搆禍之危，家國交受其傷矣。

太原之起，秦王謀定而乃以告；韋氏之誅，臨淄不告相王而行；非適非長而獨建大功，變起宫庭，高祖、睿宗亦無如之何也，非君父之舍適長而授庶少以權也。使肅宗以元帥授建寧，則業受命於己矣，是他日之争端，肅宗自啓之也。乃肅宗之欲命建寧，非有私寵之情，以建寧英果之姿，成功較易，則爲當日平賊計者，固得命帥之宜，廷臣自以爲允。乃長源於圖功之始，豫計未有之隙，早塗塈以泯其迹，決之一言，而亂萌永塞，所貴於天子之有大臣者，唯此而已矣。事已舛，禍已生，始持正以争於後，則雖以身殉，國家不蒙其佑，奚足賴哉？

且夫逆賊有必亡之勢，諸將有克敵之能，廣平雖才讓建寧，亦非深宫豢養無所識知者也。假元子之寵靈，爲將士先，自可制賊之死命，無待建寧而始勝其任，長源知之審矣。廣平爲帥，兩京旋復，亦非拘名義以隳大功。知深慮遠，與道相扶，仁人之言其利溥，此之謂也。故曰必如是而後可以爲天子大臣也。

王夫之《讀通鑑論》卷二三《唐代宗》 李長源當肅宗之世，深觸張良娣、李輔國之怒，拂衣而歸衡山，何其快也！其於元載也，未嘗斥其惡以糾責之，徒以賢姦不可並處而去之，則引身歸嶽，不猶便乎？乃置身參佐，託魏少遊以自全，又何屈也！夫豈葸畏無端而不能自持也哉？達人之通識，度己度人，因時以保明哲之身，而養國家和平之福，非一概之説所可執爲得失也。

長源之於肅宗，在東宫則定布衣之交，在靈武則冒難首至，參大議於孤危，坐寢與偕，成收復之元功，其交固矣。良娣、輔國雖惡其斥己，而所欲者，但令長源一日不居左側，弗爲己難，則意得而無餘恨；於此而翩然已逝，全終始之交，綽有餘裕矣。其於代宗也，雖與謀元帥有翼戴之功，而其早不侍青宫，其後不參帷帟，交未固也。復東京，拒吐蕃，返陝州之駕，誅殛三閹以清宫禁，又未有功也。代宗以畜疑之主，離合不可終憑；元載雖見忌於君，而旁無相逼以升之朝士，唯長源以宗臣入參謀訪，唯恐軋己而代之；且載文辯足以濟姦，朋黨樂爲效命，衆忌交集，深謀不測，抑非如婦人奄豎，褊衷陋識，一去而遂釋然也。載與長源立於兩不相下之勢，而禍機所發，不可預防，岣嶁煙雲，祝融冰雪。其能覆蔭幽人使之安枕哉？

且夫山亦未易居也。其唯弢光未試，混迹漁樵者，則或名姓上達於天子，而鋒稜未著，在廷忘猜妒之心，乃可怡情物外，世屢變而不驚。其不然者，名之所趨，世之所待，功之已盛，地之已危，即欲抗志，煙霄、杜口時事，而講説吟咏以迨琴酒弈畫之流，鬨風而輻輳，乃有偏遊戎幕拓落不偶之士，争其長短以恣其雌黄，甚且挾占星卜氣讖緯之小技者，亦浪迹溪山，而附高人以自重，絶之則怨生而謗起，納之則禍發而蔓延，孰謂山之厓、水之涘，非風波萬疊、殺人族人之險阻哉？如稗説所傳，嬾殘十年宰相之説，已足深元載之媢嫉，而可坐以結納妖人之大法；則衡山一片地，正元載横施網罟之機也。自非有所託於外援，優游軍府，而屈志下僚，示以不相逼代之勢，其能免乎？代宗慮此已熟，而長源何勿俛首以從也？夫長源非無意於當世之務，明矣。相唐以定天下者，其志也，固且誅逐元載而戴之以匡王國者也。進退之間，豈容不審，而但以冥飛之鴻、矯志林泉也哉？

王夫之《讀通鑑論》卷二四《唐德宗》 西域之在漢，爲贅疣也，於唐，則指之護臂也，時勢異而一概之論不可執，有如此夫！

匈奴之大勢在雲中以北，使其南撓反、沙，則有河、湟之隔，非其所便。而西域各有君長，聚徒無幾，僅保城郭，貪賂畏威，兩袒胡、漢，皆不足爲重輕，故曰贅疣也。至唐，爲安西，爲北庭，則已入中國之版；置重兵，修守禦，營田牧，屹爲重鎮。安、史之亂，從朔先以收兩京，於唐重矣。代、德之際，河、隴陷沒，李元忠、郭昕閉境拒守，而吐蕃之勢不張，其東侵也，有所掣而不敢深入，是吐蕃必爭之地也，於唐爲重矣。惟一鎮屹立，扼吐蕃之背以護蕭關，故吐蕃不得於北，轉而南嚮，松、維、黎、雅時受其衝突。乃河、洮平衍，馳驟易而防禦難。蜀西叢山沓嶂，騎隊不舒，扼其從人之路，以困之於山，甚易易也，故嚴武、韋臯捍之而有餘。使割安西、北庭以畀吐蕃，則戎馬安驅於原、洮，而又得東方懷歸怨棄之士卒爲鄉導以深入，禍豈小哉？

拓土，非道也；棄土，亦非道也；棄土而授之勁敵，尤非道也。鄴侯決策，而吐蕃不能爲中國之大患，且無轉輸、戍守、爭戰之勞，胡爲其棄之邪？永樂謀國之臣，無有如鄴侯者，以小信小惠，割版圖以貽覆亡之禍，觀於此而可爲痛哭也。

陸敬輿自奉天得主以來，事無有不言，言無有不盡，而德宗之不從者十不一二也。興元元年，車駕還京，徵鄴侯自杭赴闕，受散騎之命，日直西省，迄乎登庸，逮貞元五年，凡六載，而敬輿寂無建白；唯鄴侯出使陝、虢，敬輿一謀罷淮西之兵；及鄴侯卒，敬輿相，舉屬吏，減運米，廣和糴，止密封，卻饋贈，定宣武，敬輿復娓娓長言之。李進而陸默，李退而陸語，是必有故焉，參觀求之，可以知世，可以知人，可以知治理與臣道矣。

夫鄴侯豈妨賢而窒言路者哉？敬輿之所陳，又豈鄴侯之所非，而疑不見庸以中止者哉？蓋敬輿所欲言者，鄴侯早已言之，而鄴侯或不得於君者，敬輿終不能得也。德宗之倚敬輿也重，而猜忮自賢之情，暫伏而終不可遏，勢蹙身危，無容不聽耳。而敬輿盡其所欲言，一如魏徵之於太宗者以爭之，德宗不平之隱，時折抑而未著，故一歸闕而急召鄴侯者，固不欲以相位授敬輿也。鄴侯以三世元老，定危亡而調護元良，德望既重，其識量弘遠，達於世變，審於君心之偏蔽，有微言，有大義，有曲中之權，若此者皆敬輿之所未逮也。小人以氣相制，君子以心相服，使敬輿於鄴侯當國之日而嘖嘖多言，非敬輿矣。故昔之犯顏危諫以與德宗相觸拂者，時無鄴侯也。夫豈樂以狂直自炫，而必與世相違哉？

論者或加鄴侯以詭秘之譏。處人天倫斁敘之介，謀國於傾危不定之時，而奮激盡言於猜主之前，以博人之一快，大臣坐論格心之道，固不然也。使鄴侯而果挾詭秘之術，則敬輿何爲心折以忘言邪？

藝文

《文苑英華》卷七〇三梁肅《丞相鄴侯李泌文集序》 唐興九世，天子以人文化成天下，王澤洽，頌聲作，洋洋焉與三代同風。其輔相之臣曰鄴侯李公泌，字長源，用比興之文，行易簡之道。贊事盛聖，辨章品物。疏通以盡理，閎麗而合雅。舒卷之道，必形於辭，其偉矣夫。予嘗論古者聰明睿智之君，忠肅恭懿之臣，敘六府三事，同八風七律，莫不言之成文，歌之成聲。然後浹於人心，人心安以樂；播於風俗，風俗厚以順。其有不由此者，爲理則粗，在音則煩。粗之弊也悖，煩之甚也亂。用其道行其位者，歷選百千不得十數。嘻！才難不其然乎？開元中，公七歲，見丞相始興張公九齡。張駭其聰異，授以屬辭之要，許以輔相之業。洎始興歿，不六十載，公果至宰相封侯。有文集二十卷。其習嘉遯，則有滄浪紫府之詩；其在王庭，則有君臣賡載之歌。或依隱以翫世，或主文以譎諫。步驟六義，發揚時風。觀其詞者，有以見上之任人，始興之知人者已。初太上當陽，公以處士延登內殿，實敷黃老之訓。至德初，宣皇以元良受禪，公則獻《太階頌》，昭纂堯之道。睿文以廣平伐罪，公則握中權之柄，參復夏之功。大德不官，既追五嶽之隱；大用不器，終踐代天之職。方將熙庶工以成邦教，載直筆以修唐書，命之不融，凡百興歎。既竟之來載，皇上負扆之暇，思索時文，徵公遺編，藏諸御府。於是公之文辭，光大一門。近歲肅以監察御史徵詣京師，始得集錄於公子繁，且以序述見託。公之執友諫議大夫北平陽城亦謂予曰：『鄴侯經邦緯俗之謨，立言垂世之譽，獨善兼濟之略，藏在册牘，載於碑表。唯斯言不可以不傳於後。』嘗謂肅曰：『吾子辭直，盍存乎篇序？』既咏嘆之不足，因著其所以然，貽諸好事者。凡詩三百篇，誌、表、記、贊、序、議、述又百有二十。其五十篇缺，獨著其目云。

宋敏求《唐大詔令集》卷四五佚名《李泌平章事制》 自昔元后，表正萬邦，必兼聽以求聞，乃選賢而自輔。理亂之本，繫乎其任，授之以道，將在其人。朕嗣守不圖，運逢多難，每虔心至理，思致和平，夕惕興懷，納隍軫慮。今干戈甫

哉，而戎狄爲虞，豈誠信所未孚，何聲教之不洎。是以夢想良佐，庶迪前聞，云誰之思，朕志先定。前檢校禮部尚書陝虢觀察使李泌，山河粹氣，道德清英，發爲禎祥，生我王國。夷簡不雜，高明有融，深厚以致誠，直方而可大。識窮化本，動會時中，讜正居心，謀猷允哲。自膺分陝，累洽嘉聞。宜其入掌中樞，內司闕衮，贊兩儀之化育，貞百度之經綸。協和神人，參總廊廟，資爾才實，惠於邦家。往欽哉。式佇成績，可守中書侍郎、同中書門下平章事。

王十朋《梅溪集》後集卷八《子應贈蜀中石刻十卷詩以謝之》 金華石刻滿西州，不惜明珠輒暗投。詩泣鬼神追雅頌，義深君父妙春秋。隨身連軫推評事，插架懸籤李鄴侯。掃室焚香讀終卷，光芒萬丈照螺洲。

《全唐文》卷四八唐代宗《授李泌澧朗硤團練使詔》 今荊南都會，粤在澧陽，俾人歸厚，惟賢是牧。以泌文可以化成風俗，政可以全活惸嫠，爰命頒條，期乎共理。無薄淮陽之守，勉思渤海之功，可檢校御史中丞，充澧朗硤團練使。

郭子儀部

綜述

《舊唐書》卷一二〇《郭子儀傳》 郭子儀，華州鄭縣人。父敬之，歷綏、渭、桂、壽、泗五州刺史，以子儀貴，贈太保，追封祁國公。子儀長六尺餘，體貌秀傑，始以武舉高等補左衛長史，累歷諸軍使。天寶八載，於木剌山置横塞軍及安北都護府，命子儀領其使，拜左衛大將軍。十三載，移横塞軍及安北都護府於永清柵北築城，仍改横塞爲天德軍，子儀爲之使，兼九原太守、朔方節度右兵馬使。

十四載，安禄山反。十一月，以子儀爲衛尉卿，兼靈武郡太守，充朔方節度使，詔子儀以本軍東討。遂舉兵出單于府，收静邊軍，斬賊將周萬頃，傳首闕下。禄山遣大同軍使高秀巖寇河曲，子儀擊敗之，進收雲中、馬邑，開東陘，以功加御史大夫。

十五載正月，賊將蔡希德陷常山郡，執顔杲卿，河北郡縣皆爲賊守。二月，子儀與河東節度使李光弼率師下井陘，拔常山郡，破賊於九門，南攻趙郡，生擒賊四千，皆捨之，斬僞太守郭獻璆，獲兵仗數萬。師還常山，賊將史思明以數萬人踵其後，我行亦行，我止亦止。子儀選驍騎五百更挑之，三日至行唐，賊疲乃退，我軍乘之，又敗於沙河。禄山聞思明敗，乃以精兵益之。我軍至恒陽，賊亦隨至。子儀堅壁自固，賊來則守，賊去則追，晝揚其兵，夕襲其幕，賊人不及息。數日，光弼議曰：「賊怠矣，可以戰。」六月，子儀、光弼率僕固懷恩、渾釋之、陳迴光等陣於嘉山，賊將史思明、蔡希德、尹子奇等亦結陣而至，一戰敗之，斬馘四萬級，生擒五千人，獲馬五千匹，思明露髮跣足奔於博陵。於是河北十餘郡皆斬賊守者以迎王師。子儀將北圖范陽，軍聲大振。

是月，哥舒翰爲賊所敗，潼關不守，玄宗幸蜀，肅宗幸靈武，子儀副使杜鴻漸爲朔方留後，奏迎車駕。七月，肅宗即位，以賊據兩京，方謀收復，詔子儀班師。八月，子儀與李光弼率步騎五萬至自河北。時朝廷初立，兵衆寡弱，雖得牧馬，軍容缺然。及子儀、光弼全師赴行在，軍聲遂振，興復之勢，民有望焉。詔以子儀爲兵部尚書、同中書門下平章事，依前靈州大都督府長史、朔方軍節度使。肅宗大閲六軍，南趨關輔，至彭原郡，宰相房琯請兵萬人，自爲統帥以討賊，帝素重琯，許之。兵及陳濤，爲賊所敗，喪師殆盡。方事討除，而軍半殪，唯倚朔方軍爲根本。十一月，賊將阿史那從禮以同羅、僕骨五千騎出塞，誘河曲九府、六胡州部落數萬，欲迫行在。子儀與回紇首領葛邏支往擊敗之，斬獲數萬，河曲平定。

賊將崔乾祐守潼關。二年二月，子儀大破賊於潼關，崔乾祐退保蒲津。時永樂尉趙復、河東司户韓旻、司士徐炅、宗子李藏鋒等，陷賊在蒲州，四人密謀俟王師至則爲内應。及子儀攻蒲州，趙復等斬賊守陴者，開門納子儀。乾祐與麾下數千人北走安邑，安邑百姓僞降，乾祐兵入將半，下懸門擊之，乾祐未入，遂得脱身東走。子儀遂收陝郡永豐倉。自是潼、陝之間無復寇鈔。

是月，安禄山死，朝廷欲圖大舉，詔子儀還鳳翔。四月，進位司空，充關内、河東副元帥。五月，詔子儀帥師趨京城。師於灃水之西，與賊將安太清、安守忠戰，王師不利，其衆大潰，盡委兵仗於清渠之上。子儀收合餘衆，保武功，詣闕請罪，乞降官資，乃降爲左僕射，餘如故。九月，從元帥廣平王率蕃漢之師十五萬進收長安。回紇遣葉護太子領四千騎助國討賊，子儀與葉護宴狎修好，相與誓平國難，相得甚好。子儀奉元帥爲中軍，與賊將安守忠、李歸仁戰於京西香積寺之北，王師結陣横亘三十里，賊衆十萬陣於北。歸仁先薄我軍，我軍亂，李嗣業奮命馳突，擒賊十餘騎乃定。回紇以奇兵出賊陣之後夾攻之，賊軍大潰，自午至西，斬首六萬級。賊將張通儒守長安，聞歸仁等敗，是夜奔陝郡。翌日，廣平王入京師，老幼百萬，夾道歡叫，涕泣而言曰：「不圖今日復見官軍。」廣平王休士三日，率師東趨。肅宗在鳳翔聞捷，羣臣稱賀，帝以宗廟被焚，悲咽不自勝，臣僚無不感泣。

十月，安慶緒遣嚴莊悉其衆十萬來赴陝州，與張通儒同抗官軍。賊聞官軍至，悉其衆屯於陝西，負山爲陣。子儀以大軍擊其前，回紇登山乘其背，遇賊潛師於山中，與鬭過期，大軍稍卻。賊分兵三千人，絶我歸路，衆心大摇，子儀麾回紇令進，盡殺之。師馳至其後，於黄埃中發十餘箭，賊驚顧曰：「回紇來！」即時大敗，僵屍遍山澤。嚴莊、張通儒走歸洛陽，遂與安慶緒渡河保相州。子儀奉廣平王入東都，陳兵於天津橋南，士庶歡呼於路。僞侍中陳希烈、僞中書令張垍等三百餘人素服請罪，王慰撫遣之。是時，河東、河西、河南賊所盜郡邑皆平，以功加司徒，封代國公，食邑千户。尋入朝，天子遣兵仗戎容迎於灞上，肅宗勞之

曰：「雖吾之家國，實由卿再造。」子儀頓首感謝。十二月，還東都，命子儀經營北討。

乾元元年七月，破賊河上，擒僞將安守忠以獻，遂朝京師，敕百僚班迎於長樂驛，帝御望春樓待之，進位中書令。九月，奉詔大舉，子儀與河東節度使李光弼、關內節度使王思禮、北庭行營節度李嗣業、襄鄧節度使魯炅、荆南節度季廣琛、河南節度使崔光遠、滑濮節度許叔冀、平盧兵馬使董秦等九節度之師討安慶緒。帝以子儀、光弼俱是元勳，難相統屬，故不立元帥，唯以中官魚朝恩爲觀軍容宣慰使。十月，子儀自杏園渡河，圍衛州。安慶緒與其驍將安雄俊、崔乾祐、薛嵩、田承嗣悉其衆來援，分爲三軍。子儀陣以待之，預選射者三千人伏於壁內，誡之曰：「俟吾小卻，賊必爭進，則登城鼓譟，弓弩齊發以迫之。」既戰，子儀僞遁，賊果乘之，及壘門，遽聞鼓譟，俄而弓弩齊發，矢注如雨，賊徒震駭，子儀整衆追之，賊衆大敗。是役也，獲僞鄭王安慶和以獻，遂收衛州。進軍趨鄴，與賊再戰於愁思岡，賊軍又敗，乃連營圍之。慶緒遣薛嵩以所乘馬十四求救於史思明，且言禪代。十二月，思明遣將李歸仁率衆赴之，營於滏陽。

二年正月，史思明自率范陽精卒復陷魏州，乃僞稱燕王。王師雖衆，軍無統帥，進退無所承稟，自冬徂春，竟未破賊，但引漳水以灌其城，城中食盡，易子而食。二月，思明率衆自魏州來。李光弼、王思禮、許叔冀、魯炅前軍遇賊於鄴南，與之接戰，夷傷相半，魯炅中流矢。子儀爲後陣，未及合戰，大風遽起，吹沙拔木，天地晦暝，跬步不辨物色。我師潰而南，賊軍潰而北，委棄兵仗輜重，累積於路。諸軍各還本鎮。子儀以朔方軍保河陽，斷浮橋，有詔令留守東都。三月，以子儀爲東都畿、山南東道、河南諸道行營元帥。

中官魚朝恩素害子儀之功，因其不振，媒孽之，尋召還京師。天子以趙王係爲天下兵馬元帥，李光弼副之，委以陝東軍事，代子儀之任。子儀雖失兵柄，乃心王室，以禍難未平，不遑寢息。俄而史思明再陷河洛，朝廷旰食，復慮蕃寇逼迫京畿，三年正月，授子儀邠寧、鄜坊兩鎮節度使，仍留京師。言事者以子儀有社稷大功，今殘孽未除，不宜置之散地，肅宗深然之。上元元年九月，以子儀爲諸道兵馬都統，管崇嗣副之，令率英武、威遠等禁軍及河西、河東諸鎮之師，取邠寧、朔方、大同、横野，徑抵范陽。詔下旬日，復爲朝恩所間，事竟不行。

上元二年二月，李光弼兵敗於邙山，河陽失守，魚朝恩退保陝州。三年二月，河中軍亂，殺其帥李國貞。時太原節度鄧景山亦爲部下所殺，恐其合從連賊，朝廷憂之。後輩帥臣未能彈壓，勢不獲已，遂用子儀爲朔方、河中、北庭、潞、儀、澤、沁等州節度行營兼興平、定國副元帥，充本管觀察處置使，進封汾陽郡王，出鎮絳州。三月，子儀辭赴鎮，肅宗不豫，羣臣莫有見者。子儀請曰：「老臣受命，將死於外，不見陛下，目不瞑矣。」帝乃引至卧內，謂子儀曰：「河東之事，一以委卿。」子儀嗚咽流涕。賜御馬、銀器、雜綵，别賜絹四萬疋、布五萬端以賞軍。子儀至絳，擒其殺國貞賊首王元振數十人誅之。太原辛雲京聞子儀誅元振，亦誅害景山者，由是河東諸鎮率皆奉法。

四月，代宗即位，內官程元振用事，自矜定策之功，忌嫉宿將，以子儀功高難制，巧行離間，請罷副元帥，加實封七百户，充肅宗山陵使。子儀既謝恩，上表進肅宗所賜前後詔敕，因自陳訴。【略】詔答曰：「朕不德不明，俾大臣憂疑，朕之過也。朕甚自愧，公勿以爲慮。」代宗以子儀頃同患難，收復兩京，禮之踰厚。時史朝義尚據洛陽，元帥雍王率師進討，代宗欲以子儀副之，而魚朝恩、程元振亂政，殺裴茂、來瑱，子儀既爲所間，其事遂寢，乃留京師。

俄而梁崇義據襄陽叛，僕固懷恩阻兵於汾州，引回紇、吐蕃之衆入寇河西。明年十月，吐蕃陷涇州，虜刺史高暉，暉遂與蕃軍爲鄉導，引賊深入京畿，掠奉天、武功，濟渭而南，緣山而東。渭北行營兵馬使吕日將逆戰於盩厔，自辰至酉，殺蕃軍數千，然其徒多殞。賊將逼京師，君上計無所出，遽詔子儀爲關內副元帥，出鎮咸陽。子儀自相州不利，李光弼代掌兵柄，及徵還朝廷，部曲散去。及是承詔，部下唯二十騎，强取民家畜産以助軍。至咸陽，蕃軍已過渭水。其日，天子避狄幸陝州。子儀聞上避狄，雪涕還京，至則車駕已發。射生將王獻忠從駕，沿路遂以四百騎叛，仍逼豐王已下十王欲投於賊。子儀入開遠門，遇之，詰豐王等所向，遂護送行在。子儀以三千騎傍南山，至商州，得武關防兵及六軍散卒四千人，招輯亡逸，其軍漸振。蕃寇犯京城，得故邠王守禮子廣武王承宏，立帝號，假署百官。子儀遣六軍兵馬使張知節、烏崇福，羽林軍使長孫全緒等將兵萬人爲前鋒，營於韓公堆，盛張旗幟，鼓鞞震山谷。全緒遣禁軍舊將王甫入長安，陰結少年豪俠以爲內應，一日，齊擊鼓於朱雀街，蕃軍惶駭而去。大將李忠義先屯兵苑中，渭北節度使王仲升守朝堂。子儀以大軍續進，至滻西。射生將王撫自署爲京兆尹，聚兵二千人，擾亂京城，子儀召撫殺之。詔子儀權京城留守。

自西蕃入寇，車駕東幸，天下皆咎程元振，諫官屢論之。元振懼，又以子儀

復立功，不欲天子還京，勸帝且都洛陽以避蕃寇，代宗然之，下詔有日。子儀聞之，因兵部侍郎張重光宣慰迴，附章論奏。【略】代宗省表，垂泣謂左右曰：「子儀用心，真社稷臣也。可亟還京師。」十一月，車駕自陝還宮，子儀伏地請罪，帝駐車勞之曰：「朕用卿不早，故及於此。」乃賜鐵券，圖形凌煙閣。

是時，河北副元帥僕固懷恩方頓軍汾州，掠并、汾諸縣以爲己邑。乃以子儀兼關内河東副元帥、河中節度觀察使，出鎮河中。蕃戎既退，僕固懷恩部下離散。是月，懷恩子瑒主兵榆次，爲帳下將張惟岳所殺，傳首京師。惟岳以瑒之衆歸於子儀，懷恩懼，棄其母而走靈州。明年九月，以子儀守太尉，充北道邠寧、涇原、河西已東通和蕃及朔方招撫觀察使，其關内河東副元帥、中書令如故。子儀以懷恩未誅，不宜讓使，堅辭太尉，【略】優詔不許。子儀見上，感泣懇讓，乃止。

十月，僕固懷恩引吐蕃、回紇、党項數十萬南下，京師大恐，子儀出鎮奉天。帝召子儀問禦戎之計，子儀曰：「以臣所見，懷恩無能爲也。」帝問其故，對曰：「懷恩雖稱驍勇，素失士心，今所以能爲亂者，引思歸之人耳。懷恩本臣偏將，其下皆臣之部曲，臣恩信嘗及之，今臣爲大將，必不忍以鋒刃相向，以此知其無能爲也。」虜寇邠州，子儀在涇陽，子儀令長男朔方兵馬使曜率師援之，與邠寧節度使白孝德閉城拒守。懷恩前鋒至奉天，近城挑戰，諸將請擊之，子儀止之曰：「夫客兵深入，利在速戰，不可争鋒。彼皆吾之部曲，緩之自當攜貳；若迫之，是速其戰，戰則勝負未可知。敢言戰者斬！」堅壁待之，果不戰而退。子儀自涇陽入朝，帝御安福門待之，命子儀樓上行朝見之禮，宴賜隆厚。

十一月，以子儀爲尚書令，上表懇辭曰：「臣以薄劣，素乏行能，逢時擾攘，猥蒙驅策，内參朝政，外總兵權。上不能翼戴三光，下不能糾逖羣慝，功微賞厚，任重恩深，覆餗之憂，實盈寤寐。臣昨所以固辭太尉，乞保餘年，殊私曲臨，遂見矜許。竊謂陛下已知其願，深察其心，豈意未歷旬時，復延寵命。以臣褊淺，又寡智謀，安可謬職南宫，當兹大任。況太宗昔居藩邸，嘗踐此官，累聖相承，曠而不置。皇太子爲雍王之日，陛下以其總兵薄伐，平定關東，欲至策勳，再有斯授。豈臣末職，敢亂大倫。德薄位尊，難逃天子之責；負乘致寇，復速神明之誅。伏乞天慈，俯停新命。」答詔不允。翌日，敕所司令子儀於尚書省視事。詔宰相百僚送上，遣射生五百騎執戟翼從，自朝堂至省，賜教坊樂。子儀不受，復上表。【略】手詔答曰：「優崇之命，所以報功；總領之司，期於賦政。卿入居台鉉，出統戎旃，爰自先朝，累匡多難，請搴氛於海表，凝庶績於天階。敏事而寡言，居敬而行簡，人難其易，爾易其難。所以命掌六聯，首兹百辟，顧循時議，僉謂允諧。而屢拜封章，懇懷讓挹，守淳素之道，語政理之源，無待禮成，曲從德讓。宜宣示於外，編之史册。」遣内侍魚朝恩傳詔，賜美人盧氏等六人，從者八人，并車服、帷帳、牀蓐、珍玩之具。

時蕃虜屢寇京畿，倚蒲、陝爲内地，常以重兵鎮之。永泰元年五月，以子儀都統河南道節度行營，出鎮河中。八月，僕固懷恩誘吐蕃、回紇、党項、羌、渾、奴剌，山賊任敷、鄭庭、郝德、劉開元等三十餘萬南下，先發數萬人掠同州，期自華陰趨藍田，以扼南路，懷恩率重兵繼其後。回紇、吐蕃自涇、邠、鳳翔數道寇京畿，掠奉天、醴泉。京師震恐，天子下詔親征，命李忠臣屯東渭橋，李光進屯雲陽，馬璘、郝廷玉屯便橋，駱奉先、李日越屯盩厔，李抱玉屯鳳翔，周智光屯同州，杜冕屯坊州，天子以禁軍屯苑内。京城壯丁，并令團結。城二門塞其一。魚朝恩括士庶私馬，重兵捉城門，市民由竇穴而遁去，人情危迫。

是時，急召子儀自河中至，屯於涇陽，而虜騎已合。子儀一軍萬餘人，而雜虜圍之數重。子儀使李國臣、高昇拒其東，魏楚玉當其南，陳迴光當其西，朱元琮當其北。子儀率甲騎二千出没於左右前後，虜見而問曰：「此誰也？」報曰：「郭令公也。」回紇曰：「令公存乎？僕固懷恩言天可汗已棄四海，令公亦謝世，中國無主，故從其來。今令公存，天可汗存乎？」報之曰：「皇帝萬歲無疆。」回紇皆曰：「懷恩欺我。」子儀又使諭之曰：「公等頃年遠涉萬里，翦除兇逆，恢復二京。是時子儀與公等周旋艱難，何日忘之。今忽棄舊好，助一叛臣，何其愚也！且懷恩背主棄親，於公等何有？」回紇曰：「謂令公亡矣，不然，何以至此。令公誠存，安得而見之？」子儀將出，諸將諫曰：「戎狄之心，不可信也，請無往。」子儀曰：「虜有數十倍之衆，今力固不敵，且至誠感神，況虜輩乎！」諸將曰：「請選鐵騎五百衛從。」子儀曰：「適足以爲害也。」乃傳呼曰：「令公來！」虜初疑，持滿注矢以待之。子儀以數十騎徐出，免冑而勞之曰：「安乎？久同忠義，何至於是？」回紇皆捨兵下馬齊拜曰：「果吾父也。」子儀召其首領，各飲之酒，與之羅錦，歡言如初。

子儀説回紇曰：「吐蕃本吾舅甥之國，無負而至，是無親也。若倒戈乘之，如拾地芥耳。其羊馬滿野，長數百里，是謂天賜，不可失也。今能逐戎以利舉，與我繼好而凱旋，不亦善乎！」會懷恩暴死於鳴沙，羣虜無所統攝，遂許諾，乃遣首領石野那等入朝。子儀遣朔方兵馬使白元光與回紇會軍。吐蕃知其謀，是夜

奔退。回紇與元光追之，子儀大軍繼其後，大破吐蕃十餘萬於靈武臺西原，斬首五萬，生擒萬人，收其所掠士女四千人，獲牛羊駝馬，三百里内不絶。子儀自涇陽入朝，加實封二百户，還鎮河中。

大曆元年十二月，華州節度使周智光殺監軍張志斌謀叛，帝以同、華路阻，召子儀女壻工部侍郎趙縱受口詔往河中，令子儀起軍討之。縱請爲蠟書，令家僮間道賜子儀。奉詔大閲軍戎，將發，同華將吏聞軍起，乃斬智光父子，傳首京師。二年二月，子儀入朝，宰相元載、王縉，僕射裴冕，京兆尹黎幹，内侍魚朝恩共出錢三十萬，置宴於子儀第，恩出羅錦二百匹，爲子儀纏頭之費，極歡而罷。九月，吐蕃寇涇州，詔子儀以步騎三萬自河中移屯涇陽。十月，蕃軍退至靈州，邀擊敗之，斬馘二萬。十二月，盗發子儀父墓，捕盗未獲。人以魚朝恩素惡子儀，疑其使之。子儀心知其故，及自涇陽將入，議者慮其構變，公卿憂之。及子儀入見，帝言之，子儀號泣奏曰：「臣久主兵，不能禁暴，軍士殘人之墓，固亦多矣。此臣不忠不孝，上獲天譴，非人患也。」朝廷乃安。三年三月，還河中。八月，吐蕃寇靈武。九月，詔子儀率師五萬自河中移鎮奉天。是月，白元光大破吐蕃於靈武。十月，子儀入朝，還鎮河中。

時議以西蕃侵寇，京師不安，馬璘雖在邠州，力不能拒，乃以子儀兼邠寧慶節度，自河中移鎮邠州，徙馬璘爲涇原節度使。八年十月，吐蕃寇涇州，子儀遣先鋒兵馬使渾瑊逆戰於宜禄，不利。會馬璘設伏於潘源，與瑊合擊，大破蕃軍，俘斬數萬計。回紇赤心賣馬一萬匹，有司以國計不充，請市千匹。子儀以回紇前後立功，不宜阻意，請自納一年俸物，充回紇馬價，雖詔旨不允，内外稱之。九年，入朝，代宗召對延英。語及西蕃充斥，苦戰不暇，言發涕零。既退，復上封論備吐蕃利害。【略】

德宗即位，詔還朝，攝冢宰，充山陵使，賜號「尚父」，進位太尉、中書令，增實封通計二千户，給一千五百人糧，二百匹馬草料，所領諸使副元帥並罷。諸子弟女壻拜官者十餘人。建中二年夏，子儀病甚，德宗令舒王誼傳詔省問。及門，郭氏子弟迎拜於外，王不答拜；子儀卧不能興，以手叩頭謝恩而已。六月十四日薨，時年八十五，德宗聞之震悼，廢朝五日，詔曰：【略】舊令一品墳高丈八，而詔特加十尺。羣臣以次赴宅弔哭。凶喪所須，並令官給。及葬，上御安福門臨哭送之，百僚陪位隕泣，賜謚曰忠武，配饗代宗廟庭。

子曜、旰、晞、昢、晤、曖、曙、映等八人，壻七人，皆朝廷重官。諸孫數十人，每羣孫問安，不盡辨，頷之而已。參佐官吏六十餘人，後位至將相，升朝秩貴位，勒其姓名於石，今在河中府。人士榮之。

《新唐書》卷一三七《郭子儀傳》 郭子儀字子儀，華州鄭人。長七尺二寸。以武舉異等補左衛長史，累遷單于副都護、振遠軍使。天寶八載，木剌山始築橫塞軍及安北都護府，詔即軍爲使。俄苦地偏不可耕，徙築永清，號天德軍，又以使兼九原太守。

十四載，安禄山反，詔子儀爲衛尉卿、靈武郡太守，充朔方節度使，率本軍東討。子儀收静邊軍，斬賊將周萬頃，擊高秀巖河曲，敗之，遂收雲中、馬邑，開東陘。加御史大夫。賊陷常山，河北郡縣皆没。會李光弼攻賊常山，拔之，子儀引軍下井陘，與光弼合，破賊史思明衆數萬，平稾城。南攻趙郡，禽賊四千，縱之，斬僞守郭獻璆，還常山。思明以衆數萬尾軍，及行唐，子儀選騎五百更出挑之。三日，賊引去，乘之，又破於沙河，遂趨常陽以守。禄山益出精兵佐思明。子儀曰：「彼恃加兵，必易我；易我，心不固，戰則克矣。」與戰未決，戮一步將以徇，士殊死鬭，遂破之，斬首二千級，俘五百人，獲馬如之。於是晝揚兵，夜擣壘，賊不得息，氣益老。乃與光弼、僕固懷恩、渾釋之、陳回光等擊賊嘉山，斬首四萬級，獲人馬萬計。思明跳奔博陵。於是河北諸郡往往斬賊守，迎王師。方北圖范陽，會哥舒翰敗，天子入蜀，太子即位靈武，詔班師。子儀與光弼率步騎五萬赴行在。時朝廷草昧，衆單寡，軍容缺然，及是國威大振。拜子儀兵部尚書、同中書門下平章事，仍總節度。肅宗大閲六軍，鼓而南，至彭原。宰相房琯自請討賊，次陳濤，師敗，衆略盡，故帝唯倚朔方軍爲根本。

賊將阿史那從禮以同羅、僕骨騎五千，誘河曲九府、六胡州部落數萬迫行在。子儀以回紇首領葛邏支擊之，執獲數萬，牛羊不可勝計，河曲平。

至德二載，攻賊崔乾祐於潼關，乾祐敗，退保蒲津。會永樂尉趙復、河東司户參軍韓旻、司士徐景及宗室子鋒在城中，謀爲内應，子儀攻蒲，復等斬陴者，披關内軍。乾祐走安邑，安邑僞納之，兵半入，縣門發，乾祐得脱身走。賊安守忠壁永豐倉，子儀遣子旰與戰，多殺至萬級，旰死於陣。進收倉。於是關、陝始通。詔還鳳翔，進司空，充關内、河東副元帥。率師趨長安，次潏水上。賊守忠等軍清渠左。大戰，王師不利，委仗奔。子儀收潰卒保武功，待罪於朝，乃授尚書左僕射。俄從元帥廣平王率蕃、漢兵十五萬收長安。李嗣業爲前軍，元帥爲中軍，子儀副之，王思禮爲後軍，陣香積寺之北，距澧水，臨大川，彌亘一舍。賊李歸仁

領勁騎薄戰，官軍囂，嗣業以長刀突出，斬賊數十騎，乃定。回紇以奇兵繚賊背，夾攻之，斬首六萬級，生禽二萬，賊帥張通儒夜亡陝郡。翌日，王入京師，老幼夾道呼曰：「不圖今日復見官軍！」王休士三日，遂東。

安慶緒聞王師至，遣嚴莊悉衆十萬屯陝，助通儒，旌幟鉦鼓徑百餘里。師至新店，賊已陣，出輕騎，子儀遣二隊逐之，又至，倍以往，皆不及賊營輒反。最後，賊以二百騎掩軍，未戰走，子儀悉軍追，橫貫其營。賊張兩翼包之，官軍却。嗣業率回紇從後擊，塵且坌，飛矢射賊，賊驚曰：「回紇至矣！」遂大敗，僵尸相屬於道。嚴莊等走洛陽，挾慶緒度河保相州，遂收東都。於是河東、河西、河南州縣悉平。以功加司徒，封代國公，食邑千户。入朝，帝遣具軍容迎灞上，勞之曰：「國家再造，卿力也。」子儀頓首陳謝。有詔還東都，經略北討。

乾元元年，破賊河上，執安守忠以獻，遂朝京師。詔百官迎於長樂驛，帝御望春樓待之。進中書令。帝即詔大舉九節度師討慶緒，以子儀、光弼皆元功，難相臨攝，弟用魚朝恩爲觀軍容宣慰使，而不立帥。

子儀自杏園濟河，圍衛州。慶緒分其衆爲三軍。將戰，子儀選善射三千士伏壁内，誡曰：「須吾却，賊必乘壘，若等譟而射。」既戰，僞遁，賊薄營，伏發，注射如雨。賊震駭，王師整而奮，斬首四萬級，獲鎧胄數十萬，執安慶和，收衛州。又戰愁思岡，破之。連營進圍相州，引漳水灌城，漫二時，不能破。城中糧盡，人相食。慶緒求救於史思明，思明自魏來，李光弼、王思禮、許叔冀、魯炅前軍遇之，戰鄴南，夷負相當，炅中流矢。子儀督後軍，未及戰。會大風拔木，遂晦，跬步不能相物色，於是王師南潰，賊亦走，輜械滿野。諸節度引還。子儀以朔方軍保河陽，斷航橋。時王師衆而無統，進退相顧望，責功不專，是以及於敗。有詔留守東都，俄改東畿、山南東道、河南諸道行營元帥。

魚朝恩素疾其功，因是媒譖之，故帝召子儀還，更以趙王爲天下兵馬元帥，李光弼副之，代子儀領朔方兵。子儀雖失軍，無少望，乃心朝廷。思明再陷河、洛，西戎逼擾京輔，天子旰食，乃授邠寧、鄜坊兩節度使，仍留京師。議者謂子儀有社稷功，而孽寇首鼠，乃置散地，非所宜。帝亦悟。

上元初，詔爲諸道兵馬都統，以管崇嗣副之，率英武、威遠兵及河西、河東鎮兵，繇邠寧、朔方、大同、橫野軍以趨范陽。詔下，爲朝恩沮解。明年，光弼敗邙山，失河陽。又明年，河中亂，殺李國貞，太原戕鄧景山。朝廷憂二軍與賊合，而少年新將望輕不可用，遂以子儀爲朔方、河中、北庭、潞儀澤沁等州節度行營，兼興平、定國副元帥，進封汾陽郡王，屯絳州。時帝已不豫，羣臣莫有見者，子儀請曰：「老牙受命，將死於外，不見陛下，目不瞑。」帝引至卧内，謂曰：「河東事一以委卿。」子儀嗚咽流涕。賜御馬、銀器、雜綵，别賜絹布九萬。子儀至屯，誅首惡王元振等數十人，太原辛雲京亦治害景山者，諸鎮皆惕息。

代宗立，程元振自謂於帝有功，忌宿將難制，離構百計。因罷子儀副元帥，加實户七百，爲肅宗山陵使。子儀懼讒且成，盡裒代宗所賜詔敕千餘篇上之，因自明。詔曰：「朕不德，詒大臣憂，朕甚自愧，自今公毋有疑。」初，帝與子儀平兩京，同天下憂患，至是悔悟，眷禮彌重。

時史朝義尚盜洛，帝欲使副雍王，率師東討，爲朝恩、元振交訾之，乃止。會梁崇義據襄州叛，僕固懷恩屯汾州，陰召回紇、吐蕃寇河西，殘涇州，犯奉天、武功，遽拜子儀爲關内副元帥，鎮咸陽。初，子儀自相州罷歸京師，部曲離散，逮承詔，麾下才數十騎，驅民馬補行隊。至咸陽，虜已過渭水，並南山而東，天子跳幸陝。子儀聞，流涕，董行營還京師。遇射生將王獻忠以數騎叛，劫諸王欲奔虜，子儀讓之，取諸王送行在。乃率騎南收兵，得武關防卒及亡士數千，軍寖完。會六軍將張知節迎子儀洛南，大閲兵，屯商州，威震關中。乃遣知節率烏崇福、羽林將長孫全緒爲前鋒，營韓公堆，擊鼓讙山，張旗幟，夜叢萬炬，以疑賊。初，光禄卿殷仲卿募兵藍田，以勁騎先官軍爲游弈，直度滻，民紿虜曰：「郭令公來。」虜懼。會故將軍王甫結俠少，夜鼓朱雀街，呼曰：「王師至！」吐蕃夜潰。於是遣大將李忠義屯苑中，渭北節度使王仲昇守朝堂，子儀以中軍繼之。射生將王撫自署京兆尹，亂京城，子儀斬以徇。破賊書聞，帝以子儀爲京城留守。

自變生倉卒，賴子儀復安，故天下皆咎程元振，羣臣數論奏。元振懼，乃説帝都洛陽，帝可其計。子儀奏。【略】帝得奏，泣謂左右曰：「子儀固社稷臣也，朕西決矣。」乘輿還，子儀頓首請罪，帝勞曰：「用卿晚，故至此。」乃賜鐵券，圖形凌煙閣。

僕固懷恩縱兵掠并、汾屬縣，帝患之，以子儀兼河東副元帥、河中節度使，鎮河中。懷恩子瑒屯榆次，爲帳下張惟岳所殺，傳首京師，持其衆歸子儀。懷恩懼，委其母走靈州。廣德二年，進太尉，兼領北道邠寧、涇原、河西通和吐蕃及朔方招撫觀察使。辭太尉不拜。懷恩誘吐蕃、回紇、党項數十萬人寇，朝廷大恐，詔子儀屯奉天。帝問計所出，對曰：「無能爲也。懷恩本臣偏將，雖慓果，然素失士心。今能爲亂者，誅思歸之人，劫與俱來，且皆臣故部曲，素以恩信結之，彼

忍以刃相向乎？」帝曰：「善。」虜寇邠州，先驅至奉天，諸將請擊之。子儀曰：「客深入，利速戰。彼下素德我，吾緩之，當自攜貳。」因下令：「敢言戰者斬！」堅壁待之，賊果遁。

子儀至自涇陽，恩賚崇縟，進拜尚書令，懇辭，不聽。詔趣詣省視事，百官往慶，敕射生五百騎執戟寵衛。子儀確讓，且言：「太宗嘗踐此官，故累聖曠不置員，皇太子爲雍王，定關東，乃得授，渠可猥私老臣，隳大典？且用兵以來，僭賞者多，至身兼數官，冒進亡恥。今凶醜略平，乃作法審官之時，宜從老臣始。」帝不獲已，許之，具所以讓付史官。因賜美人六人，從者自副，車服帷帟咸具。

永泰元年，詔都統河南道節度行營，復鎮河中。懷恩盡説吐蕃、回紇、党項、羌、渾、奴剌等三十萬，掠涇、邠，躪鳳翔，入醴泉、奉天，京師大震。於是帝命李忠臣屯渭橋，李光進屯雲陽，馬璘、郝廷玉屯便橋，駱奉先、李日越屯盩厔，李抱玉屯鳳翔，周智光屯同州，杜冕屯坊州，天子自將屯苑中。急召子儀屯涇陽，軍纔萬人。比到，虜騎圍已合，乃使李國臣、高昇、魏楚玉、陳回光、朱元琮各當一面，身自率鎧騎二千出入陣中。回紇怪問：「是謂誰？」報曰：「郭令公。」驚曰：「令公存乎？懷恩言天可汗棄天下，令公即世，中國無主，故我從以來。公今存，天可汗存乎？」報曰：「天子萬壽。」回紇悟曰：「彼欺我乎！」子儀使諭虜曰：「昔回紇涉萬里，戡大憝，助復二京，我與若等休戚同之。今乃棄舊好，助叛臣，一何愚！彼背主棄親，於回紇何有？」回紇曰：「本謂公云亡，不然，何以至此。今誠存，我得見乎？」子儀將出，左右諫：「戎狄野心不可信。」子儀曰：「虜衆數十倍，今力不敵，吾將示以至誠。」左右請以騎五百從，又不聽。即傳呼曰：「令公來！」虜皆持滿待。子儀以數十騎出，免冑見其大酋曰：「諸君同艱難久矣，何忽亡忠誼而至是邪？」回紇捨兵下馬拜曰：「果吾父也。」子儀即召與飲，遺錦綵結歡，誓好如初。因曰：「吐蕃本吾舅甥國，無負而來，棄親也。馬牛被數百里，公等若倒戈乘之，若俯取一芥，是謂天賜，不可失。且逐戎得利，與我繼好，不兩善乎？」會懷恩暴死，羣虜無所統一，遂許諾。吐蕃疑之，夜引去。子儀遣將白元光合回紇衆追躡，大軍繼之，破吐蕃十萬於靈臺西原，斬級五萬，俘萬人，盡得所掠士女牛羊馬橐駝不勝計。遂自涇陽來朝，加實封二百户，還河中。

大曆元年，華州節度使周智光謀叛，帝間道以蠟書賜子儀，令悉軍討之。同、華將吏聞軍起，殺智光，傳首闕下。二年，吐蕃寇涇州，詔移屯涇陽。邀戰於靈州，敗之，斬首二萬級。明年，還河中。吐蕃復寇靈武，詔率師五萬屯奉天，白元光破虜於靈武。議者以吐蕃數爲盜，馬璘孤軍在邠不能支，乃以子儀兼邠寧慶節度使，屯邠州，徙璘爲涇原節度使。回紇赤心請市馬萬匹，有司以財乏，止市千匹。子儀曰：「回紇有大功，宜答其意，中原須馬，臣請内一歲奉，佐馬直。」詔不聽，人許其忠。

九年，入朝，對延英，帝與語吐蕃方彊，慷慨至流涕。退，上書，【略】又自陳衰老，乞骸骨。詔曰：「朕終始倚賴，未可以去位。」不許。

德宗嗣位，詔還朝，攝冢宰，充山陵使，賜號「尚父」，進位太尉、中書令，增實封通前二千户，給糧千五百人，芻馬二百匹，盡罷所領使及帥。建中二年，疾病，帝遣舒王到第傳詔省問，子儀不能興，叩頭謝恩。薨，年八十五。帝悼痛，廢朝五日。詔羣臣往弔，隨喪所須，皆取於官。贈太師。陪葬建陵。及葬，帝御安福門，哭過其喪，百官陪位流涕。賜謚曰忠武，配饗代宗廟廷。著令，一品墳崇丈八尺，詔特增丈，以表元功。

子儀事上誠，御下恕，賞罰必信。遭幸臣程元振、魚朝恩短毀，方時多虞，握兵處外，然詔至，即日就道，無纖介顧望，故讒間不行。破吐蕃靈州，而朝恩使人發其父墓，盜未得。子儀自涇陽來朝，中外懼有變，及入見，帝唁之，即號泣曰：「臣久主兵，不能禁士殘人之墓，人今發先臣墓，此天譴，非人患也。」朝恩又嘗約子儀修具，元載使人告以軍容將不利公。其下衷甲願從，子儀不聽，但以家僮十數往。朝恩曰：「何車騎之寡？」告以所聞。朝恩泣曰：「非公長者，得無致疑乎？」田承嗣傲狠不軌，子儀嘗遣使至魏，承嗣西望拜，指其膝謂使者曰：「茲膝不屈於人久矣，今爲公拜。」李靈耀據汴州，公私財賦一皆遏絶，子儀封幣道其境，莫敢留，令持兵衛送。麾下宿將數十，皆王侯貴重，子儀頤指進退，若部曲然。幕府六十餘人，後皆爲將相顯官，其取士得才類如此。與李光弼齊名，而寬厚得人過之。子儀歲入官俸無慮二十四萬緡。宅居親仁里四分之一，中通永巷，家人三千相出入，不知其居。前後賜良田、美器、名園、甲館不勝紀。代宗不名，呼爲大臣。以身爲天下安危者二十年，校中書令考二十四。八子七婿，皆貴顯朝廷。諸孫數十，不能盡識，至問安，但頷之而已。富貴壽考，哀榮終始，人臣之道無缺焉。

子曜、旰、晞、昢、晤、曖、曙、映，而四子以才顯。

代宗以郭尚父勳高，兼連姻帝室，常呼爲大臣而不名。每中使内人往來，必詢其門内休戚。尚父二愛姬，嘗競寵爭長，互論其公私佐助之功，忿媢不相面，尚父不能禁。上知之，賜金帛及簪鐶，命宫人載酒以和之。方飲，令選人歌以送酒。一姬怒未解，歌未發，遽引蒲罍觴於席前曰：「酒盡不須歌。」

郭曖嘗與昇平公主琴瑟不調，曖駡公主：「倚乃父爲天子耶？我父嫌天子不作。」公主恚啼，奔車奏之。上曰：「汝不知，他父實嫌天子不作。使不嫌，社稷豈汝家有也。」因泣下，但命公主還。尚父拘曖，自詣朝堂待罪。上召而慰之曰：「諺云：『不癡不聾，不作阿家阿翁。』小兒女子閨幃之言，大臣安用聽？」錫賚以遣之，尚父杖曖數十而已。

趙璘《因話録》卷二《商部》 郭汾陽在汾州，嘗奏一州縣官，而勑不下。判官張曇言於同列，以令公勳德，而請一吏致阻，是宰相之不知體甚也。汾陽王聞之，謂賓屬曰：「自艱難以來，朝廷姑息。方鎮武臣，求無不得。以是方鎮跋扈，使朝廷疑之，以致如此。今子儀奏一屬官不下，不過是所請不當聖意。上恩親厚，不以武臣待子儀，諸公可以見賀矣！」聞者服其公忠焉。王在河中，禁無故走馬，犯者死。南陽夫人乳母之子抵禁，都虞候杖殺。諸子泣告於王，言虞候縱横之狀，王叱而遣之。明日，對賓僚吁歎者數四。衆皆不曉，徐問之，王曰：「某之諸子，皆奴材也。」遂告以故曰：「伊不賞父之都虞候，而惜母之阿嬭兒，非奴材而何？」

蘇鶚《杜陽雜編》卷上 代宗廣德元年，吐番犯便橋。上幸陝，王師不利。常有紫氣如車蓋，以迎馬首。及迴潼關，上嘆曰：「河水洋洋，送朕東去。」上至陝，因望鐵牛，蹶然謂左右曰：「朕年十五六，宫中有尼號功德山，言事往往神驗，屢撫吾背曰：『天下有災，遇牛方迴。』今見牛也，朕將迴爾。」是夜，夢黄衣童子歌於帳前曰：「中五之德方峩峩，胡呼胡呼何奈何！」詰旦，上具言其夢，侍臣咸稱土德當王，胡虜破滅之兆也。是月，副元帥郭子儀與大將李忠義、渭北節度使王仲昇克復京都，吐番大潰。上還宫闕，圖功臣於凌煙閣上，因謂子儀曰：「安禄山僭亂中原，是卿再安皇祚。昨朕蒙塵，卿復戮力，今日天下乃卿與我也。雖圖券不足以褒元老。」因泣下霑衣，子儀伏於上前，嗚咽流涕曰：「老臣無復致命久矣。但慮衰耄不堪王事，賴仗陛下宗廟社稷之靈，以成微績。」上因命御馬九花虬并紫玉鞭轡以賜，子儀知九花之異，固陳讓者久之。上曰：「此馬高大，稱卿儀質，不必讓也。」九花虬，即范陽節度李懷仙所貢，額高九寸，毛拳如麟，頭

雜録

備録

封演《封氏聞見記》卷五《第宅》 中書令郭子儀勳伐蓋代，所居宅内，諸院往來乘車馬，僮客于大門出入各不相識。詞人梁鍠嘗賦詩曰：「堂高憑上望，宅廣乘車行。」蓋此之謂也。郭令曾將出，見修宅者，謂曰：「好築此牆，勿令不牢。」築者釋鍤而對曰：「數十年來，京城達官家牆皆是某築，祗見人自改换，牆皆見在。」郭令聞之，愴然動容，遂入奏其事，因固請老。

李匡乂《資暇集》卷下 坼封刀子：起于郭汾陽書吏也。舊但用刀子小者，而汾陽雖大度廓落，然而有晉陶侃之性，動無廢物。每收其書皮之右所剺下者，以爲逐日須取，文帖餘悉卷貯。每歲終則散主守家吏，俾作一年之簿。所剺之處多不端直，文帖且又繁積，胥吏不暇剪正，隨曲斜聯糊。一日，所用剺刀忽折，不餘寸許，吏乃銛以應急，覺愈於全時。漸出新意，因削木如半環勢，加於折刃之上，使纔露鋒，榼其書而剺之。汾陽嘉其用心，曰：「真郭子儀部吏也。」每話于外。後因傳之，益妙其製。

李肇《唐國史補》卷中 郭汾陽再收長安，任中書令，二十四考。勳業福履，人臣第一。韋太尉皋鎮西川，亦二十年，降土蕃九節度，擒論莽熱以獻，大招附西南夷，任太尉，封南康王，亦其次也。

趙璘《因話録》卷一《宫部》 代宗獨孤妃薨，贈貞懿皇后。將葬，尚父汾陽王在邠州，以其子尚主之故，欲致祭。遍問諸從事，皆云：「自古無人臣祭皇后之儀。」汾陽曰：「此事須得柳侍御裁之。」時予外伯祖殿中侍御史，掌汾陽書記，奉使在京。即以書急召之。既至，汾陽迎笑曰：「有切事，須藉侍御爲之。」遂説祭事。殿中君初亦對如諸人，既而曰：「禮緣人情，令公勳德不同常人，且又爲國姻戚，自令公始，亦謂得宜。」汾陽曰：「正合子儀本意。」殿中君草祭文，其官銜之首稱：「駙馬都尉郭曖父。」其中叙特恩許致祭之意，辭簡禮備，汾陽覽之大喜。

頸鬃鬣，真虯龍也。每一嘶則羣馬聳耳，以身被九花文，故號爲九花虯。上東幸，觀獵於田，不覺日暮。忽顧謂左右曰：「行宮去此幾里？」奏曰：「四十里。」上遂令速鞭，恐閡夜，而九花虯緩緩然若行五里而已，侍從奔驟無及者。上以爲超光、逸影之匹也，自是益加鍾愛。既復京師，特賜子儀，崇功臣也。

馮贄《雲仙雜記》卷二《遷官面長額有光氣》 郭汾陽每遷官則面長一二寸，額有光氣，事已乃復。

馮贄《雲仙雜記》卷四《小兒司命》 郭汾陽語子弟曰：「西陽庶寶方，小兒之司命，不可不讀。」

《太平廣記》卷一九《郭子儀》引《神仙感遇傳》 郭子儀，華州人也。初從軍沙塞間，因入京催軍食，迴至銀州十數里，日暮，忽風砂陡暗，行李不得，遂入道傍空屋中，籍地將宿。既夜，忽見左右皆有赤光，仰視空中，見軿輜車繡屋中，有一美女，坐牀垂足，自天而下，俯視子儀。拜祝云：「今七月七日，必是織女降臨。願賜長壽富貴。」女笑曰：「大富貴，亦壽考。」言訖，冉冉昇天，猶正視子儀，良久而隱。子儀後立功貴盛，威望烜赫。大曆初，鎮河中，疾甚，三軍憂懼。子儀請御醫及幕賓王延昌、孫宿、趙惠伯、嚴郢等曰：「吾此疾自知未到衰殞。」因話所遇之事，衆稱賀忻悅。其後拜太尉、尚書令、尚父，年九十而薨。

《太平廣記》卷一七六《郭子儀》引《譚賓錄》 子儀有功高不賞之懼，中貴人害其功，遂使盜於華州掘公之先人墳墓。公褌將李懷光等怒，欲求物捕其黨。及公入奏，對揚之日，但號泣自罪。因奏曰：「臣領師徒，出外征伐，動經歲年，害人之兄，殺人之父多矣。其有節夫義士，刃臣於腹中者衆。今搆隳辱，宜當其辜。但臣爲國之心，雖死無悔。」由是中外翕然莫測。公子弘廣，常於親仁里大啓其第，里巷負販之人，上至公子簪纓之士，出入不問。或云：王夫人、趙氏愛女，方粧梳對鏡，往往公麾下將吏出鎮去，及郎吏，皆被召，令汲水持帨，視之不異僕隸。他日，子弟集列啓諫，公三不應，於是繼之以泣曰：「大人功業已成，而不自崇重，以貴以賤，皆游臥內。某等以爲雖伊、霍不當如此也。」公笑而謂曰：「爾曹固非所料，且吾官馬粟者五百匹，官饟者一千人，進無所往，退無所據。向使崇垣扃戶，不通內外，一怨將起，搆以不臣，其有貪功害能之徒，成就其事，則九族虀粉，噬臍莫追。今蕩蕩無間，四門洞開，雖讒毀是興，無所加也。吾是以爾。」諸子皆伏。永泰元年，僕固懷恩（卒）〔率〕諸蕃犯京畿，子儀統衆禦之。至涇陽，而虜已合。子儀率甲士二千出入。虜見而問曰：「此何人也？」報曰：「郭令公。」回紇曰：「令公在乎？懷恩謂吾，天可汗已棄四海，令公殂謝，中國無主，故某來。今令公在，天可汗在乎？」子儀報曰：「皇帝萬壽無疆。」回紇皆曰：「懷恩欺我。」子儀使諭之，回紇曰：「令公若在，安得見之？」子儀出，諸將皆曰：「戎狄不可信也，請無往。」子儀曰：「虜有數十倍之衆，今力不敵，奈何？但至誠感神，況虜乎？」諸將請選鐵騎五百爲從，子儀曰：「此適足爲害也。」乃傳呼曰：「令公來。」初疑，皆持兵注目以待之。子儀乃數十騎徐出，免冑勞之曰：「安乎？久同忠義，何至於是？」回紇皆捨兵降馬曰：「是吾父也。」子儀長六尺餘，貌秀傑。於靈武加平章事，封汾陽王，加中書令，圖形凌煙閣，加號尚父，配饗代宗廟庭。有子八人，壻七人，皆重官。子曖，尚昇平公主。諸孫數十人，每諸生問安，頷之而已。事上誠盡，臨下寬厚。每降城下邑，所至之處必得士心。前後遭罹幸臣程元振、魚朝恩等譖毀百端。時方握強兵，或臨戎敵，詔命徵之，未嘗以危亡迴顧。亦遇天幸，竟免患難。田承嗣方跋扈，狠傲無禮。子儀嘗遣使至魏州，承嗣輒望拜，指其膝謂使者曰：「此膝不屈於人若干歲矣，今爲公拜。」麾下老將若李懷光輩數十人，皆王侯重貴，子儀麾指進退如僕隸焉。始〔與〕光弼齊名，雖威略不見，而寬厚得人過之。歲入官俸二十四萬，私利不預焉。其宅在親仁里，居其地四分之一，通永巷。家人三千，相出入者，不知其居。代宗不名，呼爲大臣。天下以其身存亡爲安危者殆二十年，校中書令考二十四年，權傾天下而朝不忌，功蓋一代而主不疑，侈窮人欲而君子不罪。富貴壽考，繁衍安泰，終始人倫之盛無缺焉。卒年八十五。

錢易《南部新書》卷乙 舊令，一品墳高一丈八尺。惟郭子儀薨，特加十尺。

《資治通鑑》卷二二三唐代宗廣德元年十月條考異引《汾陽家傳》 公以三十騎循御宿川，略山而東。公西望國門，涕不自勝，謂王延昌曰：「爲舍人計，何以復國？」延昌歔欷不能對。公謂曰：「料諸將散卒必逃商於，若速行收合散卒，兼武關兵，數日之內，卻出藍田，設疑兵，爲跡，屯於韓公堆，吐蕃必懼我而退，乃相與速驅之。」過藍田，公與延昌議曰：「散兵至商州，必官吏不守，則兵亂而人潰。」使延昌間道中宿至商州，果如所議。延昌以公之言巡撫之，亂乃止，潰乃復。」

射生將王撫，猛而多力，自稱御史大夫，領五百騎、二千步卒，兼補官屬，以謀作亂。甲午，公發商州；〔廣德元年〕冬十一月壬寅，公次滻水之右。王撫知公之來也，於城中竪列行陣，戈矛若林，指揮其間，按甲不出。人勸公必不可入，

公以三十騎徐進，曾不少懼，令傳呼王撫，撫應聲伏，烏合之徒，一時而潰。

《資治通鑑》卷二二三唐代宗廣德元年十一月條考異引《邠志》 郭公屯商州，十二月一日，率諸軍五萬餘人出藍田，去城百里而軍。城中相傳，言大軍將至，西戎懼焉。三日，馬家小兒、張小君、李酒盞、射生官王甫等五百餘人，夜半，聚六街鼓入于子城，雷擊天門街中，仍分其衆建旗諸門。吐蕃以爲大軍夜至，相帥遁去。小君使報郭公。七日，郭公全師入于京師，繫小君、酒盞、王甫等，責之曰：「吾軍未至，汝設詐以畏吐蕃，吐蕃知之怒汝，燔爇宫闕，從容而去，豈不由汝乎！」命斬之。遂以破賊收城聞。

《資治通鑑》卷二二三唐代宗廣德二年十月條考異引《汾陽家傳》 〔廣德二年〕十月七日，公誓師曰：「明日有寇，爾其備之。」及夜，出兵數萬陣于西門之外，廣布旗幟，如十萬軍。未曙，懷恩、吐蕃、回紇、吐渾等已陣于乾陵北，長二十里。懷恩等初謂無備，欲襲之。既見陣，兩蕃大駭，不敢戰。而懷恩頃爲公所馭，懾公之威，又遁。初，軍中偶語：「夜中出兵，與鬼鬭耳。」及未曙，寇已至矣，軍中所以服公之先知也。」

《資治通鑑》卷二二三唐代宗永泰元年十月條考異引《邠志》 〔永泰元年〕十月二十四日，回紇逼涇陽，陣于郭西，使漢語者曰：「城中誰將？」軍吏對曰：「郭令公也。」虜曰：「郭令公亡矣，紿我也。」郭公聞之，獨與家童五六人常服相詣。其子晞等扣馬止之，公撾其手曰：「去。」使人告虜，按轡就之。回紇熟視曰：「是也！」下馬皆拜，曰：「始者不知令公尚在，今日降，可乎！」郭公入其衆，取酒飲之。虜又請曰：「恐不見信，願擊吐蕃以自効。」郭公從之。回紇擊吐蕃，逐之，三十日，敗蕃衆於靈臺，殺萬餘人而去。

孔平仲《續世説》卷七 郭子儀以朔方節度副使張曇性剛，謂其以武人輕己，銜之。孔目官吴曜，爲子儀所任，因而搆之。子儀怒，誣奏曇扇動軍衆，誅之。掌書記高郢力争之，子儀不聽，奏貶郢猗氏丞。既而寮佐多以病去。子儀悔之，悉薦之朝，曰：「吴曜誤我。」遂逐之。

張舜民《畫墁録》 汾陽王足掌有黑子，一日使渾咸寧洗足，咸寧捧玩久之。王曰：「何也？」對曰：「瑊也足亦有之。」王使跣而視之，哂曰：「不迨吾。」謂渾中壽也。

王讜《唐語林》卷五《補遺》 張曇爲汾陽王從事，家嘗有怪。召術者問之，言以大禍將至，惟休退則免。曇不之信。又方燕賓，席上見血，有巫者聞之，勸其杜門不納賓客，屏遊宴，曇怒杖之。其後曇言語乖度，公頗銜之。又屢言同列間事，每獨候見，多值公方燕寵姬所。不令白事，必抑門者令通。公謂其以武臣輕忽，益不平之。後因請公去所任吏，遂發怒，因之以聞，竟斃于杖。

曾慥《類説》卷二〇引《大唐遺事》 郭子儀自同州歸，詔大臣就宅作軟脚局，人率三百千。

陶宗儀《説郛》卷三引《濟南先生師友談記》 東坡言：郭子儀鎮河中日，河甚爲患。子儀禱河伯曰：「水患止，當以女奉妻。」已而河復故道，其女一日無疾而卒。子儀以其骨塑之於廟，至今祀之。惜乎，此事不見于史也。

備論

《舊唐書》卷一二〇《郭子儀傳》 史臣裴垍曰：汾陽事上誠藎，臨下寬厚，每降城下邑，所至之處，必得士心。前後遭罹倖臣程元振、魚朝恩譖毁百端，時方握强兵，或方臨戎敵，詔命徵之，未嘗不即日應召，故讒謗不能行。代宗幸陝時，令以數十騎覘賊，及在涇陽，又陷於胡虜重圍之中，皆以身許國，未嘗以危亡易慮，亦遇天幸，竟免患難。田承嗣方跋扈魏州，傲狠無禮，子儀嘗遣使至，承嗣西望拜之，指其膝謂使者曰：「兹膝不屈於人若干歲矣，今爲公拜。」李靈曜據汴州，公私財賦一皆遏絶，獨子儀封幣經其境，莫敢留之，必持兵衛送。其爲豺虎所服如此。麾下老將若李懷光輩數十人，皆王侯重貴，子儀頤指進退，如僕隸焉。幕府之盛，近代無比。始與李光弼齊名，雖威略不逮，而寬厚得人過之。歲入官俸二十四萬貫，私利不在焉。其宅在親仁里，居其里四分之一，中通永巷，家人三千，相出入者不知其居。前後賜良田美器，名園甲館，聲色珍玩，堆積羨溢，不可勝紀。代宗不名，呼爲大臣。天下以其身爲安危者殆二十年。校中書令考二十有四。權傾天下而朝不忌，功蓋一代而主不疑，侈窮人欲而君子不之罪。富貴壽考，繁衍安泰，哀榮終始，人道之盛，此無缺焉。唯以讒怒誣奏判官户部郎中張譚杖殺之，物議爲薄。

《舊唐書》卷一二〇《郭子儀傳》 史臣曰：天寶之季，盜起幽陵，萬乘播遷，兩都覆没。天祚土德，實生汾陽。自河朔班師，關西殄寇，身扞豺虎，手披荆榛。七八年間，其勤至矣，再造王室，勳高一代。及國威復振，羣小肆讒，位重懇辭，

失寵無怨。不幸危而邀君父，不挾憾以報仇讎，晏然效忠，有死無二，誠大雅君子，社稷純臣。自秦、漢已還，勳力之盛，無與倫比。而睎、曖於纖粗之中，拔身虎口，赴難奉天，可謂忠孝之門有嗣矣。

贊曰：猗歟汾陽，功扶昊蒼。秉仁蹈義，鐵心石腸。四朝靜亂，五福其昌。爲臣之節，敢告忠良。

《新唐書》卷一三七《郭子儀傳》 贊曰：天寶末，盜發幽陵，外阻内訌。子儀自朔方提孤軍，轉戰逐北，誼不還顧。當是時，天子西走，唐祚若贅斿，而能輔太子，再造王室。及大難略平，遭讒甚，詭奪兵柄，然朝聞命，夕引道，無纖介自嫌。及被圍涇陽，單騎見虜，壓以至誠，猜忍沮謀。雖唐命方永，亦由忠貫日月，神明扶持者哉。及光弼等畏偪不終，而子儀完名高節，爛然獨著，福禄永終，雖齊桓、晉文比之爲褊。唐史臣裴垍稱：「權傾天下而朝不忌，功蓋一世而上不疑，侈窮人欲而議者不之貶。」嗚呼！垍誠知言。其子孫多以功名顯，蓋盛德後云。

洪邁《容齋續筆》卷一二《郭令公》 唐人功名富貴之盛未有出郭汾陽之右者。然至其女孫爲憲宗正妃，歷五朝母天下，終以不得志於宣宗而死，自是支胄不復振。及本朝慶曆四年，訪求厥後，僅得裔孫元亨於布衣中，以爲永興軍助教。歐陽公知制誥行其詞曰：「繼絶世，褒有功，非惟推恩以及遠，所以勸天下之爲人臣者焉。況爾先王名載舊史，勳德之厚宜其流澤於無窮，而其後裔不可以廢。往服新命，以榮厥家！」且以二十四考中書令之門，而需一助教以爲榮，吁，亦淺矣！乃知世禄不朽，如春秋諸國至數百年者，後代不易得也。

楊時《龜山先生語録》卷二 郭汾陽不問發墓之人，雖古之齊物我者不能過。

黎靖德《朱子語類》卷一三六《歷代三》 「三代而下，以義爲之，只有一箇諸葛孔明。若魏鄭公全只是利。李密起，有一道士説密即東都縛煬帝獨夫，天下必應。」揚謂：「密不足道。漢唐之興，皆是爲利。須是有湯武之心始做得。太宗亦只是爲利，亦做不得。」先生曰：「漢高祖見始皇出，謂：『丈夫當如此耳！』項羽謂：『彼可取而代也！』其利心一也。郭汾陽功名愈大而心愈小，意思好。《易》傳及諸葛，次及郭汾陽。」

李光地《榕村語録》卷二二《歷代》 程朱身分高，又見得到，直眼大如箕。三代下所推者，不過幾人：董江都、諸葛武侯、文中子、韓文公，餘則稱陸敬輿、郭汾陽。如韓魏公，則曰「間氣」，范文正，則曰「才氣老成」。

趙翼《廿二史劄記》卷二〇《豪宴》 大曆二年，郭子儀入朝，代宗詔賜軟脚局，宰臣元載、王縉，僕射裴冕，第五琦、黎幹等，各出錢三十萬，宴於子儀之第。時田神功亦朝覲在京，并請置宴，於是魚朝恩及子儀、神功等更迭治具，公卿大臣列於席者百人，一宴費至十萬貫。亦可見是時將相之侈也。

黄恩彤《鑒評别録》卷四五《唐紀九》 子儀有再造唐室之功，其將略不及英、衛遠矣，所以爲當時諸將所不及者，奉國以忠，事君以敬，接物以誠，故能功高天下而主不疑，位極人臣而衆不疾也。至史所云窮奢極欲而人不非之，固由以功掩過，亦以當日勳臣習爲奢縱，故恬不知怪耳，究不免爲盛德之累。

藝文

《册府元龜》卷一二二《帝王部》 朕聞昆夷作患，周王授鉞於方叔；大宛不庭，漢王委兵於廣利。則知昏迷之黨，舞干不足以懷柔；聖哲之謀，伐叛必資於用武。事將禁暴，蓋非獲已。司徒兼中書令、朔方鄜坊邠寧等節度使、代國公子儀，慶鍾五百，運符魚水，挺文武之宏才，藴韜鈐之遠略，積蒼生之重望，有命伐之元勳。負鼎和羹，已申於啟沃；登壇制勝，實佇於謀猷。萬里長城，倚賴攸屬。今殘孽未殄，戎事猶殷，爰資一舉之功，以靖四方之難。宜令子儀都統諸道兵馬使，管崇嗣充副使，取邠慶朔方路過，往收大同，横野清夷，便收范陽及河北。仍遣射生衙前六軍英武、長興、寧國、左右威遠驍騎等左廂一萬人：馬軍三千，步軍七千人，以開府李光進充都知兵馬使，特進烏崇福充都虞候。右廂一萬人：馬軍三千人，步軍七千人，以開府儀同三司李鼎充都知兵馬使，特進王毓充都虞候。渭北官健一萬人：馬軍三千人，步軍八千人，以開府韋京杲充使朔方留後。蕃漢官健八千人：馬軍八百人，步軍七千二百人，以兼御史中丞任敷、渾釋之同充使。蕃漢部落一萬人：馬軍五千人，步軍五千人，以兼御史中丞慕容兆與新投降首領奴賴同統押充使。鄜坊等州官健一萬人：馬軍一千人，步軍九千人，以攝御史中丞杜冕充使。寧州官健一萬人：馬軍一千人，步軍九千人，以攝御史桑如珪充使。涇原防禦官健二千人：馬軍五百人，步軍一千五百人，以大將軍閻英奇充使。蒐乘練卒，藉馬賦車，合四海以齊心，齊九夷而同力。金鼓

作氣，鐵騎爭雄，歘野噴山，隱天動地。以服順之師旅，討從逆之兇徒。人事天時，指期可定。今將略宏闊，出雲中，驅蚊蚋於幽燕，掃欃槍於鞏洛，削平天下，混一車書。然後獻凱清廟，策勳盟府，剗寧區夏，豈不盛歟。兵馬既衆，恐路次難爲供應，仍備六十程糧十馱遣馬畜草料，所在量事支供，不得妄有煩擾百姓，仍委子儀即差人先於諸道計會，分股次進發。仍與回紇兵馬犄角相應，遂便討除。所闕軍務，應須處置，並委子儀續具狀奏聞。

《文苑英華》卷五六七于邵《賀郭子儀破吐蕃表》 臣某言：今日吴承倩至，奉宣進止：示臣「關內河東副元帥、司徒兼中書令、汾陽王郭子儀奏捷狀。李懷光於鹽州界積石川大破吐蕃一萬餘衆，生擒，斬首共六千餘級，獲牛馬及器械不可勝數者」。伏以聖略遐加，制勝前定，神功不測，告捷如期。吐蕃忘國厚恩，歲犯邊境。陛下料其進退，知其無策，親以規模，授於諸將。以鹽夏之路，地曠人稀，嘗語臣曰：「此賊秋中必來擾鹽夏」。今覩成擒之處，果於所料之中。俘馘既多，羊馬甚衆。此皆宸心懸照，不差毫髮。天威遠被，克壯師徒。遂令智勇雲起，妖氛電掃，合符聖斷，有此豐功。子儀狀云「又計日追蹤，必當再捷者」。臣以蕃醜久逋聖誅，從此氣衰，必當瓦解。坐視無外之慶，載美即敘之勳。罷柝可期，戢戈有望。親承睿算，忽驗於今。奉覩戎捷，不勝慶快之至。

宋敏求《唐大詔令集》卷五九佚名《郭子儀汾陽郡王知朔方行營制》 命將之選，當仁實難。非夫文可經邦，不能安人和衆；武可禁暴，罔以克敵成功。允藉宏才，爰申錫命。司徒兼中書令、靈州大都督府長史、單于鎮北大都護，持節充朔方節度、關內支度營田鹽池押諸蕃部落副大使、知節度事、六城水運使兼邠寧鄜坊等道節度副大使、上柱國、代國公子儀，河嶽間氣，巖廊重寶，器量深識，寬而有謀，術應通方，用而無滯。自經艱阻，實擁旌旄，遂能克復二京，折衝千里。厥戎將殄，時乃之功，久勤啓沃，載竭忠讜。人所望也，天實資予。今殘寇未寧，興師頗廣。雖鎮守經制，已有區分，而籌畫指麾，必資專制。將軍辭第，無以家爲；丞相憂邊，思平國難。因以討謨之命，宜申總統之威。其將戡定外虞，澄清列郡，光膺蕃屏之寄，式崇社稷之勳，對揚休命，以永終譽。可封汾陽郡王，知朔方河中北庭潞儀澤沁等州節度行營，兼興平定國等兵馬副元帥，仍充本營管內觀察處置使，餘如故。

宋敏求《唐大詔令集》卷五九佚名《郭子儀兵馬副元帥制》 制：昔伊尹與湯合，傅說與高宗合，尚父與周合，故哲后良臣，莫不至合。非賢不乂，有開必先，久大之業。公上略宏才，博信明誼，受我旄鉞，輯寧區夏，典器銘勳，高視前古。實邦家之傑，豈獨爲予。社稷之衞，可獨弼予。節制咨謀，安危斯屬，懼朕之不稱也。往惟欽哉。司空子儀可兵馬副元帥，主者施行。

宋敏求《唐大詔令集》卷五九佚名《郭子儀東京畿山東河南諸道元帥制》

時屬艱難，用勤師旅，元帥之任，必藉廟謀，苟非人傑，孰允朝寄。司徒、兼中書令、朔方節度副大使子儀，風雲有感，星象降生。秉文武之姿，懷經濟之器。自兇狂搆禍，區宇未寧，蘊忠貞以立身，資義勇而成務。加其識度弘遠，謀略沖深。張飛乃萬人之敵，郤縠是三軍之帥，故能掃清强寇，收復二京，建兹大勳，成我王業。雖少康嗣位，夏靡贊其功。光武中興，鄧禹集其事。以今觀古，未足多之。但以氛祲未清，軍戎是急，爰求碩德，伏以師貞，宜承重委，克濟多難。可充東京畿及山南東道並河南諸道元帥，仍權知東京留守。

宋敏求《唐大詔令集》卷六一佚名《郭子儀號尚父制》 軒皇致理，必資力牧。虞舜布政，實賴皋陶。苟無師臣，豈登仁壽。故呂望輔已成之業，指揮致維師之名。伊尹出空桑之中，翼贊負阿衡之號。司徒兼中書令、河中尹、靈州大都督，單于鎮北大都護，充關內河東副元帥、朔方節度、關內支度鹽池六城水運大使，押諸蕃部落兼管內河陽道觀察等使、上柱國、汾陽郡王、山陵使、食實封一千九百戶子儀，氣齊台輔，道佐經綸。當乾坤交泰之時，正君臣定位之禮。我肅宗皇帝龍飛靈武，剪滅鯨鯢，公則揚旆宣威，佐清六合。我大行皇帝撫軍鞏洛，收復都邑，公則摧殄殘寇，滌穢兩河。而又獫狁犬戎，共侵涇略，公則挺身鋒刃，獨立戰場，比退窮醜，威雄七萃。塞垣無警，社稷永康。朕遭閔凶，爰在諒闇，公又外釐百揆，內舉四維，委監山陵，克修制度。萬樞倚辦，庶績其凝，凡所詢謀，必竭寅亮。敬從嘉話，則率土歡心；寄以緝熙，則彝倫式敘。弘宣五教，訓洽生靈，光照七德，威肅禍亂，豈周武有尊師之道？朕無崇德之名，宵衣永歎，夕惕增懷。雖年耆益明，輳門待鎮，然復土寄重，留藉毗倚。可加號尚父，兼太尉中書令山陵使，勳封如故。仍加實封通前滿二千戶，每月給一千五百人糧料，并給二百匹馬草料。有司備禮，以時册命。

宋敏求《唐大詔令集》卷六五佚名《命京兆府修郭子儀墓詔》 漢祖護信陵之冢，厥有前聞。晉朝修子房之墓，垂爲故事。況本朝元老，功冠鼎彝，屬亂嗣凋零，塋域摧毀。雖古無修墓，孔子有言，而義存掩骼，周王是命。斷從朕意，適表念功，且減賜御膳錢二千貫文，雇丁匠即日修築。仍令所司明年春仲以太牢

祭子儀廟。

周紫芝《太倉稊米集》卷四三《郭汾陽畫像贊》 天寶之盜，發乎幽陵。赫赫嗣王，矯矯龍興。大閲六軍，以殄鯢鯨。陳陶之役，首靡天旌。喪師四萬，天子震驚。帝所深倚，朔方之兵。始公提師，北下井陘。狐驚豕躍，遂衄思明。踵不及旋，關陝以平。轉戰逐北，坐收兩京。掃除妖氛，日月精瑩。斯民舞歌，溢於懽聲。孰謂今日，見漢儀型。帝曰尚父，臣而不名。王室之造，實始自卿。僕固醜虜，縱掠汾并。涇陽之圍，百蠻馮淩。持滿待公，軔發弩擎。短衣匹馬，公來煢煢。倒戈解甲，示以至誠。問天可汗，謂與俱生。回紇顧謂，懷恩不情。曰果吾父，羅拜而迎。承嗣傲很，握兵不庭。屈此兩膝，伊誰之令。朝恩僉人，毀短縱横。竟謂長者，讒言不興。繄此偉績，匪學而能。精忠厚德，感於神靈。一時之賢，萬世之英。誰謂匪公，而有此形。視栢直輩，乳口伊嚶。顧茲奇厖，孰任弗勝。蒼蒼羣黎，天未欲寧。篤生我公，以奠疲氓。拜公遺像，潸焉涕零。

王柏《魯齋集》卷六《郭汾陽》 巍巍令公，再造唐室。膽量包海，赤忠貫日。大姦莫間，大兵莫危。名將接武，皆帳下兒。

孫承恩《文簡集》卷四一《郭汾陽王》 尚父功高，再造唐室。力掃妖氛，忠貫白日。完名全節，福禄永終。人臣師表，流芳無窮。

李光弼部

綜述

《舊唐書》卷一一〇《李光弼傳》 李光弼，營州柳城人。其先，契丹之酋長。父楷洛，開元初，左羽林將軍同正、朔方節度副使，封薊國公，以驍果聞。光弼幼持節行，善騎射，能讀班氏《漢書》。少從戎，嚴毅有大略，起家左衛郎。丁父憂，終喪不入妻室。

天寶初，累遷左清道率兼安北都護府、朔方都虞候。五載，河西節度王忠嗣補爲兵馬使，充赤水軍使。忠嗣遇之甚厚，常云：「光弼必居我位。」邊上稱爲名將。八載，充節度副使，封薊郡公。十一載，拜單于副使都護。十三載，朔方節度安思順奏爲副使、知留後事。思順愛其材，欲妻之，光弼稱疾辭官。隴右節度哥舒翰聞而奏之，得還京師。禄山之亂，封常清、高仙芝戰敗，斬於潼關。又以哥舒翰率師拒賊。尋命郭子儀爲朔方節度，收兵河西。玄宗眷求良將，委以河北、河東之事，以問子儀，子儀薦光弼堪當閫寄。

十五載正月，以光弼爲雲中太守，攝御史大夫，充河東節度副使、知節度事。二月，轉魏郡太守、河北道採訪使，以朔方兵五千會郭子儀軍，東下井陘，收常山郡。賊將史思明以卒數萬來援常山，追擊破之，進收藁城等十餘縣，南攻趙郡。三月八日，光弼兼范陽長史、河北節度使，拔趙郡。自禄山反，常山爲戰場，死人蔽野，光弼酹其屍而哭之，爲賊幽閉者出之，誓平寇難，以慰其心。六月，與賊將蔡希德、史思明、尹子奇戰于常山郡之嘉山，大破賊黨，斬首萬計，生擒四千。思明露髪跣足，奔于博陵，河北歸順者十餘郡。

光弼以范陽禄山之巢穴，將先斷之，使絶根本。會哥舒翰潼關失守，玄宗幸蜀，人心驚駭。肅宗理兵於靈武，遣中使劉智達追光弼、子儀赴行在，授光弼户部尚書，兼太原尹、北京留守、同中書門下平章事，以景城、河間之卒五千赴太原。時節度王承業軍政不修，詔御史崔衆交兵於河東。衆侮易承業，或裹甲持槍突入承業廳事玩謔之。光弼聞之素不平。至是，交衆兵於光弼。衆以麾下來，光弼出迎，旌旗相接而不避。光弼怒其無禮，又不即交兵，令收繫之。頃中使至，除衆御史中丞，懷其敕問衆所在。光弼曰：「衆有罪，繫之矣！」中使以敕示光弼，光弼曰：「今只斬侍御史；若宣制命，即斬中丞；若拜宰相，亦斬宰相。」中使懼，遂寢之而還。翌日，以兵仗圍衆，至碑堂下斬之，威震三軍。命其親屬弔之。

二年，賊將史思明、蔡希德、高秀巖、牛廷玠等四僞帥率衆十餘萬來攻太原。光弼經河北苦戰，精兵盡赴朔方，麾下皆烏合之衆，不滿萬人。思明謂諸將曰：「光弼之兵寡弱，可屈指而取太原，鼓行而西，圖河隴、朔方，無後顧矣！」光弼所部將士聞之皆懼，議欲修城以待之，光弼曰：「城周四十里，賊垂至，今興功役，是未見敵而自疲矣。」乃躬率士卒百姓外城掘壕以自固。作塹數十萬，衆莫知所用。及賊攻城於外，光弼即令增壘於內，壞輒補之。賊城外詬詈戲侮者，光弼令穿地道，一夕而擒之，自此賊將行皆視地，不敢逼城。强弩發石以擊之，賊驍將勁卒死者十二三。城中長幼咸伏其勤智，懦兵增氣而皆欲出戰。史思明揣知之，先歸，留蔡希德等攻之。月餘，我怒而寇怠，光弼率敢死之士出擊，大破之，斬首七萬餘級，軍資器械一皆委棄。賊始至及遁，五十餘日，光弼設小幕，宿於城東南隅，有急即應，行過府門，未嘗迴顧。賊退三日，決軍事畢，始歸府第。轉檢校司徒，收清夷、横野等軍，擒賊將李弘義以歸。詔曰：「銀青光禄大夫、檢校司徒、兼户部尚書、同中書門下平章事、兼御史大夫、鴻臚卿、太原尹、北京留守、河東節度副大使、薊國公光弼，全德挺生，英才間出，干城禦侮，坐甲安邊。可守司空、兼兵部尚書、中書門下平章事，進封魏國公，食實封八百户。」

乾元元年，與關内節度使王思禮入朝，敕朝官四品已上出城迎謁。遷侍中，改封鄭國公。二年七月，制曰：「元帥之任，實屬於師貞；左軍之選，諒資於邦傑。自非道申啓沃，學富韜鈐，則何以翊分閫而專征，膺鑿門而受律。求諸將相，允得其人。司空、兼侍中、鄭國公光弼，器識弘遠，志懷沉毅，蘊孫、吴之略，有文武之材。往屬艱難，備彰忠勇，協風雲而經始，保宗社於阽危。由是出備長城，入扶大厦，茂功懸於日月，嘉績被於巖廊。屬殘寇猶虞，總戎有命，用擇惟賢之佐，式弘建親之典。必能緝寧邦國，協贊天人，誓於丹浦之師，剿彼緑林之盜。載明朝獎，爰籍舊勳。宜副出車之命，仍踐分麾之寵。爲天下兵馬元帥趙王係之副，知節度行營事。」

八月，兼幽州大都督府長史、河北節度支度營田經略等使，餘如故。與九節

度兵圍安慶緒於相州，拔有日矣。史思明自范陽來救，屢絶糧道，光弼身先士卒，苦戰勝之。屬大風晦冥，諸將引衆而退，所在剽掠，唯光弼所部不散。東京留守崔圓、河南尹蘇震南奔襄陽，郭於儀率衆屯於穀水。史思明因殺安慶緒，即僞位，縱兵河南。加光弼太尉、兼中書令，代郭子儀爲朔方節度、兵馬副元帥，以東師委之。左廂兵馬使張用濟承子儀之寛，懼光弼之令，與諸將頗有異議，欲逗留其衆。光弼以數千騎出次汜水縣，用濟單騎迎謁，即斬於轅門。諸將懾伏，都兵馬使僕固懷恩先期而至。

初，光弼次汴州，聞思明悉衆且至，謂許叔冀曰：「大夫能守此城浹旬，我必將兵來救。」叔冀曰：「諾。」光弼還東京，思明至汴，叔冀與戰不利，遂與董秦、梁浦、劉從諫率衆降思明。賊勢甚熾，遣梁浦、劉從諫、田神功等將兵徇江淮，謂之曰：「收得其地，每人貢兩船玉帛。」思明乘勝而西。光弼整衆徐行，至洛，謂留守韋陟曰：「賊乘鄴下之勝，再犯王畿，宜按甲以挫其鋒，不利速戰。洛城非禦備之所，公計若何？」陟曰：「加兵陝州，退守潼關，據險以待之，足挫其鋭矣！」光弼曰：「此蓋兵家常勢，非用奇之策也。夫兩軍相寇，貴進尺寸之間耳。今委五百里而不顧，是張賊勢也。若移軍河陽，北阻澤潞，三城以抗，勝則擒之，敗則自守，表裏相應，使賊不敢西侵，此則猿臂之勢也。夫辨朝廷之禮，光弼不如公；論軍旅之事，公不如光弼。」陟無以應。判官韋損曰：「東京帝宅，侍中何不守之？」光弼曰：「若守洛城，汜水、崿嶺皆須人守，子爲兵馬判官，能守之乎？」遂移牒留守及河南尹並留司官，坊市居人，出城避寇，空其城，率軍士運油鐵諸物，以爲戰守之備。

時史思明已至偃師，光弼悉軍赴河陽。賊已至洛城，光弼軍方至石橋。日暮，令秉炬徐行，與賊相隨，而不敢來犯。乙夜，入河陽三城。排閲守備，號令嚴明，與士卒同甘苦，咸誓力戰。賊憚光弼威略，頓兵白馬寺，南不出百里，西不敢犯宫闕，於河陽南築月城，掘壕以拒光弼。十月，賊攻城。於中潬城西大破逆黨五千餘衆，斬首千餘級，生擒五百餘人，溺死者大半。

初，光弼謂李抱玉曰：「將軍能爲我守南城二日乎？」抱玉曰：「過期若何？」光弼曰：「過期而救不至，任棄也。」抱玉稟命，勒兵守南城。將陷，抱玉紿賊曰：「吾糧盡，明日當降。」賊衆大喜，斂軍以俟之。抱玉復得繕完設備，明日，堅壁請戰。賊怒見欺，急攻之。抱玉出奇兵，表裏夾擊，殺傷甚衆，賊帥周摯領軍而退。光弼自將於中潬城，城外置柵，柵外大掘塹，闊二丈，深亦如之。周摯捨南城，併力攻中潬。光弼命荔非元禮出勁卒於羊馬城以拒賊。光弼於城東北角樹小紅旗，下望賊軍。賊恃衆直逼其城，以車二乘載木鵝、蒙衝、鬭樓、橦車隨其後，督兵填城下塹，三面各八道過其兵，又當塹開柵，各置一門。光弼遥望賊逼城，使人語荔非元禮曰：「中丞看賊填塹開柵過兵，居然不顧，何也？」元禮報曰：「太尉擬守乎，擬戰乎？」光弼曰：「戰。」元禮曰：「若戰，賊爲我填塹，復何嫌也！」光弼曰：「吾智不及公，公其勉之！」元禮俟柵開，率其勇敢出戰，一逼賊軍，退走數百步。元禮料敵陣堅，雖出入馳突，不足破賊，收軍稍退，以怠其寇而攻之。光弼望見收軍，大怒，使人喚元禮，欲按軍令。元禮曰：「戰正忙，喚作何物？」良久，令軍中鼓譟出柵門，徒搏齊進，賊大潰。

周摯復整軍押北城而下，將攻之。光弼遽率衆入北城，登城望曰：「彼雖衆，亂而囂，不足懼也。當爲公等日午而破之。」命出將戰。及期，不決，謂諸將曰：「向來戰，何處最堅而難犯？」或曰：「西北角。」遽命郝玉曰：「爾往擊之。」玉曰：「玉，步卒也，請騎軍五百翼之。」光弼與之三百。又問：「何處最堅？」曰：「東南隅。」即命論惟貞以所部往擊之。對曰：「貞，蕃將也，不知步戰，請鐵騎三百。」與之百。光弼又出賜馬四十匹分給，且令之曰：「爾等望吾旗而戰，若麾旗緩，任爾觀望便宜；吾旗連麾三至地，則萬衆齊入，生死以之，少退者斬無捨。」玉策馬赴賊，有一人將援槍刺賊，洞馬腹，連刺數人；一人逢賊，不戰而退。光弼召不戰者斬，賞援槍者絹五百疋。須臾，郝玉奔歸。光弼望之，驚曰：「郝玉退，吾事危矣。」命左右取玉頭來。玉見使者曰：「馬中箭，非敢敗也。」使者馳報，光弼令换馬遣之。玉换馬復入，決死而前。光弼連麾，三軍望旗俱進，聲動天地，一鼓而賊大潰，斬萬餘級，生擒八千餘人，軍資器械糧儲數萬計，臨陣擒其大將徐璜玉、李秦授、周摯。其大將安太清走保懷州。思明不知摯等敗，尚攻南城。光弼悉驅俘囚臨河以示之，殺數十人以威之，餘衆懼，投河赴南岸，光弼皆斬之。初，光弼將戰，謂左右曰：「戰，危事，勝負繫之。光弼位爲三公，不可死於賊手，苟事之不捷，繼之以死。」及是擊賊，常納短刀於靴中，有決死之志，城上面西拜舞，三軍感動。

賊既敗走，光弼收懷州，思明來救，迎擊於沁水之上，又敗之。城將安太清極力拒守，月餘不下。光弼令僕固懷恩、郝玉由地道而入，得其軍號，乃登陴大呼，我師同登，城遂拔。生擒安太清、周摯、楊希文等，送於闕下，即日懷州平。以功進爵臨淮郡王，累加實封至一千五百户。

觀軍容使魚朝恩屢言賊可滅之狀，朝旨令光弼速收東都。光弼屢表：「賊鋒尚鋭，請候時而動，不可輕進。」僕固懷恩又害光弼之功，潛附朝恩，言賊可滅。由是中使督戰，光弼不獲已，進軍列陣於北邙山下。賊悉精鋭來戰，光弼敗績，軍資器械並爲賊所有。時李抱玉亦棄河陽，光弼渡河保聞喜。朝旨以懷恩異同致敗，優詔徵之。光弼自河中入朝，抗表請罪，詔釋之。光弼懇讓太尉，遂加開府儀同三司、侍中、河南尹、行營節度使，俄復拜太尉，充河南、淮南、山南東道、荆南等副元帥，侍中如故，出鎮臨淮。史朝義乘邙山之勝，寇申、光等十三州，自領精騎圍李岑於宋州。將士皆懼，請南保揚州，光弼徑赴徐州以鎮之，遣田神功擊敗之。浙東賊首袁晁攻剽郡縣，浙東大亂，光弼分兵除討，克定江左，人心乃安。

初，光弼將赴臨淮，在道舁疾而行。監軍使以袁晁方擾江淮，光弼兵少，請保潤州以避其鋒。光弼曰：「朝廷寄安危於我，今賊雖强，未測吾衆寡，若出其不意，當自退矣。」遂徑往泗州。光弼未至河南也，田神功平劉展後，逗留於揚府，尚衡、殷仲卿相攻於兗、鄆，來瑱旅拒於襄陽，朝廷患之。及光弼輕騎至徐州，史朝義退走，田神功遽歸河南，尚衡、殷仲卿、來瑱皆懼其威名，相繼赴闕。寶應元年，進封臨淮王，賜鐵券，圖形凌煙閣。

廣德初，吐蕃入寇京畿，代宗詔徵天下兵。光弼與程元振不協，遷延不至。十月，西戎犯京師，代宗幸陝。朝廷方倚光弼爲援，恐成嫌疑，數詔問其母。吐蕃退，乃除光弼東都留守，以察其去就。光弼伺知之，辭以久待敕不至，且歸徐州，欲收江淮租賦以自給。代宗還京，二年正月，遣中使往宣慰。光弼母在河中，密詔子儀輿歸京師。其弟光進，與李輔國同掌禁兵，委以心膂。至是，以光進爲太子太保，兼御史大夫、涼國公、渭北節度使，上遇之益厚。

光弼御軍嚴肅，天下服其威名，每申號令，諸將不敢仰視。及懼朝恩之害，不敢入朝，田神功等皆不稟命，因愧耻成疾，遣衙將孫珍奉遺表自陳。廣德二年七月，薨於徐州，時年五十七。輟朝三日，贈太保，謚曰武穆。光弼既疾亟，將吏問以後事，曰：「吾久在軍中，不得就養，既爲不孝子，夫復何言！」因取已封絹布各三千疋、錢三千貫文分給將士。部下護喪柩還京師。代宗遣中官開府魚朝恩弔問其母於私第，又命京兆尹第五琦監護喪事。十一月，葬於三原，詔宰臣百官祖送於延平門外。母李氏，有鬚數十莖，長五六寸，以子貴，封韓國太夫人，二子皆節制一品。光弼十年間三入朝，與弟光進在京師，雖與光弼異母，性亦孝悌，雙旌在門，鼎味就養，甲第並開，往來追歡，極一時之榮。

《新唐書》卷一三六《李光弼傳》 李光弼，營州柳城人。父楷洛，本契丹酋長，武后時入朝，累官左羽林大將軍，封薊郡公。吐蕃寇河源，楷洛率精兵擊走之。初行，謂人曰：「賊平，吾不歸矣。」師還，卒於道，贈營州都督，謚曰忠烈。

光弼嚴毅沈果，有大略，幼不嬉弄，善騎射。起家左衛親府左郎將，累遷左清道率，兼安北都護，補河西王忠嗣府兵馬使，充赤水軍使。忠嗣遇之厚，雖宿將莫能比。嘗曰：「它日得我兵者，光弼也。」俄襲父封。以破吐蕃、吐谷渾功，進雲麾將軍。朔方節度使安思順表爲副，知留後事，愛其材，欲以子妻之，光弼引疾去。隴右節度使哥舒翰異其操，表還長安。

安禄山反，郭子儀薦其能，詔攝御史大夫，持節河東節度副大使，知節度事，兼雲中太守。尋加魏郡太守、河北採訪使。光弼以朔方兵五千出土門，東救常山，次真定，常山團結子弟執賊將安思義降。自顔杲卿死，郡爲戰區，露胔蔽野，光弼酹而哭之，出爲賊幽閉者，厚恤其家。

時賊將史思明、李立節、蔡希德攻饒陽，光弼得思義，不殺，問其計，答曰：「今軍行疲勞，逢敵不可支，不如按軍入守，料勝而出。虜兵焱鋭，弗能持重，圖之萬全。」光弼曰：「善。」據城待。明日，思明兵二萬傅堞，光弼兵不得出，乃以勁弩五百射之，賊退，徙陣稍北。光弼出其南，夾滹沱而軍。思明雖數困，然恃近救，解鞍休士。是日，饒陽賊五千至九門，光弼諜知之，提輕兵，斂旗鼓，伺賊方飯，襲殺之且盡。思明懼，引去，以奇兵斷饟道。馬食薦藉，光弼命將取芻行唐，賊鈔擊之，兵負户戰，賊不能奪。會郭子儀收雲中，詔悉衆出井陘，與光弼合擊賊九門西，思明大敗，挺身走趙郡，立節中流矢死，希德走鉅鹿。收槀城等十縣，遂攻趙。詔加光弼范陽大都督府長史、范陽節度使。思明繇鼓城入博陵，殺官吏。景城、河間、信都、清河、平原、博平六郡結營自守，以附光弼。光弼急攻趙，一日拔之。士多鹵掠，光弼坐譙門，收所獲，悉歸之民，城中大悦。進圍博陵，未下。與子儀合擊思明於嘉山，大破之。光弼以范陽本賊巢窟，當先取之，揠賊根本。會潼關失守，乃拔軍入井陘。

肅宗即位，詔以兵赴靈武，更授户部尚書、同中書門下平章事，節度如故。光弼以景城、河間兵五千入太原。前此，節度使王承業政弛謬，侍御史崔衆主兵太原，每侮狎承業，光弼素不平。及是，詔衆以兵付光弼。衆素狂易，見光弼長揖，不即付兵，光弼怒，收繫之。會使者至，拜衆御史中丞。光弼曰：「衆有罪，

已前繫，今但斬侍御史。若使者宣詔，亦斬中丞。」使者內詔不敢出，乃斬衆以徇，威震三軍。

至德二載，思明、希德率高秀巖、牛廷玠將兵十萬攻光弼。時銳兵悉赴朔方，而麾下卒不滿萬，衆議培城以守，光弼曰：「城環四十里，賊至治之，徒疲吾人。」乃徹民屋爲擂石車，車二百人挽之，石所及輒數十人死，賊傷十二。思明爲飛樓，障以木幔，築土山臨城，光弼遣穴地頹之。思明宴城下，倡優居臺上斬指天子，光弼遣人隧地禽取之。思明大駭，徙牙帳遠去，軍中皆視地後行。又濬溝營地，將沈其軍，乃陽約降。至期，以甲士守陴，遣裨校出，若送款者，思明大悅。俄而賊數千沒於塹，城上鼓譟，突騎出乘之，俘斬萬計。思明畏敗，乃去，留希德攻太原。光弼出敢死士搏賊，斬首七萬級，希德委資糧遁走。

初，賊至，光弼設公幄城隅以止息，經府門不顧。圍解，閱三昔乃歸私寢。收清夷、橫野等軍。賊別將攻好畤，破大橫關，光弼追敗之。加檢校司徒，尋遷司空，封鄭國公，食實戶八百。

乾元元年，入朝，詔朝官四品以上郊謁，進兼侍中。與九節度圍安慶緒於相州，大戰鄴西，敗之。光弼與諸將議：「思明勒兵魏州，欲以怠我，不如起軍逼之。彼懲嘉山之敗，不敢輕出，則慶緒可禽。」觀軍容使魚朝恩固謂不可。既而思明來援，光弼拒賊，戰尤力，殺略大當。會諸將驚潰，各引歸，所在剽掠，獨光弼整衆還太原。帝貸諸將罪，以光弼兼幽州大都督府長史，知諸道節度行營事。又代子儀爲朔方節度使。未幾，爲天下兵馬副元帥。

光弼以河東騎五百馳東都，夜入其軍，且謂賊方闚洛，當扼虎牢，帥師東出河上。檄召兵馬使張用濟，用濟憚光弼嚴，教諸將逗留其兵。用濟單騎入謁，光弼斬之，以辛京杲代。復追都將僕固懷恩，懷恩懼，先期至。會滑汴節度使許叔冀戰不利，降賊，思明乘勝西嚮。光弼敦陣徐行，趨東京，謂留守韋陟曰：「賊新勝，難與爭鋒，欲詘之以計。然洛無見糧，危偪難守，公計安出？」陟曰：「益陝兵，公保潼關，可以持久。」光弼曰：「兩軍相敵，尺寸地必爭。今委五百里而守關，賊得地，勢益張。不如移軍河陽，北阻澤潞，勝則出，敗則守，表裏相應，賊不得西，此猨臂勢也。夫辨朝廷之禮，我不如公；論軍旅勝負，公不如我。」陟不能答。判官韋損曰：「東都乃帝宅，公當守之。」光弼曰：「汜水、崿嶺盡爲賊蹊，子能盡守乎？」遂檄河南從官吏避賊，閈無留人，督軍取戰守備。

思明至偃師，光弼悉軍趨河陽，身以五百騎殿。賊游騎至石橋，諸將曰：「並城而北乎？當石橋進乎？」光弼曰：「當石橋進。」甲夜，士持炬徐引，部曲重堅，賊不敢逼。已入三城，衆二萬，軍纔十日糧，與卒伍均少棄甘。賊憚光弼，未敢犯宮闕，頓白馬祠，治塹溝，築月城以守。賊攻光弼，與戰中潬西，破逆黨，斬千級，溺死者甚衆，生執五千人。初，光弼謂李抱玉曰：「將軍能爲我守南城二日乎？」抱玉曰：「過期何若？」曰：「棄之。」抱玉許諾。即紿賊曰：「吾糧盡，明日當降。」賊喜，斂兵待期。抱玉已繕完，即請戰。賊忿欺，急攻之。抱玉出奇兵夾擊，俘獲過當，賊帥周摯引却。光弼自將治中潬，樹壁掘塹。摯捨南城攻中潬，光弼遣荔非元禮戰羊馬，賊大潰。摯收兵復振，與安太清合衆三萬攻北城。光弼斂軍入，登陴望曰：「彼軍雖銳，然方陣而囂，不足虞也。日中當破。」乃出戰，及期未決，召諸將曰：「彼壘而可破者，亂也。今以亂擊亂，宜無功。」因問：「賊陣何所最堅？」曰：「西北隅。」召郝廷玉曰：「爲我以麾下破之。」曰：「廷玉所將步卒，請騎五百。」與之三百。復問其次，曰：「東南隅。」召論惟貞，辭曰：「蕃將也，不知步戰，請鐵騎三百。」與之二百。乃出賜馬四十，分給廷玉等。光弼執大旗曰：「望吾旗，麾若緩，可觀便宜。若三麾至地，諸軍畢入，生死以之，退者斬！」既而馮堞望廷玉軍不能前，趣左右取其首來。廷玉曰：「馬中矢，非卻也。」乃命易佗馬。有裨將援矛刺賊，洞馬腹，中數人，又有迎賊不戰而卻者，光弼召援矛者賜絹五百匹，不戰者斬。光弼麾旗三，諸軍爭奮，賊衆奔敗，斬首萬餘級，俘八千餘人，馬二千，軍資器械以億計，禽周摯、徐璜玉、李秦授，惟太清挺身走。思明未知，猶攻南城，光弼驅所俘示之，思明大懼，築壘以拒官軍。始，光弼將戰，內刀于鞾，曰：「戰，危事。吾位三公，不可辱于賊。萬有一不捷，當自刎以謝天子。」及是，西向拜舞，三軍感動。太清襲懷州，守之。

上元元年，加太尉、中書令。進圍懷州，思明來救，光弼再逐北。思明見兵河清，聲度河絶餉路。光弼壁野水度，既夕還軍，留牙將雍希顥守，曰：「賊將高暉、李日越，萬人敵也，賊必使劫我。爾留此，賊至勿與戰，若降，與偕來。」左右竊怪語無倫。是日，思明果召日越曰：「光弼野次，爾以鐵騎五百夜取之，不然，無歸！」日越至壘，使人問曰：「太尉在乎？」曰：「去矣。」「兵幾何？」曰：「千人。」「將爲誰？」曰：「雍希顥。」日越謂其下曰：「我受命云何，今顧獲希顥，歸不免死。」遂請降。希顥與俱至，光弼厚待之，表授特進，兼右金吾大將軍。高暉聞，亦降。或問：「公降二將何易也？」光弼曰：「思明再敗，恨不得野戰，聞我野次，彼固易之，命將來襲，必許以死。希顥無名，不足以爲功。日越懼死，不降

何待？高暉材出日越之右，降者見遇，貳者得不思奮乎？」諸軍決丹水灌懷州，未下。光弼令廷玉由地道入，得其軍號，登陴大呼，王師乘城，禽太清、楊希仲，送之京師，獻俘太廟。進食實户一千五百。

思明使諜宣言賊將士皆北人，謳吟思歸。朝恩信然，屢上賊可滅狀。詔諭光弼，光弼固言賊方鋭，未可輕動。僕固懷恩媢光弼功，陰佐朝恩陳掃除計。使者來督戰，光弼不得已，令李抱玉守河陽，出師次北邙。光弼使傅山陣，懷恩曰：「我用騎，今迫險，非便地，請陣諸原。」光弼曰：「有險，可以勝，可以敗；陣於原，敗斯殲矣。且賊致死于我，不如阻險。」懷恩不從。賊據高原，以長戟七百，壯士執刀隨之，委物僞遁。懷恩軍争剽獲，伏兵發，官軍大潰。懷州復陷，光弼度河保聞喜，抱玉以兵寡，棄河陽。光弼請罪，帝以懷恩違令覆軍，優詔召光弼入朝。懇讓太尉，更拜開府儀同三司、中書令、河中尹晉絳等州節度使。未幾，復拜太尉，兼侍中、河南副元帥，知河南、淮南東西、山南東、荆南五道節度行營事，鎮泗州。帝爲賦詩以餞。

朝義乘邙山之捷，進略申、光等十三州，光弼輿疾就道，監軍使以兵少，請保揚州。光弼曰：「朝廷以安危寄我，賊安知吾衆寡？若出不意，當自潰。」遂疾驅入徐州。時朝義圍李岑於宋州，使田神功擊走之。初，神功平劉展，逗留淮南，尚衡、殷仲卿相攻兖、鄆間，來瑱擅襄陽，及光弼至屯，朝義走，神功還河南，瑱、衡、仲卿踵入朝，其爲諸將憚服類此。寶應元年，進封臨淮郡王。光弼收許州，斬賊贏千級，縛僞將二十二人。朝義分兵攻宋州，光弼破走之。

浙東賊袁晁反台州，建元寶勝，以建丑爲正月，殘剽州縣。光弼遣麾下破其衆於衢州。廣德元年，遂禽晁，浙東平。詔增實封户二千，與一子三品階，賜鐵券，名藏太廟，圖形凌煙閣。

相州、北邙之敗，朝恩羞其策繆，故深忌光弼切骨，而程元振尤疾之。二人用事，日謀有以中傷者。及來瑱爲元振讒死，光弼愈恐。吐蕃寇京師，代宗詔入援，光弼畏禍，遷延不敢行。及帝幸陝，猶倚以爲重，數存問其母，以解嫌疑。帝還長安，因拜東都留守，察其去就。光弼以久須詔書不至，歸徐州收租賦爲解。帝令郭子儀自河中輂其母還京。二年，光弼疾篤，奉表上前後所賜實封，詔不許。將吏問後事，答曰：「吾淹軍中，不得就養，爲不孝子，尚何言哉！」取所餘絹布分遺部將。薨，年五十七。部將即以其布遂爲光弼行喪，號哭相問。帝遣使弔卹其母，贈太保，謚曰武穆，詔百官送葬延平門外。

光弼用兵，謀定而後戰，能以少覆衆。治師訓整，天下服其威名，軍中指顧，諸將不敢仰視。初，與郭子儀齊名，世稱「李郭」，而戰功推爲中興第一。其代子儀朔方也，營壘、士卒、麾幟無所更，而光弼一號令之，氣色乃益精明云。

子彙，有志操，廉介自將。從賈耽爲裨將，奏兼御史大夫。元和初，分徐州苻離爲宿州，光弼有遺愛，擢彙爲刺史。後遷涇原節度使，罷軍中雜徭，出奉錢贖將士質賣子，還其家。卒，贈工部尚書。

光弼弟光進，字太應。初爲房琯裨將，將北軍戰陳濤斜，兵敗，奔行在，肅宗宥之。代宗即位，拜檢校太子太保，封涼國公。吐蕃入寇，至便橋，郭子儀爲副元帥，光進及郭英乂佐之。自至德後與李輔國並掌禁兵，委以心膂。光弼被譖，出爲渭北、邠寧節度使。永泰初，封武威郡王。累遷太子太保，卒。

母李，有鬚數十，長五寸許，封韓國太夫人，二子節制皆一品。死葬長安南原，將相奠祭凡四十四幄，時以爲榮。

光弼所部將李懷光、僕固懷恩、田神功、李抱玉、董秦、哥舒曜、韓游瓌、渾釋之、辛京杲自有傳。若荔非元禮、郝廷玉、李國臣、白孝德、張伯儀、白元光、陳利貞、侯仲莊、柏良器，皆章章可稱列者，附次左方。

雜録

備録

封演《封氏聞見記》卷九《任使》 李太尉光弼鎮徐方，北扼賊衝，兼總諸道兵馬征討之務，則自處置。倉儲府庫，軍州差補，一切並委判官張傪。傪明練庶務，操割發遣，應接如流，綽有餘地。諸將欲見太尉論事，太尉輒令與張傪判官商量。將校見之，禮數如見太尉無異。由是上下清肅，東方晏然。天下皆謂太尉之能任人。

杜牧《樊川文集》卷六《張保皋鄭年傳》 天寶安禄山亂，朔方節度使安思順以禄山從弟賜死，詔郭汾陽代之。後旬日，復詔李臨淮持節分朔方半兵東出趙、魏。當思順時，汾陽、臨淮俱爲牙門都將，將萬人，不相能，雖同盤飲食，常睇相

視，不交一言。及汾陽代思順，臨淮欲亡去，計未決，詔至，分汾陽兵東討，臨淮入請曰：「一死固甘，乞免妻子。」汾陽趨下，持手上堂偶坐，曰：「今國亂主遷，非公不能東伐，豈懷私忿時耶！」悉召軍吏，出詔書讀之，如詔約束。及別，執手泣涕，相勉以忠義。訖平劇盜，實二公之力。

《太平廣記》卷一八九《李光弼》引《譚賓録》 李光弼討史思明，師於野水渡。既夕還軍，留其卒一千人，謂雍顥曰：「賊將高暉、李日越、喻文景，皆萬人敵也。思明必使一人劫我，我且去之，子領卒待賊於此。至勿與戰，降則俱來。」其日，思明召日越曰：「李君引兵至野水，此成擒也。汝以鐵騎宵濟，爲我取之。」命曰：「必獲李君，不然無歸。」日越引騎五百，晨壓顥軍，顥阻濠休卒，吟嘯相視。日越怪之，問曰：「太尉在乎？」曰：「夜去矣。」「兵幾何？」曰：「千人。」「將謂誰？」曰：「雍顥也。」日越沉吟久，謂其下曰：「我受命必得李君，今獲顥，不塞此望，必見害，不如降之。」遂請降。顥與之俱至。光弼又嘗伏軍守河陽，與史思明相持經年。思明有戰馬千匹，每日洗馬於河南，以示其多。光弼乃於諸營檢獲牝馬五百匹，待思明馬至水際，盡驅出之，有駒縶於城中，羣牝嘶鳴，無復間斷。思明戰馬悉浮渡河，光弼盡驅入營。光弼又嘗在河陽，聞史思明已過河，遠迴趨東京。至，謂留守韋陟曰：「賊乘我軍之敗，難與争鋒，洛城無糧，又不可守。公計若何？」陟曰：「加兵陜州，退守潼關。」光弼曰：「此蓋兵家常勢，非用奇之策也。不若移軍河陽，北阻澤潞，據三城以抗之。勝即擒之，敗即自守。表裏相應，使賊不敢西侵。此則猿臂之勢也。」思明至偃師，光弼悉令將士赴河陽，獨以麾下五百餘騎爲殿軍，當石橋路，秉燭徐行，賊不敢逼。乙夜達城。遲明，思明悉衆來攻。諸將決死而戰，殺賊萬餘衆，生擒八十人，器械糧儲萬計，擒其大將徐璜玉、李秦授。思明大懼，退築城以相拒。光弼將戰，謂左右曰：「凡戰，危事，勝負繫之。光弼位爲三公，不可死於賊手。事之不捷，誓投於河。」適城上見河稍遠，恐或急事難至，遂置劍於鞾中，有必死之志。及是戰勝，於城西西望拜舞，三軍感動。移鎮臨淮，舁疾而行，徑赴泗州。光弼之未至河南也，田神功平劉展後，逗留於揚府；尚衡、殷仲卿相攻於兗鄆；來瑱旅拒而還襄陽：朝廷患之。及光弼至徐州，史朝義退走，田神功遽歸河南，尚衡、殷仲卿、來瑱皆懼其威名，相繼赴闕。吐蕃將犯上都，手詔追光弼率衆赴長安。光弼與程元振不叶，觀天下之變，遷延不至。初光弼用師嚴整，天下服其威名，凡所號令，諸將不敢仰視。及其有田神功等諸軍，皆不受其制，因此不得志，愧恥成疾，薨於徐州。年五十七。其母衰老，莊宅使魚朝恩弔問。

錢易《南部新書》卷丁 王承業爲太原節度使，軍政不修。詔御史崔衆交兵于河東，衆侮易承業，或裹甲持槍，突入承業廳事，玩謔之。李光弼聞之，素不平。至是衆交兵于光弼，光弼以其無禮，不即交兵，令收繫之。中使至，除衆御史中丞，懷其勑，問衆所在。光弼曰：「有罪繫之矣。」中使以勑示光弼。光弼曰：「今只斬侍御史。若宣制命，即斬御史中丞。若拜宰相，即斬宰相。」中使懼，遂寢而還。翌日，斬衆于碑堂之下。

《資治通鑑》卷二一八唐肅宗至德元載九月條考異引《鄴侯家傳》 上召光弼、子儀議征討計，二人有遷延之言。上大怒，作色叱之，二人皆仆地，不畢詞而罷。上告公曰：「二將自偏裨，一年，遇國家有難，朕又即位於此，遂至三公、將相；看已有驕色，商議征討，欲遷延；適來叱之，皆倒。方圖克復而將已驕，朕深憂之。朕今委先生戎事，府中議事，宜示以威令，使其知懼。」對曰：「陛下必欲使畏臣，二人未見廣平，伏望令王亦暫至府。二人至，時寒，臣與飲酒。二人必請謁王，臣因爲酒令，約不起，王至，但談笑，共臣同慰安。酒散，乃諭其倚謁於元帥。則二人見元帥以帝子之尊俯從臣酒令，可以知陛下方寵任臣，軍中之令必行，他時或失律，能死生之也。」上稱善。又奏曰：「伏望言於廣平，知是聖意，欲李、郭之畏臣，非臣敢恃恩然也。」上曰：「廣平於卿，豈有形迹！」對曰：「帝子國儲，以陛下故親臣；臣何人，敢不懼！」明日，將曉，王亦至。及李、郭至，具軍容，脩敬，乃坐飲。二人因言未見元帥，乃使報王。王將至，執盞爲令，並不得起。及王至，先公曰：「適有令，許二相公不起。」王曰：「寡人不敢。」遽就座飲。李、郭失色。談笑皆歡。先公云：「二人起謝。」廣平曰：「先生能爲二相公如此，復何憂，寡人亦盡力。今者同心成宗社大計，以副聖意。」既出，李謂郭曰：「適來飲令，非行軍意，皆上旨也，欲令吾徒稟令耳。」

《資治通鑑》卷二二〇唐肅宗乾元二年七月條考異引《邠志》 〔乾元二年〕五月二十三日，詔河東節度使李公代子儀兼統諸軍。李公既受命，以河東馬軍五百騎至東都，夜，入其軍。張用濟在河陽，聞之曰：「朔方軍，非叛人也，何見疑之甚！」欲率精騎突入東都，逐李公，請郭公。李公知之，遂留東都，表請濟師于河陽。冬十月，思明引衆渡河。李公曰：「思明渡河，必圖洛城，我當守武牢關，揚兵於廣武原以待之。」遂引軍東出師汜水縣。檄追河陽諸將，用濟後至，李公數其罪而戮之，以辛京杲代領其職。明日，引軍入河陽。

備論

《舊唐書》卷一一〇《李光弼傳》 史臣曰：凡言將者，以孫、吴、韓、白爲首。如光弼至性居喪，人子之情顯矣，雄才出將，軍旅之政肅然。以奇用兵，以少敗衆，將今比古，詢事考言，彼四子者，或有慚德。邙山之敗，閫外之權不專；徐州之留，君側之人伺隙。失律之尤雖免，匪躬之義或虧，令名不全，良可惜也。然閫外之事，君側之人，得不慎諸！思禮法令嚴整，儲廩豐盈，節制之才，固不易得。景山始以文吏，或有虚名。仗鉞揚州，召匪人而劫掠士庶；分茅并部，持小法而全昧機權。貴馬賤人，衆怒身死，宜哉！雲京賞善懲惡，静亂安邊，功著軍中，寵加身後，不亦美歟！

贊曰：光弼雄名，思禮刑清。始致亂者鄧景山，何以救之辛雲京。

《新唐書》卷一三六《李光弼傳》 贊曰：李光弼生戎虜之緒，沈鷙有守。遭禄山變，拔任兵柄，其策敵制勝不世出，賞信罰明，士卒争奮，毅然有古良將風。本夫終父喪不入妻室，位王公事繼母至孝，好讀班固《漢書》，異夫庸人武夫者。及困於口舌，不能以忠自明，奄侍内構，遂陷嫌隙，謀就全安，而身益危，所謂工於料人而拙於謀己邪。方擾袂徇國，天下風靡；一爲遷延，而田神功等皆不受約束，卒以憂死。功臣去就，可不慎邪？嗚呼，光弼雖有不釋位之誅，然讒人爲害，亦可畏矣，將時之不幸歟！

孫甫《唐史論斷》卷中《李光弼斬御史崔衆》 論曰：將帥專閫外之事，不行法，不尚威，固難以立功。然行法尚威，止以制服部下將士，使一聽吾令，盡力於事也。若天子遣使於軍中，有所違犯，亦自戮之，則置朝廷於何地？況靈武初基，大亂未定，爲將帥者固當盡忠義之心，尊奉王室，以起盛大之勢，尚慮威靈未張，安得爲强横之態，以輕朝廷？即崔衆奉詔交兵，驕慢將帥，此固有罪。奈奉朝命，何不論奏其狀，乞行國法？於時天子方倚注將帥，無不從之理。天子從之而行法，則將帥尊、朝廷威，二事俱濟矣，何至忿其無禮，遽行軍法？朝廷方任其人，堅拒王命，至言宣敕則斬中丞，拜宰相則斬宰相，此强横之甚矣。且穰苴之斬監軍，以直起卑下，未爲將士信服，故請君之寵臣監軍，因其有犯而行法立威，以濟國事，非己有所忿也。光弼受將帥之任，功效已著，威名已高，不待戮衆而三軍信服矣。況衆爲御史，奉朝命交兵，又非監軍之比，以驕慢戮之，是因忿而行法，至有斬宰相之語，豈非强横之態也？將帥之臣遇朝廷微弱，强横自恣，此固跋扈者常事。且光弼忠賢，不當如是，蓋暗於大體，忿而不思也。光弼將帥之才，傑出於時，平賊之功高於諸將。晚爲讒人所間，大節微虧，蓋不能去强横之態也，惜哉！

張耒《張右史文集》卷五四《李郭論》 雄傑好亂之士可服以天下之大義，不可掩以匹夫之小數，何也？彼其心甘爲理屈，不肯負人，以其智幸而掩之，得志其後必大亂，凶悖放恣而後其志乃已，此不可不慎也。漢高祖苟一時之便，僞遊雲夢而執韓信，雖能執信，而信之反心自此生矣。當此時，高才智士亦有輕其君之心，故英布、貫高之亂繼踵而起者，此非服英雄之道也。李光弼提孤軍與安史雄傑健虜百鬬百勝，其治軍行矣，風采出郭子儀之右，而當時諸將皆望風服子儀如敬君父；而光弼之在彭城，諸將已不爲使子儀能使吐蕃謂父，而史思明乃上書請誅光弼，大抵光弼之實不及子儀之名，子儀安坐而有餘，光弼馳騁而不足。余常思其故，讀《史思明傳》，見光弼使烏承恩潛殺史思明，事而後知李郭之優劣。蓋子儀之爲人至誠不欺，主于忠信，其胸中洞然大人也。故静則人安其德，動則人服其義。光弼用烏承恩使襲殺史思明，此雖狡夫猾虜之常態，意其人雖雄悍驃勇，而中有所不可保信者。市井之智，盗賊之謀，有時而用也，不然何以召史思明之侮？而田承嗣之膝獨爲尚父屈歟！此于服人之道小矣。嗚呼！成事以材，不若以德服人，以智不若以理，惟德與理始鈍，終利以之治，大以之行，遠未之有侮也。

王世貞《讀書後》卷三《書李光弼傳後》 史思明亦悍胡也，其材力遠出禄山上。李臨淮之角之凡兩大勝一大敗，其勝者皆用寡，而敗者乃用衆。用寡之勝皆乘險謀豫以忍而屈之，野戰則敗。郭汾陽之始能用衆而不能用寡，即用衆亦未必決勝也。晚節之捍吐蕃、回紇始乘險謀豫以忍而屈之，故不敗而卒爲宗社之元臣。惜哉臨淮之有！

劉體仁《通鑑札記》卷一四《郭子儀處境之難》 光弼與子儀齊名，而晚節擁兵不朝，諸將遂不稟畏，愧恨而卒，猶不及子儀。子儀能忍，而光弼不能忍，以致於此。

弘晝《稽古齋全集》卷四《李廣程不識將兵説》 仲尼曰：「政寬則民慢，慢則糾之以猛；猛則民殘，殘則施之以寬。」爲政者能加意于斯言，何民之不可治

乎？至於兵法亦然，將寬則兵驕，將嚴則兵苦，惟權衡于二者之間則善矣。漢之李廣、程不識皆名將也。廣行無部伍，行陳就善水草處舍止，人人自便，不擊刁斗，士卒多樂從之。不識正部曲、行伍、營陳，擊刁斗，治軍簿，軍不得休息，而士卒苦之。夫二將齊名，其治軍也異，其不遇害也同，何哉？蓋廣才略優于不識，故尚寬；不識鎮重過于廣，故尚嚴。廣用奇，不識守正。用奇者敵懼，人其謀而不敢犯；守正者敵畏，其嚴整而不敢輕，皆治軍之法也。然司馬温公云：「兵事貴嚴，效不識雖無功，猶不敗，效李廣鮮不覆亡。」其論甚正。後世如郭汾陽、李臨淮之用兵也亦大略相同，然而汾陽深遠矣。

藝文

李白《李太白全集》卷一三《聞李太尉大舉秦兵百萬出征東南懦夫請纓冀申一割之用半道病還留別金陵崔侍御十九韻》 秦出天下兵，蹴踏燕趙傾。黃河飲馬竭，赤羽連天明。太尉杖旄鉞，雲旗繞彭城。三軍受號令，千里肅雷霆。函谷絶飛鳥，武關擁連營。意在斬巨鼇，何論鱠長鯨。恨無左車略，多愧魯連生。拂劍照嚴霜，雕戈鬘胡纓。願雪會稽恥，將期報恩榮。半道謝病還，無因東南征。亞夫未見顧，劇孟阻先行。天奪壯士心，長籲別吴京。金陵遇太守，倒屣欣逢迎。群公咸祖餞，四座羅朝英。初發臨滄觀，醉棲征虜亭。舊國見秋月，長江流寒聲。帝車信回轉，河漢復縱横。孤鳳向西海，飛鴻辭北溟。因之出寥廓，揮手謝公卿。

《杜甫全集》卷七《八哀詩·故司徒李公光弼》 司徒天寶末，北收晉陽甲。胡騎攻吾城，愁寂意不愜。人安若泰山，薊北斷右脅。朔方氣乃蘇，黎首見帝業。二宫泣西郊，九廟起頹壓。未散河陽卒，思明僞臣妾。復自碣石來，火焚乾坤獵。高視笑禄山，公又大獻捷。異王册崇勳，小敵信所怯。擁兵鎮河汴，千里初妥帖。青蠅紛營營，風雨秋一葉。內省未入朝，死淚終映睫。大屋去高棟，長城掃遺堞。平生白羽扇，零落蛟龍匣。雅望與英姿，惻愴槐里接。三軍晦光彩，烈士痛稠疊。直筆在史臣，將來洗箱篋。吾思哭孤冢，南紀阻歸楫。扶顛永蕭條，未濟失利涉。疲苶竟何人，灑涕巴東峽。

劉長卿《劉隨州集》卷五《和袁郎中破賊後軍行過劉中山水謹上太尉》 剡路除荊棘，王師罷鼓鼙。農歸滄海畔，圍解赤城西。赦罪春陽發，收兵太白低。遠峯來馬首，横笛入猿啼。蘭渚催新幄，桃源識故蹊。已聞開閣待，誰許卧東溪。

宋敏求《唐大詔令集》卷五九佚名《李光弼副知行營事制》 元帥之任，實屬於師貞。左軍之選，諒資於邦傑。自非道申啓沃，學貫韜鈐，則何以翊分閫而專征，膺鑿門而受律。求諸將相，允得其人。司空兼侍中、薊國公光弼，器識弘遠，志懷沉毅。藴孫吴之略，有文武之材。往屬艱難，備形忠勇。叶雲雷而經始，保宗社之阽危。由是出備長城，入扶大廈，茂功懸於日月，嘉績被於巖廊。屬殘寇猶虞，總戎有命，用擇惟賢之佐，式弘建親之典，必能緝寧邦家，叶贊天人，誓余丹浦之師，勦彼緑林之盜。載申朝獎，爰藉舊勳。宜副出車之命，仍踐分麾之寵，仍與天下兵馬元帥趙王係副，知節度行營事。

宋敏求《唐大詔令集》卷六〇佚名《李光弼太尉中書令制》 上公之位，寵極人臣，中樞之本，政先綸綍。是知膺乾成象，用分台鼎之司。爲國作楨，必藉勳賢之業。所以漢庭多難，絳侯居太尉之尊。晉室未康，温嶠掌中書之務。至若任兼公相，道濟生靈，必俟非常之才，用膺莫大之寄。司空兼侍中、幽州大都督府長史、河北節度支度營田經略等使、副元帥知諸道節度行營、上柱國、薊國公光弼，器格沉正，襟靈邃遠，感風雲之密契，藴縱横之大才。成經綸之功，足以靜亂，懷忠孝之道，故能匡國。自狂胡搆禍，寰宇未清，義勇竭於臣心，勳庸著於王室。頃者豺狼餘孽，尚稽天討，蚊蚋相依，仍侵河外。是用仗其深略，爲我長城，有穰苴之法令，亞夫之威略。遂能挫羣兇之鋭，全百勝之師，爲廊堂之寶臣，成軍國之重任。雖吉甫作憲，道可經邦，而孫武論兵，謀能制敵。克壯大業，無愧前賢，且官惟其人，固難虛授，爵以存善，抑聞舊章。況經綸之時，義參於締構，艱難之際，功茂於始終。不有殊獎，寧彰厥德。是以載疇嘉績，俾允具瞻，宜進上台之秩，仍兼右弼之寵。可太尉兼中書令。

宋敏求《唐大詔令集》卷六三佚名《不許李光弼辭封詔》 爵土之封，以酬勳德，故授之曰適當其分，使賞在必行。而得之者不讓其餘，使人有可繼。國之彝憲，在乎至公。往者寇逆亂常，京闕失守。太尉兼侍中、充河南副元帥、都知河南淮西山南東道諸節度行營事、上柱國、臨淮郡王光弼，首奉師律。翊佐先朝，克殄氛祲，底寧宗社。自朕纘承丕緒，又置大功，扶顛履危，勤卹于外。可謂忠存王室，道濟生人，則食邑所加，抑惟常典。爾因疾故，遽

有懇詞，不伐茂勳，請歸實食。覽其章奏，增用憫然。且福壽之理，期於勿藥，井賦之錫，傳於無窮。豈宜暫以微瘵，便思獨善，將使其下者，何顏受封。用阻深誠，蓋存大體，然謙撝有素，志義可嘉。足以激礪名節，光昭退讓，宣示中外，咸使知聞。

孫承恩《文簡集》卷四一《李臨淮王》 氣蓋三軍，威攝羣將。法令嚴明，莫我或抗。納諫勵士，麾旗破敵。中興之功，令名有赫。

李輔國部

綜述

《舊唐書》卷一八四《李輔國傳》 李輔國，本名静忠，閑廄馬家小兒。少爲閹，貌陋，粗知書計。爲僕，事高力士，年且四十餘，令掌廄中簿籍。天寶中，閑廄使王鉷嘉其畜牧之能，薦入東宫。禄山之亂，玄宗幸蜀，輔國侍太子扈從，至馬嵬，誅楊國忠，輔國獻計太子，請分玄宗麾下兵，北趨朔方，以圖興復。輔國從至靈武，勸太子即帝位，以系人心。肅宗即位，擢爲太子家令，判元帥府行軍司馬事，以心腹委之，仍賜名護國，四方奏事，御前符印軍號，一以委之。輔國不茹葷血，常爲僧行，視事之隙，手持念珠，人皆信以爲善。從幸鳳翔，授太子詹事，改名輔國。

肅宗還京，拜殿中監，閑廄、五坊、宫苑、營田、栽接、總監等使，又兼隴右羣牧、京畿鑄錢、長春宫等使，勾當少府、殿中二監都使。至德二年十二月，加開府儀同三司，進封郕國公，食實封五百户。宰臣百司，不時奏事，皆因輔國上決。常在銀臺門受事，置察事廳子數十人，官吏有小過，無不伺知，即加推訊。府縣按鞫，三司制獄，必詣輔國取決，隨意區分，皆稱制敕，無敢異議者。每出則甲士數百人衛從。中貴人不敢呼其官，但呼五郎。宰相李揆，山東甲族，位居台輔，見輔國執子弟之禮，謂之五父。肅宗又爲輔國娶故吏部侍郎元希聲侄擢女爲妻。擢弟挹，時並引入臺省，擢爲梁州長史。輔國判元帥行軍司馬，專掌禁兵，賜内宅居止。

上皇自蜀還京，居興慶宫，肅宗自夾城中起居。上皇時召伶官奏樂，持盈公主往來宫中，輔國常陰候其隙而間之。上元元年，上皇嘗登長慶樓，與公主語，劍南奏事官過朝謁，上皇令公主及如仙媛作主人。輔國起微賤，貴達日近，不爲上皇左右所禮，慮恩顧或衰，乃潛畫奇謀以自固。因持盈待客，乃奏云：「南内有異謀。」矯詔移上皇居西内，送持盈於玉真觀，高力士等皆坐流竄。

二年八月，拜兵部尚書，餘官如故。詔羣臣於尚書省送上，賜御府酒饌、太常樂，武士戎服夾道，朝列畢會。輔國驕恣日甚，求爲宰臣，肅宗曰：「以公勳力，何官不可，但未允朝望，如何？」輔國諷僕射裴冕聯章薦己，肅宗密謂宰臣蕭華曰：「輔國欲帶平章事，卿等欲有章薦，信乎？」華不對，問裴冕，曰：「初無此事，吾臂可截，宰相不可得也。」華復入奏，上喜曰：「冕固堪大用。」輔國銜之。寶應元年四月，肅宗寢疾，宰臣等不可謁見，輔國誣奏華專權，請黜之，上不許，輔國固請不已，乃罷華知政事，守禮部尚書。及帝崩，華竟被斥逐。

代宗即位，輔國與程元振有定策功，愈恣横，私奏曰：「大家但内裏坐，外事聽老奴處置。」代宗怒其不遜，以方握禁軍，不欲遽責，乃尊爲尚父，政無巨細，皆委參決。五月，加司空、中書令，食實封八百户。程元振欲奪其權，請上漸加禁制，乘其有間，乃罷輔國判元帥行軍事，其閑廄已下使名，並分授諸貴，仍移居外。輔國始懼，茫然失據。詔進封博陸王，罷中書令，許朝朔望。輔國欲入中書修謝表，閽吏止之曰：「尚父罷相，不合復入此門。」乃氣憤而言曰：「老奴死罪，事郎君不了，請於地下事先帝。」上猶優詔答之。十月十八日夜，盗入輔國第，殺輔國，攜首臂而去。詔刻木首葬之，仍贈太傅。

《新唐書》卷二〇八《李輔國傳》 李輔國本名静忠，以閹奴爲閑廄小兒。貌儜陋，略通書計。事高力士，年四十餘，使主廄中簿最。王鉷爲使，以典禾豆，能檢擿耗欺，馬以故肥，薦之皇太子，得侍東宫。

陳玄禮等誅楊國忠，輔國豫謀，又勸太子分中軍趨朔方，收河、隴兵，圖興復。太子至靈武，愈親近，勸遂即位係天下心，擢家令，判元帥府行軍司馬。肅宗稍稍任以肱膂事，更名護國，又改今名。凡四方章奏、軍符、禁寶一委之。輔國能隨事齪齪謹密，取人主親信，而内深賊未敢肆。不啖葷，時時爲浮屠詭行，人以爲柔良，不忌也。

帝還京師，拜殿中監，閑廄、五坊、宫苑、營田、栽接總監使，兼隴右羣牧、京畿鑄錢，長春宫等使，少府、殿中二監，封成國公，實封户五百。宰相羣臣欲不時見天子，皆因輔國以請，乃得可。常止銀臺門決事。置察事聽兒數十人，吏雖有秋豪過，無不得，得輒推訊。州縣獄訟，三司制劾，有所捕逮流降，皆私判臆處，因稱制敕，然未始聞上也。詔書下，輔國署已乃施行，羣臣無敢議。出則介士三百人爲衛。貴幸至不敢斥官，呼五郎。李揆當國，以子姓事之，號「五父」。帝爲娶元擢女爲妻，擢以故爲梁州長史，弟兄皆位臺省。李峴輔政，叩頭言：「且亂國。」於是詔敕不繇中書出者，峴必審覆，輔國不悦。

時太上皇居興慶宮，帝自複道來起居，太上皇亦間至大明宮，或相逢道中。帝命陳玄禮、高力士、王承恩、魏悅、玉真公主常在太上皇左右，梨園弟子日奏聲伎爲娛樂。輔國素微賤，雖暴貴，力士等猶不爲禮，怨之，欲立奇功自固。初，太上皇每置酒長慶樓，南俯大道，因裴回觀覽，或父老過之，皆拜舞乃去。上元中，劍南奏事吏過樓下，因上謁，太上皇賜之酒，詔公主及如仙媛主之，又召郭英乂、王銑等飲，賚予頗厚。輔國因妄言於帝曰：「太上皇居近市，交通外人，玄禮、力士等將不利陛下，六軍功臣反側不自安，願徙太上皇入禁中。」帝不寤。先時，興慶宮有馬三百，輔國矯詔取之，裁留十馬。太上皇謂力士曰：「吾兒用輔國謀，不得終孝矣。」會帝屬疾，輔國即詐言皇帝請太上皇按行宮中，至睿武門，射生官五百遮道，太上皇驚，幾墜馬，問何爲者，輔國以甲騎數十馳奏曰：「陛下以興慶宮湫陋，奉迎乘輿還宮中。」力士厲聲曰：「五十年太平天子，輔國欲何事？」叱使下馬，輔國失轡，罵力士曰：「翁不解事！」斬一從者。力士呼曰：「太上皇問將士各好在否！」將士納刀呼萬歲，皆再拜。力士復曰：「輔國可御太上皇馬！」輔國鞾而走，與力士對執轡還西內，居甘露殿，侍衛才數十，皆尫老。太上皇執力士手曰：「微將軍，朕且爲兵死鬼。」左右皆流涕。又曰：「興慶，吾王地，數以讓皇帝，帝不受。今之徙，自吾志也。」俄而流承恩播州，魏悅溱州，如仙媛歸州，公主居玉真觀；更料後宮聲樂百餘，更侍太上皇，備灑掃；詔萬安、咸宜二公主視服膳。自是太上皇怏怏不豫，至棄天下。

輔國以功遷兵部尚書。南省視事，使武士戎裝夾道，陳跳丸舞劍，百騎前驅，御府設食，太常備樂，宰相羣臣畢會。既得志，乃厭然驕觖，求宰相，帝重違曰：「卿勳力何任不可，但羣望未一，如何？」輔國遂諷宰相裴冕使聯表薦己。帝密擿蕭華使喻止冕。

張皇后數疾其覬，帝寢疾，太子監國，后召太子，將誅輔國及程元振，太子不從，更召越王、兗王圖之。元振告輔國，即伏兵凌霄門，迎太子，伺變，是夜捕二王及中人朱輝光、馬英俊等囚之，而殺后它殿。

代宗立，輔國等以定策功，愈跋扈，至謂帝曰：「大家弟坐宮中，外事聽老奴處決。」帝矍然欲剪除，而憚其握兵，因尊爲尚父，事無大小率關白，羣臣出入皆先詣輔國，輔國頗自安。又冊進司空兼中書令，實封戶八百。未幾，以左武衛大將軍彭體盈代爲閑廐、羣牧、苑內、營田、五坊等使，以右武衛大將軍藥子昂代判元帥行軍司馬，賜輔國大第於外。中外聞其失勢，舉相賀。輔國始惘然憂，不知所出，表乞解官。有詔進封博陸郡王，仍爲司空、尚父，許朔望。輔國欲入中書作謝表，閽者不內，曰：「尚父罷宰相，不可入。」輔國氣塞，久乃曰：「老奴死罪，事郎君不了，請地下事先帝矣！」帝優辭論遣。

有韓穎、劉烜善步星，乾元中待詔翰林，穎位司天監，烜起居舍人，與輔國暱甚。輔國領中書，穎進秘書監，烜中書舍人，裴冕引爲山陵使判官。輔國罷，俱流嶺南，賜死。

自輔國徙太上皇，天下疾之，帝在東宮積不平。既嗣位，不欲顯戮，遣俠者夜刺殺之，年五十九，抛其首溷中，殊右臂，告泰陵。然猶秘其事，刻木代首以葬，贈太傅，謚曰醜。後梓州刺史杜濟以武人爲牙門將，自言刺輔國者。

雜録

備録

郭湜《高力士外傳》 初，至德二年十一月，詔迎太上皇於西蜀，十二月至鳳翔，被賊臣李輔國詔取隨駕甲仗。上皇曰：「臨至王城，何用此物？」悉令收付所司。欲至城，皇帝具儀仗出城迎候。二聖相見，泣涕久之，傾城道路，一時忭舞。便於興慶宮安置。乾元元年冬，上皇幸温泉宮，二十日却歸。因此被賊臣李輔國陰謀不軌，欲令猜阻，更樹勳庸，移仗之端，莫不由此。輔國趨馳末品，小子纖人，一承攀附之恩，致位雲霄之上。聖上屬殘孽未殄，蒼生不安，負總軍戎，冀清海內，不暇揀擇左右，屏棄回邪，遂使輔國熒惑兩宮，至傷萬姓，恣行威福，不懼典刑。上元元年七月，太上皇移仗西內安置，高公竄謫巫州，皆輔國之計也。上皇在興慶宮先留廐馬三百疋，欲移仗前一日，輔國矯詔，索所留馬，惟留十疋。有司奏陳，上皇謂高公曰：「常用輔國之謀，我兒不得終孝道，明早向北內。」及曉，至北內，皇帝使人起拜云：「兩日來疹病，不復親起拜伏，伏願且留喫飯。」飯畢，又曰：「且歸南內。」至夾城，忽聞戛戛聲，上驚迴顧，見輔國領鐵騎數百人便逼近御馬，輔國便持御馬。高公驚下爭持，曰：「縱有他變，須存禮儀，何得驚御！」輔國叱曰：「老翁大不解事，且去！」即斬高公從者一人。高公即

攏御馬，直至西内安置。自辰及酉，然後老宫婢十數人將隨身衣物至，一時號泣，上皇止之，皆輔國矯詔之所爲也，聖上寧得知之乎？上皇謂高公曰：「興慶是吾王地，吾頻讓與皇帝，皇帝仁孝不受。今雖爲輔國所制，正愜我本懷。」進御人令撤肉，便處分尚食，明日已後，不須進肉食。每日上皇與高公親看掃除庭院，芟薙草木。或講經論議，轉變説話，雖不近文律，終冀悦聖情。經十餘日，高公患瘧，勑於功臣閣下避瘧。日晚，聞門外有人問，稱是談庭瑶，云：「聖人唤阿翁。」問：「曾見太上皇未？」曰：「見了。」高公亦不敢辭，即隨庭瑶至閣門外。日晚見内養將一卷文書狀，云使看，略見少多，皆是罷職，却被索將，附奏云：「臣合死已久，聖恩含忍容至今日，所看事狀，並不曾聞。伏願得親辭聖顔，復受戮，死亦無恨。」明日有制：「力士潛通逆黨，曲附兇徒，既懷梟獍之心，合就鯨鯢之戮。以其久侍帷幄，頗効勤勞，且捨殊死，可除名，長流巫州。」

劉肅《大唐新語》卷三《公直第五》　李輔國扈從肅宗，棲止帷幄，宣傳詔命，自靈武列行軍司馬，中外樞要，一以委之。及克京城後，於銀台門決事，凡追捕，先行後聞，權傾朝野，道路側目。又求宰相，肅宗謂之曰：「卿勳業則可，公卿大臣不欲，如之何？」又諷裴冕等速表薦己。肅宗患之，乃謂蕭華曰：「輔國求爲宰相，若公卿表來，不得不與。卿與裴冕早爲之所。」華出問冕，冕曰：「初無此事，臂可截也，而表不爲也。」復命奏之，上大悦。

蘇鶚《杜陽雜編》卷上　李輔國恣横無君，上切齒久矣。因寢，夢登樓，見高力士領數百鐵騎，以戟刺輔國首，流血灑地，前後歌呼，自北而去。遣謁者問其故，力士曰：「明皇之令也。」上覺，亦不敢言。輔國尋爲盜所殺。上異之，方以夢話於左右。

先是肅宗賜輔國香玉辟邪二，各高一尺五寸，奇巧殆非人間所有。其玉之香，可聞於數百步，雖鎖之金函石匱，終不能掩其氣。或以衣裾誤拂，則芬馥經年。縦澣濯數四，亦不消歇。輔國常置於座側。【略】輔國家藏珍玩，皆非人世所識。夏則於堂中設迎涼之草。其色類碧，而幹似苦竹，葉細如杉。雖若乾枯，未嘗雕落。盛暑束之牕户間，而涼風自至。鳳首木高一尺，雕刻鸞鳳之狀，形似枯槁，毛羽脱落不甚盡。雖嚴凝之時，置諸高堂大厦之中，而和煦之氣如二三月，故別名爲常春木。縦烈火焚之終不燋黑焉。

馮贄《雲仙雜記》卷五《碑石》　李輔國葬父，碑石用豆屑一千團磨，瑩如紫玉，碑字四面，鐫葵花三百朵。

馮贄《雲仙雜記》卷七《畏薯蘖》　李輔國大畏薯蘖，或人因以示之，必眼中火出，毛髪皆瀝血，因致大病。

《太平廣記》卷一八八《李輔國》引《戎幕閑談》　玄宗爲太上皇，在興慶宫居，久雨初晴，幸勤政樓。樓下市人及街中往來者喜且泫然曰：「不期今日再得見太平天子！」傳呼萬歲，聲動天地。時肅宗不豫，李輔國誣奏云：「此皆九僊媛、高力士、陳玄禮之異謀也。」下矯詔遷太上皇於西内。給其扈從部曲，不過老弱三二十人。及中逵，攢刃曜日，輔國統之，太上皇驚，欲墜馬數四，賴左右扶持乃上。高力士躍馬而前，厲聲曰：「五十年太平天子，李輔國汝舊臣，不宜無禮。」李輔國下馬，輔國不覺失轡而下。宣太上皇誥曰：「將士各得好在否？」於是輔國令兵士咸韜刃於鞘中，齊聲云：「太上皇萬福！」一時拜舞。力士又曰：「李輔國攏馬。」輔國遂著靴，出行攏馬，與兵士等護侍太上皇平安到西内。輔國領衆既退，太上皇泣持力士手曰：「微將軍，阿瞞已爲兵死鬼矣！」既而九仙媛、力士、玄禮長流遠惡處，此皆輔國之矯詔也。時肅宗大漸，輔國專朝，意西内之復有變故也。

錢易《南部新書》卷丁　李輔國爲殿中監，常在銀臺門受事。置察事廳子數十人，官吏有小過，無不伺知。

《資治通鑑》卷二二二唐代宗寶應元年十月條考異引《統紀》　李輔國悖於明皇，上在東宫，聞而頗怒。及踐阼，輔國又立功，難於顯戮，密令人刺之，斷其首，棄之溷中，又斷其右臂，馳祭泰陵，中外莫測。後杭州刺史杜濟話於人曰：「嘗識一武人爲牙門將，曰：某即害尚父者。」

袁樞《資治通鑑紀事本末》卷三二《李輔國用事》　唐肅宗至德元載，張良娣性巧慧，能得上意，從上來朔方。時從兵單寡，良娣每寢，常居上前。上曰：「禦寇非婦人所能。」良娣曰：「蒼猝之際，妾以身當之，殿下可從後逸去。」至靈武，産子，三日起，縫戰士衣。上止之，對曰：「此非妾自養之時。」上以是益憐之。

肅宗即位於靈武，遣使召李泌於潁陽，謁見，大喜，時事皆咨之。上以建寧王倓爲天下兵馬元帥，李泌勸上用廣平王俶，倓聞而謝之。

上皇賜張良娣七寶鞍，李泌言於上曰：「今四海分崩，當以儉約示人，良娣不宜乘此。請撤其珠玉付庫吏，以俟有戰功者賞之。」良娣自閤中言曰：「鄰里之舊，何至如是？」上曰：「先生爲社稷計也。」遽命撤之。建寧王倓泣於廊下，

聲聞於上。上驚，召問之，對曰：「臣比憂禍亂未已，今陛下從諫如流，不日當見陛下迎上皇還長安，是以喜極而悲耳。」良娣由是惡泌及倓。上又謂泌曰：「良娣祖母，昭成太后之妹也，上皇所念。朕欲使正位中宮，以慰上皇心，何如？」對曰：「陛下在靈武，以羣臣望尺寸之功，故踐大位，非私己也。至於家事，宜待上皇之命，不過晚歲月之間耳。」上從之。

時張良娣與李輔國相表裏，皆惡泌。建寧王倓謂泌曰：「先生舉倓於上，得展臣子之效，無以報德，請爲先生除害。」泌曰：「何也？」倓以良娣爲言。泌曰：「此非人子所言，願王姑置之，勿以爲先。」倓不從。

二載春正月，上從容謂李泌曰：「廣平爲元帥踰年，今欲命建寧專征，又恐勢分，立廣平爲太子，何如？」對曰：「臣固嘗言之矣，戎事交切，須即區處，至於家事，當俟上皇。不然，後代何以辨陛下靈武即位之意邪！此必有人欲令臣與廣平有隙耳，臣請以語廣平，廣平亦必未敢當。」泌出，以告廣平王俶，俶曰：「此先生深知其心，欲曲成其美也。」乃入，固辭，曰：「陛下猶未奉晨昏，臣何心敢當儲副。願俟上皇還宮，臣之幸也。」上賞慰之。

李輔國本飛龍小兒，粗閑書計，給事太子宫，上委信之。輔國外恭謹寡言而内狡險，見張良娣有寵，陰附會之，與相表裏。建寧王倓數於上前，詆訐二人罪惡。二人譖之於上曰：「倓恨不得爲元帥，謀害廣平王。」上怒，賜倓死。於是廣平王俶及李泌皆内懼。俶謀去輔國及良娣，泌曰：「不可，王不見建寧之禍乎？」俶曰：「竊爲先生憂之。」泌曰：「泌與主上有約矣，俟平京師，則去還山，庶免於患。」俶曰：「先生去，則俶益危矣。」泌曰：「王但盡人子之孝，良娣婦人，王委曲順之，亦何能爲！」

上嘗就泌飲酒，同榻而寢。而李輔國請取契鑰付泌，泌請使輔國掌之，上許之。泌曰：「臣今報德足矣，復爲閒人，何樂如之。」上曰：「朕與先生累年同憂患，今方相同娱樂，奈何遽欲去乎？」泌曰：「臣有五不可留，願陛下聽臣去，免臣於死。」上曰：「何謂也？」對曰：「臣遇陛下太早，陛下任臣太重，寵臣太深，臣功太高，迹太奇，此其所以不可留也。」上曰：「且眠矣，異日議之。」對曰：「陛下今就臣榻臥，猶不得請，況異日香案之前乎？陛下不聽臣去，是殺臣也。」上曰：「不意卿疑朕如此，豈有如朕而辦殺卿邪？是直以朕爲句踐也。」對曰：「陛下不辦殺臣，故臣求歸；若其既辦，臣安得復言。且殺臣者，非陛下也，乃五不可也。陛下曏日待臣如此，臣於事猶有不敢言者，況天下既安，臣敢言乎？」上良久曰：「卿以朕不從卿北伐之謀乎？」對曰：「非也。所不敢言者，乃建寧耳。」上曰：「建寧朕之愛子，性英果，艱難時有功，朕豈不知之。但因此爲小人所教，欲害其兄，圖繼嗣，朕以社稷大計，不得已而除之。卿不細知其故邪？」對曰：「若有此心，廣平當怨之。廣平每與臣言其冤，輒流涕嗚咽。臣今必辭陛下去，始敢言之耳。」上曰：「渠嘗夜捫廣平，意欲加害。」對曰：「此皆出讒人之口，豈有建寧之孝友聰明，肯爲此乎？且陛下昔欲用建寧爲元帥，臣請用廣平。建寧若有此心，當深憾於臣，而以臣爲忠，益相親善。陛下以此，可察其心矣。」上乃泣下曰：「先生言是也。既往不咎，朕不欲聞之。」泌曰：「臣所以言之者，非咎既往，乃欲陛下慎將來耳。昔天后有四子，長曰太子弘，天后方圖稱制，惡其聰明，酖殺之，立次子雍王賢。賢内憂懼，作《黄臺瓜辭》，冀以感悟天后。天后不聽，賢卒死於黔中。其辭曰：『種瓜黄臺下，瓜熟子離離。一摘使瓜好，再摘使瓜稀，三摘猶爲可，四摘抱蔓歸。』今陛下已一摘矣，慎無再摘。」上愕然曰：「安有是哉！卿録是辭，朕當書紳。」對曰：「陛下但識之於心，何必形於外也。」是時廣平王有大功，良娣忌之，潛構流言，故泌言及之。泌復固請歸山，上曰：「俟將發此議之。」冬十月，李泌歸衡山。

乾元元年春二月癸卯朔，以殿中監李輔國兼太僕卿。輔國依附張淑妃，判元帥府行軍司馬，勢傾朝野。三月戊寅，立張淑妃爲皇后。張后生興王佋，纔數歲，欲以爲嗣。上疑未決，從容謂考功郎中知制誥李揆曰：「成王長，且有功，朕欲立爲太子，卿意何如？」揆再拜賀曰：「此社稷之福，臣不勝大慶。」上喜，曰：「朕意決矣。」庚寅，立成王俶爲皇太子。揆，道玄之玄孫也。

二年春二月壬子，月食，既。先是，百官請加皇后尊號曰輔聖，上以問中書舍人李揆，對曰：「自古皇后無尊號，惟韋后有之，豈足爲法。」上驚曰：「庸人幾誤我。」會月食，事遂寢。后與李輔國相表裏，横於禁中，干豫政事，請託無窮，上頗不悦，而無如之何。

太子詹事李輔國，自上在靈武，判元帥行軍司馬事，侍直帷幄，宣傳詔命，四方文奏，寶印符契，晨夕軍號，一以委之。及還京師，專掌禁兵，常居内宅。制敕必經輔國押署，然後施行。宰相百司，非時奏事，皆因輔國關白、承旨。常於銀臺門決天下事，事無大小，輔國口爲制敕，寫付外施行，事畢聞奏。又置察事數十人，潛令於人間聽察細事，即行推按，有所追索，諸司無敢拒者。御史臺、大理寺重囚，或推斷未畢，輔國追詣銀臺，一時縱之。三司、府、縣鞫獄，皆先詣輔國

咨稟，輕重隨意，稱制敕行之，莫敢違者。宦官不敢斥其官，皆謂之「五郎」。李揆，山東甲族，見輔國執子弟禮，謂之「五父」。

及李峴爲相，於上前叩頭，論制敕皆應由中書出，具陳輔國專權亂政之狀。上感寤，賞其正直；輔國所行事多所變更，罷其察事。輔國由是讓行軍司馬，請歸本官，上不許。〔夏四月〕壬寅，制：「比緣軍國務殷，或宣口敕處分。諸色取索及杖配囚徒，自今一切並停。如非正宣，並不得行。中外諸務，各歸有司。英武軍虞候及六軍諸使、諸司等，比來或因論競，懸自追攝，自今一切須經臺、府，如所由處斷不平，聽具狀奏聞。諸律令除十惡、殺人、姦盜、造僞外，餘煩冗一切删除，仍委中書、門下與法官詳定聞奏。」輔國由是忌峴。

鳳翔馬坊押官爲劫，天興尉謝夷甫捕殺之，其妻訟冤。李輔國素出飛龍厩，敕監察御史孫鎣鞫之，無冤。又使御史中丞崔伯陽、刑部侍郎李曄、大理卿權獻鞫之，與鎣同。妻猶不服，又使侍御史太平毛若虛鞫之。若虛傾巧士，希輔國意，歸罪夷甫。伯陽怒，召若虛詰責，欲劾奏之。若虛先自歸於上，上匿若虛於簾下。伯陽尋至，言若虛附會中人，鞫獄不直。上怒，叱出之。伯陽貶高要尉，獻貶桂陽尉，曄與鳳翔尹嚴向皆貶嶺下尉，鎣除名，長流播州。吏部尚書同平章事李峴奏伯陽等無罪，責之太重，上以爲朋黨，五月辛巳，貶峴蜀州刺史。右散騎常侍韓擇木入對，上謂之曰：「李峴欲專權，今貶蜀州，朕自覺用法太寬。」對曰：「李峴言直，非專權。陛下寬之，祇益聖德耳。」若虛尋除御史中丞，威振朝廷。

上元元年夏六月甲申，興王佋薨。佋，張后長子也，幼曰定王侗。張后以故數欲危太子，太子常以恭遜取容。會佋薨，侗尚幼，太子位遂定。

上皇愛興慶宮，自蜀歸，即居之。上時自夾城往起居，上皇亦間至大明宮。左龍武大將軍陳玄禮、內侍監高力士久侍衛上皇。上又命玉真公主、如仙媛、內侍王承恩、魏悅及梨園弟子常娛侍左右。上皇多御長慶樓，父老過者往往瞻拜，呼萬歲，上皇常於樓下置酒食賜之；又嘗召將軍郭英乂等上樓賜宴。有劍南奏事官過樓下拜舞，上皇命玉真公主、如仙媛爲之作主人。李輔國素微賤，雖暴貴用事，上皇左右皆輕之。輔國意恨，且欲立奇功以固其寵，乃言於上曰：「上皇居興慶宮，日與外人交通。陳玄禮、高力士謀不利於陛下。今六軍將士盡靈武勳臣，皆反仄不安，臣曉諭不能解，不敢不以聞。」上泣曰：「聖皇慈仁，豈容有此？」對曰：「上皇固無此意，其如羣小何！陛下爲天下主，當爲社稷大計，消亂於未萌，豈得徇匹夫之孝。且興慶宮與閭閻相參，垣墉淺露，非至尊所宜居。大內深嚴，奉迎居之，與彼何殊？又得杜絶小人熒惑聖聽。如此，上皇享萬歲之安，陛下有三朝之樂，庸何傷乎？」上不聽。興慶宮先有馬三百匹，輔國矯敕取之，纔留十匹。上皇謂高力士曰：「吾兒爲輔國所惑，不得終孝矣。」

輔國又令六軍將士號哭叩頭，請迎上皇居西內，上泣不應。輔國懼。會上不豫，秋七月丁未，輔國矯稱上語，迎上皇遊西內。至睿武門，輔國將射生五百騎，露刃遮道，奏曰：「皇帝以興慶宮湫隘，迎上皇遷居大內。」上皇驚，幾墜。高力士曰：「李輔國何得無禮！」叱令下馬，輔國不得已而下。力士因宣上皇誥曰：「諸將士各好在？」將士皆納刃，再拜，〔呼〕萬歲。力士又叱輔國與己共執上皇馬鞚，侍衛如西內，居甘露殿。輔國帥衆而退。所留侍衛兵纔尫老數十人。陳玄禮、高力士及舊宮人皆不得留左右。上皇曰：「興慶宮吾之王地，吾數以讓皇帝，皇帝不受。今日之徙，亦吾志也。」是日，輔國與六軍大將素服見上，請罪。上又迫於諸將，乃勞之曰：「南宮、西內，亦復何殊？卿等恐小人熒惑，防微杜漸，以安社稷，何所懼也！」刑部尚書顏真卿首帥百寮上表，請問上皇起居，輔國惡之，奏貶蓬州長史。

丙辰，高力士流巫州，王承恩流播州，魏悅流溱州，陳玄禮勒致仕。置如仙媛於歸州，玉真公主出居玉真觀。上更選後宮百餘人置西內，備灑掃。令萬安、咸宜二公主視服膳。四方所獻珍異，先薦上皇。然上皇日以不懌，因不茹葷，辟穀，浸以成疾。上初猶往問安，既而上亦有疾，但遣人起居。其後上稍悔寤，惡輔國，欲誅之，畏其握兵，竟猶豫不敢決。

二年。初，李輔國與張后同謀，遷上皇於西內。是日端午，山人李唐見上，上方抱幼女，謂唐曰：「朕念之，卿勿怪也。」對曰：「太上皇思見陛下，計亦如陛下之念公主也。」上泫然泣下，然畏張后，尚不敢詣西內。

秋八月癸丑朔，加開府儀同三司李輔國兵部尚書。乙未，輔國赴上，宰相朝臣皆送之，御廚具饌，太常設樂。輔國驕縱日甚，求爲宰相，上曰：「以卿之功，何官不可爲，其如朝望未允何。」輔國乃諷僕射裴冕等使薦己。上密謂蕭華曰：「輔國求爲宰相，若公卿表來，不得不與。」華出，問冕，曰：「初無此事。吾臂可斷，宰相不可得。」華入言之，上大悅，輔國銜之。

建子月戊戌冬至，己亥，上朝上皇於(寧)西內。

寶應元年建辰月，李輔國以求宰相不得，怨蕭華。庚午，以户部侍郎元載爲京兆尹。載詣輔國固辭，輔國識其意。壬寅，以司農卿陶鋭爲京兆尹。輔國言蕭華專權，請罷其相，上不許。輔國固請不已，乃從之，仍引元載代華。戊申，華罷爲禮部尚書，以載同平章事，領度支、轉運使如故。

建巳月甲寅，上皇崩于神龍殿，年七十八。乙卯，遷坐於太極殿。上以寢疾，發哀於内殿，羣臣發哀於太極殿。蕃官剺面、割耳者四百餘人。丙辰，命苗晉卿攝冢宰。上自仲春寢疾，聞上皇登遐，哀慕，疾轉劇，乃命太子監國。甲子，制改元；復以建寅爲正月，月數皆如其舊。赦天下。

初，張后與李輔國相表裏，專權用事，晚年，更有隙。内射生使三原程元振黨於輔國。上疾篤，后召太子謂曰：「李輔國久典禁兵，制敕皆從之出，擅逼遷聖皇，其罪甚大，所忌者吾與太子。今主上彌留，輔國陰與程元振謀作亂，不可不誅。」太子泣曰：「陛下疾甚危，二人皆陛下勳舊之臣，一旦不告而誅之，必致震驚，恐不能堪也。」后曰：「然則太子姑歸，吾更徐思之。」太子出，后召越王係謂曰：「太子仁弱，不能誅賊臣，汝能之乎？」對曰：「能。」係乃命内謁者監段恒俊選宦官有勇力者二百餘人，授甲於長生殿後。乙丑，后以上命召太子。元振知其謀，密告輔國，伏兵於陵霄門以俟之。太子至，以難告。太子曰：「必無是事。主上疾亟召我，我豈可畏死而不赴乎？」元振曰：「社稷事大，太子必不可入。」乃以兵送太子於飛龍厩，且以甲兵守之。是夜，輔國、元振勒兵三殿，收捕越王係、段恒俊及知内侍省事朱光輝等百餘人，繫之。以太子之命，遷后於别殿。時上在長生殿，使者逼后下殿，并左右數十人幽於後宫，宦官、宫人皆驚駭逃散。丁卯，上崩，輔國等殺后并係及兗王僩。是日，輔國始引太子素服於九仙門與宰相相見，敍上皇晏駕，拜哭，始行監國之令。戊辰，發大行皇帝喪於兩儀殿，宣遺詔。己巳，代宗即位。高力士遇赦還，至朗州，聞上皇崩，號慟，嘔血而卒。

李輔國恃功益横，明謂上曰：「大家但居禁中，外事聽老奴處分。」上内不能平，以其方握禁兵，外尊禮之。乙亥，號輔國爲「尚父」而不名，事無大小皆咨之，羣臣出入皆先詣，輔國亦晏然處之。以内飛龍厩副使程元振爲左監門衛將軍。知内侍省事朱光輝及内常侍啖庭瑶、山人李唐等二十餘人皆流黔中。

夏五月，以李輔國爲司空兼中書令。壬辰，貶禮部尚書蕭華爲峽州司馬，元載希李輔國意以罪誣之也。

飛龍副使程元振謀奪李輔國權，密言於上，請稍加裁制。六月己未，解輔國行軍司馬及兵部尚書，餘如故。以元振代判元帥行軍司馬，仍遷輔國出居外第。於是道路相賀。輔國始懼，上表遜位，辛酉，罷輔國兼中書令，進爵博陸王。輔國入謝，憤咽而言曰：「老奴事郎君不了，請歸地下事先帝。」上猶慰諭而遣之。秋九月乙未，加程元振驃騎大將軍兼内侍監。

上在東宫，以李輔國專横，心甚不平。及嗣位，以輔國有殺張后之功，不欲顯誅之。〔冬十月〕壬戌夜，盗入其第，竊輔國之首及一臂而去。敕有司捕盗，遣中使存問其家，爲刻木首葬之，仍贈太傅。

備論

孫甫《唐史論斷》卷下《制内臣》 論曰：内臣贈官，非古典也，然於此見旌善之事焉。内臣自武后稱制始預事，尚未有招權著名者。明皇朝，高力士以權寵擅名，李林甫、楊國忠、安禄山輩皆因之取將相。林甫等既致時亂，力士貶死遐裔矣。肅宗朝，李輔國以扈從微勞，過受恩寵，至專掌禁兵。故輔國脅遷明皇，升黜將相，兇横既極，盗殺之於家矣。肅宗寵魚朝恩，始命爲觀軍容使；代宗寵之，又加天下觀軍容使。朝恩驕横既甚，勢不可容，遂使之自縊矣。代宗又寵程元振，使典禁兵。元振奸險擅權，大爲將相之害。代宗避狄陝州，詔諸鎮兵赴援，諸將帥懼元振誣譖，多不敢至。及柳伉極言其狀，元振貶死荒徼矣。德宗寵竇文場、霍仙鳴，命爲神策中尉，憸人裴均輩附之，往往外取方鎮、内取要官。文場、仙鳴輩權任既盛，内臣亦嫉之，仙鳴被盗以死，文場甚懼，堅乞致仕，僅免於禍。憲宗寵吐突承璀，至委鎮州征討之任，卒無功效，尋以其黨納賂事所連，出爲淮南監軍。後復寵任，以妄議太子，爲穆宗誅死。文宗寵王守澄，奸惡既甚，竟至賜死。自明皇以後，内臣以罪誅死與貶者，不可勝紀；但力士等八人以權力著名於時，此内寵臣之尤盛者，然三誅死，二貶死，一爲盗殺，一毒死，文場禍至而避，亦奸名不朽。以此觀之，内臣取恩既盛，鮮有不罹禍者。蓋受恩不知紀極，恣其所爲，以至過惡之甚也。惟順宗朝俱文珍以剛直著稱，又有翊戴憲宗之功，位至右衛大將軍、知内侍省事，不聞驕暴之名，及其卒也，贈開府儀同三司。文宗朝馬存亮雖在中尉，不與王守澄同惡，力止其屠害宋申錫家屬，又有保

衛昭愍之功，權寵既盛，能奉身以退，是年卒，贈揚州大都督。兹二人者生獲令名，死有光寵，爲善之效也。天子任内臣，能常以力士、存亮等善惡之效示之，無使權寵之過，不惟不害國事，亦足以保全之也。

王夫之《讀通鑑論》卷二六《唐武宗》 老氏曰：「天下之至柔，馳騁天下之至剛。」此女子小人滔天之惡，所挾以爲藏身之固者也。

唐之宦官，其勢十倍於漢、宋。李輔國驅四十年御世之天子如逸豚而苙之。其後憲宗死焉，敬宗死焉，太子永死焉，絳王悟、安王溶、陳王成美死焉，三宰相、一節度，合九族而死焉。庖人之於雞鶩，唯其操鸞刀而割之也。文宗垂涕而歎，自比於周赧、漢獻而以爲不如，鬱鬱飲醇酒以成疢而崩，其凶悍之鋒，不可嚮邇也如此。以爲神策六軍在其指掌，故莫之能制，是已，而未盡然也。當其時，節鎮林立，大臣分閫，合天下之全力，以視六軍豢養之罷民，豈不相敵，而奚惴惴焉？及觀仇士良之教其黨曰：「天子不可令閒，日以奢靡娱其耳目，無暇更及他事。」然後知其所以毆中材之主人於其阱而不得出者，唯以至柔之道縻縶之，因而馳騁之，蔑不勝矣。

夫耳目之欲，筋骸之逸，狎而安之，順而受之，亦曰此人主之所應得，近侍之所宜供者耳。於國無損，於事非專，即不以爲彼功，而抑非可爲彼罪也。乃當其驕横著見，人主亦含忿不堪而思翦滌。俄而退息於深宫，則娱樂迭進，而氣不覺其漸平矣；稍定焉，而姁姁媚媚，百出以相靡，竟不知夙忿之何以遽蠲也。氣一往而衰，安望其復振哉？

凡孌童稚女、清歌妙舞、捐煩解憒者，皆其戈矛鴆毒之機也。正人端士沮喪而不得以時進獻其忱，則皆廢然返曰：出而與吾謀屏除者，入而且與之歡笑，吾惡能勝彼哉？徒自誅夷貶竄而弗能摇動之也。未有不緘口息機，聽其孤危而莫恤者也。則臣非其臣，兵非其兵，狎媚日進，而白刃夕張，莫能測焉。至柔之馳騁至剛，綽乎其有餘矣。

然則羣奄之勢重邱山而弑逆相尋也，豈恃神策之孤軍哉？恃此而已矣。漢、宋之閹主受制於家奴者皆此；而唐之立國，家法不修，淫聲曼色，自太宗以來，漫焉進御而無防閑之教，故其禍爲尤酷焉。口鼻非藉之不安臭味；肢體非藉之不宜清㬉；煩勞菀結非藉之不能穆耳而愉心。林池魚鳥、書畫琴弈、張弧怒馬，各有所嗜，而皆能爲奪情息怒之媒。機械之張，烈於彊秦，密於曹操，彼以剛爭，此以柔制，雖欲如周赧、漢獻而不能，果不如矣。人主而能知此，則勿曰宦官之惡不可撲也。以一念之無欲，塞滔天之横流，有餘裕矣。然而知之者鮮，能之者尤百不得一也，是以難也。

俞樾《茶香室叢鈔》卷三《李輔國爲高力士所殺》 唐蘇鶚《杜陽雜編》云：「李輔國恣横，上切齒久矣。因夢登樓，見高力士領兵數百，鐵騎以戟刺輔國首，流血灑地。遣謁者問其故，力士曰：『明皇之令也。』上覺亦不敢言。輔國尋爲盜所殺。上異之，方以夢語左右。」按杜陽雜編語多悠謬，然載此等事未始不足快人心而警姦邪也。

藝文

《册府元龜》卷六六五《内臣部》 八座位崇，是資望實；七兵寄重，必藉勲賢。況見危致命，爲臣之大節；存舊録功，有國之常典。況兹名器，允屬當仁。元從、開府儀同三司、判院帥行軍司馬、充閑廐五坊宫院營田裁接總監等使兼隴右郡牧使、京畿鑄錢使、長春宫使勾當、内作少府監及殿中都使、上柱國、郕國公李輔國，精明洞物，宏毅冠時，鍾河岳之秀氣，稟人倫之高識；悉心無隱，應物推誠，潔己不雜於風塵，臨事無忘於夙夜。義形造次，績著始終。頃在殷憂，備同甘苦，身率先於草創，功有成於纘服。洎大兵之後，戎務實繁，職統中外，事無大小，克徇恭敬之節，用申協贊之勳。比陳利害，多所宏益，永言忠讜，實表公才。未嘗矜伐，彌自謙損，星霜幾變，夷險一心。豈有業構經綸，任兼軍國，尚居散列，獨謝崇班。宜膺喉舌之寵，仍受腹心之託，欽乃攸司，以副僉望。加兵部尚書，餘並如故。

論道之官，兼平水土。神化之本，皆屬陶鈞。仗以勳賢，執兹大政。開府儀同三司、行兵部尚書、判元帥行軍司馬閑廐等使、上柱國、尚父李輔國，先聖同德，皇家保衡。經綸雲雷，負揭日月。佐命之義，格於蒼穹。親必造膝，言皆投水。功高彌損，任重不矜。芟夷内難，義形於色。姦邪黜伏，宗社獲安。大厦再崇，九鼎增重，肆予小子，繼守萬方。頃以寡薄，賴於營救，巖廊是倚，舟檝可乘。且名冠雲臺，未登公輔，績參天造，猶缺苴茅。久遂推挹，恐乖彝典，朝廷百辟，屢進昌言。乃申弼亮之謨，式副羣公之請。主兹空土，拜以專車，更誓山河，用加井賦。宜俞往諧之命，允叶褒優之禮。可司空、兼中書令兵部尚書，食實封八

百户。

《全唐文》卷四二唐肅宗《答李輔國請編皇帝奉迎上皇史册詔》 朕恭承明命，親總兵戎，掃欃槍之妖，拯生靈之患。宗社所祐，何往不克，雖兆自於艱難，而終盛於丕業。昨日星動順，鸞輿迴京。仰戴君父之恩，重歡侍省之慶。拜迎之日，得展孝誠，特荷恩慈，多慚薄德，遂得祥風引旆，瑞雪灑途，宫闕生光，感應昭著。卿爲朕心膂，夙夜忠勤，所請宣付史館宜依。

唐代宗部

綜述

《舊唐書》卷一一《代宗紀》 代宗睿文孝武皇帝諱豫，肅宗長子。母曰章敬皇太后吴氏，以開元十四年十二月十三日生于東都上陽宫。初名俶，年十五封廣平王。玄宗諸孫百餘，上爲嫡皇孫。宇量弘深，寬而能斷。喜懼不形於色。仁孝温恭，動必由禮，幼而好學，尤專《禮》、《易》，玄宗鍾愛之。

禄山之亂，京城陷賊，從肅宗搜兵靈武，以上爲天下兵馬元帥。時朝廷草創，兵募寡弱，上推心示信，招懷流散，比至彭原，兵衆數萬。及肅宗迴幸鳳翔，時房琯、郭子儀繼戰不利，賊鋒方鋭，屢來寇襲。上選求勇幹，頻挫其鋒，聖慮遑寧，士心大振。及師進討，百官辭送，步出闕門，方始乘馬。回紇葉護王子率兵入助，勇冠諸蕃，上接以優恩，結爲兄弟，故香積之戰，賊徒大敗，遂委西京而遁。雖子儀、嗣業之奮命，由上恩信結於士心，故人思自效。既收京城，令行禁止，民庶按堵，秋毫不犯，耆老歡迎，對之歔欷。聞賊殘衆猶保陝郊，即日長驅，東趨虢洛。新店之役，一戰大捷，慶緒之黨，十殲七八。數旬之間，河南底定，兩都恢復，二聖迴鑾，統率之功，推而不受。肅宗還京，大赦，改封楚王。

乾元元年三月，改封成王，四月庚寅，立爲皇太子，改名豫。上元末年，兩宫不豫，太子往來侍疾，躬嘗藥膳，衣不解帶者久之，及承監國之命，流涕從之。

寶應元年四月，肅宗大漸，所幸張皇后無子，后懼上功高難制，陰引越王係於宫中，將圖廢立。乙丑，皇后矯詔召太子。中官李輔國、程元振素知之，乃勒兵於凌霄門，俟太子至，即衛從太子入飛龍廐以俟其變。是夕，勒兵於三殿，收捕越王係及内官朱光輝、馬英俊等禁錮之，幽皇后於别殿。丁犯，肅宗崩，元振等始迎上於九仙門，見羣臣，行監國之禮。己巳，即皇帝位於柩前。甲戌，詔：「國之大事，戎馬爲先，朝有舊章，親賢是屬。故求諸必當，用制於中權；存乎至公，豈慚於内舉。特進、奉節郡王适可天下兵馬元帥。」乙亥，以兵部尚書、判元帥行軍閑廐等使李輔國進號尚父，飛龍閑廐副使程元振爲右監門將軍。流宦官朱光輝、啖庭瑶、陳仙甫等於黔中。

五月己卯朔，以李輔國爲司空兼中書令，餘如故。辛卯，制曰：「三年之喪，天下達禮，苟或變革，何以教人？朕遘此閔凶，攀號罔極，公卿固請，俾聽朝務，斬焉縗絰，痛貫心靈，豈可便議公除，遽移諒陰。昨見所司儀注，今月十三日大祥，十五日從吉。仰憑遺制，又欲抑予，竊惟哀思，深謂未可。其百僚並以此釋服，朕將繼武丁之道，《素冠》之詩，恭默再周，不忍權奪。凡庶在位，宜悉哀懷。」宰臣苗晉卿等三上表請依遺制，方聽政。丙戌，嗣魯王宇改封鄒王，奉節郡王适進封魯王，李光弼進封臨淮王。貶禮部尚書蕭華爲陝州司馬。改行乾元錢，重稜小錢一當二，重稜大錢一當三。丙申，以户部侍郎元載同中書門下平章事，充度支轉運使。改乾元大小錢并一當一。丁酉，御丹鳳樓，大赦。子儀、光弼、李光進諸道節度使並加實封，四月十七日立功人並號「寶應功臣」。内外文武官三品已上進爵，四品已下加階。諸州防禦使並停。内外官三考一轉。益昌郡王邈進封鄭王，延慶郡王迥進封韓王。故庶人皇后王氏、故庶人太子瑛、鄂王瑶、光王琚並宜復封號。棣王琰、永王璘並與昭雪。建昌王追封齊王，崇恩王追封衛王，靈昌王追封鄆王。壬寅，以來瑱復爲襄州刺史、山南東道節度使。

六月己酉朔，百僚臨于西宫，上不視朝。自是每朔望皆如之，迄於山陵。凡人臣有事辭見，先臨西宫，然後詣朝。改豫州爲蔡州，避上名也。待中苗晉卿以老疾，請三日一入中書，從之。己未，罷尚父李輔國判元帥行軍及兵部尚書、閑廐等使。輔國請遜位。辛酉，以輔國爲博陸王，罷中書令，許朝朔望。壬申，以通州刺史劉晏爲户部侍郎、兼御史大夫、京兆尹，充度支轉運鹽鐵諸道鑄錢等使。

秋七月己卯朔。辛巳，觀軍容使魚朝恩封馮翊郡開國公，宦官程元振爲鎮軍大將軍，保定郡開國公。庚寅，詔不許匭使閲投匭人文狀。來瑱自襄州來朝，郭子儀自河中來朝。

八月，台州賊袁晁陷台州，連陷浙東州縣。

九月丁丑朔，魯王适改封雍王。以山南東道節度使來瑱爲兵部尚書，同中書門下平章事，節度如故。程元振進封邠國公。戊戌，回紇登里可汗率衆來助國討逆，令御史大夫尚衡宣慰之。甲午，太州至陝州二百餘里黄河清，澄澈見底。甲午，秘書監韓穎、中書舍人劉烜配流嶺表，尋賜死，坐狎昵李輔國也。

冬十月辛酉，詔天下兵馬元帥雍王統河東、朔方及諸道行營，回紇等兵十餘

萬討史朝義，會軍於陝州。加朔方行營節度使、大寧郡王僕固懷恩同中書門下平章事。丁卯夜，盜殺李輔國於其第，竊首而去。戊辰，元帥雍王率諸軍進發，留郭英乂、魚朝恩鎮陝州。壬申，王師次洛陽北郊。甲戌，戰于橫水，賊大敗，俘斬六萬計。史朝義奔冀州。乙亥，雍王奏收東京、河陽、汴、鄭、滑、相、魏等州。乙酉，陝西節度使郭英乂權知東京留守。丁酉，僞恒州節度使張忠志以趙、定、深、恒、易五州歸順，以忠志檢校禮部尚書、恒州刺史，充成德軍節度使，賜姓名曰李寶臣。於是河北州郡悉平。賊范陽尹李懷仙斬史朝義首來獻，請降。

十一月辛未，僕固懷恩爲尚書左僕射，兼中書令、靈州大都督府長史、河北副元帥。邛州新置鎮南軍。

是歲，江東大疫，死者過半。吐蕃陷我臨、洮、秦、成、渭等州。

二年春正月，國子祭酒，兼御史大夫、京兆尹劉晏爲吏部尚書、同中書門下平章事，度支諸使如故。壬寅，制開府儀同三司、行兵部尚書、同中書門下平章事，充山南東道節度觀察處置等使、上柱國、潁國公來瑱削在身官爵，長流播州，尋賜死于路。

閏月戊申，以史朝義下降將李寶臣爲檢校禮部尚書，兼御史大夫、恒州刺史、清河郡王，充成德軍節度使；薛嵩爲檢校刑部尚書、相州刺史、相衛等州節度使；李懷仙檢校兵部尚書，兼侍中、武威郡王、幽州節度使；田承嗣檢校戶部尚書、魏州刺史、雁門郡王、魏博等州都防禦使。

二月甲午，回紇登里可汗辭歸蕃。

三月甲辰朔，襄州右兵馬使梁崇義殺大將李昭，據城自固，仍授崇義襄州刺史、山南東道節度使。丁未，袁傪破袁晁之衆於浙東。玄宗、肅宗歸祔山陵。自三月一日廢朝，至於晦日，百僚素服詣延英門通名起居。

四月戊寅朔，太州依舊爲華州，太陰縣爲華陰縣。庚辰，河南副元帥李光弼奏生擒袁晁，浙東州縣盡平。辛巳，羣臣請上尊號。

五月丙寅，尚書省試制舉人，命左右丞、侍郎對試，賜食如舊儀。太常卿杜鴻漸奏：「婚葬合給鹵簿，望於國立大功及二等已上親則給，餘不在給限。」從之。

六月癸未，以陳鄭澤潞節度使李抱玉檢校司空，封武威郡王；河中節度使王昂檢校刑部尚書，封邵國公；同華節度使李懷讓檢校工部尚書；同日入省，宰相送上。甲申，以前淮西節度使王仲昇爲右羽林大將軍，兼御史大夫。六軍將軍兼大夫，自仲昇始也。甲午，觀軍容使魚朝恩自陝州入朝。上御達禮門，命公卿百僚觀兵馬。

秋七月戊申，羣臣上尊號曰寶應元聖文武皇帝，御含元殿受册。壬子，御宣政殿宣制，改元曰廣德，大赦天下，常赦不原者咸赦除之。安祿山、史思明親族應在諸道，一切原免不問。民戶三丁免一丁庸，租税依舊每畝二升。男子二十成丁，五十八爲老。元帥雍王兼尚書令，河北副元帥僕固懷恩加太保，回紇登里可汗進徽號。功臣皆賜鐵券，藏名太廟，畫像凌烟閣。刺史、縣令自今後改轉，刺史以三年爲限，縣令四年爲限，員外及攝試，不得釐務。丁巳，僕固瑒兼御史大夫，充朔方行營節度。是月，吐蕃大寇河、隴，陷我秦、成、渭三州，入大震關，陷蘭、廓、河、鄯、洮、岷等州，盜有隴右之地。

八月，以荆南節度使李峴爲宗正卿。

九月壬戌朔，僕固懷恩拒命於汾州，遣宰臣裴遵慶往宣撫之。己丑，吐蕃寇涇州，刺史高暉以城降，因爲吐蕃鄉導。

冬十月辛未，高暉引吐蕃犯京畿，寇奉天、武功、盩厔等縣。蕃軍自司竹園渡渭，循南山而東。丙子，駕幸陝州。上出苑門，射生將王獻忠率四百騎叛，脅豐王已下十王歸京。從官多由南山諸谷赴行在。郭子儀收合散卒，屯於商州。丁丑，次華州，官吏藏竄，無復儲擬。會魚朝恩領神策軍自陝來迎駕，乃幸朝恩軍。戊寅，吐蕃入京師，立廣武王承宏爲帝，仍逼前翰林學士于可封爲制封拜。辛巳，車駕至陝州。子儀在商州，會六軍使張知節、烏崇福、長孫全緒等率兵繼至，軍威遂振。舊將王甫誘聚京城惡少，齊擊街鼓於朱雀街，蕃軍震懾，狼狽奔潰。庚寅，子儀收京城。壬辰，以宰臣元載判天下元帥行軍司馬，京兆尹，兼吏部侍郎嚴武爲黄門侍郎，朗州刺史第五琦爲京兆尹、兼御史大夫。癸巳，以郭子儀爲京留守。高暉聞吐蕃潰，以三百騎東奔至潼關，爲關守李伯越所殺。

十一月辛丑朔，太常博士柳伉上疏，以蕃寇犯京師，罪由程元振，請斬之以謝天下。上甚嘉納，以元振有保護之功，削在身官爵，放歸田里。

十二月丁亥，車駕發陝郡還京。辛卯，鄂州大風，火發江中，焚船三千艘，焚居人廬舍二千家。甲午，上至自陝州。乙未，以侍中苗晉卿爲太保，黄門侍郎、同平章事裴遵慶爲太子少傅，並罷知政事；宗正卿、梁國公李峴爲黄門侍郎、同中書門下平章事。丙申，放廣武王承宏于華州，一切不問。丁酉，朔方行營節度使僕固瑒爲帳下斬首來獻。懷恩聞瑒死，燒營遁入吐蕃。朝臣稱賀，上不悦，

曰：「朕之涼德，信不及人，致勳臣顛覆，用增愧恧，何至賀焉！」吐蕃陷松州、維州、雲山城、籠城。

二年春正月甲辰，復置京畿觀察使，以御史中丞領之。癸卯，尚書右丞顔真卿爲刑部尚書，兼御史大夫，充朔方宣慰使。癸亥，吏部尚書、同平章事、度支轉運使劉晏爲太子賓客，黄門侍郎、同平章事李峴爲太子詹事，並罷知政事。以前右散騎常侍王縉爲黄門侍郎，太常卿杜鴻漸爲兵部侍郎，並同中書門下平章事。罷度支使，以户部侍郎第五琦專判度支及諸道鹽鐵、轉運、鑄錢等使。甲子，元帥、尚書令雍王三上章讓皇太子。第五琦奏諸道置常平倉使司，量置本錢和糴，許之。丁卯，司徒、兼中書令郭子儀充河東副元帥、河中等處觀察，兼雲州大都督，單于鎮北大都護。

二月己巳朔，册天下兵馬元帥，尚書令，雍王适爲皇太子。癸酉，上親薦獻太清宫、太廟。乙亥，祀昊天上帝於圓丘，即日還宫。戊寅，以澧州刺史裴冕爲左僕射兼御史大夫，充東都、河南、江南、淮南轉運使。乙未，第五琦開決汴河。

五月戊午，敕中書、門下兩省加置散騎常侍四員，官爲正三品。庚申，罷歲貢孝悌力田、童子等科。甲子，禁鈿作珠翠等，委所司切加捉搦。癸未，制：「太保、兼中書令、靈州大都督府長史、單于鎮北副大都護、充朔方節度、關内度支營田鹽池押諸蕃部落副大使、知節度事、六城水運使、河北副元帥、上柱國、大寧郡王僕固懷恩，先任靈州大都督府長史、單于鎮北副元帥、朔方節度使宜並停，其太保、兼尚書令、大寧郡王如故。」

七月，判度支第五琦兼京兆尹、御史大夫。

八月丁卯，宰臣王縉爲侍中，持節都統河南、淮西、淮南、山南東道節度行營事，進封太原郡公。固讓侍中，從之。宰相杜鴻漸判門下省事。癸巳，王縉兼領東京留守。

九月丙申，詔徵河中兵討吐蕃，將發，是夜軍衆喧譟，劫節度使崔寓家財及民家財産殆盡，皆重裝而行，吏不能禁。自七月大雨未止，京城米斗值一千文。蝗食田。丙午，河東節度使辛雲京檢校尚書右僕射，同中書門下平章事、太原尹、北京留守。辛亥，河東副元帥、中書令、汾陽郡王郭子儀加太尉，充北道邠寧、涇原、河西已東通和吐蕃及朔方招撫使；陳鄭、澤潞節度使李抱玉進位司徒，充南道通和吐蕃使、鳳翔秦隴臨洮已東觀察使。子儀三表懇讓太尉，許之。己未，劍南節度嚴武攻拔吐蕃當狗城，破蕃軍七萬。尚書左丞楊綰知東京選，禮部侍郎賈至知東都舉，兩都分舉選，自此始也。辛酉，以太子詹事李峴爲吏部尚書，兼御史大夫，知江南東西及福建道選事，并觀農宣慰使；仍命洪州刺史李勉副知選事。

是秋，蝗食田殆盡，關輔尤甚，米斗千錢。

冬十月丙寅，僕固懷恩引吐蕃二萬寇邠州，節度使白孝德閉城拒守。丁卯，寇奉天，京師戒嚴。先鋒郭晞斬賊營於邠州西，俘斬數百計。子儀屯涇陽，蕃軍挑戰，子儀不出。劍南嚴武奏收吐蕃鹽川城。

十一月乙未，懷恩與蕃軍自潰，京師解嚴。丁未，子儀自涇陽入覲，詔宰臣百僚迎之於開遠門，上御安福寺待之。

十二月乙丑，加子儀關内、河中副元帥兼尚書令，吏部侍郎暢璀爲左散騎常侍、河中尹。子儀三表讓尚書令，詞情懇切，優詔從之。戊辰，子儀於都省領副元帥事，宰臣百僚送，仍令射生五百騎戎服自光範門送至省門，右僕射郭英乂以樂迎之。是日便赴奉天。

是歲，户部計帳，管户二百九十三萬三千一百二十五，口一千六百九十二萬三百八十六。

永泰元年春正月癸巳朔，制曰：「叶五紀者，建號以體元；授四時者，布和而順氣。天心可見，人欲是從，爰立大中之道，式受惟新之命。朕嗣膺下武，獲主萬方，顧以薄德，乘兹艱運，戎麾問罪，今已十年。飲至策勳，惟凶渠之授首；勞師黷武，豈人主之用心。軍役屢興，干戈未戢，茫茫士庶，斃于鋒鏑。皇穹以朕爲子，蒼生以朕爲父，至德不能被物，精誠不能動天。俾我生靈，淪於溝壑，非朕之咎，孰之過歟？朕所以馭朽懸旌，坐而待曙，勞懷罪己之念，延想安人之策。亦惟羣公卿士，百辟庶僚，咸聽朕命，協宣乃力，履清白之道，還淳素之風。率是黎元，歸于仁壽，君臣一德，何以尚兹。迺者刑政不修，惠化未洽，既盡財力，良多抵犯，静惟哀矜，實軫于懷。今將大振綱維，益明懲勸，肇舉改元之典，弘敷在宥之澤，可大赦天下，改廣德三年爲永泰元年。」戊申，澤潞李抱玉兼鳳翔隴右節度使，兼南道通和吐蕃、鳳翔秦隴臨洮已東觀察處置等使，仍命四鎮行營節度使馬璘爲副和吐蕃使。癸丑，罷岐州之鳳翔縣，併入天興縣。戊午，劍南節度使嚴武加檢校吏部尚書，山南節度使張獻誠加檢校工部尚書。以前太子少保王璵爲太子少師，前袁州刺史李遵爲太子少保，聽朝朔望。

二月丁丑，内出宫女千人，品官六百人守洛陽宫。戊寅，党項羌寇富平，焚

定陵寢殿。諸陵署復隸太常寺。戊子，河西党項永、定等十二州部落內屬，請置宜、芳等十五州，許之。

三月壬辰朔，詔左僕射裴冕、右僕射郭英乂、太子少傅裴遵慶、檢校太子少保白志貞、太子詹事臧希讓、左散騎常侍暢璀、檢校刑部尚書王昂高昇、檢校工部尚書崔渙、吏部侍郎李季卿王延昌、禮部侍郎賈至、涇王傅吴令瑶等十三人，並集賢院待詔。上以勳臣罷節制者，京師無職事，乃合於禁門書院，間以文儒公卿，寵之也。仍特給飧本錢三千貫。歲饑，米斗千錢，諸穀皆貴。丙午，鳳翔李抱玉讓司徒，從之，授左僕射、同平章事。庚戌，吐蕃請和。詔宰臣元載、杜鴻漸與蕃使同盟于興唐寺。

是春大旱，京師米貴，斛至萬錢。

五月癸丑，以尚書右僕射、定襄郡王郭英乂爲成都尹、御史大夫，充劍南節度使。是月麥稔。判度支第五琦奏請十畝税一畝，效古什一而徵，從之。

六月，代州置代北軍，平州置柳城，析通州石鼓縣置巴渠縣。

秋七月辛卯朔，淄青節度使侯希逸爲副將李懷玉所逐。制以鄭王邈爲平盧、淄青節度大使，令懷玉權知留後事。以久旱，遣近臣分録京城諸獄繫囚。甲午，昇平公主出降駙馬都尉郭曖。時久旱，京師米斗一千四百，他穀食稱是。

八月乙亥，河南道副元帥、涇原節度使馬璘封扶風郡王。

九月丁酉，僕固懷恩死于靈州之鳴沙縣。時懷恩誘吐蕃數十萬寇邠州，客將尚品息贊磨、尚悉東贊等寇奉天、醴泉，党項羌、渾、奴刺寇同州及奉天，逼鳳翔府、盩厔縣，京師戒嚴。時以星變，羌虜入寇，内出《仁王佛經》兩輿付資聖、西明二佛寺，置百尺高座講之。及奴虜寇逼京畿，方罷講。己酉，郭子儀自河中至，進屯涇陽，李忠臣屯東渭橋，李光進屯雲陽，馬璘、郝玉屯便橋，駱奉仙、李伯越屯盩厔，李抱玉屯鳳翔，周智光屯同州，杜冕屯坊州。上親率六軍屯苑内。庚戌，下詔親征。内官魚朝恩上言，請括私馬，京城男子悉皁衣團結，塞京城二門之一。士庶大駭，有踰垣鑿竇出城者，吏不能禁。自丙午至甲寅大雨，平地水流。丁巳，吐蕃大掠京畿男女數萬計，焚廬舍而去。同華節度周智光以兵追擊于澄城，破賊萬計。

冬十月己未，復講《仁王經》於資聖寺。吐蕃至邠州，與回紇相遇，復合從入寇。辛酉，逼奉天。癸亥，党項攻同州，焚州民廬舍。丁丑，郭子儀説諭回紇，令與吐蕃疑貳。庚辰，子儀先鋒將白元光合回紇軍擊吐蕃之衆於靈臺縣之西原，斬首五萬級，俘獲人畜凡三百里不絶。辛巳，京師解嚴。壬午，僕固懷恩大將僕固名臣以千騎來降。詔税百官錢，市絹十萬以賞回紇。乙酉，回紇首領胡禄都督來朝。癸卯，朔方將李迴方奏收靈武郡。丁亥，分宣饒、歙户口於秋浦縣置池州，分信州弋陽置貴溪縣。

閏十月辛卯，以京兆少尹黎幹爲京兆尹。丙午，封朔方大將孫守亮等九人爲異姓王，李國臣等十三人爲同姓王。丁未，百僚上表，以軍興急於糧餉，請納職田以助費，從之。戊申，進封渭北節度使李光進爲武威郡王；以刑部侍郎路嗣恭檢校工部尚書，兼御史大夫、靈州大都督府長史，充關内副元帥，兼知朔方節度等使。劍南節度使郭英乂爲其檢校西山兵馬使崔旰所殺，邛州柏茂林、瀘州楊子琳、劍南李昌巙皆起兵討旰，蜀中亂。

十一月，宰臣河南都統王縉請減諸道軍資錢四十萬貫修洛陽宫，從之。

十二月己酉，敕：「如聞諸州承本道節度、觀察使牒，科役百姓，致户口凋弊，此後委轉運使察訪以聞。」

二年春正月壬申，減子孫襲實封者半租，永爲常式。乙酉，制：「治道同歸，師氏爲上，化人成俗，必務于學。俊造之士，皆從此途，國之貴遊，罔不受業。修文行忠信之教，崇祗庸孝友之德，盡其師道，乃謂成人。然後揚于王庭，敷以政事，徵之以理，任之以官，置於周行，莫匪邦彦，樂得賢也，其在兹乎！朕志承理體，尤重儒術，先王設教，敢不虔行。頃以戎狄多虞，急於經略，太學空設，諸生蓋寡。絃誦之地，寂寥無聲，函丈之間，殆將不掃，上庠及此，甚用閔焉。今宇縣乂寧，文武並備，方投戈而講藝，俾釋菜以行禮。使四科咸進，六藝復興，神人以和，風化浸美，日用此道，將無間然。其諸道節度、觀察、都防禦等使，朕之腹心，久鎮方面，眷其子弟，爲奉義方，修德立身，是資藝業。恐干戈之後，學校尚微，僻居遠方，無所咨稟，負經來學，宜集京師。其宰相朝官、六軍諸將子弟，欲得習學，可並補國子學生。其中身雖有官，欲附學讀書者亦聽。其學官委中書門下選行業堪爲師範者充。其學生員數，所習經業，供承糧料，增修學館，委本司條奏以聞。」丙戌，以户部尚書劉晏充東都京畿、河南、淮南、江南東西道、湖南、荆南、山南東道轉運、常平、鑄錢、鹽鐵等使，以户部侍郎第五琦充京畿、關内、河東、劍南西道轉運、常平、鑄錢、鹽鐵等使。至是天下財賦，始分理焉。

二月丁亥朔，釋奠於國學，賜宰臣百官飧錢五百貫，於國學食。壬辰，鎮南都護依舊爲安南都護府。壬子，命黄門侍郎、同平章事杜鴻漸兼成都尹，持節充

山南西道、劍南東川等道副元帥，仍充劍南西川節度使，以平郭英乂之亂也。以四鎮行營節度使馬璘兼邠州刺史。癸丑，以山南西道節度使、梁州刺史張獻誠兼充劍南東川節度觀察使，邛州刺史柏茂林充邛南防禦使，劍南西山兵馬使崔旰爲茂州刺史，充劍南西山防禦使，從杜鴻漸請也。

三月辛未，張獻誠與崔旰戰于梓州，爲旰所敗，僅以身免。

夏四月辛亥，詔尚書省郎中授中州刺史，員外郎授下州刺史，爲定制。

五月丙辰，税青苗地錢使、殿中侍御韋光裔諸道税地迴，是歲得錢四百九十萬貫。自乾元已來，天下用兵，百官俸錢折，乃議於天下地畝青苗上量配税錢，命御史府差使徵之，以充百官俸料。每年據數均給之，歲以爲常式。

六月戊戌，以淮南節度使崔圓檢校尚書右僕射。

秋七月，自五月大雨，洛水泛溢，漂溺居人廬舍二十坊。河南諸州水。加荆南節度使衛伯玉檢校工部尚書。癸未，太廟二室芝草生。

八月丁亥，國子監釋奠復用牲牢。上元二年，詔諸祠獻熟，至是魚朝恩請復舊制。壬寅，以茂州刺史崔旰爲成都尹、兼御史大夫、劍南西川節度行軍司馬，邛南防禦使、邛州刺史柏茂林爲邛南節度使，從杜鴻漸所請也。癸卯，太子少保裴遵慶爲吏部尚書，吏部尚書崔寓爲太子少傅。甲辰，以開府儀同三司、右監衛大將軍、觀軍容宣慰處置使、神策軍兵馬使、上柱國、馮翊郡開國公魚朝恩加内侍監、判國子監事，充鴻臚禮賓等使，進封鄭國公。辛亥，以檢校禮部尚書裴士淹充禮儀使。

九月庚申，京兆尹黎幹以京城薪炭不給，奏開漕渠，自南山谷口入京城，至薦福寺東街，北抵景風、延喜門入苑，闊八尺，深一丈。渠成，是日上幸安福門以觀之。

冬十月己丑，宗正卿吳王祇奏上《皇室永泰新論》二十卷，太常博士柳芳撰。和蕃使楊濟與蕃使論位藏等來朝。丙申，令宰臣宴論位藏於中書省。

十一月甲寅，乾陵令於陵署得赤兔以獻。丙辰，詔：「古者量其國用，而立税典，必於經費，由之重輕。公田之籍，可謂通制；履畝而税，斯誠弊法。所期折中，以便於時。億兆不康，君孰與足？故愛人之體，先以博施；富國之源，必均節用。朕自臨宸極，比屬艱難，嘗欲闡淳朴之風，守沖儉之道，每念黎庶，思致和平。而邊事猶殷，戎車屢駕，軍興取給，皆出邦畿。九伐之師，尚勤王略；千金之費，重困吾人。乃者遵冉有之言，守周公之制，什而税一，務於行古。今則編户流亡，而墾田減税，計量入之數，甚倍征之法，納隍之懼，當宁軫懷。慮失三農，憂深萬姓，務從省約，稍冀蠲除，用申勤卹之懷，以救惸嫠之弊。京兆府今年合徵八十二萬五千石數内，宜減放一十七萬五千石，青苗地頭錢宜三分取一。在京諸司官員久不請俸，頗聞艱辛。其諸州府縣官，及折衝府官職田，據苗子多少，三分取一，隨處糶貨，市輕貨以送上都，納青苗錢庫，以助均給百官。」甲子，日長至，上御含元殿，下制大赦天下，改永泰二年爲大曆元年。

十二月癸卯，同華節度使周智光專殺陝州監軍張志斌。

二年春正月丁巳，密詔關内、河東副元帥郭子儀治兵討周智光。甲子，以兵部侍郎張仲光爲華州刺史、潼關防禦使，大理卿敬括爲同州刺史、長春宮等使。是日，周智光帳下將斬智光并子元耀、元幹三首，傳之以獻。己巳，詔潼關置兵三千。癸酉，詔：「天文著象，職在於疇人；讖緯不經，蠹深於疑衆。蓋有國之禁，非私家所藏。雖裨竈明徵，子産尚推之人事；王彤必驗，景略猶置於典刑。況動皆訛謬，率是矯誣者乎！故聖人以經籍之義，資理化之本，側言曲學，實紊大猷，去左道之亂政，俾彝倫而攸叙。自四方多故，一紀于兹，或有妄庸，輒陳休咎，假造符命，私習星曆。共肆窮鄉之辯，相傳委巷之譚，作僞多端，順非僥澤。熒惑州縣，詿誤閭閻，壞紀挾邪，莫踰於此。其玄象器局、天文圖書，《七曜曆》、《太一雷公式》等，私家不合輒有。今後天下諸州府，切宜禁斷，本處分明牓示，嚴加捉搦。先藏蓄此等書者，敕到十日内送官，本處長吏集衆焚燬。限外隱藏爲人所告者，先決一百，留禁奏聞。所告人有官即與超資注擬，無官者給賞錢五百貫。兩京委御史臺處分。各州方面勳臣，洎百僚庶尹，罔不誠亮王室，簡于朕心，無近憸人，慎乃有位，端本静末，其誠之哉！丁丑，升魏州爲大都督府。戊寅，敕：「同、華兩州，頃因盜據，民力凋殘，宜給復二年，一切蠲免。」庚辰，禁王公宗子郡縣主之家，不得與軍將婚姻交好，委御史臺察訪彈奏。

二月壬午，幸昆明池踏青。丙戌，封華州牙將姚懷爲感義郡王，李延俊爲承化郡王，以斬智光之功也。郭子儀自河中來朝。癸卯，宰臣元載王縉、左僕射裴冕、户部侍郎第五琦、京兆尹黎幹各出錢三十萬，置宴於子儀之第。

三月丁巳，河中府獻玄狐。汴宋節度使田神功來朝。甲戌，魚朝恩宴子儀、宰相、節度、度支使、京兆尹於私第。乙亥，子儀亦置宴於其第。戊寅，田神功宴于其第。時以子儀元臣，寇難漸平，蹈舞王化，乃置酒連宴。酒酣，皆起舞。公卿大臣列坐於席者百人。子儀、朝恩、神功一宴費至十萬貫。

夏四月己亥，以江南西道都團練觀察等使、洪州刺史李勉爲京兆尹，刑部侍郎魏少遊爲洪州刺史、兼御史大夫、江西觀察團練等使。庚子，宰臣内侍魚朝恩與吐蕃同盟於興唐寺。丙午，加田神功檢校右僕射。癸酉，以工部侍郎徐浩爲廣州刺史、嶺南節度觀察使。

六月戊戌，山南、劍南副元帥杜鴻漸自蜀入朝。壬寅，荆南節度使衛伯玉封城陽郡王。

秋七月戊申朔，以右散騎常侍于休烈爲檢校工部尚書、知省事。時方面勛臣升八座者多非正員，朝命正員者以知省事爲名。以中書舍人張延賞檢校河南尹。丙寅，以劍南西川節度行軍司馬崔旰爲劍南西川節度觀察等使，遂州刺史杜濟爲劍南東川節度觀察等使。以杭州刺史張伯儀爲安南都護。癸酉，析道州延唐縣置大曆縣。

八月庚辰，鳳翔節度使李抱玉來朝。丙戌，渤海朝貢。辛卯，潭、衡水災。敕陵廟署復隸宗正寺。

九月甲寅，吐蕃寇靈州，進寇邠州。詔子儀率師三萬，自河中鎮涇陽，京師戒嚴。子儀移鎮奉天。命左丞李涵宣慰河北。辛未，靺鞨使來朝。桂州山獠陷州城，刺史李良遁去。

十月戊寅，靈州奏破吐蕃二萬，京師解嚴。甲申，減京官職田三分之一，給軍糧。乙酉，醴泉出于櫟陽，飲之愈疾。回紇、党項使來朝。癸卯，上御紫宸殿，策試茂才異行、安貧樂道、孝悌力田、高蹈不仕等四科舉人。

十一月庚申，改黄門侍郎依舊爲門下侍郎。詔曰：「春秋以九命作上公。而謂之宰臣者，三公之職。漢制：中書令出納詔命，典司樞密；侍中上殿稱制，參議政事。魏、晉已還，益重其任。職有關於公府，事不係於尚書，雖陳啓沃之謀，未專宰臣之稱，所以委遇斯大，品秩非崇。至于國朝，實執其政，當左輔右弼之寄，總代天理物之名，典領百僚，陶鎔景化。豈可具瞻之地，命數不加，固當進以等威，副其僉屬。其侍中、中書令宜升入正二品，門下、中書侍郎升入正三品。」己丑，率百官京城士庶出錢以助軍。

十二月甲申，鳳翔李抱玉來朝。丁酉，太原節度使辛雲京來朝。

是秋，河東、河南、淮南、浙江東西、福建等道五十五州奏水災。

三年春正月辛亥，劍南西山置乾州，管招武、寧遠二縣。甲子，册新羅國王金乾運母爲太妃。甲戌，以工部侍郎蔣渙爲尚書左丞，浙西團練觀察使、蘇州刺史韋元甫爲尚書右丞，左丞李涵、右丞賈至並爲兵部侍郎。

二月己卯，以常州刺史李栖筠爲蘇州刺史、兼御史中丞、浙西團練觀察使。壬午，邠寧節度使馬璘來朝。

三月壬申，割恒州行唐縣置泜州，以靈壽、恒陽隸之。

夏四月戊寅，以山南西道節度使、鄧國公張獻誠爲檢校户部尚書，以疾辭位也。右羽林將軍張獻恭爲梁州刺史、兼御史中丞，充山南西道節度觀察使，兄獻誠所薦也。壬寅，滑亳節度使令狐彰加檢校工部尚書。劍南西川節度使、兼御史大夫崔旰來朝。

五月戊申，加崔旰檢校右散騎常侍。乙卯，追謚故齊王倓爲承天皇帝，興信公主亡女張氏爲恭順皇后，祔葬。辛酉，改桂州臨源縣爲全義縣。癸酉，以左散騎常侍崔昭爲京兆尹。戊辰，以劍南西川節度使崔旰檢校工部尚書，改名寧。寧爲柏茂林、楊子琳所攻，寧既入朝，子琳乘虚襲據成都府。朝廷憂之，即日詔寧還成都。庚午，以邛州刺史鮮于叔明爲梓州刺史，充劍南東川節度使。

六月戊子，承天皇帝祔奉天皇帝廟，同殿異室。壬辰，幽州節度使、檢校侍中、幽州大都督府長史李懷仙爲麾下兵馬使朱希彩所殺。

閏月己酉，郭子儀加司徒。庚申，宰臣充河南副元帥王縉兼幽州節度使。以尚書右丞韋元甫揚州大都督府長史、兼御史大夫，充淮南節度觀察等使。丁卯，以幽州節度副使、試太常卿朱希彩知幽州留後。遣兵部侍郎李涵兼御史大夫，使河北宣慰，以幽州亂故也。庚午，相州薛嵩、魏州田承嗣、恒州李寶臣並加左右僕射。

七月壬申，崔寧弟寬攻破楊子琳，收復成都府。乙亥，王縉赴鎮州。

八月壬戌，吐蕃十萬寇靈武。丁卯，吐蕃寇邠州，京師戒嚴。戊辰，邠寧節度使馬璘破吐蕃二萬於邠州。御史大夫崔渙爲税地青苗錢使，給百官俸錢不平，詔尚書左丞蔣渙按鞫，貶崔渙爲道州刺史。門下侍郎、同中書門下平章事、兼幽州長史，持節，河南副元帥，都統河南淮西山南東道諸節度行營，兼幽州盧龍等軍節度使，太微宫使，弘文館大學士，兼東都留守，齊國公王縉兼太原尹、北都留守，充河東軍節度，餘官使並如故。辛未，以門下侍郎、同中書門下平章事、山劍副元帥、太清宫使、崇玄館大學士杜鴻漸兼東都留守。

九月壬申，郭子儀自河中移鎮奉天。壬午，吐蕃寇靈州。甲申，以尚書左丞蔣渙爲華州刺史，充鎮國軍潼關防禦使。庚寅，以前華州刺史張重光爲尚書左

丞。壬辰，靈州將白元光破吐蕃二萬於靈武。戊戌，靈武奏破吐蕃六萬，百僚稱賀，京師解嚴。

冬十月甲寅，朔方留後、靈武大都督府長史常謙光加檢校工部尚書。乙未，以京兆尹李勉爲廣州刺史，充嶺南節度使。丁卯，子儀自奉天來朝。

十一月丁亥，幽州留後朱希彩爲幽州長史，充幽州盧龍節度使。癸巳，加廊下百官廚料，增舊五分之一。

十二月己酉，以邠寧節度使馬璘爲涇原節度，移鎮涇州，其邠寧割隸朔方軍。邠州將吏以燒馬坊爲亂，兵馬使段秀實斬其兇首八人，方定。

四年春正月甲戌，大風。乙亥，大雪，平地盈尺。子儀回河中。戊子，敕有司定王公士庶每户税錢，分上、中、下三等。乙未，福建觀察使李承昭請徙汀州於長汀縣之白石村，從之。黑衣大食國使朝貢。

二月乙巳，以瀘州刺史楊子琳爲陝州刺史。乙卯，宰臣杜鴻漸讓山劍副元帥，從之。辛酉，以湖南都團練觀察使、衡州刺史韋之晉爲潭州刺史，因是徙湖南軍於潭州。江西團練使魏少遊來朝。

三月壬申，詔：「夫計人而置官，度事而賦任，因時立制，損益在焉。吏足以理人，人足以奉吏，則官稱其禄，禄當其秩，然後上下相樂，公私不匱。昔漢光武時及魏太和中，並減吏員，兼省鄉邑，致理之道，此其一隅。今連歲治戎，天下凋瘵，京師近甸，煩苦尤重，比屋流散，念之惻然。人寡吏多，困於供費，欲其蘇息，不可得也。設令廉耻守分，以奉科條，猶有録廪之煩，役使之弊；而況貪猾縱欲，而動踰典章，作威以虐下，厚斂以潤己者乎！古者縣置大夫一員，足以爲治，奚必貳佐分掌而後治耶？且京畿户口，減耗大半，職員如舊，何以堪之？豈可以重困之人，供不給之費。使人不倦，其在變通，制事之宜，式從省便。其京兆府長安、萬年宜各減丞一員、尉兩員，餘縣各減丞、尉一員。餘委吏部條件處分。」吏部尚書裴遵慶爲右僕射，劉晏改吏部尚書。庚寅，江西團練使魏少遊封趙國公。丙申，復置仙州。

夏四月壬寅，陝州虞邑縣復爲安邑縣，虢州天平縣復爲湖城縣。

五月辛卯，以僕固懷恩女爲崇徽公主，嫁回紇可汗，仍令兵部侍郎李涵往册命。

六月丁酉，以太子詹事臧希讓檢校工部尚書，充渭北節度；以渭北節度李光進爲太子太保。辛亥，升辰州爲都督府，析辰、巫、溪、錦、業等州置團練觀察使。

秋七月己巳，以澧州刺史崔瓘爲潭州刺史、湖南都團練觀察使。癸未，以天下刑官濫刑，詔：「至理之代，先德後刑，上歡然以臨下，下欣然而奉上，禍亂不作，法令可施。去聖久遠，薄於教化，簡書填委，獄訟煩興。苛吏舞文，冤人致辟，思欲刷耻改行，厥路無由，豈天地父母慈愛之意也！朕主三靈之重，託羣后之上，夕惕若厲，不敢荒寧。內訪卿士，外咨方岳，日不暇給，八年于兹，而大道淳風，鬱而不振。四郊多壘，連歲備邊，師旅在外，役費尤廣，賦役轉輸，疾耗吾人，困竭無聊，窮期濫矣。下庶暗昧，不見刑網，戎士在軍，未習法令，犯禁抵罪，其徒實繁。狴犴之間，未詳事實，吏議不決，動淹時月，傷沮和氣，屢彰咎徵。此皆朕之不明，教之未至，上失其道而繩下以刑，敢不罪己以答災眚。人者君之支體，害之則君有所傷；刑者教之輔助，失之則人無所措。慮有冤濫，惨然憂傷，用明慎罰之典，俾弘在宥之澤。其天下見禁囚，死罪降從流，流已下釋放，左降、流人、移隸等，委所司奏聽進止。如聞州縣官比來率意恣行粗杖，不依格令，致使殞斃，深可哀傷。頻有處分，仍聞乖越。自今已後，非灼然蠹害，不得輒加非理，所司嚴加糾察以聞。」先是皇姨弟薛華因酒色之忿，手刃三人，棄屍於井，事發繫獄，賜自盡，故有是詔。

八月，自夏四月連雨至此月，京城米斗八百文。官出米二萬石，減估而糶，以惠貧民。

冬十月乙卯，以汝州刺史孟皞爲京兆尹。

十一月辛未，禁畿內弋獵。丙子，以左僕射、冀國公裴冕同中書門下平章事，充東都留守、河南淮南淮西山南東道副元帥。

十二月乙未，敕左右補闕、拾遺、內供奉員左右各置兩員，餘罷之。辛酉，敕京兆府税宜分作兩等，上等每畝税一斗，下等税六升，能耕墾荒地者税二升。

五年春正月辛卯，以陝州節度使皇甫温判鳳翔尹，充鳳翔、河隴節度使；鳳翔節度使李抱玉判梁州事，充山南西道節度使。壬申，河南尹張延賞兼御史大夫，充東都留守。罷河南、淮西、淮南、山南東道副元帥，所管軍隸東都留守。

二月戊戌，李抱玉移鎮盩厔，鳳翔軍忿，縱兵大掠，數日乃止。己亥，廢仙州，以襄城、葉縣隸汝州。詔罷魚朝恩觀軍容使。己巳，朝恩自縊而死。戊寅，詔定京兆府户税。夏税，上田畝税六升，下田四升。秋税，上田畝五升，下田三升。荒田開墾者二升。己丑，敕：「唐虞之際，內有百揆，庶政惟和。至於宗周，

六卿分職，以倡九牧。《書》曰：『龍作納言，帝命惟允。』《詩》云：『仲山甫，王之喉舌。』皆尚書之任也。雖西漢以二府分理，東京以三公總務，至于領録天下之綱，綜覈萬事之要，邦國善否，出納之由，莫不處正於會府也。令、僕以綜詳朝政，丞、郎以彌綸國典，法天地而分四序，配星辰而統五行，元本於是乎在。九卿之職，亦中臺之輔助，小大之政，多所關決。自王室多難，一紀于兹，東征西伐，略無寧歲。内外荐費，徵求調發，皆迫於國計，切於軍期，率於權便裁之，新書從事，且救當時之急，殊非致理之道。今外虞既平，罔不率俾，天時人事，表裏相符。將明畫一之法，大布惟新之命，陶甄化源，去末歸本。魏、晉有度支尚書，校計軍國之用，國朝但以郎官署領，辦集有餘。時艱之後，方立使額，參佐既衆，簿書轉煩，終無弘益，又失事體。其度支使及關内、河東、山南西道、劍南西川轉運常平鹽鐵等使宜停。禮儀之本，職在奉常，往年置使，因循未改，有乖舊制，實曠司存。委太常卿自舉本職，其使宜停。漢朝丞相與公卿已下五日一決事，帝親斷可否。且國之安危，不獨注於將相，攷之理亂，固亦在於庶官。尚書、侍郎、左右丞及九卿，參領要重，朕所親倚，固當朝夕進見，以之匡益也。並宜詳校所掌，具陳損益，如非時宜，須有奏議，亦聽詣閤請對，當親覽其意，擇善而從。朕受昊天之成命，承累聖之鴻業，齊心滌慮，夙夜憂勞。顧以不敏不明，薄於德化，致使舊章多廢，至理未弘，其心愧耻，終食三嘆。雖詔書屢下，以申振卹，且朝典未舉，猶深鬱悼。思與百辟卿士，勵精於理，俾國經王道，可舉而行，各宜承式，以恭爾位。諸州置屯亦宜停。」于是悉以度支之務委於宰相。辛卯，以兵部侍郎賈至爲京兆尹。以京西兵馬使李忠臣爲鳳翔尹，代皇甫温；温移鎮陝州。

夏四月庚子，湖南都團練使崔瓘爲其兵馬使臧玠所殺，玠據潭州爲亂。澧州刺史楊子琳、道州刺史裴虬、衡州刺史楊濟出軍討玠。丙午，復置先農、馬祖壇，祀之。丁未，封幽州節度使朱希彩爲高密郡王。庚申，宰臣太原尹王縉入朝。

五月辛未，刑部侍郎黎幹爲桂州刺史、桂管防禦經略招討觀察等使。庚辰，貶禮儀使、禮部尚書裴士淹爲虔州刺史，户部侍郎、判度支第五琦爲饒州刺史，皆魚朝恩黨也。元載既誅朝恩，下制罷使，仍放黜之。癸未，以羽林大將軍辛京杲爲潭州刺史、湖南觀察使。徙置當、悉、柘、静、恭五州於山險要害地，備吐蕃也。

六月己未，彗星始滅，赦天下見禁囚徒。

秋七月丁卯，以浙東觀察使、越州刺史、御史大夫薛兼訓爲檢校工部尚書、太原尹、北都留守，充河東節度使。是月，京城斗米千文。

八月辛卯，宰臣元載上疏請置中都於河中府，秋杪行幸，春中還京，以避蕃戎侵寇之患。疏入不報。載疏大旨以關輔、河東等十州户税入奉京師，創置精兵五萬，以威四方，辭多捭闔，欲權歸於已也。

九月丁丑，以宣歙池等州都團練觀察使、宣州刺史、兼御史中丞陳少遊充浙江東道團練觀察使。吐蕃寇永壽。汴州田神功來朝。

十二月乙未，改巫州爲溆州，業州爲蔣州。

六年春正月戊寅，於鄜州之鄜城置肅戎軍。夏四月丁巳，上御宣政殿試制舉人，至夕，策未成者，令太官給燭，俾盡其才。己未，澧州刺史楊子琳來朝，賜名猷。丁丑，改果州爲充州。戊寅，詔：「纂組文繡，正害女紅。今師旅未息，黎元空虚，豈可使淫巧之風，有虧常制。其綾錦花文所織盤龍、對鳳、麒麟、獅子、天馬、辟邪、孔雀、仙鶴、芝草、萬字、雙勝、透背，及大繝錦，竭鑿、六破已上，並宜禁斷。其長行高麗白錦、大小花綾錦，任依舊例織造。有司明行曉諭。」

五月癸卯，以河南尹張延賞爲御史大夫。

八月丙辰，以東都副留守常休明爲檢校左散騎常侍、河陽三城使。庚午，以御史大夫張延賞爲揚州大都督府長史、淮南節度使。丙午，以蘇州刺史、浙江觀察使李栖筠爲御史大夫。丁丑，獲白兔於太極殿之内廊。

九月，自八月連雨，害秋稼。戊申，於輪臺置静塞軍。

冬十月壬午，滄州置横海軍。

十一月己亥，文單國王婆彌來朝，獻馴象一十一。

十二月庚午，制以文單王婆彌爲開府儀同三司、試殿中監。

是歲春旱，米斛至萬錢。

七年春正月戊子，於魏州頓邱縣置澶州。以頓邱縣之觀城店置觀城縣，以張之清豐店置清豐縣，并割魏州之臨黄縣，並隸澶州。以貝州臨清縣之張橋店置永濟縣。庚子，以檢校户部尚書路嗣恭爲洪州刺史、兼御史大夫、江西觀察使。辛丑，太常卿楊綰兼充禮儀使。甲辰，回紇使出鴻臚寺劫掠坊市，吏不能禁止，復三百騎犯金光、朱雀等門。是日皇城諸門皆閉，慰諭之方止。

二月甲寅，以兵部侍郎李涵爲蘇州刺史、兼御史中丞，充浙西觀察使。

三月壬辰，詔諫議大夫置四員爲定。

夏四月甲寅，回紇王子李秉義卒，歸國宿衛賜名也。

五月辛卯，徙忻州之七聖容於太原府之紫極宫。乙未，詔：「躋於道者，化淳而刑措；善於理者，綱舉而網疏。朕涉道未弘，燭理多昧，常亦遐想太古，高挹玄風，保合太和，在宥天下，蓋德薄而未臻也。是用因時以設教，便俗以立防，務盡平恕，用申哀卹，又化淺而多犯也。加以邊虞未戢，徭賦適繁，荒廢之際，寇攘斯起。遂令圜土嘉石之下，積有繫囚；竹章牙簡之中，困於法吏。屬盛陽之候，大暑方蒸，仍念狴牢，何堪鬱灼？所以汨傷和氣，感致咎徵，天道人事，豈相遠也！如聞天下諸州，或愆時雨，首種不入，宿麥未登。哀我矜人，何時不恐？皆由朕過，益用懼焉。愓然憂嗟，深自咎責。所以減膳徹樂，別居齋宫，禱於神明，冀獲嘉應。仲夏之月，静事無爲，以助晏陰，以弘長養。斷薄決小，已過於麥秋；繼長增高，宜順乎天意。可大赦天下，見禁囚徒，罪無輕重，一切釋放。」癸亥，以檢校禮部尚書蔣涣充東都留守。

六月丁丑，詔誡薄葬，不得造假花果及金手脱寶鈿等物。

秋七月癸巳，回紇蕃客奪長安縣令邵説所乘馬，人吏不能禁。

八月庚戌，賜北庭都護曹令忠姓名曰李元忠。

冬十月壬子，上畋于苑中，矢一發貫二兔，從臣皆賀。辛未，以權知幽州盧龍節度留後朱泚檢校左散騎常侍，充幽州盧龍節度使。丙子，以太府卿吕崇賁爲廣州都督，充嶺南節度使。

十一月庚辰，詔：「自頃蕃戎入寇，巴南屢多征役，其巴、蓬、渠、集、壁、充、通、開等州，宜放二年租庸。」甲申，以福建觀察使李承昭爲禮部尚書，華州刺史李琦爲福州刺史、福建都團練觀察使。辛卯，以嶺南節度李勉爲工部尚書。

十二月辛未，滑州置永平軍。壬子，禁鑄銅器。

是秋稔。回紇、吐蕃、大食、渤海、室韋、靺鞨、契丹、奚、牂柯、康國、石國並遣使朝貢。

八年春正月癸卯，敕天下青苗地頭錢每畝十五文，率京畿三十文，自今一例十五文。京官三品已上郎官御史，每年各舉一人堪爲刺史縣令者。

二月甲子，御史大夫李栖筠彈吏部侍郎徐浩。丁卯，幽州節度使朱泚加檢校户部尚書，封懷寧郡王。徐浩、薛邕違格，並停知選事。

三月丙子，以工部尚書李勉兼御史大夫，滑州刺史，充永平軍節度，滑亳觀察等使。

夏四月戊申，乾陵上仙觀天尊殿有雙鵲銜紫泥補殿之隙缺，凡十五處。戊午，以太僕卿吴仲孺爲鄂州刺史、鄂岳沔等州團練觀察使。

五月，以太府卿于頎爲京兆尹。辛卯，鄭王邈薨，贈昭静太子。壬辰，曲赦京城繫囚。癸卯，詔赦天下繫囚，死罪降從流，流已下並放。

六月，隴州華亭縣置義寧軍。癸亥，户部侍郎，判度支韓滉奏安邑鹽池生乳鹽。

是夏，城奉天以備蕃寇。

八月甲寅，詔吏部尚書劉晏知三銓選事。己未，吐蕃寇靈武。庚午，靈武奏蕃軍退去。辛未，幽州節度使朱泚弟滔率五千騎來朝，請河西防秋。詔千騎迓於國門，許自皇城南面出開遠門，赴涇州行營。

九月壬午，嶺南節度使、廣州刺史吕崇賁爲部將哥舒晃所殺。癸未，晉州男子郇謨以麻辮髮，持竹筐及葦席，哭於東市，請進三十字，如不稱旨，請裹尸於席筐。上召見，賜衣，館之禁中。内二字曰「監團」，欲去諸道監軍、團練使也。丁亥，貶左巡使、殿中侍御史楊護，以其抑郇謨而不上聞也。戊子，詔京官五品以上各上封事，言政得失。甲午，東都留守蔣瓊兼知東都貢舉。戊戌，以辰錦觀察使李昌巙爲桂州刺史、桂管防禦觀察使。大鳥見武功，肉翅狐首，四足有爪，爪長四尺三寸，毛赤如蝙蝠，羣鳥隨而噪之。神策將張日芬射斃以獻。

冬十月癸卯，魏博田承嗣加同平章事。吐蕃寇涇州、邠州。甲子，子儀先鋒將渾瑊與吐蕃戰于宜録，我師不利。瑊與涇原馬璘極力追躡，蕃軍潰去。乙丑，以江西觀察使路嗣恭爲廣州刺史，充嶺南節度使，封翼國公。以浙東觀察使、越州刺史陳少遊爲揚州大都督府長史，充淮南節度使。戊辰，郭子儀奏破吐蕃十萬，百僚稱賀。

十一月庚戌，汴宋節度使田神功來朝。辛酉，淮西節度使李忠臣來朝。

九年春正月，澧朗兩州鎮遏使、澧州刺史楊猷擅浮江而下，至鄂州。詔許赴汝州，遂泝漢而上，復、郢、襄等州皆閉城拒之。

二月己丑，以田神功弟神玉權知汴宋留後。癸巳，郭子儀自邠州來朝，李抱玉自鳳翔來朝。

三月丙午，禁畿内漁獵採捕，自正月至五月晦，永爲常式。戊子，以澧州刺史楊猷爲洮州刺史。

夏四月己卯，以桂管觀察使黎幹爲京兆尹、兼御史大夫。甲申，中書舍人常衮率兩省官一十八人詣閣請論事，詔三人各盡所懷。乙酉，詔郭子儀等大閱兵

師以備吐蕃。壬辰，詔赦大辟以下繫囚，無輕重釋放。乙未，華陽公主薨，上悲惜之，累日不聽朝，宰臣抗疏陳請。

五月庚戌，廢泜州。庚申，詔度支使支七十萬貫、轉運使五十萬貫和糴，歲豐穀賤也。乙丑，詔：「四海之內，方協大寧，西戎無厭，獨阻王命，不可忘戰，尚勞邊事。朕頃以兵革之後，軍國空耗，躬率節儉，務勤農桑。上玄儲休，仍歲大稔，益用多愧，不知其然。雖屬此人和，近於家給，而邊穀未實，戎備猶虛。因其天時，思致豐積，將設平糴，以之餽軍。然以中都所供，内府不足，粗充常入之數，豈齊倍餘之收。其在方面藎臣，成兹大計，共佐公家之急，以資塞下之儲。每道歲有防秋兵馬，其淮南四千人，浙西三千人，魏博四千人，昭義二千人，成德三千人，山南東道三千人，荊南二千人，湖南三千人，山南西道二千人，劍南西川三千人，東川二千人，鄂岳一千五百人，宣歙三千人，福建一千五百人。其嶺南、浙東、浙西，亦合準例。恐路遠往來增費，各委本道每年取當使諸色雜錢及迴易利潤、贓贖錢等，每人計二十貫。每道據合配防秋人數多少，都計錢數，市輕貨送納上都，以備和糴，仍以秋收送畢。」涇原節度使馬璘來朝。丙寅，加馬璘尚書左僕射、知省事。璘諷將士進狀求宰相，故有是授。幽州節度使朱泚遣弟滔奉表請自入朝，兼自率五千騎防秋。許之，詔所司築第待之。

秋七月，久旱，京兆尹黎幹歷禱諸祠，未雨。又請禱文宣廟，上曰：「丘之禱久矣。」

八月辛未，以虢州刺史宋晦爲同州刺史，充長春宮營田等使。戊寅，以陝州大都督府長史皇甫温爲越州刺史，充浙東觀察使。

九月庚子，幽州節度使朱泚來朝。

冬十月，以前宣州刺史季廣琛爲右散騎常侍。

十一月庚子，以商州刺史李國清爲陝州大都督府長史，充陝州觀察使。

十二月庚寅，以中書舍人楊炎、秘書少監韋肇並爲吏部侍郎，中書舍人常衮爲禮部侍郎。壬辰，赦京繫囚，死罪降從流，流已下並釋放。

十年春正月己酉，昭義牙將裴志清逐其帥薛崿。薛崿奔洺州，上章待罪。志清率衆歸田承嗣。乙未，朱泚抗表乞留京師，西征吐蕃，請以弟滔權爲幽州留後，許之。以昭義將薛擇爲相州刺史，薛雄爲衛州刺史，薛堅爲洺州刺史，皆嵩之族人也。戊申，遣使慰諭田承嗣，令各守封疆，承嗣不奉詔。壬子，充州復爲果州。癸丑，田承嗣盜取洺州，又破衛州。

二月乙丑，盜殺衛州刺史薛雄。丙寅，罷辰、錦、溪、獎、溆五州經略使，復隸黔中。辛未，制第四子述封睦王，充嶺南節度度支營田、五府經略觀察處置等大使。第五子踰可封郴王，充渭北鄜坊等州節度大使。第六子連封恩王。第七子韓王迥可充汴宋節度大使。第八子遘可封鄜王。第十三子造封忻王，充昭義節度大使。第十四子暹封韶王。十五子運封嘉王。十六子遇封端王。十七子遹封循王。十八子通封恭王。十九子逵封原王。二十子逸封雅王。並可開府儀同三司，不出閤。丙子，以華州刺史李承昭爲相州刺史，知昭義兵馬留後。時田承嗣盡盜入相、衛所管四州之地，自署長吏。是日河陽軍亂，逐城使常休明，迫牙將王惟恭爲留後，軍士大掠數日。休明奔東都。甲申，以平盧淄青節度觀察海運押新羅渤海兩蕃等使、檢校工部尚書、青州刺史李正己檢校尚書左僕射；前隴右節度副使、隴州刺史馬燧爲商州刺史，充本州防禦使。

三月甲午，陝州軍亂，逐觀察使李國清，縱兵大掠。國清卑詞遍拜將士，方免禍，一夕而定。乙巳，薛崿、常休明至闕下，素服待罪。丁未，以左散騎常侍孟皞爲華州刺史，充潼關防禦使。

四月，太常寺奏：「諸州府所用斗秤，當寺給銅斗秤，州府依樣製造而行。」從之。乙丑，制：「魏博節度使、開府儀同三司、太尉、檢校尚書左僕射、同中書門下平章事、魏州大都督府長史、上柱國、鴈門郡王田承嗣可貶永州刺史。」仍詔河東、鎮冀、幽州、淄青、淮西、滑亳、汴宋、澤潞、河陽道出師進討。甲申，大雨雹，暴風拔樹，飄屋瓦，落鴟吻，人震死者十之二，京畿損稼者七縣。

五月乙未，田承嗣部將霍榮國以磁州歸。癸卯，劍南置昌州。罷兩都貢舉，都集上都，停童子科。

六月辛未，田承嗣遣其黨裴志清攻圍冀州，爲李寶臣所敗。

秋七月，杭州大風，海水翻潮，溺州民五千家，船千艘。

八月丁卯，田承嗣上表請束身歸朝。己丑，田承嗣將盧子期攻磁州。

九月戊戌，荊南節度使衛伯玉來朝。壬寅，宥京城繫囚。戊申，回紇白晝殺人於市，吏捕之，拘於萬年獄。其首領赤心持兵入縣，劫囚而出，斫傷獄吏。癸丑，吐蕃寇隴州，鳳翔李抱玉擊退之。戊午，幽州節度使朱泚鎮奉天。

冬十月癸亥，以商州刺史馬燧檢校左散騎常侍、河陽三城使。甲子，昭義節度使李承昭與盧子期戰於磁州清水縣，大破之，生擒子期以獻。丙寅，貴妃獨孤氏薨，追贈曰貞懿皇后。丁酉，田承嗣所署瀛州刺史吳希光以城降。丁未，路嗣

恭攻破廣州，擒哥舒晃，斬首以獻。

十一年春正月庚寅朔，田承嗣上表請罪。壬辰，遣諫議大夫杜亞使魏州宣慰，許其自新。辛亥，劍南節度使崔寧奏大破吐蕃二十萬，斬首萬級，生擒首領一千一百五十人，獻於闕下。

二月戊子，河陽軍復亂，大掠三日，監軍使冉廷蘭率兵斬其亂首，方定。

夏四月丙子，以浙西觀察使、蘇州刺史、御史大夫李涵知臺事，充京畿觀察使。己卯，以前淮南節度使、陽州大都督府長史、御史大夫張延賞爲江陵尹、兼御史大夫，充荆南節度使。

五月癸巳，以永平軍節度使李勉爲汴州刺史，充汴宋等八州節度觀察留後。時汴將李靈耀專殺濮州刺史孟鑒，北連田承嗣，故命勉兼領汴州。授靈耀濮州刺史，靈耀不受詔。

六月戊戌，以李靈耀爲汴州刺史，充節度留後。

秋七月戊子夜，暴澍雨，平地水深盈尺，溝渠漲溢，壞坊民千二百家。庚寅，田承嗣兵寇滑州，李勉拒戰而敗。

八月丙寅，幽州節度使朱泚加同中書門下平章事。李靈耀據汴州叛。甲申，命淮西李忠臣、滑州李勉、河陽馬燧三鎮兵討之。

九月乙丑，李忠臣等兵進營鄭州，靈耀之衆來薄戰。淮西兵亂，乃退軍於滎澤。戊辰，淄青李正己奏取鄆、濮二州。

冬十月乙酉，忠臣等軍破賊於中牟，進軍，又敗賊於汴州郭外，乃攻之。乙丑，承嗣遣姪悅率兵三萬援靈耀。丙午，淮西、河陽之師合擊田悅營，其衆大敗，悅脱身北走。靈耀聞悅之敗，棄城遁走。汴州平。丁未，滑將杜如江生擒靈耀而獻。

十二月丁亥，加平盧淄青節度使、檢校尚書左僕射、青州刺史、饒陽王李正己爲檢校司空、同中書門下平章事，成德軍節度使、太子太傅、檢校尚書左僕射、隴西郡王李寶臣檢校司空、同中書門下平章事。丁酉，以涇原節度副使、試太常卿、張掖郡王段秀實權知河東節度留後，北都留守薛兼訓病故也。昭義節度使李承昭抗表稱疾，以澤潞行軍司馬李抱真權知磁、邢兵馬留後。庚戌，加淮西節度、檢校右僕射、安州刺史、西平郡王李忠臣檢校司空、同中書門下平章事，仍兼汴州刺史。

十二年春正月辛酉，以四鎮北庭涇原節度副使、知節度使事、張掖郡王段秀實爲涇州刺史、兼御史大夫，充本州團練使。渤海使獻日本國舞女十一人。京師旱，分命祈禱。

二月戊子，淄青節度使李正己之子納爲青州刺史，充淄青節度留後。丁未，以朗州刺史李國清爲黔州刺史、經略招討觀察使。

三月癸亥，以太原少尹、河東節度行軍司馬、權知河東留後鮑防爲太原尹、御史大夫，充北都留守，河東節度使。庚午，左降官永州刺史田承嗣復授魏博節度使，官並如故。承嗣姪悅，子綰、緒、綸並復舊官。庚辰，宰相元載、王縉得罪下獄，命吏部尚書劉晏訊鞫之。辛巳，制：「中書侍郎、平章事元載賜自盡，門下侍郎、平章事王縉貶括州刺史。」

夏四月壬午，以朝議大夫、守太常卿、兼修國史楊綰爲中書侍郎，尚書禮部侍郎、集賢院學士常衮爲門下侍郎，並同中書門下平章事。癸未，以右庶子潘炎爲禮部侍郎。貶吏部侍郎楊炎爲道州司馬，元載黨也。諫議大夫、知制誥韓洄、王定包佶徐璜，户部侍郎趙縱，大理少卿裴冀，太常少卿王紞，起居舍人韓會等十餘人，皆坐元載貶官也。給事中杜亞使魏州，賜田承嗣鐵券。癸巳，以前秘書監李揆爲睦州刺史。揆故宰相，爲元載所忌，二十年流落丐食江湖間，載誅，方得爲郡。又召顔真卿於湖州，亦載所忌斥外也。丁酉，西川破吐蕃於望漢城，擒蕃將大籠官論器然以獻。壬寅，以前商州刺史烏崇福爲安南都護，本管經略使。渤海、奚、契丹、室韋、靺鞨並遣使朝貢。己酉，加京官料錢，文武班諸司共二千七百九十六員，文官一千八百五十四員，武官九百四十二員，歲加給一十五萬六千貫，并舊給凡二十六萬貫。以關内副元帥、兵馬使渾瑊兼邠州刺史。

五月辛亥，罷天下州團練守捉使名。甲寅，諸道邸務在上都名曰留後，改爲進奏院。庚午，敕毁元載祖、父墳，剖棺棄骸，焚毁私廟主於大寧里。甲戌，以前安南都護張伯儀爲廣州刺史、兼御史大夫，充嶺南節度使。

六月癸巳，時小旱，上齋居祈禱，聖體不康，是日不視朝。

秋七月戊午，罷潤州丹陽軍、蘇州長洲軍。

八月癸巳，賜東川節度使鮮于叔明姓李氏。癸卯，宰臣讓賜食。先是元載、王縉輔政，每日賜食，因爲故事。至是，常衮等上表云：「飧錢已多，更頒御膳，胡顔自安，乞停賜食。」從之。甲辰，以湖州刺史顔真卿爲刑部尚書。乙巳，以久雨宥常參百僚，不許御史點班。

九月乙卯，許以庶人禮葬元載。辛酉，以涇原節度副使段秀實爲四鎮北庭行營、涇原鄭潁等節度使。庚午，吐蕃寇坊州，掠党項羊馬而去。

是秋，宋、亳、陳、滑等州水。

冬十月丁亥，户部侍郎、判度支韓滉言解縣兩池生瑞鹽，乃置祠，號寶應靈慶池。乙巳，以滑州牙將劉洽爲宋州刺史。京兆尹黎幹奏水損田三萬一千頃。度支使韓滉奏所損不多。兼渭南令劉藻曲附滉，亦云部内田不損。差御史趙計檢渭南田，亦附滉云不損。上曰：「水旱咸均，不宜渭南獨免。」復命御史朱敖檢之，渭南損田三千頃。上歎息曰：「縣令職在字人，不損亦宜稱損，損而不聞，豈有卹隱之意耶！」劉藻、趙計皆貶官。

十一月癸酉，以右散騎常侍蕭昕爲工部尚書。刑部尚書顏真卿獻所著《韻海鏡源》三百六十卷。

十二月丁亥，西川崔寧奏於西山破吐蕃十萬，斬首八千，生擒九百人。己亥，天下仙洞靈迹禁樵捕。庚子，以幽州節度使朱泚兼隴右節度副大使，權知河西、澤潞行營兵馬事。京兆尹請修六門堰，許之。

十三年春正月辛酉，壞白渠碾磑八十餘所，以奪農溉田也。壬戌，刑部尚書、魯郡公顏真卿三抗章乞致仕，不允。淄青節度使李正己請附屬籍，從之。戊辰，回紇寇太原，鮑防與之戰，我師不利。朱泚徙封遂寧郡王。

二月庚辰，代州都督張光晟擊回紇，戰于羊武谷，破之，北人乃安。己亥，吐蕃寇靈武。甲辰，太僕寺佛堂有小脱空金剛右臂忽有黑汁滴下，以紙承之，色類血。

三月甲戌，河陽將士劫回紇輜重，因與相鬭，縱兵大掠，久之方定。

四月丁亥，以浙西觀察留後李道昌爲蘇州刺史、兼御史中丞，充浙西都團練觀察使。己丑，以前浙西觀察使李涵爲御史大夫。甲辰，吐蕃寇靈州，朔方留後常謙光擊敗之。

五月戊午，宦官劉清潭賜名忠翼。

秋七月壬子，中書舍人崔祐甫知吏部選事。癸丑，劍南節度使崔寧加檢校司空，東川李叔明加檢校工部尚書。辛未，吐蕃寇鹽州、慶州。

八月甲戌朔，成德軍節度使李寶臣抗章請復本姓張氏，從之。

冬十月丁酉，葬貞懿皇后於莊陵。

十一月丁卯，日長至，有司祀昊天上帝於南郊，上不視朝故也。

十二月丙戌，以吏部尚書劉晏爲左僕射，判使如故。以給事中杜亞爲洪州刺史、兼御史中丞，充江西觀察使。以江西觀察使路嗣恭爲兵部尚書。

是歲，郴州黄芩山崩，壓死者有數百人。

十四年春正月壬戌，以楚州刺史李泌爲澧州刺史。

二月甲申，以魏博中軍兵馬使、左司馬田悦兼御史中丞，充魏博節度留後。

三月丁未，汴宋節度使李忠臣爲麾下將族姪李希烈所逐，忠臣狼狽歸朝。上以忠臣立功於國，乃授檢校司空、同平章事。庚戌，以河南尹嚴郢爲京兆尹，河中少尹、知府事趙惠伯爲河南尹。辛酉，以前容管經略使、容州刺史王翃爲河中少尹、知府事。

夏四月癸未，成德軍節度使張寶臣復請姓李，從之。

五月癸卯，上不康，至辛亥，不視朝。北都留守鮑防以北庭歸朝。辛酉，詔皇太子監國。是夕，上崩於紫宸之内殿。遺詔皇太子柩前即位。壬戌，遷神柩于太極殿，發喪。

八月庚申，羣臣上尊謚曰睿文孝武皇帝，廟號代宗。

十月己酉，葬於元陵。十一月丁酉，祔於太廟。

雜録

備録

段成式《酉陽雜俎》前集卷一《忠志》　代宗即位日，慶雲見，黄氣抱日。初，楚州獻定國寶一十二，乃詔上監國。詔曰：「上天降寶，獻自楚州，神明生曆數之符，合璧定妖災之氣。」

趙璘《因話録》卷一《宫部》　代宗以郭尚父勳高，兼連姻帝室，常呼爲大臣而不名。每中使内人往來，必詢其門内休戚。尚父二愛姬，或云，南陽夫人及李夫人。嘗競寵爭長，互論其公私佐助之功，忿娼不相面，尚父不能禁。上知之，賜金帛及簪鐶，命宫人載酒以和之。方飲，令選人歌以送酒。一姬怒未解，歌未發，遽引蒲置觴於席前曰：「酒盡不須歌。」

郭曖嘗與昇平公主琴瑟不調，曖罵公主：「倚乃父爲天子耶？我父嫌天子不作。」賓詞别有所呼，不言父。公主恚啼，奔車奏之。上曰：「汝不知，他父實嫌天

子不作。便不嫌，社稷豈汝家有也。」因泣下，但命公主還。尚父拘曖，自詣朝堂待罪。上召而慰之曰：「諺云：『不癡不聾，不作阿家阿翁。』小兒女子閨幃之言，大臣安用聽？」錫賚以遣之，尚父杖曖數十而已。

蘇鶚《杜陽雜編》卷上 代宗廣德元年，吐番犯便橋。上幸陜，王師不利。常有紫氣如車蓋，以迎馬首。及迴潼關，上嘆曰：「河水洋洋，送朕東去。」上至陜，因望鐵牛，蹶然謂左右曰：「朕年十五六，宮中有尼號功德山，言事往往神驗，屢撫吾背曰：『天下有災，遇牛方迴。』今見牛也，朕將迴爾。」是夜，夢黄衣童子歌於帳前曰：「中五之德方峩峩，胡呼胡呼何奈何！」詰旦，上具言其夢，侍臣咸稱土德當王，胡虜破滅之兆也。黄衣，土之色，中五，土之數；峩峩者，高盛之義也。是月，副元帥郭子儀與大將李忠義、渭北節度使王仲昇克復京都，吐番大潰。上還宫闕，圖功臣於凌煙閣上，因謂子儀曰：「安禄山僭亂中原，是卿再安皇祚。昨朕蒙塵，卿復戮力，今日天下乃卿與我也。雖圖券不足以褒元老。」因泣下霑衣，子儀伏於上前，嗚咽流涕曰：「老臣無復致命久矣。但慮衰耄不堪王事，賴仗陛下宗廟社稷之靈，以成微績。」上因命御馬九花虬并紫玉鞭轡以賜，子儀知九花之異，固陳讓者久之。上曰：「此馬高大，稱卿儀質，不必讓也。」子儀身長六尺餘。九花虬，即范陽節度李懷仙所貢，額高九寸，毛拳如麟，頭頸鬃鬣，真虬龍也。每一嘶則羣馬聳耳，以身被九花文，故號爲九花虬。亦有獅子驄，皆其類。上東幸，觀獵於田，不覺日暮。忽顧謂左右曰：「行宫去此幾里？」奏曰：「四十里。」上遂令速鞭，恐闋夜，而九花虬緩緩然若行五里而已，侍從奔驟無及者。上以爲超光、趂影之匹也。王子年《拾遺記》周穆王有八駿，號超光、趂影、逐日者。自是益加鍾愛。既復京師，特賜子儀，崇功臣也。【略】上寬厚之德出於天然，爲兒時常爲玄宗器之。每坐於玉案前，熟視上貌，謂武惠妃曰：「此兒甚有異相，他日亦是吾家一有福天子也。」因命取上清珠，以絳紗裹之，繫於頸上。上清珠即開元初罽賓國所貢，罽賓國在西海。其珠光明潔白，可照一室。視之則出仙人玉女雲鶴絳節之象，摇動於其中。及上即位，寶庫中往往有神光異氣，掌庫者具以事告。上曰：「豈非上清珠耶？」遂令出之，絳紗猶在。乃泫然流涕，徧示近臣曰：「此我爲兒時明皇所賜也。」遂令貯之於翠玉函，置之於臥内。忽有水旱兵革之災，上每虔祝之，無不應驗。【略】上崇奉釋氏，每春百品香，和銀粉以塗佛室。遇新羅國獻五彩氍毹，製度巧麗，亦冠絶一時。每方寸之内，即有歌舞伎樂列國山川之象。忽微風入室，其上復有蜂蝶動摇。燕雀飛舞。俯而視之，莫辨真假。又獻萬佛山，可高一丈，因置山於佛室，以氍毹籍其地焉。萬佛山則彫沉檀珠玉以成之。其佛之形，大者或踰寸，小者七八分。其佛之首，有如黍米者，有如半菽者。其眉目口耳螺髻毫相無不悉具。而更鏤金玉水精爲幡蓋流蘇，菴羅薝蔔等樹，構百寶爲樓閣臺殿。其狀雖微，而勢若飛動，又前有行道僧徒，不啻千數。下有紫金鐘，徑闊三寸，上以龜口銜之。每擊其鐘，則行道之僧禮首至地，其中隱隱謂之梵音，蓋關戾在乎鐘也。其山雖以萬佛爲名，其數則不可勝紀。上因置九光扇於巖巘間，四月八日召兩衆僧徒入内道場禮萬佛山。是時觀者歎非人工，及覩九色光於殿中，咸謂之佛光，即九光扇也。由是上令三藏僧不空念天竺密語於口而退。

李輔國恣横無君，上切齒久矣。因寢，夢登樓，見高力士領數百鐵騎，以戟刺輔國首，流血灑地，前後歌呼，自北而去。遣謁者問其故，力士曰：「明皇之令也。」上覺，亦不敢言。輔國尋爲盜所殺。上異之，方以夢話於左右。

《太平廣記》卷二六〇《唐代宗》引《盧氏雜説》 唐代宗時，京兆尹黎幹以久旱，祈雨於朱雀門街。造土龍，悉召城中巫覡舞于龍所，幹與巫覡更舞，觀者駭笑。彌月不雨，又請禱于文宣王廟。上聞之曰：「丘之禱久矣。」命毁土龍，罷祈雨，減膳節用，以聽天命。及是甘澤乃足。

孔平仲《續世説》卷七《尤悔》 代宗時，吐蕃犯京師，急起郭子儀。子儀閑廢日久，部曲離散，至是召募得二千騎，而後收復京師。上至長安，子儀帥城中百官及諸軍迎於滻水東，伏地待罪。上勞之，曰：「用卿不早，以至於此！」郭子儀以朔方節度副使張曇性剛率，謂其以武人輕己，銜之。孔目官吴曜爲子儀所任，因而搆之。子儀怒，誣奏曇扇動軍衆，誅之。掌書記高郢力争之，子儀不聽，奏貶郢猗氏丞。既而僚佐多以病去，子儀悔之，悉薦之朝，曰：「吴曜誤我。」遂逐之。

葉廷珪《海録碎事》卷一〇上《大奴》 玄宗臨崩，常翫一紫玉笛，語侍宦曰：「將此笛遺大奴。」大奴，代宗小字。

羅大經《鶴林玉露》甲編卷二《進青魚》 唐代宗謂李泌曰：「路嗣恭獻琉璃盤九寸，乃以徑尺者遺元載，須其至議之。」賴泌一言，嗣恭免罪，而元載竟誅。

備論

《舊唐書》卷一一《代宗紀》 史臣曰：嗚呼，治道之失也，若河決金隄，火炎

崑崙，雖神禹之乘四載，玄冥之灑八瀛，亦不能堙洪濤而撲烈焰者，何也？良以勢既壞而不能遽救也。觀夫開元之治也，則橫制六合，駿奔百蠻；及天寶之亂也，天子不能守兩都，諸侯不能安九牧。是知有天下者，治道其可忽乎！明皇之失馭也，則禄山暴起於幽陵；至德之失馭也，則思明再陷於河洛；大曆之失馭也，則懷恩鄉導於犬戎。自三盜合從，九州羹沸，軍士膏於原野，民力殫於轉輸，室家相弔，人不聊生，而子儀號泣於用兵，元載殷憂於避狄。然而代宗皇帝少屬亂離，老於軍旅，識人間之情僞，知稼穡之艱難，内有李、郭之效忠，外有昆戎之幸利。遂得兇渠傳首，叛黨革心，關輔載寧，獯戎漸弭。至如稔輔國之惡，議元振之罪，去朝恩之權，不以酷刑，俾之自咎，亦立法念功之旨也。罪己以傷僕固，徹樂而悼神功，懲縉、載之姦回，重衮、綰之儒雅，脩己以禳星變，側身以謝咎徵，古之賢君，未能及此。而猶有李靈耀作梗，田承嗣負恩，命將出軍，勞師弊賦者，蓋陽九之未泰，豈君道之過歟！

贊曰：羣盜方梗，諸戎競侵。猛士嘗膽，忠臣痛心。掃除沴氣，敷衍德音。延洪納祉，帝慮何深。

《新唐書》卷六《代宗紀》 贊曰：天寶之亂，大盜遽起，天子出奔。方是時，肅宗以皇太子治兵討賊，真得其職矣！然以僖宗之時，唐之威德在人，紀綱未壞，孰與天寶之際？而僖宗在蜀，諸鎮之兵糾合戮力，遂破黄巢而復京師。由是言之，肅宗雖不即尊位，亦可以破賊矣。蓋自高祖以來，三遜于位以授其子，而獨睿宗上畏天戒，發於誠心，若高祖、玄宗，豈其志哉！代宗之時，餘孽猶在，平亂守成，蓋亦中材之主也！

范祖禹《唐鑑》卷六《代宗》 〔廣德〕二年二月，僕固懷恩叛，其子瑒爲其衆所殺，傳首詣闕。羣臣入賀。帝慘然不悦。曰：「朕信不及人，致勳臣顛越，深用爲愧，又何賀焉。」命輦懷恩母至長安，給待優厚。月餘，以壽終。以禮葬之。功臣皆感歎。帝之幸陝也，李光弼竟遷延不至，帝恐遂成嫌隙，其母在河中，數遣中使存問之。吐番退，除光弼東都留守，以察其去就。光弼辭以就江淮糧運，引兵歸徐州。帝迎其母至長安，厚加供給，使其弟光進掌禁兵，遇之加厚。

臣祖禹曰：《傳》曰：「禹湯罪己，其興也勃焉。」代宗之責己也厚，其待人也恕。而誠不能感物，何哉？賞罰無章，而善惡不明，上下之情不通，讒巧得行於其間故也。是以有功者不自保，無罪者恐見誅，以恩加人而人不親，以信示人而人益疑，紀綱壞亂，恩威不立，爲唐世姑息之主，由不得其道也。大曆五年十一月，元載以李泌有寵於帝，忌之，與其黨攻之不已，會江西觀察使魏少遊求參佐。帝謂泌曰：「元載不容卿，朕今匿卿於魏少遊所，俟朕決意除載，當有信報卿。可束裝來也。」乃以泌爲江西判官。且屬少遊使善待之。

臣祖禹曰：代宗以萬乘之主，不能庇一臣，而匿之於遠藩，既相元載，知其不可，則退之而已矣，乃欲稔其惡而誅之。且載方見任，而與泌密約除載，然則人臣誰敢自保。皆非人君之道。此天下所以多亂也。

六年八月，帝益厭元載所爲，思得士大夫之不阿附者爲腹心，漸收載權。内出制書，以浙西觀察使李栖筠爲御史大夫。宰相不知，載由是稍絀。

臣祖禹曰：代宗知元載之惡，欲罷其相位，一言而已可也，誰敢不從。且載所以方命專政者，挾君以爲重也，君去之則失其所恃，何惡之能爲？乃立黨自助，以傾其相，視之如敵國，主勢不已卑乎。

九年三月，以皇女永樂公主許妻魏博節度使田承嗣之子華。帝意欲固結其心，而承嗣益驕慢。

臣祖禹曰：齊景公涕出而女於吴，以爲既不能令，又不受命，是絶物也。齊與吴皆列國也。後世且猶羞之。代宗德不足以柔服，刑不足以御姦，以天子之尊而以女許嫁叛臣之子，苟欲姑息，而反以納侮，君道卑替亦已甚矣。此公卿大臣之耻也。

十年十月，諸鎮討田承嗣。帝嘉李寶臣之功，遣中使馬承倩齎詔勞之，將還，寶臣自詣其館，遺之百縑。承倩詬詈，擲出道中，寶臣慙。其左右兵馬使王武俊説寶臣曰：「今公在軍中新立功，豎子尚爾，況寇平之後，以一幅詔書召歸闕下，一匹夫耳，不如釋承嗣以爲己資。」寶臣遂有玩寇之志。

臣祖禹曰：齊寺人貂漏師，于多魚，夙沙衛殺馬以塞道，而殖綽、郭最見獲，皆以宦寺敗國喪師。承倩一怒寶臣，而諸鎮解體，臣猾逋誅。終唐之世，不能取魏。其爲害也，過於寺人，貂、夙沙衛遠矣。

十二年，元載伏誅，楊綰爲相。綰性清簡儉素，制下之日，朝野相賀。郭子儀方宴客，聞之減坐中聲樂五分之四；京兆尹黎幹騶從甚盛，即日省之，止存十騎；中丞崔寬第舍宏侈，亟毁撤之。

臣祖禹曰：上之化下，如風之靡草也。楊綰以清名儉德爲相，而天下從之如此，況人君能正己以先，海内其有不率者乎。是以先王必正其心，修其身，而天下自治。孟子曰：「君仁莫不仁，君義莫不義，君正莫不正，一正君而國定

矣。」此之謂也。

是秋霖雨，河中府池鹽多敗。戶部侍郎判度支韓滉恐鹽戶減稅，奏：「雨雖多，不害鹽，仍有瑞鹽生。」帝疑其不然。遣諫議大夫蔣鎮往視之。京兆尹黎幹奏：「秋霖損稼。」滉奏幹不實。帝命御史按視，奏：「所損凡三萬餘頃。」渭南令劉澡阿附度支，稱縣境苗獨不損。御史趙計奏與澡同。帝曰：「霖雨溥博，豈得渭南獨無？」更命御史朱敖視之，損三千餘頃。帝歎息久之曰：「縣令字人之官，不損猶應言損，乃不仁如是乎？」貶澡南浦尉，計澧州司戶，而不問滉。蔣鎮還，奏瑞鹽實如滉所言，仍上表賀，請宣付史臣，并置神祠，錫以嘉名。帝從之，賜「號寶應靈池」。時人醜之。

臣祖禹曰：代宗責縣令職在字人，無恤隱之心，而阿黨權勢，黜之當矣。韓滉掌邦計之臣，敢爲面欺，乃置而不問，是刑罰止行於卑賤，而不行於貴近也。蔣鎮以諫官受委覆實，而共爲姦罔，人主卒受其欺，廷臣亦無敢言。此二臣者，豈非以其君雖欲恤民，而卒歸於好利，受佞可以蒙蔽，故敢行詐，而無所忌憚也。是以雖有仁心，而民不被其澤，天下愈受其弊，由賞罰不平，聽任不明故也。且在縣令與御史，則始疑而終察之。在戶部與諫官，則始疑而終信之。其爲欺一也。明於踈遠，而眩於貴近，是朝廷無公道也。《書》曰：「無偏無黨，王道蕩蕩。」若代宗者，其何責焉。

代宗優寵宦官，奉使者不禁其求取。嘗遣中使賜妃族，還問所得頗少。代宗不悅，以爲輕我命。妃懼，遽以私物償之。由是中使公求賂遺，無所忌憚。宰相常貯錢於閤中，每賜一物，宣一旨，無徒還者，出使所歷州縣，移文取貨，與賦稅同，皆重載而歸。德宗素知其弊，及即位，遣中使邵光超賜李希烈旌節，希烈贈之僕馬及縑七百匹，黃茗二百斤，帝聞之，怒。杖光超六十而流之。於是中使之未歸者，皆潛棄所得於山谷，雖與之莫敢受。

臣祖禹曰：代宗寵官者而縱之受賂，雖爲蠹政，其害未大也。德宗矯其失而深懲之，豈不明哉！然其終也，舉不信羣臣，惟官者之從。至委以禁兵，持天下之柄而授之，其後人主廢置，出於其手，則其爲害，又甚於代宗。何其明於知父之失，而闇於知己之非乎？昔者明王欲改其先君之過者，殆不然。故夫德宗即位之初，凡深矯代宗之政者，愚人以爲喜，而哲人以爲憂。蓋出於一時之銳，而無忠信誠慤之心以守之，未有不甚之者也。

《張耒集》卷三九《唐代宗論》 予嘗論代宗唐之庸主也，而安史壞亂之後，肅宗草創，事出一切，人情震搖，易以生變，此非常才所能定，而代宗承之。又嘗一爲吐蕃所驚，逃奔于陝。然國遂以定不及其身者，何也？予考代宗行事，有類英主者二焉，誠率是道而充之，其身安而國定，蓋無足怪。何也？能容大功之臣，背之而不疑，犯之而不怒，而外無姑息之迹，一也。僕固懷恩、李光弼二人之功著矣。懷恩之恃功犯上，自敵以下誰能忍之？而代宗不與之較，故優容包納，卒待其自斃，豈不曰：「與之較力，則彼驍獷也；與之較理，則彼戎狄也。其乘氣而兇悖也，蓋將亡也。」是其料懷恩于目中矣。李光弼身兼將相，功無與二，而幸陝之後，堅坐不應，此其意非持兩端則高卧以觀變也。代宗恩禮終始不衰，豈不曰：「光弼之功而傷之，天下其謂我何？彼之不赴吾急，吾不問則已，問之則必討焉，彼非束手受死者，而吾使誰敵之哉？」代宗之待二臣如是，天下不謂之姑息者，理當爾也。

德宗之于懷光，則姑息之迹不可勝揜矣。人有當其意則用之，衆怒不與則必殺之，其用其殺莫或能間之者焉。始用元載，委己聽之，惡載之甚，而誅不疑。寵魚朝恩，幾危郭子儀，然其横也，則殺之。程元振之寵固矣，柳伉一言而逐之，易如反掌，卒棄不用。元載之獄，問目皆從中出，則是平日載雖擅權于外，而代宗居中無不知也。去三大姦如殺犬羊，中外不驚，上下厭服，觀此，則昏且孱者不能爲也。是二者，英主之所難，代宗有焉，所以能保國而安身也哉！

佚名《歷代名賢確論》卷八二《論代宗以兵柄授宦官程元振》 代宗爲李輔國凌蔑，幾至不臣，蓋以其方握兵柄，權在其手，不能制也，幸而奪其權，輔國不敢驕悖，乃復以兵柄授於元振，則宜乎致吐蕃之犯闕，乘輿之奔竄也。且自安禄山反後，藩臣稍稍不順，非以長策遠馭，信賞明罰，則無以賓服之矣。而來瑱當時賢帥，有功國家；裴冕本朝元臣，立績，無毫髮之罪、纖介之過。元振誣搆其獄，皆使誅竄。夫賞有功，旌有德，懼人不知勸。今賢臣勳帥無罪而被誅，天下不得不離心，諸侯不得不解體。吐蕃犯闕，諸道之師不至，誰之過與！由元振一怒也。吁，元振一怒，致萬乘倉皇，京師陷覆，可嗟矣夫！可爲深戒！

佚名《歷代名賢確論》卷九七《論唐代宦官之亂》 中官積亂僅二百年矣，政道剥喪已盡矣，綱紀隳壞已絶矣，賢人消亡已無矣，高祖、太宗之遺德已殄矣，天人已厭矣，神祇已怒矣，國祚不去何待！雖盡殺之，其可救乎？猶水之浸潰，始於針芒，不補遂壞。隄防一決，汗漫中夏，懷山襄陵，不可禦也。而能始塞一針芒，水其止矣。內官積亂二百年，昭宗斬數百人，望其遽治，不亦難乎？悲夫！

噫，中官之亂國家，覆社稷，歷代罔不由之。向若明皇、肅宗能鑑前古之敗，早絕其初，不使滋蔓；或順、憲善懲祖宗之亂，亟杜其漸，無恣成姦，則唐室豈有短促危亡之患哉？臣觀東漢之覆壞，李唐之傾弱，皆自中官，然則中官豈可任也？臣每觀之寒心，後世明王聖君，宜深戒之！

佚名《歷代名賢確論》卷九七《論唐肅宗代宗德宗以兵柄授宦官》 國家之權在乎兵也。兵者，王者生殺之柄也，係天下安危之幾，萬民存亡之命，有國以來，孰敢去兵？兵在手，則匹夫可以制萬乘；兵去手，雖人主不能制一夫。故云，古之命帥，擇其文武兼才，將相全器，忠亮可以託社稷，信義可以固危亡，智謀可以決萬全，籌策可以制千里。故臨陣有必勝，出師無敗兵。伊尹所以興湯，吕望所以興周，房喬所以興唐，李晟所以復定兩京，子儀所以再造唐室，裴度所以戡寧中夏，得將將之道也，得用兵之要也。故兵爲國家之利器。嗟哉！庸君暗主，内疑宿將，外忌功臣，不能推腹心以示人，用忠信而結下，反以貔貅之衆，授與閹腐之徒。則是以王者生殺之柄，天下安危之幾，萬民存亡之命，付之厮役也。自至德已後，天下亂略弗過，兵鋒益熾。肅宗、代宗、德宗三世蒙塵奔播不暇，由命帥失其人也，措置非其處也。古者命將，閫外之事將軍制之，軍中聞將軍之令，不聞天子之詔。而乃使中官監以制之，更取監軍指畫進退，不由主帥號令，不亦殆哉！嗚呼，兵柄豈可輕授於人哉！況在宦官，尤不可假之以權也。戒之戒之！

王夫之《讀通鑑論》卷二三《唐代宗》 唐諱世，代宗猶言世宗，近人欲以加景皇帝，其不學如此。代宗聽程元振之譖，流來瑱殺之，而藩鎮皆懷叛志，僕固懷恩以是樹四降賊於河北，養亂以自固，終始爲唐巨患，其上書自訟，指瑱之死爲口實，用拒入朝之命。夫來瑱之誅，豈其無辜而僅以請託不從致元振之怨乎？瑱之誅，亦法之所不貸者也。其鎮襄陽也，以李輔國之私人，奪韋倫而得之，引降賊張維瑾等爲爪牙，收人心以據大鎮，召赴京師而不至，徙鎮淮西而不行，縱兵擊裴茂，禽送京師，脅朝廷以行辟，唐藩鎮之抗不受代圖不軌者，蓋自瑱始。殺瑱而藩鎮怨，縱瑱而藩鎮抑驕，兩俱致亂之道；殺之而咎其刻，不殺則必聽之，而抑咎其偷。已成之咎，怨之所歸，不知反此，而咎又將在彼矣。肅宗以來，驕縱養癰，勢將必潰，飭法以誅瑱，固非淫刑以召叛也。瑱不死，僕固懷恩豁壑之欲又豈易厭乎？乃若代宗之所以不克懲亂而反以致亂者，殺之非所以殺也。刑者，帝王所以懲天下之不恪也。刑濫於不當刑，人固自危，而猶不敢欺，

且冀其偶失而終能不濫，則疑怨不深。唯刑施於所當刑而不以其道，天下乃測其刑之已窮，而怨其以機相陷也，乃始挾毒以相報。當來瑱襄陽跋扈之日，唐不倚之以討賊，瑱固無恃以脅唐；藩鎮林立，勢不相下，瑱即叛，祇以速亡，則使正名聲罪以致天誅，夫豈有大害於社稷哉？而惴惴然將迎之不遑，殺裴茂以媚之，虚相位以餌之，魚脱於淵，然後假通賊之誣辭，加以不當辜之辟。藩鎮之怨，非徒怨也，固將曰：瑱擁兵不入，唐固無如瑱何，唯倔强者可以免禍，而瑱自投其囮，吾知戒矣。留賊以爲援，抗命而不朝，鷹隼揚於寥天，豈矰弋之能加哉？蘇峻曰：「吾寧山頭望廷尉，不能廷尉望山頭。」孱主庸臣之伎倆，在姦雄心目之中，以怨爲名而非怨也，倒持魁柄以相制而相持也。藉令當瑱違命之日，下尺一之詔，責以不可貰之法，使束身歸闕，則姑貸其死而貶之；不則舉六師以急清内賊，則河北羣醜，且震動以弭其邪心，況方在立功、反謀未決之懷恩哉？

以道宅心者，天下所不能測也。兵凶戰危，以死爲道者也。以死爲道，然後審乎所以處死之道；審乎所以處死之道，然後能取威制勝，保國全民，不戰而屈人之道咸裕於中而得其理。繇其功之已成，觀其所以成功，若有天幸；乃其決計必行之際，甚凶甚危，而泰然不疑，若不曙於禍福生死以徼幸，皆人之所不測也。不測之，則疑其智之度越而善操利鈍之樞。夫豈然哉？知死爲其道，而處之也不惑耳。回紇要郭汾陽相見，汾陽知戰之必敗，而唯以身往赴之之一策，可以抑鋒止鋭而全宗社。於斯時也，固不謂往之必死也，亦不謂往之必不死也，雖死而無所恤焉而已。故藥葛羅情窮而辭屈，懾於其不畏死之氣，則未知殺公以後勝敗奚若，而心已折、氣已餒矣。決於死，則情志定；情志定，則神氣平而條理現。免胄投鎗之際，一從容就義者大雅之風裁也。處死之道，致一而已。致一則神全，神全則理裕。理處其至裕，而事必應乎其心。凡人之情，局於目前而迷於四際者，固不足以測之，遂相與詑之曰：其不可測也，有若是哉！不則其有天幸乎？夫惡知所守之約，爲恐懼疑惑之所不得乘哉？其謂子晞曰：「戰則父子俱死，不然，則身死而家全。」聊以慰晞而已，非公之本志也。告藥葛羅曰：「挺身聽汝殺之，將士必致死與汝戰。」亦示以不可勝耳，非挾將士之報讎死戰、足以慴回紇也。公之心，則惟極致於死，而固無必生之計也爾。

代宗委權以驕藩鎮，而天下瓦解。其柔弱寬縱也，人具知之；抑豈知其失也，非徒柔弱不自振之過哉？惟握深險之機以與天下相劘相制，而一人之機，固不足以敵天下也。代宗之機，得之於老氏。老氏曰：「將欲取之，必固與之。」

「天下之至柔，馳騁天下之至剛。」此至險之機也，而代宗以之。固爲寬弱以極悍戾者之驕縱，驕縱已極，人神共憤，而因加之殺戮也不難，將自以爲善制姦慝而必死於其手。乃天下習知其術，而受其與、不聽其取，乘弱制之以不復剛，終處於無何而權以倒持。安足以馳騁哉？自敝而已矣。李輔國惡已極而殺矣，程元振惡已極而流矣，魚朝恩惡已極而誅之俄頃矣；假手元載以殺朝恩，復縱元載以極其惡，而載又族矣。當其姑爲隱忍，則輔國繇三公而王，唯其志也；程元振位驃騎，激怒羣情，挫抑汾陽，唯其志也；魚朝恩總禁兵，判國學，隸視宰相，發汾陽之墓，鉗制朝政，唯其志也；然猶曰宦官已掌禁軍，有不測之防，弗能驟計也。元載以一書生，貪猥無狀，自可折箠以鞭笞之者；乃顔真卿爲之坐貶，楊綰爲之左遷，李少良爲之杖死，且寄鄴侯於江外，一唯其荼毒而莫之禁。其處心積慮，欲甘心於載者已非旦夕，且必俟其惡盈而後殛，使害已播於天下，乃以快刑殺於俄頃。凡誅四肘腋之臣，皆以老氏之深機圖之，而藉口以號於天下曰：吾非忍殺之也，彼自殺而我因之也。亦險矣哉！夫四姦者，依附左右，弗難制者也；不若是而誅殛之也有餘，即若是而誅殛之也，亦弗能抗也；故代宗得以用其機而終投其阱。乃怙此以爲脅持天下之具，餌藩鎮而徐圖之，則愚甚矣。來瑱不臣已著，舉天下以討一隅，易矣；而餌之以宰相，誣之以通賊，然後殺之。僕固懷恩已反，勢且潰敗，而猶爲哀矜之説以恤之。於是梟雄之帥，皆測其險詐，即乘其假借之術，淫威既得而不復可制。故懷恩受副元帥而後叛，田承嗣受平章事而終不入朝，李靈曜、崔盱、朱希彩、李正己、李寶臣皆姑受其牢籠而終逸於柙阱。一人之險，何足以勝天下哉？徒寬縱之而莫之能收。故曰其愚尤甚也。元載死，晉楊綰而任之，意且與綰深謀制羣雄而快其夙恨，綰早卒，乃戢意而廢然返耳；藉其不然，誅夷行於一方，則四方愈爲摇動。然而無慮也，元載殺朝恩而帷蓋之恩不保，綰雖忠，亦必慮及於此，以自處於不才之散木，挾詐之主，未有敢與深謀者也。信乎老氏翕張取與之術，適以自敝，孰謂漢文几杖賜吴之智爲能制吴之死命乎？帝王之誅賞，奉天無私，猶寒暑之不相貸也。邪説興，詖行逞，實此以爲術，而天下之亂日生，可勿戒與？

李長源當肅宗之世，深觸張良娣、李輔國之怒，拂衣而歸衡山，何其快也！其於元載也，未嘗斥其惡以糾責之，徒以賢姦不可並處而去之，則引身歸嶽，不猶便乎？乃置身參佐，託魏少遊以自全，又何屈也！夫豈葸畏無端而不能自持也哉？達人之通識，度已度人，因時以保明哲之身，而養國家和平之福，非一概之説所可執爲得失也。長源之於肅宗，在東宮則定布衣之交，在靈武則冒難首至，參大議於孤危，坐寢與偕，成收復之元功，其交固矣。良娣、輔國雖惡其斥己，而所欲者，但令長源一日不居左側，弗爲已難，則意得而無餘恨；於此而翩然已逝，全終始之交，綽有餘裕矣。其於代宗也，雖與謀元帥有翼戴之功，而其早不侍青宫，其後不參帷帟，交未固也。復東京，拒吐蕃，返陝州之駕，誅殛三閹以清宫禁，又未有功也。代宗以畜疑之主，離合不可終憑；元載雖見忌於君，而旁無相逼以升之朝士，唯長源以宗臣入參謀訪，唯恐軋己而代之；且載文辯足以濟姦，朋黨樂爲效命，衆忌交集，深謀不測，抑非如婦人奄豎，褊衷陋識，一去而遂釋然也。載與長源立於兩不相下之勢，而禍機所發，不可預防，岣嶁煙雲，祝融冰雪。其能覆蔭幽人使之安枕哉？且夫山亦未易居也。其唯弢光未試，混迹漁樵者，則或名姓上達於天子，而鋒稜未著，在廷忘猜妒之心，乃可怡情物外，世屢變而不驚。其不然者，名之所趨，世之所待，功之已盛，地之已危，即欲抗志煙霄，杜口時事，而講説吟咏以追琴酒弈畫之流，聞風而輻輳，乃有偏遊戎幕拓落不偶之士，爭其長短以恣其雌黄，甚且挾占星卜氣讖緯之小技者，亦浪迹溪山，而附高人以自重，絶之則怨生而謗起，納之則禍發而蔓延，孰謂山之厓、水之涘，非風波萬疊，殺人族人之險阻哉？如稗説所傳，嬾殘十年宰相之説，已足深元載之娼嫉，而可坐以結納妖人之大法；則衡山一片地，正元載横施網罟之機也。自非有所託於外援，優游軍府，而屈志下僚，示以不相逼代之勢，其能免乎？代宗慮此已熟，而長源何勿俛首以從也？夫長源非無意於當世之務，明矣。相唐以定天下者，其志也，固且誅逐元載而戴之以匡王國者也。進退之間，豈容不審，而但以冥飛之鴻，矯志林泉也哉？

辨姦者，辨於其人而已。故曰：「君子而不仁者有矣夫，未有小人而仁者也。」大曆之季年，河北降賊之抗衡久矣。田承嗣連昏帝女，致位元宰，一再召而必不踰魏博一跬步，李正己、李寶臣黨叛而自相襲奪，不復知唐之有天下也。乃盧龍彊悍可憑，凶逆成習，而朱泚一授節鉞，隨遣朱滔入衛，繼且自請釋鎮歸朝，病而有輿尸赴闕之語。代宗於此，雖欲不驚喜失措，隆禮以待之，厠之汾陽之列，使冠百僚，不能也。桀驁者如彼，而抒忠者如此，其誠也。雖然，亦思其何爲而然哉？德有以懷之與？威有以震之與？處置之宜，有以服其心與？三自反求而皆無其具，則意者其人之忠貞素篤，超然於羣類之中，而可信以無疑邪？乃泚之非其人也明甚矣，託胎於亂賊之中，熏染於悍戾之俗，而狡凶尤甚，假手於李

懷瑗，殺朱希彩，而使其弟滔蠱三軍以戴己，柔媚藏姦，乘閒而竊節鎮，既有明驗矣，飾忠歸順，遂倚爲心膂之大臣，嗚呼！何其愚也。田承嗣、李正己株守一隅，阻兵抗命，雖可負固以予雄，終非良久之謀也。而泚尤岌岌，驟竊幽、燕，衆志未戢，而李寶臣有首邱之志，日思攘臂，輕兵入其郛，弗能遏也；於是張皇四顧，睨朝廷爲藏身之窟，使朱滔倚内援以安枕於北平，己乃居不世之功，狎天子大臣而伺其間隙以逞狂圖。自彊藩割據以來，人所未及謀者，泚竊得之以僥幸。代宗不能知，汾陽不能制，常袞、崔祐甫之褊淺，莫能致詰，而泚果能優游巖廊以觀變，亦狡矣哉！代宗崩，汾陽總己，德宗初政，未有釁也，是以遲久而始發。不然，泚豈能鬱鬱久居此哉？若此者，一望而知之，而唐之君臣固夢夢也，夫豈姦之難辨哉？問泚之何以得帥盧龍，而能不爲之寒心乎？非但如安禄山之初起，非有猾逆之易窺者也。然則如之何？於其入而待之以禮，榮之以秩，而不授以政，使受統於汾陽，而汾陽得以制之，豈徒泚之惡不足以逞乎？河北諸逆知天子之不輕於嚬笑，而意亦消沮矣。得失之機，昏昭之别，判於持重審固者之心，非庸主具臣浪爲驚喜者之所能與也。

法未足以治天下，而天下分崩離析之際，則非法不足以定之。故孟子言仁天下而歸之法，爲七國分争十二失守不定之天下而言也。有法不可施之日，而後法亦無能以行，則孔北海欲復王畿千里之制，徒爲空言，而身以喪，國終以亡。若其猶可治也，法可施，而惡容不亟建乎？唐自天寶以後，天下分裂而無紀。至於大曆，亂少息而泮散尤甚。雖然，可爲之幾正在是矣。逆臣之逆横已極矣，唯意所爲，而不能以非法之法亂法也；邪臣之邪貪已極矣，唯利是崇，然其亂法者，莫能改法也。故楊綰一相，三月之間，而天下爲之震動恪共以從乂，綰於是得立法之本，而行之有序；綰不死，知其可以定天下矣。河北之逆末也，西川、嶺南之亂尤末也，鳳翔、涇原、汴宋、河陽之蠭起，猶非本也。三豎亂於前，元載亂於後，朝廷無法，而天下從風。綰清修自飭，立法於身，而增百官之奉以養官廉；罷團練守捉以肅軍政；禁諸使之擅召刺史，以孤悖逆之黨；定諸州兵數，以散聚衆之謀。行之朝廷，可行而行矣；行之内地，可行而行矣。且姑置抗拒之逆藩於不論，使其允行之，十年之後，内寧而外患亦無藉以生，天下將秩秩然，兵有制，吏有守，則據土叛君者，明其爲化外之跡，而不敢以中逆貌順，覬朝廷之寵命，河北梗化之凶豎，不斂手而聽命者，未之有也。夫代宗非果無能爲者，一受制於李輔國，而二豎因之，元載乘之，懷情以待，得綰以相而志將伸，綰遽卒，常袞不足以勝任，而代宗又崩矣，唐之不振，良可悼已！然建中之初，天下姑安者，猶綰之餘休也。法先自治以治人，先治近以及遠，綰清慎自持，汾陽且爲之悚惕，孰敢不服哉？法猶可行，治猶可定，天奪綰而代宗終爲寄生之君，過此無可爲矣。

藝文

《文苑英華》卷八三六引崔祐甫《代宗睿文皇帝哀册文》 維大曆十四年歲次己未夏五月二十二日，寶應元聖文武皇帝崩于大明宫蓬萊殿，遷座于大内。二十六日丙寅，殯于太極殿之西階，有司即南郊定儀，上尊謚曰「睿文孝武皇帝」。其年十月丁酉朔四日庚子，將遷幸於一作于。元陵，禮也。東方啓明，繁霜猶落，風物凄於宫樹，號啼隘於殷幕。哀子嗣皇帝諱，襲纕慼若，泣血漣如。感備物之如在，索明靈於太虚。聆哀輓之急節，懼靈駕之將引。捧玉斝之歔欷，望龍輴而不忍。恭惟大孝，終揚盛一作於揚。名。爰命司籍，光昭德聲。其詞曰：

於休我皇，長發其祥。咎繇翊舜，德種四方。玄元去周，闡流道光。土實受命，其牙則黄。炎漢之後，南北披壤。天猒衆閏，掃隋興唐。有唐不曄，帝命不叶。豐融葳蕤，盛于八葉。其盛伊何，聰明徇齊。誕實匍匐，聖敬日躋。無幽不洞，無遠不稽。孝友濬哲，聲達羣黎。天寶季歲，竟天長彗。蛇騰犬瘈，以螯以噬。皇輿南巡，帝出朔裔。君父命我，爰揔六師。驅駕熊羆，左右鑾夷。逆徒蟻聚，言割其旗。一鼓冰碎，日未改時。席卷酆邑，風清洛師。天開地廓，萬物斯覩。安輿自蜀，復于中土。龍躍岐山，正于九五。帝子之孝，軼邁千古。子則戴親，孫能敬祖。乃登儲位，問安三至。一有元良，儀形克類。繼文纂緒，道格玄穹。大明方中，萬寓發蒙。豈無桀驁？化而爲忠。豈無羿浞？如燎遇蓬。刑清政脩，遐邇懷柔。王度如玉，德音海流。四靈皆擾，三春洊羞。方輯羣瑞，登于介丘。華封祝堯，使聖人壽。猒代何速，奄捐九有。天裂其高，地傾其厚。嗷嗷萬姓，泣慕元首。創鉅痛深，寧丁我后。嗚呼哀哉！肅肅正殿，自炎徂涼。漏滴盡兮夏日永，燭華凝兮秋夜長。階有苔兮委積，庭有草兮芸黄。嗚呼哀哉！七月之期，同軌畢至。市疑。野笳壞，疑。因山開隧。捨清禁而不留，指平原而出次。嘉德兮啓閫，承天兮敞扉。抵廟門兮駐嚴蹕，順孝心兮傷永違。嗚呼哀

哉！出朱雀兮度青門，恨六龍之若奔。傾萬邦而會九族，送吾皇兮歸壽原。風颼飀而簫鼓慘，日曀昧兮郊野昏。植栢兮青青，瀰岡兮亘嶝。俯杳杳兮重壤，想森森之萬靈。偶嬪嬙兮像闕寺，捧厥衣兮拱下庭。嗟備物之皆列，奉玄堂兮永寧。嗚呼哀哉！仙馭兮何之，九虞兮有期。揔千官兮萬騎，返城闕兮如疑。功高舜黄，美冠周《詩》。於萬億載，昭昭有詞。嗚呼哀哉！

宋敏求《唐大詔令集》卷一一　唐肅宗《肅宗遺詔》　敕：帝王享國，天命有常，大寶傳歸，皇綱無易。朕幸以涼德，纘承宗祀。在長樂問安之日，屬元凶開釁之初。南奉聖皇，北集戎事，賴將相同德，社稷降靈，爰發五原，成師一旅。丕圖克振，華夏乂寧。旰昃之心，每勤思於兆庶；晨昏之禮，嘗不匱於庭闈。而天禍上延，神心未悔，正當金革，罹此凶災。遂構膏肓，惟幾大漸，及茲理命，獲着誓言。庶安國以保人，豈嘉生而惡死。審以大計，屬于公卿。皇太子豫，仁孝元良，聰明齊聖，佐成大業，能事神祇。朕既彌留，可守宗祏，宜令所司，當日具禮，於柩前即皇帝位，應緣朕喪事制度，並准聖皇遺誥。其諸道節度使都督刺史等，並不須赴哀。又爲兵革未寧，郵驛艱弊，一切不須專使奉慰。朕執喪在疚，不食葷羶，所設饋奠，皆須如在。有違本意，神亦不歆。其祭祀之禮，一切不得宰殺。且國儲非廣，虛費稍多，宮掖之間，須有釐革。所有三宮內人，宜量事減省。及至德已來，籍没家口，非切要者，並與放出。諸王院內，亦宜准此。其文武官僚，合須褒賞，天下百姓，宜在優矜。每當變易之時，皆下維新之命，並委皇帝節級處分。嗚呼！股肱勳臣，敬保元子，事居送往，諒在于茲。宣示萬邦，宜從朕意。寶應元年四月十八日。

王縉部

綜述

《舊唐書》卷一一八《王縉傳》 王縉字夏卿，河中人也。少好學，與兄維早以文翰著名。縉連應草澤及文辭清麗舉，累授侍御史、武部員外。禄山之亂，選爲太原少尹，與李光弼同守太原，功效謀略，衆所推先，加憲部侍郎，兼本官。時兄維陷賊，受僞署，賊平，維付吏議，縉請以己官贖維之罪，特爲減等。

縉尋入拜國子祭酒，改鳳翔尹、秦隴州防禦使，歷工部侍郎、左散騎常侍。撰《玄宗哀册文》，時稱爲工。改兵部侍郎。屬平殄史朝義，河朔未安，詔縉以本官河北宣慰，奉使稱旨。廣德二年，拜黄門侍郎、同平章事、太微宫使、弘文崇賢館大學士。其年，河南副元帥李光弼薨於徐州，以縉爲侍中、持節都統河南、淮西、山南東道諸節度行營事。縉懇讓侍中，從之，加上柱國，兼東都留守。歲餘，遷河南副元帥，請減軍資錢四十萬貫修東都殿宇。大曆三年，幽州節度使李懷仙死，以縉領幽州、盧龍節度。縉赴鎮而還，委政於燕將朱希彩。又屬河東節度辛雲京卒，遂兼太原尹、北都留守、河東節度營田觀察等使。縉又讓河南副元帥、東都留守，從之。太原舊將王無縱、張奉璋等恃功，且以縉儒者易之，每事多違約束。縉一朝悉召斬之，將校股慄。

二歲，罷河東歸朝，授門下侍郎、中書門下平章事。時元載用事，縉卑附之，不敢與忤，然恃才與老，多所傲忽。載所不悦，心雖希載旨，然以言辭凌詬，無所忌憚。時京兆尹黎幹者，戎州人也，數論事，載甚病之，而力不能去也。幹嘗白事於縉，縉曰：「尹，南方君子也，安知朝禮！」其慢而侮人，率如此類。

縉弟兄奉佛，不茹葷血，縉晚年尤甚。與杜鴻漸捨財造寺無限極。妻李氏卒，捨道政里第爲寺，爲之追福，奏其額曰寶應，度僧三十人住持。每節度觀察使入朝，必延至寶應寺，諷令施財，助己修繕。初，代宗喜祠祀，未甚重佛，而元載、杜鴻漸與縉喜飯僧徒。代宗嘗問以福業報應事，載等因而啓奏，代宗由是奉之過當，嘗令僧百餘人於宫中陳設佛像，經行念誦，謂之内道場。其飲膳之厚，窮極珍異，出入乘厩馬，度支具廩給。每西蕃入寇，必令羣僧講誦《仁王經》，以攘虜寇。苟幸其退，則横加錫賜。胡僧不空，官至卿監，封國公，通籍禁中，勢移公卿，争權擅威，日相凌奪。凡京畿之豐田美利，多歸於寺觀，吏不能制。僧之徒侣，雖有贓姦畜亂，敗戮相繼，而代宗信心不易，乃詔天下官吏不得箠曳僧尼。又見縉等施財立寺，窮極瓌麗，每對揚啓沃，必以業果爲證。以爲國家慶祚靈長，皆福報所資，業力已定，雖小有患難，不足道也。故禄山、思明毒亂方熾，而皆有子禍；僕固懷恩將亂而死；西戎犯闕，未擊而退。此皆非人事之明徵也。帝信之愈甚。公卿大臣既挂以業報，則人事棄而不修，故大曆刑政，日以陵遲，有由然也。

五臺山有金閣寺，鑄銅爲瓦，涂金於上，照耀山谷，計錢巨億萬。縉爲宰相，給中書符牒，令臺山僧數十人分行郡縣，聚徒講説，以求貨利。代宗七月望日於内道場造盂蘭盆，飾以金翠，所費百萬。又設高祖已下七聖神座，備幡節、龍傘、衣裳之制，各書尊號于幡上以識之，舁出内，陳於寺觀。是日，排儀仗，百僚序立於光順門以俟之，幡花鼓舞，迎呼道路。歲以爲常，而識者嗤其不典，其傷教之源始於縉也。

李氏，初爲左丞韋濟妻，濟卒，奔縉。縉嬖之，冒稱爲妻，實妾也。又縱弟妹女尼等廣納財賄，貪猥之跡如市賈焉。元載得罪，縉連坐貶括州刺史，移處州刺史。大曆十四年，除太子賓客，留司東都。建中二年十二月卒，年八十二。

《新唐書》卷一四五《王縉傳》 王縉字夏卿，本太原祁人，後客河中。少好學，與兄維俱以名聞。舉草澤、文辭清麗科上第，歷侍御史、武部員外郎。禄山亂，擢太原少尹，佐李光弼，以功加憲部侍郎，遷兵部。史朝義平，詔宣慰河北，使還有指，俄拜黄門侍郎、同中書門下平章事。進侍中，持節都統河南、淮西、山南東道諸節度行營事。辭侍中，加東都留守。歲餘，拜河南副元帥，損軍資錢四十萬緡，營完宫室。朱希彩殺李懷仙也，詔拜盧龍節度使，至幽州，委軍於希彩乃還。會辛雲京卒，兼領河東節度，讓還河南副元帥、東都留守。太原將王無縱、張奉璋恃功，以縉儒者易之，不如律令，縉斬以徇，諸將股慄。再歲還，以本官復知政事。

時元載專朝，天子拱手，縉曲意附離，無敢忤。又恃才多所狎侮，雖載亦疾其淩靳也。京兆尹黎幹數論執，載惡之，縉折幹曰：「尹，南方孤生，安曉朝廷事？」

縉素奉佛，不茹葷食肉，晚節尤謹。妻死，以道政里第爲佛祠，諸道節度、觀察使來朝，必邀至其所，諷令出財佐營作。初，代宗喜祠祀，而未重浮屠法，每從容問所以然，縉與元載盛陳福業報應，帝意向之。繇是禁中祀佛，諷唄齋薰，號「内道場」，引内沙門日百餘，饌供珍滋，出入乘廄馬，度支具稟給。或夷狄入寇，必合衆沙門誦《護國仁王經》爲禳厭，幸其去，則横加錫與，不知紀極。胡人官至卿監、封國公者，著籍禁省，勢傾公王，羣居賴寵，更相凌奪，凡京畿上田美産，多歸浮屠。雖藏奸宿亂踵相逮，而帝終不悟，詔天下官司不得箠辱僧尼。初，五臺山祠鑄銅爲瓦，金塗之，費億萬計。縉給中書符，遣浮屠數十輩行州縣，斂丐貨。縉爲上言：「國家慶祚靈長，福報所馮，雖時多難，無足道者。禄山、思明毒亂方熾，而皆有子禍；僕固懷恩臨亂而踣；西戎内寇，未及擊輒去：非人事也。」故帝信愈篤。七月望日，宫中造盂蘭盆，綴飾鏐琲，設高祖以下七聖位，幡節、衣冠皆具，各以帝號識其幡，自禁内分詣道佛祠，鐃吹鼓舞，奔走相屬。是日立仗，百官班光順門奉迎導從，歲以爲常。羣臣承風，皆言生死報應，故人事置而不修，大曆政刑，日以堙陵，由縉與元載、杜鴻漸倡之也。

性貪冒，縱親戚尼姏招納財賄，猥屑相稽，若市賈然。及敗，劉晏等鞫其罪，同載論死，晏曰：「重刑再覆，有國常典，況大臣乎！法有首從，不容俱死。」於是以聞，上憫其耄，不加刑，乃貶括州刺史。久之，遷太子賓客，分司東都。建中二年死，年八十二。

雜錄

備錄

張讀《宣室志》卷三　相國王公縉，大曆中與元載同執政事。嘗一日入朝，天尚早，坐於燭下，其榻前有囊，公命侍童取之。侍童挈以進，覺其重不可舉。公啓而視之，忽有一犬長尺餘，質甚豐，自囊中躍出。公大懼，顧謂其子曰：「我以不才，謬居卿相，無德而貴，常懼有意外之咎。今者異物接於踵，豈非禍之將萌耶？」後數日，果得罪，乃貶爲縉雲守也。

韋絢《劉賓客嘉話錄》　王縉之下獄也，問頭云：「身爲宰相，夜醮何求？」王答曰：「知則不知，死則合死。」

馮贄《雲仙雜記》卷五《鴨肝猪肚》　王縉飲酒，非鴨肝猪肚，箸輒不舉。

錢易《南部新書》卷甲　王縉在太原，舊將王無縱等恃功，且以縉儒者易之，每事多違約束。一朝悉召斬之，將校股慄。

京兆尹黎幹，戎州人也，嘗白事于王縉。縉曰：「尹，南方尹子也，安知朝禮？」其慢而侮人率如此。

備論

《舊唐書》卷一一八《王縉傳》　史臣曰：仲尼云，富與貴是人之欲，不以道得之不處。反乎是道者小人。載諂輔國以進身，弄時權而固位，衆怒難犯，長惡不悛，家亡而誅及妻兒，身死而殃及祖禰。縉附會姦邪，以至顛覆。炎隳崔祐甫之規，怒段秀實之直，酬恩報怨，以私害公。二子者咸著文章，殊乖德行。「不常其德，或承之羞」，《大易》之義也。富貴不以其道，小人之事哉！觀庾準之險，遭王縉之復，徇楊炎之意，由致劉晏之冤。積惡而獲令終者，其在餘殃乎！

贊曰：載、縉、炎、準，交相附會。左傳有言，貪人敗類。

《新唐書》卷一四五《王縉傳》　贊曰：元載、楊炎各以才資奮，適主暗庸，故致位輔相。若其翦閹尹，城原州以謀西夏，還左藏有司，一租賦以檢制有亡，誠有取焉。然載本與輔國以利合，險刻著諸心，谿壑之欲發乎無厭。炎奉連載勢，興醜裔，秉國維綱，返爲載復讎，釋言於君，卒與妻子并誅，暴先胥，殞命于道，蓋自取之也。夫姦人多才，未始不爲患，故鄧舒以佞死，而鄧析以辯亡。若兩人者，所謂多才者邪！縉言福業報應，參得君自私，無可論者。易稱「鼎折足，其刑剭」，諒哉！

胡寅《致堂讀史管見》卷二二　田承嗣叛於魏州，攻之未下。元載、王縉奏魏州盜賊，請禁鹽入其境以困之。上不許，曰：「承嗣負朕，百姓何罪？」

佛之道以慈悲爲行，平等爲法。元、王學佛者也，何獨惡魏之人而欲困之哉！曰爲國計，則亦違乎佛教矣。代宗所言乃人君之德，載與縉不能出策略討田承嗣，使君德於魏人又請絶其飲食所資以困苦之，于以見爲佛學者倒行逆施

以善一身，猶悖於理，況代天工宰萬物乎？

置百高坐於資聖、西明兩寺內，出《仁王經》二寶輿講之，以人爲菩薩神，導以鹵簿百官迎從。

佛書固有深微幽遠者，不爲禳禍而祈福也。《仁王經》則淺俗無取爲甚，而代宗好之，宜其於忠言正論不能聽也。在肅宗時嘗飯僧數百人，晨夕誦佛。宰相張鎬曰：「帝王當修德以安人，未聞飯僧可致太平者。」上雖然之，其後乃以人爲菩薩神，是直兒戲耳。代宗資非英傑，重以元載、杜鴻漸、王縉之徒皆僧人之奴隸也，而並位宰相，於是兒戲盛作，天下日入於衰昏泯，亂不可救止。千載之後撫其遺迹，使人深嗟重歎而已矣。

田承嗣累表入朝，竟不至上，復命討之。上表謝罪，上亦無如之何，悉復其官爵，令不必朝。

田承嗣玩代宗不啻如嬰，我去之數百年矣，讀其事猶使人氣拂膺而髮衝。代宗既能堪之，而元載身執國政亦復恬然，何其君臣寬大長者一至此耶！元載能黜顧繇，殺李少良，逐顏真卿，出李泌，左遷楊綰，踈遠郭子儀，疑若勇矣；而姑息回紇，懾畏吐蕃，於河北諸鎮莫敢誰何，又何怯歟？是故伊尹相湯伐夏湯，曰：「今朕必往。」既克夏矣，湯曰：「爾萬方有罪在予一人。」伊尹曰：「一夫不獲，時予之辜。」其勇怯所施如此。今元載、王縉於所當治者則退縮柔懦，若奉父師，若撫驕子，惟恐傷之；於所不當治者，則震耀威武張皇，刑辟快意肆志，惟恐居後。宜怯而勇，宜勇而怯，此小人之常態也。不有君子其能國乎？安得伊尹之臣而相成湯之君乎？

胡寅《致堂讀史管見》卷二五 河東都將楊弁謀作亂，上遣中使馬元實覘之。元實受賂而還，請與之節，且陳其不可取之狀。德裕折之詞屈，因奏決不可恕，竟擊斬之，盡誅亂卒。

見理明白則聽言不眩，德裕折服馬元實直以目前實事，故小人辭屈。向使王縉、張延賞之徒聞之豈不立爲罷兵？雖辯析非朝廷之體，苟姦邪肆欺而默默以失機又安得爲智乎？故有不獲已者若德裕於元實是也。雖然猶有恨焉，元實以大言虛喝，情非苟然，若無私交何至于是？付之廷尉則受賂之事必不得隱，于以施刑，斯可罰一而懲百矣。

董正功《續家訓》卷六《歸心篇十六》 王縉不茹葷不食肉而性貪冒，及與元載盛陳福業報應，人事置而不修，五臺山祠至鑄銅爲瓦以金塗之，費巨億萬計。及敗同載論死，上憫其耄乃貶括州。辛替否諫營造佛寺云：「釋教以清淨爲本，不爲榮身以害教。」張庭珪引佛經「七寶以用布施不如受持四句渴」等，縉之罪奉佛侈費以害佛教也。

佚名《歷代名賢確論》卷九二《毀拆佛寺》 王縉之徒以謂國祚流長皆佛之福報所資，又以爲禄山思明毒亂方熾而皆有子禍，僕固懷恩將亂而死，西戎犯闕未擊而退，實由佛之福力，何厚誣也！

藝文

王維《王摩詰文集》卷三《責躬薦弟表》 臣維稽首言：臣年老力衰，心昏眼暗。自料涯分，其能幾何。久竊天官，每慙尸素。頃又没于逆賊，不能殺身。負國偷生，以至今日。陛下矜其愚弱，託病被囚，不賜疵瑕，累遷省閣。昭洗罪累，免負惡名。在于微臣，百生萬足。昔在賊地，泣血自思：一日得見聖朝，即願出家修道。及奉明主，伏戀仁恩，貪冒官榮，荏苒歲月，不知止足，尚忝簪裾。始願屢違，私心自咎。

臣又聞用不才之士，才臣不來；賞無功之人，功臣不勸。有國大體，爲政本源。非敢議論他人，竊以兄弟自比。臣弟蜀州刺史縉，太原五年，撫養百姓，盡心爲國，竭力守城，臣即陷在賊中，苟且延命。臣忠不如弟，一也。縉前後歷任，所在著聲；臣忝職甚多，曾無裨益。臣政不如弟，二也。臣頃負累，繫在三司；縉上表祈哀，請代臣罪，臣之于縉，一無憂憐。臣義不如弟，三也。縉之判策，屢登甲科，衆推才名，素在臣上；臣小言淺學，不足謂文。臣才不如弟，四也。縉言不忤物，行不上人，植性謙和，執心平直；臣無度量，實自空疏。臣德不如弟，五也。臣之五短，弟之五長。加以有功，又能爲政，顧臣謬官華省，而弟遠守方州。外媿妨賢，内慙比義，痛心疾首，以日爲年。

臣又逼近懸車，朝暮入地，闃然孤獨，迥無子孫。弟之與臣，更相爲命。兩人又俱白首，一別恐隔黃泉。儻得同居，相視而没，泯滅之際，魂魄有依。伏乞盡削臣官，放歸田里。賜弟散職，令在朝廷。臣當苦行齋心，弟自竭誠盡節，並願肝腦塗地，隕越爲期。葵藿之心，庶知向日。犬馬之意，何足動天。不勝私情懇迫之至。

王維《王摩詰文集》卷四《謝弟縉新授左散騎常侍狀》 右臣之兄弟，皆迫桑榆，每至一别，恐難再見。匪躬之節，誠不顧家，臨老之年，實悲遠道。陛下均平布政，中外遞遷，尚録前勞，仍收舊齒，使備顧問，載珥貂蟬，趨侍玉墀，從容璅闥。不材之木，跗萼聯芳。斷行之雁，飛鳴接翼。自天之命，特出宸衷，塗地之心，難酬聖造。不勝戴荷，踴躍之至。

王維《王摩詰文集》卷六《山中示弟》 山林吾喪我，冠帶爾成人。莫學嵇康懶，且安原憲貧。山陰多北户，泉水在東鄰。緣合妄相有，性空無所親。安知廣成子，不是老夫身？

《杜甫全集》卷一五《諸將五首其三》 洛陽宫殿化爲烽，休道秦關百二重。滄海未全歸禹貢，薊門何處覓堯封？朝廷衮職雖多預，天下軍儲不自供。稍喜臨邊王相國，肯銷金甲事春農。

高仲武《中興閑氣集》卷上韓翃《奉送王相公赴幽州巡邊》 黄閣開帷幄，丹墀侍冕旒。位高湯左相，權揔漢諸侯。不改周南化，仍分趙北憂。雙旌過易水，千騎入幽州。塞草連天暮，邊風動地秋。無因陪遠道，結束佩吴鈎。

《文苑英華》卷四五一常衮《授王縉侍中兼河南都統制》 門下：天地之德資陰陽以成功，帝王之道任將相而興化。聿求左輔，命掌元戎，必藉文武之才，用經軍國之務。金紫光禄大夫、行黄門侍郎、同中書門下平章事兼弘文館、崇玄館大學士、知館事，仍充大清、大微宫使、太原縣開國伯王縉有高妙之行，有弘達之識，學該古訓，文正國風。夢帝賚予，濟川用汝，百揆時叙，四維克張。累陳造膝之言，彌契沃心之道。濱海之右，自河而南，王旅攸同，戎軍殷會，監于方伯之國，利用建侯之司。大將息人，予有禦侮，鎮漢沔淮淝之地，統齊梁魯鄭之軍。揔制高牙，紀綱羣帥，弘七伐四征之策，成一匡九合之功。式遏外虞，底綏多難，將授銅符之律，爰咨瑣闥之謀。往哉汝諧，無替朕命。可侍中、持節都統河南淮南淮西山南諸道節度行營事，仍進封郡公、食邑二千户，餘並如故。主者施行。

宋敏求《唐大詔令集》卷五七佚名《王縉括州刺史制》 門下侍郎、中書門下平章事王縉附會姦邪，阿諛讒佞，據兹犯狀，罪至難捨。矜以耄及，未忍加刑，俾申屈法之恩，貸以岳牧之秩。可使持節括州諸軍事、括州刺史，宜即赴任。於戲！朕恭己南面，推誠股肱，敷求哲人，將弼予理。昧於任使，過在朕躬。無曠厥官，各慎爾職。

《全唐文》卷四六唐代宗《答王縉讓侍中郡公第一表手詔》 卿道高王佐，才茂國楨，叙百揆於中台，調四時於元氣。乃眷東夏，至於海隅。爰咨相府之謀，出總兵車之會，受彼師律，主其載書，禮有優崇，昭兹寵命。黄樞受秩，元社加封。咸重分麾，俾光推轂，用申彝典，何至勞謙。即斷來表。

《全唐文》卷四六唐代宗《答王縉讓侍中郡公第二表手詔》 常伯之任，元戎之權，自非大臣，孰允僉望。齊梁郡國，淮楚方隅，必資相府之賢，式統軍司之務。爰從益邑，懋厥官常，朝典已行，何至固讓。即斷來表。

《全唐文》卷四六唐代宗《許王縉讓侍中郡公手詔》 以卿叶宣廟謀，綱統戎律，軍國大務，咸以咨之。禮命優崇，古今通制。爰進珥貂之秩，用加書社之封。累表陳情，固辭寵數，言多激切，志益堅貞。雖尚德任賢，務於褒進，而勞謙退讓宜有允從。暫紓所懷。俯順誠情，所讓侍中郡公者宜依。

劉晏部

綜述

《舊唐書》卷一二三《劉晏傳》 劉晏字士安，曹州南華人。年七歲，舉神童，授秘書省正字。累授夏縣令，有能名。歷殿中侍御史，遷度支郎中、杭隴華三州刺史，尋遷河南尹。時史朝義盜據東都，寄理長水。入爲京兆尹，頃之，加户部侍郎、兼御史中丞，判度支，委府事於司録張羣、杜亞，綜大體，議論號爲稱職。無何，爲酷吏敬羽所構，貶通州刺史。復入爲京兆尹、户部侍郎，判度支。時顔真卿以文學正直出爲利州刺史，晏舉真卿自代爲户部，乃加國子祭酒。寶應二年，遷吏部尚書、平章事，領度支鹽鐵轉運租庸使。坐與中官程元振交通，元振得罪，晏罷相，爲太子賓客。尋授御史大夫，領東都、河南、江淮、山南等道轉運租庸鹽鐵使如故。

時新承兵戈之後，中外艱食，京師米價斗至一千，官廚無兼時之積，禁軍乏食，畿縣百姓乃挼穗以供之。晏受命後，以轉運爲己任，凡所經歷，必究利病之由。至江淮，以書遺元載曰：

浮于淮、泗，達于汴，入于河，西循底柱、硤石、少華，楚帆越客，直抵建章、長樂，此安社稷之奇策也。晏賓於東朝，猶有官謗，相公終始故舊，不信流言，賈誼復召宣室，弘羊重興功利，敢不悉力以答所知。驅馬陝郊，見三門渠津遺迹。到河陰、鞏、洛，見宇文愷置梁公堰，分黄河水入通濟渠；大夫李傑新堤故事，飾像河廟，凛然如生。涉滎郊、浚澤，遥瞻淮甸，步步探討，知昔人用心，則潭、衡、桂陽必多積穀，關輔汲汲，只緣兵糧。漕引瀟、湘、洞庭，萬里幾日，淪波掛席，西指長安。三秦之人，待此而飽；六軍之衆，待此而强。天子無側席之憂，都人見泛舟之役；四方旅拒者可以破膽，三河流離者於兹請命。相公匡戴明主，爲富人侯，此今之切務，不可失也。使僕湔洗瑕穢，率罄愚懦，當憑經義，請護河隄，冥勤在官，不辭水死。

然運之利病，各有四五焉。晏自尹京入爲計相，共五年矣。京師三輔百姓，唯苦稅畝傷多，若使江、湖米來每年三二十萬，即頓減徭賦，歌舞皇澤，其利一也。東都殘毀，百無一存。若米運流通，則飢人皆附，村落邑廛，從此滋多。受命之日，引海陵之倉以食鞏、洛，是計之得者，其利二也。諸將有在邊者，諸戎有侵敗王略者，或聞三江、五湖，貢輸紅粒，雲帆桂楫，輸納帝鄉，軍志曰：「先聲後實，可以震耀夷夏。」其利三也。自古帝王之盛，皆云書同文，車同軌，日月所照，莫不率俾。今舟車既通，商賈往來，百貨雜集，航海梯山，聖神輝光，漸近貞觀、永徽之盛，其利四也。

所可疑者，函、陝凋殘，東周尤甚。過宜陽、熊耳，至武牢、成皋，五百里中，編户千餘而已。居無尺椽，人無烟爨，蕭條悽慘，獸遊鬼哭。牛必羸角，輿必說輹，棧車輓漕，亦不易求。今於無人之境，興此勞人之運，固難就矣，其病一也。河、汴有初，不修則毀澱，故每年正月發近縣丁男，塞長茭，決沮淤，清明桃花已後，遠水自然安流，陽侯、宓妃，不復太息。頃因寇難，總不掏拓，澤滅水，岸石崩，役夫需於沙，津吏旋於濘，千里洄上，罔水舟行，其病二也。東垣、底柱，澠池、二陵，北河運處五六百里，戍卒久絶，縣吏空拳。奪攘姦宄，窟穴囊橐。夾河爲藪，豺狼狺狺，舟行所經，寇亦能往，其病三也。東自淮陰，西臨蒲坂，亘三千里，屯戍相望。中軍皆鼎司元侯，賤卒儀同青紫，每云食半菽，又云無挾纊，輓漕所至，船到便留，即非單車使折簡書所能制矣，其病四也。惟小子畢其慮奔走之，惟中書詳其利病裁成之。

晏累年已來，事缺名毀，聖慈含育，特賜生全。月餘家居，遽即臨遣，恩榮感切，思殞百身。見一水不通，願荷鍤而先往；見一粒不運，願負米而先趨。焦心苦形，期報明主，丹誠未克，漕引多虞，屏營中流，掩泣獻狀。

自此每歲運米數十萬石以濟關中。

又至德初，爲國用不足，令第五琦於諸道榷鹽以助軍用，及晏代其任，法益精密，官無遺利。初，歲入錢六十萬貫，季年所入踰十倍，而人無厭苦。大曆末，通計一歲征賦所入總一千二百萬貫，而鹽利且過半。累遷吏部尚書。大曆四年六月，與右僕射裴遵慶同赴本曹視事，敕尚食增置儲供，許内侍魚朝恩及宰臣已下常朝官咸詣省送上。八年，知三銓選事。

十二年三月，誅宰臣元載，晏奉詔訊鞫。晏以載居任樹黨，布于天下，不敢專斷，請他官共事。敕御史大夫李涵、右散騎常侍蕭昕、兵部侍郎袁傪、禮部侍郎常衮、諫議大夫杜亞同推，載皆款伏。初，晏承旨，門下侍郎、同平章事王縉亦

處極法，晏謂涵等曰：「重刑再覆，國之常典，況誅大臣，得不覆奏？又法有首從，二人同刑，亦宜重取進止。」涵等從命。及晏等覆奏，代宗乃減縉罪從輕。縉之生，晏平反之力也。

十三年十二月，爲尚書左僕射。時宰臣常衮專政，以晏久掌銓衡，時議平允，兼司儲蓄，職舉功深，慮公望日崇，上心有屬，竊忌之，乃奏晏朝廷舊德，宜爲百吏師長，外示崇重，內實去其權。及奏上，以晏使務方理，代其任者難其人，使務、知三銓並如故。李靈曜之亂也，河南節帥所據，多不奉法令，征賦亦隨之；州縣雖益減，晏以羨餘相補，人不加賦，所入仍舊，議者稱其能。自諸道巡院距京師，重價募疾足，置遞相望，四方物價之上下，雖極遠不四五日知，故食貨之重輕，盡權在掌握，朝廷獲美利而天下無甚貴甚賤之憂，得其術矣。凡所任使，多收後進有幹能者。其所總領，務乎急促，趨利者化之，遂以成風。當時權勢，或以親戚爲託，晏亦應之，俸給之多少，命官之遲速，必如其志，然未嘗得親職事。其所領要務，必一時之選，故晏沒後二十餘年，韓洄、元琇、裴腆、包佶、盧徵、李衡繼掌財賦，皆晏故吏。其部吏居數千里之外，奉教令如在目前，雖寢興宴語，而無欺紿，四方動靜，莫不先知，事有可賀者，必先上章奏。江淮茶、橘，晏與本道觀察使各歲貢之，皆欲其先至。有土之官，或封山斷道，禁前發者，晏厚以財力致之，常先他司，由是甚不爲藩鎮所便。

晏理家以儉約稱，而重交敦舊，頗以財貨遺天下名士，故人多稱之。善訓諸子，咸有學藝。任事十餘年，權勢之重，鄰於宰相，要官重職，頗出其門。既有材力，視事敏速，乘機無滯，然多任數，挾權貴，固恩澤，有口者必利啗之。當大曆時，事貴因循，軍國之用，皆仰於晏，未嘗檢轄。

德宗嗣位，言事者稱轉運可罷多矣。初，楊炎爲吏部侍郎，晏爲尚書，各恃權使氣，兩不相得。炎坐元載貶，晏快之，昌言於朝。及炎入相，追怒前事，且以晏與元載隙憾，時人言載之得罪，晏有力焉。炎將爲載復讎，又時人風言代宗寵獨孤妃而又愛其子韓王迥，晏密啓請立獨孤爲皇后。炎因對歔流涕奏言：「賴祖宗福祐，先皇與陛下不爲賊臣所間。不然，劉晏、黎幹之輩，搖動社稷，凶謀果矣。今幹以伏罪，晏猶領權，臣爲宰相，不能正持此事，罪當萬死。」崔祐甫奏言：「此事曖昧，陛下以廓然大赦，不當究尋虛語。」朱泚、崔寧又從傍與祐甫救解之，寧言頗切，炎大怒，故斥寧令出鎮鄜坊以摧挫之。遂罷晏轉運等使，尋貶爲忠州刺史。炎欲誣構其罪，知庾準與晏素有隙，舉爲荊南節度，以伺晏動靜。準乃奏晏與朱泚書祈救解，言多怨望，炎又證成其事，上以爲然。是月庚午，晏已受誅，使迴奏報，誣晏以忠州謀叛，下詔暴言其罪，時年六十六，天下冤之。家屬徙嶺表，連累者數十人。貞元五年，上悟，方録晏子執經，授太常博士；少子宗經，秘書郎。執經上請削官贈父，特追贈鄭州刺史。

《新唐書》卷一四九《劉晏傳》 劉晏字士安，曹州南華人。玄宗封泰山，晏始八歲，獻頌行在，帝奇其幼，命宰相張説試之，説曰：「國瑞也。」即授太子正字。公卿邀請旁午，號神童，名震一時。天寶中，累調夏令，未嘗督賦，而輸無逋期。舉賢良方正，補温令，所至有惠利可紀，民皆刻石以傳。再遷侍御史。

禄山亂，避地襄陽。永王璘署晏右職，固辭。移書房琯，論封建與古異，「今諸王出深宫，一旦望桓、文功，不可致。」詔拜度支郎中，兼侍御史，領江淮租庸事。晏至吴郡而璘反，乃與採訪使李希言謀拒之。希言假晏守餘杭，會戰不利，走依晏。晏爲陳可守計，因發義兵堅壁。會王敗，欲轉略州縣，聞晏有備，遂自晉陵西走。終不言功。召拜彭原太守，徙隴、華二州刺史，遷河南尹。時史朝義盜東都，乃治長水。進户部侍郎，兼御史中丞，度支鑄錢鹽鐵等使。京兆尹鄭叔清、李齊物坐殘摯罷，詔晏兼京兆尹。總大體不苛，號稱職。會司農卿嚴莊下獄，已而釋，誣劾晏漏禁中語，宰相蕭華亦忌之，貶通州刺史。

代宗立，復爲京兆尹、户部侍郎，領度支、鹽鐵、轉運、鑄錢、租庸使。晏以户部讓顔真卿，改國子祭酒。又以京兆讓嚴武，即拜吏部尚書、同中書門下平章事，使如故。坐與程元振善，罷爲太子賓客。俄進御史大夫，領東都、河南、江淮轉運、租庸、鹽鐵、常平使。時大兵後，京師米斗千錢，禁膳不兼時，甸農挼穗以輸。晏乃自按行，浮淮、泗，達於汴，入于河。右循底柱、硤石，觀三門遺迹；至河陰、鞏、洛，見宇文愷梁公堰，厮河爲通濟渠，視李傑新堤，盡得其病利。然畏爲人牽制，乃移書於宰相元載，以爲：「大抵運之利與害各有四：京師三輔，苦税入之重，淮、湖粟至，可減徭賦半，爲一利；東都彫破，百户無一存，若漕路流通，則聚落邑廛漸可還定，爲二利；諸將有不廷，戎虜有侵盜，聞我貢輸錯入，軍食豐衍，可以震耀夷夏，爲三利；若舟車既通，百貨雜集，航海梯嶠，可追貞觀、永徽之盛，爲四利。起宜陽、熊耳，虎牢、成皋五百里，見户纔千餘，居無尺椽，爨無盛煙，獸游鬼哭，而使轉車輓漕，功且難就，爲一病；河、汴自寇難以來，不復穿治，崩岸滅木，所在廞淤，涉泗千里，如罔水行舟，爲二病；東垣、底柱，澠池、北河之間六百里，戍邏久絶，奪攘姦宄，夾河爲藪，爲三病；淮陰去蒲坂，亘三千

里，屯壁相望，中軍皆鼎司元侯，每言衣無纊，食半菽，輓漕所至，輒留以饋軍，非單車使者折簡書所能制，爲四病。」載方内擅朝權，既得書，即盡以漕事委晏，故晏得盡其才。歲輸始至，天子大悅，遣衛士以鼓吹迓東渭橋，馳使勞曰：「卿，朕酇侯也。」凡歲致四十萬斛，自是關中雖水旱，物不翔貴矣。

再遷吏部尚書，又兼益湖南、荆南、山南東道轉運、常平、鑄錢使，與第五琦分領天下金穀。又知吏部三銓事，推處最殿分明，下皆慴伏。元載得罪，詔晏鞫之。晏畏載黨盛，不敢獨訊，更敕李涵等五人與晏雜治。王縉得免死，晏請之也。

常衮執政，忌晏有公望，乃言晏舊德，當師長百僚，用爲左僕射，實欲奪其權。帝以計務方治，詔以僕射領使如舊。初，晏分置諸道租庸使，慎簡臺閣士專之。時經費不充，停天下攝官，獨租庸得補署，積數百人，皆新進鋭敏，盡當時之選，趣督倚辦，故能成功。雖權貴干請，欲假職仕者，晏厚以稟入奉之，然未嘗使親事，是以人人勸職。嘗言：「士有爵禄，則名重於利；吏無榮進，則利重於名。」故檢劾出納，一委士人，吏惟奉行文書而已。所任者，雖數千里外，奉教令如目前，頻伸諧戲不敢隱。惟晏能行之，它人不能也。代宗嘗命考所部官吏善惡，刺史有罪者，五品以上輒繫劾，六品以下杖然後奏。

李靈耀反，河南節帥或不奉法，擅征賦，州縣益削。晏常以羡補乏，人不加調，而所入自如。第五琦始榷鹽佐軍興，晏代之，法益密，利無遺入。初，歲收緡錢六十萬，末乃什之，計歲入千二百萬，而榷居太半，民不告勤。京師鹽暴貴，詔取三萬斛以贍關中，自揚州四旬至都，人以爲神。至湖嶠荒險處，所出貨皆賤弱，不償所轉，晏悉儲淮、楚間，貿銅易薪，歲鑄緡錢十餘萬。其措置纖悉如此。諸道巡院，皆募駛足，置驛相望，四方貨殖低昂及它利害，雖甚遠，不數日即知，是能權萬貨重輕，使天下無甚貴賤而物常平，自言如見錢流地上。每朝謁，馬上以鞭算。質明視事，至夜分止，雖休澣不廢。事無閑劇，即日剖決無留。所居脩行里，粗樸庳陋，飲食儉狹，室無媵婢。然任職久，勢軋宰相，要官華使多出其門。自江淮茗橘珍甘，常與本道分貢，競欲先至，雖封山斷道，以禁前發，晏厚貲致之，常冠諸府，由是媢怨益多。饋謝四方有名士無不至，其有口舌者，率以利啖之，使不得有所訾短。故議者頗言晏任數固恩。大曆時政因循，軍國皆仰晏，未嘗檢質。德宗立，言者屢請罷轉運使，晏亦固辭，不許。又加關内河東三川轉運、鹽鐵及諸道青苗使。

始，楊炎爲吏部侍郎，晏爲尚書，盛氣不相下。晏治元載罪，而炎坐貶。及炎執政，銜宿怒，將爲載報仇。先是，帝居東宫，代宗寵獨孤妃，而愛其子韓王。宦人劉清潭與嬖幸請立妃爲后，且言王數有符異，以揺東宫。時妄言晏與謀。至是，炎見帝流涕曰：「賴祖宗神靈，先帝與陛下不爲賊臣所間，不然，劉晏、黎幹揺動社稷，凶謀果矣。今幹伏辜而晏在，臣位宰相，不能正其罪，法當死。」崔祐甫曰：「陛下已廓然大赦，不當究飛語，致人於罪。」朱泚、崔寧力相解釋，寧尤切至。炎怒，斥寧於外，遂罷晏使。坐新故所交簿物抗謬，貶忠州刺史，中官護送。炎必欲傅其罪，知庾準與晏素憾，乃擢爲荆南節度使。準即奏晏與朱泚書，語言怨望，又蒐卒，擅取官物，脅詔使，謀作亂。炎證成之。

建中元年七月，詔中人賜晏死，年六十五。後十九日，賜死詔書乃下，且暴其罪。家屬徙嶺表，坐累者數十人，天下以爲冤。時炎兼删定使，議籍没，衆論不可，乃止。然已命簿録其家，唯雜書兩乘，米麥數斛，人服其廉。淄青節度使李正己表誅晏太暴，不加驗實，先誅後詔，天下駭惋，請還其妻子。不報。興元初，帝寖寤，乃許歸葬。貞元五年，遂擢晏子執經爲太常博士，宗經秘書郎。執經還官，求追命，有詔贈鄭州刺史，又加司徒。

晏殁二十年，而韓洄、元琇、裴腆、李衡、包佶、盧徵、李若初繼掌財利，皆晏所辟用，有名於時。

晏既被誣，而舊吏推明其功。陳諫以爲管、蕭之亞，著論紀其詳，大略以「開元、天寶間天下户千萬，至德後殘於大兵，饑疫相仍，十耗其九，至晏充使，户不二百萬。晏通計天下經費，謹察州縣災害，蠲除振救，不使流離死亡。初，州縣取富人督漕輓，謂之『船頭』；主郵遞，謂之『捉驛』；税外横取，謂之『白著』。人不堪命，皆去爲盜賊。上元、寶應間，如袁晁、陳莊、方清、許欽等亂江淮，十餘年乃定。晏始以官船漕，而吏主驛事，罷無名之斂，正鹽官法，以裨用度。起廣德二年，盡建中元年，黜陟使實天下户，收三百餘萬。王者愛人，不在賜與，當使之耕耘織紝，常歲平斂之，荒年蠲救之，大率歲增十之一。而晏尤能時其緩急而先後之。每州縣荒歉有端，則計官所贏，先令曰：『蠲某物，貸某户。』民未及困，而奏報已行矣。議者或譏晏不直賑救，而多賤出以濟民者，則又不然。善治病者，不使至危憊；善救災者，勿使至賑給。故賑給少則不足活人，活人多則闕國用，國用闕則復重斂矣；又賑給近僥幸，吏下爲姦，彊得之多，弱得之少，雖刀鋸在前不可禁。以爲二害。災沴之鄉，所乏糧耳，它産尚在，賤以出之，易其雜貨，因

人之力，轉於豐處，或官自用，則國計不乏；多出菽粟，恣之糶運，散入村閭，下户力農，不能詣市，轉相沾逮，自免阻饑，不待令驅。以爲二勝。晏又以常平法，豐則貴取，饑則賤與，率諸州米嘗儲三百萬斛。豈所謂有功於國者邪！」

雜録

備録

封演《封氏聞見記》卷五《巾襆》 先時，吏部尚書劉晏裹頭至慢，每裹，但擎前後脚攊之，都不抽挽。或曰：「尚書何不抽兩翅？」晏曰：「兩邊通耶？」時人多哂之。

韋絢《劉賓客嘉話録》 劉僕射晏五鼓入朝，時寒，中路見賣蒸胡之處勢氣騰煇，使人買之。以袍袖包裙帽底啗之。且謂同列曰：「美不可言，美不可言。」

李肇《唐國史補》卷上 劉忠州晏，通百貨之利，自言如見地上錢流。每入朝乘馬，則爲鞭算。居取便安，不慕華屋。食取飽適，不務兼品。馬取穩健，不擇毛色。

鄭處誨《明皇雜録》卷上 玄宗御勤政樓，大張樂，羅列百妓。時教坊有王大娘者，善戴百尺竿，竿上施木山，狀瀛洲、方丈，令小兒持絳節出入于其間，歌舞不輟。時劉晏以神童爲祕書正字，年十歲，形狀獰劣，而聰悟過人。玄宗召於樓上簾下，貴妃置於膝上，爲施粉黛，與之巾櫛。玄宗問晏曰：「卿爲正字，正得幾字？」晏曰：「天下字皆正，唯『朋』字未正得。」貴妃復令詠王大娘戴竿，晏應聲曰：「樓前百戲競争新，唯有長竿妙入神。誰得綺羅翻有力，猶自嫌輕更著人。」玄宗與貴妃及諸嬪御歡笑移時，聲聞於外，因命牙笏及黄文袍以賜之。

鄭綮《開天傳信記》 開元初，上勵精理道，鏟革訛弊，不六七年，天下大治，河清海晏，物殷俗阜。安西諸國，悉平爲郡縣。自開遠門西行，亘地萬餘里，入河湟之賦税。左右藏庫，財物山積，不可勝較。四方豐稔，百姓殷富，管户一千餘萬，米一斗三四文，丁壯之人，不識兵器。路不拾遺，行者不囊糧。其瑞疊應，重譯嚮至，人情欣欣然，感登岱告成之事。上猶惕勵不已，爲讓者數四焉。是時，劉晏年八歲，獻《東封書》。上覽而奇之，命宰相出題，就中書試驗。張説、源乾曜等咸寵薦。上以晏間生秀妙，引晏於内殿，縱六宫觀看。貴妃坐晏於膝上，親爲晏畫眉總丱髻。宫中人投果遺花者，不可勝數也。尋拜晏祕書省正字。

《太平廣記》卷三九《劉晏》引《逸史》 唐宰相劉晏少好道術，精懇不倦，而無所遇。常聞異人多在市肆間，以其喧雜，可混跡也。後遊長安，遂至一藥鋪，偶問。云：「常有三四老人，紗帽拄杖來取酒，飲訖即去。或兼覓藥看，亦不多買。其亦非凡俗者。」劉公曰：「早晚當至？」曰：「明日合來。」劉公平旦往，少頃果有道流三人到，引滿飲酒。談謔極歡，旁若無人。良久曰：「世間還有得似我輩否？」一人曰：「王十八。」遂去。自後每憶之，不可尋求。及作刺史，往南中，過衡山縣，時春初，風景和暖，喫冷淘一盤，香菜茵陳之類，甚爲芳潔。劉公異之，告郵史曰：「側近莫有衣冠居否，此菜何所得？」答曰：「縣有官園子王十八能種，所以館中常有此蔬菜。」劉公忽驚記所遇道者之説，乃曰：「園近遠，行去得否？」曰：「即館後。」遂往，見王十八，衣犢鼻灌畦，狀貌山野，望劉公趨拜戰栗。漸與同坐，問其鄉里家屬，曰：「蓬飄不省，亦無親族。」劉公異疑之。命坐，索酒與飲，固不肯。却歸，晏乃詣縣，自請同往南中。縣令都不喻，當時發遣。王十八亦不甚拒，破衣草履，登舟而行。劉公漸與之熟，令妻子見拜之，同坐茶飯。形容衣服，日益穢弊，家人並竊惡之。夫人曰：「豈茲有異，何爲如此？」劉公不懈。去所詣數百里，患痢，朝夕困極，舟船隘窄，不離劉公之所。左右掩鼻罷食，不勝其苦。劉公都無厭怠之色，但憂慘而已，勸就湯粥。數日遂斃。劉公嗟嘆涕泣，送終之禮，無不精備。乃葬於路隅。

《太平廣記》卷九六《釋道欽》引《酉陽雜俎》 相傳云，釋道欽住徑山，有問道者，率爾而對，皆造宗極。劉忠州晏嘗乞心偈，令執鑪而聽，再三稱「諸惡莫作，諸善奉行」。晏曰：「此三尺童子皆知之。」欽曰：「三尺童子皆知之，百歲老人行不得。」至今以爲名理。

王讜《唐語林》卷一《政事上》 劉晏爲諸道鹽鐵轉運使。時軍旅未寧，西蕃入寇，國用空竭，始於揚州造轉運船，每以十隻爲一綱，載江南穀麥，自淮、泗入汴，抵河陰，每船載一千石。揚州遣軍將押至河陰之門，填闕一千石，轉相受給，達太倉，十運無失，即授優勞官。汴水至黄河迅急，將吏典主，數運之後，無不髮白者。晏初議造船，每一船用錢百萬。或曰：「今國用方乏，宜減其費，五十萬猶多矣。」晏曰：「不然。大國不可以小道理。凡所創置，須謀經久。船場既興，

即其間執事者非一，當有贏餘及衆人。使私用無窘，即官物堅固。若始謀便朘削，安能長久？數十年後，必有以物料太豐減之者。減半，猶可也；若復減，則不能用。船場既墮，國計亦圮矣。」乃置十場於揚子縣，專知官十人，競自營辦。後五十餘歲，果有計其餘，減五百千者，是時猶可給。至咸通末，院官杜侍御又以一千石船，分造五百石船兩艘，用木廉薄。又執事人吳堯卿爲揚子縣官，變鹽鐵之制，令商人納榷，隨所送物料，皆計折納，拋廉每船板、釘、灰、油、炭多少而給之。物復騰長，軍將十家，即時委弊。

備論

《舊唐書》卷一二三《劉晏傳》　史臣曰：歷代操利柄爲國計者，莫不損下益上，危人自安，變法以弄權，斂怨以構禍，皆有之矣。如劉晏通擁滯，任才能，富其國而不勞於民，儉於家而利於衆。或問曰：鄭子産吏不能欺，宓子賤吏不忍欺，西門豹吏不敢欺。三子者，古之賢人也，吏皆懷其欺而不能、不忍、不敢也。晏之吏，遠近自不欺者何也？答曰：蓋任其才而得其人也。晏殁，故吏二十餘年繼掌財賦，不其是哉！《史記·貨殖》云：「平糶齊物，關市不乏，治國之道也。」晏治天下，無甚貴甚賤之物，汎言治國者，其可及乎！舉真卿才，忠也；減王縉罪，正也。忠正之道，復出於人。嗚呼！木秀於林，風必摧之，常袞見忌於前，楊炎致冤於後，可爲長歎息矣！時議有口者以利啖之，苟不塞讒口，何以持重權？即無以展其才，濟其國矣。是其術也，又何譏焉。第五琦促辦應卒，民不加賦，而國豐饒，亦庶幾矣。然鑄錢變法，物貴身危，其何陋哉！凡利國者，農商之外，不可爲也。宏、滂争權樹黨，皆非令人。紹之謹密許事，巽之畯察精辯，亦足可稱。

贊曰：豐財忠良，晏道爲長。琦、宏、滂、巽，咸以利彰。

《新唐書》卷一四九《劉晏傳》　贊曰：生人之本，食與貨而已。知所以取，人不怨；知所以予，人不乏。道御之而王，權用之而霸，古今一也。劉晏因平準法，斡山海，排商賈，制萬物低昂，常操天下贏貲，以佐軍興。雖挐兵數十年，斂不及民而用度足。唐中偃而振，晏有勞焉，可謂知取予矣。其經晏辟署者，皆用材顯，循其法，亦能富國云。

胡寅《致堂讀史管見》卷二二　晏既死，後來言利者皆莫及。

劉晏言利之臣，君子所不道也，而其言有不可廢者。一曰集衆務在得人，勾檢簿書，出納錢穀必委之士類，吏惟書符牒而已。此不獨可施之轉運事也。二曰戶口多則賦稅廣，故其理財以養民爲先。此雖爲守，爲令皆當力行者也。三曰官多則民擾，但於出鹽之鄉置鹽官，自餘州縣不復置，故雖天下吏員皆當減省，不貴多也。四曰論大事不計小費，凡事必爲永久之慮，此又合於孔子所謂「見小利則大事不成」、「無遠慮則必有近憂」者也。五曰事無閑劇，必於一日中決之，凡訟獄文移言上行下，未有不以決遣爲利、滯淹爲害者也。此晏可法之五事也。然晏專用之理財則狹矣。晏之足國，其功豈王鉷、韋堅、楊慎矜之比然？亦未免於誅死，何也？財者猶泉也，其名曰布，泉行不可雍利，布不可專壅，而專之利於上必不利於下，利於公必不利於私，不利則起怨，怨積則生禍矣！方晏之總利權也，史言衆媢疾之，夫能爲國足用非歸於己也，衆何自而生疾？是必有說矣。以故善爲國者不謀利，善持身者不以利，利者對害而言皆於義者也。

王夫之《讀通鑑論》卷二四《唐德宗》　言治道者諱言財利，斥劉晏爲小人。晏之不得爲君子也自有在，以理財而斥之，則倨驕浮薄之言，非君子之正論也。夫所惡於聚財者，以其殃民也。使國無恒畜，而事起倉卒，危亡待命，不能坐受其斃，抑必横取無藝以迫民於死，其殃民又孰甚焉？故所惡於聚財之臣者，唯其殃民也，如不殃民而能應變以濟國用，民無横取無藝之苦，詎非爲功於天下哉？

晏之理財於兵興之日，非宇文融、王鉷、元載之額外苛求以困農也，察諸道之豐凶，豐則貴糴，凶則賤糶，使自有餘息以供國，而又以蠲免救助濟民之餒瘠，其所取盈者，姦商豪民之居贏，與墨吏之妄濫而已。仁民也，非以殃民也。榷鹽之利，得之姦商，非得之食鹽之民也；漕運之羨，得之徒勞之費，非得之輸輓之民也。上不在官，下不在民，晏乃居中而使租、庸不加，軍食以足。晏死兩年，而括富商，增稅錢，減陌錢，稅間架，重剥餘民之政興，晏爲小人，則彼且爲君子乎？

抑考當日戶口虚盈之數，而晏體國安民之心，不可没矣。兵興以來，戶不過一百萬，晏任財賦之季年，增戶百萬，非晏所統者不增，夫豈晏有術以餌之，使鄰民以歸己邪？戶口之耗，非果盡死亡也。貪汙之吏，舉百費而一責之農民，猾胥持權，以私利爲登耗，民不任其誅求，賄吏而自詭於逃亡死絶，猾胥鬻天子之民以充囊橐，偷窳之守令，亦以戶少易徵，免於催科不足之罰，而善匿者長子孫，據

阡陌，徵徭不及，以爲法外之民，其著籍而重受荼毒，皆窮鄉愿樸者爾。户日耗，賦必日增，僅存之土著，日斃於杖箠囚繫之下，此其所以增者百一、而減者十三也。晏唯通有無，收鹽利，清輓兑，以給軍用，而常賦有經以不濫；且所任以理租、庸者，一皆官箴在念之文士，而吏不得以持權。則彼民也，既優游於奉公之不擾，自不樂受猾胥之脅索，抑安居晏寢，無漏逃受戮之隱憂，有田而租，有口而庸，調，何憚而不爲版籍之良民，以康乃身心邪？然則非晏所統而户不增者，非不增也，增於吏而不增於國也。晏得其樂於附籍之本情，以杜姦胥之詭，使樂輸者無中侵之傷，故民心得而户口實，仁人君子所以體民而生聚者，亦此而已。豈乞靈於造物而使無夭札，遥呼於胡、越而使受戎索哉？然則晏之於財賦，君子之用心也，不可以他行之瑕責之也。

無利於國，無補於民，聽姦人之挾持，爲立法禁，以驅役天下而桎梏之，是謂稗政。能知此者，可與定國家之大計矣。

劉晏阨軍國之用，未嘗有搜求苛斂於民，而以榷鹽爲主。鹽之爲利，其來舊矣。而法愈繁則財愈絀，民愈苦於淡食，私販者遂爲亂階，無他，聽姦商之邪説，以擅利於已，而衆害叢集矣。官榷之，不能官賣之也；官賣之，而有抑配、有比較、有增價、有解耗，殃民已亟，則私販雖死而不懲。必也，官於出鹽之鄉，收積以鬻於商，而商之姦不讎矣。統此食鹽之地，統此歲辦之鹽，期於官無留鹽，商無守支，民無缺乏，踊貴而止耳。官總而計之，自竈丁牢盆薪芻糧值之外，計所得者若干，足以裕國用而止耳。一入商人之舟車，其之東之西，或貴或賤，可勿問也。而姦商乃脅官以限地界。地界限，則姦商可以唯意低昂，居盈待乏，而過索於民。民苦其貴，而破界以市於他境，官抑受商之餌，爲之禁制，徽纆日纍於廷，掠奪日喧於野，民乃激而走挺，於是結旅操兵，相抗相殺，而盗賊以起。元末泰州之禍，亦孔烈矣。若此者，於國無錙銖之利，君與有司受姦商之羈豢，以毒民而激之亂，制法之愚，莫甚於此，而相沿不革，何也？朝廷欲鹽之速讎，不得其術，而墨吏貪姦商之賄，爲施網罟，以恣其射利之壟斷，民窮國亂，皆所弗恤也。

晏知之矣，省官以省掣查支放之煩，則商既不病；一委之商，而任其所往，商亦未嘗無利也。相所缺而趨之，捷者獲焉，鈍者自咎其拙，莫能怨也。而私販之刑不設，争盗抑無緣以起。其在民也，此方挾乏以增價，而彼已至，又唯恐其讎之不先，則踊貴之害亦除。守此以行，雖百王不能易也。晏決策行之，而後世猶限地界以徇姦商，不亦愚乎？

持其大綱，疏其節目，爲政之上術也。統此一王之天下，官有賣海之饒，民獲流通之利，片言而決耳，善持大計者，豈有不測之術哉？得其要而姦不能欺，千載莫察焉，亦可歎已！

刁包《用六集》卷八《劉晏論》　儒者尚論劉晏。或曰：「非賢者。」或曰：「言利之臣，君子所不道。」噫！過矣！所謂利臣者損人而益已，損下而益上，民之賊，國之蠹也。而晏然乎哉？考晏生平，出納必委士類，爲國家崇儒行也；理財以養民爲先，爲國家固邦本也；謂官多民擾則不輕置官，爲國家清冗員也；論大計不惜小費，爲國家建宏遠之模也；事無閑劇必於一日中決之，爲國家竭股肱之力也。不特此也，曰舡頭，曰促驛，曰白著，虐政迭興民不堪命，土崩之勢成矣。晏一切革除與民休息，俾無逃亡潰散之憂，可不謂仁乎？屬官雖數千里外，奉教令如在目前，無敢欺紿者，可不謂信乎？所居粗樸卑陋，飲食儉，狹室無媵婢，及吏録其家，惟雜書兩乘，米麥兩斛，可不謂廉乎？之數行者，匪獨以才勝，蓋兼以德勝也。方是時，天子蒙塵，兩京覆没，不有晏佐軍興，恐李郭諸公無所施其補浴之手，偉哉社稷功，真莫與京矣！天子喜甚，曰：「吾之鄼侯也。」豈溢美哉？而安得以爲非賢？又安得以爲君子所不道乎？或者以忠州之死爲因利生怨，夫晏瘠其身以肥天下而死於讒，楊炎之不臣也，德宗之不君也，於晏何尤焉？信斯言也，則古來忠臣義士而以非命死者豈少哉？噫！過矣！

計大受《史林測義》卷二一《劉晏》　晏之理財也，常以養民爲先，使國用充足而民不困敝，户口蕃息。雖任機權，可謂賢矣。自古計利之臣剥下益上，斂怨基亡國危而族誅，即唐之宇文融、楊矜慎、韋堅、王鉷之徒，歷歷不爽。若晏則誠史臣所稱，知所以取人不怨，知所以與人不乏者，卒以楊炎譖成庾準之誣，不得其死，君子亦哀以同於古之忠賢。遭讒而受戮可矣，尚何所歸咎哉？【略】然則晏之不免於見殺者，此晏之不幸也，非晏之言利之有以賈禍也。不然，軍國之用未可或缺，財賄之斂聖王不廢，而計司片地，幾爲仁人君子所不敢涉足，朝廷將安所倚辦哉？後之居是職者亦惟法晏之先於養民無得罪天下百姓而已矣。

《全唐文》卷六八四蔣偕《劉晏論》　開元天寶間，天下户千萬。至德後殘於大兵，饑疫相仍，十耗其九。至晏充使，户不二百萬。晏通計天下經費，謹察州縣災害，蠲除振救，不使流離死亡。初州縣取富人督漕輓，謂之船頭。主郵遞，謂之捉驛，税外横取，謂之白著。人不堪命，皆去爲盗賊，上元寶應間，如袁晁、陳莊、方清、許欽等亂江淮十餘年乃定。晏始以官船漕而定吏主驛事，罷無名之

斂，正鹽官法，以裨用度。起廣德二年，盡建中元年，黜陟使實天下户收三百餘萬。王者愛人，不在賜與，當使之耕耘織紝，常歲平斂之，荒年蠲救之，大率歲增十之一。而晏猶能時其緩急而先後之，每州縣荒歉有端，則計官所贏，先令曰：「蠲某物，貸某户」民未及困，而奏報已行矣。議者或譏晏不直振救，而多賤出以濟民者，則又不然。善治病者，不使至危憊，善救災者，勿使至賑給，故賑給少不足以活人，活人多則闕國用，國用闕則復重役矣。又賑給近僥倖，吏下爲姦，彊得之多，弱得之少，雖刀鋸在前不可禁，以爲二害。災沴之鄉，所乏糧耳，它産尚在，賤以出之，易其雜貨，因人之力，轉於豐處，或官自用，則國計不乏。多出菽粟，恣之糶運，散入村閭，下户力農，不能詣市，轉相沾逮，自免阻饑，不待令驅，以爲二勝。晏又以常平法，豐則貴取，饑則賤與，率諸州米常儲三百萬斛。豈所謂有功於國者耶！

藝文

劉長卿《劉隨州集》卷五《奉餞郎中四兄罷餘杭太守承恩加侍御史充行軍司馬赴汝南行營》　星使三江上，天波萬里通。權分金節重，恩借鐵冠雄。梅吹前軍發，棠陰舊府空。殘春錦障外，初日羽旗東。岸柳遮浮鷁，江花隔避驄。離心在何處，芳草滿吴宫。

岑參《岑嘉州詩》卷一《送張秘書克劉相公通汴河判官便赴江外觀省》　前年見君時，見君正泥蟠。去年見君處，見君已風摶。朝趨赤墀前，高視青雲端。新登麒麟閣，適脱獬豸冠。劉公領舟楫，汴水揚波瀾。萬里江海通，九州天地寬。昨夜動使星，今旦送征鞍。老親在吴郡，令弟蒶同官。鱸鱠剩堪憶，蓴抝殊可餐。既參幕中畫，復展膝下驩。因送故人行，試歌行路難。何處路最難，最難在長安。長安多權貴，珂珮聲珊珊。儒生直如弦，權貴不須干。斗酒取一醉，孤瑟爲君彈。臨岐欲有贈，持以握中蘭。

《文苑英華》卷三八六常衮《授劉晏吏部尚書制》　門下：獻善宣美，職在納言，録賢任能，必歸冢宰。若萬事之本，舉得其要，一時之才，選當其實，則致理之體，昭然可見矣。簡求碩德，俾之典崇。金紫光禄大夫、檢校户部尚書兼御史大夫、東都河南江淮山東等道轉運常平鑄錢鹽鐵等使、上柱國、彭城郡開國公劉晏，時傑國楨，高才博學，超詣精理，澹然素懷，禮法之綱紀，人倫之模表。嘗處台弼，以弘訓範，載其清静，濟我艱難。自勞于外，又竭心力，苟利於國，不憚其煩。領錢穀轉輸之重，資國家經費之本，務其省約，加以躬親。小大之政，必關於慮，出入農里，止舍鄉亭。先訪便安，以之均節，事積而不亂，理簡而易從。故得井賦田租，萬億及秭，方舟而下，以給中都。水旱不歉，人懷其惠，可謂盡瘁事國，勤勞王家也。思有褒進，屢申退讓，然以官人之任，朝選無踰。藉其絫領，用鎮風俗，所揔羣務，一以咨之，中外兼濟，固有餘力。可吏部尚書，餘如故。主者施行。

《文苑英華》卷四三四常衮《劉晏宣慰河南淮南制》　勑：《書》曰：「元后作人父母。」又曰：「一夫不獲，則曰時予之辜」政或不平，訟或不理，則人受其弊，氣生其災，噢咻連聲，愁苦無告，州縣長吏莫知省憂。念兹疚懷，中夜三嘆，朕以不德，託於人上，永言理道，敢不勵精。然自兵亂一紀，事殷四方，耕夫困於軍旅，蠶婦病於餽餉，欲求無事，豈可得乎？致令户口減耗，十無一二，而河南淮南，又甚諸道。得非蒐乘補卒之數，急賦横税之煩，致使惶駭匪寧，流庸不復，兼亦親人之職，少有政術稱者。其於賦役，多患不均，靡室靡家，皆籍其穀。無衣無褐，亦調其庸。雖節制廉察，皆務令條理，而貪官冒法，未絶姦源。誅求無厭，鰥寡重困，永歎遐想，過實在予。巡撫之寄，資於碩德，某官某，相府之舊，道在安人，自河之南，天下之半，底慎財賦，衣食京師，久於倚任，多所弘濟。因其旋南，將命攸屬，所至之處，宣示詔書，撫將校之勤勞，問黎元之疾苦。事有不便，法或不行，委之釐革，歸於允當。或收其征徭，私有聚斂。或托以貢獻，公然乾没。厚取於人，歸怨於上，虧損時化，朕甚懼焉。宜委某與節度觀察切加疏理，勿令寃濫，以副憂勞，其官吏有犯，便禁身推問，具狀聞奏，當峻刑典，以息貪殘。

《文苑英華》卷九八五穆員《爲留守鄭侍郎祭劉僕射文》　維年月日，某官謹遣某乙，敢用少牢之奠，致祭于故尚書左僕射、彭城公之靈。巨唐中否，八葉嗣興。天爲生公，爲公啟運。公受天所授，事與時并。寔爲鄮侯，立我王國。于時方夏之内，痍傷未平。兵餘於人，賦倍於産。公施以損益，權其重輕。自我竭心，爲國强力。歲歉靡瘠，師興忘勞。羣帥不虔，怙兵自擅。典章靡及，職貢莫脩。律我清明，徵令如響。凡所辟選，府傾時賢。若金我礪，若玉我琢。爾材我器，爾用我功。至今會計之司，食貨之政，法公之法其事集，吏公之吏其利興。守公之成，揚公之盛。孰云公殁？吾謂公存！嗚呼！何日不夕，何榮不落，何亢

不悔，何高不危。終没裔夷，凡伯稱嘆。皇明昭滌，丹旐言旋。澤及九原，魂歸萬里。大名備禮，返葬故丘。哀哀遺孤，銜恤靡至。毁隣於滅，必復是徵。某昔官南宫，嘗參末吏。玉音如在，哀挽長違。祗命禁省，不敢離局。禮閡執事，悲儲永懷。敢以精誠，寄於祖奠。神遠聽邇，庶乎降歆。嗚呼哀哉！尚饗。

宋敏求《唐大詔令集》卷四五佚名《劉晏平章事制》 搆廣廈者審象於宏材，經萬邦者注意於良弼。自非道符夢卜，名冠簪裾，何以允副虚求，式諧時望。銀青光禄大夫、國子祭酒、兼御史大夫、京兆尹、判度支勾當度支等使、上柱國、彭城縣開國伯劉晏，應期生德，維岳降賢，文爲君子之儒，器韞通人之量，學苞前典，志在於直方，詞蔚古風，義存於比興。自兼京劇，職惣均輸，變而能通，弘適時之務，居難若易，多濟物之心。頃者戎事方殷，軍賦惟錯，率皆倚辦，每竭推誠。寇難初夷，皇猷咨弼。周王佐國，必自於天官。漢代登台，咸由於亞相，宜膺選衆之舉，用成亮采之功。可金紫光禄大夫、吏部尚書、同中書門下平章事，進封彭城郡開國公，食邑二千户，勳及度支等使並如故。

宋敏求《唐大詔令集》卷一一六佚名《劉晏宣慰河南淮南制》 敕：《書》曰：「元后作人父母。」又曰：「一夫不獲，則曰時予之辜。」政或不平，訟或不理，則人受其弊，氣生其災，噢咻連聲，愁苦無告。州縣長吏莫之省憂。念兹疚懷，中夜三歎，朕以否悳，託於人上，永言理道，敢不勵精。自兵亂一紀，事殷四方，耕夫困於軍旅，蠶婦疲於餉饋，欲求無事，豈可得乎。致令户口減耗，十無一二，而河南淮南西，又甚諸道。得非蒐乘補卒之數，急賦横税之煩，致使惶駭匪寧，流庸不復，兼亦親人之職，少有政術稱者。放富役貧，多患不均，靡室靡家，皆籍其穀。無衣無褐，亦調其庸，雖節制廉察，務令調理，而貪官暴法，未絶姦原。誅求無厭，鰥寡重困，永然遐想，過實在予。巡撫之寄，資於碩德，某官某，政府之舊，道在安人，自河之南，天下之半，底慎財賦，衣食京師，久於倚任，多所弘濟。因其旋南，將所攸屬，所至之處，宣示詔書，撫將校之勤勞，問黎元之疾苦。事有未便，任或不稱，委之釐革，歸於允當。或假其征徭，私有聚斂，或託其貢獻，公然乾没。厚取於人，歸怨於上，虧損時化，朕甚懼焉。宜委某與節度觀察，切加疏理，勿令冤濫，以副憂勞。其官吏有犯，便禁身推問，具狀聞奏，當峻刑典，以息貪殘。

宋敏求《唐大詔令集》卷一二六佚名《劉宴賜自盡敕》 亂常干紀，罪莫大焉，除惡去邪，刑其無捨。忠州刺史劉晏，性本奸回，志惟兇慝。頃司邦賦，歷踐朝倫，割削爲功，毒痛黎庶。按問贓賄，不知紀極。朕將崇政本，必去憸人，猶是含弘，務全大體。俾從降黜，尚列藩條，黷亂之辜，掩而不問。旋乃結聚亡命，擅興師徒，罔有悛心，力行無度。播于人聽，惡跡彰聞，爰命運率，閱實其罪。而蒐乘補卒，遍於鄉閭，執鋭被堅，出乎郊境，拒捍朝貢，威脅使臣，人之無良，一至於此。孽由自作，法所不容，正其典刑。以懲姦蠹，宜賜自盡，仍令庾準差官勾當處置聞奏。

《全唐文》卷四六唐代宗《答劉晏讓官手詔》 卿蕴經國之文，懷濟時之略。軍儲是切，轉運攸難，勵以公勤，適於通變。遠疏溝洫，績顯京坻，爰奬勤勞，是明賞勸。俾遷六職，兼綜九流。益用撝謙，切陳懇讓。宜從雅旨，所請者依。

《全唐文》卷五〇唐德宗《罷尚書左僕射劉晏領使詔》 東都河南江淮山南東等道轉運租庸青苗鹽鐵等使、尚書左僕射劉晏，頃以兵車未息，權立使名，久勤元老，集我庶務，悉心瘁力，垂二十年。朕以征税多門，鄉邑凋耗，聽於羣議，思有變更。將置時和之理，宜復有司之制，晏所領使宜停。天下錢穀，委金部、倉部，中書門下揀兩司郎官，準格式調掌。

《全唐文》卷三九四令狐彰《遺表》 臣自事陛下，得備藩守，受恩則重，効節未終，長辭聖朝，痛入心骨。臣誠哀懇頓首頓首，臣受性剛拙，亦能包含。頃因魚朝恩將掠亳州，遂與臣結怨，當其縱暴，臣不敢入朝，專聽天誅，即欲奔謁。及魚朝恩死，即臣屬疾苦，又遭家艱，力微眼暗，行動須人，拜舞不能。數月有闕，欲請替辭退，即日望稍瘳，冀得康强，榮歸朝覲。自冬末舊疾益重，瘡腫又生，氣息奄奄，遂期殞殁，不遂一朝天闕、一拜龍顔。臣禮不終，忠誠莫展，臣之大罪，下慙先代，仰媿聖朝。臣竭誠事上，誓立大節，天地神明，實知臣心，心不遂行，言發自痛。當使倉糧錢絹、羊馬牛畜，一切已上，並先有部署。三軍兵士、州縣官吏等，各恭舊職，祇待聖恩。臣伏見吏部尚書劉晏及工部尚書李勉，知識忠貞，堪委大事，伏願陛下速令檢校，上副聖心。臣男建等，性不爲非，行亦近道，今勒歸東都私第，使他年爲臣報國，下慰幽魂。臨殁昏亂，伏表哀咽。

魚朝恩部

綜述

《舊唐書》卷一八四《魚朝恩傳》　魚朝恩，天寶末以宦者入內侍省，初爲品官，給事黄門。性黠惠，善宣答，通書計。至德中，常令監軍事。九節度討安慶緒於相州，不立統帥，以朝恩爲觀軍容宣慰處置使。觀軍容使名，自朝恩始也。以功累加左監門衛大將軍。時郭子儀頻立大功，當代無出其右，朝恩妬其功高，屢行間諜，子儀悉心奉上，殊不介意。肅宗英悟，特察其心，故朝恩之間不行。自相州之敗，史思明再陷河洛，朝恩常統禁軍鎮陝，以殿東夏。廣德元年，西蕃入犯京畿，代宗幸陝。時禁軍不集，徵召離散，比至華陰，朝恩大軍遽至迎奉，六師方振。由是深加寵異，改爲天下觀軍容宣慰處置使。時四方未寧，萬務事殷，上方注意勳臣，朝恩專典神策軍，出入禁中，賞賜無算。

朝恩性本凡劣，恃勳自伐，靡所忌憚。時引腐儒及輕薄文士於門下，講授經籍，作爲文章，粗能把筆釋義，乃大言於朝士之中，自謂有文武才幹，以邀恩寵。上優遇之，加判國子監事，光禄、鴻臚、禮賓、內飛龍、閑廄等使。赴國子監視事，特詔宰臣、百僚、六軍將軍送上，京兆府造食，教坊賜樂。大臣羣官二百餘人，皆以本官備章服充附學生，列於監之廊下，侍詔給錢萬貫充食本，以爲附學生廚料。朝恩恣横，求取無厭，凡有奏請，以必允爲度，幸臣未有其比。

大曆二年，朝恩獻通化門外賜莊爲寺，以資章敬太后冥福，仍請以章敬爲名，復加興造，窮極壯麗。以城中材木不足充費，乃奏壞曲江亭館、華清宫觀樓及百司行廨、將相没官宅給其用，土木之役，僅踰萬億。三年，讓判國子監事，加韓國公。章敬太后忌日，百僚於興唐寺行香，朝恩置齋饌於寺外之車坊，延宰臣百僚就食。朝恩恣口談時政，公卿惕息。户部郎中相里造、殿中侍御史李衎以正言折之，朝恩不悦，乃罷會。

後嘗釋奠於國子監，宰臣百僚皆會，朝恩講《易》，徵《鼎卦》「覆餗」之義，以譏元載，載心銜之，陰圖除去之。上以朝恩太横，亦惡之。載欲伺其便，巧中傷之，乃用腹心崔昭爲京兆尹，伺朝恩出處。昭不吝財賂，潛與朝恩黨陝州觀察使皇甫温相結，温與昭協，自是朝恩動静，載皆知之，巨細悉以聞。上益怒，朝恩未之察，日以驕横。載奏加朝恩實封，又加皇甫温權位，以肆其欲。

五年，朝恩所昵武將劉希暹微有過忤，上諷之，詔罷朝恩觀軍容使，加實封通前一千户。朝恩始疑，然每朝謁，恩顧如常，亦不以載爲意。會寒食宴近臣，朝恩入謁。先是，每宴罷，必出還營，是日有詔留之。朝恩始懼，言頗悖慢，上亦以舊恩不之責。是日朝恩還第，雉經而卒。劉希暹亦下獄賜死。

《新唐書》卷二〇七《魚朝恩傳》　魚朝恩，瀘州瀘川人。天寶末，以品官給事黄門，内陰黠，善宣納詔令。至德初，監李光進軍。京師平，爲三宫檢責使，以左監門衛將軍知内侍省事。九節度圍賊相州，以朝恩爲觀軍容、宣慰、處置使。觀軍容使自朝恩始。史思明攻洛陽，朝恩以神策兵屯陝。洛陽陷，思明長驅至硤石，使子朝義爲游軍。肅宗詔鋭兵十萬循渭而東以濟師。朝恩按兵陝東，使神策將衛伯玉與賊將康文景等戰，敗之。洛陽平，徙屯汴州，加開府儀同三司，封馮翊郡公。寶應中，還屯陝。代宗避吐蕃東幸，衛兵離散，朝恩悉軍奉迎華陰，乘輿六師乃振，帝德之，更號天下觀軍容、宣慰、處置使，專領神策軍，賞賜不涯。

朝恩資小人，恃功岸忽無所憚。僕固瑒攻絳州，使姚良據温，誘回紇陷河陽。朝恩遣李忠誠討瑒，以霍文場監之；王景岑討良，王希遷監之。敗瑒於萬泉，生擒良。高暉等引吐蕃入寇，遣劉德信討斬之。故朝恩因麾下數克獲，竊以自高。是時郭子儀有定天下功，居人臣第一，心媢之，乘相州敗，醜爲詆譖，肅宗不内其語，然猶罷子儀兵，留京師。代宗立，與程元振一口加毁，帝未及寤，子儀憂甚。俄而吐蕃陷京師，卒用其力，王室再安。故朝恩内慚，乃勸帝徙洛陽，欲遠戎狄。百僚在廷，朝恩從十餘人持兵出，曰：「虜數犯都甸，欲幸洛，云何？」宰相未對，有近臣折曰：「敕使反耶？今屯兵足以捍寇，何遽脅天子棄宗廟爲？」朝恩色沮，而子儀亦謂不可，乃止。

朝恩好引輕浮後生處門下，講《五經》大義，作文章，謂才兼文武，徼伺誤寵。永泰中，詔判國子監，兼鴻臚、禮賓、内飛龍、閑廄使，封鄭國公。始詣學，詔宰相、常參官、六軍將軍悉集，京兆設食，内教坊出音樂俳倡侑宴，大臣子弟二百人，朱紫雜然爲附學生，列廡次。又賜錢千萬，取子錢供秩飯。每視學，從神策兵數百，京兆尹黎幹率錢勞從者，一費數十萬，而朝恩色常不足。

凡詔會羣臣計事，朝恩怙貴，誕辭折愧坐人出其上，雖元載辯彊亦拱默，唯禮部郎中相里造、殿中侍御史李衎酬詰往返，未始降屈，朝恩不懌，黜衎以動造。又謀將易執政以震朝廷，乃會百官都堂，且言：「宰相者，和元氣，輯羣生。今水旱不時，屯軍數十萬，饋運困竭，天子卧不安席，宰相何以輔之？不退避賢路，默默尚何賴乎？」宰相俛首，坐皆失色。造徙坐從之，因曰：「陰陽不和，五穀踴貴，皆軍容事，宰相何與哉！且軍孥不散，故天降之沴。今京師無事，六軍可相維鎮，又屯十萬，饋糧所以不足，百司無稍食，軍容爲之，宰相行文書而已，何所歸罪？」朝恩拂衣去，曰：「南衙朋黨，且害我。」會釋菜，執《易》升坐，百官咸在，言《鼎》有覆餗象，以侵宰相。王縉怒，元載怡然。朝恩曰：「怒者常情，笑者不可測也。」載銜之，未發。

朝恩有賜墅，觀沼勝爽，表爲佛祠，爲章敬太后薦福，即后謚以名祠，許之。於是用度侈浩，公壞曲江諸館、華清宫樓榭，百司行署、將相故第，收其材佐興作，費無慮萬億。既數毁郭子儀，不見聽，乃遣盜發其先冢，子儀詭辭自解，以安衆疑。久之，讓判國子監、鴻臚禮賓等使，加内侍監，徙封韓，增實封百户。俄兼檢校國子監。

初，神策都虞候劉希暹魁健能騎射，最爲朝恩昵信，以太僕卿封交河郡王。兵馬使王駕鶴獨謹厚，亦封徐國公。希暹諷朝恩置獄北軍，陰縱惡少年横捕富人付吏考訊，因中以法，録貲産入之軍，皆誣服冤死，故市人號「入地牢」。又萬年吏賈明觀倚朝恩捕搏恣行，積財鉅萬，人無敢發其姦。朝廷裁決，朝恩或不預者，輒怒曰：「天下事有不由我乎！」帝聞，不喜。養息令徽者，尚幼，爲内給使，服緑，與同列爭忿，歸白朝恩。明日見帝曰：「臣之子位下，願得金紫，在班列上。」帝未答，有司已奉紫服于前，令徽稱謝。帝笑曰：「小兒章服，大稱。」滋不悦。

元載乃用左散騎常侍崔昭尹京兆，厚以財結其黨皇甫温、周皓。温方屯陝，而皓射生將。自是朝恩隱謀奥語，悉爲帝知。希暹覺帝指，密白朝恩，朝恩稍懼，然見帝接遇未衰，故自安而潛計不軌。帝遂倚載，決除之，懼不克，載曰：「陛下第專屬臣，必濟。」朝恩入殿，嘗從武士百人自衛，皓統之，而温握兵在外。載乃徙鳳翔尹李抱玉節度山南西道，以温代節度鳳翔，陽重其權，寔内温以自助。載又議析鳳翔之郿與京兆，以鄠、盩厔及鳳翔之虢、寶雞與抱玉，而以興平、武功、鳳翔之扶風天興與神策軍，朝恩利其土地，自封殖，不知爲虞也。郭子儀密白「朝恩嘗結周智光爲外應，久領内兵，不早圖，變且大。」載留温京師，未即遣，約與皓共誅朝恩。謀定，以聞，帝曰：「善圖之，勿反受禍！」方寒食，宴禁中，既罷，將還營，有詔留議事。朝恩素肥，每乘小車入宫省。帝聞車聲，危坐，載守中書省。朝恩至，帝責其異圖，朝恩自辨悖慠，皓與左右禽縊之，死年四十九，外無知者。帝隱之，下詔罷觀軍容等使，增實封户六百，内侍監如故。外咸言「既奉詔，乃投縊」云。還尸於家，賜錢六百萬以葬。

帝懼軍亂，進劉希暹、王駕鶴并兼御史中丞。又下詔尉曉將士，獨希暹自知同惡，言不遜，駕鶴白發之，遂賜死。而賈明觀兼得幸於載，故載奏隸江西，使立功自贖，路嗣恭搒殺之。所厚禮部尚書、禮儀使裴士淹、户部侍郎判度支第五琦皆坐貶。

雜録

備録

李肇《唐國史補》卷上 代宗朝，百寮立班良久，閤門不開。魚朝恩忽擁白刃十餘人而出，宣示曰：「西蕃頻犯郊圻，欲幸河中，如何？」宰相已下，不知所對，而倉遑頗甚。給事中劉不記名。出班抗聲曰：「敕使反耶！屯兵無數，何不扞寇，而欲脅天子去宗廟！」仗内震聳，朝恩大恐駭而退。因罷遷幸之議。

魚朝恩於國子監高座講《易》，盡言《鼎卦》，以挫元、王。是日，百官皆在，縉不堪其辱，載獨怡然。朝恩退曰：「怒者常情，笑者不可測也。」

馮贄《雲仙雜記》卷五《魚藻洞》 魚朝恩有洞房，四壁夾安瑠璃板，中貯江水及萍藻諸色蝦，號魚藻洞。

《太平廣記》卷一八八《魚朝恩》引《杜陽雜編》 魚朝恩專權使氣，公卿不敢仰視。宰臣或決政事不預謀者，則眦睚曰：「天下之事豈不由我乎？」於是上惡之。而朝恩幼子曰令徽，年十四五，始給事於内殿，上以朝恩故，遂特賜緑焉。未浹旬月，同列黄門位居令徽上者，因敘立於殿前，恐其後至，遂争路以進。無何，誤觸令徽臂，乃馳歸告朝恩，以班次居下爲同列所欺。朝恩怒，翌日於上前

奏曰：「臣幼男令徽位處衆僚之下，願陛下特賜金章以超其等。」不由緋便求紫。上未及語，而朝恩已令所司捧紫衣而至，令徽即謝於殿前。上雖知不可，強謂朝恩曰：「卿兒着章服大宜稱也。」魚氏在朝，動無畏憚，他皆倣此。其同列黄門尋遭斥逐於嶺表。及朝恩被誅，天下無不快焉。

《資治通鑑》卷二二四唐代宗大曆五年二月條考異引《邠志》 〔大曆〕五年春，詔以寒食召郭公，豐年令節，思與大臣爲樂。時欲誅朝恩，因喻郭公：「朔方一軍，有社稷勞，宜以功卒數千人入朝，朕因宴賞，得以相識。」二月，郭公以組甲三千人入覲。魚朝恩請公遊章敬寺，公許之。丞相元公意其相得，使諷邠吏請公無往，邠吏自中書馳告郭公曰：「軍容將不利於公。」亦告諸將。須臾，朝恩使至，郭公將行，士之衷甲請從者三百人，願備非常。郭公怒曰：「我大臣也，彼非有密旨，安敢害我！若天子之命，爾曹胡爲！」獨與僮僕十數人赴之。朝恩候之，驚曰：「何車騎之省也！」公以所聞對，且曰：「恐勞思慮耳！」軍容撫胸捧手，嗚咽雪涕曰：「非公長者，得無疑乎！」

《資治通鑑》卷二二三唐代宗永泰元年十月條考異引《邠志》 〔永泰元年〕八月，〔僕固〕懷恩以諸戎入寇，九月，詔郭公討之，師于涇陽。回紇屯涇北，去我十里，朝恩請擊回紇。郭公曰：「我昔與回紇情契頗至，今茲爲寇，必將有故，吾方導而問之，可不戰而下也。」朝恩流言謂郭公與懷恩爲應，陰率諸軍列營渭上。郭公章疏踰旬不達。郭公諸子在長安聞之，使小將強羽以物議告郭公。郭公間道入覲，且以衆議聞。上曰：「無是。」即日令赴涇陽。朝恩驚曰：「郭公真長者，吾比疑之，誠小人也。」

備論

胡寅《致堂讀史管見》卷二一 朔方直取范陽，還定河北，爲魚朝恩沮而止。

直取范陽，還定河北，固討賊之上策，然道由河北乃抵范陽，向者賊未盡，得河北也是以此策可施。今則往往爲安、史所有，猶爲是計，不亦晚乎？雖然以兵柄付郭子儀則善矣，朝恩乃沮其行，亦何意哉？無乃見肅宗無河北之志耶！肅宗初意復兩京而已，後東京爲思明所取，亦不甚介懷，姑命光弼禦之。欲速見小利，又用閹尹，廢弃勳臣，坐失天下之半。孔子曰：「惟天爲大，惟堯則之。」嗚呼！人君不以天下爲度，其能濟者未矣！

胡寅《致堂讀史管見》卷二二 魚朝恩奏以先所賜莊爲章敬寺，以資章敬太后冥福。於是窮壯極麗，盡都市之材不足用，奏請毀曲江及華清宫館以給之。高郢三上書力諫，皆寢不報。

人死而冥無福無禍，使其有也，豈可祈禳？所以知其不可祈禳者，以人之生驗之，所欲之福無所於求，而所憙之禍無所於免，故也生死一道也。借曰可者莫大於父，而母次之，肅宗以震驚晏駕，所當先也；舍父念母，無乃悖於人道乎？禽獸知母而不知父，奄人則父母皆不知也。姦雄如曹操尚不知其生出之本末，故知奄人之不知也自不知其父母，安能使人孝？而佛氏者乃不知人焉，造寺資福其有益乎？其無益乎！且章敬寺魚朝恩舍莊爲之，非出代宗之命，則資太后冥福者朝恩之恭耳，宜竭其私財致其私力。今乃毀曲江及華清宫爲之，曲江者國家之池籞也，華清宫者先帝之别館也，而代宗一一順從曾不可否。高郢所諫事理明白，乃聽之藐藐焉。夫惑於異端者，其心不仁，固無是非之擇也。

洪邁《容齋續筆》卷七《將師宦事》 《周易・師卦》：「六三，師或輿尸，凶。」「六五，長子帥師，弟子輿尸，貞凶。」爻意謂用兵當付一帥，苟其儔雜然臨之，則凶矣。輿尸者，衆主也。安慶緒既敗，遁歸相州，肅宗命郭汾陽、李臨淮九節度致討。以二人皆元勳，難相統屬，故不置元帥，但以宦者魚朝恩爲觀軍容宣慰處置使，步騎六十萬，爲史思明所挫，一戰而潰。憲宗討淮西，命宣武等十六道進軍，雖以韓弘爲都統，而身未嘗至。既無統帥，至四年不克，及裴度一出，才數月即成功。穆宗討王庭湊、朱克融，時裴度鎮河東，亦爲都招討使，羣帥如李光顔、烏重胤，皆當時名將。而翰林學士元稹，意圖宰相，忌度先進，與知樞密魏簡相結，度每奏畫軍事，輒從中沮壞之，故屯守踰年，竟無成績。貞元之誅吳少誠，元和之征盧從史，皆此類也。石晉開運中，爲契丹所攻，中國兵力寡弱，桑維翰爲宰相，一制指揮節度使十五人。雖杜重威、李守貞、張彦澤輩，駑材反虜，然重威爲主將，陽城之戰，二人者尚能以身徇國，大敗羣胡，耶律德光乘橐駝奔竄，僅而獲免。由是觀之，大將之權，其可不專邪。

何喬新《椒邱文集》卷四《李順成都詔以宦者王繼恩爲兩川招安使帥師討之》 閹寺之職，所以供掃除傳命令而已，任之以事已不可，況可授之以兵哉？肅宗委兵魚朝恩，而郭汾陽幾不自保；代宗委兵程元振，而李臨淮不敢入朝。彼肅、代昏庸之君，無足責者。

朱軾《史傳三編》卷二四《李光弼》 論曰：光弼賢將也，其用兵峻厲嚴肅，料敵如神，唐室中興厥功爲鉅。獨異其起戎，行而能持節行。讀書執禮，以孝友著聞，斯豈尋常將帥所可同年語歟？使時無朝恩、元振不以憂讒懼禍來，晚節全鏡之埃，則汾陽何以過焉？

藝文

《文苑英華》卷三九九常衮《授魚朝恩國子監制》 勑：大司成以三德行教國子，所以明詩書禮樂之宗，立忠信孝友之本。使方領矩步，敬業樂羣，繫於化成，舊選尤重，叅其事任，今亦難之。開府儀同三司、行内侍監兼充監門衛大將軍、觀軍容宣慰處置使、仍兼知處置神策軍兵馬事、内飛龍厩内弓箭庫等使、兼檢校鴻臚禮賓、上柱國、韓國公魚朝恩，國之純臣，忠以事朕，竭誠宣力，義貫神明。有兩朝侍從之勤，監六師征伐之事，雅達名理，叅尚儒玄，遠涉源流，旁通訓詁。自頃右武，未遑勤學，方弘闕里之教，用誡《子衿》之詩。以其達俎豆之禮，嘗亦委膠庠之事，能以德義，導其諸生。國之俊選，其貴遊子弟，摳衣鼓篋，歌詠先王之道。春誦夏弦，服勤師氏之訓。而恭敬退讓，抗疏累辭，重奪㧑謙之志，權遂由衷之請。今三千之徒，資於學植，思卒其業，懷之益深，用弘儒風，式允公望。可兼檢校國子監，餘並如故。

《全唐文》卷四八唐代宗《命魚朝恩判國子監事勑》 古者設官分土，所以崇德報功。總内署之綱，事密於清禁。宏上庠之教，德潤於鴻業。賦開千乘，禮序九賓，必資兼濟之能，用協至公之選。開府儀同三司、兼右監門衛、大將軍、仍知觀軍容宣慰處置使、知内侍省事、内飛龍閑厩使、内弓箭庫使、知神策軍兵馬使、上柱國、馮翊郡開國公魚朝恩，温良恭儉，寬柔簡廉，長才博達，敏識高妙。學究儒元之祕，謀窮遁甲之精，百行資身，一心奉上。自王室多故，雲雷經始：五原之北，宏先啓行。三河之表，爰整其旅。成師必勝，每合於韜鈐，料敵無遺，可徵於蓍蔡。關洛既定，幽燕復開，海外有截，厥功惟茂，歷事三聖，始終竭力。頃東都㞐蹕，釋位勤王，時當綴旒，節見披棘。下江助我，甲令先書，社稷之衛，邦家是賴。及邊陲罷警，戎務解嚴，方奬勵於《易象》才兼文武，所謂勳賢，亦既任能，斯焉命賞，宜膺朝典，式副公議。可行内侍監、判國子監事，充鴻臚禮賓等使，封鄭國公，食邑三千户。

唐德宗部

綜述

《舊唐書》卷一二《德宗紀上》 德宗神武孝文皇帝諱适，代宗長子，母曰睿真皇后沈氏。天寶元年四月癸巳，生於長安大内之東宫。其年十二月，拜特進，封奉節郡王。代宗即位之年五月，以上爲天下兵馬元帥，改封魯王。八月，改封雍王。時史朝義據東都，十月，遣上會諸軍於陝州，大舉討賊。十一月，破賊於洛陽，進收東都，河南平定。朝義走河北，分命諸將追之，俄而賊將李懷仙斬朝義首以獻，河北平。以元帥功拜尚書令，食實封二千户，與郭子儀等八人圖形凌煙閣。廣德二年二月，立爲皇太子。

大曆十四年五月辛酉，代宗崩。癸亥，即位於太極殿。

閏月壬申，貶中書舍人崔祐甫爲河南少尹。甲戌，貶門下侍郎、平章事常衮爲潮州刺史。召崔祐甫爲門下侍郎、同中書門下平章事。丙子，詔諸州府、新羅、渤海歲貢鷹鷂皆停。戊寅，詔山南枇杷、江南柑橘，歲一貢以供宗廟，餘貢皆停。庚寅，以兵部尚書路嗣恭爲東都留守，以常州刺史蕭復爲潭州刺史、湖南團練觀察使。辛巳，罷邕府歲貢奴婢。癸未，改括州爲處州，括蒼縣爲麗水縣。停梨園使及伶官之冗食者三百人，留者皆隸太常。劍南歲貢春酒十斛，罷之。甲申，以司徒、兼中書令、河中尹、靈州大都督、單于鎮北大都護充關内河東副元帥、朔方節度、關内支度鹽池六城水運大使、押諸蕃部落、管内及河陽等道觀察使、上柱國、汾陽郡王、山陵使、食實封一千九百户郭子儀可加號尚父，守太尉，餘官如故，加實封通前二千户，月給一千五百人糧、馬二百匹草料。以朔方都虞候李懷光爲河中尹，邠、寧、慶、晉、絳、慈、隰等州節度觀察使；以朔方右留後常謙光兼靈州大都督，西受降城、定遠軍、天德、鹽、夏、豐節度等使；以朔方左留後、單于副都護渾瑊爲單于大都護，振武軍、東中二受降城、鎮北及綏、銀、麟、勝等軍州節度營田使。丙戌，詔禁天下不得貢珍禽異獸，銀器勿以金飾。丁亥，詔文單國所獻舞象三十二，令放荆山之陽，五坊鷹犬皆放之，出宫女百餘人。己丑，以右羽林大將軍吴希光檢校散騎常侍、兼御史中丞，充渭北鄜坊丹延都團練觀察使。辛卯，以河陽三城鎮遏使馬燧檢校工部尚書，兼太原尹、御史大夫、北都留守、河東節度使。壬辰，以河東節度留後鮑防爲京畿觀察使；陳州刺史李芃檢校太常少卿，爲河陽三城鎮遏使。癸巳，以壽州刺史杜亞爲江西觀察使。甲午，册太尉子儀。自開元以來，册禮多廢，天寶中楊國忠册司空，至是行子儀之册。以江西觀察使杜亞爲陝州長史，充轉運使。丙申，詔兵部侍郎黎幹害若豺狼，特進劉忠翼掩義隱賊，並除名長流。既行，俱賜死。丁酉，以京畿觀察使鮑防爲福州刺史、福建都團練觀察使。以户部侍郎、判度支韓滉爲太常卿，吏部尚書劉晏判度支鹽鐵轉運等使。初，晏與滉分掌天下財賦，至是晏都領之。

六月己亥朔，御丹鳳樓，大赦天下，罪無輕重，咸赦除之。内外文武三品已上賜爵一級，四品已下加一階，致仕官同見任，百姓爲户者賜古爵一級。加李正己司徒、太子太傅，崔寧、李勉本官同平章事。天下進獻，事緣郊祀陵廟所須，依前勿闕，餘並停。諸州刺史上佐今後准式入計。諸州刺史、常參官，父在未有官，量與五品致仕官；父亡歿，與追贈。自至德已來別敕，或因人奏，或臨事頒行，差互不同，使人疑惑，中書門下與詳定官決，取堪久長行用者編入格條。自今更不得奏置寺觀及度人。庚子，封元子誦爲宣王，次子謨爲舒王，諶爲通王，諒爲虔王，詳爲肅王，並加開府儀同三司。乙巳，封皇弟迺爲益王，迅爲隨王。丙午，舉先天故事，非供奉侍衛之官，自文武六品已上清望官，每日二人更直待制，以備顧問，乃以延英南藥院故地爲廨。癸丑，詔皇族五服等已上居四方者，家一人赴山陵，縣次給食。己未，揚州每年貢端午日江心所鑄鏡，幽州貢麝香，皆罷之。辛酉，罷宣歙池、鄂岳沔二都團練觀察使。陝虢都防禦使，以其地分隸諸道。復置東都京畿觀察使，以御史中丞爲之。壬戌，處州刺史王縉、湖州刺史第五琦皆爲太子賓客，睦州刺史李揆爲國子祭酒，並留司東都。中官邵光超送淮西旌節，李希烈遺縑七百匹，事發，杖六十，配流。由是中官不敢受賂。癸亥，詔中書門下、御史臺五品已上，諸司三品已上長官，各舉可任刺史縣令者一人，中書門下量才進擬，有犯坐舉主。

秋七月，禮儀使、吏部尚書顔真卿奏：「列聖謚號，文字繁多，請以初謚爲定。」兵部侍郎袁傪議云：「陵廟玉册已刻，不可輕改。」罷。傪妄奏，不知玉册皆刻初謚而已。庚午，詔：「邕州所奏金坑，誠爲潤國，語人以利，非朕素懷。其坑任人開採，官不得禁。」辛未，以吏部侍郎房宗偃爲御史中丞、東都畿觀察使。罷

右銀臺門客省歲給廩料萬二千斛。自永泰已來，或四方奏計未遣者，或上書言事忤旨者，及蕃客未報者，常數百人，於客省給食，橫費已甚，故罷之。壬申，毀元載、馬璘、劉忠翼之第，以其雄侈踰制也。癸酉，減宮中服御常貢者千數。丁丑，復置廐馬隨仗於月華門外。己卯，詔王公卿士不得與民爭利，諸節度觀察使於揚州置迴易邸，並罷之。庚辰，詔鴻臚寺，蕃客入京，各服本國之服。罷商州歲貢穢膠。辛卯，罷天下榷酒。丁酉，詔國用未給，其宣王已下開府俸料皆罷給。

八月甲辰，以門下侍郎、平章事崔祐甫爲中書侍郎，平章事，以道州司馬同正楊炎爲門下侍郎、平章事，以懷州刺史喬琳爲御史大夫、同平章事，京畿觀察使。乙巳，遣太常少卿韋倫使吐蕃，以蕃俘五百人還之，修好也。癸亥，詔人死亡於外以棺柩還城者勿禁。

九月甲戌，以淮西節度爲淮寧軍。辛巳，以檢校刑部尚書白孝德爲太子少傅。丙戌，秘書少監邵説爲吏部侍郎，給事中劉迺爲兵部侍郎，中書舍人令狐峘爲禮部侍郎。

冬十月丁酉朔，吐蕃合南蠻之衆號二十萬，三道寇茂州、扶、文、黎、雅等州，連陷郡邑。發兵四千助蜀，大破之。己酉，葬代宗於元陵。戊午，九成宮貢立獸炭爐，襄州貢種蔗蒻之工，皆罷之。散官豢豬三千頭給貧民。

十一月辛未，以鴻臚卿賈耽爲梁州刺史、山南西道節度觀察使。丁丑，以陝州長史杜亞爲河中尹、河中晉絳慈隰都防禦觀察使。壬午，御史大夫、平章事喬琳爲工部尚書，罷知政事。加劍南西川節度觀察度支營田等使、檢校司空、平章事、成都尹崔寧兼御史大夫、京畿觀察使。癸巳，加崔寧兼靈州大都督、單于鎮北大都護，朔方節度等使，出鎮坊州。以荆南節度使、檢校禮部尚書，兼江陵尹、御史大夫張延賞檢校兵部尚書兼成都尹、御史大夫、劍南西川節度度支營田觀察等使。以朔方節度虞候杜希全爲靈州留後；以鄜州刺史張光晟單于振武軍使，東中二受降城綏銀鄜勝等軍州留後；延州刺史李建爲鄜坊丹延留後。楊炎素惡崔寧，雖授以三鎮，仍署此三人爲留後，奪寧之權也，人皆憤之。

十二月己亥，南選使可以專達，勿復以御史臨之。乙卯，制：宣王某可立爲皇太子。詔元日朝會不得奏祥瑞事。

建中元年春正月丁卯朔，御含元殿，改元建中，羣臣上尊號曰聖神文武皇帝。己巳，上朝太清宮。庚午，謁太廟。辛未，有事於郊丘。是日還宮，御丹鳳門，大赦天下。自艱難以來，徵賦名目頗多，今後除兩稅外，輒率一錢，以枉法論。常參官、諸道節度觀察防禦等使、都知兵馬使、刺史、少尹、畿赤令、大理司直評事等，授訖三日內，於四方館上表讓一人以自代。其外官委長吏附送其表，付中書門下。每官闕，以舉多者授之。王府六品以上官及諸州縣有司可併省及諸官減者，量事廢省。天下子爲父後者賜勛兩轉。己巳，福建觀察使鮑防、湖南觀察使蕭復讓憲官，從之。自兵興已來，方鎮重任必兼臺省長官，以至外府僚佐，亦帶臺省銜。至是除韓滉蘇州刺史，杜亞河中少尹，而領都團練觀察使，不帶臺省兼官。自是諸道非節度而兼憲官者皆讓。甲午，詔：「東都河南江淮山南東道等轉運租庸青苗鹽鐵等使，尚書左僕射劉晏，頃以兵車未息，權立使名，久勤元老，集我庶務，悉心瘁力，垂二十年。朕以征稅多門，鄉邑凋耗，聽于羣議，思有變更，將置時和之理，宜復有司之制。晏所領使宜停，天下錢穀委金部、倉部，中書門下揀兩司郎官，准格式調掌。」是月，浚豐州陵陽渠。

二月丙申，遣黜陟使一十一人分行天下。癸卯，以户部郎中韓洄爲諫議大夫，以涇原節度使段秀實爲司農卿。己酉，貶尚書左僕射劉晏爲忠州刺史。癸丑，昭義軍節度留後李抱真爲本道節度使。甲寅，貶史館修撰、禮部侍郎令狐峘郴州司馬，右補闕柳冕巴州司户。日本國朝貢。癸亥，朱泚兼四鎮北庭行軍、涇原節度使。

三月丙寅，禮儀使奏東都太廟闕木主，請造。詔下議之，不決。庚午，監察御史張著以法冠彈中丞嚴郢浚陵陽渠匿詔不行，削郢官，著賜緋魚。辛未，左散騎常侍、翰林學士張涉放歸田里。甲戌，以前司農卿庾準爲江陵尹、兼御史中丞、荆南節度使。癸巳，以諫議大夫韓洄爲户部侍郎、判度支。時將貶劉晏，罷使名，歸尚書省本司。今又命洄判度支，令金部郎中杜佑權勾當江淮水陸運使，一如劉晏、韓滉之則，蓋楊炎之排晏也。

夏四月乙未朔，涇原裨將劉文喜據城叛。辛未，命江西觀察使崔昭册命回紇可汗。戊申，以福建觀察使鮑防爲洪州刺史、江西團練觀察使。癸丑，上誕日，不納中外之貢，唯李正己、田悦各獻縑三萬匹，詔付度支。妃父王景先、駙馬高怡獻金銅像，上曰：「有何功德？非吾所爲。」退還之。壬戌，以衡州刺史、嗣曹王皋爲潭州刺史、湖南團練觀察使，御史中丞元全柔爲杭州刺史。

五月戊辰，以太常少卿韋倫爲太常卿，復使吐蕃。己卯，右金吾衛大將軍李通爲黔州刺史、黔中經略招討觀察鹽鐵等使，潮州刺史常袞爲福建觀察使。涇

州將劉光國殺劉文喜降，涇州平。

六月辛丑，築奉天城。加試殿中監劉海賓兼御史中丞，封樂平郡王。海賓涇州將，賞殺劉文喜也。乙卯，京兆尹源休使回紇，册武義成功可汗。

秋七月丁丑，罷内出盂蘭盆，不命僧爲内道場。壬申，以鴻臚寺左右威遠營隸金吾。己丑，忠州刺史劉晏賜自盡。

八月甲午，振武軍使張光晟殺領蕃回紇首領突董統等千人，收駝馬千餘、繒錦十萬匹。乃徵光晟歸朝，以彭令芳代之。乙未，河中晉絳觀察使杜亞爲睦州刺史。丁未，加朱泚中書令，餘官使並如故。以舒王謨爲涇原節度大使，尚書右丞孟皞爲涇州刺史、知留後。東㸑烏蠻守來朝貢。丁巳，遥尊上母沈氏曰皇太后。戊午，以吏部尚書顏真卿爲太子少師，依前禮儀使。改封嗣舒王藻爲嗣郢王。

九月戊辰，判度支韓洄奏請於商州紅崖冶洛源監置十鑪鑄錢，江淮七監每鑄一千費二千文，請皆罷，從之。

冬十月甲午，貶尚書左丞薛邕爲連山尉，坐臟也。庚寅，以睦王述爲奉迎皇太后使，工部尚書喬琳爲副。

十一月辛酉朔，朝集使及貢使見於宣政殿。兵興已來，四方州府不上計、内外不朝會者二十有五年，至此始復舊制。州府朝集者一百七十三人，詔每令分番二人待詔。乙丑，贈敬暉等五王官，又贈張九齡司徒，鍾紹京太子太傅。戊寅，諸王有官者初令出閤就班。又出嫁岳陽等一十縣主，皆在諸王院久而未適人者，上悉命以禮出降。

十二月辛卯，韋倫使迴，與吐蕃宰相論欽明思等五十五人同至，獻方物，修好也。丁酉，令詳定國初以來將相功臣房玄齡等一百八十七人，據功績分爲三等。

是歲，户部計帳，户總三百八萬五千七十有六，賦入一千三百五萬六千七十貫，鹽利不在此限。

二年春正月丙子，以汴宋滑亳陳潁泗節度觀察使、檢校吏部尚書、同平章事李勉爲永平軍節度、汴滑陳等州觀察等使；以兵部尚書、東都留守路嗣恭爲鄭汝陝河陽三城節度、東畿觀察等使；以宋州刺史劉洽爲宋亳潁節度使。以鄭州隸永平軍。丁亥，檢校户部尚書張獻恭爲東都留守，以河南尹趙惠伯爲河中尹、河中晉絳慈隰都防禦觀察使，以前鄭州刺史于頎爲河南尹。

二月乙未，以御史中丞盧杞爲御史大夫、京畿觀察使，以桂管觀察使李昌巙爲江陵尹、兼御史大夫、荆南節度等使，以前荆南節度使庾準爲左丞。甲辰，以容州刺史盧嶽爲桂州防禦觀察使。乙巳，以門下侍郎楊炎爲中書侍郎、同中書門下平章事，以御史大夫盧杞爲門下侍郎、同中書門下平章事。丙午，以宋亳節度爲宣武軍。丁未，以御史中丞袁高爲京畿觀察使。乙卯，振武軍亂，殺其帥彭令芳、監軍劉惠光。

三月庚申朔，築汴州城。初，大曆中李正己有淄、青、齊、海、登、萊、沂、密、德、棣、曹、濮、徐、兗、鄆十五州之地，李寶臣有恒、定、易、趙、深、冀、滄七州之地，田承嗣有魏、博、相、衛、洺、貝、澶七州之地，梁崇義有襄、鄧、均、房、復、郢六州之地，各聚兵數萬。始因叛亂得位，雖朝廷寵待加恩，心猶疑貳，皆連衡盤結以自固。朝廷增一城，浚一池，便飛語有辭，而諸盜完城繕甲，略無寧日。至是田悦初稟命，劉文喜殄除，羣兇震懼。又奏計者還，都無賜與，既歸，皆構怨言。先是汴州以城隘不容衆，請廣之。至是築城，正己、田悦移兵於境爲備，故詔分汴、宋、滑爲三節度，移京西防秋兵九萬二千人以鎮關東。又於郾城置溵州。辛巳，以汾州刺史王翃爲振武軍使、東中二受降城鎮北綏銀麟勝等州留後。以萬年令崔漢衡爲殿中少監，使吐蕃。

夏四月己酉朔，省沔州。庚寅，襄州梁崇義兼同中書門下平章事。己亥，省燕州、順化州。乙卯，併平琴州爲黨州。丁巳，貶禮部侍郎于召桂州刺史，御史中丞袁高韶州長史。

五月丙寅，以軍興十一而税。己巳，以淮寧軍節度使李希烈充漢南北諸道都知兵馬招撫處置等使，封南平王。庚寅，以浙江西道爲鎮海軍，加蘇州刺史韓滉檢校禮部尚書、潤州刺史，充鎮海軍節度使、浙江東西道觀察等使。以御史中丞一員爲理匭使，諫議大夫一員知匭使，給事中、中書舍人爲監考使。丙午，以檢校秘書少監鄭叔則爲御史中丞、東都畿觀察使。壬子，以懷鄭河陽節度副使李芃爲河陽三城、懷州節度使，仍割東畿五縣隸焉。

秋七月戊子朔，詔曰：「二庭四鎮，統任西夏五十七蕃、十姓部落，國朝以來，相奉率職。自關、隴失守，東西阻絶，忠義之徒，泣血相守，慎固封略，奉遵禮教，皆侯伯守將交修共理之所致也。伊西北庭節度觀察使李元忠可北庭大都護，四鎮節度留後郭昕可安西大都護、四鎮節度觀察使。」自河、隴陷虜，伊西北庭爲蕃戎所隔，間者李嗣業、荔非元禮、孫志直、馬璘輩皆遥領其節度使名。初，

李元忠、郭昕爲伊西北庭留後，隔絶之後，不知存亡，至是遣使歷回紇諸蕃入奏，方知音信，上嘉之。其伊西北庭將士叙官，仍超七資。庚申，以中書侍郎、平章事楊炎爲左僕射，以前永平軍節度使張鎰爲中書侍郎、同中書門下平章事。丁丑，以河中尹關播爲給事中，同州刺史李承爲河中尹、晉絳都防禦觀察使。辛巳，以邠寧節度使李懷光兼靈州大都督、單于鎮北大都護、朔方節度使。以鄜坊丹延觀察留後李建徽爲坊州刺史、鄜坊丹延都團練觀察使。壬午，以幽州隴右節度使、中書令朱泚爲太尉。田悦攻寇臨洺，守將張伾城守。

八月庚戌，以中書舍人衛晏爲御史中丞、京畿觀察使。壬子，淮寧軍節度使李希烈攻襄陽，誅梁崇義，斬其同惡三十餘人。

九月辛酉，以易州刺史張孝忠爲恒州刺史，充成德軍節度觀察使。壬戌，加李希烈同中書門下平章事。甲子，以晉絳觀察使李承爲襄州刺史、山南東道節度觀察等使。戊辰，以杭州刺史元全柔爲黔中經略招討觀察等使。

冬十月乙酉，尚書左僕射楊炎貶崖州司馬，尋賜死。戊申，加宣武軍節度使劉洽御史大夫。徐州刺史李洧棄其帥李納，以州來降。

十一月辛未，宣武節度劉洽與神策將曲環大破李納之衆於徐州。己巳，詔：「成德軍節度都知兵馬使、恒州刺史、襄隴西郡王李惟岳，以其父寶臣有忠勞於王室，惟岳隳墜父業，蔑棄國恩，縗絰之中，擅掌戎務。外結兇黨，益固姦謀，不孝不忠，宜肆原野。削爾在身官爵。」乙亥，貶户部侍郎、判度支韓洄蜀州刺史，以江淮轉運使、度支郎中杜佑代判度支、户部事。丁丑，以陜州長史李齊爲河中尹，充河中晉絳防禦觀察使；以商州刺史姚明敭爲陜州長史、本州防禦、陸運使；以權鹽鐵使、户部郎中包佶充江淮水陸運使。李納將海州刺史王涉以州降。

十二月庚寅，河中節度使馬燧檢校左僕射，澤潞節度使李抱真檢校兵部尚書，賞破田悦之功也。

三年春正月丙寅，幽州節度使朱滔、張孝忠破李惟岳之兵於束鹿。辛未，詔供御及太子諸王常膳有司宜減省之，於是宰臣上言，減堂廚百官月俸，請三分省一以助軍，從之。

閏月丙申，以文宣王三十七代孫齊賢爲兖州司功，襲文宣公。辛丑，復置具員簿。甲辰，成德軍兵馬使王武俊殺李惟岳，傳首京師。庚戌，馬燧、李抱真、李艽破田悦兵於洹水，進攻魏州。

二月戊午，惟岳將定州刺史楊政義以州降。加朱滔檢校司徒，以張孝忠檢校兵部尚書，易定滄三州節度使，以檢校太子賓客王武俊檢校秘書監、恒州刺史、恒冀都團練觀察使，康日知爲趙州刺史、深趙都團練觀察使。

三月丁亥，贈故衛尉卿顔杲卿司徒，故常山太守袁履謙左散騎常侍，故許州長史龐堅右散騎常侍，故鞏縣主簿蔣清禮部侍郎。贈故驍衛將軍、代國公安金藏兵部尚書，授其子承恩廬州長史。乙未，以徐州刺史李洧爲徐沂海團練觀察使。戊戌，田悦洺州刺史田昂以城降。以嶺南節度使張伯儀檢校兵部尚書，兼江陵尹、御史大夫、荆南節度等使；以容管經略使元琇爲廣州刺史、嶺南節度使。

夏四月，李納守德州將李士真、守棣州將李長卿皆以城降。庚申，先陷蕃僧尼將士八百人自吐蕃而還。壬戌，封朱滔爲通義郡王。朱滔、王武俊與田悦合從而叛。太常博士韋都賓、陳京以軍興庸調不給，請借京城富商錢，大率每商留萬貫，餘並入官，不一二十大商，則國用濟矣。判度支杜佑曰：「今諸道用兵，月費度支錢一百餘萬貫，若獲五百萬貫，纔可支給數月。」甲子，詔京兆尹、長安萬年令大索京畿富商，刑法嚴峻，長安令薛苹荷校乘車，於坊市搜索，人不勝鞭笞，乃至自縊。京師囂然，如被盜賊。搜括既畢，計其所得纔八十萬貫，少尹韋禎又取僦櫃質庫法拷索之，纔及二百萬。戊寅，以中書侍郎、平章事張鎰兼鳳翔尹、隴右節度使，以代朱泚。加泚實封五百户，賜寶氏名園，涇水上腴田及錦綵金銀器，以安其意，時滔叛故也。壬午，貶御史大夫嚴郢爲費州長史，杖殺左巡使、殿中侍御史鄭詹。

五月丙戌，增兩税、鹽榷錢，兩税每貫增二百，鹽每斗增一百。辛卯，詔朔方節度使李懷光率神策及朔方軍東討。丙申，詔：「故伊西北庭節度使楊休明、故河西節度使周鼎、故西州刺史李琇璋、故瓜州刺史張銑等，寄崇方鎮，時屬殷憂，固守西陲，以抗戎虜。歿身異域，多歷歲年，以追於兹，旅櫬方旋，誠深追悼，宜加寵贈，以賁幽泉。休明可贈司徒，鼎贈太保，琇璋贈户部尚書，銑贈兵部侍郎。」皆隴右牧守，至德已來陷吐蕃而殁故，至是西蕃通和，方得歸葬也。丁酉，加河東節度使、檢校左僕射馬燧同平章事，澤潞李抱真檢校右僕射，河陽李艽檢校兵部尚書，神策營招討使李晟右散騎常侍，賞破田悦功也。乙巳，貶户部侍郎、判度支杜佑爲蘇州刺史，以中書舍人趙贊爲户部侍郎、判度支。辛亥，易定節度賜名義武軍。

六月，以左散騎常侍李涵爲入回紇弔祭使，京兆少尹源休爲光禄卿。戊寅，以前衢州刺史趙涓爲尚書左丞，右庶子柳載爲右丞。辛未，朱滔、王武俊兵救田悦，至魏州北。是日李懷光兵亦至，馬燧、抱真、李艽等盛軍容迓懷光。朱滔等慮其掩襲，遽出兵，懷光與之接戰於連篋山之西，王師不利，各還營壘。賊乃壅河決水，絶我糧道。

秋七月甲申，以前振武軍使王翃爲京兆尹，以兵部郎中楊真爲御史中丞、京畿觀察使。以括率商户，人情不安，癸巳，詔除已收納入庫外，一切停，已貯納者仍明置簿曆，各給文牒，後准元數卻還。甲午，以前同州刺史蕭復爲兵部侍郎。庚子，馬燧、李懷光、李抱真、李艽等四節度兵退保魏橋。朱滔、王武俊、田悦之衆亦屯於魏橋東南，與官軍隔河對壘。自五月不雨，甲辰始雨。宣武節度李勉爲檢校司徒，懷寧李希烈檢校司空，邠寧李懷光同平章事，李艽封開陽郡王。

八月丁未，初分置汴東西水陸運兩税鹽鐵事，從户部侍郎、判度支趙贊奏也。辛酉，以涇原節度留後姚令言爲涇原節度使。戊辰，以江淮鹽鐵使、太常少卿包佶爲汴東水陸運兩税鹽鐵使。己巳，加劍南西川節度使張延賞檢校吏部尚書。甲戌，以大理少卿崔縱爲汴西水陸運兩税鹽鐵使。丁丑，以禮儀使、太子少師顔真卿爲太子太師。江淮訛言有毛人捕人，食其心，人情大恐。

九月丁亥，以李洧部將高承宗爲徐州刺史、徐海沂都團練使。判度支趙贊上言，請爲兩都、江陵、成都、揚、汴、蘇、洪等州署常平輕重本錢，上至百萬貫，下至十萬貫，收貯斛斗匹段絲麻，候貴則下價出賣，賤則加估收糴，權輕重以利民。從之。贊乃於諸道津要置吏税商貨，每貫税二十文，竹木茶漆皆什一税一，以充常平之本。己亥夜，有猛獸入宣陽里，傷二人，詰朝獲之。

冬十月辛亥，以湖南觀察使嗣曹王皋爲洪州刺史、江西節度使。丙辰，以吏部侍郎關播爲中書侍郎、同平章事。都官員外郎樊澤使吐蕃迴，與蕃相尚結贊約來年正月望日會盟清水。

十一月己卯，以山南西道節度使賈耽檢校工部尚書，兼襄州刺史、御史大夫、山南東道節度使，以興鳳團練使嚴震爲梁州刺史、山南西道節度使。甲午，以前山南東道節度使李承爲潭州刺史、湖南觀察使。是月，朱滔、田悦、王武俊於魏縣軍壘各相推奬，僭稱王號。滔稱大冀王，武俊稱趙王，悦稱魏王。又勸李納稱齊王。僭署官名如國初親王行臺之制。丁丑，李希烈自稱天下都元帥、太尉、建興王，與朱滔等四盜膠固爲逆。

四年春正月丁亥，鳳翔節度使張鎰與吐蕃宰相尚結贊同盟於清水。庚寅，李希烈陷汝州，執州將李元平而去，東都震駭。甲午，遣顔真卿宣慰李希烈軍。戊戌，以龍武大將軍哥舒曜爲東都畿汝節度使，率鳳翔、邠寧、涇原等軍，東討希烈。

二月戊申，於河陽三城置河陽軍節度。乙卯，哥舒曜收汝州。丁丑，以工部侍郎蔣鎮充禮儀使。

三月己卯，復置汚州。癸未，以左散騎常侍孟皞爲福建都團練觀察使。辛卯，嗣曹王皋擊李希烈將陳質之衆，敗之，收復黄州。丁酉，荆南張伯儀與賊戰，敗績。嗣曹王收復蘄州。

夏四月庚申，以永平宣武河陽等軍節度都統、檢校司徒、平章事李勉爲淮西招討使，襄陽帥賈耽、江西嗣曹王等爲之副。丙子，哥舒曜進軍至潁橋，大震雷，人死者十之三四，乃退保襄城。

五月乙巳，滑、濮二州黄河清。

六月庚戌，初税屋間架、除陌錢。時馬燧、李懷光、李抱真、李艽屯魏縣，李晟屯易定，李勉、陳少遊、哥舒曜屯懷汝間，神策諸軍皆臨賊境。凡諸道之軍出境，仰給於度支，謂之食出界糧，月費錢一百三十萬貫，判度支趙贊巧法聚斂，終不能給。至是又税屋，所由吏秉筆持算，入人廬舍而抄計，峻法繩之，愁嘆之聲，徧於天下。

秋七月甲申，以國子祭酒李揆爲禮部侍郎，復其爵。甲午，以李揆爲左僕射、兼御史大夫，爲入吐蕃會盟使。

八月丁未，李希烈率衆三萬攻哥舒曜於襄城。

九月丙戌，李勉將唐漢臣、劉德信喪師於扈澗，汴軍自此不振，東都危急。

冬十月丙午，詔涇原節度使姚令言率涇原之師救哥舒曜。丁未，涇原軍出京城，至滻水，倒戈謀叛，姚令言不能禁。上令載繒綵二車，遣晉王往慰諭之，亂兵已陣于丹鳳闕下，促神策軍拒之，無一人至者。與太子諸王妃主百餘人出苑北門，右龍武軍使令狐建方教射於軍中，聞難，聚射士得四百人扈從。其夕至咸陽，飯數匕而過。戊申，至奉天。己酉，元帥都虞候渾瑊以子弟家屬至，乃以瑊爲行在都虞候，神策軍使白志貞爲行在都知兵馬使，以令狐建爲中軍鼓角使，金吾將軍侯仲莊爲奉天防城使。亂兵既剽京城，屯於白華，乃於晉昌里迎朱泚爲帥，稱太尉，居含元殿。上以奉天隘，欲幸鳳翔，壬子，鳳翔軍亂，殺節度使張鎰，

乃止。癸丑，李希烈陷襄城，哥舒曜走洛陽。乙卯，賜檢校司空崔寧死。丁巳，以吏部尚書蕭復、刑部侍郎劉從一、諫議大夫姜公輔並以本官同中書門下平章事。邠寧節度韓遊瓌與論惟明率兵三千至，纔入奉天，賊軍亦至，乃出拒之，王師不利。賊乘勝攻門，自卯至午，殺傷殆半，會有草車在門外，渾瑊令焚之，賊衆遂退。癸巳，泚賊三面攻城，渾瑊力戰禦之，方退，大將呂希倩死之。賊自丁未攻城，至己巳二十餘日，矢石不絶。

十一月乙亥，以隴右節度判官、隴州留後、殿中侍御史韋皋爲隴州刺史、兼御史大夫、奉義軍節度使。靈武留後杜希全、鹽州刺史戴休顔、夏州刺史時常春合兵六千來援，至漠谷，爲賊所敗而退。賊由是攻城愈急，矢石雨下，死傷者衆，人心危蹙，上與渾瑊對泣。朱泚據乾陵作樂，下瞰城中，詞多侮慢。戊子，賊造雲橋，攻東北隅，兵仗不能及，城中憂恐，相顧失色。渾瑊預爲地道，及雲橋傅城，脚陷不得進，瑊命焚之，風迴焰轉，橋焚而賊退。朔方節度李懷光遣兵馬使張韶奉表，言大軍將至，乃令舁韶巡城，叫呼歡聲動地，賊不之測，疑懼緩攻。癸巳，懷光軍次醴泉，是夜賊解圍而去。神策將李晟自定州率師赴難，軍於渭橋。甲午，以商州都虞候王仙鶴權商州防禦使。

十二月壬戌，貶門下侍郎、平章事盧杞爲新州司馬，貶行在都知兵馬使白志貞爲恩州司馬，户部侍郎、判度支趙贊爲播州司馬。癸亥，以京兆少尹裴腆判度支。甲子，以湖南觀察留後趙憬爲湖南觀察使。乙丑，以祠部員外郎陸贄爲考功郎中，金部員外郎吴通微爲職方郎中，翰林學士並如故。以侍御史吴通玄爲起居舍人，充翰林學士。己巳，以河中尹李齊運爲宗正卿。庚午，李希烈陷汴州。以右庶子崔縱爲京兆尹。癸酉，以中書侍郎、平章事關播爲刑部尚書，司封郎中杜黄裳爲給事中。命給事中孔巢父淄青宣慰，華州刺史董晉河北宣慰。

興元元年春正月癸酉朔，上在奉天行宫受朝賀，詔曰：「立政興化，必在推誠；忘己濟人，不吝改過。朕嗣服丕構，君臨萬邦，失守宗祧，越在草莽。不念率德，誠莫追於既往；永言思咎，期有復於將來。明徵其義，以示天下。小子懼德不嗣，罔敢怠荒。然以長於深宫之中，暗於經國之務，積習易溺，居安忘危，不知稼穡之艱難，不恤征戍之勞苦。致澤靡下究，情不上通，事既壅隔，人懷疑阻。猶昧省己，遂用興戎，徵師四方，轉餉千里。賦車籍馬，遠近騷然；行賫居送，衆庶勞止。力役不息，田萊多荒。暴令峻於誅求，疲民空於杼軸，轉死溝壑，離去鄉里，邑里丘墟，人煙斷絶。天譴于上而朕不寤，人怨于下而朕不知。馴致亂階，變起都邑，賊臣乘釁，肆逆滔天，曾莫愧畏，敢行凌逼。萬品失序，九廟震驚，上累於祖宗，下負於蒸庶。痛心靦面，罪實在予，永言愧悼，若墜泉谷。賴天地降祐，人祇協謀，將相竭誠，爪牙宣力，羣盜斯屏，皇維載張。將弘遠圖，必布新令。朕晨興夕惕，惟省前非。乃者公卿百僚用加虚美，以『聖神文武』之號，被蒙暗寡昧之躬，固辭不獲，俯遂羣議。昨因内省，良所瞿然。自今已後，中外書奏不得言『聖神文武』之號。今上元統曆，獻歲發祥，宜革紀年之號，式敷在宥之澤，可大赦天下，改建中五年爲興元元年。李希烈、田悦、王武俊、李納，咸以勳舊，繼守藩維，朕撫馭乖方，致其疑懼，皆由上失其道而下罹其災。一切並與洗滌，復其爵位，待之如初，仍即遣使宣諭。朱滔以泚連坐，路遠必不同謀，永念舊勳，務存弘貸，如能效順，亦與惟新。朱泚反易天常，盗竊名器，暴犯陵寢，所不忍言，獲罪祖宗，朕不敢赦。除泚外，並從原宥。應赴奉天並進收京城將士，並賜名『奉天定難功臣』，身有過犯，減罪三等，子孫過犯，減罪二等。先稅除陌、間架等錢，竹木茶漆等稅，並停。奉天升爲赤縣。」分命朝臣諸道宣諭。以奉天行營都團練使楊惠元檢校工部尚書。丙戌，以吏部侍郎蕭復爲門下侍郎、同平章事，以吏部侍郎盧翰爲兵部侍郎、同平章事。戊子，命宰臣蕭復往山南、荆南、湖南、江西、鄂岳、浙江東西、福建等道宣慰。己丑，以京兆尹裴腆爲户部侍郎、判度支。丙申，以山南東道行軍司馬樊澤爲襄州刺史、山南東道節度使；以渾瑊爲行在都知兵馬使；以前趙州觀察使康日知兼同州刺史，充奉誠軍節度使。辛丑，詔六軍各置統軍一員，秩從二品；左右常侍各加一員；太子賓客加四員。

二月戊寅，詔故司農卿張掖王段秀實贈太尉，謚曰忠烈，賜實封五百户。贈滑州兵馬使賈隱林左僕射，以滑州刺史李澄兼汴州刺史、汴滑節度使。是日，李晟自咸陽移兵東渭橋，避懷光也。晟以懷光反狀已明，請上幸蜀。王武俊效順，加中書門下平章事，兼幽州節度使，令討朱滔。吐蕃遣使來朝，請以兵助國討逆，乃令御史大夫于頎入蕃宣諭之。甲子，加李懷光太尉，仍賜鐵券，赦三死罪。懷光怒曰：「凡人臣反逆，乃賜鐵券，今賜懷光，是反必矣！」乃投之於地。上命翰林學士陸贄曉諭之。是日人心恐駭。懷光奪楊惠元、李建徽所將兵，惠元被害。丁卯，車駕幸梁州，留戴休顔守奉天，以御史中丞齊映爲沿路置頓使。李晟大集兵賦，以收復爲己任。李懷光患之，移軍涇陽，連朱泚，欲同滅晟。晟卑詞厚意，致書諭之，冀其感悟，懷光頗增愧懼。

三月甲申，以秘書監崔漢衡爲上都留守，右散騎常侍于頎爲京兆尹。是日，

懷光燒營，走歸河中。其將孟涉、段威勇等千人奔歸李晟。丙戌，以前饒州刺史杜佑爲廣州刺史、嶺南節度使，加神策節度使李晟兼京畿渭北鄜坊丹延節度觀察使。庚寅，車駕次城固。唐安公主薨，上愛女，悼惜之甚。壬申，至梁州。丁丑，宣武節度使劉洽加同平章事。己亥，以行在都知兵馬使渾瑊檢校左僕射、同平章事、靈州大都督，充朔方節度使，邠寧振武永平奉天行營副元帥。是日，詔授李懷光太子太保，其餘官職並罷。涇州亂，牙將田希鑒殺其帥馮河清，自稱留後。

四月，時將士未給春衣，上猶夾服，漢中早熱，左右請御暑服，上曰：「將士未易冬服，獨御春衫可乎！」俄而貢物繼至，先給諸軍而始御之。壬寅，詔奉天隨從將士並賜號「元從功臣」。以邠寧兵馬使韓遊瓌爲邠寧節度使。己巳，以陝虢防遏使唐朝臣爲河中尹、河中同晉絳節度使，御史大夫李齊運兼京兆尹。魏博行軍司馬田緒殺其帥田悅，詔贈悅太尉，以緒爲魏州長史、魏博節度觀察使。甲寅，以諫議大夫、平章事姜公輔爲左庶子，加劍南節度使張延賞同平章事，以前山南東道節度使賈耽爲工部尚書。乙丑，渾瑊與吐蕃將論莽羅之衆破賊將韓旻之衆於武功，斬首萬級。丙寅，加李納平章事。

五月，淮南節度使陳少遊加檢校司徒，東川節度使李叔明太子太傅，鎮海軍韓滉檢校右僕射。丙子，李抱真、王武俊破朱滔於經城東南，斬首三萬級，擒僞相朱良祐、李俊以獻。朱滔遁歸幽州。癸未，岳州李兼，黔南元全柔，桂管盧嶽加御史大夫，嶽加中丞。庚寅，李納上章稟命，乃贈李正己太尉。壬辰，商州尚可孤破賊於藍田。乙未，安西四鎮節度使郭昕、北庭都護李元忠加左右僕射。是夜，李晟自渭北移軍於光泰門外。賊來薄，我軍爭奮擊，大敗之，遂入光泰門，斬馘數千計，賊黨慟哭而入白華。戊辰，列陣於光泰門外。遣騎將史萬頃往神麋村，開苑牆二百餘步，賊樹柵當之。我軍爭柵，雲合電擊，與賊血戰，賊黨大敗，追擊至白華，朱泚、姚令言率衆萬餘遁去。晟收復京城。是日，渾瑊與戴休顔亦破賊三千於咸陽，韓遊瓌追朱泚於涇州。

六月庚子朔，升恒州爲大都督府。癸卯，贈神策兵馬使楊惠元右僕射。是日，李晟上《收京城露布》，上覽之，涕下霑襟。涇州田希鑒斬姚令言，幽州軍士韓旻於彭原斬朱泚，並傳首至行在。乙巳，遣吏部侍郎班宏入京宣諭。己酉，加李晟司徒，兼中書令，實封一千户；駱元光、尚可孤加檢校左右僕射，皆實封五百户。以涇州將田希鑒爲涇州刺史、涇原節度使。癸丑，詔以梁州爲興元府，南鄭縣爲赤畿，官名品制視京兆、河南，百姓給復二年。見任官員加兩階，耆老與版授，南鄭縣令賜緋。加興元尹嚴震檢校右僕射，賜實封一百户。加渾瑊侍中，實封八百户；韓遊瓌檢校左僕射，實封四百户；戴休顔檢校右僕射，實封三百户。考功郎中、知制誥陸贄，司封郎中、知制誥吉中孚，並爲諫議大夫；水部員外郎顧少連爲禮部郎中；並依前充翰林學士。行在左右廂兵馬使令狐建，時常春並加散騎常侍。丙辰，斬僞相李忠臣，籍没其家。李晟奏受賊僞署同惡抵法之家，所没財物、牛馬、奴婢，請以賞軍士，從之。戊午，車駕還京，發興元。是日大雨，及入斜谷，時霽，從官將士懽然以爲天助。

秋七月丙子，車駕次鳳翔府。詔放當府今年秋税；耆壽侍老八十已上，各與版授刺史，賜紫，其餘版授上佐，賜緋；府、縣置頓官，考滿日放選。受僞署官喬琳、蔣鎮、張光晟、李通、蔣鑑伏誅。朱泚害郡王、王子、王孫七十七人於馬璘宅，丁丑，令所司具凶禮收殯於淨域寺。庚辰，詔：「李懷光往因職任，頗著幹能，朕嗣位之初，首加拔擢，託爲心膂，授以節旄。頃歲河朔不寧，俾令征討，任兼將相，恩極丘山。及朱泚猖狂，擾亂京邑，懷光迴軍赴難，宗社再寧，保佑朕躬，厥功甚茂。故元帥、河中之權，太尉、中書之秩，仍加實封，爰及宗親，人臣之榮，孰可爲比？非朕於懷光不厚，豈朕報懷光不崇！賊寇未除，猜嫌已構，受朱泚姦兇之説，聽張佋罔惑之言，曾不沉思，遂生疑阻，交通逆孽，殘害忠良。朕志在推誠，事皆掩覆，禮遇轉厚，委任益隆。懷光都不改圖，愈深不軌。敕書慰問將士，懷光並不令宣；三軍咸欲收城，懷光並不令出。自云已共朱泚定約，不能更事國家。朕以眇身，獲承鴻業，務全大計，移幸山南，倉皇之間，備歷危險。據其罪狀，情實難容，然以解圍奉天，其功不細，昨又遣男璀謝罪，請束身歸朝。朕憫其知過之心，念其赴難之効，以功贖罪，務在優恩。今遣給事中孔巢父齎先授懷光太子太保敕牒，往河中宣諭，二日内便與懷光同赴上都，如欲家口同行，亦聽懷光自便。朕必能保全終始，寵待如初。朔方將士，嘗立大功，子儀再收京城，咸是此軍之効，昨遂從河朔，赴難奉天，逆賊畏威，望風奔遁，永言勞績，朕不暫忘。將士各竭忠誠，中遭迫脅，朕每念及，痛心自咎。比者君臣阻隔，只爲懷光一人，懷光既請入朝，尚捨其罪，況諸將士並是功臣，各宜坦然，勿更憂慮。先賜官封，一切如舊。」壬午，至自興元。時渾瑊、韓遊瓌、戴休顔以其衆扈從，李晟、駱元光、尚可孤以其衆奉迎，步騎十餘萬，旌旗連亘數十里，都民倚道，歡呼感泣。李晟見於三橋，自陳收城遲晚之咎，伏地請罪，上慰勞遣之。丁亥，河中

宣慰使孔巢父、中官啖守盈並爲懷光所害。辛卯，御丹鳳樓，大赦天下。賜李晟永崇里第，女樂八人。甲午，命宰臣諸將送晟入新賜第，教坊樂，京兆府供帳食饌，鼓吹導從，京城以爲榮觀。

八月辛丑，詔所司爲贈太尉段秀實樹碑立廟。淄青節度使承前帶陸海運、押新羅渤海兩蕃等使，宜令李納兼之。癸卯，加司徒、中書令、合川郡王李晟兼鳳翔尹，充鳳翔隴右節度等使、涇原四鎮北庭行營兵馬副元帥，改封西平郡王。河東保寧軍節度使、太原尹、北都留守、檢校司徒、平章事、北平郡王馬燧爲奉誠軍晉絳慈隰節度行營兵馬副元帥；以靈鹽節度使、侍中、兼靈州大都督、樓煩郡王渾瑊爲河中尹，晉絳節度使，河中同陝虢等州及管內行營兵馬副元帥，改封咸寧郡王。時方命瑊與馬燧各出師討懷光故也。甲辰，以金吾大將軍杜希全爲靈州大都督，西受降城天德軍靈鹽豐夏節度營田等使；以同絳節度使唐朝臣爲鄜坊丹延等州節度使；以保義軍節度使、鳳翔尹李楚琳爲金吾大將軍；以奉義軍節度使、隴州刺史韋皋爲左金吾衛大將軍。戊申，以奉天行營節度戴休顔爲左龍武統軍。己未，前湖州刺史袁高爲給事中。

九月，賜渾瑊大寧里第，並女樂五人，詔宰臣諸將賜樂饋贈如送李晟入第故事。乙亥，王武俊加檢校司徒，李抱真檢校司空，並賜實封五百户，賞破朱滔之功也。甲申，以前嶺南節度使元琇爲户部侍郎、判度支。丁亥，上顧謂宰臣曰：「今大盜雖除，時猶多難，宜廣延納，以達下情。近日諫官都無論奏，自今每正衙及延英坐日，常令朝臣三兩人面奏時政得失，庶有弘益也。」

是秋，螟蝗蔽野，草木無遺。

冬十月乙丑，馬燧收絳州。戊辰，令中官竇文場、王希遷監左右神策軍都知兵馬使。

閏月庚午，詔：「朕臨御萬方，失於君道，兵革不息，于今五年。閔衆庶之勞，悔征伐之事。而李希烈蔑義棄德，反道虐人。朕哀彼生靈，陷於塗炭，苟存拯物，不憚屈身。故於歲首，特布新令，赦其殊死，待以至誠。使臣纔及於郊圻，巨猾已聞其僭竊，酷烈滋甚，吞噬無厭。將相大臣，咸懷憤激，繼陳章疏，固請討除。朕以所行天誅，本去人害，兵戈既接，玉石難分。言念勳臣，横遭脅制，雖思改革，厥路無由。受污終身，銜冤没代，淪胥以逞，誠可痛傷。豈孽自一夫，而毒流萬姓，爲人父母，寧不愧懷！宜令諸道節度使明行曉諭，罪止元兇，脅制之徒，一切不問。」唐朝臣奏收永樂縣。癸酉，以右龍武大將軍李觀爲涇州刺史、涇原節度使。乙亥，詔宋亳、淄青、澤潞、河東、恒冀、幽、易定、魏博等八節度，螟蝗爲害，蒸民饑饉，每節度賜米五萬石，河陽、東畿各賜三萬石，所司般運，於楚州分付。丁丑，李晟至涇州，誅節度使田希鑒，罪其殺馮河清也。戊子，希烈將李澄以滑州歸國。甲午，以李澄爲汴州刺史、汴滑節度使，封武威郡王。

十一月癸卯，宋亳節度使劉洽與曲環破希烈之衆於陳州，俘斬三萬級，生擒賊將翟崇暉以獻。戊午，劉洽大破希烈之衆，擒其僞相鄭賁等五人以獻。希烈遁歸蔡州，汴州平。乙丑，宰相蕭復三上章乞罷免，許之。

十二月，以壽州刺史張建封爲濠壽都團練使。庚辰，以刑部侍郎杜亞爲揚州長史、淮南節度使。戊子，以吏部郎中崔造爲給事中。辛卯，以諫議大夫陸贄爲中書舍人，依前翰林學士。詔翰林學士朝服班序，宜同諸司官知制誥例。

貞元元年正月丁酉朔，御含元殿受朝賀，禮畢，宣制大赦天下，改元貞元。戊戌，大風雪，寒。去秋螟蝗，冬旱，至是雪，寒甚，民饑凍死者踣於路。丁未，以饒州刺史盧惎爲福州刺史、福建觀察使。癸丑，始聞太子太師、魯郡公顔真卿爲希烈所害，追贈司徒，廢朝五日，謚曰文忠。仍特授男頵、碩等官。

二月丙寅朔，遣工部尚書賈耽、侍郎劉太真分往東都、兩河宣慰。河南、河北饑，米斗千錢。癸未，李抱真、嚴震來朝。寒食節，上與諸將擊鞠於内殿。丙戌，以檢校秘書監金良相爲檢校太尉、使持節、大都督、雞林州刺史、寧海軍使，襲封新羅王。

三月丙申朔，以蜀州刺史韓洄爲兵部侍郎，以汴東水陸運等使、左庶子包佶爲刑部侍郎。辛丑，户部侍郎、判度支元琇兼諸道水陸運使。丁未，李希烈陷南陽，殺守將黄金嶽。甲寅，詔宰臣宣諭御史，今後上封彈奏，人自陳論，不得羣署章疏。戊午，宣武帥劉洽檢校司空；以汴滑節度使李澄爲滑州刺史，充鄭滑節度使。加李納司空。

夏四月乙丑朔，普王誼改封舒王。癸酉，鄂岳觀察使李謙爲洪州刺史、江西都團練觀察使。丁丑，以江西節度使嗣曹王皋爲江陵尹、荊南節度使。己卯，改滑州永平軍名曰義成。江陵度支院失火，燒租賦錢穀百餘萬。時關東大饑，賦調不入，由是國用益窘。關中饑民蒸蝗蟲而食之。汴帥劉洽賜名玄佐。

五月癸卯，分命朝臣禱羣神以祈雨。蝗自海而至，飛蔽天，每下則草木及畜毛無復孑遺。穀價騰踊。辛酉，以河陽都知兵馬使雍希顔爲河陽懷都團練使。

六月丙子，以兵部侍郎韓洄爲京兆尹。辛巳，劉玄佐兼汴州刺史。壬午，以

工部尚書賈耽兼御史大夫、東都留守、都畿汝州防禦使，以汴州刺史薛珏爲河南尹。辛卯，以左金吾衛大將軍韋皋檢校户部尚書，兼成都尹、御史大夫、劍南西川節度觀察使。以國子祭酒董晉爲左金吾衛大將軍。

秋七月甲午朔，河東節度使馬燧自河中行營來朝。辛丑，以左散騎常侍李泌爲陝州長史、陝虢都防禦觀察陸運使。丙午，以鎮海軍、浙江東西道節度使韓滉檢校尚書左僕射、同平章事、江淮轉運使，以河南尹薛珏爲河南水陸運使。戊申，馬燧還行營。辛亥，加檢校工部尚書王士真爲德棣都團練觀察使。壬子，以前涿州刺史、兼御史中丞劉怦爲幽州長史、御史大夫、幽州盧龍節度副大使，兼知節度管理度支營田觀察、押奚契丹經略盧龍等軍使。丁巳，以左散騎常侍柳渾爲兵部侍郎。庚申，以諫議大夫高參爲中書舍人。關中蝗食草木都盡，旱甚，灞水將竭，井多無水。有司計度支錢穀，纔可支七旬。甲子，詔：「夫人事失於下，則天變形於上，咎徵之作，必有由然。自頃已來，災沴仍集，雨澤不降，綿歷三時，蟲蝗繼臻，彌亘千里。菽粟翔貴，稼穡枯瘁，嗷嗷蒸人，聚泣田畝，興言及此，實切痛傷。徧祈百神，曾不獲應，方悟禱祠非救災之術，言詞非謝譴之誠。憂心如焚，深自刻責。得非刑法舛繆，忠良鬱湮，暴賦未蠲，勞師靡息。事或無益，而重爲煩費；任或非當，而横肆侵蟊。有一於兹，足傷和氣。本其所以，罪實在予，萬姓何辜，重罹饑殍。所宜出次貶食，節用緩刑，側身增修，以謹天戒。朕自今視朝不御正殿，有司供膳並宜減省，不急之務，一切停罷。除諸軍將士外，應食糧人諸色用度，本司本使長官商量減罷，以救兇荒。俟歲豐登，即令復舊。」

甲子，李懷光大將尉珪以焦籬堡降。丁卯，懷光將徐庭光以長春宫兵六千人降。甲戌，朔方大將牛名俊斬李懷光，傳首闕下。馬燧收復河中。丁丑，始雨。己卯，詔：「朕誠信未著，撫御失宜，致使功臣陷於誅戮，謂之克敵，能不愧心！然以懷光一家，在法無捨；念其昔居將相，嘗寄腹心，罪雖挂於刑書，功已藏於王府。以干紀之迹，固合滅身；以赴難之勳，所宜有後。宜以懷光男一人爲嗣，賜莊宅各一區。仍還懷光屍首，任其收葬。懷光妻、諸兒女，遞送澧州，委李皋逐便安置，使得存立。其出嫁女、諸親並釋放。陷賊將士，一切並與洗雪。河中、絳百姓，給復一年。北平王馬燧、咸寧王渾瑊並與一子五品正員官。燧可侍中，瑊可檢校司空。駱元光、韓遊瓌、唐朝臣各賜實封二百户，與一子六品正員官。昨河中行營將士，共賜二十萬端匹以充宴賞，放歸本道。」新除中書侍郎、平章事張延賞爲尚書左僕射。時宰相劉從一病，詔徵延賞。李晟與延賞有隙，自鳳翔上表論之。延賞罷鎮西川還，行至興元，改授左僕射。

九月己亥，幽州節度劉怦病，請以子濟權知軍州事，從之。癸卯，以牛名俊爲丹州刺史。御史大夫崔縱奏：「准制勘會内外官員，商量併省停減，詳議聞奏者。伏以兵戎未息，仕進頗多，在官者既合序遷，有功者又須褒賞。比來每至選集，不免據闕留人，嘗歎遺才，仍招怨望。況有恩詔，甄録功勞，諸道叙優，人數甚廣，見須處置，不可稽留。今若停減吏員，實恐未便於事，非但承優者無官可授，抑又叙進者無路可容，本冀便人，翻成斂怨。事仍舊貫，以適時宜，更待事平，然後經度。」制從之。乙巳，上御正殿，策賢良方正、能直言極諫等三科舉人。辛亥，宰相劉從一以疾辭任，授户部尚書。辛巳，以權知幽州盧龍軍府事劉濟爲幽州長史、兼御史大夫、幽州盧龍節度觀察、押奚契丹兩蕃等使。丙戌，渾瑊自河中來朝。

十一月癸巳朔，山南嚴震來朝。癸卯，上親祀昊天上帝於圜丘。時河中渾瑊、澤潞李抱真、山南嚴震、同華駱元光、邠寧韓遊瓌、鄜坊唐朝臣、奉誠康日知等大將侍祠。郊壇畢，還宫，御丹鳳樓，大赦天下。丁丑，詔文武常參官共賜錢七百萬貫，以歲凶穀貴，衣冠窘乏故也。

十二月戊辰，詔延英視事日，令常參官七人引對，陳時政得失。自是羣官互進，有不達理道者，因多詆訐，不適事宜，上亦優容遣之。

二年春正月壬辰朔，以歲饑罷元會，禮也。丙申，詔以民饑，御膳之費減半，宫人月共糧米都一千五百石，飛龍馬減半料；臺郎御史與兼官出爲畿赤令。庚子，大雪，平地尺餘。壬寅，以散騎常侍劉滋、給事中崔造、中書舍人齊映並守本官，同中書門下平章事。門下侍郎、平章事盧翰爲太子賓客。丁未，以禮部侍郎鮑防爲京兆尹，京兆尹韓洄爲刑部侍郎，國子祭酒包佶知禮部貢舉。以江陵少尹李復爲容州刺史、本管經略使。癸丑，以御史大夫崔縱爲吏部侍郎。諫議大夫、知制誥、翰林學士吉中孚爲户部侍郎、判度支兩稅，元琇判諸道鹽鐵、榷酒。詔宰相齊映判兵部，李勉判刑部，劉滋判吏部、禮部，崔造判户部、工部。甲寅，詔天下兩稅錢物，委本道觀察使、刺史差人送上都；其先置諸道水陸轉運使及度支巡院、江淮轉運等使並停。時崔造專政，改易錢穀，職事多隳敗；造尋以憂病歸第。

二月癸亥，山南樊澤奏破希烈將杜文朝之衆五千，擒文朝以獻。乙丑，鹿人

含元殿，衛士執之。甲戌，户部侍郎元琇爲尚書左丞，京兆少尹李竦爲户部侍郎，判鹽鐵榷酒。

三月壬寅，滑州李澄奏破希烈之衆於鄭州。乙巳，以司農卿李模爲黔中觀察使。

四月丙寅，淮西李希烈爲其牙將陳仙奇所酖，並誅其妻子，仙奇以淮西歸順。戊辰，以前黔中觀察使元全柔爲湖南觀察使。辛巳，陝州觀察使李泌奏盧氏山冶出瑟瑟，請禁以充貢奉。上曰：「瑟瑟不産中土，有則與民共之，任人採取。」甲申，詔以淮西牙將陳仙奇爲蔡州刺史、淮西節度使，都統劉玄佐、李澄、曲環、李皋、賈耽、張建封各與一子正員官，賞平淮、蔡功也。丁未，以劍南東川節度使李叔明爲太子太傅，以東川兵馬使王叔邕爲梓州刺史、劍南東川節度使。

五月丙申，自癸巳大雨至於兹日，飢民俟夏麥將登，又此霖澍，人心甚恐，米復千錢。丁酉，以伊西北庭節度留後楊襲古爲北庭大都護、伊西北庭節度度支營田瀚海等使。己亥，百僚請上復常膳；是時民久饑困，食新麥過多，死者甚衆。辛酉，大風雨，街陌水深數尺，人有溺死者。癸未，横海軍使、滄州刺史程日華卒，以其子懷直權知軍州事。

秋七月戊子，黔中觀察使理所復在黔州。辛卯，以開州别駕白志貞爲果州刺史。己酉，以虔王諒爲申光隨蔡節度大使，以淮西兵馬使吴少誠爲蔡州刺史、知節度留後，加東都留守賈耽東都畿唐汝鄧都防禦觀察使，以隴右行營節度使曲環爲陳許節度使。戊午，以鄜坊節度唐朝臣爲單于大都護、振武綏銀節度使，右金吾大將軍論惟明爲鄜州刺史、鄜坊都防禦觀察使。己巳，以金吾大將軍董晉爲尚書右丞。丙戌，吐蕃寇涇、隴、邠、寧，諸鎮守閉壁自固，京師戒嚴。遣河中節度駱元光鎮咸陽。

九月，詔：「左右金吾及十六衛將軍，故事皆擇勳臣，出鎮方隅，入居侍從。自天寶艱難之後，衛兵雖然廢闕，將軍品秩尤高。此誠文武勳臣出入轉遷之地，宜增禄秩，以示優崇。並宜加給料錢及隨身糧課，仍舉故事，置武班朝參，其廊下食亦宜加給。其十六衛各置上將軍一人，秩從二品；左右金吾上將軍，俸料次於六統軍支給。欲求致理，必藉兼才，文武遞遷，不全限隔。自今内外文武缺官，於文武班中量才望相參叙用。仍依故事，於本衛量置衛兵。所司條件以聞。」以東都畿唐鄧汝等防禦觀察使賈耽檢校尚書右僕射，兼滑州刺史、義成軍節度、鄭滑等州觀察使。戊戌，以吏部侍郎崔縱檢校禮部尚書、東都留守、東都畿唐鄧汝防禦觀察使。己亥，敕左右衛上將軍、大將軍並於衛内宿。乙巳，吐蕃寇好畤，京師戒嚴。李晟部將王佖擊吐蕃於汧陽城，敗其中軍。辛亥，寇鳳翔，李晟出師禦之，一夕而退。

冬十月壬午，奏關内、河中、河南等道秋夏兩税、青苗等錢，悉折納粟麥，兼加估收糴以便民，從之。是月，李晟破吐蕃摧沙堡。

十一月甲午，册淑妃王氏爲皇后。乙未，兩浙節度使韓滉來朝。丁酉，册皇后王氏；是日后崩，謚曰昭德。辛丑，吐蕃陷鹽州。壬寅，劉玄佐、曲環、鄂岳盧玄卿並來朝。

十二月丁巳，以韓滉兼度支、諸道鹽鐵轉運使。吐蕃陷夏州，又陷銀州。庚申，以給事中、同平章事崔造爲右庶子。貶尚書右丞、度支元琇爲雷州司户，爲韓滉誣奏，人以爲非罪，諫官屢論之。辛未，鳳翔李晟來朝。壬申，京城畿内榷酒，每斗榷錢一百五十文，蠲酒户差役，從度支奏也。

三年春正月壬寅，以左僕射張延賞同中書門下平章事。辛亥，以户部侍郎李竦爲鄂岳觀察使。壬子，以兵部侍郎柳渾同中書門下平章事；劉滋守本官，罷知政事；中書舍人、平章事齊映貶夔州刺史。以果州刺史白志貞爲潤州刺史、兼御史大夫、浙西觀察使，宣州刺史皇甫政爲越州刺史、浙東觀察使。

三月庚寅，詔今年朝集使宜停。丙午，鳳翔隴右元帥副兵馬使吴詵爲福建觀察使，鳳翔都虞候邢君牙爲鳳翔尹、本府團練使。丁未，制鳳翔隴右涇原四鎮北庭管内兵馬副元帥、鳳翔隴右道節度使、奉天靖難功臣、司徒兼中書令、鳳翔尹、上柱國、西平郡王、食實封一千五百户李晟可太尉兼中書令。庚戌，以晟甥元帥兵馬使王佖爲右威衛上將軍。辛亥，河東馬燧來朝。時蕃相尚結贊使大將論頰熱卑辭厚意告馬燧，請兩國同盟和好，上疑其不誠，不允，故燧自將論頰熱入朝，盛言蕃相請盟，可以保信。上乃從之，許盟于平涼。

夏四月庚申，詔：「蕃寇雖退，疆理猶虞，安邊之策，必有良算，宜令常參官各陳邊事，隨所見封進以聞。」入蕃使崔翰奏於蕃中誘問給役者，求蕃國人馬真數，云凡五萬九千餘人，馬八萬六千匹，可戰者僅三萬人，餘悉老幼。庚午，御麟德殿，試《定難樂曲》，馬燧所獻。

五月丁亥，以侍中渾瑊爲吐蕃清水會盟使，兵部尚書崔漢衡副之；瑊與駱元光率師二萬往會盟所。丁酉，以左丞暢悦爲湖南觀察使。戊戌，左右神策、左右龍武各加將軍一員。丙午，以嶺南節度使杜祐爲尚書右丞，以容管經略使李

復爲廣州刺史、嶺南節度使。蕃相尚結贊請改會盟之所於原州之土梨樹，神策將馬有麟奏：「土梨地多險阸，恐蕃軍隱伏；不如平涼川，其地坦平，又近涇州。」乃改盟於平涼川。

閏月乙卯，以國子司業裴胄爲潭州刺史、湖南觀察使。戊午，陜虢李泌獻瑞麥，一莖五穗。庚申，詔省州縣官員，上州留上佐、録事、參軍、司户、司士各一員，中州上佐、録事、參軍、司户、司兵各一員，下州上佐、録事、司户各一員，京兆河南兩府司録、判司及四赤丞、簿、尉量留一半，諸赤畿縣留令、丞、尉各一員。時宰相張延賞請減官收俸料以助軍討吐蕃故也。癸亥，以荆南節度使、檢校户部尚書、嗣曹王皋爲襄州刺史、山南東道節度、襄鄧郢安隨唐等州觀察使，以山南東道節度使樊澤爲江陵尹、荆南節度使。辛未，侍中渾瑊與吐蕃宰相尚結贊同盟于平涼，爲蕃兵所劫，瑊狼狽遁而獲免，崔漢衡已下將吏陷没者六十餘人。癸酉，遣使齎書以讓結贊，蕃界不受。辛巳，以少府監盧嶽爲陜虢觀察使。

六月丙戌，以檢校司徒、侍中馬燧爲司徒兼侍中，以贊吐蕃之盟失策而罷兵柄也。以陜虢觀察使李泌爲中書侍郎、平章事，以左龍武將軍李自良爲檢校工部尚書、太原尹、河東節度使。是月，吐蕃驅鹽、夏二州居民，焚其州城而去。

七月甲寅，渾瑊自盟所來，素服待罪，釋之。乙卯，詔：「朕頃緣興師備邊，資用不給，遂權議減官，以務集事。近聞授官者皆已隨牒之任，扶老攜幼，盡室而行。俸禄未請，歸還無所，衣冠之弊，流寓何依？其先敕所減官員，並宜仍舊。」初既減員，内外咨怨張延賞，李泌初入相，乃諷諫官論之，乃下此詔。丙辰，平涼陷蕃官員崔漢衡已下各與一子正員官。以左羽林大將軍韓潭爲夏州刺史、夏綏銀等州節度使。壬申，賜駱元光姓曰李元諒。癸酉，復置吏部小選。

八月丁亥，陷蕃兵部尚書崔漢衡得還。己丑，以兵部侍郎、平章事柳渾爲散騎常侍，罷知政事。壬申，以給事中王緯爲潤州刺史、浙西觀察使，常州刺史劉贊爲宣州刺史、宣歙池觀察使。戊戌，貶前門下侍郎、同平章事蕭復爲太子左庶子，饒州安置，坐宗人位、佩、儒、偲、鼎等連郜國長公主蠱事也。戊辰，吐蕃犯塞，諸軍戒嚴。

九月丁巳，吐蕃大掠汧陽、吴山、華亭界民庶，徙於安化峽西。癸亥，回紇可汗遣使合闕將軍請昏於我，許以咸安公主降之。丙寅，吐蕃陷華亭，又陷涇州之連雲堡。甲戌，吐蕃退，俘掠邠、涇、隴等州民户殆盡。自是蕃寇常至涇、隴。

冬十月，吐蕃修原州城，屯據之。丙戌，神策將魏循上言：「射生將韓欽緒等十餘人與資敬寺妖僧李廣弘同謀不軌，廣弘自言當爲人主，約十月十日大舉，已署置將相名目。」詔捕劾之，連坐死者百餘人；欽緒，遊瓌之子，特赦之。是月，復降魚書停刺史務。

十一月丁丑，以湖南觀察使趙憬爲給事中。是夜，京師地震者三，鳥巢散落。壬申，禁商人不得以口馬兵械市於党項。是歲，作玄英觀於大明宫北垣。

《舊唐書》卷一三《德宗紀下》 貞元四年春正月庚戌朔，上御丹鳳樓，制曰：「朕以菲薄，託於王公之上，恭承天地之序，虔奉祖宗之訓，遐想至理，思臻大和。而誠不感物，化不柔遠，聲教猶鬱，征賦仍繁。頃者務於安人，不憚屈己，與西蕃結好，申以齊盟。而戎心不厭，背義虧信，劫脅士庶，屢犯封疆。元元何辜，皆朕之失。乃者輦轂之下，兇狂結構，上帝垂祐，悉自伏誅，刑以止殺，諒非獲已。今三陽布和，萬物資始，思與羣公兆庶，惟新政理，宜敷在宥之澤，以覃作解之恩。可大赦天下，大辟已下罪咸赦除之。」是日質明，含元殿前階基欄檻壞損三十餘間，壓死衛士十餘人。京師地震，辛亥又震，壬子又震。壬戌，以左龍武大將軍王栖曜爲鄜州刺史、鄜坊丹延節度使。丁卯，京師地震，戊辰又震，庚午又震。以宣武軍行營節度使劉昌爲涇州刺史、四鎮北庭行軍涇原等州節度使。癸酉，京師地震。甲戌，以華州潼關節度使李元諒兼隴右節度使、臨洮軍使。乙亥，地震，金、房尤甚，江溢山裂，廬舍多壞，居人露處。陳留雨木如大指，長寸餘，有孔通中，下而植於地，凡十里許。辛巳，李泌以京官俸薄，請取中外給用除陌錢，及闕官俸外一分職田、額内官俸，及刺史執刀司馬軍事等錢，令户部别庫貯之，以給京官月俸，令御史中丞竇參專掌之。歲得錢三百萬貫，謂之户部别處錢，朝臣歲支不過五十萬，常有二百餘萬以資國用。壬午，地震，甲申又震，乙酉又震，丙申又震。甲辰，太僕郊牛生犢六足，又豕生兩首四足。築延喜門北複道屬永春門。涇原劉昌復築連雲堡。戊辰，鹿入京師市門。甲寅，地震。宴羣臣於麟德殿，設《九部樂》，内出舞馬，上賦詩一章，羣臣屬和。己未，地震。丁卯，有司條奏省官，其左右常侍、太子賓客請依前置四員，從之。庚午，地震。詔涇原劉昌於平涼會盟所收被害將士骸骨，葬於淺水原，爲二冢，立石堠志之，題曰懷忠冢。辛未，地震。中書省梧桐有鵲以泥爲巢。癸巳，以太子左庶子暢悦爲桂管觀察使。改左右射生爲左右神威軍。福建兵亂，逐觀察使吴詵。丁未，隴右李元諒築良原城。辛酉，以吉州刺史張庭爲安南都護、本管經略使。升鄆州爲大都督府。壬戌，加置諫議大夫八員，分中書四員爲右，門下四員爲左。檢

校左庶子蕭復卒於饒州。丙寅，地震，丁卯又震。辛未，太子賓客吳湊爲福建觀察使。是月，吐蕃寇涇、邠、寧、慶、鄜等州，焚彭原縣，邊將閉城自固。賊驅人畜三萬計，凡二旬而退。吐蕃入寇以秋冬，今盛暑而來，華人陷蕃者道之也。

六月乙酉，以尚書左丞杜祐爲陝州長史、陝虢觀察使。徵夏縣處士先除著作郎陽城爲諫議大夫。城以褐衣詣闕，上賜之章服而後召。乙未，以諫議大夫何士幹爲鄂岳沔蘄黄等州都團練觀察使。乙亥，封皇子、皇弟邕王謜等七人爲王，兼卿、監、祭酒等官。

秋七月庚戌，以左金吾將軍張獻甫爲邠寧節度使。陳許防禦兵馬使韓全義檢校工部尚書，充長武城及諸軍行營節度使。癸丑，邠寧軍因韓遊瓌受代，憚張獻甫之嚴，乘其無帥，縱兵大掠，仍脅監軍楊明義奏請范希朝爲帥。都虞候楊朝晟斬其亂首二百餘人，方定。朝命仍以希朝副獻甫。己未，奚、室韋寇振武軍。壬戌，詔以太尉、中書令、西平郡王李晟長子愿爲銀青光禄大夫、太子賓客，賜勛上柱國，與晟門並列戟。乙丑，以前撫州刺史戴叔倫爲容州刺史、兼御史中丞、本管經略使。丁丑，以兵部尚書崔漢衡爲晉州刺史、晉慈隰觀察使。壬申，詔：「嗣王、郡王朝會，班位在本官班之上。左右庶子准令在左右丞侍郎之下，諸司四品之上，今在少卿之下，非也，宜改之。」乙亥，以蘇州刺史孫晟爲桂州刺史、桂管觀察使。荆河自陝州至河陰，水色如墨，流入汴口，至汴州，一宿而復。又汴鄭管内烏皆入田緒、李納之境，銜柴爲城，方十餘里，高二三尺，緒、納惡而去之，信宿復如之，烏口皆流血。

八月，以權判吏部侍郎吉中孚爲中書舍人。甲午，京師地震，其聲如雷。

九月丙午，詔：「比者卿士内外，左右朕躬，朝夕公門，勤勞庶務。今方隅無事，烝庶小康，其正月晦日、三月三日、九月九日三節日，宜任文武百僚選勝地追賞爲樂。每節宰相及常參官共賜錢五百貫文，翰林學士一百貫文，左右神威、神策等軍每厢共賜錢五百貫文，金吾、英武、威遠諸衛將軍共賜錢二百貫文，客省奏事共賜錢一百貫文，委度支每節前五日支付，永爲常式。」戊申，晉慈隰觀察使崔漢衡加都防禦使名。癸丑，賜百僚宴於曲江亭，仍作《重陽賜宴》詩六韻賜之。羣臣畢和，上品其優劣，以劉太真、李紓爲上等，鮑防、于邵爲次等，張濛、殷亮等二十人又次之，唯李晟、馬燧、李泌三宰相之詩不加優劣。庚申，吐蕃寇邠、寧、坊等州。

冬十月，詔中書門下選常參官曾爲牧宰有理行者以名聞。宰臣奏于頎、董晉等十二人前任有治迹，詔頎等於左右丞廳各言政要，左右丞條奏，上乃御宣政殿親試其言而後用之。丙戌，以右神策將軍李長榮爲河陽三城懷州團練使，仍賜名元。戊子，回紇公主將妥騰六十餘人、馬二千匹來迎咸安公主，命刑部尚書關播送公主歸蕃。

五年春正月乙卯，詔：「四序嘉辰，歷代增置，漢崇上巳，晉紀重陽。或説禳除，雖因舊俗，與衆共樂，咸合當時。朕以春方發生，候及仲月，勾萌畢達，天地和同，俾其昭蘇，宜助暢茂。自今宜以二月一日爲中和節，以代正月晦日，備三令節數，内外官司休假一日。」宰臣李泌請中和節日令百官進農書，司農獻穜稑之種，王公戚里上春服，士庶以刀尺相問遺，村社作中和酒，祭勾芒以祈年穀，從之。

二月己丑，貶京兆尹鄭叔則爲永州長史。戊戌，以滄景留後程懷直爲滄景觀察使。庚子，以大理卿董晉爲門下侍郎、同中書門下平章事；以御史中丞竇參爲中書侍郎、平章事，兼轉運使；以户部侍郎班宏爲户部尚書，依前度支轉運副使。

三月乙卯，以兵部郎中姚南仲爲御史中丞，司農卿薛珏爲京兆尹，以大理卿李速爲黔州刺史、黔州觀察使。癸亥，以資州刺史龐復爲安南都護、本管經略使。丙寅，貶禮部侍郎劉太真爲信州刺史。以給事中杜黄裳爲河南尹。戊辰，詔以李懷光外孫燕八八爲左衛率府胄曹參軍，賜姓名曰李承緒，仍賜錢千貫，俾自營居業。

夏四月乙未，以太子少師蕭昕爲工部尚書，致仕，給半禄、料，永爲常式。初，致仕官只給半禄，無料，上加之以待老臣，半料自昕始也。

六月乙未，以光禄卿裴腆爲桂管觀察使。

秋七月，以嗣滕王湛然爲太子賓客、入回紇使。

八月辛未，以同州刺史竇覦爲户部侍郎。

九月壬戌，詔以褚遂良已下至李晟等二十七人，圖形於凌煙閣，以繼國初功臣之像。

冬十月丙午，西川韋皋奏與東蠻合力大破吐蕃於故嶲州，擒其將臧遮遮。自是吐蕃挫鋭，竟復嶲州。庚午，百僚請復徽號，不允。己丑，易定節度使、檢校司空、平章事張孝忠以擅出兵襲蔚州，降檢校司空爲左僕射。癸巳，以户部侍郎竇覦爲揚州長史、兼御史大夫、淮南節度使。

十二月庚午，回紇汨咄禄長壽天親毗伽可汗卒。辛未，以淮南節度使杜亞爲東都留守、畿汝州都防禦使，兵部侍郎裴諝爲河南尹，司農卿李翼爲陝虢都防禦觀察使。壬申，以陝虢觀察使杜祐檢校禮部尚書，兼揚州長史、淮南節度使。

六年二月戊辰朔，百僚會宴於曲江亭，上賦《中和節羣臣賜宴》七韻。是日，百僚進《兆人本業》三卷，司農獻黍粟各一斗。岐州無憂王寺有佛指骨寸餘，先是取來禁中供養，乙亥，詔送還本寺。丙戌，以中書舍人陸贄權兵部侍郎。甲午，以吏部侍郎劉滋爲吏部尚書。丁酉，王武俊守棣州將趙鎬以郡歸李納，武俊怒，以兵攻之。

三月庚子，百僚宴于曲江亭，上賦《上巳》詩一篇賜之。壬寅，渾瑊自河中來朝。戊午，牂柯蠻來朝。

五月丙寅朔，上御紫宸受朝。上以是月一陰生，臣子道長，父子必以是朔面焉，故取朔日受朝。壬午，以寧州刺史范希朝爲單于大都護、麟勝節度使。

是夏，淮南、浙東西、福建等道旱，井泉多涸，人渴乏，疫死者衆。

秋七月癸酉，復呼親王母曰太妃，公主母曰太儀。

九月乙丑，收諸道進奏院官印，悉毁之。己卯，詔：「十一月八日，有事於南郊太廟，行從官吏將士等，一切並令自備食物。其諸司先無公廚者，以本司闕職物充。其王府官，度支量給廩物。其儀仗禮物，並仰御史撙節處分。」

冬十月己亥，文武百僚京城道俗抗表請徽號，上曰：「朕以春夏亢旱，粟麥不登，朕精誠祈禱，獲降甘雨，既致豐穰，告謝郊廟。朕倘因禋祀而受徽號，是有爲爲之。勿煩固請也。」辛亥，回紇弔祭使、鴻臚卿郭鋒復命，回紇遣達北勒梅録將軍來，告九姓回紇登里邏没密施俱録忠貞毗伽可汗之喪。

十一月庚午，日南至，上親祀昊天上帝於郊丘。禮畢還宫，御丹鳳樓宣赦，見禁囚徒減罪一等。立仗將士及諸軍兵，賜十八萬段匹。今後刺史、縣令以四考爲限。青州李納以棣州還王武俊，并其兵士三千。

是歲，吐蕃陷我北庭都護府，節度使楊襲古奔西州。回紇大相頡干迦斯紿襲古，請合軍收復北庭，乃殺襲古，安西因是阻絶，唯西州猶固守之。回紇亦爲吐蕃所逼，取浮圖川，乃遷部落羊馬於牙帳之南以避之。

七年春正月庚辰，以湖南觀察使裴胄爲洪州刺史、江西觀察使，以常州刺史李衡爲潭州刺史、湖南觀察使。蔡州置汝南縣。黑衣大食遣使朝貢。以中書舍人韓皋爲御史中丞。

二月己巳，涇原帥劉昌復築平涼城。城去故原州一百五十里，本原之屬縣，地當禦戎之衝要。昌復浹辰而功畢，分兵戍之，邊患稍弭。庚子，侍中渾瑊自河中來朝。

三月辛酉，陳許節度使曲環奏請權停當道冗官，待一二年後，民力稍給，則復之。甲子，涇原節度使劉昌築胡谷堡，改名彰義堡。堡在平涼西三十五里，亦禦戎之要地。壬申，詔：「頃來賜衣，文彩不常，非制也。朕今思之，宜有定制，節度使宜以鶻銜綬帶，觀察使宜以鴈銜威儀。」威儀，瑞草也。關輔牛疫死，十亡五六。上遣中使以諸道兩税錢買牛，散給畿民無牛者。辛巳，詔神威、神策六軍將士自相訟，軍司推劾；與百姓相訟，委府縣推劾；小事移牒，大事奏取處分，軍司、府縣不得相侵。

夏四月，汴州獻白烏。戊午，詔：「仲夏之時，萬物敷暢，陽德方茂，陰事始承。昔者觀于法象，因天地交會之序，爲父子相見之儀，沿習成風，古今不易。王者制事，在於因人，酌其情而用中，順其俗以爲禮。咸覿之義，既行於父子之間；資事之情，豈隔於君臣之際。申恩卿士，自我爲初。起今年五月朔，御正殿，召見文武百官，外官因朝奏，咸聽就列。仍編禮式，以爲常典。」己未，安南首領杜英翰叛，攻都護府，都護高正平憂死。

五月庚申朔，上御宣政殿見百官，從新制也。辛未，置柔遠軍於安南都護府。許州獻白烏。戊子，以衡州刺史齊映爲桂管觀察使。

秋七月庚午，以信州刺史鄭叔則爲福建觀察使。癸酉，上幸章敬寺，賦詩九韻，皇太子與羣臣畢和，題之寺壁。戊寅，以邕王謜爲義武軍節度使、易定觀察等大使，以定州刺史張昇雲爲留後。庚辰，以虔州刺史趙昌爲安南都護、經略招討使。

八月己丑，以翰林學士歸從敬爲工部尚書。甲午，給事中鄭瑜爲中書舍人。丙申，貶宗正卿李翰爲雅王傅；翰林學士陸贄爲兵部侍郎，罷學士。庚戌，夏州奏開延化渠，引烏水入庫狄澤，溉田二百頃。

冬十月癸丑，每御延英令諸司官長二人奏本司事。尋又敕常參官每一日二人引對，訪以政事，謂之巡對。

十一月乙丑，令常參官趨朝入閣，不得奔走。周親已下喪者禁慘服，朝會須服本色綾袍金玉帶。丁酉，以前福建觀察使吴湊爲陝州長史、陝虢觀察使。

八年春正月癸酉，罷桂管經略招討使。

二月丁亥，許州人李狗兒持杖入含元殿，擊欄檻，又格擒者。誅之。癸酉，劍南西川節度使韋皋奏請，有當道閑員官吏，增其俸禄，從之。己亥，以湖南觀察使李衡爲洪州刺史、江西觀察使。襄州軍亂，掠府庫民財殆盡，都將徐誠斬其亂首楊清潭，方止。丙子，以荆南節度使樊澤爲襄州刺史、山南東道節度使，以江西觀察使裴胄爲江陵尹、荆南節度使。以户部尚書班宏判度支，户部侍郎張滂爲諸道鹽鐵轉運使。己卯，以陝虢觀察使吴湊爲汴州刺史、宣武軍節度、汴宋等州觀察使。辛巳，以同州刺史姚南仲爲陝虢觀察使。壬午，以左庶子李充爲京兆尹，以蘇州刺史齊抗爲潭州刺史、湖南觀察使。

夏四月丁丑，貶左金吾大將軍嗣虢王則之爲昭州司馬，左諫議大夫、知制誥吴通玄爲泉州司馬，給事中竇申道州司馬。戊子，以雅王傅李翰爲金吾衛大將軍。翰前爲竇參所惡貶官，至是參敗，上遽召翰，口授將軍，便令金吾仗上事，翌日除書方下。庚寅，以汴州長史劉士寧爲汴州刺史、宣武軍節度使。時吴湊行次汜水，聞其有變而還。乙未，貶中書侍郎、平章事竇參爲郴州别駕，竇申景州司户。尋杖殺申，諸竇皆貶。以尚書左丞趙憬，兵部侍郎陸贄爲中書侍郎、同中書門下平章事。丁酉，韋皋請十二而税，以給官吏，從之。丙午，以東都、河南、淮南、江南、嶺南、山南東道兩税等物，令户部侍郎張滂主之；以河内、河東、劍南、山南西道等財，户部尚書、判度支班宏主之。一遵大曆故事，如劉晏、韓滉分掌焉。給事中韋夏卿左遷常州刺史，坐交諸竇也。是月，吐蕃寇靈州。

五月乙卯朔，上御宣政殿受朝。丙辰，初增税京兆青苗畝三錢，以給掌閑礦騎。戊午，以光禄少卿崔穆爲黔州觀察使。己未，大風，吹壞廬舍、門闕。丙寅，以大理卿王翃爲福建觀察使。戊辰，初令授臺省官者各具舉主於授官詔。先是郎官缺，左右丞舉之，御史缺，大夫、中丞舉之，詔書不具所舉。及趙憬、陸贄爲相，建議郎官不宜專於左右丞，宜令尚書、丞、郎各舉其可，詔書具所舉官名，御史亦如之，異日考殿最以舉主能否。從之。

六月，吐蕃寇涇州。

秋七月，以桂管觀察使齊映爲洪州刺史、江西觀察使；以翰林學士歸崇敬爲兵部尚書，致仕。辛巳，大雨。

八月乙丑，以天下水災，分命朝臣宣撫賑貸。河南、河北、山南、江淮凡四十餘州大水，漂溺死者二萬餘人。辛卯，以青州刺史李師古爲鄆州大都督府長史、平盧淄青等州節度觀察海運陸運、押新羅渤海兩蕃等使。丁未，詔以歲凶罷九日賜宴。

九月丁巳，韋皋攻吐蕃之維州，獲蕃將論莽熱以獻。貶太子賓客於邵江州别駕，尋卒。乙亥，以太子賓客薛珏爲嶺南節度使。

冬十月己亥，追封故皇弟遐爲均王。庚戌，復命金吾置門籍。

十一月己巳，貶右庶子姜公輔泉州别駕。嚴震奏破吐蕃於芳州。壬申，詔自今死刑勿決，先杖。

十二月庚寅，詔賜遭水縣乏絶户米三十萬石。丁未，以給事中李巽爲潭州刺史、湖南觀察使。

閏月癸酉，門下省奏：「郵驛條式，應給紙券。除門下外，諸使諸州不得給往還券，至所詣州府納之，别給俾還朝。常參官在外除授及分司假寧往來，並給券。」從之。甲戌，牂柯、室韋、靺鞨皆遣使朝貢。

九年春正月庚辰朔，朝賀畢，上賦《退朝觀仗歸營》詩。乙酉，劍南東川節度使王叔邕來朝。癸卯，初税茶，歲得錢四十萬貫，從鹽鐵使張滂所奏。茶之有税，自此始也。甲辰，禁賣劍銅器。天下有銅山，任人採取，其銅官買，除鑄鏡外，不得鑄造。

二月，先是宰相以三節賜宴，府縣有供帳之弊，請以宴錢分給，各令諸司選勝宴會，從之。是日中和節，宰相宴于曲江亭，諸司隨便，自是分宴焉。易定留守張昇雲爲義武軍節度使。辛酉，詔復築鹽州城。貞元三年，城爲吐蕃所毁，自是塞外無堡障，犬戎入寇，既城之後，邊患息焉。

三月己亥，以駕部郎中、知制誥張式爲虢州刺史。

夏四月辛酉，地震，有聲如雷，河中、關輔尤甚，壞城壁廬舍，地裂水涌。

五月庚申，廢諸州府執刀。甲辰，以義成軍節度使、檢校右僕射賈耽爲左僕射、同中書門下平章事，以尚書左丞盧邁本官同平章事。以鄭州刺史李融爲滑州刺史、義成軍節度使。乙巳，韋皋奏，遣軍出西山，破吐蕃峨和城、定廉城、通鶴軍，凡平堡五十餘所。是日以蕃俘器仗來獻。丙戌，以門下侍郎、平章事董晉爲禮部尚書，罷知政事。甲寅，加韋皋檢校右僕射，以司農少卿裴延齡爲户部侍郎、判度支。庚申，以給事中李衡爲户部侍郎、諸道鹽鐵轉運使。

秋七月乙未，敕縣令以四考爲限，無替者宜至五考。庚子，以信州刺史孫公器爲邕管經略使。故事，宰相秉筆決事，每人十日一易。至是賈耽、趙憬、陸贄、盧邁同平章政事，百僚有所關白，更相讓而不言。始詔令旬日秉筆，後詔每日更

秉筆。劍南西山羌女國王湯立志、哥鄰王董臥庭、白狗王羅陀忽、弱水王董避和、逋租王弟鄧告知、南水王姪尚悉曩等六國君王，自來朝貢。六國初附吐蕃，韋臯出西山討吐蕃，故六蠻內附，各授官秩遣之。

八月庚戌，太尉、中書令、西平郡王李晟薨，贈太師，廢朝五日。己巳，皇太子長男廣陵王淳納妃郭氏。

九月己卯，罷九日宴，以太師晟喪也。

冬十月己酉，侍中馬燧對於延英。燧足疾，詔令不拜，行仆於地，命宦者扶持之。上謂之曰：「前日卿與太尉晟俱來，今公獨至。」因歔欷泣下。及燧退，上送及階。癸酉，環王國獻犀牛，上令見于太廟。

十一月乙酉，日南至，上親郊圓丘。是日還宮，御丹鳳樓，制曰：「朕以寡德，祗膺大寶，勵精理道，十有五年。夙夜惟寅，罔敢自逸，小大之務，莫不祗勤。皇靈懷顧，宗社垂祐，年穀豐阜，荒服會同，遠至邇安，中外咸若。永惟多祐，實荷玄休。是用虔奉禮章，躬薦郊廟，克展因心之敬，獲申報本之誠。慶感滋深，悚惕惟勵，大福所賜，豈獨在予，思與萬方，均其惠澤，可大赦天下。」辛卯，華州潼關鎮國軍、隴右節度使李元諒卒於良原，以其部將阿史那叙統元諒之衆，戍良原。甲辰，制以冬薦官，宜令尚書丞、郎於都堂訪以理術，試時務狀，考其通否及歷任考課事迹，定爲三等，并舉主姓名。仍令御史一人爲監試。如授官後政事能否，委御史臺、觀察使以聞，而殿最舉主。

十二月丙午朔，制：「今後使府判官、副使、行軍已下，使罷後，如是檢校試五品以上官，不合集於吏部選，任準罷使郎官、御史例，冬季聞奏。」丙辰，宣武軍亂，逐節度使劉士寧。壬戌，以通王諶爲宣武軍節度使，以宣武軍節度副使李萬榮爲汴州刺史、宣武軍節度、汴宋等州觀察留後。

十年春正月乙酉，以虔王諒爲朔方靈鹽豐節度大使，以朔方等道行軍司馬李欒爲留後。壬辰，南詔異牟尋大破吐蕃於神川，使來獻捷。己亥，昭義節度使、檢校司空、平章事李抱真請降官，乃授檢校左僕射。時抱真病，巫祝言宜降爵，故有是請。

二月丙午，以瀛州刺史劉澭爲秦州刺史、隴右經略軍使，理普潤縣，仍以普潤軍爲名。乙卯，以給事中齊抗爲河南尹。乙丑，義成軍節度使、鄭滑觀察使李融卒。丁卯，詔：「君臣之際，義莫重焉，每聞薨殂，良深悼惻。應文武朝臣薨卒者，其月俸、料宜全給，仍更准本官一月俸、料，以爲賻贈。」

三月，以華州刺史李復爲滑州刺史、義成軍節度使。滄州程懷直來朝，賜安業坊宅，妓一人，復令還鎮。庚辰，南詔異牟尋攻收吐蕃鐵橋已東城壘一十六，擒其王五人，降其民衆十萬口。壬申，以同州刺史盧徵爲華州刺史、潼關防禦、鎮國軍等使。辛丑，以延州刺史李如暹所部蕃落賜名曰安塞軍，以如暹爲軍使。

夏四月戊辰，地震，癸丑復震。以雲南告捷使高細龍爲左武衛將軍。有大鳥飛集宮中，食雜骨。

六月壬寅朔，昭義軍節度使、檢校左僕射、同中書門下平章事、義陽王李抱真卒，詔以其將王延貴權知昭義軍事。癸丑，以祠部郎中袁滋兼御史中丞，爲册南詔使。甲寅，以辰州刺史房孺復爲容管經略使。丙寅，韋臯奏西山峨和城擊破吐蕃城栅，斬首二千八百級。庚午，度支使裴延齡兼靈、鹽等州鹽池井榷使。辛未晦，有水鳥集於左藏庫，是夜暴雨，大風折木。

秋七月壬申朔，以邕王謜爲昭義軍節度使，以昭義軍押衙王延貴爲潞府左司馬，充昭義節度留後，賜名虔休。抱真別將權知洺州事元誼不悅虔休爲留後，據洺州叛，陰結田緒。庚辰，賜南詔異牟尋金印銀窠，其文曰「貞元册南詔印」。先是，吐蕃以金印授南詔，韋臯因其舊而請之。汴州軍亂，攻節度留後李萬榮，不勝而潰，萬榮悉捕斬其孥。己亥，前汴州節度使劉士寧宜於郴州安置。欽州守鎮黄少卿叛，攻邕管經略使孫公器，又陷欽、横、潯、貴等州。吐蕃大將論乞髯、陽没藏、悉諾硉以其家內附，授歸義將軍。因置四品已下武官，以授四夷歸附者，仍定懷化大將軍已下俸錢。

九月辛未朔，以袁州刺史董鎮爲邕管經略使。戊子，賜百僚九日宴，上賦詩賜之。辛卯，南詔獻鐸槊、浪人劍、吐蕃印八紐。戊戌，定州張昇雲改名茂昭。

冬十月癸卯，御宣政殿，試賢良方正、能直言極諫等舉人。

十一月乙酉，諸道鹽鐵轉運使張滂爲衛尉卿，以浙西觀察使王緯爲諸道鹽鐵轉運使。

十二月壬戌，貶中書侍郎、平章事陸贄爲太子賓客。

十一年春正月乙未，以秘書少監王礎爲黔中經略觀察使，衛尉少卿武少儀爲邕管經略使。丙申，以邕管經略使王鍔爲廣州刺史、嶺南節度使。

二月癸卯，以衢州刺史李若初爲福建觀察使。乙巳，册渤海大欽茂之子嵩爲渤海郡王、忽汗州都督。乙卯，於涇州彰信堡置潘原縣。甲子，九姓回紇骨咄禄毗伽奉誠可汗卒。

三月庚午，司徒兼侍中馬燧以疾請罷侍中，不許。辛未，賜宰臣兩省供奉官宴於曲江亭。乙丑，以吏部侍郎鄭瑜爲河南、淮南水陸轉運使。丙申，諸州準例薦隱居丘園不求聞達蔡廣成等九人，各授試官，令給公乘，到京日量才叙用。

夏四月，旱。壬戌，貶太子賓客陸贄爲忠州別駕，京兆尹李充信州長史，衛尉卿張滂汀州長史。癸亥，以兵部侍郎韓皋爲京兆尹。甲子，賜南詔敕書，始列中書三官奉宣行，復舊制也。丙寅，幽州劉濟奏大破奚王啜剌等六萬餘衆。

五月庚午，命有司慮囚，旱故也。丁丑，以宣武留後李萬榮爲汴州刺史、宣武節度副使、知節度事。以昭義軍節度留後王虔休爲潞州大都督府長史、昭義軍節度副大使、知節度事，管内度支營田、潞澤磁邢洺觀察使。又以朔方留後李欒爲靈州大都督府長史、朔方靈鹽豐夏四州受降定遠城天德軍節度副大使、知節度事，管内度支營田觀察押蕃落等使。庚寅，遣使册九姓回紇騰里羅羽録没密施合胡六骨咄禄毗伽懷信可汗。癸巳，以通王諶爲河東節度使，以河東行軍司馬李悦爲河東節度營田觀察留後、北都副留守。甲午，初鑄河東監軍印。監軍有印，自王定遠始也。

六月，河陽獻白烏。癸丑，以絳州刺史姚齊梧爲晉慈隰都防禦觀察使。

秋七月丙寅朔，右諫議大夫陽城爲國子司業。河東監軍王定遠配流崖州，坐專殺也。

八月丙辰，以楚州刺史路寰爲洪州刺史、江西觀察使。

閏月己丑，國子司業裴澄表上《乘輿月令》十一卷，《禮典》十二卷。

九月己卯，賜宰臣兩省供奉官宴於曲江，賦詩六韻賜之。丁巳，加韋皋統押近界諸蠻及西山八國、雲南安撫等使。滄州大將程懷信逐其帥程懷直。

冬十月丁丑，以虔王諒爲横海軍節度大使，以兵馬使程懷信爲留後。

十一月丙申，日南至，不受朝賀，以司徒馬燧葬也。辛丑，太常定馬燧謚曰「景武」，上曰：「景，太祖謚，改莊武可也。」己酉，潭州獻赤烏。

十二月戊辰，上獵苑中，戒多殺，止行三驅之禮，勞士而還。

十二年春正月庚子，元誼、李文通率洺州兵五千、民五萬家東奔田緒。壬子，以前滄州節度使程懷直爲左龍武統軍。乙丑，成德軍節度使、檢校司徒、兼侍中渾瑊兼中書令；興元節度使嚴震、魏博田緒、西川韋皋並加檢校左右僕射、同中書門下平章事。於是方鎮皆叙進兼官。上制《貞元廣利藥方》五百八十六首，頒降天下。

三月甲午，韋皋奏收降蠻七千户，得吐蕃所賜金字告身五十五片。乙巳，以户部侍郎裴延齡爲户部尚書。戊申，以兵部尚書董晉充東都留守、判東都尚書省，東畿汝州都防禦使。

四月戊辰，左右十軍使奏：「去年冬車駕幸諸營，欲於銀臺亭子門外立碑以紀聖迹。」從之。庚辰，上降誕日，命沙門、道士加文儒官討論三教，上大悦。

五月甲辰，以邠寧都虞候楊朝晟爲邠州刺史、邠寧慶節度使。銀夏節度使韓潭讓新授禮部尚書，乞雪崔寧，許其家收葬。丁巳，駙馬郭曖、王士平、曖弟煦暄，坐代宗忌辰飲宴，貶官歸第。

六月壬戌，故驩州司户竇參，許其家收葬。乙丑，初置左右護軍中尉監、中護軍監，以授宦官。以左右神策軍使竇文場、霍僊鳴爲左右神策護軍中尉監，以左右神威軍使張尚進、焦希望爲左右神威中護軍監。

七月乙未，以東都留守、兵部尚書董晉檢校左僕射、同中書門下平章事、汴州刺史、宣武軍節度使、宋亳潁觀察使。時李萬榮病，萬榮子迺自署爲兵馬使，軍人又逐迺，汴州亂，故命董晉帥之。以太子賓客王翃爲東都留守、判東都尚書省事、東畿汝都防禦使。

八月己巳，以前魏博節度副使田季安爲魏州長史、魏博節度觀察等使。庚午，增修望仙門，廣夾城，十王宅、六王宅。癸酉，以虢州刺史崔衍爲宣歙池觀察使，以乞骨子湯忠義爲歸德將軍。丙子，以汝州刺史陸長源爲宣武行軍司馬。

九月甲午，以河東行軍司馬李景略爲豐州刺史、天德軍豐州西受降城都防禦使。庚戌，幸魚藻宮，即日還内。壬子，吐蕃寇慶州。

冬十月壬戌，詔以京畿旱，放租税。甲戌，諫議大夫崔損、給事中趙宗儒並同中書門下平章事，俱賜金紫。以少府監崔穆爲晉州刺史、晉慈隰觀察使。

十一月辛卯，昭義王虔休造《誕聖樂曲》以獻。

十二月己未，大雪平地二尺，竹柏多死。環王國所獻犀牛，甚珍愛之，是冬亦死。上著《刑政箴》一首。癸未，回紇、南詔、劍南西山國女國王並來朝賀。

十三年春正月壬寅，吐蕃贊普遣使修好，塞上以聞，上以犬戎負約，不受其使。東都尚書省火。

二月丁巳，賜宰臣、兩省供奉官宴於曲江亭。乙亥，度支郎中蘇弁爲户部侍郎、判度支，兵部郎中王紹判户部。

三月戊子，造會慶亭於麟德殿前。乙巳，以福建都團練使李若初爲明州刺

史、浙東觀察使，以婺州刺史柳冕爲福建觀察使。

夏四月壬戌，上幸興慶宮龍堂祈雨。乙丑，大雪。己卯，以大理卿于頔爲陝州長史、陝虢觀察使。庚辰，以陝虢都防禦觀察轉運等使姚南仲爲滑州刺史、義成軍節度、鄭滑觀察使。

五月丙戌朔，韋皐收復巂州，畫圖來上。壬子，以庫部郎中、翰林學士鄭餘慶爲工部侍郎、知吏部選事。

六月己卯朔，以衡州刺史陳雲爲邕管經略使。辛巳，引龍首渠水自通化門入，至太清宮前。壬午，韋皐奏於巂州破吐蕃，生擒大籠官七人，馬畜器械不可勝紀。

秋七月丙戌，宰相盧邁請告累月，四表避相位，是日，命宰臣問疾於盧邁私第。己丑，右神策中尉霍僊鳴病，賜馬十匹，令於諸寺齋僧。壬辰，浚湖渠、魚藻池，深五尺。甲辰，以兵部郎中、判户部王紹爲户部侍郎。乙丑，詔今後嗣王薨葬，所司並供鹵簿，永爲常式。

八月丁巳，詔京兆尹韓皐修昆明池石炭、賀蘭兩堰兼湖渠。

九月己丑，盧邁懇讓相位，乃授太子賓客。辛卯九日，宴宰臣百官於曲江，上賦詩以賜之。甲辰，升定州爲大都督府。以湖南觀察使李巽爲江州刺史、江西觀察使，以禮部侍郎呂渭爲潭州刺史、湖南觀察使。

冬十月癸丑朔，以前滁州刺史房濟爲容管經略使。丙辰，黔中觀察使奏：「溪州人户訴，被前刺史魏從琚於兩税外，每年加進朱砂一千觔、水銀二百馱，户民疾苦，請停。」從之。淮西吳少誠擅開洵刁河、汝河，詔使不能禁。癸酉，宰相賈耽以疾避相位，不允。丁丑，徐泗節度使張建封來朝，上嘉之，次日於延英召對。癸巳，贈太傅馬燧祔廟，命所司供少牢祭，仍給鹵簿，從宅至廟。

十四年春正月庚寅，詔諸道州府應貞元八年至十一年兩税及榷酒錢，在百姓腹内者，總五百六十萬七千貫，並除放。甲午，敕：「比來朝官或相過從，金吾皆上聞。其間如是親故，或嘗同僚，伏臘歲時，須有還往，亦人倫常禮，今後不須奏聞。」因張建封奏議也。

二月戊午，上御麟德殿，宴文武百僚，初奏《破陣樂》，徧奏《九部樂》，及宮中歌舞妓十數人列於庭。先是上制《中和樂舞曲》，是日奏之，日晏方罷。比詔二月一日中和節宴，以雨雪，改用此日。上又賦《中春麟德殿宴羣臣詩》八韻，羣臣頒賜有差。乙亥，賜光蔡節度曰彰義軍。

三月，以右神策將軍張昌爲鳳翔尹、右神策行營節度、鳳翔隴右節度使，仍改名敬則。

夏四月乙丑，以左諫議大夫、平章事崔損爲修奉八陵使。先是昭陵寢殿爲火所焚，至是獻、昭、乾、定、泰五陵各造屋三百八十間，橋、元、建三陵據闕補造。

五月丙午，户部侍郎、判度支蘇弁爲太子詹事。上特召度支郎中于頎于延英，兼御史中丞，賜金紫，令判度支。

閏月庚申，以左神策行營節度韓全義爲夏州刺史，兼鹽夏綏銀節度使，以代韓潭。甲子，貶太子詹事蘇弁爲汀州司户，兄贊善大夫衮爲永州司户，前京兆府士曹冕爲信州司户。

六月乙巳，以旱儉，出太倉粟賑貸。

秋七月，以吉州刺史杜春爲邕管經略使。乙卯，貶京兆尹韓皐爲撫州司馬。召右金吾將軍吳湊于延英，面授京兆尹，即令入府視事。

是夏，熱甚。壬申，以給事中、同中書門下平章事趙宗儒爲太子左庶子，以左諫議大夫、平章事崔損爲門下侍郎、平章事，以工部侍郎鄭餘慶爲中書侍郎、同平章事。軍中尉霍僊鳴卒。丁丑，以宦者第五守亮代僊鳴爲中尉。己卯，左右神策置統軍，品秩奉給視六軍統軍例。甲午，崔損修奉八陵寢宮畢，羣臣於宣政殿行稱賀。

九月乙卯，以同州刺史崔宗爲陝州大都督府長史、陝虢觀察水陸轉運使，以浙東觀察李若初爲潤州刺史、浙西觀察使及諸道鹽鐵轉運使，又以常州刺史裴肅爲越州刺史、浙東觀察使。丙辰，以陝虢觀察使于頔爲襄州刺史、山南東道節度使。以太常卿杜確爲同州刺史、本州防禦、長春宮使。癸酉，諫議大夫田登奏言：「兵部武舉人持弓挾矢，數千百人入皇城，恐非所宜。」上聞之瞿然，乃命停武舉。

冬十月癸酉，以歲凶穀貴，出太倉粟三十萬石，開場糶以惠民。庚子，夏州韓全義奏破吐蕃鹽州。

十一月己未，韋皐進《開西南蠻事狀》十卷，叙開復南詔之由。

十二月癸酉，出東都含嘉倉粟七萬石，開場糶以惠河南饑民。己亥，南詔異牟尋遣使賀正旦。明州鎮將栗鍠殺刺史盧雲。

十五年二月，罷中和節宴會，年凶故也。乙酉，以行軍司馬陸長源檢校禮部尚書、汴州刺史、御史大夫、宣武軍節度度支營田、汴宋亳潁觀察等使。以常州

刺史李錡爲潤州刺史、浙西觀察使及諸道鹽鐵轉運使。是日，汴州軍亂，殺陸長源及節度判官孟叔度、丘穎，軍人臠而食之。監軍俱文珍以宋州刺史劉逸準久爲汴之大將，以書招之，俾静亂。乙丑，以宋州刺史劉逸準檢校工部尚書、兼汴州刺史、宣武軍節度使，仍賜名全諒。乙未，裴肅奏於台州擒栗鍠以獻，斬於獨柳樹。癸卯，罷三月羣臣宴賞，歲饑也。出太倉粟十八萬石，糶於京畿諸縣。

三月甲寅，吴少誠寇唐州，殺監軍邵國朝，掠居民千餘而去。丁巳，以度支郎中、兼中丞于頙爲户部侍郎，依前判度支。戊辰，以河陽三城節度使李元爲潞州長史、昭義軍節度、澤潞磁邢洺觀察使，以河陽節度押衙衡濟爲懷州刺史、河陽三城懷州節度使。壬申，於易州滿城縣置永清軍。癸酉，令江淮歲運米二百萬石。雖有是命，然歲運不過四十萬石。

四月丁丑，以久旱，令陰陽人法術祈雨。壬午，内侍省加置内給事二員。癸未，以安州刺史伊慎爲安黄節度營田觀察使。庚寅，應京城内外諸軍縣鎮職員官，見共五萬八千二百七十一人，宜令每人賜粟一石。

秋七月乙巳，以興州刺史、興元都虞候嚴礪爲興元尹、兼御史大夫、山南西道節度度支營田觀察等使。丙午，故唐安公主賜謚曰莊穆。公主賜謚，自唐安始也。丁未，以王礎卒，廢朝一日。觀察使卒廢朝，自礎始也。戊午，貶諫議大夫苗拯萬州刺史，左拾遺李繁播州參軍，以私議除拜嚴礪不當而無章疏，而僞言累上疏故也。鄭、滑大水。

八月丙申，丁酉，以洋州刺史韋士宗爲黔中觀察使。丙午，以陳許兵馬使、前陳州刺史上官涚爲許州刺史、陳許節度使。吴少誠謀逆漸甚，陷臨潁，進圍許州。丙辰，制：「吴少誠非次擢用，授以節旄，秩居端揆之榮，任總列城之重。期申報效，奉我典章，而秉心匪彝，自底不類。兇狡成性，扇構多端，擅動甲兵，暴越封壤。壽州茶園，輒縱凌奪；唐州詔使，潛構殺傷。干犯國章，罪在無赦。朕以王者之德，在乎好生；人君之體，務於含垢。寧屈已以宥罪，不殘人以興師。以上稽宗社之威，外抑忠賢之請，庶有悛革，尚議優容。幸鄰境之喪，逞貪亂之志，焚略縣邑，殘暴吾民。朕尤冀知非，爲之忍耻，亟頒恩命，未許出師。至乃攻逼許州，肆其蠆毒，恣行殺戮，流害黎蒸。惡稔禍盈，人神同棄，輿言致討，實悼于懷。宜令諸道各出師徒，掎角齊進。吴少誠在身官爵，並宜削奪。」己巳，自今中和、重陽二節，每節只禁屠一日。辛酉，以大理評事宣武軍都知兵馬使韓弘檢校工部尚書，兼汴州刺史、御史大夫、宣武軍節度使。

十一月乙巳，冬至，罷朝會，兵興也。壬子，襄州于頔奏，於朗山破淮西賊三千人。

十二月乙未，戰淮西賊於小溵河，王師不利，諸軍自潰。丁酉，以同州刺史杜確爲河中尹、河中絳州觀察使。

十六年春正月乙巳，恒冀、定州、許、河陽四鎮之師與賊戰，皆不利而退。南詔獻《奉聖樂舞曲》，上閲於麟德殿前。

二月己酉，以左神策行營、銀夏節度等使韓全義爲蔡州行營招討使，陳許節度使上官涚副之。壬子，以尚書右丞袁滋爲華州刺史、潼關防禦、鎮國軍使。

夏四月丁亥，黔中知宴設吏傅近逐觀察使韋士宗。己丑，以義成軍節度使姚南仲爲右僕射。以權知新羅國事金俊邕襲祖開府檢校太尉、雞林州都督、新羅國王。辛卯，以義成軍行軍司馬盧羣爲滑州刺史、兼御史中丞、義成軍節度使。

五月戊戌朔，以雨罷朝。庚戌，韓全義與蔡賊將吴少誠戰於溵水南，王師敗績。徐泗濠節度使、檢校尚書右僕射、徐州刺史張建封卒。壬子，徐州軍亂，不納行軍司馬韋夏卿，迫建封子愔爲留後。丙寅，韋士宗却入黔州。丁卯，以吏部侍郎顧少連爲京兆尹。

六月丙午，鄆州李師古、淮南杜祐並加同平章事，以祐兼領徐泗濠節度，以前虢州參軍張愔起復驍衛將軍，兼徐州刺史、御史中丞、本州團練使、知徐州留後。

八月癸酉，以河中尹王□爲潭州刺史、湖南觀察使。

九月，宥吴少誠。戊辰，以左丞李元素爲滑州刺史、兼御史大夫、義成軍節度使。庚戌，貶中書侍郎、同中書門下平章事鄭餘慶爲郴州司馬，户部侍郎、判度支于頙爲泉州司户。以户部侍郎王紹判度支，以户部郎中崔從質爲户部侍郎。癸酉，吴少誠賊迫官軍溵水砦下營，韓全義退保陳州，諸軍散還本道，官軍不振。以河南少尹張式爲河南尹、水陸轉運使。庚申，以太常卿齊抗爲中書侍郎、同平章事。癸亥，以虔王諒爲徐州節度使，張愔爲留後。

冬十月辛未，興元嚴礪希監軍旨，誣奏流人通州别駕崔河圖，長流崖州，賜死，人士傷之。吴少誠引兵歸蔡州，上表待罪。戊子，詔雪吴少誠，復其官爵。甲午，以河東行軍司馬鄭儋檢校工部尚書、太原尹、河東節度使。

十一月癸卯，泗州、濠州宜隸淮南觀察使。戊申，以太府卿韋渠牟爲太常

寺卿。

十二月戊寅，罷吏部復考判官及禮部別頭貢舉。

十七年春正月甲寅，韓全義自蔡州行營還，詔歸鎮華州。

二月癸巳朔，賜羣臣宴於曲江亭，上賦《中和節賜宴曲江》詩六韻賜之。丁酉，雨雹。己亥，雨霜。戊申夜，雷震，雨雹。庚戌，大雨雪兼雹。

三月乙丑，賜羣臣宴於曲江亭。己巳，黔中觀察使韋士宗復爲三軍所逐。癸酉，衢州刺史鄭式瞻進絹五千匹，銀二千兩，上曰：「式瞻犯贓，已詔御史按問，所進宜付左藏庫。」丁丑，省天下州府別駕、司馬、田曹、參軍；京兆、河南、太原三府外，諸府判司雙曹者省一。

夏四月丁未，始命駙馬及郡縣主壻無子者，養男不用母蔭。辛亥，以諫議大夫裴佶爲黔中觀察使。

五月丙戌，以工部侍郎趙植爲廣州刺史、兼御史大夫、嶺南節度使。

六月戊戌，以定平鎮兵馬使李朝寀檢校工部尚書，兼邠州刺史、朔方邠寧慶節度使；以中官楊志廉爲右神策護軍中尉。浙西人崔善貞詣闕上書，論浙西觀察使李錡罪狀。上覽奏不悅，令械善貞送於李錡。錡鑿坑待善貞，既至，和械推而埋之。由是錡恣横叛。己酉，以邠寧兵馬使高固爲邠州刺史、兼御史大夫、邠寧慶節度使。

秋七月戊寅，吐蕃寇鹽州。辛巳，以前成德軍節度副使、檢校工部尚書、知恒府事、清河郡王王士真起復授恒州長史，充成德軍節度使。己丑，吐蕃陷麟州，殺刺史郭鋒，毀城壘而去。

八月戊午，以河東行軍司馬嚴綬檢校工部尚書、兼太原尹、御史大夫、河東節度使。

九月壬戌，韋皋奏大破吐蕃於雅州。戊辰，羣臣宴曲江，上賦《九日賜宴曲江亭》詩六韻賜之。

冬十月，加韋皋檢校司徒、中書令，封南康郡王，賞破吐蕃功也。戊午，鹽州刺史杜彦先委城奔慶州。辛未，宰相賈耽上《海内華夷圖》及《古今郡國縣道四夷述》四十卷。庚戌，以京兆尹顧少連爲吏部尚書，以吏部侍郎韋夏卿爲京兆尹。淮南節度使杜祐進《通典》，凡九門，共二百卷。

十八年春正月戊午朔，大雨雪，罷朝賀。乙丑，驃國王遣使悉利移來朝貢，並獻其國樂十二曲與樂工三十五人。乙亥，韋皋以所擒蕃相論莽熱來獻。庚辰，以常州刺史賈全爲越州刺史、浙東觀察使。

二月戊子朔，賜羣臣宴於馬璘之山池。

三月癸未，以劍南東川行軍司馬李康爲梓州刺史、兼御史大夫、劍南東川節度使。乙丑，賜羣臣宴於馬璘之山池。己巳，以蘄州刺史鄭紳爲鄂州刺史、鄂岳蘄沔觀察使。癸酉，以浙東團練副使齊總爲衢州刺史，總以横賦進奉希恩，給事中許孟容封還制書。丙戌，以河中行軍司馬鄭元爲河中尹、兼御史大夫、河中絳節度使。

五月癸亥，以竇羣爲左拾遺。庚辰，以祠部員外郎裴泰爲檢校兵部郎中，充安南都護、本管經略使。

六月癸巳，以吏部尚書顧少連爲兵部尚書、東都留守、東都畿汝防禦使。

秋七月庚辰，蔡、申、光三州春水夏旱，賜帛五萬段，米十萬石，鹽三千石。

八月壬寅，以邕管經略使徐申爲廣州刺史、嶺南節度使。甲辰，以嶺南節度掌書記、試大理評事張正元爲邕州刺史、御史中丞、邕管經略使，給事中許孟容以非次遷授，封還詔書。丁未，以户部侍郎、判度支王紹爲户部尚書、判度支。

九月乙卯朔，以太常少卿楊憑爲潭州刺史、湖南觀察使。癸亥，賜羣臣宴於馬璘山池，上賦《九日賜宴》詩六韻賜之。

冬十月丁亥，以刑部尚書王鍔爲淮南節度副使兼行軍司馬。

十一月丙辰，以同州刺史劉公濟爲鄜州刺史、鄜坊丹延節度使。

十二月乙巳，貶大理卿李正臣爲衛尉少卿，正臣爲御史彈劾下獄，不堪其辱而死。戊申，黎州蠻、牂柯使入朝。

十九年二月壬午朔，賜宴馬璘山池。丁亥，修含元殿。賜安黄節度曰奉義軍。丙申，以桂管留後韋武爲桂州刺史、桂管觀察使。己亥，安南經略使裴泰爲州將王季元所逐。甲辰，淮南節度使杜祐來朝。

三月壬子朔，以杜祐檢校司空、同中書門下平章事、太清宫使。以淮南行軍司馬王鍔檢校尚書右僕射，兼揚州大都督府長史、淮南節度使。丁卯，以今年孟夏禘饗，前議太祖、懿、獻之位未決，至此禘祭，方正太祖東向之位，已下列序昭穆。其獻祖、懿祖祔于德明、興聖之廟，每禘祫年就本室饗之。乙亥，以司農卿李實爲京兆尹。

夏四月乙未，涇原節度使劉昌奏請移行原州於平涼城，從之。戊戌，百官以祔廟畢，蹈舞稱賀。

五月乙未，以荆南行軍司馬裴均爲江陵尹，兼御史大夫，荆南節度使。甲戌，以涇原節度留後段佑爲涇州刺史，兼御史大夫、四鎮北庭行軍涇原節度使。乙亥，吐蕃遣使論頰熱入朝。甲辰，以陳許行軍司馬劉昌裔檢校工部尚書，兼許州刺史、陳許節度使。自正月至是未雨，分命祈禱山川。

秋七月戊午，以關輔饑，罷吏部選、禮部貢舉。己未，中書侍郎、平章事齊抗爲太子賓客，病免也。甲戌，始雨。貸京畿民麥種。

冬十月乙未，以太子賓客韋夏卿爲東都留守、東都畿汝都防禦使。

十一月戊寅朔，以鹽州兵馬使李興幹爲鹽州刺史，許專達于上，不隸夏州。丙午，振武麟勝節度使范希朝來朝。戊午，以振武行軍司馬閻巨源檢校工部尚書，兼單于大都護、振武麟勝節度使。庚申，以太常卿高郢爲中書侍郎、同中書門下平章事。壬申，監察御史崔薳入臺近，不練故事，違式入右神策軍；上怒，笞四十，配流崖州。

二十年春正月丙申，天德軍防禦團練使、豐州刺史李景略卒，以其判官任迪簡代領其任。己亥，以鄜坊丹延節度使劉公濟爲工部尚書，以其行軍司馬裴玢代領其任。

二月丙午朔，罷中和節宴，歲儉也。庚戌，大雷震，雨雹。

三月甲申，以吐蕃贊普卒，廢朝。己亥，以國子祭酒趙昌爲安南都護、御史大夫、本管經略使。

夏四月丙寅，吐蕃使臧河南觀察使論乞冉等五十四人來朝貢。陳許節度賜號忠武軍。

五月甲戌朔，罷御宣政殿。乙亥，以史館修撰、秘書監張薦爲工部侍郎，兼御史大夫，充入吐蕃弔祭使。

七月癸酉朔，大雨雹。辛卯，福建觀察使柳冕奏置萬安監牧於泉州界，置群牧五，悉索部内馬牛羊近萬頭匹，監吏主之。

八月戊申，以房州刺史郗士美爲黔中觀察使。己未，以昭義兵馬使盧從史爲檢校工部尚書，兼潞州長史、昭義軍節度，澤潞磁邢洺觀察使。

九月庚辰，賜群臣宴於馬璘山池。

冬十月甲辰，於景州南皮縣置唐昌軍。辛亥，易定節度使張茂昭來朝。

十一月丁酉，以監察御史李程、秘書正字張聿、藍田縣尉王涯並爲翰林學士。

十二月，吐蕃、南詔、日本國並遣使朝貢。庚午，以桂管防禦使顔証爲桂州刺史、桂管觀察使。

二十一年春正月辛未朔，御含元殿受朝賀。是日，上不康。丙子，以浙東觀察判官凌準爲翰林學士。癸巳，會群臣於宣政殿，宣遺詔：皇太子宜於柩前即位。是日，上崩於會寧殿，享壽六十四。甲午，遷神柩於太極殿。丙申，發喪，群臣縞素。皇太子即位。永貞元年九月丁卯，群臣上謚曰神武孝文，廟號德宗。

十月己酉，葬于崇陵，昭德皇后王氏祔焉。

雜録

備録

趙元一《奉天録》卷四 上初拔奉天，而車駕至宜壽縣北渭水之陽，謂侍臣曰：「朕之此行，莫同永嘉之勢！」因潸然流涕。時工部尚書渾公瑊鏗而對曰：「《易》稱『先號咷而後笑』，素王之至言。肅宗幸靈武，代宗幸陝郡，尼父遭匡人之難，絃歌不輟其聲。故曰：臨大難無憂懼者，聖人之勇也。」言訖，濟河。

趙璘《因話録》卷一《宫部》 德宗初嗣位，深尚禮法。諒闇中，召韓王食馬齒羹，不設鹽酪。皇姨有寡居者，持節入宫，粧飾稍過，上見之極不悦。異日如禮，乃加敬焉。

德宗初登勤政樓，外無知者。望見一人衣緑乘驢戴帽至樓下，仰視久之，俛而東去。上立遣宣示京尹，令以物色求之。尹召萬年捕賊官李鎔，使促求訪。李尉佇立思之，曰：「必得。」及出，召幹事所由，於春明門外數里内，應有諸司舊職事伎藝人，悉搜羅之。而緑衣者果在其中。詰之，對曰：「某天寶教坊樂工也。上皇時數登此。每來，鴟必集樓上，號隨駕老鴟。某自罷居城外，更不復見。今群鴟盛集，又覺景象宛如昔時。心知聖人在上，悲喜且欲泣下。」以此奏聞。敕盡收此輩，却係教坊。李尉亦爲京尹所擢用，後至郡守。

德宗躬親庶政，中外除授，無不留神。余伯父自監察裏行浙東觀察判官，特授高陵縣令。裴尚書武，亦自鄜坊監察宰櫟陽，二人同制。後數日，因游苑中，

有執役者，上問：「何處人？」云：「是高陵百姓。」上曰：「汝是高陵人也，我近爲汝揀得一好長官，知否？」伯父諱修，貞元二年進士及第，當年制策登科。

李肇《唐國史補》卷上 元載之敗，其女資敬寺尼真一，納于掖庭。德宗即位，召至別殿，告其父死。真一自投于地，左右皆叱之。上曰：「焉有聞親之喪，責其哭踴？」遂令扶出，聞者殞涕。

德宗在東宮，雅知楊崖州。嘗令打《李楷洛碑》，釘壁以玩。及即位，徵拜。炎有崖谷，言論持正，對見必爲之加敬。歲餘，頗倦。盧杞揣知而陰中之。

德宗既貶盧杞，然常思之。後欲稍遷，朝臣恐懼，皆有諫疏。上問李汧公曰：「盧杞何處奸邪？」勉曰：「天下以爲奸邪，而陛下不知，所以爲奸邪也。」

德宗幸梁洋，唯御騅馬號望雲騅者。駕還京，飼以一品料，暇日牽而視之，至必長鳴四顧，若感恩之狀。後老死飛龍厩中，貴戚多圖寫之。

李肇《唐國史補》卷中 德宗晚年絶嗜慾，尤工詩句，臣下莫可及。每御製奉和，退而笑曰：「排公在。」俗有投石之〔戲〕，兩頭置標，號曰排公，以中不中爲勝負也。

杜太保在淮南，進崔叔清詩百篇。德宗謂使者曰：「此惡詩，焉用進？」時呼爲准敕惡詩。

初，馬司徒面雪李懷光。德宗正色曰：「唯卿不合雪人。」惶恐而退。李令聞之，請全軍自備資糧，以討凶逆，由此李、馬不叶。

李肇《翰林志》 德宗雅尚文學，注意是選。乘輿每幸學士院，顧問錫賚，無所不至。御饌珍肴，輟而賜之。又嘗召對於浴堂，移院於金鑾殿，對御起草，詩賦唱和，或旬日不出。吴通微昆季同時擢用，與陸贄爭恩，不叶甚於水火，天下醜之。

韋絢《劉賓客嘉話録》 德宗降誕日，内殿三教講論，以僧鑒虚對韋渠牟，以許孟容對趙需，以僧覃延對道士郄惟素。諸人皆談畢。鑒虚曰：「臣請奏事，玄元皇帝，我唐天下之聖人；文宣王，古今之聖人；釋迦如來，西方之聖人；今皇帝陛下，是南贍部州之聖人。臣請講御製《賜新羅銘》。」講罷，德宗有喜色。

蘇鶚《杜陽雜編》卷上 德宗皇帝英明果斷，無以比德。每進用公卿大臣，莫不出自宸衷。若聞一善可録，未嘗不稱獎之。百官對敭如稍稱旨，無不即擡眉聳聽，朝退輒書其姓名於座側。或有獎用，多所稱職。故卿大夫已下謂上聖英睿。每與宰臣從容詢訪時政，往往呼其行第。其尚賢進善皆此類也。及上蒙塵，幸奉天，翰林學士姜公輔屢進嘉謀，深叶上意。初，涇原兵亂長安，公輔奏云：「朱泚甚有反狀，不如早爲之所，無令爲兇逆也。」上倉皇之際，不暇聽從。更云：「朱泚素鎮涇原，頗得將士心，今罷兵權，居常悒悒，不如詔之以從鑾駕。不然，即斬之以絶後患。」及聞段秀實之死，上執公輔手曰：「姜公姜公，先見之明可謂神略矣。盧杞，朕擢自郡守，坐於廟堂，自陳百口之説，何獨誤我也？」盧杞常言以百口保朱泚不反。上將欲幸奉天，自攜火精劍出内殿，因嘆曰：「千萬年社稷，豈爲狗鼠所竊耶？」遂以劍斫檻上鐵狻猊，應手而碎，左右皆呼萬歲。上曰：「若碎小寇如斬狻猊，不足憂也。」及乘輿遇夜，侍從皆見上仗數尺光明，即火精劍也。建中二年，大林國所貢云。……上始於行在，無藥餌以備將士金瘡。時有裨將爲流矢所中，上碎琥珀匣以賜之，其匣，則火精劍匣也。近臣諫曰：「陛下奈何以裨將金瘡而碎琥珀匣！」上曰：「今凶奴逆恣，欲危社稷，是軍中藉材用人之際，而戰士有瘡，如朕身之瘡也。昔太宗剪鬚以付英公，今朕以人爲寶，豈以劍匣爲寶也！」左右及中外聞者無不感悦。初，上欲西行，有知星者奏上曰：「逢林即住。」上曰：「豈可令朕處林木間乎？」姜公輔曰：「不然，但以地名亦應也。」及奉天尉賈隱林謁上於行在，上覩隱林氣宇雄俊，兼是忠烈之家，而名叶知星者語，隱林即天寶末賈循之猶子也。上因延於臥内，以採籌略之深淺。隱林於御榻前以手板畫地，陳攻守之策，上甚異之。隱林因奏曰：「臣昨夜夢日墜地，臣以頭戴日上天。」上曰：「日即朕也，此來事莫非前定！」遂拜爲侍御史，糾刻行在。尋遷左常侍。後駕還幸梁州，而隱林卒。

上切於時政，而頗倚注於台衮之臣。每命相，密召學士草詔。及進本，上輒多改注，即顧謂左右曰：「朕處渠等極位，復以美詞褒之，所冀爲朕戮力同心以成大化。」既用崔祐甫爲相，悉以國務委之，而祐甫事無巨細悉皆陳諫。上曰：「朕與卿道合，天下細事卿宜隨便剖奏，無乃多疑朕也。」自是祐甫之道益所公當。及楊公南、盧杞執政，報恩復讎，紊亂綱紀，朝野爲之瞰手。公南既殺劉晏，士庶莫不冤痛之。明年，公南得罪，賜死崖州，時人謂劉相公冤報矣。

上每臨朝，多令徵四方丘園才能學術直言極諫之士。由是提筆貢藝者，滿於闕下，上親自考試，用絶請託之門。是時文學相高，公道大振，得路者咸以推賢進善爲意。上試制科於宣政殿，或有詞理乖謬者，即濃筆抹之至尾；如輒稱旨者，必翹足朗吟。翌日則徧示宰臣學士曰：「此皆朕門生也。」是以公卿大臣已下無不服上藻鑒。宏詞獨孤綬，所司試《放馴象賦》，及進其本，上自覽考之，

稱嘆者久。因吟其句曰：「化之式孚，則必受乎來獻；物或違性，斯用感於至仁。」上以綏爲知去就，故特書第三等。先是代宗朝文單國累進馴象三十有二。上即位，悉令放之於荆山之南，而綏不辱其受獻，不傷放棄，故賞其知去就焉。

貞元三年，中常侍自蜀使迴，進瑞鞭一。其文節高，有麟鳳龜龍之形，體質微，而鱗甲毛羽無不備具。其色照爛，有類琥珀。於暗中揮之則如電光。上雖不好寶貨祥瑞，及覽此鞭。頗甚稱旨稱歎。遂置之於明珠匣，其匣蓋飾以明珠者也。

上西幸有二馬，一號神智驄，一號如意騮，皆耳中有毛，引之可長一尺。《相馬經》云：耳中有毛長一尺者，日行千里。而進退緩急皆如上意，故以是名之。一日花木方春，上欲幸諸苑。内厩控馬侍者進瑞鞭，上指二駿語近臣曰：「昔朕西幸有二駿，謂之二絶，今獲此鞭，可謂三絶矣。」遂命酒飲之，左右引翼而去。因吟曰：「鴛鴦赭白齒新齊，晚日花間落碧蹄。玉勒乍迴初噴沫，金鞭欲下不成嘶。」中書舍人韓翃詩也。

錢易《南部新書》卷乙　貞元十二年，上宴宰相于麟德殿之東亭，令施屏風于坐位之後，畫漢魏以下名臣，并列善言美事。

貞元十二年，天子降誕日，詔儒官與緇黄講論。初若矛楯相向，後類江海同歸。三殿談經，自此始。

王溥《唐會要》卷二七《行幸》　貞元三年十二月，上獵于新店，幸野人趙光奇家，問曰：「百姓樂乎？」對曰：「不樂。」上曰：「仍歲頗稔，何不樂乎？」對曰：「蓋由陛下詔令不信于人，所以然也。前詔云：于兩税之外，悉無他徭。今非兩税，而誅求者殆過之。後詔云：和糴于百姓。曾不識一錢而强取之。始云：所糴粟麥，納于道次。今則道致于京西，破産奉役，不能支也。百姓愁苦如此，何有于樂乎？雖頻降優恤之詔，而有司多不奉之，亦恐陛下深在九重，未之知也。」上感異之，因詔復除其家。

〔貞元〕七年七月，幸章敬寺，賦詩……百寮畢和，亦書于壁。其後，京兆尹薛珏請以上詩序、皇太子書刻于石而填之以金，從之。

王讜《唐語林》卷六《補遺》　德宗時，楊炎、盧杞爲宰相，皆奸邪用事，樹立朋黨，以至天子播遷，宗社幾覆。德宗懲輔相之失，自是除拜命令，不專委於中書。凡奏擬用人，十阻其七。貞元以後，宰相備位而已。每擇官，再三審覆，事多中輟。貞元三年八月，中書省無舍人，每有詔敕，宰相追他官爲之。及兵部侍郎陸贄知政事，以上艱於選用，乃上疏論之。

備論

《舊唐書》卷一三《德宗紀下》　史臣曰：德宗皇帝初總萬機，勵精治道。思政若渴，視民如傷。凝旒延納於讜言，側席思求於多士。其始也，去無名之費，罷不急之官；出永巷之嬪嬙，放文單之馴象；減太官之膳，誡服玩之奢；解鷹犬而放伶倫，止榷酤而絶貢奉。百神咸秩，五典克從，御正殿而策賢良，輟廷臣而治畿甸。此皆前王之能事，有國之大猷，率是而行，夫何敢議。加以天才秀茂，文思雕華。灑翰金鑾，無愧淮南之作；屬辭鉛槧，何慙隴坻之書。文雅中興，敻高前代，《二南》三祖，豈盛於兹。然而王霸迹殊，淳醨代變，揆時而理，斟酌斯難。苟於交喪之秋，輕取鄗夫之論，歷觀近世，靡不敗亡。德宗在藩齒胄之年，曾爲統帥；及出震承乾之日，頗負經綸。故從初罷郭令戎權，非次聽楊炎謬計，遂欲混同華裔，束縛奸豪，南行襄漢之誅，北舉恒陽之伐。出車雲擾，命將星繁，罄國用不足以餽軍，竭民力未聞於破賊。一旦德音掃地，愁歎連甍，果致五盜僭擬於天王，二朱憑陵於宗社。奉天之窘，可爲涕零，罪己之言，補之何益。所賴忠臣戮力，否運再昌。雖知非竟逐於楊炎，而受佞不忘於盧杞。用延賞之私怨，奪李晟之兵符；取延齡之奸謀，罷陸贄之相位。知人則哲，其若是乎！貞元之辰，吾道窮矣。

贊曰：聰明文思，惟睿作聖。保姦傷善，聽斷不令。御曆三九，適逢天幸。賜宴之辰，徒矜篇咏。

《新唐書》卷七《德宗紀》　贊曰：德宗猜忌刻薄，以彊明自任，恥見屈於正論，而忘受欺於姦諛。故其疑蕭復之輕己，謂姜公輔爲賣直，而不能容；用盧杞、趙贊，則至於敗亂，而終不悔。及奉天之難，深自懲艾，遂行姑息之政。由是朝廷益弱，而方鎮愈彊，至於唐亡，其患以此。憲宗剛明果斷，自初即位，慨然發憤，志平僭叛，能用忠謀，不惑羣議，卒收成功。自吴元濟誅，彊藩悍將皆欲悔過而効順。當此之時，唐之威令，幾於復振，則其爲優劣，不待較而可知也。及其晚節，信用非人，不終其業，而身罹不測之禍，則尤甚於德宗。嗚呼！小人之能敗國也，不必愚君暗主，雖聰明聖智，苟有惑焉，未有不爲患者也。昔韓愈言，順

宗在東宮二十年，天下陰受其賜。然享國日淺，不幸疾病，莫克有爲，亦可以悲夫！

《資治通鑑》卷二三三唐德宗貞元四年二月條 二月，元友直運淮南錢帛二十萬至長安，元友直句勘東南兩稅錢帛，見上卷去年七月。李泌悉輸之大盈庫。然上猶數有宣索，泌，薄必翻。數，所角翻。索，山客翻。仍敕諸道勿令宰相知。泌聞之，惆悵而不敢言。悵，丑亮翻。惆，丑鳩翻。

臣光曰：王者以天下爲家，天下之財皆其有也。阜天下之財以養天下之民，己必豫焉。或乃更爲私藏，此匹夫之鄙志也。古人有言：貧不學儉。夫多財者，奢欲之所自來也。夫，音扶。李泌欲弭德宗之欲而豐其私財，財豐則欲滋矣。財不稱欲，能無求乎！弭，眉比翻。稱，尺證翻。是猶啓其門而禁其出也！雖德宗之多僻，亦泌所以相之者非其道故也。

李綱《梁谿集》卷一四九《唐德宗任陸贄》 唐史稱德宗在危難時聽陸贄謀，及已平，追仇盡言，怫然以讒倖逐，猶棄梗。其所以不亡者，幸也。是不然。德宗在奉天及進狩山南，事無纖細，必以訪贄，而贄納忠論諫，無所回隱，帝多從之。故興元戡難，爪牙宣力，而贄之助爲多，則德宗不可謂不善聽納。惟其在危難時能聽納，此乃所以不亡也。至危難已平，追仇盡言，雖賢君有所不免，故太宗失于魏鄭公，而況德宗中材以下之主乎。夫有始有卒者，其惟聖人。思其上者不得，而又思其次，則後世之主如德宗者，亦未易多得也。

綦崇禮《北海集》卷二二《論德宗不能用陸贄》 《唐書》：陸贄入翰林，年尚少，以材幸。天子嘗以輩行呼而不名，在奉天朝夕進見。雖外有宰相主大議，贄常居中參裁可否，時號「内相」。嘗爲帝言：「今盜徧天下，宜痛自咎悔，以感人心。」故奉天所下詔書，雖武人悍卒，無不感動。議者謂興元戡難功，雖爪牙宣力，贄蓋有助焉。及輔政，所言皆剴拂帝短，懇到深切，帝不懌，乃貶忠州别駕。

論曰：臣觀自昔人主，當傾側擾攘之中，屈己受言則易；及安平無事之日，虛心納諫則難。蓋傾側之時，危亡在前，禍亂已偪，苟有以解其憂而紓其急者，雖訐吾之短，暴吾之非，所不暇恤。故德宗奉天之難，贄能於詔令之間以空言爲助，而終賴其力。奈何復國之後，姑息苟安，雖用贄爲相，而言寖不行，追仇棄逐，終身不釋。本其猜忌刻薄，無君人之度故也。以今觀之，其不亡幸哉。惟我仁祖，聖明齊聖，優於用人，而賢才輩出，如修立朝，孜孜以諫諍爲心，跌而復起，視贄無愧。其學士，當至和、嘉祐之際，中外安富，號稱太平，而事有闕遺，言之不置。若春日帖子，蓋宫禁門户閒祓除祈祝之詞，異時作者，不過頌德美而歌福禄，以奉至尊燕娱之私而已。至修之詞，乃中含規諷，冀以裨益于燕私之間，區區之中既無所不至，而仁祖識之，爲之賞嘆。惟其寬仁大度，不以治安自佚，而虛心聽納，亦無所不至云爾。回視德宗與贄之事，其聖愚明闇，與夫治亂之效，則又不辨可知也。臣嘗讀修之詞而竊其旨，有曰「陽進升君子，陰消退小人」，勸上以用威斷也；有曰「玉輦經年不遊幸，上林花好莫争開」，戒上以節盤遊也；有曰「聖主本無聲色惑，宫花不用妒新粧」，諷上以遠女色也。此類非一。而於温成皇后閤，乃曰：「君王念舊憐遺族，常使無權保厥家」，則又有所謂焉。是時温成薨，既追冊以尊號，上念之不已。其叔父堯佐本以科舉進至三司使，且將用矣，公議未然；而御史中丞王舉正留百官班于朝，力諫止之，遂不復用。故修因是以申諷，而仁祖稱嘆之乃爾，則言有不從者乎？君臣上下之間蓋無所愧，彼德宗何足以與此！

魏了翁《鶴山全集》卷二二《進故事論感民莫先詔令當如唐德宗痛自咎責》

唐陸贄入翰林，嘗居中參裁可否，時號内相。嘗爲帝言：「今盜徧天下，宜痛自咎悔，以感人心。昔成湯罪己以興邦，楚昭王出奔，以一言善復國。陛下誠不吝改過，以言謝天下，使臣持筆亡所忌，庶叛者革心。」帝從之。故奉天所下制書，雖武人悍卒，無不感動流涕。後李抱真入朝，爲帝言：「陛下在奉天山南時，赦令至山東，士卒聞者皆感泣思奮。臣是時知賊不足平。」議者謂興元戡難功，雖爪牙宣力，蓋贄有助焉。

奉天改元詔曰：「致理興化，必在推誠。忘己濟人，不吝改過。朕嗣守丕緒，君臨萬方，失守宗祧，越在草莽。不念率德，誠莫追於既往；永言思咎，期有復於將來。明諡厥初，以示天下。惟我烈祖，邁德庇人，致裕化於和平，拯生靈於塗炭。重熙積慶，垂二百年。伊爾卿尹庶官，洎億兆之衆，代受亭育，以迄于今，功存于人，澤垂于後。肆予小子，獲纘鴻業。懼德不嗣，罔敢怠荒。然以長于深宫之中，暗于經國之務，積習易溺，居安忘危。不知稼穡之艱難，不察征戍之勞苦。澤靡不究，情不上通，事既壅隔，人懷疑阻。猶昧省己，遂用興戎，召師四方，轉餉千里。賦車籍馬，遠近騷然，行齎居送，衆庶勞止。或一日屢交鋒刃，或連年不解甲胄。祀奠乏主，室家靡依。生死流離，怨氣凝結。力役不息，田萊多荒，暴命峻於誅求，疲甿空於杼軸。轉死溝壑，離去鄉閭，邑里丘墟，人煙斷絶。天譴於上而朕不寤，人怨於下而朕不知，馴致亂階，變興都邑。賊臣乘釁，

肆逆滔天，曾莫愧畏，敢行凌逼。萬品失序，九廟震驚，上辱于祖宗，下負於黎庶。痛心靦貌，罪實在予，永言愧悼，若墜深谷。賴天地降祐，神人叶謀，將相竭誠，爪牙宣力，屏逐大盜，載張皇維。將弘永圖，必布新令。」

臣聞感民之事非一，而詔令莫先焉。臣嘗觀三代而下，惟漢文最爲篤實而近古。其日蝕之詔曰：「朕下不能治育羣生，上以累三光之明。其悉思朕之過失以告。」其祠官之詔曰：「以不敏不明，而久撫臨天下，朕甚自媿。」其和親之詔又曰：「四荒之外，不安其生，封圻之外，勤勞不處。皆朕之德薄而不能達遠也。」嗚呼，何其責己之重以周乎？蓋人君以孤立之身，臨億兆民之上，而欲率天下惟一己之從，此非可以空言聳動也。漢以後惟唐德宗能識此義，聽用陸贄之言，以實德誠意用之於詔誥命令之間。如云：「長於深宫之中，暗于經世之務，積習易溺，居安忘危。」又云：「天譴於上而朕不悟，人怨于下而朕不知，馴至亂階，變興都邑。」此等語言，雖以德宗强明自任，恥屈正論，而猶能痛自咎責，以格頑悍。此外制書、詔書凡二十有八，去其小事四篇之外，凡二十四篇，亦無一而非罪己之語，蓋不獨奉天制書爲然也。今自權臣專國以來，内患外禍，無歲無之。而每詔令下，未嘗有一言稍自咎責，詞臣習成諛佞，不知其非。雖有水旱盜賊，例曰年穀屢登，四方無虞。扶杖聽詔之民，無不愁怨，以爲朝廷之不恤人窮也。今幸陛下親攬萬機，而是弊也，相承而莫之改。臣自入都以來，親睹士大夫之論似，謂禁旅之變，自誅戮以後，皆已退聽，可保無他；京口之變，自遁入茅山之後，漸已窮蹙，可保平安。雖以廟社威靈，凡可怖可愕之事，往往幸而銷弭，然喜諛佞而惡訐直，樂蒙蔽而咎張皇，上下相徇，習以爲常。臣恐一旦事有大於此，則無以爲陛下告，此不可不過爲之慮也。

范祖禹《唐鑑》卷六《德宗上》　建中元年正月，始用楊炎議，約百姓丁產定等級，作兩稅法。比來新舊徵科色目，一切罷之，二稅外輒率一錢者，以枉法論。

臣祖禹曰：立法者，其始未嘗不廉，而終於貪；出令者，其始未嘗不戒，而終於廢。法令者，人君爲之，而與天下共守之者也。苟朝廷自不守其法，則天下其誰守之。德宗之政，名廉而實貪，故其令始戒而終廢。其初禁暴非不嚴也。而刻剥之令紛然繼出，天下不勝其弊，蓋法雖備具而意常誅求。人君用意出於法外，天下之吏奉朝廷之意，而不奉其法，逆意有罪，奉法無功，是以法雖存而常爲無用之文也。帝初即位，踈斥宦官，親任朝士。而張涉以儒學入侍，薛邕以文雅登朝，繼以贓敗。宦官武將得以藉口，曰：「南牙文臣，贓動至巨萬，而謂我曹濁亂天下，豈非欺罔邪？」於是，帝心始疑，不知所倚仗矣。

臣祖禹曰：德宗之不明，豈足與有爲哉。二臣以贓敗而疑天下之士皆貪，何其信小人之深，而待君子之淺也。舜不以朝有四凶而不舉元凱，周不以家有管蔡而不封懿親。夫以失於一人而不取於衆，是以噎而廢食也。已則不明，不能求賢。卒委宦者以爲腹心，乃疑朝士皆不可倚，仗不自知其蔽也。

二年二月，以御史大夫盧杞爲門下侍郎同平章事。杞陰狡欲起勢立威。小不附已者，必欲寘之死地。引太常博士，裴延齡爲集賢直學士，親任之。

臣祖禹曰：君子與小人，莫不引其類而聚於朝。人君得一賢者而相之，爲相者舉其類而進之，後之進者亦舉其類繼之者，莫非賢也。其國未嘗無人焉。則是得一賢而百姓被其德澤者數十年而未已也。其任小人也，豈特一時之患哉！亦舉其類而進之，後之進者亦舉其類繼之者，莫非小人也。是以任一不肖而天下被其災害者，亦數十年而未已焉。德宗既相盧杞，而杞復引延齡以自助，則其國政可知矣。盧杞相於建中之初，而延齡用於正元之後，是始終之以小人也。故德宗之世，賢人君子常阨窮而道不得行，由小人彙進而不已也。人君置相，可不慎哉。

三年四月，帝遣中使發河朔三鎮兵討田悅。王武俊不受詔，執使者送朱滔。滔言於衆曰：「將士有功者，吾奏求官勳，皆不遂。今欲與諸君共趨魏州，擊破馬燧以取温飽，何如？」皆不應。三問乃曰：「幽州之人自安史之反，從而南者無一人得還。今其遺人痛入骨髓，況太尉司徒皆受國寵榮，將士亦各蒙官勳，誠且願保目前，不敢更有僥覬。」滔默然而罷。乃誅大將數十人，厚撫循其士卒。帝聞之，以力未能制滔，賜滔爵通義郡王，冀以安之。滔反謀益甚，分兵營於趙州。劉怦以書諫止之，滔不從。遣人誘張孝忠。孝忠拒之。滔將兵發深州，至束鹿，將行，士卒忽大亂，諠譟曰：「天子令司徒歸幽州，奈何違敕南救田悅？」滔大懼走匿。蔡雄等矯傳滔令，諭士卒曰：「今茲南行乃爲汝曹，非自爲也。」衆乃共殺敕使。又呼曰：「雖知司徒此行爲士卒，終不如且奉詔歸鎮。」雄復諭之，衆然後定。滔即引軍還深州。密令訪察唱亂者，得二百餘人，悉斬之。乃復引兵而南，衆莫敢前却。

臣祖禹曰：民皆有常性，饑食渴飲以養其父母妻子，而終其天年。此人情之所欲也。豈樂爲叛而沈其族哉。然自古治少而亂多，由上失其道而民不知所從，故姦雄得以詭其衆而用之也。天寶以後，幽薊爲反逆之區，中國視之無異戎

狄，然朱滔劫其民，如此不得已而後從之，亦足見其本非好亂也。君人者可以省己而修政矣。《詩》序曰：「小雅盡廢，則四夷交侵。」先王不以罪四夷，而以咎中國。反求諸己，自修而已矣。人君苟行仁政，使民親其長，愛其上，驅之爲亂，莫肯從也。姦雄豈得而詐之哉。

時兩河用兵，月費百餘萬緡，府庫不支數月。太常博士韋都賓、陳京建議，以爲貨利所聚，皆在富商，請括富商錢。出萬緡者借其餘以供軍。計天下不過借一二千商，則數年之用足矣。帝從之，詔借商人錢，令度支條上。判度支杜佑大索長安中商賈所有貨，意其不實，輒加榜棰，人不勝苦，有縊死者。長安囂然，如被寇盜。計所得纔八十餘萬緡，又括僦質錢。凡蓄積錢粟帛者，皆借四分之一，封其櫃窖。百姓爲之罷市，相帥遮宰相馬自訴以千萬數。盧杞始慰諭之，勢不可遏，乃疾驅自他道歸。計并借商所得二百萬緡，人已竭矣。

臣祖禹曰：人君用天下之力，取天下之財，征伐不庭，以一海内，所以保民也。而兵革既起，未嘗不自虐其民。暴斂之害，甚於寇盜寇。盜害民之命，而暴斂失民之心。害民命者君得而治之，君失民心則不可得而復收也。孔子曰：「苛政猛於虎也。」借商之事可見矣。議者必曰：「不有小害，不得大治；不有小殘，不成大功。一勞而久逸，暫費而永寧。是以人主甘心焉。」而卒致大亂。此不可以不戒也。

帝初即位，崔祐甫爲相，務崇寬大，故當時以爲有貞觀之風，想望太平。及盧杞爲相，知帝性多忌，因以疑似離間羣臣，勸帝以嚴刻御下，中外失望。

臣祖禹曰：德宗性本猜克，故小人易入。用崔祐甫則治，用盧杞則亂。祐甫輔之以寬大，固益其德矣；杞輔之以嚴刻，則合其性焉，由其本猜克故也。當其即政之始，勵精求治，猶能任賢，一爲小人之所指導，而終身不復。使祐甫用於正元之後，亦豈得行其志哉。

淮南節度使陳少遊奏：本道稅錢每千請增二百。五月，詔它道皆如淮南。又鹽每斗價皆增百錢。十一月，加少遊同平章事。

臣祖禹曰：少遊重斂加賦以媚上求寵，此民賊也。德宗推其法於天下，而以宰相賞之，以是百吏承風競爲刻剥，民不勝困，以至大亂。夫以天官而賞民賊，安得無顛覆之禍乎！

范祖禹《唐鑑》卷七《德宗中》 建中四年正月，關播薦李元平有將相之器。帝擢元平爲汝州別駕。李希烈襲陷汝州，擒之，僞署御史中丞。播聞之，詫曰：「元平事濟矣。」謂必覆賊而建功也。左右笑之。無何，賊僞署爲宰相。有告其貳者，元平斷一指自誓。帝患希烈，問計於盧杞。杞惡顏真卿，對曰：「真卿爲四方所信，使宣慰希烈。可不勞師旅而服。」帝以爲然，命真卿宣慰希烈，爲希烈所留。真卿叱責之，竟爲希烈所殺。

臣祖禹曰：關播薦李元平，盧杞陷顏真卿。宰相之所好惡如此。其事暴於天下，非難見也，而德宗不知，惟其不好直而好佞，所以蔽也。相非其人，欲不亂，其可得乎？

五月初，行稅間架，除陌錢法。時河東澤、潞、河陽、朔方四軍屯魏縣。神策、永平、宣武、淮南、浙西、荆南、江西、沔、鄂、湖南、黔中、劍南、嶺南諸軍環淮寧之境。舊制：諸道軍出境，則仰給度支。帝優恤將士，每出境，加給酒肉。本道糧仍給其家，一人兼三人之給。故將士利之。各出境，纔踰境而止。月費錢百三十餘萬緡。常賦不能供。判度支趙贊乃奏行二法。所謂稅間架者。每屋兩架者爲間，上屋稅錢二千，中稅千，下稅五百。吏執筆握算入人室廬，計其數。或有宅屋多而無它資者，出錢動數百緡。敢匿一間，杖六十，賞告者錢五十緡。所謂除陌錢者，公私給與及賣買，每緡官留五十錢，給它物及相貿易者。約錢爲率，敢隱錢百杖六十，罰錢二千。賞告者錢十緡，其賞錢皆出坐事之家。於是愁怨之聲，聞於遠近。

臣祖禹曰：《易・剥》之六四曰：「剥牀以膚，凶。」夫牀者膚之所依也。剥牀不已必侵於膚。君者民之所戴也，剥民不已，必害於君。故象曰：「切近災也。」德宗有平一海内之志，而求欲速之功，不務養民而先用武。軍食不足則暴征横斂以繼之。民愁兵怨，激而成亂。自古不固邦本而攻戰不息者，必有意外之患。此後王之深戒也。

八月，翰林學士陸贄以兵窮民困，恐別生内變，乃上奏。其略曰：「將不能使兵，國不能馭將，非止費財，翫寇之弊，亦有不戢自焚之災。」又曰：「無紓目前之虞，或興意外之患。人者邦之本，財者人之心。其心傷則其本傷，其本傷則枝幹顛瘁矣。」又曰：「人摇不寧，事變難測。是以兵貴拙速，不尚巧遲。若不靖於本，而務救於末，則救之所爲，乃禍之所起也。」又論關中形勢，略曰：「今關輔之間，徵發已甚，宫苑之内，備衛不全。萬一將帥之中又如朱滔、希烈，或負固邊壘，誘致豺狼，或竊發郊畿，驚犯城闕，未審陛下復何以備之。」贊請追還神策六軍。明敕涇、隴、邠、寧，但令嚴備封守，仍令更不徵發，使知各保安居。又降德

音罷京城及畿縣間架等雜税。則冀已輸者弭怨，見處者獲寧，人心不搖，邦本自固。」帝不能用。

臣祖禹曰：賢者之知國，如良醫之知疾，察其形色，視其脈理，而識死生之變，不待其顛什而後以爲病也。陸贄論用兵之亂，如蓍龜之先見，何其智哉！夫豈如瞽史之知天道乎，亦觀其事而知之也。非獨如贄之賢者能知之，意天下之凡民亦必有知之者，惟人君不覺也。天下之患，在於人莫敢言，而君不得知；言之而不聽，則末如之何也，必亂而已矣。

李希烈圍襄城，危急。帝發涇原等諸道兵救之。十月，涇原節度使姚令言將兵五千至京師。軍士冒雨寒甚，多攜子弟而來，冀得厚賜遺其家。既至，一無所賜，發至滻水，詔京兆尹王翃犒師，唯糲食菜餤。衆怒，蹴而覆之，遂作亂，還趨京城。百姓狼狽駭走。賊大呼告之曰：「汝曹勿恐，不奪汝商貨僦質矣，不税汝間架陌錢矣。」

臣祖禹曰：昔秦逐匈奴，戍五嶺，而陳勝起大澤。隋伐突厥、征高麗，而楊元感亂黎陽。自古攻戰不已，傾國以外向者，必召内患，民疲而本搖故也。襄城之危，德宗以爲至憂，故竭天下之力以救之，而不知大盜之覆都邑，譬之欲除瘍疥，而疾潰於腹心，欲救四支，而禍發於頭目。兵革既起，天下之變，其可勝慮乎？

初，神策軍使白志貞掌召募禁兵，東征死亡者，志貞皆隱不以聞，但受市井富兒賂而補之，名在軍籍受賜，而身居市廛爲販鬻。司農卿段秀實上言：「禁兵不精，其數全少，猝有患難，將何待之？」不聽。至是，帝召禁兵以禦賊，竟無一人至者。帝乃出幸奉天。

臣祖禹曰：周公作《立政》以戒成王，自左右常伯，至于綴衣虎賁，皆選忠良，而勿以憸人。是時，齊侯吕伋掌天子之兵。故康王之立，太保命仲柏、南宫毛取二干戈、虎賁百人以逆之。周家以爲天子心膂爪牙者，太公之子也，其發之也，以宰相之命二諸侯往焉，慎重如此，王室其可亂乎。晉悼公使弁糾御戎，荀賓爲右使，訓諸御知義，羣騶知禮，故可用也。至漢之時，宿衛者，猶以忠力之臣與公卿之子。蓋古之遺法也。夫以天子之尊，必使諸侯與天下之賢者共扞衛之。訓其徒旅，使知禮義，不如是不足以爲固也。後世苟簡，人君多疑，寧與小人而不與君子。德宗之世所任尤非其人，至於變起京邑，而無一卒之衛。其後，懲前之失，委之宦者，而其禍愈深。夫聚天下不義之人，使執利器而環天子之居，不以付之忠賢，臣是以知後世人主之不尊，國家之無法也。

翰林學士姜公輔叩馬言曰：「朱泚嘗爲涇帥，坐弟滔之故，廢處京師。臣嘗謂陛下，既不能推心待之，則不如殺之。毋貽後患。今亂兵若奉以爲主，則難制矣。請召使從行。」帝倉卒，不暇用其言，曰：「無及矣。」既而姚令言與亂兵謀，果迎泚而立之。帝初至奉天，詔徵諸道兵入援。有上言：「朱泚爲亂兵所立，且來攻城，宜早修守備。」盧杞切齒言曰：「朱泚忠貞，羣臣莫及，奈何言其從亂，傷大臣心。臣請以百口保其不反。」帝亦以爲然，又聞羣臣勸泚奉迎，乃詔諸道援兵至者，皆營於三十里外。姜公輔諫曰：「今宿衛單寡，防慮不可不深。若泚竭忠奉迎，何憚於兵多。如其不然，有備無患。」帝乃悉召援兵入城。盧杞及白志貞言於帝曰：「臣觀朱泚心迹，必不至爲逆。願擇大臣入京城宣慰，以察之。」帝以問從臣，皆畏憚莫敢行。金吾將軍吴溆獨請行。既至，爲泚所殺。鳳翔後營將李楚琳嘗事朱泚，夜與其黨作亂，殺節度使張鎰。始，帝以奉天迫隘，欲幸鳳翔。户部尚書蕭復遽請見，曰：「陛下大誤。鳳翔將卒皆朱泚故部曲，其中必有與之同惡者。臣尚憂張鎰不能久，豈得以鑾輿蹈不測之淵乎。」帝曰：「吾行計已決，試爲卿留一日。」明日聞鳳翔亂，乃止。是月，以復爲吏部尚書，公輔爲諫議大夫，並同平章事。朱泚自將逼奉天。十一月，靈武留後杜希全等四軍入援。將至，上召將相議道所從出。關播、渾瑊曰：「漠谷道險狹，恐爲賊所邀，不若自乾陵北過俯栢城而行，營於城東北雞子堆，與城中掎角相應，且分賊勢。」盧杞曰：「漠谷路近，若爲賊所邀，則城中應接可也。儻出乾陵，恐驚陵寢。」渾瑊曰：「自泚圍城，斬乾陵松柏，以夜繼晝，其驚多矣。今城中危急，諸道救兵未至，惟希全等來，所繫非輕，若得營據要地，則泚可破也。」杞曰：「陛下行師，豈比逆賊？若令希全等過，自驚陵寢也。」帝乃命希全等自漠谷進。希全等果爲賊所邀，死傷甚衆，城中出兵應接，爲賊所敗。是夕，四軍潰退，保邠州，泚攻城益急。

臣祖禹曰：人君如欲知其臣，聽其言而以事驗之，則忠邪、賢不肖可得而見矣。姜公輔策朱泚必反，蕭復言鳳翔必亂，見幾知變，何其明也。盧杞以百口保泚，請遣大臣宣慰，而吴溆没於賊，又誤援軍，奉天益危，宰相謀國乖剌如此，則其人可知也。奉天之守，實公輔與復是賴。德宗雖以爲相，不旋踵而疎斥之，杞幾亡社稷，至死而猶以爲賢。自古臨禍難而不悟，鮮有如德宗者也。

朱泚僭號大秦皇帝。置百官，以樊系爲禮部侍郎。系爲泚譔册文，既成，仰

藥而死。

臣祖禹曰：司馬遷有言曰：「知死必勇。」非死者難也，處死者難。使樊系能拒朱泚，不作冊文而死，豈不爲忠臣乎。而文成乃死，是亦爲逆已矣。惜哉！其爲忠與逆，在於作與不作而已。系之不敢拒泚，不過畏死而怯耳。而卒不免於死，其愚豈不甚哉！能死而不能拒泚，此特臧獲婢妾之引決者耳，非能勇也。士有不幸而身處危亂者，其亦視此以爲戒哉。

朱泚攻圍奉天經月，城中資糧俱盡。帝嘗遣健步出城覘賊。其人懇以苦寒爲辭，跪奏乞一襦袴，帝爲之尋求不獲。竟憫默而遣之。時供御纔有糲米二斛，每伺賊休息，夜縋人於城外，采蕪菁根而進之。帝召公卿將吏謂曰：「朕以不德，自陷危亡，固其宜也。公輩無罪，且早降以救室家。」羣臣皆頓首流涕，期盡死力。故將士雖困急，而鋭氣不衰。

臣祖禹曰：德宗以饑羸之卒守一縣之地，而當朱泚十萬之師，備禦俱竭，危不容喘，所恃者人心未去也。卒能克復宗社，不失舊物，而況以天下之大，億兆之衆。守之以道德，用之以仁義，其誰能敵之。故人君苟得民心，則不在地之廣狹，兵之衆寡，王天下猶反掌也。湯以七十里，文王以百里，豈不信哉！

朱泚既據府庫之富，不愛金帛，以悦將士，公卿家屬在城者，皆給月俸。神策六軍從車駕及哥舒曜、李晟者，泚皆給其家糧，加以繕完器械，日費甚廣。及長安平，府庫尚有餘蓄，見者皆追怨有司之暴斂焉。

臣祖禹曰：德宗欲剗滅藩鎮，故聚天下之財，因師出以爲名，而多殖貨利，以爲人主可欺，天下而莫之知也。夫匹夫猶不可以家之有無欺其鄰里，況人主内有餘富，而可以不足欺天下乎。得財而失民，將誰與守矣。其失國宜哉。而向之所積，反爲盜資貨，悖而出，猶不能竭。先王不以利爲利，而以義爲利，蓋以此也。

帝問陸贄以當今切務。贄以曏日致亂，由上下之情不通，勸帝接下從諫，乃上疏，其略曰：「若羣情之所甚欲者，陛下先行之；所甚惡者，陛下先去之。欲惡與天下同，天下不歸者，自古及今未之有也。」又曰：「四方則患於中外意，乖百辟又患於君臣道隔。郡國之志不達於朝廷，朝廷之誠不升於軒陛，上澤闕於下布，下情壅於上聞。實事不必知，知事不必實。」疏奏旬日，帝無所施行，亦不詰問。贄又上疏，其略曰：「人各隱情，以言爲諱，至於變亂將起，億兆同憂，獨陛下恬然不知，方謂太平可致。」帝乃遣中使諭之曰：「朕本性甚好推誠，亦能納諫，將謂君臣一體，全不隄防，緣推誠信不疑，多被姦人賣弄。今所致患信，朕思亦無它，其失反在推誠。又諫官論事，罕能慎密，例自矜衒，歸過於朕，以自取名。朕從即位以來，見奏對論事者甚多，大抵皆是雷同，道聽塗説，試加質問，遽見辭窮。若有奇才異能，在朕豈惜拔擢。朕見從前以，來事秖如此，所以近來不多取次對人，亦非倦於接納。」贄上疏，其略曰：「天不以地有惡木而廢發生，天子不以時有小人而廢聽納。」又曰：「唯信與誠有補無失，一不誠則心莫之保，一不信則言莫之行。」又曰：「馭之以智則人詐，示之以疑則人偷。上行之則下從之，上施之則下報之。」又曰：「誠信之道不可斯須而去身。願陛下慎守而行之有加，恐非所以爲悔者也。」又曰：「仲虺贊成湯，不稱其無過，而稱其改過。吉甫誦周宣，不美其無闕，而美其補闕。聖賢之意較然著明，唯以改過爲能，不以無過爲貴。智者改過而遷善，愚者恥過而遂非。」又曰：「諫官不密自矜，信非忠厚。其於聖德，固亦無虧。陛下若納諫不違，則傳之適足增美；陛下若違諫，不納又安能禁之勿傳。」又曰：「陛下雖窮其辭，而未窮其理，雖服其口，而未服其心。」又曰：「諫者多表，我之能好；諫者直示，我之能賢；諫者之狂誣，明我之能恕；諫者之漏泄，彰我之能從。有一于斯，皆爲盛德。」帝頗采用其言。

臣祖禹曰：德宗播遷，幾於亡國，不能反求諸己，而以爲失在推誠。既過而不改，又諫而不從，乃疑臣下之揚其惡而掠其美，因不復以聽納爲事，甚矣，其無人君之德也。陸贄之言，曲盡其情，考其聽從，曾無一二，臣故剟其大略，以見德宗之性與其行事，以爲戒焉。

李懷光頓兵不進，數上表暴揚盧杞等罪惡。衆論諠騰，亦咎杞等。帝不得已，貶杞爲新州司馬，白志貞爲恩州司馬，趙贊爲播州司馬。

臣祖禹曰：德宗之性與小人合，與君子殊。故其去小人也難，遠君子也易。忠正之士一言忤意，則終身擯斥。盧杞、裴延齡之徒，至死而念之不衰。迫於危亡，不得已，然後去之。君子則於其不可去而逐之矣。夫賢之與佞，正之與邪，聽其所言，觀其所行，亦足以知之矣。德宗反而易之，豈惡治而欲亂哉？蓋其性與小人合也。

興元元年正月，蕭復嘗言於帝曰：「宦官自艱難以來，多爲監軍，恃恩縱横。此屬但應掌宫掖之事，不宜委以兵權國政。」帝不悦。又嘗言：「陛下踐祚之初，聖德光被，自用楊炎、盧杞，以致今日。陛下誠能變更睿志，臣敢不竭力。」儻使臣依阿苟免，臣實不能。」又嘗與盧杞同奏事，杞順帝旨，復正色曰：「盧杞言不

正。」帝愕然。退謂左右曰：「蕭復輕朕。」戊子，命復充山南東西、荊、湖、淮南、江浙、福建、嶺南等宣慰安撫使，實踈之也。既而，劉從一及朝士往往奏留復。帝謂陸贄曰：「朕欲遣重臣宣慰，謀於宰相及朝士，僉謂宜然。今乃反覆如此，朕爲之悵悵累日。意復悔行，使之論奏邪？其不欲行，意趨安在？」贄上奏曰：「若復有所請求，從一何容爲隱，若從一自有回互，則復不當受疑。陛下何憚而不爲辯明，乃直爲此悵悵也。夫明則罔惑，辯則罔冤。惑莫甚於逆詐而不與明，冤莫痛於見疑而不與辯。是使情僞相糅，忠邪靡分。」帝亦竟不復辯也。

臣祖禹曰：德宗惡正直而保姦邪，故親盧杞踈蕭復。嫌隙既開，無事而疑。陸贄之言，蓋欲救其心術。而執疑恥過，不欲辯明，寧蓄諸心，晻昧不決而已。此讒賊之所由入也。孟子曰：不仁者可與言哉！安其危而利其菑，樂其所以亡者。」其德宗之謂矣。

陸贄在翰林，爲帝所親。信居艱難中，雖有宰相，大小之事，帝必與贄謀之。故當時謂之内相。帝行止必與之俱。梁、洋道險，嘗與贄相失，經夕不至，帝驚憂泣涕，募得贄者賞千金。久之乃至，帝喜甚。太子以下皆賀，然贄數直諫迕帝意，盧杞雖貶官，帝心庇之。贄極言杞姦邪致亂，帝雖貌從，心頗不悦。故劉從一、姜公輔皆自下陳登用，贄恩遇雖隆，未得爲相。

臣祖禹曰：德宗於危亂之中，斯須不可無陸贄，及其用裴延齡之譖，則棄之如脱履。然於所厚如此。宜其無所不薄也。《詩》曰：「將恐將懼，維予與女。將安將樂，女轉棄予。」其德宗之謂矣。

車駕至誠固，帝長女唐安公主薨。四月，帝至梁州，欲爲公主造塔厚葬之。姜公輔表諫，以爲：「山南非久安之地，公主之葬會歸上都，此宜儉薄，以副軍須之急。」帝使謂陸贄曰：「唐安造塔，其費甚微，非宰相所宜論。公輔正欲指朕過失，自求名耳。相負如此，如何處之？」贄上奏極諫，帝意猶怒甚，遂黜罷公輔爲左庶子。

臣祖禹曰：人君置相，必求天下之賢，蓋欲聞其忠言嘉謀，以交修其所不逮也。《書》曰：「朝夕納誨，以輔台德。」而後世宰相與諫争之臣，分其所職。人君得失，相不預焉。必責之諫臣。此謟諛之人持禄保位之計，非賢相之職業也。姜公輔一諫德宗，而德宗以爲非所宜論，卒廢黜之。不明之君，豈知所以任相哉！

帝問陸贄：「近有卑官自山北來者，率非良士。有邢建者，論説賊勢，語最張皇，察其事情，頗似窺覘，今已於一所安置。如此之類，更有數人。若不追尋，恐成姦計。卿試思之，如何爲便？」贄上奏以爲：「今盜據宮闈，有冒險遠來赴行在者，當量加恩賞，豈得復猜慮拘囚。」其略曰：「以一人之聽覽而欲窮宇宙之變態，以一人之防慮而欲勝億兆之姦欺，役智彌精，失道彌遠。」又曰：「虚懷待人，人亦思附，任數御物，物終不親，情思附則感而悦之。雖寇讎化爲心膂矣。意不親則懼而阻之，雖骨肉結爲仇慝矣。」又曰：「陛下智出庶物，有輕待人臣之心；思周萬機，有獨御區寓之意；謀吞衆略，有過慎之防；明照羣情，有先事之察；嚴束百辟，有任刑政理之規；威制四方，有以力勝殘之志。由是才能者怨於不任，忠藎者憂於見疑。著勳業者懼於不容。懷反側者迫於見討。馴致離叛，搆成禍災。」

臣祖禹曰：德宗好察而不明，是以致亂而不自知其非。陸贄欲正其心術，故必原其禍之所起而極論之。使之懲既往之失，防未來之悔也。《詩》曰：「猶之未遠，是用大諫。」陸贄有焉。

五月，帝使謂陸贄曰：「渾瑊、李晟諸軍，當議規畫，令其進取。朕欲遣使宣慰。卿宜審細條疏以聞。」贄以爲賢君選將，委任責成，故能有功，況今秦梁千里，兵勢無常，遥爲規畫，未必合宜。彼違命則失君威，從命則害軍事，進退羈礙，難以成功。不若假以便宜之權，待以殊常之賞，則將帥感悦，智勇得伸。」乃上奏，其略曰：「鋒鏑交於原野，而決策於九重之中，機會變於斯須，而定計於千里之外，用捨相礙，否臧皆凶，上有掣肘之譏，下無死綏之志。」又曰：「傳聞與指實不同，懸筭與臨事有異。」又曰：「君上之權特異臣下，唯不自用，乃能用人。」

臣祖禹曰：《易・師》之六五曰：「長子帥師，弟子輿尸，正，凶。」六五爲師之主，制師之命者也；長子，人之帥也，故行師則吉。弟子，聽於人者也，故雖正而凶。然則師之道在擇人而委任之，不可以牽制也。而人君常欲權出於己，或不欲功歸於人。將在外而以君命制之，兵從中御，未有能成功者也。

六月，李晟收復京師。露布至行在。帝命陸贄草詔賜渾瑊，使訪求奉天所失裹頭内人。贄上奏以爲：「今巨盜始平，疲瘵之民，瘡痍之卒尚未拊循，而首訪婦人，非所以副惟新之望也。謀始盡善，克終已稀，始而不謀，終則何有？所賜瑊詔，未敢承旨。」帝遂不降詔，竟遣中使求之。

臣祖禹曰：德宗不能虚已以納諫，雖勉從陸贄之言，不降詔而遣使，是閉其門而由户出也。

初，魚朝恩既誅，代宗不復使宦者典兵。帝即位，悉以禁兵委白志貞。志貞得罪，帝復以宦官竇文場代之。從幸山南，兩軍漸集。帝還長安，頗忌宿將握兵多者，稍稍罷之。十月，以文場監神策軍左廂兵馬使，王希遷監右廂兵馬使。始令宦官分典禁旅。

臣祖禹曰：德宗爲唐室造禍之主，此宗社覆亡之本也。臣是以著之。

蕭復奉使自江淮還，與李勉、盧翰、劉從一俱見帝。勉等退，復獨留，言於帝曰：「陳少遊任兼將相，首敗臣節，韋皋幕府下僚，獨建忠義，請以皋代少遊鎮淮南，使善惡着明。」帝然之。尋遣中使馬欽緒揖劉從一，附耳語而去。諸相還閤，從一詣復曰：「欽緒宣旨，令從一與公議朝來所言事，即奏行之，勿令李、盧知，敢問何事也。」復曰：「唐虞黜陟岳牧，僉諧爵人於朝，與士共之。使李、盧不堪爲相，則罷之。既在相位，朝廷政事，安得不與之同議，而獨隱此事乎？此最當今之大弊。朝來主上亦有斯言，復已面陳其不可，不謂聖意尚爾。復不惜與公奏行之，但恐浸以成俗，未敢以告。」竟不以事語從一。從一奏之，帝愈不悅，復乃上表辭位，罷爲左庶子。

臣祖禹曰：蕭復欲黜少遊，賞韋皋，此朝廷之公義也。德宗苟以爲然，在於一言，使宰相行之而已。何疑於李勉、盧翰而獨與從一爲密邪？且既以爲相，而不待之以誠，則疎遠之，臣其可信者幾希矣。夫如是，忠臣賢者豈得盡其心乎。

〔貞元〕三年閏五月辛未，吐蕃劫盟。初，李晟與張延賞有隙，帝召延賞入相。晟表陳其過惡。帝重違其意，以延賞爲左僕射。吐蕃尚結贊大舉入寇，遊騎及好畤，京城戒嚴。晟遣將擊敗之。尚結贊謂其徒曰：「唐之良將李晟、馬燧、渾瑊三人而已，當以計去之。」入鳳翔境，無所俘掠，以兵二萬直抵城下，曰：「李令公召我來，何不出犒我？」經宿乃引退。晟又遣將襲擊吐蕃，破之。尚結贊乃引去。帝忌晟功名，會吐蕃有離間之言，延賞等騰謗於朝，無所不至。晟聞之晝夜泣，目爲之腫，悉遣子弟詣長安。表請削髮爲僧。帝慰諭不許。韓滉素與晟善，帝命滉諭旨於晟，使與延賞釋怨。晟奉詔。滉引延賞詣晟第宴謝，結爲兄弟。因使晟表薦延賞爲相。帝以延賞爲同平章事。李晟爲其子請昏於延賞，延賞不許。晟知延賞蓄憾未已。初，晟既破吐蕃摧沙堡，馬燧、渾瑊等各舉兵臨之，吐蕃大懼，屢遣使求和。帝未許，乃遣使卑辭厚禮求和於馬燧，燧信其言，爲之請於朝。晟曰：「戎狄無信，不如擊之。」燧、延賞皆與晟有隙，爭言和親便。帝意遂定。延賞數言晟不宜久典兵。帝乃謂晟曰：「大臣既與吐蕃有怨，不可復之鳳翔，宜留朝廷，朝夕輔朕。」乃以晟爲太尉中書令，勳封如故，餘悉罷之。延賞既罷晟兵柄，武臣皆憤怒解體，不肯爲用。五月，以渾瑊爲會盟使。瑊將二萬餘人赴盟所。李晟深戒以盟所爲備，不可不嚴。延賞言於帝曰：「晟不欲盟好之成，故戒瑊以嚴備。我有疑彼之形，則彼亦疑我矣，盟由何成？」帝乃召瑊，切戒以推誠待虜，勿自爲猜貳，以阻虜情。閏月，瑊奏吐蕃決以辛未盟。延賞集百官，以瑊表示之曰：「李太尉謂吐蕃和好必不成，此渾侍中表也，盟日定矣。」晟聞之，泣謂所親曰：「吾生長西陲，備諳虜情，所以論奏，但恥朝廷爲犬戎所侮耳。」辛未，吐蕃劫盟，渾瑊僅以身免。是日帝視朝，謂諸相曰：「今日和戎息兵，社稷之福。」馬燧曰：「然。」柳渾曰：「戎狄，豺狼也，非盟誓可結。今日之事，臣竊憂之。」李晟曰：「誠如渾言。」帝變色曰：「柳渾書生，不知邊計，大臣亦爲此言邪。」皆伏地頓首謝，因罷朝。是夕，韓遊瓌表言虜劫盟者，兵臨近鎮。帝大驚。街遞其表以示渾明。且謂渾曰：「卿書生，乃能料敵如此其審邪。」帝欲出幸以避吐蕃，大臣諫而止。李晟大安園多竹，復有爲飛語者云：「晟伏兵大安亭，謀因倉猝爲變。」晟遂伐其竹。六月，以馬燧爲司徒兼侍中，罷其副元帥節度使。初，吐蕃尚結贊惡李晟、馬燧、渾瑊，曰：「去三人，則唐可圖也。」於是離間李晟，因馬燧以求和，欲執渾瑊以賣燧，使并獲罪，因縱兵直犯長安。會失渾瑊而止。張延賞慙懼，稱疾不視事。

臣祖禹曰：人君於其所不當疑而疑之，則於其所不可信而信之矣。此必然之理也。李晟有復唐室之大功，又再敗吐蕃，社稷是賴，而德宗猜忌，使勳賢憂懼，不保朝夕。至於讒邪之詭計，戎狄之甘言，則推誠而信之不疑。一旦罷晟兵柄，中外莫不解體，行張延賞之私意，中尚結贊之陰謀。忠言至計，確不可入，而姦臣敵國得以欺賣。由其心術顛倒，見善不明故也。延賞以私憾敗國殄民，刑孰大焉。德宗曾不致詰，使之得保首領，死牖下，幸矣。

李泌爲相，帝謂泌曰：「自今凡軍旅糧儲事，卿主之，吏禮委延賞，刑法委渾。」泌曰：「不可。陛下不以臣不才，使待罪宰相，宰相之職不可分也，非如給事，則有吏過兵過，舍人則有六押。至於宰相，天下之事咸共平章，若各有所主，是乃有司，非宰相也。」帝笑曰：「朕適失辭，卿言是也。」

臣祖禹曰：「古之王者，惟任一相以治天下。唐虞有百揆，夏商官可知也。周之冢宰，實總六卿，自司徒以下，分職以聽焉。詔王廢置者，宰也。是以治出於一，政有所統，相得其職，君得其道，恭己無爲而治。蓋以此也。後世多疑於

人，宰相之職分而不一，君以爲權在於己，臣亦以爲政在於君，國之治亂，民之休戚，無所任責，故賢者不得行其所學，不肖者得以苟容於其間，由官不正，任不專也。其有功烈見於世，稱爲賢相者，必其得君之專任職之久，言行計從出於一人者也。古者名與實稱，而後事成功立焉後世不能正名而其實必合於古，然後能有成功，如欲稽古以建官，必以一相統天下，始可以言治矣。

部國大長公主女爲太子妃。或告主淫亂，且爲厭禱。帝大怒，幽主於禁中，切責太子，太子不知所對，請與蕭妃離昏。帝召李泌告之，且曰：「舒王近已長立，孝友溫仁。」泌曰：「陛下惟有一子，奈何一旦疑之，欲廢之而立姪？得無失計乎？陛下所生之子猶疑之，何有於姪？舒王雖孝，自今陛下宜努力，勿復望其孝矣。」帝曰：「卿不愛家族乎？」對曰：「惟愛家族，故不敢不盡言。」泌因言：「自古父子相疑，未有不亡國覆家者。今幸賴陛下以語臣，臣敢以家族保太子。曏使楊素、許敬宗、李林甫之徒承此旨，已就舒王圖定策之功矣。」帝曰：「此朕家事，何預於卿，而力爭如此？」對曰：「天子以四海爲家。今臣獨任宰相之重，四海之內，一物失所，責歸於臣，況坐視太子冤橫而不言，臣罪大矣。」帝曰：「爲卿遷延至明日思之。」泌抽笏叩頭而泣曰：「如此，臣知陛下父子慈孝如初矣。」因戒帝：「勿露此意於左右，露之則彼皆欲樹功於舒王，太子危矣。」明日，帝意果悟，太子由是獲免。

臣祖禹曰：李泌善處父子兄弟之間，故能以其直誠正言感悟人主，卒使父子如初，可謂忠矣。諛諂之人助君之決者，必曰家事，非他人所預。陷君於惡，率由此言。泌以爲天子以四海爲家，則莫非家事，以君之子爲己任，其知相之職業哉。

范祖禹《唐鑑》卷八《德宗下》 貞元四年二月，帝從容與李泌論即位以來宰相，曰：「盧杞忠清彊介，人言杞姦邪，朕殊不覺其然。」泌曰：「人言杞姦邪，而陛下獨不覺其姦邪，此杞之所以爲姦邪也。儻陛下覺之，豈有建中之亂乎？」帝曰：「建中之亂，術士豫請城奉天。此蓋天命，非杞所能致也。」泌曰：「天命，它人皆可以言之，惟君相不可言。蓋君相所以造命也。若言命，則禮樂政刑皆無所用矣。紂曰：『我生不有命在天。』此商之所以亡也。」帝曰：「盧杞小心，朕所言無不從。」對曰：「杞言無不從，豈忠臣乎？夫言而莫予違，此孔子所謂一言喪邦者也。」

臣祖禹曰：《易》曰：「窮理盡性，以至於命。」自君臣而言之，爲君盡君道，爲臣盡臣道，此窮理也。理窮則性盡，性盡則至於命矣。孟子曰：「莫非命也，順受其正。」夫順受其正者，人事也。人事極矣，而後可以言命。故知命者不立巖牆之下，立巖牆之下而死者，人之所取也，非天之所爲也。順其道而死者，天之所爲，非人之所取也。故曰命。若夫建中之亂，有以取之乎？無以取之乎？若無以取之，則不窮兵，不暴斂，不相盧杞而致亂，乃可謂命也；若有以取之而曰命，豈異於紂乎？夫爲人君不知相之姦邪，不省己之闕失，而歸之術者之言，以爲命，宜其德之不建，政之不修也，李泌之論不亦正乎。

九年二月，帝使人諭陸贄以：「要重之事，勿對趙憬陳論。當密封手疏以聞。」贄上疏，其略曰：「昨臣所奏，惟趙憬得聞。陛下已至勞神，委曲防護。是於心膂之內，尚有形迹之拘，職同事殊，鮮克以濟，恐爽無私之德，且傷不吝之明。」

臣祖禹曰：凡此皆德宗心術之蔽也。故蕭復諫之於前，陸贄論之於後，而終不改。蓋自以爲得馭下之術，而不知失爲上之道，是以愈疑而愈闇也。

五月，陸贄上疏，奏論備邊六失。其六曰：「機失於遥制，自頃邊軍。去就裁斷多出宸衷，選置戎臣先求易制；多其部以分其力，輕其任以弱其心。遂令爽於軍情亦聽命，乖於事宜亦聽命。戎虜馳突，迅如風飈，馹書上聞，旬月方報。守土者以兵寡不敢抗敵，分鎮者以無詔不肯出師。賊既縱掠退歸，此乃陳功告捷，其敗喪則減百而爲一，其捃獲則張百而成千。將帥既幸於揔制在朝，不憂罪累，陛下又以爲大權由己，不究事情。」

臣祖禹曰：明君用人而不自用，故恭己而成功；多疑之君自用而不用人，故勞心而敗事。自古征伐，或勝或不勝，多由於此二者矣。《傳》曰：「師在制命而已，稟命則不威。」且戎事在邊，而人主自將，行兵於千里之外，決策於九重之中，雖有方叔召虎之臣，不得自便。此非敵國之所敗，乃人主自敗其師也。

七月，户部侍郎裴延齡奏：「臣判度支以來，檢責諸州欠負三十餘萬緡，抽貫三百餘萬緡，呈樣物三十餘萬緡。請別置欠負耗賸季庫以掌之。染練物別置月庫以掌之。」詔從之。欠負皆貧人無可償，徒存其數者，抽貫、給用、隨盡，呈樣、染練皆左藏正物。延齡徒置別庫，虛張名數以惑帝。帝信之。以爲能富國而寵之。於實無所增也，虛費吏人簿書而已。京城污濕地，生蘆葦數畝，延齡奏稱：「咸陽有陂澤數頃，可牧厩馬。」帝使有司閲視，無之。亦不罪也。左補闕權德輿上奏，以爲：「延齡取常賦支用未盡者充羨餘，以爲己功。縣官先所市物，

再給其直，用充別貯。邊軍自今春以來，並不支糧。陛下必以延齡孤貞，獨立時人，醜正流言，何不遣信臣覆視。究其本末，明行賞罰。今群情衆口喧於朝市。豈京城士庶皆爲朋黨邪？陛下亦宜回聖慮而察之。」帝不從。

臣祖禹曰：自古聚斂興利之臣，非有生財之術，皆移東於西，指虛爲實，徒張官吏置簿書，以罔惑人主，取功賞而已。由明皇至于德宗，其事不謀而同。蓋興利必用小人，小人莫不爲欺。故其所行，皆由一律也。

十一月，宣武都知兵馬使李萬榮逐節度使劉士寧。帝議除親王充節度使，令萬榮知留後。陸贄上奏，其略曰：「爲國之道，以義訓人。將教事君，先令順長。」又曰：「若使傾奪之徒便得代居其任，利之所在，人各有心。此源潛滋，禍必難救，非獨長亂之道，亦開謀逆之端。」帝不從。以萬榮爲留後。

臣祖禹曰：自肅宗以來藩鎮之將，有殺逐其主帥者，因而授之。德宗之世，姑息尤甚。此教天下以篡也。夫以下犯上，以臣逐君，此爲國者所深惡，聖王之法必誅而無赦者也。不惟不討，而又賞之。使天下皆無君，豈得不僭天子乎？《禮》曰：「政不正則君位危。」爲國者必嚴上下之等，明少長之序，使不相陵越者，蓋君欲自安也。唐之人主，壞法亂紀，無政刑矣。其何以爲天下乎？

十年，帝性猜忌，不委任臣下，官無大小，必自選而用之。宰相進擬，少所稱可。又群臣一有譴責，往往終身不復收用。好以辯給取人，不得敦實之士。艱於進用，群材淹滯。陸贄上疏諫，其略曰：「以一言稱愜爲能，而不核虛實；以一事違忤爲咎，而不考忠邪。其稱愜則付任踰涯，不思其所不及；其違忤則罪責過當，不恕其所不能。是以職司之内無成功，君臣之際無定分。」帝不聽。

臣祖禹曰：昔仲弓爲季氏宰，問政孔子，曰：「先有司，赦小過，舉賢才。」夫爲政，不先有司則君代臣職矣；不赦小過則下無全人矣；不舉賢才則小人進矣。失此三者，以爲季氏宰且不可，而況爲天下乎！自堯舜以來，未有不由此三者而治。蓋君人之常道也。德宗反之，亦足爲後世戒哉。

九月，裴延齡奏：「左藏庫物多有失落，近因檢閲使置簿書，乃於糞土之中得銀十三萬兩，其匹段雜貨百萬有餘。此皆已棄之物。即是羨餘，應移置雜庫以供別敕支用。」太府少卿韋少華不伏，抗表，稱：「此皆每月申奏見在之物，請加推驗。」執政請令三司詳覆。帝不許。亦不罪少華。延齡每奏對，恣爲詭譎，皆衆所不敢言，亦未嘗聞者。延齡處之不疑。帝亦頗知其詭妄，但以其好詆毀人，冀聞外事，故親厚之。群臣畏延齡有寵，莫敢言。惟張滂、李充、李銛以職事相關，時證其妄，而陸贄獨以身當之。日陳其不可用。十一月，贄上書極陳延齡姦詐，數其罪惡，帝不悦，待延齡益厚。延齡日短贄於帝。趙憬之入相也，贄實引之，既而有憾於贄，密以贄所譏彈延齡事告延齡。故延齡益得以爲計。帝由是信延齡而不直贄。十二月，贄與憬約至帝前極論延齡姦邪，帝怒形於色，憬默而無言。壬戌，贄爲太子賓客。

臣祖禹曰：人君欲聞外事，豈不有賢者可任以爲耳目乎？德宗知延齡誕妄而信之，是自蔽耳目也，其惑亦甚矣。夫姦臣之立於朝，非獨狡佞足以惑其君心，必有大臣之不忠者附益而封植之，故不可去也。延齡之親寵，陸贄之廢黜，趙憬實爲之助。憬之罪大矣，必若治之以春秋之法，憬其爲誅首歟！

初，帝以奉天窘乏，故還宫以來，尤專意聚斂。藩鎮多以進奉市恩，皆云税外方圓，亦云用度羨餘。其實或割留常賦，或增斂百姓，或減刻吏禄，或販鬻蔬果，往往私自入，所進纔什一二。李兼在江西有月進，韋皋在西川有日進。其後常州刺史裴肅以進奉遷浙東觀察使。刺史進奉自肅始，至是宣、歙觀察使劉贊卒，判官嚴綬掌留務。竭府庫以進奉，徵爲刑部員外郎。幕僚進奉自綬始。

臣祖禹曰：古之人君或多難以興國，或因亂而啓霸。蓋險阻艱難憂患備嘗，則知民之疾苦，事之得失，困而後發其智，懼而後懲其心，故能有爲也。德宗還自興元，不知其貪以取亡，而惟貨之求，愈務聚斂，政吏酷惡，紀綱大壞，德之不進而其心謬戾，亦甚矣哉！

帝不欲生代節度使，自擇行軍司馬以爲儲帥。李景略爲河東行軍司馬。節度使李説忌之，乃厚賂中尉竇文場，使去之。會有傳回鶻人寇者，帝憂之，以豐州當虜衝，擇可守者，文場因薦景略。九月，以景略爲豐州都防禦使。

臣祖禹曰：德宗以姑息藩鎮爲事，然必自選參佐以副之者，猶欲出於己也。而藩臣得以計去之，宦者得以術使之，終不由己，惟其苟簡多畏，無法以自守也。夫以一人之慮，其可勝左右之欺哉。

九月，裴延齡卒，中外相賀，帝獨悼惜之。十月，以諫議大夫崔損同平章事。損嘗爲延齡所薦，故用之。

臣祖禹曰：孔子曰：「好賢如緇衣取其敝又改爲，好之而無已也。」裴延齡既死，而德宗猶思其人，又用其所薦者爲相。使其好賢如此，豈不善哉！夫賢之入人也難，佞之惑人也深，是以鮮有好賢如好佞者也。

十一月，韋渠牟爲左諫議大夫。帝自陸贄貶官，尤不任宰相，自御史、刺史、

縣令以上，皆自選用，中書行文書而已。然深居禁中，所取信者裴延齡、李齊運、王紹、李實、韋執誼及渠牟，皆權傾宰相，趍附盈門。紹謹密無損益，實狡險掊克；執誼以文章與帝唱和，年二十餘，召入翰林；渠牟形神恌躁，尤爲帝所親狎，帝每對執政，漏不過三刻，渠牟奏事，率至六刻。語笑欵狎往往聞外，所薦引咸不次遷擢，率皆庸鄙之士。

臣祖禹曰：德宗悦人之從已，而惡人之違已，故守正之士難入，辯給之士易親。正元之間，雖忠邪賢佞雜處於朝，而君子常阨窮，小人常得志。韋渠牟之徒左右，王叔文之黨事東宫，唐之小人於是爲多，其不至於亡，非不幸也。

十三年六月，張茂宗許尚公主，未成昏，茂宗母卒。遺表請終嘉禮，帝許之。八月起復茂宗左衛將軍。左拾遺蔣乂上疏諫：「以兵革之急，古有墨衰從事者，未聞駙馬起復尚主也。」帝遣中使諭之不止，乃特召對於延英，謂曰：「人間多借吉成昏者，卿何執此之堅？」對曰：「昏姻喪紀，人之大倫，吉凶不可瀆也。委巷之家，不知禮教，其女孤貧無恃，或有借吉從人，未聞男子借吉娶婦者也。」太常博士韋彤、裴堪復上疏諫，帝不悦。命趨下嫁之期，辛巳成昏。

臣祖禹曰：朝廷者，禮義之所出也，而以喪昏習夷狄之風，使四方何觀焉。德宗即位之初，動必循禮，而其終如此，心無所主故也。委巷鄙慝之禮，法之所當禁也，乃引以爲比，苟欲拒諫，不亦惑乎？

十二月，先是宫中市物，令官吏主之，隨給其直。比歲以宦者爲使，謂之宫市，抑買人物，稍不如本估。其後不復行文書，置白望數百人於兩市及要鬧坊曲，閲人所賣物，但稱宫市，則斂手付與，真僞不復可辯，無敢問所從來及論價之高下者，率用直數百錢物買人直數千物。多以紅紫染故衣敗繒尺寸裂而給之，仍索進奉門户及脚價錢，人將物詣市，至有空手而歸者。名爲宫市，其實奪之。商賈有良貨，皆深匿之。每敕使出，雖沽漿賣餅者，撤業閉門。諫官御史數奏疏諫，不聽。徐州節度使張建封入朝具奏之，帝頗嘉納。以問工部侍郎判度支蘇弁。弁希宦者意，對曰：「京師游手萬家，無土著生業，仰宫市取給。」帝信之，故凡言宫市者，皆不聽。

臣祖禹曰：《詩》云：「惠此京師，以綏四國。」孔子曰：「近者悦，遠者來。」京師者諸夏根本，天子之所與共守者也，而德宗殘之如此。然則遠者何所望乎！當是時，刻剥遍天下，而京師甚焉。惟其委任宦官，是以弊政至於如此其極也。

十六年，義成監軍薛盈珍爲帝所寵信。欲奪節度使姚南仲軍政，南仲不從，由是有隙。盈珍屢毁南仲於帝，帝疑之。盈珍又遣小吏程務盈乘驛誣奏南仲罪。牙將曹文洽，亦奏事長安。知之，追及務盈於長樂驛，殺之。沉盈珍表於厠中，自作表雪南仲之冤，遂自殺。帝聞而異之。徵盈珍入朝，南仲恐讒之益深，亦請入朝。四月，南仲至京師，帝問：「盈珍擾卿邪？」對曰：「盈珍不擾臣，但亂陛下法耳！且天下如盈珍輩，何可勝數，雖使羊杜復生，亦不能行愷悌之政成，攻取之功也。」帝默然。竟亦不罪盈珍，仍使掌機密。盈珍又言於帝曰：「南仲惡政，皆幕僚馬少微贊之也。」詔貶少微江南官，遣中使送之，推墜江中而死。

臣祖禹曰：德宗信宦者而疑羣臣，故不分枉直，不辨是非，而其心常與宦者如一。疎羣臣而外之。雖有實言人殺身以明之，終不信也。至於宦者，則妄言必聽之，以爲若出諸已也。故其爲害如木之有蠹，人之有膏肓之疾。蠹深則木不可攻，疾久則與身爲一，必俱亡而後已。原其禍，由人主與之爲一故也。可不爲深戒哉！

山南東道節度使于頔因討吴少誠，大募戰士，繕甲厲兵，聚斂貨，財恣行誅殺，有據漢南之志，專以慢上陵下爲事。帝方姑息藩鎮，知其所爲，無如之何。頔誣鄧州刺史元洪贓罪，廷不得已流洪端州，遣中使護送。至棗陽，頔遣兵劫取，歸襄州，中使奔歸。頔表責洪太重。帝復以洪爲吉州長史，乃遣之。又怒判官薛正倫，奏貶峽州長史。比敕下，怒已解，復奏留爲判官，帝一一從之。

臣祖禹曰：德宗初有削平藩鎮之志，其明斷似剛，其不畏似勇，然非實能剛勇也。夫剛有血氣之剛，有志氣之剛；夫勇，有匹夫之勇，有天下之勇此二者不可不察也。始盛而終衰，壯鋭而老消，此血氣之剛也；其静也正，其動也健，此志氣之剛也。血氣之剛可得而挫也，志氣之剛不可得而挫也。不度其可而爲之，不慮其後而發之，此匹夫之勇也；居之以德，行之以義，此天下之勇也。匹夫之勇可得而怯也，天下之勇不可得而怯也。是故至剛與大勇，人君不可不養也。德宗之初欲有爲者，血氣之剛，匹夫之勇也，其出之也易，則其屈也必深；其發之也輕，則其挫也必亡。是以其終怯畏如此之甚也。

十七年正月，韓全義至長安，竇文場爲掩其敗迹。帝禮遇甚厚。全義稱足疾，不任朝謁。遣司馬崔放入對。放爲全義引咎，謝無功。帝曰：「全義爲招討使，能招來少誠，其功大矣，何必殺人然後爲功邪？」閏月，遣歸夏州。

臣祖禹曰：《詩》曰：「不侮鰥寡，不畏彊禦。」惟有常德者能之。德宗急於

文吏，綬於武夫，凡有土地甲兵者，皆畏縮而不敢治，難乎有常德哉。

初，李齊運受常州刺史李錡賂數十萬，薦之於帝，以爲浙西觀察使，諸道鹽鐵轉運使。錡刻剝以事進奉。帝由是悅之，錡既執天下利權，以貢獻固主恩。又以饋遺結權貴，恃此驕縱，無所忌憚，盜取縣官財，所部官屬無罪受戮者相繼。浙西布衣崔善貞詣闕上封事，言宫市進奉及鹽鐵之弊，因言錡不法事。帝覽之不悅，命械送錡錡。聞其將至，預鑿阬待之。善貞至，并鎖械瘗阬中，遠近聞之，不寒而慄。

臣祖禹曰：德宗本惡崔善貞直言，故使李錡甘心焉。善貞之死，非特以告錡也，鉗天下之口而長姦臣之威。實德宗殺之。是朝廷殺諫者，非錡殺告者也。

十九年七月，初，翰林待詔王伾善書，王叔文善棊，俱出入東宫，娱侍太子。叔文譎詭多詐，太子嘗欲諫宫市事，叔文以不宜言外事止之。由是大愛幸，與王伾相依附。叔文因爲太子言某可爲相，某可爲將，幸異日用之。密結翰林學士韋執誼及當時有名而求速進者陸淳、吕温、李景儉、韓曄、韓泰、陳諫、柳宗元、劉禹錫等，定爲死友，而凌準、程異又因其黨以進，日與游處，蹤跡詭秘，莫有知其端者。藩鎮或陰進資幣與之相結。

臣祖禹曰：古之教太子者，必選天下之賢使與之共處，左右前後皆正人也。其後嗣猶或不能成德，而小人之依。德宗不能選賢以輔導東宫，而惟使技藝博弈之人入侍，豈不愚其子乎？夫有十金之産者，必欲其子守之，有一命之爵者，必欲其子繼之。此常人之情也。而況天下至大，祖業至重，可不求賢以傳其子而愚之乎？《詩》曰：「其誰知之，蓋亦勿思。」昔之人君疑賢者，導其子之爲非，而不疑於小人。因之不教其子者，亦不思而已矣。

二十年六月，昭義節度使李長榮薨。帝遣中使以手詔授本軍，但軍士所附者即授之。時大將來希皓爲衆所服，中使以手詔付之，希皓言於衆曰：「此軍取人，合是希皓，但作節度使不得。若朝廷以一束草來，希皓亦必敬事。」中使言：「面奉進止，只令此軍取大將，撥與節鉞，朝廷不別除人。」希皓固辭。兵馬使盧從史，其位居四，潛與監軍相結，超出伍言曰：「若來大夫不肯受詔，從史且請句當此軍。」監軍曰：「盧中丞若如此，亦固合聖旨。」中使因探懷取詔以授之。從史捧詔再拜舞蹈。希皓亟揮同列北面稱賀。軍士畢集，更無一言。八月，詔以從史爲節度使。

臣祖禹曰：藩鎮不順，未必人情之所欲也，由朝廷御失其道而不能服其心，是以致亂。三軍之士，豈不惡夫上下之相陵犯，欲得天子之帥而事之哉！廢置爵賞，人主之柄也。德宗不有而推以與人，失其所以爲君矣。豈非不能與賢人圖事而至此乎！

二十一年正月，太子病不能言。帝疾甚。九二十餘日，中外不通，莫知兩宫安否。癸巳，帝崩。蒼猝召翰林學士鄭絪、衛次公等至金鑾殿草遺詔，宦官或曰：「禁中議所立，尚未定。」衆莫敢對。次公遽言，曰：「太子雖有疾，地居冢嫡，中外屬心，必不得已，猶應立廣陵王，不然必大亂。」絪等從而和之，議始定。

臣祖禹曰：昔成王將崩，命召公、畢公率諸侯相康王，憑玉几以訓之，以元子付之大臣。王崩，太保命仲桓、南宫毛俾爰齊侯，吕伋以二干戈、虎賁百人逆子釗于南門之外。當是時，太子在内，特出而迎之，所以顯之於衆也。然則古之立君者，惟恐衆之不覩，而事之不顯也。何則，天子者天下之共主也。故當與天下之人戴而君之。未有竊取諸宫中，而立之出於宦寺，婦人之手，而可以正天下者也。先王於其即位也，必以禮正其始，於其將没也，亦以禮正其終，顧命之書，所以爲萬世帝王之法也。至於後世之君，以富有天下爲心，惟恐失之。大利所在，天理滅焉。故父子相疑，以終事爲諱，以後嗣爲忌。是以繼承之際，鮮有能正其禮者也。順宗爲太子二十餘年，既有壯子，一旦病不能言，而德宗亦寢疾彌留，中外隔絶，大臣不得聞知。德宗既崩，宦者猶有他議，或太子幼弱，儲位未定，幾何而不變亂也。唐之人主，惟太宗每求天下之忠賢，而託以幼孤，高宗以下，無足道者。德宗在位歲久，最爲猜忌，及其將没，不能召宰相而屬以社稷。儲君廢置繫於宦者，次公等特以草詔得至禁中，遂沮其謀，不然，幾有趙高之事。後之人主，豈可不法三代，而以唐爲永鑒哉！

右德宗在位二十六年崩，年六十四。

臣祖禹曰：唐歷世二十，歷年三百，德宗享國二十有六年，亦不爲不久。以其時考之，粃政尤多。而大弊有三：一曰姑息藩鎮；二曰委任宦者；三曰聚斂貨財。本失志大而才小，心褊而意忌，不能推誠御物，尊賢使能，以爲果敢聰明，足以成天下之務。初欲削平僭叛，剗滅藩鎮，一有奉天之亂，而心隕膽破，惴畏姑息，惟恐生事。既猜防臣下，則專任宦者。思其窮窘則聚斂掊刻，益甚於初矣。自古治愈久而政愈弊，年彌進而德彌退。鮮有如德宗者，惟不知其過也。是以藩鎮彊而王室弱，宦者專而國命危，貪政多而民心離。唐室之亡，卒以是三者，其所從來者漸矣。

《張耒集》卷三九《唐德宗論》　德宗憤藩鎮之强僭，有鞭撻海內之志，竭其帑藏，空其禁衛，以從事于伐叛。然師出無功，兵連禍結，大盜竊發，身播國殘，滅亡之禍，間不容髮，自是之後，亂不得熄。至于憲宗，用一裴度決策出師，淮西既平，山東、河北强藩大鎮弭耳聽命，終憲宗之世，海內略定。二帝于用兵伐叛則同，而功烈何其相反也？

蓋攻堅則瑕者堅，攻瑕則堅者瑕。德宗始使馬燧、李抱真討田悦，魏鎮自承嗣以來，兵强國富，屹然大鎮，非可易攻者也。二將之力弊于田悦，而王武俊、朱滔相煽而起，自魏至燕數千里間莽爲戰場，而四方諸侯始輕京師。淮西雖積于叛，然數郡之地也，暴取其財，虐用其民，爲日久矣，危亡之機已見，而元濟昏庸倔强其間。此特不欲取耳，取之可以必得，豈與河朔諸鎮比哉？憲宗乘其機，察其時，一舉而滅之，而李師道、王承宗之徒，或誅，或臣，而四方靡然效順矣。此無他，德宗先攻其堅，敵未已而已之氣先索、力先弊矣。已索之氣，既弊之力，人所易侮，此朱泚、李懷光所以陸梁而不忌也。憲宗先攻其易，碎其巢穴，戮其鯨鯢，兵雖未出而氣已震于天下，師道、承宗所以消沮而不能抗也。有扛鼎之力者，使之負石而趨終日，則必蹶。立談之間而磔嬰兒，則賁、育在旁必且心悸。此攻堅、攻瑕之論也。

王夫之《讀通鑑論》卷二四《唐德宗》　驟爲震世之行者，其善必不終。震世之善，驟爲之而不疑，非其心之能然，聞人之言善者，亟信之也。聞人之言善而信以爲必行，則使聞人之言不善者，抑不審之於心而亟從之。聞人不善之言而信，則人之言善者，無不可疑也。交相疑信，而善者恒不敵不善者之巧給，奚望其善之能有終邪？且夫事之利病，豈其有常，人之賢不肖，豈易以一概論哉？胥一善，而或爲之而效，或爲之而不效，義難精也；亟於信者，期其必效矣，期之太過，不遂其望，而或不爽其名，而或至於隳功，遂以疑善之不足爲也。胥爲君子，而或大爽於其名，志難知也；亟於信者，期君子之必善矣，期之太過，不慰其所求，而或至於敗行，遂以疑君子之不可用也。若此者，欲其善之終也，必不可得矣。夫明主之從善而進賢，寬之以取效之塗，而忍其一時之利鈍；諒小人之必不仁，而知君子之有不仁者，但黜其人，而不累於其類；然後其決於善也，以從容而收效，決於用賢也，以闊略而得人。無他，審之於心，百折迂回，詳察乎理之必有與事之或然，而持其志以永貞，非從人聞善而遽希驟獲之功也。唐德宗之初政，舉天寶以來之亂政，疾改於旬月之中，斥遠宦寺，閑制武人，慎簡賢才以在位。其爲善也，如日不足，察常衮之私，速奪其相位，以授所斥責之崔祐甫，因以震動中外，藩鎮有聰明英武之言，吐蕃有德洽中國之譽；乃不一二年而大失其故心，以庇姦臣、聽讒賊，而海內鼎沸，幾亡其國。人徒知其初吉終亂之善不長，而不知其始之善非固有之，道聽而襲取之；迫乎物情之變，固不可知，期效迫而不副其所期，則懲往而急於改圖，必然之勢也。罷轉運鹽鐵使而省職廢；命黜陟使巡天下，而洪經綸激田悦之軍，使之痛哭；任文臣以分治，而薛邕以文雅舊臣，盜隱官物巨萬，張涉以舊學師友，坐贓放黜。所欲行者齟齬，所相信者二三，猶豫於善敗臧否之無據，姦佞起而熒之，無惑乎窮年猜忌，內蠱而外離也。嚮令德宗於踐阼之始，曲體事幾之得失，而權其利害之重輕；深察天人之情才，而别其名實之同異；析理於心，窮心於理，鄭重研精，不務皎皎之美名，以需效於歲月。則一事之失，不以沮衆事；一人之過，不以疑衆人。其失也，正其所以得也；其可疑也，正以無不可信也。堯不以共、驩而防舜、禹，周公不以管、蔡而廢親親；三折肱爲良醫，唯身喻之而已。躁人浮慕令名，奚足以及此哉？故於德宗之初政，可以決其不克有終也。

德宗不許李惟岳之嗣位而亂起，延及數年，身幾危，國幾亡，天下鼎沸，是豈可謂德宗之宜聽其嗣，使假我之爵位，據我之土地甲兵以抗我哉？而不許之，則又兵連禍結而不解。論者至此而議已窮，謂不先其本，而急圖其末，是已。顧此迫不及待之勢，許不許兩言而判，徒追咎於既往，而無以應倉卒，是亦塵羹土飦之言耳。粤自田承嗣等勢窮而降，罪可誅，功無可録，授以土地甲兵者，僕固懷恩姦矯上命而擅予之也。起家無賴之健兒，爲賊已歷，偷竊土壤，乃欲效古諸侯之世及，延其福祚，其愚而狂以自取滅亡也，本可折箠以收之者也。寶臣先死，惟岳首爲難端，闒弱無能，而張孝忠、王武俊又與離心而伏戈相擬，則首抑之以懲李正己、田悦、梁崇義於未發也，誠不可不決之一旦者矣。不許，而四凶表裏以佐亂，瘫之必潰，養之奚可哉？曾未踰年，而田悦大衄，李納勢蹙，惟岳之首縣於北闕，天下亦且定矣。悦與納株守一軍，無難坐待其斃。然則惟岳之叛，不足以爲唐社稷病，而德宗之不許，事雖勞而固有功矣。天下復亂，固非不許惟岳之所致也。謂殺劉晏而羣叛懷疑以競起者，非也；晏自不當殺耳，不殺晏，而河北能戢志以聽命乎，誰其信之？不殺來瑱而僕固懷恩固反，不殺劉晏而河北固叛，賊指爲名以激衆怨耳，實則了不相及之勢也。抑欲天子不敢殺一人，以媚天下而取容乎？惟岳既誅，成德已平，而處置朱滔、王武俊者乖方以致亂，則誠過

已。雖然，滔、武俊之志，猶之乎承嗣、寶臣也，平一賊而進一賊，又豈易言哉？嗚呼！蓋至是而所以處此者誠難，論者設身處此，又將何以處之與？且德宗之初政，猶勵精以求治，盧杞初升，其姦未逞，固本治內，即不逮漢光武、唐太宗之成德，亦可無咎於天下。以此言之，癰久必潰，河壅必決，代宗以來，養成大患，授之德宗，誠有無可如何者。固非天數之必然，亦人事漸漬之下游成乎難挽，豈一事之失宜所猝致哉？乃若德宗之不能定亂而反益亂者，則有在焉。當時所冒昧狂逞以思亂者數人耳，又皆紈袴子弟與夫偏裨小將無能爲者也。若環海內外，戴九葉天子以不忘，且英明之譽，早播於遠近，賊之宗黨，如田庭玠、邵真、谷從政、李洧、田昂、劉怦，下至幽、燕數萬之衆，無欲叛者。德宗誠知天下之不足深憂，則羣逆之黨，固可靜待其消。而德宗不能也，周視天下，自朝廷以至於四方，無一非可疑者。樹欲靜而撼之，波欲澄而抇之，疥癬在四末，而鍼石施於膏肓，可談笑以收功，必震驚以召侮，愈疑愈起，愈起愈疑，乃至空腹心之衛，以爭勝於東方。憂已深，慮已亟，禍愈速而敗愈烈。梁州之奔，斯致之有繇，而非無妄之災矣。

當德宗出奔之際，姜公輔諸人皆宵馳隨蹕，李晟在北，家固居於長安，弗能恤也，系徒留而不能去。既而陷身賊中矣，段司農、劉海賓擊賊而死，一時百僚震慴，固可想見；而婦人孺子牽裾垂涕，相勸以瓦全，固有不忍見聞者。系濡遲顧恤，以諜册保全其家，以一死自謝其咎，蓋無如此呴呴囁囁者何也。嗚呼！至於此而中人以下之能引決者，百不得一矣。捐身以全家，有時焉或可也，郭汾陽之斥郭晞，而自入回紇軍中是也。捐名義以全妻子，則無有可焉者也。身全節全，而妻子勿恤，顧其所全之大小以爲擇義之精，而要不失爲志士；身死節喪，而唯妻子之是徇，則生人之理亡矣。此亦有故，素所表正於家者無本，則狎昵嚅唲、敗亂人之志氣以相牽曳也。夫若是，豈易言哉？怪系之所爲者，吾且恐其不能爲系；即偷免於他日，亦幸而爲王維、鄭虔以貽辱於萬世已耳。段司農自結髮從軍以來，其光昭之大節，在軍中而軍中重，在朝廷而朝廷重，夫豈一旦一夕之能然哉！

姦佞之惑人主也，類以聲色狗馬嬉遊相導，而掣曳之以從其所欲；不則結宮闈之寵、宦寺之援爲內主，以移君之志。唯盧杞不然，蠱惑之具，一無所進；婦寺之交，一無所附；孤恃其機巧辯言以與物相枝距，而德宗眷倚如此其篤。至於保朱泚以百口，而泚旋反；命靈武、鹽夏、渭北援兵勿出乾陵，而諸軍潰敗；拒李懷光之入見，而懷光速叛；言發禍隨，捷如桴鼓，而事愈敗，德宗之聽之也愈堅。及乎公論不容，弗獲已以謫之，而猶依依然其不忍舍，杞何以得此於德宗邪？德宗謂「人言杞姦邪，朕殊不覺」者，亦以其無勸淫導侈之事，無宦官宮妾之援也。夫杞豈不欲爲此哉？德宗之於嗜欲也輕，而宮中無韋后、楊妃之寵，禁門無元振、朝恩之權也。德宗之所以求治而反亂，求親賢而反保姦者，無他，好與人相違而已。樂違人者，決於從人。一有所從，雷霆不能震，魁斗不能移矣。杞知此而言無不與人相違也。其保朱泚也，非與泚有香火而爲賊間也，衆言泚反，則曰不反而已矣；其令援軍勿出乾陵也，非於諸將有隙而陷之死地也，渾瑊言漠谷之危，則曰不危而已矣。故顏魯公涕泣言情而益其怒；李揆以天子所恤，而必驅之行。人所謂然，則必否之；人所謂非，則必是之。於是德宗周爰四顧，求一力矯衆論如杞者而不可得。志相孚也，氣相協也，孰有能間之者？蓋德宗亦猶杞而已。己偏任之，衆力攻之；衆愈攻之，己益任之。其終不以杞爲姦邪者，抑豈別有所私於杞哉？嚮令舉朝譽杞，而杞不足以容矣。故姦邪必有黨，而杞無黨也。挾持以固寵於上者，正以孤立無援，信爲忠貞之敻絕耳。夫人之惡，未有甚於力與人相拂者也。王安石學博思深，持己之清，尤非杞所可望其肩背；乃可人之否，否人之可，上不畏天，下不畏人，取全盛之天下而毀裂之，可畏哉！孤行己意者之惡滔天而不戢也。鯀以婞直而必殛，夫豈有貪惏婞婣之爲乎？

德宗之初，天下鼎沸，河北連兵以叛，李希烈横亘於中，朱泚內逼，天子匿於褒、漢，李楚琳復斷其右臂，韓滉收拾江東以觀成敗，其有必亡之勢者十九矣。李晟、馬燧以孤軍援之，非能操全勝之勢。而罪己之詔一下，天下翕然想望清謐，陸敬輿之移主心以作士氣、存國脈者，功固偉矣。然所以言出而效隨者，繇來有二，不然，則漢之將亡，亦有忠靖之臣，宋之將亡，亦下哀痛之詔，而何以訖於不救邪？其一，則德宗之爲君也，躁愎猜忌，以離臣工之心，而固無奢淫慘虐之暴行以失其民，故亂者自亂，德宗固居然四海之瞻依也。倉皇北出，而段司農追韓旻以返，得安驅以入奉天；趙昇鸞劫駕之謀尤亟矣，渾瑊一洩其謀，復得徐行以入梁州。天下知吾君之尚在，故罪己詔下，咸翹首以望蕩平。河北羣逆，亦知唐室之必興，而有所歸命。皆乘輿無恙，足以維繫之也。嚮令帝之出也不速，或爲逆賊所害，則如梁氏父子死於侯景之手，而梁遂熸；或爲逆賊所劫，則如漢獻困於董卓，辱於李傕、郭汜，而漢遂夷。唐於是時，無宗藩之可倚，如琅邪之在

江東；無儲貳之可扶，如肅宗之在靈武；敬輿將何託以效忠？天下無主可依，則戴賊以安，亦必然之勢矣。唯唐之君臣，不倡死社稷之邪説，沮捲土重來之計；故維繫人心者，亦不僅在慷慨淋漓之一詔也。其一，則惑德宗以致亂者盧杞也，敬輿與杞忠佞不兩立，而其奔赴行在也，與杞同至。當是時，敬輿所欲除帝根本之蠹以滌舊惡者，莫杞若也。杞所深知，危言切論雖未斥訟其姦，而必將逐己者，唯敬輿也。顔真卿、李揆、崔寧，杞皆先發而制之矣，唯敬輿以患難同奔之侣，迫不及排，而氣燄丰采，直辭正色，非杞之可投閒以相攻。乃猶不僅此也，凡姦臣知不容於正士而反噬無已，雖見迸逐，猶將僨起者，唯其有黨也。故蔡京誤國已有明徵，而靖康之初，小人猶沮抑君子以不得伸其忠悃。杞則執拗專横之性不與人相親，而唯與人相忮；恃君之寵如山嶽，而視百僚如培塿；雖引裴延齡、白志貞以與同污，而未嘗以天子之爵禄市恩餌衆。故敬輿一受上知，杞旋放黜，而在廷在外，舉倚敬輿以求安，無有暗護杞以沮撓敬輿者。德宗偏聽之性一移，而中外翕然。不然，宋室垂亡，而王爚、陳宜中之黨猶沮文信國之謀，吾未見敬輿之得行其志，以歷數德宗之失，暢言之而無所撓也。是故天下無君，則後立之君必不固；小人有黨，則君子之志必不行。非此二者，則人心不摇，廷議不亂，内靖而外不離；叛寇之起縱如亂絲，亦有緒而無難理矣。人臣而知，則勿爲李綱之詖辭，陷其主以寒天下之心；人君而知，則勿任結黨之小人，塞君子以效忠之路。存亡之樞，決於毫髮，蓋可忽乎哉！

《詩》云：「辭之輯矣，民之洽矣。辭之懌矣，民之莫矣。」輯云者，合集事理之始終，序次應違之本末，無有偏伸，無有偏屈，詳析而得其要歸也。如是，則物無不以類辨，事無不以緒成，而智愚賢不肖之情，皆沁入而相感，故曰民之洽也。懌云者，推於其心之所以然，極於其事之所必至，宛轉以赴其曲，開朗以啓其迷，雖錮蔽之已深，而善入其中則自悦，雖危言以相戒，而令其易改則自從。如是，則君與臣不相抗，智與愚不相拒，意消氣静，樂受以無疑，故曰民之莫也。如是者，無他道焉，辭不以意興，意不以氣激，盡其心以達人之心，誠而已矣。故《易》曰：「修辭立其誠。」誠立而後辭可修，抑必辭修而後誠乃立。不然，積忠悃於咽膈，輪囷猝發，浮動而不本於心，甚則反激以召禍而不莫，不然，亦悠悠聽之而固不洽也。辭之爲用大矣哉！今有説於此，其爲理之必然，明矣。見爲是而毅然決之曰是，其所以是者未之詳也，其疑於非而必是者未之辨也，則人亦挾其所是者以相抗矣；見爲非而憤然斥之曰非，其所以非者未能擿也，其疑於是而固非者莫能詰也，則人亦報我以非而相折矣。是與非立於未事之先，未有定也，觀於已事之後，而非者非，是者亦難全其是也。恃氣以言之，一言以斷之，無體驗成熟之實，而出之也厲，父不能得之於子，師不能得之於弟子，而況君臣之際乎？故修辭而足以感人之誠者，古今不易得也。非陸敬輿其能與於斯哉！今取其上言於德宗者而熟繹之。推之使遠，引之使近，達之以其情，導之以其緒，曲折以盡其波瀾，而徑捷以御之坦道，擴其所憂，暢其所鬱，排宕之以盡其變，翕合之以歸於一，合乎往古之經，而於今允協，究極於中藏之密，而於事皆徵，其於辭也，無閒然矣。貞元以後，棼亂之宇宙，孤危之社稷，涣散之人心，彊悍之戾氣，消融蕩滌，而唐室爲之再安，皆敬輿悟主之功也。故曰辭之爲用大矣哉！前乎此者，董仲舒正而浮，賈誼奇而偏，魏徵切而俗，莫能匹也。後乎此者，蘇軾辯而詭，真德秀詳而迂，莫能及也。不主故常而不流，不修藻采而不鄙，《六經》邈矣，卮言日進，欲以辭立誠，而匡主安民，撥亂反正，三代以下，一人而已矣。

在人耳目之閒，何必窺覘而始悉。吾所欲爲者，大義在討賊而無所隱，進止之機在俄頃，而必不輕示初至之人。即使其爲窺覘邪，亦何足以爲吾之大患；且將情窮迹露，自趣於死，而奚容早爲防制哉？敬輿之説，非徒爲闊略之語以誇識量也，取天下之情僞而極之，誠無所用其彌縫之精核矣。

名者，實之所自薄也，故好名爲士之大戒。抑聞之曰：「三代以下，唯恐不好名。」斯亦非無謂之言，蓋爲人君取士、勸奬天下於君子之途而言也。士以誠自盡而遠乎名，則念深而義固；上以誠責下而忌其名，則情睽而恥刓；故名者，亦人治之大者也。因義而立，謂之名義；有節而不可踰，謂之名節；人君之求於士者，節義而已。名固有相因而起者矣，臯、夔、逢、比，皆名之可慕者也。惟所好在名，則非必臯、夔，而必爲臯、夔之言；彼固不足爲臯、夔，而君可與於堯、舜矣。非必逢、比，而必爲逢、比之言；彼固不足爲逢、比，而君可免於桀、紂矣。夫導君以侈，引君以貪，長君之暴，增君之淫，讎害君子而固結小人，取怨兆民而邀歡戚宦，亦何求而不得，所不得者名耳；則好名者，所畏忌而不欲以身試者也。於名而不好，則好必有所移。榮寵，其好矣；利禄，其好矣；全身保妻子，其好矣。人君而惡好名，將謂此仳仳有屋、蔌蔌有穀、享厚實之小人，爲誠樸無飾而登進之乎？夫所言非道，不足以爲名；君未有過，不足以爲名；時未有危，不足以爲名。取善言而效之，乘君瑕而攻之，知時危而先言之；既而其言驗矣，天下相與傳誦之，然後忠直先識之名歸焉。夫士苟非自好之有素，憂國之有誠，

但以名之所在，不恤惡怒，不避罪罟，而力争於廷，誠爲臣之末節，而君子之所恥爲。然其益於人主也，則亦大矣。忠信誠愨，端静和平，格心非而略人政，以遠名而崇實者，閒世而一遇。如有其人，固宅揆亮工，託孤寄命之選也。諫省部寺以降，有官守言職者，豈必盡得此而庸之乎？則汲汲焉求好名之士，唯恐不得；而加之罪名曰「沽直好名」，安得此亡國之語哉！德宗惡姜公輔之諫，謂其指朕過以求名。誠指過以求名，何惜不予之名，而因自懲其過乎？陸敬輿曰：「掩己過而過彌著，損彼名而名益彰。」所以平愎諫者之浮氣也，實不盡然也。予士以名，則上收其實也。

德宗之閽也，舍李晟、渾瑊不信而信吐蕃也。吐蕃歸國，陸敬輿以爲慶快，其識卓矣。借兵於夷以平寇，賊闌入而掠我人民，乘閒而窺我社稷，二者之害易知也。愚者且爲之辭曰：掠奪雖弗能禁，然忍小害以除大患，亦一時之權計也。若夫乘閒吞滅之害，則或輕信其不然，而究亦未必盡然，愚暗者且以香火要之矣。故二者之害易知，而愚者猶有辭以争。若夫其徒勞而祇以弛我三軍之氣，驕我將帥之心，旋以僨敗，則情勢之必然；不必其滅我掠我，而禍在眉睫，猶弗見也。古今之以此致覆軍、殺將、失地之害者不一矣，豈難知哉？夫我有危亡之憂，而借人之力以相援，邢、衛且不能得之於齊桓，而況夷乎？兩軍相當，鋒矢相及，一死一生，以力相敵，以智相距，以氣相淩，將不能自保，兵不能求全，天下之至凶至危者也。豈有人焉，唯他人之是恤，而君忘其敗，將忘其死，以致命於原野哉？孫臏之爲趙敗魏，自欲報魏也；項羽之爲趙破秦，自欲滅秦也。不然，則君欲之而將不欲，將即欲之，三軍之士必嗤其強以肝腦殉人而固不聽也。故吴結蜀以爲援，蜀待吴以交起，而俱滅於魏；諸葛誕、王淩、毌丘儉倚吴而斃於孤城；竇建德不揣以奔赴王世充之難，軍心不固而身爲俘虜；恃人與爲人所恃者之成敗，概可見矣。兩軍相距，乞援於外，而外亟應之者，大抵師鄧析教訟之智，兩敵恒輕，而己居其重，其所援者特未定也。此以情告，彼亦以情告，此以利餌，彼亦以利餌，兩情俱可得，兩利俱可收，相其勝者而畸與之，夫豈有抑彼伸此之情哉？斂兵旁睨，於勝者居功，於敗者亦可無怨，翱翔於其閒，得厚實以旋歸，弱者之敗自不瘳也。藉令無爲之援者，無所恃以生玩敵之心，而量力以自奮，亦何至狂起無擇，以覆師失地於一朝哉？故凡待援於人者，類爲人所持以自斃。況夷狄之唯利是趨，不可以理感情合者乎？宇文、高氏之用突厥也，交受其制，而不得其一矢之力，其明驗已。回紇之爲唐討安、史也，安慶緒、史懷義之愚不能反用回紇以敵唐也。德宗乃欲效之以用吐蕃，朱泚狡而據充盈之府庫，我能與争媢狡夷，使必親我乎？吐蕃去，軍心固，將任專，大功必成，敬輿知之審矣。古人成敗之已迹，著於史册，愚若王化貞者，尚弗之省，而以爲秘計，天奪妄人之魄以禍人國，亦至此哉！

德宗以進取規畫謀之陸敬輿，而敬輿無所條奏，唯戒德宗之中制，俾將帥之智勇得伸，以集大功。其言曰：「鋒鏑交於原野，而決策於九重之中；機會變於斯須，而定計於千里之外；上掣其肘，下不死綏。」至哉言乎！要非敬輿之刱説也。古者命將推轂之言曰：「閫以外，將軍制之。」非帝王制勝之定法乎？而後世人主遥制進止之機以取覆敗，則唯其中無持守，而辯言亂政之妄人惑之斯惑也。惑之者多端，而莫甚於宦寺。宦寺者，膽劣而氣浮，以肥甘紈繡與輕佻之武人臭味相得，故輒敢以知兵自命。其欲進也如游魚，其欲退也如驚鹿，大言炎炎，危言惻惻，足以動人主之聽。人主習聞之，因以自詫曰：「吾亦知兵矣。」此禍本也。既已於韜鈐之猥説略有所聞矣，又以孤立於上，兵授於人，而生其猜防。弗能自決也，進喋喋佗佗之士，屑屑以商之，慎重而樸誠者弗能合也。於是有甫離帖括，乍讀孫、吴者，即以其章句聲韻之小慧，爲尊俎折衝之奇謀。見荷戈者而即信爲兵也，見一呼一號一跳一擊者，而即詡爲勇也，圖畫之山川，管窺之玄象，古人偶一試用之機巧，而實爲神秘。以其雕蟲之才、炙轂之口，言之而成章，推之而成理，乃以誚元戎宿將之怯而寡謀也，競起攘袂而争之。猜闇之君一入其彀中，遂以非斥名帥，而亟用其説以遥相迫責。軍已覆，國已危，彼瑣瑣云云之子，功罪不及，悠然事外，彼固以人國爲嬉者，而柰何授之以嬉也？庸主陋相以寡識而多疑者，古今相襲而不悟，嗚呼！亦可爲大哀也已。一彼一此者，死生之命也；一進一退者，反覆之機也；一屈一伸者，相乘之氣也。運以心，警以目，度以勢，乘以時。矢石雹集、金鼓震耳之下，蹀血以趨而無容出諸口者，此豈揮箑擁罏於高軒邃室者所得與哉？以敬輿之博識鴻才，豈不可出片語以贊李晟、渾瑊之不逮，而杜口忘言，唯教其君以專任。而白面書生，不及敬輿之百一，乃敢以談兵惑主聽，匀誅焉足矣，而可令操三軍之生死、宗社之存亡哉？宦寺居中，辯言日進，亡國之左券，未有幸免者也。

陸敬輿之籌國，本理原情，度時定法，可謂無遺矣。其有失者，則李懷光既誅之後，慮有請乘勝討淮西者，豫諫德宗罷諸道之兵也。諸道罷兵八閲月，而陳僊奇斬李希烈以降，一如敬輿之算，而何以言失邪？乃參終始以觀之，則淮西十

餘年勤天下之兵血戰以爭，暴骨如莽者，皆於此失其樞機也。安危禍福之幾，莫不循理以爲本。李懷光赴援奉天而朱泚遁，盧杞激之而始有叛心，雖叛而引兵歸河東，猶曰「俟明春平賊」。據守一隅，未敢旁掠州縣，僭稱大號也。所惡於懷光者，殺孔巢父而已，抑巢父輕躁之自取也。德宗欲赦之，蓋有自反恕物之心焉，李晟、馬燧、李泌堅持以爲不可，斯亦過矣。若希烈者，勝孤弱狂愚之梁崇義，既無大功於唐室；且當討崇義之日，廷臣爭其不可任，而德宗推誠以任之；賊平賞渥，唐無毫髮之負，遽乘危以反，僭大號以與天子競存亡，力弱於祿山，而惡相敵矣。此而可忍，萬世之綱紀裂矣。何居乎敬輿之欲止其討也？乘河中已下之勢，河北三師斂手歸命，蹙已窮之寇，易於拉朽，乃吝一舉之勞，而曰「不有人禍，必有鬼誅」。爲天下君而坐待鬼誅，則亦惡用天子爲也？俟人禍之加，則陳僊奇因以反戈，而吳少誠踵之，淮西數十年不戢之焚，皆自此啓之矣。原情定罪，而罪有等差；飭法明倫，而法有輕重。委之鬼誅，則神所弗佑；待之人禍，則衆難方興。懷光可赦，希烈必不可容。法之所垂，情之所衷，道之所定，抑即勢之所審；而四海之觀瞻，將來之事變，皆於此焉決也。故敬輿之於此失矣。隨命李晟、渾瑊、馬燧一將臨之，而淮、蔡蕩平，天下清晏，吳少誠三世之禍不足以興，而淄青、平盧、魏博之逆志亦消矣。失之垂成，良可惜哉。

德宗始召叛臣之亂，中徇藩鎮之惡，終授宦豎之權，樹小人之黨，其不君也足以亡，而不亡者，幸也。乃夷考其行，非有徵聲逐色、沈溺不反之失也，非有淫刑濫殺，暴怒不戢之惡也，抑非有聞善不知、遇事不察之暗也；疑其可進中主而上之，以守成而保其福祚；然而卒爲後世危亡之鑒者，論者以爲好疑之過，是已。雖然，好疑者，其咎之流也，非其源也；窮本探源，則好諛而已矣。故陸敬輿欲釋其疑，而不足以奪其心而使之悛；蓋其厚有所疑者，唯其深有所信也，非無所信而一用其疑也。於盧杞則信，於裴延齡則信，於竇文場、霍仙鳴則信，於韋渠牟則信，敗而不怒，貶而不釋，死而猶追念之，推心置腹，羣言交擊，而愛之益堅。且不僅是也，陸贄之始，李泌之終，亦未嘗不唯言是聽而無有二三也。然則豈好疑爲其不可解之惑哉？敬輿之在奉天也，有排難之顯功，言無不中，則秉義雖直，處時雖危，而志得神怡，發之於辭氣顏色也，必溫和而浹洽，故罪己之詔，雖暴揚其過而不以爲侮。若長源，則宛曲從容之度，足以陶鑄其驕氣，而使其意也消。盧杞諸姦，豈有別術以得當哉？無宮壺之援，無中涓之助，唯面柔口澤，探意旨而不相違拂耳。是故德宗之得失，恒視所信而分，專有所信，則大有所疑。嗚呼！千古庸人膏肓不起之病，非以失所信而致然哉？有大信者，必有厚疑；有厚疑者，必有偏信；或信或疑，賢姦俱不可恃，唯善諛者能取其深信，而天下皆疑矣。夫人之多所疑也，皆生於不足。智不足，則疑人之己詐；力不足，則疑人之己淩。先自疑而旁皇無據，四顧不知可信之人，於是諛者起而乘之，諒其所易爲，測其所易知，淺爲嘗而輕爲辨，則不足者亦優爲之而揜其所短。固將曰：非與我合者，言我所不知、不能以相欺，彼即亦一道與，固非我之攸行；且惡知其非矯誣以奪人於所不逮，而讎其異志乎？直者之疑愈厚，則諛者之信愈堅，於是偏信而無往不疑，乃以多疑召天下之離叛。故曰疑者其弊之流也，信者其失之源也。道處於至足者，知從我者之非誠，而違我者之必有道也。故堯無疑於羣臣之薦鯀，而鯀不足以病堯。下此者，皆有不足也。知不足而不欲揜，則諛我者之情窮矣。流俗之言，苟且之計，惡足以進於前哉？此中材救過之善術也。能知此，則天下皆與善之人而奚疑乎？天下皆與善之人而又奚有所偏信乎？故德宗之失，失於信也。好諛而信之，雖聖哲痛哭而不救其敗。紂之惡無他，好諛而信飛廉，惡來者深也。

藝文

《文苑英華》卷八三五權德輿《唐德宗《文粹》有神武二字皇帝謚册文》 維永貞元年歲次乙酉十月丙申朔，孝孫嗣皇帝臣某，伏惟大行皇帝德合天地，作人父母，纂承光明，建用皇極。昔在寶應，制天下賦輿，戚藩以大。自魯流《集》本、《文粹》、《唐文》、《詔令》並作疏。雍，師律既貞，會陝收洛，克殫威命。廓開王塗，是登上嗣，乃宅丕后，服藝祖神宗之大烈，有乾乾翼翼之至敬。敷佑迪哲，尊嚴懿恭。燭明四極，發育萬物。濯沐乎仁澤，澄清乎理本。巍巍乎建中風聲，與貞觀同符。洎時有祲沴，變生京轂。省方履薄，諸本作展義。弘陰隲之功；整旅致誅，申震燿之令。鴟誼《文粹》作氛祲。滅息，侯王軌道，丕冒持載，鏡清砥平。然後明禋毖祀，萬靈以接，翕受敷施，九德咸事。含弘亭毒，以致其和，博采虛受，以通其志。政刑有箴，宸扆有銘，煥乎文明之化成也；因時創節，象卦設樂，薰然中和之被物也。納嘉言於近侍，輟已行之詔，疾讒口於宵人，宥過誤之罪。去徽號而約己，正廟祧而《文粹》、《詔令》並作以。尊祖。九譯通道，萬方來賓。庭旅焯乎動

籍，夷歌陳於樂府。霜露所墜，車書大同。順氣旁達，天休滋至，慶霄《詔令》作瑞雲。輪囷，德水清澈。三辰秉陽以宣耀，百嘉麗地而交感。飛走呈祥，肖翹遂性，宥在天下二十有七年。夫文思光被，陶唐之盛也；憯怛忠利，虞帝之教也；亹亹穆穆，周文之業也；聰明神武，漢祖之烈也。窮《詔令》作包。古先之大律，極帝者之上儀。方將扈升介《文粹》作崇。丘，待《詔令》作侍。檢玉諜，《集》作牒。奄遺末《文粹》作天。命，永棄多《文粹》作萬。方。億兆嗷嗷，哀號靡訴，顧惟沖昧，懼忝孫謀。君父有命，付兹神器，虔恭貽訓，感慕滋深。今因山既建，同軌畢至。一二元老，宗工碩生，考稱天之禮，稽節惠之法。式遵古義，敢薦大名。謹遣攝太尉門下侍郎平章事杜黄裳謹奉册上尊謚曰神武孝文皇帝，廟曰德宗。伏惟聖靈昭格，膺是典禮，幽贊丕祉，流于無窮。嗚呼哀哉！

《文苑英華》卷八四〇許孟容《德宗謚議》 皇莫大夫羲軒，帝莫加于唐虞，姒氏商鎬，亦續憲度，咸紀名謚，以陽昭光。徽儒臣之議，所以節一惠也；發揮茂耀，如揭日月。伏惟大行皇帝文思濬哲天縱神授，大明繼聖，大孝尊親，服道稽古，洗心藏密。巍巍易簡，赫赫功造，嚴祖宗而上下昭假，仁億兆而飛沉表靈。始者蘇寇殘魂，戎旌朱偃，方由雍邸，出揔虞師。刷鏞恥而戴君父，起雍城而升少海，元良有開，曆數誕膺，同殷宗而心在諒陰，位一作泣。漢制而禮從權令。然後諏咨對越，端拱而理，時丁祲沴，盗起沘烈，宸筭獨復，雲雷駿奔，浹旬底定，鯨燎殲洗，反已哀痛，大猷彌尊，阪泉威武，止殺弔人之志也。金方朔陲，獫狁昆夷，赼趄獷悍，不敢不率，丹穴南裔，扶桑東極，自古未化，占風而至，鏡照廣及，無思不服之德也。大本達道，是爲中和，鼓而舞之，名我至樂，以變繁淫，以貞神人，奉聖順聖，元侯繼獻，九成八佾，聖作明述，垂衣脱劒，訴合倚那之奏也。觀文化成，匠物研精，四始六義，動經風雅，洪音巨麗，焜耀皦繹立言垂訓，丹書玄鳥之作也。蠲痾保全，壽天之門，方疏溥錫，目之廣利，札瘥不聞，長養推仁，施齊天地，如保赤子之誠也。教由德禮，人乃耻格，古作訓夏，我箴政刑，載弘哀敬，用息刀鋸，利見大人，脩本媿心之旨也。躬信厚而偷簿以革，體清明而貪饕以懲，納匪躬之直，無毁校防川之誤，推輔理之功，有輻湊並進之勤。泥金方草，仙鼎忽成，汗漫無從，希夷永閟。哀同軌之將會，仰鴻名之可易。鋪衍至賾，錫乎無窮。謹按經義，參諸謚法曰：物妙無方之謂神，保大定功之謂武，尊仁安義之謂孝，經天緯地之謂文。大行皇帝變化無窮，樞衡在握，神莫過焉。金湯善師，豺豕擾馴，武莫盛焉。焯王度，焕乎黼藻，文莫踰焉。考墳史而徵德實，請上尊謚曰：神武孝文皇帝，廟號德宗。謹議。

宋敏求《唐大詔令集》卷一一唐代宗《代宗遺詔》 朕以眇身，祇奉鴻業，不能光宣大訓，嘉靖萬邦，奉祖宗重熙之德，答公卿寅亮之勤，旰食宵衣，痛心疾首。嗚呼！天地之理，死生常數，疾既大漸，彌留日臻，惟懷永圖，嗣守丕業。皇太子元良繼明，睿哲齊聖，宜陟元后，保守宗祧。宜令所司，當日具禮，於柩前即皇帝位。仍以司徒兼中書令汾陽郡王子儀攝冢宰。其喪儀及山陵制度，務從儉約，並不得以金銀錦綵爲飾。天下節度觀察團練使刺史等，並不須赴哀。祭祀之禮，亦從節儉。其三宮内人，宜令量事減省，諸王院亦宜准此。其天下人吏，勑到後出臨三日，皆釋服。無禁婚娶祠祀酒肉。其宮殿中當臨者，朝夕各十五舉音。禮固從宜，喪不可久。皇帝宜三日而聽政，十三日小祥，二十五日大祥，二十七日而釋服。獲奉宗廟之靈，永終天禄。所痛不得與佐命勳賢，庶尹卿士，顧命永訣，以託萬方，内外腹心之臣，文武忠良之士，敬保元子，以安家邦。嗚呼！其聽朕命。大曆十四年五月。

U0740930